Lutter/Hommelhoff/Teichmann (Hrsg.) · **SE-Kommentar**

SE-Kommentar

SE-VO · SEAG · SEBG
Arbeitsrechtliche Praxis
Steuerrecht
Konzernrecht

herausgegeben von

Prof. Dr. Dr. h.c. mult. Marcus Lutter

Prof. Dr. Dr. h.c. mult. Peter Hommelhoff

Prof. Dr. Christoph Teichmann

2. neu bearbeitete und erweiterte Auflage

2015

ottoschmidt

Bearbeiter

Prof. Dr. Walter Bayer
o. Professor, Universität Jena
Richter am Thüringer OLG a.D.
Mitglied des Thüringer VerfGH

Prof. Dr. Tim Drygala
o. Professor, Universität Leipzig

Prof. Dr. Ulrich Ehricke,
M.A., LL.M. (London)
o. Professor, Universität zu Köln
Richter am OLG a.D.

Prof. Dr. Holger Fleischer, LL.M.
(Ann Arbor)
Direktor, Max-Planck-Institut für ausländisches und internationales Privatrecht, Hamburg, Affiliate Professor, Bucerius Law School, Hamburg

Prof. Dr. Dr. h.c. mult. Peter Hommelhoff
o. Professor em., Universität Heidelberg
Richter am OLG a.D.

Prof. Dr. Detlef Kleindiek
o. Professor, Universität Bielefeld

Dr. Christoph Lächler
Rechtsanwalt, Stuttgart

Dr. Gerd H. Langhein
Notar, Hamburg

Prof. Dr. Dr. h.c. mult. Marcus Lutter
o. Professor em., Universität Bonn
Rechtsanwalt, Berlin

Prof. Dr. Hanno Merkt, LL.M.
(Univ. of Chicago)
o. Professor, Universität Freiburg
Richter am OLG Karlsruhe

Dr. Stefan Middendorf
Rechtsanwalt, Fachanwalt für Arbeitsrecht,
Düsseldorf

Prof. Dr. Hartmut Oetker
o. Professor, Universität Kiel
Richter am Thüringer OLG

Prof. Dr. Wolf-Georg Ringe, M.Jur. (Oxon)
Professor für internationales Wirtschaftsrecht, Copenhagen Business School
Visiting Professor, University of Oxford

Dr. Viola Sailer-Coceani
Rechtsanwältin, München

Prof. Dr. Jessica Schmidt, LL.M.
(Nottingham)
o. Professorin, Universität Bayreuth

Prof. Dr. Dr. h.c. Wolfgang Schön
Direktor, Max-Planck-Institut für Steuerrecht und öffentliche Finanzen, München
Honorarprofessor,
Ludwig-Maximilians-Universität München

Prof. Dr. Gerald Spindler
o. Professor, Universität Göttingen

Prof. Dr. Christoph Teichmann
o. Professor, Universität Würzburg

Dr. Hildegard Ziemons
Rechtsanwältin beim Bundesgerichtshof,
Ettlingen

Zitierempfehlung:
Bearbeiter in Lutter/Hommelhoff/Teichmann (Hrsg.),
SE-Kommentar, 2. Aufl. 2015, Art. ... SE-VO Rz. ...
oder § ... SEBG Rz. ...

Bibliografische Information
der Deutschen Nationalbibliothek

Die Deutsche Nationalbibliothek verzeichnet diese
Publikation in der Deutschen Nationalbibliografie;
detaillierte bibliografische Daten sind im Internet
über http://dnb.d-nb.de abrufbar.

Verlag Dr. Otto Schmidt KG
Gustav-Heinemann-Ufer 58, 50968 Köln
Tel. 02 21/9 37 38-01, Fax 02 21/9 37 38-943
info@otto-schmidt.de
www.otto-schmidt.de

ISBN 978-3-504-31176-6

©2015 by Verlag Dr. Otto Schmidt KG, Köln

Das Werk einschließlich aller seiner Teile ist
urheberrechtlich geschützt. Jede Verwertung, die nicht
ausdrücklich vom Urheberrechtsgesetz zugelassen ist,
bedarf der vorherigen Zustimmung des Verlages. Das
gilt insbesondere für Vervielfältigungen, Bearbeitungen,
Übersetzungen, Mikroverfilmungen und die Einspeicherung und Verarbeitung in elektronischen Systemen.

Das verwendete Papier ist aus chlorfrei gebleichten
Rohstoffen hergestellt, holz- und säurefrei, alterungsbeständig und umweltfreundlich.

Einbandgestaltung: Jan P. Lichtenford, Mettmann
Satz: WMTP, Birkenau
Druck und Verarbeitung: Kösel, Krugzell
Printed in Germany

Vorwort

Seit dem Erscheinen der ersten Auflage dieses Kommentars ist mehr als ein halbes Jahrzehnt ins Land gegangen. In dieser Zeit sind für die Europäische Aktiengesellschaft, die SE, drei Entwicklungen bemerkenswert: Auf der einen Seite hat sich diese supranationale Rechtsform des Unionsrechts in der deutschen Unternehmenspraxis, wenn schon nicht mit großen Zahlen, so trotzdem unübersehbar etabliert: Weltunternehmen wie Allianz, BASF oder SAP bedienen sich dieser Form ebenso wie ambitionierte Unternehmen in der mittelständischen Wirtschaft. Auf der anderen Seite finden sich nur vereinzelte Gerichtsentscheide, die für die SE im europäischen und im deutschen Recht erlassene Regelungen zum Gegenstand haben. Dagegen erfreut sich die Europäische Aktiengesellschaft im Schrifttum, namentlich in einem breit angelegten Kommentarschrifttum, starker Aufmerksamkeit.

Vor allem diese vertiefte Durchdringung des einschlägigen Rechtsstoffs musste der von uns herausgegebene Kommentar nun aufgreifen, um weiterhin in Rechtspraxis und -wissenschaft gehört zu werden. Dabei sollten den Nutzern des Kommentars zugleich die besonderen Erfahrungen zugänglich sein, die mit der SE in der Unternehmenspraxis gesammelt worden sind; deshalb findet sich im Anhang C. ein Praktikerbeitrag zum Ablauf der Mitbestimmungsverhandlungen und zu Mitbestimmungsvereinbarungen. Was den Abgleich mit den auf die SE anzuwendenden Bestimmungen des Aktiengesetzes angeht, so hat sich am Konzept dieses Kommentars nichts geändert; insoweit ist auf die parallel erscheinende dritte Auflage des Aktiengesetz-Kommentars von *K. Schmidt/Lutter* zu verweisen.

In den Kreis der Herausgeber ist zur großen Freude der Altherausgeber *Christoph Teichmann* eingetreten, ein ausgewiesener Kenner des europäischen Gesellschaftsrechts, der dem Kommentar von Anbeginn als engagierter Kommentator verbunden ist. Unter den Autoren haben sich nur wenige Veränderungen ergeben: den ausgeschiedenen danken wir für ihre bisherige Mitwirkung, die neu eingetretenen heißen wir herzlich willkommen und danken auch ihnen für die Übernahme ihrer Aufgabe.

Ziel der Herausgeber war eine möglichst hohe Aktualität der Kommentierung. Deshalb sind sowohl das jüngst verabschiedete Gesetz für die gleichberechtigte Teilhabe von Frauen und Männern an Führungspositionen in der Privatwirtschaft und im öffentlichen Dienst als auch der Regierungsentwurf des Bilanzrichtlinie-Umsetzungsgesetzes (BilRUG) in die Kommentierung eingearbeitet worden. Ferner wird ein Ausblick auf den Referentenentwurf eines Gesetzes zur Reform der Abschlussprüfung (AReG) gegeben. Den dadurch belasteten Kommentatoren gilt unser besonderer Dank. Der Kommentar befindet sich auf dem Stand vom 30. April 2015.

Bonn, Heidelberg und Würzburg, im Mai 2015

Marcus Lutter
Peter Hommelhoff
Christoph Teichmann

Vorwort

Es haben bearbeitet:

Bayer	Art. 2, 3, 15–36, 59
Drygala	Art. 39, 40, 42
Ehricke	Art. 63–65
Fleischer	Art. 4, 5
Hommelhoff/Lächler	Anh. E: SE-Konzernrecht
Hommelhoff/Teichmann	Art. 9, 10
Kleindiek	Art. 12–14, 61, 62
Langhein	Art. 11, 67, 68
Lutter	Einleitung, Art. 1, 69
Merkt	Anh. II zu Art. 5
Middendorf	Anh. C: Die SE in der arbeitsrechtlichen Praxis
Oetker	§§ 1–47 SEBG
Ringe	Art. 7, 8
Sailer-Coceani	Art. 41
J. Schmidt	Art. 6, 37, 66
Schön	Anh. D: Die SE im Steuerrecht
Spindler	Art. 52–58, 60
Teichmann	Art. 38, 43, Anh. zu Art. 43 (§§ 20–49 SEAG), Art. 44–48, Anh. zu Art. 48 (§ 19 SEAG), Art. 49–51
Ziemons	Anh. I zu Art. 5

Inhaltsverzeichnis

	Seite
Vorwort	VII
Wegweiser für das SEAG	XIII
Allgemeines Literaturverzeichnis	XV
Abkürzungsverzeichnis	XIX

A. SE-Verordnung

Text der SE-Verordnung			1
Text des SE-Ausführungsgesetzes			28
Einleitung			47
Titel I	**Allgemeine Vorschriften**	Art. 1–14	78
Anh. I zu Art. 5 SE-VO	Die Aktie		119
Anh. II zu Art. 5 SE-VO	Wandelschuldverschreibungen und Gewinnschuldverschreibungen bei der SE		124
Titel II	**Gründung**		
Abschnitt 1	Allgemeines	Art. 15, 16	219
Abschnitt 2	Gründung einer SE durch Verschmelzung	Art. 17–31	235
Abschnitt 3	Gründung einer Holding-SE	Art. 32–34	347
Abschnitt 4	Gründung einer Tochter-SE	Art. 35, 36	408
Abschnitt 5	Umwandlung einer bestehenden Aktiengesellschaft in eine SE	Art. 37	418
Titel III	**Aufbau der SE**	Art. 38	452
Abschnitt 1	Dualistisches System	Art. 39–42	472
Abschnitt 2	Monistisches System	Art. 43–45	537
Anhang zu Art. 43	Monistisches System – Kommentierung der §§ 20–49 SEAG		562
Vorbemerkung vor Art. 46			726
Abschnitt 3	Gemeinsame Vorschriften für das monistische und das dualistische System	Art. 46–51	727
Anhang zu Art. 48	Kommentierung des § 19 SEAG		749
Abschnitt 4	Hauptversammlung	Art. 52–60	776
Titel IV	**Jahresabschluss und konsolidierter Abschluss**	Art. 61, 62	885

			Seite
Titel V	Auflösung, Liquidation, Zahlungsfähigkeit und Zahlungseinstellung ...	Art. 63–66	900
Titel VI	Ergänzungs- und Übergangsbestimmungen	Art. 67	963
Titel VII	Schlussbestimmungen	Art. 68–70	965

B. SE-Beteiligungsgesetz

Text des SE-Beteiligungsgesetzes 971
Text der Richtlinie 2001/86/EG 992

Vorbemerkung vor § 1			1007
Teil 1	**Allgemeine Vorschriften**	§§ 1–3	1032
Teil 2	**Besonderes Verhandlungsgremium**		
Kapitel 1	Bildung und Zusammensetzung	§§ 4–7	1066
Kapitel 2	Wahlgremium	§§ 8–10	1099
Kapitel 3	Verhandlungsverfahren	§§ 11–20	1114
Teil 3	**Beteiligung der Arbeitnehmer in der SE**		
Kapitel 1	Beteiligung der Arbeitnehmer kraft Vereinbarung	§ 21	1192
Kapitel 2	Beteiligung der Arbeitnehmer kraft Gesetzes		
Abschnitt 1	SE-Betriebsrat kraft Gesetzes		
Unterabschnitt 1	Bildung und Geschäftsführung	§§ 22–26	1236
Unterabschnitt 2	Aufgaben	§§ 27–30	1240
Unterabschnitt 3	Freistellung und Kosten	§§ 31–33	1245
Abschnitt 2	Mitbestimmung kraft Gesetzes	§§ 34–38	1246
Abschnitt 3	Tendenzschutz	§ 39	1287
Teil 4	**Grundsätze der Zusammenarbeit und Schutzbestimmungen**	§§ 40–44	1293
Teil 5	**Straf- und Bußgeldvorschriften; Schlussbestimmung**	§§ 45–47	1317

C. Die SE in der arbeitsrechtlichen Praxis

I. Vorbemerkung 1332
II. Die Verbreitung der SE und ihre Entwicklung 1333
III. Die Verhandlungen mit dem besonderen Verhandlungsgremium 1337
IV. Die Beteiligungsvereinbarung 1349
V. Sonderfall: Die Vorrats-SE 1362
VI. Die Sozialversicherungspflicht der Organe 1365
VII. Reformbedarf 1366

D. Die SE im Steuerrecht

Seite

I. Einführung 1371
II. Die SE im nationalen Steuerrecht 1378
III. Die SE im Doppelbesteuerungsrecht 1383
IV. Die Gründung der SE 1384
V. Die Sitzverlegung der SE 1384

E. SE-Konzernrecht

I. Die SE im Konzernverbund und ihr Rechtsrahmen 1410
II. Die ausschließlich inländische Konzernverbindung in Deutschland 1413
III. Die deutsche Grenzen übersteigende SE-Konzernverbindung 1420
IV. Europäische Entwicklungen in ihren Auswirkungen auf das SE-Konzernrecht 1423

Stichwortverzeichnis 1427

Wegweiser für das SEAG

Die folgende Kommentierung richtet sich im Aufbau nach der SE-VO. Die Kommentierung des SEAG ist wegen des engen Sachzusammenhangs integriert. Die folgende Aufstellung gibt Auskunft darüber, an welcher Stelle der SE-VO der jeweilige Paragraph der SEAG kommentiert wird bzw. Erwähnung findet.

§ des SEAG	Art. der SE-VO
1	9
2	7
3	12
4	12, 25, 26, 68
5	21
6	24
7	24
8	24, 25
9	34
10	32, 33
11	34
12	8
13	8, 24
14	8
15	39
16	39
17	40
18	41
19	48 (Anhang)
20	12
21	12
20–49	43 (Anhang)
50	55, 56
51	59
52	64
53	9
54	43 (Anhang)
55	24
[56 (Entwurf)]	43 (Anhang)

Allgemeines Literaturverzeichnis*

Annuß/Kühn/Rudolph/Rupp	Europäisches Betriebsräte-Gesetz, 2014
Barnert/Dolezel/Egermann/Illigasch	Societas Europaea, Das Handbuch für Praktiker in Deutsch/Englisch, 2005
Bartone/Klapdor	Die Europäische Aktiengesellschaft, 2. Aufl. 2007
Baumbach/Hopt	Handelsgesetzbuch, 36. Aufl. 2014
Baumbach/Hueck	Aktiengesetz, 13. Aufl. 1968
Baums (Hrsg.)	Bericht der Regierungskommission Corporate Governance, 2001
Baums/Cahn (Hrsg.)	Die Europäische Aktiengesellschaft, Umsetzungsfragen und Perspektiven, 2004
Beck'scher Bilanz-Kommentar	hrsg. von Förschle, Grottel, Schmidt, Schubert, Winkeljohann, 9. Aufl. 2014
Beck'sches Handbuch der AG	hrsg. von Welf Müller, Rödder, 2. Aufl. 2009
Bergmann/Kiem/Mülbert/Verse/Wittig	10 Jahre SE, Erreichter Stand – verbleibende Anwendungsfragen – Perspektiven, 2015
Buchheim	Europäische Aktiengesellschaft und grenzüberschreitende Konzernverschmelzung: der aktuelle Entwurf der Rechtsform aus betriebswirtschaftlicher Sicht, 2001
Bürgers/Körber (Hrsg.)	Heidelberger Kommentar zum Aktiengesetz, 3. Aufl. 2014
Butzke	Die Hauptversammlung der Aktiengesellschaft, 5. Aufl. 2011 (begr. von Obermüller, Werner, Winden)
Ebenroth/Boujong/Joost/Strohn	Handelsgesetzbuch, 3. Aufl. 2014 (Bd. I), 2. Aufl. 2009 (Bd. II)
Emmerich/Habersack	Aktien- und GmbH-Konzernrecht, 7. Aufl. 2013
Emmerich/Habersack	Konzernrecht, 10. Aufl. 2013
Fleischer (Hrsg.)	Handbuch des Vorstandsrechts, 2006
Geßler/Hefermehl/Eckardt/Kropff	Aktiengesetz, 1974 ff. (ab 2. Aufl.: s. Münchener Kommentar zum Aktiengesetz)
v. Godin/Wilhelmi	Aktiengesetz, 4. Aufl. 1971
Großkommentar zum Aktiengesetz	4. Aufl. 1992 ff., hrsg. von Hopt, Wiedemann, 5. Aufl. 2014 ff., hrsg. von Hirte, Mülbert, M. Roth
Grundmann	Europäisches Gesellschaftsrecht, 2. Aufl. 2011
Grundmann/Möslein	European Company Law, 2007
Habersack/Drinhausen (Hrsg.)	SE-Recht, 2013
Habersack/Verse	Europäisches Gesellschaftsrecht, 4. Aufl. 2011

---

* Ausführliche Literaturübersichten zu Beginn der einzelnen Paragraphen.

Allgemeines Literaturverzeichnis

Hachenburg	Gesetz betreffend die Gesellschaften mit beschränkter Haftung, Großkommentar, 8. Aufl. 1989 ff. (Neubearb. s. Ulmer)
Happ/Groß (Hrsg.)	Aktienrecht, 4. Aufl. 2015
Heidel (Hrsg.)	Aktienrecht und Kapitalmarktrecht, 4. Aufl. 2014
Henn/Frodermann/Jannott (Hrsg.)	Handbuch des Aktienrechts, 8. Aufl. 2009, begr. von Henn, hrsg. von Frodermann/Jannott
Henssler/Strohn (Hrsg.)	Gesellschaftsrecht, Kommentar, 2. Aufl. 2014
Henssler/Willemsen/Kalb (Hrsg.)	Arbeitsrecht Kommentar, 6. Aufl. 2014
Henze	Aktienrecht – Höchstrichterliche Rechtsprechung, 5. Aufl. 2002
Hoffmann/Preu	Der Aufsichtsrat, 5. Aufl. 2003
Hüffer	Aktiengesetz, 11. Aufl. 2014, begr. von Hüffer, bearb. von J. Koch
Jäger	Aktiengesellschaft, 2004
Jannott/Frodermann (Hrsg.)	Handbuch der Europäischen Aktiengesellschaft – Societas Europaea, 2. Aufl. 2014
Kallmeyer	UmwG, 5. Aufl. 2013
Kalss/Hügel (Hrsg.)	Europäische Aktiengesellschaft. SE-Kommentar, Wien 2004
Keidel	FamFG, 18. Aufl. 2014
Kölner Kommentar zum AktG	2. Aufl. 1986 ff., hrsg. von Zöllner, 3. Aufl. 2004 ff., hrsg. von Zöllner, Noack
Krieger/Uwe H. Schneider (Hrsg.)	Handbuch Managerhaftung, 2. Aufl. 2010
Kropff	Aktiengesetz, Textausgabe des Aktiengesetzes v. 6.9.1965, 1965
Kübler/Assmann	Gesellschaftsrecht, 6. Aufl. 2006
Langenbucher	Aktien- und Kapitalmarktrecht, 3. Aufl. 2015
Lind	Die Europäische Aktiengesellschaft, Wien 2004
Lutter	Information und Vertraulichkeit im Aufsichtsrat, 3. Aufl. 2006
Lutter	Umwandlungsgesetz, 5. Aufl. 2014, hrsg. von Bayer, J. Vetter
Lutter (Hrsg.)	Das Kapital der Aktiengesellschaft in Europa, 2006
Lutter/Bayer (Hrsg.)	Holding-Handbuch, 5. Aufl. 2015
Lutter/Bayer/J. Schmidt	Europäisches Unternehmens- und Kapitalmarktrecht, 5. Aufl. 2012
Lutter/Hommelhoff	GmbH-Gesetz, 18. Aufl. 2012
Lutter/Hommelhoff (Hrsg.)	Die Europäische Gesellschaft, 2005
Lutter/Krieger/Verse	Rechte und Pflichten des Aufsichtsrats, 6. Aufl. 2014
Manz/Mayer/Schröder (Hrsg.)	Europäische Aktiengesellschaft SE, Kommentar, 2. Aufl. 2010
Michalski (Hrsg.)	GmbHG, 2. Aufl. 2010
Münchener Handbuch des Gesellschaftsrechts	Band 4: Aktiengesellschaft, hrsg. von Hoffmann-Becking, 3. Aufl. 2007

Allgemeines Literaturverzeichnis

Münchener Kommentar zum AktG	3. Aufl. 2008 ff., 4. Aufl. 2014 ff., hrsg. von Goette, Habersack
Münchener Kommentar zum Bilanzrecht	Loseblatt, hrsg. von Hennrichs, Kleindiek, Watrin
Münchener Kommentar zum BGB	5. Aufl. 2007 ff., hrsg. von Säcker, Rixecker, 6. Aufl. 2012 ff., hrsg. von Rixecker, Säcker, Oetker
Münchener Kommentar zum GmbHG	2010 ff., 2. Aufl. 2014 ff., hrsg. von Fleischer, Goette
Münchener Kommentar zum HGB	2. Aufl. 2005 ff., 3. Aufl. 2010 ff., hrsg. von Karsten Schmidt
Nagel/Freis/Kleinsorge	Die Beteiligung der Arbeitnehmer in der Europäischen Gesellschaft – SE, 2005
Palandt	Bürgerliches Gesetzbuch, 74. Aufl. 2015
Raiser/Veil	Recht der Kapitalgesellschaften, 5. Aufl. 2010
Raiser/Veil/Jacobs	Mitbestimmungsgesetz und Drittelbeteiligungsgesetz, 6. Aufl. 2015
Röhricht/Graf von Westphalen/Haas (Hrsg.)	HGB, 4. Aufl. 2014
Roth/Altmeppen	GmbHG, 7. Aufl. 2012
Rowedder/Schmidt-Leithoff (Hrsg.)	GmbHG, 5. Aufl. 2013
Scheifele	Die Gründung der Europäischen Aktiengesellschaft, 2004
Schindler	Die europäische Aktiengesellschaft: gesellschafts- und steuerrechtliche Aspekte, Wien 2002
Schmidt, Jessica	„Deutsche" vs. „britische" Societas Europaea (SE), 2006
Schmidt, Karsten	Gesellschaftsrecht, 4. Aufl. 2002
Schmidt, Karsten/Lutter, Marcus (Hrsg.)	AktG, 3. Aufl. 2015
Schmitt/Hörtnagl/Stratz	UmwG, UmwStG, 6. Aufl. 2013
Scholz	GmbHG, 11. Aufl. 2012 ff.
Schönborn	Die monistische Societas Europaea in Deutschland im Vergleich zum englischen Recht, 2007
Schwarz	Europäisches Gesellschaftsrecht, 2000
Schwarz	SE-VO, 2006
Semler	Leitung und Überwachung der Aktiengesellschaft, 2. Aufl. 1996
Semler/Peltzer (Hrsg.)	Arbeitshandbuch für Vorstandsmitglieder, 2005
Semler/v. Schenck (Hrsg.)	Arbeitshandbuch für Aufsichtsratsmitglieder, 4. Aufl. 2013
Semler/Volhard/Reichert (Hrsg.)	Arbeitshandbuch für die Hauptversammlung, 3. Aufl. 2011
Spindler/Stilz (Hrsg.)	AktG, 2. Aufl. 2010

Allgemeines Literaturverzeichnis

Straube/Aicher	Handbuch zur Europäischen Aktiengesellschaft, 2006
Theisen/Wenz (Hrsg.)	Die Europäische Aktiengesellschaft, Recht, Steuern und Betriebswirtschaft der Societas Europaea (SE), 2. Aufl. 2005
Thümmel	Die Europäische Aktiengesellschaft (SE), Leitfaden für die Unternehmens- und Beratungspraxis, 2005
Ulmer	GmbHG, Großkommentar, 2005 ff., hrsg. von Ulmer, Habersack, Winter, 2. Aufl. 2013 ff., hrsg. von Ulmer, Habersack, Löbbe
Ulmer/Habersack/Henssler	Mitbestimmungsrecht, 3. Aufl. 2013
Van Hulle/Maul/Drinhausen (Hrsg.)	Handbuch zur Europäischen Gesellschaft (SE), 2007
Wenz	Die Societas Europaea, 1993
Widmann/Mayer (Hrsg.)	Umwandlungsrecht (Loseblatt)
Wiedemann	Gesellschaftsrecht, Band I: Grundlagen, 1980, Band II: Recht der Personengesellschaften, 2004
Windbichler	Gesellschaftsrecht, 23. Aufl. 2013
Ziemons/Binnewies	Handbuch Aktiengesellschaft (Loseblatt)

Abkürzungsverzeichnis

a.A.	anderer Ansicht
a.E.	am Ende
a.F.	alte Fassung
a.M.	andere/r Meinung
abl.	ablehnend
ABl. EG	Amtsblatt der Europäischen Gemeinschaft
ABl. EU	Amtsblatt der Europäischen Union
Abs.	Absatz
abw.	abweichend
AcP	Archiv für die civilistische Praxis (Zeitschrift)
ADHGB	Allgemeines Deutsches Handelsgesetzbuch
ADS	Adler/Düring/Schmaltz
ähnl.	ähnlich
AEU/AEUV	Vertrag über die Arbeitsweise der Europäischen Union
AG	Aktiengesellschaft; Die Aktiengesellschaft (Zeitschrift)
AGB	Allgemeine Geschäftsbedingungen
AGG	Allgemeines Gleichbehandlungsgesetz
AktG	Aktiengesetz
allg. M.	allgemeine Meinung
Alt.	Alternative
Am.J.Int.L.	American Journal of International Law (Zeitschrift)
Amtl. Begr.	Amtliche Begründung
AngVo	Angebotsverordnung
Anh.	Anhang
Anm.	Anmerkung
AnSVG	Anlegerschutzverbesserungsgesetz
AnwBl.	Anwaltsblatt (Zeitschrift)
AnwK.-BGB	AnwaltKommentar BGB
AO	Abgabenordnung
AöR	Archiv des öffentlichen Rechts (Zeitschrift)
AR	Aufsichtsrat
ArbR	Arbeitsrecht
ArbR-Komm.	Arbeitsrecht Kommentar
ArbuR	Arbeit und Recht (Zeitschrift)
ArbVG	Arbeitsvertragsgesetz
AReG	Abschlussprüfungsreformgesetz
arg.	argumentum
Art./Artt.	Artikel
ARUG	Gesetz zur Umsetzung der Aktionärsrechterichtlinie
AStG	Gesetz über die Besteuerung bei Auslandsbeziehungen
AuA	Arbeit und Arbeitsrecht (Zeitschrift)
Aufl.	Auflage
AuR	Arbeit und Recht (Zeitschrift)
ausf.	ausführlich
AWD	Außenwirtschaftsdienst (Zeitschrift, jetzt: RIW)
BaFin	Bundesanstalt für Finanzdienstleistungsaufsicht
BAG	Bundesarbeitsgericht
BAKred	Bundesaufsichtsamt für das Kreditwesen

Abkürzungsverzeichnis

BAnz.	Bundesanzeiger
BayObLG	Bayerisches Oberstes Landesgericht
BayObLGR	BayObLG Report
BayObLGZ	Entscheidungssammlung des BayObLG in Zivilsachen
BB	Betriebs-Berater (Zeitschrift)
BBG	Bundesbeamtengesetz
Bd.	Band
BDA	Bundesvereinigung der Deutschen Arbeitgeberverbände
BDI	Bundesverband der Deutschen Industrie
BDSG	Bundesdatenschutzgesetz
BeckBilKomm.	Beck'scher Bilanz-Kommentar
BeckRS	Beck-Rechtsprechung
Begr.	Begründung
Beil.	Beilage
BerDGesVölkR	Berichte der Deutschen Gesellschaft für Völkerrecht
Beschl.	Beschluss
BetrAVG	Gesetz zur Verbesserung der betrieblichen Altersversorgung
BetrVG	Betriebsverfassungsgesetz
BeurkG	Beurkundungsgesetz
BewG	Bewertungsgesetz
BFH	Bundesfinanzhof
BFHE	Sammlung der Entscheidungen des BFH
BFH/NV	Sammlung amtlich nicht veröffentlichter Entscheidungen des BFH
BFuP	Betriebswirtschaftliche Forschung und Praxis (Zeitschrift)
BGB	Bürgerliches Gesetzbuch
BGBl.	Bundesgesetzblatt
BGH	Bundesgerichtshof
BGHZ	Entscheidungen des Bundesgerichtshofs in Zivilsachen
BHO	Bundeshaushaltsordnung
BilanzR	Bilanzrecht
BilKoG	Bilanzrechtskontrollgesetz
BilMoG	Bilanzrechtsmodernisierungsgesetz
BilReG	Bilanzrechtsreformgesetz
BilRUG	Bilanzrichtlinie-Umsetzungsgesetz
BiRiLiG	Bilanzrichtlinien-Gesetz
BKR	Zeitschrift für Bank- und Kapitalmarktrecht
BMFSFJ	Bundesministerium für Familie, Senioren, Frauen und Jugend
BMJ	Bundesministerium der Justiz
BMJV	Bundesministerium der Justiz und für Verbraucherschutz
BNotO	Bundesnotarordnung
BörsG	Börsengesetz
BörsO FWB	Börsenordnung der Frankfurter Wertpapierbörse
BörsZulV	Börsenzulassungs-Verordnung
BPersVG	Bundespersonalvertretungsgesetz
BRAO	Bundesrechtsanwaltsordnung
BR-Drucks.	Bundesrats-Drucksache
BRRG	Beamtenrechtsrahmengesetz
BSG	Bundessozialgericht
Bsp.	Beispiel
Bspr.	Besprechung
bspw.	beispielsweise

Abkürzungsverzeichnis

BStBl.	Bundessteuerblatt
BT-Drucks.	Bundestags-Drucksache
BuB	Bankrecht und Bankpraxis (Zeitschrift)
Bull.	Bulletin
BVerfG	Bundesverfassungsgericht
BVerfGE	Entscheidungssammlung des Bundesverfassungsgerichts
BVG/bVG	Besonderes Verhandlungsgremium
bzgl.	bezüglich
BZRG	Bundeszentralregistergesetz
bzw.	beziehungsweise
CA	Companies Act
CCZ	Corporate Compliance Zeitschrift
CEO	Chief Executive Officer
CF	Corporate Finance (Zeitschrift)
CFB	Corporate Finance biz (Zeitschrift)
CFL	Corporate Finance law (Zeitschrift)
CMLR/CMLRev	Common Market Law Review (Zeitschrift)
COMI	Centre of main interests
CRD	Capital Requirements Directive
CRR	Capital Requirement Regulation
D&O	Directors & Officers
DAI	Deutsches Aktieninstitut
DAJV	Deutsch-amerikanische Juristenvereinigung
DAV	Deutscher Anwaltverein
DAX	Deutscher Aktienindex
DB	Der Betrieb (Zeitschrift)
DBA	Doppelbesteuerungsabkommen
DBAG	Deutsche Börse AG
DBW	Die Betriebswirtschaft (Zeitschrift)
DCGK	Deutscher Corporate Governance Kodex
DepotG	Depotgesetz
DGB	Deutscher Gewerkschaftsbund
d.h.	das heißt
diff.	differenzierend
DiskE	Diskussionsentwurf
DIS	Deutsche Institution für Schiedsgerichtsbarkeit e.V.
DiskE	Diskussionsentwurf
Diss.	Dissertation
DJT	Deutscher Juristentag
DNotI	Deutsches Notarinstitut
DNotI-Rep.	DNotI-Report
DNotZ	Deutsche Notar-Zeitschrift
DöV	Die öffentliche Verwaltung (Zeitschrift)
DrittelbG	Drittelbeteiligungsgesetz
DRS	Deutscher Standardisierungsrat
d.s.	das sind
DStR	Deutsches Steuerrecht
DSW	Deutsche Schutzvereinigung für Wertpapierbesitz
DuD	Datenschutz und Datensicherung (Zeitschrift)
DVBl.	Deutsches Verwaltungsblatt

Abkürzungsverzeichnis

DVFA	Deutsche Vereinigung für Finanzanalyse und Asset Management
DVO	Durchführungsverordnung
DZWiR/DZWir	Deutsche Zeitschrift für Wirtschaftsrecht
E	Entwurf
EAS	Europäisches Arbeits- und Sozialrecht
EBA	European Banking Authority
EBLR	European Business Law Review (Zeitschrift)
EBOR	European Business Organization Law Review (Zeitschrift)
EBRG	Gesetz über Europäische Betriebsräte
EBR-RL	Richtlinie über den Europäischen Betriebsrat
ECFR	European Company and Financial Law Review (Zeitschrift)
Ecolex	Zeitschrift für Wirtschaftsrecht
Eds.	Editors
EFG	Entscheidungen der Finanzgerichte
EFTA	European Free Trade Association
EfzG	Entgeltfortzahlungsgesetz
EG	Europäische Gemeinschaft, Vertrag zur Gründung der Europäischen Gemeinschaft
eG	eingetragene Genossenschaft
EGAktG	Einführungsgesetz zum Aktiengesetz
EGBGB	Einführungsgesetz zum Bürgerlichen Gesetzbuch
EGInsO	Einführungsgesetz zur Insolvenzordnung
EG-KoordG	EG-Koordinierungsgesetz
EHUG	Gesetz über elektronische Handelsregister und Genossenschaftsregister sowie das Unternehmensregister
einschl.	einschließlich
EIOPA	European Insurance and Occupational Pensions Authority
ELR	European Law Reporter (Zeitschrift)
endg.	endgültig
EnWG	Energiewirtschaftsgesetz
EP	Europäisches Parlament
EPG	Europäische Privatgesellschaft
ErfK/ErfKomm.	Erfurter Kommentar
Erl.	Erläuterung(en)
ESMA	European Securities and Markets Authority
EStDV	Einkommensteuer-Durchführungsverordnung
EStG	Einkommensteuergesetz
ESUG	Gesetz zur weiteren Erleichterung der Sanierung von Unternehmen
EU	Europäische Union, Vertrag über die Europäische Union
EuGesR, Europ-GesR	Europäisches Gesellschaftsrecht
EUGGES	Europäische Gegenseitigkeitsgesellschaft
EuGH	Europäischer Gerichtshof
EuGVÜ	Europäisches Gerichtsstands- und Vollstreckungsübereinkommen
EuGVVO	Verordnung über die gerichtliche Zuständigkeit und die Anerkennung und Vollstreckung von Entscheidungen in Zivil- und Handelssachen
EuInsVO	Europäische Insolvenzverordnung
EuroAS	Informationsdienst Europäisches Arbeits- und Sozialrecht

EuroEG	Euro-Einführungsgesetz
EuropUR	Europäisches Unternehmens- und Kapitalmarktrecht
EUV	Vertrag über die Europäische Union
EUV-VOV	Vorschlag für eine Verordnung über das Statut des Europäischen Vereins
EÜI	Europäisches Übereinkommen über Insolvenzverfahren
EWG	Europäische Wirtschaftsgemeinschaft
EWiR	Entscheidungen zum Wirtschaftsrecht (Zeitschrift)
EWIV	Europäische wirtschaftliche Interessenvereinigung
EWR	Europäischer Wirtschaftsraum
EWRV	Abkommen über den Europäischen Wirtschaftsraum
EWS	Europäisches Wirtschafts- und Steuerrecht (Zeitschrift)
EWSA	Europäischer Wirtschafts- und Sozialausschuss
EWWU	Europäische Wirtschafts- und Währungsunion
EZB	Europäische Zentralbank
f., ff.	folgende, fortfolgende
FamFG	Gesetz zur Reform des Verfahrens in Familiensachen und in Angelegenheiten der Freiwilligen Gerichtsbarkeit
FamRZ	Zeitschrift für das gesamte Familienrecht
FAZ	Frankfurter Allgemeine Zeitung
FFG	Finanzmarktförderungsgesetz
FG	Festgabe, Finanzgericht
FGG	Gesetz über die Angelegenheiten der Freiwilligen Gerichtsbarkeit
FGG-ReformG/ FGG-RG	Gesetz zur Reform des Verfahrens in Familiensachen und in den Angelegenheiten der freiwilligen Gerichtsbarkeit
FGPrax	Praxis der freiwilligen Gerichtsbarkeit (Zeitschrift)
FinDAG	Finanzdienstleistungsaufsichtsgesetz
FMStBG	Finanzmarktstabilisierungsbeschleunigungsgesetz
FMStFG	Finanzmarktstabilisierungsfondsgesetz
FMStG	Finanzmarktstabilisierungsgesetz
FMVAStärkG	Gesetz zur Stärkung der Finanzmarkt- und der Versicherungsaufsicht
Fn.	Fußnote
FR	Finanz-Rundschau (Zeitschrift)
FrakE	Fraktionsentwurf
FRUG	Finanzmarktrichtlinie-Umsetzungsgesetz
FS	Festschrift
FTD	Financial Times Deutschland
FWB	Frankfurter Wertpapierbörse
GA	Generalanwalt (am EuGH)
GAAP	Generally Accepted Accounting Principles
GATS	General Agreement on Trade in Services
GBO	Grundbuchordnung
GbR	Gesellschaft bürgerlichen Rechts
GemKomm.	Gemeinschaftskommentar
GenG	Gesetz betreffend die Erwerbs- und Wirtschaftsgenossenschaften
Ges	Zeitschrift für Gesellschaftsrecht und angrenzendes Steuerrecht
GesR	Gesellschaftsrecht
GesRZ	Der Gesellschafter (Zeitschrift)

Abkürzungsverzeichnis

GewArch	Gewerbearchiv (Zeitschrift)
GewStG	Gewerbesteuergesetz
GewStR	Gewerbesteuerrichtlinien
GG	Grundgesetz
ggf.	gegebenenfalls
G/H/E/K	Geßler/Hefermehl/Eckardt/Kropff
GK-BetrVG	Gemeinschaftskommentar zum Betriebsverfassungsgesetz
GmbH	Gesellschaft mit beschränkter Haftung
GmbHG	Gesetz betreffend die Gesellschaften mit beschränkter Haftung
GmbHR	GmbH-Rundschau (Zeitschrift)
GMinBl.	Gemeinsames Ministerialblatt
GNotKG	Gesetz über Kosten der freiwilligen Gerichtsbarkeit für Gerichte und Notare (Gerichts- und Notarkostengesetz)
GoA	Geschäftsführung ohne Auftrag
GoB	Grundsätze ordnungmäßiger Buchführung
GPR	Zeitschrift für Gemeinschaftsprivatrecht
Grds., grds.	Grundsatz, grundsätzlich
GrEStG	Grunderwerbsteuergesetz
Großkomm.	Großkommentar
GS	Gedächtnisschrift
GuV	Gewinn- und Verlustrechnung
GVBl.	Gesetz- und Verordnungsblatt
GVG	Gerichtsverfassungsgesetz
GWB	Gesetz gegen Wettbewerbsbeschränkungen
GWG	Geldwäschegesetz
GWR	Gesellschafts- und Wirtschaftsrecht (Zeitschrift)
HambKomm.	Hamburger Kommentar
Hdb.	Handbuch
HdJ	Handbuch des Jahresabschlusses
HdR-E	Handbuch der Rechnungslegung – Einzelabschluss
HGB	Handelsgesetzbuch
HGrG	Haushaltsgrundsätze-Gesetz
h.L.	herrschende Lehre
h.M.	herrschende Meinung
HR	Handelsregister
HRefG	Handelsregisterreformgesetz
HRR	Höchstrichterliche Rechtsprechung
Hrsg.	Herausgeber
HRV	Handelsregisterverordnung
HV	Hauptversammlung
i.d.F.	in der Fassung
i.d.R.	in der Regel
i.d.S.	in diesem Sinne
i.E./i.Erg.	im Ergebnis
i.e.S.	im engeren Sinne
i.H., i.H.v.	in Höhe, in Höhe von
i.R., i.R.d.	im Rahmen, im Rahmen des/der
i.S., i.S.v.	im Sinne, im Sinne von
i.V.m.	in Verbindung mit
i.w.S.	im weiteren Sinne

Abkürzungsverzeichnis

IAS	International Accounting Standards
IASB	International Accounting Standards Board
ibid.	ibidem
ICLQ	International Comparative Law Quarterly (Zeitschrift)
IDW	Institut der Wirtschaftsprüfer
IDW PH	IDW Prüfungshinweise
IDW PS	IDW Prüfungsstandards
IFG	Informationsfreiheitsgesetz
IFRS	International Financial Reporting Standards
insb.	insbesondere
InsO	Insolvenzordnung
InsVV	Insolvenzrechtliche Vergütungsverordnung
InsVZ	Zeitschrift für Insolvenzverwaltung und Sanierungsberatung
IntGesR	Internationales Gesellschaftsrecht
InvG	Investmentgesetz
IPO	Initial Public Offering
IPrax	Praxis des Internationalen Privat- und Verfahrensrechts (Zeitschrift)
IPRspr.	Die deutsche Rechtsprechung auf dem Gebiete des Internationalen Privatrechts
IStR	Internationales Steuerrecht
jdf.	jedenfalls
jew.	jeweils
JFG	Jahrbuch für Entscheidungen in Angelegenheiten der freiwilligen Gerichtsbarkeit und des Grundbuchrechts
JR	Juristische Rundschau (Zeitschrift)
Jura	Juristische Ausbildung (Zeitschrift)
JurisPR-HaGesR	Juris PraxisReport Handels- und Gesellschaftsrecht
JuS	Juristische Schulung (Zeitschrift)
JVEG	Justizvergütungs- und Entschädigungsgesetz
JW	Juristische Wochenschrift (Zeitschrift)
JZ	Juristenzeitung
K&R	Kommunikation & Recht (Zeitschrift)
KAGB	Kapitalanlagegesetzbuch
Kap.	Kapitel
KapAEG	Kapitalaufnahmeerleichterungsgesetz
KapErhG	Kapitalerhöhungsgesetz
KapInHaG	Kapitalmarktinformationshaftungsgesetz
KapMuG	Kapitalanleger-Musterverfahrensgesetz
KapRL	Kapitalrichtlinie
KG	Kommanditgesellschaft; Kammergericht
KGaA	Kommanditgesellschaft auf Aktien
KGJ	Jahrbuch für Entscheidungen des Kammergerichts in Sachen der freiwilligen Gerichtsbarkeit
KMU	kleine und mittlere Unternehmen
KölnKomm.	Kölner Kommentar
Komm.	Kommentar
KonTraG	Gesetz zur Kontrolle und Transparenz im Unternehmensbereich
KoR	Kapitalmarktorientierte Rechnungslegung (Zeitschrift)
KostO	Kostenordnung

Abkürzungsverzeichnis

KostRMoG	Kostenrechtsmodernisierungsgesetz
KpK GesR	Kompaktkommentar Gesellschaftsrecht
krit.	kritisch
KStG	Körperschaftsteuergesetz
KSzW	Kölner Schrift zum Wirtschaftsrecht (Zeitschrift)
KTS	Zeitschrift für Konkurs-, Treuhand- und Schiedsgerichtswesen
KuMaKV	Verordnung zur Konkretisierung des Verbotes der Kurs- und Marktpreismanipulation
KV	Kostenverzeichnis
KV-GNotKG	Kostenverzeichnis GNotKG
KWG	Kreditwesengesetz
LAG	Landesarbeitsgericht
LAGE	Sammlung der Entscheidungen der Landesarbeitsgerichte
LG	Landgericht
lit.	litera
LM	Lindenmaier/Möhring
LPartG	Lebenspartnerschaftsgesetz
LS/Ls.	Leitsatz
LStDV	Lohnsteuer-Durchführungsverordnung
LStR	Lohnsteuerrichtlinien
Ltd.	Limited Company
LugÜ	Luganer Übereinkommen
m. Hw.	mit Hinweis(en)
m.N./mit Nachw.	mit Nachweis(en)
m.w.N.	mit weiteren Nachweisen
m.W.v.	mit Wirkung vom
m.z.w.N.	mit zahlreichen weiteren Nachweisen
MA	Musterabkommen
MaKonV	Verordnung zur Konkretisierung des Verbotes der Marktmanipulation
MDR	Monatsschrift für Deutsches Recht (Zeitschrift)
MgVG	Gesetz über die Mitbestimmung der Arbeitnehmer bei einer grenzüberschreitenden Verschmelzung
MiFID	Richtlinie über Märkte für Finanzinstrumente
Mio.	Million
MitbestBeiG	Mitbestimmungs-Beibehaltungsgesetz
MitbestErgG	Mitbestimmungsergänzungsgesetz
MitbestG	Mitbestimmungsgesetz
MittBayNot	Mitteilungen des Bayerischen Notarvereins, der Notarkasse und der Landesnotarkammer Bayern (Zeitschrift)
MittRhNotK	Mitteilungen der Rheinischen Notarkammer (Zeitschrift)
MoMiG	Gesetz zur Modernisierung des GmbH-Rechts und zur Bekämpfung von Missbräuchen
MontanMitbestErgG	Montan-Mitbestimmungsergänzungsgesetz
MünchAnwHdb.	Münchener Anwaltshandbuch
MünchHdb. AG	Münchener Handbuch des Gesellschaftsrechts, Band 4: Aktiengesellschaft
MünchKomm.	Münchener Kommentar

n.F.	neue Fassung
n.rkr.	nicht rechtskräftig
n.v.	nicht veröffentlicht
NASDAQ	National Association of Securities Dealers Automated Quotation
NaStraG	Gesetz zur Namensaktie und zur Erleichterung der Stimmrechtsausübung
Neubearb.	Neubearbeitung
NJOZ	Neue Juristische Online Zeitschrift
NJW	Neue Juristische Wochenschrift (Zeitschrift)
NJW-RR	NJW-Rechtsprechungs-Report (Zeitschrift)
NotBZ	Zeitschrift für die notarielle Beratungs- und Beurkundungspraxis
NotVO	Notarverordnung
Nr.	Nummer
NStZ	Neue Zeitschrift für Strafrecht
NtVO	Nebentätigkeitsverordnung
NVersZ	Neue Zeitschrift für Versicherung und Recht
NWB	Neue Wirtschaftsbriefe (Zeitschrift)
NYSE	New York Stock Exchange
NZA	Neue Zeitschrift für Arbeitsrecht
NZG	Neue Zeitschrift für Gesellschaftsrecht
o.Ä.	oder Ähnliches
öAktG	österreichisches Aktiengesetz
ÖBA	Österreichisches BankArchiv (Zeitschrift)
OECD	Organisation for Economic Cooperation and Development
OFD	Oberfinanzdirektion
OHG	Offene Handelsgesellschaft
OLG	Oberlandesgericht
OLGR	OLG-Report
OLGZ	Entscheidungssammlung der Oberlandesgerichte in Zivilsachen
ÖOGH/ÖstOGH	Österreichischer Oberster Gerichtshof
öRdW	Österreichisches Recht der Wirtschaft (Zeitschrift)
OR	Obligationenrecht
öSEG	österreichisches SE-Gesetz
ÖStZ	Österreichische Steuer-Zeitung
OWiG	Gesetz über Ordnungswidrigkeiten
PartGG	Partnerschaftsgesellschaftsgesetz
PLC	Public Limited Company
PublG	Publizitätsgesetz
RdA	Recht der Arbeit (Zeitschrift)
RdF	Recht der Finanzen (Zeitschrift)
RdW	Österreichisches Recht der Wirtschaft (Zeitschrift)
RefE	Referentenentwurf
RefG	Reformgesetz
RegBegr.	Regierungsbegründung
RegE	Regierungsentwurf
REIT-AG	Immobilien-Aktiengesellschaft mit börsennotierten Anteilen
REITG	Gesetz über deutsche Immobilien-Aktiengesellschaften mit börsennotierten Anteilen

Abkürzungsverzeichnis

RFH	Reichsfinanzhof
RG	Reichsgericht
RGBl.	Reichsgesetzblatt
RGZ	Entscheidungssammlung des Reichsgerichts in Zivilsachen
RHO	Reichshaushaltsordnung
RIW	Recht der Internationalen Wirtschaft (Zeitschrift)
RJA	Entscheidungen in Angelegenheiten der freiwilligen Gerichtsbarkeit und des Grundbuchrechts, zusammengestellt im Reichsjustizamt
RL	Richtlinie
RNotZ	Rheinische Notar-Zeitschrift
ROHG	Reichsoberhandelsgericht
ROHGE	Entscheidungen des Reichsoberhandelsgerichts
RPfl./Rpfleger	Der Deutsche Rechtspfleger (Zeitschrift)
RPflG	Rechtspflegergesetz
Rs.	Rechtssache
Rspr.	Rechtsprechung
RTS	Regulatory Technical Standards
RVG	Rechtsanwaltsvergütungsgesetz
RVG-VV	Rechtsanwaltsvergütungsgesetz, Vergütungsverzeichnis
RWZ	Zeitschrift für Recht und Rechnungswesen
Rz.	Randzahl
S.	Seite
s.	siehe
S.A.R.L.	Société à Responsabilité Limitée
SCE	Societas Cooperativa Europaea
SCEBG	Gesetz über die Beteiligung der Arbeitnehmer und Arbeitnehmerinnen in einer Europäischen Genossenschaft
scil.	scilicet
SE	Societas Europaea
SE-RL	SE-Richtlinie
SE-VO	SE-Verordnung
SE-VOV	Vorschlag für eine SE-Verordnung
SEAG	SE-Ausführungsgesetz
SEBG	SE-Beteiligungsgesetz
sec.	section
SEC	Securities and Exchange Commission
SEEG	Gesetz zur Einführung der Europäischen Gesellschaft
SEG	Gesetz über das Statut der Europäischen Gesellschaft (Österreich)
SEStEG	Gesetz über steuerliche Begleitmaßnahmen zur Einführung der Europäischen Gesellschaft und zur Änderung weiterer steuerrechtlicher Vorschriften
SI	Statutory Instrument
Slg.	Sammlung der Rechtsprechung des Gerichtshofes und des Gerichts (EU)
SoFFin	Sonderfonds Finanzmarktstabilisierung
sog.	so genannt, so genannte
SOX	Sarbanes Oxley Act
SprAuG	Sprecherausschussgesetz
SpruchG	Spruchverfahrensgesetz

Stb.	Steuerberater
StBerG	Steuerbereinigungsgesetz; Steuerberatungsgesetz
StbJB	Steuerberater-Jahrbuch
SteuK	Steuerrecht kurzgefasst
StGB	Strafgesetzbuch
str.	strittig
StrafS	Strafsenat
StSenkG	Steuersenkungsgesetz
StuB	Steuern und Bilanzen (Zeitschrift)
StuW	Steuer und Wirtschaft (Zeitschrift)
StVergAbG	Steuervergünstigungsabbaugesetz
SUP	Societas Unius Personae
Supp.	Supplement
SZW	Schweizerische Zeitschrift für Wirtschaftsrecht
TKG	Telekommunikationsgesetz
TMG	Telemediengesetz
TransPuG	Transparenz- und Publizitätsgesetz
TUG	Transparenzrichtlinie-Umsetzungsgesetz
TVG	Tarifvertragsgesetz
Tz.	Textziffer
TzBfG	Teilzeit- und Befristungsgesetz
u.a.	unter anderem; und andere
u.Ä.	und Ähnliches
Uabs./Unterabs.	Unterabsatz
UBGG	Gesetz über Unternehmensbeteiligungsgesellschaften
UMAG	Gesetz zur Unternehmensintegrität und Modernisierung des Anfechtungsrechts
umstr.	umstritten
UmwBerG	Umwandlungsbereinigungsgesetz
UmwG	Umwandlungsgesetz
UmwStG	Umwandlungssteuergesetz
unstr.	unstreitig
UntStFG	Unternehmenssteuerfortentwicklungsgesetz
unzutr.	unzutreffend
UStG	Umsatzsteuergesetz
u.U.	unter Umständen
UWG	Gesetz gegen den unlauteren Wettbewerb
v.	vom; von
VAG/VersAufsG	Versicherungsaufsichtsgesetz
Var.	Variante
VerkProspG	Verkaufsprospektgesetz
VermAnlG	Vermögensanlagengesetz
VermbG	Vermögensbeteiligungsgesetz
VersR	Versicherungsrecht
VersRiLiG	Versicherungsbilanzrichtlinie-Gesetz
VerwArch	Verwaltungsarchiv (Zeitschrift)
VG	Verwaltungsgericht
VGH	Verwaltungsgerichtshof
vgl.	vergleiche

Abkürzungsverzeichnis

VGR	Gesellschaftsrechtliche Vereinigung
VO	Verordnung
VOE	Verordnungsentwurf
Voraufl.	Vorauflage
Vorb./Vorbem.	Vorbemerkung
VorstAG	Gesetz zur Angemessenheit der Vorstandsvergütung
VorstKoG	Gesetz zur Verbesserung der Kontrolle der Vorstandsvergütung und zur Änderung weiterer aktienrechtlicher Vorschriften
VorstOG	Vorstandsvergütungs-Offenlegungsgesetz
VOV	Verordnungsvorschlag
VR	Verwaltungsrundschau (Zeitschrift)
VVaG	Versicherungsverein auf Gegenseitigkeit
VVG	Versicherungsvertragsgesetz
VW	Versicherungswirtschaft
VwGO	Verwaltungsgerichtsordnung
VwVfG	Verwaltungsverfahrensgesetz
VwVG	Verwaltungsvollstreckungsgesetz
VwZG	Verwaltungszustellungsgesetz
VZ	Veranlagungszeitraum
WBl.	Wirtschaftsrechtliche Blätter (Zeitschrift)
wbl	Zeitschrift für österreichisches und europäisches Wirtschaftsrecht
WG	Wechselgesetz
WiB	Wirtschaftsrechtliche Beratung (Zeitschrift)
wistra	Zeitschrift für Wirtschaft, Steuer und Strafrecht
WKN	Wertpapier-Kennnummer
WM	Wertpapier-Mitteilungen (Zeitschrift)
WO-MitbestG	Wahlordnung zum Mitbestimmungsgesetz
WPg	Die Wirtschaftsprüfung (Zeitschrift)
WpHG	Wertpapierhandelsgesetz
WPK	Wirtschaftsprüferkammer
WPO	Wirtschaftsprüferordnung
WpPG	Wertpapierprospektgesetz
WpÜG	Wertpapiererwerbs- und Übernahmegesetz
WpÜG-AngVO	WpÜG-Angebotsverordnung
WpÜG-GebVO	WpÜG-Gebührenverordnung
WRP	Wettbewerb in Recht und Praxis (Zeitschrift)
WSI	Wirtschafts- und Sozialwissenschaftliches Institut
WuB	Entscheidungssammlung zum Wirtschafts- und Bankrecht (Zeitschrift)
WWU	Wirtschafts- und Währungsunion
z.B.	zum Beispiel
ZBB	Zeitschrift für Bankrecht und Bankwirtschaft
ZCG	Zeitschrift für Corporate Governance
Zerb	Zeitschrift für die Steuer- und Erbrechtspraxis
ZESAR	Zeitschrift für europäisches Sozial- und Arbeitsrecht
ZEuP	Zeitschrift für europäisches Privatrecht
ZEV	Zeitschrift für Erbrecht und Vermögensnachfolge
ZfA	Zeitschrift für Arbeitsrecht
ZfB	Zeitschrift für Betriebswirtschaft

ZfbF	Zeitschrift für betriebswirtschaftliche Forschung
ZfRV	Zeitschrift für Rechtsvergleichung
ZgK	Zeitschrift für das gesamte Kreditwesen
ZGR	Zeitschrift für Unternehmens- und Gesellschaftsrecht
ZHR	Zeitschrift für das gesamte Handels- und Wirtschaftsrecht
Ziff.	Ziffer
ZInsO	Zeitschrift für das gesamte Insolvenzrecht
ZIP	Zeitschrift für Wirtschaftsrecht
ZIS	Zeitschrift für Internationale Strafrechtsdogmatik
zit.	zitiert
ZNotP	Zeitschrift für die Notarpraxis
ZPO	Zivilprozessordnung
ZRP	Zeitschrift für Rechtspolitik
zugl.	zugleich
zust.	zustimmend
zutr.	zutreffend
ZuVOJu	Verordnung des Justizministeriums über gerichtliche Zuständigkeiten
ZVglRWiss	Zeitschrift für Vergleichende Rechtswissenschaft
ZWeR	Zeitschrift für Wettbewerbsrecht
z.Z./z.Zt.	zur Zeit
ZZP	Zeitschrift für Zivilprozess

A. SE-Verordnung

Verordnung (EG) Nr. 2157/2001 des Rates vom 8. Oktober 2001 über das Statut der Europäischen Gesellschaft (SE)

(ABl. EG Nr. L 294 v. 10.11.2001, S. 1), zuletzt geändert durch Verordnung (EU) Nr. 517/2013 des Rates vom 13. Mai 2013 (ABl. EU Nr. L 158 v. 10.6.2013, S. 1)

Titel I. Allgemeine Vorschriften

Artikel 1

(1) Handelsgesellschaften können im Gebiet der Gemeinschaft in der Form europäischer Aktiengesellschaften (Societas Europaea, nachfolgend „SE" genannt) unter den Voraussetzungen und in der Weise gegründet werden, die in dieser Verordnung vorgesehen sind.

(2) Die SE ist eine Gesellschaft, deren Kapital in Aktien zerlegt ist. Jeder Aktionär haftet nur bis zur Höhe des von ihm gezeichneten Kapitals.

(3) Die SE besitzt Rechtspersönlichkeit.

(4) Die Beteiligung der Arbeitnehmer in der SE wird durch die Richtlinie 2001/86/EG geregelt.

Artikel 2

(1) Aktiengesellschaften im Sinne des Anhangs I, die nach dem Recht eines Mitgliedstaats gegründet worden sind und ihren Sitz sowie ihre Hauptverwaltung in der Gemeinschaft haben, können eine SE durch Verschmelzung gründen, sofern mindestens zwei von ihnen dem Recht verschiedener Mitgliedstaaten unterliegen.

(2) Aktiengesellschaften und Gesellschaften mit beschränkter Haftung im Sinne des Anhangs II, die nach dem Recht eines Mitgliedstaats gegründet worden sind und ihren Sitz sowie ihre Hauptverwaltung in der Gemeinschaft haben, können die Gründung einer Holding-SE anstreben, sofern mindestens zwei von ihnen

a) dem Recht verschiedener Mitgliedstaaten unterliegen oder

b) seit mindestens zwei Jahren eine dem Recht eines anderen Mitgliedstaats unterliegende Tochtergesellschaft oder eine Zweigniederlassung in einem anderen Mitgliedstaat haben.

(3) Gesellschaften im Sinne des Artikels 48 Absatz 2 des Vertrags sowie juristische Personen des öffentlichen oder privaten Rechts, die nach dem Recht eines Mitgliedstaats gegründet worden sind und ihren Sitz sowie ihre Hauptverwaltung in der Gemeinschaft haben, können eine Tochter-SE durch Zeichnung ihrer Aktien gründen, sofern mindestens zwei von ihnen

a) dem Recht verschiedener Mitgliedstaaten unterliegen oder

b) seit mindestens zwei Jahren eine dem Recht eines anderen Mitgliedstaats unterliegende Tochtergesellschaft oder eine Zweigniederlassung in einem anderen Mitgliedstaat haben.

(4) Eine Aktiengesellschaft, die nach dem Recht eines Mitgliedstaats gegründet worden ist und ihren Sitz sowie ihre Hauptverwaltung in der Gemeinschaft hat, kann in eine SE umgewandelt werden, wenn sie seit mindestens zwei Jahren eine dem Recht eines anderen Mitgliedstaats unterliegende Tochtergesellschaft hat.

(5) Ein Mitgliedstaat kann vorsehen, dass sich eine Gesellschaft, die ihre Hauptverwaltung nicht in der Gemeinschaft hat, an der Gründung einer SE beteiligen kann, sofern sie nach dem Recht eines Mitgliedstaats gegründet wurde, ihren Sitz in diesem Mitgliedstaat hat und mit der Wirtschaft eines Mitgliedstaats in tatsächlicher und dauerhafter Verbindung steht.

Artikel 3

(1) Die SE gilt als Aktiengesellschaft, die zum Zwecke der Anwendung des Artikels 2 Absätze 1, 2 und 3 dem Recht des Sitzmitgliedstaats unterliegt.

(2) Eine SE kann selbst eine oder mehrere Tochtergesellschaften in Form einer SE gründen. Bestimmungen des Sitzmitgliedstaats der Tochter-SE, gemäß denen eine Aktiengesellschaft mehr als einen Aktionär haben muss, gelten nicht für die Tochter-SE. Die einzelstaatlichen Bestimmungen, die aufgrund der Zwölften Richtlinie 89/667/EWG des Rates vom 21. Dezember 1989 auf dem Gebiet des Gesellschaftsrechts betreffend Gesellschaften mit beschränkter Haftung mit einem einzigen Gesellschafter angenommen wurden, gelten sinngemäß für die SE.

Artikel 4

(1) Das Kapital der SE lautet auf Euro.

(2) Das gezeichnete Kapital muss mindestens 120 000 EUR betragen.

(3) Die Rechtsvorschriften eines Mitgliedstaats, die ein höheres gezeichnetes Kapital für Gesellschaften vorsehen, die bestimmte Arten von Tätigkeiten ausüben, gelten auch für SE mit Sitz in dem betreffenden Mitgliedstaat.

Artikel 5

Vorbehaltlich des Artikels 4 Absätze 1 und 2 gelten für das Kapital der SE, dessen Erhaltung und dessen Änderungen sowie die Aktien, die Schuldverschreibungen und sonstige vergleichbare Wertpapiere der SE die Vorschriften, die für eine Aktiengesellschaft mit Sitz in dem Mitgliedstaat, in dem die SE eingetragen ist, gelten würden.

Artikel 6

Für die Zwecke dieser Verordnung bezeichnet der Ausdruck „Satzung der SE" zugleich die Gründungsurkunde und, falls sie Gegenstand einer getrennten Urkunde ist, die Satzung der SE im eigentlichen Sinne.

Artikel 7

Der Sitz der SE muss in der Gemeinschaft liegen, und zwar in dem Mitgliedstaat, in dem sich die Hauptverwaltung der SE befindet. Jeder Mitgliedstaat kann darüber hinaus den in seinem Hoheitsgebiet eingetragenen SE vorschreiben, dass sie ihren Sitz und ihre Hauptverwaltung am selben Ort haben müssen.

Artikel 8

(1) Der Sitz der SE kann gemäß den Absätzen 2 bis 13 in einen anderen Mitgliedstaat verlegt werden. Diese Verlegung führt weder zur Auflösung der SE noch zur Gründung einer neuen juristischen Person.

(2) Ein Verlegungsplan ist von dem Leitungs- oder dem Verwaltungsorgan zu erstellen und unbeschadet etwaiger vom Sitzmitgliedstaat vorgesehener zusätzlicher Offenlegungsformen gemäß Artikel 13 offen zu legen. Dieser Plan enthält die bisherige Firma, den bisherigen Sitz und die bisherige Registriernummer der SE sowie folgende Angaben:

a) den vorgesehenen neuen Sitz der SE,

b) die für die SE vorgesehene Satzung sowie gegebenenfalls die neue Firma,

c) die etwaigen Folgen der Verlegung für die Beteiligung der Arbeitnehmer,

d) den vorgesehenen Zeitplan für die Verlegung,

e) etwaige zum Schutz der Aktionäre und/oder Gläubiger vorgesehene Rechte.

(3) Das Leitungs- oder das Verwaltungsorgan erstellt einen Bericht, in dem die rechtlichen und wirtschaftlichen Aspekte der Verlegung erläutert und begründet und die Auswirkungen der Verlegung für die Aktionäre, die Gläubiger sowie die Arbeitnehmer im Einzelnen dargelegt werden.

(4) Die Aktionäre und die Gläubiger der SE haben vor der Hauptversammlung, die über die Verlegung befinden soll, mindestens einen Monat lang das Recht, am Sitz der SE den Verlegungsplan und den Bericht nach Absatz 3 einzusehen und die unentgeltliche Aushändigung von Abschriften dieser Unterlagen zu verlangen.

(5) Die Mitgliedstaaten können in Bezug auf die in ihrem Hoheitsgebiet eingetragenen SE Vorschriften erlassen, um einen angemessenen Schutz der Minderheitsaktionäre, die sich gegen die Verlegung ausgesprochen haben, zu gewährleisten.

(6) Der Verlegungsbeschluss kann erst zwei Monate nach der Offenlegung des Verlegungsplans gefasst werden. Er muss unter den in Artikel 59 vorgesehenen Bedingungen gefasst werden.

(7) Bevor die zuständige Behörde die Bescheinigung gemäß Absatz 8 ausstellt, hat die SE gegenüber der Behörde den Nachweis zu erbringen, dass die Interessen ihrer Gläubiger und sonstigen Forderungsberechtigten (einschließlich der öffentlich-rechtlichen Körperschaften) in Bezug auf alle vor der Offenlegung des Verlegungsplans entstandenen Verbindlichkeiten im Einklang mit den Anforderungen des Mitgliedstaats, in dem die SE vor der Verlegung ihren Sitz hat, angemessen geschützt sind.

Die einzelnen Mitgliedstaaten können die Anwendung von Unterabsatz 1 auf Verbindlichkeiten ausdehnen, die bis zum Zeitpunkt der Verlegung entstehen (oder entstehen können).

Die Anwendung der einzelstaatlichen Rechtsvorschriften über das Leisten oder Absichern von Zahlungen an öffentlich-rechtliche Körperschaften auf die SE wird von den Unterabsätzen 1 und 2 nicht berührt.

(8) Im Sitzstaat der SE stellt das zuständige Gericht, der Notar oder eine andere zuständige Behörde eine Bescheinigung aus, aus der zweifelsfrei hervorgeht, dass die der Verlegung vorangehenden Rechtshandlungen und Formalitäten durchgeführt wurden.

(9) Die neue Eintragung kann erst vorgenommen werden, wenn die Bescheinigung nach Absatz 8 vorgelegt und die Erfüllung der für die Eintragung in dem neuen Sitzstaat erforderlichen Formalitäten nachgewiesen wurde.

(10) Die Sitzverlegung der SE sowie die sich daraus ergebenden Satzungsänderungen werden zu dem Zeitpunkt wirksam, zu dem die SE gemäß Artikel 12 im Register des neuen Sitzes eingetragen wird.

(11) Das Register des neuen Sitzes meldet dem Register des früheren Sitzes die neue Eintragung der SE, sobald diese vorgenommen worden ist. Die Löschung der früheren Eintragung der SE erfolgt erst nach Eingang dieser Meldung.

(12) Die neue Eintragung und die Löschung der früheren Eintragung werden gemäß Artikel 13 in den betreffenden Mitgliedstaaten offen gelegt.

(13) Mit der Offenlegung der neuen Eintragung der SE ist der neue Sitz Dritten gegenüber wirksam. Jedoch können sich Dritte, solange die Löschung der Eintragung im Register des früheren Sitzes nicht offen gelegt worden ist, weiterhin auf den alten Sitz berufen, es sei denn, die SE beweist, dass den Dritten der neue Sitz bekannt war.

(14) Die Rechtsvorschriften eines Mitgliedstaats können bestimmen, dass eine Sitzverlegung, die einen Wechsel des maßgeblichen Rechts zur Folge hätte, im Falle der in dem betreffenden Mitgliedstaat eingetragenen SE nicht wirksam wird, wenn eine zuständige Behörde dieses Staates innerhalb der in Absatz 6 genannten Frist von zwei Monaten dagegen Einspruch erhebt. Dieser Einspruch ist nur aus Gründen des öffentlichen Interesses zulässig.

Untersteht eine SE nach Maßgabe von Gemeinschaftsrichtlinien der Aufsicht einer einzelstaatlichen Finanzaufsichtsbehörde, so gilt das Recht auf Erhebung von Einspruch gegen die Sitzverlegung auch für die genannte Behörde.

Gegen den Einspruch muss ein Rechtsmittel vor einem Gericht eingelegt werden können.

(15) Eine SE kann ihren Sitz nicht verlegen, wenn gegen sie ein Verfahren wegen Auflösung, Liquidation, Zahlungsunfähigkeit oder vorläufiger Zahlungseinstellung oder ein ähnliches Verfahren eröffnet worden ist.

(16) Eine SE, die ihren Sitz in einen anderen Mitgliedstaat verlegt hat, gilt in Bezug auf alle Forderungen, die vor dem Zeitpunkt der Verlegung gemäß Absatz 10 entstanden sind, als SE mit Sitz in dem Mitgliedstaat, in dem sie vor der Verlegung eingetragen war, auch wenn sie erst nach der Verlegung verklagt wird.

Artikel 9

(1) Die SE unterliegt

a) den Bestimmungen dieser Verordnung,

b) sofern die vorliegende Verordnung dies ausdrücklich zulässt, den Bestimmungen der Satzung der SE,

c) in Bezug auf die nicht durch diese Verordnung geregelten Bereiche oder, sofern ein Bereich nur teilweise geregelt ist, in Bezug auf die nicht von dieser Verordnung erfassten Aspekte

   i) den Rechtsvorschriften, die die Mitgliedstaaten in Anwendung der speziell die SE betreffenden Gemeinschaftsmaßnahmen erlassen,

   ii) den Rechtsvorschriften der Mitgliedstaaten, die auf eine nach dem Recht des Sitzstaats der SE gegründete Aktiengesellschaft Anwendung finden würden,

iii) den Bestimmungen ihrer Satzung unter den gleichen Voraussetzungen wie im Falle einer nach dem Recht des Sitzstaats der SE gegründeten Aktiengesellschaft.

(2) Von den Mitgliedstaaten eigens für die SE erlassene Rechtsvorschriften müssen mit den für Aktiengesellschaften im Sinne des Anhangs I maßgeblichen Richtlinien im Einklang stehen.

(3) Gelten für die von der SE ausgeübte Geschäftstätigkeit besondere Vorschriften des einzelstaatlichen Rechts, so finden diese Vorschriften auf die SE uneingeschränkt Anwendung.

Artikel 10

Vorbehaltlich der Bestimmungen dieser Verordnung wird eine SE in jedem Mitgliedstaat wie eine Aktiengesellschaft behandelt, die nach dem Recht des Sitzstaats der SE gegründet wurde.

Artikel 11

(1) Die SE muss ihrer Firma den Zusatz „SE" voran- oder nachstellen.

(2) Nur eine SE darf ihrer Firma den Zusatz „SE" hinzufügen.

(3) Die in einem Mitgliedstaat vor dem Zeitpunkt des Inkrafttretens dieser Verordnung eingetragenen Gesellschaften oder sonstigen juristischen Personen, deren Firma den Zusatz „SE" enthält, brauchen ihre Namen jedoch nicht zu ändern.

Artikel 12

(1) Jede SE wird gemäß Artikel 3 der Ersten Richtlinie 68/151/EWG des Rates vom 9. März 1968 zur Koordinierung der Schutzbestimmungen, die in den Mitgliedstaaten den Gesellschaften im Sinne des Artikels 58 Absatz 2 des Vertrages im Interesse der Gesellschafter sowie Dritter vorgeschrieben sind, um diese Bestimmungen gleichwertig zu gestalten, im Sitzstaat in ein nach dem Recht dieses Staates bestimmtes Register eingetragen.

(2) Eine SE kann erst eingetragen werden, wenn eine Vereinbarung über die Beteiligung der Arbeitnehmer gemäß Artikel 4 der Richtlinie 2001/86/EG geschlossen worden ist, ein Beschluss nach Artikel 3 Absatz 6 der genannten Richtlinie gefasst worden ist oder die Verhandlungsfrist nach Artikel 5 der genannten Richtlinie abgelaufen ist, ohne dass eine Vereinbarung zustande gekommen ist.

(3) Voraussetzung dafür, dass eine SE in einem Mitgliedstaat, der von der in Artikel 7 Absatz 3 der Richtlinie 2001/86/EG vorgesehenen Möglichkeit Gebrauch gemacht hat, registriert werden kann, ist, dass eine Vereinbarung im Sinne von Artikel 4 der genannten Richtlinie über die Modalitäten der Beteiligung der Arbeitnehmer – einschließlich der Mitbestimmung – geschlossen wurde oder dass für keine der teilnehmenden Gesellschaften vor der Registrierung der SE Mitbestimmungsvorschriften galten.

(4) Die Satzung der SE darf zu keinem Zeitpunkt im Widerspruch zu der ausgehandelten Vereinbarung stehen. Steht eine neue gemäß der Richtlinie 2001/86/EG geschlossene Vereinbarung im Widerspruch zur geltenden Satzung, ist diese – soweit erforderlich – zu ändern.

In diesem Fall kann ein Mitgliedstaat vorsehen, dass das Leitungs- oder das Verwaltungsorgan der SE befugt ist, die Satzungsänderung ohne weiteren Beschluss der Hauptversammlung vorzunehmen.

Artikel 13

Die die SE betreffenden Urkunden und Angaben, die nach dieser Verordnung der Offenlegungspflicht unterliegen, werden gemäß der Richtlinie 68/151/EWG nach Maßgabe der Rechtsvorschriften des Sitzstaats der SE offen gelegt.

Artikel 14

(1) Die Eintragung und die Löschung der Eintragung einer SE werden mittels einer Bekanntmachung zu Informationszwecken im *Amtsblatt der Europäischen Gemeinschaften* veröffentlicht, nachdem die Offenlegung gemäß Artikel 13 erfolgt ist. Diese Bekanntmachung enthält die Firma der SE, Nummer, Datum und Ort der Eintragung der SE, Datum, Ort und Titel der Veröffentlichung sowie den Sitz und den Geschäftszweig der SE.
(2) Bei der Verlegung des Sitzes der SE gemäß Artikel 8 erfolgt eine Bekanntmachung mit den Angaben gemäß Absatz 1 sowie mit denjenigen im Falle einer Neueintragung.
(3) Die Angaben gemäß Absatz 1 werden dem Amt für amtliche Veröffentlichungen der Europäischen Gemeinschaften innerhalb eines Monats nach der Offenlegung gemäß Artikel 13 übermittelt.

Titel II. Gründung

Abschnitt 1. Allgemeines

Artikel 15

(1) Vorbehaltlich der Bestimmungen dieser Verordnung findet auf die Gründung einer SE das für Aktiengesellschaften geltende Recht des Staates Anwendung, in dem die SE ihren Sitz begründet.
(2) Die Eintragung einer SE wird gemäß Artikel 13 offen gelegt.

Artikel 16

(1) Die SE erwirbt die Rechtspersönlichkeit am Tag ihrer Eintragung in das in Artikel 12 genannte Register.
(2) Wurden im Namen der SE vor ihrer Eintragung gemäß Artikel 12 Rechtshandlungen vorgenommen und übernimmt die SE nach der Eintragung die sich aus diesen Rechtshandlungen ergebenden Verpflichtungen nicht, so haften die natürlichen Personen, die Gesellschaften oder anderen juristischen Personen, die diese Rechtshandlungen vorgenommen haben, vorbehaltlich anders lautender Vereinbarungen unbegrenzt und gesamtschuldnerisch.

Abschnitt 2. Gründung einer SE durch Verschmelzung

Artikel 17

(1) Eine SE kann gemäß Artikel 2 Absatz 1 durch Verschmelzung gegründet werden.

(2) Die Verschmelzung erfolgt

a) entweder nach dem Verfahren der Verschmelzung durch Aufnahme gemäß Artikel 3 Absatz 1 der Richtlinie 78/855/EWG

b) oder nach dem Verfahren der Verschmelzung durch Gründung einer neuen Gesellschaft gemäß Artikel 4 Absatz 1 der genannten Richtlinie.

Im Falle einer Verschmelzung durch Aufnahme nimmt die aufnehmende Gesellschaft bei der Verschmelzung die Form einer SE an. Im Falle einer Verschmelzung durch Gründung einer neuen Gesellschaft ist die neue Gesellschaft eine SE.

Artikel 18

In den von diesem Abschnitt nicht erfassten Bereichen sowie in den nicht erfassten Teilbereichen eines von diesem Abschnitt nur teilweise abgedeckten Bereichs sind bei der Gründung einer SE durch Verschmelzung auf jede Gründungsgesellschaft die mit der Richtlinie 78/855/EWG in Einklang stehenden, für die Verschmelzung von Aktiengesellschaften geltenden Rechtsvorschriften des Mitgliedstaats anzuwenden, dessen Recht sie unterliegt.

Artikel 19

Die Rechtsvorschriften eines Mitgliedstaates können vorsehen, dass die Beteiligung einer Gesellschaft, die dem Recht dieses Mitgliedstaates unterliegt, an der Gründung einer SE durch Verschmelzung nur möglich ist, wenn keine zuständige Behörde dieses Mitgliedstaats vor der Erteilung der Bescheinigung gemäß Artikel 25 Absatz 2 dagegen Einspruch erhebt.

Dieser Einspruch ist nur aus Gründen des öffentlichen Interesses zulässig. Gegen ihn muss ein Rechtsmittel eingelegt werden können.

Artikel 20

(1) Die Leitungs- oder die Verwaltungsorgane der sich verschmelzenden Gesellschaften stellen einen Verschmelzungsplan auf. Dieser Verschmelzungsplan enthält

a) die Firma und den Sitz der sich verschmelzenden Gesellschaften sowie die für die SE vorgesehene Firma und ihren geplanten Sitz,

b) das Umtauschverhältnis der Aktien und gegebenenfalls die Höhe der Ausgleichsleistung,

c) die Einzelheiten hinsichtlich der Übertragung der Aktien der SE,

d) den Zeitpunkt, von dem an diese Aktien das Recht auf Beteiligung am Gewinn gewähren, sowie alle Besonderheiten in Bezug auf dieses Recht,

e) den Zeitpunkt, von dem an die Handlungen der sich verschmelzenden Gesellschaften unter dem Gesichtspunkt der Rechnungslegung als für Rechnung der SE vorgenommen gelten,

f) die Rechte, welche die SE den mit Sonderrechten ausgestatteten Aktionären der Gründungsgesellschaften und den Inhabern anderer Wertpapiere als Aktien gewährt, oder die für diese Personen vorgeschlagenen Maßnahmen,
g) jeder besondere Vorteil, der den Sachverständigen, die den Verschmelzungsplan prüfen, oder den Mitgliedern der Verwaltungs-, Leitungs-, Aufsichts- oder Kontrollorgane der sich verschmelzenden Gesellschaften gewährt wird,
h) die Satzung der SE,
i) Angaben zu dem Verfahren, nach dem die Vereinbarung über die Beteiligung der Arbeitnehmer gemäß der Richtlinie 2001/86/EG geschlossen wird.

(2) Die sich verschmelzenden Gesellschaften können dem Verschmelzungsplan weitere Punkte hinzufügen.

Artikel 21

Für jede der sich verschmelzenden Gesellschaften und vorbehaltlich weiterer Auflagen seitens des Mitgliedstaates, dessen Recht die betreffende Gesellschaft unterliegt, sind im Amtsblatt dieses Mitgliedstaats nachstehende Angaben bekannt zu machen:

a) Rechtsform, Firma und Sitz der sich verschmelzenden Gesellschaften,
b) das Register, bei dem die in Artikel 3 Absatz 2 der Richtlinie 68/151/EWG genannten Urkunden für jede der sich verschmelzenden Gesellschaften hinterlegt worden sind, sowie die Nummer der Eintragung in das Register,
c) einen Hinweis auf die Modalitäten für die Ausübung der Rechte der Gläubiger der betreffenden Gesellschaft gemäß Artikel 24 sowie die Anschrift, unter der erschöpfende Auskünfte über diese Modalitäten kostenlos eingeholt werden können,
d) einen Hinweis auf die Modalitäten für die Ausübung der Rechte der Minderheitsaktionäre der betreffenden Gesellschaft gemäß Artikel 24 sowie die Anschrift, unter der erschöpfende Auskünfte über diese Modalitäten kostenlos eingeholt werden können,
e) die für die SE vorgesehene Firma und ihr künftiger Sitz.

Artikel 22

Als Alternative zur Heranziehung von Sachverständigen, die für Rechnung jeder der sich verschmelzenden Gesellschaften tätig sind, können ein oder mehrere unabhängige Sachverständige im Sinne des Artikels 10 der Richtlinie 78/855/EWG, die auf gemeinsamen Antrag dieser Gesellschaften von einem Gericht oder einer Verwaltungsbehörde des Mitgliedstaats, dessen Recht eine der sich verschmelzenden Gesellschaften oder die künftige SE unterliegt, dazu bestellt wurden, den Verschmelzungsplan prüfen und einen für alle Aktionäre bestimmten einheitlichen Bericht erstellen.

Die Sachverständigen haben das Recht, von jeder der sich verschmelzenden Gesellschaften alle Auskünfte zu verlangen, die sie zur Erfüllung ihrer Aufgabe für erforderlich halten.

Artikel 23

(1) Die Hauptversammlung jeder der sich verschmelzenden Gesellschaften stimmt dem Verschmelzungsplan zu.

(2) Die Beteiligung der Arbeitnehmer in der SE wird gemäß der Richtlinie 2001/86/EG festgelegt. Die Hauptversammlung jeder der sich verschmelzenden Gesellschaften kann sich das Recht vorbehalten, die Eintragung der SE davon abhängig zu machen, dass die geschlossene Vereinbarung von ihr ausdrücklich genehmigt wird.

Artikel 24

(1) Das Recht des Mitgliedstaats, das jeweils für die sich verschmelzenden Gesellschaften gilt, findet wie bei einer Verschmelzung von Aktiengesellschaften unter Berücksichtigung des grenzüberschreitenden Charakters der Verschmelzung Anwendung zum Schutz der Interessen

a) der Gläubiger der sich verschmelzenden Gesellschaften,

b) der Anleihegläubiger der sich verschmelzenden Gesellschaften,

c) der Inhaber von mit Sonderrechten gegenüber den sich verschmelzenden Gesellschaften ausgestatteten Wertpapieren mit Ausnahme von Aktien.

(2) Jeder Mitgliedstaat kann in Bezug auf die sich verschmelzenden Gesellschaften, die seinem Recht unterliegen, Vorschriften erlassen, um einen angemessenen Schutz der Minderheitsaktionäre, die sich gegen die Verschmelzung ausgesprochen haben, zu gewährleisten.

Artikel 25

(1) Die Rechtmäßigkeit der Verschmelzung wird, was die die einzelnen sich verschmelzenden Gesellschaften betreffenden Verfahrensabschnitte anbelangt, nach den für die Verschmelzung von Aktiengesellschaften geltenden Rechtsvorschriften des Mitgliedstaats kontrolliert, dessen Recht die jeweilige verschmelzende Gesellschaft unterliegt.

(2) In jedem der betreffenden Mitgliedstaaten stellt das zuständige Gericht, der Notar oder eine andere zuständige Behörde eine Bescheinigung aus, aus der zweifelsfrei hervorgeht, dass die der Verschmelzung vorangehenden Rechtshandlungen und Formalitäten durchgeführt wurden.

(3) Ist nach dem Recht eines Mitgliedstaats, dem eine sich verschmelzende Gesellschaft unterliegt, ein Verfahren zur Kontrolle und Änderung des Umtauschverhältnisses der Aktien oder zur Abfindung von Minderheitsaktionären vorgesehen, das jedoch der Eintragung der Verschmelzung nicht entgegensteht, so findet ein solches Verfahren nur dann Anwendung, wenn die anderen sich verschmelzenden Gesellschaften in Mitgliedstaaten, in denen ein derartiges Verfahren nicht besteht, bei der Zustimmung zu dem Verschmelzungsplan gemäß Artikel 23 Absatz 1 ausdrücklich akzeptieren, dass die Aktionäre der betreffenden sich verschmelzenden Gesellschaft auf ein solches Verfahren zurückgreifen können. In diesem Fall kann das zuständige Gericht, der Notar oder eine andere zuständige Behörde die Bescheinigung gemäß Absatz 2 ausstellen, auch wenn ein derartiges Verfahren eingeleitet wurde. Die Bescheinigung muss allerdings einen Hinweis auf das anhängige Verfahren enthalten. Die Entscheidung in dem Verfahren ist für die übernehmende Gesellschaft und ihre Aktionäre bindend.

Artikel 26

(1) Die Rechtmäßigkeit der Verschmelzung wird, was den Verfahrensabschnitt der Durchführung der Verschmelzung und der Gründung der SE anbelangt, von dem/der im künftigen Sitzstaat der SE für die Kontrolle dieses Aspekts der Rechtmäßigkeit der Verschmelzung von Aktiengesellschaften zuständigen Gericht, Notar oder sonstigen Behörde kontrolliert.

(2) Hierzu legt jede der sich verschmelzenden Gesellschaften dieser zuständigen Behörde die in Artikel 25 Absatz 2 genannte Bescheinigung binnen sechs Monaten nach ihrer Ausstellung sowie eine Ausfertigung des Verschmelzungsplans, dem sie zugestimmt hat, vor.

(3) Die gemäß Absatz 1 zuständige Behörde kontrolliert insbesondere, ob die sich verschmelzenden Gesellschaften einem gleich lautenden Verschmelzungsplan zugestimmt haben und ob eine Vereinbarung über die Beteiligung der Arbeitnehmer gemäß der Richtlinie 2001/86/EG geschlossen wurde.

(4) Diese Behörde kontrolliert ferner, ob gemäß Artikel 15 die Gründung der SE den gesetzlichen Anforderungen des Sitzstaates genügt.

Artikel 27

(1) Die Verschmelzung und die gleichzeitige Gründung der SE werden mit der Eintragung der SE gemäß Artikel 12 wirksam.

(2) Die SE kann erst nach Erfüllung sämtlicher in den Artikeln 25 und 26 vorgesehener Formalitäten eingetragen werden.

Artikel 28

Für jede sich verschmelzende Gesellschaft wird die Durchführung der Verschmelzung nach den in den Rechtsvorschriften des jeweiligen Mitgliedstaats vorgesehenen Verfahren in Übereinstimmung mit Artikel 3 der Richtlinie 68/151/EWG offen gelegt.

Artikel 29

(1) Die nach Artikel 17 Absatz 2 Buchstabe a vollzogene Verschmelzung bewirkt ipso jure gleichzeitig Folgendes:
a) Das gesamte Aktiv- und Passivvermögen jeder übertragenden Gesellschaft geht auf die übernehmende Gesellschaft über;
b) die Aktionäre der übertragenden Gesellschaft werden Aktionäre der übernehmenden Gesellschaft;
c) die übertragende Gesellschaft erlischt;
d) die übernehmende Gesellschaft nimmt die Rechtsform einer SE an.

(2) Die nach Artikel 17 Absatz 2 Buchstabe b vollzogene Verschmelzung bewirkt ipso jure gleichzeitig Folgendes:
a) Das gesamte Aktiv- und Passivvermögen der sich verschmelzenden Gesellschaften geht auf die SE über;
b) die Aktionäre der sich verschmelzenden Gesellschaften werden Aktionäre der SE;
c) die sich verschmelzenden Gesellschaften erlöschen.

(3) Schreibt ein Mitgliedstaat im Falle einer Verschmelzung von Aktiengesellschaften besondere Formalitäten für die Rechtswirksamkeit der Übertragung bestimmter von den sich verschmelzenden Gesellschaften eingebrachter Vermögensgegenstände, Rechte und Verbindlichkeiten gegenüber Dritten vor, so gelten diese fort und sind entweder von den sich verschmelzenden Gesellschaften oder von der SE nach deren Eintragung zu erfüllen.

(4) Die zum Zeitpunkt der Eintragung aufgrund der einzelstaatlichen Rechtsvorschriften und Gepflogenheiten sowie aufgrund individueller Arbeitsverträge oder Arbeitsverhältnisse bestehenden Rechte und Pflichten der beteiligten Gesellschaften hinsichtlich der Beschäftigungsbedingungen gehen mit der Eintragung der SE auf diese über.

Artikel 30

Eine Verschmelzung im Sinne des Artikels 2 Absatz 1 kann nach der Eintragung der SE nicht mehr für nichtig erklärt werden.

Das Fehlen einer Kontrolle der Rechtmäßigkeit der Verschmelzung gemäß Artikel 25 und 26 kann einen Grund für die Auflösung der SE darstellen.

Artikel 31

(1) Wird eine Verschmelzung nach Artikel 17 Absatz 2 Buchstabe a durch eine Gesellschaft vollzogen, die Inhaberin sämtlicher Aktien und sonstiger Wertpapiere ist, die Stimmrechte in der Hauptversammlung einer anderen Gesellschaft gewähren, so finden Artikel 20 Absatz 1 Buchstaben b, c und d, Artikel 22 und Artikel 29 Absatz 1 Buchstabe b keine Anwendung. Die jeweiligen einzelstaatlichen Vorschriften, denen die einzelnen sich verschmelzenden Gesellschaften unterliegen und die für die Verschmelzungen von Aktiengesellschaften nach Artikel 24 der Richtlinie 78/855/EWG maßgeblich sind, sind jedoch anzuwenden.

(2) Vollzieht eine Gesellschaft, die Inhaberin von mindestens 90 %, nicht aber aller der in der Hauptversammlung einer anderen Gesellschaft Stimmrecht verleihenden Aktien und sonstiger Wertpapiere ist, eine Verschmelzung durch Aufnahme, so sind die Berichte des Leitungs- oder des Verwaltungsorgans, die Berichte eines oder mehrerer unabhängiger Sachverständiger sowie die zur Kontrolle notwendigen Unterlagen nur insoweit erforderlich, als dies entweder in den einzelstaatlichen Rechtsvorschriften, denen die übernehmende Gesellschaft unterliegt, oder in den für die übertragende Gesellschaft maßgeblichen einzelstaatlichen Rechtsvorschriften vorgesehen ist.

Die Mitgliedstaaten können jedoch vorsehen, dass dieser Absatz Anwendung auf eine Gesellschaft findet, die Inhaberin von Aktien ist, welche mindestens 90 % der Stimmrechte, nicht aber alle verleihen.

Abschnitt 3. Gründung einer Holding-SE

Artikel 32

(1) Eine SE kann gemäß Artikel 2 Absatz 2 gegründet werden.

Die die Gründung einer SE im Sinne des Artikels 2 Absatz 2 anstrebenden Gesellschaften bestehen fort.

Art. 33 SE-VO

(2) Die Leitungs- oder die Verwaltungsorgane der die Gründung anstrebenden Gesellschaften erstellen einen gleich lautenden Gründungsplan für die SE. Dieser Plan enthält einen Bericht, der die Gründung aus rechtlicher und wirtschaftlicher Sicht erläutert und begründet sowie darlegt, welche Auswirkungen der Übergang zur Rechtsform einer SE für die Aktionäre und für die Arbeitnehmer hat. Er enthält ferner die in Artikel 20 Absatz 1 Buchstaben a, b, c, f, g, h und i vorgesehenen Angaben und setzt von jeder die Gründung anstrebenden Gesellschaft den Mindestprozentsatz der Aktien oder sonstigen Anteile fest, der von den Aktionären eingebracht werden muss, damit die SE gegründet werden kann. Dieser Prozentsatz muss mehr als 50 % der durch Aktien verliehenen ständigen Stimmrechte betragen.

(3) Der Gründungsplan ist mindestens einen Monat vor der Hauptversammlung, die über die Gründung zu beschließen hat, für jede der die Gründung anstrebenden Gesellschaften nach den in den Rechtsvorschriften der einzelnen Mitgliedstaaten gemäß Artikel 3 der Richtlinie 68/151/EWG vorgesehenen Verfahren offen zu legen.

(4) Ein oder mehrere von den die Gründung anstrebenden Gesellschaften unabhängige Sachverständige, die von einem Gericht oder einer Verwaltungsbehörde des Mitgliedstaats, dessen Recht die einzelnen Gesellschaften gemäß den nach Maßgabe der Richtlinie 78/855/EWG erlassenen einzelstaatlichen Vorschriften unterliegen, bestellt oder zugelassen sind, prüfen den gemäß Absatz 2 erstellten Gründungsplan und erstellen einen schriftlichen Bericht für die Aktionäre der einzelnen Gesellschaften. Im Einvernehmen zwischen den die Gründung anstrebenden Gesellschaften kann durch einen oder mehrere unabhängige Sachverständige, der/die von einem Gericht oder einer Verwaltungsbehörde des Mitgliedstaats, dessen Recht eine der die Gründung anstrebenden Gesellschaften oder die künftige SE gemäß den nach Maßgabe der Richtlinie 78/855/EWG erlassenen einzelstaatlichen Rechtsvorschriften unterliegt, bestellt oder zugelassen ist/sind, ein schriftlicher Bericht für die Aktionäre aller Gesellschaften erstellt werden.

(5) Der Bericht muss auf besondere Bewertungsschwierigkeiten hinweisen und erklären, ob das Umtauschverhältnis der Aktien oder Anteile angemessen ist, sowie angeben, nach welchen Methoden es bestimmt worden ist und ob diese Methoden im vorliegenden Fall angemessen sind.

(6) Die Hauptversammlung jeder der die Gründung anstrebenden Gesellschaften stimmt dem Gründungsplan für die SE zu.

Die Beteiligung der Arbeitnehmer in der SE wird gemäß der Richtlinie 2001/86/EG festgelegt. Die Hauptversammlung jeder der die Gründung anstrebenden Gesellschaften kann sich das Recht vorbehalten, die Eintragung der SE davon abhängig zu machen, dass die geschlossene Vereinbarung von ihr ausdrücklich genehmigt wird.

(7) Dieser Artikel gilt sinngemäß auch für Gesellschaften mit beschränkter Haftung.

Artikel 33

(1) Die Gesellschafter der die Gründung anstrebenden Gesellschaften verfügen über eine Frist von drei Monaten, um diesen Gesellschaften mitzuteilen, ob sie beabsichtigen, ihre Gesellschaftsanteile bei der Gründung der SE einzubringen. Diese Frist beginnt mit dem Zeitpunkt, zu dem der Gründungsplan für die SE gemäß Artikel 32 endgültig festgelegt worden ist.

(2) Die SE ist nur dann gegründet, wenn die Gesellschafter der die Gründung anstrebenden Gesellschaften innerhalb der in Absatz 1 genannten Frist den nach dem Gründungsplan für jede Gesellschaft festgelegten Mindestprozentsatz der Gesellschaftsanteile eingebracht haben und alle übrigen Bedingungen erfüllt sind.

(3) Sind alle Bedingungen für die Gründung der SE gemäß Absatz 2 erfüllt, so hat jede der die Gründung anstrebenden Gesellschaften diese Tatsache gemäß den nach Artikel 3 der Richtlinie 68/151/EWG erlassenen Vorschriften des einzelstaatlichen Rechts, dem sie unterliegt, offen zu legen.

Die Gesellschafter der die Gründung anstrebenden Gesellschaften, die nicht innerhalb der Frist nach Absatz 1 mitgeteilt haben, ob sie die Absicht haben, ihre Gesellschaftsanteile diesen Gesellschaften im Hinblick auf die Gründung der künftigen SE zur Verfügung zu stellen, verfügen über eine weitere Frist von einem Monat, um dies zu tun.

(4) Die Gesellschafter, die ihre Wertpapiere im Hinblick auf die Gründung der SE einbringen, erhalten Aktien der SE.

(5) Die SE kann erst dann eingetragen werden, wenn die Formalitäten gemäß Artikel 32 und die in Absatz 2 genannten Voraussetzungen nachweislich erfüllt sind.

Artikel 34

Ein Mitgliedstaat kann für die eine Gründung anstrebenden Gesellschaften Vorschriften zum Schutz der die Gründung ablehnenden Minderheitsgesellschafter, der Gläubiger und der Arbeitnehmer erlassen.

Abschnitt 4. Gründung einer Tochter-SE

Artikel 35

Eine SE kann gemäß Artikel 2 Absatz 3 gegründet werden.

Artikel 36

Auf die an der Gründung beteiligten Gesellschaften oder sonstigen juristischen Personen finden die Vorschriften über deren Beteiligung an der Gründung einer Tochtergesellschaft in Form einer Aktiengesellschaft nationalen Rechts Anwendung.

Abschnitt 5. Umwandlung einer bestehenden Aktiengesellschaft in eine SE

Artikel 37

(1) Eine SE kann gemäß Artikel 2 Absatz 4 gegründet werden.

(2) Unbeschadet des Artikels 12 hat die Umwandlung einer Aktiengesellschaft in eine SE weder die Auflösung der Gesellschaft noch die Gründung einer neuen juristischen Person zur Folge.

(3) Der Sitz der Gesellschaft darf anlässlich der Umwandlung nicht gemäß Artikel 8 in einen anderen Mitgliedstaat verlegt werden.

(4) Das Leitungs- oder das Verwaltungsorgan der betreffenden Gesellschaft erstellt einen Umwandlungsplan und einen Bericht, in dem die rechtlichen und wirtschaftlichen Aspekte der Umwandlung erläutert und begründet sowie die Auswirkungen,

die der Übergang zur Rechtsform einer SE für die Aktionäre und für die Arbeitnehmer hat, dargelegt werden.

(5) Der Umwandlungsplan ist mindestens einen Monat vor dem Tag der Hauptversammlung, die über die Umwandlung zu beschließen hat, nach den in den Rechtsvorschriften der einzelnen Mitgliedstaaten gemäß Artikel 3 der Richtlinie 68/151/EWG vorgesehenen Verfahren offen zu legen.

(6) Vor der Hauptversammlung nach Absatz 7 ist von einem oder mehreren unabhängigen Sachverständigen, die nach den einzelstaatlichen Durchführungsbestimmungen zu Artikel 10 der Richtlinie 78/855/EWG durch ein Gericht oder eine Verwaltungsbehörde des Mitgliedstaates, dessen Recht die sich in eine SE umwandelnde Aktiengesellschaft unterliegt, bestellt oder zugelassen sind, gemäß der Richtlinie 77/91/EWG sinngemäß zu bescheinigen, dass die Gesellschaft über Nettovermögenswerte mindestens in Höhe ihres Kapitals zuzüglich der kraft Gesetzes oder Statut nicht ausschüttungsfähigen Rücklagen verfügt.

(7) Die Hauptversammlung der betreffenden Gesellschaft stimmt dem Umwandlungsplan zu und genehmigt die Satzung der SE. Die Beschlussfassung der Hauptversammlung erfolgt nach Maßgabe der einzelstaatlichen Durchführungsbestimmungen zu Artikel 7 der Richtlinie 78/855/EWG.

(8) Ein Mitgliedstaat kann die Umwandlung davon abhängig machen, dass das Organ der umzuwandelnden Gesellschaft, in dem die Mitbestimmung der Arbeitnehmer vorgesehen ist, der Umwandlung mit qualifizierter Mehrheit oder einstimmig zustimmt.

(9) Die zum Zeitpunkt der Eintragung aufgrund der einzelstaatlichen Rechtsvorschriften und Gepflogenheiten sowie aufgrund individueller Arbeitsverträge oder Arbeitsverhältnisse bestehenden Rechte und Pflichten der umzuwandelnden Gesellschaft hinsichtlich der Beschäftigungsbedingungen gehen mit der Eintragung der SE auf diese über.

Titel III. Aufbau der SE

Artikel 38

Die SE verfügt nach Maßgabe dieser Verordnung über

a) eine Hauptversammlung der Aktionäre und

b) entweder ein Aufsichtsorgan und ein Leitungsorgan (dualistisches System) oder ein Verwaltungsorgan (monistisches System), entsprechend der in der Satzung gewählten Form.

Abschnitt 1. Dualistisches System

Artikel 39

(1) Das Leitungsorgan führt die Geschäfte der SE in eigener Verantwortung. Ein Mitgliedstaat kann vorsehen, dass ein oder mehrere Geschäftsführer die laufenden Geschäfte in eigener Verantwortung unter denselben Voraussetzungen, wie sie für Aktiengesellschaften mit Sitz im Hoheitsgebiet des betreffenden Mitgliedstaates gelten, führt bzw. führen.

(2) Das Mitglied/die Mitglieder des Leitungsorgans wird/werden vom Aufsichtsorgan bestellt und abberufen.

Die Mitgliedstaaten können jedoch vorschreiben oder vorsehen, dass in der Satzung festgelegt werden kann, dass das Mitglied/die Mitglieder des Leitungsorgans von der Hauptversammlung unter den Bedingungen, die für Aktiengesellschaften mit Sitz in ihrem Hoheitsgebiet gelten, bestellt und abberufen wird/werden.

(3) Niemand darf zugleich Mitglied des Leitungsorgans und Mitglied des Aufsichtsorgans der SE sein. Das Aufsichtsorgan kann jedoch eines seiner Mitglieder zur Wahrnehmung der Aufgaben eines Mitglieds des Leitungsorgans abstellen, wenn der betreffende Posten nicht besetzt ist. Während dieser Zeit ruht das Amt der betreffenden Person als Mitglied des Aufsichtsorgans. Die Mitgliedstaaten können eine zeitliche Begrenzung hierfür vorsehen.

(4) Die Zahl der Mitglieder des Leitungsorgans oder die Regeln für ihre Festlegung werden durch die Satzung der SE bestimmt. Die Mitgliedstaaten können jedoch eine Mindest- und/oder Höchstzahl festsetzen.

(5) Enthält das Recht eines Mitgliedstaats in Bezug auf Aktiengesellschaften mit Sitz in seinem Hoheitsgebiet keine Vorschriften über ein dualistisches System, kann dieser Mitgliedstaat entsprechende Vorschriften in Bezug auf SE erlassen.

Artikel 40

(1) Das Aufsichtsorgan überwacht die Führung der Geschäfte durch das Leitungsorgan. Es ist nicht berechtigt, die Geschäfte der SE selbst zu führen.

(2) Die Mitglieder des Aufsichtsorgans werden von der Hauptversammlung bestellt. Die Mitglieder des ersten Aufsichtsorgans können jedoch durch die Satzung bestellt werden. Artikel 47 Absatz 4 oder eine etwaige nach Maßgabe der Richtlinie 2001/86/EG geschlossene Vereinbarung über die Mitbestimmung der Arbeitnehmer bleibt hiervon unberührt.

(3) Die Zahl der Mitglieder des Aufsichtsorgans oder die Regeln für ihre Festlegung werden durch die Satzung bestimmt. Die Mitgliedstaaten können jedoch für die in ihrem Hoheitsgebiet eingetragenen SE die Zahl der Mitglieder des Aufsichtsorgans oder deren Höchst- und/oder Mindestzahl festlegen.

Artikel 41

(1) Das Leitungsorgan unterrichtet das Aufsichtsorgan mindestens alle drei Monate über den Gang der Geschäfte der SE und deren voraussichtliche Entwicklung.

(2) Neben der regelmäßigen Unterrichtung gemäß Absatz 1 teilt das Leitungsorgan dem Aufsichtsorgan rechtzeitig alle Informationen über Ereignisse mit, die sich auf die Lage der SE spürbar auswirken können.

(3) Das Aufsichtsorgan kann vom Leitungsorgan jegliche Information verlangen, die für die Ausübung der Kontrolle gemäß Artikel 40 Absatz 1 erforderlich ist. Die Mitgliedstaaten können vorsehen, dass jedes Mitglied des Aufsichtsorgans von dieser Möglichkeit Gebrauch machen kann.

(4) Das Aufsichtsorgan kann alle zur Erfüllung seiner Aufgaben erforderlichen Überprüfungen vornehmen oder vornehmen lassen.

(5) Jedes Mitglied des Aufsichtsorgans kann von allen Informationen, die diesem Organ übermittelt werden, Kenntnis nehmen.

Artikel 42

Das Aufsichtsorgan wählt aus seiner Mitte einen Vorsitzenden. Wird die Hälfte der Mitglieder des Aufsichtsorgans von den Arbeitnehmern bestellt, so darf nur ein von der Hauptversammlung der Aktionäre bestelltes Mitglied zum Vorsitzenden gewählt werden.

Abschnitt 2. Monistisches System

Artikel 43

(1) Das Verwaltungsorgan führt die Geschäfte der SE. Ein Mitgliedstaat kann vorsehen, dass ein oder mehrere Geschäftsführer die laufenden Geschäfte in eigener Verantwortung unter denselben Voraussetzungen, wie sie für Aktiengesellschaften mit Sitz im Hoheitsgebiet des betreffenden Mitgliedstaates gelten, führt bzw. führen.

(2) Die Zahl der Mitglieder des Verwaltungsorgans oder die Regeln für ihre Festlegung sind in der Satzung der SE festgelegt. Die Mitgliedstaaten können jedoch eine Mindestzahl und erforderlichenfalls eine Höchstzahl festsetzen.

Ist jedoch die Mitbestimmung der Arbeitnehmer in der SE gemäß der Richtlinie geregelt, so muss das Verwaltungsorgan aus mindestens drei Mitgliedern bestehen.

(3) Das Mitglied/die Mitglieder des Verwaltungsorgans wird/werden von der Hauptversammlung bestellt. Die Mitglieder des ersten Verwaltungsorgans können jedoch durch die Satzung bestellt werden. Artikel 47 Absatz 4 oder eine etwaige nach Maßgabe der Richtlinie 2001/86/EG geschlossene Vereinbarung über die Mitbestimmung der Arbeitnehmer bleibt hiervon unberührt.

(4) Enthält das Recht eines Mitgliedstaats in Bezug auf Aktiengesellschaften mit Sitz in seinem Hoheitsgebiet keine Vorschriften über ein monistisches System, kann dieser Mitgliedstaat entsprechende Vorschriften in Bezug auf SE erlassen.

Artikel 44

(1) Das Verwaltungsorgan tritt in den durch die Satzung bestimmten Abständen, mindestens jedoch alle drei Monate, zusammen, um über den Gang der Geschäfte der SE und deren voraussichtliche Entwicklung zu beraten.

(2) Jedes Mitglied des Verwaltungsorgans kann von allen Informationen, die diesem Organ übermittelt werden, Kenntnis nehmen.

Artikel 45

Das Verwaltungsorgan wählt aus seiner Mitte einen Vorsitzenden. Wird die Hälfte der Mitglieder des Verwaltungsorgans von den Arbeitnehmern bestellt, so darf nur ein von der Hauptversammlung der Aktionäre bestelltes Mitglied zum Vorsitzenden gewählt werden.

Abschnitt 3. Gemeinsame Vorschriften für das monistische und das dualistische System

Artikel 46

(1) Die Mitglieder der Organe der Gesellschaft werden für einen in der Satzung festgelegten Zeitraum, der sechs Jahre nicht überschreiten darf, bestellt.

(2) Vorbehaltlich in der Satzung festgelegter Einschränkungen können die Mitglieder einmal oder mehrmals für den gemäß Absatz 1 festgelegten Zeitraum wiederbestellt werden.

Artikel 47

(1) Die Satzung der SE kann vorsehen, dass eine Gesellschaft oder eine andere juristische Person Mitglied eines Organs sein kann, sofern das für Aktiengesellschaften maßgebliche Recht des Sitzstaats der SE nichts anderes bestimmt.

Die betreffende Gesellschaft oder sonstige juristische Person hat zur Wahrnehmung ihrer Befugnisse in dem betreffenden Organ eine natürliche Person als Vertreter zu bestellen.

(2) Personen, die

a) nach dem Recht des Sitzstaats der SE dem Leitungs-, Aufsichts- oder Verwaltungsorgan einer dem Recht dieses Mitgliedstaats unterliegenden Aktiengesellschaft nicht angehören dürfen oder

b) infolge einer Gerichts- oder Verwaltungsentscheidung, die in einem Mitgliedstaat ergangen ist, dem Leitungs-, Aufsichts- oder Verwaltungsorgan einer dem Recht eines Mitgliedstaats unterliegenden Aktiengesellschaft nicht angehören dürfen,

können weder Mitglied eines Organs der SE noch Vertreter eines Mitglieds im Sinne von Absatz 1 sein.

(3) Die Satzung der SE kann für Mitglieder, die die Aktionäre vertreten, in Anlehnung an die für Aktiengesellschaften geltenden Rechtsvorschriften des Sitzstaats der SE besondere Voraussetzungen für die Mitgliedschaft festlegen.

(4) Einzelstaatliche Rechtsvorschriften, die auch einer Minderheit von Aktionären oder anderen Personen oder Stellen die Bestellung eines Teils der Organmitglieder erlauben, bleiben von dieser Verordnung unberührt.

Artikel 48

(1) In der Satzung der SE werden die Arten von Geschäften aufgeführt, für die im dualistischen System das Aufsichtsorgan dem Leitungsorgan seine Zustimmung erteilen muss und im monistischen System ein ausdrücklicher Beschluss des Verwaltungsorgans erforderlich ist.

Die Mitgliedstaaten können jedoch vorsehen, dass im dualistischen System das Aufsichtsorgan selbst bestimmte Arten von Geschäften von seiner Zustimmung abhängig machen kann.

(2) Die Mitgliedstaaten können für die in ihrem Hoheitsgebiet eingetragenen SE festlegen, welche Arten von Geschäften auf jeden Fall in die Satzung aufzunehmen sind.

Artikel 49

Die Mitglieder der Organe der SE dürfen Informationen über die SE, die im Falle ihrer Verbreitung den Interessen der Gesellschaft schaden könnten, auch nach Ausscheiden aus ihrem Amt nicht weitergeben; dies gilt nicht in Fällen, in denen eine solche Informationsweitergabe nach den Bestimmungen des für Aktiengesellschaften geltenden einzelstaatlichen Rechts vorgeschrieben oder zulässig ist oder im öffentlichen Interesse liegt.

Artikel 50

(1) Sofern in dieser Verordnung oder der Satzung nichts anderes bestimmt ist, gelten für die Beschlussfähigkeit und die Beschlussfassung der Organe der SE die folgenden internen Regeln:

a) Beschlussfähigkeit: mindestens die Hälfte der Mitglieder muss anwesend oder vertreten sein;

b) Beschlussfassung: mit der Mehrheit der anwesenden oder vertretenen Mitglieder.

(2) Sofern die Satzung keine einschlägige Bestimmung enthält, gibt die Stimme des Vorsitzenden des jeweiligen Organs bei Stimmengleichheit den Ausschlag. Eine anders lautende Satzungsbestimmung ist jedoch nicht möglich, wenn sich das Aufsichtsorgan zur Hälfte aus Arbeitnehmervertretern zusammensetzt.

(3) Ist die Mitbestimmung der Arbeitnehmer gemäß der Richtlinie 2001/86/EG vorgesehen, so kann ein Mitgliedstaat vorsehen, dass sich abweichend von den Absätzen 1 und 2 Beschlussfähigkeit und Beschlussfassung des Aufsichtsorgans nach den Vorschriften richten, die unter denselben Bedingungen für die Aktiengesellschaften gelten, die dem Recht des betreffenden Mitgliedstaats unterliegen.

Artikel 51

Die Mitglieder des Leitungs-, Aufsichts- oder Verwaltungsorgans haften gemäß den im Sitzstaat der SE für Aktiengesellschaften maßgeblichen Rechtsvorschriften für den Schaden, welcher der SE durch eine Verletzung der ihnen bei der Ausübung ihres Amtes obliegenden gesetzlichen, satzungsmäßigen oder sonstigen Pflichten entsteht.

Abschnitt 4. Hauptversammlung

Artikel 52

Die Hauptversammlung beschließt über die Angelegenheiten, für die ihr
a) durch diese Verordnung oder
b) durch in Anwendung der Richtlinie 2001/86/EG erlassene Rechtsvorschriften des Sitzstaats der SE

die alleinige Zuständigkeit übertragen wird.

Außerdem beschließt die Hauptversammlung in Angelegenheiten, für die der Hauptversammlung einer dem Recht des Sitzstaats der SE unterliegenden Aktiengesellschaft die Zuständigkeit entweder aufgrund der Rechtsvorschriften dieses Mitgliedstaats oder aufgrund der mit diesen Rechtsvorschriften in Einklang stehenden Satzung übertragen worden ist.

Artikel 53

Für die Organisation und den Ablauf der Hauptversammlung sowie für die Abstimmungsverfahren gelten unbeschadet der Bestimmungen dieses Abschnitts die im Sitzstaat der SE für Aktiengesellschaften maßgeblichen Rechtsvorschriften.

Artikel 54

(1) Die Hauptversammlung tritt mindestens einmal im Kalenderjahr binnen sechs Monaten nach Abschluss des Geschäftsjahres zusammen, sofern die im Sitzstaat der SE für Aktiengesellschaften, die dieselbe Art von Aktivitäten wie die SE betreiben, maßgeblichen Rechtsvorschriften nicht häufigere Versammlungen vorsehen. Die Mitgliedstaaten können jedoch vorsehen, dass die erste Hauptversammlung bis zu 18 Monate nach Gründung der SE abgehalten werden kann.

(2) Die Hauptversammlung kann jederzeit vom Leitungs-, Aufsichts- oder Verwaltungsorgan oder von jedem anderen Organ oder jeder zuständigen Behörde nach den für Aktiengesellschaften im Sitzstaat der SE maßgeblichen einzelstaatlichen Rechtsvorschriften einberufen werden.

Artikel 55

(1) Die Einberufung der Hauptversammlung und die Aufstellung ihrer Tagesordnung können von einem oder mehreren Aktionären beantragt werden, sofern sein/ihr Anteil am gezeichneten Kapital mindestens 10 % beträgt; die Satzung oder einzelstaatliche Rechtsvorschriften können unter denselben Voraussetzungen, wie sie für Aktiengesellschaften gelten, einen niedrigeren Prozentsatz vorsehen.

(2) Der Antrag auf Einberufung muss die Punkte für die Tagesordnung enthalten.

(3) Wird die Hauptversammlung nicht rechtzeitig bzw. nicht spätestens zwei Monate nach dem Zeitpunkt, zu dem der in Absatz 1 genannte Antrag gestellt worden ist, abgehalten, so kann das am Sitz der SE zuständige Gericht oder die am Sitz der SE zuständige Verwaltungsbehörde anordnen, dass sie innerhalb einer bestimmten Frist einzuberufen ist, oder die Aktionäre, die den Antrag gestellt haben, oder deren Vertreter dazu ermächtigen. Hiervon unberührt bleiben einzelstaatliche Bestimmungen, aufgrund deren die Aktionäre gegebenenfalls die Möglichkeit haben, selbst die Hauptversammlung einzuberufen.

Artikel 56

Die Ergänzung der Tagesordnung für eine Hauptversammlung durch einen oder mehrere Punkte kann von einem oder mehreren Aktionären beantragt werden, sofern sein/ihr Anteil am gezeichneten Kapital mindestens 10 % beträgt. Die Verfahren und Fristen für diesen Antrag werden nach dem einzelstaatlichen Recht des Sitzstaats der SE oder, sofern solche Vorschriften nicht vorhanden sind, nach der Satzung der SE festgelegt. Die Satzung oder das Recht des Sitzstaats können unter denselben Voraussetzungen, wie sie für Aktiengesellschaften gelten, einen niedrigeren Prozentsatz vorsehen.

Artikel 57

Die Beschlüsse der Hauptversammlung werden mit der Mehrheit der abgegebenen gültigen Stimmen gefasst, sofern diese Verordnung oder gegebenenfalls das im Sitzstaat der SE für Aktiengesellschaften maßgebliche Recht nicht eine größere Mehrheit vorschreibt.

Artikel 58

Zu den abgegebenen Stimmen zählen nicht die Stimmen, die mit Aktien verbunden sind, deren Inhaber nicht an der Abstimmung teilgenommen oder sich der Stimme enthalten oder einen leeren oder ungültigen Stimmzettel abgegeben haben.

Artikel 59

(1) Die Änderung der Satzung bedarf eines Beschlusses der Hauptversammlung, der mit der Mehrheit von nicht weniger als zwei Dritteln der abgegebenen Stimmen gefasst worden ist, sofern die Rechtsvorschriften für Aktiengesellschaften im Sitzstaat der SE keine größere Mehrheit vorsehen oder zulassen.
(2) Jeder Mitgliedstaat kann jedoch bestimmen, dass die einfache Mehrheit der Stimmen im Sinne von Absatz 1 ausreicht, sofern mindestens die Hälfte des gezeichneten Kapitals vertreten ist.
(3) Jede Änderung der Satzung wird gemäß Artikel 13 offen gelegt.

Artikel 60

(1) Sind mehrere Gattungen von Aktien vorhanden, so erfordert jeder Beschluss der Hauptversammlung noch eine gesonderte Abstimmung durch jede Gruppe von Aktionären, deren spezifische Rechte durch den Beschluss berührt werden.
(2) Bedarf der Beschluss der Hauptversammlung der Mehrheit der Stimmen gemäß Artikel 59 Absätze 1 oder 2, so ist diese Mehrheit auch für die gesonderte Abstimmung jeder Gruppe von Aktionären erforderlich, deren spezifische Rechte durch den Beschluss berührt werden.

Titel IV. Jahresabschluss und konsolidierter Abschluss

Artikel 61

Vorbehaltlich des Artikels 62 unterliegt die SE hinsichtlich der Aufstellung ihres Jahresabschlusses und gegebenenfalls ihres konsolidierten Abschlusses einschließlich des dazugehörigen Lageberichts sowie der Prüfung und der Offenlegung dieser Abschlüsse den Vorschriften, die für dem Recht des Sitzstaates der SE unterliegende Aktiengesellschaften gelten.

Artikel 62

(1) Handelt es sich bei der SE um ein Kreditinstitut oder ein Finanzinstitut, so unterliegt sie hinsichtlich der Aufstellung ihres Jahresabschlusses und gegebenenfalls ihres konsolidierten Abschlusses einschließlich des dazugehörigen Lageberichts sowie der Prüfung und der Offenlegung dieser Abschlüsse den gemäß der Richtlinie 2000/12/EG des Europäischen Parlaments und des Rates vom 20. März 2000 über die Aufnahme und Ausübung der Tätigkeit der Kreditinstitute erlassenen einzelstaatlichen Rechtsvorschriften des Sitzstaats.

(2) Handelt es sich bei der SE um ein Versicherungsunternehmen, so unterliegt sie hinsichtlich der Aufstellung ihres Jahresabschlusses und gegebenenfalls ihres konsolidierten Abschlusses einschließlich des dazugehörigen Lageberichts sowie der Prüfung und der Offenlegung dieser Abschlüsse den gemäß der Richtlinie 91/674/EWG des Rates vom 19. Dezember 1991 über den Jahresabschluss und den konsolidierten Abschluss von Versicherungsunternehmen erlassenen einzelstaatlichen Rechtsvorschriften des Sitzstaats.

Titel V. Auflösung, Liquidation, Zahlungsunfähigkeit und Zahlungseinstellung

Artikel 63

Hinsichtlich der Auflösung, Liquidation, Zahlungsunfähigkeit, Zahlungseinstellung und ähnlicher Verfahren unterliegt die SE den Rechtsvorschriften, die für eine Aktiengesellschaft maßgeblich wären, die nach dem Recht des Sitzstaats der SE gegründet worden ist; dies gilt auch für die Vorschriften hinsichtlich der Beschlussfassung durch die Hauptversammlung.

Artikel 64

(1) Erfüllt eine SE nicht mehr die Verpflichtung nach Artikel 7, so trifft der Mitgliedstaat, in dem die SE ihren Sitz hat, geeignete Maßnahmen, um die SE zu verpflichten, innerhalb einer bestimmten Frist den vorschriftswidrigen Zustand zu beenden, indem sie

a) entweder ihre Hauptverwaltung wieder im Sitzstaat errichtet

b) oder ihren Sitz nach dem Verfahren des Artikels 8 verlegt.

(2) Der Sitzstaat trifft die erforderlichen Maßnahmen, um zu gewährleisten, dass eine SE, die den vorschriftswidrigen Zustand nicht gemäß Absatz 1 beendet, liquidiert wird.

(3) Der Sitzstaat sieht vor, dass ein Rechtsmittel gegen die Feststellung des Verstoßes gegen Artikel 7 eingelegt werden kann. Durch dieses Rechtsmittel werden die in den Absätzen 1 und 2 vorgesehenen Verfahren ausgesetzt.

(4) Wird auf Veranlassung der Behörden oder einer betroffenen Partei festgestellt, dass sich die Hauptverwaltung einer SE unter Verstoß gegen Artikel 7 im Hoheitsgebiet eines Mitgliedstaats befindet, so teilen die Behörden dieses Mitgliedstaats dies unverzüglich dem Mitgliedstaat mit, in dem die SE ihren Sitz hat.

Artikel 65

Die Eröffnung eines Auflösungs-, Liquidations-, Zahlungsunfähigkeits- und Zahlungseinstellungsverfahrens und sein Abschluss sowie die Entscheidung über die Weiterführung der Geschäftstätigkeit werden unbeschadet einzelstaatlicher Bestimmungen, die zusätzliche Anforderungen in Bezug auf die Offenlegung enthalten, gemäß Artikel 13 offen gelegt.

Artikel 66

(1) Eine SE kann in eine dem Recht ihres Sitzstaats unterliegende Aktiengesellschaft umgewandelt werden. Ein Umwandlungsbeschluss darf erst zwei Jahre nach Eintragung der SE oder nach Genehmigung der ersten beiden Jahresabschlüsse gefasst werden.

(2) Die Umwandlung einer SE in eine Aktiengesellschaft führt weder zur Auflösung der Gesellschaft noch zur Gründung einer neuen juristischen Person.

(3) Das Leitungs- oder das Verwaltungsorgan der SE erstellt einen Umwandlungsplan sowie einen Bericht, in dem die rechtlichen und wirtschaftlichen Aspekte der Umwandlung erläutert und begründet sowie die Auswirkungen, die der Übergang zur Rechtsform der Aktiengesellschaft für die Aktionäre und die Arbeitnehmer hat, dargelegt werden.

(4) Der Umwandlungsplan ist mindestens einen Monat vor dem Tag der Hauptversammlung, die über die Umwandlung zu beschließen hat, nach den in den Rechtsvorschriften der einzelnen Mitgliedstaaten gemäß Artikel 3 der Richtlinie 68/151/EWG vorgesehenen Verfahren offen zu legen.

(5) Vor der Hauptversammlung nach Absatz 6 ist von einem oder mehreren unabhängigen Sachverständigen, der/die nach den einzelstaatlichen Durchführungsbestimmungen zu Artikel 10 der Richtlinie 78/855/EWG durch ein Gericht oder eine Verwaltungsbehörde des Mitgliedstaates, dem die sich in eine Aktiengesellschaft umwandelnde SE unterliegt, bestellt oder zugelassen ist/sind, zu bescheinigen, dass die Gesellschaft über Vermögenswerte mindestens in Höhe ihres Kapitals verfügt.

(6) Die Hauptversammlung der SE stimmt dem Umwandlungsplan zu und genehmigt die Satzung der Aktiengesellschaft. Die Beschlussfassung der Hauptversammlung erfolgt nach Maßgabe der einzelstaatlichen Bestimmungen im Einklang mit Artikel 7 der Richtlinie 78/855/EWG.

Titel VI. Ergänzungs- und Übergangsbestimmungen

Artikel 67

(1) Jeder Mitgliedstaat kann, sofern und solange für ihn die dritte Stufe der Wirtschafts- und Währungsunion (WWU) nicht gilt, auf die SE mit Sitz in seinem Hoheitsgebiet in der Frage, auf welche Währung ihr Kapital zu lauten hat, dieselben Bestimmungen anwenden wie auf die Aktiengesellschaften, für die seine Rechtsvorschriften gelten. Die SE kann ihr Kapital auf jeden Fall auch in Euro ausdrücken. In diesem Fall wird für die Umrechnung zwischen Landeswährung und Euro der Satz zugrunde gelegt, der am letzten Tag des Monats vor der Gründung der SE galt.

(2) Sofern und solange für den Sitzstaat der SE die dritte Stufe der WWU nicht gilt, kann die SE jedoch die Jahresabschlüsse und gegebenenfalls die konsolidierten Abschlüsse in Euro erstellen und offen legen. Der Mitgliedstaat kann verlangen, dass die Jahresabschlüsse und gegebenenfalls die konsolidierten Abschlüsse nach denselben Bedingungen, wie sie für die dem Recht dieses Mitgliedstaats unterliegenden Aktiengesellschaften vorgesehen sind, in der Landeswährung erstellt und offen gelegt werden. Dies gilt unbeschadet der der SE zusätzlich eingeräumten Möglichkeit, ihre Jahresabschlüsse und gegebenenfalls ihre konsolidierten Abschlüsse entsprechend der Richtlinie 90/604/EWG in Euro offen zu legen.

Titel VII. Schlussbestimmungen

Artikel 68

(1) Die Mitgliedstaaten treffen alle geeigneten Vorkehrungen, um das Wirksamwerden dieser Verordnung zu gewährleisten.
(2) Jeder Mitgliedstaat benennt die zuständigen Behörden im Sinne der Artikel 8, 25, 26, 54, 55 und 64. Er setzt die Kommission und die anderen Mitgliedstaaten davon in Kenntnis.

Artikel 69

Spätestens fünf Jahre nach Inkrafttreten dieser Verordnung legt die Kommission dem Rat und dem Europäischen Parlament einen Bericht über die Anwendung der Verordnung sowie gegebenenfalls Vorschläge für Änderungen vor. In dem Bericht wird insbesondere geprüft, ob es zweckmäßig ist,

a) zuzulassen, dass sich die Hauptverwaltung und der Sitz der SE in verschiedenen Mitgliedstaaten befinden,
b) den Begriff der Verschmelzung in Artikel 17 Absatz 2 auszuweiten, um auch andere als die in Artikel 3 Absatz 1 und Artikel 4 Absatz 1 der Richtlinie 78/855/EWG definierten Formen der Verschmelzung zuzulassen,
c) die Gerichtsstandsklausel des Artikels 8 Absatz 16 im Lichte von Bestimmungen, die in das Brüsseler Übereinkommen von 1968 oder in einen Rechtsakt der Mitgliedstaaten oder des Rates zur Ersetzung dieses Übereinkommens aufgenommen wurden, zu überprüfen,
d) vorzusehen, dass ein Mitgliedstaat in den Rechtsvorschriften, die er in Ausübung der durch diese Verordnung übertragenen Befugnisse oder zur Sicherstellung der tatsächlichen Anwendung dieser Verordnung auf eine SE erlässt, Bestimmungen in der Satzung der SE zulassen kann, die von diesen Rechtsvorschriften abweichen oder diese ergänzen, auch wenn derartige Bestimmungen in der Satzung einer Aktiengesellschaft mit Sitz in dem betreffenden Mitgliedstaat nicht zulässig wären.

Artikel 70

Diese Verordnung tritt am 8. Oktober 2004 in Kraft.
Diese Verordnung ist in allen ihren Teilen verbindlich und gilt unmittelbar in jedem Mitgliedstaat.

Anhang I. Aktiengesellschaften Gemäß Artikel 2 Absatz 1

BELGIEN:
la société anonyme/de naamloze vennootschap
BULGARIEN:
акционерно дружество
TSCHECHISCHE REPUBLIK:
akciová společnost
DÄNEMARK:
aktieselskaber
DEUTSCHLAND:
die Aktiengesellschaft
ESTLAND:
aktsiaselts
GRIECHENLAND:
ανώνυμη εταιρία
SPANIEN:
la sociedad anónima
FRANKREICH:
la société anonyme
KROATIEN:
dioničko društvo
IRLAND:
public companies limited by shares
public companies limited by guarantee having a share capital
ITALIEN:
società per azioni
ZYPERN:
Δημόσια Εταιρεία περιορισμένης ευθύνης με μετοχές, Δημόσια Εταιρεία περιορισμένης ευθύνης με εγγύηση
LETTLAND:
akciju sabiedrība
LITAUEN:
akcinės bendrovės
LUXEMBURG:
la société anonyme
UNGARN:
részvénytársaság
MALTA:
kumpaniji pubbliċi/public limited liability companies
NIEDERLANDE:
de naamloze vennootschap

ÖSTERREICH:
die Aktiengesellschaft
POLEN:
spółka akcyjna
PORTUGAL:
a sociedade anónima de responsabilidade limitada
RUMÄNIEN:
societate pe acţiuni
SLOWENIEN:
delniška družba
SLOWAKEI:
akciová spoločnosť
FINNLAND:
julkinen osakeyhtiö/publikt aktiebolag
SCHWEDEN:
publikt aktiebolag
VEREINIGTES KÖNIGREICH:
public companies limited by shares
public companies limited by guarantee having a share capital

Anhang II. Aktiengesellschaften und Gesellschaften mit beschränkter Haftung gemäß Artikel 2 Absatz 2

BELGIEN:
la société anonyme/de naamloze vennootschap,
la société privée à responsabilité limitée/besloten vennootschap met beperkte aansprakelijkheid
BULGARIEN:
акционерно дружество, дружество с ограничена отговорност
TSCHECHISCHE REPUBLIK:
akciová spoločnost,
spoločnost s ručením omezeným
DÄNEMARK:
aktieselskaber,
anpartselskaber
DEUTSCHLAND:
die Aktiengesellschaft,
die Gesellschaft mit beschränkter Haftung
ESTLAND:
aktsiaselts ja osaühing

Anhang II SE-VO

GRIECHENLAND:
ανώνυμη εταιρία
εταιρία περιορισμένης ευθύνης
SPANIEN:
la sociedad anónima,
la sociedad de responsabilidad limitada
FRANKREICH:
la société anonyme
la société à responsabilité limitée
KROATIEN:
dioničko društvo,
društvo s ograničenom odgovornošću
IRLAND:
public companies limited by shares
public companies limited by guarantee having a share capital
private companies limited by shares
private companies limited by guarantee having a share capital
ITALIEN:
società per azioni,
società a responsabilità limitata
ZYPERN:
Δημόσια εταιρεία περιορισμένης ευθύνης με μετοχές,
δημόσια Εταιρεία περιορισμένης ευθύνης με εγγύηση, ιδιωτική εταιρεία
LETTLAND:
akciju sabiedrība,
un sabiedrība ar ierobežotu atbildību
LITAUEN:
akcinės bendrovės,
uždarosios akcinės bendrovės
LUXEMBURG:
la société anonyme,
la société à responsabilité limitée
UNGARN:
részvénytársaság,
korlátolt felelősségű társaság
MALTA:
kumpaniji pubbliċi/public limited liability companies
kumpaniji privati/private limited liability companies
NIEDERLANDE:
de naamloze vennootschap,
de besloten vennootschap met beperkte aansprakelijkheid

ÖSTERREICH:
die Aktiengesellschaft,
die Gesellschaft mit beschränkter Haftung
POLEN:
spółka akcyjna,
spółka z ograniczoną odpowiedzialnością
PORTUGAL:
a sociedade anónima de responsabilidade limitada,
a sociedade por quotas de responsabilidade limitada
RUMÄNIEN:
societate pe acţiuni, societate cu răspundere limitată
SLOWENIEN:
delniška družba,
družba z omejeno odgovornostjo
SLOWAKEI:
akciová spoločnost',
spoločnost' s ručením obmedzeným
FINNLAND:
osakeyhtiö/aktiebolag
SCHWEDEN:
aktiebolag
VEREINIGTES KÖNIGREICH:
public companies limited by shares
public companies limited by guarantee having a share capital
private companies limited by shares
private companies limited by guarantee having a share capital

Gesetz zur Ausführung der Verordnung (EG) Nr. 2157/2001 des Rates vom 8. Oktober 2001 über das Statut der Europäischen Gesellschaft (SE) (SE-Ausführungsgesetz – SEAG)

vom 22. Dezember 2004 (BGBl. I S. 3675), zuletzt geändert durch Gesetz vom 24. April 2015 (BGBl. I S. 642).

Abschnitt 1. Allgemeine Vorschriften

§ 1 Anzuwendende Vorschriften

Soweit nicht die Verordnung (EG) Nr. 2157/2001 des Rates vom 8. Oktober 2001 über das Statut der Europäischen Gesellschaft (SE) (ABl. EG Nr. L 294 S. 1) (Verordnung) gilt, sind auf eine Europäische Gesellschaft (SE) mit Sitz im Inland und auf die an der Gründung einer Europäischen Gesellschaft beteiligten Gesellschaften mit Sitz im Inland die folgenden Vorschriften anzuwenden.

§ 2 *(weggefallen)*

§ 3 Eintragung

Die SE wird gemäß den für Aktiengesellschaften geltenden Vorschriften im Handelsregister eingetragen.

§ 4 Zuständigkeiten

Für die Eintragung der SE und für die in Artikel 8 Abs. 8, Artikel 25 Abs. 2 sowie den Artikeln 26 und 64 Abs. 4 der Verordnung bezeichneten Aufgaben ist das nach den §§ 376 und 377 des Gesetzes über das Verfahren in Familiensachen und in den Angelegenheiten der freiwilligen Gerichtsbarkeit bestimmte Gericht zuständig. Das zuständige Gericht im Sinne des Artikels 55 Abs. 3 Satz 1 der Verordnung bestimmt sich nach § 375 Nr. 4, §§ 376 und 377 des Gesetzes über das Verfahren in Familiensachen und in den Angelegenheiten der freiwilligen Gerichtsbarkeit.

Abschnitt 2. Gründung einer SE

Unterabschnitt 1. Verschmelzung

§ 5 Bekanntmachung

Die nach Artikel 21 der Verordnung bekannt zu machenden Angaben sind dem Register bei Einreichung des Verschmelzungsplans mitzuteilen. Das Gericht hat diese Angaben zusammen mit dem nach § 61 Satz 2 des Umwandlungsgesetzes vorgeschriebenen Hinweis bekannt zu machen.

§ 6 Verbesserung des Umtauschverhältnisses

(1) Unter den Voraussetzungen des Artikels 25 Abs. 3 Satz 1 der Verordnung kann eine Klage gegen den Verschmelzungsbeschluss einer übertragenden Gesellschaft nicht darauf gestützt werden, dass das Umtauschverhältnis der Anteile nicht angemessen ist.

(2) Ist bei der Gründung einer SE durch Verschmelzung nach dem Verfahren der Verordnung das Umtauschverhältnis der Anteile nicht angemessen, so kann jeder Aktionär einer übertragenden Gesellschaft, dessen Recht, gegen die Wirksamkeit des Verschmelzungsbeschlusses Klage zu erheben, nach Absatz 1 ausgeschlossen ist, von der SE einen Ausgleich durch bare Zuzahlung verlangen.

(3) Die bare Zuzahlung ist nach Ablauf des Tages, an dem die Verschmelzung im Sitzstaat der SE nach den dort geltenden Vorschriften eingetragen und bekannt gemacht worden ist, mit jährlich 5 Prozentpunkten über dem jeweiligen Basiszinssatz nach § 247 des Bürgerlichen Gesetzbuchs zu verzinsen. Die Geltendmachung eines weiteren Schadens ist nicht ausgeschlossen.

(4) Macht ein Aktionär einer übertragenden Gesellschaft unter den Voraussetzungen des Artikels 25 Abs. 3 Satz 1 der Verordnung geltend, dass das Umtauschverhältnis der Anteile nicht angemessen sei, so hat auf seinen Antrag das Gericht nach dem Spruchverfahrensgesetz vom 12. Juni 2003 (BGBl. I S. 838) eine angemessene bare Zuzahlung zu bestimmen. Satz 1 findet auch auf Aktionäre einer übertragenden Gesellschaft mit Sitz in einem anderen Mitgliedstaat der Europäischen Union oder in einem anderen Vertragsstaat des Abkommens über den Europäischen Wirtschaftsraum Anwendung, sofern nach dem Recht dieses Staates ein Verfahren zur Kontrolle und Änderung des Umtauschverhältnisses der Aktien vorgesehen ist und deutsche Gerichte für die Durchführung eines solchen Verfahrens international zuständig sind.

§ 7 Abfindungsangebot im Verschmelzungsplan

(1) Bei der Gründung einer SE, die ihren Sitz im Ausland haben soll, durch Verschmelzung nach dem Verfahren der Verordnung hat eine übertragende Gesellschaft im Verschmelzungsplan oder in seinem Entwurf jedem Aktionär, der gegen den Verschmelzungsbeschluss der Gesellschaft Widerspruch zur Niederschrift erklärt, den Erwerb seiner Aktien gegen eine angemessene Barabfindung anzubieten. Die Vorschriften des Aktiengesetzes über den Erwerb eigener Aktien gelten entsprechend, jedoch ist § 71 Abs. 4 Satz 2 des Aktiengesetzes insoweit nicht anzuwenden. Die Bekanntmachung des Verschmelzungsplans als Gegenstand der Beschlussfassung muss den Wortlaut dieses Angebots enthalten. Die Gesellschaft hat die Kosten für eine Übertragung zu tragen. § 29 Abs. 2 des Umwandlungsgesetzes findet entsprechende Anwendung.

(2) Die Barabfindung muss die Verhältnisse der Gesellschaft im Zeitpunkt der Beschlussfassung über die Verschmelzung berücksichtigen. Die Barabfindung ist nach Ablauf des Tages, an dem die Verschmelzung im Sitzstaat der SE nach den dort geltenden Vorschriften eingetragen und bekannt gemacht worden ist, mit jährlich 5 Prozentpunkten über dem jeweiligen Basiszinssatz nach § 247 des Bürgerlichen Gesetz-

buchs zu verzinsen. Die Geltendmachung eines weiteren Schadens ist nicht ausgeschlossen.

(3) Die Angemessenheit einer anzubietenden Barabfindung ist stets durch Verschmelzungsprüfer zu prüfen. Die §§ 10 bis 12 des Umwandlungsgesetzes sind entsprechend anzuwenden. Die Berechtigten können auf die Prüfung oder den Prüfungsbericht verzichten; die Verzichtserklärungen sind notariell zu beurkunden.

(4) Das Angebot nach Absatz 1 kann nur binnen zwei Monaten nach dem Tage angenommen werden, an dem die Verschmelzung im Sitzstaat der SE nach den dort geltenden Vorschriften eingetragen und bekannt gemacht worden ist. Ist nach Absatz 7 dieser Vorschrift ein Antrag auf Bestimmung der Barabfindung durch das Gericht gestellt worden, so kann das Angebot binnen zwei Monaten nach dem Tage angenommen werden, an dem die Entscheidung im Bundesanzeiger bekannt gemacht worden ist.

(5) Unter den Voraussetzungen des Artikels 25 Abs. 3 Satz 1 der Verordnung kann eine Klage gegen die Wirksamkeit des Verschmelzungsbeschlusses einer übertragenden Gesellschaft nicht darauf gestützt werden, dass das Angebot nach Absatz 1 zu niedrig bemessen oder dass die Barabfindung im Verschmelzungsplan nicht oder nicht ordnungsgemäß angeboten worden ist.

(6) Einer anderweitigen Veräußerung des Anteils durch den Aktionär stehen nach Fassung des Verschmelzungsbeschlusses bis zum Ablauf der in Absatz 4 bestimmten Frist Verfügungsbeschränkungen bei den beteiligten Rechtsträgern nicht entgegen.

(7) Macht ein Aktionär einer übertragenden Gesellschaft unter den Voraussetzungen des Artikels 25 Abs. 3 Satz 1 der Verordnung geltend, dass eine im Verschmelzungsplan bestimmte Barabfindung, die ihm nach Absatz 1 anzubieten war, zu niedrig bemessen sei, so hat auf seinen Antrag das Gericht nach dem Spruchverfahrensgesetz vom 12. Juni 2003 (BGBl. I S. 838) die angemessene Barabfindung zu bestimmen. Das Gleiche gilt, wenn die Barabfindung nicht oder nicht ordnungsgemäß angeboten worden ist. Die Sätze 1 und 2 finden auch auf Aktionäre einer übertragenden Gesellschaft mit Sitz in einem anderen Mitgliedstaat der Europäischen Union oder in einem anderen Vertragsstaat des Abkommens über den Europäischen Wirtschaftsraum Anwendung, sofern nach dem Recht dieses Staates ein Verfahren zur Abfindung von Minderheitsaktionären vorgesehen ist und deutsche Gerichte für die Durchführung eines solchen Verfahrens international zuständig sind.

§ 8 Gläubigerschutz

Liegt der künftige Sitz der SE im Ausland, ist § 13 Abs. 1 und 2 entsprechend anzuwenden. Das zuständige Gericht stellt die Bescheinigung nach Artikel 25 Abs. 2 der Verordnung nur aus, wenn die Vorstandsmitglieder einer übertragenden Gesellschaft die Versicherung abgeben, dass allen Gläubigern, die nach Satz 1 einen Anspruch auf Sicherheitsleistung haben, eine angemessene Sicherheit geleistet wurde.

Unterabschnitt 2. Gründung einer Holding-SE

§ 9 Abfindungsangebot im Gründungsplan

(1) Bei der Gründung einer Holding-SE nach dem Verfahren der Verordnung, die ihren Sitz im Ausland haben soll oder die ihrerseits abhängig im Sinne des § 17 des Aktiengesetzes ist, hat eine die Gründung anstrebende Aktiengesellschaft im Gründungs-

plan jedem Anteilsinhaber, der gegen den Zustimmungsbeschluss dieser Gesellschaft zum Gründungsplan Widerspruch zur Niederschrift erklärt, den Erwerb seiner Anteile gegen eine angemessene Barabfindung anzubieten. Die Vorschriften des Aktiengesetzes über den Erwerb eigener Aktien gelten entsprechend, jedoch ist § 71 Abs. 4 Satz 2 des Aktiengesetzes insoweit nicht anzuwenden. Die Bekanntmachung des Gründungsplans als Gegenstand der Beschlussfassung muss den Wortlaut dieses Angebots enthalten. Die Gesellschaft hat die Kosten für eine Übertragung zu tragen. § 29 Abs. 2 des Umwandlungsgesetzes findet entsprechende Anwendung.

(2) § 7 Abs. 2 bis 7 findet entsprechende Anwendung, wobei an die Stelle der Eintragung und Bekanntmachung der Verschmelzung die Eintragung und Bekanntmachung der neu gegründeten Holding-SE tritt.

§ 10 Zustimmungsbeschluss; Negativerklärung

(1) Der Zustimmungsbeschluss gemäß Artikel 32 Abs. 6 der Verordnung bedarf einer Mehrheit, die bei einer Aktiengesellschaft mindestens drei Viertel des bei der Beschlussfassung vertretenen Grundkapitals und bei einer Gesellschaft mit beschränkter Haftung mindestens drei Viertel der abgegebenen Stimmen umfasst.

(2) Bei der Anmeldung der Holding-SE haben ihre Vertretungsorgane zu erklären, dass eine Klage gegen die Wirksamkeit der Zustimmungsbeschlüsse gemäß Artikel 32 Abs. 6 der Verordnung nicht oder nicht fristgemäß erhoben oder eine solche Klage rechtskräftig abgewiesen oder zurückgenommen worden ist.

§ 11 Verbesserung des Umtauschverhältnisses

(1) Ist bei der Gründung einer Holding-SE nach dem Verfahren der Verordnung das Umtauschverhältnis der Anteile nicht angemessen, so kann jeder Anteilsinhaber der die Gründung anstrebenden Gesellschaft von der Holding-SE einen Ausgleich durch bare Zuzahlung verlangen.

(2) § 6 Abs. 1, 3 und 4 findet entsprechende Anwendung, wobei an die Stelle der Eintragung und Bekanntmachung der Verschmelzung die Eintragung und Bekanntmachung der Gründung der Holding-SE tritt.

Abschnitt 3. Sitzverlegung

§ 12 Abfindungsangebot im Verlegungsplan

(1) Verlegt eine SE nach Maßgabe von Artikel 8 der Verordnung ihren Sitz, hat sie jedem Aktionär, der gegen den Verlegungsbeschluss Widerspruch zur Niederschrift erklärt, den Erwerb seiner Aktien gegen eine angemessene Barabfindung anzubieten. Die Vorschriften des Aktiengesetzes über den Erwerb eigener Aktien gelten entsprechend, jedoch ist § 71 Abs. 4 Satz 2 des Aktiengesetzes insoweit nicht anzuwenden. Die Bekanntmachung des Verlegungsplans als Gegenstand der Beschlussfassung muss den Wortlaut dieses Angebots enthalten. Die Gesellschaft hat die Kosten für eine Übertragung zu tragen. § 29 Abs. 2 des Umwandlungsgesetzes findet entsprechende Anwendung.

(2) § 7 Abs. 2 bis 7 findet entsprechende Anwendung, wobei an die Stelle der Eintragung und Bekanntmachung der Verschmelzung die Eintragung und Bekanntmachung der SE im neuen Sitzstaat tritt.

§ 13 Gläubigerschutz

(1) Verlegt eine SE nach Maßgabe von Artikel 8 der Verordnung ihren Sitz, ist den Gläubigern der Gesellschaft, wenn sie binnen zwei Monaten nach dem Tag, an dem der Verlegungsplan offen gelegt worden ist, ihren Anspruch nach Grund und Höhe schriftlich anmelden, Sicherheit zu leisten, soweit sie nicht Befriedigung verlangen können. Dieses Recht steht den Gläubigern jedoch nur zu, wenn sie glaubhaft machen, dass durch die Sitzverlegung die Erfüllung ihrer Forderungen gefährdet wird. Die Gläubiger sind im Verlegungsplan auf dieses Recht hinzuweisen.

(2) Das Recht auf Sicherheitsleistung nach Absatz 1 steht Gläubigern nur im Hinblick auf solche Forderungen zu, die vor oder bis zu 15 Tage nach Offenlegung des Verlegungsplans entstanden sind.

(3) Das zuständige Gericht stellt die Bescheinigung nach Artikel 8 Abs. 8 der Verordnung nur aus, wenn bei einer SE mit dualistischem System die Mitglieder des Leitungsorgans und bei einer SE mit monistischem System die geschäftsführenden Direktoren die Versicherung abgeben, dass allen Gläubigern, die nach den Absätzen 1 und 2 einen Anspruch auf Sicherheitsleistung haben, eine angemessene Sicherheit geleistet wurde.

§ 14 Negativerklärung

Das zuständige Gericht stellt die Bescheinigung nach Artikel 8 Abs. 8 der Verordnung nur aus, wenn die Vertretungsorgane einer SE, die nach Maßgabe des Artikels 8 der Verordnung ihren Sitz verlegt, erklären, dass eine Klage gegen die Wirksamkeit des Verlegungsbeschlusses nicht oder nicht fristgemäß erhoben oder eine solche Klage rechtskräftig abgewiesen oder zurückgenommen worden ist.

Abschnitt 4. Aufbau der SE

Unterabschnitt 1. Dualistisches System

§ 15 Wahrnehmung der Geschäftsleitung durch Mitglieder des Aufsichtsorgans

Die Abstellung eines Mitglieds des Aufsichtsorgans zur Wahrnehmung der Aufgaben eines Mitglieds des Leitungsorgans nach Artikel 39 Abs. 3 Satz 2 der Verordnung ist nur für einen im Voraus begrenzten Zeitraum, höchstens für ein Jahr, zulässig. Eine wiederholte Bestellung oder Verlängerung der Amtszeit ist zulässig, wenn dadurch die Amtszeit insgesamt ein Jahr nicht übersteigt.

§ 16 Zahl der Mitglieder des Leitungsorgans

Bei Gesellschaften mit einem Grundkapital von mehr als 3 Millionen Euro hat das Leitungsorgan aus mindestens zwei Personen zu bestehen, es sei denn, die Satzung bestimmt, dass es aus einer Person bestehen soll. § 38 Abs. 2 des SE-Beteiligungsgesetzes bleibt unberührt.

§ 17 Zahl der Mitglieder und Zusammensetzung des Aufsichtsorgans

(1) Das Aufsichtsorgan besteht aus drei Mitgliedern. Die Satzung kann eine bestimmte höhere Zahl festsetzen. Die Zahl muss durch drei teilbar sein. Die Höchstzahl beträgt bei Gesellschaften mit einem Grundkapital

bis zu	1 500 000 Euro	neun,
von mehr als	1 500 000 Euro	fünfzehn,
von mehr als	10 000 000 Euro	einundzwanzig.

(2) Besteht bei einer börsennotierten SE das Aufsichtsorgan aus derselben Zahl von Anteilseigner- und Arbeitnehmervertretern, müssen in dem Aufsichtsorgan Frauen und Männer jeweils mit einem Anteil von mindestens 30 Prozent vertreten sein. Der Mindestanteil von jeweils 30 Prozent an Frauen und Männern im Aufsichtsorgan ist bei erforderlich werdenden Neubesetzungen einzelner oder mehrerer Sitze im Aufsichtsorgan zu beachten. Reicht die Zahl der neu zu besetzenden Sitze nicht aus, um den Mindestanteil zu erreichen, sind die Sitze mit Personen des unterrepräsentierten Geschlechts zu besetzen, um dessen Anteil sukzessive zu steigern. Bestehende Mandate können bis zu ihrem regulären Ende wahrgenommen werden.

(3) Die Beteiligung der Arbeitnehmer nach dem SE-Beteiligungsgesetz bleibt unberührt.

(4) Für Verfahren entsprechend den §§ 98, 99 oder 104 des Aktiengesetzes ist auch der SE-Betriebsrat antragsberechtigt. Für Klagen entsprechend § 250 des Aktiengesetzes ist auch der SE-Betriebsrat parteifähig; § 252 des Aktiengesetzes gilt entsprechend.

(5) § 251 des Aktiengesetzes findet mit der Maßgabe Anwendung, dass das gesetzeswidrige Zustandekommen von Wahlvorschlägen für die Arbeitnehmervertreter im Aufsichtsorgan nur nach den Vorschriften der Mitgliedstaaten über die Besetzung der ihnen zugewiesenen Sitze geltend gemacht werden kann. Für die Arbeitnehmervertreter aus dem Inland gilt § 37 Abs. 2 des SE-Beteiligungsgesetzes.

§ 18 Informationsverlangen einzelner Mitglieder des Aufsichtsorgans

Jedes einzelne Mitglied des Aufsichtsorgans kann vom Leitungsorgan jegliche Information nach Artikel 41 Abs. 3 Satz 1 der Verordnung, jedoch nur an das Aufsichtsorgan, verlangen.

§ 19 Festlegung zustimmungsbedürftiger Geschäfte durch das Aufsichtsorgan

Das Aufsichtsorgan kann selbst bestimmte Arten von Geschäften von seiner Zustimmung abhängig machen.

Unterabschnitt 2. Monistisches System

§ 20 Anzuwendende Vorschriften

Wählt eine SE gemäß Artikel 38 Buchstabe b der Verordnung in ihrer Satzung das monistische System mit einem Verwaltungsorgan (Verwaltungsrat), so gelten anstelle der §§ 76 bis 116 des Aktiengesetzes die nachfolgenden Vorschriften.

§ 21 Anmeldung und Eintragung

(1) Die SE ist bei Gericht von allen Gründern, Mitgliedern des Verwaltungsrats und geschäftsführenden Direktoren zur Eintragung in das Handelsregister anzumelden.

(2) In der Anmeldung haben die geschäftsführenden Direktoren zu versichern, dass keine Umstände vorliegen, die ihrer Bestellung nach § 40 Abs. 1 Satz 4 entgegenstehen und dass sie über ihre unbeschränkte Auskunftspflicht gegenüber dem Gericht belehrt worden sind. In der Anmeldung sind Art und Umfang der Vertretungsbefugnis der geschäftsführenden Direktoren anzugeben. Der Anmeldung sind die Urkunden über die Bestellung des Verwaltungsrats und der geschäftsführenden Direktoren sowie die Prüfungsberichte der Mitglieder des Verwaltungsrats beizufügen.

(3) Das Gericht kann die Anmeldung ablehnen, wenn für den Prüfungsbericht der Mitglieder des Verwaltungsrats die Voraussetzungen des § 38 Abs. 2 des Aktiengesetzes gegeben sind.

(4) Bei der Eintragung sind die geschäftsführenden Direktoren sowie deren Vertretungsbefugnis anzugeben.

(5) *weggefallen*

§ 22 Aufgaben und Rechte des Verwaltungsrats

(1) Der Verwaltungsrat leitet die Gesellschaft, bestimmt die Grundlinien ihrer Tätigkeit und überwacht deren Umsetzung.

(2) Der Verwaltungsrat hat eine Hauptversammlung einzuberufen, wenn das Wohl der Gesellschaft es fordert. Für den Beschluss genügt die einfache Mehrheit. Für die Vorbereitung und Ausführung von Hauptversammlungsbeschlüssen gilt § 83 des Aktiengesetzes entsprechend; der Verwaltungsrat kann einzelne damit verbundene Aufgaben auf die geschäftsführenden Direktoren übertragen.

(3) Der Verwaltungsrat hat dafür zu sorgen, dass die erforderlichen Handelsbücher geführt werden. Der Verwaltungsrat hat geeignete Maßnahmen zu treffen, insbesondere ein Überwachungssystem einzurichten, damit den Fortbestand der Gesellschaft gefährdende Entwicklungen früh erkannt werden.

(4) Der Verwaltungsrat kann die Bücher und Schriften der Gesellschaft sowie die Vermögensgegenstände, namentlich die Gesellschaftskasse und die Bestände an Wertpapieren und Waren, einsehen und prüfen. Er kann damit auch einzelne Mitglieder oder für bestimmte Aufgaben besondere Sachverständige beauftragen. Er erteilt dem Abschlussprüfer den Prüfungsauftrag für den Jahres- und Konzernabschluss gemäß § 290 des Handelsgesetzbuchs.

(5) Ergibt sich bei Aufstellung der Jahresbilanz oder einer Zwischenbilanz oder ist bei pflichtmäßigem Ermessen anzunehmen, dass ein Verlust in der Hälfte des Grundkapitals besteht, so hat der Verwaltungsrat unverzüglich die Hauptversammlung ein-

zuberufen und ihr dies anzuzeigen. Bei Zahlungsunfähigkeit oder Überschuldung der Gesellschaft hat der Verwaltungsrat den Insolvenzantrag nach § 15a Abs. 1 der Insolvenzordnung zu stellen; § 92 Abs. 2 des Aktiengesetzes gilt entsprechend.

(6) Rechtsvorschriften, die außerhalb dieses Gesetzes dem Vorstand oder dem Aufsichtsrat einer Aktiengesellschaft Rechte oder Pflichten zuweisen, gelten sinngemäß für den Verwaltungsrat, soweit nicht in diesem Gesetz für den Verwaltungsrat und für geschäftsführende Direktoren besondere Regelungen enthalten sind.

§ 23 Zahl der Mitglieder des Verwaltungsrats

(1) Der Verwaltungsrat besteht aus drei Mitgliedern. Die Satzung kann etwas anderes bestimmen; bei Gesellschaften mit einem Grundkapital von mehr als 3 Millionen Euro hat der Verwaltungsrat jedoch aus mindestens drei Personen zu bestehen. Die Höchstzahl der Mitglieder des Verwaltungsrats beträgt bei Gesellschaften mit einem Grundkapital

bis zu	1 500 000 Euro	neun,
von mehr als	1 500 000 Euro	fünfzehn,
von mehr als	10 000 000 Euro	einundzwanzig.

(2) Die Beteiligung der Arbeitnehmer nach dem SE-Beteiligungsgesetz bleibt unberührt.

§ 24 Zusammensetzung des Verwaltungsrats

(1) Der Verwaltungsrat setzt sich zusammen aus Verwaltungsratsmitgliedern der Aktionäre und, soweit eine Vereinbarung nach § 21 oder die §§ 34 bis 38 des SE-Beteiligungsgesetzes dies vorsehen, auch aus Verwaltungsratsmitgliedern der Arbeitnehmer.

(2) Nach anderen als den zuletzt angewandten vertraglichen oder gesetzlichen Vorschriften kann der Verwaltungsrat nur zusammengesetzt werden, wenn nach § 25 oder nach § 26 die in der Bekanntmachung des Vorsitzenden des Verwaltungsrats oder in der gerichtlichen Entscheidung angegebenen vertraglichen oder gesetzlichen Vorschriften anzuwenden sind.

(3) Besteht bei einer börsennotierten SE der Verwaltungsrat aus derselben Zahl von Anteilseigner- und Arbeitnehmervertretern, müssen in dem Verwaltungsrat Frauen und Männer jeweils mit einem Anteil von mindestens 30 Prozent vertreten sein. Der Mindestanteil von jeweils 30 Prozent an Frauen und Männern im Verwaltungsrat ist bei erforderlich werdenden Neubesetzungen einzelner oder mehrerer Sitze im Verwaltungsrat zu beachten. Reicht die Zahl der neu zu besetzenden Sitze nicht aus, um den Mindestanteil zu erreichen, sind die Sitze mit Personen des unterrepräsentierten Geschlechts zu besetzen, um dessen Anteil sukzessive zu steigern. Bestehende Mandate können bis zu ihrem regulären Ende wahrgenommen werden.

§ 25 Bekanntmachung über die Zusammensetzung des Verwaltungsrats

(1) Ist der Vorsitzende des Verwaltungsrats der Ansicht, dass der Verwaltungsrat nicht nach den maßgeblichen vertraglichen oder gesetzlichen Vorschriften zusammengesetzt ist, so hat er dies unverzüglich in den Gesellschaftsblättern und gleichzeitig durch Aushang in sämtlichen Betrieben der Gesellschaft und ihrer Konzernunterneh-

men bekannt zu machen. Der Aushang kann auch in elektronischer Form erfolgen. In der Bekanntmachung sind die nach Ansicht des Vorsitzenden des Verwaltungsrats maßgeblichen vertraglichen oder gesetzlichen Vorschriften anzugeben. Es ist darauf hinzuweisen, dass der Verwaltungsrat nach diesen Vorschriften zusammengesetzt wird, wenn nicht Antragsberechtigte nach § 26 Abs. 2 innerhalb eines Monats nach der Bekanntmachung im Bundesanzeiger das nach § 26 Abs. 1 zuständige Gericht anrufen.

(2) Wird das nach § 26 Abs. 1 zuständige Gericht nicht innerhalb eines Monats nach der Bekanntmachung im Bundesanzeiger angerufen, so ist der neue Verwaltungsrat nach den in der Bekanntmachung angegebenen Vorschriften zusammenzusetzen. Die Bestimmungen der Satzung über die Zusammensetzung des Verwaltungsrats, über die Zahl der Mitglieder des Verwaltungsrats sowie über die Wahl, Abberufung und Entsendung von Mitgliedern des Verwaltungsrats treten mit der Beendigung der ersten Hauptversammlung, die nach Ablauf der Anrufungsfrist einberufen wird, spätestens sechs Monate nach Ablauf dieser Frist insoweit außer Kraft, als sie den nunmehr anzuwendenden Vorschriften widersprechen. Mit demselben Zeitpunkt erlischt das Amt der bisherigen Mitglieder des Verwaltungsrats. Eine Hauptversammlung, die innerhalb der Frist von sechs Monaten stattfindet, kann an Stelle der außer Kraft tretenden Satzungsbestimmungen mit einfacher Stimmenmehrheit neue Satzungsbestimmungen beschließen.

(3) Solange ein gerichtliches Verfahren nach § 26 anhängig ist, kann eine Bekanntmachung über die Zusammensetzung des Verwaltungsrats nicht erfolgen.

§ 26 Gerichtliche Entscheidung über die Zusammensetzung des Verwaltungsrats

(1) Ist streitig oder ungewiss, nach welchen Vorschriften der Verwaltungsrat zusammenzusetzen ist, so entscheidet darüber auf Antrag ausschließlich das Landgericht, in dessen Bezirk die Gesellschaft ihren Sitz hat.

(2) Antragsberechtigt sind

1. jedes Mitglied des Verwaltungsrats,
2. jeder Aktionär,
3. die nach § 98 Abs. 2 Satz 1 Nr. 4 bis 10 des Aktiengesetzes Antragsberechtigten,
4. der SE-Betriebsrat.

(3) Entspricht die Zusammensetzung des Verwaltungsrats nicht der gerichtlichen Entscheidung, so ist der neue Verwaltungsrat nach den in der Entscheidung angegebenen Vorschriften zusammenzusetzen. § 25 Abs. 2 gilt entsprechend mit der Maßgabe, dass die Frist von sechs Monaten mit dem Eintritt der Rechtskraft beginnt.

(4) Für das Verfahren gilt § 99 des Aktiengesetzes entsprechend mit der Maßgabe, dass die nach Absatz 5 der Vorschrift vorgesehene Einreichung der rechtskräftigen Entscheidung durch den Vorsitzenden des Verwaltungsrats erfolgt.

§ 27 Persönliche Voraussetzungen der Mitglieder des Verwaltungsrats

(1) Mitglied des Verwaltungsrats kann nicht sein, wer
1. bereits in zehn Handelsgesellschaften, die gesetzlich einen Aufsichtsrat oder einen Verwaltungsrat zu bilden haben, Mitglied des Aufsichtsrats oder des Verwaltungsrats ist,

2. gesetzlicher Vertreter eines von der Gesellschaft abhängigen Unternehmens ist oder
3. gesetzlicher Vertreter einer anderen Kapitalgesellschaft ist, deren Aufsichtsrat oder Verwaltungsrat ein Vorstandsmitglied oder ein geschäftsführender Direktor der Gesellschaft angehört.

Auf die Höchstzahl nach Satz 1 Nr. 1 sind bis zu fünf Sitze in Aufsichts- oder Verwaltungsräten nicht anzurechnen, die ein gesetzlicher Vertreter (beim Einzelkaufmann der Inhaber) des herrschenden Unternehmens eines Konzerns in zum Konzern gehörenden Handelsgesellschaften, die gesetzlich einen Aufsichtsrat oder einen Verwaltungsrat zu bilden haben, inne hat. Auf die Höchstzahl nach Satz 1 Nr. 1 sind Aufsichtsrats- oder Verwaltungsratsämter im Sinne der Nummer 1 doppelt anzurechnen, für die das Mitglied zum Vorsitzenden gewählt worden ist. Bei einer SE im Sinn des § 264d des Handelsgesetzbuchs muss mindestens ein Mitglied des Verwaltungsrats die Voraussetzungen des § 100 Abs. 5 des Aktiengesetzes erfüllen.

(2) § 36 Abs. 3 Satz 2 in Verbindung mit § 6 Abs. 2 bis 4 des SE-Beteiligungsgesetzes oder eine Vereinbarung nach § 21 des SE-Beteiligungsgesetzes über weitere persönliche Voraussetzungen der Mitglieder der Arbeitnehmer bleibt unberührt.

(3) Eine juristische Person kann nicht Mitglied des Verwaltungsrats sein.

§ 28 Bestellung der Mitglieder des Verwaltungsrats

(1) Die Bestellung der Mitglieder des Verwaltungsrats richtet sich nach der Verordnung.

(2) § 101 Abs. 2 des Aktiengesetzes gilt entsprechend.

(3) Stellvertreter von Mitgliedern des Verwaltungsrats können nicht bestellt werden. Jedoch kann für jedes Mitglied ein Ersatzmitglied bestellt werden, das Mitglied des Verwaltungsrats wird, wenn das Mitglied vor Ablauf seiner Amtszeit wegfällt. Das Ersatzmitglied kann nur gleichzeitig mit dem Mitglied bestellt werden. Auf seine Bestellung sowie die Nichtigkeit und Anfechtung seiner Bestellung sind die für das Mitglied geltenden Vorschriften anzuwenden. Das Amt des Ersatzmitglieds erlischt spätestens mit Ablauf der Amtszeit des weggefallenen Mitglieds.

§ 29 Abberufung der Mitglieder des Verwaltungsrats

(1) Mitglieder des Verwaltungsrats, die von der Hauptversammlung ohne Bindung an einen Wahlvorschlag gewählt worden sind, können von ihr vor Ablauf der Amtszeit abberufen werden. Der Beschluss bedarf einer Mehrheit, die mindestens drei Viertel der abgegebenen Stimmen umfasst. Die Satzung kann eine andere Mehrheit und weitere Erfordernisse bestimmen.

(2) Ein Mitglied des Verwaltungsrats, das auf Grund der Satzung in den Verwaltungsrat entsandt ist, kann von dem Entsendungsberechtigten jederzeit abberufen und durch ein anderes ersetzt werden. Sind die in der Satzung bestimmten Voraussetzungen des Entsendungsrechts weggefallen, so kann die Hauptversammlung das entsandte Mitglied mit einfacher Stimmenmehrheit abberufen.

(3) Das Gericht hat auf Antrag des Verwaltungsrats ein Mitglied abzuberufen, wenn in dessen Person ein wichtiger Grund vorliegt. Der Verwaltungsrat beschließt über die Antragstellung mit einfacher Mehrheit. Ist das Mitglied auf Grund der Satzung in den Verwaltungsrat entsandt worden, so können auch Aktionäre, deren Anteile zu-

sammen den zehnten Teil des Grundkapitals oder den anteiligen Betrag von 1 Million Euro erreichen, den Antrag stellen. Gegen die Entscheidung ist die Beschwerde zulässig.

(4) Für die Abberufung eines Ersatzmitglieds gelten die Vorschriften über die Abberufung des Mitglieds, für das es bestellt ist.

§ 30 Bestellung durch das Gericht

(1) Gehört dem Verwaltungsrat die zur Beschlussfähigkeit nötige Zahl von Mitgliedern nicht an, so hat ihn das Gericht auf Antrag eines Mitglieds des Verwaltungsrats oder eines Aktionärs auf diese Zahl zu ergänzen. Mitglieder des Verwaltungsrats sind verpflichtet, den Antrag unverzüglich zu stellen, es sei denn, dass die rechtzeitige Ergänzung vor der nächsten Sitzung des Verwaltungsrats zu erwarten ist. Hat der Verwaltungsrat auch aus Mitgliedern der Arbeitnehmer zu bestehen, so können auch den Antrag stellen
1. die nach § 104 Abs. 1 Satz 3 des Aktiengesetzes Antragsberechtigten,
2. der SE-Betriebsrat.
Gegen die Entscheidung ist die Beschwerde zulässig.

(2) Gehören dem Verwaltungsrat länger als drei Monate weniger Mitglieder als die durch Vereinbarung, Gesetz oder Satzung festgelegte Zahl an, so hat ihn das Gericht auf Antrag auf diese Zahl zu ergänzen. In dringenden Fällen hat das Gericht auf Antrag den Verwaltungsrat auch vor Ablauf der Frist zu ergänzen. Das Antragsrecht bestimmt sich nach Absatz 1. Gegen die Entscheidung ist die Beschwerde zulässig.

(3) Das Amt des gerichtlich bestellten Mitglieds erlischt in jedem Fall, sobald der Mangel behoben ist.

(4) Das gerichtlich bestellte Mitglied hat Anspruch auf Ersatz angemessener barer Auslagen und, wenn den Mitgliedern der Gesellschaft eine Vergütung gewährt wird, auf Vergütung für seine Tätigkeit. Auf Antrag des Mitglieds setzt das Gericht die Vergütung und die Auslagen fest. Gegen die Entscheidung ist die Beschwerde zulässig; die Rechtsbeschwerde ist ausgeschlossen. Aus der rechtskräftigen Entscheidung findet die Zwangsvollstreckung nach der Zivilprozessordnung statt.

§ 31 Nichtigkeit der Wahl von Verwaltungsratsmitgliedern

(1) Die Wahl eines Verwaltungsratsmitglieds durch die Hauptversammlung ist außer im Fall des § 241 Nr. 1, 2 und 5 des Aktiengesetzes nur dann nichtig, wenn
1. der Verwaltungsrat unter Verstoß gegen § 24 Abs. 2, § 25 Abs. 2 Satz 1 oder § 26 Abs. 3 zusammengesetzt wird;
2. durch die Wahl die gesetzliche Höchstzahl der Verwaltungsratsmitglieder überschritten wird (§ 23);
3. die gewählte Person nach Artikel 47 Abs. 2 der Verordnung bei Beginn ihrer Amtszeit nicht Verwaltungsratsmitglied sein kann.

(2) Für die Parteifähigkeit für die Klage auf Feststellung, dass die Wahl eines Verwaltungsratsmitglieds nichtig ist, gilt § 250 Abs. 2 des Aktiengesetzes entsprechend. Parteifähig ist auch der SE-Betriebsrat.

(3) Erhebt ein Aktionär, ein Mitglied des Verwaltungsrats oder ein nach Absatz 2 Parteifähiger gegen die Gesellschaft Klage auf Feststellung, dass die Wahl eines Verwal-

tungsratsmitglieds nichtig ist, so gelten § 246 Abs. 2, 3 Satz 1 bis 4, Abs. 4, die §§ 247, 248 Abs. 1 Satz 2, die §§ 248a und 249 Abs. 2 des Aktiengesetzes entsprechend. Es ist nicht ausgeschlossen, die Nichtigkeit auf andere Weise als durch Erhebung der Klage geltend zu machen.

§ 32 Anfechtung der Wahl von Verwaltungsratsmitgliedern

Für die Anfechtung der Wahl von Verwaltungsratsmitgliedern findet § 251 des Aktiengesetzes mit der Maßgabe Anwendung, dass das gesetzwidrige Zustandekommen von Wahlvorschlägen für die Arbeitnehmervertreter im Verwaltungsrat nur nach den Vorschriften der Mitgliedstaaten über die Besetzung der ihnen zugewiesenen Sitze geltend gemacht werden kann. Für die Arbeitnehmervertreter aus dem Inland gilt § 37 Abs. 2 des SE-Beteiligungsgesetzes.

§ 33 Wirkung des Urteils

Für die Urteilswirkung gilt § 252 des Aktiengesetzes entsprechend.

§ 34 Innere Ordnung des Verwaltungsrats

(1) Der Verwaltungsrat hat neben dem Vorsitzenden nach näherer Bestimmung der Satzung aus seiner Mitte mindestens einen Stellvertreter zu wählen. Der Stellvertreter hat nur dann die Rechte und Pflichten des Vorsitzenden, wenn dieser verhindert ist. Besteht der Verwaltungsrat nur aus einer Person, nimmt diese die dem Vorsitzenden des Verwaltungsrats gesetzlich zugewiesenen Aufgaben wahr.

(2) Der Verwaltungsrat kann sich eine Geschäftsordnung geben. Die Satzung kann Einzelfragen der Geschäftsordnung bindend regeln.

(3) Über die Sitzungen des Verwaltungsrats ist eine Niederschrift anzufertigen, die der Vorsitzende zu unterzeichnen hat. In der Niederschrift sind der Ort und der Tag der Sitzung, die Teilnehmer, die Gegenstände der Tagesordnung, der wesentliche Inhalt der Verhandlungen und die Beschlüsse des Verwaltungsrats anzugeben. Ein Verstoß gegen Satz 1 oder Satz 2 macht einen Beschluss nicht unwirksam. Jedem Mitglied des Verwaltungsrats ist auf Verlangen eine Abschrift der Sitzungsniederschrift auszuhändigen. Die Sätze 1 bis 4 finden auf einen Verwaltungsrat, der nur aus einer Person besteht, keine Anwendung.

(4) Der Verwaltungsrat kann aus seiner Mitte einen oder mehrere Ausschüsse bestellen, namentlich, um seine Verhandlungen und Beschlüsse vorzubereiten oder die Ausführung seiner Beschlüsse zu überwachen. Die Aufgaben nach Absatz 1 Satz 1 und nach § 22 Abs. 1 und 3, § 40 Abs. 1 Satz 1 und § 47 Abs. 3 dieses Gesetzes sowie nach § 68 Abs. 2 Satz 2, § 203 Abs. 2, § 204 Abs. 1 Satz 1, § 205 Abs. 2 Satz 1 und § 314 Abs. 2 und 3 des Aktiengesetzes können einem Ausschuss nicht an Stelle des Verwaltungsrats zur Beschlussfassung überwiesen werden. Dem Verwaltungsrat ist regelmäßig über die Arbeit der Ausschüsse zu berichten. Der Verwaltungsrat kann einen Prüfungsausschuss einrichten, dem insbesondere die Aufgaben nach § 107 Abs. 3 Satz 2 des Aktiengesetzes übertragen werden können. Er muss mehrheitlich mit nicht geschäftsführenden Mitgliedern besetzt werden. Richtet der Verwaltungsrat einer SE im Sinn des § 264d des Handelsgesetzbuchs einen Prüfungsausschuss ein, muss mindestens ein Mitglied des Prüfungsausschusses die Voraussetzungen des

§ 100 Abs. 5 des Aktiengesetzes erfüllen und darf der Vorsitzende des Prüfungsausschusses nicht geschäftsführender Direktor sein.

§ 35 Beschlussfassung

(1) Abwesende Mitglieder können dadurch an der Beschlussfassung des Verwaltungsrats und seiner Ausschüsse teilnehmen, dass sie schriftliche Stimmabgaben überreichen lassen. Die schriftlichen Stimmabgaben können durch andere Mitglieder überreicht werden. Sie können auch durch Personen, die nicht dem Verwaltungsrat angehören, übergeben werden, wenn diese nach § 109 Abs. 3 des Aktiengesetzes zur Teilnahme an der Sitzung berechtigt sind.

(2) Schriftliche, fernmündliche oder andere vergleichbare Formen der Beschlussfassung des Verwaltungsrats und seiner Ausschüsse sind vorbehaltlich einer näheren Regelung durch die Satzung oder eine Geschäftsordnung des Verwaltungsrats nur zulässig, wenn kein Mitglied diesem Verfahren widerspricht.

(3) Ist ein geschäftsführender Direktor, der zugleich Mitglied des Verwaltungsrats ist, aus rechtlichen Gründen gehindert, an der Beschlussfassung im Verwaltungsrat teilzunehmen, hat insoweit der Vorsitzende des Verwaltungsrats eine zusätzliche Stimme.

§ 36 Teilnahme an Sitzungen des Verwaltungsrats und seiner Ausschüsse

(1) An den Sitzungen des Verwaltungsrats und seiner Ausschüsse sollen Personen, die dem Verwaltungsrat nicht angehören, nicht teilnehmen. Sachverständige und Auskunftspersonen können zur Beratung über einzelne Gegenstände zugezogen werden.

(2) Mitglieder des Verwaltungsrats, die dem Ausschuss nicht angehören, können an den Ausschusssitzungen teilnehmen, wenn der Vorsitzende des Verwaltungsrats nichts anderes bestimmt.

(3) Die Satzung kann zulassen, dass an den Sitzungen des Verwaltungsrats und seiner Ausschüsse Personen, die dem Verwaltungsrat nicht angehören, an Stelle von verhinderten Mitgliedern teilnehmen können, wenn diese sie in Textform ermächtigt haben.

(4) Abweichende gesetzliche Bestimmungen bleiben unberührt.

§ 37 Einberufung des Verwaltungsrats

(1) Jedes Verwaltungsratsmitglied kann unter Angabe des Zwecks und der Gründe verlangen, dass der Vorsitzende des Verwaltungsrats unverzüglich den Verwaltungsrat einberuft. Die Sitzung muss binnen zwei Wochen nach der Einberufung stattfinden.

(2) Wird dem Verlangen nicht entsprochen, so kann das Verwaltungsratsmitglied unter Mitteilung des Sachverhalts und der Angabe einer Tagesordnung selbst den Verwaltungsrat einberufen.

§ 38 Rechtsverhältnisse der Mitglieder des Verwaltungsrats

(1) Für die Vergütung der Mitglieder des Verwaltungsrats gilt § 113 des Aktiengesetzes entsprechend.

(2) Für die Gewährung von Krediten an Mitglieder des Verwaltungsrats und für sonstige Verträge mit Mitgliedern des Verwaltungsrats gelten die §§ 114 und 115 des Aktiengesetzes entsprechend.

§ 39 Sorgfaltspflicht und Verantwortlichkeit der Verwaltungsratsmitglieder

Für die Sorgfaltspflicht und Verantwortlichkeit der Verwaltungsratsmitglieder gilt § 93 des Aktiengesetzes entsprechend.

§ 40 Geschäftsführende Direktoren

(1) Der Verwaltungsrat bestellt einen oder mehrere geschäftsführende Direktoren. Mitglieder des Verwaltungsrats können zu geschäftsführenden Direktoren bestellt werden, sofern die Mehrheit des Verwaltungsrats weiterhin aus nicht geschäftsführenden Mitgliedern besteht. Die Bestellung ist zur Eintragung in das Handelsregister anzumelden. Werden Dritte zu geschäftsführenden Direktoren bestellt, gilt für sie § 76 Abs. 3 des Aktiengesetzes entsprechend. Die Satzung kann Regelungen über die Bestellung eines oder mehrerer geschäftsführender Direktoren treffen. § 38 Abs. 2 des SE-Beteiligungsgesetzes bleibt unberührt.

(2) Die geschäftsführenden Direktoren führen die Geschäfte der Gesellschaft. Sind mehrere geschäftsführende Direktoren bestellt, so sind sie nur gemeinschaftlich zur Geschäftsführung befugt; die Satzung oder eine vom Verwaltungsrat erlassene Geschäftsordnung kann Abweichendes bestimmen. Gesetzlich dem Verwaltungsrat zugewiesene Aufgaben können nicht auf die geschäftsführenden Direktoren übertragen werden. Soweit nach den für Aktiengesellschaften geltenden Rechtsvorschriften der Vorstand Anmeldungen und die Einreichung von Unterlagen zum Handelsregister vorzunehmen hat, treten an die Stelle des Vorstands die geschäftsführenden Direktoren.

(3) Ergibt sich bei der Aufstellung der Jahresbilanz oder einer Zwischenbilanz oder ist bei pflichtgemäßem Ermessen anzunehmen, dass ein Verlust in der Hälfte des Grundkapitals besteht, so haben die geschäftsführenden Direktoren dem Vorsitzenden des Verwaltungsrats unverzüglich darüber zu berichten. Dasselbe gilt, wenn die Gesellschaft zahlungsunfähig wird oder sich eine Überschuldung der Gesellschaft ergibt.

(4) Sind mehrere geschäftsführende Direktoren bestellt, können sie sich eine Geschäftsordnung geben, wenn nicht die Satzung den Erlass einer Geschäftsordnung dem Verwaltungsrat übertragen hat oder der Verwaltungsrat eine Geschäftsordnung erlässt. Die Satzung kann Einzelfragen der Geschäftsordnung bindend regeln. Beschlüsse der geschäftsführenden Direktoren über die Geschäftsordnung müssen einstimmig gefasst werden.

(5) Geschäftsführende Direktoren können jederzeit durch Beschluss des Verwaltungsrats abberufen werden, sofern die Satzung nichts anderes regelt. Für die Ansprüche aus dem Anstellungsvertrag gelten die allgemeinen Vorschriften.

(6) Geschäftsführende Direktoren berichten dem Verwaltungsrat entsprechend § 90 des Aktiengesetzes, sofern die Satzung oder die Geschäftsordnung nichts anderes vorsieht.

(7) Die §§ 87 bis 89 des Aktiengesetzes gelten entsprechend.

(8) Für Sorgfaltspflicht und Verantwortlichkeit der geschäftsführenden Direktoren gilt § 93 des Aktiengesetzes entsprechend.

(9) Die Vorschriften über die geschäftsführenden Direktoren gelten auch für ihre Stellvertreter.

§ 41 Vertretung

(1) Die geschäftsführenden Direktoren vertreten die Gesellschaft gerichtlich und außergerichtlich. Hat eine Gesellschaft keine geschäftsführenden Direktoren (Führungslosigkeit), wird die Gesellschaft für den Fall, dass ihr gegenüber Willenserklärungen abgegeben oder Schriftstücke zugestellt werden, durch den Verwaltungsrat vertreten.

(2) Mehrere geschäftsführende Direktoren sind, wenn die Satzung nichts anderes bestimmt, nur gemeinschaftlich zur Vertretung der Gesellschaft befugt. Ist eine Willenserklärung gegenüber der Gesellschaft abzugeben, so genügt die Abgabe gegenüber einem geschäftsführenden Direktor oder im Fall des Absatzes 1 Satz 2 gegenüber einem Mitglied des Verwaltungsrats. § 78 Abs. 2 Satz 3 und 4 des Aktiengesetzes gilt entsprechend.

(3) Die Satzung kann auch bestimmen, dass einzelne geschäftsführende Direktoren allein oder in Gemeinschaft mit einem Prokuristen zur Vertretung der Gesellschaft befugt sind. Absatz 2 Satz 2 gilt in diesen Fällen entsprechend.

(4) Zur Gesamtvertretung befugte geschäftsführende Direktoren können einzelne von ihnen zur Vornahme bestimmter Geschäfte oder bestimmter Arten von Geschäften ermächtigen. Dies gilt entsprechend, wenn ein einzelner geschäftsführender Direktor in Gemeinschaft mit einem Prokuristen zur Vertretung der Gesellschaft befugt ist.

(5) Den geschäftsführenden Direktoren gegenüber vertritt der Verwaltungsrat die Gesellschaft gerichtlich und außergerichtlich.

§ 42 *(weggefallen)*

§ 43 Angaben auf Geschäftsbriefen

(1) Auf allen Geschäftsbriefen, gleichviel welcher Form, die an einen bestimmten Empfänger gerichtet werden, müssen die Rechtsform und der Sitz der Gesellschaft, das Registergericht des Sitzes der Gesellschaft und die Nummer, unter der die Gesellschaft in das Handelsregister eingetragen ist, sowie alle geschäftsführenden Direktoren und der Vorsitzende des Verwaltungsrats mit dem Familiennamen und mindestens einem ausgeschriebenen Vornamen angegeben werden. § 80 Abs. 1 Satz 3 des Aktiengesetzes gilt entsprechend.

(2) § 80 Abs. 2 bis 4 des Aktiengesetzes gilt entsprechend.

§ 44 Beschränkungen der Vertretungs- und Geschäftsführungsbefugnis

(1) Die Vertretungsbefugnis der geschäftsführenden Direktoren kann nicht beschränkt werden.

(2) Im Verhältnis zur Gesellschaft sind die geschäftsführenden Direktoren verpflichtet, die Anweisungen und Beschränkungen zu beachten, die im Rahmen der für die SE geltenden Vorschriften die Satzung, der Verwaltungsrat, die Hauptversammlung und die Geschäftsordnungen des Verwaltungsrats und der geschäftsführenden Direktoren für die Geschäftsführungsbefugnis getroffen haben.

§ 45 Bestellung durch das Gericht

Fehlt ein erforderlicher geschäftsführender Direktor, so hat in dringenden Fällen das Gericht auf Antrag eines Beteiligten das Mitglied zu bestellen. § 85 Abs. 1 Satz 2, Abs. 2 und 3 des Aktiengesetzes gilt entsprechend.

§ 46 Anmeldung von Änderungen

(1) Die geschäftsführenden Direktoren haben jeden Wechsel der Verwaltungsratsmitglieder unverzüglich in den Gesellschaftsblättern bekannt zu machen und die Bekanntmachung zum Handelsregister einzureichen. Sie haben jede Änderung der geschäftsführenden Direktoren oder der Vertretungsbefugnis eines geschäftsführenden Direktors zur Eintragung in das Handelsregister anzumelden. Sie haben weiterhin die Wahl des Verwaltungsratsvorsitzenden und seines Stellvertreters sowie jede Änderung in der Person des Verwaltungsratsvorsitzenden oder seines Stellvertreters zum Handelsregister anzumelden.

(2) Die neuen geschäftsführenden Direktoren haben in der Anmeldung zu versichern, dass keine Umstände vorliegen, die ihrer Bestellung nach § 40 Abs. 1 Satz 4 entgegenstehen und dass sie über ihre unbeschränkte Auskunftspflicht gegenüber dem Gericht belehrt worden sind. § 37 Abs. 2 Satz 2 des Aktiengesetzes ist anzuwenden.

(3) § 81 Abs. 2 des Aktiengesetzes gilt für die geschäftsführenden Direktoren entsprechend.

§ 47 Prüfung und Feststellung des Jahresabschlusses

(1) Die geschäftsführenden Direktoren haben den Jahresabschluss und den Lagebericht unverzüglich nach ihrer Aufstellung dem Verwaltungsrat vorzulegen. Zugleich haben die geschäftsführenden Direktoren einen Vorschlag vorzulegen, den der Verwaltungsrat der Hauptversammlung für die Verwendung des Bilanzgewinns machen soll; § 170 Abs. 2 Satz 2 des Aktiengesetzes gilt entsprechend.

(2) Jedes Verwaltungsratsmitglied hat das Recht, von den Vorlagen und Prüfungsberichten Kenntnis zu nehmen. Die Vorlagen und Prüfungsberichte sind auch jedem Verwaltungsratsmitglied oder, soweit der Verwaltungsrat dies beschlossen hat und ein Bilanzausschuss besteht, den Mitgliedern des Ausschusses auszuhändigen.

(3) Für die Prüfung durch den Verwaltungsrat gilt § 171 Abs. 1 und 2 des Aktiengesetzes entsprechend.

(4) Absatz 1 Satz 1 und Absatz 3 gelten entsprechend für einen Einzelabschluss nach § 325 Abs. 2a Satz 1 des Handelsgesetzbuchs sowie bei Mutterunternehmen (§ 290 Abs. 1, 2 des Handelsgesetzbuchs) für den Konzernabschluss und den Konzernlagebericht. Der Einzelabschluss nach § 325 Abs. 2a Satz 1 des Handelsgesetzbuchs darf erst nach Billigung durch den Verwaltungsrat offen gelegt werden.

(5) Billigt der Verwaltungsrat den Jahresabschluss, so ist dieser festgestellt, sofern nicht der Verwaltungsrat beschließt, die Feststellung des Jahresabschlusses der Hauptversammlung zu überlassen. Die Beschlüsse des Verwaltungsrats sind in den Bericht des Verwaltungsrats an die Hauptversammlung aufzunehmen.

(6) Hat der Verwaltungsrat beschlossen, die Feststellung des Jahresabschlusses der Hauptversammlung zu überlassen, oder hat der Verwaltungsrat den Jahresabschluss nicht gebilligt, so stellt die Hauptversammlung den Jahresabschluss fest. Hat der Verwaltungsrat eines Mutterunternehmens (§ 290 Abs. 1, 2 des Handelsgesetzbuchs) den Konzernabschluss nicht gebilligt, so entscheidet die Hauptversammlung über die Billigung. Für die Feststellung des Jahresabschlusses oder die Billigung des Konzernabschlusses durch die Hauptversammlung gilt § 173 Abs. 2 und 3 des Aktiengesetzes entsprechend.

§ 48 Ordentliche Hauptversammlung

(1) Unverzüglich nach der Zuleitung des Berichts an die geschäftsführenden Direktoren hat der Verwaltungsrat die Hauptversammlung zur Entgegennahme des festgestellten Jahresabschlusses und des Lageberichts, eines vom Verwaltungsrat gebilligten Einzelabschlusses nach § 325 Abs. 2a Satz 1 des Handelsgesetzbuchs sowie zur Beschlussfassung über die Verwendung des Bilanzgewinns, bei einem Mutterunternehmen (§ 290 Abs. 1, 2 des Handelsgesetzbuchs) auch zur Entgegennahme des vom Verwaltungsrat gebilligten Konzernabschlusses und des Konzernlageberichts, einzuberufen.

(2) Die Vorschriften des § 175 Abs. 2 bis 4 und des § 176 Abs. 2 des Aktiengesetzes gelten entsprechend. Der Verwaltungsrat hat der Hauptversammlung die in § 176 Abs. 1 Satz 1 des Aktiengesetzes angegebenen Vorlagen zugänglich zu machen. Zu Beginn der Verhandlung soll der Verwaltungsrat seine Vorlagen erläutern. Er soll dabei auch zu einem Jahresfehlbetrag oder einem Verlust Stellung nehmen, der das Jahresergebnis wesentlich beeinträchtigt hat. Satz 4 ist auf Kreditinstitute nicht anzuwenden.

§ 49 Leitungsmacht und Verantwortlichkeit bei Abhängigkeit von Unternehmen

(1) Für die Anwendung der Vorschriften der §§ 308 bis 318 des Aktiengesetzes treten an die Stelle des Vorstands der Gesellschaft die geschäftsführenden Direktoren.

(2) Für die Anwendung der Vorschriften der §§ 319 bis 327 des Aktiengesetzes treten an die Stelle des Vorstands der eingegliederten Gesellschaft die geschäftsführenden Direktoren.

Unterabschnitt 3. Hauptversammlung

§ 50 Einberufung und Ergänzung der Tagesordnung auf Verlangen einer Minderheit

(1) Die Einberufung der Hauptversammlung und die Aufstellung ihrer Tagesordnung nach Artikel 55 der Verordnung kann von einem oder mehreren Aktionären beantragt werden, sofern sein oder ihr Anteil am Grundkapital mindestens 5 Prozent beträgt.

(2) Die Ergänzung der Tagesordnung für eine Hauptversammlung durch einen oder mehrere Punkte kann von einem oder mehreren Aktionären beantragt werden, sofern sein oder ihr Anteil 5 Prozent des Grundkapitals oder den anteiligen Betrag von 500 000 Euro erreicht.

§ 51 Satzungsänderungen

Die Satzung kann bestimmen, dass für einen Beschluss der Hauptversammlung über die Änderung der Satzung die einfache Mehrheit der abgegebenen Stimmen ausreicht, sofern mindestens die Hälfte des Grundkapitals vertreten ist. Dies gilt nicht für die Änderung des Gegenstands des Unternehmens, für einen Beschluss gemäß Artikel 8 Abs. 6 der Verordnung sowie für Fälle, für die eine höhere Kapitalmehrheit gesetzlich zwingend vorgeschrieben ist.

Abschnitt 5. Auflösung

§ 52 Auflösung der SE bei Auseinanderfallen von Sitz und Hauptverwaltung

(1) Erfüllt eine SE nicht mehr die Verpflichtung nach Artikel 7 der Verordnung, so gilt dies als Mangel der Satzung im Sinne des § 262 Abs. 1 Nr. 5 des Aktiengesetzes. Das Registergericht fordert die SE auf, innerhalb einer bestimmten Frist den vorschriftswidrigen Zustand zu beenden, indem sie

1. entweder ihre Hauptverwaltung wieder im Sitzstaat errichtet oder
2. ihren Sitz nach dem Verfahren des Artikels 8 der Verordnung verlegt.

(2) Wird innerhalb der nach Absatz 1 bestimmten Frist der Aufforderung nicht genügt, so hat das Gericht den Mangel der Satzung festzustellen.

(3) Gegen Verfügungen, durch welche eine Feststellung nach Absatz 2 getroffen wird, findet die Beschwerde statt.

Abschnitt 6. Straf- und Bußgeldvorschriften

§ 53 Straf- und Bußgeldvorschriften

(1) Die Strafvorschriften des § 399 Abs. 1 Nr. 1 bis 5 und Abs. 2, des § 400 und der §§ 402 bis 404 des Aktiengesetzes, der §§ 331 bis 333 des Handelsgesetzbuchs und der §§ 313 bis 315 des Umwandlungsgesetzes sowie die Bußgeldvorschriften des § 405 des Aktiengesetzes und des § 334 des Handelsgesetzbuchs gelten auch für die SE im Sinne des Artikels 9 Abs. 1 Buchstabe c Doppelbuchstabe ii der Verordnung. Soweit sie

1. Mitglieder des Vorstands,
2. Mitglieder des Aufsichtsrats oder
3. Mitglieder des vertretungsberechtigten Organs einer Kapitalgesellschaft

betreffen, gelten sie bei der SE mit dualistischem System in den Fällen der Nummern 1 und 3 für die Mitglieder des Leitungsorgans und in den Fällen der Nummer 2 für die Mitglieder des Aufsichtsorgans. Bei der SE mit monistischem System gelten sie in den Fällen der Nummern 1 und 3 für die geschäftsführenden Direktoren und in den Fällen der Nummer 2 für die Mitglieder des Verwaltungsrats.

(2) Die Strafvorschriften des § 399 Abs. 1 Nr. 6 und des § 401 des Aktiengesetzes gelten im Sinne des Artikels 9 Abs. 1 Buchstabe c Doppelbuchstabe ii der Verordnung auch für die SE mit dualistischem System. Soweit sie Mitglieder des Vorstands betreffen, gelten sie für die Mitglieder des Leitungsorgans.

(3) Mit Freiheitsstrafe bis zu drei Jahren oder mit Geldstrafe wird bestraft, wer

1. als Vorstandsmitglied entgegen § 8 Satz 2,
2. als Mitglied des Leitungsorgans einer SE mit dualistischem System oder als geschäftsführender Direktor einer SE mit monistischem System entgegen § 13 Abs. 3,
3. als geschäftsführender Direktor einer SE mit monistischem System entgegen § 21 Abs. 2 Satz 1 oder § 46 Abs. 2 Satz 1 oder
4. als Abwickler einer SE mit monistischem System entgegen Artikel 9 Abs. 1 Buchstabe c Doppelbuchstabe ii der Verordnung in Verbindung mit § 266 Abs. 3 Satz 1 des Aktiengesetzes

eine Versicherung nicht richtig abgibt.

(4) Ebenso wird bestraft, wer bei einer SE mit monistischem System

1. als Mitglied des Verwaltungsrats entgegen § 22 Abs. 5 Satz 1 die Hauptversammlung nicht oder nicht rechtzeitig einberuft oder ihr den Verlust nicht, nicht richtig, nicht vollständig oder nicht rechtzeitig anzeigt oder
2. als Mitglied des Verwaltungsrats entgegen § 22 Abs. 5 Satz 2 in Verbindung mit § 15a Abs. 1 Satz 1 der Insolvenzordnung die Eröffnung des Insolvenzverfahrens nicht oder nicht rechtzeitig beantragt.

(5) Handelt der Täter in den Fällen des Absatzes 4 fahrlässig, so ist die Strafe Freiheitsstrafe bis zu einem Jahr oder Geldstrafe.

Abschnitt 7. Schlussbestimmungen

§ 54 Übergangsvorschrift zum Bilanzrechtsmodernisierungsgesetz

§ 27 Abs. 1 Satz 4 und § 34 Abs. 4 Satz 2 und 3 in der Fassung des Bilanzrechtsmodernisierungsgesetzes vom 25. Mai 2009 (BGBl. I S. 1102) finden keine Anwendung, solange alle Mitglieder des Verwaltungsrats und des Prüfungsausschusses vor dem 29. Mai 2009 bestellt worden sind.

§ 55 Übergangsvorschrift zum Gesetz zur Umsetzung der Aktionärsrechterichtlinie

In den Fällen des § 6 Abs. 3 Satz 1 und des § 7 Abs. 2 Satz 2 bleibt es für die Zeit vor dem 1. September 2009 bei dem bis dahin geltenden Zinssatz.

Einleitung

I. Die SE und ihr Recht in diesem Kommentar
1. Die rechtlichen Grundlagen 1
2. Die Rangordnung dieser Grundlagen 2
3. Die Berücksichtigung der Regelungsebenen in diesem Kommentar 6

II. Die Entstehung der SE-VO 7
1. Die erste Phase (1959–1975) bis zur Vorlage des revidierten Statuts der Europäischen Aktiengesellschaft . . 7a
2. Die zweite Phase 1988 bis 1991 (Dritter geänderter Vorschlag für eine Verordnung über das Statut der Europäischen Aktiengesellschaft) . . 11
3. Die dritte Phase 1991 bis 2000 (Einigung von Nizza) 14
4. Die vierte Phase 2001 (Erlass von SE-VO und SE-RL) bis 2004 (Ende der Übergangszeit) 18

III. Umsetzungsprozess in Deutschland und den einzelnen Mitgliedstaaten
1. Deutschland 20
2. England 21
3. Frankreich 22
4. Niederlande 23
5. Österreich 24
6. Polen 25
7. Belgien 26
8. Spanien 27
9. Italien 28

IV. Normenhierarchie und Rechtsquellen (VO, SEEG, SEAG) 29

V. SE, bisherige Gründungen und Vorteile für die Praxis
1. Überblick 32
2. Wahlmöglichkeit zwischen monistischem und dualistischem Leitungsgremium 34
3. Verhandelbarkeit der Mitbestimmung 37
4. Grenzüberschreitende Zusammenschlüsse und Restrukturierungen . . 38
5. Kosteneinsparungen 40
6. Verkleinerung und Internationalisierung des Aufsichtsrates 41
7. Notwendigkeit einer SE für grenzüberschreitende Sitzverlegungen nach der Rechtsprechung des EuGH zur Niederlassungsfreiheit (nationaler) Gesellschaften? 42

VI. Gemeinsamkeiten und Unterschiede zur deutschen Aktiengesellschaft 43

VII. Die SE im Kontext des Europäischen Gesellschaftsrechts 44

VIII. Ausgewählte Spezialgebiete
1. Insolvenzrecht 45
2. Umwandlungsrecht 46
3. Rechnungslegung, Prüfung und Publizität 47
4. Konzernrecht 48

IX. Reform der SE-VO 49

X. Die Richtlinie über die grenzüberschreitende Verschmelzung im Verhältnis zur SE-VO 50

Literatur: *Arbeitskreis Aktien- und Kapitalmarktrecht*, Die 8 wichtigsten Änderungsvorschläge zur SE-VO, ZIP 2009, 698; *Bachmann*, Das auf die insolvente Societas Europaea (SE) anwendbare Recht in FS v. Hoffmann, 2011, S. 36; *Bärmann*, Europäische Integration im Gesellschaftsrecht, 1970 (zit.: Europäische Integration); *Bayer/J. Schmidt*, Europäische Gesellschaft (SE) als Rechtsform für den Mittelstand?!, AnwBl. 2008, 327; *Bayer/J. Schmidt*, Das Vale-Urteil des EuGH: Die endgültige Bestätigung der Niederlassungsfreiheit als „Formwechselfreiheit", ZIP 2012, 1481; *Bayer*, Grenzüberschreitende Mobilität europäischer und nationaler Rechtsformen – aktuelle Entwicklungen und Perspektiven, in Bergmann/Kiem/Mülbert/Verse/Wittig (Hrsg.), 10 Jahre SE – Erreichter Stand – verbleibende Anwendungsfragen – Perspektiven, 2015, S. 230; *Blanquet*, Das Statut der Europäischen Aktiengesellschaft, ZGR 2002, 20; *Brandi*, Die Europäische Aktiengesellschaft im deutschen und internationalen Konzernrecht, NZG 2003, 889; *Bouloukos*, The European Company (SE) as a Vehicle for Corporate Mobility within the EU: A Breakthrough in European Corporate Law?, EBLR 2007, 535; *Brandt*, Ein Überblick über die Europäische Aktiengesellschaft in Deutschland, BB-Spezial 3/2005; *Brandt/Scheifele*, Die Europäische Aktiengesellschaft und das anwendbare Recht, DStR 2002, 547; *Brinkmann* in Karsten Schmidt (Hrsg.), Insolvenzordnung, 18. Aufl. 2013, S. 2277 ff.; *Bungert/Gotsche*, Die deutsche Rechtsprechung zur SE,

ZIP 2013, 649; *Casper*, Erfahrungen und Reformbedarf bei der SE – Gesellschaftsrechtliche Reformvorschläge, ZHR 173 (2009), 181; *Drinhausen/Keinath*, Die grenzüberschreitende Verschmelzung inländischer Gesellschaften nach Erlass der Richtlinie zur grenzüberschreitenden Verschmelzung von Kapitalgesellschaften in Europa, RIW 2006, 81; *Drygala*, Stand und Entwicklung des europäischen Gesellschaftsrechts, ZEuP 2004, 337; *Eder*, Die monistisch verfasste Societas Europaea – Überlegungen zur Umsetzung eines CEO-Modells, NZG 2004, 544; *Eidenmüller/Engert/Hornuf*, Vom Wert der Wahlfreiheit: Eine empirische Analyse der Societas Europaea als Rechtsformalternative, AG 2009, 845; dies., *Eidenmüller/Lasák*, Das tschechische *Socieatas Europaea*-Rätsel in FS Hommelhoff, 2012, S. 187; *Fleischer*, Der Einfluss der Societas Europaea auf die Dogmatik des deutschen Gesellschaftsrechts, AcP 204 (2004), 502; *Geyrhalter/Weber*, Transnationale Verschmelzungen – im Spannungsfeld zwischen SEVIC Systems und der Verschmelzungsrichtlinie, DStR 2006, 146; *Grohmann/Gruschinske*, Die identitätswahrende grenzüberschreitende Satzungssitzverlegung in Europa – Schein oder Realität, GmbHR 2006, 191; *Grunewald*, Die Societas Europaea als Gestaltungsalternative für mittelständische Unternehmen in FS Zimmermann, 2010, S. 107; *Habersack*, Konzernrechtliche Aspekte der Mitbestimmung in der Societas Europaea, Der Konzern 2006, 105; *Habersack*, Schranken der Mitbestimmungsautonomie in der SE, AG 2006, 345; *Habersack*, Das Konzernrecht der „deutschen" SE, ZGR 2003, 724; *Habersack*, 10 Jahre „deutsche" SE – Bestandsaufnahme, Perspektiven, in Bergmann/Kiem/Mülbert/Verse/Wittig (Hrsg.), 10 Jahre SE – Erreichter Stand – verbleibende Anwendungsfragen – Perspektiven, 2015, S. 5; *Henssler*, Erfahrungen und Reformbedarf bei der SE – Mitbestimmungsrechtliche Reformvorschläge, ZHR 173 (2009), 222; *Hommelhoff*, „Kleine Aktiengesellschaften" im System des deutschen Rechts, AG 1995, 529; *Hommelhoff*, Zum Konzernrecht in der Europäischen Aktiengesellschaft, AG 2003, 179; *Hommelhoff*, Einige Bemerkungen zur Organisationsverfassung der Europäischen Aktiengesellschaft, AG 2001, 279; *Hommelhoff/Teichmann*, Die Europäische Aktiengesellschaft – das Flaggschiff läuft vom Stapel, SZW/RSDA 2002, 1; *Hopt*, Europäisches Gesellschaftsrecht – Krise und neue Anläufe, ZIP 1998, 96; *Hopt*, Europäisches Gesellschaftsrecht: Quo vadis?, EuZW 2012, 481; *Hopt*, Europäisches Gesellschaftsrecht im Lichte des Aktionsplans der Europäischen Kommission vom Dezember 2012, ZGR 2013, 165; *Hopt/v. Hippel*, Die Europäische Stiftung, ZEuP 2013, 235; *Horn*, Die Europa-AG im Kontext des deutschen und europäischen Gesellschaftsrechts, DB 2005, 147; *Kallmeyer*, Das monistische System in der SE mit Sitz in Deutschland, ZIP 2003, 1531; *Kallmeyer*, Europa-AG: Strategische Optionen für deutsche Unternehmen, AG 2003, 197; *Kalss/Greda*, Die Europäische Gesellschaft (SE) österreichischer Prägung nach dem Ministerialentwurf, GesRZ 2004, 91; *Kiem*, Erfahrungen und Reformbedarf bei der SE – Entwicklungsstand, ZHR 173 (2009), 156; *Koppensteiner*, Zur grenzüberschreitenden Verschmelzung, GesRZ 2006, 111; *Lutter/Kollmorgen/Feldhaus*, Die Europäische Aktiengesellschaft – Satzungsgestaltung bei der „mittelständischen SE", BB 2005, 2473; *Lutter*, Europäische Aktiengesellschaft: Rechtsfigur mit Zukunft?, BB 2002, 1; *Lutter*, Die Europäische Aktiengesellschaft, 2. Aufl. 1978; *Lutter*, Die Auslegung angeglichenen Rechts, JZ 1992, 593; *Marsch-Barner*, Die Rechtsstellung der Europäischen Gesellschaft (SE) im Umwandlungsrecht in FS Happ, 2006, S. 165; *Monti*, Statut der Europäischen Gesellschaft, WM 1997, 607; *Nagel*, Die Richtlinie zur grenzüberschreitenden Verschmelzung, NZG 2006, 97; *Neye*, Die neue Richtlinie zur grenzüberschreitenden Verschmelzung von Kapitalgesellschaften, ZIP 2005, 1893; *Oechsler*, Die Richtlinie 2005/56/EG über die Verschmelzung von Kapitalgesellschaften aus verschiedenen Mitgliedstaaten, NZG 2006, 161; *Oplustil/Schneider*, Zur Stellung der Europäischen Aktiengesellschaft im Umwandlungsrecht, NZG 2003, 13; *Paulus*, Europäische Insolvenzverordnung – EuInsVO, 4. Aufl. 2013; *Ratka/Rauter*, Verschmelzungsgründung und Folgeverschmelzungen einer Europäischen Aktiengesellschaft, GesRZ 2006, 55; *Redeker*, Die SE und ihr Erfolg in der Praxis – Eine Zwischenbilanz, AG 2006, R343; *Reichert*, Die SE als Gestaltungsinstrument für grenzüberschreitende Umstrukturierungen, Der Konzern 2006, 821; *Richter/Gollan*, Fundatio Europaea – Der Kommissionsvorschlag für eine Europäische Stiftung (FE), ZGR 2013, 551; *Roth/Jopen*, in Riesenhuber (Hrsg.), Europäische Methodenlehre, 3. Aufl. 2015, § 13; *Roth*, Grenzüberschreitender Rechtsformwechsel nach VALE in FS Hoffmann-Becking, 2013, S. 965; *Schlüter*, Die EWIV: Modellfall für ein europäisches Gesellschaftsrecht?, EuZW 2002, 589; *J. Schmidt*, „Going European" – Die Europäische Aktiengesellschaft (SE) als attraktive Rechtsformalternative, in Bayer (Hrsg.), Die Aktiengesellschaft im Spiegel der Rechtstatsachenforschung, 2007, S. 51; *Schön*, Das System der gesellschaftsrechtlichen Niederlassungsfreiheit nach VALE, ZGR 2013, 333; *Schuberth/von der Höh*, Zehn Jahre „deutsche" SE – Eine Bestandsaufnahme, AG 2014, 439; *Seibt*, Privatautonome Mitbestimmungsvereinbarungen: rechtliche Grundlagen und Praxishinweise, AG 2005, 413; *Staak*, Mögliche Probleme im Rahmen der Koordination von Haupt- und Sekundärinsolvenzverfahren nach der Europäischen Insolvenzverordnung (EuInsVO); *Teichmann*, Die Einführung der Europäischen Aktiengesellschaft, ZGR 2002, 383; *Thoma/Leuering*, Die Europäische Aktiengesellschaft – Societas Europaea, NJW 2002, 1449; *Wollburg/Banerjea*, Die

Reichweite der Mitbestimmung in der Europäischen Gesellschaft, ZIP 2005, 277; *Verse*, Niederlassungsfreiheit und grenzüberschreitende Sitzverlegung, ZEuP 2013, 458; *Wymeersch*, Company Law in Europe and European Company Law, in 1. Europäischer Juristentag, 2001, S. 85.

Im Übrigen vgl. das „Allgemeine Literaturverzeichnis" oben S. XV ff.

I. Die SE und ihr Recht in diesem Kommentar

1. Die rechtlichen Grundlagen

Die SE mit Sitz in Deutschland beruht auf folgenden Rechtsakten: 1

1. der **Verordnung** (EG) Nr. 2157/2001 des Rates vom 8. Oktober 2001 über das Statut der Europäischen Gesellschaft (SE)[1],
2. der **Richtlinie** 2001/86/EG des Rates vom 8. Oktober 2001 zur Ergänzung des Statuts der Europäischen Gesellschaft hinsichtlich der Beteiligung der Arbeitnehmer[2] sowie
3. dem deutschen „Gesetz zur Einführung der Europäischen Gesellschaft" (**SEEG**)[3] vom 22. Dezember 2004 mit seinen Teilen
   (1) „Gesetz zur Ausführung der Verordnung (EG) Nr. 2157/2001 des Rates vom 8. Oktober 2001 über das Statut der Europäischen Gesellschaft (SE) (SE-Ausführungsgesetz – SEAG)"[4] und
   (2) „Gesetz über die Beteiligung der Arbeitnehmer in einer Europäischen Gesellschaft (SE-Beteiligungsgesetz – SEBG)"[5]
4. dem **Aktiengesetz** in seiner jeweiligen Fassung und
5. der **Satzung** der betreffenden SE in ihrer jeweiligen Fassung.

2. Die Rangordnung dieser Grundlagen

a) Entsprechend ihrem Charakter als **Verordnung** haben die Regeln der SE-VO **unmittelbare Wirkung** und **Vorrang** vor nationalem Recht in Deutschland, Art. 288 Abs. 2 AEUV[6]. Ihre Auslegung obliegt dem Europäischen Gerichtshof (EuGH), so dass bei entsprechenden Zweifeln hinsichtlich einer bestimmten Auslegung Untergerichte im Wege des Vorabentscheidungsverfahrens gem. Art. 267 AEUV vorlegen können und letztinstanzlich zuständige Gerichte zur Vorlage verpflichtet sind. 2

b) Demgegenüber bedurfte die Richtlinie der Umsetzung ins deutsche Recht (Art. 288 Abs. 3 AEUV), was mit dem SEBG geschehen ist. Bei dessen Auslegung ist aber stets zu fragen, ob mit ihm den Anforderungen der Richtlinie Genüge getan wurde; ggf. ist das SEBG **richtlinienkonform**[7] auszulegen. Bei Auslegungszweifeln ist auch hier der EuGH gem. Art. 267 AEUV anzurufen. 3

---

1 ABl. EG Nr. L 294 v. 10.11.2001, S. 1, hier abgedruckt auf S. 1.
2 ABl. EG Nr. L 294 v. 10.11.2001, S. 22, hier abgedruckt auf S. 992.
3 BGBl. I 2004, 3675.
4 Hier abgedruckt auf S. 28.
5 Hier abgedruckt auf S. 971.
6 Dazu näher unten *Hommelhoff/Teichmann* in ihren Erläuterungen zu Art. 9 sowie *Hommelhoff*, Normenhierarchie für die Europäische Gesellschaft in Lutter/Hommelhoff, Die Europäische Gesellschaft, S. 5 ff.
7 Ständige Rspr. des EuGH seit den Urteilen vom 10.4.1984: EuGH v. 10.4.1984 – Rs. C-14/83 – „von Colson und Kamann", Slg. 1984, 1891; v. 13.11.1990 – Rs. C-106/89 – „Marleasing", Slg. 1990, 4144; erneut EuGH v. 5.10.2004 – Rs. C-397/01– Rs. C-403/01, Slg. 2004, I-8835 = EuZW 2004, 691 und zuletzt etwa EuGH v. 15.1.2014 – Rs. C-176/12 – „Association de médiation so-

4 c) Obwohl die SE-VO unmittelbare Wirkung hat, bedurfte es eines deutschen Ausführungsgesetzes; denn die SE-VO hat dem nationalen Gesetzgeber bestimmte **Regelungsaufträge** erteilt oder ihm ausdrücklich **Gestaltungsspielräume** eingeräumt. Dem ist der deutsche Gesetzgeber mit dem SEAG nachgekommen.

5 d) Mit SE-VO und SEEG liegen aber nur ca. 50 % des für eine börsenfähige Kapitalgesellschaft erforderlichen Rechtes vor. In diesen Rechtsakten finden sich nämlich **keine Regeln** über die Aktien, über die Aufbringung und Erhaltung des Kapitals, über Kapitalerhöhung und Kapitalherabsetzung etc. Daher ist für eine SE mit Sitz in der Bundesrepublik Deutschland auch das AktG mit etwa 50 % des auf sie anwendbaren Rechtes von ganz zentraler Bedeutung, Art. 9 Abs. 1 lit. c ii) SE-VO.

3. Die Berücksichtigung der Regelungsebenen in diesem Kommentar

6 Bei sehr vielen einzelnen Rechtsfragen – von der Gründung über die Verwaltung der SE bis zu den Rechten und Pflichten ihrer Vorstände und Aufsichtsräte – verschränken sich die **drei Rechtsebenen** vielfältig. Diese Situation hätte die Autoren zu einer ständigen, aber unsystematischen Behandlung und Erläuterung des Aktiengesetzes in Einzelaspekten gezwungen – und das häufig in größeren Anhängen (z.B. „Kapitalaufbringung in der SE", „Kapitalerhaltung in der SE", „Der Aufsichtsrat in der SE", etc.).

Herausgeber und Autoren haben sich daher dazu entschlossen, diese Verschränkungen der drei Rechtsebenen zu entzerren, indem in diesem Kommentar nur die **SE-VO mit ihren Ergänzungen** in der Richtlinie und dem SEEG erläutert wird, in einem eigenen Kommentar von *Karsten Schmidt/Marcus Lutter* das AktG. Selbstverständlich weisen die Autoren des vorliegenden Kommentars – weit überwiegend sind sie für die gleichen Sachfragen im AktG-Kommentar ebenfalls zuständig – in ihrer Kommentierung von SE-VO und SEEG stets darauf hin, wann und für welche Fragen das AktG und mithin die Kommentierung zum AktG einschlägig und zu beachten ist.

Beide Kommentare zusammen ergeben dann 100 % des auf eine SE mit Sitz in Deutschland anwendbaren Gesellschafts- und Mitbestimmungsrechts.

II. Die Entstehung der SE-VO

7 Auf dem 1. Europäischen Juristentag in Nürnberg 2001 sagte *Eddy Wymeersch*[8] dazu[9]: „No subject in company law has required more efforts, involved more man-hours and received more attention than the Statute for a European Company or Societas Europaea (SE)."

1. Die erste Phase (1959–1975) bis zur Vorlage des revidierten Statuts der Europäischen Aktiengesellschaft

7a a) Schon sehr bald nach dem Inkrafttreten des Vertrages von Rom hatte sich gezeigt, dass die im EWG-Vertrag auch den Unternehmen verheißene Freizügigkeit durch die Nationalität der für sie zuständigen Rechtsordnungen stark behindert wird. Daher

---

ciale", ZIP 2014, 287. Umfassend zum Gebot der richtlinienkonformen Auslegung: *Lutter*, JZ 1992, 593 und *Roth/Jopen* in Riesenhuber (Hrsg.), Europäische Methodenlehre, 3. Aufl., § 13.
8 *Wymeersch*, Company Law in Europe and European Company Law, in 1. Europäischer Juristentag, 2001, S. 87, 139 Nr. 47.
9 Vgl. auch *Lutter/Bayer/J. Schmidt*, EuropUR, § 41 Rz. 1 ff.; *Oechsler* in MünchKomm. AktG, 3. Aufl., Vor Art. 1 SE-VO Rz. 1 ff.; *Siems* in KölnKomm. AktG, 3. Aufl., Bd. 8/1, 4. Teillieferung, Vor Art. 1 SE-VO Rz. 1 ff. und komprimiert *Drinhausen* in Habersack/Drinhausen, Einl. SE-VO Rz. 12 ff.

entwickelte sich hierzu bereits ab 1959 eine lebhafte Debatte[10]: Der französische Notar *Thibièrge* trug auf dem Kongress des französischen Notariats im Jahre 1959 erste Überlegungen für eine Gesellschaft internationalen Typs in Europa vor, entsprechende Anregungen wurden im **Europäischen Parlament** eingebracht und der niederländische Professor *Pieter Sanders* hielt in Rotterdam seine Antrittsvorlesung unter dem engagierten Titel: „Auf dem Wege zu einer Europäischen Aktiengesellschaft?"[11]. Nachdem jedoch auf dem Kongress der Pariser Anwaltskammer im Sommer des Jahres 1960 sehr viele skeptische Stimmen laut geworden waren und auch die Vertreter der europäischen Industrie eher Desinteresse bekundet hatten, wurde es zunächst scheinbar still um Pläne dieser Art. In Wirklichkeit fanden jedoch vor allem in Frankreich (*Houin* im Rahmen des „Comité Français de Droit International Privé" und *Vasseur* im Rahmen eines „Comité Hamel"), aber auch in der Bundesrepublik (Tagung der Gesellschaft für Rechtsvergleichung 1961 mit Vorträgen zum Thema von *Duden* und *Marty*) weitere Untersuchungen zum Thema statt.

b) Aufsehen erregende amerikanische Unternehmenskäufe in Europa und große rechtliche Schwierigkeiten bei europäischen grenzüberschreitenden Zusammenschlüssen (Agfa Gevaert) legten in den folgenden Jahren erhebliche Schwächen der europäischen Position offen. Es war dann die französische Regierung, welche mit einer Note vom 15.3.1965 an den Ministerrat der Europäischen Wirtschaftsgemeinschaft die Schaffung einer Europäischen Handelsgesellschaft durch **Staatsvertrag unter den Mitgliedstaaten**[12] vorschlug. Dieser politisch wichtige Vorstoß führte auf Seiten der Kommission zunächst zur Ausarbeitung einer Denkschrift vom 22.4.1966 und in der Folge zum Auftrag an *Pieter Sanders* zur Ausarbeitung eines Vorentwurfs, der bereits im September 1966 vorgelegt wurde.

c) Auf der Grundlage dieses Vorentwurfs erarbeitete die Kommission dann den Vorschlag eines **vollständigen Statuts** für Europäische Aktiengesellschaften, den sie am 30.6.1970 dem Ministerrat vorlegte. Dieser erste Vorschlag von 1970 führte zu umfangreichen Stellungnahmen der nationalen Regierungen und Verbände, des Wirtschafts- und Sozialausschusses und des Europäischen Parlamentes. Nachdem dieses am 11.7.1974 auf der Grundlage zweier umfangreicher Berichte ihrer Mitglieder *Pintus* und *Brugger* eingehende und zum Teil sehr weit reichende Beschlüsse gefasst hatte, unternahm die Kommission eine vollständige Revision ihres ersten Entwurfes von 1970, dessen neue Fassung sie 1975 dem Ministerrat der Europäischen Gemeinschaften zur endgültigen Entscheidung vorlegte[13].

d) Dieses Statut von 1975 mit seinen vier Anhängen war schon von seinem Umfang her mit über 400 Artikeln eindrucksvoll. Seinem Inhalt nach war es einem vollständigen Aktiengesetz mitsamt Konzernrecht und Teilen eines Betriebsverfassungsgesetzes vergleichbar. Die Kommission hatte aber auch ihren ursprünglichen Gedan-

---

10 Vgl. zum Ganzen *Lutter*, BB 2002, 1 ff.; *Blanquet*, ZGR 2002, 20 ff. und *Bärmann*, Europäische Integration, S. 143 ff.
11 Der Vortrag ist in alle europäischen Sprachen übertragen und publiziert worden. In deutscher Sprache veröffentlicht in AWD 1960, 1 ff.
12 Dieses Modell ist zuvor einige Male verwirklicht worden, vor allem in der durch den deutsch-französischen Saarvertrag von 1956 geschaffenen „Saar-lothringischen Kohleunion, Deutsch-französische Gesellschaft auf Aktien" (Saarlor) mit Doppelsitz in Deutschland und Frankreich und paritätischer Besetzung des Vorstands. Ihre Rechtsgrundlagen waren das durch den Staatsvertrag geschaffene Statut und „die gemeinsamen Grundsätze des deutschen und französischen Rechts". Vgl. *Bärmann*, Europäische Integration, S. 25 ff. und *v. Arnim*, Rechtsgrundlage und Struktur der saar-lothringischen Kohleunion, Diss. Saarbrücken 1962.
13 Dazu *Lutter*, Die Europäische Aktiengesellschaft, 2. Aufl. 1978.

ken einer *loi uniforme* durch **Vertrag unter den Mitgliedstaaten** schon im Entwurf von 1970 verlassen und schlug seither die Schaffung **unmittelbaren europäischen Rechts** und den **Erlass einer Verordnung** aufgrund der (damaligen) Art. 189 und 235 des EWG-Vertrages (heute Art. 288 und Art. 352 AEUV) vor (so dann auch verabschiedet). Bei einem derartig anspruchsvollen Konzept kann es nicht verwundern, dass dieser revidierte Vorschlag eines Statuts für Europäische Aktiengesellschaften politisch und rechtlich vielfach umstritten war und heftig diskutiert wurde[14].

Politisch aber führte der hohe Anspruch des Vorschlags zu einem energischen Widerstand der nationalen Regierungen, die u.a. ein „Austrocknen" ihrer nationalen Aktienrechte und das „Auswandern" ihrer Aktiengesellschaften in die SE fürchteten.

Der Ministerrat hat daher über den Entwurf von 1975 nie förmlich beraten und entschieden. Die Arbeiten an ihm schliefen durch schlichte Nicht-Befassung einfach ein. 1982 wurden die Arbeiten dann auch förmlich im Rat ausgesetzt.

2. Die zweite Phase 1988 bis 1991 (Dritter geänderter Vorschlag für eine Verordnung über das Statut der Europäischen Aktiengesellschaft)

11 a) Im Juli 1988 beschloss die Kommission unter ihrem Präsidenten *Jacques Delors* zur Vollendung des Binnenmarkts die Diskussion über das SE-Statut durch ein **Binnenmarkt-Weißbuch**[15] wieder in Gang zu bringen und fand dabei im Rat und im Parlament durchaus offene Ohren unter dem Stichwort der Stärkung der Wettbewerbsfähigkeit der Europäischen Unternehmen auf den Weltmärkten.

12 b) Vor diesem Hintergrund entwickelte die Kommission dann das letztlich verabschiedete Konzept der Aufteilung ihrer Arbeiten in ein rein gesellschaftsrechtliches Statut auf der Grundlage einer Verordnung und die Ausgliederung der Mitbestimmungsfragen in eine Richtlinie. So wurde 1989 der zweite geänderte Vorschlag für eine Verordnung über das Statut der Europäischen Aktiengesellschaft sowie ein Vorschlag für eine Richtlinie für die Stellung der Arbeitnehmer von der Kommission verabschiedet und dem Rat und Parlament vorgelegt. Aufgrund der Stellungnahmen des Europäischen Parlaments und des Wirtschafts- und Sozialausschusses wurden diese Vorschläge überarbeitet und schließlich die **dritten geänderten Vorschläge** förmlich vorgelegt[16].

13 c) Dieser Verordnungsvorschlag war auf **ein Drittel** des Umfangs von 1975 verkürzt worden, enthielt sehr viele Verweise auf das nationale Recht und klammerte ganze Regelungskomplexe wie etwa das Konzernrecht vollständig aus. Mit diesem Entwurf war aber vor allem das Konzept festgelegt für eine Europäische Gesellschaft, die nur mehr teilweise aus europäischem Einheitsrecht, im Übrigen aber aus nationalem Sitzrecht lebt[17].

Vor allem aber versuchte die Kommission das heillos umstrittene Problem der Mitbestimmung durch nationale Wahlrechte zu lösen

– entweder durch Vertretung der Arbeitnehmer im Aufsichtsrat oder Verwaltungsrat (nach deutschem und niederländischem Vorbild)

---

14 Vgl. etwa *Lutter*, Die Europäische Aktiengesellschaft, 2. Aufl. 1978, mit Beiträgen zu allen Aspekten des Entwurfs von 1975.
15 Memorandum der Kommission an das Parlament, den Rat und die Sozialpartner, KOM(88) 320 endg. vom 15.7.1988, dort insbes. Rz. 137.
16 ABl. EG Nr. C 263 v. 16.10.1989, S. 41 und ABl. EG Nr. C 263 v. 16.10.1989, S. 69.
17 Dazu die eingehende Diskussion auf dem Bonner Symposion zur Europäischen Aktiengesellschaft v. 18.6.1990, abgedruckt in AG 1990, 413 ff.

- oder ihre Vertretung in einem besonderen Organ (französisches und belgisches Modell des *Comité d'Entreprise*)
- oder ein von Arbeitnehmern und Arbeitgebern vertraglich festgelegtes eigenes Modell.

3. Die dritte Phase 1991 bis 2000 (Einigung von Nizza)

a) Die folgenden Jahre waren von einer harten Debatte um die Gleichwertigkeit der **drei Mitbestimmungs-Modelle** gekennzeichnet[18]. Deutschland und die Niederlande lehnten diese ab und bestanden auf einer gleichberechtigten Vertretung der Arbeitnehmer im Aufsichtsorgan (Aufsichtsrat) oder Verwaltungsorgan (monistisches Modell). Die Debatte konzentrierte sich schließlich auf die Positionen „keine SE ohne paritätische Mitbestimmung" (insbesondere Deutschland und die Niederlande) und „kein Export nationaler Mitbestimmungsmodelle" (insbesondere Großbritannien und Spanien). Eine Lösung war nicht in Sicht.

14

b) Die heillos festgefahrene Debatte wurde durch Wünsche der europäischen Wirtschaft und Unternehmen immer wieder angestoßen, die eine SE für dringend erforderlich hielten, denn sie allein könne

15

- die Zusammenarbeit über die Grenzen hinweg erleichtern (z.B. im Rahmen der transeuropäischen Netze),
- das Management auf Ebene der Union ermöglichen,
- zur Entwicklung einer europäischen Unternehmenskultur beitragen,
- durch Größenvorteile die Wettbewerbsfähigkeit auf Unionsebene erhöhen,
- die Struktur von Konzernen vereinfachen und ihre Umstrukturierung zur besseren Anpassung an den europäischen Markt erleichtern,
- den KMU die Expansion in andere Mitgliedstaaten ermöglichen und
- die Produktivität und Wettbewerbsfähigkeit der europäischen Wirtschaft erhöhen[19].

Diese Sicht der Dinge wurde von einer durch die Kommission eingesetzten Beratergruppe unter *Carlo Ciampi*[20] und eine Mitteilung der Kommission selbst[21] bestätigt.

c) All diese Aussagen und Anstrengungen waren aber nicht in der Lage, das Mitbestimmungs-Problem zu lösen. Daher bildete die Kommission im Jahre 1996 eine **Arbeitsgruppe hochrangiger Experten** aus den Mitgliedstaaten unter dem Vorsitz ihres ehemaligen Vizepräsidenten *Etienne Davignon*. Im Bericht dieser Arbeitsgruppe wurde das heute gültige Modell entwickelt aus

16

- vorrangiger Lösung durch Vereinbarung und
- **Auffangregelungen** für den Fall, dass eine Vereinbarung nicht zustande kommt[22].

Dieses Modell fand dann 1998 unter britischem Ratsvorsitz seine endgültige Lösung, der alle Mitgliedstaaten bis auf Spanien zustimmten.

---

18 Monographisch: *Mävers*, Die Mitbestimmung der Arbeitnehmer in der Europäischen Aktiengesellschaft, 2002.
19 Vgl. dazu *Blanquet*, ZGR 2002, 20, 28 f.
20 Bericht der Beratergruppe „Wettbewerbsfähigkeit" vom Juni 1995 (*Ciampi*-Bericht). In diesem Bericht wurde das Einsparungspotential durch die SE von der Beratergruppe auf 30 Mrd. ECU geschätzt (!); vgl. *Blanquet*, ZGR 2002, 20 ff.
21 Memorandum 147 der Kommission vom 15.11.1995.
22 Abschlussbericht der Sachverständigengruppe „European Systems of Worker Involvement" (= BR-Drucks. 572/97); näher *Blanquet*, ZGR 2002, 30 f.

17 d) Die Blockade durch Spanien dauerte bis zur **Ratssitzung von Nizza**, wo dann das endgültige Konzept einvernehmlich verabschiedet wurde.

4. Die vierte Phase 2001 (Erlass von SE-VO und SE-RL) bis 2004 (Ende der Übergangszeit)

18 a) Nach der Einigung im Ministerrat von Nizza musste der Text der SE-VO und der SE-RL überarbeitet werden, ehe Verordnung und Richtlinie am 8.10.2001 verabschiedet werden konnten[23].

19 b) Art. 70 der SE-VO sieht aber ausdrücklich vor, dass die Verordnung erst drei Jahre später, nämlich am 8.10.2004 in Kraft trat. Das gleiche Datum wurde als Frist für die Umsetzung der Richtlinie festgelegt (vgl. Art. 14 Abs. 1 Satz 1 SE-RL). Andererseits konnte aber auch die Verordnung – aufgrund ihrer zahlreichen an den jeweiligen nationalen Gesetzgeber adressierten Wahlrechte und Regelungsaufträge – ohne das nationale Begleitgesetz keine praktische Wirksamkeit entfalten. In Deutschland ist es erst am 22.12.2004, also (leicht) verspätet, verabschiedet und am 28.12.2004 im Bundesgesetzblatt verkündet worden. Nach seinem Art. 9 ist das SEEG mithin erst am 29.12.2004 in Kraft getreten. Erst von diesem Zeitpunkt an konnten in Deutschland Europäische Gesellschaften gegründet werden. Zur Nutzung der SE in Deutschland unten Rz. 32.

III. Umsetzungsprozess in Deutschland und den einzelnen Mitgliedstaaten

1. Deutschland

20 Da die Verordnung über das Statut der Europäischen Gesellschaft gem. Art. 288 Abs. 1 AEUV unmittelbar in jedem Mitgliedstaat gilt, bedurfte diese an sich **keiner Umsetzung ins deutsche Recht**. Abweichend vom Regelfall enthält sie aber zahlreiche Regelungsaufträge und Wahlrechte für den nationalen Gesetzgeber, so dass auch in Deutschland ein **besonderes Ausführungsgesetz** erforderlich wurde[24]. Da die SE-VO den Unternehmen die Wahlmöglichkeit zwischen monistischem Board und dualistischem Vorstand/Aufsichtsrat eröffnet, hatte der deutsche Gesetzgeber sein besonderes Augenmerk darauf zu richten, die rechtlichen Rahmenbedingungen für die Einführung des hier bislang unbekannten einheitlichen Verwaltungsgremiums zu schaffen. Dies und sämtliche weitere Voraussetzungen, die für die Gründung und Existenz einer SE mit Sitz in Deutschland erforderlich sind, hat der Gesetzgeber durch das Gesetz zur Einführung der Europäischen Gesellschaft (SEEG) vom 22.12.2004 geregelt. Dabei handelt es sich um ein Artikelgesetz, wobei Art. 1 das Ausführungsgesetz zu der SE-Verordnung enthält (SEAG). Durch Art. 2 (SE-Beteiligungsgesetz – SEBG) wird die ergänzende Richtlinie vom 8.10.2001 über die Beteiligung der Arbeitnehmer umgesetzt. Die weiteren Artikel enthalten notwendige Folgeänderungen im Gerichtsverfassungsgesetz (Art. 3), im Gesetz über die Angelegenheiten der freiwilligen Gerichtsbarkeit[25] (Art. 4), im Spruchverfahrensgesetz (Art. 5), im Arbeitsgerichtsgesetz (Art. 6) und in der Handelsregisterverordnung (Art. 7).

---

23 Zum anschließenden Konflikt mit dem Europäischen Parlament über die Rechtsgrundlage der Verordnung vgl. *Lutter*, BB 2002, 1, 3, sowie *Neye*, ZGR 2002, 377 ff.
24 Dazu näher *Neye/Teichmann*, AG 2003, 169 ff.
25 Mit Wirkung zum 1.9.2009 wurde dieses Gesetz aufgehoben und durch das Gesetz zur Reform des Verfahrens in Familiensachen und in den Angelegenheiten der freiwilligen Gerichtsbarkeit (FGG-Reformgesetz – FGG-RG), BGBl. I 2008, S. 2586, ersetzt. Die die SE betreffende Vorschrift ist nunmehr in § 375 Nr. 4 FamFG geregelt.

2. England

Die SE-Richtlinie wurde durch ein Gesetz mit der Bezeichnung „**The European Public Limited Liability Company Regulations 2004**" in die Rechtsordnungen von England, Wales und Schottland transferiert[26]. Dem Erlass des Gesetzes war ein Diskussionsentwurf des britischen Wirtschaftsministeriums (*„Department of Trade and Industry"*) vom Oktober 2003 vorausgegangen, in dem die britische Regierung ihre Vorgehensweise bei der Umsetzung des SE-Statuts erläutert hat. Ausgangspunkt war die Überlegung, dass ein **detailliertes Ausführungsgesetz verzichtbar** ist, weil die SE-VO über Art. 249 EG (jetzt Art. 288 AEUV) unmittelbar gilt und durch die Verweisungsnorm des Art. 9 Abs. 1 lit. c ii) SE-VO Regelungslücken automatisch geschlossen werden[27]. So konzentriert sich das SE-Ausführungsgesetz vor allem auf zwei Aspekte, die dem britischen Gesellschaftsrecht bisher fremd waren: Die Arbeitnehmermitbestimmung und die Wahlmöglichkeit zwischen monistischem und dualistischem Leitungsgremium. Zwischenzeitlich wurde das SE-Ausführungsgesetz im September 2009 durch ein Gesetz mit dem Namen „The European Public Limited-Liability Company (Amendment) Regulations 2009"[28] geändert und an die Regelungen des Company Act 2006 angepasst.

21

Anders als das AktG schreibt das britische Gesellschaftsrecht jedoch keine bestimmte *board*-Struktur vor, sondern überlässt es den Anteilseignern, diese durch Satzung zu regeln. Obwohl in der Praxis der monistische Verwaltungsrat dominiert, besteht in Großbritannien seit je her die Wahlfreiheit zwischen dualistischem und monistischem System. Über Art. 9 Abs. 1 lit. c ii) SE-VO gilt sie auch für die SE mit Sitz in England. Der Ansatz des britischen *Department for Trade and Industry* war es daher, dass das SE-Begleitgesetz **keine zusätzlichen Regelungen** für die Einführung des dualistischen Modells enthalten sollte[29]. Wie in der englischen *public limited company* können die Organe das Leitungsgremium der SE also flexibel gestalten.

3. Frankreich

Der Gesetzgeber in Frankreich hat die SE-VO durch ein Gesetz vom 26.7.2005 („**La loi pour la confiance et la modernisation de l'économie**") in das französische Handelsgesetzbuch („code de commerce") implementiert[30]. Das Gesetz basiert im Wesentlichen auf den Entwürfen der Senatoren *Marini* und *Hyest*, die ihrerseits auf die Vorarbeiten einer Arbeitsgruppe von Gesellschaftsrechtsexperten zurückgreifen konnten[31]. Ziel der Entwürfe war es, eine für Gründer besonders attraktive Rechts-

22

---

26 Statutory Instruments (S.I.) 2004 No. 2326. Für die Einzelheiten wird auf den Länderbericht von *Hearnden/Becker* in Jannott/Frodermann, Handbuch der Europäischen Aktiengesellschaft, Kap. 15, Rz. 4005 ff., verwiesen.
27 *Davies* in Baums/Cahn, Europäische Aktiengesellschaft, S. 10, 15.
28 Statutory Instruments (S.I.) 2009 No. 2400.
29 *Davies* in Baums/Cahn, Europäische Aktiengesellschaft, S. 10, 16 f.; *Edbury* in Oplustil/Teichmann, The European Company – all over Europe, S. 316, 320; kritisch hierzu: *Hearnden/Becker* in Jannott/Frodermann, Handbuch der Europäischen Aktiengesellschaft, Kap. 15, Rz. 4027.
30 Vgl. hierzu auch den umfassenden Zwischenbericht von *Lenoir*, La Societas Europaea ou SE, 2007, an das französische Justizministerium, den Tagungsband von Dekeuwer-Défossez/Cotiga (Hrsg.), La société européenne, 2011 sowie den Länderbericht von *Rohmert/Hellio/Herrmann* in Jannott/Frodermann, Handbuch der Europäischen Aktiengesellschaft, Kap. 15, Rz. 756 ff.
31 Vgl. *Colombani* in Oplustil/Teichmann, The European Company – all over Europe, S. 77, 78 mit Fn. 4 und 5.

form zu schaffen, die im Standortwettbewerb eine **größtmögliche Flexibilität** bietet[32].

Das Ausführungsgesetz besteht aus insgesamt 15 Artikeln, die unter anderem die Organisation des Führungsgremiums (Art. 229-7) sowie den Gläubiger- und Minderheitenschutz bei einer grenzüberschreitenden Sitzverlegung (Art. 229-2) regeln. Der ursprüngliche Gesetzesentwurf von *Marini* und *Hyest* war allerdings weitaus detaillierter und enthielt noch 31 Artikel.

Die Richtlinie zur Mitbestimmung der Arbeitnehmer wurde in das französische Arbeitsgesetz („code du travail") integriert und umfasst 26 Vorschriften. Das besondere Verhandlungsgremium ist eng an die französischen Konzernbetriebsräte angelehnt. Seine französischen Mitglieder werden durch die Gewerkschaftsorganisationen benannt[33].

4. Niederlande

23 Das Gesetz zur Einführung des SE-Statuts ist in den Niederlanden durch königlichen Beschluss am 1.4.2005 in Kraft getreten. Mit Gesetz vom 17.3.2005 haben die Niederlande außerdem die EU-Richtlinie zur Beteiligung der Arbeitnehmer im Rahmen der Europäischen Aktiengesellschaft umgesetzt. Dadurch werden Unterrichtungs- und Anhörungsrechte der Arbeitnehmer im Rahmen der Gründung der Europäischen Aktiengesellschaft gewährleistet. Anders als in Deutschland setzt das niederländische Recht bei der Arbeitnehmermitbestimmung auf das sog. **„Kooptationsmodell"**, wonach den Arbeitnehmervertretern lediglich das Recht zukommt, die Bestellung eines Teils oder aller Mitglieder des Aufsichts- oder Verwaltungsorgans zu empfehlen oder abzulehnen[34].

Das SE-Begleitgesetz wurde bewusst knapp gefasst und konzentriert sich im Wesentlichen auf die Regelung des monistischen Leistungssystems, das es zuvor in den Niederlanden nicht gab[35]. Ferner gewährt das Gesetz dem Justizminister Einspruchsmöglichkeiten, wenn bei Sitzverlegung einer niederländischen SE oder der Errichtung einer SE durch eine niederländische Aktiengesellschaft Allgemeininteressen berührt werden (z.B. bei privatisierten Unternehmen, die öffentliche Aufgaben wahrnehmen)[36].

5. Österreich

24 Am 8.10.2004 trat das **Gesellschaftsrechtsänderungsgesetz 2004** (GesRÄG 2004) über das Statut der Europäischen Aktiengesellschaft in Österreich in Kraft[37]. Wie in Deutschland handelt es sich um ein **Artikelgesetz**, das vor allem die gesellschaftsrechtlichen Fragen im Zusammenhang mit der SE österreichischer Prägung regelt. Mit Art. 1 steht im Mittelpunkt das SE-Gesetz (SEG). Es enthält die wesentlichen Vorschriften zur Organisationsverfassung, Gründung und Sitzverlegung. Die Art. 2–8 enthalten die notwendigen Folgeänderungen in einzelnen Nebengesetzen, wie im Aktiengesetz (Art. 2), Firmenbuchgesetz (Art. 3), Rechtspflegergesetz (Art. 4), Gerichtsgebührengesetz (Art. 5), EWIV-Ausführungsgesetz (Art. 6), Genossenschaftsrevisionsgesetz 1997 (Art. 7) sowie im Versicherungsaufsichtsgesetz (Art. 8). Parallel

---

32 Vgl. *Rontchevsky* in Baums/Cahn, Europäische Aktiengesellschaft, S. 51, 53.
33 Dazu grundlegend *Roussel-Verret*, BB-Spezial, 1/2005, 25 f.
34 Vgl. *Schwarz*, Einleitung Rz. 272.
35 Vgl. *Slagter* in Baums/Cahn, Europäische Aktiengesellschaft, S. 30, 33 ff.; *Delgado/Joskin* in Jannott/Frodermann, Handbuch der Europäischen Aktiengesellschaft, Kap. 15, Rz. 2446 ff.
36 *Slagter* in Baums/Cahn, Europäische Aktiengesellschaft, S. 30, 33.
37 Umfassend kommentiert in Kalss/Hügel (Hrsg.), SE-Kommentar, 2004. Vgl. auch *Reich-Rohrwig* in Jannott/Frodermann, Handbuch der Europäischen Aktiengesellschaft, Kap. 15, Rz. 2692 ff.

zum SE-Gesetz wurde mit der Änderung des Arbeitsverfassungsgesetzes (ArbVG) die Richtlinie über die Arbeitnehmermitbestimmung in der SE umgesetzt[38].

6. Polen

Der polnische Gesetzgeber hat die SE-VO durch das Gesetz vom 4.3.2005 über die Europäische Wirtschaftliche Interessenvereinigung und die Europäische Aktiengesellschaft implementiert (nachfolgend „polnisches SEAG")[39]. Es basiert auf dem Entwurf einer Expertengruppe des polnischen Justizministeriums unter dem Vorsitz von *Stanisław Sołtysiński*. Durch dieses Gesetz wurde gleichzeitig auch die Richtlinie zur Mitbestimmung der Arbeitnehmer in das polnische Recht umgesetzt.

25

Das polnische Ausführungsgesetz besteht aus insgesamt **138 Artikeln**. In Titel III des SEAG finden sich die Regelungen zur Gründung, zu den Organen (dualistisches und monistisches System) und der Sitzverlegung einer SE (Art. 15–57). Dabei sah sich der polnische Gesetzgeber ebenso wie der deutsche mit der Aufgabe konfrontiert, detaillierte Bestimmungen zum bislang unbekannten monistischen Führungsmodell zu erlassen. Titel IV enthält Regelungen zur Mitbestimmung der Arbeitnehmer (Art. 58–121) und stellt den umfangreichsten Teil des polnischen SE-Ausführungsgesetzes dar. Titel V beinhaltet verschiedene Strafvorschriften (Art. 122–133).

Den SE-Vorschriften vorgelagert sind in Titel II die Bestimmungen zur EWIV, die bislang im polnischen Gesellschaftsrecht fehlten.

7. Belgien

Belgien gehört neben Österreich, Dänemark, Schweden, Finnland und Island zu den Mitgliedstaaten, die **am schnellsten** die SE-VO und SE-RL in das nationale Recht umgesetzt haben. Die SE-VO wurde in Belgien durch Königliche Verordnung vom 1.9.2004 in das belgische Gesellschaftsgesetzbuch (Code des sociétés/Wetboek vennootschappen) implementiert. Die Verordnung umfasst insgesamt 36 Artikel. Art. 1–31 enthalten die Änderungsvorschriften des belgischen Gesellschaftsrechts; Art. 32 und 33 beinhalten notwendige Folgeänderungen der belgischen Zivilprozessordnung (Code judiciaire/Gerechtelijk Wetboek)[40].

26

Die Umsetzung der Richtlinie zur Mitbestimmung der Arbeitnehmer erfolgte in Belgien durch den Tarifvertrag Nr. 84 vom 6.10.2004 über die Arbeitnehmerbeteiligung in der SE (Convention collective nº 84/Collectieve arbeidsovereenkomst nr. 84), der ebenfalls durch Königliche Verordnung vom 22.12.2004 in Kraft getreten ist.

8. Spanien

Das Gesetz zur Einführung des SE-Statuts ist in Spanien am 16.11.2005 in Kraft getreten. Der spanische Gesetzgeber hat dazu das spanische Aktiengesetz[41] entsprechend angepasst. Unter anderem wurde das gesonderte Kapitel XII in das spanische Aktiengesetz eingeführt. Die Art. 312–338 schaffen den normativen Rahmen für Europäische Aktiengesellschaften mit Sitz in Spanien. Hervorzuheben sind die Gründungsvorschriften in Art. 315–326 LSA sowie die Regelungen über die Organe in

27

---

38 Ausführlich zum Umsetzungsprozess in Österreich: *Kalss/Hügel*, Europäische Aktiengesellschaft; *Kalss/Greda*, GesRZ 2004, 91.
39 Ustawa o europejskim zgrupowaniu interesów gospodarczych i spółce europejskiej. Abrufbar unter http://isap.sejm.gov.pl/Download;jsessionid=8B5B24D2F931AA1C413173FC05F7B349?id=WDU20050620551&type=1.
40 Näher zur Umsetzung der SE-VO und SE-RL in Belgien: *Lebbink/Peeters/Guyot* in Jannott/Frodermann, Handbuch der Europäischen Aktiengesellschaft, Kap. 15, Rz. 1 ff.
41 Ley de Sociedades Anónimas, nachfolgend LSA.

Art. 327–338 LSA. Im Gegensatz zu vielen anderen Mitgliedstaaten folgte das spanische Aktienrecht bislang dem **monistischen Verwaltungsmodell**, so dass der Gesetzgeber in Art. 329–336 LSA die Voraussetzungen zur Einrichtung eines dualistischen Leitungsgremiums zu schaffen hatte. Beim dualistischen Modell wird die SE in Spanien durch einen oder mehrere Direktoren bzw. durch einen Direktorenrat (Consejo de directores) vertreten. Die Direktion wird von einem Kontrollrat (Consejo de Control) überwacht. Die Mitglieder des Kontrollrates werden von der Hauptversammlung (junta general) gewählt und abberufen.

Die Ergänzung der SE-VO sowie die Umsetzung der Richtlinie zur Mitbestimmung erfolgten schließlich durch einen Gesetzentwurf von 2005[42] und das Gesetz 31/2006 v. 18.10.2006[43].

9. Italien

28   Die zur Schaffung einer italienischen SE notwendigen Gesetze wurden im Rahmen einer **umfassenden Gesellschaftsrechtsreform**, die am 1.1.2004 in Kraft trat, in das italienische Recht eingeführt[44]. Im Zuge dessen wurden auch das Zivil- sowie das Zivilverfahrensrecht reformiert sowie besondere kapitalmarktrechtliche und international-privatrechtliche Bestimmungen des italienischen Rechts an die Bedürfnisse einer dort ansässigen SE angepasst[45]. Einschneidende Veränderungen hat die Gesellschaftsrechtsreform vor allem für die bislang in Italien praktizierte **Corporate Governance** ausgelöst. Bislang existierte ein für europäische Verhältnisse höchst ungewöhnliches dreigeteiltes Leitungssystem aus einem Verwaltungsrat, der seinerseits durch einen Aufsichtsrat und ein drittes, mit der Rechnungslegung betrautes Organ (Rechnungsprüfer oder Revisionsgesellschaft) kontrolliert wird[46]. Dieses kann nunmehr mittels einer SE durch ein dualistisches oder monistisches System ersetzt werden. Im dualistischen System übernimmt der Aufsichtsrat neben der Überwachung auch Funktionen, die bei der italienischen AG bislang in die Zuständigkeit der Hauptversammlung fielen. Im Gegensatz zur italienischen Aktiengesellschaft (S.p.A) kann die Satzung dem Aufsichtsrat einer SE darüber hinaus auch Zustimmungsvorbehalte bei bestimmten Geschäftsführungsmaßnahmen einräumen[47]. Das monistische System italienischer Prägung besteht aus einem eingliedrigen Verwaltungsrat, wobei auf eine funktionale Trennung in geschäftsführende und überwachende Verwaltungsratsmitglieder, wie sie das SEAG vorschreibt[48], verzichtet wurde[49]. Sowohl im dualistischen als auch im monistischen Gremium werden die Organe aber durch einen Rechnungsprüfer kontrolliert, der in ein beim Justizministerium geführtes Register eingetragen sein muss und von der Hauptversammlung gewählt wird[50].

---

42 Der Name des Entwurfs lautet: „Proyecto de Ley sobre implicación de los trabajadores en las sociedades anónimas europeas."
43 Ley 31/2006 de 18 de octubre, sobre implicación de los trabajadores en las sociedades anónimas y cooperativas europeas, erhältlich unter http://www.boe.es/boe/dias/2006/10/19/pdfs/A36302-36317.pdf.
44 Eingehend hierzu *Corapi/Pernazza* (Hrsg.), La Società Europea, 2011.
45 *Pernazza/Allotti* in Oplustil/Teichmann, The European Company – all over Europe, 2004, S. 169, 172.
46 *Cavasola/Zischg* in Jannott/Frodermann, Handbuch der Europäischen Aktiengesellschaft, Kap. 15, Rz. 1482.
47 *Pernazza/Allotti* in Oplustil/Teichmann, The European Company – all over Europe, 2004, S. 169, 189 f.
48 Vgl. *Thümmel*, Europäische Aktiengesellschaft, S. 91.
49 *Pernazza/Allotti* in Oplustil/Teichmann, The European Company – all over Europe, 2004, S. 169, 191.
50 *Cavasola/Zischg* in Jannott/Frodermann, Handbuch der Europäischen Aktiengesellschaft, Kap. 15, Rz. 1483 (für das dualistische System) und Rz. 1487 (für das monistische System).

Die Ergänzung der SE-VO sowie die Umsetzung der Richtlinie zur Mitbestimmung erfolgten durch die Verordnung Nr. 188 v. 19.8.2005[51].

IV. Normenhierarchie und Rechtsquellen (VO, SEEG, SEAG)

Kaum ein Aspekt hat der SE-VO so viel Kritik eingetragen wie die Verweisungstechnik in Art. 9, nach der je nach Sachlage Unionsrecht oder mitgliedstaatliches Recht zur Anwendung kommt. Vom „kleinsten gemeinsamen Nenner"[52] ist daher die Rede, einem „politischen Kompromiss"[53], einer „nationalen AG in europäischem Gewande"[54] oder gar einem „Konstruktionsfehler"[55]. 29

Richtig ist, dass die SE in ihrer gegenwärtigen Form das Produkt eines langen **politischen Meinungsbildungsprozesses** ist, bei dem es galt, die vielfältigen Interessen der Mitgliedstaaten auf europäischer Ebene zu bündeln. So mag es nicht verwundern, dass die ursprüngliche Idee einer Vollregelung aus dem Jahr 1970 keinen Bestand haben konnte. Damals zählte die Europäische Union noch ganze sechs Mitgliedstaaten. Inzwischen ist sie auf 28 angewachsen, so dass sich die Kompromissfindung entsprechend schwieriger gestaltet. Daher war eine Minimalregelung angesichts der Vielfalt der nationalen Gesellschaftsrechte der einzige Weg zur SE[56].

Darüber hinaus ist der Weg zu einer **Einheits-SE** keineswegs verbaut: Die Gesetzgebungsorgane der Union können, wenn sie nur wollen, frei und jederzeit für eine einheitlich gefärbte Gesellschaft sorgen. Die Kompetenz darüber, ob und inwieweit auf die SE anwendbares Nationalrecht durch Unionsrecht ersetzt werden soll, liegt ausschließlich bei den Unionsorganen[57].

Die **Normenpyramide** gliedert sich wie folgt[58]: 30
— Das *Fundament* bilden die Regelungen der SE-VO;
— auf der *ersten Stufe* finden sich jene Bestimmungen in der Satzung der SE, mit denen der Satzungsgeber von der ihm in der Verordnung ausdrücklich erteilten Regelungsermächtigung Gebrauch gemacht hat;
— die *zweite Stufe* besteht aus den mitgliedstaatlichen Vorschriften des speziellen SE-Ausführungsgesetzes im Sitzstaat der SE, die auf diese anzuwenden sind;
— auf der *dritten Stufe* finden sich die mitgliedstaatlichen Vorschriften des allgemeinen Aktienrechts im Sitzstaat der SE, die auf diese anzuwenden sind;
— auf der *vierten Stufe* kommen schließlich jene anderen Satzungsbestimmungen der einzelnen SE zum Zuge, die nach dem Aktienrecht des Sitzstaates zulässig und von der SE-VO nicht verboten sind[59].

---

51 Decreto Legislativo 19 agosto 2005 n. 188. Attuazione della direttive 2001/86/CE, abrufbar unter www.parlamento.it/parlam/leggi/deleghe/05188dl.htm.
52 *Hommelhoff/Teichmann*, SZW/RSDA 2002, 1, 3.
53 *Brandt*, BB-Spezial, 3/2005, 1, 7.
54 *Ulmer*, FAZ v. 21.3.2001, S. 30.
55 *Jahn*, FAZ v. 29.9.2005, S. 11.
56 *Horn*, DB 2005, 147; *Grundmann/Möslein*, European Company Law, Rz. 1125.
57 *Hommelhoff* in Lutter/Hommelhoff, Die Europäische Gesellschaft, S. 5, 7.
58 Dazu *Hommelhoff* in Lutter/Hommelhoff, Die Europäische Gesellschaft, S. 5, 15.
59 Zu der außerhalb dieser Pyramide anwendbaren Richtlinie 2001/86/EG und dem SEBG vgl. oben Rz. 1.

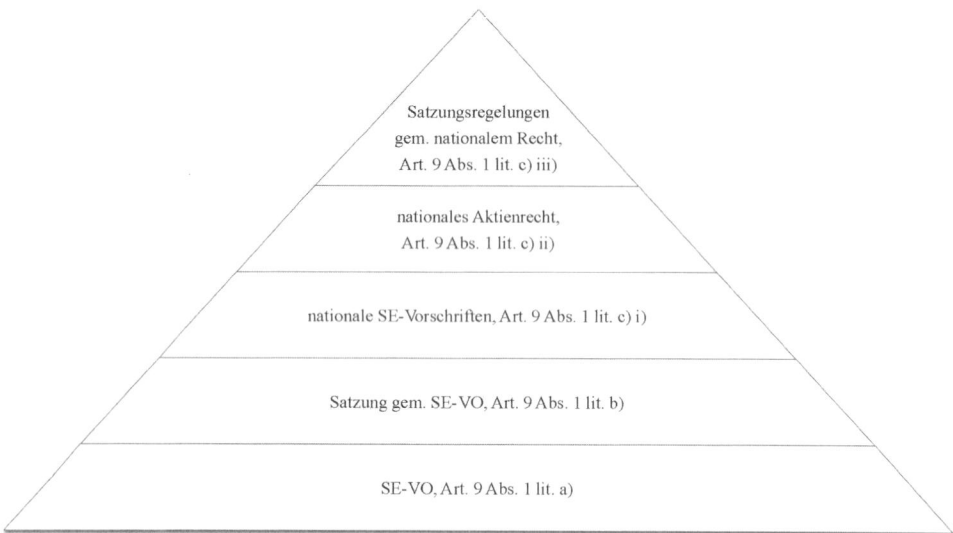

31 Was oberflächlich betrachtet wie eine klar strukturierte Normenhierarchie aussieht, wirft dennoch viele Fragen auf, über die SE-VO und die nationalen Ausführungsgesetze wenig Aufschluss geben. Welche Bereiche sind es, die durch die Verordnung nicht oder nur teilweise geregelt werden? Was ist der **Regelungsbereich der Verordnung** und wie weit reicht er? Welche **Auslegungsgrundsätze** sind dabei zu beachten[60]?

Hier wird vor allem der **EuGH** als das für die Auslegung von Unionsrecht zuständige Organ künftig Klarheit schaffen müssen[61]. Dass es vorerst[62] insoweit noch an der Rechtssicherheit einer langen Rechtsprechungstradition mangelt[63], liegt in der Natur der Sache, sollte aber nicht überbewertet werden und (zumindest heute) nicht mehr vor der Gründung einer SE abschrecken[64].

Wichtig ist aber: Für Neugründungen stellt die SE-VO in Art. 2 Abs. 1, 17 Abs. 1, Abs. 2 lit. a und b (Verschmelzung), Art. 2 Abs. 2, 32 (Gründung einer Holding-SE), Art. 2 Abs. 3, 15–16, 35–36 (Gründung einer Tochter-SE) und in Art. 2 Abs. 4, 15–16, 37 (Umwandlung einer AG in eine SE) zunächst ein klares und übersichtliches Fundament bereit. Das SEAG sorgt insbesondere mit seinen §§ 15 ff. zur internen Organisationsverfassung für verlässliche Strukturen.

Die vielfachen Verweisungen ins AktG[65] erhöhen einerseits die **Komplexität** des gesamten Regelungswerkes, schaffen auf der anderen Seite aber auch Rechtssicherheit.

---

60 Vgl. dazu *Teichmann*, ZGR 2002, 383, 402 ff.; *Brandt/Scheifele*, DStR 2002, 547 ff.; *Lächler/Oplustil*, NZG 2005, 381 ff. Im Einzelnen in diesem Kommentar *Hommelhoff/Teichmann* zu Art. 9.
61 *Hommelhoff* in Lutter/Hommelhoff, Die Europäische Gesellschaft, S. 5, 21.
62 Bislang sind noch keine Entscheidungen des EuGH zur Auslegung der SE-VO ergangen. Einen Überblick über die deutsche Rechtsprechung zur SE geben *Bungert/Gotsche*, ZIP 2013, 649.
63 *Brandt*, BB-Spezial, 3/2005, 1, 7.
64 So auch die Einschätzung von *Habersack* in Bergmann/Kiem/Mülbert/Verse/Wittig (Hrsg.), 10 Jahre SE – Erreichter Stand – verbleibende Anwendungsfragen – Perspektiven, 2015, S. 5, 19.
65 Bezüglich des rechtlichen Charakters dieser Verweisungen hat sich ein – sich im praktischen Ergebnis derzeit nicht auswirkender – Streit entzündet: Während die wohl überwiegende Auffassung von Sachnormverweisungen ausgeht (vgl. nur *Lutter/Bayer/J. Schmidt*, EuropUR, § 41 Rz. 26 m.w.N. in Fn. 105), nimmt die Gegenauffassung (vgl. in diesem Kommentar *Hommelhoff/Teichmann*, Art. 9 Rz. 28 ff. und *Teichmann* in MünchHdb. GesR VI, § 49 Rz. 4) Gesamt-

Denn der Rückgriff auf nationales Recht lässt besonders sensible Sachbereiche des Rechts der Kapitalgesellschaft unangetastet[66]. Für das deutsche Aktienrecht ist hier vor allem die Insolvenzantragspflicht nach § 15a Abs. 1 InsO zu nennen, die längst nicht in allen Ländern Europas gilt[67] und die gem. § 22 Abs. 5 Satz 2 SEAG auch auf die deutsche SE Anwendung findet.

Positiv zu bewerten ist auch der zu erwartende **Wettbewerb unter den Rechtsordnungen**, den die Verweisung in die nationalen Aktienrechte befördern wird[68]. Vor allem in Frankreich wird die Verweisungstechnik weniger als Hindernis, sondern als Herausforderung und Bewährungsprobe für das eigene Aktienrecht gesehen[69]. Für Großbritannien wurde vielfach auf Grund des flexiblen und auf die Interessen der Kapitalanleger ausgerichteten englischen Gesellschaftsrechts eine vermehrte Zuwanderung erwartet[70]. Diese Erwartung wurde bislang jedoch nur bedingt erfüllt[71]. Welche Rolle Deutschland in diesem Prozess spielen wird, war lange Zeit unklar. Eine von einigen Stimmen in der Literatur befürchtete[72] Unternehmensflucht aus Deutschland mittels Gründung einer SE und anschließender Sitzverlegung, um der hierzulande vermeintlich lästigen Mitbestimmung und Überregulierung zu entkommen, ist bislang jedenfalls (weitestgehend) ausgeblieben und auch für die Zukunft eher unwahrscheinlich. Auch internationale Großkonzerne sind im globalen Wettbewerb auf eine starke Verankerung in ihrem Heimatmarkt angewiesen. Nichtsdestotrotz ist der deutsche Gesetzgeber im Wettbewerb der Rechtsordnungen nachdrücklich aufgerufen, Deutschland auch weiterhin zu einem attraktiven Inkorporationsstandort für die SE zu machen[73].

V. SE, bisherige Gründungen und Vorteile für die Praxis

1. Überblick

a) Ziel des SE-Statuts war es, eine auf europaweit tätige Unternehmen zugeschnittene Rechtsform für Kapitalgesellschaften zu schaffen, die es diesen ermöglicht, **Transaktions- und Organisationskosten** einzusparen und **grenzüberschreitende Fusionen** mit Sitzverlegungen leichter zu vollziehen[74]. Jede mittlere und jede größere Gesellschaft unterhält heute praktisch in jedem Mitgliedstaat der EU eine Tochtergesellschaft mit Melde-, Bilanzierungs- und Prüfungspflichten. Werden sie zu einer SE fusioniert und als Niederlassung der einen SE fortgeführt, kann ein erhebliches Sparpotential, aber auch eine wesentliche Vereinfachung der Organisation realisiert werden. Außerdem lassen sich mithilfe der SE europaweit einheitliche Konzernstrukturen innerhalb einer Gruppe schaffen.

32

---

normverweisungen an. Vgl. zum rechtlichen Charakter der Verweisung in Art. 63 SE-VO auch unten Rz. 45.
66 *Fleischer*, AcP 204 (2004), 502, 509; *Wollburg/Banerjea*, ZIP 2005, 277.
67 Die Gesellschaftsrechte von England und Frankreich sehen zum Beispiel keine Antragspflicht vor.
68 *Lutter*, BB 2002, 1, 3; *Teichmann*, ZGR 2002, 383, 400 ff.
69 Vgl. *Rontchevsky* in Baums/Cahn, Europäische Aktiengesellschaft, S. 51, 53.
70 Vgl. nur *Kübler* in MünchKomm. AktG, 2. Aufl., Einf. Europ. Gesellschaft Rz. 46.
71 Neun Jahre nach Inkrafttreten der SE-VO gibt es in Großbritannien derzeit (Stand: 7.4.2015) 42 SE.
72 Vgl. etwa *Kübler* in MünchKomm. AktG, 2. Aufl., Einf. Europ. Gesellschaft Rz. 48, 55.
73 Zur aktuellen Statistik der SE-Gründungen in den verschiedenen Mitgliedstaaten sogleich in Rz. 32.
74 Vgl. die Erwägungsgründe 1, 4 und 8 der SE-VO.

Der Erfolg der SE hängt maßgeblich davon ab, inwieweit sich diese Erwartungen in der Praxis erfüllen. Ein knappes Jahr nach Inkrafttreten der SE-VO hatte sich aufgrund der geringen Zahl von Gründungen zunächst Skepsis breitgemacht. Manche Medien befürchteten schon ein Scheitern der SE[75]. Den Durchbruch in Deutschland brachte schließlich die Ankündigung der **Allianz AG**, das Unternehmen in eine SE umzuwandeln. Die Umwandlung erfolgte durch Verschmelzung nach Art. 17 Abs. 2 lit. a SE-VO, wobei die italienische Tochtergesellschaft RAS vollständig in die Muttergesellschaft integriert worden ist. Die Motive der Allianz AG für den Rechtsformwechsel waren vor allem die **geringeren Transaktionskosten**[76] im Vergleich zu einem öffentlichen Übernahmeangebot sowie die zu erwartenden **Kosteneinsparungen** infolge vereinfachter Konzernstrukturen[77]. Damit scheint sich ein wesentlicher Beweggrund für die Schaffung der SE in der Praxis zu bewähren[78], der seit dem Jahre 2005 allerdings funktional gleichwertig durch eine grenzüberschreitende Verschmelzung verwirklicht werden kann (vgl. Rz. 50). Zur Zeit (Stand: 7.4.2015) sind in den Mitgliedstaaten der EU/des EWR 2352 Europäische Aktiengesellschaften registriert, von denen 339 ihren Sitz in Deutschland haben[79]. Hinter der Tschechischen Republik (1668 registrierte SE)[80] liegt Deutschland damit auf dem 2. Platz. Neben der Allianz SE entschieden sich auch solche Unternehmen wie die MAN SE und die Mensch und Maschine Software SE frühzeitig für eine Umwandlung in eine SE. Inzwischen sind mit der Allianz SE, BASF SE[81], E.ON SE[82] und jüngst der SAP SE[83] vier der 30 DAX-Unternehmen in der Rechtsform der SE organisiert. Auch beim DAX notierten Gesundheitskonzern Fresenius wurde zwischenzeitlich eine Umwandlung in eine SE durchgeführt[84]. Mittlerweile hat die Fresenius SE aber die Rechtsform einer KGaA unter Beitritt der Fresenius Management SE angenommen[85]. Ebenso wurde 2012 die Umwandlung der Bertelsmann AG in eine Kommanditgesellschaft auf Aktien mit einer SE als geschäftsführender Gesellschafterin abgeschlossen[86]. Neben der Porsche

---

75 FAZ v. 5.8.2005, S. 11.
76 Handelsblatt v. 15.2.2006, S. 18.
77 Vgl. Handelsblatt v. 26.9.2005, S. 36.
78 Vgl. *Blanquet*, ZGR 2002, 20, 34 f.
79 Quelle: http://ecdb.worker-participation.eu. Damit ist die Zahl der SE in Europa in den letzten Jahren weiterhin exponentiell angestiegen. Nach dem Bericht der Kommission über die Anwendung der SE-VO v. 17.11.2010, KOM (2001) 676 endg. S. 3, existierten am 25.6.2010 erst 595 SE in den EU/EWR-Mitgliedstaaten. Vgl. auch die empirischen Untersuchungen von *Eidenmüller/Engert/Hornuf*, AG 2008, 721; AG 2009, 845 und EBOR 2009, 1 sowie *J. Schmidt* in Bayer (Hrsg.), Die Aktiengesellschaft im Spiegel der Rechtstatsachenforschung, S. 51; *Schuberth/von der Höh*, AG 2014, 439 und die Erhebungen der Hans Böckler Stiftung (im Internet abrufbar unter: http://www.boeckler.de/34750.htm).
80 Vgl. zu den Hintergründen der zahlreichen SE-Gründungen in der Tschechischen Republik, *Eidenmüller/Lasák* in FS Hommelhoff, 2012, S. 187.
81 Die Umwandlung wurde am 14.1.2008 abgeschlossen.
82 Die Umwandlung wurde am 15.11.2012 abgeschlossen. Vgl. Pressemitteilung v. 15.11.2012, abrufbar unter: http://www.eon.com/de/presse/news/pressemitteilungen/2012/11/15/e-on-umwandlung-in-se-vollzogen.html.
83 Die Umwandlung wurde am 7.7.2014 abgeschlossen. Vgl. Meldung v. 7.7.2014, abrufbar unter: http://global.sap.com/corporate-de/investors/newsandreports/news.epx?articleID=23204&category=505.
84 Die Umwandlung wurde am 13.7.2007 abgeschlossen. Vgl. Pressemitteilung vom 16.7.2007, abrufbar unter: http://www.fresenius.de/235_1425.htm.
85 Die Umwandlung wurde am 28.1.2011 abgeschlossen. Vgl. Pressemitteilung v. 27.1.2011, abrufbar unter: http://www.fresenius.de/3417_3460.htm.
86 Die Umwandlung wurde am 21.8.2012 abgeschlossen. Vgl. Pressemitteilung v. 21.8.2012, abrufbar unter: http://www.bertelsmann.de/news-und-media/nachrichten/bertelsmann-vollzieht-wechsel-der-rechtsform-in-se-undamp-co.-kgaa.jsp?atn=13411&abp=13411,15872.

Automobil Holding SE[87], der Puma SE[88] und der Bilfinger SE[89] haben zuletzt etwa auch der Axel Springer Verlag[90] und die Hannover Rück[91] die Rechtsform der SE angenommen. Es ist zu erwarten, dass andere Unternehmen diesen Beispielen folgen werden. Jüngst haben etwa auch die Airbus-Group (vormals EADS)[92] und die ProSiebenSat.1 Media AG[93] angekündigt, im Jahr 2015 eine Umwandlung in eine Europäische Aktiengesellschaft vornehmen zu wollen. Somit erweist sich die Rechtsform der SE als interessante Gestaltungsmöglichkeit sowohl für große als auch für mittelständische[94] deutsche Unternehmen.

b) Ein nicht zu unterschätzender Vorteil könnte weiterhin in dem **Marketingeffekt** liegen, der mit dem Auftritt als Europäische Gesellschaft verbunden ist[95]. Ein Unternehmenszusammenschluss unter dem Dach der SE wird nationale Eitelkeiten unangetastet lassen und erleichtert die Zusammenführung verschiedener Unternehmenskulturen[96]. Manche prognostizieren einem Unternehmen sogar einen besonderen **Image- und Prestigegewinn**, weil mit der Wahl der SE als Rechtsform Größe und Internationalität dokumentiert werde, was einer Gesellschaft vor allem im globalen Wettbewerb mit asiatischen und US-amerikanischen Konzernen zugutekomme[97]. 33

Unstreitig spielt der psychologische Faktor bei der SE-Gründung eine herausragende Rolle. Sie symbolisiert Fortschritt und Wagnis und könnte sich vor allem auf das Erscheinungsbild des Unternehmens in den Augen von Kunden und Wettbewerbern im Sinne einer *European Corporate Identity* positiv auswirken[98]. Spannend bleibt auch, wie der **Kapitalmarkt** auf die neue Rechtsform reagieren wird und ob die Anleger die

---

87 Die Umwandlung wurde am 13.11.2007 abgeschlossen. Vgl. zum Umwandlungsvorgang die Ausführungen unter: http://www.porsche-se.com/pho/de/porschese/history.
88 Die Umwandlung wurde am 25.7.2011 abgeschlossen. Vgl. Pressemitteilung v. 25.7.2011, abrufbar unter: http://about.puma.com/de/investor-relations/financial-news/2011/juli/puma-ist-eine-europaeische-aktiengesellschaft.
89 Die Umwandlung wurde am 8.10.2010 abgeschlossen. Vgl. Pressemitteilung v. 8.10.2010, abrufbar unter: http://www.bilfinger.com/presse/pressenotizen/artikel/article/570.
90 Die Umwandlung wurde am 2.12.2013 abgeschlossen. Vgl. Pressemitteilung v. 2.12.2013, abrufbar unter: http://www.axelspringer.de/presse/Axel-Springer-vollzieht-Umwandlung-in-eine-Europaeische-Aktiengesellschaft_19557269.html.
91 Die Umwandlung wurde am 19.3.2013 abgeschlossen. Vgl. Pressemitteilung v. 19.3.2013, abrufbar unter: http://www.hannovcr-rucck.de/media/press/pm130319/index.html.
92 Vgl. Pressemitteilung v. 2.1.2014, abrufbar unter: http://www.airbus-group.com/airbusgroup/germany/de/presse/press.de_20140102_airbusgroup_new_brand.html.
93 Vgl. Pressemitteilung v. 15.10.2014, abrufbar unter: http://www.prosiebensat1.de/de/presse/pressemeldungen/presse-lounge/prosiebensat1-media-ag/2014/10/prosiebensat1-media-ag-bereitet-umwandlung-in-europaeische-aktiengesellschaft-(se)-vor.html.
94 Ausführlich etwa *Grunewald* in FS Zimmermann, 2010, S. 107; *Habersack* in Tröger/Wilhelmi (Hrsg.), Rechtsfragen der Familiengesellschaften, 2006, S. 19, 28 ff.; *Haider-Giangreco/Polte*, BB 2014, 2947.
95 Dazu Wiener Zeitung v. 13.10.2004: Auf die Frage, warum man sich für die Umwandlung in eine SE entschieden habe, antwortete der Vorstandschef der Strabag AG, *Haselsteiner*: „Wir haben einfach an einen Werbegag gedacht". Ähnlich äußerte sich auch ein Vertreter des finnischen Elektronikkonzerns Elcoteq anlässlich der Umwandlung zur SE: „Das erste Mal, dass die internationale Finanzpresse über uns geschrieben hat, war, als wir das angekündigt haben.", FAZ v. 22.6.2006, S. 22.
96 *Thoma/Leuering*, NJW 2002, 1449, 1454; *Brandt*, BB-Spezial, 3/2005, 1, 7.
97 *Thümmel*, Die Europäische Aktiengesellschaft, S. 32; *Theisen/Wenz*, Europäische Aktiengesellschaft, S. 53; *Thoma/Leuering*, NJW 2002, 1449, 1454. Kritisch *Siems* in KölnKomm. AktG, 3. Aufl., Vor Art. 1 SE-VO Rz. 63 f.
98 *Wollburg/Banerjea*, ZIP 2005, 277; *Theisen/Wenz*, Europäische Aktiengesellschaft, S. 53; *Reichert*, Der Konzern 2006, 821, 822, 826; kritisch aber *Götz* in Baums/Cahn, Europäische Aktiengesellschaft, S. 152, 156.

2. Wahlmöglichkeit zwischen monistischem und dualistischem Leitungsgremium

34 a) Die Wahlfreiheit zwischen monistischem und dualistischem Verwaltungsgremium wird gemeinhin als „größte Innovationsleistung" des SE-Statuts gepriesen[99]. Nicht umsonst hat der deutsche Gesetzgeber der Organisationsverfassung den größten Teil des SE-Ausführungsgesetzes (SEAG) gewidmet. Im Mittelpunkt steht dabei der hierzulande bislang unbekannte monistische Verwaltungsrat, bestehend aus geschäftsführenden und nicht-geschäftsführenden Mitgliedern. Der Vorteil des monistischen Verwaltungsrates wird allgemein in dem verbesserten Informationsfluss zwischen Geschäftsführung und Überwachung und mithin einer verbesserten **Corporate Governance** gesehen[100].

Das Verhältnis zwischen geschäftsführenden und nicht-geschäftsführenden Verwaltungsratsmitgliedern ähnelt hier stark der Machtverteilung zwischen Gesellschaftern und Geschäftsführern in der **deutschen GmbH**[101]: Wie der GmbH-Geschäftsführer sind die geschäftsführenden Direktoren den Weisungen des Verwaltungsrates unterworfen (§ 44 Abs. 2 SEAG) und können von diesem jederzeit abberufen werden (§ 40 Abs. 5 SEAG)[102]. Damit bietet die monistische SE die Möglichkeit, die personalistischen Strukturen der GmbH mit den Vorzügen einer Aktiengesellschaft, die den Zugang zum Kapitalmarkt gewährt, zu verbinden. Dies ist gerade für mittelständische Unternehmen in Familienhand ein nicht zu unterschätzender Vorteil[103].

35 b) Darüber hinaus eröffnet das eingliedrige Führungsgremium weitere bislang unbekannte Gestaltungsmöglichkeiten. Zulässig ist insoweit auch die Einrichtung eines **CEO-Modells** nach US-amerikanischem Vorbild[104]. Der CEO *(chief executive officer)* kann gleichzeitig den Verwaltungsratsvorsitz *(chairman of the board)* und den Vorsitz des *management board* innehaben und verfügt damit über eine ähnlich große Machtfülle, als wenn Vorstands- und Aufsichtsratsvorsitz in Personalunion ausgeübt würden[105]. Diese Struktur dürfte ebenfalls mittelständische Aktiengesellschaften ansprechen[106]. Ferner besteht im „Einheitsboard" die Option, die Anzahl der Gremienmitglieder zu reduzieren und so die Führungsstruktur wesentlich zu vereinfachen[107]. Insgesamt weist die SE damit gegenüber der deutschen AG, die ausschließlich das zweigliedrige Modell erlaubt, ein deutlich **höheres Maß an Flexibilität** auf[108].

---

99 So *Fleischer*, AcP 204 (2004), 502, 521; ähnlich *Lutter*, BB 2002, 1, 4; *Hommelhoff*, AG 2001, 279, 282; *Teichmann*, ZGR 2002, 383, 444 und *Lutter/Bayer/J. Schmidt*, EuropUR, § 41 Rz. 94.
100 *Teichmann* in Lutter/Hommelhoff, Die Europäische Gesellschaft, S. 195, 210; *Grundmann*, European Company Law, Rz. 1123, 1124.
101 *Teichmann* in Lutter/Hommelhoff, Die Europäische Gesellschaft, S. 195, 213; *Teichmann*, unten Anh. Art. 43 § 40 SEAG Rz. 5.
102 Ausführlich zu den geschäftsführenden Direktoren in der monistischen SE, *Ihrig*, ZGR 2008, S. 809 ff.
103 *Hommelhoff/Teichmann*, Börsen-Zeitung v. 1.8.2006, S. 19; *Lutter/Kollmorgen/Feldhaus*, BB 2005, 2473, 2474; *Redeker*, AG 2006, R 343, 346.
104 Dazu *Eder*, NZG 2004, 544 ff.; *Merkt*, ZGR 2003, 651, 664 f.
105 *Seibt* in Lutter/Hommelhoff, Die Europäische Gesellschaft, S. 67, 86 f.; *Theisen/Hölzl* in Theisen/Wenz, Europäische Aktiengesellschaft, S. 299.
106 *Hommelhoff/Teichmann*, Börsen-Zeitung v. 1.8.2006, S. 19.
107 Vgl. auch *Hommelhoff/Teichmann*, Börsen-Zeitung v. 1.8.2006, S. 19; *Redeker*, AG 2006, R 343, 346.
108 *Jannott/Frodermann*, Handbuch Europäische Aktiengesellschaft, Einleitung, Rz. 4.

Für das dualistische Leitungssystem gelten die Regeln des AktG. Soweit danach Gestaltungsspielräume bestehen, gelten sie auch für die SE[109].

c) Die Möglichkeit der Schaffung eines CEO war auch ein Argument für die „Mensch und Maschine AG", ein mittelständisches Softwareunternehmen, die Gesellschaft in eine SE umzuwandeln[110]. Ein anderer Fall aus der Unternehmenspraxis hat jedoch gezeigt, dass die Umwandlung einer deutschen AG in eine SE mit dem Ziel, die Funktion des Vorstands- und des Aufsichtsratsvorsitzenden zusammenzulegen, auch zu erheblichen Konflikten zwischen Vorstand und Aufsichtsrat führen kann[111]. Eine besondere Herausforderung für die satzungsgestaltende Praxis wird es sicher auch sein, die **Mitbestimmung** in die einstufige Unternehmensverfassung zu integrieren, weil Arbeitnehmer auf diese Weise in das Leitungsgremium gelangen[112]. 36

3. Verhandelbarkeit der Mitbestimmung

Vordergründig gilt bei der Mitbestimmung in der SE der **Vorrang der Verhandlungslösung**, das heißt durch Einsatz eines besonderen Verhandlungsgremiums, bestehend aus Arbeitgeber- und Arbeitnehmervertretern, soll eine vertragliche Vereinbarung über die Mitbestimmung erzielt werden, Art. 3 ff. SE-RL. Dafür haben die Parteien maximal sechs Monate Zeit (§ 20 Abs. 1 Satz 1 SEBG), sofern sie den Verhandlungszeitraum nicht einvernehmlich um sechs Monate verlängern (§ 20 Abs. 2 SEBG). Scheitern die Verhandlungen, kommt eine **Auffangregelung** zum Tragen, die zum einen die Einrichtung eines besonderen SE-Betriebsrats vorsieht (§§ 22 ff. SEBG) und zum anderen den höchsten Mitbestimmungsstandard für anwendbar erklärt, welcher sich nach der Gründungsform der SE (§ 34 SEBG) und dem höchsten Anteil der Arbeitnehmervertreter in den Gründungsgesellschaften richtet (§ 33 Abs. 2 Satz 2 SEBG). 37

Besonders die Auffanglösung wird kritisch betrachtet, weil sie unter Umständen der unter Unternehmern zum Teil unpopulären paritätischen Mitbestimmung zum Durchbruch verhilft[113]. Auf Arbeitgeberseite entsteht so ein gewisser **Einigungsdruck**. Für die Arbeitnehmer bestehen hingegen theoretische Anreize, die Verhandlungen so lange zu blockieren, bis die für sie günstige Auffangregelung eingreift[114]. Dadurch droht der Grundgedanke der Richtlinie, der Vorrang der Verhandlungslösung, verloren zu gehen. Das gilt umso mehr, als eine geplante Sitzverlegung ins Ausland an dieser Situation nichts ändert. Andererseits kann aber die Auffangregelung auch für die Arbeitgeberseite günstig sein, wenn es z.B. um die Größe des Aufsichtsrates geht. Greift die Auffangregelung ein, haben es die Satzungsgeber in der

---

109 *Seibt* in Lutter/Hommelhoff, Europäische Gesellschaft, S. 67, 73.
110 Dazu www.mum.de. Vgl. dazu auch *Redeker*, AG 2006, R343, R346 und Interview mit dem Verwaltungsratsvorsitzenden und Geschäftsführenden Direktor der Mensch und Maschine SE, *Adi Drotleff*, Handelsblatt v. 29.5.2007, S. 19. Auch in Österreich wurden monistische SE gegründet: etwa die SE TradeCom Finanzinvest und PLANSEE SE.
111 Der Vorstandsvorsitzende der Vossloh AG, *Schuchmann*, beabsichtigte laut Medienberichten die Umwandlung des Konzerns in eine SE und im Zuge dessen die Zusammenführung von Vorstand und Aufsichtsrat zu einem einheitlichen Verwaltungsrat. Dies führte zu einer Auseinandersetzung mit dem Aufsichtsratschef *Neukirchen*, der seine Entmachtung fürchtete und schließlich von seinem Amt zurücktrat.
112 *Fleischer*, AcP 204 (2004), 502, 522; *Kallmeyer*, ZIP 2003, 1531, 1534; *Hommelhoff*, AG 2001, 279, 281; *Reichert*, Der Konzern 2006, 821, 824 f.
113 Kritisch vor allem *Fleischer*, AcP 204 (2004), 502, 535: „kardinaler Konstruktionsfehler".
114 Vgl. *Fleischer*, AcP 204 (2004) 502, 535; anders *Teichmann*, BB 2004, 53, 56. Vgl. auch *Reichert/Brandes*, ZGR 2003, 767, 780.

Hand, die Größe des Aufsichtsrates z.B. auf 12 Sitze zu verkleinern (Art. 40 Abs. 3 SE-VO)[115].

Ferner wurde befürchtet, die drohende Geltung der deutschen paritätischen Mitbestimmung könne ausländische Unternehmen davon abhalten, eine SE mit einem deutschen Unternehmen zu gründen[116]. Aus Unternehmenssicht war daher anzunehmen, die Mitbestimmungsregelung werde in den seltensten Fällen den positiven Ausschlag für eine SE-Gründung geben. Umso mehr wurde das Regelungswerk zur Mitbestimmung von den Gewerkschaften positiv aufgenommen[117]. Dieses Bild hat sich mittlerweile gewandelt. Nicht selten ist für deutsche Unternehmen gerade die Modifizierung des Mitbestimmungsregimes eines der Motive für eine SE-Gründung, während von Arbeitnehmerseite Gestaltungen wie das „Zementieren" der Mitbestimmung kritisch bewertet werden[118].

4. Grenzüberschreitende Zusammenschlüsse und Restrukturierungen

38 a) Die Gründung einer SE bietet sich an, wenn eine **internationale Fusion** angestrebt wird. Dabei werden die beteiligten Gesellschaften sowie ihre Aktionäre im Wege der Verschmelzung zur Neugründung vollständig in die zum Zweck der Fusion gegründete SE integriert[119]. Die in verschiedenen Mitgliedstaaten ansässigen Unternehmen werden also gleichberechtigt zu einer SE verschmolzen[120]. Die SE fungiert dann als neue Obergesellschaft, von der aus die verschiedenen Tochtergesellschaften der beteiligten Unternehmen gesteuert werden. Bis zur Entscheidung SEVIC des EuGH[121] konnte eine grenzüberschreitende Fusion nur durch Gründung einer nationalen Obergesellschaft vollzogen werden[122], der sich das Partnerunternehmen als Tochtergesellschaft unterordnete[123]. Die SE bietet somit den Vorteil einer **Fusion unter Gleichen (merger of equals)**, bei der sich keines der beteiligten Unternehmen als unterlegener Partner fühlen muss[124]. An dieser Stelle kommen vor allem die oben beschriebenen psychologischen Aspekte zum Zuge.

39 b) Wie die Verschmelzung der italienischen RAS S.p.A. auf die Allianz AG gezeigt hat, eignet sich die Rechtsform der SE auch für **konzerninterne Restrukturierungen** sowie für **Verschlankungen der Verwaltungsstrukturen**[125]. Ein europaweit tätiges Unternehmen, das in jedem Mitgliedstaat eigenständige Vertriebstochtergesellschaften unterhält, kann eine Holding-SE gründen, in der sämtliche Aktivitäten gebündelt werden. Dies ermöglicht eine bessere Koordinierung der Vertriebsstrategie. Gerade

---

115 Ob die Größe des Aufsichtsrats in der SE-Beteiligungsvereinbarung festgelegt werden kann, ist umstritten (vgl. Art. 40 Rz. 32 ff.).
116 *Thümmel*, Europäische Aktiengesellschaft, S. 37.
117 Vgl. Handelsblatt v. 26.9.2005, S. 36: „Chancen für den Export der deutschen Mitbestimmung".
118 Näher zu diesen Gestaltungen die Ausführungen in der SEBG-Kommentierung.
119 *Götz* in Baums/Cahn, Europäische Aktiengesellschaft, S. 152, 153.
120 *Maul/Wenz* in Lutter/Hommelhoff, Die Europäische Gesellschaft, S. 261, 263.
121 EuGH v. 13.12.2005 – Rs. C-411/03 – „SEVIC Systems AG", Slg. 2005, I-10805 = NJW 2006, 425.
122 Der Zusammenschluss der Hoechst AG und der Rhone-Poulenc S.A. zur Aventis S.A. vollzog sich zunächst durch Gründung einer AG französischen Rechts, die als Muttergesellschaft des gemeinsamen Unternehmens fungierte, vgl. auch *Maul/Wenz* in Lutter/Hommelhoff, Die Europäische Gesellschaft, S. 261, 263; *Schwarz*, Einleitung Rz. 16.
123 *Thümmel*, Die Europäische Aktiengesellschaft, S. 32.
124 Diesbezüglich zumindest skeptisch allerdings *Siems* in KölnKomm. AktG, 3. Aufl., Vor Art. 1 SE-VO Rz. 70.
125 *Wenz*, AG 2003, 185, 192 f.

für vertriebsintensive Branchen wie Banken und Versicherungen kann die Gründung einer SE somit von Nutzen sein.

5. Kosteneinsparungen

Die Verschlankung von Verwaltungsstrukturen mittels Gründung einer SE hat den vorteilhaften Effekt, dass **Kosten eingespart** werden können. Bisher brauchten europaweit tätige Gesellschaften ein Netz von Holding- und Tochtergesellschaften, die dem Recht des jeweiligen Mitgliedstaates unterliegen, in dem sie ansässig sind[126]. Die Organisation in Form von Tochtergesellschaften macht Entscheidungsprozesse aber nicht nur schwerfällig, sondern verursacht auch hohe Kosten[127]. Alle Tochtergesellschaften müssen ein bis zwei Geschäftsführer haben, müssen bilanzieren und ihre Bilanzen prüfen lassen und sodann publizieren[128]. Diese Anforderungen entfallen, sobald europaweit durch eine einzige SE mit **rechtlich unselbstständigen Niederlassungen** gehandelt wird[129]. Diese Gestaltung spart nicht nur Verwaltungs- und Rechtsberatungskosten, die bei einem unternehmerischen Tätigwerden in einer fremden Rechtsordnung anfallen[130], sondern sie schafft auch ein effizienteres Management aufgrund der strafferen Steuerung und Kontrolle[131]. 40

6. Verkleinerung und Internationalisierung des Aufsichtsrates

Gegenüber der nationalen AG bietet die SE darüber hinaus den Vorteil einer **größeren Gestaltungsfreiheit** in Bezug auf den Aufsichtsrat. Die ersten in Deutschland als SE firmierenden Gesellschaften, Allianz SE und MAN Diesel SE, haben von dieser Option Gebrauch gemacht und im Zuge des Rechtsformwechsels ihren Aufsichtsrat verkleinert[132]. Für die Fresenius AG war die Möglichkeit zur Verkleinerung des Aufsichtsrates sogar das Hauptmotiv für die zwischenzeitliche Umwandlung zur SE[133]. Auch bei der Umwandlung der BASF in eine Europäische Aktiengesellschaft wurde eine Verkleinerung des Aufsichtsrats angestrebt[134] und inzwischen umgesetzt[135]. Die Rechtsgrundlage hierzu findet sich in Art. 40 Abs. 3 SE-VO, wonach die Festsetzung der Größe des Aufsichtsorgans allein dem **Satzungsgeber** obliegt. Die Satzungsautonomie erfährt nur insoweit eine Einschränkung, dass sie den Vorgaben des § 17 SEAG entsprechen muss. Danach sind bei der Festlegung der Größe des Aufsichtsorgans gewisse Höchstgrenzen in Abhängigkeit vom Grundkapital von jeweils 9, 15 und 21 sowie eine Mindestgröße von drei Aufsichtsratsmitgliedern einzuhalten. Die Bestimmung entspricht § 95 AktG. Zwischen dem Mindestwert 3 und dem Höchstwert 21 hat der Satzungsgeber daher Freiheit, die Größe des Aufsichtsorgans den Be- 41

---

126 *Monti*, WM 1997, 607; *Schwarz*, Einleitung Rz. 12.
127 *Reichert*, Der Konzern 2006, 821, 825.
128 *Lutter/Kollmorgen/Feldhaus*, BB 2005, 2473.
129 *Maul/Wenz* in Lutter/Hommelhoff, Die Europäische Gesellschaft, S. 261.
130 *Schwarz*, Einleitung Rz. 12; *Hommelhoff*, AG 1995, 529, 531.
131 *Kallmeyer*, AG 2003, 197, 202. Kritiker prophezeien dem Modell der Einheits-SE mit rechtlich unselbstständigen Zweigniederlassungen aber keine große Zukunft, da auf diese Weise die Begrenzung von bestimmten Risiken auf untergeordnete Beteiligungsgesellschaften nicht mehr möglich sei, so *Götz* in Baums/Cahn, Die Europäische Aktiengesellschaft, S. 152, 157.
132 Vgl. dazu FAZ v. 23.9.2006, S. 16; Handelsblatt v. 1.9.2006, S. 19.
133 Börsen-Zeitung v. 12.10.2006, S. 11; FAZ v. 12.10.2006, S. 21.
134 FAZ v. 28.2.2007, S. 16.
135 Ebenso etwa bei E.ON. Vgl. für weitere Beispiele und Einzelheiten *Habersack* in Bergmann/Kiem/Mülbert/Verse/Wittig (Hrsg.), 10 Jahre SE – Errreichter Stand – verbleibende Anwendungsfragen – Perspektiven, 2015, S. 5, 15 f.

dürfnissen der Gesellschaft anzupassen[136]. Der entscheidende Vorzug gegenüber der nationalen AG liegt aber darin, dass die Mindestgrenzen des §7 **MitbestG**, dem „Herzstück" des deutschen Mitbestimmungsrechts[137], auf die SE keine Anwendung finden[138]. Der nationale Gesetzgeber hat insoweit auf eine Übernahme der Regelung ins SEBG verzichtet. Daher ist die SE anders als die deutsche AG zum Beispiel nicht verpflichtet, nach Maßgabe des § 7 Abs. 1 Nr. 3 MitbestG die Anzahl ihrer Aufsichtsratsmitglieder auf 20 zu erhöhen, sobald die Gesellschaft mehr als 20 000 Beschäftigte hat, sondern sie kann einen 12-köpfigen Aufsichtsrat beibehalten[139]. Dies kann für die Unternehmenspraxis **erhebliche Effizienzgewinne** bedeuten, da der Verwaltungsaufwand sinkt und sich die Entscheidungsfindung entsprechend schneller vollzieht.

Auch die Regelungen über die paritätische Mitbestimmung stehen einer Verkleinerung des Aufsichtsrates nicht im Wege. Sollten die Verhandlungen zwischen Arbeitgebern und Arbeitnehmern über die Mitbestimmung scheitern, so dass die Auffanglösung nach §§ 22 Abs. 1, 34 SEBG zum Tragen kommt, bleibt es beim Wegfall des § 7 MitbestG. Denn die gesetzliche Auffangregelung schützt nicht die absolute Zahl der Arbeitnehmervertreter, sondern allein das proportionale Verhältnis zwischen den Anteilseigner- und den Arbeitnehmervertretern[140]. Diese Regelung kann vor allem die Arbeitgeber bei den Verhandlungen über die Mitbestimmung begünstigen. Beharrt die Arbeitnehmerseite in den Verhandlungen auf einem 20-köpfigen Aufsichtsrat, um sich beispielsweise die drei obligatorischen Aufsichtsratsposten für Gewerkschaftsvertreter zu sichern, können die Arbeitgeber theoretisch bis zum Eingreifen der Auffangregelung zuwarten. In diesem Fall gilt nämlich wiederum die Satzungsautonomie bezüglich der Festsetzung der Aufsichtsratsgröße, mit Hilfe derer sich die gewünschte Verkleinerung des Aufsichtsrates unter Beibehaltung der paritätischen Mitbestimmung umsetzen lässt.

Auch die Möglichkeit zur **Besetzung des Aufsichtsrates mit ausländischen Arbeitnehmern**, die in § 36 SEBG erstmals auf eine gesetzliche Grundlage gestellt wurde, kann einen willkommenen Nebeneffekt bei der Umwandlung in eine SE darstellen[141]. Insbesondere nach grenzüberschreitenden Übernahmen ermöglicht die Entsendung ausländischer Arbeitnehmer in den Aufsichtsrat ein besseres Zusammenwachsen verschiedener Unternehmenskulturen, so dass sich auch Synergien unter Umständen schneller heben lassen[142].

Entgegen dem ursprünglichen Referentenentwurf, der sich insoweit für die SE noch mit einer bloßen „Sollregelung" begnügt hatte, sieht das nunmehr verabschiedete

---

[136] Solange das sog. Dreiteilungsgebot des § 17 Abs. 1 Satz 3 SEAG eingehalten wird. Ob die Größe des Aufsichtsorgans zum Gegenstand der Beteiligungsvereinbarung gemacht werden kann und eine solche Vereinbarung – sofern zulässig – an das Dreiteilbarkeitsgebot des § 17 Abs. 1 Satz 3 SEAG gebunden ist, ist umstritten; vgl. dazu Art. 40 Rz. 32 ff.
[137] *Henssler* in Ulmer/Habersack/Henssler, § 7 MitbestG Rz. 1.
[138] Vgl. *Habersack*, AG 2006, 345, 352; *Reichert/Brandes* in MünchKomm. AktG, 3. Aufl., Art. 40 SE-VO Rz. 68; *Reichert*, Der Konzern 2006, 821, 824.
[139] *Habersack*, Der Konzern, 2006, 105, 106; *Seibt*, AG 2005, 413, 423; vgl. auch das Beispiel Fresenius, Börsen-Zeitung v. 12.10.2006, S. 11.
[140] *Jacobs* in MünchKomm. AktG, 3. Aufl., § 35 SEBG Rz. 12; *Habersack* in Ulmer/Habersack/Henssler, § 35 SEBG Rz. 6. Zu der Frage, ob die Größe des Aufsichtsrates auch Gegenstand einer Mitbestimmungsvereinbarung sein kann, vgl. die Ausführungen von *Oetker* zu § 21 SEBG sowie von *Drygala* zu Art. 40 SE-VO in diesem Kommentar.
[141] Vgl. das Beispiel Allianz, FAZ v. 23.9.2006, S. 16 und Fresenius, FAZ v. 5.12.2006, S. 17. Zu diesem Vorteil der SE auch *Habersack* in Bergmann/Kiem/Mülbert/Verse/Wittig (Hrsg.), 10 Jahre SE – Erreichter Stand – verbleibende Anwendungsfragen – Perspektiven, 2015, S. 5, 18.
[142] Vgl. *Redeker*, AG 2006, R343, 345 f.

Gesetz für die gleichberechtigte Teilhabe von Frauen und Männern an Führungspositionen in der Privatwirtschaft und im öffentlichen Dienst vom 24.4.2015[143] ab dem 1.1.2016 in § 17 Abs. 2 SEAG n.F. auch für den Aufsichtsrat bzw. bei monistischer Struktur in § 24 Abs. 3 SEAG n.F. für den Verwaltungsrat von börsennotierten und paritätisch mitbestimmten SE eine starre Geschlechterquote von 30 Prozent vor[144].

7. Notwendigkeit einer SE für grenzüberschreitende Sitzverlegungen nach der Rechtsprechung des EuGH zur Niederlassungsfreiheit (nationaler) Gesellschaften?

Eine gleichzeitige Verlegung des SE-Verwaltungs- und Satzungssitzes in einen anderen Mitgliedstaat kann ohne vorherige Auflösung und Liquidation nach Art. 8 Abs. 1 Satz 2 SE-VO problemlos vollzogen werden[145]. Dies entspricht dem gemeinschaftsrechtlichen Charakter der SE sowie dem Regelungsziel des europäischen Gesetzgebers, die Mobilität von europaweit tätigen Unternehmen zu erleichtern. Demgegenüber ist der SE die alleinige Verlegung nur des Verwaltungssitzes oder nur des Satzungssitzes ausdrücklich verboten, Art. 7 SE-VO[146], während die Verlegung (nur) des Verwaltungssitzes jeder nationalen Gesellschaft aus der EU und dem EWR – unter der Voraussetzung, dass die Rechtsordnung, nach der die betreffende Gesellschaft inkorporiert ist, ihren Gesellschaften die Begründung eines ausländischen Verwaltungssitzes und damit einen rechtsformwahrenden Wegzug erlaubt[147] – durch die Rechtsprechung des EuGH in den Entscheidungen „**Überseering**"[148] und „**Inspire Art**"[149] offen steht. Mit der „**VALE**"-Entscheidung[150] hat der EuGH darüber hinaus entschieden, dass auch die Verlegung des Satzungssitzes solcher nationalen Gesellschaften innerhalb der EU in den Anwendungsbereich der Niederlassungsfreiheit fällt und weder vom Wegzugs-[151] noch vom Zuzugsstaat[152] grundsätzlich untersagt werden darf. Trotz dieser Entscheidung ist das Bedürfnis für eine **Sitzverlegungs-Richtlinie**, die den rechtlichen Rahmen für grenzüberschreitende Umwandlungen statuieren soll, ungebrochen und erfreulicherweise wurden die Arbeiten an diesem Projekt wieder aufgenommen[153]. Die der SE ausdrücklich eingeräumte Möglichkeit

42

---

143 BGBl. I 2015, S. 642.
144 Weiterführend *Teichmann/Rüb*, BB 2015, 898, 903 ff. und *Teichmann/Rüb*, BB 2015, 259, 263 (zum Regierungsentwurf).
145 Ausführlich *Bouloukos*, EBLR 2007, 535.
146 Das Verbot des Auseinanderfallens von Satzungs- und Verwaltungssitz der SE nach Art. 7 SE-VO ist in der Literatur (vgl. etwa *Drinhausen/Nohlen* in FS Spiegelberger, 2009, S. 645) als Verstoß gegen die Niederlassungsfreiheit, Art. 49, 54 AEUV gewertet worden. Dagegen zutreffend *Ringe*, unten Art. 7 Rz. 27 ff.
147 EuGH, v. 16.12.2008 – Rs. C-210/06 – „Cartesio", Slg. 2008, I-9641, Rz. 110 = NJW 2009, 569. Nach umstrittener, aber herrschender Auffassung ist deutschen Kapitalgesellschaften seit den Änderungen der §§ 4a GmbHG und 5 AktG im Rahmen des MoMiG eine rechtsformwahrende Verlegung ihres Verwaltungssitzes ins Ausland möglich. Vgl. nur *Lutter/Bayer/J. Schmidt*, EuropUR, § 6 Rz. 56 und *Altmeppen/Ego* in MünchKomm. AktG, 3. Aufl., Europäische Niederlassungsfreiheit, Rz. 319 ff.
148 EuGH v. 5.11.2002 – Rs. C-208/00, Slg. 2002, I-9919 = NJW 2002, 3614.
149 EuGH v. 30.9.2003 – Rs. C-167/01, Slg. 2003, I-10155 = NJW 2003, 3331.
150 EuGH v. 12.7.2012 – Rs. C-378/10, ZIP 2012, 1394 m. Anm. *Mörsdorf/Jopen*. Ausführlich zu diesem Urteil nur *Bayer/J. Schmidt*, ZIP 2012, 1481; *Roth* in FS Hoffmann-Becking, 2013, S. 965; *Schön*, ZGR 2013, 333; *Teichmann*, DB 2012, 2085 und *Verse*, ZEuP 2013, 458.
151 EuGH v. 16.12.2008 – Rs. C-210/06 – „Cartesio", Slg. 2008, I-9641, Rz. 112.
152 EuGH v. 12.7.2012 – Rs. C-378/10 – „VALE", ZIP 2012, 1394, Rz. 36 ff.
153 Die Kommission hat im Frühjahr 2013 eine Konsultation zu diesem Thema durchgeführt, deren Ergebnisse sie im September 2013 in einem „Feedback Statement – Summary of Responses to the public Consultation on Cross-border transfers of registered offices of compa-

der Verlegung des Satzungssitzes zusammen mit dem Verwaltungssitz ist somit nunmehr allgemeiner europäischer Standard und die einfache Möglichkeit nur der Verlegung des Verwaltungssitzes wird wegen Art. 7 SE-VO ein Privileg **nur der nationalen Gesellschaften** bleiben und gerade nicht der SE eröffnet sein. Teilweise wird daher eingewandt, als Instrument zur grenzüberschreitenden Sitzverlegung sei die SE überflüssig, weil diese ohnehin schon europarechtlich garantiert werde[154]. Indessen ist die stark steigende Anzahl der Europäischen Aktiengesellschaften in Europa Beleg dafür, dass die SE auch aus anderen Gründen für viele Gesellschaften eine attraktive Rechtsform ist. Zudem hat die von der Europäischen Kommission in Auftrag gegebene Bestandsaufnahme (dazu Rz. 49) ergeben, dass eine recht hohe Zahl von SE von der Möglichkeit der grenzüberschreitenden Sitzverlegung Gebrauch macht. Bislang handelt es sich ungeachtet der liberalen EuGH-Rechtsprechung um den einzig rechtssicher geregelten Weg, ein solches Verfahren durchzuführen.

Zum einen stellt sich bei der SE nicht wie bei der nationalen Auslandsgesellschaft die schwierige Frage des **anwendbaren Rechts**. Im Vergleich zur Auslandsgesellschaft bietet die SE trotz der unterschiedlichen Regelungsebenen eine verlässliche Zuteilung von nationalem und supranationalem Recht. Gerade im Hinblick auf **Gläubigerschutzbestimmungen** kann man bei der SE sicher sein, dass nationales Recht am Sitz der SE Anwendung findet, wohingegen bei der Auslandsgesellschaft in diesem Punkt noch erheblicher Klärungsbedarf herrscht[155]. Ziel ist der Zusammenschluss von großen und mittelgroßen europäischen Unternehmen. Die Wahl ausländischer Rechtsformen wird hingegen eher von kleinen Unternehmen getroffen, um den strengen Kapitalvorschriften eines Mitgliedstaates aus dem Weg zu gehen[156].

VI. Gemeinsamkeiten und Unterschiede zur deutschen Aktiengesellschaft

43 Eine Europäische Gesellschaft mit Sitz in Deutschland ist aufgrund der vielfältigen Verweisungen ins nationale Recht weitgehend **mit der deutschen Aktiengesellschaft vergleichbar**. Die Möglichkeiten, dem hohen deutschen Mitbestimmungsniveau mittels Gründung einer SE auszuweichen, sind begrenzt, weil die Auffanglösung bei Scheitern der Verhandlungen den Status quo erhält. Allerdings hat sich das „Zementieren" des mitbestimmungsrechtlichen Status quo in Gesellschaften, die noch nicht die volle Parität erreicht haben, als vielfach gebräuchliche Gestaltungsvariante erwiesen. Daneben bleibt die **Gestaltungsfreiheit im Hinblick auf die Führungsstruktur**, in der sich die SE von dem System der deutschen AG unterscheidet. Da das eingliedrige Führungsmodell mit Verwaltungsrat und geschäftsführenden Direktoren dem Modell der GmbH sehr nahe kommt, wird seine Akzeptanz vermutlich wenig Schwierigkeiten machen. Ansonsten wird die SE immer dann die überzeugendere Alternative zur deutschen AG darstellen, wenn es um grenzüberschreitende Fusionen oder Restrukturierungen geht, und zwar nicht nur bei Großprojekten wie bei der Allianz, sondern auch im mittelständischen Bereich.

---

nies" zusammengefasst und veröffentlicht hat (abrufbar unter: http://ec.europa.eu/internal_market/consultations/2013/seat-transfer/docs/summary-of-responses_en.pdf).
154 Vgl. *Götz* in Baums/Cahn, Europäische Aktiengesellschaft, S. 152, 158.
155 Vgl. etwa BGH v. 14.3.2005 – II ZR 5/03, GmbHR 2005, 630; BGH v. 21.7.2011 – IX ZR 185/10, NJW 2011, 3784, sowie den Vorlagebeschluss des BGH v. 2.12.2014 – II ZR 119/14, ZIP 2015, 68, an den EuGH.
156 *Schwarz*, Einleitung Rz. 22.

VII. Die SE im Kontext des Europäischen Gesellschaftsrechts

Hopt hat die SE als das „Flaggschiff" des Europäischen Gesellschaftsrechts bezeichnet[157]. Tatsächlich bildete die **Schaffung einer europäischen Gesellschaftsform** neben der Rechtsangleichung und der Steigerung der Mobilität der Gesellschaften im Binnenmarkt eine tragende Säule bei der Entwicklung eines europäischen Gesellschaftsrechts[158]. Während die erste europäische Gesellschaftsform, die Europäische Wirtschaftliche Interessenvereinigung (EWIV), wegen ihres auf Freiberufler beschränkten Einsatzgebietes eher ein Schattendasein führt[159], ist die SE angesichts der stark steigenden Zahl von SE-Unternehmensgründungen in den vergangenen Jahren zu einem großen Erfolg geworden. Mit der Europäischen Genossenschaft ist bereits eine andere europäische Rechtsform geltendes Recht[160]. Das Gesetzgebungsverfahren bezüglich der Einführung einer Europäischen Stiftung ist derzeit im Gange[161]. Der viel diskutierte Vorschlag für eine Europäische Privatgesellschaft (SPE)[162] ist zwar jüngst von der Kommission zurückgezogen worden[163], im deutschen Koalitionsvertrag allerdings zu neuem Leben erweckt worden[164]. Ungeachtet dessen hat die Kommission im April 2014 einen Vorschlag für eine Richtlinie über Gesellschaften mit beschränkter Haftung mit einem einzigen Gesellschafter (Societas Unius Personae – SUP) präsentiert[165].

Mit der SE hat der europäische Gesetzgeber außerdem gleich zwei seiner Ziele verwirklicht: Sie ist europäische Gesellschaftsform und fördert auf Grund ihres Zuschnitts die **Mobilität von Gesellschaften** in Europa[166]. Sie stellt damit einen zentralen Entwicklungsschritt hin zu einem modernen und leistungsfähigen Gesellschafts-

---

157 *Hopt*, ZIP 1998, 96, 99. Bekräftigend *Hopt*, Europäisches Gesellschaftsrecht: Quo vadis?, EuZW 2012, 481.
158 *Drygala*, ZEuP 2004, 337, 338 ff.
159 Vgl. *Drygala*, ZEuP 2004, 337, 341; *Schlüter*, EuZW 2002, 589 ff.
160 Verordnung (EG) Nr. 1435/2003 des Rates vom 22.7.2003 über das Statut der Europäischen Genossenschaft (SCE), ABl. EU Nr. L 207 v. 18.8.2003, S. 1. Das deutsche Gesetz zur Einführung der Europäischen Genossenschaft (SCE) und zur Änderung des Genossenschaftsrechts ist am 17.8.2006 im Bundesgesetzblatt verkündet worden und am 18.8.2006 in Kraft getreten, BGBl. I 2006, S. 1911.
161 Vorschlag für eine Verordnung des Rates über das Statut der Europäischen Stiftung (FE) v. 8.2.2012, COM (2012) 35 final. Der Vorschlag wird ausführlich behandelt von *Hopt/v. Hippel*, ZEuP 2013, 235 und *Richter/Gollan*, ZGR 2013, 551. Mangels Erfolgsaussichten im Rat hat die Kommission den Vorschlag jedoch im März 2015 offiziell zurückgenommen, vgl. ABl. EU Nr. C 80 v. 7.3.2015, S. 17, 21.
162 Vorschlag für eine Verordnung des Rates über das Statut der Europäischen Privatgesellschaft v. 25.6.2008, KOM (2008) 396 endg.
163 Mitteilung der Kommission an das Europäische Parlament, den Rat, den Europäischen Wirtschafts- und Sozialausschuss und den Ausschuss der Regionen – Effizienz und Leistungsfähigkeit der Rechtsetzung (REFIT): Ergebnisse und Ausblick v. 2.10.2013, COM (2013) 685 final, S. 9. Allerdings erwägt die Kommission die Vorlage eines neuen Vorschlags. Der Koalitionsvertrag zwischen CDU, CSU und SPD für die 18. Legislaturperiode sieht ausdrücklich auf S. 25 eine Förderung der Schaffung einer Europäischen Privatgesellschaft („Europa-GmbH") vor. Leider fehlt es bisher an entsprechenden Initiativen (vgl. aber Rz. 44 Fn. 165).
164 S. nur *Hommelhoff/Teichmann*, GmbHR 2014, 177.
165 Vorschlag für eine Richtlinie des Europäischen Parlaments und des Rates über Gesellschaften mit beschränkter Haftung mit einem einzigen Gesellschafter, COM (2014) 212 final. Vgl. dazu etwa *Drygala*, EuZW 2014, 491; *Jung*, GmbHR 2014, 579; *J. Schmidt*, GmbHR 2014, R129; *Seibert*, GmbHR 2014, R209; *Wicke*, ZIP 2014, 1414 sowie die Beiträge in *Lutter/Koch* (Hrsg.), Societas Unius Personae (SUP) – Beiträge aus Wissenschaft und Praxis, 2015.
166 Vgl. *Maul/Wenz* in Lutter/Hommelhoff, Die Europäische Gesellschaft, S. 261.

und Unternehmensrecht in der EU dar[167]. Zwar ist die Mobilität kein eigenes Privileg der SE mehr[168], seit die EuGH-Rechtsprechung zur Niederlassungsfreiheit („Centros"[169], „Überseering"[170], „Inspire Art"[171], „Cartesio"[172]) auch den nationalen Gesellschaftsformen die rechtsformwahrende und rechtsformwechselnde („VALE"-Urteil"[173]) Sitzverlegung garantiert. Doch findet bei der SE die Mobilität auf sicherer Rechtsgrundlage statt.

Es bleibt die **Harmonisierung der nationalen Gesellschaftsrechte** in Europa. Hier sind seit den siebziger Jahren durch verschiedene Richtlinien vor allem auf den Gebieten des Gesellschafts-, Bilanz- und Kapitalmarktrechts beachtliche Fortschritte erzielt worden[174]. Auf Grund der **Richtlinie über die grenzüberschreitende Verschmelzung** von Kapitalgesellschaften[175] ist eine grenzüberschreitende Fusion nicht mehr ausschließlich durch Gründung einer SE möglich, sondern sie kann auch zwischen nationalen (Kapital-)Gesellschaften erfolgen (näher unten Rz. 50). Es wäre wünschenswert, wenn auch die Arbeiten an der geplanten Sitzverlegungsrichtlinie alsbald voranschreiten würden, damit auch für nationale Gesellschaften ein rechtssicherer Rahmen für grenzüberschreitende Umwandlungen zur Verfügung steht.

VIII. Ausgewählte Spezialgebiete

1. Insolvenzrecht

45 Einfallstor für das auf die SE anwendbare Insolvenzrecht ist Art. 63 SE-VO, der auf das **Recht des Sitzstaates** verweist[176]. Eine insolvente SE mit Sitz in Deutschland kann also wie jede andere heimische Gesellschaft im Regel- (§§ 148 ff. InsO) oder Planverfahren (§§ 217–269 InsO), im Rahmen der Eigenverwaltung (§§ 270–285 InsO) oder durch übertragende Sanierung abgewickelt bzw. saniert werden. Als Insolvenzgründe sind ebenfalls die §§ 17–19 InsO maßgeblich. Die Antragspflicht obliegt in der dualistischen SE dem Vorstand nach § 15a Abs. 1 InsO. In der monistischen SE haben dagegen die geschäftsführenden Mitglieder des Verwaltungsrates für die rechtzeitige Insolvenzanmeldung zu sorgen[177]. Das materielle Insolvenzrecht richtet sich also ausschließlich nach dem Recht des SE-Sitzstaates.

---

167 *Maul/Wenz* in Lutter/Hommelhoff, Die Europäische Gesellschaft, S. 261, 274.
168 Ausführlich zur grenzüberschreitenden Mobilität europäischer und nationaler Rechtsformen zuletzt etwa *Bayer* in Bergmann/Kiem/Mülbert/Verse/Wittig (Hrsg.), 10 Jahre SE – Erreichter Stand – verbleibende Anwendungsfragen – Perspektiven, 2015, S. 230.
169 EuGH v. 9.3.1999 – Rs. C-212/97, Slg. 1999, I-1459 = NJW 1999, 2027.
170 EuGH v. 5.11.2002 – Rs. C-208/00, Slg. 2002, I-9919 = NJW 2002, 3614.
171 EuGH v. 30.9.2003 – Rs. C-167/01, Slg. 2003, I-10155 = NJW 2003, 3331.
172 EuGH v. 16.12.2008 – Rs. C-210/06, Slg. 2008, I-9641 = NJW 2009, 569.
173 EuGH v. 12.7.2012 – Rs. C-378/10, ZIP 2012, 1394 m. Anm. *Mörsdorf/Jopen*.
174 Vgl. den Überblick bei *Drygala*, ZEuP 2004, 339 ff.; *Schröder/Fuchs* in Manz/Mayer/Schröder, Teil A – Vorbemerkungen Rz. 29 ff. Ausführliche Erläuterungen zu den sekundärrechtlichen Harmonisierungsmaßnahmen im Gesellschaftsrecht bei *Lutter/Bayer/J. Schmidt*, EuropUR, §§ 19–31.
175 Richtlinie 2005/56/EG v. 26.10.2005, ABl. EU Nr. L 310 v. 25.11.2005, S. 1; dazu *Lutter/Bayer/J. Schmidt*, EuropUR, § 23; *Nagel*, NZG 2006, 97 ff.; *Neye*, ZIP 2005, 1893 ff.
176 Im Ergebnis ist man sich darüber einig, dass der Verweis des Art. 63 SE-VO auch die EuInsVO erfasst. Die Vertreter der Ansicht, die davon ausgeht, dass die SE-VO grundsätzlich Sachnormverweisungen ausspricht, gelangen zu diesem Ergebnis, indem sie annehmen, dass die Verweisung des Art. 63 SE-VO ausnahmsweise eine Gesamtnormverweisung darstellt. Vgl. nur *Lutter/Bayer/J. Schmidt*, EuropUR, § 41 Rz. 184. Ausführlich auch *Bachmann*, Das auf die insolvente Societas Europaea (SE) anwendbare Recht in FS v. Hoffmann, 2011, S. 36.
177 Im Einzelnen *Nolting* in Theisen/Wenz, Europäische Aktiengesellschaft, S. 617, 640 f.

Auf Grund ihrer gesetzlichen Struktur als grenzüberschreitend tätige Gesellschaft wird die SE aber immer über **Vermögen oder Niederlassungen in verschiedenen Mitgliedsstaaten** verfügen[178]. Daher wird bei grenzüberschreitenden Insolvenzen der Anwendungsbereich der **EuInsVO**[179] berührt[180]. Das Hauptinsolvenzverfahren findet gem. Art. 3 Abs. 1 Satz 1 EuInsVO dort statt, wo die SE den Mittelpunkt ihrer hauptsächlichen Interessen (COMI) hat, Art. 3 Abs. 1 Satz 1 EuInsVO. Für Gesellschaften stellt Art. 3 Abs. 1 Satz 2 eine widerlegliche Vermutung dahingehend auf, dass sich ihr COMI am Ort ihres satzungsmäßigen Sitzes befindet. Kriterien für die Widerlegung dieser Vermutung hat der EuGH zwischenzeitlich in den Entscheidungen „Eurofood"[181] und „Interedil"[182] entwickelt. Da sich gem. Art. 7 Satz 1 SE-VO (Satzungs-)Sitz und Sitz der Hauptverwaltung der Europäischen Aktiengesellschaft in ein und demselben Mitgliedstaat befinden müssen, wird solch eine Widerlegung der Vermutung des Art. 3 Abs. 1 Satz 2 EuInsVO jedoch regelmäßig ausscheiden und das Insolvenzverfahren über die SE in ihrem (Satzungs-)Sitzstaat stattfinden. Auf das Verfahren selbst und seine Wirkungen ist – vorbehaltlich der Art. 5 ff. EuInsVO – ebenfalls das Sitzrecht der SE anwendbar (vgl. Art. 4 Abs. 1 Satz 1 EuInsVO). Art. 3 Abs. 2 EuInsVO liefert sodann die gesetzliche Grundlage für Sekundär- bzw. Partikularinsolvenzverfahren, die über das Vermögen von einzelnen Niederlassungen der SE in einem anderen Mitgliedstaat als ihrem Sitzstaat eröffnet werden können. Haupt- und Sekundärinsolvenzverfahren werden unabhängig voneinander durchgeführt und unterliegen jeweils dem Insolvenzsachrecht des Mitgliedstaats, in dem das Verfahren eröffnet wird[183]. Die EuInsVO sorgt aber für eine (bisweilen unzureichende[184]) Koordinierung beider Verfahren und weist dem Verwalter des Hauptverfahrens eine bestimmende Rolle zu[185].

Aufgrund ihres Zuschnitts auf grenzüberschreitende Sachverhalte stellt die EuInsVO somit ein brauchbares Instrument zur Bewältigung einer SE-Insolvenz dar. Zugleich zeigt sich hier, dass sich die verschiedenen Bausteine des Europäischen Gesellschaftsrechts gut ergänzen können. Im Übrigen vgl. die Kommentierung zu Art. 63.

2. Umwandlungsrecht

Das Umwandlungsrecht ist in der SE-VO nur fragmentarisch geregelt. Lediglich **Art. 66 SE-VO** bestimmt, dass eine SE ohne Auflösung auch wieder in eine AG nationalen Rechts **zurückverwandelt** werden kann. Die **Beschränkung auf die Rückumwandlung** in eine nationale AG ist zunächst nur konsequent, da auch im umgekehrten Fall ein Formwechsel zur SE nur aus der Rechtsform der AG nach Art. 2 Abs. 4, Art. 37 SE-VO möglich ist. Streitig ist, ob Art. 66 SE-VO abschließend ist oder

46

---

178 Vgl. *Nolting* in Theisen/Wenz, Europäische Aktiengesellschaft, S. 617, 632 ff.
179 Verordnung (EG) Nr. 1346/2000 des Rates vom 29.5.2000 über Insolvenzverfahren, ABl. EG Nr. L 160 v. 30.6.2000, S. 1. Eine umfassende Kommentierung zur EuInsVO findet sich bei *Brinkmann* in Karsten Schmidt, Insolvenzordnung, 18. Aufl., S. 2277 ff. und *Paulus*, Europäische Insolvenzverordnung – EuInsVO, 4. Aufl.
180 *Schwarz*, Art. 63 SE-VO Rz. 52.
181 EuGH v. 2.5.2006 – Rs. C-341/04, Slg. 2006, I-3854 = EuZW 2006, 337.
182 EuGH v. 20.10.2011 – Rs. C-396/09, Slg. 2011. I-9915 = EuZW 2011, 912.
183 *Staak*, NZI 2004, 480, 483.
184 Exemplarisch EuGH v. 22.11.2012 – Rs. C-116/11 – „Bank Handlowy und Adamiak", EuZW 2013, 141. Eines der wesentlichen Anliegen des Vorschlags für eine Verordnung des Europäischen Parlaments und des Rates zur Änderung der Verordnung (EG) Nr. 1346/2000 des Rates über Insolvenzverfahren v. 12.12.2012, COM (2012) 744 final, ist es, die Koordinierung zwischen Haupt- und Sekundärverfahren zu verbessern. Die endgültige Verabschiedung der Neufassung der EuInsVO ist für ca. Mai 2015 zu erwarten.
185 Näher *Staak*, NZI 2004, 480, 483 ff.

ob auch ein Formwechsel in einen anderen Rechtsträger als der AG in Betracht kommt[186]. Für Letzteres spricht vor allem, dass eine Beschränkung auf eine Rückumwandlung zur AG problemlos dadurch umgangen werden könnte, dass die AG sogleich weiter in eine GmbH etc. umgewandelt wird[187]. Das wäre ein wahrhaft überflüssiger Umweg.

Soweit die Verordnung keine gesonderten umwandlungsrechtlichen Bestimmungen enthält, gilt für die SE mit Sitz in Deutschland nach Art. 9 Abs. 1 lit. c ii) SE-VO **nationales Umwandlungsrecht**. Dies bedeutet, dass die SE wie eine AG nach den Regeln des UmwG an einer Verschmelzung, einer Spaltung, einer Vermögensübertragung und einem Formwechsel beteiligt sein kann, auch wenn sie bei den jeweiligen Umwandlungsarten nicht ausdrücklich als beteiligungsfähiger Rechtsträger aufgeführt ist[188].

Zweifelhaft ist, inwieweit neben den in der Verordnung vorgesehenen Gründungsvorgängen auch eine **sekundäre SE-Gründung** nach dem UmwG, also durch Verschmelzung, Spaltung oder Formwechsel möglich ist. Eine Neugründung durch Verschmelzung nach dem UmwG scheidet aus, da die Verordnung diesen Sachverhalt in Art. 2 Abs. 2 und Art. 17 ff. SE-VO abschließend regelt[189]. Das nationale Umwandlungsrecht wird aber im Fall einer innerstaatlichen Verschmelzung relevant, wenn eine bereits bestehende SE eine AG oder eine SE aufnimmt[190]. Auch die Spaltung einer SE erfolgt auf der Grundlage des UmwG. Weder Art. 2 und Art. 3 noch Art. 66 SE-VO entfalten eine Sperrwirkung, so dass über Art. 9 Abs. 1 lit. c ii) SE-VO § 123 UmwG zur Anwendung kommt[191]. Danach kann eine SE sowohl eine oder mehrere SE im Wege der Ausgliederung gründen als auch eine Tochter-SE durch Ausgliederung zur Neugründung nach § 123 Abs. 3 Nr. 2 UmwG errichten[192]. Allerdings dürfen diese Vorgänge nach Art. 9 Abs. 1 lit. c ii) SE-VO i.V.m. § 141 UmwG bzw. nach Art. 66 SE-VO analog[193] erst zwei Jahre nach Eintragung der SE erfolgen[194].

---

186 Gegen eine abschließende Regelung: OLG Frankfurt v. 2.12.2014 – 5 Sch 3/10 – „Fresenius", NZG 2012, 351, 352; *Lutter/Bayer/J. Schmidt*, EuropUR, § 41 Rz. 181; *Bayer* in Lutter/Hommelhoff, Die Europäische Gesellschaft, S. 25, 28; *Ratka/Rauter*, GesRZ 2006, 55, 65; *Karollus* in Lutter, § 120 UmwG Rz. 18; *Drinhausen* in Habersack/Drinhausen, Art. 66 SE-VO Rz. 7; *Oplustil/Schneider*, NZG 2003, 13, 16; *Teichmann* in MünchHdb. GesR VI, § 49 Rz. 108 und jetzt auch *Schäfer* in MünchKomm. AktG, 3. Aufl., Art. 66 SE-VO Rz. 1, 14. Dafür: *Zollner* in Kalss/Hügel, § 33 SEG Rz. 7, 21 f. und tendenziell auch *Reiner*, Der Konzern 2011, 135 ff. Vgl. auch *Arbeitskreis Aktien- und Kapitalmarktrecht*, ZIP 2009, 698, der für eine klarstellende Regelung bei einer etwaigen Revision der SE-VO plädiert. Vgl. im Übrigen unten die Kommentierung zu Art. 66 SE-VO durch *J. Schmidt*.
187 *J. Schmidt*, unten Art. 66 Rz. 7; *Bayer* in Lutter/Hommelhoff, Die Europäische Gesellschaft, S. 25, 29; *Oplustil/Schneider*, NZG 2003, 13, 17.
188 *Marsch-Barner* in FS Happ, 2006, S. 165, 173, der auf §§ 3, 124, 175, 191 UmwG verweist. Vgl. auch die Übersicht der Umwandlungsmöglichkeiten einer „deutschen" SE bei *J. Schmidt*, unten Art. 66 Rz. 10.
189 *J. Schmidt*, unten Art. 66 Rz. 8; *Marsch-Barner* in FS Happ, 2006, S. 165, 168; *Ratka/Rauter*, GesRZ 2006, 55, 64.
190 *Ratka/Rauter*, GesRZ 2006, 55, 64.
191 *Bayer* in Lutter/Hommelhoff, Europäische Gesellschaft, S. 25, 28; *Oplustil/Schneider*, NZG 2003, 13, 17; *Marsch-Barner* in FS Happ, 2006, S. 165, 170.
192 *Marsch-Barner* in FS Happ, 2006, S. 165, 170; *Oplustil/Schneider*, NZG 2003, 13, 17; *Scheifele*, Gründung, S. 442 ff.
193 Für eine analoge Anwendung etwa *Schäfer* in MünchKomm. AktG, 3. Aufl., Art. 66 SE-VO Rz. 14 m.w.N. in Fn. 34. Gegen eine Analogie und für Anwendung der nationalen Vorschriften im Falle von Verschmelzungen und Spaltungen etwa *J. Schmidt*, unten Art. 66 Rz. 9.
194 *Bayer* in Lutter/Hommelhoff, Die Europäische Gesellschaft, S. 25, 28.

3. Rechnungslegung, Prüfung und Publizität

Die Rechnungslegung der SE folgt in Deutschland den für Aktiengesellschaften geltenden Regelungen, Art. 61 SE-VO. SE-spezifische Rechnungslegungsvorschriften existieren nicht. Im Falle einer deutschen SE unterliegen damit die Aufstellung, Prüfung und Offenlegung des Jahresabschlusses, eines konsolidierten Jahresabschlusses und des Lageberichts den Bestimmungen der **§§ 150 ff. AktG, 238 ff. HGB**[195]. Ausgenommen hiervon sind hinsichtlich des konsolidierten Abschlusses allerdings diejenigen Unternehmen in der Rechtsform einer SE, deren Wertpapiere am oder nach dem 1.1.2005 zum Handel an einem geregelten Markt eines Mitgliedstaates zugelassen sind. Diese kapitalmarktorientierten „Europäischen Gesellschaften" haben nach Art. 4 IAS-VO[196] fortan den Konzernabschluss nach den Bestimmungen der IAS/IFRS aufzustellen[197].

47

4. Konzernrecht

Die SE-VO enthält keine konzernrechtlichen Regelungen im materiellen Sinn. Der deutsche Gesetzgeber füllt diese Regelungslücke für SE mit Sitz in Deutschland durch Anwendung der §§ 291 ff. AktG, wie sich mittelbar aus § 49 SEAG ergibt[198].

48

IX. Reform der SE-VO

Siehe dazu die Erl. zu Art. 69.

49

X. Die Richtlinie über die grenzüberschreitende Verschmelzung im Verhältnis zur SE-VO

Seitdem die Richtlinie über die grenzüberschreitende Verschmelzung vom 25.11.2005[199] in nationales Recht transferiert worden ist[200], können sich Unternehmen auch **ohne vorherige SE-Gründung** ohne technische Probleme über die Grenze hinweg verschmelzen. Daraus wird teilweise der Schluss gezogen, dass sie die SE als Form und Mittel einer internationalen Transaktion überflüssig mache[201]. Die Allianz AG erklärt hingegen, dass die SE immer noch die besseren Rahmenbedingungen biete, um größere grenzüberschreitende Unternehmenszusammenschlüsse mit der gebotenen **Transaktionssicherheit** umsetzen zu können[202]. Ob diese Aussage noch gilt, nachdem die Richtlinie vollständig in die nationalen Rechte umgesetzt worden ist, muss die Zukunft zeigen.

50

---

195 *Thümmel*, Die Europäische Aktiengesellschaft, S. 37; *Kleindiek*, unten Art. 61 Rz. 6 ff.
196 Verordnung (EG) Nr. 1606/2002 des Europäischen Parlaments und des Rates vom 19.7.2002, ABl. EG Nr. L 243 v. 11.9.2002, S. 1.
197 *Wenz*, BC 2004, 77, 78; *Schäfer* in MünchKomm. AktG, 3. Aufl., Art. 61 SE-VO Rz. 19.
198 Zu den erforderlichen Anpassungen s. *Brandi*, Die Europäische Aktiengesellschaft im deutschen und internationalen Konzernrecht, NZG 2003, 889; *Habersack*, ZGR 2003, 724; *Hommelhoff*, AG 2003, 179; *Maul*, Das Konzernrecht der Europäischen Gesellschaft, in Lutter/Hommelhoff, Die Europäische Gesellschaft, S. 249. Vgl. im Übrigen *Hommelhoff/Lächler*, Anh. KonzernR, unten S. 1409.
199 Richtlinie 2005/56/EG des Europäischen Parlaments und des Rates vom 26.10.2005, ABl. EU Nr. L 310 v. 25.11.2005, S. 1; dazu *Drinhausen/Keinath*, RIW 2006, 81 ff.; *Geyrhalter/Weber*, DStR 2006, 146 ff.; *Grohman/Gruschinske*, GmbHR 2006, 191 ff.; *Nagel*, NZG 2006, 97 ff.; *Oechsler*, NZG 2006, 161 ff.
200 Zweites Gesetz zur Änderung des Umwandlungsgesetzes v. 19.4.2007, BGBl. I 2007, 542.
201 Vgl. FAZ v. 6.6.2006, S. 22.
202 So *Peter Hemeling*, Chefsyndikus der Allianz AG in einem Gastkommentar in KPMG's Audit Committee Quaterly, II/2006, S. 5.

Das aber ist Grund genug, den Blick auf die Frage zu lenken, welche **Gemeinsamkeiten und Unterschiede** zwischen Verschmelzungsrichtlinie und SE-VO bei der Ausgestaltung des Verschmelzungsprozesses bestehen. Zunächst ist festzuhalten, dass sich die Richtlinie nach Art. 2 Nr. 1 allgemein an Kapitalgesellschaften richtet und damit anders als die SE-VO auch der GmbH und der KGaA die grenzüberschreitende Verschmelzung eröffnet[203]. Eine GmbH wird daher den Zusammenschluss auf der Grundlage der Richtlinie bevorzugen, um auf diese Weise den Zwischenschritt zur Umwandlung in eine AG, den eine Verschmelzung nach der SE-VO erfordern würde, zu vermeiden. Für welche Variante sich verschmelzungswillige Aktiengesellschaften in Zukunft entscheiden, hängt maßgeblich davon ab, welches Rechtsinstrument bei den Faktoren **Rechtssicherheit, Mitbestimmung und Schnelligkeit des Verfahrens** die größeren Vorteile bietet.

Teilweise wird angenommen, eine Verschmelzung auf der Grundlage der Richtlinie sei vorteilhafter, weil sich mit ihr die Mitbestimmung leichter einschränken lasse[204]. Richtig ist, dass die Richtlinie hinsichtlich der Mitbestimmungsregelung insoweit von der SE-VO abweicht, als die Schwelle für das Eingreifen der gesetzlichen Auffangregelung heraufgesetzt wurde. Nach der Richtlinie hängt die Anwendung der gesetzlichen Auffangregelung davon ab, dass der Prozentsatz der Arbeitnehmer, die in den Ausgangsgesellschaften einem Mitbestimmungsregime unterlagen, 33,3 % der von der Verschmelzung berührten Arbeitnehmer insgesamt ausmacht. Demgegenüber beträgt dieser Prozentsatz in der SE-VO nur 25 %[205]. Darüber hinaus wurde auch das Verhandlungsverfahren in einigen Punkten flexibilisiert[206]. Ein Nachteil gegenüber der Mitbestimmungsregelung in der SE liegt aber darin, dass die Richtlinie eine **Zementierung der Mitbestimmung** in der neuen Gesellschaft für die Dauer von drei Jahren vorsieht. Dies erschwert weitere Umstrukturierungen. Eine derartige Strenge findet sich in den Vorschriften zur SE nicht[207].

Ein bedeutender Unterschied zur SE-VO besteht auch darin, dass nach Art. 16 Abs. 4 lit. c der Richtlinie die Repräsentanz der Arbeitnehmer im monistischen Verwaltungsrat auf ein Drittel beschränkt werden kann. Diese Regelung ist aber nur für die Mitgliedstaaten relevant, deren nationale Aktienrechte ohnehin das monistische *board*-System vorsehen. Für das deutsche Aktienrecht mit seiner zweigliedrigen Führungsstruktur dürfte diese Bestimmung keine Rolle spielen[208]. Eine Umsetzung ins deutsche UmwG ist daher nicht erfolgt.

Was die Pflichten bei der Aufstellung eines Verschmelzungsplans, den Minderheiten- und Gläubigerschutz bei der grenzüberschreitenden Verschmelzung anbelangt, sind die Regelungsgegenstände der Richtlinie und der SE-VO aber im Wesentlichen identisch und lassen sich daher als **homogene Regelungen** begreifen[209].

---

[203] Für Genossenschaften und Organismen für gemeinsame Anlagen in Wertpapiere gelten Sonderregeln (Art. 3 Abs. 2 und 3 RL). Gem. § 122b Abs. 2 UmwG, eingeführt durch das Zweite Gesetz zur Änderung des UmwG v. 19.4.2007, BGBl. I 2007, 542, dürfen Genossenschaften an einer grenzüberschreitenden Verschmelzung nicht teilnehmen.

[204] *Louven/Dettmeier/Pöschke/Weng*, BB-Spezial 3/2006, 1, 16; FAZ v. 6.6.2006, S. 22; vgl. zu den mitbestimmungsrechtlichen Bestimmungen der Richtlinie auch die Einleitung von *Oetker* zum SEBG, Vor § 1 SEBG.

[205] Dazu *Koppensteiner*, GesRZ 2006, 111, 122; *Nagel*, NZG 2006, 97, 99.

[206] Nach Art. 16 Abs. 4c der Richtlinie können die verantwortlichen Organe der beteiligten Gesellschaften die Anwendung der Auffangregelung ohne vorherige Verhandlung beschließen.

[207] *Kornbichler*, Börsen-Zeitung v. 2.8.2006, S. 3.

[208] Vgl. auch *Kornbichler*, Börsen-Zeitung v. 2.8.2006, S. 2.

[209] Näher *Koppensteiner*, GesRZ 2006, 111, 122 ff.

Welche Variante in der Praxis letztlich den Ausschlag gibt, hängt vom Einzelfall ab. 51
Wem es nur auf den transaktionsbezogenen Einmaleffekt der grenzüberschreitenden
Verschmelzung ankommt, wird der Richtlinienlösung den Vorzug geben. Allerdings
bleibt die Gesellschaft in diesem Fall **nationale AG, KGaA** oder **GmbH**. Für ein Unternehmen, das eine langfristige strategische Neuausrichtung seines Auslandsgeschäfts anstrebt, bleibt daher die SE erste Wahl. Denn nur mit ihr lässt sich ein europäisches Einheitsunternehmen mit unselbstständig operierenden Niederlassungen in einzelnen Mitgliedsländern schaffen. Auch der Allianz ermöglichte die SE-Gründung neben der Hineinverschmelzung der italienischen Tochtergesellschaft eine wesentliche Vereinfachung der europäischen Beteiligungsstruktur. So konnten die Beteiligungen an wichtigen operativen Einheiten in Spanien, Portugal, Österreich und der Schweiz mit dem Zusammenschluss auf Ebene der Konzernspitze konzentriert werden[210]. Ferner wirken sich insbesondere bei einem grenzüberschreitenden Zusammenschluss die psychologischen Vorteile der „Marke SE" aus. Abschließend lässt sich sagen, dass der rapide Anstieg der SE-Gründungen in den letzten Jahren Beleg dafür ist, dass die Europäische Aktiengesellschaft für grenzüberschreitend tätige Unternehmen eine attraktive Alternative zu den nationalen Gesellschaftsrechtsformen darstellt. Die durch die grenzüberschreitende Verschmelzungsrichtlinie eingeräumte Möglichkeit einer grenzüberschreitenden Verschmelzung nationaler Gesellschaftsrechtsformen hat daran nichts grundlegend geändert und es ist auch nicht davon auszugehen, dass der etwaige Erlass einer (Satzungs-)Sitzverlegung (dazu oben Rz. 42) dies täte.

---

210 *Peter Hemeling*, Chefsyndikus der Allianz AG in KPMG's Audit Committee Quaterly, II/2006, S. 4.

Titel I. Allgemeine Vorschriften

Art. 1
[Wesen der SE]

(1) Handelsgesellschaften können im Gebiet der Gemeinschaft in der Form europäischer Aktiengesellschaften (Societas Europaea, nachfolgend „SE" genannt) unter den Voraussetzungen und in der Weise gegründet werden, die in dieser Verordnung vorgesehen sind.

(2) Die SE ist eine Gesellschaft, deren Kapital in Aktien zerlegt ist. Jeder Aktionär haftet nur bis zur Höhe des von ihm gezeichneten Kapitals.

(3) Die SE besitzt Rechtspersönlichkeit.

(4) Die Beteiligung der Arbeitnehmer in der SE wird durch die Richtlinie 2001/86/EG geregelt.

I. Normzweck und Rechtsnatur 1	4. Eigene Rechtspersönlichkeit, Art. 1 Abs. 3 SE-VO
II. Geltungsbereich	a) Überblick 13
1. Positiver Geltungsbereich 3	b) Erlangung und Verlust der Rechtsfähigkeit 14
2. Negativer Geltungsbereich 4	c) Bedeutung der Rechtsfähigkeit in den einzelnen Rechtsgebieten
III. Strukturmerkmale der SE	aa) Zivilrecht 17
1. (Handels-)gesellschaft 5	bb) Zivilprozessrecht 18
2. Mehrstaatlichkeit 6	cc) Öffentliches Recht 19
3. Grundkapital und Aktien	d) Trennungsprinzip 20
a) Grundkapital 7	5. Börsenfähigkeit 21
b) Zerlegung in Aktien 8	6. Beteiligung der Arbeitnehmer 22
c) Keine Haftung der Aktionäre 11	

Literatur: *Arbeitskreis Aktien- und Kapitalmarktrecht*, Die 8 wichtigsten Änderungsvorschläge zur SE-VO, ZIP 2009, 698; *Bachmann*, Die Societas Europaea und das europäische Privatrecht, ZEuP 2008, 32; *Blanquet*, Das Statut der Europäischen Aktiengesellschaft, ZGR 2002, 20; *Brandes*, Europäische Aktiengesellschaft: Juristische Person als Organ?, NZG 2004, 642; *Casper*, Numerus Clausus und Mehrstaatlichkeit bei der SE-Gründung, AG 2007, 97; *Casper*, Erfahrungen und Reformbedarf bei der SE – Gesellschaftsrechtliche Reformvorschläge, ZHR 173 (2009), 181; *de la Feria/Vogenauer* (Hrsg.), Prohibition of Abuse of Law, 2011; *Fleischer*, Der Rechtsmissbrauch zwischen Gemeineuropäischem Privatrecht und Gemeinschaftsprivatrecht, JZ 2003, 865; *Fleischer*, Juristische Personen als Organmitglieder im Europäischen Gesellschaftsrecht, RIW 2004, 16; *Gutsche*, Die Eignung der Europäischen Aktiengesellschaft für kleinere und mittlere Unternehmen, 1993; *Heckschen*, Die Europäische AG aus notarieller Sicht, DNotZ 2003, 251; *Hirte*, Die Europäische Aktiengesellschaft, NZG 2002, 1; *Hirte*, Die Europäische Aktiengesellschaft – ein Überblick nach In-Kraft-Treten der deutschen Ausführungsgesetzgebung (Teil I), DStR 2005, 653; *Hommelhoff*, Einige Bemerkungen zur Organisationsverfassung der Europäischen Aktiengesellschaft, AG 2001, 279; *Hommelhoff*, Gesellschaftsrechtliche Fragen im Entwurf eines SE-Statuts, AG 1990, 422; *Hommelhoff/Teichmann*, Die Europäische Aktiengesellschaft – Das Flaggschiff läuft vom Stapel, SZW/RSDA 2002, 1; *Ihrig/Wagner*, Diskussionsentwurf für ein SE-Ausführungsgesetz, BB 2003, 969; *Lutter*, Genügen die vorgeschlagenen Regelungen für eine „Europäische Aktiengesellschaft"?, AG 1990, 413; *Lutter*, Auslegung angeglichenen Rechts, JZ 1992, 593; *Lutter*, Europäische Aktiengesellschaft – Rechtsfigur mit Zukunft?, BB 2002, 1; *Merkt/Spindler* in Lutter (Hrsg.), Das Kapital der Aktiengesellschaft in Europa, 2006, S. 207; *Riesenhuber*, Die Auslegung, in Riesenhuber (Hrsg.), Europäische Methodenlehre, 3. Aufl. 2015, § 10; *J. Schmidt*, „Deutsche" versus „Britische" Societas Europaea (SE), 2006; *Schulz/Geis*-

mar, Die Europäische Aktiengesellschaft – Eine kritische Bestandsaufnahme, DStR 2001, 1078; *Schwarze*, EU-Kommentar, 3. Aufl. 2012; *Streinz*, EUV/AEUV, 2. Aufl. 2012; *Teichmann*, Die Einführung der Europäischen Aktiengesellschaft, ZGR 2002, 383; *Thoma/Leuering*, Die Europäische Aktiengesellschaft – Societas Europaea, NJW 2002, 1449; *Krolop*, Europäisches Gesellschaftsrecht, in Riesenhuber (Hrsg.), Europäische Methodenlehre, 3. Aufl. 2015, § 19.

I. Normzweck und Rechtsnatur

Art. 1 der SE-VO fasst die **wesentlichen Strukturmerkmale** der SE zusammen: Handelsgesellschaft, Zerlegung in Aktien, beschränkte Haftung der Aktionäre, Rechtspersönlichkeit. Damit weist die SE dieselben Strukturmerkmale auf wie die deutsche Aktiengesellschaft[1]. Soweit nichts anderes bestimmt ist, wird die SE auch wie eine nach dem Recht ihres Sitzstaates gegründete Aktiengesellschaft behandelt (Art. 10 SE-VO). Die Form der Aktiengesellschaft wurde für die SE gewählt, weil diese sowohl von der Finanzierung (die SE ist börsenfähig!) als auch von der Geschäftsführung her am besten den Bedürfnissen der gemeinschaftsweit tätigen Unternehmen entspricht[2].

Die SE ist **supranationale Rechtsform** und will grenzüberschreitende Unternehmenskooperationen fördern, indem sie einfachere und effizientere Organisationsstrukturen zu insgesamt geringeren Verwaltungskosten ermöglicht[3]. Eine europaweit einheitliche Rechtsform[4] wurde mit der SE dennoch nicht geschaffen: Angesichts divergierender Positionen im Gesetzgebungsprozess[5] konnten sich die Mitgliedstaaten nur auf einen „kleinsten gemeinsamen Nenner"[6] verständigen. Daher regelt die Verordnung nur den **Kernbereich des Gesellschaftsrechts** (Gründung, Aufbau) und verweist im Übrigen auf das nationale Recht des Sitzstaates (Art. 9 SE-VO). Die Kapitalaufbringung und -erhaltung, die Aktien, das Bilanz- und Konzernrecht sowie die Satzungsauslegung – all dies unterliegt nationalem Recht. Daraus resultiert eine hohe Komplexität des Regelwerks sowie der Umstand, dass es so viele SE-Formen wie Mitgliedstaaten gibt[7]. Darin ist per se noch kein Nachteil zu sehen. Vielmehr hat die Kombination der Rechtsquellen den Wettbewerb unter den Rechtsordnungen um die attraktivsten aktien- und mitbestimmungsrechtlichen Lösungen angekurbelt[8]. Insbesondere die durch Art. 38 lit. b) SE-VO eröffnete Wahlmöglichkeit zwischen der monistischen und dualistischen Leitungsstruktur sorgt für die notwendige Flexibilität und eröffnet Gründern neue Gestaltungsperspektiven[9].

Hinsichtlich der korrekten **Rechtsformbezeichnung** sind drei Varianten denkbar: entweder **Europäische Aktiengesellschaft**, wie es der Wortlaut in Art. 1 Abs. 1 SE-VO vorsieht, **Societas Europaea** oder abgekürzt „**SE**". Die Firma der SE darf jedoch nur auf die abgekürzte Version, also „SE", lauten, vgl. Art. 11 SE-VO.

---

1 Vgl. zu diesen *Lutter* in K. Schmidt/Lutter, § 1 AktG Rz. 2 ff.
2 Vgl. Satz 1 des 13. Erwägungsgrunds der SE-VO.
3 *Teichmann*, ZGR 2002, 383, 385; *Schulz/Geismar*, DStR 2001, 1078.
4 Vgl. 6. Erwägungsgrund der SE-VO; *Kuhn* in Jannott/Frodermann, Handbuch Europäische Aktiengesellschaft, Kap. 2, Rz. 4.
5 Vgl. dazu *Lutter*, BB 2002, 1 ff.
6 *Hommelhoff/Teichmann*, SZW 2002, 1, 3.
7 *Lutter*, AG 1990, 413, 414; *Hirte*, NZG 2002, 1, 2; *Heckschen*, DNotZ 2003, 251, 252.
8 So bereits meine Prognose in Lutter, BB 2002, 1, 3. Auf diesem Hintergrund liegt inzwischen ein Vergleich zwischen einer „deutschen" SE und einer „englischen" SE vor: vgl. *J. Schmidt*, „Deutsche" versus „Britische" Societas Europaea (SE), 2006.
9 Die für das monistisch verfasste Leitungsgremium geltenden Vorschriften sind in §§ 22 ff. SE-AG enthalten; vgl. dazu unten Art. 43 ff.

Im Vergleich zur nationalen AG ist die SE ein **aliud**[10]. Wenngleich die SE auch den in § 1 AktG vorgegebenen Wesensmerkmalen einer AG entspricht, ist sie kein Spezialfall der nationalen AG[11]. Zwar ist die SE als börsenfähige Kapitalgesellschaft in Form einer nationalen AG konzipiert (Satz 1 des 13. Erwägungsgrunds). Das auf die SE anwendbare Recht besteht aber zur einen Hälfte aus nationalem und zur anderen Hälfte aus europäischem Recht. Eben Letzteres verleiht der SE eine eigenständige, supranationale Prägung, die sie von der nationalen AG unterscheidet[12].

II. Geltungsbereich

1. Positiver Geltungsbereich

3 Europäische Aktiengesellschaften können gem. Art. 1 Abs. 1 SE-VO nur im Gebiet der Gemeinschaft (jetzt: Union) gegründet werden. Dieses Gebiet deckt sich mit dem räumlichen Geltungsbereich der Verträge, der in Art. 52 EUV geregelt ist. Danach gehören zum Gebiet der Union i.S.v. Art. 1 Abs. 1 SE-VO folgende 28 Länder:

Das Königreich Belgien, die Republik Bulgarien, die Tschechische Republik, das Königreich Dänemark, die Bundesrepublik Deutschland, die Republik Estland, Irland, die Hellenische Republik, das Königreich Spanien, die Französische Republik, die Republik Kroatien, die Italienische Republik, die Republik Zypern, die Republik Lettland, die Republik Litauen, das Großherzogtum Luxemburg, die Republik Ungarn, die Republik Malta, das Königreich der Niederlande, die Republik Österreich, die Republik Polen, die Portugiesische Republik, Rumänien, die Republik Slowenien, die Slowakische Republik, die Republik Finnland, das Königreich Schweden und das Vereinigte Königreich Großbritannien und Nordirland.

Nach Art. 355 Abs. 1 i.V.m. Art. 349 AEUV erstreckt sich der räumliche Geltungsbereich der Verträge und mithin auch das Gemeinschaftsgebiet i.S. des Art. 1 Abs. 1 SE-VO auch auf die französischen überseeischen Departements, die Azoren, Madeira und die Kanarischen Inseln. Auch dort können also SE gegründet werden.

Der Beschluss des Gemeinsamen EWR-Ausschusses Nr. 93/2002 vom 25.6.2002 zur Änderung des Anhangs XXII (Gesellschaftsrecht) des EWR-Abkommens[13] hat den Anwendungsbereich auf die Länder des EWR ausgedehnt. Danach können auch in **Island, Liechtenstein und Norwegen** SE gegründet werden.

2. Negativer Geltungsbereich

4 Da sie außerhalb des räumlichen Geltungsbereichs der Verträge liegen können hingegen in folgenden Gebieten **keine SE** gegründet werden:

Auf den **Färöer-Inseln** sowie in den Hoheitszonen des Vereinigten Königreichs auf **Zypern** (Art. 355 Abs. 5 lit. a) und b) AEUV). Weiter in der **Schweiz** und in den Europäischen Kleinstaaten **San Marino, Monaco und Andorra**[14].

---

10 So auch *Habersack* in Habersack/Drinhausen, Art. 1 SE-VO Rz. 2.
11 A.A. *Ihrig/Wagner*, BB 2003, 969, 971, Fn. 37.
12 Ebenso *Schwarz*, Art. 1 SE-VO Rz. 49.
13 ABl. EG Nr. L 266 v. 3.10.2002, S. 69.
14 *Herrnfeld* in Schwarze, EU-Kommentar, 3. Aufl. 2012, Art. 52 EUV Rz. 6; *Kokott* in Streinz, EUV/AEUV, 2. Aufl. 2012, Art. 355 Rz. 8.

III. Strukturmerkmale der SE

1. (Handels-)gesellschaft

Der Gesetzestext nimmt in Art. 1 Abs. 1 SE-VO auf Handelsgesellschaften Bezug, die unter den Voraussetzungen der Verordnung als SE gegründet werden können. Daraus ergibt sich aber nicht, dass eine SE nur gegründet werden darf, wenn sie auf den Betrieb eines Handelsgewerbes gerichtet ist. Eine dem § 3 Abs. 1 AktG entsprechende Formulierung, wonach eine Aktiengesellschaft unabhängig von ihrem Unternehmensgegenstand als Handelsgesellschaft zu behandeln ist, wurde mit Rücksicht auf Mitgliedstaaten, die nicht zwischen Handelsgesellschaften und sonstigen Gesellschaften unterscheiden, aus dem Gesetzestext entfernt[15]. Deshalb wird in anderen Sprachfassungen der SE-VO nur neutral von Gesellschaften gesprochen[16]. Die Gründung einer SE ist somit auch zulässig, wenn sie kein Handelsgewerbe betreibt[17]. Angesichts des Zuschnitts der SE auf größere Unternehmen (dazu unten Rz. 7) wird es in der Praxis aber kaum eine SE geben, die nicht auch die Voraussetzungen einer Handelsgesellschaft i.S.v. § 1 Abs. 2 HGB erfüllt. Davon abgesehen ist eine SE mit Sitz in Deutschland in jedem Falle **Formkaufmann** nach § 6 Abs. 2 HGB i.V.m. § 3 Abs. 1 AktG. Dies ergibt sich zwar nicht unmittelbar aus Art. 1 SE-VO[18], wohl aber aus der Verweisung des Art. 9 Abs. 1 lit. c ii) SE-VO[19]. Damit ist die deutsche SE wie die Aktiengesellschaft den Bestimmungen des Handelsrechts, insbesondere den Rechnungslegungs- und Buchführungsvorschriften und der Registerpublizität unterworfen (vgl. Art. 61, 62 SE-VO).

2. Mehrstaatlichkeit

Die SE ist durch das Prinzip der Mehrstaatlichkeit gekennzeichnet[20], das Ausdruck des Erfordernisses eines grenzüberschreitenden Sachverhalts und für die Anwendung des Unionsrechts konstituierend ist[21]. Seine gesetzliche Verankerung hat das Mehrstaatlichkeitsprinzip in Art. 2 SE-VO gefunden, wonach die Gründung einer SE die Beteiligung von Gesellschaften aus verschiedenen Mitgliedstaaten voraussetzt. Demnach kann eine SE nur gegründet werden, wenn mindestens zwei der Gründungsgesellschaften dem Recht verschiedener Mitgliedstaaten unterliegen (Art. 2 Abs. 1, Abs. 2 lit. a, Abs. 3 lit. a SE-VO), wenn mindestens zwei Gründungsgesellschaften – seit mindestens zwei Jahren – eine dem Recht eines anderen Mitgliedstaats unterliegende Tochtergesellschaft oder eine Zweigniederlassung haben, die in einem anderen Mitgliedstaat als die Hauptniederlassung belegen ist (Art. 2 Abs. 2 lit. b, Abs. 3 lit. b

---

15 Vgl. *Schwarz*, Art. 1 SE-VO Rz. 15; *Schröder* in Manz/Mayer/Schröder, Art. 1 SE-VO Rz. 19.
16 *Kuhn* in Jannott/Frodermann, Handbuch Europäische Aktiengesellschaft, Kap. 2, Rz. 48; *Schröder* in Manz/Mayer/Schröder, Art. 1 SE-VO Rz. 18. Vgl. auch *Siems* in KölnKomm. AktG, 3. Aufl., Art. 1 SE-VO Rz. 11, der insoweit von einem Übersetzungsfehler in der deutsche Fassung des Art. 1 Abs. 1 SE-VO spricht.
17 *Casper* in Spindler/Stilz, AktG, Art. 1 SE-VO Rz. 3; *Habersack* in Habersack/Drinhausen, Art. 1 SE-VO Rz. 2; *Oechsler* in MünchKomm. AktG, 3. Aufl., Art. 1 SE-VO Rz. 4; *Schröder* in Manz/Mayer/Schröder, Art. 1 SE-VO Rz. 20; *Siems* in KölnKomm. AktG, 3. Aufl., Art. 1 SE-VO Rz. 11; *Lutter/Bayer/J. Schmidt*, EuropUR, § 41 Rz. 11.
18 A.A. *Oechsler* in MünchKomm. AktG, 3. Aufl., Art. 1 SE-VO Rz. 4.
19 *Casper* in Spindler/Stilz, AktG, Art. 1 Rz. 2; *Habersack* in Habersack/Drinhausen, Art. 1 SE-VO Rz. 2; *Schröder* in Manz/Mayer/Schröder, Art. 1 SE-VO Rz. 21; *Siems* in KölnKomm. AktG, 3. Aufl., Art. 1 SE-VO Rz. 11; *Lutter/Bayer/J. Schmidt*, EuropUR, § 41 Rz. 11; *Hirte*, DStR 2005, 653, 654.
20 *Teichmann* in MünchHdb. GesR VI, § 49 Rz. 9 f.; vgl. zu den Hintergründen dieses Prinzips etwa *Oechsler* in MünchKomm. AktG, 3. Aufl., Art. 2 Europäisches Unternehmens- und Kapitalmarktrecht Rz. 6 und *Schröder* in Manz/Mayer/Schröder, Art. 2 SE-VO Rz. 41 ff.
21 *Schwarz*, Art. 1 SE-VO Rz. 18.

SE-VO) oder wenn die Gründungsgesellschaft – ebenfalls seit mindestens zwei Jahren – eine dem Recht eines anderen Mitgliedstaates unterliegende Tochtergesellschaft hat (Art. 2 Abs. 4 SE-VO). Der grenzüberschreitende Bezug muss bei Eintragung ins Handelsregister vorliegen. Fällt die Mehrstaatlichkeit später weg, weil etwa bei einer Holding-SE die Gründergesellschaften nunmehr dem Recht ein und desselben Mitgliedstaates unterliegen, so hat das – im Gegensatz zur Europäischen Wirtschaftlichen Interessenvereinigung, die in diesem Fall nach Art. 31 Abs. 3 EWIV-VO aufzulösen ist – keine besonderen Konsequenzen für die SE[22]. Dies ergibt sich aus einem Umkehrschluss zu Art. 66 Abs. 2 SE-VO[23]. Das Mehrstaatlichkeitsprinzip spielt also nur in der Gründungsphase eine Rolle. **Ist die SE erst entstanden, spielt die Frage, wem ihre Aktien gehören, keine Rolle mehr.**

Die Mitgliedstaaten können vorsehen, dass sich auch Gesellschaften, die ihre Hauptverwaltung nicht in der Union haben, an der Gründung einer SE beteiligen können, Art. 2 Abs. 5 SE-VO. Deutschland hat von dieser Möglichkeit keinen Gebrauch gemacht.

Das Mehrstaatlichkeitsprinzip sieht sich inzwischen zunehmender Kritik ausgesetzt[24]. Teilweise wird in der Literatur sogar dafür plädiert, dieses im Rahmen einer Revision der SE-VO[25] abzuschaffen[26]. Dabei ist jedoch zu bedenken, dass ein politischer Konsens diesbezüglich nur schwer zu erzielen sein wird[27].

3. Grundkapital und Aktien

a) Grundkapital

7   Die SE hat ein in Aktien zerlegtes Grundkapital in Höhe von mindestens 120 000 Euro (Art. 1 Abs. 2 Satz 1, Art. 4 SE-VO). Das Kapital dient als **Haftungsrückhalt für die Gläubiger**, denen nach Art. 1 Abs. 2 Satz 2 SE-VO nur das Gesellschaftsvermögen als Haftungsgrundlage zur Verfügung steht. Die Aufbringung dieses Grundkapitals folgt nationalen Regeln. Gründer einer SE mit Sitz in Deutschland, die eine SE durch Einbringung von Sachen gründen wollen, werden also vor allem die Regeln über die Sacheinlage und die Nachgründung beachten müssen[28]. Mit 120 000 Euro beträgt das Mindestkapital mehr als doppelt soviel wie das der deutschen AG[29]. Daraus wird vielfach

---

22 *Oechsler* in MünchKomm. AktG, 3. Aufl., Art. 2 SE-VO Rz. 5; *Schröder* in Manz/Mayer/Schröder, Art. 2 SE-VO Rz. 66; *Schwarz*, Art. 1 SE-VO Rz. 18 ff.; *Veil* in KölnKomm. AktG, 3. Aufl., Art. 2 SE-VO Rz. 11; *Hommelhoff*, AG 2001, 279, 281; *Hirte*, NZG 2002, 1, 4; *Thoma/Leuering*, NJW 2002, 1449, 1451 Fn. 34.
23 Vgl. nur *Casper* in Spindler/Stilz, AktG, Art. 2 SE-VO Rz. 4 m.w.N. in Fn. 16; *Oechsler* in MünchKomm. AktG, 3. Aufl., Art. 2 SE-VO Rz. 5.
24 Vgl. etwa *Habersack* in Habersack/Drinhausen, Art. 2 SE-VO Rz. 4; *Oechsler* in MünchKomm. AktG, 3. Aufl., Art. 2 SE-VO Rz. 4; *Veil* in KölnKomm. AktG, 3. Aufl., Art. 2 SE-VO Rz. 5.
25 Zuletzt hat die Kommission jedoch erklärt, dass zumindest kurzfristig keine Revision der SE-VO geplant sei. Vgl. auch oben Einleitung Rz. 49.
26 *Oechsler* in MünchKomm. AktG, 3. Aufl., Art. 2 SE-VO Rz. 4; *Veil* in KölnKomm. AktG, 3. Aufl., Art. 2 SE-VO Rz. 5; *Arbeitskreis Aktien- und Kapitalmarktrecht*, ZIP 2009, 698; *Bachmann*, ZEuP 2008, 32, 53; *Casper*, AG 2007, 97; *Casper*, ZHR 173 (2009), 181, 189.
27 Dies hat etwa das Gesetzgebungsverfahren zur Europäischen Privatgesellschaft (SPE) gezeigt. Die Verhandlungen sind nicht zuletzt auf Grund des Umstands gescheitert, dass der Vorschlag der Kommission (KOM (2008) 396 endg.) auf das Mehrstaatlichkeitsprinzip verzichten wollte. Mittlerweile hat die Kommission den Vorschlag offiziell zurückgezogen, vgl. dazu oben Einleitung Rz. 44.
28 *Teichmann*, ZGR 2002, 383, 387; vgl. unten die Kommentierung von *Fleischer* zu Art. 5.
29 § 7 AktG hat bereits den Mindestbetrag von 25 000 Euro nach Art. 6 Abs. 1 der neugefassten Kapitalrichtlinie v. 25.10.2012, ABl. EU Nr. L 315 v. 14.11.2012, S. 74, verdoppelt.

der Schluss gezogen, die SE sei in erster Linie eine **Rechtsform für Großunternehmen**[30]. In den Erwägungsgründen findet sich dazu lediglich der Hinweis, die relativ hohe Mindestkapitalisierung solle die Gewähr für eine „ausreichende Vermögensgrundlage bieten, ohne kleinen und mittleren Unternehmen die Gründung einer SE zu erschweren"[31]. Tatsächlich stellt aber nicht nur die relativ hohe Mindestkapitalisierung eine Erschwerung für kleinere Unternehmen dar. Das gilt auch für das Gebot der Satzungsstrenge nach Art. 9 Abs. 1 lit. b SE-VO[32], das nur eine sehr begrenzte Gestaltungsfreiheit erlaubt. Hinzu kommen die hohen Rechtsberatungskosten, die zur Gründung einer SE erforderlich sind[33]. Auf der anderen Seite verteilen sich dann das Kapital und die Gründungskosten auf zwei Unternehmen, die ihre Geschäftstätigkeit innerhalb der Union zusammenlegen und ausbauen wollen[34]. Hinsichtlich der Attraktivität der SE für mittelständische Unternehmen vgl. Einleitung Rz. 32.

b) Zerlegung in Aktien

aa) Das Grundkapital der SE ist in Aktien zerlegt, Art. 1 Abs. 2 Satz 1. SE-VO Der **Begriff der Zerlegung** meint das gleiche wie die Formulierung in § 1 Abs. 2 AktG, nämlich die Aufteilung des Grundkapitals in mehrere Aktien[35]. Das schließt die Ausgabe nur einer Aktie nicht aus, denn in Ausnahmefällen kann es vorkommen, dass es nur einen Gründer gibt, so dass auch eine einzige Aktie genügt[36]. Als Beispiel dafür kommen die Umwandlung einer Einpersonengesellschaft (vgl. auch den Verweis in Art. 3 Abs. 2 SE-VO auf die Einpersonenrichtlinie[37]) in eine SE nach Art. 2 Abs. 4 SE-VO oder die Gründung einer Tochter-SE durch eine Mutter-SE nach Art. 3 Abs. 2 SE-VO in Betracht[38]. Im Übrigen vgl. unten *Ziemons*, Art. 5 Anh. I – Die Aktie. 8

bb) Die Art der Aktien richtet sich gemäß der Verweisungsnorm in Art. 9 lit. c ii) SE-VO nach nationalem Recht[39]. Aktien der SE können somit entweder als **Nennbetrags- oder Stückaktien** ausgegeben werden[40]. Die Aktienart muss durch die Satzung festgelegt werden. Das folgt aus Art. 9 Abs. 1 lit. c ii) SE-VO i.V.m. § 23 Abs. 3 Nr. 5 AktG. Der Mindestnennbetrag einer Nennwertaktie beträgt ein Euro[41]. Stückaktien lauten auf keinen Nennbetrag, sind aber in gleichem Umfang am Grundkapital beteiligt[42], haben also einen mittelbaren Nennbetrag[43]. 9

---

30 *Hommelhoff/Teichmann*, SZW 2002, 1, 3; *Teichmann*, ZGR 2002, 383, 388; *Heckschen*, DNotZ 2003, 252.
31 Vgl. Satz 2 des 13. Erwägungsgrunds der SE-VO; vgl. auch *Gutsche*, Die Eignung der Europäischen Aktiengesellschaft für kleinere und mittlere Unternehmen, 1993.
32 Vgl. *Lutter*, BB 2002, 1, 3.
33 *Hommelhoff/Teichmann*, SZW 2002, 1, 3; *Hommelhoff*, AG 2001, 279, 287.
34 *Blanquet*, ZGR 2002, 20, 52.
35 Vgl. *Lutter* in K. Schmidt/Lutter, § 1 AktG Rz. 31.
36 So auch *Casper* in Spindler/Stilz, AktG, Art. 1 SE-VO Rz. 2 in Fn. 7; *Schröder* in Manz/Mayer/Schröder, Art. 1 SE-VO Rz. 23 und wohl auch *Habersack* in Habersack/Drinhausen, Art. 1 SE-VO Rz. 4.
37 Richtlinie 2009/102/EG v. 16.9.2009 auf dem Gebiet des Gesellschaftsrechts betreffend Gesellschaften mit beschränkter Haftung mit einem einzigen Gesellschafter, ABl. EU Nr. L 258 v. 1.10.2009, S. 20.
38 *Schröder* in Manz/Mayer/Schröder, Art. 1 SE-VO Rz. 23.
39 Ebenso *Habersack* in Habersack/Drinhausen, Art. 1 SE-VO Rz. 4; *Siems* in KölnKomm. AktG, 3. Aufl., Art. 1 SE-VO Rz. 4.
40 Vgl. *Theisen/Widmayer* in Theisen/Wenz, Europäische Aktiengesellschaft, S. 377, 388.
41 § 8 Abs. 2 AktG.
42 § 8 Abs. 3 AktG.
43 Bei einem Grundkapital von 200 000 Euro und der Ausgabe von 200 Aktien beträgt der mittelbare Nennwert jeder Aktie 1000 Euro.

10 cc) Hinsichtlich der Form der Aktien schweigt die SE-VO, so dass nach Art. 9 Abs. 1 lit. c ii) SE-VO deutsches Recht anzuwenden ist. Das kennt Inhaberaktien und Namensaktien, § 10 Abs. 1 AktG; die Entscheidung trifft die Satzung; diese kann die Verbriefung einschränken oder ausschließen[44]. Vgl. zum Grundkapital im Übrigen *Lutter* in K. Schmidt/Lutter, 3. Aufl. 2015, § 1 AktG Rz. 29 ff.

c) Keine Haftung der Aktionäre

11 aa) Aktionäre der SE haften nach der Formulierung des Art. 1 Abs. 2 Satz 2 SE-VO nur bis zur Höhe des von ihnen gezeichneten Kapitals. Damit wird entgegen des missverständlichen Wortlauts nicht etwa eine Regelung nach Art der Kommanditistenhaftung (§ 171 Abs. 1 HGB) geschaffen[45]. Es wird nichts anderes zum Ausdruck gebracht als der in § 1 Abs. 1 Satz 2 AktG formulierte Grundsatz, dass den Gläubigern für die Verbindlichkeiten der SE nur das Gesellschaftsvermögen zur Verfügung steht, nicht aber, und sei es auch nur beschränkt, das Vermögen der Aktionäre[46]. Der Aktionär ist nur zur Leistung seiner Einlage an die SE in Höhe des Ausgabebetrages der von ihm übernommenen Aktien verpflichtet (Art. 9 Abs. 1 lit. c ii) SE-VO i.V.m. § 54 Abs. 1 AktG). Für die SE gilt insoweit nichts anderes als für die AG. Damit steht die SE im Gegensatz zur EWIV, die eine gesamtschuldnerische und unbeschränkte, aber subsidiäre Haftung der Mitglieder für die Verbindlichkeiten der jeweiligen EWIV kennt (Art. 24 Abs. 1 Satz 1, Abs. 2 EWIV-VO)[47].

12 bb) Die SE-VO regelt die Frage der Haftung bzw. Nicht-Haftung der Aktionäre selbst und verweist insoweit gerade nicht auf das nationale Sitzrecht. Daher ist eine unmittelbare Anwendbarkeit der im deutschen Recht hierzu entwickelten **Durchgriffshaftung** nicht möglich[48].

Es bleibt aber die Auslegung des VO-Textes selbst. Der Wortlaut und die Erwägungsgründe sind dafür unergiebig. Es bleibt mithin nur, die Funktion der Norm zu bedenken[49]. Und hier fällt auf, dass der Ausschluss persönlicher Haftung der Aktionäre in allen nationalen Aktienrechten der Gemeinschaft ähnlich oder gar wortgleich angeordnet wird[50]. Dennoch wird diese Regel ebenso in allen uns bekannten nationalen Rechten vor allem bei ihrem **Missbrauch** eingeschränkt und führt dann doch zu ei-

---

44 Vgl. unten *Ziemons*, Art. 5 Anh. I – Die Aktie Rz. 15 ff.; *Ziemons* in K. Schmidt/Lutter, § 10 AktG Rz. 38.
45 *Casper* in Spindler/Stilz, AktG, Art. 1 SE-VO Rz. 5; *Habersack* in Habersack/Drinhausen, Art. 1 SE-VO Rz. 4; *Oechsler* in MünchKomm. AktG, 3. Aufl., Art. 1 SE-VO Rz. 6; *K. Schmidt*, GesR, § 26 I 4. d), S. 757; *Kuhn* in Jannott/Frodermann, Handbuch Europäische Aktiengesellschaft, Kap. 2, Rz. 44.
46 *Casper* in Spindler/Stilz, AktG, Art. 1 SE-VO Rz. 5; *Habersack* in Habersack/Drinhausen, Art. 1 SE-VO Rz. 4; *Oechsler* in MünchKomm. AktG, 3. Aufl., Art. 1 SE-VO Rz. 6; *Siems* in KölnKomm. AktG, 3. Aufl., Art. 1 SE-VO Rz. 21.
47 Vgl. *Schwarz*, Art. 1 SE-VO Rz. 25.
48 Ebenso *Casper* in Spindler/Stilz, AktG, Art. 1 SE-VO Rz. 5; *Habersack* in Habersack/Drinhausen, Art. 1 SE-VO Rz. 4; im Ausgangspunkt auch *Oechsler* in MünchKomm. AktG, 3. Aufl., Art. 1 SE-VO Rz. 6.
49 Zur autonomen Auslegung des europäischen Rechts vgl. *Riesenhuber*, Die Auslegung, in Riesenhuber (Hrsg.), Europäische Methodenlehre, 3. Aufl. 2015, § 10 und speziell zum Europäischen Gesellschaftsrecht: *Krolop*, Europäisches Gesellschaftsrecht, in Riesenhuber (Hrsg.), Europäische Methodenlehre, 3. Aufl. 2015, § 19; *Lutter*, JZ 1992, 593.
50 Vgl. § 1 des österreichischen AktG; Art. 73 des französischen Code de Sociétés; Art. 2325 des italienischen Codice Civile; Art. 64 des niederländischen Burgerlijk Wetboek, 2; Art. 26 der belgischen Loi Coordonée.

ner persönlichen Haftung einzelner Aktionäre[51]. Man kann also sagen, dass der sog. Durchgriff in Fällen groben Missbrauchs dem Standard der europäischen nationalen Aktienrechte entspricht. Das wiederum ist für das Verständnis dieser europäischen Norm prägend.

Darüber hinaus ist aber auch in der Auslegung europäischer Normen durch den EuGH anerkannt, dass der Versuch, sie missbräuchlich und gegen ihre eigentliche Zielrichtung einzusetzen, zu ihrer **Unanwendbarkeit** führt[52].

Man kann daher mit aller Vorsicht sagen, dass auch auf die SE die in den nationalen mitgliedstaatlichen Rechten entwickelten und für die nationalen Aktiengesellschaften geltenden Grundsätze des sog. Durchgriffs[53] als Grundsätze einer autonomen europäischen Durchgriffshaftung anwendbar sind[54]. Dogmatisch lässt sich dieses Ergebnis durch eine teleologische Reduktion des Art. 1 Abs. 2 Satz 2 SE-VO erreichen[55]. Allerdings geht es dabei um die Auslegung europäischen Rechts; dafür hat der EuGH das Monopol. Ein deutscher (letztinstanzlich entscheidender) Richter muss daher die Frage nach dem Durchgriff dem EuGH nach Art. 267 AEUV zur Vorabentscheidung vorlegen.

4. Eigene Rechtspersönlichkeit, Art. 1 Abs. 3 SE-VO

a) Überblick

Die SE ist juristische Person (personne morale) mit eigener Rechtspersönlichkeit. Die Norm formuliert damit einen (Mindest-)Standard[56], dessen Einzelheiten durch Auslegung der Norm erst gewonnen werden müssen. Da weder der Wortlaut noch die Erwägungsgründe hilfreich sind, spielt dabei erneut das Verständnis von „Rechtspersönlichkeit" in den nationalen Rechten eine gewichtige Rolle. Diese aber stimmen darin überein, dass eine „Rechtspersönlichkeit" **Träger aller Rechte und Pflichten wie eine natürliche Person sein kann**, soweit diese nicht ihrer Natur nach, wie insbesondere im Familien- und Erbrecht, auf eine „Kunstperson" nicht anwendbar sind[57]. Die Ausgestaltung der Rechtsfähigkeit der SE im Einzelnen und die sich an diese anknüpfenden Folgen werden über Art. 9 Abs. 1 lit. c ii) SE-VO allerdings dem Sitzstaatrecht überlassen[58]. Bei dessen Auslegung ist jedoch Art. 10 zu beachten, nach dem die SE wie eine Aktiengesellschaft zu behandeln ist, die nach dem Recht

13

---

51 Vgl. dazu die Übersicht über die Fallgruppen der Durchgriffshaftung und verwandte Rechtsfiguren in einzelnen europäischen Staaten sowie in den USA bei *Merkt/Spindler* in Lutter (Hrsg.), Das Kapital der Aktiengesellschaft in Europa, 2006, S. 207 ff.
52 Vgl. dazu *Fleischer*, JZ 2003, 865 und ausführlich die Beiträge in de la Feria/Vogenauer (Hrsg.), Prohibition of Abuse of Law, Oxford 2011.
53 Zum deutschen Recht *Lutter* in K. Schmidt/Lutter, § 1 AktG Rz. 14 ff.
54 Ähnlich *Casper* in Spindler/Stilz, AktG, Art. 1 SE-VO Rz. 5; *Habersack* in Habersack/Drinhausen, Art. 1 SE-VO Rz. 5. A.A. und für eine unmittelbare Anwendbarkeit der nationalen Grundsätze über den Haftungsdurchgriff des Sitzstaates etwa *Siems* in KölnKomm. AktG, 3. Aufl., Art. 1 SE-VO Rz. 22; *Kuhn* in Jannott/Frodermann, Handbuch Europäische Aktiengesellschaft, Kap. 2, Rz. 44 und im Ergebnis auch *Oechsler* in MünchKomm. AktG, 3. Aufl., Art. 1 SE-VO Rz. 6.
55 So etwa der Vorschlag von *Casper* in Spindler/Stilz, AktG, Art. 1 SE-VO Rz. 5 (alternativ: Nichtanwendung infolge eines Rechtsmissbrauchs); *Habersack* in Habersack/Drinhausen, Art. 1 SE-VO Rz. 5.
56 Vgl. auch *Habersack* in Habersack/Drinhausen, Art. 1 SE-VO Rz. 6; *Schwarz*, Art. 1 SE-VO Rz. 34 und *Siems* in KölnKomm. AktG, 3. Aufl., Art. 1 SE-VO Rz. 26, die von einem europäischen Mindeststandard sprechen.
57 *Schwarz*, Art. 1 SE-VO Rz. 35; *Schwarz*, Europäisches Gesellschaftsrecht, 2000, Rz. 287.
58 *Habersack* in Habersack/Drinhausen, Art. 1 SE-VO Rz. 7; *Oechsler* in MünchKomm. AktG, 3. Aufl., Art. 1 SE-VO Rz. 5.

des Sitzstaates der SE gegründet wurde⁵⁹: Die Rechtsfähigkeit einer SE mit Sitz in Deutschland beurteilt sich also nach dem, was für eine AG mit Sitz in Deutschland gilt.

Oben in Rz. 12 haben wir beim Problem des Durchgriffs für eine europarechtliche Auslegung plädiert, hier für eine nationale. Dies könnte als Widerspruch angesehen werden, ist es aber nicht, weil die Mitgliedsländer Beispiele für die Rechtsfähigkeit in früheren Entwürfen gestrichen und sich somit bewusst gegen eine europarechtliche Lösung gewandt haben⁶⁰.

13a Als juristische Person ist die SE selbst nicht handlungsfähig und wird deshalb **durch ihre Organe vertreten**. Je nachdem, welche Führungsstruktur die Gründer gewählt haben, bilden entweder der Vorstand und/oder ggf. der Aufsichtsrat im dualistischen Gremium (Art. 9 Abs. 1 lit. c ii) SE-VO i.V.m. §§ 78, 112, 246 Abs. 2 und 249 Abs. 1 Satz 1 AktG) oder die geschäftsführenden Direktoren gemeinsam (Art. 9 Abs. 1 lit. c i) SE-VO i.V.m. § 41 Abs. 1 Satz 1 SEAG) oder einzelne geschäftsführende Direktoren allein (vgl. Art. 9 Abs. 1 lit. c i) SE-VO i.V.m. § 41 Abs. 3 Satz 1 SEAG) im monistischen Verwaltungsrat die vertretungsberechtigten Organe der SE. Fragen der Wissenszurechnung regelt aufgrund der Generalverweisung des Art. 9 Abs. 1 lit. c ii) SE-VO ausschließlich das nationale Aktienrecht⁶¹.

b) Erlangung und Verlust der Rechtsfähigkeit

14 Ihre Rechtsfähigkeit erlangt die SE mit Eintragung **im deutschen Handelsregister**, Art. 16 Abs. 1, 12 SE-VO. Diese Eintragung ist also **konstitutiv**⁶². Damit übernimmt die SE das in den meisten Mitgliedsländern bekannte System⁶³. Der Erwerb der Rechtspersönlichkeit hängt also nicht von einem staatlichen Verleihungsakt (Konzession) ab⁶⁴, sondern die SE kann frei gebildet werden, sofern die von der SE-VO normierten Voraussetzungen erfüllt sind (sog. System der Normativbestimmungen)⁶⁵.

Die Eintragung der SE im deutschen Handelsregister ist im Amtsblatt der Europäischen Gemeinschaften (nunmehr: Amtsblatt der Europäischen Union) bekannt zu machen, Art. 14 SE-VO⁶⁶; Einzelheiten unten in der Kommentierung von *Kleindiek* zu Art. 14. Die Bekanntmachung hat nur informatorische Bedeutung.

15 Zwischen dem Antrag auf Eintragung im Handelsregister und der tatsächlichen Eintragung vergeht eine gewisse Zeit, in der die SE und ihre Organe meistens schon unternehmerisch handeln. Inwieweit hier die Organmitglieder belangt werden können, bestimmt sich nach der Handelndenhaftung des Art. 16 Abs. 2 SE-VO. Danach haften die im Namen der SE vor der Eintragung Handelnden, wenn nicht die SE die Verbindlichkeiten nach der Eintragung übernimmt. Das kann insbesondere der Fall sein,

---

59 *Habersack* in Habersack/Drinhausen, Art. 1 SE-VO Rz. 7; *Oechsler* in MünchKomm. AktG, 3. Aufl., Art. 1 SE-VO Rz. 5; *Schwarz*, Art. 1 SE-VO Rz. 37 ff.
60 Vgl. *Schwarz*, Art. 1 SE-VO Rz. 34 ff. m.w.N.
61 *Kuhn* in Jannott/Frodermann, Handbuch Europäische Aktiengesellschaft, Kap. 2, Rz. 42.
62 *Casper* in Spindler/Stilz, AktG, Art. 1 SE-VO Rz. 4; *Habersack* in Habersack/Drinhausen, Art. 1 SE-VO Rz. 8; *Siems* in KölnKomm. AktG, 3. Aufl., Art. 1 SE-VO Rz. 24.
63 Anders ist dies jedoch bei einer englischen company, die ihre Rechtsfähigkeit nicht schon durch Registrierung, sondern erst mit Eintritt des Datums, das auf dem ausgestellten „certificate of incorporation" angegeben ist erwirbt, vgl. *Schwarz*, Art. 1 SE-VO Rz. 39 mit Fn. 39.
64 *Schwarz*, Art. 1 SE-VO Rz. 42.
65 *Casper* in Spindler/Stilz, AktG, Art. 1 SE-VO Rz. 4; *Schwarz*, Art. 1 SE-VO Rz. 42.
66 Die Veröffentlichung erfolgt in der Reihe S (Supplement) des Amtsblatts, vgl. *Kiem* in KölnKomm. AktG, 3. Aufl., Art. 14 SE-VO Rz. 13; *Schürnbrand* in Habersack/Drinhausen, Art. 14 SE-VO Rz. 4.

wenn die Eintragung scheitert oder aufgegeben wird⁶⁷. Ob neben der Haftung aus Art. 16 Abs. 2 SE-VO auch die nationalen Grundsätze über die Vor-AG auf die SE zur Anwendung gebracht werden können, ist im Einzelnen umstritten⁶⁸.

Das **Erlöschen der Rechtsfähigkeit** ist in der SE-VO nicht ausdrücklich geregelt. Auflösung und Liquidation richten sich jedoch gemäß der Verweisung des Art. 63 SE-VO nach dem Recht des Sitzstaates. Nach diesem Recht ist somit auch der Verlust der Rechtsfähigkeit zu beurteilen⁶⁹. Für eine SE mit Sitz in Deutschland sind hier die §§ 262 ff. AktG anwendbar⁷⁰. Eine SE mit Sitz in Deutschland ist mithin nach § 273 AktG im Handelsregister zu löschen, wenn die Abwicklung beendet, kein Vermögen mehr vorhanden und der Schluss der Abwicklung zur Eintragung in das Handelsregister angemeldet worden ist. Eine Löschung von Amts wegen erfolgt außerdem, wenn das Insolvenzverfahren über das Vermögen der SE durchgeführt wurde und keine Anhaltspunkte für ein Restvermögen vorliegen, § 394a Abs. 1 Satz 2 FamFG. Und schließlich ist die SE bei Vermögenslosigkeit von Amts wegen oder auf Antrag der Finanzbehörde oder der berufsständischen Organe im Handelsregister zu löschen, § 394a Abs. 1 Satz 1 FamFG. 16

Auch für die SE mit Sitz in Deutschland gilt mithin der sog. zweistufige Erlöschensbegriff⁷¹, wonach die Löschung allein die Rechtsfähigkeit nicht beseitigt, sondern zusätzlich Vermögenslosigkeit vorliegen muss⁷².

c) Bedeutung der Rechtsfähigkeit in den einzelnen Rechtsgebieten

aa) Zivilrecht. Da die Anerkennung der Rechtsfähigkeit in jedem Mitgliedstaat gewährleistet ist, stehen der in Deutschland registrierten SE sämtliche bürgerlich-rechtlichen Rechte zu wie der Aktiengesellschaft (vgl. Art. 10 SE-VO). Insbesondere ist sie **konto- und grundbuchfähig**, das heißt sie kann Konten errichten, die auf ihren Namen lauten und Eigentum an Grundstücken und grundstücksgleichen Rechten erwerben⁷³. Die SE kann **gewerbliche Schutzrechte** (Marken-, Patent- oder Geschmacksmusterrechte) erwerben und Nutzungsrechte an Urheberrechten erlangen (§ 31 UrhG). Sie kann testamentarisch **Erbin** sein oder mit einem Vermächtnis be- 17

---

67 Ausführlich zur Handelndenhaftung des Art. 16 Abs. 2 SE-VO unten *Bayer*, Art. 16 Rz. 18 ff. und *Teichmann* in MünchHdb. GesR VI, § 49 Rz. 16.
68 Dazu unten *Bayer*, Art. 16 Rz. 4, 6 ff.; *Lutter/Bayer/J. Schmidt*, EuropUR, § 41 Rz. 11; *Teichmann* in MünchHdb. GesR VI, § 49 Rz. 15 und ausführlich *Mahmud Abu Taleb*, Die Haftungsverhältnisse bei der Gründung einer Europäischen Aktiengesellschaft (SE) in Deutschland und England, 2008.
69 *Siems* in KölnKomm. AktG, 3. Aufl., Art. 1 SE-VO Rz. 24. A.A. *Habersack* in Habersack/Drinhausen, Art. 1 SE-VO Rz. 8 und *Schwarz*, Art. 1 SE-VO Rz. 40.
70 Vgl. daher die Erläuterungen von *Riesenhuber* zu den §§ 262 ff. AktG in K. Schmidt/Lutter, AktG.
71 Nach Auffassung von *Habersack* in Habersack/Drinhausen, Art. 1 SE-VO Rz. 8 und *Schwarz*, Art. 1 SE-VO Rz. 40 ergibt sich bereits aus Art. 14 und mithin der VO selbst, dass der Verlust der Rechtsfähigkeit im Zeitpunkt der Eintragung der Löschung eintritt. Da sich jedoch auch nach dieser Ansicht die Voraussetzungen für die Löschung gem. Art. 63 SE-VO nach dem nationalen Sitzrecht richten, wirkt sich diese Meinungsverschiedenheit im Ergebnis – zumindest für SE mit Sitz in Deutschland – nicht aus. Vgl. auch *Oechsler* in MünchKomm. AktG, 3. Aufl., Art. 1 SE-VO Rz. 5.
72 Dazu *Riesenhuber* in K. Schmidt/Lutter, § 262 AktG Rz. 15, sowie *Kleindiek* in Lutter/Hommelhoff, § 60 GmbHG Rz. 17. Speziell zur SE auch *Casper* in Spindler/Stilz, AktG, Art. 1 SE-VO Rz. 4.
73 *Heider* in MünchKomm. AktG, 3. Aufl., § 1 AktG Rz. 28; *Koch* in Hüffer, § 1 AktG Rz. 5; *Lutter* in K. Schmidt/Lutter, § 1 AktG Rz. 7.

dacht und als Testamentsvollstreckerin eingesetzt werden[74]. Die SE kann sich an jeder in- und ausländischen Kapital- oder Personengesellschaft **beteiligen**. Dies gilt insbesondere für die Holding-SE. Anders als in anderen EU-Ländern (zum Beispiel Großbritannien, Frankreich, Niederlande) ist es einer SE mit Sitz in Deutschland aber nicht möglich, selbst zum **Geschäftsleiter** (Vorstand, Aufsichtsrat, Verwaltungsrat) bestellt zu werden[75]. Das nationale deutsche Recht, das insoweit Anwendung findet, lässt **nur natürliche Personen** als Geschäftsleiter zu (vgl. § 76 Abs. 3 Satz 1 und § 100 Abs. 1 Satz 1 AktG)[76].

18   **bb) Zivilprozessrecht.** Im Zivilprozess ist die SE aktiv und passiv **parteifähig** (§ 50 ZPO). Vertreten wird sie durch ihre Organe, was sich wiederum danach bemisst, ob die SE eine monistische oder eine dualistische Leitungsstruktur aufweist. Bei dualistischem System gelten über Art. 9 Abs. 1 lit. c) ii) die bekannten Bestimmungen des Aktienrechts, wonach der Vorstand die SE im Prozess vertritt (§ 78 AktG) und in Ausnahmefällen der Aufsichtsrat (§§ 112, 246 Abs. 2, 249 Abs. 1 AktG). Im monistischen System vertritt der Verwaltungsrat die Gesellschaft gegenüber den geschäftsführenden Direktoren, Art. 9 Abs. 1 lit. c i) SE-VO i.V.m. § 41 Abs. 5 SEAG. Im Übrigen sind diese die organschaftlichen Vertreter der SE, Art. 9 Abs. 1 lit. c i) SE-VO i.V.m. § 41 Abs. 1 SEAG. Wie die Aktiengesellschaft ist die SE darüber hinaus auch **prozessfähig** nach Art. 10 SE-VO i.V.m. § 51 ZPO[77]. Für Auflösung, Liquidation und Zahlungsunfähigkeit verweist Art. 63 auf die Bestimmungen des Sitzstaates (inkl. EuInsVO). Damit folgt die Insolvenzfähigkeit der SE aus § 11 Abs. 1 InsO.

19   **cc) Öffentliches Recht.** Auch im öffentlichen Recht wird die SE als eigenständige Rechtspersönlichkeit anerkannt. Da sich die Inländereigenschaft bei Art. 19 Abs. 3 GG nach dem Sitz der Gesellschaft bestimmt[78], ist eine in Deutschland domizilierende SE auch **grundrechtsfähig**. Allerdings kann sie sich nur auf solche Grundrechte berufen, die ihrem Wesen nach auf eine Kapitalgesellschaft wie die SE anwendbar sind. Dazu gehört unter anderem das Recht auf **wirtschaftliche Betätigungsfreiheit** nach Art. 2 Abs. 1 GG[79].

d) Trennungsprinzip

20   Folge der Rechtsfähigkeit ist die Trennung der Rechte und Pflichten der SE von den Rechten und Pflichten anderer Rechtssubjekte und insbesondere der ihrer Aktionäre. Ihre Aktiva sind nicht die ihrer Aktionäre. Dies führt dazu, dass die Aktionäre mangels einer anders lautenden gesetzlichen Anweisung auch nicht die Schuldner der Gläubiger sind, kurz: für deren Verbindlichkeiten nicht haften. Das ist in Art. 1 Abs. 2 Satz 2 SE-VO zwar ausdrücklich gesagt (oben Rz. 11 f.), würde sich aber auch

---

[74] *Heider* in MünchKomm. AktG, 3. Aufl., § 1 AktG Rz. 29; *Lutter* in K. Schmidt/Lutter, § 1 AktG Rz. 7.
[75] Vgl. *Brandes*, NZG 2004, 642; *Fleischer*, RIW 2004, 16. Im Übrigen für die Einzelheiten unten die Kommentierung von *Teichmann* zu Art. 47.
[76] Vgl. BGH v. 25.2.2002 – II ZR 196/00, BGHZ 150, 61, 68.
[77] *Koch* in Hüffer, § 1 AktG Rz. 7; *Lutter* in K. Schmidt/Lutter, § 1 AktG Rz. 7 m.w. Nachw in Fn. 16 (auch zur Gegenansicht).
[78] BVerfG v. 1.3.1967 – 1 BvR 46/66, BVerfGE 21, 207, 209; *Remmert* in Maunz/Dürig, Loseblatt, Art. 19 Abs. 3 GG Rz. 88; *Jarass* in Jarass/Pieroth, 12. Aufl. 2012, Art. 19 GG Rz. 22. Inzwischen hat das BVerfG den Anwendungsbereich des Art. 19 Abs. 3 GG auf juristische Personen mit Sitz in einem anderen EU-Mitgliedstaat erweitert, BVerfG v. 19.7.2011 – 1 BvR 1916/09, BVerfGE 129, 78 – Rz. 75 ff.
[79] *Di Fabio* in *Maunz/Düring*, Loseblatt, Art. 2 Abs. 1 GG Rz. 10 m.w.N.; *Dreier* in Dreier, 3. Aufl. 2013, Art. 2 Abs. 1 GG Rz. 44; BVerfG v. 25.1.1984 – 1 BvR 272/81, BVerfGE 66, 116, 130.

Gründung   Art. 2 SE-VO

ohne das Trennungsprinzip als Folge der Rechtssubjektivität ergeben. Vgl. dazu im Übrigen für das deutsche Aktienrecht *Lutter* in K. Schmidt/Lutter, 3. Aufl. 2015, § 1 AktG Rz. 4 ff.

5. Börsenfähigkeit

Die SE ist in allen Mitgliedsländern und allen Ländern der **EU und** des **EWR** börsenfähig. Selbstverständlich muss sie dabei die allgemeinen Regeln der Börsenzulassung nach §§ 1–12 BörsZulV erfüllen, sofern sie einen Börsengang in Deutschland beabsichtigt. Die Aktien der SE können also nicht wegen ihrer Rechtsform vom Handel ausgeschlossen werden. Da nach Art. 15 Abs. 1 SE-VO auf die Gründung einer SE das Aktienrecht des Sitzstaates Anwendung findet, sind auch die Voraussetzungen des § 1 BörsZulV gegeben, der für die Börsenzulassung die Einhaltung des Gründungsrecht des Sitzstaates verlangt. Auch insoweit ist die SE der AG gleichgestellt. Nach einem erfolgreichen Börsengang ist die SE schließlich auch als börsennotierte Gesellschaft nach § 3 Abs. 2 AktG zu qualifizieren. 21

Dem entsprechend sind eine ganze Reihe von SE mit Sitz in Deutschland an einer deutschen Börse zugelassen (z.B. Allianz SE, BASF SE, E.ON SE, MAN SE, SAP SE).

6. Beteiligung der Arbeitnehmer

Die Beteiligung der Arbeitnehmer ist in der Richtlinie 2001/86/EG des Rates vom 8. Oktober 2001 zur Ergänzung des Statuts der Europäischen Gesellschaft hinsichtlich der Beteiligung der Arbeitnehmer[80] gesondert behandelt. Diese wurde in Deutschland durch das SEBG umgesetzt; vgl. dazu unten die Kommentierung zum SEBG, S. 1007 ff. 22

Art. 2
[Gründung]

(1) Aktiengesellschaften im Sinne des Anhang I, die nach dem Recht eines Mitgliedstaats gegründet worden sind und ihren Sitz sowie ihre Hauptverwaltung in der Gemeinschaft haben, können eine SE durch Verschmelzung gründen, sofern mindestens zwei von ihnen dem Recht verschiedener Mitgliedstaaten unterliegen.

(2) Aktiengesellschaften und Gesellschaften mit beschränkter Haftung im Sinne des Anhang II, die nach dem Recht eines Mitgliedstaats gegründet worden sind und ihren Sitz sowie ihre Hauptverwaltung in der Gemeinschaft haben, können die Gründung einer Holding-SE anstreben, sofern mindestens zwei von ihnen

a) dem Recht verschiedener Mitgliedstaaten unterliegen oder

b) seit mindestens zwei Jahren eine dem Recht eines anderen Mitgliedstaats unterliegende Tochtergesellschaft oder eine Zweigniederlassung in einem anderen Mitgliedstaat haben.

(3) Gesellschaften im Sinne des Artikels 48 Absatz 2 des Vertrags sowie juristische Personen des öffentlichen oder privaten Rechts, die nach dem Recht eines Mitgliedstaats gegründet worden sind und ihren Sitz sowie ihre Hauptverwaltung in der Gemeinschaft haben, können eine Tochter-SE durch Zeichnung ihrer Aktien gründen, sofern mindestens zwei von ihnen

a) dem Recht verschiedener Mitgliedstaaten unterliegen oder

---
80 ABl. EG Nr. L 294 v. 10.11.2001, S. 22, hier abgedruckt auf S. 992.

b) seit mindestens zwei Jahren eine dem Recht eines anderen Mitgliedstaats unterliegende Tochtergesellschaft oder eine Zweigniederlassung in einem anderen Mitgliedstaat haben.

(4) Eine Aktiengesellschaft, die nach dem Recht eines Mitgliedstaats gegründet worden ist und ihren Sitz sowie ihre Hauptverwaltung in der Gemeinschaft hat, kann in eine SE umgewandelt werden, wenn sie seit mindestens zwei Jahren eine dem Recht eines anderen Mitgliedstaats unterliegende Tochtergesellschaft hat.

(5) Ein Mitgliedstaat kann vorsehen, dass sich eine Gesellschaft, die ihre Hauptverwaltung nicht in der Gemeinschaft hat, an der Gründung einer SE beteiligen kann, sofern sie nach dem Recht eines Mitgliedstaats gegründet wurde, ihren Sitz in diesem Mitgliedstaat hat und mit der Wirtschaft eines Mitgliedstaats in tatsächlicher und dauerhafter Verbindung steht.

I. SE-Gründung: Überblick	
1. Numerus clausus der Gründungsformen 1	
a) Primäre SE-Gründung 2	
b) Sekundäre SE-Gründung 3	
2. Gesetzliche Konzeption und Systematik	
a) SE-Gründung als Ergebnis von Umstrukturierungs-/Kooperationsmaßnahmen 4	
b) Systematik der SE-VO 6	
II. Voraussetzungen für den Zugang zur SE 7	
1. Verschmelzungs-SE (Art. 2 Abs. 1 SE-VO, Art. 17 ff. SE-VO)	
a) Gründungsberechtigung 8	
b) Sitz und Hauptverwaltung in der Gemeinschaft 11	
c) Mehrstaatlichkeit 12	
d) Konzernverschmelzung 13	
e) Maßgeblicher Zeitpunkt 14	
f) Gründungsbeteiligung weiterer Personen 15	
2. Holding-SE (Art. 2 Abs. 2 SE-VO, Art. 32 ff. SE-VO)	
a) Gründungsberechtigung und Sitz . 16	
b) Mehrstaatlichkeit 17	
aa) Tochtergesellschaft 18	
bb) Zweigniederlassung 19	
cc) Zwei-Jahres-Frist 20	
3. Tochter-SE (Art. 2 Abs. 3 SE-VO, Art. 35, 36 SE-VO)	
a) Überblick 21	
b) Gründungsberechtigung 22	
c) Sonstige Gründungsvoraussetzungen 23	
4. SE-Gründung durch Umwandlung (Art. 2 Abs. 4 SE-VO, Art. 37 SE-VO) 24	
5. SE als Gründungsgesellschaft (Art. 3 Abs. 1 SE-VO) 26	
III. Ermächtigung nach Art. 2 Abs. 5 SE-VO 27	
IV. „Vorrats-SE"	
1. Zulässigkeit 31	
2. Gläubigerschutz 32	
3. Arbeitnehmerbeteiligung 33	

Literatur: Bachmann, Die Societas Europaea und das europäische Privatrecht, ZEuP 2008, 32; *Bayer/J. Schmidt*, „Going European" – die SE europaweit auf dem Vormarsch, AG 2007, R192; *Bayer/J. Schmidt*, „Going European continues" – die Zahl der SE steigt weiter, AG 2008, R31; *Bayer/Hoffmann/J. Schmidt*, Satzungsgestaltung „deutscher" SE in der Praxis, AG 2008, R103; *Blanke*, Europäische Aktiengesellschaft ohne Arbeitnehmerbeteiligung?, ZIP 2006, 789; *Blanquet*, Das Statut der Europäischen Aktiengesellschaft (Societas Europaea SE), ZGR 2002, 20; *Bungert/Gotsche*, Die Deutsche Rechtsprechung zur SE, ZIP 2013, 649; *Casper*, Der Lückenschluß im Statut der Europäischen Aktiengesellschaft in FS Ulmer, 2003, S. 51; *Casper/Schäfer*, Die Vorrats-SE – Zulässigkeit und wirtschaftliche Neugründung, ZIP 2007, 653; *Cerioni*, The approved version of the European Company Statute in comparison with the 1991 draft: some first remarks from the General Provisions and from the Directive on employees' involvement, (2004) 25 Co Law 228, 259; *Forst*, Die Beteiligung der Arbeitnehmer in der Vorrats-SE, NZG 2009, 687; *Frodermann/Jannott*, Zur Amtszeit des Verwaltungs- bzw. Aufsichtsrats der SE, ZIP 2005, 2251; *Fuchs*, Die Gründung einer Europäischen Aktiengesellschaft durch Verschmelzung und das nationale

Recht, Diss. Konstanz 2004 (zit.: Gründung); *Grambow*, Arbeits- und gesellschaftsrechtliche Fragen bei grenzüberschreitenden Verschmelzungen unter Beteiligung einer Europäischen Gesellschaft (Societas Europaea – SE), Der Konzern 2009, 97; *Henssler*, Bewegung in der deutschen Unternehmensmitbestimmung, RdA 2005, 330; *Hirte*, Die Europäische Aktiengesellschaft, NZG 2002, 1; *Hommelhoff*, Einige Bemerkungen zur Organisationsverfassung der Europäischen Aktiengesellschaft, AG 2001, 279; *Hörtig*, Gründungs- und Umstrukturierungsmöglichkeiten bei der Europäischen Aktiengesellschaft (SE), 2011; *Hommelhoff/Teichmann*, Die Europäische Aktiengesellschaft – das Flaggschiff läuft vom Stapel, SZW 2002, 1; *Lange*, Überlegungen zur Umwandlung einer deutschen in eine Europäische Aktiengesellschaft, EuZW 2003, 301; *Lutter*, Europäische Aktiengesellschaft – Rechtsfigur mit Zukunft?, BB 2002, 1; *Müller-Bonanni/Melot de Beauregard*, Mitbestimmung in der Societas Europaea, GmbHR 2005, 195; *Neye/Teichmann*, Der Entwurf für das Ausführungsgesetz zur Europäischen Aktiengesellschaft, AG 2003, 169; *Oechsler*, Der praktische Weg zur Societas Europaea (SE) – Gestaltungsspielraum und Typenzwang, NZG 2005, 697; *Oplustil*, Selected problems concerning formation of a holding SE (societas europaea), (2003) 4 GLJ 107; *Sanna*, Societas Europaea (SE) – Die Europäische Aktiengesellschaft, ELR 2002, 2; *J. Schmidt* in Bayer (Hrsg.), Die Aktiengesellschaft im Spiegel der Rechtstatsachenforschung, 2007, S. 51 ff.; *Schwarz*, Zum Statut der Europäischen Aktiengesellschaft, ZIP 2001, 1847; *Schäfer*, Das Gesellschaftsrecht (weiter) auf dem Weg nach Europa – am Beispiel der SE-Gründung, NZG 2004, 785; *Seibt*, Arbeitnehmerlose Societas Europaea, ZIP 2005, 2248; *Seibt/Reinhard*, Umwandlung der Aktiengesellschaft in die Europäische Gesellschaft (Societas Europaea), Der Konzern 2005, 407; *Teichmann*, Die Einführung der Europäischen Aktiengesellschaft, ZGR 2002, 383; *Teichmann*, Vorschläge für das deutsche Ausführungsgesetz zur Europäischen Aktiengesellschaft, ZIP 2002, 1109; *Vossius*, Gründung und Umwandlung der deutschen Europäischen Gesellschaft (SE), ZIP 2005, 741; *Wenz*, Einsatzmöglichkeiten einer Europäischen Aktiengesellschaft in der Unternehmenspraxis aus betriebswirtschaftlicher Sicht, AG 2003, 185; *Werlauff*, The SE Company – A new common European company from 8 October 2004, [2003] EBLR 85; *Werner*, Die Societas Europaea (SE) als Rechtsform für Familienunternehmen – Die Europa-AG als Alternative zur „kleinen" AG, StBW 2010, 668; *Wiedemann/Frohnmayer*, Die Europäische Aktiengesellschaft (SE) als Rechtsform für deutsche Familienunternehmen – eine Fallstudie, FuS 2014, 10.

I. SE-Gründung: Überblick

1. Numerus clausus der Gründungsformen

Die SE-VO gibt einen Numerus Clausus[1] von Gründungsformen vor, wobei zwischen primärer und sekundärer SE-Gründung[2] zu differenzieren ist: 1

a) Primäre SE-Gründung

Die 4 primären Gründungsformen sind in Art. 2 Abs. 1–4 SE-VO aufgelistet. Danach kann eine SE gegründet werden: 2

– im Wege der Verschmelzung (Art. 2 Abs. 1 SE-VO), und zwar einerseits zur Aufnahme (Art. 17 Abs. 2 lit. a SE-VO), andererseits zur Neugründung (Art. 17 Abs. 2 lit. b SE-VO),
– als Holding-SE (Art. 2 Abs. 2 SE-VO),
– als Tochter-SE (Art. 2 Abs. 3 SE-VO),
– durch formwechselnde Umwandlung (Art. 2 Abs. 4 SE-VO).

---

[1] *Oechsler* in MünchKomm. AktG, 3. Aufl., Art. 2 SE-VO Rz. 1; *Habersack* in Habersack/Drinhausen, Art. 2 SE-VO Rz. 1; *Casper* in Spindler/Stilz, AktG, Art. 2 SE-VO Rz. 1.
[2] Begriff nach *Hommelhoff*, AG 2001, 279, 280. Wie hier auch *Lutter*, BB 2002, 1, 4; *Teichmann*, ZGR 2002, 389, 409; *Schwarz*, Art. 2 SE-VO Rz. 15; *Veil* in KölnKomm. AktG, 3. Aufl., Art. 2 SE-VO Rz. 1. Diese Bezeichnung ist treffender als die Unterscheidung zwischen „originärer" und „derivativer" Gründung.

Ausgeschlossen ist somit die primäre SE-Gründung durch **Spaltung** (Auf- und Abspaltung, Ausgliederung)³.

b) Sekundäre SE-Gründung

3 Eine bereits bestehende SE kann nach Art. 3 Abs. 2 SE-VO im Wege der sekundären Gründung eine oder mehrere Tochter-SE errichten (ausf. Art. 3 Rz. 6).

2. Gesetzliche Konzeption und Systematik

a) SE-Gründung als Ergebnis von Umstrukturierungs-/Kooperationsmaßnahmen

4 Aus dem Numerus clausus der Gründungsformen (Rz. 1 ff.) folgt, dass eine SE nur im Rahmen einer Umstrukturierung bereits bestehender Unternehmen, nicht dagegen in Form einer originären Unternehmensgründung errichtet werden kann. Zulässig und verbreitet ist die Errichtung von SE „auf Vorrat" (zur **Vorrats-SE** ausf. unten Rz. 31 ff.).

5 Konzeptionell ist die SE daher **keine Rechtsform für Existenzgründer**, die auf der „grünen Wiese" ein neues Unternehmen errichten wollen, sondern ein Vehikel für „Umstrukturierungs- und Kooperationsmaßnahmen"⁴ mit grenzüberschreitendem Bezug (dazu näher Rz. 12, 16, 25). Dies schließt allerdings eine SE-Neugründung durch direkte Zeichnung des Aktienkapitals nicht aus (vgl. in den Varianten des Art. 2 Abs. 3 SE-VO und Art. 3 Abs. 2 SE-VO)⁵; doch können nur (bestimmte) Unternehmen Gründer einer SE sein (dazu ausf. unten Rz. 8 f., 16, 22, 24, 26).

b) Systematik der SE-VO

6 Die SE-VO normiert in Art. 2 und 3 zunächst nur die allgemeinen Gründungsvoraussetzungen: In den Abs. 1–4 des Art. 2 für die vier primären Gründungsvarianten und in Art. 3 Abs. 2 für die sekundäre SE-Gründung. Die Einzelheiten des für die jeweiligen Gründungsvarianten geltenden Verfahrens sind dann in Titel II (Art. 15 ff. SE-VO) geregelt.

II. Voraussetzungen für den Zugang zur SE

7 Der begrenzte Zugang zur SE ist im In- und Ausland vielfach kritisiert worden⁶. Speziell der Numerus Clausus der Gründungsformen sowie die Mehrstaatlichkeit sehen sich nach wie vor rechtspolitischer Kritik ausgesetzt⁷. De lege lata sind diese Beschränkungen indes strikt zu beachten. Für die vier originären Gründungsalternativen ergeben sich folgende Unterschiede:

---

3 *Veil* in KölnKomm. AktG, 3. Aufl., Art. 2 SE-VO Rz. 2; *Casper* in Spindler/Stilz, AktG, Art. 2 SE-VO Rz. 40; *Marsch-Barner* in FS Happ, 2006, S. 165, 170 f.; a.A. *Oplustil/Schneider*, NZG 2003, 13, 17; *Vossius*, ZIP 2005, 741, 748 f.

4 S. Erwägungsgrund 3 der SE-VO.

5 *Schwarz*, Art. 2 SE-VO Rz. 12 a.E.; unscharf insofern *Blanquet*, ZGR 2002, 22, 44.

6 S. etwa *Cerioni*, (2004) 25 Co Law 228, 233 f.; *Hirte*, NZG 2002, 1, 4; *Hommelhoff*, AG 2001, 279, 280; *Lange*, EuZW 2003, 301 f.

7 *Habersack* in Habersack/Drinhausen, Art. 2 SE-VO Rz. 4; *Oechsler* in MünchKomm. AktG, 3. Aufl., Art. 2 SE-VO Rz. 2 ff.; *Casper* in Spindler/Stilz, AktG, Art. 2 SE-VO Rz. 3; *Veil* in KölnKomm. AktG, 3. Aufl., Art. 2 SE-VO Rz. 3; eingehend *Bachmann*, ZEuP 2008, 32, 53; *Casper*, ZHR 173 (2009) 181, 189; *Schäfer*, NZG 2004, 785, 788 f.

1. Verschmelzungs-SE (Art. 2 Abs. 1 SE-VO, Art. 17 ff. SE-VO)

a) Gründungsberechtigung

Eine SE-Gründung durch Verschmelzung kommt nur für **Aktiengesellschaften** i.S.d. **Anhang I** in Betracht. Als deutsche Gründungsgesellschaften sind danach nur die AG, **nicht** auch die **KGaA** zugelassen[8]. Das gegenteilige Ergebnis[9] lässt sich weder über § 278 Abs. 3 AktG noch – im Umkehrschluss – daraus herleiten, dass in Anhang II die KGaA (im Unterschied zur GmbH) im Rahmen der anderen Gründungsformen nicht erwähnt wird[10].

Weitere Voraussetzung ist, dass die Aktiengesellschaften nach dem **Recht eines Mitgliedstaats** wirksam **gegründet** wurden[11]. Dies setzt nach deutschem Recht die Eintragung in das Handelsregister voraus (§ 41 AktG). Entgegen verbreiteter Auffassung[12] kann somit **nicht** bereits die **Vor-AG** Gründer sein[13]; denn Satzungsfeststellung und Aktienübernahme haben gem. § 29 AktG nur die „Errichtung" der AG (= Vor-AG) zur Folge, nicht die „Gründung". Dagegen ist die **AG i.L.** unstreitig gründungsfähig, soweit – gem. Art. 18 SE-VO – die zusätzlichen Voraussetzungen des § 3 Abs. 3 UmwG[14] vorliegen[15], d.h. wenn die Fortsetzung der aufgelösten AG beschlossen werde könnte, was jedoch gem. § 274 AktG nur der Fall ist, solange noch nicht mit der Verteilung des Vermögens unter die Aktionäre begonnen ist[16].

Eine **Mindestdauer** wird für das Bestehen der beteiligten Aktiengesellschaften **nicht gefordert**[17] (zur Zweijahresfrist des Art. 2 Abs. 4 SE-VO: unten Rz. 20). Daher kann eine SE auch von allein zu diesem Zweck neu gegründeten Aktiengesellschaften errichtet werden[18]. Ebenso wenig ist eine bislang ausgeübte Geschäftstätigkeit erforderlich, so dass die SE auch von **Vorrats-AG** gegründet werden kann (ausf. unten Rz. 31 ff.).

---

8 Wie hier *Habersack* in Habersack/Drinhausen, Art. 2 SE-VO Rz. 5; *Schäfer* in MünchKomm. AktG, 3. Aufl., Art. 17 SE-VO Rz. 8; *Veil* in KölnKomm. AktG, 3. Aufl., Art. 2 SE-VO Rz. 14; vgl. auch schon *Sanna*, ELR 2002, 2, 6; *Scheifele*, Gründung, S. 78; *J. Schmidt*, „Deutsche" vs. „britische" SE, S. 135; *Schwarz*, Art. 2 SE-VO Rz. 26; *Seibt/Reinhard*, Der Konzern 2005, 407, 409.
9 So aber *Oechsler* in MünchKomm. AktG, 3. Aufl., Art. 2 SE-VO Rz. 24; *Casper* in Spindler/Stilz, AktG, Art. 2 SE-VO Rz. 7.
10 So auch *Habersack* in Habersack/Drinhausen, Art. 2 SE-VO Rz. 5.
11 *Habersack* in Habersack/Drinhausen, Art. 2 SE-VO Rz. 5; *Casper* in Spindler/Stilz, AktG, Art. 2 SE-VO Rz. 7; *Schwarz*, Art. 2 SE-VO Rz. 35.
12 So *Fuchs*, Gründung, S. 106; *J. Schmidt*, „Deutsche" vs. „britische" SE, S. 135; *Schröder* in Manz/Mayer/Schröder, Art. 17 SE-VO Rz. 6; zust. *Veil* in KölnKomm. AktG, 3. Aufl., Art. 2 SE-VO Rz. 15.
13 Wie hier *Habersack* in Habersack/Drinhausen, Art. 2 SE-VO Rz. 5; *Casper* in Spindler/Stilz, AktG, Art. 2 SE-VO Rz. 7; *Oechsler* in MünchKomm. AktG, 3. Aufl., Art. 2 SE-VO Rz. 24; *Schwarz*, Art. 2 SE-VO Rz. 24; *Scheifele*, Gründung, S. 79 f.; vgl. zum nationalen Recht auch *Drygala* in Lutter, § 3 UmwG Rz. 7 m.w.N.
14 Ausf. *Drygala* in Lutter, § 3 UmwG Rz. 23 ff.
15 *Habersack* in Habersack/Drinhausen, Art. 2 SE-VO Rz. 5; *Casper* in Spindler/Stilz, AktG, Art. 2 SE-VO Rz. 7; *Veil* in KölnKomm. AktG, 3. Aufl., Art. 2 SE-VO Rz. 15; vgl. bereits *Schwarz*, Art. 2 SE-VO Rz. 24, 52.
16 *Riesenhuber* in K. Schmidt/Lutter, § 274 AktG Rz. 4. Zweifelhaft ist, ob die Fortsetzung beschlossen werden kann, wenn das verteilte Vermögen wieder zurückerstattet wurde: verneinend *Riesenhuber* in K. Schmidt/Lutter, § 274 AktG Rz. 4; a.A. die h.M. zur Parallelregelung bei der eG; vgl. nur *Bayer* in Lutter, § 79 UmwG Rz. 10 m.w.N.
17 *Casper* in Spindler/Stilz, AktG, Art. 2 SE-VO Rz. 8; *Habersack* in Habersack/Drinhausen, Art. 2 SE-VO Rz. 6; *Veil* in KölnKomm. AktG, 3. Aufl., Art. 2 SE-VO Rz. 14.
18 *Casper* in Spindler/Stilz, AktG, Art. 2 SE-VO Rz. 8; *Habersack* in Habersack/Drinhausen, Art. 2 SE-VO Rz. 6.

b) Sitz und Hauptverwaltung in der Gemeinschaft

11 Alle Gründungsgesellschaften müssen ihren aktuellen **Satzungssitz** – dies bedeutet der Begriff „Sitz" (vgl. auch „siège statutaire" bzw. „registered office") – und ihre **Hauptverwaltung** (= Verwaltungssitz) in der Gemeinschaft (einschließlich des EWR[19]) haben[20], doch können satzungsmäßiger Sitz und Hauptverwaltung in verschiedenen Mitgliedstaaten liegen[21]. Unternehmen aus Drittstaaten können somit an einer SE-Gründung nicht beteiligt sein[22]. Von der Option nach Art. 2 Abs. 5 SE-VO hat Deutschland keinen Gebrauch gemacht (ausf. unten Rz. 27 ff.).

c) Mehrstaatlichkeit

12 **Mindestens zwei** der beteiligten Aktiengesellschaften müssen dem Recht **verschiedener Mitgliedstaaten** unterliegen[23]. Maßgeblich ist dabei der Satzungssitz, so dass die Hauptverwaltungen – soweit nach dem Recht der betreffenden AG zulässig (also bei Maßgeblichkeit der Gründungstheorie) – auch in demselben Mitgliedstaat liegen können[24]. Damit gelten bei der Verschmelzung im Vergleich zur Holding- oder Tochter-SE-Gründung erhöhte Anforderungen; die bloße Existenz einer Tochtergesellschaft oder Zweigniederlassung in einem anderen Mitgliedstaat genügt hier gerade nicht[25].

d) Konzernverschmelzung

13 Der Gründung einer SE im Wege der Verschmelzung steht nicht entgegen, dass die beteiligten Aktiengesellschaften zueinander in einem Herrschafts- bzw. Abhängigkeitsverhältnis stehen. **Zulässig** ist daher auch die **Errichtung einer SE im Konzernverbund**[26]. Die abweichende Auffassung, die einer *Umgehung der Zwei-Jahres-Frist des Art. 2 Abs. 4 SE-VO* (dazu unten Rz. 20 i.V.m. Rz. 25) vorbeugen möchte[27], ist angesichts der eindeutigen Regelung des Art. 31 SE-VO – die Vorschrift betrifft explizit den Sachverhalt der Konzernverschmelzung – unhaltbar. Die Errichtung einer SE im Wege der konzerninternen Verschmelzung ist in der Praxis **weit verbreitet**[28].

---

19 So auch *Veil* in KölnKomm. AktG, 3. Aufl., Art. 2 SE-VO Rz. 18; dazu näher *Lutter/Bayer/J. Schmidt*, EuropUR, § 41 Rz. 6.
20 *Habersack* in Habersack/Drinhausen, Art. 2 SE-VO Rz. 8; *Oechsler* in MünchKomm. AktG, 3. Aufl., Art. 2 SE-VO Rz. 25; *Veil* in KölnKomm. AktG, 3. Aufl., Art. 2 SE-VO Rz. 17.
21 So auch *Veil* in KölnKomm. AktG, 3. Aufl., Art. 2 SE-VO Rz. 17; vgl. bereits *Scheifele*, Gründung, S. 98; *Schwarz*, Art. 2 SE-VO Rz. 40; *Oechsler* in MünchKomm. AktG, 3. Aufl., Art. 2 SE-VO Rz. 5, 25.
22 *Habersack* in Habersack/Drinhausen, Art. 2 SE-VO Rz. 8; *Casper* in Spindler/Stilz, AktG, Art. 2 SE-VO Rz. 7.
23 *Habersack* in Habersack/Drinhausen, Art. 2 SE-VO Rz. 9; *Casper* in Spindler/Stilz, AktG, Art. 2 SE-VO Rz. 8; *Veil* in KölnKomm. AktG, 3. Aufl., Art. 2 SE-VO Rz. 7.
24 Richtig *Habersack* in Habersack/Drinhausen, Art. 2 SE-VO Rz. 9; *Casper* in Spindler/Stilz, AktG, Art. 2 SE-VO Rz. 8; *Oechsler* in MünchKomm. AktG, 3. Aufl., Art. 2 SE-VO Rz. 25.
25 So auch *Veil* in KölnKomm. AktG, 3. Aufl., Art. 2 SE-VO Rz. 19.
26 Heute unstreitig; vgl. bereits *Bayer* in Lutter/Hommelhoff, Europäische Gesellschaft, S. 25, 32; *Casper* in FS Ulmer, 2003, S. 51, 64; *Teichmann*, ZGR 2002, 383, 412; zust. *Heckschen* in Widmann/Mayer, UmwG Anhang 14 Rz. 132; *Oechsler* in MünchKomm. AktG, 3. Aufl., Art. 2 SE-VO Rz. 24, 45; *Habersack* in Habersack/Drinhausen, Art. 2 SE-VO Rz. 6, 23; *Veil* in KölnKomm. AktG, 3. Aufl., Art. 2 SE-VO Rz. 16.
27 So *Hirte*, NZG 2002, 1, 3.
28 *Bayer/J. Schmidt*, AG 2008, R31 ff.; vgl. auch *J. Schmidt* in Bayer (Hrsg.), Die Aktiengesellschaft im Spiegel der Rechtstatsachenforschung, 2007, S. 51, 59 ff.

e) Maßgeblicher Zeitpunkt

Maßgeblicher Zeitpunkt für die Erfüllung der Gründungsvoraussetzungen ist derjenige der **Anmeldung** zur Eintragung, denn nur hierauf bezieht sich die Kontrolle durch die zuständige Stelle[29]. Ein etwaiger späterer Wegfall der Gründungsvoraussetzungen ist unschädlich[30]. Abweichendes gilt nur hinsichtlich der Voraussetzungen für das Eingreifen der Privilegierungen für Konzernverschmelzungen nach Art. 31 SE-VO, bei denen es sich allerdings auch nicht um „Gründungsvoraussetzungen" i.e.S. handelt (dazu näher Art. 31 Rz. 6).

14

f) Gründungsbeteiligung weiterer Personen

Nach verbreiteter Auffassung sollen sich auch weitere Gesellschaftstypen bzw. sogar natürliche Personen an einer SE-Gründung als Mitgründer beteiligen können[31]. Dagegen bestehen indes Bedenken: Die Regelung in Art. 2 Abs. 1 SE-VO dürfte vielmehr als Verbot einer Gründungsbeteiligung verstanden werden, wie etwa der Vergleich mit Art. 5 SCE-VO bestätigt[32]. Möglich bleibt indes der spätere Beitritt weiterer Personen, speziell auch durch Anteilsinhaber des übertragenden Rechtsträgers im Falle der Verschmelzungs-SE bzw. durch Anteilsinhaber des formwechselnden Rechtsträgers im Falle der SE-Gründung durch Formwechsel[33].

15

2. Holding-SE (Art. 2 Abs. 2 SE-VO, Art. 32 ff. SE-VO)

a) Gründungsberechtigung und Sitz

Eine Holding-SE kann sowohl durch Aktiengesellschaften als auch durch GmbH i.S.d. Anhang II errichtet werden. Nach deutschem Recht kommen daher sowohl die **AG** als auch die **GmbH** (einschließlich der **Unternehmergesellschaft** gem. § 5a GmbHG[34]), *nicht* aber die *KGaA* in Betracht[35]. Die Gründungsgesellschaften müssen nach dem Recht eines Mitgliedstaates wirksam gegründet sein; ausgeschlossen ist somit die Gründerfähigkeit der Vorgesellschaft (oben Rz. 9)[36]. **Sitz** und Hauptverwaltung müssen in der Gemeinschaft liegen (dazu oben Rz. 11)[37].

16

b) Mehrstaatlichkeit

Gegenüber der Verschmelzungsgründung (oben Rz. 12) ist die Mehrstaatlichkeit etwas **gelockert**: Ausreichend ist es hier, wenn mindestens zwei Gründungsgesellschaf-

17

---

[29] Ebenso *Veil* in KölnKomm. AktG, 3. Aufl., Art. 2 SE-VO Rz. 11; vgl. bereits *Scheifele*, Gründung, S. 126; *J. Schmidt*, „Deutsche" vs. „britische" SE, S. 143; *Schwarz*, Art. 2 SE-VO Rz. 48.

[30] Ebenso *Scheifele*, Gründung, S. 126 f.; *Schröder* in Manz/Mayer/Schröder, Art. 2 SE-VO Rz. 39; *Schwarz*, Art. 2 SE-VO Rz. 49.

[31] So *Hommelhoff*, AG 2001, 279, 280; *Schlüter*, EuZW 2002, 589, 590; *Oechsler* in Münch-Komm. AktG, 3. Aufl., Art. 2 SE-VO Rz. 24; für die Gründung einer gemeinsamen Tochter-SE auch *Schwarz*, Art. 2 SE-VO Rz. 29; *Scheifele*, Gründung, S. 77.

[32] So zutreffend *Habersack* in Habersack/Drinhausen, Art. 2 SE-VO Rz. 7.

[33] So auch *Habersack/Verse*, EuropGesR § 13 Rz. 19.

[34] Richtig *Habersack* in Habersack/Drinhausen, Art. 2 SE-VO Rz. 13.

[35] *Oechsler* in MünchKomm. AktG, 3. Aufl., Art. 2 SE-VO Rz. 29; *Schwarz*, Art. 2 SE-VO Rz. 57; *Veil* in KölnKomm. AktG, 3. Aufl., Art. 2 SE-VO Rz. 23.

[36] So auch *Habersack* in Habersack/Drinhausen, Art. 2 SE-VO Rz. 13; abw. *Veil* in KölnKomm. AktG, 3. Aufl., Art. 2 SE-VO Rz. 23.

[37] *Veil* in KölnKomm. AktG, 3. Aufl., Art. 2 SE-VO Rz. 24; *Habersack* in Habersack/Drinhausen, Art. 2 SE-VO Rz. 13.

ten[38] entweder dem Recht verschiedener Mitgliedstaaten unterliegen oder seit mindestens zwei Jahren eine dem Recht eines anderen Mitgliedstaats unterliegende Tochtergesellschaft oder eine Zweigniederlassung in einem anderen Mitgliedstaat haben[39].

18 **aa) Tochtergesellschaft.** Der Begriff der „Tochtergesellschaft" ist in der SE-VO nicht definiert. Soweit im Schrifttum auf Art. 3 der steuerlichen Mutter-Tochter-RL[40] rekurriert wird[41], vermag dies aufgrund des fehlenden systematischen Zusammenhangs nicht zu überzeugen. Näher liegt der von verschiedenen Autoren befürwortete Rückgriff auf Art. 2 lit. c der **SE-RL**[42]. Diese Definition soll indes nach Art. 2 der SE-RL ausdrücklich nur „für die Zwecke dieser Richtlinie" gelten[43]. Vorzugswürdig[44] ist daher eine Orientierung an der Begriffsbestimmung in Art. 1 der bisherigen Konzernbilanz-RL[45] bzw. Art. 2 der neuen **EU-Bilanz-RL**[46], wobei allerdings auch die Zurechnungen nach Art. 3 der EU-Bilanz-RL zu berücksichtigen sind. Diese Lösung hat nicht nur den Charme, dass sie die systematische Einheitlichkeit des europäischen Gesellschaftsrechts befördert, sondern sie hebt überdies den zentralen Aspekt der Tochtereigenschaft hervor: die Kontrollausübung durch die Mutter[47].

19 **bb) Zweigniederlassung.** Für den Terminus der „Zweigniederlassung" findet sich in der SE-VO ebenfalls keine Definition. Eine extensive Interpretation wie im Rahmen des Art. 49 AEUV erscheint hier allerdings nicht sachgerecht, denn damit würde im Extremfall z.B. sogar ein Lagerraum zur Erfüllung des Mehrstaatlichkeitserfordernis-

---

38 Diese Voraussetzung gilt für beide Alternativen. Entgegen *Hommelhoff*, AG 2001, 279, 281 ist es somit nicht ausreichend, wenn nur eine der Gründungsgesellschaften eine Tochtergesellschaft oder Zweigniederlassung in einem anderen Mitgliedstaat hat. So bereits *Schwarz*, ZIP 2001, 1847, 1850 und *Bayer* in Lutter/Hommelhoff, Europäische Gesellschaft, S. 25, 30 Fn. 25 m.w.N.; zust. *Veil* in KölnKomm. AktG, 3. Aufl., Art. 2 SE-VO Rz. 25; *Oechsler* in MünchKomm. AktG, 3. Aufl., Art. 2 SE-VO Rz. 33.
39 *Veil* in KölnKomm. AktG, 3. Aufl., Art. 2 SE-VO Rz. 25; *Habersack* in Habersack/Drinhausen, Art. 2 SE-VO Rz. 14.
40 Ursprünglich RL 90/434/EWG des Rates vom 23.7.1990 über das gemeinsame Steuersystem für Fusionen, Spaltungen, Abspaltungen der Mutter- und Tochtergesellschaften verschiedener Mitgliedstaaten, ABl. EG Nr. L 225 v. 20.8.1990, S. 6; jetzt: Richtlinie 2011/96/EU des Rates vom 30.11.2011 über das gemeinsame Steuersystem der Mutter- und Tochtergesellschaften verschiedener Mitgliedstaaten, ABl. EU Nr. L 345 v. 29.12.2011, S. 8.
41 So *Wenz*, SE, S. 52; *Buchheim*, Europäische Aktiengesellschaft, S. 135 Fn. 167.
42 Hierfür *Jannott* in Jannott/Frodermann, Handbuch Europäische Aktiengesellschaft, § 3 Rz. 13; *Oechsler* in MünchKomm. AktG, 3. Aufl., Art. 2 SE-VO Rz. 31; *Habersack* in Habersack/Drinhausen, Art. 2 SE-VO Rz. 15; *Oplustil*, (2003) 4 GLJ 107, 110; *Schröder* in Manz/Mayer/Schröder, Art. 1 SE-VO Rz. 62; *Seibt/Reinhard*, Der Konzern 2005, 407, 410.
43 Ablehnend daher auch *Kalss* in Kalss/Hügel, Vor § 17 SEG – Gründung der SE Rz. 6; *Scheifele*, Gründung, S. 121 f.; *J. Schmidt*, „Deutsche" vs. „britische" SE, S. 141.
44 So auch *Veil* in KölnKomm. AktG, 3. Aufl., Art. 2 SE-VO Rz. 30; *Heckschen* in Widmann/Mayer, UmwG Anhang 14 Rz. 120; *Casper* in Spindler/Stilz, AktG, Art. 2 SE-VO Rz. 12 will sowohl die Konzernbilanz-RL als auch die Kapital-RL heranziehen.
45 Siebente Richtlinie 83/349/EWG des Rates vom 13.6.1983 aufgrund von Artikel 54 Absatz 3 Buchstabe g) des Vertrages über den konsolidierten Abschluß, ABl. EG Nr. L 193 v. 18.7.1983, S. 1.
46 Richtlinie 2013/34/EU des Europäischen Parlaments und des Rates vom 26.6.2013 über den Jahresabschluss, den konsolidierten Abschluss und damit verbundene Berichte von Unternehmen bestimmter Rechtsformen und zur Änderung der Richtlinie 2006/43/EG des Europäischen Parlaments und des Rates und zur Aufhebung der Richtlinien 78/660/EWG und 83/349/EWG des Rates, ABl. EU Nr. L 182 v. 29.6.2013, S. 19; dazu *Bayer/J. Schmidt*, BB 2014, 1219, 1223 f.
47 Wie hier auch *Kalss* in Kalss/Hügel, Vor § 17 SEG – Gründung der SE Rz. 6; *Scheifele*, Gründung, S. 121 f.; *J. Schmidt*, „Deutsche" vs. „britische" SE, S. 141.

ses genügen. Geboten ist vielmehr eine **restriktive Interpretation**[48] wie sie auch in Bezug auf die Zweigniederlassungs-RL[49] und die Auslegung des Art. 5 Nr. 5 EuGVVO (ab 10.1.2015: Art. 7 Nr. 5 der VO 1215/2012)[50] allgemein anerkannt ist. Zweigniederlassung i.S.d. Art. 2 SE-VO ist demgemäß nur[51] eine räumlich und organisatorisch von der Hauptniederlassung getrennte Einrichtung, die über eine gewisse organisatorische Selbständigkeit, eine Geschäftsführung und ein abgesondertes Geschäftsvermögen verfügt[52].

cc) Zwei-Jahres-Frist. Im Hinblick auf die im Schrifttum umstrittene Berechnung der Zwei-Jahres-Frist kann i.E. nichts anderes gelten als allgemein für die Erfüllung der Gründungsvoraussetzungen (s. oben Rz. 14): Entscheidend ist – als Bezugspunkt der Rechtmäßigkeitskontrolle – der Zeitpunkt der **Anmeldung**[53] (und nicht derjenige des Gründungsgeschäfts[54] oder der Eintragung[55]). 20

3. Tochter-SE (Art. 2 Abs. 3 SE-VO, Art. 35, 36 SE-VO)

a) Überblick

Die Gründung einer Tochter-SE ist in der Praxis sehr beliebt[56]. Sie erfolgt durch **Satzungsfeststellung, Zeichnung der Aktien und Einlagenleistung**, somit im Wege der klassischen Neugründung[57]. Gründer sind mindestens zwei Gesellschaften, die den Anforderungen an die Mehrstaatlichkeit (unten Rz. 23 i.V.m. Rz. 9) entsprechen müssen. Erfasst wird nur die **Neugründung** eines Gemeinschaftsunternehmens, nicht hingegen die Ausgründung einer Tochter in die Rechtsform der SE im Wege des § 123 21

---

48 Ebenso *Scheifele*, Gründung, S. 124; *Schwarz*, Art. 2 SE-VO Rz. 72 f.; s. auch bereits *Bayer* in Lutter/Hommelhoff, Europäische Gesellschaft, S. 25, 32. Für eine Orientierung an der 11. RL auch *Heckschen* in Widmann/Mayer, UmwG Anhang 14 Rz. 84; *Oechsler* in MünchKomm. AktG, 3. Aufl., Art. 2 SE-VO Rz. 32.
49 Elfte Richtlinie 89/666/EWG des Rates vom 21.12.1989 über die Offenlegung von Zweigniederlassungen, die in einem Mitgliedstaat von Gesellschaften bestimmter Rechtsformen errichtet wurden, die dem Recht eines anderen Staates unterliegen, ABl. EG Nr. L 395 v. 30.12.1989, S. 36; dazu näher Lutter/Bayer/*J. Schmidt*, EuropUR § 28.
50 Verordnung (EG) Nr. 44/2001 des Rates vom 22.12.2000 über die gerichtliche Zuständigkeit und die Anerkennung und Vollstreckung von Entscheidungen in Zivil- und Handelssachen, ABl. EG Nr. L 12 v. 16.1.2001, S. 1; ab 10.1.2015: Verordnung (EU) Nr. 1215/2012 des europäischen Parlaments und des Rates über die gerichtliche Zuständigkeit und die Anerkennung und Vollstreckung von Entscheidungen in Zivil- und Handelssachen.
51 Wie hier *Veil* in KölnKomm. AktG, 3. Aufl., Art. 2 SE-VO Rz. 32; *Habersack* in Habersack/Drinhausen, Art. 2 SE-VO Rz. 16; vgl. auch bereits *J. Schmidt*, „Deutsche" vs. „britische" SE, S. 142 f.; ähnlich *Oechsler* in MünchKomm. AktG, 3. Aufl., Art. 2 SE-VO Rz. 32.
52 Vgl. EuGH v. 22.11.1978 – Rs. 33/78 – „Somafer v. Saar-Ferngas", Slg. 1978, 2183 (zu Art. 5 Nr. 5 EuGVÜ, der Vorgängernorm von Art. 5 Nr. 5 EuGVVO = künftig Art. 7 Nr. 5 der neuen VO 1215/2012).
53 So bereits *Bayer* in Lutter/Hommelhoff, Europäische Gesellschaft, S. 25, 32. Ebenso *Heckschen* in Widmann/Mayer, UmwG Anhang 14 Rz. 126; *Oechsler* in MünchKomm. AktG, 3. Aufl., Art. 2 SE-VO Rz. 34; *Veil* in KölnKomm. AktG, 3. Aufl., Art. 2 SE-VO Rz. 28; *Habersack* in Habersack/Drinhausen, Art. 2 SE-VO Rz. 17.
54 So aber *Neun* in Theisen/Wenz, Europäische Aktiengesellschaft, S. 57, 68.
55 So aber (für die Gründung durch Umwandlung) *Seibt/Reinhard*, Der Konzern 2005, 407, 411.
56 *Bayer/J. Schmidt*, AG 2008, R31 ff.; vgl. auch *J. Schmidt* in Bayer (Hrsg.), Die Aktiengesellschaft im Spiegel der Rechtstatsachenforschung, 2007, S. 51, 63; zust. *Veil* in KölnKomm. AktG, 3. Aufl., Art. 2 SE-VO Rz. 36.
57 *Habersack* in Habersack/Drinhausen, Art. 2 SE-VO Rz. 18; *Casper* in Spindler/Stilz, AktG, Art. 2 SE-VO Rz. 16; *Veil* in KölnKomm. AktG, 3. Aufl., Art. 2 SE-VO Rz. 34; *Marsch-Barner* in FS Happ, 2006, S. 165, 170; *Oechsler*, NZG 2005, 697, 701.

UmwG[58]; dieser Weg ist der Gründung gem. Art. 3 Abs. 2 SE-VO vorbehalten (vgl. Art. 3 Rz. 6, 16).

b) Gründungsberechtigung

22 Bei der Tochter-SE ist der Kreis der gründungsberechtigten Rechtsformen am weitesten: Zugelassen sind gem. Art. 2 Abs. 3 SE-VO sämtliche Gesellschaften i.S.d. Art. 48 Abs. 2 EG = heute Art. 54 Unterabs. 2 AEUV, also „Gesellschaften des Bürgerlichen Rechts und des Handelsrechts einschließlich der Genossenschaften und die sonstigen juristischen Personen des öffentlichen und privaten Rechts mit Ausnahme derjenigen, die keinen Erwerbszweck verfolgen". Da Art. 2 Abs. 3 SE-VO indes zusätzlich noch „juristische Personen des öffentlichen oder privaten Rechts" aufführt, kann dies nur bedeuten, dass dem in Art. 54 Unterabs. 2 AEUV geforderten **Erwerbszweck** keine Bedeutung beizumessen ist[59], so dass auch nicht-wirtschaftliche Gründungsformen – etwa auch Stiftungen oder Idealvereine – in Betracht kommen[60]. Erfasst sind zudem auch Vorgesellschaften und Gesellschaften im Liquidationsstadium[61]. Ausgeschlossen sind somit im Ergebnis allein natürliche Personen[62].

c) Sonstige Gründungsvoraussetzungen

23 Hinsichtlich der übrigen Gründungsvoraussetzungen gelten die Ausführungen bei Rz. 9 ff. (Gründung nach dem Recht eines Mitgliedstaats, Sitz und Hauptverwaltung in der Gemeinschaft, Mehrstaatlichkeit).

4. SE-Gründung durch Umwandlung (Art. 2 Abs. 4 SE-VO, Art. 37 SE-VO)

24 Eine SE-Gründung kann schließlich – unter Beteiligung nur eines Rechtsträgers – durch **formwechselnde Umwandlung einer Aktiengesellschaft** erfolgen (Art. 37 SE-VO). Auch wenn im Unterschied zur Verschmelzungs- und Holdinggründung ein Verweis auf Anhang I und II fehlt, dürfte nicht zweifelhaft sein, dass auch insoweit nur eine AG i.S.d. Aktiengesetzes – nicht auch eine KGaA[63] – in Betracht kommt[64]. Ein solcher Formwechsel kann unter den Voraussetzungen des § 191 Abs. 3 UmwG auch von einer aufgelösten AG durchgeführt werden[65].

25 Zu den weiteren Voraussetzungen (Gründung in der **Gemeinschaft**, Sitz und Hauptverwaltung) s. oben Rz. 9 ff.[66] Im Hinblick auf die systemimmanente **Mehrstaatlich-**

---

58 *Veil* in KölnKomm. AktG, 3. Aufl., Art. 2 SE-VO Rz. 35; *Habersack* in Habersack/Drinhausen, Art. 2 SE-VO Rz. 18.
59 So auch *Oechsler* in MünchKomm. AktG, 3. Aufl., Art. 2 SE-VO Rz. 36; *Habersack* in Habersack/Drinhausen, Art. 2 SE-VO Rz. 19; *Casper* in Spindler/Stilz, AktG, Art. 2 SE-VO Rz. 15; wohl auch *Veil* in KölnKomm. AktG, 3. Aufl., Art. 2 SE-VO Rz. 37.
60 Wie hier *Oechsler* in MünchKomm. AktG, 3. Aufl., Art. 2 SE-VO Rz. 36; *Habersack* in Habersack/Drinhausen, Art. 2 SE-VO Rz. 19; *Casper* in Spindler/Stilz, AktG, Art. 2 SE-VO Rz. 15; für die Beschränkung auf wirtschaftliche Tätigkeiten indes *Maul* in Van Hulle/Maul/Drinhausen, 4. Abschnitt § 4 Rz. 6 f.; *Schwarz*, Art. 2 SE-VO, Rz. 88 f.
61 *Schwarz*, Art. 2 SE-VO Rz. 71 f.; *Veil* in KölnKomm. AktG, 3. Aufl., Art. 2 SE-VO Rz. 37; s. auch *Scheifele*, Gründung, S. 82, 85; *J. Schmidt*, „Deutsche" vs. „britische" SE, S. 144.
62 Richtig *Habersack* in Habersack/Drinhausen, Art. 2 SE-VO Rz. 19.
63 Abw. *Oechsler* in MünchKomm. AktG, 3. Aufl., Art. 2 SE-VO Rz. 43.
64 So auch *Veil* in KölnKomm. AktG, 3. Aufl., Art. 2 SE-VO Rz. 42; *Habersack* in Habersack/Drinhausen, Art. 2 SE-VO Rz. 22; vgl. bereits *Hommelhoff*, AG 2001, 279, 280 Fn. 8; *Schwarz*, Art. 2 SE-VO Rz. 99.
65 Wie hier *Veil* in KölnKomm. AktG, 3. Aufl., Art. 2 SE-VO Rz. 42; vgl. bereits *Scheifele*, Gründung, S. 82; *Schwarz*, Art. 2 SE-VO Rz. 100.
66 So auch *Veil* in KölnKomm. AktG, 3. Aufl., Art. 2 SE-VO Rz. 43; *Habersack* in Habersack/Drinhausen, Art. 2 SE-VO Rz. 22.

keit ergibt sich gegenüber der Holding-SE und der Tochter-SE der Unterschied, dass hier eine Zweigniederlassung in einem anderen Mitgliedstaat nicht genügt[67]; erforderlich ist als Beweis für den grenzüberschreitenden Charakter der Geschäftätigkeit nach Auffassung des Rats[68] vielmehr eine **Tochtergesellschaft**, die dem Recht eines anderen Mitgliedstaats unterliegt[69]. Zur Zwei-Jahres-Frist: oben Rz. 20[70].

5. SE als Gründungsgesellschaft (Art. 3 Abs. 1 SE-VO)

Nach Art. 3 Abs. 1 SE-VO kommt in den Fällen der Verschmelzungs-SE, der Holding-SE und der Tochter-SE auch **eine bereits bestehende SE** als Gründungsgesellschaft in Betracht; denn die SE gilt insoweit als AG (ausf. Art. 3 Rz. 3). 26

III. Ermächtigung nach Art. 2 Abs. 5 SE-VO

Art. 2 Abs. 5 SE-VO ermächtigt die Mitgliedstaaten, auch Unternehmen, die ihre Hauptverwaltung außerhalb des EWR haben, die Beteiligung an der SE-Gründung zu gestatten. Dieses **Optionsrecht** ist allerdings beschränkt auf Gesellschaften, die nach dem Recht eines Mitgliedstaats gegründet wurden, ihren Sitz in diesem Mitgliedstaat haben und mit der Wirtschaft eines Mitgliedstaats in tatsächlicher und dauerhafter Verbindung stehen. 27

Zur Auslegung des vagen Begriffs der **„tatsächlichen und dauerhaften Verbindung"** sind gem. Erwägungsgrund 23 Satz 1 die Grundsätze des allgemeinen Programms zur Aufhebung der Beschränkungen der Niederlassungsfreiheit von 1962[71] heranzuziehen. Nach Satz 2 besteht der erforderliche Nexus jedenfalls dann[72], wenn die Gesellschaft in dem betreffenden Mitgliedstaat eine Niederlassung hat, von der aus sie ihre Geschäfte betreibt. Auch im Übrigen dürfte es maßgeblich auf objektive wirtschaftliche Kriterien, nicht hingegen auf die personelle Struktur der Gesellschaft angekommen[73]. 28

Die besagte Verbindung muss nach vorzugswürdiger Auffassung nicht zwingend zum Gründungsstaat der Gesellschaft bestehen[74]; Wortlaut und Systematik der Norm sprechen insbesondere vor dem Hintergrund ihres Bezuges zur Niederlassungsfreiheit vielmehr nachdrücklich dafür, dass eine entsprechende Verbindung zu **irgendeinem Mitgliedstaat** genügt[75]. 29

---

67 Wie hier *Veil* in KölnKomm. AktG, 3. Aufl., Art. 2 SE-VO Rz. 45; *Oechsler* in MünchKomm. AktG, 3. Aufl., Art. 2 SE-VO Rz. 44; *Habersack* in Habersack/Drinhausen, Art. 2 SE-VO Rz. 22.
68 Vgl. *Blanquet*, ZGR 2002, 20, 38.
69 Vgl. *Schwarz*, Art. 2 SE-VO Rz. 103 f.; *Kalss* in Kalss/Hügel, Vor § 17 SEG – Gründung der SE Rz. 32; *Veil* in KölnKomm. AktG, 3. Aufl., Art. 2 SE-VO Rz. 44; *Habersack* in Habersack/Drinhausen, Art. 2 SE-VO Rz. 22.
70 So auch *Veil* in KölnKomm. AktG, 3. Aufl., Art. 2 SE-VO Rz. 45; *Oechsler* in MünchKomm. AktG, 3. Aufl., Art. 2 SE-VO Rz. 34.
71 Allgemeines Programm zur Aufhebung der Beschränkungen der Niederlassungsfreiheit, ABl. EWG Nr. 2 v. 15.1.1962, S. 36.
72 Wie sich aus der englischen und französischen Textversion ergibt, handelt es sich bei Erwägungsgrund 23 Satz 2 nicht um eine abschließende Definition, sondern lediglich um ein Regelbeispiel, vgl. *Cerioni*, (2004) 25 Co Law 228, 230 f.
73 Vgl. näher *Scheifele*, Gründung, S. 102; *J. Schmidt*, „Deutsche" vs. „britische" SE, S. 151; *Schwarz*, Art. 2 SE-VO Rz. 114 ff.
74 So aber *Hommelhoff*, AG 2001, 279, 281 Fn. 17; *Neun* in Theisen/Wenz, Europäische Aktiengesellschaft, 57, 69 Fn. 2; *Teichmann*, ZGR 2002, 383, 414.
75 Ebenso *Habersack* in Habersack/Drinhausen, Art. 2 SE-VO Rz. 26; *Oechsler* in MünchKomm. AktG, 3. Aufl., Art. 2 SE-VO Rz. 48; vgl. bereits *Fuchs*, Gründung, S. 98; *Scheifele*, Gründung,

30 **Deutschland** hat allerdings – im Gegensatz etwa zu Großbritannien[76], aber wie Österreich[77] – auf die Ausübung der Option des Art. 2 Abs. 5 SE-VO bewusst **verzichtet**, da hierfür kein praktisches Bedürfnis festgestellt wurde und ein Auseinanderfallen von Satzungssitz und Hauptverwaltung deutschen Unternehmen nach der damaligen lex lata nicht gestattet war[78]. Im Hinblick auf die nunmehrige gesetzliche Zulassung eines ausländischen Hauptverwaltungssitzes deutscher GmbH und AG[79] wird die Entscheidung noch einmal kritisch zu überdenken sein[80].

IV. „Vorrats-SE"

1. Zulässigkeit

31 Im Kontext der Gründungsvoraussetzungen stellt sich die Frage, ob und unter welchen Voraussetzungen die Gründung einer SE als Vorratsgesellschaft („**Vorrats-SE**") zulässig ist. Soweit die – ohnehin eher formalen – Gründungsvoraussetzungen des Art. 2 SE-VO eingehalten werden, dürften jedenfalls **auf Ebene der SE-VO grundsätzlich keine Hindernisse entgegenstehen**[81]. Die **Praxis** hat denn auch von dieser Gründungsvariante reichlich Gebrauch gemacht[82].

2. Gläubigerschutz

32 Über die Verweisungsnorm des **Art. 15 Abs. 1 SE-VO** können sich allerdings aus dem **nationalen Recht des (künftigen) Sitzstaates der SE** spezielle Anforderungen und Beschränkungen ergeben. Im Falle der Gründung einer **„deutschen" Vorrats-SE** sind demgemäß prinzipiell die von Rspr. und Lehre entwickelten Grundsätze über die Zulässigkeit von Vorratsgesellschaften anzuwenden. Zulässig ist demnach nur die sog. **offene Vorratsgründung**, bei der als Unternehmensgegenstand die „Verwaltung eige-

---

S. 103 ff.; *J. Schmidt*, „Deutsche" vs. „britische" SE, S. 152 f.; *Schröder* in Manz/Mayer/Schröder, Art. 2 SE-VO Rz. 71 ff.; *Schwarz*, Art. 2 SE-VO Rz. 116; *Werlauff*, [2003] EBLR 85, 92.

76 Vgl. r. 55 der European Public Limited-Liability Company Regulations 2004 (SI 2004/2326); dazu näher *J. Schmidt*, „Deutsche" vs. „britische" SE, S. 150 ff.

77 *Kalss/Hügel*, Vor § 17 SEG – Gründung Rz. 3.

78 Hierzu *Hommelhoff/Teichmann*, SZW 2002, 1, 7; *Neye/Teichmann*, AG 2003, 169, 170; *Teichmann*, ZGR 2002, 383, 414; *Teichmann*, ZIP 2002, 1109, 1110; *Veil* in KölnKomm. AktG, 3. Aufl., Art. 2 SE-VO Rz. 48.

79 Vgl. § 4a GmbHG, § 5 AktG in der Fassung des MoMiG.

80 So auch *Veil* in KölnKomm. AktG, 3. Aufl., Art. 2 SE-VO Rz. 48; *Oechsler* in MünchKomm. AktG, 3. Aufl., Art. 2 SE-VO Rz. 47; *Habersack* in Habersack/Drinhausen, Art. 2 SE-VO Rz. 25.

81 So auch *Veil* in KölnKomm. AktG, 3. Aufl., Art. 2 SE-VO Rz. 50; *Oechsler* in MünchKomm. AktG, 3. Aufl., Art. 2 SE-VO Rz. 49; *Casper* in Spindler/Stilz, AktG, Art. 2 SE-VO Rz. 8; *Habersack* in Habersack/Drinhausen, Art. 2 SE-VO Rz. 29; *Schäfer* in MünchKomm. AktG, 3. Aufl., Art. 16 SE-VO Rz. 12; OLG Düsseldorf v. 30.3.2009 – I-3 Wx 248/08, AG 2009, 629, 630; AG Düsseldorf v. 16.1.2006 – HRB 52618, ZIP 2006, 287; LG Hamburg v. 30.9.2005 – 417 T 15/05, ZIP 2005, 2017; AG Hamburg v. 28.6.2005 – 66 AR 76/05, ZIP 2005, 2017; AG München v. 29.3.2006 – HRB 159649, ZIP 2006, 1300; vgl. weiter *Casper*, AG 2007, 97, 99; *Casper/Schäfer*, ZIP 2007, 653 ff.; *Forst*, NZG 2009, 687, 688; *Henssler*, RdA 2005, 330, 344; *Köstler* in Theisen/Wenz, Europäische Aktiengesellschaft, S. 331, 372; *Müller-Bonanni/Melot de Beauregard*, GmbHR 2005, 195, 200; *Reinhard*, RIW 2006, 68, 69; *Reichert*, Der Konzern 2007, 821, 829 f.; *Seibt*, ZIP 2005, 2248, 2250; *Vossius*, ZIP 2006, 741, 746, 748. Vgl. zur Vorrats-AG *Seibt* in K. Schmidt/Lutter, § 23 AktG Rz. 39 f.

82 *Bayer/J. Schmidt*, AG 2008, R31 ff.; vgl. auch *J. Schmidt* in Bayer (Hrsg.), Die Aktiengesellschaft im Spiegel der Rechtstatsachenforschung, 2007, S. 51, 68; vgl. weiter *Veil* in KölnKomm. AktG, 3. Aufl., Art. 2 SE-VO Rz. 49; *Oechsler* in MünchKomm. AktG, 3. Aufl., Art. 2 SE-VO Rz. 49; aktuell auch *Schuberth/von der Höh*, AG 2014, 439, 441.

nen Vermögens" angegeben wird[83]. Darüber hinaus gelten für die Gründung einer Vorrats-SE grundsätzlich auch die von der Rechtsprechung[84] entwickelten Regeln über die **wirtschaftliche Neugründung**[85], da diese primär der Sicherung der Kapitalgrundlagen dienen und für die Kapitalaufbringung und -erhaltung gem. Art. 15 Abs. 1 SE-VO (im Gründungsstadium) bzw. Art. 5 SE-VO (für die eingetragene SE) das Recht des Sitzstaates gilt. Die wirtschaftliche Neugründung ist daher gegenüber dem Registergericht **offen zu legen**; das Leitungsorgan bzw. die geschäftsführenden Direktoren haben die Versicherung nach § 37 Abs. 1 Satz 1 AktG abzugeben und das Registergericht hat zu prüfen, ob das satzungsmäßige **Grundkapital gedeckt** ist. Ferner haften die Gründer ggf. für eine etwaige Unterbilanz[86]. Problematisch ist allerdings, ob die Verwaltungsorgane der SE auch eine Handelndenhaftung treffen kann[87], da diese bei der SE in Art. 16 Abs. 2 SE-VO einheitlich auf Verordnungsebene normiert ist. Konsequenterweise müsste man **Art. 16 Abs. 2 SE-VO** insofern **analog** anwenden[88]. Ob dies so auch vom EuGH gebilligt würde, ist allerdings gegenwärtig völlig offen[89].

3. Arbeitnehmerbeteiligung

Problematisch ist die Vorratsgründung aber vor allem auch im Hinblick auf die **Mitbestimmung der Arbeitnehmer** (dazu auch noch § 1 SEBG Rz. 17 ff.). Dabei ist zunächst fraglich, ob hier im Rahmen der Gründung überhaupt ein Verhandlungsverfahren durchzuführen ist, wenn die Vorrats-SE (wie dies typischerweise der Fall sein wird) zunächst keine Arbeitnehmer beschäftigt. Nach ganz überwiegender Ansicht ist jedoch aufgrund des klaren und eindeutigen Wortlauts des **Art. 12 Abs. 2 SE-VO** die Durchführung eines **Beteiligungsverfahrens** gleichwohl **prinzipiell erforderlich**[90]; dieses findet lediglich auf der Ebene der Mütter statt[91].

33

---

83 Grundlegend für die AG: BGH v. 16.3.1992 – II ZB 17/91, BGHZ 117, 323; *Koch* in Hüffer, § 23 AktG Rz. 25 m.w.N. Ebenso für die SE: *Schäfer* in MünchKomm. AktG, 3. Aufl., Art. 16 SE-VO Rz. 10; *Veil* in KölnKomm. AktG, 3. Aufl., Art. 2 SE-VO Rz. 50. Vgl. auch AG Düsseldorf v. 16.1.2006 – HRB 52618, ZIP 2006, 287.
84 Grundlegend BGH v. 9.12.2002 – II ZB 12/02, BGHZ 153, 158; BGH v. 7.7.2003 – II ZB 4/02, BGHZ 155, 318; BGH v. 6.3.2012 – II ZR 56/10, GmbHR 2012, 630 m. krit. Anm. *Bayer*, EWiR 2012, 347. Dazu ausf. *Bayer* in FS Goette, 2011, S. 15 ff.; vgl. weiter *Bayer* in Lutter/Hommelhoff, § 3 GmbHG Rz. 9 ff. m.w.N.
85 Ebenso *Schäfer* in MünchKomm. AktG, 3. Aufl., Art. 16 SE-VO Rz. 10; *Habersack* in Habersack/Drinhausen, Art. 2 SE-VO Rz. 31; *Veil* in KölnKomm. AktG, 3. Aufl., Art. 2 SE-VO Rz. 52; *Seibt*, ZIP 2005, 2248, 2250 f.; *Oechsler*, NZG 2005, 697, 701.
86 Ausf. zu den Anforderungen nach deutschem Recht: *Bayer* in Lutter/Hommelhoff, § 3 GmbHG Rz. 20 ff.; vgl. zur Entwicklung auch *Bayer* in FS Goette, 2011, S. 15 ff.
87 So für das deutsche Recht: BGH v. 12.7.2011 – II ZR 71/11, GmbHR 2011, 1032 m. zust. Komm. *Bayer*; *Bayer* in Lutter/Hommelhoff, § 3 GmbHG Rz. 20 ff.
88 So auch *Casper/Schäfer*, ZIP 2007, 653, 657 f.; *Schäfer* in MünchKomm. AktG, 3. Aufl., Art. 16 SE-VO Rz. 11; *Habersack* in Habersack/Drinhausen, Art. 2 SE-VO Rz. 31.
89 Zweifelnd auch *Habersack* in Habersack/Drinhausen, Art. 2 SE-VO Rz. 31.
90 AG Hamburg v. 28.6.2005 – 66 AR 76/05, ZIP 2005, 2017; bestätigt durch LG Hamburg v. 30.9.2005 – 417 T 15/05, RIW 2006, 68 (mit ablehnender Anmerkung *Reinhard*); zustimmend jedoch *Blanke*, ZIP 2006, 789, 790 ff.; *Casper/Schäfer*, ZIP 2007, 653; *Freudenberg*, AG 2006, R125; *Frodermann/Jannott*, ZIP 2005, 2251; *Kienast* in Jannott/Frodermann, Handbuch Europäische Aktiengesellschaft, § 13 Rz. 488; *Noack*, EWiR 2005, 905, 906; *Seibt*, ZIP 2005, 2248, 2250; vgl. weiter *Oechsler* in MünchKomm. AktG, 3. Aufl., Art. 2 SE-VO Rz. 49; *Veil* in KölnKomm. AktG, 3. Aufl., Art. 2 SE-VO Rz. 54.
91 *Oechsler* in MünchKomm. AktG, 3. Aufl., Art. 2 SE-VO Rz. 49; *Henssler* in Ulmer/Habersack/Henssler, Mitbestimmungsrecht, Einl. SEBG Rz. 78; *Jacobs* in MünchKomm. AktG, 3. Aufl., § 3 SEBG Rz. 2b; *Schubert*, ZESAR 2006, 340, 343.

34 Eine Ausnahme wird im Wege der **teleologischen Reduktion** des **Art. 12 Abs. 2 SE-VO** allerdings für den Sonderfall gemacht, dass auch die Gründungsgesellschaften keine Arbeitnehmer beschäftigen oder die Mindestzahl gem. § 5 SEBG nicht erreicht wird[92] und somit gar kein Verhandlungspartner existiert[93]. Zur Umgehungsvermeidung ist in diesem Fall aber eine Erklärung erforderlich, dass die Gründungsgesellschaften weder Arbeitnehmer beschäftigen noch beabsichtigen, Arbeitnehmer zu beschäftigen[94].

35 Wird die Vorrats-SE **später aktiviert**, indem sie ihre unternehmerische Tätigkeit aufnimmt[95], und beschäftigt sie dann Arbeitnehmer, so ist nach fast allg. Ansicht ein Verhandlungsverfahren nachzuholen[96]. Dies erfolgt nach verbreiteter Auffassung in **analoger Anwendung des § 18 Abs. 3 SEBG**[97]. Andere verlangen eine Überprüfung anhand des Umgehungstatbestands des **§ 43 SEBG** (Art. 11 SE-RL)[98] oder wollen die §§ 4 ff. SEBG anwenden (in diesem Sinne *Oetker*, unten § 1 SEBG Rz. 19 m.w.N.). Der Sachlage angemessen, weil einer „strukturellen Veränderung" vergleichbar, ist im Falle einer Aktivierung der Vorratsgesellschaft oder auch einer wirtschaftlichen Neugründung am ehesten das Nachverhandlungsverfahren gem. § 18 Abs. 3 SEBG[99]. Die Eintragung der Satzungsänderung im Falle einer wirtschaftlichen Neugründung kann indes nicht von der Durchführung des Verhandlungsverfahrens abhängig gemacht werden[100]. Zu weiteren Einzelheiten: § 1 SEBG Rz. 20 f.

---

92 So *Oechsler* in MünchKomm. AktG, 3. Aufl., Art. 2 SE-VO Rz. 49; *Casper* in Spindler/Stilz, AktG, Art. 2 SE-VO Rz. 30; *Veil* in KölnKomm. AktG, 3. Aufl., Art. 2 SE-VO Rz. 54.
93 OLG Düsseldorf v. 30.3.2009 – I-3 Wx 248/08, ZIP 2009, 918, 920; AG Düsseldorf v. 16.1.2006 – HRB 52618, ZIP 2006, 287; AG München v. 29.3.2006 – HRB 159649, ZIP 2006, 1300; *Oechsler* in MünchKomm. AktG, 3. Aufl., Art. 2 SE-VO Rz. 49; *Veil* in KölnKomm. AktG, 3. Aufl., Art. 2 SE-VO Rz. 54; *Habersack* in Habersack/Drinhausen, Art. 2 SE-VO Rz. 29; vgl. weiter *Forst*, NZG 2009, 687, 688; *Frodermann/Jannott*, ZIP 2005, 2251; *Henssler*, RdA 2005, 330, 334; *Kienast* in Jannott/Frodermann, Handbuch Europäische Aktiengesellschaft, § 13 Rz. 487; *Kiem*, ZHR 173 (2009) 156, 164; *Noack*, EWiR 2005, 905, 906; *Seibt*, ZIP 2005, 2248, 2250; *Startz*, ZIP 2006, 1301; *Wicke*, MittBayNot 2006, 196, 202; vgl. ferner *Casper/Schäfer*, ZIP 2007, 653; *Reichert*, Der Konzern 2007, 821, 829 f. Anders jedoch *Blanke*, ZIP 2006, 789, 790 ff.
94 So OLG Düsseldorf v. 30.3.2009 – I-3 Wx 248/08, ZIP 2009, 918; zust. *Oechsler* in MünchKomm. AktG, 3. Aufl., Art. 2 SE-VO Rz. 49; *Veil* in KölnKomm. AktG, 3. Aufl., Art. 2 SE-VO Rz. 54.
95 Zu Einzelheiten *Bayer* in Lutter/Hommelhoff, § 3 GmbHG Rz. 28 ff.
96 Abw. indes *Jost* in FS Richardi, 2007, S. 573, 576.
97 So OLG Düsseldorf v. 30.3.2009 – I-3 Wx 248/08, ZIP 2009, 918, 920; *Köstler* in Theisen/Wenz, Europäische Aktiengesellschaft, S. 331, 374; *Schäfer* in MünchKomm. AktG, 3. Aufl., Art. 16 SE-VO Rz. 13; *Veil* in KölnKomm. AktG, 3. Aufl., Art. 2 SE-VO Rz. 55; *Henssler* in Ulmer/Habersack/Henssler, Mitbestimmungsrecht, § 18 SEBG Rz. 31 f. Ebenso (allerdings nur, wenn die wirtschaftliche Neugründung mit korporativen Akten von ganz erheblichem Gewicht verbunden ist) auch *Seibt*, ZIP 2005, 2248, 2250; ähnlich auch *Noack*, EWiR 2005, 905, 906. Vgl. ferner *Reinhard*, RIW 2006, 68, 70 (erstmalige Einstellung von Arbeitnehmern als strukturelle Änderung).
98 So tendenziell auch *Henssler*, RdA 2005, 330, 335.
99 So auch *Habersack* in Habersack/Drinhausen, Art. 2 SE-VO Rz. 30; *Casper* in Spindler/Stilz, AktG, Art. 2 SE-VO Rz. 31; beiden Ansätzen aufgeschlossen *Oechsler* in MünchKomm. AktG, 3. Aufl., Art. 2 SE-VO Rz. 49; ausf. und mit allen Einzelheiten die Problematik aufarbeitend *Hörtig*, S. 140 ff.
100 So auch *Habersack* in Habersack/Drinhausen, Art. 2 SE-VO Rz. 30; abw. *Forst*, NZG 2009, 687, 691; wohl auch *Grambow*, Der Konzern 2009, 97, 103.

Art. 3
[SE als Gründerin]

(1) Die SE gilt als Aktiengesellschaft, die zum Zwecke der Anwendung des Artikels 2 Absätze 1, 2 und 3 dem Recht des Sitzmitgliedstaats unterliegt.

(2) Eine SE kann selbst eine oder mehrere Tochtergesellschaften in Form einer SE gründen. Bestimmungen des Sitzmitgliedstaats der Tochter-SE, gemäß denen eine Aktiengesellschaft mehr als einen Aktionär haben muss, gelten nicht für die Tochter-SE. Die einzelstaatlichen Bestimmungen, die aufgrund der Zwölften Richtlinie 89/667/EWG des Rates vom 21. Dezember 1989 auf dem Gebiet des Gesellschaftsrechts betreffend Gesellschaften mit beschränkter Haftung mit einem einzigen Gesellschafter[1] angenommen wurden, gelten sinngemäß für die SE.

[1] ABl. L 395 vom 30.12.1989, S. 40. Zuletzt geändert durch die Beitrittsakte von 1994.

I. Normzweck 1	a) Errichtung einer 100 %igen Tochter-SE 7
II. Beteiligung einer SE an primären SE-Gründungen (Art. 3 Abs. 1 SE-VO) 3	b) Keine Mehrstaatlichkeit 10
III. Sekundäre SE-Gründung (Art. 3 Abs. 2 SE-VO)	2. Gründungsverfahren
	a) Allgemein 11
	b) Vorgelagertes Verfahren in einer „deutschen" Mutter-SE 14
1. Privilegierungen gegenüber der Errichtung einer gemeinsamen Tochter-SE 6	c) Gründung einer sekundären Tochter-SE mit Sitz in Deutschland ... 15
	IV. Ergänzende Anwendung des AktG .. 19

Literatur: *Engert*, Der international-privatrechtliche Anwendungsbereich des Rechts der Europäischen Aktiengesellschaft, ZVglRWiss 104 (2005) 444; *Heckschen*, Die Europäische AG aus notarieller Sicht, DNotZ 2003, 251; *Hirte*, Die Europäische Aktiengesellschaft, NZG 2002, 1; *Hirte*, Die Europäische Aktiengesellschaft – ein Überblick nach Inkrafttreten der deutschen Ausführungsgesetzgebung, DStR 2005, 653 und 700; *Hommelhoff*, Gesellschaftsrechtliche Fragen im Entwurf eines SE-Statuts, AG 1990, 422; *Hommelhoff*, Einige Bemerkungen zur Organisationsverfassung der Europäischen Aktiengesellschaft, AG 2001, 279; *Hommelhoff/Teichmann*, Die Europäische Aktiengesellschaft – das Flaggschiff läuft vom Stapel, SZW 2002, 1; *Kallmeyer*, Europa-AG: Strategische Optionen für deutsche Unternehmen, AG 2003, 197; *Kalss*, Gründung und Sitzverlegung der SE, in Societas Europaea. Grundfragen des Aktienrechts am Beginn des 21. Jahrhunderts, Univ.-Prof. Dr. *Peter Doralt* zum 65. Geburtstag, GesRZ 2004, Sonderheft, 24; *Kalss/Zollner*, Der Weg aus der SE, RdW 2004, 587; *Kloster*, Societas Europaea und europäische Unternehmenszusammenschlüsse, EuZW 2003, 293; *Oetker*, Sekundäre Gründung einer Tochter-SE nach Art. 3 Abs. 2 SE-VO und Beteiligung der Arbeitnehmer in FS Peter Kreutz zum 70. Geburtstag, 2010, S. 797; *Oplustil/M. Schneider*, Zur Stellung der Europäischen Aktiengesellschaft im Umwandlungsrecht, NZG 2003, 13; *Schlüter*, Die EWIV: Modellfall für ein europäisches Gesellschaftsrecht?, EuZW 2002, 589; *Thoma/Leuering*, Die Europäische Aktiengesellschaft – Societas Europaea, NJW 2002, 1449; *Vossius*, Gründung und Umwandlung der deutschen Europäischen Gesellschaft (SE), ZIP 2005, 741.

I. Normzweck

Die Vorschrift regelt die **Beteiligung einer bereits bestehenden SE** an der Gründung einer neuen SE. Während allerdings **Art. 3 Abs. 2 SE-VO** eine eigenständige Grün- 1 dungsform darstellt (sog. *sekundäre* SE-Gründung: dazu Art. 2 Rz. 1, 3)[1], wird eine SE in **Art. 3 Abs. 1 SE-VO** lediglich fiktiv einer AG nationalen Rechts *gleichgestellt*, um auf diese Weise der SE den Zugang zu den Gründungsformen nach Art. 2 Abs. 1–3 SE-VO zu eröffnen[2]. Die Umwandlung einer SE in eine neue SE nach Art. 2 Abs. 4 SE-VO ist hingegen nicht vorgesehen.

2 Nicht in Art. 3 SE-VO geregelt, aber *nicht generell ausgeschlossen*, ist die **Umwandlung einer SE in eine Gesellschaftsform des nationalen Rechts**; sie richtet sich allgemein nach Art. 9 Abs. 1c SE-VO nach dem Sitzstaatrecht der SE[3] und ist speziell für die (Rück-)**Umwandlung in eine AG in Art. 66 SE-VO** geregelt[4]; Eine SE mit Sitz in Deutschland kann daher Umwandlungsmaßnahmen – d.h. Verschmelzung, Spaltung, Vermögensübertragung und Formwechsel – nach dem UmwG durchführen[5]. Entgegen einer verbreiteten Auffassung[6] ist auch ein Formwechsel in eine *andere Rechtsform als eine AG* zulässig[7]; in diesem Fall sind allerdings die Vorschriften über das Umwandlungsverfahren in Art. 66 SE-VO[8] sowie speziell die Zwei-Jahres-Frist[9] analog anzuwenden (ausf. Art. 66 Rz. 9).

---

1 So auch *Casper* in Spindler/Stilz, AktG, Art. 3 SE-VO Rz. 1; *Habersack* in Habersack/Drinhausen, Art. 3 SE-VO Rz. 1; *Maul* in KölnKomm. AktG, 3. Aufl., Art. 3 SE-VO Rz. 3.
2 Ähnlich *Casper* in Spindler/Stilz, AktG, Art. 3 SE-VO Rz. 5; *Habersack* in Habersack/Drinhausen, Art. 3 SE-VO Rz. 1; *Maul* in KölnKomm. AktG, 3. Aufl., Art. 3 SE-VO Rz. 1; *Oechsler* in MünchKomm. AktG, 3. Aufl., Art. 3 Rz. 1, 3; vgl. bereits *Schwarz*, Art. 3 SE-VO Rz. 1; *Schröder* in Manz/Mayer/Schröder, Art. 3 SE-VO Rz. 1.
3 Vgl. *Engert*, ZVglRWiss 104 (2005), 444, 459 f.; *Heckschen* in Widmann/Mayer, UmwG Anhang 14 Rz. 524; *Oplustil/M. Schneider*, NZG 2003, 13, 16 ff.; *Schröder* in Manz/Mayer/Schröder, Art. 66 SE-VO Rz. 9; *Schwarz*, Art. 3 SE-VO Rz. 1, 33; *Vossius*, ZIP 2005, 741, 748 f. S. ferner auch *Oechsler* in MünchKomm. AktG, 3. Aufl., Art. 3 SE-VO Rz. 7; *Maul* in KölnKomm. AktG, 3. Aufl., Art. 3 SE-VO Rz. 16.
4 Vgl. zu den Umwandlungsmöglichkeiten im Einzelnen: *Engert*, ZVglRWiss 104 (2005), 444, 459 f.; *Heckschen* in Widmann/Mayer, UmwG Anhang 14 Rz. 524 ff.; *Drygala* in Lutter, § 3 UmwG Rz. 18 ff.; *Marsch-Barner* in FS Happ, 2006, S. 165, 173 ff.; *Oechsler* in MünchKomm. AktG, 3. Aufl., Vor Art. 1 SE-VO Rz. 17 ff.; *Oplustil/M. Schneider*, NZG 2003, 13 ff.; *Schwarz*, Art. 3 SE-VO Rz. 33 ff.; *A. Teichmann* in Lutter, § 124 UmwG Rz. 5 ff.; *Becker/Fleischmann* in Jannott/Frodermann, Handbuch Europäische Aktiengesellschaft, § 10 Rz. 3 ff., 38 f.; *Vossius*, ZIP 2005, 741, 748 f.; s. für Österreich auch *Kalss* in Kalss/Hügel, Vor § 17 SEG – Gründung der SE, Rz. 38 ff.; *Kalss/Zollner*, RdW 2004, 587, 588 f.
5 Vgl. *Casper* in Spindler/Stilz, AktG, Art. 3 SE-VO Rz. 33; *Engert*, ZVglRWiss 104 (2005), 444, 459 f.; *Marsch-Barner* in FS Happ, 2006, S. 165, 173 ff.; *Schröder* in Manz/Mayer/Schröder, Art. 66 SE-VO Rz. 7 ff.; *Schwarz*, Art. 2 SE-VO Rz. 34 ff.; *Becker/Fleischmann* in Jannott/Frodermann, Handbuch Europäische Aktiengesellschaft, § 10 Rz. 11 ff.; *Vossius*, ZIP 2005, 741, 748 f.
6 Für eine Beschränkung der Rückumwandlung einer SE nur auf eine AG: *Kalss* in Kalss/Hügel, Vor § 17 SEG – Gründung der SE Rz. 45 f.; *Kalss/Zollner*, RdW 2004, 587, 588 f.; *Schäfer* in MünchKomm. AktG, 3. Aufl., Art. 66 SE-VO Rz. 14; *Becker/Fleischmann* in Jannott/Frodermann, Handbuch Europäische Aktiengesellschaft, § 10 Rz. 34; *Vossius*, ZIP 2005, 741, 748.
7 Ebenso *Engert*, ZVglRWiss 104 (2005), 444, 459; *Habersack* in Habersack/Drinhausen, Art. 3 SE-VO Rz. 2; *Heckschen* in Widmann/Mayer, UmwG Anhang 14 Rz. 520 f.; *Marsch-Barner* in FS Happ, 2006, S. 165, 177; *Oplustil/M. Schneider*, NZG 2003, 13, 16; *Schröder* in Manz/Mayer/Schröder, Art. 66 SE-VO Rz. 9; *Schwarz*, Art. 66 SE-VO Rz. 31; *Maul* in KölnKomm. AktG, 3. Aufl., Art. 3 SE-VO Rz. 16; *Oechsler* in MünchKomm. AktG, 3. Aufl., Art. 3 SE-VO Rz. 7.
8 Ebenso *Marsch-Barner* in FS Happ, 2006, S. 165, 177; *Oplustil/M. Schneider*, NZG 2003, 13, 16; *Schwarz*, Art. 66 SE-VO Rz. 31; *Maul* in KölnKomm. AktG, 3. Aufl., Art. 3 SE-VO Rz. 17; a.A. *Heckschen* in Widmann/Mayer, UmwG Anhang 14 Rz. 521.
9 Ebenso *Casper* in Spindler/Stilz, AktG, Art. 3 SE-VO Rz. 35; *Engert*, ZVglRWiss 104 (2005) 444, 459; *Marsch-Barner* in FS Happ, 2006, S. 165, 177; *Oechsler* in MünchKomm. AktG, 3. Aufl., Vor Art. 1 SE-VO Rz. 18, Art. 3 Rz. 7; *Oplustil/M. Schneider*, NZG 2003, 13, 16; *Schröder* in Manz/Mayer/Schröder, Art. 66 SE-VO Rz. 9; *Schwarz*, Art. 66 SE-VO Rz. 31; a.A. *Heckschen* in Widmann/Mayer, UmwG Anhang 14 Rz. 521.

II. Beteiligung einer SE an primären SE-Gründungen (Art. 3 Abs. 1 SE-VO)

Kraft gesetzlicher Fiktion ist eine bestehende SE „zum Zwecke der Anwendung des Art. 2 Absätze 1, 2 und 3" SE-VO der nationalen AG des Sitzstaatrechts in jeder Hinsicht gleichgestellt. Eine SE kann daher[10] 3

– sowohl mit einer AG (unstreitig) als auch mit einer anderen SE[11] eine neue SE im Wege der Verschmelzung gründen (Art. 2 Abs. 1 SE-VO), wobei die SE nach zutreffender, wenngleich bestrittener Auffassung sowohl *übertragender* als auch *übernehmender* Rechtsträger sein kann[12],

– mit einer AG, einer anderen SE oder einer GmbH eine gemeinsame Holding-SE gründen (Art. 2 Abs. 2 SE-VO)[13],

– oder mit einer anderen Gesellschaft eine gemeinsame Tochter-SE gründen (Art. 2 Abs. 3 SE-VO)[14].

Im Hinblick auf die **allgemeinen Gründungsvoraussetzungen** des Art. 2 Abs. 1–3 SE-VO gilt: Generell hat jede SE gem. Art. 7 und 8 SE-VO ihren Satzungssitz und ihre Hauptverwaltung in der Gemeinschaft und erfüllt damit stets diese Zugangsvoraussetzung (dazu Art. 2 Rz. 11, 16, 23, 25)[15]. Auf das weitere Erfordernis der **Mehrstaatlichkeit** (Art. 2 Rz. 12, 17, 23, 25) kann dagegen im Hinblick auf die beteiligte SE **verzichtet** werden[16], auch wenn dies – anders als in den Entwürfen von 1989 und 1991[17] – nicht explizit formuliert wurde. Denn da die ratio des Mehrstaatlichkeitserfordernisses bereits durch den europäischen Charakter der SE erfüllt ist, ist Art. 2 SE-VO insoweit teleologisch zu reduzieren[18]. Somit kann also etwa auch eine deutsche SE 4

---

10 Dazu allgemein *Habersack* in Habersack/Drinhausen, Art. 3 SE-VO Rz. 3; *Kalss* in Kalss/Hügel, Vor § 17 SEG – Gründung der SE Rz. 34; *Scheifele*, Gründung, S. 433; *Schwarz*, Art. 3 SE-VO Rz. 15 ff.; *Schröder* in Manz/Mayer/Schröder, Art. 3 SE-VO Rz. 1.

11 Wie hier *Maul* in KölnKomm. AktG, 3. Aufl., Art. 3 SE-VO Rz. 12; *Schröder* in Manz/Mayer/Schröder, Art. 3 SE-VO Rz. 1; *Schwarz*, Art. 3 SE-VO Rz. 16; a.A. *Kallmeyer*, AG 2003, 197, 199.

12 Wic hier *Maul* in KölnKomm. AktG, 3. Aufl., Art. 3 SE-VO Rz. 12; *Kalss* in Kalss/Hügel, Vor § 17 SEG – Gründung der SE Rz. 13; *Marsch-Barner* in FS Happ, 2006, S. 165, 173; *Schwarz*, Art. 3 SE-VO Rz. 15. Nur *übertragender* Rechtsträger: *Jannott* in Jannott/Frodermann, Handbuch Europäische Aktiengesellschaft, § 6 sowie offenbar auch *Oplustil/M. Schneider*, NZG 2003, 13, 16. Vgl. zur kontrovers diskutierten Frage des Verhältnisses von SE-VO und 10. RL: *Bayer/J. Schmidt*, NJW 2006, 401; *Drinhausen/Keinath*, BB 2006, 725, 726; *Louven*, ZIP 2006, 2021, 2024; *H.-F. Müller*, NZG 2006, 286, 287; *H.-F. Müller*, ZIP 2007, 1081, 1082; *Oechsler*, NZG 2006, 161, 162; *Reichert*, Der Konzern 2006, 821, 834; *Winter*, Der Konzern 2007, 24, 27.

13 *Maul* in KölnKomm. AktG, 3. Aufl., Art. 3 SE-VO Rz. 14; *Habersack* in Habersack/Drinhausen, Art. 3 SE-VO Rz. 3.

14 *Maul* in KölnKomm. AktG, 3. Aufl., Art. 3 SE-VO Rz. 15.

15 Ähnlich *Schwarz*, Art. 3 SE-VO Rz. 9; *Maul* in KölnKomm. AktG, 3. Aufl., Art. 3 SE-VO Rz. 10.

16 Abw. *Oechsler* in MünchKomm. AktG, 3. Aufl., Art. 3 SE-VO Rz. 1; *Heckschen* in Widmann/Mayer, UmwG Anhang 14 Rz. 522; *Jannott* in Jannott/Frodermann, Handbuch Europäische Aktiengesellschaft, § 3 Rz. 7; *Schröder* in Manz/Mayer/Schröder, Art. 3 SE-VO Rz. 3 ff. sowie offenbar auch *Hommelhoff*, AG 2001, 279, 281.

17 Vgl. Art. 131 f. SE-VOE 1989 und Art. 132 SE-VOE 1991.

18 Zutreffend *Schwarz*, Art. 3 SE-VO Rz. 10 f. m. ausf. Begr. und Bezugnahme auf *Scheifele*, Gründung, S. 435 f.; zust. *Maul* in KölnKomm. AktG, 3. Aufl., Art. 3 SE-VO Rz. 11; *Habersack* in Habersack/Drinhausen, Art. 3 SE-VO Rz. 4; *Casper* in Spindler/Stilz, AktG, Art. 3 SE-VO Rz. 5, 34.

mit einer deutschen AG zu einer neuen SE gem. Art. 2 Abs. 1 SE-VO verschmelzen[19]. Voraussetzung ist jedoch stets, dass eine **neue SE** entsteht, gilt also nur im Falle der Verschmelzung durch Neugründung, hingegen *nicht* im Falle der Verschmelzung durch *Aufnahme*[20].

5 Im Übrigen richtet sich das **Gründungsverfahren** auch hinsichtlich der beteiligten SE nach Art. 15 Abs. 1 SE-VO (anwendbares Recht), Art. 17 ff. SE-VO (Verschmelzungs-SE), Art. 32 ff. SE-VO (Holding-SE) bzw. Art. 35, 36 SE-VO (Tochter-SE)[21].

III. Sekundäre SE-Gründung (Art. 3 Abs. 2 SE-VO)

1. Privilegierungen gegenüber der Errichtung einer gemeinsamen Tochter-SE

6 Gegenüber der Errichtung einer Tochter-SE im Rahmen der *primären* SE-Gründung gem. Art. 2 Abs. 3 SE-VO (dazu oben Art. 2 Rz. 22 ff.) enthält die Errichtung einer Tochter-SE durch eine bereits bestehende SE im Rahmen der sekundären SE-Gründung Besonderheiten, speziell verschiedene Privilegierungen[22]:

a) Errichtung einer 100 %igen Tochter-SE

7 Eine **bereits bestehende SE**[23] kann *ohne die Beteiligung eines weiteren Rechtsträgers* eine Tochter-SE errichten. Eine solche **Einpersonengründung** ist bei keiner anderen Gründungsform möglich. Entgegenstehende Bestimmungen im nationalen Sitzstaatrecht[24] gelten nach der ausdrücklichen Anordnung in Art. 3 Abs. 2 Satz 2 SE-VO nicht für die Tochter-SE[25].

8 **Voraussetzung** für Anwendung des Art. 3 Abs. 2 SE-VO ist aber auch, dass die SE *alleinige Gründerin* der Tochter-SE ist. Ein Hinzutreten weiterer Gründer ist im Rahmen der sekundären SE-Gründung also nicht möglich[26]. Sollen weitere Gründungsgesellschafter beteiligt werden, dann geht dies nur im primären Gründungsverfahren gem. Art. 2 Abs. 3 SE-VO unter Einhaltung der dortigen Voraussetzungen (dazu Art. 2 Rz. 22 f.). Das gleiche Ergebnis lässt sich indes dadurch erreichen, dass die Mutter-SE

---

19 Explizit a.A. *Oechsler* in MünchKomm. AktG, 3. Aufl., Art. 3 SE-VO Rz. 1 a.E.; wie hier aber *Habersack* in Habersack/Drinhausen, Art. 3 SE-VO Rz. 5; *Casper* in Spindler/Stilz, AktG, Art. 3 SE-VO Rz. 5, 34.
20 So richtig *Casper* in Spindler/Stilz, AktG, Art. 3 SE-VO Rz. 34, 36; *Habersack* in Habersack/Drinhausen, Art. 3 SE-VO Rz. 5. In der Voraufl. wurde hierzu nicht explizit Stellung bezogen.
21 So auch *Habersack* in Habersack/Drinhausen, Art. 3 SE-VO Rz. 6; *Maul* in KölnKomm. AktG, 3. Aufl., Art. 3 SE-VO Rz. 13 ff.; vgl. bereits *Scheifele*, Gründung, S. 436; *Schröder* in Manz/Mayer/Schröder, Art. 3 SE-VO Rz. 20 *Schwarz*, Art. 3 SE-VO Rz. 12.
22 So auch *Habersack* in Habersack/Drinhausen, Art. 3 SE-VO Rz. 7; *Casper* in Spindler/Stilz, AktG, Art. 3 SE-VO Rz. 18; ausf. zum Verfahren *Oetker* in FS Kreutz, 2010, S. 797, 800 ff.
23 Nach *Maul* in KölnKomm. AktG, 3. Aufl., Art. 3 SE-VO Rz. 21 soll auch schon eine Vor-SE Gründerin sein können.
24 So früher z.B. im britischen Recht, vgl. s. 1(1), (3A) und s. 24 Companies Act 1985. Das Verbot der Ein-Personen-PLC wurde allerdings im Zuge der anstehenden Gesellschaftsrechtsreform abgeschafft, vgl. s. 7(1) Companies Act 2006; zur damals bevorstehenden Reform näher *J. Schmidt*, „Deutsche" vs. „britische" SE, S. 379.
25 *Oechsler* in MünchKomm. AktG, 3. Aufl., Art. 3 SE-VO Rz. 8.
26 Wie hier *Habersack* in Habersack/Drinhausen, Art. 3 SE-VO Rz. 8; *Maul* in KölnKomm. AktG, 3. Aufl., Art. 3 SE-VO Rz. 23; *Oechsler* in MünchKomm. AktG, 3. Aufl., Art. 3 SE-VO Rz. 4; *Casper* in Spindler/Stilz, AktG, Art. 3 SE-VO Rz. 18; vgl. bereits *Hügel* in Kalss/Hügel, Vor § 17 SEG Art. 15 Rz. 4; *Schwarz*, Art. 3 SE-VO Rz. 22; *Kallmeyer*, AG 2003, 197, 199; anders aber möglicherweise *Hommelhoff*, AG 2001, 279, 280; *Schlüter*, EuZW 2002, 589, 590.

– nach erfolgter Errichtung gem. Art. 3 Abs. 2 SE-VO – Anteile der neuen Tochter-SE an die anderen „Gründer" überträgt[27].

Art. 3 Abs. 2 Satz 3 SE-VO erklärt im Übrigen die einzelstaatlichen Bestimmungen aus der Umsetzung der **12. Richtlinie**[28] für **sinngemäß anwendbar auf die SE**. Dies bedeutet: Sofern das Sitzstaatrecht der (künftigen) SE eine Einpersonen-AG verbietet, gelten für die Einpersonen-SE die Umsetzungsvorschriften zur 12. RL, allerdings eben nur „sinngemäß"[29], da die 12. RL in ihrem genuinen Anwendungsbereich lediglich die GmbH betrifft.

b) Keine Mehrstaatlichkeit

Auf das Gründungserfordernis der **Mehrstaatlichkeit** (dazu Art. 2 Rz. 12, 17, 23, 25) wurde im Rahmen der sekundären SE-Gründung ausdrücklich **verzichtet**[30]. Dem VO-Geber war es vielmehr ausreichend, dass dem Mehrstaatlichkeitserfordernis bereits bei der Gründung der Mutter-SE Rechnung getragen wurde[31].

2. Gründungsverfahren

a) Allgemein

Im Schrifttum wird zuweilen der Eindruck erweckt, dass sich das Verfahren der sekundären SE-Gründung ausschließlich nach dem Recht des geplanten Sitzstaats der Tochter-SE richte[32]. Dies würde indes zu absurden Ergebnissen führen, denn damit würde z.B. im Falle der Gründung einer Tochter-SE mit Sitz in Frankreich auch für die Verfahrensschritte, die noch ausschließlich der z.B. „deutschen" Mutter-SE zuzurechnen sind, französisches Recht (!) gelten. **Richtigerweise** ist daher auch in Bezug auf die sekundäre SE-Gründung – ebenso wie bei den primären Gründungsvarianten (vgl. allgemein Art. 15 Rz. 7 sowie speziell Art. 18 Rz. 3 (Verschmelzung), Art. 32 Rz. 4 ff. (Holding) und Art. 36 Rz. 8 (gemeinsame Tochter-SE) – strikt zu differenzieren zwischen den Verfahrensschritten, die noch der **Sphäre** der (hier nur einen) Gründungsgesellschaft (d.h. der **Mutter-SE**) zuzurechnen sind und den Verfahrensschrit-

---

27 *Habersack* in Habersack/Drinhausen, Art. 3 SE-VO Rz. 8; *Maul* in KölnKomm. AktG, 3. Aufl., Art. 3 SE-VO Rz. 23; vgl. bereits *Scheifele*, Gründung, S. 439; *Schröder* in Manz/Mayer/Schröder, Art. 3 SE-VO Rz. 18; *Schwarz*, Art. 3 SE-VO Rz. 22; ferner auch schon *Hommelhoff*, AG 1990, 422, 423 (zum SE-VOE 1989).
28 RL 2009/102/EG des Europäischen Parlaments und des Rates v. 16.9.2009 auf dem Gebiet des Gesellschaftsrechts betreffend Gesellschaften mit beschränkter Haftung mit einem einzigen Gesellschafter, ABl. EU Nr. L 258 v. 1.10.2009, S. 20; früher Zwölfte Richtlinie 89/667/EWG des Rates vom 21.12.1989 auf dem Gebiet des Gesellschaftsrechts betreffend Gesellschaften mit beschränkter Haftung mit einem einzigen Gesellschafter, ABl. EG Nr. L 395 v. 30.12.1989, S. 40; Text und Erläuterungen bei *Lutter/Bayer/J. Schmidt*, EuropUR, § 29.
29 Näher *Lutter/Bayer/J. Schmidt*, EuropUR, § 40 Rz. 6 ff.; zust. *Habersack* in Habersack/Drinhausen, Art. 3 SE-VO Rz. 8; vgl. auch schon *Scheifele*, Gründung, S. 439; *Schröder* in Manz/Mayer/Schröder, Art. 3 SE-VO Rz. 24 ff.; *Schwarz*, Art. 3 SE-VO Rz. 23.
30 OLG Düsseldorf v. 30.3.2009 – I-3 Wx 248/08, AG 2009, 629; *Habersack* in Habersack/Drinhausen, Art. 3 SE-VO Rz. 9; *Maul* in KölnKomm. AktG, 3. Aufl., Art. 3 SE-VO Rz. 22; vgl. bereits *Jannott* in Jannott/Frodermann, Handbuch Europäische Aktiengesellschaft, § 3 Rz. 26; *Scheifele*, Gründung, S. 438 f.; *Schindler*, Europäische Aktiengesellschaft, S. 40; *Schröder* in Manz/Mayer/Schröder, Art. 3 SE-VO Rz. 17; *Schwarz*, Art. 3 SE-VO Rz. 21; *Thümmel*, Europäische Aktiengesellschaft, Rz. 131.
31 Begr. Kommission zur SE-VOE 1989, BT-Drucks. 11/5427, S. 8.
32 Zumindest missverständlich insofern etwa *Heckschen*, DNotZ 2003, 251, 264; *Jannott* in Jannott/Frodermann, Handbuch Europäische Aktiengesellschaft, § 3 Rz. 275; *Thümmel*, Europäische Aktiengesellschaft, Rz. 132. Bzgl. der Parallelvorschrift im SE-VOE 1991 wurde diese Ansicht sogar explizit vertreten, vgl. etwa *Hemmelrath* in Schwappach, EU-Rechtshandbuch für die Wirtschaft, 2. Aufl. 1996, § 35 Rz. 70.

ten, die bereits die **Sphäre der** künftigen (**Tochter-)SE** betreffen; auch hier gilt also der Grundsatz der **Sphärentrennung**[33].

12 Für diejenigen Verfahrensschritte, die noch der **Sphäre der Mutter-SE** zuzurechnen sind, gilt **deren „nationales" Recht** – wobei hiermit freilich das sich (kraft der Verweisungen der SE-VO) aus dem Zusammenspiel von SE-Recht und dem nationalen Recht des Sitzstaates ergebende Recht[34] gemeint ist[35]. Dies ergibt sich aus **Art. 36 SE-VO**, der nach zutreffender Auffassung nicht nur für die primäre Gründung einer gemeinsamen Tochter-SE[36], sondern auch für die sekundäre Gründung einer Tochter-SE gilt[37] (s. auch Art. 36 Rz. 2). Der 4. Abschnitt des Titel II umfasst nämlich – wie sich auch aus der allgemeinen Überschrift „Gründung einer Tochter-SE" ergibt[38] – in seinem Regelungsbereich grundsätzlich sowohl die primäre (vgl. deklaratorisch Art. 35 SE-VO, s. Art. 35 Rz. 1) als auch die sekundäre Gründung einer Tochter-SE[39]. Der Unterschied zwischen den beiden Varianten der Tochter-Gründung ist lediglich, dass Art. 3 Abs. 2 SE-VO – insofern als lex specialis zu Art. 2 Abs. 3 SE-VO[40] – einer bereits bestehenden SE das Exklusivrecht auf unilaterale Gründung einer Tochter-SE (s. oben Rz. 7) einräumt[41]. Zum gleichen Ergebnis[42] gelangt indes auch die Gegenansicht, die Art. 9 Abs. 1 SE-VO anwenden will[43].

13 Das eigentliche Gründungsverfahren, d.h. diejenigen Verfahrensschritte, die bereits die **Sphäre der künftigen Tochter-SE** betreffen, richtet sich kraft der für alle Gründungstatbestände geltenden partiellen Generalverweisung des **Art. 15 Abs. 1 SE-VO** (ausf. dazu Art. 15 Rz. 4 ff.) nach dem **Recht des geplanten Sitzstaats der Tochter-SE**[44]. Soweit dagegen im Schrifttum für die Anwendung des Sitzstaatsrechts der Tochter-SE als dogmatische Grundlage Art. 3 Abs. 1 SE-VO herangezogen wird[45], vermag dies schon deshalb nicht zu überzeugen, weil es sich bei dieser Norm überhaupt

---

33 Zust. *Habersack* in Habersack/Drinhausen, Art. 3 SE-VO Rz. 10; *Teichmann* in Van Hulle/Maul/Drinhausen, 4. Abschnitt § 49 Rz. 53; dezidiert bereits *Scheifele*, Gründung, S. 440; *Kalss* in Kalss/Hügel, Vor § 17 SEG – Gründung der SE Rz. 37; *Schwarz*, Art. 3 SE-VO Rz. 25 ff.
34 Vgl. *J. Schmidt*, „Deutsche" vs. britische" SE, S. 380 Fn. 1557.
35 Ebenso i.E. *Heckschen* in Widmann/Mayer, UmwG Anhang 14 Rz. 399, 404; *Hommelhoff/Teichmann*, SZW 2002, 1, 10 Fn. 53; *Kalss* in Kalss/Hügel, Vor § 17 SEG – Gründung der SE Rz. 37; *Kloster*, EuZW 2003, 25, 296; *Scheifele*, Gründung, S. 440 f.; *J. Schmidt*, „Deutsche" vs. britische" SE, S. 380; *Schwarz*, Art. 3 SE-VO Rz. 25.
36 So jedoch explizit *Scheifele*, Gründung, S. 385; *Schwarz*, Art. 35 SE-VO Rz. 1; vgl. weiter *Oetker* in FS Kreutz, 2010, S. 807 f.
37 Wie hier *Heckschen* in Widmann/Mayer, UmwG Anhang 14 Rz. 399, 404; *Hommelhoff/Teichmann*, SZW 2002, 1, 10 Fn. 53; *Kalss* in Kalss/Hügel, Vor § 17 SEG – Gründung der SE Rz. 37; *Kloster*, EuZW 2003, 295, 296; *J. Schmidt*, „Deutsche" vs. britische" SE, S. 380.
38 Im SE-VOE 1991 hatte es dagegen noch explizit „Gründung einer *gemeinsamen* Tochter-SE" geheißen.
39 Vgl. *J. Schmidt*, „Deutsche" vs. „britische" SE, S. 380.
40 Vgl. zur Notwendigkeit einer Beteiligung von mindestens zwei Rechtsträgern bei der Gründung einer gemeinsamen Tochter-SE Art. 35 Rz. 3.
41 *J. Schmidt*, „Deutsche" vs. „britische" SE, S. 380; vgl. auch *Schröder* in Manz/Mayer/Schröder, Art. 3 SE-VO Rz. 17.
42 Zutreffend *Habersack* in Habersack/Drinhausen, Art. 3 SE-VO Rz. 10.
43 So *Oechsler* in MünchKomm. AktG, 3. Aufl., Art. 3 SE-VO Rz. 6; *Scheifele*, Gründung, S. 385.
44 Ebenso *Habersack* in Habersack/Drinhausen, Art. 3 SE-VO Rz. 10; *Schwarz*, Art. 3 SE-VO Rz. 26; vgl. bereits *Scheifele*, Gründung, S. 441; *J. Schmidt*, „Deutsche" vs. „britische" SE, S. 380.
45 So *Heckschen* in Widmann/Mayer, UmwG Anhang 14 Rz. 399, 404; *Hommelhoff/Teichmann*, SZW 2002, 1, 10 Fn. 53; *Kalss* in Kalss/Hügel, Vor § 17 SEG – Gründung der SE Rz. 37.

nicht um eine Verweisung, sondern um eine die Gründungstatbestände der Art. 2 Abs. 1–3 SE-VO modifizierende Fiktion handelt (vgl. oben Rz. 1, 3)

b) Vorgelagertes Verfahren in einer „deutschen" Mutter-SE

Für das der eigentlichen Gründung vorgelagerte Verfahren in einer „deutschen" Mutter-SE gilt gem. Art. 36 SE-VO (vgl. oben Rz. 12) **„deutsches" SE-Recht**, d.h. primär die SE-VO sowie ergänzend das SEEG und deutsches Aktienrecht (vgl. Art. 9 Abs. 1 SE-VO, dazu ausf. Art. 9 Rz. 34 ff.). Ebenso wie bei der Beteiligung einer deutschen AG an der Gründung einer gemeinsamen Tochter-SE (dazu ausf. Art. 36 Rz. 10) kann daher auch hier via Art. 52 Satz 2 Alt. 1 SE-VO i.V.m. den Grundsätzen der **„Holzmüller"/„Gelatine"-Rechtsprechung**[46] eine Zustimmung der Hauptversammlung notwendig sein[47]. 14

c) Gründung einer sekundären Tochter-SE mit Sitz in Deutschland

Soll die Tochter-SE ihren Sitz in Deutschland haben, so gelten für das eigentliche Gründungsverfahren, d.h. diejenigen Verfahrensschritte, die bereits die Sphäre der (künftigen) Tochter-SE betreffen, gem. **Art. 15 Abs. 1 SE-VO** (s. ausf. oben Rz. 13) die allgemeinen **Vorschriften des deutschen Rechts über die Gründung einer Aktiengesellschaft**, also die §§ 23 ff. AktG[48]. Bzgl. der Einzelheiten des Verfahrensablaufs sei insoweit auf die Ausführungen zur primären Gründung einer gemeinsamen Tochter-SE mit Sitz in Deutschland (Art. 36 Rz. 15 ff.) verwiesen, die im Wesentlichen mutatis mutandis auch für die sekundäre Gründung einer SE mit Sitz in Deutschland gelten. 15

Anders als die primäre Gründung einer gemeinsamen Tochter-SE (dazu Art. 36 Rz. 17) kann die sekundäre Gründung einer Tochter-SE mit Sitz in Deutschland aber **nicht nur im Wege der Bar- oder Sachgründung** (Art. 15 Abs. 1 SE-VO i.V.m. §§ 23 ff. AktG) erfolgen (Rz. 15), sondern **auch** im Wege der **Ausgliederung** nach dem Umwandlungsgesetz (Art. 15 Abs. 1 SE-VO i.V.m. § 123 Abs. 3 Nr. 2 UmwG)[49]. Der restriktiven Sichtweise, wonach die sekundäre SE-Gründung nur mittels Aktienzeichnung und anschließender Leistung einer Bar- oder Sacheinlage erfolgen könne[50], ist nicht zu folgen. Vielmehr kommt für eine SE mit Sitz in Deutschland über Art. 15 Abs. 1 SE-VO generell das für deutsche Aktiengesellschaften maßgebliche Recht zur Anwendung, soweit die SE-VO keine abweichende Regelung enthält. Anders als die primäre Gründungsform des Art. 2 Abs. 3 SE-VO (dazu Art. 2 Rz. 21 ff., Art. 36 16

---

46 BGH v. 25.2.1982 – II ZR 174/80, BGHZ 83, 319 – „Holzmüller"; BGH v. 26.4.2004 – II ZR 154/02, NZG 2004, 575 – „Gelatine I"; BGH v. 26.4.2004 – II ZR 155/02, BGHZ 159, 30 – „Gelatine II".
47 *Heckschen* in Widmann/Mayer, UmwG Anhang 14 Rz. 406; *Maul* in KölnKomm. AktG, 3. Aufl., Art. 3 SE-VO Rz. 15; *Habersack* in Habersack/Drinhausen, Art. 3 SE-VO Rz. 11; *Schröder* in Manz/Mayer/Schröder, Art. 3 SE-VO Rz. 28 ff.
48 So auch *Maul* in KölnKomm. AktG, 3. Aufl., Art. 3 SE-VO Rz. 24 ff.; *Habersack* in Habersack/Drinhausen, Art. 3 SE-VO Rz. 11.
49 Wie hier *Casper* in Spindler/Stilz, AktG, Art. 3 SE-VO Rz. 40; *Habersack* in Habersack/Drinhausen, Art. 3 SE-VO Rz. 12; *Maul* in KölnKomm. AktG, 3. Aufl., Art. 3 SE-VO Rz. 34; *Oechsler* in MünchKomm. AktG, 3. Aufl., Art. 3 SE-VO Rz. 6; *Schröder* in Manz/Mayer/Schröder, Art. 36 SE-VO Rz. 127 *Kossmann/Heinrich*, ZIP 2007, 164, 168; *Marsch-Barner* in FS Happ 2006, S. 165, 170 ff.; *Kloster*, EuZW 2003, 293, 296; *A. Teichmann* in Lutter, § 124 UmwG Rz. 7; ausf. *Scheifele*, Gründung, S. 438, 442 f.; vgl. bereits *Bayer* in Lutter/Hommelhoff, Europäische Gesellschaft, S. 25, 27.
50 So *Hirte*, NZG 2002, 1, 4, 10; *Hirte*, DStR 2005, 700, 704; *Jannott* in Jannott/Frodermann, Handbuch Europäische Aktiengesellschaft, § 3 Rz. 14 ff.; vgl. auch *Schindler*, Europäische Aktiengesellschaft, S. 40; *Thoma/Leuering*, NJW 2002, 1449, 1451 Fn. 33.

Rz. 17) enthält Art. 3 Abs. 2 SE-VO für die sekundäre SE-Gründung eine solche Beschränkung indes nicht. Ebenso wenig steht der Numerus Clausus des § 1 UmwG entgegen; denn eine deutsche SE gilt gem. Art. 10 SE-VO als deutsche AG und kann folglich nach den Vorschriften über die AG-Umwandlung auch Ausgliederungen nach § 123 UmwG vornehmen[51].

17 **Nicht möglich** ist hingegen unter Heranziehung von Art. 3 Abs. 2 SE-VO die **Auf- oder Abspaltung** der SE gem. § 123 Abs. 1 Nr. 2, Abs. 2 Nr. 2 UmwG, weil hierdurch eine Schwester-SE und nicht – wie gefordert – eine Tochter-SE entstünde[52]. Auch wenn eine solche Gründungsvariante de lege ferenda erwägenswert erscheint[53], ist sie doch de lege lata ausgeschlossen[54].

18 Zu Besonderheiten bei der Gründung einer **Tochter-Vorrats-SE**: Art. 2 Rz. 31 ff.

IV. Ergänzende Anwendung des AktG

19 Vgl. zur „Holzmüller"/„Gelatine"-Rechtsprechung *Spindler* in K. Schmidt/Lutter, § 119 AktG Rz. 26 ff.

Ausführlich zum Ablauf der Gründung einer AG gem. §§ 23 ff. AktG *Seibt* in K. Schmidt/Lutter, § 23 AktG Rz. 1, 11 ff.

Art. 4
[Mindestkapital]

(1) Das Kapital der SE lautet auf Euro.

(2) Das gezeichnete Kapital muss mindestens 120 000 Euro betragen.

(3) Die Rechtsvorschriften eines Mitgliedstaats, die ein höheres gezeichnetes Kapital für Gesellschaften vorsehen, die bestimmte Arten von Tätigkeiten ausüben, gelten auch für SE mit Sitz in dem betreffenden Mitgliedstaat.

I. Regelungsgegenstand und Bedeutung 1	III. Mindestbetrag des gezeichneten Kapitals
II. Angabe des Kapitals in Euro	1. Höhe des Mindestkapitals 6
1. Angabe in Euro 3	2. Festsetzung des Kapitals 8
2. Rechtsfolgen bei Verstößen 5	3. Rechtsfolgen bei Verstößen 9
	IV. Sondervorschriften 10

Literatur *Bayer/J. Schmidt*, Europäische Gesellschaft als Rechtsform für den Mittelstand?!, AnwBl. 2009, 327; *Fleischer*, Die Finanzverfassung der Europäischen Gesellschaft, in Lutter/Hommelhoff (Hrsg.), Die Europäische Gesellschaft, 2005, S. 169; *Heckschen*, Die SE als Option

---

51 Ebenso *Hommelhoff*, AG 2001, 279, 280 („ausgegründet").
52 So zutreffend *Casper*, ZHR 173 (2009) 181, 192 f.; *Marsch-Barner* in FS Happ, 2006, S. 164, 170 ff.; *Habersack* in Habersack/Drinhausen, Art. 3 SE-VO Rz. 12; vgl. weiter *A. Teichmann* in Lutter, § 124 UmwG Rz. 7.
53 So *Casper*, ZHR 173 (2009), 181, 192 f.; vgl. tendenziell auch Bericht der Kommission SEK (2010) 1391, Gliederungspunkt 4.1.
54 Anders indes *Oechsler* in MünchKomm. AktG, 3. Aufl., Art. 3 SE-VO Rz. 6.

für den Mittelstand in FS H.P. Westermann, 2008, S. 999; *Koke*, Die Finanzverfassung der Europäischen Aktiengesellschaft (SE) mit Sitz in Deutschland, 2005; *Martens*, Kapital und Kapitalschutz in der S.E., in Lutter (Hrsg.), Die Europäische Aktiengesellschaft, 2. Aufl. 1978, S. 167.

I. Regelungsgegenstand und Bedeutung

Art. 4 SE-VO betrifft das **Mindestkapital der SE:** Abs. 1 verlangt, dass das Kapital in Euro angegeben wird; Abs. 2 schreibt einen Mindestbetrag des gezeichneten Kapitals von 120 000 Euro vor; Abs. 3 bestimmt, dass Sondervorschriften eines Mitgliedstaats, die ein höheres Mindestkapital für Gesellschaften mit einem bestimmten Unternehmensgegenstand vorsehen, auch für SE mit Sitz in dem betreffenden Mitgliedstaat gelten.

Die Vorschrift beruht auf dem **System des festen Garantiekapitals**[1], das auch der unionsrechtlichen RL 2012/30/EU[2] (früher: Kapitalrichtlinie[3]) zugrunde liegt. Sie stammt aus einer älteren Entwicklungsschicht der SE-VO[4] und konnte die jüngere Grundsatzdebatte über die Sinnhaftigkeit des Kapitals in Europa[5] noch nicht berücksichtigen[6]. Vor allem Großbritannien tritt auf Unionsebene für eine Reform der Kapitalrichtlinie und einen Verzicht auf das Mindestkapitalerfordernis ein[7]. Sollten sich diese Reformbestrebungen durchsetzen, dürfte das die Finanzverfassung der SE kaum unberührt lassen[8].

II. Angabe des Kapitals in Euro

1. Angabe in Euro

Gemäß Art. 4 Abs. 1 SE-VO muss das Kapital der SE auf **Euro** lauten. Bezugnahmen auf andere Währungen oder einen sonstigen Wertmesser sind unzulässig[9]. Das entspricht dem staatlichen Währungsmonopol in seiner Ausformung durch die **dritte Stufe der Wirtschafts- und Währungsunion** (WWU).

Ein **Mitgliedstaat, in dem** die **dritte Stufe der WWU nicht gilt**, kann gemäß Art. 67 Abs. 1 Satz 1 SE-VO für die SE mit Sitz in seinem Hoheitsgebiet eine in der Landeswährung ausgedrückte Kapitalziffer verlangen. Die betreffende SE kann jedoch ihr Kapital nach Art. 67 Abs. 1 Satz 2 SE-VO auf jeden Fall auch in Euro ausdrücken. In diesem Fall wird für die Umrechnung zwischen Landeswährung und Euro nach Art. 67 Abs. 1 Satz 3 SE-VO der Satz zugrunde gelegt, der am letzten Tag des Monats vor der Gründung der SE galt.

---

1 Vgl. *Casper* in Spindler/Stilz, Art. 4 SE-VO Rz. 2; *Diekmann* in Habersack/Drinhausen, Art. 4 SE-VO Rz. 1; *Koke*, S. 27 ff.
2 ABl. EU Nr. L 315 v. 14.11.2012, S. 74.
3 Richtlinie 77/91/EWG v. 13.12.1976, ABl. EG Nr. L 26 v. 31.1.1977, S. 1.
4 Dazu auch *Oechsler* in MünchKomm. AktG, 3. Aufl., Art. 4 SE-VO Rz. 2; allgemein zum windungsreichen Entstehungsprozess der SE-VO *Fleischer*, AcP 204 (2004), 502, 505 ff.
5 Umfassend die zahlreichen Beiträge in dem Sammelband von *Lutter* (Hrsg.), Das Kapital der Aktiengesellschaft in Europa, 2006, vgl. auch die Abwägung zwischen Mindestkapital und Solvency Tests bei *Diekmann* in Habersack/Drinhausen, Art. 4 SE-VO Rz. 2 ff.
6 Ebenso *Casper* in Spindler/Stilz, Art. 4 SE-VO Rz. 2.
7 Vgl. vor allem den sog. Rickford-Bericht, EBLR 2004, 919; ferner *Armour*, EBOR 7 (2006) 5, 17 ff.
8 Ähnlich *Oechsler* in MünchKomm. AktG, 3. Aufl., Art. 4 SE-VO Rz. 2.
9 Vgl. *Diekmann* in Habersack/Drinhausen, Art. 4 SE-VO Rz. 8; *Mayer* in Manz/Mayer/Schröder, Art. 4 SE-VO Rz. 7; *Wenz* in KölnKomm. AktG, 3. Aufl., Art. 4 SE-VO Rz. 9; für die AG *Fleischer* in K. Schmidt/Lutter, § 6 AktG Rz. 5.

2. Rechtsfolgen bei Verstößen

5 Lautet das Kapital nicht auf Euro, muss das Registergericht die **Eintragung der SE** in das Handelsregister nach Art. 15 Abs. 1 SE-VO i.V.m. § 38 Abs. 1 Satz 2 AktG **ablehnen**[10]. Erfolgt die Eintragung trotz eines Verstoßes gegen Art. 4 Abs. 1 SE-VO, ist die Gesellschaft wirksam entstanden[11]. Das Registergericht hat die SE jedoch über die Generalverweisung in Art. 9 Abs. 1 lit. c ii nach § 399 Abs. 1 FamFG zur Beseitigung des Mangels aufzufordern[12]. Kommt die SE dieser Aufforderung nicht nach, hat das Registergericht den Mangel nach § 399 Abs. 2 FamFG festzustellen. Mit Rechtskraft der Feststellungsverfügung wird die SE nach § 262 Abs. 1 Nr. 5 AktG aufgelöst[13].

III. Mindestbetrag des gezeichneten Kapitals

1. Höhe des Mindestkapitals

6 Das gezeichnete Kapital muss gemäß Art. 4 Abs. 2 SE-VO **mindestens 120 000 Euro** betragen. Dieser Mindestbetrag ist gegenüber früheren Entwürfen eines SE-Statuts deutlich abgesenkt worden[14]. Er beträgt aber noch immer fast das Fünffache des Mindestbetrags der Richtlinie 2012/30/EU von 25 000 Euro[15, 16]. Dies hat man **im Schrifttum als prohibitiv hoch kritisiert**[17]. Der 13. Erwägungsgrund der SE-VO rechtfertigt die Mindestkapitalanforderungen mit der Gewährleistung einer sinnvollen Unternehmensgröße und einer ausreichenden Vermögensgrundlage für die SE, ohne dass dadurch kleineren und mittleren Unternehmen die Gründung von SE erschwert werde[18]. Letzteres vermag nicht zu überzeugen; vielmehr unterstreicht die hohe Mindestkapitalziffer, dass die **SE in erster Linie für große Wirtschaftseinheiten konzipiert** ist[19]. Die Europäische Kommission stellte im Zuge der Evaluation der SE-VO jüngst die abschreckende Wirkung des Mindestkapitals fest, besonders in Ländern in denen 99 % aller Gesellschaften KMU sind[20].

---

10 Vgl. *Wenz* in KölnKomm. AktG, 3. Aufl., Art. 4 SE-VO Rz. 13; *Schwarz*, Art. 4 SE-VO Rz. 9; für die AG *Fleischer* in K. Schmidt/Lutter, § 6 AktG Rz. 8.
11 Vgl. *Wenz* in KölnKomm. AktG, 3. Aufl., Art. 4 SE-VO Rz. 13; *Schwarz*, Art. 4 SE-VO Rz. 9; für die AG *Fleischer* in K. Schmidt/Lutter, § 6 AktG Rz. 8.
12 Vgl. *Mayer* in Manz/Mayer/Schröder, Art. 4 SE-VO Rz. 17; *Schwarz*, Art. 4 SE-VO Rz. 9; für die AG *Fleischer* in K. Schmidt/Lutter, § 6 AktG Rz. 8.
13 Vgl. *Wenz* in KölnKomm. AktG, 3. Aufl., Art. 4 SE-VO Rz. 13; *Schwarz*, Art. 4 SE-VO Rz. 9; für die AG *Fleischer* in K. Schmidt/Lutter, § 6 AktG Rz. 8.
14 Der Vorentwurf eines SE-Statuts von *Sanders* aus dem Jahre 1967 hatte noch ein Mindestkapital von 1 Mio. Recheneinheiten vorgeschrieben; zum Entwurf von 1975/1979 *Martens*, S. 165, 168 f.; vgl. zur Entwicklung der Mindestkapitalhöhe auch *Wenz* in KölnKomm. AktG, 3. Aufl., Art. 4 SE-VO Rz. 3.
15 Vgl. Art. 6 Abs. 1 RL 2012/30/EU (Fn. 2).
16 Vgl. *Casper* in Spindler/Stilz, Art. 4 SE-VO Rz. 2; *Fleischer*, S. 169, 170.
17 Vgl. *Hommelhoff*, AG 2001, 279, 286; *Schwarz*, ZIP 2001, 1847, 1854 mit Fn. 50; genau entgegengesetzt *Baldamus*, Reform der Kapitalrichtlinie, 2002, S. 78 ff., der sich für eine Anhebung des Mindestgrundkapitals in Art. 6 Abs. 1 RL 2012/30/EU (Fn. 2) auf 120 000 Euro ausspricht.
18 Dazu auch *Blanquet*, ZGR 2002, 20, 52.
19 Vgl. *Diekmann* in Habersack/Drinhausen, Art. 4 SE-VO Rz. 12; *Fleischer*, S. 169, 170; *Hirte*, NZG 2002, 1, 9; *Hommelhoff*, AG 2001, 279, 286; monographisch *Gutsche*, Die Eignung der Europäischen Aktiengesellschaft für kleine und mittlere Unternehmen in Deutschland, 1994; relativierend *Heckschen* in FS H.P. Westermann, 2008, S. 999, 1003; *Wenz* in KölnKomm. AktG, 3. Aufl., Art. 4 SE-VO Rz. 6.
20 Vgl. KOM (2010) 676 vom 17.11.2010, S. 5 und 7; SEC (2010) 1391 vom 17.11.2010, S. 7.

Die vorgegebene Mindestkapitalziffer ist **zwingend**. Sie darf weder bei der Gründung noch bei einer späteren Kapitalherabsetzung unterschritten werden[21]. Eine **Ausnahme** macht allein **Art. 5 SE-VO i.V.m. § 228 AktG**, wonach das Kapital unter den Mindestnennbetrag herabgesetzt werden kann, wenn dieser durch eine gleichzeitig beschlossene **Barkapitalerhöhung** wieder erreicht wird[22]. Art. 4 Abs. 2 ist auch von SE in Mitgliedstaaten zu beachten, in denen die dritte Stufe der WWU nicht gilt: Die Sonderregelung in Art. 67 SE-VO (vgl. oben Rz. 4) betrifft nur den Ausweis des Kapitals, nicht aber dessen Mindesthöhe[23]. Der Betrag von 120 000 Euro kann überschritten werden; eine Obergrenze besteht nicht[24]. 7

2. Festsetzung des Kapitals

Gemäß Art. 9 Abs. 1 lit. c ii bzw. Art. 15 Abs. 1 SE-VO i.V.m. § 23 Abs. 3 Nr. 3 AktG muss die Höhe des Kapitals **in der Satzung festgesetzt** werden[25]. Herauf- und Herabsetzungen bedürfen daher stets einer Satzungsänderung. Im Rahmen der gesetzlichen Vorgaben liegt die Wahl der Kapitalziffer im unternehmerischen Ermessen der Gründer[26]. Eine dem angestrebten Geschäftsumfang angemessene Kapitalausstattung verlangen weder die SE-VO noch das AktG[27]. Für sie bietet auch die betriebswirtschaftliche Finanzierungstheorie keine handhabbaren Größen an[28]. 8

3. Rechtsfolgen bei Verstößen

Bei Unterschreiten des Mindestbetrags muss das Registergericht die **Eintragung der SE** in das Handelsregister nach Art. 15 Abs. 1 SE-VO i.V.m. § 38 Abs. 1 Satz 2 AktG **verweigern**[29]. Wird die SE gleichwohl eingetragen, so ist sie wirksam entstanden[30]. Eine Nichtigkeitsklage nach Art. 9 Abs. 1 lit. c ii SE-VO i.V.m. § 275 AktG scheidet aus[31]. Das Registergericht hat aber das **Amtsauflösungsverfahren** nach § 399 Abs. 1 FamFG zu betreiben und die SE zur Mängelbeseitigung aufzufordern[32]. Kommt die SE dieser Aufforderung nicht nach, wird sie nach § 262 Abs. 1 Nr. 5 AktG aufgelöst[33]. 9

---

21 Vgl. *Mayer* in Manz/Mayer/Schröder, Art. 4 SE-VO Rz. 12.
22 Vgl. *Koke*, S. 218 f.; *Mayer* in Manz/Mayer/Schröder, Art. 4 SE-VO Rz. 12; *Oechsler* in Münch-Komm. AktG, 3. Aufl., Art. 5 SE-VO Rz. 34; *Wenz* in KölnKomm. AktG, 3. Aufl., Art. 4 SE-VO Rz. 15; für die AG *Fleischer* in K. Schmidt/Lutter, § 7 AktG Rz. 5.
23 Vgl. *Mayer* in Manz/Mayer/Schröder, Art. 4 SE-VO Rz. 13.
24 Vgl. *Schwarz*, Art. 4 SE-VO Rz. 9; für die AG *Fleischer* in K. Schmidt/Lutter, § 7 AktG Rz. 5.
25 Vgl. *Diekmann* in Habersack/Drinhausen, Art. 4 SE-VO Rz. 15; *Schwarz*, Art. 4 SE-VO Rz. 10; für die AG *Fleischer* in K. Schmidt/Lutter, § 7 AktG Rz. 7.
26 Vgl. *Koke*, S. 29; *Schwarz*, Art. 4 SE-VO Rz. 10; für die AG *Fleischer* in K. Schmidt/Lutter, § 7 AktG Rz. 7.
27 Missverständlich *Schwarz*, Art. 4 SE-VO Rz. 10.
28 Näher *Fleischer* in K. Schmidt/Lutter, § 7 AktG Rz. 7 m.w.N.
29 Vgl. *Mayer* in Manz/Mayer/Schröder, Art. 4 SE-VO Rz. 17; *Schwarz*, Art. 4 SE-VO Rz. 9; *Wenz* in KölnKomm. AktG, 3. Aufl., Art. 4 SE-VO Rz. 19; für die AG *Fleischer* in K. Schmidt/Lutter, § 7 AktG Rz. 8.
30 Vgl. *Schwarz*, Art. 4 SE-VO Rz. 9; *Wenz* in KölnKomm. AktG, 3. Aufl., Art. 4 SE-VO Rz. 19; für die AG *Fleischer* in K. Schmidt/Lutter, § 7 AktG Rz. 8.
31 Vgl. *Diekmann* in Habersack/Drinhausen, Art. 4 SE-VO Rz. 16; für die AG *Fleischer* in K. Schmidt/Lutter, § 7 AktG Rz. 8.
32 Vgl. *Mayer* in Manz/Mayer/Schröder, Art. 4 SE-VO Rz. 17; *Schwarz*, Art. 4 SE-VO Rz. 9; für die AG *Fleischer* in K. Schmidt/Lutter, § 7 AktG Rz. 8.
33 Vgl. *Mayer* in Manz/Mayer/Schröder, Art. 4 SE-VO Rz. 17; *Schwarz*, Art. 4 SE-VO Rz. 9; *Wenz* in KölnKomm. AktG, 3. Aufl., Art. 4 SE-VO Rz. 19; für die AG *Fleischer* in K. Schmidt/Lutter, § 7 AktG Rz. 8.

IV. Sondervorschriften

10 Nach Art. 4 Abs. 3 SE-VO gelten Rechtsvorschriften eines Mitgliedstaates, die ein höheres gezeichnetes Kapital für die Gesellschaften vorsehen, die bestimmte Arten von Tätigkeiten ausüben, auch für SE mit Sitz in dem betreffenden Mitgliedstaat. Solche **Sondervorschriften** bestehen **hierzulande** etwa für Kapitalverwaltungsgesellschaften (§ 25 Abs. 1 Nr. 1 lit. a, b KAGB: 300 000 Euro für interne, 125 000 Euro für externe), Unternehmensbeteiligungsgesellschaften (§ 2 Abs. 4 UBGG: 1 Mio. Euro) und REIT-Aktiengesellschaften (§ 4 REITG: 15 Mio. Euro)[34]. Von anderer Qualität, weil nicht an das gezeichnete Kapital anknüpfend, sind die Eigenkapitalanforderungen im Kreditwesengesetz (§ 10 Abs. 1 Satz 1 KWG) und im Pfandbriefgesetz (§ 2 Abs. 1 Nr. 1 PfandBG). Eine **Verletzung** der Sondervorschriften hat allerdings **keine gesellschaftsrechtlichen Konsequenzen**[35]. Insbesondere darf der Registerrichter die Eintragung der SE in das Handelsregister nicht verweigern.

Art. 5
[Kapital, Aktien]

Vorbehaltlich des Artikels 4 Absätze 1 und 2 gelten für das Kapital der SE, dessen Erhaltung und dessen Änderungen sowie die Aktien, die Schuldverschreibungen und sonstige vergleichbare Wertpapiere der SE die Vorschriften, die für eine Aktiengesellschaft mit Sitz in dem Mitgliedstaat, in dem die SE eingetragen ist, gelten würden.

I. Regelungsgegenstand und Bedeutung 1	III. Einzelne Verweisungsgegenstände
II. Verhältnis zu anderen Verweisungsnormen	1. Kapitalaufbringung? 5
1. Art. 15 SE-VO (Gründungsrecht) ... 3	2. Kapitalerhaltung............. 6
2. Art. 10 SE-VO (Gleichbehandlungsgebot) 4	3. Kapitalmaßnahmen a) Kapitalerhöhung .... 8 b) Kapitalherabsetzung 9
	4. Aktien, Schuldverschreibungen und vergleichbare Wertpapiere 10

Literatur: *Fleischer*, Die Finanzverfassung der Europäischen Gesellschaft, in Lutter/Hommelhoff (Hrsg.), Die Europäische Gesellschaft, 2005, S. 169; *Kleeberg*, Kapitalaufbringung bei Gründung der Societas Europaea, 2006 (zit.: Kapitalaufbringung); *Koke*, Die Finanzverfassung der Europäischen Aktiengesellschaft (SE) mit Sitz in Deutschland, 2005 (zit.: Finanzverfassung); *Lutter*, Die Aktien der S.E., in Lutter (Hrsg.), Die Europäische Aktiengesellschaft, 2. Aufl. 1978, S. 145; *Martens*, Kapital und Kapitalschutz in der S.E., in Lutter (Hrsg.), Die Europäische Aktiengesellschaft, 2. Aufl. 1978, S. 167; *Oechsler*, Kapitalerhaltung in der Europäischen Gesellschaft (SE), NZG 2005, 449; *H.P. Westermann*, Die Finanzierung der S.E. (Kapitalerhöhung, Anleihen, Wandelschuldverschreibungen), in Lutter (Hrsg.), Die Europäische Aktiengesellschaft, 2. Aufl. 1978, S. 195.

---

34 Vgl. *Diekmann* in Habersack/Drinhausen, Art. 4 SE-VO Rz. 17; näher *Fleischer* in K. Schmidt/Lutter, § 7 AktG Rz. 6.
35 Vgl. *Diekmann* in Habersack/Drinhausen, Art. 4 SE-VO Rz. 18; *Mayer* in Manz/Mayer/Schröder, Art. 4 SE-VO Rz. 19; *Wenz* in KölnKomm. AktG, 3. Aufl., Art. 4 SE-VO Rz. 23; *Schwarz*, Art. 4 SE-VO Rz. 11; für die AG *Fleischer* in K. Schmidt/Lutter, § 7 AktG Rz. 6.

I. Regelungsgegenstand und Bedeutung

Art. 5 SE-VO betrifft mit dem Kapital und dessen Erhaltung, den Kapitalmaßnahmen sowie den Aktien, Schuldverschreibungen und vergleichbaren Wertpapieren **Kernbestandteile der Finanzverfassung der SE**. Im Gegensatz zu den Vorentwürfen eines SE-Statuts[1] verzichtet er allerdings auf eine umfangreiche Regelung, sondern **verweist statt dessen auf das Aktienrecht des Sitzmitgliedstaats**[2]. Zur Begründung dieser Verweisungstechnik beruft sich der 9. Erwägungsgrund auf „beachtliche Fortschritte" bei der **Angleichung des nationalen Gesellschaftsrechts**. Im vorliegenden Zusammenhang ist dies auf die **RL 2012/30/EU**[3] (früher: Kapitalrichtlinie[4]) gemünzt, die den kontinentaleuropäischen Grundsatz des Garantiekapitals unionsweit festgeschrieben hat. Ihr Grundgerüst führt allerdings keineswegs zu einer uniformen Finanzverfassung der SE in Europa; vielmehr **verbleiben den Mitgliedstaaten beträchtliche Regelungsspielräume** zur Verwirklichung eigener Rechtsideen und zur Einführung neuartiger Finanzierungsinstrumente[5]. 1

Die Verweisung in Art. 5 SE-VO ist nach zutreffender h.M. eine reine **Sachnormverweisung** auf das materielle Recht und keine Gesamtnormverweisung[6]. Sie nimmt also die internationalprivatrechtlichen Vorschriften des Sitzstaatenrechts nicht in Bezug, sondern verweist ausschließlich auf die Kapital- und Wertpapiervorschriften des nationalen Aktienrechts. Weil es sich insoweit um eine **vollumfängliche Bezugnahme** handelt, kann man von einer **partiellen Generalverweisung** sprechen[7]. Verweisungsobjekt ist das angeglichene nationale Recht[8]; die RL 2012/30/EU kommt nur im Wege richtlinienkonformer Auslegung des Sitzstaatenrechts zur Anwendung[9]. Zum Korpus des nationalen Rechts gehören neben dem geschriebenen Recht auch richterrechtliche und sonstige ungeschriebene Rechtsgrundsätze[10]. Die Schaffung eines eigenen **Sonderrechts für das Kapital der SE** durch den nationalen Gesetzgeber, die im Schrifttum gelegentlich gefordert wurde[11], wäre **mit Art. 5 SE-VO unvereinbar**[12]. 2

---

1 Vgl. den Dritten geänderten Vorschlag eines SE-Statuts v. 16.5.1991, ABl. EG Nr. C 176 v. 8.7.1991, S. 1, der dem Themenbereich „Kapital, Aktien und andere Wertpapiere" noch einen ganzen Titel mit 17 Artikeln gewidmet hatte; ausführlich dazu *Jaeger*, Die Europäische Aktiengesellschaft – europäischen oder nationalen Rechts, 1994, S. 39 ff.
2 Zum Verzicht auf ein Vollstatut der SE-Finanzverfassung *Fleischer* in Lutter/Hommelhoff, Die Europäische Gesellschaft, S. 169, 170 f.; *Mayer* in Manz/Mayer/Schröder, Art. 5 SE-VO Rz. 1; *Oechsler* in MünchKomm. AktG, 3. Aufl., Art. 5 SE-VO Rz. 1; *Schwarz*, Art. 5 SE-VO Rz. 1; *Wenz* in KölnKomm. AktG, 3. Aufl., Art. 5 SE-VO Rz. 2 f.
3 ABl. EU Nr. L 315 v. 14.11.2012, S. 74.
4 Richtlinie 77/91/EWG v. 13.12.1976, ABl. EG Nr. L 26 v. 31.1.1977, S. 1.
5 Näher *Fleischer* in Lutter/Hommelhoff, Die Europäische Gesellschaft, S. 169, 173 ff.
6 Vgl. *Casper* in Spindler/Stilz, Art. 5 SE-VO Rz. 2; *Diekmann* in Habersack/Drinhausen, Art. 5 SE-VO Rz. 1; *Mayer* in Manz/Mayer/Schröder, Art. 5 SE-VO Rz. 4 ff.; *Oechsler* in MünchKomm. AktG, 3. Aufl., Art. 5 SE-VO Rz. 5; *Wenz* in KölnKomm. AktG, 3. Aufl., Art. 5 SE-VO Rz. 4.
7 Vgl. *Fleischer* in Lutter/Hommelhoff, Europäische Gesellschaft, S. 169, 171; *Hirte*, NZG 2002, 1, 9; *Koke*, Finanzverfassung, S. 22; kritisch dazu *Casper* in Spindler/Stilz, Art. 5 SE-VO Rz. 1 mit Fn. 2.
8 Vgl. *Casper* in Spindler/Stilz, Art. 5 SE-VO Rz. 2; *Oechsler* in MünchKomm. AktG, 3. Aufl., Art. 5 SE-VO Rz. 4.
9 Vgl. *Casper* in Spindler/Stilz, Art. 5 SE-VO Rz. 2; *Oechsler* in MünchKomm. AktG, 3. Aufl., Art. 5 SE-VO Rz. 4.
10 Vgl. *Casper* in Spindler/Stilz, Art. 5 SE-VO Rz. 2; *Oechsler* in MünchKomm. AktG, 3. Aufl., Art. 5 SE-VO Rz. 4; *Wenz* in KölnKomm. AktG, 3. Aufl., Art. 5 SE-VO Rz. 8.
11 So *Kallmeyer*, AG 2003, 197, 198; gegen ihn aber *Ihrig/Wagner*, BB 2003, 969, 970; *Koke*, Finanzverfassung, S. 21 f.; *Teichmann*, ZIP 2002, 1109, 1110.
12 Ebenso *Mayer* in Manz/Mayer/Schröder, Art. 5 SE-VO Rz. 2; *Schwarz*, Art. 5 SE-VO Rz. 6.

II. Verhältnis zu anderen Verweisungsnormen

1. Art. 15 SE-VO (Gründungsrecht)

3 Nach **Art. 15 Abs. 1 SE-VO** findet auf die Gründung einer SE das für die Aktiengesellschaft geltende Recht des Staats Anwendung, in dem die SE ihren Sitz begründet. Diese **Verweisung auf das nationale Gründungsrecht** genießt **Vorrang vor Art. 5 SE-VO**[13]. Sie erstreckt sich auf alle Vorschriften zur Sicherung der Kapitalaufbringung im Gründungsstadium[14]. Es ist daher unzutreffend, Art. 5 SE-VO als maßgebliche Verweisungsnorm für die Kapitalaufbringung zu bezeichnen[15].

2. Art. 10 SE-VO (Gleichbehandlungsgebot)

4 Nach **Art. 10 SE-VO** wird eine SE in jedem Mitgliedstaat wie eine Aktiengesellschaft behandelt, die nach dem Recht des Sitzstaats der SE gegründet wurde. Im Schrifttum hat man die Frage aufgeworfen, ob es angesichts dieses **Gleichbehandlungsgebots** überhaupt einer Sonderverweisung in Art. 5 bedurft hätte[16]. Sie hat wegen übereinstimmender Verweisungsergebnisse keine praktische Bedeutung[17]; rechtstheoretisch ist **Art. 5 SE-VO** in Bezug auf die Finanzverfassung der SE **die speziellere Norm**[18].

III. Einzelne Verweisungsgegenstände

1. Kapitalaufbringung?

5 Für die erstmalige Aufbringung des Gesellschaftskapitals der SE im Gründungsstadium ist **Art. 15 Abs. 1 SE-VO die maßgebliche Brückenvorschrift** ins nationale Aktienrecht (vgl. bereits Rz. 3)[19]. Von Belang ist dies vor allem wegen seines Regelungsvorbehalts für die SE-VO („vorbehaltlich der Bestimmungen dieser Verordnung"), der in Art. 5 SE-VO kein Gegenstück hat[20].

2. Kapitalerhaltung

6 Art. 5 SE-VO verweist ausdrücklich auf die Kapitalerhaltungsvorschriften des nationalen Aktienrechts, für eine in Deutschland ansässige SE also auf die Schlüsselvorschriften der §§ 57, 62 AktG[21] und deren Begleitvorschriften zur Sicherung der Kapi-

---

[13] Vgl. *Casper* in Spindler/Stilz, Art. 5 SE-VO Rz. 1; *Diekmann* in Habersack/Drinhausen, Art. 5 SE-VO Rz. 4; *Fleischer* in Lutter/Hommelhoff, Europäische Gesellschaft, S. 169, 172; *Koke*, Finanzverfassung, S. 23 ff.; *Schwarz*, Art. 5 SE-VO Rz. 5.

[14] Vgl. *Casper* in Spindler/Stilz, Art. 5 SE-VO Rz. 1; *Schwarz*, Art. 5 SE-VO Rz. 5; ausführlich *Kleeberg*, Kapitalaufbringung, S. 55 ff.

[15] So aber *Hirte*, NZG 2002, 1, 9; *Lutter*, BB 2002, 1, 3; *Mayer* in Manz/Mayer/Schröder, Art. 5 SE-VO Rz. 10; *Pluskat*, EuZW 2001, 524, 526; *Thoma/Leuering*, NJW 2002, 1449, 1451.

[16] Vgl. *Habersack*, ZGR 2003, 724, 731; *Oechsler* in MünchKomm. AktG, 3. Aufl., Art. 5 SE-VO Rz. 2.

[17] Auf gleicher Linie *Casper* in Spindler/Stilz, Art. 5 SE-VO Rz. 1 mit Fn. 7; *Wenz* in KölnKomm. AktG, 3. Aufl., Art. 5 SE-VO Rz. 5.

[18] Vgl. *Wenz* in KölnKomm. AktG, 3. Aufl., Art. 5 SE-VO Rz. 5; gleichsinnig *Oechsler* in MünchKomm. AktG, 3. Aufl., Art. 5 SE-VO Rz. 2: „Konkretisierung".

[19] Vgl. *Casper* in Spindler/Stilz, Art. 5 SE-VO Rz. 1; *Fleischer* in Lutter/Hommelhoff, Die Europäische Gesellschaft, S. 169, 172; *Oechsler* in MünchKomm. AktG, 3. Aufl., Art. 5 SE-VO Rz. 7; *Wenz* in KölnKomm. AktG, 3. Aufl., Art. 5 SE-VO Rz. 11.

[20] Vgl. *Casper* in Spindler/Stilz, Art. 5 SE-VO Rz. 1; *Oechsler* in MünchKomm. AktG, 3. Aufl., Art. 5 SE-VO Rz. 7.

[21] Vgl. *Diekmann* in Habersack/Drinhausen, Art. 5 SE-VO Rz. 5; *Wenz* in KölnKomm. AktG, 3. Aufl., Art. 5 SE-VO Rz. 12; näher *Oechsler* in MünchKomm. AktG, 3. Aufl., Art. 5 SE-VO Rz. 9 f.

talerhaltung[22]. Wie bereits erwähnt (oben Rz. 2), kommt es insoweit auf das harmonisierte nationale Recht an, das in Teilbereichen über den Mindeststandard der RL 2012/30/EU hinausgehen kann[23].

Detailprobleme ergeben sich im Zusammenhang mit der **Bedienung von Abfindungsrechten** bei einer Sitzverlegung (Art. 8 Abs. 5 SE-VO), Verschmelzung (Art. 24 Abs. 2 SE-VO) oder Holding-Gründung (Art. 34 SE-VO). Richtigerweise führt hier bereits eine erweiternde Auslegung des § 71 Abs. 1 Nr. 3 AktG zum Ziel[24], so dass man nicht auf § 71 Abs. 1 Nr. 8 AktG zurückgreifen muss, der zusätzlich einen Ermächtigungsbeschluss verlangt. Darüber hinaus stellen sich **Sonderfragen bei einer deutschen SE mit monistischem System**. Nach der Grundregel des § 22 Abs. 6 SEAG tritt der Verwaltungsrat in seiner Gesamtheit an die Stelle des Vorstands. Er ist richtigerweise auch als Adressat des Ermächtigungsbeschlusses nach § 71 Abs. 1 Nr. 8 Satz 1 AktG anzusehen[25]. Anmeldungen von Kapitalmaßnahmen zur Eintragung in das Handelsregister nehmen dagegen nach § 40 Abs. 2 Satz 4 SEAG lediglich die geschäftsführenden Direktoren vor[26]. 7

3. Kapitalmaßnahmen

a) Kapitalerhöhung

Für Kapitalerhöhungen gelten über Art. 5 SE-VO die Vorschriften über die ordentliche Kapitalerhöhung (§§ 182 bis 191 AktG), die bedingte Kapitalerhöhung (§§ 192 bis 201 AktG), die Kapitalerhöhung aus genehmigtem Kapital (§§ 202 bis 206 AktG) sowie die Kapitalerhöhung aus Gesellschaftsmitteln (§§ 207 bis 220 AktG)[27]. Hervorhebung verdient insbesondere das **Bezugsrecht der Altaktionäre** bei Kapitalerhöhungen (§ 186 AktG), das hierzulande über den Mindeststandard der RL 2012/30/EU hinausgeht[28]. Im Rahmen des bedingten Kapitals wird bei einer monistisch strukturierten SE darum gestritten, welche Führungskräfte Begünstigte von **Aktienoptionsprogrammen** (§§ 192 Abs. 2 Nr. 3, 193 Abs. 2 Nr. 4 AktG) sein können. Mit Blick auf die einschlägige BGH-Rechtsprechung[29] sprechen die besseren Gründe für eine Beschränkung auf geschäftsführende Direktoren[30]. Beim **genehmigten Kapital** stellen sich bei einer in Deutschland ansässigen monistischen SE Fragen der Kompetenzaufteilung: Manche weisen hier dem Verwaltungsratsvorsitzenden die Initiativkompetenz des Vorstands (§ 204 Abs. 1 AktG) und dem Verwaltungsrat den Zustim- 8

---

22 Vgl. *Casper* in Spindler/Stilz, Art. 5 SE-VO Rz. 2.
23 Beispiele bei *Oechsler* in MünchKomm. AktG, 3. Aufl., Art. 5 SE-VO Rz. 24.
24 Ebenso *Casper* in Spindler/Stilz, Art. 5 SE-VO Rz. 3; *Diekmann* in Habersack/Drinhausen, Art. 5 SE-VO Rz. 6; *Oechsler* in MünchKomm. AktG, 3. Aufl., Art. 5 SE-VO Rz. 12 ff.
25 Wie hier *Casper* in Spindler/Stilz, Art. 5 SE-VO Rz. 4; *Diekmann* in Habersack/Drinhausen, Art. 5 SE-VO Rz. 7; *Oechsler* in MünchKomm. AktG, 3. Aufl., Art. 5 SE-VO Rz. 25.
26 Vgl. *Casper* in Spindler/Stilz, Art. 5 SE-VO Rz. 4; *Diekmann* in Habersack/Drinhausen, Art. 5 SE-VO Rz. 7.
27 Vgl. *Koke*, Finanzverfassung, S. 117 ff.; *Mayer* in Manz/Mayer/Schröder, Art. 5 SE-VO Rz. 17; *Oechsler* in MünchKomm. AktG, 3. Aufl., Art. 5 SE-VO Rz. 28; *Schwarz*, Art. 5 SE-VO Rz. 7; *Wenz* in KölnKomm. AktG, 3. Aufl., Art. 5 SE-VO Rz. 17.
28 Vgl. *Fleischer* in Lutter/Hommelhoff, Die Europäische Gesellschaft, S. 169, 173; *Oechsler* in MünchKomm. AktG, 3. Aufl., Art. 5 SE-VO Rz. 28; ausführlich *Schwarz*, Art. 5 SE-VO Rz. 20 ff.; *Koke*, Finanzverfassung, S. 152 ff.; ferner EuGH v. 19.11.1996 – Rs. C 42/95 – „Siemens/Nold", Slg. 1996, I-6028.
29 Vgl. BGH v. 16.2.2004 – II ZR 316/02 – „Mobilcom", BGHZ 158, 122 = AG 2004, 265.
30 Wie hier *Casper* in Spindler/Stilz, Art. 5 SE-VO Rz. 4; *Diekmann* in Habersack/Drinhausen, Art. 5 SE-VO Rz. 8; *Koke*, Finanzverfassung, S. 165 ff.; *Oechsler*, NZG 2005, 449, 451; abw. *Schwarz*, Art. 5 SE-VO Rz. 20.

mungsvorbehalt des Aufsichtsrats (§ 205 Abs. 2 AktG) zu[31]; andere halten eine Ermächtigung der geschäftsführenden Direktoren durch den Verwaltungsrat für möglich[32]; wieder andere sprechen sich für eine Initiativkompetenz aller geschäftsführenden Direktoren in ihrer Gesamtheit und einen Zustimmungsvorbehalt des Verwaltungsrats aus[33]. Der letztgenannten Ansicht ist beizutreten.

b) Kapitalherabsetzung

9 Auf Kapitalherabsetzungen finden vermittels Art. 5 SE-VO die Vorschriften über die ordentliche Kapitalherabsetzung (§§ 222 bis 228 AktG), die vereinfachte Kapitalherabsetzung (§§ 229 bis 236 AktG) und die Kapitalherabsetzung durch Einziehung von Aktien (§§ 237 bis 239 AktG) Anwendung[34]. In Erinnerung zu rufen ist hier vor allem, dass ein **Kapitalschnitt** nach § 228 AktG **mit** der Regelung über das Mindestkapital in **Art. 4 Abs. 2 SE-VO vereinbar** ist (vgl. bereits Art. 4 Rz. 7)[35].

4. Aktien, Schuldverschreibungen und vergleichbare Wertpapiere

10 Schließlich gelten nach Art. 5 SE-VO auch für die Aktien, Schuldverschreibungen und sonstigen vergleichbaren Wertpapiere der SE die Vorschriften des nationalen Rechts. Im Hinblick auf **Aktien** betrifft dies namentlich die Fragen nach ihrer Ausgestaltung als Inhaber- oder Namensaktien[36], nach den zulässigen Aktiengattungen[37] sowie nach der Verbriefung, Übertragbarkeit und Vinkulierung von Aktien[38]. Nicht unter Art. 5, sondern unter Art. 9 Abs. 1 lit. c ii fallen dagegen die Mitgliedsrechte der Aktionäre[39]. Was die **Schuldverschreibungen** anbelangt, bezieht sich Art. 5 SE-VO insbesondere auf die Fragen nach ihrer grundsätzlichen Zulässigkeit, ihren möglichen Varianten und den gesellschaftsrechtlichen Bedingungen ihrer Ausgabe[40]. **Sonstige vergleichbare Wertpapiere** sind namentlich Genussscheine (§ 221 Abs. 3 AktG) und Zwischenscheine (§§ 8 Abs. 6, 10 Abs. 3 und 4 AktG)[41].

---

31 So *Oechsler* in MünchKomm. AktG, 3. Aufl., Art. 5 SE-VO Rz. 31; *Oechsler*, NZG 2005, 449, 453.
32 Vgl. *Schwintowski* in Jannott/Frodermann, Handbuch Europäische Aktiengesellschaft, § 8 Rz. 93.
33 Vgl. *Casper* in Spindler/Stilz, Art. 5 SE-VO Rz. 4; *Diekmann* in Habersack/Drinhausen, Art. 5 SE-VO Rz. 20.
34 Vgl. *Diekmann* in Habersack/Drinhausen, Art. 5 SE-VO Rz. 21; *Koke*, Finanzverfassung, S. 217 ff.; *Mayer* in Manz/Mayer/Schröder, Art. 5 SE-VO Rz. 17; *Oechsler* in MünchKomm. AktG, 3. Aufl., Art. 5 SE-VO Rz. 28; *Schwarz*, Art. 5 SE-VO Rz. 7; *Wenz* in KölnKomm. AktG, 3. Aufl., Art. 5 SE-VO Rz. 20.
35 Vgl. *Oechsler* in MünchKomm. AktG, 3. Aufl., Art. 5 SE-VO Rz. 34.
36 Vgl. *Koke*, Finanzverfassung, S. 83; *Oechsler* in MünchKomm. AktG, 3. Aufl., Art. 5 SE-VO Rz. 36; *Schwarz*, Art. 5 SE-VO Rz. 46; *Wenz* in KölnKomm. AktG, 3. Aufl., Art. 5 SE-VO Rz. 29.
37 Vgl. *Koke*, Finanzverfassung, S. 84 ff.; *Oechsler* in MünchKomm. AktG, 3. Aufl., Art. 5 SE-VO Rz. 36; *Schwarz*, Art. 5 SE-VO Rz. 47 ff.; *Wenz* in KölnKomm. AktG, 3. Aufl., Art. 5 SE-VO Rz. 27.
38 Vgl. *Mayer* in Manz/Mayer/Schröder, Art. 5 SE-VO Rz. 25; *Oechsler* in MünchKomm. AktG, 3. Aufl., Art. 5 SE-VO Rz. 36; *Schwarz*, Art. 5 SE-VO Rz. 56. Ausführlicher zur Aktie unten Art. 5 Anh. I – Die Aktie.
39 Wie hier *Diekmann* in Habersack/Drinhausen, Art. 5 SE-VO Rz. 24; *Oechsler* in MünchKomm. AktG, 3. Aufl., Art. 5 SE-VO Rz. 35; offen lassend *Mayer* in Manz/Mayer/Schröder, Art. 5 SE-VO Rz. 27 f.
40 Vgl. *Koke*, Finanzverfassung, S. 203 ff.; *Oechsler* in MünchKomm. AktG, 3. Aufl., Art. 5 SE-VO Rz. 37; *Schwarz*, Art. 5 SE-VO Rz. 68; *Wenz* in KölnKomm. AktG, 3. Aufl., Art. 5 SE-VO Rz. 30 ff.; ausführlicher zu den Schuldverschreibungen unten Art. 5 Anh. II.
41 Vgl. *Oechsler* in MünchKomm. AktG, 3. Aufl., Art. 5 SE-VO Rz. 38.

Anhang I zu Art. 5 SE-VO
Die Aktie

I. Überblick 1	II. „Aktie" als Gegenstand der Verweisung 7
1. Entstehungsgeschichte der Verweisung auf nationales Recht 2	III. Inhalt der Verweisung 15
2. Gesetzgebungstechnische Bedeutung der Verweisung 5	IV. Konsequenzen der Verweisung auf nationales Recht 21

Literatur: Fischer, Der Sonderbeschluss der Vorzugsaktionäre in der Societas Europaea (SE), ZGR 2013, 832; *Fleischer*, Die Finanzverfassung der Europäischen Gesellschaft, in Lutter/Hommelhoff, Die Europäische Gesellschaft, 2005, S. 169 ff.; *Hommelhoff*, Normenhierarchie für die Europäische Gesellschaft, in Lutter/Hommelhoff, Die Europäische Gesellschaft, 2005, S. 5 ff.; *C. Jaeger*, Die Europäische Aktiengesellschaft – europäischen oder nationalen Rechts?, 1994; *Lutter*, Die Aktien der S. E., in Lutter, Die Europäische Aktiengesellschaft, 1976, S. 145 ff.; *Merkt*, Die Europäische Gesellschaft als börsennotierte Gesellschaft, in Lutter/Hommelhoff, Die Europäische Gesellschaft, 2005, S. 179 ff.

I. Überblick

Die SE-VO enthält – anders als die Entwürfe[1] – **keine eigenständigen Sachregelungen** zur Aktie. Art. 1 Abs. 2 SE-VO bestimmt, dass das Kapital der SE in Aktien zerlegt ist. Nach Art. 5 SE-VO gelten für die Aktien der SE die Vorschriften, die für eine Aktiengesellschaft mit Sitz in dem Mitgliedstaat, in dem die SE eingetragen ist, gelten würden. 1

1. Entstehungsgeschichte der Verweisung auf nationales Recht

Der ursprüngliche Entwurf von 1970[2] (ebenso wie der Vorentwurf von *Sanders* aus dem Jahr 1966[3]) und der erste geänderte Entwurf von 1975[4] enthielten recht umfängliche Regelungen zur Aktie. In diesen Entwürfen wurden Aktientyp (Nennbetragsaktie statt Stück- oder Quotenaktie), Unteilbarkeit der Aktie, gemeinschaftliche Berechtigung, gattungsbegründende Merkmale, stimmrechtslose Vorzugsaktien, Stimmrechtsbeschränkungen und Mehrstimmrechte, Inhaber- und Namensaktien, Aktienregister, Ausstellung, Ersatz und Kraftloserklärung von Aktien sowie deren Übertragung behandelt[5]. 2

Auch im zweiten[6] und dritten[7] geänderten Entwurf (von 1989 bzw. 1991) waren noch **vergleichbare Sachregelungen** enthalten, wobei auf die Vorschriften zur Übertragung 3

---

1 Dazu Rz. 2.
2 Art. 48–53 des Vorschlags einer Verordnung (EWG) des Rates über das Statut der Europäischen Aktiengesellschaft, ABl. EG C 124 v. 10.10.1970, S. 1.
3 Art. III – 2 – 1 bis III – 2 – 6, *Sanders*, Vorentwurf eines Statuts für europäische Aktiengesellschaften, EU-Kommission (Hrsg.), Brüssel 1967, S. 45 ff.
4 Art. 48 bis 53 des ersten Vorschlags für eine Verordnung (EWG) des Rates über das Statut der Europäischen Aktiengesellschaft (COM (75) 150 endg.), abgedruckt bei *Lutter*, Europäisches Gesellschaftsrecht, 2. Aufl. 1984, S. 363.
5 Dazu *Lutter* in Lutter, Europäische Aktiengesellschaft, 1976, S. 145 ff.
6 Art. 51 bis 54 des zweiten Vorschlags für eine Verordnung (EWG) des Rates über das Statut der Europäischen Aktiengesellschaft (COM (89) 268 endg.).
7 Art. 51 bis 54 des dritten Vorschlags für eine Verordnung (EWG) des Rates über das Statut der Europäischen Aktiengesellschaft, ABl. EG C 176 S. 1 v. 8.7.1991).

vollständig verzichtet und bezüglich Ausstellung, Ersatz und Kraftloserklärung von Aktien auf das Recht des Sitzstaates verwiesen wurde.

4 Im Zuge der weiteren Verschlankung der SE-Verordnung wurde in der **Ausrichtung für eine politische Einigung vom 20.12.2000**[8] erstmals vollständig auf Sachregeln zur Aktie verzichtet und generell auf das Recht des Sitzstaats verwiesen. Angesichts dessen, dass im Bereich des Rechts der Aktie – abgesehen von kapitalaufbringungs- und -erhaltungsbezogenen Vorschriften[9] – keine Rechtsangleichung stattgefunden hat, dürfte die Abstinenz der SE-VO in diesem Bereich nicht darauf zurückzuführen sein, dass in diesem Bereich „bei der Angleichung des nationalen Gesellschaftsrechts beachtliche Fortschritte erzielt worden"[10] waren.

2. Gesetzgebungstechnische Bedeutung der Verweisung

5 Mit der Verweisung auf nationales Recht hat der Verordnungsgesetzgeber seine Gesetzgebungskompetenz dahingehend ausgeübt, keine selbständige Regelung in der SE-VO zu treffen, sondern die mitgliedstaatlichen Regelungen für anwendbar zu erklären. Diese sind daher – sofern sie auf eine SE Anwendung finden – nicht mehr genuin mitgliedstaatliches, sondern „**abgeleitet legitimiertes Recht**"[11]. Das hat aber nicht zur Folge, dass dieses nationale Recht zu Gemeinschaftsrecht mutiert mit der weiteren Folge, dass es – sofern und soweit es für eine deutsche SE gilt – europarechtlich und in letzter Instanz vom EuGH auszulegen ist. Vielmehr ist und bleibt das Aktienrecht, auf das verwiesen wird, deutsches Recht, dessen Auslegung nach den Grundsätzen des deutschen Rechts (einschließlich des Gebots richtlinienkonformer Auslegung) erfolgt[12].

6 Die **Verweisung auf das deutsche Recht ist eine dynamische**[13]. D.h. auf die SE mit Sitz in Deutschland finden die deutschen Vorschriften in ihrer jeweiligen Fassung und unter Einbeziehung der Rechtsprechung Anwendung. Der deutsche Gesetzgeber ist aufgrund der Verweisung nicht gehindert, sein nationales Recht zu ändern. Durch die Verweisung in Art. 5 SE-VO ist jedoch (in Ergänzung zum Gleichbehandlungsgebot des Art. 10 SE-VO) ausgeschlossen, dass der nationale Gesetzgeber für die Aktien der SE ein Sonderrecht schafft, dessen Regelungen von denen, die für Aktiengesellschaften mit Sitz in seinem Hoheitsgebiet gelten, abweichen.

II. „Aktie" als Gegenstand der Verweisung

7 Aktie hat **im deutschen Recht** unterschiedliche Bedeutungen: Als Aktie werden sowohl die Aktienurkunde als auch die anteilige Beteiligung am Grundkapital als auch die Mitgliedschaft selbst (Gesamtheit der mit der Beteiligung verbundenen Rechte und Pflichten) bezeichnet[14].

---

8 Ratsdok. 14717/00 SE 8 SOC 500.
9 Z.B. Art. 8, 38 oder 39 der Kapitalrichtlinie, Richtlinie 2012/30/EU, ABl. EU Nr. L 315 v. 14.11.2012, S. 74; vormals Richtlinie 77/91/EWG, ABl. EG Nr. L 26 v. 31.1.1977, S. 1.
10 9. Erwägungsgrund der SE-VO.
11 *Hommelhoff* in Lutter/Hommelhoff, Europäische Gesellschaft, S. 5, 7; *Wenz* in KölnKomm. AktG, 3. Aufl., Art. 5 SE-VO Rz. 8.
12 *Hommelhoff* in Lutter/Hommelhoff, Europäische Gesellschaft, S. 5, 23 f.; *Wenz* in Köln Komm. AktG, 3. Aufl., Art. 5 SE-VO Rz. 8.
13 *Hommelhoff* in Lutter/Hommelhoff, Europäische Gesellschaft, S. 5, 12; *Wenz* in KölnKomm. AktG, 3. Aufl., Art. 5 SE-VO Rz. 6; *Oechsler* in MünchKomm. AktG, 3. Aufl., Art. 5 SE-VO Rz. 5.
14 *Ziemons* in *Ziemons/Binnewies*, Handbuch Aktiengesellschaft, Rz. I 6.1.

Dieses Verständnis der Aktie kann Art. 5 SE-VO nicht ohne weiteres zugrunde gelegt werden[15]. Vielmehr ist dieser Begriff (und damit die Reichweite der Verweisung) **autonom aus der SE-VO heraus auszulegen**[16]. 8

Aktie im Sinne von Art. 5 SE-VO ist jedenfalls das **Wertpapier** bzw. die Urkunde – das ergibt sich bei systematischer Auslegung aus dem Kontext (Aktien, Schuldverschreibungen und sonstige Wertpapiere). 9

Von der Verweisung erfasst sind außerdem die Regeln über **Art, Typ und Gattung** der Aktien[17] – diese Bereiche waren nach den Vorentwürfen Gegenstand der Verordnung (historische Auslegung). Das aber betrifft nicht nur die „wertpapierrechtliche Seite der Aktie"[18] oder die Aktie als Rechtsgegenstand[19], sondern auch einzelne[20] mitgliedschaftliche Aspekte[21]. Die Mitgliedschaft ist beispielsweise insoweit angesprochen, als einzelne Mitgliedschaftsrechte bzw. deren Ausgestaltung (Gewinnbezugsrecht, Stimmrecht etc.) gattungsbegründend sein können, oder in Hinblick auf die Möglichkeiten der Beschränkung bzw. Erweiterung des Stimmrechts (Höchst- bzw. Mehrstimmrechte). 10

Und schließlich ist die Aktie auch europarechtlich Synonym für die **kapitalmäßige Beteiligung**. Da die SE-VO in Art. 1 Abs. 2 SE-VO die diesbezügliche Regelung selbst enthält, erfolgt insoweit keine Verweisung auf das nationale Recht. 11

Von der Verweisung in Art. 5 SE-VO nicht erfasst sind die Vorschriften des nationalen Rechts, die sich mit der **Änderung der mit der Aktie verbundenen Rechte** befassen. Das betrifft z.B. §§ 179 Abs. 3 und 182 Abs. 2 AktG. Sie stellen Satzungsänderungen dar, für die Art. 59 f. SE-VO vorrangig sind[22]. Dabei ist zu beachten, dass § 141 Abs. 3 AktG über Art. 60 Abs. 2 i.V.m. 59 SE-VO zur Anwendung kommt. Im Übrigen kommt in Hinblick auf die Mitgliedschaft deutsches Recht über Art. 9 SE-VO subsidiär zur Anwendung[23]. 12

Selbst wenn über die (Spezial-)Verweisung in Art. 5 SE-VO nicht alle die Aktie (im nationalen Sinn) betreffenden Regeln des Rechts des Sitzstaats zur Anwendung kommen, finden sie über die **Generalverweisung des Art. 9** Abs. 1 lit. c ii SE-VO Anwendung, soweit nicht vorrangig die SE-VO oder das SEAG zur Anwendung kommen[24]. Anders gewendet: Im praktischen Ergebnis ist eine Bestimmung des Anwendungsbereichs der Verweisung in Art. 5 SE-VO (d.h. die autonome Auslegung des Begriffs „Aktie") entbehrlich, da das nationale Recht entweder über die Spezialverweisung in Art. 5 SE-VO oder über die Generalverweisung in Art. 9 SE-VO zur Anwendung kommt[25]. 13

---

15 A.A. *B. Mayer* in Manz/Mayer/Schröder, Art. 5 SE-VO Rz. 64 f.
16 *Oechsler* in MünchKomm. AktG, 3. Aufl., Art. 5 SE-VO Rz. 3.
17 Vgl. nur *Hagemann/Tobies* in Jannott/Frodermann, Handbuch der Europäischen Aktiengesellschaft, § 4 Rz. 61 ff.
18 *Oechsler* in MünchKomm. AktG, 3. Aufl., Art. 5 SE-VO Rz. 35.
19 *Lutter* in Lutter, Europäische Aktiengesellschaft, 1976, S. 145, 146.
20 A.A. *B. Mayer* in Manz/Mayer/Schröder, Art. 5 SE-VO Rz. 64 ff., die eine Verweisung bezüglich sämtlicher Aspekte der Mitgliedschaft annimmt.
21 A.A. *Oechsler* in MünchKomm. AktG, 3. Aufl., Art. 5 SE-VO Rz. 35.
22 So auch *Schwarz*, Art. 5 SE-VO Rz. 47 f., 50 f. Vgl. dazu auch *Fischer*, ZGR 2013, 832.
23 *Oechsler* in MünchKomm. AktG, 3. Aufl., Art. 5 SE-VO Rz. 35.
24 *Hommelhoff* in Lutter/Hommelhoff, Europäische Gesellschaft, S. 5, 15.
25 So auch *Casper* in Spindler/Stilz, AktG, Art. 5 SE-VO Rz. 1.

14 Verwiesen wird in Art. 5 SE-VO[26] wie in Art. 9 SE-VO[27] auf die **Sachnormen des deutschen Rechts**, nicht auf das deutsche internationale Gesellschaftsrecht. Die Geltung des deutschen internationalen Privatrechts wird im Übrigen durch die Verweisung nicht berührt; das betrifft insbesondere das internationale Sachenrecht (lex cartae sitae) bezüglich der Übertragung von (verbrieften) Aktien[28].

III. Inhalt der Verweisung

15 Dies vorausgeschickt gilt für eine SE mit Sitz in Deutschland in Hinblick auf Aktien Folgendes[29]:

Aktien können entweder als **Nennbetrags- oder Stückaktien** ausgegeben werden; der Mindestbetrag (geringster Nennwert oder anteiliger Betrag) beträgt 1,00 Euro, § 8 Abs. 1 bis 4 AktG. Die Aktie ist (vorbehaltlich einer Neueinteilung des Grundkapitals) unteilbar, § 8 Abs. 4 AktG. Die gemeinschaftliche Berechtigung an einer SE-Aktie bestimmt sich nach § 69 AktG.

16 Die SE kann sowohl **Inhaber- als auch Namensaktien** ausgeben, § 10 Abs. 1 und 2 AktG[30]. Die Übertragung von Namensaktien kann an die Zustimmung der Gesellschaft gebunden werden (§ 68 Abs. 2 AktG)[31]; anderweitige Vinkulierungen sind nicht statthaft. Für verbriefte[32] Namensaktien ist ein Aktienregister zu führen, wodurch der als Aktionär Eingetragene gegenüber der Gesellschaft, nicht aber gegenüber Dritten als Inhaber der Aktie legitimiert ist, § 67 AktG.

17 Auch die **Verbriefung** richtet sich nach deutschem Recht[33]. Das betrifft nicht nur den Anspruch des Aktionärs auf Verbriefung bzw. dessen Ausschluss (§ 10 Abs. 5 AktG) und die Verbriefung als solche (Ausstellung der Urkunde und Begebungsvertrag), sondern auch das Verbot der Ausgabe von Aktien vor Eintragung der SE bzw. der Durchführung einer Kapitalerhöhung (§§ 41 Abs. 4, 191 AktG) und das Verfahren der Kraftloserklärung von Aktien, §§ 72 ff. AktG.

18 **Verfügungen** über Aktien richten sich – vorbehaltlich Abweichungen aufgrund der lex cartae sitae (Rz. 14) – nach deutschem Recht. Verbriefte Aktien können wertpapiermäßig übertragen werden, wodurch auch ein gutgläubiger Erwerb ermöglicht

---

26 *Oechsler* in MünchKomm. AktG, 3. Aufl., Art. 5 SE-VO Rz. 5; *Wenz* in KölnKomm. AktG, 3. Aufl., Art. 5 SE-VO Rz. 4; *Casper* in Spindler/Stilz, AktG, Art. 5 SE-VO Rz. 2; *Fleischer*, Art. 5 SE-VO Rz. 2; *Merkt*, Anh. II Art. 5 SE-VO Rz. 3.
27 *Veil* in KölnKomm. AktG, 3. Aufl., Art. 9 SE-VO Rz. 71; *Casper* in Spindler/Stilz, AktG, Art. 9 SE-VO Rz. 6; *Kuhn* in Jannott/Frodermann, Handbuch der Europäischen Aktiengesellschaft, § 2 Rz. 19; a.A. *Wenz* in KölnKomm. AktG, 3. Aufl., Art. 5 SE-VO Rz. 5; *Hommelhoff/Teichmann*, Art. 9 Rz. 28 ff.
28 Ähnlich *Oechsler* in MünchKomm. AktG, 3. Aufl., Art. 5 SE-VO Rz. 36. Vgl. dazu schon *Lutter* in Lutter, Europäische Aktiengesellschaft, 1976, S. 145, 152.
29 Vgl. dazu auch *Schwarz*, Art. 5 SE-VO Rz. 46 ff.; *Oechsler* in MünchKomm. AktG, 3. Aufl., Art. 5 SE-VO Rz. 36; *Merkt* in Lutter/Hommelhoff, Europäische Gesellschaft, S. 179, 190.
30 Im RegE Aktienrechtsnovelle (BR-Drucks. 22/15) ist vorgesehen, die volle Wahlfreiheit zwischen Inhaber- und Namensaktien nur noch börsennotierten Gesellschaften zu gewähren, während die Ausgabe von Inhaberaktien nicht börsennotierten Gesellschaften nur unter engen Voraussetzungen gestattet ist. Dazu näher *Ziemons* in K. Schmidt/Lutter, § 10 AktG Rz. 43 ff.
31 *Oechsler* in MünchKomm. AktG, 3. Aufl., Art. 5 SE-VO Rz. 36; *Hagemann/Tobies* in Jannott/Frodermann, Handbuch der Europäischen Aktiengesellschaft, § 4 Rz. 65 ff.
32 Im RegE Aktienrechtsnovelle (BR-Drucks. 22/15 = BT-Drucks. 18/4349) ist vorgesehen, die Führung eines Aktienregisters generell, d.h. unabhängig von einer Verbriefung der Aktien, vorzuschreiben.
33 *Oechsler* in MünchKomm. AktG, 3. Aufl., Art. 5 SE-VO Rz. 36.

wird; unverbriefte Aktien werden nach §§ 398 ff. BGB durch Abtretung übertragen. Legitimationszession (§§ 129 Abs. 3, 135 Abs. 7 AktG) ist zulässig und richtet sich ebenso wie die Verpfändung grundsätzlich nach deutschem Recht.

Aktiengattungen können durch unterschiedliche Rechte jeder Art begründet werden; die Gattungsunterschiede sind nicht auf Sonderrechte bei der Gewinnverteilung oder der Verteilung des Liquidationserlöses beschränkt, § 11 AktG. Auch in Hinblick auf Mitverwaltungsrechte (zum Stimmrecht Rz. 20) sind gattungsbegründende unterschiedliche Ausstattungen der Aktie möglich, z.B. Erfordernis von Sonderbeschlüssen bei bestimmten Beschlussgegenständen. Andererseits ist es nicht zulässig, sog. rückkaufbare Aktien zu schaffen, die der SE oder ihrem Inhaber das Recht gewähren, diese Aktien zurückzukaufen bzw. an die SE zu verkaufen. Die diesbezügliche Satzungsautonomie richtet sich nach nationalem, d.h. deutschem Aktienrecht[34]. 19

Hinsichtlich des **Stimmrechts** gilt das Prinzip one share one vote, d.h. Mehrstimmrechtsaktien sind unzulässig (§ 12 Abs. 2 AktG); Höchststimmrechte können nur in der Satzung der nicht börsennotierten SE vorgesehen werden, § 134 Abs. 1 Satz 2 bis 6 AktG. Stimmrechtslose Vorzugsaktien können unter Beachtung der §§ 139 ff. AktG geschaffen werden[35]. 20

IV. Konsequenzen der Verweisung auf nationales Recht

Da das materielle Recht der Aktie in den Mitgliedstaaten – anders als etwa Kapitalaufbringung und Kapitalerhaltung – keine Angleichung[36] erfahren hat[37], können sich in Abhängigkeit vom Sitzstaat größere oder kleinere Unterschiede ergeben, die bei der Wahl des Sitzstaats auch berücksichtigt werden sollten, um ggf. Gestaltungsspielräume zu nutzen[38]. Bei diesem Statuten-Shopping ist aber zu berücksichtigen, dass mit der **Arbitrage** auch erhöhte Transaktionskosten (dazu auch Rz. 24) verbunden sein können – Kenntnis des ausländischen Rechts und der Gerichtspraxis sind erforderlich. 21

Die Verweisung auf das (nicht angeglichene) Recht des Sitzstaats hat (abgesehen von der Möglichkeit der Arbitrage[39] bei Gründung, Rz. 21) Vor- und Nachteile: Die **Verlegung des Satzungssitzes** (Art. 8 SE-VO) hat zur Folge, dass sich auch der rechtliche Rahmen für die Aktie und damit die rechtliche Ausgestaltung der Aktie ändert: Maßgeblich ist nicht mehr das Recht des Gründungsstaats, sondern das des neuen Sitzstaats. Während die SE-VO zum Schutz der (dissentierenden) Aktionäre (Art. 8 Abs. 5 SE-VO) und der Gläubiger der SE (Art. 8 Abs. 7 SE-VO) (mittelbar) Vorkehrungen trifft, werden die **Interessen sonstiger dinglich Berechtigter an Aktien der SE** (z.B. Gläubiger von Aktionären oder Dritte, denen SE-Aktien verpfändet wurden) in der SE-VO nicht berücksichtigt. Kennt das Recht des neuen Sitzstaats etwa kein Pfandrecht oder knüpft es dessen Entstehen oder Bestand an andere Voraussetzungen als das deutsche Recht, erlischt das Pfandrecht. Diesem Umstand sollte in Verpfän- 22

---

34 *Schwarz*, Art. 5 SE-VO Rz. 47; *Hagemann/Tobies* in Jannott/Frodermann, Handbuch der Europäischen Aktiengesellschaft, § 4 Rz. 64; vgl. dazu auch *C. Jaeger*, Die Europäische Aktiengesellschaft – europäischen oder nationalen Rechts?, 1994, S. 65 ff., 102.
35 *Schwarz*, Art. 5 SE-VO Rz. 49.
36 Art. 3 der Kapitalrichtlinie bewirkt keine Angleichung der nationalen Aktienrechte, sondern betrifft die Angleichung der Publizität.
37 Dazu z.B. *Wehrlauff*, EU-Company-Law, 2. Aufl. 2003, S. 299 ff.
38 Vgl. dazu z.B. *J. Schmidt*, „Deutsche" vs. „britische" Societas Europaea, S. 417 ff., 429; *Merkt* in Lutter/Hommelhoff, Europäische Gesellschaft, S. 179, 191; schon *Lutter* in Lutter, Europäische Aktiengesellschaft, 1976, S. 145 ff.
39 *Merkt* in Lutter/Hommelhoff, Europäische Gesellschaft, S. 179, 191.

dungsverträgen über SE-Aktien Rechnung getragen werden. In Hinblick auf die Möglichkeit des identitätswahrenden Formwechsels einer AG in eine SE (Art. 2 Abs. 4 SE-VO), die ihren Sitz dann grenzüberschreitend verlegen kann, sollten auch in Verträgen über die Verpfändung von Aktien einer AG bereits entsprechende Vorkehrungen (z.B. Ausübung der Aktionärsrechte nur mit Einwilligung bzw. auf Verlangen des Pfandgläubigers, Pflicht zur Bestellung von Ersatzsicherheiten etc.) getroffen werden.

23 Andererseits hat die Verweisung auf nationales Recht auch **negative Auswirkungen auf die von der SE-VO intendierte Mobilität der SE** innerhalb der EU: weichen die die Aktie betreffenden Vorschriften von Herkunfts- und Zuzugstaat wesentlich voneinander ab, können umfangreiche Änderungen von Satzung und oder Struktur erforderlich sein. Z.B. Zusammenlegung von Aktien oder Kapitalmaßnahmen, um Mindestnennbetragserfordernissen des Zuzugsstaats zu genügen, oder Abschaffung von im Ausland zulässigen sog. Golden Shares (z.B. Mehrstimmrechtsaktien), wenn die SE ihren Sitz nach Deutschland verlegt.

24 Demgegenüber wiegt der mit der Verweisung auf das nationale Recht verbundene **Vorteil, dass auf vertraute Strukturen zurückgegriffen werden kann**[40], nicht so schwer. Solange die SE ihren Sitz in Deutschland hat, können sich deutsche Aktionäre, Organmitglieder und Gläubiger etc. bezüglich der die Aktie betreffende Regelungen auf vertrautem Boden bewegen. Sobald sich aber der Sitz der SE im Ausland befindet, gelten dessen Vorschriften und die ausländische SE unterscheidet sich insoweit nicht von der Aktiengesellschaft ausländischen Rechts mit der Folge, dass die **Transaktionskosten** für die Beteiligten entsprechend steigen. Das gilt entsprechend für ausländische Beteiligte (Aktionäre, Organmitglieder, Gläubiger) bei einer deutschen SE.

Anhang II zu Art. 5 SE-VO
Wandelschuldverschreibungen und Gewinnschuldverschreibungen bei der Europäischen Aktiengesellschaft (SE)

I. Inhalt von Art. 5 SE-VO 1	III. Ausgabe der Finanzierungstitel
II. Anzuwendendes Recht	1. Zuständigkeit............... 6
1. Art. 5 SE-VO................. 2	2. Mehrheitserfordernisse 7
2. Sachnorm oder Gesamtnormverweisung 3	3. Einfluss des Sitzstaatsrechts 8
3. Regelungsinhalt der Verweisung ... 4	

Literatur: *Hirte*, Die Europäische Aktiengesellschaft, NZG 2002, 1; *Koke*, Die Finanzverfassung der Europäischen Aktiengesellschaft (SE) mit Sitz in Deutschland, 2005.

I. Inhalt von Art. 5 SE-VO

1 Die Verordnung des Rates über das Statut der Europäischen Gesellschaft[1] (SE-VO) enthält keine speziellen Regelungen für die Ausgabe von Wertpapieren durch die Eu-

---
40 So *Fleischer* in Lutter/Hommelhoff, Europäische Gesellschaft, S. 169, 171.
1 Verordnung EG Nr. 2157/2001, ABl. EG Nr. L 294 v. 10.11.2001, S. 1.

ropäische Aktiengesellschaft (SE). Der Grund liegt in der Vergleichbarkeit der in den Mitgliedstaaten bestehenden Rechtslage, so dass das Kapital auch bei Anwendung der entsprechenden nationalen Regelungen hinreichend gesichert erscheint[2].

II. Anzuwendendes Recht

1. Art. 5 SE-VO

Nach Art. 5 SE-VO gelten für eine SE die Vorschriften des **Rechts des Sitzstaates**, in dem die SE eingetragen ist[3]. Demgemäß finden über Art. 5 SE-VO für eine SE mit Sitz in Deutschland § 221 AktG und damit die Regelungen des deutschen Rechts über Wandelschuldverschreibungen, Optionsanleihen, Gewinnschuldverschreibungen und Genussrechte Anwendung[4]. Von Art. 5 SE-VO gemeint ist der Satzungssitz der SE, denn gem. Art. 12 Abs. 1 SE-VO wird die SE im Sitzstaat eingetragen.

2

2. Sachnorm oder Gesamtnormverweisung

Bei Art. 5 SE-VO handelt es sich nicht um eine sog. Kollisionsnorm- oder Gesamtnormverweisung, bei der erst das Kollisionsrecht des Sitzstaates Aufschluss über die Anwendbarkeit des nationalen Sachrechts gibt, sondern um eine sog. Sachnormverweisung (a.A. in dieser Kommentierung mit ausführlicher Begründung: *Hommelhoff/ Teichmann*, Art. 9 Rz. 26 ff.). Verwiesen wird sogleich auf das **materielle Gesellschaftsrecht des Sitzstaats**. Hierfür spricht zum einen der Wortlaut von Art. 5 SE-VO, da nicht auf den gesamten für Aktiengesellschaften geltenden Normenbestand des Sitzstaats, sondern auf einzelne Regelungen des Sitzstaats über die Ausgabe von Wertpapieren durch die SE verwiesen wird. Zum anderen handelt es sich bei der SE-VO der Natur nach um völkervertragliches Kollisionsrecht, das grundsätzlich Sachnormverweisungen enthält. Schließlich gilt hier wie auch sonst zugunsten einer Sachnormverweisung die mit ihr verbundene Praktikabilität und Rechtssicherheit.

3

3. Regelungsinhalt der Verweisung

Auch wenn über die Methode zur Bestimmung des Anwendungsbereichs der SE-VO Uneinigkeit herrscht, so besteht doch Einigkeit, dass neben den Kernbereichen des Kapitalgesellschaftsrechts vor allem die Themen- bzw. Regelungsbereiche der gesellschaftsrechtlichen Richtlinien in den Regelungsbereich der SE-VO fallen[5]. Von der Verweisung nach Art. 5 SE-VO sind zunächst die Regelungen zur **gesellschaftsrechtlichen Zulässigkeit der Ausgabe** der Wertpapiere, sodann die Regelungen zur **Organzuständigkeit** für die Entscheidung über die Ausgabe der Wertpapiere und schließlich die Regelungen zum gesellschaftsinternen **Verfahren** erfasst[6]. In allen diesen Fragen enthält die SE-VO keine eigenen Regelungen, sondern sie verweist auf das Recht des Sitzstaates.

4

Unklar ist nach der SE-VO indessen, ob **der Anleihevertrag und der Emissionsvertrag** von der Verweisung des Art. 5 SE-VO erfasst sind und ob insoweit das jeweilige Sitzstaatsrecht Anwendung findet. Beim Erwerb von Fremdkapital durch die SE im Wege

5

---

2 *Mayer* in Manz/Mayer/Schröder, Europäische Aktiengesellschaft, Teil B Art. 5 Rz. 1.
3 *Schwarz*, Art. 5 SE-VO Rz. 67; *Koke*, Finanzverfassung der Europäischen Aktiengesellschaft, S. 209.
4 *Koke*, Finanzverfassung der Europäischen Aktiengesellschaft, S. 209; *Schwarz*, Art. 5 SE-VO Rz. 67 m.w.N.
5 *Koke*, Finanzverfassung der Europäischen Aktiengesellschaft, S. 12.
6 *Schwarz*, Art. 5 SE-VO Rz. 68.

der Ausgabe einer Anleihe ist die SE als Dritter zu qualifizieren, so dass es sich nicht um einen gesellschaftsrechtlichen Vorgang handelt[7]. Da andere als gesellschaftsrechtliche Vorgänge nicht unter Art. 5 SE-VO fallen, werden Anleihe- und Emissionsvertrag nicht vom Regelungsbereich der SE-VO erfasst, so dass das anwendbare Recht für die Vertragsbeziehungen zwischen Anlegern oder Emissionsbank und Emittenten nach den allgemeinen Grundsätzen des internationalen Privatrechts zu ermitteln ist.

III. Ausgabe der Finanzierungstitel

1. Zuständigkeit

6   Nach der SE-VO bedarf es bei der SE – wie bei der deutschen Aktiengesellschaft – zur Ausgabe der Finanzmittel eines Hauptversammlungsbeschlusses, Art. 52 Unterabs. 2 SE-VO i.V.m. §§ 221 Abs. 1, 119 Abs. 1 Nr. 6 AktG[8]. Eine Satzungsänderung ist für die Ausgabe der Finanzierungstitel nicht erforderlich[9]. Ein Hauptversammlungsbeschluss ist im Interesse des Anlegerschutzes zu fordern, da sich die Ausgabe entsprechender Finanzierungstitel auf die künftige Beteiligungsstruktur der SE auswirkt und damit allgemeine Strukturfragen der SE betroffen sind[10]. Gleiches gilt auch für die Ausgabe von Gewinnschuldverschreibungen und Genussrechten, wie die Entstehungsgeschichte der SE-VO erkennen lässt. Der Grund für das Erfordernis eines Hauptversammlungsbeschlusses liegt in der möglichen Konkurrenzstellung der Aktionärsrechte mit den Rechten der Gläubiger von Wandelschuldverschreibungen und ähnlichen Finanzierungstiteln.

2. Mehrheitserfordernisse

7   Für die Frage des Mehrheitserfordernisses bei der Ausgabe der Wandelschuldverschreibungen und ähnlicher Finanzierungstitel enthält die SE-VO keine ausdrückliche Regelung. Art. 57 und Art. 59 SE-VO regeln abschließend die Mehrheitserfordernisse bei der Beschlussfassung der Hauptversammlung im Allgemeinen, so dass die entsprechenden Regelungen im Aktiengesetz, §§ 133 Abs. 1, 221 Abs. 1 AktG nicht zur Anwendung kommen[11]. Verbreitet wird angenommen, dass eine **Mehrheit von zwei Dritteln der abgegebenen Stimmen** bei der Ausgabe der Finanzierungstitel und damit ein Beschluss der Hauptversammlung der SE mit satzungsändernder Mehrheit zu fordern sei[12]. Dies wird mit dem Bedürfnis nach umfassendem Anlegerschutz begründet und stimmt mit den Vorgängerentwürfen zur SE-VO überein[13]. Nach anderer Auffassung ist hingegen eine Dreiviertelmehrheit erforderlich[14].

3. Einfluss des Sitzstaatsrechts

8   Die **Anforderungen an die Mehrheitsverhältnisse** bei der Ausgabe der Finanzierungstitel können durch das jeweilige Sitzrecht **modifiziert** werden. Dies folgt aus Art. 59

---

7   Koke, Finanzverfassung der Europäischen Aktiengesellschaft, S. 206.
8   Koke, Finanzverfassung der Europäischen Aktiengesellschaft, S. 209: Auf Genussrechte ist § 221 Abs. 3 AktG anzuwenden.
9   Schwarz, Art. 5 SE-VO Rz. 70 f.
10 Lutter in KölnKomm. AktG, 2. Aufl., § 221 AktG Rz. 37.
11 Koke, Finanzverfassung der Europäischen Aktiengesellschaft, S. 210; anders Jaeger, S. 102: Anzuwenden sind die Mehrheitserfordernisse des § 221 Abs. 1 Satz 2 AktG aufgrund der Verweisung in Art. 56 SE – VO 1991.
12 Schwarz, Art. 5 SE-VO Rz. 71.
13 Koke, Finanzverfassung der Europäischen Aktiengesellschaft, S. 211 f.
14 Theisen/Wenz, Europäische Aktiengesellschaft, S. 333, 347.

Abs. 1 SE-VO a.E., der zulässt, dass das jeweilige Sitzrecht eine größere als die Mehrheit von Zweidritteln der abgegebenen Stimmen vorsehen kann. Nach Art. 59 Abs. 1 SE-VO i.V.m. § 221 Abs. 1 Satz 2 und Satz 3 AktG bedarf es einer Mehrheit von mindestens Dreivierteln der abgegebenen Stimmen in SE-spezifischer Auslegung[15]. Eine Änderung des Mehrheitserfordernisses durch die Satzung ist nach Art. 59 Abs. 1 SE-VO i.V.m. § 221 Abs. 1 Satz 3 Halbsatz 1 AktG möglich. Einzuhalten ist jedoch das von Art. 59 Abs. 1 SE-VO vorausgesetzte **Mindesterfordernis** von Zweidritteln der abgegebenen Stimmen[16]. Schließlich verbleibt auch die Möglichkeit eines Satzungsänderungsbeschlusses nach § 51 Satz 1 SEAG, für den die einfache Mehrheit der abgegebenen Stimmen ausreicht, sofern mindestens die Hälfte des Grundkapitals vertreten ist[17].

Art. 6
[Satzungsbegriff]

Für die Zwecke dieser Verordnung bezeichnet der Ausdruck „Satzung der SE" zugleich die Gründungsurkunde und, falls sie Gegenstand einer getrennten Urkunde ist, die Satzung der SE im eigentlichen Sinne.

I. Überblick 1	b) Zwingende Satzungsbestandteile und -grenzen
II. Genese der Norm 2	aa) Aufgrund der SE-VO 17
III. Ratio der Norm 3	bb) Aufgrund nationalen Rechts . 20
IV. Begriff der Satzung 4	c) Fakultative Satzungsbestandteile
V. Die Satzung im eigentlichen Sinne	aa) Aufgrund der SE-VO 22
1. Erlass, Form und Sprache der Satzung 7	bb) Aufgrund deutschen Rechts bei der „deutschen" SE 23
a) Verschmelzungs-SE 8	3. Auslegung 25
b) Holding-SE 9	4. Satzungsänderungen 26
c) Gemeinsame Tochter-SE 10	5. Satzungsmängel und ihre Folgen
d) Formwechsel-SE 12	a) Gründungsmängel 27
e) Sekundäre SE-Gründung 13	b) Nach Eintragung entstandene Mängel 29
2. Inhalt	
a) Doppelte Beschränkung des Gestaltungsspielraums des Satzungsgebers 15	VI. Rechtstatsachen und Gestaltungspraxis 31

Literatur: *Bayer/Hoffmann/J. Schmidt*, Satzungsgestaltung „deutscher" SE in der Praxis, AG 2008, R103 und R127; *Casper*, Der Lückenschluß im Statut der Europäischen Aktiengesellschaft, 2003, S. 51; *Gößl*, Die Satzung der Europäischen Aktiengesellschaft (SE) mit Sitz in Deutschland, 2010; *Hommelhoff*, Satzungsstrenge und Gestaltungsfreiheit in der Europäischen Aktiengesellschaft in FS Ulmer, 2003, S. 267; *Lutter/Kollmorgen/Feldhaus*, Die Europäische Aktiengesellschaft – Satzungsgestaltung bei der „mittelständischen SE", BB 2005, 2473; *J. Schmidt*, „Deutsche" vs. „britische" Societas Europaea (SE), 2006 (2. unveränderte Aufl. 2010).

---

15 *Theisen/Wenz*, Europäische Aktiengesellschaft, S. 333, 347.
16 *Koke*, Finanzverfassung der Europäischen Aktiengesellschaft, S. 213.
17 *Schwarz*, Art. 5 SE-VO Rz. 73.

I. Überblick

1 Art. 6 SE-VO beschränkt sich auf eine **Legaldefinition des Begriffs „Satzung der SE"** (dazu Rz. 4). Nicht Regelungsgegenstand sind hingegen: Erlass, Form und Sprache der Satzung (dazu Rz. 7 ff.), Inhalt der Satzung (dazu Rz. 15 ff.), Auslegung der Satzung (dazu Rz. 25), Satzungsänderungen (dazu Rz. 26) sowie Folgen von Satzungsmängeln (dazu Rz. 27 ff.); all dies ergibt sich aus anderen Vorschriften.

II. Genese der Norm

2 Der **Vorentwurf von** *Sanders* vom Dezember 1966[1] und der **SE-VOE 1970**[2] hatten noch ausdrücklich vorgesehen, dass die Satzung Teil des Gründungsaktes sein sollte (Art. II-1-2 Abs. 2 lit. a bzw. Art. 12 Abs. 2 lit. a) und einen Mindestinhalt für die Satzung vorgeschrieben (Art. II-1-3 bzw. Art. 13). In Art. 12 f. **SE-VOE 1975**[3] wurde dieses Grundmodell leicht modifiziert. Art. 13 **SE-VOE 1989**[4] gab dann nur noch vor, dass der Gründungsakt und die Satzung nach den nationalen Gründungsvorschriften für Aktiengesellschaften des SE-Sitzstaats zu errichten seien. Im **SE-VOE 1991**[5] entfiel dann auch diese Regelung und in der endgültigen Fassung der SE-VO beschränkte man sich schließlich auf die nun in Art. 6 SE-VO enthaltene Legaldefinition.

III. Ratio der Norm

3 Art. 6 SE-VO enthält eine **Legaldefinition** des Begriffs „Satzung der SE"[6]. Die Norm hat somit Klarstellungsfunktion[7] und dient – speziell vor dem Hintergrund der divergierenden Konzeptionen in den nationalen Rechtsordnungen – der Rechtssicherheit.

IV. Begriff der Satzung

4 Nach der Legaldefinition in Art. 6 SE-VO bezeichnet der Ausdruck „Satzung der SE" (englisch: „statutes of the SE", französisch „status de la SE") i.R.d. SE-VO **zugleich** die **Gründungsurkunde** (englisch „instrument of incorporation", französisch „acte constitutif") **und**, falls sie Gegenstand einer getrennten Urkunde ist, die **Satzung** (englisch „statutes", französisch „statuts") der SE **im eigentlichen Sinne**.

5 **Hintergrund** ist die von **manchen europäischen Rechtsordnungen** vorgenommene **Differenzierung** zwischen einer das Außenverhältnis regelnden Gründungsurkunde und einer das Innenverhältnis betreffenden Satzung[8]. So folgte etwa das englische Recht traditionell dem Modell einer „two-document constitution" (auf zwei Dokumente verteilte „Gesellschaftsverfassung"), bestehend aus einem *memorandum of*

---

[1] *Sanders*, Société anonyme européenne, 1966 (abrufbar unter http://aei.pitt.edu/39000/1/A3884.pdf); deutsche Textausgabe: *Sanders*, Europäische Aktiengesellschaft, 1966.
[2] ABl. EG Nr. C 134/1 v. 10.10.1970 = Beil. Bull. EG 8/1970 = BT-Drucks. VI/1109.
[3] KOM(75) 150.
[4] KOM(89) 268 = BT-Drucks. 11/5427.
[5] KOM(91) 174 = BT-Drucks. 12/1004.
[6] Vgl. *Casper* in Spindler/Stilz, AktG, Art. 6 SE-VO Rz. 1; *Diekmann* in Habersack/Drinhausen, SE-Recht, Art. 6 SE-VO Rz. 2.
[7] Vgl. *Casper* in Spindler/Stilz, AktG, Art. 6 SE-VO Rz. 1; *Diekmann* in Habersack/Drinhausen, SE-Recht, Art. 6 SE-VO Rz. 2; *Maul* in KölnKomm. AktG, 3. Aufl., Art. 6 SE-VO Rz. 1; *Oechsler* in MünchKomm. AktG, 3. Aufl., Art. 6 SE-VO Rz. 1; *Schwarz*, Art. 6 SE-VO Rz. 3.
[8] Vgl. *Casper* in Spindler/Stilz, AktG, Art. 6 SE-VO Rz. 1; *Diekmann* in Habersack/Drinhausen, SE-Recht, Art. 6 SE-VO Rz. 2; *Gößl*, S. 49; *Oechsler* in MünchKomm. AktG, 3. Aufl., Art. 6 SE-VO Rz. 1; *Schwarz*, Art. 6 SE-VO Rz. 1, 3.

association und den *articles of association*[9]. Nach dem CA 2006 besteht die „Verfassung" einer englischen Gesellschaft hingegen nur noch aus den *articles* [sowie bestimmten Beschlüssen, vgl. s. 17 CA 2006], während das *memorandum* nur noch die Funktion hat, den Willen der Gründer zur Errichtung einer Gesellschaft zu beweisen[10]. Wenn und soweit das qua Verweisung auf die SE anwendbare nationale Recht zwischen Gründungsurkunde und Satzung i.e.S. differenziert, so bestimmt Art. 6 SE-VO, dass der Begriff „Satzung der SE" sich i.R.d. SE-VO jeweils auf beides bezieht. Vorschriften in der SE-VO, die Regelungen für die „Satzung der SE" treffen, gelten also unabhängig davon, ob das jeweilige nationale Recht dem Modell einer einheitlichen Satzung oder dem Modell zweier separater Dokumente folgt. Relevant werden kann dies z.B. i.R.d. Art. 59 Abs. 1 SE-VO (dazu Art. 59 Rz. 11 ff.), wenn das nationale Recht für die Änderung von Gründungsurkunde und Satzung i.e.S. unterschiedliche Mehrheiten verlangt[11].

Für eine **„deutsche" SE** hat Art. 6 SE-VO hingegen **keine praktische Relevanz**, da das deutsche Aktienrecht keine derartige Differenzierung zwischen Gründungsurkunde und Satzung kennt[12]. 6

V. Die Satzung im eigentlichen Sinne

1. Erlass, Form und Sprache der Satzung

Im Hinblick auf die Errichtung der ersten Satzung der SE ist zwischen den verschiedenen Gründungsvarianten zu differenzieren[13]: 7

a) Verschmelzungs-SE

Im Falle der Gründung einer SE durch Verschmelzung ist die Satzung gem. Art. 20 Abs. 1 Satz 2 lit. h SE-VO Bestandteil des Verschmelzungsplans (dazu Art. 20 Rz. 25). Daher gelten auch die Regeln über Form und Sprache des Verschmelzungsplans (dazu Art. 20 Rz. 6 ff.). 8

b) Holding-SE

Im Falle der Gründung einer Holding-SE ist die Satzung gem. Art. 32 Abs. 2 Satz 3 i.V.m. Art. 20 Abs. 1 Satz 2 lit. h SE-VO Bestandteil des Gründungsplans (dazu Art. 32 Rz. 30). Daher gelten auch die Regeln über Form und Sprache des Gründungsplans (dazu Art. 32 Rz. 22). 9

c) Gemeinsame Tochter-SE

Im Falle der Gründung einer gemeinsamen Tochter-SE gehört der Erlass der Satzung bereits zum eigentlichen Gründungsverfahren (d.h. zu denjenigen Verfahrensschritten, die bereits die Sphäre der künftigen SE betreffen); er richtet sich daher gem. **Art. 15 Abs. 1 SE-VO** nach dem nationalen Aktienrecht des künftigen Sitzstaats der 10

---

9 Vgl. *Davies, Gower* and *Davies'* Principles of Modern Company Law, 7. Aufl. 2003, S. 57 f.; *J. Schmidt* (2008) 9 GLJ 1093, 1098; *Lutter/Bayer/J. Schmidt*, EuropUR, § 19 Rz. 29 Fn. 68; zur historischen Entwicklung näher *Palmer's* Company Law 2.305.
10 Vgl. CA 2006, Explanatory Notes, n. 32; *Palmer's* Company Law 2.308 f.; *J. Schmidt* (2008) 9 GLJ 1093, 1098.
11 Vgl. *Palmer's* Company Law 17.030.
12 Vgl. *Casper* in Spindler/Stilz, AktG, Art. 6 SE-VO Rz. 1; *Diekmann* in Habersack/Drinhausen, SE-Recht, Art. 6 SE-VO Rz. 1 f.; *Maul* in KölnKomm. AktG, 3. Aufl., Art. 6 SE-VO Rz. 4; *Schwarz*, Art. 6 SE-VO Rz. 3.
13 Vgl. *Gößl*, S. 64 ff.; *Schwarz*, Art. 6 SE-VO Rz. 7 ff.

Tochter-SE (vgl. allg. zum anwendbaren Recht bei Gründung einer Tochter-SE: Art. 36 Rz. 6 ff.).

11 Bei Gründung einer gemeinsamen Tochter-SE mit Sitz in Deutschland gilt somit **§ 23 Abs. 1 AktG**[14]. Auf Verlangen ist die notarielle Beurkundung der Satzung auch in einer anderen als der deutscher Sprache möglich, wenn der Notar hinreichende Kenntnisse dieser Sprache hat (vgl. § 5 Abs. 2 BeurkG)[15]. Zum Handelsregister ist aber in jedem Fall eine deutsche Sprachfassung einzureichen[16]; es ist aber möglich, zusätzlich noch eine Fassung in einer Amtssprache eines EU/EWR-Mitgliedstaats einzureichen (§ 11 Abs. 1 Satz 1 HGB).

d) Formwechsel-SE

12 Im Falle der Gründung einer SE durch Formwechsel muss die Satzung jedenfalls gem. Art. 37 Abs. 7 SE-VO von der Hauptversammlung genehmigt werden (vgl. Art. 37 Rz. 52). Ob sie auch Bestandteil des Umwandlungsplans ist, richtet sich gem. Art. 18, 36 SE-VO analog nach dem nationalen Recht der sich umwandelnden Aktiengesellschaft (vgl. Art. 37 Rz. 8, 14). Im Falle der Umwandlung einer deutschen AG in eine „deutsche" SE ist die Satzung folglich gem. Art. 18, 36 SE-VO analog i.V.m. §§ 243 Abs. 1, 218 Abs. 1 UmwG integraler Bestandteil des Umwandlungsplans (vgl. Art. 37 Rz. 16, 52). Daher gelten auch die Regeln über Form und Sprache des Umwandlungsplans (dazu Art. 37 Rz. 20 f.).

e) Sekundäre SE-Gründung

13 Im Falle der sekundären SE-Gründung richtet sich der Erlass der Satzung gem. Art. 15 Abs. 1 SE-VO nach dem nationalen Recht des geplanten Sitzstaats der Tochter-SE (vgl. allg. zum anwendbaren Recht Art. 3 Rz. 11 ff.).

14 Bei Gründung einer sekundären SE mit Sitz in Deutschland gilt somit **§ 23 Abs. 1 AktG**[17]. Vgl. zur Beurkundung in einer anderen Sprache als Deutsch Rz. 11.

2. Inhalt

a) Doppelte Beschränkung des Gestaltungsspielraums des Satzungsgebers

15 Der Gestaltungsspielraum des Satzungsgebers ist bei der SE quasi „**doppelt beschränkt**": einmal auf unionsrechtlicher und einmal auf nationalrechtlicher Ebene[18]. Erstens eröffnet die SE-VO teilweise selbst unmittelbar Satzungsspielraum; derartige unionsrechtlich legitimierte Satzungsbestimmungen haben auch Vorrang vor nationalem Recht (vgl. Art. 9 Abs. 1 lit. b SE-VO)[19]. Zweitens genießt der Satzungsgeber gem. Art. 9 Abs. 1 lit. c iii SE-VO auch im Übrigen nur insoweit Satzungsautonomie, als das nationale Aktienrecht des Sitzstaats der SE diese eröffnet (vgl. auch Art. 9 Rz. 39 ff.)[20].

---

14 Vgl. *Maul* in KölnKomm. AktG, 3. Aufl., Art. 6 SE-VO Rz. 12.
15 Vgl. auch *Diekmann* in Habersack/Drinhausen, SE-Recht, Art. 6 SE-VO Rz. 22; *Schröder* in Manz/Mayer/Schröder, Art. 6 SE-VO Rz. 33.
16 Vgl. auch *Diekmann* in Habersack/Drinhausen, SE-Recht, Art. 6 SE-VO Rz. 22; *Schröder* in Manz/Mayer/Schröder, Art. 6 SE-VO Rz. 33.
17 Vgl. *Maul* in KölnKomm. AktG, 3. Aufl., Art. 6 SE-VO Rz. 12.
18 Vgl. *Gößl*, S. 64; *Lutter/Bayer/J. Schmidt*, EuropUR, § 41 Rz. 25; *Maul* in KölnKomm. AktG, 3. Aufl., Art. 6 SE-VO Rz. 14; *Schindler*, Die Europäische Aktiengesellschaft, 2002, S. 11; *J. Schmidt*, „Deutsche" vs. „britische" Societas Europaea (SE), 2006, S. 77.
19 Vgl. *Lutter/Bayer/J. Schmidt*, EuropUR, § 41 Rz. 25; *J. Schmidt*, „Deutsche" vs. „britische" Societas Europaea (SE), 2006, S. 77.
20 Vgl. *Lutter/Bayer/J. Schmidt*, EuropUR, § 41 Rz. 25; *J. Schmidt*, „Deutsche" vs. „britische" Societas Europaea (SE), 2006, S. 77.

Nicht zu folgen ist der im Schrifttum teilweise vertretenen Ansicht[21], dass für den 16
Satzungsinhalt nach nationalem Recht im Gründungsstadium **Art. 15 Abs. 1 SE-VO**
gelte. Denn zum einen bezieht sich die Verweisung des Art. 15 Abs. 1 SE-VO auf das
nationale Recht des Sitzstaats der künftigen SE nur auf das eigentliche Gründungsverfahren. Zum anderen erscheint es widersprüchlich, für den Satzungsinhalt nach
nationalem Recht im Gründungsstadium statt Art. 9 Abs. 1 lit. c iii SE-VO den
Art. 15 Abs. 1 SE-VO anwenden zu wollen, für den Satzungsinhalt nach der SE-VO
aber dann offenbar doch Art. 9 Abs. 1 lit. b SE-VO. Zutreffend erscheint vielmehr folgendes Verständnis: Der Satzungsinhalt der einmal entstandenen SE ergibt sich aus
Art. 9 Abs. 1 lit. b SE-VO und Art. 9 Abs. 1 lit. c iii SE-VO, konsequenterweise muss
die Satzung schon im Gründungsstadium entsprechend gestaltet werden.

b) Zwingende Satzungsbestandteile und -grenzen

aa) Aufgrund der SE-VO. Unmittelbar aufgrund der SE-VO muss die Satzung jeder SE 17
zwingend Folgendes enthalten:

- Wahl des Leitungssystems (monistisch oder dualistisch) (Art. 38 lit. b SE-VO, dazu Art. 38 Rz. 35);
- dualistische SE: Zahl der Mitglieder des Leitungsorgans oder Regeln für ihre Festlegung (Art. 39 Abs. 4 SE-VO, dazu Art. 39 Rz. 50);
- dualistische SE: Zahl der Mitglieder des Aufsichtsorgans oder Regeln für ihre Festlegung (Art. 40 Abs. 3 Satz 1 SE-VO, dazu Art. 40 Rz. 30);
- monistische SE: Zahl der Mitglieder des Verwaltungsorgans oder Regeln für ihre Festlegung (Art. 43 Abs. 2 Satz 1 SE-VO, dazu Art. 43 Rz. 33);
- monistische SE: Sitzungsfrequenz des Verwaltungsorgans (Art. 44 Abs. 1 SE-VO, dazu Art. 44 Rz. 5);
- Amtsdauer der Organmitglieder (Art. 46 Abs. 1 SE-VO, dazu Art. 46 Rz. 3 ff.);
- dualistische SE: Festlegung der Arten von Geschäften, für die das Leitungsorgan der Zustimmung des Aufsichtsorgans bedarf (Art. 48 Abs. 1 Alt. 1 SE-VO, dazu Art. 48 Rz. 5 ff.);
- monistische SE: Festlegung der Arten von Geschäften, für die ein ausdrücklicher Beschluss des Verwaltungsorgans erforderlich ist (Art. 48 Abs. 1 Alt. 2 SE-VO, dazu Art. 48 Rz. 5 ff.);
- Verfahren und Fristen für die Ergänzung der Tagesordnung durch eine Aktionärsminderheit, sofern das nationale Aktienrecht des Sitzstaats hierzu nichts regelt (Art. 56 Satz 2 SE-VO, dazu Art. 56 Rz. 6, 18 ff.).

Sofern der nationale Gesetzgeber des Mitgliedstaats des Satzungssitzes von der entsprechenden **Regelungsermächtigung** Gebrauch gemacht hat, muss die Satzung einer 18
SE zudem Folgendes enthalten:

- dualistische SE: Bestellung der Mitglieder des Leitungsorgans durch die Hauptversammlung (Art. 39 Abs. 2 Unterabs. 2 SE-VO, dazu Art. 39 Rz. 40); wegen des Gleichlauferfordernisses mit dem nationalen Aktienrecht bestand diese Regelungsermächtigung für den deutschen Gesetzgeber nicht[22];
- dualistische SE: vom nationalen Gesetzgeber festgelegte Arten von Geschäften, die der Zustimmung des Aufsichtsorgans bedürfen (Art. 48 Abs. 2 SE-VO, dazu Art. 48 Rz. 19 ff.);

---
21 Vgl. *Schwarz*, Art. 6 SE-VO Rz. 100.
22 Vgl. *Lutter/Bayer/J. Schmidt*, EuropUR, § 41 Rz. 98; *J. Schmidt*, „Deutsche" vs. „britische" Societas Europaea (SE), 2006, S. 491.

- monistische SE: vom nationalen Gesetzgeber festgelegte Arten von Geschäften, für die ein ausdrücklicher Beschluss des Verwaltungsorgans erforderlich ist (Art. 48 Abs. 2 SE-VO, dazu Art. 48 Rz. 19 ff.).

19 Schließlich darf die Satzung gem. **Art. 12 Abs. 4 SE-VO** zu keinem Zeitpunkt im Widerspruch zu einer mit den Arbeitnehmern ausgehandelten Beteiligungsvereinbarung stehen, näher dazu Art. 12 Rz. 31 ff.

20 **bb) Aufgrund nationalen Rechts.** Die gem. Art. 9 Abs. 1 lit. c iii SE-VO obligatorischen Satzungsbestandteile kraft nationalen Rechts sind aufgrund der 2. (Kapital-)RL[23] zumindest **partiell harmonisiert**[24]: **Art. 2 der 2. (Kapital-)RL** statuiert Mindestangaben für die Satzung bzw. den Errichtungsakt; **Art. 3 der 2. (Kapital-)RL** statuiert weitere Mindestangaben, die entweder in der Satzung, dem Errichtungsakt oder einem gesondert offenzulegenden Schriftstück enthalten sein müssen[25].

21 Obligatorische Satzungsbestandteile einer „**deutschen**" SE sind gem. Art. 9 Abs. 1 lit. c iii SE-VO:
- Mindestinhalt der Satzung gem. **§ 23 Abs. 2 und 3 AktG**;
- Sondervorteile und Gründungsaufwand gem. **§ 26 Abs. 1 und 2 AktG**;
- Festsetzungen zu Sacheinlagen und Sachübernahmen gem. **§ 27 Abs. 1 AktG**;
- im Falle der Gründung durch Verschmelzung, durch Neugründung oder Formwechsel: Übernahme der Angaben zu Sacheinlagen und Sachübernahmen, die in der Satzung der übertragenden bzw. formwechselnden Gesellschaft(en) enthalten sind, **§ 74 bzw. § 243 Abs. 1 Satz 2 UmwG**[26].

c) Fakultative Satzungsbestandteile

22 **aa) Aufgrund der SE-VO.** Unmittelbar aufgrund der SE-VO kann die Satzung Folgendes enthalten:
- dualistische SE: Bestellung der Mitglieder des ersten Aufsichtsorgans (Art. 40 Abs. 2 Satz 2 SE-VO, dazu Art. 40 Rz. 26);
- monistische SE: Bestellung der Mitglieder des ersten Verwaltungsorgans (Art. 43 Abs. 3 Satz 2 SE-VO, dazu Art. 43 Rz. 48);
- Einschränkungen für die Wiederbestellung der Organmitglieder (Art. 46 Abs. 2 SE-VO, dazu Art. 46 Rz. 9);
- Zulässigkeit juristischer Personen als Organmitglieder, wenn und soweit dies nach nationalem Aktienrecht zulässig ist (Art. 47 Abs. 1 Unterabs. 1 SE-VO, dazu

---

23 Ursprünglich: RL 77/91/EWG; seit 4.12.2012: RL 2012/30/EU des Europäischen Parlaments und des Rates vom 25.10.2012 zur Koordinierung der Schutzbestimmungen, die in den Mitgliedstaaten den Gesellschaften im Sinne des Artikels 54 Absatz 2 des Vertrages über die Arbeitsweise der Europäischen Union im Interesse der Gesellschafter sowie Dritter für die Gründung der Aktiengesellschaft sowie für die Erhaltung und Änderung ihres Kapitals vorgeschrieben sind, um diese Bestimmungen gleichwertig zu gestalten (Neufassung), ABl. EU v. 14.11.2012, L 315/74. Text mit Stand 2011 und ausf. Erläuterungen bei *Lutter/Bayer/J. Schmidt*, EuropUR, § 20 m.z.w.N.
24 Vgl. *Diekmann* in Habersack/Drinhausen, SE-Recht, Art. 6 SE-VO Rz. 13; *Schröder* in Manz/Mayer/Schröder, Art. 6 SE-VO Rz. 6; *Schwarz*, Art. 6 SE-VO Rz. 104.
25 Näher zum Ganzen *Lutter/Bayer/J. Schmidt*, EuropUR, § 20 Rz. 14 ff. m.z.w.N.
26 Vgl. *Diekmann* in Habersack/Drinhausen, SE-Recht, Art. 6 SE-VO Rz. 17; *Gößl*, S. 158 ff.; *Maul* in KölnKomm. AktG, 3. Aufl., Art. 6 SE-VO Rz. 24; *Oechsler* in MünchKomm. AktG, 3. Aufl., Art. 6 SE-VO Rz. 3 f.; *Schröder* in Manz/Mayer/Schröder, Art. 6 SE-VO Rz. 24 f.

Art. 47 Rz. 2); für eine „deutsche" SE besteht diese Option somit nicht[27] (vgl. Art. 47 Rz. 2);
– Festlegung statutarischer persönlicher Voraussetzungen und Bestellungshindernisse für Aktionärsvertreter, wenn und soweit dies nach dem nationalen Recht des Sitzstaats zulässig ist (Art. 47 Abs. 3 SE-VO, dazu Art. 47 Rz. 18 ff.);
– Beschlussfähigkeit und Mehrheitserfordernis für Organbeschlüsse (Art. 50 Abs. 1 SE-VO, dazu Art. 50 Rz. 11 ff.);
– Zweitstimmrecht des Organvorsitzenden (Art. 50 Abs. 2 SE-VO, dazu Art. 50 Rz. 24 ff.);
– Beschlusskompetenz der Hauptversammlung aufgrund einer nach nationalem Recht zulässigen Satzungsregelung (Art. 52 Unterabs. 2 SE-VO, dazu Art. 52 Rz. 45);
– geringeres Quorum für die Einberufung der Hauptversammlung oder die Aufstellung der Tagesordnung durch eine Aktionärsminderheit, wenn und soweit das nationale Aktienrecht dies zulässt (Art. 55 Abs. 1 SE-VO, dazu Art. 55 Rz. 6 f.);
– geringeres Quorum für die Ergänzung der Tagesordnung durch eine Aktionärsminderheit, wenn und soweit das nationale Aktienrecht des Sitzstaats dies zulässt (Art. 56 Satz 3 SE-VO, dazu Art. 56 Rz. 6, 8).

bb) Aufgrund deutschen Rechts bei der „deutschen" SE. Das **SEAG** lässt folgende fakultative Satzungsbestimmungen zu:

– dualistische SE: Begrenzung der Mitgliederzahl des Leitungsorgans auf eine Person auch bei SE mit einem Grundkapital von mehr als 3 Mio. Euro (§ 16 Satz 1 SEAG, vgl. dazu auch Art. 39 Rz. 50);
– dualistische SE: Festsetzung von mehr als drei Mitgliedern des Aufsichtsorgans (§ 17 Abs. 1 Satz 2 SEAG, vgl. dazu auch Art. 40 Rz. 30 ff.);
– monistische SE: abweichende Bestimmung der Zahl der Verwaltungsratsmitglieder (§ 23 Abs. 1 Satz 2 SEAG, vgl. dazu auch Art. 43 Rz. 33, Anh. Art. 43 § 23 SEAG Rz. 1 ff.);
– monistische SE: Entsenderecht in den Verwaltungsrat (§ 28 Abs. 2 SEAG i.V.m. § 101 Abs. 2 AktG, vgl. dazu auch Art. 43 Rz. 45, Anh. Art. 43 § 28 SEAG Rz. 7 f.);
– monistische SE: andere Mehrheit und weitere Erfordernisse für die Abberufung von Verwaltungsratsmitgliedern, die von der Hauptversammlung ohne Bindung an einen Wahlvorschlag gewählt worden sind (§ 29 Abs. 1 Satz 3 SEAG, vgl. dazu auch Art. 43 Rz. 51, Anh. Art. 43 § 29 SEAG Rz. 9);
– monistische SE: nähere Bestimmungen zur Wahl von stellvertretenden Verwaltungsratsvorsitzenden (§ 34 Abs. 1 Satz 1 SEAG, vgl. dazu auch Anh. Art. 43 § 34 SEAG Rz. 5);
– monistische SE: bindende Regelung von Einzelfragen der Geschäftsordnung des Verwaltungsrats (§ 34 Abs. 2 Satz 2 SEAG, vgl. dazu auch Anh. Art. 43 § 34 SEAG Rz. 10 ff.);
– monistische SE: Zulässigkeit schriftlicher, fernmündlicher oder anderer vergleichbarer Formen der Beschlussfassung des Verwaltungsrats (§ 35 Abs. 2 SEAG, vgl. dazu auch Anh. Art. 43 § 35 SEAG Rz. 8 f.);
– monistische SE: Zulassung der Teilnahme von Nichtmitgliedern an Sitzungen des Verwaltungsrats und seiner Ausschüsse (§ 36 Abs. 3 SEAG, vgl. dazu auch Anh. Art. 43 § 36 SEAG Rz. 10 ff.);

---

[27] Vgl. *Lutter/Bayer/J. Schmidt*, EuropUR, § 41 Rz. 119; *J. Schmidt*, „Deutsche" vs. „britische" Societas Europaea (SE), 2006, S. 513.

- monistische SE: Regelungen über die Bestellung eines oder mehrerer geschäftsführender Direktoren (§ 40 Abs. 1 Satz 5 SEAG, vgl. dazu auch Anh. Art. 43 § 40 SEAG Rz. 7);
- monistische SE: Abweichungen von der Gesamtgeschäftsführungsbefugnis der geschäftsführenden Direktoren (§ 40 Abs. 2 Satz 2 SEAG, vgl. dazu auch Anh. Art. 43 § 40 SEAG Rz. 8);
- monistische SE: Übertragung der Kompetenz zum Erlass einer Geschäftsordnung für die geschäftsführenden Direktoren an den Verwaltungsrat und bindende Regelung von Einzelfragen der Geschäftsordnung (§ 40 Abs. 4 Satz 1 und 2 SEAG, vgl. dazu auch Anh. Art. 43 § 40 SEAG Rz. 44 ff.);
- monistische SE: abweichende Regelung von der jederzeitigen Abberufbarkeit der geschäftsführenden Direktoren (§ 40 Abs. 5 Satz 1 SEAG, vgl. dazu auch Anh. Art. 43 § 40 SEAG Rz. 48 ff.);
- monistische SE: abweichende Regelung bzgl. der Berichtspflichten der geschäftsführenden Direktoren an den Verwaltungsrat (§ 40 Abs. 6 SEAG, vgl. dazu auch Anh. Art. 43 § 40 SEAG Rz. 40);
- monistische SE: Abweichungen von der Gesamtvertretungsmacht der geschäftsführenden Direktoren (§ 41 Abs. 2 Satz 1 SEAG, vgl. dazu auch Anh. Art. 43 § 41 SEAG Rz. 11);
- monistische SE: gemischte Gesamtvertretung von geschäftsführenden Direktoren und Prokuristen (§ 41 Abs. 3 SEAG, vgl. dazu auch Anh. Art. 43 § 41 SEAG Rz. 12);
- Zulässigkeit von Satzungsänderungen mit einfacher Mehrheit der abgegebenen Stimmen, sofern mindestens die Hälfte des Grundkapitals vertreten ist und kein Fall des § 51 Satz 2 SEAG vorliegt (§ 51 Satz 1 SEAG, vgl. auch Art. 59 Rz. 18 ff.).

24 Im Übrigen gilt für die „deutsche" SE gem. Art. 9 Abs. 1 lit. c iii SE-VO der Grundsatz der Satzungsstrenge: Auch soweit SE-VO und SEAG als vorrangiges Recht nicht entgegen stehen, darf die Satzung von den Vorschriften des AktG nur abweichen, wenn es ausdrücklich zugelassen ist und ergänzende Bestimmungen nur enthalten, soweit das AktG keine abschließende Regelung enthält, **§ 23 Abs. 5 AktG**[28].

3. Auslegung

25 Im Schrifttum wird teilweise vertreten, dass die Satzung einer SE nach europäischen Grundsätzen auszulegen sei[29]. Die wohl h.M. geht jedoch zu Recht davon aus, dass sich die Auslegung gem. Art. 9 Abs. c lit. ii SE-VO nach dem **nationalen Recht** des Sitzstaats richtet[30]. Wie bei allen auf Unionsrecht beruhenden Rechtsquellen gilt aber freilich auch hier das Gebot der **unionsrechtskonformen Auslegung**[31].

---

28 Vgl. *Casper* in FS Ulmer, 2003, S. 51, 71; *Diekmann* in Habersack/Drinhausen, SE-Recht, Art. 6 SE-VO Rz. 21; *Gößl*, S. 150; *Hommelhoff* in FS Ulmer, 2003, S. 267, 276; *Lutter/Bayer/J. Schmidt*, EuropUR, § 41 Rz. 156; *Maul* in KölnKomm. AktG, 3. Aufl., Art. 6 SE-VO Rz. 16; *J. Schmidt*, „Deutsche" vs. „britische" Societas Europaea (SE), 2006, S. 77 f.; *Schröder* in Manz/Mayer/Schröder, Art. 6 SE-VO Rz. 26.
29 Vgl. *Gößl*, S. 62 ff.; *Schwarz*, Rz. 110 f.
30 Vgl. *Casper* in FS Ulmer, 2003, S. 51, 70; *Diekmann* in Habersack/Drinhausen, SE-Recht, Art. 6 SE-VO Rz. 28; *Maul* in KölnKomm. AktG, 3. Aufl., Art. 6 SE-VO Rz. 17 ff.; *Oechsler* in MünchKomm. AktG, 3. Aufl., Art. 6 SE-VO Rz. 4.
31 Vgl. *Diekmann* in Habersack/Drinhausen, SE-Recht, Art. 6 SE-VO Rz. 29; *Oechsler* in MünchKomm. AktG, 3. Aufl., Art. 6 SE-VO Rz. 4.

4. Satzungsänderungen

Satzungsänderungen sind in Art. 59 SE-VO geregelt, vgl. dazu näher Art. 59 Rz. 1 ff.   26

5. Satzungsmängel und ihre Folgen
a) Gründungsmängel

Bei allen Varianten der SE-Gründung erfolgt eine **Rechtmäßigkeitskontrolle** im Rahmen derer – innerhalb des jeweiligen Prüfungsrahmens – grundsätzlich auch die Satzung zu prüfen ist (vgl. Art. 3 Rz. 15, Art. 26 Rz. 1 ff., Art. 33 Rz. 43 ff., Art. 36 Rz. 15 f., Art. 37 Rz. 65, 70); dann ist ggf. die Eintragung abzulehnen.   27

Werden im Zeitpunkt der Eintragung bereits vorhandene **Mängel erst nachträglich entdeckt**, so ist zu differenzieren: Wenn die SE im Wege der Verschmelzung gegründet wurde, gilt der Bestandsschutz gem. Art. 30 SE-VO (dazu Art. 30 Rz. 1 ff.)[32]. In allen anderen Fällen richtet sich „Ob" und „Wie" des Bestandsschutzes sowie Zulässigkeit und Voraussetzungen einer Nichtigerklärung und/oder Auflösung der SE gem. Art. 9 Abs. 1 lit. c ii SE-VO nach dem nationalen Recht des Sitzstaats der SE (vgl. Art. 3 Rz. 15, Art. 33 Rz. 58, Art. 36 Rz. 15 f.; Art. 37 Rz. 74 f.).   28

b) Nach Eintragung entstandene Mängel

Wenn sich Satzungsmängel aufgrund einer Änderung der gesetzlichen Vorgaben oder der Satzung ergeben, richten sich die Rechtsfolgen gem. **Art. 9 Abs. 1 lit. c ii SE-VO** nach dem **nationalen Recht** des Sitzstaats der SE[33]. Bei einer „deutschen" SE gilt also insoweit das deutsche Aktienrecht.   29

Zur Sonderproblematik eines nachträglichen Auseinanderfallens von Satzung und **Mitbestimmungsvereinbarung** vgl. Art. 12 Rz. 38.   30

VI. Rechtstatsachen und Gestaltungspraxis

Rechtstatsachen zur Satzungsgestaltung bei „deutschen" SE in der Praxis bei *Bayer/Hoffmann/J. Schmidt*, AG 2008, R103 ff., R127 ff. Zur Satzungsgestaltung bei der „mittelständischen SE" *Lutter/Kollmorgen/Feldhaus*, BB 2005, 2473 ff.   31

Art. 7
[Sitz der SE]

Der Sitz der SE muss in der Gemeinschaft liegen, und zwar in dem Mitgliedstaat, in dem sich die Hauptverwaltung der SE befindet. Jeder Mitgliedstaat kann darüber hinaus den in seinem Hoheitsgebiet eingetragenen SE vorschreiben, dass sie ihren Sitz und ihre Hauptverwaltung am selben Ort haben müssen.

§ 2 SEAG: Sitz
[Aufgehoben durch Gesetz zur Modernisierung des GmbH-Rechts und zur Bekämpfung von Missbräuchen vom 23.10.2008, BGBl. I 2008, S. 2026.]

---
32 Vgl. *Diekmann* in Habersack/Drinhausen, SE-Recht, Art. 6 SE-VO Rz. 25.
33 Vgl. *Schwarz*, Rz. 123.

Art. 7 SE-VO (§ 2 SEAG)

I. Bedeutung des Sitzes der SE 1	aa) Auslegungsart 10
II. Anforderungen an den Sitz der SE ... 5	bb) Autonome Auslegung 11
1. Sitz der SE in der „Gemeinschaft" (Art. 7 Satz 1 SE-VO) 7	cc) Zusätzliche Schwierigkeiten . 15
	b) Beweislast 17
2. Sitz der SE im Staat der Hauptverwaltung 8	3. Sitz am selben Ort wie die Hauptverwaltung (Art. 7 Satz 2 SE-VO) 21
a) Bestimmung der „Hauptverwaltung" („head office", „administration centrale") 9	III. Einordnung der SE in das internationale Gesellschaftsrecht 23

Literatur: *Casper/Weller*, Mobilität und grenzüberschreitende Umstrukturierung der SE, NZG 2009, 681; *Drinhausen/Nohlen*, Die EG-Niederlassungsfreiheit und das Verbot des Auseinanderfallen von Satzungs- und Verwaltungssitz in FS Spiegelberger, 2009, S. 645; *Leupold*, Die Europäische Aktiengesellschaft unter besonderer Berücksichtigung des deutschen Rechts – Chancen und Probleme auf dem Weg zu einer supranationalen Gesellschaftsform, 1993, S. 27 ff. (zit.: Europäische Aktiengesellschaft); *Menjucq*, Rattachement de la société européenne et jurisprudence communautaire sur la liberté d'établissement: incompatible ou paradoxe?, Dalloz 2003, 2874; *Panthen*, Der „Sitz"-Begriff im Internationalen Gesellschaftsrecht, 1988 (zit.: „Sitz"-Begriff); *Ringe*, Die Sitzverlegung der Europäischen Aktiengesellschaft, 2006 (zit.: Sitzverlegung); *Schäfer*, Das Gesellschaftsrecht (weiter) auf dem Weg nach Europa – am Beispiel der SE-Gründung, NZG 2004, 785; *Teichmann*, Minderheitenschutz bei Gründung und Sitzverlegung der SE, ZGR 2003, 367; *Schindler*, „Überseering" und Societas Europaea: vereinbar oder nicht vereinbar, das ist hier die Frage, RdW 2003, 122; *Werner*, Der Nachweis des Verwaltungssitzes ausländischer juristischer Personen, 1998 (zit.: Nachweis des Verwaltungssitzes); *Zimmer*, Wie es Euch gefällt? Offene Fragen nach dem Überseering-Urteil des EuGH, BB 2003, 1.

I. Bedeutung des Sitzes der SE

1 Der Sitz ist in vielfacher Hinsicht von entscheidender Bedeutung für die SE. Er ist zunächst das entscheidende Anknüpfungskriterium sowohl für die Generalklausel (Art. 9 Abs. 1 lit. c ii SE-VO) als auch für zahlreiche Spezialverweisungen (z.B. Art. 5, 15 Abs. 1, 53, 61 Abs. 1 SE-VO) und bestimmt daher über das geltende **Subsidiärrecht**, das auf die SE wegen der Lückenhaftigkeit[1] der SE-VO Anwendung findet. Der Sitz entscheidet damit über die jeweilige „nationale Prägung" der SE.[2]

2 Weiterhin ist der Sitz relevant für eine Vielzahl von **administrativen Zuständigkeiten** im Zusammenhang mit der SE (Art. 68 Abs. 2 i.V.m. Art. 8, 25, 26, 54, 55, 64 SE-VO). Insbesondere ist hier die Zuständigkeit der Behörden des Sitzstaates im Falle eines Auseinanderfallens von Sitz und Hauptverwaltung nach Art. 64 Abs. 1–3 SE-VO zu nennen[3]. Der Sitzstaat ist darüber hinaus nach Art. 12 Abs. 1 SE-VO **Registerstaat** der SE; von der ursprünglichen Idee eines europäischen Registers ist man abgerückt.

3 Neben diesen Zuständigkeitsregelungen knüpfen auch **Organisationsregelungen** der inneren Verfassung der SE an den Sitz an. So soll z.B. bei einer SE mit Sitz in Deutschland die Hauptversammlung i.d.R. am Ort des Sitzes abgehalten werden (Art. 53 SE-VO i.V.m. § 121 Abs. 5 AktG).

4 Schließlich wirkt der Sitz in den meisten Fällen **gerichtsstandsbegründend**. Die **internationale Zuständigkeit** von mitgliedstaatlichen Gerichten ist in der Regel sowohl

---

1 Dazu Art. 9.
2 *Lutter*, BB 2002, 1, 3; *Teichmann*, ZGR 2002, 383, 395; *Theisen/Wenz* in Theisen/Wenz, Europäische Aktiengesellschaft, S. 47.
3 Vgl. dazu die Kommentierung zu Art. 64.

nach Art. 2 Abs. 1 i.V.m. Art. 63 Abs. 1 lit. a EuGVVO[4] als auch nach Art. 24 Nr. 2 EuGVVO am Sitz einer Gesellschaft begründet. Wegen der i.d.R. im gleichen Mitgliedstaat belegenen Hauptverwaltung (unten Rz. 8 ff.) ergeben sich hier meist keine Abweichungen, soweit in wenigen Fällen die Hauptverwaltung relevant für die Bestimmung des internationalen Gerichtsstands wird (Art. 63 Abs. 1 lit. b, 24 Nr. 2 EuGVVO). Die **örtliche Zuständigkeit** richtet sich nach dem nationalen Prozessrecht. In Deutschland findet sich der allgemeine Gerichtsstand einer juristischen Person nach § 17 Abs. 1 Satz 1 ZPO am Ort des Sitzes. Sitz im Sinne dieser Norm ist der Satzungssitz, und zwar selbst dann, wenn die Verwaltung der Gesellschaft an einem anderen Ort geführt wird (§ 17 Abs. 1 Satz 2 ZPO)[5].

II. Anforderungen an den Sitz der SE

In Art. 7 SE-VO werden an den Sitz der SE gestufte Anforderungen gestellt. Der Sitz der SE muss erstens *in der Union* und zweitens *im gleichen Mitgliedstaat wie die Hauptverwaltung* liegen. Darüber hinaus kann der Sitzstaat drittens der SE vorschreiben, den Sitz *am gleichen Ort wie die Hauptverwaltung* zu nehmen. 5

Aus diesen Anforderungen ergibt sich, dass unter dem Sitz einer Gesellschaft i.S.d. SE-VO – entgegen der gängigen deutschen Terminologie – der **Satzungssitz** zu verstehen ist[6]. Deutlicher kommt dies in den anderssprachigen Fassungen der SE-VO zum Ausdruck. Die englische Fassung spricht vom „registered office", die französische vom „siège statutaire". Auch Art. 64 Abs. 1 SE-VO stützt diese Auslegung, indem er zwischen „Sitz" und „Hauptverwaltung" differenziert. 6

1. Sitz der SE in der „Gemeinschaft" (Art. 7 Satz 1 SE-VO)

Art. 7 Satz 1 Halbsatz 1 ist eine Rechtsanwendungsnorm. Die SE unterliegt der SE-VO nur, wenn sich ihr Sitz in der Union (ehemals „Gemeinschaft") befindet[7]. Daher bleibt die SE-VO anwendbar, wenn die SE ihren Sitz innerhalb der Union gem. Art. 8 SE-VO verlegt. Unanwendbar wird die SE-VO hingegen, wenn der Satzungssitz in einen Staat außerhalb der EU verlegt wird[8]. 7

2. Sitz der SE im Staat der Hauptverwaltung

Der Sitz muss sich in demselben Mitgliedstaat wie die Hauptverwaltung befinden. Dieses Erfordernis ist eines der Herzstücke des SE-Statuts und kann als politischer Kompromiss zwischen Sitz- und Gründungstheorie gelten (vgl. Erwägungsgrund 27)[9]. 8

---

[4] Verordnung (EU) Nr. 1215/2012 des Europäischen Parlaments und des Rates vom 12. Dezember 2012 über die gerichtliche Zuständigkeit und die Anerkennung und Vollstreckung von Entscheidungen in Zivil- und Handelssachen, ABl. EU Nr. L 351 v. 20.12.2012, S. 1.

[5] OLG Stuttgart v. 17.2.1977 – 8 W 541, BB 1977, 413, 414; *Vollkommer* in Zöller, 30. Aufl. 2014, § 17 ZPO Rz. 9 f.

[6] *Schwarz*, ZIP 2001, 1847, 1849 f.; *Schwarz*, Art. 7 SE-VO Rz. 4; *Teichmann*, ZGR 2002, 383, 455 f.; *Theisen/Widmayer* in Theisen/Wenz, Europäische Aktiengesellschaft, S. 383 f.; *Habersack/Verse*, Europäisches Gesellschaftsrecht, 4. Aufl. 2011, S. 435. Vgl. zur Bedeutung des Sitzbegriffes im AktG die Erläuterungen bei *Ringe* in K. Schmidt/Lutter, 3. Aufl., § 5 AktG Rz. 2 ff.

[7] *Sonnenberger* in MünchKomm. BGB, 4. Aufl. 2006, Einl. IPR Rz. 154; *Kindler* in MünchKomm. BGB, 5. Aufl. 2010, IntHaGesR Rz. 77.

[8] Folge wäre, dass die SE aufgelöst werden müsste; vgl. näher zu den Konsequenzen *W.-H. Roth*, RabelsZ 55 (1991), 624, 630 Fn. 34. S. auch Art. 8 Rz. 102.

[9] *Schwarz*, ZIP 2001, 1847, 1849; *Habersack/Verse*, Europäisches Gesellschaftsrecht, S. 435 f.; *Kindler* in MünchKomm. BGB, 5. Aufl. 2010, IntGesR Rz. 77.

a) Bestimmung der „Hauptverwaltung" („head office", „administration centrale")

9 Problematisch ist, nach welchen Kriterien sich die Hauptverwaltung der SE bestimmt. Dieser Frage kommt für die SE besondere Bedeutung zu, gilt es doch, ein Auseinanderfallen des – eindeutig bestimmbaren – Satzungssitzes mit der Hauptverwaltung zu vermeiden, um den Konsequenzen von Art. 64 SE-VO zu entgehen[10]. Bedauernswerterweise enthält die SE-VO keine Definition des Begriffs[11]. Die Bestimmung der „Hauptverwaltung" wirft juristische Schwierigkeiten auf, da es sich um keinen Rechtsbegriff, sondern um einen an die **faktischen Verhältnisse anknüpfenden Terminus** handelt. In der deutschen Rechtspraxis und Lehre wird über den Begriff des Verwaltungssitzes seit langem diskutiert, und mittlerweile haben sich sachgerechte Kriterien herausgebildet, um ihn hinreichend zu konkretisieren[12]. Durchgesetzt hat sich die sog. *Sandrock*'sche Formel des Ortes, an dem „die grundlegenden Entscheidungen der Unternehmensleitung effektiv in laufende Geschäftsführungsakte umgesetzt werden"[13]. Indes ist fraglich, ob sich diese Annäherungsweise auf den europarechtlichen Begriff der Hauptverwaltung, wie ihn Art. 7 Satz 1 SE-VO verwendet, ohne weiteres übertragen lassen.

10 **aa) Auslegungsart.** Zunächst ist auf die Auslegungsmöglichkeiten zu dieser Vorschrift einzugehen. Grundsätzlich denkbar wären drei Möglichkeiten: Eine Auslegung nach Maßstäben der lex fori[14], nach solchen des Rechts des jeweiligen (Satzungs-)Sitzes[15] oder eine verordnungsautonome Auslegung. Allein die letztere Möglichkeit bietet die Gewähr dafür, dass EU-weit einheitliche Grundsätze dafür gelten, wo die Hauptverwaltung einer SE belegen ist, und dass das Einhalten der Erfordernisse von Art. 7 SE-VO EU-weit kontrolliert werden kann. Die autonome Auslegung von Rechtsakten der EU entspricht der stetigen Rechtspraxis des EuGH[16] und wird allein dem supranationalen Charakter von derartigen Rechtsakten gerecht[17].

11 **bb) Autonome Auslegung.** Wenn damit nach brauchbaren Instrumenten einer autonomen Auslegung gesucht werden muss, treten weitere Schwierigkeiten auf. Der **EuGH** hatte – soweit ersichtlich – noch nicht über diese Frage (bzw. den Parallelbegriff in Art. 54 Abs. 1 AEUV) zu befinden. Generalanwalt *Darmon* hat in seinen

---

10 *Werlauff*, EBLR 2003, 85, 97; *Werlauff*, SE – The Law of the European Company, 2003, S. 114, bezeichnet die Vorschrift als von zentraler Bedeutung für die ganze SE-VO.
11 Stellungnahme des Wirtschafts- und Sozialausschusses zum E-1989 v. 28.3.1990, ABl. EG Nr. C 124 v. 21.5.1990, S. 34, 37 (zum E-1989); *Werlauff*, SE – The Law of the European Company, 2003, S. 113.
12 Vgl. zur Diskussion und zu den Ergebnissen *Panthen*, „Sitz"-Begriff; *Werner*, Nachweis des Verwaltungssitzes; *Zimmer*, Internationales Gesellschaftsrecht, 1996, S. 234 sowie *Ringe* in K. Schmidt/Lutter, AktG, 3. Aufl., Einl. Int. GesR Rz. 5 ff.
13 *Sandrock* in FS *Beitzke*, 1979, S. 669, 683; BGH v. 21.3.1986 – V ZR 10/85, BGHZ 97, 269, 272; OLG Hamm v. 4.10.1996 – 29 U 108/95, RIW 1997, 236, 237.
14 So z.B. Art. 53 Abs. 1 Satz 2 EuGVÜ (Brüsseler EWG-Übereinkommen über die gerichtliche Zuständigkeit und die Vollstreckung gerichtlicher Entscheidungen in Zivil- und Handelssachen vom 27.9.1968, BGBl. II 1972, 774, in der Fassung des 4. Beitrittsübereinkommens vom 29.11.1996, BGBl. II 1998, 1412). Das EuGVÜ wurde mittlerweile durch die EuGVVO weitgehend abgelöst (Neufassung s. oben Rz. 4 Fn. 4), ist aber weiterhin im Verhältnis der Mitgliedstaaten zu Dänemark in Kraft; vgl. Erwägungsgrund 41 zur EuGVVO.
15 So Art. 3 Abs. 1 im Vorschlag des Geneva Subcommittee, Report to the League of Nations, Am.J.Int.L. 1928, Suppl., S. 204, Art. 3 para. 1.
16 EuGH v. 1.2.1972 – Rs. 49/71, Slg. 1972, 23, 35; EuGH v. 1.2.1972 – Rs. 50/71, Slg. 1972, 53, 65; EuGH v. 14.1.1982 – Rs. C-64/81, Slg. 1982, 13.
17 Ausführlich *Werlauff*, EBLR 2003, 85, 97 f.; *Werlauff*, SE – The Law of the European Company, 2003, S. 114. Ähnlich bereits *W.-H. Roth*, RabelsZ 55 (1991), 623, 636.

Schlussanträgen zur Rechtssache Daily Mail verschiedene Kriterien erörtert[18], die tatsächlichen Feststellungen dazu jedoch dem mitgliedstaatlichen Gericht überantwortet[19].

Die Schwierigkeit, auf unionsrechtlicher Ebene eine handhabbare Begriffsbestimmung zu treffen, kann nicht verwundern. Der EuGH als Auslegungsorgan für Primär- und Sekundärrecht gewinnt seine Begriffsdefinitionen in der Regel durch eine „Rundumschau" im Recht der Mitgliedstaaten sowie mit Hilfe von allgemeinen Rechtsgrundsätzen. Gerade auf dem Gebiet der Anknüpfungspunkte für das internationale Gesellschaftsrecht divergieren die Rechte der Mitgliedstaaten jedoch außerordentlich[20]. Deshalb versuchen EU-Rechtsakte in der Regel, den ewigen Konflikt zwischen Sitz- und Gründungstheorie zu vermeiden: Sowohl Art. 54 Abs. 1 AEUV als auch Art. 63 Abs. 1 EuGVVO[21] **stellen Satzungssitz, Hauptverwaltung und Hauptniederlassung auf eine Stufe**. Sie verhindern auf diese Weise eine Entscheidung im Sinne der einen oder anderen Theorie, vermeiden damit aber auch, dass der EuGH in die Lage gerät, Kriterien zur Bestimmung der Hauptverwaltung zu erarbeiten. 12

Die europarechtliche **Literatur** behilft sich häufig mit einem Rückgriff auf die in der deutschen Diskussion produzierten Ergebnisse[22]. *Troberg* und *Tiedje*[23] definieren die Hauptverwaltung als den „Ort, an dem die Willensbildung und die eigentliche unternehmerische Leitung der Gesellschaft erfolgt, also meist der Sitz der Organe". Anders wohl *Jung*: Unter Hauptverwaltung sei der Ort zu verstehen, an dem die unternehmerischen Entscheidungen durch das Leitungsorgan, d.h. die Geschäftsführung oder den Vorstand, getroffen werden[24]. Auf den Sitz der Gesellschafter, auch wenn diese zur Willensbildung im Unternehmen aufgrund ihrer satzungsmäßigen Befugnisse beitragen, komme es nicht an; das ergebe sich aus der Zielrichtung des Art. 54 AEUV, auch Unternehmen zu erfassen, die von außerhalb der EU gesellschaftsrechtlich kontrolliert werden, ihre Hauptverwaltung aber in der EU haben[25]. 13

Die Aufstellung von Kriterien wird der **Rechtsprechung** überlassen bleiben. In Hinblick auf mögliche Streitigkeiten über die konkrete Belegenheit einer Hauptverwaltung sind u.U. Vorlageverfahren nach Art. 267 lit. b AEUV zu erwarten. Auch ein Vertragsverletzungsverfahren nach Art. 258 f. AEUV ist denkbar, wenn ein Staat seiner Liquidationspflicht aus Art. 64 Abs. 2 SE-VO nicht nachkommt. Bei dieser Gelegenheit sollte der EuGH sachgerechte Kriterien zur Ermittlung der Hauptverwaltung entwickeln. 14

cc) Zusätzliche Schwierigkeiten. Die genaue Festlegung des Ortes der Hauptverwaltung kann mitunter praktische Schwierigkeiten bereiten, denn gerade bei einer grenzüberschreitend tätigen Gesellschaft wie der SE kommen die Mitglieder der Organe häufig aus **verschiedenen Mitgliedstaaten**. Daher werden anstatt von förmli- 15

---

18 GA *Darmon*, Schlussanträge zu EuGH v. 27.9.1988 – Rs. 81/87 – „Daily Mail", Slg. 1988, 5483 – Rz. 4 ff.
19 GA *Darmon*, Schlussanträge zu EuGH v. 27.9.1988 – Rs. 81/87 – „Daily Mail", Slg. 1988, 5483 – Rz. 9, 15.
20 Vgl. dazu die rechtsvergleichende „Studie über die Verlegung des Sitzes einer Gesellschaft von einem Mitgliedstaat in einen anderen" der EU-Kommission, durchgeführt von KPMG, Brüssel/Luxemburg 1993.
21 Neufassung, s. oben Rz. 4 Fn. 4.
22 So wollen *Selbherr/Manz*, Kommentar zur EWIV, 1995, Art. 12 EWIV-VO Rz. 3 (Fn. 237) für die Bestimmung der Hauptverwaltung die deutschen Grundsätze analog anwenden.
23 *Troberg/Tiedje* in von der Groeben/Schwarze, EU-/EG-Vertrag, 6. Aufl. 2004, Art. 48 EG Rz. 9 (zur Vorgängervorschrift von Art. 54 AEUV).
24 *Jung* in Schwarze, EU-Kommentar, 3. Aufl. 2012, Art. 54 AEUV Rz. 15.
25 *Müller-Huschke* in Schwarze, EU-Kommentar, 1. Aufl. 2000, Art. 48 EG Rz. 10.

chen Zusammenkünften der Mitglieder an einem bestimmten Ort wegen der damit verbundenen Kosten und Zeiteinbußen häufig mittels **moderner Kommunikationstechnik** gefasste Entscheidungen treten[26], die die Bestimmung der konkreten Hauptverwaltung eines internationalen Unternehmens erschweren werden. Aber auch ohne Hinzutreten der Besonderheiten der SE hat sich die deutsche Rechtsprechung immer schwer getan, einheitliche Kriterien zur Bestimmung der Hauptverwaltung eines Unternehmens zu entwickeln und konsequent anzuwenden[27]. Die Annahme einer Doppel- oder Mehrfachhauptverwaltung bei der SE als Lösung scheidet wegen der Regelungstechnik von Art. 7 SE-VO aus. In Art. 5 SE-VOV 1975 hatte die Kommission eine solche Mehrfachanknüpfung erwogen, mittlerweile aber aufgegeben.

16 *Leupold* will im Falle einer zweifelhaften Hauptverwaltung ergänzende Kriterien wie den Gründungsort, den Ort der Hauptversammlungen oder die Lage des Betriebsmittelpunktes (centre d'exploitation) heranziehen[28]. Diese Punkte können allerdings immer nur Indizien sein und die eigentliche Bestimmung der Hauptverwaltung nur ergänzen.

b) Beweislast

17 Wegen der dargestellten Unsicherheiten bei der Bestimmung der Hauptverwaltung ist von häufiger praktischer Relevanz, wen die Beweislast für die tatsächliche Lage des Verwaltungssitzes trifft. Konkret lässt sich die Frage stellen, ob eine **widerlegbare Vermutung** dafür streitet, dass Satzungssitz und Hauptverwaltung im gleichen Mitgliedstaat belegen sind.

18 Gegen die Geltung einer derartigen Vermutung wird vorgebracht, die Gründungsurkunde beweise nur die Abgabe der dort beurkundeten Erklärung, nicht aber deren inhaltliche Richtigkeit[29]. Aus den Gründungsurkunden sei keine Vermutung gegen eine später vorgenommene Sitzverlegung in einen Drittstaat herzuleiten. Darüber hinaus sollen systematische Erwägungen gegen die Annahme eine Vermutung sprechen, denn die Tatsache, dass beide „Sitze" im gleichen Mitgliedstaat liegen müssten, sei ein Erfordernis, das durch Art. 7 SE-VO aufgestellt werde und das nicht gleichzeitig durch eine Vermutung wieder entkräftet werden könne[30].

19 Auf der anderen Seite ist zu bedenken, dass die **Praktikabilität des grenzüberschreitenden Wirtschaftsverkehrs** ohne eine derartige Vermutung stark in Frage gestellt würde; denn sonst müsste die SE in jeder Situation eine bloße Behauptung, sie erfülle die Anforderungen des Art. 7 SE-VO nicht mehr, durch aufwändige Argumentation widerlegen[31]. Außerdem ist angesichts der eindeutigen Anforderung, Sitz und Hauptverwaltung müssten im gleichen Mitgliedstaat sein, davon auszugehen, dass die Mehrzahl der Unternehmen diese Anforderung auch erfüllt.

20 Die Gründe, die *für* eine Vermutung sprechen, überwiegen. Auch dass das Gemeinschaftsrecht in Art. 3 Abs. 1 Satz 2 EuInsVO eine Vermutung für die Übereinstimmung von Sitz und Hauptverwaltung enthält, kann als Grundlage für eine praktikable Anwendung des Sitzmodells in Europa herangezogen werden[32].

---

26 *Leupold*, Europäische Aktiengesellschaft, S. 31 f.; *Ebenroth/Bippus*, JZ 1988, 677, 678; *Noack*, ZGR 1998, 592, 615 f.; *Zimmer* in FS Buxbaum, 2000, S. 655 ff.
27 Vgl. dazu *Zimmer*, Internationales Gesellschaftsrecht, 1996, S. 234 ff.
28 *Leupold*, Europäische Aktiengesellschaft, S. 32.
29 *Kindler* in MünchKomm. BGB, 5. Aufl. 2010, IntGesR Rz. 471.
30 *Leupold*, Europäische Aktiengesellschaft, S. 32.
31 So insbesondere *Bungert*, DB 1995, 963, 965 zu mitgliedstaatlichem Recht unterliegenden Gesellschaften. Näher *Werner*, Nachweis des Verwaltungssitzes, S. 75 ff.
32 *Zimmer*, RabelsZ 67 (2003), 298, 312.

3. Sitz am selben Ort wie die Hauptverwaltung (Art. 7 Satz 2 SE-VO)

Nach Art. 7 Satz 2 SE-VO können die Mitgliedstaaten sogar vorschreiben, dass sich beide „Sitze" (Satzungssitz und Hauptverwaltung) an demselben Ort befinden müssen. In ursprünglicher Umsetzung dieser Vorschrift hatte § 2 SEAG a.F. von dieser Ermächtigung für Deutschland Gebrauch gemacht. Im Zuge der MoMiG-Reform ist jedoch diese Restriktion für deutsche SEs gestrichen worden: im Rahmen des MoMiG war eine ähnliche Einschränkung, die für die traditionellen Kapitalgesellschaften deutschen Rechts galt, ebenfalls entfallen (§ 4a Abs. 2 GmbHG a.F. und § 5 Abs. 2 AktG a.F.)[33]. 21

Abweichend vom deutschen Recht verlangt § 5 Abs. 1 des österreichischen SEG, die Gesellschaft müsse als Satzungssitz einen Ort bestimmen, an dem „die Gesellschaft einen Betrieb hat oder wo sich die Geschäftsleitung befindet oder die Verwaltung geführt wird". Diese Regelung soll einen **Gleichklang mit dem nationalen Aktienrecht** (hier § 5 Satz 1 öAktG) herstellen[34]. Eine derartige Regelung macht von dem Spielraum aus Art. 7 Satz 2 SE-VO in abgemilderter Form Gebrauch und ist damit von der Ermächtigungsnorm gedeckt[35]. 22

III. Einordnung der SE in das internationale Gesellschaftsrecht

Eine Zuordnung des Anknüpfungsmodells, das Art. 7 SE-VO wählt, zu den bestehenden Kollisionsrechtskonzepten fällt nicht leicht. Im Ergebnis handelt es sich wohl um eine **Kombination von Sitz- und Gründungstheorie**. 23

Die grundsätzliche Anknüpfung an den Satzungssitz (vgl. Art. 9 Abs. 1 lit. c i.V.m. Art. 7 Satz 1 SE-VO) steht der Gründungstheorie nahe: Grundsätzlich ist der Satzungssitz maßgeblich, auch wenn er – obgleich vorschriftswidrig – vom Ort der tatsächlich Hauptverwaltung abweichen sollte[36]. Durch Art. 7 Satz 1 Halbsatz 2 SE-VO wird allerdings die kollisionsrechtliche Sitzanknüpfung durch eine materiellrechtliche Anordnung über die Anforderungen an Hauptverwaltung stark eingeschränkt. Im Ergebnis entspricht der Gleichlauf von Sitz und Hauptverwaltung einem Zustand, der auch von der Sitztheorie angestrebt wird[37]. 24

Jedenfalls will der VO-Geber durch die „Gleichschaltung" von Sitz und Hauptverwaltung verhindern, dass für die SE der Streit um die Gründungs- und Sitztheorie überhaupt relevant wird[38], zumal die Mitgliedstaaten diese Kernfrage des internationalen 25

---

33 Art. 18 Nr. 2 des RegE MoMiG, BT-Drucks. 16/6140.
34 Begründung zur Regierungsvorlage eines GesRÄndG, S. 8. Die Vorschrift ähnelt der ganz ursprünglich für deutsche SEs geplanten Regelung, siehe Reg.-Begr. DiskE, S. 24; zuvor bereits *Teichmann*, ZGR 2002, 383, 456 f.; *Wenz* in Theisen/Wenz, Europäische Aktiengesellschaft, S. 222.
35 *Brandt*, NZG 2002, 991, 994; *Neye/Teichmann*, AG 2003, 169, 173; *Ihrig/Wagner*, BB 2003, 969 Fn. 38.
36 *Schwarz*, Europäisches Gesellschaftsrecht, 2000, Rz. 1113; *Schwarz*, ZIP 2001, 1849; *Leupold*, Europäische Aktiengesellschaft, S. 30 f.; *Ringe*, Sitzverlegung, S. 40 f. Ähnlich *Hirte*, NZG 2002, 1, 4. Zur Darstellung der Gründungstheorie allgemein *Ringe* in K. Schmidt/Lutter, AktG, 3. Aufl., Einl. Int. GesR Rz. 8 ff.
37 *Schulz/Geismar*, DStR 2001, 1079; *Schulz/Eicker*, intertax 2001, 333; *Habersack/Verse*, Europäisches Gesellschaftsrecht, S. 435 f.; *Ebert*, BB 2003, 1854, 1857; *Kindler* in MünchKomm. BGB, 5. Aufl. 2010, IntGesR Rz. 77; *Casper* in Spindler/Stilz, AktG, Art. 7 SE-VO Rz. 1. Zur Sitztheorie allgemein *Ringe* in K. Schmidt/Lutter, AktG, 3. Aufl., Einl. Int. GesR Rz. 5 ff.
38 *Teichmann*, ZGR 2002, 383, 456; *Casper* in Spindler/Stilz, AktG, Art. 7 SE-VO Rz. 1. Davon geht wohl auch die SE-VO selbst aus, s. Erwägungsgrund 27, der die Rechtsvorschriften der Mitgliedstaaten in dieser Hinsicht unberührt lassen will.

Gesellschaftsrechts höchst unterschiedlich handhaben[39]. Für die SE soll diese Frage „verdrängt" werden, indem Art. 7 SE-VO beide Anknüpfungspunkte in denselben Mitgliedstaat zwingt.

26   Dennoch lässt sich dieses Problem nicht völlig umgehen. Es bleiben problematische Situationen, beispielsweise wenn eine SE entgegen der Anordnung von Art. 7 SE-VO entweder ihren Sitz förmlich nach Art. 8 SE-VO verlegt, die Hauptverwaltung aber im Wegzugstaat belässt, oder wenn sie faktisch ihre Hauptverwaltung in einen anderen Mitgliedstaat verlegt, den Sitz aber im Ursprungsstaat behält[40]. Für diesen Fall sieht Art. 64 SE-VO Schutzmechanismen bis hin zur drohenden Liquidation vor. Es bleibt jedoch abzuwarten, wie konsequent die Mitgliedstaaten diese Mechanismen im Einzelnen handhaben und ob sie in jedem Fall gegen eine SE vorgehen werden, die sich entgegen Art. 7 SE-VO etabliert[41].

27   In diesem Zusammenhang wird die Frage relevant, ob sich der von Art. 7 SE-VO geforderte Gleichlauf von Sitz und Hauptverwaltung mit der **Niederlassungsfreiheit** vereinbaren lässt. Kollisions- und materiellrechtliche Mobilitätshindernisse für Gesellschaften sind in den letzten Jahren verstärkt auf dem Prüfstand der Art. 49, 54 AEUV gewesen[42]. Vor allem die EuGH-Urteile *Centros*, *Überseering* und *Inspire Art* legen es nahe, dass die Niederlassungsfreiheit auch das Recht umfasst, Satzungssitz und Hauptverwaltung in unterschiedlichen Mitgliedstaaten zu unterhalten. Daher sind Zweifel an der Primärrechtskonformität des von Art. 7 Satz 1 SE-VO gewählten Modells laut geworden[43].

28   Auf den ersten Blick scheinen sich die Aussagen der EuGH-Urteile *Überseering* und *Inspire Art* auf der einen und Art. 7 Satz 1 SE-VO auf der anderen Seite zu widersprechen. Hauptaussage der genannten Urteile war es, eine im EU-Ausland wirksam gegründete Gesellschaft, die dort ihren satzungsmäßigen Sitz habe, genieße aufgrund der Artikel 49 AEUV und 54 AEUV das Recht, als Gesellschaft ausländischen Rechts im Zuzugstaat von ihrer Niederlassungsfreiheit Gebrauch zu machen, indem sie dort ihre Hauptverwaltung etablierte[44]. Dennoch gibt es verschiedene Ansätze, beide **Aussagen miteinander zu vereinbaren**.

29   Einerseits lässt sich vertreten, dass der EuGH zu der absoluten These in *Überseering/ Inspire Art* nur gelangte, weil der Gesellschaft keine andere Möglichkeit blieb, als sich neu zu gründen[45]. Es ist daher nichts darüber ausgesagt, wie der EuGH entschieden hätte, wenn Deutschland als Zuzugstaat eine Art Umwandlungsmechanismus zur Verfügung gestellt hätte, wonach sich die niederländische Gesellschaft in eine

---

39 S. die „Studie über die Verlegung des Sitzes einer Gesellschaft von einem Mitgliedstaat in einen anderen" der EU-Kommission, durchgeführt von KPMG, Brüssel/Luxemburg 1993.
40 Zu den Konstellationen *Wenz* in Theisen/Wenz, Europäische Aktiengesellschaft, S. 225 ff.
41 Vgl. auch die Erläuterungen zu Art. 64.
42 So die Urteile EuGH v. 27.9.1988 – Rs. 81/87 – „Daily Mail", Slg. 1988, 5483; EuGH v. 9.3.1999 – Rs. C-212/97 – „Centros", Slg. 1999, I-1459; EuGH v. 5.11.2002 – Rs. C-208/00 – „Überseering", Slg. 2002, I-9919; EuGH v. 30.9.2003 – Rs. C-167/01 – „Inspire Art", Slg. 2003, I-10155.
43 *Menjucq*, Dalloz 2003, 2874; *W.-H. Roth*, IPRax 2003, 117, 125, Fn. 83; *Schindler*, RdW 2003, 122, 124; *Teichmann*, ZGR 2003, 367, 399 f.; *Wymeersch*, CMLRev 40 (2003), 661, 692 f.; *Drinhausen/Nohlen* in FS Spiegelberger, 2009, S. 645, 651. Ausführlich *Ringe*, Sitzverlegung, S. 47 ff.
44 EuGH v. 5.11.2002 – Rs. C-208/00 – „Überseering", Slg. 2002, I-9919, Rz. 80; EuGH v. 30.9.2003 – Rs. C-167/01 – „Inspire Art", Slg. 2003, I-10155. Dazu näher *Zimmer*, BB 2003, 1; *Großerichter*, DStR 2003, 159.
45 *Zimmer*, BB 2003, 1, 6 f.; *Zimmer*, FAZ v. 3.4.2003, S. 14.

deutsche hätte umwandeln können⁴⁶. Ein solches (teilweises) **Umwandlungsmodell** stellt der Unionsgesetzgeber aber hier in Form des Verfahrens in Art. 8 SE-VO zur Verfügung (s. Art. 8 Rz. 16 ff.). In eine ähnliche Richtung deutet zudem auch der Vorentwurf für eine Sitzverlegungs-Richtlinie aus dem Jahr 1997⁴⁷. Auch die jüngeren Entscheidungen in Sachen *Cartesio*⁴⁸ und *Vale*⁴⁹ geben dieser Position Nahrung.

Eine andere Erklärung kann die Entscheidung *Daily Mail*⁵⁰ aus dem Jahr 1988 – deren Verhältnisse zu Aussagen der neueren EuGH-Judikate ungeklärt ist – bieten: Wegzughindernisse der Mitgliedstaaten gegenüber den Gesellschaften des eigenen Rechts fallen danach nicht in den Anwendungsbereich der Niederlassungsfreiheit⁵¹. Nach überwiegender Ansicht⁵² gilt dies auch nach den EuGH-Entscheidungen *de Lasteyrie du Saillant*⁵³ und *Sevic*⁵⁴. Überträgt man diesen Gedanken auf die SE, muss auch die Union selbst dazu befugt sein, für Geschöpfe des eigenen Rechts Mobilitätshindernisse aufzustellen⁵⁵. 30

Der ***Cartesio*-Entscheidung** sind in diesem Zusammenhang mehrere wichtige Punkte zu entnehmen. Erstens steht es den Mitgliedstaaten prinzipiell frei, eine Anknüpfungsmethode zu wählen, und zwar sowohl für die Gründungssituation als auch für die spätere Frage des Erhalts des Gesellschaftsstatus⁵⁶. Bei der Verleihung des niederlassungsrechtlich relevanten Status einer „Gesellschaft" handelt es sich folglich um eine Vorfrage, die in die Hände der Mitgliedstaaten gelegt ist⁵⁷. Der Wegzugsstaat darf aber eine Folge wie die Auflösung der Gesellschaft (vgl. Art. 64 SE-VO) nicht anordnen, wenn die Gesellschaft ihren Sitz unter Änderung des auf sie anwendbaren 31

---

46 Andeutungsweise in Rz. 79 des Urteils des EuGH v. 5.11.2002 – Rs. C-208/00 – „Überseering", Slg. 2002, I-9919.
47 Vgl. Art. 11 Abs. 2 im „Vorschlag für eine Vierzehnte Richtlinie des Europäischen Parlaments und des Rates über die Verlegung des Sitzes einer Gesellschaft in einen anderen Mitgliedstaat mit Wechsel des für die Gesellschaft maßgebenden Rechts", Dokument KOM XV/6002/97, abgedruckt in ZIP 1997, 1721 ff. Dazu die Beiträge von *Di Marco/Neye/K. Schmidt/Priester/Heinze/Hügel/Rajak/Wymeersch/Timmerman*, ZGR 1999, 1 ff.; *Koppensteiner* in FS Lutter, 2000, S. 141 ff.; *Hoffmann*, ZHR 164 (2000), 43 ff.
48 EuGH v. 16.12.2008 – Rs. C-210/06 – „Cartesio", Slg. 2008, I-9641 – insbesondere Rz. 111 f.
49 EuGH v. 12.7.2012 – Rs. C-378/10, NJW 2012, 2715 = ZIP 2012, 1394; dazu *Teichmann*, DB 2012, 2085; *Bayer/J. Schmidt*, ZIP 2012, 1481; *Benrath/König*, Der Konzern 2012, 377; *G.H. Roth*, ZIP 2012, 1744; *Verse*, EuZW 2013, 336; *Drygala*, EuZW 2013, 569; *Weller/Rentsch*, IPRax 2013, 530; *Schön*, ZGR 2013, 333.
50 EuGH v. 27.9.1988 – Rs. 81/87 – „Daily Mail", Slg. 1988, 5483.
51 Kritisch dazu *Ringe*, EBLR 2005, 621 ff.; *W.-H. Roth* in Lutter, Europäische Auslandsgesellschaften in Deutschland, 2005, S. 379, 384 ff.
52 OLG Brandenburg v. 30.11.2004 – 6 Wx 4/04, GmbHR 2005, 484; OLG München v. 2.5.2006 – 31 Wx 9/06, DB 2006, 1148, 1149; LG Berlin v. 22.2.2005 – 102 T 1/05, GmbHR 2005, 997, 998. Aus der Literatur *Eidenmüller/Rehm*, ZGR 2004, 159, 178, Fn. 78; *Engert*, DStR 2004, 664, 668, Fn. 44; *Haase*, IStR 2004, 232, 236; *Körner*, IStR 2004, 424, 430; *Korsten/Bieniek*, EWiR 2004, 801, 802; *Rickford*, EBLR 2004, 1225, 1247, Fn. 69; *Zimmer*, ZHR 168 (2004), 355, 361; *Ringe*, GmbHR 2005, 487, 488 f.; *Ringe*, DB 2005, 2806; *Thiel*, DB 2005, 2316, 2318; *Frotscher*, IStR 2006, 65, 69 f.; *Haase/Torwegge*, DZWiR 2006, 57, 62.
53 EuGH v. 11.3.2004 – Rs. C-9/02 – „de Lasteyrie du Saillant", Slg. 2004, I-2409 = GmbHR 2004, 504.
54 EuGH v. 13.12.2005 – Rs. C-411/03 – „Sevic", Slg. 2005, I-10805 = GmbHR 2006, 140.
55 *Schindler*, RdW 2003, 122; *Menjucq*, Dalloz 2003, 2874; *Ringe*, Sitzverlegung, S. 77, 99 ff.; *Oechsler* in MünchKomm. AktG, 3. Aufl., Art. 7 SE-VO Rz. 2; *Schwarz*, Art. 7 SE-VO Rz. 16.
56 EuGH v. 16.12.2008 – Rs. C-210/06 – „Cartesio", Slg. 2008, I-9641 – Rz. 110.
57 EuGH v. 16.12.2008 – Rs. C-210/06 – „Cartesio", Slg. 2008, I-9641 – Rz. 109.

Rechts in einen anderen Mitgliedstaat verlegt[58]. Diese Systematik des „grenzüberschreitenden Formwechsels" scheint genau auf die SE-VO zu passen: eine Verlegung nur der Hauptverwaltung ist wegen Art. 7 SE-VO nicht möglich, aber auch europarechtlich nicht geboten; will die SE allerdings auch ihren Satzungssitz verlegen und dabei das Verfahren nach Art. 8 SE-VO durchlaufen, so droht ihr auch keine Auflösung. Daher wird *Cartesio* vielfach als Unbedenklichkeitserklärung zugunsten des Sitzkoppelungsmodells nach Art. 7 SE-VO eingestuft[59]. Zu dieser Einschätzung passt auch, dass die SE in *Cartesio* mehrfach als leuchtendes Beispiel zitiert und offenbar niederlassungsrechtlich nicht in Frage gestellt wird[60].

32 Es verbleibt eine problematische Konstellation: die **isolierte Verlegung des Satzungssitzes** nach Art. 8 SE-VO, nötigenfalls zusammen mit einem Betriebsteil[61], jedoch ohne gleichzeitige Verlegung der Hauptverwaltung. Eine derartige Verlegung, so sie denn den Charakter der Verlegung einer „Niederlassung" erreicht, wäre nach der SE-Systematik nicht zulässig, nach dem obiter dictum aus *Cartesio* jedoch schon. Die Anordnung der Auflösung nach Art. 64 SE-VO würde dann gegen die Botschaft aus *Cartesio* verstoßen[62].

33 Art. 7 SE-VO erscheint somit noch immer – zumindest teilweise – **rechtlich fragwürdig**[63]. In jedem Fall ist die Vorschrift **rechtspolitisch überholt** und aus Schutzgesichtspunkten keinesfalls geboten[64]. Es überrascht nicht, wenn im Schrifttum vielfach eine Reform eingefordert wurde, zumal laut Art. 69 lit. a SE-VO bis 2009 explizit über diese Vorschrift reflektiert werden sollte[65]. Die von der Kommission in Auftrag gegebene und Ende 2009 vorgestellte Studie von Ernst & Young ist zu dieser Frage unentschlossen[66], und die Europäische Kommission hat jeglicher Reform in ihrem Aktionsplan 2012 „kurzfristig" eine Absage erteilt[67]. Daher steht vorerst **nicht zu erwarten**, dass es in näherer Zeit zu einer Korrektur kommt.

---

58 EuGH v. 16.12.2008 – Rs. C-210/06 – „Cartesio", Slg. 2008, I-9641 – Rz. 112.
59 So etwa *Casper/Weller*, NZG 2009, 681, 682 f.; *Casper*, ZHR 173 (2009), 181, 208 f.; *Casper* in Spindler/Stilz, AktG, 2. Aufl. 2010, Art. 7 SE-VO Rz. 2; *Diekmann* in Habersack/Drinhausen, Art. 7 SE-VO Rz. 21, 24; *Oechsler* in MünchKomm. AktG, 3. Aufl., Art. 7 SE-VO Rz. 2.
60 Vgl. bereits die Schlussanträge von Generalanwalt *Maduro*, ZIP 2008, 1067, Rz. 33, sowie das Urteil des EuGH v. 16.12.2008 – Rs. C-210/06 – „Cartesio", Slg. 2008, I-9641 – Rz. 117 ff.
61 Ob die *reine* Satzungssitzverlegung ohne Betriebsteil von der Niederlassungsfreiheit gedeckt ist, ist umstritten, wird aber infolge der *Cartesio*- und auch der *Vale*-Entscheidungen zunehmend skeptisch beurteilt. Siehe etwa *Ringe*, ZIP 2008, 1072, 1074, *Mörsdorf/Jopen*, ZIP 2012, 1399; *Teichmann*, DB 2012, 2088; *Verse*, ZEuP 2013, 458, 478. A.A. aber *Bayer/J. Schmidt*, ZIP 2012, 1486 f.
62 Diese Konstellation illustriert einmal mehr, dass die vom EuGH nach wie vor aufrechterhaltene Differenzierung zwischen Zuzugs- und Wegzugshindernissen bei der Anwendung der Niederlassungsfreiheit widersprüchlich und inkonsequent ist. Vgl. bereits *Ringe*, EBLR 2005, 621 ff.
63 Vgl. zur Rechtslage vor „Cartesio" noch *Ringe*, Sitzverlegung, S. 99 ff.
64 So auch *Casper*, ZHR 173 (2009), 181, 209; *Oechsler* in MünchKomm. AktG, 3. Aufl., Art. 7 SE-VO Rz. 2; *Menjucq*, Droit international et européen des sociétés, 3. Aufl. 2011, Rz. 198.
65 *Casper*, ZHR 173 (2009), 181, 209; *Casper/Weller*, NZG 2009, 681, 683; wohl auch *Diekmann* in Habersack/Drinhausen, Art. 7 SE-VO Rz. 21, 24.
66 Siehe Ernst & Young, Study on the operation and the impacts of the Statute for a European Company (SE) – 2008/S 144-192482 – Final report, 9 December 2009, S. 280.
67 *Kommission*, Aktionsplan: Europäisches Gesellschaftsrecht und Corporate Governance – ein moderner Rechtsrahmen für engagiertere Aktionäre und besser überlebensfähige Unternehmen, COM(2012) 740 final, 12.12.2012, S. 16.

Art. 8
[Sitzverlegung]

(1) Der Sitz der SE kann gemäß den Absätzen 2 bis 13 in einen anderen Mitgliedstaat verlegt werden. Diese Verlegung führt weder zur Auflösung der SE noch zur Gründung einer neuen juristischen Person.

(2) Ein Verlegungsplan ist von dem Leitungs- oder dem Verwaltungsorgan zu erstellen und unbeschadet etwaiger vom Sitzmitgliedstaat vorgesehener zusätzlicher Offenlegungsformen gemäß Artikel 13 offen zu legen. Dieser Plan enthält die bisherige Firma, den bisherigen Sitz und die bisherige Registriernummer der SE sowie folgende Angaben:

a) den vorgesehenen neuen Sitz der SE,

b) die für die SE vorgesehene Satzung sowie gegebenenfalls die neue Firma,

c) die etwaigen Folgen der Verlegung für die Beteiligung der Arbeitnehmer,

d) den vorgesehenen Zeitplan für die Verlegung,

e) etwaige zum Schutz der Aktionäre und/oder Gläubiger vorgesehene Rechte.

(3) Das Leitungs- oder das Verwaltungsorgan erstellt einen Bericht, in dem die rechtlichen und wirtschaftlichen Aspekte der Verlegung erläutert und begründet und die Auswirkungen der Verlegung für die Aktionäre, die Gläubiger sowie die Arbeitnehmer im Einzelnen dargelegt werden.

(4) Die Aktionäre und die Gläubiger der SE haben vor der Hauptversammlung, die über die Verlegung befinden soll, mindestens einen Monat lang das Recht, am Sitz der SE den Verlegungsplan und den Bericht nach Absatz 3 einzusehen und die unentgeltliche Aushändigung von Abschriften dieser Unterlagen zu verlangen.

(5) Die Mitgliedstaaten können in Bezug auf die in ihrem Hoheitsgebiet eingetragenen SE Vorschriften erlassen, um einen angemessenen Schutz der Minderheitsaktionäre, die sich gegen die Verlegung ausgesprochen haben, zu gewährleisten.

(6) Der Verlegungsbeschluss kann erst zwei Monate nach der Offenlegung des Verlegungsplans gefasst werden. Er muss unter den in Artikel 59 vorgesehenen Bedingungen gefasst werden.

(7) (I) Bevor die zuständige Behörde die Bescheinigung gemäß Absatz 8 ausstellt, hat die SE gegenüber der Behörde den Nachweis zu erbringen, dass die Interessen ihrer Gläubiger und sonstigen Forderungsberechtigten (einschließlich der öffentlich-rechtlichen Körperschaften) in Bezug auf alle vor der Offenlegung des Verlegungsplans entstandenen Verbindlichkeiten im Einklang mit den Anforderungen des Mitgliedstaats, in dem die SE vor der Verlegung ihren Sitz hat, angemessen geschützt sind.

(II) Die einzelnen Mitgliedstaaten können die Anwendung von Unterabsatz 1 auf Verbindlichkeiten ausdehnen, die bis zum Zeitpunkt der Verlegung entstehen (oder entstehen können).

(III) Die Anwendung der einzelstaatlichen Rechtsvorschriften über das Leisten oder Absichern von Zahlungen an öffentlich-rechtliche Körperschaften auf die SE wird von den Unterabsätzen 1 und 2 nicht berührt.

(8) Im Sitzstaat der SE stellt das zuständige Gericht, der Notar oder eine andere zuständige Behörde eine Bescheinigung aus, aus der zweifelsfrei hervorgeht, dass die der Verlegung vorangehenden Rechtshandlungen und Formalitäten durchgeführt wurden.

(9) Die neue Eintragung kann erst vorgenommen werden, wenn die Bescheinigung nach Absatz 8 vorgelegt und die Erfüllung der für die Eintragung in dem neuen Sitzstaat erforderlichen Formalitäten nachgewiesen wurde.

(10) Die Sitzverlegung der SE sowie die sich daraus ergebenden Satzungsänderungen werden zu dem Zeitpunkt wirksam, zu dem die SE gemäß Artikel 12 im Register des neuen Sitzes eingetragen wird.

(11) Das Register des neuen Sitzes meldet dem Register des früheren Sitzes die neue Eintragung der SE, sobald diese vorgenommen worden ist. Die Löschung der früheren Eintragung der SE erfolgt erst nach Eingang dieser Meldung.

(12) Die neue Eintragung und die Löschung der früheren Eintragung werden gemäß Artikel 13 in den betreffenden Mitgliedstaaten offen gelegt.

(13) Mit der Offenlegung der neuen Eintragung der SE ist der neue Sitz Dritten gegenüber wirksam. Jedoch können sich Dritte, solange die Löschung der Eintragung im Register des früheren Sitzes nicht offen gelegt worden ist, weiterhin auf den alten Sitz berufen, es sei denn, die SE beweist, dass den Dritten der neue Sitz bekannt war.

(14) (I) Die Rechtsvorschriften eines Mitgliedstaats können bestimmen, dass eine Sitzverlegung, die einen Wechsel des maßgeblichen Rechts zur Folge hätte, im Falle der in dem betreffenden Mitgliedstaat eingetragenen SE nicht wirksam wird, wenn eine zuständige Behörde dieses Staates innerhalb der in Absatz 6 genannten Frist von zwei Monaten dagegen Einspruch erhebt. Dieser Einspruch ist nur aus Gründen des öffentlichen Interesses zulässig.

(II) Untersteht eine SE nach Maßgabe von Gemeinschaftsrichtlinien der Aufsicht einer einzelstaatlichen Finanzaufsichtsbehörde, so gilt das Recht auf Erhebung von Einspruch gegen die Sitzverlegung auch für die genannte Behörde.

(III) Gegen den Einspruch muss ein Rechtsmittel vor einem Gericht eingelegt werden können.

(15) Eine SE kann ihren Sitz nicht verlegen, wenn gegen sie ein Verfahren wegen Auflösung, Liquidation, Zahlungsunfähigkeit oder vorläufiger Zahlungseinstellung oder ein ähnliches Verfahren eröffnet worden ist.

(16) Eine SE, die ihren Sitz in einen anderen Mitgliedstaat verlegt hat, gilt in Bezug auf alle Forderungen, die vor dem Zeitpunkt der Verlegung gemäß Absatz 10 entstanden sind, als SE mit Sitz in dem Mitgliedstaat, in dem sie vor der Verlegung eingetragen war, auch wenn sie erst nach der Verlegung verklagt wird.

§ 12 SEAG: Abfindungsangebot im Verlegungsplan

(1) Verlegt eine SE nach Maßgabe von Artikel 8 der Verordnung ihren Sitz, hat sie jedem Aktionär, der gegen den Verlegungsbeschluss Widerspruch zur Niederschrift erklärt, den Erwerb seiner Aktien gegen eine angemessene Barabfindung anzubieten. Die Vorschriften des Aktiengesetzes über den Erwerb eigener Aktien gelten entsprechend, jedoch ist § 71 Abs. 4 Satz 2 des Aktiengesetzes insoweit nicht anzuwenden. Die Bekanntmachung des Verlegungsplans als Gegenstand der Beschlussfassung muss den Wortlaut dieses Angebots enthalten. Die Gesellschaft hat die Kosten für eine Übertragung zu tragen. § 29 Abs. 2 des Umwandlungsgesetzes findet entsprechende Anwendung.

(2) § 7 Abs. 2 bis 7 findet entsprechende Anwendung, wobei an die Stelle der Eintragung und Bekanntmachung der Verschmelzung die Eintragung und Bekanntmachung der SE im neuen Sitzstaat tritt.

§ 13 SEAG: Gläubigerschutz

(1) Verlegt eine SE nach Maßgabe von Artikel 8 der Verordnung ihren Sitz, ist den Gläubigern der Gesellschaft, wenn sie binnen zwei Monaten nach dem Tag, an dem der Verlegungsplan offen ge-

legt worden ist, ihren Anspruch nach Grund und Höhe schriftlich anmelden, Sicherheit zu leisten, soweit sie nicht Befriedigung verlangen können. Dieses Recht steht den Gläubigern jedoch nur zu, wenn sie glaubhaft machen, dass durch die Sitzverlegung die Erfüllung ihrer Forderungen gefährdet wird. Die Gläubiger sind im Verlegungsplan auf dieses Recht hinzuweisen.
(2) Das Recht auf Sicherheitsleistung nach Absatz 1 steht Gläubigern nur im Hinblick auf solche Forderungen zu, die vor oder bis zu 15 Tage nach Offenlegung des Verlegungsplans entstanden sind.
(3) Das zuständige Gericht stellt die Bescheinigung nach Artikel 8 Abs. 8 der Verordnung nur aus, wenn bei einer SE mit dualistischem System die Mitglieder des Leitungsorgans und bei einer SE mit monistischem System die geschäftsführenden Direktoren die Versicherung abgeben, dass allen Gläubigern, die nach den Absätzen 1 und 2 einen Anspruch auf Sicherheitsleistung haben, eine angemessene Sicherheit geleistet wurde.

§ 14 SEAG: Negativerklärung

Das zuständige Gericht stellt die Bescheinigung nach Artikel 8 Abs. 8 der Verordnung nur aus, wenn die Vertretungsorgane einer SE, die nach Maßgabe des Artikels 8 der Verordnung ihren Sitz verlegt, erklären, dass eine Klage gegen die Wirksamkeit des Verlegungsbeschlusses nicht oder nicht fristgemäß erhoben oder eine solche Klage rechtskräftig abgewiesen oder zurückgenommen worden ist.

A. Allgemeines	
I. Bedeutung und Geschichte der Norm	1
II. Sitzverlegung	4
III. Grundsätze	7
IV. Arbeitnehmermitbestimmung	10
V. Steuerrechtliche Folgen	15a
B. Das Verfahren der grenzüberschreitenden Sitzverlegung	16
I. Maßnahmen im Wegzugsstaat	
1. Verlegungsplan (Art. 8 Abs. 2 SE-VO)	17
a) Aufstellung	18
b) Offenlegung	21
c) Ad-hoc-Mitteilungspflicht?	21a
d) Inhalt	22
e) Einsichtsrecht	25
2. Bericht (Art. 8 Abs. 3 SE-VO)	26
a) Inhalt	27
b) Adressaten	28
c) Einsichtsrecht	29
3. Minderheitenschutz (Art. 8 Abs. 5 SE-VO)	32
a) Sinn und Zweck	33
b) Erklärung des Widerspruchs	34
c) Abfindungsangebot	37
4. Verlegungsbeschluss (Art. 8 Abs. 6 SE-VO)	39
a) Besonderheiten	40
b) Fristen	42
c) Form	43
d) Fehlerhaftigkeit	44
5. Gläubigerschutz (Art. 8 Abs. 7 SE-VO)	45
a) Vermögensschutz	46
aa) Berechtigte Gläubiger	47
bb) Verfahren	49
cc) Frist	50
b) Ausweitung der Frist	51
c) Zahlungen an öffentlich-rechtliche Körperschaften	52
d) Gerichtsstand	53
6. Ausstellung der Bescheinigung (Art. 8 Abs. 8 SE-VO)	54
a) Zweck	55
b) Zuständige Stelle	56
aa) Anmeldung	57
bb) Prüfungsumfang	59
c) Eintragung	60
7. Einspruchsrecht der nationalen Behörde (Art. 8 Abs. 14 SE-VO)	61
II. Maßnahmen im Zuzugsstaat	
1. Erfüllung der Eintragungsvoraussetzungen (Art. 8 Abs. 9 SE-VO)	67
a) Vorlage der Bescheinigung	68
b) Erfüllung aller Formalitäten des Zuzugsstaats	69
c) Umfang der Prüfung	71
aa) Formelle Prüfung	72
bb) Materielle Prüfung	73
(1) Vereinbarkeit der Satzung mit dem Recht des Zuzugsstaates	74
(2) Einhaltung der Erfordernisse des Art. 7 SE-VO	75
(3) Unterscheidbarkeit der Firma (§ 30 HGB)	76
(4) Kapitalprüfung	77
2. Anmeldung und Eintragung (Art. 8 Abs. 10 SE-VO)	78
3. Meldung (Art. 8 Abs. 11 SE-VO)	81
4. Offenlegung (Art. 8 Abs. 12 SE-VO)	82
II. Ausschluss der Sitzverlegung (Art. 8 Abs. 15 SE-VO)	83

1. Auflösungs- oder Liquidationsverfahren 84	b) Besonderheiten 93
2. Zahlungsunfähigkeit oder vorläufige Zahlungseinstellung 86	2. Sitzfiktion (Art. 8 Abs. 16 SE-VO) .. 95
	a) Voraussetzung 96
3. Sonstige Verfahren 87	b) Wirkung 97
4. Beendigung des Verfahrens 88	c) Ausblick 99
III. Wirkung der Sitzverlegung 89	C. Sitzverlegung innerhalb eines Mitgliedstaates............... 101
1. Wirkung gegenüber Dritten (Art. 8 Abs. 13 SE-VO) 91	D. Sitzverlegung in einen Nicht-EU-Staat 102
a) Grundfall 92	

Literatur: S. auch die Literatur vor Art. 7.
Bellingwout, Verplaatsing van een Europese vennotschap (SE), Ondernemingsrecht 2001, 356; *Casper/Weller*, Mobilität und grenzüberschreitende Umstrukturierung der SE, NZG 2009, 681; *Cathiard/Laprade/Poracchia*, Pratique du transfert hors de France du siège d'une société européenne, Bulletin Joly Sociétés 2012, 520; *de Diego*, Die Mobilität der Europäischen Aktiengesellschaft (SE) im EG-Binnenmarkt, EWS 2005, 446; *Feldhaus/Vanscheidt*, „Strukturelle Änderungen" der Europäischen Aktiengesellschaft im Lichte von Unternehmenstransaktionen, BB 2008, 2246; *Förster/Lange*, Grenzüberschreitende Sitzverlegung der Europäischen Aktiengesellschaft aus ertragsteuerlicher Sicht, RIW 2002, 585; *Grundmann* in v. Rosen (Hrsg.), DAI-Studie 21 „Die Europa AG – eine Option für deutsche Unternehmen?", 2003, S. 47 ff.; *Heckschen*, Die Europäische AG aus notarieller Sicht, DNotZ 2003, 251; *Herzig/Griemla*, Steuerliche Aspekte der Europäischen Aktiengesellschaft/Societas Europaea (SE), StuW 2002, 55; *Hoffmann*, Neue Möglichkeiten zur identitätswahrenden Sitzverlegung in Europa? – Der Richtlinienvorentwurf zur Verlegung des Gesellschaftssitzes innerhalb der EU, ZHR 164 (2000), 43; *Kalss*, Der Minderheitenschutz bei Gründung und Sitzverlegung der SE nach dem Diskussionsentwurf, ZGR 2003, 593; *Kessler/Huck*, Steuerliche Aspekte der Gründung und Sitzverlegung der Europäischen Aktiengesellschaft – Geltende und zukünftige Rechtslage, Der Konzern 2006, 352; *Kiem*, Erfahrungen und Reformbedarf bei der SE – Entwicklungsstand, ZHR 173 (2009), 156; *Koppensteiner*, Die Sitzverlegungsrichtlinie nach Centros in FS Lutter, 2000, S. 141; *de Lousanoff*, Erste Erfahrungen mit der grenzüberschreitenden Sitzverlegung einer europäischen Aktiengesellschaft („SE") nach Deutschland in FS Spiegelberger, 2009, S. 604; *Oechsler*, Die Sitzverlegung der Europäischen Aktiengesellschaft nach Art. 8 SE-VO, AG 2005, 373; *Priester*, EU-Sitzverlegung – Verfahrensablauf, ZGR 1999, 36; *Ress*, Grenzüberschreitende Sitzverlegung im Europäischen Gesellschaftsrecht in FS Ress, 2005, S. 743 ff.; *Ringe*, Mitbestimmungsrechtliche Folgen einer SE-Sitzverlegung, NZG 2006, 931; *Ringe*, Die Sitzverlegung der Europäischen Aktiengesellschaft, 2006; *Karsten Schmidt*, Sitzverlegungsrichtlinie, Freizügigkeit und Gesellschaftspraxis, ZGR 1999, 20; *Schulz/Petersen*, Die Europa-AG – steuerlicher Handlungsbedarf bei Gründung und Sitzverlegung, DStR 2002, 1508; *Teichmann*, Gestaltungsfreiheit in Mitbestimmungsvereinbarungen, AG 2008, 797; *Teichmann*, Minderheitenschutz bei Gründung und Sitzverlegung der SE, ZGR 2003, 367; *Wymeersch*, The transfer of the company's seat in European Company law, CMLR 40 (2003), 661; *Zimmer*, Ein Internationales Gesellschaftsrecht für Europa, RabelsZ 67 (2003), 298.

A. Allgemeines

I. Bedeutung und Geschichte der Norm

1 Die Möglichkeit der **grenzüberschreitenden identitätswahrenden Sitzverlegung** ist eine der Haupterrungenschaften der SE und stellt einen nicht zu unterschätzenden Vorteil gegenüber den Gesellschaftsformen mitgliedstaatlichen Rechts dar. Auch nach Ergehen der Rechtsprechung des EuGH in Sachen *Centros, Übersering, Inspire Art* bis hin zu *Vale* (hierzu Art. 7 Rz. 27 ff.) ist die Sitzverlegung dieser Gesellschaftsformen noch nicht in jeder Hinsicht zufrieden stellend gelöst. Das Projekt einer **Sitz-**

verlegungsrichtlinie (für alle Gesellschaften) ist bisher noch immer nicht Realität geworden[1].

Rechtstatsächlich spielt die Sitzverlegung eine bedeutende Rolle. Die Möglichkeit der Sitzverlegung wurde als der **Hauptgrund** für die Wahl der Rechtsform SE identifiziert[2]. Bis März 2014 haben insgesamt **94 SEs eine Sitzverlegung durchgeführt**, was etwa gut 4 % aller registrierten SEs entspricht[3]. Bei Berücksichtigung aller substantiellen SEs (mehr als 5 Arbeitnehmer) ergibt sich jedoch eine deutlich höhere Quote von über 32 %[4]. Diese erstaunlich hohe Relation veranschaulicht die starke Nachfrage nach einer Sitzverlegungsmöglichkeit. Viele Sitzverlegungen finden unmittelbar nach Gründung statt, was ebenfalls auf eine hohe Attraktivität dieses rechtlichen Instruments schließen lässt[5]. Insgesamt scheinen die Gründungsgesellschaften eine unmittelbare Gründung in einem Drittstaat zu scheuen: der Vorzug wird der Gründung in einem der Inkorporationsstaaten der Gründungsgesellschaften gegeben, um anschließend dann eine Sitzverlegung in den Drittstaat durchzuführen[6]. Andere Gründe für die Durchführung einer Sitzverlegung sind die Nutzbarmachung eines attraktiveren Rechtsumfelds oder die Konsequenz aus einem Kontrollwechsel[7].

1a

Historisch geht Art. 8 SE-VO zurück auf eine Forderung des Europäischen Parlaments[8] und wurde im Entwurf der SE-VO aus dem Jahr 1991 als Art. 5a neu eingefügt. Auch in den früheren Entwürfen des SE-Statuts war man offenbar bereits von einer identitätswahrenden Verlegungsmöglichkeit ausgegangen, ohne dass diese speziell geregelt gewesen war[9].

2

Das **Verfahren** der SE-Sitzverlegung entspricht weitgehend dem bei der EWIV[10], insbesondere den Art. 13, 14 EWIV-VO[11]. Vorbild für den Sitzverlegungsplan der EWIV wiederum war der Verschmelzungsplan nach Art. 5 Abs. 1 der Dritten gesellschafts-

3

---

1 In ihrem Aktionsplan aus dem Jahr 2012 kündigte die Kommission eine neue Initiative zu dieser Thematik an (Abschnitt 4.1) und hat 2013 dazu eine Konsultation durchgeführt. Siehe <http://ec.europa.eu/internal_market/consultations/2013/seat-transfer/index_de.htm>.
2 Ernst & Young, Study on the operation and the impacts of the Statute for a European Company (SE), Final Report, 9 December 2009, S. 209; *European Commission*, Synthesis of the Comments on the Consultation Document of the Internal Market and Services Directorate-General on the Results of the Study on the Operation and the Impacts of the Statute for a European Company (SE), July 2010, S. 7. Siehe auch *Europäische Kommission*, Bericht über die Anwendung der Verordnung (EG) Nr. 2157/2001 des Rates vom 8.10.2001 über das Statut der Europäischen Gesellschaft (SE) vom 17.11.2010, KOM(2010) 676, S. 4.
3 *Carlson/Kelemen/Stollt (ETUI)*, Overview of the current state of SE founding in Europe, Update: 21 March 2014, abrufbar unter <http://ecdb.worker-participation.eu>.
4 *Carlson/Kelemen/Stollt*, Overview of the current state of SE founding in Europe, Update: 21 March 2014, abrufbar unter <http://ecdb.worker-participation.eu>.
5 Ernst & Young, Study on the operation and the impacts of the Statute for a European Company (SE), Final Report, 9 December 2009, S. 213.
6 Ernst & Young, Study on the operation and the impacts of the Statute for a European Company (SE), Final Report, 9 December 2009, S. 213.
7 Ernst & Young, Study on the operation and the impacts of the Statute for a European Company (SE), Final Report, 9 December 2009, S. 214. Zu einem praktischen Beispiel siehe *de Lousanoff*, FS Spiegelberger, 2009, S. 604.
8 *Trojan-Limmer*, RIW 1991, 1010, 1015.
9 Begründung zum E-1989, BT-Drucks. 11/5427, S. 5 (zu Art. 5 E-1989).
10 Vgl. BT-Drucks. 12/1004, S. 2; *Trojan-Limmer*, RIW 1991, 1010, 1015, *Blanquet*, ZGR 2002, 20, 43.
11 Verordnung über die Schaffung einer Europäischen wirtschaftlichen Interessenvereinigung (EWIV) vom 25.7.1985 Nr. 2137/EWG, ABl. EG Nr. L 199 v. 31.7.1985, S. 1 ff.; kritisch zu dieser Parallele *Trojan-Limmer*, RIW 1991, 1010, 1016.

rechtlichen Richtlinie (Fusionsrichtlinie)[12] bzw. der Spaltungsplan nach Art. 2 Abs. 1 der Sechsten gesellschaftsrechtlichen Richtlinie (Spaltungsrichtlinie)[13]. Ebenfalls lassen sich aus Parallelen zum Richtlinienvorentwurf zur Verlegung des Gesellschaftssitzes innerhalb der EU[14] von 1997 Erkenntnisse gewinnen[15].

II. Sitzverlegung

4 Art. 8 SE-VO regelt die *Sitz*verlegung der SE in einen anderen Mitgliedstaat. Damit ist in Anlehnung an die Begrifflichkeit von Art. 7 SE-VO die Verlegung des **Satzungssitzes** gemeint (vgl. Art. 7 Rz. 6). Sie darf gem. Art. 8 Abs. 1 Satz 2 SE-VO weder zur Auflösung der SE noch zur Gründung einer neuen juristischen Person führen. Eine Sitzverlegung muss aber stets die Verlegung der Hauptverwaltung nach sich ziehen (vgl. Art. 7 Satz 1 SE-VO).

5 Daraus ergibt sich, dass die SE-VO zwei Konstellationen *nicht* regelt: Die alleinige Verlegung des Satzungssitzes und die alleinige Verlegung der Hauptverwaltung. Beides sind **Konstellationen, die nach Art. 7 Satz 1 SE-VO gar nicht eintreten dürfen**. Sollte ein solcher Zustand entgegen der ausdrücklichen Regelung des Art. 7 Satz 1 SE-VO doch eintreten, müssen Sanktionen ergriffen werden. Art. 64 SE-VO[16] schreibt für einen solchen Fall den Mitgliedstaaten vor, „geeignete Maßnahmen" zu treffen, um die SE zu verpflichten, innerhalb einer bestimmten Frist den vorschriftswidrigen Zustand zu beenden. Entweder hat die SE ihre Hauptverwaltung wieder im Sitzstaat zu errichten oder ihren Sitz nach Art. 8 SE-VO zu verlegen. Weigert sich die Gesellschaft, den vorschriftswidrigen Zustand zu beenden, muss sie nach Art. 64 Abs. 2 SE-VO liquidiert werden. Allerdings muss der Sitzstaat gem. Art. 64 Abs. 3 SE-VO Rechtsmittel vorsehen, mit denen die SE gegen die Feststellung vorgehen kann, sie verstoße gegen Art. 7 SE-VO. In Deutschland wurde eine Regelung eingeführt, die sich an § 399 FamFG anlehnt[17].

6 Geregelt wird nur die **grenzüberschreitende** Sitzverlegung; nicht erfasst wird von dieser Regelung die Sitzverlegung innerhalb der Grenzen eines Mitgliedstaates (s. dazu unten Rz. 101). Sitz- und Gründungstheorie sollen unangetastet bleiben; mit Art. 8 SE-VO wird versucht, eine allein materiell-rechtliche Lösung zu finden. Somit wird auf das weiterhin divergierende IPR der Mitgliedstaaten Rücksicht genommen.

---

12 „Dritte" Richtlinie 2011/35/EU des Europäischen Parlaments und des Rates vom 5.4.2011 über die Verschmelzung von Aktiengesellschaften (kodifizierter Text), ABl. EU Nr. L 110 v. 29.4.2011, S. 1; abgedruckt bei *Lutter/Bayer/J. Schmidt*, Europäisches Unternehmens- und Kapitalmarktrecht, 5. Aufl., S. 645 ff. (im Folgenden: „Dritte Richtlinie"). Die Neukodifikation ersetzt die ursprüngliche Richtlinie 78/855/EWG vom 9.10.1978, ABl. EG Nr. L 295 v. 20.10.1978, S. 36 ff. Zur Vorbildfunktion vgl. *Ganske*, EWiV, 1988, S. 63.
13 Sechste Richtlinie 82/891/EWG vom 17.12.1982 gemäß Artikel 54 Absatz 3 Buchstabe g) des Vertrags betreffend die Spaltung von Aktiengesellschaften, ABl. EG Nr. L 378 v. 31.12.1982, S. 47 ff., abgedruckt bei *Lutter/Bayer/J. Schmidt*, Europäisches Unternehmens- und Kapitalmarktrecht, S. 695 ff. (im Folgenden: „Sechste Richtlinie").
14 Vorschlag für eine Vierzehnte Richtlinie des Europäischen Parlaments und des Rates über die Verlegung des Sitzes einer Gesellschaft in einen anderen Mitgliedstaat mit Wechsel des für die Gesellschaft maßgebenden Rechts, Dokument KOM XV/6002/97 vom 22.4.1997, abgedruckt in ZIP 1997, 1721 (im Folgenden: „Sitzverlegungsrichtlinie(E)").
15 Vgl. Begründung zur Sitzverlegungsrichtlinie(E), VII.3, ZIP 1997, 1721, 1723.
16 Art. 64 SE-VO beruht auf Art. 117a E-1991, der aber nur den Fall behandelt, dass der Sitz einer SE aus der Gemeinschaft verlegt wurde, vgl. *Schwarz*, ZIP 2001, 1847, 1858.
17 § 52 SEAG, vgl. dazu *Teichmann*, ZGR 2002, 383, 458 f.; *Ihrig/Wagner*, BB 2003, 969, 976; *Ihrig/Wagner*, BB 2004, 1749, 1758. S. näher die Erläuterungen zu Art. 64.

III. Grundsätze

Im Regelfall verläuft die Sitzverlegung nach folgenden Grundsätzen: **Sitz und Hauptverwaltung** müssen nach den Verfahrensvorschriften des Art. 8 SE-VO, deren Ziel es ist, ausreichenden Gläubiger- und Gesellschafterschutz zu bieten[18], **gemeinsam verlegt** werden. Da Art. 9 Abs. 1 lit. c ii SE-VO auf das Recht am jeweiligen Sitz der SE verweist, geht mit der Sitzverlegung ein jedenfalls teilweiser Statutenwechsel einher[19]: 7

Grundsätzlich unterliegt die SE nach Art. 9 SE-VO primär der SE-VO und subsidiär dem Recht des Sitzstaates. Verlegt eine SE also ihren Sitz in einen anderen Mitgliedstaat, so tritt mit Abschluss der Sitzverlegung (Art. 8 Abs. 10 SE-VO) ein **Statutenwechsel** hinsichtlich des subsidiären nationalen Rechts ein, wie dies – in weiterem Umfang – auch bisher für rein nationale Gesellschaften der Fall war. Der Unterschied zur bisherigen Praxis liegt auf der materiellrechtlichen Ebene: Der Wegzugsbeschluss der SE darf vom deutschen materiellen Recht nicht als Auflösungsbeschluss gewertet werden, wie dies in der Vergangenheit von deutschen Gerichte für Gesellschaften nationalen Rechts angenommen wurde[20]. Damit wird es der SE kraft unmittelbar geltenden Unionsrechts ermöglicht, identitätswahrend ihren Sitz zu verlegen (Art. 8 Abs. 1 Satz 2 SE-VO). 8

Dieser Statutenwechsel tritt **unabhängig von Sitz- oder Gründungstheorie** ein. Das internationale Gesellschaftsrecht der Mitgliedstaaten tritt hinter die EU-rechtliche Regelung zurück und wird von ihr überlagert[21]. 9

IV. Arbeitnehmermitbestimmung

Die SE-RL sieht eine Festlegung der Mitbestimmungsbefugnisse in der SE primär im Wege freier **Verhandlungen** zwischen der Unternehmensführung und einem besonderen Verhandlungsgremium der Arbeitnehmerseite vor (Art. 3 ff. SE-RL). Für den Fall, dass die Verhandlungen scheitern, greift gem. Art. 7 i.V.m. Anhang SE-RL eine **Auffangregelung**, die hinsichtlich der Beteiligung der Arbeitnehmer bestimmte Standardanforderungen sichert. **Voraussetzung** für die Anwendbarkeit der Auffangregelung ist allerdings, dass im Falle der Gründung durch Verschmelzung mindestens 25 % der Arbeitnehmer aller beteiligten Gesellschaften bisher Mitbestimmungsrechte zustanden. Wird dieser Prozentsatz nicht erreicht, greift die Auffangregelung nur, wenn das besondere Verhandlungsgremium einen entsprechenden Beschluss fasst. Für die Gründung einer Holding- oder Tochter-SE gilt dies entsprechend mit der Besonderheit, dass 50 % der Arbeitnehmer der beteiligten Gesellschaften mitbestimmt sein müssen, um die Auffangregelung zur Anwendung kommen zu lassen[22]. 10

---

18 Vgl. Erwägungsgrund 24 zur SE-VO.
19 *Oechsler* in MünchKomm. AktG, 3. Aufl., Art. 8 SE-VO Rz. 3; *Casper/Weller*, NZG 2009, 681, 684.
20 Seit RGZ 7, 68, 69 f.; RGZ 88, 53, 55; RGZ 107, 94, 97; aus neuerer Zeit BayObLG v. 7.5.1992 – 3Z BR 14/92, EuZW 1992, 548, 549; OLG Düsseldorf v. 26.3.2001 – 3 Wx 88/01, GmbHR 2001, 438; OLG Hamm v. 1.2.2001 – 15 W 390/00, GmbHR 2001, 440.
21 Vgl. Art. 3 Nr. 1 EGBGB.
22 *Heinze*, ZGR 2002, 66, 88. Näher zur Arbeitnehmermitbestimmung allgemein *Herfs-Röttgen*, NZA 2001, 424; *Pluskat*, DStR 2001, 1483; *Köstler/Jaeger*, Die Europäische Aktiengesellschaft (Arbeitshilfe der Hans-Böckler-Stiftung), 2002; *Köstler* in Theisen/Wenz, Europäische Aktiengesellschaft, S. 331 ff.; *Kleinsorge*, RdA 2002, 343; *Henssler* in FS Ulmer, 2003, S. 193 ff.; *Gruber/Weller*, NZG 2003, 297. Speziell zur Mitbestimmung *Ringe*, NZG 2006, 931.

11 Sind diese Voraussetzungen für die Anwendbarkeit der Auffangregelung erfüllt, gilt die Auffangregelung des beabsichtigten Sitzstaates der SE. Diese Auffangregelung muss den **Anforderungen des Anhangs zur SE-RL** genügen. Die RL verzichtet dabei darauf, auf die jeweilige nationale Gesetzgebung abzustellen, sondern richtet ihr Augenmerk auf die Situation der an der Gründung der SE beteiligten Unternehmen und die Rechtsposition, die deren Arbeitnehmer bisher innehatten. Wird eine SE durch Umwandlung gegründet, so bleibt es grundsätzlich bei der Mitbestimmung, die bisher in der umgewandelten Gesellschaft galt (**Vorher-Nachher-Prinzip**). Inhalt der Auffangregelung in den Fällen der Gründung durch Fusion, oder durch Errichtung einer Holding-Tochter-SE ist es insbesondere, dass der höchste Mitbestimmungs-Standard einer beteiligten Gesellschaft auf die gesamte SE übertragen wird, gleichgültig, wo diese ihren Sitz hat[23].

12 Erwägungsgrund 18 Satz 2 zur SE-RL weitet das Vorher-Nachher-Prinzip auch auf Fälle einer strukturellen Veränderung der SE aus[24]. Im Fall einer **Sitzverlegung** gilt für die SE daher grundsätzlich **weiterhin das gleiche Mitbestimmungsniveau**, und zwar gleich ob die SE-Mitbestimmung auf der Grundlage einer Verhandlungslösung oder einer Auffanglösung beruht:

12a Gilt für die SE eine Auffanglösung, so wird ab Eintragung in das Register des Zuzugsstaats für die SE auch die **Auffanglösung des Zuzugsstaats** gelten. Somit herrscht in beiden Konstellationen grundsätzlich Kontinuität in der Mitbestimmungsfrage[25].

13 Im Falle der **Verhandlungslösung** ist ohne nähere gegenteilige Festlegung im Vereinbarungstext prinzipiell davon auszugehen, dass die erzielte Einigung auch über eine grenzüberschreitende Sitzverlegung hinaus Bestand hat. Entgegen einer vielfach vertretenen Meinung hat die Mitbestimmungsvereinbarung in ihrem Anwendungsbereich auch Vorrang gegenüber der nationalen Satzungsautonomie[26]. Ansonsten könnte die Satzungsgeberseite durch Forcierung einer Sitzverlegung in ein satzungsstrengeres Land einer einmal getroffenen Mitbestimmung mit den Arbeitnehmern wieder nachträglich den Boden entziehen.

13a Davon abgesehen wird aber oftmals in der Praxis in die erzielte Vereinbarung eine **Klausel** aufgenommen, dass anlässlich einer Sitzverlegung über die Beteiligung **neu zu verhandeln ist**. Dies wird von Art. 4 Abs. 2 lit. h SE-RL nahe gelegt. Im deutschen Umsetzungsgesetz findet sich die Regel, dass eine erzielte Vereinbarung sogar eine Neuaufnahmeregelung anlässlich von strukturellen Änderungen enthalten „soll" (§ 21 Abs. 1 Nr. 6, Abs. 4 SEBG). Schließlich enthält § 18 Abs. 3 SEBG die Pflicht, neue Verhandlungen über die Arbeitnehmerbeteiligung aufzunehmen, wenn eine

---

23 *Lutter*, BB 2002, 1, 6.
24 *Kleinsorge*, RdA 2002, 343, 351; *Köstler/Jaeger*, Die Europäische Aktiengesellschaft (Arbeitshilfe der Hans-Böckler-Stiftung), 2002, S. 18; *Wenz* in Theisen/Wenz, Europäische Aktiengesellschaft, S. 234 f.
25 *Kleinsorge*, RdA 2002, 343, 351; *Wenz* in Theisen/Wenz, Europäische Aktiengesellschaft, S. 189, 234 f.; *Hunger* in Jannott/Frodermann, Handbuch Europäische Aktiengesellschaft, Kap. 9 Rz. 37; *Oechsler*, AG 2005, 373, 376 f.; *Wollburg/Banerjea*, ZIP 2005, 277, 283; *Güntzel*, Umsetzung, S. 299 ff.; *Ringe*, Sitzverlegung, S. 153 ff.; *Schwarz*, Art. 8 SE-VO Rz. 10.
26 Entgegen *Habersack*, AG 2006, 345 ff.; *Habersack*, ZHR 171 (2007), 613, 626 ff.; *Oetker* in FS Konzen, 2006, S. 635, 649. Wie hier *Teichmann*, AG 2008, 797, 800 ff. Zum Ganzen ausführlich *Kiem*, ZHR 173 (2009), 156, 175 ff.

Strukturmaßnahme geplant ist, die geeignet ist, die Beteiligungsrechte der Arbeitnehmer zu mindern[27]. Dazu ist eine Sitzverlegung aber nach h.M. nicht zu zählen[28].

In der Literatur wird vertreten, trotz der grundsätzlichen Kontinuität der Arbeitnehmerbeteiligung sei erwägenswert, dass die Sitzverlegung einen Wegfall der **Geschäftsgrundlage** für die erzielte Verhandlungslösung bewirke[29]. Auch wenn richtig ist, dass die Auffanglösung eine Art Drohpotential für die zu treffende Vereinbarung beinhaltet, so kann die Konstruktion einer Änderung der Geschäftsgrundlage nicht nachvollzogen werden: Zwar ändert sich durch die Sitzverlegung das jeweilige nationale Regime, das die Auffanglösung umsetzt, doch beruhen alle nationalen Regelungen letztlich auf der gleichen Richtlinie[30] – was dazu führt, dass die Abweichungen zwischen den betroffenen mitgliedstaatlichen Auffanglösungen zumeist marginal sind und keine derart entscheidende Veränderung des rechtlichen Umfelds herbeizuführen vermögen, dass eine grundsätzliche Neubewertung der Vereinbarung notwendig erscheint[31]. 14

Dessen ungeachtet sind in seltenen Fällen Konstellationen denkbar, in denen es **de facto zu Einschränkungen der Arbeitnehmerbeteiligungsrechte kommt**[32]. Beispielsweise ist es vorstellbar, dass die Mitgliedstaaten die SE-Richtlinie und damit auch die Auffangregelung unterschiedlich umgesetzt haben, das Standardniveau somit zwischen den Mitgliedstaaten divergiert. In einem solchen Fall sind Neuverhandlungen unumgänglich[33]. 15

V. Steuerrechtliche Folgen

Die steuerrechtlichen Konsequenzen einer SE-Sitzverlegung waren lange ungeklärt[34]. Mit Inkrafttreten des SEStEG[35] Ende 2006 wurde ein spezifisch auf diesen Fall zugeschnittenes System eingeführt, das es erlaubt, stille Reserven prinzipiell zunächst unbesteuert zu lassen und erst bei späterer Gewinnrealisierung zu besteuern (Stundungsmodell). Zu näheren Einzelheiten siehe die Kommentierung zum Steuerrecht Rz. 48 ff. 15a

B. Das Verfahren der grenzüberschreitenden Sitzverlegung

Ziel des Verlegungsverfahrens nach Art. 8 Abs. 2–13 SE-VO ist es, die Sitzverlegung transparent zu machen und die Interessen der von der Sitzverlegung betroffenen Gesellschafter und Gläubiger zu schützen[36]. Das Verfahren beruht auf dem Mechanismus Eintragung im Zuzugsstaat und anschließende Löschung der Eintragung im 16

---

27 Dazu eingehend *Rehberg*, ZGR 2005, 859, 887 ff.
28 *Oechsler*, AG 2005, 373, 376; *Casper* in Spindler/Stilz, AktG, Art. 8 SE-VO Rz. 8; *Diekmann* in Habersack/Drinhausen, Art. 8 SE-VO Rz. 21. Vgl. auch *Sagan*, EBLR 2010, 15, 39, zu Art. 11 SE-RL.
29 So *Oechsler*, AG 2005, 373, 377; *Oechsler* in MünchKomm. AktG, 3. Aufl., Art. 8 SE-VO Rz. 13.
30 Die Auffangregelungen waren auf der Grundlage von Art. 7 SE-RL umzusetzen.
31 Im Ergebnis ebenso *Feldhaus/Vanscheidt*, BB 2008, 2246, 2250; *Oechsler*, AG 2005, 373, 376; *Casper* in Spindler/Stilz, AktG, Art. 8 SE-VO Rz. 8; *Diekmann* in Habersack/Drinhausen, Art. 8 SE-VO Rz. 21. Vgl. auch *Sagan*, EBLR 2010, 15, 39, zu Art. 11 SE-RL.
32 S. *Ringe*, Sitzverlegung, S. 154 ff.; *Ringe*, NZG 2006, 931, 932 f.
33 *Ringe*, Sitzverlegung, S. 159.
34 *Ringe*, Sitzverlegung, S. 166 ff.
35 Gesetz über steuerliche Begleitmaßnahmen zur Einführung der Europäischen Gesellschaft und zur Änderung weiterer steuerrechtlicher Vorschriften (SEStEG) vom 7.12.2006, BGBl. I 2006, 2782. Siehe dazu die Kommentierung zum Steuerrecht, Teil D., Rz. 11 ff.
36 Vgl. Erwägungsgrund 24.

Wegzugsstaat. Die Satzung der SE muss dem neu geltenden Subsidiärrecht angepasst werden[37]. Zum Schutz der Gesellschafter und Gläubiger sehen die Abs. 5 und 7 vor, dass die Mitgliedstaaten diesen Gruppen gewisse Schutzmechanismen einräumen können. Deutschland hat diese beiden Optionen wahrgenommen und zeichnet sich auch insgesamt im Ländervergleich durch die Wahrnehmung fast aller Schutzmöglichkeiten aus[38].

I. Maßnahmen im Wegzugsstaat

1. Verlegungsplan (Art. 8 Abs. 2 SE-VO)

17 Das Leitungs- oder Verwaltungsorgan leitet die Sitzverlegung durch Aufstellung eines Verlegungsplans ein. Einen solchen „Plan" kennt das deutsche Umwandlungs- bzw. Sitzverlegungsrecht bislang nicht. Er entspricht wohl am ehesten dem Entwurf eines Umwandlungsbeschlusses in § 194 Abs. 2 UmwG. Eine Parallele findet sich in Art. 4 Sitzverlegungsrichtlinie-Vorentwurf.

a) Aufstellung

18 Erforderlich ist ein Tätigwerden des Leitungs- oder Verwaltungsorgans in vertretungsberechtigender Zusammensetzung. Fraglich ist, welchen **Formerfordernissen** der Verlegungsplan unterliegt. Denkbar wäre es, die privatschriftliche Abfassung des Plans genügen zu lassen, wenn man insofern den vorbereitenden Charakter des Plans betont[39]. Andererseits streiten die Gewähr der materiellen Richtigkeit und das Ziel einer korrekten Information der Beteiligten dafür, die Mitwirkung eines Notars zu fordern[40]. Zu fragen ist, ob die Vorschriften in Art. 8 SE-VO abschließend zu verstehen sind oder nicht. Die ausführliche Beschreibung des Sitzverlegungsverfahrens und die Tatsache, dass der Notar bspw. in Art. 8 Abs. 8 SE-VO als Mitwirkender ausdrücklich benannt ist, lassen darauf schließen, dass auch **formelle Fragen** wie eine Beurkundung in Art. 8 SE-VO **abschließend aufgezählt** werden[41]. Ein Mitwirken des Notars ist damit nicht zu fordern.

19 Diese Feststellung wird dadurch untermauert, dass Art. 8 SE-VO – anders als Art. 10 der Dritten Richtlinie und Art. 8 der Zehnten Richtlinie – **keine Überprüfung durch einen Sachverständigen** vorsieht. Dieser Unterschied zu den beiden Fusionsrichtlinien liegt darin begründet, dass bei Fusionen eine ungleich stärkere Beeinträchtigung von Interessen z.B. der Aktionäre droht als bei der Sitzverlegung[42]. Während sich die Aktionärsrechte der SE nach Art. 5 SE-VO u.U. erheblich ändern können, bleiben ihre Anteilsquoten anders als bei einer Verschmelzung gleich.

20 Als **Sprache** des Verlegungsplans muss die Sprache des Wegzugsstaates gewählt werden[43].

---

[37] Vgl. Art. 8 Abs. 10 SE-VO. Dazu auch *Bungert/Beier*, EWS 2002, 1, 6; Begründung zur Sitzverlegungsrichtlinie(E), VII.3, ZIP 1997, 1721, 1723.
[38] Ernst & Young, Study on the operation and the impacts of the Statute for a European Company (SE), Final Report, 9 December 2009, S. 106, 107 ff.
[39] *Casper* in Spindler/Stilz, AktG, Art. 8 SE-VO Rz. 8. So bereits zur Sitzverlegungsrichtlinie *Priester*, ZGR 1999, 36, 41.
[40] *Heckschen*, DNotZ 2003, 251, 265.
[41] Ähnlich *Schulz/Geismar*, DStR 2001, 1078, 1080 zum Verschmelzungsplan.
[42] *Grundmann* in v. Rosen, DAI-Studie 21 „Die Europa AG – eine Option für deutsche Unternehmen?", 2003, S. 54.
[43] So zur Sitzverlegungsrichtlinie *Priester*, ZGR 1999, 36, 41; *Schwarz*, Europäisches Gesellschaftsrecht, 2000, Rz. 820 Fn. 1178.

b) Offenlegung

Der Verlegungsplan muss nach Art. 8 Abs. 2 Satz 1 i.V.m. Art. 13 SE-VO gemäß den Vorschriften des Sitzstaates der SE, die der Umsetzung der Ersten Richtlinie (**Publizitätsrichtlinie**)[44] dienen, offen gelegt werden. Entscheidende Bedeutung kommt dabei den Art. 2, 3 der Publizitätsrichtlinie zu[45]. Erforderlich sind demnach u.a. Einreichung zum Handelsregister und deren Bekanntmachung nach den Erfordernissen des Handelsrechts (vgl. § 61 UmwG i.V.m. § 10 HGB)[46]. 21

Die Offenlegung muss mindestens **zwei Monate vor der Hauptversammlung** der SE, die nach Art. 8 Abs. 6 SE-VO über die Sitzverlegung zu beschließen hat, und mindestens **einen Monat vor deren Einberufung** erfolgen, da die Einberufungsfrist ebenfalls einen Monat beträgt (vgl. Art. 53 SE-VO i.V.m. § 123 Abs. 1 AktG).

c) Ad-hoc-Mitteilungspflicht?

Fraglich ist, so es sich bei der SE um eine börsennotierte Gesellschaft handelt, ob die Sitzverlegungsabsicht eine Insiderinformation darstellt, die einer Ad-hoc-Mitteilungspflicht unterliegt. Offenbar vertritt die französische Marktaufsicht *Autorité des Marchés Financiers (AMF)* die Position, dass der Verlegungsplan auf der Webseite des wegzugswilligen Unternehmens zu veröffentlichen ist[47]. Nach deutschem (und europäischem) Recht ist hier vor allem auf die Mitteilungspflichten bei gestreckten Geschehensabläufen im Rahmen von § 13 Abs. 1 WpHG zu denken. Entscheidende Bedeutung kommt nach der Rechtsprechung des EuGH[48] und des BGH[49] dabei der Frage zu, ob der Eintritt des Ereignisses (hier des Wegzugs) hinreichend wahrscheinlich ist. Sollte dies bejaht werden, ist weiter zu klären, ob das Bekanntwerden geeignet ist, den Börsenkurs erheblich zu beeinflussen[50]. Beides ist Tatsachenfrage. 21a

d) Inhalt

Art. 8 Abs. 2 Satz 2 lit. a–e SE-VO enthält einen Katalog mit Angaben, die im Verlegungsplan enthalten sein müssen. Dieser **Katalog ist zwingend**; es ist daher ratsam, alle Punkte im Verlegungsplan anzusprechen, auch wenn die Angabe sich in einer Negativerklärung erschöpft (etwa wenn keine Rechte nach lit. e gewährt werden). Lit. a–d entsprechen den Anforderungen in Art. 4 Sitzverlegungsrichtlinie-Vorentwurf. Beide Regelungen bleiben hinter § 194 UmwG zurück. 22

Im Einzelnen sind **folgende Angaben erforderlich**: 23
Zunächst muss der Verlegungsplan eine eindeutige **Identifizierung der bisherigen SE** ermöglichen und deshalb genaue Daten über sie enthalten (Art. 8 Abs. 2 Satz 2 SE-VO). Der **neue Sitz** der SE muss angegeben werden. Damit ist der neue satzungsmäßige Sitz der SE gemeint (vgl. Art. 7 Satz 1 SE-VO). Die **Satzung** (lit. b) muss an das neue

---

44 Erste Richtlinie 68/151/EWG vom 9. März 1968, neu kodifiziert in Richtlinie 2009/101/EG vom 16. September 2009 (Publizitätsrichtlinie 2009), ABl. EU Nr. L 258 v. 1.10.2009, S. 11.
45 Diese beiden Normen wurden in Art. 4 Abs. 2 des Sitzverlegungsrichtlinie-Vorentwurfs ausdrücklich genannt. Vgl. im Einzelnen die Kommentierung zu Art. 13.
46 Vgl. *Oechsler*, AG 2005, 373, 378 f. Zur elektronischen Offenlegung vgl. *Wenz* in Theisen/Wenz, Die Europäische Aktiengesellschaft, S. 238.
47 *Cathiard/Laprade/Poracchia*, Bulletin Joly Sociétés 2012, 520, 521, 524 unter Berufung auf Article 223-9 des *Règlement Général* der AMF.
48 EuGH v. 28.6.2012 – Rs. C-19/11 – „Daimler/Geltl", NJW 2012, 2787.
49 BGH v. 23.4.2013 – II ZB 7/09, NJW 2013, 2114.
50 Zum Ganzen etwa *Klöhn*, ZIP 2012, 1885; *v. Bonin/Böhmer*, EuZW 2012, 694; *Wilsing/Goslar*, DStR 2013, 1610.

Subsidiärrecht des Sitzstaates angepasst werden[51]. Die SE kann eine neue **Firma** erhalten, kann aber auch die bisherige Firma behalten, wobei jedoch das jeweilige mitgliedstaatliche Firmenrecht zu beachten ist[52]. Außerdem sind die etwaigen **Folgen des Umzugs für die Beteiligungsrechte**[53] **der Arbeitnehmer** aufzuführen (lit. c). Diese Angabe dient der frühzeitigen Unterrichtung der Arbeitnehmer und ihrer Vertretungen über kollektivarbeitsrechtliche Veränderungen. Zu den arbeitsrechtlichen Folgen einer Sitzverlegung s. oben Rz. 10 ff. sowie die Erläuterung zum SEBG, unten S. 1007 ff. Außerdem muss der Verlegungsplan einen **Zeitplan** vorsehen (lit. d). Schließlich sind **Rechte zugunsten von Aktionären und/oder Gläubigern** aufzunehmen (lit. e). Die Anforderungen an den Schutz dieser Beteiligten richtet sich nach den Vorschriften im Sitzstaat der SE, in Deutschland sind dies §§ 12–14 SEAG. S. dazu unten Rz. 32 ff., 45 ff.

24 Anders als im deutschen Umwandlungsrecht[54] muss der Verlegungsplan der SE keine Angaben über die **zukünftigen Rechte der Aktionäre** enthalten. Durch den Wechsel des subsidiär anwendbaren Rechts (vgl. Art. 9 SE-VO) können deren Rechte aber – trotz Identität des Unternehmensträgers – unter Umständen erheblich beeinträchtigt werden[55]. Bei den Angaben in Art. 8 Abs. 2 Satz 2 SE-VO handelt es sich vom hier eingenommenen Standpunkt aus aber nicht um Mindestangaben, so dass auf Aktionärsrechte nicht einzugehen ist, wenn sich aus der Satzung der SE nichts Gegenteiliges ergibt[56].

e) Einsichtsrecht

25 Zum Einsichtsrecht s. unten Rz. 29 ff.

2. Bericht (Art. 8 Abs. 3 SE-VO)

26 Neben dem Verlegungsplan muss das Leitungs- oder das Verwaltungsorgan einen speziellen Bericht erstellen, der die rechtlichen und wirtschaftlichen Aspekte der Sitzverlegung erklärt und begründet sowie die Auswirkungen für die aufgezählten schutzbedürftigen Personengruppen aufzeigt. Ziel ist eine zusätzliche **Verstärkung des a-priori-Schutzes** bei der Sitzverlegung[57]. Die frühzeitige Unterrichtung dient dazu, es den schutzbedürftigen Personengruppen zu ermöglichen, sich auf die Abstimmung frühzeitig vorzubereiten[58]. Vorbilder für diese Regelung sind Art. 9 der Dritten Richtlinie, Art. 7 der Sechsten Richtlinie sowie Art. 5 Abs. 1 der Sitzverlegungsrichtlinie(E)[59]. Eine Parallele im deutschen Recht findet sich in § 192 UmwG (Umwandlungsbericht).

---

51 Vgl. dazu Art. 8 Abs. 10 SE-VO.
52 *Schwarz*, Art. 8 SE-VO Rz. 6.
53 Dieser Begriff ist in Art. 2 lit. h SE-RL legaldefiniert.
54 § 194 Abs. 1 UmwG.
55 Die Aktionärsrechte unterliegen nach Art. 5 SE-VO dem Sitzstaat. S. dazu die Kommentierung zu Art. 5 und *Theisen/Widmayer* in Theisen/Wenz, Europäische Aktiengesellschaft, S. 377 ff.
56 Das ergibt sich im Umkehrschluss aus Art. 20 Abs. 2 SE-VO, der im Falle der Verschmelzung deutlich von Mindestangaben spricht. Vgl. *Wenz* in Theisen/Wenz, Europäische Aktiengesellschaft, S. 237. A.A. *Schwarz*, Art. 8 SE-VO Rz. 14; *Casper* in Spindler/Stilz, AktG, Art. 8 SE-VO Rz. 9; *Cathiard/Laprade/Poracchia*, Bulletin Joly Sociétés 2012, 520, 521 („contenu minimum").
57 *Wenz* in Theisen/Wenz, Europäische Aktiengesellschaft, S. 238; *Oechsler* in MünchKomm. AktG, 3. Aufl., Art. 8 SE-VO Rz. 19.
58 *Schwarz*, Europäisches Gesellschaftsrecht, 2000, Rz. 646 (zur Dritten Richtlinie).
59 *Werlauff*, SE – The Law of the European Company, 2003, S. 124.

a) Inhalt

An den Inhalt des Berichts sind hohe Anforderungen zu stellen. Erforderlich sind ausführliche schriftliche Erläuterungen zu den **rechtlichen und wirtschaftlichen Gründen und Auswirkungen** der Sitzverlegung. Es empfiehlt sich, zunächst die Lage der SE im Wegzugsstaat, ihre Entwicklung, Konzernstruktur und Beteiligungen darzustellen und dann auch auf alle wesentlichen Vor- und Nachteile des Umzugs einzugehen. Der Umzug sollte in einen größeren Zusammenhang gestellt werden und mit einem schlüssigen Gesamtkonzept bzw. der Unternehmensstrategie in Einklang stehen. Einzugehen ist insbesondere auf die wirtschaftlichen und rechtlichen (insbes. gesellschafts- und steuerrechtlichen) Aspekte. 27

b) Adressaten

Dargelegt werden sollen die Auswirkungen für drei Gruppen: **Aktionäre, Gläubiger und Arbeitnehmer**. Diese Personengruppen bedürfen bei einer Sitzverlegung besonderen Schutzes (vgl. Abs. 4, 5 und 7). Im Unterschied zu Art. 5 Abs. 1 Sitzverlegungsrichtlinie-Vorentwurf fällt auf, dass die Gläubiger gesondert erwähnt werden. Den Gläubigern wird in Abs. 16 eine starke Stellung eingeräumt; im Übrigen ist der Gläubigerschutz in die Hände der Mitgliedstaaten gelegt (vgl. Art. 8 Abs. 7 SE-VO). 28

c) Einsichtsrecht

Nach Art. 8 Abs. 4 SE-VO steht Aktionären und Gläubigern der SE ein einmonatiges Einsichtsrecht am Sitz der SE zu. Gegenüber der Dritten und Sechsten Richtlinie erweitert die SE-VO den Kreis der Einsichtsberechtigten um die Gläubiger, die in den Richtlinien nicht genannt sind[60]. Gegenüber dem Sitzverlegungsrichtlinie-Vorentwurf wird das Einsichtsrecht jedoch eingeschränkt: Art. 5 Abs. 2 dieser Richtlinie sieht ein Einsichtsrecht auch der Arbeitnehmer vor. Diese Beschränkung steht im Widerspruch zu der Erwähnung der Arbeitnehmer in Abs. 3. 29

Der **Umfang** des Einsichtsrechts erstreckt sich auf den Verlegungsplan sowie auf den nach Art. 8 Abs. 3 SE-VO erstellten Bericht. Es schließt das Recht mit ein, kostenlose Ablichtungen der genannten Dokumente zu erhalten. 30

Ob ein **Verzicht** auf das Einsichtsrecht möglich ist, erscheint zweifelhaft. Anders als die Sechste Richtlinie[61] sieht Art. 8 SE-VO keine Verzichtsmöglichkeit vor[62]. 31

3. Minderheitenschutz (Art. 8 Abs. 5 SE-VO)

Die Mitgliedstaaten können spezielle Vorschriften zum Schutz der Minderheitsaktionäre erlassen. Diese Möglichkeit hat der deutsche Gesetzgeber mit **§ 12 Abs. 1 SEAG** wahrgenommen. Danach hat die SE dem widersprechenden Aktionär ein Barabfindungsangebot zu machen. Diese Regelung lehnt sich an § 207 UmwG an[63]. 32

a) Sinn und Zweck

Das **Austrittsrecht** ist neben der Information (Art. 8 Abs. 2 und 3 SE-VO) und der Mitwirkung an der Entscheidung (Art. 8 Abs. 6 SE-VO) der „dritte Baustein" eines effektiven Minderheitenschutzes. In § 12 Abs. 1 SEAG kommt ebenso wie in §§ 29 33

---

60 Art. 11 Abs. 1 Dritte Richtlinie; Art. 9 Abs. 1 Sechste Richtlinie.
61 Art. 10 Sechste Richtlinie.
62 *Casper* in Spindler/Stilz, AktG, Art. 8 SE-VO Rz. 11; *Oechsler* in MünchKomm. AktG, 3. Aufl., Art. 8 SE-VO Rz. 23.
63 Begr. zum DiskE, S. 33.

Alt. 1, 207 UmwG der allgemeine Rechtsgedanke zum Ausdruck, dass den Aktionären bei einer erheblichen Umgestaltung des Unternehmens, die ggf. eine nachhaltige Veränderung ihrer Rechtsposition mit sich bringen kann (vgl. Art. 5 SE-VO), ein Austrittsrecht zusteht, weil die Fortführung der Mitgliedschaft unzumutbar wird[64]. Dabei wird offenbar die Sitzverlegung der SE – wegen der starken Prägung der SE durch das mit der Sitzverlegung wechselnde Subsidiärrecht (Art. 9 Abs. 1 lit. c SE-VO) – in den Auswirkungen einer Umwandlung gleich erachtet[65].

b) Erklärung des Widerspruchs

34 Art. 8 Abs. 5 SE-VO ermächtigt zum Schutz von Aktionären, die sich „gegen die Verlegung ausgesprochen haben". Ob damit ein Schutz auch derjenigen Aktionäre möglich ist, die nicht gegen die Verlegung gestimmt haben[66], sondern sich eben nur dagegen geäußert haben, mag dahinstehen, denn das deutsche SEAG macht es zur Voraussetzung des Barabfindungsangebots, dass der Aktionär gegen den Verlegungsbeschluss **Widerspruch zur Niederschrift** erklärt hat[67]. Widerspruch kann nach verbreiteter Auffassung nur derjenige erklären, der auch gegen die Sitzverlegung gestimmt hat[68].

35 Der Widerspruchserklärung steht es nach § 12 Abs. 1 Satz 5 SEAG i.V.m. **§ 29 Abs. 2 UmwG** gleich, wenn der Aktionär zu einem Widerspruch **ohne eigenes Verschulden nicht in der Lage** war, sei es, dass er zu Unrecht nicht zur Teilnahme an der Hauptversammlung zugelassen wurde, sei es, dass die Hauptversammlung nicht ordnungsgemäß einberufen oder der Verlegungsbeschluss nicht ordnungsgemäß bekannt gemacht wurde.

36 Für die **Erklärung** des Widerspruchs können ähnliche Grundsätze wie zu § 29 UmwG herangezogen werden: Der Widerspruch muss während der Hauptversammlung abgegeben werden; ein vorheriges Einreichen ist ebenso wenig gestattet wie ein Nachreichen[69].

c) Abfindungsangebot

37 Das Abfindungsangebot muss nach Art. 2 Satz 2 lit. e SE-VO bereits im Verlegungsplan enthalten sein (vgl. § 12 Abs. 1 Satz 3 SEAG). Nach § 12 Abs. 2 SEAG gelten die Regelungen über das Abfindungsangebot im Verschmelzungsplan nach § 7 Abs. 2–7 SEAG entsprechend. Hierzu wird auf die Erläuterungen zu Art. 24 Rz. 45 ff. verwiesen.

38 Es sei lediglich darauf hingewiesen, dass §§ 12 Abs. 2, 7 Abs. 5 SEAG Klagen gegen die Wirksamkeit des Verlegungsbeschlusses, die darauf gestützt werden, das Barabfin-

---

64 *Decher* in Lutter, § 207 UmwG Rz. 3; *Kalss*, Wbl 2001, 366, 373; *Teichmann* in Münchener Handbuch des Gesellschaftsrechts, Band 6, 4. Aufl. 2012, § 49 Rz. 6.
65 So die Begr. DiskE, S. 33; vgl. auch *Teichmann*, ZGR 2003, 367, 398. Zu Überlegungen, falls das Sitzkoppelungsgebot des Art. 7 SE-VO fällt, siehe *Casper/Weller*, NZG 2009, 681, 684 ff.
66 Befürwortend *Teichmann*, ZGR 2003, 367, 384 zur Parallelproblematik bei Art. 24 Abs. 2 SE-VO.
67 *Werlauff*, SE – The Law of the European Company, 2003, S. 124.
68 *Grunewald* in Lutter, § 29 UmwG Rz. 10; *Schaub*, NZG 1998, 626, 628; a.A. *Marsch-Barner* in Kallmeyer, § 29 UmwG Rz. 13; *Meister/Klöcker* in Kallmeyer, § 207 UmwG Rz. 15. Vgl. dazu auch *Teichmann*, ZGR 2003, 367, 384; sowie *Cathiard/Laprade/Poracchia*, Bulletin Joly Sociétés 2012, 520, 521, 524 zum französischen Recht.
69 *Kalss* in Semler/Stengel, § 29 UmwG Rz. 21 f.; *Marsch-Barner* in Kallmeyer, § 29 UmwG Rz. 12; *Grunewald* in Lutter, § 29 UmwG Rz. 11; BGH v. 3.7.1989 – II ZR 5/89, BGHZ 108, 217, 221 f. (zu § 375 AktG).

dungsangebot nach § 12 Abs. 1 SEAG sei zu niedrig bemessen oder im Verlegungsplan überhaupt nicht oder nicht ordnungsgemäß angeboten worden, ausschließt. Eine gerichtliche Überprüfung der Angemessenheit ist demgemäß einem **Spruchverfahren** zugewiesen. Diese Systematik entspricht dem deutschen Umwandlungsrecht in den Fällen der §§ 14 Abs. 2, 32, 195 Abs. 2 UmwG. Nach § 7 Abs. 7 SEAG i.V.m. § 1 Nr. 5 SpruchG gelten die Verfahrensvorschriften des SpruchG[70]. Die Zuständigkeit der deutschen Gerichte für dieses Spruchverfahren bleibt nach der Gerichtsstandsfiktion des Art. 8 Abs. 16 SE-VO erhalten[71].

4. Verlegungsbeschluss (Art. 8 Abs. 6 SE-VO)

Der Verlegungsbeschluss hat **satzungsändernden Charakter**, denn der Sitz der SE ist notwendiger Bestandteil der Satzung (vgl. Art. 6, 7 SE-VO). Dementsprechend verlangt Art. 8 Abs. 6 Satz 2 SE-VO einen Mehrheitsbeschluss mit einer satzungsändernden Mehrheit i.S.d. Art. 59 SE-VO[72]. Die dort vorgesehene Mehrheit von zwei Dritteln der abgegebenen Stimmen wird vom deutschen Recht auf ein **Mehrheitserfordernis von drei Vierteln** des bei der Beschlussfassung vertretenen Kapitals verschärft[73]. Dies weicht ab von den Erfordernissen der Sitzverlegung einer EWIV, die gem. Art. 14 Abs. 1 Satz 3 EWIV-VO Einstimmigkeit verlangt. 39

a) Besonderheiten

Wenn **mehrere Gattungen** von Aktien vorhanden sind, muss jede Gruppe von Aktionären nach Art. 60 SE-VO eine gesonderte Abstimmung mit einer ¾-Mehrheit vornehmen. 40

Fraglich ist weiterhin, ob **Inhabern vinkulierter Rechte** nach dem Vorbild von § 193 Abs. 2 UmwG ein Vetorecht in dem Sinne zustehen soll, dass es eines positiven Votums aller in solcher Weise berechtigter Gesellschafter bedarf, um den Beschluss wirksam werden zu lassen. Dem deutschen Aktienrecht ist die Zustimmung von Aktionären zur Aktienübertragung jedoch unbekannt, vgl. § 68 Abs. 2 AktG. Nach der eindeutigen Formulierung von § 193 Abs. 2 UmwG sind im Aktienrecht denkbare Zustimmungsvorbehalte anderer Organe wie des Aufsichtsrats (§ 68 Abs. 2 Satz 3 AktG) hier unbeachtlich[74]. Ein solcher Vorbehalt würde auch die Sitzverlegung erheblich erschweren und in Konflikt mit der Niederlassungsfreiheit der SE geraten. 41

b) Fristen

Der Verlegungsbeschluss kann erst **zwei Monate nach Offenlegung** des Verlegungsplans gefasst werden, d.h. er kann auch nicht – aufschiebend bedingt durch den Ablauf von zwei Monaten – mit dem Verlegungsplan zusammen beschlossen werden[75]. Insofern sind das Ziel der Warnfunktion für die Aktionäre und der Wortlaut des Art. 8 Abs. 6 SE-VO eindeutig. Weiter ist zu beachten, dass die Hauptversammlung, die über die Sitzverlegung beschließt, dreißig Tage vorher einberufen worden sein 42

---

70 Gesetz über das gesellschaftsrechtliche Spruchverfahren (Spruchverfahrensgesetz – SpruchG) v. 12.6.2003, BGBl. I 2003, 838, geändert durch Art. 5 SEEG.
71 Dazu *Oetker*, AG 2005, 373, 375 f.
72 *Teichmann* in Münchener Handbuch des Gesellschaftsrechts, Band 6, 4. Aufl. 2012, § 49 Rz. 103.
73 S. § 179 Abs. 2 Satz 1 AktG. Vgl. auch § 240 UmwG. So auch schon der Vorschlag von *Kruse*, Sitzverlegung von Kapitalgesellschaften innerhalb der EG, 1997, S. 180; *Heckschen*, DNotZ 2003, 251, 266; *Wenz* in Theisen/Wenz, Europäische Aktiengesellschaft, S. 239.
74 *Zimmermann* in Kallmeyer, § 193 UmwG Rz. 18.
75 So zur EWIV *von der Heydt/v. Rechenberg*, Die EWIV, 1991, S. 96 f.

muss, Art. 59 SE-VO i.V.m. § 123 Abs. 1 AktG. Während eines Monats vor der Hauptversammlung vorher muss Aktionären und Gläubigern eine Einsichtsmöglichkeit gewährt worden sein, vgl. Art. 8 Abs. 4 SE-VO.

c) Form

43 Der Verlegungsbeschluss ist als Satzungsänderung beurkundungsbedürftig. Das folgt in Ermangelung einer besonderen Bestimmung in der SE-VO aus Art. 9 Abs. 1 lit. c ii SE-VO i.V.m. § 130 AktG.

d) Fehlerhaftigkeit

44 Bei Fehlerhaftigkeit des Beschlusses gelten über Art. 9 Abs. 1 lit. c ii SE-VO die allgemeinen Regeln, d.h. in Deutschland die §§ 241 ff. AktG.

5. Gläubigerschutz (Art. 8 Abs. 7 SE-VO)

45 Ähnlich wie der Minderheitenschutz (Art. 8 Abs. 5 SE-VO) ist die Gestaltung des Gläubigerschutzes **den Mitgliedstaaten überlassen**[76]. Im Unterschied hierzu sieht Art. 8 Sitzverlegungsrichtlinie-Vorentwurf einen obligatorischen Gläubigerschutz vor. Dass die SE-VO den Gläubigerschutz fakultativ ausgestaltet, hängt damit zusammen, dass die Gläubiger die SE nach Art. 8 Abs. 16 SE-VO am alten Sitz verklagen können und daher ohnehin eine starke Stellung haben[77].

a) Vermögensschutz

46 Der deutsche Gesetzgeber hat die durch Art. 8 Abs. 7 Unterabs. 1 SE-VO gestellte Aufgabe mit **§ 13 SEAG** gelöst: In Hinblick auf die effektive Schutznorm des Art. 8 Abs. 16 SE-VO ist demnach für einen Anspruch auf Sicherheitsleistung nach § 13 Abs. 1 Satz 2 SEAG die Glaubhaftmachung einer Gefährdung der Anspruchserfüllung erforderlich, die über die bloßen Folgen einer Sitzverlegung hinausgeht[78]. Eine solche Gefährdung ist etwa anzunehmen, wenn im Zuge der Sitzverlegung bedeutende Vermögensverschiebungen vorgenommen werden[79]. Im Übrigen hat der Gesetzgeber eine genauere Ausgestaltung der Voraussetzung der Praxis überlassen[80].

47 **aa) Berechtigte Gläubiger.** Sicherheitsleistung können Gläubiger verlangen, die gegen die SE einen **schuldrechtlichen Anspruch** haben; dingliche Ansprüche werden dagegen nicht gesichert, da das dingliche Recht selbst schon eine Sicherheit darstellt[81]. Erfasst sind ansonsten alle Arten von Forderungen, d.h. auch öffentlich-rechtliche Ansprüche auf Steuern und Sozialversicherungsbeiträge[82].

48 Der Anspruch besteht nicht, wenn der Gläubiger **Befriedigung verlangen** kann (§ 13 Abs. 1 Satz 1 SEAG a.E.). Sobald der Anspruch nämlich fällig ist, kann Erfüllung verlangt werden; in diesem Fall besteht kein Bedürfnis für eine Sicherheitsleistung. Der Gläubiger kann direkt auf Erfüllung klagen.

49 **bb) Verfahren.** Voraussetzung des Anspruchs auf Sicherheitsleistung ist, dass innerhalb von zwei Monaten nach Offenlegung des Verlegungsplans (Art. 8 Abs. 2 Satz 1

---

76 Kritisch zu Art. 8 Abs. 7 SE-VO als Ermächtigungsgrundlage *Ringe*, Sitzverlegung, S. 125 ff.
77 S. unten Rz. 95 ff. Zur Frage, ob zusätzlich zu Abs. 16 eine Regelung wie in § 13 SEAG überhaupt noch erforderlich ist, vgl. *Teichmann*, ZGR 2002, 383, 460 f.
78 Begr. DiskE, S. 34.
79 Begr. DiskE, S. 34.
80 *Diekmann* in Habersack/Drinhausen, Art. 8 SE-VO Rz. 67.
81 So zu § 22 UmwG *Marsch-Barner* in Kallmeyer, § 22 UmwG Rz. 2.
82 *Wenz* in Theisen/Wenz, Europäische Aktiengesellschaft, S. 243.

i.V.m. Art. 13 SE-VO) der Anspruch nach Grund und Höhe **schriftlich angemeldet** wird, § 13 Abs. 1 Satz 1 SEAG. Dabei muss nach § 13 Abs. 1 Satz 2 SEAG die **Gefährdung** der Erfüllung **glaubhaft** gemacht werden. Hierfür gelten die allgemeinen Grundsätze (§ 294 ZPO). Die Gefährdung muss konkret sein und über die alleinige Verlegung des Sitzes hinausgehen[83] (hierzu auch schon Rz. 46).

cc) Frist. Die Zweimonatsfrist (s. oben Rz. 49) ist kurz bemessen. Sie lehnt sich an Art. 8 Abs. 6 SE-VO an. Ziel der Regelung in § 13 SEAG und damit Grund für eine relativ kurze Frist ist u.a., dass die Sicherheitsleistung noch **vor der Sitzverlegung erbracht** wird[84]. Diese frühzeitige Abwicklung ist nicht selbstverständlich. In § 22 UmwG kann noch sechs Monate nach der Bekanntmachung einer Verschmelzung Sicherheitsleistung verlangt werden[85]. Wegen der Besonderheiten der Verlegung über die Grenze, die trotz der zivilprozessualen Hilfestellung in Abs. 16 (dazu unten Rz. 95 ff.) und dem mittlerweile hohen Niveau des europäischen Zivilprozessrechts[86] eine Geltendmachung der Forderung faktisch erschweren kann, erscheint ein präventives System der Sicherheitsleistung sinnvoll[87].

b) Ausweitung der Frist

Die von Art. 8 Abs. 7 SE-VO vorgesehenen fakultativen Schutzmaßnahmen zugunsten von Gläubigern gelten zunächst für Verbindlichkeiten, die bis zur Offenlegung des Verlegungsplans entstanden sind; von diesem Zeitpunkt an ist nicht mehr von einem schutzwürdigen Vertrauen des Gläubigers auszugehen, sein Schuldner bleibe im gleichen Mitgliedstaat ansässig. Art. 8 Abs. 7 **Unterabs. 2** SE-VO ermächtigt die Mitgliedstaaten allerdings, den Schutz auf **Verbindlichkeiten** auszudehnen, die **bis zum Abschluss des Sitzverlegungsverfahrens** (Art. 8 Abs. 10 SE-VO) **entstanden** sind. Das deutsche Ausführungsgesetz macht hiervon teilweise Gebrauch. § 13 Abs. 2 SEAG erfasst auch Forderungen, die bis **fünfzehn Tage** nach der Offenlegung des Verlegungsplans entstanden sind. Damit versucht das SEAG einen Kompromiss zwischen den Sicherheitsbedürfnissen der Gläubiger und dem Bedürfnis der Gesellschaft nach zügiger Verlegung zu finden[88]. Die Norm begegnet damit in der Literatur erhobenen Bedenken, eine uneingeschränkte Sicherheitsleistung hätte das Verfahren erheblich in die Länge ziehen können[89]. Die Frist von fünfzehn Tagen lehnt sich an § 15 Abs. 2 HGB und damit an Art. 3 Abs. 6 Satz 2 der Publizitätsrichtlinie (2009/101/EG) an. Sie entspricht dem Grundgedanken, dass der Rechtsverkehr nach Ablauf dieser Frist eine ordnungsgemäß bekannt gemachte Tatsache gegen sich gelten lassen muss[90]. Die Regelung in § 13 SEAG wird freilich nicht der differenzierten Beweislast gerecht, die in Art. 3 Abs. 6 Satz 2 der Publizitätsrichtlinie getroffen wurde: Danach obliegt es dem Dritten, zu beweisen, dass er bisher von der Bekanntmachung keine Kenntnis hatte

---

83 *Neye/Teichmann*, AG 2003, 169, 174 f.; *Teichmann* in Theisen/Wenz, Europäische Aktiengesellschaft, S. 724. Vgl. demgegenüber noch *Teichmann*, ZGR 2002, 383, 461.
84 Begr. DiskE, S. 34.
85 Dazu *Marsch-Barner* in Kallmeyer, § 22 UmwG Rz. 4.
86 Neben der EuGVVO (VO 44/2001, ABl. EG Nr. L 12 v. 16.1.2001, S. 1) sind in diesem Zusammenhang vor allem die Zustellungsverordnung („EuZVO", VO 1348/2000, ABl. EG Nr. L 160 v. 30.6.2000, S. 37) und die Beweisverordnung („EuBVO", VO 1206/2001, ABl. EG Nr. L 174 v. 27.6.2001, S. 1) zu nennen.
87 *Di Marco*, ZGR 1999, 3, 10, spricht sich im Zusammenhang mit der Sitzverlegungsrichtlinie für eine Sicherheitsleistung vor Vollzug der Sitzverlegung aus. Zweifelnd *Wenz* in Theisen/Wenz, Europäische Aktiengesellschaft, S. 245.
88 Begr. DiskE, S. 34.
89 So *Wenz* in Theisen/Wenz, Europäische Aktiengesellschaft, 1. Aufl. 2002, S. 224 f.
90 *Neye/Teichmann*, AG 2003, 169, 175.

und es ihm nicht möglich war, diese Kenntnis zu erlangen[91]. Eine konsequente Übertragung des Rechtsgedankens aus der Publizitätsrichtlinie auf den Gläubigerschutz der SE-Sitzverlegung hätte dementsprechend vorgesehen, dass ein Gläubigerschutz nach Offenlegung des Verlegungsplans grundsätzlich nicht stattfindet, es sei denn, der Gläubiger tritt den Beweis an, er habe keine entsprechende Kenntnis gehabt.

c) Zahlungen an öffentlich-rechtliche Körperschaften

52 Art. 8 Abs. 7 Unterabs. 3 SE-VO legt fest, dass bestehende mitgliedstaatliche Rechte, die Forderungen von öffentlich-rechtlichen Körperschaften betreffen, von Art. 8 Abs. 7 SE-VO insgesamt unberührt bleiben. Darin ist jedoch keine Regelungsermächtigung zu sehen, die betreffenden Forderungen separat zu regeln. Gemeint sind allgemeine mitgliedstaatliche Regelungen, insbesondere solche, die Steuern und Abgaben betreffen[92]. Diese können nur angewendet werden, soweit sie auf nationale Aktiengesellschaften anwendbar sind, denn die SE soll nicht gegenüber der Aktiengesellschaft diskriminiert werden (Art. 10 SE-VO).

d) Gerichtsstand

53 Ebenfalls zum Gläubigerschutz gehört die Gerichtsstandsfestlegung in Art. 8 Abs. 16 SE-VO. Vgl. dazu unten Rz. 95 ff.

6. Ausstellung der Bescheinigung (Art. 8 Abs. 8 SE-VO)

54 Bevor die Sitzverlegung umgesetzt werden kann, muss die im Wegzugsstaat zuständige Stelle eine „Bescheinigung" darüber ausstellen, dass die erforderlichen Handlungen und Formalitäten im Wegzugsstaat erfüllt wurden.

a) Zweck

55 Die Bescheinigung hat eine doppelte Funktion. Zum einen soll sie die Überprüfung der bisher erfolgten Schritte der Sitzverlegung auf ihre Rechtmäßigkeit gewährleisten (**Rechtmäßigkeitsgewähr**) und zum anderen soll die Ordnungsgemäßheit der Schritte für den Zuzugsstaat dokumentiert werden, damit dieser nach Art. 8 Abs. 9 SE-VO die neue Eintragung vornehmen kann (**Dokumentationsfunktion**). Der Zuzugsstaat hat regelmäßig keinen Einblick in die Erfordernisse, die im Wegzugsstaat gelten, und kann nicht feststellen, ob die zuzugswillige SE diesen auch nachgekommen ist. Die Bescheinigung schließt also Informationslücken zwischen den beiden beteiligten Mitgliedstaaten.

b) Zuständige Stelle

56 Die Ausstellung der „Bescheinigung" erfolgt in Deutschland in Form einer Abschrift bzw. eines Ausdrucks der Handelsregistereintragung (§ 9 Abs. 4 HGB)[93]. Zuständig für die Eintragung ist das **Registergericht** (§§ 376 Abs. 1, 377 Abs. 1 FamFG **am Ort des Sitzes** der Gesellschaft (§ 14 AktG). Die Eintragung sowie Abschrift bzw. Ausdruck sind mit einem Vorläufigkeitsvermerk[94] zu versehen, der darauf hinweist, dass

---

91 Diese Beweislast kommt in § 15 Abs. 2 Satz 2 HGB deutlich zum Ausdruck; vgl. dazu *Gehrlein* in Ebenroth/Boujong/Joost/Strohn, § 15 HGB Rz. 20.
92 *Werlauff*, SE – The Law of the European Company, 2003, S. 126.
93 Vgl. schon *Teichmann*, ZGR 2002, 383, 460; *Heckschen*, DNotZ 2003, 251, 266; zum Vorteil ggü. einer notariellen Bescheinigung vgl. *Priester*, ZGR 1999, 36, 44; *Wenz* in Theisen/Wenz, Europäische Aktiengesellschaft, S. 249.
94 Vgl. die Parallele bei der Umwandlung unter Beteiligung mehrerer Register, § 198 Abs. 2 Satz 2–5 UmwG. S. auch *Oechsler*, AG 2005, 373, 379.

die Wirksamkeit der Sitzverlegung erst mit Eintragung im Register des Zuzugsstaates eintritt (Art. 8 Abs. 10, 13 SE-VO).

aa) Anmeldung. Entsprechend dem Antragsgrundsatz des Handelsregisters (§ 12 HGB) ist über Art. 9 Abs. 1 lit. c ii SE-VO zunächst ein **Antrag** der SE erforderlich. Diesen hat das Leitungs- oder Verwaltungsorgan der SE in vertretungsberechtigter Zusammensetzung zu stellen. Anzumelden sind die Sitzverlegung und die Satzungsneufassung nach der im Wegzugsstaat geltenden Form, in Deutschland demnach in öffentlich beglaubigter Form (Art. 9 Abs. 1 lit. c ii SE-VO i.V.m. § 12 Abs. 1 HGB). 57

Zusätzlich ist eine **Versicherung** gegenüber dem Registergericht abzugeben, dass alle **Gläubiger angemessen geschützt** sind (§ 13 Abs. 3 SEAG)[95]. Ein Verstoß gegen diese Vorschrift ist nicht straf- oder ordnungsrechtlich bewehrt[96]. Bei Abgabe einer unzutreffenden Erklärung besteht jedoch die Möglichkeit einer Schadensersatzpflicht nach § 823 Abs. 2 BGB i.V.m. § 13 Abs. 3 SEAG. 58

bb) Prüfungsumfang. Das Gericht nimmt die Anmeldung entgegen und prüft sie zunächst auf ihre **formelle Ordnungsmäßigkeit**[97], d.h. darauf, ob die Anmeldung in öffentlich beglaubigter Form nach § 12 HGB eingereicht und dabei die Vertretungsverhältnisse der SE gewahrt wurden. Gegenstand der **materiellen Prüfung** sind sämtliche für die Sitzverlegung bestehenden Voraussetzungen im Wegzugsstaat. Dazu gehört zunächst die Ordnungsmäßigkeit des Verlegungsplans, -berichts und -beschlusses. Nach Art. 8 Abs. 8 SE-VO i.V.m. § 13 Abs. 3 SEAG muss weiterhin kontrolliert werden, ob die wegziehende SE die Versicherung zum Gläubigerschutz abgegeben hat. Außerdem prüft das Gericht, ob ein Verstoß gegen Art. 8 Abs. 15 SE-VO oder gegen Art. 37 Abs. 3 SE-VO vorliegt, die unter bestimmten Voraussetzungen eine Sitzverlegung ausschließen (näher unten Rz. 83 ff. und Art. 37 Rz. 9). 59

c) Eintragung

Fällt die Prüfung positiv aus, werden die Satzungsneufassung und die Sitzverlegung mit **Vorläufigkeitsvermerk** (s. oben Rz. 56) im Handelsregister eingetragen. Nach der Eintragung im Zuzugsstaat und Meldung ist die Eintragung im Handelsregister dann zu löschen (Art. 8 Abs. 11 Satz 2 SE-VO). Die **Löschung** muss nach Art. 8 Abs. 12 SE-VO in der Form des Art. 13 SE-VO offen gelegt werden, hat allerdings rein deklaratorische Funktion; entscheidend für die Wirksamkeit der Sitzverlegung ist die Eintragung im Zuzugsstaat, Art. 8 Abs. 10 SE-VO. Solange die Löschung noch nicht bewirkt ist, muss die SE den alten Sitz gegen sich gelten lassen, es sei denn, sie beweist, dass dem Dritten der neue Sitz bekannt war (Art. 8 Abs. 13 Satz 2 SE-VO). 60

7. Einspruchsrecht der nationalen Behörde (Art. 8 Abs. 14 SE-VO)

Das Einspruchsrecht geht zurück auf Art. 14 Abs. 4 EWIV-VO, welcher auf Wunsch der britischen Delegation aufgenommen wurde[98]. Die Norm beruht auf den **Besonderheiten des englischen Rechts**, das ein Einspruchsrecht der Steuerbehörde vorsieht: Die Sitzverlegung wurde bis 1988 selbst innerhalb Großbritanniens davon abhängig gemacht, dass sämtliche Steuerschulden und Sozialversicherungsabgaben bezahlt 61

---

95 Vgl. § 58 Abs. 1 Nr. 4 GmbHG bei der Herabsetzung des Stammkapitals.
96 Der Bundesrat wollte eine solche Sanktion schaffen (BR-Drucks. 438/04B, S. 8 f.), die Bundesregierung hielt eine solchen Schritt aber nicht für notwendig (BT-Drucks. 15/3656, S. 9).
97 So zur nationalen Sitzverlegung *Pentz* in MünchKomm. AktG, 3. Aufl., § 45 AktG Rz. 7 m.w.N.; *Ringe* in K. Schmidt/Lutter, 3. Aufl., § 45 AktG Rz. 5.
98 *Selbherr/Manz*, Kommentar zur EWIV, 1995, Art. 14 EWIV-VO Rz. 6. Das britische Ausführungsgesetz hat von dieser Ermächtigung Gebrauch gemacht, s. Section 4(2) EEIG-Regulations 1989 S.I. 1989/638.

waren – eine Regelung, die den Anlass für das *Daily-Mail*-Urteil des EuGH[99] gegeben hatte[100]. Von der Option haben bei der EWIV Großbritannien, Irland und Spanien Gebrauch gemacht[101], bei der SE u.a. Großbritannien, Frankreich, Belgien, die Niederlande und Spanien[102]. Das deutsche SEAG sieht hingegen keine derartige Vorbehaltsregelung vor[103].

62 Eingang in ein Arbeitspapier zur SE-VO hat die Vorschrift bereits im Jahr 1990 gefunden[104]; sie wurde aber im offiziellen Vorschlag E-1991 nicht berücksichtigt. Auch der Sitzverlegungsrichtlinie-Vorentwurf kam 1997 ohne Einspruchsmöglichkeit aus[105]. Erst im Jahre 2000 wurde die Norm in erweiterter Form wieder aufgenommen[106].

63 a) Das „**öffentliche Interesse**" ist ein konturenloser Begriff[107]. Es kann aus steuerlichen, verwaltungs- oder wettbewerbsrechtlichen Gründen bestehen, ferner wohl auch dann, wenn sich die SE bzw. ihre Gesellschafter oder Leitungsorganmitglieder der Strafverfolgung entziehen wollen. Nicht zum öffentlichen Interesse sind Interessen der Arbeitnehmer, Gläubiger und Minderheitsgesellschafter zu zählen, da diese schon durch andere Mechanismen geschützt werden[108]. Wegen der anderenfalls einschneidenden Beeinträchtigung der Niederlassungsfreiheit nach Art. 49, 54 AEUV ist die Vorschrift allerdings **eng auszulegen**[109]. Endgültige Sicherheit können erst Urteile des EuGH bringen, die in Hinblick auf die Möglichkeit eines Vorabentscheidungsverfahrens im Rahmen des Rechtsschutzes nach Art. 8 Abs. 14 Unterabs. 3 SE-VO zu erwarten sind (vgl. dazu unten Rz. 66).

64 b) Die **Einspruchsfrist** für die Behörde beträgt zwei Monate nach der Offenlegung des Verlegungsplans, vgl. Art. 8 Abs. 6 SE-VO.

65 c) Die **zuständige Stelle** kann vom Mitgliedstaat bestimmt werden, Art. 8 Abs. 14 Unterabs. 1 Satz 1 SE-VO. Ggf. gilt das Einspruchsrecht auch für einzelstaatliche Finanzaufsichtsbehörden, Art. 8 Abs. 14 Unterabs. 2 SE-VO. Die Vorschrift kann nur so verstanden werden, dass auch im letzteren Fall eine Frist von zwei Monaten gilt und ein „öffentliches Interesse" gegeben sein muss[110]. Dass die Finanzaufsichtsbehörde nicht willkürliche Entscheidungen treffen darf, kann aus einer primärrechtskonformen Auslegung von Art. 8 Abs. 14 Unterabs. 2 SE-VO im Lichte der Niederlassungsfreiheit (Art. 49, 54 AEUV) gefolgert werden.

---

99 EuGH v. 27.9.1988 – Rs. C-81/87, Slg. 1988, 5505.
100 *Teichmann*, ZGR 2002, 383, 432.
101 Ausführlich *Anderson*, European Economic Interest Groupings, 1990.
102 Regulation 58 GB SE-AG; Art. L 229-4 Code de commerce n.F. (F); Art. 935 Code des Sociétés n.F. (B); Art. 5 NL SE-AG und Art. 316 Ley de Sociedades Anónimas n.F. Vgl. zur französischen Regelung *Cathiard/Laprade/Poracchia*, Bulletin Joly Sociétés 2012, 520, 522.
103 Zur Begründung *Teichmann*, ZGR 2002, 383, 462. Anders noch die Forderung von *Wenz* in Theisen/Wenz, Europäische Aktiengesellschaft, 1. Aufl. 2002, S. 227.
104 Überarbeiteter Entwurf der Titel I, II und III des Statuts der Europäischen Aktiengesellschaft (Arbeitspapier), Dok. Nr. SN/2254/90 v. 28.5.1990.
105 Kritisch dazu *Rajak*, ZGR 2000, 111, 118 f.; *Rajak*, EBLR 2000, 43, 45 f.
106 Art. 8 Abs. 10 im Dokument 14593/00 v. 14.12.2000, das der Ausschuss der Ständigen Vertreter des Rates der Europäischen Union am 15.12.2000 beriet.
107 *Edwards*, CMLR 40 (2003), 443, 456; *Schindler*, RdW 2003, 122, 124.
108 *Schindler*, RdW 2003, 122, 124.
109 *Bungert/Beier*, EWS 2002, 1, 6; *Grundmann* in v. Rosen, DAI-Studie 21 „Die Europa AG – eine Option für deutsche Unternehmen?", 2003, S. 56; *Kübler*, ZHR 167 (2003), 222, 228; *Oechsler* in MünchKomm. AktG, 3. Aufl., Art. 8 SE-VO Rz. 31. A.A. *Werlauff*, SE – The Law of the European Company, 2003, S. 129.
110 *Werlauff*, SE – The Law of the European Company, 2003, S. 129.

d) Wie Art. 14 Abs. 4 Satz 3 EWIV-VO verlangt auch Art. 8 Abs. 14 Unterabs. 3 SE-VO, dass das nationale Ausführungsgesetz, so es ein Einspruchsrecht vorsieht, eine **Rechtsschutzmöglichkeit** gegen die Entscheidung gewährt. Die Administrativentscheidung ist damit kein Letztentscheidungsrecht, sondern gerichtlicher Überprüfung zugänglich. Dass die Mitgliedstaaten ggf. eine Art Widerspruchsverfahren bzw. eine andere Art der Selbstüberprüfung der Verwaltung vor den gerichtlichen Rechtsschutz vorschalten, wird als zulässig erachtet[111]. 66

II. Maßnahmen im Zuzugsstaat

1. Erfüllung der Eintragungsvoraussetzungen (Art. 8 Abs. 9 SE-VO)

Vor einer Eintragung in das Register im Zuzugsstaat ist die Erfüllung der Voraussetzungen des Art. 8 Abs. 9 SE-VO zu prüfen. 67

a) Vorlage der Bescheinigung

Die „Bescheinigung", d.h. im deutschen Recht eine Abschrift bzw. ein Ausdruck der Handelsregistereintragung (§ 9 Abs. 2 HGB, s. oben Rz. 56), ist der eintragenden Stelle vorzulegen. Es findet demnach keine Übermittlung der Eintragungsnachricht von Amts wegen statt[112]. Auf Seiten der SE muss das durch die Sitzverlegung nicht in seiner Kontinuität berührte[113] Leitungs- oder Verwaltungsorgan in vertretungsberechtigter Zusammensetzung aus eigener Initiative tätig werden. Aus der „Bescheinigung" muss hervorgehen, dass im Wegzugsstaat alle erforderlichen Maßnahmen getroffen wurden. 68

b) Erfüllung aller Formalitäten des Zuzugsstaats

Zweite wesentliche Voraussetzung einer neuen Eintragung im Zuzugsstaat ist die Erfüllung aller „Formalitäten" des Zuzugsstaates. Die Verordnung lässt offen, was unter „Formalitäten" zu verstehen ist, d.h. wie weit das Prüfungsrecht der neuen Registerbehörde reicht. Unter Hinweis auf den unterschiedlichen Wortlaut in Art. 8 Abs. 8 und 9 SE-VO (Abs. 8 verlangt Durchführung der „Rechtshandlungen und Formalitäten", Abs. 9 dagegen nur Erfüllung der „Formalitäten") ließe sich vertreten, das Prüfungsrecht des Zuzugsstaates beschränke sich auf formelle Aspekte, d.h. hauptsächlich auf verfahrensrechtliche Fragen. Das Verfahren im Zuzugsstaat muss allerdings durch fundierte Prüfung dem Rechtsverkehr Schutz bieten[114]. „Formalitäten" kann daher nicht so verstanden werden, dass ein Registerantrag genügt und die zuständige Stelle nur prüft, ob dieser verfahrensmäßig in Ordnung ist. Vielmehr muss vom hier eingenommenen Standpunkt aus eine **materielle Prüfung** erfolgen, insbesondere hinsichtlich der Vereinbarkeit der Satzung mit dem **neuen Subsidiärrecht** des Zuzugsstaates[115]. Diese Prüfung erstreckt sich jedoch nicht auf die im Wegzugsstaat vorgenommenen Rechthandlungen und Formalitäten; diese sind nach dem System der 69

---

111 *Werlauff*, SE – The Law of the European Company, 2003, S. 129.
112 Anders bei der innerstaatlichen Sitzverlegung gemäß § 45 Abs. 2 Satz 1 AktG, § 13h Abs. 2 Satz 1 HGB.
113 Dazu *Wenz* in Theisen/Wenz, Europäische Aktiengesellschaft, S. 256; *Oechsler*, AG 2005, 373, 375.
114 Vgl. *Thode*, EWiR 1992, 785, 786.
115 *Wenz* in Theisen/Wenz, Europäische Aktiengesellschaft, S. 254; vgl. auch *Priester*, ZGR 1999, 36, 44 zur Sitzverlegungsrichtlinie; *Pentz* in MünchKomm. AktG, 3. Aufl., § 45 AktG Rz. 11 zur nationalen Sitzverlegung; a.A. zur EWIV *Selbherr/Manz*, Kommentar zur EWIV, 1995, Art. 14 EWIV-VO Rz. 3: Nur formelle Prüfung.

Art. 8 Abs. 8 und 9 SE-VO ausschließlich vom Wegzugsstaat zu prüfen und abschließend zu bescheinigen (s. oben Rz. 54 ff.).

70 Anders als teilweise im Schrifttum gefordert, ist aber **keine** erneute **Gründungsprüfung**[116] vorzunehmen. Eine solche wäre mit dem System der SE-Sitzverlegung, insbesondere mit dem Prinzip der Identitätswahrung (Art. 8 Abs. 1 Satz 2 SE-VO, s. dazu Rz. 89) nicht vereinbar[117]. Da das Subsidiärrecht der SE infolge der Sitzverlegung teilweise wechselt, kann auch nur in diesem Umfang eine materielle Prüfung erfolgen[118].

c) Umfang der Prüfung

71 Das Registergericht des Zuzugsstaates prüft somit die Erfüllung der Voraussetzungen, die der neue Sitzstaat an die SE stellt, in formeller und materieller Hinsicht. Dazu gehören nach den oben entwickelten Grundsätzen:

72 **aa) Formelle Prüfung.** Zu prüfen ist, ob die Anmeldung in Form und Verfahren ordnungsmäßig ist (§ 12 HGB).

73 **bb) Materielle Prüfung.** Diese umfasst folgende Schritte:

74 **(1) Vereinbarkeit der Satzung mit dem Recht des Zuzugsstaates.** Da die SE-VO in vielen Bereichen auf das nationale Recht am Sitz der SE verweist, muss die Satzung der SE mit den Anforderungen auch des dortigen nationalen Rechts übereinstimmen. Bei einem Wechsel des anwendbaren Rechts ist ggf. eine Satzungsänderung oder -neufassung erforderlich (vgl. auch Art. 8 Abs. 2 Satz 2 lit. b und Abs. 10 SE-VO)[119].

75 **(2) Einhaltung der Erfordernisse des Art. 7 SE-VO.** Es ist fraglich, ob das Zuzugsregister auch prüft, ob Art. 7 SE-VO eingehalten wird, d.h. Sitz und Hauptverwaltung in demselben Mitgliedstaat liegen. Anders als in Art. 11 Abs. 2 Sitzverlegungsrichtlinie-Vorentwurf findet sich in der SE-VO dazu keine ausdrückliche Regelung. Dennoch ist auch diese Voraussetzung vom Registergericht des Zuzugsstaates zu überprüfen[120]. Das folgt bereits daraus, dass mit dem Zuzug der neue Mitgliedstaat die „Verantwortung" für den Sitz der SE übernimmt. Diese Verantwortung besteht darin, dass es nach der Konzeption der SE-VO (vgl. Art. 7 Satz 1, 64 Abs. 1–3 SE-VO) allein dem Mitgliedstaat des satzungsmäßigen Sitzes der SE zufällt, die Einhaltung dieses Erfordernisses zu kontrollieren (vgl. dazu näher Art. 64 Rz. 16)[121].

76 **(3) Unterscheidbarkeit der Firma (§ 30 HGB).** Bei der Sitzverlegung einer deutschen AG ist nach § 45 Abs. 2 Satz 3 AktG stets zu prüfen, ob die Grundsätze der Firmenunterscheidbarkeit nach § 30 HGB eingehalten wurden[122]. Da das Firmenrecht in der

---

116 So aber insbesondere – wenn auch zur Sitzverlegungsrichtlinie(E) – *Priester*, ZGR 1999, 36 (44); ähnlich zur SE *Wenz* in Theisen/Wenz, Europäische Aktiengesellschaft, S. 254. Wie hier *Oechsler* in MünchKomm. AktG, 3. Aufl., Art. 8 SE-VO Rz. 51.
117 *Oechsler*, AG 2005, 373, 374 f.; *Schwarz*, Art. 8 SE-VO Rz. 51; *Schröder* in Manz/Mayer/Schröder, Art. 8 SE-VO Rz. 98; *de Lousanoff* in FS Spiegelberger, 2009, S. 604, 609.
118 So auch *Schröder* in Manz/Mayer/Schröder, Art. 8 SE-VO Rz. 97.
119 *Teichmann* in Münchener Handbuch des Gesellschaftsrechts, Band 6, 4. Aufl. 2012, § 49 Rz. 105.
120 *Schröder* in Manz/Mayer/Schröder, Art. 8 SE-VO Rz. 100. Ebenso zur innerdeutschen Sitzverlegung und der Beachtung von § 5 AktG *Pentz* in MünchKomm. AktG, 3. Aufl., § 45 Rz. 11. A.A. *Oechsler* in MünchKomm. AktG, 3. Aufl., Art. 8 SE-VO Rz. 50; *de Lousanoff* in FS Spiegelberger, 2009, S. 604, 612.
121 Die Ausnahme von diesem Prinzip ist Art. 64 Abs. 4 SE-VO, der aber nur ein Feststellungs- und Mitteilungsrecht des Mitgliedstaates enthält, in dem sich die Hauptverwaltung der SE befindet.
122 Näher *Pentz* in MünchKomm. AktG, 3. Aufl., § 45 AktG Rz. 11.

SE-VO bis auf die grundlegenden Aussagen in Art. 11 SE-VO nicht geregelt ist, findet § 30 HGB über Art. 9 Abs. 1 lit. c SE-VO auf eine SE mit Sitz in Deutschland Anwendung[123]. Seine Einhaltung ist vom Register des Zuzugsstaates zu prüfen[124].

(4) Kapitalprüfung. Die Prüfung erstreckt sich auch darauf, ob das Grundkapital der zuziehenden Gesellschaft unversehrt ist, d.h. ob es durch das Nettovermögen in entsprechender Höhe gedeckt ist[125]. Die SE muss daher im Zeitpunkt der Registeranmeldung über ein **Aktivvermögen** verfügen, **das auch bei Abzug der Verbindlichkeiten das Grundkapital deckt**. Eine Besonderheit ergibt sich vorliegend freilich daraus, dass jeweils die Bewertung nach den Vorschriften des Zuzugsstaates zu erfolgen hat, da nach Art. 5 SE-VO die Grundsätze der Kapitalerhaltung nach dem Recht des Sitzstaates zu bemessen sind[126]. 77

(5) Fraglich ist, ob der Zuzugsstaat auch einen **Verstoß gegen Art. 8 Abs. 15 SE-VO** zu prüfen hat. Ob ein **Auflösungs- oder Insolvenzverfahren** eröffnet worden ist, ist grundsätzlich Gegenstand der Prüfung im Wegzugsstaat. Stellt dieser die Bescheinigung nach Art. 8 Abs. 8 SE-VO aus, so hat der Zuzugsstaat vom Vorliegen der Voraussetzungen im Wegzugsstaat auszugehen (vgl. oben Rz. 65). Eine Prüfung der Voraussetzungen Art. 8 Abs. 15 SE-VO kommt danach im Staat des Zuzugs nicht in Betracht[127].

2. Anmeldung und Eintragung (Art. 8 Abs. 10 SE-VO)

a) Inhalt der Anmeldung: Sitzverlegung, Neufassung der Satzung und Einreichung der Wegzugsbescheinigung nach Art. 8 Abs. 8 SE-VO. 78

b) Die **Eintragung** der ihren Sitz verlegenden SE im Zuzugsstaat erfolgt nach den allgemeinen Grundsätzen in Art. 12 SE-VO, der auf die Publizitätsrichtlinie verweist. Voraussetzung ist nach Art. 12 Abs. 2–4 SE-VO Klarheit (Vereinbarung, Beschluss oder Fristablauf) hinsichtlich der Beteiligung der Arbeitnehmer und die Übereinstimmung der (neuen) Satzung mit einer hierzu geschlossenen Vereinbarung. Letztere kann erforderlichenfalls nach Art. 12 Abs. 4 SE-VO geändert werden. 79

Die Eintragung im Zuzugsstaat ist der entscheidende und letzte Schritt für die **Wirksamkeit** der Sitzverlegung, vgl. Art. 8 Abs. 10 SE-VO (dazu unten Rz. 89 ff.). Die Wirksamkeit tritt dabei unabhängig davon ein, ob schon tatsächlich die Hauptverwaltung oder überhaupt eine Niederlassung verlegt wurden. Eine taggenau gleichzeitige Verlegung der Hauptverwaltung ist i.d.R. faktisch gar nicht möglich[128]. Modifiziert wird die Wirksamkeitsregelung des Art. 8 Abs. 10 SE-VO durch die Ausnahmen in Art. 8 Abs. 13 SE-VO (dazu unten Rz. 91 ff.). 80

3. Meldung (Art. 8 Abs. 11 SE-VO)

Die eintragende Stelle im Zuzugsstaat meldet dem Register des Wegzugsstaates nach Art. 8 Abs. 11 SE-VO, dass die Eintragung erfolgt ist. Diese Meldung erfolgt **von** 81

---

123 *Hirte*, NZG 2002, 1, 4. Vgl. zur EWIV EuGH v. 18.12.1997 – Rs. C-402/96 – „EITO", Slg. 1997, 7515 – Rz. 20, 23; *Roth* in Baumbach/Hopt, Anh § 160 HGB Rz. 22.
124 Zu den Erfordernissen der deutlichen Unterscheidbarkeit *Reuschle* in Ebenroth/Boujong/Joost/Strohn, § 30 HGB Rz. 15 ff.
125 *Wenz* in Theisen/Wenz, Europäische Aktiengesellschaft, S. 255, 259. So bereits *Priester*, ZGR 1999, 36, 48 zur Sitzverlegungsrichtlinie.
126 *Hirte*, NZG 2002, 1, 9.
127 In der Tendenz a.A. *Priester*, ZGR 1999, 36, 49 zur Sitzverlegungsrichtlinie.
128 *Grundmann* in v. Rosen, DAI-Studie 21 „Die Europa AG – eine Option für deutsche Unternehmen?", 2003, S. 52.

Amts wegen. Dann erst kann die frühere Eintragung im Wegzugsstaat gelöscht werden.

4. Offenlegung (Art. 8 Abs. 12 SE-VO)

82 Beide zuletzt genannte Maßnahmen, die Eintragung im Zuzugsstaat und die Löschung der Eintragung im Wegzugsstaat, müssen nach Art. 8 Abs. 12 i.V.m. Art. 13 SE-VO nach den Grundsätzen der Publizitätsrichtlinie offengelegt werden.

II. Ausschluss der Sitzverlegung (Art. 8 Abs. 15 SE-VO)

83 In bestimmten Fällen ist die Sitzverlegung ausgeschlossen; dann darf die Behörde im Wegzugsstaat die Bescheinigung nach Art. 8 Abs. 8 SE-VO nicht ausstellen (vgl. dazu oben Rz. 59). Art. 8 Abs. 15 SE-VO nennt beispielhaft Fälle, in denen Verfahren gegen die SE eröffnet wurden, welche eine Sitzverlegung unmöglich machen. Für diese Fälle gilt nach Art. 63 SE-VO das Verfahrensrecht des Sitzstaates.

83a Daneben ist noch Art. 37 Abs. 3 SE-VO zu nennen, wonach eine Sitzverlegung nicht zeitlich mit einer **Umwandlung zusammenfallen** darf[129].

1. Auflösungs- oder Liquidationsverfahren

84 Ein **Auflösungsverfahren** bezweckt den Übergang von der werbenden Tätigkeit zur Abwicklung der Gesellschaft[130]. Ein solches Verfahren kann darauf beruhen, dass die SE in ihrer Satzung nur für eine bestimmte Zeit angelegt war und diese Zeitspanne abgelaufen ist[131]. Ein Beschluss der Hauptversammlung, die SE aufzulösen, erfordert nach deutschem Recht eine Mehrheit von ¾ des bei der Beschlussfassung vertretenen Grundkapitals, Art. 63 Halbsatz 2 SE-VO i.V.m. § 262 Abs. 1 Nr. 2 AktG.

85 In Deutschland wird ein Auflösungsverfahren weiterhin eingeleitet, wenn die Satzung bestimmte Mängel enthält, vgl. § 399 FamFG. Hierzu ist nach § 52 SEAG auch das Verfahren nach Art. 64 Abs. 2 SE-VO zu rechnen. Danach hat der Sitzstaat Maßnahmen zur **Liquidation** zu ergreifen, wenn eine SE entgegen der Forderung des Art. 7 SE-VO ihre Hauptverwaltung in einem anderen Staat als in dem ihres Sitzes hat.

2. Zahlungsunfähigkeit oder vorläufige Zahlungseinstellung

86 Damit sind in erster Linie das Insolvenzverfahren und das Löschungsverfahren nach § 394 FamFG in Bezug genommen.

3. Sonstige Verfahren

87 Die Aufzählung in Art. 8 Abs. 15 SE-VO ist nicht abschließend. Auch „ähnliche Verfahren" sind in der Lage, eine Sitzverlegung zu verhindern. Damit ist keine freiwillige Vereinbarung der SE mit ihren Gläubigern gemeint[132]. Erfasst werden sollen „Verfahren", d.h. Abläufe, die von einer öffentlichen Aufsichtsbehörde gesteuert werden und im Zusammenhang mit gesellschafts- oder insolvenzrechtlichen Angelegenheiten stehen[133].

---

129 Dazu die Kommentierung bei Art. 37 Rz. 9.
130 *Hüffer* in MünchKomm. AktG, 3. Aufl., § 262 AktG Rz. 1.
131 Art. 63 SE-VO i.V.m. § 262 Abs. 1 Nr. 1 AktG.
132 *Werlauff*, SE – The Law of the European Company, 2003, S. 128.
133 *Werlauff*, SE – The Law of the European Company, 2003, S. 128.

4. Beendigung des Verfahrens

Aus dem Wortlaut geht nicht eindeutig hervor, was gilt, wenn die o.g. Verfahren beendet sind, sich das Unternehmen aber erfolgreich rehabilitiert hat. In diesem Fall ist Art. 8 Abs. 15 SE-VO unanwendbar[134]. 88

III. Wirkung der Sitzverlegung

Entscheidender Vorteil der Sitzverlegung einer SE ist die **Identitätswahrung**, Art. 8 Abs. 1 Satz 2 SE-VO. Es handelt sich bei der SE mit dem neuen Sitz nicht um eine neu gegründete oder umgewandelte, sondern um dieselbe SE mit einer neu gefassten Satzung und einem verlegten Sitz. Eine Vermögensübertragung findet daher nicht statt. 89

Das primär auf die SE anwendbare Recht der SE-VO bleibt erhalten. Im Gegensatz dazu wechselt das nach Art. 9 Abs. 1 lit. c ii SE-VO subsidiär auf die SE anwendbare Recht; insoweit kann von einem **subsidiären Formwechselmodell** gesprochen werden[135]. 90

1. Wirkung gegenüber Dritten (Art. 8 Abs. 13 SE-VO)

Obwohl die Sitzverlegung nach Art. 8 Abs. 10 SE-VO bereits mit Eintragung im Zuzugsstaat wirksam wurde, kommt es bei der Wirkung der Sitzverlegung gegenüber Dritten entscheidend auf die Offenlegung nach Art. 8 Abs. 12, 13 SE-VO an. 91

a) Grundfall

Sofern beide offen zu legenden Handlungen, neue Eintragung im Zuzugsstaat und Löschung der alten Eintragung im Wegzugsstaat, ordnungsgemäß nach Art. 13 SE-VO offen gelegt wurden, ist der neue Sitz gegenüber Dritten voll wirksam (Art. 8 Abs. 13 Satz 1 SE-VO). 92

b) Besonderheiten

Wurde die neue Eintragung offen gelegt, die Löschung der alten Eintragung hingegen noch nicht, greift die Beweislastregel in Art. 8 Abs. 13 Satz 2 SE-VO: Die SE kann den Beweis führen, dass dem Dritten der neue Sitz positiv bekannt war; gelingt ihr dieser Beweis nicht, gilt dem Dritten gegenüber weiterhin der alte Sitz[136]. Diese merkwürdig anmutende Regelung beruht darauf, dass zwar bereits eine Offenlegung eines neuen Sitzes erfolgte, der Rechtsverkehr aber möglicherweise von Offenlegungen in anderen Mitgliedstaaten keine Kenntnis erlangt hat oder – mangels Offenlegung der Löschung des alten Sitzes – mit zwei sich widersprechenden Angaben über den Sitz der betreffenden SE konfrontiert ist. 93

Tritt der umgekehrte Fall ein, dass zwar die Löschung des alten Sitzes, aber noch nicht die Eintragung des neuen Sitzes offen gelegt wurde, so kann Art. 8 Abs. 13 Satz 1 SE-VO im Umkehrschluss entnommen werden, dass der Sitz Dritten gegenüber noch keinerlei Wirkungen zeitigt. Obwohl der Dritte mit der Löschung im Wegzugsstaat konfrontiert wird, kann er möglicherweise keine Kenntnis darüber haben, 94

---

134 *Rajak*, EBLR 2000, 43, 47 f. mit Beispielen (zur Sitzverlegungsrichtlinie).
135 Ähnlich *Wenz* in Theisen/Wenz, Europäische Aktiengesellschaft, S. 230 f.; *Ringe*, Sitzverlegung, S. 147.
136 Dazu *Habersack/Verse*, 4. Aufl. 2011, Europäisches Gesellschaftsrecht, § 13 Rz. 11; *Casper* in Spindler/Stilz, AktG, Art. 8 SE-VO Rz. 22.

wo sich der neue Sitz der SE befindet. Dies rechtfertigt es, dass er sich uneingeschränkt auf den alten Sitz berufen kann.

2. Sitzfiktion (Art. 8 Abs. 16 SE-VO)

95   Die Fiktion in Art. 8 Abs. 16 SE-VO bewirkt einen zusätzlichen Gläubigerschutz. Für bis zum Zeitpunkt der Eintragung in das Register des Zuzugsstaates (Art. 8 Abs. 10 SE-VO) entstandene Forderungen gilt die SE als SE des Wegzugsstaates, selbst wenn die Klage erst danach erhoben wird[137].

a) Voraussetzung

96   Die Fiktion gilt für alle Forderungen, die „vor dem Zeitpunkt der Verlegung ... entstanden sind". Zu beachten ist, dass die verschiedenen Sprachfassungen der SE-VO auf unterschiedliche Voraussetzungen abzustellen scheinen[138]. Soweit im deutschen Recht der **Entstehungszeitpunkt** einer Forderung relevant wird (z.B. § 406 BGB), wird i.d.R. darauf abgestellt, wann die rechtliche Grundlage der Forderung geschaffen wird[139]. In diesem Sinne muss auch Art. 8 Abs. 16 SE-VO ausgelegt werden[140].

b) Wirkung

97   Die Regelung hat Bedeutung für den Gerichtsstand. Die allgemeine internationale Zuständigkeit von mitgliedstaatlichen Gerichten für Klagen gegen Gesellschaften bestimmt sich nach Art. 4 Abs. 1 i.V.m. Art. 63 EuGVVO n.F.[141] alternativ nach Satzungssitz, Hauptverwaltung oder Hauptniederlassung. Damit wären grundsätzlich ab Eintragung (Art. 8 Abs. 10 SE-VO) – vorbehaltlich der Regelungen in Art. 8 Abs. 13 SE-VO – die Gerichte des Zuzugsstaates der SE international zuständig. Um dieses Ergebnis zu vermeiden, fingiert Art. 8 Abs. 16 SE-VO, dass der Satzungssitz der SE weiterhin im Wegzugsstaat besteht. Der Kläger kann dann nach Art. 4 Abs. 1 i.V.m. Art. 63 Abs. 1 lit. a EuGVVO n.F. weiterhin im Wegzugsstaat klagen. Es bleibt ihm aber unbenommen, die Klage am neuen Satzungssitz zu erheben[142].

98   Problematisch ist die Anwendung der Satzungssitzfiktion in Fällen, in denen weiterhin zur Bestimmung des Gerichtsstandes auf das nationale IPR – und somit ggf. auf die Sitztheorie – zurückgegriffen werden muss. Eine solche Situation ergibt sich beim ausschließlichen Gerichtsstand nach **Art. 24 Nr. 2 EuGVVO n.F.** (Klagen betreffend Gültigkeit, Nichtigkeit oder Auflösung einer Gesellschaft oder juristischen Person oder Gültigkeit der Beschlüsse ihrer Organe); sie ergibt sich ferner allgemein bei gegen die Gesellschaft gerichteten Klagen im Verhältnis zu Dänemark und den EWR-

---

137 *Schwarz*, ZIP 2001, 1847, 1850.
138 S. dazu *Werlauff*, SE – The Law of the European Company, 2003, S. 127 f.
139 BGH v. 27.4.1972 – II ZR 122/70, BGHZ 58, 327, 330 f.; BGH v. 19.12.1974 – II ZR 27/73, BGHZ 63, 338, 342; BGH v. 1.7.1974 – II ZR 115/72, NJW 1974, 2000, 2001; BGH v. 22.11.1979 – VII ZR 322/78, NJW 1980, 584, 585; Hans. OLG Hamburg v. 11.2.2000 – 14 U 277/98, MDR 2000, 1186, 1187.
140 Ähnliche Ergebnisse bei *Werlauff*, SE – The Law of the European Company, 2003, S. 128.
141 Verordnung (EU) Nr. 1215/2012 des Europäischen Parlaments und des Rates vom 12.12.2012 über die gerichtliche Zuständigkeit und die Anerkennung und Vollstreckung von Entscheidungen in Zivil- und Handelssachen (Neufassung), ABl. EU Nr. L 351 v. 20.12.2012, S. 1. Diese VO ersetzt ihr Vorgängerinstrument VO 44/2001 ab dem 10.1.2015. Im Verhältnis zu Dänemark gilt nach wie vor Art. 2 Abs. 1 i.V.m. 53 Abs. 1 EuGVÜ (Brüsseler EWG-Übereinkommen über die gerichtliche Zuständigkeit und die Vollstreckung gerichtlicher Entscheidungen in Zivil- und Handelssachen v. 27.9.1968, BGBl. II 1972, 774, in der Fassung des 4. Beitrittsübereinkommens v. 29.11.1996, BGBl. II 1998, 1412).
142 Vgl. *Oechsler*, AG 2005, 373, 378.

Staaten: Hier gilt mangels Anwendbarkeit der EuGVVO[143] weiterhin die Regelung aus Art. 2 Abs. 1 i.V.m. **53 Abs. 1 EuGVÜ/LugÜ**. Verlegt beispielsweise eine SE ihren Sitz von Dänemark in einen Mitgliedstaat, der der Sitztheorie folgt, so könnten sich die Gerichte des Zuzugsstaates trotz der Fiktion in Art. 8 Abs. 16 SE-VO für zuständig erklären, da die Sitztheorie allein auf die Hauptverwaltung der Gesellschaft abstellt[144]. In diesem Fall muss das Abstellen auf das internationale Privatrecht des Forumstaates so ausgelegt werden, dass vorrangig die Satzungssitzanknüpfung der SE-VO zu berücksichtigen ist. Auf diese Weise lassen sich Friktionen mit dem von Art. 8 Abs. 16 SE-VO intendierten Gläubigerschutz vermeiden[145].

c) Ausblick

Sollte in das EuGVÜ, die EuGVVO oder einen Nachfolgerechtsakt eine spezielle Regelung für den Gerichtsstand im Falle einer Sitzverlegung aufgenommen werden, würde diese gemäß **Erwägungsgrund 25** von der SE-VO nicht berührt. In diesem Fall müsste Art. 8 Abs. 16 SE-VO ggf. hinter einer solchen Regelung zurückstehen. Im Rahmen der 2012 abgeschlossenen und 2015 in Kraft tretenden Reform der EuGVVO ist eine solche spezielle Regelung jedenfalls nicht aufgenommen worden[146]. 99

Nach Art. 69 lit. c SE-VO war bis 2009 eine **Überprüfung** von Art. 8 Abs. 16 SE-VO vorgesehen. Im Schrifttum ist bereits für eine Modifizierung der Vorschrift eingetreten worden, da sie unnötig und wirkungslos sei[147]. Nach Abschluss des Überprüfungsverfahrens äußerte sich auch die Kommission skeptisch zur Sinnhaftigkeit der Vorschrift. Zugleich aber betonte sie, derzeit keinen Grund zu sehen, die Vorschrift zu ändern[148]. In ihrem Aktionsplan aus dem Jahr 2012 erteilte sie jeglicher derzeitigen Reformüberlegung endgültig eine Absage[149]. Daher steht vorerst **nicht zu erwarten**, dass es in näherer Zukunft zu einer Korrektur kommt. 100

C. Sitzverlegung innerhalb eines Mitgliedstaates

Die Verlegung des Sitzes innerhalb eines Mitgliedstaates wird von Art. 8 SE-VO nicht geregelt. Hier gelten die **allgemeinen Grundsätze** des nationalen Rechts[150]. Ggf. werden der innerstaatlichen Sitzverlegung von einer Regelung, die von der Ermächtigung in Art. 7 Satz 2 SE-VO Gebrauch macht, Grenzen gezogen[151]. 101

---

143 Auf den Dritten Teil, Titel V des AEUV gestützte Maßnahmen haben für Dänemark nach Art. 1 und 2 des Protokolls Nr. 22 zum AEUV über die Position Dänemarks keine Wirkung, vgl. auch Erwägungsgrund 41 der EuGVVO n.F.
144 Die Sitztheorie ist durch die Rechtsprechung des EuGH stark in Frage gestellt worden, EuGH v. 5.11.2002 – Rs. C-208/00 – „Überseering", Slg. 2002, I-9919; EuGH v. 30.9.2003 – Rs. C-167/01 – „Inspire Art", Slg. 2003, I-10155; ausführlich dazu *Ringe*, in K. Schmidt/Lutter, AktG, 3. Aufl., IntGesR Rz. 46 ff.
145 Ausführlich *Ringe*, Sitzverlegung, S. 187 ff.
146 Siehe oben Rz. 97 Fn. 141.
147 *Oechsler* in MünchKomm. AktG, 3. Aufl., Art. 8 SE-VO Rz. 65. Vgl. zu praktischen Problemen *Ringe*, Sitzverlegung, S. 186 ff.
148 *Europäische Kommission*, Bericht über die Anwendung der Verordnung (EG) Nr. 2157/2001 des Rates vom 8. Oktober 2001 über das Statut der Europäischen Gesellschaft (SE), 17.11.2010, KOM(2010) 676, S. 9 f.
149 *Kommission*, Aktionsplan: Europäisches Gesellschaftsrecht und Corporate Governance – ein moderner Rechtsrahmen für engagiertere Aktionäre und besser überlebensfähige Unternehmen, COM(2012) 740 final, 12.12.2012, S. 16.
150 *Schröder* in Manz/Mayer/Schröder, Art. 8 SE-VO Rz. 24 f.; *Diekmann* in Habersack/Drinhausen, Art. 8 SE-VO Rz. 1.
151 Näher *Ringe*, Sitzverlegung, S. 218 ff.

D. Sitzverlegung in einen Nicht-EU-Staat

102 Sowohl die Verlegung der Hauptverwaltung als auch diejenige des Sitzes in einen Nicht-Mitgliedstaat ist durch Art. 7 Satz 1 SE-VO untersagt. Folge einer solchen Sitzverlegung wäre ebenfalls das Verfahren nach Art. 64 SE-VO (dazu oben Rz. 75, 85; ferner die Erläuterungen zu Art. 7 und Art. 64). Dies gilt jedenfalls für die Verlegung unter Aufrechterhaltung der Rechtsform SE. Ob eine derartige Sitzverlegung unter Wechsel der Rechtsform zulässig ist, entscheidet das Recht des jeweiligen Wegzugsstaates.

Art. 9
[Anwendbares Recht]

(1) Die SE unterliegt

a) den Bestimmungen dieser Verordnung,

b) sofern die vorliegende Verordnung dies ausdrücklich zulässt, den Bestimmungen der Satzung der SE,

c) in Bezug auf die nicht durch diese Verordnung geregelten Bereiche oder, sofern ein Bereich nur teilweise geregelt ist, in Bezug auf die nicht von dieser Verordnung erfassten Aspekte

   i) den Rechtsvorschriften, die die Mitgliedstaaten in Anwendung der speziell die SE betreffenden Gemeinschaftsmaßnahmen erlassen,

   ii) den Rechtsvorschriften der Mitgliedstaaten, die auf eine nach dem Recht des Sitzstaats der SE gegründete Aktiengesellschaft Anwendung finden würden,

   iii) den Bestimmungen ihrer Satzung unter den gleichen Voraussetzungen wie im Falle einer nach dem Recht des Sitzstaats der SE gegründeten Aktiengesellschaft.

(2) Von den Mitgliedstaaten eigens für die SE erlassene Rechtsvorschriften müssen mit den für Aktiengesellschaften im Sinne des Anhang I maßgeblichen Richtlinien im Einklang stehen.

(3) Gelten für die von der SE ausgeübte Geschäftstätigkeit besondere Vorschriften des einzelstaatlichen Rechts, so finden diese Vorschriften auf die SE uneingeschränkt Anwendung.

§ 1 SEAG: Anzuwendende Vorschriften

Soweit nicht die Verordnung (EG) Nr. 2157/2001 des Rates vom 8. Oktober 2001 über das Statut der Europäischen Aktiengesellschaft (SE) (ABl. EG Nr. L 294 S. 1) (Verordnung) gilt, sind auf eine Europäische Gesellschaft (SE) mit Sitz im Inland und auf die an der Gründung einer Europäischen Gesellschaft beteiligten Gesellschaften mit Sitz im Inland die folgenden Vorschriften anzuwenden.

§ 53 SEAG: Straf- und Bußgeldvorschriften

(1) Die Strafvorschriften des § 399 Abs. 1 Nr. 1 bis 5 und Abs. 2, des § 400 und der §§ 402 bis 404 des Aktiengesetzes, der §§ 331 bis 333 des Handelsgesetzbuchs und der §§ 313 bis 315 des Umwandlungsgesetzes sowie die Bußgeldvorschriften des § 405 des Aktiengesetzes und des § 334 des Handelsgesetzbuchs gelten auch für die SE im Sinne des Artikels 9 Abs. 1 Buchstabe c Doppelbuchstabe ii der Verordnung. Soweit sie
1. Mitglieder des Vorstands,
2. Mitglieder des Aufsichtsrats oder
3. Mitglieder des vertretungsberechtigten Organs einer Kapitalgesellschaft

betreffen, gelten sie bei der SE mit dualistischem System in den Fällen der Nummern 1 und 3 für die Mitglieder des Leitungsorgans und in den Fällen der Nummer 2 für die Mitglieder des Aufsichtsorgans. Bei der SE mit monistischem System gelten sie in den Fällen der Nummern 1 und 3 für die geschäftsführenden Direktoren und in den Fällen der Nummer 2 für die Mitglieder des Verwaltungsrats.

(2) Die Strafvorschriften des § 399 Abs. 1 Nr. 6 und des § 401 des Aktiengesetzes gelten im Sinne des Artikels 9 Abs. 1 Buchstabe c Doppelbuchstabe ii der Verordnung auch für die SE mit dualistischem System. Soweit sie Mitglieder des Vorstands betreffen, gelten sie für die Mitglieder des Leitungsorgans.

(3) Mit Freiheitsstrafe bis zu drei Jahren oder mit Geldstrafe wird bestraft, wer
1. als Vorstandsmitglied entgegen § 8 Satz 2,
2. als Mitglied des Leitungsorgans einer SE mit dualistischem System oder als geschäftsführender Direktor einer SE mit monistischem System entgegen § 13 Abs. 3,
3. als geschäftsführender Direktor einer SE mit monistischem System entgegen § 21 Abs. 2 Satz 1 oder § 46 Abs. 2 Satz 1 oder
4. als Abwickler einer SE mit monistischem System entgegen Artikel 9 Abs. 1 Buchstabe c Doppelbuchstabe ii der Verordnung in Verbindung mit § 266 Abs. 3 Satz 1 des Aktiengesetzes

eine Versicherung nicht richtig abgibt.

(4) Ebenso wird bestraft, wer bei einer SE mit monistischem System
1. als Mitglied des Verwaltungsrats entgegen § 22 Abs. 5 Satz 1 die Hauptversammlung nicht oder nicht rechtzeitig einberuft oder ihr den Verlust nicht, nicht richtig, nicht vollständig oder nicht rechtzeitig anzeigt oder
2. als Mitglied des Verwaltungsrats entgegen § 22 Abs. 5 Satz 2 in Verbindung mit § 15a Abs. 1 Satz 1 der Insolvenzordnung

die Eröffnung des Insolvenzverfahrens nicht oder nicht rechtzeitig beantragt.

(5) Handelt der Täter in den Fällen des Absatzes 4 fahrlässig, so ist die Strafe Freiheitsstrafe bis zu einem Jahr oder Geldstrafe.

I. Überblick	
1. Regelungsgehalt von Art. 9 SE-VO und §§ 1, 53 SEAG	1
2. Bedeutung für die Verknüpfung von europäischem und nationalem Recht	2
3. General- und Spezialverweisung	
a) Begriffliche Unterscheidung	7
b) Gründung der SE	8
c) Bestehende SE	9
II. Entstehungsgeschichte	12
III. Regelungsbereich und kollisionsrechtlicher Gehalt der Verweisung	18
1. Debatte im Verlauf der Entstehungsgeschichte	19
2. Bestimmung des Regelungsbereichs für die geltende SE-VO	22
3. Bedeutung der Generalverweisung	
a) Herrschende Auffassung: Sachnormverweisung	26
b) Eigene Stellungnahme	28
IV. Die Normenpyramide des Art. 9 Abs. 1 SE-VO	34
1. Bestimmungen der Verordnung	
a) Vorrang des Unionsrechts	35
b) Auslegung der SE-VO	36
2. Satzungsbestimmungen nach SE-VO	39
3. Anwendung mitgliedstaatlichen Rechts	42
a) Unvollständigkeit der SE-VO	44
aa) Ausdrückliche Regelung in der SE-VO	44a
bb) Schweigen der SE-VO	45
cc) Teilregelung in der SE-VO	47
dd) Lückenschließung auf unionsrechtlicher Ebene	50
b) Rangstufen innerhalb des mitgliedstaatlichen Rechts	
aa) Recht zur Umsetzung von SE-spezifischen Unionsmaßnahmen	52
bb) Allgemeines mitgliedstaatliches Aktienrecht	54
cc) Satzungsbestimmungen nach mitgliedstaatlichem Recht	56
V. Geltung der gesellschaftsrechtlichen Richtlinien (Art. 9 Abs. 2 SE-VO)	59
VI. Vorschriften für bestimmte Geschäftstätigkeit (Art. 9 Abs. 3 SE-VO)	60

Literatur: *Abeltshauser*, Der neue Statutsvorschlag für eine Europäische Aktiengesellschaft, AG 1990, 289–297; *Bachmann*, Die Societas Europaea und das europäische Privatrecht, ZEuP 2008, 32–58; *Blanquet*, Das Statut der Europäischen Aktiengesellschaft (Societas Europaea „SE") – Ein Gemeinschaftsinstrument für die grenzübergreifende Zusammenarbeit im Dienste der Unternehmen, ZGR 2002, 20–65; *Brandi*, Die Europäische Aktiengesellschaft im deutschen und internationalen Konzernrecht, NZG 2003, 889–896; *Brandt*, Die Hauptversammlung der Europäischen Aktiengesellschaft (SE), 2004 (zit.: Hauptversammlung); *Brandt/Scheifele*, Die Europäische Aktiengesellschaft und das anwendbare Recht, DStR 2002, 547–555; *Casper*, Der Lückenschluss im Statut der Europäischen Aktiengesellschaft in FS Ulmer, 2003, S. 51–72; *Ebert*, Das anwendbare Konzernrecht der Europäischen Aktiengesellschaft, BB 2003, 1854–1859; *Engert*, Der international-privatrechtliche und sachrechtliche Anwendungsbereich des Rechts der Europäischen Aktiengesellschaft, ZVglRWiss 104 (2005) 444–460; *Ficker*, ‚Hilfsweise geltendes Recht' für ‚Europäische Aktiengesellschaften'?, in Zonderland (Hrsg.), Liber amicorum *Sanders*, 1972, S. 37–48; *Forum Europaeum Konzernrecht*, Konzernrecht für Europa, ZGR 1998, 672–772; *Grote*, Das neue Statut der europäischen Aktiengesellschaft zwischen europäischem und nationalem Recht, 1990; *Habersack*, Das Konzernrecht der „deutschen" SE, ZGR 2003, 724–742; *Habersack*, Grundsatzfragen der Mitbestimmung in SE und SCE sowie bei grenzüberschreitender Verschmelzung, ZHR 171 (2007), 613–643; *Hommelhoff*, Einige Bemerkungen zur Organisationsverfassung der Europäischen Aktiengesellschaft, AG 2001, 279–288; *Hommelhoff*, Satzungsstrenge und Gestaltungsfreiheit in der Europäischen Aktiengesellschaft in FS Ulmer, 2003, S. 267–278; *Hommelhoff*, Zum Konzernrecht der Europäischen Aktiengesellschaft, AG 2003, 179–184; *Hommelhoff/Riesenhuber*, Strukturmaßnahmen, insbesondere Verschmelzung und Spaltung im Europäischen und deutschen Gesellschaftsrecht, in Grundmann (Hrsg.), Systembildung und Systemlücken in Kerngebieten des Europäischen Privatrechts, 2000, S. 259–282; *Jaecks/Schönborn*, Die Europäische Aktiengesellschaft, das internationale und das deutsche Konzernrecht, RIW 2003, 254–265; *Jaeger*, Die Europäische Aktiengesellschaft – europäischen oder nationalen Rechts, 1994; *Kalss*, Der Minderheitenschutz bei Gründung und Sitzverlegung der SE nach dem Diskussionsentwurf, ZGR 2003, 593–646; *Lächler*, Das Konzernrecht der Europäischen Gesellschaft (SE), 2007 (zit.: Konzernrecht der SE); *Lächler/Oplustil*, Funktion und Umfang des Regelungsbereichs der SE-Verordnung, NZG 2005, 381–387; *Lind*, Die Europäische Aktiengesellschaft – Eine Analyse der Rechtsanwendungsvorschriften, 2004 (zit.: Europäische AG); *Lindacher*, Maßgebendes Recht, Auslegung und Lückenschließung, in Lutter (Hrsg.), Die Europäische Aktiengesellschaft, 2. Aufl. 1978, S. 1–15; *Lübking*, Ein einheitliches Konzernrecht für Europa, 2000; *Lutter*, Genügen die vorgeschlagenen Regelungen für eine „Europäische Aktiengesellschaft"?, AG 1990, 413–421; *Mäntysaari*, The European Company: Selected Issues on Governing Law and Corporate Governance, JFT 6/2003, 622–656; *Merkt*, Europäische Aktiengesellschaft: Gesetzgebung als Selbstzweck?, BB 1992, 652–661; *Neye*, Kein neuer Stolperstein für die Europäische Aktiengesellschaft, ZGR 2002, 377–382; *Neye/Teichmann*, Der Entwurf für das Ausführungsgesetz zur Europäischen Aktiengesellschaft, AG 2003, 169–179; *Raiser*, Die Europäische Aktiengesellschaft und die nationalen Aktiengesetze in FS Semler, 1993, S. 277–297; *Schindler*, Die Europäische Aktiengesellschaft, 2002; *J. Schmidt*, „Deutsche" vs. „britische" Societas Europaea (SE) – Gründung, Verfassung, Kapitalstruktur, 2006 (zit.: „Deutsche" vs. „britische" SE); *Teichmann*, Die Einführung der Europäischen Aktiengesellschaft – Grundlagen der Ergänzung des europäischen Statuts durch den deutschen Gesetzgeber, ZGR 2002, 383–464; *Teichmann*, Vorschläge für das deutsche Ausführungsgesetz zur Europäischen Aktiengesellschaft, ZIP 2002, 1109–1116; *Teichmann*, The European Company – A Challenge to Academics, Legislatures and Practitioners, in Neville/Sørensen (Hrsg.), The Regulation of Companies, 2003, S. 251–274; *Teichmann*, Binnenmarktkonformes Gesellschaftsrecht, 2006; *Teichmann*, Mitbestimmung und grenzüberschreitende Verschmelzung, Der Konzern 2007, 89–98; *Teichmann*, Gestaltungsfreiheit in Mitbestimmungsvereinbarungen, AG 2008, 797–808; *Trojan-Limmer*, Die Geänderten Vorschläge für ein Statut der Europäischen Aktiengesellschaft (SE), RIW 1991, 1010–1017; *von Caemmerer*, Europäische Aktiengesellschaft in FS Kronstein, 1967, S. 171–202; *Wagner*, Die Bestimmung des auf die SE anwendbaren Rechts, NZG 2002, 985–991; *Wahlers*, Art. 100a EWGV – Unzulässige Rechtsgrundlage für den geänderten Vorschlag einer Verordnung über das Statut der Europäischen Aktiengesellschaft?, AG 1990, 448–458; *Werlauff*, SE – The Law of the European Company, 2003; *Wirtz*, Die Lückenfüllung im Recht der SE und der SPE, 2012 (zit.: Lückenfüllung); *Wulfers*, Rechtsgrundsätze der supranationalen Gesellschaftsrechtsformen, GPR 2006, 106–114; *Zöllter-Petzold*, Die Verknüpfung von europäischem und nationalem Recht bei der Gründung einer Societas Europaea (SE), 2005.

I. Überblick

1. Regelungsgehalt von Art. 9 SE-VO und §§ 1, 53 SEAG

Art. 9 Abs. 1 SE-VO regelt das auf die SE anwendbare Recht. Kennzeichnend ist die Stufung in eine „rechtsquellendurchmischte **Normenpyramide**"[1], die SE-VO, Satzung und mitgliedstaatliches Recht in kunstvoller Weise miteinander verschränkt und zur wechselseitigen Ergänzung beruft. Art. 9 Abs. 2 SE-VO gemahnt die Mitgliedstaaten, ihre nationalen Ausführungsregeln in Übereinstimmung mit den gesellschaftsrechtlichen Richtlinien abzufassen. Art. 9 Abs. 3 SE-VO erklärt Vorschriften mitgliedstaatlichen Rechts, die für eine bestimmte Geschäftstätigkeit gelten, auch auf die SE für anwendbar.

§ 1 SEAG ist angesichts dessen rein **deklaratorischer** Natur: Die Frage, welche Bereiche die Verordnung selbst regelt (unten Rz. 35 ff.) und wo sie in Ermangelung einer unionsrechtlichen Regelung auf nationales Recht verweist (unten Rz. 42 ff.), ist durch Auslegung der Verordnung zu klären; die Verordnung entscheidet auch darüber, ob und inwieweit der nationale Gesetzgeber berechtigt ist, SE-spezifische Sonderregeln einzuführen, wie sie sich im SEAG finden (zu den speziellen Ermächtigungsgrundlagen vgl. jeweils die Kommentierung der einzelnen SEAG-Vorschriften).

§ 53 SEAG stellt klar, dass die Straf- und Bußgeldvorschriften des Aktien-, Handels- und Umwandlungsrechts auch für die SE gelten. Der Sinn der Vorschrift liegt vor allem darin, für die auf das nationale Aktienrecht zugeschnittenen Vorschriften klarzustellen, welche Organmitglieder jeweils in einer dualistisch oder monistisch strukturierten SE von den Vorschriften angesprochen sind.

2. Bedeutung für die Verknüpfung von europäischem und nationalem Recht

Das Recht der **Europäischen Union** ist ungeachtet seiner stets weiter ausgreifenden Regelungsdichte bis heute **keine auf Vollständigkeit** angelegte Rechtsordnung. Die von Art. 9 SE-VO vorgenommene Verknüpfung von europäischem und nationalem Recht ist daher notwendiger Bestandteil eines jeden Regelwerks zur Schaffung supranationaler Rechtsformen[2]. Andernfalls müssten bei Einführung einer supranationalen Rechtsform nicht nur sämtliche Fragen des Gesellschaftsrechts, sondern auch solche des Zivil-, Handels- oder Steuerrechts – um nur einige der relevanten Rechtsgebiete zu nennen – umfassend auf europäischer Ebene geregelt werden. Dies ist im Lichte des Subsidiaritätsprinzips problematisch und wegen des übermäßigen Regelungsaufwandes auch kaum wünschenswert. Die Rechtsakte zur Einführung supranationaler Rechtsformen beschränken sich daher stets auf Kernbereiche, für die eine eigenständige Regelung nötig und erreichbar erscheint, und überlassen die übrigen Rechtsfragen dem mitgliedstaatlichen Recht. In der Praxis führt die Verflechtung von supranationalen Normen, der Satzung und nationalen Normen zu einem beträchtlichen Beratungsaufwand[3].

Ein erster Schritt zur Integration der europäischen Rechtsform in das mitgliedstaatliche Recht ist die Verleihung von **Rechtspersönlichkeit** (Art. 1 Abs. 3 SE-VO). Dies er-

---

[1] *Hommelhoff*, AG 2001, 279, 285.
[2] Ausführlich zur Verknüpfung der Regelungsebenen bei der Schaffung supranationaler Rechtsformen *Teichmann*, Binnenmarktkonformes Gesellschaftsrecht, S. 277 ff. sowie *Schwarz*, Europäisches Gesellschaftsrecht, S. 571 ff.
[3] Den Wünschen nach stärkerer Europäisierung des Rechtsaktes ist die Europäische Kommission indessen auch im Rahmen ihres Überprüfungsauftrages gemäß Art. 69 SE-VO nicht nachgekommen (siehe Art. 69 Rz. 1).

öffnet der SE die Teilnahme am allgemeinen Zivil- und Handelsrechtsverkehr der Mitgliedstaaten.

4 Weiteres Regelungsinstrument zur Komplettierung des Rechtsrahmens sind die **Verweisungsnormen** innerhalb des europäischen Rechtstextes. Sie entfalten ihre Rechtswirkungen in zweierlei Richtung: Als europäischer Rechtsanwendungsbefehl für nationales Recht (Rz. 5) und als Gebot der Gleichbehandlung mit der nationalen Aktiengesellschaft (Rz. 6).

5 Die Verweisungen der SE-VO enthalten einen **Rechtsanwendungsbefehl**, der die Mitgliedstaaten verpflichtet, das jeweils für maßgeblich erklärte mitgliedstaatliche Recht auf eine SE zur Anwendung zu bringen. Eine ursprünglich für Gesellschaften nationalen Rechts erlassene Vorschrift findet somit auch auf die SE Anwendung[4]. Diese Rechtsfolge wurzelt nicht in der Gesetzgebungshoheit der Mitgliedstaaten, denen die Kompetenz für die Schaffung einer europäischen Rechtsform fehlt, sondern in dem konkreten und unmittelbar anwendbaren Rechtsanwendungsbefehl der europäischen Verordnung.

6 Die Verweisungen legen darüber hinaus fest, mit welcher nationalen Rechtsform die SE gleichzustellen ist: Soweit die SE-VO nichts anderes regelt, greift das in den Mitgliedstaaten für Aktiengesellschaften geltende Recht (Art. 9 Abs. 1 SE-VO); nationale Regeln mit Bezug auf die SE müssen die für Aktiengesellschaften geltenden Richtlinien beachten (Art. 9 Abs. 2 SE-VO). Damit ist bereits Art. 9 SE-VO – und nicht erst Art. 10 SE-VO – geprägt vom Grundsatz der **Gleichbehandlung** der SE mit der nationalen **Aktiengesellschaft**. Die Mitgliedstaaten haben nicht die Freiheit, in Bezug auf die SE zur Lückenfüllung oder Ergänzung die Rechtsregeln einer beliebigen Rechtsform heranzuziehen; rechtlicher Bezugspunkt der SE ist vielmehr das für Aktiengesellschaften geltende Recht der Mitgliedstaaten.

3. General- und Spezialverweisung

a) Begriffliche Unterscheidung

7 Art. 9 Abs. 1 SE-VO regelt das anwendbare Recht in allgemeiner Form („Die SE unterliegt ..."), ohne dies in irgendeiner Weise inhaltlich einzugrenzen. Man spricht daher von einer **Generalverweisung**[5], die als Auffangregelung fungiert und teilweise auch nur deklaratorischen Charakter hat[6]. Daneben finden sich über die SE-VO verteilt zahlreiche **spezielle Verweisungsnormen**, die nur eine bestimmte rechtliche Einzelfrage betreffen. Vielfach wurden sie im Verlauf der Entstehungsgeschichte als „Platzhalter" für Rechtsbereiche eingefügt, die in früheren Entwürfen noch materiell geregelt waren. Im Verhältnis zur Generalverweisung haben sie, soweit sie nationales Aktienrecht für anwendbar erklären, lediglich klarstellende Wirkung. Mitunter lässt sich ihnen aber auch der Hinweis entnehmen, dass eine konkrete Rechtsfrage im mitgliedstaatlichen Recht jedenfalls nicht ungeregelt bleiben darf[7].

---

[4] Dazu *Lind*, Die Europäische AG, S. 35 sowie *Teichmann*, ZGR 2003, 383, 395 ff.
[5] Zur systematischen Unterscheidung von General- und Spezialverweisung *Schwarz*, Europäisches Gesellschaftsrecht, S. 574 ff. Rz. 957 ff.
[6] Es hätte insbesondere die Anwendung der SE-VO auf die SE keiner ausdrücklichen Erwähnung bedurft; vgl. *Raiser* in FS Semler, S. 277, 282 (deklaratorische Natur der Generalverweisung).
[7] So etwa für die Spezialverweisung hinsichtlich der Organhaftung (Art. 51 Rz. 6).

b) Gründung der SE

Bei der Analyse der Verweisungsnormen ist zu unterscheiden zwischen der bestehenden SE, für die Art. 9 SE-VO gilt, und dem **Gründungsverfahren**[8]. Während des Gründungsverfahrens findet in vielfacher Weise **nationales Gesellschaftsrecht** Anwendung, denn die Gründung einer SE ist nur bei Beteiligung bereits existierender Rechtsträger möglich (vgl. Art. 2 SE-VO). Für die Willensbildung in den nationalen Gründungsgesellschaften gilt naturgemäß ihr eigenes Gesellschaftsstatut (vgl. Art. 18, 36, 37 Abs. 7 SE-VO). Zugleich benötigt die entstehende SE eine eindeutige Zuordnung zu einer bestimmten Rechtsordnung; dies regelt Art. 15 SE-VO. Für die weiteren Einzelheiten des im Gründungsstadium anwendbaren Rechts sei auf die Kommentierung der genannten Vorschriften verwiesen.

c) Bestehende SE

Klammert man das Gründungsverfahren aus und richtet den Blick auf die entstandene SE, so finden sich in der SE-VO neben der **Generalverweisung** des Art. 9 SE-VO folgende wichtige **Spezialverweisungen**, die das nationale Recht am Sitzstaat der SE zur Anwendung berufen: Art. 5 SE-VO (Kapital), Art. 13 SE-VO (Offenlegung), Art. 51 SE-VO (Haftung der Organmitglieder), Art. 52 Satz 2 SE-VO (Zuständigkeiten der Hauptversammlung), Art. 53 SE-VO (Organisation und Ablauf der Hauptversammlung), Art. 61 und 62 SE-VO (Rechnungslegung), Art. 63 SE-VO (Auflösung und Liquidation)[9].

Eine eigene Gruppe bilden diejenigen Vorschriften, die der mitgliedstaatliche Gesetzgeber auf Basis einer ausdrücklichen **Regelungsermächtigung** der SE-VO erlässt und die sich für Deutschland im SEAG finden[10]. Auch hier handelt es sich um Vorschriften mitgliedstaatlichen Rechts, die kraft europäischen Anwendungsbefehls für die SE gelten. Die Regelungsermächtigung wirkt der Sache nach wie eine Spezialverweisung auf das in Umsetzung der Ermächtigung vom mitgliedstaatlichen Gesetzgeber geschaffene Recht[11]. Zudem sind diese Umsetzungsregeln in Art. 9 Abs. 1 lit. c i SE-VO ausdrücklich in Bezug genommen (unten Rz. 52 f.).

Darüber hinaus finden sich in der Verordnung diverse **Hinweise auf das mitgliedstaatliche Recht**, die zwar nicht als Verweisungen formuliert sind, der Sache nach aber als solche wirken. Wenn es etwa in Art. 8 Abs. 7 SE-VO heißt, die für eine Sitzverlegung nötige Bescheinigung könne nur ausgestellt werden, wenn die Interessen der Gläubiger „im Einklang mit den Anforderungen des Mitgliedstaates, in dem die SE vor der Verlegung ihren Sitz hat, angemessen geschützt sind," unterstellt die Verordnung die Existenz von Gläubigerschutzvorschriften, die bei Sitzverlegung einer SE zu berücksichtigen sind, ohne in der SE-VO geregelt zu sein. Sie müssen also dem nationalen Recht entstammen und sollen für die SE verbindlich sein; letztlich liegt auch darin ein Anwendungsbefehl zu Gunsten des nationalen Rechts, das allein aus eigener Autorität heraus keine Geltung für eine SE beanspruchen könnte[12].

---

8 In diesem Sinne auch *Merkt*, BB 1992, 652, 657, zum Entwurf von 1991. Weiterhin *Kalss/Greda* in Kalss/Hügel, AT Rz. 16 und *Schwarz*, Art. 9 SE-VO Rz. 6. Monographisch *Zöllter-Petzold*, Verknüpfung von europäischem und nationalem Recht.

9 S. für eine ausführliche Auflistung aller Spezialverweisungen *Schäfer* in MünchKomm. AktG, 3. Aufl., Art. 9 SE-VO Rz. 9 ff.

10 Vgl. die Übersicht der aus deutscher Sicht relevanten Regelungsaufträge und Wahlrechte bei *Teichmann*, ZIP 2002, 1109, 1110 ff.

11 *Brandt/Scheifele*, DStR 2002, 547, 553; *Wagner*, NZG 2002, 985, 986.

12 Weitere Beispiele: Einberufung der Hauptversammlung durch eine nach nationalem Recht hierfür zuständige Behörde (Art. 54 Abs. 2 SE-VO); einzelstaatliche Bestimmungen, aufgrund

II. Entstehungsgeschichte

12 Die besondere Verweisungstechnik der SE-VO beruht auf einem **Regelungskonzept**, das erst vor dem Hintergrund der Entstehungsgeschichte verständlich wird. Ursprünglich sollte die europäische Verordnung den Bereich des Gesellschaftsrechts abschließend regeln, damit die Europäische Gesellschaft in jedem Mitgliedstaat nach denselben Regeln gegründet und geführt werden könne. Der Sinn des Projektes lag darin, der Wirtschaft eine Organisationsform zur Verfügung zu stellen, die rechtlich nicht mehr an ein bestimmtes Land gebunden sei[13]. Der erste offizielle Entwurf der europäischen Kommission aus dem Jahre 1970 folgte diesem Leitgedanken einer **europäisch abschließend geregelten** und aus sich heraus funktionsfähigen Gesellschaftsform aktienrechtlichen Charakters[14], ebenso der geänderte Entwurf aus dem Jahre 1975. Eine Verweisungsnorm nach dem Muster des heutigen Art. 9 SE-VO enthielten diese Entwürfe naturgemäß nicht; stattdessen wurde jeder Rückgriff auf nationales Recht ausgeschlossen. Die Vorläufernormen des heutigen Art. 9 SE-VO in den Entwürfen von 1970 und 1975 ließen eine **Lückenfüllung** nur durch Entwicklung **allgemeiner Grundsätze** eines europäischen Aktienrechts zu.

13 Artikel 7 des **Entwurfes von 1970**[15] fasste dies in folgende Worte:

„(1) Vorbehaltlich entgegenstehender Vorschriften sind die von dem Statut behandelten Gegenstände selbst hinsichtlich der Rechtsfragen, die nicht ausdrücklich geregelt werden, der Anwendung des Rechts der Mitgliedstaaten entzogen. Ist eine Rechtsfrage nicht ausdrücklich geregelt, wird sie entschieden

a) nach den allgemeinen Grundsätzen, auf denen dieses Statut beruht;

b) falls diese allgemeinen Grundsätze keine Lösung der Rechtsfragen bieten, nach den gemeinsamen Regeln oder den gemeinsamen allgemeinen Grundsätzen der Rechte der Mitgliedstaaten.

(2) Die in dem Statut nicht behandelten Gegenstände werden nach dem im Einzelfall anwendbaren Recht der Mitgliedstaaten beurteilt."

Ein Verweis auf **nationales** Recht fand sich also nur für diejenigen Bereiche, die nicht zu den vom Statut behandelten Gegenständen gehörten. Dabei ging es vereinfacht gesagt um alle Materien, die **außerhalb des Gesellschaftsrechts** liegen[16]. Für diese Bereiche wurde Art. 7 Abs. 2 SE-VO als Verweis auf das mitgliedstaatliche Recht einschließlich des Kollisionsrechts verstanden; für die in der Verordnung nicht geregelten Bereiche wäre somit das einschlägige Recht über die Zwischenstufe des mitgliedstaatlichen Internationalen Privatrechts zu ermitteln gewesen[17].

---

deren die Aktionäre die Möglichkeit haben, die Hauptversammlung einzuberufen, bleiben „unberührt" (Art. 55 Abs. 3 Satz 2 SE-VO).

13 So *Lindacher* in Lutter, Europäische Aktiengesellschaft, S. 1, 3. S. aus der reichhaltigen Literatur zur Entstehungsgeschichte der SE-VO außerdem *Blanquet*, ZGR 2002, 20 ff.; *Schwarz*, Europäisches Gesellschaftsrecht, 2000, S. 643 ff.; *Schwarz*, SE-VO, Einl. Rz. 41 ff. sowie *Teichmann*, Binnenmarktkonformes Gesellschaftsrecht, S. 234 ff.

14 So die Begründung der Europäischen Kommission zu Art. 7 des Entwurfs, Beilage 8, Bulletin der Europäischen Gemeinschaft v. 24.6.1970, S. 15.

15 Zitiert nach Beilage 8 zum Bulletin der Europäischen Gemeinschaften v. 24.6.1970, S. 14.

16 Vgl. *Lindacher* in Lutter, Europäische Aktiengesellschaft, S. 1, 5: „Sicherlich dem Regelungsbereich des Entwurfs zuzuschlagen – mit der Folge, daß der Geltungsanspruch der nationalen Rechte insoweit gebrochen ist – sind alle Sachfragen, die man kollisionsrechtlich als zum Aktienrecht gehörig qualifizieren würde." Zur Problematik dieses kollisionsrechtlich inspirierten Ansatzes *Teichmann*, Binnenmarktkonformes Gesellschaftsrecht, S. 283 ff.

17 *Lindacher* in Lutter, Die Europäische Aktiengesellschaft, S. 4; *Teichmann*, Binnenmarktkonformes Gesellschaftsrecht, S. 298.

Ob die ursprünglich vorgesehene Entwicklung allgemeiner Grundsätze wirklich gelungen wäre, mag hier dahinstehen[18]. Denn diese Ambition wurde mit dem Entwurf von 1989 zunächst partiell und mit dem Entwurf von 1991 gänzlich aufgegeben[19]. Art. 7 SE-VO lautete im **Entwurf von 1989**[20]: 14

„(1) In den der Verordnung unterliegenden Bereichen werden die nicht ausdrücklich geregelten Fragen wie folgt entschieden:
a) nach den allgemeinen Grundsätzen, auf denen diese Verordnung beruht;
b) falls diese allgemeinen Grundsätze keine Lösung aufzeigen, nach dem im Sitzstaat der SE für Aktiengesellschaften geltenden Recht.
(2) … (3) In den von dieser Verordnung nicht geregelten Bereichen finden die Vorschriften des Gemeinschaftsrechts und des Rechts der Mitgliedstaaten auf die SE Anwendung."

Diese Regelung enthält im Gegensatz zu den Vorläufernormen von 1970 und 1975 einen Verweis auf das nationale Recht nicht allein für Materien **außerhalb** des Gesellschaftsrechts (Abs. 3), sondern auch für diejenigen **innerhalb** des Gesellschaftsrechts, für die sich eine Lösung an Hand allgemeiner Grundsätze nicht entwickeln lässt (Abs. 1 lit. b). Für diesen Teil der Verweisung wurde nun auch rechtsformspezifisch klargestellt, dass die SE im Sitzstaat nach denjenigen Regeln zu behandeln sei, die dort für **Aktiengesellschaften** gelten.

Der **kollisionsrechtliche Gehalt** der Verweisungen wurde in der Literatur seinerzeit folgendermaßen differenziert[21]: Der Verweis innerhalb des Gesellschaftsrechts (Abs. 1 lit. b) sei als Sachnormverweisung zu verstehen, führe also unmittelbar in das materielle Gesellschaftsrecht des Sitzstaates. Der Verweis auf Materien außerhalb des Gesellschaftsrechts (Abs. 3) sei eine Gesamtnormverweisung; das anwendbare Recht ermittele sich also insoweit erst nach einer Vorprüfung des jeweiligen nationalen Kollisionsrechts. 15

Der **Entwurf von 1991** (gleichfalls Art. 7) verabschiedet sich endgültig von jedem Hinweis auf die allgemeinen Grundsätze der Verordnung[22]: 16

„(1) SE unterliegen:
a) – den Bestimmungen dieser Verordnung;
 – sofern diese Verordnung dies ausdrücklich zulässt, den von den Parteien in der Satzung der SE frei festgelegten Bestimmungen.
b) anderenfalls:
 – dem im Sitzstaat der SE für Aktiengesellschaften geltenden Recht;
 – den von den Parteien in der Satzung frei festgelegten Bestimmungen unter den gleichen Voraussetzungen wie im Fall von Aktiengesellschaften, für die das Recht des Sitzstaates der SE gilt."

Entfallen war auch der frühere Absatz 3 der Vorschrift, der sich auf die **außerhalb** des Gesellschaftsrechts liegenden Materien bezog. Dies mag daran liegen, dass sich der Verweis auf mitgliedstaatliches Recht für alle in der Verordnung nicht geregelten Rechtsfragen ohnehin aus Absatz 1 ergab oder aber für die von der Verordnung nicht erfassten Bereiche als selbstverständlich und daher nicht regelungsbedürftig angesehen wurde. Das Zusammenfallen der früheren Absätze 2 und 3, von denen einer als Sachnorm- und der andere als Gesamtnormverweisung verstanden worden waren

---

18 Optimistisch seinerzeit *Ficker* in Liber amicorum *Sanders*, S. 37, 45; auch *Raiser* in FS Semler, S. 277, 282, wollte der Wissenschaft eine solche Leistung durchaus zutrauen; kritisch demgegenüber beispielsweise *Merkt*, BB 1992, 652, 656.
19 S. nur *Lutter*, AG 1990, 413, 416 f.
20 Abgedr. u.a. in AG 1990, 111 ff.
21 *Grote*, Europäische Aktiengesellschaft, S. 45 ff.; s. weiterhin die in Fn. 16 zitierten Autoren.
22 Abgedr. u.a. in Lutter, Europäisches Unternehmensrecht, 4. Aufl. 1996, S. 724 ff.

(Rz. 15), legte den Keim für die heutige Kontroverse zum Regelungsbereich und seiner kollisionsrechtlichen Bedeutung (unten Rz. 26 ff.).

17 Die **heute gültige** Generalverweisung des Art. 9 Abs. 1 SE-VO ist noch tiefer gestaffelt als der Vorläufer von 1991: An erster Stelle steht die **SE-VO**, gefolgt von denjenigen Bestimmungen der **Satzung**, die sich auf eine ausdrückliche Ermächtigung in der SE-VO stützen können. Für Bereiche, die weder in der Verordnung noch in einer verordnungsgestützten Satzungsbestimmung geregelt sind, gilt das **mitgliedstaatliche Recht**, das sich in folgende Normentrias unterteilt: (1) Rechtsvorschriften, die die Mitgliedstaaten in Anwendung der speziell die SE betreffenden Unionsmaßnahmen erlassen; (2) Rechtsvorschriften der Mitgliedstaaten, die auf eine nach dem Recht des Sitzstaats der SE gegründete Aktiengesellschaft Anwendung finden würden; (3) Bestimmungen der Satzung unter den gleichen Voraussetzungen wie im Falle einer nach dem Recht des Sitzstaats der SE gegründeten Aktiengesellschaft.

III. Regelungsbereich und kollisionsrechtlicher Gehalt der Verweisung

18 Die Anwendung des Art. 9 SE-VO wird überwiegend davon abhängig gemacht, dass eine zu klärende Rechtsfrage in den **Regelungsbereich** der Verordnung fällt[23]: **Innerhalb** des Regelungsbereiches sei das anwendbare Recht mit Hilfe des Art. 9 SE-VO zu ermitteln; **außerhalb** des Regelungsbereiches gälten die allgemeinen Regeln der Rechtsanwendung – insbesondere die Ermittlung der anwendbaren Rechtsordnung mit Hilfe des Internationalen Privatrechts (IPR). Die Debatte um den Regelungsbereich stammt aus den Frühzeiten der Entstehungsgeschichte (unter 1.), sie hat für die heutige Fassung der SE-VO vordergründig an Bedeutung verloren (unter 2.), hängt aber eng mit dem Verständnis der Vorschrift als Sachnorm- oder Gesamtnormverweisung zusammen (unter 3.).

1. Debatte im Verlauf der Entstehungsgeschichte

19 Die Entstehungsgeschichte der SE-VO wird begleitet von der Diskussion um ihren Regelungsbereich. Diesen Bereich abzustecken war vor allem in den **frühen Entwürfen** eine zwingende Notwendigkeit. Denn nach den Fassungen von 1970 und 1975 waren *die von dem Statut behandelten Gegenstände* selbst hinsichtlich der *nicht ausdrücklich geregelten* Rechtsfragen der Anwendung mitgliedstaatlichen Rechts entzogen (Art. 7 Abs. 1 des Entwurfs von 1970)[24]. Es bedurfte somit der Klärung, welches die vom Statut behandelten Gegenstände seien. Da mitgliedstaatliches Recht auch für die **nicht ausdrücklich** geregelten Rechtsfragen ausgeschlossen sein sollte, konnte der Normtext der Verordnung für die Bestimmung des Regelungsbereichs nicht allein ausschlaggebend sein. Es musste vielmehr eine teleologisch definierte Abgrenzung derjenigen Rechtsfragen entwickelt werden, die nach dem Willen der Verordnungsgeber ohne Rückgriff auf nationales Recht – und stattdessen durch Auslegung der Verordnung oder gegebenenfalls Entwicklung allgemeiner Grundsätze – zu lösen wären.

20 Es bestand Einigkeit, dass damit all diejenigen Rechtsfragen angesprochen waren, die man üblicherweise dem **Gesellschaftsrecht** zurechnet[25]. Die Erwägungsgründe des

---

[23] Vgl. die Nachweise in Fn. 28.
[24] Ebenso bereits der unter Leitung von *Sanders* entstandene wissenschaftliche Vorentwurf eines Statuts für Europäische Aktiengesellschaften, Kollektion Studien, Reihe Wettbewerb Nr. 6, Brüssel, 1967, S. 23.
[25] Exemplarisch *von Caemmerer*, der Mitglied der Sanders-Arbeitsgruppe war, die einen wissenschaftlichen Vorentwurf geliefert hatte: „Die Regelung des Statuts ist auf ihrem Gebiet, d.h.

Entwurfs von 1970 stützten diese Auffassung: „Um sämtliche Vorteile der Einheitlichkeit der Regelung zu verwirklichen, müssen sämtliche Vorschriften über die Gründung, die Struktur, die Arbeitsweise und die Liquidation der Europäischen Aktiengesellschaft von der Anwendung der einzelstaatlichen Rechte ausgenommen werden"[26].

Mit der **weiteren Entwicklung** des Rechtstextes verlor die Frage nach dem Regelungsbereich an Bedeutung. Der entscheidende konzeptionelle Umschwung fand im Jahre 1991 statt. Ließ sich zur Rechtsanwendungsnorm von 1989 noch die Auffassung vertreten, das Statut sei „in erster Linie aus sich heraus, systemimmanent auszulegen und gegebenenfalls fortzuentwickeln"[27], lässt sich Gleiches für den Entwurf von 1991 und die Endfassung von 2001 nicht mehr sagen. Heute gilt für alle Rechtsfragen, die nicht ausdrücklich geregelt sind, das mitgliedstaatliche Recht. Selbst für Gegenstände, die zwar vom Statut behandelt, dort aber **„nur teilweise"** geregelt werden, verweist Art. 9 Abs. 1 lit. c SE-VO „in Bezug auf die nicht von dieser Verordnung erfassten Aspekte" auf das **mitgliedstaatliche Recht**. Es kommt also nicht mehr darauf an, ob eine Frage materiell dem Gesellschaftsrecht zuzuweisen ist oder nicht – jede Lücke im Rechtstext der SE-VO ist durch Anwendung mitgliedstaatlichen Rechts zu schließen[28]. Dass es einen über die ausdrücklich geregelten Fragen hinaus gehenden Regelungsbereich geben könnte, innerhalb dessen die Verordnung Geltung beansprucht, lässt sich dem heutigen Normtext nicht mehr entnehmen. 21

2. Bestimmung des Regelungsbereichs für die geltende SE-VO

Auf den ersten Blick hat mithin die Kategorie des Regelungsbereich nach dem Wechsel vom Vollstatut zum lückenhaften und durch nationales Recht zu ergänzenden Statut jede Bedeutung verloren. Dennoch setzt sich die Diskussion auch nach Erlass der SE-VO fort. Nach herrschender Auffassung ist auch für die heute geltende SE-VO der Regelungsbereich zu ermitteln, weil sich daraus zugleich der Anwendungsbereich von Art. 9 SE-VO ergebe[29]. Zum Regelungsbereich zählt man weiterhin alle Rechtsfragen, die gemeinhin zum **Gesellschaftsrecht** gehören[30]. Dies sind namentlich die Gründung, das Kapital, die Organisationsverfassung, aber auch die in Art. 8 SE-VO geregelte Sitzverlegung und die in Art. 66 SE-VO angesprochene Umwandlung in eine nationale Aktiengesellschaft. 22

Umstritten ist die Einordnung des **Konzernrechts**[31]. Dies überrascht zunächst: Befasst sich das Konzernrecht doch in erster Linie mit dem Interessenkonflikt von Ge- 23

---

in den Fragen des Gesellschaftsrechts als vollständige gemeint." (in FS Kronstein, S. 171, 194). Weiterhin *Lindacher* (Zitat oben in Fn. 15). S. auch die Begründung des Sanders-Entwurfs (oben Fn. 23), S. 23 f.
26 Zitiert nach Beilage 8 zum Bulletin der Europäischen Gemeinschaften v. 24.6.1970, S. 7.
27 *Raiser* in FS Semler, S. 277, 282.
28 Zur Frage, inwieweit methodisch Raum für einen Lückenschluss auf unionsrechtlicher Ebene bleibt, s. unten Rz. 51 f.
29 *Brandt*, Hauptversammlung, S. 29 ff.; *Brandt/Scheifele*, DStR 2002, 547 ff.; *Kalss/Greda* in Kalss/Hügel, AT Rz. 20 ff.; *Lächler*, Konzernrecht der SE, S. 91 f.; *Lächler/Oplustil*, NZG 2005, 381 ff.; *Lind*, Europäische AG, S. 53 ff. *Schäfer* in MünchKomm. AktG, 3. Aufl., Art. 9 SE-VO Rz. 7; *Scheifele*, Gründung der SE, S. 32 ff.; *Schwarz*, SE-VO, Einl. Rz. 49 ff.; *Wagner*, NZG 2002, 985, 988; zurückhaltende Tendenz in Richtung der herrschenden Auffassung bei *Hommelhoff* in Lutter/Hommelhoff, Europäische Gesellschaft, S. 5, 9.
30 S. etwa *Brandt/Scheifele*, DStR 2002, 547, 550; *Schäfer* in MünchKomm. AktG, Art. 9 SE-VO Rz. 7; *Veil* in KölnKomm. AktG, 3. Aufl., Art. 9 SE-VO Rz. 16; *Wagner*, NZG 2002, 985, 988.
31 Vgl. dazu auch Anh. zu Art. 43 § 49 SEAG Rz. 1. Ausführlich hierzu die Arbeit von *Lächler*, Konzernrecht der SE, S. 76 ff.

sellschaftermehrheit und -minderheit sowie mit dem Gläubigerschutz – also mit genuin gesellschaftsrechtlichen Fragen, die in den meisten Rechtsordnungen mit den Mitteln des allgemeinen Gesellschaftsrechts gelöst werden[32]. Erwägungsgrund 15 der SE-VO spricht sich allerdings dafür aus, den Schutz von Minderheitsaktionären und Dritten gemäß den Vorschriften und allgemeinen Grundsätzen des internationalen Privatrechts nach dem für das kontrollierte Unternehmen geltenden Recht zu bestimmen. Dass dies das richtige Ergebnis sei, wird soweit ersichtlich von niemandem bestritten. Da aber nach der herrschenden Auffassung Art. 9 SE-VO auf das nationale Sachrecht unter Ausschaltung des IPR verweist (dazu sogleich Rz. 26), muss das Konzernrecht aus dem Anwendungsbereich dieser Norm herausgenommen werden, um zum gewünschten Ergebnis – der Zwischenschaltung des IPR – zu gelangen[33]. Andere Autoren zählen das Konzernrecht zum Regelungsbereich und verstehen Art. 9 SE-VO insoweit ausnahmsweise als Gesamtnormverweisung[34]. Sieht man in Art. 9 SE-VO generell eine Verweisung, die das Kollisionsrecht einschließt (dazu unten Rz. 31), ergeben sich mit der Einordnung des Konzernrechts ohnehin keine Probleme.

24 Hingegen lässt sich das **Kapitalmarktrecht** dem Regelungsbereich nicht eindeutig zuordnen[35]; denn seine Regelungen sind überwiegend nicht gesellschaftsrechtlicher Natur. Eine Schnittstelle zum Gesellschaftsrecht bildet allein das Übernahmerecht: Es regelt die Rechtsverhältnisse zwischen den Aktionären und greift partiell in die Kompetenzregelung der Organe ein; insoweit lässt sich ihm ein gesellschaftsrechtlicher Charakter beimessen[36]. Dagegen haben die mit der Übernahme verbundenen Verfahrensfragen (z.B. Inhalt der Angebotsunterlage) kapitalmarktrechtlichen Charakter und fallen nicht in den Regelungsbereich der SE-VO[37].

25 Einem grundlegend anderen Konzept folgt *Schwarz*, der den Regelungsbereich der SE-VO **kompetenzrechtlich** deutet[38]. Die Verordnung wurde auf Basis des Art. 308 EG (heute: Art. 352 AEUV) erlassen[39]. Diese Kompetenznorm stützt ganz allgemein

---

32 S. hierzu nur den rechtsvergleichenden Überblick bei *Forum Europaeum Konzernrecht*, ZGR 1998, 672, 676 ff. sowie umfassend *Lübking*, Ein einheitliches Konzernrecht für Europa.
33 In diesem Sinne *Brandi*, NZG 2003, 889, 893; *Casper* in FS Ulmer, 2003, S. 51, 67; *Casper* in Spindler/Stilz, AktG, Art. 9 SE-VO Rz. 12; *Ebert*, BB 2003, 1854, 1856 ff.; *Habersack*, ZGR 2003, 724, 727; *Habersack/Verse*, Europäisches Gesellschaftsrecht, § 13 Rz. 1, 49; *Veil* in KölnKomm. AktG, 3. Aufl., Art. 9 SE-VO Rz. 21 f.; ohne abschließende Stellungnahme noch *Veil*, WM 2003, 2169, 2172. Nach der insoweit überzeugenden Stellungnahme von *Schwarz*, SE-VO, Einl. Rz. 174 ff., handelt es sich allerdings um ein Scheinproblem: Auf eine abhängige SE findet nach Art. 9 SE-VO ohnehin das Recht ihres Sitzstaates ergänzend Anwendung; für die von einer SE beherrschte Gesellschaft nationaler Rechtsform ist das anwendbare Recht nicht nach der SE-VO zu ermitteln.
34 *Lächler/Oplustil*, NZG 2005, 381, 386; im Ergebnis ebenso aber mit anderer Begründung (Erwägungsgrund 15 als Auslegungshilfe für die Bestimmung des anwendbaren Sachrechts) *Schürnbrand* in Habersack/Drinhausen, SE-Recht, Art. 9 SE-VO Rz. 31; in der Tendenz auch *Jaecks/Schönborn*, RIW 2003, 254, 257; *Schwarz*, SE-VO, Einl. Rz. 174 ff. (vgl. oben Fn. 32).
35 Dazu *Lächler/Oplustil*, NZG 2005, 381, 386 f. und *Lächler*, Konzernrecht der SE, S. 92.
36 So *Kalss*, ZGR 2003, 593, 638; *Lächler/Oplustil*, NZG 2005, 381, 387, und *Lächler*, Konzernrecht der SE, S. 92. Demgegenüber neigt *Casper* in FS Ulmer, 2003, S. 51, 66 dazu, das gesamte Kapitalmarktrecht vom dem Regelungsbereich der Verordnung auszunehmen; ebenso *Schäfer* in MünchKomm. AktG, 3. Aufl., Art. 9 SE-VO Rz. 7; *Schürnbrand* in Habersack/Drinhausen, SE-Recht, Art. 9 SE-VO Rz. 28; *Veil* in KölnKomm. AktG, 3. Aufl., Art. 9 SE-VO Rz. 45.
37 *Lächler/Oplustil*, NZG 2005, 381, 387.
38 *Schwarz*, SE-VO, Einl. Rz. 51 ff.; dem (mit gewissen Einschränkungen) folgend *Wirtz*, Lückenfüllung, S. 84 ff.
39 Ob diese Kompetenznorm einschlägig sei, war streitig (zur Diskussion etwa *Abeltshauser*, AG 1990, 291 ff. und *Wahlers*, AG 1990, 448 ff.); das Europäische Parlament hatte daher gegen die SE-VO gar eine Klage erwogen (vgl. *Neye*, ZGR 2002, 377 ff.). Mittlerweile hat der EuGH

Maßnahmen zur Erreichung der Ziele des Gemeinsamen Marktes und rechtfertigt damit einen denkbar weiten Anwendungsbereich der SE-VO, zu dem auch Rechtsgebiete wie das Steuerrecht oder das Wettbewerbsrecht gehören. Dass die SE-VO hierzu keine Vorschriften enthält, deutet *Schwarz* als einen Regelungsverzicht des europäischen Gesetzgebers, der insoweit von seiner dem Grunde nach bestehenden Regelungskompetenz keinen Gebrauch gemacht habe[40]. In Konsequenz dessen verweise Art. 9 Abs. 1 lit. c ii SE-VO auf „jegliches nationale Recht"[41], das auf eine Aktiengesellschaft in der Situation der SE Anwendung fände – selbst auf Vorschriften des HGB oder des BGB, soweit die entsprechende Rechtsfrage in den kompetenzrechtlich definierten weiten Anwendungsbereich der Verordnung fällt.

3. Bedeutung der Generalverweisung

a) Herrschende Auffassung: Sachnormverweisung

Die Bestimmung des Regelungsbereichs hat nach heutiger Fassung der SE-VO allein deshalb noch Bedeutung, weil die herrschende Auffassung Art. 9 Abs. 1 lit. c ii SE-VO als Sachnormverweisung versteht[42]. Die Verweisung führt bei diesem Verständnis unmittelbar zum materiellen Gesellschaftsrecht im Sitzstaat der SE; nationales **Kollisionsrecht** kommt **nicht** zur Anwendung. Damit entscheidet die Bestimmung des Regelungsbereichs darüber, ob das nationale IPR zwischengeschaltet (außerhalb des Regelungsbereichs) oder unter Vermeidung des IPR direkt auf die Sachnormen im Sitzstaat zugegriffen wird (innerhalb des Regelungsbereichs).

26

Die herrschende Auffassung verweist unter anderem auf Erwägungsgrund 20, dem sich entnehmen lasse, dass es Bereiche „außerhalb der Verordnung" geben müsse, beispielsweise das Steuerrecht und das Wettbewerbsrecht. Das anwendbare Recht in diesen Bereichen sei anhand des mitgliedstaatlichen Kollisionsrechts zu ermitteln (dazu bereits oben Rz. 15). Im Gegensatz dazu solle das Kollisionsrecht für alle Rechtsfragen, die innerhalb des Regelungsbereiches liegen, nicht zur Anwendung kommen. Dies entspricht einer weithin üblichen Vorgehensweise im Bereich der Rechtsvereinheitlichung[43]. Käme das Kollisionsrecht auch innerhalb des Regelungsbereichs der Verordnung zur Anwendung, würde dies der ohnehin komplexen Rechtsquellenpyramide eine weitere Prüfungsstufe hinzufügen. Außerdem käme es, da das Internationale Gesellschaftsrecht noch nicht vereinheitlicht und derzeit in vielen Staaten im Umbruch ist, möglicherweise zu **Entscheidungsdivergenzen**. All dies würde die **praktische Handhabbarkeit** der supranationalen Rechtsform erschweren und ihrem europäisch-einheitlichen Charakter zuwiderlaufen.

27

b) Eigene Stellungnahme

Die herrschende Auffassung hatte ihre Berechtigung, solange die Redaktoren der SE-VO tatsächlich noch einem Konzept der Rechtsvereinheitlichung folgten, also bis zum Entwurf von 1989 (vgl. oben Rz. 12 ff.). Heute lässt sich der SE-VO jedoch ein ganz anderes Konzept entnehmen. Die zentrale Rechtsanwendungsnorm ist nicht

28

---

anlässlich der Einführung der Europäischen Genossenschaft bestätigt, dass Art. 352 AEUV (ex-Art. 308 EG) für die Einführung supranationaler Rechtsformen die zutreffende Kompetenzgrundlage ist (Parlament gegen Rat, EuGH v. 2.5.2006 – Rs. C-436/03, Slg. 2006, S. I-3733 ff.).

40 *Schwarz*, SE-VO, Einl. Rz. 58.
41 *Schwarz*, Art. 9 SE-VO Rz. 37.
42 Vgl. dazu die in Fn. 29 genannten Autoren; s. weiterhin *Schürnbrand* in Habersack/Drinhausen, SE-Recht, Art. 9 SE-VO Rz. 24, 34; *Schwarz*, SE-VO, Einl. Rz. 128.
43 Darauf weist namentlich *Lächler*, Konzernrecht der SE, S. 84 f., hin.

mehr Ausdruck des europäischen Charakters der SE, sondern Zeugnis ihrer „**Renationalisierung**"[44]. Dementsprechend bedarf das Verständnis der zentralen Rechtsanwendungsnorm des Art. 9 SE-VO einer Überprüfung. Ausgangspunkt dessen ist die Feststellung, dass die SE-VO selbst in den teilweise geregelten Fragen auf mitgliedstaatliches Recht verweist. Sie hat also selbst dort, wo sie eine ansatzweise Regelung unternimmt, den Anspruch auf Rechtsvereinheitlichung aufgegeben. Damit ist der tragende Grund für den Ausschluss des Kollisionsrechts entfallen. Im Anwendungsbereich des Art. 9 Abs. 1 lit. c ii SE-VO steht der europäische Charakter der SE nicht mehr zur Debatte, führt die Verweisung doch allemal zur Anwendung nationalen Rechts.

29 In den Vordergrund schiebt sich damit ein anderer Regelungsgedanke: In den von der Verordnung nicht geregelten Bereichen ist die **Gleichbehandlung** von SE und nationaler Aktiengesellschaft geboten (oben Rz. 6). Daher verweist Art. 9 Abs. 1 lit. c ii SE-VO auf diejenigen Rechtsvorschriften, die in einer vergleichbaren Konstellation auf eine Aktiengesellschaft mitgliedstaatlichen Rechts anwendbar wären. Zu diesen Rechtsvorschriften gehören auch die Regeln des Internationalen Privatrechts, die ihrer Natur nach nationales Recht sind und bei jedem Sachverhalt mit Auslandsberührung eine selbstverständliche Prüfungsstufe bilden. Dass bei einer SE diese Prüfungsstufe entfällt, bedarf einer tragfähigen Rechtfertigung, begründet doch die herrschende Auffassung damit eine Ungleichbehandlung von SE und nationaler Aktiengesellschaft.

30 Dass Kollisionsrecht eine Zwischenstufe sei, die zusätzliche Rechtsunsicherheit schaffe und die Pyramide der Rechtsnormen unnötige komplizere, kann nicht überzeugen. Wie die ausufernde Diskussion zum Regelungsbereich zeigt, lässt sich mit Hilfe dieser Kategorie keinesfalls mehr Rechtssicherheit schaffen. Daher sollte bei der Suche nach einer **sachgerechten Lösung** von Sachverhalten mit Auslandsberührung die altbewährte Kategorie des Internationalen Privatrechts nicht leichter Hand als überflüssige Komplizierung der Materie über Bord geworfen werden. Denn in den Grenzfällen kommt auch die herrschende Auffassung ohne kollisionsrechtliche Wertungen nicht aus, wie die Debatte zum Konzernrecht (oben Rz. 29) zeigt.

31 Versteht man Art. 9 Abs. 1 lit. c ii SE-VO aus diesen Erwägungen heraus als eine **Gesamtnormverweisung**, die das Kollisionsrecht einschließt[45], führt dies auch nicht zu der befürchteten Rechtszersplitterung. Denn Art. 9 Abs. 1 lit. c ii SE-VO verweist ausdrücklich auf die Rechtsvorschriften des Sitzstaates der SE. Dies meint in der Terminologie der SE-VO stets den **Satzungssitz**[46]. Somit erreicht man auch bei einem Verständnis der Generalverweisung als Gesamtnormverweisung europaweiten **Entscheidungseinklang**. Dieser ist nicht davon abhängig, dass Sitz und Hauptverwaltung in demselben Mitgliedstaat liegen, wie es Art. 7 SE-VO bislang noch vorschreibt[47]. Selbst wenn Hauptverwaltung und Satzungssitz auseinanderfallen, hat jedes Gericht

---

[44] Dies relativiert die Aussagekraft des Erwägungsgrundes 20 (s. Rz. 27), der zu Zeiten der Einheitskonzeption formuliert wurde und demgemäß Materien innerhalb und außerhalb der Verordnung unterscheidet.

[45] In diesem Sinne bereits *Teichmann*, Binnenmarktkonformes Gesellschaftsrecht, S. 293 ff. und *Drinhausen/Teichmann* in Van Hulle/Maul/Drinhausen, 3. Abschnitt Rz. 11 ff. (S. 45 f.); weiterhin *Mäntysaari*, JFT 6/2003, 622, 634.

[46] Die englische („registered office") und die französische Fassung („siège statutaire") belegen dies. Aus der deutschen Version der SE-VO ergibt es sich nur mittelbar: Art. 7 SE-VO unterscheidet begrifflich den „Sitz" von der „Hauptverwaltung". Näher Art. 7 Rz. 6 ff.

[47] Dieses Erfordernis soll nach Ablauf einer Fünf-Jahres-Periode überprüft werden (vgl. Art. 69 Satz 2 lit. a SE-VO).

in der Europäischen Union allein das IPR des Mitgliedstaats anzuwenden, in dem die SE ihren Satzungssitz hat.

Der **Vereinheitlichungseffekt** des Art. 9 Abs. 1 lit. c ii SE-VO liegt mithin darin, eine „Kollision der Kollisionsrechte" zu vermeiden. Dem supranationalen Charakter der SE wäre es in der Tat abträglich, wenn verschiedene Mitgliedstaaten jeweils ihr eigenes Kollisionsrecht anwenden würden, wodurch es zu Normenhäufungen oder Normenmangel kommen könnte[48]. Indem die SE-VO zwingend auf das nationale Kollisionsrecht am Satzungssitz verweist, schafft sie Rechtssicherheit und internationalen Entscheidungseinklang.

Für die **Rechtspraxis** ist der Theorienstreit bislang nicht relevant geworden. In den derzeit diskutierten Streitfällen gelangen beide Auffassungen auf verschiedenen Wegen zu denselben Ergebnissen. Bei einem Auftreten neuer Zweifelsfälle empfiehlt sich auch bei Anwendung der herrschenden Auffassung, den Regelungsbereich jedenfalls unter Berücksichtigung **kollisionsrechtlicher Wertungen** zu bestimmen. Denn als Kontrollüberlegung leistet das Kollisionsrecht auch der herrschenden Auffassung gute Dienste bei der Ermittlung sachgerechter Ergebnisse; dies belegt die am kollisionsrechtlichen Ergebnis ausgerichtete Diskussion zum Konzernrecht (oben Rz. 23).

IV. Die Normenpyramide des Art. 9 Abs. 1 SE-VO

Die SE unterliegt nach Maßgabe der Normenpyramide des Art. 9 Abs. 1 SE-VO erstens den Bestimmungen der **Verordnung** (nachfolgend 1.), zweitens ihrer **Satzung**, soweit die Verordnung zu Satzungsregeln ermächtigt (nachfolgend 2.), und drittens in den von der Verordnung nicht oder nur teilweise geregelten Bereichen dem **mitgliedstaatlichen Recht** (nachfolgend 3.).

1. Bestimmungen der Verordnung

a) Vorrang des Unionsrechts

Die SE unterliegt in erster Linie den Bestimmungen der SE-VO (Art. 9 Abs. 1 lit. a SE-VO). Diese Festlegung hat lediglich **deklaratorische** Bedeutung[49]. Denn kraft europäischen Rechts ist ohnehin jede Verordnung in allen Mitgliedstaaten unmittelbar anwendbar (Art. 288 Abs. 2 AEUV, ex-Art. 249 Abs. 2 EG); zudem genießt Unionsrecht nach gefestigter Rechtsprechung des EuGH Vorrang vor mitgliedstaatlichem Recht[50].

b) Auslegung der SE-VO

Für die SE-VO gilt nach der allgemeinen unionsrechtlichen Methodik eine **europäisch-autonome Auslegung**[51]. Diese folgt im Grundsatz den auch im deutschen Recht angewandten Auslegungsmethoden nach Wortlaut, Entstehungsgeschichte, Systematik und Telos der Norm. Allerdings führt die Zugehörigkeit der betreffenden Norm zum Unionsrecht auf allen Prüfungsstufen zu gewissen Besonderheiten. Ausgangs-

---

48 Vgl. zu dieser Problematik das kollisionsrechtliche Schrifttum etwa *Kropholler*, Internationales Privatrecht, 6. Aufl. 2006, S. 20; *Sonnenberger* in MünchKomm. BGB, 5. Aufl. 2010, Einl. IPR Rz. 152.
49 *Kalss/Greda* in Kalss/Hügel, AT Rz. 17; *J. Schmidt*, „Deutsche" vs. „britische" SE, S. 66.
50 Grundlegend EuGH v. 5.2.1963 – Rs. 26/62, Slg. 1963, 1 ff. – „Van Gend&*Loos*" und v. 15.7.1964 – Rs. 6/64, Slg. 1964, 1251 ff. – „Costa/ENEL"; s. weiterhin die europarechtliche Literatur etwa *Schroeder* in Streinz (Hrsg.), EUV/AEUV, 2. Aufl. 2012, Art. 249 Rz. 40 ff.
51 Zur Auslegung der SE-VO: *Casper* in FS Ulmer, 2003, S. 51, 54 ff.; *Kalss/Greda* in Kalss/Hügel, AT Rz. 31 f.; *Lind*, Europäische Aktiengesellschaft, S. 37 ff.; *Schwarz*, Art. 9 SE-VO Rz. 15; *Teichmann*, ZGR 2002, 383, 402 ff.

punkt der Interpretation ist der **Wortlaut** der Norm in allen offiziellen Sprachfassungen. Die **Entstehungsgeschichte** eines Rechtsaktes ist im Unionsrecht nur selten dokumentiert und daher üblicherweise von eher geringer Bedeutung. Für die Auslegung der SE-VO können allerdings die zahlreichen Vorentwürfe und die hierzu veröffentlichten Stellungnahmen der Unionsorgane Bedeutung erlangen[52]. Die **systematische** Auslegung bezieht sich auf das Verhältnis zum Primärrecht (EUV und AEUV), aber auch auf andere Akte des Sekundärrechts[53]. Insoweit sind bei aller Lückenhaftigkeit des europäischen Gesellschaftsrechts zumindest im Recht der Strukturmaßnahmen erste Ansätze einer Systembildung zu erkennen[54]; für die SE lassen sich daher insbesondere bei Gründung und Sitzverlegung systematische Bezüge zum Richtlinienrecht herstellen.

37 Ganz im Vordergrund steht bei der Auslegung europäischer Rechtsakte üblicherweise die **teleologische Interpretation** im Sinne des „effet utile". Gerade dieser Schritt erlaubt allerdings bei der SE nur bedingt Rückschlüsse auf den Inhalt der Verordnung. Denn die im Allgemeinen für die Zielsetzung eines Rechtsaktes aussagekräftigen Erwägungsgründe stammen überwiegend aus einer Zeit, in der noch ein vollständiges SE-Statut beabsichtigt war. Bislang hat denn auch die Heranziehung der Erwägungsgründe in Auslegungsfragen eher für Verwirrung, denn für Klarheit gesorgt[55]. Im Sinne einer übergeordneten Zielsetzung lässt sich allenfalls formulieren, dass die SE als eine in sich funktionsfähige Rechtsform konzipiert sein müsse[56]. Indessen dürfte dieser Grundsatz nur selten eine eindeutige Aussage für oder gegen eine bestimmte Auslegungsvariante erlauben.

38 Die **Rechtsvergleichung** kann bei der Auslegung vielfache Unterstützung bieten. Sie hilft bei der Ermittlung des Wortsinnes verschiedener Sprachfassungen und erlaubt mitunter Aussagen über die Entstehungsgeschichte europäischer Normen. Allerdings zeigt die Rechtsprechung des EuGH, dass das nationale Vorverständnis einer Norm keineswegs ausschlaggebend für ihr Verständnis auf europäischer Ebene sein muss. Vorrang hat stets das Bemühen um eine europäisch-autonome Begriffsbildung[57].

2. Satzungsbestimmungen nach SE-VO

39 An zweiter Stelle der Normenhierarchie steht die **Satzung**, soweit es sich um Regelungen handelt, die in der SE-VO ausdrücklich zugelassen werden (Art. 9 Abs. 1 lit. b

---

52 Zustimmend *Schürnbrand* in Habersack/Drinhausen, SE-Recht, Art. 9 SE-VO Rz. 14. Kritisch hingegen *Casper* in Spindler/Stilz, AktG, Art. 9 SE-VO Rz. 17 sowie *Schäfer* in MünchKomm. AktG, 3. Aufl., Art. 9 SE-VO Rz. 13, die aufgrund der stark divergierenden Vorentwürfe diesen nur geringe Bedeutung beimessen.
53 Ebenso *Lind*, Europäische Aktiengesellschaft, S. 37 f. sowie – zumindest für die Auslegung gleichlautender Begrifflichkeiten – *Veil* in KölnKomm. AktG, 3. Aufl., Art. 9 SE-VO Rz. 85; a.A. *Casper* in FS Ulmer, 2003, S. 51, 55; *Schäfer* in MünchKomm. AktG, 3. Aufl., Art. 9 SE-VO Rz. 13; *Schürnbrand* in Habersack/Drinhausen, SE-Recht, Art. 9 SE-VO Rz. 16.
54 Näher dazu *Hommelhoff/Riesenhuber* in Grundmann, Systembildung und Systemlücken, S. 259 ff.
55 Zweifelhaft ist beispielsweise der Aussagegehalt von Erwägungsgrund 14 zur Organisationsverfassung (vgl. Art. 38 Rz. 11 ff.), von Erwägungsgrund 17 zum Konzernrecht (oben Rz. 23) und Erwägungsgrund 20 zum Regelungsbereich der Verordnung (s. Fn. 43).
56 *Teichmann*, ZGR 2002, 383, 405 ff.
57 Vgl. die zur Europäischen Interessenvereinigung (EWIV) ergangene Entscheidung des EuGH v. 18.12.1997 – Rs. 402/96, Slg. 1997, I-7515 ff., welche für die Interpretation der EWIV-VO gerade nicht auf die französische Rechtslage Bezug nimmt, obwohl diese als Regelungsvorbild gedient hatte (nähere Urteilsanalyse bei *Teichmann*, Binnenmarktkonformes Gesellschaftsrecht, S. 311 ff.).

SE-VO)⁵⁸. Satzungsvorschriften, die sich auf die Verordnung stützen, genießen damit **Vorrang** vor dem mitgliedstaatlichen Gesetzesrecht, das erst auf der dritten Stufe folgt. Damit verdrängt eine nach SE-VO zulässige Satzungsbestimmung gegebenenfalls auch entgegenstehendes zwingendes Recht der Mitgliedstaaten⁵⁹. Die Tragweite dieser Aussage relativiert sich allerdings dadurch, dass die SE-VO häufig nur zu Satzungsregelungen ermächtigt, die mit dem nationalen Aktienrecht im Einklang stehen oder wiederum vom mitgliedstaatlichen Gesetzgeber weiteren Beschränkungen unterworfen werden können⁶⁰.

Bereiche europäischer Satzungsautonomie eröffnen sich insbesondere für die **Unternehmensverfassung**. Die Satzung legt fest, ob eine SE nach dem monistischen Modell mit nur einem Verwaltungsorgan oder dem dualistischen mit Leitungs- und Aufsichtsorgan geführt wird (Art. 38 SE-VO). Weiterhin bestimmt die Satzung die Zahl der Organmitglieder oder die Regeln für ihre Festlegung (Art. 39 Abs. 4, Art. 40 Abs. 3 sowie Art. 43 Abs. 2 SE-VO), und die Dauer ihrer Amtsperiode (Art. 46 SE-VO)⁶¹. 40

Dennoch begründet Art. 9 Abs. 1 lit. b SE-VO eine eigentümliche Form der **Satzungsstrenge** für die SE. Diese soll den Bestimmungen ihrer Satzung nur unterliegen, „sofern die vorliegende Verordnung dies ausdrücklich zulässt". Damit gestattet die SE-VO – anders als § 23 Abs. 5 AktG – zumindest dem Wortlaut nach **keine ergänzenden Satzungsbestimmungen**. Dieses auf den ersten Blick unerklärlich enge Korsett findet jedoch seine Erklärung in der Systematik des Art. 9 SE-VO⁶²: Regelungslücken, welche die Verordnung lässt, sollen grundsätzlich nicht durch die Satzung, sondern durch das mitgliedstaatliche Recht geschlossen werden. Dieses mag dann Satzungsfreiheit gewähren; die mitgliedstaatliche Satzungsautonomie kommt über Art. 9 Abs. 1 lit. c iii SE-VO zum Tragen (unten Rz. 56 ff.). Außerdem muss im Gefüge der Normenpyramide des Art. 9 SE-VO klar abgrenzbar sein, wo der Übergang vom europäischen zum mitgliedstaatlichen Recht liegt. Die Beschränkung auf die ausdrücklich gewährte Satzungsautonomie hat schließlich auch den Sinn, dass der europäische Gesetzgeber naturgemäß nur dort, wo über Satzungsregeln explizit nachgedacht wurde, potentielle Konflikte mit dem mitgliedstaatlichen Recht erkennen und entschärfen konnte⁶³. 41

3. Anwendung mitgliedstaatlichen Rechts

Mitgliedstaatliches Recht greift als dritte Stufe der Normenhierarchie immer dort, wo die SE-VO einen Bereich **nicht regelt oder** nur **teilweise regelt** (Art. 9 Abs. 1 lit. c SE-VO); Voraussetzung der Anwendbarkeit mitgliedstaatlichen Rechts ist daher die Feststellung einer Unvollständigkeit in der SE-VO (Rz. 44 ff.). 42

Das gegebenenfalls zur Anwendung berufene mitgliedstaatliche Recht ist in **drei Stufen** untergliedert (Rz. 52 ff.): (i) die Rechtsvorschriften, die die Mitgliedstaaten in Anwendung der speziell die SE betreffenden Unionsmaßnahmen erlassen; (ii) die Rechtsvorschriften der Mitgliedstaaten, die auf eine nach dem Recht des Sitzstaats 43

---

58 Vgl. zum Begriff der Satzung Art. 6.
59 Ausführlich zu dieser Problematik *Lind*, Europäische AG, S. 89 ff.
60 S. etwa Art. 48 SE-VO: Nach Art. 48 Abs. 1 SE-VO kann die Satzung der SE zustimmungsbedürftige Geschäfte festlegen; gem. Art. 48 Abs. 2 SE-VO können aber auch die Mitgliedstaaten festlegen, welche Arten von Geschäften auf jeden Fall in die Satzung aufzunehmen sind.
61 Zu den weiteren Möglichkeiten der Satzungsgestaltung *Hommelhoff* in FS Ulmer, 2003, S. 267, 274 f. und *Seibt* in Lutter/Hommelhoff, Europäische Gesellschaft, S. 67 ff.
62 *Casper* in FS Ulmer, 2003, S. 51, 71; *Lind*, Europäische AG, S. 93 ff.; *Schwarz*, SE-VO, Einl. Rz. 160.
63 Darauf weist zutreffend *Lind*, Europäische AG, S. 94, hin.

der SE gegründete Aktiengesellschaft Anwendung finden würden; (iii) die Bestimmungen ihrer Satzung unter den gleichen Voraussetzungen wie im Falle einer nach dem Recht des Sitzstaats der SE gegründeten Aktiengesellschaft. Die drei Stufen stehen zueinander im Verhältnis einer **Rangfolge**: Vorrang hat das speziell für die SE erlassene mitgliedstaatliche Recht. Erst danach greift das allgemeine Aktienrecht, dem sich wiederum der Freiraum für die Satzungsautonomie und damit die dritte Stufe der Rechtsanwendung entnehmen lässt.

a) Unvollständigkeit der SE-VO

44 Hintergrund der Verweisung auf nationales Recht ist die Unvollständigkeit der SE-VO. Anders als die frühen Entwürfe aus den siebziger und achtziger Jahren des vergangenen Jahrhunderts erhebt der heutige Rechtstext nicht mehr den Anspruch auf Vollständigkeit (vgl. die Entstehungsgeschichte, Rz. 12 ff.). Mit Art. 9 SE-VO thematisiert die Verordnung ihre eigene Unvollständigkeit und gibt Anweisung, wie bei Beantwortung nicht geregelter Rechtsfragen vorzugehen ist. Anhaltspunkt bei der Klärung des anwendbaren Rechts können folgende **Prüfungsschritte** sein: Zunächst ist zu klären, ob eine Rechtsfrage in der SE-VO ausdrücklich geregelt ist (Rz. 45); schweigt die Verordnung, kann unproblematisch auf mitgliedstaatliches Recht zurückgegriffen werden (Rz. 45 f.); findet sich jedoch eine Verordnungsvorschrift, die den fraglichen Bereich anspricht, bleibt zu überprüfen, ob darin eine abschließende oder nur eine teilweise Regelung liegt (Rz. 47 ff.).

44a **aa) Ausdrückliche Regelung in der SE-VO.** Soweit eine Rechtsfrage in der Verordnung ausdrücklich geregelt ist, gilt allein die **Verordnung**; mitgliedstaatliches Recht kommt nicht zur Anwendung. Eine ausdrückliche Regelung kann auch darin liegen, dass die Verordnung selbst zwar keine inhaltliche Regelung trifft, dafür aber eine Regelung in der **Satzung** der SE zulässt. Diese auf europäischer Ebene eröffnete Satzungsautonomie hat Vorrang vor dem mitgliedstaatlichen Recht (oben Rz. 39). Eine Regelung kann auch darin liegen, dass ausdrücklich auf mitgliedstaatliches Recht verwiesen wird. Dies schließt die Anwendung von Art. 9 Abs. 1 lit. c SE-VO gleichfalls aus; denn derartige **Spezialverweisungen** haben Vorrang vor der Generalverweisung (oben Rz. 7).

45 **bb) Schweigen der SE-VO.** Findet sich zu einem bestimmten Bereich in der Verordnung überhaupt keine Regelung, greift das **mitgliedstaatliche Recht** in der von Art. 9 Abs. 1 lit. c SE-VO vorgegebenen Reihenfolge. Beispielsweise enthält die Verordnung keinerlei Vorschriften über die Verschmelzung oder Spaltung einer SE[64]. Es handelt sich um einen nicht von der Verordnung geregelten Bereich, für den umfänglich nationales Recht eingreift – im deutschen Recht die für Aktiengesellschaften geltenden Vorschriften des Umwandlungsgesetzes.

46 Auch in den ungeregelten Bereichen ist der **Vorrang der SE-VO** zu beachten. Tritt das mitgliedstaatliche Recht des ungeregelten Bereiches in Kollision zu Vorschriften der SE-VO aus anderen Bereichen, hat das europäische Recht Vorrang. Ein Beispiel dafür ist der Beherrschungsvertrag des deutschen Aktienrechts. Unternehmensverträge sind in der SE-VO nicht geregelt, grundsätzlich ist also Raum für die Anwendung des deutschen Aktienrechts[65]. Allerdings lässt sich durch Anwendung der vom nationalen Recht angeordneten Rechtsfolgen nicht der allgemeine Vorrang des Unionsrechts aushebeln; im Falle einer inhaltlichen Kollision mit Vorschriften der SE-VO muss

---

[64] Die Art. 17 ff. SE-VO regeln die Gründung der SE durch Verschmelzung, nicht aber die Verschmelzung einer bestehenden SE.
[65] Zur Anwendbarkeit des Konzernrechts auf eine SE s. oben Rz. 23 und Anh. Art. 43 § 49 SEAG Rz. 1.

diese Vorrang haben[66]. Problematisch ist insoweit die Durchbrechung der Eigenverantwortlichkeit des Vorstandes durch das Weisungsrecht des § 308 Abs. 1 AktG[67]. Denn nach Art. 39 Abs. 1 SE-VO führt das Leitungsorgan der SE die Geschäfte der SE in eigener Verantwortung. Versteht man dies ebenso wie für § 76 AktG in der Weise, dass Weisungen an das Leitungsorgan unzulässig sind[68], muss das mitgliedstaatliche Recht des Beherrschungsvertrages insoweit zurücktreten (eingehend Anh. KonzernR Rz. 11).

cc) Teilregelung in der SE-VO. Art. 9 Abs. 1 lit. c SE-VO verweist auch dann auf mitgliedstaatliches Recht, wenn ein Bereich in der Verordnung nur teilweise geregelt ist. Daher muss selbst bei Rechtsfragen, die in der Verordnung ausdrücklich geregelt sind, die Frage angeschlossen werden, ob diese Regelung **abschließend** ist. Auch dies ist im Wege einer europäisch-autonomen Interpretation der Verordnung zu klären; das nationale Vorverständnis einer vollständigen und abschließenden Regelung eines Fragenkreises kann nicht zum Maßstab dienen. Im Sinne einer Faustformel lässt sich sagen, dass bei der heutigen nur noch rudimentären Regelung der meisten Rechtsbereiche nur selten von einer abschließenden Regelung ausgegangen werden kann[69]. Dies lässt sich häufig anhand der Entstehungsgeschichte belegen. Denn im Vergleich zu den wesentlich ausführlicheren Vorentwürfen stellt sich der heutige Rechtstext in vielen Bereichen nur noch als „Torso" eines einstmals mit Anspruch auf Vollständigkeit angelegten Gesetzesplans dar. Nicht selten lässt der Rechtstext dies ausdrücklich erkennen. Denn Bereiche, die im Laufe der Beratungen gekürzt wurden, enthalten vielfach Spezialverweisungen in das mitgliedstaatliche Recht oder Regelungsermächtigungen für den mitgliedstaatlichen Gesetzgeber[70]. 47

An einigen Stellen der Verordnung finden sich auch **Öffnungsklauseln**, die abweichende oder ergänzende Regelungen nationalen Rechts ausdrücklich zulassen. Sie gehen zumeist auf Anregungen einzelner Mitgliedstaaten zurück. So beruht etwa Art. 48 Abs. 1 Satz 2 SE-VO zum Zustimmungskatalog im dualistischen Modell auf der entsprechenden Regelung des deutschen Aktiengesetzes, deren Anwendung auch auf die SE ermöglicht werden sollte[71]. Naturgemäß finden sich derartige Öffnungsklauseln nur zu denjenigen Rechtsfragen, hinsichtlich derer die Abweichungen in Regelungsausmaß oder Regelungstiefe aufgefallen waren. Ein Umkehrschluss, dass alle Vorschriften, die keine Öffnungsklausel enthalten, abschließend seien, lässt sich daraus nicht ziehen[72]. Ob eine Vorschrift abschließend ist oder nicht, muss in jedem einzelnen Fall gesondert ermittelt werden[73]. 48

Als Beispiel für einen Zweifelsfall mag **Art. 55 SE-VO** dienen. Dort ist geregelt, dass eine Aktionärsminderheit die Einberufung der Hauptversammlung verlangen kann. 49

---

66 A.A. wohl *Altmeppen* in MünchKomm. AktG, 3. Aufl., Anh. Art. 9 SE-VO Rz. 23 ff., für den die vorbehaltlose Anwendung deutschen Konzernrechts offenbar selbst dann außer Frage steht, wenn dadurch entgegenstehendes Verordnungsrecht verdrängt wird.
67 Dazu *Hommelhoff*, AG 2003, 179, 182.
68 Dies ist eine Frage der autonomen Auslegung des europäischen Rechts, die hier nicht abschließend geklärt werden kann (dazu *Schwarz*, Art. 39 SE-VO Rz. 23 ff.; zweifelnd unten Art. 39 Rz. 5).
69 In diesem Sinne auch *Kalss/Greda* in Kalss/Hügel, AT Rz. 21; *Schindler*, Europäische Aktiengesellschaft, S. 10.
70 Vgl. beispielsweise die heutige Fassung des Art. 51 SE-VO im Lichte seiner Entstehungsgeschichte (Art. 51 Rz. 2 ff.).
71 Zu diesem Regelungsproblem *Merkt*, BB 1992, 652, 656 f.; weiterhin die Kommentierung zu § 19 SEAG, Anh. zu Art. 48.
72 In diesem Sinne auch *Merkt*, BB 1992, 652, 657.
73 Ebenso *Merkt*, BB 1992, 652, 657; *Trojan-Limmer*, RIW 1991, 1010, 1012.

Das deutsche Aktienrecht fordert in einer vergleichbaren Vorschrift (§ 122 Abs. 1 AktG) ein schriftliches Verlangen und Angabe des Zwecks und der Gründe. Art. 55 SE-VO sieht derartige Formalien nicht vor. Betrachtet man ihn als eine teilweise Regelung des Minderheitenverlangens, käme ergänzend und zusätzlich § 122 Abs. 1 AktG mit seinen formalen Anforderungen zur Anwendung. Der Blick in die Entstehungsgeschichte des Art. 55 SE-VO zeigt, dass in früheren Entwürfen derartige Formalien geregelt waren. Systematisch betrachtet fällt zudem ins Auge, dass Art. 56 Satz 2 SE-VO für die Ergänzung der Tagesordnung ausdrücklich auf die Formalien des mitgliedstaatlichen Rechts verweist. Beides spricht dafür, in Art. 55 SE-VO eine unvollständige Regelung zu sehen, die einer Ergänzung durch nationales Recht zugänglich ist[74].

50 **dd) Lückenschließung auf unionsrechtlicher Ebene.** Dies führt zu der Folgefrage, ob im Angesicht der Verweisungsnorm des Art. 9 Abs. 1 SE-VO noch Raum für eine Lückenschließung auf unionsrechtlicher Ebene bleibt[75]. Art. 9 Abs. 1 lit. c SE-VO ist im Lichte seiner Entstehungsgeschichte (oben Rz. 12 ff.) Ausdruck einer „politisch gewollten **Nationalisierung der SE**"[76]. Der europäische Gesetzgeber hat sich bewusst einer europäischen Regelung enthalten und stattdessen nationales Recht zur Anwendung berufen. Diese gesetzgeberische Entscheidung ist zu respektieren; es fehlt grundsätzlich an der für einen Analogieschluss nötigen planwidrigen Lücke.

51 Indessen sind auch bei dieser gesetzgeberischen Entscheidung **Anschauungslücken** denkbar, wenn nicht sogar wahrscheinlich. Es gibt doch einen Unterschied zwischen Bereichen, die der Gesetzgeber positiv durchdacht und geregelt hat, so dass ein Analogieschluss den gesetzgeberischen Plan konterkarieren würde, und Rechtsfragen, deren Regelung ihn derart überfordert hat, dass er sich mit dem Verweis auf ein anderes Regelungssystem begnügt. Im letzteren Fall lassen sich die Auswirkungen des Regelungsverzichts schlechterdings nicht in allen Einzelheiten überblicken. Es besteht daher kein Anlass, Art. 9 Abs. 1 lit. c SE-VO ein umfassendes „Analogieverbot" zu entnehmen[77]. Der Verweis auf nationales Recht lässt sich in seiner Bedeutung und Tragweite eher respektieren und angemessen erfassen, indem man die Anforderungen an die Feststellung einer planwidrigen Lücke an der speziellen Regelungsintention des Art. 9 Abs. 1 lit. c SE-VO ausrichtet[78]: Der Weg in das mitgliedstaatliche Recht ist zwar durchaus gewollt. Dahinter stand aber vor allem das Bestreben, mit der SE ungeachtet der disparaten Vorstellungen der Verhandlungspartner eine funktionsfähige supranationale Rechtsform zu schaffen. Erwägungsgrund 9 deutet an, dass dabei nicht der Wunsch nach einer Renationalisierung der SE Pate stand, sondern die Hoffnung und Erwartung, der bereits erreichte Stand der Rechtsangleichung werde die Rechtszersplitterung des SE-Statuts in Grenzen halten. Es verleiht der „Notlösung" des Art. 9 SE-VO eine unverdiente und nicht intendierte Weihe, wollte man darin ein striktes Verbot der **Rechtsfortbildung** auf europäischer Ebene erblicken. Eine behutsame und auf die Systematik des Primär- und Sekundärrechts der

---

[74] In diesem Sinne mit den hier referierten Argumenten *Brandt*, Hauptversammlung, S. 191 f. S. auch Art. 55 Rz. 13 f.
[75] Eingehend *Wirtz*, Lückenfüllung, S. 91 ff.
[76] *Casper* in FS Ulmer, 2003, S. 51, 58; s. auch *Teichmann*, ZGR 2002, 383, 406 ff.
[77] Ebenso *Bachmann*, ZEuP 2008, 32, 54; *Casper* in FS Ulmer, 2003, S. 51, 57; *Casper* in Spindler/Stilz, AktG, Art. 9 SE-VO Rz. 3, 18; *Schäfer* in MünchKomm. AktG, 3. Aufl., Art. 9 SE-VO Rz. 15; *Schürnbrand* in Habersack/Drinhausen, SE-Recht, Art. 9 SE-VO Rz. 19; *Wirtz*, Lückenfüllung, S. 93.
[78] Dazu bereits *Teichmann*, ZGR 2002, 383, 406 ff.; ausführlich zur Methodik der Lückenschließung in der SE-VO auch *Schwarz*, SE-VO, Einl. Rz. 85 ff.

Union gestützte Rechtsfortbildung mag dem supranationalen Charakter der Rechtsform im Einzelfall besser gerecht werden als ein mechanischer und ohne Überprüfung seiner Sinnhaftigkeit vollzogener Verweis in die mitgliedstaatlichen Rechtsordnungen[79]. Der EuGH hat die Befugnis, im Wege methodisch gebundener Rechtsprechung das Recht fortzubilden[80]. Sehr zurückhaltend ist er jedoch gegenüber der Anerkennung allgemeiner Rechtsgrundsätze im Gesellschaftsrecht[81].

b) Rangstufen innerhalb des mitgliedstaatlichen Rechts

aa) Recht zur Umsetzung von SE-spezifischen Unionsmaßnahmen. Ist mitgliedstaatliches Recht kraft der Verweisung des Art. 9 Abs. 1 lit. c SE-VO anwendbar, gelangen innerhalb des mitgliedstaatlichen Rechts zunächst diejenigen Rechtsregeln zur Anwendung, welche die Mitgliedstaaten in Anwendung der speziell die SE betreffenden Unionsmaßnahmen erlassen haben. Diese **Unionsmaßnahmen** sind die SE-VO und die SE-RL. In der SE-VO finden sich zahlreiche Regelungsaufträge oder Regelungsermächtigungen, die sich an den mitgliedstaatlichen Gesetzgeber richten[82]. Soweit der deutsche Gesetzgeber auf Basis dessen eigene Vorschriften erlassen hat, finden sie sich im **SEAG**. Die SE-RL bedurfte ihrer Natur nach insgesamt einer Transformation in das nationale Recht. Der deutsche Gesetzgeber hat dies im **SEBG** vollzogen.

Gestützt auf die SE-RL und deren Umsetzung im SEBG können die Verhandlungspartner eine **SE-Beteiligungsvereinbarung** abschließen. Teilweise wird aus Art. 12 Abs. 4 SE-VO geschlossen, eine Mitbestimmungsvereinbarung bedürfe der Transformation in die Satzung und entfalte erst als Teil derselben ihre Wirkung[83]. Dies würde ihr in der Normenhierarchie einen Rang noch unterhalb der mitgliedstaatlichen Satzungsautonomie zuweisen. Konsequenterweise wollen denn auch zahlreiche Autoren den Inhalt der Beteiligungsvereinbarung am Maßstab der deutschen Satzungsstrenge messen (unten Rz. 58). Diese Auffassung verkennt, dass Art. 12 Abs. 4 SE-VO nicht von einer Mitbestimmungsvereinbarung spricht, sondern von einer gem. Art. 4 der SE-RL abgeschlossenen Vereinbarung[84]. Diese behandelt neben der Mitbestimmung auch alle übrigen Beteiligungsrechte der Arbeitnehmer, insbesondere die Unterrichtung und Anhörung über den SE-Betriebsrat. Damit ist der überwiegende Inhalt einer derartigen Vereinbarung einer Umsetzung in der Satzung schlechthin nicht zugänglich. Wollte man allein für den Bereich der Mitbestimmung eine Umsetzung in der Satzung fordern, gelangte man zu einer gespaltenen Rechtsnatur der SE-Beteiligungsvereinbarung; dies aber wird soweit ersichtlich von niemandem vertreten. Es widerspräche auch der Systematik von SE-RL und SEBG. Denn die Vereinbarung über die Beteiligung der Arbeitnehmer beruht auf der Verhandlungsautonomie, die von SE-

---

79 Ebenso *Wulfers*, GPR 2006, 106, 108; a.A. *Bachmann*, ZEuP 2008, 32, 54; *Schürnbrand* in Habersack/Drinhausen, SE-Recht, Art. 9 SE-VO Rz. 22.
80 Zuletzt bestätigt durch BVerfG v. 6.7.2010 – 2 BvR 2661/06, BVerfGE 126, 286 ff. (Tz. 62) – „Honeywell".
81 EuGH v. 21.10.2010 – Rs. C-81/09, Slg 2010, I-10161-10229, Tz. 40 ff.; EuGH v. 15.10.2009 – Rs. C-101/08, Slg 2009, I-9823-9887, Tz. 32 ff. – „Audiolux". Zu den dennoch bestehenden Freiräumen für eine SE-spezifische Lückenfüllung auf unionsrechtlicher Ebene *Wirtz*, Lückenfüllung, S. 92 ff.
82 Dazu im Überblick aus Perspektive des deutschen Ausführungsgesetzes *Teichmann*, ZIP 2002, 1109 ff.
83 *Habersack*, AG 2006, 345, 348; *Habersack*, ZHR 171 (2007), 613, 627 f.
84 Dies zeigt sich in der Zusammenschau von Art. 12 Abs. 4 SE-VO, der nur von „der Vereinbarung" spricht, und Art. 12 Abs. 3 SE-VO, in dem von einer „Vereinbarung im Sinne von Artikel 4 der genannten Richtlinie über die Modalitäten der Beteiligung der Arbeitnehmer" die Rede ist.

RL und SEBG eröffnet wird. Sie partizipiert damit an deren Rangstufe und steht in der Verweisungshierarchie auf der Ebene des **Art. 9 Abs. 1 lit. c i SE-VO**[85].

54 **bb) Allgemeines mitgliedstaatliches Aktienrecht.** Die zweite Stufe bilden auf der Ebene des mitgliedstaatlichen Rechts die Rechtsvorschriften, die auf eine nach dem Recht des Sitzstaats gegründete Aktiengesellschaft Anwendung finden würden. Dies ist die für die Rechtspraxis bei weitem **wichtigste Verweisung**. Denn die SE-VO regelt in ihren 70 Artikeln über weite Strecken nur die Gründung der SE und deren Unternehmensverfassung. Bei nahezu allen weiteren Fragen beschränkt sie sich auf rudimentäre Regelungen oder schweigt ganz. Soweit in diesen Fällen keine Spezialverweisungen greifen, führt jedenfalls die Generalverweisung des Art. 9 Abs. 1 lit. c SE-VO in das mitgliedstaatliche Recht. Da überdies das SEAG in Umsetzung der die SE betreffenden Unionsmaßnahmen kein eigenständiges SE-Aktienrecht schaffen durfte[86], wird das Leben einer SE ganz überwiegend von dem auf zweiter Stufe zur Anwendung berufenen **allgemeinen Aktienrecht** bestimmt.

55 Die Verweisung lässt sich als **dynamische Verweisung** kennzeichnen[87], denn sie folgt dem jeweiligen Stand des mitgliedstaatlichen Aktienrechts. Einbezogen ist dabei auch das nationale **Richterrecht**[88]. Da sich die Anwendung des mitgliedstaatlichen Rechts auf einen europäischen Rechtsanwendungsbefehl stützt (oben Rz. 5), könnte man zu der Auffassung gelangen, es erhalte gleichfalls den Status von Unionsrecht[89]. Indessen würde dies zu einer **Auslegung** des nationalen Rechts durch den Europäischen Gerichtshof führen, eine Folge, die der Verordnungsgeber mit der Verweisung auf nationales Recht kaum intendiert haben dürfte[90]. Bedenkt man, dass Erwägungsgrund 9 die Reduzierung des Rechtstextes mit den Fortschritten bei der Rechtsangleichung begründet, gelangt man zu dem Ergebnis, dass europäische Rechtsgedanken allenfalls über die ohnehin stets gebotene europarechtskonforme Auslegung des nationalen Gesellschaftsrechts einfließen sollten. Es bleibt also für die Anwendung des mitgliedstaatlichen Rechts im Grundsatz bei der Auslegungshoheit der nationalen Gerichte, die ihre gewohnten Auslegungskriterien anlegen – zu deren methodengerechter Anwendung stets die Berücksichtigung der vielfältigen Einflüsse der europäischen Rechtsintegration gehört.

56 **cc) Satzungsbestimmungen nach mitgliedstaatlichem Recht.** Drittens unterliegt die SE den Bestimmungen ihrer Satzung unter den gleichen Voraussetzungen wie im Falle einer nach dem Recht des Sitzstaats der SE gegründeten Aktiengesellschaft. Auf diese Weise partizipiert die SE an der **Satzungsautonomie des nationalen Aktien-**

---

85 Ebenso bereits *Teichmann*, Der Konzern 2007, 89, 93 ff.; dem folgend *Veil* in KölnKomm. AktG, 3. Aufl., Art. 9 SE-VO Rz. 31.
86 S. dazu *Teichmann*, ZIP 2002, 1109 f. sowie *Teichmann* in Theisen/Wenz, Europäische Aktiengesellschaft, S. 691, 697 f. und zur konkreten Umsetzung im SEAG *Neye/Teichmann*, AG 2003, 169 ff.
87 So *Brandt/Scheifele*, DStR 2002, 547, 553; *Schwarz*, Art. 9 SE-VO Rz. 38 und *Veil* in KölnKomm. AktG, 3. Aufl., Art. 9 SE-VO Rz. 53.
88 *Brandt/Scheifele*, DStR 2002, 547, 553; *Casper* in FS Ulmer, 2003, S. 51, 68 f.; *Schäfer* in MünchKomm. AktG, 3. Aufl., Art. 9 SE-VO Rz. 18; *Schürnbrand* in Habersack/Drinhausen, SE-Recht, Art. 9 SE-VO Rz. 42; *Schwarz*, Art. 9 SE-VO Rz. 38; *Teichmann*, ZGR 2002, 383, 398 f.; *Veil* in KölnKomm. AktG, 3. Aufl., Art. 9 SE-VO Rz. 72.
89 In diese Richtung *Grote*, Europäische Aktiengesellschaft, S. 53, der von „unechtem" Unionsrecht spricht; weiterhin *Teichmann* in Neville/Sørensen, The Regulation of Companies, S. 251, 273.
90 S. dazu auch *Schäfer* in MünchKomm. AktG, 3. Aufl., Art. 9 SE-VO Rz. 19; *Schürnbrand* in Habersack/Drinhausen, SE-Recht, Art. 9 SE-VO Rz. 43; *Schwarz*, SE-VO, Einl. Rz. 154 und Art. 9 SE-VO Rz. 26.

rechts. Daraus resultieren erhebliche Abweichungen je nach dem, in welchem Mitgliedstaat die SE ihren Sitz nimmt. Während eine SE mit Sitz in England an der dortigen Gestaltungsfreiheit partizipiert, gilt für die in Deutschland ansässige SE eine doppelte Satzungsstrenge: Zur Satzungsstrenge der Verordnung (oben Rz. 41) tritt diejenige des deutschen Aktienrechts[91].

Das mitgliedstaatliche Satzungsrecht gelangt über Art. 9 Abs. 1 lit. c iii SE-VO als unterste Stufe der Normenhierarchie zur Geltung. Satzungsbestimmungen, die sich auf die Satzungsautonomie des mitgliedstaatlichen Rechts stützen, müssen daher insbesondere das höherrangige Recht der **SE-VO** beachten[92]. Insoweit werden mitgliedstaatlich eingeräumte Gestaltungsfreiräume durch zwingendes Gemeinschaftsrecht begrenzt. 57

Ob der Inhalt einer **SE-Beteiligungsvereinbarung** Vorrang vor der Satzung hat, ist umstritten. Gem. Art. 12 Abs. 4 SE-VO darf die Satzung der SE nicht in Widerspruch zu einer solchen Vereinbarung stehen und ist gegebenenfalls nachträglich anzupassen. Daraus folgt ein Vorrang der SE-Beteiligungsvereinbarung im Verhältnis zur SE-Satzung[93]. Dass die herrschende Meinung die SE-Beteiligungsvereinbarung der deutschen Satzungsstrenge unterwerfen will (eingehend hierzu § 21 SEBG Rz. 54 ff.), läuft diesem Gedanken diametral zuwider und ist daher abzulehnen[94]. 58

V. Geltung der gesellschaftsrechtlichen Richtlinien (Art. 9 Abs. 2 SE-VO)

Soweit die **Mitgliedstaaten** eigens für die SE Rechtsvorschriften erlassen, müssen diese mit den Richtlinien im Einklang stehen, die für Aktiengesellschaften maßgebend sind (Art. 9 Abs. 2 SE-VO)[95]. Da die Verordnung den Mitgliedstaaten nur wenig Raum lässt, **eigens für die SE** Rechtsvorschriften zu erlassen, ist der Anwendungsbereich des Art. 9 Abs. 2 SE-VO begrenzt. Er bezieht sich für Deutschland vor allem auf das **SEAG**, darüber hinaus auf das SEBG, soweit dies Regelungen enthalten sollte, die in den Anwendungsbereich einer der gesellschaftsrechtlichen Richtlinien fallen. 59

VI. Vorschriften für bestimmte Geschäftstätigkeit (Art. 9 Abs. 3 SE-VO)

Bestehen für eine bestimme Geschäftstätigkeit besondere Vorschriften des einzelstaatlichen Rechts, so gelten diese uneingeschränkt auch für die SE. Zu denken ist beispielsweise an aufsichtsrechtliche Vorschriften des Bank-, Finanz- und Versicherungswesens. Art. 9 Abs. 3 SE-VO stellt klar, dass die SE nicht anders zu behandeln ist als nationale Rechtsformen. Die supranationale Rechtsform beansprucht also **keine Besserstellung** gegenüber nationalen Rechtsformen. 60

Auffallend ist, dass hier die Parallelität zur Aktiengesellschaft verlassen (vgl. oben Rz. 6) und allein auf die Regelung der **Geschäftstätigkeit** abgestellt wird. Es kommt also nicht darauf an, ob sich die Tätigkeitsvorschriften speziell auf Aktiengesell- 61

---

91 S. nur *Hommelhoff* in FS Ulmer, 2003, S. 267, 272; *Schwarz*, Art. 9 SE-VO Rz. 40 ff.
92 *Schwarz*, Art. 9 SE-VO Rz. 45.
93 *Hommelhoff* in Lutter/Hommelhoff, Europäische Gesellschaft, S. 16; *Schindler*, Europäische Aktiengesellschaft, S. 12; *Veil* in KölnKomm. AktG, 3. Aufl., Art. 9 SE-VO Rz. 32; *Werlauff*, SE, S. 140 f.
94 Ausführliche Begründung dieses Standpunktes bei *Teichmann*, Der Konzern 2007, 89, 93 ff. sowie *Teichmann*, AG 2008, 797, 800 ff.
95 Zum Richtlinienrecht für Aktiengesellschaften *Habersack*, Europäisches Gesellschaftsrecht, S. 81 ff.; *Teichmann*, Binnenmarktkonformes Gesellschaftsrecht, S. 187 ff.

schaften beziehen. Soweit eine Geschäftstätigkeit im nationalen Recht besonderen Vorschriften unterworfen ist, gelten diese auch für die SE.

Art. 10
[Gleichbehandlung mit Aktiengesellschaft]

Vorbehaltlich der Bestimmungen dieser Verordnung wird eine SE in jedem Mitgliedstaat wie eine Aktiengesellschaft behandelt, die nach dem Recht des Sitzstaates der SE gegründet wurde.

I. Gleichbehandlungsgebote in der SE-VO 1	II. Regelungsgehalt des Art. 10 SE-VO . 4

I. Gleichbehandlungsgebote in der SE-VO

1 Der Gedanke der **Gleichbehandlung** der SE mit **Aktiengesellschaften nationalen Rechts** findet sich von Anfang an in der Entstehungsgeschichte der Verordnung. Schon der Sanders-Entwurf enthielt in Art. 1 Abs. 3 die Regelung: „Sie (die SE) ... genießt in allen Vertragsstaaten die gleichen Rechte und Befugnisse wie die Aktiengesellschaften nationalen Rechts"[1]. Damit sollte vermieden werden, dass sich die SE in einem Vertragsstaat auf Grund ihrer Nationalität oder gerade mangels einer bestimmten Nationalität in einer ungünstigeren Lage befindet als eine Aktiengesellschaft nationalen Rechts[2].

2 Der Gleichbehandlungsgedanke taucht in der heutigen SE-VO **mehrfach** auf. So regelt Art. 3 Abs. 1 SE-VO für die Gründung einer SE, dass sich eine bereits bestehende SE ebenso wie eine Aktiengesellschaft nationalen Rechts an einer SE-Gründung beteiligen kann. Ebenso enthält die Generalverweisung des Art. 9 Abs. 1 lit. c ii SE-VO ein Element der Gleichbehandlung, wenn dort diejenigen Rechtsvorschriften in Bezug genommen werden, die auf eine nach dem Recht des Sitzstaates der SE gegründete Aktiengesellschaft Anwendung finden würden (Art. 9 Rz. 6). Weiterhin unterwerfen viele Regelungsermächtigungen den mitgliedstaatlichen Gesetzgeber der Vorgabe, für die SE nur solche Regeln einzuführen, die bereits im nationalen Aktienrecht vorhanden sind (s. etwa Art. 43 Abs. 1 Satz 2).

3 Art. 10 SE-VO hat vor dem Hintergrund der sonstigen Gleichbehandlungsgebote die Funktion einer **Auffangregelung**, deren Bedeutung nicht zuletzt davon abhängt, wie weit man den Anwendungsbereich der anderen Gleichbehandlungsgebote der SE-VO zieht.

II. Regelungsgehalt des Art. 10 SE-VO

4 Zunächst stellt Art. 10 SE-VO klar, dass die Gleichbehandlung nur „vorbehaltlich der Bestimmungen dieser Verordnung" zu gewähren ist. Es gibt also durchaus **SE-spezifisches Recht**; sein Erlass bleibt aber dem europäischen Gesetzgeber vorbehalten.

---

[1] *Sanders*, Vorentwurf eines Statuts für Europäische Aktiengesellschaften, Kollektion Studien, Reihe Wettbewerb Nr. 6, Brüssel, 1967, S. 19.
[2] Begr. zu Art. 1 Sanders-Entwurf (oben Fn. 1), S. 20.

Den Mitgliedstaaten ist es nicht gestattet, eine SE anderen Regelungen zu unterwerfen als ihre nationalen Aktiengesellschaften[3].

Der Regelungsgehalt von Art. 10 SE-VO bestimmt sich im Übrigen auch durch seine **Abgrenzung gegenüber Art. 9 SE-VO**. Sieht man in Art. 9 Abs. 1 lit. c ii SE-VO mit der herrschenden Auffassung eine Sachnormverweisung innerhalb des Regelungsbereichs der Verordnung (Art. 9 Rz. 26), schließt Art. 10 SE-VO die Lücke für die außerhalb des Regelungsbereichs liegenden Fragen. Die Gleichstellung der SE führt dann – etwa bei der Prüfung eines von der SE geschlossenen Kaufvertrages – zur Anwendung der **Regeln des Internationalen Privatrechts**, wie sie auch bei einer Aktiengesellschaft desselben Sitzstaates eingreifen würden[4]. Versteht man Art. 9 SE-VO hingegen als Gesamtnormverweisung (Art. 9 Rz. 31), hat Art. 10 SE-VO insoweit keine eigenständige Bedeutung.

Über die kollisionsrechtliche Gleichbehandlung hinaus wirkt Art. 10 SE-VO jedoch als Gebot der Gleichbehandlung auch in allen übrigen **rechtlichen und tatsächlichen Fragen**. Nicht nur bei der Bestimmung des anwendbaren Rechts, sondern auch in jeder anderen Hinsicht ist eine SE von staatlichen Behörden und Gerichten so zu behandeln wie eine nationale Aktiengesellschaft aus dem Sitzstaat der SE. Dabei spricht Art. 10 SE-VO nicht nur den Sitzstaat selbst an, sondern **jeden Mitgliedstaat**, der mit der SE in Berührung kommt[5]. Auch eine in diesem Sinne „ausländische" SE (mit Satzungssitz in einem anderen Mitgliedstaat) darf nicht diskriminiert werden; sie ist vielmehr ebenso zu behandeln wie eine **Aktiengesellschaft**, die in dem Sitzstaat der SE gegründet wurde[6].

Der Grundsatz der Gleichbehandlung verlangt keine strikt formale Gleichstellung. Vielmehr ist eine **Unterscheidung** zwischen SE und nationaler Aktiengesellschaft dort möglich, wo sie sich sachlich rechtfertigen lässt[7]. Als sachlicher Differenzierungsgrund kommt insbesondere die **Supranationalität** der SE in Betracht. Auch die Möglichkeit zur **Sitzverlegung** nach Art. 8 SE-VO – die bis zum Erlass der geplanten, aber immer noch nicht konkret gewordenen[8] 14. Richtlinie nur der SE zur Verfügung steht – kann Anlass für Differenzierungen bieten, weil hier ein vergleichbares Regelwerk im nationalen Recht fehlt. Ein vom nationalen Recht abweichendes Rechtsregime gilt auch in Fragen der **Arbeitnehmerbeteiligung**. Die hierfür erlassene SE-ErgRL und die nationalen Transformationsgesetze (für Deutschland das SEBG) weichen teilweise erheblich von den Beteiligungsregelungen des nationalen Rechts ab. Im deutschen Recht ist schon die bloße Existenz einer Verhandlungslösung eine ungewohnte Erscheinung. Einer solchen, vom europäischen Recht vorgegebenen abweichenden Situation in der SE steht Art. 10 SE-VO nicht entgegen.

---

[3] Dies entnehmen auch *Kalss/Greda* in Kalss/Hügel, AT Rz. 30, der Vorschrift des Art. 10 SE-VO.
[4] *Schwarz*, Art. 10 SE-VO Rz. 13.
[5] *Teichmann*, Binnenmarktkonformes Gesellschaftsrecht, S. 297; differenzierend *Schäfer* in MünchKomm. AktG, 3. Aufl., Art. 10 SE-VO Rz. 2; dem folgend auch *Casper* in Spindler/Stilz, AktG, Art. 10 SE-VO Rz. 2.
[6] *Schäfer* in MünchKomm. AktG, 3. Aufl., Art. 10 SE-VO Rz. 4.
[7] *Schwarz*, Art. 10 SE-VO Rz. 22; *Veil* in KölnKomm. AktG, 3. Aufl., Art. 10 SE-VO Rz. 7.
[8] Ausführlich zur Entstehungsgeschichte des Projekts der Sitzverlegungsrichtlinie *Lutter/Bayer/J. Schmidt*, Europäisches Unternehmens- und Kapitalmarktrecht, § 32 Rz. 1 ff. Zuletzt erfolgte im Jahr 2013 in Folge des Aktionsplans 2012 (KOM (2012) 740 final, v. 12.12.2012, Punkt 4.1., S. 14) eine „öffentliche und gezielte Konsultation", welche die „Zweckmäßigkeit der Legislativinitiative" feststellen sollte.

Art. 11
[Rechtsformzusatz]

(1) Die SE muss ihrer Firma den Zusatz „SE" voran- oder nachstellen.

(2) Nur eine SE darf ihrer Firma den Zusatz „SE" hinzufügen.

(3) Die in einem Mitgliedstaat vor dem Zeitpunkt des Inkrafttretens dieser Verordnung eingetragenen Gesellschaften oder sonstige juristischen Personen, deren Firma den Zusatz „SE" enthält, brauchen ihren Namen jedoch nicht zu ändern.

I. Normzweck 1	4. Ausschließlichkeit 8
II. Einzelheiten	5. Bestandsschutz (Art. 11 Abs. 3 SE-VO) 10
1. Firma 2	6. Deutsches Recht............ 12
2. Ergänzende Anwendung des AktG .. 3	III. Täuschungseignung 13
3. Rechtsformzusatz (Art. 11 Abs. 1 SE-VO)................... 4	

I. Normzweck

1 Art. 11 Abs. 1 SE-VO bezweckt die Schaffung von **Rechtsformklarheit**. Es soll die Information des Rechtsverkehrs über die Gesellschafts- und Haftungsverhältnisse sicherstellen[1]. Für die Zukunft gilt dies uneingeschränkt und exklusiv (Art. 11 Abs. 2 SE-VO), bereits bestehende Gesellschaften oder sonstige juristische Personen mit dem Namenszusatz „SE" genießen jedoch Bestandsschutz (Art. 11 Abs. 3 SE-VO). Die Rechtsformklarheit schützt in erster Linie den Rechtsverkehr. Darüber hinaus kann die Gesellschaft selbst aus Image-Gründen ein Interesse daran haben, durch den Zusatz „SE" als international tätiges Unternehmen aufzutreten und identifiziert zu werden[2]. Im Übrigen kann der Zwang zu einer einheitlichen Firmierung auch die juristische Einheitlichkeit der europäischen Unternehmen fördern (so jedenfalls Erwägungsgrund 6 der SE-VO).

II. Einzelheiten

1. Firma

2 Die SE-VO definiert den Begriff der Firma nicht ausdrücklich. Gemeint ist der Name der Gesellschaft[3].

2. Ergänzende Anwendung des AktG

3 Für die Zulässigkeit der jeweiligen Firmierung gilt mangels Regelung in der VO über Art. 15, 9 Abs. 1 lit. c ii SE-VO das nationale Aktien- bzw. Handelsrecht[4].

---

1 Vgl. nur *Schwarz*, Art. 11 SE-VO Rz. 1; *Schürnbrand* in Habersack/Drinhausen, Art. 11 SE-VO Rz. 1; *Kiem* in KölnKomm., AktG, 3. Aufl., Art. 11 SE-VO Rz. 1.
2 *Schröder* in Manz/Mayer/Schröder, Art. 11 SE-VO Rz. 2; zum Schutz des daraus resultierenden Marketingvorteils *Schwarz*, Art. 11 SE-VO Rz. 1.
3 Vgl. *Schwarz*, Art. 11 SE-VO Rz. 4 unter Hinweis auf das englische und französische Recht, ferner Rz. 8 (keine Geltung von § 17 Abs. 1 HGB).
4 *Schwarz*, Art. 11 SE-VO Rz. 5 ff. Vgl. insofern die Kommentierung *Langhein* in K. Schmidt/Lutter, § 4 AktG.

3. Rechtsformzusatz (Art. 11 Abs. 1 SE-VO)

Nach Art. 11 Abs. 1 SE-VO ist die Verwendung der **Abkürzung SE zwingend**. Nach dem Wortlaut kommt allein der ausgeschriebene Zusatz „Societas Europaea" nicht in Betracht[5]. Bei einer kumulativen Verwendung dürften allerdings gegen die Bezeichnung als „SE" keine Bedenken bestehen, da dies nicht ausdrücklich verboten wird[6]. Der Zusatz muss **voran- oder nachgestellt** werden[7]. Der weitere denkbare Zusatz „Europäische Aktiengesellschaft" ist hingegen wegen der Verwechslungsgefahr mit Aktiengesellschaften nationalen Rechts unzulässig. § 4 AktG gilt insofern nicht subsidiär über Art. 15 Abs. 1 SE-VO oder nach Abschluss der Gründung über Art. 9 Abs. 1 lit. c ii SE-VO, da Art. 11 Abs. 1 SE-VO abschließend ist[8]. 4

Die Abkürzung SE ist in **lateinischen Buchstaben** auch in Ländern zu führen, die grundsätzlich nicht mit dem lateinischen Alphabet arbeiten, also Griechenland und Zypern. Dementsprechend verhält sich die griechische Fassung der SE-VO[9].

Der Zusatz „SE" ist Voraussetzung für die **Eintragung** in das Handelsregister[10]. 5

Welche Rechtsfolgen, etwa in Form registergerichtlicher Maßnahmen, wettbewerbsrechtlicher Konkurrentenklagen, persönlicher Haftung von Vorständen und Aktionären, eine **Nichtbeachtung** der Vorschrift auslöst, wird von der SE-VO nicht geregelt. Insoweit ist nach Art. 9 Abs. 1 lit. c i und ii SE-VO nationales Recht heranzuziehen. 6

Nationales Recht gilt auch für die Pflichtangaben in Briefen und Schriftstücken[11]. 7

4. Ausschließlichkeit

Seit Inkrafttreten der VO darf **ausschließlich** die SE den Rechtsformzusatz „SE" verwenden. Damit sind zukünftig EU-weit im Rahmen der Firmenbildung entsprechende Buchstabenkombinationen, sei es durch die Verwendung von Initialen oder reine Phantasiebezeichnungen unzulässig. In Altfällen können sie hingegen gem. Art. 11 Abs. 3 SE-VO beibehalten werden. Die Zusatzbezeichnung „Europäische Aktiengesellschaft" ist infolge Irreführungsgefahr zukünftig ebenfalls unzulässig[12]. 8

Die **Rechtsfolgen einer Nichtbeachtung** der Vorschrift werden nicht von der SE-VO geregelt. Folglich gilt auch insoweit über Art. 9 Abs. 1 lit. c i und ii SE-VO nationales Recht. In Betracht kommen insbesondere Unterlassungsansprüche[13] und Firmenmissbrauchsverfahren[14]. 9

---

5 Näher *Schwarz*, Art. 11 SE-VO Rz. 12; *Schürnbrand* in Habersack/Drinhausen, Art. 11 SE-VO Rz. 3.
6 So auch *Schröder* in Manz/Mayer/Schröder, Art. 11 SE-VO Rz. 3.
7 *Schwarz*, Art. 11 SE-VO Rz. 14; *Wenger*, RWZ 2001, 317, 318 Fn. 7; anders § 4 AktG.
8 *Bayer* in Lutter/Hommelhoff, Die Europäische Gesellschaft, S. 36; anders die h.M.: *Schürnbrand* in Habersack/Drinhausen, Art. 11 SE-VO Rz. 2; *Kiem* in KölnKomm., AktG, 3. Aufl., Art. 11 SE-VO Rz. 12; *Neun* in Theisen/Wenz, Die Europäische Aktiengesellschaft, S. 51, 82; *Kolster* in Jannott/Frodermann, Handbuch Europäische Aktiengesellschaft, 4. Kapitel Rz. 12; *Greda* in Kalss/Hügel, § 2 SEG Rz. 6. § 4 AktG trifft keine ergänzenden Aussagen und widerspricht im Übrigen Art. 11 SE-VO insoweit, als nach § 4 AktG der Zusatz in der Mitte stehen könnte.
9 Vgl. *Schröder* in Manz/Mayer/Schröder, Art. 11 SE-VO Rz. 4.
10 *Schwarz*, Art. 11 SE-VO Rz. 16.
11 *Schröder* in Manz/Mayer/Schröder, Art. 11 SE-VO Rz. 6.
12 *Schwarz*, Art. 11 SE-VO Rz. 20.
13 *Schröder* in Manz/Mayer/Schröder, Art. 11 SE-VO Rz. 8.
14 *Schwarz*, Art. 11 SE-VO Rz. 11.

5. Bestandsschutz (Art. 11 Abs. 3 SE-VO)

10 Art. 11 Abs. 3 SE-VO gewährt den in einem Mitgliedstaat vor dem Zeitpunkt des Inkrafttretens der SE-VO eingetragenen Gesellschaften oder sonstigen juristischen Personen, deren Firma den Zusatz „SE" enthält, **Bestandsschutz**. Aus Vertrauensschutzgesichtspunkten können sie den Namen beibehalten. Dies gilt auch, wenn sie den bisher geführten Namen unter Beibehaltung des Zusatzes „SE" ändern. Maßgeblicher Stichtag ist der 8.10.2004 (Art. 70 SE-VO). Der enge Anwendungsbereich der Norm betrifft lediglich **diejenigen Mitgliedstaaten**, in denen als Rechtsformzusatz das Kürzel „SE" gebräuchlich war. Wie die Formulierung zeigt, handelt es sich um einen **unbefristeten** Bestandsschutz.

11 Da sich die Norm auf „eingetragene" Gesellschaften und juristische Personen bezieht, betrifft sie in Deutschland die **Handelsgesellschaften** (AG, KGaA, GmbH, KG, OHG, VVaG, EWIV), die eingetragenen **Vereine**, die eingetragenen **Genossenschaften** und die **Partnerschaftsgesellschaften**. Aus der Formulierung wird deutlich, dass **Einzelkaufleute** der Regelung nicht unterfallen, da sie zwar im Handelsregister eingetragen, jedoch keine Gesellschaft oder juristische Person sind. Ebenfalls nicht erfasst sind die GbR, der nicht rechtsfähige Verein sowie öffentlich-rechtliche juristische Personen; insoweit fehlt es an einer Eintragung[15].

6. Deutsches Recht

12 Da die SE-VO keine anderen firmenrechtlichen Bestimmungen enthält, und es sich damit um einen – von dem Thema des Rechtsformzusatzes abgesehen – nicht geregelten Bereich handelt, kommen hinsichtlich des Firmenrechts über Art. 15 Abs. 1 SE-VO bzw. nach Gründung über Art. 9 Abs. 1 lit. c ii SE-VO die für nationale Aktiengesellschaften geltenden **Vorschriften der Mitgliedstaaten** zur Anwendung, in Deutschland also die §§ 17 ff. HGB i.V.m. § 4 AktG[16]. Das SEAG enthält keine weiteren Regelungen zur Firma.

III. Täuschungseignung

13 Zweifelhaft ist, ob nur solche Gesellschaften die Rechtsform und somit die Firma der SE wählen können, die tatsächlich nach Größe und Marktstellung europaweit agieren[17]. Auch unter dem Blickwinkel des § 18 Abs. 2 Satz 1 HGB ist eine solche Einschränkung bei Einhaltung der Gründungsvoraussetzungen des Art. 2 SE-VO abzulehnen[18], da sie gerade KMU den wünschenswerten Zugang zur europäischen Rechtsform verstellen würde und die VO insofern keinerlei weitere Zugangsbarrieren statuiert.

---

15 Vgl. insgesamt zum Bestandsschutz *Schürnbrand* in Habersack/Drinhausen, Art. 11 SE-VO Rz. 4 m.w.N.
16 *Thümmel*, Europäische Aktiengesellschaft, Rz. 22; *Schröder* in Manz/Mayer/Schröder, Art. 11 SE-VO Rz. 13; vgl. oben Rz. 3.
17 In diese Richtung *Hommelhoff*, AG 1990, 422, 423.
18 Wie hier *Schwarz*, Art. 11 SE-VO Rz. 10; *Schürnbrand* in Habersack/Drinhausen, Art. 11 SE-VO Rz. 5.

Art. 12
[Eintragungspflicht; Voraussetzungen der Eintragung]

(1) Jede SE wird gemäß Artikel 3 der Ersten Richtlinie 68/151/EWG des Rates vom 9. März 1968 zur Koordinierung der Schutzbestimmungen, die in den Mitgliedstaaten den Gesellschaften im Sinne des Artikels 58 Absatz 2 des Vertrages im Interesse der Gesellschafter sowie Dritter vorgeschrieben sind, um diese Bestimmungen gleichwertig zu gestalten, im Sitzstaat in ein nach dem Recht dieses Staates bestimmtes Register eingetragen.

(2) Eine SE kann erst eingetragen werden, wenn eine Vereinbarung über die Beteiligung der Arbeitnehmer gemäß Artikel 4 der Richtlinie 2001/86/EG geschlossen worden ist, ein Beschluss nach Artikel 3 Absatz 6 der genannten Richtlinie gefasst worden ist oder die Verhandlungsfrist nach Artikel 5 der genannten Richtlinie abgelaufen ist, ohne dass eine Vereinbarung zustande gekommen ist.

(3) Voraussetzung dafür, dass eine SE in einem Mitgliedstaat, der von der in Artikel 7 Absatz 3 der Richtlinie 2001/86/EG vorgesehenen Möglichkeit Gebrauch gemacht hat, registriert werden kann, ist, dass eine Vereinbarung im Sinne von Artikel 4 der genannten Richtlinie über die Modalitäten der Beteiligung der Arbeitnehmer – einschließlich der Mitbestimmung – geschlossen wurde oder dass für keine der teilnehmenden Gesellschaften vor der Registrierung der SE Mitbestimmungsvorschriften galten.

(4) Die Satzung der SE darf zu keinem Zeitpunkt im Widerspruch zu der ausgehandelten Vereinbarung stehen. Steht eine neue gemäß der Richtlinie 2001/86/EG geschlossene Vereinbarung im Widerspruch zur geltenden Satzung, ist diese – soweit erforderlich – zu ändern.

In diesem Fall kann ein Mitgliedstaat vorsehen, dass das Leitungs- oder das Verwaltungsorgan der SE befugt ist, die Satzungsänderung ohne weiteren Beschluss der Hauptversammlung vorzunehmen.

§ 3 SEAG: Eintragung
Die SE wird gemäß den für Aktiengesellschaften geltenden Vorschriften im Handelsregister eingetragen.

§ 4 SEAG: Zuständigkeiten
Für die Eintragung der SE und für die in Artikel 8 Abs. 8, Artikel 25 Abs. 2 sowie den Artikeln 26 und 64 Abs. 4 der Verordnung bezeichneten Aufgaben ist das nach den §§ 376 und 377 des Gesetzes über das Verfahren in Familiensachen und in den Angelegenheiten der freiwilligen Gerichtsbarkeit bestimmte Gericht zuständig. Das zuständige Gericht im Sinne des Artikels 55 Abs. 3 Satz 1 der Verordnung bestimmt sich nach § 375 Nr. 4, §§ 376 und 377 des Gesetzes über das Verfahren in Familiensachen und in den Angelegenheiten der freiwilligen Gerichtsbarkeit.

§ 20 SEAG: Anzuwendende Vorschriften
Wählt eine SE gemäß Artikel 38 Buchstabe b der Verordnung in ihrer Satzung das monistische System mit einem Verwaltungsorgan (Verwaltungsrat), so gelten anstelle der §§ 76 bis 116 des Aktiengesetzes die nachfolgenden Vorschriften.

§ 21 SEAG: Anmeldung und Eintragung
(1) Die SE ist bei Gericht von allen Gründern, Mitgliedern des Verwaltungsrats und geschäftsführenden Direktoren zur Eintragung in das Handelsregister anzumelden.

(2) In der Anmeldung haben die geschäftsführenden Direktoren zu versichern, dass keine Umstände vorliegen, die ihrer Bestellung nach § 40 Abs. 1 Satz 4 entgegenstehen und dass sie über ihre unbeschränkte Auskunftspflicht gegenüber dem Gericht belehrt worden sind. In der Anmel-

dung sind Art und Umfang der Vertretungsbefugnis der geschäftsführenden Direktoren anzugeben. Der Anmeldung sind die Urkunden über die Bestellung des Verwaltungsrats und der geschäftsführenden Direktoren sowie die Prüfungsberichte der Mitglieder des Verwaltungsrats beizufügen.

(3) Das Gericht kann die Anmeldung ablehnen, wenn für den Prüfungsbericht der Mitglieder des Verwaltungsrats die Voraussetzungen des § 38 Abs. 2 des Aktiengesetzes gegeben sind.

(4) Bei der Eintragung sind die geschäftsführenden Direktoren sowie deren Vertretungsbefugnis anzugeben.

(5) *(weggefallen)*

I. Gegenstand der Regelung 1	a) Grundlagen 24
II. Die Eintragung in das Handelsregister (Art. 12 Abs. 1 SE-VO)	b) Der Anmeldung beizufügende Nachweise 26
1. Normative Grundlagen.......... 2	2. Eintragungsvoraussetzungen nach Art. 12 Abs. 3 SE-VO 30
2. Anmeldung 6	IV. Übereinstimmung von Satzung und Beteiligungsvereinbarung (Art. 12 Abs. 4 SE-VO)
a) Zuständiges Gericht 7	
b) Zur Anmeldung berufene Personen 8	
aa) Gründer 9	1. Grundlagen 31
bb) Organmitglieder.......... 10	2. Übereinstimmung der Gründungssatzung mit der Beteiligungsvereinbarung 34
c) Inhalt der Anmeldung	
aa) Allgemeines 11	
bb) Spezielle Erfordernisse nach Maßgabe der einzelnen Gründungsmodalitäten 14	3. Übereinstimmung der Satzung mit einer neu abgeschlossenen Beteiligungsvereinbarung 35
d) Form	4. Übereinstimmung von Satzung und gesetzlicher Auffangregelung 37
aa) Anmeldung 17	
bb) Beizufügende Dokumente ... 18	5. Der Beteiligungsvereinbarung widersprechende Satzungsänderung 38
3. Prüfung und Entscheidung des Registergerichts 20	
4. Inhalt und Offenlegung der Eintragung 22	6. Gestaltungsgrenzen der Beteiligungsvereinbarung 39
III. Beteiligung der Arbeitnehmer (Art. 12 Abs. 2 und 3 SE-VO)	
1. Eintragungsvoraussetzungen nach Art. 12 Abs. 2 SE-VO	

Literatur: *Bayer*, Die Gründung einer Europäischen Gesellschaft mit Sitz in Deutschland, in Lutter/Hommelhoff (Hrsg.), Europäische Gesellschaft, S. 25 ff. (zit.: Gründung); *Clausnitzer/Blatt*, Das neue elektronische Handels- und Unternehmensregister, GmbHR 2006, 1303; *Forst*, Die Beteiligungsvereinbarung nach § 31 SEBG, 2010; *Habersack*, Schranken der Mitbestimmungsautonomie in der SE, AG 2006, 345; *Habersack*, Grundsatzfragen der Mitbestimmung in SE und SCE sowie bei grenzüberschreitender Verschmelzung, ZHR 171 (2007) 613; *Herfs-Röttgen*, Arbeitnehmerbeteiligung in der Europäischen Aktiengesellschaft, NZA 2001, 424; *Hommelhoff*, Normenhierarchie für die Europäische Gesellschaft, in Lutter/Hommelhoff (Hrsg.), Europäische Gesellschaft, S. 5 ff. (zit.: Normenhierarchie); *Hoops*, Die Mitbestimmungsvereinbarung in der Europäischen Aktiengesellschaft (SE), 2009; *Jacobs*, Privatautonome Unternehmensmitbestimmung in der SE in FS K. Schmidt, 2009, S. 795; *Kleindiek*, Die Eintragung der Europäischen Gesellschaft im Handelsregister, in Lutter/Hommelhoff (Hrsg.), Europäische Gesellschaft, S. 95 (zit.: Eintragung); *M. Koch*, Die Beteiligung von Arbeitnehmervertretern an Aufsichtsrats- und Verwaltungsratsausschüssen einer Europäischen Aktiengesellschaft, 2011; *Krafka/Kühn*, Registerrecht, 9. Aufl. 2013; *Linden*, Die Mitbestimmungsvereinbarung der dualistisch verfassten Societas Europaea, 2012; *Neye/C. Teichmann*, Der Entwurf für das Ausführungsgesetz zur Europäischen Aktiengesellschaft, AG 2003, 169; *Oetker*, Die Mitbestimmung der Arbeitnehmer in der Europäischen Gesellschaft, in Lutter/Hommelhoff (Hrsg.), Europäische Gesellschaft, S. 277 (zit.: Mitbestimmung); *Rehberg*, Chancen und Risiken der Verhandlungen über die Arbeitnehmerbeteiligung, in Rieble/Junker (Hrsg.), Vereinbarte Mitbestimmung in der SE, 5. ZAAR-Kongress, 2008, S. 45 ff. (zit.: Arbeitnehmerbeteiligung); *Rieble*, SE-Mitbestimmungsvereinbarung: Verfahren, Fehlerquellen und Rechtsschutz, in Rieble/Junker (Hrsg.), Vereinbarte Mitbestimmung in der SE, 5. ZAAR-Kongress, 2008, S. 73 ff. (zit.: Mitbestimmungsvereinbarung); *Schäfer*, SE und Gestaltung der Mitbestimmung aus gesellschaftsrechtlicher Sicht, in Rieble/Junker (Hrsg.), Vereinbarte Mitbestimmung in der SE, 5. ZAAR-Kongress, 2008, S. 13 ff. (zit.: Mitbestimmung); *Scheibe*, Die Mitbestimmung der Arbeitnehmer in der SE unter besonderer Berücksichtigung des monistischen Systems, 2007; *Scheifele*, Die Gründung der Europäischen Aktiengesellschaft, 2004; *Schmid*, Mitbestimmung in der Europäischen Aktiengesellschaft, 2009; *Seibert/Decker*, Das Gesetz über elektronische Handelsregister und Genossenschaftsregister sowie das Unternehmensregister (EHUG) – Der „Big Bang" im Recht der Unternehmenspublizität, DB 2006, 2446; *Seibt*, Arbeitnehmerlose Societas Europaea, ZIP 2005, 2248; *Seibt*, Privatautonome Mitbestimmungsvereinbarung: Rechtliche Grundlagen und Praxishinweise, AG 2005, 413; *Seibt*, Arbeitnehmerlose Societas Europaea, ZIP 2005, 2248; *Seibt*, Größe und Zusammensetzung des Aufsichtsrats in der SE, ZIP 2010, 1057; *Seibt/Reinhard*, Umwandlung der Aktiengesellschaft in die Europäische Gesellschaft (Societas Europaea), Der Konzern 2005, 407; *C. Teichmann*, Die Einführung der Europäischen Aktiengesellschaft, Grundlagen der Ergänzung des europäischen Statuts durch den deutschen Gesetzgeber, ZGR 2002, 383; *C. Teichmann*, Mitbestimmung und grenzüberschreitende Verschmelzung, Der Konzern 2007, 89; *C. Teichmann*, Gestaltungsfreiheit in Mitbestimmungsvereinbarungen, AG 2008, 797; *Terbrack*, Die Eintragung einer Aktiengesellschaft im Handelsregister, Rpfleger 2003, 225; *Vossius*, Gründung und Umwandlung der deutschen Europäischen Gesellschaft (SE), ZIP 2005, 741; *Walden/Meyer-Landrut*, Die grenzüberschreitende Verschmelzung zu einer Europäischen Gesellschaft: Beschlussfassung und Eintragung, DB 2005, 2619.

I. Gegenstand der Regelung

Art. 12 Abs. 1 SE-VO schreibt die Eintragung einer jeden SE gem. Art. 3 der PublizitätsRL 68/151/EWG[1] in ein Register des Sitzstaates vor, das vom Recht des Sitzstaates zu bestimmen ist; an die Stelle der im Normtext nach wie vor genannten RL 68/151/EWG ist mittlerweile allerdings die Kodifizierung durch die RL 2009/101/EG v. 16.9.2009[2] getreten. **Art. 12 Abs. 2 SE-VO** normiert eine besondere Eintragungsvoraussetzung angesichts der nach Art. 4 Richtlinie 2001/86/EWG (SE-RL) gebotenen Arbeitnehmerbeteiligung. **Art. 12 Abs. 3 SE-VO** enthält ebenfalls eine spezielle Eintragungsvoraussetzung im Zusammenhang mit der Arbeitnehmerbeteiligung, nämlich für den Fall, dass ein Mitgliedstaat von der in Art. 7 Abs. 3 SE-RL eingeräumten Ausstiegsoption (opting out) Gebrauch gemacht hat. **Art. 12 Abs. 4 SE-VO** stellt schließlich – ergänzend zu den in Abs. 2 und 3 normierten Eintragungsvoraussetzungen – fest, dass die Satzung der SE zu keinem Zeitpunkt im Widerspruch zu der ausgehandelten Vereinbarung stehen darf. Steht eine neue gemäß der Arbeitnehmerbeteiligungs-Richtlinie geschlossene Vereinbarung im Widerspruch zur geltenden Satzung, so ist letztere – soweit erforderlich – zu ändern.

1

II. Die Eintragung in das Handelsregister (Art. 12 Abs. 1 SE-VO)

1. Normative Grundlagen

Art. 12 Abs. 1 SE-VO sieht die **Eintragung** der SE in ein nach dem Recht des Sitzstaates bestimmtes **Register** i.S.v. Art. 3 der PublizitätsRL (s. aber oben Rz. 1) vor; mit dieser Eintragung erwirbt die SE ihre Rechtspersönlichkeit (Art. 16 Abs. 1 SE-VO).

2

---

[1] Richtlinie 68/151/EWG v. 9.3.1968, ABl. EG Nr. L 65 v. 14.3.1968, S. 8.
[2] ABl. EU Nr. L 258 v. 1.10.2009, S. 11.

Der in Abs. 1 enthaltene Regelungsauftrag an den nationalen Gesetzgeber umfasst auch die Regelung des **Eintragungsverfahrens**[3].

3 Der deutsche Gesetzgeber hat das maßgebliche Register mit **§ 3 SEAG** bestimmt. § 3 SEAG verweist nicht nur für den Ort der Eintragung (Handelsregister), sondern auch für das Eintragungsverfahren auf die für Aktiengesellschaften geltenden Vorschriften. Für die SE mit dualistischem Verwaltungssystem sind weitere Vorgaben im nationalen Recht damit entbehrlich; **§§ 36 ff. AktG** finden Anwendung[4]. Weil die SE-VO auch ein monistisches Verwaltungssystem vorsieht, das dem deutschen Aktienrecht unbekannt ist, werden die Bestimmungen der §§ 36 ff. AktG durch **§ 21 SEAG** ergänzt, der Sonderregelungen für die Anmeldung und Eintragung der SE mit monistischem System enthält (s. unten Rz. 10, 13, 21, 22)[5].

4 Zu den für die Aktiengesellschaften geltenden Eintragungsvorschriften zählen auch die Bestimmungen der **Handelsregisterverordnung** (HRV)[6]. Der Gesetzgeber des SE-Einführungsgesetzes (SEEG)[7] hat hier ebenfalls klarstellende Ergänzungen vorgenommen und die SE sowie die zur Vertretung der SE befugten Stellen, die in das Handelsregister einzutragen sind, ausdrücklich in die Vorschriften der HRV aufgenommen (Art. 7 SEEG)[8].

5 Die – im Zuge des Eintragungsverfahrens zu überprüfenden (s. Rz. 20 f.) – materiellen Voraussetzungen der Eintragung der SE sind durch eine eigentümliche Gemengelage zwischen europäischem Recht und nationalem Recht gekennzeichnet[9]. Diese Voraussetzungen sind – den unterschiedlichen Gründungsmodalitäten der SE folgend – zu einem Teil in der SE-VO selbst normiert. Zum anderen Teil ergeben sie sich aus dem für die Gründung von Aktiengesellschaften mit Sitz in Deutschland geltenden Recht, das Art. 15 Abs. 1 SE-VO – vorbehaltlich der Bestimmungen der SE-VO – auf die Gründung einer „deutschen" SE für anwendbar erklärt. Damit kommen auf die Entstehung einer SE mit Sitz in Deutschland die Bestimmungen des Aktiengesetzes über die Gründung der Gesellschaft (§§ 23 ff. AktG) sowie – in Abhängigkeit von der gewählten Gründungsmodalität – die einschlägigen Regelungen des Umwandlungsrechts zur Anwendung[10].

2. Anmeldung

6 Über § 38 Abs. 1 Satz 1 AktG[11] ist die **ordnungsgemäße Anmeldung** der (ordnungsgemäß errichteten) SE Voraussetzung für ihre Eintragung[12].

---

3 Zutr. *Schäfer* in MünchKomm. AktG, 3. Aufl., Art. 12 SE-VO Rz. 2; ebenso *Casper* in Spindler/Stilz, AktG, Art. 12 SE-VO Rz. 3; *Kiem* in KölnKomm. AktG, 3. Aufl., Art. 12 SE-VO Rz. 4; *Schürnbrand* in Habersack/Drinhausen, Art. 12 SE-VO Rz. 2.
4 Zu Einzelheiten s. die Erläuterungen von *Kleindiek* in K. Schmidt/Lutter, §§ 36 ff. AktG.
5 S. Begr. RegE zu § 21 SEAG, BT-Drucks. 15/3405, S. 36.
6 Verordnung über die Eintragung und Führung des Handelsregisters v. 12.8.1937 (RMBl. S. 515), zuletzt geändert (mit Wirkung ab 1.1.2018) durch Art. 14 des Gesetzes zur Förderung des elektronischen Rechtsverkehrs mit den Gerichten v. 10.10.2013 (BGBl. I 2013, 3786).
7 S. Begr. RegE zu § 21 SEAG, BT-Drucks. 15/3405, S. 36.
8 S. dazu auch Begr. RegE zu Art. 7 SEEG, BT-Drucks. 15/3405, S. 59.
9 S. schon *Kleindiek*, Eintragung, S. 95 ff.
10 Eingehend *Scheifele*, Gründung, S. 19 ff.; speziell für die Gründung durch Umwandlung einer AG s. auch *Seibt/Reinhard*, Der Konzern 2005, 407, 409 ff.
11 S. *Kleindiek* in K. Schmidt/Lutter, § 38 AktG Rz. 9 f.
12 Zur Anmeldung *Ammon*, DStR 1993, 1025 ff.

a) Zuständiges Gericht

Die Anmeldung ist bei dem für die Eintragung zuständigen Gericht zu erklären. 7
Nach § 4 SEAG ist das nach §§ 376, 377 FamFG bestimmte Gericht zuständig. Daraus ergibt sich die sachliche Zuständigkeit des Amtsgerichts als Registergericht; örtlich zuständig ist nach § 377 Abs. 1 FamFG das Registergericht, in dessen Bezirk die SE ihren Sitz hat[13].

b) Zur Anmeldung berufene Personen

Zur Anmeldung der Gesellschaft verpflichtet sind bei der dualistisch strukturierten 8
SE entsprechend § 36 Abs. 1 AktG die Gründer sowie die Mitglieder des Vorstands und des Aufsichtsrats, in der SE mit monistischem System gemäß § 21 Abs. 1 SEAG die Mitglieder des Verwaltungsrats und die geschäftsführenden Direktoren.

aa) Gründer. Initiatoren der Gründung einer SE sind in allen Gründungsvarianten des 9
Art. 2 SE-VO die dort aufgeführten Gesellschaften[14]. Diese werden bei der Anmeldung durch ihre Vertretungsorgane repräsentiert. Auch bei der Gründung einer Holding-SE (Art. 2 Abs. 2 SE-VO) sind die Ausgangsgesellschaften, nicht etwa deren Gesellschafter, als Gründer anzusehen[15]. Unter der Herrschaft von Art. 18 SE-VO und Art. 15 Abs. 1 SE-VO kommt die Verweisung in das nationale (Umwandlungs-)Recht im Übrigen auch für den Fall der Verschmelzungsgründung zur Geltung[16]; eine verbreitete Ansicht sieht demgegenüber freilich in Art. 26 Abs. 2 SE-VO eine abschließende Regelung auch hinsichtlich der Adressaten der Anmeldepflicht[17].

bb) Organmitglieder. In einer dualistisch geführten SE ergeben sich keine Abwei- 10
chungen gegenüber dem Aktienrecht[18]; entsprechend § 36 Abs. 1 AktG sind alle Mitglieder des Vorstands und des Aufsichtsrats zur Anmeldung der Gesellschaft verpflichtet. Für die SE mit monistischer Leitungsstruktur weist § 21 Abs. 1 SEAG die Anmeldepflicht den Mitgliedern des Verwaltungsrats und den geschäftsführenden Direktoren zu. Anmeldung durch Bevollmächtigte, also rechtsgeschäftliche Vertretung, ist – wie im allgemeinen Aktienrecht[19] – nicht zulässig[20].

c) Inhalt der Anmeldung

aa) Allgemeines. Art. 15 Abs. 1 SE-VO verweist auf das für Aktiengesellschaften des 11
Sitzstaates der künftigen SE einschlägige Gründungsrecht (Aktien- und Umwandlungsrecht). Sachlich übereinstimmend enthält § 3 SEAG – für die Eintragung der SE mit Sitz in Deutschland – eine Verweisung auf die für die Eintragung von Aktiengesellschaften maßgeblichen Normen. Somit gelten für den Inhalt der Anmeldung einer SE auch die Vorgaben aus § 37 AktG (und § 24 HRV) zu den dort verlangten

---

13 *Kleindiek*, Eintragung, S. 95, 97; vgl. *Ihrig/Wagner*, NZG 2004, 1749, 1750. Zur Konzentrationsvorschrift des § 376 FamFG und zu ihrer Umsetzung durch die verschiedenen Bundesländer s. *Krafka/Kühn*, Registerrecht, Rz. 12 f.
14 Zu den Gründungsgesellschaften in den einzelnen Gründungsvarianten näher *Kleindiek*, Eintragung, S. 95, 97 ff.
15 Auch dazu näher *Kleindiek*, Eintragung, S. 95, 98 m.w.N.
16 *Kleindiek*, Eintragung, S. 95, 98; *Maul* in KölnKomm. AktG, 3. Aufl., Art. 26 SE-VO Rz. 7 f.; *Schürnbrand* in Habersack/Drinhausen, Art. 12 SE-VO Rz. 7.
17 *Casper* in Spindler/Stilz, AktG, Art. 26 SE-VO Rz. 3; *Kiem* in KölnKomm. AktG, 3. Aufl., Art. 12 SE-VO Rz. 5 und 10; *Schäfer* in MünchKomm. AktG, 3. Aufl., Art. 12 SE-VO Rz. 4.
18 S. *Kleindiek* in K. Schmidt/Lutter, § 36 AktG Rz. 6.
19 S. *Kleindiek* in K. Schmidt/Lutter, § 36 AktG Rz. 10.
20 *Kiem* in KölnKomm. AktG, 3. Aufl., Art. 12 SE-VO Rz. 9.

„Erklärungen", „Versicherungen", „Angaben" und „Nachweisen" einschließlich der beizufügenden Anlagen grundsätzlich entsprechend[21].

12 In der **SE mit dualistischer Leitungsstruktur** ergeben sich insoweit keine Unterschiede zur AG. Es findet somit auch die Bestimmung des § 37 Abs. 4 Nr. 3a AktG Anwendung, wonach der Anmeldung eine Liste der Mitglieder des Aufsichtsrats beizufügen ist, aus der Familienname, Vorname, ausgeübter Beruf und Wohnort der Aufsichtsratsmitglieder (nicht ihre Privatanschriften) ersichtlich sind. Bei Änderungen in den Personen der Aufsichtsratsmitglieder hat der Vorstand unverzüglich eine aktualisierte Liste einzureichen (§ 106 AktG)[22].

13 Für die **SE mit monistischer Leitungsstruktur** werden die Regelungen des § 37 AktG durch § 21 Abs. 2 SEAG modifiziert[23]: Verpflichtung der Mitglieder des Verwaltungsrats und der geschäftsführenden Direktoren zur Abgabe jener Versicherungen, die in der dualistisch strukturierten Gesellschaft den Vorstandsmitgliedern obliegen (§ 21 Abs. 2 Satz 1 SEAG statt § 37 Abs. 2 Satz 1 AktG); Angabe von Art und Umfang der Vertretungsbefugnis der geschäftsführenden Direktoren (§ 21 Abs. 2 Satz 2 SEAG statt § 37 Abs. 3 AktG); Beifügung der Urkunden über die Bestellung des Verwaltungsrats und der geschäftsführenden Direktoren sowie der Prüfberichte der Mitglieder des Verwaltungsrats (§ 21 Abs. 2 Satz 3 SEAG gegenüber § 37 Abs. 4 Nr. 3 und Nr. 4 AktG). Die Beifügung einer Liste der Verwaltungsratsmitglieder entsprechend § 37 Abs. 4 Nr. 3a AktG wird in § 21 Abs. 2 SEAG indes nicht verlangt[24].

14 **bb) Spezielle Erfordernisse nach Maßgabe der einzelnen Gründungsmodalitäten.** Die Verweisung auf das nationale Gründungsrecht in Art. 15 SE-VO (s. Art. 15 Rz. 4) steht unter dem Vorbehalt spezifischer Bestimmungen der SE-VO selbst. Für die jeweiligen Gründungsmodalitäten finden sich dort in unterschiedlichem Umfang Vorgaben, deren Einhaltung spätestens bei der Anmeldung der SE nachzuweisen und vom Registergericht zu überprüfen ist[25]:

15 Im Fall der **Gründung durch Verschmelzung** (Art. 2 Abs. 1 SE-VO, Art. 17 ff. SE-VO) müssen bei der Anmeldung die Bescheinigungen der nationalen Behörden nach Art. 25 Abs. 2 SE-VO sowie eine Ausfertigung des Verschmelzungsplans[26] und die Niederschriften über die Zustimmung der Hauptversammlungen (Art. 26 Abs. 2 und 3 SE-VO) vorliegen. Bei der **Holding-Gründung** (Art. 2 Abs. 2 SE-VO, Art. 32 ff. SE-VO) sind dem Registergericht vorzulegen: der von den Leitungs- oder Verwaltungsorganen der die Gründung anstrebenden Gesellschaften erstellte (gleich lautende) Gründungsplan mit Gründungsbericht (Art. 32 Abs. 2 SE-VO), die Nachweise über die Offenlegung des Gründungsplans (Art. 32 Abs. 3 SE-VO), der Prüfungsbericht der unabhängigen Sachverständigen über den Gründungsplan (Art. 32 Abs. 4 und 5 SE-VO), die Niederschriften über die Zustimmung der Hauptversammlungen (Art. 32 Abs. 6 SE-VO) sowie für jede beteiligte Gesellschaft ein Nachweis darüber, dass innerhalb der Dreimonatsfrist Anteile in Höhe des im Gründungsplan festgelegten Mindestsatzes umgetauscht worden sind (Art. 33 Abs. 2 SE-VO). Die Vertretungs-

---

21 Zu Einzelheiten s. *Kleindiek* in K. Schmidt/Lutter, § 37 AktG Rz. 5 ff.
22 S. dazu *Kleindiek* in K. Schmidt/Lutter, § 37 AktG Rz. 32 f.
23 S. Begr. RegE zu § 21 SEAG, BT-Drucks. 15/3405, S. 36.
24 Für eine entsprechende Verpflichtung gleichwohl *Kiem* in KölnKomm. AktG, 3. Aufl., Art. 12 SE-VO Rz. 13, der von einem Redaktionsversehen des Gesetzgebers ausgeht.
25 S. schon *Kleindiek*, Eintragung, S. 95, 99 ff.; eingehend *Bayer*, Gründung, S. 25, 32 ff.; *Scheifele*, Gründung, S. 37 ff.; speziell für die Gründung durch Umwandlung einer AG s. auch *Seibt/Reinhard*, Der Konzern 2005, 407, 422 ff.
26 Hierzu *Teichmann*, ZGR 2002, 383, 417 ff.

organe der Holding-SE haben gemäß § 10 Abs. 2 SEAG bei der Anmeldung zu erklären, dass eine Klage gegen die Wirksamkeit der Zustimmungsbeschlüsse nicht oder nicht fristgemäß erhoben oder eine solche Klage rechtskräftig abgewiesen oder zurückgenommen worden ist[27]. Entsprechendes wie für die Holding-Gründung gilt auch für die **Gründung einer Tochter-SE** (Art. 2 Abs. 3 SE-VO, Art. 35 f. SE-VO); lediglich die Negativerklärung nach § 10 Abs. 2 SEAG entfällt hier. Bei **Gründung durch Umwandlung** (Art. 2 Abs. 4 SE-VO, Art. 37 SE-VO) sind vorzulegen: der von dem Leitungs- oder Verwaltungsorgan der Gesellschaft erstellte Umwandlungsplan sowie der Umwandlungsbericht, auf den nicht verzichtet werden kann (Art. 37 Abs. 4 SE-VO), die Nachweise über die Offenlegung des Umwandlungsplans (Art. 37 Abs. 5 SE-VO), die Bescheinigung über die durchgeführte Kapitalprüfung (Art. 37 Abs. 6 SE-VO) sowie die Niederschrift der Zustimmung der Hauptversammlung der formwechselnden Aktiengesellschaft (Art. 37 Abs. 7 SE-VO). Wegen der Einzelheiten wird auf die Erläuterungen zu den zitierten Bestimmungen verwiesen. Sofern dem Registergericht einzelne der notwendigen Unterlagen bereits in einem früheren Stadium des Gründungsverfahrens vorgelegt worden sind, müssen sie der Anmeldung nicht erneut als Anlagen beigefügt werden.

Zu den spezifischen Eintragungsvoraussetzungen nach Art. 12 Abs. 2 und 3 SE-VO im Zusammenhang mit der **Arbeitnehmerbeteiligung** s. unten Rz. 24 ff. 16

d) Form

aa) Anmeldung. Die **Anmeldung** ist nach Maßgabe von § 12 Abs. 1 HGB **elektronisch in öffentlich beglaubigter Form** vorzunehmen, § 129 Abs. 1 BGB, §§ 39, 39a, 40 BeurkG (elektronische Übermittlung der Erklärung der Anmeldung unter – elektronischer – Beglaubigung der Unterschriften durch einen Notar)[28]. 17

bb) Beizufügende Dokumente. Die notwendigen **Dokumente** sind der Anmeldung nach § 37 Abs. 5 AktG, § 12 Abs. 2 Satz 1 HGB ebenfalls **in elektronischer Form** beizufügen, wobei § 12 Abs. 2 Satz 2 HGB differenzierende Formvorgaben macht: Ist ein notariell beurkundetes Dokument oder eine öffentlich beglaubigte Abschrift einzureichen, so ist ein mit einem einfachen elektronischen Zeugnis (§ 39a BeurkG) versehenes Dokument zu übermitteln (§ 12 Abs. 2 Satz 2 Halbsatz 2 HGB). Ist eine Urschrift oder eine einfache Abschrift einzureichen oder ist für das Dokument die Schriftform bestimmt, so genügt nach § 12 Abs. 2 Satz 2 Halbsatz 1 HGB die Übermittlung einer elektronischen Aufzeichnung[29]. 18

Nach § 11 Abs. 1 HGB können die zum Handelsregister einzureichenden Dokumente – neben der deutschen Fassung – zusätzlich auch in **Übersetzung** übermittelt werden, und zwar in jeder Amtssprache eines Mitgliedstaates der EU; ebenso kann die Gesellschaft eine entsprechende Übermittlung des Inhalts einer auf dem Registerblatt vorzunehmenden Eintragung übermitteln[30]. 19

---

27 Sog. Negativerklärung nach dem Vorbild von § 16 Abs. 2 UmwG; hierzu *Neye/Teichmann*, AG 2003, 169, 173.
28 Zu den bestehenden „virtuellen Poststellen" der Länder s. die Informationen auf den Seiten des gemeinsamen Justizportals des Bundes und der Länder: www.justiz.de; zur Anmeldung über das „Elektronische Gerichts- und Verwaltungspostfach" und die hier angeschlossenen Registergerichte s. www.egvp.de.
29 S. *Kleindiek* in K. Schmidt/Lutter, § 37 AktG Rz. 36 ff.
30 Zu den Folgen einer Abweichung der Originalfassung von einer eingereichten Übersetzung s. *Kleindiek* in K. Schmidt/Lutter, § 37 AktG Rz. 38.

3. Prüfung und Entscheidung des Registergerichts

20 Das Registergericht hat entsprechend § 38 Abs. 1 AktG zu prüfen, ob die SE ordnungsgemäß errichtet und (nach §§ 36 und 37 AktG sowie § 21 Abs. 1 und 2 SEAG) angemeldet worden ist; die Prüfung bezieht sich nicht nur auf die formellen, sondern auch auf die materiellen Eintragungsvoraussetzungen[31]. **Prüfungsmaßstab** für das Registergericht sind die Vorgaben der SE-VO sowie des anwendbaren nationalen Rechts. Die SE-VO macht die Eintragung in Art. 27 Abs. 2 und 33 Abs. 5 SE-VO ausdrücklich von den in Art. 25 und 26 SE-VO bzw. Art. 32 und 33 SE-VO normierten, in Rz. 15 skizzierten Voraussetzungen abhängig[32]. Zu den spezifischen Eintragungsvoraussetzungen nach Art. 12 Abs. 2 und 3 SE-VO im Zusammenhang mit der Arbeitnehmerbeteiligung s. unten Rz. 24 ff.

21 Die in § 38 Abs. 2 AktG eröffnete Möglichkeit zur Ablehnung der Eintragung bei unrichtigem, unvollständigem oder nicht gesetzeskonformem Gründungsbericht oder Prüfungsbericht der Mitglieder des Vorstands und des Aufsichtsrats wird durch **§ 21 Abs. 3 SEAG** für die monistisch strukturierte SE um den Fall des mangelhaften Prüfungsberichts der Mitglieder des Verwaltungsrats ergänzt. Stehen der Eintragung der SE keine Hindernisse entgegen, verfügt das Gericht gem. § 25 Abs. 1 HRV die Eintragung[33].

4. Inhalt und Offenlegung der Eintragung

22 Die neu gegründete SE wird im Handelsregister nach Maßgabe der §§ 3 Abs. 3, 43 HRV in der Abteilung B eingetragen. Für den **Inhalt der Eintragung** gilt § 39 AktG entsprechend[34]. Für die monistisch strukturierte SE wird jene Vorschrift durch § 21 Abs. 4 SEAG modifiziert: anzugeben sind die geschäftsführenden Direktoren (und deren Vertretungsbefugnis), nicht aber die Mitglieder des Verwaltungsrats, da nur die geschäftsführenden Direktoren gemäß § 41 SEAG zur Vertretung der SE nach außen berechtigt sind[35].

23 Art. 15 Abs. 2 SE-VO ordnet die **Offenlegung** der Eintragung einer SE gem. Art. 13 SE-VO an; s. die Erläuterungen dort.

III. Beteiligung der Arbeitnehmer (Art. 12 Abs. 2 und 3 SE-VO)

1. Eintragungsvoraussetzungen nach Art. 12 Abs. 2 SE-VO

a) Grundlagen

24 Nach Art. 12 Abs. 2 SE-VO kann eine SE erst dann eingetragen werden, wenn
- entweder das besondere Verhandlungsgremium mit dem zuständigen Organ der beteiligten Gesellschaften eine (schriftliche) Vereinbarung über die Arbeitnehmermitbestimmung gem. Art. 4 SE-RL ausgehandelt hat,
- oder vom besonderen Verhandlungsgremium beschlossen wurde, keine Verhandlungen zur Mitbestimmung aufzunehmen oder bereits begonnene Verhandlungen abzubrechen und die Beteiligungsvorschriften der Mitgliedstaaten, in denen die SE

---

31 Dazu allgemein *Kleindiek* in K. Schmidt/Lutter, § 38 AktG Rz. 4 ff.
32 S. hierzu auch *Kiem* in KölnKomm. AktG, 3. Aufl., Art. 12 SE-VO Rz. 21 ff.
33 *Kiem* in KölnKomm. AktG, 3. Aufl., Art. 12 SE-VO Rz. 26; *Schürnbrand* in Habersack/Drinhausen, Art. 12 SE-VO Rz. 15.
34 S. die Erläuterungen von *Kleindiek* in K. Schmidt/Lutter, § 39 AktG.
35 Vgl. Begr. RegE § 21 Abs. 4 SEAG, BT-Drucks. 15/3405, S. 36.

Arbeitnehmer beschäftigt, zur Anwendung gelangen zu lassen (Art. 3 Abs. 6 SE-RL),
- oder die Verhandlungsfrist nach Art. 5 SE-RL, in der eine Einigung über die Mitbestimmung herbeigeführt werden muss, erfolglos abgelaufen ist.

Da die Verordnung über das Statut der Europäischen Gesellschaft gem. Art. 288 Satz 2 und 3 AEUV unmittelbar geltendes Recht in jedem Mitgliedstaat ist, korrespondiert mit jenen Vorgaben des Art. 12 Abs. 2 SE-VO[36] eine **Prüfungspflicht** der für die Eintragung der SE zuständigen Stelle. In der SE-VO ist eine entsprechende Prüfpflicht zwar nur für *eine* Gründungsmodalität ausdrücklich normiert: Art. 26 Abs. 3 SE-VO weist im Falle der SE-Gründung durch Verschmelzung der für die Kontrolle der Rechtmäßigkeit der Verschmelzung im künftigen Sitzstaat zuständigen Behörde die Aufgabe zu, auch zu überprüfen, ob eine Vereinbarung über die Arbeitnehmerbeteiligung abgeschlossen ist. Daraus ist aber nicht etwa zu schließen, dass die Vorgaben aus Art. 12 Abs. 2 SE-VO bei einer der übrigen Gründungsmodalitäten einen geringeren Stellenwert hätten. Vielmehr dient Art. 26 Abs. 3 SE-VO der Klarstellung, dass die Prüfungskompetenz hier nicht schon auf der ersten Stufe des Verschmelzungsprozesses, sondern allein auf dessen zweiter Stufe, d.h. dem – wie Art. 26 Abs. 1 SE-VO formuliert – „Verfahrensabschnitt der Durchführung der Verschmelzung und der Gründung der SE", liegt. Die Vorgaben des Art. 12 Abs. 2 SE-VO gelten im Übrigen für alle Modalitäten der SE-Gründung, auch für die Sekundärgründung nach Art. 3 Abs. 2 SE-VO (s. dazu § 1 SEBG Rz. 9 ff.).[37]

Die Prüfungspflicht obliegt dem für die Eintragung zuständigen **Registergericht** (oben Rz. 7), das im Grundsatz alle Eintragungsvoraussetzungen selbständig und umfassend zu prüfen hat (vgl. schon Rz. 20). Umstritten und noch nicht geklärt ist freilich das Konkurrenzverhältnis zur Zuständigkeit der Arbeitsgerichte im arbeitsgerichtlichen Beschlussverfahren: Nach Maßgabe von § 2a Abs. 1 Nr. 3e ArbGG sind die Gerichte für Arbeitssachen in Angelegenheiten aus dem SE-Beteiligungsgesetz „ausschließlich zuständig". Zum Teil wird daraus eine alleinige Beurteilungszuständigkeit der Arbeitsgerichte für den gesamten Prozess der Errichtung des besonderen Verhandlungsgremiums, die Ordnungsmäßigkeit seiner Besetzung, die Willensbildung innerhalb des besonderen Verhandlungsgremiums sowie etwaige Verfahrensfehler abgeleitet[38], wobei eine Bindung des Registergerichts an entsprechende Entscheidungen des Arbeitsgerichts verneint wird[39]. Eine solche Beschränkung der Prüfkompetenz des Registergerichts im Eintragungsverfahren kollidiert freilich mit der Vorgabe in Art. 12 Abs. 2 SE-VO, wonach eine SE „erst eingetragen werden kann", wenn die dort normierten Voraussetzungen gegeben sind[40].

25

---

36 Zur rechtspolitischen Kritik s. *Arbeitskreis Aktien- und Kapitalmarktrecht*, ZIP 2009, 698 (Vorschlag zur Streichung von Art. 12 Abs. 2 SE-VO) und etwa *Casper* in Spindler/Stilz, AktG, Art. 12 SE-VO Rz. 6; *Kiem* in KölnKomm. AktG, 3. Aufl., Art. 12 SE-VO Rz. 6 m.w.N.
37 Insofern allerdings str.; a.A. insbesondere *Jacobs* in MünchKomm. AktG, 3. Aufl., Vor § 1 SEBG Rz. 11 ff.; wie hier etwa *Habersack* in Habersack/Drinhausen, Art. 3 SE-VO Rz. 11; *Oechsler* in MünchKomm. AktG, 3. Aufl., Art. 3 SE-VO Rz. 5.
38 *Kiem*, ZHR 173 (2009), 156, 174 f.; *Kiem* in KölnKomm. AktG, 3. Aufl., Art. 12 SE-VO Rz. 33 ff., 38; zust. *Casper* in Spindler/Stilz, AktG, Art. 12 SE-VO Rz. 10; zweifelnd *Schürnbrand* in Habersack/Drinhausen, Art. 12 SE-VO Rz. 23; offen auch *Rieble*, Mitbestimmungsvereinbarung, S. 73, 94 f.
39 *Kiem* in KölnKomm. AktG, 3. Aufl., Art. 12 SE-VO Rz. 40; insoweit anders *Casper* in Spindler/Stilz, AktG, Art. 12 SE-VO Rz. 11; *Schürnbrand* in Habersack/Drinhausen, Art. 12 SE-VO Rz. 24.
40 Eine Doppelkontrolle von Registergericht und Arbeitsgerichten befürwortend *Schäfer* in MünchKomm. AktG, 3. Aufl., Art. 12 SE-VO Rz. 6a; für eine Verpflichtung des Registergerichts zur Überprüfung der „Rechtmäßigkeit" der Beteiligungsvereinbarung auch schon *Oetker*, Mitbestimmung, S. 277, 288. – S. zur Diskussion um die Prüfungskompetenzen des

b) Der Anmeldung beizufügende Nachweise

26 Der deutsche Gesetzgeber hat – anders als § 2 Abs. 2 des österreichischen SE-Gesetzes[41] – davon abgesehen, die auf Art. 12 Abs. 2 SE-VO bezogene Prüfungspflicht des Registergerichts durch flankierende Regelungen zu unterstützen, in denen den anmeldepflichtigen Personen die **Vorlage einschlägiger Urkunden und Versicherungen** ausdrücklich auferlegt wird. Der Nachweis über den Abschluss der Vereinbarung zur Arbeitnehmerbeteiligung wird sich durch Vorlage der schriftlichen Vereinbarung leicht führen lassen. Die Beschlussfassung des besonderen Verhandlungsgremiums, keine Verhandlungen zur Mitbestimmung aufzunehmen oder bereits begonnene Verhandlungen abzubrechen, kann durch Vorlage der entsprechenden Niederschrift dokumentiert werden, die nach § 17 Nr. 2 SEBG ohnehin zu erstellen ist. Schwieriger gestaltet sich der Nachweis über den fruchtlosen Ablauf der in Art. 5 der SE-RL vorgesehenen Frist: Nach jener Richtlinienbestimmung beginnen die Verhandlungen mit der Einsetzung des besonderen Verhandlungsgremiums und können bis zu sechs Monate dauern; die Parteien können einvernehmlich beschließen, die Verhandlungen über diesen Zeitraum hinaus bis zu insgesamt einem Jahr ab Einsetzung des Gremiums fortzusetzen. „Einsetzung" bezeichnet dabei – in der schlüssigen Interpretation des § 20 Abs. 1 Satz 2 SEBG – den Tag, zu dem zur konstituierenden Sitzung des besonderen Verhandlungsgremiums eingeladen worden ist. Es bietet sich an, zur Glaubhaftmachung des ergebnislosen Ablaufs der bezeichneten Frist die Vorlage einer entsprechenden Versicherung der Mitglieder des Leitungs- oder Verwaltungsorgans der an der SE-Gründung beteiligten Gesellschaften zu verlangen[42]. Diese – von § 2 Abs. 5 SEBG als „Leitungen" bezeichneten – Organe sind die Verhandlungspartner des besonderen Verhandlungsgremiums (vgl. § 4 Abs. 1 SEBG); ihre Mitglieder sind auch zum Vollzug der Anmeldung der SE berufen (s. Rz. 8).

27 Das Registergericht kann jedenfalls im Rahmen des **Amtsermittlungsgrundsatzes** (§ 26 FamFG) Aufklärung und nähere Angaben zum fruchtlosen Fristablauf fordern, außer durch Abgabe entsprechender Versicherungen der Leitungs- oder Verwaltungsorgane auch etwa durch Vorlage der einschlägigen Verhandlungsprotokolle[43].

28 Ungeachtet der Vorgaben des Art. 12 Abs. 2 SE-VO (teleologische Reduktion) ist die sofortige Eintragung der SE möglich, wenn weder die an der Gründung beteiligten Gesellschaften noch betroffene Tochtergesellschaften Arbeitnehmer (in ausreichender Anzahl) beschäftigen, die in das besondere Verhandlungsgremium (zu dessen Zusammensetzung vgl. § 5 SEBG und die Erläuterungen dort) entsandt werden könnten; über diese „**Arbeitnehmerlosigkeit**" sind mit der Anmeldung entsprechende Negativ-

---

Registergerichts (m. Nachw. zum Meinungsstand) auch *Forst*, Beteiligungsvereinbarung, S. 323 f., 364 ff.

41 Gesetz über das Statut der Europäischen Gesellschaft (SEG), BGBl. (Österreich) I Nr. 67 v. 24.6.2004.

42 Anders *Kiem* in KölnKomm. AktG, 3. Aufl., Art. 12 SE-VO Rz. 43: Vorlage der Einladung zur konstituierenden Sitzung des besonderen Verhandlungsgremiums; differenzierend *Casper* in Spindler/Stilz, AktG, Art. 12 SE-VO Rz. 8, der Vorlage der Einladung nur zum Nachweis des fruchtlosen Ablaufs der Jahresfrist genügen lassen will; ebenso *Schürnbrand* in Habersack/Drinhausen, Art. 12 SE-VO Rz. 20.

43 Zur Diskussion um die Folgen voreiliger Eintragung s. *Casper* in Spindler/Stilz, AktG, Art. 12 SE-VO Rz. 12; *Forst*, Beteiligungsvereinbarung, S. 328 ff.; *Hoops*, Mitbestimmungsvereinbarung, S. 191 ff.; *Kleindiek*, Eintragung, S. 95, 104 ff.; *Linden*, Mitbestimmungsvereinbarung, S. 217 ff.; *Oetker*, Mitbestimmung, S. 277, 288 ff.; *Schäfer* in MünchKomm. AktG, 3. Aufl., Art. 12 SE-VO Rz. 6; *Scheibe*, Mitbestimmung, S. 84 ff.; *Schmid*, Mitbestimmung, S. 67 ff.; *Seibt*, ZIP 2005, 2248, 2249.

erklärungen der Gründungsgesellschaften abzugeben[44]. Die Arbeitnehmerlosigkeit der SE ist jedenfalls kein Eintragungshindernis[45]. Eine Vereinbarung über die Mitbestimmung soll jedoch auch dann zu treffen sein, wenn die zu gründende Tochtergesellschaft erklärt, dass sie keine Arbeitnehmer hat und auch zukünftig nicht haben wird, als Verhandlungspartner aber in der Gründungsgesellschaft Arbeitnehmer zur Verfügung stehen; dabei kommt es nicht darauf an, ob in der Gründungsgesellschaft Mitbestimmungsrechte bestehen[46].

Die Entbehrlichkeit eines Arbeitnehmerbeteiligungsverfahrens wegen Arbeitnehmerlosigkeit[47] kann insbes. bei der (verbreiteten) Gründung einer **Vorrats-SE** praktisch werden. Zum Schutz gegen eine Umgehung der Arbeitnehmerbeteiligung verlangt das OLG Düsseldorf – in Analogie zu §§ 1 Abs. 4, 18 Abs. 3 SEBG – die Nachholung des Beteiligungsverfahrens im Moment der Aktivierung der Vorrats-SE („wirtschaftliche Neugründung"), d.h. sobald diese mit einem Unternehmen ausgestattet wird und infolge dessen über Arbeitnehmer verfügt[48]. Näher zur Gründung einer Vorrats-SE Art. 2 Rz. 31 ff.

2. Eintragungsvoraussetzungen nach Art. 12 Abs. 3 SE-VO

Art. 12 Abs. 3 SE-VO bezieht sich ebenfalls auf das Verfahren zur Arbeitnehmermitbestimmung, betrifft aber den **Sonderfall des Art. 7 Abs. 3 SE-RL**. Diese Vorschrift eröffnet den Mitgliedstaaten die Möglichkeit, im Fall der Gründung der SE durch Verschmelzung die Anwendung der Auffangregelung aus Art. 7 Abs. 1 SE-RL i.V.m. Teil 3 des Anhangs nach dem Scheitern der Verhandlungen über die Arbeitnehmermitbestimmung auszuschließen[49]. Nutzt ein Mitgliedstaat die dargestellte **Ausstiegsoption**, so darf die durch Verschmelzung gegründete SE nur eingetragen werden, wenn das besondere Verhandlungsgremium eine dem Art. 4 SE-RL entsprechende Vereinbarung über die Mitbestimmung geschlossen hat oder die beteiligten Gesellschaften von vornherein mitbestimmungsfrei waren. – Der deutsche Gesetzgeber hat von der Option bislang keinen Gebrauch gemacht, so dass die Vorschrift hierzulande bis auf weiteres keine praktische Bedeutung hat.

---

44 AG Düsseldorf v. 16.1.2006 – HRB 52618, ZIP 2006, 287; AG München v. 29.3.2006 – HRB 159649, ZIP 2006, 1300; *Casper* in Spindler/Stilz, AktG, Art. 12 SE-VO Rz. 7; *Kiem* in KölnKomm. AktG, 3. Aufl., Art. 12 SE-VO Rz. 44; *Schröder* in Manz/Mayer/Schröder, Art. 12 SE-VO Rz. 17; *Schürnbrand* in Habersack/Drinhausen, Art. 12 SE-VO Rz. 25.

45 Ganz h.M.; s. etwa OLG Düsseldorf v. 30.3.2009 – I-3 Wx 248/08, ZIP 2009, 918, 919 mit Bespr. *Forst*, RdA 2010, 55; *Forst*, NZG 2009, 687, 688 f.; *Kiem* in KölnKomm. AktG, 3. Aufl., Art. 12 SE-VO Rz. 42; *Schmid*, Mitbestimmung, S. 91 ff.; *Seibt*, ZIP 2005, 2248, 2249 f.; *Startz*, ZIP 2006, 1301, je m.w.N.; a.A. *Blanke*, ZIP 2006, 789 ff.

46 So AG Hamburg v. 28.6.2005 – 66 AR 76/05, ZIP 2005, 2017; LG Hamburg v. 30.9.2005 – 417 T 15705, ZIP 2005, 2018; zust. *Frodermann/Jannott*, ZIP 2005, 2251; *Schmid*, Mitbestimmung, S. 88 f.; *Schürnbrand* in Habersack/Drinhausen, Art. 12 SE-VO Rz. 25; *Seibt*, ZIP 2005, 2248; abl. *Reinhard*, RIW 2006, 68, 69. Zur Arbeitnehmerbeteiligung bei der Verschmelzungsgründung, wenn nur eine der beteiligten Gesellschaften Arbeitnehmer beschäftigt, *Schubert*, RdA 2012, 146 ff.

47 Dazu monographisch etwa *Forst*, Beteiligungsvereinbarung, S. 110 ff.

48 OLG Düsseldorf v. 30.3.2009 – I-3 Wx 248/08, ZIP 2009, 918, 920 f. im Anschluss an *Schäfer* in MünchKomm. AktG, 3. Aufl., Art. 12 SE-VO Rz. 7; *Seibt*, ZIP 2005, 2248, 2251; s. auch noch *Forst*, NZG 2009, 687, 690 f. Im Ergebnis ebenso (freilich unter Verweis auf den Rechtsweg nach § 2a Abs. 1 Nr. 3e ArbGG) *Casper* in Spindler/Stilz, AktG, Art. 12 SE-VO Rz. 7; *Schürnbrand* in Habersack/Drinhausen, Art. 12 SE-VO Rz. 26; s. auch schon *Casper/Schäfer*, ZIP 2007, 653, 658 f. Die Nachholung gänzlich ablehnend etwa *Kiem* in KölnKomm. AktG, 3. Aufl., Art. 12 SE-VO Rz. 52 m.w.N. zum Meinungsstand.

49 Zum Hintergrund dieser Regelung s. *Jahn/Herfs-Röttgen*, DB 2001, 631, 638; *Herfs-Röttgen*, NZA 2001, 424, 428.

IV. Übereinstimmung von Satzung und Beteiligungsvereinbarung (Art. 12 Abs. 4 SE-VO)

1. Grundlagen

31 Art. 12 Abs. 4 SE-VO sichert den Gleichlauf zwischen einer gem. der Arbeitnehmerbeteiligungs-Richtlinie geschlossenen Vereinbarung und der Satzung der SE: Nach **Unterabs. 1 Satz 1** darf die Satzung „zu keinem Zeitpunkt" in Widerspruch zur ausgehandelten Beteiligungsvereinbarung stehen. Entsteht ein solcher Widerspruch, so bedarf es einer entsprechenden Änderung der Satzung. Das gilt nicht nur für die Gründungssatzung, sondern ebenso in Fällen, in denen eine Beteiligungsvereinbarung später erstmals (oder neu) abgeschlossen wird und diese im Widerspruch zur Satzung steht: nach **Unterabs. 1 Satz 2** ist letztere dann ebenfalls – soweit erforderlich – zu ändern.

32 Hier wie dort bedarf es für die SE mit Sitz in Deutschland eines entsprechenden (satzungsändernden) Beschlusses der Hauptversammlung(en). Von der in **Unterabs. 2** eingeräumten Option, im nationalen Recht die Befugnis des Leitungs- oder Verwaltungsorgans der SE vorzusehen, die Satzungsänderung ohne weiteren Beschluss der Hauptversammlung vorzunehmen, hat der deutsche Gesetzgeber aus guten Gründen keinen Gebrauch gemacht.

33 Da es im Falle eines inhaltlichen Konflikts zwischen Beteiligungsvereinbarung und Satzung der Anpassung letzterer (und nicht etwa der Änderung der Vereinbarung) bedarf, mag man Art. 12 Abs. 4 SE-VO als Ausdruck des Vorrangs der Beteiligungsvereinbarung begreifen. Ungleich wichtiger ist aber die Erkenntnis, dass die Regelung – jedenfalls soweit der nationale Gesetzgeber von der Option nach Unterabs. 2 keinen Gebrauch macht – die **Kompetenz der Hauptversammlung(en) zur Letztentscheidung** unterstreicht[50]: Es kommt im Konfliktfall gerade nicht zu einer (automatischen) Satzungsanpassung ex lege[51] und die Entscheidungsfreiheit des Satzungsgebers bleibt gewahrt (dazu sogleich Rz. 34, 36). Zu den daraus resultierenden Folgen für die Grenzen der Vereinbarungsfreiheit s. unten Rz. 39 ff.

2. Übereinstimmung der Gründungssatzung mit der Beteiligungsvereinbarung

34 Steht die (als Bestandteil des Gründungsbeschlusses beschlossene) Gründungssatzung im Widerspruch zur (erst später abgeschlossenen) Beteiligungsvereinbarung, so resultiert daraus – so lange dieser Widerspruch nicht durch entsprechende Änderung der Satzung beseitigt wird – ein Eintragungshindernis[52]. Zur **Änderung der Gründungssatzung** bedarf es einer entsprechenden Korrektur des ursprünglichen Gründungsbeschlusses durch neuerliche Beschlussfassung der Hauptversammlungen der Gründergesellschaften, ohne dass dabei die schon erledigten Gründungsmodalitäten im Übrigen (Gründungsprüfung, Berichterstattung etc.) erneut durchlaufen werden müssten[53]. Die Vertretungsorgane der Gründergesellschaften sind gehalten, eine Befassung der Hauptversammlungen in dieser Beschlussangelegenheit herbeizufüh-

---

50 Zutr. *Kiem* in KölnKomm. AktG, 3. Aufl., Art. 12 SE-VO Rz. 56: Betonung des Letztentscheidungsrechts des Satzungsgebers.
51 Auch nicht zu einer automatischen „Verdrängung" entgegenstehender Satzungsbestimmungen; so aber noch *Schwarz*, Art. 12 SE-VO Rz. 36.
52 *Kiem* in KölnKomm. AktG, 3. Aufl., Art. 12 SE-VO Rz. 58, 72; *Schürnbrand* in Habersack/Drinhausen, Art. 12 SE-VO Rz. 34.
53 *Casper* in Spindler/Stilz, AktG, Art. 12 SE-VO Rz. 24; *Kiem* in KölnKomm. AktG, 3. Aufl., Art. 12 SE-VO Rz. 77; *Schürnbrand* in Habersack/Drinhausen, Art. 12 SE-VO Rz. 35.

ren⁵⁴. Die Hauptversammlungen selbst bleiben in ihrem Entscheidungsermessen aber frei; aus Art. 12 Abs. 4 SE-VO folgt nicht etwa eine Rechtspflicht zur Anpassung der Gründungssatzung an die kollidierende Beteiligungsvereinbarung⁵⁵. Verweigert die Hauptversammlung endgültig die Zustimmung, ist die Eintragung der Gesellschaft abzulehnen, die SE-Gründung fehlgeschlagen.

3. Übereinstimmung der Satzung mit einer neu abgeschlossenen Beteiligungsvereinbarung

Ein **Widerspruch** zwischen der Satzung und einer ausgehandelten Beteiligungsvereinbarung kann ggf. auch erst **nach Eintragung** der SE entstehen: So wenn nach Auslaufen der ursprünglichen Vereinbarung eine neue geschlossen wird oder strukturelle Änderungen der SE i.S.v. § 18 Abs. 3 SEBG zum Abschluss einer Beteiligungsvereinbarung geführt haben. Auch in diesen Fällen bedarf es zur Anpassung der Satzung eines satzungsändernden Beschlusses der Hauptversammlung der SE; Art. 12 Abs. 4 Unterabs. 1 Satz 2 SE-VO. 35

Auch hier bleibt das Erschließungsermessen der Hauptversammlung unberührt; aus Art. 12 Abs. 4 SE-VO folgt nicht etwa die Rechtspflicht, einen entsprechenden **Anpassungsbeschluss** zu fassen⁵⁶. So lange der Widerspruch zur Satzung besteht, kann die ausgehandelte Beteiligungsvereinbarung jedoch nicht wirksam werden, so dass ggf. die gesetzliche Auffangregelung zur Anwendung kommt⁵⁷. Die fehlende Satzungsanpassung löst im Übrigen auch in jenen Fällen die Unwirksamkeitsfolge aus, in denen das Leitungsorgan der SE den Abschluss der Vereinbarung nicht explizit unter den Vorbehalt der Zustimmung der Hauptversammlung gestellt hat. 36

4. Übereinstimmung von Satzung und gesetzlicher Auffangregelung

Das Gleichlaufgebot nach Unterabs. 1 steht einem Widerspruch zwischen Satzung und Beteiligungsvereinbarung entgegen. Schon die Normenhierarchie gem. Art. 9 Abs. 1 lit. c SE-VO gebietet die Übereinstimmung der Satzung mit der **gesetzlichen Auffangregelung**, die bei Scheitern einer Beteiligungsvereinbarung zur Anwendung kommt⁵⁸. Auch einem insoweit bestehenden Widerspruch ist deshalb durch entsprechende **Satzungsanpassung** Rechnung zu tragen⁵⁹. Das Leitungsorgan der SE ist verpflichtet, auf eine entsprechende Satzungsanpassung hinzuwirken. Versagt die Hauptversammlung der gebotenen Anpassung die Zustimmung, hat das Leitungsorgan gegen den ablehnenden Hauptversammlungsbeschluss Anfechtungsklage und positive Beschlussfeststellungsklage zu erheben⁶⁰. 37

---

54 S. schon 1. Aufl. Rz. 31 (*Seibt*): Organpflicht aus Art. 12 Abs. 4 SE-VO; im Ergebnis übereinstimmend (freilich unter Anknüpfung an § 83 Abs. 2 AktG) *Kiem* in KölnKomm. AktG, 3. Aufl., Art. 12 SE-VO Rz. 76; *Schürnbrand* in Habersack/Drinhausen, Art. 12 SE-VO Rz. 34.
55 *Kiem* in KölnKomm. AktG, 3. Aufl., Art. 12 SE-VO Rz. 78; *Schürnbrand* in Habersack/Drinhausen, Art. 12 SE-VO Rz. 30.
56 *Kiem* in KölnKomm. AktG, 3. Aufl., Art. 12 SE-VO Rz. 81; *Schürnbrand* in Habersack/Drinhausen, Art. 12 SE-VO Rz. 30; ebenso inzwischen auch *Casper* in Spindler/Stilz, AktG, Art. 12 SE-VO Rz. 25.
57 *Kiem* in KölnKomm. AktG, 3. Aufl., Art. 12 SE-VO Rz. 81; *Schröder* in Manz/Mayer/Schröder, Art. 12 SE-VO Rz. 34; *Schürnbrand* in Habersack/Drinhausen, Art. 12 SE-VO Rz. 36.
58 Zutr. *Kiem* in KölnKomm. AktG, 3. Aufl., Art. 12 SE-VO Rz. 57.
59 Vgl. auch *Kiem* in KölnKomm. AktG, 3. Aufl., Art. 12 SE-VO Rz. 73 und 79: Eintragungshindernis.
60 *Kiem* in KölnKomm. AktG, 3. Aufl., Art. 12 SE-VO Rz. 83; *Schürnbrand* in Habersack/Drinhausen, Art. 12 SE-VO Rz. 39.

5. Der Beteiligungsvereinbarung widersprechende Satzungsänderung

38 Das Gleichklanggebot aus Unterabs. 1 Satz 1 wird schließlich auch verletzt, wenn eine **spätere Änderung der bestehenden Satzung** zum Widerspruch derselben zu einer (wirksam abgeschlossenen) Beteiligungsvereinbarung führt. Der satzungsändernde Beschluss der Hauptversammlung ist dann gem. § 241 Nr. 3 AktG nichtig, die Satzungsänderung darf nicht in das Handelsregister eingetragen werden[61]. Wird der bestehende Widerspruch übersehen und die Satzungsänderung gleichwohl eingetragen, bejaht die h.M. eine Heilung nach Maßgabe von § 242 Abs. 2 Satz 1 AktG[62].

6. Gestaltungsgrenzen der Beteiligungsvereinbarung

39 Die Regelung des Art. 12 Abs. 4 SE-VO und die damit verbundene Frage nach dem Verhältnis von Beteiligungsvereinbarungs- und Satzungsautonomie hat eine (noch nicht abgeschlossene) **Diskussion über** den konkreten Verlauf der **Gestaltungsgrenzen für die Beteiligungsvereinbarung** ausgelöst[63]; die (Zwischen-)Ergebnisse dieser Debatte lassen sich wie folgt zusammenfassen:

40 Die **vorherrschende Auffassung** fußt auf der in Art. 12 Abs. 4 SE-VO zum Ausdruck kommenden Grundentscheidung des europäischen Gesetzgebers, dass der Inhalt der Beteiligungsvereinbarung in der Satzung nachvollzogen werden muss[64]. Ggf. hat das durch entsprechende Satzungsanpassung zu geschehen, die – sofern das nationale Recht (wie hierzulande) von der Option nach Art. 12 Abs. 4 Unterabs. 2 SE-VO keinen Gebrauch macht – in der Letztentscheidungsgewalt der Hauptversammlungen der Gründergesellschaften (bzw. der Hauptversammlung der eingetragenen SE) steht. Daraus wird überwiegend gefolgert, dass die Gestaltungsmöglichkeiten der Beteiligungsvereinbarung dort enden, wo auch die **Gestaltungsautonomie des Satzungsgebers** ihre Grenze findet. Anders formuliert: Was die Satzung nicht regeln kann, kann auch nicht zum Gegenstand einer Beteiligungsvereinbarung gemacht werden[65].

41 Die **Gegenposition**[66] sieht in dem Bemühen, die Beteiligungsvereinbarung „in das Korsett der deutschen Satzungsstrenge zu zwingen"[67], einen eklatanten Widerspruch zu den Regelungszielen des europäischen Gesetzgebers, die vom (im europäischen Rechtstext angeordneten) **Vorrang der Verhandlungsfreiheit der Parteien der Beteiligungsvereinbarung** geprägt seien. Die Beteiligungsvereinbarung finde ihre Grundlage auf der Ebene des Art. 9 Abs. 1 lit. c i) SE-VO, stehe in der Normenhierarchie des

---

[61] *Casper* in Spindler/Stilz, AktG, Art. 12 SE-VO Rz. 26; *Kiem* in KölnKomm. AktG, 3. Aufl., Art. 12 SE-VO Rz. 82; *Schürnbrand* in Habersack/Drinhausen, Art. 12 SE-VO Rz. 37; *Schwarz*, Art. 12 SE-VO Rz. 40.

[62] *Casper* in Spindler/Stilz, AktG, Art. 12 SE-VO Rz. 26; *Kiem* in KölnKomm. AktG, 3. Aufl., Art. 12 SE-VO Rz. 82; *Schürnbrand* in Habersack/Drinhausen, Art. 12 SE-VO Rz. 37; a.A. *Schwarz*, Art. 12 SE-VO Rz. 40; *Schröder* in Manz/Mayer/Schröder, Art. 12 SE-VO Rz. 47.

[63] Überblick etwa bei *Kiem* in KölnKomm. AktG, 3. Aufl., Art. 12 SE-VO Rz. 59 ff.; *Linden*, Mitbestimmungsvereinbarung, S. 75 ff.

[64] Vgl. nur *Habersack*, ZHR 171 (2007), 613, 629: „Erfordernis eines satzungsmäßigen Nachvollzugs".

[65] Grundl. *Habersack*, AG 2006, 345, 348 f.; *Habersack*, ZHR 171 (2007), 613, 626 ff.; im Ansatz übereinstimmend etwa *Casper* in Spindler/Stilz, AktG, Art. 12 SE-VO Rz. 20; *Hoops*, Mitbestimmungsvereinbarung, S. 116 ff.; *Kiem* in KölnKomm. AktG, 3. Aufl., Art. 12 SE-VO Rz. 61 f.; *Linden*, Mitbestimmungsvereinbarung, S. 104 ff.; *Schäfer*, Mitbestimmung, S. 14, 27 ff.; *Schäfer* in MünchKomm. AktG, 3. Aufl., Art. 12 SE-VO Rz. 9; *Schürnbrand* in Habersack/Drinhausen, Art. 12 SE-VO Rz. 32, je m.w.N.

[66] Verfochten insbes. von *C. Teichmann*, AG 2008, 797, 800 ff.; zuvor schon *C. Teichmann*, Der Konzern 2007, 89, 94 f.; im Wesentlichen gleichsinnig *Rehberg*, Arbeitnehmerbeteiligung, S. 45, 60 ff.

[67] *C. Teichmann*, AG 2008, 797, 801.

Art. 9 SE-VO deshalb über dem nationalen Aktienrecht und der Satzungsstrenge des deutschen Rechts. Die Reichweite der Gestaltungsautonomie für die Beteiligungsvereinbarung sei allein der SE-RL (und dem zu ihrer Umsetzung erlassenen SEBG) zu entnehmen. Was Inhalt der Vereinbarung sein könne, regele Art. 4 SE-RL. Auch Art. 40 Abs. 2 SE-VO bringe im Übrigen zum Ausdruck, dass die Vereinbarungsautonomie im Einzelfall weiter reichen könne als die Satzungsautonomie.

Gewiss geht die verbreitete Formulierung, nur was auch die Satzung regeln könnte, sei möglicher Regelungsgegenstand einer Beteiligungsvereinbarung, zu weit. Denn Art. 4 Abs. 2 SE-RL weist den Regelungskomplex der „Unterrichtung und Anhörung der Arbeitnehmer der SE" der Beteiligungsvereinbarung ausdrücklich zu, ohne dass die Satzung dazu Bestimmungen treffen könnte. Die Frage nach einer **Begrenzung der Vereinbarungsautonomie durch die Satzungsstrenge** stellt sich aber dort, wo es um **Regelungen zur Unternehmensverfassung (Organisationsverfassung) der SE** geht[68] und soweit diese nicht schon nach ausdrücklicher Bestimmung von Art. 4 Abs. 2 lit. g SE-RL/§ 21 Abs. 3 SEBG – oder kraft sonstiger Regelung in SE-VO bzw. SEAG – in der Beteiligungsvereinbarung geregelt werden können. *Hier* hat die herrschende Lehre von der Begrenzung der Vereinbarungsautonomie durch die (auch der SE-VO im Übrigen geläufige, s. Art. 9 Abs. 1 lit. b SE-VO) Satzungsstrenge ihren berechtigten Platz: Sie sichert – im Verbund mit Art. 4 Abs. 4 Unterabs. 1 SE-VO – im Ergebnis die Letztentscheidungskompetenz der Hauptversammlung(en), was dem Regelungszweck von Art. 12 Abs. 4 SE-VO gerade entspricht (s. oben Rz. 33).

Jene Bindung der Beteiligungsvereinbarung an die Grenzen der Satzungsautonomie bedeutet freilich nicht etwa im Gegenschluss, dass zulässiger Regelungsgegenstand einer Vereinbarung alles sein könnte, was auch in der Satzung geregelt werden dürfte. Vielmehr dürfen in der Beteiligungsvereinbarung insoweit nur Regelungen mit sog. **Mitbestimmungsrelevanz** getroffen werden. Die hieraus zu ziehenden Schlussfolgerungen sind freilich wiederum umstritten: Nach h.M. ist die Mitbestimmungsrelevanz auf der Grundlage des Mitbestimmungsbegriffs in Art. 2 lit. k SE-RL und § 2 Abs. 12 SEBG zu beurteilen[69]. Danach meint „Mitbestimmung" die Einflussnahme der Arbeitnehmer auf die Angelegenheiten einer Gesellschaft durch Wahrung des Rechts, einen Teil der Mitglieder des Aufsichts- oder Verwaltungsorgans der Gesellschaft zu wählen oder zu bestellen bzw. die Bestellung zu empfehlen oder abzulehnen.

Demgegenüber stellt die Gegenposition[70] auf den (weiteren) Begriff der Arbeitnehmerbeteiligung nach Maßgabe von Art. 2 lit. h SE-RL und § 2 Abs. 8 SEBG ab. Da nach Art. 4 Abs. 1 SE-RL Ziel der Verhandlungen sei, zu einer „Vereinbarung über die Beteiligung der Arbeitnehmer innerhalb der SE" zu gelangen, bestimme allein der (Ober-)Begriff der „Beteiligung" (nicht die untergeordnete Begriffskategorie der „Mitbestimmung") die möglichen Regelungsinhalte der SE-Beteiligungsvereinbarung. Und „Beteiligung" in diesem Sinne meint jedes Verfahren – einschließlich der Unterrichtung, Anhörung und Mitbestimmung –, durch das die Vertreter der Arbeitnehmer Einfluss auf die Beschlussfassung in der Gesellschaft nehmen können (so Art. 2 lit. h SE-RL und § 2 Abs. 8 SEBG).

---

68 *Hommelhoff*, Normenhierarchie, S. 5, 16 spricht von „Materien des Gesellschaftsrechts".
69 *Habersack*, AG 2006, 345, 351; *Habersack*, ZHR 171 (2007), 613, 630 f.; *Hoops*, Mitbestimmungsvereinbarung, S. 115; *Jacobs* in FS K. Schmidt, 2009, S. 795, 799; *Linden*, Mitbestimmungsvereinbarung, S. 76 ff.; *Oetker* in FS Konzen, 2006, S. 635, 649 f.
70 *C. Teichmann*, AG 2008, 797, 804; wohl ebenso *Rehberg*, Arbeitnehmerbeteiligung, S. 45, 58.

45 Auf der Basis des von der h.M. verfochtenen (engeren) Mitbestimmungsbegriffs wird die Mitbestimmungsrelevanz bejaht für Regelungen zum Wahlverfahren der Arbeitnehmervertreter im Aufsichts- bzw. Verwaltungsrat, während Regelungen zur Bestellung schon kontrovers beurteilt werden[71]. Regelungen zur Größe des Aufsichts- oder Verwaltungsrats sollen nach wohl überwiegender Ansicht mangels Mitbestimmungsrelevanz indes nicht Gegenstand der Beteiligungsvereinbarung sein können[72]; ebenso wenig Regelungen zur Bildung bestimmter Ausschüsse des Aufsichts- bzw. Verwaltungsrats oder zu deren konkreter Besetzung[73].

46 Insgesamt ist die Diskussion über die zulässigen und unzulässigen Regelungsgegenstände der Beteiligungsvereinbarung noch ganz im Fluss[74], zumal insoweit – abgesehen von einer Entscheidung des LG Nürnberg-Fürth v. 8.2.2010[75] – bislang keine Rechtsprechung bekannt geworden ist. Zu weiteren Einzelheiten s. in diesem Kommentar insbes. die Erläuterungen zu § 21 SEBG.

Art. 13
[Offenlegung]

Die die SE betreffenden Urkunden und Angaben, die nach dieser Verordnung der Offenlegungspflicht unterliegen, werden gemäß der Richtlinie 68/151/EWG nach Maßgabe der Rechtsvorschriften des Sitzstaats der SE offen gelegt.

I. Gegenstand der Regelung	1	
II. Offenlegungspflichten	2	
III. Publizitätsmedien		
1. Eintragung im Handelsregister; Einstellung in den Registerordner		4
2. Bekanntmachung der Eintragung; Einsichtnahme		5

Literatur: S. vor Art. 12.

I. Gegenstand der Regelung

1 Die Vorschrift verpflichtet dazu, alle die SE betreffenden, nach der SE-VO offenlegungspflichtigen Urkunden und Angaben nach Maßgabe der Rechtsvorschriften des Sitzstaates der SE offen zu legen. Diese Rechtsvorschriften müssen – nach dem unver-

---

[71] S. dazu *Kiem* in KölnKomm. AktG, 3. Aufl., Art. 12 SE-VO Rz. 68 m.w.N.
[72] *Casper* in Spindler/Stilz, AktG, Art. 12 SE-VO Rz. 21; *Habersack*, AG 2006, 345, 351 ff.; *Schäfer*, Mitbestimmung, S. 14, 32 f.; *Jacobs* in FS K. Schmidt, 2009, S. 795, 803 f.; *Kiem* in KölnKomm. AktG, 3. Aufl., Art. 12 SE-VO Rz. 64 m.w.N.; a.A. LG Nürnberg-Fürth, ZIP 2010, 372 f. = BB 2010, 1113 ff. mit zust. Anmerkung *C. Teichmann*; Besprechungen u.a. von *Forst*, AG 2010, 350 ff. und *Seibt*, ZIP 2010, 1057 ff. (dort auch umfassende Einzelnachweise zum Meinungsstand).
[73] *Casper* in Spindler/Stilz, AktG, Art. 12 SE-VO Rz. 22; *Jacobs* in FS K. Schmidt, 2009, S. 795, 810 ff.; *Kiem* in KölnKomm. AktG, 3. Aufl., Art. 12 SE-VO Rz. 65; anders für die Ausschussbesetzung etwa *Seibt*, ZIP 2010, 1057, 1060 f. m.w.N.; monographisch *M. Koch*, Beteiligung von Arbeitnehmervertretern, S. 76 ff.
[74] Monographisch etwa *Forst*, Beteiligungsvereinbarung, S. 187 ff., 259 ff.; *Linden*, Mitbestimmungsvereinbarung, S. 133 ff.
[75] Vgl. oben Fn. 71.

änderten Normtext des Art. 13 SE-VO – der PublizitätsRL 68/151/EWG[1] entsprechen, an deren Stelle inzwischen allerdings die Kodifizierung durch die RL 2009/101/EG v. 16.9.2009[2] getreten ist. Die Regelung betrifft nicht nur die Offenlegung von Urkunden und Angaben im Zusammenhang mit der Gründung der SE, sondern auch alle sonstigen nach der SE-VO publizitätspflichtigen Urkunden und Angaben, welche die SE (und nicht lediglich ihre Gründungsgesellschaften) betreffen.

II. Offenlegungspflichten

Offenlegungspflichten hinsichtlich der **die SE betreffenden Urkunden und Angaben** i.S.v. Art. 13 SE-VO statuiert die SE-VO für die Eintragung und Löschung (Art. 15 Abs. 2, Art. 14 Abs. 1), für die Sitzverlegung (Art. 8 Abs. 2 und 12 SE-VO), für jede Satzungsänderung (Art. 59 Abs. 3 SE-VO), für die Eröffnung eines Auflösungs-, Liquidations-, Zahlungsunfähigkeits- und Zahlungseinstellungsverfahrens und für dessen Abschluss sowie für die Entscheidung über die Weiterführung der Geschäftstätigkeit (Art. 65 SE-VO). Einen unmittelbaren Verweis auf die Rechtsvorschriften des Sitzstaates der SE enthält Art. 66 Abs. 4 SE-VO für den Fall der Umwandlung der SE in eine nationale AG. 2

Von der Verpflichtung zur Offenlegung der die SE betreffenden Urkunden und Angaben nach Art. 13 SE-VO sind jene Fälle zu unterscheiden, für welche die Verordnung die **Offenlegung für die am Gründungsverfahren beteiligten Gesellschaften** nach dem mitgliedstaatlichen Recht anordnet. Das betrifft namentlich die Angaben für jede der sich verschmelzenden Gesellschaften nach Art. 21 SE-VO und – für den Verfahrensabschnitt der Durchführung der Verschmelzung – nach Art. 28 SE-VO, den Gründungsplan und die Erfüllung der Bedingungen für die Holding-Gründung für jede der beteiligten Gesellschaften (Art. 32 Abs. 3, Art. 33 Abs. 3 SE-VO) sowie den Umwandlungsplan nach Art. 37 Abs. 5 SE-VO. Art. 13 SE-VO ist in diesen Fällen **nicht einschlägig**[3]. 3

III. Publizitätsmedien

1. Eintragung im Handelsregister; Einstellung in den Registerordner

Die nach Art. 13 SE-VO offenlegungspflichtigen Urkunden und Tatsachen werden hierzulande in das elektronisch geführte (§ 8 Abs. 1 HGB) **Handelsregister** eingetragen bzw. zu den **Registerakten** (§ 8 HRV) genommen und in den (elektronisch geführten) **Registerordner** eingestellt (§§ 7, 9 HRV). 4

2. Bekanntmachung der Eintragung; Einsichtnahme

Die **Eintragungen** in das Handelsregister (und nur diese) werden vom Registergericht in dem nach Landesrecht bestimmten Informations- und Kommunikationssystem **elektronisch bekannt gemacht**, wobei auch ein länderübergreifendes System eingerichtet werden kann (§ 10 HGB i.V.m. § 9 HGB)[4]. 5

---

1 Richtlinie 68/151/EWG v. 9.3.1968, ABl. EG Nr. L 65 v. 14.3.1968, S. 8.
2 ABl. EU Nr. L 258 v. 1.10.2009, S. 11.
3 Zutr. *Schwarz*, Art. 13 SE-VO Rz. 10 f.; ebenso *Kiem* in KölnKomm. AktG, 3. Aufl., Art. 13 SE-VO Rz. 2; *Schäfer* in MünchKomm. AktG, 3. Aufl., Art. 13, 14 SE-VO Rz. 1; *Schürnbrand* in Habersack/Drinhausen, Art. 13 SE-VO Rz. 3.
4 S. www.handelsregisterbekanntmachungen.de.

6 Über ein solches elektronisches Informations- und Kommunikationssystem ist (nach § 9 HGB) auch die **Einsichtnahme** in das Handelsregister sowie in den für jedes Registerblatt angelegten Registerordner möglich[5], in den die unbeschränkter Einsicht unterliegenden Dokumente eingestellt werden[6]. Der Zugang zu den bei den Registergerichten geführten Daten der Handelsregister (sowie zu anderen publizitätspflichtigen Unternehmensinformationen) ist zudem über das gem. §§ 8b, 9a HGB eingerichtete Unternehmensregister möglich, das ebenfalls elektronisch geführt wird[7]. Eine zusätzliche Bekanntmachung der Handelsregistereintragungen auf andere Weise ist angesichts des leichten Zugriffs über das Internet mittlerweile überflüssig geworden.

Art. 14
[Bekanntmachung der Gründung und Sitzverlegung]

(1) Die Eintragung und die Löschung der Eintragung einer SE werden mittels einer Bekanntmachung zu Informationszwecken im Amtsblatt der Europäischen Gemeinschaften veröffentlicht, nachdem die Offenlegung gemäß Artikel 13 erfolgt ist. Diese Bekanntmachung enthält die Firma der SE, Nummer, Datum und Ort der Eintragung der SE, Datum, Ort und Titel der Veröffentlichung sowie den Sitz und den Geschäftszweig der SE.

(2) Bei der Verlegung des Sitzes der SE gemäß Artikel 8 erfolgt eine Bekanntmachung mit den Angaben gemäß Absatz 1 sowie mit denjenigen im Falle einer Neueintragung.

(3) Die Angaben gemäß Absatz 1 werden dem Amt für amtliche Veröffentlichungen der Europäischen Gemeinschaften innerhalb eines Monats nach der Offenlegung gemäß Artikel 13 übermittelt.

I. Gegenstand der Regelung	1	III. Bekanntmachung der Sitzverlegung (Art. 14 Abs. 2 SE-VO)	8
II. Bekanntmachung von Eintragung und Löschung (Art. 14 Abs. 1 SE-VO)		IV. Übermittlung der bekannt zu machenden Angaben (Art. 14 Abs. 3 SE-VO)	9
1. Gegenstand der Bekanntmachung	4		
2. Bekanntmachungsmedium	7		

Literatur: S. vor Art. 12.

I. Gegenstand der Regelung

1 Neben die in Art. 13 SE-VO angeordnete Offenlegung nach Maßgabe der (angeglichenen) Rechtsvorschriften der Mitgliedstaaten tritt für **bestimmte Vorgänge** die „euro-

---

5 S. www.handelsregister.de.
6 Zu weiteren Einzelheiten, auch zur Übermittlung von Registerauszügen sowie zu den Kosten von Bekanntmachungen und Einsichtnahmen s. etwa *Seibert/Decker*, DB 2006, 2446, 2448 f.; *Noack*, NZG 2006, 801, 802 ff.
7 S. *Kleindiek* in K. Schmidt/Lutter, § 39 AktG Rz. 10.

paweite" Information durch **Bekanntmachung im Amtsblatt der Europäischen Union**[1] gem. Art. 14 SE-VO.

Art. 14 Abs. 1 SE-VO ordnet eine solche Bekanntmachung für die **Eintragung** und **Löschung** der Eintragung der SE an; Art. 14 Abs. 2 SE-VO erweitert diese Bekanntmachungspflicht auf die **Sitzverlegung**. Art. 14 Abs. 3 SE-VO enthält schließlich eine Vorgabe für die **Übermittlung** der bekannt zu machenden **Angaben** an das Amt für amtliche Veröffentlichungen der Europäischen Union. 2

Mit der Bekanntmachung nach Art. 14 SE-VO, die ausschließlich **Informationszwecken** dient, wird das Fehlen eines europäischen Registers für die SE kompensiert: Es ist auf diese Weise sichergestellt, dass jede in einem Mitgliedstaat gegründete SE (und deren Löschung) in einem zentralen europäischen Publizitätsorgan veröffentlicht wird. 3

II. Bekanntmachung von Eintragung und Löschung (Art. 14 Abs. 1 SE-VO)

1. Gegenstand der Bekanntmachung

Der Bekanntmachungspflicht nach Art. 14 Abs. 1 SE-VO unterliegen die Eintragung und die Löschung der SE. **Eintragung** meint die konstitutive Eintragung in das nach dem Recht des Sitzstaates bestimmte Register gem. Art. 12 Abs. 1 SE-VO. Unter der **Löschung** ist die Entfernung der Eintragung aus dem Register zu verstehen[2]; zu Auflösung und Liquidation der SE s. im Übrigen Art. 63 SE-VO und die Erläuterungen dort. 4

Die Bekanntmachung enthält **Firma, Sitz und Geschäftszweig** der SE sowie **Nummer, Datum und Ort der Eintragung** in das Register des Sitzstaates. Der Ort der Eintragung ist so anzugeben, dass sich potentielle Interessenten an die bezeichnete Stelle wenden können, ohne weitere Nachforschungen zur Adresse anstellen zu müssen[3]. 5

Außerdem sind **Datum, Ort und Titel der Veröffentlichung** aufzunehmen. Das erfordert heute – seit Umstellung auf die elektronische Registerführung im Zuge des EHUG mit Wirkung ab 1.1.2007 – eine Information über die Zugriffsadresse des elektronischen Kommunikations- und Informationssystems, in welchem die Eintragungen in das Handelsregister nach § 10 HGB bekannt gemacht werden; der Zugang zu diesen Daten ist auch über das (ebenfalls elektronisch geführte) Unternehmensregister möglich (s. zum Ganzen Art. 13 Rz. 6). Der Bekanntmachung muss ein Interessent ohne weiteren Rechercheaufwand entnehmen können, auf welchem Wege die Daten der SE abgerufen werden können. 6

2. Bekanntmachungsmedium

Medium der Bekanntmachung ist das **Amtsblatt der Europäischen Union**, das vom Amt für amtliche Veröffentlichungen der Europäischen Union herausgegeben wird; die Veröffentlichung erfolgt in der Reihe S (Supplement zum Amtsblatt)[4]. Die Bekanntmachung im Amtsblatt ist nach Offenlegung gem. Art. 13 SE-VO vorzunehmen (Art. 14 Abs. 1 Satz 1 a.E. SE-VO). 7

---

1 Mit dem Vertrag von Nizza heißt das Amtsblatt der Europäischen Gemeinschaften seit dem 1.2.2003 „Amtsblatt der Europäischen Union".
2 *Schwarz*, Art. 14 SE-VO Rz. 7.
3 *Schwarz*, Art. 14 SE-VO Rz. 10.
4 *Kiem* in KölnKomm. AktG, 3. Aufl., Art. 14 SE-VO Rz. 13.

III. Bekanntmachung der Sitzverlegung (Art. 14 Abs. 2 SE-VO)

8 Art. 14 Abs. 2 SE-VO erweitert den Kreis der veröffentlichungspflichtigen Vorgänge um die **Sitzverlegung** nach Art. 8 SE-VO. Die Verlegung des Sitzes vollzieht sich registerrechtlich in zwei Schritten: Zunächst wird die Gesellschaft gemäß Art. 8 Abs. 10 SE-VO im Register des zukünftigen Sitzes eingetragen, bevor anschließend die Eintragung aus dem Register des bisherigen Sitzes gem. Art. 8 Abs. 11 SE-VO gelöscht wird. Sowohl die Eintragung als auch die Löschung sind gem. Art. 8 Abs. 12 SE-VO im jeweiligen Mitgliedstaat offen zu legen. Anschließend ist die Sitzverlegung als solche im Amtsblatt der Europäischen Union bekannt zu machen. In die Bekanntmachung nach Art. 14 Abs. 2 SE-VO sind die Angaben der bisherigen Eintragung sowie diejenigen der Neueintragung aufzunehmen, und zwar nach Maßgabe der in Art. 14 Abs. 1 SE-VO getroffenen Konkretisierungen[5].

IV. Übermittlung der bekannt zu machenden Angaben (Art. 14 Abs. 3 SE-VO)

9 Art. 14 Abs. 3 SE-VO begründet eine Pflicht, die für die Bekanntmachung erforderlichen Angaben innerhalb eines Monats nach der Offenlegung gem. Art. 13 SE-VO (s. dazu Art. 13 Rz. 4 ff.) an das Amt für amtliche Veröffentlichungen der EU zu übermitteln. Träger der Übermittlungspflicht ist hierzulande das Registergericht, dem die Übermittlung als Annex-Pflicht zur Bekanntmachung von Registereintragungen nach § 10 HGB obliegt[6]. Das Registergericht hat die Übermittlung von Amts wegen zu veranlassen.

---

[5] *Schwarz*, Art. 14 SE-VO Rz. 16.
[6] Zust. *Schürnbrand* in Habersack/Drinhausen, Art. 14 SE-VO Rz. 5. Im Ergebnis bejahend zur Übermittlungspflicht des Registergerichts auch *Kiem* in KölnKomm. AktG, 3. Aufl., Art. 14 SE-VO Rz. 11; *Schäfer* in MünchKomm. AktG, 3. Aufl., Art. 13, 14 SE-VO Rz. 3; *Schröder* in Manz/Mayer/Schröder, Art. 14 SE-VO Rz. 7; *Vossius*, ZIP 2005, 741, 742.

Titel II. Gründung

Abschnitt 1. Allgemeines

Art. 15
[Bei der Gründung anwendbares Recht]

(1) Vorbehaltlich der Bestimmungen dieser Verordnung findet auf die Gründung einer SE das für Aktiengesellschaften geltende Recht des Staates Anwendung, in dem die SE ihren Sitz begründet.

(2) Die Eintragung einer SE wird gemäß Artikel 13 offen gelegt.

I. Regelungsgegenstand und Zweck ... 1	2. Abgrenzung zu anderen Verweisungsnormen
II. Anwendbares Recht (Art. 15 Abs. 1 SE-VO)	a) Abgrenzung zu Art. 9 SE-VO 6
1. Inhalt und Rechtsnatur der Verweisung	b) Abgrenzung zu Art. 18 SE-VO und Art. 36 SE-VO 7
a) Recht am Sitz der künftigen SE .. 4	3. Umfang der Verweisung 8
b) Kollisionsrechtliche Sachnormverweisung 5	III. Offenlegung der Eintragung (Art. 15 Abs. 2 SE-VO) 10

Literatur: *Brandt/Scheifele*, Die Europäische Aktiengesellschaft und das anwendbare Recht, DStR 2002, 547; *Fuchs*, Die Gründung einer Europäischen Aktiengesellschaft durch Verschmelzung und das nationale Recht, Diss. Konstanz 2004 (zit.: Gründung); *Kersting*, Societas Europaea: Gründung und Vorgesellschaft, DB 2001, 2079; *Lenz*, Die Europäische wirtschaftliche Interessenvereinigung mit dem Sitz in der Bundesrepublik Deutschland vor Eintragung, 1997; *J. Schmidt*, SE and SCE: two new European company forms – and more to come!, (2006) 27 Co Law 99; *Seibt/ Reinhard*, Umwandlung der Aktiengesellschaft in die Europäische Gesellschaft (Societas Europaea), Der Konzern 2005, 407; *Seibt/Saame*, Die Societas Europaea (SE) deutschen Rechts: Anwendungsfelder und Beratungshinweise, AnwBl 2005, 225; *Teichmann*, Die Einführung der Europäischen Aktiengesellschaft, ZGR 2002, 383; *Vossius*, Gründung und Umwandlung der deutschen Europäischen Gesellschaft (SE), ZIP 2005, 741; *J. Wagner*, Die Bestimmung des auf die SE anwendbaren Rechts, NZG 2002, 985; *Walden/Meyer-Landrut*, Die grenzüberschreitende Verschmelzung zu einer Europäischen Gesellschaft: Planung und Vorbereitung, DB 2005, 2119.

I. Regelungsgegenstand und Zweck

Art. 15 **Abs. 1** SE-VO bestimmt, dass sowohl für alle Formen der **primären SE-Gründung**[1] (dazu Art. 2 Rz. 2) als auch für die sekundäre Gründung gem. Art. 3 Abs. 2 SE-VO[2] das **(Sach-)Recht der AG des Sitzstaates** maßgeblich ist, soweit die SE-VO selbst 1

---

[1] *Diekmann* in Habersack/Drinhausen, Art. 15 SE-VO Rz. 10; *Schäfer* in MünchKomm. AktG, 3. Aufl., Art. 15 SE-VO Rz. 1 (unstreitig).
[2] So auch *Maul* in KölnKomm. AktG, 3. Aufl., Art. 15 SE-VO Rz. 2; *Casper* in Spindler/Stilz, AktG, Art. 3 SE-VO Rz. 18; *Schwarz* Art. 3 SE-VO Rz. 26; nach a.A. soll insoweit Art. 9 SE-VO gelten: *Schäfer* in MünchKomm. AktG, 3. Aufl., Art. 15 SE-VO Rz. 1; *Diekmann* in Habersack/ Drinhausen, Art. 15 SE-VO Rz. 10; missverständlich *Casper* in Spindler/Stilz, AktG, Art. 15 SE-VO Rz. 2 im Widerspruch zu Art. 3 Rz. 18.

keine eigenständige Regelung enthält. Die Vorschrift ist somit einerseits eine (partielle) Generalverweisung[3], die gewährleisten soll, dass die Gründung der SE grundsätzlich den gleichen Regeln folgt wie die Gründung der nationalen AG[4], und andererseits eine Auffangnorm für nicht speziell geregelte Fragen des Gründungsrechts[5].

2 **Keine Anwendung** findet Art. 15 Abs. 1 SE-VO hingegen auf **Umwandlungen** einer bereits bestehenden SE. Dies gilt sowohl für die spezialgesetzlich geregelte formwechselnde Umwandlung in eine AG (nach Art. 66) SE-VO als auch für andere Umwandlungen, die das nationale Recht der SE gestattet (vgl. dazu Art. 3 Rz. 2). Anwendbar ist hier allein Art. 9 SE-VO, speziell Abs. 1 lit. c ii[6].

3 Art. 15 **Abs. 2** SE-VO ist im Kontext mit Art. 16 Abs. 1 SE-VO zu lesen: Die Gründung einer SE ist erst mit ihrer Eintragung in das in Art. 12 SE-VO bestimmte Register abgeschlossen (dazu Art. 16 Rz. 5). Diese **Eintragung der SE** ist nach Art. 15 Abs. 2 SE-VO **offenzulegen**, wobei gem. Art. 13 SE-VO das Verfahren maßgeblich ist, das von der nationalen Rechtsordnung in Umsetzung der Publizitäts-RL[7] geschaffen wurde (ausf. unten Rz. 10 f.).

II. Anwendbares Recht (Art. 15 Abs. 1 SE-VO)

1. Inhalt und Rechtsnatur der Verweisung

a) Recht am Sitz der künftigen SE

4 Art. 15 Abs. 1 SE-VO erklärt das nationale Recht der AG des Staates für anwendbar, „in dem die SE ihren Sitz begründet". Als Generalverweisung für das Recht der Gründung der SE kann damit nicht das Recht gemeint sein, das für die SE nach ihrer Eintragung gilt; denn zu diesem Zeitpunkt ist die Gründung bereits abgeschlossen (ausf. Art. 16 Rz. 5; vgl. unten Rz. 6). Anders als die Parallelnorm des Art. 2 Abs. 1 EWIV-VO – die nach h.M. erst ab Eintragung der EWIV anwendbar sein soll, so dass für die Bestimmung des zuvor anwendbaren Rechts die Vorschriften des IPR heranzuziehen seien[8] – bezieht sich die Verweisung des Art. 15 Abs. 1 SE-VO vielmehr eindeutig *auf das Recht der künftigen SE*, d.h. auf die Rechtsordnung, in der die **in**

---

[3] So auch *Casper* in Spindler/Stilz, AktG, Art. 15 SE-VO Rz. 1; *Diekmann* in Habersack/Drinhausen, Art. 15 SE-VO Rz. 1; *Schäfer* in MünchKomm. AktG, 3. Aufl., Art. 15 SE-VO Rz. 2; vgl. bereits *Brandt/Scheifele*, DStR 2002, 547, 555; *Fuchs*, Gründung, S. 37; *Lind*, Europäische Aktiengesellschaft, S. 68; *Scheifele*, Gründung, S. 51.
[4] *Casper* in Spindler/Stilz, AktG, Art. 15 SE-VO Rz. 1; *Diekmann* in Habersack/Drinhausen, Art. 15 SE-VO Rz. 1; *Schröder* in Manz/Mayer/Schröder, Art. 15 SE-VO Rz. 1.
[5] So auch *Diekmann* in Habersack/Drinhausen, Art. 15 SE-VO Rz. 1; *Maul* in KölnKomm. AktG, 3. Aufl., Art. 15 SE-VO Rz. 5; *Schäfer* in MünchKomm. AktG, 3. Aufl., Art. 15 SE-VO Rz. 3; vgl. bereits *Scheifele*, Gründung, S. 51; *Schröder* in Manz/Mayer/Schröder, Art. 15 SE-VO Rz. 2; *Schwarz*, Art. 15 SE-VO Rz. 1; *Teichmann* ZGR 2002, 383, 414.
[6] *Schröder* in Manz/Mayer/Schröder, Art. 66 SE-VO Rz. 7, 9; *Schwarz*, Art. 66 SE-VO Rz. 10, 30.
[7] RL 2009/101/EG v. 16.9.2009, ABl. EU Nr. L 258 v. 1.10.2009, S. 11; abgedruckt und erläutert bei *Lutter/Bayer/J. Schmidt*, EuropUR, § 19; ursprünglich Richtlinie 68/151/EWG des Rates vom 9.3.1968 zur Koordinierung der Schutzbestimmungen, die in den Mitgliedstaaten den Gesellschaften im Sinne des Artikels 58 Absatz 2 des Vertrages im Interesse der Gesellschafter sowie Dritter vorgeschrieben sind, um diese Bestimmungen gleichwertig zu gestalten, ABl. EG Nr. L 65 v. 14.3.1968, S. 8; zur Änderung näher *Lutter/Bayer/J. Schmidt*, EuropUR, § 19 Rz. 5 ff.
[8] So *Habersack/Verse*, Europäisches Gesellschaftsrecht, § 12 Rz. 1; *Lutter/Bayer/J. Schmidt*, EuropUR, § 40 Rz. 7/9; a.A. *Manz* in Selbherr/Manz, Komm. zur EWIV, 1995, Art. 2 SE-VO Rz. 14; *Lenz*, EWIV, S. 48 ff.

Gründung befindliche SE planmäßig ihren Sitz haben soll[9]. Wie generell (vgl. etwa Art. 2 Rz. 11) ist auch hier der satzungsmäßige Sitz der SE gemeint. Abzustellen ist somit im Ergebnis auf den im Gründungsplan (vgl. Art. 20 Abs. 1 Satz 2 lit. a SE-VO) festgelegten Sitz der SE[10].

b) Kollisionsrechtliche Sachnormverweisung

Da Art. 15 Abs. 1 SE-VO eine Entscheidung über die anwendbare Rechtsordnung trifft, hat die Vorschrift internationalprivatrechtlichen Charakter und ist als **Kollisionsnorm** zu qualifizieren[11]. Allerdings wird nicht im Wege einer Gesamtverweisung auf die gesamte Rechtsordnung – also einschließlich des Internationalen Privatrechts – des künftigen Sitzstaates verwiesen, sondern unmittelbar auf das **Sachrecht** des künftigen Sitzstaates[12] (Einzelheiten unten Rz. 8 f.; so die auch die h.M. zu Art. 9 SE-VO, anders aber *Hommelhoff/Teichmann*, ausf. Art. 9 Rz. 26 ff.).

2. Abgrenzung zu anderen Verweisungsnormen

a) Abgrenzung zu Art. 9 SE-VO

Die Anwendungsbereiche von Art. 9 SE-VO und Art. 15 Abs. 1 SE-VO schließen einander nach ganz herrschender und zutreffender Auffassung gegenseitig aus: **Art. 9 SE-VO** gilt nämlich, wie sich aus seinem Wortlaut und der Systematik der SE-VO ergibt, nur für die bereits „**gegründete**" SE, d.h. ab Eintragung (vgl. Art. 16 Abs. 1 SE-VO), während **Art. 15 SE-VO** für die **Gründung** gilt[13].

b) Abgrenzung zu Art. 18 SE-VO und Art. 36 SE-VO

Art. 15 Abs. 1 SE-VO gilt aber nicht für die gesamte Gründungsphase, sondern lediglich für die Endphase der Gründung (sog. Vollzugsphase), d.h. diejenigen Verfahrensschritte, die bereits die **Sphäre der künftigen SE** betreffen[14]. In der Vorbereitungs- und

---

9 *Casper* in Spindler/Stilz, AktG, Art. 15 SE-VO Rz. 5; *Diekmann* in Habersack/Drinhausen, Art. 15 SE-VO Rz. 12; *Maul* in KölnKomm. AktG, 3. Aufl., Art. 15 SE-VO Rz. 8; *Schäfer* in MünchKomm. AktG, 3. Aufl., Art. 15 SE-VO Rz. 1; *Schröder* in Manz/Mayer/Schröder, Art. 15 SE-VO Rz. 5; *Schwarz*, Art. 15 Rz. 16; vgl. bereits *Teichmann*, ZGR 2002, 383, 414; *Kersting*, DB 2001, 2079, 2080; teilw. abw. *Hügel* in Kalss/Hügel, Vor § 17 SEG Art. 15 Rz. 8.
10 Ebenso *Casper* in Spindler/Stilz, AktG, Art. 15 SE-VO Rz. 5; *Diekmann* in Habersack/Drinhausen, Art. 15 SE-VO Rz. 12; *Schäfer* in MünchKomm. AktG, 3. Aufl., Art. 15 SE-VO Rz. 10; *Schröder* in Manz/Mayer/Schröder, Art. 15 SE-VO Rz. 10; *Schwarz*, Art. 15 SE-VO Rz. 16.
11 *Scheifele*, Gründung, S. 51; *Schwarz*, Art. 15 SE-VO Rz. 18; *Maul* in KölnKomm. AktG, 3. Aufl., Art. 15 SE-VO Rz. 8; vgl. auch *Wagner*, NZG 2002, 985, 987. Anders jedoch *Teichmann*, ZGR 2002, 383, 396.
12 *Casper* in Spindler/Stilz, AktG, Art. 15 SE-VO Rz. 1; *Diekmann* in Habersack/Drinhausen, Art. 15 SE-VO Rz. 11; *Maul* in KölnKomm. AktG, 3. Aufl., Art. 15 SE-VO Rz. 8; *Schäfer* in MünchKomm. AktG, 3. Aufl., Art. 15 SE-VO Rz. 4; vgl. auch *Brandt/Scheifele*, DStR 2002, 547, 553; *Wagner*, NZG 2002, 985, 987.
13 Wie hier *Casper* in Spindler/Stilz, AktG, Art. 15 SE-VO Rz. 4; *Diekmann* in Habersack/Drinhausen, Art. 15 SE-VO Rz. 3; *Schäfer* in MünchKomm. AktG, 3. Aufl., Art. 15 SE-VO Rz. 6; *Maul* in KölnKomm. AktG, 3. Aufl., Art. 15 SE-VO Rz. 6; vgl. bereits *Fuchs*, Gründung, S. 39; *Kalss* in Baums/Cahn, Europäische Aktiengesellschaft, S. 106, 115; *Lind*, Europäische Aktiengesellschaft, S. 68; *Scheifele*, Gründung, S. 51; *Schröder* in Manz/Mayer/Schröder, Art. 15 SE-VO Rz. 3; *Schwarz*, Art. 9 SE-VO Rz. 6; *C. Teichmann*, ZGR 2002, 383, 415 f.; *Walden/Meyer-Landrut*, DB 2005, 2119, 2120. Anders jedoch *Hügel* in Kalss/Hügel, Vor § 17 SEG Art. 15 Rz. 8; *Schindler*, Europäische Aktiengesellschaft, S. 22 (Anwendung des Art. 9 SE-VO auch in der Gründungsphase).
14 So auch *Casper* in Spindler/Stilz, AktG, Art. 15 SE-VO Rz. 3; *Diekmann* in Habersack/Drinhausen, Art. 15 SE-VO Rz. 7; *Schäfer* in MünchKomm. AktG, 3. Aufl., Art. 15 SE-VO Rz. 8; *Maul* in KölnKomm. AktG, 3. Aufl., Art. 15 SE-VO Rz. 7; vgl. auch schon *Bayer* in Lutter/

Beschlussphase, d.h. im Hinblick auf diejenigen Verfahrensschritte, die noch der **Sphäre der einzelnen Gründungsgesellschaften** zuzuordnen sind, bestimmt sich das anwendbare Recht hingegen **nach Art. 18 SE-VO**[15] (die Norm gilt direkt nur für die Verschmelzung[16], analog aber auch für die Holding-Gründung, vgl. dazu Art. 32 Rz. 7) und Art. 36 SE-VO (für die Tochter-SE)[17].

3. Umfang der Verweisung

8   Anwendbar sind nach Art. 15 Abs. 1 SE-VO **alle Vorschriften**, die **für Aktiengesellschaften** im Sitzstaat der künftigen SE **gelten**. Die Verweisung bezieht sich somit – aus deutscher Sicht – nicht nur auf das Aktienrecht i.e.S. (das AktG), sondern darüber hinaus auch auf das UmwG, soweit es auf AG anwendbar ist, aber auch auf das allgemeine Zivilrecht[18]. Erfasst wird sowohl das geschriebene als auch das ungeschriebene Recht[19] einschließlich Rechtsfortbildungen durch Rechtsprechung und Lehre[20].

9   Anwendbar sind – soweit nicht die SE-VO eine vorrangige Regelung enthält – im Falle der Gründung einer SE durch **Verschmelzung** (Art. 2 Abs. 1, 17 ff. SE-VO) daher insbesondere die §§ 2 ff. UmwG und ergänzend die §§ 1–53 AktG[21]. Im Falle der **Holding**-Gründung (Art. 2 Abs. 2, 32 ff. SE-VO) sind aufgrund der engen Verwandtschaft der Holding-Bildung zur Verschmelzung ebenfalls die §§ 2 ff. UmwG anzuwenden, jedenfalls insoweit sich nicht ausnahmsweise holdinggründungsspezifische Besonderheiten ergeben[22] (ausf. dazu Art. 32 Rz. 5). Wird eine gemeinsame **Tochter-SE** errich-

---

Hommelhoff, Europäische Gesellschaft, S. 25, 33; *Hügel* in Kalss/Hügel, Vor § 17 SEG Art. 15 SE-VO Rz. 5; *Scheifele*, Gründung, S. 37, 51; *J. Schmidt*, (2006) 27 Co Law 99, 101; *Schwarz*, Art. 15 SE-VO Rz. 10, 15; *Teichmann*, ZGR 2002, 383, 416; *Walden/Meyer-Landrut*, DB 2005, 2119, 2120; anders wohl nur *Schröder* in Manz/Mayer/Schröder, Art. 15 SE-VO Rz. 4 (teilweise kumulative Anwendung von Art. 15 Abs. 1 SE-VO und Art. 18 SE-VO).

15 So auch *Casper* in Spindler/Stilz, AktG, Art. 15 SE-VO Rz. 3; *Diekmann* in Habersack/Drinhausen, Art. 15 SE-VO Rz. 7; *Schäfer* in MünchKomm. AktG Art. 15 SE-VO Rz. 8; *Maul* in KölnKomm. AktG, 3. Aufl., Art. 15 SE-VO Rz. 7.

16 *Hügel* in Kalss/Hügel, Vor § 17 SEG Art. 15 Rz. 6; *Kleindiek* in Lutter/Hommelhoff, Europäische Gesellschaft, S. 95, 100; *Lind*, Europäische Aktiengesellschaft, S. 106; *Scheifele*, Gründung, S. 37, 39, 41; *J. Schmidt*, „Deutsche" vs. „britische" SE, S. 157; *J. Schmidt*, (2006) 27 Co Law 99, 101; *Schwarz*, Art. 18 SE-VO Rz. 16; *Teichmann*, ZGR 2002, 383, 416; *Walden/ Meyer-Landrut*, DB 2005, 2119; so auch schon *Bayer* in Lutter/Hommelhoff, Europäische Gesellschaft, S. 25, 32 f.

17 *Jannott* in Jannott/Frodermann, Handbuch Europäische Aktiengesellschaft, § 3 Rz. 205; *Kalss* in Kalss/Hügel, Vor § 17 SEG – Gründung der SE Rz. 27; *Kleindiek* in Lutter/Hommelhoff, Europäische Gesellschaft, S. 95, 101; *Lind*, Europäische Aktiengesellschaft, S. 124; *Neun* in Theisen/Wenz, Europäische Aktiengesellschaft, S. 57, 74, 186; *Scheifele*, Gründung, S. 390, 392; *J. Schmidt*, (2006) 27 Co Law 99, 101; *Schwarz*, Art. 36 SE-VO Rz. 5, 10; *Seibt/Saame*, AnwBl 2005, 225, 232; *Teichmann*, ZGR 2003, 367, 396; so auch schon *Bayer* in Lutter/Hommelhoff, Europäische Gesellschaft, S. 25, 58.

18 *Diekmann* in Habersack/Drinhausen, Art. 15 SE-VO Rz. 13; *Hügel* in Kalss/Hügel, Vor § 17 SEG Art. 15 Rz. 29; *Schäfer* in MünchKomm. AktG, 3. Aufl., Art. 15 SE-VO Rz. 10; *Scheifele*, Gründung, S. 53 ff.; *J. Schmidt*, „Deutsche" vs. „britische" SE, S. 159; *Schwarz*, Art. 15 Rz. 20.

19 *Schäfer* in MünchKomm. AktG, 3. Aufl., Art. 15 SE-VO Rz. 10; allgemein für die Verweisungen in der SE-VO: *Brandt/Scheifele*, DStR 2002, 547, 553; *Wagner*, NZG 2002, 985, 987; *Schwarz*, Einleitung Rz. 134 m.z.w.N.

20 *Diekmann* in Habersack/Drinhausen, Art. 15 SE-VO Rz. 13; *Maul* in KölnKomm. AktG, 3. Aufl., Art. 15 SE-VO Rz. 9; *Schäfer* in MünchKomm. AktG, 3. Aufl., Art. 15 SE-VO Rz. 10.

21 *Diekmann* in Habersack/Drinhausen, Art. 15 SE-VO Rz. 14; *Maul* in KölnKomm. AktG, 3. Aufl., Art. 15 SE-VO Rz. 10; *Schäfer* in MünchKomm. AktG, 3. Aufl., Art. 15 SE-VO Rz. 10; *Schwarz*, Art. 15 SE-VO Rz. 21, 23.

22 *Maul* in KölnKomm. AktG, 3. Aufl., Art. 15 SE-VO Rz. 10; *Diekmann* in Habersack/Drinhausen, Art. 15 SE-VO Rz. 14.

tet (Art. 2 Abs. 3, 36, 37 SE-VO), dann kommen insbesondere die Vorschriften zur Bar- und Sachgründung der §§ 1–53 AktG zur Anwendung[23], nicht jedoch § 123 UmwG, da hier eine Spaltung durch Ausgliederung – anders als im Rahmen der sekundären SE-Gründung gem. Art. 3 Abs. 2 SE-VO (vgl. Art. 3 Rz. 16) – nicht möglich ist[24] (ausf. Art. 36 Rz. 16). Im Falle der **Umwandlung** einer **AG** gem. Art. 2 Abs. 4, 37 SE-VO in eine SE verweist Art. 15 Abs. 1 SE-VO vorrangig auf die §§ 190 ff. UmwG[25], und zwar auch auf die §§ 238 ff. UmwG[26].

III. Offenlegung der Eintragung (Art. 15 Abs. 2 SE-VO)

Offenzulegen ist nach Art. 15 Abs. 2 SE-VO die Eintragung der SE gem. Art. 13 SE-VO (in das in Art. 12 SE-VO genannte Register). Diese Offenlegung hat nur deklaratorischen Charakter[27]; denn als Rechtspersönlichkeit ist die SE bereits mit der Eintragung entstanden (Art. 16 Abs. 1 SE-VO, vgl. Art. 16 Rz. 5). Für eine **SE mit Sitz in Deutschland** gilt: Das zuständige Registergericht (Art. 12 Abs. 1 SE-VO, § 3 SEAG) hat die Eintragung gem. § 10 HGB bekannt zu machen[28] (näher Art. 13 Rz. 5). 10

Hiervon zu unterscheiden sind die Offenlegungspflichten nach **Art. 14 SE-VO** und **Art. 28 SE-VO**: Erstere stellt sicher, dass die Gründung der SE im gesamten EWR-Raum publik wird (näher Art. 14 Rz. 1); Art. 28 SE-VO gewährleistet bei der Gründung einer SE durch Verschmelzung die Publizität in den Mitgliedstaaten der beteiligten Gründungsgesellschaften (vgl. Art. 28 Rz. 1 ff.)[29]. 11

Art. 16
[Erwerb der Rechtspersönlichkeit]

(1) Die SE erwirbt die Rechtspersönlichkeit am Tag ihrer Eintragung in das in Artikel 12 genannte Register.

(2) Wurden im Namen der SE vor ihrer Eintragung gemäß Artikel 12 Rechtshandlungen vorgenommen und übernimmt die SE nach der Eintragung die sich aus diesen Rechtshandlungen ergebenden Verpflichtungen nicht, so haften die natürlichen Personen, die Gesellschaften oder anderen juristischen Personen, die diese Rechtshand-

---

23 *Bayer* in Lutter/Hommelhoff, Europäische Gesellschaft, S. 25, 58; *Hügel* in Kalss/Hügel, Vor § 17 SEG Art. 15 Rz. 33; *Maul* in KölnKomm. AktG, 3. Aufl., Art. 15 SE-VO Rz. 10; *Schwarz*, Art. 15 SE-VO Rz. 21, 23, Art. 36 Rz. 20 f.
24 Zust. *Diekmann* in Habersack/Drinhausen, Art. 15 SE-VO Rz. 14.
25 *Maul* in KölnKomm. AktG, 3. Aufl., Art. 15 SE-VO Rz. 10; *Diekmann* in Habersack/Drinhausen, Art. 15 SE-VO Rz. 15; *Schröder* in Manz/Mayer/Schröder, Art. 15 SE-VO Rz. 35; *Schwarz*, Art. 15 SE-VO Rz. 21; *Seibt/Reinhard*, Der Konzern 2005, 408, 409.
26 So auch *Diekmann* in Habersack/Drinhausen, Art. 15 SE-VO Rz. 15; vgl. bereits *Scheifele*, Gründung, S. 54; *Schröder* in Manz/Mayer/Schröder, Art. 15 SE-VO Rz. 35; *Schwarz*, Art. 15 SE-VO Rz. 22; *Seibt/Reinhard*, Der Konzern 2005, 407, 409.
27 *Casper* in Spindler/Stilz, AktG, Art. 15 SE-VO Rz. 1; *Diekmann* in Habersack/Drinhausen, Art. 15 SE-VO Rz. 2, 24; *Maul* in KölnKomm. AktG, 3. Aufl., Art. 15 SE-VO Rz. 11; vgl. bereits *Kersting*, DB 2001, 2079, 2080; *Schröder* in Manz/Mayer/Schröder, Art. 15 SE-VO Rz. 34; *Schwarz*, Art. 15 SE-VO Rz. 2.
28 *Diekmann* in Habersack/Drinhausen, Art. 15 SE-VO Rz. 25.
29 Vgl. *Schwarz*, Art. 15 SE-VO Rz. 27; zust. *Diekmann* in Habersack/Drinhausen, Art. 15 SE-VO Rz. 26.

lungen vorgenommen haben, vorbehaltlich anders lautender Vereinbarungen unbegrenzt und gesamtschuldnerisch.

I. Regelungsgegenstand und -zweck	1	b) Haftungszeitraum	19
II. Erwerb der Rechtspersönlichkeit (Art. 16 Abs. 1 SE-VO)	5	2. Handeln im Namen der SE	
		a) Handelnder	20
III. Vor-SE		b) Rechtshandlungen	24
1. Verweis auf das Recht der Vor-AG	6	c) Im Namen der SE	25
a) Rechtsnatur und Rechtsfähigkeit	7	3. Haftungsausschluss	26
b) Anwendbare Regeln	9	4. Rechtsfolgen	29
c) Außenverhältnis	10	5. Regress	30
d) Unterbilanz- und Verlustdeckungshaftung	11	6. Konkurrenzen	33
2. Besonderheiten bei der SE	12	V. Ergänzende Anwendung des AktG	34
IV. Handelndenhaftung (Art. 16 Abs. 2 SE-VO)			
1. Allgemeines			
a) Anwendungsbereich	18		

Literatur: *Casper*, Die Vor-SE – nationale oder europäische Vorgesellschaft?, Der Konzern 2007, 244; *Fuchs*, Die Gründung einer Europäischen Aktiengesellschaft durch Verschmelzung und das nationale Recht, Diss. Konstanz 2004 (zit.: Gründung); *Hirte*, Die Europäische Aktiengesellschaft, NZG 2002, 1; *Hirte*, Die Europäische Aktiengesellschaft – ein Überblick nach Inkrafttreten der deutschen Ausführungsgesetzgebung, DStR 2005, 653 und 700; *Kersting*, Die Vorgesellschaft im europäischen Gesellschaftsrecht, 2000; *Kersting*, Societas Europaea: Gründung und Vorgesellschaft, DB 2001, 2079; *Koke*, Die Finanzverfassung der Europäischen Aktiengesellschaft (SE) mit Sitz in Deutschland, 2005 (zit.: Finanzverfassung); *Oechsler*, Kapitalerhaltung in der Europäischen Gesellschaft (SE), NZG 2005, 449; *Paefgen*, Handelndenhaftung bei europäischen Auslandsgesellschaften, GmbHR 2005, 957; *Schäfer*, Das Gesellschaftsrecht (weiter) auf dem Weg nach Europa – am Beispiel der SE-Gründung, NZG 2004, 785; *Teichmann*, Die Einführung der Europäischen Aktiengesellschaft, ZGR 2002, 383; *Vossius*, Gründung und Umwandlung der deutschen Europäischen Gesellschaft (SE), ZIP 2005, 741; *Zöllter-Petzoldt*, Die Verknüpfung von europäischem und nationalem Recht bei der Gründung einer Societas Europaea (SE). Dargestellt am Beispiel der Gründung einer gemeinsamen Tochtergesellschaft nach Art. 2 Abs. 3, 35 f. SE-VO in Deutschland, England und Spanien, 2005 (zit.: Verknüpfung).

I. Regelungsgegenstand und -zweck

1 Art. 16 **Abs. 1** SE-VO trifft unabhängig von den unterschiedlichen nationalen Rechten der Mitgliedstaaten[1] die vorrangige europarechtliche Entscheidung, dass die SE mit ihrer Eintragung in das nach Art. 12 SE-VO bestimmte Register die **Rechtspersönlichkeit i.S.v. Art. 1 Abs. 3 SE-VO erwirbt**[2]. Weder ist somit bereits die Unterzeichnung des Gesellschaftsvertrages ausreichend, noch erst die Bekanntmachung der Eintragung erforderlich; die Offenlegung ist zwar nach Art. 15 Abs. 2 SE-VO vorgeschrieben, hat jedoch lediglich deklaratorischen Charakter (Art. 15 Rz. 10). Mit der Eintragung ist das **Gründungsverfahren abgeschlossen**. Die Rechtslage entspricht somit der Regelung in § 41 Abs. 1 Satz 1 AktG[3].

---

[1] Dazu Begr. der Kommission zum SE-VOE 1991, BT-Drucks. 12/1004, S. 3.
[2] Ähnlich *Diekmann* in Habersack/Drinhausen, Art. 16 SE-VO Rz. 1; *Maul* in KölnKomm. AktG, 3. Aufl., Art. 16 SE-VO Rz. 1; *Schäfer* in MünchKomm. AktG, 3. Aufl., Art. 16 SE-VO Rz. 2.
[3] Dazu *Drygala* in K. Schmidt/Lutter, § 41 AktG Rz. 3.

Art. 16 **Abs. 2** SE-VO regelt nach dem Vorbild von Art. 8 der 1. (Publizitäts-)RL[4] die **Handelndenhaftung** vor Eintragung der SE. Die Norm entspricht in ihrem Kern der Regelung in § 41 Abs. 1 Satz 2 AktG[5].

Die Vorschrift hat einen **doppelten Normzweck**: Zur **Vermeidung von Rechtsunsicherheit** wird für alle Mitgliedstaaten verbindlich festgestellt, dass die SE als juristische Person erst mit ihrer Eintragung entsteht[6]. Die Haftung der Handelnden dient dem **Gläubigerschutz**[7], und zwar insbesondere dann, wenn im Namen der SE Rechtsgeschäfte vor ihrer Eintragung ohne *Vertretungsmacht* getätigt wurden und aus diesem Grund eine Haftung der späteren SE ausscheidet[8]. Mittelbar erzeugt die Handelndenhaftung damit sowohl einen Druck dahin, die Eintragung zur Vermeidung des Haftungszwischenraumes möglichst zügig zu betreiben, als auch dahin, dafür Sorge zu tragen, dass alle vor der Eintragung eingegangenen Verbindlichkeiten von der SE übernommen werden[9].

Dagegen trifft Art. 16 SE-VO **keine Aussage** zu der Frage, ob auch im Recht der SE die aus zahlreichen nationalen Rechten bekannte Rechtsfigur der Vorgesellschaft[10] als **eigene Rechtsform** anzuerkennen ist[11]. Europarechtliche Vorgaben bestehen insoweit – entgegen anderslautenden Behauptungen im Schrifttum – weder im positiven[12] noch im negativen Sinne[13]. Welchen Charakter die in Gründung befindliche SE im Falle eines notwendigen Durchgangsstadiums bis zu ihrer Eintragung hat, insbesondere ob bereits eine **Vor-SE** als Rechtsträger sui generis existiert und inwieweit über die Handelndenhaftung des Art. 16 Abs. 2 SE-VO hinaus auch die Gesellschafter für

---

4 RL 2009/101/EG v. 16.9.2009, ABl. EU Nr. L 258 v. 1.10.2009, S. 11; abgedruckt und erläutert bei *Lutter/Bayer/J. Schmidt*, EuropUR, § 19; ursprünglich Art. 7 der Richtlinie 68/151/EWG des Rates vom 9.3.1968 zur Koordinierung der Schutzbestimmungen, die in den Mitgliedstaaten den Gesellschaften im Sinne des Artikels 58 Absatz 2 des Vertrages im Interesse der Gesellschafter sowie Dritter vorgeschrieben sind, um diese Bestimmungen gleichwertig zu gestalten, ABl. EG Nr. L 65 v. 14.3.1968, S. 8; zur Änderung näher *Lutter/Bayer/J. Schmidt*, EuropUR, § 19 Rz. 5 ff.
5 Ähnlich *Diekmann* in Habersack/Drinhausen, Art. 16 SE-VO Rz. 2; *Maul* in KölnKomm. AktG, 3. Aufl., Art. 16 SE-VO Rz. 12; *Schäfer* in MünchKomm. AktG, 3. Aufl., Art. 16 SE-VO Rz. 15.
6 *Schröder* in Manz/Mayer/Schröder, Art. 16 SE-VO Rz. 1; *Schwarz*, Art. 16 SE-VO Rz. 1; *Schäfer* in MünchKomm. AktG, 3. Aufl., Art. 16 SE-VO Rz. 2.
7 *Lutter/Bayer/J. Schmidt*, EuropUR, § 19 Rz. 57 ff.; *Schäfer* in MünchKomm. AktG, 3. Aufl., Art. 16 SE-VO Rz. 2; *J. Schmidt*, „Deutsche" vs. „britische" SE, S. 384 f.; *Schwarz*, Art. 16 SE-VO Rz. 1.
8 Richtig *Schwarz*, Art. 16 SE-VO Rz. 1; vgl. für das nationale Recht auch BGH v. 14.6.2004 – II ZR 47/02, GmbHR 2004, 1151 m. zust. Anm. *Bergmann*; zust. auch *Bayer*, LMK 2004, 209; gegen eine Beschränkung auf eine falsus procurator-Haftung; *Schäfer* in MünchKomm. AktG, 3. Aufl., Art. 16 SE-VO Rz. 15; vgl. für das nationale Recht auch *Drygala* in K. Schmidt/Lutter, § 41 AktG Rz. 28.
9 Richtig *Diekmann* in Habersack/Drinhausen, Art. 16 SE-VO Rz. 2; *Schäfer* in MünchKomm. AktG, 3. Aufl., Art. 16 SE-VO Rz. 2.
10 Rechtsvergleichend *Kersting*, Die Vorgesellschaft im europäischen Gesellschaftsrecht.
11 Ebenso *Diekmann* in Habersack/Drinhausen, Art. 16 SE-VO Rz. 4; *Hügel* in Kalss/Hügel, Vor § 17 SEG Art. 16 Rz. 2; *Schäfer* in MünchKomm. AktG, 3. Aufl., Art. 16 Rz. 2; vgl. bereits *Casper*, Der Konzern 2007, 244, 246; *Jannott* in Jannott/Frodermann, Handbuch Europäische Aktiengesellschaft, § 3 Rz. 311; *Schwarz*, Art. 16 SE-VO Rz. 8.
12 So aber *Kersting*, DB 2001, 2079, 2080; *Kersting*, GmbHR 2003, 1466, 1467; wohl auch *Greda* in Kalss/Hügel, § 2 SEG Rz. 16. S. zur Parallelproblematik im Rahmen der 1. RL noch *Schön*, RabelsZ 64 (2000), 1, 16 ff.; dagegen bereits zu Recht *Mülbert/Nienhaus*, RabelsZ 65 (2001), 513, 527 ff., 533 ff.; *Kalss*, ZHR 166 (2002), 133 ff.; *Habersack/Verse*, Europäisches Gesellschaftsrecht, § 5 Rz. 21.
13 So aber *Hirte*, NZG 2002, 1, 4; *Hirte*, DStR 2005, 653, 656; *Vossius*, ZIP 2005, 741, 742.

Verbindlichkeiten der Vor-SE einzustehen haben, bestimmt sich vielmehr aufgrund des Verweises in Art. 15 Abs. 1 SE-VO allein nach dem Recht der AG **im künftigen Sitzstaat der SE**[14] (ausf. unten Rz. 6 ff.).

II. Erwerb der Rechtspersönlichkeit (Art. 16 Abs. 1 SE-VO)

5 Gemäß Art. 16 Abs. 1 SE-VO erwirbt die SE ihre Rechtspersönlichkeit mit Eintragung in das in Art. 12 SE-VO bestimmte Register (vgl. dazu bereits oben Rz. 1), in Deutschland also mit der Eintragung in das Handelsregister (§ 3 SEAG)[15]. Voraussetzungen und Verfahren der Eintragung richten sich nach den jeweiligen Gründungsvorschriften.

III. Vor-SE

1. Verweis auf das Recht der Vor-AG

6 Die in Art. 16 Abs. 2 SE-VO angeordnete Handelndenhaftung (ausf. unten Rz. 18 ff.) schließt die Existenz einer Vor-SE als Rechtsfigur sui generis sowie eine (zusätzliche) Haftung der Gesellschafter für Verbindlichkeiten der Vorgesellschaft nicht aus (dazu bereits oben Rz. 4). Die Frage wird vielmehr aufgrund der Verweisung in Art. 15 Abs. 1 SE-VO nach dem – geschriebenen und ungeschriebenen – Recht der AG im Sitzstaat der künftigen SE entschieden[16] (dazu ausf. Art. 15 Rz. 8 f.). Für eine SE mit Sitz in Deutschland **gilt somit das Recht der Vor-AG**[17]. Dies bedeutet:

a) Rechtsnatur und Rechtsfähigkeit

7 Soweit die Vor-SE notwendiges Durchgangsstadium zur Errichtung der SE ist (ausf. unten Rz. 12 ff.) ist sie als **Rechtsträger sui generis** zu qualifizieren[18]. Mit Eintragung und damit verbundener Erlangung der Rechtspersönlichkeit i.S.v. Art. 16 Abs. 1 SE-VO wandelt sie sich ipso iure und mit allen Aktiva und Passiva in die SE um[19]. Die

---

14 So auch *Diekmann* in Habersack/Drinhausen, Art. 16 SE-VO Rz. 24 ff.; *Maul* in KölnKomm. AktG, 3. Aufl., Art. 16 SE-VO Rz. 4; *Schäfer* in MünchKomm. AktG, 3. Aufl., Art. 16 SE-VO Rz. 4.
15 *Casper* in Spindler/Stilz, AktG, Art. 16 SE-VO Rz. 3; *Diekmann* in Habersack/Drinhausen, Art. 16 SE-VO Rz. 5; *Schäfer* in MünchKomm. AktG, 3. Aufl., Art. 16 SE-VO Rz. 3.
16 Ebenso *Casper*, Der Konzern 2007, 244, 249; *Fuchs*, Gründung, S. 205; *Hügel* in Kalss/Hügel, Vor § 17 SEG Art. 16 Rz. 2; *Jannott* in Jannott/Frodermann, Handbuch Europäische Aktiengesellschaft, § 3 Rz. 311; *Schäfer* in MünchKomm. AktG, 3. Aufl., Art. 16 SE-VO Rz. 4; *J. Schmidt*, „Deutsche" vs. „britische" SE, S. 385; *Schröder* in Manz/Mayer/Schröder, Art. 16 SE-VO Rz. 11 ff., 52 ff.; *Zöllter-Petzoldt*, Verknüpfung, S. 193.
17 *Casper* in Spindler/Stilz, AktG, Art. 16 SE-VO Rz. 9; *Maul* in KölnKomm. AktG, 3. Aufl., Art. 16 SE-VO Rz. 6; *Diekmann* in Habersack/Drinhausen, Art. 16 SE-VO Rz. 21; *Schäfer* in MünchKomm. AktG, 3. Aufl., Art. 16 SE-VO Rz. 5; *J. Schmidt*, „Deutsche" vs. „britische" SE, S. 283. Vgl. auch *Jannott* in Jannott/Frodermann, Handbuch Europäische Aktiengesellschaft, § 3 Rz. 316 f.; *Schröder* in Manz/Mayer/Schröder, Art. 16 SE-VO Rz. 51 ff.
18 *Casper* in Spindler/Stilz, AktG, Art. 16 SE-VO Rz. 9; *Schäfer* in MünchKomm. AktG, 3. Aufl., Art. 16 SE-VO Rz. 5; für die Vor-GmbH: BGH v. 12.7.1956 – II ZR 218/54, BGHZ 21, 242, 246; BGH v. 24.10.1968 – II ZR 216/66, BGHZ 51, 30, 32; BGH v. 18.1.2000 – XI ZR 71/99, BGHZ 143, 314, 319; *Bayer* in Lutter/Hommelhoff, § 11 GmbHG Rz. 5 m.w.N.; für die Vor-AG: *Drygala* in K. Schmidt/Lutter, § 41 AktG Rz. 4 m.w.N.
19 *Casper*, Der Konzern 2007, 244, 249; *Schröder* in Manz/Mayer/Schröder, Art. 16 SE-VO Rz. 60; *Schwarz*, Art. 16 SE-VO Rz. 31; vgl. auch *Hügel* in Kalss/Hügel, Vor § 17 SEG Art. 16 Rz. 3 (für die parallele Rechtslage bei der „österreichischen" SE); für die Vor-GmbH: BGH v. 9.3.1981 – II ZR 54/80, BGHZ 80, 129, 138; *K. Schmidt* in Scholz, 11. Aufl. § 11 GmbHG Rz. 25; *Bayer* in Lutter/Hommelhoff, § 11 GmbHG Rz. 5; für die Vor-AG: *Drygala* in K. Schmidt/Lutter, § 41 AktG Rz. 18 f. m.w.N.; i.E. auch (aber als Gesamtrechtsnachfolge qua-

Vor-SE ist rechtsfähig[20]; geleistete Einlagen gehen in ihr Eigentum über[21] und müssen nach Aufgabe des Vorbelastungsverbots[22] auch nicht mehr thesauriert, sondern können für Zwecke der SE verwendet werden; der Schutz der Kapitalaufbringung wird durch die Vorbelastungshaftung übernommen[23] (dazu ausf. unten Rz. 11).

Diese Grundsätze gelten auch im Falle der **Einpersonengründung**[24]. Soweit im Schrifttum für das nationale Recht zwischen der Einpersonen- und der Mehrpersonengesellschaft Unterschiede gemacht werden[25], überzeugt dies weder dogmatisch[26] noch lässt sich diese Differenzierung mit europäischem Recht vereinbaren[27] (vgl. Art. 2 Abs. 1 der EinpersonengesellschaftsRL).[28]

8

b) Anwendbare Regeln

Auf die Vor-SE sind die Regeln der SE anwendbar mit Ausnahme der Vorschriften, die ihre Eintragung (nicht: Rechtsfähigkeit) voraussetzen[29]. Die Gesellschafter sind verpflichtet, die Mindesteinzahlungen vorzunehmen und an allen Maßnahmen mitzuwirken, die für die Eintragung der Gesellschaft erforderlich sind[30].

9

---

lifizierend) *Hüffer*, 10. Aufl. § 41 AktG Rz. 16 m.w.N.; wie hier aber nun *Koch* in Hüffer, § 41 AktG Rz. 16.
20 *Casper* in Spindler/Stilz, AktG, Art. 16 SE-VO Rz. 9; *Schröder* in Manz/Mayer/Schröder, Art. 16 SE-VO Rz. 52; *Schwarz*, Art. 16 SE-VO Rz. 11 ff.; für die Vor-GmbH: BGH v. 9.3.1981 – II ZR 54/80, BGHZ 80, 129, 132; BGH v. 16.3.1992 – II ZB 17/91, BGHZ 117, 323, 326; *K. Schmidt* in Scholz, 11. Aufl., § 11 GmbHG Rz. 27; *Bayer* in Lutter/Hommelhoff, § 11 GmbHG Rz. 5; für die Vor-AG: *Pentz* in MünchKomm. AktG, 3. Aufl., § 41 AktG Rz. 22, 24; ähnlich auch noch *Hüffer*, 10. Aufl., § 41 AktG Rz. 4, 10 (teilrechtsfähig).
21 So für die Vor-GmbH: *Bayer* in Lutter/Hommelhoff, § 11 GmbHG Rz. 5; *K. Schmidt* in Scholz, 11. Aufl., § 11 GmbHG Rz. 31; ähnlich (Gesamthandsvermögen) BGH v. 9.3.1981 – II ZR 54/80, BGHZ 80, 129, 135; *Pentz* in MünchKomm. AktG, 3. Aufl., § 41 Rz. 3; *Koch* in Hüffer, § 41 AktG Rz. 16.
22 Durch BGH v. 9.3.1981 – II ZR 54/80, BGHZ 80, 129; dazu ausf. *Ulmer*, ZGR 1981, 594 ff. m.w.N.
23 Ausf. *K. Schmidt* in Scholz, 11. Aufl., § 11 GmbHG Rz. 44 ff.
24 Speziell für die SE: *J. Schmidt*, „Deutsche" vs. „britische" SE, S. 389; zust. *Diekmann* in Habersack/Drinhausen, Art. 16 SE-VO Rz. 31; für die AG: *K. Schmidt* in Großkomm. AktG, 4. Aufl., § 41 AktG Rz. 135; für die GmbH: *Bayer* in Lutter/Hommelhoff, § 11 GmbHG Rz. 28; *K. Schmidt* in Scholz, 11. Aufl., § 11 GmbHG Rz. 169.
25 So vor allem *Hüffer*, 10. Aufl. § 41 AktG Rz. 17a ff.; nunmehr aber wie hier *Koch* in Hüffer, § 41 AktG Rz. 17c.
26 Richtig *Drygala* in K. Schmidt/Lutter, § 41 AktG Rz. 4.
27 Wie hier auch *Diekmann* in Habersack/Drinhausen, Art. 16 SE-VO Rz. 28; *Jannott* in Jannott/Frodermann, Handbuch Europäische Aktiengesellschaft, § 3 Rz. 313; *J. Schmidt*, „Deutsche" vs. „britische" SE, S. 389; *Schröder* in Manz/Mayer/Schröder, Art. 16 SE-VO Rz. 72 ff.
28 RL 2009/102/EG des Europäischen Parlaments und des Rates v. 16.9.2009; ABl. EU Nr. L 258 v. 1.10.2009, S. 20; abgedruckt und kommentiert bei *Lutter/Bayer/J. Schmidt*, EuropUR, § 29; früher Zwölfte Richtlinie 89/667/EWG des Rates vom 21.12.1989 auf dem Gebiet des Gesellschaftsrechts betreffend Gesellschaften mit beschränkter Haftung mit einem einzigen Gesellschafter, ABl. EG Nr. L 395 v. 30.12.1989, S. 40; zur Änderung *Lutter/Bayer/J. Schmidt*, EuropUR, § 29 Rz. 3 f.
29 *J. Schmidt*, „Deutsche" vs. „britische" SE, S. 390; *Schwarz*, Art. 16 SE-VO Rz. 14; *Diekmann* in Habersack/Drinhausen, Art. 16 SE-VO Rz. 34; *Schröder* in Manz/Mayer/Schröder, Art. 16 SE-VO Rz. 54 ff.; für die Vor-GmbH: BGH v. 12.7.1956 – II ZR 218/54, BGHZ 21, 246; BGH v. 24.10.1968 – II ZR 216/66, BGHZ 51, 30, 32; *Bayer* in Lutter/Hommelhoff, § 11 GmbHG Rz. 7. Einzelheiten: *Drygala* in K. Schmidt/Lutter, § 41 AktG Rz. 2 ff.
30 So für die Vor-GmbH: *Bayer* in Lutter/Hommelhoff, § 11 GmbHG Rz. 11; für die Vor-AG: *Pentz* in MünchKomm. AktG, 3. Aufl., § 41 Rz. 41.

c) Außenverhältnis

10 Die **Vertretung** der Vor-SE obliegt dem Leitungsorgan (dualistisches System) bzw. den geschäftsführenden Direktoren (monistisches System, vgl. § 41 Abs. 1 SEAG)[31]. Ebenso wie bei der Vor-AG ist die Vertretungsmacht im Stadium der Vor-SE allerdings nach zutreffender Ansicht nicht schon entsprechend § 82 Abs. 1 AktG bzw. § 44 Abs. 1 SEAG unbeschränkt und unbeschränkbar[32], sondern wird durch den Zweck der Vorgesellschaft **begrenzt**[33]; eine generell unbeschränkte Vertretungsmacht würde nämlich auch die Gesellschafter mit der Vorbelastungshaftung (dazu unten Rz. 11) bedrohen, die mit der vorzeitigen Geschäftsaufnahme nicht einverstanden sind oder hiervon gar nichts wissen. Die Vertretungsmacht ist daher bei Bargründungen allgemein auf solche Rechtshandlungen beschränkt, die zur Herbeiführung der Eintragung notwendig sind; wird dagegen ein Unternehmen eingebracht, so deckt sich die Vertretungsmacht i.E. weitgehend mit der unbeschränkt Vertretungsmacht gem. § 82 Abs. 1 AktG bzw. § 44 Abs. 1 SEAG; i.Ü. sind die Gründer aber ohne weiteres berechtigt, die derart beschränkte Vertretungsmacht einverständlich zu erweitern[34].

d) Unterbilanz- und Verlustdeckungshaftung

11 Ebenso wie bei der Vor-AG trifft auch die Gründer der Vor-SE die sog. Verlustdeckungs- und Unterbilanzhaftung[35]. Nach der Rspr.[36] und h.L.[37] handelt es sich hierbei grundsätzlich um eine unbeschränkte proratarische Innenhaftung. Weitaus stimmiger – insbesondere in Anbetracht der zahlreichen Ausnahmen, zu denen sich die h.M. genötigt sieht – ist allerdings das von einer starken Literaturmeinung befürwortete Konzept einer unbeschränkten Außenhaftung[38].

---

31 *J. Schmidt*, „Deutsche" vs. „britische" SE, S. 390 f.; *Diekmann* in Habersack/Drinhausen, Art. 16 SE-VO Rz. 34; *Schröder* in Manz/Mayer/Schröder, Art. 16 SE-VO Rz. 57; *Schwarz*, Art. 16 SE-VO Rz. 15. Insofern unzutreffend *Jannott* in Jannott/Frodermann, Handbuch Europäische Aktiengesellschaft, § 3 Rz. 317 (Vertretung durch den Verwaltungsrat).
32 So für die Vor-SE: *Jannott* in Jannott/Frodermann, Handbuch Europäische Aktiengesellschaft, § 3 Rz. 317; *Schwarz*, Art. 16 SE-VO Rz. 15; für die Vor-AG: *Pentz* in MünchKomm. AktG, 3. Aufl., § 41 Rz. 34; *K. Schmidt* in Großkomm. AktG, 4. Aufl., § 41 AktG Rz. 58.
33 So auch *Diekmann* in Habersack/Drinhausen, Art. 16 SE-VO Rz. 35; *Schäfer* in MünchKomm. AktG, 3. Aufl., Art. 16 SE-VO Rz. 5; wohl auch *Maul* in KölnKomm. AktG, 3. Aufl., Art. 16 SE-VO Rz. 11; vgl. bereits *J. Schmidt*, „Deutsche" vs. „britische" SE, S. 391. Vgl. für die Vor-AG: *Koch* in Hüffer, § 41 AktG Rz. 11; für die Vor-GmbH: BGH v. 9.3.1981 – II ZR 54/80, BGHZ 80, 129, 139; *Bayer* in Lutter/Hommelhoff, § 11 GmbHG Rz. 4; *Meyer*, GmbHR 2002, 1176, 1180 f.
34 So auch *Schröder* in Manz/Mayer/Schröder, Art. 16 SE-VO Rz. 58; *Diekmann* in Habersack/Drinhausen, Art. 16 SE-VO Rz. 35; *Maul* in KölnKomm. AktG, 3. Aufl., Art. 16 SE-VO Rz. 11; vgl. für die Vor-GmbH: BGH v. 9.3.1981 – II ZR 54/80, BGHZ 80, 129, 139; *Bayer* in Lutter/Hommelhoff, § 11 GmbHG Rz. 14.
35 Ebenso *Casper* in Spindler/Stilz, AktG, Art. 16 SE-VO Rz. 12; *Diekmann* in Habersack/Drinhausen, Art. 16 SE-VO Rz. 37; *Schäfer* in MünchKomm. AktG, 3. Aufl., Art. 16 SE-VO Rz. 5; *Schröder* in Manz/Mayer/Schröder, Art. 16 SE-VO Rz. 67 f.
36 BGH v. 27.1.1997 – II ZR 123/94, BGHZ 134, 333 (für die GmbH); BAG v. 12.1.2004 – 5 AZR 117/04, ZIP 2005, 350, 351 f.; OLG Köln v. 20.12.2001 – 18 U 152/01, NZG 2002, 1066, 1068 (für die AG).
37 Für die SE: *Jannott* in Jannott/Frodermann, Handbuch Europäische Aktiengesellschaft, § 3 Rz. 325 ff.; *Diekmann* in Habersack/Drinhausen, Art. 16 SE-VO Rz. 37; *Schäfer* in MünchKomm. AktG, 3. Aufl., Art. 16 SE-VO Rz. 5; *Schröder* in Manz/Mayer/Schröder, Art. 16 SE-VO Rz. 67; für die AG bzw. GmbH: *Hoffmann-Becking* in MünchHdb. AG, § 3 Rz. 35; *Koch* in Hüffer, § 41 AktG Rz. 9a; *Lutter*, JuS 1998, 10/3, 1077; *Wiedemann*, ZIP 1997, 2027, 2033.
38 Für die AG: *Pentz* in MünchKomm. AktG, 3. Aufl., § 41 Rz. 65; *K. Schmidt* in Großkomm. AktG, 4. Aufl., § 41 AktG Rz. 86; für die GmbH: *Bayer* in FS Röhricht, 2005, S. 25, 35; *Bayer* in Lutter/Hommelhoff, § 11 GmbHG Rz. 19, 23; *K. Schmidt* in Scholz, 11. Aufl., § 11 GmbHG Rz. 91 ff. m.w.N.

2. Besonderheiten bei der SE

Für die Rechtsfigur der Vor-SE als notwendiges Durchgangsstadium zur Errichtung einer SE ist – ebenso wie im nationalen Recht[39] – **kein Bedarf** im Falle der **Verschmelzungsgründung durch Aufnahme** gem. Art. 17 Abs. 2 lit. a SE-VO sowie des **Formwechsels aus der AG** gem. Art. 37 SE-VO. Denn in beiden Fällen entsteht keine neue juristische Person; vielmehr wandelt sich die jeweilige Gründungsgesellschaft unter Beibehaltung ihrer Identität in eine SE um. Verbindlichkeiten aus Handlungen für die künftige SE treffen nach den Grundsätzen über das unternehmensbezogene Geschäft generell und unbedingt die jeweilige AG als Ausgangsrechtsträger[40]. Insbesondere ist deshalb weder Raum für eine Unterbilanzhaftung noch für eine Verlustdeckungshaftung der Gesellschafter; die Rechtsfigur der Vor-SE geht insoweit ins Leere[41].

12

Bedeutung hat die Vor-SE hingegen im Falle der Errichtung einer SE im Wege der **Verschmelzung durch Neugründung** gem. Art. 17 Abs. 2 lit. b SE-VO[42] sowie im Falle der Gründung einer gemeinsamen Holding-SE (Art. 32 ff. SE-VO) oder auch einer gemeinsamen Tochter-SE (Art. 35 f. SE-VO)[43], ebenso im Rahmen der sekundären SE-Gründung nach Art. 3 Abs. 2 SE-VO[44]. Allerdings ist zu differenzieren:

13

Im Falle der **Verschmelzung durch Neugründung** entsteht die Vor-SE, sobald alle Hauptversammlungen der beteiligten Gründungsgesellschaften dem Verschmelzungsplan zugestimmt haben[45] (dazu Art. 23 Rz. 4 ff.); wurde die Zustimmung lediglich zu einem Entwurf erklärt, dann ist – für die „deutsche SE" (dazu Art. 23 Rz. 13) – weiterhin noch die notarielle Beurkundung erforderlich[46].

14

---

39 Zur Verschmelzung durch Aufnahme: BGH v. 23.9.1985 – II ZR 284/84, NJW-RR 1986, 115; *K. Schmidt* in Großkomm. AktG, 4. Aufl., § 41 AktG Rz. 11; zum Formwechsel: BGH v. 25.1.1999 – II ZR 383/96, NJW-RR 1999, 1554; *K. Schmidt* in Großkomm. AktG, 4. Aufl., § 41 AktG Rz. 10; a.A. fälschlich *Rieger* in Widmann/Mayer, § 197 UmwG Rz. 199 f.

40 So bereits *Schäfer*, NZG 2004, 785, 790.

41 *Casper*, Der Konzern 2007, 244, 249; *Hügel* in Kalss/Hügel, Vor § 17 SEG Art. 16 Rz. 2; *Diekmann* in Habersack/Drinhausen, Art. 16 SE-VO Rz. 37; *Maul* in KölnKomm. AktG, 3. Aufl., Art. 16 SE-VO Rz. 9; *Jannott* in Jannott/Frodermann, Handbuch Europäische Aktiengesellschaft, § 3 Rz. 315; *Schäfer* in MünchKomm. AktG, 3. Aufl., Art. 16 SE-VO Rz. 6; *Schröder* in Manz/Mayer/Schröder, Art. 16 SE-VO Rz. 3; *Schwarz*, Art. 16 SE-VO Rz. 9.

42 *Casper*, Der Konzern 2007, 244, 249; *Hügel* in Kalss/Hügel, Vor § 17 SEG Art. 16 Rz. 2; *Jannott* in Jannott/Frodermann, Handbuch Europäische Aktiengesellschaft, § 3 Rz. 313; *Schäfer* in MünchKomm. AktG, 3. Aufl., Art. 16 SE-VO Rz. 7; *Maul* in KölnKomm. AktG, 3. Aufl., Art. 16 SE-VO Rz. 7; *Schröder* in Manz/Mayer/Schröder, Art. 16 SE-VO Rz. 54 (abw. jedoch Rz. 4); *Schwarz*, Art. 16 SE-VO Rz. 10; ebenso für das nationale Recht: *Drygala* in Lutter, § 4 UmwG Rz. 24; *Winter/J. Vetter* in Lutter, § 56 UmwG Rz. 7; *K. Schmidt* in Großkomm. AktG, 4. Aufl., § 41 AktG Rz. 12 (jeweils m.w.N.).

43 *Casper*, Der Konzern 2007, 244, 249; *Maul* in KölnKomm. AktG, 3. Aufl., Art. 16 SE-VO Rz. 7; *Hügel* in Kalss/Hügel, Vor § 17 SEG Art. 16 Rz. 2; *Schäfer* in MünchKomm. AktG, 3. Aufl., Art. 16 SE-VO Rz. 7; *Schröder* in Manz/Mayer/Schröder, Art. 16 SE-VO Rz. 5 ff.; *Schwarz*, Art. 16 SE-VO Rz. 10.

44 *Jannott* in Jannott/Frodermann, Handbuch Europäische Aktiengesellschaft, § 3 Rz. 313; *Maul* in KölnKomm. AktG, 3. Aufl., Art. 16 SE-VO Rz. 7; *Schröder* in Manz/Mayer/Schröder, Art. 16 SE-VO Rz. 72.

45 *Bartone/Klapdor*, Europäische Aktiengesellschaft, 2. Aufl. 2007, S. 75; *Casper*, Der Konzern 2007, 244, 249; *Hügel* in Kalss/Hügel, Vor § 17 SEG Art. 16 Rz. 2; *Jannott* in Jannott/Frodermann, Handbuch Europäische Aktiengesellschaft, § 3 Rz. 313; *Schäfer* in MünchKomm. AktG, 3. Aufl., Art. 16 SE-VO Rz. 7; *J. Schmidt*, „Deutsche" vs. „britische" SE, S. 387 f.; *Schwarz*, Art. 16 SE-VO Rz. 10.

46 Richtig *Jannott* in Jannott/Frodermann, Handbuch Europäische Aktiengesellschaft, § 3 Rz. 313.

Art. 16 SE-VO Erwerb der Rechtspersönlichkeit

15 Sowohl für die Errichtung einer Holding-SE als auch für die Errichtung einer Tochter-SE sieht das deutsche Recht keine speziellen Vorschriften vor. Die Vor-SE entsteht in diesen beiden Konstellationen jedoch unproblematisch unter Anwendung der allgemeinen Gründungsvorschriften der AG. Im Falle der **Holdinggründung** entsteht die Vor-SE, sobald die Zustimmungsbeschlüsse aller Gründungsgesellschaften zum Gründungsplan gefasst sind[47] (dazu Art. 32 Rz. 59 ff.); die Einbringung der Mindestanteilsquote nach Art. 33 Abs. 2 SE-VO (dazu Art. 33 Rz. 7 ff.) ist nicht erforderlich[48]. Im Falle der gemeinsamen **Tochter-SE** sowie der Tochter-SE im Rahmen der sekundären SE-Gründung nach Art. 3 Abs. 2 SE-VO ist maßgeblicher Zeitpunkt die Feststellung der Satzung *und* die Übernahme sämtlicher Aktien[49].

16 Mit der Eintragung in das gem. Art. 12 SE-VO bestimmte Register wandelt sich die Vor-SE ipso iure mit allen Aktiva und Passiva in die SE um (oben Rz. 7). In Betracht kommt jedoch eine **Unterbilanzhaftung** der Gründer (vgl. dazu bereits oben Rz. 11)[50]. Scheitert die Eintragung, so kann die Gründer eine **Verlustdeckungshaftung** treffen (vgl. dazu bereits oben Rz. 11)[51].

17 **Haftungssubjekt** sind sowohl bei der Unterbilanz- als auch bei der Verlustdeckungshaftung die Gründer. Dies sind bei allen Varianten der SE-Gründung die **Gründungsgesellschaften**[52], **nicht** deren **Gesellschafter**[53]. Dies gilt auch im Falle der Verschmelzung durch Neugründung[54].

---

47 *Bartone/Klapdor*, Europäische Aktiengesellschaft, 2. Aufl. 2007, S. 75; *Casper*, Der Konzern 2007, 244, 249; *Jannott* in Jannott/Frodermann, Handbuch Europäische Aktiengesellschaft, § 3 Rz. 313; *Lind*, Europäische Aktiengesellschaft, S. 104; *Schindler*, Europäische Aktiengesellschaft, S. 18; *Kersting*, DB 2001, 2079, 2080; *Schäfer* in MünchKomm. AktG, 3. Aufl., Art. 16 SE-VO Rz. 7; *J. Schmidt*, „Deutsche" vs. „britische" SE, S. 388 f.; *Schwarz*, Art. 16 SE-VO Rz. 10.
48 Ebenso *Jannott* in Jannott/Frodermann, Handbuch Europäische Aktiengesellschaft, § 3 Rz. 314; *Schäfer* in MünchKomm. AktG, 3. Aufl., Art. 16 SE-VO Rz. 7 a.E.; *J. Schmidt*, „Deutsche" vs. „britische" SE, S. 388 f.; a.A. *Brandes*, AG 2005, 177, 186; *Hügel* in Kalss/Hügel, Vor § 17 SEG Art. 16 Rz. 2.
49 *Bartone/Klapdor*, Europäische Aktiengesellschaft, 2. Aufl. 2007, S. 49, 75; *Hügel* in Kalss/Hügel, Vor § 17 SEG Art. 16 Rz. 2; *Jannott* in Jannott/Frodermann, Handbuch Europäische Aktiengesellschaft, § 3 Rz. 313; *Kersting*, DB 2001, 2079, 2081; *J. Schmidt*, „Deutsche" vs. „britische" SE, S. 388; *Schwarz*, Art. 16 SE-VO Rz. 10; *Maul* in KölnKomm. AktG, 3. Aufl., Art. 16 SE-VO Rz. 7; a.A. *Schäfer* in MünchKomm. AktG, 3. Aufl., Art. 16 SE-VO Rz. 7 a.E.; *Schröder* in Manz/Mayer/Schröder, Art. 16 SE-VO Rz. 56 (nur Feststellung der Satzung). Wie hier für das nationale Recht: *Koch* in Hüffer, § 41 AktG Rz. 3; *K. Schmidt* in Großkomm. AktG, 4. Aufl., § 41 AktG Rz. 39.
50 *Diekmann* in Habersack/Drinhausen, Art. 16 SE-VO Rz. 37; *Maul* in KölnKomm. AktG, 3. Aufl., Art. 16 SE-VO Rz. 11; *Schröder* in Manz/Mayer/Schröder, Art. 16 SE-VO Rz. 67; ausf. *Jannott* in Jannott/Frodermann, Handbuch Europäische Aktiengesellschaft, § 3 Rz. 325 ff.
51 *Casper*, Der Konzern 2007, 244, 250; *Jannott* in Jannott/Frodermann, Handbuch Europäische Aktiengesellschaft, § 3 Rz. 333; *Maul* in KölnKomm. AktG, 3. Aufl., Art. 16 SE-VO Rz. 11; *Diekmann* in Habersack/Drinhausen, Art. 16 SE-VO Rz. 37; *Schröder* in Manz/Mayer/Schröder, Art. 16 SE-VO Rz. 68.
52 So bereits *Casper*, Der Konzern 2007, 244, 250; vgl. für die Verschmelzung *Koke*, Finanzverfassung, S. 40; *Scheifele*, Gründung, S. 252; *Teichmann*, ZGR 2003, 367, 392. Vgl. für die Tochter-Gründung auch Art. 36 Rz. 21 f., für die Holding-Gründung ausf. Art. 32 Rz. 11.
53 So auch *Casper* in Spindler/Stilz, AktG, Art. 16 SE-VO Rz. 12; *Diekmann* in Habersack/Drinhausen, Art. 16 SE-VO Rz. 38; *Schäfer* in MünchKomm. AktG, 3. Aufl., Art. 16 SE-VO Rz. 8.
54 Ausf. hierzu *Casper* in Spindler/Stilz, AktG, Art. 16 SE-VO Rz. 12; ebenso *Schäfer* in MünchKomm. AktG, 3. Aufl., Art. 16 SE-VO Rz. 8.

IV. Handelndenhaftung (Art. 16 Abs. 2 SE-VO)

1. Allgemeines

a) Anwendungsbereich

Die Vorschrift des Art. 16 Abs. 2 SE-VO findet auf **alle Formen der SE-Gründung** Anwendung. Die im Schrifttum[55] vorgeschlagene teleologische Reduktion in denjenigen Fällen der SE-Gründung, in denen die Rechtsfigur der Vor-SE keine Bedeutung hat, weil kein neuer Rechtsträger entsteht und somit der Ausgangsrechtsträger generell in der Haftung ist (oben Rz. 12), würde dem Charakter des Art. 16 Abs. 2 SE-VO als einheitliche, autonom-europäisch geregelte Handelndenhaftung i.S. einer Mindesthaftung[56] widersprechen. Zuzugeben ist jedoch, dass die Handelndenhaftung in diesen Fällen kaum praktische Bedeutung hat, da hier im Regelfall entweder nach den Grundsätzen des unternehmensbezogenen Geschäfts ohnehin eine Verpflichtung der aufnehmenden bzw. sich umwandelnden Gesellschaft begründet wird oder jedenfalls mit Eintragung eine „Übernahme" erfolgt[57] (vgl. dazu unten Rz. 27). 18

b) Haftungszeitraum

Da die SE-VO die Existenz einer Vorgesellschaft dem nationalen Recht überlässt (s. oben Rz. 4, 6) – d.h. in einer Reihe von Staaten (z.B. in Großbritannien[58]) überhaupt keine Vorgesellschaft bestehen wird – kann der zeitliche Anwendungsbereich der autonom-europäisch zu interpretierenden Handelndenhaftung nach Art. 16 Abs. 2 SE-VO zwangsläufig nicht auf den Zeitraum einer etwaigen Vorgesellschaft beschränkt sein[59]. Vielmehr werden – nicht zuletzt auch im Interesse des von der Norm intendierten umfassenden Gläubigerschutzes – sämtliche Handlungen im Zeitraum **vor Eintragung** der SE erfasst[60]. Ausgeschlossen sind lediglich solche Rechtshandlungen, im Zeitpunkt derer die Gründung einer SE noch nicht einmal in irgendeiner Weise beabsichtigt war[61]. 19

2. Handeln im Namen der SE

a) Handelnder

Handelnder i.S.d. Art. 16 Abs. 2 SE-VO können nicht nur natürliche Personen, sondern auch juristische Personen und Gesellschaften sein[62]. 20

Im Gegensatz zu § 41 Abs. 1 Satz 2 AktG[63] ist der subjektive Anwendungsbereich des autonom-europäisch auszulegenden Art. 16 Abs. 2 SE-VO insbesondere auch 21

---

55 *Schäfer* in MünchKomm. AktG, 3. Aufl., Art. 16 SE-VO Rz. 16.
56 So auch *Diekmann* in Habersack/Drinhausen, Art. 16 SE-VO Rz. 7; *Schröder* in Manz/Mayer/Schröder, Art. 16 SE-VO Rz. 15.
57 Ähnlich *Diekmann* in Habersack/Drinhausen, Art. 16 SE-VO Rz. 8; *Casper* in Spindler/Stilz, AktG, Art. 16 SE-VO Rz. 17.
58 Das britische Recht kennt keine Vorgesellschaft, vgl. *Heinemann*, ZIP 1991, 760; *Kersting*, Vorgesellschaft, S. 173, 357; *Reith*, (1988) 37 ICLQ 109, 117; *Triebel*, Englisches Handels- und Wirtschaftsrecht, 3. Aufl. 2012, Kap. 5 Rz. 55 ff. Ausf. zur Rechtslage bei Gründung einer „britischen" SE: *J. Schmidt*, „Deutsche" vs. „britische" SE, S. 393 ff.
59 So aber *Kersting*, DB 2001, 2079, 2081; *Schwarz*, Art. 16 SE-VO Rz. 17.
60 Ebenso *Diekmann* in Habersack/Drinhausen, Art. 16 SE-VO Rz. 10; *Hügel* in Kalss/Hügel, Vor § 17 SEG Art. 16 Rz. 4; *Schröder* in Manz/Mayer/Schröder, Art. 16 SE-VO Rz. 17 f.
61 So auch *Diekmann* in Habersack/Drinhausen, Art. 16 SE-VO Rz. 10; vgl. bereits *J. Schmidt*, „Deutsche" vs. „britische" SE, S. 401; ähnlich auch *Zöllter-Petzoldt*, Verknüpfung, S. 186.
62 So auch *Diekmann* in Habersack/Drinhausen, Art. 16 SE-VO Rz. 14; *Schäfer* in MünchKomm. AktG, 3. Aufl., Art. 16 SE-VO Rz. 19.
63 Vgl. dazu BGH v. 31.5.1976 – II ZR 185/74, BGHZ 66, 359, 361; *Koch* in Hüffer, § 41 AktG Rz. 20; *Drygala* in K. Schmidt/Lutter, § 41 AktG Rz. 25 f.

nicht auf Organe der Vorgesellschaft **beschränkt**[64]; eine solche Interpretation würde die Handelndenhaftung nämlich in denjenigen Staaten, in denen keine Vorgesellschaft mit für sie handelnden Organen existiert, teilweise leer laufen lassen[65].

22 Bei der Nennung von „juristischen Personen und Gesellschaften" als potentielle Haftungssubjekte kann es sich demzufolge auch nicht lediglich um eine Bezugnahme auf die nach Art. 47 Abs. 1 SE-VO i.V.m. nationalem Recht zulässige Bestellung juristischer Personen als Organe einer SE (dazu Art. 47 Rz. 2 ff.) handeln[66]. Vielmehr wird damit klargestellt, dass Handelnde i.S.d. Art. 16 Abs. 2 SE-VO generell auch **juristische Personen oder Gesellschaften** – insbesondere auch die jeweiligen Gründungsgesellschaften – sein können[67].

23 **Nicht** unter den Handelndenbegriff des Art. 16 Abs. 2 SE-VO[68] fallen hingegen die **Anteilsinhaber der Gründungsgesellschaften**[69]: Die bloße Mitwirkung am Gründungsbeschluss stellt kein nach außen gerichtetes Handeln für die SE dar, ebenso wenig wie die Einbringung der Anteile im Falle der Gründung einer Holding-SE[70].

b) Rechtshandlungen

24 Der weit auszulegende Begriff der „Rechtshandlungen" erfasst sowohl rechtsgeschäftliches als auch rechtsgeschäftsähnliches, nicht aber deliktisches Handeln[71].

c) Im Namen der SE

25 Die Handelndenhaftung greift nur im Falle eines Handelns „im Namen der SE". Im Interesse der Vermeidung von Abgrenzungsschwierigkeiten, Umgehungen und Zufallsergebnissen erfasst dies richtigerweise aber nicht nur ein explizites Handeln im Namen „der X-SE", sondern auch ein solches im Namen der „X-SE in Gründung" oder der „X-Vor-SE"[72]. Anders nur, wenn der im Namen der SE Handelnde **ausdrück-**

---

[64] So aber *Schäfer* in MünchKomm. AktG, 3. Aufl., Art. 16 SE-VO Rz. 19; *Schwarz*, Art. 16 SE-VO Rz. 27; vgl. auch *Greda* in Kalss/Hügel, § 2 SEG Rz. 18; *Casper* in Spindler/Stilz, AktG, Art. 16 SE-VO Rz. 15; *Maul* in KölnKomm. AktG, 3. Aufl., Art. 16 SE-VO Rz. 15; *Jannott* in Jannott/Frodermann, Handbuch Europäische Aktiengesellschaft, § 3 Rz. 320; *Kersting*, DB 2001, 2079, 2082.

[65] Wie hier auch *Diekmann* in Habersack/Drinhausen, Art. 16 SE-VO Rz. 16; *Hügel* in Kalss/Hügel, Vor § 17 SEG Art. 16 Rz. 5; *Schröder* in Manz/Mayer/Schröder, Art. 16 SE-VO Rz. 23 ff.; vgl. bereits *Fuchs*, Gründung, S. 197 ff.

[66] So aber *Greda* in Kalss/Hügel, § 2 SEG Rz. 18; *Schäfer*, NZG 2004, 785, 791; *Schröder* in Manz/Mayer/Schröder, Art. 16 SE-VO Rz. 29 ff.

[67] *Casper* in Spindler/Stilz, AktG, Art. 16 SE-VO Rz. 15; *Hügel* in Kalss/Hügel, Vor § 17 SEG Art. 16 Rz. 5; *Kersting*, DB 2001, 2079, 2082 ff.; *Oplustil*, (2003) 4 GLJ 107, 121; *Schwarz*, Art. 16 SE-VO Rz. 21.

[68] So aber *Hirte*, NZG 2002, 1, 4 Fn. 37; *Hirte*, DStR 2005, 653, 656 Fn. 43; *Kersting*, DB 2001, 2079, 2082 ff.; *Schindler*, Europäische Aktiengesellschaft, S. 19.

[69] So auch *Diekmann* in Habersack/Drinhausen, Art. 16 SE-VO Rz. 15; *Schwarz*, Art. 16 SE-VO Rz. 24 ff.

[70] So schon *Fuchs*, Gründung, S. 198; *Jannott* in Jannott/Frodermann, Handbuch Europäische Aktiengesellschaft, § 3 Rz. 321; *Oplustil*, (2003) 4 GLJ 107, 121; *Paefgen*, GmbHR 2005, 957, 964; *Schäfer*, NZG 2004, 785, 791; *Zöllter-Petzoldt*, Verknüpfung, S. 188.

[71] *Diekmann* in Habersack/Drinhausen, Art. 16 SE-VO Rz. 11; *Casper* in Spindler/Stilz, AktG, Art. 16 SE-VO Rz. 14; *Schröder* in Manz/Mayer/Schröder, Art. 16 SE-VO Rz. 20; *Schwarz*, Art. 16 SE-VO Rz. 28.

[72] *Diekmann* in Habersack/Drinhausen, Art. 16 SE-VO Rz. 12; *Schröder* in Manz/Mayer/Schröder, Art. 16 SE-VO Rz. 21; *Schäfer* in MünchKomm. AktG, 3. Aufl., Art. 16 SE-VO Rz. 17; *Schwarz*, Art. 16 SE-VO Rz. 29; vgl. bereits *Kersting*, DB 2001, 2078, 2084; *Zöllter-Petzoldt*, Verknüpfung, S. 190.

lich und für den Dritten erkennbar die Haftung auf die künftige SE **beschränkt**; dann ist der Dritte nicht schutzwürdig[73].

3. Haftungsausschluss

Negative tatbestandliche Voraussetzung für die Handelndenhaftung ist, dass die mit der Eintragung entstandene SE die Verpflichtung **nicht übernimmt**. Die „Übernahme" der Verpflichtung ist nicht wörtlich zu nehmen; erfasst werden vielmehr **alle Konstellationen**, in denen entweder der **Ausgangsrechtsträger oder die neue SE** mit ihrem Vermögen dem jeweiligen Gläubiger **haften**, sei es kraft gesetzlicher Anordnung, sei es kraft rechtsgeschäftlicher Übernahme[74]. 26

Wird die **neue SE** gem. Art. 16 Abs. 1 SE-VO **eingetragen**, so gehen regelmäßig alle Verpflichtungen der Vor-SE ipso iure über (oben Rz. 7, 16) und eine zuvor begründete Handelndenhaftung erlischt[75]. Die Rechtslage ist nicht anders, wenn – wie im Falle der Verschmelzung durch Aufnahme oder des Formwechsels nach Art. 37 SE-VO (oben Rz. 12) – in der Gründungsphase keine Vor-SE existiert hat; denn im Falle der Verschmelzung durch Aufnahme haftet die neu entstandene SE als Gesamtrechtsnachfolgerin (Art. 29 Abs. 1 lit. a SE-VO), im Falle der Umwandlung aufgrund ihrer Identität mit der sich umwandelnden Gesellschaft (vgl. Art. 37 Abs. 2 SE-VO) für die Verbindlichkeit[76]. 27

Eine gesetzliche Übernahme von Verpflichtungen, die im Namen der künftigen SE eingegangen wurden, findet allerdings trotz Eintragung der neuen SE nicht statt, wenn der Handelnde **nicht vertretungsberechtigt** war[77]. In diesem Fall kann die Haftung dennoch dadurch vermieden werden, dass die Verpflichtung von der SE im Wege der Schuldübernahme **rechtsgeschäftlich übernommen** wird[78]. Der Zustimmung des Gläubigers (vgl. §§ 414, 415 BGB) bedarf es hier nach § 41 Abs. 2 AktG (i.V.m. Art. 15 Abs. 1 SE-VO) grundsätzlich nicht[79]. Das Handeln eines vollmachtslosen Vertreters kann die SE aber auch gem. §§ 177 ff. BGB **genehmigen**; hierfür brauchen die Voraussetzungen des § 41 Abs. 2 AktG nicht vorzuliegen[80]. 28

---

73 Richtig *Diekmann* in Habersack/Drinhausen, Art. 16 SE-VO Rz. 13.
74 Ähnlich *Diekmann* in Habersack/Drinhausen, Art. 16 SE-VO Rz. 17; *Casper* in Spindler/Stilz, AktG, Art. 16 SE-VO Rz. 17; *Jannott* in Jannott/Frodermann, Handbuch Europäische Aktiengesellschaft, § 3 Rz. 324; *Schäfer* in MünchKomm. AktG, 3. Aufl., Art. 16 SE-VO Rz. 21; *Schwarz*, Art. 16 SE-VO Rz. 30 ff.
75 *Casper* in Spindler/Stilz, AktG, Art. 16 SE-VO Rz. 16; *Jannott* in Jannott/Frodermann, Handbuch Europäische Aktiengesellschaft, § 3 Rz. 324; *Schäfer* in MünchKomm. AktG, 3. Aufl., Art. 16 SE-VO Rz. 21; *Schwarz*, Art. 16 SE-VO Rz. 31; vgl. für die parallele Rechtslage in Österreich auch *Hügel* in Kalss/Hügel, Vor § 17 SEG Art. 16 Rz. 6; für das nationale deutsche Recht: BGH v. 13.6.1977 – II ZR 232/75, BGHZ 69, 95, 103 f.; *Koch* in Hüffer, § 41 AktG Rz. 25; *Bayer* in Lutter/Hommelhoff, § 11 GmbHG Rz. 29; *Pentz* in MünchKomm. AktG, 3. Aufl., § 41 AktG Rz. 109.
76 *J. Schmidt*, „Deutsche" vs. „britische" SE, S. 403. Vgl. für die Verschmelzung durch Aufnahme auch *Fuchs*, Gründung, S. 202; *Kersting*, DB 2001, 2078, 2083.
77 So auch *Diekmann* in Habersack/Drinhausen, Art. 16 SE-VO Rz. 18.
78 *Schäfer* in MünchKomm. AktG, 3. Aufl., Art. 16 SE-VO Rz. 21; *Schwarz*, Art. 16 SE-VO Rz. 32; *Diekmann* in Habersack/Drinhausen, Art. 16 SE-VO Rz. 18.
79 *Schäfer* in MünchKomm. AktG, 3. Aufl., Art. 16 SE-VO Rz. 21; *Schröder* in Manz/Mayer/Schröder, Art. 16 SE-VO Rz. 61.
80 Zutreffend *Schäfer* in MünchKomm. AktG, 3. Aufl., Art. 16 SE-VO Rz. 21 a.E.; ebenso *Diekmann* in Habersack/Drinhausen, Art. 16 SE-VO Rz. 18; vgl. zum nationalen Recht *Pentz* in MünchKomm. AktG, 3. Aufl., § 41 AktG Rz. 135, 155.

4. Rechtsfolgen

29 Die Handelndenhaftung nach Art. 16 Abs. 2 SE-VO ist eine **unbegrenzte und gesamtschuldnerische Außenhaftung**[81], die im Interesse eines umfassenden Gläubigerschutzes grundsätzlich auf Erfüllung gerichtet ist[82]. Ein Verschulden ist nicht erforderlich[83]. Die Handelnden können alle Einreden und Einwendungen geltend machen, die auch die Vor-SE geltend machen könnte[84]. Ausweislich des eindeutigen Wortlauts der Norm kann die Haftung jedenfalls durch individuelle Vereinbarung ausgeschlossen werden[85] (vgl. auch bereits oben Rz. 26); eine Abbedingung durch AGB[86] oder die Satzung[87] dürfte hingegen unzulässig sein.

5. Regress

30 Der interne Ausgleich zwischen **mehreren Handelnden** bestimmt sich nach den Regeln über die Gesamtschuld[88].

31 Ist der Handelnde ein Organmitglied der (künftigen) **SE** und hat er pflichtgemäß gehandelt, so hat er gegen diese einen Erstattungsanspruch (§§ 611, 675, 670 BGB)[89]; in sonstigen Fällen kommt ein Regress nur nach GoA-Regeln in Betracht[90].

32 Im Hinblick auf die Frage eines etwaigen Regresses gegen die **(Gründungs-)Gesellschafter** stellt sich dieselbe Problematik wie bei der AG und GmbH, auf die hier nur kurz verwiesen werden kann[91].

6. Konkurrenzen

33 § 41 Abs. 1 Satz 2 AktG wird durch die lex specialis des Art. 16 Abs. 2 SE-VO verdrängt[92].

V. Ergänzende Anwendung des AktG

34 Vgl. zu Rechtsnatur und Haftung in der Vor-AG *Drygala* in K. Schmidt/Lutter, § 41 AktG Rz. 2 ff.; speziell zur Unterbilanz- und Verlustdeckungshaftung Rz. 10 ff.

---

81 *Diekmann* in Habersack/Drinhausen, Art. 16 SE-VO Rz. 19; *Casper* in Spindler/Stilz, AktG, Art. 16 SE-VO Rz. 18; *Schäfer* in MünchKomm. AktG, 3. Aufl., Art. 16 SE-VO Rz. 22; *Schröder* in Manz/Mayer/Schröder, Art. 16 SE-VO Rz. 43 ff.; *Schwarz*, Art. 16 SE-VO Rz. 37 ff.
82 *Kersting*, DB 2001, 2078, 2084; *Schindler*, Europäische Aktiengesellschaft, S. 19; *J. Schmidt*, „Deutsche" vs. „britische" SE, S. 406; *Schröder* in Manz/Mayer/Schröder, Art. 16 SE-VO Rz. 43; *Schwarz*, Art. 16 SE-VO Rz. 38.
83 *Diekmann* in Habersack/Drinhausen, Art. 16 SE-VO Rz. 19; *Schröder* in Manz/Mayer/Schröder, Art. 16 SE-VO Rz. 32.
84 *Diekmann* in Habersack/Drinhausen, Art. 16 SE-VO Rz. 19; *Casper* in Spindler/Stilz, AktG, Art. 16 SE-VO Rz. 18; *Schäfer* in MünchKomm. AktG, 3. Aufl., Art. 16 SE-VO Rz. 22.
85 So auch *Diekmann* in Habersack/Drinhausen, Art. 16 SE-VO Rz. 19; *Schröder* in Manz/Mayer/Schröder, Art. 16 SE-VO Rz. 42; *Schwarz*, Art. 16 SE-VO Rz. 36.
86 Vgl. zu § 41 Abs. 1 Satz 2 AktG: *K. Schmidt* in Großkomm. AktG, 4. Aufl., § 41 AktG Rz. 93.
87 Ebenso *Schröder* in Manz/Mayer/Schröder, Art. 16 SE-VO Rz. 42; *Schwarz*, Art. 16 SE-VO Rz. 36.
88 *Schröder* in Manz/Mayer/Schröder, Art. 16 SE-VO Rz. 46; vgl. für die AG: *Koch* in Hüffer, § 41 AktG Rz. 26.
89 Vgl. für die AG: *Koch* in Hüffer, § 41 AktG Rz. 26; *Pentz* in MünchKomm. AktG, 3. Aufl., § 41 Rz. 148.
90 So auch *Diekmann* in Habersack/Drinhausen, Art. 16 SE-VO Rz. 20; *Schröder* in Manz/Mayer/Schröder, Art. 16 SE-VO Rz. 69.
91 Vgl. für die AG: *Pentz* in MünchKomm. AktG, 3. Aufl., § 41 Rz. 149 m.w.N.; für die GmbH: *Bayer* in Lutter/Hommelhoff, § 11 GmbHG Rz. 30 m.w.N.
92 *J. Schmidt*, „Deutsche" vs. „britische" SE, S. 390.

Abschnitt 2. Gründung einer SE durch Verschmelzung

Art. 17
[Gründung durch Verschmelzung]

(1) Eine SE kann gemäß Artikel 2 Absatz 1 durch Verschmelzung gegründet werden.

(2) Die Verschmelzung erfolgt

a) entweder nach dem Verfahren der Verschmelzung durch Aufnahme gemäß Artikel 3 Absatz 1 der Richtlinie 78/855/EWG

b) oder nach dem Verfahren der Verschmelzung durch Gründung einer neuen Gesellschaft gemäß Artikel 4 Absatz 1 der genannten Richtlinie.

Im Falle einer Verschmelzung durch Aufnahme nimmt die aufnehmende Gesellschaft bei der Verschmelzung die Form einer SE an. Im Falle einer Verschmelzung durch Gründung einer neuen Gesellschaft ist die neue Gesellschaft eine SE.

I. Verschmelzung durch Aufnahme und durch Neugründung	1	III. Gründungsverfahren im Überblick	9
II. Verschmelzungsfähige Rechtsträger	5		

Literatur: *Brandes*, Cross Border Mergers mittels der SE, AG 2005, 177; *Buchheim*, Europäische Aktiengesellschaft und grenzüberschreitende Konzernverschmelzung: der aktuelle Entwurf der Rechtsform aus betriebswirtschaftlicher Sicht, 2001 (zit.: Europäische Aktiengesellschaft); *Casper*, Der Lückenschluss im Statut der Europäischen Aktiengesellschaft, in Habersack (Hrsg.), FS Ulmer, 2003, S. 51; *Drinhausen*, Ausgewählte Rechtsfragen der SE-Gründung durch Formwechsel und Verschmelzung, in Bergmann/Kiem/Mülbert/Verse/Wittig (Hrsg.), 10 Jahre SE, 2015, S. 30; *Fuchs*, Die Gründung einer Europäischen Aktiengesellschaft durch Verschmelzung und das nationale Recht, Diss. Konstanz 2004 (zit.: Gründung); *Ihrig/Wagner*, Diskussionsentwurf für ein SE-Ausführungsgesetz, BB 2003, 969; *Kallmeyer*, Europa-AG: Strategische Optionen für deutsche Unternehmen, AG 2003, 197; *Kiem*, Der Evaluierungsbericht der EU-Kommission zur SE-Verordnung, CFL 2011, 134; *Kraft/Bron*, Defizite bei der grenzüberschreitenden Verschmelzung – eine sekundärrechtliche Bestandsaufnahme, RIW 2005, 641; *Lutter*, Europäische Aktiengesellschaft – Rechtsfigur mit Zukunft?, BB 2002, 1; *Lutter/Kollmorgen/Feldhaus*, Die Europäische Aktiengesellschaft – Satzungsgestaltung bei der „mittelständischen" SE, BB 2005, 2473; *Oechsler*, Der praktische Weg zur Societas Europaea (SE) – Gestaltungsspielraum und Typenzwang, NZG 2005, 697; *Seibt/Reinhard*, Umwandlung der Aktiengesellschaft in die Europäische Gesellschaft (Societas Europaea), Der Konzern 2005, 407; *Teichmann*, Die Einführung der Europäischen Aktiengesellschaft, ZGR 2002, 383; *Vossius*, Gründung und Umwandlung der deutschen Europäischen Gesellschaft (SE), ZIP 2005, 741.

I. Verschmelzung durch Aufnahme und durch Neugründung

Art. 17 SE-VO **konkretisiert** die originäre Gründungsform der Verschmelzungs-SE nach Art. 2 Abs. 1 SE-VO dahin, dass sowohl die Verschmelzung durch Aufnahme (Art. 17 Abs. 2 lit. a SE-VO) als auch die Verschmelzung durch Neugründung (Art. 17 Abs. 2 lit. b SE-VO) möglich sind. Der Hinweis auf die RL 78/855/EWG (3. RL[1]) – 1

---

[1] Dritte Richtlinie des Rates 78/855/EWG vom 9.10.1978 gemäß Artikel 54 Absatz 3 Buchstabe g) des Vertrages betreffend die Verschmelzung von Aktiengesellschaften, ABl. EG Nr. L 295 v. 20.10.1978, S. 36.

heute RL 2011/35/EU[2] (nationale VerschmelzungsRL) – ist allerdings nicht als „Anwendungsbefehl" zu verstehen, sondern **definiert** lediglich die Verschmelzung durch Aufnahme[3] als Vorgang, „durch den eine oder mehrere Gesellschaften ihr gesamtes Aktiv- und Passivvermögen im Wege der Auflösung ohne Abwicklung auf eine andere Gesellschaft übertragen, und zwar gegen Gewährung von Aktien der übernehmenden Gesellschaft an die Aktionäre der übertragenden Gesellschaft oder Gesellschaften und gegebenenfalls einer baren Zuzahlung, die den zehnten Teil des Nennbetrags oder, wenn ein Nennbetrag nicht vorhanden ist, des rechnerischen Wertes der gewährten Aktien nicht übersteigt" (Art. 3 Abs. 1 der nationalen VerschmelzungsRL) und die Verschmelzung durch Neugründung als Vorgang, „durch den mehrere Gesellschaften ihr gesamtes Aktiv- und Passivvermögen im Wege der Auflösung ohne Abwicklung auf eine Gesellschaft, die sie gründen, übertragen, und zwar gegen Gewährung von Aktien der neuen Gesellschaft an ihre Aktionäre und gegebenenfalls einer baren Zuzahlung, die den zehnten Teil des Nennbetrags oder, wenn der Nennbetrag nicht vorhanden ist, des rechnerischen Wertes der gewährten Aktien nicht übersteigt" (Art. 4 Abs. 1 der nationalen VerschmelzungsRL)[4].

2   Die EU-Kommission hat nach Maßgabe von Art. 69 Satz 2 lit. b SE-VO geprüft, ob der Begriff der Verschmelzung in Art. 17 Abs. 2 SE-VO ausgeweitet werden soll. Indes ist eine solche Ausweitung nach dem **Evaluationsbericht** vom 17.11.2010 nicht geplant[5].

3   Im Unterschied zur innerstaatlichen Verschmelzung findet hier für jede beteiligte **übertragende** Gründungsgesellschaft eine **Auflösung über die Grenze** statt[6]. Eine weitere Besonderheit – sowohl zur nationalen VerschmelzungsRL als auch zur grenzüberschreitenden (10. RL[7]) Verschmelzung – besteht im Falle der Verschmelzung zur *Aufnahme* darin, dass die **aufnehmende** Gründungsgesellschaft ihre **Rechtsform ändert**, nämlich von der AG hin zur SE. Es handelt sich insoweit mithin um die Kombination von Verschmelzung und (identitätswahrendem) Formwechsel[8] (vgl. auch Art. 29 Abs. 1 lit. d SE-VO).

4   Nach allg. M. kann im Falle der Verschmelzung **zur Neugründung** die neue SE ihren (satzungsmäßigen) **Sitz in einem anderen Mitgliedstaat** haben als die Gründungs-

---

[2] RL 2011/35/EU des Europäischen Parlaments und des Rates v. 5.4.2011 über die Verschmelzung von Aktiengesellschaften, ABl. EU Nr. L 110 v. 29.4.2011, S. 1; Abdruck und Erläuterungen bei *Lutter/Bayer/J. Schmidt*, EuropUR, § 21, speziell zur Änderung bei Rz. 4 ff.
[3] Ähnlich *Marsch-Barner* in Habersack/Drinhausen, Art. 17 SE-VO Rz. 1; *Casper* in Spindler/Stilz, AktG, Art. 17 SE-VO Rz. 3; *Schäfer* in MünchKomm. AktG, 3. Aufl., Art. 17 SE-VO Rz. 2, *Maul* in KölnKomm. AktG, 3. Aufl., Art. 17 SE-VO Rz. 24.
[4] *Hügel* in Kalss/Hügel, Vor § 17 SEG Art. 17 Rz. 1; *Schäfer* in MünchKomm. AktG, 3. Aufl., Art. 17 SE-VO Rz. 2; *Schwarz*, Art. 17 SE-VO Rz. 4 m.w.N.
[5] Vgl. Bericht der Kommission an das Europäische Parlament und den Rat über die Anwendung der SE-VO, KOM (2010) 676, S. 1 ff.; dazu *Kiem*, CFL 2011, 134 ff.; vgl. auch *Marsch-Barner* in Habersack/Drinhausen, Art. 17 SE-VO Rz. 1.
[6] Dogmatisch unscharf allerdings *Schäfer* in MünchKomm. AktG, 3. Aufl., Art. 17 SE-VO Rz. 1 a.E. („… mit einer Sitzverlegung verbindet …"); wie hier indes auch *Marsch-Barner* in Habersack/Drinhausen, Art. 17 SE-VO Rz. 6.
[7] Richtlinie 2005/56/EG des Europäischen Parlaments und des Rates vom 26.10.2005 über die Verschmelzung von Kapitalgesellschaften aus verschiedenen Mitgliedstaaten, ABl. EU Nr. L 310 v. 25.11.2005, S. 1. Dazu ausf. *Lutter/Bayer/J. Schmidt*, EuropUR, § 23; vgl. bereits *Bayer/J. Schmidt*, NJW 2006, 401 ff.; *Drinhausen/Keinath*, RIW 2006, 81 ff.; *Grohmann/Gruschinske*, GmbHR 2006, 191 ff.; *Kiem*, WM 2006, 1091 ff.
[8] Ebenso *Casper* in Spindler/Stilz, AktG, Art. 17 SE-VO Rz. 2; *Hügel* in Kalss/Hügel, Vor § 17 SEG Art. 17 Rz. 5; *Maul* in KölnKomm. AktG, 3. Aufl., Art. 17 SE-VO Rz. 26; *Schwarz*, Art. 17 SE-VO Rz. 6.

gesellschaften[9]. Im Falle der Verschmelzung *durch Aufnahme* wird eine derartige *Sitzwahlfreiheit* hingegen verbreitet *abgelehnt*[10]. Die Interessenlage sei hier ähnlich wie bei der Umwandlung, so dass Art. 37 Abs. 3 SE-VO analog anzuwenden sei[11]; überdies folge bereits aus dem Wesen der Verschmelzung durch Aufnahme, dass der Sitz der künftigen SE mit demjenigen der aufnehmenden Gesellschaft identisch sein müsse[12]. Letztlich vermag dies jedoch nicht zu überzeugen. Zum einen bewirkt eine Sitzverlegung nämlich keinesfalls zwingend den Verlust der Identität der Gesellschaft (arg. e Art. 8 Abs. 1 SE-VO). Vor allem aber besteht bei der Verschmelzung eben *kein ausdrückliches Sitzverlegungsverbot*[13]. Art. 20 Abs. 1 Satz 2 lit. a SE-VO (Festlegung des Sitzes im Verschmelzungsplan) sowie die weite Formulierung in Art. 22 SE-VO[14] sprechen vielmehr gerade für eine umfassende **Sitzwahlfreiheit** auch im Falle der **Verschmelzung durch Aufnahme**[15].

II. Verschmelzungsfähige Rechtsträger

Wer sich an einer SE-Gründung durch Verschmelzung beteiligen kann, wird bereits in **Art. 2 Abs. 1 SE-VO** geregelt: Nur Aktiengesellschaften i.S.v. Anhang I der SE-VO, d.h. aus deutscher Sicht **nur die AG**, nicht hingegen die KGaA (Art. 2 Rz. 8), jedoch wegen Art. 3 Abs. 1 SE-VO auch die **SE** (dazu Art. 2 Rz. 26, Art. 3 Rz. 3). Die Vor-AG ist nicht verschmelzungsfähig (Art. 2 Rz. 9), die aufgelöste AG nur unter den Voraussetzungen des nach Art. 18 anwendbaren Rechts, d.h. aus deutscher Sicht gem. § 3 Abs. 3 UmwG, § 274 AktG (Art. 2 Rz. 9). 5

Weitere Voraussetzungen: **Sitz** und **Hauptverwaltung in der Gemeinschaft** (Art. 2 Rz. 11) sowie sog. **Mehrstaatlichkeit** (Art. 2 Rz. 12). 6

---

9 *Habersack/Verse*, Europäisches Gesellschaftsrecht, § 13 Rz. 20; *Heckschen* in Widmann/Mayer, UmwG Anhang 14 Rz. 127, 155; *Ihrig/Wagner*, BB 2003, 969, 971 Fn. 67; *Kallmeyer*, AG 2003, 197, 198; *Lutter/Kollmorgen/Feldhaus*, BB 2005, 2473; *Oechsler*, NZG 2005, 697, 700; *Schäfer* in MünchKomm. AktG, 3. Aufl., Art. 17 SE-VO Rz. 11, Art. 20 Rz. 13; *Schröder* in Manz/Mayer/Schröder, Art. 8 SE-VO Rz. 15, Art. 20 Rz. 15; *Schwarz*, Art. 20 SE-VO Rz. 21.

10 So *Casper* in Spindler/Stilz, AktG, Art. 17 SE-VO Rz. 7; *Maul* in KölnKomm. AktG, 3. Aufl., Art. 17 SE-VO Rz. 27; *Schäfer* in MünchKomm. AktG, 3. Aufl., Art. 17 SE-VO Rz. 10, Art. 20 Rz. 13; *Schröder* in Manz/Mayer/Schröder, Art. 8 SE-VO Rz. 15, Art. 20 SE-VO Rz. 15; vgl. weiter *Buchheim*, Europäische Aktiengesellschaft, S. 138, 193; *Ihrig/Wagner*, BB 2004, 1749, 1752; *Jannott* in Jannott/Frodermann, Handbuch Europäische Aktiengesellschaft, § 3 Rz. 5; *Kraft/Bron*, RIW 2005, 641, 642.

11 *Schröder* in Manz/Mayer/Schröder, Art. 8 SE-VO Rz. 15; *Casper* in Spindler/Stilz, AktG, Art. 17 SE-VO Rz. 7; *Schäfer* in MünchKomm. AktG, 3. Aufl., Art. 17 SE-VO Rz. 10.

12 Vgl. *Buchheim*, Europäische Aktiengesellschaft, S. 138, 193; *Jannott* in Jannott/Frodermann, Handbuch Europäische Aktiengesellschaft, § 3 Rz. 5; *Kraft/Bron*, RIW 2005, 641, 642; *Schröder* in Manz/Mayer/Schröder, Art. 8 SE-VO Rz. 15, Art. 20 SE-VO Rz. 15.

13 Richtig *Heckschen* in Widmann/Mayer, UmwG Anhang 14 Rz. 127; *Schwarz*, Art. 20 SE-VO Rz. 21; vgl. bereits *Fuchs*, Gründung, S. 117 f.; *Scheifele*, Gründung, S. 153 f.

14 „... Mitgliedstaats, dessen Recht eine der sich verschmelzenden Gesellschaften oder die künftige SE unterliegt ...", vgl. *Kallmeyer*, AG 2003, 197, 198; *Scheifele*, Gründung, S. 154.

15 Ebenso *Marsch-Barner* in Habersack/Drinhausen, Art. 17 SE-VO Rz. 4; *Heckschen* in Widmann/Mayer, UmwG Anhang 14 Rz. 127, 155; *Schwarz*, Art. 20 SE-VO Rz. 21; *Teichmann* in Van Hulle/Maul/Drinhausen, 4. Abschnitt § 2 Rz. 34; *Drinhausen*, 10 Jahre SE, S. 46; vgl. bereits *Fuchs*, Gründung, S. 117 f.; *Kallmeyer*, AG 2003, 197, 198; *Scheifele*, Gründung, S. 153; *Walden/Meyer-Landrut*, DB 2005, 2119, 2125; ferner wohl auch *Bungert/Beier*, EWS 2002, 1, 8; *Habersack/Verse*, Europäisches Gesellschaftsrecht, § 13 Rz. 20; *Lutter/Kollmorgen/Feldhaus*, BB 2005, 2473; s. auch schon *Sagasser/Swienty*, DStR 1991, 1188, 1191 zum SE-VOE 1991.

7   Zulässig ist auch eine **Konzernverschmelzung** (Art. 2 Rz. 13)[16]. Hier gewährt Art. 31 SE-VO im Falle der Aufnahme der Tochter-AG durch die Mutter-AG (sog. upstream-merger)[17] gewisse Erleichterungen (ausf. Art. 31 Rz. 7 ff.).

8   Für **deutsche Gründungsgesellschaften** sind über die **Verweisung in Art. 18 SE-VO** bei der Verschmelzung zur Aufnahme die §§ 4–35 und 60–73 UmwG anwendbar, bei der Verschmelzung zur Neugründung die §§ 36–38 und 73–77 UmwG[18]. Insbesondere sind im Hinblick auf die Zwei-Jahres-Frist die Regelungen in **§§ 67 und 76 Abs. 1 UmwG** zu beachten (ausf. Art. 23 Rz. 8, 12)[19] sowie allgemein hinsichtlich der Kapitalerhöhung bei einer aufnehmenden AG die **§§ 66 UmwG, 182 ff. AktG** anzuwenden[20].

III. Gründungsverfahren im Überblick

9   Das Gründungsverfahren ist dem von der nationalen VerschmelzungsRL[21] und der 6. (Spaltungs-)RL[22] her bekannten Modell nachgebildet; die zentralen Eckpunkte sind:[23]

(1) Verschmelzungsplan

(2) Verschmelzungsbericht

---

16 *Bayer* in Lutter/Hommelhoff, Europäische Gesellschaft, S. 25, 32; *Casper* in FS Ulmer, 2003, S. 51, 64; *Jannott* in Jannott/Frodermann, Handbuch Europäische Aktiengesellschaft, § 3 Rz. 7 a.E.; *Kalss* in Kalss/Hügel, Vor § 17 SEG – Gründung der SE Rz. 16; *Marsch-Barner* in Habersack/Drinhausen, Art. 17 SE-VO Rz. 6; *Oechsler*, NZG 2005, 697, 700 f.; *J. Schmidt*, „Deutsche" vs. „britische" SE, S. 137; *Schwarz*, Art. 17 SE-VO Rz. 17; *Seibt/Reinhard*, Der Konzern 2005, 407, 409; *Teichmann*, ZGR 2002, 383, 412; *Vossius*, ZIP 2005, 741, 743; a.A. *Hirte*, NZG 2002, 1, 3.

17 Hingegen nicht für den umgekehrten Fall des sog. downstream-merger: *Bayer* in Lutter/Hommelhoff, Europäische Gesellschaft, S. 25, 45; *Fuchs*, Gründung, S. 169, 175; *Oechsler*, NZG 2005, 697, 700; *Schäfer* in MünchKomm. AktG, 3. Aufl., Art. 31 SE-VO Rz. 2; *Scheifele*, Gründung, S. 281, 287; *Schindler*, Europäische Aktiengesellschaft, S. 29; *Schröder* in Manz/Mayer/Schröder, Art. 31 SE-VO Rz. 1; *Schwarz*, Art. 31 SE-VO Rz. 5, 22; *Teichmann*, ZGR 2002, 383, 431; zumindest i.E. auch *Hügel* in Kalss/Hügel, § 20 SEG Rz. 13 (der downstream merger sei zwar theoretisch erfasst, Art. 31 habe aber insofern keine praktische Relevanz).

18 *Scheifele*, Gründung, S. 136; *J. Schmidt*, „Deutsche" vs. „britische" SE, S. 158; *Schwarz*, Art. 17 Rz. 10.

19 *Bayer* in Lutter/Hommelhoff, Europäische Gesellschaft, S. 25, 39; *Jannott* in Jannott/Frodermann, Handbuch Europäische Aktiengesellschaft, § 3 Rz. 84; *Marsch-Barner* in Habersack/Drinhausen, Art. 17 SE-VO Rz. 67; *Scheifele*, Gründung, S. 212; *J. Schmidt*, „Deutsche" vs. „britische" SE, S. 203; *Schwarz*, Art. 17 SE-VO Rz. 13; a.A. *Schröder* in Manz/Mayer/Schröder, Art. 23 SE-VO Rz. 32 ff.

20 *Bayer* in Lutter/Hommelhoff, Europäische Gesellschaft, S. 25, 42; *Brandes*, AG 2005, 177, 185; *Jannott* in Jannott/Frodermann, Handbuch Europäische Aktiengesellschaft, § 3 Rz. 79; *Neun* in Theisen/Wenz, Europäische Aktiengesellschaft, S. 57, 129; *J. Schmidt*, „Deutsche" vs. „britische" SE, S. 210; *Schwarz*, Art. 17 SE-VO Rz. 7; *Thümmel*, Europäische Aktiengesellschaft, Rz. 69.

21 RL 2011/35/EU des Europäischen Parlaments und des Rates v. 5.4.2011 über die Verschmelzung von Aktiengesellschaften, ABl. EU Nr. L 110 v. 29.4.2011, S. 1; Abdruck und Erläuterungen bei *Lutter/Bayer/J. Schmidt*, EuropUR, § 21; früher Dritte Richtlinie des Rates 78/855/EWG vom 9.10.1978 gemäß Artikel 54 Absatz 3 Buchstabe g) des Vertrages betreffend die Verschmelzung von Aktiengesellschaften, ABl. EG Nr. L 295 v. 20.10.1978, S. 36. Zur Änderung: *Lutter/Bayer/J. Schmidt*, EuropUR, § 21 Rz. 4 ff.

22 Sechste Richtlinie 82/891/EWG des Rates vom 17.12.1982 gemäß Artikel 54 Absatz 3 Buchstabe g) des Vertrages betreffend die Spaltung von Aktiengesellschaften, ABl. EG Nr. L 378 v. 31.12.1982, S. 47; zuletzt geändert durch RL 2009/109/EG; dazu näher *Lutter/Bayer/J. Schmidt*, EuropUR, § 22 Rz. 2 ff.

23 S. auch *Marsch-Barner* in Habersack/Drinhausen, Art. 17 SE-VO Rz. 9 ff.; *Casper* in Spindler/Stilz, AktG, Art. 17 SE-VO Rz. 4 ff.; *Maul* in KölnKomm. AktG, 3. Aufl., Art. 17 SE-VO Rz. 16 ff.

(3) Publizität
(4) Beginn der Verhandlungen mit den Arbeitnehmern
(5) Verschmelzungsprüfung
(6) Verschmelzungsbeschluss
(7) Rechtmäßigkeitskontrolle
(8) Eintragung und Bekanntmachungen.

Art. 18
[Für Verschmelzung anwendbares Recht]

In den von diesem Abschnitt nicht erfassten Bereichen sowie in den nicht erfassten Teilbereichen eines von diesem Abschnitt nur teilweise abgedeckten Bereichs sind bei der Gründung einer SE durch Verschmelzung auf jede Gründungsgesellschaft die mit der Richtlinie 78/855/EWG in Einklang stehenden, für die Verschmelzung von Aktiengesellschaften geltenden Rechtsvorschriften des Mitgliedstaats anzuwenden, dessen Recht sie unterliegt.

I. Regelungsinhalt und -zweck	1	2. Übereinstimmung mit der nationalen Verschmelzungs-Richtlinie	5
II. Anwendungsbereich	2	3. Sachrechtliche Ebene	
III. Verweisungsobjekt		a) Allgemeines	6
1. Kollisionsrechtliche Ebene	4	b) Einzelheiten	8

Literatur: *Brandes*, Cross Border Mergers mittels der SE, AG 2005, 177; *Fuchs*, Die Gründung einer Europäischen Aktiengesellschaft durch Verschmelzung und das nationale Recht, Diss. Konstanz 2004 (zit.: Gründung); *Götz*, Beschlussmängelklagen bei der SE, ZGR 2008, 593; *Lennerz*, Die internationale Verschmelzung und Spaltung unter Beteiligung deutscher Gesellschaften, 2001; *Menjucq*, La société européenne, Revue des sociétés 2002, 225; *Oplustil*, Selected problems concerning formation of a holding SE (societas europaea), (2003) 4 GLJ 107; *J. Schmidt*, SE and SCE: two new European company forms – and more to come!, (2006) 27 Co Law 99; *Schulz/Geismar*, Die Europäische Aktiengesellschaft, DStR 2001, 1078; *Teichmann*, Die Einführung der Europäischen Aktiengesellschaft, ZGR 2002, 383; *Teichmann*, Minderheitenschutz bei Gründung und Sitzverlegung der SE, ZGR 2003, 367; *Wagner*, Die Bestimmung des auf die SE anwendbaren Rechts, NZG 2002, 985; *Walden/Meyer-Landrut*, Die grenzüberschreitende Verschmelzung zu einer Europäischen Gesellschaft: Planung und Vorbereitung, DB 2005, 2119.

I. Regelungsinhalt und -zweck

Art. 18 SE-VO ist eine **Spezialverweisung**[1] für die Errichtung einer SE durch Verschmelzung und erklärt **in lückenfüllender Ergänzung** der SE-VO[2] für jede beteiligte Gründungs-AG das jeweils für sie geltende nationale **Verschmelzungsrecht** für anwendbar. Im Verhältnis zur allgemeinen Verweisungsnorm des Art. 15 Abs. 1 SE-VO

1

---

1 So auch *Casper* in Spindler/Stilz, AktG, Art. 18 SE-VO Rz. 1.
2 So auch *Casper* in Spindler/Stilz, AktG, Art. 18 SE-VO Rz. 1; *Maul* in KölnKomm. AktG, 3. Aufl., Art. 18 SE-VO Rz. 4; *Marsch-Barner* in Habersack/Drinhausen, Art. 18 SE-VO Rz. 1, 3.

ist Art. 18 SE-VO in seinem Anwendungsbereich (dazu unten Rz. 2 f.) vorrangig[3], dagegen im Verhältnis zu speziellen Regelungen der Verschmelzungs-SE in der SE-VO (einschließlich spezieller Verweisungen in Art. 19 ff. SE-VO) nachrangig[4]. Nachrangig gegenüber der SE-VO ist im Zusammenhang mit der Errichtung einer SE durch Verschmelzung zugleich das nationale Recht der Gründungsgesellschaften.

II. Anwendungsbereich

2 Art. 18 SE-VO erfasst nach Wortlaut und Systematik nur die Errichtung einer SE durch **Verschmelzung**[5]. Für die Holding-Gründung fehlt eine vergleichbare Regelung[6]; diese planwidrige Lücke lässt sich aber ohne weiteres durch eine **analoge Anwendung** des Art. 18 SE-VO schließen (ausf. Art. 32 Rz. 7)[7].

3 In Abgrenzung zu Art. 15 SE-VO (Art. 15 Rz. 7) erstreckt sich die Verweisung des Art. 18 SE-VO nur auf die **Phase 1** der SE-Gründung, nämlich die Vorbereitungs- und Beschlussphase, d.h. diejenigen Verfahrensschritte, die noch der Sphäre der einzelnen Gründungsgesellschaften zuzuordnen sind[8], und zwar insoweit, wie sich aus den Art. 19 ff. SE-VO oder den dortigen Spezialverweisungen (insbesondere Art. 24 Abs. 1, 25 Abs. 1, 30 Abs. 1 SE-VO) und Ermächtigungsnormen (in Verbindung mit den nationalen Ausführungsgesetzen) keine oder nur eine unvollständige Regelung ergibt (vgl. bereits oben Rz. 1)[9], somit eine **Regelungslücke** auf der Ebene der SE-VO vorliegt.

III. Verweisungsobjekt

1. Kollisionsrechtliche Ebene

4 Welches nationale Verschmelzungsrecht gilt, wird in Art. 18 SE-VO nicht bestimmt, sondern folgt aus dem internationalen Gesellschaftsrecht (Kollisionsrecht) der jeweiligen Gründungsgesellschaft; im Unterschied zu Art. 15 Abs. 1 SE-VO (Art. 15 Rz. 4 f.) verweist Art. 18 SE-VO als *partielle Gesamtnormverweisung* nämlich **nicht direkt auf**

---

3 Wie hier *Marsch-Barner* in Habersack/Drinhausen, Art. 18 SE-VO Rz. 1.
4 So auch *Marsch-Barner* in Habersack/Drinhausen, Art. 18 SE-VO Rz. 1; *Casper* in Spindler/Stilz, AktG, Art. 18 SE-VO Rz. 1; *Schäfer* in MünchKomm. AktG, 3. Aufl., Art. 18 SE-VO Rz. 4; *Schröder* in Manz/Mayer/Schröder, Art. 18 SE-VO Rz. 6; *Maul* in KölnKomm. AktG, 3. Aufl., Art. 18 SE-VO Rz. 1, 3.
5 *Scheifele*, Gründung, S. 41; *J. Schmidt*, „Deutsche" vs. „britische" SE, S. 157; *J. Schmidt*, (2006) 27 Co Law 99, 101; *Schwarz*, Art. 18 SE-VO Rz. 9; vgl. auch *Hügel* in Kalss/Hügel, Vor § 17 SEG Art. 18 Rz. 1; *Schröder* in Manz/Mayer/Schröder, Art. 18 SE-VO Rz. 1.
6 Nach *Teichmann*, ZGR 2003, 367, 389 handelt es sich um ein Redaktionsversehen.
7 Wie hier *Maul* in KölnKomm. AktG, 3. Aufl., Art. 18 SE-VO Rz. 2; *Marsch-Barner* in Habersack/Drinhausen, Art. 18 SE-VO Rz. 2; *Schäfer* in MünchKomm. AktG, 3. Aufl., Art. 18 SE-VO Rz. 1; vgl. bereits *Bayer* in Lutter/Hommelhoff, Europäische Gesellschaft, S. 25, 46; *Jannott* in Jannott/Frodermann, Handbuch Europäische Aktiengesellschaft, § 3 Rz. 155; *Oplustil*, (2003) 4 GLJ 107, 109; *J. Schmidt*, (2006) 27 Co Law 99, 101.
8 So auch *Maul* in KölnKomm. AktG, 3. Aufl., Art. 18 SE-VO Rz. 3; *Marsch-Barner* in Habersack/Drinhausen, Art. 18 SE-VO Rz. 4; *Hügel* in Kalss/Hügel, Vor § 17 SEG Art. 15 Rz. 6; *Schäfer* in MünchKomm. AktG, 3. Aufl., Art. 18 SE-VO Rz. 1; *Schwarz*, Art. 18 SE-VO Rz. 16; *Schröder* in Manz/Mayer/Schröder, Art. 18 SE-VO Rz. 2; vgl. bereits *Bayer* in Lutter/Hommelhoff, Europäische Gesellschaft, S. 25, 32 f.; *Kleindiek* in Lutter/Hommelhoff, Europäische Gesellschaft, S. 95, 100; *J. Schmidt*, (2006) 27 Co Law 99, 101; *Teichmann*, ZGR 2002, 383, 416; *Walden/Meyer-Landrut*, DB 2005, 2119.
9 *Casper* in Spindler/Stilz, AktG, Art. 18 SE-VO Rz. 1, 3; *Maul* in KölnKomm. AktG, 3. Aufl., Art. 18 SE-VO Rz. 4; *Marsch-Barner* in Habersack/Drinhausen, Art. 18 SE-VO Rz. 1, 3; *Schäfer* in MünchKomm. AktG, 3. Aufl., Art. 18 SE-VO Rz. 4.

das **Sitzstaatrecht** der Gründungsgesellschaften[10]. Die in den einzelnen EWR-Staaten nach wie vor bestehenden Unterschiede im Hinblick auf die Bestimmung des Gesellschaftsstatuts (Sitz- vs. Gründungstheorie) wirken sich allerdings insoweit dank der EuGH-Rechtsprechung[11] (*Centros*[12], *Überseering*[13], *Inspire Art*[14]) letztlich kaum aus: Auch in traditionellen Sitztheoriestaaten (wie Deutschland) gilt nunmehr die „europarechtliche Gründungstheorie"[15] – jedenfalls im Verhältnis zu anderen EWR-Staaten[16]. Bedeutung können die unterschiedlichen Anknüpfungsmomente daher allenfalls in dem Ausnahmefall haben, dass sich (qua Art. 2 Abs. 5 SE-VO, dazu Art. 2 Rz. 27 ff.) auch Gesellschaften mit Hauptverwaltung außerhalb des EWR-Raums an einer SE-Gründung beteiligen[17].

2. Übereinstimmung mit der nationalen Verschmelzungs-Richtlinie

Die Verweisung von Art. 18 SE-VO auf das nationale Verschmelzungsrecht erfolgt unter der Voraussetzung, dass diese Vorschriften im Einklang mit der nationalen VerschmelzungsRL[18] stehen. **Richtlinienwidriges** Verschmelzungsrecht kommt somit **nicht** zur Anwendung[19].

3. Sachrechtliche Ebene

a) Allgemeines

Kommt auf die Gründungsgesellschaft **deutsches** Sachrecht zur Anwendung, dann gelten nicht nur die deutschen Durchführungsvorschriften zur nationalen Verschmel-

---

10 Richtig *Casper* in Spindler/Stilz, AktG, Art. 18 SE-VO Rz. 1; *Hügel* in Kalss/Hügel, Vor § 17 SEG Art. 18 Rz. 3; *Marsch-Barner* in Habersack/Drinhausen, Art. 18 SE-VO Rz. 5; *Maul* in KölnKomm. AktG, 3. Aufl., Art. 18 SE-VO Rz. 1, 5; *Schröder* in Manz/Mayer/Schröder, Art. 18 SE-VO Rz. 7; *Schwarz*, Art. 18 SE-VO Rz. 7, 21; *Schäfer* in MünchKomm. AktG, 3. Aufl., Art. 18 SE-VO Rz. 2; vgl. bereits *Lind*, Europäische Aktiengesellschaft, S. 107 f.; *Wagner*, NZG 2002, 985, 990; a.A. *Fuchs*, Gründung, S. 61; *Menjucq*, Revue des sociétés 2002, 225, 234; *Schulz/Geismar*, DStR 2001, 1078, 1080.
11 Eingehend *Lutter/Bayer/J. Schmidt*, EuropUR, § 6 Rz. 1 ff., 14 ff.
12 EuGH v. 9.3.1999 – Rs. C-212/97 – „Centros Ltd v. Erhvervs-og Selskabsstyrelsen", Slg. 1999, I-1459.
13 EuGH v. 5.11.2002 – Rs. C-208/00 – „Überseering BV v. Nordic Construction Company Baumanagement GmbH (NCC)", Slg. 2002, I-9919.
14 EuGH v. 30.9.2003 – Rs. C-167/01 – „Kamer van Koophandel en Fabrieken voor Amsterdam v. Inspire Art Ltd.", Slg. 2003, I-10155.
15 Vgl. für Deutschland: BGH v. 13.3.2003 – VII ZR 370/98 – „Überseering", BGHZ 154, 185; BGH v. 19.9.2005 – II ZR 372/03, AG 2005, 886; ausf. *Lutter/Bayer/J. Schmidt*, EuropUR, § 6 Rz. 49 ff. m.w.N.; s. auch schon *Bayer/J. Schmidt*, ZHR 173 (2009) 735, 739; *Bayer*, BB 2004, 1, 4 m.w.N.
16 Ob die Sitztheorie im Verhältnis zu Drittstaaten fortgilt, ist in Deutschland umstr.; dafür BGH v. 27.10.2008 – II ZR 158/06 – „Trabrennbahn", BB 2009, 14 = AG 2009, 84, dazu *Bayer/J. Schmidt*, ZHR 173 (2009), 735, 740 ff.; vgl. ausf. zur Problematik auch *Lutter/Bayer/J. Schmidt*, EuropUR, § 6 Rz. 52 f. m.w.N.
17 Vgl. *J. Schmidt*, „Deutsche" vs. „britische" SE, S. 158.
18 RL 2011/35/EU des Europäischen Parlaments und des Rates v. 5.4.2011 über die Verschmelzung von Aktiengesellschaften, ABl. EU Nr. L 110 v. 29.4.2011, S. 1; Abdruck und Erläuterungen bei *Lutter/Bayer/J. Schmidt*, EuropUR, § 21; früher Dritte Richtlinie des Rates 78/855/EWG vom 9.10.1978 gemäß Artikel 54 Absatz 3 Buchstabe g) des Vertrages betreffend die Verschmelzung von Aktiengesellschaften, ABl. EG Nr. L 295 v. 20.10.1978, S. 36. Zur Änderung: *Lutter/Bayer/J. Schmidt*, EuropUR, § 21 Rz. 4 ff.
19 *Casper* in Spindler/Stilz, AktG, Art. 18 SE-VO Rz. 2; *Hügel* in Kalss/Hügel, Vor § 17 SEG Art. 18 Rz. 7; *Marsch-Barner* in Habersack/Drinhausen, Art. 18 SE-VO Rz. 6; *Maul* in KölnKomm. AktG, 3. Aufl., Art. 18 SE-VO Rz. 6; *Schäfer* in MünchKomm. AktG, 3. Aufl., Art. 18 SE-VO Rz. 3.

zungsRL[20], sondern alle Vorschriften des **UmwG**, die auf AG Anwendung finden[21], aber auch alle sonstige Vorschriften, die für eine Verschmelzung deutscher AG gelten, also speziell die ergänzend anwendbaren Vorschriften des **AktG**[22].

7 Auf eine **ausländische AG mit Verwaltungssitz in Deutschland** findet – jedenfalls soweit sie in einem EWR-Staat gegründet wurde – kraft der „europarechtlichen Gründungstheorie" das Recht ihres Gründungsstaates Anwendung (vgl. dazu auch bereits oben Rz. 4)[23].

b) Einzelheiten

8 In Ergänzung der speziellen Regelungen in der SE-VO (oben Rz. 1) kommen im Falle der Errichtung einer Verschmelzungs-SE auf eine deutsche AG (oder SE) als Gründungsgesellschaft insbesondere folgende Vorschriften zur Anwendung[24]:
– Form des Verschmelzungsplans: § 6 UmwG (vgl. dazu Art. 20 Rz. 6 ff.)
– Bekanntmachung des Verschmelzungsplans (vgl. Art. 6 der nationalen VerschmelzungsRL): § 61 UmwG (vgl. dazu Art. 21 Rz. 3, 9 ff.)
– Zuleitung des Verschmelzungsplans an den Betriebsrat: § 5 Abs. 3 UmwG (vgl. dazu Art. 21 Rz. 11)
– Verschmelzungsbericht (vgl. Art. 9 der nationalen VerschmelzungsRL): § 8 UmwG (vgl. dazu Art. 20 Rz. 29 ff.)
– Verschmelzungsprüfung (vgl. Art. 10 der nationalen VerschmelzungsRL): §§ 60, 73, 9–12 UmwG (vgl. dazu Art. 22 Rz. 3)
– Informationsrechte der Aktionäre (vgl. Art. 11 der nationalen VerschmelzungsRL): §§ 63, 64 UmwG (vgl. dazu Art. 23 Rz. 6 f., 9)
– Übertragung der Aktien: § 71 UmwG (vgl. dazu Art. 20 Rz. 20)
– ggf. spezielle Kapitalerhöhungsvorschriften: §§ 66 ff. UmwG i.V.m. §§ 182 ff. AktG[25]
– ggf. Nachgründungsrecht: § 67 UmwG (vgl. dazu Art. 17 Rz. 8, Art. 23 Rz. 8)
– Sperrfrist: § 76 UmwG (vgl. dazu Art. 17 Rz. 8, Art. 23 Rz. 12)
– zivilrechtliche Haftung der Organmitglieder (vgl. Art. 20 der nationalen VerschmelzungsRL): §§ 25 f. UmwG[26].

---

20 Zumindest missverständlich insofern *Lennerz*, Verschmelzung, S. 25 f.; *Wagner*, NZG 2002, 985, 990.
21 *Casper* in Spindler/Stilz, AktG, Art. 18 SE-VO Rz. 2; *Hügel* in Kalss/Hügel, Vor § 17 SEG Art. 18 Rz. 8; *Maul* in KölnKomm. AktG, 3. Aufl., Art. 18 SE-VO Rz. 7; *Schäfer* in MünchKomm. AktG, 3. Aufl., Art. 18 SE-VO Rz. 2 f.; *Schwarz*, Art. 18 SE-VO Rz. 29 f.
22 *Casper* in Spindler/Stilz, AktG, Art. 18 SE-VO Rz. 2; *Hügel* in Kalss/Hügel, Vor § 17 SEG Art. 18 Rz. 9; *Maul* in KölnKomm. AktG, 3. Aufl., Art. 18 SE-VO Rz. 7; *Schwarz*, Art. 18 SE-VO Rz. 30; *Teichmann*, ZGR 2002, 383, 425 Fn. 179.
23 *Hügel* in Kalss/Hügel, Vor § 17 SEG Art. 18 Rz. 5; *Marsch-Barner* in Habersack/Drinhausen, Art. 18 SE-VO Rz. 5; teilw. abw. *Schäfer* in MünchKomm. AktG, 3. Aufl., Art. 18 SE-VO Rz. 2.
24 Vgl. auch *Maul* in KölnKomm. AktG, 3. Aufl., Art. 18 SE-VO Rz. 8; *Marsch-Barner* in Habersack/Drinhausen, Art. 18 SE-VO Rz. 7.
25 *Bayer* in Lutter/Hommelhoff, Europäische Gesellschaft, S. 25, 42; *Brandes*, AG 2005, 177, 185; *Jannott* in Jannott/Frodermann, Handbuch Europäische Aktiengesellschaft, § 3 Rz. 79, Rz. 68; *Neun* in Theisen/Wenz, Europäische Aktiengesellschaft, S. 57, 129; *J. Schmidt*, „Deutsche" vs. „britische" SE, S. 210; *Schwarz*, Art. 17 SE-VO Rz. 7.
26 *Schröder* in Manz/Mayer/Schröder, Art. 18 SE-VO Rz. 24; *Schwarz*, Art. 22 SE-VO Rz. 37.

Art. 19
[Behördliches Einspruchsrecht]

Die Rechtsvorschriften eines Mitgliedstaates können vorsehen, dass die Beteiligung einer Gesellschaft, die dem Recht dieses Mitgliedstaates unterliegt, an der Gründung einer SE durch Verschmelzung nur möglich ist, wenn keine zuständige Behörde dieses Mitgliedstaats vor der Erteilung der Bescheinigung gemäß Artikel 25 Absatz 2 dagegen Einspruch erhebt.

Dieser Einspruch ist nur aus Gründen des öffentlichen Interesses zulässig. Gegen ihn muss ein Rechtsmittel eingelegt werden können.

I. Regelungsgegenstand und -zweck ... 1	3. Zeitlicher Rahmen ... 5
II. Zuständigkeit und Reichweite des Einspruchsrechts	III. Rechtsfolgen eines Einspruchs ... 6
1. Bezugspunkt: nationale Gesellschaften ... 3	IV. Rechtsmittel ... 7
2. Öffentliches Interesse ... 4	V. Keine Umsetzung in Deutschland ... 8

Literatur: *Cerioni*, The approved version of the European Company Statute in comparison with the 1991 draft: some first remarks from the General Provisions and from the Directive on employees' involvement, part II (2004) 25 Co Law 259; *Fuchs*, Die Gründung einer Europäischen Aktiengesellschaft durch Verschmelzung und das nationale Recht, Diss. Konstanz 2004 (zit.: Gründung); *Morse* (Hrsg.), Palmer's Company Law (London), 25. Aufl. 1992, Loseblatt, Stand: Februar 2005; *Teichmann*, Die Einführung der Europäischen Aktiengesellschaft, ZGR 2002, 383; *Teichmann*, Vorschläge für das deutsche Ausführungsgesetz zur Europäischen Aktiengesellschaft, ZIP 2002, 1109.

I. Regelungsgegenstand und -zweck

Art. 19 Unterabs. 1 SE-VO enthält – in Parallele zu Art. 8 Abs. 14 SE-VO bei der Sitzverlegung (dazu Art. 8 Rz. 61 ff.) – eine **Ermächtigung**[1] an die Mitgliedstaaten, den nationalen Behörden ein **Einspruchsrecht** gegen die Verschmelzung einzuräumen. Dieses Optionsrecht trägt der Tatsache Rechnung, dass eine grenzüberschreitende Verschmelzung u.U. auch bedeutsame öffentliche Interessen berührt. Es beruht auf dem Wunsch Großbritanniens[2], das in seinem nationalen Recht bis 1988 für Wegzugsfälle ein Einspruchsrecht der Finanzbehörden kannte, welches Gegenstand des berühmten *Daily-Mail*-Verfahrens[3] war; in *Cartesio*[4] hat der EuGH seine frühere Rechtsprechung nochmals bestätigt[5].

---

1 *Marsch-Barner* in Habersack/Drinhausen, Art. 19 SE-VO Rz. 1; *Casper* in Spindler/Stilz, AktG, Art. 19 SE-VO Rz. 1; *Maul* in KölnKomm. AktG, 3. Aufl., Art. 19 SE-VO Rz. 1; *Schäfer* in MünchKomm. AktG, 3. Aufl., Art. 19 SE-VO Rz. 1; *Schröder* in Manz/Mayer/Schröder, Art. 19 SE-VO Rz. 2; *Schwarz*, Art. 19 SE-VO Rz. 1.
2 Vgl. *Schäfer* in MünchKomm. AktG, 3. Aufl., Art. 19 SE-VO Rz. 2; *Scheifele*, Gründung, S. 139; *J. Schmidt*, „Deutsche" vs. „britische" SE, S. 162; *Teichmann*, ZGR 2002, 383, 432.
3 EuGH v. 27.9.1988 – Rs. C-81/87 – „The Queen v.H. M. Treasury and Commissioners of Inland Revenue, ex parte Daily Mail and General Trust plc", Slg. 1988, 5483; dazu näher *Lutter/Bayer/J. Schmidt*, EuropUR, § 6 Rz. 19 ff. m.w.N.
4 EuGH v. 16.12.2008 – Rs. C-210/06 – „Cartesio", Slg. 2008, I-96419704 = AG 2009, 79; dazu *Lutter/Bayer/J. Schmidt*, EuropUR, § 6 Rz. 37 ff. m.w.N.
5 Dazu ausf. *Bayer/J. Schmidt*, ZHR 173 (2009), 735 ff.

2 Unterabs. 2 Satz 1 beschränkt den Einspruch auf Gründe des **öffentlichen Interesses** (dazu Rz. 4). Unterabs. 2 Satz 2 bestimmt, dass hiergegen ein Rechtsmittel möglich sein muss (dazu Rz. 7).

II. Zuständigkeit und Reichweite des Einspruchsrechts

1. Bezugspunkt: nationale Gesellschaften

3 Das Einspruchsrecht darf sich nach dem eindeutigen Wortlaut der Norm nur auf diejenigen Gesellschaften beziehen, die dem Recht des von der Ermächtigung Gebrauch machenden Mitgliedstaates unterliegen; ein Mitgliedstaat kann also nur „seinen" – nicht dagegen ausländischen – Gesellschaften die Teilnahme an der Verschmelzung zur SE untersagen[6].

2. Öffentliches Interesse

4 Der Einspruch ist gem. Art. 19 Abs. 2 SE-VO nur aus Gründen des öffentlichen Interesses zulässig. Der Ausnahmecharakter der Vorschrift und die drakonischen Folgen eines etwaigen Einspruchs (vgl. dazu Rz. 6) gebieten insoweit eine **restriktive Auslegung**[7], wobei die Rechtsprechung des EuGH zur eng verwandten Norm des Art. 46 EG (heute: Art. 52 AEUV) als Vorbild dienen kann[8]. Ein Einspruch ist demnach nur begründet, wenn eine tatsächliche und hinreichend schwere Gefährdung vorliegt, die ein Grundinteresse der Gesellschaft berührt[9]. In Betracht kommen daher etwa die nationale Sicherheit[10] oder die Strafverfolgung[11]; rein fiskalische Interessen[12] dürften hingegen angesichts der Rechtsprechung des EuGH[13] nicht genügen[14].

---

6 Ebenso *Marsch-Barner* in Habersack/Drinhausen, Art. 19 SE-VO Rz. 3; vgl. i.E. auch *Fuchs*, Gründung, S. 158; *Scheifele*, Gründung, S. 139; *J. Schmidt*, „Deutsche" vs. „britische" SE, S. 163; *Schwarz*, Art. 19 SE-VO Rz. 4.

7 Wie hier *Marsch-Barner* in Habersack/Drinhausen, Art. 19 SE-VO Rz. 4; *Maul* in KölnKomm. AktG, 3. Aufl., Art. 19 SE-VO Rz. 6; *Schwarz*, Art. 19 SE-VO Rz. 5; vgl. bereits *Fuchs*, Gründung, S. 158; *Scheifele*, Gründung, S. 139; a.A. *Casper* in Spindler/Stilz, AktG, Art. 19 SE-VO Rz. 1.

8 So auch *Casper* in Spindler/Stilz, AktG, Art. 19 SE-VO Rz. 1; *Marsch-Barner* in Habersack/Drinhausen, Art. 19 SE-VO Rz. 4; *Maul* in KölnKomm. AktG, 3. Aufl., Art. 19 SE-VO Rz. 7; *Schröder* in Manz/Mayer/Schröder, Art. 19 SE-VO Rz. 5; vgl. auch *J. Schmidt*, „Deutsche" vs. „britische" SE, S. 160 f.; ähnlich *Cerioni*, (2004) 25 Co Law 259, 266 f.

9 Vgl. zu Art. 46 EG a.F.: EuGH v. 9.3.2000 – Rs. C-355/98 – „Kommission der Europäischen Gemeinschaften v. Königreich Belgien", Slg. 2000, I-1221 Rz. 28; *Streinz/Müller-Graff*, EUV/EGV, 2003, Art. 46 EG Rz. 9 m.w.N.

10 S. *Bungert/Beier*, EWS 2002, 1, 7 Fn. 59 i.V.m. Fn. 52; *Palmer's Company Law*, 17.011; *Scheifele*, Gründung, S. 139; *J. Schmidt*, „Deutsche" vs. „britische" SE, S. 161; *Schwarz*, Art. 19 SE-VO Rz. 2.

11 S. *Scheifele*, Gründung, S. 139; *J. Schmidt*, „Deutsche" vs. „britische" SE, S. 161; *Schwarz*, Art. 19 SE-VO Rz. 2.

12 So *Cerioni*, (2004) 25 Co Law 259, 266 f.; *Scheifele*, Gründung, S. 139; *Schwarz*, Art. 19 SE-VO Rz. 2.

13 S. EuGH v. 11.3.2004 – Rs. C-9/02 – „Hughes de Lasteyrie du Saillant v. Ministére de l'Économie, des Finances et de l'Industrie", Slg. 2004, I-2409; dazu *Wassermeyer*, GmbHR 2004, 613 ff.

14 Wie hier *Marsch-Barner* in Habersack/Drinhausen, Art. 19 SE-VO Rz. 4; *Maul* in KölnKomm. AktG, 3. Aufl., Art. 19 SE-VO Rz. 7; vgl. bereits *J. Schmidt*, „Deutsche" vs. „britische" SE, S. 161.

3. Zeitlicher Rahmen

Der Einspruch muss **vor der Erteilung der Bescheinigung** gem. Art. 25 Abs. 2 SE-VO (dazu ausf. Art. 25 Rz. 14 ff.) erhoben werden. 5

III. Rechtsfolgen eines Einspruchs

Wenn die zuständige Behörde Einspruch erhebt, darf der betreffenden Gesellschaft keine Bescheinigung nach Art. 25 Abs. 2 SE-VO ausgestellt werden, d.h. der Einspruch bewirkt eine gesetzliche **„Bescheinigungssperre"**[15]. Wegen Art. 26 Abs. 2 SE-VO (Vorlage der Bescheinigung im künftigen Sitzstaat, dazu Art. 26 Rz. 3, 9) ist damit zugleich auch eine Eintragung der Verschmelzung im künftigen Sitzstaat der SE ausgeschlossen[16]. 6

IV. Rechtsmittel

Gem. Art. 19 Unterabs. 1 Satz 2 SE-VO muss gegen den Einspruch ein Rechtsmittel eingelegt werden können. Erforderlich ist die Möglichkeit einer **gerichtlichen**[17] **Überprüfung**[18]; im Interesse des effet utile der Norm muss diese zudem auch in angemessener Zeit erfolgen[19]. 7

V. Keine Umsetzung in Deutschland

Im Gegensatz zu einer Reihe anderer Mitgliedstaaten[20] sah der deutsche Gesetzgeber für eine Umsetzung der Option des Art. 19 Unterabs. 1 SE-VO kein Bedürfnis[21]. 8

Art. 20
[Verschmelzungsplan]

(1) Die Leitungs- oder die Verwaltungsorgane der sich verschmelzenden Gesellschaften stellen einen Verschmelzungsplan auf. Dieser Verschmelzungsplan enthält

a) die Firma und den Sitz der sich verschmelzenden Gesellschaften sowie die für die SE vorgesehene Firma und ihren geplanten Sitz,

---

15 *Marsch-Barner* in Habersack/Drinhausen, Art. 19 SE-VO Rz. 5; *Maul* in KölnKomm. AktG, 3. Aufl., Art. 19 SE-VO Rz. 9; *Schröder* in Manz/Mayer/Schröder, Art. 19 SE-VO Rz. 6; *Schwarz*, Art. 19 SE-VO Rz. 7.
16 *Marsch-Barner* in Habersack/Drinhausen, Art. 19 SE-VO Rz. 5; *Maul* in KölnKomm. AktG, 3. Aufl., Art. 19 SE-VO Rz. 9; *Schröder* in Manz/Mayer/Schröder, Art. 19 SE-VO Rz. 6; *Schwarz*, Art. 19 SE-VO Rz. 7.
17 Vgl. die englische und französische Textfassung („review by a judicial authority"/„recours devant une autorité judicaire").
18 So auch *Marsch-Barner* in Habersack/Drinhausen, Art. 19 SE-VO Rz. 6; *Maul* in KölnKomm. AktG, 3. Aufl., Art. 19 SE-VO Rz. 10.
19 Vgl. zur Problematik der Folgen eines stattgebenden Urteils: *Cerioni*, (2004) 25 Co Law 259, 266 f.
20 Z.B. Großbritannien (r. 60 European Public Limited-Liability Company Regulations 2004, SI 2004/2326, dazu ausf. *J. Schmidt*, „Deutsche" vs. „britische" SE, S. 162 ff.) oder Belgien (art. 878 Code des sociétés).
21 *Marsch-Barner* in Habersack/Drinhausen, Art. 19 SE-VO Rz. 7; *Casper* in Spindler/Stilz, AktG, Art. 19 SE-VO Rz. 3; vgl. dazu näher *Teichmann*, ZIP 2002, 1109, 1112; *Teichmann*, ZGR 2002, 383, 432.

b) das Umtauschverhältnis der Aktien und gegebenenfalls die Höhe der Ausgleichsleistung,

c) die Einzelheiten hinsichtlich der Übertragung der Aktien der SE,

d) den Zeitpunkt, von dem an diese Aktien das Recht auf Beteiligung am Gewinn gewähren, sowie alle Besonderheiten in Bezug auf dieses Recht,

e) den Zeitpunkt, von dem an die Handlungen der sich verschmelzenden Gesellschaften unter dem Gesichtspunkt der Rechnungslegung als für Rechnung der SE vorgenommen gelten,

f) die Rechte, welche die SE den mit Sonderrechten ausgestatteten Aktionären der Gründungsgesellschaften und den Inhabern anderer Wertpapiere als Aktien gewährt, oder die für diese Personen vorgeschlagenen Maßnahmen,

g) jeder besondere Vorteil, der den Sachverständigen, die den Verschmelzungsplan prüfen, oder den Mitgliedern der Verwaltungs-, Leitungs-, Aufsichts- oder Kontrollorgane der sich verschmelzenden Gesellschaften gewährt wird,

h) die Satzung der SE,

i) Angaben zu dem Verfahren, nach dem die Vereinbarung über die Beteiligung der Arbeitnehmer gemäß der Richtlinie 2001/86/EG geschlossen wird.

(2) Die sich verschmelzenden Gesellschaften können dem Verschmelzungsplan weitere Punkte hinzufügen.

I. Regelungsgegenstand und Zweck ... 1	bb) Höhe der Ausgleichsleistung . 19
II. Begriff und Rechtsnatur des Verschmelzungsplans 2	c) Einzelheiten hinsichtlich der Übertragung der Aktien (lit. c) ... 20
III. Form und Sprache	d) Zeitpunkt der Gewinnberechtigung (lit. d) 21
1. Form	e) Verschmelzungsstichtag (lit. e) .. 22
a) Notarielle Beurkundung 6	f) Sonderrechte (lit. f) 23
b) Auslandsbeurkundung 8	g) Vorteile für sonstige Beteiligte (lit. g) 24
c) Nachbeurkundung des Entwurfs.. 9	h) Satzung (lit. h) 25
2. Sprache 10	i) Angaben zum Verfahren der Arbeitnehmerbeteiligung (lit. i) 26
IV. Inhalt	5. Entbehrlichkeit bestimmter Angaben bei Konzernverschmelzungen 27
1. Überblick 11	6. Barabfindungsangebot 28
2. Keine Erweiterung durch nationales Recht 12	**V. Verschmelzungsbericht**
3. Fakultativer Inhalt 14	1. Erforderlichkeit 29
4. Der Mindestinhalt nach Art. 20 Abs. 1 Satz 2 SE-VO	2. Gemeinsame Berichterstattung 30
a) Firma und Sitz (lit. a) 15	3. Inhalt 31
aa) Firma der SE 16	4. Entbehrlichkeit und Verzicht
bb) Sitz der SE 17	a) Entbehrlichkeit bei Konzernverschmelzungen 32
b) Umtauschverhältnis der Aktien und Höhe der Ausgleichsleistung (lit. b)	b) Verzicht.................. 33
aa) Umtauschverhältnis 18	

Literatur: *Bayer/Hoffmann/J. Schmidt*, Satzungsgestaltung deutscher SE in der Praxis, AG 2008, R103; *Bungert/Beier*, Die Europäische Aktiengesellschaft, EWS 2002, 1; *Brandes*, Cross Border Merger mittels der SE, AG 2005, 177; *Brandt/Scheifele*, Die Europäische Aktiengesellschaft und das anwendbare Recht, DStR 2002, 547; *Casper*, Der Lückenschluss im Statut der Europäischen Aktiengesellschaft, in Habersack [Hrsg.], FS Ulmer, 2003, S. 51; *Drinhausen*, Ausgewählte Rechtsfragen der SE-Gründung durch Formwechsel und Verschmelzung, in Bergmann/Kiem/Mülbert/

Verse/Wittig (Hrsg.), 10 Jahre SE, 2015, S. 30; *Fuchs*, Die Gründung einer Europäischen Aktiengesellschaft durch Verschmelzung und das nationale Recht, Diss. Konstanz 2004 (zit.: Gründung); *Heckschen*, Die Europäische AG aus notarieller Sicht, DNotZ 2003, 251; *Hirte*, Die Europäische Aktiengesellschaft – ein Überblick nach Inkrafttreten der deutschen Ausführungsgesetzgebung, DStR 2005, 653; *Kiem*, Die Ermittlung der Verschmelzungswertrelation bei der grenzüberschreitenden Verschmelzung, ZGR 2007, 542; *Kloster*, Societas Europaea und europäische Unternehmenszusammenschlüsse, EuZW 2003, 293; *Lösekrug*, Die Umsetzung der Kapital-, Verschmelzungs- und Spaltungsrichtlinie der EG in das nationale Recht, 2004 (zit.: Umsetzung); *Mahi*, Die Europäische Aktiengesellschaft. Societas Europaea – SE, 2004 (zit.: Europäische Aktiengesellschaft); *Sagasser/Swienty*, Die Gründung einer Europäischen Aktiengesellschaft im Wege der Verschmelzung – Zur Praktikabilität des SE-Statuts in der Entwurfsfassung vom 6./16.5.1991, DStR 1991, 1188; *Schulz/Eicker*, The European Company Statute – the German view, Intertax 2001, 332; *Schulz/Geismar*, Die Europäische Aktiengesellschaft, DStR 2001, 1078; *G. Schwarz*, Zum Statut der Europäischen Aktiengesellschaft, ZIP 2001, 1847; *Seibt/Saame*, Die Societas Europaea (SE) deutschen Rechts: Anwendungsfelder und Beratungshinweise, AnwBl 2005, 225; *Teichmann*, Die Einführung der Europäischen Aktiengesellschaft, ZGR 2002, 383; *Teichmann*, Minderheitenschutz bei Gründung und Sitzverlegung der SE, ZGR 2003, 367; *Vossius*, Gründung und Umwandlung der deutschen Europäischen Gesellschaft (SE), ZIP 2005, 741; *Walden/Meyer-Landrut*, Die grenzüberschreitende Verschmelzung zu einer Europäischen Gesellschaft: Planung und Vorbereitung, DB 2005, 2119.

I. Regelungsgegenstand und Zweck

Das „Herzstück"[1] des europäischen Verschmelzungsrechts ist sowohl nach der nationalen VerschmelzungsRL[2] als auch nach der internationalen (10.) VerschmelzungsRL[3] und auch nach der SE-VO der Verschmelzungsplan. Es handelt sich hierbei um das **Gründungsdokument** der Verschmelzungs-SE, das von den Leitungs- oder Verwaltungsorganen der Gründungsgesellschaften (bei einer deutschen AG von deren Vorstand, bei einer deutschen SE mit monistischem System gem. § 41 Abs. 1 SEAG von deren geschäftsführenden Direktoren)[4] einvernehmlich mit einem **bestimmten Mindestinhalt** und ggf. weiteren Ergänzungen aufzustellen und nach erfolgter sachverständiger Prüfung (Art. 22 SE-VO) und unter Beifügung eines Verschmelzungsberichts (Art. 18 SE-VO i.V.m. dem anwendbaren und mit der nationalen VerschmelzungsRL übereinstimmenden nationalen Recht; dazu Art. 18 Rz. 5, 8; unten Rz. 29 ff.) der jeweiligen Hauptversammlung zur zustimmenden Beschlussfassung vorzulegen ist (Art. 23 SE-VO).

1

II. Begriff und Rechtsnatur des Verschmelzungsplans

Der Verschmelzungsplan erfordert im Vorfeld seiner Aufstellung eine Verständigung der Gründungsgesellschaften über den Inhalt. Eine solche inhaltliche Übereinstim-

2

---

1 So bereits *Bayer* in Lutter/Hommelhoff, Europäische Gesellschaft, S. 25, 34 im Anschluss an *Kloster*, EuZW 2003, 293, 295.
2 RL 2011/35/EU des Europäischen Parlaments und des Rates v. 5.4.2011 über die Verschmelzung von Aktiengesellschaften, ABl. EU Nr. L 110 v. 29.4.2011, S. 1; Abdruck und Erläuterungen bei *Lutter/Bayer/J. Schmidt*, EuropUR, § 21; früher Dritte Richtlinie des Rates 78/855/EWG vom 9.10.1978 gemäß Artikel 54 Absatz 3 Buchstabe g) des Vertrages betreffend die Verschmelzung von Aktiengesellschaften, ABl. EG Nr. L 295 v. 20.10.1978, S. 36. Zur Änderung: *Lutter/Bayer/J. Schmidt*, EuropUR, § 21 Rz. 4 ff.
3 Richtlinie 2005/56/EG des Europäischen Parlaments und des Rates vom 26.10.2005 über die Verschmelzung von Kapitalgesellschaften aus verschiedenen Mitgliedstaaten, ABl. EU Nr. L 310 v. 25.11.2005, S. 1. Dazu *Lutter/Bayer/J. Schmidt*, EuropUR, § 23; vgl. bereits *Bayer/J. Schmidt*, NJW 2006, 401 ff.; *Drinhausen/Keinath*, RIW 2006, 81 ff.; *Kiem*, WM 2006, 1091 ff.; *Neye*, ZIP 2005, 1893 ff.
4 *Schäfer* in MünchKomm. AktG, 3. Aufl., Art. 20 SE-VO Rz. 4; *Schröder* in Manz/Mayer/Schröder, Art. 20 SE-VO Rz. 7.

mung folgt nicht nur aus der Natur der Sache[5], sondern ausdrücklich auch aus Art. 26 Abs. 3 SE-VO („gleich lautender Verschmelzungsplan"). Dass die zuständigen Organe einen **gemeinsamen Verschmelzungsplan** i.S.e. einheitlichen Gründungsdokuments aufstellen, ist allerdings – entgegen einer verbreiteten Auffassung[6] – **nicht erforderlich**. Jede Gründungsgesellschaft hat vielmehr einen eigenen, wenn auch inhaltlich übereinstimmenden und damit „gleich lautenden" Verschmelzungsplan aufzustellen und ihrer Hauptversammlung zur Beschlussfassung vorzulegen[7]. Zu den Auswirkungen dieser Kontroverse: Rz. 6 ff. (Form) und Rz. 10 (Sprache).

3 Anders als im nationalen Verschmelzungsrecht muss auch **kein Verschmelzungsvertrag** geschlossen werden; die Vorschrift des § 4 UmwG kommt auch für eine deutsche Gründungsgesellschaft aufgrund der Spezialität und damit des Vorrangs von Art. 20 SE-VO nicht zur Anwendung (über Art. 18 SE-VO: dort Art. 18 Rz. 1), weil die SE-VO insoweit eine europaweit einheitliche Regelung getroffen hat[8]. Anders als in der nationalen VerschmelzungsRL[9] ist hier für den nationalen Gesetzgeber kein Spielraum eröffnet[10].

4 Unbenommen ist es jedoch den Gründungsgesellschaften, **freiwillig** einen **Verschmelzungsvertrag** oder zusätzlich ein „business combination agreement" zu schließen, um auf diese Weise eine zusätzliche wechselseitige Bindung zu erzeugen[11]. Dies ist in der (internationalen) Praxis üblich und auch empfehlenswert[12]. Wird ein solcher Verschmelzungsvertrag geschlossen, dann erfüllt er ohne weiteres die Voraussetzung gleich lautender Verschmelzungspläne; die zusätzliche schuldrechtliche Bindung der Beteiligten ist unschädlich[13].

---

5 So schon *Teichmann*, ZGR 2002, 383, 417; vgl. weiter *Schäfer* in MünchKomm. AktG, 3. Aufl., Art. 20 SE-VO Rz. 4.
6 So *Maul* in KölnKomm. AktG, 3. Aufl., Art. 20 SE-VO Rz. 13; *Schröder* in Manz/Mayer/Schröder, Art. 20 SE-VO Rz. 1; ausf. *Schwarz*, Art. 20 SE-VO Rz. 10 im Anschluss an *Scheifele*, Gründung, S. 141 f.; vgl. auch *Fuchs*, Gründung, S. 108.
7 Wie hier *Casper* in Spindler/Stilz, AktG, Art. 20 SE-VO Rz. 2; *Marsch-Barner* in Habersack/Drinhausen, Art. 20 SE-VO Rz. 4; *Drinhausen*, 10 Jahre SE, S. 43 f.; vgl. bereits *Bayer* in Lutter/Hommelhoff, Europäische Gesellschaft, S. 25, 34.
8 So auch *Casper* in Spindler/Stilz, AktG, Art. 20 SE-VO Rz. 3; *Brandes*, AG 2005, 177, 180; *Heckschen* in Widmann/Mayer, UmwG Anhang 14 Rz. 146 ff.; *Jannott* in Jannott/Frodermann, Handbuch Europäische Aktiengesellschaft, § 3 Rz. 36; *Marsch-Barner* in Habersack/Drinhausen, Art. 20 SE-VO Rz. 3; *Teichmann*, ZGR 2002, 383, 418 ff.; *Walden/Meyer-Landrut*, DB 2005, 2119, 2121.
9 RL 2011/35/EU des Europäischen Parlaments und des Rates v. 5.4.2011 über die Verschmelzung von Aktiengesellschaften, ABl. EU Nr. L 110 v. 29.4.2011, S. 1; Abdruck und Erläuterungen bei *Lutter/Bayer/J. Schmidt*, EuropUR, § 21; früher Dritte Richtlinie des Rates 78/855/EWG vom 9.10.1978 gemäß Artikel 54 Absatz 3 Buchstabe g) des Vertrages betreffend die Verschmelzung von Aktiengesellschaften, ABl. EG Nr. L 295 v. 20.10.1978, S. 36.
10 Richtig *Brandes*, AG 2005, 177, 180; *Schäfer* in MünchKomm. AktG, 3. Aufl., Art. 20 SE-VO Rz. 8; *J. Schmidt*, „Deutsche" vs. „britische" SE, S. 166; *Teichmann*, ZGR 2002, 383, 418 ff. Verfehlt daher § 17 öSEG, wo vom „Verschmelzungsvertrag" gesprochen wird; dazu nur *Hügel* in Kalss/Hügel, § 17 SEG Rz. 1 f.
11 So auch *Casper* in Spindler/Stilz, AktG, Art. 20 SE-VO Rz. 4; *Hügel* in Kalss/Hügel, § 17 SEG Rz. 5; *Marsch-Barner* in Habersack/Drinhausen, Art. 20 SE-VO Rz. 3; *Schäfer* in MünchKomm. AktG, 3. Aufl., Art. 20 SE-VO Rz. 9; vgl. bereits *Bayer* in Lutter/Hommelhoff, Europäische Gesellschaft, S. 25, 34; *Brandes*, AG 2005, 177, 181; *Vossius*, ZIP 2005, 741, 743 Fn. 23; a.A. wohl *Scheifele*, Gründung, S. 152; *Schwarz*, Art. 20 SE-VO Rz. 14 (nur business combination agreement zulässig).
12 Dazu ausf. *Aha*, BB 2001, 2225 ff.; vgl. auch *Brandes*, AG 2005, 177, 181 m.w.N.
13 *Bayer* in Lutter/Hommelhoff, Europäische Gesellschaft, S. 25, 34; *Hügel* in Kalss/Hügel, § 17 SEG Rz. 5; *Schäfer* in MünchKomm. AktG, 3. Aufl., Art. 20 SE-VO Rz. 9 a.E.; *J. Schmidt*, „Deutsche" vs. „britische" SE, S. 166.

Von seiner Rechtsnatur her ist der Verschmelzungsplan ein **gesellschaftsrechtlicher Organisationsakt**[14]. 5

III. Form und Sprache

1. Form

a) Notarielle Beurkundung

Die SE-VO enthält für den Verschmelzungsplan keine Formvorschrift. Nach zutreffender Auffassung wird die Frage, ob eine notarielle Beurkundung erforderlich ist, über **Art. 18 SE-VO** durch das anwendbare nationale Verschmelzungsrecht entschieden[15]; eine dies ausdrücklich anordnende Regelung im SE-VOE 1991 (Art. 18 Abs. 2) wurde als überflüssig angesehen und wieder gestrichen[16]. Da ein gemeinsamer Verschmelzungsplan nicht erforderlich ist (oben Rz. 2), hat eine **unterschiedliche nationale Rechtslage** nicht zur Folge, dass sich das strengere Recht durchsetzt[17]; die notarielle Form gilt vielmehr nur für die Gründungsgesellschaft, deren nationales Recht dies verlangt[18]. Dies ist – notwendigerweise – nur dann anders, wenn die Beteiligten freiwillig einen Verschmelzungsvertrag schließen (dazu oben Rz. 4). 6

Ist eine **deutsche Gründungsgesellschaft** beteiligt, so ist gem. § 6 UmwG die notarielle Form erforderlich. Die Vorschrift erfasst im Rahmen einer entsprechenden Anwendung nicht nur den Verschmelzungsvertrag, sondern auch den Verschmelzungsplan, was bereits daraus folgt, dass auch die nationale VerschmelzungsRL diesen Begriff benutzt und § 6 UmwG hierauf aufbaut[19]. 7

b) Auslandsbeurkundung

Zweifelhaft ist – ebenso wie bei nationalen Sachverhalten[20] – die Zulässigkeit einer Auslandsbeurkundung. Bei einer SE sollten aufgrund der Supranationalität dieser Rechtsform indes keine Bedenken[21] bestehen, wenn die Beurkundung des Verschmel- 8

---

14 Wie hier *Brandes*, AG 2005, 177, 181; *Heckschen* in Widmann/Mayer, UmwG Anhang 14 Rz. 146; *Maul* in KölnKomm. AktG, 3. Aufl., Art. 20 SE-VO Rz. 11; *Marsch-Barner* in Habersack/Drinhausen, Art. 20 SE-VO Rz. 2; *Schröder* in Manz/Mayer/Schröder, Art. 20 SE-VO Rz. 2; *Schwarz*, Art. 20 SE-VO Rz. 12; vgl. auch *Teichmann*, ZGR 2002, 383, 419.
15 Wie hier *Casper* in Spindler/Stilz, AktG, Art. 20 SE-VO Rz. 6; *Heckschen* in Widmann/Mayer, UmwG Anhang 14 Rz. 200; *Hügel* in Kalss/Hügel, § 17 SEG Rz. 6; *Marsch-Barner* in Habersack/Drinhausen, Art. 20 SE-VO Rz. 5; vgl. bereits *Bayer* in Lutter/Hommelhoff, Europäische Gesellschaft, S. 25, 34 f.; *Teichmann*, ZGR 2002, 383, 420; a.A. *Schulz/Eicker*, Intertax 2001, 332, 335; *Schulz/Geismar*, DStR 2001, 1078, 1080; vgl. ferner *Brandes*, AG 2005, 177, 182.
16 Vgl. *Heckschen*, DNotZ 2003, 251, 258; *Teichmann*, ZGR 2002, 383, 420; *Schäfer* in MünchKomm. AktG, 3. Aufl., Art. 20 SE-VO Rz. 6; *J. Schmidt*, „Deutsche" vs. „britische" SE, S. 166 f.
17 So aber – von ihrem Standpunkt aus konsequent – *Fuchs*, Gründung, S. 112; *Scheifele*, Gründung, S. 174 f.; *Schröder* in Manz/Mayer/Schröder, Art. 20 SE-VO Rz. 6; *Schwarz*, Art. 20 SE-VO Rz. 50.
18 So auch dezidiert *Heckschen* in Widmann/Mayer, UmwG Anhang 14 Rz. 200; *Hügel* in Kalss/Hügel, § 17 SEG Rz. 6 f.; *Marsch-Barner* in Habersack/Drinhausen, Art. 20 SE-VO Rz. 5.
19 Vgl. ausf. bereits *Bayer* in Lutter/Hommelhoff, Europäische Gesellschaft, S. 25, 34 f.; *J. Schmidt*, „Deutsche" vs. „britische" SE, S. 168.
20 Hierzu *Drygala* in Lutter, § 6 UmwG Rz. 8 ff. m.w.N.; vgl. auch *Bayer*, GmbHR 2013, 897 ff.
21 Für eine schlichte Übertragung der von der h.M. für nationale Sachverhalte geforderten Gleichwertigkeit jedoch *Fuchs*, Gründung, S. 113; *Heckschen* in Widmann/Mayer, UmwG Anhang 14 Rz. 203 f.; *Hügel* in Kalss/Hügel, § 17 SEG Rz. 6; *Mahi*, Europäische Aktiengesellschaft, S. 38 f.; *Schäfer* in MünchKomm. AktG, 3. Aufl., Art. 20 SE-VO Rz. 6 f. Für eine Beschränkung auf Beurkundung durch deutsche Notare *Spitzbart*, RNotZ 2006, 369, 390.

zungsplans im Mitgliedstaat eines Verschmelzungspartners[22] oder im Sitzstaat der künftigen SE[23] erfolgt[24]. Weitergehend wird man aber – analog zum Geltungsbereich der SE-VO – sogar eine Beurkundung **in irgendeinem EWR-Staat** für ausreichend erachten müssen[25].

c) Nachbeurkundung des Entwurfs

9 Ebenso wie im Rahmen der innerstaatlichen Verschmelzung (vgl. § 4 Abs. 2 UmwG) ist auch hier die Nachbeurkundung zulässig, wenn zunächst lediglich über den Entwurf des Verschmelzungsplans Beschluss gefasst wurde[26].

2. Sprache

10 Die SE-VO trifft keine Regelung zur Sprache des Verschmelzungsplans. Maßgeblich ist daher gem. **Art. 18 SE-VO** das nationale (Verschmelzungs-)Recht der jeweiligen Gründungsgesellschaften[27]. Anders wäre nur zu entscheiden, wenn ein gemeinsamer Verschmelzungsplan erforderlich wäre; dies ist aber nicht der Fall (oben Rz. 2). Für eine deutsche Gründungsgesellschaft muss der Verschmelzungsplan bereits wegen der Pflicht zur notariellen Beurkundung (oben Rz. 7) grundsätzlich in deutscher Sprache abgefasst sein (§ 5 Abs. 1 BeurkG)[28]. Der Praxis zu empfehlen ist jedoch die Herstellung einer **mehrsprachigen Fassung**, bei der die Sprachen aller beteiligten Gründungsgesellschaften berücksichtigt werden. Damit wird einerseits die inhaltliche Übereinstimmung sichergestellt, andererseits aber gleichzeitig auch die Voraussetzung für eine ordnungsgemäße Beurkundung sowie die spätere Registeranmeldung (vgl. Art. 26 SE-VO) geschaffen[29]. Gleiches gilt im Falle des (freiwilligen) Abschlusses eines Verschmelzungsvertrags (dazu oben Rz. 4)[30].

---

22 So bereits *Bayer* in Lutter/Hommelhoff, Europäische Gesellschaft, S. 25, 35; zust. *Marsch-Barner* in Habersack/Drinhausen, Art. 20 SE-VO Rz. 7.
23 So bereits *Bayer* in Lutter/Hommelhoff, Europäische Gesellschaft, S. 25, 35; zust. *Marsch-Barner* in Habersack/Drinhausen, Art. 20 SE-VO Rz. 7.
24 Abl. indes *Casper* in Spindler/Stilz, AktG, Art. 20 SE-VO Rz. 6; *Heckschen* in Widmann/Mayer, UmwG Anhang 14 Rz. 205; *Maul* in KölnKomm. AktG, 3. Aufl., Art. 20 SE-VO Rz. 19; *Schäfer* in MünchKomm. AktG, 3. Aufl., Art. 20 SE-VO Rz. 7.
25 I.E. ebenso *Jannott* in Jannott/Frodermann, Handbuch Europäische Aktiengesellschaft, § 3 Rz. 37; *J. Schmidt*, „Deutsche" vs. „britische" SE, S. 169 f.; *Schröder* in Manz/Mayer/Schröder, Art. 20 SE-VO Rz. 10; zumindest für EU-Staaten auch *Scheifele*, Gründung, S. 176; *Schwarz*, Art. 20 SE-VO Rz. 53; vgl. auch *Brandt/Scheifele*, DStR 2002, 547, 554 (Auslandsbeurkundung generell zulässig).
26 Wie hier *Casper* in Spindler/Stilz, AktG, Art. 20 SE-VO Rz. 6; *Marsch-Barner* in Habersack/Drinhausen, Art. 20 SE-VO Rz. 6; *Maul* in KölnKomm. AktG, 3. Aufl., Art. 20 SE-VO Rz. 18; *Schäfer* in MünchKomm. AktG, 3. Aufl., Art. 20 SE-VO Rz. 6; vgl. bereits *Bayer* in Lutter/Hommelhoff, Europäische Gesellschaft, S. 25, 35; *Teichmann*, ZGR 2003, 367, 374 Fn. 29; *Walden/Meyer-Landrut*, DB 2005, 2119, 2125.
27 Wie hier *Marsch-Barner* in Habersack/Drinhausen, Art. 20 SE-VO Rz. 8; *Maul* in KölnKomm. AktG, 3. Aufl., Art. 20 SE-VO Rz. 20; *Schäfer* in MünchKomm. AktG, 3. Aufl., Art. 20 SE-VO Rz. 5.
28 *Schäfer* in MünchKomm. AktG, 3. Aufl., Art. 20 Rz. 5; *Casper* in Spindler/Stilz, AktG, Art. 20 SE-VO Rz. 2; *Marsch-Barner* in Habersack/Drinhausen, Art. 20 SE-VO Rz. 8.
29 Ähnlich *Marsch-Barner* in Habersack/Drinhausen, Art. 20 SE-VO Rz. 4.
30 Ähnlich wie hier *Schäfer* in MünchKomm. AktG, 3. Aufl., Art. 20 SE-VO Rz. 5; vgl. bereits *J. Schmidt*, „Deutsche" vs. „britische" SE, S. 170; *Fuchs*, Gründung, S. 113.

IV. Inhalt

1. Überblick

Der in Art. 20 Abs. 1 Satz 2 SE-VO bestimmte Inhalt des Verschmelzungsplans orientiert sich weitgehend an Art. 5 Abs. 2 der nationalen VerschmelzungsRL[31], geht jedoch teilweise noch darüber hinaus (z.B. im Hinblick auf die Satzung der SE und das Verfahren zur Sicherstellung der Arbeitnehmermitbestimmung). Die zahlreichen Übereinstimmungen mit § 5 Abs. 1 UmwG resultieren daraus, dass auch diese Vorschrift auf der nationalen VerschmelzungsRL beruht. In Art. 20 Abs. 2 SE-VO wird den Beteiligten die fakultative Aufnahme weiterer Bestandteile ausdrücklich gestattet.

11

2. Keine Erweiterung durch nationales Recht

Nach herrschender und auch zutreffender Auffassung wird der **zwingende Mindestinhalt** des Verschmelzungsplans **in der SE-VO erschöpfend festgelegt**[32]. Über den abschließenden Katalog des Art. 20 Abs. 1 Satz 2 SE-VO hinaus darf das nach Art. 18 SE-VO berufene nationale Recht keine weiteren Angaben verlangen. Auch bei Maßgeblichkeit deutschen Verschmelzungsrechts sind somit keine Angaben nach § 5 Abs. 1 Nr. 9 UmwG (Folgen für die Arbeitnehmer etc.) erforderlich[33].

12

Als einzige Ausnahme statthaft ist allerdings die Verpflichtung gem. § 7 Abs. 1 SE-AG, im Verschmelzungsplan einer übertragenden Gründungsgesellschaft ein **Barabfindungsangebot** zu unterbreiten, falls die künftige SE ihren Sitz im Ausland haben soll[34] (dazu ausf. unten Rz. 28). Denn hierzu wurde der nationale Gesetzgeber durch die Optionsregelung des Art. 24 Abs. 2 SE-VO ausdrücklich ermächtigt (dazu Art. 24 Rz. 3).

13

3. Fakultativer Inhalt

In **Art. 20 Abs. 2 SE-VO** wird ausdrücklich **klargestellt**, dass die sich verschmelzenden Gesellschaften dem Verschmelzungsplan freiwillig weitere Punkte hinzufügen können[35].

14

---

31 RL 2011/35/EU des Europäischen Parlaments und des Rates v. 5.4.2011 über die Verschmelzung von Aktiengesellschaften, ABl. EU Nr. L 110 v. 29.4.2011, S. 1; Abdruck und Erläuterungen bei *Lutter/Bayer/J. Schmidt*, EuropUR, § 21; früher Dritte Richtlinie des Rates 78/855/EWG vom 9.10.1978 gemäß Artikel 54 Absatz 3 Buchstabe g) des Vertrages betreffend die Verschmelzung von Aktiengesellschaften, ABl. EG Nr. L 295 v. 20.10.1978, S. 36.
32 Wie hier *Hügel* in Kalss/Hügel, § 17 SEG Rz. 13; *Marsch-Barner* in Habersack/Drinhausen, Art. 20 SE-VO Rz. 9; *Maul* in KölnKomm. AktG, 3. Aufl., Art. 20 SE-VO Rz. 22; *Schäfer* in MünchKomm. AktG, 3. Aufl., Art. 20 SE-VO Rz. 12; vgl. bereits *Bayer* in Lutter/Hommelhoff, Europäische Gesellschaft, S. 25, 38 f.; *Casper* in FS Ulmer, S. 51, 68; *Heckschen*, DNotZ 2003, 251, 257; *Teichmann*, ZGR 2002, 383, 420; nunmehr auch *Schröder* in Manz/Mayer/Schröder, Art. 20 SE-VO Rz. 12.
33 *Bayer* in Lutter/Hommelhoff, Europäische Gesellschaft, S. 25, 39; *Brandes*, AG 2005, 177, 181; *Schäfer* in MünchKomm. AktG, 3. Aufl., Art. 20 SE-VO Rz. 12; *Neun* in Theisen/Wenz, Europäische Aktiengesellschaft, S. 57, 85; *Scheifele*, Gründung, S. 171; *J. Schmidt*, „Deutsche" vs. „britische" SE, S. 171.
34 So auch *Marsch-Barner* in Habersack/Drinhausen, Art. 20 SE-VO Rz. 9.
35 *Marsch-Barner* in Habersack/Drinhausen, Art. 20 SE-VO Rz. 10.

4. Der Mindestinhalt nach Art. 20 Abs. 1 Satz 2 SE-VO

a) Firma und Sitz (lit. a)

15 Anzugeben sind sowohl Firma und (Satzungs-)Sitz[36] der Gründungsgesellschaften als auch der (künftigen) SE.

16 **aa) Firma der SE.** Gem. Art. 11 Abs. 1 SE-VO ist zwingend der Firmenzusatz „SE" erforderlich[37]; im Übrigen kommt ergänzend über Art. 15 Abs. 1 SE-VO – sowie nach Abschluss der Gründung über Art. 9 Abs. 1 lit. c ii SE-VO – nationales Firmenrecht zur Anwendung[38] (vgl. Art. 11 Rz. 3).

17 **bb) Sitz der SE.** Der statutarische Sitz der SE und ihre Hauptverwaltung müssen sich gem. Art. 7 Satz 1 SE-VO im selben Mitgliedstaat befinden[39]. Die für eine deutsche SE früher geltende Regelung in § 2 SEAG, wonach sich beide am selben Ort befinden müssen, ist durch das MoMiG im Zuge der Änderung von § 4a GmbHG, § 5 AktG aufgehoben worden[40], was durch Art. 7 Satz 2 SE-VO ausdrücklich gestattet wird (näher Art. 7 Rz. 21). Im Übrigen besteht aber sowohl bei der Verschmelzung durch Neugründung als auch bei der Verschmelzung durch Aufnahme Sitzwahlfreiheit, d.h. der Sitz der (künftigen) SE muss nicht zwingend im selben Mitgliedstaat (oder gar am selben Ort) wie derjenige einer der Gründungsgesellschaften liegen (ausf. dazu bereits Art. 17 Rz. 3).

b) Umtauschverhältnis der Aktien und Höhe der Ausgleichsleistung (lit. b)

18 **aa) Umtauschverhältnis.** Zu den zentralen Bestandteilen des Verschmelzungsplans zählt das Umtauschverhältnis der Aktien, das unter Berücksichtigung der Unternehmenswerte der beteiligten Gründungsgesellschaften nach gleichartigen Maßstäben (**Wertrelation**) zu ermitteln ist[41]. Aufgrund des grenzüberschreitenden Charakters der Verschmelzung können sich hier spezifische Probleme ergeben[42], da für die Ermittlung gem. Art. 18 SE-VO jeweils das nationale Recht der Gründungsgesellschaften maßgeblich ist[43]. Es empfiehlt sich daher eine Einigung der Beteiligten auf ein einheitliches Bewertungsverfahren[44]. Dies gilt insbesondere, wenn ein gemeinsamer sachverständiger Prüfer bestellt wird (dazu Art. 22 Rz. 8)[45].

---

36 *Schäfer* in MünchKomm. AktG, 3. Aufl., Art. 20 SE-VO Rz. 13; *Schröder* in Manz/Mayer/Schröder, Art. 20 SE-VO Rz. 16 ff.; zust. *Marsch-Barner* in Habersack/Drinhausen, Art. 20 SE-VO Rz. 11. Vgl. auch die englische und französische Textfassung („registered office"/„siège statuaire").

37 *Marsch-Barner* in Habersack/Drinhausen, Art. 20 SE-VO Rz. 12.

38 S. bereits *Bayer* in Lutter/Hommelhoff, Europäische Gesellschaft, S. 25, 35; vgl. auch *Heckschen* in Widmann/Mayer, UmwG Anhang 14 Rz. 156; *Hirte*, DStR 2005, 653, 656; *J. Schmidt*, „Deutsche" vs. „britische" SE, S. 116; *Schröder* in Manz/Mayer/Schröder, Art. 11 SE-VO Rz. 1; *Schwarz*, Art. 11 SE-VO Rz. 7.

39 *Marsch-Barner* in Habersack/Drinhausen, Art. 20 SE-VO Rz. 12; *Schäfer* in MünchKomm. AktG, 3. Aufl., Art. 20 SE-VO Rz. 13.

40 Zur ersatzlosen Streichung von § 2 SEAG a.F.: Art. 7 Rz. 21.

41 *Marsch-Barner* in Habersack/Drinhausen, Art. 20 SE-VO Rz. 14; *Schäfer* in MünchKomm. AktG, 3. Aufl., Art. 20 SE-VO Rz. 15; *Schröder* in Manz/Mayer/Schröder, Art. 20 SE-VO Rz. 19 ff.

42 Näher hierzu *Neun* in Theisen/Wenz, Europäische Aktiengesellschaft, S. 51, 81 ff.; *Scheifele*, Gründung, S. 155 ff.; *Marsch-Barner* in Habersack/Drinhausen, Art. 20 SE-VO Rz. 14.

43 *Maul* in KölnKomm. AktG, 3. Aufl., Art. 20 SE-VO Rz. 30; *Schäfer* in MünchKomm. AktG, 3. Aufl., Art. 20 SE-VO Rz. 15; *Marsch-Barner* in Habersack/Drinhausen, Art. 20 SE-VO Rz. 14.

44 *Kiem*, ZGR 2007, 542, 561 ff.; *Walden/Meyer-Landrut*, DB 2005, 2119, 2122.

45 So auch *Schäfer* in MünchKomm. AktG, 3. Aufl., Art. 20 SE-VO Rz. 15; *Marsch-Barner* in Habersack/Drinhausen, Art. 20 SE-VO Rz. 14; vgl. auch *Großfeld*, NZG 2002, 353, 356 ff.

bb) Höhe der Ausgleichsleistung. Anders als frühere Entwürfe[46] enthält die SE-VO 19
weder Vorgaben hinsichtlich der Art etwaiger Ausgleichsleistungen noch eine diesbezügliche Obergrenze. Dies bedeutet allerdings nicht, dass insoweit – wie teilweise angenommen[47] – keinerlei Beschränkungen bestehen (können). Entgegen einer im Schrifttum vertretenen Ansicht lassen sich solche **Beschränkungen** zwar nicht via Art. 17 Abs. 2 SE-VO unmittelbar aus der nationalen VerschmelzungsRL herleiten[48], denn erstens wird den Mitgliedstaaten dort – wie sich aus Art. 30 ergibt – zumindest die 10 %-Grenze nicht zwingend vorgeschrieben[49], und zweitens ist generell fraglich, ob eine derartige unmittelbare Anwendung von Richtlinienbestimmungen überhaupt zulässig und systemkonform ist. Entsprechend der allgemeinen Konzeption der SE-VO ist vielmehr davon auszugehen, dass die Frage etwaiger Beschränkungen bewusst dem – mit der nationalen VerschmelzungsRL konformen – nationalen Recht überlassen wurde[50]. Fraglich könnte allenfalls sein, ob insoweit Art. 18 SE-VO oder Art. 15 Abs. 1 SE-VO die zutreffende Verweisungsnorm ist. Für die Anwendung von **Art. 18 SE-VO**[51] lässt sich zwar anführen, dass die 10 %-Grenze primär als Instrument zum Schutz der Anteilsinhaber des übertragenden Rechtsträgers vor einem „Auskauf" angesehen wird[52]. Indessen ist die Gewährung der Ausgleichsleistung im Grunde schon der künftigen SE zuzurechnen[53]. Überdies haben Begrenzungen der Ausgleichsleistung insbesondere auch den Zweck, die Kapitalgrundlagen und die Liquidität der aufnehmenden bzw. neuen Gesellschaft (d.h. der SE) zu schützen[54]. Im Ergebnis dürfte folglich **Art. 15 Abs. 1 SE-VO** die zutreffende Verweisungsnorm sein[55]. Für Art und Umfang zulässiger Ausgleichsleistungen ist demzufolge das **Recht des Sitzstaates der künftigen SE** maßgeblich; ob und inwieweit im Recht der Gründungsgesellschaften Beschränkungen existieren, ist dagegen unerheblich. Im Falle der Gründung einer **„deutschen" SE** ist daher nur eine bare Zuzahlung gestattet, die zudem maximal 10 % des auf die gewährten Aktien der SE entfallenden anteiligen Betrages ihres Grundkapitals betragen darf (**Art. 15 Abs. 1 SE-VO i.V.m. § 68 Abs. 3 UmwG**)[56].

---

46 Art. 21 SE-VOE 1970, Art. 21, 22 Abs. 1 lit. c SE-VOE 1975 sowie Art. 17, 18 Abs. 1 lit. b SE-VOE 1989 und 1991 gestatteten nur bare Zuzahlungen bis zur einer Höhe von 10 % Nennbetrages (bzw. rechnerischen Wertes) der gewährten Aktien.
47 So *Hügel* in Kalss/Hügel, § 17 SEG Rz. 13.
48 So aber *Scheifele*, Gründung, S. 157 f.; *Schwarz*, Art. 20 SE-VO Rz. 29.
49 Die Legaldefinitionen in Art. 3 Abs. 1, 4 Abs. 1 der nationalen VerschmelzungsRL enthalten zwar eine Begrenzung auf bare Zuzahlungen i.H.v. 10 % des Nennbetrages bzw. rechnerischen Wertes; nach Art. 30 gelten die meisten Vorschriften der Richtlinie jedoch auch dann, wenn das nationale Recht höhere Zuzahlungen gestattet. Vgl. *Lutter/Bayer/J. Schmidt*, EuropUR, § 21 Rz. 18; ebenso *Habersack/Verse*, Europäisches Gesellschaftsrecht, § 8 Rz. 9, 12; *Lösekrug*, Umsetzung, S. 309 f.
50 Vgl. *J. Schmidt*, „Deutsche" vs. „britische" SE, S. 174.
51 Hierfür *Schäfer* in MünchKomm. AktG, 3. Aufl., Art. 20 SE-VO Rz. 14; *Marsch-Barner* in Habersack/Drinhausen, Art. 20 SE-VO Rz. 16; *Walden/Meyer-Landrut*, DB 2005, 2119, 2122. Ebenso auch noch *Bayer* in Lutter/Hommelhoff, Europäische Gesellschaft, S. 25, 38.
52 Vgl. zu § 68 Abs. 3 UmwG: *Diekmann* in Semler/Stengel, § 68 UmwG Rz. 22; zu § 54 Abs. 4 UmwG: *Winter/J. Vetter* in Lutter, § 54 UmwG Rz. 31.
53 Vgl. *Lind*, Europäische Aktiengesellschaft, S. 111 f.; *Mahi*, Europäische Aktiengesellschaft, S. 39; *Neun* in Theisen/Wenz, Europäische Aktiengesellschaft, S. 57, 88; *J. Schmidt*, „Deutsche" vs. „britische" SE, S. 174.
54 Vgl. zu § 54 Abs. 4 UmwG: *Winter/J. Vetter* in Lutter, § 54 UmwG Rz. 124 ff.
55 *Maul* in KölnKomm. AktG, 3. Aufl., Art. 20 SE-VO Rz. 36; *Jannott* in Jannott/Frodermann, Handbuch Europäische Aktiengesellschaft, § 3 Rz. 40; *Lind*, Europäische Aktiengesellschaft, S. 112; *Mahi*, Europäische Aktiengesellschaft, S. 39; *Neun* in Theisen/Wenz, Europäische Aktiengesellschaft, S. 57, 88; *J. Schmidt*, „Deutsche" vs. „britische" SE, S. 174.
56 Im Ergebnis unstreitig; vgl. auch *Marsch-Barner* in Habersack/Drinhausen, Art. 20 SE-VO Rz. 16; *Maul* in KölnKomm. AktG, 3. Aufl., Art. 20 SE-VO Rz. 36; *Schäfer* in MünchKomm. AktG, 3. Aufl., Art. 20 SE-VO Rz. 14; *Casper* in Spindler/Stilz, AktG, Art. 20 SE-VO Rz. 8.

c) Einzelheiten hinsichtlich der Übertragung der Aktien (lit. c)

20 Zu den Einzelheiten der Übertragung gehören die Herkunft der Aktien und die Kosten der Übertragung, insbesondere, ob die Aktien aus einer Kapitalerhöhung stammen oder ob es sich um eigene Aktien der übernehmenden Gesellschaft handelt[57]. Aus deutscher Sicht stellt sich das Problem, ob und wann bei Übertragung der Aktien das Verfahren nach **§§ 71 ff. UmwG** zur Anwendung kommt und folglich ein Treuhänder zu bestellen ist. Teilweise wird dieser Sachverhalt dem Bereich der künftigen SE zugeordnet, so dass die Vorschriften nach Art. 15 Abs. 1 SE-VO nur zu beachten wären, wenn die SE deutschem Recht unterliegt[58]. Richtigerweise bezweckt die Regelung indes den Schutz der Aktionäre des *übertragenden* Rechtsträgers und findet daher **gem. Art. 18 SE-VO nur auf deutsche Gründungsgesellschaften** Anwendung[59]. (Nur) insoweit ist eine Aufnahme in den Verschmelzungsplan erforderlich, nicht dagegen im Hinblick auf den ausländischen Verschmelzungspartner.

d) Zeitpunkt der Gewinnberechtigung (lit. d)

21 Der Zeitpunkt, von dem an die Aktien der SE das Recht auf Beteiligung am Gewinn gewähren, kann von den Parteien frei festgelegt werden. In Anbetracht der gerade bei transnationalen Fusionen besonders großen Unwägbarkeiten ist insofern dringend zu einer variablen Festsetzung zu raten[60].

e) Verschmelzungsstichtag (lit. e)

22 Der Zeitpunkt, von dem an die Handlungen der sich verschmelzenden Gesellschaften unter dem Gesichtspunkt der Rechnungslegung als für Rechnung der SE vorgenommen gelten (sog. Verschmelzungsstichtag) kann ebenfalls **frei gewählt** werden, wobei sich auch hier eine variable Regelung empfiehlt[61]. Zulässig und ggf. auch zweckmäßig ist zudem eine *unterschiedliche Festlegung für die einzelnen Gründungsgesellschaften*[62].

---

57 Vgl. auch *Maul* in KölnKomm. AktG, 3. Aufl., Art. 20 SE-VO Rz. 37; *Marsch-Barner* in Habersack/Drinhausen, Art. 20 SE-VO Rz. 18; *Schäfer* in MünchKomm. AktG, 3. Aufl., Art. 20 SE-VO Rz. 16.
58 So *Lind*, Europäische Aktiengesellschaft, S. 112; ebenso *Sagasser/Swienty*, DStR 1991, 1188, 1193 im Hinblick auf Art. 11a Abs. 1 SE-VOE 1991 (diese Norm entspricht dem heutigen Art. 15 Abs. 1 SE-VO).
59 Wie hier *Maul* in KölnKomm. AktG, 3. Aufl., Art. 20 SE-VO Rz. 37; *Marsch-Barner* in Habersack/Drinhausen, Art. 20 SE-VO Rz. 18; *Schäfer* in MünchKomm. AktG, 3. Aufl., Art. 20 SE-VO Rz. 16; *Schröder* in Manz/Mayer/Schröder, Art. 18 SE-VO Rz. 64; *Schwarz*, Art. 20 SE-VO Rz. 30; *Jannott* in Jannott/Frodermann, Handbuch Europäische Aktiengesellschaft, § 3 Rz. 41; vgl. bereits *Bayer* in Lutter/Hommelhoff, Europäische Gesellschaft, S. 25, 38; *Fuchs*, Gründung, S. 85, 118; *Hügel* in Kalss/Hügel, § 17 SEG Rz. 30 Fn. 41; *Mahi*, Europäische Aktiengesellschaft, S. 40; *Vossius*, ZIP 2005, 741, 744; vgl. auch *Heckschen* in Widmann/Mayer, UmwG Anhang 14 Rz. 160.
60 *Heckschen* in Widmann/Mayer, UmwG Anhang 14 Rz. 162 f.; *Marsch-Barner* in Habersack/Drinhausen, Art. 20 SE-VO Rz. 20; *Maul* in KölnKomm. AktG, 3. Aufl., Art. 20 SE-VO Rz. 38; *Neun* in Theisen/Wenz, Europäische Aktiengesellschaft, S. 57, 89 f.; *Schäfer* in MünchKomm. AktG, 3. Aufl., Art. 20 SE-VO Rz. 17; *Walden/Meyer-Landrut*, DB 2005, 2119, 2123.
61 *Brandes*, AG 2005, 177, 181; *Heckschen* in Widmann/Mayer, UmwG Anhang 14 Rz. 166 f.; *Marsch-Barner* in Habersack/Drinhausen, Art. 20 SE-VO Rz. 21; *Maul* in KölnKomm. AktG, 3. Aufl., Art. 20 SE-VO Rz. 40; *Schäfer* in MünchKomm. AktG, 3. Aufl., Art. 20 SE-VO Rz. 17; *Walden/Meyer-Landrut*, DB 2005, 2119, 2123.
62 Ebenso *Marsch-Barner* in Habersack/Drinhausen, Art. 20 SE-VO Rz. 21; *Maul* in KölnKomm. AktG, 3. Aufl., Art. 20 SE-VO Rz. 41; *Drinhausen*, 10 Jahre SE, S. 44 f.; vgl. näher *Fuchs*, Gründung, S. 120; *Scheifele*, Gründung, S. 160.

f) Sonderrechte (lit. f)

Der Verschmelzungsplan muss ferner die Rechte benennen, welche die SE den „mit Sonderrechten ausgestatteten Aktionären" und „Inhabern anderer Wertpapiere als Aktien" gewährt oder die für diese Personen vorgeschlagenen Maßnahmen. Erfasst werden somit alle Vergünstigungen bei der Stimmrechtsausübung[63] (z.B. Mehrstimmrechtsaktien[64]) wie auch im Rahmen der Gewinnverwendung (z.B. stimmrechtslose Vorzugsaktien), darüber hinaus Schuldverschreibungen und Genussrechte[65]. Die Rechtslage ist im Kern vergleichbar mit der Regelung in § 5 Abs. 1 Nr. 7 UmwG[66], im Detail bestehen jedoch Unterschiede[67]. Zum einen beschränkt sich die Angabepflicht nach lit. f auf Rechte, die **Aktionären** mit Sonderrechten gewährt werden[68]. Zudem erfasst die Norm ihrem eindeutigen Wortlaut nach *auch* solche Sonderrechte, die *allen* (nicht nur einzelnen) Aktionären gewährt werden; einer teleologischen Reduktion – wie sie im Schrifttum zum Teil vorgeschlagen wird[69] – dürfte insoweit der eindeutige Wortlaut der Norm entgegenstehen[70]. 23

g) Vorteile für sonstige Beteiligte (lit. g)

Dem Aktionärsschutz durch Information[71] dient ferner die Angabe jeden besonderen Vorteils, der den Sachverständigen, die den Verschmelzungsplan prüfen, oder den Mitgliedern des Verwaltungs-, Leitungs-, Aufsichts- oder Kontrollorgans der sich verschmelzenden Gesellschaften gewährt wird. Ihrer ratio entsprechend bezieht sich die Angabepflicht nicht nur auf obligatorische, sondern auch auf fakultative Organe[72]. Nicht erfasst ist hingegen – anders als bei § 5 Abs. 1 Nr. 8 UmwG – der Abschlussprüfer[73]. „Besonderer Vorteil" ist jede Art von Vergünstigung, die anlässlich der Verschmelzung gewährt wird und nicht Gegenleistung für eine erbrachte Tätigkeit ist[74]; nicht angabepflichtig sind also etwa die üblichen Sachverständigenhonora- 24

---

63 Überblick über verschiedene nationale Regelungen bei *Maul* in KölnKomm. AktG, 3. Aufl., Art. 20 SE-VO Rz. 44.
64 In Deutschland seit KonTraG nicht mehr zulässig (§ 12 Abs. 2 AktG).
65 *Marsch-Barner* in Habersack/Drinhausen, Art. 20 SE-VO Rz. 22; *Maul* in KölnKomm. AktG, 3. Aufl., Art. 20 SE-VO Rz. 42; *Jannott* in Jannott/Frodermann, Handbuch Europäische Aktiengesellschaft, § 3 Rz. 44 Fn. 98; *Schäfer* in MünchKomm. AktG, 3. Aufl., Art. 20 SE-VO Rz. 18; *Schwarz*, Art. 20 SE-VO Rz. 37; *Walden/Meyer-Landrut*, DB 2005, 2119, 2123.
66 S. schon *Bayer* in Lutter/Hommelhoff, Europäische Gesellschaft, S. 25, 38; ähnlich *Schäfer* in MünchKomm. AktG, 3. Aufl., Art. 20 SE-VO Rz. 18.
67 Zu undifferenziert daher *Casper* in Spindler/Stilz, AktG, Art. 20 SE-VO Rz. 8.
68 Vgl. *Scheifele*, Gründung, S. 161 f.; *Schwarz*, Art. 20 SE-VO Rz. 35.
69 S. *Neun* in Theisen/Wenz, Europäische Aktiengesellschaft, S. 57, 92; *Schäfer* in MünchKomm. AktG, 3. Aufl., Art. 20 SE-VO Rz. 18.
70 Wie hier *Marsch-Barner* in Habersack/Drinhausen, Art. 20 SE-VO Rz. 23; *Maul* in KölnKomm. AktG, 3. Aufl., Art. 20 SE-VO Rz. 42; vgl. bereits *Scheifele*, Gründung, S. 162; *J. Schmidt*, „Deutsche" vs. „britische" SE, S. 176; *Schwarz*, Art. 20 SE-VO Rz. 35.
71 Vgl. *Heckschen* in Widmann/Mayer, UmwG Anhang 14 Rz. 169; *Jannott* in Jannott/Frodermann, Handbuch Europäische Aktiengesellschaft, § 3 Rz. 45; *Schäfer* in MünchKomm. AktG, 3. Aufl., Art. 20 SE-VO Rz. 19; *Scheifele*, Gründung, S. 162; *Schröder* in Manz/Mayer/Schröder, Art. 20 SE-VO Rz. 39; *Schwarz*, Art. 20 SE-VO Rz. 38.
72 *Scheifele*, Gründung, S. 162; *J. Schmidt*, „Deutsche" vs. „britische" SE, S. 178; *Schwarz*, Art. 20 SE-VO Rz. 38.
73 *Maul* in KölnKomm. AktG, 3. Aufl., Art. 20 SE-VO Rz. 46; *Schwarz*, Art. 20 SE-VO Rz. 38; ausführlich und überzeugend *Scheifele*, Gründung, S. 163; a.A. *Hügel* in Kalss/Hügel, § 17 SEG Rz. 12.
74 So auch *Marsch-Barner* in Habersack/Drinhausen, Art. 20 SE-VO Rz. 24; ähnlich *Jannott* in Jannott/Frodermann, Handbuch Europäische Aktiengesellschaft, § 3 Rz. 45; *Maul* in KölnKomm. AktG, 3. Aufl., Art. 20 SE-VO Rz. 46.

re[75]. Ebenso wie im nationalen Recht[76] wird man auch hier „Zusagen" (i.S.v. Absichtserklärungen) an Organmitglieder einer Gründungsgesellschaft im Hinblick auf eine Organbestellung in der SE mitaufführen müssen[77].

h) Satzung (lit. h)

25 Bestandteil des Verschmelzungsplans ist ferner – und zwar anders als nach dem UmwG auch bei der Verschmelzung durch Aufnahme[78] – auch die Satzung der SE (s. ausf. zu Form und Inhalt der Satzung die Kommentierung zu Art. 6 SE-VO; zum Verhältnis von Satzung und Mitbestimmungsmodell ausf. Art. 12 Rz. 31 ff.).

i) Angaben zum Verfahren der Arbeitnehmerbeteiligung (lit. i)

26 Erforderlich sind schließlich noch Angaben zu dem Verfahren, nach dem die Vereinbarung über die Beteiligung der Arbeitnehmer gemäß der SE-RL geschlossen wird. Ratio ist, die Aktionäre über das **konkrete Verfahren** zu informieren[79]; trotz des Terminus „Vereinbarung" ist daher auch eine **etwaige Auffanglösung** erfasst[80]. Im Hinblick auf die umfangreichen Informationen im Verschmelzungsbericht (dazu Rz. 29 ff.) ist eine kurze Darstellung der Grundzüge als ausreichend zu erachten[81]. Angaben über das Ergebnis etwaiger Verhandlungen sind im Verschmelzungsplan ohnehin nicht möglich, da das Verfahren der Arbeitnehmerbeteiligung erst *nach* der Offenlegung des Verschmelzungsplans beginnt (vgl. Art. 3 Abs. 1 SE-RL, § 4 Abs. 2 SEBG)[82].

5. Entbehrlichkeit bestimmter Angaben bei Konzernverschmelzungen

27 In den Fällen des Art. 31 Abs. 1 SE-VO sind die Angaben nach Art. 20 Abs. 1 Satz 2 lit. b, c und d SE-VO entbehrlich (näher dazu Art. 31 Rz. 9).

6. Barabfindungsangebot

28 Sofern bei einer *deutschen übertragenden Gesellschaft* nach **§ 7 Abs. 1 Satz 1 SEAG** ein Barabfindungsangebot erforderlich ist (dazu ausf. Art. 24 Rz. 45 ff.) muss dies ebenfalls in den Verschmelzungsplan aufgenommen werden. Grundlage für diese aus-

---

75 *Marsch-Barner* in Habersack/Drinhausen, Art. 20 SE-VO Rz. 24; *Maul* in KölnKomm. AktG, 3. Aufl., Art. 20 SE-VO Rz. 46; vgl. weiter *Scheifele*, Gründung, S. 163; *Schwarz*, Art. 20 SE-VO Rz. 38; auch *Sagasser/Swienty*, DStR 1991, 1188, 1193 (zum SE-VOE 1991).
76 Dazu näher *Drygala* in Lutter § 5 UmwG Rz. 81; *Marsch-Barner* in Kallmeyer § 5 UmwG Rz. 44.
77 Vgl. *Marsch-Barner* in Habersack/Drinhausen, Art. 20 SE-VO Rz. 24; *Maul* in KölnKomm. AktG, 3. Aufl., Art. 20 SE-VO Rz. 46; *Drinhausen*, 10 Jahre SE, S. 45 f.
78 Vgl. *Casper* in Spindler/Stilz, AktG, Art. 20 SE-VO Rz. 9; *Schäfer* in MünchKomm. AktG, 3. Aufl., Art. 20 SE-VO Rz. 20; *Maul* in KölnKomm. AktG, 3. Aufl., Art. 20 SE-VO Rz. 47; s. auch schon *Bayer* in Lutter/Hommelhoff, Europäische Gesellschaft, S. 25, 38.
79 *Marsch-Barner* in Habersack/Drinhausen, Art. 20 SE-VO Rz. 35; *Neun* in Theisen/Wenz, Europäische Aktiengesellschaft, S. 57, 94; *Schäfer* in MünchKomm. AktG, 3. Aufl., Art. 20 SE-VO Rz. 21.
80 *Marsch-Barner* in Habersack/Drinhausen, Art. 20 SE-VO Rz. 35; *Neun* in Theisen/Wenz, Europäische Aktiengesellschaft, S. 57, 94 f.; *Scheifele*, Gründung, S. 169 f.; *Schwarz*, Art. 20 SE-VO Rz. 44.
81 Vgl. *Neun* in Theisen/Wenz, Europäische Aktiengesellschaft, S. 57, 95; *Scheifele*, Gründung, S. 170; *Schwarz*, Art. 20 SE-VO Rz. 44; ferner ähnlich auch *Hügel* in Kalss/Hügel, § 17 SEG Rz. 12; *Schäfer* in MünchKomm. AktG, 3. Aufl., Art. 20 SE-VO Rz. 21; *Walden/Meyer-Landrut*, DB 2005, 2119, 2125.
82 Vgl. *Casper* in Spindler/Stilz, AktG, Art. 20 SE-VO Rz. 9; *Maul* in KölnKomm. AktG, 3. Aufl., Art. 20 SE-VO Rz. 57; *Schäfer* in MünchKomm. AktG, 3. Aufl., Art. 20 SE-VO Rz. 21; *Schwarz*, Art. 20 SE-VO Rz. 44.

nahmsweise zulässige nationale Erweiterung der Mindestangaben ist die spezielle Ermächtigung in Art. 24 Abs. 2 SE-VO (vgl. bereits oben Rz. 13; Art. 24 Rz. 3).

V. Verschmelzungsbericht

1. Erforderlichkeit

Aus der Tatsache, dass die SE-VO – im Gegensatz zu früheren Entwürfen[83] – einen Verschmelzungsbericht nicht ausdrücklich vorschreibt, lässt sich keineswegs ableiten, dass ein solcher nicht erforderlich sei[84]. Mit der h.M. ist vielmehr davon auszugehen, dass für deutsche Gesellschaften **§ 8 UmwG** zur Anwendung kommt[85]. Denn der Wegfall der ausdrücklichen Anordnung war deshalb unschädlich, weil Art. 18 SE-VO umfassend auf das mit der nationalen VerschmelzungsRL[86] in Einklang stehende nationale Recht verweist und somit über Art. 9 der nationalen VerschmelzungsRL der Verschmelzungsbericht sichergestellt ist[87]. Darüber hinaus geht auch Art. 31 Abs. 2 SE-VO von einer solchen Berichterstattung aus[88]. Ferner ist der Bericht auch bei der Holding-Gründung (Art. 32 Abs. 2 Satz 2 SE-VO, ausf. dazu Art. 32 Rz. 41 ff.), der Sitzverlegung (Art. 8 Abs. 3 SE-VO, dazu ausf. Art. 8 Rz. 26 ff.) und der SE-Gründung durch Umwandlung (Art. 37 Abs. 4 SE-VO, dazu ausf. Art. 37 Rz. 23 ff.) vorgesehen und gehört heute bei Umstrukturierungen von Aktiengesellschaften zum Grundbestand des Europäischen Rechts[89].

29

2. Gemeinsame Berichterstattung

Eine gemeinsame Berichterstattung dürfte – trotz Fehlens einer entsprechenden Regelung in der nationalen VerschmelzungsRL – qua Art. 18 SE-VO jedenfalls dann zulässig sein, wenn das Recht jeder der beteiligten Gründungsgesellschaften diese Möglichkeit vorsieht[90]. Angesichts der nach wie vor unsicheren Rechtslage und der mit

30

---

83 Vgl. Art. 20 SE-VOE 1991.
84 Zumindest missverständlich insofern *Bungert/Beier*, EWS 2002, 1, 7; *Schwarz*, ZIP 2001, 1847, 1851.
85 *Marsch-Barner* in Habersack/Drinhausen, Art. 20 SE-VO Rz. 39; *Maul* in KölnKomm. AktG, 3. Aufl., Art. 22 SE-VO Rz. 22; *Brandes*, AG 2005, 177, 183; *Heckschen* in Widmann/Mayer, UmwG Anhang 14 Rz. 210; *Schäfer* in MünchKomm. AktG, 3. Aufl., Art. 22 SE-VO Rz. 13; *Seibt/Saame*, AnwBl. 2005, 225, 230; *Teichmann*, ZGR 2002, 383, 423; *Vossius*, ZIP 2005, 741, 743; *Walden/Meyer-Landrut*, DB 2005, 2119, 2125.
86 RL 2011/35/EU des Europäischen Parlaments und des Rates v. 5.4.2011 über die Verschmelzung von Aktiengesellschaften, ABl. EU Nr. L 110 v. 29.4.2011, S. 1; Abdruck und Erläuterungen bei *Lutter/Bayer/J. Schmidt*, EuropUR, § 21; früher Dritte Richtlinie des Rates 78/855/EWG vom 9.10.1978 gemäß Artikel 54 Absatz 3 Buchstabe g) des Vertrages betreffend die Verschmelzung von Aktiengesellschaften, ABl. EG Nr. L 295 v. 20.10.1978, S. 36.
87 S. schon *Bayer* in Lutter/Hommelhoff, Europäische Gesellschaft, S. 25, 39; vgl. *Heckschen* in Widmann/Mayer, UmwG Anhang 14 Rz. 210; *Mahi*, Europäische Aktiengesellschaft, S. 41; *Neun* in Theisen/Wenz, Europäische Aktiengesellschaft, S. 57, 98; *Scheifele*, Gründung, S. 178; *J. Schmidt*, „Deutsche" vs. „britische" SE, S. 182 f.
88 S. schon *Bayer* in Lutter/Hommelhoff, Europäische Gesellschaft, S. 25, 39; vgl. *Fuchs*, Gründung, S. 136; *Hügel* in Kalss/Hügel, § 18 SEG Rz. 14; *Marsch-Barner* in Habersack/Drinhausen, Art. 20 SE-VO Rz. 57; *Schäfer* in MünchKomm. AktG, 3. Aufl., Art. 22 SE-VO Rz. 13; *Scheifele*, Gründung, S. 178; *J. Schmidt*, „Deutsche" vs. „britische" SE, S. 183; *Schwarz*, Art. 20 SE-VO Rz. 57.
89 Zusammenfassend *Lutter/Bayer/J. Schmidt*, EuropUR, § 21 Rz. 42 ff. m.w.N.
90 *Heckschen* in Widmann/Mayer, UmwG Anhang 14 Rz. 213; *Schäfer* in MünchKomm. AktG, 3. Aufl., Art. 22 SE-VO Rz. 14; *Maul* in KölnKomm. AktG, 3. Aufl., Art. 22 SE-VO Rz. 32; *Schwarz*, Art. 20 SE-VO Rz. 59. A.A. *Mahi*, Europäische Aktiengesellschaft, S. 42.

dieser Option verbundenen praktischen Probleme sollte jedoch vorsichtshalber ggf. gleichwohl der sichere Weg getrennter Verschmelzungsberichte gewählt werden[91].

3. Inhalt

31   Bei einer **deutschen Gründungsgesellschaft** gilt für den Inhalt des Verschmelzungsberichts § 8 Abs. 1 und 2 UmwG[92]. Erforderlich ist also ein **ausführlicher schriftlicher Bericht**, in dem die Verschmelzung, der Verschmelzungsplan oder sein Entwurf rechtlich und wirtschaftlich erläutert und begründet werden; hinzuweisen ist zudem auf besondere Bewertungsschwierigkeiten sowie auf die Folgen für die Beteiligung der Anteilsinhaber[93]. Sofern nach § 7 Abs. 1 Satz 1 SEAG ein **Barabfindungsangebot** erforderlich ist (dazu ausf. Art. 24 Rz. 45 ff.), ist nach § 8 Abs. 1 Satz 1 Halbsatz 1 UmwG ferner insbesondere auch die Höhe dieser Barabfindung rechtlich und wirtschaftlich zu erläutern[94]. Eine Unterzeichnung durch alle Vorstandsmitglieder ist nicht erforderlich; ausreichend ist die Unterzeichnung durch eine vertretungsberechtigte Anzahl von Vorstandsmitgliedern[95]. Stellvertretung ist indes – weil Wissens- und nicht Willenserklärung – nicht zulässig[96].

4. Entbehrlichkeit und Verzicht

a) Entbehrlichkeit bei Konzernverschmelzungen

32   Im Falle eines upstream-mergers einer 100 %igen Tochter auf die Mutter war bereits früher ein **Verschmelzungsbericht** gem. Art. 31 Abs. 1 Satz 2 SE-VO i.V.m. §§ 60, 73, 8 Abs. 3 Satz 1 Alt. 2 UmwG **nicht erforderlich**[97] (s. auch Art. 31 Rz. 13). Heute ist diese Rechtsfolge in Art. 24 Satz 3 der nationalen VerschmelzungsRL[98] **ausdrücklich angeordnet**[99]. Art. 31 Abs. 2 SE-VO ist für deutsche Gründungsgesellschaften nicht relevant (ausf. Art. 31 Rz. 19 f.).

---

91 S. bereits *Bayer* in Lutter/Hommelhoff, Europäische Gesellschaft, S. 25, 40; ähnlich auch *Schäfer* in MünchKomm. AktG, 3. Aufl., Art. 23 SE-VO Rz. 14; *Marsch-Barner* in Habersack/Drinhausen, Art. 20 SE-VO Rz. 41.
92 *Heckschen* in Widmann/Mayer, UmwG Anhang 14 Rz. 210; *Neun* in Theisen/Wenz, Europäische Aktiengesellschaft, S. 57, 101 ff.; *Schäfer* in MünchKomm. AktG, 3. Aufl., Art. 22 SE-VO Rz. 13; *J. Schmidt*, „Deutsche" vs. „britische" SE, S. 184; *Schröder* in Manz/Mayer/Schröder, Art. 18 SE-VO Rz. 31; *Schwarz*, Art. 20 SE-VO Rz. 64.
93 Ausf. *Marsch-Barner* in Habersack/Drinhausen, Art. 20 SE-VO Rz. 41; *Maul* in KölnKomm. AktG, 3. Aufl., Art. 22 SE-VO Rz. 31; *Neun* in Theisen/Wenz, Europäische Aktiengesellschaft, S. 57, 101 ff.; *Schröder* in Manz/Mayer/Schröder, Art. 18 SE-VO Rz. 32 ff.; *Schwarz*, Art. 20 SE-VO Rz. 64 ff. Allgemein zu § 8 Abs. 1, 2 UmwG: *Drygala* in Lutter, § 8 UmwG Rz. 13 ff. m.z.w.N.
94 *Scheifele*, Gründung, S. 182; *J. Schmidt*, „Deutsche" vs. „britische" SE, S. 114; *Schröder* in Manz/Mayer/Schröder, Art. 18 SE-VO Rz. 22; *Schwarz*, Art. 20 SE-VO Rz. 70.
95 So auch *Marsch-Barner* in Habersack/Drinhausen, Art. 20 SE-VO Rz. 42 im Anschluss an die Rspr. des BGH zum nationalen Verschmelzungsrecht: BGH v. 21.5.2007 – II ZR 266/04, AG 2007, 625; vgl. weiter *Drygala* in Lutter, § 8 UmwG Rz. 6.
96 *Marsch-Barner* in Habersack/Drinhausen, Art. 20 SE-VO Rz. 42; vgl. auch *Drygala* in Lutter, § 8 UmwG Rz. 7.
97 Vgl. *Marsch-Barner* in Habersack/Drinhausen, Art. 20 SE-VO Rz. 47; *Maul* in KölnKomm. AktG, 3. Aufl., Art. 22 SE-VO Rz. 33; *Schröder* in Manz/Mayer/Schröder, Art. 20 SE-VO Rz. 71; *Schwarz*, Art. 31 SE-VO Rz. 16; vgl. bereits *Bayer* in Lutter/Hommelhoff, Europäische Gesellschaft, S. 25, 45. Anders indes *Schäfer* in MünchKomm. AktG, 3. Aufl., Art. 31 SE-VO Rz. 7; *Casper* in Spindler/Stilz, AktG, Art. 31 SE-VO Rz. 5.
98 RL 2011/35/EU des Europäischen Parlaments und des Rates v. 5.4.2011 über die Verschmelzung von Aktiengesellschaften, ABl. EU Nr. L 110 v. 29.4.2011, S. 1; Abdruck und Erläuterungen bei *Lutter/Bayer/J. Schmidt*, EuropUR, § 21; früher Dritte Richtlinie des Rates 78/855/EWG vom 9.10.1978 gemäß Artikel 54 Absatz 3 Buchstabe g) des Vertrages betreffend die Verschmelzung von Aktiengesellschaften, ABl. EG Nr. L 295 v. 20.10.1978, S. 36.
99 Dazu näher *Lutter/Bayer/J. Schmidt*, EuropUR, § 21 Rz. 137.

b) Verzicht

Ein Verzicht auf den Verschmelzungsbericht ist bei der SE-Gründung durch Verschmelzung möglich, wenn und soweit das nach **Art. 18 SE-VO** maßgebliche nationale Recht dies gestattet[100]. Für die Aktionäre deutscher Gründungsgesellschaften gelten daher **§§ 60, 73, 8 Abs. 3 Satz 1 Alt. 1, Satz 2 UmwG**[101]. 33

Voraussetzungen und Wirkung des Verzichts beziehen sich damit aber naturgemäß auch nur *auf die jeweilige Gründungsgesellschaft*[102]. Im Falle eines gemeinsamen Verschmelzungsberichts ist dieser daher nur dann entbehrlich, wenn ein Verzicht nach allen beteiligten Rechtsordnungen zulässig ist und die jeweiligen Voraussetzungen erfüllt sind[103]. 34

Art. 21
[Bekanntmachung]

Für jede der sich verschmelzenden Gesellschaften und vorbehaltlich weiterer Auflagen seitens des Mitgliedstaates, dessen Recht die betreffende Gesellschaft unterliegt, sind im Amtsblatt dieses Mitgliedstaats nachstehende Angaben bekannt zu machen:

a) Rechtsform, Firma und Sitz der sich verschmelzenden Gesellschaften,

b) das Register, bei dem die in Artikel 3 Absatz 2 der Richtlinie 68/151/EWG genannten Urkunden für jede der sich verschmelzenden Gesellschaften hinterlegt worden sind, sowie die Nummer der Eintragung in das Register,

c) einen Hinweis auf die Modalitäten für die Ausübung der Rechte der Gläubiger der betreffenden Gesellschaft gemäß Artikel 24 sowie die Anschrift, unter der erschöpfende Auskünfte über diese Modalitäten kostenlos eingeholt werden können,

d) einen Hinweis auf die Modalitäten für die Ausübung der Rechte der Minderheitsaktionäre der betreffenden Gesellschaft gemäß Artikel 24 sowie die Anschrift, unter der erschöpfende Auskünfte über diese Modalitäten kostenlos eingeholt werden können,

e) die für die SE vorgesehene Firma und ihr künftiger Sitz.

---

[100] Wie hier *Marsch-Barner* in Habersack/Drinhausen, Art. 20 SE-VO Rz. 48; *Teichmann* in Van Hulle/Maul/Drinhausen, Abschnitt 4 § 2 Rz. 51.

[101] *Schäfer* in MünchKomm. AktG, 3. Aufl., Art. 22 SE-VO Rz. 15; *Heckschen* in Widmann/Mayer, UmwG Anhang 14 Rz. 212; *Schröder* in Manz/Mayer/Schröder, Art. 18 SE-VO Rz. 34; *Maul* in KölnKomm. AktG, 3. Aufl., Art. 22 SE-VO Rz. 33; vgl. bereits *Bayer* in Lutter/Hommelhoff, Europäische Gesellschaft, S. 25, 40; ebenso *Brandes*, AG 2005, 177, 183; *Seibt/Saame*, AnwBl. 2005, 225, 230; *Vossius*, ZIP 2005, 741, 743 Fn. 25; *Walden/Meyer-Landrut*, DB 2005, 2119, 2126 f.

[102] S. bereits *Bayer* in Lutter/Hommelhoff, Europäische Gesellschaft, S. 25, 40; ebenso *Heckschen* in Widmann/Mayer, UmwG Anhang 14 Rz. 212; *Schäfer* in MünchKomm. AktG, 3. Aufl., Art. 22 SE-VO Rz. 15; *Schwarz*, Art. 20 SE-VO Rz. 61; *Vossius*, ZIP 2005, 741, 743 Fn. 25. Anders (Verzicht generell nur durch und mit Wirkung für die Aktionäre aller beteiligter Rechtsträger): *Jannott* in Jannott/Frodermann, Handbuch Europäische Aktiengesellschaft, § 3 Rz. 57; *Schröder* in Manz/Mayer/Schröder, Art. 18 SE-VO Rz. 22; *Walden/Meyer-Landrut*, DB 2005, 2119, 2126 f.

[103] Wie hier *Schäfer* in MünchKomm. AktG, 3. Aufl., Art. 22 Rz. 15; *Marsch-Barner* in Habersack/Drinhausen, Art. 20 SE-VO Rz. 48; *Teichmann* in Van Hulle/Maul/Drinhausen, Abschnitt 4 § 2 Rz. 51.

§ 5 SEAG: Bekanntmachung

Die nach Artikel 21 der Verordnung bekannt zu machenden Angaben sind dem Register bei Einreichung des Verschmelzungsplans mitzuteilen. Das Gericht hat diese Angaben zusammen mit dem nach § 61 Satz 2 des Umwandlungsgesetzes vorgeschriebenen Hinweis bekannt zu machen.

I. Regelungsgegenstand und -zweck ... 1	d) Hinweis auf die Modalitäten für die Ausübung der Minderheitsaktionärsrechte 7
II. Inhalt der Bekanntmachung nach Art. 21 SE-VO und Verfahren	e) Firma und Sitz der SE 8
1. Der Katalog des Art. 21 SE-VO	2. Das Verfahren der Bekanntmachung . 9
a) Rechtsform, Firma und Sitz der sich verschmelzenden Gesellschaften 4	III. Sonstige Bekanntmachungspflichten
b) Register 5	1. Zuleitung an den Betriebsrat 11
c) Hinweis auf die Modalitäten für die Ausübung der Gläubigerrechte 6	2. Kapitalmarktrecht 12

Literatur: *Brandes*, Cross Border Mergers mittels der SE, AG 2005, 177; *Kalss*, Der Minderheitenschutz bei Gründung und Sitzverlegung der SE nach dem Diskussionsentwurf, ZGR 2003, 593; *Mahi*, Die Europäische Aktiengesellschaft. Societas Europaea – SE, 2004 (zit.: Europäische Gesellschaft); *Neye/Teichmann*, Der Entwurf für das Ausführungsgesetz zur Europäischen Aktiengesellschaft, AG 2003, 169; *Teichmann*, Die Einführung der Europäischen Aktiengesellschaft, ZGR 2002, 383; *Teichmann*, Vorschläge für das deutsche Ausführungsgesetz zur Europäischen Aktiengesellschaft, ZIP 2002, 1109; *Vossius*, Gründung und Umwandlung der deutschen Europäischen Gesellschaft (SE), ZIP 2005, 741; *Walden/Meyer-Landrut*, Die grenzüberschreitende Verschmelzung zu einer Europäischen Gesellschaft: Beschlussfassung und Eintragung, DB 2005, 2619; *Walden/Meyer-Landrut*, Die grenzüberschreitende Verschmelzung zu einer Europäischen Gesellschaft: Planung und Vorbereitung, DB 2005, 2119.

I. Regelungsgegenstand und -zweck

1 In Art. 21 SE-VO werden die **Publizitätspflichten im Vorfeld** der Errichtung einer SE durch Verschmelzung geregelt[1]. Allerdings ist zu differenzieren:

2 Zwingend angeordnet wird in der Vorschrift allein die **Bekanntmachung** der unter lit. a–e aufgeführten Angaben **der beabsichtigten Verschmelzung**, *nicht hingegen –* wie teilweise im Schrifttum behauptet[2] – die Verpflichtung, den *Verschmelzungsplan* ganz oder auch nur teilweise offen zu legen[3]. Die Bekanntmachung hat im Amtsblatt des Mitgliedstaats zu erfolgen, dessen Recht die jeweilige Gründungsgesellschaft unterliegt; das hierfür maßgebliche Verfahren überlässt die SE-VO allerdings dem nationalen Recht[4]. Der deutsche Gesetzgeber hat hierfür die Vorschrift des § 5 SEAG erlassen (dazu Rz. 3, 10).

---

[1] Vgl. auch *Marsch-Barner* in Habersack/Drinhausen, Art. 21 SE-VO Rz. 1; *Schäfer* in MünchKomm. AktG, 3. Aufl., Art. 21 SE-VO Rz. 1. Weitere Bekanntmachungen erfolgen im Rahmen der SE-Gründung durch Verschmelzung gem. Art. 15 Abs. 2 SE-VO i.V.m. Art. 13 SE-VO (dazu Art. 13 Rz. 2 ff.), Art. 28 SE-VO (dazu Art. 28 Rz. 1 ff.) und Art. 14 SE-VO (dazu Art. 14 Rz. 1 ff.).

[2] S. *Buchheim*, Europäische Aktiengesellschaft, S. 197 ff.; *Kalss*, ZGR 2003, 593, 618.

[3] *Schäfer* in MünchKomm. AktG, 3. Aufl., Art. 21 SE-VO Rz. 1; *Schröder* in Manz/Mayer/Schröder, Art. 21 SE-VO Rz. 6; *Schwarz*, Art. 21 SE-VO Rz. 1; *Maul* in KölnKomm. AktG, 3. Aufl., Art. 21 SE-VO Rz. 1; *Marsch-Barner* in Habersack/Drinhausen, Art. 21 SE-VO Rz. 8; vgl. bereits *Bayer* in Lutter/Hommelhoff, Europäische Gesellschaft, S. 25, 40.

[4] *Schäfer* in MünchKomm. AktG, 3. Aufl., Art. 21 SE-VO Rz. 2; *J. Schmidt*, „Deutsche" vs. „britische" SE, S. 191 ff.; *Schröder* in Manz/Mayer/Schröder, Art. 21 SE-VO Rz. 10; *Schwarz*, Art. 21 SE-VO Rz. 17.

Die Bekanntmachungspflichten des Art. 21 SE-VO sind indes nicht abschließend. Dem nationalen Gesetzgeber ist es vielmehr ausdrücklich gestattet, „weitere Auflagen" zu machen. Diese Formulierung bedeutet zweierlei: Zum einen gilt uneingeschränkt die **Verweisung des Art. 18 SE-VO** in das nationale Verschmelzungsrecht der Gründungsgesellschaften, für das deutsche Recht insbesondere auf § 61 UmwG und die dort angeordnete Pflicht zur **Offenlegung des Verschmelzungsplans**[5]. Zum anderen ist der nationale Gesetzgeber aber auch *ermächtigt*, weitergehende, von der Verweisung in Art. 18 SE-VO nicht erfasste Regelungen zu treffen[6]; allerdings hat der deutsche Gesetzgeber hiervon keinen Gebrauch gemacht[7], sondern mit **§ 5 SEAG** nur konkretisierende Bestimmungen zum Verfahren der Bekanntmachung getroffen und hierbei gleichzeitig die verfahrensrechtliche Verbindung zum Hinweis nach § 61 Satz 2 UmwG hergestellt (vgl. weiter Rz. 10).

3

II. Inhalt der Bekanntmachung nach Art. 21 SE-VO und Verfahren

1. Der Katalog des Art. 21 SE-VO

a) Rechtsform, Firma und Sitz der sich verschmelzenden Gesellschaften

Durch diese, die Gründungsgesellschaften individualisierenden Angaben wird nochmals der transnationale Charakter der Verschmelzung verdeutlicht[8].

4

b) Register

Die Spezifizierung von Register und Registernummer für jede der sich verschmelzenden Gesellschaften macht es für den Rechtsverkehr einfacher, weitere Informationen über die Gründungsgesellschaften zu erlangen[9].

5

c) Hinweis auf die Modalitäten für die Ausübung der Gläubigerrechte

Der Hinweis auf die Modalitäten für die Ausübung der Gläubigerrechte soll sicherstellen, dass die Gläubiger – hierunter fallen auch die **Anleihegläubiger** und **Sonderrechtsinhaber**, arg. e Art. 24 Abs. 1 lit. b und c SE-VO[10] – auch tatsächlich Kenntnis von ihren durch Art. 24 Abs. 1 SE-VO gewährleisteten Rechten (dazu Art. 24 Rz. 4 ff., 17) erhalten[11]. Die Bekanntmachung bezieht sich nur auf die Rechte der Gläubiger

6

---

5 *Maul* in KölnKomm. AktG, 3. Aufl., Art. 21 SE-VO Rz. 4; *Marsch-Barner* in Habersack/Drinhausen, Art. 21 SE-VO Rz. 6, 9; *Schäfer* in MünchKomm. AktG, 3. Aufl., Art. 21 SE-VO Rz. 1; *Schröder* in Manz/Mayer/Schröder, Art. 21 SE-VO Rz. 6, 15; *Schwarz*, Art. 21 SE-VO Rz. 26 f.; *Walden/Meyer-Landrut*, DB 2005, 2619. S. auch Begr. RegE zum SEEG, BT-Drucks. 15/3405, S. 32.
6 *Maul* in KölnKomm. AktG, 3. Aufl., Art. 21 SE-VO Rz. 1; *Schäfer* in MünchKomm. AktG, 3. Aufl., Art. 21 SE-VO Rz. 3; *Marsch-Barner* in Habersack/Drinhausen, Art. 21 SE-VO Rz. 6; *Schröder* in Manz/Mayer/Schröder, Art. 21 SE-VO Rz. 7, 15; *Neye/Teichmann*, AG 2003, 169, 173; *Teichmann*, ZIP 2002, 1109, 1112.
7 S. dazu *Neye/Teichmann*, AG 2003, 169, 173; *Teichmann* in Theisen/Wenz, Europäische Aktiengesellschaft, S. 691, 703 f.; *Teichmann*, ZIP 2002, 1109, 1112.
8 Vgl. *Schäfer* in MünchKomm. AktG, 3. Aufl., Art. 21 SE-VO Rz. 4; *Maul* in KölnKomm. AktG, 3. Aufl., Art. 21 SE-VO Rz. 6; *Schwarz*, Art. 21 SE-VO Rz. 9.
9 Vgl. *Marsch-Barner* in Habersack/Drinhausen, Art. 21 SE-VO Rz. 3; *Schäfer* in MünchKomm. AktG, 3. Aufl., Art. 21 SE-VO Rz. 5; *Maul* in KölnKomm. AktG, 3. Aufl., Art. 21 SE-VO Rz. 7; *Schwarz*, Art. 21 SE-VO Rz. 10.
10 *Marsch-Barner* in Habersack/Drinhausen, Art. 21 SE-VO Rz. 4; *Casper* in Spindler/Stilz, AktG, Art. 20 SE-VO Rz. 3; *Schäfer* in MünchKomm. AktG, 3. Aufl., Art. 21 SE-VO Rz. 6; *Maul* in KölnKomm. AktG, 3. Aufl., Art. 21 SE-VO Rz. 9.
11 Ähnlich *Scheifele*, Gründung, S. 188 f.; *Schwarz*, Art. 21 SE-VO Rz. 6.

der *jeweiligen* (d.h. nicht der anderen beteiligten) Gründungsgesellschaft[12], bei einer deutschen AG/SE also auf die Rechte nach §§ 22, 23 UmwG und § 8 SEAG (dazu Art. 24 Rz. 7 ff., 18 ff.)[13]. Erforderlich ist zumindest eine kurze Erläuterung, die bloße Wiedergabe der einschlägigen Normen genügt nicht („Modalitäten der Ausübung")[14]. Daneben ergibt sich aus Art. 21 lit. c Halbsatz 2 SE-VO ein Anspruch der Gläubiger gegen die jeweilige Gesellschaft auf kostenlose Erteilung erschöpfender Auskünfte[15].

d) Hinweis auf die Modalitäten für die Ausübung der Minderheitsaktionärsrechte

7 Der parallele Hinweis auf die Modalitäten für die Ausübung der Rechte der Minderheitsaktionäre, durch den gewährleistet werden soll, dass auch diese Kenntnis von ihren Rechten nach Art. 24 Abs. 2 SE-VO (dazu Art. 24 Rz. 21 ff.) erhalten[16], bezieht sich ebenfalls nur auf die *jeweilige* Gründungsgesellschaft, bei einer deutschen AG/SE also auf die Vorschriften der §§ 6, 7 SEAG (dazu Art. 24 Rz. 31 ff.)[17]. Im Übrigen gelten die Ausführungen zu lit. c (Rz. 6) entsprechend.

e) Firma und Sitz der SE

8 Vgl. zur Firma der SE Art. 11 Rz. 2 ff., zum Sitz Art. 7 Rz. 1 ff.

2. Das Verfahren der Bekanntmachung

9 Aus deutscher Sicht gilt: Die **Gründungsgesellschaft** hat die Angaben nach Art. 21 SE-VO dem Registergericht „bei Einreichung des Verschmelzungsplans" zu machen (§ 5 Satz 1 SEAG)[18]. Zur Vermeidung von Unklarheiten und Missverständnissen hat dies mittels eines gesonderten Dokuments zu erfolgen, und zwar auch dann, wenn sich die Angaben bereits aus dem (ebenfalls eingereichten) Verschmelzungsplan selbst ergeben[19]. Der Verschmelzungsplan und damit auch die Angaben sind außerdem gem. Art. 18 SE-VO i.V.m. § 61 Satz 1 UmwG „vor der Einberufung der Hauptversammlung" einzureichen, d.h. wenigstens einen Tag vor dem Erscheinen der Einberufung (dazu Art. 23 Rz. 5) in den Gesellschaftsblättern[20].

10 Die **Bekanntmachung** selbst hat dann durch das **Registergericht** zu erfolgen (§ 5 Satz 2 SEAG), und zwar zusammen mit dem Hinweis nach § 61 Satz 2 UmwG, wo-

---

[12] *Marsch-Barner* in Habersack/Drinhausen, Art. 21 SE-VO Rz. 4; *Casper* in Spindler/Stilz, AktG, Art. 20 SE-VO Rz. 3; *Maul* in KölnKomm. AktG, 3. Aufl., Art. 21 SE-VO Rz. 8; *Schäfer* in MünchKomm. AktG, 3. Aufl., Art. 21 SE-VO Rz. 6.
[13] *Scheifele*, Gründung, S. 188; *Schwarz*, Art. 21 SE-VO Rz. 12; zust. *Marsch-Barner* in Habersack/Drinhausen, Art. 21 SE-VO Rz. 4.
[14] *Marsch-Barner* in Habersack/Drinhausen, Art. 21 SE-VO Rz. 4; *Maul* in KölnKomm. AktG, 3. Aufl., Art. 21 SE-VO Rz. 8; *Schäfer* in MünchKomm. AktG, 3. Aufl., Art. 21 SE-VO Rz. 6; *Schwarz*, Art. 21 SE-VO Rz. 13.
[15] *Maul* in KölnKomm. AktG, 3. Aufl., Art. 21 SE-VO Rz. 8; *Schäfer* in MünchKomm. AktG, 3. Aufl., Art. 21 SE-VO Rz. 6; *Schwarz*, Art. 21 SE-VO Rz. 14.
[16] *Maul* in KölnKomm. AktG, 3. Aufl., Art. 21 SE-VO Rz. 9; *Schröder* in Manz/Mayer/Schröder, Art. 21 SE-VO Rz. 11; *Schwarz*, Art. 21 SE-VO Rz. 6.
[17] *Marsch-Barner* in Habersack/Drinhausen, Art. 21 SE-VO Rz. 5; *Maul* in KölnKomm. AktG, 3. Aufl., Art. 21 SE-VO Rz. 9; *Schäfer* in MünchKomm. AktG, 3. Aufl., Art. 21 SE-VO Rz. 7; *Schwarz*, Art. 21 SE-VO Rz. 11 f.
[18] *Maul* in KölnKomm. AktG, 3. Aufl., Art. 21 SE-VO Rz. 5; *Marsch-Barner* in Habersack/Drinhausen, Art. 21 SE-VO Rz. 7.
[19] Wie hier *Schäfer* in MünchKomm. AktG, 3. Aufl., Art. 21 SE-VO Rz. 9.
[20] *Marsch-Barner* in Habersack/Drinhausen, Art. 21 SE-VO Rz. 12; *Maul* in KölnKomm. AktG, 3. Aufl., Art. 21 SE-VO Rz. 11.

nach der Verschmelzungsplan beim Handelsregister eingereicht wurde. Die Bekanntmachung sämtlicher Angaben erfolgt im Amtsblatt, d.h. gem. § 10 Satz 1 HGB in dem von der Landesjustizverwaltung bestimmten elektronischen Informations- und Kommunikationssystem, d.h. in dem gemeinsamen Registerportal der Länder unter www.handelsregisterbekanntmachungen.de[21].

III. Sonstige Bekanntmachungspflichten

1. Zuleitung an den Betriebsrat

Der Verschmelzungsplan einer deutschen Gründungsgesellschaft ist gem. Art. 18 SE-VO[22] i.V.m. § 5 Abs. 3 UmwG *mindestens einen Monat vor dem Hauptversammlungsbeschluss* dem Betriebsrat zuzuleiten[23]. Entgegen teilweise vertretener Auffassung[24] vermögen die Informationen nach § 4 SEBG diese gesonderte Zuleitung nicht zu ersetzen[25].

11

2. Kapitalmarktrecht

Ferner sind ggf. kapitalmarktrechtliche Publizitätspflichten (z.B. nach §§ 15 Abs. 1, 21 WpHG) zu beachten[26].

12

Art. 22
[Verschmelzungsprüfung]

Als Alternative zur Heranziehung von Sachverständigen, die für Rechnung jeder der sich verschmelzenden Gesellschaften tätig sind, können ein oder mehrere unabhängige Sachverständige im Sinne des Artikels 10 der Richtlinie 78/855/EWG, die auf gemeinsamen Antrag dieser Gesellschaften von einem Gericht oder einer Verwaltungsbehörde des Mitgliedstaats, dessen Recht eine der sich verschmelzenden Gesellschaften oder die künftige SE unterliegt, dazu bestellt wurden, den Verschmelzungsplan prüfen und einen für alle Aktionäre bestimmten einheitlichen Bericht erstellen.

Die Sachverständigen haben das Recht, von jeder der sich verschmelzenden Gesellschaften alle Auskünfte zu verlangen, die sie zur Erfüllung ihrer Aufgabe für erforderlich halten.

---

21 *Marsch-Barner* in Habersack/Drinhausen, Art. 21 SE-VO Rz. 7; *Maul* in KölnKomm. AktG, 3. Aufl., Art. 21 SE-VO Rz. 11.
22 Da der Verschmelzungsplan die Sphäre der jeweiligen Gründungsgesellschaft betrifft, ist Art. 18 SE-VO einschlägig, nicht Art. 15 Abs. 1 SE-VO (so aber *Mahi*, Europäische Aktiengesellschaft, S. 43; *Neun* in Theisen/Wenz, Europäische Aktiengesellschaft, S. 57, 120).
23 *Heckschen* in Widmann/Mayer, UmwG Anhang 14 Rz. 226; *Jannott* in Jannott/Frodermann, Handbuch Europäische Aktiengesellschaft, § 3 Rz. 51; *Marsch-Barner* in Habersack/Drinhausen, Art. 21 SE-VO Rz. 10; *Schäfer* in MünchKomm. AktG, 3. Aufl., Art. 20 SE-VO Rz. 10; *Teichmann*, ZGR 2002, 383, 421; *Walden/Meyer-Landrut*, DB 2005, 2619.
24 So *Brandes*, AG 2005, 177, 182; skeptisch auch *Vossius*, ZIP 2005, 741, 743 Fn. 24.
25 Ausf. *J. Schmidt*, „Deutsche" vs. „britische" SE, S. 194 f.
26 *Maul* in KölnKomm. AktG, 3. Aufl., Art. 21 SE-VO Rz. 13; *Marsch-Barner* in Habersack/Drinhausen, Art. 21 SE-VO Rz. 10; näher hierzu *Kalss*, ZGR 2003, 593, 637; *Scheifele*, Gründung, S. 191; *Walden/Meyer-Landrut*, DB 2005, 2119, 2121.

I. Regelungsgegenstand und -zweck . .	1	V. Prüfungsgegenstand und -umfang	
II. Getrennte und gemeinsame Prüfung	5	1. Verschmelzungsplan	13
III. Bestellung der Prüfer nach deutschem Recht		2. Verschmelzungsbericht	14
		3. Barabfindung	15
1. Verfahren		VI. Prüfungsbericht	16
a) Getrennte Prüfung	7	VII. Verantwortlichkeit der Verschmelzungsprüfer	17
b) Gemeinsame Prüfung	8		
2. Materielle Anforderungen		VIII. Entbehrlichkeit und Verzicht	
a) Unabhängigkeit	9	1. Entbehrlichkeit	18
b) Qualifikation	10	2. Verzicht	19
IV. Auskunftsrecht	11		

Literatur: *Bayer*, 1000 Tage neues Umwandlungsrecht – eine Zwischenbilanz, ZIP 1997, 1613; *Bayer*, Informationsrechte bei der Verschmelzung von Aktiengesellschaften, AG 1988, 323; *Bayer*, Kein Abschied vom Minderheitenschutz durch Information – Plädoyer für eine restriktive Anwendung des § 16 Abs. 3 UmwG, ZGR 1995, 613; *Bayer/J. Schmidt*, Die neue Richtlinie über die grenzüberschreitende Verschmelzung von Kapitalgesellschaften, NJW 2006, 401; *Brandes*, Cross Border Mergers mittels der SE, AG 2005, 177; *Edwards*, The European Company – Essential tool or eviscerated dream?, (2003) 40 CMLR 443; *Fuchs*, Die Gründung einer Europäischen Aktiengesellschaft durch Verschmelzung und das nationale Recht, Diss. Konstanz 2004 (zit.: Gründung); *Grundmann*, Die Struktur des Europäischen Gesellschaftsrechts von der Krise zum Boom, ZIP 2004, 2401; *Henckel*, Rechnungslegung und Prüfung anlässlich einer grenzüberschreitenden Verschmelzung zu einer Societas Europaea (SE), DStR 2005, 1785; *Hoffmann-Becking*, Das neue Verschmelzungsrecht in der Praxis, in Goerdeler/Hommelhoff/Lutter/Wiedemann (Hrsg.), FS Fleck 1988, S. 105; *Hommelhoff*, Minderheitenschutz bei Umstrukturierungen, ZGR 1993, 452; *Kallmeyer*, Europa-AG: Strategische Optionen für deutsche Unternehmen, AG 2003, 197; *Kalss*, Der Minderheitenschutz bei Gründung und Sitzverlegung der SE nach dem Diskussionsentwurf, ZGR 2003, 593; *Lösekrug*, Die Umsetzung der Kapital-, Verschmelzungs- und Spaltungsrichtlinie der EG in das nationale Recht, 2004 (zit.: Umsetzung); *Luke*, Die Europäische Aktiengesellschaft – Societas Europaea, NWB, Fach 18, 4047; *Mahi*, Die Europäische Aktiengesellschaft. Societas Europaea – SE, 2004 (zit.: Europäische Aktiengesellschaft); *Neye*, Die neue Richtlinie zur grenzüberschreitenden Verschmelzung von Kapitalgesellschaften, ZIP 2005, 1893; *Priester*, Strukturänderungen – Beschlussvorbereitung und Beschlussfassung, ZGR 1990, 420; *Schwarz*, Zum Statut der Europäischen Aktiengesellschaft, ZIP 2001, 1847; *Teichmann*, Die Einführung der Europäischen Aktiengesellschaft, ZGR 2002, 383; *Teichmann*, Minderheitenschutz bei Gründung und Sitzverlegung der SE, ZGR 2003, 367; *Vossius*, Gründung und Umwandlung der deutschen Europäischen Gesellschaft (SE), ZIP 2005, 741; *Walden/Meyer-Landrut*, Die grenzüberschreitende Verschmelzung zu einer Europäischen Gesellschaft: Beschlussfassung und Eintragung, DB 2005, 2619.

I. Regelungsgegenstand und -zweck

1 Ebenso wie im angeglichenen Recht der nationalen Verschmelzung – vgl. Art. 10 der nationalen VerschmelzungsRL[1] – ist der **Verschmelzungsplan** im Interesse der Aktionäre der Gründungsgesellschaften durch unabhängige Sachverständige zu **prüfen** und über das Prüfergebnis zu **berichten**. Dabei steht das Umtauschverhältnis der Anteile im Mittelpunkt. Die Verschmelzungsprüfung ist ein zentraler Baustein im europäi-

---

[1] RL 2011/35/EU des Europäischen Parlaments und des Rates v. 5.4.2011 über die Verschmelzung von Aktiengesellschaften, ABl. EU Nr. L 110 v. 29.4.2011, S. 1; Abdruck und Erläuterungen bei *Lutter/Bayer/J. Schmidt*, EuropUR, § 21, speziell zur Änderung bei Rz. 4 ff.; früher Dritte Richtlinie des Rates 78/855/EWG vom 9.10.1978 gemäß Artikel 54 Absatz 3 Buchstabe g) des Vertrages betreffend die Verschmelzung von Aktiengesellschaften, ABl. EG Nr. L 295 v. 20.10.1978, S. 36; zur Änderung *Lutter/Bayer/J. Schmidt*, EuropUR, § 21 Rz. 4 ff.

schen Grundmodell des „Minderheitenschutzes durch Information"[2], das nunmehr auch Eingang in die 10. RL über die grenzüberschreitende Verschmelzung von Kapitalgesellschaften[3] gefunden hat[4].

Allerdings ist diese Prüfung des Verschmelzungsplans in der SE-VO nur rudimentär geregelt. **Art. 22 Unterabs. 1 SE-VO** formuliert ausdrücklich nur, dass eine **alternative Form** der Verschmelzungsprüfung (vgl. „Als Alternative ...") gestattet ist; über **Art. 22 Unterabs. 2 SE-VO** wird sichergestellt, dass die beauftragten Sachverständigen von allen sich verschmelzenden Gesellschaften die erforderlichen **Auskünfte** verlangen können. Eine sachverständige Prüfung des Verschmelzungsplans wird als Regelfall jedoch zumindest stillschweigend vorausgesetzt. Dies ergibt sich indirekt auch aus Art. 31 Abs. 1 Satz 1 SE-VO, wonach im Falle der Verschmelzung einer 100 %igen Tochter auf die Mutter Art. 22 SE-VO keine Anwendung finden soll; gemeint ist damit nicht der Wegfall der Alternative, sondern der Verzicht auf jede Verschmelzungsprüfung (dazu unten Rz. 18 sowie Art. 31 Rz. 10)[5]. 2

Alle **Einzelheiten** zur Verschmelzungsprüfung ergeben sich im Übrigen aus dem nach **Art. 18 SE-VO** anwendbaren **nationalen Recht**[6], das jedoch durch **Art. 10** der 3. RL[7] – heute RL 2011/35/EU[8] (nationale VerschmelzungsRL)[9] – angeglichen ist, wodurch sichergestellt wird, dass im Interesse der Aktionäre der Gründungsgesellschaften bei allen SE-Gründungen im Wege der Verschmelzung eine sachverständige Prüfung des Verschmelzungsplans stattfindet. Für eine **deutsche Gründungsgesellschaft** bedeutet dies die Anwendung der **§§ 60, 73, 9–12 UmwG**[10]. 3

Der **umstrittenen Frage**, ob bereits unmittelbar durch Art. 22 Unterabs. 1 SE-VO eine Verschmelzungsprüfung angeordnet wird[11], oder ob sich die Pflicht zu einer sachver- 4

---

2 So treffend *Grundmann*, ZIP 2004, 2401, 2406 ff.; ebenso *Lutter/Bayer/J. Schmidt*, EuropUR, § 21 Rz. 24; ähnlich *Teichmann*, ZGR 2003, 367, 373 f.; *Kalss*, ZGR 2003, 593, 618; vgl. zum deutschen Recht auch *Bayer*, ZGR 1995, 613, 614; *Bayer*, ZIP 1997, 1613, 1621.
3 Richtlinie 2005/56/EG des Europäischen Parlaments und des Rates vom 26.10.2005 über die Verschmelzung von Kapitalgesellschaften aus verschiedenen Mitgliedstaaten, ABl. EU Nr. L 310 v. 25.11.2005, S. 1; Abdruck und Erläuterung bei *Lutter/Bayer/J. Schmidt*, EuropUR, § 23.
4 S. zur 10. RL auch: *Bayer/J. Schmidt*, NJW 2006, 401 ff.; *Drinhausen/Keinath*, RIW 2006, 81 ff.; *Kiem*, WM 2006, 1091 ff.; *Neye*, ZIP 2005, 1893 ff.
5 Richtig *Heckschen* in Widmann/Mayer, UmwG Anhang 14 Rz. 216; *Hügel* in Kalss/Hügel, § 20 SEG Rz. 9; *Schäfer* in MünchKomm. AktG, 3. Aufl., Art. 31 SE-VO Rz. 5; *Scheifele*, Gründung, S. 192; *Schwarz*, Art. 22 SE-VO Rz. 7, Art. 31 SE-VO Rz. 27; vgl. auch *Henckel*, DStR 2005, 1785, 1790 f.; *Neun* in Theisen/Wenz, Europäische Aktiengesellschaft, S. 57, 108.
6 *Austmann* in MünchHdb. AG, § 83 Rz. 17; *Marsch-Barner* in Habersack/Drinhausen, Art. 22 SE-VO Rz. 2; *Teichmann* in Van Hulle/Maul/Drinhausen, 4. Abschnitt § 2 Rz. 54.
7 Dritte Richtlinie des Rates 78/855/EWG vom 9.10.1978 gemäß Artikel 54 Absatz 3 Buchstabe g) des Vertrages betreffend die Verschmelzung von Aktiengesellschaften, ABl. EG Nr. L 295 v. 20.10.1978, S. 36.
8 RL 2011/35/EU des Europäischen Parlaments und des Rates v. 5.4.2011 über die Verschmelzung von Aktiengesellschaften, ABl. EU Nr. L 110 v. 29.4.2011, S. 1; Abdruck und Erläuterungen bei *Lutter/Bayer/J. Schmidt*, EuropUR, § 21.
9 Zur Änderung: *Lutter/Bayer/J. Schmidt*, EuropUR, § 21 Rz. 47.
10 *Bayer* in Lutter/Hommelhoff, Europäische Gesellschaft, S. 25, 40; *Brandes*, AG 2005, 177, 183; *Jannott* in Jannott/Frodermann, Handbuch Europäische Aktiengesellschaft, § 3 Rz. 58; *Marsch-Barner* in Habersack/Drinhausen, Art. 22 SE-VO Rz. 2; *Schäfer* in MünchKomm. AktG, 3. Aufl., Art. 22 SE-VO Rz. 6; *Schwarz*, Art. 22 SE-VO Rz. 8; *J. Vetter* in Lutter/Hommelhoff, Europäische Gesellschaft, S. 111, 119; *Vossius*, ZIP 2005, 741, 743; *Walden/Meyer-Landrut*, DB 2005, 2119, 2125; *Heckschen* in Widmann/Mayer, UmwG Anhang 14 Rz. 216 ff.; *Neun* in Theisen/Wenz, Europäische Aktiengesellschaft, S. 57, 108 ff.; *Schröder* in Manz/Mayer/Schröder, Art. 18 SE-VO Rz. 23 ff.
11 So *Scheifele*, Gründung, S. 191 f.; *Schwarz*, Art. 20 SE-VO Rz. 7.

ständigen Prüfung des Verschmelzungsplans erst aus Art. 18 SE-VO i.V.m. dem anwendbaren nationalen Recht ergibt und sich die Bedeutung von Art. 22 SE-VO darin erschöpft, zwei alternative Formen der Prüfung anzubieten[12], kommt somit **keine praktische Bedeutung** zu[13].

II. Getrennte und gemeinsame Prüfung

5   Gem. Art. 22 Unterabs. 1 SE-VO haben die Gründungsgesellschaften die Wahl zwischen einer separaten Verschmelzungsprüfung für jede der beteiligten Gesellschaften und einer sich auf alle erstreckenden gemeinsamen Verschmelzungsprüfung. Anders als nach der nationalen VerschmelzungsRL steht die Möglichkeit einer gemeinsamen Prüfung damit nicht im Belieben der Mitgliedstaaten[14], sondern wird durch die SE-VO selbst als **gleichwertige Alternative** eröffnet[15]. *A maiore ad minus* dürfte es zudem zulässig sein, nur für einen Teil der an der Verschmelzung beteiligten Gesellschaften eine gemeinsame Prüfung durchzuführen[16].

6   Ein Antrag auf **gemeinsame Prüfung** kann in jedem Mitgliedstaat, dessen Recht eine der beteiligten Gründungsgesellschaften unterliegt oder im Sitzstaat der künftigen SE gestellt werden. Antrags- und Bestellungsverfahren richten sich dann nach dem Recht des jeweiligen Staates[17]. Jedenfalls insofern haben die Gründungsgesellschaften damit unstreitig indirekt auch die Möglichkeit einer **Rechtswahl**[18]. Entgegen einer verbreiteten Ansicht[19] gilt dies darüber hinaus aber auch für Gegenstand und Inhalt der Prüfung: Auch diese bestimmen sich ausschließlich nach dem **Recht des gewählten Staates**[20]. Sofern im Schrifttum eine **kumulativen** Anwendung aller beteiligten Rechtsordnungen postuliert wird[21], kann dem **nicht gefolgt** werden: Hiermit würde die von der SE-VO durch die Möglichkeit einer gemeinsamen Prüfung intendierte Vereinfachung konterkariert. Durch ihren gemeinsamen Antrag bekunden die Gründungsgesellschaften vielmehr gerade, dass sie sich allein dem Recht des gewähl-

---

12 So *Casper* in Spindler/Stilz, AktG, Art. 22 SE-VO Rz. 1; *Schröder* in Manz/Mayer/Schröder, Art. 22 SE-VO Rz. 1; wohl auch *Heckschen* in Widmann/Mayer, UmwG, Anhang 14 Rz. 216; vgl. bereits *Fuchs*, Gründung, S. 137 f.; *Teichmann*, ZGR 2003, 367, 374.
13 So i.E. auch *Scheifele*, Gründung, S. 192; *Schwarz*, Art. 22 SE-VO Rz. 8; *Schäfer* in Münch-Komm. AktG, 3. Aufl., Art. 22 SE-VO Rz. 1.
14 Art. 10 Abs. 1 Satz 2 der nationalen VerschmelzungsRL enthält insofern nur ein Optionsrecht; vgl. dazu *Lutter/Bayer/J. Schmidt*, EuropUR, § 21 Rz. 55.
15 Vgl. *Heckschen* in Widmann/Mayer, UmwG Anhang 14 Rz. 216; *Marsch-Barner* in Habersack/Drinhausen, Art. 22 SE-VO Rz. 3; *Hörtnagl* in Schmitt/Hörtnagl/Stratz, UmwG, Art. 22 SE-VO Rz. 4; *Maul* in KölnKomm. AktG, 3. Aufl., Art. 22 SE-VO, Rz. 7; *Schäfer* in MünchKomm. AktG, 3. Aufl., Art. 22 SE-VO Rz. 1; *Teichmann*, ZGR 2002, 383, 423.
16 Zust. *Marsch-Barner* in Habersack/Drinhausen, Art. 22 SE-VO Rz. 3; *Hörtnagl* in Schmitt/Hörtnagl/Stratz, UmwG, Art. 22 SE-VO Rz. 4; *Maul* in KölnKomm. AktG, 3. Aufl., Art. 22 SE-VO Rz. 7.
17 *Schäfer* in MünchKomm. AktG, 3. Aufl., Art. 22 SE-VO Rz. 8; *Scheifele*, Gründung, S. 197 f.; *J. Schmidt*, „Deutsche" vs. „britische" SE, S. 196 f.; *Schwarz*, Art. 22 SE-VO Rz. 16 ff.
18 *Marsch-Barner* in Kallmeyer, UmwG, Anhang Rz. 54; *Schäfer* in MünchKomm. AktG, 3. Aufl., Art. 22 SE-VO Rz. 8; *J. Schmidt*, „Deutsche" vs. „britische" SE, S. 196 f.; *Schwarz*, Art. 22 SE-VO Rz. 16.
19 *Fuchs*, Gründung, S. 138; *Schäfer* in MünchKomm. AktG, 3. Aufl., Art. 22 SE-VO Rz. 8; *Scheifele*, Gründung, S. 198; *Schwarz*, Art. 22 Rz. SE-VO 19.
20 *J. Schmidt*, „Deutsche" vs. „britische" SE, S. 196 f.; zust. *Marsch-Barner* in Habersack/Drinhausen, Art. 22 SE-VO Rz. 9; vgl. für die grenzüberschreitende Verschmelzung auch *Bayer* in Lutter, § 122f UmwG Rz. 3; *Müller* in Kallmeyer, § 122f UmwG Rz. 10.
21 *Fuchs*, Gründung, S. 138; *Schäfer* in MünchKomm. AktG, 3. Aufl., Art. 22 SE-VO Rz. 8; *Scheifele*, Gründung, S. 198; *Schwarz*, Art. 22 SE-VO Rz. 19; zust. *Casper* in Spindler/Stilz, AktG, Art. 22 SE-VO Rz. 3; *Maul* in KölnKomm. AktG, 3. Aufl., Art. 22 SE-VO Rz. 16.

ten Staates unterwerfen[22]. Die im Schrifttum geäußerten Befürchtungen im Hinblick auf angebliche Umgehungsgefahren sind unbegründet: Da Gegenstand und Inhalt der Prüfung durch Art. 10 der nationalen VerschmelzungsRL europaweit **harmonisiert** sind, ist es nicht möglich, durch Wahl eines bestimmten Prüfungsstaates den europarechtlich etablierten zwingenden Mindeststandard, von dem auch die SE-VO ausgeht, zu umgehen[23].

III. Bestellung der Prüfer nach deutschem Recht

1. Verfahren

a) Getrennte Prüfung

Im Falle einer getrennten Prüfung werden der/die Prüfer für eine **deutsche Gründungsgesellschaft** gem. Art. 18 SE-VO i.V.m. **§§ 60, 73, 10 Abs. 1 Satz 1, Abs. 2 Satz 1 UmwG** auf Antrag des Vorstands durch das Landgericht am Sitz der jeweiligen Gesellschaft bestellt[24].

7

b) Gemeinsame Prüfung

Entscheiden sich die Gesellschaften für eine gemeinsame Prüfung nach **deutschem Recht**, so werden der/die Prüfer gem. Art. 22 Unterabs.1 SE-VO[25] i.V.m. §§ 60, 73, 10 Abs. 1 Satz 1 und 2, Abs. 2 Satz 1 UmwG auf gemeinsamen Antrag der Vertretungsorgane der beteiligten Rechtsträger durch das Landgericht, in dessen Bezirk eine deutsche Gründungsgesellschaft oder die künftige „deutsche" SE ihren Sitz hat, bestellt[26].

8

2. Materielle Anforderungen

a) Unabhängigkeit

Die ungeschickte sprachliche Fassung von **Art. 22 Unterabs. 1 SE-VO** hatte früher zu der kuriosen Auffassung geführt, dass die Prüfung nicht nur durch unabhängige, sondern auch durch abhängige Sachverständige (!) erfolgen dürfe[27]. Indes zielt die Vorschrift nicht auf die Alternative *abhängiger* oder *unabhängiger* Prüfer, sondern möchte allein die *separate* wie auch die *gemeinsame* Verschmelzungsprüfung gestatten[28]. Dass ausschließlich eine Prüfung durch **unabhängige Sachverständige** zulässig

9

---

22 Vgl. auch *Scheifele*, Gründung, S. 198; *Schwarz*, Art. 22 SE-VO Rz. 19.
23 *J. Schmidt*, „Deutsche" vs. „britische" SE, S. 197; zust. *Marsch-Barner* in Habersack/Drinhausen, Art. 22 SE-VO Rz. 9.
24 Vgl. *Heckschen* in Widmann/Mayer, UmwG Anhang 14 Rz. 220; *Henckel*, DStR 2005, 1785, 1791; *Marsch-Barner* in Habersack/Drinhausen, Art. 22 SE-VO Rz. 11; *Schäfer* in MünchKomm. AktG, 3. Aufl., Art. 22 SE-VO Rz. 6; *Walden/Meyer-Landrut*, DB 2005, 2119, 2125.
25 Art. 22 Satz 1 SE-VO ist insofern lex specialis zu Art. 18 SE-VO: *Marsch-Barner* in Habersack/Drinhausen, Art. 22 SE-VO Rz. 7; *Schröder* in Manz/Mayer/Schröder, Art. 18 SE-VO Rz. 23; *Scheifele*, Gründung, S. 198; *Schwarz*, Art. 22 SE-VO Rz. 16, 18.
26 *Henckel*, DStR 2005, 1785, 1791; *Marsch-Barner* in Habersack/Drinhausen, Art. 22 SE-VO Rz. 7; *Schäfer* in MünchKomm. AktG, 3. Aufl., Art. 22 SE-VO Rz. 7; *Schwarz*, Art. 22 SE-VO Rz. 16; *Walden/Meyer-Landrut*, DB 2005, 2119, 2125.
27 So noch *Schwarz*, ZIP 2001, 1847, 1851; ebenso wohl auch *Luke*, NWB Fach 18, 4047, 4053.
28 *Bayer* in Lutter/Hommelhoff, Europäische Gesellschaft, S. 25, 40; *Fuchs*, Gründung, S. 139; *Neun* in Theisen/Wenz, Europäische Aktiengesellschaft, S. 57, 113; *Scheifele*, Gründung, S. 193 f.; *J. Schmidt*, „Deutsche" vs. „britische" SE, S. 198; nunmehr auch *Schwarz*, Art. 22 SE-VO Rz. 12.

sein kann[29], zeigen auch Art. 31 Abs. 2 Satz 1 SE-VO[30] und die Parallelregelungen in Art. 32 Abs. 4, Art. 37 Abs. 6 SE-VO sowie in Art. 10 der nationalen VerschmelzungsRL[31]. Dort ist stets ausdrücklich von einer Prüfung durch unabhängige Sachverständige die Rede.

b) Qualifikation

10 Sofern für die Prüfung deutsches Recht gilt, müssen der/die Prüfer qua Art. 18 SE-VO (separate Prüfung) bzw. Art. 22 Unterabs. 1 SE-VO (gemeinsame Prüfung) den Anforderungen der §§ 60, 73, 11 Abs. 1 Satz 1 UmwG i.V.m. §§ 319 Abs. 1–4, 319a HGB[32] genügen[33].

IV. Auskunftsrecht

11 Gem. **Art. 22 Unterabs. 2 SE-VO** haben die Sachverständigen das Recht, von jeder der sich verschmelzenden Gesellschaften alle Auskünfte zu verlangen, die sie zur Erfüllung ihrer Aufgabe für erforderlich halten. Die VO gibt ihnen damit ein **umfassendes Informationsrecht**[34]. Der gegenüber der nationalen VerschmelzungsRL und den Vorentwürfen veränderte Wortlaut[35] ist lediglich eine modernere Formulierung, eine inhaltliche Einschränkung[36] ist damit nicht verbunden[37]. Insbesondere ist der Begriff „Auskunft" extensiv auszulegen; die Sachverständigen können nicht nur verbale Informationen, sondern auch Unterlagen verlangen und zudem ggf. selbst Nachprüfungen vornehmen[38].

12 Nach dem Wortlaut der Norm scheint es hinsichtlich der **Erforderlichkeit** einer Auskunft zwar ausschließlich auf die *subjektive* Einschätzung der Sachverständigen an-

---

29 So schon *Bayer* in Lutter/Hommelhoff, Europäische Gesellschaft, S. 25, 40; ebenso *Brandes*, AG 2005, 177, 183; *Edwards*, (2003) 40 CMLR 443, 453; *Marsch-Barner* in Habersack/Drinhausen, Art. 22 SE-VO Rz. 4; *Maul* in KölnKomm. AktG, 3. Aufl., Art. 22 SE-VO Rz. 13; *Schäfer* in MünchKomm. AktG, 3. Aufl., Art. 22 SE-VO Rz. 2; *Scheifele*, Gründung, S. 193 f., 199; *Schröder* in Manz/Mayer/Schröder, Art. 22 SE-VO Rz. 12 f.; *Teichmann*, ZGR 2002, 383, 423 f.
30 Vgl. *Neun* in Theisen/Wenz, Europäische Aktiengesellschaft, S. 57, 113; *Scheifele*, Gründung, S. 193 f.; *J. Schmidt*, „Deutsche" vs. „britische" SE, S. 198; *Schwarz*, Art. 22 Rz. 12.
31 Vgl. *Neun* in Theisen/Wenz, Europäische Aktiengesellschaft, S. 57, 112; *Scheifele*, Gründung, S. 193 f.; *Schwarz*, Art. 22 SE-VO Rz. 12; *J. Schmidt*, „Deutsche" vs. „britische" SE, S. 197 f.; *Teichmann*, ZGR 2002, 383, 423 f.
32 Dazu näher *Drygala* in Lutter, § 11 UmwG Rz. 4 ff.; *Zeidler* in Semler/Stengel, § 11 UmwG Rz. 2 ff. m.w.N.
33 *Henckel*, DStR 2005, 1785, 1791; *Marsch-Barner* in Habersack/Drinhausen, Art. 22 SE-VO Rz. 5, 12; *Schröder* in Manz/Mayer/Schröder, Art. 18 SE-VO Rz. 23; *Schäfer* in MünchKomm. AktG, 3. Aufl., Art. 22 SE-VO Rz. 4; *Schwarz*, Art. 22 SE-VO Rz. 22 f.
34 *Heckschen* in Widmann/Mayer, Anhang 14 Rz. 218; *Henckel*, DStR 2005, 1785, 1791; *Marsch-Barner* in Habersack/Drinhausen, Art. 22 SE-VO Rz. 14; *Schäfer* in MünchKomm. AktG, 3. Aufl., Art. 22 SE-VO Rz. 11; *Schwarz*, Art. 22 SE-VO Rz. 32; *Teichmann*, ZGR 2002, 383, 424 f.
35 Gem. Art. 10 Abs. 3 der nationalen VerschmelzungsRL, Art. 21 Abs. 3 SE-VOE 1989 und 1991 sowie in Art. 23 Abs. 4 SE-VOE 1975 hat jeder Sachverständige „das Recht, von den an der Verschmelzung beteiligten Gesellschaften alle zweckdienlichen Auskünfte und Unterlagen zu verlangen und alle erforderlichen Nachprüfungen vorzunehmen".
36 So aber offenbar *Fuchs*, Gründung, S. 143; *Schwarz*, ZIP 2001, 1847, 1851.
37 So auch *Marsch-Barner* in Habersack/Drinhausen, Art. 22 SE-VO Rz. 14; *Maul* in KölnKomm. AktG, 3. Aufl., Art. 22 SE-VO Rz. 20.
38 Wie hier *Marsch-Barner* in Habersack/Drinhausen, Art. 22 SE-VO Rz. 14; *Maul* in KölnKomm. AktG, 3. Aufl., Art. 22 SE-VO Rz. 20; *Schäfer* in MünchKomm. AktG, 3. Aufl., Art. 22 SE-VO Rz. 4.

zukommen; richtigerweise wird man dies aber so zu verstehen haben, dass es darauf ankommt, ob sie eine Auskunft den Umständen nach auch tatsächlich (objektiv) für erforderlich halten durften[39].

V. Prüfungsgegenstand und -umfang

1. Verschmelzungsplan

Prüfungsgegenstand ist zunächst der Verschmelzungsplan[40] – egal, ob man dies (jedenfalls für die gemeinsame Prüfung) aus Art. 22 Unterabs. 1 SE-VO oder aus Art. 18 SE-VO i.V.m. den Umsetzungsvorschriften zur nationalen VerschmelzungsRL, bei Prüfung in Deutschland also aus § 9 Abs. 1 UmwG, herleitet[41]. Aufgabe der Verschmelzungsprüfer ist die Kontrolle auf **Vollständigkeit und Richtigkeit**[42] und dabei insbesondere die Nachprüfung der **Angemessenheit des festgesetzten Umtauschverhältnisses**[43]. 13

2. Verschmelzungsbericht

Ob und inwieweit auch der Verschmelzungsbericht (dazu ausf. Art. 20 Rz. 29 ff.) in die Prüfung einzubeziehen ist, ist für das nationale Verschmelzungsrecht umstritten. Einigkeit besteht darin, dass die Ausführungen zur wirtschaftlichen Zweckmäßigkeit der Verschmelzung nicht Prüfungsgegenstand sind[44]. Im Interesse eines effektiven Minderheitenschutzes sollte sich die Verschmelzungsprüfung – entgegen der aktuellen Praxis und der h.M.[45] – jedoch nicht auf den Verschmelzungsplan als sol- 14

---

39 *J. Schmidt*, „Deutsche" vs. „britische" SE, S. 199 f.; zust. *Marsch-Barner* in Habersack/Drinhausen, Art. 22 SE-VO Rz. 14; *Maul* in KölnKomm. AktG, 3. Aufl., Art. 22 SE-VO Rz. 23; enger allerdings *Henckel*, DStR 2005, 1785, 1791 und *Schäfer* in MünchKomm. AktG, 3. Aufl., Art. 22 SE-VO Rz. 11, die eine Grenze nur im Schikaneverbot sehen.

40 *Heckschen* in Widmann/Mayer, UmwG Anhang 14 Rz. 221; *Marsch-Barner* in Habersack/Drinhausen, Art. 22 SE-VO Rz. 16; *Neun* in Theisen/Wenz, Europäische Aktiengesellschaft, S. 57, 109 f.; *Schäfer* in MünchKomm. AktG, 3. Aufl., Art. 22 SE-VO Rz. 1; *Schwarz*, Art. 22 SE-VO Rz. 26; *Walden/Meyer-Landrut*, DB 2005, 2119, 2125.

41 So auch *Marsch-Barner* in Habersack/Drinhausen, Art. 22 SE-VO Rz. 16.

42 *Henckel*, DStR 2005, 1785, 1790; *Maul* in KölnKomm. AktG, 3. Aufl., Art. 22 SE-VO Rz. 15; *Marsch-Barner* in Habersack/Drinhausen, Art. 22 SE-VO Rz. 16; *Schäfer* in MünchKomm. AktG, 3. Aufl., Art. 22 SE-VO Rz. 9; *Schröder* in Manz/Mayer/Schröder, Art. 22 SE-VO Rz. 15; *Schwarz*, Art. 22 SE-VO Rz. 28.

43 Speziell für die SE: *Jannott* in Jannott/Frodermann, Handbuch Europäische Aktiengesellschaft, § 3 Rz. 60; *Marsch-Barner* in Habersack/Drinhausen, Art. 22 SE-VO Rz. 16; *Schäfer* in MünchKomm. AktG, 3. Aufl., Art. 22 SE-VO Rz. 9; *Scheifele*, Gründung, S. 202; *Schröder* in Manz/Mayer/Schröder, Art. 22 SE-VO Rz. 12; *Walden/Meyer-Landrut*, DB 2005, 2119, 2125; *Schwarz*, Art. 22 SE-VO Rz. 28; allgemein zu § 9 UmwG: *Drygala* in Lutter, § 9 UmwG Rz. 10; speziell zur Angemessenheit des Umtauschverhältnisses auch *Bayer*, ZIP 1997, 1613, 1617.

44 Allgemein zu § 9 UmwG: *Lutter/Drygala* in Lutter, § 9 UmwG Rz. 12 m.w.N.; so auch *Bayer*, ZIP 1997, 1613, 1621. Speziell für die SE-Gründung: *Fuchs*, Gründung, S. 141; *Jannott* in Jannott/Frodermann, Handbuch Europäische Aktiengesellschaft, § 3 Rz. 60; *Neun* in Theisen/Wenz, Europäische Aktiengesellschaft, S. 57, 110; *Schäfer* in MünchKomm. AktG, 3. Aufl., Art. 22 SE-VO Rz. 9.

45 Zusammenfassend *Drygala* in Lutter, § 9 UmwG Rz. 12 f. m.w.N.; ebenso zur SE: *Marsch-Barner* in Habersack/Drinhausen, Art. 22 SE-VO Rz. 17; *Neun* in Theisen/Wenz, Europäische Aktiengesellschaft, S. 57, 109; *Schäfer* in MünchKomm. AktG, 3. Aufl., Art. 22 SE-VO Rz. 9; *Scheifele*, Gründung, S. 201; *Schröder* in Manz/Mayer/Schröder, Art. 22 SE-VO Rz. 15; *Schwarz*, Art. 22 SE-VO Rz. 28; offen gelassen von *Maul* in KölnKomm. AktG, 3. Aufl., Art. 22 SE-VO Rz. 17.

chen beschränken, sondern auch zur **Richtigkeit des Verschmelzungsberichts** Stellung beziehen[46]. Hiervon ging offensichtlich auch die Kommission in ihrer Begründung zum SE-VOE 1989 aus: „Dieser Bericht [Verschmelzungsbericht] wird von Sachverständigen geprüft ..."[47].

3. Barabfindung

15 Sofern gem. § 7 Abs. 1 Satz 1 SEAG ein Barabfindungsangebot erforderlich ist (dazu ausf. Art. 24 Rz. 46 ff.), ist gem. § 7 Abs. 3 Satz 1 SEAG auch dessen Angemessenheit zu prüfen[48]. Die Norm entspricht § 30 Abs. 2 UmwG[49].

VI. Prüfungsbericht

16 Über das Ergebnis der Prüfung ist ein **schriftlicher Bericht**[50] zu erstellen[51]; im Falle gemeinsamer Prüfung fordert Art. 22 Unterabs. 1 SE-VO ausdrücklich einen für alle Aktionäre bestimmten einheitlichen Bericht. Der **(Mindest-)Inhalt** des Prüfungsberichts richtet sich mangels Regelung in der SE-VO kraft Art. 18 SE-VO (separate Prüfung) bzw. Art. 22 Unterabs. 1 SE-VO (gemeinsame Prüfung) nach den nationalen Umsetzungsvorschriften zu Art. 10 der nationalen VerschmelzungsRL, bei Prüfung nach **deutschem Recht**, also[52] nach **§§ 60, 73, 12 UmwG**[53]. Zudem ist gem. § 7 Abs. 3 Satz 2 SEAG i.V.m. § 12 UmwG ggf. auch über die Prüfung des Barabfindungsangebots zu berichten.

VII. Verantwortlichkeit der Verschmelzungsprüfer

17 Die zivil- und strafrechtliche Verantwortlichkeit der Verschmelzungsprüfer richtet sich mangels Regelung in der SE-VO gem. Art. 18 SE-VO (getrennte Prüfung) bzw. Art. 22 Unterabs. 1 SE-VO (gemeinsame Prüfung) ebenfalls nach nationalem Recht; bei Prüfung nach **deutschem Recht** gelten folglich §§ 60, 73, 11 Abs. 2 UmwG i.V.m.

---

46 *Bayer*, ZIP 1997, 1613, 1617; ebenso zu § 340b Abs. 1 AktG a.F.: *Bayer*, AG 1988, 323, 328; vgl. auch *Priester*, ZGR 1990, 420, 430; *Hoffmann-Becking* in FS Fleck, S. 105, 122; für Kontrolle des Verschmelzungsberichts auf Richtigkeit und Vollständigkeit: *Hommelhoff*, ZGR 1993, 452, 464 ff.
47 BT-Drucks 11/5427, S. 7.
48 So auch *Marsch-Barner* in Habersack/Drinhausen, Art. 22 SE-VO Rz. 16; näher dazu *Neun* in Theisen/Wenz, Europäische Aktiengesellschaft, S. 57, 116 f.
49 Vgl. RegE zum SEEG, BT-Drucks. 15/3405, S. 33. Näher zu § 30 Abs. 2 UmwG: *Grunewald* in Lutter, § 30 UmwG Rz. 5 ff.; *Zeidler* in Semler/Stengel, § 30 UmwG Rz. 26 ff. m.w.N.
50 Egal ob man dies (jedenfalls für die gemeinsame Prüfung) unmittelbar aus Art. 22 Satz 1 SE-VO oder aus Art. 18 SE-VO i.V.m. den nationalen Umsetzungsvorschriften zu Art. 10 Abs. 1 Satz 1 der nationalen VerschmelzungsRL herleitet; vgl. zur Kontroverse um die Bedeutung des Art. 22 SE-VO bereits oben Rz. 4.
51 *Heckschen* in Widmann/Mayer, UmwG Anhang 14 Rz. 222; *Henckel*, DStR 2005, 1785, 1791; *Marsch-Barner* in Habersack/Drinhausen, Art. 22 SE-VO Rz. 18; *Schäfer* in MünchKomm. AktG, 3. Aufl., Art. 22 SE-VO Rz. 1; *Schröder* in Manz/Mayer/Schröder, Art. 22 SE-VO Rz. 14; *Schwarz*, Art. 22 SE-VO Rz. 26; *Walden/Meyer-Landrut*, DB 2005, 2119, 2125.
52 Näher zum Berichtsinhalt gem. § 12 UmwG etwa *Drygala* in Lutter, § 12 UmwG Rz. 6 ff.; *Zeidler* in Semler/Stengel, § 30 UmwG Rz. 5 ff.
53 *Heckschen* in Widmann/Mayer, UmwG Anhang 14 Rz. 222 ff.; *Henckel*, DStR 2005, 1785, 1791; *Marsch-Barner* in Habersack/Drinhausen, Art. 22 SE-VO Rz. 18; *Schäfer* in Münch-Komm. AktG, 3. Aufl., Art. 22 SE-VO Rz. 10; *Schröder* in Manz/Mayer/Schröder, Art. 18 SE-VO Rz. 23; *Schwarz*, Art. 22 SE-VO Rz. 27 f.; *Walden/Meyer-Landrut*, DB 2005, 2119, 2125.

§ 323 HGB (zivilrechtliche Haftung)[54] sowie §§ 314, 315 UmwG (strafrechtliche Verantwortlichkeit)[55].

VIII. Entbehrlichkeit und Verzicht

1. Entbehrlichkeit

Im Falle eines up-stream-merger einer **100 %igen Tochter** auf die Mutter ist gem. **Art. 31 Abs. 1 Satz 1 SE-VO**[56] keine Prüfung erforderlich[57] (s. Art. 31 Rz. 10). Zu den anderen in **Art. 31 Abs. 2 SE-VO** vorgesehenen Fällen einer Entbehrlichkeit der Prüfung: ausf. Art. 31 Rz. 19 f.

18

2. Verzicht

Die nationale VerschmelzungsRL stand bereits in ihrer früheren Fassung nach früherer h.M. einem Verzicht auf die Verschmelzungsprüfung bzw. den Verschmelzungsprüfungsbericht nicht entgegen[58]. Nunmehr ist durch Art. 10 Abs. 4 der neu gefassten nationalen VerschmelzungsRL[59] diese Rechtsfolge **klarstellt**[60]. Daher ist auch bei der SE-Gründung durch Verschmelzung ein Verzicht zulässig[61].

19

Voraussetzungen und Wirkung des Verzichts beziehen sich damit aber naturgemäß auch nur auf die *jeweilige Gründungsgesellschaft*[62]. Im Falle einer gemeinsamen Verschmelzungsprüfung ist diese daher nur dann entbehrlich, wenn die jeweiligen Voraussetzungen erfüllt sind.

20

Vgl. zur parallelen Problematik eines Verzichts auf den Verschmelzungsbericht Art. 20 Rz. 33 f.

21

---

54 *Marsch-Barner* in Habersack/Drinhausen, Art. 22 SE-VO Rz. 21; *Maul* in KölnKomm. AktG, 3. Aufl., Art. 22 SE-VO Rz. 25; *Schäfer* in MünchKomm. AktG, 3. Aufl., Art. 22 SE-VO Rz. 12; *Schwarz*, Art. 22 SE-VO Rz. 34.
55 Vgl. *Maul* in KölnKomm. AktG, 3. Aufl., Art. 22 SE-VO Rz. 27; *Schäfer* in MünchKomm. AktG, 3. Aufl., Art. 22 SE-VO Rz. 12; *Scheifele*, Gründung, S. 205; *J. Schmidt*, „Deutsche" vs. „britische" SE, S. 201.
56 Bezieht man Art. 31 Abs. 1 Satz 1 SE-VO nur auf die gemeinsame Prüfung, so ergäbe sich für die Entbehrlichkeit bei einer separaten Prüfung einer deutschen Gründungsgesellschaft dasselbe aus Art. 18 SE-VO i.V.m. §§ 60, 73, 9 Abs. 3, 8 Abs. 3 Satz 1 Alt. 2 UmwG; dafür offenbar *Jannott* in Jannott/Frodermann, Handbuch Europäische Aktiengesellschaft, § 3 Rz. 62; *Kallmeyer*, AG 2003, 197, 203; *Schröder* in Manz/Mayer/Schröder, Art. 22 SE-VO Rz. 5, Art. 31 Rz. 26, 29; *Teichmann*, ZGR 2002, 383, 431.
57 S. schon *Bayer* in Lutter/Hommelhoff, Europäische Gesellschaft, S. 25, 45. Wie hier auch *Heckschen* in Widmann/Mayer, UmwG Anhang 14 Rz. 216; *Henckel*, DStR 2005, 1785, 1790 f.; *Hügel* in Kalss/Hügel, § 20 SEG Rz. 9; *Marsch-Barner* in Habersack/Drinhausen, Art. 22 SE-VO Rz. 22; *Maul* in KölnKomm. AktG, 3. Aufl., Art. 22 SE-VO Rz. 33; *Schäfer* in MünchKomm. AktG, 3. Aufl., Art. 31 SE-VO Rz. 5.
58 *Lösekrug*, Umsetzung, S. 255 f. m.z.w.N. Speziell zur SE auch *Brandes*, AG 2005, 177, 183.
59 RL 2011/35/EU des Europäischen Parlaments und des Rates v. 5.4.2011 über die Verschmelzung von Aktiengesellschaften, ABl. EU Nr. L 110 v. 29.4.2011, S. 1; Abdruck und Erläuterungen bei *Lutter/Bayer/J. Schmidt*, EuropUR, § 21; früher Dritte Richtlinie des Rates 78/855/EWG vom 9.10.1978 gemäß Artikel 54 Absatz 3 Buchstabe g) des Vertrages betreffend die Verschmelzung von Aktiengesellschaften, ABl. EG Nr. L 295 v. 20.10.1978, S. 36.
60 Ausf. *Lutter/Bayer/J. Schmidt*, § 21 Rz. 60 m.w.N.
61 Vgl. *Brandes*, AG 2005, 177, 183; *Heckschen* in Widmann/Mayer, UmwG Anhang 14 Rz. 217, 225; *Neun* in Theisen/Wenz, Europäische Aktiengesellschaft, S. 57, 108; *Schröder* in Manz/Mayer/Schröder, Art. 22 SE-VO Rz. 6; *Schwarz*, Art. 22 SE-VO Rz. 30.
62 *Heckschen* in Widmann/Mayer, UmwG Anhang 14 Rz. 217, 225; *Marsch-Barner* in Habersack/Drinhausen, Art. 22 SE-VO Rz. 23; *Neun* in Theisen/Wenz, Europäische Aktiengesellschaft, S. 57, 108; *Scheifele*, Gründung, S. 202; *Schwarz*, Art. 22 SE-VO Rz. 30.

Art. 23
[Zustimmung zum Verschmelzungsplan]

(1) Die Hauptversammlung jeder der sich verschmelzenden Gesellschaften stimmt dem Verschmelzungsplan zu.

(2) Die Beteiligung der Arbeitnehmer in der SE wird gemäß der Richtlinie 2001/86/EG festgelegt. Die Hauptversammlung jeder der sich verschmelzenden Gesellschaften kann sich das Recht vorbehalten, die Eintragung der SE davon abhängig zu machen, dass die geschlossene Vereinbarung von ihr ausdrücklich genehmigt wird.

I. Regelungsgegenstand und -zweck . . . 1	c) Beschlussverbot gem. § 76 UmwG 12
II. Zustimmung zum Verschmelzungsplan	5. Form 13
1. Zuständigkeit 4	III. Zustimmungsvorbehalt
2. Vorbereitung der Hauptversammlung	1. Zweck und Gegenstand 14
a) Einberufung 5	2. Erklärung des Vorbehalts, Mitbestimmungsvereinbarung und Satzung . . . 16
b) Vorabinformation 6	3. Mehrheit 17
c) Ggf. Nachgründungsbericht und gesonderte Gründungsprüfung . . . 8	4. Wirkung des Vorbehalts 18
3. Durchführung der Hauptversammlung 9	5. Erklärung der Genehmigung
4. Beschlussfassung	a) Beschluss der Hauptversammlung 19
a) Allgemein 10	b) Keine Delegation 21
b) Sonderbeschlüsse 11	IV. Ergänzende Anwendung des Aktiengesetzes 22

Literatur: *Fuchs*, Die Gründung einer Europäischen Aktiengesellschaft durch Verschmelzung und das nationale Recht, Diss. Konstanz 2004 (zit.: Gründung); *Heckschen*, Die Europäische AG aus notarieller Sicht, DNotZ 2003, 251; *Horn*, Die Europa-AG im Kontext des deutschen und europäischen Gesellschaftsrechts, DB 2005, 147; *Kallmeyer*, Europa-AG: Strategische Optionen für deutsche Unternehmen, AG 2003, 197; *Kiem*, Vereinbarte Mitbestimmung und Verhandlungsmandat der Unternehmensleitung – Ein Beitrag zur mitbestimmungsrechtlichen Verhandlungslösung und guter Corporate Governance, ZHR 171 (2007), 713; *Lösekrug*, Die Umsetzung der Kapital-, Verschmelzungs- und Spaltungsrichtlinie der EG in das nationale Recht, 2004 (zit.: Umsetzung); *Mahi*, Die Europäische Aktiengesellschaft. Societas Europaea – SE –, 2004 (zit.: Europäische Aktiengesellschaft); *Oplustil*, Selected problems concerning formation of a holding SE (societas europaea), (2003) 4 GLJ 107; *Seibt/Reinhard*, Umwandlung der Aktiengesellschaft in die Europäische Gesellschaft (Societas Europaea), Der Konzern 2005, 407; *Teichmann*, Die Einführung der Europäischen Aktiengesellschaft, ZGR 2002, 383; *Teichmann*, Minderheitenschutz bei Gründung und Sitzverlegung der SE, ZGR 2003, 367; *Vossius*, Gründung und Umwandlung der deutschen Europäischen Gesellschaft (SE), ZIP 2005, 741; *Walden/Meyer-Landrut*, Die grenzüberschreitende Verschmelzung zu einer Europäischen Gesellschaft: Planung und Vorbereitung, DB 2005, 2119; *Walden/Meyer-Landrut*, Die grenzüberschreitende Verschmelzung zu einer Europäischen Gesellschaft: Beschlussfassung und Eintragung, DB 2005, 2619; *Witten*, Minderheitenschutz bei Gründung und Sitzverlegung der Europäischen Aktiengesellschaft (SE), 2011.

I. Regelungsgegenstand und -zweck

1 Nach **Art. 23 Abs. 1 SE-VO** wird der inhaltlich übereinstimmende Verschmelzungsplan (Art. 20 Rz. 2) erst wirksam, wenn die **Hauptversammlungen** aller Gründungsgesellschaften ihre **Zustimmung** erteilt haben. Diese Regelung ist – anders als nach

Art. 7 Abs. 1 Satz 1 der nationalen VerschmelzungsRL[1], wo Art. 25 und 27 bei Konzernverschmelzungen unter bestimmten Voraussetzungen einen Verzicht auf das Beschlusserfordernis gestatten[2] – **zwingend**, kann somit auch nicht über Art. 18 SE-VO durch das nationale Recht der Gründungsgesellschaften ausgehebelt werden[3]. Abweichungen sind auch bei Konzernverschmelzungen nur im Rahmen des Art. 31 SE-VO zulässig; die Erleichterungen des § 62 UmwG (i.V.m. Art. 18 SE-VO) kommen daher im Falle einer deutschen Gründungsgesellschaft nicht zur Anwendung[4] (s. auch Art. 31 Rz. 14). Das Zustimmungserfordernis der Hauptversammlung ist somit nach der Konzeption der SE-VO ein zentrales und unverzichtbares Element des **Minderheitenschutzes**[5], da es jedem Aktionär nicht nur ein Mitentscheidungsrecht, sondern darüber hinaus Kontrollmöglichkeiten durch ergänzende Informations- und Klagerechte (dazu auch Rz. 6 f., 9) einräumt.

Art. 23 Abs. 1 SE-VO beschränkt sich allerdings darauf, die Beschlussfassung als solche anzuordnen; das gesamte **Verfahren** (einschließlich der Vorbereitung der Zustimmungsbeschlüsse) richtet sich demgegenüber gem. **Art. 18 SE-VO** nach dem nationalen Recht der jeweiligen Gründungsgesellschaft[6]; im Falle einer deutschen Gründungsgesellschaft somit §§ 121 ff. AktG, 63 ff. UmwG (Einzelheiten Rz. 5 ff.). 2

Die Anordnung in **Art. 23 Abs. 2 Satz 1 SE-VO**, wonach „die Beteiligung der Arbeitnehmer in der SE gemäß der Richtlinie 2001/86/EG festgelegt wird", hat nur **klarstellende Bedeutung**[7]. Die Hauptversammlung hat in Fragen der Arbeitnehmermitbestimmung generell keine Gestaltungskompetenz; diese Aufgabe ist vielmehr den Leitungs- bzw. Verwaltungsorganen der Gründungsgesellschaften einerseits sowie einem besonderen Verhandlungsgremium der Arbeitnehmerseite andererseits übertragen (s. § 2 Abs. 5 und § 4 SEBG mit den Erläuterungen von *Oetker*). Das künftige Mitbestimmungsmodell wird allerdings im Zeitpunkt der Zustimmung der Hauptversammlung zum Verschmelzungsplan häufig noch nicht feststehen. Um nun dem 3

---

1 RL 2011/35/EU des Europäischen Parlaments und des Rates v. 5.4.2011 über die Verschmelzung von Aktiengesellschaften, ABl. EU Nr. L 110 v. 29.4.2011, S. 1; Abdruck und Erläuterungen bei *Lutter/Bayer/J. Schmidt*, EuropUR, § 21; früher Dritte Richtlinie des Rates 78/855/EWG vom 9.10.1978 gemäß Artikel 54 Absatz 3 Buchstabe g) des Vertrages betreffend die Verschmelzung von Aktiengesellschaften, ABl. EG Nr. L 295 v. 20.10.1978, S. 36. Zur Änderung: *Lutter/Bayer/J. Schmidt*, EuropUR, § 21 Rz. 4 ff.
2 Dazu ausf. *Lutter/Bayer/J. Schmidt*, EuropUR, § 21 Rz. 134 ff., 138, 142 ff., 143; zur ursprünglichen Fassung auch *Lösekrug*, Umsetzung, S. 296 ff. m.w.N.
3 *Marsch-Barner* in Habersack/Drinhausen, Art. 23 SE-VO Rz. 3; *Maul* in KölnKomm. AktG, 3. Aufl., Art. 23 SE-VO Rz. 5; *Schäfer* in MünchKomm. AktG, 3. Aufl., Art. 23 SE-VO Rz. 1; *Schröder* in Manz/Mayer/Schröder, Art. 23 Rz. 2; *Schwarz*, Art. 23 SE-VO Rz. 5; *Walden/Meyer-Landrut*, DB 2005, 2619, 2623.
4 *Marsch-Barner* in Habersack/Drinhausen, Art. 23 SE-VO Rz. 3; *Schäfer* in MünchKomm. AktG, 3. Aufl., Art. 23 SE-VO Rz. 4; vgl. bereits *Fuchs*, Gründung, S. 145; *Kallmeyer*, AG 2003, 197, 203; *Scheifele*, Gründung, S. 285 f.; *J. Schmidt*, „Deutsche" vs. „britische" SE, S. 204; *Schwarz*, Art. 31 SE-VO Rz. 17 ff.; *Walden/Meyer-Landrut*, DB 2005, 2619, 2623; irrig *Thümmel*, Europäische Aktiengesellschaft, Rz. 76 f.; *Teichmann*, ZGR 2002, 383, 431.
5 So auch *Schäfer* in MünchKomm. AktG, 3. Aufl., Art. 23 SE-VO Rz. 1.
6 *Bayer* in Lutter/Hommelhoff, Europäische Gesellschaft, S. 25, 41; *Heckschen*, DNotZ 2003, 251, 259; *Heckschen* in Widmann/Mayer, UmwG Anhang 14 Rz. 231, 237; *Neun* in Theisen/Wenz, Europäische Aktiengesellschaft, S. 44; *Schäfer* in MünchKomm. AktG, 3. Aufl., Art. 23 SE-VO Rz. 3; *Scheifele*, Gründung, S. 207 ff.; *J. Schmidt*, „Deutsche" vs. „britische" SE, S. 204; *Schwarz*, Art. 23 SE-VO Rz. 8, 15; *Teichmann*, ZGR 2002, 383, 425; *Vossius* in Widmann/Mayer, § 20 UmwG Rz. 426.
7 *Schröder* in Manz/Mayer/Schröder, Art. 23 SE-VO Rz. 18; *Schwarz*, Art. 23 SE-VO Rz. 23; vgl. auch *Schäfer* in MünchKomm. AktG, 3. Aufl., Art. 23 SE-VO Rz. 2 („überflüssiger Hinweis").

Dilemma zu entgehen, entweder „die Katze im Sack kaufen" zu müssen oder die Beschlussfassung über die SE-Gründung nicht zeitnah zur Offenlegung des Verschmelzungsplans vornehmen zu können – erst ab diesem Zeitpunkt wird nämlich das Verhandlungsverfahren zur Arbeitnehmermitbestimmung offiziell in Gang gesetzt (Art. 3 SE-RL)[8] –, ermöglicht **Art. 23 Abs. 2 Satz 2 SE-VO**, dass sich die Hauptversammlung das Recht vorbehalten kann, die Eintragung der SE von der **Genehmigung der Mitbestimmungsvereinbarung** abhängig zu machen. Die Idee, mit der Möglichkeit eines solchen Zustimmungsvorbehalts das Mitentscheidungsrecht der Aktionäre zu sichern, ohne den Fortgang des Gründungsverfahrens zu blockieren, wird jedoch mit dem Zeitverlust einer weiteren Hauptversammlung erkauft; denn eine Delegation der Zustimmung (etwa auf den Aufsichtsrat) ist nach der Konzeption der Regelung nicht möglich[9] (dazu noch Rz. 21).

II. Zustimmung zum Verschmelzungsplan

1. Zuständigkeit

4   Für die Zustimmung zum Verschmelzungsplan ist gem. Art. 23 Abs. 1 SE-VO zwingend **ausschließlich die Hauptversammlung** der jeweiligen Gründungsgesellschaft zuständig; eine *Delegation* dieser Grundlagenentscheidung auf andere Organe ist *nicht* – auch nicht durch die Satzung – *zulässig*[10].

2. Vorbereitung der Hauptversammlung

a) Einberufung

5   Die Modalitäten der Einberufung der Hauptversammlung richten sich **gem. Art. 18 SE-VO** nach dem nationalen Recht der jeweiligen Gründungsgesellschaft[11], bei einer deutschen also nach §§ 121 ff. AktG[12]. Wegen Art. 11 Abs. 1 der nationalen Ver-

---

8   Ein früherer (inoffizieller) Beginn des Verhandlungsverfahrens ist jedoch nicht ausgeschlossen, *Köstler* in Theisen/Wenz, Europäische Aktiengesellschaft, S. 331, 339; *Marsch-Barner* in Kallmeyer, UmwG, Anhang Rz. 69; *Oetker* in Lutter/Hommelhoff, Europäische Gesellschaft, S. 277, 292; *Schäfer* in MünchKomm. AktG, 3. Aufl., Art. 23 SE-VO Rz. 2 Fn. 3; *Vossius*, ZIP 2005, 741, 743 Fn. 20 sowie (zur Umwandlungsgründung) *Seibt/Reinhard*, Der Konzern 2005, 407, 417; vgl. bereits § 4 SEBG Rz. 11, 23 *(Oetker)*.

9   So bereits *Bayer* in Lutter/Hommelhoff, Europäische Gesellschaft, S. 25, 41; ebenso *Heckschen* in Widmann/Mayer, UmwG Anhang 14 Rz. 242; *Jannott* in Jannott/Frodermann, Handbuch Europäische Aktiengesellschaft, § 3 Rz. 86; *Mahi*, Europäische Aktiengesellschaft, S. 45 Fn. 259; *Neun* in Theisen/Wenz, Europäische Aktiengesellschaft, S. 57, 132; a.A. *Schäfer* in MünchKomm. AktG, 3. Aufl., Art. 23 SE-VO Rz. 2; *Scheifele*, Gründung, S. 218; *Teichmann*, ZGR 2002, 383, 430.

10 Wie hier *Marsch-Barner* in Habersack/Drinhausen, Art. 23 SE-VO Rz. 3; *Maul* in KölnKomm. AktG, 3. Aufl., Art. 23 SE-VO Rz. 5; vgl. bereits *Scheifele*, Gründung, S. 207; *Schwarz*, Art. 23 SE-VO Rz. 5.

11 So auch *Marsch-Barner* in Habersack/Drinhausen, Art. 23 SE-VO Rz. 4; *Heckschen* in Widmann/Mayer, UmwG Anhang 14 Rz. 231; *Jannott* in Jannott/Frodermann, Handbuch Europäische Aktiengesellschaft, § 3 Rz. 72; *Schäfer* in MünchKomm. AktG, 3. Aufl., Art. 23 Rz. 5; vgl. bereits *Bayer* in Lutter/Hommelhoff, Europäische Gesellschaft, S. 25, 41; *Fuchs*, Gründung, S. 145; *Mahi*, Europäische Aktiengesellschaft, S. 44; *J. Schmidt*, „Deutsche" vs. „britische" SE, S. 204 f.; *Teichmann*, ZGR 2002, 383, 425; *Walden/Meyer-Landrut*, DB 2005, 2619, 2620.

12 *Bayer* in Lutter/Hommelhoff, Europäische Gesellschaft, S. 25, 41; *Heckschen* in Widmann/Mayer, Anhang 14 Rz. 232; *Jannott* in Jannott/Frodermann, Handbuch Europäische Aktiengesellschaft, § 3 Rz. 72; *Schäfer* in MünchKomm. AktG, 3. Aufl., Art. 23 SE-VO Rz. 5; *Schröder* in Manz/Mayer/Schröder, Art. 23 SE-VO Rz. 25; *Schwarz*, Art. 23 SE-VO Rz. 13; *Walden/Meyer-Landrut*, DB 2005, 2619, 2620.

schmelzungsRL[13] ist allerdings – in richtlinienkonformer Auslegung von § 123 Abs. 1 AktG n.F. – eine Mindesteinberufungsfrist von 1 Monat zu wahren[14].

b) Vorabinformation

Die SE-VO sieht keine besonderen Regelungen betreffend die Vorabinformation der Aktionäre vor; die Bekanntmachungen nach Art. 21 SE-VO (dazu ausf. Art. 21 Rz. 4 ff.) sowie die Offenlegung des Verschmelzungsplans (dazu ausf. Art. 21 Rz. 3, 9 f.) richten sich nicht speziell, die Zuleitung des Verschmelzungsplans an den Betriebsrat (s. Art. 21 Rz. 11) überhaupt nicht an die Aktionäre[15]. Hinsichtlich der spezifischen Vorabinformation der Aktionäre gilt vielmehr gem. **Art. 18 SE-VO** ebenfalls das nationale Recht der jeweiligen Gründungsgesellschaft[16]. 6

Bei einer deutschen Gründungsgesellschaft sind folglich gem. **§ 63 Abs. 1 UmwG**[17] *mindestens einen Monat*[18] vor der Hauptversammlung zur Einsicht der Aktionäre **auszulegen**[19]: der Verschmelzungsplan[20], die Jahresabschlüsse und Lageberichte der sich verschmelzenden Gesellschaften für die letzten 3 Geschäftsjahre, ggf. Zwischenbilanzen[21], der/die Verschmelzungsbericht(e) und der/die Verschmelzungsprüfungsbericht(e), soweit nicht entbehrlich (vgl. Art. 20 Rz. 32 ff.; Art. 22 Rz. 18 ff.)[22]. Gem. § 63 Abs. 3 UmwG ist jedem Aktionär unverzüglich und kostenlos eine **Abschrift** dieser Unterlagen zu erteilen oder über die **Internetseite** der Gesellschaft zugänglich zu machen (§ 63 Abs. 4 UmwG)[23]. 7

---

13 RL 2011/35/EU des Europäischen Parlaments und des Rates v. 5.4.2011 über die Verschmelzung von Aktiengesellschaften, ABl. EU Nr. L 110 v. 29.4.2011, 110/1; Abdruck und Erläuterungen bei *Lutter/Bayer/J. Schmidt*, EuropUR, § 21; früher Dritte Richtlinie des Rates 78/855/EWG vom 9.10.1978 gemäß Artikel 54 Absatz 3 Buchstabe g) des Vertrages betreffend die Verschmelzung von Aktiengesellschaften, ABl. EG Nr. L 295 v. 20.10.1978, S. 36.
14 Ausf. *J. Schmidt*, DB 2006, 375. Speziell für die SE-Gründung auch *J. Schmidt*, „Deutsche" vs. „britische" SE, S. 205 f.
15 Vgl. *Scheifele*, Gründung, S. 209; *Schäfer* in MünchKomm. AktG, 3. Aufl., Art. 23 SE-VO Rz. 5; *Schwarz*, Art. 23 SE-VO Rz. 10.
16 *Bayer* in Lutter/Hommelhoff, Europäische Gesellschaft, S. 25, 41; *Fuchs*, Gründung, S. 144 f.; *Heckschen* in Widmann/Mayer, UmwG Anhang 14 Rz. 231; *Neun* in Theisen/Wenz, Europäische Aktiengesellschaft, S. 57, 130; *Schäfer* in MünchKomm. AktG, 3. Aufl., Art. 23 SE-VO Rz. 5; *Schwarz*, Art. 23 SE-VO Rz. 11; *Teichmann*, ZGR 2002, 383, 425; *Walden/Meyer-Landrut*, DB 2005, 2619, 2620.
17 So auch *Marsch-Barner* in Habersack/Drinhausen, Art. 23 SE-VO Rz. 4; *Schäfer* in MünchKomm. AktG, 3. Aufl., Art. 23 SE-VO Rz. 5.
18 Infolge der Änderung des § 123 Abs. 1 AktG durch das UMAG würde sich gem. § 63 Abs. 1 UmwG an sich eine Auslegungsfrist von 30 Tagen ergeben. Der sich hieraus ergebende – offenbar unbeabsichtigte – Widerspruch zu Art. 11 Abs. 1 der nationalen VerschmelzungsRL (Auslegungsfrist von 1 Monat; dazu *Lutter/Bayer/J. Schmidt*, EuropUR, § 21 Rz. 65 ff.) ist im Wege der richtlinienkonformen Auslegung zu korrigieren. Ausf. *J. Schmidt*, DB 2006, 375; *Bayer/J. Schmidt*, ZIP 2010, 953, 963; *Lutz*, BWNotZ 2010, 22, 23. Speziell für die SE auch *J. Schmidt*, „Deutsche" vs. „britische" SE, S. 204 f.
19 Wie hier auch *Marsch-Barner* in Habersack/Drinhausen, Art. 23 SE-VO Rz. 5; *Maul* in KölnKomm. AktG, 3. Aufl., Art. 23 SE-VO Rz. 6; *Schäfer* in MünchKomm. AktG, 3. Aufl., Art. 23 SE-VO Rz. 5.
20 *Marsch-Barner* in Habersack/Drinhausen, Art. 23 SE-VO Rz. 6; *Maul* in KölnKomm. AktG, 3. Aufl., Art. 23 SE-VO Rz. 7; *Schäfer* in MünchKomm. AktG, 3. Aufl., Art. 23 SE-VO Rz. 5.
21 Bei der SE-Verschmelzung ist insofern auf den Tag der Aufstellung des Verschmelzungsplans abzustellen: *Schäfer* in MünchKomm. AktG, 3. Aufl., Art. 23 SE-VO Rz. 5; *Scheifele*, Gründung, S. 210 Fn. 395; *Schwarz*, Art. 23 SE-VO Rz. 11 Fn. 20.
22 *Marsch-Barner* in Habersack/Drinhausen, Art. 23 SE-VO Rz. 6.
23 *Marsch-Barner* in Habersack/Drinhausen, Art. 23 SE-VO Rz. 6; *Maul* in KölnKomm. AktG, 3. Aufl., Art. 23 SE-VO Rz. 7; *Schäfer* in MünchKomm. AktG, 3. Aufl., Art. 23 SE-VO Rz. 5; *Heckschen* in Widmann/Mayer, UmwG Anhang 14 Rz. 234; vgl. bereits *Brandes*, AG 2005,

c) Ggf. Nachgründungsbericht und gesonderte Gründungsprüfung

8 Im Falle der Verschmelzung durch Aufnahme hat eine **übernehmende deutsche Gründungsgesellschaft** ggf. gem. Art. 18 SE-VO i.V.m. **§ 67 UmwG** die Vorschriften der § 52 Abs. 3, 4, 6–9 AktG über die Nachgründung einzuhalten[24]. Der Aufsichtsrat muss in diesen Fällen vor der Beschlussfassung der Hauptversammlung einen Nachgründungsbericht erstatten (§ 52 Abs. 3 AktG); zudem ist eine gesonderte Prüfung durch externe Prüfer durchzuführen (§ 52 Abs. 4 AktG)[25]. Für die **Zwei-Jahres-Frist** ist allerdings entgegen einer verbreiteten Auffassung nicht auf den Zeitpunkt der notariellen Beurkundung des Verschmelzungsplans[26], sondern – entsprechend § 76 Abs. 1 UmwG – auf denjenigen des **Verschmelzungs*beschlusses*** abzustellen[27].

3. Durchführung der Hauptversammlung

9 Ebenso wie die Vorbereitung richtet sich auch die Durchführung der Hauptversammlung qua **Art. 18 SE-VO** nach nationalem Recht[28]. Bei einer deutschen Gründungsgesellschaft gelten also die **§§ 129 ff. AktG** und insbesondere **§ 64 UmwG**[29]: Danach sind die in § 63 Abs. 1 UmwG bezeichneten Unterlagen (dazu oben Rz. 7) den Aktionären in der Hauptversammlung zugänglich zu machen[30]; der Vorstand hat den Verschmelzungsplan oder seinen Entwurf mündlich zu erläutern[31]; ferner haben die Aktionäre ein erweitertes Auskunftsrecht (Art. 23 Abs. 2 SE-VO). Gem. § 64 Abs. 1 Satz 2 Alt. 2 UmwG wurde die Änderung von Art. 2 Nr. 4 der Richtlinie 2009/109/EG – Neufassung von Art. 9 der nationalen VerschmelzungsRL – in der Weise umgesetzt, dass die Vertretungsorgane jeder an der Verschmelzung beteiligten Gesellschaft die Aktionäre vor der Beschlussfassung über jede **wesentliche Veränderung des Vermögens** der Gesellschaft zu unterrichten hat, die zwischen der Aufstellung des Verschmelzungs-

---

177, 183; *Fuchs*, Gründung, S. 145 f.; *Vossius*, ZIP 2005, 743, 744; *Walden/Meyer-Landrut*, DB 2005, 2619, 2620.
24 *Marsch-Barner* in Habersack/Drinhausen, Art. 23 SE-VO Rz. 7; *Schäfer* in MünchKomm. AktG, 3. Aufl., Art. 23 SE-VO Rz. 8; *Casper* in Spindler/Stilz, AktG, Art. 23 SE-VO Rz. 4; *Maul* in KölnKomm. AktG, 3. Aufl., Art. 23 SE-VO Rz. 8; *Schröder* in Manz/Mayer/Schröder, Art. 23 SE-VO Rz. 32; vgl. bereits *Bayer* in Lutter/Hommelhoff, Europäische Gesellschaft, S. 25, 39; *Brandes*, AG 2005, 177, 187.
25 *Maul* in KölnKomm. AktG, 3. Aufl., Art. 23 SE-VO Rz. 8; *Marsch-Barner* in Habersack/Drinhausen, Art. 23 SE-VO Rz. 8. Ausf. dazu etwa *Diekmann* in Semler/Stengel, § 67 UmwG Rz. 15 ff.; *Grunewald* in Lutter, § 67 UmwG Rz. 12 ff.
26 So aber *Jannott* in Jannott/Frodermann, Handbuch Europäische Aktiengesellschaft, § 3 Rz. 65; *Neun* in Theisen/Wenz, Europäische Aktiengesellschaft, S. 57, 119; *Scheifele*, Gründung, S. 178; *Schwarz*, Art. 20 SE-VO Rz. 55; ferner *Marsch-Barner* in Habersack/Drinhausen, Art. 23 SE-VO Rz. 7.
27 So bereits *Bayer* in Lutter/Hommelhoff, Europäische Gesellschaft, S. 25, 39; zust. *Schäfer* in MünchKomm. AktG, 3. Aufl., Art. 23 SE-VO Rz. 8.
28 So auch *Marsch-Barner* in Habersack/Drinhausen, Art. 23 SE-VO Rz. 9; *Schäfer* in MünchKomm. AktG, 3. Aufl., Art. 23 SE-VO Rz. 6; *Heckschen* in Widmann/Mayer, UmwG Anhang 14 Rz. 237; *Jannott* in Jannott/Frodermann, Handbuch Europäische Aktiengesellschaft, § 3 Rz. 78; vgl. bereits *Bayer* in Lutter/Hommelhoff, Europäische Gesellschaft, S. 25, 41; *J. Schmidt*, „Deutsche" vs. „britische" SE, S. 207; *Teichmann*, ZGR 2002, 383, 425; *Walden/Meyer-Landrut*, DB 2005, 2619, 2620.
29 *Marsch-Barner* in Habersack/Drinhausen, Art. 23 SE-VO Rz. 9; *Heckschen* in Widmann/Mayer, UmwG Anhang 14 Rz. 237; *Schäfer* in MünchKomm. AktG, 3. Aufl., Art. 23 SE-VO Rz. 6; *Schröder* in Manz/Mayer/Schröder, Art. 23 SE-VO Rz. 27; *Schwarz*, Art. 23 SE-VO Rz. 15 f.; *Walden/Meyer-Landrut*, DB 2005, 2619, 2620.
30 *Schäfer* in MünchKomm. AktG, 3. Aufl., Art. 23 SE-VO Rz. 6; Einzelheiten bei *Grunewald* in Lutter, § 64 UmwG Rz. 2 ff.
31 *Marsch-Barner* in Habersack/Drinhausen, Art. 23 SE-VO Rz. 10; *Schäfer* in MünchKomm. AktG, 3. Aufl., Art. 23 SE-VO Rz. 6.

plans und dem Tag der Hauptversammlung eingetreten ist³². Die Aktionäre einer deutschen Gründungsgesellschaft können gem. § 64 Abs. 1 Satz 4 UmwG i.V.m. § 8 Abs. 3 Satz 1 Alt. 1 UmwG auf die Berichterstattung verzichten³³.

4. Beschlussfassung

a) Allgemein

Die Einzelheiten der Beschlussfassung richten sich mangels Regelung in der SE-VO ebenfalls qua **Art. 18 SE-VO** nach dem jeweiligen nationalen Recht, das insoweit durch Art. 7 Abs. 1 der nationalen VerschmelzungsRL³⁴ harmonisiert ist³⁵. Der Zustimmungsbeschluss einer deutschen Gründungsgesellschaft bedarf folglich neben einer einfachen Stimmenmehrheit auch einer Mehrheit von mindestens drei Vierteln des bei der Beschlussfassung vertretenen Grundkapitals (**§§ 65 Abs. 1 Satz 1 UmwG, 133 Abs. 1 AktG**)³⁶; die Satzung kann eine größere Mehrheit und weitere Erfordernisse bestimmen³⁷.

10

b) Sonderbeschlüsse

Falls mehrere Aktiengattungen existieren, bedarf es eines Sonderbeschlusses jeder Gattung mit der entsprechenden Mehrheit (Art. 18 SE-VO i.V.m. § 65 Abs. 2 UmwG)³⁸.

11

c) Beschlussverbot gem. § 76 UmwG

Für eine **übertragende deutsche AG** gilt gem. Art. 18 Abs. 1 SE-VO im Falle der Verschmelzung *zur Neugründung* die zweijährige Sperrfrist des **§ 76 Abs. 1 UmwG**, hinsichtlich derer unstreitig auf den Zeitpunkt des Verschmelzungsbeschlusses abzustellen ist³⁹. Da die Nachgründungsvorschriften, deren Umgehung durch diese Sperrfrist

12

---

32 *Marsch-Barner* in Habersack/Drinhausen, Art. 23 SE-VO Rz. 11; Einzelheiten bei *Grunewald* in Lutter, § 64 UmwG Rz. 6.
33 *Marsch-Barner* in Habersack/Drinhausen, Art. 23 SE-VO Rz. 12; Einzelheiten bei *Grunewald* in Lutter, § 64 UmwG Rz. 10.
34 RL 2011/35/EU des Europäischen Parlaments und des Rates v. 5.4.2011 über die Verschmelzung von Aktiengesellschaften, ABl. EU Nr. L 110 v. 29.4.2011, S. 1; Abdruck und Erläuterungen bei *Lutter/Bayer/J. Schmidt*, EuropUR, § 21; früher Dritte Richtlinie des Rates 78/855/EWG vom 9.10.1978 gemäß Artikel 54 Absatz 3 Buchstabe g) des Vertrages betreffend die Verschmelzung von Aktiengesellschaften, ABl. EG Nr. L 295 v. 20.10.1978, S. 36.
35 *Heckschen* in Widmann/Mayer, UmwG Anhang 14 Rz. 237; *Neun* in Theisen/Wenz, Europäische Aktiengesellschaft, S. 57, 132; *Schäfer* in MünchKomm. AktG, 3. Aufl., Art. 23 SE-VO Rz. 6; *Scheifele*, Gründung, S. 211; *Schröder* in Manz/Mayer/Schröder, Art. 23 Rz. 10 f., 13; *Schwarz*, Art. 23 SE-VO Rz. 17; *Teichmann*, ZGR 2002, 383, 425; *Walden/Meyer-Landrut*, DB 2005, 2619.
36 *Marsch-Barner* in Habersack/Drinhausen, Art. 23 SE-VO Rz. 14; *Casper* in Spindler/Stilz, AktG, Art. 23 SE-VO Rz. 3; *Maul* in KölnKomm. AktG, 3. Aufl., Art. 23 SE-VO Rz. 10; *Schäfer* in MünchKomm. AktG, 3. Aufl., Art. 23 SE-VO Rz. 6.
37 *Marsch-Barner* in Habersack/Drinhausen, Art. 23 SE-VO Rz. 14; *Heckschen* in Widmann/Mayer, UmwG Anhang 14 Rz. 238; *Schäfer* in MünchKomm. AktG, 3. Aufl., Art. 23 SE-VO Rz. 6; vgl. weiter *Brandes*, AG 2005, 177, 184; *Horn*, DB 2005, 147, 148; *Neun* in Theisen/Wenz, Europäische Aktiengesellschaft, S. 57, 132; *Teichmann*, ZGR 2002, 383, 425; *Teichmann*, ZGR 2003, 367, 373; *Vossius*, ZIP 2005, 741, 743 f.; *Walden/Meyer-Landrut*, DB 2005, 2619, 2620.
38 *Marsch-Barner* in Habersack/Drinhausen, Art. 23 SE-VO Rz. 14; *Maul* in KölnKomm. AktG, 3. Aufl., Art. 23 SE-VO Rz. 10; *Jannott* in Jannott/Frodermann, Handbuch Europäische Aktiengesellschaft, § 3 Rz. 82; *Schwarz*, Art. 23 SE-VO Rz. 6; *Teichmann*, ZGR 2003, 367, 373.
39 So bereits *Bayer* in Lutter/Hommelhoff, Europäische Gesellschaft, S. 25, 39; ebenso *Jannott* in Jannott/Frodermann, Handbuch Europäische Aktiengesellschaft, § 3 Rz. 84; *Schäfer* in

verhindert werden sollen[40], auch auf europäischer Ebene ein zentraler Baustein des Kapitalschutzes sind[41] (vgl. Art. 11 der KapitalRL[42]), vermag die Gegenauffassung, wonach die Anwendung des § 76 Abs. 1 UmwG gegen Art. 2 Abs. 1 SE-VO verstoßen soll[43], nicht zu überzeugen[44]. Im Übrigen können die Beteiligten auf eine Gründung durch Verschmelzung zur Aufnahme ausweichen, für die § 76 UmwG nicht gilt[45].

5. Form

13 Hinsichtlich etwaiger Formerfordernisse gilt gem. **Art. 18 SE-VO** nationales Recht[46]. Der Zustimmungsbeschluss einer deutschen Gründungsgesellschaft bedarf folglich gem. **§ 13 Abs. 3 UmwG** der notariellen Beurkundung[47]; auf Verlangen ist jedem Aktionär auf dessen Kosten unverzüglich eine Abschrift zu erteilen[48].

III. Zustimmungsvorbehalt

1. Zweck und Gegenstand

14 **Art. 23 Abs. 2 Satz 2 SE-VO** ermöglicht es der Hauptversammlung, sich das Recht vorzubehalten, die Eintragung der SE von der Genehmigung der Mitbestimmung abhängig zu machen; damit kann ein – begrenztes – **Mitentscheidungsrecht der Aktionäre** an der Ausgestaltung der Arbeitnehmerbeteiligung in der SE **gesichert** werden, ohne den Fortgang des Gründungsverfahrens zu blockieren (vgl. bereits oben Rz. 3).

15 Die Bezugnahme auf eine „**geschlossene Vereinbarung**" in Art. 23 Abs. 2 Satz 2 SE-VO ist allerdings missverständlich: Vor dem Hintergrund, dass das Verfahren der Arbeitnehmerbeteiligung nach der SE-RL auch in anderer Weise als durch eine Vereinbarung beendet werden kann[49], entspricht es allgemeiner Meinung, dass sich der Genehmigungsvorbehalt auf **alle Arten einer zulässigen Mitbestimmungsregelung** –

MünchKomm. AktG, 3. Aufl., Art. 23 SE-VO Rz. 7; *Scheifele*, Gründung, S. 112; *J. Schmidt*, „Deutsche" vs. „britische" SE, S. 203; *Schwarz*, Art. 17 SE-VO Rz. 13.
40 Vgl. *Grunewald* in Lutter, § 76 UmwG Rz. 2 m.w.N.
41 Ausf. *Lutter/Bayer/J. Schmidt*, EuropUR, § 20 Rz. 62 ff.
42 Ursprünglich RL 77/91/EWG, ABl. EG Nr. L 26 v. 31.1.1977, S. 1; geändert durch RL 2006/68/EG, ABl. EG Nr. L 264 v. 25.9.2006, S. 32; neugefasst durch RL 2012/30/EU, ABl. EU Nr. L 315 v. 14.11.2012, S. 74. Text mit Stand 2011 und ausf. Erläuterungen bei *Lutter/Bayer/J. Schmidt*, EuropUR, § 20 m.z.w.N. Zur Neufassung, die de facto nur eine Kodifizierung ist, *Bayer/J. Schmidt*, BB 2013, 3, 6.
43 So ursprünglich *Schröder* in Manz/Mayer/Schröder, 1. Aufl., Art. 23 SE-VO Rz. 25; ebenso *Heckschen* in Widmann/Mayer, UmwG Anhang 14 Rz. 384 f.; zust. *Maul* in KölnKomm. AktG, 3. Aufl., Art. 23 SE-VO Rz. 11.
44 So auch *Marsch-Barner* in Habersack/Drinhausen, Art. 23 SE-VO Rz. 15; *Casper* in Spindler/Stilz, AktG, Art. 23 SE-VO Rz. 4; *Schäfer* in MünchKomm. AktG, 3. Aufl., Art. 23 SE-VO Rz. 7; nunmehr auch *Schröder* in Manz/Mayer/Schröder, Art. 23 SE-VO Rz. 33.
45 Richtig *Casper* in Spindler/Stilz, AktG, Art. 23 SE-VO Rz. 4; *Marsch-Barner* in Habersack/Drinhausen, Art. 23 SE-VO Rz. 15.
46 Vgl. *Heckschen* in Widmann/Mayer, UmwG Anhang 14 Rz. 239; *Jannott* in Jannott/Frodermann, Handbuch Europäische Aktiengesellschaft, § 3 Rz. 82; *Neun* in Theisen/Wenz, Europäische Aktiengesellschaft, S. 57, 132; *Scheifele*, Gründung, S. 212 f.; *J. Schmidt*, „Deutsche" vs. „britische" SE, S. 209; *Thümmel*, Europäische Aktiengesellschaft, Rz. 69.
47 *Marsch-Barner* in Habersack/Drinhausen, Art. 23 SE-VO Rz. 13; *Maul* in KölnKomm. AktG, 3. Aufl., Art. 23 SE-VO Rz. 12; *Schäfer* in MünchKomm. AktG, 3. Aufl., Art. 23 SE-VO Rz. 6; *Schwarz*, Art. 23 SE-VO Rz. 21.
48 *Brandes*, AG 2005, 177, 182; *Heckschen*, DNotZ 2003, 251, 259; *Schäfer* in MünchKomm. AktG, 3. Aufl., Art. 23 SE-VO Rz. 6; *Scheifele*, Gründung, S. 212 f.; *Schröder* in Manz/Mayer/Schröder, Art. 23 SE-VO Rz. 28; *Schwarz*, Art. 23 SE-VO Rz. 21.
49 Einzelheiten bei *Oetker* unten §§ 16, 22 ff. SEBG.

d.h. nicht nur auf eine individuelle Vereinbarung, sondern insbesondere auch auf die Fälle eines Eingreifens der Auffangregelung infolge eines ergebnislosen Abbruchs der Verhandlungen oder infolge Fristablaufs – bezieht[50].

2. Erklärung des Vorbehalts, Mitbestimmungsvereinbarung und Satzung

Sofern nicht bereits im Zeitpunkt der Beschlussfassung über den Verschmelzungsplan das spätere Mitbestimmungsmodell vorliegt, eröffnet allein der Entscheidungsvorbehalt nach Art. 23 Abs. 2 Satz 2 SE-VO den Aktionären die Möglichkeit, von der SE-Gründung Abstand zu nehmen. Man könnte zwar daran denken, bereits i.R.d. Satzung – die Teil des Verschmelzungsplans ist (vgl. Art. 20 Abs. 1 Satz 2 lit. h SE-VO) – eine Regelung zur Mitbestimmung zu treffen, die vom Vorstand jedenfalls nicht überschritten werden darf. Dieser Ausweg ist indes versperrt: Denn steht die getroffene Vereinbarung im Widerspruch zur Satzung, so ist letztere zu ändern, d.h. die Mitbestimmungsregelung geht vor (vgl. Art. 12 Abs. 4 SE-VO)[51].

16

3. Mehrheit

Mangels Regelung in der SE-VO ist hinsichtlich der für die *Erklärung des Vorbehalts* erforderlichen Mehrheit kraft **Art. 18 SE-VO** das nationale Recht maßgeblich[52]. Richtigerweise genügt damit nach dem Grundsatz des **§ 133 Abs. 1 AktG** eine **einfache Stimmenmehrheit**[53]. Eine (analoge) Anwendung des *§ 65 Abs. 1 Satz 1 UmwG*[54] ist – ebenso wenig wie bei der Parallelregelung zur grenzüberschreitenden Verschmelzung[55] – *nicht gerechtfertigt*: Erstens hat jedenfalls die Erklärung des Vorbehalts keinen Grundlagencharakter[56] (an einen solchen ließe sich allenfalls im Hinblick auf die Genehmigung selbst denken, vgl. dazu unten Rz. 20), und zweitens würde es dem mit der Möglichkeit eines Vorbehalts intendierten Aktionärsschutz diametral zuwiderlaufen, hierfür eine qualifizierte Mehrheit zu verlangen[57]. Im Übrigen ist die Arbeitnehmerbeteiligung gerade *nicht* Bestandteil des Verschmelzungsplans, wie der Umkehrschluss aus Art. 20 Abs. 1 lit. i SE-VO ergibt[58]; anzugeben ist vielmehr lediglich das Verfahren, nach dem die Arbeitnehmerbeteiligung vereinbart werden soll (dazu näher Art. 20 Rz. 26).

17

---

50 Vgl. *Marsch-Barner* in Habersack/Drinhausen, Art. 23 SE-VO Rz. 21; *Maul* in KölnKomm. AktG, 3. Aufl., Art. 23 SE-VO Rz. 15; *Hügel* in Kalss/Hügel, § 19 SEG Rz. 8; *Schwarz*, Art. 23 SE-VO Rz. 29 f.; *Schäfer* in MünchKomm. AktG, 3. Aufl., Art. 23 SE-VO Rz. 9.
51 So bereits *Bayer* in Lutter/Hommelhoff, Europäische Gesellschaft, S. 25, 41; vgl. auch *Kleindiek* in Lutter/Hommelhoff, Europäische Gesellschaft, S. 95, 103; *Schäfer* in MünchKomm. AktG, 3. Aufl., Art. 23 SE-VO Rz. 10; *Schröder* in Manz/Mayer/Schröder, Art. 23 SE-VO Rz. 22.
52 Vgl. *Schäfer* in MünchKomm. AktG, 3. Aufl., Art. 23 SE-VO Rz. 11; *Marsch-Barner* in Habersack/Drinhausen, Art. 23 SE-VO Rz. 20; *Schwarz*, Art. 23 SE-VO Rz. 27.
53 Ebenso *Schäfer* in MünchKomm. AktG, 3. Aufl., Art. 23 SE-VO Rz. 11; *Casper* in Spindler/Stilz, AktG, Art. 23 SE-VO Rz. 6; *Marsch-Barner* in Habersack/Drinhausen, Art. 23 SE-VO Rz. 20; *Schwarz*, Art. 23 SE-VO Rz. 27; zust. *Witten*, Minderheitenschutz, S. 101.
54 So aber *Hörtnagl* in Schmitt/Hörtnagl/Stratz, UmwG, Art. 23 SE-VO Rz. 13; *Maul* in KölnKomm. AktG, 3. Aufl., Art. 23 SE-VO Rz. 17; *Teichmann* in Van Hulle/Maul/Drinhausen, § 2 Rz. 64; *Oplustil*, (2003) 4 GJL 107, 118.
55 Dazu näher *Bayer* in Lutter, § 122g UmwG Rz. 33 m.w.N. zum dortigen Streitstand.
56 *Schäfer* in MünchKomm. AktG, 3. Aufl., Art. 23 SE-VO Rz. 11; *Scheifele*, Gründung, S. 215.
57 Ähnlich *Schäfer* in MünchKomm. AktG, 3. Aufl., Art. 23 SE-VO Rz. 11.
58 So auch für die grenzüberschreitende Verschmelzung gem. Art. 9 Abs. 2 im Umkehrschluss aus Art. 5 Satz 2 lit. j der 10. RL *Lutter/Bayer/J. Schmidt*, EuropUR, § 23 Rz. 87.

4. Wirkung des Vorbehalts

18 Solange das Mitbestimmungsmodell nicht genehmigt wurde (dazu unten Rz. 19 f.), darf die SE nicht eingetragen werden (Art. 23 Abs. 2 Satz 2 SE-VO); es handelt sich somit um ein gesetzliches **Eintragungshindernis**[59], das von Amts wegen zu prüfen ist[60] (dazu auch Art. 25 Rz. 6, Art. 26 Rz. 13). Die Wirksamkeit des Verschmelzungsbeschlusses selbst bleibt allerdings unberührt[61].

5. Erklärung der Genehmigung

a) Beschluss der Hauptversammlung

19 Nach dem insoweit eindeutigen Wortlaut des Art. 23 Abs. 2 Satz 2 SE-VO muss die **Genehmigung ausdrücklich** erfolgen, eine konkludentes Handeln oder gar bloße Untätigkeit der Hauptversammlung genügen nicht[62]. Ratio ist, dass die zuständige Kontrollstelle das Vorliegen der Genehmigung – die ja Eintragungsvoraussetzung ist (vgl. oben Rz. 18) – eindeutig und zweifelsfrei feststellen können muss[63]. Erforderlich ist daher eine **erneute Hauptversammlung**[64].

20 Die für die Genehmigung erforderliche **Mehrheit** bestimmt sich gem. **Art. 18 SE-VO** nach nationalem Recht[65]. Bei einer deutschen Gründungsgesellschaft wird insoweit teilweise entsprechend § 65 Abs. 1 Satz 1 UmwG eine qualifizierte Mehrheit gefordert, da die Vereinbarungen mit den Arbeitnehmern für die SE grundlegende Bedeutung hätten und daher als Teil des Verschmelzungsplans anzusehen seien[66]. Dies vermag jedoch nicht zu überzeugen. Es gilt hier das Gleiche wie bei der Entscheidung über die Mehrheit zur Fassung des Genehmigungsvorbehalts (oben Rz. 17): Die Arbeitnehmerbeteiligung ist – wie sich im Umkehrschluss aus Art. 20 Abs. 1 Satz 2 lit. i SE-VO (dazu ausf. Art. 20 Rz. 26) ergibt – gerade nicht Bestandteil des Verschmelzungsplans[67]. Entsprechende Vereinbarungen sind vielmehr prinzipiell eine der Verwaltung überlassene Geschäftsführungsmaßnahme (vgl. bereits oben Rz. 3), ein Genehmigungsvorbehalt der Hauptversammlung ist nur der Ausnahmefall. Auch kann die Hauptversammlung das zur Entscheidung vorgelegte Arbeitnehmerbetei-

---

59 *Heckschen* in Widmann/Mayer, UmwG Anhang 14 Rz. 241; *Marsch-Barner* in Habersack/Drinhausen, Art. 23 SE-VO Rz. 25; *Schäfer* in MünchKomm. AktG, 3. Aufl., Art. 23 SE-VO Rz. 13; *Schröder* in Manz/Mayer/Schröder, Art. 23 SE-VO Rz. 23; *Schwarz*, Art. 23 SE-VO Rz. 33; ähnlich *Casper* in Spindler/Stilz, AktG, Art. 23 SE-VO Rz. 8 („Gründung gescheitert").
60 So ausdrücklich auch *Scheifele*, Gründung, S. 217; *Schwarz*, Art. 23 SE-VO Rz. 33.
61 *Heckschen* in Widmann/Mayer, UmwG Anhang 14 Rz. 241; *Marsch-Barner* in Habersack/Drinhausen, Art. 23 SE-VO Rz. 25; *Neun* in Theisen/Wenz, Europäische Aktiengesellschaft, S. 57, 132; *Schwarz*, Art. 23 SE-VO Rz. 33.
62 *Marsch-Barner* in Habersack/Drinhausen, Art. 23 SE-VO Rz. 22; *Maul* in KölnKomm. AktG, 3. Aufl., Art. 23 SE-VO Rz. 18; vgl. bereits *Scheifele*, Gründung, S. 216; *Schwarz*, Art. 23 SE-VO Rz. 31.
63 Vgl. *Scheifele*, Gründung, S. 216; *Schwarz*, Art. 23 SE-VO Rz. 31.
64 So auch *Marsch-Barner* in Habersack/Drinhausen, Art. 23 SE-VO Rz. 22.
65 *Marsch-Barner* in Habersack/Drinhausen, Art. 23 SE-VO Rz. 22; *Casper* in Spindler/Stilz, AktG, Art. 23 SE-VO Rz. 7; *Schäfer* in MünchKomm. AktG, 3. Aufl., Art. 23 SE-VO Rz. 12; *Schwarz*, Art. 23 SE-VO Rz. 32.
66 So *Maul* in KölnKomm. AktG, 3. Aufl., Art. 23 SE-VO Rz. 20; *Hörtnagl* in Schmitt/Hörtnagl/Stratz, UmwG, Art. 23 SE-VO Rz. 13; *Teichmann* in Van Hulle/Maul/Drinhausen, § 2 Rz. 64; vgl. bereits *Oplustil*, (2003) 4 GLJ 107, 118, der es allerdings zugleich für zulässig hält, dass die Hauptversammlung im Rahmen der Erklärung des Vorbehalts bestimmt, dass für die Genehmigung eine einfache Mehrheit genügen soll.
67 Vgl. *Schäfer* in MünchKomm. AktG, 3. Aufl., Art. 23 SE-VO Rz. 12; *Scheifele*, Gründung, S. 217; *Schwarz*, Art. 23 SE-VO Rz. 32.

ligungsmodell nur genehmigen oder die Genehmigung verweigern, jedoch keine Änderungen beschließen[68]. Nach der Grundregel des **§ 133 Abs. 1 AktG** genügt demgemäß für die Genehmigung eine **einfache Stimmenmehrheit**[69].

b) Keine Delegation

Entgegen einer verbreiteten Auffassung im Schrifttum[70] kann die Genehmigung des künftigen Mitbestimmungsmodells – ebenso wie von der h.M. auch zur grenzüberschreitenden Verschmelzung vertreten[71] – **nicht auf den Aufsichtsrat delegiert** werden[72]. Anders als vielfach postuliert ist die Übertragung der Genehmigungszuständigkeit nämlich keineswegs lediglich ein *Minus* zur eigenständigen Entscheidung durch die Hauptversammlung[73], sondern ein so von der SE-VO gerade nicht vorgesehenes *Aliud*. Eine derartige Delegation stünde zudem in diametralem Gegensatz zur ratio des Zustimmungsvorbehalts, durch den die endgültige Entscheidung gerade *von der Verwaltung wegverlagert* werden soll, um so die Eigentümerrechte der Aktionäre zu sichern[74].

IV. Ergänzende Anwendung des Aktiengesetzes

Vgl. zur Nachgründung gem. § 52 AktG *Bayer* in K. Schmidt/Lutter, § 52 AktG Rz. 6 ff.

Vgl. zur Einberufung der Hauptversammlung gem. §§ 121 ff. AktG *Ziemons* in K. Schmidt/Lutter, § 121 AktG Rz. 8 ff.; speziell zu § 123 AktG *Ziemons* in K. Schmidt/Lutter, § 123 AktG Rz. 7 ff.

Vgl. zur Durchführung der Hauptversammlung gem. §§ 129 ff. AktG *Ziemons* in K. Schmidt/Lutter, § 129 AktG Rz. 4 ff.

Vgl. zum Mehrheitserfordernis des § 133 AktG *Spindler* in K. Schmidt/Lutter, § 133 AktG Rz. 22 ff.

---

68 So auch *Marsch-Barner* in Habersack/Drinhausen, Art. 23 SE-VO Rz. 23. Rechtspolitische Kritik an diesem Alles-oder-Nichts-Prinzip bei *Casper* in Spindler/Stilz, AktG, Art. 23 SE-VO Rz. 9.
69 Ebenso *Marsch-Barner* in Habersack/Drinhausen, Art. 23 SE-VO Rz. 22; *Schäfer* in MünchKomm. AktG, 3. Aufl., Art. 23 SE-VO Rz. 12; *Schwarz*, Art. 23 SE-VO Rz. 32; *Casper* in Spindler/Stilz, AktG, Art. 23 SE-VO Rz. 7; *Witten*, Minderheitenschutz, S. 102.
70 *Brandes*, AG 2005, 177, 185; *Marsch-Barner* in Habersack/Drinhausen, Art. 23 SE-VO Rz. 24; *Scheifele*, Gründung, S. 218; *Teichmann*, ZGR 2002, 383, 430; unter der Voraussetzung einer entsprechenden Satzungsregelung auch *Schäfer* in MünchKomm. AktG, 3. Aufl., Art. 23 SE-VO Rz. 2.
71 Dazu ausf. *Bayer* in Lutter, § 122g UmwG Rz. 34 m.w.N. zum Streitstand; vgl. weiter *Lutter/Bayer/J. Schmidt*, EuropUR, § 23 Rz. 87.
72 Ebenso *Austmann* in MünchHdb. AG, § 83 Rz. 23; *Casper* in Spindler/Stilz, AktG, Art. 23 SE-VO Rz. 8; *Heckschen* in Widmann/Mayer, UmwG Anhang 14 Rz. 242; *Jannott* in Jannott/Frodermann, Handbuch Europäische Aktiengesellschaft, § 3 Rz. 86; *Maul* in KölnKomm. AktG, 3. Aufl., Art. 23 SE-VO Rz. 21; *Neun* in Theisen/Wenz, Europäische Aktiengesellschaft, S. 57, 132.
73 So aber *Schäfer* in MünchKomm. AktG, 3. Aufl., Art. 23 SE-VO Rz. 2; *Scheifele*, Gründung, S. 218.
74 Ähnlich auch *Heckschen* in Widmann/Mayer, UmwG Anhang 14 Rz. 242; *Jannott* in Jannott/Frodermann, Handbuch Europäische Aktiengesellschaft, § 3 Rz. 86; vgl. auch *Kiem*, ZHR 171 (2007), 713, 717 f., 724.

Art. 24
[Schutz der Gläubiger und Minderheitsaktionäre]

(1) Das Recht des Mitgliedstaats, das jeweils für die sich verschmelzenden Gesellschaften gilt, findet wie bei einer Verschmelzung von Aktiengesellschaften unter Berücksichtigung des grenzüberschreitenden Charakters der Verschmelzung Anwendung zum Schutz der Interessen

a) der Gläubiger der sich verschmelzenden Gesellschaften,

b) der Anleihegläubiger der sich verschmelzenden Gesellschaften,

c) der Inhaber von mit Sonderrechten gegenüber den sich verschmelzenden Gesellschaften ausgestatteten Wertpapieren mit Ausnahme von Aktien.

(2) Jeder Mitgliedstaat kann in Bezug auf die sich verschmelzenden Gesellschaften, die seinem Recht unterliegen, Vorschriften erlassen, um einen angemessenen Schutz der Minderheitsaktionäre, die sich gegen die Verschmelzung ausgesprochen haben, zu gewährleisten.

§ 6 SEAG: Verbesserung des Umtauschverhältnisses

(1) Unter den Voraussetzungen des Artikels 25 Abs. 3 Satz 1 der Verordnung kann eine Klage gegen den Verschmelzungsbeschluss einer übertragenden Gesellschaft nicht darauf gestützt werden, dass das Umtauschverhältnis der Anteile nicht angemessen ist.

(2) Ist bei der Gründung einer SE durch Verschmelzung nach dem Verfahren der Verordnung das Umtauschverhältnis der Anteile nicht angemessen, so kann jeder Aktionär einer übertragenden Gesellschaft, dessen Recht, gegen die Wirksamkeit des Verschmelzungsbeschlusses Klage zu erheben, nach Absatz 1 ausgeschlossen ist, von der SE einen Ausgleich durch bare Zuzahlung verlangen.

(3) Die bare Zuzahlung ist nach Ablauf des Tages, an dem die Verschmelzung im Sitzstaat der SE nach den dort geltenden Vorschriften eingetragen und bekannt gemacht worden ist, mit jährlich 5 Prozentpunkten über dem jeweiligen Basiszinssatz nach § 247 des Bürgerlichen Gesetzbuchs zu verzinsen. Die Geltendmachung eines weiteren Schadens ist nicht ausgeschlossen.

(4) Macht ein Aktionär einer übertragenden Gesellschaft unter den Voraussetzungen des Artikels 25 Abs. 3 Satz 1 der Verordnung geltend, dass das Umtauschverhältnis der Anteile nicht angemessen sei, so hat auf seinen Antrag das Gericht nach dem Spruchverfahrensgesetz vom 12. Juni 2003 (BGBl. I S. 838) eine angemessene bare Zuzahlung zu bestimmen. Satz 1 findet auch auf Aktionäre einer übertragenden Gesellschaft mit Sitz in einem anderen Mitgliedstaat der Europäischen Union oder in einem anderen Vertragsstaat des Abkommens über den Europäischen Wirtschaftsraum Anwendung, sofern nach dem Recht dieses Staates ein Verfahren zur Kontrolle und Änderung des Umtauschverhältnisses der Aktien vorgesehen ist und deutsche Gerichte für die Durchführung eines solchen Verfahrens international zuständig sind.

§ 7 SEAG: Abfindungsangebot im Verschmelzungsplan

(1) Bei der Gründung einer SE, die ihren Sitz im Ausland haben soll, durch Verschmelzung nach dem Verfahren der Verordnung hat eine übertragende Gesellschaft im Verschmelzungsplan oder in seinem Entwurf jedem Aktionär, der gegen den Verschmelzungsbeschluss der Gesellschaft Widerspruch zur Niederschrift erklärt, den Erwerb seiner Aktien gegen eine angemessene Barabfindung anzubieten. Die Vorschriften des Aktiengesetzes über den Erwerb eigener Aktien gelten entsprechend, jedoch ist § 71 Abs. 4 Satz 2 des Aktiengesetzes insoweit nicht anzuwenden. Die Bekanntmachung des Verschmelzungsplans als Gegenstand der Beschlussfassung muss den Wortlaut dieses Angebots enthalten. Die Gesellschaft hat die Kosten für eine Übertragung zu tragen. § 29 Abs. 2 des Umwandlungsgesetzes findet entsprechende Anwendung.

(2) Die Barabfindung muss die Verhältnisse der Gesellschaft im Zeitpunkt der Beschlussfassung über die Verschmelzung berücksichtigen. Die Barabfindung ist nach Ablauf des Tages, an dem die Verschmelzung im Sitzstaat der SE nach den dort geltenden Vorschriften eingetragen und bekannt gemacht worden ist, mit jährlich 5 Prozentpunkten über dem jeweiligen Basiszinssatz nach § 247 des Bürgerlichen Gesetzbuchs zu verzinsen. Die Geltendmachung eines weiteren Schadens ist nicht ausgeschlossen.

(3) Die Angemessenheit einer anzubietenden Barabfindung ist stets durch Verschmelzungsprüfer zu prüfen. Die §§ 10 bis 12 des Umwandlungsgesetzes sind entsprechend anzuwenden. Die Berechtigten können auf die Prüfung oder den Prüfungsbericht verzichten; die Verzichtserklärungen sind notariell zu beurkunden.

(4) Das Angebot nach Absatz 1 kann nur binnen zwei Monaten nach dem Tage angenommen werden, an dem die Verschmelzung im Sitzstaat der SE nach den dort geltenden Vorschriften eingetragen und bekannt gemacht worden ist. Ist nach Absatz 7 dieser Vorschrift ein Antrag auf Bestimmung der Barabfindung durch das Gericht gestellt worden, so kann das Angebot binnen zwei Monaten nach dem Tage angenommen werden, an dem die Entscheidung im Bundesanzeiger bekannt gemacht worden ist.

(5) Unter den Voraussetzungen des Artikels 25 Abs. 3 Satz 1 der Verordnung kann eine Klage gegen die Wirksamkeit des Verschmelzungsbeschlusses einer übertragenden Gesellschaft nicht darauf gestützt werden, dass das Angebot nach Absatz 1 zu niedrig bemessen oder dass die Barabfindung im Verschmelzungsplan nicht oder nicht ordnungsgemäß angeboten worden ist.

(6) Einer anderweitigen Veräußerung des Anteils durch den Aktionär stehen nach Fassung des Verschmelzungsbeschlusses bis zum Ablauf der in Absatz 4 bestimmten Frist Verfügungsbeschränkungen bei den beteiligten Rechtsträgern nicht entgegen.

(7) Macht ein Aktionär einer übertragenden Gesellschaft unter den Voraussetzungen des Artikels 25 Abs. 3 Satz 1 der Verordnung geltend, dass eine im Verschmelzungsplan bestimmte Barabfindung, die ihm nach Absatz 1 anzubieten war, zu niedrig bemessen sei, so hat auf seinen Antrag das Gericht nach dem Spruchverfahrensgesetz vom 12. Juni 2003 (BGBl. I S. 838) die angemessene Barabfindung zu bestimmen. Das Gleiche gilt, wenn die Barabfindung nicht oder nicht ordnungsgemäß angeboten worden ist. Die Sätze 1 und 2 finden auch auf Aktionäre einer übertragenden Gesellschaft mit Sitz in einem anderen Mitgliedstaat der Europäischen Union oder in einem anderen Vertragsstaat des Abkommens über den Europäischen Wirtschaftsraum Anwendung, sofern nach dem Recht dieses Staates ein Verfahren zur Abfindung von Minderheitsaktionären vorgesehen ist und deutsche Gerichte für die Durchführung eines solchen Verfahrens international zuständig sind.

§ 8 SEAG: Gläubigerschutz

Liegt der künftige Sitz der SE im Ausland, ist § 13 Abs. 1 und 2 entsprechend anzuwenden. Das zuständige Gericht stellt die Bescheinigung nach Artikel 25 Abs. 2 der Verordnung nur aus, wenn die Vorstandsmitglieder einer übertragenden Gesellschaft die Versicherung abgeben, dass allen Gläubigern, die nach Satz 1 einen Anspruch auf Sicherheitsleistung haben, eine angemessene Sicherheit geleistet wurde.

§ 13 SEAG: Gläubigerschutz

(1) Verlegt eine SE nach Maßgabe von Artikel 8 der Verordnung ihren Sitz, ist den Gläubigern der Gesellschaft, wenn sie binnen zwei Monaten nach dem Tag, an dem der Verlegungsplan offen gelegt worden ist, ihren Anspruch nach Grund und Höhe schriftlich anmelden, Sicherheit zu leisten, soweit sie nicht Befriedigung verlangen können. Dieses Recht steht den Gläubigern jedoch nur zu, wenn sie glaubhaft machen, dass durch die Sitzverlegung die Erfüllung ihrer Forderungen gefährdet wird. Die Gläubiger sind im Verlegungsplan auf dieses Recht hinzuweisen.

(2) Das Recht auf Sicherheitsleistung nach Absatz 1 steht Gläubigern nur im Hinblick auf solche Forderungen zu, die vor oder bis zu 15 Tage nach Offenlegung des Verlegungsplans entstanden sind.

(3) Das zuständige Gericht stellt die Bescheinigung nach Artikel 8 Abs. 8 der Verordnung nur aus, wenn bei einer SE mit dualistischem System die Mitglieder des Leitungsorgans und bei einer SE mit monistischem System die geschäftsführenden Direktoren die Versicherung abgeben, dass allen Gläubigern, die nach den Absätzen 1 und 2 einen Anspruch auf Sicherheitsleistung haben, eine angemessene Sicherheit geleistet wurde.

§ 55 SEAG: Übergangsvorschrift zum Gesetz zur Umsetzung der Aktionärsrechterichtlinie

In den Fällen des § 6 Abs. 3 Satz 1 und des § 7 Abs. 2 Satz 2 bleibt es für die Zeit vor dem 1. September 2009 bei dem bis dahin geltenden Zinssatz.

A. Regelungsgegenstand und -zweck ... 1
B. Schutz der Gläubiger und Sonderrechtsinhaber (Art. 24 Abs. 1 SE-VO)
  I. Schutzbedürfnis 4
  II. Verweisungsumfang und Schutzbereich 5
  III. Schutz der Gläubiger und Sonderrechtsinhaber einer deutschen Gründungsgesellschaft
    1. Verweisung auf § 22 UmwG 7
    2. Künftige SE mit Sitz im Ausland: § 8 SEAG
      a) Normzweck 11
      b) Einzelheiten 12
      c) Bescheinigung 14
      d) Kritik 15
    3. Hinweispflichten 17
    4. Verweisung auf § 23 UmwG
      a) Begriff 18
      b) Gleichwertige Rechte 19
      c) Durchsetzung 20
C. Schutz der Minderheitsaktionäre
  I. Voraussetzungen des Art. 24 Abs. 2 SE-VO 21
  II. Art. 24 Abs. 2 SE-VO als abschließende Regelung 28

III. Minderheitenschutz nach §§ 6, 7 SEAG
  1. Verbesserung des Umtauschverhältnisses (§ 6 SEAG) 31
    a) Klageausschluss 32
    b) Bare Zuzahlung 36
    c) Gerichtliche Geltendmachung 38
      aa) Internationale Zuständigkeit . 39
      bb) Besonderer Vertreter 42
      cc) Inter-omnes-Wirkung 43
    d) Begrenzung 44
  2. Ausscheiden gegen Barabfindung (§ 7 SEAG) 45
    a) Anwendungsbereich 46
    b) Widerspruch 49
    c) Durchführung
      aa) Angebot im Verschmelzungsplan 50
      bb) Prüfung des Angebots 54
      cc) Annahme des Angebots 55
    d) Die Problematik des Erwerbs eigener Aktien 56
    e) Gerichtliche Überprüfung der Barabfindung
      aa) Klageausschluss 57
      bb) Spruchverfahren 59
    f) Exkurs: Erleichterte Veräußerbarkeit 65
D. Ergänzende Anwendung des AktG .. 66

Literatur: *Baums/Cahn* (Hrsg.), Die Europäische Aktiengesellschaft. Umsetzungsfragen und Perspektiven, 2004 (zit.: Europäische Aktiengesellschaft); *Bayer/J. Schmidt*, Die neue Richtlinie über die grenzüberschreitende Verschmelzung von Kapitalgesellschaften, NJW 2006, 401; *Brandes*, Cross Border Mergers mittels der SE, AG 2005, 177; *Brandt*, Der Diskussionsentwurf zu einem SE-Ausführungsgesetz, DStR 2002, 1208; *Bungert/Beier*, Die Europäische Aktiengesellschaft, EWS 2002, 1; *Casper*, Erfahrungen und Reformbedarf bei der SE – Gesellschaftsrechtliche Reformvorschläge, ZHR 173 (2009), 181; *Chuah*, Council Regulation on the Statute for a European Company (SE), (2002) 13 ICCLR 317; *Colombani/Favero*, Societas Europaea. La Société Européenne, Paris 2002; *Deutscher Notarverein (DNotV)*, Stellungnahme zum Diskussionsentwurf eines Gesetzes zur Einführung der Europäischen Gesellschaft vom 24. Juni 2003, abrufbar unter www.dnotv.de; *Fuchs*, Die Gründung einer Europäischen Aktiengesellschaft durch Verschmelzung und das nationale Recht, Diss. Konstanz 2004; *Grundmann* (Hrsg.), Systembildung und Systemlücken in Kerngebieten des Europäischen Privatrechts, 2000; *Handelsrechtsausschuss des DAV*, Stellungnahme zu dem Regierungsentwurf eines Gesetzes zur Einführung der Europäischen Gesellschaft (SEEG), Juli 2004, NZG 2004, 957; *Handelsrechtsausschuss des DAV*, Stellungnahme zum Diskussionsentwurf eines Gesetzes zur Ausführung der Verordnung (EG) Nr. 2157/2001 des Rates vom 8.10.2001 über das Statut der Europäischen Gesellschaft (SE) (SE-Ausführungsgesetz – SEAG), NZG 2004, 75; *Ihrig/Wagner*, Diskussionsentwurf für ein SE-Ausführungsgesetz, BB 2003, 969; *Kalss*, Der Minderheitenschutz bei Gründung und Sitzverlegung der SE nach dem Diskussionsentwurf, ZGR 2003, 593; *Kiem*, Die Ermittlung der Verschmelzungswertrelation bei der grenzüberschreitenden Verschmelzung, ZGR 2007, 542; *Kübler*, Barabfindung bei der Gründung einer Europa-AG?, ZHR 167 (2003), 627; *Lösekrug*, Die Umsetzung der Kapital-, Verschmelzungs- und Spaltungsrichtlinie der EG in das nationale Recht, 2004 (zit.: Umsetzung); *Mahi*, Die Europäische Aktiengesellschaft. Societas Europaea – SE, 2004; *Mock*, Spruchverfahren im europäischen Zivilverfahrensrecht, IPRax 2009, 271; *Neye/Teichmann*, Der Entwurf für das Ausführungsgesetz zur Europäischen Aktiengesellschaft, AG 2003, 169; *Schindler*, Vor einem Ausführungsgesetz zur Europäischen Aktiengesellschaft, ecolex 2003, 1; *Spitzenverbände der deutschen Wirtschaft*, Stellungnahme zum Referentenentwurf des Bundesministeriums der Justiz und des Bundesministeriums für Wirtschaft eines Gesetzes zur Einführung der Europäischen Gesellschaft (SEEG),

3.5.2004, abrufbar unter www.dai.de/internet/dai/dai-2-0.nsf/dai_publikationen.htm; *Teichmann*, Die Einführung der Europäischen Aktiengesellschaft, ZGR 2002, 383; *Teichmann*, Minderheitenschutz bei Gründung und Sitzverlegung der SE, ZGR 2003, 367; *Teichmann*, Vorschläge für das deutsche Ausführungsgesetz zur Europäischen Aktiengesellschaft, ZIP 2002, 1109; *Walden/Meyer-Landrut*, Die grenzüberschreitende Verschmelzung zu einer Europäischen Gesellschaft: Beschlussfassung und Eintragung, DB 2005, 2619; *Walden/Meyer-Landrut*, Die grenzüberschreitende Verschmelzung zu einer Europäischen Gesellschaft: Planung und Vorbereitung, DB 2005, 2119; *Zang*, Sitz und Verlegung des Sitzes einer Europäischen Aktiengesellschaft mit Sitz in Deutschland, 2005.

A. Regelungsgegenstand und -zweck

Art. 24 Abs. 1 SE-VO ist eine Vorschrift zum **Schutz der Gläubiger** (einschließlich der Anleihegläubiger) und der **Sonderrechtsinhaber**, und zwar sowohl im Hinblick auf die übertragende als auch die aufnehmende Gründungsgesellschaft[1]. Inhaltlich wird angeordnet, dass das für die jeweilige Gründungsgesellschaft geltende nationale Recht Anwendung findet, und zwar in gleicher Weise „wie bei einer Verschmelzung von Aktiengesellschaften", wobei allerdings der grenzüberschreitende Charakter der Verschmelzung zu berücksichtigen ist. Es handelt sich bei Art. 24 Abs. 1 SE-VO also um eine **Spezialverweisung** auf das für Aktiengesellschaften geltende und daher gem. Art. 13 ff. der nationalen VerschmelzungsRL[2] europaweit angeglichene nationale Verschmelzungsrecht der jeweiligen Gründungsgesellschaft[3]. 1

Da auch Art. 18 SE-VO auf das nationale Recht der Gründungsgesellschaften verweist (ausf. Art. 18 Rz. 4 f.), liegt die Bedeutung von Art. 24 Abs. 1 SE-VO darin, dass das nationale Verschmelzungsrecht nur **„unter Berücksichtigung des grenzüberschreitenden Charakters der Verschmelzung"** Anwendung findet. Diese Formulierung hat den deutschen Gesetzgeber dazu veranlasst, mit § 8 SEAG eine spezielle Vorschrift zum Schutz der Gläubiger einer inländischen Gründungsgesellschaft für den Fall zu schaffen, dass der Sitz der künftigen SE im Ausland liegt. Wissenschaft und Praxis haben dies aus unterschiedlichen Gründen teilweise massiv kritisiert (ausf. unten Rz. 15 f.). 2

Bei **Art. 24 Abs. 2 SE-VO** handelt es sich dagegen um eine **Ermächtigungsnorm**[4]. Jeder Mitgliedstaat kann danach für Gründungsgesellschaften, die seinem Recht unterliegen, spezielle Vorschriften erlassen, „um einen angemessenen Schutz der Minderheitsaktionäre, die sich gegen die Verschmelzung ausgesprochen haben, zu gewährleisten". Diese speziellen Schutzvorschriften ergänzen die bereits nach Art. 21 SE-VO sowie 3

---

[1] *Fuchs*, Gründung, S. 184; *Schäfer* in MünchKomm. AktG, 3. Aufl., Art. 24 SE-VO Rz. 1; *Scheifele*, Gründung, S. 224; *Schwarz*, Art. 24 SE-VO Rz. 7.
[2] RL 2011/35/EU des Europäischen Parlaments und des Rates v. 5.4.2011 über die Verschmelzung von Aktiengesellschaften, ABl. EU Nr. L 110 v. 29.4.2011, S. 1; Abdruck und Erläuterungen bei *Lutter/Bayer/J. Schmidt*, EuropUR, § 21; früher Dritte Richtlinie des Rates 78/855/EWG vom 9.10.1978 gemäß Artikel 54 Absatz 3 Buchstabe g) des Vertrages betreffend die Verschmelzung von Aktiengesellschaften, ABl. EG Nr. L 295 v. 20.10.1978, S. 36. Näher speziell zu Art. 13 ff.: *Lutter/Bayer/J. Schmidt*, EuropUR, § 21 Rz. 117 ff.; *Lösekrug*, Umsetzung, S. 265 ff. m.w.N.
[3] *Fuchs*, Gründung, S. 182 f.; *Schäfer* in MünchKomm. AktG, 3. Aufl., Art. 24 SE-VO Rz. 1; *Scheifele*, Gründung, S. 224; *Schröder* in Manz/Mayer/Schröder, Art. 24 SE-VO Rz. 1; *Schwarz*, Art. 24 SE-VO Rz. 1.
[4] *Brandes*, AG 2005, 177, 180; *Heckschen* in Widmann/Mayer, UmwG Anhang 14 Rz. 172; *Hügel* in Kalss/Hügel, §§ 21, 22 SEG Rz. 5; *Marsch-Barner* in Habersack/Drinhausen, Art. 24 SE-VO Rz. 14; *Schäfer* in MünchKomm. AktG, 3. Aufl., Art. 24 SE-VO Rz. 11; *Schwarz*, Art. 24 SE-VO Rz. 15; *Teichmann*, ZGR 2002, 383, 426; *Teichmann*, ZGR 2003, 367, 376; *Walden/Meyer-Landrut*, DB 2006, 2619, 2620.

nach Art. 18 SE-VO i.V.m. dem jeweiligen nationalen Recht anwendbaren Publizitätsvorschriften, die ebenfalls vorrangig dem Minderheitenschutz dienen (dazu Art. 21 Rz. 2 ff.). Der deutsche Gesetzgeber hat von der Ermächtigung mit den **§§ 6, 7 SEAG** Gebrauch gemacht (ausf. unten Rz. 31 ff.). Die Ausgestaltung des Art. 24 Abs. 2 SE-VO als Ermächtigungsnorm liegt darin begründet, dass – anders als beim Gläubigerschutz (Rz. 1) – der Minderheitenschutz in der nationalen VerschmelzungsRL nicht geregelt ist[5], vielmehr die Rechtsordnungen der verschiedenen Mitgliedstaaten eine große Bandbreite an Schutzstandards aufweisen.

B. Schutz der Gläubiger und Sonderrechtsinhaber (Art. 24 Abs. 1 SE-VO)

I. Schutzbedürfnis

4   Sowohl für die Gläubiger eines übernehmenden, insbesondere aber für die Gläubiger eines übertragenden Rechtsträgers birgt eine Verschmelzung **vielfältige Risiken**: Da der **übertragende Rechtsträger** erlischt, erhalten dessen Gläubiger mit dem übernehmenden Rechtsträger zwar einen neuen Schuldner, doch haben sie sich diesen nicht ausgesucht[6]. Zugleich stehen sie in Konkurrenz zu anderen Gläubigern des übernehmenden Rechtsträgers. Aus der Sicht der Gläubiger des **übernehmenden Rechtsträgers** kann gerade diese Konkurrenz gefährlich sein; denn es ist nicht sichergestellt, dass das vom übertragenden Rechtsträger im Wege der Gesamtrechtsnachfolge auf den übernehmenden Rechtsträger übergegangene Aktivvermögen diese Verbindlichkeiten deckt[7]. Bei der Errichtung einer Verschmelzungs-SE tritt als besonderes Risiko noch hinzu, dass dieser Vorgang zumindest für einen Teil der Gläubiger – nämlich für alle Gläubiger einer übertragenden Gründungsgesellschaft – mit einem **Wechsel** der für den Schuldner maßgeblichen **Rechtsordnung** verbunden ist, was die Rechtsverfolgung erschweren kann[8].

II. Verweisungsumfang und Schutzbereich

5   Art. 24 Abs. 1 SE-VO erklärt die **nationalen Rechtsvorschriften** für **anwendbar**, die im Falle einer Verschmelzung von Aktiengesellschaft gelten. Verwiesen wird damit auf die Durchführungsbestimmungen zur nationalen VerschmelzungsRL, und zwar speziell der Art. 13 ff[9] In inhaltlicher Übereinstimmung mit den Art. 13–15 der nationalen VerschmelzungsRL erstreckt sich der Kreis der Schutzberechtigten auf folgende Personen: Allgemeine Forderungsgläubiger (Art. 13 der nationalen VerschmelzungsRL), Anleihegläubiger (Art. 14 der nationalen VerschmelzungsRL) und Inhaber von Wertpapieren, die mit Sonderrechten verbunden, jedoch keine Aktien sind (Art. 15 der nationalen VerschmelzungsRL). Bei den Regelungen der Art. 13–15 der

---

5 *Lutter/Bayer/J. Schmidt*, EuropUR, § 21 Rz. 113 m.w.N.; vgl. weiter *Hommelhoff/Riesenhuber* in Grundmann, Systembildung und Systemlücken in Kerngebieten des Europäischen Privatrechts, S. 259, 276 ff.
6 Für das nationale Recht: *Marsch-Barner* in Kallmeyer, § 22 UmwG Rz. 1; speziell für die SE: *Schäfer* in MünchKomm. AktG, 3. Aufl., Art. 24 SE-VO Rz. 2; *Scheifele*, Gründung, S. 222; *Marsch-Barner* in Habersack/Drinhausen, Art. 24 SE-VO Rz. 5; *Schwarz*, Art. 24 SE-VO Rz. 4.
7 Für das nationale Recht: *Grunewald* in Lutter, § 22 UmwG Rz. 4, 13; speziell für die SE: *Schäfer* in MünchKomm. AktG, 3. Aufl., Art. 24 SE-VO Rz. 2; *Scheifele*, Gründung, S. 222; *Schwarz*, Art. 24 SE-VO Rz. 4.
8 *Schwarz*, Art. 24 SE-VO Rz. 4; ähnlich *Schäfer* in MünchKomm. AktG, 3. Aufl., Art. 24 SE-VO Rz. 7; *Scheifele*, Gründung, S. 222; *Thümmel*, Europäische Aktiengesellschaft, Rz. 90.
9 So auch *Marsch-Barner* in Habersack/Drinhausen, Art. 24 SE-VO Rz. 3.

nationalen VerschmelzungsRL handelt es sich um Mindeststandards[10]; daher sehen die nationalen Verschmelzungsrechte der Mitgliedstaaten teilweise einen höheren qualitativen Schutzstandard vor, teilweise erweitern sie aber auch den Kreis der Schutzberechtigten. Da Art. 24 Abs. 1 SE-VO keine qualitativen Schutzstandards formuliert, kann insoweit kein Widerspruch auftreten. Allerdings stellt sich die Frage, ob das Recht einer Gründungsgesellschaft auch Schutzvorkehrungen zugunsten solcher Personen anordnen kann (über Art. 18 SE-VO), die über den in Art. 24 Abs. 1 SE-VO genannten Kreis hinausgehen. Die Problematik stellt sich etwa für stimmrechtslose Vorzugsaktionäre: Während hier einerseits auf den abschließenden Tatbestand der Verweisung nach Art. 24 Abs. 1 SE-VO hingewiesen wird[11], sollen nach einer anderen Auffassung nationale Regelungen zum Schutz solcher Vorzugsaktionäre zulässig sein[12] (zur Problematik bei Anwendung des § 23 UmwG unten Rz. 18).

Entgegen einer im Schrifttum geäußerten Auffassung erfolgt **keine kumulative** Anwendung der aufeinander treffenden mitgliedschaftlichen Rechtsordnungen, bei der sich die jeweils strengere Vorschrift durchsetzt[13]. Art. 24 Abs. 1 SE-VO ordnet vielmehr eine **distributive Anwendung** der einzelstaatlichen Gläubigerschutzvorschriften an, d.h. für jede Gründungsgesellschaft ist (ausschließlich) ihr jeweiliges Gesellschaftsstatut maßgeblich[14]. 6

III. Schutz der Gläubiger und Sonderrechtsinhaber einer deutschen Gründungsgesellschaft

1. Verweisung auf § 22 UmwG

Nach dem maßgeblichen, nämlich auf deutsche Aktiengesellschaften anwendbaren Verschmelzungsrecht (oben Rz. 1, 5), werden **Gläubiger** einer deutschen Gründungsgesellschaft nach § 22 UmwG geschützt. Dies gilt ohne jede Einschränkung, wenn auch die **künftige SE** ihren **Sitz im Inland** hat[15]. 7

In diesem Fall haben die Gläubiger einer **übertragenden** wie auch einer **übernehmenden Gründungsgesellschaft**[16], hingegen nicht Gläubiger einer ausländischen Gründungsgesellschaft, einen **Anspruch auf Sicherheitsleistung** nach Maßgabe des § 22 UmwG[17]. Dieser wird mit Eintragung der Verschmelzung im Register des übernehmenden (oder des neuen, vgl. § 36 Abs. 1 UmwG) Rechtsträgers fällig[18]; Schuldner ist 8

---

10 Ausf. *Lutter/Bayer/J. Schmidt*, EuropUR, § 21 Rz. 120 ff. m.w.N.; vgl. auch *Lösekrug*, Umsetzung, S. 265 ff., 273 ff. m.w.N.
11 So *Scheifele*, Gründung, S. 228 f.; *Schwarz*, Art. 24 SE-VO Rz. 14.
12 So *Schäfer* in MünchKomm. AktG, 3. Aufl., Art. 24 SE-VO Rz. 8.
13 So unzutreffend *Schindler*, Europäische Aktiengesellschaft, S. 28.
14 *Casper* in Spindler/Stilz, AktG, Art. 24 SE-VO Rz. 4, 6; *Maul* in KölnKomm. AktG, 3. Aufl., Art. 24 SE-VO Rz. 6; *Marsch-Barner* in Habersack/Drinhausen, Art. 24 SE-VO Rz. 2; *Schäfer* in MünchKomm. AktG, 3. Aufl., Art. 24 SE-VO Rz. 1; vgl. bereits *Schwarz*, Art. 24 SE-VO Rz. 5 im Anschluss an *Scheifele*, Gründung, S. 223; ebenso *Fuchs*, Gründung, S. 183.
15 *Jannott* in Jannott/Frodermann, Handbuch Europäische Aktiengesellschaft, § 3 Rz. 127; *Marsch-Barner* in Habersack/Drinhausen, Art. 24 SE-VO Rz. 5; *Schäfer* in MünchKomm. AktG, 3. Aufl., Art. 24 SE-VO Rz. 9; *Schröder* in Manz/Mayer/Schröder, Art. 24 SE-VO Rz. 27 ff.; *Schwarz*, Art. 24 SE-VO Rz. 10.
16 Vgl. auch *Marsch-Barner* in Habersack/Drinhausen, Art. 24 SE-VO Rz. 3; *Schäfer* in MünchKomm. AktG, 3. Aufl., Art. 24 SE-VO Rz. 1 f.
17 *Schäfer* in MünchKomm. AktG, 3. Aufl., Art. 24 SE-VO Rz. 9; *Schwarz*, Art. 24 SE-VO Rz. 10; *Maul* in KölnKomm. AktG, 3. Aufl., Art. 24 SE-VO Rz. 9; vgl. auch *Jannott* in Jannott/Frodermann, Handbuch Europäische Aktiengesellschaft, § 3 Rz. 127.
18 *Grunewald* in Lutter, § 22 UmwG Rz. 21; *Maier-Reimer* in Semler/Stengel, § 22 UmwG Rz. 42.

die übernehmende (oder die neue) SE; denn der übertragende Rechtsträger ist im Zeitpunkt der Fälligkeit des Anspruchs auf Sicherheitsleistung bereits erloschen[19] (vgl. zu Art. 29 Abs. 1 lit. c SE-VO: Art. 29 Rz. 10). Fällige Ansprüche sind nicht sicherungsbedürftig; der Gläubiger kann hier seine Forderung ebenso gut klageweise durchsetzen[20].

9 Der Anspruch auf Sicherheitsleistung muss unter Angabe von Grund und Höhe des zu sichernden Anspruchs schriftlich angemeldet werden[21]. Da § 19 UmwG im Falle der SE-Gründung durch Verschmelzung nicht anwendbar ist[22] (vgl. dazu ausf. Art. 25 Rz. 18), ist § 22 UmwG allerdings hinsichtlich des Beginns der hierfür geltenden 6-monatigen Ausschlussfrist SE-spezifisch auszulegen. Im Schrifttum wird insofern teilweise auf die Bekanntmachung nach Art. 21 Abs. 1 lit. c SE-VO (Angaben zu den Modalitäten des Gläubigerschutzes)[23], teilweise auf diejenige nach Art. 15 Abs. 2 (Bekanntmachung der Eintragung der künftigen SE)[24] abgestellt. Vorzugswürdig dürfte es allerdings sein, den **Beginn der 6-Monats-Frist** an die **Bekanntmachung nach Art. 28 SE-VO** (Offenlegung der Durchführung der Verschmelzung in Bezug auf die einzelne Gründungsgesellschaft) anzuknüpfen[25], da nur diese funktional der Bekanntmachung nach § 19 Abs. 3 UmwG entspricht.

10 In gleicher Weise werden auch die **Anleihegläubiger** geschützt[26]. Für Ansprüche aus dem Gesellschaftsverhältnis ist nach verbreiteter Auffassung gar keine Sicherheit zu leisten[27], nach zutreffender h.M. jedoch dann, soweit es sich um Gläubigerrechte handelt[28]. Ansprüche, die Folge der Verschmelzung sind (z.B. Abfindungsansprüche), werden bereits vom Wortlaut der Vorschrift nicht erfasst[29]. Kein Recht auf Sicherheitsleistung haben die Gläubiger, die im Falle der Insolvenz ein Recht auf vorzugsweise Befriedigung haben (§ 22 Abs. 2 UmwG); denn diese sind bereits hinreichend gesichert[30]. Dies gilt ebenso für Gläubiger, deren Ansprüche gem. § 232 BGB gesichert sind[31].

---

19 *Marsch-Barner* in Habersack/Drinhausen, Art. 24 SE-VO Rz. 5. Vgl. für das nationale Recht: *Grunewald* in Lutter, § 22 UmwG Rz. 22; *Maier-Reimer* in Semler/Stengel, § 22 UmwG Rz. 42.
20 OLG Celle v. 2.11.1988 – 9 U 54/88, NJW-RR 1989, 1119; *Grunewald* in Lutter, § 22 UmwG Rz. 11; *Maier-Reimer* in Semler/Stengel, § 22 UmwG Rz. 36; *Marsch-Barner* in Kallmeyer, § 22 UmwG Rz. 8.
21 *Marsch-Barner* in Habersack/Drinhausen, Art. 24 SE-VO Rz. 5. Weitere Einzelheiten zur Anmeldung bei *Grunewald* in Lutter, § 22 UmwG Rz. 14 ff.; *Marsch-Barner* in Kallmeyer, § 22 UmwG Rz. 4 ff.
22 Anders noch *Teichmann* in Van Hulle/Maul/Drinhausen, 4. Abschnitt § 2 Rz. 86.
23 So *Schäfer* in MünchKomm. AktG, 3. Aufl., Art. 24 SE-VO Rz. 9; zust. *Casper* in Spindler/Stilz, AktG, Art. 24 SE-VO Rz. 6.
24 So *Scheifele*, Gründung, S. 226; *Schwarz*, Art. 24 SE-VO Rz. 10.
25 So auch *Marsch-Barner* in Habersack/Drinhausen, Art. 24 SE-VO Rz. 5; *Maul* in KölnKomm. AktG, 3. Aufl., Art. 24 SE-VO Rz. 9; *Hörtnagl* in Schmitt/Hörtnagl/Stratz, UmwG, Art. 24 SE-VO Rz. 6; vgl. bereits *Scheifele*, Gründung, S. 279; *Schwarz*, Art. 28 SE-VO Rz. 9.
26 *Marsch-Barner* in Habersack/Drinhausen, Art. 24 SE-VO Rz. 11; *Maul* in KölnKomm. AktG, 3. Aufl., Art. 24 SE-VO Rz. 1, 12; *Schäfer* in MünchKomm. AktG, 3. Aufl., Art. 24 SE-VO Rz. 8; *Schröder* in Manz/Mayer/Schröder, Art. 24 SE-VO Rz. 31 i.V.m. Rz. 6; *Schwarz*, Art. 24 SE-VO Rz. 12.
27 So *Grunewald* in Lutter, § 22 UmwG Rz. 5.
28 *Maier-Reimer* in Semler/Stengel, § 22 UmwG Rz. 6; *Marsch-Barner* in Kallmeyer, § 22 UmwG Rz. 2; *Stratz* in Schmitt/Hörtnagl/Stratz, § 22 UmwG Rz. 4; *Vossius* in Widmann/Mayer, § 22 UmwG Rz. 14.
29 *Grunewald* in Lutter, § 22 UmwG Rz. 5; *Maier-Reimer* in Semler/Stengel, § 22 UmwG Rz. 6.
30 *Grunewald* in Lutter, § 22 UmwG Rz. 25; *Marsch-Barner* in Kallmeyer, § 22 UmwG Rz. 9.
31 *Grunewald* in Lutter, § 22 UmwG Rz. 26; *Marsch-Barner* in Kallmeyer, § 22 UmwG Rz. 10.

2. Künftige SE mit Sitz im Ausland: § 8 SEAG

a) Normzweck

Für den Fall, dass die künftige SE ihren Sitz im Ausland hat, wurde mit **§ 8 SEAG** eine **spezielle Vorschrift** zum Schutz von Gläubigern einer inländischen, übertragenden Gründungsgesellschaft geschaffen. Nach den Vorstellungen des Gesetzgebers werden die Gläubigerinteressen in dieser Konstellation nicht ausreichend geschützt, da die Gläubiger sowohl ihre Forderung als auch den Anspruch auf Sicherheitsleistung gegen eine ausländische SE geltend machen müssen. Diese **Erschwerung der Rechtsverfolgung** wird im Falle der Sitzverlegung einer SE nach Art. 8 Abs. 7 SE-VO als Umstand angesehen, der einen **besonderen Gläubigerschutz** rechtfertigt bzw. erfordert (ausf. Art. 8 Rz. 45 ff.).

11

b) Einzelheiten

Von der in Art. 8 Abs. 7 SE-VO enthaltenen (stillschweigenden) Ermächtigung der Mitgliedstaaten zum Erlass entsprechender Rechtsvorschriften (Art. 8 Rz. 46)[32] hat der deutsche Gesetzgeber in Form des **§ 13 SEAG** Gebrauch gemacht. Indem **§ 8 Satz 1 SEAG** die **entsprechende Anwendung** dieser Vorschrift anordnet, gelten im Falle eines ausländischen Sitzes der SE folgende Besonderheiten[33]:

12

In Abweichung zu § 22 UmwG – der einen a-posteriori-Schutz vorsieht – wird der Gläubigerschutz **präventiv nach vorne verlagert**: Die Gläubiger haben bereits vor dem Wirksamwerden der Verschmelzung einen Anspruch auf Sicherheitsleistung und können diesen Anspruch somit bereits **gegen die inländische, übertragende Gründungsgesellschaft** geltend machen[34]. Voraussetzung ist, dass sie ihren Anspruch binnen zwei Monaten nach dem Tag, an dem der Verschmelzungsplan offen gelegt worden ist, nach Grund und Höhe schriftlich anmelden und glaubhaft machen, dass durch die Verschmelzung die Erfüllung ihrer Forderung gefährdet wird (§ 8 Satz 1 i.V.m. § 13 Abs. 1 SEAG). Die Anmeldefrist ist somit deutlich kürzer als im Falle der Inlandsverschmelzung nach § 22 UmwG; andernfalls würde jedoch die Eintragung der Verschmelzung erheblich verzögert. Erfasst werden – nach § 8 Satz 1 i.V.m. § 13 Abs. 2 SEAG – außerdem nur solche Forderungen, die vor oder bis zu 15 Tage nach Offenlegung des Verschmelzungsplans[35] entstanden sind. Würden auch noch später begründete Forderungen einbezogen, so würde auch aus diesem Grund die Verschmelzung hinausgezögert werden; spätere Gläubiger sind durch die Offenlegung des Verschmelzungsplans zudem hinreichend gewarnt[36].

13

---

32 *Schwarz*, Art. 8 SE-VO Rz. 34 a.E.; *Teichmann*, ZGR 2002, 383, 460; *Teichmann*, ZIP 2002, 1109, 1111; *Wenz* in Theisen/Wenz, Europäische Aktiengesellschaft, S. 189, 242; *Zang*, Sitz, S. 198; vgl. auch *Bungert/Beier*, EWS 2002, 1, 5.

33 Vgl. auch *Marsch-Barner* in Habersack/Drinhausen, Art. 24 SE-VO Rz. 6; *Schäfer* in Münch-Komm. AktG, 3. Aufl., Art. 24 SE-VO Rz. 10.

34 *Jannott* in Jannott/Frodermann, Handbuch Europäische Aktiengesellschaft, § 3 Rz. 138; *Marsch-Barner* in Habersack/Drinhausen, Art. 24 SE-VO Rz. 6; *Maul* in KölnKomm. AktG, 3. Aufl., Art. 24 SE-VO Rz. 10; *Schäfer* in MünchKomm. AktG, 3. Aufl., Art. 24 SE-VO Rz. 12; *Schröder* in Manz/Mayer/Schröder, Art. 24 SE-VO Rz. 35; *Schwarz*, Art. 24 SE-VO Rz. 11; s. ferner auch *Ihrig/Wagner*, BB 2003, 969, 973; *Scheifele*, Gründung, S. 226 f.

35 Diese Frist wurde in Anlehnung an § 15 Abs. 2 HGB geschaffen: *Neye/Teichmann*, AG 2003, 169, 175.

36 So auch *Marsch-Barner* in Habersack/Drinhausen, Art. 24 SE-VO Rz. 8; *Hörtnagl* in Schmitt/Hörtnagl/Stratz, UmwG, Art. 24 SE-VO Rz. 9; vgl. weiter die Kommentierung von § 13 SEAG bei Art. 8 Rz. 46 ff.

c) Bescheinigung

14 **§ 8 Satz 2 SEAG** sichert den Anspruch der Gläubiger auf Sicherheitsleistung dadurch ab, dass die Bescheinigung nach Art. 25 SE-VO vom Registergericht nur ausgestellt werden darf, wenn die Vorstandsmitglieder der betreffenden übertragenden Gesellschaft versichert haben, dass allen anspruchsberechtigten Gläubigern eine angemessene Sicherheit geleistet wurde[37] (s. auch Art. 25 Rz. 16).

d) Kritik

15 Kritisiert wurde die Regelung des § 8 SEAG von Seiten der Praxis mit dem Argument, dass eine derartige Vorverlagerung des Gläubigerschutzes angesichts der europaweiten Gewährleistung der Durchsetzung von Forderungen durch EuGVVO[38] **nicht gerechtfertigt** erscheint[39] und zudem **erhebliche Kosten** entstehen[40]. Aus der Wissenschaft wurden zudem beträchtliche **Zweifel an der Regelungskompetenz** des deutschen Gesetzgebers geltend gemacht: Aus Wortlaut und Systematik des Art. 24 Abs. 1 SE-VO (insbesondere im Vergleich zu Art. 24 Abs. 2 SE-VO und zu Art. 8 Abs. 7 SE-VO) ergebe sich unzweifelhaft, dass zwar die für nationale Verschmelzungen geltenden Regelungen (hier: § 22 UmwG) dem grenzüberschreitenden Charakter der Verschmelzung „angepasst" werden dürften (und auch müssten), jedoch der deutsche Gesetzgeber nicht ermächtigt sei, eine spezielle Regelung für SE-Gründungen im Ausland zu erlassen[41]. Dagegen sieht sich der deutsche Gesetzgeber hierzu „in verklausulierter Form" berechtigt[42].

16 Die Rechtslage ist zur Zeit ungeklärt[43] und führt zu erheblicher **Rechtsunsicherheit.** Denn bei Fehlen einer Ermächtigung wäre § 8 SEAG aufgrund des Anwendungsvorrangs des Gemeinschaftsrechts[44] unanwendbar; es gilt dann (über Art. 24 Abs. 1 SE-

---

37 Vgl. auch *Marsch-Barner* in Habersack/Drinhausen, Art. 24 SE-VO Rz. 7; *Schäfer* in MünchKomm. AktG, 3. Aufl., Art. 25 SE-VO Rz. 9.
38 Verordnung (EG) Nr. 44/2001 des Rates vom 22.12.2000 über die gerichtliche Zuständigkeit und die Anerkennung und Vollstreckung von Entscheidungen in Zivil- und Handelssachen, ABl. EG Nr. L 12 v. 16.1.2001, S. 1.
39 *Spitzenverbände der deutschen Wirtschaft*, Stellungnahme zum RefE, S. 5; vgl. weiter *Ihrig/Wagner*, BB 2003, 969, 973; *Brandt*, DStR 2003, 1208, 1214; *Schindler/Teichmann* in Theisen/Wenz, Europäische Aktiengesellschaft, S. 739, 773; *J. Schmidt*, „Deutsche" vs. „britische" SE, S. 213; vgl. auch Stellungnahme des Bundesrates BT-Drucks. 15/3656, S. 4. S. ferner auch schon *Bayer* in Lutter/Hommelhoff, Europäische Gesellschaft, S. 25, 43.
40 *Spitzenverbände der deutschen Wirtschaft*, Stellungnahme zum RefE, S. 5 f.; ebenso *Brandt*, DStR 2003, 1208, 1214; *Handelsrechtsausschuss des DAV*, NZG 2004, 957, 958; *DNotV*, Stellungnahme zum DiskE; *J. Schmidt*, „Deutsche" vs. „britische" SE, S. 213; s. auch schon *Bayer* in Lutter/Hommelhoff, Europäische Gesellschaft, S. 25, 43.
41 So insbesondere *Ihrig/Wagner*, BB 2003, 969, 973; *Scheifele*, Gründung, S. 226 ff.; *Schindler*, ecolex 2003, 1, 7; *J. Schmidt*, „Deutsche" vs. „britische" SE, S. 213 f.; vgl. ferner *Handelsrechtsausschuss des DAV*, NZG 2004, 75, 78; zweifelnd auch *Schröder* in Manz/Mayer/Schröder, Art. 24 SE-VO Rz. 34 sowie *Bayer* in Lutter/Hommelhoff, Europäische Gesellschaft, S. 25, 43.
42 *Neye/Teichmann*, AG 2003, 169, 175. Vgl. auch Begr. RegE zum SEEG, BT-Drucks. 15/3405, S. 33 f.
43 Billigung findet § 8 SEAG insbesondere bei *Schäfer* in MünchKomm. AktG, 3. Aufl., Art. 24 SE-VO Rz. 4, 10; zust. *Casper* in Spindler/Stilz, AktG, Art. 24 SE-VO Rz. 8; *Maul* in KölnKomm. AktG, 3. Aufl., Art. 24 SE-VO Rz. 11; *Marsch-Barner* in Habersack/Drinhausen, Art. 24 SE-VO Rz. 10; unentschieden *Schwarz*, Art. 24 SE-VO Rz. 11.
44 Zum Anwendungsvorrang des Gemeinschaftsrechts: EuGH v. 9.3.1978 – Rs. 106/77 – „Staatliche Finanzverwaltung v. SPA Simmenthal", Slg. 1978, 629 (grundlegend); s. auch *Streinz*, EUV/AEUV, 2. Aufl. 2012, Art. 4 EUV Rz. 35 ff.; vgl. weiter *Lutter/Bayer/J. Schmidt*, EuropUR, § 3 Rz. 1 f. m.w.N.

VO) für alle Gläubiger inländischer Gründungsgesellschaften generell nur § 22 UmwG mit der Maßgabe, dass bei der Rechtsanwendung der grenzüberschreitende Charakter der Verschmelzung zu berücksichtigen ist.

Ungeklärt ist die Rechtslage insbesondere auch im Hinblick auf die **Gläubiger einer aufnehmenden Gesellschaft**, die ihren Sitz im Rahmen der SE-Gründung in einen anderen Mitgliedstaat verlegt (zu dieser Möglichkeit Art. 8 Rz. 26 ff.). Zu deren Schutz wird im Schrifttum eine **analoge Anwendung des § 8 SEAG i.V.m. § 13 Abs. 1 und 2 SEAG** für möglich erachtet[45].

3. Hinweispflichten

Um zu gewährleisten, dass die Gläubiger auch tatsächlich von ihrem Anspruch auf Sicherheitsleistung Kenntnis erlangen, muss **in der Bekanntmachung nach Art. 21 SE-VO** auf die Modalitäten der Ausübung der Gläubigerrechte hingewiesen werden (Abs. 1 lit. c, dazu Art. 21 Rz. 6)[46]. Falls der Sitz der künftigen SE im Ausland liegen soll, ist darüber hinaus gem. § 8 Satz 1 SEAG i.V.m. § 13 Abs. 1 Satz 3 SEAG bereits im Verschmelzungsplan auf die Sicherungsrechte hinzuweisen[47]. 17

4. Verweisung auf § 23 UmwG

a) Begriff

Sonderrechtsinhaber einer deutschen **übertragenden Gründungsgesellschaft** werden gem. § 23 UmwG geschützt[48]. Einbezogen in den Schutzbereich des § 23 UmwG sind ausdrücklich Inhaber von **Wandelschuldverschreibungen, Gewinnschuldverschreibungen** und von **Genussrechten**, doch sollen auch Inhaber von **stimmrechtslosen Vorzugsaktien** erfasst werden[49]. Diese Auffassung überzeugt indes **nicht**[50]. Dies folgt zum einen schon aus § 5 Abs. 1 Nr. 7 UmwG, wo der Gesetzgeber „Anteile ohne Stimmrecht" und „Vorzugsaktien" nebeneinander aufführt[51], zum anderen aber auch daraus, dass Vorzugsaktionäre weder von Art. 15 der nationalen VerschmelzungsRL erfasst werden noch sich die Vorgängernorm des § 347a AktG a.F. auf diesen Personenkreis erstreckte[52] und der Gesetzgeber eine Ausweitung des Anwendungsbereichs dieser Vorschrift ausweislich der Gesetzesmaterialien zum UmwG auch nicht beabsichtigt hat[53]. In die gleiche Richtung deutet auch bereits der **Wortlaut von Art. 24 Abs. 1 lit. c SE-VO**[54]. Im Übrigen besteht auch kein rechtspolitisches Bedürfnis, da ein ausreichen- 18

---

45 So *Marsch-Barner* in Habersack/Drinhausen, Art. 24 SE-VO Rz. 9.
46 Vgl. auch *Marsch-Barner* in Habersack/Drinhausen, Art. 24 SE-VO Rz. 8.
47 Vgl. *Schröder* in Manz/Mayer/Schröder, Art. 24 SE-VO Rz. 40, der allerdings irrtümlich vom „Verlegungsplan" spricht.
48 *Marsch-Barner* in Habersack/Drinhausen, Art. 24 SE-VO Rz. 12; *Schäfer* in MünchKomm. AktG, 3. Aufl., Art. 24 SE-VO Rz. 8; *Schröder* in Manz/Mayer/Schröder, Art. 24 SE-VO Rz. 31; *Schwarz*, Art. 24 SE-VO Rz. 13.
49 *Grunewald* in Lutter, § 23 UmwG Rz. 10; *Marsch-Barner* in Kallmeyer, § 23 UmwG Rz. 4; *Vossius* in Widmann/Mayer, § 23 UmwG Rz. 11; *Kiem*, ZIP 1997, 1627, 1631. Speziell für die SE auch *Schäfer* in MünchKomm. AktG, 3. Aufl., Art. 24 SE-VO Rz. 8.
50 Abl. auch *Kalss* in Semler/Stengel, § 23 UmwG Rz. 11; *Rümker* in WM-FG *Hellner*, 1994, S. 73, 76; ausf. *Hüffer* in FS Lutter, 2000, S. 1227, 1231 ff.; speziell für die SE auch: *Marsch-Barner* in Habersack/Drinhausen, Art. 24 SE-VO Rz. 13; *Maul* in KölnKomm. AktG, 3. Aufl., Art. 24 SE-VO Rz. 3, 13; *Scheifele*, Gründung, S. 228 f.; *Schwarz*, Art. 24 SE-VO Rz. 13 Fn. 35, Rz. 14.
51 So zutreffend *Hüffer* in FS Lutter, 2000, S. 1227, 1231.
52 Ausdrücklich eingeräumt von *Marsch-Barner* in Kallmeyer, § 23 UmwG Rz. 4.
53 Begr. RegE, BT-Drucks. 12/6699, S. 92 f.
54 So auch *Marsch-Barner* in Habersack/Drinhausen, Art. 24 SE-VO Rz. 13; *Maul* in KölnKomm. AktG, 3. Aufl., Art. 24 SE-VO Rz. 3, 13; *Schwarz* SE-VO Rz. 14.

der Schutz bereits durch die Bestimmungen über das Umtauschverhältnis erreicht wird[55]. Es ist somit zulässig, wenn im Verschmelzungsplan vorgesehen ist, dass die bisherigen Vorzugsaktien in stimmberechtigte Stammaktien der übernehmenden (neue) SE umgetauscht werden; einer besonderen Zustimmung der Vorzugsaktionäre bedarf diese Veränderung nicht[56].

b) Gleichwertige Rechte

19 Den Sonderrechtsinhabern der übertragenden inländischen Gründungsgesellschaft sind in der übernehmenden (neuen) SE „gleichwertige Rechte" zu gewähren. Gefordert ist hier eine **wirtschaftliche Gleichwertigkeit**[57]. Ebenso wie bei einer rechtsformübergreifenden Mischverschmelzung nach nationalem Recht kann dies insbesondere bei einer SE mit Sitz im Ausland zu schwierigen Anpassungsproblemen führen[58]. Daher sollte auf die Festsetzungen nach Art. 20 Abs. 1 Satz 2 lit. f SE-VO große Sorgfalt verwendet werden (dazu auch Art. 20 Rz. 23).

c) Durchsetzung

20 Die berechtigten Sonderrechtsinhaber haben (nur) einen Anspruch auf **rechtsgeschäftliche Einräumung** gleichwertiger Rechte[59]; eine Anpassung von Gesetzes wegen findet hingegen nicht statt[60]. Die gerichtliche Durchsetzung ist im nationalen Recht mittels einer Klage ab Abgabe einer Vertragserklärung mit dem Rechtskraftziel des § 894 ZPO möglich[61], auch Schadensersatzansprüche kommen in Betracht[62]. Dagegen kann die Gleichwertigkeit im Verschmelzungsplan gewährter Rechte weder im Spruchverfahren nachgeprüft werden[63] noch berechtigt eine Verletzung des § 23 UmwG zur Anfechtung des Verschmelzungsbeschlusses[64]. Auch wird weder die Ausstellung der Rechtmäßigkeitsbescheinigung gem. Art. 25 Abs. 2 SE-VO noch die Eintragung der SE gehindert[65].

---

55 Überzeugend *Hüffer* in FS Lutter, 2000, S. 1227, 1232 f.; für die SE auch *Maul* in KölnKomm. AktG, 3. Aufl., Art. 24 SE-VO Rz. 13; *Marsch-Barner* in Habersack/Drinhausen, Art. 24 SE-VO Rz. 13; *Schröder* in Manz/Mayer/Schröder, Art. 24 SE-VO Rz. 31.
56 So für das nationale Recht auch *Drygala* in Lutter, § 5 UmwG Rz. 13; *Marsch-Barner* in Kallmeyer § 5 UmwG Rz. 11; ausf. *Volhard/Goldschmidt* in FS Lutter, 2000, S. 779, 788 f. m.w.N.
57 So Begr. RegE zu § 347a AktG a.F., BT-Drucks. 12/6699, S. 92 f.; ebenso *Marsch-Barner* in Kallmeyer, § 23 UmwG Rz. 8; *Hüffer* in FS Lutter, 2000, S. 1227, 1239 m.w.N.
58 *Scheifele*, Gründung, S. 228; *J. Schmidt*, „Deutsche" vs. „britische" SE, S. 217; *Schwarz*, Art. 24 SE-VO Rz. 13.
59 *Grunewald* in Lutter, § 23 UmwG Rz. 8; *Marsch-Barner* in Kallmeyer, § 23 UmwG Rz. 13.
60 Ausf. *Hüffer* in FS Lutter, 2000, S. 1227, 1238.
61 *Hüffer* in FS Lutter, 2000, S. 1227, 1242 f.; *Marsch-Barner* in Kallmeyer, § 23 UmwG Rz. 13.
62 *Grunewald* in Lutter, § 23 UmwG Rz. 8; *Marsch-Barner* in Kallmeyer, § 23 UmwG Rz. 13; *Hüffer* in FS Lutter, 2000, S. 1227, 1243.
63 *Kalss* in Semler/Stengel, § 23 UmwG Rz. 18; *Marsch-Barner* in Kallmeyer, § 23 UmwG Rz. 13; ausf. *M. Winter* in FS Peltzer, 2001, S. 647, 657 f.; anders im Hinblick auf umgetauschte Vorzugsaktien: *Grunewald* in Lutter, § 23 UmwG Rz. 9. Zutreffend *Volhard/Goldschmidt* in FS Lutter, 2000, S. 779, 789.
64 *Grunewald* in Lutter, § 23 UmwG Rz. 13; *Kalss* in Semler/Stengel, § 23 UmwG Rz. 18; *Marsch-Barner* in Kallmeyer, § 23 UmwG Rz. 13.
65 *Marsch-Barner* in Habersack/Drinhausen, Art. 24 SE-VO Rz. 12; *Schwarz* Art. 24 SE-VO Rz. 13; *Scheifele*, Gründung, S. 228.

C. Schutz der Minderheitsaktionäre

I. Voraussetzungen des Art. 24 Abs. 2 SE-VO

Art. 24 Abs. 2 SE-VO ermächtigt jeden Mitgliedstaat, „in Bezug auf die sich verschmelzenden Gesellschaften, die seinem Recht unterliegen, Vorschriften zu erlassen, um einen angemessenen Schutz der Minderheitsaktionäre, die sich gegen die Verschmelzung ausgesprochen haben, zu gewährleisten". Dies bedeutet: 21

Schutzvorschriften können sowohl im Hinblick auf eine **übertragende** als auch auf eine **übernehmende** Gründungsgesellschaft getroffen werden[66], vorausgesetzt, sie unterliegen der Rechtsordnung des anordnenden Mitgliedstaates. Stets werden hiervon jedoch nur die **Aktionäre der jeweiligen Gründungsgesellschaft** erfasst; Schutzvorschriften zugunsten von Aktionären einer ausländischen Gründungsgesellschaft kann ein Mitgliedstaat daher auch dann nicht erlassen, wenn hierdurch Ansprüche ausschließlich gegen eine inländische Gründungsgesellschaft begründet werden[67]. Eine deutsche Schutzregelung kann daher den Aktionären einer ausländischen Gründungsgesellschaft keinerlei (Minderheiten-)Rechte gewähren[68]. 22

Art. 24 Abs. 2 SE-VO ermächtigt nicht nur zu speziellen Minderheitenrechten, sondern auch zu **individuellen Schutzvorschriften**, die jeder Minderheitsaktionär geltend machen kann[69]. 23

Der Hinweis auf einen „angemessenen" Schutz bedeutet, dass der Grundsatz der Verhältnismäßigkeit zu berücksichtigen ist[70]; so wird der nationale Gesetzgeber z.B. nicht eine einstimmige Beschlussfassung anordnen dürfen[71]. Im Übrigen steht es aber im Ermessen des nationalen Gesetzgebers, inwieweit er spezielle Zustimmungs- bzw. Mehrheitserfordernisse, Informationsrechte oder auch einen finanziellen Ausgleich vorsieht[72]. 24

Schutzvorschriften dürfen nur zugunsten solcher Minderheitsaktionäre getroffen werden, die sich **gegen die Verschmelzung ausgesprochen** haben. Die Bedeutung dieser einschränkenden Voraussetzung ist umstritten. Ein Teil des Schrifttums ist der Auffassung, dass nach Art. 24 Abs. 2 SE-VO nur solche Aktionäre geschützt werden dürfen, die in der Hauptversammlung gegen die Verschmelzung *gestimmt* haben[73]. Diese restriktive Auslegung ist indes weder erforderlich noch sachgerecht: 25

---

66 *Marsch-Barner* in Habersack/Drinhausen, Art. 24 SE-VO Rz. 20; *Schröder* in Manz/Mayer/Schröder, Art. 24 SE-VO Rz. 20; *Scheifele*, Gründung, S. 232; *Schwarz*, Art. 24 SE-VO Rz. 20.
67 So zutreffend *Schwarz*, Art. 24 SE-VO Rz. 19 gegen *Teichmann*, ZGR 2002, 383, 429; ähnlich auch *Neye/Teichmann*, AG 2003, 169, 172 Fn. 22; wie hier auch *Marsch-Barner* in Habersack/Drinhausen, Art. 24 SE-VO Rz. 20; *Witten*, S. 150 f.; a.A. *Brandt*, DStR 2003, 1208, 1214.
68 *Ihrig/Wagner*, BB 2003, 969, 971; *Scheifele*, Gründung, S. 232, 245; *J. Schmidt*, „Deutsche" vs. „britische" SE, S. 220; *Schwarz*, Art. 24 SE-VO Rz. 19.
69 Nicht überzeugend daher die Unterscheidung bei *Schäfer* in MünchKomm. AktG, 3. Aufl., Art. 24 SE-VO Rz. 12.
70 *Marsch-Barner* in Habersack/Drinhausen, Art. 24 SE-VO Rz. 23; *Scheifele*, Gründung, S. 233; *Schwarz*, Art. 24 SE-VO Rz. 22.
71 Zutreffend *Scheifele*, Gründung, S. 233; *Schwarz*, Art. 24 SE-VO Rz. 22 m.w.N.
72 Ähnlich *Marsch-Barner* in Habersack/Drinhausen, Art. 24 SE-VO Rz. 22; *Scheifele*, Gründung, S. 232 f.; *Schröder* in Manz/Mayer/Schröder, Art. 24 SE-VO Rz. 18, 26; *Schwarz*, Art. 24 SE-VO Rz. 21.
73 So *Brandt*, DStR 2003, 1208, 1210 Fn. 32; *Handelsrechtsausschuss des DAV*, NZG 2004, 75, 76 f.; *Handelsrechtsausschuss des DAV*, NZG 2004, 957; *Ihrig/Wagner*, BB 2003, 969, 972; *Lind*, Europäische Aktiengesellschaft, S. 147; *Schindler*, ecolex 2003, 1, 6; *Schröder* in Manz/Mayer/Schröder, Art. 24 SE-VO Rz. 22; *Spitzenverbände der deutschen Wirtschaft*, Stellung-

26 Ebenso wie im nationalen Recht[74] sollen Aktionäre, die zwar die Verschmelzung als solche befürworten, aber mit dem **Umtauschverhältnis der Anteile** nicht einverstanden sind, nicht zur Ablehnung einer möglicherweise sinnvollen Umstrukturierung gezwungen werden[75]. Entgegen verbreiteter Auffassung[76] ist daher die Regelung in **§ 6 Abs. 2 SEAG nicht** deshalb **europarechtswidrig**, weil das Spruchverfahren generell für alle Aktionäre einer übertragenden Gründungsgesellschaft eröffnet ist[77]. Art. 24 Abs. 2 SE-VO ist insoweit vielmehr teleologisch zu reduzieren[78]; ausreichend[79] ist, dass der Aktionär sich mit dem Umtauschverhältnis als einem zentralen Bestandteil der Verschmelzung **nicht einverstanden** erklärt hat, was rechtstechnisch auch in der Weise erfolgen kann, dass das Spruchverfahren eingeleitet oder – infolge der inter-omnes-Wirkung des § 13 Satz 2 SpruchG (Rz. 43) – sich das Ergebnis des Spruchverfahrens nachträglich zu eigen gemacht wird[80]. Dass das – zur Zeit nur in Deutschland und Österreich existierende – Spruchverfahren vom europäischen Gesetzgeber ausdrücklich gebilligt wurde, folgt zudem eindeutig aus Art. 25 Abs. 3 SE-VO[81].

---

nahme zum RefE, S. 4; *J. Vetter* in Lutter/Hommelhoff, Europäische Gesellschaft, S. 111, 126; *Walden/Meyer-Landrut*, DB 2005, 2619, 2620; zweifelnd auch *Jannott* in Jannott/Frodermann, Handbuch Europäische Aktiengesellschaft, § 3 Rz. 115 Fn. 230.

74 Eine Verbesserung des Umtauschverhältnisses kann – anders als im Falle der Geltendmachung einer Abfindung (unten Rz. 27) – von den Aktionären des übertragenden Rechtsträgers auch dann noch nach § 15 UmwG geltend gemacht werden, wenn sie der Verschmelzung zugestimmt haben: So im Anschluss an Begr. RegE, BT-Drucks. 12/6699, S. 88 die h.M.: *Decher* in Lutter, § 15 UmwG Rz. 4; *Gehling* in Semler/Stengel, § 15 UmwG Rz. 9; *Marsch-Barner* in Kallmeyer, § 15 UmwG Rz. 5.

75 So ausdrücklich Begr. RegE zu § 6 SEAG, BT-Drucks. 15/3405, S. 32; *Teichmann*, ZGR 2003, 367, 384; krit. hierzu aber *J. Vetter* in Lutter/Hommelhoff, Europäische Gesellschaft, S. 111, 123.

76 Kritisch zu § 6 SEAG: *Brandt*, DStR 2003, 1208, 1210 Fn. 32; *Handelsrechtsausschuss des DAV*, NZG 2004, 75, 76 f.; *Handelsrechtsausschuss des DAV*, NZG 2004, 957; *Ihrig/Wagner*, BB 2003, 969, 972; *Jannott* in Jannott/Frodermann, Handbuch Europäische Aktiengesellschaft, § 3 Rz. 115 Fn. 230; *Lind*, Europäische Aktiengesellschaft, S. 147; *Schindler*, ecolex 2003, 1, 6; *Schröder* in Manz/Mayer/Schröder, Art. 24 SE-VO Rz. 51; *Spitzenverbände der deutschen Wirtschaft*, Stellungnahme zum RefE, S. 4; *J. Vetter* in Lutter/Hommelhoff, Europäische Gesellschaft, S. 111, 126; *Walden/Meyer-Landrut*, DB 2005, 2619, 2620.

77 Wie hier *Heckschen* in Widmann/Mayer, UmwG Anhang 14 Rz. 182; *Schäfer* in MünchKomm. AktG, 3. Aufl., Art. 24 SE-VO Rz. 13; *Schwarz*, Art. 24 SE-VO Rz. 17; *Teichmann*, ZGR 2003, 367, 384 f.

78 Daher ist auch nicht zu fordern, dass der Aktionär „sich irgendwie" gegen den Verschmelzungsplan – wo das Umtauschverhältnis enthalten ist (vgl. Art. 20 Abs. 1 Satz 2 lit. b SE-VO) – ausgesprochen hat; so aber *Schwarz*, Art. 24 SE-VO Rz. 17, 27; weitergehend *Scheifele*, Gründung, S. 231.

79 Ebenso, allerdings unter Verzicht auf eine teleologische Reduktion, *Marsch-Barner* in Habersack/Drinhausen, Art. 24 SE-VO Rz. 17 im Anschluss an *Maul* in KölnKomm. AktG, 3. Aufl., Art. 24 SE-VO Rz. 18; wie hier explizit aber auch *Austmann* in MünchHdb. AG, § 83 Rz. 39.

80 Wie hier i.E. *Austmann* in MünchHdb. AG, § 83 Rz. 39; *Casper* in Spindler/Stilz, AktG, Art. 24 SE-VO Rz. 3; *Heckschen* in Widmann/Mayer, UmwG Anhang 14 Rz. 182; *Jannott* in Jannott/Frodermann, Handbuch Europäische Aktiengesellschaft, § 3 Rz. 115; *Kalss*, ZGR 2003, 593, 603; *Marsch-Barner* in Habersack/Drinhausen, Art. 24 SE-VO Rz. 16; *Maul* in KölnKomm. AktG, 3. Aufl., Art. 24 SE-VO Rz. 18; *Schäfer* in MünchKomm. AktG, 3. Aufl., Art. 24 SE-VO Rz. 13; *Schwarz*, Art. 24 SE-VO Rz. 17; *Teichmann*, ZGR 2003, 367, 384 f.; *Thümmel*, Europäische Aktiengesellschaft, Rz. 82; ausf. *Witten*, Minderheitenschutz, S. 132 ff.

81 Ebenso *Heckschen* in Widmann/Mayer, Anhang 14 Rz. 182; *Kalss*, ZGR 2003, 593, 621; *J. Schmidt*, „Deutsche" vs. „britische" SE, S. 225; *Schwarz*, Art. 24 SE-VO Rz. 17; *Teichmann*, ZGR 2003, 367, 384; *J. Vetter* in Lutter/Hommelhoff, Europäische Gesellschaft, S. 111, 126 f.

Anders ist hingegen die Rechtslage im Hinblick auf Aktionäre, die im Zuge der Verschmelzung gegen **Abfindung** aus einer Gründungsgesellschaft **ausscheiden** wollen. Hier ist eine vorausgehende *Ablehnung der Verschmelzung erforderlich*. Würde man auf dieses Erfordernis verzichten, dann könnte der Fall eintreten, dass die Verschmelzung mehrheitlich beschlossen wird, anschließend aber von einer so großen Zahl der Aktionäre die – möglicherweise noch erhöhte – Abfindung eingefordert wird, dass die Umstrukturierung aus wirtschaftlichen Gründen nicht mehr sinnvoll durchführbar ist. Speziell in diese Richtung zielt der Vorbehalt des Art. 24 Abs. 2 SE-VO[82]. Zutreffend macht daher auch **§ 7 Abs. 1 SEAG** – ebenfalls in Übereinstimmung mit dem nationalen Recht (vgl. § 29 Abs. 1 Satz 1 UmwG) – die Geltendmachung einer Barabfindung davon abhängig, dass zuvor ein **Widerspruch** gegen den Verschmelzungsbeschluss erklärt wurde[83]. Widerspruchsberechtigt ist nach herrschender und auch zutreffender Auffassung[84] nur derjenige Anteilsinhaber, der **gegen die Verschmelzung gestimmt** hat[85] (s. auch unten Rz. 49). 27

II. Art. 24 Abs. 2 SE-VO als abschließende Regelung

Art. 24 Abs. 2 SE-VO stellt im Hinblick auf den verschmelzungsspezifischen Minderheitenschutz bei der SE-Gründung durch Verschmelzung eine **abschließende Sonderregelung** dar: Die Mitgliedstaaten sind hierdurch explizit zum Erlass von Schutzvorschriften ermächtigt; sofern sie untätig bleiben, verzichten sie damit implizit auf einen verschmelzungsspezifischen Minderheitenschutz für die Aktionäre der ihrem Recht unterliegenden Gründungsgesellschaften[86]. 28

Insbesondere ist es – entgegen teilweise vertretener Auffassung[87] – **nicht** möglich, über **Art. 18 SE-VO zusätzlich oder subsidiär** auch nationales verschmelzungsspezifisches Minderheitenschutzrecht zur Anwendung zu bringen[88]. Art. 24 Abs. 2 SE-VO verweist nämlich gerade nicht (wie Art. 24 Abs. 1 SE-VO) auf nationales Recht, sondern enthält – ebenso wie die Parallelnorm in Art. 34 SE-VO – ausschließlich eine Ermächtigung zum Erlass von Sondervorschriften[89]. Gegen die Anwendung des Art. 18 SE-VO spricht ferner die fehlende Harmonisierung des nationalen Minderheiten- 29

---

82 Ausf. zur Problematik *Bayer/J. Schmidt*, ZHR (178) 2014, 150, 153 ff.
83 *Maul* in KölnKomm. AktG, 3. Aufl., Art. 24 SE-VO Rz. 29; *Schäfer* in MünchKomm. AktG, 3. Aufl., Art. 24 SE-VO Rz. 23.
84 So zum UmwG: *Grunewald* in Lutter, § 29 UmwG Rz. 10; *Kalss* in Semler/Stengel, § 29 UmwG Rz. 20 f.; *Stratz* in Schmitt/Hörtnagl/Stratz, § 29 UmwG Rz. 5; *Vollrath* in Widmann/Mayer, § 29 UmwG Rz. 24; a.A. *Marsch-Barner* in Kallmeyer, § 29 UmwG Rz. 13. Wie hier auch für die Verschmelzung von Genossenschaften: *Bayer* in Lutter, § 90 UmwG Rz. 21; *Fronhöfer* in Widmann/Mayer, § 90 UmwG Rz. 21; a.A. *Scholderer* in Semler/Stengel, § 90 UmwG Rz. 15 m.w.N.
85 *Casper* in Spindler/Stilz, AktG, Art. 24 SE-VO Rz. 10, 14; *Heckschen* in Widmann/Mayer, UmwG Anhang 14 Rz. 183; *Jannott* in Jannott/Frodermann, Handbuch Europäische Aktiengesellschaft, § 3 Rz. 120; *Marsch-Barner* in Habersack/Drinhausen, Art. 24 SE-VO Rz. 47; *Maul* in KölnKomm. AktG, 3. Aufl., Art. 24 SE-VO Rz. 29; *Schwarz*, Art. 24 SE-VO Rz. 33; *Schäfer* in MünchKomm. AktG, 3. Aufl., Art. 24 Rz. 5; *J. Vetter* in Lutter/Hommelhoff, Europäische Gesellschaft, S. 111, 144.
86 Ebenso i.E. *Scheifele*, Gründung, S. 234; *Schindler*, Die Europäische Aktiengesellschaft, S. 28; *J. Schmidt*, „Deutsche" vs. „britische" SE, S. 221; vgl. auch *Schwarz*, Art. 24 SE-VO Rz. 15 f.; *Teichmann*, ZGR 2003, 367, 376; *Teichmann*, ZGR 2002, 383, 426.
87 So *Bartone/Klapdor*, Europäische Aktiengesellschaft, S. 31 f.; *Chuah*, (2002) 13 ICCLR 317, 318; *Handelsrechtsausschuss des DAV*, NZG 2004, 75, 76; *Ihrig/Wagner*, BB 2003, 969, 972; offenbar auch *Colombani/Favero*, La Société Européenne, S. 77.
88 Richtig *J. Schmidt*, „Deutsche" vs. „britische" SE, S. 220.
89 Vgl. *J. Schmidt*, „Deutsche" vs. „britische" SE, S. 220.

schutzrechts durch die nationale VerschmelzungsRL; anders als der Gläubigerschutz (vgl. Art. 13–15 der nationalen VerschmelzungsRL) ist das Minderheitenschutzrecht nicht angeglichen (vgl. bereits oben Rz. 3), so dass die Annahme einer Verweisung auch aus diesem Grund der Systematik der SE-VO widerspräche[90].

30 Wie sich aus dem Wortlaut und der Systematik des Art. 24 Abs. 2 SE-VO ergibt, entfaltet diese Norm allerdings nur in Bezug auf **verschmelzungsspezifische Minderheitenschutzvorschriften** Sperrwirkung[91]. Nicht ausgeschlossen ist damit die Anwendung allgemeiner (d.h. nicht verschmelzungsspezifischer) Rechtsbehelfe des nationalen Rechts, wie z.B. der Anfechtungsklage nach deutschem Recht[92]; ein Gerichtsstand hierfür ergibt sich aus Art. 22 Nr. 2 EuGVVO[93].

III. Minderheitenschutz nach §§ 6, 7 SEAG

1. Verbesserung des Umtauschverhältnisses (§ 6 SEAG)

31 § 6 SEAG gewährt (nur) den Aktionären einer **übertragenden Gründungsgesellschaft** im Falle eines nicht angemessenen Umtauschverhältnisses unter bestimmten formellen Voraussetzungen einen Anspruch gegen die SE auf **Ausgleich durch bare Zuzahlung**; im Gegenzug wird insoweit eine **Klage** gegen den Verschmelzungsbeschluss **ausgeschlossen**. Vorbild für diese Regelung sind die §§ 14 Abs. 2, 15 UmwG[94]; diese Vorschriften kommen indes nicht (über Art. 18 SE-VO) zur Anwendung, weil sie von der Spezialregelung des Art. 24 Abs. 2 SE-VO i.V.m. § 6 SEAG verdrängt werden (dazu auch oben Rz. 29).

a) Klageausschluss

32 Nach **§ 6 Abs. 1 SEAG** ist für Aktionäre[95] einer – deutschen[96] – **übertragenden Gründungsgesellschaft** unter den Voraussetzungen des Art. 25 Abs. 3 Satz 1 SE-VO (s. unten Rz. 39 ff., sowie Art. 25 Rz. 20 ff.) eine Klage gegen den Verschmelzungsbeschluss ausgeschlossen, die darauf gestützt wird, dass das **Umtauschverhältnis** der Anteile **nicht angemessen** ist[97]. Der deutsche Gesetzgeber erachtet es rechtspolitisch als wenig sinnvoll, die häufig umstrittene Frage nach der Angemessenheit des Umtauschverhältnisses im Wege der (Anfechtungs-)Klage zu klären, sondern hält hierfür das Spruchverfahren für geeigneter[98]. Dies ist zutreffend.

---

90 Vgl. *J. Schmidt*, „Deutsche" vs. „britische" SE, S. 221.
91 *J. Schmidt*, „Deutsche" vs. „britische" SE, S. 221.
92 *J. Schmidt*, „Deutsche" vs. „britische" SE, S. 221.
93 So zutreffend *Maul* in KölnKomm. AktG, 3. Aufl., Art. 24 SE-VO Rz. 16 unter Bezugnahme auf *Mock*, IPRax 2009, 271, 273; vgl. weiter *Kropholler/von Hein*, Europäisches Zivilprozessrecht, Art. 22 Rz. 39.
94 Begr. RegE z. SEEG, BT-Drucks. 15/3405, S. 32.
95 Im Falle von Namensaktien gelten gegenüber der übertragenden AG nur die im Aktienregister eingetragenen Personen als Aktionäre: KG v. 22.11.1999 – 2 W 7000/98, AG 2000, 364; *Bayer* in MünchKomm. AktG, 3. Aufl., § 67 AktG Rz. 37; *Marsch-Barner* in Kallmeyer, § 15 UmwG Rz. 3; ausf. *Lieder*, NZG 2005, 159, 164 f.
96 Begr. RegE z. SEEG, BT-Drucks. 15/3405, S. 32. Auch ohne ausdrückliche Erwähnung im Wortlaut des § 6 SEAG folgt dies aus der eingeschränkten Regelungskompetenz des deutschen Gesetzgebers: oben Rz. 22. Ebenso: *Marsch-Barner* in Habersack/Drinhausen, Art. 24 SE-VO Rz. 38; *Scheifele*, Gründung, S. 232, 247 f.; *Schwarz*, Art. 24 SE-VO Rz. 28; *Teichmann*, ZGR 2003, 367, 379; *J. Vetter* in Lutter/Hommelhoff, Europäische Gesellschaft, S. 111, 123.
97 Zur Unangemessenheit des Umtauschverhältnisses: *Decher* in Lutter, § 15 UmwG Rz. 3; *Gehling* in Semler/Stengel, § 14 UmwG Rz. 13 ff. (jeweils m.w.N.); speziell für die SE-Gründung: *J. Vetter* in Lutter/Hommelhoff, Europäische Gesellschaft, S. 111, 136 ff.
98 Vgl. Begr. RegE z. SEEG, BT-Drucks. 15/3405, S. 33; *Neye/Teichmann*, AG 2003, 169, 172.

Bedauerlicherweise wurde diese Regelung trotz nachdrücklicher Forderungen aus 33
Wissenschaft und Praxis[99] und entgegen der ursprünglichen Absicht (vgl. § 6 Abs. 2
SEAG-DiskE)[100] bislang **nicht auf übernehmende Rechtsträger erstreckt**[101]. Hier sollte bei nächster Gelegenheit ein großer Wurf getätigt werden, der alle Umwandlungsvorgänge im nationalen und internationalen Bereich erfasst und sich insbesondere auch auf die gleich gelagerten Kapitalmaßnahmen erstreckt[102]. Bis dahin wird Deutschland mit dem Standortnachteil[103] leben müssen, dass Aktionäre einer übernehmenden SE (mit Sitz im Inland) ein aus ihrer Sicht unangemessenes Umtauschverhältnis nur im Wege einer Klage gegen den Verschmelzungsbeschluss rügen können.

Die auf die Unangemessenheit des Umtauschverhältnisses gestützte Klage gegen den 34
Verschmelzungsbeschluss ist allerdings **nur unter den Voraussetzungen des Art. 25 Abs. 3 Satz 1 SE-VO** ausgeschlossen (ausf. Art. 25 Rz. 20 ff.). Liegen diese Voraussetzungen nicht vor, so findet nach § 6 Abs. 2 SEAG auch kein Spruchverfahren statt; vielmehr steht jedem Aktionär weiterhin die (Anfechtungs-)Klage offen.

Ein Klageausschluss für **Informationsmängel**, die im Zusammenhang mit dem Um- 35
tauschverhältnis stehen, ist in § 6 SEAG nicht formuliert[104]. Vor Inkrafttreten des UMAG[105] war daher im Schrifttum streitig, ob auch insoweit die (Anfechtungs-)Klage ausgeschlossen ist[106]. Mit § 243 Abs. 4 Satz 2 AktG[107] hat sich diese Streitfrage erledigt, denn damit ist klargestellt, dass eine Anfechtungsklage generell nicht auf unrichtige, unvollständige oder unzureichende Informationen in der Hauptversammlung über die Ermittlung, Höhe oder Angemessenheit eines Ausgleichs gestützt werden kann[108].

---

99 Allgemein für eine Erstreckung auf den übernehmenden Rechtsträger: *Bayer*, ZHR 168 (2004), 132, 159 ff.; *Bayer*, ZHR 163 (1999), 505, 548 ff.; *Bayer*, Gesellschaftsrecht in der Diskussion 1999, VGR Bd. 2, 2000, S. 35, 51 ff.; *Bayer*, ZHR-Sonderheft 71 (2002), 137, 141 ff.; *Reichert*, ZHR-Sonderheft 71 (2002), 165, 187 f.; *Winter* in FS Ulmer, 2003, S. 699, 708 ff.; *J. Vetter*, ZHR 168 (2004), 8, 33 ff.; vgl. auch Beschlussfassung auf dem 63. DJT 2000 O 76 und dazu im Vorfeld *Bayer*, NJW 2000, 2609, 2617 f.; *Lutter*, JZ 2000, 837, 839 f.
100 Dazu auch *Neye/Teichmann*, AG 2003, 169, 171; *Kalss*, ZGR 2003, 593, 621; *Teichmann*, ZGR 2002, 383, 427; *Teichmann*, ZGR 2003, 367, 380. Nach § 225c Abs. 1 öAktG hat jeder Aktionär einer beteiligten (also auch einer übernehmenden) Gesellschaft einen Anspruch auf Ausgleich durch bare Zuzahlung.
101 Zur Kritik *Bayer/J. Schmidt*, NJW 2006, 401, 406; zuvor bereits *J. Vetter* in Lutter/Hommelhoff, Europäische Gesellschaft, S. 111, 122 m.w.N.
102 Hierzu ausf. *Bayer*, ZHR 168 (2004), 132, 159 ff. m.w.N. S. ferner *Bayer/J. Schmidt*, NZG 2006, 841, 844 sowie den Gesetzgebungsvorschlag des *Handelsrechtsausschusses des DAV* vom Juni 2007, abgedruckt in NZG 2007, 497 ff.
103 So auch *Teichmann*, ZGR 2003, 363, 380; *J. Vetter* in Lutter/Hommelhoff, Europäische Gesellschaft, S. 111, 123.
104 Vgl. Stellungnahme der Bundesregierung, BT-Drucks. 15/3656, S. 9 (zu Nr. 11); vgl. weiter *J. Vetter* in Lutter/Hommelhoff, Europäische Gesellschaft, S. 111, 128 ff.
105 Gesetz zur Unternehmensintegrität und Modernisierung des Anfechtungsrechts v. 22.9.2005, BGBl. I 2005, 2802, in Kraft getreten am 1.11.2005.
106 Dafür: *Kalss*, ZGR 2003, 593, 624 („explizit" ausgeschlossen); *Neun* in Theisen/Wenz, Europäische Aktiengesellschaft, S. 57, 140; *Teichmann*, ZGR 2003, 367, 375. Dagegen: *Scheifele*, Gründung, S. 247; *Schwarz*, Art. 20 SE-VO Rz. 69, Art. 24 SE-VO Rz. 25; *J. Vetter* in Lutter/Hommelhoff, Europäische Gesellschaft, S. 111, 129 f.
107 Eingefügt durch Art. 1 Nr. 20 UMAG.
108 Ebenso *Austmann* in MünchHdb. AG, § 83 Rz. 36; *Marsch-Barner* in Habersack/Drinhausen, Art. 24 SE-VO Rz. 36; *Schäfer* in MünchKomm. AktG, 3. Aufl., Art. 30 SE-VO Rz. 9; vgl. auch Stellungnahme der Bundesregierung, BT-Drucks. 15/3656, S. 9 (zu Nr. 11); *J. Vetter* in Lutter/Hommelhoff, Europäische Gesellschaft, S. 111, 130.

b) Bare Zuzahlung

36 Der Ausgleich ist – ebenso wie im nationalen Recht (vgl. § 15 UmwG) – zwingend in Form einer **baren Zuzahlung** zu leisten[109]. Der Forderung aus Wissenschaft und Praxis, auch eine Ausgleichsleistung in Form von **Aktien** zu gestatten[110], ist der Gesetzgeber **nicht** nachgekommen[111], sondern hat auch dieses rechtspolitische Anliegen in die Zukunft vertagt[112].

37 Nach **§ 6 Abs. 3 SEAG** ist die bare Zuzahlung **zu verzinsen**. Diese Regelung entspricht § 15 Abs. 2 UmwG, allerdings mit dem Unterschied, dass die Verzinsungspflicht nach Ablauf des Tages beginnt, an dem die Verschmelzung im Sitzstaat der SE nach den dort geltenden Vorschriften eingetragen und bekannt gemacht worden ist[113].

c) Gerichtliche Geltendmachung

38 Der Anspruch auf bare Zuzahlung ist nach **§ 6 Abs. 4 SEAG** durch Einleitung eines **Spruchverfahrens** nach dem SpruchG[114] geltend zu machen. Ungenau ist allerdings die Begr. RegE, wenn insoweit auf das Vorbild von § 34 UmwG verwiesen wird[115]; denn diese Regelung betrifft die Festsetzung einer Barabfindung, nicht eine Verbesserung des Umtauschverhältnisses. § 6 Abs. 4 SEAG orientiert sich vielmehr an § 15 Abs. 1 Satz 2 UmwG[116].

39 **aa) Internationale Zuständigkeit.** Besteht ein Anspruch auf bare Zuzahlung für Aktionäre einer inländischen übertragenden Gründungsgesellschaft gegenüber einer **SE mit Sitz im Ausland**, dann folgt die internationale Zuständigkeit des inländischen Spruchverfahrens mittelbar aus **Art. 25 Abs. 3 Satz 4 SE-VO**, sofern das Recht der anderen Gründungsgesellschaft(en) **kein spezielles Verfahren** zur Kontrolle des Umtauschverhältnisses kennt. Denn in diesem Fall kann das Spruchverfahren im Inland nur mit ausdrücklicher Zustimmung der Aktionäre der betreffenden Gesellschaft(en) durchgeführt werden (Art. 25 Abs. 3 Satz 1 SE-VO, § 6 Abs. 4 SEAG); ist diese erfolgt, dann ergibt sich aus der Bindungswirkung der Entscheidung gegenüber der überneh-

---

109 *Jannott* in Jannott/Frodermann, Handbuch Europäische Aktiengesellschaft, § 3 Rz. 115; *Marsch-Barner* in Habersack/Drinhausen, Art. 24 SE-VO Rz. 30; *Schäfer* in MünchKomm. AktG, 3. Aufl., Art. 24 SE-VO Rz. 13; *Schröder* in Manz/Mayer/Schröder, Art. 24 SE-VO Rz. 50; *Schwarz*, Art. 24 SE-VO Rz. 26.
110 Stellungnahme des Bundesrates, BT-Drucks. 15/3656, S. 3; *Handelsrechtsausschuss des DAV*, NZG 2004, 75, 76; *Handelsrechtsausschuss des DAV*, NZG 2004, 957; *Spitzenverbände der deutschen Wirtschaft*, Stellungnahme zum RefE, S. 4.
111 S. *J. Schmidt*, „Deutsche" vs. „britische" SE, S. 225; *J. Vetter* in Lutter/Hommelhoff, Europäische Gesellschaft, S. 111, 121 (jeweils m.w.N.).
112 Antwort der Bundesregierung auf die Stellungnahme des Bundesrates (BT-Drucks. 15/3656, S. 3): BT-Drucks. 15/3656, S. 3.
113 Begr. RegE z. SEEG, BT-Drucks. 15/3405, S. 32; *Jannott* in Jannott/Frodermann, Handbuch Europäische Aktiengesellschaft, § 3 Rz. 116; *Marsch-Barner* in Habersack/Drinhausen, Art. 24 SE-VO Rz. 32; *Neye/Teichmann*, AG 2003, 169, 171; *Schröder* in Manz/Mayer/Schröder, Art. 24 SE-VO Rz. 55; *Scheifele*, Gründung, S. 248; *Schwarz*, Art. 20 SE-VO Rz. 29.
114 Gesetz über das gesellschaftsrechtliche Spruchverfahren (Spruchverfahrensgesetz – SpruchG) v. 12.6.2003, BGBl. I 2003, 838; dazu ausf. *Mennicke* in Lutter, UmwG, Anhang I SpruchG.
115 Begr. RegE, BT-Drucks. 15/3405, S. 32; zust. allerdings *Jannott* in Jannott/Frodermann, Handbuch Europäische Aktiengesellschaft, § 3 Rz. 117 Fn. 234; *Schäfer* in MünchKomm. AktG, 3. Aufl., Art. 24 SE-VO Rz. 13 a.E.; *Scheifele*, Gründung, S. 248; *Schwarz*, Art. 24 SE-VO Rz. 30.
116 Zust. *Marsch-Barner* in Habersack/Drinhausen, Art. 24 SE-VO Rz. 37; *Witten*, S. 125 Fn. 507.

menden SE (Art. 25 Abs. 3 Satz 4 SE-VO) zugleich auch die **internationale Zuständigkeit** für das inländische Spruchverfahren[117].

Kennt hingegen **auch** das Recht der ausländischen Gründungsgesellschaft(en) **ein spezielles Verfahren** zur Kontrolle des Umtauschverhältnisses, so ist eine Zustimmung nach Art. 25 Abs. 3 Satz 1 SE-VO entbehrlich. Der Anspruch auf bare Zuzahlung gem. § 6 Abs. 2 SEAG wird in diesem Fall gegen die SE mit Sitz im Ausland begründet, ohne dass zugleich eine internationale Zuständigkeit des inländischen Spruchverfahrens begründet ist. Eine solche Zuständigkeit könnte nur dadurch erfolgen, dass die Aktionäre der ausländischen Gründungsgesellschaft(en) auf die Durchführung eines Spruchverfahrens nach ihrem eigenen Recht verzichten und dem Verfahren im Inland zustimmen[118]. In diesem Fall wird ihnen gem. **§ 6 Abs. 4 Satz 2 SEAG** das Recht zur Einleitung eines inländischen Spruchverfahrens eröffnet[119]. Allerdings muss bezweifelt werden, ob das ausländische Recht eine solche Derogation gestattet. Kommt es zu keiner wirksamen Zuständigkeitsbegründung des inländischen Spruchverfahrens, dann muss der Anspruch nach § 6 Abs. 2 SEAG im Rahmen eines Spruchverfahrens am Sitz der SE geltend gemacht werden[120]. Die internationale Zuständigkeit ergibt sich dann aus **Art. 22 Nr. 2 EuGVVO**[121]. 40

Hat die **SE ihren Sitz im Inland**, dann stellen sich für die Überprüfung des Umtauschverhältnisses **keine Zuständigkeitsprobleme**. Die Aktionäre einer inländischen übertragenden Gesellschaft können gem. § 6 Abs. 4 Satz 1 SEAG das inländische Spruchverfahren betreiben, wenn die Voraussetzungen des Art. 25 Abs. 3 Satz 1 SE-VO vorliegen; existiert für die Aktionäre einer ausländischen Gründungsgesellschaft ein spezielles Verfahren zur Überprüfung des Umtauschverhältnisses, dann gilt § 6 Abs. 4 Satz 2 SEAG[122]. 41

bb) Besonderer Vertreter. Sofern die Aktionäre einer ausländischen Gründungsgesellschaft im Spruchverfahren nicht beteiligungsfähig sind (vgl. oben Rz. 39 ff.) können sie zur Wahrung ihrer Interessen beim Gericht gem. **§ 6a SpruchG** die Bestellung eines besonderen Vertreters beantragen; durch diese Möglichkeit prozessualer Einflussnahme sollen die betreffenden Aktionäre zugleich zur Erteilung der Zustimmung gem. Art. 25 Abs. 3 SE-VO animiert werden[123]. 42

cc) Inter-omnes-Wirkung. Eine Entscheidung, die im Spruchverfahren ergeht, wirkt gem. **§ 13 SpruchG** inter omnes, d.h. auch für und gegen diejenigen Aktionäre, die am Verfahren selbst nicht beteiligt waren[124]. 43

---

117 Wie hier *Marsch-Barner* in Habersack/Drinhausen, Art. 24 SE-VO Rz. 38; *Maul* in Köln-Komm. AktG, 3. Aufl., Art. 24 SE-VO Rz. 22; nur i.E. auch *Schäfer* in MünchKomm. AktG, 3. Aufl., Art. 24 SE-VO Rz. 15; *Casper* in Spindler/Stilz, AktG, Art. 24 SE-VO Rz. 12; wie hier auch für Österreich: *Hügel* in Kalss/Hügel, §§ 21, 22 SEG Rz. 25.
118 So zutreffend *Schäfer* in MünchKomm. AktG, 3. Aufl., Art. 24 SE-VO Rz. 16.
119 So auch *Schäfer* in MünchKomm. AktG, 3. Aufl., Art. 24 SE-VO Rz. 16, 19; zust. *Marsch-Barner* in Habersack/Drinhausen, Art. 24 SE-VO Rz. 39.
120 *Schäfer* in MünchKomm. AktG, 3. Aufl., Art. 24 SE-VO Rz. 16.
121 So auch *Marsch-Barner* in Habersack/Drinhausen, Art. 24 SE-VO Rz. 40; *Maul* in Köln-Komm. AktG, 3. Aufl., Art. 24 SE-VO Rz. 23; *Wedemann*, NZG 2011, 733, 735; a.A. *Weppner*, RIW 2011, 144, 149 f. (Art. 2 Abs. 1 und Art. 5 Abs. 1 lit. a EuGVVO).
122 *Schäfer* in MünchKomm. AktG, 3. Aufl., Art. 24 SE-VO Rz. 19.
123 Vgl. Begr. RegE z. SEEG, BT-Drucks. 15/3656, S. 58; *Neye/Teichmann*, AG 2003, 169, 172; *Marsch-Barner* in Habersack/Drinhausen, Art. 24 SE-VO Rz. 38; *Schäfer* in MünchKomm. AktG, 3. Aufl., Art. 24 Rz. 22; *Teichmann*, ZGR 2003, 367, 385 f.; *Teichmann* in Theisen/Wenz, Europäische Aktiengesellschaft, S. 691, 709; ausf. zur Rolle des besonderen Vertreters *J. Vetter* in Lutter/Hommelhoff, Europäische Gesellschaft, S. 111, 130 ff.
124 Allgemein zu § 13 SpruchG: *Mennicke* in Lutter, UmwG, Anhang I SpruchG, § 13 Rz. 3; *Volhard* in MünchKomm. AktG, 3. Aufl., § 13 SpruchG Rz. 3; vgl. speziell zur SE: *Marsch-Bar-*

d) Begrenzung

44 Ein besonders diffiziles Sonderproblem ist, ob und inwieweit der Anspruch auf bare Zuzahlung nach § 6 Abs. 2 SEAG durch die Grundsätze der Kapitalerhaltung begrenzt wird[125]. Für das UmwG ist dies streitig, die h.M.[126] geht jedoch zu Recht von einem **Vorrang der Kapitalerhaltungsvorschriften** aus[127]. Bei der SE-Gründung wird die Problematik allerdings dadurch verkompliziert, dass der Sitz der künftigen SE auch im Ausland liegen kann und das maßgebliche nationale Recht u.U. abweichende (insbesondere auch schärfere) Kapitalschutzregeln vorsieht. Im Hinblick darauf, dass die SE-VO die Möglichkeit von Ausgleichsansprüchen ausdrücklich anerkennt (Art. 25 Abs. 3 SE-VO) werden etwaige schärfere ausländische Kapitalschutzregeln allerdings nicht dazu führen dürfen, dass der Nachbesserungsanspruch völlig ausgehebelt wird; analog der h.M. zum deutschen Recht ist vielmehr davon auszugehen, dass der Nachbesserungsanspruch ggf. nur zeitlich hinausgeschoben ist, bis die Voraussetzungen für eine Auszahlung nach dem maßgeblichen nationalen Recht erfüllt sind; bis dahin sind die Aktionäre durch die Verzinsung nach § 6 Abs. 3 SEAG (dazu Rz. 37) geschützt[128].

2. Ausscheiden gegen Barabfindung (§ 7 SEAG)

45 § 7 SEAG gibt den Aktionären **einer deutschen übertragenden Gesellschaft** ein Recht auf Ausscheiden gegen Barabfindung, wenn die künftige SE ihren Sitz im Ausland haben soll. Vorbild der Regelung sind die §§ 29 ff. UmwG[129]. Hinsichtlich etwaiger Mängel des Barabfindungsangebots gilt auch hier gem. § 7 Abs. 5 und 7 SEAG das Prinzip des Klageausschlusses und des Verweises ins Spruchverfahren (dazu näher Rz. 57 ff.).

a) Anwendungsbereich

46 Im Gegensatz zum DiskE besteht eine Verpflichtung zu einem Barabfindungsangebot nur noch gegenüber Aktionären einer deutschen **übertragenden Gesellschaft** und auch nur dann, wenn die künftige **SE** ihren **Sitz im Ausland** haben soll.

47 Die Beschränkung auf Aktionäre **übertragender Gründungsgesellschaften** steht zwar im Einklang mit der nationalen Parallelregelung in § 29 UmwG, ist aber – ebenso wie dort – rechtspolitisch verfehlt; die Differenzierung zwischen Aktionären übertragender und übernehmender Gesellschaften sollte vielmehr grundsätzlich aufgegeben werden (vgl. ausf. bereits oben Rz. 33).

48 Mit der Begrenzung auf Fälle, in denen die künftige SE ihren Sitz im Ausland haben soll (sog. „sitzverlegende Verschmelzung") trug der Gesetzgeber der heftigen Kri-

---

ner in Habersack/Drinhausen, Art. 24 SE-VO Rz. 42; *Schröder* in Manz/Mayer/Schröder, Art. 24 SE-VO Rz. 59; *J. Vetter* in Lutter/Hommelhoff, Europäische Gesellschaft, S. 111, 123.

125 Dazu näher *J. Vetter* in Lutter/Hommelhoff, Europäische Gesellschaft, S. 111, 127 f.
126 *Decher* in Lutter, § 15 UmwG Rz. 5; *Gehling* in Semler/Stengel, § 15 UmwG Rz. 22 f.; *Marsch-Barner* in Kallmeyer, § 15 UmwG Rz. 2; *J. Vetter*, ZHR 168 (2004), 8, 19 f.; a.A. *Stratz* in Schmitt/Hörtnagl/Stratz, § 15 UmwG Rz. 17.
127 So auch für die SE: *Marsch-Barner* in Habersack/Drinhausen, Art. 24 SE-VO Rz. 29; *Schröder* in Manz/Mayer/Schröder, Art. 24 SE-VO Rz. 50; ausf. *J. Vetter* S. 127 f.
128 Ebenso i.E. *J. Vetter* in Lutter/Hommelhoff, Europäische Gesellschaft, S. 111, 128; zust. *Marsch-Barner* in Habersack/Drinhausen, Art. 24 SE-VO Rz. 29; *Schröder* in Manz/Mayer/Schröder, Art. 24 SE-VO Rz. 55.
129 Begr. RegE z. SEEG, BT-Drucks. 15/3405, S. 33.

tik[130] Rechnung, die sich an der generellen Barangebotspflicht des § 7 SEAG-DiskE entzündet hatte. Eine ein Austritts- und Abfindungsrecht legitimierende Rechtsforminkongruenz besteht nämlich gerade nicht, wenn die künftige SE ihren Sitz in Deutschland haben wird, denn dann gilt für sie in weiten Bereichen deutsches Aktienrecht[131]. Anders hingegen im Falle der „sitzverlegenden Verschmelzung": Hat die künftige SE ihren Sitz im Ausland, so unterliegt sie weitgehend dem jeweiligen ausländischen Aktienrecht; dieser Wechsel des subsidiär anwendbaren Rechts kann dem Aktionär nicht einfach aufoktroyiert werden[132]. Dies darf freilich nicht als Negativbewertung des ausländischen Rechts missverstanden werden: Entscheidend ist vielmehr allein der Wechsel in eine nicht kongruente Rechtsform – wenn § 29 UmwG sogar im Falle eines Rechtsformwechsel zwischen zwei *deutschen* Rechtsform ein Austritts- und Abfindungsrecht vorsieht, so erscheint ein solches im Falle der Verschmelzung auf eine „ausländische" SE erst recht erforderlich[133]. Bedenken gegen die Europarechtskonformität der Regelung[134] sind daher nicht begründet[135].

b) Widerspruch

Voraussetzung für ein Austritts- und Abfindungsrecht ist nach § 7 Abs. 1 Satz 1 SEAG konsequenterweise, dass der betreffende Aktionär gegen den Verschmelzungsbeschluss Widerspruch zur Niederschrift erklärt hat (vgl. dazu bereits oben Rz. 27); eine Ausnahme hiervon gilt nur in den Fällen des § 29 Abs. 2 UmwG[136] (§ 7 Abs. 1 Satz 5 SEAG). *Widerspruchsberechtigt* ist nach herrschender und auch zutreffender Auffassung nur derjenige Anteilsinhaber, der *gegen die Verschmelzung gestimmt hat*[137]. 49

---

130 *DNotV*, Stellungnahme zum DiskE, S. 9 ff.; *Handelsrechtsausschuss des DAV*, NZG 2004, 75, 77; *Ihrig/Wagner*, BB 2003, 969, 972; *Kalss*, ZGR 2003, 593, 627; *Kübler*, ZHR 167 (2003), 627, 629 f.; *Kübler* in Baums/Cahn, Europäische Aktiengesellschaft, S. 1, 8; *Schindler*, ecolex 2003, 1, 3.
131 Vgl. Begr. RegE z. SEEG, BT-Drucks. 15/3405, S. 33; *Handelsrechtsausschuss des DAV*, NZG 2004, 75, 77; *Heckschen* in Widmann/Mayer, UmwG Anhang 14 Rz. 175; *Ihrig/Wagner*, BB 2003, 969, 972; *Kalss*, ZGR 2003, 593, 625; *Schäfer* in MünchKomm. AktG, 3. Aufl., Art. 20 SE-VO Rz. 22; *Schindler*, ecolex 2003, 1, 7; *J. Schmidt*, „Deutsche" vs. „britische" SE, S. 229; *Teichmann* in Theisen/Wenz, Europäische Aktiengesellschaft, S. 691, 707; *Walden/Meyer-Landrut*, DB 2005, 2119, 2122.
132 Vgl. Begr. RegE z. SEEG, BT-Drucks. 15/3405, S. 32 f.; *J. Schmidt*, „Deutsche" vs. „britische" SE, S. 229; *Teichmann* in Theisen/Wenz, Europäische Aktiengesellschaft, S. 691, 707; *Teichmann*, AG 2004, 67, 68 f.; *Walden/Meyer-Landrut*, DB 2005, 2119, 2122.
133 Vgl. Begr. RegE z. SEEG, BT-Drucks. 15/3405, S. 33; *Neye* in Baums/Cahn, Europäische Aktiengesellschaft, S. 131, 134; *J. Schmidt*, „Deutsche" vs. „britische" SE, S. 229 f.; *Schröder* in Manz/Mayer/Schröder, Art. 24 SE-VO Rz. 60; *Teichmann* in Theisen/Wenz, Europäische Aktiengesellschaft, S. 691, 706 f.; *Teichmann*, AG 2004, 67, 69.
134 So *Maul* in KölnKomm. AktG, 3. Aufl., Art. 24 SE-VO Rz. 28 im Anschluss an *Hügel* in Kalss/Hügel, §§ 21, 22 SpaltG § 17 SEAG Rz. 26 (zum österreichischen Recht).
135 Wie hier auch die h.M.: *Marsch-Barner* in Habersack/Drinhausen, Art. 24 SE-VO Rz. 44, 53; *Schäfer* in MünchKomm. AktG, 3. Aufl., Art. 24 SE-VO Rz. 22; *Neye* in Baums/Cahn, Europäische Aktiengesellschaft, S. 131; *Kalss*, ZGR 2003, 593, 625 f.; *Teichmann*, ZGR 2003, 367, 383; *Ihrig/Wagner*, BB 2003, 969, 972.
136 Dazu näher *Grunewald* in Lutter, § 29 UmwG Rz. 13 ff.; *Stratz* in Schmitt/Hörtnagl/Stratz, § 29 UmwG Rz. 17.
137 *Heckschen* in Widmann/Mayer, UmwG Anhang 14 Rz. 183; *Jannott* in Jannott/Frodermann, Handbuch Europäische Aktiengesellschaft, § 3 Rz. 120; *Marsch-Barner* in Habersack/Drinhausen, Art. 24 SE-VO Rz. 47; *Schröder* in Manz/Mayer/Schröder, Art. 24 SE-VO Rz. 61; *Schwarz*, Art. 24 SE-VO Rz. 33; *J. Vetter* in Lutter/Hommelhoff, Europäische Gesellschaft, S. 111, 144.

c) Durchführung

50 **aa) Angebot im Verschmelzungsplan.** Unter den in Rz. 46 ff. näher erläuterten Voraussetzungen hat eine **deutsche übertragende Gesellschaft** jedem ordnungsgemäß widersprechenden Aktionär im Verschmelzungsplan oder seinem Entwurf den Erwerb seiner Aktien gegen eine angemessene Barabfindung anzubieten (§ 7 Abs. 1 Satz 1 SEAG)[138]. Der Wortlaut des Angebots muss in der Bekanntmachung zur Vorbereitung der Hauptversammlung (§ 124 Abs. 2 Satz 2 AktG)[139] enthalten sein (§ 7 Abs. 1 Satz 3 SEAG).

51 Hinsichtlich der Bemessung des Angebots sind gem. § 7 Abs. 2 Satz 1 SEAG – ebenso wie nach der Parallelregelung in § 30 Abs. 1 UmwG[140] – die **Verhältnisse** der Gesellschaft **im Zeitpunkt der Beschlussfassung** über die Verschmelzung zu berücksichtigen[141].

52 Nach § 7 Abs. 2 Satz 2 ist die Barabfindung nunmehr mit jährlich 5 %-Punkten über dem jeweiligen Basiszinssatz **zu verzinsen**, womit die Geltendmachung eines weiteren Schadens jedoch nicht ausgeschlossen ist[142]. Diese Regelung entspricht § 30 Abs. 1 Satz 2 UmwG, allerdings mit dem Unterschied, dass die Verzinsungspflicht (ebenso wie bei § 6 Abs. 3 SEAG, dazu oben Rz. 37) nach Ablauf des Tages beginnt, an dem die Verschmelzung im Sitzstaat der SE nach den dort geltenden Vorschriften eingetragen und bekannt gemacht worden ist[143].

53 Der Anspruch auf Barabfindung richtet sich zunächst gegen die jeweilige übertragende deutsche Gesellschaft; mit Wirksamwerden der Verschmelzung geht diese Verpflichtung jedoch gem. Art. 29 Abs. 1 lit. a bzw. Abs. 2 lit. a SE-VO ipso iure auf die SE über[144].

54 **bb) Prüfung des Angebots.** Vorbehaltlich eines etwaigen Verzichts ist die Angemessenheit der Barabfindung gem. § 7 Abs. 3 SEAG stets durch Verschmelzungsprüfer **zu prüfen**[145] (dazu bereits Art. 22 Rz. 15); die Norm entspricht § 30 Abs. 2 UmwG[146].

55 **cc) Annahme des Angebots.** Gem. § 7 Abs. 4 SEAG kann die Annahme des Angebots nur innerhalb einer **Ausschlussfrist von 2 Monaten** erfolgen[147]. Die Frist beginnt –

---

138 Dazu auch *Maul* in KölnKomm. AktG, 3. Aufl., Art. 24 SE-VO Rz. 30; *Marsch-Barner* in Habersack/Drinhausen, Art. 24 SE-VO Rz. 44.
139 Vgl. Begr. RegE z. SEEG, BT-Drucks. 15/3405, S. 33; *Schäfer* in MünchKomm. AktG, 3. Aufl., Art. 20 SE-VO Rz. 25; *J. Schmidt*, „Deutsche" vs. „britische" SE, S. 230; *Schröder* in Manz/Mayer/Schröder, Art. 24 Rz. 63; *Schwarz*, Art. 24 SE-VO Rz. 34.
140 Dazu näher *Grunewald* in Lutter, § 30 UmwG Rz. 2; *Stratz* in Schmitt/Hörtnagl/Stratz, § 30 UmwG Rz. 5, 9 ff.; *Zeidler* in Semler/Stengel, § 30 UmwG Rz. 4 ff., 18 f.
141 Vgl. auch *Maul* in KölnKomm. AktG, 3. Aufl., Art. 24 SE-VO Rz. 31; *Marsch-Barner* in Habersack/Drinhausen, Art. 24 SE-VO Rz. 50.
142 *Maul* in KölnKomm. AktG, 3. Aufl., Art. 24 SE-VO Rz. 32; *Marsch-Barner* in Habersack/Drinhausen, Art. 24 SE-VO Rz. 51.
143 Vgl. Begr. RegE z. SEEG, BT-Drucks. 15/3405, S. 33; *Maul* in KölnKomm. AktG, 3. Aufl., Art. 24 SE-VO Rz. 32; *Schröder* in Manz/Mayer/Schröder, Art. 24 SE-VO Rz. 65.
144 Begr. RegE z. SEEG, BT-Drucks. 15/3405, S. 33; *Jannott* in Jannott/Frodermann, Handbuch Europäische Aktiengesellschaft, § 3 Rz. 120; *Schäfer* in MünchKomm. AktG, 3. Aufl., Art. 20 SE-VO Rz. 23; *Scheifele*, Gründung, S. 242; *J. Schmidt*, „Deutsche" vs. „britische" SE, S. 230; *Schröder* in Manz/Mayer/Schröder, Art. 24 Rz. 68.
145 Näher dazu etwa *Neun* in Theisen/Wenz, Europäische Aktiengesellschaft, 57, 116 f.; vgl. auch *Marsch-Barner* in Habersack/Drinhausen, Art. 24 SE-VO Rz. 52.
146 Vgl. Begr. RegE z. SEEG, BT-Drucks. 15/3405, S. 33. Näher zu § 30 Abs. 2 UmwG etwa: *Grunewald* in Lutter, § 30 UmwG Rz. 5 ff.; *Zeidler* in Semler/Stengel, § 30 UmwG Rz. 26 ff. m.w.N.
147 *Marsch-Barner* in Habersack/Drinhausen, Art. 24 SE-VO Rz. 52.

insofern abweichend vom Vorbild des § 31 UmwG – grundsätzlich ab dem Tag, an dem die Verschmelzung im Sitzstaat der SE nach den dort geltenden Vorschriften eingetragen und bekannt gemacht worden ist (§ 7 Abs. 4 Satz 1 SEAG)[148]. Im Falle eines Spruchverfahrens (s. dazu Rz. 59 ff.) läuft die Frist allerdings erst ab Bekanntmachung der Entscheidung im Bundesanzeiger (§ 7 Abs. 4 Satz 2 SEAG)[149]. Wirksam wird der Austritt aus der AG nicht bereits mit der Annahme des Angebots[150], sondern erst Zug-um-Zug gegen Gewährung der Abfindung[151].

d) Die Problematik des Erwerbs eigener Aktien

Vor dem Hintergrund, dass die Erfüllung des Abfindungs- und Austrittsanspruchs für die neu entstandene SE einen Erwerb eigener Aktien bedeutet, ordnet **§ 7 Abs. 1 Satz 2 SEAG** die entsprechende Anwendung der Vorschriften des AktG an, allerdings – ebenso wie die Parallelnorm des § 29 Abs. 1 Satz 1 Halbsatz 2 UmwG – mit Ausnahme des § 71 Abs. 4 Satz 2 AktG (Nichtigkeit des schuldrechtlichen Grundgeschäfts). So wird sichergestellt, dass eine erst nach dem Verschmelzungsbeschluss erkennbare Überschreitung der 10 %-Grenze den Erwerb eigener Aktien nicht hindert[152]. Dies gilt infolge der durch *Art. 25 Abs. 3 Satz 4 SE-VO* normierten Bindungswirkung (näher Art. 25 Rz. 14) sogar dann, wenn der *Sitz der künftigen SE im Ausland* liegt. Damit ist ein für die Erfüllung des Austritts- und Abfindungsrechts notwendiger Erwerb eigener Aktien selbst dann möglich, wenn das für die künftige SE geltende einzelstaatliche Recht (anders als Deutschland mit § 29 Abs. 1 Satz 1 Halbsatz 2 UmwG) die Option des Art. 20 Abs. 1 lit. d Kapital-RL[153] nicht umgesetzt hat, d.h. einen Erwerb eigener Aktien in dieser Konstellation an sich nicht zulassen würde[154]. Bedenken gegen diese Regelung[155] sind unbegründet.

56

e) Gerichtliche Überprüfung der Barabfindung

aa) Klageausschluss. Nach dem Vorbild des § 32 UmwG[156] und in Parallele zu § 6 Abs. 1 SEAG berechtigt ein zu niedrig bemessenes, fehlendes oder nicht ordnungsgemäßes Barabfindungsangebot gem. **§ 7 Abs. 5 SEAG** nicht zur Erhebung einer Anfechtungsklage gegen den Verschmelzungsbeschluss[157]. Dieser Klageausschluss gilt

57

---

148 Vgl. Begr. RegE z. SEEG, BT-Drucks. 15/3405, S. 31; so auch *Maul* in KölnKomm. AktG, 3. Aufl., Art. 24 SE-VO Rz. 32.
149 *Maul* in KölnKomm. AktG, 3. Aufl., Art. 24 SE-VO Rz. 32; vgl. zur Frist nach § 31 UmwG: *Grunewald* in Lutter, § 31 UmwG Rz. 2; *Kalss* in Semler/Stengel, § 31 UmwG Rz. 2 f.
150 So aber *Schäfer* in MünchKomm. AktG, 3. Aufl., Art. 20 SE-VO Rz. 28.
151 Richtig *Maul* in KölnKomm. AktG, 3. Aufl., Art. 24 SE-VO Rz. 32; vgl. zum nationalen Recht auch *Grunewald* in Lutter, § 31 UmwG Rz. 9; *Simon* in KölnKomm. UmwG, 2009, § 31 UmwG Rz. 13.
152 Vgl. zu § 29 Abs. 1 Satz 1 Halbsatz 2 UmwG: *Grunewald* in Lutter, § 29 UmwG Rz. 26; *Teichmann*, ZGR 2003, 367, 377 Fn. 48.
153 Ursprünglich RL 77/91/EWG, ABl. EG Nr. L 26 v. 31.1.1977, S. 1; geändert durch RL 2006/68/EG, ABl. EG Nr. L 264 v. 25.9.2006, S. 32; neugefasst durch RL 2012/30/EU, ABl. EU Nr. L 315 v. 14.11.2012, S. 74. Text mit Stand 2011 und ausf. Erläuterungen bei *Lutter/Bayer/J. Schmidt*, EuropUR, § 20 m.z.w.N. Zur Neufassung, die *de facto* nur eine Kodifizierung ist, *Bayer/J. Schmidt*, BB 2013, 3, 6.
154 Vgl. Begr. RegE z. SEEG, BT-Drucks. 15/3405, S. 33; *Neye/Teichmann*, AG 2003, 169, 172; *Schäfer* in MünchKomm. AktG, 3. Aufl., Art. 20 SE-VO Rz. 24; *Scheifele*, Gründung, S. 250; *J. Schmidt*, „Deutsche" vs. „britische" SE, S. 231; *Teichmann*, ZGR 2003, 367, 377 f.
155 So *Brandes*, AG 2005, 177, 180; *J. Vetter* in Lutter/Hommelhoff, Europäische Gesellschaft, S. 111, 147; skeptisch auch *Schwarz*, Art. 24 SE-VO Rz. 34 und jüngst wieder *Maul* in Köln-Komm. AktG, 3. Aufl., Art. 24 SE-VO Rz. 33.
156 Begr. RegE z. SEEG, BT-Drucks. 15/3405, S. 33.
157 Dazu auch *Maul* in KölnKomm. AktG, 3. Aufl., Art. 24 SE-VO Rz. 34.

allerdings ebenfalls nur unter den Voraussetzungen des **Art. 25 Abs. 3 Satz 1 SE-VO** (ausf. dort Rz. 20 ff.); liegen diese nicht vor, so steht jedem Aktionär weiterhin die Anfechtungsklage offen[158].

58 Nach **§ 243 Abs. 4 Satz 2 AktG** bezieht sich der Klageausschluss im dort geregelten Umfang auch auf Informationsmängel betreffend die Barabfindung (vgl. dazu bereits näher oben Rz. 35).

59 **bb) Spruchverfahren.** Sofern die Voraussetzungen des Art. 25 Abs. 3 Satz 1 SE-VO (ausf. Art. 25 Rz. 20 ff.) vorliegen, kann ein zu geringes, fehlendes oder nicht ordnungsgemäßes Barabfindungsangebot (ebenso wie diesbezügliche Informationsmängel, vgl. oben Rz. 58) gem. § 7 Abs. 7 Satz 1 und 2 SEAG nur im Spruchverfahren nach dem SpruchG[159] geltend gemacht werden.

60 Insofern stellen sich in besonderem Maße Probleme im Hinblick auf die **internationale Zuständigkeit**, denn ein Barabfindungsanspruch kann überhaupt nur dann bestehen, wenn die SE ihren Sitz im Ausland hat[160] (§ 7 Abs. 1 Satz 1 SEAG, vgl. oben Rz. 46, 48).

61 Kennt das Recht der anderen Gründungsgesellschaft(en) **kein spezielles Verfahren** zur Kontrolle der Abfindung, so folgt die Zuständigkeit des inländischen Spruchverfahrens mittelbar aus **Art. 25 Abs. 3 Satz 4 SE-VO**. Denn in diesem Fall kann das Spruchverfahren nur mit ausdrücklicher Zustimmung der Aktionäre der betreffenden Gesellschaft(en) durchgeführt werden (Art. 25 Abs. 3 Satz 1 SE-VO, § 7 Abs. 7 Satz 1 SEAG); ist dies erfolgt, dann ergibt sich aus der Bindungswirkung der Entscheidung gegenüber der übernehmenden SE (Art. 25 Abs. 3 Satz 4 SE-VO) zugleich auch die internationale Zuständigkeit für das inländische Spruchverfahren[161].

62 Sieht dagegen das Recht der ausländischen Gründungsgesellschaft(en) **auch ein spezielles Verfahren** zur Kontrolle des Umtauschverhältnisses vor, so ist eine Zustimmung nach Art. 25 Abs. 3 Satz 1 SE-VO entbehrlich. Hier könnte eine Zuständigkeitsbegründung zugunsten deutscher Gerichte nur dadurch erfolgen, dass die Aktionäre der ausländischen Gesellschaft(en) auf die Durchführung eines Spruchverfahrens nach ihrem Heimatrecht verzichten und dem Verfahren im Inland zustimmen[162]. § 7 Abs. 7 Satz 3 SEAG eröffnet den ausländischen Aktionären in diesem Fall zwar das Recht zur Einleitung eines inländischen Spruchverfahrens; es ist allerdings fraglich, ob das ausländische Recht eine solche Derogation gestattet. Ggf. muss der Anspruch nach § 7 Abs. 1 Satz 1 SEAG im Rahmen des Spruchverfahrens am Sitz der SE geltend gemacht werden[163].

63 Sofern die Aktionäre einer ausländischen Gründungsgesellschaft im deutschen Spruchverfahren nicht beteiligungsfähig sind, können sie zur Wahrung ihrer Interessen beim Gericht gem. **§ 6a SpruchG** die **Bestellung eines besonderen Vertreters** beantragen[164] (vgl. dazu bereits oben Rz. 42).

64 Eine Entscheidung, die im Spruchverfahren ergeht, wirkt gem. **§ 13 SpruchG inter omnes**, d.h. auch für und gegen die Aktionäre, die am Verfahren selbst nicht beteiligt

---

158 So auch *Maul* in KölnKomm. AktG, 3. Aufl., Art. 24 SE-VO Rz. 34.
159 Spruchverfahrensgesetz v. 12.6.2003 (BGBl. I 2003, 838).
160 Vgl. auch *Maul* in KölnKomm. AktG, 3. Aufl., Art. 24 SE-VO Rz. 35.
161 Wie hier *Schäfer* in MünchKomm. AktG, 3. Aufl., Art. 20 SE-VO Rz. 33; ebenso für Österreich: *Hügel* in Kalss/Hügel, §§ 21, 22 SEG Rz. 25.
162 So zutreffend *Schäfer* in MünchKomm. AktG, 3. Aufl., Art. 20 SE-VO Rz. 34.
163 S. *Schäfer* in MünchKomm. AktG, 3. Aufl., Art. 20 SE-VO Rz. 34.
164 Vgl. auch *Maul* in KölnKomm. AktG, 3. Aufl., Art. 24 SE-VO Rz. 36.

waren sowie insbesondere auch für diejenigen, die bereits gegen die ursprünglich angebotene Barabfindung ausgeschieden sind[165].

f) Exkurs: Erleichterte Veräußerbarkeit

Nach dem Vorbild des § 33 UmwG[166] erleichtert **§ 7 Abs. 6 SEAG** während des Laufs der Angebotsfrist (dazu Rz. 55) die Veräußerbarkeit der Aktien. Durch die faktische Außerkraftsetzung von Verfügungsbeschränkungen wird den Aktionären ermöglicht, den Erwerb einer Mitgliedschaft in der SE a priori zu vermeiden bzw. diese zumindest zeitnah zu beenden und ggf. auf dem freien Markt einen höheren Übertragungspreis zu erzielen[167].

D. Ergänzende Anwendung des AktG

Vgl. zu § 243 Abs. 4 Satz 2 AktG *Schwab* in K. Schmidt/Lutter, § 243 AktG Rz. 45 ff.
Vgl. zu §§ 71 ff. AktG *Bezzenberger* in K. Schmidt/Lutter, § 71 AktG Rz. 71 ff.

Art. 25
[Rechtmäßigkeitskontrolle]

(1) Die Rechtmäßigkeit der Verschmelzung wird, was die die einzelnen sich verschmelzenden Gesellschaften betreffenden Verfahrensschritte anbelangt, nach den für die Verschmelzung von Aktiengesellschaften geltenden Rechtsvorschriften des Mitgliedstaats kontrolliert, dessen Recht die jeweilige Gesellschaft unterliegt.

(2) In jedem der betreffenden Mitgliedstaaten stellt das zuständige Gericht, der Notar oder eine andere zuständige Behörde eine Bescheinigung aus, aus der zweifelsfrei hervorgeht, dass die der Verschmelzung vorangehenden Rechtshandlungen und Formalitäten durchgeführt wurden.

(3) Ist nach dem Recht eines Mitgliedstaats, dem eine sich verschmelzende Gesellschaft unterliegt, ein Verfahren zur Kontrolle und Änderung des Umtauschverhältnisses der Aktien oder zur Abfindung von Minderheitsaktionären vorgesehen, das jedoch der Eintragung der Verschmelzung nicht entgegensteht, so findet ein solches Verfahren nur dann Anwendung, wenn die anderen sich verschmelzenden Gesellschaften in Mitgliedstaaten, in denen ein derartiges Verfahren nicht besteht, bei der Zustimmung zu dem Verschmelzungsplans gemäß Art. 23 Abs. 1 ausdrücklich akzeptieren, dass die Aktionäre der betreffenden sich verschmelzenden Gesellschaft auf ein solches Verfahren zurückgreifen können. In diesem Fall kann das zuständige Gericht, der Notar oder eine andere zuständige Behörde die Bescheinigung gemäß Absatz 2 ausstellen, auch wenn ein derartiges Verfahren eingeleitet wurde. Die Bescheinigung muss allerdings einen Hinweis auf das anhängige Verfahren enthalten. Die Entscheidung in dem Verfahren ist für die übernehmende Gesellschaft und ihre Aktionäre bindend.

§ 4 SEAG: Zuständigkeiten
Für die Eintragung der SE und für die in Artikel 8 Abs. 8, Artikel 25 Abs. 2 sowie den Artikeln 26 und 64 Abs. 4 der Verordnung bezeichneten Aufgaben ist das nach den §§ 376 und 377 des Geset-

---

165 *Mennicke* in Lutter, UmwG, Anhang I SpruchG, § 13 Rz. 3 f.; *Volhard* in MünchKomm. AktG, 3. Aufl., § 13 SpruchG Rz. 3 f.
166 Vgl. Begr. RegE z. SEEG, BT-Drucks. 15/3405, S. 33.
167 Vgl. *Grunewald* in Lutter, § 33 UmwG Rz. 2; *Kalss* in Semler/Stengel, § 33 UmwG Rz. 2.

Art. 25 SE-VO (§§ 4, 8 SEAG)

zes über das Verfahren in Familiensachen und in den Angelegenheiten der freiwilligen Gerichtsbarkeit bestimmte Gericht zuständig. Das zuständige Gericht im Sinne des Artikels 55 Abs. 3 Satz 1 der Verordnung bestimmt sich nach § 375 Nr. 4, §§ 376 und 377 des Gesetzes über das Verfahren in Familiensachen und in den Angelegenheiten der freiwilligen Gerichtsbarkeit.

§ 8 SEAG: Gläubigerschutz

Liegt der künftige Sitz der SE im Ausland, ist § 13 Abs. 1 und 2 entsprechend anzuwenden. Das zuständige Gericht stellt die Bescheinigung nach Artikel 25 Abs. 2 der Verordnung nur aus, wenn die Vorstandsmitglieder einer übertragenden Gesellschaft die Versicherung abgeben, dass allen Gläubigern, die nach Satz 1 einen Anspruch auf Sicherheitsleistung haben, eine angemessene Sicherheit geleistet wurde.

I. Einleitung	
1. Zweistufige Rechtmäßigkeitskontrolle 1	
2. Die Regelung des Art. 25 SE-VO im Überblick 3	
II. Rechtmäßigkeitskontrolle nach Art. 25 Abs. 1 SE-VO	
1. Prüfungsgegenstand 6	
2. Prüfungsmaßstab 8	
3. Prüfungsverfahren für eine deutsche Gründungsgesellschaft	
a) Zuständigkeit 10	
b) Einzelheiten 11	
III. Bescheinigung nach Art. 25 Abs. 2 SE-VO	
1. Normzweck und Bindungswirkung . 14	
2. Form und Inhalt 15	
3. Sicherheitsleistung 16	
4. Anhängiges Spruchverfahren 17	
5. Keine vorläufige Eintragung 18	
6. Rechtsmittel 19	
IV. Anerkennung von Spruchverfahren (Art. 25 Abs. 3 SE-VO) 20	
V. Ergänzende Anwendung des AktG . . 24	

Literatur: *Blanquet*, Das Statut der Europäischen Aktiengesellschaft (Societas Europaea „SE"), ZGR 2002, 20; *Brandes*, Cross Border Mergers mittels der SE, AG 2005, 177; *Brandt*, Ein Überblick über die Europäische Aktiengesellschaft (SE) in Deutschland, BB-Special 3/2005, S. 1; *Bungert/Beier*, Die Europäische Aktiengesellschaft, EWS 2002, 1; *Empt*, Zur Anwendbarkeit von § 17 II UmwG bei einer SE-Gründung durch Verschmelzung auf eine deutsche AG, NZG 2010, 1013; *Fuchs*, Die Gründung einer Europäischen Aktiengesellschaft durch Verschmelzung und das nationale Recht, Diss. Konstanz 2004 (zit.: Gründung); *Handelsrechtsausschuss des DAV*, Stellungnahme zum Diskussionsentwurf eines Gesetzes zur Ausführung der Verordnung (EG) Nr. 2157/2001 des Rates vom 8.10.2001 über das Statut der Europäischen Gesellschaft (SE) (SE-Ausführungsgesetz – SEAG), NZG 2004, 75; *Henckel*, Rechnungslegung und Prüfung anlässlich einer grenzüberschreitenden Verschmelzung zu einer Societas Europaea (SE), DStR 2005, 1785; *Ihrig/Wagner*, Das Gesetz zur Einführung der Europäischen Aktiengesellschaft (SEEG) auf der Zielgeraden, BB 2004, 1749; *Kalss*, Der Minderheitenschutz bei Gründung und Sitzverlegung der SE nach dem Diskussionsentwurf, ZGR 2003, 593; *Mahi*, Die Europäische Aktiengesellschaft. Societas Europaea – SE, 2004; *Seibt/Saame*, Die Societas Europaea (SE) deutschen Rechts: Anwendungsfelder und Beratungshinweise, AnwBl. 2005, 225; *Spitzbart*, Die Europäische Aktiengesellschaft (Societas Europaea – SE) – Aufbau der SE und Gründung –, RNotZ 2006, 369; *Tavares Da Costa/Meester Bilreiro*, The European Company Statute, Den Haag 2003; *Vossius*, Gründung und Umwandlung der deutschen Europäischen Gesellschaft (SE), ZIP 2005, 741; *Walden/Meyer-Landrut*, Die grenzüberschreitende Verschmelzung zu einer Europäischen Gesellschaft: Beschlussfassung und Eintragung, DB 2005, 2619; *Walden/Meyer-Landrut*, Die grenzüberschreitende Verschmelzung zu einer Europäischen Gesellschaft: Planung und Vorbereitung, DB 2005, 2119.

I. Einleitung

1. Zweistufige Rechtmäßigkeitskontrolle

1 Nach Art. 27 Abs. 2 SE-VO (vgl. Art. 27 Rz. 2) wird die SE erst in das gem. Art. 12 Abs. 1 SE-VO bestimmte Register eingetragen, wenn sämtliche formale Vorausset-

zungen gem. Art. 25, 26 SE-VO erfüllt sind. Der Eintragung von Verschmelzung und SE geht damit nach der Konzeption der SE-VO eine *zweistufige Rechtmäßigkeitskontrolle* voraus[1]: Zum einen wird die Rechtmäßigkeit der SE-Gründung nach **Art. 25 SE-VO** auf der **Ebene der Gründungsgesellschaften** überprüft, zum anderen nach **Art. 26 SE-VO** auf der **Ebene der künftigen SE**. Es handelt sich um eine Form der Arbeitsteilung[2], weniger um eine Doppelprüfung: Denn in Parallele zum anwendbaren materiellen Recht (Art. 18 SE-VO) wird im Verfahren nach Art. 25 Abs. 1 SE-VO nur die Einhaltung derjenigen Verfahrensschritte geprüft, die sich auf das Verschmelzungsverfahren in den Gründungsgesellschaften beziehen, während im Verfahren nach Art. 26 Abs. 1 SE-VO diejenigen Verfahrensschritte geprüft werden, welche die Durchführung der Verschmelzung und die Gründung der SE selbst betreffen (ausf. unten Rz. 6 ff., Art. 26 Rz. 16).

Gegenüber der ursprünglichen Idee eines einheitlichen Prüfungsverfahrens[3] hat das zweistufige Modell den Vorteil, dass durch die Einschaltung von Kontrollinstanzen auf der Ebene der Gründungsgesellschaften **die Einhaltung des jeweils anwendbaren nationalen Gründungsrechts** mit größerer Sachkunde gewährleistet ist[4]. Zudem wird Befürchtungen entgegengetreten, dass nicht überall mit der gleichen Sorgfalt geprüft werden könnte[5]. 2

2. Die Regelung des Art. 25 SE-VO im Überblick

Art. 25 SE-VO regelt die – für jede Gründungsgesellschaft separat erfolgende – **erste Stufe der Rechtmäßigkeitskontrolle**[6]. Art. 25 Abs. 1 SE-VO bestimmt, dass für jede sich verschmelzende Gesellschaft eine Rechtmäßigkeitskontrolle hinsichtlich der ausschließlich sie betreffenden Verfahrensschritte zu erfolgen hat, und zwar nach den für Aktiengesellschaften geltenden Vorschriften ihres Gesellschaftsstatuts. 3

Nach **Art. 25 Abs. 2 SE-VO** hat die – von dem jeweiligen Mitgliedstaat nach Art. 68 Abs. 2 SE-VO zu bestimmende (dazu Art. 68 Rz. 5 ff.) – Kontrollstelle nach Abschluss der Prüfung eine **Rechtmäßigkeitsbescheinigung** auszustellen, die dann gem. Art. 26 Abs. 2 SE-VO der für die zweite Stufe der Rechtmäßigkeitskontrolle zuständigen Stelle vorzulegen ist[7] (dazu Art. 26 Rz. 3, 9). 4

Art. 25 Abs. 3 SE-VO regelt die Zulässigkeit und Bindungswirkung von auf der Basis von Art. 24 Abs. 2 SE-VO etablierten nationalrechtlichen Verfahren zur Kontrolle und Änderung des Umtauschverhältnisses der Aktien und zur Abfindung von Minderheitsaktionären („**Spruchverfahren**") sowie deren Verhältnis zur Rechtmäßigkeitskontrolle nach Art. 25 Abs. 1 SE-VO. Derartige Verfahren sind zwar in der Bescheinigung zu vermerken, stehen ihrer Erteilung aber nicht entgegen[8] (Art. 25 Abs. 3 Satz 2 und 3 SE-VO, dazu näher unten Rz. 17). 5

---

1 Vgl. auch *Marsch-Barner* in Habersack/Drinhausen, Art. 25 SE-VO Rz. 1; *Schäfer* in Münch-Komm. AktG, 3. Aufl., Art. 25 SE-VO Rz. 1; *Teichmann*, ZGR 2002, 383, 416 f.
2 So zutreffend *Kleindiek* in Lutter/Hommelhoff, Europäische Gesellschaft, S. 95, 108.
3 So noch Art. II-1-1 und II-1-6 des Sanders-Vorentwurfs, EWG-Kommission, Generaldirektion Wettbewerb, Az. 11000/IV/67, Studie Nr. 6, Reihe Wettbewerb, Brüssel 1967; sowie Art. 11, 17, 18 der VO-Vorschläge von 1970 und 1975.
4 *Scheifele*, Gründung, S. 258; *Schwarz*, Art. 25 SE-VO Rz. 8.
5 *Blanquet*, ZGR 2002, 20, 44; *Schäfer* in MünchKomm. AktG, 3. Aufl., Art. 25 SE-VO Rz. 1.
6 *Casper* in Spindler/Stilz, AktG, Art. 25 SE-VO Rz. 1; *Marsch-Barner* in Habersack/Drinhausen, Art. 25 SE-VO Rz. 2.
7 Dazu auch *Marsch-Barner* in Habersack/Drinhausen, Art. 25 SE-VO Rz. 2.
8 Vgl. auch *Marsch-Barner* in Habersack/Drinhausen, Art. 25 SE-VO Rz. 3; *Casper* in Spindler/Stilz, AktG, Art. 25 SE-VO Rz. 2.

II. Rechtmäßigkeitskontrolle nach Art. 25 Abs. 1 SE-VO

1. Prüfungsgegenstand

6 Der Umfang der Prüfung nach Art. 25 Abs. 1 SE-VO korrespondiert mit der Regelung in Art. 18 SE-VO. Auf der **ersten Stufe** wird somit die **Rechtmäßigkeit der Gründung** im Hinblick auf alle Verfahrensschritte kontrolliert, welche die einzelnen sich verschmelzenden Gesellschaften betreffen[9]. Dazu gehören: die Gründungsberechtigung der *betreffenden* Gesellschaft (Art. 2 Abs. 1 SE-VO, dazu Art. 2 Rz. 8 ff.)[10], der Verschmelzungsplan (dazu Art. 20 Rz. 2 ff.)[11], die Offenlegung des Verschmelzungsplans (dazu Art. 21 Rz. 3, 9 f.) und die Bekanntmachung nach Art. 21 SE-VO (dazu Art. 21 Rz. 2 ff.)[12], der Verschmelzungsbericht (dazu Art. 20 Rz. 29 ff.)[13], die Verschmelzungsprüfung (dazu Art. 22 Rz. 1 ff.)[14], der Zustimmungsbeschluss zur Verschmelzung (dazu Art. 23 Rz. 4 ff.)[15], ggf. die Genehmigung des Mitbestimmungsmodells (dazu Art. 23 Rz. 14 ff.)[16], ggf. das Fehlen eines Behördeneinspruchs (dazu Art. 19 Rz. 3 ff.) sowie die Beachtung der relevanten Gläubiger- und Minderheitenschutzvorschriften (dazu Art. 24 Rz. 4 ff., 21 ff.)[17].

7 **Keiner Kontrolle** unterliegen im Rahmen des Verfahrens nach Art. 25 Abs. 1 SE-VO: die wirtschaftliche Zweckmäßigkeit der Verschmelzung[18], die Angemessenheit des Umtauschverhältnisses[19] oder das Angebot einer ordnungsgemäßen Barabfindung[20]. Dies entspricht der Rechtslage im deutschen Umwandlungsrecht[21].

---

9 *Marsch-Barner* in Habersack/Drinhausen, Art. 25 SE-VO Rz. 16; *Maul* in KölnKomm. AktG, 3. Aufl., Art. 25 SE-VO Rz. 8, 13; *Scheifele*, Gründung, S. 263; *Schröder* in Manz/Mayer/Schröder, Art. 25 SE-VO Rz. 2; *Schwarz*, Art. 25 SE-VO Rz. 13.

10 So auch *Marsch-Barner* in Habersack/Drinhausen, Art. 25 SE-VO Rz. 16; *Jannott* in Jannott/Frodermann, Handbuch Europäische Aktiengesellschaft, § 3 Rz. 100; *Jünemann* in Binder/Jünemann/Merz/Sinewe, Die Europäische Aktiengesellschaft: Recht, Steuern, Beratung, 2007, § 2 Rz. 144; *Spitzbart*, RNotZ 2006, 369, 395.

11 So auch *Marsch-Barner* in Habersack/Drinhausen, Art. 25 SE-VO Rz. 17; *Maul* in KölnKomm. AktG, 3. Aufl., Art. 25 SE-VO Rz. 14.

12 Dazu näher *Austmann* in MünchHdb. AG, § 83 Rz. 20; zust. *Marsch-Barner* in Habersack/Drinhausen, Art. 25 SE-VO Rz. 17.

13 So auch *Marsch-Barner* in Habersack/Drinhausen, Art. 25 SE-VO Rz. 18; *Maul* in KölnKomm. AktG, 3. Aufl., Art. 25 SE-VO Rz. 14.

14 So auch *Marsch-Barner* in Habersack/Drinhausen, Art. 25 SE-VO Rz. 18; *Maul* in KölnKomm. AktG, 3. Aufl., Art. 25 SE-VO Rz. 14.

15 So auch *Marsch-Barner* in Habersack/Drinhausen, Art. 25 SE-VO Rz. 19; *Maul* in KölnKomm. AktG, 3. Aufl., Art. 25 SE-VO Rz. 14.

16 Zust. *Marsch-Barner* in Habersack/Drinhausen, Art. 25 SE-VO Rz. 19; vgl. zur grenzüberschreitenden Verschmelzung auch *Bayer* in Lutter, § 122k UmwG Rz. 18 m.w.N.

17 Vgl. *Scheifele*, Gründung, S. 263 f.; *Schröder* in Manz/Mayer/Schröder, Art. 25 SE-VO Rz. 2, 5; *Schwarz*, Art. 25 SE-VO Rz. 13.

18 *Marsch-Barner* in Habersack/Drinhausen, Art. 25 SE-VO Rz. 23: *Maul* in KölnKomm. AktG, 3. Aufl., Art. 25 SE-VO Rz. 15; vgl. bereits *Scheifele*, Gründung, S. 264; *Schwarz*, Art. 25 SE-VO Rz. 15; *Walden/Meyer-Landrut*, DB 2005, 2619, 2621.

19 *Austmann* in MünchHdb. AG, § 83 Rz. 29; *Marsch-Barner* in Habersack/Drinhausen, Art. 25 SE-VO Rz. 23; *Maul* in KölnKomm. AktG, 3. Aufl., Art. 25 SE-VO Rz. 15; *Schröder* in Manz/Mayer/Schröder, Art. 25 SE-VO Rz. 5; so bereits *Scheifele*, Gründung, S. 264; *Schwarz*, Art. 25 SE-VO Rz. 15.

20 *Marsch-Barner* in Habersack/Drinhausen, Art. 25 SE-VO Rz. 23; *Maul* in KölnKomm. AktG, 3. Aufl., Art. 25 SE-VO Rz. 15; vgl. bereits *Scheifele*, Gründung, S. 264; *Schwarz*, Art. 25 SE-VO Rz. 15.

21 Vgl. *Grunewald* in Lutter, § 20 UmwG Rz. 6; *Kübler* in Semler/Stengel, § 20 UmwG Rz. 5; *Zimmermann* in Kallmeyer, § 19 UmwG Rz. 5.

2. Prüfungsmaßstab

Zu unterscheiden ist das Prüfungsverfahren vom maßgeblichen anwendbaren Recht: 8
Allein das **formelle Prüfungsverfahren** richtet sich im Gleichlauf mit Art. 18 SE-VO
nach dem nationalen Recht des Prüfstaates; Art. 25 Abs. 1 SE-VO ist insofern eine
Spezialverweisung[22].

Dagegen ergeben sich die **materiellen Voraussetzungen** für die Rechtmäßigkeit der 9
Gründung auf der Ebene der Gründungsgesellschaften nach den Vorgaben der
Art. 20–24 SE-VO und nur soweit, wie dort (bzw. durch Art. 18 SE-VO) auf mitgliedstaatliches Recht verwiesen wird, sind die entsprechenden nationalen Anforderungen
maßgeblich[23]. Trotz der SE-rechtlichen Vorgaben variiert der Prüfungsmaßstab damit
je nach Kontrollstaat. Die **deutschen Registergerichte** (zur Zuständigkeit s. unten
Rz. 10) müssen z.B. auch prüfen, ob die nach § 71 Abs. 1 Satz 2 UmwG erforderliche
Anzeige des **Treuhänders** vorliegt (s. dazu Art. 20 Rz. 20)[24] und ob den Gläubigern eine angemessene **Sicherheit** geleistet wurde (§ 8 Satz 2 SEAG) (dazu bereits Art. 24
Rz. 14 sowie unten Rz. 16)[25].

3. Prüfungsverfahren für eine deutsche Gründungsgesellschaft

a) Zuständigkeit

Für die Rechtmäßigkeitsprüfung (und nicht nur für die Bescheinigung nach Art. 25 10
Abs. 2 SE-VO[26]) **sachlich** zuständig ist nach Art. 68 Abs. 2 SE-VO i.V.m. **§ 4 Abs. 1
Satz 1 SEAG** gem. **§ 376 (i.V.m. § 374) FamFG** jedes Amtsgericht am Sitz eines Landgerichts[27]. **Örtlich** ausschließlich zuständig ist nunmehr[28] nach Art. 25 Abs. 1 SE-VO[29] i.V.m. § 377 Abs. 1 FamFG das Gericht am Satzungssitz der AG[30].

---

22 So auch *Marsch-Barner* in Habersack/Drinhausen, Art. 25 SE-VO Rz. 5; vgl. bereits *Fuchs*, Gründung, S. 157; *Scheifele*, Gründung, S. 261; *Schwarz*, Art. 25 SE-VO Rz. 12; vgl. auch *Schröder* in Manz/Mayer/Schröder, Art. 25 SE-VO Rz. 7.
23 Richtig *Kleindiek* in Lutter/Hommelhoff, Europäische Gesellschaft, S. 95, 107; *Scheifele*, Gründung, S. 263; *J. Schmidt*, „Deutsche" vs. „britische" SE, S. 250 f.; *Schröder* in Manz/Mayer/Schröder, Art. 25 SE-VO Rz. 7; *Schwarz*, Art. 25 SE-VO Rz. 12; zust. *Marsch-Barner* in Habersack/Drinhausen, Art. 25 SE-VO Rz. 5; zumindest missverständlich *Bungert/Beier*, EWS 2002, 1, 7; *Jannott* in Jannott/Frodermann, Handbuch Europäische Aktiengesellschaft, § 3 Rz. 98; *Neun* in Theisen/Wenz, Europäische Aktiengesellschaft, S. 57, 139; *Schäfer* in MünchKomm. AktG, 3. Aufl., Art. 25 SE-VO Rz. 4; *Thümmel*, Europäische Aktiengesellschaft, Rz. 70; *Walden/Meyer-Landrut*, DB 2005, 2619, 2621.
24 So auch *Marsch-Barner* in Habersack/Drinhausen, Art. 25 SE-VO Rz. 22; *Schröder* in Manz/Mayer/Schröder, Art. 25 SE-VO Rz. 32.
25 So auch *Austmann* in MünchHdb. AG, § 83 Rz. 29; *Marsch-Barner* in Habersack/Drinhausen, Art. 25 SE-VO Rz. 21; *Schröder* in Manz/Mayer/Schröder, Art. 25 SE-VO Rz. 32, 37.
26 Unzutreffend daher *Scheifele*, Gründung, S. 260, und *Schwarz*, Vorbem. Art. 25–28 SE-VO Rz. 14, die die sachliche Zuständigkeit aus Art. 25 Abs. 1 SE-VO i.V.m. § 16 UmwG herleiten. Wie hier *Jannott* in Jannott/Frodermann, Handbuch Europäische Aktiengesellschaft, § 3 Rz. 99; *Schäfer* in MünchKomm. AktG, 3. Aufl., Art. 25 SE-VO Rz. 5; *Schröder* in Manz/Mayer/Schröder, Art. 25 SE-VO Rz. 33.
27 *Marsch-Barner* in Habersack/Drinhausen, Art. 25 SE-VO Rz. 4; *Schäfer* in MünchKomm. AktG, 3. Aufl., Art. 25 SE-VO Rz. 5; vgl. zum früheren Recht auch *Kleindiek* in Lutter/Hommelhoff, Europäische Gesellschaft, S. 95, 97, 100; *Schwarz*, Vorbem. Art. 25–28 SE-VO Rz. 14.
28 Zur (identischen) früheren Rechtslage: Voraufl. Rz. 10 m.w.N.
29 Nicht gem. Art. 9 Abs. 1 lit. c ii SE-VO, weil diese Vorschrift nur die bereits existierende SE betrifft (dazu Art. 9 Rz. 43). Unrichtig daher *Handelsrechtsausschuss des DAV*, NZG 2004, 75, 76; *Ihrig/Wagner*, BB 2004, 1749, 1750.
30 *Kleindiek* in Lutter/Hommelhoff, Europäische Gesellschaft, S. 95, 97; *Ihrig/Wagner*, BB 2004, 1749, 1750; *Schäfer* in MünchKomm. AktG, 3. Aufl., Art. 25 SE-VO Rz. 5; *J. Schmidt*, „Deutsche" vs. „britische" SE, S. 248; *Schwarz*, Art. 68 SE-VO Rz. 12.

b) Einzelheiten

11 Hinsichtlich des Prüfungsverfahrens verweist Art. 25 Abs. 1 SE-VO auf **§ 38 Abs. 1 UmwG i.V.m. §§ 16, 17 UmwG**[31]. Die Verschmelzung ist also vom Vorstand in vertretungsberechtigter Zahl beim zuständigen Registergericht anzumelden (§ 16 Abs. 1 UmwG)[32]. Soweit möglich, hat er dabei eine Negativerklärung nach § 16 Abs. 2 UmwG abzugeben[33]. Liegen die Voraussetzungen hierfür nicht vor, dann darf – wie sich aus einer SE-spezifischen Auslegung des § 16 Abs. 2 Satz 2 UmwG ergibt – die **Rechtmäßigkeitsbescheinigung** i.S.d. Art. 25 Abs. 2 SE-VO nur erteilt werden, nachdem erfolgreich ein Unbedenklichkeitsverfahren nach § 16 Abs. 3 UmwG[34] durchgeführt wurde[35]; die erste Stufe der Rechtmäßigkeitskontrolle nach der SE-VO endet nämlich nicht mit einer Registereintragung (vgl. zur Unanwendbarkeit des § 19 UmwG unten Rz. 18), sondern mit der Erteilung der Rechtmäßigkeitsbescheinigung, so dass **§ 16 Abs. 2 Satz 2 UmwG** im Falle der SE-Gründung durch Verschmelzung keine „Register-", sondern eine **„Bescheinigungssperre"**[36] bewirkt.

12 Mit der Anmeldung müssen – jeweils nur für die *deutsche Gründungsgesellschaft* – die in **§ 17 Abs. 1 UmwG** genannten **Unterlagen** eingereicht werden[37], d.h. Verschmelzungsplan[38], Verschmelzungsbeschluss[39], Verschmelzungsbericht, Verschmelzungsprüfungsbericht (oder ggf. entsprechende Verzichtserklärungen), ein Nachweis der rechtzeitigen Zuleitung des Verschmelzungsplans an den Betriebsrat (dazu Art. 21 Rz. 11) sowie ggf. notwendige Genehmigungsurkunden. Erforderlich ist eine Ausfertigung oder öffentlich beglaubigte Abschrift; soweit die Dokumente nicht notariell zu

---

31 Ebenso *Marsch-Barner* in Habersack/Drinhausen, Art. 25 SE-VO Rz. 5; *Casper* in Spindler/Stilz, AktG, Art. 25 SE-VO Rz. 3; *Schäfer* in MünchKomm. AktG, 3. Aufl., Art. 25 SE-VO Rz. 4; *Schwarz*, Art. 25 SE-VO Rz. 9. Für die Anwendung der §§ 16, 17 UmwG i.E. auch *Brandes*, AG 2005, 177, 187; *Heckschen* in Widmann/Mayer, UmwG Anhang 14 Rz. 251; *Jannott* in Jannott/Frodermann, Handbuch Europäische Aktiengesellschaft, § 3 Rz. 94; *Kleindiek* in Lutter/Hommelhoff, Europäische Gesellschaft, S. 95, 98; *Seibt/Saame*, AnwBl. 2005, 225, 231; *Vossius*, ZIP 2005, 741, 744; *Walden/Meyer-Landrut*, DB 2005, 2619, 2621.
32 *Jannott* in Jannott/Frodermann, Handbuch Europäische Aktiengesellschaft, § 3 Rz. 94; *Kleindiek* in Lutter/Hommelhoff, Europäische Gesellschaft, S. 95, 97 f.; *Marsch-Barner* in Habersack/Drinhausen, Art. 25 SE-VO Rz. 8; *Schwarz*, Art. 25 SE-VO Rz. 11.
33 *Brandes*, AG 2005, 177, 187; *Heckschen* in Widmann/Mayer, UmwG Anhang 14 Rz. 251; *Jannott* in Jannott/Frodermann, Handbuch Europäische Aktiengesellschaft, § 3 Rz. 95; *Marsch-Barner* in Habersack/Drinhausen, Art. 25 SE-VO Rz. 14; *Schröder* in Manz/Mayer/Schröder, Art. 25 SE-VO Rz. 37; *Schwarz*, Art. 25 SE-VO Rz. 11; *Walden/Meyer-Landrut*, DB 2005, 2619, 2621.
34 S. zur Anwendung des § 16 Abs. 3 UmwG: *Brandes*, AG 2005, 177, 187; *Heckschen* in Widmann/Mayer, UmwG Anhang 14 Rz. 188; *Jannott* in Jannott/Frodermann, Handbuch Europäische Aktiengesellschaft, § 3 Rz. 95; *J. Vetter* in Lutter/Hommelhoff, Europäische Gesellschaft, S. 111, 118; *Walden/Meyer-Landrut*, DB 2005, 2619, 26212.
35 So auch *Marsch-Barner* in Habersack/Drinhausen, Art. 25 SE-VO Rz. 14; *Schwarz*, Art. 25 SE-VO Rz. 31; *Schröder* in Manz/Mayer/Schröder, Art. 25 SE-VO Rz. 38.
36 So prägnant *Mahi*, Europäische Aktiengesellschaft, S. 47; ebenso i.E. *Casper* in Spindler/Stilz, AktG, Art. 25 SE-VO Rz. 6; *Marsch-Barner* in Habersack/Drinhausen, Art. 25 SE-VO Rz. 14; *Neun* in Theisen/Wenz, Europäische Aktiengesellschaft, S. 57, 140; *Schäfer* in MünchKomm. AktG, 3. Aufl., Art. 25 SE-VO Rz. 8; *J. Vetter* in Lutter/Hommelhoff, Europäische Gesellschaft, S. 111, 118; *Walden/Meyer-Landrut*, DB 2005, 2619, 2621.
37 *Heckschen* in Widmann/Mayer, UmwG Anhang 14 Rz. 251; *Jannott* in Jannott/Frodermann, Handbuch Europäische Aktiengesellschaft, § 3 Rz. 95; *Maul* in KölnKomm. AktG, 3. Aufl., Art. 25 SE-VO Rz. 13; *Marsch-Barner* in Habersack/Drinhausen, Art. 25 SE-VO Rz. 9; *Schröder* in Manz/Mayer/Schröder, Art. 25 SE-VO Rz. 34, 39; *Schwarz*, Art. 25 SE-VO Rz. 11.
38 „Verschmelzungsvertrag" ist auch hier SE-spezifisch als „Verschmelzungsplan" zu lesen.
39 Nicht hingegen Verschmelzungsbeschlüsse der anderen an der Verschmelzung beteiligten Gesellschaften: *Marsch-Barner* in Habersack/Drinhausen, Art. 25 SE-VO Rz. 12.

beurkunden sind, genügt eine Urschrift oder Abschrift[40]. Gem. **§ 17 Abs. 2 UmwG** ist überdies eine **Schlussbilanz** beizufügen[41]; für die Berechnung der Achtmonatsfrist ist auf das Datum der Einreichung des Antrags auf Erteilung der Rechtmäßigkeitsbescheinigung abzustellen[42]. Ggf. unvollständige Unterlagen können durch **Zwischenverfügung** gem. § 382 Abs. 4 Satz 1 FamFG nachgefordert werden[43].

In diesem Kontext ist zu betonen, dass **Art. 25 Abs. 1 SE-VO** ausschließlich die **erste Stufe** der eigentlichen Rechtmäßigkeitskontrolle normiert; die Eintragung und Offenlegung der Verschmelzung richtet sich nach Art. 12, 13, 15 Abs. 2, 27 und 28 SE-VO[44], welche die deutsche Regelung des § 19 UmwG verdrängen (dazu näher unten Rz. 18). 13

III. Bescheinigung nach Art. 25 Abs. 2 SE-VO

1. Normzweck und Bindungswirkung

Die für die Rechtmäßigkeitsprüfung auf der ersten Stufe zuständige Stelle (dazu oben Rz. 10) hat der Gründungsgesellschaft nach positivem Abschluss des Prüfungsverfahrens eine Bescheinigung auszustellen, aus der „zweifelsfrei hervorgeht, dass die der Verschmelzung vorangehenden Rechtshandlungen und Formalitäten durchgeführt wurden" (Art. 25 Abs. 2 SE-VO). Auf die Erteilung der Bescheinigung besteht ein Anspruch[45]. Diese Bescheinigung ist dann nach **Art. 26 Abs. 2 SE-VO** der zuständigen Kontrollstelle **auf der zweiten Stufe vorzulegen** und hat insoweit **Bindungswirkung**, als die für die zweite Stufe der Rechtmäßigkeitsprüfung zuständige Kontrollstelle an das in der Bescheinigung enthaltene positive Prüfungsergebnis gebunden ist[46] (dazu Art. 26 Rz. 16). 14

2. Form und Inhalt

Die Bescheinigung ist **schriftlich** zu erteilen[47]. Streitig ist, ob das Ergebnis der Prüfung tenorartig zusammengefasst werden darf[48], oder ob die Form eines Beschlusses 15

---

40 Näher zu den formalen Anforderung des § 17 Abs. 1 UmwG: *Decher* in Lutter, § 17 UmwG Rz. 3.
41 *Brandes*, AG 2005, 177, 187; *Henckel*, DStR 2005, 1785, 1788; *Marsch-Barner* in Habersack/Drinhausen, Art. 25 SE-VO Rz. 10; *Maul* in KölnKomm. AktG, 3. Aufl., Art. 25 SE-VO Rz. 13; *Schwarz*, Art. 25 SE-VO Rz. 11; *Walden/Meyer-Landrut*, DB 2005, 2119, 2123; *Empt*, NZG 2010, 1013, 1014 mit Erläuterung des Sachverhalts der Allianz SE.
42 *Austmann* in MünchHdb. AG, § 83 Rz. 12; *Brandes*, AG 2005, 177, 181; *Marsch-Barner* in Habersack/Drinhausen, Art. 25 SE-VO Rz. 10; *Hörtnagl* in Schmitt/Hörtnagl/Stratz, UmwG, Art. 25 SE-VO Rz. 5.
43 *Marsch-Barner* in Habersack/Drinhausen, Art. 25 SE-VO Rz. 15; *Heckschen* in Widmann/Mayer, UmwG Anhang 14 Rz. 253; *Maul* in KölnKomm. AktG, 3. Aufl., Art. 25 SE-VO Rz. 20.
44 *Scheifele*, Gründung, S. 262; *Schwarz*, Art. 25 SE-VO Rz. 10.
45 *Schäfer* in MünchKomm. AktG, 3. Aufl., Art. 25 SE-VO Rz. 6.
46 *Casper* in Spindler/Stilz, AktG, 3. Aufl., Art. 25 SE-VO Rz. 7; *Maul* in KölnKomm. AktG, 3. Aufl., Art. 25 SE-VO Rz. 22; *Marsch-Barner* in Habersack/Drinhausen, Art. 25 SE-VO Rz. 24; *Schäfer* in MünchKomm. AktG, 3. Aufl., Art. 25 SE-VO Rz. 6; *Schwarz*, Art. 26 SE-VO Rz. 6; vgl. bereits *Scheifele*, Gründung, S. 272, 276; *J. Schmidt*, „Deutsche" vs. „britische" SE, S. 257; *Tavares Da Costa/Meester Bilreiro*, European Company Statute, S. 31 f. Einschränkend jedoch *Heckschen* in Widmann/Mayer, UmwG Anhang 14 Rz. 266; *Kleindiek* in Lutter/Hommelhoff, Europäische Gesellschaft, S. 95, 108.
47 *Casper* in Spindler/Stilz, AktG, 3. Aufl., Art. 25 SE-VO Rz. 5; *Marsch-Barner* in Habersack/Drinhausen, Art. 25 SE-VO Rz. 25; *Maul* in KölnKomm. AktG, 3. Aufl., Art. 25 SE-VO Rz. 18; *Schröder* in Manz/Mayer/Schröder, Art. 25 SE-VO Rz. 16 f.
48 So *Casper* in Spindler/Stilz, AktG, Art. 25 SE-VO Rz. 5; *Schäfer* in MünchKomm. AktG, 3. Aufl., Art. 25 SE-VO Rz. 6; *Scheifele*, Gründung, S. 265 f.; *Schröder* in Manz/Mayer/Schröder, Art. 25 SE-VO Rz. 16 ff.; *Schwarz*, Art. 25 SE-VO Rz. 20.

mit **Tatbestand und Gründen** zu verlangen ist[49]. Die ausländischen Sprachversionen sprechen für einen ausführlicheren Text[50]. Auch rechtsstaatliche Aspekte streiten für die Beifügung von Tatbestand und Gründen[51], zumal dies auch für eine etwaige Beschwerde gegen eine ablehnende Entscheidung (dazu unten Rz. 19) von Bedeutung ist.

3. Sicherheitsleistung

16 Nach **§ 8 Satz 2 SEAG** darf die Bescheinigung für eine deutsche übertragende Gesellschaft nur ausgestellt werden, wenn die Vorstandsmitglieder versichern, dass allen Gläubigern, die nach § 8 Satz 1 SEAG einen Anspruch auf Sicherheitsleistung haben (dazu Art. 24 Rz. 11 ff.), eine angemessene Sicherheit geleistet wurde[52]. Dass die Sicherheitsleistung zu den nach Art. 25 Abs. 1 SE-VO zu prüfenden und nach Art. 25 Abs. 2 SE-VO zu bescheinigenden Verfahrensanforderungen gehört, ergibt sich freilich bereits aus der Systematik von SE-VO und SEAG[53]; konstitutive Bedeutung hat § 8 Satz 2 SEAG nur im Hinblick auf die diesbezügliche Versicherungsobliegenheit der Vorstandsmitglieder.

4. Anhängiges Spruchverfahren

17 Ein anhängiges Spruchverfahren zur Verbesserung des Umtauschverhältnisses (dazu Art. 24 Rz. 38 ff.) oder zur Überprüfung der Barabfindung (dazu Art. 24 Rz. 59 ff.) **hindert** die Ausstellung der Bescheinigung **nicht** (Art. 25 Abs. 3 Satz 2 SE-VO). In diesem Fall muss die Bescheinigung allerdings einen **Hinweis** auf das anhängige Spruchverfahren enthalten (Art. 25 Abs. 3 Satz 3 SE-VO)[54]. Zum Spruchverfahren noch unten Rz. 20 ff.

5. Keine vorläufige Eintragung

18 Im Schrifttum wird teilweise vorgeschlagen, dass in Bezug auf eine deutsche Gründungsgesellschaft die zur Rechtmäßigkeitsprüfung nach Art. 25 SE-VO berufene Stelle bei positivem Ausgang ihrer Prüfung gem. § 19 UmwG sogleich die **Verschmelzung** – versehen mit einem Vorläufigkeitsvermerk – in das Register der Gründungsgesellschaft **einzutragen** habe. Der Kontrollstelle am Sitz der SE sei dann dieser Registerauszug anstelle einer Bescheinigung nach Art. 25 Abs. 2 SE-VO vorzulegen[55]. Dieses Verfahren erscheint indes **unzulässig**, da es sich nicht in die Konzeption der SE-VO einfügen lässt: Die Funktion der Eintragung mit Vorläufigkeitsvermerk (§ 19 Abs. 1 UmwG) erfüllt bei der Gründung einer SE durch Verschmelzung die **Recht-**

---

49 So *DNotV*, Stellungnahme zum DiskE, S. 6; *J. Schmidt*, „Deutsche" vs. „britische" SE, S. 251 f.; *Hügel* in Kalss/Hügel, §§ 21, 22 SEG § 24 Rz. 10; vgl. auch *Vossius* in Widmann/Mayer, § 20 UmwG Rz. 426 Fn. 2.
50 Englisch: „conclusively attesting"; französisch: „attestant d'une manière concluante", italienisch: „attestante in modo concludente", spanisch: „que acredite de manera concluyente"; a.A. allerdings *Maul* in KölnKomm. AktG, 3. Aufl., Art. 25 SE-VO Rz. 18.
51 Vgl. *J. Schmidt*, „Deutsche" vs. „britische" SE, S. 251 f.
52 *Maul* in KölnKomm. AktG, 3. Aufl., Art. 25 SE-VO Rz. 16; *Casper* in Spindler/Stilz, AktG, Art. 25 SE-VO Rz. 6; *Schäfer* in MünchKomm. AktG, 3. Aufl., Art. 25 SE-VO Rz. 9.
53 Vgl. Begr. RegE z. SEEG, BT-Drucks. 15/3405, S. 34; *Schäfer* in MünchKomm. AktG, 3. Aufl., Art. 25 SE-VO Rz. 9; *Scheifele*, Gründung, S. 266; *Schwarz*, Art. 25 SE-VO Rz. 22.
54 Vgl. *Maul* in KölnKomm. AktG, 3. Aufl., Art. 25 SE-VO Rz. 17; *Schäfer* in MünchKomm. AktG, 3. Aufl., Art. 25 SE-VO Rz. 7; *Schwarz*, Art. 25 SE-VO Rz. 19; Formulierungsvorschlag bei *Schröder* in Manz/Mayer/Schröder, Art. 25 SE-VO Rz. 18.
55 So *Brandes*, AG 2005, 177, 187; *Marsch-Barner* in Habersack/Drinhausen, Art. 25 SE-VO Rz. 8; *Seibt/Saame*, AnwBl. 2005, 225, 231; *Vossius* in Widmann/Mayer, § 20 UmwG Rz. 426 Fn. 1; *Walden/Meyer-Landrut*, DB 2005, 2619, 2622.

mäßigkeitsbescheinigung gem. Art. 25 Abs. 2 SE-VO, die Publizität der Verschmelzung im Hinblick auf die Gründungsgesellschaft ist durch Art. 28 SE-VO abschließend geregelt; **§ 19 UmwG** ist demzufolge bei der SE-Gründung durch Verschmelzung **nicht anwendbar**[56].

6. Rechtsmittel

Lehnt das Registergericht die Erteilung der Bescheinigung ab, so ist nach neuer Rechtslage die Beschwerde nach § 58 FamFG statthaft, anschließend ggf. die Rechtsbeschwerde nach § 70 FamFG[57]. 19

IV. Anerkennung von Spruchverfahren (Art. 25 Abs. 3 SE-VO)

Spezielle mitgliedstaatliche Verfahren zur Überprüfung des Umtauschverhältnisses oder einer Barabfindung, die der Eintragung der Verschmelzung nicht entgegenstehen, können nach **Art. 25 Abs. 3 Satz 1 SE-VO** nur unter der Voraussetzung zur Anwendung kommen, dass die anderen beteiligten Gründungsgesellschaften, deren Recht derartige Verfahren nicht kennt, dies **ausdrücklich akzeptieren**. Nicht explizit geregelt ist die Rechtslage, wenn auch nach dem Recht der anderen Gründungsgesellschaften ein solches spezielles Überprüfungsverfahren vorgesehen ist. Im **Umkehrschluss** wird man indes zu dem Ergebnis gelangen müssen, dass dann die Aktionäre aller beteiligten Gesellschaften das nach ihrem jeweiligen Recht anwendbare Überprüfungsverfahren durchführen können[58]. 20

Nicht gesichert ist damit jedoch die **internationale Zuständigkeit** und nicht gelöst die Problematik möglicher **divergierender Entscheidungen**[59]. Daher ist es auf jeden Fall zumindest empfehlenswert, wenn das anwendbare Überprüfungsverfahren zuvor im Rahmen des Verschmelzungsplans mit verbindlicher Wirkung festgelegt wird; fraglich ist allerdings, inwieweit das jeweilige nationale Recht dies gestattet. Aus Art. 25 Abs. 3 Satz 1 SE-VO sollte jedoch eine spezielle und vorrangige Entscheidungskompetenz der jeweiligen Hauptversammlung der beteiligten Gründungsgesellschaften gefolgert werden können. Für das deutsche Recht haben **§§ 6 Abs. 4, 7 Abs. 7 SEAG** festgelegt, dass sich die Aktionäre einer ausländischen Gründungsgesellschaft, deren Heimatrecht ein „Spruchverfahren" kennt, am deutschen Spruchverfahren beteiligen können[60] (s. dazu Art. 24 Rz. 41, 62). 21

---

56 Wie hier *Hörtnagl* in Schmitt/Hörtnagl/Stratz, UmwG, Art. 25 SE-VO Rz. 4; *Jannott* in Jannott/Frodermann, Handbuch Europäische Aktiengesellschaft, § 3 Rz. 100 Fn. 217; *Schäfer* in MünchKomm. AktG, 3. Aufl., Art. 25 SE-VO Rz. 10; *Scheifele*, Gründung, S. 268 ff.; *J. Schmidt*, „Deutsche" vs. „britische" SE, S. 258 f.; *Schwarz*, Art. 25 SE-VO Rz. 25; zust. *Maul* in KölnKomm. AktG, 3. Aufl., Art. 25 SE-VO Rz. 24; nunmehr auch *Marsch-Barner* in Habersack/Drinhausen, Art. 25 SE-VO Rz. 26.
57 *Marsch-Barner* in Habersack/Drinhausen, Art. 25 SE-VO Rz. 4; *Schröder* in Manz/Mayer/Schröder, Art. 25 SE-VO Rz. 46; *Maul* in KölnKomm. AktG, 3. Aufl., Art. 25 SE-VO Rz. 20; *Schäfer* in MünchKomm. AktG, 3. Aufl., Art. 25 SE-VO Rz. 6 a.E.; *Casper* in Spindler/Stilz, AktG, Art. 25 SE-VO Rz. 5.
58 So richtig *Schäfer* in MünchKomm. AktG, 3. Aufl., Art. 25 SE-VO Rz. 12; *Schröder* in Manz/Mayer/Schröder, Art. 25 SE-VO Rz. 26; zust. *Maul* in KölnKomm. AktG, 3. Aufl., Art. 25 SE-VO Rz. 31; *Casper* in Spindler/Stilz, AktG, Art. 25 SE-VO Rz. 8; wohl auch *Marsch-Barner* in Habersack/Drinhausen, Art. 25 SE-VO Rz. 31.
59 So auch *Marsch-Barner* in Habersack/Drinhausen, Art. 25 SE-VO Rz. 31; *Schröder* in Manz/Mayer/Schröder, Art. 25 SE-VO Rz. 26.
60 So auch *Marsch-Barner* in Habersack/Drinhausen, Art. 25 SE-VO Rz. 31; *Schröder* in Manz/Mayer/Schröder, Art. 25 SE-VO Rz. 26, 47.

2.2 Ist die Zustimmung erforderlich, so ist sie **bei der Beschlussfassung** über den Verschmelzungsplan gem. Art. 23 Abs. 1 SE-VO zu erteilen (Art. 25 Abs. 3 Satz 1 SE-VO). Technisch kann dies in Verbindung mit der Abstimmung über den Verschmelzungsplan oder auch in Form einer isolierten Beschlussfassung erfolgen[61]. Jedoch ist stets die **gleiche Mehrheit** erforderlich[62]. Hätte der SE-Verordnungsgeber insoweit keine Koppelung beabsichtigt, so hätte er in Art. 25 Abs. 3 Satz 1 SE-VO eine andere Formulierung gewählt. Diese Koppelung macht aus Sinn: Ist für die SE-Gründung entsprechend den Vorgaben von Art. 7 Abs. 1 der nationalen VerschmelzungsRL[63] nach dem maßgeblichen Recht der Gründungsgesellschaft eine qualifizierte Mehrheit erforderlich (ausf. Art. 23 Rz. 10), dann darf es nicht sein, dass eine einfache Mehrheit in die Lage versetzt wird, das finanzielle Risiko einer Abänderung des Umtauschverhältnisses oder einer Erhöhung der Barabfindung zu akzeptieren[64].

2.3 Ist ein spezielles Überprüfungsverfahren nach den Voraussetzungen des Art. 25 Abs. 3 Satz 1 SE-VO zulässig, dann wird in **Art. 25 Abs. 3 Satz 4 SE-VO** eine **Rechtskrafterstreckung** auf alle beteiligten Gründungsgesellschaften und deren Aktionäre angeordnet[65]. Dagegen stellen die Regelungen in Art. 25 Abs. 3 Satz 2 und 3 SE-VO klar, dass die Durchführung eines solchen speziellen Überprüfungsverfahrens die Eintragung der Verschmelzung und damit die SE-Gründung nicht hindert[66] (ausf. oben Rz. 17).

V. Ergänzende Anwendung des AktG

24 Vgl. zur örtlichen Zuständigkeit gem. § 14 AktG *Langhein* in K. Schmidt/Lutter, § 14 AktG Rz. 1 ff.

---

61 So richtig *Hügel* in Kalss/Hügel, §§ 21, 22 SEG Rz. 8; *Kalss*, ZGR 2003, 593, 623; zust. *Casper* in Spindler/Stilz, AktG, Art. 25 SE-VO Rz. 8; *Marsch-Barner* in Habersack/Drinhausen, Art. 25 SE-VO Rz. 30; ähnlich bereits *Fuchs*, Gründung, S. 147 f.; *Heckschen* in Widmann/Mayer, UmwG Anhang 14 Rz. 187, 240; *Schröder* in Manz/Mayer/Schröder, Art. 25 SE-VO Rz. 28; a.A. (stets getrennte Beschlussfassung): *Scheifele*, Gründung, S. 220; *Schwarz*, Art. 25 SE-VO Rz. 29.
62 Wie hier *Schäfer* in MünchKomm. AktG, 3. Aufl., Art. 25 SE-VO Rz. 12; *Schröder* in Manz/Mayer/Schröder, Art. 25 SE-VO Rz. 28; zust. *Marsch-Barner* in Habersack/Drinhausen, Art. 25 SE-VO Rz. 30; *Casper* in Spindler/Stilz, AktG, Art. 25 SE-VO Rz. 8; *Maul* in KölnKomm. AktG, 3. Aufl., Art. 25 SE-VO Rz. 28.
63 RL 2011/35/EU des Europäischen Parlaments und des Rates v. 5.4.2011 über die Verschmelzung von Aktiengesellschaften, ABl. EU Nr. L 110 v. 29.4.2011, S. 1; Abdruck und Erläuterungen bei *Lutter/Bayer/J. Schmidt*, EuropUR, § 21; früher Dritte Richtlinie des Rates 78/855/EWG vom 9.10.1978 gemäß Artikel 54 Absatz 3 Buchstabe g) des Vertrages betreffend die Verschmelzung von Aktiengesellschaften, ABl. EG Nr. L 295 v. 20.10.1978, S. 36.
64 Abw. (einfache Mehrheit): *Scheifele*, Gründung, S. 220; *Schwarz*, Art. 25 SE-VO Rz. 29.
65 *Marsch-Barner* in Habersack/Drinhausen, Art. 25 SE-VO Rz. 33; *Maul* in KölnKomm. AktG, 3. Aufl., Art. 25 SE-VO Rz. 30; *Scheifele*, Gründung, S. 243; *Schwarz*, Art. 25 SE-VO Rz. 26; vgl. weiter *Brandes*, AG 2005, 177, 180; *Schröder* in Manz/Mayer/Schröder, Art. 25 SE-VO Rz. 29.
66 So auch *Marsch-Barner* in Habersack/Drinhausen, Art. 25 SE-VO Rz. 32; *Casper* in Spindler/Stilz, AktG, Art. 25 SE-VO Rz. 2, 6; *Maul* in KölnKomm. AktG, 3. Aufl., Art. 25 SE-VO Rz. 30.

Art. 26
[Rechtmäßigkeitskontrolle bei der Gründung]

(1) Die Rechtmäßigkeit der Verschmelzung wird, was den Verfahrensabschnitt der Durchführung der Verschmelzung und der Gründung der SE anbelangt, von dem/der im künftigen Sitzstaat der SE für die Kontrolle dieses Aspekts der Rechtmäßigkeit der Verschmelzung von Aktiengesellschaften zuständigen Gericht, Notar oder sonstigen Behörde kontrolliert.

(2) Hierzu legt jede der sich verschmelzenden Gesellschaften dieser zuständigen Behörde die in Artikel 25 Absatz 2 genannte Bescheinigung binnen sechs Monaten nach ihrer Ausstellung sowie eine Ausfertigung des Verschmelzungsplans, dem sie zugestimmt hat, vor.

(3) Die gemäß Absatz 1 zuständige Behörde kontrolliert insbesondere, ob die sich verschmelzenden Gesellschaften einem gleich lautenden Verschmelzungsplan zugestimmt haben und ob eine Vereinbarung über die Beteiligung der Arbeitnehmer gemäß der Richtlinie 2001/86/EG geschlossen wurde.

(4) Diese Behörde kontrolliert ferner, ob gemäß Artikel 15 die Gründung der SE den gesetzlichen Anforderungen des Sitzstaates genügt.

§ 4 SEAG: Zuständigkeiten
Für die Eintragung der SE und für die in Artikel 8 Abs. 8, Artikel 25 Abs. 2 sowie den Artikeln 26 und 64 Abs. 4 der Verordnung bezeichneten Aufgaben ist das nach den §§ 376 und 377 des Gesetzes über das Verfahren in Familiensachen und in den Angelegenheiten der freiwilligen Gerichtsbarkeit bestimmte Gericht zuständig. Das zuständige Gericht im Sinne des Artikels 55 Abs. 3 Satz 1 der Verordnung bestimmt sich nach § 375 Nr. 4, §§ 376 und 377 des Gesetzes über das Verfahren in Familiensachen und in den Angelegenheiten der freiwilligen Gerichtsbarkeit.

I. Regelungsgegenstand und -zweck 1	4. Prüfung gem. Art. 26 Abs. 4 SE-VO i.V.m. Art. 15 Abs. 1 SE-VO 15
II. Zuständigkeit und Verfahren	a) Beschränkung auf die SE in Gründung 16
1. Regelung in Art. 26 SE-VO 2	b) Beachtung der Anforderungen des anwendbaren nationalen Aktiengründungsrechts 17
2. Kontrolle im Falle einer „deutschen" SE	c) SE mit Sitz im Inland
a) Zuständigkeit 5	aa) Allgemeines 18
b) Verfahren 6	bb) Sonderproblem: Rechtmäßigkeitskontrolle und Sachgründungsrecht 19
aa) Anmeldung 7	
bb) Beizufügende Unterlagen 9	
III. Prüfungsumfang	cc) Verschmelzung durch Neugründung 20
1. Verschmelzungsplan 11	dd) Verschmelzung durch Aufnahme 22
2. Vereinbarung über Arbeitnehmerbeteiligung 12	
3. Mehrstaatlichkeit 14	IV. Ergänzende Anwendung des AktG . . 26

Literatur: *Brandes*, Cross Border Mergers mittels der SE, AG 2005, 177; *Ihrig/Wagner*, Diskussionsentwurf für ein SE-Ausführungsgesetz, BB 2003, 969; *Kiem*, Erfahrungen und Reformbedarf bei der SE – Entwicklungsstand, ZHR 173 (2009), 156; *Koke*, Die Finanzverfassung der Europäischen Aktiengesellschaft (SE) mit Sitz in Deutschland, 2005 (zit.: Finanzverfassung); *Seibt/Saame*, Die Societas Europaea (SE) deutschen Rechts: Anwendungsfelder und Beratungshinweise, AnwBl. 2005, 225; *Vossius*, Gründung und Umwandlung der deutschen Europäischen Gesellschaft (SE), ZIP 2005, 741; *Walden/Meyer-Landrut*, Die grenzüberschreitende Verschmelzung zu einer Europäischen Gesellschaft: Beschlussfassung und Eintragung, DB 2005, 2619.

I. Regelungsgegenstand und -zweck

1   Im Rahmen des doppelstufigen Kontrollverfahrens (Art. 25 Rz. 1) regelt **Art. 26 SE-VO** zur Vorbereitung der Eintragung der SE in das vom Sitzstaat bestimmte Register (Art. 27, 12 SE-VO) die **zweite Stufe der Rechtmäßigkeitskontrolle**. Prüfungsgegenstand ist nach Art. 26 Abs. 1 SE-VO der „Verfahrensabschnitt der Durchführung der Verschmelzung und der Gründung der SE", insbesondere der Verschmelzungsplan und der Abschluss einer Vereinbarung über die Arbeitnehmerbeteiligung (Art. 26 Abs. 3 SE-VO) sowie die Einhaltung der gesetzlichen Anforderungen **nach dem Recht am Sitz der künftigen SE** (Art. 26 Abs. 4 SE-VO i.V.m. Art. 15 Abs. 1 SE-VO). In Art. 26 Abs. 1 und Abs. 2 SE-VO werden zudem verfahrensrechtliche Regelungen getroffen, die gewährleisten sollen, dass keine Eintragung der SE erfolgt, bevor die erste Stufe der Rechtmäßigkeitskontrolle mit positivem Ergebnis durchgeführt worden ist[1].

II. Zuständigkeit und Verfahren

1. Regelung in Art. 26 SE-VO

2   Die zweite Stufe der Rechtmäßigkeitsprüfung erfolgt gem. Art. 26 Abs. 1 SE-VO durch eine von den Mitgliedstaaten **gem. Art. 68 Abs. 2 SE-VO zu benennende Kontrollstelle** (Gericht, Notar oder sonstige Behörde) (s. Art. 68 Rz. 5 ff.)[2].

3   In Bezug auf das Verfahren der Rechtmäßigkeitsprüfung macht **Art. 26 SE-VO** nur einige Vorgaben betreffend die **einzureichenden Unterlagen**: Gem. **Art. 26 Abs. 2 SE-VO** muss jede sich verschmelzende Gesellschaft die **Rechtmäßigkeitsbescheinigung** i.S.d. Art. 25 Abs. 2 SE-VO vorlegen und zwar binnen 6 Monaten nach Ausstellung; vorzulegen ist ferner eine Ausfertigung des **Verschmelzungsplans**, dem die betreffende Gesellschaft zugestimmt hat. Aus **Art. 26 Abs. 3 SE-VO** ergibt sich daneben implizit, dass ggf. auch die **Vereinbarung über die Arbeitnehmerbeteiligung** bei der Kontrollstelle einzureichen ist[3].

4   Im Übrigen richten sich Anmeldung, einzureichende Unterlagen, **Verfahren** etc. kraft Art. 15 Abs. 1 SE-VO[4] (sofern man nicht sogar Art. 26 Abs. 1 SE-VO selbst als konkludente Verweisung interpretieren will[5])[6] nach dem **nationalen Rechts** des künftigen Sitzstaates der SE[7]. Konsequenz hiervon ist freilich, dass sich das Prüfverfahren je nach Sitzstaat erheblich unterscheiden kann.

---

1 Ähnlich *Schäfer* in MünchKomm. AktG, 3. Aufl., Art. 26 SE-VO Rz. 2; *Schwarz*, Art. 26 SE-VO Rz. 1.
2 Vgl. *Scheifele*, Gründung, S. 271; *Schröder* in Manz/Mayer/Schröder, Art. 26 SE-VO Rz. 7; *Schwarz*, Vorb. Art. 25–28 SE-VO Rz. 12.
3 So auch *Marsch-Barner* in Habersack/Drinhausen, Art. 26 SE-VO Rz. 2; *Maul* in KölnKomm. AktG, 3. Aufl., Art. 26 SE-VO Rz. 9.
4 So *Fuchs*, Gründung, S. 161; *Neun* in Theisen/Wenz, Europäische Aktiengesellschaft, S. 57, 141; *Scheifele*, Gründung, S. 272; *Schwarz*, Art. 26 SE-VO Rz. 5.
5 So offenbar der österreichische Gesetzgeber, vgl. Begr. zu § 24 SEG, abgedruckt bei *Kalss/Hügel*, S. 341; s. auch *Hügel* in Kalss/Hügel, § 24 SEG Rz. 19; *Schröder* in Manz/Mayer/Schröder, Art. 26 SE-VO Rz. 8; *J. Schmidt*, „Deutsche" vs. „britische" SE, S. 253.
6 Jedenfalls unzutreffend aber *Ihrig/Wagner*, BB 2003, 969, 971: Art. 12 Abs. 1, 13 betreffen die Eintragung und deren Offenlegung, mit der Rechtmäßigkeitskontrolle haben diese Vorschriften nichts zu tun.
7 *Marsch-Barner* in Habersack/Drinhausen, Art. 26 SE-VO Rz. 1, 4.

2. Kontrolle im Falle einer „deutschen" SE

a) Zuständigkeit

Zuständig für die Eintragung und damit auch für die vorausgehende Kontrolle nach Art. 26 SE-VO ist nach **Art. 68 Abs. 2 Satz 1** SE-VO **i.V.m. § 4 Satz 1 SEAG, §§ 376, 377 FamFG** das Handelsregister am Sitz der künftigen SE (ausf. Art. 25 Rz. 10)[8]; der frühere Rückgriff auf § 14 AktG[9] ist nach Änderung des § 4 Satz 1 SEAG im Zuge der FGG-Reform überholt.

b) Verfahren

Die SE wird gemäß den für Aktiengesellschaften geltenden Vorschriften im Handelsregister eingetragen (§ 3 SEAG). Dies bedeutet:

aa) Anmeldung. Im Falle einer Verschmelzungsgründung ist die SE **von allen Gründungsgesellschaften** (nur) beim Handelsregister **am Sitz der künftigen SE** anzumelden[10]. Dies folgt zweifelsfrei **direkt aus Art. 26 Abs. 2 SE-VO**[11]. § 16 Abs. 1 Satz 1 UmwG kommt somit auch im Falle einer Verschmelzung *durch Aufnahme* nicht zur Anwendung[12]. Ebenso wenig erfolgt im Falle der Verschmelzung *durch Neugründung* eine zusätzliche Anmeldung nach § 38 Abs. 1 UmwG[13]; die Anmeldungen beim Register der Gründungsgesellschaften erfolgen vielmehr zunächst nur zur Prüfung nach Art. 25 SE-VO (Art. 25 Rz. 11 ff.) und dann wiederum erst nach erfolgter Eintragung der Verschmelzung im Rahmen der Offenlegung nach Art. 28 (Art. 28 Rz. 2 ff.)[14]. Die Eintragungsreihenfolge gem. **§ 19 Abs. 1 UmwG** gilt nämlich gerade **nicht** (ausf. Art. 25 Rz. 18)[15].

Auch die allgemeine Regelung in **§ 36 Abs. 1 AktG** findet im Falle der Verschmelzungsgründung **keine Anwendung**[16]. Ebenso wird **§ 21 SEAG** verdrängt: Zwar wird

---

[8] *Marsch-Barner* in Habersack/Drinhausen, Art. 26 SE-VO Rz. 5; *Casper* in Spindler/Stilz, AktG, Art. 26 SE-VO Rz. 2; *Schäfer* in MünchKomm. AktG, 3. Aufl., Art. 26 SE-VO Rz. 1, 4; *Schröder* in Manz/Mayer/Schröder, Art. 26 SE-VO Rz. 7, 16.
[9] So noch Voraufl. und *Kleindiek* in Lutter/Hommelhoff, Europäische Gesellschaft, S. 95, 97; *Schwarz*, Art. 26 Rz. 4.
[10] *Marsch-Barner* in Habersack/Drinhausen, Art. 26 SE-VO Rz. 6; *Casper* in Spindler/Stilz, AktG, Art. 26 SE-VO Rz. 3; *Schäfer* in MünchKomm. AktG, 3. Aufl., Art. 26 SE-VO Rz. 6.
[11] Richtig *Schäfer* in MünchKomm. AktG, 3. Aufl., Art. 26 SE-VO Rz. 6; zust. *Marsch-Barner* in Habersack/Drinhausen, Art. 26 SE-VO Rz. 6; *Casper* in Spindler/Stilz, AktG, Art. 26 SE-VO Rz. 3.
[12] Unzutreffend daher *Schröder* in Manz/Mayer/Schröder, Art. 26 SE-VO Rz. 18.
[13] Unzutreffend *Schröder* in Manz/Mayer/Schröder, Art. 26 SE-VO Rz. 21 (mit zusätzlich falscher Lesart des § 38 Abs. 1 UmwG).
[14] Insoweit richtig *Scheifele*, Gründung, S. 267 ff., 279 f.
[15] Ebenso nunmehr *Marsch-Barner* in Habersack/Drinhausen, Art. 26 SE-VO Rz. 7; wie hier auch *Jannott* in Jannott/Frodermann, Handbuch Europäische Aktiengesellschaft, § 3 Rz. 100 Fn. 217; *Schäfer* in MünchKomm. AktG, 3. Aufl., Art. 25 SE-VO Rz. 10; *Scheifele*, Gründung, S. 268 ff.; *Schwarz*, Art. 25 SE-VO Rz. 25; a.A. *Austmann* in MünchHdb. AG, § 83 Rz. 30; *Brandes*, AG 2005, 177, 187; *Maul* in KölnKomm. AktG, 3. Aufl., Art. 26 SE-VO Rz. 6 ff.; *Schröder* in Manz/Mayer/Schröder, Art. 28 SE-VO Rz. 8 f.; *Seibt/Saame*, AnwBl. 2005, 225, 231; *Vossius* in Widmann/Mayer, § 20 UmwG Rz. 426 Fn. 1; *Walden/Meyer-Landrut*, DB 2005, 2619, 2622.
[16] Richtig *J. Schmidt*, „Deutsche" vs. „britische" SE, S. 254. Zu undifferenziert *Kleindiek* in Lutter/Hommelhoff, Europäische Gesellschaft, S. 95, 97; a.A. *Jannott* in Jannott/Frodermann, Handbuch Europäische Aktiengesellschaft, § 3 Rz. 96; *Scheifele*, Gründung, S. 272; *Schwarz*, Art. 26 SE-VO Rz. 5; *Hörtnagl* in Schmitt/Hörtnagl/Stratz, UmwG, Art. 26 SE-VO Rz. 3; wie hier *Schäfer* in MünchKomm. AktG, 3. Aufl., Art. 26 SE-VO Rz. 7; zust. *Casper* in Spindler/Stilz, AktG, Art. 26 SE-VO Rz. 3; *Marsch-Barner* in Habersack/Drinhausen, Art. 26 SE-VO Rz. 6.

dort eine spezielle Anmelderegelung für eine SE mit monistischem System getroffen, doch erstreckt sich diese Regelung ausweislich der Gesetzesmaterialien[17] nur auf Anmeldungen, für die im dualistischen System die §§ 36 ff. AktG gelten würden, was jedoch hier – wie ausgeführt – nicht der Fall ist[18]. Die Anmeldung wird vielmehr gem. **Art. 26 Abs. 2 SE-VO i.V.m. § 38 Abs. 2 UmwG** durch die **Vertretungsorgane der Gründungsgesellschaften** (in vertretungsberechtigter Zahl oder unechter Gesamtvertretung)[19] vorgenommen[20], und zwar sowohl im Falle der Verschmelzung zur Neugründung als auch im Falle der Verschmelzung durch Aufnahme[21]. Vertretung durch Bevollmächtigte ist zulässig[22]. Die Anmeldung ist elektronisch in öffentlich beglaubigter Form einzureichen (§ 12 Abs. 1 Satz 1 HGB)[23].

9   **bb) Beizufügende Unterlagen.** Neben der **Rechtmäßigkeitsbescheinigung** gem. Art. 26 Abs. 2 SE-VO[24], der Ausfertigung eines **Verschmelzungsplans** sowie der **Vereinbarung** über die Arbeitnehmerbeteiligung zur Kontrolle nach Art. 26 Abs. 3 SE-VO (oben Rz. 3)[25] sind der Anmeldung gem. **Art. 15 SE-VO i.V.m. § 36 Abs. 1 UmwG** beizufügen:[26] (1) die übrigen in § 17 Abs. 1 UmwG genannten Unterlagen, d.h. Verschmelzungsbeschlüsse, Verschmelzungsbericht(e), Verschmelzungsprüfungsbericht(e), ggf. Nachweis(e) über die ordnungsgemäße Zuleitung des Verschmelzungsplans an den Betriebsrat sowie ggf. erforderliche Genehmigungsurkunden[27]; (2) die Schlussbilanzen (§ 17 Abs. 2 UmwG)[28]. Wenn und soweit diese Unterlagen bereits i.R.d. Rechtmä-

---

17 Begr. RegE z. SEEG, BT-Drucks 15/3405, S. 36.
18 Richtig *Schäfer* in MünchKomm. AktG, 3. Aufl., Art. 26 SE-VO Rz. 7; zust. *Marsch-Barner* in Habersack/Drinhausen, Art. 26 SE-VO Rz. 6; *Casper* in Spindler/Stilz, AktG, Art. 26 SE-VO Rz. 3; vgl. bereits *J. Schmidt*, „Deutsche" vs. „britische" SE, S. 254.
19 *Grunewald* in Lutter, § 38 UmwG Rz. 3; *Volhard* in Semler/Stengel, § 38 UmwG Rz. 3; *Zimmermann* in Kallmeyer, UmwG, § 38 Rz. 4; unter fälschlichem Hinweis auf § 36 Abs. 1 AktG abw. *Kleindiek* in Lutter/Hommelhoff, Europäische Gesellschaft, S. 95, 99 (alle Mitglieder von Vorstand und Aufsichtsrat).
20 Wie hier *Schäfer* in MünchKomm. AktG, 3. Aufl., Art. 26 SE-VO Rz. 7; zust. *Marsch-Barner* in Habersack/Drinhausen, Art. 26 SE-VO Rz. 2, 6; *Casper* in Spindler/Stilz, AktG, Art. 26 SE-VO Rz. 3; i.E. auch *Kleindiek* in Lutter/Hommelhoff, Europäische Gesellschaft, S. 95, 98.
21 So explizit auch *Marsch-Barner* in Habersack/Drinhausen, Art. 26 SE-VO Rz. 6; a.A. für Verschmelzung durch Aufnahme *Maul* in KölnKomm. AktG, 3. Aufl., Art. 26 SE-VO Rz. 8.
22 *Marsch-Barner* in Habersack/Drinhausen, Art. 26 SE-VO Rz. 6; vgl. zum nationalen Recht auch *Volhard* in Semler/Stengel, § 38 UmwG Rz. 3; *Zimmermann* in Kallmeyer, UmwG, § 38 Rz. 4.
23 *Kleindiek* in Lutter/Hommelhoff, Europäische Gesellschaft, S. 95, 101; *Marsch-Barner* in Habersack/Drinhausen, Art. 26 SE-VO Rz. 6; *Maul* in KölnKomm. AktG, 3. Aufl., Art. 26 SE-VO Rz. 8.
24 Das Handelsregister kann entsprechend § 142 Abs. 3 ZPO die Beibringung einer Übersetzung der fremdsprachigen Bescheinigung verlangen: *Kleindiek* in Lutter/Hommelhoff, Europäische Gesellschaft, S. 95, 108; zust. *Marsch-Barner* in Habersack/Drinhausen, Art. 26 SE-VO Rz. 15; *Casper* in Spindler/Stilz, AktG, Art. 26 SE-VO Rz. 4. Vgl. zur Berechnung der 6-Monats-Frist: *Schwarz*, Art. 26 SE-VO Rz. 7.
25 Hierzu auch *Maul* in KölnKomm. AktG, 3. Aufl., Art. 26 SE-VO Rz. 9; *Marsch-Barner* in Habersack/Drinhausen, Art. 26 SE-VO Rz. 11 f.
26 Abw. *Maul* in KölnKomm. AktG, 3. Aufl., Art. 26 SE-VO Rz. 10; *Marsch-Barner* in Habersack/Drinhausen, Art. 26 SE-VO Rz. 14.
27 S. auch *Schäfer* in MünchKomm. AktG, 3. Aufl., Art. 26 SE-VO Rz. 8; *Casper* in Spindler/Stilz, AktG, Art. 26 SE-VO Rz. 5.
28 Wie hier *Schäfer* in MünchKomm. AktG, 3. Aufl., Art. 26 SE-VO Rz. 9; zust. *Casper* in Spindler/Stilz, AktG, Art. 26 SE-VO Rz. 5; vgl. bereits *J. Schmidt*, „Deutsche" vs. „britische" SE, S. 254.

ßigkeitskontrolle nach Art. 25 SE-VO bei demselben Registergericht eingereicht worden sind, ist eine erneute Vorlage freilich entbehrlich[29].

Ferner sind gem. **Art. 15 Abs. 1 SE-VO i.V.m. § 36 Abs. 2 Satz 1 UmwG** auch die Anforderungen des **§ 37 AktG** zu beachten[30]. Im Falle der Gründung einer SE mit monistischer Struktur wird § 37 AktG durch **§ 21 Abs. 2 SEAG** modifiziert[31]. Doch auch bei Gründung einer SE mit dualistischer Struktur sind im Rahmen der Anwendung des § 37 AktG stets die Besonderheiten der SE-Gründung zu beachten[32]; z.B. ist § 37 Abs. 4 Nr. 4 AktG bei der SE-Gründung partiell gegenstandslos, da hier keine (externe) Gründungsprüfung erforderlich ist[33] (s. unten Rz. 19 ff.). 10

III. Prüfungsumfang

1. Verschmelzungsplan

Zu prüfen ist nach **Art. 26 Abs. 3 Halbsatz 1 SE-VO**, „ob die sich verschmelzenden Gesellschaften einem gleich lautenden Verschmelzungsplan **zugestimmt** haben". Wortlaut und Normzweck deuten darauf hin, dass nur noch eine **formale Kontrolle** stattfindet, hingegen nicht mehr eine inhaltliche Rechtmäßigkeit des Verschmelzungsplans erfolgt; denn dieser wurde bereits für jede Gründungsgesellschaft im Verfahren nach Art. 25 Abs. 1 SE-VO überprüft (s. zur Bindungswirkung der Bescheinigung nach Art. 25 Abs. 2 SE-VO auch Rz. 16)[34]. 11

2. Vereinbarung über Arbeitnehmerbeteiligung

Umfassender ist hingegen die Prüfung nach **Art. 26 Abs. 3 Halbsatz 2 SE-VO**. Nach dem – etwas missverständlichen – Wortlaut ist zwar nur zu prüfen, ob eine „Vereinbarung" über die Arbeitnehmerbeteiligung abgeschlossen worden ist. Ebenso wie bei Art. 23 Abs. 2 Satz 2 SE-VO (s. dazu Art. 23 Rz. 15) ist dies aber nach der ratio der Norm nicht wortwörtlich zu verstehen; die Prüfungspflicht erstreckt sich vielmehr generell darauf, ob das **Verfahren** der **Arbeitnehmerbeteiligung** in einer in **Art. 12 Abs. 2 SE-VO** genannten Weise **ordnungsgemäß** abgeschlossen wurde (also ggf. auch durch Beschluss nach Art. 3 Abs. 6 SE-RL oder Zeitablauf)[35]. Darüber hinaus hat das Registergericht aber auch zu kontrollieren, ob die **Satzung** im Einklang mit der Mit- 12

---

29 Allg. Ansicht; vgl. *Schäfer* in MünchKomm. AktG, 3. Aufl., Art. 26 SE-VO Rz. 8; *Maul* in KölnKomm. AktG, 3. Aufl., Art. 26 SE-VO Rz. 10; insoweit auch *Marsch-Barner* in Habersack/Drinhausen, Art. 26 SE-VO Rz. 14; vgl. bereits *J. Schmidt*, „Deutsche" vs. „britische" SE, S. 254 Fn. 1005.
30 *Schäfer* in MünchKomm. AktG, 3. Aufl., Art. 26 SE-VO Rz. 9; *Schröder* in Manz/Mayer/Schröder, Art. 26 SE-VO Rz. 22; *Marsch-Barner* in Habersack/Drinhausen, Art. 26 SE-VO Rz. 13.
31 Vgl. Begr. RegE z. SEEG, BT-Drucks. 15/3405, S. 36; zust. *Marsch-Barner* in Habersack/Drinhausen, Art. 26 SE-VO Rz. 13; *Schröder* in Manz/Mayer/Schröder, Art. 26 SE-VO Rz. 22.
32 S. auch *Schäfer* in MünchKomm. AktG, 3. Aufl., Art. 26 SE-VO Rz. 9; *J. Schmidt*, „Deutsche" vs. „britische" SE, S. 255.
33 *J. Schmidt*, „Deutsche" vs. „britische" SE, S. 255. Ebenso zumindest für die Verschmelzung zur Neugründung: *Schäfer* in MünchKomm. AktG, 3. Aufl., Art. 26 SE-VO Rz. 9.
34 Ebenso *Schäfer* in MünchKomm. AktG, 3. Aufl., Art. 26 SE-VO Rz. 10; *Marsch-Barner* in Habersack/Drinhausen, Art. 26 SE-VO Rz. 17; *Casper* in Spindler/Stilz, AktG, Art. 26 SE-VO Rz. 6; *Schwarz*, Art. 26 Rz. 11.
35 So auch *Marsch-Barner* in Habersack/Drinhausen, Art. 26 SE-VO Rz. 18; *Maul* in KölnKomm. AktG, 3. Aufl., Art. 26 SE-VO Rz. 13; *Schröder* in Manz/Mayer/Schröder, Art. 26 SE-VO Rz. 14; *Schwarz*, Art. 26 SE-VO Rz. 12; *Schäfer* in MünchKomm. AktG, 3. Aufl., Art. 26 SE-VO Rz. 10; vgl. bereits *Kleindiek* in Lutter/Hommelhoff, Europäische Gesellschaft, S. 95, 102 f.; *Scheifele*, Gründung, S. 275.

bestimmungsregelung steht (arg. e **Art. 12 Abs. 4 SE-VO**)[36]; ansonsten ist erstere ggf. anzupassen[37].

13 **Nicht** zum Prüfungsgegenstand gehört hingegen, ob eine ggf. gem. **Art. 23 Abs. 2 Satz 2 SE-VO** erforderliche **Genehmigung** der Hauptversammlung(en) einer oder mehrerer der beteiligten Gründungsgesellschaft(en) (dazu ausf. Art. 23 Rz. 14 ff.) vorliegt; dies ist vielmehr ausschließlich Prüfungsgegenstand der Rechtmäßigkeitskontrolle nach Art. 25 Abs. 1 SE-VO (s. Art. 25 Rz. 6; s. zur Bindungswirkung der Bescheinigung nach Art. 25 Abs. 2 SE-VO auch unten Rz. 16)[38].

3. Mehrstaatlichkeit

14 Obwohl in Art. 26 SE-VO nicht ausdrücklich erwähnt, gehört zu den zu prüfenden Anforderungen an die „Rechtmäßigkeit der Verschmelzung" i.S.d. Abs. 1 ferner zweifelsohne auch die Wahrung der nach **Art. 2 Abs. 1 SE-VO** erforderlichen **Mehrstaatlichkeit** (dazu Art. 2 Rz. 12)[39].

4. Prüfung gem. Art. 26 Abs. 4 SE-VO i.V.m. Art. 15 Abs. 1 SE-VO

15 Nach Art. 26 Abs. 4 SE-VO ist ferner zu kontrollieren, ob die Gründung der SE gem. **Art. 15 Abs. 1 SE-VO**[40] den gesetzlichen **Anforderungen des Sitzstaates** genügt.

a) Beschränkung auf die SE in Gründung

16 Mit der Bezugnahme auf Art. 15 Abs. 1 SE-VO wird an die der SE-Gründung immanente „**Sphärentrennung**" angeknüpft[41]. Art. 25 und Art. 26 SE-VO basieren – als Pendants zu den Verweisungsnormen der Art. 18 und 15 Abs. 1 SE-VO – auf der Differenzierung zwischen den Verfahrensschritten, die noch den einzelnen Gründungsgesellschaften zuzurechnen sind, und denjenigen Verfahrensschritten, die bereits die Sphäre der künftigen SE betreffen (vgl. bereits Art. 25 Rz. 1). Nur letztere sind Gegenstand der zweiten Stufe der Rechtmäßigkeitskontrolle gem. Art. 26 SE-VO. Das noch in der Sphäre der einzelnen Gründungsgesellschaften sich vollziehende Verschmelzungsverfahren wird demgegenüber ausschließlich auf der ersten Stufe der Rechtmäßigkeitsprüfung nach Art. 25 SE-VO kontrolliert; das Ergebnis wird in der Bescheinigung gem. Art. 25 Abs. 2 SE-VO, die nach Art. 26 Abs. 2 SE-VO bei der für die zweite Stufe zuständigen Kontrollstelle einzureichen ist, dokumentiert. Die für die

---

36 Zust. *Marsch-Barner* in Habersack/Drinhausen, Art. 26 SE-VO Rz. 18; *Maul* in KölnKomm. AktG, 3. Aufl., Art. 26 SE-VO Rz. 14.
37 *Kleindiek* in Lutter/Hommelhoff, Europäische Gesellschaft, S. 95, 103; *Schäfer* in MünchKomm. AktG, 3. Aufl., Art. 26 SE-VO Rz. 11; *Marsch-Barner* in Habersack/Drinhausen, Art. 26 SE-VO Rz. 18; *Schröder* in Manz/Mayer/Schröder, Art. 26 SE-VO Rz. 14 i.V.m. Art. 12 SE-VO Rz. 34.
38 Richtig *Schwarz*, Art. 26 SE-VO Rz. 9; a.A. *Neun* in Theisen/Wenz, Europäische Aktiengesellschaft, S. 57, 141.
39 *Schäfer* in MünchKomm. AktG, 3. Aufl., Art. 26 SE-VO Rz. 12; *Scheifele*, Gründung, S. 277; *Schwarz*, Art. 26 SE-VO Rz. 19; zust. *Marsch-Barner* in Habersack/Drinhausen, Art. 26 SE-VO Rz. 19; *Maul* in KölnKomm. AktG, 3. Aufl., Art. 26 SE-VO Rz. 14; *Casper* in Spindler/Stilz, AktG, Art. 26 SE-VO Rz. 8.
40 Obwohl die Verordnung allgemein von „Art. 15" spricht, kann systematisch nur Art. 15 Abs. 1 gemeint sein, da die in Art. 15 Abs. 2 geregelte Offenlegung der Eintragung nicht Voraussetzung für dieselbe sein kann: *Scheifele*, Gründung, S. 275; *Schwarz*, Art. 26 SE-VO Rz. 13; zust. *Marsch-Barner* in Habersack/Drinhausen, Art. 26 SE-VO Rz. 20; *Casper* in Spindler/Stilz, AktG, Art. 26 SE-VO Rz. 7.
41 So auch *Marsch-Barner* in Habersack/Drinhausen, Art. 26 SE-VO Rz. 16; i.E. auch *Casper* in Spindler/Stilz, AktG, Art. 26 SE-VO Rz. 2; *Schwarz*, Art. 26 SE-VO Rz. 16; a.A. offenbar *Hügel* in Kalss/Hügel, § 24 SEG Rz. 28.

zweite Stufe zuständige Kontrollstelle im Sitzstaat der künftigen SE ist nicht autorisiert (oder gar verpflichtet), diese Verfahrensschritte einer nochmaligen Kontrolle zu unterziehen. Eine erneute Prüfung wäre nicht nur überflüssig und ein Widerspruch zum Grundsatz des gegenseitigen Vertrauens[42], sondern überdies auch kaum praktikabel, da dann die Beachtung ausländischen Verschmelzungsrechts (bzw. ggf. sogar mehrerer ausländischer Verschmelzungsrechte) kontrolliert werden müsste[43]. Vielmehr kommt der **Rechtmäßigkeitsbescheinigung gem. Art. 25 Abs. 2 SE-VO** in Bezug auf die auf der ersten Stufe zu kontrollierenden Verfahrensschritte, die noch die **Sphäre der einzelnen Gründungsgesellschaften** betreffen, umfassende **Bindungswirkung** zu[44].

b) Beachtung der Anforderungen des anwendbaren nationalen Aktiengründungsrechts

Nach Art. 26 Abs. 4 SE-VO hat die Kontrollstelle im Sitzstaat der SE die Beachtung 17 der Anforderungen des nationalen Aktiengründungsrechts zu prüfen, soweit diese über Art. 15 Abs. 1 SE-VO anwendbar sind[45]. Prüfungsgegenstand ist dabei **insbesondere** auch die formelle und materielle Rechtmäßigkeit der **Satzung**, die neben den Vorgaben der SE-VO auch den kraft Art. 15 Abs. 1 SE-VO bereits im Gründungsstadium geltenden ergänzenden Anforderungen des nationalen Rechts genügen muss (zum Satzungsinhalt näher Art. 6 Rz. 15 ff.)[46].

c) SE mit Sitz im Inland

aa) Allgemeines. Im Falle der Gründung einer SE mit Sitz in Deutschland hat das Re- 18 gistergericht folglich gem. Art. 26 Abs. 4 SE-VO zu prüfen, ob die **gem. Art. 15 Abs. 1 SE-VO anwendbaren Vorschriften des deutschen Verschmelzungs- und Aktiengründungsrechts** beachtet wurde[47]. Hinsichtlich des Prüfungsumfangs gilt § 38 AktG[48], der im Falle der Gründung einer monistischen SE durch § 21 Abs. 3 SEAG modifiziert wird[49]; Satzungsmängel (vgl. zur Satzung als Prüfungsgegenstand oben Rz. 17) sind also nur im Rahmen des § 38 Abs. 3 AktG beachtlich[50].

bb) Sonderproblem: Rechtmäßigkeitskontrolle und Sachgründungsrecht. Im Kontext 19 der zweiten Stufe der Rechtmäßigkeitsprüfung stellt sich die Frage, ob und inwieweit

---

42 Vgl. Erwägungsgrund 16 zur EuGVVO.
43 Vgl. *Heckschen* in Widmann/Mayer, UmwG Anhang 14 Rz. 263, 266; *Schäfer* in MünchKomm. AktG, 3. Aufl., Art. 26 SE-VO Rz. 1; *Scheifele*, Gründung, S. 276; *J. Schmidt*, „Deutsche" vs. „britische" SE, S. 256 f.; *Schwarz*, Art. 26 SE-VO Rz. 16.
44 *Schäfer* in MünchKomm. AktG, 3. Aufl., Art. 25 SE-VO Rz. 6; *J. Schmidt*, „Deutsche" vs. „britische" SE, S. 257; *Schröder* in Manz/Mayer/Schröder, Art. 25 SE-VO Rz. 21; *Schwarz*, Art. 26 SE-VO Rz. 6; *Tavares Da Costa/Meester Bilreiro*, European Company Statute, S. 31 f. Einschränkend jedoch *Heckschen* in Widmann/Mayer, UmwG, Anhang 14 Rz. 266; *Kleindiek* in Lutter/Hommelhoff, Europäische Gesellschaft, S. 95, 108.
45 *Schäfer* in MünchKomm. AktG, 3. Aufl., Art. 26 SE-VO Rz. 12; *Schröder* in Manz/Mayer/Schröder, Art. 26 SE-VO Rz. 3 ff.; *Schwarz*, Art. 26 SE-VO Rz. 13.
46 *Maul* in KölnKomm. AktG, 3. Aufl., Art. 26 SE-VO Rz. 14; *Schäfer* in MünchKomm. AktG, 3. Aufl., Art. 26 SE-VO Rz. 12; *Schröder* in Manz/Mayer/Schröder, Art. 26 SE-VO Rz. 5; *Schwarz*, Art. 26 SE-VO Rz. 13, 18.
47 *Schäfer* in MünchKomm. AktG, 3. Aufl., Art. 26 SE-VO Rz. 3, 12; *Schwarz*, Art. 26 SE-VO Rz. 13, 18.
48 *Bartone/Klapdor*, Europäische Aktiengesellschaft, S. 22; *Koke*, Finanzverfassung, S. 39; *Scheifele*, Gründung, S. 275; *Schwarz*, Art. 26 SE-VO Rz. 13, 18.
49 Vgl. Begr. RegE z. SEEG, BT-Drucks. 15/3405, S. 36; *Schwarz*, Art. 26 SE-VO Rz. 13; *Marsch-Barner* in Habersack/Drinhausen, Art. 26 SE-VO Rz. 20; *Maul* in KölnKomm. AktG, 3. Aufl., Art. 26 SE-VO Rz. 14.
50 *Scheifele*, Gründung, S. 275; *Schwarz*, Art. 26 SE-VO Rz. 13, 18.

im Falle der Gründung einer „deutschen" SE Sachgründungsrecht zu beachten und dann ggf. vom Registergericht zu kontrollieren ist.

20 **cc) Verschmelzung durch Neugründung.** Im Falle der Verschmelzung durch Neugründung sind eine externe Gründungsprüfung (§ 33 Abs. 2 AktG) und ein Gründungsbericht durch Gründer (§ 32 AktG) nach allgemeiner Meinung gem. **Art. 15 Abs. 1 SE-VO i.V.m. § 75 Abs. 2 UmwG entbehrlich**[51]. Der dieser Norm zugrunde liegende Gedanke, dass die Kapitalsicherung bereits durch das Organisationsrecht des übertragenden Rechtsträgers gewährleistet ist[52], ist auf die Gründung der SE durch Verschmelzung übertragbar, da hieran nur Aktiengesellschaften beteiligt sein können (vgl. Art. 2 Abs. 1 SE-VO, dazu Art. 2 Rz. 8) und die Kapitalaufbringung und -erhaltung für diese durch die Kapital-RL[53] europaweit harmonisiert ist[54].

21 Gem. Art. 15 Abs. 1 SE-VO i.V.m. § 36 Abs. 2 Satz 1 UmwG, § 33 Abs. 1 AktG ist aber ein **(interner) Gründungsbericht** durch das Leitungs- und Aufsichtsorgan bzw. den Verwaltungsrat (§ 22 Abs. 6 SEAG) erforderlich[55], den das Registergericht gem. § 38 Abs. 2 AktG (ggf. i.V.m. § 21 Abs. 3 SEAG[56]) zu prüfen hat[57].

22 **dd) Verschmelzung durch Aufnahme.** Im Hinblick auf die Verschmelzung durch Aufnahme wird im Schrifttum verbreitet die Ansicht vertreten, dass **analog Art. 37 Abs. 6 SE-VO**[58] bzw. **§ 220 Abs. 1 UmwG**[59] eine Prüfung der **Reinvermögensdeckung** notwendig sei und/oder dass es **analog §§ 197, 220 UmwG**[60] einer **Sachgründungsprüfung** bedürfe, da mit der Verschmelzung zugleich ein Formwechsel der aufnehmenden Gesellschaft in die Rechtsform der SE verbunden sei.

23 Eine derartige **Analogie** vermag jedoch i.E. **nicht** zu überzeugen[61]. Einer Analogie unmittelbar auf der Ebene der SE-VO steht entgegen, dass die SE-VO für die Verschmelzung durch Aufnahme gerade keine dem Art. 37 Abs. 6 SE-VO entsprechende Regelung vorsieht. Hier findet vielmehr gem. Art. 22 SE-VO eine den Spezifika des Verschmel-

---

51 *Brandes*, AG 2005, 177, 186; *Jannott* in Jannott/Frodermann, Handbuch Europäische Aktiengesellschaft, § 3 Rz. 91; *Koke*, Finanzverfassung, S. 38; *Mayer* in Manz/Mayer/Schröder, Art. 5 SE-VO Rz. 49; *Marsch-Barner* in Habersack/Drinhausen, Art. 26 SE-VO Rz. 23; *Schäfer* in MünchKomm. AktG, 3. Aufl., Art. 20 SE-VO Rz. 40, Art. 26 Rz. 9; *Schwarz*, Vorb. Art. 17–31 SE-VO Rz. 21.
52 Vgl. Begr. RegE z. UmwG, BT-Drucks. 12/6699, S. 102, 105.
53 Ursprünglich RL 77/91/EWG, ABl. EG Nr. L 26 v. 31.1.1977, S. 1; geändert durch RL 2006/68/EG, ABl. EG Nr. L 264 v. 25.9.2006, S. 32; neugefasst durch RL 2012/30/EU, ABl. EU Nr. L 315 v. 14.11.2012, S. 74. Text mit Stand 2011 und ausf. Erläuterungen bei *Lutter/Bayer/J. Schmidt*, EuropUR, § 20 m.z.w.N. Zur Neufassung, die *de facto* nur eine Kodifizierung ist, *Bayer/J. Schmidt*, BB 2013, 3, 6.
54 Zust. *Marsch-Barner* in Habersack/Drinhausen, Art. 26 SE-VO Rz. 23; vgl. bereits *Scheifele*, Gründung, S. 255; *J. Schmidt*, „Deutsche" vs. „britische" SE, S. 244; *Schwarz*, Vorb. Art. 17–31 SE-VO Rz. 21.
55 Ebenso *Jannott* in Jannott/Frodermann, Handbuch Europäische Aktiengesellschaft, § 3 Rz. 91; *Koke*, Finanzverfassung, S. 38; *Neun* in Theisen/Wenz, Europäische Aktiengesellschaft, S. 57, 137; *Marsch-Barner* in Habersack/Drinhausen, Art. 26 SE-VO Rz. 23; *Schwarz*, Vorb. Art. 17–31 SE-VO Rz. 22; *Vossius*, ZIP 2005, 741, 744.
56 Vgl. dazu Begr. RegE z. SEEG, BT-Drucks. 15/3405, S. 36.
57 So auch *Marsch-Barner* in Habersack/Drinhausen, Art. 26 SE-VO Rz. 23.
58 So *Hügel* in Kalss/Hügel, § 17 SEG Rz. 28; *Schäfer* in MünchKomm. AktG, 3. Aufl., Art. 26 SE-VO Rz. 9.
59 So *Koke*, Finanzverfassung, S. 33; *Scheifele*, Gründung, S. 255.
60 So *Schröder* in Manz/Mayer/Schröder, Art. 15 SE-VO Rz. 49, 54, 60.
61 Ausdrücklich ablehnend auch *Brandes*, AG 2005, 177, 187; *Marsch-Barner* in Habersack/Drinhausen, Art. 26 SE-VO Rz. 22; *Casper* in Spindler/Stilz, AktG, Art. 26 SE-VO Rz. 7; *Jannott* in Jannott/Frodermann, Handbuch Europäische Aktiengesellschaft, § 3 Rz. 90; *Neun* in Theisen/Wenz, Europäische Aktiengesellschaft, S. 57, 136 f.

zungsvorgangs entsprechende Verschmelzungsprüfung durch sachverständige Prüfer statt, im Rahmen derer insbesondere auch die Angemessenheit des festgesetzten Umtauschverhältnisses – der bei der Verschmelzung letztlich im Hinblick auf das Kapital wirklich neuralgische Punkt – nachgeprüft wird (vgl. Art. 22 Rz. 1, 13)[62].

Ebenso verbietet sich aber auch eine Analogiebildung auf der Ebene des nationalen Rechts. Im **nationalen Verschmelzungsrecht** ist für den Fall der Verschmelzung durch Aufnahme ebenfalls keine Sachgründungsprüfung vorgesehen; eine solche findet hier nur statt, wenn mit der Verschmelzung zugleich eine Kapitalerhöhung verbunden ist, und auch dann gem. § 69 Abs. 1 UmwG nur ausnahmsweise. Die Gründung einer SE durch Verschmelzung anders behandeln zu wollen, widerspräche daher dem in Art. 3 Abs. 1 SE-VO und Art. 10 SE-VO zum Ausdruck kommenden Gedanken, dass die SE prinzipiell wie eine nationale Aktiengesellschaft zu behandeln ist[63]. Ferner streitet auch die dem § 75 Abs. 2 UmwG zugrunde liegende Wertung gegen die Erforderlichkeit einer Sachgründungsprüfung: Wenn eine solche schon im Falle der Verschmelzung durch Neugründung entbehrlich ist, so muss dies im Falle der Verschmelzung durch Aufnahme erst recht gelten[64]. An der Verschmelzung zur SE können sich nämlich gem. Art. 2 Abs. 1 SE-VO nur Aktiengesellschaften beteiligen (dazu Art. 2 Rz. 8); das Recht der Kapitalaufbringung und -erhaltung ist aber für Aktiengesellschaften durch die 2. (Kapital-)RL[65] europaweit harmonisiert, die Kapitalsicherung ist also gewährleistet. 24

Auch bei der Verschmelzung durch Aufnahme ist demzufolge eine **Sachgründungsprüfung grundsätzlich nicht erforderlich**, ebenso wenig wie eine Prüfung der Reinvermögensdeckung[66]. Nur wenn zur Durchführung der Verschmelzung eine Kapitalerhöhung erfolgt, kann gem. **Art. 15 Abs. 1 SE-VO i.V.m. § 69 Abs. 1 UmwG ausnahmsweise** eine Sachgründungsprüfung notwendig werden[67]. 25

IV. Ergänzende Anwendung des AktG

Vgl. zur örtlichen Zuständigkeit gem. § 14 AktG *Langhein* in K. Schmidt/Lutter, § 14 AktG Rz. 1 ff. 26

Vgl. zum Inhalt der Anmeldung gem. § 37 AktG *Kleindiek* in K. Schmidt/Lutter, § 37 AktG Rz. 3 ff.

Vgl. zum Prüfungsumfang des Registergerichts gem. § 38 AktG *Kleindiek* in K. Schmidt/Lutter, § 38 AktG Rz. 4 ff.

---

62 Vgl. *J. Schmidt*, „Deutsche" vs. „britische" SE, S. 245 f.; ebenso *Marsch-Barner* in Habersack/Drinhausen, Art. 26 SE-VO Rz. 22; *Casper* in Spindler/Stilz, AktG, Art. 26 SE-VO Rz. 7; i.E. auch *Kiem*, ZHR 173 (2009), 156, 162.
63 Ähnlich *Brandes*, AG 2005, 177, 187; *J. Schmidt*, „Deutsche" vs. „britische" SE, S. 245.
64 So i.E. auch *Scheifele*, Gründung, S. 255; *J. Schmidt*, „Deutsche" vs. „britische" SE, S. 245 f.; *Casper* in Spindler/Stilz, AktG, Art. 26 SE-VO Rz. 7; a.A. *Schäfer* in MünchKomm. AktG, 3. Aufl., Art. 26 SE-VO Rz. 9.
65 Ursprünglich RL 77/91/EWG, ABl. EG Nr. L 26 v. 31.1.1977, S. 1; geändert durch RL 2006/68/EG, ABl. EG Nr. L 264 v. 25.9.2006, S. 32; neugefasst durch RL 2012/30/EU, ABl. EU Nr. L 315 v. 14.11.2012, S. 74. Text mit Stand 2011 und ausf. Erläuterungen bei *Lutter/Bayer/J. Schmidt*, EuropUR, § 20 m.z.w.N. Zur Neufassung, die de facto nur eine Kodifizierung ist, *Bayer/J. Schmidt*, BB 2013, 3, 6.
66 Wie hier auch *Marsch-Barner* in Habersack/Drinhausen, Art. 26 SE-VO Rz. 24; *Brandes*, AG 2005, 177, 187; *Casper* in Spindler/Stilz, AktG, Art. 26 SE-VO Rz. 7; *Kiem*, ZHR 173 (2009), 156, 162.
67 Wie hier *J. Schmidt*, „Deutsche" vs. „britische" SE, S. 246; zust. *Marsch-Barner* in Habersack/Drinhausen, Art. 26 SE-VO Rz. 24; *Schröder* in Manz/Mayer/Schröder, Art. 26 SE-VO Rz. 15.

Vgl. zum Gründungsbericht gem. § 32 AktG *Bayer* in K. Schmidt/Lutter, § 32 AktG Rz. 4 ff. sowie zur Gründungsprüfung gem. § 33 AktG *Bayer* in K. Schmidt/Lutter, § 33 AktG Rz. 2 ff.

Art. 27
[Eintragung der Verschmelzung]

(1) Die Verschmelzung und die gleichzeitige Gründung der SE werden mit der Eintragung der SE gemäß Artikel 12 wirksam.

(2) Die SE kann erst nach Erfüllung sämtlicher in den Artikeln 25 und 26 vorgesehener Formalitäten eingetragen werden.

I. Regelungsgegenstand und -zweck	1	III. Voraussetzungen der Eintragung	5
II. Wirksamwerden von Verschmelzung und SE-Gründung	3	IV. Offenlegung der Eintragung der SE	6
		V. Ergänzende Anwendung des AktG	7

Literatur: *Fuchs*, Die Gründung einer Europäischen Aktiengesellschaft durch Verschmelzung und das nationale Recht, Diss. Konstanz 2004 (zit.: Europäische Gesellschaft); *Lennerz*, Die internationale Verschmelzung und Spaltung unter Beteiligung deutscher Gesellschaften, 2001 (zit.: Internationale Verschmelzung).

I. Regelungsgegenstand und -zweck

1 In Art. 27 **Abs. 1** SE-VO wird angeordnet, dass sowohl die **Verschmelzung** als auch die **Gründung der SE** mit der Eintragung in das für die SE maßgebliche Register nach Art. 12 SE-VO **wirksam** wird. Auf diese Weise wird sichergestellt, dass die Wirkungen der Verschmelzung – die in Art. 29 SE-VO geregelt sind – und der Zeitpunkt, in dem die SE nach Art. 16 Abs. 1 SE-VO die Qualität einer Rechtspersönlichkeit nach Art. 1 Abs. 3 SE-VO erwirbt, zusammen fallen[1]. Zugleich ergibt sich daraus, dass es für die Verschmelzungswirkungen *nicht* auf den Zeitpunkt der *Bekanntmachung* der Eintragung nach Art. 28 SE-VO ankommt[2] (die Verschmelzung ist insbesondere auch wirksam, wenn die Bekanntmachung unterbleibt) und dass ein im Verschmelzungsplan genannter *Stichtag nur schuldrechtlich* inter partes wirkt[3]. Die Regelung war erforderlich, weil die Mitgliedstaaten in ihren nationalen Rechten den Zeitpunkt der Wirksamkeit der Verschmelzung unterschiedlich bestimmen[4]. Art. 27 Abs. 1 SE-VO entspricht der Regelung im deutschen Recht (§ 20 Abs. 1 Satz 1 UmwG).

---

1 So auch *Casper* in Spindler/Stilz, AktG, Art. 27 SE-VO Rz. 2; *Marsch-Barner* in Habersack/Drinhausen, Art. 27 SE-VO Rz. 1; *Maul* in KölnKomm. AktG, 3. Aufl., Art. 27 SE-VO Rz. 1; vgl. bereits *Scheifele*, Gründung, S. 277; *Schwarz*, Art. 27 SE-VO Rz. 4.
2 *Marsch-Barner* in Habersack/Drinhausen, Art. 27 SE-VO Rz. 1; *Casper* in Spindler/Stilz, AktG, Art. 27 SE-VO Rz. 2; *Maul* in KölnKomm. AktG, 3. Aufl., Art. 27 SE-VO Rz. 3.
3 *Schäfer* in MünchKomm. AktG, 3. Aufl., Art. 27 SE-VO Rz. 1; *Marsch-Barner* in Habersack/Drinhausen, Art. 27 SE-VO Rz. 2; *Maul* in KölnKomm. AktG, 3. Aufl., Art. 27 SE-VO Rz. 3; *Schröder* in Manz/Mayer/Schröder, Art. 27 SE-VO Rz. 2.
4 Dazu näher *Lennerz*, Internationale Verschmelzung, S. 260 ff.; zust. *Marsch-Barner* in Habersack/Drinhausen, Art. 27 SE-VO Rz. 1; *Maul* in KölnKomm. AktG, 3. Aufl., Art. 27 SE-VO Rz. 1; *Casper* in Spindler/Stilz, AktG, Art. 27 SE-VO Rz. 2.

Mit der **verfahrensrechtlichen Regelung** in Art. 27 **Abs. 2** SE-VO wird nochmals betont, dass die Eintragung der SE erst nach Erfüllung „sämtlicher in den Artikeln 25 und 26 SE-VO vorgesehener Formalitäten" erfolgen kann, d.h. nach Abschluss der zweistufigen Rechtmäßigkeitskontrolle (dazu ausf. Art. 25 Rz. 1). Bezweckt ist damit, fehlerhafte SE-Gründungen zu unterbinden[5]. 2

II. Wirksamwerden von Verschmelzung und SE-Gründung

Die Eintragung der SE hat mit **konstitutiver Wirkung** zur Folge, dass die SE ihre Rechtspersönlichkeit nach Art. 16 Abs. 1 SE-VO erwirbt[6] und dass die Wirkungen der Verschmelzung nach Art. 29 SE-VO eintreten[7]. Das Eintragungsverfahren richtet sich nach Art. 25–28 SE-VO; auch bei Anwendung deutschen Rechts kommt somit § 19 Abs. 1 Satz 1 UmwG nicht zur Anwendung (vgl. bereits Art. 25 Rz. 18)[8]. Weitere Einzelheiten zum Eintragungsverfahren bei Art. 26 Rz. 2 ff. sowie auch bei Art. 12 Rz. 2 ff. Vor erfolgter Eintragung kann die SE als Vorgesellschaft bestehen (dazu näher Art. 16 Rz. 4, 6 ff.). 3

Die Eintragung einer **deutschen SE** erfolgt gem. §§ 3, 4 Satz 1 SEAG, §§ 376, 377 FamFG, § 3 Abs. 3 HRV in der Abteilung B des Handelsregisters des Amtsgerichts am Sitz der SE[9]; dabei gilt hinsichtlich der inhaltlichen Angaben § 39 AktG, § 43 HRV, im Falle einer monistischen Struktur allerdings modifiziert durch §§ 21 Abs. 4, 22 Abs. 6 SEAG[10]. 4

III. Voraussetzungen der Eintragung

Die Nichteinhaltung der Eintragungsvoraussetzungen nach Art. 25, 26 SE-VO ist ein zwingendes **Eintragungshindernis**[11]. Wird rechtswidrig dennoch eingetragen, so be- 5

---

5 *Schäfer* in MünchKomm. AktG, 3. Aufl., Art. 27 SE-VO Rz. 2; vgl. auch *Schwarz*, Art. 27 SE-VO Rz. 6.
6 *Maul* in KölnKomm. AktG, 3. Aufl., Art. 27 SE-VO Rz. 3; *Marsch-Barner* in Habersack/Drinhausen, Art. 27 SE-VO Rz. 3; *Hörtnagl* in Schmitt/Hörtnagl/Stratz, UmwG, Art. 27 SE-VO Rz. 1; *Schäfer* in MünchKomm. AktG, 3. Aufl., Art. 27 SE-VO Rz. 3; *Schröder* in Manz/Mayer/Schröder, Art. 27 SE-VO Rz. 2; *Schwarz*, Art. 27 SE-VO Rz. 4.
7 *Schäfer* in MünchKomm. AktG, 3. Aufl., Art. 27 SE-VO Rz. 3; *Maul* in KölnKomm. AktG, 3. Aufl., Art. 27 SE-VO Rz. 3; *Schröder* in Manz/Mayer/Schröder, Art. 27 SE-VO Rz. 3; *Schwarz*, Art. 29 SE-VO Rz. 4.
8 *Casper* in Spindler/Stilz, AktG, Art. 27 SE-VO Rz. 4; *Jannott* in Jannott/Frodermann, Handbuch Europäische Aktiengesellschaft, § 3 SE-VO Rz. 100 Fn. 217; *Schäfer* in MünchKomm. AktG, 3. Aufl., Art. 25 SE-VO Rz. 10; *Marsch-Barner* in Habersack/Drinhausen, Art. 27 SE-VO Rz. 3; ausf. *Scheifele*, Gründung, S. 268 ff. a.A. *Austmann* in MünchHdb. AG, § 83 Rz. 30; *Brandes*, AG 2005, 177, 187; *Walden/Meyer-Landrut*, DB 2005, 2619, 2622.
9 *Marsch-Barner* in Habersack/Drinhausen, Art. 27 SE-VO Rz. 4; *Schröder* in Manz/Mayer/Schröder, Art. 27 SE-VO Rz. 6; vgl. bereits zum (identischen) früheren Recht *Jannott* in Jannott/Frodermann, Handbuch Europäische Aktiengesellschaft, § 3 Rz. 106; *Kleindiek* in Lutter/Hommelhoff, Europäische Gesellschaft, S. 95, 108; *Schwarz*, Art. 27 SE-VO Rz. 5 sowie auch Begr. RegE z. SEEG, BT-Drucks. 15/3405, S. 59.
10 Begr. RegE z. SEEG, BT-Drucks. 15/3405, S. 59; *Kleindiek* in Lutter/Hommelhoff, Europäische Gesellschaft, S. 95, 108; *Marsch-Barner* in Habersack/Drinhausen, Art. 27 SE-VO Rz. 4.
11 Ebenso *Maul* in KölnKomm. AktG, 3. Aufl., Art. 27 SE-VO Rz. 5; *Schäfer* in MünchKomm. AktG, 3. Aufl., Art. 25 SE-VO Rz. 2; *Marsch-Barner* in Habersack/Drinhausen, Art. 27 SE-VO Rz. 5.

Art. 28 SE-VO

rührt dies jedoch die Wirkungen nach Art. 27 Abs. 1 SE-VO nicht[12]; in Betracht kommt indes eine Auflösung der SE[13] (dazu Art. 30 Rz. 2, 6 ff.). Stehen einer Eintragung keine Hindernisse entgegen, so erlässt im Falle einer deutschen SE der Registerrichter nach § 25 Abs. 1 HRV eine Eintragungsverfügung[14]; ferner sind die Beteiligten gem. § 383 Abs. 1 Halbsatz 1 FamFG (früher: § 130 Abs. 2 FGG) zu benachrichtigen[15].

IV. Offenlegung der Eintragung der SE

6 Die Eintragung der SE ist gem. Art. 13, 15 Abs. 2 SE-VO offen zu legen (ausf. Art. 15 Rz. 10).

V. Ergänzende Anwendung des AktG

7 Vgl. zum Inhalt der Eintragung gem. § 39 AktG *Kleindiek* in K. Schmidt/Lutter, § 39 AktG Rz. 3 ff.

Art. 28
[Offenlegung der Verschmelzung]

Für jede sich verschmelzende Gesellschaft wird die Durchführung der Verschmelzung nach den in den Rechtsvorschriften des jeweiligen Mitgliedstaats vorgesehenen Verfahren in Übereinstimmung mit Artikel 3 der Richtlinie 68/151/EWG offen gelegt.

I. Regelungsgegenstand und -zweck ... 1 | II. Verfahren der Offenlegung 2

I. Regelungsgegenstand und -zweck

1 Art. 28 SE-VO betrifft die **Offenlegung** der Durchführung der Verschmelzung **bei den** an der SE-Gründung beteiligten **Gründungsgesellschaften**, hingegen nicht die Offenlegung der Eintragung der SE (nach Art. 12, 27 Abs. 1 SE-VO), die in Art. 13, 15 Abs. 2 SE-VO (dazu Art. 15 Rz. 10) geregelt ist, und durch die Bekanntmachung nach Art. 14 SE-VO ergänzt wird[1]. Zweck der Vorschrift ist, das Handelsregister, aber insbesondere auch das Rechtspublikum[2] sowohl im Hinblick auf eine übertragende als auch im

---

12 *Schäfer* in MünchKomm. AktG, 3. Aufl., Art. 27 SE-VO Rz. 2; *Schröder* in Manz/Mayer/Schröder, Art. 27 SE-VO Rz. 5; zust. *Maul* in KölnKomm. AktG, 3. Aufl., Art. 27 SE-VO Rz. 5.
13 Wie hier *Marsch-Barner* in Habersack/Drinhausen, Art. 27 SE-VO Rz. 5; *Schröder* in Manz/Mayer/Schröder, Art. 27 SE-VO Rz. 5; abw. *Maul* in KölnKomm. AktG, 3. Aufl., Art. 27 SE-VO Rz. 5.
14 Vgl. auch *Marsch-Barner* in Habersack/Drinhausen, Art. 27 SE-VO Rz. 5.
15 *Marsch-Barner* in Habersack/Drinhausen, Art. 27 SE-VO Rz. 5; vgl. zur (identischen) früheren Rechtslage: *Kleindiek* in Lutter/Hommelhoff, Europäische Gesellschaft, S. 95, 108.
1 So auch *Marsch-Barner* in Habersack/Drinhausen, Art. 28 SE-VO Rz. 1.
2 *Schäfer* in MünchKomm. AktG, 3. Aufl., Art. 28 SE-VO Rz. 2; *Schwarz*, Art. 28 SE-VO Rz. 8.

Hinblick auf eine übernehmende Gründungsgesellschaft über die **wirksam gewordene Verschmelzung** zu informieren (Publizitätswirkung)[3].

II. Verfahren der Offenlegung

Die Offenlegung nach Art. 28 SE-VO hat nur **deklaratorischen** Charakter[4]. Sie erfolgt stets nur **durch die SE**; denn obwohl die Gründungsgesellschaften von der Regelung betroffen sind, bestehen diese nach Eintragung der Verschmelzung und der gleichzeitigen Errichtung der SE (vgl. Art. 27 Rz. 1) nicht mehr (ausf. bei Art. 29 Rz. 10)[5]. Der Verweis in Art. 28 SE-VO auf die in Übereinstimmung mit Art. 3 der RL 68/151/EWG (nunmehr: **Art. 3 der RL 2009/101/EG**[6])[7] stehenden Rechtsvorschriften des jeweiligen Mitgliedstaats kann somit nur in **modifizierter Form** gelten[8]. Das Eintragungsverfahren bei der SE-Gründung durch Verschmelzung weicht somit auch vom Verfahren nach § 19 UmwG ab[9]. Eine bestimmte Reihenfolge ist für die Offenlegung nach Art. 28 SE-VO nicht vorgeschrieben[10].

Für eine **deutsche Gründungsgesellschaft**[11] sind die **§§ 8 ff. HGB** anzuwenden[12]. Dies bedeutet: Nach erfolgter Eintragung hat das zuständige Registergericht die Durchführung der Verschmelzung gem. § 10 Satz 1 HGB, §§ 32 ff. HRV von Amts wegen in

2

3

---

3 *Marsch-Barner* in Habersack/Drinhausen, Art. 28 SE-VO Rz. 1; *Maul* in KölnKomm. AktG, 3. Aufl., Art. 28 SE-VO Rz. 1; *Schäfer* in MünchKomm. AktG, 3. Aufl., Art. 28 SE-VO Rz. 2; *Schwarz*, Art. 28 SE-VO Rz. 4.
4 *Casper* in Spindler/Stilz, AktG, Art. 28 SE-VO Rz. 2; *Hörtnagl* in Schmitt/Hörtnagl/Stratz, UmwG, Art. 28 SE-VO Rz. 1; *Marsch-Barner* in Habersack/Drinhausen, Art. 28 SE-VO Rz. 2; *Maul* in KölnKomm. AktG, 3. Aufl., Art. 28 SE-VO Rz. 6; *Schäfer* in MünchKomm. AktG, 3. Aufl., Art. 28 SE-VO Rz. 2; *Schröder* in Manz/Mayer/Schröder, Art. 28 SE-VO Rz. 4; *Schwarz*, Art. 28 SE-VO Rz. 1.
5 *Schäfer* in MünchKomm. AktG, 3. Aufl., Art. 28 SE-VO Rz. 3; zust. *Maul* in KölnKomm. AktG, 3. Aufl., Art. 28 SE-VO Rz. 4; *Casper* in Spindler/Stilz, AktG, Art. 28 SE-VO Rz. 3.
6 RL 2009/101/EG des Europäischen Parlaments und des Rates v. 16.9.2009 zur Koordinierung der Schutzbestimmungen, die in den Mitgliedstaaten den Gesellschaften im Sinne des Artikels 48 Absatz 2 des Vertrages im Interesse der Gesellschafter sowie Dritter vorgeschrieben sind, um diese Bestimmungen gleichwertig zu gestalten, ABl. EU Nr. L 258 v. 1.10.2009, S. 11. Ausdehnung auf die EWR-Staaten durch Beschluss des Gemeinsamen EWR-Ausschusses Nr. 56/2010 v. 30.4.2010 zur Änderung von Anhang XXII (Gesellschaftsrecht) des EWR-Abkommens, ABl. EU Nr. L 181 v. 15.7.2010, S. 24; früher Erste Richtlinie 68/151/EWG des Rates v. 9.3.1968 zur Koordinierung der Schutzbestimmungen, die in den Mitgliedstaaten den Gesellschaften im Sinne des Artikels 58 Absatz 2 des Vertrages im Interesse der Gesellschafter sowie Dritter vorgeschrieben sind, um diese Bestimmungen gleichwertig zu gestalten, ABl. EG Nr. L 65 v. 14.3.1968, S. 8; Text und Erläuterungen bei *Lutter/Bayer/J. Schmidt*, EuropUR, § 19.
7 Zur Änderung näher *Lutter/Bayer/J. Schmidt*, EuropUR, § 19 Rz. 5 f.
8 Richtig *Scheifele*, Gründung, S. 279 f.; a.A. *Schwarz*, Art. 28 SE-VO Rz. 5.
9 Zumindest missverständlich daher *Jannott* in Jannott/Frodermann, Handbuch Europäische Aktiengesellschaft, § 3 Rz. 104; *Schröder* in Manz/Mayer/Schröder, Art. 28 SE-VO Rz. 5; vgl. auch *Maul* in KölnKomm. AktG, 3. Aufl., Art. 28 SE-VO Rz. 5.
10 *Scheifele*, Gründung, S. 280; *Schwarz*, Art. 28 SE-VO Rz. 5; zust. *Marsch-Barner* in Habersack/Drinhausen, Art. 28 SE-VO Rz. 5.
11 *Schäfer* in MünchKomm. AktG, 3. Aufl., Art. 28 SE-VO Rz. 3 spricht irrtümlich von einer „deutschen SE".
12 *Schäfer* in MünchKomm. AktG, 3. Aufl., Art. 28 SE-VO Rz. 3; zust. *Casper* in Spindler/Stilz, AktG, Art. 28 SE-VO Rz. 3; *Hörtnagl* in Schmitt/Hörtnagl/Stratz, UmwG, Art. 28 SE-VO Rz. 1; *Marsch-Barner* in Habersack/Drinhausen, Art. 28 SE-VO Rz. 5; vgl. bereits *Scheifele*, Gründung, S. 280; *Schwarz*, Art. 28 SE-VO Rz. 7.

dem von der Landesjustizverwaltung bestimmten elektronischen Informations- und Kommunikationssystem bekannt zu machen[13]. § 19 Abs. 3 UmwG ist dagegen nicht anwendbar[14] (vgl. ausf. bereits Art. 25 Rz. 18).

4 Da die Bekanntmachung nach Art. 28 SE-VO bei der SE funktional den Bekanntmachungen für die einzelnen Gründungsgesellschaften gem. § 19 Abs. 3 Satz 1 UmwG entspricht, ist sie maßgeblich für den **Beginn der Fristen** für den *Gläubigerschutz* (Art. 24 Abs. 1 SE-VO i.V.m. § 22 UmwG, vgl. bereits Art. 24 Rz. 9)[15] sowie für die Verjährung der *Schadensersatzansprüche* gegen Verwaltungsträger der übertragenden Rechtsträger[16] (Art. 18 SE-VO i.V.m. § 25 Abs. 3 UmwG). Hingegen beginnt mit der Bekanntmachung nach Art. 28 SE-VO *nicht* die Frist nach § 31 UmwG,[17] denn diese Norm ist im Falle der SE-Gründung durch Verschmelzung gar nicht anwendbar, da eine Barangebotspflicht nur nach § 7 Abs. 1 SEAG besteht und die entsprechende Annahmefrist in § 7 Abs. 4 SEAG geregelt ist (vgl. dazu Art. 24 Rz. 55).[18]

Art. 29
[Wirkungen der Verschmelzung]

(1) Die nach Artikel 17 Absatz 2 Buchstabe a vollzogene Verschmelzung bewirkt ipso jure gleichzeitig Folgendes:

a) Das gesamte Aktiv- und Passivvermögen jeder übertragenden Gesellschaft geht auf die übernehmende Gesellschaft über;

b) die Aktionäre der übertragenden Gesellschaft werden Aktionäre der übernehmenden Gesellschaft;

c) die übertragende Gesellschaft erlischt;

d) die übernehmende Gesellschaft nimmt die Rechtsform einer SE an.

(2) Die nach Artikel 17 Absatz 2 Buchstabe b vollzogene Verschmelzung bewirkt ipso jure gleichzeitig Folgendes:

a) Das gesamte Aktiv- und Passivvermögen der sich verschmelzenden Gesellschaften geht auf die SE über;

b) die Aktionäre der sich verschmelzenden Gesellschaften werden Aktionäre der SE;

c) die sich verschmelzenden Gesellschaften erlöschen.

---

13 *Marsch-Barner* in Habersack/Drinhausen, Art. 28 SE-VO Rz. 5; *Maul* in KölnKomm. AktG, 3. Aufl., Art. 28 SE-VO Rz. 5; *Schröder* in Manz/Mayer/Schröder, Art. 28 SE-VO Rz. 9; *Schäfer* in MünchKomm. AktG, 3. Aufl., Art. 28 SE-VO Rz. 3.
14 Abw. *Maul* in KölnKomm. AktG, 3. Aufl., Art. 28 SE-VO Rz. 5.
15 Ebenso *Marsch-Barner* in Habersack/Drinhausen, Art. 28 SE-VO Rz. 6; *Hörtnagl* in Schmitt/Hörtnagl/Stratz, UmwG, Art. 28 SE-VO Rz. 3; *Maul* in KölnKomm. AktG, 3. Aufl., Art. 28 SE-VO Rz. 7; vgl. bereits *Scheifele*, Gründung, S. 279 (anders jedoch S. 226: Art. 15 Abs. 2); *Schwarz*, Art. 28 SE-VO Rz. 9 (anders jedoch Art. 24 Rz. 10: Art. 15 Abs. 2).
16 Ebenso *Scheifele*, Gründung, S. 279; *Schwarz*, Art. 28 SE-VO Rz. 9; *Marsch-Barner* in Habersack/Drinhausen, Art. 28 SE-VO Rz. 6; nur im Ergebnis auch *Schröder* in Manz/Mayer/Schröder, Art. 18 SE-VO Rz. 28.
17 Abw. *Schwarz*, Art. 28 SE-VO Rz. 9.
18 Zust. *Marsch-Barner* in Habersack/Drinhausen, Art. 28 SE-VO Rz. 6; a.A. *Hörtnagl* in Schmitt/Hörtnagl/Stratz, UmwG, Art. 28 SE-VO Rz. 3.

(3) Schreibt ein Mitgliedstaat im Falle einer Verschmelzung von Aktiengesellschaften besondere Formalitäten für die Rechtswirksamkeit der Übertragung bestimmter von den sich verschmelzenden Gesellschaften eingebrachter Vermögensgegenstände, Rechte und Verbindlichkeiten gegenüber Dritten vor, so gelten diese fort und sind entweder von den sich verschmelzenden Gesellschaften oder von der SE nach deren Eintragung zu erfüllen.

(4) Die zum Zeitpunkt der Eintragung aufgrund der einzelstaatlichen Rechtsvorschriften und Gepflogenheiten sowie aufgrund individueller Arbeitsverträge oder Arbeitsverhältnisse bestehenden Rechte und Pflichten der beteiligten Gesellschaften hinsichtlich der Beschäftigungsbedingungen gehen mit der Eintragung der SE auf diese über.

I. Regelungsgegenstand und -zweck 1	c) Surrogation im Hinblick auf Rechte Dritter 9
II. Wirkungen der Verschmelzung (Art. 29 Abs. 1, 2 SE-VO) 3	3. Erlöschen bzw. Formwechsel der Gründungsgesellschaften 10
1. Gesamtrechtsnachfolge 4	III. Drittwirkung der Übertragung (Art. 29 Abs. 3 SE-VO) 12
2. Aktienerwerb a) Grundsatz .... 5 b) Ausnahmen 7	IV. Betriebsübergang (Art. 29 Abs. 4 SE-VO) 13

Literatur: *Fuchs*, Die Gründung einer Europäischen Aktiengesellschaft durch Verschmelzung und das nationale Recht, Diss. Konstanz 2004; *Mahi*, Die Europäische Aktiengesellschaft. Societas Europaea – SE, 2004; *Schwarz*, Zum Statut der Europäischen Aktiengesellschaft, ZIP 2001, 1847; *Vossius*, Gründung und Umwandlung der deutschen Europäischen Gesellschaft (SE), ZIP 2005, 741.

I. Regelungsgegenstand und -zweck

Art. 29 SE-VO regelt die **Wirkungen der Verschmelzung**, wobei Art. 29 **Abs. 1** SE-VO die Verschmelzung zur Aufnahme (Art. 17 Abs. 2 lit. a SE-VO) und Art. 29 **Abs. 2** SE-VO die Verschmelzung zur Neugründung (Art. 17 Abs. 2 lit. b SE-VO) betrifft. Die Vorschrift **ergänzt Art. 27 SE-VO** (Zeitpunkt des Wirksamwerdens der Verschmelzung) **und Art. 30 SE-VO** (fehlerhafte Verschmelzung); alle vier Vorschriften entsprechen in etwa der auf Art. 19 und 23 der nationalen VerschmelzungsRL[1] (früher Art. 17, 18 der 3. RL[2])[3] beruhenden Regelung des § 20 UmwG[4]. 1

In Parallele zu Art. 19 Abs. 3 Satz 1 der nationalen VerschmelzungsRL wird in Art. 29 **Abs. 3** SE-VO die Drittwirkung der Übertragung bestimmter von den Gründungs- 2

---

1 RL 2011/35/EU des Europäischen Parlaments und des Rates v. 5.4.2011 über die Verschmelzung von Aktiengesellschaften, ABl. EU Nr. L 110 v. 29.4.2011, S. 1; Abdruck und Erläuterungen bei *Lutter/Bayer/J. Schmidt*, EuropUR, § 21.
2 Dritte Richtlinie des Rates 78/855/EWG vom 9.10.1978 gemäß Artikel 54 Absatz 3 Buchstabe g) des Vertrages betreffend die Verschmelzung von Aktiengesellschaften, ABl. EG Nr. L 295 v. 20.10.1978, S. 36.
3 Zur Änderung *Lutter/Bayer/J. Schmidt*, EuropUR, § 21 Rz. 4 f.
4 *Schäfer* in MünchKomm. AktG, 3. Aufl., Art. 29 SE-VO Rz. 1; *Marsch-Barner* in Habersack/Drinhausen, Art. 29 SE-VO Rz. 1; *Casper* in Spindler/Stilz, AktG, Art. 29 SE-VO Rz. 1; *Schröder* in Manz/Mayer/Schröder, Art. 29 SE-VO Rz. 1.

Art. 29 SE-VO   Wirkungen der Verschmelzung

gesellschaften eingebrachter Vermögensgegenstände, Rechte und Verbindlichkeiten geregelt[5]. In Art. 29 **Abs. 4** SE-VO wird der Übergang von arbeitsrechtlichen Rechten und Pflichten auf die SE angeordnet.

II. Wirkungen der Verschmelzung (Art. 29 Abs. 1, 2 SE-VO)

3   Die Wirkungen der Verschmelzung treten **im Zeitpunkt der Eintragung der SE** gem. Art. 27 Abs. 1 SE-VO i.V.m. Art. 12 Abs. 1 SE-VO ein, da mit dieser Eintragung zugleich auch die Verschmelzung wirksam, d.h. i.S.v. Art. 17 Abs. 1 Satz 1 SE-VO „vollzogen" wird (vgl. auch Art. 27 Rz. 1, 3)[6].

1. Gesamtrechtsnachfolge

4   Bei der Verschmelzung durch Neugründung geht das **gesamte Aktiv- und Passivvermögen** der sich verschmelzenden Gesellschaften auf die SE über (Art. 17 Abs. 2 lit. a SE-VO), bei der Verschmelzung durch Aufnahme geht das gesamte Aktiv- und Passivvermögen jeder übertragenden Gründungsgesellschaft auf die übernehmende Gesellschaft über (Art. 17 Abs. 1 lit. a SE-VO), die sich gleichzeitig **in eine SE umwandelt** (unten Rz. 11). Es handelt sich um eine Gesamtrechtsnachfolge *mit materiellrechtlicher Wirkung für und gegen jedermann*[7], die **sämtliche Vermögensgegenstände, Rechte und Pflichten sowie Vertragsverhältnisse** erfasst[8], soweit sich nicht aus Abs. 3 Abweichungen ergeben (dazu unten Rz. 12). Da diese Regelung mit Art. 19 Abs. 1 der nationalen VerschmelzungsRL[9] sowie § 20 Abs. 1 Nr. 1 UmwG übereinstimmt, kann wegen weiterer Einzelheiten auf die einschlägigen Kommentierungen verwiesen werden[10]. Indes **fehlt** eine dem **§ 21 UmwG** (betr. Wirkung auf gegenseitige Verträge) entsprechende Regelung in der SE-VO; die Vorschrift findet auch über Art. 9 Abs. 1 lit. c ii SE-VO keine Anwendung[11]; es gilt vielmehr international-privatrechtlich das Schuldver-

---

5   *Casper* in Spindler/Stilz, AktG, Art. 29 SE-VO Rz. 1; *Schäfer* in MünchKomm. AktG, 3. Aufl., Art. 29 SE-VO Rz. 1; *Scheifele*, Gründung, S. 291 f.; *Schröder* in Manz/Mayer/Schröder, Art. 29 SE-VO Rz. 27; *Schwarz*, Art. 29 SE-VO Rz. 1, 3.
6   *Marsch-Barner* in Habersack/Drinhausen, Art. 29 SE-VO Rz. 2; *Maul* in KölnKomm. AktG, 3. Aufl., Art. 29 SE-VO Rz. 5; *Schäfer* in MünchKomm. AktG, 3. Aufl., Art. 27 SE-VO Rz. 3, Art. 29 Rz. 2; *Schröder* in Manz/Mayer/Schröder, Art. 27 SE-VO Rz. 2, Art. 29 Rz. 1; *Schwarz*, Art. 29 SE-VO Rz. 4.
7   So auch *Marsch-Barner* in Habersack/Drinhausen, Art. 29 SE-VO Rz. 3; *Casper* in Spindler/Stilz, AktG, Art. 29 SE-VO Rz. 2; *Hörtnagl* in Schmitt/Hörtnagl/Stratz, UmwG, Art. 29 SE-VO Rz. 2; *Schröder* in Manz/Mayer/Schröder, Art. 29 SE-VO Rz. 3; vgl. bereits *Fuchs*, Gründung, S. 78; *Schwarz*, ZIP 2001, 1847, 1851; vgl. zu § 20 UmwG auch *Grunewald* in Lutter, § 20 UmwG Rz. 7 ff.
8   *Schäfer* in MünchKomm. AktG, 3. Aufl., Art. 29 SE-VO Rz. 2; *Schröder* in Manz/Mayer/Schröder, Art. 29 SE-VO Rz. 4 ff.; *Schwarz*, Art. 29 SE-VO Rz. 6.
9   RL 2011/35/EU des Europäischen Parlaments und des Rates v. 5.4.2011 über die Verschmelzung von Aktiengesellschaften, ABl. EU Nr. L 110 v. 29.4.2011, S. 1; Abdruck und Erläuterungen bei *Lutter/Bayer/J. Schmidt*, EuropUR, § 21; früher Dritte Richtlinie des Rates 78/855/EWG vom 9.10.1978 gemäß Artikel 54 Absatz 3 Buchstabe g) des Vertrages betreffend die Verschmelzung von Aktiengesellschaften, ABl. EG Nr. L 295 v. 20.10.1978, S. 36; zur Änderung *Lutter/Bayer/J. Schmidt*, EuropUR, § 21 Rz. 4f.
10   Ausf. *Grunewald* in Lutter, § 20 UmwG Rz. 7 ff.; *Kübler* in Semler/Stengel, § 20 UmwG Rz. 8 ff.; *Marsch-Barner* in Kallmeyer, § 20 UmwG Rz. 4 ff.
11   *Marsch-Barner* in Habersack/Drinhausen, Art. 24 SE-VO Rz. 3; *Casper* in Spindler/Stilz, AktG, Art. 29 SE-VO Rz. 2 Fn. 4; *Schäfer* in MünchKomm. AktG, 3. Aufl., Art. 29 SE-VO Rz. 2; *Scheifele*, Gründung, S. 295; ausf. *Maul* in KölnKomm. AktG, 3. Aufl., Art. 29 SE-VO Rz. 8; teilw. abw. *Schwarz*, Art. 29 SE-VO Rz. 17.

tragsstatut, so dass bei Anwendbarkeit des deutschen Rechts insbesondere an § 313 BGB zu denken ist[12].

2. Aktienerwerb

a) Grundsatz

Die Aktionäre aller verschmelzenden Gesellschaften werden im Zeitpunkt der Eintragung der SE (s. Rz. 3) ipso iure **Aktionäre der SE**; insoweit besteht zwischen einer Verschmelzung durch Aufnahme und durch Neugründung kein Unterschied[13]. Die Anzahl der auf jeden Aktionär entfallen Aktien bestimmt sich nach dem Verschmelzungsplan[14]; es handelt sich um einen gesetzlichen Erwerb, die Übergabe der Aktienurkunden ist hierfür nicht Voraussetzung[15]. Erfasst werden alle Aktien, **auch stimmrechtslose Vorzugsaktien**[16]. Da alle übertragenden Gründungsgesellschaften erlöschen bzw. die übernehmende Gesellschaft im Falle der Verschmelzung durch Aufnahme ihre Rechtsform ändert (unten Rz. 10 f.), verändert sich ipso iure die Rechtsnatur der Mitgliedschaft und der Aktienbeteiligung; es findet ein **gesetzlicher Aktientausch** statt[17].

5

Die **Übertragung der neuen Aktien** richtet sich nach den in Art. 20 Abs. 1 lit. c SE-VO im Verschmelzungsplan enthaltenen Festlegungen[18]. Im Falle einer **deutschen Gründungsgesellschaft** ist daher gem. Art. 18 SE-VO i.V.m. § 71 UmwG ein Treuhänder zu bestellen (s. ausf. bereits Art. 20 Rz. 20)[19].

6

b) Ausnahmen

Gem. **Art. 31 Abs. 1 Satz 1 SE-VO** findet Art. 29 Abs. 1 lit. b SE-VO im Falle eines **upstream-mergers einer 100 %igen Tochter** auf die Mutter keine Anwendung[20] (s. auch Art. 31 Rz. 8). Ratio ist, dass es andernfalls zu einem Erwerb eigener Aktien kommen

7

---

12 Zutreffend *Schäfer* in MünchKomm. AktG, 3. Aufl., Art. 29 SE-VO Rz. 2; *Casper* in Spindler/Stilz, AktG, Art. 29 SE-VO Rz. 2; *Maul* in KölnKomm. AktG, 3. Aufl., Art. 29 SE-VO Rz. 8; *Marsch-Barner* in Habersack/Drinhausen, Art. 29 SE-VO Rz. 3; vgl. bereits *Schwarz*, SE-VO Rz. 17.
13 *Schäfer* in MünchKomm. AktG, 3. Aufl., Art. 29 SE-VO Rz. 3; *Scheifele*, Gründung, S. 296; *Schwarz*, Art. 29 SE-VO Rz. 18.
14 *Fuchs*, Gründung, S. 80; *Schäfer* in MünchKomm. AktG, 3. Aufl., Art. 29 SE-VO Rz. 3; *Scheifele*, Gründung, S. 296; *Schwarz*, Art. 29 SE-VO Rz. 18.
15 *Schäfer* in MünchKomm. AktG, 3. Aufl., Art. 29 SE-VO Rz. 3; *Schröder* in Manz/Mayer/Schröder, Art. 29 SE-VO Rz. 9; *Schwarz*, Art. 29 SE-VO Rz. 19.
16 *Schäfer* in MünchKomm. AktG, 3. Aufl., Art. 29 SE-VO Rz. 3; *Marsch-Barner* in Habersack/Drinhausen, Art. 29 SE-VO Rz. 4; *Maul* in KölnKomm. AktG, 3. Aufl., Art. 29 SE-VO Rz. 9; *Casper* in Spindler/Stilz, AktG, Art. 29 SE-VO Rz. 3.
17 *Schröder* in Manz/Mayer/Schröder, Art. 29 SE-VO Rz. 9; vgl. auch *Scheifele*, Gründung, S. 296; *Schwarz*, Art. 29 SE-VO Rz. 19; zust. *Marsch-Barner* in Habersack/Drinhausen, Art. 29 SE-VO Rz. 4; *Casper* in Spindler/Stilz, AktG, Art. 29 SE-VO Rz. 3.
18 *Marsch-Barner* in Habersack/Drinhausen, Art. 29 SE-VO Rz. 5; *Schwarz*, Art. 29 SE-VO Rz. 19; *Schäfer* in MünchKomm. AktG, 3. Aufl., Art. 29 SE-VO Rz. 3; *Schröder* in Manz/Mayer/Schröder, Art. 29 SE-VO Rz. 18.
19 So bereits *Bayer* in Lutter/Hommelhoff, Europäische Gesellschaft, S. 25, 38; ebenso *Hügel* in Kalss/Hügel, § 17 SEG Rz. 30 Fn. 41; *Jannott* in Jannott/Frodermann, Handbuch Europäische Aktiengesellschaft, § 3 Rz. 42; *Marsch-Barner* in Habersack/Drinhausen, Art. 29 SE-VO Rz. 5; *Schäfer* in MünchKomm. AktG, 3. Aufl., Art. 29 SE-VO Rz. 16; *Schwarz*, Art. 20 SE-VO Rz. 30; a.A. *Lind*, Die Europäische Aktiengesellschaft, 2004, S. 112.
20 So auch *Marsch-Barner* in Habersack/Drinhausen, Art. 29 SE-VO Rz. 5; *Maul* in KölnKomm. AktG, 3. Aufl., Art. 29 SE-VO Rz. 10; *Schäfer* in MünchKomm. AktG, 3. Aufl., Art. 29 SE-VO Rz. 4; *Schröder* in Manz/Mayer/Schröder, Art. 29 SE-VO Rz. 11 f.

würde, der aber – wie die Art. 19 ff. Kapital-RL[21] zeigen – grundsätzlich als problematisch empfunden wird[22].

8 Die Gefahr des **Erwerbs eigener Aktien** besteht jedoch auch in anderen Konstellationen. Hierfür bedurfte es indes in der SE-VO keiner ausdrücklichen Regelung, da insoweit kraft Art. 18 SE-VO die nationalen **Umsetzungsvorschriften zu Art. 19 Abs. 2 der nationalen VerschmelzungsRL** eingreifen[23]. Im Falle der Gründung einer deutschen SE gilt somit **§ 20 Abs. 1 Nr. 3 Satz 1 Halbsatz 2 UmwG**[24], d.h. ein Anteilserwerb findet nicht statt, soweit die übernehmende Gesellschaft Anteile an der übertragenden oder die übertragende Gesellschaft eigene Anteile hält[25].

c) Surrogation im Hinblick auf Rechte Dritter

9 Problematisch ist, dass die SE-VO keine Regelung enthält, die mit **§ 20 Abs. 1 Nr. 3 Satz 2 UmwG** vergleichbar ist. Somit ist nicht generell sichergestellt, dass sich Rechte Dritter, die an Aktien einer Gründungsgesellschaft bestehen (Pfandrechte, Nießbrauch), an den im Wege des Anteilstausches **erworbenen SE-Aktien fortsetzen**. Allein wenn das nach Art. 15 Abs. 1 SE-VO anwendbare Recht der SE eine solche dingliche Surrogation auch nach dem eingetretenen Statutenwechsel[26] anordnet (wie im Falle einer deutschen SE)[27], ist dieses – rechtspolitisch unzweifelhaft wünschenswerte – Ergebnis gewährleistet[28]. Trotz entsprechender Forderungen aus dem Schrifttum[29], hat der Gesetzgeber im SEAG darauf verzichtet, § 20 Abs. 1 Nr. 3 Satz 2 UmwG explizit insoweit für anwendbar zu erklären, als auch das für die übertragende Gesellschaft geltende Recht eine Surrogation anordnet[30].

---

21 Ursprünglich RL 77/91/EWG, ABl. EG Nr. L 26 v. 31.1.1977, S. 1; geändert durch RL 2006/68/EG, ABl. EG Nr. L 264 v. 25.9.2006, S. 32; neugefasst durch RL 2012/30/EU, ABl. EU Nr. L 315 v. 14.11.2012, S. 74. Text mit Stand 2011 und ausf. Erläuterungen bei *Lutter/Bayer/J. Schmidt*, EuropUR, § 20 m.z.w.N. Zur Neufassung, die *de facto* nur eine Kodifizierung ist, *Bayer/J. Schmidt*, BB 2013, 3, 6.
22 Vgl. bereits *Fuchs*, Gründung, S. 172; *Scheifele*, Gründung, S. 297.
23 *Schäfer* in MünchKomm. AktG, 3. Aufl., Art. 29 SE-VO Rz. 4; *Schröder* in Manz/Mayer/Schröder, Art. 29 SE-VO Rz. 11 f.; *Schwarz*, Art. 29 SE-VO Rz. 22; *Marsch-Barner* in Habersack/Drinhausen, Art. 29 SE-VO Rz. 5; *Austmann* in MünchHdb. AG, § 83 Rz. 34; vgl. auch *Scheifele*, Gründung, S. 297 f.; a.A. *Fuchs*, Gründung, S. 84 f.
24 *Schäfer* in MünchKomm. AktG, 3. Aufl., Art. 29 SE-VO Rz. 4; *Marsch-Barner* in Habersack/Drinhausen, Art. 29 SE-VO Rz. 5; *Casper* in Spindler/Stilz, AktG, Art. 29 SE-VO Rz. 3 f.; *Schwarz*, Art. 29 SE-VO Rz. 20 ff.
25 *Marsch-Barner* in Habersack/Drinhausen, Art. 29 SE-VO Rz. 5; *Maul* in KölnKomm. AktG, 3. Aufl., Art. 29 SE-VO Rz. 10; *Schröder* in Manz/Mayer/Schröder, Art. 29 SE-VO Rz. 12. Ausf. zu § 20 Abs. 1 Nr. 3 Satz 1 UmwG: *Grunewald* in Lutter, § 20 UmwG Rz. 59 ff.; *Kübler* in Semler/Stengel, § 20 UmwG Rz. 76 ff.
26 Ausf. *Schröder* in Manz/Mayer/Schröder, Art. 29 SE-VO Rz. 16.
27 So auch *Austmann* in MünchHdb. AG, § 83 Rz. 34; *Marsch-Barner* in Habersack/Drinhausen, Art. 29 SE-VO Rz. 6; *Casper* in Spindler/Stilz, AktG, Art. 29 SE-VO Rz. 4; *Schäfer* in MünchKomm. AktG, 3. Aufl., Art. 29 SE-VO Rz. 5; *Schwarz*, Art. 29 SE-VO Rz. 25; *Schröder* in Manz/Mayer/Schröder, Art. 29 SE-VO Rz. 39.
28 *Scheifele*, Gründung, S. 298; *Schwarz*, Art. 29 SE-VO Rz. 25; vgl. auch *Schröder* in Manz/Mayer/Schröder, Art. 29 SE-VO Rz. 17, 39 f.; *Marsch-Barner* in Habersack/Drinhausen, Art. 29 SE-VO Rz. 6; abw. *Maul* in KölnKomm. AktG, 3. Aufl., Art. 29 SE-VO Rz. 11.
29 *Vossius* in Widmann/Mayer, § 20 UmwG Rz. 442; vgl. auch *Scheifele*, Gründung, S. 298.
30 *Schäfer* in MünchKomm. AktG, 3. Aufl., Art. 29 SE-VO Rz. 6 a.e.; *Schwarz*, Art. 29 SE-VO Rz. 25; für einen generellen Fortbestand der Drittrechte indes *Maul* in KölnKomm. AktG, 3. Aufl., Art. 29 SE-VO Rz. 11.

3. Erlöschen bzw. Formwechsel der Gründungsgesellschaften

Mit der Eintragung der SE **erlöschen** alle **übertragenden Gründungsgesellschaften** (Art. 29 Abs. 1 lit. c, Abs. 2 lit. c SE-VO)[31]; eine Liquidation findet aufgrund der Gesamtrechtsnachfolge nicht statt[32]. Mit dem Erlöschen der übertragenden Gesellschaft(en) **endet die Organstellung** ihrer Verwaltungs- und Leitungsorgane[33]. 10

Im Falle der Verschmelzung durch *Aufnahme* wandelt sich die **übernehmende** Gründungsgesellschaft zeitgleich (ohne eine dazwischen liegende „juristische Sekunde")[34] **in eine SE** um (Art. 29 Abs. 1 lit. d SE-VO)[35]. Dieser Formwechsel entfällt, wenn die übernehmende Gründungsgesellschaft bereits eine SE ist (Gründung gem. Art. 3 Abs. 1 SE-VO; vgl. dazu Art. 3 Rz. 3 ff.)[36]. 11

III. Drittwirkung der Übertragung (Art. 29 Abs. 3 SE-VO)

Art. 29 Abs. 3 SE-VO regelt nach dem Modell von Art. 19 Abs. 3 Satz 1 der nationalen VerschmelzungsRL die Drittwirkung der Übertragung bestimmter von den Gründungsgesellschaften eingebrachter Vermögensgegenstände, Rechte und Verbindlichkeiten[37]. Ungeachtet des in der deutschen Textfassung missverständlichen Wortlauts[38] betrifft der Vorbehalt nicht etwa die materielle Berechtigung selbst[39], sondern lediglich die Frage, ob der Rechtsübergang **Dritten entgegengehalten** werden kann[40]. „Formalitäten" i.S.d. Art. 29 Abs. 3 SE-VO sind im deutschen Recht also z.B. die Not- 12

---

31 *Marsch-Barner* in Habersack/Drinhausen, Art. 29 SE-VO Rz. 7; *Casper* in Spindler/Stilz, AktG, Art. 29 SE-VO Rz. 1, 5; *Schäfer* in MünchKomm. AktG, 3. Aufl., Art. 29 SE-VO Rz. 6.
32 *Marsch-Barner* in Habersack/Drinhausen, Art. 29 SE-VO Rz. 7; *Schäfer* in MünchKomm. AktG, 3. Aufl., Art. 29 SE-VO Rz. 6; *Schröder* in Manz/Mayer/Schröder, Art. 29 SE-VO Rz. 19; *Schwarz*, Art. 29 SE-VO Rz. 26.
33 *Schröder* in Manz/Mayer/Schröder, Art. 29 SE-VO Rz. 20; *Marsch-Barner* in Habersack/Drinhausen, Art. 29 SE-VO Rz. 7; *Maul* in KölnKomm. AktG, 3. Aufl., Art. 29 SE-VO Rz. 12; vgl. für § 20 UmwG: *Grunewald* in Lutter, § 20 UmwG Rz. 28; *Kübler* in Semler/Stengel, § 20 UmwG Rz. 20.
34 So auch *Scheifele*, Gründung, S. 296; *Schwarz*, Art. 29 SE-VO Rz. 18 a.E.; zust. *Marsch-Barner* in Habersack/Drinhausen, Art. 29 SE-VO Rz. 8; *Maul* in KölnKomm. AktG, 3. Aufl., Art. 29 SE-VO Rz. 9.
35 *Marsch-Barner* in Habersack/Drinhausen, Art. 29 SE-VO Rz. 3, 8; *Casper* in Spindler/Stilz, AktG, Art. 29 SE-VO Rz. 5; *Schäfer* in MünchKomm. AktG, 3. Aufl., Art. 29 SE-VO Rz. 7; *Maul* in KölnKomm. AktG, 3. Aufl., Art. 29 SE-VO Rz. 12.
36 *Schröder* in Manz/Mayer/Schröder, Art. 29 SE-VO Rz. 23.
37 *Schäfer* in MünchKomm. AktG, 3. Aufl., Art. 29 SE-VO Rz. 9; *Schröder* in Manz/Mayer/Schröder, Art. 29 SE-VO Rz. 26; *Schwarz*, Art. 29 SE-VO Rz. 1, 3; *Marsch-Barner* in Habersack/Drinhausen, Art. 29 SE-VO Rz. 9; *Maul* in KölnKomm. AktG, 3. Aufl., Art. 29 SE-VO Rz. 13; *Casper* in Spindler/Stilz, AktG, Art. 29 SE-VO Rz. 7.
38 Eindeutig dagegen etwa die englische und französische Fassung: „special formalities before the transfer ... becomes effective against third parties"/„formalités particulières pour l'opposabilité aux tiers".
39 So aber offenbar *Jannott* in Jannott/Frodermann, Handbuch Europäische Aktiengesellschaft, § 3 Rz. 110; *Schröder* in Manz/Mayer/Schröder, Art. 29 SE-VO Rz. 28; ebenso für Art. 19 Abs. 3 Satz 1 nationalen VerschmelzungsRL *Habersack/Verse*, Europäisches Gesellschaftsrecht, § 8 Rz. 13.
40 Ebenso bereits *Scheifele*, Gründung, S. 292; *J. Schmidt*, „Deutsche" vs. „britische" SE, S. 263; *Schwarz*, Art. 29 SE-VO Rz. 8; zust. *Casper* in Spindler/Stilz, AktG, Art. 29 SE-VO Rz. 7; *Marsch-Barner* in Habersack/Drinhausen, Art. 29 SE-VO Rz. 9.; nunmehr auch *Maul* in KölnKomm. AktG, 3. Aufl., Art. 29 SE-VO Rz. 13. Ohne eindeutige Stellungnahme, i.E. aber für die Geltung allgemeiner zivilrechtlicher Beschränkungen der Übertragbarkeit *Schäfer* in MünchKomm. AktG, 3. Aufl., Art. 29 SE-VO Rz. 9.

wendigkeit einer **Grundbuchberichtigung**[41] (§ 894 Abs. 1 BGB[42], zuvor ist gutgläubiger Erwerb möglich, vgl. § 892 BGB[43]) oder einer steuerlichen **Unbedenklichkeitsbescheinigung** (§ 22 GrEStG)[44]. Die betreffenden Formalitäten können – wie Art. 29 Abs. 3 a.E. SE-VO explizit klarstellt – entweder von den sich verschmelzenden Gesellschaften oder (nach ihrer Eintragung) von der SE selbst erfüllt werden[45].

IV. Betriebsübergang (Art. 29 Abs. 4 SE-VO)

13 Durch Art. 29 Abs. 4 SE-VO wird explizit klargestellt[46], dass die Universalsukzession auch die Rechte und Pflichten der Gründungsgesellschaften hinsichtlich der **Beschäftigungsbedingungen** umfasst; die Norm ist somit das SE-rechtliche Pendant zu § 324 UmwG, § 613a Abs. 1, 4–6 BGB[47]. Konstitutive Bedeutung hat sie allerdings insofern, als sie auch den **Übergang kollektivrechtlicher Vereinbarungen** (insbesondere von Tarifverträgen) anordnet – dies wäre allein durch Art. 29 Abs. 1 lit. a bzw. Abs. 2 lit. a SE-VO nicht gewährleistet[48]. Gleichfalls konstitutiv wirkt die Vorschrift, soweit sie **international-privatrechtlich** anordnet, dass für die einzelnen Arbeitsverhältnisse weiterhin das Recht der jeweiligen Gründungsgesellschaft gilt[49].

Art. 30
[Rechtmäßigkeit der Verschmelzung]

Eine Verschmelzung im Sinne des Artikels 2 Absatz 1 kann nach der Eintragung der SE nicht mehr für nichtig erklärt werden.

Das Fehlen einer Kontrolle der Rechtmäßigkeit der Verschmelzung gemäß Artikel 25 und 26 kann einen Grund für die Auflösung der SE darstellen.

---

41 *Hörtnagl* in Schmitt/Hörtnagl/Stratz, UmwG, Art. 29 SE-VO Rz. 6.
42 Abw. *Schäfer* in MünchKomm. AktG, 3. Aufl., Art. 29 SE-VO Rz. 9.
43 So auch *Marsch-Barner* in Habersack/Drinhausen, Art. 29 SE-VO Rz. 9; *Maul* in KölnKomm. AktG, 3. Aufl., Art. 29 SE-VO Rz. 13; *Casper* in Spindler/Stilz, AktG, Art. 29 SE-VO Rz. 7.
44 So auch *Marsch-Barner* in Habersack/Drinhausen, Art. 29 SE-VO Rz. 9; *Schröder* in Manz/Mayer/Schröder, Art. 29 SE-VO Rz. 56; *Schwarz*, Art. 29 SE-VO Rz. 9; *Schäfer* in MünchKomm. AktG, 3. Aufl., Art. 29 SE-VO Rz. 9; vgl. bereits *Scheifele*, Gründung, S. 292; *J. Schmidt*, „Deutsche" vs. „britische" SE, S. 263; *Vossius* in Widmann/Mayer, § 20 UmwG Rz. 430.
45 Vgl. *Marsch-Barner* in Habersack/Drinhausen, Art. 29 SE-VO Rz. 10; *Maul* in KölnKomm. AktG, 3. Aufl., Art. 29 SE-VO Rz. 13; *Schäfer* in MünchKomm. AktG, 3. Aufl., Art. 29 SE-VO Rz. 9; *Schröder* in Manz/Mayer/Schröder, Art. 29 SE-VO Rz. 29; *Schwarz*, Art. 29 SE-VO Rz. 10; vgl. bereits *Fuchs*, Gründung, S. 87; *Scheifele*, Gründung, S. 293.
46 Vgl. zum weitgehend deklaratorischen Charakter der Norm: *Hügel* in Kalss/Hügel, § 24 SEG Rz. 30; *Jannott* in Jannott/Frodermann, Handbuch Europäische Aktiengesellschaft, § 3 Rz. 111; *Schäfer* in MünchKomm. AktG, 3. Aufl., Art. 29 SE-VO Rz. 10; *Marsch-Barner* in Habersack/Drinhausen, Art. 29 SE-VO Rz. 11; *Schröder* in Manz/Mayer/Schröder, Art. 29 SE-VO Rz. 30; *Schwarz*, Art. 29 SE-VO Rz. 12.
47 *Schäfer* in MünchKomm. AktG, 3. Aufl., Art. 29 SE-VO Rz. 10; *Marsch-Barner* in Habersack/Drinhausen, Art. 29 SE-VO Rz. 11; *Maul* in KölnKomm. AktG, 3. Aufl., Art. 29 SE-VO Rz. 14; *Schwarz*, Art. 29 SE-VO Rz. 12; *Schröder* in Manz/Mayer/Schröder, Art. 29 SE-VO Rz. 31.
48 Richtig *Schwarz*, Art. 29 SE-VO Rz. 12; *Schäfer* in MünchKomm. AktG, 3. Aufl., Art. 29 SE-VO Rz. 10; zust. *Marsch-Barner* in Habersack/Drinhausen, Art. 29 SE-VO Rz. 12; *Casper* in Spindler/Stilz, AktG, Art. 29 SE-VO Rz. 8; vgl. bereits *Fuchs*, Gründung, S. 89 f.; *Scheifele*, Gründung, S. 293; *J. Schmidt*, „Deutsche" vs. „britische" SE, S. 263.
49 So zutreffend *Casper* in Spindler/Stilz, AktG, Art. 29 SE-VO Rz. 8; *Maul* in KölnKomm. AktG, 3. Aufl., Art. 29 SE-VO Rz. 14, 16; *Schäfer* in MünchKomm. AktG, 3. Aufl., Art. 29 SE-VO Rz. 11; *Marsch-Barner* in Habersack/Drinhausen, Art. 29 SE-VO Rz. 11.

| I. Regelungsgegenstand und -zweck ... 1 | III. Fehlende Rechtmäßigkeitskontrolle (Art. 30 Unterabs. 2 SE-VO) ...... 6 |
| II. Ausschluss der Nichtigkeit (Art. 30 Unterabs. 1 SE-VO) .... 4 | |

Literatur: *Blanquet,* Das Statut der Europäischen Aktiengesellschaft (Societas Europaea „SE"), ZGR 2002, 20; *Bungert/Beier,* Die Europäische Aktiengesellschaft, EWS 2002, 1; *Cerioni,* The approved version of the European Company Statute in comparison with the 1991 draft: some critical issues on the formation and the working of the SE and the key challenge: part II, (2004) 25 Co Law 259–269; *Fuchs,* Die Gründung einer Europäischen Aktiengesellschaft durch Verschmelzung und das nationale Recht, Diss. Konstanz 2004 (zit.: Gründung); *Lösekrug,* Die Umsetzung der Kapital-, Verschmelzungs- und Spaltungsrichtlinie der EG in das nationale deutsche Recht, 2004 (zit.: Umsetzung); *Mahi,* Die Europäische Aktiengesellschaft. Societas Europaea – SE, 2004.

I. Regelungsgegenstand und -zweck

Nach **Art. 30 Unterabs. 1 SE-VO** kann auch eine **fehlerhafte Verschmelzung nach Eintragung** der SE **nicht** mehr für **nichtig** erklärt werden. Eine Rückabwicklung mit Wirkung *ex tunc* ist daher generell ausgeschlossen. Dies entspricht der Rechtslage für innerstaatliche Verschmelzungen[1] (§ 20 Abs. 2 UmwG)[2]. Grund für diese Einschränkung sind die vielfältigen rechtlichen und wirtschaftlichen Probleme, die eine Rückabwicklung der vollzogenen Verschmelzung mit sich bringen würde. Da dies verstärkt im Falle der grenzüberschreitenden Verschmelzung zutrifft, hat sich der europäische Gesetzgeber dazu entschlossen, die Regelung in der SE-VO strenger zu fassen als für den Fall der innerstaatlichen Verschmelzung, wo es den Mitgliedstaaten im Rahmen des Art. 22 der nationalen VerschmelzungsRL[3] freigestellt wird[4], die Nichtigkeitsfolge anzuordnen[5]. Unterschiede zwischen den Mitgliedstaaten sind bei der SE-Gründung schon deshalb nicht wünschenswert, weil ansonsten Fehler aus dem nationalen Recht der Gründungsgesellschaften unterschiedlich behandelt würden, je nachdem, welcher Konzeption die Rechtsordnung am Sitz der SE folgt[6].

Eine **Auflösung** der eingetragenen SE mit Wirkung **ex nunc**[7] kann nach **Art. 30 Unterabs. 2 SE-VO** allerdings dann in Betracht kommen, wenn die Rechtmäßigkeits- 2

1

---

[1] So auch *Marsch-Barner* in Habersack/Drinhausen, Art. 30 SE-VO Rz. 1; *Maul* in KölnKomm. AktG, 3. Aufl., Art. 30 SE-VO Rz. 5.
[2] Insoweit unstreitig, s. *Grunewald* in Lutter, § 20 UmwG Rz. 76 ff.; *Marsch-Barner* in Kallmeyer, § 20 UmwG Rz. 47 (jeweils m.z.w.N.).
[3] RL 2011/35/EU des Europäischen Parlaments und des Rates v. 5.4.2011 über die Verschmelzung von Aktiengesellschaften, ABl. EU Nr. L 110 v. 29.4.2011, S. 1; Abdruck und Erläuterungen bei *Lutter/Bayer/J. Schmidt,* EuropUR, § 21; früher Dritte Richtlinie des Rates 78/855/EWG vom 9.10.1978 gemäß Artikel 54 Absatz 3 Buchstabe g) des Vertrages betreffend die Verschmelzung von Aktiengesellschaften, ABl. EG Nr. L 295 v. 20.10.1978, S. 36. Zur Änderung: *Lutter/Bayer/J. Schmidt,* EuropUR, § 21 Rz. 4 ff.
[4] Dazu näher *Lutter/Bayer/J. Schmidt,* § 21 Rz. 99 ff.; vgl. auch *Habersack/Verse,* Europäisches Gesellschaftsrecht, § 8 Rz. 27; *Lösekrug,* Umsetzung, S. 280 f.
[5] *Schäfer* in MünchKomm. AktG, 3. Aufl., Art. 30 SE-VO Rz. 1; *Casper* in Spindler/Stilz, AktG, Art. 30 SE-VO Rz. 1; *Maul* in KölnKomm. AktG, 3. Aufl., Art. 30 SE-VO Rz. 1; *Schwarz,* Art. 30 SE-VO Rz. 1; *Marsch-Barner* in Habersack/Drinhausen, Art. 30 SE-VO Rz. 1 spricht irrtümlich von Art. 22 der internationalen (10.) VerschmelzungsRL; zur dortigen Parallelvorschrift (Art. 17), die weitergehend „absoluten Bestandsschutz" gewährleistet: *Lutter/Bayer/J. Schmidt,* EuropUR, § 23 Rz. 119; *Grundmann,* EuropGesR, Rz. 940; vgl. weiter zum nationalen Recht *Bayer* in Lutter, § 122l UmwG Rz. 26.
[6] In diesem Sinne Kommission, Begr. SE-VOE 1989, BT-Drucks. 11/5427, S. 7.
[7] *Marsch-Barner* in Habersack/Drinhausen, Art. 30 SE-VO Rz. 4; *Schäfer* in MünchKomm. AktG, 3. Aufl., Art. 30 SE-VO Rz. 2.

kontrolle gem. Art. 25 SE-VO und Art. 26 SE-VO nicht stattgefunden hat[8]. Es handelt sich insoweit um eine **abschließende Regelung** im Hinblick auf **Gründungsmängel**[9]; weitere Auflösungsgründe folgen aus Art. 64 Abs. 2 SE-VO (Art. 64 Rz. 3 ff., 19) sowie aus Art. 63 Halbsatz 1 SE-VO i.V.m. dem nationalen Recht am Sitz der SE (ausf. Art. 63 Rz. 26 ff.)[10]. Im Unterschied zu früheren Fassungen[11] ist klargestellt, dass auch das Fehlen der Rechtmäßigkeitskontrolle nicht zur Nichtigkeit der SE führt[12].

3   Der europäische Gesetzgeber hat somit für die eingetragene SE im Hinblick auf Gründungsmängel einen sehr weitreichenden Bestandsschutz angeordnet[13]. Mängel der Verschmelzung können grundsätzlich nur **vor Eintragung** der SE geltend machen[14]. Der Rechtmäßigkeitskontrolle nach Art. 25 SE-VO und Art. 26 SE-VO, insbesondere aber auch – für inländische Gründungsgesellschaften – der „Bescheinigungssperre" gem. § 16 Abs. 2 Satz 2 UmwG (dazu Art. 25 Rz. 11 a.E.), kommt deshalb eine hohe Bedeutung zu[15].

II. Ausschluss der Nichtigkeit (Art. 30 Unterabs. 1 SE-VO)

4   **Nach Eintragung** führen Fehler bei der Verschmelzungsgründung generell nicht zur Nichtigkeit der SE[16]. Auch eine Auflösung (mit der Folge einer „Entschmelzung" mit Wirkung ex nunc) kommt nur bei Fehlen der Rechtmäßigkeitskontrolle in Betracht (Art. 30 Unterabs. 2 SE-VO; unten Rz. 6 ff.)[17].

5   Die Eintragung bewirkt allerdings **keine Heilung**[18]. Schadensersatzansprüche (z.B. im Falle einer deutschen Gründungsgesellschaft gegen die verantwortlichen Organ-

---

8   So auch *Marsch-Barner* in Habersack/Drinhausen, Art. 30 SE-VO Rz. 4; *Schäfer* in MünchKomm. AktG, 3. Aufl., Art. 30 SE-VO Rz. 1.
9   Ebenso *Casper* in Spindler/Stilz, AktG, Art. 30 SE-VO Rz. 4; *Schäfer* in MünchKomm. AktG, 3. Aufl., Art. 30 SE-VO Rz. 1; *Schröder* in Manz/Mayer/Schröder, Art. 30 SE-VO Rz. 5; *Marsch-Barner* in Habersack/Drinhausen, Art. 30 SE-VO Rz. 8; a.A. *Hügel* in Kalss/Hügel, § 24 SEG Rz. 34.
10 So auch *Marsch-Barner* in Habersack/Drinhausen, Art. 30 SE-VO Rz. 8.
11 Art. 29 Satz 1 SE-VOE 1989 und Art. 29 Abs. 1 SE-VOE 1991 hatten noch ausdrücklich vorgesehen, dass die fehlende Rechtmäßigkeitskontrolle ein Nichtigkeitsgrund sein kann.
12 *Blanquet*, ZGR 2002, 20, 44; *Cerioni*, (2004) 25 Co Law 259, 263; *Hügel* in Kalss/Hügel, § 24 SEG Rz. 34; *Schäfer* in MünchKomm. AktG, 3. Aufl., Art. 30 SE-VO Rz. 6; *Scheifele*, Gründung, S. 301; *Schröder* in Manz/Mayer/Schröder, Art. 30 SE-VO Rz. 1, 5; *Schwarz*, Art. 30 SE-VO Rz. 7.
13 Ebenso *Schäfer* in MünchKomm. AktG, 3. Aufl., Art. 30 SE-VO Rz. 1.
14 *Schäfer* in MünchKomm. AktG, 3. Aufl., Art. 30 SE-VO Rz. 8; *Schröder* in Manz/Mayer/Schröder, Art. 30 SE-VO Rz. 14; zust. *Marsch-Barner* in Habersack/Drinhausen, Art. 30 SE-VO Rz. 2; vgl. auch *Hügel* in Kalss/Hügel, § 24 SEG Rz. 33.
15 Zutreffend *Schäfer* in MünchKomm. AktG, 3. Aufl., Art. 30 SE-VO Rz. 2; ebenso *Marsch-Barner* in Habersack/Drinhausen, Art. 30 SE-VO Rz. 2.
16 *Bayer* in Lutter/Hommelhoff, Europäische Gesellschaft, S. 25, 44; *Cerioni*, (2004) 25 Co Law 259, 263; *Schäfer* in MünchKomm. AktG, 3. Aufl., Art. 30 SE-VO Rz. 3; *Scheifele*, Gründung, S. 299; *Schindler*, Europäische Aktiengesellschaft, S. 31 f.; *Schröder* in Manz/Mayer/Schröder, Art. 30 SE-VO Rz. 1; *Schwarz*, Art. 30 SE-VO Rz. 4, 7.
17 *Bayer* in Lutter/Hommelhoff, Europäische Gesellschaft, S. 25, 44; *Schäfer* in MünchKomm. AktG, 3. Aufl., Art. 30 SE-VO Rz. 3; *Scheifele*, Gründung, S. 301 ff.; *Schindler*, Europäische Aktiengesellschaft, S. 31 f.; *J. Schmidt*, „Deutsche" vs. „britische" SE, S. 264 f.; *Schröder* in Manz/Mayer/Schröder, Art. 30 SE-VO Rz. 5; *Schwarz*, Art. 30 SE-VO Rz. 7.
18 *Casper* in Spindler/Stilz, AktG, Art. 30 SE-VO Rz. 1 f.; *Hörtnagl* in Schmitt/Hörtnagl/Stratz, UmwG, Art. 30 SE-VO Rz. 4; *Maul* in KölnKomm. AktG, 3. Aufl., Art. 30 SE-VO Rz. 3, 6; *Marsch-Barner* in Habersack/Drinhausen, Art. 30 SE-VO Rz. 3; *Schäfer* in MünchKomm. AktG, 3. Aufl., Art. 30 SE-VO Rz. 4; *Schröder* in Manz/Mayer/Schröder, Art. 30 SE-VO Rz. 6; vgl. bereits *Fuchs*, Gründung, S. 192; *Scheifele*, Gründung, S. 300; *Schwarz*, Art. 30 SE-VO Rz. 4.

mitglieder nach Art. 18 SE-VO i.V.m. §§ 25 ff. UmwG[19]) sind – soweit sie auf Geld und nicht auf Naturalrestitution gerichtet sind[20] – somit nicht ausgeschlossen[21]. Zweifelhaft ist, ob im Falle einer **deutschen SE** eine Heilung nach Art. 15 Abs. 1 SE-VO i.V.m. § 20 Abs. 1 Nr. 4 UmwG eintreten kann[22]; denn auf diese Weise würden nach dem anwendbaren Recht einer Gründungsgesellschaft möglicherweise gegebenen Schadensersatzansprüchen die Grundlage entzogen[23]. Gleiches gilt für Schadensersatzansprüche gem. § 16 Abs. 3 Satz 10 Halbsatz 2 UmwG[24], wenn eine Eintragung im Freigabeverfahren nach § 16 Abs. 3 UmwG[25] durchgesetzt würde[26].

III. Fehlende Rechtmäßigkeitskontrolle (Art. 30 Unterabs. 2 SE-VO)

Nach Art. 30 Unterabs. 2 SE-VO kommt eine Auflösung der eingetragenen SE dann in Betracht, wenn eine Kontrolle der Rechtmäßigkeit der Verschmelzung **gem. Art. 25 SE-VO und Art. 26 SE-VO fehlt**. Die gesetzliche Regelung lässt offen, ob der Tatbestand bereits dann erfüllt ist, wenn die Kontrolle nur auf einer Stufe nicht stattfand, oder ob hierfür erforderlich ist, dass auf beiden Stufen keine Rechtmäßigkeitskontrolle erfolgte. Angesichts der weitreichenden Wirkungen der Bestandsschutzregelung des Art. 30 SE-VO spricht viel dafür, dass bereits der **Ausfall einer Prüfungsstufe** die Tür zur Auflösung der SE eröffnet[27]. 6

Andererseits bedeutet das Fehlen einer Rechtmäßigkeitskontrolle (noch) **nicht**, dass die Verschmelzung **auch materiell fehlerhaft ist**[28]. Bereits aus diesem Grund ist der Auffassung zu widersprechen, dass die fehlende Kontrolle stets zwingend zur Auflösung der SE führt[29]. **Kein Ausweg** ist insoweit die rechtsschöpferische Lösung von 7

---

19 So auch *Maul* in KölnKomm. AktG, 3. Aufl., Art. 30 SE-VO Rz. 6.
20 So auch *Casper* in Spindler/Stilz, AktG, Art. 30 SE-VO Rz. 2; *Schäfer* in MünchKomm. AktG, 3. Aufl., Art. 30 SE-VO Rz. 4; *Marsch-Barner* in Habersack/Drinhausen, Art. 30 SE-VO Rz. 3.
21 *Schäfer* in MünchKomm. AktG, 3. Aufl., Art. 30 SE-VO Rz. 4; *Scheifele*, Gründung, S. 300; *Schröder* in Manz/Mayer/Schröder, Art. 30 SE-VO Rz. 6; *Schwarz*, Art. 30 SE-VO Rz. 5.
22 So die h.M.: *Maul* in KölnKomm. AktG, 3. Aufl., Art. 30 SE-VO Rz. 7; *Marsch-Barner* in Habersack/Drinhausen, Art. 30 SE-VO Rz. 3; *Schäfer* in MünchKomm. AktG, 3. Aufl., Art. 30 SE-VO Rz. 5; *Scheifele*, Gründung, S. 301; *Schröder* in Manz/Mayer/Schröder, Art. 30 SE-VO Rz. 10; *Schwarz*, Art. 30 SE-VO Rz. 6 a.E. Nach *Schwarz* und *Scheifele* (ebd.) soll sogar § 20 Abs. 2 UmwG Anwendung finden. Dagegen jedoch zu Recht unter Hinweis auf die Spezialität des Art. 30 SE-VO *Schäfer* in MünchKomm. AktG, 3. Aufl., Art. 30 SE-VO Rz. 5 a.E.; zust. *Maul* in KölnKomm. AktG, 3. Aufl., Art. 30 SE-VO Rz. 8.
23 Gegen die Möglichkeit des Entzugs begründeter Schadensersatzansprüche indes *Casper* in Spindler/Stilz, AktG, Art. 30 SE-VO Rz. 2; *Hörtnagl* in Schmitt/Hörtnagl/Stratz, UmwG, Art. 30 SE-VO Rz. 4; *Maul* in KölnKomm. AktG, 3. Aufl., Art. 30 SE-VO Rz. 6; *Marsch-Barner* in Habersack/Drinhausen, Art. 30 SE-VO Rz. 3; *Schäfer* in MünchKomm. AktG, 3. Aufl., Art. 30 SE-VO Rz. 4.
24 Dazu näher *Decher* in Lutter, § 16 UmwG Rz. 93 ff.
25 Dazu ausf. *Bayer* in FS Hoffmann-Becking, 2013, S. 91 ff.; vgl. weiter *Decher* in Lutter, § 16 UmwG Rz. 26 ff.
26 So auch *Marsch-Barner* in Habersack/Drinhausen, Art. 30 SE-VO Rz. 3 a.E.
27 So auch *Schäfer* in MünchKomm. AktG, 3. Aufl., Art. 30 SE-VO Rz. 6 f.; *Casper* in Spindler/ Stilz, AktG, Art. 30 SE-VO Rz. 5; *Marsch-Barner* in Habersack/Drinhausen, Art. 30 SE-VO Rz. 5; ähnlich bereits *Fuchs*, Gründung, S. 190 f.
28 Richtig *Schäfer* in MünchKomm. AktG, 3. Aufl., Art. 30 SE-VO Rz. 7; zust. *Marsch-Barner* in Habersack/Drinhausen, Art. 30 SE-VO Rz. 5.
29 So aber *Beuthien*, GenG, 15. Aufl. 2011, Art. 34 SCE-VO Rz. 1 (zur Parallelvorschrift des Art. 34 SCE-VO); vgl. weiter *Schwarz*, Art. 30 SE-VO Rz. 10; ähnlich *Bungert/Beier*, EWS 2002, 1, 7; *Mahi*, Europäische Aktiengesellschaft, S. 118; *Schindler*, Europäische Aktiengesellschaft, S. 302; wie hier abl. indes auch *Maul* in KölnKomm. AktG, 3. Aufl., Art. 30 SE-VO Rz. 11.

Schäfer, wonach Voraussetzung für eine Auflösung sein soll, dass wenigstens (auch) ein **Verschmelzungsbeschluss mangelhaft** ist[30]. Zu entscheiden ist vielmehr zwischen zwei Alternativen: Zum einen könnte das „kann" als *Ermächtigung* an den nationalen Gesetzgeber zu verstehen sein, für diesen Fall der fehlenden Rechtmäßigkeitskontrolle eine SE-spezifische Regelung zu treffen[31]. Hiergegen spricht jedoch, dass der Wortlaut des Art. 30 Unterabs. 2 SE-VO gerade nicht in der für die Ermächtigungsnormen der SE-VO typischen Weise formuliert ist[32]. **Vorzugswürdig** ist vielmehr die Auffassung, wonach das Fehlen einer Rechtmäßigkeitskontrolle nur dann einen Auflösungsgrund darstellt, wenn das **gem. Art. 63 Halbsatz 1 anwendbare nationale Recht des Sitzstaates** der SE einen solchen vorsieht[33]. Hierfür spricht nicht nur der Umkehrschluss aus Art. 34 Abs. 2 SCE-VO[34] (wonach das Fehlen der Rechtmäßigkeitskontrolle ein Auflösungsgrund „ist")[35] und der Vergleich mit Art. 29 SE-VOE 1989 und 1991 (Verweis auf das nationale Recht), sondern auch die Tatsache, dass sich diese Interpretation mühelos in das System des Art. 63 SE-VO einfügt[36].

8 Für eine **deutsche SE** kommt eine **Auflösung** wegen fehlender Rechtmäßigkeitskontrolle de lege lata somit **nicht in Betracht**[37]. Der Sachverhalt ist von § 262 Abs. 1 AktG gerade nicht erfasst[38]. Da eine SE-spezifische Regelung ausscheidet (oben Rz. 7), bliebe dem nationalen Gesetzgeber nur die Möglichkeit, eine entsprechende allgemeine Regelung in das Aktiengesetz aufzunehmen. Dies erscheint jedoch rechtspolitisch nur dann sinnvoll, wenn zugleich weitere materiellrechtliche Voraussetzungen (z.B. fehlerhafter Verschmelzungsbeschluss)[39] aufgestellt würden[40].

---

30 So aber *Schäfer* in MünchKomm. AktG, 3. Aufl., Art. 30 SE-VO Rz. 7; zust. *Casper* in Spindler/Stilz, AktG, Art. 30 SE-VO Rz. 3; wie hier aber *Maul* in KölnKomm. AktG, 3. Aufl., Art. 30 SE-VO Rz. 11; vgl. auch *Kiem* in KölnKomm. AktG, 3. Aufl., Art. 63 SE-VO Rz. 23, offengelassen bei *Marsch-Barner* in Habersack/Drinhausen, Art. 30 SE-VO Rz. 5.
31 So *Fuchs*, Gründung, S. 189; *Hörtnagl* in Schmitt/Hörtnagl/Stratz, UmwG, Art. 30 SE-VO Rz. 6; *Hügel* in Kalss/Hügel, § 24 SEG Rz. 34; mit Einschränkung *Schröder* in Manz/Mayer/Schröder, Art. 30 SE-VO Rz. 8; ferner wohl auch *Cerioni*, (2004) 25 Co Law 259, 265.
32 Vgl. bereits *J. Schmidt*, „Deutsche" vs. „britische" SE, S. 265; zust. *Marsch-Barner* in Habersack/Drinhausen, Art. 30 SE-VO Rz. 6.
33 So bereits *Bayer* in Lutter/Hommelhoff, Europäische Gesellschaft, S. 25, 44 im Anschluss an *Scheifele*, Gründung, S. 301 ff.; ebenso *J. Schmidt*, „Deutsche" vs. „britische" SE, S. 265; *Schwarz*, Art. 30 SE-VO Rz. 10; zust. *Marsch-Barner* in Habersack/Drinhausen, Art. 30 SE-VO Rz. 6; ausf. auch *Maul* in KölnKomm. AktG, 3. Aufl., Art. 30 SE-VO Rz. 10.
34 Verordnung (EG) Nr. 1435/2003 des Rates vom 22.7.2003 über das Statut der Europäischen Genossenschaft (SCE), ABl. EU Nr. L 207 v. 18.8.2003, S. 1; dazu näher *Lutter/Bayer/J. Schmidt*, EuropUR, § 42.
35 Vgl. *Beuthien*, GenG, 15. Aufl. 2011, Art. 34 SCE-VO Rz. 2; *Schindler*, Europäische Aktiengesellschaft, S. 302; *J. Schmidt*, „Deutsche" vs. „britische" SE, S. 265; *Schwarz*, Art. 30 SE-VO Rz. 10.
36 Zutreffend *J. Schmidt*, „Deutsche" vs. „britische" SE, S. 265; zust. *Schröder* in Manz/Mayer/Schröder, Art. 30 SE-VO Rz. 8; *Marsch-Barner* in Habersack/Drinhausen, Art. 30 SE-VO Rz. 6.
37 Ebenso *Austmann* in MünchHdb. AG, § 83 Rz. 35; *Hörtnagl* in Schmitt/Hörtnagl/Stratz, UmwG, Art. 30 SE-VO Rz. 6; *Maul* in KölnKomm. AktG, 3. Aufl., Art. 30 SE-VO Rz. 4, 10 f.; *Marsch-Barner* in Habersack/Drinhausen, Art. 30 SE-VO Rz. 7; *Schröder* in Manz/Mayer/Schröder, Art. 30 Rz. 13; *Schwarz*, Art. 30 SE-VO Rz. 11; vgl. bereits *Bayer* in Lutter/Hommelhoff, Europäische Gesellschaft, S. 25, 45; *Scheifele*, Gründung, S. 300; *J. Schmidt*, „Deutsche" vs. „britische" SE, S. 265 f.; teilw. abw. *Schäfer* in MünchKomm. AktG, 3. Aufl., Art. 30 SE-VO Rz. 7; *Casper* in Spindler/Stilz, AktG, Art. 30 SE-VO Rz. 3.
38 S. *Riesenhuber* in K. Schmidt/Lutter, § 262 AktG Rz. 1 ff.
39 Vgl. dazu *Schäfer* in MünchKomm. AktG, 3. Aufl., Art. 30 SE-VO Rz. 7, der seinen Standpunkt allerdings bereits de lege lata begründet.
40 Wie hier *Marsch-Barner* in Habersack/Drinhausen, Art. 30 SE-VO Rz. 7 a.E.

Art. 31
[Vereinfachte Mutter-Tochter-Verschmelzung]

(1) Wird eine Verschmelzung nach Artikel 17 Absatz 2 Buchstabe a durch eine Gesellschaft vollzogen, die Inhaberin sämtlicher Aktien und sonstiger Wertpapiere ist, die Stimmrechte in der Hauptversammlung einer anderen Gesellschaft gewähren, so finden Artikel 20 Absatz 1 Buchstaben b, c und d, Artikel 22 und Artikel 29 Absatz 1 Buchstabe b keine Anwendung. Die jeweiligen einzelstaatlichen Vorschriften, denen die einzelnen sich verschmelzenden Gesellschaften unterliegen und die für die Verschmelzungen von Aktiengesellschaften nach Artikel 24 der Richtlinie 78/855/EWG maßgeblich sind, sind jedoch anzuwenden.

(2) Vollzieht eine Gesellschaft, die Inhaberin von mindestens 90 %, nicht aber aller der in der Hauptversammlung einer anderen Gesellschaft Stimmrecht verleihenden Aktien und sonstigen Wertpapiere ist, eine Verschmelzung durch Aufnahme, so sind die Berichte des Leitungs- oder des Verwaltungsorgans, die Berichte eines oder mehrerer unabhängiger Sachverständiger sowie die zur Kontrolle notwendigen Unterlagen nur insoweit erforderlich, als dies entweder in den einzelstaatlichen Rechtsvorschriften, denen die übernehmende Gesellschaft unterliegt, oder in den für die übertragende Gesellschaft maßgeblichen einzelstaatlichen Rechtsvorschriften vorgesehen ist.

Die Mitgliedstaaten können jedoch vorsehen, dass dieser Absatz Anwendung auf eine Gesellschaft findet, die Inhaberin von Aktien ist, welche mindestens 90 % der Stimmrechte, nicht aber alle verleihen.

I. Regelungsgegenstand und -zweck ... 1	b) Ggf. weitergehende Erleichterungen nach nationalem Recht, Art. 31 Abs. 1 Satz 2 SE-VO 11
II. Upstream merger einer 100 %igen Tochter (Art. 31 Abs. 1 SE-VO)	III. Upstream merger einer mindestens 90 %igen Tochter (Art. 31 Abs. 2 SE-VO) 15
1. Voraussetzungen	
a) Upstream merger 3	1. Art. 31 Abs. 2 Satz 1 SE-VO: 90 % der Stimmrechte gewährenden Anteile . 16
b) 100 % der stimmberechtigten Anteile. 4	
2. Rechtsfolgen 7	2. Art. 31 Abs. 2 Satz 2 SE-VO: 90 % der Stimmrechte 20
a) Erleichterungen gem. Art. 31 Abs. 1 Satz 1 SE-VO 8	

Literatur: *Bayer*, 1000 Tage neues Umwandlungsrecht – eine Zwischenbilanz, ZIP 1997, 1613; *Casper*, Numerus Clausus und Mehrstaatlichkeit bei der SE-Gründung, AG 2007, 97; *Edwards*, EC Company Law, Oxford 1999; *Fuchs*, Die Gründung einer Europäischen Aktiengesellschaft durch Verschmelzung und das nationale Recht, Diss. Konstanz 2004; *Heckschen*, Das Dritte Gesetz zur Änderung des Umwandlungsgesetzes in der Fassung des Regierungsentwurfs, NZG 2010, 1041; *Heckschen*, Die Novelle des Umwandlungsgesetzes – Erleichterungen für Verschmelzungen und Squeeze-out, NJW 2011, 2390; *Henckel*, Rechnungslegung und Prüfung anlässlich einer grenzüberschreitenden Verschmelzung zu einer Societas Europaea (SE), DStR 2005, 785; *Kallmeyer*, Europa-AG: Strategische Optionen für deutsche Unternehmen, AG 2003, 197; *Klein*, Grenzüberschreitende Verschmelzung von Kapitalgesellschaften, RNotZ 2007, 565; *Klett*, Praxisfragen bei grenzüberschreitenden Verschmelzungen im Konzern, GWR 2011, 399; *Leupold*, Die Europäische Aktiengesellschaft unter besonderer Berücksichtigung des deutschen Rechts, 1993 (zit.: Europäische Aktiengesellschaft); *Lösekrug*, Die Umsetzung der Kapital-, Verschmelzungs- und Spaltungsrichtlinie der EG in das nationale deutsche Recht, 2004 (zit.: Umsetzung); *Mahi*, Die Europäische Aktiengesellschaft. Societas Europaea – SE, 2004; *Oechsler*, Der praktische Weg zur Societas Europaea (SE) – Gestaltungsspielraum und Typenzwang, NZG 2005, 697; *Schwarz*, Europäisches Gesellschaftsrecht, 2000; *Teichmann*, Die Einführung der Europäischen Aktiengesellschaft, ZGR 2002, 383; *Spitzbart*, Die Europäische Aktiengesellschaft (Societas Europaea – SE) – Aufbau der SE und Gründung, RNotZ 2006, 369; *Wagner*, Der Regierungsentwurf für ein Drittes Gesetz zur Änderung des Umwandlungsgesetzes, DStR 2010, 1629; *Walden/Meyer-Landrut*, Die grenzüberschreitende Verschmelzung zu einer Europäischen Gesellschaft: Planung und Vorbereitung, DB 2005, 2119; *Wicke*, Die Europäische Aktiengesellschaft – Grundstruktur, Gründungformen und Funktionsweise, MittBayNot 2006, 196.

I. Regelungsgegenstand und -zweck

1   Art. 31 SE-VO normiert in Anlehnung[1] an Art. 24 ff. der nationalen VerschmelzungsRL[2], eine Reihe von **Privilegierungen** für **Verschmelzungen von Mutter- und Tochtergesellschaften**, allerdings nur für den sog. **upstream merger** (ausf. Rz. 3, 15). Ratio ist, dass viele verfahrensrechtliche Anforderungen primär dem Schutz außenstehender Aktionäre dienen und demgemäß bei konzerninternen Verschmelzungen entbehrlich sind[3].

2   Hinsichtlich Art und Umfang der Erleichterungen wird dabei nach der Beteiligungs- und Stimmrechtsquote der Mutter differenziert. Die umfangreichsten Erleichterungen normiert Art. 31 Abs. 1 SE-VO für den upstream merger **einer 100 %igen Tochter** auf die Mutter (ausf. Rz. 3 ff.). Hält die Mutter zwar nicht 100 %, aber **mindestens 90 %** der **stimmberechtigten Anteile** an der Tochter, so gelten nach Art. 31 **Abs. 2 Satz 1** SE-VO ebenfalls eine Reihe von Erleichterungen, allerdings nur vorbehaltlich abweichender Regelungen im für die Gründungsgesellschaften maßgeblichen nationalen Recht (ausf. Rz. 15 ff.). Art. 31 **Abs. 2 Satz 2** SE-VO ermächtigt die Mitgliedstaaten, diese Erleichterungen auch auf den Fall einer **90 %igen Stimmrechtsquote** zu erstrecken (ausf. Rz. 20).

II. Upstream merger einer 100 %igen Tochter (Art. 31 Abs. 1 SE-VO)

1. Voraussetzungen

a) Upstream merger

3   Abs. 1 betrifft seinem eindeutigen Wortlaut nach nur die **Verschmelzung durch Aufnahme** (vgl. die Bezugnahme auf Art. 17 Abs. 2 lit. a) SE-VO und auch nur den sog. **upstream merger**, d.h. die Aufnahme der Tochter durch die Mutter („... durch eine Gesellschaft, die ..."), **nicht** dagegen den umkehrten Fall des sog. **downstream merger**[4]. Werden zur SE-Gründung **mehrere Tochtergesellschaften** auf die Mutter ver-

---

[1] *Marsch-Barner* in Habersack/Drinhausen, Art. 31 SE-VO Rz. 1; *Schäfer* in MünchKomm. AktG, 3. Aufl., Art. 31 SE-VO Rz. 1; *Scheifele*, Gründung, S. 281; *Schwarz*, Art. 31 SE-VO Rz. 1, 4.

[2] RL 2011/35/EU des Europäischen Parlaments und des Rates v. 5.4.2011 über die Verschmelzung von Aktiengesellschaften, ABl. EU Nr. L 110 v. 29.4.2011, S. 1; Abdruck und Erläuterungen bei *Lutter/Bayer/J. Schmidt*, EuropUR, § 21; früher Dritte Richtlinie des Rates 78/855/EWG vom 9.10.1978 gemäß Artikel 54 Absatz 3 Buchstabe g) des Vertrages betreffend die Verschmelzung von Aktiengesellschaften, ABl. EG Nr. L 295 v. 20.10.1978, S. 36. Zur Änderung: *Lutter/Bayer/J. Schmidt*, EuropUR, § 21 Rz. 4 ff.

[3] *Schäfer* in MünchKomm. AktG, 3. Aufl., Art. 31 SE-VO Rz. 1; *Casper* in Spindler/Stilz, AktG, Art. 31 SE-VO Rz. 1; *Marsch-Barner* in Habersack/Drinhausen, Art. 31 SE-VO Rz. 1; vgl. für Art. 24 ff. der nationalen VerschmelzungsRL: *Lutter/Bayer/J. Schmidt*, EuropUR, § 21 Rz. 134 ff.; vgl. weiter *Habersack/Verse*, Europäisches Gesellschaftsrecht, § 8 Rz. 10; *Lösekrug*, Umsetzung, S. 295.

[4] *Schäfer* in MünchKomm. AktG, 3. Aufl., Art. 31 SE-VO Rz. 2; *Marsch-Barner* in Habersack/Drinhausen, Art. 31 SE-VO Rz. 2; *Casper* in Spindler/Stilz, AktG, Art. 31 SE-VO Rz. 1; *Maul* in KölnKomm. AktG, 3. Aufl., Art. 31 SE-VO Rz. 4; vgl. bereits *Bayer* in Lutter/Hommelhoff,

schmolzen, so finden die Erleichterungen des Art. 31 Abs. 1 SE-VO nur im Hinblick auf die Töchter Anwendung, bei denen die Mutter die Voraussetzungen gem. Rz. 4–6 erfüllt[5].

b) 100 % der stimmberechtigten Anteile

Die aufnehmende Muttergesellschaft muss Inhaberin von **100 % der Stimmrechte gewährenden Anteile** der Tochter sein. Anteile i.d.S. sind nach der Verordnung sowohl **Aktien** als auch **sonstige Wertpapiere**[6]; die zweite Alternative hat aber zumindest für *deutsche Muttergesellschaften* wegen der nach deutschem Aktienrecht zwingenden Verknüpfung von Stimmrecht und Aktie (§ 12 Abs. 1 AktG)[7] *keine praktische Bedeutung*[8]. Maßgeblich ist dabei allein, dass die betreffenden Anteile ein Stimmrecht gewähren; das Stimmgewicht ist irrelevant[9], so dass etwa Stimmrechtsbeschränkungen durch Höchststimmrechte (vgl. § 134 Abs. 1 Satz 2 AktG) unbeachtlich sind[10]. *Unschädlich* ist, wenn es in der Tochter – neben der Mutter, die 100 % der stimmberechtigten Stammaktien hält – noch stimmrechtslose **Vorzugsaktien** (§§ 139 ff. AktG) gibt[11]. Zu den Rechtsfolgen in diesem Fall: unten Rz. 8. Auch **eigene Aktien** der Tochter hindern die Anwendung von Art. 31 Abs. 1 SE-VO – mangels Stimmberechtigung (vgl. § 71b AktG) – nicht[12].

4

Die Muttergesellschaft muss **Eigentümerin** der betreffenden (stimmberechtigten) Aktien bzw. Wertpapiere sein; im Gegensatz zu Art. 26 der nationalen VerschmelzungsRL[13] lässt die SE-VO mittelbaren Besitz gerade nicht ausreichen[14].

5

Hinsichtlich des für das Vorliegen der Voraussetzungen des Abs. 1 entscheidenden **Zeitpunktes** herrscht im Schrifttum Uneinigkeit; ähnlich wie zur deutschen Parallel-

6

Europäische Gesellschaft, S. 25, 45; *Oechsler*, NZG 2005, 697, 700; *Teichmann*, ZGR 2002, 383, 431; zumindest i.E. auch *Hügel* in Kalss/Hügel, § 20 SEG Rz. 13 (der downstream merger sei zwar vom Wortlaut erfasst, Art. 31 habe aber insofern keine praktische Relevanz).

5 *Casper* in Spindler/Stilz, AktG, Art. 31 SE-VO Rz. 3; *Hörtnagl* in Schmitt/Hörtnagl/Stratz, UmwG, Art. 31 SE-VO Rz. 1; *Schröder* in Manz/Mayer/Schröder, Art. 31 SE-VO Rz. 9; *Marsch-Barner* in Habersack/Drinhausen, Art. 31 SE-VO Rz. 6.

6 *Marsch-Barner* in Habersack/Drinhausen, Art. 31 SE-VO Rz. 3; *Casper* in Spindler/Stilz, AktG, Art. 31 SE-VO Rz. 3; *Maul* in KölnKomm. AktG, 3. Aufl., Art. 31 SE-VO Rz. 7; *Schäfer* in MünchKomm. AktG, 3. Aufl., Art. 31 SE-VO Rz. 3.

7 Dazu *Ziemons* in K. Schmidt/Lutter, § 12 AktG Rz. 4; vgl. weiter *Heider* in MünchKomm. AktG, 3. Aufl., § 12 AktG Rz. 5 f.

8 *Schäfer* in MünchKomm. AktG, 3. Aufl., Art. 31 SE-VO Rz. 3; *Marsch-Barner* in Habersack/Drinhausen, Art. 31 SE-VO Rz. 3; *Casper* in Spindler/Stilz, AktG, Art. 31 SE-VO Rz. 3; *Maul* in KölnKomm. AktG, 3. Aufl., Art. 31 SE-VO Rz. 7.

9 *Schäfer* in MünchKomm. AktG, 3. Aufl., Art. 31 SE-VO Rz. 3; *Casper* in Spindler/Stilz, AktG, Art. 31 SE-VO Rz. 3; *Marsch-Barner* in Habersack/Drinhausen, Art. 31 SE-VO Rz. 3; *Schwarz*, Art. 31 SE-VO Rz. 6; *Maul* in KölnKomm. AktG, 3. Aufl., Art. 31 SE-VO Rz. 5.

10 *Marsch-Barner* in Habersack/Drinhausen, Art. 31 SE-VO Rz. 3; *Maul* in KölnKomm. AktG, 3. Aufl., Art. 31 SE-VO Rz. 5.

11 Zutreffend *Casper* in Spindler/Stilz, AktG, Art. 31 SE-VO Rz. 3; *Schäfer* in MünchKomm. AktG, 3. Aufl., Art. 31 SE-VO Rz. 3; *Marsch-Barner* in Habersack/Drinhausen, Art. 31 SE-VO Rz. 3; *Schwarz*, Art. 31 SE-VO Rz. 6; einschränkend *Schröder* in Manz/Mayer/Schröder, Art. 31 SE-VO Rz. 3, 28; a.A. *Maul* in KölnKomm. AktG, 3. Aufl., Art. 31 SE-VO Rz. 2, 6 (vereinfachtes Verfahren hier nicht möglich).

12 *Marsch-Barner* in Habersack/Drinhausen, Art. 31 SE-VO Rz. 3; *Schröder* in Manz/Mayer/Schröder, Art. 31 SE-VO Rz. 3.

13 Dazu näher *Lutter/Bayer/J. Schmidt*, EuropUR, § 21 Rz. 140 m.w.N.

14 *Marsch-Barner* in Habersack/Drinhausen, Art. 31 SE-VO Rz. 4; *Casper* in Spindler/Stilz, AktG, Art. 31 SE-VO Rz. 3; *Maul* in KölnKomm. AktG, 3. Aufl., Art. 31 SE-VO Rz. 7; *Schröder* in Manz/Mayer/Schröder, Art. 31 SE-VO Rz. 4; *Schwarz*, Art. 31 SE-VO Rz. 7; vgl. bereits *Fuchs*, Gründung, S. 170; *Scheifele*, Gründung, S. 282.

norm des **§ 5 Abs. 2 UmwG**[15] wird hier von der Maßgeblichkeit der Beschlussfassung[16], der Anmeldung[17] oder der Rechtmäßigkeitskontrolle nach Art. 25 SE-VO[18] bis hin zu derjenigen der Eintragung[19] nahezu alles vertreten. Angesichts dieses diffusen Meinungsspektrums ist den sich verschmelzenden Gesellschaften in jedem Fall dringend dazu zu raten, sicherzustellen, dass die Voraussetzungen des Art. 31 SE-VO *bereits im Zeitpunkt der* **Beschlussfassung** *erfüllt sind und bis zur Eintragung nicht mehr entfallen*[20], zumal die normierten Privilegierungen auch nur in diesem Fall wirklich gerechtfertigt erscheinen.

2. Rechtsfolgen

7 Sind die in Rz. 3 ff. erläuterten Voraussetzungen erfüllt, so **gelten** in jedem Fall die **in Art. 31 Abs. 1 Satz 1 SE-VO** unmittelbar durch die SE-VO selbst normierten **Privilegierungen** (dazu Rz. 8 ff.). Daneben können sich **qua Art. 31 Abs. 1 Satz 2 SE-VO** aber auch aus dem nationalen Recht **weitere Erleichterungen** ergeben (dazu Rz. 11).

a) Erleichterungen gem. Art. 31 Abs. 1 Satz 1 SE-VO

8 Unmittelbar aufgrund der SE-VO gelten gem. Art. 31 Abs. 1 Satz 1 SE-VO folgende Privilegierungen:

Erstens ist Art. 29 Abs. 1 lit. b SE-VO unanwendbar, d.h. es findet **kein Aktientausch** statt[21]. Die Aktien der Tochtergesellschaft erlöschen, ohne dass dafür Aktien der aufnehmenden Mutter ausgegeben werden[22]. So wird der (prinzipiell unerwünschte) *Erwerb eigener Aktien a priori verhindert*[23] (vgl. bereits Art. 29 Rz. 7). Lässt man – mit der h.M. – die Anwendung von Art. 31 Abs. 1 SE-VO trotz des Vorhandenseins stimmrechtsloser, nicht der Mutter gehörender Vorzugsaktien der Tochter zu (oben Rz. 4), so stellt sich die schwierige Frage nach dem Schicksal dieser **Vorzugsaktien**: Teilweise wird in teleologischer Einschränkung des Art. 31 Abs. 1 SE-VO in diesem Fall doch ein (teilweiser) Aktientausch nach Maßgabe von Art. 29 Abs. 1 lit. b SE-VO befürwortet[24].

---

15 S. dazu nur *Drygala* in Lutter, § 5 UmwG Rz. 141.
16 So *Leupold*, Europäische Aktiengesellschaft, S. 58 (zum SE-VOE 1991); *Maul* in KölnKomm. AktG, 3. Aufl., Art. 31 SE-VO Rz. 8; ebenso zu § 5 Abs. 2 UmwG: *Bayer*, ZIP 1997, 1613, 1615; *Drygala* in Lutter, § 5 UmwG Rz. 141 m.w.N.
17 So *Scheifele*, Gründung, S. 282; ebenso zu § 5 Abs. 2 UmwG: *Bermel/Hannappel* in Goutier/Knopf/Tulloch, UmwG, 1. Aufl. 1996, § 5 Rz. 117.
18 So *Schäfer* in MünchKomm. AktG, 3. Aufl., Art. 31 SE-VO Rz. 4; *Schwarz*, Art. 31 SE-VO Rz. 8; *Marsch-Barner* in Habersack/Drinhausen, Art. 31 SE-VO Rz. 5.
19 So *Fuchs*, Gründung, S. 170; ebenso prinzipiell auch *Schröder* in Manz/Mayer/Schröder, Art. 31 SE-VO Rz. 7, der allerdings zugleich betont, dass die Voraussetzungen praktisch bei Durchführung der Gründungskontrolle geprüft werden; ebenso zu § 5 Abs. 2 UmwG: *Marsch-Barner* in Kallmeyer, § 5 UmwG Rz. 70; *Mayer* in Widmann/Mayer, § 5 UmwG Rz. 213; *Schröer* in Semler/Stengel, § 5 UmwG Rz. 129; vgl. auch BayObLG v. 4.11.1999 – 3Z BR 333/99, GmbHR 2000, 89 (zum Formwechsel).
20 So aus Beraterperspektive auch *Marsch-Barner* in Habersack/Drinhausen, Art. 31 SE-VO Rz. 5 a.E.
21 *Marsch-Barner* in Habersack/Drinhausen, Art. 31 SE-VO Rz. 7; *Maul* in KölnKomm. AktG, 3. Aufl., Art. 31 SE-VO Rz. 9.
22 *Casper* in Spindler/Stilz, AktG, Art. 31 SE-VO Rz. 3; *Marsch-Barner* in Habersack/Drinhausen, Art. 31 SE-VO Rz. 7.
23 *Casper* in Spindler/Stilz, AktG, Art. 31 SE-VO Rz. 3; *Maul* in KölnKomm. AktG, 3. Aufl., Art. 31 SE-VO Rz. 9; *Schröder* in Manz/Mayer/Schröder, Art. 31 SE-VO Rz. 15; *Schäfer* in MünchKomm. AktG, 3. Aufl., Art. 29 SE-VO Rz. 4; *Scheifele*, Gründung, S. 297; *Schwarz*, Art. 29 SE-VO Rz. 22.
24 So *Marsch-Barner* in Habersack/Drinhausen, Art. 31 SE-VO Rz. 7.

Vertreten wird aber auch, dass die Vorzugsaktionäre gegen Barabfindung ausscheiden müssen[25]. Die Problematik bedarf noch vertiefter Untersuchung.

Zweitens ist der **obligatorische Inhalt des Verschmelzungsplans eingeschränkt:** Da kein Aktientausch stattfindet (oben Rz. 8), sind konsequenterweise auch keine Angaben zum *Umtauschverhältnis* (Art. 20 Abs. 1 Satz 2 lit. b SE-VO), zur *Übertragung der Aktien* (Art. 20 Abs. 1 Satz 2 lit. c SE-VO) sowie zum *Zeitpunkt der Gewinnberechtigung* (Art. 20 Abs. 1 Satz 2 lit. d SE-VO) erforderlich[26]. Weil kein Umtauschverhältnis zu ermitteln ist, entfällt auch die Notwendigkeit, die Gesellschaften zu bewerten[27]. 9

Drittens wird **Art. 22 SE-VO** für **unanwendbar** erklärt. Entgegen teilweise vertretener Auffassung ist damit indes nicht gemeint, dass eine gemeinsame Verschmelzungsprüfung unzulässig wäre[28], denn dies widerspräche der ratio des Art. 31 SE-VO, der Konzernverschmelzungen gerade privilegieren will[29]. Gemeint ist vielmehr umgekehrt, dass in den Fällen des Art. 31 Abs. 1 Satz 1 SE-VO **insgesamt keine Verschmelzungsprüfung** erforderlich ist, wobei sich die Entbehrlichkeit richtigerweise auch für die separate Prüfung *unmittelbar aus Art. 31 Abs. 1 Satz 1 SE-VO* ergibt[30] – und nicht (wie teilweise postuliert) erst aus Art. 18 SE-VO i.V.m. den nationalen Umsetzungsvorschriften zu Art. 24 der nationalen VerschmelzungsRL (d.h. bei einer deutschen Gründungsgesellschaft gem. §§ 60, 73, 9 Abs. 2 und 3, 8 Abs. 3 Satz 1 Alt. 2 UmwG)[31] (s. dazu auch bereits Art. 22 Rz. 1, 18). 10

b) Ggf. weitergehende Erleichterungen nach nationalem Recht, Art. 31 Abs. 1 Satz 2 SE-VO

Art. 31 Abs. 1 Satz 2 SE-VO bestimmt, dass die nationalen Umsetzungsvorschriften zu Art. 24 der nationalen VerschmelzungsRL „jedoch anzuwenden" sind. Entgegen einer im Schrifttum vertretenen Auffassung bedeutet dies indes *nicht*, dass die Privilegierungen des Satzes 1 nur *unter dem Vorbehalt* abweichender Bestimmungen im nationalen Recht gelten[32]. Art. 31 Abs. 1 Satz 2 SE-VO bestimmt vielmehr, dass **zusätzlich zu den in Satz 1** unmittelbar in der SE-VO selbst vorgesehenen Privilegierungen auch weitergehende, **im jeweiligen nationalen Recht im Einklang mit Art. 24 der** 11

---

25 So *Austmann* in MünchHdb. AG, § 83 Rz. 25.
26 *Schäfer* in MünchKomm. AktG, 3. Aufl., Art. 29 SE-VO Rz. 4; *Maul* in KölnKomm. AktG, 3. Aufl., Art. 31 SE-VO Rz. 10; *Casper* in Spindler/Stilz, AktG, Art. 31 SE-VO Rz. 4; vgl. bereits *Fuchs*, Gründung, S. 172; *Scheifele*, Gründung, S. 283; *Schwarz*, Art. 31 SE-VO Rz. 11.
27 *Maul* in KölnKomm. AktG, 3. Aufl., Art. 31 SE-VO Rz. 10 im Anschluss an *Kallmeyer*, AG 2003, 197, 203.
28 So aber *Teichmann*, ZGR 2002, 383, 431; zust. *Maul* in KölnKomm. AktG, 3. Aufl., Art. 31 SE-VO Rz. 12.
29 Ebenso *Schäfer* in MünchKomm. AktG, 3. Aufl., Art. 31 SE-VO Rz. 5; *Marsch-Barner* in Habersack/Drinhausen, Art. 31 SE-VO Rz. 9; *Casper* in Spindler/Stilz, AktG, Art. 31 SE-VO Rz. 4.
30 S. schon *Bayer* in Lutter/Hommelhoff, Europäische Gesellschaft, S. 25, 45. Wie hier auch *Heckschen* in Widmann/Mayer, UmwG Anhang 14 Rz. 216; *Henckel*, DStR 2005, 1785, 1790 f.; *Hügel* in Kalss/Hügel, § 20 SEG Rz. 9; *Neun* in Theisen/Wenz, Europäische Aktiengesellschaft, S. 57, 108; *Schäfer* in MünchKomm. AktG, 3. Aufl., Art. 31 SE-VO Rz. 5; *Casper* in Spindler/Stilz, AktG, Art. 31 SE-VO Rz. 4; *Scheifele*, Gründung, S. 192, 289; *Schwarz*, Art. 22 SE-VO Rz. 7, Art. 31 Rz. 27.
31 So aber offenbar *Jannott* in Jannott/Frodermann, Handbuch Europäische Aktiengesellschaft, § 3 Rz. 62; *Kallmeyer*, AG 2003, 197, 203; *Schröder* in Manz/Mayer/Schröder, Art. 22 SE-VO Rz. 5, Art. 31 SE-VO Rz. 29; *Teichmann*, ZGR 2002, 383, 431.
32 So aber *Schröder* in Manz/Mayer/Schröder, Art. 31 SE-VO Rz. 12.

nationalen VerschmelzungsRL vorgesehene Erleichterungen** anzuwenden sind[33]. Die Anwendung strengerer nationaler Regelungen ist dadurch ausgeschlossen[34]. Da die in Art. 24 der nationalen VerschmelzungsRL gestatteten[35] Erleichterungen allerdings weitgehend deckungsgleich mit den sich bereits aus Art. 31 Abs. 1 Satz 1 SE-VO ergebenden Privilegierungen sind[36], kann der Verweis in Art. 31 Abs. 1 Satz 2 SE-VO letztlich nur im Hinblick auf Erleichterungen betreffend den *Verschmelzungsbericht* (Art. 9 der nationalen VerschmelzungsRL) und die *Haftung der Organwalter* (Art. 20 der nationalen VerschmelzungsRL) relevant werden[37].

12 Maßgeblich ist das **Recht, dem die jeweilige Gründungsgesellschaft unterliegt**[38]. Die entsprechenden Erleichterungen gelten demzufolge auch nur für die betreffende Gründungsgesellschaften, in deren Recht sie vorgesehen sind; nur wenn und soweit eine Erleichterung nach sämtlichen beteiligten Rechtsordnungen vorgesehen ist, gilt sie auch für alle Gründungsgesellschaften[39].

13 Für eine **deutsche Gründungsgesellschaft** bedeutet der Verweis in Art. 31 Abs. 1 Satz 2 SE-VO, dass der **Verschmelzungsbericht** gem. §§ 60, 73, 8 Abs. 3 Satz 1 Alt. 2 UmwG **entbehrlich** ist[40] (vgl. auch bereits Art. 20 Rz. 32). Dabei ist § 8 Abs. 3 Satz 1 Alt. 2 UmwG *verordnungskonform* in der Weise auszulegen, dass bereits das *Innehaben aller Stimmrechte* ausreichend ist[41]; die Inhaberschaft im Hinblick auch auf alle stimmrechtslosen Vorzugsaktien ist hingegen nicht zu fordern[42].

---

33 Wie hier *Marsch-Barner* in Habersack/Drinhausen, Art. 31 SE-VO Rz. 10; *Casper* in Spindler/Stilz, AktG, Art. 31 SE-VO Rz. 1, 5; *Schäfer* in MünchKomm. AktG, 3. Aufl., Art. 31 SE-VO Rz. 6; *Schwarz*, Art. 31 SE-VO Rz. 9, 13; vgl. bereits *Fuchs*, Gründung, S. 174 f.; *Hügel* in Kalss/Hügel, § 20 SEG Rz. 6; *Scheifele*, Gründung, S. 283; *Teichmann*, ZGR 2002, 383, 431.

34 *Casper* in Spindler/Stilz, AktG, Art. 31 SE-VO Rz. 5; *Marsch-Barner* in Habersack/Drinhausen, Art. 31 SE-VO Rz. 10.

35 Im Schrifttum war früher umstritten, ob die in Art. 24 der nationalen VerschmelzungsRL vorgesehenen Erleichterungen zwingend umzusetzen (so *Habersack*, Europäisches Gesellschaftsrecht, 3. Aufl. 2006, § 7 Rz. 11; *Lösekrug*, Umsetzung, S. 302) oder ob ihre Anwendung den Mitgliedstaaten freigestellt ist (so wohl *Edwards*, EC Company Law, S. 106; *Ganske*, DB 1981, 1551, 1557; *Schwarz*, Europäisches Gesellschaftsrecht, Rz. 663 f., 667). Durch die ÄnderungsRL 2009/109/EG – dazu *Lutter/Bayer/J. Schmidt*, EuropUR, § 21 Rz. 4 – wurde die Regelung nunmehr eindeutig zwingend ausgestaltet; dazu näher *Lutter/Bayer/J. Schmidt*, EuropUR, § 21 Rz. 139 m.w.N.

36 Die reduzierten Pflichtangaben, die Entbehrlichkeit der Verschmelzungsprüfung (sowie konsequenterweise der Auslegung des Prüfungsberichts und der Haftung der Sachverständigen) sowie das Entfallen des Aktientauschs werden bereits unmittelbar durch Art. 31 Abs. 1 Satz 1 SE-VO angeordnet.

37 So auch *Maul* in KölnKomm. AktG, 3. Aufl., Art. 31 SE-VO Rz. 13 a.E.; *Marsch-Barner* in Habersack/Drinhausen, Art. 31 SE-VO Rz. 11 a.E.

38 So auch *Marsch-Barner* in Habersack/Drinhausen, Art. 31 SE-VO Rz. 11; *Schröder* in Manz/Mayer/Schröder, Art. 31 SE-VO Rz. 10 f.; *Schwarz*, Art. 31 SE-VO Rz. 14.

39 Vgl. *Scheifele*, Gründung, S. 284; *Schröder* in Manz/Mayer/Schröder, Art. 31 SE-VO Rz. 10 f., 13; *Schwarz*, Art. 31 SE-VO Rz. 14.

40 So schon *Bayer* in Lutter/Hommelhoff, Europäische Gesellschaft, S. 25, 45; ebenso *Casper* in Spindler/Stilz, AktG, Art. 31 SE-VO Rz. 5; *Hörtnagl* in Schmitt/Hörtnagl/Stratz, UmwG, Art. 31 SE-VO Rz. 2; *Heckschen* in Widmann/Mayer, UmwG Anhang 14 Rz. 211; *Marsch-Barner* in Habersack/Drinhausen, Art. 31 SE-VO Rz. 12; *Schröder* in Manz/Mayer/Schröder, Art. 31 SE-VO Rz. 29; *Schwarz*, Art. 31 SE-VO Rz. 16; *Teichmann*, ZGR 2002, 383, 433; *Walden/Meyer-Landrut*, DB 2005, 2119, 2126.

41 So zutreffend *Schwarz*, Art. 31 SE-VO Rz. 16; ebenso *Marsch-Barner* in Habersack/Drinhausen, Art. 31 SE-VO Rz. 12; *Teichmann* in Van Hulle/Maul/Drinhausen, 4. Abschnitt § 2 Rz. 52; wohl auch *Casper* in Spindler/Stilz, AktG, Art. 31 SE-VO Rz. 5.

42 So aber *Austmann* in MünchHdb. AG, § 83 Rz. 25; *Maul* in KölnKomm. AktG, 3. Aufl., Art. 31 SE-VO Rz. 13; *Scheifele*, Gründung, S. 284 f.

Nicht entbehrlich ist hingegen der **Zustimmungsbeschluss der Hauptversammlung** 14
der *aufnehmenden* Gesellschaft, auch nicht gem. Art. 18 SE-VO i.V.m. den nationalen Umsetzungsvorschriften zu Art. 25 der nationalen VerschmelzungsRL (in Deutschland: § 62 UmwG)[43]. Denn Art. 31 Abs. 1 Satz 2 SE-VO erklärt lediglich die auf der Basis von **Art. 24** der nationalen VerschmelzungsRL zulässigen Erleichterungen des nationalen Rechts für anwendbar, *nicht* dagegen die Umsetzungsvorschriften zu *Art. 25* der nationalen VerschmelzungsRL[44], nach denen (vgl. § 62 Abs. 1 UmwG) ein Hauptversammlungsbeschluss unter gewissen Voraussetzungen entbehrlich ist[45]. Die Zustimmung der Hauptversammlung ist nach der Konzeption der SE-VO ein zentrales und unverzichtbares Instrument des Minderheitenschutzes[46], von dem Art. 31 SE-VO auch im Falle von Konzernverschmelzungen gerade nicht dispensiert[47] (vgl. bereits Art. 23 Rz. 1). Ebenfalls unverzichtbar ist – wegen des bereits erwähnten fehlenden Verweises auf Art. 25 der nationalen VerschmelzungsRL und deren Umsetzung in § 62 Abs. 4 UmwG[48] – der zustimmende Hauptversammlungsbeschluss bei der *übertragenden* Tochtergesellschaft[49].

III. Upstream merger einer mindestens 90 %igen Tochter (Art. 31 Abs. 2 SE-VO)

Art. 31 Abs. 2 SE-VO enthält Sonderregelungen für Fälle, in denen die Mutter zwar 15
nicht alle[50], aber mindestens **90 % der Stimmrechte gewährenden Anteile (Unterabs. 1)** bzw. der **Stimmrechte (Unterabs. 2)** hält. Ebenso wie Art. 31 Abs. 1 SE-VO betrifft auch Art. 31 Abs. 2 SE-VO nur Fälle der Verschmelzung durch Aufnahme in Form eines **upstream merger** (vgl. bereits oben Rz. 1, 3)[51].

---

43 Zutreffend *Kallmeyer*, AG 2003, 197, 203; *Kalss*, ZGR 2003, 593, 619; ebenso *Austmann* in MünchHdb. AG, § 83 Rz. 26; *Schäfer* in MünchKomm. AktG, 3. Aufl., Art. 23 SE-VO Rz. 4; *Schwarz*, Art. 31 SE-VO Rz. 17 ff.; *Walden/Meyer-Landrut*, DB 2005, 2619, 2623; *Marsch-Barner* in Habersack/Drinhausen, Art. 31 SE-VO Rz. 13; *Maul* in KölnKomm. AktG, 3. Aufl., Art. 31 SE-VO Rz. 14; *Hörtnagl* in Schmitt/Hörtnagl/Stratz, UmwG, Art. 31 SE-VO Rz. 2; *Casper* in Spindler/Stilz, AktG, Art. 31 SE-VO Rz. 5; *Heckschen*, NZG 2010, 1041, 1045; irrig *Thümmel*, Europäische Aktiengesellschaft, Rz. 76 f.; *Teichmann*, ZGR 2002, 383, 431.
44 So bereits *Fuchs*, Gründung, S. 174; *Scheifele*, Gründung, S. 285; *Schwarz*, Art. 31 SE-VO Rz. 17.
45 Dazu näher *Grunewald* in Lutter, § 62 UmwG Rz. 3 ff.; vgl. zu Art. 25 der nationalen VerschmelzungsRL auch *Lutter/Bayer/J. Schmidt*, EuropUR, § 21 Rz. 138.
46 So auch *Schäfer* in MünchKomm. AktG, 3. Aufl., Art. 23 SE-VO Rz. 1; *Maul* in KölnKomm. AktG, 3. Aufl., Art. 31 SE-VO Rz. 14.
47 *Marsch-Barner* in Habersack/Drinhausen, Art. 31 SE-VO Rz. 13; *Schäfer* in MünchKomm. AktG, 3. Aufl., Art. 31 SE-VO Rz. 7; *Schwarz*, Art. 31 SE-VO Rz. 17 ff.; *Heckschen*, NJW 2011, 2390, 2395; so bereits *Fuchs*, Gründung, S. 174; *Scheifele*, Gründung, S. 285 f.; *J. Schmidt*, „Deutsche" vs. „britische" SE, S. 204, 217 ff.
48 Dazu näher *Bayer/J. Schmidt*, ZIP 2010, 953, 958 f.; *Heckschen*, NZG 2010, 1041, 1043; *Neye/Jäckel*, AG 2010, 237, 239 f.
49 So auch *Marsch-Barner* in Habersack/Drinhausen, Art. 31 SE-VO Rz. 13 a.E. im Anschluss an *Heckschen*, NJW 2011, 2390, 2395; vgl. bereits *Schröder* in Manz/Mayer/Schröder, Art. 31 SE-VO Rz. 30 Fn. 30.
50 Art. 31 Abs. 1 und 2 SE-VO stehen also zueinander in einem Alternativitätsverhältnis: *Scheifele*, Gründung, S. 287 f.; *Schröder* in Manz/Mayer/Schröder, Art. 31 SE-VO Rz. 17; *Schwarz*, Art. 31 SE-VO Rz. 20.
51 *Marsch-Barner* in Habersack/Drinhausen, Art. 31 SE-VO Rz. 14; *Maul* in KölnKomm. AktG, 3. Aufl., Art. 31 SE-VO Rz. 15; *Schäfer* in MünchKomm. AktG, 3. Aufl., Art. 31 SE-VO Rz. 1; *Schröder* in Manz/Mayer/Schröder, Art. 31 SE-VO Rz. 1, 17; *Schwarz*, Art. 31 SE-VO Rz. 22; vgl. bereits *Bayer* in Lutter/Hommelhoff, Europäische Gesellschaft, S. 25, 45; *Oechsler*, NZG 2005, 697, 700; *Teichmann*, ZGR 2002, 383, 431.

1. Art. 31 Abs. 2 Satz 1 SE-VO: 90 % der Stimmrechte gewährenden Anteile

16 Art. 31 Abs. 2 Unterabs. 1 SE-VO privilegiert einen upstream merger, wenn die Mutter mindestens **90 % der Stimmrechte gewährenden Anteile** (Aktien oder sonstige Wertpapiere, s. dazu oben Rz. 4) der Tochter hält. Wie bei Art. 31 Abs. 1 SE-VO muss die Mutter Eigentümerin der betreffenden Anteile sein (s. oben Rz. 5). Zum maßgeblichen Zeitpunkt s. oben Rz. 6.

17 In Anlehnung an **Art. 28** der nationalen VerschmelzungsRL[52] sind in diesen Fällen der **Verschmelzungsbericht**, der **Verschmelzungsprüfungsbericht** sowie „**die zur Kontrolle notwendigen Unterlagen**" entbehrlich. Was mit Letzterem gemeint ist, ist nicht ganz klar. Einige beziehen dies auf die Unterlagen, die den Sachverständigen im Rahmen ihres Auskunftsrechts zur Kontrolle vorzulegen sind[53], andere auf die zum Zwecke der Rechtmäßigkeitskontrolle nach Art. 25 und 26 SE-VO einzureichenden Unterlagen[54]. Der Vergleich mit Art. 24 und 28 der nationalen VerschmelzungsRL spricht allerdings eher dafür, dass hiermit von der Auslegung des Verschmelzungs- und Verschmelzungsprüfungsberichts im Vorfeld der Hauptversammlung (vgl. Art. 11 der nationalen VerschmelzungsRL) dispensiert werden soll[55].

18 Die Privilegierungen des Art. 31 Abs. 2 Unterabs. 1 SE-VO stehen jedoch unter dem ausdrücklichen **Vorbehalt des nationalen Rechts**, d.h. Verschmelzungsbericht, Verschmelzungsprüfung und „die zur Kontrolle notwendigen Unterlagen" sind gleichwohl erforderlich, wenn und soweit das für die Tochter oder die Mutter geltende nationale Recht dies vorsieht[56].

19 **Für deutsche Gründungsgesellschaften** waren die Privilegierungen des Art. 31 Abs. 2 Unterabs. 1 SE-VO früher **irrelevant**, da der deutsche Gesetzgeber von den in Art. 28 der nationalen VerschmelzungsRL a.F. (3. RL) vorgesehenen Erleichterungen keinen Gebrauch gemacht hatte[57]. Durch die ÄnderungsRL 2009/109/EG wurde eine Umsetzung indes zwingend vorgeschrieben[58]; mit dem verschmelzungsrechtlichen Squeeze out gem. § 62 Abs. 5 UmwG[59] hat der deutsche Gesetzgeber sich für eine mögliche Umsetzungsoption[60] entschieden[61]. Ob daraus folgt, dass die Neuregelung des § 62 Abs. 5 UmwG auf die SE-Gründung durch Verschmelzung nur dann anwendbar ist, wenn die ausländischen Rechtsordnungen der übrigen an der Gründung beteiligten Gesellschaften ein ebensolches Verfahren vorsehen[62], ist indes zweifelhaft[63].

---

52 Dazu näher *Lutter/Bayer/J. Schmidt*, EuropUR, § 21 Rz. 144 ff.
53 So *Schröder* in Manz/Mayer/Schröder, Art. 31 SE-VO Rz. 26; entgegen *Schröder* ergibt sich das Auskunftsrecht der Sachverständigen allerdings aus Art. 22 Satz 2, nicht aus Art. 10 Abs. 3 der nationalen VerschmelzungsRL (die Bezugnahme auf Art. 19 Abs. 3 dürfte an dieser Stelle ein Druckfehler sein).
54 So *Scheifele*, Gründung, S. 289; *Schwarz*, Art. 31 SE-VO Rz. 28.
55 Zust. *Maul* in KölnKomm. AktG, 3. Aufl., Art. 31 SE-VO Rz. 15; *Marsch-Barner* in Habersack/Drinhausen, Art. 31 SE-VO Rz. 16 a.E.; vgl. bereits *Fuchs*, Gründung, S. 177.
56 *Schäfer* in MünchKomm. AktG, 3. Aufl., Art. 31 SE-VO Rz. 8; *Schröder* in Manz/Mayer/Schröder, Art. 31 SE-VO Rz. 24; *Schwarz*, Art. 31 SE-VO Rz. 23; *Maul* in KölnKomm. AktG, 3. Aufl., Art. 31 SE-VO Rz. 16.
57 S. noch Voraufl. und *Bayer* in Lutter/Hommelhoff, Europäische Gesellschaft, S. 25, 45; *J. Schmidt*, „Deutsche" vs. „britische" SE, S. 187; *Walden/Meyer-Landrut*, DB 2005, 2119, 2126.
58 Näher *Lutter/Bayer/J. Schmidt*, EuropUR, § 21 Rz. 145.
59 Ausf. *Grunewald* in Lutter, § 62 UmwG Rz. 30 ff. m.w.N.
60 Dazu *Lutter/Bayer/J. Schmidt*, EuropUR, § 21 Rz. 144 f.
61 Näher *Bayer/J. Schmidt*, ZIP 2010, 953 ff.
62 So *Heckschen*, NJW 2011, 2390, 2395.
63 Ähnlich *Marsch-Barner* in Habersack/Drinhausen, Art. 31 SE-VO Rz. 17 a.E.; vgl. auch bereits *Wagner*, DStR 2010, 1629, 1625.

2. Art. 31 Abs. 2 Satz 2 SE-VO: 90 % der Stimmrechte

Art. 31 Abs. 2 Unterabs. 2 SE-VO enthält eine **Ermächtigung** für die Mitgliedstaaten, die in Unterabs. 1 genannten Erleichterungen auch auf den Fall einer **90 %igen Stimmrechtsquote** zu erstrecken. Anders als bei Art. 31 Abs. 1 SE-VO und Art. 31 Abs. 2 Unterabs. 1 SE-VO zählen insoweit allerdings nur Stimmrechte, die durch **Aktien** verliehen werden[64]. Diese auf einem Wunsch Schwedens beruhende[65] Ermächtigung zielt auf Konstellationen ab, in denen Aktien **Mehrfachstimmrechte** verleihen[66]. Da dies nach deutschem Aktienrecht nicht zulässig ist (vgl. § 12 Abs. 2 AktG), hat der deutsche Gesetzgeber die Ermächtigung konsequenterweise **nicht umgesetzt**[67]. Die Regelung wird im Schrifttum teilweise für „rechtspolitisch bedenklich" erachtet und daher wird im Rahmen der Überprüfung (vgl. Art. 69 SE-VO) deren Streichung gefordert[68].

20

Abschnitt 3. Gründung einer Holding-SE

Art. 32
[Gründung einer Holding-SE]

(1) Eine SE kann gemäß Artikel 2 Absatz 2 gegründet werden.

Die die Gründung einer SE im Sinne des Artikels 2 Absatz 2 anstrebenden Gesellschaften bestehen fort.

(2) Die Leitungs- oder die Verwaltungsorgane der die Gründung anstrebenden Gesellschaften erstellen einen gleich lautenden Gründungsplan für die SE. Dieser Plan enthält einen Bericht, der die Gründung aus rechtlicher und wirtschaftlicher Sicht erläutert und begründet sowie darlegt, welche Auswirkungen der Übergang zur Rechtsform einer SE für die Aktionäre und für die Arbeitnehmer hat. Er enthält ferner die in Artikel 20 Absatz 1 Buchstaben a, b, c, f, g, h und i vorgesehenen Angaben und setzt von jeder die Gründung anstrebenden Gesellschaft den Mindestprozentsatz der Aktien oder sonstigen Anteile fest, der von den Aktionären eingebracht werden muss, damit die SE gegründet werden kann. Dieser Prozentsatz muss mehr als 50 % der durch Aktien verliehenen ständigen Stimmrechte betragen.

(3) Der Gründungsplan ist mindestens einen Monat vor der Hauptversammlung, die über die Gründung zu beschließen hat, für jede der die Gründung anstrebenden Gesellschaften nach den in den Rechtsvorschriften der einzelnen Mitgliedstaaten gemäß Artikel 3 der Richtlinie 68/151/EWG vorgesehenen Verfahren offen zu legen.

---

64 *Marsch-Barner* in Habersack/Drinhausen, Art. 31 SE-VO Rz. 18; *Scheifele*, Gründung, S. 289; *Schwarz*, Art. 31 SE-VO Rz. 29.
65 *Schäfer* in MünchKomm. AktG, 3. Aufl., Art. 31 SE-VO Rz. 9; *Schwarz*, Art. 31 SE-VO Rz. 30; *Teichmann*, ZGR 2002, 383, 433.
66 *Marsch-Barner* in Habersack/Drinhausen, Art. 31 SE-VO Rz. 18; *Casper* in Spindler/Stilz, AktG, Art. 31 SE-VO Rz. 7; *Schwarz*, Art. 31 SE-VO Rz. 20.
67 Vgl. *Schäfer* in MünchKomm. AktG, 3. Aufl., Art. 31 SE-VO Rz. 1, 9; *Marsch-Barner* in Habersack/Drinhausen, Art. 31 SE-VO Rz. 18; *Schröder* in Manz/Mayer/Schröder, Art. 31 SE-VO Rz. 32; *Maul* in KölnKomm. AktG, 3. Aufl., Art. 31 SE-VO Rz. 17; *Schwarz*, Art. 31 SE-VO Rz. 30; so auch bereits *Teichmann*, ZGR 2002, 383, 433.
68 So *Maul* in KölnKomm. AktG, 3. Aufl., Art. 31 SE-VO Rz. 17 im Anschluss an *Casper* in Spindler/Stilz, AktG, Art. 31 SE-VO Rz. 7.

(4) Ein oder mehrere von den die Gründung anstrebenden Gesellschaften unabhängige Sachverständige, die von einem Gericht oder einer Verwaltungsbehörde des Mitgliedstaats, dessen Recht die einzelnen Gesellschaften gemäß den nach Maßgabe der Richtlinie 78/855/EWG erlassenen einzelstaatlichen Vorschriften unterliegen, bestellt oder zugelassen sind, prüfen den gemäß Absatz 2 erstellten Gründungsplan und erstellen einen schriftlichen Bericht für die Aktionäre der einzelnen Gesellschaften. Im Einvernehmen zwischen den die Gründung anstrebenden Gesellschaften kann durch einen oder mehrere unabhängige Sachverständige, der/die von einem Gericht oder einer Verwaltungsbehörde des Mitgliedstaats, dessen Recht eine der die Gründung anstrebenden Gesellschaften oder die künftige SE gemäß den nach Maßgabe der Richtlinie 78/855/EWG erlassenen einzelstaatlichen Rechtsvorschriften unterliegt, bestellt oder zugelassen ist/sind, ein schriftlicher Bericht für die Aktionäre aller Gesellschaften erstellt werden.

(5) Der Bericht muss auf besondere Bewertungsschwierigkeiten hinweisen und erklären, ob das Umtauschverhältnis der Aktien oder Anteile angemessen ist, sowie angeben, nach welchen Methoden es bestimmt worden ist und ob diese Methoden im vorliegenden Fall angemessen sind.

(6) Die Hauptversammlung jeder der die Gründung anstrebenden Gesellschaften stimmt dem Gründungsplan für die SE zu.

Die Beteiligung der Arbeitnehmer in der SE wird gemäß der Richtlinie 2001/86/EG festgelegt. Die Hauptversammlung jeder der die Gründung anstrebenden Gesellschaften kann sich das Recht vorbehalten, die Eintragung der SE davon abhängig zu machen, dass die geschlossene Vereinbarung von ihr ausdrücklich genehmigt wird.

(7) Dieser Artikel gilt sinngemäß auch für Gesellschaften mit beschränkter Haftung.

§ 10 SEAG: Zustimmungsbeschluss; Negativerklärung

(1) Der Zustimmungsbeschluss gemäß Artikel 32 Abs. 2 der Verordnung bedarf einer Mehrheit, die bei einer Aktiengesellschaft mindestens drei Viertel des bei der Beschlussfassung vertretenen Grundkapitals und bei einer Gesellschaft mit beschränkter Haftung mindestens drei Viertel der abgegebenen Stimmen umfasst.

(2) Bei der Anmeldung der Holding-SE haben ihre Vertretungsorgane zu erklären, dass eine Klage gegen die Wirksamkeit der Zustimmungsbeschlüsse gemäß Artikel 32 Abs. 6 der Verordnung nicht oder nicht fristgemäß erhoben oder eine solche Klage rechtskräftig abgewiesen oder zurückgenommen worden ist.

I. Einführung und Überblick	
1. Begriff der Holding-SE 1	d) Mitbestimmungsvereinbarung/ Auffanglösung 16
2. Gründungsvoraussetzungen (Art. 32 Abs. 1 Satz 1 SE-VO i.V.m. Art. 2 Abs. 2 SE-VO) 2	e) Schlusseintragungen und Bekanntmachungen 17
3. Regelung in der SE-VO und ergänzend anwendbares Recht 3	6. Anwendbarkeit des WpÜG a) Generelle Anwendbarkeit des WpÜG 18
a) Ebene der künftigen SE 4	b) Auflösung des Konkurrenzverhältnisses zum Gesellschaftsrecht . . 20
b) Ebene der Gründungsgesellschaften 7	**II. Gründungsplan (Art. 32 Abs. 2 SE-VO)**
4. Gründerproblematik 11	1. Allgemeines 21
5. Das Verfahren der Holdinggründung im Überblick 12	2. Form 22
a) Beschlussvorbereitungs-Phase . . . 13	3. Inhalt 23
b) Anteilstausch-Phase 14	a) Mindestangaben gem. Art. 32 Abs. 2 Satz 3 Halbsatz 1 SE-VO . . 24
c) Gründungsverfahren nach AktG . 15	

aa) Firma und Sitz (Art. 20 Abs. 1 lit. a SE-VO) 25	1. Verfahren 47
bb) Umtauschverhältnis der Aktien und ggf. Höhe der Ausgleichsleistung (Art. 20 Abs. 1 lit. b SE-VO) 26	2. Offenlegung des Gründungsberichts? . . 48
	3. Frist 49
	4. Abfindungsangebot 50
cc) Einzelheiten hinsichtlich der Übertragung der Aktien (Art. 20 Abs. 1 lit. c SE-VO) . . 27	**IV. Prüfung des Gründungsplans (Art. 32 Abs. 4 und 5 SE-VO)** 51
dd) Sonderrechte (Art. 20 Abs. 1 lit. f SE-VO) 28	1. Getrennte oder gemeinsame Prüfung 52
ee) Vorteile für sonstige Beteiligte (Art. 20 Abs. 1 lit. g SE-VO) . . 29	2. Prüfungsgegenstand 54
	3. Prüfungsbericht 57
ff) Satzung (Art. 20 Abs. 1 lit. h SE-VO) 30	4. Auskunftsrecht 58
(1) Grundkapital 31	**V. Beschlussfassung durch die Haupt- bzw. Gesellschafterversammlung (Art. 32 Abs. 6 SE-VO)**
(2) Sacheinlagen 35	
gg) Angaben zum Verfahren der Arbeitnehmerbeteiligung (Art. 20 Abs. 1 lit. i SE-VO) . . 36	1. Normzweck 59
	2. Vorbereitung der Haupt- bzw. Gesellschafterversammlung 60
b) Mindesteinbringungsquote gem. Art. 32 Abs. 2 Satz 2 Halbsatz 2, Satz 4 SE-VO 37	3. Durchführung der Haupt- bzw. Gesellschafterversammlung 62
	a) Beschlussgegenstand 63
c) Gründungsbericht gem. Art. 32 Abs. 2 Satz 2 SE-VO	b) Beschlussmehrheit 65
aa) Allgemeines 41	c) Form 70
bb) Inhalt 42	d) Zustimmungsvorbehalt 71
cc) Prüfung 45	**VI. Sinngemäße Anwendung auf GmbH (Art. 32 Abs. 7 SE-VO)** 72
d) Abfindungsangebot 46	
III. Offenlegung (Art. 32 Abs. 3 SE-VO)	**VII. Ergänzende Anwendung des AktG** . 74

Literatur: *Bayer/J. Schmidt*, Die neue Richtlinie über die grenzüberschreitende Verschmelzung von Kapitalgesellschaften, NJW 2006, 401; *Brandes*, Cross Border Mergers mittels der SE, AG 2005, 177; *Brandt*, Überlegungen zu einem SE-Ausführungsgesetz, NZG 2002, 991; *Bungert/Beier*, Die Europäische Aktiengesellschaft, EWS 2002, 1; *Casper*, Der Lückenschluß im Statut der Europäischen Aktiengesellschaft, in Habersack (Hrsg.), FS Ulmer, 2003, S. 51; *Eidenmüller/Engert/Hornuf*, Die Societas Europaea: Empirische Bestandsaufnahme und Entwicklungslinien einer neuen Rechtsform, AG 2008, 721; *Handelsrechtsausschuss des DAV*, Stellungnahme zu dem Regierungsentwurf eines Gesetzes zur Einführung der Europäischen Gesellschaft (SEEG), Juli 2004, NZG 2004, 957; *Handelsrechtsausschuss des DAV*, Stellungnahme zum Diskussionsentwurf eines Gesetzes zur Ausführung der Verordnung (EG) Nr. 2157/2001 des Rates vom 8.10.2001 über das Statut der Europäischen Gesellschaft (SE) (SE-Ausführungsgesetz – SEAG), NZG 2004, 75; *Heckschen*, Die Europäische AG aus notarieller Sicht, DNotZ 2003, 251; *Horn*, Die Europa-AG im Kontext des deutschen und europäischen Gesellschaftsrechts, DB 2005, 147; *Ihrig/Wagner*, Das Gesetz zur Einführung der Europäischen Gesellschaft (SEEG) auf der Zielgeraden, BB 2004, 1749; *Ihrig/Wagner*, Diskussionsentwurf für ein SE-Ausführungsgesetz, BB 2003, 969; *Jahn/Herfs-Röttgen* Die Europäische Aktiengesellschaft – Societas Europaea, DB 2001, 631; *Kalss*, Der Minderheitenschutz bei Gründung und Sitzverlegung der SE nach dem Diskussionsentwurf, ZGR 2003, 593; *Koke*, Die Finanzverfassung der Europäischen Aktiengesellschaft (SE) mit Sitz in Deutschland, 2005 (zit.: Finanzverfassung); *H. Krause*, Business Combination Agreements im Spiegel der Rechtsprechung, CFL 2013, 192; *Mahi*, Die Europäische Aktiengesellschaft. Societas Europaea – SE –, 2004 (zit.: Europäische Aktiengesellschaft); *Marsch-Barner* in Lutter/Bayer (Hrsg.), Holding-Handbuch, 5. Aufl. 2015, § 18; *Menjucq*, La société européenne, Revue des sociétés 2002, 225; *Morse* (Hrsg.), Palmer's Company Law, 25. Aufl. 1992 (Stand 2005); *Neye/Teichmann*, Der Entwurf für das Ausführungsgesetz zur Europäischen Aktiengesellschaft, AG 2003, 169; *Oplustil*, Selected problems concerning formation of a holding SE (societas europaea), (2003) 4 GLJ 107; *J. Schmidt*, SE and SCE: two new European company forms – and more to come!, (2006) 27 Co Law 99; *Schulz/Geismar*, Die Europäische Aktiengesellschaft, DStR 2001, 1078; *Schwarz*, Europäisches Gesellschaftsrecht, 2000; *Seibt/Saame*, Die Societas Europaea (SE) deutschen Rechts: Anwendungsfelder und Beratungshinweise, AnwBl 2005, 225; *Spitzbart*, Die Europäische Aktiengesellschaft (Societas Europaea – SE) – Aufbau der SE und Gründung –, RNotZ 2006, 369; *Stöber*, Die Gründung einer Holding-SE, AG 2013, 110; *Teichmann*, Austrittsrecht und Pflichtangebot bei Gründung einer Europäischen Aktiengesellschaft, AG 2004, 67; *Teichmann*, Die Einführung der Europäischen Aktiengesellschaft, ZGR 2002, 383; *Teichmann*, Minderheitenschutz bei Gründung und Sitzverlegung der SE, ZGR 2003, 367; *Thoma/Leuering*, Die Europäische Aktiengesellschaft – Societas Europaea, NJW 2002, 1449; *Vossius*, Gründung und Umwandlung der deutschen Europäischen Gesellschaft (SE), ZIP 2005, 741.

I. Einführung und Überblick

1. Begriff der Holding-SE

1   Bei der – in der bisherigen Praxis äußerst seltenen[1] und sehr komplexen[2] – genuin europarechtlichen Gründungsform[3] der Holding-SE bringen die Gesellschafter der Gründungsgesellschaften mehrheitlich ihre (stimmberechtigten) Anteile in die neue SE ein und erhalten dafür im Tausch Aktien der SE. Es handelt sich also um eine **Sachgründung**, bei der die Gründungsgesellschaften zu Tochtergesellschaften der Holding-SE – der künftigen Konzernspitze – werden[4]. Das Fortbestehen der Gründungsgesellschaften wird in Art. 32 Abs. 1 Satz 2 SE-VO ausdrücklich (wenngleich i.E. rein deklaratorisch) angeordnet[5].

2. Gründungsvoraussetzungen (Art. 32 Abs. 1 Satz 1 SE-VO i.V.m. Art. 2 Abs. 2 SE-VO)

2   Art. 32 Abs. 1 Satz 1 SE-VO stellt noch einmal klar, dass eine SE unter den Voraussetzungen des Art. 2 Abs. 2 SE-VO (s. dazu ausf. Art. 2 Rz. 16 ff.) als Holding-SE gegründet werden kann[6].

3. Regelung in der SE-VO und ergänzend anwendbares Recht

3   Im Vergleich zur Verschmelzungsgründung (Art. 17–31 SE-VO) sind die Regelungen in der SE-VO zur Holdinggründung relativ knapp (Art. 32–34 SE-VO). Es stellt sich daher hier in besonderem Maße das Problem der Lückenfüllung im Hinblick auf die in der SE-VO nicht geregelten Bereiche. Folgende Unterscheidung ist zu beachten:

---

[1] Vgl. Ernst & Young, Study on the operation and the impacts oft he statute for a European Company (SE) v. 9.11.2009 (http://ec.europa.eu/internal_market/consultations/docs/2010/se/study_SE_9122009_en.pdf, S. 189 f.: 4 % aller SE-Gründungen europaweit; 2 % aller SE-Gründungen in Deutschland; vgl. weiter *Eidenmüller/Engert/Hornuf*, AG 2008, 721, 729; aktuell auch *Schuberth/von der Höh*, AG 2014, 439, 441 f. (1 Holdinggründung in Deutschland); *Marsch-Barner* in Lutter/Bayer, Holding-Handbuch, Rz. 18.8.
[2] So zutreffend *Scholz* in Habersack/Drinhausen, Art. 32 SE-VO Rz. 33.
[3] Treffend *Scheifele*, Gründung, S. 305; ebenso *Schwarz*, Vor Art. 32–34 SE-VO Rz. 1; *Scholz* in Habersack/Drinhausen, Art. 32 SE-VO Rz. 4.
[4] So bereits *Bayer* in Lutter/Hommelhoff, Europäische Gesellschaft, S. 25, 45 f.; vgl. weiter *Jannott* in Jannott/Frodermann, Handbuch Europäische Aktiengesellschaft, § 3 Rz. 129; *Schäfer* in MünchKomm. AktG, 3. Aufl., Art. 32 SE-VO Rz. 1; *Schwarz*, Vorb. Art. 32–34 SE-VO Rz. 3 a.E.; *Scholz* in Habersack/Drinhausen, Art. 32 SE-VO Rz. 8; *Teichmann*, ZGR 2003, 367, 390.
[5] Vgl. *Schröder* in Manz/Mayer/Schröder, Art. 32 SE-VO Rz. 6 f.; *Schwarz*, Art. 32 SE-VO Rz. 6; *Scholz* in Habersack/Drinhausen, Art. 32 SE-VO Rz. 8.
[6] Vgl. *Schwarz*, Art. 32 SE-VO Rz. 1, 6, ähnlich *Scholz* in Habersack/Drinhausen, Art. 32 SE-VO Rz. 1, 34.

a) Ebene der künftigen SE

Zweifellos anwendbar ist die **Verweisungsnorm des Art. 15 Abs. 1 SE-VO**[7]. Jedoch erfasst diese Vorschrift die Endphase der Gründung (sog. Vollzugsphase), d.h. diejenigen Verfahrensschritte, die bereits die Sphäre der künftigen SE betreffen[8] (ausf. Art. 15 Rz. 7). Maßgeblich ist insoweit „das für Aktiengesellschaften geltende Recht" des künftigen Sitzstaats der SE, und zwar unter Einschluss aller spezialgesetzlicher Regelungen, die für bestimmte Gründungsformen gelten (ausf. Art. 15 Rz. 8). Problematisch ist hier, dass die meisten Rechtsordnungen der Mitgliedstaaten – das gilt auch für Deutschland – **keine speziellen Holdinggründungsvorschriften** kennen[9].

Die Lösung der Problematik ist streitig. Überwiegend wird angenommen, dass eine Verweisung (ausschließlich) auf das nationale aktienrechtliche **Sachgründungsrecht** stattfindet[10]. Vorzugswürdig erscheint hingegen die Auffassung, wonach vorrangig das nationale, auf Aktiengesellschaften anwendbare **Verschmelzungsrecht** Anwendung findet[11], wobei allerdings „holding-spezifischen" Besonderheiten Rechnung zu tragen ist. Dieser Vorrang des nationalen Verschmelzungsrechts folgt daraus, dass die Holdinggründung bei wirtschaftlicher Betrachtung einer Verschmelzung durchaus vergleichbar ist[12] und dass auch nach der Konzeption der SE-VO das Verfahren der Holdinggründung in seiner Grundstruktur sich kaum von der Verschmelzungsgründung unterscheidet[13]. Die Sachgründungsvorschriften des künftigen Sitzstaats sind also nur ergänzend heranzuziehen[14].

Für eine künftige Holding-SE **mit Sitz im Inland** bedeutet dies: Es gelten zunächst – wenngleich unter Beachtung der Spezifika der Holdinggründung – die §§ 2 ff. UmwG, kraft § 36 Abs. 2 UmwG aber zusätzlich die §§ 23 ff. AktG[15].

b) Ebene der Gründungsgesellschaften

Im Unterschied zur Verschmelzungsgründung existiert für die Holding-SE keine dem Art. 18 SE-VO vergleichbare Vorschrift. Dies wird auf ein Redaktionsversehen zurückgeführt[16]. Gleichwohl ist auch für diese Gründungsvariante einzig und allein ei-

---

[7] *Hügel* in Kalss/Hügel, §§ 25, 26 SEG Rz. 3; *Oplustil*, (2003) 4 GLJ 107, 108; *Schäfer* in MünchKomm. AktG, 3. Aufl., Art. 32 SE-VO Rz. 2; *Schwarz*, Vorb. Art. 32–34 SE-VO Rz. 7; *Scholz* in Habersack/Drinhausen, Art. 32 SE-VO Rz. 9. Art. 9 SE-VO ist hingegen nicht anwendbar, denn die Norm gilt, wie sich aus ihrem Wortlaut und der Systematik der SE-VO ergibt, nur für die bereits „gegründete" SE, d.h. ab Eintragung (s. dazu bereits Art. 15 Rz. 6).

[8] *Hügel* in Kalss/Hügel, §§ 25, 26 SEG Rz. 3; *Oplustil*, (2003) 4 GLJ 107, 108; *Schäfer* in MünchKomm. AktG, 3. Aufl., Art. 32 SE-VO Rz. 2 f.; *Schwarz*, Vorb. Art. 32–34 SE-VO Rz. 7.

[9] Zu ausländischen Rechtsordnungen knappe Hinweise bei *Lutter* in Lutter/Bayer, Holding-Handbuch, Rz. 1.11 Fn. 4; zu wichtigen ausländischen Holding-Standorten ausf. *Schaden/Polatzky* in Lutter/Bayer, Holding-Handbuch, § 17 m.z.w.N.

[10] *Schäfer* in MünchKomm. AktG, 3. Aufl., Art. 32 SE-VO Rz. 2; *Schwarz*, Vorb. Art. 32–34 SE-VO Rz. 18.

[11] *J. Schmidt*, „Deutsche" vs. „britische" SE, S. 271.

[12] So bereits Sanders-Vorentwurf (EWG-Kommission, Generaldirektion Wettbewerb, Az. 11000/IV/67, Studie Nr. 6, Reihe Wettbewerb, Brüssel 1967), Begründung, S. 37; ebenso *Scheifele*, Gründung, S. 305; *Schwarz*, Vorb. Art. 32–34 SE-VO Rz. 2 a.E.

[13] Vgl. *Schäfer* in MünchKomm. AktG, 3. Aufl., Art. 32 SE-VO Rz. 5; *Schwarz*, Art. 32 SE-VO Rz. 1; *Teichmann*, ZGR 2003, 367, 389; *Teichmann*, (2003) 4 GLJ 309, 329; *Teichmann*, ZGR 2002, 383, 433.

[14] *Bayer* in Lutter/Hommelhoff, Europäische Gesellschaft, S. 25, 54; *J. Schmidt*, „Deutsche" vs. „britische" SE, S. 271.

[15] *J. Schmidt*, „Deutsche" vs. „britische" SE, S. 271.

[16] *Teichmann*, ZGR 2003, 367, 389.

ne Verweisung auf das nationale Recht der Gründungsgesellschaften sinnvoll. Denn ausschließlich dieser Rechtsordnung kann die Kompetenz zukommen, das Verfahren auf der Ebene der Gründungsgesellschaften bis zum Zeitpunkt des Verlassens der „nationalen Sphäre" zu regeln[17]. Rechtskonstruktiv lässt sich dieses Ergebnis ohne weiteres durch eine **Analogie zu Art. 18 SE-VO** erzielen[18]; dieser methodische Weg erscheint auch vorzugswürdig[19] gegenüber einer Heranziehung allgemeiner, aus der nationalen VerschmelzungsRL[20] oder der (6.) SpaltungsRL[21] abgeleiteter Grundsätze des europäischen Gesellschaftsrechts[22].

8 Auch bei dieser Verweisung stellt sich jedoch das Problem, dass in der Regel keine nationalen Vorschriften zur Holdinggründung existieren (oben Rz. 4). Ebenso wie im Rahmen des Art. 15 Abs. 1 SE-VO (oben Rz. 5) muss daher vorrangig und unter Beachtung der holding-spezifischen Besonderheiten das für die jeweilige Gründungsgesellschaft geltende **Verschmelzungsrecht** zur Anwendung kommen, soweit es nicht im Widerspruch zur 3. RL steht[23], im Übrigen das allgemeine Aktien- oder GmbH-Recht[24].

9 Der Forderung, der deutsche Gesetzgeber solle im Rahmen des SEAG Sondervorschriften zur Gründung einer Holding-SE schaffen[25], wurde zu Recht nicht entsprochen. Denn mangels einer ausdrücklichen Ermächtigungsgrundlage in der SE-VO wäre der deutsche Gesetzgeber hierzu gar nicht berechtigt gewesen[26].

---

17 S. bereits *Bayer* in Lutter/Hommelhoff, Europäische Gesellschaft, S. 25, 46; ähnlich *Neun* in Theisen/Wenz, Europäische Aktiengesellschaft, S. 57, 73; *Teichmann* in Theisen/Wenz, Europäische Aktiengesellschaft, S. 691, 712; *Teichmann*, ZGR 2003, 367, 338.
18 So i.E. auch *Heckschen*, DNotZ 2003, 251, 261; *Oplustil*, (2003) 4 GLJ 107, 109. S. ferner die Nachweise in Fn. 19.
19 So bereits *Bayer* in Lutter/Hommelhoff, Europäische Gesellschaft, S. 25, 46. Ebenso *Schäfer* in MünchKomm. AktG, 3. Aufl., Art. 32 SE-VO Rz. 3; *Marsch-Barner* in Lutter/Bayer, Holding-Handbuch, Rz. 18.11; *Scheifele*, Gründung, S. 46 f., 311; *J. Schmidt*, (2006) 27 Co Law 99, 101; *Schwarz*, Vorb. Art. 32–34 SE-VO Rz. 11; *Scholz* in Habersack/Drinhausen, Art. 32 SE-VO Rz. 10; *Casper* in Spindler/Stilz, AktG, Art. 32 SE-VO Rz. 4.
20 RL 2011/35/EU des Europäischen Parlaments und des Rates v. 5.4.2011 über die Verschmelzung von Aktiengesellschaften, ABl. EU Nr. L 110 v. 29.4.2011, S. 1; Abdruck und Erläuterungen bei *Lutter/Bayer/J. Schmidt*, EuropUR, § 21; früher Dritte Richtlinie des Rates 78/855/EWG vom 9.10.1978 gemäß Artikel 54 Absatz 3 Buchstabe g) des Vertrages betreffend die Verschmelzung von Aktiengesellschaften, ABl. EG Nr. L 295 v. 20.10.1978, S. 36. Zur Änderung: *Lutter/Bayer/J. Schmidt*, § 21 Rz. 4 ff.
21 Sechste Richtlinie 82/891/EWG des Rates vom 17.12.1982 gemäß Artikel 54 Absatz 3 Buchstabe g) des Vertrages betreffend die Spaltung von Aktiengesellschaften, ABl. EG Nr. L 378 v. 31.12.1982, S. 47; dazu näher *Lutter/Bayer/J. Schmidt*, EuropUR, § 22.
22 Dafür indes *Teichmann*, ZGR 2002, 383, 434; *Teichmann*, ZGR 2003, 367, 388 ff., 392; ihm folgend *Heckschen*, DNotZ 2003, 251, 261.
23 *Bayer* in Lutter/Hommelhoff, Europäische Gesellschaft, S. 25, 46; *Neun* in Theisen/Wenz, Europäische Aktiengesellschaft, S. 57, 156; *Scheifele*, Gründung, S. 46 f., 311; *J. Schmidt*, „Deutsche" vs. „britische" SE, S. 273; *Schwarz*, Vorb. Art. 32–34 SE-VO Rz. 11; insoweit abw. *Heckschen*, DNotZ 2003, 251, 263; *Heckschen* in Widmann/Mayer, UmwG Anhang 14 Rz. 295 (Vorschriften über Ausgliederung).
24 Insoweit ebenso *Hügel* in Kalss/Hügel, §§ 25, 26 SEG Rz. 6. S. auch bereits *Bayer* in Lutter/Hommelhoff, Europäische Gesellschaft, S. 25, 46.
25 So *Brandt*, NZG 2002, 991, 995; vgl. weiter *Handelsrechtsausschuss des DAV*, NZG 2004, 75, 78 f.
26 Zutreffend *Schäfer* in MünchKomm. AktG, 3. Aufl., Art. 32 SE-VO Rz. 3; *Scheifele*, Gründung, S. 46; *Schwarz*, Vorb. Art. 32–34 SE-VO Rz. 9.

Für **deutsche Gründungsgesellschaften** kommen somit §§ 2 ff. UmwG sowie via § 36 Abs. 2 UmwG auch §§ 23 ff. AktG (bei AG) bzw. §§ 2 ff. GmbHG (bei GmbH) zur Anwendung[27]. 10

4. Gründerproblematik

Problematisch ist bei der Holdinggründung, wer die „Gründer" der SE sind. Angesichts der Tatsache, dass das Grundkapital der SE dadurch aufgebracht wird, dass die Anteilsinhaber der Gründungsgesellschaften ihre Anteile einbringen, könnte man auf die Idee kommen, diese auch als „Gründer" der SE anzusehen. Damit wäre allerdings eine Flut praktischer Probleme verbunden[28]. Vor allem aber widerspräche eine solche Einordnung auch dem Konzept der SE-VO: Es sind die „die Gründung anstrebenden Gesellschaften", die durch ihre Leitungs- und Verwaltungsorgane den Gründungsplan aufstellen (Art. 32 Abs. 2 Satz 1 SE-VO, dazu unten Rz. 21 ff.), diesen offen legen (Art. 32 Abs. 3 SE-VO, dazu unten Rz. 47 ff.) und dessen Gründungsprüfung initiieren (Art. 32 Abs. 4 SE-VO, dazu unten Rz. 51 ff.) – sie sind also die eigentlichen Protagonisten[29]. Die Mitwirkung der Anteilsinhaber beim Zustimmungsbeschluss ändert daran nichts, denn insofern handeln diese ausschließlich in ihrer Eigenschaft als Teil des Organs Haupt- bzw. Gesellschafterversammlung der betreffenden Gründungsgesellschaft[30]. Gem. Art. 15 Abs. 1 SE-VO i.V.m. § 36 Abs. 2 Satz 2 UmwG[31] sind daher nach zutreffender Ansicht allein die **Gründungsgesellschaften** als „Gründer" der Holding-SE anzusehen[32]. 11

5. Das Verfahren der Holdinggründung im Überblick

Das Verfahren zur Errichtung einer „deutschen" Holding-SE lässt sich im Wesentlichen in die folgenden fünf Phasen einteilen[33]: 12

---

27 So auch *Scholz* in Habersack/Drinhausen, Art. 32 SE-VO Rz. 9; vgl. bereits *Bayer* in Lutter/Hommelhoff, Europäische Gesellschaft, S. 25, 46; *J. Schmidt*, „Deutsche" vs. „britische" SE, S. 273.
28 Vgl. *Neye/Teichmann*, AG 2003, 169, 174; *Scheifele*, Gründung, S. 309; *Teichmann*, ZGR 2003, 367, 392.
29 Ähnlich *Handelsrechtsausschuss des DAV*, NZG 2004, 75, 78; *Kleindiek* in Lutter/Hommelhoff, Europäische Gesellschaft, S. 95, 98; *Marsch-Barner* in Lutter/Bayer, Holding-Handbuch, § 18 Rz. 63; *Neun* in Theisen/Wenz, Europäische Aktiengesellschaft, S. 57, 166 f.; *Oplustil*, (2003) 4 GLJ 107, 121; *Scheifele*, Gründung, S. 307 ff.; *J. Schmidt*, „Deutsche" vs. „britische" SE, S. 311 f.; *Schwarz*, Vorb. Art. 32–34 SE-VO Rz. 19.
30 Vgl. *Neun* in Theisen/Wenz, Europäische Aktiengesellschaft, S. 57, 166; *Oplustil*, (2003) 4 GLJ 107, 121; *J. Schmidt*, „Deutsche" vs. „britische" SE, S. 312; *Schwarz*, Vorb. Art. 32–34 SE-VO Rz. 19.
31 Ebenso bereits *Bayer* in Lutter/Hommelhoff, Europäische Gesellschaft, S. 25, 54; *Teichmann*, ZGR 2003, 392 f.; vgl. auch *Neye/Teichmann*, AG 2003, 169, 174; *J. Schmidt*, „Deutsche" vs. „britische" SE, S. 312.
32 So schon *Bayer* in Lutter/Hommelhoff, Europäische Gesellschaft, S. 25, 54; ebenso *Handelsrechtsausschuss des DAV*, NZG 2004, 75, 78; *Handelsrechtsausschuss des DAV*, NZG 2004, 957, 958; *Hörtnagl* in Schmitt/Hörtnagl/Stratz, UmwG, Art. 32 SE-VO Rz. 5; *Hügel* in Kalss/Hügel, §§ 25, 26 SEG Rz. 37; *Kleindiek* in Lutter/Hommelhoff, Europäische Gesellschaft, S. 95, 98; *Neye/Teichmann*, AG 2003, 169, 174; *Oplustil*, (2003) 4 GLJ 107, 121; *Paefgen* in KölnKomm. AktG, 3. Aufl., Art. 33 SE-VO Rz. 79 f.; *Schäfer* in MünchKomm. AktG, 3. Aufl., Art. 32 SE-VO Rz. 1; *Scheifele*, Gründung, S. 307 ff.; *Schröder* in Manz/Mayer/Schröder, Art. 32 SE-VO Rz. 100 ff.; *Scholz* in Habersack/Drinhausen, Art. 32 SE-VO Rz. 8, Art. 33 SE-VO Rz. 39; *Spitzbart*, RNotZ 2006, 369, 407; *Teichmann*, ZGR 2003, 367, 392 f.
33 S. bereits *Bayer* in Lutter/Hommelhoff, Europäische Gesellschaft, S. 46 f.; ähnlich auch *Hügel* in Kalss/Hügel, §§ 25, 26 SEG Rz. 6; *Scholz* in Habersack/Drinhausen, Art. 32 SE-VO Rz. 1 ff.

a) Beschlussvorbereitungs-Phase

13 In der ersten Phase (Beschlussvorbereitungs-Phase) erfolgt zunächst die Aufstellung des Gründungsplans – einschließlich des darin enthaltenen Gründungsberichts – (Art. 32 Abs. 2 SE-VO, dazu ausf. unten Rz. 21 ff.) und dessen Prüfung durch Sachverständige (Art. 32 Abs. 4 und 5 SE-VO, dazu ausf. unten Rz. 51 ff.). Danach wird der Gründungsplan offen gelegt (Art. 32 Abs. 3 SE-VO, dazu ausf. unten Rz. 47 ff.) und die Haupt- bzw. Gesellschafterversammlung jeder Gründungsgesellschaft fasst einen Gründungsbeschluss (Art. 32 Abs. 6 SE-VO, dazu ausf. unten Rz. 59 ff.).

b) Anteilstausch-Phase

14 Die anschließende Anteilstausch-Phase gliedert sich in zwei Etappen: Die erste Tranche erfolgt innerhalb einer Frist von drei Monaten durch Abschluss von Anteilseinbringungsverträgen zwischen den Anteilsinhabern der Gründungsgesellschaften und der (künftigen) Holding-SE (Art. 33 Abs. 1 SE-VO, dazu ausf. Art. 33 Rz. 7 ff.). Sind die Bedingungen für die Gründung einer Holding-SE gem. Art. 33 Abs. 3 SE-VO erfüllt, so wird dies zunächst offen gelegt (Art. 33 Abs. 3 Satz 1 SE-VO, dazu ausf. Art. 33 Rz. 24 ff.), bevor im Rahmen einer zweiten Tranche diejenigen Anteilsinhaber der Gründungsgesellschaften, die ihre Anteile nicht bereits umgetauscht hatten, über eine Frist von einem weiteren Monat verfügen, um dies zu tun (Art. 33 Abs. 3 Satz 2 SE-VO, dazu ausf. Art. 33 Rz. 30 ff.).

c) Gründungsverfahren nach AktG

15 Die dritte Phase der Holdinggründung besteht aus dem über Art. 15 Abs. 1 SE-VO zur Anwendung kommenden Gründungsverfahren nach §§ 33 ff. AktG (dazu ausf. Art. 33 Rz. 38 ff.).

d) Mitbestimmungsvereinbarung/Auffanglösung

16 In einer vierten Phase erfolgt dann der Abschluss einer Mitbestimmungsvereinbarung oder ggf. ein Mitbestimmungsverzicht gem. Art. 3 Abs. 6 SE-RL (Art. 12 Abs. 2 SE-VO). Kommt es hierüber zu keiner Einigung, so gilt ggf. die Auffanglösung (Art. 7 Abs. 1 Satz 2 lit. b, Abs. 2 lit. c SE-RL, §§ 22 Abs. 1 Nr. 2, 34 Abs. 1 Nr. 3 SEBG). Ausf. zur Arbeitnehmerbeteiligung bei der Holdinggründung Teil B., § 34 SEBG Rz. 24.

e) Schlusseintragungen und Bekanntmachungen

17 Die abschließende fünfte Phase des Gründungsverfahrens bildet die Eintragung der Holding-SE in das Handelsregister (Art. 12 Abs. 1 SE-VO, § 3 SEAG) und deren Offenlegung (Art. 15 Abs. 2 SE-VO i.V.m. Art. 13 SE-VO) sowie die informatorische Bekanntmachung im Amtsblatt (Art. 14 SE-VO); dazu ausf. Art. 33 Rz. 55 ff.

6. Anwendbarkeit des WpÜG

a) Generelle Anwendbarkeit des WpÜG

18 Im Falle der Gründung einer Holding-SE stellt sich mit besonderer Schärfe die Frage nach der Anwendbarkeit des WpÜG. Umstritten ist insofern bereits, ob das WpÜG überhaupt zur Anwendung gelangt. Von **einigen Autoren** wird dies **prinzipiell verneint**[34]. Teilweise wird argumentiert, dass schon gar keine Übernahmesituation vor-

---

34 So *Brandt*, NZG 2002, 991, 995; *Ihrig/Wagner*, BB 2003, 969, 973; *Ihrig/Wagner*, BB 2004, 1749, 1753; *J. Vetter* in Lutter/Hommelhoff, Europäische Gesellschaft, S. 111, 162; ebenso *Drinhausen* in Van Hulle/Maul/Drinhausen, 4. Abschnitt § 3 Rz. 64 f.

liege, weil der Übertragungsvorgang von den Gründungsgesellschaften gemeinsam ausgehe und nicht von einer Bietergesellschaft allein[35]. Jedenfalls aber sei bei der Holdinggründung die „Zaunkönigregel" des Art. 33 Abs. 3 Satz 2 SE-VO (dazu näher Art. 33 Rz. 30 ff.) als abschließende Sonderregelung zu verstehen[36]. Weiterhin sei die Preiskontrolle in Form einer Überprüfung der Bewertungsrelation bereits durch Art. 32 Abs. 4 und 5 SE-VO abschließend geregelt[37]. Schließlich bedürften die Aktionäre eines zusätzlichen Schutzes durch das WpÜG auch gar nicht, da sie entweder in der Gründungsgesellschaft verbleiben oder gegen eine Abfindung ausscheiden könnten[38].

Die **h.M.** geht demgegenüber jedoch **zu Recht** von einer **grundsätzlichen Anwendbarkeit des WpÜG** im Falle der SE-Gründung aus: Sofern der Anwendungsbereich des WpÜG gem. § 1 WpÜG eröffnet ist, muss die Holding-SE prinzipiell ein Pflichtangebot nach § 35 WpÜG[39] unterbreiten[40]. Art. 33 SE-VO regelt nämlich nur die gesellschaftsrechtlichen Voraussetzungen für die Entstehung der Holding-SE, ein Ausschluss einer übernahmerechtlichen Angebotspflicht nach Kontrollerwerb lässt sich daraus keinesfalls ableiten[41], insbesondere im Hinblick auf Erwägungsgrund 12 der SE-VO[42]. Überdies machen die Vorschriften der SE-VO zum Anteilstausch die Anwendung des WpÜG auch keineswegs überflüssig: Nach § 31 Abs. 2 WpÜG (vgl. ähnlich auch Art. 5 Abs. 5 der 13. (Übernahme-)RL[43]) muss die Gegenleistung nämlich in Geld oder liquiden Aktien bestehen[44], während die Aktionäre nach der SE-VO nur die Möglichkeit haben, ihre Aktien in diejenigen der SE umzutauschen, welche aber freilich nicht liquide sind, weil die SE noch nicht existiert und ihre Aktien noch nicht börsennotiert sind[45]. Weiterhin macht auch das in § 9 SEAG normierte Austrittsrecht (dazu ausf. Art. 34 Rz. 13 ff.) einen Schutz der Aktionäre durch die Vorschriften des WpÜG keineswegs obsolet: zwar dienen beide Instrumente dem Minderheitenschutz, in ihrer Ausgestaltung sind sie jedoch sehr verschieden[46]. Wesentliche Unterschiede bestehen vor allem

19

---

35 *Brandt*, NZG 2002, 991, 995.
36 *Ihrig/Wagner*, BB 2003, 969, 973; *Ihrig/Wagner*, BB 2004, 1749, 1753; *J. Vetter* in Lutter/Hommelhoff, Europäische Gesellschaft, S. 111, 162.
37 *Brandt*, NZG 2002, 991, 995; *J. Vetter* in Lutter/Hommelhoff, Europäische Gesellschaft, S. 111, 162.
38 Vgl. insoweit kritisch *Marsch-Barner* in Lutter/Bayer, Holding-Handbuch, § 18 Rz. 82.
39 Dazu ausf. *Noack/Zetzsche* in Schwark/Zimmer, Kapitalmarktrechts-Kommentar, 4. Aufl. 2010, § 35 WpÜG Rz. 39 ff.
40 So *Bayer* in Lutter/Hommelhoff, Europäische Gesellschaft, S. 25, 55 ff.; *Brandes*, AG 2005, 177, 186; *Handelsrechtsausschuss des DAV*, NZG 2004, 74, 79; *Handelsrechtsausschuss des DAV*, NZG 2004, 957, 958; *Horn*, DB 2005, 147, 149; *Koke*, Finanzverfassung, S. 65 ff.; *Oechsler* in MünchKomm. AktG, 3. Aufl., Art. 2 SE-VO Rz. 20 ff.; *Oplustil*, (2003) 4 GLJ 107, 125; *Paefgen* in KölnKomm. AktG, 3. Aufl., Art. 32 SE-VO Rz. 147 f.; *Schäfer* in MünchKomm. AktG, 3. Aufl., Art. 32 SE-VO Rz. 6; *J. Schmidt*, „Deutsche" vs. „britische" SE, S. 328 f.; *Schröder* in Manz/Mayer/Schröder, Art. 34 SE-VO Rz. 34; *Schwarz*, Vorb. Art. 32–34 SE-VO Rz. 17; *Teichmann*, AG 2004, 67, 78 ff.
41 S. *Handelsrechtsausschuss des DAV*, NZG 2004, 75, 79.
42 Vgl. *J. Schmidt*, „Deutsche" vs. „britische" SE, S. 327; zust. *Paefgen* in KölnKomm. AktG, 3. Aufl., Art. 32 SE-VO Rz. 137.
43 Richtlinie 2004/25/EG des Europäischen Parlaments und des Rates v. 21.4.2004 betreffend Übernahmeangebote, ABl. EU Nr. L 142 v. 30.4.2004, S. 12; hierzu näher Lutter/Bayer/*J. Schmidt*, EuropUR, § 30.
44 *Noack* in Schwark/Zimmer, Kapitalmarktrechts-Kommentar, 4. Aufl. 2010, § 31 WpÜG Rz. 52 ff.
45 Vgl. *Oplustil*, (2003) 4 GLJ 107, 125 f.
46 Vgl. *Kalss*, ZGR 2003, 593, 642; *Oplustil*, (2003) 4 GLJ 107, 125; *Koke*, Finanzverfassung, S. 67 f.; *Neun* in Theisen/Wenz, Europäische Aktiengesellschaft, S. 57, 164 f.; *Teichmann*, AG 2004, 67, 82.

hinsichtlich des Rechtsschutzes (einen individuellen Rechtsschutz wie bei § 9 SEAG [dazu Art. 34 Rz. 13 ff.] gibt es im Übernahmerecht nicht)[47] sowie hinsichtlich der Preisbildung (anders als im WpÜG[48] kann bei der Barabfindung der Preis für einen eventuellen Vorerwerb von Aktien kaum berücksichtigt werden)[49].

b) Auflösung des Konkurrenzverhältnisses zum Gesellschaftsrecht

20 Die parallele Anwendbarkeit von SE-VO, Barabfindungsangebot nach § 9 SEAG (dazu ausf. Art. 34 Rz. 13 ff.) und WpÜG führt allerdings in der Praxis zu nicht unerheblichen Problemen: Folge einer kumulativen Anwendung ist nämlich die **Doppelung von Verfahrens-, Informations- und Abfindungsregeln**[50]. Der DAV hatte deshalb im Gesetzgebungsverfahren vorgeschlagen, § 9 SEAG komplett zu streichen; zumindest aber solle sich der Gesetzgeber im SEAG klar zur Frage der Anwendbarkeit des WpÜG und zum Konkurrenzverhältnis äußern[51]. Beiden Empfehlungen ist der *Gesetzgeber nicht gefolgt*. Gleichwohl lässt sich auch auf der Basis der bestehenden Regelungen durchaus eine sinnvolle Koordinierung beider Materien erreichen[52].

Entgegen einer im Schrifttum vertretenen Auffassung ist die Lösung allerdings **nicht in § 35 Abs. 3 WpÜG**[53] zu finden: Nach Sinn und Zweck dieser Vorschrift kann ein vorausgehendes freiwilliges Übernahmeangebot ein Pflichtangebot nur dann entbehrlich machen, wenn es denselben Standards (speziell der Mindestpreisregelung des § 31 WpÜG) gerecht wird[54], was jedoch bei dem im Gründungsplan der Holding-SE enthaltenen „Tauschangebot" zu verneinen ist[55]. Wie *Teichmann* zutreffend dargelegt hat, ist das adäquate Instrument zur Koordinierung von Übernahme- und SE-Recht vielmehr die **Befreiung** vom Pflichtangebot nach § 37 WpÜG: Wenn die Interessen der Minderheitsaktionäre durch ein gesellschaftsrechtliches Austrittsrecht (wie § 9 SEAG) hinreichend geschützt sind, so tendiert das Ermessen gegen Null; folglich ist in diesen Fällen die Befreiung zwingend zu erteilen[56]. Im Interesse der Rechtssicherheit würde es sich aber dennoch empfehlen, den Fall der gesellschafts-

---

47 Vgl. zuletzt BGH v. 11.6.2013 – II ZR 80/12, AG 2013, 634 = WM 2013, 1511; dazu *Merkner/Sustmann* NZG 2013, 1087 ff.; ausf. *Tountopoulos*, WM 2014, 337 ff.
48 S. § 31 Abs. 1 WpÜG i.V.m. § 4 WpÜG-AngebotsVO; näher *Noack* in Schwark/Zimmer, Kapitalmarktrechts-Kommentar, 4. Aufl. 2010, § 31 WpÜG Rz. 19 ff.
49 Vgl. *Teichmann*, AG 2004, 67, 80 ff., 83.
50 *Bayer* in Lutter/Hommelhoff, Europäische Gesellschaft, S. 25, 57; *Kalss*, ZGR 2003, 593, 638 ff.; *Koke*, Finanzverfassung, S. 67; *Teichmann*, AG 2004, 67, 79.
51 *Handelsrechtsausschuss des DAV*, NZG 2004, 75, 79; *Handelsrechtsausschuss des DAV*, NZG 2004, 957, 958.
52 Vgl. auch *Kalss*, ZGR 2003, 593, 643, 646.
53 So aber *Kalss*, ZGR 2003, 593, 642; *Scheifele*, Gründung, S. 367; vgl. auch *J. Vetter* in Lutter/Hommelhoff, Europäische Gesellschaft, S. 111, 161.
54 Vgl. Begr. RegE z. WpÜG, BT-Drucks. 14/7034, S. 30; *Meyer* in Geibel/Süßmann, WpÜG, 2002, § 35 Rz. 52; *v. Bülow* in KölnKomm. WpÜG, 1. Aufl. 2003, § 35 Rz. 183; abw. aber nunmehr *Hasselbach* in KölnKomm. WpÜG, 2. Aufl. 2010, § 35 Rz. 245.
55 *J. Schmidt*, „Deutsche" vs. „britische" SE, S. 329.
56 So zutreffend *Teichmann*, AG 2004, 67, 82 f.; im Anschluss daran ebenso *Bayer* in Lutter/Hommelhoff, Europäische Gesellschaft, S. 25, 57 f.; *Horn*, DB 2005, 147, 149; *J. Schmidt*, „Deutsche" vs. „britische" SE, S. 330. Als möglichen Ausweg wird eine Befreiung auch gesehen von *Brandes*, AG 2005, 177, 186; *Koke*, Finanzverfassung, S. 69; *Marsch-Barner* in Lutter/Bayer, Holding-Handbuch, § 18 Rz. 83; *Schröder* in Manz/Mayer/Schröder, Art. 34 SE-VO Rz. 34; ausf. *Paefgen* in KölnKomm. AktG, 3. Aufl., Art. 32 SE-VO Rz. 149 ff. Kritisch jedoch *Oechsler* in MünchKomm. AktG, 3. Aufl., Art. 2 SE-VO Rz. 21.

rechtlich gewährten Barabfindung in die Liste der Befreiungstatbestände des § 9 WpÜG-AngebotsVO aufzunehmen[57].

II. Gründungsplan (Art. 32 Abs. 2 SE-VO)

1. Allgemeines

Die Leitungs- bzw. Verwaltungsorganen der beteiligten Gründungsgesellschaften[58] haben einen gleich lautenden" Gründungsplan zu erstellen, d.h. es ist – wie bei der Verschmelzung (Art. 20 Rz. 2) – **nicht zwingend** ein **gemeinsamer Plan** aufzustellen[59], doch dürfen sich die beiderseitigen Pläne inhaltlich nicht widersprechen[60]. Beim Gründungsplan handelt es sich – ebenso wie beim Verschmelzungsplan (Art. 20 Rz. 5) – um einen gesellschaftsrechtlichen Organisationsakt[61]. Parallele schuldrechtliche Vereinbarungen (Business Combination Agreements) sind zulässig[62] (dazu auch Art. 20 Rz. 4) und in der Praxis verbreitet[63].

21

2. Form

Der **Gründungsplan** einer deutschen Gründungsgesellschaft bedarf nach Art. 18 SE-VO (analog) i.V.m. § 6 UmwG (analog) der **notariellen Beurkundung**[64]. Auch wer dies ablehnt[65], wird nicht bestreiten können, dass zumindest die **Satzung** einer deutschen SE – die Teil des Gründungsplans ist (unten Rz. 41) – der notariellen Beurkundung gem. Art. 15 Abs. 1 SE-VO i.V.m. § 23 Abs. 1, 2 AktG bedarf[66]. Zur Problematik der

22

---

57 *Teichmann*, AG 2004, 67, 82 f. S. auch bereits *Bayer* in Lutter/Hommelhoff, Europäische Gesellschaft, S. 35, 57.
58 Dazu auch *Scholz* in Habersack/Drinhausen, Art. 32 SE-VO Rz. 42; *Hörtnagl* in Schmitt/Hörtnagl/Stratz, UmwG, Art. 32 SE-VO Rz. 3.
59 So aber *Schwarz*, Art. 32 SE-VO Rz. 9; *Scheifele*, Gründung, S. 312; zust. *Austmann* in MünchHdb. AG, § 83 Rz. 45.
60 *Bayer* in Lutter/Hommelhoff, Europäische Gesellschaft, S. 25, 48; *Paefgen* in KölnKomm. SE-VO Rz. 31; *Schäfer* in MünchKomm. AktG, 3. Aufl., Art. 32 SE-VO Rz. 9; *Schröder* in Manz/Mayer/Schröder, Art. 32 SE-VO Rz. 19; *Scholz* in Habersack/Drinhausen, Art. 32 SE-VO Rz. 40; *Spitzbart*, RNotZ 2006, 369, 403; *Teichmann*, ZGR 2002, 383, 417; *Marsch-Barner* in Lutter/Bayer, Holding-Handbuch, Rz. 18.14.
61 *Paefgen* in KölnKomm. AktG, 3. Aufl., Art. 32 SE-VO Rz. 33; *Schäfer* in MünchKomm. AktG, 3. Aufl., Art. 32 SE-VO Rz. 10; *Schwarz*, Art. 32 SE-VO Rz. 8; *Scholz* in Habersack/Drinhausen, Art. 32 SE-VO Rz. 35.
62 *Paefgen* in KölnKomm. AktG, 3. Aufl., Art. 32 Rz. 35; *Scholz* in Habersack/Drinhausen, Art. 32 SE-VO Rz. 36; *Schäfer* in MünchKomm. AktG, 3. Aufl., Art. 32 SE-VO Rz. 10.
63 Allgemein zum BCA bei (grenzüberschreitenden) Unternehmenstransaktionen: *Aha*, BB 2001, 2225 ff.; *Brandes*, AG 2005, 177, 181; *Decher* in FS Lutter, 2000, S. 1209, 1222 f.; *H. Krause*, CFL 2013, 192 f.
64 *Bayer* in Lutter/Hommelhoff, Europäische Gesellschaft, S. 25, 48; *Oplustil*, (2003) 4 GLJ 107, 113; *Paefgen* in KölnKomm. AktG, 3. Aufl., Art. 32 SE-VO Rz. 80; *Schäfer* in MünchKomm. AktG, 3. Aufl., Art. 32 SE-VO Rz. 23; *Scholz* in Habersack/Drinhausen, Art. 32 SE-VO Rz. 38; *Schwarz*, Art. 32 SE-VO Rz. 37; i.E. auch *Heckschen*, DNotZ 2003, 251, 263 (Analogie zu §§ 125, 6 UmwG); *Casper* in Spindler/Stilz, AktG, Art. 32 SE-VO Rz. 16; *Hörtnagl* in Schmitt/Hörtnagl/Stratz, UmwG, Art. 32 SE-VO Rz. 3; *Jannott* in Jannott/Frodermann, Handbuch Europäische Aktiengesellschaft, § 3 Rz. 133 (Satzung und Gründungsplan bilden eine Urkunde).
65 So *Brandes*, AG 2005, 177, 182; *Marsch-Barner* in Lutter, Holding-Handbuch, § 18 Rz. 33; *Vossius*, ZIP 2005, 741, 745 Fn. 51.
66 *Heckschen*, DNotZ 2003, 251, 263; *Jannott* in Jannott/Frodermann, Handbuch Europäische Aktiengesellschaft, § 3 Rz. 133; *Paefgen* in KölnKomm. AktG, 3. Aufl., Art. 32 SE-VO Rz. 79; *Schäfer* in MünchKomm. AktG, 3. Aufl., Art. 32 SE-VO Rz. 23; *Scholz* in Habersack/Drinhausen, Art. 32 SE-VO Rz. 38.

Auslandsbeurkundung: Art. 20 Rz. 8; zur Form bei separatem Gründungsbericht: unten Rz. 41. Teilweise wird im Schrifttum vertreten, dass der Gründungsplan – ebenso wie der Verschmelzungsplan (dazu Art. 20 Rz. 9) – der Anteilseignerversammlung als **Entwurf** vorgelegt werden und dann nach erfolgter Zustimmung **nachbeurkundet** werden kann[67].

3. Inhalt

23 Der (Pflicht-)Inhalt des Gründungsplans wird in **Art. 32 Abs. 2 Satz 2–4 SE-VO** geregelt. Er ist in drei Teile untergliedert: Die Mindestangaben nach Art. 20 Abs. 1 Satz 2 lit. a–c, f–i SE-VO (Rz. 24 ff.), die Mindesteinbringungsquote (Rz. 37 ff.) und den Gründungsbericht (Rz. 41 ff.). Darüber hinaus kommen Schutzvorschriften zugunsten der die Gründung ablehnenden Minderheitsgesellschafter, der Gläubiger und der Arbeitnehmer in Betracht, die vom nationalen Gesetzgeber nach **Art. 34 SE-VO** angeordnet werden dürfen (dazu Art. 34 Rz. 1). Auch wenn eine dem Art. 20 Abs. 2 SE-VO vergleichbare Regelung fehlt, besteht Einigkeit, dass es den Parteien freisteht, **zusätzliche Regelungen** in den Gründungsplan aufzunehmen[68].

a) Mindestangaben gem. Art. 32 Abs. 2 Satz 3 Halbsatz 1 SE-VO

24 Art. 32 Abs. 2 Satz 3 SE-VO verweist auf die Angaben in **Art. 20 Abs. 1 SE-VO**; ausgenommen sind lediglich Art. 20 Abs. 1 lit. d SE-VO (Zeitpunkt der Gewinnberechtigung) und lit. e (Verschmelzungsstichtag). Dies resultiert daraus, dass die Gründungsgesellschaften nicht erlöschen, sondern ohne jede Schmälerung ihres Vermögens weiterbestehen[69]. Anzugeben sind daher (nur):

25 **aa) Firma und Sitz (Art. 20 Abs. 1 lit. a SE-VO).** Gem. Art. 20 Abs. 1 lit. a SE-VO Firma und Sitz der Gründungsgesellschaften sowie der künftigen SE (dazu näher Art. 20 Rz. 15 ff.); die Holding-SE muss ihren Sitz nicht notwendigerweise in einem der Mitgliedstaaten haben, in denen die Gründungsgesellschaften ansässig sind (arg. e Art. 32 Abs. 4 Satz 2 SE-VO)[70].

26 **bb) Umtauschverhältnis der Aktien und ggf. Höhe der Ausgleichsleistung (Art. 20 Abs. 1 lit. b SE-VO).** Über Art und Umfang der Ausgleichsleistung enthält die SE-VO keine Regelung. Daraus lässt sich jedoch nicht folgern, dass insoweit keinerlei Begrenzungen bestünden[71]. Vielmehr ist diese Frage – wie im Falle der Verschmelzung – über **Art. 15 Abs. 1 SE-VO** nach dem Recht am Sitz der künftigen SE zu entscheiden[72]; Art. 18 SE-VO kommt entgegen verbreiteter Auffassung[73] hingegen nicht zur

---

67 So *Scholz* in Habersack/Drinhausen, Art. 32 SE-VO Rz. 43 a.E.
68 *Heckschen* in Widmann/Mayer, UmwG Anhang 14 Rz. 283; *Marsch-Barner* in Lutter/Bayer, Holding-Handbuch, § 18 Rz. 32; *Paefgen* in KölnKomm. AktG, 3. Aufl., Art. 32 SE-VO Rz. 76; *Schäfer* in MünchKomm. AktG, 3. Aufl., Art. 32 SE-VO Rz. 22; *Schröder* in Manz/Mayer/Schröder, Art. 32 SE-VO Rz. 55; *Schwarz*, Art. 32 SE-VO Rz. 36.
69 *Heckschen* in Widmann/Mayer, UmwG Anhang 14 Rz. 283; *Hügel* in Kalss/Hügel, §§ 25, 26 SEG Rz. 10; *Marsch-Barner* in Lutter/Bayer, Holding-Handbuch, § 18 Rz. 25; *Schäfer* in MünchKomm. AktG, 3. Aufl., Art. 32 SE-VO Rz. 11; *Schwarz*, Art. 32 SE-VO Rz. 11.
70 Ebenso *Paefgen* in KölnKomm. AktG, 3. Aufl., Art. 32 SE-VO Rz. 40; *Schäfer* in MünchKomm. AktG, 3. Aufl., Art. 32 SE-VO Rz. 11; *Schwarz*, Art. 32 SE-VO Rz. 12.
71 So aber *Hügel* in Kalss/Hügel, §§ 25, 26 SEG Rz. 10 i.V.m. § 17 SEG Rz. 13; zumindest für den Fall, dass das nationale Recht keine besonderen Regeln für die Holdinggründung kennt: *Neun* in Theisen/Wenz, Europäische Aktiengesellschaft, S. 57, 145.
72 Wie hier *J. Schmidt*, „Deutsche" vs. „britische" SE, S. 276; zust. *Paefgen* in KölnKomm. AktG, 3. Aufl., Art. 32 SE-VO Rz. 46; nunmehr auch *Marsch-Barner* in Lutter/Bayer, Holding-Handbuch, Rz. 18.27.
73 So aber *Schäfer* in MünchKomm. AktG, 3. Aufl., Art. 32 SE-VO Rz. 12; *Scheifele*, Gründung, S. 314; *Schwarz*, Art. 32 SE-VO Rz. 14.

Anwendung (ausf. Art. 20 Rz. 19). Im Falle einer **deutschen SE** bedeutet dies, dass gem. Art. 15 Abs. 1 SE-VO i.V.m. **§ 68 Abs. 3 UmwG (analog)** nur bare Zuzahlungen bis zur Höhe von 10 % des Gesamtnennbetrages der gewährten Aktien der Holding-SE erfolgen dürfen[74]; die Ermittlung des Umtauschverhältnisses richtet sich nach den nationalen Grundsätzen[75].

cc) Einzelheiten hinsichtlich der Übertragung der Aktien (Art. 20 Abs. 1 lit. c SE-VO). 27
Eine Regelung dieser Frage ist bei der Holding-SE deshalb besonders wichtig, weil der Anteilstausch – anders als bei der Verschmelzung (dazu Art. 20 Rz. 20) – nicht ex lege erfolgt (s. zum Aktienerwerb Art. 33 Rz. 21)[76]. Im Hinblick auf eine *inländische Gründungsgesellschaft* finden die Grundsätze gem. § 5 Abs. 1 Nr. 4 UmwG Anwendung[77]. Umstritten ist, ob über Art. 18 SE-VO die Vorschrift des **§ 71 UmwG** zur Anwendung kommt und somit zwingend ein **Treuhänder** zu bestellen ist[78] (nach a.A. soll sich die Problematik hingegen nur stellen, wenn es sich um eine deutsche SE handelt; Verweisungsnorm wäre dann Art. 15 Abs. 1 SE-VO[79]; dagegen aber Art. 20 Rz. 20). Richtigerweise ist eine solche Verpflichtung jedoch zu **verneinen**[80]. Denn Art. 33 Abs. 4 SE-VO ordnet lediglich an, dass überhaupt ein Anteilstausch zu erfolgen hat; die Bestimmung von Zeit und Ort der Erwerbsmodalitäten ist damit prinzipiell den beteiligten Gründungsgesellschaften überlassen[81]. Überdies besteht im Falle der Holdinggründung auch kein vergleichbares Schutzbedürfnis für die Anteilsinhaber, da hier die Gründungsgesellschaften – anders als die übertragenden Gesellschaften im Falle der Verschmelzung – nicht erlöschen[82]. Allerdings kann es sich anbieten, freiwillig einen (mehrseitigen) Treuhänder einzuschalten, der die Aktien der umtauschwilligen Aktionäre treuhänderisch übernimmt und dann einbringt[83].

dd) Sonderrechte (Art. 20 Abs. 1 lit. f SE-VO). Dazu Art. 20 Rz. 23. 28

ee) Vorteile für sonstige Beteiligte (Art. 20 Abs. 1 lit. g SE-VO). Dazu Art. 20 Rz. 24. 29

ff) Satzung (Art. 20 Abs. 1 lit. h SE-VO). Der Satzungsinhalt bestimmt sich bei einer 30
deutschen SE **nach Art. 15 Abs. 1 SE-VO** i.V.m. §§ 23 ff. AktG[84].

---

74 Im Ergebnis wie hier auch *Jannott* in Jannott/Frodermann, Handbuch Europäische Aktiengesellschaft, § 3 Rz. 138 (allerdings qua einer Analogie gemeinschaftsrechtlicher Grundsätze); die dogmatische Verortung offenlassend *Scholz* in Habersack/Drinhausen, Art. 32 SE-VO Rz. 52.
75 Dazu näher *Scholz* in Habersack/Drinhausen, Art. 32 SE-VO Rz. 53; *Paefgen* in KölnKomm. AktG, 3. Aufl., Art. 32 SE-VO Rz. 34 (mit Unterschieden); zum deutschen Recht ausf. *Drygala* in Lutter, § 9 UmwG Rz. 27 ff. m.w.N.
76 *Schäfer* in MünchKomm. AktG, 3. Aufl., Art. 32 SE-VO Rz. 13; *Scheifele*, Gründung, S. 382; *Schwarz*, Art. 33 SE-VO Rz. 31; s. ferner auch *Handelsrechtsausschuss des DAV*, NZG 2004, 75, 79.
77 So auch *Paefgen* in KölnKomm. AktG, 3. Aufl., Art. 32 SE-VO Rz. 48.
78 Dafür *Scheifele*, Gründung, S. 315.
79 So *Koke*, Finanzverfassung, S. 47; *Schwarz*, Art. 32 SE-VO Rz. 16.
80 Wie hier *Brandes*, AG 2005, 177, 186; *Neun* in Theisen/Wenz, Europäische Aktiengesellschaft, S. 57, 145; *Paefgen* in KölnKomm. AktG, 3. Aufl., Art. 32 SE-VO Rz. 49; *Schäfer* in MünchKomm. AktG, 3. Aufl., Art. 32 SE-VO Rz. 13; *J. Schmidt*, „Deutsche" vs. „britische" SE, S. 191 f.; *Scholz* in Habersack/Drinhausen, Art. 32 SE-VO Rz. 54.
81 *Neun* in Theisen/Wenz, Europäische Aktiengesellschaft, S. 57, 145; *Schäfer* in MünchKomm. AktG, 3. Aufl., Art. 32 SE-VO Rz. 13; *J. Schmidt*, „Deutsche" vs. „britische" SE, S. 277.
82 *J. Schmidt*, „Deutsche" vs. „britische" SE, S. 277.
83 *Brandes*, AG 2005, 177, 186; *Vossius*, ZIP 2005, 741, 746; *Schäfer* in MünchKomm. AktG, 3. Aufl., Art. 32 SE-VO Rz. 13 a.E. m.w.N.; vgl. auch *Spitzbart*, RNotZ 2006, 369, 403.
84 *Schäfer* in MünchKomm. AktG, 3. Aufl., Art. 32 SE-VO Rz. 14; *Schwarz*, Vor Art. 32–34 SE-VO Rz. 20; *Scholz* in Habersack/Drinhausen, Art. 32 SE-VO Rz. 56.

31 **(1) Grundkapital. Problematisch** ist die geforderte Angabe des **Grundkapitals** (§ 23 Abs. 3 Nr. 3 AktG), da dieses erst mit Ablauf der Nachfrist des Art. 33 Abs. 3 Satz 2 SE-VO (dazu Art. 33 Rz. 30 ff.) endgültig feststeht. Weil dem deutschen Recht die von der SE-VO vorgesehene Stufengründung (oben Rz. 14) fremd ist[85], war vorgeschlagen worden, dass im SEAG eine spezielle Regelung getroffen wird, durch die ein vorläufiges Grundkapital ausdrücklich anerkannt wird[86]; anders als der österreichische Gesetzgeber[87] ist der deutsche Gesetzgeber dieser Forderung indes nicht gefolgt. Im Schrifttum wurden ursprünglich folgende Vorgehensweisen diskutiert: Stufenweise Festsetzung des Grundkapitals, Treuhänderlösung, bedingtes Kapital und genehmigtes Kapital. Neuerdings wird vermehrt eine Grundkapitalfestsetzung mit kombinierter „bis-zu-Kapitalerhöhung" favorisiert. Im Einzelnen:

32 Die zuerst von *Oplustil* vorgeschlagene **stufenweise Festsetzung** des Grundkapitals (zunächst Eintragung mit einer Art „Minimalkapital", das nach Ablauf der Nachfrist ggf. anzupassen ist)[88] wäre zwar aus praktischer Sicht eine zweckmäßige und Lösung; ihre Vereinbarkeit mit dem sowohl im deutschen[89], aber auch im europäischen[90] Recht geltenden System des festen Grundkapitals erscheint jedoch äußerst zweifelhaft[91].

33 Unter pragmatischen Aspekten durchaus interessant ist auch die sog. **Treuhänderlösung**, nach der die Aktien der zu gründenden Holding-SE zunächst vollständig auf einen Treuhänder übertragen werden, welcher sie dann an die tauschwilligen Aktionäre verteilt[92]. Problematisch an dieser Konstruktion ist allerdings, was am Ende mit „überzähligen" Holding-SE-Aktien geschehen soll, d.h. wenn und soweit die Anteilsinhaber, für welche diese vorgesehen waren, sich gegen einen „Anteilstausch" entscheiden[93].

34 Auch die Alternativen der Verwendung eines genehmigten oder bedingten Kapitals sind – neben der insoweit etwas misslichen Begrenzung auf die Hälfte des Grundkapitals (§§ 192 Abs. 3 Satz 1, 202 Abs. 3 Satz 1 AktG)[94] – mit einer Reihe konstruktiver und dogmatischer Probleme verbunden, die sich allerdings letztlich durchaus

---

85 *Koch* in Hüffer, § 23 AktG Rz. 28; *Pentz* in MünchKomm. AktG, 3. Aufl., § 23 AktG Rz. 108.
86 *Handelsrechtsausschuss des DAV*, NZG 2004, 75, 79; *Handelsrechtsausschuss des DAV*, NZG 2004, 957, 958.
87 S. § 25 Abs. 3 öSEG; dazu *Hügel* in Kalss/Hügel, §§ 25, 26 SEG Rz. 36.
88 *Oplustil*, (2003) 4 GLJ 107, 120; ähnlich wohl auch *Heckschen* in Widmann/Mayer, UmwG Anhang 14 Rz. 288 (zunächst nur Festlegung von Mindest- und Höchstgrenze in Anlehnung an § 25 Abs. 3 öSEG); *Drinhausen* in Van Hulle/Maul/Drinhausen, 4. Abschnitt § 3 Rz. 11; *Schröder* in Manz/Mayer/Schröder, Art. 32 SE-VO Rz. 104 f.; zust. neuerdings *Scholz* in Habersack/Drinhausen, Art. 32 SE-VO Rz. 71 f.
89 *Koch* in Hüffer, § 23 AktG Rz. 28; *Pentz* in MünchKomm. AktG, 3. Aufl., Art. 32 SE-VO Rz. 14.
90 Ausf. *Lutter/Bayer/J. Schmidt*, EuropUR, § 20 Rz. 3, 26 m.w.N.
91 Näher *Koke*, Finanzverfassung, S. 45 f.; zust. *Paefgen* in KölnKomm. AktG, 3. Aufl., Art. 32 SE-VO Rz. 54.
92 Hierfür *Koke*, Finanzverfassung, S. 47 ff.; *Scheifele*, Gründung, S. 317 f., 380 f.; *Spitzbart*, RNotZ 2006, 369, 404 ff.
93 S. dazu *J. Schmidt*, „Deutsche" vs. „britische" SE, S. 341 Fn. 1395. Explizit gegen die Treuhandlösung auch *Paefgen* in KölnKomm. AktG, 3. Aufl., Art. 32 SE-VO Rz. 55.
94 Kritisch insoweit *Scheifele*, Gründung, S. 380; *Schwarz*, Art. 33 SE-VO Rz. 55. Durch eine entsprechende Festsetzung von Mindestquote (dazu unten Rz. 37 ff.) und ggf. weitere Kapitalmaßnahmen im Vorfeld lässt sich allerdings auch diese Hürde nehmen, vgl. dazu *J. Schmidt*, „Deutsche" vs. „britische" SE, S. 278 f.; *Schäfer* in MünchKomm. AktG, 3. Aufl., Art. 32 SE-VO Rz. 22.

lösen lassen. Die Verwendung eines **bedingten Kapitals**[95] dürfte jedenfalls nicht bereits an dessen Zweckbegrenzung scheitern, denn man wird die Holdinggründung (zumindest im Wege der SE-spezifischen Auslegung) unter § 192 Abs. 2 Nr. 2 AktG (Vorbereitung eines Zusammenschlusses) subsumieren können[96]. Der neuralgische Punkt dürfte eher bei der umstrittenen Frage der Zulässigkeit eines bedingten Kapitals in der Gründungssatzung zu verorten sein. Soweit diese verneint wird[97], vermag dies indes bereits für nationale Sachverhalte kaum zu überzeugen[98]. Bei der **Holding-SE-Gründung** besteht darüber hinaus aufgrund der europarechtlichen Vorgaben unzweifelhaft ein dringendes Bedürfnis nach einer entsprechenden Regelung bereits im Gründungsstadium, so dass man jedenfalls hier im Wege der **verordnungskonformen Auslegung** ein bedingtes Kapital bereits in der Gründungssatzung zulassen muss[99].

Die Schaffung eines **genehmigten Kapitals**[100] in der Gründungssatzung ist hingegen vom Gesetzgeber in § 202 Abs. 1 AktG explizit gestattet[101]. Die gegen diese Lösung vorgebrachten Bedenken im Hinblick darauf, dass über die Ausübung des genehmigten Kapitals das Leitungs- bzw. Verwaltungsorgan entscheidet und damit die Gefahr bestehe, dass die Aktien letztlich gar nicht an die tauschwilligen Aktionäre ausgegeben werden[102], sind unbegründet: Sofern die Satzung nicht ausdrücklich eine Zweckbegrenzung auf die Aktienausgabe an tauschwillige Aktionäre vorsieht, dürfte das Auswahlermessen der Verwaltung jedenfalls insoweit auf Null reduziert sein[103]. 34a

Aufgrund der zahlreichen Probleme wird heute im Anschluss an *Jannott* verbreitet die Festsetzung eines **statutarischen Mindestkapitals, kombiniert mit einem variablen „Kapitalerhöhungsbetrag"** vorgeschlagen[104]. Auch diese Lösung ist nicht unproblematisch, vermeidet indes die Schwierigkeiten der zuvor genannten dogmatischen Konstruktionen. 34b

(2) Sacheinlagen. Problematisch sind weiterhin die von § 27 Abs. 1 AktG in der Satzung geforderten Angaben zur **Sacheinlage**, da im Zeitpunkt der Aufstellung der Satzung noch gar nicht feststeht, welche Anteilsinhaber ihre Anteile einbringen und 35

---

95 Vgl. *Brandes*, AG 2005, 177, 182; *Handelsrechtsausschuss des DAV*, NZG 2004, 75, 79; *Jannott* in Jannott/Frodermann, Handbuch Europäische Aktiengesellschaft, § 3 Rz. 142; *Marsch-Barner* in Lutter/Bayer, Holding-Handbuch, § 18 Rz. 29; *Schäfer* in MünchKomm. AktG, 3. Aufl., Art. 33 SE-VO Rz. 22 f.; *J. Schmidt*, „Deutsche" vs. „britische" SE, S. 278 ff.; *Vossius*, ZIP 2005, 741, 745 Fn. 50. Dagegen jedoch *Koke*, Finanzverfassung, S. 46; *Scheifele*, Gründung, S. 316; *Schwarz*, Art. 33 SE-VO Rz. 54 f.
96 Vgl. *J. Schmidt*, „Deutsche" vs. „britische" SE, S. 279; zust. *Stöber* AG 2013, 110, 117.
97 So etwa *Fuchs* in MünchKomm. AktG, 3. Aufl., § 192 AktG Rz. 22 m.w.N.
98 Zutreffend *Frey* in Großkomm. AktG, 4. Aufl. 2001, § 192 AktG Rz. 24 ff.; *Krieger* in MünchHdb. AG, § 57 Rz. 11; *Georgakopoulos*, ZHR 120 (1957), 84, 151; jedenfalls für den Fall des § 192 Abs. 2 Nr. 3 AktG auch *Koch* in Hüffer, § 192 AktG Rz. 7.
99 Ebenso *Schäfer* in MünchKomm. AktG, 3. Aufl., Art. 33 SE-VO Rz. 23; *J. Schmidt*, „Deutsche" vs. „britische" SE, S. 278 f. S. ferner auch *Brandes*, AG 2005, 177, 182.
100 Hierfür *Brandes*, AG 2005, 177, 183; *Jannott* in Jannott/Frodermann, Handbuch Europäische Aktiengesellschaft, § 3 Rz. 142; *J. Schmidt*, „Deutsche" vs. „britische" SE, S. 278, 280; *Spitzbart*, RNotZ 2006, 369, 405; *Vossius*, ZIP 2005, 741, 745 Fn. 50. Dagegen jedoch *Scheifele*, Gründung, S. 317, 379 f.; *Schwarz*, Vorb. Art. 32–34 SE-VO Rz. 20, Art. 33 Rz. 54 f.
101 S. *Bayer* in MünchKomm. AktG, 3. Aufl., § 202 AktG Rz. 36; *Koch* in Hüffer, § 202 AktG Rz. 3.
102 So *Scheifele*, Gründung, S. 379 f.; *Schwarz*, Art. 33 SE-VO Rz. 55.
103 *J. Schmidt*, „Deutsche" vs. „britische" SE, S. 280.
104 So *Jannott* in Jannott/Frodermann, Handbuch Europäische Aktiengesellschaft, § 3 Rz. 142; zust. *Austmann* in MünchHdb. AG, § 83 Rz. 52; *Casper* in Spindler/Stilz, AktG, Art. 32 SE-VO Rz. 10; *Paefgen* in KölnKomm. AktG, 3. Aufl., Art. 32 SE-VO Rz. 59; *Scholz* in Habersack/Drinhausen, Art. 32 SE-VO Rz. 70 f.; *Marsch-Barner* in Lutter/Bayer, Holding-Handbuch, Rz. 18.29.

hierfür Aktien der SE erhalten[105]. Daraus lässt sich allerdings nicht folgern, dass gar keine entsprechenden Angaben erforderlich wären[106]. § 27 Abs. 1 AktG ist vielmehr **verordnungskonform** dahingehend auszulegen, dass es anstelle der konkreten Angabe von Einlagegegenstand und Person des Inferenten genügt, dass aus der Satzung klar hervorgeht, dass das Grundkapital durch die Einbringung von Anteilen an den Gründungsgesellschaften gegen Gewährung von SE-Aktien zum festgesetzten Umtauschverhältnis aufgebracht wird[107]; damit wird auch bei der Holdinggründung der Schutzzweck des § 27 Abs. 1 AktG so weit als möglich realisiert (weitergehend *Seibt* in Vorauf., Art. 6 Rz. 8: Zeichnung analog § 185 AktG).

36 **gg) Angaben zum Verfahren der Arbeitnehmerbeteiligung (Art. 20 Abs. 1 lit. i SE-VO).** Vgl. dazu Art. 20 Rz. 26.

b) Mindesteinbringungsquote gem. Art. 32 Abs. 2 Satz 2 Halbsatz 2, Satz 4 SE-VO

37 Eine Holding-SE kann nur gegründet werden, wenn die Aktionäre einen im Gründungsplan festgesetzten Mindestprozentsatz ihrer Aktien und sonstigen Anteile an den Gründungsgesellschaften einbringen. Da dieser Prozentsatz zwingend mehr als 50 % der durch Aktien verliehenen ständigen Stimmrechte betragen muss, ist sichergestellt, dass die Holding-SE **beherrschende Konzernspitze** wird; die Gründungsgesellschaften werden somit zu Tochtergesellschaften (zu dieser Funktion der Holding-SE: oben Rz. 1)[108]. Nicht Voraussetzung ist, dass die Holding-SE auch über die Mehrheit am Grundkapital verfügt; dies ist jedoch im Hinblick auf Beschlüsse, die auch eine Kapitalmehrheit erfordern (z.B. Satzungsänderungen gem. § 179 Abs. 2 AktG), unschädlich[109], da auch insoweit nur stimmberechtigte Aktien zählen[110].

38 Es müssen **mindestens 50 % plus 1 der stimmberechtigten Aktien** umgetauscht werden[111]; im Falle einer deutschen Gründungsgesellschaft zählen somit stimmrechtslose Aktien (z.B. *Vorzugsaktien* gem. § 140 Abs. 1 AktG) nicht mit[112]; *Mehrstimmrechtsaktien* (soweit noch zulässig) und *Höchststimmrechtsaktien* werden mit ihrem

---

105 So auch *Austmann* in MünchHdb. AG, § 83 Rz. 53; *Paefgen* in KölnKomm. AktG, 3. Aufl., Art. 32 SE-VO Rz. 60; vgl. auch *Spitzbart*, RNotZ 2006, 369, 406.
106 So aber offenbar *Neun* in Theisen/Wenz, Europäische Aktiengesellschaft, S. 57, 170.
107 Ebenso *Paefgen* in KölnKomm. AktG, 3. Aufl., Art. 32 SE-VO Rz. 60; *Schäfer* in MünchKomm. AktG, 3. Aufl., Art. 32 SE-VO Rz. 15; zust. *Stöber*, AG 2013, 110, 117; vgl. weiter *Scheifele*, Gründung, S. 318; *Schwarz*, Vorb. Art. 32–34 SE-VO Rz. 24. Vgl. ferner *Brandes*, AG 2005, 177, 182; *Handelsrechtsausschuss des DAV*, NZG 2004, 75, 78; *Handelsrechtsausschuss des DAV*, NZG 2004, 957, 958 (Angabe der Person des Sacheinlegers entbehrlich). Weitergehend *Koke*, Finanzverfassung, S. 51 (der auf Basis seiner Treuhänderlösung die Angabe des Treuhänders als Inferenten fordert).
108 *Bayer* in Lutter/Hommelhoff, Europäische Gesellschaft, S. 25, 48; *Scheifele*, Gründung, S. 319; *Schwarz*, Art. 32 SE-VO Rz. 19; *Schäfer* in MünchKomm. AktG, 3. Aufl., Art. 32 SE-VO Rz. 16; *Paefgen* in KölnKomm. AktG, 3. Aufl., Art. 32 SE-VO Rz. 63.
109 Zumindest missverständlich daher *Schwarz*, Art. 32 SE-VO Rz. 19.
110 *Koch* in Hüffer, § 179 AktG Rz. 14 m.w.N.
111 *Paefgen* in KölnKomm. AktG, 3. Aufl., Art. 32 SE-VO Rz. 64; *Schäfer* in MünchKomm. AktG, 3. Aufl., Art. 32 SE-VO Rz. 16; *Scholz* in Habersack/Drinhausen, Art. 32 SE-VO Rz. 58; *Schröder* in Manz/Mayer/Schröder, Art. 32 SE-VO Rz. 56; *Schwarz*, Art. 32 SE-VO Rz. 23; ungenau *Bungert/Beier*, EWS 2002, 1, 7 und *Jahn/Herfs-Röttgen*, DB 2001, 631, 633 („mindestens 50 %").
112 *Bayer* in Lutter/Hommelhoff, Europäische Gesellschaft, S. 25, 48; *Oplustil*, (2003) 4 GLJ 107, 112; *Schäfer* in MünchKomm. AktG, 3. Aufl., Art. 32 SE-VO Rz. 16; *Scholz* in Habersack/Drinhausen, Art. 32 SE-VO Rz. 59; *J. Schmidt*, „Deutsche" vs. „britische" SE, S. 282; *Schwarz*, Art. 32 SE-VO Rz. 20.

Stimmgewicht berücksichtigt[113]. Nicht berücksichtigt werden Aktien, die satzungsmäßig nur auf bestimmte Beschlussgegenstände beschränkt sind[114]. Weil **eigenen Aktien**, die von den Gründungsgesellschaften gehalten werden, das Stimmrecht nur vorübergehend entzogen ist (§ 71b AktG) und somit bei Einbringung in die Holding-SE wieder auflebt, können diese ohne weiteres in Ansatz gebracht werden[115].

Die Mindesteinbringungsquote ist für **jede Gründungsgesellschaft gesondert** festzusetzen und muss auch nicht übereinstimmen; sie muss jedoch stets über 50 % der stimmberechtigten Aktien liegen[116]. 39

Eine **Höchstquote** darf hingegen **nicht** angeordnet werden, weil auf diese Weise das Einbringungswahlrecht gem. Art. 33 Abs. 1 und 4 SE-VO (dazu Art. 33 Rz. 3 ff.) unterlaufen würde[117]. 40

c) Gründungsbericht gem. Art. 32 Abs. 2 Satz 2 SE-VO

aa) Allgemeines. Der Gründungsbericht ist hier – anders als bei der Verschmelzung (dazu Art. 20 Rz. 29 ff.) – ausdrücklich **Teil des Gründungsplans**. Diese Einbeziehung bedeutet allerdings nicht, dass zwingend ein gemeinsamer Gründungsbericht zu erstellen ist[118]. Vielmehr ist es ausreichend, wenn die von den Leitungs- oder Verwaltungsorganen der Gründungsgesellschaften erstellten Gründungsberichte sich inhaltlich nicht widersprechen[119] und jedenfalls insoweit übereinstimmen, als nicht Besonderheiten der jeweiligen nationalen Rechtsordnung Abweichungen erfordern[120]; auch kann der (jeweilige) Gründungsbericht in einer separaten, dem Plan beigefügten Urkunde enthalten sein[121] (bedeutsam im Hinblick auf die Offenlegung: unten 41

---

113 *Paefgen* in KölnKomm. AktG, 3. Aufl., Art. 32 SE-VO Rz. 64; *Schäfer* in MünchKomm. AktG, 3. Aufl., Art. 32 SE-VO Rz. 16; *Scheifele*, Gründung, S. 319; *Scholz* in Habersack/Drinhausen, Art. 32 SE-VO Rz. 59; *Schwarz*, Art. 32 SE-VO Rz. 20.
114 *Casper* in Spindler/Stilz, AktG, Art. 32 SE-VO Rz. 11; *Scholz* in Habersack/Drinhausen, Art. 32 SE-VO Rz. 59; *Schwarz*, Art. 32 SE-VO Rz. 21; vgl. bereits *Scheifele*, Gründung, S. 319.
115 *Bayer* in Lutter/Hommelhoff, Europäische Gesellschaft, S. 25, 48; *Oplustil*, (2003) 4 GLJ 107, 112; *Paefgen* in KölnKomm. AktG, 3. Aufl., Art. 32 SE-VO Rz. 65; *Schäfer* in MünchKomm. AktG, 3. Aufl., Art. 32 SE-VO Rz. 16; *Scholz* in Habersack/Drinhausen, Art. 32 SE-VO Rz. 59; *Schwarz*, Art. 32 SE-VO Rz. 22.
116 *Bayer* in Lutter/Hommelhoff, Europäische Gesellschaft, S. 25, 48; *Heckschen* in Widmann/Mayer, UmwG Anhang 14 Rz. 286; *Scheifele*, Gründung, S. 320; *J. Schmidt*, „Deutsche" vs. „britische" SE, S. 282; *Schwarz*, Art. 32 SE-VO Rz. 25.
117 *Bayer* in Lutter/Hommelhoff, Europäische Gesellschaft, S. 25, 48; *Casper* in Spindler/Stilz, AktG, Art. 32 SE-VO Rz. 11; *Heckschen* in Widmann/Mayer, UmwG Anhang 14 Rz. 285; *Paefgen* in KölnKomm. AktG, 3. Aufl., Art. 32 SE-VO Rz. 66; *Schäfer* in MünchKomm. AktG, 3. Aufl., Art. 32 SE-VO Rz. 16; *Scholz* in Habersack/Drinhausen, Art. 32 SE-VO Rz. 57; *Schwarz*, Art. 32 SE-VO Rz. 25.
118 So aber *Scheifele*, Gründung, S. 321; *Schwarz*, Art. 32 SE-VO Rz. 27; vgl. ferner *Jannott* in Jannott/Frodermann, Handbuch Europäische Aktiengesellschaft, § 3 Rz. 135; *Neun* in Theisen/Wenz, Europäische Aktiengesellschaft, S. 57, 146.
119 So auch *Casper* in Spindler/Stilz, AktG, Art. 32 SE-VO Rz. 14; *Schäfer* in MünchKomm. AktG, 3. Aufl., Art. 32 SE-VO Rz. 17; *Scholz* in Habersack/Drinhausen, Art. 32 SE-VO Rz. 40.
120 So *Casper* in Spindler/Stilz, AktG, Art. 32 SE-VO Rz. 14; *Schäfer* in MünchKomm. AktG, 3. Aufl., Art. 32 SE-VO Rz. 17; abl. insoweit *Scholz* in Habersack/Drinhausen, Art. 32 SE-VO Rz. 40.
121 *Casper* in Spindler/Stilz, AktG, Art. 32 SE-VO Rz. 14; *Kalss*, ZGR 2003, 593, 630; *Paefgen* in KölnKomm. AktG, 3. Aufl., Art. 32 SE-VO Rz. 81; *Marsch-Barner* in Lutter/Bayer, Holding-Handbuch, § 18 Rz. 33; *Schäfer* in MünchKomm. AktG, 3. Aufl., Art. 32 SE-VO Rz. 17; *Scholz* in Habersack/Drinhausen, Art. 32 SE-VO Rz. 39.

Rz. 47 ff.). Auch in diesem Fall einer separaten Erstattung ist indes die für den Gründungsplan vorgeschriebene (oben Rz. 22) **notarielle Form**[122] einzuhalten[123].

42 **bb) Inhalt.** Aufgabe des Gründungsberichts ist, die Gründung aus **rechtlicher und wirtschaftlicher Sicht** zu erläutern und die Auswirkungen des Übergangs zur Rechtsform der SE für die Anteilsinhaber[124] und Arbeitnehmer darzulegen[125]. Ratio ist – ebenso wie beim Verschmelzungsbericht (s. dazu Art. 20 Rz. 29 ff.) –, den Anteilsinhabern alle für ihre Entscheidungsfindung relevanten Informationen zu verschaffen[126]. Obschon in Art. 32 Abs. 2 Satz 2 SE-VO (anders als etwa Art. 9 der nationalen Verschmelzungs RL) eine „ausführliche" Berichterstattung nicht explizit verlangt wird, wird daher allgemein zu Recht davon ausgegangen, dass gleichwohl eine umfassende und detaillierte Darstellung erforderlich ist[127]. Bei deutschen Gründungsgesellschaften kann analog Art. 18 SE-VO i.V.m. § 8 Abs. 3 UmwG auf den Gründungsbericht bei notariell erklärter Zustimmung aller Anteilseigner[128] **verzichtet** werden[129].

43 Die Erläuterungen haben sich dabei insbesondere auch auf den **Gründungsplan** zu beziehen[130]. Gegenstand des Berichts ist zudem speziell auch die wirtschaftliche **Zweckmäßigkeit** der Holdinggründung[131]. Ein Schwerpunkt der Berichterstattung liegt überdies – trotz des Fehlens einer entsprechenden ausdrücklichen Regelung – in der Erläuterung des für die Anteilsinhaber äußerst bedeutsamen **Umtauschverhältnisses**[132]. Bei der Erläuterung der Bewertung der Gründungsgesellschaften ist auf be-

---

122 So auch *Casper* in Spindler/Stilz, AktG, Art. 32 SE-VO Rz. 14; i.E. auch die Autoren, welche die Möglichkeit einer separaten Erstattung des Gründungsberichts generell ablehnen: *Austmann* in MünchHdb. AG, § 83 Rz. 45; *Jannott* in Jannott/Frodermann, Handbuch Europäische Aktiengesellschaft, § 3 Rz. 135; *Scheifele*, Gründung, S. 321; *Schwarz*, Art. 32 SE-VO Rz. 26.
123 Abw. (Schriftform ausreichend): *Paefgen* in KölnKomm. AktG, 3. Aufl., Art. 32 SE-VO Rz. 81; *Marsch-Barner* in Lutter/Bayer, Holding-Handbuch, § 18 Rz. 33; *Scholz* in Habersack/Drinhausen, Art. 32 SE-VO Rz. 39.
124 Art. 32 Abs. 2 Satz 2 SE-VO spricht zwar von „Aktionären", wegen Abs. 7 sind damit aber auch die Anteilsinhaber einer GmbH gemeint.
125 *Paefgen* in KölnKomm. AktG, 3. Aufl., Art. 32 SE-VO Rz. 67 f.; *Scholz* in Habersack/Drinhausen, Art. 32 SE-VO Rz. 47.
126 *Jannott* in Jannott/Frodermann, Handbuch Europäische Aktiengesellschaft, § 3 Rz. 136; *Marsch-Barner* in Lutter, Holding-Handbuch, § 18 Rz. 15; *Paefgen* in KölnKomm. AktG, 3. Aufl., Art. 32 SE-VO Rz. 67; *Schäfer* in MünchKomm. AktG, 3. Aufl., Art. 32 SE-VO Rz. 17; *Scholz* in Habersack/Drinhausen, Art. 32 SE-VO Rz. 45; *Schwarz*, Art. 32 SE-VO Rz. 34.
127 *Marsch-Barner* in Lutter/Bayer, Holding-Handbuch, § 18 Rz. 15; *Neun* in Theisen/Wenz, Europäische Aktiengesellschaft, S. 57, 146; *Paefgen* in KölnKomm. AktG, 3. Aufl., Art. 32 SE-VO Rz. 74; *Schäfer* in MünchKomm. AktG, 3. Aufl., Art. 32 SE-VO Rz. 18; *Scholz* in Habersack/Drinhausen, Art. 32 SE-VO Rz. 46; *Schwarz*, Art. 32 SE-VO Rz. 34.
128 Dazu näher *Drygala* in Lutter, § 8 UmwG Rz. 53 ff.
129 *Paefgen* in KölnKomm. AktG, 3. Aufl., Art. 32 SE-VO Rz. 75; *Scholz* in Habersack/Drinhausen, Art. 32 SE-VO Rz. 45; *Vossius*, ZIP 2005, 741, 745 Fn. 47.
130 *Jannott* in Jannott/Frodermann, Handbuch Europäische Aktiengesellschaft, § 3 Rz. 136; *Schäfer* in MünchKomm. AktG, 3. Aufl., Art. 32 SE-VO Rz. 18; *Scheifele*, Gründung, S. 323; *Schwarz*, Art. 32 SE-VO Rz. 30; *Scholz* in Habersack/Drinhausen, Art. 32 SE-VO Rz. 47; vgl. auch zur Verschmelzungs-SE Art. 20 Rz. 31.
131 *Heckschen* in Widmann/Mayer, UmwG Anhang 14 Rz. 301; *Marsch-Barner* in Lutter/Bayer, Holding-Handbuch, § 18 Rz. 16; *Paefgen* in KölnKomm. AktG, 3. Aufl. Art. 32 SE-VO Rz. 70; *Scholz* in Habersack/Drinhausen, Art. 32 SE-VO Rz. 47; *Schwarz*, Art. 32 Rz. 29; *Schäfer* in MünchKomm. AktG, 3. Aufl., Art. 32 SE-VO Rz. 18.
132 *Heckschen* in Widmann/Mayer, UmwG Anhang 14 Rz. 301; *Marsch-Barner* in Lutter/Bayer, Holding-Handbuch, § 18 Rz. 19; *Paefgen* in KölnKomm. AktG, 3. Aufl., Art. 32 SE-VO Rz. 71; *Schäfer* in MünchKomm. AktG, 3. Aufl., Art. 32 SE-VO Rz. 18; *Scholz* in Habersack/Drinhausen, Art. 32 SE-VO Rz. 47; *Schwarz*, Art. 32 SE-VO Rz. 30.

sondere Schwierigkeiten hinzuweisen (so für deutsche Gründungsgesellschaften analog Art. 18 SE-VO i.V.m. § 8 Abs. 1 Satz 2 UmwG)[133].

Im Wesentlichen gelten also dieselben Anforderungen wie bei der nationalen Verschmelzung, so dass insoweit bzgl. der Einzelheiten weitgehend auf die einschlägigen Kommentierungen zu § 8 UmwG[134] Bezug genommen werden kann. Besonderheiten ergeben sich allerdings dadurch, dass zugleich ein Rechtsformwechsel in die SE stattfindet, weshalb nach **Art. 32 Abs. 2 Satz 2 SE-VO** speziell auch dessen **Auswirkungen auf die Anteilsinhaber und Arbeitnehmer** darzulegen sind[135]. 44

cc) Prüfung. Als Teil des Gründungsplans unterliegt (auch) der Gründungsbericht der Prüfung gem. Art. 32 Abs. 4 Satz 1 SE-VO (ausf. unten Rz. 57). 45

d) Abfindungsangebot

Unter den Voraussetzungen des **§ 9 SEAG** (dazu Art. 34 Rz. 13 ff.) muss eine deutsche Gründungsgesellschaft im Gründungsplan jedem widersprechenden Aktionär ein Barabfindungsangebot machen. Grundlage für diese über Art. 32 Abs. 2 SE-VO hinausgehende Pflichtangabe ist die *Ermächtigung in Art. 34 SE-VO*[136] (Näheres zur Abfindung bei Art. 34 Rz. 13 ff.). 46

III. Offenlegung (Art. 32 Abs. 3 SE-VO)

1. Verfahren

Die Offenlegung des Gründungsplans hat gem. Art. 32 Abs. 3 SE-VO für jede Gründungsgesellschaft „nach den in den Rechtsvorschriften der einzelnen Mitgliedstaaten gem. Art. 3 der RL 68/151/EWG [1. (Publizitäts-)RL][137] vorgesehenen Verfahren" zu erfolgen. Es handelt sich bei dieser Offenlegungsvorschrift nicht um eine Ermächtigungsnorm[138], sondern um eine **Verweisung** in das maßgebliche **nationale Recht**, das lediglich mit Art. 3 der soeben erwähnten PublizitätsRL übereinstimmen muss[139]. 47

---

133 *Casper* in Spindler/Stilz, AktG, Art. 32 SE-VO Rz. 15; *Paefgen* in KölnKomm. AktG, 3. Aufl., Art. 32 SE-VO Rz. 71; *Scholz* in Habersack/Drinhausen, Art. 32 SE-VO Rz. 47; *Heckschen* in Widmann/Mayer, UmwG Anhang 14 Rz. 301.
134 S. etwa *Drygala* in Lutter, § 8 UmwG Rz. 13 ff.; *Gehling* in Semler/Stengel, § 8 UmwG Rz. 11 ff.
135 Näher hierzu *Marsch-Barner* in Lutter/Bayer, Holding-Handbuch, § 18 Rz. 19 ff.; *Scheifele*, Gründung, S. 323 ff.; *Schwarz*, Art. 32 SE-VO Rz. 31 ff., *Scholz* in Habersack/Drinhausen, Art. 32 SE-VO Rz. 48 f.
136 *Mahi*, Europäische Aktiengesellschaft, S. 55; *Neun* in Theisen/Wenz, Europäische Aktiengesellschaft, S. 57, 144; *Scheifele*, Gründung, S. 325; *J. Schmidt*, „Deutsche" vs. „britische" SE, S. 284.
137 Erste Richtlinie 68/151/EWG des Rates vom 9.3.1968 zur Koordinierung der Schutzbestimmungen, die in den Mitgliedstaaten den Gesellschaften im Sinne des Artikels 58 Absatz 2 des Vertrages im Interesse der Gesellschafter sowie Dritter vorgeschrieben sind, um diese Bestimmungen gleichwertig zu gestalten, ABl. EG Nr. L 65 v. 14.3.1968, S. 8; geändert durch RL 2009/101/EG, ABl. EU Nr. L 258 v. 1.10.2009, S. 11; Erläuterungen bei *Lutter/Bayer/J. Schmidt*, EuropUR, § 19; im Hinblick auf die Verknüpfung der nationalen Zentral-, Handels- und Gesellschaftsregister nochmals geändert durch RL 2012/17/EU v. 13.6.2012, ABl. EU v. 16.6.2012 Nr. L 156/1. Dazu *Bayer/J. Schmidt*, BB 2013, 1, 5; *Kilian*, FGPrax 2012, 185 ff.
138 So aber wohl die Auffassung des österreichischen Gesetzgebers (vgl. § 26 Abs. 1 öSEG) und offenbar auch *Scheifele*, Gründung, S. 327.
139 Wie hier *Marsch-Barner* in Lutter/Bayer, Holding-Handbuch, § 18 Rz. 40; *Schäfer* in MünchKomm. AktG, 3. Aufl., Art. 32 SE-VO Rz. 24; *Schröder* in Manz/Mayer/Schröder, Art. 32 SE-VO Rz. 62; *J. Schmidt*, „Deutsche" vs. „britische" SE, S. 285 f.; *Schwarz*, Art. 32 SE-VO Rz. 38.

Für eine *deutsche Gründungsgesellschaft* würde dies unter Zugrundelegung der allgemeinen Publizitätsregeln bedeuten, dass der **Gründungsplan** beim Handelsregister elektronisch zur Eintragung anzumelden wäre; nach erfolgter Eintragung (vgl. § 8a HGB) müsste der Gründungsplan anschließend bekannt gemacht werden (§§ 12 Abs. 1, 10 Satz 1 HGB)[140]. Ausreichend ist nach Art. 3 Abs. 2, 4 der PublizitätsRL allerdings auch die Hinterlegung beim Register verbunden mit der Bekanntmachung eines Hinweises; dieses Verfahren wird – in Übereinstimmung mit Art. 6 der nationalen VerschmelzungsRL[141] – gem. § 61 UmwG im Falle der Verschmelzung angewandt[142]. Da auf die Holding-SE die nationalen Verschmelzungsvorschriften grundsätzlich **vorrangig** vor den allgemeinen Vorschriften zur Anwendung kommen (oben Rz. 5, 8), gilt auch hier, dass **analog § 61 UmwG** der Gründungsplan nur elektronisch in öffentlich beglaubigter Form (§ 12 Abs. 1 HGB) beim Register eingereicht[143] und anschließend lediglich ein entsprechender **Hinweis** in die Bekanntmachung gem. § 10 HGB aufgenommen wird; der Gründungsplan als solcher ist somit *nicht* bekannt zu machen[144]. Dieser Auffassung folgt – unausgesprochen – auch der deutsche Gesetzgeber (unten Rz. 50).

2. Offenlegung des Gründungsberichts?

48 Zweifelhaft und streitig ist, ob auch der in den Gründungsplan integrierte **Gründungsbericht** (oben Rz. 41 ff.) von der Pflicht zur Offenlegung erfasst wird[145]. Die Frage wird von zahlreichen Autoren im Wege einer teleologischen Reduktion des Art. 32 SE-VO und mit dem Argument verneint, bei der Errichtung einer Holding-SE bestehe kein weiterreichendes Informationsinteresse als im Falle der Verschmelzungsgründung[146] (wo gem. Art. 18 SE-VO i.V.m. § 61 UmwG der Verschmelzungsbericht nicht offen gelegt wird; dazu Art. 21 Rz. 3, 9). Ob diese Auffassung, die den Wortlaut und die Systematik des Art. 32 SE-VO sicherlich gegen sich hat, in der Sache jedoch überzeugt, einer gerichtlichen Überprüfung standhält, ist ungewiss[147]. Folgt man der hier vertretenen Auffassung zur Offenlegung analog § 61 UmwG (oben Rz. 47), dann kommt dem Streit jedoch im Ergebnis **keine praktische Bedeutung** zu; denn aufwen-

---

140 Hierfür *Jannott* in Jannott/Frodermann, Handbuch Europäische Aktiengesellschaft, § 3 Rz. 152.
141 RL 2011/35/EU des Europäischen Parlaments und des Rates v. 5.4.2011 über die Verschmelzung von Aktiengesellschaften, ABl. EU Nr. L 110 v. 29.4.2011, S. 1; Abdruck und Erläuterungen bei *Lutter/Bayer/J. Schmidt*, EuropUR, § 21; früher Dritte Richtlinie des Rates 78/855/EWG vom 9.10.1978 gemäß Artikel 54 Absatz 3 Buchstabe g) des Vertrages betreffend die Verschmelzung von Aktiengesellschaften, ABl. EG Nr. L 295 v. 20.10.1978, S. 36. Zur Änderung: *Lutter/Bayer/J. Schmidt*, EuropUR, § 21 Rz. 4 ff.
142 Dazu näher *Grunewald* in Lutter, § 61 UmwG Rz. 3, 6.
143 *Brandes*, AG 2005, 177, 183; *Paefgen* in KölnKomm. AktG, 3. Aufl., Art. 32 SE-VO Rz. 83; *Scholz* in Habersack/Drinhausen, Art. 32 SE-VO Rz. 73.
144 *Bayer* in Lutter/Hommelhoff, Europäische Gesellschaft, S. 25, 49; *Marsch-Barner* in Lutter/Bayer, Holding-Handbuch, § 18 Rz. 40; *Paefgen* in KölnKomm. AktG, 3. Aufl., Art. 32 SE-VO Rz. 84; *Schäfer* in MünchKomm. AktG, 3. Aufl., Art. 32 SE-VO Rz. 24; *Scholz* in Habersack/Drinhausen, Art. 32 SE-VO Rz. 73; *Teichmann*, ZGR 2002, 383, 433.
145 Dafür: *Brandes*, AG 2005, 177, 183; *Hügel* in Kalss/Hügel, §§ 25, 26 SEG Rz. 18; *Jannott* in Jannott/Frodermann, Handbuch Europäische Aktiengesellschaft, § 3 Rz. 152; *Mahi*, Europäische Aktiengesellschaft, S. 59; *Marsch-Barner* in Lutter/Bayer, Holding-Handbuch, § 18 Rz. 40 a.E.; *Neun* in Theisen/Wenz, Europäische Aktiengesellschaft, S. 57, 155; *J. Schmidt*, „Deutsche" vs. „britische" SE, S. 286 f.
146 So *Kalss*, ZGR 2003, 593, 630; *Schäfer* in MünchKomm. AktG, 3. Aufl., Art. 32 SE-VO Rz. 24; *Scheifele*, Gründung, S. 328; *Schwarz*, Art. 32 SE-VO Rz. 41.
147 So bereits *Bayer* in Lutter/Hommelhoff, Europäische Gesellschaft, S. 25, 49 f.; zweifelnd auch *Scholz* in Habersack/Drinhausen, Art. 32 SE-VO Rz. 73.

dig wäre nur die Eintragung und Bekanntmachung von Gründungsplan und Gründungsbericht, nicht aber die zusätzliche Hinterlegung des Gründungsberichts[148].

3. Frist

Die Offenlegung des Gründungsplans muss „**mindestens einen Monat** vor der Hauptversammlung, die über die Gründung zu beschließen hat", erfolgen. **§ 61 Satz 1 UmwG** präzisiert diese Mindestfrist für eine *deutsche Gründungsgesellschaft* dahin, dass die Einreichung des Gründungsplans zum Register „vor der Einberufung" der Hauptversammlung zu erfolgen hat, d.h. im Regelfall mindestens einen Tag vor dem Erscheinen der Einberufung in den Gesellschaftsblättern[149] (vgl. § 121 Abs. 4 Satz 1 AktG)[150].

49

4. Abfindungsangebot

Ist ein Abfindungsangebot erforderlich (dazu Art. 34 Rz. 13 ff.), dann muss nach **§ 9 Abs. 1 Satz 3 SEAG** „die Bekanntmachung des Gründungsplans als Gegenstand der Beschlussfassung ... den Wortlaut dieses Angebots enthalten". Diese Bestimmung wäre entbehrlich, wenn der deutsche Gesetzgeber davon ausginge, dass der Gründungsplan als solcher (mit dem Abfindungsangebot) bekannt gemacht werden müsste. Indirekt folgt aus § 9 Abs. 1 Satz 3 SEAG vielmehr, dass der Hinweis nach § 61 Satz 2 UmwG ausreicht (dazu oben Rz. 47), zusätzlich aber der **Wortlaut** des Abfindungsangebots bekannt zu machen ist[151].

50

IV. Prüfung des Gründungsplans (Art. 32 Abs. 4 und 5 SE-VO)

Der Gründungsplan ist gem. Art. 32 Abs. 4 SE-VO durch **unabhängige Sachverständige** (dazu Art. 22 Rz. 9) zu prüfen; über das Ergebnis ist für die Aktionäre der Gründungsgesellschaft ein schriftlicher Bericht zu erstellen, der ein zentrales Element des Gesellschafterschutzes – speziell des Minderheitenschutzes – durch Information ist (ausf. Art. 22 Rz. 1).

51

1. Getrennte oder gemeinsame Prüfung

Wie im Falle der Verschmelzung (Art. 22 Rz. 5 ff.) kommen sowohl eine getrennte als auch eine gemeinsame Prüfung in Betracht. Auch hier gilt: Während im Falle der getrennten Prüfung stets das nationale Recht einer jeden Gründungsgesellschaft – ergänzend neben Art. 32 Abs. 4 und 5 SE-VO – zur Anwendung kommt, können die Beteiligten im Falle der gemeinsamen Prüfung – nach allerdings bestrittener Ansicht – **wählen**, ob diese nach dem Recht einer der beteiligten Gründungsgesellschaften oder nach dem Recht der künftigen SE durchgeführt wird (**Art. 32 Abs. 4 Satz 2 SE-VO**)[152]. Diese Regelung stimmt mit Art. 22 Satz 1 SE-VO überein (vgl. Art. 22 Rz. 5 f.).

52

---

148 So i.E. auch *Scholz* in Habersack/Drinhausen, Art. 32 SE-VO Rz. 73.
149 Zustimmend *Paefgen* in KölnKomm. AktG, 3. Aufl., Art. 32 SE-VO Rz. 85.
150 So zum UmwG: *Grunewald* in Lutter, § 61 UmwG Rz. 3.
151 Ebenso *Schäfer* in MünchKomm. AktG, 3. Aufl., Art. 32 SE-VO Rz. 25; *Casper* in Spindler/Stilz, AktG, Art. 32 SE-VO Rz. 17; *Paefgen* in KölnKomm. AktG, 3. Aufl., Art. 32 SE-VO Rz. 84, a.A. *Scholz* in Habersack/Drinhausen, Art. 32 SE-VO Rz. 74.
152 So zutreffend *J. Schmidt*, „Deutsche" vs. „britische" SE, S. 288; für eine Kumulation der materiellrechtlichen Anforderungen der beteiligten Rechtsordnungen dagegen die h.M.: *Casper* in Spindler/Stilz, AktG, Art. 32 SE-VO Rz. 18; *Paefgen* in KölnKomm. AktG, 3. Aufl., Art. 32 SE-VO Rz. 93; *Schäfer* in MünchKomm. AktG, 3. Aufl., Art. 32 SE-VO Rz. 28; *Scheifele*, Gründung, S. 331 f.; *Schwarz*, Art. 32 SE-VO Rz. 50; *Scholz* in Habersack/Drinhausen, Art. 32 SE-VO Rz. 79; *Marsch-Barner* in Lutter/Bayer, Holding-Handbuch, Rz. 18.37.

53 Nach zutreffender Auffassung ist der missverständliche Wortlaut des Art. 32 Abs. 4 Satz 2 SE-VO dahin auszulegen, dass im Falle der **gemeinsamen Prüfung** die **Bestellung der Prüfer** zwingend durch das zuständige Gericht zu erfolgen hat[153]; dies entspricht der Rechtslage bei der Verschmelzung gem. Art. 10 Abs. 1 Satz 2 der nationalen Verschmelzungs RL[154] und gilt gem. Art. 18 SE-VO i.V.m. § 10 Abs. 1 UmwG auch für die SE im Falle der Verschmelzungsgründung; es ist nicht davon auszugehen, dass bei der Holding-SE bereits das bloße Einvernehmen der Gründungsgesellschaften genügen soll[155] (zum Verfahren bei Beteiligung bei einer deutschen Gründungsgesellschaft: vgl. Art. 22 Rz. 8).

53a Dagegen ist es bei der **getrennten Prüfung** ausreichend, wenn die Prüfer i.S.v. Art. 10 Abs. 1 Satz 1 der nationalen VerschmelzungsRL zugelassen sind[156], d.h. eine gerichtliche Bestellung ist nicht zwingend[157]. Im Falle einer *deutschen Gründungsgesellschaft* gilt indes gem. § 60 **UmwG** i.V.m. § 10 HGB zwingend eine gerichtliche Bestellung[158] (vgl. auch Art. 22 Rz. 7). Dies gilt – ungeachtet des § 48 UmwG – angesichts der durch die SE-VO zwingend vorgeschriebenen Prüfung auch im Hinblick auf eine beteiligte GmbH[159].

2. Prüfungsgegenstand

54 Die Prüfung erstreckt sich auf den **gesamten Gründungsplan** und damit auch auf den **Gründungsbericht**[160]. Anders als im Falle der Verschmelzungs-SE (vgl. Art. 22 Rz. 14) hat der SE-VO-Gesetzgeber die auch im nationalen Recht umstrittene Frage[161] zutreffend im Sinne eines effektiven Gesellschafter-, speziell Minderheitenschutzes entschieden. Die Prüfer haben allerdings *nicht die Zweckmäßigkeit* der Errichtung einer

---

153 *Jannott* in Jannott/Frodermann, Handbuch Europäische Aktiengesellschaft, § 3 Rz. 148; *Paefgen* in KölnKomm. AktG, 3. Aufl., Art. 32 SE-VO Rz. 92; *Schäfer* in MünchKomm. AktG, 3. Aufl., Art. 32 SE-VO Rz. 27; *Scheifele*, Gründung, S. 329 ff.; *J. Schmidt*, „Deutsche" vs. „britische" SE, S. 288 f.; *Schwarz*, Art. 32 SE-VO Rz. 47 ff.; *Thümmel*, Europäische Aktiengesellschaft, Rz. 105.
154 RL 2011/35/EU des Europäischen Parlaments und des Rates v. 5.4.2011 über die Verschmelzung von Aktiengesellschaften, ABl. EU Nr. L 110 v. 29.4.2011, S. 1; Abdruck und Erläuterungen bei *Lutter/Bayer/J. Schmidt*, EuropUR, § 21; früher Dritte Richtlinie des Rates 78/855/EWG vom 9.10.1978 gemäß Artikel 54 Absatz 3 Buchstabe g) des Vertrages betreffend die Verschmelzung von Aktiengesellschaften, ABl. EG Nr. L 295 v. 20.10.1978, S. 36. Zur Änderung: *Lutter/Bayer/J. Schmidt* § 21 Rz. 4 ff.
155 So aber *Heckschen* in Widmann/Mayer, UmwG Anhang 14 Rz. 302; *Mahi*, Europäische Aktiengesellschaft, S. 57; *Marsch-Barner* in Lutter/Bayer, Holding-Handbuch, § 18 Rz. 35; *Schröder* in Manz/Mayer/Schröder, Art. 32 SE-VO Rz. 69; *Neun* in Theisen/Wenz, Europäische Aktiengesellschaft, S. 57, 151.
156 Dazu näher *Lutter/Bayer/J. Schmidt*, EuropUR, § 21 Rz. 55.
157 *Schäfer* in MünchKomm. AktG, 3. Aufl., Art. 32 SE-VO Rz. 27; *Scheifele*, Gründung, S. 329 ff.; *Schwarz*, Art. 32 SE-VO Rz. 47 ff.; i.E. auch *Scholz* in Habersack/Drinhausen, Art. 32 SE-VO Rz. 80.
158 So auch *Paefgen* in KölnKomm. AktG, 3. Aufl., Art. 32 SE-VO Rz. 90; *Scholz* in Habersack/Drinhausen, Art. 32 SE-VO Rz. 81.
159 Richtig *Paefgen* in KölnKomm. AktG, 3. Aufl., Art. 32 SE-VO Rz. 90; *Scholz* in Habersack/Drinhausen, Art. 32 SE-VO Rz. 85; vgl. zur Parallelregelung in § 122f UmwG auch *Bayer* in Lutter, § 122f UmwG Rz. 18 m.w.N.
160 Allg. M.: *Bayer* in Lutter/Hommelhoff, Europäische Gesellschaft, S. 25, 50; *Schäfer* in MünchKomm. AktG, 3. Aufl., Art. 32 SE-VO Rz. 28; *Scholz* in Habersack/Drinhausen, Art. 32 SE-VO Rz. 77; *Schwarz*, Art. 32 SE-VO Rz. 53.
161 Dazu nur *Drygala* in Lutter, § 9 UmwG Rz. 13 ff. m.w.N.

Holding-SE zu beurteilen[162], sondern nur zur **Richtigkeit des Gründungsberichts** Stellung zu nehmen[163].

Im Zentrum der Prüfung stellt allerdings – ebenso wie im Falle der Verschmelzung (Art. 22 Rz. 13) – die **Angemessenheit des Umtauschverhältnisses** der Anteile (Art. 32 Abs. 5 SE-VO)[164]. 55

Im Falle einer *deutschen Gründungsgesellschaft* ist gem. Art. 34 SE-VO i.V.m. §§ 9 Abs. 2, 7 Abs. 3 SEAG ggf. auch die Angemessenheit einer im Gründungsplan anzubietenden **Barabfindung** zu prüfen, wobei die §§ 10–12 UmwG zur Anwendung kommen[165]. 56

3. Prüfungsbericht

Für den Prüfungsbericht gelten kraft Art. 32 Abs. 4 und 5 SE-VO im Wesentlichen dieselben Anforderungen wie bei der Verschmelzung (dazu Art. 22 Rz. 16). Er muss auf besondere **Bewertungsschwierigkeiten** hinweisen und erklären, ob das Umtauschverhältnis der Aktien bzw. Anteile **angemessen** ist; ferner ist anzugeben, nach welchen Methoden das Umtauschverhältnis bestimmt worden ist und ob diese in casu angemessen sind. Sofern bei einer deutschen Gründungsgesellschaft nach § 9 SEAG ein Barabfindungsangebot erforderlich ist (dazu Art. 34 Rz. 15 ff.), ist auch dieses Gegenstand des Berichts, § 9 Abs. 2 i.V.m. § 7 Abs. 3 SEAG[166]. 57

4. Auskunftsrecht

Ein Auskunftsrecht **der Prüfer** ist in der SE-VO im Falle der Holdinggründung zwar nicht speziell vorgesehen, ergibt sich jedoch kraft der Verweisung in Art. 32 Abs. 4 SE-VO aus den nationalen Umsetzungsvorschriften zu Art. 10 Abs. 3 der nationalen VerschmelzungsRL, bei Prüfung nach deutschem Recht also aus § 11 Abs. 1 UmwG i.V.m. § 320 HGB[167]. Der in der Literatur teilweise postulierten analogen Anwendung des Art. 22 Abs. 2 SE-VO[168] bedarf es daher nicht. 58

V. Beschlussfassung durch die Haupt- bzw. Gesellschafterversammlung (Art. 32 Abs. 6 SE-VO)

1. Normzweck

Die Haupt- bzw. Gesellschafterversammlung jeder Gründungsgesellschaft muss der Errichtung einer Holding-SE zustimmen. Diese in Art. 32 Abs. 6 Unterabs. 1 SE-VO getroffene Regelung hat im Schrifttum teils große Verwunderung, teils auch Kritik 59

---

162 *Casper* in Spindler/Stilz, AktG, Art. 32 SE-VO Rz. 18; *Scholz* in Habersack/Drinhausen, Art. 32 SE-VO Rz. 77; *Schäfer* in MünchKomm. AktG, 3. Aufl., Art. 32 SE-VO Rz. 28; zum nationalen Recht auch *Drygala* in Lutter, § 9 UmwG Rz. 12.
163 *Schäfer* in MünchKomm. AktG, 3. Aufl., Art. 32 SE-VO Rz. 28; *Scheifele*, Gründung, S. 332; *J. Schmidt*, „Deutsche" vs. „britische" SE, S. 290; *Schwarz*, Art. 32 SE-VO Rz. 53.
164 So auch *Scholz* in Habersack/Drinhausen, Art. 32 SE-VO Rz. 78.
165 Vgl. *Bayer* in Lutter/Hommelhoff, Europäische Gesellschaft, S. 25, 50; *Marsch-Barner* in Lutter/Bayer, Holding-Handbuch, § 18 Rz. 37; *Scholz* in Habersack/Drinhausen, Art. 32 SE-VO Rz. 77; *Seibt/Saame*, AnwBl. 2005, 225, 231.
166 Vgl. *Bayer* in Lutter/Hommelhoff, Europäische Gesellschaft, S. 25, 50; *Neun* in Theisen/Wenz, Europäische Aktiengesellschaft, S. 57, 153; *J. Schmidt*, „Deutsche" vs. „britische" SE, S. 291; *Scholz* in Habersack/Drinhausen, Art. 32 SE-VO Rz. 78.
167 *J. Schmidt*, „Deutsche" vs. „britische" SE, S. 291; für eine Anwendung nationalen Rechts auch *Schröder* in Manz/Mayer/Schröder, Art. 32 SE-VO Rz. 77; vgl. zum nationalen Recht *Drygala* in Lutter, § 11 UmwG Rz. 5 f.
168 So aber *Scheifele*, Gründung, S. 334; *Schwarz*, Art. 32 SE-VO Rz. 57.

ausgelöst[169]. Speziell wurde auch darauf hingewiesen, dass ein besonderes Schutzbedürfnis der Anteilsinhaber bereits deshalb zu verneinen sei, weil die Gründungsgesellschaften fortbestehen und auch kein Gesellschaftsvermögen in die Holding transferiert werde; ferner sei kein Gesellschafter gezwungen, seine Anteile in Aktien der SE umzutauschen[170]. Diese Sichtweise verkennt jedoch, dass sowohl das Verbleiben in einer nun konzernierten Tochtergesellschaft als auch das Überwechseln in eine Rechtsform, die häufig ihren Sitz im Ausland haben wird, massiv in die **Rechtsstellung der Gesellschafter** der Gründungsgesellschaften **eingreift**. Daher muss auch ihnen und nicht allein der Verwaltung die **letzte Entscheidungskompetenz** zufallen. Rechtspolitische Kritik ist daher nicht angebracht[171].

2. Vorbereitung der Haupt- bzw. Gesellschafterversammlung

60   Für die Vorbereitung der Haupt- bzw. Gesellschafterversammlung, d.h. die Einberufung sowie die Vorabinformation der Anteilsinhaber ist in Ermangelung einer Regelung in der SE-VO **analog Art. 18 SE-VO** das jeweilige **nationale Recht** maßgeblich[172]. Für die **Einberufung** gelten daher bei einer deutschen AG die **§§ 121 ff. AktG**, bei einer deutschen GmbH die **§§ 49 ff. GmbHG**[173].

61   Hinsichtlich der **Vorabinformation** der Anteilsinhaber sind die jeweiligen nationalen Umsetzungsvorschriften zu Art. 11 der nationalen VerschmelzungsRL anzuwenden, soweit die Gesellschaft *deutschem Recht* unterliegt, also **§ 63 UmwG**[174] (vgl. zu den Einzelheiten der Auslegung Art. 23 Rz. 7). Nach zutreffender Auffassung gilt dies **auch** für Gründungsgesellschaften in Form der **GmbH** (bzw. Ltd., S.A.R.L. etc.): Im Hinblick darauf, dass Art. 32 Abs. 7 SE-VO die GmbH in Bezug auf die Holdinggründung explizit den Aktiengesellschaften gleichstellt, kann für diese insoweit kein anderer Schutzstandard gelten[175]. Für deutsche Gründungsgesellschaften gelten daher *nicht die §§ 47, 49 UmwG*[176].

---

169 *Scheifele*, Gründung, S. 336; vgl. auch *Thoma/Leuering*, NJW 2002, 1449, 1453.
170 Vgl. *Casper* in FS Ulmer, S. 51, 61; *Mahi*, Europäische Aktiengesellschaft, S. 63; *Neun* in Theisen/Wenz, Europäische Aktiengesellschaft, S. 51, 142; *Oplustil*, (2003) 4 GLJ 107, 117.
171 S. bereits *Bayer* in Lutter/Hommelhoff, Europäische Gesellschaft, S. 25, 51; wie hier auch *Heckschen*, DNotZ 2003, 251, 263; *Schindler*, Europäische Aktiengesellschaft, S. 35; *Schulz/Geismar*, DStR 2001, 1078, 1081; *J. Schmidt*, „Deutsche" vs. „britische" SE, S. 292; *Teichmann*, ZGR 2002, 383, 435.
172 So bereits *Bayer* in Lutter/Hommelhoff, Europäische Gesellschaft, S. 25, 51; ebenso *Jannott* in Jannott/Frodermann, Handbuch Europäische Aktiengesellschaft, § 3 Rz. 155; *Neun* in Theisen/Wenz, Europäische Aktiengesellschaft, S. 57, 156 f.; *Schäfer* in MünchKomm. AktG, 3. Aufl., Art. 32 SE-VO Rz. 33; *J. Schmidt*, „Deutsche" vs. „britische" SE, S. 292; *Schwarz*, Art. 32 SE-VO Rz. 60. Für die Anwendung nationalen Rechts i.E. auch *Heckschen* in Widmann/Mayer, UmwG Anhang 14 Rz. 309; *Marsch-Barner* in Lutter/Bayer, Holding-Handbuch, § 18 Rz. 49 f.; *Schröder* in Manz/Mayer/Schröder, Art. 32 SE-VO Rz. 82.
173 *Bayer* in Lutter/Hommelhoff, Europäische Gesellschaft, S. 25, 51; *Casper* in Spindler/Stilz, AktG, Art. 32 SE-VO Rz. 20; *Marsch-Barner* in Lutter/Bayer, Holding-Handbuch, § 18 Rz. 50; *Schäfer* in MünchKomm. AktG, 3. Aufl., Art. 32 SE-VO Rz. 33; *Scholz* in Habersack/Drinhausen, Art. 32 SE-VO Rz. 86; *Schwarz*, Art. 32 SE-VO Rz. 60; *Spitzbart*, RNotZ 2006, 369, 408.
174 *Brandes*, AG 2005, 177, 183; *Schäfer* in MünchKomm. AktG, 3. Aufl., Art. 32 SE-VO Rz. 33; *Teichmann*, ZGR 2002, 383, 434; *Scholz* in Habersack/Drinhausen, Art. 32 SE-VO Rz. 87; *Schwarz*, Art. 32 SE-VO Rz. 61.
175 Ebenso *Neun* in Theisen/Wenz, Europäische Aktiengesellschaft, S. 57, 157; *J. Schmidt*, „Deutsche" vs. „britische" SE, S. 293; *Teichmann*, ZGR 2002, 383, 434; wohl auch *Brandes*, AG 2005, 177, 183; *Heckschen* in Widmann/Mayer, UmwG Anhang 14 Rz. 309; *Schäfer* in MünchKomm. AktG, 3. Aufl., Art. 32 SE-VO Rz. 33; *Scheifele*, Gründung, S. 340; *Schwarz*, Art. 32 SE-VO Rz. 62.
176 So aber *Marsch-Barner* in Lutter/Bayer, Holding-Handbuch, Rz. 18.49; *Paefgen* in KölnKomm. AktG, 3. Aufl., Art. 32 SE-VO Rz. 112; *Scholz* in Habersack/Drinhausen, Art. 32 SE-

3. Durchführung der Haupt- bzw. Gesellschafterversammlung

Für die Durchführung der Haupt- bzw. Gesellschafterversammlung ist mangels Regelung in der SE-VO ebenfalls **analog Art. 18 SE-VO** grundsätzlich das für AG bzw. GmbH geltende jeweilige nationale Recht maßgeblich[177]. Für eine *deutsche Gründungsgesellschaft* ist insbesondere auch **§ 64 UmwG** (zu den Einzelheiten Art. 23 Rz. 9) zu beachten[178]; nach zutreffender Auffassung gilt dies unabhängig davon, ob es sich um eine AG oder GmbH handelt (vgl. oben Rz. 61). 62

a) Beschlussgegenstand

Nach dem Wortlaut des Art. 32 Abs. 6 Satz 1 SE-VO ist Beschlussgegenstand der „**Gründungsplan**", zu dessen Bestandteilen gem. Art. 32 Abs. 2 Satz 2 SE-VO auch der Gründungsbericht gehört. Die in der Literatur wohl h.M. will den Beschlussgegenstand allerdings teleologisch auf die Angaben nach Art. 32 Abs. 2 Satz 3 SE-VO reduzieren, da der Gründungsbericht nur dazu diene, die Anteilsinhaber im Vorfeld der Beschlussfassung zu informieren[179]. Im Hinblick auf den unmissverständlichen Wortlaut der Art. 32 Abs. 6 Satz 1 und Abs. 2 Satz 2 SE-VO ist allerdings mehr als zweifelhaft, ob der EuGH dies billigen würde[180]. 63

Sofern bei einer deutschen Gründungsgesellschaft ein **Barabfindungsangebot** nach § 9 SEAG erforderlich ist (dazu ausf. Art. 34 Rz. 13 ff.), gehört auch dieses als Bestandteil des Gründungsplans (dazu oben Rz. 46) zum Beschlussgegenstand[181]. 64

b) Beschlussmehrheit

Hinsichtlich der erforderlichen Beschlussmehrheit enthält die SE-VO keine Regelung (anders noch Art. 31 Abs. 3 Satz 2 SE-VOE 1991). Zwecks Schließung dieser Lücke hat der deutsche Gesetzgeber in **§ 10 Abs. 1 Satz 1 SEAG** angeordnet, dass der Zustimmungsbeschluss bei einer **deutschen AG** einer Mehrheit von mind. ¾ **des bei der Beschlussfassung vertretenen Grundkapitals** und bei einer **deutschen GmbH** von mind. ¾ **der abgegebenen Stimmen** bedarf[182]. Ob der deutsche Gesetzgeber hierzu überhaupt befugt war, erscheint allerdings durchaus fraglich, da die SE-VO insoweit 65

VO Rz. 87; *Jannott* in Jannott/Frodermann, Handbuch Europäische Aktiengesellschaft, § 3 Rz. 159.
177 *Bayer* in Lutter/Hommelhoff, Europäische Gesellschaft, S. 25, 51; *Schäfer* in MünchKomm. AktG, 3. Aufl., Art. 32 SE-VO Rz. 33; *Schindler/Teichmann* in Theisen/Wenz, Europäische Aktiengesellschaft, S. 739, 766; *J. Schmidt*, „Deutsche" vs. „britische" SE, S. 293; *Schwarz*, Art. 32 SE-VO Rz. 63; i.E. auch *Marsch-Barner* in Lutter/Bayer, Holding-Handbuch, § 18 Rz. 51; *Scheifele*, Gründung, S. 340 f.
178 Ebenso *Schäfer* in MünchKomm. AktG, 3. Aufl., Art. 32 SE-VO Rz. 33; *Scheifele*, Gründung, S. 340 f.; *J. Schmidt*, „Deutsche" vs. „britische" SE, S. 293; *Schwarz*, Art. 32 SE-VO Rz. 63; *Scholz* in Habersack/Drinhausen, Art. 32 SE-VO Rz. 87; *Marsch-Barner* in Lutter/Bayer, Holding-Handbuch, Rz. 18.51.
179 So *Hügel* in Kalss/Hügel, §§ 25, 26 SEG Rz. 24; *Paefgen* in KölnKomm. AktG, 3. Aufl., Art. 32 SE-VO Rz. 114; *Schäfer* in MünchKomm. AktG, 3. Aufl., Art. 32 SE-VO Rz. 34; *Neun* in Theisen/Wenz, Europäische Aktiengesellschaft, S. 57, 158; *Schwarz*, Art. 32 SE-VO Rz. 66; *Scholz* in Habersack/Drinhausen, Art. 32 SE-VO Rz. 93; *Witten*, Minderheitenschutz bei Gründung und Sitzverlegung der Europäischen Aktiengesellschaft (SE), 2011, S. 86.
180 Gegen eine Einschränkung auch *Marsch-Barner* in Lutter/Bayer, Holding-Handbuch, § 18 Rz. 52.
181 So bereits *J. Schmidt*, „Deutsche" vs. „britische" SE, S. 294; zust. *Paefgen* in KölnKomm. AktG, 3. Aufl., Art. 32 SE-VO Rz. 114.
182 *Schäfer* in MünchKomm. AktG, 3. Aufl., Art. 32 SE-VO Rz. 32; *Scholz* in Habersack/Drinhausen, Art. 32 SE-VO Rz. 94; *Paefgen* in KölnKomm. AktG, 3. Aufl., Art. 32 SE-VO Rz. 117 f.; *Marsch-Barner* in Lutter/Bayer, Holding-Handbuch, Rz. 18.54.

keine spezielle Ermächtigungsgrundlage enthält[183]. Im Ergebnis wird sich die Regelung allerdings wohl auf Art. 68 Abs. 1 SE-VO stützen lassen, da sie letztlich nur **deklaratorisch** ist (jedenfalls in Bezug auf AG, vgl. unten Rz. 68, zur Problematik bei der GmbH s. unten Rz. 69) und vor allem der Rechtssicherheit sowie der Effektivität der SE-VO dient[184].

66 Im **Schrifttum** wird und wurde zwar vielfach die Auffassung vertreten, dass nach den europäischen Vorgaben eine **einfache Mehrheit** genüge[185]. Der noch in Art. 31 Abs. 3 Satz 2 SE-VOE 1991 enthaltene Verweis auf die (damalige) nationale VerschmelzungsRL sei bewusst nicht in die geltende Fassung der SE-VO übernommen worden[186]. Für eine qualifizierte Mehrheit bestehe auch gar kein Bedürfnis, da die Gründungsgesellschaften fortbestehen[187] und die Anteilsinhaber nicht zum Anteilstausch gezwungen sind[188].

67 Dem ist allerdings nicht zu folgen. Nach zutreffender Ansicht ergibt sich aus den europäischen Vorgaben vielmehr gerade die Notwendigkeit einer **qualifizierten Mehrheit**[189]. Das Erfordernis einer qualifizierten Mehrheit ist ein zentrales Element des europäischen Rechts der Strukturmaßnahmen (vgl. 7 Abs. 1 der nationalen VerschmelzungsRL[190], Art. 5 Abs. 1 der 6. (Spaltungs-)RL[191] sowie Art. 4 Abs. 1 lit. b, Abs. 2 Satz 1 der 10. (internationalen Verschmelzungs-)RL[192] i.V.m. den Umsetzungs-

---

183 Vgl. dazu bereits *Bayer* in Lutter/Hommelhoff, Europäische Gesellschaft, S. 25, 51; ebenso *Paefgen* in KölnKomm. AktG, 3. Aufl., Art. 32 SE-VO Rz. 117; *J. Schmidt*, „Deutsche" vs. „britische" SE, S. 295; *Teichmann* in Theisen/Wenz, Europäische Aktiengesellschaft, S. 691, 711 f.; für Art. 34 SE-VO als Rechtsgrundlage indes *Schäfer* in MünchKomm. AktG, 3. Aufl., Art. 32 SE-VO Rz. 34; *Casper* in Spindler/Stilz, AktG, Art. 32 SE-VO Rz. 21.
184 *J. Schmidt*, „Deutsche" vs. „britische" SE, S. 297; s. auch schon *Bayer* in Lutter/Hommelhoff, Europäische Gesellschaft, S. 25, 51; vgl. ferner auch *Scheifele*, Gründung, S. 345.
185 So *Casper* in FS Ulmer, S. 51, 60 f.; *Handelsrechtsausschuss des DAV*, NZG 2004, 75, 79; *Scheifele*, Gründung, S. 342; zweifelnd auch *Ihrig/Wagner*, BB 2004, 1749, 1753; *Mahi*, Europäische Aktiengesellschaft, S. 62 f.; *Oplustil*, (2003) 4 GLJ 107, 117. Vgl. ferner auch *Menjucq*, Revue des sociétés 2002, 225, 226; *Palmer's Company Law* 17.013.
186 *Oplustil*, (2003) 4 GLJ 107, 117; *Scheifele*, Gründung, S. 342.
187 *Oplustil*, (2003) 4 GLJ 107, 117; *Scheifele*, Gründung, S. 342.
188 *Casper* in FS Ulmer, S. 51, 61; *Handelsrechtsausschuss des DAV*, NZG 2004, 75, 79; *Ihrig/Wagner*, BB 2004, 1749, 1753; *Mahi*, Europäische Aktiengesellschaft, S. 63; *Oplustil*, (2003) 4 GLJ 107, 117; *Scheifele*, Gründung, S. 342.
189 So bereits *Bayer* in Lutter/Hommelhoff, Europäische Gesellschaft, S. 25, 51; ebenso *Heckschen*, DNotZ 2003, 251, 262; *Oechsler* in MünchKomm. AktG, 3. Aufl., Art. 2 SE-VO Rz. 19; *Paefgen* in KölnKomm. AktG, 3. Aufl., Art. 32 SE-VO Rz. 116; *Schindler*, Europäische Aktiengesellschaft, S. 35; *Schulz/Geismar*, DStR 2001, 1078, 1081; *J. Schmidt*, „Deutsche" vs. „britische" SE, S. 296 f.; *Schwarz*, Art. 31 SE-VO Rz. 65; *Teichmann*, ZGR 2002, 383, 435; *Teichmann*, ZGR 2003, 367, 392; wohl auch *Schäfer* in MünchKomm. AktG, 3. Aufl., Art. 32 SE-VO Rz. 32; nunmehr auch *Marsch-Barner* in Lutter/Bayer, Holding-Handbuch, Rz. 18.54.
190 RL 2011/35/EU des Europäischen Parlaments und des Rates v. 5.4.2011 über die Verschmelzung von Aktiengesellschaften, ABl. EU Nr. L 110 v. 29.4.2011, S. 1; Abdruck und Erläuterungen bei *Lutter/Bayer/J. Schmidt*, EuropUR, § 21; früher Dritte Richtlinie des Rates 78/855/EWG vom 9.10.1978 gemäß Artikel 54 Absatz 3 Buchstabe g) des Vertrages betreffend die Verschmelzung von Aktiengesellschaften, ABl. EG Nr. L 295 v. 20.10.1978, S. 36.
191 Sechste Richtlinie 82/891/EWG des Rates vom 17.12.1982 gemäß Artikel 54 Absatz 3 Buchstabe g) des Vertrages betreffend die Spaltung von Aktiengesellschaften, ABl. EG Nr. L 378 v. 31.12.1982, S. 47; Abdruck und Erläuterungen bei *Lutter/Bayer/J. Schmidt*, EuropUR, § 22.
192 Richtlinie 2005/56/EG des Europäischen Parlaments und des Rates vom 26.10.2005 über die Verschmelzung von Kapitalgesellschaften aus verschiedenen Mitgliedsstaaten, ABl. EU Nr. L 310 v. 25.11.2005, S. 1, geändert durch RL 2009/109/EG, ABl. EU Nr. L 259 v. 2.10.2009, S. 14, geändert auch durch RL 2012/17/EU, ABl. Nr. L 156 v. 16.6.2012, S. 1. Abdruck und Erläuterungen bei *Lutter/Bayer/J. Schmidt*, EuropUR, § 23.

vorschriften zu Art. 7 Abs. 1 der nationalen VerschmelzungsRL[193]); dementsprechend verweist auch die SE-VO bei der Gründung einer SE durch Umwandlung (Art. 37 Abs. 7 SE-VO, s. dazu Art. 37 Rz. 59 ff.) und insbesondere bei der mit der Holdinggründung strukturell eng verwandten Verschmelzung (dazu Art. 23 Rz. 10) auf die nationalen Umsetzungsvorschriften zu Art. 7 Abs. 1 der nationalen VerschmelzungsRL[194]. Der Wegfall des noch in Art. 31 Abs. 3 Satz 2 SE-VOE 1991 enthaltenen Verweises dürfte daher schlicht auf einem Redaktionsversehen beruhen[195]. Gemäß **Art. 18 SE-VO analog** i.V.m. den nationalen Umsetzungsvorschriften zu Art. 7 der nationalen VerschmelzungsRL (in Deutschland: **§ 65 Abs. 1 Satz 1 UmwG**) ist richtigerweise auch bei der Holdinggründung eine qualifizierte Mehrheit erforderlich. Im Hinblick auf Art. 32 Abs. 7 SE-VO und im Interesse eines einheitlichen Schutzniveaus muss dies auch für Gründungsgesellschaften in der Rechtsform der GmbH (bzw. Ltd., S.A.R.L. etc.) gelten[196].

Für **AG** stellt § 10 Abs. 1 Satz 1 SEAG daher letztlich nur klar, was sich ohnehin aus Art. 18 SE-VO analog i.V.m. § 65 Abs. 1 Satz 1 UmwG ergeben würde, und dürfte daher insoweit durch Art. 68 Abs. 1 SE-VO gedeckt sein (vgl. bereits oben Rz. 65)[197]. Zusätzlich zur ¾-Kapitalmehrheit ist aber gem. § 133 Abs. 1 AktG auch eine einfache Stimmenmehrheit erforderlich[198]. 68

Problematisch ist § 10 Abs. 1 Satz 1 SEAG allerdings im Hinblick auf **GmbH**: Die Norm lässt hier nämlich eine ¾-*Stimmen*mehrheit genügen, obgleich sich aus Art. 18 SE-VO analog i.V.m. § 65 Abs. 1 Satz 1 UmwG an sich das Erfordernis einer ¾-*Kapital*mehrheit ergeben würde. Die Europarechtskonformität der Regelung ist daher insofern zumindest äußerst zweifelhaft[199]. 69

c) Form

Entgegen einer im Schrifttum vertretenen Auffassung ist Schriftform nicht ausreichend[200]; aus Art. 18 SE-VO analog i.V.m. § 13 Abs. 3 UmwG ergibt sich, dass der Zustimmungsbeschluss deutscher Gründungsgesellschaften der **notariellen Beurkundung** bedarf[201]. 70

---

193 Dazu *Bayer/J. Schmidt*, NJW 2006, 401, 404; *Neye*, ZIP 2005, 1893, 1896.
194 Vgl. *Heckschen*, DNotZ 2003, 251, 262; *Heckschen* in Widmann/Mayer, UmwG Anhang 14 Rz. 311; *J. Schmidt*, „Deutsche" vs. „britische" SE, S. 296 f.; *Teichmann*, ZGR 2003, 383, 435.
195 *Heckschen*, DNotZ 2003, 251, 262; *Teichmann*, ZGR 2002, 383, 435.
196 *J. Schmidt*, „Deutsche" vs. „britische" SE, S. 297.
197 *J. Schmidt*, „Deutsche" vs. „britische" SE, S. 297; s. auch schon *Bayer* in Lutter/Hommelhoff, Europäische Gesellschaft, S. 25, 51; vgl. ferner auch *Scheifele*, Gründung, S. 345; zust. *Paefgen* in KölnKomm. AktG, 3. Aufl., Art. 32 SE-VO Rz. 118.
198 *J. Schmidt*, „Deutsche" vs. „britische" SE, S. 297; *Marsch-Barner* in Lutter/Bayer, Holding-Handbuch, Rz. 18.54; allgemein zur Kumulation von § 133 Abs. 1 AktG und § 65 Abs. 1 Satz 1 UmwG: *Diekmann* in Semler/Stengel, § 65 UmwG Rz. 11.
199 So auch *J. Schmidt*, „Deutsche" vs. „britische" SE, S. 297 f.; a.A. allerdings *Paefgen* in KölnKomm. AktG, 3. Aufl., Art. 32 SE-VO Rz. 119.
200 So aber *Jannott* in Jannott/Frodermann, Handbuch Europäische Aktiengesellschaft, § 3 Rz. 162; *Neun* in Theisen/Wenz, Europäische Aktiengesellschaft, S. 57, 158.
201 Ebenso *Paefgen* in KölnKomm. AktG, 3. Aufl., Art. 32 SE-VO Rz. 113; *Schäfer* in MünchKomm. AktG, 3. Aufl., Art. 32 SE-VO Rz. 34; *Scholz* in Habersack/Drinhausen, Art. 32 SE-VO Rz. 95; *Scheifele*, Gründung, S. 343; *J. Schmidt*, „Deutsche" vs. „britische" SE, S. 298; *Schwarz*, Art. 32 SE-VO Rz. 67. Für eine notarielle Beurkundung i.E. auch *Brandes*, AG 2005, 177, 182; *Heckschen*, DNotZ 2003, 251, 262; *Vossius*, ZIP 2005, 741, 745 Fn. 55; nunmehr auch *Marsch-Barner* in Lutter/Bayer, Holding-Handbuch, Rz. 18.53.

d) Zustimmungsvorbehalt

71 Im Interesse einer umfassenden Absicherung des Mitentscheidungsrechts der Aktionäre ermöglicht es **Art. 32 Abs. 6 Satz 3 SE-VO** der Haupt- bzw. Gesellschafterversammlung, sich das Recht vorzubehalten, die Eintragung der SE von der Genehmigung der Mitbestimmung abhängig zu machen[202]. Hinsichtlich der Einzelheiten kann insofern auf die Ausführungen zur Parallelregelung in Art. 23 Abs. 2 Satz 2 SE-VO verwiesen werden (s. Art. 23 Rz. 14 ff.).

VI. Sinngemäße Anwendung auf GmbH (Art. 32 Abs. 7 SE-VO)

72 Vor dem Hintergrund, dass sich an der Gründung einer Holding-SE gem. Art. 2 Abs. 2 SE-VO auch GmbH beteiligen können (s. Art. 2 Rz. 16), wird in Art. 32 Abs. 7 SE-VO explizit **klargestellt**, dass die **Art. 32 Abs. 1–6 SE-VO**, die sich ihrer Formulierung nach nur auf Aktiengesellschaften beziehen, **sinngemäß auch für** Gründungsgesellschaften in der Rechtsform der **GmbH** (bzw. Ltd., S.A.R.L. etc.) gelten[203]. Gleiches muss selbstverständlich **auch** für **Art. 33 und 34 SE-VO** gelten, auch wenn insoweit eine ausdrückliche Klarstellung fehlt.

73 Die „sinngemäße" Anwendung bedeutet zunächst, dass „Hauptversammlung" in den Art. 32 ff. SE-VO im Falle einer GmbH (bzw. Ltd., S.A.R.L. etc.) als „**Gesellschafterversammlung**" und „Aktien" als „**Anteile**" zu lesen sind. Die eigentliche Relevanz des Abs. 7 zeigt sich aber im Zusammenhang mit den im Rahmen der Holdinggründung geltenden **nationalen Umsetzungsvorschriften zur nationalen VerschmelzungsRL**[204]: Obgleich die nationale VerschmelzungsRL in ihrem genuinen Anwendungsbereich nur Aktiengesellschaften betrifft (vgl. Art. 1 Abs. 1 der nationalen VerschmelzungsRL), gelten die entsprechenden nationalen Umsetzungsvorschriften (z.B. §§ 63, 64 UmwG, dazu oben Rz. 61, 62) im Interesse der Schaffung eines homogenen Schutzniveaus im Falle der Holdinggründung auch für Gründungsgesellschaften in der Rechtsform der GmbH (bzw. Ltd., S.A.R.L. etc.)[205]. Soweit im Übrigen mangels Regelung in der SE-VO nationales Recht zu Anwendung berufen ist, kommen allerdings für GmbH selbstverständlich die jeweiligen für GmbH geltenden mitgliedstaatlichen Vorschriften zur Anwendung, z.B. bzgl. der Einberufung und Durchführung der Gesellschafterversammlung (s. oben Rz. 60, 62).

VII. Ergänzende Anwendung des AktG

74 Vgl. zum Satzungsinhalt gem. § 23 AktG *Seibt* in K. Schmidt/Lutter, § 23 AktG Rz. 30 ff. sowie speziell zu den durch § 27 Abs. 1 AktG geforderten Angaben *Bayer* in K. Schmidt/Lutter, § 27 AktG Rz. 6 ff.

---

202 Dazu auch *Paefgen* in KölnKomm. AktG, 3. Aufl., Art. 32 SE-VO Rz. 120 f.; *Scholz* in Habersack/Drinhausen, Art. 32 SE-VO Rz. 104 ff.
203 Vgl. *Schwarz*, Art. 32 SE-VO Rz. 75; *Schröder* in Manz/Mayer/Schröder, Art. 32 SE-VO Rz. 91; *Paefgen* in KölnKomm. AktG, 3. Aufl., Art. 32 SE-VO Rz. 128.
204 RL 2011/35/EU des Europäischen Parlaments und des Rates v. 5.4.2011 über die Verschmelzung von Aktiengesellschaften, ABl. EU Nr. L 110 v. 29.4.2011, S. 1; Abdruck und Erläuterungen bei *Lutter/Bayer/J. Schmidt*, EuropUR, § 21; früher Dritte Richtlinie des Rates 78/855/EWG vom 9.10.1978 gemäß Artikel 54 Absatz 3 Buchstabe g) des Vertrages betreffend die Verschmelzung von Aktiengesellschaften, ABl. EG Nr. L 295 v. 20.10.1978, S. 36. Zur Änderung: *Lutter/Bayer/J. Schmidt*, § 21 Rz. 4 ff.
205 Abw. *Paefgen* in KölnKomm. AktG, 3. Aufl., Art. 32 SE-VO Rz. 129.

Vgl. zur Einberufung der Hauptversammlung gem. §§ 121 ff. AktG *Ziemons* in K. Schmidt/Lutter, § 121 AktG Rz. 1 ff.; zur Durchführung der Hauptversammlung gem. §§ 129 ff. AktG *Ziemons* in K. Schmidt/Lutter, § 129 AktG Rz. 31 ff.

Vgl. zum bedingten Kapital *Veil* in K. Schmidt/Lutter, §§ 192 ff. AktG; speziell zu § 192 Abs. 2 Nr. 2 AktG *Veil* in K. Schmidt/Lutter, § 192 AktG Rz. 3 ff.

Vgl. zum genehmigten Kapital *Veil* in K. Schmidt/Lutter, §§ 202 ff. AktG; speziell zu § 202 Abs. 1 AktG *Veil* in K. Schmidt/Lutter, § 202 AktG Rz. 13 ff.

Art. 33
[Einbringung der Anteile]

(1) Die Gesellschafter der die Gründung anstrebenden Gesellschaften verfügen über eine Frist von drei Monaten, um diesen Gesellschaften mitzuteilen, ob sie beabsichtigen, ihre Gesellschaftsanteile bei der Gründung der SE einzubringen. Diese Frist beginnt mit dem Zeitpunkt, zu dem der Gründungsplan für die SE gemäß Artikel 32 endgültig festgelegt worden ist.

(2) Die SE ist nur dann gegründet, wenn die Gesellschafter der die Gründung anstrebenden Gesellschaften innerhalb der in Absatz 1 genannten Frist den nach dem Gründungsplan für jede Gesellschaft festgelegten Mindestprozentsatz der Gesellschaftsanteile eingebracht haben und alle übrigen Bedingungen erfüllt sind.

(3) Sind alle Bedingungen für die Gründung der SE gemäß Absatz 2 erfüllt, so hat jede der die Gründung anstrebenden Gesellschaften diese Tatsache gemäß den nach Artikel 3 der Richtlinie 68/151/EWG erlassenen Vorschriften des einzelstaatlichen Rechts, dem sie unterliegt, offen zu legen.

Die Gesellschafter der die Gründung anstrebenden Gesellschaften, die nicht innerhalb der Frist nach Absatz 1 mitgeteilt haben, ob sie die Absicht haben, ihre Gesellschaftsanteile diesen Gesellschaften im Hinblick auf die Gründung der künftigen SE zur Verfügung zu stellen, verfügen über eine weitere Frist von einem Monat, um dies zu tun.

(4) Die Gesellschafter, die ihre Wertpapiere im Hinblick auf die Gründung der SE einbringen, erhalten Aktien der SE.

(5) Die SE kann erst dann eingetragen werden, wenn die Formalitäten gemäß Artikel 32 und die in Absatz 2 genannten Voraussetzungen nachweislich erfüllt sind.

§ 10 SEAG: Zustimmungsbeschluss; Negativerklärung

(1) Der Zustimmungsbeschluss gemäß Artikel 32 Abs. 6 der Verordnung bedarf einer Mehrheit, die bei einer Aktiengesellschaft mindestens drei Viertel des bei der Beschlussfassung vertretenen Grundkapitals und bei einer Gesellschaft mit beschränkter Haftung mindestens drei Viertel der abgegebenen Stimmen umfasst.

(2) Bei der Anmeldung der Holding-SE haben ihre Vertretungsorgane zu erklären, dass eine Klage gegen die Wirksamkeit der Zustimmungsbeschlüsse gemäß Artikel 32 Abs. 6 der Verordnung nicht oder nicht fristgemäß erhoben oder eine solche Klage rechtskräftig abgewiesen oder zurückgenommen worden ist.

I. Überblick		II. Einbringungswahlrecht	
1. Regelungsgegenstand und -zweck	1	(Art. 33 Abs. 1 SE-VO)	3
2. Die zwei Phasen des Einbringungsverfahrens	2	III. Einbringungsfähige Gegenstände	6

IV. Einbringungsverfahren (Art. 33 Abs. 1–4 SE-VO)

1. Phase 1 („Mindestquotenphase") .. 7
   a) Erreichen der Mindestquote innerhalb der Drei-Monats-Frist als Gründungsvoraussetzung (Art. 33 Abs. 2 SE-VO) 8
   b) „Mitteilung" i.S.d. Art. 33 Abs. 1 Satz 1 SE-VO 9
   c) Drei-Monats-Frist 13
   d) „Mitteilung", „Einbringung" und dingliche Übertragung der Anteile 15
      aa) Rechtsnatur der Einbringung 16
      bb) Dingliche Übertragung der Anteile
         (1) Allgemein 17
         (2) Holding-SE mit Sitz in Deutschland 18
   e) Erwerb der Aktien (Art. 33 Abs. 4 SE-VO) 21
   f) Sonderproblematik: Holdinggründung und Verbot des Erwerbs eigener Aktien 22
2. Offenlegung (Art. 33 Abs. 3 SE-VO) . 24
   a) Bedingungen für die Gründung der SE gem. Art. 33 Abs. 2 SE-VO 25
      aa) Erreichen der Mindesteinbringungsquote 26
      bb) Erfüllung „aller übrigen Bedingungen" 27
   b) Verfahren der Offenlegung 29
3. Phase 2 („Zaunkönigphase") 30
   a) Ein-Monats-Frist 31
   b) Mitteilung 32
   c) Dingliche Übertragung der betreffenden Anteile und Erwerb der Aktien der SE 33
   d) Nachfrist und Eintragung 36

V. Sachgründungsverfahren nach nationalem Recht

1. Allgemeines 38
2. Holding-SE mit Sitz in Deutschland 39
   a) Gründungsbericht 40
   b) Gründungsprüfung 41
   c) Exkurs: Verantwortlichkeit der Gründer und Haftung der künftigen Organe der SE 42

VI. Rechtmäßigkeitsprüfung 43

1. Zuständigkeit 44
2. Prüfungsgegenstand 45
   a) Formalitäten gem. Art. 32 SE-VO 46
   b) Voraussetzungen nach Art. 33 Abs. 2 SE-VO 47
   c) Problem: Kontrolle des Verfahrens in den Gründungsgesellschaften 48
3. Prüfungsumfang 49
4. Verfahren
   a) Allgemein 50
   b) Holding-SE mit Sitz in Deutschland 51

VII. Eintragung und Publizität

1. Eintragung 55
2. Publizität 57

VIII. Bestandsschutz 58

IX. Ergänzende Anwendung des AktG . 59

Literatur: *Brandes*, Cross Border Mergers mittels der SE, AG 2005, 177; *Brandt*, Ein Überblick über die Europäische Aktiengesellschaft (SE) in Deutschland, BB-Special 3/2005, 1; *Bungert/Beier*, Die Europäische Aktiengesellschaft, EWS 2002, 1; *Handelsrechtsausschuss des DAV*, Stellungnahme zu dem Regierungsentwurf eines Gesetzes zur Einführung der Europäischen Gesellschaft (SEEG), Juli 2004, NZG 2004, 957; *Handelsrechtsausschuss des DAV*, Stellungnahme zum Diskussionsentwurf eines Gesetzes zur Ausführung der Verordnung (EG) Nr. 2157/2001 des Rates vom 8.10.2001 über das Statut der Europäischen Gesellschaft (SE) (SE-Ausführungsgesetz – SE-AG), NZG 2004, 75; *Heckschen*, Die Europäische AG aus notarieller Sicht, DNotZ 2003, 251; *Ihrig/Wagner*, Das Gesetz zur Einführung der Europäischen Gesellschaft (SEEG) auf der Zielgeraden, BB 2004, 1749; *Kersting*, Societas Europaea: Gründung und Vorgesellschaft, DB 2001, 2079; *Koke*, Die Finanzverfassung der Europäischen Aktiengesellschaft (SE) mit Sitz in Deutschland, 2005 (zit.: Finanzverfassung); *Mahi*, Die Europäische Aktiengesellschaft. Societas Europaea – SE, 2004 (zit.: Europäische Aktiengesellschaft); *Marsch-Barner* in Lutter/Bayer, Holding-Handbuch, 5. Aufl. 2015, § 18; *Neye/Teichmann*, Der Entwurf für das Ausführungsgesetz zur Europäischen Aktiengesellschaft, AG 2003, 169; *Oechsler*, Kapitalerhaltung in der Europäischen Gesellschaft (SE), NZG 2005, 449; *Oplustil*, Selected problems concerning formation of a holding SE (societas europaea), (2003) 4 GLJ 107; *Oplustil/Teichmann* (Hrsg.), The European Company – all over Europe, 2004; *Sanna*, Societas Europaea (SE) – Die Europäische Aktiengesellschaft, ELR 2002, 2; *Seibt/Saame*, Die Societas Europaea (SE) deutschen Rechts: Anwendungsfelder und Beratungshinweise, AnwBl. 2005, 225; *Stöber*, Die Gründung einer Holding-SE, AG 2013, 110; *Teichmann*, Austrittsrecht und Pflichtangebot bei Gründung einer Europäischen Aktiengesellschaft, AG 2004, 67; *Teichmann*, Die Einführung der Europäischen Aktiengesellschaft, ZGR 2002, 383; *Vossius*, Gründung und Umwandlung der deutschen Europäischen Gesellschaft (SE), ZIP 2005, 741.

I. Überblick

1. Regelungsgegenstand und -zweck

Die Gründung einer Holding-SE wird dadurch geprägt, dass mindestens die Hälfte der Anteilsinhaber jeder Gründungsgesellschaft ihre Anteile einbringen und dafür im Gegenzug Anteile der Holding-SE erhalten, wodurch die Holding-SE zur Konzernspitze wird (vgl. bereits Art. 32 Rz. 1). Art. 33 **Abs. 1–4** SE-VO regeln diese **Einbringungsphase** der SE-Gründung[1]. Abs. 5 regelt die Voraussetzungen für die **Eintragung** der SE. 1

2. Die zwei Phasen des Einbringungsverfahrens

Der „Anteilstausch" erfolgt gem. Art. 33 SE-VO in zwei Phasen[2]: 2

– **Phase 1 („Mindestquotenphase"):** Die Anteilsinhaber jeder der an der Gründung beteiligten Gesellschaften haben zunächst drei Monate Zeit, um der jeweiligen Gesellschaft mitzuteilen, ob sie beabsichtigen, ihre Anteile bei der Gründung der SE einzubringen (Art. 33 Abs. 1 SE-VO). Nach Art. 33 Abs. 2 SE-VO ist die SE nur dann gegründet, wenn innerhalb dieser Drei-Monats-Frist die für jede Gesellschaft im Gründungsplan fixierte Mindestquote erreicht wird. Näheres zu Phase 1 unten Rz. 7 ff.

– **Phase 2 („Zaunkönigphase"):** Wenn in Phase 1 die Mindestquote erreicht wurde und demzufolge die Gründung der SE sicher ist, so erhalten diejenigen Anteilsinhaber, die in Phase 1 keine Mitteilung gemacht haben, eine Nachfrist von einem weiteren Monat, um dies nachzuholen (Art. 33 Abs. 3 Unterabs. 2 SE-VO). Diese „Zaunkönig"-Regel[3] hat zwei komplementäre Funktionen: Einerseits wird dadurch die Chance vergrößert, dass die Holding-SE am Ende eine größtmögliche Zahl von Anteilen an den Gründungsgesellschaften hält und so ihre Holding-Funktion effektiv wahrnehmen kann[4]. Andererseits wird so zugleich vermieden, dass für die Anteilsinhaber der Gründungsgesellschaften ein sog. „prisoner's dilemma" entsteht: Sie können zunächst zuwarten, ob es in Phase 1 überhaupt zur Gründung der SE kommt, ohne damit zwangsläufig das Risiko eingehen zu müssen, sich am Ende als Minderheitsgesellschafter in ihrer nun von der neuen Holding-SE kontrollierten Gesellschaft wiederzufinden, weil sie den Anteilstausch „verpasst" haben[5]. Näheres zu Phase 2 unten Rz. 30 ff.

---

1 *Schäfer* in MünchKomm. AktG, 3. Aufl., Art. 33 SE-VO Rz. 1; *Schwarz*, Art. 33 SE-VO Rz. 1.
2 Vgl. *Bayer* in Lutter/Hommelhoff, Europäische Gesellschaft, S. 25, 53; *Heckschen* in Widmann/Mayer, UmwG Anhang 14 Rz. 319; *Hügel* in Kalss/Hügel, §§ 25, 26 SEG Rz. 6; *Jannott* in Jannott/Frodermann, Handbuch Europäische Aktiengesellschaft, § 3 Rz. 168; *Schäfer* in MünchKomm. AktG, 3. Aufl., Art. 33 SE-VO Rz. 1; *J. Schmidt*, „Deutsche" vs. „britische" SE, S. 299 f.; *Schwarz*, Art. 32 SE-VO Rz. 13.
3 Vgl. *Oplustil*, (2003) 4 GLJ 107, 119; *Scheifele*, Gründung, S. 364; *J. Schmidt*, „Deutsche" vs. „britische" SE, S. 300; *Schwarz*, Art. 33 SE-VO Rz. 24; *Teichmann*, ZGR 2002, 383, 435.
4 *Bayer* in Lutter/Hommelhoff, Europäische Gesellschaft, S. 25, 54; *Scheifele*, Gründung, S. 364; *J. Schmidt*, „Deutsche" vs. „britische" SE, S. 300; *Schwarz*, Art. 33 SE-VO Rz. 24.
5 Vgl. *Bayer* in Lutter/Hommelhoff, Europäische Gesellschaft, S. 25, 54; *Schäfer* in MünchKomm. AktG, 3. Aufl., Art. 33 SE-VO Rz. 16; *J. Schmidt*, „Deutsche" vs. „britische" SE, S. 300; *Schwarz*, Art. 33 SE-VO Rz. 24. Zur funktionsäquivalenten „Zaunkönig-Regel" des § 16 Abs. 2 WpÜG etwa *Thoma/Stöcker* in Baums/Thoma, WpÜG, § 16 Rz. 29.

II. Einbringungswahlrecht (Art. 33 Abs. 1 SE-VO)

3 Anders als noch in früheren Entwürfen[6] vorgesehen, findet bei der Holdinggründung **kein Zwangsumtausch** der Anteile statt; die Anteilsinhaber der Gründungsgesellschaften können vielmehr völlig frei entscheiden, ob sie sich an der mehrheitlich beschlossenen Umstrukturierung beteiligen und Aktien der SE erwerben wollen oder nicht[7].

4 Das Einbringungswahlrecht ist **nicht an das Abstimmungsverhalten** in der über die Holdinggründung beschließenden Haupt- bzw. Gesellschafterversammlung **gekoppelt**: Auch Anteilsinhaber, die gegen die Holdinggründung gestimmt haben, können ihre Anteile einbringen, während umgekehrt solche, die dafür gestimmt haben, nicht automatisch zum Anteilstausch gezwungen sind[8].

5 Zulässig ist auch ein nur **teilweiser Anteilstausch**[9]: Da es den Anteilsinhabern frei steht, ihre Anteile überhaupt umzutauschen, sind sie *a maiore ad minus* auch als befugt anzusehen, nur einen Teil ihrer Anteile einzubringen[10].

III. Einbringungsfähige Gegenstände

6 Trotz der – auch in anderen Sprachfassungen – etwas verwirrenden Terminologie der SE-VO (Art. 32 SE-VO: „Aktien oder (sonstige) Anteile", Art. 33 Abs. 1–3 SE-VO: „Gesellschaftsanteile", Art. 33 Abs. 4 SE-VO: „Wertpapiere")[11] sind bei Aktiengesellschaften **nur Aktien bzw.** bei GmbH nur **GmbH-Anteile** einbringungsfähig[12]. Ein Einbringungsrecht auch der Inhaber sonstiger Wertpapiere (z.B. Wandelschuldverschreibungen, Genussrechte) wäre mit dem Konzept der Holdinggründung nach Art. 32 ff. SE-VO unvereinbar[13]. Irrelevant ist hingegen, ob die Anteile ein Stimmrecht gewähren[14].

---

6 Der noch in Art. 29 Abs. 1 SE-VOE 1970 und 1975 sowie in Art. 31 Abs. 1 SE-VOE 1989 statuierte Zwangsumtausch entfiel erst mit Art. 31 SE-VOE 1991.
7 *Bayer* in Lutter/Hommelhoff, Europäische Gesellschaft, S. 25, 51 f.; *Schäfer* in MünchKomm. AktG, 3. Aufl., Art. 33 SE-VO Rz. 2; *J. Schmidt*, „Deutsche" vs. „britische" SE, S. 300 f.; *Schröder* in Manz/Mayer/Schröder, Art. 33 SE-VO Rz. 1; *Schwarz*, Art. 33 SE-VO Rz. 6.
8 *Bayer* in Lutter/Hommelhoff, Europäische Gesellschaft, S. 25, 52; *Hügel* in Kalss/Hügel, §§ 25, 26 SEG Rz. 29; *Schäfer* in MünchKomm. AktG, 3. Aufl., Art. 33 SE-VO Rz. 3; *J. Schmidt*, „Deutsche" vs. „britische" SE, S. 301; *Schwarz*, Art. 33 SE-VO Rz. 7; zust. *Paefgen* in KölnKomm. AktG, 3. Aufl., Art. 33 SE-VO Rz. 11; *Casper* in Spindler/Stilz, AktG, Art. 33 SE-VO Rz. 3.
9 *Paefgen* in KölnKomm. AktG, 3. Aufl., Art. 33 SE-VO Rz. 10; *Schäfer* in MünchKomm. AktG, 3. Aufl., Art. 33 SE-VO Rz. 10; *Schwarz*, Art. 33 SE-VO Rz. 8.
10 *J. Schmidt*, „Deutsche" vs. „britische" SE, S. 300 Fn. 1216; zust. *Paefgen* in KölnKomm. AktG, 3. Aufl., Art. 33 SE-VO Rz. 10.
11 Auch in den englischen und französischen Versionen wird in Art. 33 Abs. 4 SE-VO („securities" bzw. „titres") eine andere Terminologie verwendet als in Art. 32 und 33 Abs. 1–3 SE-VO („shares" bzw. „actions ou parts").
12 *Schäfer* in MünchKomm. AktG, 3. Aufl., Art. 33 SE-VO Rz. 11; *Sanna*, ELR 2002, 2, 5 f.; *Scheifele*, Gründung, S. 360; *Schwarz*, Art. 33 SE-VO Rz. 11; zust. *Paefgen* in KölnKomm. AktG, 3. Aufl., Art. 33 SE-VO Rz. 12.
13 So auch *Paefgen* in KölnKomm. AktG, 3. Aufl., Art. 33 SE-VO Rz. 14; *Schäfer* in MünchKomm. AktG, 3. Aufl., Art. 33 SE-VO Rz. 11; *Casper* in Spindler/Stilz, AktG, Art. 33 SE-VO Rz. 9.
14 *Schäfer* in MünchKomm. AktG, 3. Aufl., Art. 33 SE-VO Rz. 11; *Scheifele*, Gründung, S. 360; *Schwarz*, Art. 33 SE-VO Rz. 11; *Paefgen* in KölnKomm. AktG, 3. Aufl., Art. 33 SE-VO Rz. 13; *Casper* in Spindler/Stilz, AktG, Art. 33 SE-VO Rz. 9.

IV. Einbringungsverfahren (Art. 33 Abs. 1–4 SE-VO)

1. Phase 1 („Mindestquotenphase")

Innerhalb der ersten Phase des Einbringungsverfahrens, der dreimonatigen sog. Mindestquotenphase, müssen so viele der Anteilsinhaber ihren jeweiligen Gründungsgesellschaften ihre Einbringungsabsicht mitteilen, dass die für die jeweilige Gesellschaft im Gründungsplan vorgesehene **Mindesteinbringungsquote** (dazu Art. 32 Rz. 37 ff.) erreicht wird.

7

a) Erreichen der Mindestquote innerhalb der Drei-Monats-Frist als Gründungsvoraussetzung (Art. 33 Abs. 2 SE-VO)

Nach Art. 33 Abs. 2 SE-VO ist die „SE nur dann gegründet", wenn innerhalb der Drei-Monats-Frist des Art. 33 Abs. 1 SE-VO für jede der Gründungsgesellschaften die Mindesteinbringungsquote erreicht wurde. Der Begriff „gegründet" ist allerdings insoweit missverständlich. Hierin liegt **nicht** etwa ein Hinweis auf die Entstehung einer **Vor-SE**, zumal die Einbringung der Mindestanteilsquote hierfür gerade nicht Voraussetzung ist[15] (s. Art. 16 Rz. 15). Art. 33 Abs. 2 ist vielmehr im Zusammenhang mit Art. 33 Abs. 5 SE-VO, der die Eintragungsvoraussetzungen regelt und explizit auf Abs. 2 verweist, zu lesen[16]. Das Erreichen der Mindestquote von Anteilen innerhalb der Drei-Monats-Frist ist tatsächlich eine **Eintragungsvoraussetzung**[17]. Durch die Sonderregelung in Art. 33 Abs. 2 SE-VO wird lediglich klargestellt, dass die Mindestquote auch wirklich innerhalb der Drei-Monats-Frist erreicht werden muss – und nicht etwa erst später während des Laufs der Nachfrist nach Abs. 3 (diese beginnt i.Ü. gar nicht zu laufen, wenn die Mindestquote innerhalb der Drei-Monats-Frist nicht erreicht wird, vgl. dazu unten Rz. 25, 31). Näher zur Bedeutung des Art. 33 Abs. 2 SE-VO, insbesondere zu den „übrigen Bedingungen" ausf. unten Rz. 27 f., 47.

8

b) „Mitteilung" i.S.d. Art. 33 Abs. 1 Satz 1 SE-VO

Das Wahlrecht (dazu oben Rz. 3 ff.) wird dadurch ausgeübt, dass der Anteilsinhaber gem. Art. 33 Abs. 1 Satz 1 SE-VO mitteilt, dass er beabsichtige, seinen Anteil in die SE einzubringen. Entgegen dem ersten Eindruck handelt es sich hierbei keineswegs um eine unverbindliche Absichtserklärung[18]. Die Mitteilung schafft vielmehr den Rechtsgrund für die anschließende, nach den Regeln einer Sacheinlage vorzunehmende tatsächliche Übertragung des Anteils; es handelt sich demzufolge nach ganz h.M. um eine **rechtsverbindliche Erklärung**[19].

9

Fraglich könnte allenfalls sein, ob es sich um ein Angebot handelt, das noch angenommen werden muss[20], oder bereits um die Annahme eines schon vorliegenden

10

---

15 *Schäfer* in MünchKomm. AktG, 3. Aufl., Art. 33 SE-VO Rz. 7; vgl. ferner auch *Schwarz*, Art. 33 SE-VO Rz. 43.
16 Vgl. *Schäfer* in MünchKomm. AktG, 3. Aufl., Art. 33 SE-VO Rz. 7; *Schwarz*, Art. 33 SE-VO Rz. 43.
17 *Schäfer* in MünchKomm. AktG, 3. Aufl., Art. 33 SE-VO Rz. 7; zust. *Casper* in Spindler/Stilz, AktG, Art. 33 SE-VO Rz. 5; *Scholz* in Habersack/Drinhausen, Art. 33 SE-VO Rz. 6; zumindest missverständlich insofern *Schwarz*, Art. 33 SE-VO Rz. 43 sowie *Schröder* in Manz/Mayer/Schröder, Art. 33 SE-VO Rz. 12.
18 So aber offenbar *Schröder* in Manz/Mayer/Schröder, Art. 33 SE-VO Rz. 33.
19 *Bayer* in Lutter/Hommelhoff, Europäische Gesellschaft, S. 25, 52; *Heckschen*, DNotZ 2003, 251, 262; *Paefgen* in KölnKomm. AktG, 3. Aufl., Art. 33 SE-VO Rz. 27; *Schäfer* in MünchKomm. AktG, 3. Aufl., Art. 33 SE-VO Rz. 6; *Oplustil*, (2003) 4 GLJ 107, 119; *Schwarz*, Art. 33 SE-VO Rz. 18; *Teichmann*, ZGR 2002, 383, 437.
20 So *Bayer* in Lutter/Hommelhoff, Europäische Gesellschaft, S. 25, 52 f.; *Schäfer* in MünchKomm. AktG, 3. Aufl., Art. 33 SE-VO Rz. 6; *J. Schmidt*, „Deutsche" vs. „britische" SE, S. 307.

Angebots[21]. Letztere Variante hätte den Vorzug der Beschleunigung des Verfahrens. Allerdings ist es im Regelfall rechtskonstruktiv nicht möglich, in dem beiderseits verabschiedeten Gründungsplan ein an alle Gesellschafter gerichtetes verbindliches Angebot zum Erwerb ihrer Anteile im Tausch gegen Aktien der SE zu sehen[22]. Denn die Anteile sind an die SE – und zwar bei der SE mit Sitz in Deutschland bereits in ihrem Stadium als Vorgesellschaft (s. zur Vor-SE bei der Holdinggründung Art. 16 Rz. 15) – zu übertragen (dazu näher unten Rz. 17 ff., 33 f.), d.h. auch der Zeichnungsvertrag ist zwischen den Vertretungsorganen der künftigen SE und den Sacheinlegern abzuschließen[23]. Nimmt man hinzu, dass die Mitteilung des Anteilsinhabers nach Art. 33 Abs. 1 SE-VO nicht an die SE bzw. Vor-SE, sondern an die jeweilige Gründungsgesellschaft zu richten ist, so dürfte es sich doch um ein **verbindliches Angebot des Anteilsinhabers** handeln, das von seiner jetzigen Gesellschaft anschließend an die Vertretungsorgane der SE bzw. Vor-SE übermittelt und auch angenommen wird. Eine andere Beurteilung ist indes möglich, wenn etwa den Anteilsinhabern der künftigen Holding-SE ein individuelles oder auch nur ein öffentliches Angebot zur Übernahme ihrer Anteile unterbreitet wird[24]; dann kann die Mitteilung auch als Annahme dieses verbindlichen Angebots angesehen werden.

11 Generell gilt indes, dass das Angebot jedenfalls konkludent **aufschiebend bedingt** ist durch das Erreichen der Mindesteinbringungsquote[25], nicht dagegen grundsätzlich durch eine nachfolgende Ratifikation im Falle eines Entscheidungsvorbehalts nach Art. 32 Abs. 6 Unterabs. 2 SE-VO[26]. Vielmehr beginnt hier die Drei-Monats-Frist erst mit der Genehmigung des Mitbestimmungsmodells durch die Haupt- bzw. Gesellschafterversammlung (dazu unten Rz. 13)[27].

12 Im Falle von Anteilen an einer **deutschen GmbH** ist hinsichtlich des schuldrechtlichen Vertrages die Form des **§ 15 Abs. 4 GmbHG**[28] zu beachten. Aufgrund der Heilungswirkung gem. § 15 Abs. 4 S. 2 GmbHG genügt jedoch die Beurkundung der dinglichen Verfügung im Einbringungsvertrag[29].

c) Drei-Monats-Frist

13 Die Drei-Monats-Frist beginnt gem. Art. 33 Abs. 1 Satz 2 SE-VO „mit dem Zeitpunkt, zu dem der Gründungsplan für die SE gemäß Art. 32 SE-VO endgültig festgelegt worden ist". Maßgeblich für den Fristbeginn ist damit grundsätzlich der **Zustimmungsbeschluss** der Haupt- bzw. Gesellschafterversammlung; falls allerdings ein Zustimmungsvorbehalt gem. Art. 32 Abs. 6 Unterabs. 2 Satz 2 SE-VO (dazu Art. 32 Rz. 71) statuiert wurde, ist ausnahmsweise auf den Zeitpunkt der **Genehmigung des Mit-**

---

21 So *Scheifele*, Gründung, S. 361 f.; *Schwarz*, Art. 33 SE-VO Rz. 18.
22 So aber *Scheifele*, Gründung, S. 361 f.; *Schwarz*, Art. 33 SE-VO Rz. 18; wohl auch *Paefgen* in KölnKomm. AktG, 3. Aufl., Art. 33 SE-VO Rz. 30.
23 Wie hier *Heckschen* in Widmann/Mayer, UmwG Anhang 14 Rz. 323; *Hügel* in Kalss/Hügel, §§ 25, 26 SEG Rz. 29 a.E.; *Schäfer* in MünchKomm. AktG, 3. Aufl., Art. 33 SE-VO Rz. 6.
24 S. dazu auch *Hügel* in Kalss/Hügel, §§ 25, 26 SEG Rz. 29.
25 *Bayer* in Lutter/Hommelhoff, Europäische Gesellschaft, S. 25, 53; *Oplustil*, (2003) 4 GLJ 107, 119; *Paefgen* in KölnKomm. AktG, 3. Aufl., Art. 33 SE-VO Rz. 33; vgl. auch *Jannott* in Jannott/Frodermann, Handbuch Europäische Aktiengesellschaft, § 3 Rz. 170.
26 So aber *Oplustil*, (2003) 4 GLJ 107, 119.
27 S. schon *Bayer* in Lutter/Hommelhoff, Europäische Gesellschaft, S. 25, 53.
28 *Bayer* in Lutter/Hommelhoff, Europäische Gesellschaft, S. 25, 53; *Schäfer* in MünchKomm. AktG, 3. Aufl., Art. 33 SE-VO Rz. 6; zust. *Paefgen* in KölnKomm. AktG, 3. Aufl., Art. 33 SE-VO Rz. 34; *Casper* in Spindler/Stilz, AktG, Art. 33 SE-VO Rz. 4; *Scholz* in Habersack/Drinhausen, Art. 33 SE-VO Rz. 22.
29 So auch *Paefgen* in KölnKomm. AktG, 3. Aufl., Art. 33 SE-VO Rz. 34.

bestimmungsmodells abzustellen[30]. Umstritten ist allerdings, ob die Frist für jede Gründungsgesellschaft separat läuft[31] oder ob hinsichtlich des Fristbeginns einheitlich auf den Zeitpunkt der letzten Beschlussfassung bzw. Genehmigung abzustellen ist[32]. Eine gewisse Koordinierung erscheint hier zwar durchaus sinnvoll, aufgrund der Systematik der SE-VO ist allerdings gleichwohl prinzipiell von einem **separaten Fristlauf** auszugehen: Die Mitteilung über die Einbringung betrifft insofern noch die Sphäre der jeweiligen Gesellschaft, an die sich schließlich auch zu richten ist; überdies erfolgt auch die anschließende Offenlegung nach Art. 33 Abs. 3 Unterabs. 1 SE-VO (dazu unten Rz. 24 ff.) nach dem eindeutigen Wortlaut der Norm für jede der beteiligten Gesellschaften separat[33].

Die Drei-Monats-Frist ist **zwingend**; eine Verkürzung oder Verlängerung[34] ist nach dem insoweit eindeutigen Wortlaut des Abs. 1 nicht zulässig, zumal hier aufgrund des transnationalen Charakters des Vorgangs in besonderem Maße ein Bedürfnis nach Rechtssicherheit besteht[35]. 14

d) „Mitteilung", „Einbringung" und dingliche Übertragung der Anteile

Höchst unterschiedlich interpretiert wird im Schrifttum indes die exakte Bedeutung der Termini „Mitteilung" und „Einbringung" sowie ihr Verhältnis zur dinglichen Übertragung der Anteile. Richtigerweise ist wie folgt zu differenzieren: 15

aa) Rechtsnatur der Einbringung. Unter „Einbringung" i.S.v. Art. 33 Abs. 1 und 2 SE-VO ist nach zutreffender Ansicht nicht die dingliche Übertragung, sondern lediglich die **schuldrechtliche Vereinbarung** über die Übertragung der Aktien bzw. Anteile (d.h. der Zeichnungsvertrag) zu verstehen[36]. Wortlaut und Systematik der SE-VO sind zwar insofern – auch in anderen Sprachfassungen – ambivalent[37]. Für die Erforderlichkeit der dinglichen Übertragung bereits während des Laufs der Drei-Monats-Frist[38] ließe 16

---

30 *Bayer* in Lutter/Hommelhoff, Europäische Gesellschaft, S. 25, 53; *Brandes*, AG 2005, 177, 186; *Heckschen* in Widmann/Mayer, UmwG Anhang 14 Rz. 326; *Paefgen* in KölnKomm. AktG, 3. Aufl., Art. 33 SE-VO Rz. 36; *Schäfer* in MünchKomm. AktG, 3. Aufl., Art. 33 SE-VO Rz. 4; *Schwarz*, Art. 33 SE-VO Rz. 20; *Teichmann*, ZGR 2002, 383, 436.
31 So *J. Schmidt*, „Deutsche" vs. „britische" SE, S. 308; ebenso *Scheifele*, Gründung, S. 362 f.; *Schwarz*, Art. 33 SE-VO Rz. 20; wohl auch *Jannott* in Jannott/Frodermann, Handbuch Europäische Aktiengesellschaft, § 3 Rz. 173; *Theisen/Wenz*, Die Europäische Aktiengesellschaft, S. 162.
32 So zwischenzeitlich die h.M.: *Brandes*, AG 2005, 177, 186; *Casper* in Spindler/Stilz, AktG, Art. 33 SE-VO Rz. 3; *Schröder* in Manz/Mayer/Schröder, Art. 33 SE-VO Rz. 9; *Schäfer* in MünchKomm. AktG, 3. Aufl., Art. 33 SE-VO Rz. 4; zust. *Paefgen* in KölnKomm. AktG, 3. Aufl., Art. 33 SE-VO Rz. 38; *Scholz* in Habersack/Drinhausen, Art. 33 SE-VO Rz. 19 f.; *Marsch-Barner* in Lutter/Bayer, Holding-Handbuch, Rz. 18.55.
33 Vgl. *J. Schmidt*, „Deutsche" vs. „britische" SE, S. 308.
34 Für die Zulässigkeit einer Verlängerung aber *Hügel* in Kalss/Hügel, §§ 25, 26 SEG Rz. 30.
35 So bereits *Bayer* in Lutter/Hommelhoff, Europaische Gesellschaft, S. 25, 52 Fn. 155; ebenso *Heckschen* in Widmann/Mayer, UmwG Anhang 14 Rz. 319 ff.; *Oplustil*, (2003) 4 GLJ 107, 118; *Paefgen* in KölnKomm. AktG, 3. Aufl., Art. 33 SE-VO Rz. 37; *Scholz* in Habersack/Drinhausen, Art. 33 SE-VO Rz. 21; *Schwarz*, Art. 33 SE-VO Rz. 21.
36 Ebenso *Brandes*, AG 2005, 177, 186; *Schäfer* in MünchKomm. AktG, 3. Aufl., Art. 33 SE-VO Rz. 6; *Scheifele*, Gründung, S. 360, 362; *J. Schmidt*, „Deutsche" vs. „britische" SE, S. 303; *Schwarz*, Art. 33 SE-VO Rz. 15 ff., 19; zust. *Scholz* in Habersack/Drinhausen, Art. 33 SE-VO Rz. 25; *Casper* in Spindler/Stilz, AktG, Art. 33 SE-VO Rz. 7; nunmehr auch *Marsch-Barner* in Lutter/Bayer, Holding-Handbuch, Rz. 18.57.
37 Dazu näher *J. Schmidt*, „Deutsche" vs. „britische" SE, S. 302.
38 Hierfür *Jannott* in Jannott/Frodermann, Handbuch Europäische Aktiengesellschaft, § 3 Rz. 170; *Koke*, Finanzverfassung, S. 53 f.; *Schröder* in Manz/Mayer/Schröder, Art. 33 SE-VO Rz. 4 ff.; in diese Richtung auch noch *Bayer* in Lutter/Hommelhoff, Europäische Gesellschaft, S. 25, 52.

sich freilich anführen, dass die eingebrachten Anteile letztlich das Grundkapital der Holding-SE bilden und diese ihre Holding-Funktion auch nur dann effektiv ausüben kann, wenn sie tatsächlich Inhaberin dieser Anteile ist[39]. Gleichwohl kann jedoch nicht davon ausgegangen werden, dass die SE-VO zwingend auch die dingliche Übertragung der Anteile innerhalb der Drei-Monats-Frist anordnen wollte: In denjenigen Staaten, in denen es aufgrund des jeweiligen nationalen Rechts keine Vor-SE gibt (wie z.B. in Großbritannien[40]), wäre nämlich völlig unklar, an wen die Anteile überhaupt übertragen werden sollten, da die Holding-SE als solche vor ihrer Eintragung gar nicht existiert[41]. Bei der „Einbringung" i.S.d. Art. 33 Abs. 1 und 2 SE-VO geht es also nur um die schuldrechtliche Verpflichtung.

17 **bb) Dingliche Übertragung der Anteile. (1) Allgemein.** Der Zeitpunkt sowie die Ausgestaltung der **dinglichen Übertragung** der Anteile bestimmt sich dagegen – als Problem der **Kapitalaufbringung** – gem. Art. 15 Abs. 1 SE-VO bzw. Art. 5 SE-VO[42] **nach dem nationalen Recht des Sitzstaates** der künftigen Holding-SE, denn bei den einzubringenden Anteilen handelt es sich um die Sacheinlagen, durch die das Grundkapital der Holding-SE aufgebracht wird[43].

18 **(2) Holding-SE mit Sitz in Deutschland.** Hat die (künftige) Holding-SE ihren Sitz in Deutschland, so sind die Anteile gem. **Art. 15 Abs. 1 SE-VO i.V.m. § 36 Abs. 2 Satz 1 AktG** dinglich **an die Vor-SE zu übertragen**[44].

19 **Nicht anwendbar** ist allerdings die Fünf-Jahres-Frist des **§ 36a Abs. 2 Satz 2 AktG**, denn eine derartig hinausgeschobene Einlageleistung wäre mit dem Konzept der Holdinggründung nach der SE-VO unvereinbar[45]. Diese setzt vielmehr wesensmäßig voraus, dass die Sacheinlagen – also die Anteile an den Gründungsgesellschaften – **bereits im Zeitpunkt der Eintragung** der Holding-SE **vollständig geleistet**, d.h. dinglich an die Holding-SE übertragen sind, denn nur dann ist sichergestellt, dass die Holding-SE von Anfang an Mehrheitsgesellschafterin jeder der beteiligten Gründungsgesellschaften ist und damit die für sie charakteristische Holding-Funktion auch tatsächlich effektiv wahrnehmen kann[46]. Nicht zwingend erforderlich ist hingegen, dass die

---

39 Vgl. dazu *Koke*, Finanzverfassung, S. 53; *Scheifele*, Gründung, S. 360 f.; *J. Schmidt*, „Deutsche" vs. „britische" SE, S. 302; *Schwarz*, Art. 33 SE-VO Rz. 15.
40 Dazu näher *J. Schmidt*, „Deutsche" vs. „britische" SE, S. 389 f. m.w.N.
41 S. *J. Schmidt*, „Deutsche" vs. „britische" SE, S. 303.
42 Die maßgebliche Verweisungsnorm ist davon abhängig, ob die Kapitalaufbringung nach dem jeweiligen mitgliedstaatlichen Recht *vor* (dann Art. 15 Abs. 1 SE-VO) oder *nach* Eintragung der Gesellschaft (dann Art. 5 SE-VO) erfolgt, vgl. *J. Schmidt*, „Deutsche" vs. „britische" SE, S. 303 Fn. 1230, S. 415 m.w.N.
43 Ebenso *Scheifele*, Gründung, S. 360; *J. Schmidt*, „Deutsche" vs. „britische" SE, S. 303 f.; *Schwarz*, Art. 33 SE-VO Rz. 15 f.; *Paefgen* in KölnKomm. AktG, 3. Aufl., Art. 33 SE-VO Rz. 59; S. ferner auch *Schäfer* in MünchKomm. AktG, 3. Aufl., Art. 33 SE-VO Rz. 9.
44 *Bayer* in Lutter/Hommelhoff, Europäische Gesellschaft, S. 25, 53; *Heckschen* in Widmann/Mayer, UmwG Anhang 14 Rz. 323; *Schäfer* in MünchKomm. AktG, 3. Aufl., Art. 33 SE-VO Rz. 6; *Scheifele*, Gründung, S. 360 f.; *J. Schmidt*, „Deutsche" vs. „britische" SE, S. 305; *Schwarz*, Art. 33 SE-VO Rz. 17; für die parallele Rechtslage in Österreich auch *Hügel* in Kalss/Hügel, §§ 25, 26 SEG Rz. 29 a.E.
45 *Schäfer* in MünchKomm. AktG, 3. Aufl., Art. 32 SE-VO Rz. 38, Art. 33 Rz. 9; *Scheifele*, Gründung, S. 360 f.; *J. Schmidt*, „Deutsche" vs. „britische" SE, S. 304 f.; *Schwarz*, Art. 33 SE-VO Rz. 17; zust. *Scholz* in Habersack/Drinhausen, Art. 33 SE-VO Rz. 24; *Casper* in Spindler/Stilz, AktG, Art. 33 SE-VO Rz. 7; *Paefgen* in KölnKomm. AktG, 3. Aufl., Art. 33 SE-VO Rz. 64.
46 Vgl. *Schäfer* in MünchKomm. AktG, 3. Aufl., Art. 33 SE-VO Rz. 9; *Scheifele*, Gründung, S. 360 f.; *J. Schmidt*, „Deutsche" vs. „britische" SE, S. 302 ff.; *Schwarz*, Art. 33 SE-VO Rz. 17; *Marsch-Barner* in Lutter/Bayer, Holding-Handbuch, Rz. 18.57. Vgl. ferner auch *Koke*, Finanzverfassung, S. 53 f.

dingliche Übertragung bereits während der Drei-Monats-Frist des Art. 33 Abs. 1 SE-VO erfolgt[47] (vgl. auch bereits oben Rz. 16).

Bei Anteilen an einer **deutschen GmbH** bedarf die Übertragung gem. **§ 15 Abs. 3 GmbHG** der notariellen Beurkundung[48]. 20

e) Erwerb der Aktien (Art. 33 Abs. 4 SE-VO)

Gem. Art. 33 Abs. 4 SE-VO erhalten diejenigen Gesellschafter, die ihre „Wertpapiere" – d.h. Aktien bzw. Anteile (vgl. zur missverständlichen Begrifflichkeit bereits oben Rz. 6) – im Hinblick auf die Gründung der SE einbringen, Aktien der SE. Wie sich aus dem Wortlaut der Norm, speziell im Vergleich mit Art. 29 Abs. 1 lit. b bzw. Abs. 2 lit. b SE-VO, deutlich ergibt, erfolgt also **kein Aktienerwerb ex lege**[49]. Die Anteilsinhaber erwerben die Aktien der Holding-SE vielmehr im Wege eines **rechtsgeschäftlichen Erwerbs** auf der Grundlage des von ihnen (freiwillig) abgeschlossenen Zeichnungsvertrages[50] (vgl. dazu bereits oben Rz. 10, 16). 21

f) Sonderproblematik: Holdinggründung und Verbot des Erwerbs eigener Aktien

Im Schrifttum ist die Frage aufgeworfen worden, ob und inwieweit die Holdinggründung für eine an der Gründung beteiligte deutsche AG im Hinblick auf das prinzipielle Verbot des Erwerbs eigener Aktien problematisch sein könnte. Zum einen ließe sich erwägen, den Gründungsplan bzw. Zustimmungsbeschluss als Rechtsgeschäft i.S.d. **§ 71a Abs. 2 AktG** anzusehen, weil dadurch der Rechtsgrund dafür geschaffen wird, dass die SE die Aktien an der Gründungsgesellschaft erwirbt, die SE also die Aktien faktisch auf deren Rechnung erwerbe. Eine derartige Interpretation erscheint allerdings schon deshalb äußerst zweifelhaft, weil die Gründungsgesellschaft aufgrund des Einbringungswahlrechts der Anteilsinhaber (dazu oben Rz. 3 ff.) letztlich gar keinen rechtlichen gesicherten Einfluss auf den Umfang des Anteilstauschs hat[51]. Unabhängig davon ist aber jedenfalls davon auszugehen, dass das durch die **SE-VO** speziell vorgegebene Holdinggründungsverfahren, welches wesensmäßig mit einem derartigen Anteilstauschverfahren verbunden ist, **Vorrang** sowohl vor den allgemeinen Beschränkungen des Erwerbs eigener Aktien durch die Kapital-RL[52] und die nationalen Umsetzungsvorschriften in §§ 71 ff. AktG, speziell § 71a Abs. 2 AktG, hat[53]. 22

Sofern die Gründungsgesellschaft eigene Aktien in die SE einbringt und dafür im Gegenzug SE-Aktien erhält, wäre zudem an die Anwendung des **§ 71d AktG** zu denken. Jedenfalls soweit die Gründungsgesellschaft die von ihr eingebrachten Aktien berech- 23

---

47 *Schäfer* in MünchKomm. AktG, 3. Aufl., Art. 33 SE-VO Rz. 9; *Scheifele*, Gründung, S. 360 f.; *J. Schmidt*, „Deutsche" vs. „britische" SE, S. 304 f.; *Schwarz*, Art. 33 SE-VO Rz. 17.
48 *Bayer* in Lutter/Hommelhoff, Europäische Gesellschaft, S. 25, 54; *Jannott* in Jannott/Frodermann, Handbuch Europäische Aktiengesellschaft, § 3 Rz. 171; *J. Schmidt*, „Deutsche" vs. „britische" SE, S. 305; *Schröder* in Manz/Mayer/Schröder, Art. 33 SE-VO Rz. 32.
49 *Schäfer* in MünchKomm. AktG, 3. Aufl., Art. 32 SE-VO Rz. 13; *Scheifele*, Gründung, S. 382; *Schwarz*, Art. 33 SE-VO Rz. 31; s. ferner auch *Handelsrechtsausschuss des DAV*, NZG 2004, 75, 79.
50 *Schäfer* in MünchKomm. AktG, 3. Aufl., Art. 33 SE-VO Rz. 12; *Scheifele*, Gründung, S. 382; *Schwarz*, Art. 33 SE-VO Rz. 31; *Paefgen* in KölnKomm. AktG, 3. Aufl., Art. 33 SE-VO Rz. 60.
51 *Schäfer* in MünchKomm. AktG, 3. Aufl., Art. 33 SE-VO Rz. 13.
52 Ursprünglich RL 77/91/EWG, ABl. EG Nr. L 26 v. 31.1.1977, S. 1; geändert durch RL 2006/68/EG, ABl. EG Nr. L 264 v. 25.9.2006, S. 32; neugefasst durch RL 2012/30/EU, ABl. EU Nr. L 315 v. 14.11.2012, S. 74. Text mit Stand 2011 und ausf. Erläuterungen bei *Lutter/Bayer/J. Schmidt*, EuropUR, § 20 m.z.W.N. Zur Neufassung, die *de facto* nur eine Kodifizierung ist, *Bayer/J. Schmidt*, BB 2013, 3, 6.
53 Ebenso: *Oechsler* in MünchKomm. AktG, 3. Aufl., Art. 2 SE-VO Rz. 28, Art. 5 Rz. 17; *Oechsler*, NZG 2005, 449, 450.

tigterweise gehalten hat, dürfte § 71d AktG insofern allerdings teleologisch zu reduzieren sein: Der Schutzzweck der Norm ist hier **nicht** tangiert, da kein neuer Erwerb eigener Aktien stattfindet, sondern nur eine unmittelbare gegen eine mittelbare Beteiligung getauscht wird[54].

2. Offenlegung (Art. 33 Abs. 3 SE-VO)

24 Wenn alle Bedingungen für die Gründung der SE gem. Art. 33 Abs. 2 SE-VO erfüllt sind, so hat jede der die Gründung anstrebenden Gesellschaften dies gem. Art. 33 Abs. 3 SE-VO offen zu legen.

a) Bedingungen für die Gründung der SE gem. Art. 33 Abs. 2 SE-VO

25 Voraussetzung und zugleich Gegenstand der Offenlegung ist, dass die „Bedingungen für die Gründung der SE gemäß Absatz 2 erfüllt" sind. Nach Art. 33 Abs. 2 SE-VO ist die SE nur dann „gegründet" (dazu bereits oben Rz. 8), wenn (1) innerhalb der Drei-Monats-Frist des Abs. 1 für jede der Gründungsgesellschaften die Mindesteinbringungsquote erreicht wurde und (2) „alle übrigen Bedingungen erfüllt sind".

26 **aa) Erreichen der Mindesteinbringungsquote.** Erforderlich ist zunächst, dass bei **jeder Gründungsgesellschaft** innerhalb der Drei-Monats-Frist des Art. 33 Abs. 1 SE-VO (dazu oben Rz. 13 f.) die Mindesteinbringungsquote erreicht wurde[55]. Nach dem Wortlaut der Norm dürfte es genügen, dass das Erreichen der Mindestquote an sich offen gelegt wird; im Interesse einer umfassenden Information der Anteilsinhaber ist jedoch weitergehend auch die tatsächlich erreichte Quote offen zu legen[56].

27 **bb) Erfüllung „aller übrigen Bedingungen".** Aus der Formulierung in Art. 33 Abs. 5 SE-VO („Formalitäten gemäß Art. 32 SE-VO und die in Absatz genannten Voraussetzungen") wird teilweise abgeleitet, dass unter den in Art. 33 Abs. 2 SE-VO genannten „übrigen Bedingungen" nur die im Gründungsplan genannten Voraussetzungen zu verstehen seien[57]. Nach zutreffender Ansicht ist indessen erforderlich, dass **sämtliche nach Art. 32 SE-VO erforderliche Verfahrensschritte** beachtet wurden[58]; die missverständliche Formulierung in Art. 33 Abs. 5 SE-VO beruht insoweit auf einem entstehungsgeschichtlich zu erklärenden Redaktionsversehen[59].

28 Ferner ist erforderlich, dass auch weitere, sich ggf. aus dem jeweiligen **nationalen Recht ergebende Voraussetzungen** beachtet wurden[60]. Dies bezieht sich zum einen

---

54 Ähnlich *Schäfer* in MünchKomm. AktG, 3. Aufl., Art. 33 SE-VO Rz. 15; *Scheifele*, Gründung, S. 382 f.; *Schwarz*, Art. 33 SE-VO Rz. 32.
55 *Schäfer* in MünchKomm. AktG, 3. Aufl., Art. 33 SE-VO Rz. 17; *Scheifele*, Gründung, S. 372; *Schwarz*, Art. 33 SE-VO Rz. 29.
56 *Schäfer* in MünchKomm. AktG, 3. Aufl., Art. 33 SE-VO Rz. 17; zust. *Casper* in Spindler/Stilz, AktG, Art. 33 SE-VO Rz. 11; *Paefgen* in KölnKomm. AktG, 3. Aufl., Art. 33 SE-VO Rz. 44; *Scholz* in Habersack/Drinhausen, Art. 33 SE-VO Rz. 31.
57 So *Schröder* in Manz/Mayer/Schröder, Art. 33 SE-VO Rz. 10.
58 *Oplustil*, (2003) 4 GLJ 109, 119; *Schäfer* in MünchKomm. AktG, 3. Aufl., Art. 33 SE-VO Rz. 17; *Scheifele*, Gründung, S. 373; *J. Schmidt*, „Deutsche" vs. „britische" SE, S. 301; *Schwarz*, Art. 33 SE-VO Rz. 29; *Marsch-Barner* in Lutter/Bayer, Holding-Handbuch, Rz. 18.57.
59 Art. 31a Abs. 3 SE-VOE 1991 war nahezu wortgleich mit dem heutigen Art. 33 Abs. 5 SE-VO, in Art. 31a Abs. 2 SE-VOE 1991 wurde aber nur das Erreichen der Mindestquote, nicht auch die Erfüllung „aller übrigen Bedingungen" verlangt; s. dazu auch *Schäfer* in MünchKomm. AktG, 3. Aufl., Art. 33 SE-VO Rz. 17; *Scheifele*, Gründung, S. 372 f.
60 Vgl. auch *Schäfer* in MünchKomm. AktG, 3. Aufl., Art. 33 SE-VO Rz. 17; *Scheifele*, Gründung, S. 372 f.; *Schwarz*, Art. 33 SE-VO Rz. 29; *J. Schmidt*, „Deutsche" vs. „britische" SE, S. 301.

auf die qua **Art. 18 SE-VO analog** zu beachtenden Anforderungen des für die jeweilige Gründungsgesellschaft geltenden Rechts, zum anderen aber auch auf die qua **Art. 15 Abs. 1 SE-VO** zu beachtenden Anforderungen nach dem Recht des Sitzstaats der künftigen SE[61]. Gerade im Hinblick auf letztere gilt dies allerdings freilich nur insoweit, als diese Anforderungen tatsächlich auch bereits zu diesem Zeitpunkt erfüllt sein müssen, d.h. im Falle der Gründung einer Holding-SE mit Sitz in Deutschland z.B. nicht für das Sachgründungsverfahren nach §§ 32 ff. AktG (dazu näher unten Rz. 39 ff.), das erst im Zeitpunkt der Anmeldung abgeschlossen sein muss und daher auch erst dann geprüft wird (s. unten Rz. 47).

b) Verfahren der Offenlegung

Die Offenlegung erfolgt für jede Gründungsgesellschaft separat[62] (vgl. dazu bereits oben Rz. 13) gemäß „den nach Artikel 3 der [Publizitäts-RL][63] erlassenen Vorschriften des einzelstaatlichen Rechts, dem sie unterliegt". Für eine deutsche Gründungsgesellschaft verweist[64] Art. 33 Abs. 3 SE-VO also auf **§ 10 HGB**[65]. 29

3. Phase 2 („Zaunkönigphase")

In der anschließenden Phase 2, der sog. **„Zaunkönigphase"**, haben diejenigen Anteilsinhaber der Gründungsgesellschaften, die sich in Phase 1 (noch) nicht zur Einbringung ihrer Anteile entschlossen haben, gem. **Art. 33 Abs. 3 Unterabs. 2 SE-VO** einen **weiteren Monat** Zeit, um ihrer Gründungsgesellschaft mitzuteilen, ob sie die Absicht haben, ihre Gesellschaftsanteile im Hinblick auf die Gründung der künftigen SE zur Verfügung zu stellen (vgl. zur ratio der Norm bereits oben Rz. 2). 30

a) Ein-Monats-Frist

Die Ein-Monats-Frist des Art. 33 Abs. 3 Unterabs. 2 SE-VO **beginnt** nicht etwa erst mit der Eintragung der Holding-SE[66], sondern **mit** der **Offenlegung nach Art. 33 Abs. 3 Unterabs. 1 SE-VO**[67]. Dies ergibt sich nicht nur aus dem systematischen Kon- 31

---

61 Zumindest ungenau insoweit *Schäfer* in MünchKomm. AktG, 3. Aufl., Art. 33 SE-VO Rz. 17; *Scheifele*, Gründung, S. 373 und *Schwarz*, Art. 33 SE-VO Rz. 29, die sich jeweils nur auf die sich aus Art. 15 Abs. 1 SE-VO ergebenden Anforderungen des nationalen Rechts beziehen. Vgl. *J. Schmidt*, „Deutsche" vs. „britische" SE, S. 301.
62 *Scheifele*, Gründung, S. 373; *J. Schmidt*, „Deutsche" vs. „britische" SE, S. 308; *Schröder* in Manz/Mayer/Schröder, Art. 33 SE-VO Rz. 15; *Schwarz*, Art. 33 SE-VO Rz. 28.
63 RL 2009/101/EG v. 16.9.2009, ABl. EU Nr. L 258 v. 1.10.2009, S. 11; abgedruckt und erläutert bei *Lutter/Bayer/J. Schmidt*, EuropUR, § 19; im Hinblick auf die Verknüpfung der nationalen Zentral-, Handels- und Gesellschaftsregister geändert durch RL 2012/17/EU v. 13.6.2012, ABl. EU v. 16.6.2012 Nr. L 156/1; dazu *Bayer/J. Schmidt*, BB 2013, 1, 5; *Kilian*, FGPrax 2012, 185 ff. Ursprünglich Richtlinie 68/151/EWG des Rates vom 9.3.1968 zur Koordinierung der Schutzbestimmungen, die in den Mitgliedstaaten den Gesellschaften im Sinne des Artikels 58 Absatz 2 des Vertrages im Interesse der Gesellschafter sowie Dritter vorgeschrieben sind, um diese Bestimmungen gleichwertig zu gestalten, ABl. EG Nr. L 65 v. 14.3.1968, S. 8; zur Änderung näher *Lutter/Bayer/J. Schmidt*, EuropUR, § 19 Rz. 5 ff.
64 Abs. 3 ist eine Verweisung, keine Ermächtigungsnorm, vgl. *J. Schmidt*, „Deutsche" vs. „britische" SE, S. 308; *Schröder* in Manz/Mayer/Schröder, Art. 33 SE-VO Rz. 12; *Schwarz*, Art. 33 SE-VO Rz. 30.
65 *Jannott* in Jannott/Frodermann, Handbuch Europäische Aktiengesellschaft, § 3 Rz. 176; *Schäfer* in MünchKomm. AktG, 3. Aufl., Art. 33 SE-VO Rz. 18; *J. Schmidt*, „Deutsche" vs. „britische" SE, S. 309; *Seibt/Saame*, AnwBl. 2005, 225, 232.
66 So aber *Kersting*, DB 2001, 2078, 2084; *Thümmel*, Europäische Aktiengesellschaft, Rz. 108.
67 *Bayer* in Lutter/Hommelhoff, Europäische Gesellschaft, S. 25, 54; *Brandes*, AG 2005, 177, 186; *Schäfer* in MünchKomm. AktG, 3. Aufl., Art. 33 SE-VO Rz. 16, 19; *Scholz* in Habersack/Drinhausen, Art. 33 SE-VO Rz. 34; *Paefgen* in KölnKomm. AktG, 3. Aufl., Art. 33 SE-VO Rz. 56; *Seibt/Saame*, AnwBl. 2005, 225, 232; *Teichmann*, ZGR 2002, 383, 437.

text der Unterabsätze 1 und 2 des Abs. 3, sondern auch aus der ratio der Offenlegung: Dadurch erfahren die Anteilsinhaber, dass die Gründung der Holding-SE nun sicher ist, sie diese also nicht mehr verhindern können und daher erwägen sollten, ob sie auf dieser Basis tatsächlich an ihrer bislang ablehnenden Position festhalten wollen[68] (vgl. auch oben Rz. 2). Die Frist läuft **separat für jede Gründungsgesellschaft**[69].

b) Mitteilung

32 Für die „**Mitteilung**" nach Art. 33 Abs. 3 Unterabs. 1 SE-VO kann i.E. nichts anderes gelten als für diejenige nach Art. 33 Abs. 1 SE-VO (dazu ausf. oben Rz. 9 ff.). Auch hierbei handelt es sich um eine **rechtsverbindliche Erklärung**[70] und zwar richtigerweise um ein **Angebot** des Anteilsinhabers auf Abschluss eines Zeichnungsvertrages[71], das allerdings – anders als die Mitteilung nach Art. 33 Abs. 1 SE-VO – selbstverständlich nicht unter der aufschiebenden Bedingung des Erreichens der Mindestquote steht. Im Falle von Anteilen an einer deutschen GmbH ist auch hier gem. **§ 15 Abs. 4 GmbHG** eine notarielle Beurkundung erforderlich.

c) Dingliche Übertragung der betreffenden Anteile und Erwerb der Aktien der SE

33 Die dinglichen Übertragung derjenigen Anteile, zu deren „Einbringung" sich die Anteilsinhaber erst während des Laufs der Nachfrist entschieden haben, richtet sich als Frage der Kapitalaufbringung ebenfalls qua **Art. 15 Abs. 1 SE-VO bzw. Art. 5 SE-VO** nach dem **nationalen Recht** des Sitzstaates der SE (vgl. bereits oben Rz. 17).

34 Wenn die (künftige) Holding-SE ihren **Sitz in Deutschland** hat, so sind die Anteile also gem. **Art. 15 Abs. 1 SE-VO i.V.m. § 36a Abs. 2 Satz 1 AktG** dinglich an die **Vor-SE** zu **übertragen** (vgl. zum Verhältnis von Nachfrist und Eintragung ausf. unten Rz. 36 f.). Die Fünf-Jahres-Frist des § 36a Abs. 2 Satz 2 AktG ist nicht anwendbar (näher dazu bereits oben Rz. 19). Bei Anteilen an einer deutschen GmbH bedarf die Übertragung gem. **§ 15 Abs. 3 GmbHG** der notariellen Beurkundung[72] (vgl. bereits oben Rz. 20).

35 Zum **Erwerb der SE-Aktien** bereits oben Rz. 21[73], zur Problematik im Hinblick auf §§ 71 ff. AktG oben Rz. 22 f.

d) Nachfrist und Eintragung

36 Im Schrifttum wird verbreitet die Auffassung vertreten, dass die Eintragung der Holding-SE bereits *während des Laufs der Nachfrist* gem. Art. 33 Abs. 3 Unterabs. 2 SE-VO erfolgen könne, da Art. 33 Abs. 5 SE-VO als Eintragungsvoraussetzungen lediglich die nachweisliche Erfüllung der Formalitäten gem. Art. 32 SE-VO und Art. 33

---

68 Vgl. *Schäfer* in MünchKomm. AktG, 3. Aufl., Art. 33 SE-VO Rz. 16; *Schwarz*, Art. 33 SE-VO Rz. 23; *Schröder* in Manz/Mayer/Schröder, Art. 33 SE-VO Rz. 17.
69 *Scholz* in Habersack/Drinhausen, Art. 33 SE-VO Rz. 34; *Paefgen* in KölnKomm. AktG, 3. Aufl., Art. 33 SE-VO Rz. 56; *Casper* in Spindler/Stilz, AktG, Art. 33 SE-VO Rz. 13.
70 *Schäfer* in MünchKomm. AktG, 3. Aufl., Art. 33 SE-VO Rz. 20; *Scheifele*, Gründung, S. 361; *J. Schmidt*, „Deutsche" vs. „britische" SE, S. 309; *Schwarz*, Art. 33 SE-VO Rz. 18.
71 *Schäfer* in MünchKomm. AktG, 3. Aufl., Art. 33 SE-VO Rz. 20; *J. Schmidt*, „Deutsche" vs. „britische" SE, S. 309. Anders jedoch *Scheifele*, Gründung, S. 361; *Schwarz*, Art. 33 SE-VO Rz. 18 (Annahmeerklärung).
72 Wie hier *Paefgen* in KölnKomm. AktG, 3. Aufl., Art. 33 SE-VO Rz. 69.
73 So auch *Paefgen* in KölnKomm. AktG, 3. Aufl., Art. 33 SE-VO Rz. 62; abw. indes *Schäfer* in MünchKomm. AktG, 3. Aufl., Art. 33 SE-VO Rz. 24 (Erwerb gem. §§ 199, 200 AktG).

Abs. 2 SE-VO fordere[74]. Einige Autoren gehen noch weiter und wollen sogar eine Eintragung *während der Drei-Monats-Frist* des Art. 33 Abs. 1 SE-VO zulassen, sofern die Mindestquote bereits vor deren Ablauf erreicht wurde[75].

Diese formale Argumentation vermag jedoch **nicht zu überzeugen**. Eine ganze Reihe gewichtiger systematischer und teleologischer Gründe spricht vielmehr dafür, dass die **Eintragung** der Holding-SE **erst nach Ablauf der Nachfrist** des Art. 33 Abs. 3 Unterabs. 2 SE-VO erfolgen darf[76]. Zum einen ist bereits das aus Art. 33 Abs. 5 SE-VO abgeleitete Wortlautargument nicht restlos überzeugend; die Tatsache, dass hier nur auf die Wahrung der Voraussetzungen nach Art. 32 SE-VO und Art. 33 Abs. 2 SE-VO Bezug genommen wird, lässt sich ebenso gut damit erklären, dass die Einbringung weiterer Anteile während der Nachfrist keine Voraussetzung für die Entstehung der Holding-SE ist; es handelt sich hierbei vielmehr lediglich um eine zusätzliche Option für die Anteilsinhaber[77]. Weiterhin hat die Argumentation der h.M. auch die Systematik des Art. 33 SE-VO gegen sich: Nach dem durch die einzelnen Absätze dieser Norm fixierten chronologischen Ablaufschema für die Holdinggründung erfolgt die Eintragung (Art. 33 Abs. 5 SE-VO) ganz klar erst *nach* Ablauf der Nachfrist des Art. 33 Abs. 3 SE-VO[78]. Entscheidend gegen die Zulässigkeit einer Eintragung vor Ablauf der Nachfrist spricht aber vor allem die Unvereinbarkeit dieser Auffassung mit den europa- und nationalrechtlichen Vorschriften der Kapitalaufbringung. Nach den über Art. 15 Abs. 1 SE-VO bzw. Art. 5 SE-VO anwendbaren mitgliedsstaatlichen Durchführungsbestimmungen zu Art. 10 Kapital-RL – im Falle der Gründung einer Holding-SE mit Sitz in Deutschland: §§ 34 Abs. 3 Satz 1, 37 Abs. 4 Nr. 4 AktG – muss *vor* Eintragung der Gesellschaft (bzw. vor der Genehmigung über die Aufnahme der Geschäftstätigkeit) eine Sachgründungsprüfung durch sachverständige Prüfer erfolgen (vgl. dazu ausf. unten Rz. 38, 41). Da diese sich auf *alle* Sacheinlagen beziehen muss, deren genaue Anzahl und Identität aber erst *nach* Ablauf der Nachfrist überhaupt feststeht, ist eine Eintragung der Holding-SE *vor* Ablauf der Nachfrist aus **kapitalrechtlichen Gründen** ausgeschlossen[79]. Für die Qualifikation des Ablaufs der Nachfrist als Eintragungsvoraussetzung spricht im Übrigen auch, dass so eo ipso zumindest im Zeitpunkt der Eintragung der Holding-SE das Grundkapital endgültig feststeht und sich damit zugleich eine Vielzahl – auf der Basis der abweichenden Auffassung kontrovers diskutierter – Probleme[80] von selbst erledigen[81].

---

74 So *Bartone/Klapdor*, Europäische Aktiengesellschaft, S. 45; *Bungert/Beier*, EWS 2002, 1, 8; *Casper* in Spindler/Stilz, AktG, Art. 33 SE-VO Rz. 15; *Heckschen* in Widmann/Mayer, UmwG Anhang 14 Rz. 290; *Koke*, Finanzverfassung, S. 45; *Mahi*, Europäische Aktiengesellschaft, S. 65; *Marsch-Barner* in Lutter/Bayer, Holding-Handbuch, Rz. 18.59; *Neun* in Theisen/Wenz, Europäische Aktiengesellschaft, S. 57, 163 f.; *Oplustil*, (2003) 4 GLJ 107, 120; *Schäfer* in MünchKomm. AktG, 3. Aufl., Art. 33 SE-VO Rz. 19, 26; *Scheifele*, Gründung, S. 378; *Teichmann*, ZGR 2002, 383, 437; wohl auch *Jannott* in Jannott/Frodermann, Handbuch Europäische Aktiengesellschaft, § 3 Rz. 188.
75 So *Scheifele*, Gründung, S. 378; *Schwarz*, Art. 33 SE-VO Rz. 49 f.; *Spitzbart*, RNotZ 2006, 369, 409.
76 Ebenso und mit ausf. Begründung *J. Schmidt*, „Deutsche" vs. „britische" SE, S. 340 ff.; i.E. (allerdings ohne nähere Begründung) auch *Hügel* in Kalss/Hügel, § 27 SEG Rz. 11; zust. *Scholz* in Habersack/Drinhausen, Art. 33 SE-VO Rz. 4; *Paefgen* in KölnKomm. AktG, 3. Aufl., Art. 33 SE-VO Rz. 76.
77 Vgl. *J. Schmidt*, „Deutsche" vs. „britische" SE, S. 340.
78 Vgl. *J. Schmidt*, „Deutsche" vs. „britische" SE, S. 340 f.
79 Näher dazu auch *J. Schmidt*, „Deutsche" vs. „britische" SE, S. 341.
80 Ausführlich zu diesen Problemen etwa *Scheifele*, Gründung, S. 378 ff.
81 Vgl. *J. Schmidt*, „Deutsche" vs. „britische" SE, S. 341.

V. Sachgründungsverfahren nach nationalem Recht

1. Allgemeines

38 Aufgrund des Wesens der Holding-SE-Gründung als Sachgründung (vgl. Art. 32 Rz. 1) sind gem. **Art. 15 Abs. 1 SE-VO bzw. Art. 5 SE-VO**[82] stets die nach dem Recht des Sitzstaates geltenden – und durch Art. 10 Kapital-RL harmonisierten – **Sachgründungsvorschriften** zu beachten[83]. Aufgrund des unterschiedlichen Schutzzwecks werden die Sachgründungsvorschriften auch nicht etwa durch den Gründungsbericht nach Art. 32 Abs. 2 Satz 2 SE-VO (dazu Art. 32 Rz. 41 ff.) noch durch die Gründungsprüfung nach Art. 32 Abs. 4 und 5 SE-VO (dazu Art. 32 Rz. 51 ff.) verdrängt: Letztere gewährleisten einen „Schutz durch Information" für die Anteilsinhaber (und Arbeitnehmer), während die nach Art. 10 Kapital-RL gebotene Sachgründungsprüfung primär der Sicherung der ordnungsmäßigen Kapitalaufbringung und damit dem Gläubigerschutz dient[84].

2. Holding-SE mit Sitz in Deutschland

39 Hat die (künftige) Holding-SE ihren Sitz in Deutschland, so gelten gem. Art. 15 Abs. 1 SE-VO die **§§ 32 ff. AktG**[85]. Der vereinzelt vertretenen Auffassung, dass Gründungsbericht und -prüfung nach § 75 Abs. 2 UmwG entbehrlich seien[86], ist **nicht** zu folgen[87]. Die dieser Norm zugrunde liegende Wertung, dass im Fall einer Kapitalgesellschaft als übertragendem Rechtsträger die Kapitalaufbringung bereits durch die speziellen (nationalen) Kapitalaufbringungs- und -erhaltungsvorschriften gesichert ist[88], passt im Falle der Gründung einer Holding-SE nicht: Das Grundkapital der Holding-SE wird nämlich durch die Anteilsinhaber der Gründungsgesellschaften aufgebracht, die Kapitalaufbringung bei den Gründungsgesellschaften ist demgemäß nur indirekt von Bedeutung[89] und nicht notwendig auf die Kapitalaufbringung der SE abgestimmt, insbesondere nicht bei einer ausländischen „GmbH" als Gründungsgesell-

---

[82] S. zur Abgrenzung oben Fn. 42.
[83] Vgl. *Bayer* in Lutter/Hommelhoff, Europäische Gesellschaft, S. 25, 54; *Koke*, Finanzverfassung, S. 42 f.; *Paefgen* in KölnKomm. AktG, 3. Aufl., Art. 33 SE-VO Rz. 81; *Schäfer* in MünchKomm. AktG, 3. Aufl., Art. 32 SE-VO Rz. 36; *Teichmann* in Oplustil/Teichmann, The European Company, S. 107, 117.
[84] *Bayer* in Lutter/Hommelhoff, Europäische Gesellschaft, S. 25, 54; *Brandes*, AG 2005, 177, 187; *Oplustil*, (2003) 4 GLJ 107, 115, 121; *Schäfer* in MünchKomm. AktG, 3. Aufl., Art. 32 SE-VO Rz. 37; *Scholz* in Habersack/Drinhausen, Art. 33 SE-VO Rz. 38; *Schwarz*, Vorb. Art. 32–34 SE-VO Rz. 28.
[85] *Bayer* in Lutter/Hommelhoff, Europäische Gesellschaft, S. 25, 54; *Brandes*, AG 2005, 177, 187; *Marsch-Barner* in Lutter/Bayer, Holding-Handbuch, § 18 Rz. 60 ff.; *Schäfer* in MünchKomm. AktG, 3. Aufl., Art. 32 SE-VO Rz. 36 f.; *Paefgen* in KölnKomm. AktG, 3. Aufl., Art. 33 SE-VO Rz. 81; *Schwarz*, Vorb. Art. 32–34 SE-VO Rz. 29; *Seibt/Saame*, AnwBl. 2005, 225, 231; *Vossius*, ZIP 2005, 741, 745.
[86] So *Jannott* in Jannott/Frodermann, Handbuch Europäische Aktiengesellschaft, § 3 Rz. 180, 184.
[87] So schon *Bayer* in Lutter/Hommelhoff, Europäische Gesellschaft, S. 25, 55; ebenso *Koke*, Finanzverfassung, S. 56; *Scheifele*, Gründung, S. 368 f.; *J. Schmidt*, „Deutsche" vs. „britische" SE, S. 311; *Schwarz*, Vorb. Art. 32–34 SE-VO Rz. 29; zust. *Schäfer* in MünchKomm. AktG, 3. Aufl., Art. 32 SE-VO Rz. 37; *Scholz* in Habersack/Drinhausen, Art. 33 SE-VO Rz. 41; *Paefgen* in KölnKomm. AktG, 3. Aufl., Art. 33 SE-VO Rz. 83.
[88] Vgl. *Diekmann* in Semler/Stengel, § 75 UmwG Rz. 4; *Winter* in Lutter, § 58 UmwG Rz. 7.
[89] *Bayer* in Lutter/Hommelhoff, Europäische Gesellschaft, S. 25, 55; *Koke*, Finanzverfassung, S. 56; *Scheifele*, Gründung, S. 368 f.; *J. Schmidt*, „Deutsche" vs. „britische" SE, S. 311; *Schwarz*, Vorb. Art. 32–34 SE-VO Rz. 29.

schaft, da die Kapitalaufbringung durch die Kapital-RL[90] nur für Aktiengesellschaften harmonisiert ist[91].

a) Gründungsbericht

Die **Gründer** der Holding-SE – d.h. entsprechend § 36 Abs. 2 UmwG die **Gründungsgesellschaften** (ausf. Art. 32 Rz. 11)[92], vertreten durch ihre jeweiligen Vertretungsorgane – müssen gem. **Art. 15 Abs. 1 i.V.m. § 32 Abs. 1 AktG** einen Gründungsbericht erstellen[93]. Darin ist zunächst der Hergang der Gründung darzustellen (§ 32 Abs. 1 AktG)[94]. Ferner sind die wesentlichen Umstände darzulegen, von denen die Angemessenheit der Leistungen für die Sacheinlagen – also die Wertgleichheit des Ausgabebetrags der SE-Aktien mit den hierfür eingebrachten Anteilen[95] – abhängt (§ 32 Abs. 2 Satz 1 AktG). Umstritten ist indes, ob und inwieweit bei Gründung einer Holding-SE § 32 Abs. 2 Satz 2 AktG, der in seinen **Nr. 1–3** die hierzu erforderlichen Angaben konkretisiert[96], anwendbar ist. § 32 Abs. 2 Satz 2 Nr. 1 und Nr. 3 AktG werden hier praktisch ohnehin kaum jemals relevant werden[97], zu Problemen könnte aber die nach **§ 32 Abs. 2 Satz 2 Nr. 2** erforderliche **Angabe der Anschaffungskosten** führen[98]. Die daraus im Schrifttum zum Teil abgeleitete Folgerung, dass diese Angaben deshalb im Falle der Gründung einer Holdinggründung SE gänzlich entbehrlich seien[99], geht allerdings zu weit[100]. Die im Einzelnen zu stellenden Anforderungen dürften allerdings im Wege der **SE-spezifischen Auslegung** der Norm kontextspezi-

40

---

90 Ursprünglich RL 77/91/EWG, ABl. EG Nr. L 26 v. 31.1.1977, S. 1; geändert durch RL 2006/68/EG, ABl. EG Nr. L 264 v. 25.9.2006, S. 32; neugefasst durch RL 2012/30/EU, ABl. EU Nr. L 315 v. 14.11.2012, S. 74. Text mit Stand 2011 und ausf. Erläuterungen bei *Lutter/Bayer/J. Schmidt*, EuropUR, § 20 m.z.w.N. Zur Neufassung, die *de facto* nur eine Kodifizierung ist, *Bayer/J. Schmidt*, BB 2013, 3, 6.
91 *Bayer* in Lutter/Hommelhoff, Europäische Gesellschaft, S. 25, 55; *Koke*, Finanzverfassung, S. 56; *J. Schmidt*, „Deutsche" vs. „britische" SE, S. 311; *Schwarz*, Vorb. Art. 32–34 SE-VO Rz. 29.
92 So auch *Scholz* in Habersack/Drinhausen, Art. 33 SE-VO Rz. 39; *Paefgen* in KölnKomm. AktG, 3. Aufl., Art. 33 SE-VO Rz. 79 f.; *Hörtnagl* in Schmitt/Hörtnagl/Stratz, UmwG, Art. 33 SE-VO Rz. 5; *Spitzbart*, RNotZ 2006, 369, 407.
93 Vgl. *Bayer* in Lutter/Hommelhoff, Europäische Gesellschaft, S. 25, 54; *Marsch-Barner* in Lutter/Bayer, Holding-Handbuch, § 18 Rz. 63; *Scholz* in Habersack/Drinhausen, Art. 33 SE-VO Rz. 42; *Paefgen* in KölnKomm. AktG, 3. Aufl., Art. 33 SE-VO Rz. 84.
94 Dazu näher *Marsch-Barner* in Lutter/Bayer, Holding-Handbuch, § 18 Rz. 65; *Neun* in Theisen/Wenz, Europäische Aktiengesellschaft, S. 57, 167; *Scheifele*, Gründung, S. 369; *Scholz* in Habersack/Drinhausen, Art. 33 SE-VO Rz. 43; *Schwarz*, Vorb. Art. 32–34 SE-VO Rz. 30.
95 Vgl. *Koke*, Finanzverfassung, S. 57; *Neun* in Theisen/Wenz, Europäische Aktiengesellschaft, S. 57, 167; *Schäfer* in MünchKomm. AktG, 3. Aufl., Art. 32 SE-VO Rz. 37; *Scheifele*, Gründung, S. 369; *J. Schmidt*, „Deutsche" vs. „britische" SE, S. 312; *Schwarz*, Vorb. Art. 32–34 SE-VO Rz. 31; *Scholz* in Habersack/Drinhausen, Art. 33 SE-VO Rz. 44.
96 Vgl. *Koch* in Hüffer, § 32 Rz. 15; *Pentz* in MünchKomm. AktG, § 32 Rz. 15.
97 *Marsch-Barner* in Lutter/Bayer, Holding-Handbuch, § 18 Rz. 66; *Neun* in Theisen/Wenz, Europäische Aktiengesellschaft, S. 57, 167; *Scheifele*, Gründung, S. 370; zust. *Scholz* in Habersack/Drinhausen, Art. 33 SE-VO Rz. 45.
98 Dazu näher *Marsch-Barner* in Lutter/Bayer, Holding-Handbuch, § 18 Rz. 66; *Neun* in Theisen/Wenz, Europäische Aktiengesellschaft, S. 57, 167 f.; *Scheifele*, Gründung, S. 370.
99 So *Schäfer* in MünchKomm. AktG, 3. Aufl., Art. 32 SE-VO Rz. 37; *Scheifele*, Gründung, S. 370; zust. *Scholz* in Habersack/Drinhausen, Art. 33 SE-VO Rz. 46; *Paefgen* in KölnKomm. AktG, 3. Aufl., Art. 33 SE-VO Rz. 85; s. ferner auch *Schwarz*, Vorb. Art. 32–34 SE-VO Rz. 32 (punktuelle Nichtanwendung).
100 Ebenso *Koke*, Finanzverfassung, S. 57; *Marsch-Barner* in Lutter/Bayer, Holding-Handbuch, § 18 Rz. 66; *Neun* in Theisen/Wenz, Europäische Aktiengesellschaft, S. 57, 168.

fisch zu reduzieren sein[101]. Weiterhin sind ggf. Angaben über etwaige Sondervorteile für und Aktienübernahmen durch Mitglieder der Organe der künftigen SE zu machen (§ 32 Abs. 3 AktG)[102].

b) Gründungsprüfung

41 Da es sich bei der Gründung einer Holding-SE wesensmäßig um eine Sachgründung handelt (s. Art. 32 Rz. 1), ist generell nicht nur eine **interne** Gründungsprüfung durch die Mitglieder des ersten Vorstands und Aufsichtsrats (dualistische SE) bzw. des ersten Verwaltungsrats (monistische SE, vgl. § 22 Abs. 6 SEAG) erforderlich (**Art. 15 Abs. 1 SE-VO i.V.m. § 33 Abs. 1 AktG**)[103], sondern *zusätzlich* auch eine Gründungsprüfung durch **externe Prüfer** (**Art. 15 Abs. 1 SE-VO i.V.m. § 33 Abs. 2 Nr. 4 AktG**)[104]. Letztere muss durch ausreichend vorgebildete und erfahrene Prüfer bzw. Prüfungsgesellschaften durchgeführt werden, für die die Bestellungsverbote gem. §§ 33 Abs. 5 Satz 1, 143 Abs. 2 AktG i.V.m. §§ 319 Abs. 2–4, 319a HGB gelten[105]. Prüfungsgegenstand ist gem. § 34 Abs. 1 AktG die Richtigkeit und Vollständigkeit der Angaben im Gründungsplan, speziell die Werthaltigkeit der Sacheinlagen (d.h. der eingebrachten Anteile)[106]. Nach § 34 Abs. 2 AktG ist sowohl über die interne als auch die externe Prüfung (also kein gemeinsamer Bericht) ein schriftlicher **Prüfungsbericht** zu erstellen[107], der mit der Anmeldung beim Registergericht einzureichen ist (§§ 34 Abs. 3 Satz 1, 37 Abs. 4 Nr. 4 AktG)[108] (zur Anmeldung auch unten Rz. 51 ff.).

c) Exkurs: Verantwortlichkeit der Gründer und Haftung der künftigen Organe der SE

42 In engem Zusammenhang mit Gründungsbericht und -prüfung steht die gesamtschuldnerische Haftung der „Gründer" – bei der Holding-SE also die Gründungsgesellschaften (ausf. Art. 32 Rz. 11) – nach **§ 46 AktG**[109]. In Betracht kommt ferner eine

---

101 Ähnlich *Marsch-Barner* in Lutter/Bayer, Holding-Handbuch, § 18 Rz. 66 (bei Erwerb von Aktien über die Börse nur generalisierende Angaben); zu weitgehend aber wohl *Neun* in Theisen/Wenz, Europäische Aktiengesellschaft, S. 57, 168 (Angabepflicht nur für personalistisch strukturierte Gesellschaften).
102 Dazu *Marsch-Barner* in Lutter/Bayer, Holding-Handbuch, § 18 Rz. 67; *Neun* in Theisen/Wenz, Europäische Aktiengesellschaft, S. 57, 168. Allg. zu § 32 Abs. 3 AktG: *Koch* in Hüffer, § 32 AktG Rz. 6; *Pentz* in MünchKomm. AktG, 3. Aufl., § 32 AktG Rz. 27 ff. m.w.N.
103 Hierzu auch *Scholz* in Habersack/Drinhausen, Art. 33 SE-VO Rz. 47; *Paefgen* in KölnKomm. AktG, 3. Aufl., Art. 33 SE-VO Rz. 86.
104 *Marsch-Barner* in Lutter/Bayer, Holding-Handbuch, § 18 Rz. 68; *Neun* in Theisen/Wenz, Europäische Aktiengesellschaft, S. 57, 168; *Paefgen* in KölnKomm. AktG, 3. Aufl., Art. 33 SE-VO Rz. 87; *Scholz* in Habersack/Drinhausen, Art. 33 SE-VO Rz. 48; *Vossius*, ZIP 2005, 741, 746.
105 *Neun* in Theisen/Wenz, Europäische Aktiengesellschaft, S. 57, 168 f.; *J. Schmidt*, „Deutsche" vs. „britische" SE, S. 313; allg. dazu *Koch* in Hüffer, § 33 AktG Rz. 8 f.; *Pentz* in MünchKomm. AktG, § 33 Rz. 35 ff. m.w.N.
106 *Koke*, Finanzverfassung, S. 58; *Marsch-Barner* in Lutter/Bayer, Holding-Handbuch, § 18 Rz. 68; *J. Schmidt*, „Deutsche" vs. „britische" SE, S. 221 f.; *Schwarz*, Vorb. Art. 32–34 SE-VO Rz. 33; allg. zu § 34 Abs. 1 AktG: *Koch* in Hüffer, § 34 AktG Rz. 2 f.; *Pentz* in MünchKomm. AktG, 3. Aufl., § 34 AktG Rz. 7 ff. m.w.N.
107 *Koke*, Finanzverfassung, S. 58; *Marsch-Barner* in Lutter/Bayer, Holding-Handbuch, § 18 Rz. 69; *J. Schmidt*, „Deutsche" vs. „britische" SE, S. 313; *Scholz* in Habersack/Drinhausen, Art. 33 SE-VO Rz. 47 f.; allg. dazu *Koch* in Hüffer, § 34 AktG Rz. 4 f.; *Pentz* in MünchKomm. AktG, 3. Aufl., § 34 AktG Rz. 18 ff. m.w.N.
108 *Marsch-Barner* in Lutter/Bayer, Holding-Handbuch, § 18 Rz. 69; *J. Schmidt*, „Deutsche" vs. „britische" SE, S. 313.
109 *Handelsrechtsausschuss des DAV*, NZG 2004, 75, 78; *Marsch-Barner* in Lutter/Bayer Holding-Handbuch, § 18 Rz. 63; *Oplustil*, (2003) 4 GLJ 107, 121; *Scholz* in Habersack/Drinhausen, Art. 33 SE-VO Rz. 60; *Paefgen* in KölnKomm. AktG, 3. Aufl., Art. 33 SE-VO Rz. 90.

Strafbarkeit der Mitglieder des Leitungs- bzw. Verwaltungsorgans der beteiligten Gründungsgesellschaften gem. § 399 Abs. 1 Nr. 1 Var. 1, Nr. 2 Var. 1 AktG i.V.m. § 14 Abs. 1 Nr. 1 StGB[110]. Die Organe der künftigen SE im Hinblick auf Gründungsbericht und -prüfung eine Haftung nach **§ 48 AktG** treffen[111]; in Betracht kommt ferner eine **Strafbarkeit** gem. § 399 Abs. 1 Nr. 1 Var. 2, 3, Nr. 2 Var. 2, 3 i.V.m. § 53 Abs. 1 Satz 1 Nr. 1, 2 SEAG[112].

VI. Rechtmäßigkeitsprüfung

Im Gegensatz zur Verschmelzung (dazu Art. 25 Rz. 1 f.) enthält die SE-VO für die Holdinggründung keine detaillierten Vorgaben für eine zweistufige Rechtmäßigkeitskontrolle. Dass aber auch hier vor Eintragung eine – allerdings nur **einstufige** – **Rechtmäßigkeitskontrolle** erfolgen muss, ergibt sich jedoch mittelbar aus der Regelung der Eintragungsvoraussetzungen in **Art. 33 Abs. 5 SE-VO**[113]. 43

1. Zuständigkeit

Mangels einer speziellen Regelung in der SE-VO (Art. 68 Abs. 2 SE-VO nimmt gerade nicht auf Art. 33 Abs. 5 SE-VO Bezug[114]) bestimmt sich die zuständige Kontrollstelle gem. **Art. 15 Abs. 1 SE-VO** nach dem für die Gründung von Aktiengesellschaften geltenden Recht des künftigen Sitzstaats der SE[115]. Im Falle der Gründung einer Holding-SE mit **Sitz in Deutschland** ist demgemäß für die Rechtmäßigkeitsprüfung das **Registergericht** am künftigen Sitz der SE zuständig, **§§ 375, 376 FamFG, 14 AktG**[116]; § 4 Satz 1 SEAG ist insofern nur deklaratorisch[117]. 44

2. Prüfungsgegenstand

Nach **Art. 33 Abs. 5 SE-VO** darf die SE erst eingetragen werden, wenn (1) die Formalitäten gem. Art. 32 SE-VO und (2) die in Art. 33 Abs. 2 SE-VO genannten Voraussetzungen (dazu bereits oben Rz. 25 ff.) nachweislich erfüllt sind. 45

---

110 Dazu *J. Schmidt*, „Deutsche" vs. „britische" SE, S. 313 f.
111 So auch *Scholz* in Habersack/Drinhausen, Art. 33 SE-VO Rz. 60; *Paefgen* in KölnKomm. AktG, 3. Aufl., Art. 33 SE-VO Rz. 92.
112 *J. Schmidt*, „Deutsche" vs. „britische" SE, S. 314; zust. *Scholz* in Habersack/Drinhausen, Art. 33 SE-VO Rz. 60; *Paefgen* in KölnKomm. AktG, 3. Aufl., Art. 33 SE-VO Rz. 91.
113 *Schäfer* in MünchKomm. AktG, 3. Aufl., Art. 33 SE-VO Rz. 25; *Scheifele*, Gründung, S. 373 f.; *J. Schmidt*, „Deutsche" vs. „britische" SE, S. 332; *Schröder* in Manz/Mayer/Schröder, Art. 33 SE-VO Rz. 25; *Schwarz*, Art. 33 Rz. 33 f.
114 So aber *Marsch-Barner* in Lutter/Bayer, Holding-Handbuch, § 18 Rz. 70; richtig dagegen *Scheifele*, Gründung, S. 374; *J. Schmidt*, „Deutsche" vs. „britische" SE, S. 333; *Schwarz*, Art. 33 SE-VO Rz. 35.
115 *Scheifele*, Gründung, S. 374; i.E. auch *Marsch-Barner* in Lutter/Bayer, Holding-Handbuch, Rz. 18.70; vgl. auch *Kleindiek* in Lutter/Hommelhoff, Europäische Gesellschaft, S. 95, 99, 101.
116 *Scholz* in Habersack/Drinhausen, Art. 33 SE-VO Rz. 52; *Paefgen* in KölnKomm. AktG, 3. Aufl., Art. 33 SE-VO Rz. 93; zur Vorgängervorschrift auch *Kleindiek* in Lutter/Hommelhoff, Europäische Gesellschaft, S. 95, 97; *Schäfer* in MünchKomm. AktG, 3. Aufl., Art. 33 SE-VO Rz. 31; *J. Schmidt*, „Deutsche" vs. „britische" SE, S. 333.
117 *J. Schmidt*, „Deutsche" vs. „britische" SE, S. 333; zust. *Scholz* in Habersack/Drinhausen, Art. 33 SE-VO Rz. 52; nur i.E. auch *Paefgen* in KölnKomm. AktG, 3. Aufl., Art. 33 SE-VO Rz. 93 (§ 4 Satz 1 SEAG findet neben Art. 15 SE-VO keine Anwendung).

a) Formalitäten gem. Art. 32 SE-VO

46 Die gem. Art. 32 SE-VO zu beachtenden Formalitäten sind: die Erstellung und Offenlegung des Gründungsplans (dazu Art. 32 Rz. 21 ff.), Durchführung der Gründungsprüfung (dazu Art. 32 Rz. 51 ff.), Zustimmungen der Haupt- bzw. Gesellschafterversammlungen (dazu Art. 32 Rz. 59 ff.) sowie ggf. die Genehmigung im Falle eines Zustimmungsvorbehalts (dazu Art. 32 Rz. 71)[118].

b) Voraussetzungen nach Art. 33 Abs. 2 SE-VO

47 Aufgrund der Verweisung auf Art. 33 Abs. 2 SE-VO ist weiterhin das **Erreichen der Mindestquote** während der Drei-Monats-Frist (s. oben Rz. 26) sowie die Erfüllung der „**übrigen Bedingungen**" (dazu bereits oben Rz. 27) erforderlich. Da zu letzteren nach zutreffender Ansicht ebenfalls sämtliche **nach Art. 32 SE-VO erforderliche Verfahrensschritte** gehören (s. oben Rz. 27), ist die zusätzliche explizite Bezugnahme auf Art. 32 SE-VO in Art. 33 Abs. 5 SE-VO an sich redundant; sie lässt sich lediglich entstehungsgeschichtlich erklären[119] (s. oben Rz. 27). „Übrige Bedingungen" und damit Gegenstand der Rechtmäßigkeitskontrolle sind daneben aber auch die sich qua Art. 18 SE-VO analog sowie Art. 15 Abs. 1 SE-VO aus dem jeweiligen **nationalen Recht ergebenden weiteren Anforderungen**[120] (vgl. auch bereits oben Rz. 28), soweit diese vor der Eintragung erfüllt sein müssen, also insbesondere auch die gem. Art. 15 Abs. 1 SE-VO zu beachtenden nationalen Sachgründungsvorschriften (s. oben Rz. 38, bei einer Holding-SE mit Sitz in Deutschland also §§ 32 ff. AktG, dazu ausf. oben Rz. 39 ff.).

c) Problem: Kontrolle des Verfahrens in den Gründungsgesellschaften

48 Problematisch ist allerdings, ob und in welchem Umfang im Rahmen der Rechtmäßigkeitskontrolle auch das Verfahren in den einzelnen Gründungsgesellschaften, speziell auch die Ordnungsmäßigkeit der Zustimmungsbeschlüsse, zu kontrollieren ist. An sich würde auch dieses zu den „übrigen Bedingungen" i.S.d. Art. 33 Abs. 2 bzw. zu den „Formalitäten gem. Art. 32" gehören. Allerdings ließe sich Art. 33 Abs. 5 SE-VO insofern auch durchaus so interpretieren, dass für die Eintragung lediglich nachgewiesen sein muss, dass überhaupt Zustimmungsbeschlüsse erfolgt sind (ohne dass es auf deren Ordnungsmäßigkeit ankäme). Unabhängig davon spricht aber jedenfalls eine ganze Reihe gewichtiger systematischer und teleologischer Erwägungen gegen eine umfassende materielle Kontrolle der Zustimmungsbeschlüsse anhand des jeweiligen nationalen Rechts. Zum einen wäre sie bereits rein praktisch kaum durchführbar, da damit eine umfängliche Prüfung am Maßstab ausländischen Rechts gefordert wäre[121]. Überdies stünde sie im Widerspruch zu dem auch bei der Gründung einer Holding-SE geltenden Prinzip der Sphärentrennung, das im Parallelfall der Verschmelzung gerade damit korreliert, dass den jeweiligen Kontrollstellen nur die Prüfung des eigenen nationalen Rechts (sowie des SE-Rechts) auferlegt wird[122]. Gleich-

---

118 Vgl. *Schäfer* in MünchKomm. AktG, 3. Aufl., Art. 33 SE-VO Rz. 26; *Scheifele*, Gründung, S. 376; *Schwarz*, Art. 33 SE-VO Rz. 43.
119 Vgl. *Schäfer* in MünchKomm. AktG, 3. Aufl., Art. 33 SE-VO Rz. 17, 26; *Scheifele*, Gründung, S. 372 f.; *Schwarz*, Art. 33 SE-VO Rz. 43.
120 *Schäfer* in MünchKomm. AktG, 3. Aufl., Art. 33 SE-VO Rz. 26; *Schwarz*, Art. 33 SE-VO Rz. 43; vgl. auch *Neun* in Theisen/Wenz, Europäische Aktiengesellschaft, S. 57, 171; *Scheifele*, Gründung, S. 377.
121 Vgl. *Marsch-Barner* in Lutter/Bayer, Holding-Handbuch, § 18 Rz. 72; *Scheifele*, Gründung, S. 376; *J. Schmidt*, „Deutsche" vs. „britische" SE, S. 334; *Schwarz*, Art. 33 SE-VO Rz. 46.
122 Vgl. *J. Schmidt*, „Deutsche" vs. „britische" SE, S. 334.

wohl kann von der SE-VO andererseits aber auch kaum gewollt sein, dass die Kontrollstelle im Sitzstaat der SE selbst dann zur Eintragung verpflichtet sein soll, wenn einer der Zustimmungsbeschlüsse evident fehlerhaft ist[123]. Zumindest die Durchführung einer **Evidenzkontrolle** im Hinblick auf die Ordnungsmäßigkeit der Zustimmungsbeschlüsse dürfte daher unverzichtbar sein[124]. Für den Fall der Gründung einer **Holding-SE mit Sitz in Deutschland** dürfte der deutsche Gesetzgeber insoweit mit der in **§ 10 Abs. 2 SEAG** vorgesehenen **Negativerklärung** (dazu näher unten Rz. 53) eine sowohl verordnungskonforme als auch zweckmäßige und praktikable Lösung gefunden haben: Wird eine derartige Negativerklärung abgegeben, so kann das Registergericht davon ausgehen, dass die Zustimmungsbeschlüsse tatsächlich ordnungsgemäß erfolgt sind und darf demgemäß die SE eintragen[125].

3. Prüfungsumfang

Hinsichtlich des Prüfungsumfangs gilt gem. **Art. 15 Abs. 1 SE-VO** nationales Recht, im Falle der Gründung einer Holding-SE mit Sitz in Deutschland also **§ 38 AktG**[126]. 49

4. Verfahren

a) Allgemein

Das Verfahren der Rechtmäßigkeitskontrolle sowie die einzureichenden Unterlagen richten sich mangels spezieller Regelung in der SE-VO kraft **Art. 15 Abs. 1 SE-VO** nach dem **nationalem Recht** des künftigen Sitzstaats der SE[127]. 50

b) Holding-SE mit Sitz in Deutschland

Soll die Holding-SE ihren Sitz in Deutschland haben, so ist sie bei Wahl des **dualistischen Systems** gem. **§ 36 Abs. 1 AktG** von allen Gründern (dazu Art. 32 Rz. 11) sowie den Mitgliedern des Leitungs- und Aufsichtsorgans beim Registergericht (s. oben Rz. 44) anzumelden; ist das **monistische System** gewählt worden, so hat die **Anmeldung** gem. **§ 21 Abs. 1 SEAG** durch alle Gründer sowie die Mitglieder des Verwaltungsrats und die geschäftsführenden Direktoren zu erfolgen[128]. Zur **Zuständigkeit**: oben Rz. 44. 51

---

123 Vgl. *Marsch-Barner* in Lutter/Bayer, Holding-Handbuch, § 18 Rz. 72; *Neun* in Theisen/Wenz, Europäische Aktiengesellschaft, S. 57, 171 Fn. 1; *J. Schmidt*, „Deutsche" vs. „britische" SE, S. 334; *Schwarz*, Art. 33 SE-VO Rz. 46.
124 Ebenso *J. Schmidt*, „Deutsche" vs. „britische" SE, S. 334 f.; ähnlich *Marsch-Barner* in Lutter/Bayer, Holding-Handbuch, § 18 Rz. 72 (Plausibilitätskontrolle); *Paefgen* in KölnKomm. AktG, 3. Aufl., Art. 33 SE-VO Rz. 104; weitergehend *Casper* in Spindler/Stilz, AktG, Art. 33 SE-VO Rz. 17.
125 S. *J. Schmidt*, „Deutsche" vs. „britische" SE, S. 335; s. ferner auch *Schäfer* in MünchKomm. AktG, 3. Aufl., Art. 33 SE-VO Rz. 27.
126 *Brandes*, AG 2005, 177, 187; *Kleindiek* in Lutter/Hommelhoff, Europäische Gesellschaft, S. 95, 102; *Paefgen* in KölnKomm. AktG, 3. Aufl., Art. 33 SE-VO Rz. 100; *Schäfer* in MünchKomm. AktG, 3. Aufl., Art. 33 SE-VO Rz. 25; *J. Schmidt*, „Deutsche" vs. „britische" SE, S. 334; *Schwarz*, Art. 33 SE-VO Rz. 33.
127 *Heckschen* in Widmann/Mayer, UmwG Anhang 14 Rz. 327; *Hügel* in Kalss/Hügel, § 28 SEG Rz. 1; *J. Schmidt*, „Deutsche" vs. „britische" SE, S. 336; *Schröder* in Manz/Mayer/Schröder, Art. 15 SE-VO Rz. 19; *Schwarz*, Art. 33 SE-VO Rz. 36.
128 *Heckschen* in Widmann/Mayer, UmwG Anhang 14 Rz. 327; *Kleindiek* in Lutter/Hommelhoff, Europäische Gesellschaft, S. 95, 99; *Scholz* in Habersack/Drinhausen, Art. 33 SE-VO Rz. 52; *Schröder* in Manz/Mayer/Schröder, Art. 15 SE-VO Rz. 77, 79, Art. 33 SE-VO Rz. 41; *Schwarz*, Art. 33 SE-VO Rz. 36.

52 Der **Inhalt der Anmeldung** richtet sich nach § 37 AktG[129], der jedoch im Falle einer monistischen SE durch **§ 21 Abs. 2 SEAG** modifiziert wird[130]. Um zu gewährleisten, dass das Registergericht die durch Art. 33 Abs. 5 SE-VO gebotene Prüfung überhaupt effektiv durchführen kann, ist daneben allerdings die Einreichung folgender **weiterer Unterlagen** zu fordern[131]: Gründungsplan bzw. -pläne (Art. 32 Abs. 2 SE-VO, dazu Art. 32 Rz. 21 ff.), Prüfungsbericht(e) (Art. 32 Abs. 4 und 5 SE-VO, dazu Art. 32 Rz. 51 ff.), Niederschriften der Haupt- bzw. Gesellschafterversammlungsbeschlüsse sowie – soweit ein Zustimmungsvorbehalt festgesetzt wurde – ggf. der Genehmigung des Mitbestimmungsmodells (Art. 32 Abs. 6 SE-VO, dazu Art. 32 Rz. 59 ff.), Nachweis über die Einbringung der notwendigen Mindestquote von Anteilen während der Drei-Monats-Frist (Art. 33 Abs. 1 und 2 SE-VO, dazu oben Rz. 7 ff.), Nachweis bzgl. der Erfüllung der Voraussetzungen des Art. 2 Abs. 2 SE-VO[132] (dazu Art. 2 Rz. 16 ff.), Nachweis über den ordnungsgemäßen Abschluss des Arbeitnehmerbeteiligungsverfahrens (Art. 12 Abs. 2 SE-VO, dazu Art. 12 Rz. 24 ff.).

53 In Anlehnung an die bewährte Regelung in § 16 Abs. 2 UmwG[133] hat der deutsche Gesetzgeber darüber hinaus in **§ 10 Abs. 2 SEAG** die Erforderlichkeit einer sog. **Negativerklärung** angeordnet (s. dazu auch bereits oben Rz. 48): Die Vertretungsorgane der Holding-SE (d.h. der Vorstand bzw. die geschäftsführenden Direktoren) müssen bei der Anmeldung erklären, dass eine Klage gegen die Wirksamkeit der Zustimmungsbeschlüsse gem. Art. 32 Abs. 6 SE-VO nicht oder nicht fristgemäß erhoben oder eine solche Klage rechtskräftig abgewiesen oder zurückgenommen worden ist. Dies bezieht sich nicht nur auf die **Zustimmungsbeschlüsse** *deutscher*, sondern auch auf diejenigen der beteiligten *ausländischen* Gründungsgesellschaften[134]. Die Zulässigkeit einer derartigen Regelung dürfte sich bereits unmittelbar aus Art. 33 Abs. 5 SE-VO („nachweislich") ergeben[135]; i.Ü. wäre sie aber – als Instrument zur Effektivierung des Kontrollverfahrens[136] – jedenfalls durch Art. 68 Abs. 1 SE-VO gedeckt[137].

54 Auf die Regelung eines speziellen **Freigabeverfahrens** nach dem Vorbild des § 16 Abs. 3 UmwG hat der deutsche Gesetzgeber allerdings trotz nachdrücklicher Forde-

---

[129] *Brandes*, AG 2005, 177, 187; *Kleindiek* in Lutter/Hommelhoff, Europäische Gesellschaft, S. 95, 99; *Schäfer* in MünchKomm. AktG, 3. Aufl., Art. 33 SE-VO Rz. 31; *J. Schmidt*, „Deutsche" vs. „britische" SE, S. 337; *Schwarz*, Art. 33 SE-VO Rz. 36; *Vossius*, ZIP 2005, 741, 746.
[130] Vgl. Begr. RegE z. SEEG, BT-Drucks. 15/3405, S. 37; *Kleindiek* in Lutter/Hommelhoff, Europäische Gesellschaft, S. 95, 99; *J. Schmidt*, „Deutsche" vs. „britische" SE, S. 337; *Schwarz*, Art. 33 SE-VO Rz. 36; *Vossius*, ZIP 2005, 741, 746.
[131] *Kleindiek* in Lutter/Hommelhoff, Europäische Gesellschaft, S. 95, 100; *Paefgen* in KölnKomm. AktG, 3. Aufl., Art. 33 SE-VO Rz. 95; *Schäfer* in MünchKomm. AktG, 3. Aufl., Art. 33 SE-VO Rz. 31; *Schwarz*, Art. 33 SE-VO Rz. 37 f.
[132] Dass auch die Erfüllung der Voraussetzungen des Art. 2 Abs. 2 SE-VO zum Prüfungsgegenstand gehört, ist eigentlich eine Selbstverständlichkeit, ergibt sich aber in jedem Fall daraus, dass Art. 32 Abs. 1 SE-VO nochmals speziell klarstellt, dass die Voraussetzungen des Art. 2 Abs. 2 SE-VO erfüllt sein müssen (vgl. Art. 32 Rz.).
[133] Vgl. Begr. RegE z. SEEG, BT-Drucks. 15/3405, S. 34; *Kleindiek* in Lutter/Hommelhoff, Europäische Gesellschaft, S. 95, 101; *Schäfer* in MünchKomm. AktG, 3. Aufl., Art. 33 SE-VO Rz. 27; *J. Schmidt*, „Deutsche" vs. „britische" SE, S. 335; *Schwarz*, Art. 33 SE-VO Rz. 47.
[134] *Schäfer* in MünchKomm. AktG, 3. Aufl., Art. 33 SE-VO Rz. 27; *Paefgen* in KölnKomm. AktG, 3. Aufl., Art. 33 SE-VO Rz. 105, 107; vgl. auch Begr. RegE z. SEEG, BT-Drucks. 15/3405, S. 34 („bei einer der Gründungsgesellschaften"); wohl auch *Scholz* in Habersack/Drinhausen, Art. 33 SE-VO Rz. 56.
[135] So *Schäfer* in MünchKomm. AktG, 3. Aufl., Art. 33 SE-VO Rz. 27; *Scheifele*, Gründung, S. 377; *Schwarz*, Art. 33 SE-VO Rz. 47.
[136] *J. Schmidt*, „Deutsche" vs. „britische" SE, S. 335.
[137] Vgl. *Neye/Teichmann*, AG 2003, 169, 173; *Teichmann* in Oplustil/Teichmann, The European Company, S. 107, 117.

rungen im Schrifttum[138] verzichtet. Angesichts der mit Beschlussmängelklagen verbundenen erheblichen Verzögerungs- und Blockadewirkung wird daher in der Literatur teilweise versucht, im Wege der Analogie[139] – oder gem. Art. 18 SE-VO analog zumindest für deutsche Gründungsgesellschaften[140] – die Anwendbarkeit des § 16 Abs. 3 UmwG zu begründen. Beides erscheint jedoch mehr als **zweifelhaft**[141]. Obgleich dies rechtspolitisch bedauerlich sein mag, ist vielmehr mit der überwiegenden Ansicht[142] davon auszugehen, dass bei der Holdinggründung **kein Freigabeverfahren** möglich ist.

VII. Eintragung und Publizität

1. Eintragung

Die Holding-SE wird nach **Art. 12 Abs. 1 SE-VO** gem. Art. 3 der 1. (Publizitäts-)RL[143] im Sitzstaat in ein nach dem Recht dieses Staates bestimmtes Register eingetragen. Die Eintragung hat mit **konstitutiver Wirkung** zur Folge, dass die SE ihre Rechtspersönlichkeit nach Art. 16 Abs. 1 SE-VO erwirbt[144]. Die Gründungsgesellschaften bestehen fort (s. Art. 32 Rz. 1).

Die Eintragung einer **deutschen SE** erfolgt gem. §§ 3 SEAG, 3 Abs. 3 HRV in der Abteilung B des Handelsregisters[145]; dabei gilt hinsichtlich der inhaltlichen Angaben § 39 AktG, im Falle einer monistischen Struktur allerdings modifiziert durch §§ 21 Abs. 4, 22 Abs. 6 SEAG[146].

---

138 *Handelsrechtsausschuss des DAV*, NZG 2004, 957, 958; *Ihrig/Wagner*, BB 2004, 1749, 1753; *Neun* in Theisen/Wenz, Europäische Aktiengesellschaft, 1. Aufl. 2002, S. 51, 154; *Teichmann*, AG 2004, 67, 70.
139 So *Brandt*, BB-Special 3/2005, 1, 2.
140 So *Schäfer* in MünchKomm. AktG, 3. Aufl., Art. 33 SE-VO Rz. 30; zust. *Paefgen* in KölnKomm. AktG, 3. Aufl., Art. 33 SE-VO Rz. 109; *Marsch-Barner* in Lutter/Bayer, Holding-Handbuch, Rz. 18.75.
141 Näher *J. Schmidt*, „Deutsche" vs. „britische" SE, S. 335 f.
142 *S. Brandes*, AG 2005, 177, 187; *Heckschen* in Widmann/Mayer, UmwG Anhang 14 Rz. 328 ff.; *Jannott* in Jannott/Frodermann, Handbuch Europäische Aktiengesellschaft, § 3 Rz. 186; *J. Schmidt*, „Deutsche" vs. „britische" SE, S. 335 f.; *J. Vetter* in Lutter/Hommelhoff, Europäische Gesellschaft, S. 111, 154; *Schwarz*, Art. 33 SE-VO Rz. 47; *Spitzbart*, RNotZ 2006, 369, 410.
143 RL 2009/101/EG v. 16.9.2009, ABl. EU Nr. L 258 v. 1.10.2009, S. 11; abgedruckt und erläutert bei *Lutter/Bayer/J. Schmidt*, EuropUR, § 19; ursprünglich Richtlinie 68/151/EWG des Rates vom 9.3.1968 zur Koordinierung der Schutzbestimmungen, die in den Mitgliedstaaten den Gesellschaften im Sinne des Artikels 58 Absatz 2 des Vertrages im Interesse der Gesellschafter sowie Dritter vorgeschrieben sind, um diese Bestimmungen gleichwertig zu gestalten, ABl. EG Nr. L 65 v. 14.3.1968, S. 8; zur Änderung näher *Lutter/Bayer/J. Schmidt*, EuropUR, § 19 Rz. 5 ff.
144 *Schäfer* in MünchKomm. AktG, 3. Aufl., Art. 33 SE-VO Rz. 32; *J. Schmidt*, „Deutsche" vs. „britische" SE, S. 342; *Schröder* in Manz/Mayer/Schröder, Art. 33 SE-VO Rz. 26; *Schwarz*, Art. 33 SE-VO Rz. 33.
145 *Kleindiek* in Lutter/Hommelhoff, Europäische Gesellschaft, S. 95, 108; *Paefgen* in KölnKomm. AktG, 3. Aufl., Art. 33 SE-VO Rz. 112; *Schäfer* in MünchKomm. AktG, 3. Aufl., Art. 33 SE-VO Rz. 31; *Scholz* in Habersack/Drinhausen, Art. 33 SE-VO Rz. 57; *Schwarz*, Art. 33 SE-VO Rz. 33. Vgl. Begr. RegE z. SEEG, BT-Drucks. 15/3405, S. 59.
146 Begr. RegE z. SEEG, BT-Drucks. 15/3405, S. 59; *Kleindiek* in Lutter/Hommelhoff, Europäische Gesellschaft, S. 95, 108; *Scholz* in Habersack/Drinhausen, Art. 33 SE-VO Rz. 57; *Schwarz*, Art. 12 SE-VO Rz. 15.

2. Publizität

57 Die Eintragung der Holding-SE ist gem. **Art. 13, 15 Abs. 2 SE-VO** offenzulegen, d.h. bei einer deutschen Holding-SE durch **Bekanntmachung gem. §§ 10, 8b Abs. 2 Nr. 1 HGB im Handels- und Unternehmensregister**[147] (s. Art. 15 Rz. 11). Im Gegensatz zur Verschmelzung erfolgt jedoch keine spezielle Offenlegung im Hinblick auf die einzelnen Gründungsgesellschaften, denn diese bestehen schließlich fort (s. Art. 32 Rz. 1)[148]. Erforderlich ist jedoch auch hier eine informatorische Bekanntmachung im Amtsblatt der EU, **Art. 14** SE-VO[149] (dazu Art. 14 Rz. 1 ff.).

VIII. Bestandsschutz

58 Anders als in Art. 30 SE-VO für die Verschmelzung (dazu Art. 30 Rz. 1 ff.) ist für die Holdinggründung in der SE-VO **kein spezieller Bestandsschutz** vorgesehen[150]. Die im Schrifttum vereinzelt vorgeschlagene Analogie zu Art. 30 SE-VO[151] scheitert nicht nur am Fehlen einer planwidrigen Regelungslücke – die in Art. 32 Abs. 5 SE-VOE 1989 vorgesehene spezielle Bestandsschutzregelung für die Holdinggründung entfiel bereits im SE-VOE 1991 wieder – sondern auch an der insoweit nicht vergleichbaren Interessenlage: Die Rückabwicklung einer Holdinggründung mag zwar Probleme aufwerfen, mit den bei einer „Entschmelzung" verbundenen Schwierigkeiten lassen sich diese jedoch nicht einmal im Ansatz vergleichen, denn bei der Holdinggründung bestehen die Gründungsgesellschaften fort (s. Art. 32 Rz. 1)[152]. Diese im Vergleich zur Verschmelzung unterschiedliche Interessenlage verbietet überdies auch eine analoge Anwendung der nationalen Umsetzungsvorschriften zu Art. 22 der nationalen VerschmelzungsRL (in Deutschland: § 20 Abs. 2 UmwG)[153]. Die Folgen einer fehlerhaften Holdinggründung bestimmen sich vielmehr gem. **Art. 9 Abs. 1 lit. c ii SE-VO** nach den allgemeinen Regeln des nationalen Rechts des Sitzstaats der SE[154]. Für eine **deutsche Holding-SE** gelten folglich **§§ 275 f. AktG i.V.m. § 397 FamFG** sowie **§ 262 Abs. 1 Nr. 5 AktG i.V.m. § 399 FamFG**[155].

---

147 *Scholz* in Habersack/Drinhausen, Art. 33 SE-VO Rz. 59; zur früheren Rechtslage auch *Kleindiek* in Lutter/Hommelhoff, Europäische Gesellschaft, S. 95, 109; *Seibt/Saame*, AnwBl. 2005, 225, 232; *Vossius*, ZIP 2005, 741, 746.
148 Vgl. *J. Schmidt*, „Deutsche" vs. „britische" SE, S. 340.
149 *Jannott* in Jannott/Frodermann, Handbuch Europäische Aktiengesellschaft, § 3 Rz. 190; *Scholz* in Habersack/Drinhausen, Art. 33 SE-VO Rz. 59; *Paefgen* in KölnKomm. AktG, 3. Aufl., Art. 33 SE-VO Rz. 114.
150 Wie hier *Scholz* in Habersack/Drinhausen, Art. 33 SE-VO Rz. 58; *Paefgen* in KölnKomm. AktG, 3. Aufl., Art. 33 SE-VO Rz. 117; *Casper* in Spindler/Stilz, AktG, Art. 33 SE-VO Rz. 19; *Schäfer* in MünchKomm. AktG, 3. Aufl., Art. 33 SE-VO Rz. 33; *Marsch-Barner* in Lutter/Bayer, Holding-Handbuch, Rz. 18.76.
151 So *Brandes*, AG 2005, 177, 187.
152 *J. Schmidt*, „Deutsche" vs. „britische" SE, S. 342; vgl. zur divergierenden Interessenlage auch *Schäfer* in MünchKomm. AktG, 3. Aufl., Art. 33 SE-VO Rz. 33; *Scheifele*, Gründung, S. 381.
153 *Scheifele*, Gründung, S. 381; *J. Schmidt*, „Deutsche" vs. „britische" SE, S. 342 f.
154 *Scheifele*, Gründung, S. 381; *J. Schmidt*, „Deutsche" vs. „britische" SE, S. 342; *Schröder* in Manz/Mayer/Schröder, Art. 15 SE-VO Rz. 25; s. ferner auch *Schäfer* in MünchKomm. AktG, 3. Aufl., Art. 33 SE-VO Rz. 33.
155 *Paefgen* in KölnKomm. AktG, 3. Aufl., Art. 33 SE-VO Rz. 118; ähnlich *Scholz* in Habersack/Drinhausen, Art. 33 SE-VO Rz. 58; *Schäfer* in MünchKomm. AktG, 3. Aufl., Art. 33 SE-VO Rz. 33.

IX. Ergänzende Anwendung des AktG

Vgl. zur örtlichen Zuständigkeit gem. § 14 AktG *Langhein* in K. Schmidt/Lutter, § 14 AktG Rz. 10 ff. 59

Vgl. zum Gründungsbericht gem. § 32 AktG *Bayer* in K. Schmidt/Lutter, § 32 AktG Rz. 4 ff.; zur Gründungsprüfung gem. §§ 33 f. AktG *Bayer* in K. Schmidt/Lutter, § 33 AktG Rz. 1 ff.

Vgl. zur Anmeldung gem. § 36 Abs. 1 AktG *Kleindiek* in K. Schmidt/Lutter, § 36 AktG Rz. 3 ff.; zum Inhalt der Anmeldung gem. § 37 AktG *Kleindiek* in K. Schmidt/Lutter, § 37 AktG Rz. 3 ff.

Vgl. zur Kapitalaufbringung gem. §§ 36 Abs. 2, 36a AktG *Kleindiek* in K. Schmidt/Lutter, § 37 AktG Rz. 3.

Vgl. zur Prüfung durch das Registergericht gem. § 38 AktG *Kleindiek* in K. Schmidt/Lutter, § 38 AktG Rz. 4 ff.

Vgl. zum Inhalt der Eintragung gem. § 39 AktG *Kleindiek* in K. Schmidt/Lutter, § 39 AktG Rz. 1 ff.

Vgl. zur Verantwortlichkeit der Gründer gem. § 46 AktG *Bayer* in K. Schmidt/Lutter, § 46 AktG Rz. 7 ff.; zur Organhaftung gem. § 48 AktG *Bayer* in K. Schmidt/Lutter, § 48 AktG Rz. 3 ff.

Vgl. zur Auflösung gem. § 262 Abs. 1 Nr. 5 AktG *Riesenhuber* in K. Schmidt/Lutter, § 262 AktG Rz. 20; zur Nichtigerklärung gem. §§ 275 f. AktG *Riesenhuber* in K. Schmidt/Lutter, § 275 AktG Rz. 9 ff.

Art. 34
[Minderheits-, Gläubiger- und Arbeitnehmerschutz]

Ein Mitgliedstaat kann für die eine Gründung anstrebenden Gesellschaften Vorschriften zum Schutz der die Gründung ablehnenden Minderheitsgesellschafter, der Gläubiger und der Arbeitnehmer erlassen.

§ 9 SEAG: Abfindungsangebot im Gründungsplan

(1) Bei der Gründung einer Holding-SE nach dem Verfahren der Verordnung, die ihren Sitz im Ausland haben soll oder die ihrerseits abhängig im Sinne des § 17 des Aktiengesetzes ist, hat eine die Gründung anstrebende Aktiengesellschaft im Gründungsplan jedem Anteilsinhaber, der gegen den Zustimmungsbeschluss dieser Gesellschaft zum Gründungsplan Widerspruch zur Niederschrift erklärt, den Erwerb seiner Anteile gegen eine angemessene Barabfindung anzubieten. Die Vorschriften des Aktiengesetzes über den Erwerb eigener Aktien gelten entsprechend, jedoch ist § 71 Abs. 4 Satz 2 des Aktiengesetzes insoweit nicht anzuwenden. Die Bekanntmachung des Gründungsplans als Gegenstand der Beschlussfassung muss den Wortlaut dieses Angebots enthalten. Die Gesellschaft hat die Kosten für eine Übertragung zu tragen. § 29 Abs. 2 des Umwandlungsgesetzes findet entsprechende Anwendung.

(2) § 7 Abs. 2 bis 7 findet entsprechende Anwendung, wobei an die Stelle der Eintragung und Bekanntmachung der Verschmelzung die Eintragung und Bekanntmachung der neu gegründeten Holding-SE tritt.

§ 11 SEAG: Verbesserung des Umtauschverhältnisses

(1) Ist bei der Gründung einer Holding-SE nach dem Verfahren der Verordnung das Umtauschverhältnis der Anteile nicht angemessen, so kann jeder Anteilsinhaber der die Gründung anstrebenden Gesellschaft von der Holding-SE einen Ausgleich durch bare Zuzahlung verlangen.

(2) § 6 Abs. 1, 3 und 4 findet entsprechende Anwendung, wobei an die Stelle der Eintragung und Bekanntmachung der Verschmelzung die Eintragung und Bekanntmachung der Gründung der Holding-SE tritt.

I. Regelungsgegenstand und -zweck . . . 1	(2) Prüfung des Angebots 23
II. Schutz der Gläubiger 3	(3) Annahme des Angebots 24
III. Schutz der Arbeitnehmer 5	dd) Die Problematik des Erwerbs eigener Aktien 25
IV. Schutz der Minderheitsgesellschafter	ee) Gerichtliche Überprüfung der Barabfindung
1. Die Ermächtigung in Art. 34 SE-VO . 7	(1) Klageausschluss 26
2. Analoge Anwendung des Art. 25 Abs. 3 SE-VO 12	(2) Spruchverfahren 27
3. Schutz der Minderheitsgesellschafter deutscher Gründungsgesellschaften nach §§ 9, 11 SEAG	(a) Internationale Zuständigkeit . 28
	(b) Besonderer Vertreter 30
	(c) Inter-omnes-Wirkung 31
a) Abfindungsangebot im Gründungsplan (§ 9 SEAG) 13	ff) Exkurs: Erleichterte Veräußerbarkeit 32
aa) Anwendungsbereich 14	b) Verbesserung des Umtauschverhältnisses (§ 11 SEAG) 33
(1) Beschränkung auf Aktiengesellschaften 15	aa) Klageausschluss 34
(2) Sitz der Holding-SE im Ausland oder Abhängigkeit 16	bb) Bare Zuzahlung 35
bb) Widerspruch 18	cc) Gerichtliche Geltendmachung 39
cc) Durchführung	V. Ergänzende Anwendung des AktG . . 43
(1) Angebot im Gründungsplan . . 19	

Literatur: *Brandt*, Ein Überblick über die Europäische Aktiengesellschaft (SE) in Deutschland, BB-Special 3/2005, 1; *Brandes*, Cross Border Merger mittels der SE, AG 2005, 177; *Casper*, Der Lückenschluss im Statut der Europäischen Aktiengesellschaft, in Habersack (Hrsg.), FS Ulmer, 2003, S. 51; *Casper*, Numerus Clausus und Mehrstaatlichkeit bei der SE-Gründung, AG 2007, 97; *Göz*, Beschlussmängelklagen bei der Societas Europaea (SE), ZGR 2008, 593; *Handelsrechtsausschuss des DAV*, Stellungnahme zu dem Regierungsentwurf eines Gesetzes zur Einführung der Europäischen Gesellschaft (SEEG), Juli 2004, NZG 2004, 957; Ernst & Young, Study on the operation and the impacts of the Statute for a European Company (SE), Final Report, 9.12.2009; *Handelsrechtsausschuss des DAV*, Stellungnahme zum Diskussionsentwurf eines Gesetzes zur Ausführung der Verordnung (EG) Nr. 2157/2001 des Rates vom 8.10.2001 über das Statut der Europäischen Gesellschaft (SE) (SE-Ausführungsgesetz – SEAG), NZG 2004, 75; *Henckel*, Rechnungslegung und Prüfung anlässlich einer grenzüberschreitenden Verschmelzung zu einer Societas Europaea (SE), DStR 2005, 785; *Horn*, Die Europa-AG im Kontext des deutschen und europäischen Gesellschaftsrechts, DB 2005, 147; *Hornuf*, Die Societas Europaea: Empirische Bestandsaufnahme und Entwicklungslinien einer neuen Rechtsform, AG 2008, 721; *Ihrig/Wagner*, Das Gesetz zur Einführung der Europäischen Gesellschaft (SEEG) auf der Zielgeraden, BB 2004, 1749; *Ihrig/Wagner*, Diskussionsentwurf für ein SE-Ausführungsgesetz, BB 2003, 969; *Kalss*, Der Minderheitenschutz bei Gründung und Sitzverlegung der SE nach dem Diskussionsentwurf, ZGR 2003, 593; *Mahi*, Die Europäische Aktiengesellschaft. Societas Europaea – SE, 2004 (zit.: Europäische Aktiengesellschaft); *Marsch-Barner* in Lutter/Bayer, Holding-Handbuch, 5. Aufl. 2015, § 18; *Oplustil*, Selected problems concerning formation of a holding SE (societas europaea) (2003) 4 GLJ 107; *Scheifele*, Die Gründung der Europäischen Aktiengesellschaft (SE), 2004; *Schindler*, Vor einem Ausführungsgesetz zur Europäischen Aktiengesellschaft, ecolex 2003, 1; *Spitzbart*, Die Europäische Aktiengesellschaft (Societas Europaea – SE) – Aufbau der SE und Gründung, RNotZ 2006, 369; *Teichmann*, Austrittsrecht und Pflichtangebot bei Gründung einer Europäischen Aktiengesellschaft, AG 2004, 67; *Teichmann*, Die Einführung der Europäischen Aktiengesellschaft, ZGR 2002, 383; *Teichmann*, Minderheitenschutz bei Gründung und Sitzverlegung der SE, ZGR 2003, 367; *Waclawik*, Der Referentenentwurf des Gesetzes zur Einführung der Europäischen (Aktien-)Gesellschaft, DB 2004, 1191; *Wicke*, Die Europäische Aktiengesellschaft – Grundstruktur, Gründungsformen und Funktionsweise, MittBayNot 2006, 196; *Witten*, Minderheitsschutz bei der Gründung und Sitzverlegung der Europäischen Aktiengesellschaft (SE), 2011; *Vossius*, Gründung und Umwandlung der deutschen Europäischen Gesellschaft (SE), ZIP 2005, 741.

I. Regelungsgegenstand und -zweck

Art. 34 SE-VO enthält eine **Ermächtigung**[1] für die Mitgliedstaaten zum Erlass von Vorschriften zum Schutz der die Gründung ablehnenden Minderheitsgesellschafter, der Gläubiger und der Arbeitnehmer. Der Vergleich mit der für die Verschmelzung geltenden Parallelvorschrift des Art. 24 SE-VO (Abs. 1: Spezialverweisung bzgl. Gläubigerschutz, Abs. 2: Ermächtigung bzgl. Minderheitenschutz, vgl. Art. 24 Rz. 1, 3) zeigt, dass ein strukturänderungsspezifischer besonderer Schutz dieser drei Gruppen bei der Holdinggründung ausschließlich dann und auch nur insoweit besteht, als die Mitgliedstaaten von dieser Ermächtigung tatsächlich Gebrauch machen[2]. Vor dem Hintergrund, dass Art. 34 SE-VO gerade **keine Verweisung** enthält, ist auch eine (egal ob ergänzende oder ersatzweise) Anwendung nationalen Rechts über Art. 15 Abs. 1 SE-VO[3] oder Art. 18 SE-VO analog ausgeschlossen[4]. Eine **abschließende Regelung** trifft Art. 34 SE-VO allerdings nur in Bezug auf den strukturänderungsspezifischen Schutz; allgemeine Schutzinstrumente des nationalen Rechts (wie z.B. die Anfechtungsklage im deutschen Recht) werden nicht verdrängt[5].

1

Ebenso wie im Falle des Art. 24 Abs. 2 SE-VO (s. Art. 24 Rz. 22) bezieht sich die Ermächtigung ausschließlich auf **Gründungsgesellschaften, die dem Recht des jeweiligen Mitgliedstaats unterliegen**; ein Mitgliedstaat ist also nicht befugt, Vorschriften zum Schutz auch der Minderheitsgesellschafter, Gläubiger oder Arbeitnehmer ausländischer Gründungsgesellschaften zu erlassen[6].

2

II. Schutz der Gläubiger

Im Gegensatz zu Art. 24 Abs. 1 SE-VO bezieht sich die Ermächtigung des Art. 34 SE-VO ihrem eindeutigen Wortlaut nach ausschließlich auf Vorschriften zum Schutz der **Gläubiger**, **nicht** auch der **Anleihegläubiger** und **Sonderrechtsinhaber**[7]. Ein Schutzbedürfnis der Gläubiger ergibt sich bei der Holdinggründung daraus, dass die Holding-SE u.U. einen nachteiligen Einfluss auf die Gründungsgesellschaften ausüben könnte[8].

3

Der deutsche Gesetzgeber hat für die **Gläubiger deutscher Gründungsgesellschaften** im SEAG gleichwohl zu Recht **keine speziellen Schutzvorschriften** vorgesehen. Da die Gründungsgesellschaften fortbestehen (s. Art. 32 Rz. 1), kommt es durch die Holdinggründung nicht zu einem Schuldnerwechsel[9]. Den Gefahren einer etwaigen

4

---

1 *Schäfer* in MünchKomm. AktG, 3. Aufl., Art. 34 SE-VO Rz. 1; *Paefgen* in KölnKomm. AktG, 3. Aufl., Art. 34 SE-VO Rz. 1; vgl. bereits *Schwarz*, Art. 33 SE-VO Rz. 1; *Teichmann* in Theisen/Wenz, Europäische Aktiengesellschaft, S. 691, 712.
2 *J. Schmidt*, „Deutsche" vs. „britische" SE, S. 317.
3 So aber *Schröder* in Manz/Mayer/Schröder, Art. 34 SE-VO Rz. 1.
4 *Schindler*, Europäische Aktiengesellschaft, S. 36; *J. Schmidt*, „Deutsche" vs. „britische" SE, S. 317; zust. *Paefgen* in KölnKomm. AktG, 3. Aufl., Art. 34 SE-VO Rz. 2.
5 *J. Schmidt*, „Deutsche" vs. „britische" SE, S. 317; so auch *Paefgen* in KölnKomm. AktG, 3. Aufl., Art. 34 SE-VO Rz. 2.
6 *J. Schmidt*, „Deutsche" vs. „britische" SE, S. 317; zust. *Paefgen* in KölnKomm. AktG, 3. Aufl., Art. 34 SE-VO Rz. 1.
7 Ebenso *Scheifele*, Gründung, S. 354; *Schwarz*, Art. 34 SE-VO Rz. 16; a.A. jedoch *Schröder* in Manz/Mayer/Schröder, Art. 34 SE-VO Rz. 6.
8 Vgl. *Oplustil*, (2003) 4 GLJ 107, 123; *Schäfer* in MünchKomm. AktG, 3. Aufl., Art. 34 SE-VO Rz. 2; *J. Schmidt*, „Deutsche" vs. „britische" SE, S. 318; *Schwarz*, Art. 34 SE-VO Rz. 15.
9 Vgl. *Oplustil*, (2003) 4 GLJ 107, 123; *Schäfer* in MünchKomm. AktG, 3. Aufl., Art. 34 SE-VO Rz. 2; *J. Schmidt*, „Deutsche" vs. „britische" SE, S. 318; *Schröder* in Manz/Mayer/Schröder, Art. 34 SE-VO Rz. 12; *Schwarz*, Art. 34 SE-VO Rz. 15; *Teichmann* in Theisen/Wenz, Europäische Aktiengesellschaft, S. 691, 715.

nachteiligen Einflussnahme der Holding-SE auf die Gründungsgesellschaften wird durch das hohe Schutzniveau des deutschen Konzernrechts ausreichend Rechnung getragen[10].

III. Schutz der Arbeitnehmer

5 Anders als bei der Verschmelzung sind die Mitgliedstaaten durch Art. 34 SE-VO ferner zum Erlass von Vorschriften zum Schutz der **Arbeitnehmer** ermächtigt. Da mit der Holdinggründung regelmäßig auch eine Reihe von Veränderungen für die Arbeitnehmer verbunden ist (insbes. etwa Rationalisierungsmaßnahmen) ist ein prinzipielles Schutzbedürfnis zwar sicherlich anzuerkennen[11], weshalb dies größer sein soll als bei der Verschmelzung, ist allerdings nicht recht ersichtlich. Bei der Nennung der Arbeitnehmer in Art. 34 SE-VO dürfte es sich daher eher ein Relikt aus früheren Entwürfen handeln[12].

6 Der deutsche Gesetzgeber hat daher aus guten Gründen im SEAG **keine speziellen Schutzvorschriften** für die Arbeitnehmer **deutscher Gründungsgesellschaften** vorgesehen[13]: Soweit die Arbeitnehmer zugleich Gläubiger der Gründungsgesellschaft sind, kann für sie nichts anderes gelten als für die übrigen Gläubiger[14] (dazu oben Rz. 4); im Übrigen sind die Arbeitnehmer durch die umfassenden Schutzvorschriften der SE-RL und ihre Umsetzung im SEBG bereits hinreichend geschützt[15].

IV. Schutz der Minderheitsgesellschafter

1. Die Ermächtigung in Art. 34 SE-VO

7 In **Parallele zu Art. 24 Abs. 2** SE-VO für die Verschmelzung (dazu Art. 24 Rz. 21 ff.) ermächtigt Art. 34 SE-VO die Mitgliedstaaten auch in Bezug auf die Gründung einer Holding-SE zum Erlass von Vorschriften zum Schutz der die Gründung ablehnenden Minderheitsgesellschafter, allerdings ebenfalls nur in Bezug auf Gründungsgesellschaften, die dem Recht des betreffenden Mitgliedstaats unterliegen (s. oben Rz. 2).

8 Anders als Art. 24 Abs. 2 SE-VO enthält Art. 34 SE-VO zwar keine ausdrückliche Beschränkung auf einen „**angemessenen Schutz**" (s. dazu Art. 24 Rz. 24); dass etwaige Schutzregelungen nicht außer Verhältnis zu den legitimen Interesse der beteiligten

---

10 Ebenso *Paefgen* in KölnKomm. AktG, 3. Aufl., Art. 34 SE-VO Rz. 7; *Schäfer* in MünchKomm. AktG, 3. Aufl., Art. 34 SE-VO Rz. 2; *Scholz* in Habersack/Drinhausen, Art. 34 SE-VO Rz. 2; vgl. bereits Oplustil, (2003) 4 GLJ 107, 123; *J. Schmidt*, „Deutsche" vs. „britische" SE, S. 318; *Schwarz*, Art. 34 SE-VO Rz. 15.
11 Vgl. *Scheifele*, Gründung, S. 354; *Schwarz*, Art. 34 SE-VO Rz. 17.
12 S. Art. 31c SE-VOE 1975, Art. 31 SE-VOE 1989; näher dazu *Scheifele*, Gründung, S. 354 f.; *Schwarz*, Art. 34 SE-VO Rz. 17 f.
13 Gegen die Erforderlichkeit spezieller Schutzvorschriften auch *Paefgen* in KölnKomm. AktG, 3. Aufl., Art. 34 SE-VO Rz. 8; *Schäfer* in MünchKomm. AktG, 3. Aufl., Art. 34 SE-VO Rz. 2; *Scholz* in Habersack/Drinhausen, Art. 34 SE-VO Rz. 2; *Schröder* in Manz/Mayer/Schröder, Art. 34 SE-VO Rz. 13; vgl. ebenso bereits Lind, Europäische Aktiengesellschaft, S. 150; *Mahi*, Europäische Aktiengesellschaft, S. 67; Oplustil, (2003) 4 GLJ 107, 123; *Scheifele*, Gründung, S. 355; *Teichmann* in Theisen/Wenz, Europäische Aktiengesellschaft, S. 691, 715.
14 *J. Schmidt*, „Deutsche" vs. „britische" SE, S. 319; *Teichmann* in Theisen/Wenz, Europäische Aktiengesellschaft, S. 691, 715.
15 *Mahi*, Europäische Aktiengesellschaft, S. 67; Oplustil, (2003) 4 GLJ 107, 123; *Schindler*, ecolex 2003, 1, 8; *Schwarz*, Art. 34 SE-VO Rz. 19; *J. Schmidt*, „Deutsche" vs. „britische" SE, S. 319; *Teichmann* in Theisen/Wenz, Europäische Aktiengesellschaft, S. 691, 715.

Gesellschaften stehen dürfen, dürfte sich allerdings von selbst verstehen[16] und lässt sich letztlich jedenfalls aus der durch die SE-VO konkretisierten Niederlassungsfreiheit (Art. 49, 54 AEUV) ableiten.

Die Schutzvorschriften dürfen nur zugunsten **der die Gründung ablehnenden** Minderheitsgesellschafter getroffen werden. Die Bedeutung dieser Einschränkung ist ebenso umstritten wie die der ähnlichen Begrenzung in Art. 24 Abs. 2 SE-VO (dazu Art. 24 Rz. 25 ff.). Die auch insoweit im Schrifttum vertretene restriktive Auslegung dahin, dass nur solche Minderheitsgesellschafter geschützt werden dürfen, die in der Haupt- bzw. Gesellschafterversammlung gegen die Gründung gestimmt haben[17], ist jedoch auch hier weder erforderlich noch sachgerecht: 9

Ebenso wie bei der Verschmelzung sollen Anteilsinhaber, die zwar die Gründung als solche befürworten, aber mit dem **Umtauschverhältnis der Anteile** nicht einverstanden sind, nicht zur Ablehnung einer sinnvollen Umstrukturierung gezwungen werden[18]. Art. 34 SE-VO ist daher – ebenso wie Art. 24 Abs. 2 SE-VO – insoweit teleologisch zu reduzieren: ausreichend ist, dass der Anteilsinhaber sich mit dem Umtauschverhältnis **nicht einverstanden** erklärt hat, was rechtstechnisch auch mittels eines Spruchverfahrens geschehen kann (s. dazu auch Art. 24 Rz. 26). Dass der deutsche Gesetzgeber in **§ 11 Abs. 1 SEAG** (dazu ausf. unten Rz. 33 ff.) auf ein Widerspruchserfordernis verzichtet hat, ist demgemäß **europarechtskonform**[19]. 10

Anders ist hingegen die Rechtslage im Hinblick auf Anteilsinhaber, die im Zuge der Holdinggründung **gegen Abfindung** aus einer Gründungsgesellschaft **ausscheiden** wollen. Ebenso wie bei der Verschmelzung (dazu ausf. Art. 24 Rz. 27) ist auch hier eine vorausgehende Ablehnung der Gründung erforderlich; § 9 Abs. 1 Satz 1 SEAG (dazu ausf. unten Rz. 13 ff.) verlangt daher für die Geltendmachung des Anspruchs auf Barabfindung zu Recht einen **Widerspruch** gegen den Zustimmungsbeschluss. 11

2. Analoge Anwendung des Art. 25 Abs. 3 SE-VO

Anders als in Art. 25 Abs. 3 SE-VO für die Verschmelzung (dazu ausf. Art. 25 Rz. 20 ff.) existiert für die Holding-Gründung zwar keine ausdrückliche Regelung bzgl. der Anerkennung von „Spruchverfahren". Dies dürfte allerdings schlicht auf einem Redaktionsversehen beruhen[20]. Die Interessenlage ist insofern nämlich bei der Holding-Gründung exakt dieselbe wie bei der Verschmelzung: Auch hier ließe es sich kaum rechtfertigen, den Anteilsinhabern einer Gründungsgesellschaft die Möglichkeit einzuräumen, das Umtauschverhältnis im Nachhinein zu ihren Gunsten zu mo- 12

---

16 Ebenso i.E. *Scheifele*, Gründung, S. 347; *Schwarz*, Art. 34 SE-VO Rz. 5; *Paefgen* in KölnKomm. AktG, 3. Aufl., Art. 34 SE-VO Rz. 3.
17 So *Handelsrechtsausschuss des DAV*, NZG 2004, 75, 79; *Handelsrechtsausschuss des DAV*, NZG 2004, 957, 959; *Ihrig/Wagner*, BB 2003, 969, 973; *Lind*, Europäische Aktiengesellschaft, S. 149; *Marsch-Barner* in Lutter/Bayer, Holding-Handbuch, § 18 Rz. 78; *Schröder* in Manz/Mayer/Schröder, Art. 34 SE-VO Rz. 9 f.; *J. Vetter* in Lutter/Hommelhoff, Europäische Gesellschaft, S. 111, 155.
18 Vgl. Begr. RegE z. SEEG, BT-Drucks. 15/3405, S. 34; *Scheifele*, Gründung, S. 347; *J. Schmidt*, „Deutsche" vs. „britische" SE, S. 324; *Schwarz*, Art. 34 SE-VO Rz. 4; *Teichmann*, ZGR 2003, 367, 393; *Teichmann*, AG 2004, 67, 70; zust. *Scholz* in Habersack/Drinhausen, Art. 34 SE-VO Rz. 6; *Schäfer* in MünchKomm. AktG, 3. Aufl., Art. 34 SE-VO Rz. 3; *Casper* in Spindler/Stilz, AktG, Art. 34 SE-VO Rz. 1; *Paefgen* in KölnKomm. AktG, 3. Aufl., Art. 34 SE-VO Rz. 38.
19 Ebenso *Schäfer* in MünchKomm. AktG, 3. Aufl., Art. 34 SE-VO Rz. 3, 6; *Scheifele*, Gründung, S. 347, 350; *J. Schmidt*, „Deutsche" vs. „britische" SE, S. 324; *Schwarz*, Art. 34 SE-VO Rz. 4, 14; *Teichmann*, ZGR 2003, 367, 393. S. auch Begr. RegE z. SEEG, BT-Drucks. 15/3405, S. 34.
20 Vgl. *Casper* in FS Ulmer, 2003, S. 51, 60; *Marsch-Barner* in Lutter/Bayer, Holding-Handbuch, § 18 Rz. 78; *Scheifele*, Gründung, S. 345; *J. Schmidt*, „Deutsche" vs. „britische" SE, S. 322; *Teichmann*, ZGR 2002, 383, 437.

difizieren, ohne dass ein äquivalentes Verfahren auch für die Anteilsinhaber der anderen Gründungsgesellschaften zur Verfügung steht oder diese zumindest ihr Einverständnis erklärt haben[21]. **Art. 25 Abs. 3 SE-VO** muss daher im Wege der **Analogie** auch bei der Holdinggründung zur Anwendung gebracht werden[22].

3. Schutz der Minderheitsgesellschafter deutscher Gründungsgesellschaften nach §§ 9, 11 SEAG

a) Abfindungsangebot im Gründungsplan (§ 9 SEAG)

13 In Parallele zu § 7 SEAG (dazu ausf. Art. 24 Rz. 45 ff.) verpflichtet § 9 SEAG eine deutsche[23] Gründungsgesellschaft auch im Falle der Beteiligung an der Gründung einer Holding-SE zur Abgabe eines Barabfindungsangebots.

14 **aa) Anwendungsbereich.** In Konsequenz der heftigen Kritik[24], die sich an der in § 10 Abs. 1 Satz 1 SEAG-DiskE vorgesehenen generellen Barangebotspflicht in Schrifttum und Praxis entzündet hatte, hat der Gesetzgeber die Barangebotspflicht **in mehrfacher Hinsicht eingeschränkt:**

15 **(1) Beschränkung auf Aktiengesellschaften.** Die Verpflichtung zur Abgabe eines Barangebots gilt nur für Gründungsgesellschaften in der Rechtsform der AG, **nicht** für **GmbH**. Nach Auffassung des Gesetzgebers besteht bei GmbH kein Bedürfnis für eine derartige Regelung, da sich die Gesellschafter hier durch eine entsprechende Ausgestaltung des Gesellschaftsvertrages weitgehend gegen eine unerwünschte Konzernierung schützen könnten[25]. Die Berechtigung der Ungleichbehandlung von AG und GmbH ist gleichwohl zweifelhaft[26], denn erstens wird bei der Gründung einer GmbH wohl nur in den seltensten Fällen an entsprechende Vorkehrungen im Hinblick auf eine etwaige spätere Konzernierung gedacht werden[27] und zweitens kommt es insoweit zu einem Wertungswiderspruch mit § 29 UmwG, der uneingeschränkt auch für GmbH gilt[28].

---

21 *Casper* in FS Ulmer, 2003, S. 51, 60; *Neun* in Theisen/Wenz, Europäische Aktiengesellschaft, S. 57, 160; *Oplustil*, (2003) 4 GLJ 107, 122; *Schäfer* in MünchKomm. AktG, 3. Aufl., Art. 34 SE-VO Rz. 4; *J. Schmidt*, „Deutsche" vs. „britische" SE, S. 322 f.; *Teichmann*, ZGR 2002, 383, 437.

22 Begr. RegE z. SEEG, BT-Drucks. 15/3405, S. 34; *Casper* in FS Ulmer, 2003, S. 51, 60; *Heckschen* in Widmann/Mayer, UmwG Anhang 14 Rz. 315 f.; *Jannott* in Jannott/Frodermann, Handbuch Europäische Aktiengesellschaft, § 3 Rz. 192; *Kalss*, ZGR 2003, 593, 633; *Schäfer* in MünchKomm. AktG, 3. Aufl., Art. 34 SE-VO Rz. 4; *Scheifele*, Gründung, S. 345, 349, 351; *Scholz* in Habersack/Drinhausen, Art. 34 SE-VO Rz. 3; *Schwarz*, Art. 34 SE-VO Rz. 4; *Teichmann*, ZGR 2002, 383, 437. Kritisch allerdings *Brandt*, BB-Special 3/2005, 1, 2; *Lind*, Europäische Aktiengesellschaft, S. 149; *J. Vetter* in Lutter/Hommelhoff, Europäische Gesellschaft, S. 111, 156, 158, 160 f.; für direkte Anwendung *Schröder* in Manz/Mayer/Schröder, Art. 34 SE-VO Rz. 5.

23 Auch ohne ausdrückliche Erwähnung im Wortlaut des § 9 SEAG folgt dies aus der eingeschränkten Regelungskompetenz des deutschen Gesetzgebers, s. dazu oben Rz. 2.

24 Vgl. *Handelsrechtsausschuss des DAV*, NZG 2004, 957 f.; *Horn*, DB 2005, 147, 149; *Ihrig/Wagner*, BB 2004, 1749, 1752; *Waclawik*, DB 2004, 1191, 1194; *Spitzenverbände der deutschen Wirtschaft*, Stellungnahme zum RefE, S. 5; *J. Vetter* in Lutter/Hommelhoff, Europäische Gesellschaft, S. 111, 158 ff.

25 Begr. RegE z. SEEG, BT-Drucks. 15/3405, S. 34; zust. *Teichmann*, AG 2004, 67, 76.

26 Kritisch auch *Paefgen* in KölnKomm. AktG, 3. Aufl., Art. 34 SE-VO Rz. 14; vgl. zuvor bereits *Schröder* in Manz/Mayer/Schröder, Art. 34 SE-VO Rz. 27; *Scheifele*, Gründung, S. 352; *J. Schmidt*, „Deutsche" vs. „britische" SE, S. 320; *Waclawik*, DB 2004, 1191, 1194.

27 Vgl. *Scheifele*, Gründung, S. 352; *J. Schmidt*, „Deutsche" vs. „britische" SE, S. 320; *Waclawik*, DB 2004, 1191, 1194.

28 Vgl. *Ihrig/Wagner*, BB 2004, 1749, 1752; *J. Schmidt*, „Deutsche" vs. „britische" SE, S. 320; zust. *Paefgen* in KölnKomm. AktG, 3. Aufl., Art. 34 SE-VO Rz. 15.

(2) Sitz der Holding-SE im Ausland oder Abhängigkeit. Eine Barangebotspflicht besteht zudem nur dann, wenn die (künftige) Holding-SE ihren Sitz im Ausland hat oder ihrerseits abhängig i.S.d. § 17 AktG ist[29]. Mit der ersten Fallgruppe, dem **Sitz der Holding-SE im Ausland**, knüpft der Gesetzgeber ausweislich der Gesetzesbegründung[30] an die Parallelregelung in § 7 SEAG (dazu Art. 24 Rz. 48) an. Ob eine Gleichbehandlung von Verschmelzung und Holdinggründung insoweit tatsächlich gerechtfertigt ist, lässt sich angesichts der unterschiedlichen Konsequenzen beider Gründungsvarianten für die Anteilsinhaber allerdings durchaus bezweifeln: Bei der „sitzverlegenden Verschmelzung" unterliegen sie künftig (zumindest teilweise) ausländischem Aktienrecht, während sie sich im Falle der Holding-Gründung für den Verbleib in ihrer deutschen Gründungsgesellschaft entscheiden können, die dann lediglich von einer ausländischen Holding-SE beherrscht wird[31].

16

Die zweite Fallgruppe – die (künftige) **Holding-SE** ist ihrerseits **abhängig i.S.d. § 17 AktG**[32] – ist an § 305 Abs. 2 Nr. 2 AktG angelehnt[33]; nach Auffassung des Gesetzgebers soll die Möglichkeit des Anteilstauschs hier alleine keinen ausreichenden Minderheitenschutz darstellen[34]. Die Einräumung eines derartigen Austrittsrechts erscheint allerdings in gewissem Sinne systemwidrig[35], denn eine äquivalente Regelung existiert weder im Falle der Verschmelzungsgründung noch im allgemeinen deutschen Konzerngesellschaftsrecht[36]. Bedenklich ist außerdem, dass das Austrittsrecht offenbar undifferenziert auch dann gelten soll, wenn die Gründungsgesellschaft selbst bereits abhängig war[37]. Darüber hinaus wirft die Regelung aber auch eine Reihe praktischer Schwierigkeiten auf[38], z.B. steht im Zeitpunkt der Aufstellung des Gründungsplans (in dem das Angebot enthalten sein muss, s. unten Rz. 19) u.U. noch gar nicht fest, ob die künftige Holding-SE ihrerseits abhängig sein wird[39].

17

bb) Widerspruch. Voraussetzung für ein Austritts- und Abfindungsrecht ist nach § 9 Abs. 1 Satz 1 SEAG konsequenterweise, dass der betreffende Aktionär gegen den Zustimmungsbeschluss Widerspruch zur Niederschrift erklärt hat[40] (vgl. dazu bereits

18

---

29 Die Begrenzung auf diese Fallgruppen geht zurück auf *Teichmann*, AG 2004, 67, 73 f.
30 Begr. RegE z. SEEG, BT-Drucks. 15/3405, S. 34.
31 Vgl. *Handelsrechtsausschuss des DAV*, NZG 2004, 957, 958; *Heckschen* in Widmann/Mayer, UmwG Anhang 14 Rz. 292; *J. Schmidt*, „Deutsche" vs. „britische" SE, S. 321; zust. *Paefgen* in KölnKomm. AktG, 3. Aufl., Art. 34 SE-VO Rz. 19; abw. indes *Ihrig/Wagner*, BB 2004, 1749, 1752.
32 Zur Abhängigkeit i.S.d. § 17 AktG s. *J. Vetter* in K. Schmidt/Lutter, § 17 AktG Rz. 5 ff.
33 Vgl. *Teichmann*, AG 2004, 67, 74; *Scheifele*, Gründung, S. 352.
34 Begr. RegE z. SEEG, BT-Drucks. 15/3405, S. 34; vgl. auch *Teichmann*, AG 2004, 67, 74.
35 Wie hier auch *Paefgen* in KölnKomm. AktG, 3. Aufl., Art. 34 SE-VO Rz. 21 f.
36 Vgl. *Horn*, DB 2005, 147, 149; *Ihrig/Wagner*, BB 2004, 1749, 1752; *Schäfer* in MünchKomm. AktG, 3. Aufl., Art. 32 SE-VO Rz. 21; *J. Schmidt*, „Deutsche" vs. „britische" SE, S. 320 f.; *Spitzenverbände der deutschen Wirtschaft*, Stellungnahme zum RefE, S. 5; *J. Vetter* in Lutter/Hommelhoff, Europäische Gesellschaft, S. 111, 160.
37 Vgl. *Handelsrechtsausschuss des DAV*, NZG 2004, 957, 958; *Horn*, DB 2005, 147, 149; *Ihrig/Wagner*, BB 2004, 1749, 1752; *Schäfer* in MünchKomm. AktG, 3. Aufl., Art. 32 SE-VO Rz. 19; *J. Schmidt*, „Deutsche" vs. „britische" SE, S. 320; *Spitzenverbände der deutschen Wirtschaft*, Stellungnahme zum RefE, S. 5; *J. Vetter* in Lutter/Hommelhoff, Europäische Gesellschaft, S. 111, 160.
38 Zust. *Paefgen* in KölnKomm. AktG, 3. Aufl., Art. 34 SE-VO Rz. 23.
39 *Handelsrechtsausschuss des DAV*, NZG 2004, 957, 958; *Ihrig/Wagner*, BB 2004, 1749, 1752; *Jannott* in Jannott/Frodermann, Handbuch Europäische Aktiengesellschaft, § 3 Rz. 145 Fn. 288; *J. Schmidt*, „Deutsche" vs. „britische" SE, S. 320; *J. Vetter* in Lutter/Hommelhoff, Europäische Gesellschaft, S. 111, 160.
40 *Paefgen* in KölnKomm. AktG, 3. Aufl., Art. 34 SE-VO Rz. 17; *Austmann* in MünchHdb. AG, § 83 Rz. 56.

oben Rz. 11); eine Ausnahme[41] hiervon gilt nur in den Fällen des § 29 Abs. 2 UmwG[42] (§ 9 Abs. 1 Satz 5 SEAG).

19 **cc) Durchführung. (1) Angebot im Gründungsplan.** Sofern gem. die in Rz. 14 ff. erläuterten Voraussetzungen erfüllt sind, ist jedem ordnungsgemäß widersprechenden Aktionäre **im Gründungsplan** der Erwerb seiner Aktien gegen eine angemessene Barabfindung anzubieten (§ 9 Abs. 1 Satz 1 SEAG). Der Wortlaut des Angebots muss in der Bekanntmachung zur Vorbereitung der Hauptversammlung (§ 124 Abs. 2 Satz 2 AktG)[43] enthalten sein (§ 9 Abs. 1 Satz 3 SEAG).

20 Die **Verpflichtung** zum Erwerb der Aktien und zur Zahlung der Barabfindung **trifft** ausschließlich die betreffende **Gründungsgesellschaft**[44]; ein Anspruchsübergang auf die Holding-SE findet – anders als bei der Verschmelzung (s. Art. 24 Rz. 53) – nicht statt.

21 Hinsichtlich der Bemessung des Angebots sind gem. §§ 9 Abs. 2, 7 Abs. 2 Satz 1 SEAG – ebenso wie bei der Parallelregelung in § 30 Abs. 1 UmwG[45] – die **Verhältnisse der Gesellschaft im Zeitpunkt der Beschlussfassung** über die Holdinggründung zu berücksichtigen.

22 Gem. § 9 Abs. 2 SEAG gilt hinsichtlich der **Verzinsung** der Barabfindung § 7 Abs. 2 Satz 2 SEAG (dazu Art. 24 Rz. 52) entsprechend; die Verzinsungspflicht beginnt hier allerdings nach Ablauf des Tages, an dem die Holding-SE in ihrem Sitzstaat nach den dort geltenden Vorschriften eingetragen und bekannt gemacht worden ist[46].

23 **(2) Prüfung des Angebots.** Vorbehaltlich eines etwaigen Verzichts ist die Angemessenheit der Barabfindung gem. § 9 Abs. 2 i.V.m. § 7 Abs. 3 SEAG (dazu Art. 24 Rz. 54) stets durch die Gründungsprüfer zu prüfen[47] (dazu bereits Art. 32 Rz. 56); die Norm entspricht § 30 Abs. 2 UmwG[48].

24 **(3) Annahme des Angebots.** Die Annahme des Angebots kann gem. § 9 Abs. 2 i.V.m. § 7 Abs. 4 SEAG (dazu Art. 24 Rz. 55) nur innerhalb einer **Ausschlussfrist von 2 Monaten** erfolgen, die hier allerdings grundsätzlich ab dem Tag beginnt, an dem die Holding-SE in ihrem Sitzstaat nach den dort geltenden Vorschriften eingetragen und bekannt gemacht worden ist[49]; im Falle eines Spruchverfahrens (s. dazu Rz. 27 ff.) läuft die Frist jedoch erst ab Bekanntmachung der Entscheidung im Bundesanzeiger.

---

41 So auch *Paefgen* in KölnKomm. AktG, 3. Aufl., Art. 34 SE-VO Rz. 18.
42 Dazu näher *Grunewald* in Lutter, § 29 UmwG Rz. 13 ff.; *Stratz* in Schmitt/Hörtnagl/Stratz, § 29 UmwG Rz. 17.
43 Vgl. *Schröder* in Manz/Mayer/Schröder, Art. 34 SE-VO Rz. 31; *Schwarz*, Art. 34 SE-VO Rz. 11; s. ferner auch die Begründung zur Parallelregelung in § 7 Abs. 1 Satz 3 SEAG, BT-Drucks. 15/3405, S. 33.
44 Begr. RegE z. SEEG, BT-Drucks. 15/3405, S. 34; *Paefgen* in KölnKomm. AktG, 3. Aufl., Art. 34 SE-VO Rz. 24; *Schäfer* in MünchKomm. AktG, 3. Aufl., Art. 32 SE-VO Rz. 20; *Schröder* in Manz/Mayer/Schröder, Art. 34 SE-VO Rz. 30; *Schwarz*, Art. 34 SE-VO Rz. 9; *Spitzbart*, RNotZ 2006, 369, 411 f.
45 Dazu näher *Grunewald* in Lutter, § 30 UmwG Rz. 2; *Stratz* in Schmitt/Hörtnagl/Stratz, § 30 UmwG Rz. 5, 9 ff.; *Zeidler* in Semler/Stengel, § 30 UmwG Rz. 4 ff., 18 f.
46 *Jannott* in Jannott/Frodermann, Handbuch Europäische Aktiengesellschaft, § 3 Rz. 200; *Paefgen* in KölnKomm. AktG, 3. Aufl., Art. 34 SE-VO Rz. 28.
47 So auch *Paefgen* in KölnKomm. AktG, 3. Aufl., Art. 34 SE-VO Rz. 25.
48 Vgl. Begr. RegE z. SEEG, BT-Drucks. 15/3405, S. 33. Näher zu § 30 Abs. 2 UmwG etwa: *Grunewald* in Lutter, § 30 UmwG Rz. 5 ff.; *Zeidler* in Semler/Stengel, § 30 UmwG Rz. 26 ff. m.w.N.
49 Ebenso *Paefgen* in KölnKomm. AktG, 3. Aufl., Art. 34 SE-VO Rz. 26.

dd) Die Problematik des Erwerbs eigener Aktien. Die Erfüllung des Abfindungs- und Austrittsanspruchs führt zu einem **Erwerb eigener Aktien**; § 9 Abs. 2 SEAG verweist daher auf § 7 Abs. 1 Satz 2 SEAG (dazu Art. 24 Rz. 56), der die entsprechende Anwendung der Vorschriften des Aktiengesetzes anordnet, allerdings mit Ausnahme des § 71 Abs. 4 Satz 2 AktG[50]. Da die Aktien im Falle der Holdinggründung allerdings – anders als bei der Verschmelzung – nicht durch die SE, sondern **durch die betreffende Gründungsgesellschaft** erworben werden (vgl. bereits oben Rz. 20), erübrigt sich hier eine Reihe von Fragen, die insofern bei der Verschmelzung problematisiert werden (s. dazu Art. 24 Rz. 56).

25

ee) Gerichtliche Überprüfung der Barabfindung. (1) Klageausschluss. Aufgrund der Verweisung des § 9 Abs. 2 SEAG auf § 7 Abs. 5 SEAG (dazu Art. 24 Rz. 57) berechtigt ein zu niedrig bemessenes, fehlendes oder nicht ordnungsgemäßes Barabfindungsangebot bei der Holdinggründung ebenfalls nicht zur Erhebung einer Anfechtungsklage gegen den Zustimmungsbeschluss. Dieser Klageausschluss gilt allerdings gleichermaßen nur unter den Voraussetzungen des **Art. 25 Abs. 3 Satz 1 SE-VO**[51] (ausf. Art. 25 Rz. 20 ff.; zur analogen Anwendung der Norm bei der Holdinggründung s. oben Rz. 12); liegen diese nicht vor, so steht jedem Aktionär weiterhin die Anfechtungsklage offen[52]. Nach **§ 243 Abs. 4 Satz 2 AktG** erstreckt sich der Klageausschluss im dort geregelten Umfang auch auf Informationsmängel betreffend die Barabfindung (vgl. dazu näher Art. 24 Rz. 35, 58).

26

(2) Spruchverfahren. Sofern die Voraussetzungen des Art. 25 Abs. 3 Satz 1 SE-VO (ausf. Art. 25 Rz. 20 ff., zur analogen Anwendung der Norm bei der Holdinggründung s. oben Rz. 12) vorliegen, kann ein **zu geringes, fehlendes oder ordnungsgemäßes Barabfindungsangebot** (ebenso wie diesbezügliche Informationsmängel, vgl. oben Rz. 26) auch bei der Holdinggründung **nur im Spruchverfahren** nach dem SpruchG[53] geltend gemacht werden, §§ 9 Abs. 2, 7 Abs. 7 Satz 1 und 2 SEAG.

27

(a) Internationale Zuständigkeit. Ähnlich wie bei der Verschmelzung (dazu Art. 24 Rz. 60 ff.) ist die internationale Zuständigkeit für das Spruchverfahren auch bei der Holdinggründung ein neuralgischer Punkt. Die Problematik ist hier allerdings insofern etwas entschärft, als sich der Barabfindungsanspruch nach § 9 Abs. 1 Satz 1 SE-AG ausschließlich gegen die betreffende deutsche Gründungsgesellschaft – nicht gegen die Holding-SE – richtet (vgl. oben Rz. 20). Sofern die **Aktionäre einer deutschen Gründungsgesellschaft** ein Spruchverfahren im Hinblick auf ihren Barabfindungsanspruch gem. § 9 Abs. 1 Satz 1 SEAG gegen eben diese deutsche Gründungsgesellschaft einleiten wollen, dürften daher an der internationalen Zuständigkeit der **deutschen Gerichte** keine Zweifel bestehen. Örtlich zuständig ist gem. § 2 Abs. 1 Satz 1 SpruchG das Landgericht am Sitz der Gesellschaft[54].

28

Wenn allerdings das Recht einer beteiligten ausländischen Gründungsgesellschaft ebenfalls ein spezielles Verfahren zur Kontrolle des Umtauschverhältnisses vorsieht, so eröffnet der gem. § 9 Abs. 2 SEAG auch bei der Holdinggründung entsprechend anwendbare § 7 Abs. 7 Satz 3 SEAG den **ausländischen Aktionären** zwar das Recht zur Einleitung eines inländischen Spruchverfahrens. Die internationale Zuständigkeit deutscher Gerichte lässt sich hier aber – ebenso wie bei der Verschmelzung (s. dazu

29

---

50 Wie hier *Paefgen* in KölnKomm. AktG, 3. Aufl., Art. 34 SE-VO Rz. 27.
51 Wie hier *Paefgen* in KölnKomm. AktG, 3. Aufl., Art. 34 SE-VO Rz. 31.
52 So auch *Paefgen* in KölnKomm. AktG, 3. Aufl., Art. 34 SE-VO Rz. 31.
53 Gesetz über das gesellschaftsrechtliche Spruchverfahren (Spruchverfahrensgesetz – SpruchG) v. 12.6.2003, BGBl. I 2003, 838; zuletzt geändert durch Gesetz v. 23.7.2013, BGBl. I 2013, 2586 ff.; dazu ausf. *Mennicke* in Lutter, UmwG, Anhang I SpruchG.
54 *Paefgen* in KölnKomm. AktG, 3. Aufl., Art. 34 SE-VO Rz. 32.

Art. 24 Rz. 62) – nur dadurch begründen, dass die Aktionäre der ausländischen Gründungsgesellschaft(en) auf die Durchführung eines Spruchverfahrens nach ihrem Heimatrecht verzichten und dem Verfahren im Inland zustimmen[55]. Zudem müsste das ausländische Recht eine solche Derogation auch tatsächlich gestatten, was wohl eher selten der Fall sein dürfte[56]. Praktisch relevant werden könnten §§ 9 Abs. 2, 7 Abs. 7 Satz 3 SEAG überdies wohl ohnehin nur in dem Fall, dass sich der Anspruch nach ausländischem Recht nicht gegen die ausländische Gründungsgesellschaft, sondern gegen die Holding-SE richtet und diese ihren Sitz in Deutschland hat.

30 **(b) Besonderer Vertreter.** Sofern die Aktionäre einer ausländischen Gründungsgesellschaft im deutschen Spruchverfahren nicht beteiligungsfähig sind, können sie zur Wahrung ihrer Interessen beim Gericht gem. **§ 6a SpruchG** die Bestellung eines besonderen Vertreters beantragen (s. auch Art. 24 Rz. 42, 63).

31 **(c) Inter-omnes-Wirkung.** Eine Entscheidung im Spruchverfahren wirkt gem. **§ 13 SpruchG** inter omnes (s. Art. 24 Rz. 64)[57].

32 **ff) Exkurs: Erleichterte Veräußerbarkeit.** Gem. **§ 9 Abs. 2 SEAG** gelten auch bei der Holdinggründung die in **§ 7 Abs. 6 SEAG** (dazu Art. 24 Rz. 65) geregelten Erleichterungen bzgl. der Veräußerung von Anteilen während der Angebotsfrist (dazu oben Rz. 24)[58].

b) Verbesserung des Umtauschverhältnisses (§ 11 SEAG)

33 In Parallele zu § 6 SEAG (dazu Art. 24 Rz. 31 ff.) gewährt § 11 SEAG den Anteilsinhabern auch bei der Holdinggründung im Falle eines nicht angemessenen Umtauschverhältnisses unter bestimmten formellen Voraussetzungen einen Anspruch auf **Ausgleich durch bare Zuzahlung**; im Gegenzug wird auch insoweit eine **Klage** gegen den Verschmelzungsbeschluss **ausgeschlossen**. Mangels einer entsprechenden Einschränkung ist § 11 SEAG – im Gegensatz zu § 9 SEAG (s. oben Rz. 15) – in seinem Anwendungsbereich allerdings nicht auf **AG** beschränkt, sondern gilt auch für **GmbH**[59].

34 **aa) Klageausschluss.** Nach **§ 11 Abs. 2 i.V.m. § 6 Abs. 1 SEAG** (dazu Art. 24 Rz. 32) ist für die Anteilsinhaber einer deutschen[60] Gründungsgesellschaft (egal ob AG oder GmbH, s. oben Rz. 33) **unter den Voraussetzungen des Art. 25 Abs. 3 Satz 1 SE-VO** (ausf. Art. 25 Rz. 20 ff., zur analogen Anwendung der Norm bei der Holdinggründung s. oben Rz. 12) eine Klage gegen den Zustimmungsbeschluss die darauf gestützt wird, dass das **Umtauschverhältnis** der Anteile **nicht angemessen** ist, ausgeschlossen. Nach **§ 243 Abs. 4 Satz 2 AktG** erstreckt sich der Klageausschluss im dort geregelten Umfang auch auf Informationsmängel (vgl. oben Rz. 26, sowie näher Art. 24 Rz. 35).

35 **bb) Bare Zuzahlung.** Der Ausgleich ist gem. **§ 11 Abs. 1 SEAG** – ebenso wie nach § 6 Abs. 2 SEAG (dazu Art. 24 Rz. 36) – zwingend in Form einer **baren Zuzahlung** zu leisten[61]. Der – im Rahmen der (gescheiterten) Aktienrechtsnovelle 2013 (VorstOG)

---

[55] So für den Fall der Verschmelzung zutreffend *Schäfer* in MünchKomm. AktG, 3. Aufl., Art. 20 SE-VO Rz. 34.
[56] Kritisch zur Regelung *Paefgen* in KölnKomm. AktG, 3. Aufl., Art. 34 SE-VO Rz. 33.
[57] So auch *Paefgen* in KölnKomm. AktG, 3. Aufl., Art. 34 SE-VO Rz. 34.
[58] Vgl. auch *Paefgen* in KölnKomm. AktG, 3. Aufl., Art. 34 SE-VO Rz. 35.
[59] Vgl. *J. Schmidt*, „Deutsche" vs. „britische" SE, S. 323; zust. *Paefgen* in KölnKomm. AktG, 3. Aufl., Art. 34 SE-VO Rz. 37.
[60] Auch ohne ausdrückliche Erwähnung im Wortlaut der §§ 6, 11 SEAG folgt dies aus der eingeschränkten Regelungskompetenz des deutschen Gesetzgebers: s. oben Rz. 2.
[61] *Marsch-Barner* in Lutter/Bayer, Holding-Handbuch, § 18 Rz. 78; *Schäfer* in MünchKomm. AktG, 3. Aufl., Art. 34 SE-VO Rz. 6; *J. Schmidt*, „Deutsche" vs. „britische" SE, S. 323; *Schwarz*, Art. 34 SE-VO Rz. 13.

durch § 72a UmwG-E, § 10a SpruchG-E nochmals aufgegriffen – Forderung aus Wissenschaft und Praxis, auch eine Ausgleichsleistung in Form von Aktien zu gestatten[62], ist der Gesetzgeber bislang nicht nachgekommen[63]; auch im Rahmen der Aktienrechtsnovelle 2014/15[64] wurde die Problematik nicht mehr aufgegriffen.

Aufgrund des undifferenzierten Wortlauts des § 11 Abs. 1 SEAG und unter Verweis auf die – insoweit missverständliche – Gesetzesbegründung[65] wird im Schrifttum zum Teil die Auffassung vertreten, dass auch diejenigen Anteilsinhaber **anspruchsberechtigt** seien, die sich gegen einen Anteilstausch und für ein Verbleiben in der jeweiligen Gründungsgesellschaft entschieden haben[66]. Richtigerweise steht der Anspruch auf bare Zuzahlung seinem Sinn und Zweck nach jedoch **nur den Anteilsinhabern zu, die ihre Anteile** in Aktien der Holding-SE **umtauschen**: Der Nachbesserungsanspruch soll gerade sicherstellen, dass die Anteilsinhaber eine gleichwertige Gegenleistung für die von ihnen eingebrachten Anteile erhalten[67] (und nicht etwa einen etwaige Nachteile der Konzernierung ausgleichen[68]). 36

Schuldnerin des Anspruchs ist – wie bei § 6 Abs. 2 SEAG (vgl. Art. 24 Rz. 31), aber anders als bei § 9 SEAG (dazu oben Rz. 20) – die **Holding-SE**[69]. Dies folgt eindeutig aus § 11 Abs. 1 SEAG („von der Holding-SE"). 37

Gem. **§ 11 Abs. 2 SEAG** gilt hinsichtlich der **Verzinsung § 6 Abs. 3 SEAG** (dazu Art. 24 Rz. 37) entsprechend; die Verzinsungspflicht beginnt hier allerdings nach Ablauf des Tages, an dem die Holding-SE in ihrem Sitzstaat nach den dort geltenden Vorschriften eingetragen und bekannt gemacht worden ist[70]. 38

cc) Gerichtliche Geltendmachung. Aufgrund der Verweisung des **§ 11 Abs. 2 SEAG** ist der Anspruch – wie bei der Verschmelzung (dazu Art. 24 Rz. 38 ff.) – gem. § 6 39

---

62 So bereits *Handelsrechtsausschuss des DAV*, NZG 2004, 957, 959; vgl. auch *J. Schmidt*, „Deutsche" vs. „britische" SE, S. 323 f.; zur Problematik ausf. *Bayer*, ZHR 172 (2008) 24 ff.
63 Die gesetzliche Regelung befürwortend indes *Paefgen* in KölnKomm. AktG, 3. Aufl., Art. 34 SE-VO Rz. 41; *Dreier/Riedel*, BB 2013, 326 ff.
64 RegE, BT-Drucks. 18/4349.
65 S. Begr. RegE z. SEEG, BT-Drucks. 15/3405, S. 34: „Der Anspruch ... soll auch Anteilsinhabern zustehen, die ihre Anteile tauschen" [Hervorhebung hinzugefügt]. Das „auch" bezieht sich lediglich darauf, dass der Anspruch auf bare Zuzahlung nicht von einem Widerspruch abhängt (s. oben Rz. 10); vgl. *Schäfer* in MünchKomm. AktG, 3. Aufl., Art. 34 SE-VO Rz. 6; teilw. abw. Sicht bei *Scholz* in Habersack/Drinhausen, Art. 34 SE-VO Rz. 7.
66 So *Jannott* in Jannott/Frodermann, Handbuch Europäische Aktiengesellschaft, § 3 Rz. 193; *Schwarz*, Art. 34 SE-VO Rz. 13.
67 Ebenso *Schäfer* in MünchKomm. AktG, 3. Aufl., Art. 34 SE-VO Rz. 6; *Scholz* in Habersack/Drinhausen, Art. 34 SE-VO Rz. 7; *Casper* in Spindler/Stilz, AktG, Art. 34 SE-VO Rz. 4; *Paefgen* in KölnKomm. AktG, 3. Aufl., Art. 34 SE-VO Rz. 39; *Witten*, Minderheitenschutz bei Gründung und Sitzverlegung der Europäischen Aktiengesellschaft (SE), 2011, S. 135 f.; s. ferner auch *Handelsrechtsausschuss des DAV*, NZG 2004, 75, 79; *Handelsrechtsausschuss des DAV*, NZG 2004, 957, 959 sowie *J. Vetter* in Lutter/Hommelhoff, Europäische Gesellschaft, S. 111, 155 f.; *Marsch-Barner* in Lutter/Bayer, Holding-Handbuch, Rz. 18.78.
68 Vgl. *Handelsrechtsausschuss des DAV*, NZG 2004, 75, 79; *Handelsrechtsausschuss des DAV*, NZG 2004, 957, 959.
69 Wie hier *Scholz* in Habersack/Drinhausen, Art. 34 SE-VO Rz. 8; vgl. auch bereits *Jannott* in Jannott/Frodermann, Handbuch Europäische Aktiengesellschaft, § 3 Rz. 193; *Schwarz*, Art. 34 SE-VO Rz. 13; *J. Schmidt*, „Deutsche" vs. „britische" SE, S. 323; *J. Vetter* in Lutter/Hommelhoff, Europäische Gesellschaft, S. 111, 155; a.A. irrig *Paefgen* in KölnKomm. AktG, 3. Aufl., Art. 34 SE-VO Rz. 40 (Gründungsgesellschaft).
70 Vgl. *Jannott* in Jannott/Frodermann, Handbuch Europäische Aktiengesellschaft, § 13 Rz. 194; *Paefgen* in KölnKomm. AktG, 3. Aufl., Art. 34 SE-VO Rz. 42; *Schäfer* in MünchKomm. AktG, 3. Aufl., Art. 34 SE-VO Rz. 6.

Abs. 4 SEAG durch Einleitung eines **Spruchverfahrens** nach dem SpruchG[71] geltend zu machen.

40 Wenn sich der Anspruch auf bare Zuzahlung gegen eine SE mit Sitz im Ausland richtet, stellt sich hinsichtlich der Begründung der **internationalen Zuständigkeit** der deutschen Gerichte dieselbe Problematik wie bei der Parallelregelung des § 6 SEAG (dazu ausf. Art. 24 Rz. 39 ff.), insbesondere soweit § 11 Abs. 2 i.V.m. § 6 Abs. 4 Satz 2 SEAG auch den Aktionären ausländischer Gründungsgesellschaften das Recht auf Einleitung eines Spruchverfahrens einräumt.

41 Sofern die Aktionäre einer ausländischen Gründungsgesellschaft im deutschen Spruchverfahren nicht beteiligungsfähig sind, können sie zur Wahrung ihrer Interessen beim Gericht gem. **§ 6a SpruchG** die Bestellung eines besonderen Vertreters beantragen (s. auch oben Rz. 30 sowie Art. 24 Rz. 42, 63).

42 Eine Entscheidung im Spruchverfahren wirkt gem. **§ 13 SpruchG** inter omnes (s. Art. 24 Rz. 43)[72].

V. Ergänzende Anwendung des AktG

43 Vgl. zum Begriff der Abhängigkeit i.S.d. § 17 AktG *J. Vetter* in K. Schmidt/Lutter, § 17 AktG Rz. 5 ff.

Vgl. zu §§ 71 ff. AktG *Bezzenberger* in K. Schmidt/Lutter, § 71 AktG Rz. 4 ff.

Vgl. zu § 243 Abs. 4 Satz 2 AktG *Schwab* in K. Schmidt/Lutter, § 243 AktG Rz. 45 ff.

Abschnitt 4. Gründung einer Tochter-SE

Art. 35
[Gründung einer gemeinsamen Tochter-SE]

Eine SE kann gemäß Artikel 2 Absatz 3 gegründet werden.

I. Regelungsgegenstand und -zweck 1	II. Die Rechtsnatur der Gründung einer gemeinsamen Tochter-SE 2

Literatur: *Bungert/Beier*, Die Europäische Aktiengesellschaft, EWS 2002, 1; *Casper*, Numerus Clausus und Mehrstaatlichkeit bei der SE-Gründung, AG 2007, 97; *Casper*, Der Lückenschluss im Statut der Europäischen Aktiengesellschaft, FS Ulmer, 2003, S. 51; *Heckschen*, Die SE als Option für den Mittelstand, FS Westermann, 2008, S. 999; *Hirte*, Die Europäische Aktiengesellschaft, NZG 2002, 1; *Hörtig*, Gründungs- und Umstrukturierungsmöglichkeiten bei der Europäischen Aktiengesellschaft (SE), 2011; *Waclawik*, Die Europäische Aktiengesellschaft (SE) als Konzerntochter- und Joint Venture-Gesellschaft, DB 2006, 1827; *Wenz*, Einsatzmöglichkeiten der Europäischen Aktiengesellschaft in der Unternehmenspraxis aus betriebswirtschaftlicher Sicht, AG 2003, 185.

---

71 Gesetz über das gesellschaftsrechtliche Spruchverfahren (Spruchverfahrensgesetz – SpruchG) v. 12.6.2003, BGBl. I 2003, 838; zuletzt geändert durch Gesetz v. 23.7.2013, BGBl. I 2013, 2586 ff.; dazu ausf. *Mennicke* in Lutter, UmwG, Anhang I SpruchG.
72 So auch *Paefgen* in KölnKomm. AktG, 3. Aufl., Art. 34 SE-VO Rz. 50.

I. Regelungsgegenstand und -zweck

Art. 35 SE-VO stellt noch einmal klar, dass eine SE unter den Voraussetzungen des Art. 2 Abs. 3 SE-VO (dazu ausf. Art. 2 Rz. 22 ff.) als **gemeinsame Tochter-SE** gegründet werden kann. Die Vorschrift fungiert – ähnlich wie die Parallelregelungen in Art. 17 Abs. 1 SE-VO (dazu Art. 17 Rz. 1, 4), Art. 32 Abs. 1 Satz 1 SE-VO (dazu Art. 32 Rz. 2) und Art. 37 Abs. 1 SE-VO (dazu Art. 37) – als **deklaratorisches**[1] **Bindeglied**[2] zwischen der Regelung über die materielle Gründungsberechtigung in Art. 2 Abs. 3 SE-VO (ausf. Art. 2 Rz. 22 ff.) und der verfahrensrechtlichen Vorschrift des Art. 36 SE-VO.

1

II. Die Rechtsnatur der Gründung einer gemeinsamen Tochter-SE

Die Errichtung einer gemeinsamen Tochter-SE ist das **Gegenstück zur Holdinggründung**: Bei der Holdinggründung schaffen sich die Gründungsgesellschaften eine gemeinsame Mutter, hier dagegen eine gemeinsame Tochter[3].

2

Es handelt sich damit eo ipso stets um eine **bi- bzw. multilaterale Gründungsvariante**:[4] Im Gegensatz zur Gründung einer Tochter-SE durch eine bereits bestehende SE nach Art. 3 Abs. 2 SE-VO (sog. sekundäre Gründung, dazu ausf. Art. 3 Rz. 6 ff.) – die von Art. 35 SE-VO (im Gegensatz zu Art. 36 SE-VO (Art. 36 Rz. 2) nicht erfasst wird[5] – müssen an der Gründung einer gemeinsamen Tochter-SE mindestens zwei Gründungsgesellschaften beteiligt sein[6]; zulässig sind indes auch mehr als zwei Gründungsgesellschaften[7]. Eine paritätische Beteiligung der Gründungsgesellschaften ist nicht erforderlich[8].

3

Die Gründung einer gemeinsamen Tochter-SE hat keine Auswirkungen auf die rechtliche (Fort-)Existenz der Gründungsgesellschaften[9]. Sie kann allerdings bedeutsame **konzernrechtliche Konsequenzen** haben (dazu auch Anh. Art. 43 § 49 SEAG Rz. 1 f.), denn die Tochter-SE wird damit zum **Gemeinschaftsunternehmen** der Gründungsgesellschaften[10], so dass u.U. sogar eine mehrfache Abhängigkeit entsteht[11].

4

---

1 *J. Schmidt*, „Deutsche" vs. „britische" SE, S. 345; *Schwarz*, Art. 35 SE-VO Rz. 1; *Scholz* in Habersack/Drinhausen, Art. 35 SE-VO Rz. 1.
2 Vgl. *Schäfer* in MünchKomm. AktG, 3. Aufl., Art. 35, 36 SE-VO Rz. 3; *Scholz* in Habersack/Drinhausen, Art. 35 SE-VO Rz. 1; ähnlich *Paefgen* in KölnKomm. AktG, 3. Aufl., Art. 35 SE-VO Rz. 1.
3 *Bayer* in Lutter/Hommelhoff, Europäische Gesellschaft, S. 25, 58; *Scheifele*, Gründung, S. 385; *Schwarz*, Art. 35 SE-VO Rz. 2; vgl. ferner *Schäfer* in MünchKomm. AktG, 3. Aufl., Art. 35, 36 SE-VO Rz. 1; *Paefgen* in KölnKomm. AktG, 3. Aufl., Art. 35 SE-VO Rz. 4.
4 Zustimmend *Paefgen* in KölnKomm. AktG, 3. Aufl., Art. 35 SE-VO Rz. 5.
5 So auch *Scholz* in Habersack/Drinhausen, Art. 35 SE-VO Rz. 2.
6 *Heckschen* in Widmann/Mayer, UmwG Anhang 14 Rz. 337; *Schäfer* in MünchKomm. AktG, 3. Aufl., Art. 35, 36 SE-VO Rz. 1; *Scheifele*, Gründung, S. 385; *Schwarz*, Art. 35 SE-VO Rz. 2.
7 *Scholz* in Habersack/Drinhausen, Art. 35 SE-VO Rz. 3.
8 *Paefgen* in KölnKomm. AktG, 3. Aufl., Art. 35 SE-VO Rz. 5; *Waclawik*, DB 2006, 1827, 1829.
9 *Scheifele*, Gründung, S. 385; *Schwarz*, Art. 35 SE-VO Rz. 3; *Scholz* in Habersack/Drinhausen, Art. 35 SE-VO Rz. 7.
10 Dazu auch *Scholz* in Habersack/Drinhausen, Art. 35 SE-VO Rz. 12; *Paefgen* in KölnKomm. AktG, 3. Aufl., Art. 35 SE-VO Rz. 5.
11 Vgl. auch *Paefgen* in KölnKomm. AktG, 3. Aufl., Art. 35 SE-VO Rz. 7; *Schäfer* in MünchKomm. AktG, 3. Aufl., Art. 35, 36 SE-VO Rz. 1; *Scholz* in Habersack/Drinhausen, Art. 35 SE-VO Rz. 13; *Schwarz*, Art. 35 SE-VO Rz. 3; ausf. zu den konzernrechtlichen Konsequenzen: *Maul* in Theisen/Wenz, Europäische Aktiengesellschaft, S. 457, 502 f.

Art. 36
[Anwendbares Recht]

Auf die an der Gründung beteiligten Gesellschaften oder sonstigen juristischen Personen finden die Vorschriften über deren Beteiligung an der Gründung einer Tochtergesellschaft in Form einer Aktiengesellschaft nationalen Rechts Anwendung.

I. Regelungsgegenstand und -zweck ... 1	bb) Deutsche Gründungsgesellschaften 10
II. Die Verweisung des Art. 36 SE-VO	b) Eigentliches Gründungsverfahren 15
1. Anwendungsbereich 3	aa) Keine Spaltung durch Ausgliederung 17
2. Verweisungsobjekt............ 4	bb) Gründungsverfahren im Überblick 18
III. Die Gründung einer gemeinsamen Tochter-SE	(1) Feststellung der Satzung 19
1. Das für die Gründung einer gemeinsamen Tochter-SE geltende Recht	(2) Information und Beteiligung der Arbeitnehmer 20
a) Analoge Anwendung der Vorschriften über Verschmelzungs- und Holdinggründung? 6	(3) Leistung der Einlagen 21
	(4) Gründungsbericht und Gründungsprüfung 22
b) Die Zweistufigkeit des Gründungsprozesses („Sphärentrennung") ... 8	(5) Anmeldung............. 23
2. Das Verfahren der Gründung einer gemeinsamen Tochter-SE	(6) Prüfung durch das Registergericht und Eintragung 24
a) Vorgelagerte Verfahrensschritte in den einzelnen Gründungsgesellschaften	(7) Publizität 26
	IV. Die sekundäre Gründung einer Tochter-SE................. 27
aa) Allgemeines 9	V. Ergänzende Anwendung des AktG .. 28

Literatur: Bungert/Beier, Die Europäische Aktiengesellschaft, EWS 2002, 1; *Edwards*, The European Company – Essential tool or eviscerated dream?, (2003) 40 CMLR 443; *Heckschen*, Die Europäische AG aus notarieller Sicht, DNotZ 2003, 251; *Hommelhoff/Teichmann*, Die Europäische Aktiengesellschaft – das Flaggschiff läuft vom Stapel, SZW 2002, 1; *Hörtig*, Gründungs- und Umstrukturierungsmöglichkeiten bei der Europäischen Aktiengesellschaft (SE), 2011; *Jahn/ Herfs-Röttgen*, Die Europäische Aktiengesellschaft – Societas Europaea, DB 2001, 631; *Kallmeyer*, Europa-AG: Strategische Optionen für deutsche Unternehmen, AG 2003, 197; *Kalss*, Der Minderheitenschutz bei Gründung und Sitzverlegung der SE nach dem Diskussionsentwurf, ZGR 2003, 593; *Klein*, Grenzüberschreitende Verschmelzung von Kapitalgesellschaften, RNotZ 2007, 565; *Kloster*, Societas Europaea und europäische Unternehmenszusammenschlüsse, EuZW 2003, 293; *Koke*, Die Finanzverfassung der Europäischen Aktiengesellschaft (SE) mit Sitz in Deutschland, 2005; *Mahi*, Die Europäische Aktiengesellschaft. Societas Europaea – SE, 2004; *Paefgen*, „Holzmüller" und der Rechtsschutz des Aktionärs gegen das Verwaltungshandeln im Rechtsvergleich, ZHR 172 (2008), 42; *Sanna*, Societas Europaea (SE) – Die Europäische Aktiengesellschaft, ELR 2002, 2; *Schwarz/Lösler*, Das Recht der Europäischen Aktiengesellschaft – ein Überblick, NotBZ 2001, 117; *Seibt/Saame*, Die Societas Europaea (SE) deutschen Rechts: Anwendungsfelder und Beratungshinweise, AnwBl 2005, 225; *Spitzbart*, Die Europäische Aktiengesellschaft (Societas Europaea – SE) – Aufbau der SE und Gründung, RNotZ 2006, 369; *Teichmann*, Die Einführung der Europäischen Aktiengesellschaft, ZGR 2002, 383; *Teichmann*, Minderheitenschutz bei Gründung und Sitzverlegung der SE, ZGR 2003, 367; *Vossius*, Gründung und Umwandlung der deutschen Europäischen Gesellschaft (SE), ZIP 2005, 741; *Wenger*, Die europäische (Aktien-)Gesellschaft (SE) wird Realität, RWZ 2001, 317; *Wicke*, Die Europäische Aktiengesellschaft – Grundstruktur, Gründungsformen und Funktionsweise, MittBayNot 2006, 196; *Zöllter-Petzoldt*, Die Verknüpfung von europäischem und nationalem Recht bei der Gründung einer Societas Europaea (SE). Dargestellt am Beispiel der Gründung einer gemeinsamen Tochtergesellschaft nach Art. 2 Abs. 3, 35 f. SE-VO in Deutschland, England und Spanien, 2005.

I. Regelungsgegenstand und -zweck

Art. 36 SE-VO enthält eine Regelung betreffend das **Verfahren innerhalb der beteiligten Gründungsgesellschaften** in Bezug auf die Gründung einer Tochter-SE, allerdings lediglich in Form einer **Verweisung** auf nationales Recht. Im Gegensatz zu früheren Entwürfen[1] macht die SE-VO somit für die Gründungsvariante einer Tochter-SE keinerlei eigene verfahrensrechtliche Vorgaben mehr[2], sondern überantwortet die nähere Ausgestaltung des gesamten Verfahrens mittels der Verweisungsnormen der Art. 36 und 15 Abs. 1 SE-VO (zum Zusammenspiel und zur Abgrenzung dieser beiden Normen ausf. unten Rz. 8 [gemeinsame Tochter-SE] sowie Art. 3 Rz. 12 f. [sekundäre Tochter-SE]) dem nationalen Recht. 1

Art. 36 SE-VO gilt **sowohl für die primäre Gründung** einer gemeinsamen Tochter-SE **als auch für die sekundäre Gründung einer Tochter-SE**[3] (s. auch Art. 3 Rz. 12). Der 4. Abschnitt des Titel II umfasst nämlich – wie sich auch aus der allgemeinen Überschrift „Gründung einer Tochter-SE" ergibt[4] – in seinem Regelungsbereich grundsätzlich sowohl die primäre (vgl. deklaratorisch Art. 35 SE-VO, s. Art. 35 Rz. 1) als auch die sekundäre Gründung einer Tochter-SE[5]. Der Unterschied zwischen den beiden Varianten der Tochter-Gründung ist lediglich, dass Art. 3 Abs. 2 SE-VO – insofern als lex specialis zu Art. 2 Abs. 3 SE-VO[6] – einer bereits bestehenden SE das Exklusivrecht auf unilaterale Gründung einer Tochter-SE (s. auch Art. 3 Rz. 7, 12) einräumt[7]. 2

II. Die Verweisung des Art. 36 SE-VO

1. Anwendungsbereich

Art. 36 SE-VO betrifft nach Wortlaut und Systematik – ebenso wie die Parallelvorschrift des Art. 18 SE-VO (s. Art. 15 Rz. 7, Art. 18 Rz. 3) – nur diejenigen Verfahrensschritte, die noch der **Sphäre der einzelnen Gründungsgesellschaften** zuzurechnen sind[8]. 3

---

[1] Art. 35–37 SE-VOE 1970 und 1975 sowie Art. 34 f. SE-VOE 1989 sahen noch eigenständige Verfahrensregelungen vor.
[2] Vgl. dazu auch *Schäfer* in MünchKomm. AktG, 3. Aufl., Art. 35, 36 SE-VO Rz. 3; *Scheifele*, Gründung, S. 388 ff.; *J. Schmidt*, „Deutsche" vs. „britische" SE, S. 345; *Schröder* in Manz/Mayer/Schröder, Vorb. Art. 35 SE-VO; *Schwarz*, Art. 36 SE-VO Rz. 3.
[3] Wie hier *Heckschen* in Widmann/Mayer, UmwG Anhang 14 Rz. 399, 404; *Hommelhoff/Teichmann*, SZW 2002, 1, 10 Fn. 53; *Kalss* in Kalss/Hügel, Vor § 17 SEG – Gründung der SE, Rz. 37; *Kloster*, EuZW 2003, 295, 296; *J. Schmidt*, „Deutsche" vs. britische" SE, S. 380. A.A. (Geltung nur für die primäre Gründung einer gemeinsamen Tochter-SE) jedoch *Scheifele*, Gründung, S. 385; *Schwarz*, Art. 35 SE-VO Rz. 1.
[4] Im SE-VOE 1991 hatte es dagegen noch explizit „Gründung einer *gemeinsamen* Tochter-SE" geheißen.
[5] Vgl. *J. Schmidt*, „Deutsche" vs. „britische" SE, S. 380.
[6] Vgl. zur Notwendigkeit einer Beteiligung von mindestens zwei Rechtsträgern bei der Gründung einer gemeinsamen Tochter-SE: Art. 35 Rz. 3.
[7] *J. Schmidt*, „Deutsche" vs. „britische" SE, S. 380; vgl. auch *Schröder* in Manz/Mayer/Schröder, Art. 36 SE-VO Rz. 17.
[8] *Bayer* in Lutter/Hommelhoff, Europäische Gesellschaft, S. 25, 58; *Kalss*, ZGR 2003, 593, 615; *Kleindiek* in Lutter/Hommelhoff, Europäische Gesellschaft, S. 95, 101; *Schäfer* in MünchKomm. AktG, 3. Aufl., Art. 35, 36 SE-VO Rz. 3; *Scheifele*, Gründung, S. 390, 392; *J. Schmidt*, „Deutsche" vs. „britische" SE, S. 346; *Schwarz*, Art. 36 SE-VO Rz. 5, 10; *Teichmann*, ZGR 2003, 367, 396.

2. Verweisungsobjekt

4 Verweisungsobjekt des Art. 36 SE-VO sind „die **Vorschriften über** [die] Beteiligung an der **Gründung einer Tochtergesellschaft in Form einer Aktiengesellschaft nationalen Rechts**". Maßgeblich sind also diejenigen Vorschriften, die für die betreffende Gründungsgesellschaft gelten würden, wenn sie nach dem für sie geltenden nationalen Recht eine Aktiengesellschaft des betreffenden nationalen Rechts gründen würde[9]. Welche Vorschriften im Einzelnen gelten, hängt also davon ab, welche Rechtsform (z.B. AG, PLC, S.A., GmbH, Ltd., S.A.R.L., vgl. zu den zulässigen Gründern Art. 2 Rz. 22) die betreffende Gründungsgesellschaft hat[10].

5 Bei Art. 36 SE-VO handelt es sich um eine dynamische **Sachnormverweisung**[11], die auch das Richterrecht mitumfasst[12].

III. Die Gründung einer gemeinsamen Tochter-SE

1. Das für die Gründung einer gemeinsamen Tochter-SE geltende Recht

a) Analoge Anwendung der Vorschriften über Verschmelzungs- und Holdinggründung?

6 Vor dem Hintergrund der regulativen Enthaltsamkeit der SE-VO im Hinblick auf die Gründung einer Tochter-SE (s. oben Rz. 1) plädieren einige Autoren[13] für eine – mehr oder weniger umfangreiche – **analoge Anwendung der Vorschriften über die Verschmelzungs- und Holdinggründung**. Andernfalls bestehe nämlich die Gefahr, dass die insoweit geltenden strikten verfahrensrechtlichen Vorgaben (Plan, Bericht, sachverständige Prüfung, Beschluss) auf dem Umweg über die Gründung einer gemeinsamen Tochter-SE unterlaufen würden.

7 Allein aus der Tatsache, dass sich mittels der Gründung einer Tochter-SE u.U. das aufwendige und umständliche Verfahren einer Verschmelzungs- oder Holdinggründung vermeiden lässt, kann indes nicht auf das Vorliegen einer unzulässigen Umgehung geschlossen werden[14]. Eine Analogie zu den Art. 17 ff. SE-VO bzw. Art. 32 ff. SE-VO scheitert bereits an der fehlenden Planwidrigkeit der „Regelungslücke", denn die noch in früheren Entwürfen enthaltenen detaillierten Vorgaben für die Gründung einer gemeinsamen Tochter-SE wurden im SE-VOE 1991 bewusst gestrichen, da sie für diese Gründungsvariante als „zu schwerfällig" empfunden wurden[15]. Vor allem aber mangelt es auch an einer Vergleichbarkeit der Interessenlage, denn im Falle der

---

[9] Vgl. *Hügel* in Kalss/Hügel, Vor § 17 SEG – Gründung der SE, Rz. 27 f.; *Neun* in Theisen/Wenz, Europäische Aktiengesellschaft, S. 57, 186; *Schröder* in Manz/Mayer/Schröder, Art. 36 SE-VO Rz. 4; *Schwarz*, Art. 36 SE-VO Rz. 7, 9.
[10] *J. Schmidt*, „Deutsche" vs. „britische" SE, S. 347; *Schwarz*, Art. 36 SE-VO Rz. 9.
[11] Wie hier *Austmann* in MünchHdb. AG, § 83 Rz. 59; a.A. (Gesamtnormverweisung unter Einbeziehung des IPR): *Schwarz*, Art. 36 SE-VO Rz. 1, 6; *Paefgen* in KölnKomm. AktG, 3. Aufl., Art. 36 SE-VO Rz. 3; *Scholz* in Habersack/Drinhausen, Art. 36 SE-VO Rz. 3.
[12] *Schwarz*, Art. 36 SE-VO Rz. 8; *Scholz* in Habersack/Drinhausen, Art. 36 SE-VO Rz. 3; *Schröder* in Manz/Mayer/Schröder, Art. 36 SE-VO Rz. 4.
[13] *Heckschen*, DNotZ 2003, 251, 263; *Hommelhoff/Teichmann*, SZW 2002, 1, 9; *Schäfer* in MünchKomm. AktG, 3. Aufl., Art. 35, 36 SE-VO Rz. 4; *Teichmann*, ZGR 2002, 383, 438; grundsätzlich auch *Casper* in FS Ulmer, 2003, S. 51, 63.
[14] So bereits *Bayer* in Lutter/Hommelhoff, Europäische Gesellschaft, S. 25, 59; vgl. auch *Bungert/Beier*, EWS 2002, 1, 8.
[15] S. Begr. der Kommission z. SE-VOE 1991, BT-Drucks. 12/1004, S. 6; vgl. dazu auch *Lind*, Europäische Aktiengesellschaft, S. 125; *Scheifele*, Gründung, S. 389, 394; *J. Schmidt*, „Deutsche" vs. „britische" SE, S. 345 f.; *Schwarz/Lösler*, NotBZ 2001, 117, 120; *Schwarz*, Art. 36 SE-VO Rz. 15.

Gründung einer gemeinsamen Tochter-SE kommt es weder zu einer Auflösung der Gründungsgesellschaft (wie im Fall der Verschmelzung) noch werden die Anteilsinhaber (wie im Fall der Holdinggründung) vor die Alternative gestellt, ob sie fortan Aktionäre einer supranationalen SE oder Anteilsinhaber einer von dieser SE beherrschten Gesellschaft sein wollen[16]. Eine Erstreckung der Gründungsvorschriften der Art. 17 ff. bzw. 32 ff. SE-VO auf die Tochter-SE im Wege der **Analogie** kommt daher generell **nicht** in Betracht[17].

b) Die Zweistufigkeit des Gründungsprozesses („Sphärentrennung")

Obwohl dies im Schrifttum nicht immer deutlich wird[18], ist auch bei der Gründung einer gemeinsamen Tochter-SE – ebenso wie bei der Verschmelzungs- und Holdinggründung (s. Art. 15 Rz. 7, Art. 18 Rz. 3, Art. 32 Rz. 4 ff.) – zwischen den Verfahrensschritten auf der Ebene der Gründungsgesellschaften und denjenigen, die bereits die Sphäre der künftigen SE betreffen, zu differenzieren (s. auch schon Art. 15 Rz. 7). Diese für die SE-VO geradezu charakteristische „**Sphärentrennung**" wird im Falle der Gründung einer gemeinsamen Tochter-SE durch das Zusammenspiel der beiden Verweisungsnormen des Art. 36 SE-VO und des Art. 15 Abs. 1 SE-VO realisiert. **Art. 36 SE-VO** betrifft nur diejenigen Verfahrensschritte, die noch der **Sphäre der einzelnen Gründungsgesellschaften** zuzurechnen sind[19] (s. bereits oben Rz. 3). Für die Verfahrensschritte, die bereits die **Sphäre der künftigen SE** selbst betreffen, gilt hingegen gem. **Art. 15 Abs. 1 SE-VO** das Recht des künftigen Sitzstaats der SE[20] (ausf. zur Verweisung des Art. 15 Abs. 1 SE-VO Art. 15 Rz. 4 ff.).

8

2. Das Verfahren der Gründung einer gemeinsamen Tochter-SE

a) Vorgelagerte Verfahrensschritte in den einzelnen Gründungsgesellschaften

aa) Allgemeines. Für die der eigentlichen Gründung vorgelagerten Verfahrensschritte in den einzelnen Gründungsgesellschaften gilt gem. Art. 36 SE-VO das nationale Recht, dem die betreffende Gründungsgesellschaft unterliegt, und zwar diejenigen Regeln und **Vorschriften, die für Gründung einer nationalen Aktiengesellschaft gelten** würden (vgl. oben Rz. 4, 8). Von Interesse ist dabei insbesondere die Frage, ob und

9

---

16 *Scheifele*, Gründung, S. 395; *J. Schmidt*, „Deutsche" vs. „britische" SE, S. 346.
17 Wie hier *Scholz* in Habersack/Drinhausen, Art. 36 SE-VO Rz. 38; *Paefgen* in KölnKomm. AktG, 3. Aufl., Art. 36 SE-VO Rz. 34; *Schwarz*, Art. 36 SE-VO Rz. 15; *Schröder* in Manz/Mayer/Schröder, Art. 35 SE-VO Rz. 7; ebenso bereits *Bayer* in Lutter/Hommelhoff, Europäische Gesellschaft, S. 25, 59; *Scheifele*, Gründung, S. 389; *J. Schmidt*, „Deutsche" vs. „britische" SE, S. 346; vgl. ferner auch *Bungert/Beier*, EWS 2002, 1, 8.
18 Insofern zumindest missverständlich noch: *Bungert/Beier*, EWS 2002, 1, 8; *Heckschen*, DNotZ 2003, 251, 263; *Edwards*, (2003) 40 CMLR 443, 455; *Jahn/Herfs-Röttgen*, DB 2001, 631, 633; *Sanna*, ELR 2002, 2, 7; *Schindler*, Europäische Aktiengesellschaft, S. 37; *Thümmel*, Europäische Aktiengesellschaft, Rz. 121; *Wenger*, RWZ 2001, 317, 319.
19 Wie hier *Scholz* in Habersack/Drinhausen, Art. 36 SE-VO Rz. 1; *Schäfer* in MünchKomm. AktG, 3. Aufl., Art. 35, 36 SE-VO Rz. 3; vgl. bereits *Bayer* in Lutter/Hommelhoff, Europäische Gesellschaft, S. 25, 58; *Kalss*, ZGR 2003, 593, 615; *Kleindiek* in Lutter/Hommelhoff, Europäische Gesellschaft, S. 95, 101; *Scheifele*, Gründung, S. 390, 392; *J. Schmidt*, „Deutsche" vs. „britische" SE, S. 346; *Schwarz*, Art. 36 SE-VO Rz. 5, 10; *Teichmann*, ZGR 2003, 367, 396.
20 *Schäfer* in MünchKomm. AktG, 3. Aufl., Art. 35, 36 SE-VO Rz. 3; *Scholz* in Habersack/Drinhausen, Art. 36 SE-VO Rz. 1; *Schröder* in Manz/Mayer/Schröder, Art. 36 SE-VO Rz. 1 f.; vgl. bereits *Bayer* in Lutter/Hommelhoff, Europäische Gesellschaft, S. 25, 58; *Jannott* in Jannott/Frodermann, Handbuch Europäische Aktiengesellschaft, § 3 Rz. 205; *Kallmeyer*, AG 2003, 197, 199; *Kalss*, ZGR 2003, 593, 615; *Kleindiek* in Lutter/Hommelhoff, Europäische Gesellschaft, S. 95, 101; *J. Schmidt*, „Deutsche" vs. „britische" SE, S. 346 f.; *Schwarz*, Art. 36 SE-VO Rz. 5, 20; *Seibt/Saame*, AnwBl. 2005, 225, 232; *Teichmann*, ZGR 2003, 367, 396.

10 **bb) Deutsche Gründungsgesellschaften.** Bei einer deutschen **AG** fällt die Gründung einer Tochtergesellschaft **grundsätzlich** in den Bereich der alleinigen **Geschäftsführungskompetenz des Vorstands**. Es ist zwar gem. § 111 Abs. 4 AktG möglich, in der Satzung einen diesbezüglichen Zustimmungsvorbehalt zugunsten des Aufsichtsrats festzulegen, eine Zustimmung der Hauptversammlung ist dagegen prinzipiell nicht notwendig[21].

11 Im Zuge der Gründung einer Tochter-SE werden auf diese jedoch regelmäßig auch wesentliche Vermögenswerte transferiert werden; soweit dies der Fall ist, kann sich hierdurch gem. **§ 179a AktG**[22] oder nach den Grundsätzen der „**Holzmüller**"/„**Gelatine**"-**Rechtsprechung**[23] die Notwendigkeit einer **Zustimmung der Hauptversammlung** ergeben[24]. Der BGH hat indes in den „Gelatine"-Entscheidungen nachdrücklich akzentuiert, dass eine derartige Hauptversammlungszuständigkeit nur ausnahmsweise und „in engen Grenzen" besteht, die in der Regel erst überschritten sind, wenn von der wirtschaftlichen Bedeutung her die Ausmaße wie im grundlegenden „Holzmüller"-Beschluss (dort: 80 % des Gesellschaftsvermögens) erreicht werden; ist dies jedoch der Fall, so bedarf es eines Hauptversammlungsbeschlusses mit qualifizierter Mehrheit[25]. Die überwiegende Meinung im Schrifttum verlangt darüber hinaus zu Recht auch eine entsprechende besondere Information der Aktionäre (sog. „Holzmüller-Bericht")[26].

12 Ebenso wie bei der AG ist die Beteiligung an der Gründung einer Tochtergesellschaft auch bei der **GmbH** – vorbehaltlich einer anderweitigen Regelung in der Satzung – grundsätzlich eine Maßnahme der Geschäftsführung. Allerdings gelten die „**Holzmüller**"/„**Gelatine**"-**Grundsätze** auch im GmbH-Recht[27]: Wenn in solchen Fällen schon der Vorstand einer AG nicht allein entscheiden kann, so muss dies für den GmbH-Geschäftsführer erst recht gelten. Sofern der mit der Gründung der gemeinsamen Tochter-SE einhergehende Vermögenstransfer die „Holzmüller"-Grenze überschreitet, ist daher auch bei der GmbH ein Beschluss der Gesellschafterversammlung mit qualifizierter Mehrheit erforderlich[28]. Im Gegensatz zur AG wird bei der GmbH

---

21 Vgl. *Grundmann*, Europäisches Gesellschaftsrecht, Rz. 1031; *Jannott* in Jannott/Frodermann, Handbuch Europäische Aktiengesellschaft, § 3 Rz. 219 ff.; *Kalss*, ZGR 2003, 593, 616; *Mahi*, Europäische Aktiengesellschaft, S. 68; *J. Schmidt*, „Deutsche" vs. „britische" SE, S. 347 f.; *Teichmann*, ZGR 2003, 367, 396.
22 So auch *Scholz* in Habersack/Drinhausen, Art. 36 SE-VO Rz. 6; *Paefgen* in KölnKomm. AktG, 3. Aufl., Art. 36 SE-VO Rz. 9; *Heckschen* in Widmann/Mayer, UmwG Anhang 14 Rz. 346.
23 BGH v. 25.2.1982 – II ZR 174/80 – „Holzmüller", BGHZ 83, 122 = AG 1982, 158; BGH v. 26.4.2004 – II ZR 154/02 – „Gelatine I", NZG 2004, 575 = ZIP 2004, 1001; BGH v. 26.4.2004 – II ZR 155/02 – „Gelatine II", BGHZ 159, 30 = AG 2004, 384.
24 *Scholz* in Habersack/Drinhausen, Art. 36 SE-VO Rz. 7; *Schäfer* in MünchKomm. AktG, 3. Aufl., Art. 35, 36 SE-VO Rz. 5; *Schwarz*, Art. 36 SE-VO Rz. 13; vgl. bereits *Bayer* in Lutter/Hommelhoff, Europäische Gesellschaft, S. 25, 58; *Heckschen*, DNotZ 2003, 251, 263; *Kalss*, ZGR 2003, 593, 616; *Teichmann*, ZGR 367, 396 f.; *J. Vetter* in Lutter/Hommelhoff, Europäische Gesellschaft, S. 111, 117.
25 BGH v. 26.4.2004 – II ZR 154/02 – „Gelatine I", NZG 2004, 575 = ZIP 2004, 1001; BGH v. 26.4.2004 – II ZR 155/02 – „Gelatine II", BGHZ 159, 30 = AG 2004, 384.
26 *Arnold*, ZIP 2005, 1573, 1578; *Bungert*, BB 2004, 1345, 1351; *Liebscher*, ZGR 2005, 1, 32; *Reichert*, AG 2005, 150, 159; eher reserviert jedoch *Götze*, NZG 2004, 585, 589.
27 *Schäfer* in MünchKomm. AktG, 3. Aufl., Art. 35, 36 SE-VO Rz. 6; vgl. weiter *Lutter/Leinekugel*, ZIP 1998, 225, 231 f.; *Reichert*, AG 2005, 150, 160; *Kleindiek* in Lutter/Hommelhoff, § 37 GmbHG Rz. 11; *Zöllner/Noack* in Baumbach/Hueck, § 37 GmbHG Rz. 11.
28 *J. Schmidt*, „Deutsche" vs. „britische" SE, S. 349.

jedoch auch unterhalb dieser Schwelle häufig ein Beschluss der Gesellschafterversammlung (dann jedoch mit einfacher Mehrheit[29]) notwendig sein[30], nämlich dann, wenn es sich bei der Beteiligung an der Gründung der Tochter-SE zumindest um eine sog. „**außergewöhnliche Maßnahme**"[31] handelt[32]. Im GmbH-Recht unterliegen diese Grundsätze indes gem. § 45 Abs. 2 GmbHG der Satzungsdispositivität[33].

Bei **OHG** und **KG** ist für konzernbildende Maßnahmen wie die Gründung einer Tochter-SE prinzipiell die Zustimmung sämtlicher Gesellschafter notwendig; denn es handelt sich hierbei um ein außergewöhnliches Geschäft i.S.d. §§ 116 Abs. 2, 164 Satz 1 HGB, wenn nicht sogar um ein sog. Grundlagengeschäft[34]. 13

In Bezug auf die zahlreichen **anderen Gesellschaften und juristischen Personen**, die sich an der Gründung einer Tochter-SE beteiligen können (s. Art. 2 Rz. 22) muss hier aus Platzgründen auf die einschlägige Fachliteratur verwiesen werden. 14

b) Eigentliches Gründungsverfahren

Von den vorgelagerten Verfahrensschritten innerhalb der beteiligten Gründungsgesellschaften strikt zu trennen ist das eigentliche Gründungsverfahren, d.h. diejenigen Verfahrensschritte, die bereits die **Sphäre der künftigen SE selbst betreffen** (s. oben Rz. 8). Hierfür gilt gem. Art. 15 Abs. 1 SE-VO das nationale Aktienrecht des künftigen Sitzstaats der Tochter-SE (s. oben Rz. 8). 15

Für die Gründung einer **gemeinsamen Tochter-SE mit Sitz in Deutschland** gelten demgemäß – vorbehaltlich SE-rechtlicher Sonderregelungen – die allgemeinen **Gründungsvorschriften des deutschen Aktienrechts**[35]. 16

aa) Keine Spaltung durch Ausgliederung. Eine gemeinsame Tochter-SE mit Sitz in Deutschland kann allerdings **nicht** im Wege der **Spaltung durch Ausgliederung** gem. § 123 Abs. 3 Nr. 2 UmwG errichtet werden: zum einen, weil in diesem Fall nur ein Rechtsträger beteiligt wäre (s. zum Charakter als bi- bzw. multilaterale Gründung Art. 35 Rz. 3), zum anderen, weil die Errichtung der Tochter-SE „durch Zeichnung ih- 17

---

29 So auch *Scholz* in Habersack/Drinhausen, Art. 36 SE-VO Rz. 14; *Liebscher* in MünchKomm. GmbHG, § 13 Anh. Rz. 1033; a.A. *Habersack* in Emmerich/Habersack, Aktien- und GmbH-Konzernrecht, Anh. § 318 AktG Rz. 51.
30 S. nur *Bayer* in Lutter/Hommelhoff, § 46 GmbHG Rz. 1; *K. Schmidt* in Scholz, 11. Aufl., § 46 GmbHG Rz. 1.
31 Allgemein zum Begriff der „außergewöhnlichen (bzw. ungewöhnlichen) Maßnahme": *Koppensteiner* in Rowedder/Schmidt-Leithoff, § 37 GmbHG Rz. 11 ff.; *Kleindiek* in Lutter/Hommelhoff, § 37 GmbHG Rz. 10 ff.
32 *Schäfer* in MünchKomm. AktG, 3. Aufl., Art. 35, 36 SE-VO Rz. 6; *Scheifele*, Gründung, S. 396; *Scholz* in Habersack/Drinhausen, Art. 36 SE-VO Rz. 14; *Schwarz*, Art. 36 SE-VO Rz. 18. Vgl. allgemein für die Gründung einer Tochter-Gesellschaft durch eine GmbH: *Kleindiek* in Lutter/Hommelhoff, § 37 GmbHG Rz. 11; *Zöllner/Noack* in Baumbach/Hueck, § 37 GmbHG Rz. 11.
33 *Bayer* in Lutter/Hommelhoff, § 46 GmbHG Rz. 1; *Scholz* in Habersack/Drinhausen, Art. 36 SE-VO Rz. 15; *Paefgen* in KölnKomm. AktG, 3. Aufl., Art. 36 SE-VO Rz. 12; abw. für Holzmüller/Gelatine allerdings *Decher* in MünchHdb. GmbH, 4. Aufl. 2012, § 68 Rz. 14.
34 *Paefgen* in KölnKomm. AktG, 3. Aufl., Art. 36 SE-VO Rz. 14; *Scholz* in Habersack/Drinhausen, Art. 36 SE-VO Rz. 16; *Schwarz*, Art. 36 SE-VO Rz. 19; allgemein hierzu *Liebscher*, Konzernbildungskontrolle, 1995, S. 115 ff., 123.
35 *Scholz* in Habersack/Drinhausen, Art. 36 SE-VO Rz. 2, 20; *Schäfer* in MünchKomm. AktG, 3. Aufl., Art. 35, 36 SE-VO Rz. 4; *Schwarz*, Art. 36 SE-VO Rz. 20 f.; vgl. bereits *Bayer* in Lutter/Hommelhoff, Europäische Gesellschaft, S. 25, 58; *Scheifele*, Gründung, S. 390 f.; *Vossius*, ZIP 2004, 741, 747.

rer Aktien" (vgl. Art. 2 Abs. 3 SE-VO) zu erfolgen hat, also nicht durch gesetzlichen Erwerb (wie bei der Spaltung) entstehen kann[36].

18 **bb) Gründungsverfahren im Überblick.** Die Gründung einer gemeinsamen Tochter-SE mit Sitz in Deutschland läuft demgemäß im Wesentlichen wie folgt ab:[37]

19 **(1) Feststellung der Satzung.** Erster Gründungsschritt ist ebenso wie bei einer deutschen AG die Feststellung der Satzung der SE durch notarielle Beurkundung, Art. 15 Abs. 1 SE-VO i.V.m. § 23 Abs. 1 AktG[38]. Zum Satzungsinhalt näher Art. 6 Rz. 15 ff. Mit der in der Satzung enthaltenen Erklärung zur Aktienübernahme (§ 23 Abs. 2 AktG) ist die Gesellschaft errichtet (vgl. § 29 AktG)[39]. Ab diesem Zeitpunkt existiert auch die „Vor-SE" (s. Art. 16 Rz. 15)[40].

20 **(2) Information und Beteiligung der Arbeitnehmer.** Die Beteiligung der Arbeitnehmer ist auch im Falle der Gründung einer gemeinsamen Tochter-SE zwingend[41] (vgl. Art. 12 Abs. 2 SE-VO). Dazu Teil B., § 34 SEBG Rz. 24.

21 **(3) Leistung der Einlagen.** Die Gründung einer gemeinsamen Tochter-SE mit Sitz in Deutschland kann sowohl als Bar- als auch als Sachgründung (oder gemischte Gründung) erfolgen[42]. Für die Leistung der Einlagen gelten gem. Art. 15 Abs. 1 SE-VO die §§ 36 Abs. 2 Satz 1, 36a AktG[43].

22 **(4) Gründungsbericht und Gründungsprüfung.** Die Gründer, d.h. die Gründungsgesellschaften der Tochter-SE, haben gem. Art. 15 Abs. 1 SE-VO i.V.m. § 32 AktG einen Gründungsbericht zu erstellen[44]. Zudem ist gem. Art. 15 Abs. 1 SE-VO i.V.m. §§ 33 ff. AktG eine Gründungsprüfung durchzuführen[45]. Stets erforderlich ist dabei gem. § 33 Abs. 1 AktG eine interne Prüfung des Hergangs der Gründung durch die Mitglieder des Leitungs- und Aufsichtsorgans (dualistische SE) bzw. des Verwaltungsrats (monistische SE, vgl. § 22 Abs. 6 SEAG). Gem. § 33 Abs. 2 AktG ist zudem in bestimmten Fällen, insbesondere bei Sachgründungen, zusätzlich eine externe Prüfung durch sachverständige Prüfer durchzuführen[46].

23 **(5) Anmeldung.** Sodann ist die Tochter-SE zur Eintragung in das Handelsregister (Art. 12 Abs. 1 SE-VO, § 3 SEAG) anzumelden; die Anmeldung hat durch alle Grün-

---

36 S. schon *Bayer* in Lutter/Hommelhoff, Europäische Gesellschaft, S. 25, 58; ebenso *Schäfer* in MünchKomm. AktG, 3. Aufl., Art. 35, 36 SE-VO Rz. 4; *Scheifele*, Gründung, S. 391; *J. Schmidt*, „Deutsche" vs. „britische" SE, S. 353; *Schwarz*, Art. 36 SE-VO Rz. 23 f. Vgl. ferner auch *Oechsler* in MünchKomm. AktG, 3. Aufl., Art. 2 SE-VO Rz. 39.
37 S. auch *Scholz* in Habersack/Drinhausen, Art. 36 SE-VO Rz. 19 ff.
38 *Scholz* in Habersack/Drinhausen, Art. 36 SE-VO Rz. 23; *Schwarz*, Art. 6 SE-VO Rz. 15; *Thümmel*, Europäische Aktiengesellschaft, Rz. 123; *Vossius*, ZIP 2005, 741, 747.
39 Vgl. *Scholz* in Habersack/Drinhausen, Art. 36 SE-VO Rz. 23; *Spitzbart*, RNotZ 2006, 369, 414; *Thümmel*, Europäische Aktiengesellschaft, Rz. 123; *Vossius*, ZIP 2005, 741, 747.
40 So auch *Scholz* in Habersack/Drinhausen, Art. 36 SE-VO Rz. 23 a.E.
41 *Scholz* in Habersack/Drinhausen, Art. 36 SE-VO Rz. 21 f.
42 *Bayer* in Lutter/Hommelhoff, Europäische Gesellschaft, S. 25, 58; *Kalss*, ZGR 2003, 593, 615; *Marsch-Barner* in Kallmeyer, UmwG, Anhang Rz. 4; *Schäfer* in MünchKomm. AktG, 3. Aufl., Art. 35, 36 SE-VO Rz. 4; *Scholz* in Habersack/Drinhausen, Art. 36 SE-VO Rz. 27; *Schwarz*, Art. 36 SE-VO Rz. 21.
43 *Jannott* in Jannott/Frodermann, Handbuch Europäische Aktiengesellschaft, § 3 Rz. 232; *J. Schmidt*, „Deutsche" vs. „britische" SE, S. 352; *Vossius*, ZIP 2001, 741, 747.
44 *Scholz* in Habersack/Drinhausen, Art. 36 SE-VO Rz. 28; *Vossius*, ZIP 2005, 741, 747.
45 *Scholz* in Habersack/Drinhausen, Art. 36 SE-VO Rz. 29 f.; *Jannott* in Jannott/Frodermann, Handbuch Europäische Aktiengesellschaft, § 3 Rz. 227 ff.; *Vossius*, ZIP 2005, 741, 747.
46 *Scholz* in Habersack/Drinhausen, Art. 36 SE-VO Rz. 31.

der (d.h. die Gründungsgesellschaften[47]) sowie die Mitglieder des Leitungs- und Aufsichtsorgans (dualistische SE, Art. 15 Abs. 1 SE-VO i.V.m. § 36 Abs. 1 AktG) bzw. die Mitglieder des Verwaltungsrats und die geschäftsführenden Direktoren (monistische SE, § 21 Abs. 1 SEAG) zu erfolgen[48]. Bzgl. des Inhalts der Anmeldung gilt § 37 AktG, der jedoch für den Fall der Gründung einer monistischen SE durch § 21 Abs. 2 SEAG modifiziert wird[49].

(6) Prüfung durch das Registergericht und Eintragung. Das zuständige Registergericht (§ 4 Satz 1 SEAG, § 14 AktG, §§ 376, 377 FamFG)[50] prüft, ob die Tochter-SE ordnungsgemäß errichtet und angemeldet ist, Art. 15 Abs. 1 SE-VO i.V.m. § 38 AktG (sowie ggf. § 21 Abs. 3 SEAG)[51].

Ist dies der Fall, so wird die Tochter-SE nach den für Aktiengesellschaften geltenden Vorschriften in das Handelsregister eingetragen, Art. 12 Abs. 1 SE-VO, § 3 SEAG. Für den Inhalt der Eintragung gilt § 39 AktG, der im Falle einer monistischen SE jedoch durch § 21 Abs. 4 SEAG modifiziert wird[52]. Mit der Eintragung erlangt die SE gem. Art. 16 Abs. 1 SE-VO Rechtsfähigkeit (s. Art. 16 Rz. 1, 5).

(7) Publizität. Die Eintragung der SE ist in dem von der Landesjustizverwaltung bestimmten elektronischen Informations- und Kommunikationssystem bekannt zu machen, Art. 13, 15 Abs. 2 SE-VO i.V.m. § 10 HGB[53]. Daneben ist gem. Art. 14 SE-VO eine informatorische Bekanntmachung im Amtsblatt der EU erforderlich (s. ausf. Art. 14 Rz. 4 ff.). Gem. § 8b Abs. 2 Nr. 1 HGB wird die Bekanntmachung gem. § 10 HGB auch in das Unternehmensregister eingestellt[54].

IV. Die sekundäre Gründung einer Tochter-SE

Dazu bereits ausf. Art. 3 Rz. 6 ff.

V. Ergänzende Anwendung des AktG

Vgl. zur örtlichen Zuständigkeit gem. § 14 AktG *Langhein* in K. Schmidt/Lutter, § 14 AktG Rz. 10 ff.

Vgl. zur Feststellung der Satzung durch notarielle Beurkundung gem. § 23 Abs. 1 AktG *Seibt* in K. Schmidt/Lutter, § 23 AktG Rz. 11 ff.

Vgl. zur Errichtung der Gesellschaft gem. § 29 AktG *Bayer* in K. Schmidt/Lutter, § 29 AktG Rz. 1 ff.

---

47 *Kleindiek* in Lutter/Hommelhoff, Europäische Gesellschaft, S. 95, 98; *J. Schmidt*, „Deutsche" vs. „britische" SE, S. 353.
48 Vgl. *Kleindiek* in Lutter/Hommelhoff, Europäische Gesellschaft, S. 95, 99, 101; *J. Schmidt*, „Deutsche" vs. „britische" SE, S. 353 f.; *Schröder* in Manz/Mayer/Schröder, Art. 15 SE-VO Rz. 79; *Vossius*, ZIP 2005, 741, 747.
49 Vgl. *Kleindiek* in Lutter/Hommelhoff, Europäische Gesellschaft, S. 95, 99, 101; *J. Schmidt*, „Deutsche" vs. „britische" SE, S. 354; *Scholz* in Habersack/Drinhausen, Art. 36 SE-VO Rz. 32; *Vossius*, ZIP 2005, 741, 747.
50 *Scholz* in Habersack/Drinhausen, Art. 36 SE-VO Rz. 32.
51 Vgl. *Scholz* in Habersack/Drinhausen, Art. 36 SE-VO Rz. 33; *Kleindiek* in Lutter/Hommelhoff, Europäische Gesellschaft, S. 95, 97; *Schröder* in Manz/Mayer/Schröder, Art. 15 SE-VO Rz. 83; *Vossius*, ZIP 2005, 741, 747.
52 Vgl. *Scholz* in Habersack/Drinhausen, Art. 36 SE-VO Rz. 33; *J. Schmidt*, „Deutsche" vs. „britische" SE, S. 354; *Vossius*, ZIP 2005, 741, 747.
53 *Scholz* in Habersack/Drinhausen, Art. 36 SE-VO Rz. 14.
54 *Paefgen* in KölnKomm. AktG, 3. Aufl., Art. 36 SE-VO Rz. 32; *Scholz* in Habersack/Drinhausen, Art. 36 SE-VO Rz. 34.

Vgl. zur Kapitalaufbringung gem. §§ 36 Abs. 2 Satz 1, 36a AktG *Kleindiek* in K. Schmidt/Lutter, § 36 AktG Rz. 14 ff.

Vgl. zum Gründungsbericht gem. § 32 AktG *Bayer* in K. Schmidt/Lutter, § 32 AktG Rz. 4 ff.; zur Gründungsprüfung gem. §§ 33 f. AktG *Bayer* in K. Schmidt/Lutter, § 33 AktG Rz. 2 ff.

Vgl. zur Anmeldung gem. § 36 Abs. 1 AktG *Kleindiek* in K. Schmidt/Lutter, § 36 AktG Rz. 3 ff.; zum Inhalt der Anmeldung gem. § 37 AktG *Kleindiek* in K. Schmidt/Lutter, § 37 AktG Rz. 3 ff.

Vgl. zur Prüfung durch das Registergericht gem. § 38 AktG *Kleindiek* in K. Schmidt/Lutter, § 38 AktG Rz. 4 ff.

Vgl. zum Inhalt der Eintragung gem. § 39 AktG *Kleindiek* in K. Schmidt/Lutter, § 39 AktG Rz. 3 ff.

Abschnitt 5. Umwandlung einer bestehenden Aktiengesellschaft in eine SE

Art. 37
[Gründung durch Formwechsel]

(1) Eine SE kann gemäß Artikel 2 Absatz 4 gegründet werden.

(2) Unbeschadet des Artikels 12 hat die Umwandlung einer Aktiengesellschaft in eine SE weder die Auflösung der Gesellschaft noch die Gründung einer neuen juristischen Person zur Folge.

(3) Der Sitz der Gesellschaft darf anlässlich der Umwandlung nicht gemäß Artikel 8 in einen anderen Mitgliedstaat verlegt werden.

(4) Das Leitungs- oder das Verwaltungsorgan der betreffenden Gesellschaft erstellt einen Umwandlungsplan und einen Bericht, in dem die rechtlichen und wirtschaftlichen Aspekte der Umwandlung erläutert und begründet sowie die Auswirkungen, die der Übergang zur Rechtsform einer SE für die Aktionäre und für die Arbeitnehmer hat, dargelegt werden.

(5) Der Umwandlungsplan ist mindestens einen Monat vor dem Tag der Hauptversammlung, die über die Umwandlung zu beschließen hat, nach den in den Rechtsvorschriften der einzelnen Mitgliedstaaten gemäß Artikel 3 der Richtlinie 68/151/EWG vorgesehenen Verfahren offen zu legen.

(6) Vor der Hauptversammlung nach Absatz 7 ist von einem oder mehreren unabhängigen Sachverständigen, die nach den einzelstaatlichen Durchführungsbestimmungen zu Artikel 10 der Richtlinie 78/855/EWG durch ein Gericht oder eine Verwaltungsbehörde des Mitgliedstaates, dessen Recht die sich in eine SE umwandelnde Aktiengesellschaft unterliegt, bestellt oder zugelassen sind, gemäß der Richtlinie 77/91/EWG[1] sinngemäß zu bescheinigen, dass die Gesellschaft über Nettovermögenswerte mindestens in Höhe ihres Kapitals zuzüglich der kraft Gesetzes oder Statut nicht ausschüttungsfähigen Rücklagen verfügt.

(7) Die Hauptversammlung der betreffenden Gesellschaft stimmt dem Umwandlungsplan zu und genehmigt die Satzung der SE. Die Beschlussfassung der Hauptversammlung erfolgt nach Maßgabe der einzelstaatlichen Durchführungsbestimmungen zu Artikel 7 der Richtlinie 78/855/EWG.

(8) Ein Mitgliedstaat kann die Umwandlung davon abhängig machen, dass das Organ der umzuwandelnden Gesellschaft, in dem die Mitbestimmung der Arbeitnehmer vorgesehen ist, der Umwandlung mit qualifizierter Mehrheit oder einstimmig zustimmt.

(9) Die zum Zeitpunkt der Eintragung aufgrund der einzelstaatlichen Rechtsvorschriften und Gepflogenheiten sowie aufgrund individueller Arbeitsverträge oder Arbeitsverhältnisse bestehenden Rechte und Pflichten der umzuwandelnden Gesellschaft hinsichtlich der Beschäftigungsbedingungen gehen mit der Eintragung der SE auf diese über.

[1] Zweite Richtlinie 77/91/EWG des Rates vom 13. Dezember 1976 zur Koordinierung der Schutzbestimmungen, die in den Mitgliedstaaten den Gesellschaften im Sinne des Artikels 58 Absatz 2 des Vertrages im Interesse der Gesellschafter sowie Dritter für die Gründung der Aktiengesellschaft sowie für die Erhaltung und Änderung ihres Kapitals vorgeschrieben sind, um diese Bestimmungen gleichwertig zu gestalten (ABl. EG Nr. L 26 v. 31.1.1977, S. 1).

I. Grundlagen	
1. Überblick	1
2. Genese der Norm	2
3. Ratio der Norm	3
4. Praktische Bedeutung der Gründungsvariante Umwandlung	4
5. Rechtsnatur der Umwandlung	5
6. Anwendbares Recht	6
a) Sphäre der künftigen SE	7
b) Sphäre der Gründungsgesellschaft	8
7. Sitzverlegungsverbot (Art. 37 Abs. 3 SE-VO)	9
II. Verfahren	
1. Umwandlungsplan (Art. 37 Abs. 4 Alt. 1 SE-VO)	12
a) Erstellungskompetenz	13
b) Inhalt	
aa) Mindestinhalt	14
bb) Fakultativer Inhalt	19
c) Form	20
d) Zuleitung an den Betriebsrat	22
2. Umwandlungsbericht (Art. 37 Abs. 4 Alt. 2 SE-VO)	23
a) Erstellungskompetenz	24
b) Form	25
c) Inhalt	27
d) Verzicht	28
e) Entbehrlichkeit bei Einpersonen-AG	29
3. Offenlegung des Umwandlungsplans (Art. 37 Abs. 5 SE-VO)	30
a) Verfahren	31
b) Zeitpunkt	33
4. Information und Beteiligung der Arbeitnehmer	34
5. Umwandlungsprüfung (Art. 37 Abs. 6 SE-VO)	
a) Allgemeines	35
b) Person und Bestellung der Prüfer	36
c) Reinvermögensprüfung	
aa) Gegenstand	37
bb) Zeitpunkt	41
cc) Auskunftsrecht	43
d) Bescheinigung	44
e) Keine Gründungsprüfung nach nationalem Recht	46
6. Umwandlungsbeschluss (Art. 37 Abs. 7 SE-VO)	47
a) Vorbereitung der Hauptversammlung	48
b) Durchführung der Hauptversammlung	50
c) Beschlussfassung	52
7. Sonderproblem: Organmitglieder und Abschlussprüfer – Kontinuität oder Neubestellung?	57
a) Organmitglieder	58
b) Abschlussprüfer	64
8. Rechtmäßigkeitsprüfung	
a) Allgemeines	65
b) Anmeldung und Rechtmäßigkeitsprüfung bei Umwandlung einer deutschen AG in eine SE	66
9. Eintragung und Publizität	71
III. Rechtsfolgen und Bestandsschutz	
1. Rechtsfolgen	73
2. Bestandsschutz	74

IV. Schutz von Arbeitnehmern, Minderheitsgesellschaftern und Gläubigern
1. Schutz der Arbeitnehmer
   a) Mitgliedstaatenoption eines Vetorechts (Art. 37 Abs. 8 SE-VO) 77
   b) Fortgeltung aller arbeitsrechtlichen Rechtsbeziehungen (Art. 37 Abs. 9 SE-VO) 79
   c) Besonderer mitbestimmungsrechtlicher Bestandsschutz nach der SE-RL 80
2. Schutz der Minderheitsaktionäre ... 81
3. Schutz der Gläubiger 85

Literatur: *Bayer*, Die Gründung einer Europäischen Aktiengesellschaft mit Sitz in Deutschland, in Lutter/Hommelhoff (Hrsg.), Die Europäische Gesellschaft, 2005, S. 25; *Göz*, Beschlussmängelklagen bei der Societas Europaea (SE), ZGR 2008, 593; *Henssler*, Erfahrungen und Reformbedarf bei der SE – Mitbestimmungsrechtliche Reformvorschläge, ZHR 173 (2009), 222; *Kiem*, Entwicklungen und Reformbedarf bei der SE – Entwicklungsstand, ZHR 173 (2009), 156; *Kleinhenz/Leyendecker-Langner*, Ämterkontinuität bei der Umwandlung in eine dualistisch verfasste SE, AG 2013, 507; *Kowalski*, Praxisfragen bei der Umwandlung einer Aktiengesellschaft in eine Europäische Gesellschaft (SE), DB 2007, 2243; *Louven/Ernst*, Praxisrelevante Rechtsfragen im Zusammenhang mit der Umwandlung einer Aktiengesellschaft in eine Europäische Aktiengesellschaft (SE), BB 2014, 323; *Scheifele*, Die Gründung der Europäischen Aktiengesellschaft (SE), 2004; *J. Schmidt*, „Deutsche" vs. „britische" Societas Europaea (SE), 2006 (2. unveränderte Aufl. 2010); *Schwartzkopff/Hoppe*, Ermächtigungen an den Vorstand beim Formwechsel einer AG in eine SE, NZG 2013, 733; *Seibt/Reinhard*, Umwandlung der Aktiengesellschaft in die Europäische Gesellschaft (Societas Europaea), Der Konzern 2005, 407.

I. Grundlagen

1. Überblick

1 Art. 37 SE-VO regelt die **Einzelheiten** der durch Art. 2 Abs. 4 SE-VO (dazu Art. 2 Rz. 24 f.) gestatteten **Gründung einer SE durch „Umwandlung" einer nationalen Aktiengesellschaft**. Näher zu den Voraussetzungen: Art. 2 Rz. 24 f. Dogmatisch handelt es sich um einen identitätswahrenden Formwechsel (vgl. Art. 37 Abs. 2 SE-VO, dazu Rz. 5). Vor dem Hintergrund der verbreiteten Furcht vor einer „Flucht aus der Mitbestimmung" fand diese Variante erst sehr spät Eingang in die offiziellen Entwürfe für die SE-VO (zur Genese Rz. 2) und dies auch nur um den Preis der Aufnahme zahlreicher Schutzmechanismen: Restriktive Gründungsregelung (Art. 2 Abs. 4 SE-VO, dazu Art. 2 Rz. 24 f.); Sitzverlegungsverbot (Art. 37 Abs. 3 SE-VO, dazu Rz. 9 ff.), Option eines speziellen Vetorechts für das Mitbestimmungsorgan (Abs. 8, dazu Rz. 77 f.), Akzentuierung des Erhalts der Arbeitnehmerrechte (Abs. 9, dazu Rz. 79) sowie besonderer mitbestimmungsrechtlicher Bestandsschutz (Art. 3 Abs. 6 Unterabs. 3, Art. 4 Abs. 4, Art. 7 Abs. 2 lit. a SE-RL[1], dazu Rz. 80). Der verfahrensrechtliche Rahmen entspricht insgesamt jedoch weitgehend dem „europäischen Modell für Strukturmaßnahmen" (vgl. Rz. 3). Kernelemente sind: Umwandlungsplan (Abs. 4 Alt. 1, dazu Rz. 12 ff.), Offenlegung des Umwandlungsplans (Abs. 5, dazu Rz. 30 ff.), Umwandlungsbericht (Abs. 4 Alt. 2, dazu Rz. 23 ff.), Umwandlungsprüfung (Abs. 6, dazu Rz. 35 ff.), Hauptversammlungsbeschluss (Abs. 7, dazu Rz. 47 ff.) sowie Rechtmäßigkeitsprüfung (dazu Rz. 65 ff.), Eintragung und Publizität (dazu Rz. 71 f.).

---

[1] Richtlinie 2001/86/EG des Rates vom 8.10.2001 zur Ergänzung des Statuts der Europäischen Gesellschaft hinsichtlich der Beteiligung der Arbeitnehmer (ABl. EG Nr. L 294 v. 10.11.2001, S. 22).

2. Genese der Norm

Die Gründungsvariante der formwechselnden Umwandlung war zwar bereits im **Vorentwurf von** *Sanders* vom Dezember 1966[2] vorgesehen (Art. I-3 Abs. 1 lit. d; Art. II-5-1 – Art. II-5-5). Sie wurde dann jedoch **nicht** in die **SE-VOE von 1970**[3]**, 1975**[4] **und 1989**[5] aufgenommen. Grundkonzept des SE-VOE 1970 war es vielmehr, dass an der Gründung einer SE in jedem Fall mindestens zwei Unternehmen aus verschiedenen Mitgliedstaaten beteiligt sein mussten[6]. Daran hielten auch die weiteren Entwürfe fest; die Begründung zum SE-VOE 1989 führte zudem technische Gründe und Gründe der Rechtssicherheit an[7]. Nachdem der Europäische Wirtschafts- und Sozialausschuss (EWSA)[8] und das Europäische Parlament (EP)[9] dann jedoch ausdrücklich für die Möglichkeit einer Gründung auch durch formwechselnde Umwandlung plädiert hatten, wurde diese in Art. 2 Abs. 3 und Art. 37a SE-VOE 1991[10] als weitere Gründungsvariante ergänzt. Der Davignon-Bericht sprach sich dann aber – insbesondere aufgrund von Bedenken mit Blick auf die Gefahr einer „Flucht aus der Mitbestimmung" – wieder dezidiert gegen die formwechselnde Umwandlung als Gründungsvariante aus[11], woraufhin sie in den luxemburgischen[12] und britischen Kompromissvorschlägen[13] von 1997 bzw. 1998 erneut ausgespart wurde. Der anschließende österreichische Kompromissvorschlag[14] nahm die Gründungsvariante der formwechselnden Umwandlung dann jedoch doch wieder auf; um den Bedenken gegen eine „Flucht aus der Mitbestimmung" zu begegnen, wurden allerdings das Sitzverlegungsverbot (Abs. 3, dazu Rz. 9 ff.) und das Mehrstaatlichkeitselement der Existenz einer Tochtergesellschaft seit mindestens 2 Jahren (Art. 2 Abs. 4 SE-VO, dazu Art. 2 Rz. 25) eingeführt[15]. Im Verlauf der weiteren Verhandlungen wurden als zusätzliche Schutzmechanismen außerdem noch die Option eines speziellen Vetorechts für das Mitbestimmungsorgan (Abs. 8, dazu Rz. 77 f.), die Akzentuierung des Erhalts der Arbeitnehmerrechte (Abs. 9, dazu Rz. 79) sowie ein besonderer mitbestimmungsrechtlicher Bestandsschutz (Art. 3 Abs. 6 Unterabs. 3, Art. 4 Abs. 4, Art. 7 Abs. 2 lit. a SE-RL, dazu Rz. 80) ergänzt.

3. Ratio der Norm

Der durch Art. 37 SE-VO etablierte verfahrensrechtliche Rahmen für die Gründung einer SE durch formwechselnde Umwandlung baut bewusst auf dem – in der 3. (Fusi-

---

2 *Sanders*, Société anonyme européenne, 1966 (abrufbar unter http://aei.pitt.edu/39000/1/A3884.pdf); deutsche Textausgabe: *Sanders*, Europäische Aktiengesellschaft, 1966.
3 ABl. EG Nr. C 134 v. 10.10.1970, S. 1 = Beil. Bull. EG 8/1970 = BT-Drucks. VI/1109.
4 KOM(75) 150.
5 KOM(89) 268 = BT-Drucks. 11/5427.
6 Vgl. BT-Drucks. VI/1109, Anmerkung 1 zu Art. 2 und 3.
7 Vgl. KOM(89) 268 = BT-Drucks. 11/5427, Begründung zu Art. 2. Kritisch dazu etwa *Hommelhoff*, AG 1990, 422, 423.
8 Stellungnahme des EWSA v. 28.3.1990, ABl. EG Nr. C 124 v. 21.5.1990, S. 35, 2.2.
9 Entschließung EP v. 24.1.1991, ABl. EG Nr. C 48 v. 25.2.1991, S. 72, Art. 2 Abs. 2a.
10 KOM(91) 174 = BT-Drucks. 12/1004.
11 Abschlussbericht der Sachverständigengruppe „Europäische Systeme der Beteiligung der Arbeitnehmer" (Davignon-Bericht), C4-0455/97 = BR-Drucks. 572/97, Rz. 33 ff. Dazu *Heinze*, AG 1997, 289, 291; *Herfs-Röttgen*, NZA 2001, 424, 426.
12 Kompromissvorschlag des luxemburgischen Vorsitzes v. 18.7.1997, BR-Drucks. 728/97.
13 Britischer Kompromissvorschlag v. 1.4.1998, RdA 1998, 239 ff.
14 Dok. 13202/98.
15 Vgl. *Herfs-Röttgen*, NZA 2001, 424, 426; *Paefgen* in KölnKomm. AktG, 3. Aufl., Art. 37 SE-VO Rz. 18.

ons-)Richtlinie[16] ursprünglich für Verschmelzungen entwickelten[17] und durch den Leitgedanken des „Schutzes durch Information geprägten – **„europäischen Modell für Strukturmaßnahmen"**[18] auf, modifiziert es aber entsprechend den Spezifika der formwechselnden Umwandlung[19]. Zugleich soll durch die Aufnahme **spezieller Schutzmechanismen** (dazu bereits Rz. 2) den Befürchtungen vor einem Missbrauch der Umwandlungsgründung zu einer „Flucht aus der Mitbestimmung" (und sonstigen „unliebsamen" nationalen Regelungen) Rechnung getragen werden[20].

4. Praktische Bedeutung der Gründungsvariante Umwandlung

4 In der Praxis ist die Gründungsvariante der formwechselnden Umwandlung **recht beliebt**. Dies zeigt sich schon daran, dass sie für zahlreiche bekannte Großunternehmen der präferierte Weg in die SE war, z.B. für: Axel Springer SE, BASF SE, E.ON SE, Fresenius SE, MAN SE, Norma Group SE, Puma SE, Sixt SE, tesa SE[21]. Nach einer Studie von *Eidenmüller/Engert/Hornuf* aus dem Jahr 2008 waren 31,2 % der von ihnen untersuchten 125 SE-Gründungen solche im Wege der Umwandlung[22]. Laut Erhebungen des European Trade Union Institute (ETUI) vom März 2014 betrug der Anteil der Gründungsvariante Umwandlung bei allen untersuchten 2125 SE 8 %, bei den 269 SE mit mehr als 5 Arbeitnehmern jedoch 40 %[23].

5. Rechtsnatur der Umwandlung

5 Gem. Art. 37 Abs. 2 SE-VO hat die Umwandlung einer Aktiengesellschaft in eine SE unbeschadet des Art. 12 SE-VO weder die Auflösung der Gesellschaft noch die Gründung einer neuen juristischen Person zur Folge. Dogmatisch handelt es sich um einen **identitätswahrenden Formwechsel**[24]. Trotz des Erfordernisses der Eintragung als

---

16 Ursprünglich: RL 78/855/EWG; seit 1.7.2011: RL 2011/35/EU des Europäischen Parlaments und des Rates v. 5.4.2011 über die Verschmelzung von Aktiengesellschaften, ABl. EU Nr. L 110 v. 29.4.2011, S. 1. Ausf. Erläuterungen bei *Lutter/Bayer/J. Schmidt*, EuropUR, § 21 m.z.w.N.
17 Vgl. *Lutter/Bayer/J. Schmidt*, EuropUR, § 21 Rz. 3 m.w.N.
18 Grundlegend: *Hommelhoff/Riesenhuber* in Grundmann (Hrsg.), Systembildung und Systemlücken in Kerngebieten des Europäischen Privatrechts, 2000, S. 259 ff. Vgl. zu diesem Modell ferner: *Lutter/Bayer/J. Schmidt*, EuropUR, § 21 Rz. 24; § 22 Rz. 2, 23; § 23 Rz. 3, 26; § 41 Rz. 63.
19 Vgl. *Lutter/Bayer/J. Schmidt*, EuropUR, § 41 Rz. 63. Vgl. zur Anlehnung an die Verschmelzungsgründung auch *Bayer* in Lutter/Hommelhoff, Die Europäische Gesellschaft, 2005, S. 25, 29; *Paefgen* in KölnKomm. AktG, 3. Aufl., Art. 37 SE-VO Rz. 5; *Scheifele*, Die Gründung der Europäischen Aktiengesellschaften (SE), 2004, S. 399; *J. Schmidt*, „Deutsche" vs. „britische" Societas Europaea (SE), 2006, S. 360 m.w.N.
20 Vgl. *Blanquet*, ZGR 2002, 20, 46; *Bücker* in Habersack/Drinhausen, Art. 37 SE-VO Rz. 1; *Casper* in Spindler/Stilz, AktG, 3. Aufl. 2015, Art. 37 SE-VO Rz. 1; *Lutter/Bayer/J. Schmidt*, EuropUR, § 41 Rz. 63; *J. Schmidt*, „Deutsche" vs. „britische" Societas Europaea (SE), 2006, S. 359; *Schröder* in Manz/Mayer/Schröder, Vorbem. Art. 37 SE-VO Rz. 1; *Schwarz*, Art. 37 SE-VO Rz. 3.
21 Vgl. *Bücker* in Habersack/Drinhausen, Art. 37 SE-VO Rz. 1.
22 *Eidenmüller/Engert/Hornuf*, AG 2008, 721, 729.
23 ETUI, SE facts & figures, 21.3.2014, abrufbar unter http://www.worker-participation.eu/European-Company-SE/Facts-Figures.
24 Vgl. *Bücker* in Habersack/Drinhausen, Art. 37 SE-VO Rz. 2; *Casper* in Spindler/Stilz, AktG, 3. Aufl. 2015, Art. 37 SE-VO Rz. 3; *Heckschen* in Widmann/Mayer, Anh. 14 Rz. 372; *Hörtnagl* in Schmitt/Hörtnagl/Stratz, Art. 37 SE-VO Rz. 2; *Lutter/Bayer/J. Schmidt*, EuropUR, § 41 Rz. 63; *Marsch-Barner* in Kallmeyer, Anhang SE Rz. 92; *Paefgen* in KölnKomm. AktG, 3. Aufl., Art. 37 SE-VO Rz. 1; *Schäfer* in MünchKomm. AktG, 3. Aufl., Art. 37 SE-VO Rz. 2; *J. Schmidt*, „Deutsche" vs. „britische" Societas Europaea (SE), 2006, S. 360; *Schwarz*, Art. 37 SE-VO Rz. 5; *Schwartzkopff/Hoppe*, NZG 2013, 733, 735; *Seibt/Reinhard*, Der Konzern 2005, 407, 423; *Teichmann* in MünchHdb. AG, § 49 Rz. 44; *Zollner* in Kalss/Hügel, Vor § 29 SEG Rz. 1.

SE gem. Art. 12 SE-VO entsteht also kein neuer Rechtsträger, sondern die Gesellschaft wechselt nur ihr Rechtskleid[25]. Deshalb existiert auch keine Vor-SE[26]; eine Handelndenhaftung gem. Art. 16 Abs. 2 SE-VO kommt hingegen in Betracht (vgl. Art. 16 Rz. 18). Zudem ist auch die in Art. 37 Abs. 9 SE-VO speziell angeordnete Fortgeltung aller arbeitsvertraglichen Rechtsbeziehungen an sich überflüssig (vgl. noch Rz. 79).

6. Anwendbares Recht

Art. 37 SE-VO enthält keine vollständige und umfassende Regelung der Umwandlungsgründung, sondern etabliert lediglich einen grundlegenden **europäischen Rahmen**, der noch der **Ausfüllung durch nationales Recht** bedarf[27]. Dabei ist zwischen zwei Phasen zu differenzieren: (1) Verfahrensschritte, die noch die Sphäre der Gründungsgesellschaft als solche betreffen (dazu Rz. 8), und (2) Verfahrensschritte, die bereits die künftige SE selbst betreffen (dazu Rz. 7)[28].

6

a) Sphäre der künftigen SE

Soweit es sich um Verfahrensschritte handelt, welche bereits die Sphäre der künftigen SE betreffen, gilt – wie bei allen Gründungsvarianten – die allgemeine Verweisungsnorm des **Art. 15 Abs. 1 SE-VO** (dazu Art. 15 Rz. 1 f., 4 ff.), d.h. maßgeblich ist das Recht des künftigen Sitzstaates der SE[29]. Verweisungsobjekt sind dabei – korrespondierend mit der Rechtsnatur als identitätswahrendem Formwechsel (vgl. Art. 37 Abs. 2 SE-VO, dazu Rz. 5) – primär die jeweiligen nationalen Vorschriften über den Formwechsel (soweit existent) und nur subsidiär diejenigen des allgemeinen Aktiengründungsrechts[30].

7

---

25 Vgl. *Bayer* in Lutter/Hommelhoff, Die Europäische Gesellschaft, 2005, S. 25, 59; *Casper* in Spindler/Stilz, AktG, 3. Aufl. 2015, Art. 37 SE-VO Rz. 3; *J. Schmidt*, „Deutsche" vs. „britische" Societas Europaea (SE), 2006, S. 375; *Schwarz*, Art. 37 SE-VO Rz. 5; *Schwartzkopff/Hoppe*, NZG 2013, 733, 735; *Zollner* in Kalss/Hügel, Vor § 29 SEG Rz. 1.
26 Vgl. *Casper* in Spindler/Stilz, AktG, 3. Aufl. 2015, Art. 37 SE-VO Rz. 3; *Paefgen* in KölnKomm. AktG, 3. Aufl., Art. 37 SE-VO Rz. 3; *Teichmann* in MünchHdb. AG, § 49 Rz. 15 Fn. 37; *J. Schmidt*, „Deutsche" vs. „britische" Societas Europaea (SE), 2006, S. 387 m.w.N.
27 Vgl. *Bücker* in Habersack/Drinhausen, Art. 37 SE-VO Rz. 4; *Casper* in Spindler/Stilz, AktG, 3. Aufl. 2015, Art. 37 SE-VO Rz. 4; *Lutter/Bayer/J. Schmidt*, EuropUR, § 41 Rz. 63; *Paefgen* in KölnKomm. AktG, 3. Aufl., Art. 37 SE-VO Rz. 13; *Schäfer* in MünchKomm. AktG, 3. Aufl., Art. 37 SE-VO Rz. 4; *J. Schmidt*, „Deutsche" vs. „britische" Societas Europaea (SE), 2006, S. 360; *Schwarz*, Art. 37 SE-VO Rz. 10.
28 Vgl. *Paefgen* in KölnKomm. AktG, 3. Aufl., Art. 37 SE-VO Rz. 13 ff.; *Lutter/Bayer/J. Schmidt*, EuropUR, § 41 Rz. 63; *J. Schmidt*, „Deutsche" vs. „britische" Societas Europaea (SE), 2006, S. 360; *Schwarz*, Art. 37 SE-VO Rz. 10; abw. jedoch die in Fn. 31 genannten Autoren.
29 Vgl. *Bücker* in Habersack/Drinhausen, Art. 37 SE-VO Rz. 4; *Casper* in Spindler/Stilz, AktG, 3. Aufl. 2015, Art. 37 SE-VO Rz. 4; *Heckschen* in Widmann/Mayer, Anh. 14 Rz. 377, 379; *Lutter/Bayer/J. Schmidt*, EuropUR, § 41 Rz. 63; *Paefgen* in KölnKomm. AktG, 3. Aufl., Art. 37 SE-VO Rz. 13; *Schäfer* in MünchKomm. AktG, 3. Aufl., Art. 37 SE-VO Rz. 4; *J. Schmidt*, „Deutsche" vs. „britische" Societas Europaea (SE), 2006, S. 361; *Schröder* in Manz/Mayer/Schröder, Art. 37 SE-VO Rz. 5; *Schwarz*, Art. 37 SE-VO Rz. 11.
30 Vgl. *Bayer* in Lutter/Hommelhoff, Die Europäische Gesellschaft, 2005, S. 25, 60; *Bücker* in Habersack/Drinhausen, Art. 37 SE-VO Rz. 4; *Casper* in Spindler/Stilz, AktG, 3. Aufl. 2015, Art. 37 SE-VO Rz. 4; *Lutter/Bayer/J. Schmidt*, EuropUR, § 41 Rz. 63; *Schäfer* in MünchKomm. AktG, 3. Aufl., Art. 37 SE-VO Rz. 4; *J. Schmidt*, „Deutsche" vs. „britische" Societas Europaea (SE), 2006, S. 360 m.w.N.

b) Sphäre der Gründungsgesellschaft

8 Handelt es sich hingegen um Verfahrensschritte, die noch die Sphäre der Gründungsgesellschaft betreffen, so ist Art. 15 Abs. 1 SE-VO entgegen mancher Stimmen im Schrifttum[31] nicht anwendbar, denn die Vorschrift erfasst nach Wortlaut und Gesamtsystematik der SE-VO gerade nur diejenigen Verfahrensschritte, welche bereits die Sphäre der künftigen SE betreffen[32]. Im Gegensatz zur Gründung durch Verschmelzung (Art. 18 SE-VO) und zur Gründung einer gemeinsamen Tochter-SE (Art. 36 SE-VO) fehlt jedoch für die Umwandlungsgründung eine spezielle Verweisungsnorm für diejenigen Verfahrensschritte, welche noch die Sphäre der Gründungsgesellschaft betreffen. Da es hier nur eine einzige Gründungsgesellschaft gibt, kann aber letztlich kein Zweifel bestehen, dass insofern deren nationales Recht zur Anwendung berufen ist[33]. Dogmatisch lässt sich dieses Ergebnis am besten auf eine **Gesamtanalogie zu** den – ähnliche Konstellationen regelnden – **Art. 18 und 36 SE-VO** stützen[34]. Verweisungsobjekt sind jedoch – wie bei Art. 15 Abs. 1 SE-VO (vgl. Rz. 7) – auch hier grundsätzlich primär die jeweiligen nationalen Formwechselvorschriften und nur subsidiär das allgemeine Aktiengründungsrecht[35].

7. Sitzverlegungsverbot (Art. 37 Abs. 3 SE-VO)

9 Nach Art. 37 Abs. 3 SE-VO darf der Sitz der Gesellschaft anlässlich der Umwandlung nicht gem. Art. 8 SE-VO in einen anderen Mitgliedstaat verlegt werden. Hintergrund dieses Sitzverlegungsverbots ist die **Furcht vor** einem Missbrauch der Umwandlungsgründung zu einer „**Flucht aus der Mitbestimmung**" und anderen „unliebsamen" nationalen Vorschriften (vgl. Rz. 2).

10 Verboten ist jedoch nur die grenzüberschreitende Sitzverlegung „anlässlich der Umwandlung". Die deutsche Sprachfassung ist insoweit freilich – ähnlich wie die französische („à l'occasion de la transformation") – leider etwas unglücklich. Gemeint ist – wie sich z.B. klar aus der englischen Sprachfassung („at the same time as the conversion is effected") ergibt – nur die **grenzüberschreitende Sitzverlegung gleichzeitig mit der formwechselnden Umwandlung**[36]. Jedenfalls ab dem Zeitpunkt der Eintragung der SE ist eine grenzüberschreitende Sitzverlegung damit eindeutig zulässig[37]. Streitig ist allerdings, ob und in welchem Umfang bereits vor der Eintragung Vorbereitungshandlungen für eine spätere grenzüberschreitende Sitzverlegung vorgenommen werden

---

31 *Bücker* in Habersack/Drinhausen, Art. 37 SE-VO Rz. 4; *Schäfer* in MünchKomm. AktG, 3. Aufl., Art. 37 SE-VO Rz. 4; *Seibt/Reinhard*, Der Konzern 2005, 407, 409.
32 Vgl. *Heckschen* in Widmann/Mayer, Anh. 14 Rz. 377, 379; *Paefgen* in KölnKomm. AktG, 3. Aufl., Art. 37 SE-VO Rz. 14.
33 Ebenso i.E. auch (die dogmatische Begründung jedoch offenlassend) *Casper* in Spindler/Stilz, AktG, 3. Aufl. 2015, Art. 37 SE-VO Rz. 4.
34 Vgl. *Lutter/Bayer/J. Schmidt*, EuropUR, § 41 Rz. 63; *Paefgen* in KölnKomm. AktG, 3. Aufl., Art. 37 SE-VO Rz. 15; *J. Schmidt*, „Deutsche" vs. „britische" Societas Europaea (SE), 2006, S. 361; *Schröder* in Manz/Mayer/Schröder, Art. 37 SE-VO Rz. 5. Für eine Analogie nur zu Art. 18: *Schwarz*, Art. 37 SE-VO Rz. 10.
35 Vgl. *Casper* in Spindler/Stilz, AktG, 3. Aufl. 2015, Art. 37 SE-VO Rz. 4; *Lutter/Bayer/J. Schmidt*, EuropUR, § 41 Rz. 63; *J. Schmidt*, „Deutsche" vs. „britische" Societas Europaea (SE), 2006, S. 361.
36 Vgl. *Schröder* in Manz/Mayer/Schröder, Art. 37 SE-VO Rz. 10; *Schwarz*, Art. 37 SE-VO Rz. 9; *Zollner* in Kalss/Hügel, Vor § 29 SEG Rz. 10.
37 Vgl. *Brandt*, BB-Special 3/2005, 1, 2; *Bücker* in Habersack/Drinhausen, Art. 37 SE-VO Rz. 5; *Casper* in Spindler/Stilz, AktG, 3. Aufl. 2015, Art. 37 SE-VO Rz. 6; *Hörtnagl* in Schmitt/Hörtnagl/Stratz, Art. 37 SE-VO Rz. 3; *Oechsler*, NZG 2005, 697, 700; *Paefgen* in KölnKomm. AktG, 3. Aufl., Art. 37 SE-VO Rz. 10; *Schäfer* in MünchKomm. AktG, 3. Aufl., Art. 37 SE-VO Rz. 3; *Schröder* in Manz/Mayer/Schröder, Art. 37 SE-VO Rz. 11; *Zollner* in Kalss/Hügel, Vor § 29 SEG Rz. 10.

dürfen. Teilweise wird die Auffassung vertreten, dass ein Sitzverlegungsverfahren nach Art. 8 SE-VO überhaupt erst nach Eintragung der SE eingeleitet werden darf[38]. Nach anderer Ansicht sollen zumindest Vorbereitungshandlungen für die spätere Sitzverlegung bereits vor der Eintragung zulässig sein[39]. Dabei wird es teils sogar für zulässig erachtet, dass in der Hauptversammlung, die gem. Art. 37 Abs. 7 SE-VO (dazu Rz. 47 ff.) über die Umwandlung beschließt, zugleich auch bereits der Beschluss über die Sitzverlegung gefasst wird, allerdings aufschiebend bedingt durch die Eintragung der formwechselnden Umwandlung[40]. In der Tat ist davon auszugehen, dass Art. 37 Abs. 3 SE-VO der Vornahme von Planungen und Vorbereitungshandlungen für eine spätere Sitzverlegung – einschließlich einer kombinierten Beschlussfassung im dargestellten Sinne – vor Eintragung der formwechselnden Umwandlung nicht entgegensteht. Denn die Ratio der Norm – die Verhinderung einer „Flucht aus der Mitbestimmung" und anderen „unliebsamen" nationalen Vorschriften (vgl. Rz. 2) – ist bereits dann gewährleistet, wenn die Sitzverlegung auch nur die berühmte juristische Sekunde nach der formwechselnden Umwandlung eingetragen wird. Denn bereits dann ist sichergestellt, dass zunächst einmal der durch die SE-RL etablierte mitbestimmungsrechtliche Bestandsschutz (vgl. dazu noch Rz. 80) greift. Der Versuch einer Abgrenzung von zulässigen und unzulässigen Vorbereitungshandlungen würde im Übrigen nur unnötige praktische Probleme schaffen, zumal die Gründungsrestriktionen der SE-VO rechtspolitisch ohnehin fragwürdig erscheinen.

Unproblematisch **zulässig** ist zudem jedenfalls die Kombination der Umwandlung mit einer **Sitzverlegung innerhalb des jeweiligen Mitgliedstaats**[41]. 11

II. Verfahren

1. Umwandlungsplan (Art. 37 Abs. 4 Alt. 1 SE-VO)

Grundlage des gesamten Umwandlungsvorgangs[42] ist gem. Art. 37 Abs. 4 Alt. 1 SE-VO – entsprechend dem „europäischen Modell für Strukturmaßnahmen" (vgl. Rz. 3) – ein Plan, der sog. Umwandlungsplan. 12

a) Erstellungskompetenz

Zuständig für die Erstellung des Umwandlungsplans ist gem. Art. 37 Abs. 4 Alt. 1 SE-VO das **Leitungs- oder das Verwaltungsorgan** der betreffenden Gesellschaft. Bei einer deutschen AG ist also der Vorstand zuständig[43], bei einer britischen PLC sind es die *di-* 13

---

38 So *Hörtnagl* in Schmitt/Hörtnagl/Stratz, Art. 37 SE-VO Rz. 3; *Schwarz*, Art. 37 SE-VO Rz. 9.
39 So *Bücker* in Habersack/Drinhausen, Art. 37 SE-VO Rz. 5; *Heckschen* in Widmann/Mayer, Anh. 14 Rz. 391.2; *Schröder* in Manz/Mayer/Schröder, Art. 37 SE-VO Rz. 11. Für Zulässigkeit interner Vorbereitungshandlungen auch *Casper* in Spindler/Stilz, AktG, 3. Aufl. 2015, Art. 37 SE-VO Rz. 6.
40 So *Seibt* in Voraufl., Rz. 4; ausdrücklich dagegen jedoch etwa *Oechsler*, NZG 2005, 697, 700.
41 Vgl. *Bücker* in Habersack/Drinhausen, Art. 37 SE-VO Rz. 5; *Casper* in Spindler/Stilz, AktG, 3. Aufl. 2015, Art. 37 SE-VO Rz. 6; *Heckschen* in Widmann/Mayer, Anh. 14 Rz. 391.3; *Paefgen* in KölnKomm. AktG, 3. Aufl., Art. 37 SE-VO Rz. 8; *Schäfer* in MünchKomm. AktG, 3. Aufl., Art. 37 SE-VO Rz. 3.
42 Vgl. *Lutter/Bayer/J. Schmidt*, EuropUR, § 41 Rz. 64.
43 Vgl. *Casper* in Spindler/Stilz, AktG, 3. Aufl. 2015, Art. 37 SE-VO Rz. 8 Fn. 21; *Schäfer* in MünchKomm. AktG, 3. Aufl., Art. 37 SE-VO Rz. 9; *J. Schmidt*, „Deutsche" vs. „britische" Societas Europaea (SE), 2006, S. 362; *Seibt/Reinhard*, Der Konzern 2005, 407, 414.

rectors[44]. Ob alle Organmitglieder handeln müssen oder ein Handeln in vertretungsberechtigter Zahl genügt, richtet sich mangels Regelung in der SE-VO analog Art. 18, 36 SE-VO (vgl. Rz. 8) nach nationalem Recht[45]. Problem ist insofern, dass das deutsche Umwandlungsrecht beim Formwechsel keinen vom Vorstand zu erstellenden Umwandlungsplan, sondern nur einen Umwandlungsbeschluss der Hauptversammlung (§§ 193, 194 UmwG) vorsieht. Für die funktionell vergleichbaren Rechtsinstrumente des Verschmelzungsvertrags bei nationalen Verschmelzungen, des Verschmelzungsplans bei grenzüberschreitenden Verschmelzungen und des Spaltungsvertrags ist jedoch allgemein anerkannt, dass ein Handeln **in vertretungsberechtigter Zahl** genügt. Gleiches muss somit konsequenterweise auch für die Erstellung des Umwandlungsplans gelten[46].

b) Inhalt

14 **aa) Mindestinhalt.** Anders als für den Sitzverlegungsplan (Art. 8 Abs. 2 Satz 2 SE-VO, dazu Art. 8 Rz. 17 ff.), den Verschmelzungsplan (Art. 20 Abs. 1 Satz 2 SE-VO, dazu Art. 20 Rz. 15 ff.) und den Holding-Gründungsplan (Art. 32 Abs. 2 Satz 2–4 SE-VO, dazu Art. 32 Rz. 23 ff.) macht die SE-VO für den Umwandlungsplan keine inhaltlichen Vorgaben. Entgegen einer vereinzelt vertretenen Ansicht[47] kann hierin aber jedenfalls keine bewusste Entscheidung des Verordnungsgebers gesehen werden, den Inhalt des Umwandlungsplans vollständig in das Belieben des Leitungs-/Verwaltungsorgans zu stellen[48]. Denn Leitgedanke des auch dem Art. 37 SE-VO zugrundeliegenden „europäischen Modells für Strukturmaßnahmen" ist es gerade, den Gesellschaftern insbesondere auch durch das Rechtsinstrument des Plans eine ausreichende Informationsbasis für eine fundierte Entscheidung zu verschaffen (vgl. Rz. 3)[49]. Im Schrifttum wird daher verbreitet für eine Analogie zu Art. 20 Abs. 1 Satz 2 SE-VO[50] (dazu Art. 20 Rz. 15 ff.), Art. 32 Abs. 2 Satz 3 SE-VO[51] (dazu Art. 32 Rz. 23 ff.) oder Art. 8 Abs. 2 Satz 2 SE-VO[52] (dazu Art. 8 Rz. 22 ff.) plädiert. Dagegen spricht jedoch bereits, dass diese Vorschriften schon von der Sache her nicht wirklich passen[53]. Denn anders als bei der Verschmelzungs- und Holding-Gründung ist bei der formwechselnden Umwandlung von vorn-

---

44 Vgl. *J. Schmidt*, „Deutsche" vs. „britische" Societas Europaea (SE), 2006, S. 362.
45 Vgl. auch *Paefgen* in KölnKomm. AktG, 3. Aufl., Art. 37 SE-VO Rz. 47; *Schröder* in Manz/Mayer/Schröder, Art. 16.
46 Ebenso i.E. auch *Bücker* in Habersack/Drinhausen, Art. 37 SE-VO Rz. 31; *Casper* in Spindler/Stilz, AktG, 3. Aufl. 2015, Art. 37 SE-VO Rz. 8 Fn. 21; *Paefgen* in KölnKomm. AktG, 3. Aufl., Art. 37 SE-VO Rz. 47; *Marsch-Barner* in Kallmeyer, Anhang SE Rz. 99; *Schäfer* in MünchKomm. AktG, 3. Aufl., Art. 37 SE-VO Rz. 9; *Seibt/Reinhard*, Der Konzern 2005, 407, 414; *Vossius*, ZIP 2005, 741, 747 Fn. 76.
47 Vgl. *Mahi*, Europäische Aktiengesellschaft, 2004, S. 73.
48 Vgl. *J. Schmidt*, „Deutsche" vs. „britische" Societas Europaea (SE), 2006, S. 363; *Schwarz*, Art. 37 SE-VO Rz. 15.
49 Vgl. auch *J. Schmidt*, „Deutsche" vs. „britische" Societas Europaea (SE), 2006, S. 363; *Schwarz*, Art. 37 SE-VO Rz. 15.
50 So *Seibt* in Voraufl., Rz. 33 ff.; vgl. weiter etwa *Bücker* in Habersack/Drinhausen, Art. 37 SE-VO Rz. 23; *Hörtnagl* in Schmitt/Hörtnagl/Stratz, Art. 37 SE-VO Rz. 4; *Paefgen* in KölnKomm. AktG, 3. Aufl., Art. 37 SE-VO Rz. 28 ff.; *Scheifele*, Die Gründung der Europäischen Aktiengesellschaft (SE), 2004, S. 406 ff.; *Seibt/Reinhard*, Der Konzern 2005, 407, 414; *Schwarz*, Art. 37 SE-VO Rz. 17 ff.; partiell auch *Schröder* in Manz/Mayer/Schröder, Art. 37 SE-VO Rz. 20 ff.; „vorsorglich" auch *Kowalski*, DB 2007, 2243, 2245.
51 Vgl. *Schäfer* in MünchKomm. AktG, 3. Aufl., Art. 37 SE-VO Rz. 10 (Analogie zu Art. 20 Abs. 1 Satz 2, 32 Abs. 2 Satz 3).
52 So etwa *Kalss*, ZGR 2003, 593, 613.
53 Vgl. *Casper* in Spindler/Stilz, AktG, 3. Aufl. 2015, Art. 37 SE-VO Rz. 9; *Lutter/Bayer/J. Schmidt*, EuropUR, § 41 Rz. 64; *J. Schmidt*, „Deutsche" vs. „britische" Societas Europaea (SE), 2006, S. 363.

herein nur eine einzige Gesellschaft betroffen[54]. Insofern ähnelt diese vielmehr eher der Sitzverlegung; doch auch die Sitzverlegung einer bestehenden SE ist schon im Ansatz etwas völlig anderes als die Gründung einer SE durch Umwandlung einer nationalen Aktiengesellschaft[55]. Unabhängig davon ist aber auch kaum anzunehmen, dass der Verordnungsgeber – die Art. 8 Abs. 2 Satz 2, 20 Abs. 1 Satz 2 und 32 Abs. 2 SE-VO vor Augen – infolge eines bloßen Versehens auf Regelungen zum Inhalt des Umwandlungsplans verzichtet hat; ihr Fehlen spricht vielmehr gerade dafür, dass man insofern ganz bewusst das nationale Recht zur Anwendung berufen wollte[56]. Da die Gründung durch formwechselnde Umwandlung nur eine einzige nationale Aktiengesellschaft betrifft, erscheint dies – nicht zuletzt auch vor dem Hintergrund des Subsidiaritätsprinzips (Art. 5 Abs. 3 EUV) – letztlich auch nur konsequent[57]. Maßgeblich für den Inhalt des Umwandlungsplans ist folglich **analog Art. 18, 36 SE-VO** das **nationale Recht der sich umwandelnden Aktiengesellschaft**[58]. Im Falle einer deutschen AG stellt sich insofern zwar das Problem, dass das deutsche Umwandlungsrecht beim Formwechsel keinen Umwandlungs*plan* vorsieht; aufgrund ihrer funktionellen Äquivalenz sind jedoch die Vorgaben der **§§ 194 Abs. 1, 243 UmwG** über den Inhalt des Umwandlungs*beschlusses* entsprechend heranzuziehen[59].

Mit Blick auf das Fehlen einer eindeutigen höchstrichterlichen Entscheidung betreffend die Streitfrage um den genauen Inhalt des Umwandlungsplans findet sich für die **Praxis** häufig die **Empfehlung**, sicherheitshalber **beiden Ansichten** Rechnung zu tragen, d.h. sowohl die nach §§ 194 Abs. 1, 243 UmwG als auch die im Falle einer analogen Anwendung des Art. 20 Abs. 1 Satz 2 SE-VO erforderlichen Angaben aufzunehmen[60].

Bei sachgerechter Handhabung der Analogie ergeben sich indes – wie nachfolgende tabellarische Übersicht zeigt – ohnehin **kaum Unterschiede**. Einzige echte Divergenz ist die sich im Falle einer analogen Anwendung des Art. 20 Abs. 1 Satz 2 SE-VO aus dessen lit. g ergebende Pflicht zur Angabe von Sondervorteilen.

	§§ 194 Abs. 1, 243 UmwG	Art. 20 Abs. 1 Satz 2 SE-VO analog
SE als Zielrechtsform	§ 194 Abs. 1 Nr. 1 UmwG	Art. 20 Abs. 1 Satz 2 lit. a SE-VO
Firma der SE	§ 194 Abs. 1 Nr. 2 UmwG	Art. 20 Abs. 1 Satz 2 lit. a SE-VO
Beteiligung der bisherigen Aktionäre an der SE nach den für diese geltenden Vorschriften	§ 194 Abs. 1 Nr. 3 UmwG	Art. 20 Abs. 1 Satz 2 lit. b SE-VO

---

54 Vgl. *Kalss*, ZGR 2003, 593, 613; *J. Schmidt*, „Deutsche" vs. „britische" Societas Europaea (SE), 2006, S. 363.
55 Vgl. *J. Schmidt*, „Deutsche" vs. „britische" Societas Europaea (SE), 2006, S. 363.
56 Vgl. *Lutter/Bayer/J. Schmidt*, EuropUR, § 41 Rz. 64; *J. Schmidt*, „Deutsche" vs. „britische" Societas Europaea (SE), 2006, S. 363 f.
57 Vgl. *J. Schmidt*, „Deutsche" vs. „britische" Societas Europaea (SE), 2006, S. 364.
58 Vgl. *Bayer* in Lutter/Hommelhoff, Die Europäische Gesellschaft, 2005, S. 25, 61; *Casper* in Spindler/Stilz, AktG, 3. Aufl. 2015, Art. 37 SE-VO Rz. 9; *Lutter/Bayer*, EuropUR, § 41 Rz. 64; *J. Schmidt*, „Deutsche" vs. „britische" Societas Europaea (SE), 2006, S. 364; *Teichmann* in MünchHdb. AG, § 49 Rz. 45 Fn. 120.
59 Vgl. *Bayer* in Lutter/Hommelhoff, Die Europäische Gesellschaft, 2005, S. 25, 61; *Casper* in Spindler/Stilz, AktG, 3. Aufl. 2015, Art. 37 SE-VO Rz. 9; *DNotI*, DNotI-Report 2010, 39, 40; *Heckschen* in Widmann/Mayer, Anh. 14 Rz. 378; *Jannott* in Jannott/Frodermann, Kap. 3 Rz. 237; *Lutter/Bayer/J. Schmidt*, EuropUR, § 41 Rz. 64; *J. Schmidt*, „Deutsche" vs. „britische" Societas Europaea (SE), 2006, S. 364; *Vossius*, ZIP 2005, 741, 747; *Wicke*, MittBayNot 2006, 196, 201.
60 Vgl. etwa *Kowalski*, DB 2007, 2243, 2245; *Marsch-Barner* in Kallmeyer, Anhang SE Rz. 99.

	§§ 194 Abs. 1, 243 UmwG	Art. 20 Abs. 1 Satz 2 SE-VO analog
Zahl, Art und Umfang der Aktien, die die Aktionäre durch die formwechselnde Umwandlung erlangen sollen	§ 194 Abs. 1 Nr. 4 UmwG	Art. 20 Abs. 1 Satz 2 lit. c SE-VO
Rechte der bzw. Maßnahmen für Sonderrechtsinhaber	§ 194 Abs. 1 Nr. 5 UmwG	Art. 20 Abs. 1 Satz 2 lit. f SE-VO
Folgen der formwechselnden Umwandlung für die Arbeitnehmer/Angaben zur Mitbestimmung	§ 194 Abs. 1 Nr. 7 UmwG	Art. 20 Abs. 1 Satz 2 lit. i SE-VO
Satzung der SE	§§ 243 Abs. 1, 218 Abs. 1 UmwG	Art. 20 Abs. 1 Satz 2 lit. h SE-VO
Sondervorteile für Organmitglieder und Sachverständige	–	Art. 20 Abs. 1 Satz 2 lit. g SE-VO

17 Wendet man §§ 194 Abs. 1, 243 UmwG an, so ist § 194 Abs. 1 Nr. 6 UmwG mangels Erforderlichkeit eines Abfindungsangebots (näher Rz. 81 ff.) gegenstandslos[61]. § 194 Abs. 1 Nr. 7 UmwG ist mit Blick auf die Spezifika der SE so zu lesen, dass hier insbesondere auch Angaben zum Verfahren der Arbeitnehmerbeteiligung erforderlich sind.

18 Bei **analoger Anwendung** des **Art. 20 Abs. 1 Satz 2 SE-VO** bedarf es folgender Modifikationen: Lit. b (Umtauschverhältnis) passt nicht wirklich; klar ist aber, dass anzugeben ist, dass die bisherigen Aktionäre künftig als Aktionäre an der SE beteiligt sind (vgl. auch § 194 Abs. 1 Nr. 3 UmwG)[62]. Ebenso wenig passt auch lit. c (Übertragung der Aktien); übertragen auf die formwechselnde Umwandlung ist die Vorschrift so zu lesen, dass – entsprechend § 194 Abs. 1 Nr. 4 UmwG – Zahl, Art und Umfang der Aktien, die die Aktionäre durch die formwechselnde Umwandlung erlangen sollen, anzugeben sind[63]. Lit. d (Zeitpunkt der Gewinnbeteiligung) und lit. e (Bilanzstichtag) sind im Falle der formwechselnden Umwandlung von vornherein gegenstandslos[64].

19 **bb) Fakultativer Inhalt.** Unabhängig davon, welcher Ansicht man folgt, können in den Umwandlungsplan darüber hinaus weitere Angaben aufgenommen werden (vgl. § 194 Abs. 1 UmwG: „mindestens"[65] bzw. Art. 20 Abs. 2 SE-VO[66]). In Betracht kommen etwa: Angaben zu Sondervorteilen für Organmitglieder und Sachverständige (diese sind nach der hier vertretenen Ansicht nicht obligatorisch, vgl. oben Rz. 16);

---

61 Vgl. *Marsch-Barner* in Kallmeyer, Anhang SE Rz. 99; *J. Schmidt*, „Deutsche" vs. „britische" Societas Europaea (SE), 2006, S. 364 Fn. 1489.
62 Vgl. auch *Paefgen* in KölnKomm. AktG, 3. Aufl., Art. 37 SE-VO Rz. 30; *Schäfer* in MünchKomm. AktG, 3. Aufl., Art. 37 SE-VO Rz. 11.
63 Vgl. auch *Paefgen* in KölnKomm. AktG, 3. Aufl., Art. 37 SE-VO Rz. 30; *Schäfer* in MünchKomm. AktG, 3. Aufl., Art. 37 SE-VO Rz. 11.
64 Vgl. auch *Bücker* in Habersack/Drinhausen, Art. 37 SE-VO Rz. 26; *Paefgen* in KölnKomm. AktG, 3. Aufl., Art. 37 SE-VO Rz. 35; *Schäfer* in MünchKomm. AktG, 3. Aufl., Art. 37 SE-VO Rz. 11; *Schwarz*, Art. 37 SE-VO Rz. 22.
65 Vgl. auch *Casper* in Spindler/Stilz, AktG, 3. Aufl. 2015, Art. 37 SE-VO Rz. 8 f.; *J. Schmidt*, „Deutsche" vs. „britische" Societas Europaea (SE), 2006, S. 364 f.
66 Vgl. *Bücker* in Habersack/Drinhausen, Art. 37 SE-VO Rz. 29; *Paefgen* in KölnKomm. AktG, 3. Aufl., Art. 37 SE-VO Rz. 41; *Schäfer* in MünchKomm. AktG, 3. Aufl., Art. 37 SE-VO Rz. 12; *Schröder* in Manz/Mayer/Schröder, Art. 37 SE-VO Rz. 22; *Schwarz*, Art. 37 SE-VO Rz. 28.

Verzicht der Gesellschafter auf die Erhebung einer Anfechtungsklage[67]; Abfindungsangebot an widersprechende Minderheitsaktionäre[68]. Als weitere Beispiele werden im Schrifttum häufig die Bestellung der Organmitglieder[69] und des Abschlussprüfers[70] genannt. Nach der hier vertretenen Ansicht gilt für den Abschlussprüfer jedoch Amtskontinuität (näher Rz. 64) und auch die Bestellung der Organmitglieder kommt nur in den Fällen als fakultative Angabe in Betracht, in denen keine Amtskontinuität besteht (dazu ausf. unten Rz. 58 ff.).

c) Form

In formaler Hinsicht lässt sich aus der SE-VO nur das Gebot einer **textlichen Fixierung** („Plan") ableiten[71]. 20

Analog Art. 18, 36 SE-VO können sich aber ggf. aus dem nationalen Recht weitergehende Formerfordernisse ergeben[72]. Ein Teil der Literatur hält den Umwandlungsplan gleichwohl für formfrei, weil das deutsche Recht auch für den Entwurf des Umwandlungsbeschlusses keine notarielle Form vorschreibt[73]. Dem ist jedoch nicht zu folgen. Der Umwandlungsplan lässt sich nicht dem bloßen Entwurf des Umwandlungsbeschlusses gleichstellen; er ist vielmehr ein eigenständiges Rechtsinstrument mit wesentlich weitergehender Bedeutung. Das deutsche Recht sieht in den Fällen, in denen das EU-Recht einen Restrukturierungsplan vorgibt (nationale und grenzüberschreitende Verschmelzung, Spaltung) generell eine notarielle Beurkundung vor (vgl. §§ 6, 122c Abs. 4, 125 Satz 1 UmwG). Der Umwandlungsplan einer deutschen AG bedarf folglich in Analogie zu diesen Vorschriften der **notariellen Beurkundung**[74]. Dem entspricht auch die deutsche Praxis[75]. 21

---

67 Vgl. zum Formwechsel nach deutschem Recht *Bärwaldt* in Semler/Stengel, 3. Aufl. 2012, § 194 UmwG Rz. 37.
68 Vgl. *Schäfer* in MünchKomm. AktG, 3. Aufl., Art. 37 SE-VO Rz. 12; *Schwarz*, Art. 37 SE-VO Rz. 28. Entgegen *Kiem* in KölnKomm. AktG, 3. Aufl., Art. 12 SE-VO Rz. 44 steht dies auch nicht im Konflikt mit der (zutreffenden Ansicht), dass die SE-VO gerade keinen speziellen Minderheitsschutz vorsieht und einen Rekurs auf entsprechende nationale Regelungen (insbesondere Barabfindungspflichten) sperrt (ausf. unten Rz. 81 ff.). Denn diese Sperrwirkung bezieht sich nur auf zwingende Minderheitsschutzregeln, während es hier um ein freiwilliges Barabfindungsangebot geht.
69 Vgl. *Scheifele*, Die Gründung der Europäischen Aktiengesellschaft (SE), 2004, S. 426; *Schwarz*, Art. 37 SE-VO Rz. 72; s. ferner auch *Kiem* in KölnKomm. AktG, 3. Aufl., Art. 12 SE-VO Rz. 42.
70 Vgl. *Seibt* in Voraufl., Rz. 35; *Schäfer* in MünchKomm. AktG, 3. Aufl., Art. 37 SE-VO Rz. 12; *Schwarz*, Art. 37 SE-VO Rz. 28.
71 Vgl. *Lutter/Bayer/J. Schmidt*, EuropUR, § 41 Rz. 64.
72 Vgl. *Lutter/Bayer/J. Schmidt*, EuropUR, § 41 Rz. 64; *J. Schmidt*, „Deutsche" vs. „britische" Societas Europaea (SE), 2006, S. 365.
73 So etwa *Bücker* in Habersack/Drinhausen, Art. 37 SE-VO Rz. 30; *Casper* in Spindler/Stilz, AktG, 3. Aufl. 2015, Art. 37 SE-VO Rz. 10; *Jannott* in Jannott/Frodermann, Kap. 3 Rz. 236; *Kowalski*, DB 2007, 2243, 2245; *Louven/Ernst*, BB 2014, 323, 328; *Paefgen* in KölnKomm. AktG, 3. Aufl., Art. 37 SE-VO Rz. 45; *Schäfer* in MünchKomm. AktG, 3. Aufl., Art. 37 SE-VO Rz. 14; *Seibt/Reinhard*, Der Konzern 2005, 407, 414; *Teichmann* in MünchHdb. AG, § 49 Rz. 45.
74 Vgl. *Bayer* in Lutter/Hommelhoff, Die Europäische Gesellschaft, 2005, S. 25, 61; *DNotI*, DNotI-Report 2010, 39, 40; *Heckschen*, DNotZ 2003, 251, 264 (i.E. offenlassend, tendenziell aber weiterhin bejahend jedoch *Heckschen* in Widmann/Mayer, Anh. 14 Rz. 379 ff.); *Lutter/Bayer/J. Schmidt*, EuropUR, § 41 Rz. 64; *Scheifele*, Die Gründung der Europäischen Aktiengesellschaft (SE), 2004, S. 408; *J. Schmidt*, „Deutsche" vs. „britische" Societas Europaea (SE), 2006, S. 365; *Schwarz*, Art. 37 SE-VO Rz. 29. Für eine notarielle Beurkundung i.E. auch *Hörtnagl* in Schmitt/Hörtnagl/Stratz, Art. 37 SE-VO Rz. 6; *Vossius*, ZIP 2005, 741, 747.
75 Vgl. *Bücker* in Habersack/Drinhausen, Art. 37 SE-VO Rz. 30; *Casper* in Spindler/Stilz, AktG, 3. Aufl. 2015, Art. 37 SE-VO Rz. 10; *Paefgen* in KölnKomm. AktG, 3. Aufl., Art. 37 SE-VO Rz. 45 Fn. 113.

d) Zuleitung an den Betriebsrat

22 Bei konsequenter Anwendung der **Art. 18, 36 SE-VO analog** ergibt sich aus **§ 194 Abs. 2 UmwG** das Erfordernis der Zuleitung des Umwandlungsplans an den Betriebsrat[76]. Dies wird zwar im Schrifttum verbreitet bestritten[77]. Schon aus Gründen der Vorsicht ist eine Zuleitung aber in jedem Fall anzuraten[78].

2. Umwandlungsbericht (Art. 37 Abs. 4 Alt. 2 SE-VO)

23 Zweites Grundelement ist gem. Art. 37 Abs. 4 Alt. 2 SE-VO – entsprechend dem „europäischen Modell für Strukturmaßnahmen" (vgl. Rz. 3) – ein Umwandlungsbericht.

a) Erstellungskompetenz

24 Für die Erstellung des Umwandlungsberichts ist gem. Art. 37 Abs. 4 Alt. 2 SE-VO ebenfalls das **Leitungs- oder das Verwaltungsorgan** der betreffenden Gesellschaft zuständig, bei einer deutschen AG also der Vorstand[79]. Ob alle Organmitglieder handeln müssen oder ein Handeln in vertretungsberechtigter Zahl genügt, richtet sich mangels Regelung in der SE-VO analog Art. 18, 36 SE-VO (vgl. Rz. 8) nach nationalem Recht. Bei einer deutschen AG genügt somit ebenso wie bei § 192 Abs. 1 Satz 1 UmwG[80] eine Unterzeichnung durch den Vorstand in vertretungsberechtigter Zahl[81].

b) Form

25 Ebenso wie bei der Verschmelzungsgründung (vgl. zum Verschmelzungsbericht Art. 20 Rz. 29 ff.) ist der Bericht auch im Falle der Umwandlung ein **vom Plan** strikt zu trennendes und **separates Dokument**[82]. Die im Schrifttum anzutreffende Gegenauffassung, der zufolge der Umwandlungsbericht integraler Bestandteil des Umwandlungsplans sein soll[83], geht fehl, denn im Gegensatz zur Holding-Gründung (vgl.

---

76 Vgl. *Casper* in Spindler/Stilz, AktG, 3. Aufl. 2015, Art. 37 SE-VO Rz. 12; *Schäfer* in MünchKomm. AktG, 3. Aufl., Art. 37 SE-VO Rz. 20; *Scheifele*, Die Gründung der Europäischen Aktiengesellschaft (SE), 2004, S. 410 f.; *J. Schmidt*, „Deutsche" vs. „britische" Societas Europaea (SE), 2006, S. 367; ebenso i.E. auch *Jannott* in Jannott/Frodermann, Kap. 3 Rz. 239; *Schröder* in Manz/Mayer/Schröder, Art. 37 SE-VO Rz. 81; *Wicke*, MittBayNot 2006, 196, 201 Fn. 82.
77 So auch *Seibt* in Voraufl., Rz. 40; vgl. weiter *Paefgen* in KölnKomm. AktG, 3. Aufl., Art. 37 SE-VO Rz. 48; *Bücker* in Habersack/Drinhausen, Art. 37 SE-VO Rz. 34; *Schwarz*, Art. 37 SE-VO Rz. 37; *Seibt/Reinhard*, Der Konzern 2005, 407, 415.
78 Vgl. auch *Bücker* in Habersack/Drinhausen, Art. 37 SE-VO Rz. 34; *Marsch-Barner* in Kallmeyer, Anhang SE Rz. 104; *Seibt/Reinhard*, Der Konzern 2005, 407, 415.
79 Vgl. *Paefgen* in KölnKomm. AktG, 3. Aufl., Art. 37 SE-VO Rz. 64; *J. Schmidt*, „Deutsche" vs. „britische" Societas Europaea (SE), 2006, S. 366; *Seibt/Reinhard*, Der Konzern 2005, 407, 416.
80 Vgl. *Decher/Hoger* in Lutter, § 192 UmwG Rz. 5; *Drinhausen/Keinath* in Henssler/Strohn, § 192 UmwG Rz. 9; *Meister/Klöcker* in Kallmeyer, § 192 UmwG Rz. 38.
81 Ebenso i.E. auch *Bücker* in Habersack/Drinhausen, Art. 37 SE-VO Rz. 41; *Marsch-Barner* in Kallmeyer, Anhang SE Rz. 105; *Paefgen* in KölnKomm. AktG, 3. Aufl., Art. 37 SE-VO Rz. 64; *Seibt/Reinhard*, Der Konzern 2005, 407, 416; *Vossius*, ZIP 2005, 741, 747 Fn. 76; zumindest zweifelnd jedoch *Heckschen* in Widmann/Mayer, Anh. 14 Rz. 383.
82 Ebenso *Bücker* in Habersack/Drinhausen, Art. 37 SE-VO Rz. 37; *Heckschen* in Widmann/Mayer, Anh. 14 Rz. 383; *Kowalski*, DB 2007, 2243, 2246; *Lutter/Bayer/J. Schmidt*, EuropUR, § 41 Rz. 65 Fn. 257; *Scheifele*, Die Gründung der Europäischen Aktiengesellschaft (SE), 2004, S. 409; *Schröder* in Manz/Mayer/Schröder, Art. 37 SE-VO Rz. 26; *Schwarz*, Art. 37 SE-VO Rz. 31; *Teichmann* in MünchHdb. AG, § 49 Rz. 46 Fn. 124.
83 So etwa *Casper* in Spindler/Stilz, AktG, 3. Aufl. 2015, Art. 37 SE-VO Rz. 11; *Paefgen* in KölnKomm. AktG, 3. Aufl., Art. 37 SE-VO Rz. 49; *Schäfer* in MünchKomm. AktG, 3. Aufl., Art. 37 SE-VO Rz. 15.

Art. 32 Abs. 2 Satz 2 SE-VO, dazu Art. 32 Rz. 41 ff.) ist dies bei der Umwandlungsgründung eben gerade nicht so konzipiert[84].

Aus der SE-VO selbst ergibt sich in formaler Hinsicht im Übrigen lediglich das Gebot einer **textlichen Fixierung** („Bericht"). Analog Art. 18, 36 SE-VO können sich jedoch auch für den Umwandlungsbericht aus dem jeweiligen nationalen Recht strengere Formerfordernisse ergeben. Bei einer deutschen AG bedarf der Umwandlungsbericht folglich gem. § 192 Abs. 1 Satz 1 UmwG der Schriftform i.S.d. § 126 BGB[85]. 26

c) Inhalt

Inhaltlich ist zunächst eine **Erläuterung und Begründung der rechtlichen und wirtschaftlichen Aspekte der Umwandlung** gefordert. Dies korrespondiert mit den Anforderungen an den Bericht bei der Verschmelzung nach Art. 9 Abs. 1 der 3. (Fusions-)Richtlinie[86] (umgesetzt in § 8 Abs. 1 Satz 1 UmwG)[87], bei der internationalen Verschmelzung nach Art. 7 Abs. 1 der 10. (internationalen Fusions-)Richtlinie[88] (umgesetzt in §§ 122a Abs. 2, 122f Satz 1, 8 Abs. 1 Satz 1 UmwG)[89] und bei Gründung einer Verschmelzungs- und Holding-SE (vgl. dazu Art. 20 Rz. 31, Art. 32 Rz. 42 ff.)[90]. Darüber hinaus müssen die **Auswirkungen**, die der Übergang zur Rechtsform einer SE **für die Aktionäre und für die Arbeitnehmer** hat, dargelegt werden. Obgleich in Art. 37 Abs. 4 SE-VO das in seinen europäischen Parallelnormen enthaltene Wort „ausführlich" fehlt, bedarf es gleichwohl auch hier einer ausführlichen und umfassenden Darstellung[91]; dies ergibt sich nicht nur aus dem Gebot einer möglichst harmonisierenden Interpretation der europäischen Vorgaben, sondern auch aus der Ratio der Schaffung einer ausreichenden Informationsbasis[92]. 27

d) Verzicht

Streitig ist, ob die Aktionäre auf den Umwandlungsbericht verzichten können. Ein Teil des Schrifttums verneint dies[93]: Die SE-VO enthalte gerade keine entsprechende Regelung[94] und ein Rückgriff auf § 192 Abs. 2 Satz 1 Alt. 2 UmwG sei nicht zulässig, weil der Umwandlungsbericht auch der Information der Arbeitnehmer diene und daher nicht zur Disposition der Aktionäre stehe[95]. Im Gegensatz zur Rechtslage nach Art. 7 28

---

84 Vgl. *Bücker* in Habersack/Drinhausen, Art. 37 SE-VO Rz. 37; *Schröder* in Manz/Mayer/Schröder, Art. 37 SE-VO Rz. 26; *Schwarz*, Art. 37 SE-VO Rz. 31.
85 Für Schriftformerfordernis i.E. auch *Paefgen* in KölnKomm. AktG, 3. Aufl., Art. 37 SE-VO Rz. 62.
86 Fn. 16.
87 Vgl. dazu nur *Lutter/Bayer/J. Schmidt*, EuropUR, § 21 Rz. 42 ff. m.w.N.
88 RL 2005/56/EG des Europäischen Parlaments und des Rates v. 26.10.2005 über die Verschmelzung von Kapitalgesellschaften aus verschiedenen Mitgliedstaaten, ABl. EU Nr. L 310 v. 25.11.2005, S. 1. Text und ausf. Erläuterungen bei *Lutter/Bayer/J. Schmidt*, EuropUR, § 23 m.z.w.N.
89 Vgl. dazu nur *Lutter/Bayer/J. Schmidt*, EuropUR, § 23 Rz. 55 ff. m.w.N.
90 Vgl. *Lutter/Bayer/J. Schmidt*, EuropUR, § 41 Rz. 65.
91 Vgl. *Paefgen* in KölnKomm. AktG, 3. Aufl., Art. 37 SE-VO Rz. 135; *Scheifele*, Die Gründung der Europäischen Aktiengesellschaft (SE), 2004, S. 409; *J. Schmidt*, „Deutsche" vs. „britische" Societas Europaea (SE), 2006, S. 366; *Schwarz*, Art. 37 SE-VO Rz. 34.
92 Vgl. *J. Schmidt*, „Deutsche" vs. „britische" Societas Europaea (SE), 2006, S. 366.
93 Vgl. *Casper* in Spindler/Stilz, AktG, 3. Aufl. 2015, Art. 37 SE-VO Rz. 11; *Jannott* in Jannott/Frodermann, Kap. 3 Rz. 242; *Seibt/Reinhard*, Der Konzern 2005, 407, 416; *Teichmann* in MünchHdb. AG, § 49 Rz. 46.
94 Vgl. *Casper* in Spindler/Stilz, AktG, 3. Aufl. 2015, Art. 37 SE-VO Rz. 11; *Jannott* in Jannott/Frodermann, Kap. 3 Rz. 242.
95 Vgl. *Casper* in Spindler/Stilz, AktG, 3. Aufl. 2015, Art. 37 SE-VO Rz. 11; *Seibt/Reinhard*, Der Konzern 2005, 407, 416.

Abs. 2 der 10. (internationalen Fusions-)Richtlinie[96] sieht die SE-VO für die Umwandlungsgründung jedoch gerade keine Zuleitung des Berichts an die Arbeitnehmer oder ihre Vertreter – oder auch nur eine allgemeine Offenlegung[97] – vor; dies spricht maßgeblich dafür, dass Schutzadressat letztlich gleichwohl nur die Aktionäre sind[98] und die SE-VO somit einem Verzicht durch diese nicht entgegensteht[99]. Bei einer deutschen AG können die Aktionäre folglich gem. **Art. 18, 36 SE-VO analog i.V.m. § 192 Abs. 2 Satz 1 Alt. 2, Satz 2 UmwG** auf den Umwandlungsbericht verzichten[100].

e) Entbehrlichkeit bei Einpersonen-AG

29 Im Falle einer Einpersonen-AG ist der Umwandlungsbericht im Wege einer teleologischen Reduktion des Art. 37 Abs. 4 Alt. 2 SE-VO entbehrlich[101]. Denn Adressat des Berichts sind gerade nur die Aktionäre (vgl. Rz. 28) und zwar speziell außenstehende Aktionäre; beim Alleinaktionär ist jedoch aufgrund seiner Stellung als solchem davon auszugehen, dass er ohnehin umfassend informiert ist. Dieser Gedanke liegt insbesondere auch der Dispensregelung des Art. 24 Satz 3 der 3. (Fusions-)Richtlinie[102] zugrunde. Art. 18, 36 SE-VO analog i.V.m. § 192 Abs. 2 Alt. 1 UmwG haben insofern letztlich nur deklaratorische Bedeutung.

3. Offenlegung des Umwandlungsplans (Art. 37 Abs. 5 SE-VO)

30 Als drittes Element des „europäischen Modells für Strukturmaßnahmen" (vgl. Rz. 3) ist der **Umwandlungsplan** gem. Art. 37 Abs. 5 SE-VO offenzulegen. Die Vorschrift bezieht sich ausdrücklich nur auf den Umwandlungs*plan*, nicht auch auf den Umwandlungs*bericht*. Da dieser auch kein Bestandteil des Umwandlungsplans, sondern ein separates Dokument ist (vgl. Rz. 25), ist er folglich nicht offenzulegen[103].

---

96 Fn. 88. Vgl. zur Rechtslage dort nur *Lutter/Bayer/J. Schmidt*, EuropUR, § 23 Rz. 63 m.w.N.

97 Da es sich bei dem Bericht um ein separates Dokument – und nicht etwa um einen Bestandteil des Umwandlungsplans – handelt (vgl. Rz. 25), ergibt sich eine solche Offenlegungspflicht auch nicht aus Art. 37 Abs. 5 SE-VO, vgl. nur *Lutter/Bayer/J. Schmidt*, EuropUR, § 41 Rz. 65 Fn. 257 m.w.N.

98 Vgl. *Bayer* in Lutter/Hommelhoff, Die Europäische Gesellschaft, 2005, S. 25, 61; *Bücker* in Habersack/Drinhausen, Art. 37 SE-VO Rz. 42; *Lutter/Bayer/J. Schmidt*, EuropUR, § 41 Rz. 65; *Marsch-Barner* in Kallmeyer, Anhang SE Rz. 108; *J. Schmidt*, „Deutsche" vs. „britische" Societas Europaea (SE), 2006, S. 366; *Schwarz*, Art. 37 SE-VO Rz. 35.

99 Vgl. *Bayer* in Lutter/Hommelhoff, Die Europäische Gesellschaft, 2005, S. 25, 61; *Bücker* in Habersack/Drinhausen, Art. 37 SE-VO Rz. 42; *Paefgen* in KölnKomm. AktG, 3. Aufl., Art. 37 SE-VO Rz. 63; *Lutter/Bayer/J. Schmidt*, EuropUR, § 41 Rz. 65; *Marsch-Barner* in Kallmeyer, Anhang SE Rz. 108; *Schwarz*, Art. 37 SE-VO Rz. 35; s. ferner auch *Schröder* in Manz/Mayer/Schröder, Art. 37 SE-VO Rz. 85.

100 Vgl. *Bayer* in Lutter/Hommelhoff, Die Europäische Gesellschaft, 2005, S. 25, 61; *Lutter/Bayer/J. Schmidt*, EuropUR, § 41 Rz. 65; *Paefgen* in KölnKomm. AktG, 3. Aufl., Art. 37 SE-VO Rz. 63; ebenso i.E. auch *Bücker* in Habersack/Drinhausen, Art. 37 SE-VO Rz. 42; *Heckschen* in Widmann/Mayer, Anh. 14 Rz. 382; *Marsch-Barner* in Kallmeyer, Anhang SE Rz. 108; *Schäfer* in MünchKomm. AktG, 3. Aufl., Art. 37 SE-VO Rz. 17; *Schröder* in Manz/Mayer/Schröder, Art. 37 SE-VO Rz. 85; *Schwarz*, Art. 37 SE-VO Rz. 35; *Vossius*, ZIP 2005, 741, 747 Fn. 76; *Wicke*, MittBayNot 2006, 196, 201 Fn. 80.

101 Für eine Entbehrlichkeit in diesem Fall auch (allerdings gestützt auf § 192 Abs. 2 UmwG): *Bücker* in Habersack/Drinhausen, Art. 37 SE-VO Rz. 42; *Casper* in Spindler/Stilz, 3. Aufl. 2015, AktG, Art. 37 SE-VO Rz. 11; *Paefgen* in KölnKomm. AktG, 3. Aufl., Art. 37 SE-VO Rz. 63; *Schäfer* in MünchKomm. AktG, 3. Aufl., Art. 37 SE-VO Rz. 17; *Schwarz*, Art. 37 SE-VO Rz. 35; a.A. *Jannott* in Jannott/Frodermann, Kap. 3 Rz. 242.

102 Fn. 16. Vgl. dazu nur *Lutter/Bayer/J. Schmidt*, EuropUR, § 21 Rz. 137 m.w.N.

103 Ebenso *Bücker* in Habersack/Drinhausen, Art. 37 SE-VO Rz. 47; *Kowalski*, DB 2007, 2243, 2246; *Louven/Ernst*, BB 2014, 323, 328; *Teichmann* in MünchHdb. AG, § 49 Rz. 47; a.A. *Casper* in Spindler/Stilz, AktG, 3. Aufl. 2015, Art. 37 SE-VO Rz. 12; *Paefgen* in KölnKomm.

a) Verfahren

Hinsichtlich des Verfahrens der Offenlegung verweist Art. 37 Abs. 5 SE-VO auf **Art. 3** der Richtlinie 68/151/EWG[104], d.h. die sog. **1. (Publizitäts-)Richtlinie**. Diese wurde jedoch 2009 kodifiziert, so dass sich die Verweisung nunmehr auf Art. 3 der kodifizierten Fassung (RL 2009/101/EG[105]) bezieht.

Da das deutsche Recht für den nationalen Formwechsel keinen Umwandlungsplan und folglich auch keine entsprechende Sonderregelung betreffend die Offenlegung eines solchen kennt, wird die Ansicht vertreten, dass nach § 10 Satz 2 HGB der gesamte Inhalt des Umwandlungsplans bekanntzumachen ist[106]. Dies wäre indes kaum praxisgerecht[107], zumal Art. 3 Abs. 5 Unterabs. 1 Satz 1 der 1. (Publizitäts-)Richtlinie[108] grundsätzlich einen Hinweis genügen lässt[109]. Zudem ist auch nicht ersichtlich, weshalb hier strengere Maßstäbe gelten sollten als für den Verschmelzungsplan (dazu Art. 21 Rz. 10) oder den Holding-Gründungsplan (dazu Art. 32 Rz. 47)[110]. **Analog** der Wertung der **§ 5 SEAG und § 61 Satz 2 UmwG** genügt daher auch hier die Bekanntmachung eines entsprechenden **Hinweises**[111]. 31

b) Zeitpunkt

Die Offenlegung hat **mindestens einen Monat vor der** über die Umwandlung beschließenden **Hauptversammlung** (dazu Rz. 47 ff.) zu erfolgen. 33

4. Information und Beteiligung der Arbeitnehmer

Gem. Art. 3 Abs. 1 SE-RL, in Deutschland umgesetzt durch § 4 SEBG (dazu *Oetker*, § 4 SEBG Rz. 1 ff.), hat das Leitungs- oder Verwaltungsorgan der Gesellschaft **nach Offenlegung des Umwandlungsplans** so rasch wie möglich die erforderlichen Schritte für die Aufnahme von Verhandlungen mit den Arbeitnehmervertretern über die Vereinbarung über die Beteiligung der Arbeitnehmer in der SE einzuleiten. Die Vorschrift markiert jedoch nach Sinn und Zweck nur den **spätesten** Zeitpunkt der Einleitung des Arbeitnehmerbeteiligungsverfahrens, d.h. sie kann auch schon vorher 34

AktG, 3. Aufl., Art. 37 SE-VO Rz. 67; *Schäfer* in MünchKomm. AktG, 3. Aufl., Art. 37 SE-VO Rz. 19; *Vossius*, ZIP 2005, 741, 748 Fn. 79.
104 ABl. EG Nr. L 65 v. 14.3.1968, S. 8.
105 RL 2009/101/EG des Europäischen Parlaments und des Rates v. 16.9.2009 zur Koordinierung der Schutzbestimmungen, die in den Mitgliedstaaten den Gesellschaften im Sinne des Artikels 48 Absatz 2 des Vertrags im Interesse der Gesellschafter sowie Dritter vorgeschrieben sind, um diese Bestimmungen gleichwertig zu gestalten, ABl. EU Nr. L 258 v. 1.10.2009, S. 11. Text und ausf. Erläuterungen bei *Lutter/Bayer/J. Schmidt*, EuropUR, § 19 m.z.w.N.
106 So *Schwarz*, Art. 37 SE-VO Rz. 36.
107 Vgl. *J. Schmidt*, „Deutsche" vs. „britische" Societas Europaea (SE), 2006, S. 367.
108 Vgl. dazu allg. *Lutter/Bayer/J. Schmidt*, EuropUR, § 19 Rz. 18.
109 Vgl. *J. Schmidt*, „Deutsche" vs. „britische" Societas Europaea (SE), 2006, S. 367.
110 Vgl. *Casper* in Spindler/Stilz, AktG, 3. Aufl. 2015, Art. 37 SE-VO Rz. 12; *Schäfer* in MünchKomm. AktG, 3. Aufl., Art. 37 SE-VO Rz. 19; *Scheifele*, Die Gründung der Europäischen Aktiengesellschaft (SE), 2004, S. 410; *J. Schmidt*, „Deutsche" vs. „britische" Societas Europaea (SE), 2006, S. 367.
111 Vgl. *Bücker* in Habersack/Drinhausen, Art. 37 SE-VO Rz. 32; *Casper* in Spindler/Stilz, AktG, 3. Aufl. 2015, Art. 37 SE-VO Rz. 12; *Paefgen* in KölnKomm. AktG, 3. Aufl., Art. 37 SE-VO Rz. 69; *Schäfer* in MünchKomm. AktG, 3. Aufl., Art. 37 SE-VO Rz. 19; *J. Schmidt*, „Deutsche" vs. „britische" Societas Europaea (SE), 2006, S. 367; *Seibt/Reinhard*, Der Konzern 2005, 407, 415. Ebenso i.E. auch *Bayer* in Lutter/Hommelhoff, Die Europäische Gesellschaft, 2005, S. 25, 61 f.; *Jannott* in Jannott/Frodermann, Kap. 3 Rz. 246; *Scheifele*, Die Gründung der Europäischen Aktiengesellschaft (SE), 2004, S. 410; *Vossius*, ZIP 2005, 741, 748; *Wicke*, MittBayNot 2006, 196, 201 Fn. 81.

erfolgen[112] (vgl. *Oetker*, § 4 SEBG Rz. 14, 26). In der Praxis wird dies sogar häufig so gehandhabt, um das Verfahrens insgesamt zu beschleunigen[113].

5. Umwandlungsprüfung (Art. 37 Abs. 6 SE-VO)

a) Allgemeines

35 Als vierten Baustein des „europäischen Modells für Strukturmaßnahmen" (vgl. Rz. 3) statuiert Art. 37 Abs. 6 SE-VO das Erfordernis einer Umwandlungsprüfung durch externe Sachverständige (dazu Rz. 36). Der Fokus liegt hier jedoch – anders als bei der Prüfung i.R.d. Verschmelzungs- und Holding-Gründung (vgl. dazu Art. 22 Rz. 13, Art. 32 Rz. 55) – naturgemäß nicht auf dem Umtauschverhältnis, sondern es erfolgt eine **Werthaltigkeitsprüfung zur Sicherung der Reinvermögensdeckung**, d.h. der realen Kapitalaufbringung[114]. Aufgrund dieser Gläubigerschutzfunktion ist ein Verzicht durch die Aktionäre nicht zulässig[115].

b) Person und Bestellung der Prüfer

36 Die Prüfung hat durch einen oder mehrere unabhängige Sachverständige zu erfolgen. Deren **Qualifikation und Bestellung** richtet sich nach den einzelstaatlichen Durchführungsbestimmungen zu **Art. 10 Abs. 1 der 3. (Fusions-)Richtlinie**[116] (die Verweisung bezieht sich noch auf die ursprüngliche Fassung als RL 78/855/EWG, ist seit der Kodifikation als RL 2011/35/EU jedoch als Verweis auf diese zu lesen)[117]. Bei einer deutschen AG gelten also die §§ 60, 10 f. UmwG i.V.m. §§ 319–319b HGB (näher hierzu im Detail die Kommentierung zu §§ 10 f. UmwG von *Drygala* in Lutter, UmwG)[118].

---

112 Vgl. *Bachmann*, ZGR 2008, 779, 798; *Feuerborn* in KölnKomm. AktG, 3. Aufl., § 4 SEBG Rz. 16; *Jacobs* in MünchKomm. AktG, 3. Aufl., § 4 SEBG Rz. 5.
113 Vgl. *Bücker* in Habersack/Drinhausen, Art. 37 SE-VO Rz. 46.
114 Vgl. *Bücker* in Habersack/Drinhausen, Art. 37 SE-VO Rz. 48; *Casper* in Spindler/Stilz, AktG, 3. Aufl. 2015, Art. 37 SE-VO Rz. 13; *Jannott* in Jannott/Frodermann, Kap. 3 Rz. 243; *Lutter/Bayer/J. Schmidt*, EuropUR, § 41 Rz. 66; *Paefgen* in KölnKomm. AktG, 3. Aufl., Art. 37 SE-VO Rz. 71; *Schäfer* in MünchKomm. AktG, 3. Aufl., Art. 37 SE-VO Rz. 21 f.; *J. Schmidt*, „Deutsche" vs. „britische" Societas Europaea (SE), 2006, S. 368; *Seibt/Reinhard*, Der Konzern 2005, 407, 412 f., 419.
115 Vgl. *Bücker* in Habersack/Drinhausen, Art. 37 SE-VO Rz. 52; *Casper* in Spindler/Stilz, AktG, 3. Aufl. 2015, Art. 37 SE-VO Rz. 13; *Jannott* in Jannott/Frodermann, Kap. 3 Rz. 243; *Marsch-Barner* in Kallmeyer, Anhang SE Rz. 96; *Paefgen* in KölnKomm. AktG, 3. Aufl., Art. 37 SE-VO Rz. 81; *Schäfer* in MünchKomm. AktG, 3. Aufl., Art. 37 SE-VO Rz. 23; *Schröder* in Manz/Mayer/Schröder, Art. 37 SE-VO Rz. 37; *Seibt/Reinhard*, Der Konzern 2005, 407, 419; abw. jedoch *Vossius*, ZIP 2005, 741, 748 Fn. 80.
116 Fn. 16.
117 Vgl. *Bücker* in Habersack/Drinhausen, Art. 37 SE-VO Rz. 51; *Heckschen* in Widmann/Mayer, Anh. 14 Rz. 385; *Jannott* in Jannott/Frodermann, Kap. 3 Rz. 244; *Lutter/Bayer/J. Schmidt*, EuropUR, § 41 Rz. 66; *Paefgen* in KölnKomm. AktG, 3. Aufl., Art. 37 SE-VO Rz. 76; *J. Schmidt*, „Deutsche" vs. „britische" Societas Europaea (SE), 2006, S. 368; *Schröder* in Manz/Mayer/Schröder, Art. 37 SE-VO Rz. 43 ff.; *Seibt/Reinhard*, Der Konzern 2005, 407, 419; *Schwarz*, Art. 37 SE-VO Rz. 42.
118 Vgl. *Bücker* in Habersack/Drinhausen, Art. 37 SE-VO Rz. 51; *Jannott* in Jannott/Frodermann, Kap. 3 Rz. 244; *Louven/Ernst*, BB 2014, 323, 329; *Lutter/Bayer/J. Schmidt*, EuropUR, § 41 Rz. 66; *Paefgen* in KölnKomm. AktG, 3. Aufl., Art. 37 SE-VO Rz. 76; *J. Schmidt*, „Deutsche" vs. „britische" Societas Europaea (SE), 2006, S. 368; *Schwarz*, Art. 37 SE-VO Rz. 42; *Seibt/Reinhard*, Der Konzern 2005, 407, 419.

c) Reinvermögensprüfung

aa) Gegenstand. Gegenstand der Prüfung ist, ob die Gesellschaft über Nettovermögenswerte mindestens: (1) in Höhe ihres Kapitals (dazu Rz. 38) und (2) zuzüglich der kraft Gesetzes oder Statut nicht ausschüttungsfähigen Rücklagen (dazu Rz. 39) verfügt.

Mit „Kapital" ist entgegen einer im Schrifttum vertretenen Ansicht nicht das Grundkapital der sich umwandelnden Aktiengesellschaft[119], sondern vielmehr das **Grundkapital der zu gründenden SE**[120] gemeint. Denn Sinn und Zweck der Prüfung ist es ja gerade – wie sich insbesondere auch aus der Bezugnahme auf die 2. (Kapital-)Richtlinie[121] ergibt – sicherzustellen, dass das Kapital der künftigen SE real aufgebracht ist[122].

Kraft Gesetzes **nicht ausschüttungsfähige Rücklagen** sind bei einer deutschen AG[123]: Die gesetzliche Rücklage nach § 150 Abs. 1 AktG, die Kapitalrücklagen nach § 272 Abs. 2 Nr. 1–3 HGB und die Rücklage für Anteile an einem herrschenden oder mit Mehrheit beteiligten Unternehmen gem. § 272 Abs. 4 HGB. Vor der Änderung des § 272 HGB durch das BilMoG[124] gehörte dazu ferner auch die Rücklage für eigene Anteile nach § 272 Abs. 4 HGB a.F.[125] In der Satzung kann aber ein höherer Teil des Grundkapitals als nicht ausschüttungsfähig bestimmt werden, vgl. § 150 Abs. 2–4 AktG.

Für die **Nettovermögenswerte** sind nicht die bilanziellen Wertansätze maßgeblich, sondern die Verkehrswerte[126]. Denn die Prüfung dient ja gerade der Sicherstellung der realen Kapitalaufbringung (vgl. Rz. 35, 38).

---

119 So etwa *Hörtnagl* in Schmitt/Hörtnagl/Stratz, Art. 37 SE-VO Rz. 9; *Marsch-Barner* in Kallmeyer, Anhang SE Rz. 96; *Scheifele*, Die Gründung der Europäischen Aktiengesellschaft (SE), 2004, S. 415; *Schwarz*, Art. 37 SE-VO Rz. 41.
120 Vgl. *Bücker* in Habersack/Drinhausen, Art. 37 SE-VO Rz. 49; *Casper* in Spindler/Stilz, AktG, 3. Aufl. 2015, Art. 37 SE-VO Rz. 13; *Lutter/Bayer/J. Schmidt*, EuropUR, § 41 Rz. 66; *Paefgen* in KölnKomm. AktG, 3. Aufl., Art. 37 SE-VO Rz. 72; *Schäfer* in MünchKomm. AktG, 3. Aufl., Art. 37 SE-VO Rz. 22; *J. Schmidt*, „Deutsche" vs. „britische" Societas Europaea (SE), 2006, S. 368; *Seibt/Reinhard*, Der Konzern 2005, 407, 412.
121 Ursprünglich: RL 77/91/EWG; seit 4.12.2012: RL 2012/30/EU des Europäischen Parlaments und des Rates vom 25.10.2012 zur Koordinierung der Schutzbestimmungen, die in den Mitgliedstaaten den Gesellschaften im Sinne des Artikels 54 Absatz 2 des Vertrages über die Arbeitsweise der Europäischen Union im Interesse der Gesellschafter sowie Dritter für die Gründung der Aktiengesellschaft sowie für die Erhaltung und Änderung ihres Kapitals vorgeschrieben sind, um diese Bestimmungen gleichwertig zu gestalten (Neufassung), ABl. EU Nr. L 315 v. 14.11.2012, S. 74. Text mit Stand 2011 und ausf. Erläuterungen bei *Lutter/Bayer/J. Schmidt*, EuropUR, § 20 m.z.w.N.
122 Vgl. *Lutter/Bayer/J. Schmidt*, EuropUR, § 41 Rz. 66; *J. Schmidt*, „Deutsche" vs. „britische" Societas Europaea (SE), 2006, S. 368.
123 Vgl. (allerdings teils noch unter Bezugnahme auf die Rechtslage vor dem BilMoG): *Bücker* in Habersack/Drinhausen, Art. 37 SE-VO Rz. 49; *Paefgen* in KölnKomm. AktG, 3. Aufl., Art. 37 SE-VO Rz. 73; *Seibt/Reinhard*, Der Konzern 2005, 407, 412.
124 Gesetz zur Modernisierung des Bilanzrechts (Bilanzrechtsmodernisierungsgesetz – BilMoG) v. 25.5.2009, BGBl. I 2009, 1102.
125 § 272 Abs. 1a und 1b HGB n.F. sehen nun einen Nettoausweis eigener Anteile vor, vgl. dazu näher *Kropff* in MünchKomm. BilanzR, § 272 HGB Rz. 49 ff. m.w.N.
126 Vgl. *Bücker* in Habersack/Drinhausen, Art. 37 SE-VO Rz. 50; *Casper* in Spindler/Stilz, AktG, 3. Aufl. 2015, Art. 37 SE-VO Rz. 13; *Hörtnagl* in Schmitt/Hörtnagl/Stratz, Art. 37 SE-VO Rz. 9; *Marsch-Barner* in Kallmeyer, Anhang SE Rz. 96; *Paefgen* in KölnKomm. AktG, 3. Aufl., Art. 37 SE-VO Rz. 74; *Schäfer* in MünchKomm. AktG, 3. Aufl., Art. 37 SE-VO Rz. 23; *Schwarz*, Art. 37 SE-VO Rz. 44; *Seibt/Reinhard*, Der Konzern 2005, 407, 413.

41 **bb) Zeitpunkt.** Im Hinblick auf den maßgeblichen Zeitpunkt enthält Abs. 6 keine ausdrückliche Regelung. **In Betracht** kommen grundsätzlich **vier Zeitpunkte:** (1) Der Zeitpunkt der Erteilung der Bescheinigung[127]; hierfür lässt sich der Wortlaut der Norm sowie der Gedanke, dass keine Zukunftsprognose gewollt sein könne, anführen. (2) Der Tag der beschlussfassenden Hauptversammlung[128]; dafür sprechen die einleitenden Worte „vor der Hauptversammlung" und dass die Aktionäre in Kenntnis der Situation zum Zeitpunkt der Hauptversammlung entscheiden sollen; (3) der Beginn der Frist für die Zugänglichmachung der Bescheinigung an die Aktionäre (dazu noch Rz. 49); dafür spricht, dass die Bescheinigung spätestens zu diesem Zeitpunkt vorliegen muss und die Aktionäre sich ab diesem Zeitpunkt ein informiertes Bild über die Situation bilden können sollen[129]; (4) der Zeitpunkt der Anmeldung zur Eintragung (dazu noch Rz. 65 ff.); dies entspricht der h.M.[130] bei der Parallelproblematik des maßgeblichen Zeitpunkts für die Reinvermögensdeckung gem. § 220 Abs. 1 UmwG; hierfür spricht zudem, dass es der Norm im Kern darum geht, dass die SE im Zeitpunkt ihrer Entstehung mit der Eintragung im Register (dazu Rz. 71, 73) über eine gesicherte Kapitalgrundlage verfügen soll[131].

42 **Stellungnahme**: Die einleitenden Worte „vor der Hauptversammlung" und der Umstand, dass die Aktionäre dann (und nicht schon während der Zugänglichkeitsfrist) eine informierte Entscheidung treffen können sollen, sprechen m.E. maßgeblich für den **Tag der beschlussfassenden Hauptversammlung** als maßgeblichen Zeitpunkt. Dies steht auch nicht im Konflikt zur Kernratio der Norm, die Kapitaldeckung im Zeitpunkt der Eintragung der SE zu gewährleisten. Denn für das Registergericht hat die Bescheinigung richtiger Ansicht nach keine Bindungs-, sondern nur Indizwirkung, d.h. die Eintragung ist abzulehnen, wenn offensichtlich ist, dass die Reinvermögensdeckung nicht (mehr) gewährleistet ist (vgl. dazu auch noch Rz. 70)[132].

43 **cc) Auskunftsrecht.** Um die Prüfung effektiv durchführen zu können, steht den Sachverständigen nach h.M. ein **Auskunftsrecht** zu, das verbreitet auf eine analoge Anwendung von Art. 22 Unterabs. 2 SE-VO (dazu Art. 22 Rz. 11 ff.) gestützt wird[133]. Da Art. 37 Abs. 6 SE-VO jedoch explizit auf die 3. (Fusions-)Richtlinie[134] verweist, ergibt sich das Auskunftsrecht bereits aus den nationalen Umsetzungsvorschriften zu Art. 10 Abs. 3 der 3. (Fusions-)Richtlinie, d.h. bei einer deutschen AG aus §§ 60, 11 Abs. 1 Satz 1 UmwG i.V.m. § 320 Abs. 1 Satz 2, Abs. 2 Satz 1 und 2 HGB.

d) Bescheinigung

44 Der oder die Sachverständige(n) haben eine Bescheinigung zu erstellen, für die kraft des ausdrücklichen Verweises auf die **2. (Kapital-)Richtlinie**[135] deren **Art. 10 Abs. 2**

---

127 So teils in der Praxis, z.B. offenbar im Falle Fresenius *SE*.
128 Dafür *Bücker* in Habersack/Drinhausen, Art. 37 SE-VO Rz. 50. Dieser Zeitpunkt wurde etwa bei der Axel Springer SE gewählt. Für einen „möglichst nah am Tag der Hauptversammlung liegenden Zeitpunkt": *Louven/Ernst*, BB 2014, 323, 329; *Marsch-Barner* in Kallmeyer, Anhang SE Rz. 96; *Paefgen* in KölnKomm. AktG, 3. Aufl., Art. 37 SE-VO Rz. 79.
129 Vgl. zu diesem Gedanken ähnlich auch *Paefgen* in KölnKomm. AktG, 3. Aufl., Art. 37 SE-VO Rz. 79.
130 Vgl. nur *Joost* in Lutter, § 220 UmwG Rz. 14 m.w.N.
131 Vgl. auch *Paefgen* in KölnKomm. AktG, 3. Aufl., Art. 37 SE-VO Rz. 79.
132 Vgl. *Bücker* in Habersack/Drinhausen, Art. 37 SE-VO Rz. 79; *Paefgen* in KölnKomm. AktG, 3. Aufl., Art. 37 SE-VO Rz. 115.
133 So etwa *Louven/Ernst*, BB 2014, 323, 329; *Schäfer* in MünchKomm. AktG, 3. Aufl., Art. 37 SE-VO Rz. 24; *Schwarz*, Art. 37 SE-VO Rz. 47.
134 Fn. 16.
135 Fn. 123.

entsprechend gilt[136]. Erforderlich ist also die Beschreibung des Gesellschaftsvermögens, die Nennung der angewandten Bewertungsverfahren und die Angabe, ob die Werte, zu denen diese Verfahren führen, ergeben, dass die Gesellschaft über Nettovermögenswerte mindestens in Höhe ihres Kapitals zuzüglich der kraft Gesetzes oder Statut nicht ausschüttungsfähigen Rücklagen verfügt[137].

Eine Pflicht zur **Offenlegung** der Bescheinigung besteht **nicht**[138]; Art. 37 Abs. 5 SE-VO bezieht sich ausdrücklich nur auf den Umwandlungsplan, für eine Analogie[139] ist auch insoweit[140] kein Raum. Die Bescheinigung ist den Aktionären jedoch im Wege der **Vorabinformation** zugänglich zu machen (vgl. Rz. 49).

e) Keine Gründungsprüfung nach nationalem Recht

Zusätzlich zur Umwandlungsprüfung nach Art. 37 Abs. 6 SE-VO wird im Schrifttum teils auch eine Gründungsprüfung gem. Art. 15 Abs. 1 SE-VO i.V.m. den nationalen Umsetzungsvorschriften zu Art. 15 n.F. (≙ Art. 13 a.F.) der 2. (Kapital-)Richtlinie[141] – bei einer deutschen AG: §§ 197 UmwG, 33 ff. AktG – für erforderlich erachtet[142]. Von der wohl h.M. wird dies indes zu Recht **verneint**, da die ordnungsgemäße Kapitalaufbringung bereits i.R.d. Werthaltigkeitsprüfung nach Art. 37 Abs. 6 SE-VO kontrolliert wird[143].

6. Umwandlungsbeschluss (Art. 37 Abs. 7 SE-VO)

Als fünftes Element des „europäischen Modells für Strukturmaßnahmen" (vgl. Rz. 3) muss die Hauptversammlung dem Umwandlungsplan zustimmen und die Satzung der SE genehmigen.

---

136 Vgl. *Bücker* in Habersack/Drinhausen, Art. 37 SE-VO Rz. 53; *Lutter/Bayer/J. Schmidt*, EuropUR, § 41 Rz. 66; *Paefgen* in KölnKomm. AktG, 3. Aufl., Art. 37 SE-VO Rz. 78; *Schröder* in Manz/Mayer/Schröder, Art. 37 SE-VO Rz. 40; *Schwarz*, Art. 37 SE-VO Rz. 46; *Seibt/Reinhard*, Der Konzern 2005, 407, 419.
137 Vgl. *Bücker* in Habersack/Drinhausen, Art. 37 SE-VO Rz. 53; *Paefgen* in KölnKomm. AktG, 3. Aufl., Art. 37 SE-VO Rz. 78; *Schäfer* in MünchKomm. AktG, 3. Aufl., Art. 37 SE-VO Rz. 25; *Schröder* in Manz/Mayer/Schröder, Art. 37 SE-VO Rz. 40; *Schwarz*, Art. 37 SE-VO Rz. 46.
138 Vgl. *Bücker* in Habersack/Drinhausen, Art. 37 SE-VO Rz. 53; *Casper* in Spindler/Stilz, AktG, 3. Aufl. 2015, Art. 37 SE-VO Rz. 13; *Schäfer* in MünchKomm. AktG, 3. Aufl., Art. 37 SE-VO Rz. 25.
139 Dafür *Paefgen* in KölnKomm. AktG, 3. Aufl., Art. 37 SE-VO Rz. 80.
140 Vgl. zur Nichtgeltung des Art. 37 Abs. 5 SE-VO für den Umwandlungsbericht bereits Rz. 25.
141 Fn. 123.
142 So noch *Bayer* in Lutter/Hommelhoff, Die Europäische Gesellschaft, 2005, S. 25, 64; *Koke*, Die Finanzverfassung der Europäischen Aktiengesellschaft (SE) mit Sitz in Deutschland, 2005, S. 77 ff.; *Schröder* in Manz/Mayer/Schröder, Art. 15 SE-VO Rz. 53, 60; *Vossius*, ZIP 2005, 741, 748. Für Erforderlichkeit einer internen Gründungsprüfung auch *Paefgen* in KölnKomm. AktG, 3. Aufl., Art. 37 SE-VO Rz. 100; *Schröder* in Manz/Mayer/Schröder, Art. 15 SE-VO Rz. 53.
143 Vgl. *Bücker* in Habersack/Drinhausen, Art. 37 SE-VO Rz. 72 f.; *Casper* in Spindler/Stilz, AktG, 3. Aufl. 2015, Art. 37 SE-VO Rz. 13; *Heckschen* in Widmann/Mayer, Anh. 14 Rz. 385; *Jannott* in Jannott/Frodermann, Kap. 3 Rz. 263; *Kiem*, ZHR 173 (2009), 156, 162 f.; *Kowalski*, DB 2007, 2243, 2249; *Lutter/Bayer/J. Schmidt*, EuropUR, § 41 Rz. 66; *Schäfer* in MünchKomm. AktG, 3. Aufl., Art. 37 SE-VO Rz. 26; *J. Schmidt*, „Deutsche" vs. „britische" Societas Europaea (SE), 2006, S. 371; *Seibt/Reinhard*, Der Konzern 2005, 407, 422; *Teichmann* in MünchHdb. AG, § 49 Rz. 47.

a) Vorbereitung der Hauptversammlung

48 Die Vorbereitung der Hauptversammlung richtet sich mangels spezieller Regelung in der SE-VO gem. **Art. 18, 36 SE-VO analog** nach dem jeweiligen **nationalen** Recht[144].

49 Bei einer deutschen AG gelten also **§§ 121 ff. AktG, 238, 230 Abs. 2 UmwG**[145]. Entsprechend der Wertung des Art. 11 Abs. 1 lit. a und e der 3. (Fusions-)Richtlinie[146] ist aber nicht nur der Umwandlungsbericht gem. § 230 Abs. 2 UmwG zugänglich zu machen, sondern auch der Umwandlungsplan sowie die Bescheinigung gem. Art. 37 Abs. 6 SE-VO[147].

b) Durchführung der Hauptversammlung

50 Die Durchführung der Hauptversammlung richtet sich mangels spezieller Regelung in der SE-VO gem. **Art. 18, 36 SE-VO analog** ebenfalls nach dem jeweiligen **nationalen** Recht[148].

51 Bei einer deutschen AG gelten also **§§ 129 ff. AktG, § 239 UmwG**[149]. Die Auslegungspflicht des § 239 Abs. 1 UmwG ist aber mit Blick auf die von der SE-VO intendierte bestmögliche Information der Aktionäre erweiternd auch auf den Umwandlungsplan und die Bescheinigung nach Art. 37 Abs. 6 SE-VO (zu dieser oben Rz. 44)

---

144 Vgl. *Lutter/Bayer/J. Schmidt*, EuropUR, § 41 Rz. 67; *Paefgen* in KölnKomm. AktG, 3. Aufl., Art. 37 SE-VO Rz. 82; *J. Schmidt*, „Deutsche" vs. „britische" Societas Europaea (SE), 2006, S. 369; *Schwarz*, Art. 37 SE-VO Rz. 50 (nur Art. 18 SE-VO analog). Für Geltung nationalen Rechts (allerdings qua Art. 15 Abs. 1 SE-VO) auch: *Bücker* in Habersack/Drinhausen, Art. 37 SE-VO Rz. 54; *Casper* in Spindler/Stilz, AktG, 3. Aufl. 2015, Art. 37 SE-VO Rz. 14; *Marsch-Barner* in Kallmeyer, Anhang SE Rz. 114; *Schäfer* in MünchKomm. AktG, 3. Aufl., Art. 37 SE-VO Rz. 27; *Seibt/Reinhard*, Der Konzern 2005, 407, 419; *Teichmann*, ZGR 2002, 383, 440; s. ferner auch *Schröder* in Manz/Mayer/Schröder, Art. 37 SE-VO Rz. 56.
145 Vgl. *Casper* in Spindler/Stilz, AktG, 3. Aufl. 2015, Art. 37 SE-VO Rz. 14; *Lutter/Bayer/J. Schmidt*, EuropUR, § 41 Rz. 67; *Marsch-Barner* in Kallmeyer, Anhang SE Rz. 114; *Paefgen* in KölnKomm. AktG, 3. Aufl., Art. 37 SE-VO Rz. 85; *Schäfer* in MünchKomm. AktG, 3. Aufl., Art. 37 SE-VO Rz. 27; *J. Schmidt*, „Deutsche" vs. „britische" Societas Europaea (SE), 2006, S. 369; *Schwarz*, Art. 37 SE-VO Rz. 50, 53; *Seibt/Reinhard*, Der Konzern 2005, 407, 419 f.; *Vossius*, ZIP 2005, 741, 748. Nur §§ 121 ff. AktG (ohne Erwähnung der §§ 238, 230 Abs. 2 UmwG): *Bücker* in Habersack/Drinhausen, Art. 37 SE-VO Rz. 54 ff.
146 Fn. 16.
147 Vgl. ähnlich auch *Jannott* in Jannott/Frodermann, Kap. 3 Rz. 252; *Schwarz*, Art. 37 SE-VO Rz. 53, sowie *Paefgen* in KölnKomm. AktG, 3. Aufl., Art. 37 SE-VO Rz. 85, der allerdings auf lit. d und e Bezug nimmt und § 63 UmwG erweiternd auslegen will. Für eine Auslegung auch des Umwandlungsberichts auch *Casper* in Spindler/Stilz, AktG, 3. Aufl. 2015, Art. 37 SE-VO Rz. 14; *Kalss*, ZGR 2003, 593, 613 f.; *Vossius*, ZIP 2005, 741, 748 Fn. 81. S. ferner auch bereits *Teichmann*, ZGR 2002, 383, 440.
148 Vgl. *Lutter/Bayer/J. Schmidt*, EuropUR, § 41 Rz. 67; *Paefgen* in KölnKomm. AktG, 3. Aufl., Art. 37 SE-VO Rz. 87; *J. Schmidt*, „Deutsche" vs. „britische" Societas Europaea (SE), 2006, S. 369; *Schwarz*, Art. 37 SE-VO Rz. 50 (nur Art. 18 analog). Für Geltung nationalen Rechts (allerdings qua Art. 15 Abs. 1 SE-VO) auch: *Bücker* in Habersack/Drinhausen, Art. 37 SE-VO Rz. 54, 59; *Casper* in Spindler/Stilz, AktG, 3. Aufl. 2015, Art. 37 SE-VO Rz. 14; *Seibt/Reinhard*, Der Konzern 2005, 407, 419; s. ferner auch *Teichmann*, ZGR 2002, 383, 440.
149 Vgl. *Bücker* in Habersack/Drinhausen, Art. 37 SE-VO Rz. 54, 59; *Casper* in Spindler/Stilz, AktG, 3. Aufl. 2015, Art. 37 SE-VO Rz. 14; *Lutter/Bayer/J. Schmidt*, EuropUR, § 41 Rz. 67; *Paefgen* in KölnKomm. AktG, 3. Aufl., Art. 37 SE-VO Rz. 82, 88; *J. Schmidt*, „Deutsche" vs. „britische" Societas Europaea (SE), 2006, S. 370; *Schwarz*, Art. 37 SE-VO Rz. 50, 54; *Seibt/Reinhard*, Der Konzern 2005, 407, 419 f.

zu erstrecken[150]. § 239 Abs. 2 UmwG ist dahin auszulegen, dass der Umwandlungsplan zu erläutern ist[151].

c) Beschlussfassung

Gegenstand der Beschlussfassung ist der **Umwandlungsplan**. Art. 37 Abs. 7 Satz 1 SE-VO hebt zwar die Satzung nochmals besonders hervor[152], diese ist aber ohnehin integraler Bestandteil des Umwandlungsplans[153] (vgl. Rz. 16). 52

Anders als bei der Verschmelzungs- (Art. 23 Abs. 2 Satz 2 SE-VO, dazu Art. 23 Rz. 14 ff.) und der Holding-Gründung (Art. 32 Abs. 6 Satz 3 SE-VO, dazu Art. 32 Rz. 71) fehlt bei der Umwandlungsgründung eine ausdrückliche Regelung betreffend die Möglichkeit eines Zustimmungsvorbehalts zu den Mitbestimmungsmodalitäten. Im Schrifttum findet sich daher vereinzelt die Auffassung, dass ein Zustimmungsvorbehalt nicht zulässig sei; das Fehlen einer entsprechenden Regelung sei mit Blick auf den besonderen mitbestimmungsrechtlichen Bestandsschutz bei der Umwandlung (dazu noch Rz. 80) eine bewusste Entscheidung des Europäischen Gesetzgebers[154]. Dies vermag jedoch nicht zu überzeugen. Denn die SE-RL gewährleistet im Falle der Umwandlung zwar einen besonderen mitbestimmungsrechtlichen Bestandsschutz, die Verhandlungen können aber zu einer darüber hinausgehenden Intensivierung der Beteiligungsrechte der Arbeitnehmer führen und im Hinblick darauf kann aus der Perspektive der Aktionäre durchaus ein Bedürfnis nach einem Zustimmungsvorbehalt bestehen. Dies spricht maßgeblich dafür, **Art. 23 Abs. 2 Satz 2, 32 Abs. 6 Satz 3 SE-VO analog** anzuwenden[155], d.h. auch im Falle der Umwandlungsgründung einen **Zustimmungsvorbehalt** für zulässig zu erachten[156]. Ob die damit verbundene Verzögerung des 53

---

150 Vgl. auch *Bücker* in Habersack/Drinhausen, Art. 37 SE-VO Rz. 59; *Jannott* in Jannott/Frodermann, Kap. 3 Rz. 252; *Scheifele*, Die Gründung der Europäischen Aktiengesellschaft (SE), 2004, S. 418; *Seibt/Reinhard*, Der Konzern 2005, 407, 420. In Bezug auf den Umwandlungsplan auch *Casper* in Spindler/Stilz, AktG, 3. Aufl. 2015, Art. 37 SE-VO Rz. 14; *Paefgen* in KölnKomm. AktG, 3. Aufl., Art. 37 SE-VO Rz. 88; *Schäfer* in MünchKomm. AktG, 3. Aufl., Art. 37 SE-VO Rz. 27.
151 Vgl. auch *Bücker* in Habersack/Drinhausen, Art. 37 SE-VO Rz. 59; *Jannott* in Jannott/Frodermann, Kap. 3 Rz. 253; *Paefgen* in KölnKomm. AktG, 3. Aufl., Art. 37 SE-VO Rz. 88; *Schäfer* in MünchKomm. AktG, 3. Aufl., Art. 37 SE-VO Rz. 27; *Seibt/Reinhard*, Der Konzern 2005, 407, 420. Für Analogie zu § 64 UmwG hingegen *Scheifele*, Die Gründung der Europäischen Aktiengesellschaft (SE), 2004, S. 418 f.
152 Hintergrund ist wohl, dass bezüglich der Beschlussmodalitäten auf Art. 7 der 3. (Fusions-)Richtlinie verwiesen wird (dazu noch Rz. 54 f.) (vgl. auch *Paefgen* in KölnKomm. AktG, 3. Aufl., Art. 37 SE-VO Rz. 83). Im Rahmen der 3. (Fusions-)Richtlinie ist die Satzung aber nur im Falle der Verschmelzung durch Neugründung, nicht aber der Verschmelzung durch Aufnahme zwingender Bestandteil des Verschmelzungsplans, vgl. *Lutter/Bayer/J. Schmidt*, EuropUR, § 21 Rz. 78, 131. Unklar insofern *Schröder* in Manz/Mayer/Schröder, Art. 37 SE-VO Rz. 54.
153 Vgl. auch *Bücker* in Habersack/Drinhausen, Art. 37 SE-VO Rz. 62; *Paefgen* in KölnKomm. AktG, 3. Aufl., Art. 37 SE-VO Rz. 83; *Schäfer* in MünchKomm. AktG, 3. Aufl., Art. 37 SE-VO Rz. 28. Unzutreffend insofern *Jannott* in Jannott/Frodermann, Kap. 3 Rz. 238.
154 So *Jannott* in Jannott/Frodermann, Kap. 3 Rz. 257; *Neun* in Theisen/Wenz, S. 57, 182.
155 Ebenso *Casper* in Spindler/Stilz, AktG, 3. Aufl. 2015, Art. 37 SE-VO Rz. 15; *Paefgen* in KölnKomm. AktG, 3. Aufl., Art. 37 SE-VO Rz. 84; *Schwarz*, Art. 37 SE-VO Rz. 49.
156 Ebenso i.E. auch *Bücker* in Habersack/Drinhausen, Art. 37 SE-VO Rz. 61 („nach den allgemeinen aktienrechtlichen Beschlussgrundsätzen"); *Marsch-Barner* in Kallmeyer, Anhang SE Rz. 116 („nach allgemeinen Regeln"); *Schäfer* in MünchKomm. AktG, 3. Aufl., Art. 37 SE-VO Rz. 28; *Seibt/Reinhard*, Der Konzern 2005, 407, 420; s. ferner auch *Schröder* in Manz/Mayer/Schröder, Art. 37 SE-VO Rz. 60 (nationales Recht kann zulassen).

Verfahrens im konkreten Fall praktisch sinnvoll und akzeptabel ist, steht auf einem anderen Blatt[157].

54 Bezüglich der Modalitäten der Beschlussfassung erklärt Art. 37 Abs. 7 Satz 2 SE-VO die einzelstaatlichen **Durchführungsvorschriften zu Art. 7 der 3. (Fusions-)Richtlinie**[158] für anwendbar. Es gelten also gerade nicht die nationalen Vorschriften zum Formwechsel[159]. Bei einer deutschen AG gelten also **§ 65 UmwG** i.V.m. **§ 133 Abs. 1 AktG**[160]. Der Beschluss bedarf also grundsätzlich einer Mehrheit von drei Vierteln des bei der Beschlussfassung vertretenen Grundkapitals plus einer einfachen Stimmenmehrheit; die Satzung kann aber eine größere Kapitalmehrheit und weitere Erfordernisse bestimmen (§ 65 Abs. 1 UmwG i.V.m. § 133 Abs. 1 AktG). Sind mehrere Gattungen von Aktien vorhanden, ist ein Sonderbeschluss der stimmberechtigten Aktionäre jeder Gattung erforderlich (§ 65 Abs. 2 UmwG).

55 Die Verweisung auf die Durchführungsvorschriften zur 3. (Fusions-)Richtlinie erstreckt sich auch auf etwaige nationale Vorgaben zur **Form**[161]. Bei einer deutschen AG muss der Beschluss daher gem. **§ 13 Abs. 3 UmwG** notariell beurkundet werden[162].

56 Die Rechtsfolgen etwaiger **Beschlussmängel** richten sich mangels Regelung in der SE-VO **analog Art. 18, 36 SE-VO** nach nationalem Recht[163]. Bei einer deutschen AG

---

157 Vgl. zu dieser Problematik auch *Bücker* in Habersack/Drinhausen, Art. 37 SE-VO Rz. 61; *Paefgen* in KölnKomm. AktG, 3. Aufl., Art. 37 SE-VO Rz. 84; *Seibt/Reinhard*, Der Konzern 2005, 407, 420 f.
158 Fn. 16. Näher zu Art. 7 der 3. (Fusions-)RL: *Lutter/Bayer/J. Schmidt*, EuropUR, § 21 Rz. 76 ff. m.w.N.
159 Vgl. *Schäfer* in MünchKomm. AktG, 3. Aufl., Art. 37 SE-VO Rz. 28; *J. Schmidt*, „Deutsche" vs. „britische" Societas Europaea (SE), 2006, S. 370.
160 Vgl. *Bücker* in Habersack/Drinhausen, Art. 37 SE-VO Rz. 60; *Casper* in Spindler/Stilz, AktG, 3. Aufl. 2015, Art. 37 SE-VO Rz. 15; *Heckschen*, DNotZ 2003, 251, 264; *Heckschen* in Widmann/Mayer, Anh. 14 Rz. 390; *Hörtnagl* in Schmitt/Hörtnagl/Stratz, Art. 37 SE-VO Rz. 10; *Jannott* in Jannott/Frodermann, Kap. 3 Rz. 256; *Lutter/Bayer/J. Schmidt*, EuropUR, § 41 Rz. 67; *Marsch-Barner* in Kallmeyer, Anhang SE Rz. 115; *Paefgen* in KölnKomm. AktG, 3. Aufl., Art. 37 SE-VO Rz. 89 f.; *Schäfer* in MünchKomm. AktG, 3. Aufl., Art. 37 SE-VO Rz. 28; *Scheifele*, Die Gründung der Europäischen Aktiengesellschaft (SE), 2004, S. 419. *J. Schmidt*, „Deutsche" vs. „britische" Societas Europaea (SE), 2006, S. 370 f.; *Schröder* in Manz/Mayer/Schröder, Art. 37 SE-VO Rz. 87; *Schwarz*, Art. 37 SE-VO Rz. 55; *Seibt/Reinhard*, Der Konzern 2005, 407, 420; *Teichmann* in MünchHdb. AG, § 49 Rz. 47.
161 Vgl. *Jannott* in Jannott/Frodermann, Kap. 3 Rz. 257; *Paefgen* in KölnKomm. AktG, 3. Aufl., Art. 37 SE-VO Rz. 91; *Schäfer* in MünchKomm. AktG, 3. Aufl., Art. 37 SE-VO Rz. 14, 28; *Scheifele*, Die Gründung der Europäischen Aktiengesellschaft (SE), 2004, S. 419. *J. Schmidt*, „Deutsche" vs. „britische" Societas Europaea (SE), 2006, S. 371; *Schröder* in Manz/Mayer/Schröder, Art. 37 SE-VO Rz. 57.
162 Vgl. *Bücker* in Habersack/Drinhausen, Art. 37 SE-VO Rz. 60; *Casper* in Spindler/Stilz, AktG, 3. Aufl. 2015, Art. 37 SE-VO Rz. 15; *Jannott* in Jannott/Frodermann, Kap. 3 Rz. 257; *Marsch-Barner* in Kallmeyer, Anhang SE Rz. 115; *Paefgen* in KölnKomm. AktG, 3. Aufl., Art. 37 SE-VO Rz. 91; *Schäfer* in MünchKomm. AktG, 3. Aufl., Art. 37 SE-VO Rz. 24, 28; *Scheifele*, Die Gründung der Europäischen Aktiengesellschaft (SE), 2004, S. 419. *J. Schmidt*, „Deutsche" vs. „britische" Societas Europaea (SE), 2006, S. 371; *Schwarz*, Art. 37 SE-VO Rz. 56; *Seibt/Reinhard*, Der Konzern 2005, 407, 420. Für notarielle Beurkundung i.E. auch (allerdings qua § 193 Abs. 3 Satz 1 UmwG) *Heckschen* in Widmann/Mayer, Anh. 14 Rz. 392; (qua § 130 Abs. 1 Satz 1 AktG:) *Hörtnagl* in Schmitt/Hörtnagl/Stratz, Art. 37 SE-VO Rz. 10.
163 Ebenso *Paefgen* in KölnKomm. AktG, 3. Aufl., Art. 37 SE-VO Rz. 92; *Schwarz*, Art. 37 SE-VO Rz. 57 (nur Art. 18 SE-VO analog); ebenso i.E. ferner auch *Bücker* in Habersack/Drinhausen, Art. 37 SE-VO Rz. 69; *Schäfer* in MünchKomm. AktG, 3. Aufl., Art. 37 SE-VO Rz. 29; *Scheifele*, Die Gründung der Europäischen Aktiengesellschaft (SE), 2004, S. 419.

gelten also die §§ 241 ff. AktG[164]. Zudem gilt die formwechselspezifische Frist des § 195 Abs. 1 UmwG[165]. Nicht zur Anwendung berufen sind hingegen die formwechselspezifischen Sonderregelungen des § 195 Abs. 2 UmwG[166] und des § 210 UmwG[167], denn diese setzen einen Anspruch auf Verbesserung des Beteiligungsverhältnisses (§ 196 UmwG) bzw. auf Barabfindung (§ 207 UmwG) voraus, welche aber bei der SE-Umwandlungsgründung richtiger Ansicht nach gerade nicht bestehen (näher Rz. 81 ff.).

7. Sonderproblem: Organmitglieder und Abschlussprüfer – Kontinuität oder Neubestellung?

Ein sehr umstrittenes Sonderproblem ist, ob und ggf. in welchen Fällen die Organmitglieder sowie der Abschlussprüfer neu zu bestellen sind oder ob Ämterkontinuität besteht. 57

a) Organmitglieder

Im Hinblick auf die Organmitglieder geht die **wohl h.M.**[168] vom **Grundsatz der Diskontinuität** der Ämter aus. Teils wird dies sogar unmittelbar auf die SE-VO selbst gestützt, nämlich auf einen Umkehrschluss aus Art. 40 Abs. 2 Satz 2 SE-VO (dazu Art. 40 Rz. 27) und Art. 43 Abs. 3 Satz 2 SE-VO (dazu Art. 43 Rz. 48), wonach die Mitglieder des ersten Aufsichts- bzw. Verwaltungsorgans auch in der Satzung bestellt werden können[169]. Als weiteres Argument für die generelle Diskontinuität wird geltend gemacht, dass der Übergang von der AG zur SE in gewissem Maße zu einem Wechsel des rechtlichen Regimes auch für die Organmitglieder führe[170]. Deshalb komme auch eine Anwendung des § 203 UmwG nicht in Betracht[171]. Dass das Amt eines deutschen Vorstandsmitglieds ende, ergebe sich zudem aus Art. 15 Abs. 1 SE-VO i.V.m. §§ 197 Satz 1 UmwG, 30 Abs. 4 AktG[172]. 58

---

164 Vgl. *Bücker* in Habersack/Drinhausen, Art. 37 SE-VO Rz. 69; *Göz*, ZGR 2008, 593, 608; *Paefgen* in KölnKomm. AktG, 3. Aufl., Art. 37 SE-VO Rz. 92; *Schäfer* in MünchKomm. AktG, 3. Aufl., Art. 37 SE-VO Rz. 29; *Scheifele*, Die Gründung der Europäischen Aktiengesellschaft (SE), 2004, S. 419; *Schwarz*, Art. 37 SE-VO Rz. 57.
165 Vgl. *Göz*, ZGR 2008, 593, 608; *Paefgen* in KölnKomm. AktG, 3. Aufl., Art. 37 SE-VO Rz. 92.
166 Ebenso *Bücker* in Habersack/Drinhausen, Art. 37 SE-VO Rz. 69; *Göz*, ZGR 2008, 593, 608; *Schwarz*, Art. 37 SE-VO Rz. 57, 65; a.A. *Paefgen* in KölnKomm. AktG, 3. Aufl., Art. 37 SE-VO Rz. 95; *Schäfer* in MünchKomm. AktG, 3. Aufl., Art. 37 SE-VO Rz. 29.
167 Ebenso *Bücker* in Habersack/Drinhausen, Art. 37 SE-VO Rz. 69; *Göz*, ZGR 2008, 593, 608; *Schäfer* in MünchKomm. AktG, 3. Aufl., Art. 37 SE-VO Rz. 29; *Schwarz*, Art. 37 SE-VO Rz. 57, 65.
168 Vgl. *Bücker* in Habersack/Drinhausen, Art. 37 SE-VO Rz. 65; *Eberspächer* in Spindler/Stilz, AktG, Art. 39 SE-VO Rz. 7, Art. 40 SE-VO Rz. 8; *Habersack*, Der Konzern 2006, 259, 267, 70; *Marsch-Barner* in Kallmeyer, Anhang SE Rz. 119; *Scheifele*, Die Gründung der Europäischen Aktiengesellschaft (SE), 2004, S. 426, 253 f.; *Schröder* in Manz/Mayer/Schröder, Art. 37 SE-VO Rz. 109, Art. 40 SE-VO Rz. 10; *Schwarz*, Art. 37 SE-VO Rz. 72; *Seibt/Reinhard*, Der Konzern 2005, 407, 421. Für das Leitungsorgan auch *Reichert/Brandes* in MünchKomm. AktG, 3. Aufl., Art. 39 SE-VO Rz. 28.
169 So *Scheifele*, Die Gründung der Europäischen Aktiengesellschaft (SE), 2004, S. 426, 253 f.
170 Vgl. *Marsch-Barner* in Kallmeyer, Anhang SE Rz. 119; *Reichert/Brandes* in MünchKomm. AktG, 3. Aufl., Art. 39 SE-VO Rz. 28; *Schröder* in Manz/Mayer/Schröder, Art. 40 SE-VO Rz. 10.
171 Vgl. *Marsch-Barner* in Kallmeyer, Anhang SE Rz. 119; *Schröder* in Manz/Mayer/Schröder, Art. 40 SE-VO Rz. 10; *Seibt/Reinhard*, Der Konzern 2005, 407, 421; s. ferner auch *Eberspächer* in Spindler/Stilz, AktG, Art. 40 SE-VO Rz. 8.
172 Vgl. *Reichert/Brandes* in MünchKomm. AktG, 3. Aufl., Art. 39 SE-VO Rz. 28; s. ferner auch *Eberspächer* in Spindler/Stilz, AktG, Art. 39 SE-VO Rz. 7.

59 Ein **Teil der Literatur** will dagegen zumindest im Falle des Formwechsels einer deutschen AG in eine dualistisch verfasste SE eine **Amtskontinuität** der Mitglieder des **Aufsichtsrats/-organs** annehmen, wenn für die **Zusammensetzung** des Aufsichtsorgans der SE die **gleichen Regeln** gelten wie für den Aufsichtsrat der AG[173]. Als Basis hierfür wird überwiegend Art. 15 Abs. 1 SE-VO i.V.m. § 203 UmwG herangezogen[174]. Teils wird die Amtskontinuität in diesem Fall aber auch direkt aus dem identitätswahrenden Charakter der Umwandlung von einer AG in eine SE hergeleitet[175].

60 Weitergehend findet sich im **Schrifttum** aber auch die Auffassung, dass aufgrund des identitätswahrenden Charakters der Umwandlung **generell Amtskontinuität** der Organmitglieder (egal welchen Organs) bestehe, wenn und soweit das Leitungssystem (monistisch/dualistisch) beibehalten werde und sich auch Größe und Zusammensetzung der Organe nicht ändert[176].

61 **Stellungnahme**: Die Problematik der (Dis-)Kontinuität der Ämter ist zunächst einmal eine Frage, die bereits auf der Ebene der SE-VO zu entscheiden ist. Der im Schrifttum teils vorgenommene Umkehrschluss aus Art. 40 Abs. 2 Satz 2 SE-VO und Art. 43 Abs. 3 Satz 2 SE-VO ist insoweit jedoch gerade nicht zulässig: Denn diese Normen regeln lediglich die Modalitäten der Bestellung des ersten Aufsichts- bzw. Verwaltungsorgans für den Fall, dass eine solche erforderlich ist. Zudem würde ein solcher Umkehrschluss auch **Art. 37 Abs. 2 SE-VO** konterkarieren: Denn danach führt die Umwandlung der AG in eine SE aufgrund des **identitätswahrenden Charakters des Formwechsels** (vgl. Abs. 2, dazu Rz. 5) gerade nicht zu einer Diskontinuität des Rechtsträgers. Der Rechtsträger bleibt vielmehr identisch, er wechselt „nur" von einem nationalen zu einem europäischen Rechtskleid. Vor allem ändert sich auch nichts am Grundcharakter der Gesellschaft als Aktiengesellschaft; es kommt also gerade nicht – wie bei einem Formwechsel nach nationalem Recht – zu einem „Rechtsformsprung"[177] wie z.B. von einer Kapital- in eine Personengesellschaft oder auch „nur" von einer AG in eine GmbH[178]. Eben diese Identität und Kontinuität des Rechtsträgers indiziert aber zugleich auch die **Kontinuität der Ämter der Organmitglieder**. Es wäre im Übrigen auch aus praktischer Sicht prinzipiell wenig sinnhaft und letztlich nur eine überflüssige Formalie, die Mitglieder von Vorstand und Aufsichtsrat neu als Mitglieder von Leitungs- und Aufsichtsorgan zu bestellen, wenn sich eine deutsche AG in eine dualistisch „verfasste" SE umwandelt[179].

62 Von einer **Ämterdiskontinuität** – und damit dem Erfordernis einer Neubestellung – ist damit lediglich in zwei Fällen auszugehen: (1) Im Falle des **Wechsels des Leitungssystems**, d.h. bei Umwandlung einer monistisch verfassten AG in eine dualistisch verfasste SE bzw. einer dualistisch verfassten AG in eine monistisch verfasste SE[180];

---

173 Vgl. *Jannott* in Jannott/Frodermann, Kap. 3 Rz. 259; *Paefgen* in KölnKomm. AktG, 3. Aufl., Art. 37 SE-VO Rz. 42; *Reichert/Brandes* in MünchKomm. AktG, 3. Aufl., Art. 40 SE-VO Rz. 45; *Schäfer* in MünchKomm. AktG, 3. Aufl., Art. 37 SE-VO Rz. 31.
174 Vgl. *Paefgen* in KölnKomm. AktG, 3. Aufl., Art. 37 SE-VO Rz. 42; *Schäfer* in MünchKomm. AktG, 3. Aufl., Art. 37 SE-VO Rz. 31; wohl auch *Jannott* in Jannott/Frodermann, Kap. 3 Rz. 259.
175 I.d.S. *Kleinhenz/Leyendecker-Langner*, AG 2013, 507, 511 f.
176 Vgl. *Heckschen* in Widmann/Mayer, Anh. 14 Rz. 393; *Kleinhenz/Leyendecker-Langner*, AG 2013, 507 ff.; *J. Schmidt*, „Deutsche" vs. „britische" Societas Europaea (SE), 2006, S. 371 f.; *Zollner* in Kalss/Hügel, § 31 SEG Rz. 19.
177 Vgl. *Zöllner*, DB 1973, 2077, 2078.
178 Vgl. *Kleinhenz/Leyendecker-Langner*, AG 2013, 507, 509 f., 511 f.
179 Vgl. *Kleinhenz/Leyendecker-Langner*, AG 2013, 507, 510, 512.
180 Vgl. *Heckschen* in Widmann/Mayer, Anh. 14 Rz. 393; *Kleinhenz/Leyendecker-Langner*, AG 2013, 507; *J. Schmidt*, „Deutsche" vs. „britische" Societas Europaea (SE), 2006, S. 372.

(2) wenn sich **Größe und Zusammensetzung eines Organs im Zuge der Umwandlung ändern**[181], d.h. insbesondere wenn das Verfahren der Arbeitnehmerbeteiligung zu einer abweichenden Zusammensetzung des „Mitbestimmungsorgans", d.h. bei einer monistisch verfassten Gesellschaft des Verwaltungs-, bei einer dualistisch verfassten des Aufsichtsorgans, führt.

Praxishinweis: In der Praxis wird aufgrund der unsicheren Rechtslage fast durchweg eine Neubestellung sämtlicher Organmitglieder vorgenommen[182]. Bis zu einer höchstrichterlichen Klärung der Problematik sollte dies auch weiterhin vorsorglich erwogen werden[183]. 63

b) Abschlussprüfer

In Bezug auf den Abschlussprüfer verlangt die derzeit wohl h.M. ebenfalls eine Neubestellung[184]; als Grundlage wird meist Art. 15 Abs. 1 SE-VO i.V.m. §§ 197 Satz 1 UmwG, 30 Abs. 1 AktG herangezogen[185]. Ebenso wie bei den Organmitgliedern spricht der identitätswahrende Charakter der Umwandlung von einer AG in eine SE (vgl. Art. 37 Abs. 2 SE-VO, dazu Rz. 5) aber auch im Falle des Abschlussprüfers maßgeblich dafür, von einer **Amtskontinuität** auszugehen[186]. Dafür spricht insbesondere auch, dass nicht nur Rechtsträger und Vermögen identisch sind, sondern für die SE grundsätzlich dieselben nationalen Bilanzvorschriften gelten wie für eine AG (vgl. auch Art. 61 Rz. 1 ff.)[187]. In der Praxis sollte aber auch hier bis zu einer höchstrichterlichen Klärung eine vorsorgliche Neubestellung in Erwägung gezogen werden[188]. 64

8. Rechtmäßigkeitsprüfung

a) Allgemeines

Sechster Baustein des „europäischen Modells für Strukturmaßnahmen" (vgl. Rz. 3) ist grundsätzlich die Rechtmäßigkeitsprüfung, Eintragung und Publizität. Für die Gründung einer SE durch Umwandlung statuiert die SE-VO jedoch – anders als bei der Verschmelzungs- und Holding-Gründung (dazu Art. 25 Rz. 1 ff., Art. 26 Rz. 1 ff., Art. 33 Rz. 43 ff.) – keine speziellen Vorgaben. Somit gilt gem. **Art. 15 Abs. 1 SE-VO** das jeweilige **nationale Recht**[189]. 65

---

181 Vgl. für den Fall der Umwandlung einer AG in eine dualistisch verfasste SE: *Kleinhenz/Leyendecker-Langner*, AG 2013, 507, 512, 514.
182 Vgl. *Kleinhenz/Leyendecker-Langner*, AG 2013, 507, 509, 512 f.
183 Vgl. auch *Kleinhenz/Leyendecker-Langner*, AG 2013, 507, 514.
184 Vgl. *Bücker* in Habersack/Drinhausen, Art. 37 SE-VO Rz. 66; *Jannott* in Jannott/Frodermann, Kap. 3 Rz. 262; *Marsch-Barner* in Kallmeyer, Anhang SE Rz. 120; *Schäfer* in MünchKomm. AktG, 3. Aufl., Art. 37 SE-VO Rz. 31; *Schröder* in Manz/Mayer/Schröder, Art. 37 SE-VO Rz. 111; *Schwarz*, Art. 37 SE-VO Rz. 73; *Seibt/Reinhard*, Der Konzern 2005, 407, 422.
185 Vgl. *Bücker* in Habersack/Drinhausen, Art. 37 SE-VO Rz. 66; *Jannott* in Jannott/Frodermann, Kap. 3 Rz. 262; *Marsch-Barner* in Kallmeyer, Anhang SE Rz. 120; *Schäfer* in MünchKomm. AktG, 3. Aufl., Art. 37 SE-VO Rz. 31; *Schröder* in Manz/Mayer/Schröder, Art. 37 SE-VO Rz. 111; *Schwarz*, Art. 37 SE-VO Rz. 73.
186 Ebenso *Paefgen* in KölnKomm. AktG, 3. Aufl., Art. 37 SE-VO Rz. 43.
187 Vgl. *Paefgen* in KölnKomm. AktG, 3. Aufl., Art. 37 SE-VO Rz. 43.
188 Vgl. *Paefgen* in KölnKomm. AktG, 3. Aufl., Art. 37 SE-VO Rz. 43.
189 *Lutter/Bayer/J. Schmidt*, EuropUR, § 41 Rz. 68; *Marsch-Barner* in Kallmeyer, Anhang SE Rz. 121; *Paefgen* in KölnKomm. AktG, 3. Aufl., Art. 37 SE-VO Rz. 113; *Schäfer* in MünchKomm. AktG, 3. Aufl., Art. 37 SE-VO Rz. 33; *J. Schmidt*, „Deutsche" vs. „britische" Societas Europaea (SE), 2006, S. 373; *Schwarz*, Art. 37 SE-VO Rz. 78; *Vossius*, ZIP 2005, 741, 748.

b) Anmeldung und Rechtmäßigkeitsprüfung bei Umwandlung einer deutschen AG in eine SE

66 Bei einer deutschen AG hat der Vorstand die SE gem. §§ 246, 198 UmwG beim zuständigen Registergericht (§§ 3, 4 Satz 1 SEAG, § 377 Abs. 1 FamFG) **anzumelden**[190]. § 21 Abs. 1 SEAG ist im Wege der teleologischen Reduktion im Falle der SE-Gründung durch Umwandlung nicht anzuwenden; denn die Norm soll an die Stelle des § 36 Abs. 1 AktG treten[191], der jedoch im Falle des Formwechsels durch die *lex specialis* des § 246 Abs. 1 UmwG verdrängt wird[192].

67 Für den **Inhalt** der Anmeldung gilt: Anzumelden ist die neue Rechtsform der SE (§§ 246 Abs. 1, 198 UmwG)[193]. Bei einer dualistischen SE sind gem. § 246 Abs. 2 UmwG die Vorstandsmitglieder zur Eintragung anzumelden, bei einer monistischen SE gem. § 21 Abs. 1, 2 SEAG die geschäftsführenden Direktoren[194]. Anzugeben sind dabei jeweils auch Art und Umfang ihrer jeweiligen Vertretungsbefugnis (§§ 197 Satz 1 UmwG, 37 Abs. 3 Nr. 2 AktG bzw. § 21 Abs. 2 Satz 2 SEAG)[195]. Vorstandsmitglieder bzw. geschäftsführende Direktoren müssen zudem eine Versicherung bzgl. Ausschlussgründen und Belehrung abgeben (§§ 197 Satz 1 UmwG, 37 Abs. 2 AktG bzw. § 21 Abs. 2 Satz 1 SEAG)[196].

68 Die erforderlichen **Anlagen** ergeben sich zunächst aus §§ 198 Abs. 3, 199 UmwG und Art. 12 Abs. 2 SE-VO (dazu Art. 12 Rz. 24 ff.)[197]. Damit das Gericht seine Prüfungsfunktion effektiv ausüben kann, ist darüber hinaus aber auch die Einreichung des Umwandlungsplans, der Bescheinigung nach Art. 37 Abs. 6 SE-VO sowie eines Nachweises über die Gründungsberechtigung erforderlich[198]. Damit ergibt sich folgende „Checkliste":[199]

– Umwandlungsplan;
– Bescheinigung gem. Art. 37 Abs. 6 SE-VO;

---

190 Vgl. *Bücker* in Habersack/Drinhausen, Art. 37 SE-VO Rz. 77; *Jannott* in Jannott/Frodermann, Kap. 3 Rz. 269; *Marsch-Barner* in Kallmeyer, Anhang SE Rz. 121; *Paefgen* in KölnKomm. AktG, 3. Aufl., Art. 37 SE-VO Rz. 104; *Schäfer* in MünchKomm. AktG, 3. Aufl., Art. 37 SE-VO Rz. 33; *J. Schmidt*, „Deutsche" vs. „britische" Societas Europaea (SE), 2006, S. 373; *Schröder* in Manz/Mayer/Schröder, Art. 37 SE-VO Rz. 102; *Schwarz*, Art. 37 SE-VO Rz. 80.
191 Vgl. Begr. RegE SEEG, BT-Drucks. 15/3405, S. 36.
192 Vgl. *Bücker* in Habersack/Drinhausen, Art. 37 SE-VO Rz. 77; *Casper* in Spindler/Stilz, AktG, 3. Aufl. 2015, Art. 12 SE-VO Rz. 5; *Paefgen* in KölnKomm. AktG, 3. Aufl., Art. 37 SE-VO Rz. 104; abw. jedoch offenbar *Schröder* in Manz/Mayer/Schröder, Art. 37 SE-VO Rz. 102.
193 Vgl. *Paefgen* in KölnKomm. AktG, 3. Aufl., Art. 37 SE-VO Rz. 106.
194 Vgl. *Jannott* in Jannott/Frodermann, Kap. 3 Rz. 270.; *Paefgen* in KölnKomm. AktG, 3. Aufl., Art. 37 SE-VO Rz. 106; *Seibt/Reinhard*, Der Konzern 2005, 407, 422.
195 Vgl. *Jannott* in Jannott/Frodermann, Kap. 3 Rz. 270; *Paefgen* in KölnKomm. AktG, 3. Aufl., Art. 37 SE-VO Rz. 106.
196 Vgl. *Jannott* in Jannott/Frodermann, Kap. 3 Rz. 270; *Paefgen* in KölnKomm. AktG, 3. Aufl., Art. 37 SE-VO Rz. 106; *Seibt/Reinhard*, Der Konzern 2005, 407, 422.
197 Vgl. *Bücker* in Habersack/Drinhausen, Art. 37 SE-VO Rz. 79 ff.; *Paefgen* in KölnKomm. AktG, 3. Aufl., Art. 37 SE-VO Rz. 108 f.; *J. Schmidt*, „Deutsche" vs. „britische" Societas Europaea (SE), 2006, S. 373.
198 Vgl. *Bücker* in Habersack/Drinhausen, Art. 37 SE-VO Rz. 82; *J. Schmidt*, „Deutsche" vs. „britische" Societas Europaea (SE), 2006, S. 373; s. ferner auch *Heckschen* in Widmann/Mayer, Anh. 14 Rz. 397.
199 Vgl. auch *Bücker* in Habersack/Drinhausen, Art. 37 SE-VO Rz. 82; *Casper* in Spindler/Stilz, AktG, 3. Aufl. 2015, Art. 37 SE-VO Rz. 16; *Marsch-Barner* in Kallmeyer, Anhang SE Rz. 121 f.; *Paefgen* in KölnKomm. AktG, 3. Aufl., Art. 37 SE-VO Rz. 109; *Schäfer* in MünchKomm. AktG, 3. Aufl., Art. 37 SE-VO Rz. 33; *Schröder* in Manz/Mayer/Schröder, Art. 37 SE-VO Rz. 104 ff.; *Schwarz*, Art. 37 SE-VO Rz. 80 f.; *Seibt/Reinhard*, Der Konzern 2005, 407, 423.

- Niederschrift des Umwandlungsbeschlusses (§ 199 UmwG);
- Umwandlungsbericht oder Verzichtserklärungen (§ 199 UmwG);
- Nachweis über die Zuleitung des Umwandlungsplans nach § 194 Abs. 2 UmwG[200] (§ 199 UmwG);
- ggf. (soweit Neubestellung erforderlich):[201] Urkunden über die Bestellung der Mitglieder des Leitungs- und Aufsichtsorgans (§§ 197 Satz 1 UmwG, 37 Abs. 4 Nr. 3 AktG) bzw. des Verwaltungsrats und der geschäftsführenden Direktoren (§ 21 Abs. 2 Satz 3 SEAG); ggf. Liste der Mitglieder des Aufsichtsorgans (§§ 197 Satz 1 UmwG, 37 Abs. 4 Nr. 3a AktG); ggf. Nachweis über Art und Umfang ihrer jeweiligen Vertretungsbefugnis (§§ 197 Satz 1 UmwG, 37 Abs. 3 Nr. 2 AktG bzw. § 21 Abs. 2 Satz 2 SEAG); ggf. Versicherungen gem. §§ 197 Satz 1 UmwG, 37 Abs. 2 AktG bzw. § 21 Abs. 2 Satz 1 SEAG (dazu Rz. 67);
- Berechnung des Aufwands für den Formwechsel (§§ 197 Satz 1 UmwG, 37 Abs. 4 Nr. 2 AktG);
- Negativerklärung gem. §§ 198 Abs. 3, 16 Abs. 2 UmwG;
- Nachweis über die Gründungsberechtigung gem. Art. 2 Abs. 4 SE-VO (dazu Art. 2 Rz. 24 ff.);
- Nachweis gem. Art. 12 Abs. 2 SE-VO (dazu Art. 12 Rz. 24 ff.) zur Mitbestimmungsregelung.

Das Registergericht hat die Ordnungsmäßigkeit des Formwechsels sowohl in formeller als auch in materieller Hinsicht zu prüfen[202]. Im Rahmen der **formellen Prüfung** wird kontrolliert, ob sämtliche Eintragungsvoraussetzungen vorliegen, d.h. Zuständigkeit des Registergerichts, Anmeldeberechtigung, Form der Anmeldung, Vollständigkeit der Angaben und Unterlagen[203]. Im Falle von Mängeln oder Unvollständigkeit hat das Gericht im Wege der Zwischenverfügung Gelegenheit zur Behebung innerhalb einer angemessenen Frist zu geben (§ 382 Abs. 4 FamFG)[204]. 69

Im Rahmen der **materiellen Prüfung** ist das Gericht auf eine Kontrolle der Rechtmäßigkeit des Formwechsels beschränkt; die Zweckmäßigkeit i.S.d. unternehmerischen Richtigkeit ist nicht Gegenstand der Kontrolle[205]. Beim Umwandlungsbericht und bei der Bescheinigung gem. Art. 37 Abs. 6 SE-VO erfolgt analog § 38 Abs. 2 Satz 1 AktG jedoch nur eine Prüfung auf offensichtliche Unrichtigkeit oder Unvollständigkeit[206]. Im Übrigen ergibt sich aus § 398 FamFG, dass nur die Verletzung zwingender Vorschriften des Gesetzes oder der Satzung, die dem Schutz öffentlicher Interessen dienen, geprüft wird[207]. Beschränkt ist der Prüfungsumfang ferner speziell auch im Hinblick auf etwaige Fehler im Verfahren der Arbeitnehmerbeteiligung: Hier hat das Gericht keine detaillierte Prüfung vorzunehmen, sondern lediglich eine formale Kon- 70

---

200 Vgl. zum Erfordernis der Zuleitung Rz. 22.
201 Vgl. zur Problematik von Ämterkontinuität und Neubestellungen näher Rz. 57 ff.
202 *J. Schmidt*, „Deutsche" vs. „britische" Societas Europaea (SE), 2006, S. 373. Vgl. zum nationalen Umwandlungsrecht: OLG Frankfurt v. 25.6.2003 – 20 W 415/02, NZG 2004, 732, 733.
203 Vgl. *Bücker* in Habersack/Drinhausen, Art. 37 SE-VO Rz. 86; *Paefgen* in KölnKomm. AktG, 3. Aufl., Art. 37 SE-VO Rz. 114.
204 Vgl. auch *Bücker* in Habersack/Drinhausen, Art. 37 SE-VO Rz. 86; *Paefgen* in KölnKomm. AktG, 3. Aufl., Art. 37 SE-VO Rz. 114.
205 Vgl. *Bücker* in Habersack/Drinhausen, Art. 37 SE-VO Rz. 87; *Paefgen* in KölnKomm. AktG, 3. Aufl., Art. 37 SE-VO Rz. 115.
206 Vgl. *Bücker* in Habersack/Drinhausen, Art. 37 SE-VO Rz. 87; *Paefgen* in KölnKomm. AktG, 3. Aufl., Art. 37 SE-VO Rz. 115.
207 Vgl. zum nationalen Formwechsel: *Decher/Hoger* in Lutter, § 198 UmwG Rz. 25 i.V.m. *Decher* in Lutter, § 19 UmwG Rz. 5.

trolle der Eintragungsvoraussetzungen gem. Art. 12 Abs. 2 SE-VO[208]. Denn andernfalls würde der Arbeitnehmerseite ein so nicht vorgesehenes Druckmittel an die Hand gegeben, das die planungssichere Durchführung der gesamten SE-Gründung in Frage stellen würde[209]. Alle anderen Fehler sind von der Arbeitnehmerseite in den dafür vorgesehenen Verfahren geltend zu machen, wodurch auch der EU-rechtlich gebotene Rechtsschutz gewährleistet wird[210].

9. Eintragung und Publizität

71 Fällt die Prüfung positiv aus, so hat die **konstitutive Eintragung** (Art. 12 Abs. 1, 16 Abs. 1 SE-VO, vgl. dazu Art. 12 Rz. 2 ff., Art. 16 Rz. 5) zu erfolgen[211]. Die SE wird gem. §§ 3 SEAG, 3 Abs. 3 HRV in Abteilung B des Handelsregisters eingetragen; zuständig ist gem. §§ 4 Satz 1 SEAG, § 377 Abs. 1 FamFG das Registergericht, in dessen Bezirk sich der Sitz der Gesellschaft befindet[212]. Für den Inhalt der Eintragung gilt § 39 AktG, der für die monistische SE durch § 21 Abs. 4 SEAG modifiziert wird[213].

72 Die Eintragung der SE ist gem. Art. 15 Abs. 2, 13 SE-VO (dazu Art. 13 Rz. 1 ff., Art. 15 Rz. 10) **offenzulegen**[214]. Bei einer „deutschen" SE erfolgt die Bekanntmachung gem. § 201 UmwG i.V.m. § 10 HGB[215]. Daneben hat gem. Art. 14 SE-VO (dazu Art. 14 Rz. 1 ff.) eine informatorische Bekanntmachung im ABl. EU zu erfolgen[216].

---

208 Vgl. ArbG Stuttgart v. 24.10.2007 – 12 BVGa 4/07 – „Porsche Automobil Holding SE" – Rz. 62 ff.; *Bücker* in Habersack/Drinhausen, Art. 37 SE-VO Rz. 88; *Casper* in Spindler/Stilz, AktG, 3. Aufl. 2015, Art. 12 SE-VO Rz. 10; *Henssler*, ZHR 173 (2009), 222, 236 f.; *Kiem*, ZHR 173 (2009), 156, 174 f.; *Kiem* in KölnKomm. AktG, 3. Aufl., Art. 12 SE-VO Rz. 38; *Paefgen* in KölnKomm. AktG, 3. Aufl., Art. 37 SE-VO Rz. 116; abw. jedoch *Schäfer* in MünchKomm. AktG, 3. Aufl., Art. 12 SE-VO Rz. 6a.
209 Vgl. ArbG Stuttgart v. 24.10.2007 – 12 BVGa 4/07 – „Porsche Automobil Holding SE" – Rz. 64; *Bücker* in Habersack/Drinhausen, Art. 37 SE-VO Rz. 88; *Henssler*, ZHR 173 (2009), 222, 237; *Kiem*, ZHR 173 (2009), 156, 174; *Paefgen* in KölnKomm. AktG, 3. Aufl., Art. 37 SE-VO Rz. 116.
210 Vgl. ArbG Stuttgart v. 24.10.2007 – 12 BVGa 4/07 – „Porsche Automobil Holding SE" – Rz. 64; *Bücker* in Habersack/Drinhausen, Art. 37 SE-VO Rz. 88; *Kiem*, ZHR 173 (2009), 156, 174.
211 Vgl. *Lutter/Bayer/J. Schmidt*, EuropUR, § 41 Rz. 68; *J. Schmidt*, „Deutsche" vs. „britische" Societas Europaea (SE), 2006, S. 374.
212 Vgl. *Casper* in Spindler/Stilz, AktG, 3. Aufl. 2015, Art. 12 SE-VO Rz. 3; *Paefgen* in KölnKomm. AktG, 3. Aufl., Art. 37 SE-VO Rz. 117.
213 Vgl. *Paefgen* in KölnKomm. AktG, 3. Aufl., Art. 37 SE-VO Rz. 117.
214 Vgl. *Jannott* in Jannott/Frodermann, Kap. 3 Rz. 272; *Lutter/Bayer/J. Schmidt*, EuropUR, § 41 Rz. 68; *Paefgen* in KölnKomm. AktG, 3. Aufl., Art. 37 SE-VO Rz. 118; *J. Schmidt*, „Deutsche" vs. „britische" Societas Europaea (SE), 2006, S. 375; *Schwarz*, Art. 37 SE-VO Rz. 84; *Seibt/Reinhard*, Der Konzern 2005, 407, 424; *Vossius*, ZIP 2005, 741, 748.
215 Vgl. *Paefgen* in KölnKomm. AktG, 3. Aufl., Art. 37 SE-VO Rz. 118; *J. Schmidt*, „Deutsche" vs. „britische" Societas Europaea (SE), 2006, S. 375. Abw. (nur § 10 HGB): *Bücker* in Habersack/Drinhausen, Art. 37 SE-VO Rz. 95; *Heckschen* in Widmann/Mayer, Anh. 14 Rz. 397; *Marsch-Barner* in Kallmeyer, Anhang SE Rz. 123; *Seibt/Reinhard*, Der Konzern 2005, 407, 424; *Vossius*, ZIP 2005, 741, 748.
216 Vgl. *Bücker* in Habersack/Drinhausen, Art. 37 SE-VO Rz. 97; *Heckschen* in Widmann/Mayer, Anh. 14 Rz. 397; *Jannott* in Jannott/Frodermann, 272; *Lutter/Bayer/J. Schmidt*, EuropUR, § 41 Rz. 68; *Marsch-Barner* in Kallmeyer, Anhang SE Rz. 123; *Paefgen* in KölnKomm. AktG, 3. Aufl., Art. 37 SE-VO Rz. 121; *J. Schmidt*, „Deutsche" vs. „britische" Societas Europaea (SE), 2006, S. 375; *Schwarz*, Art. 37 SE-VO Rz. 84; *Seibt/Reinhard*, Der Konzern 2005, 407, 424; *Vossius*, ZIP 2005, 741, 748.

III. Rechtsfolgen und Bestandsschutz

1. Rechtsfolgen

Aufgrund der Rechtsnatur der Umwandlung als identitätswahrender Formwechsel (vgl. Art. 37 Abs. 2 SE-VO, dazu Rz. 5) ist **Art. 16 Abs. 1 SE-VO** (dazu bereits Art. 16 Rz. 5) dahin auszulegen, dass die Eintragung nicht zum Erwerb der Rechtspersönlichkeit als solcher führt (denn Rechtspersönlichkeit besaß ja bereits die AG), sondern nur zum **Erwerb der Rechtspersönlichkeit als SE**[217]. Die Identität der Gesellschaft bleibt also gewahrt, es entsteht kein neuer Rechtsträger, sondern die Gesellschaft tauscht nur das „Rechtskleid" einer nationalen AG gegen das einer SE (vgl. bereits Rz. 5). Damit ist insbesondere auch die in Art. 37 Abs. 9 SE-VO speziell angeordnete Fortgeltung aller arbeitsvertraglichen Rechtsbeziehungen an sich überflüssig (vgl. noch Rz. 79).

73

2. Bestandsschutz

Anders als für die Verschmelzungsgründung (Art. 30 SE-VO, dazu Art. 30 Rz. 1 ff.) enthält die SE-VO für die Umwandlungsgründung keine spezielle Regelung zum Bestandsschutz. Dieser richtet sich folglich gem. **Art. 9 Abs. 1 lit. c ii SE-VO**[218] (nicht: Art. 15 Abs. 1 SE-VO[219], denn die SE ist ja bereits gegründet) nach **nationalem Recht**.

74

Eine „deutsche" SE genießt folglich gem. **§ 202 Abs. 3 UmwG**[220] mit der Eintragung des Formwechsels vollumfänglichen Bestandsschutz[221].

75

Insbesondere haben auch etwaige **Fehler bei Durchführung der Arbeitnehmerbeteiligung keinen Einfluss auf die Wirksamkeit der Umwandlung**[222]. Wenn eine etwaige Beteiligungsvereinbarung (partiell) unwirksam ist, so ist das Verhandlungsverfahren nach §§ 4 ff. SEBG erneut einzuleiten; scheitern die Verhandlungen, so gilt analog § 18 Abs. 3 Satz 3 SEBG die Auffangregelung (vgl. auch *Oetker*, § 21 SEBG Rz. 38)[223]. Etwaige Verstöße bei der Besetzung des Aufsichts- oder Verwaltungsorgans sind im Wege der Wahlanfechtung gem. § 37 Abs. 2 SEBG bzw. der Klage gegen den Bestellungsbeschluss der Hauptversammlung geltend zu machen[224] (dazu näher *Oetker*, § 37 SEBG Rz. 9 ff.).

76

---

217 Vgl. *Casper* in Spindler/Stilz, AktG, 3. Aufl. 2015, Art. 37 SE-VO Rz. 17; *J. Schmidt*, „Deutsche" vs. „britische" Societas Europaea (SE), 2006, S. 375.
218 Vgl. *Lutter/Bayer/J. Schmidt*, EuropUR, § 41 Rz. 68; *J. Schmidt*, „Deutsche" vs. „britische" Societas Europaea (SE), 2006, S. 376.
219 So aber *Bücker* in Habersack/Drinhausen, Art. 37 SE-VO Rz. 93; *Casper* in Spindler/Stilz, AktG, 3. Aufl. 2015, Art. 37 SE-VO Rz. 17; *Paefgen* in KölnKomm. AktG, 3. Aufl., Art. 37 SE-VO Rz. 122; *Schäfer* in MünchKomm. AktG, 3. Aufl., Art. 37 SE-VO Rz. 34; *Schwarz*, Art. 37 SE-VO Rz. 89.
220 Näher dazu *Decher/Hoger* in Lutter, § 202 UmwG Rz. 52 ff. m.w.N.
221 Vgl. *Bücker* in Habersack/Drinhausen, Art. 37 SE-VO Rz. 93; *Casper* in Spindler/Stilz, AktG, 3. Aufl. Art. 37 SE-VO Rz. 17; *Lutter/Bayer/J. Schmidt*, EuropUR, § 41 Rz. 68; *Marsch-Barner* in Kallmeyer, Anhang SE Rz. 123; *Paefgen* in KölnKomm. AktG, 3. Aufl., Art. 37 SE-VO Rz. 122; *J. Schmidt*, „Deutsche" vs. „britische" Societas Europaea (SE), 2006, S. 376; *Schäfer* in MünchKomm. AktG, 3. Aufl., Art. 37 SE-VO Rz. 34; *Scheifele*, Die Gründung der Europäischen Aktiengesellschaft (SE), 2004, S. 432; *Schröder* in Manz/Mayer/Schröder, Art. 37 SE-VO Rz. 108; *Schwarz*, Art. 37 SE-VO Rz. 89.
222 Vgl. *Bücker* in Habersack/Drinhausen, Art. 37 SE-VO Rz. 94; *Paefgen* in KölnKomm. AktG, 3. Aufl., Art. 37 SE-VO Rz. 123.
223 Vgl. *Bücker* in Habersack/Drinhausen, Art. 37 SE-VO Rz. 94; *Paefgen* in KölnKomm. AktG, 3. Aufl., Art. 37 SE-VO Rz. 123.
224 Vgl. *Bücker* in Habersack/Drinhausen, Art. 37 SE-VO Rz. 94; *Paefgen* in KölnKomm. AktG, 3. Aufl., Art. 37 SE-VO Rz. 123.

IV. Schutz von Arbeitnehmern, Minderheitsgesellschaftern und Gläubigern

1. Schutz der Arbeitnehmer

a) Mitgliedstaatenoption eines Vetorechts (Art. 37 Abs. 8 SE-VO)

77 Auf Drängen der deutschen Delegation hin[225] wurde als Schutzinstrument zugunsten der Arbeitnehmer (vgl. auch bereits Rz. 2 f.) in Art. 37 Abs. 8 SE-VO eine **Ermächtigung an die Mitgliedstaaten** zur Schaffung eines Vetorechts für das „Mitbestimmungsorgan" der formwechselnden Gesellschaft eingeführt.

78 Obgleich sich die Gewerkschaften nachdrücklich dafür stark gemacht hatten[226], hat der **deutsche Gesetzgeber** jedoch nach heftiger Kritik aus dem Schrifttum[227] letztlich erfreulicherweise **keinen Gebrauch** von dieser Ermächtigung gemacht. Denn ein solches Vetorecht wäre nicht nur systemwidrig[228], sondern im Hinblick auf das Letztentscheidungsrecht der Aktionäre auch verfassungsrechtlich in höchstem Maße bedenklich[229].

b) Fortgeltung aller arbeitsrechtlichen Rechtsbeziehungen (Art. 37 Abs. 9 SE-VO)

79 Vor dem Hintergrund der Furcht vor einer „Flucht aus der Mitbestimmung" oder einer sonstigen Beeinträchtigung der Arbeitnehmerrechte durch die Umwandlung in eine SE ist auch Art. 37 Abs. 9 SE-VO zu sehen (vgl. auch bereits Rz. 2 f.), wonach die zum Zeitpunkt der Eintragung aufgrund der einzelstaatlichen Rechtsvorschriften und Gepflogenheiten sowie aufgrund individueller Arbeitsverträge oder Arbeitsverhältnisse bestehenden Rechte und Pflichten der umzuwandelnden Gesellschaft hinsichtlich der Beschäftigungsbedingungen mit der Eintragung der SE auf diese übergehen. Wegen des identitätswahrenden Charakters des Formwechsels (vgl. Art. 37 Abs. 2 SE-VO, dazu Rz. 5) ist die Vorschrift indes nicht nur in höchstem Maße irreführend, sondern auch völlig überflüssig[230]. Realiter handelt es sich wohl auch mehr um eine allgemeine Grundsatzerklärung bzw. einen **deklaratorischen Programmsatz**, mit dem plakativ klargestellt werden soll, dass die Umwandlung in eine SE nicht zur Umgehung von Mitbestimmungs- und sonstigen Arbeitnehmerschutzvorschriften ge- (bzw. miss-)braucht werden kann[231].

---

225 Vgl. *Lutter/Bayer/J. Schmidt*, EuropUR, § 41 Rz. 70; *Paefgen* in KölnKomm. AktG, 3. Aufl., Art. 37 SE-VO Rz. 6; *Scheifele*, Die Gründung der Europäischen Aktiengesellschaft (SE), 2004, S. 421; *J. Schmidt*, „Deutsche" vs. „britische" Societas Europaea (SE), 2006, S. 372; *Schwarz*, Art. 37 SE-VO Rz. 63.
226 Vgl. *DGB*, Stellungnahme zum DiskE zum SEEG, S. 4.
227 Vgl. *Brandt*, NZG 2002, 991, 995; *Teichmann*, ZGR 2002, 383, 441; *Teichmann*, ZIP 2002, 1109, 1113; vgl. aus österreichischer Sicht auch *Schindler*, ecolex 2003, 433, 1, 8.
228 Vgl. *J. Schmidt*, „Deutsche" vs. „britische" Societas Europaea (SE), 2006, S. 372; *Schwarz*, Art. 37 SE-VO Rz. 63; *Teichmann*, ZGR 2002, 383, 441; *Teichmann*, ZIP 2002, 1109, 1113.
229 Vgl. *Brandt*, NZG 2002, 991, 995; *Paefgen* in KölnKomm. AktG, 3. Aufl., Art. 37 SE-VO Rz. 6; *J. Schmidt*, „Deutsche" vs. „britische" Societas Europaea (SE), 2006, S. 372; *Schwarz*, Art. 37 SE-VO Rz. 63.
230 Vgl. *Bücker* in Habersack/Drinhausen, Art. 37 SE-VO Rz. 99; *Casper* in Spindler/Stilz, AktG, 3. Aufl. 2015, Art. 37 SE-VO Rz. 19; *Heckschen* in Widmann/Mayer, Anh. 14 Rz. 395; *Paefgen* in KölnKomm. AktG, 3. Aufl., Art. 37 SE-VO Rz. 2; *Schäfer* in MünchKomm. AktG, 3. Aufl., Art. 37 SE-VO Rz. 36; *Scheifele*, Die Gründung der Europäischen Aktiengesellschaft (SE), 2004, S. 431 f.; *J. Schmidt*, „Deutsche" vs. „britische" Societas Europaea (SE), 2006, S. 375; *Schwarz*, Art. 37 SE-VO Rz. 87; *Zollner* in Kalss/Hügel, § 32 SEG Rz. 11.
231 Vgl. *Bayer* in Lutter/Hommelhoff, Die Europäische Gesellschaft, 2005, S. 25, 65; *Casper* in Spindler/Stilz, AktG, 3. Aufl. 2015, Art. 37 SE-VO Rz. 19; *Lutter/Bayer/J. Schmidt*, EuropUR, § 41 Rz. 70; *Marsch-Barner* in Kallmeyer, Anhang SE Rz. 124; *Paefgen* in KölnKomm. AktG, 3. Aufl., Art. 37 SE-VO Rz. 2; *Scheifele*, Die Gründung der Europäischen Aktiengesell-

c) Besonderer mitbestimmungsrechtlicher Bestandsschutz nach der SE-RL

Zum Schutz der Arbeitnehmer und zur Verhinderung eines Missbrauchs zu einer „Flucht aus der Mitbestimmung" ist in der SE-RL für die Gründung durch Umwandlung ein besonderer mitbestimmungsrechtlicher Bestandsschutz verankert: Nach **Art. 3 Abs. 6 Unterabs. 3 SE-RL** (umgesetzt durch **§ 16 Abs. 3 SEBG**) kann das besondere Verhandlungsgremium (BVG) keinen Beschluss über die Nichtaufnahme oder den Abbruch von Verhandlungen fassen, wenn in der umzuwandelnden Gesellschaft Mitbestimmung besteht (dazu näher *Oetker*, § 16 SEBG Rz. 6 ff.). **Art. 4 Abs. 4 SE-RL** (umgesetzt durch **§ 21 Abs. 6 SEBG**) bestimmt, dass in einer Beteiligungsvereinbarung im Falle einer durch Umwandlung gegründeten SE in Bezug auf alle Komponenten der Arbeitnehmerbeteiligung zumindest das gleiche Ausmaß gewährleistet werden muss, das in der umzuwandelnden Gesellschaft besteht (dazu näher *Oetker*, § 21 SEBG Rz. 58 ff.). Nach **Art. 7 Abs. 2 lit. a SE-RL** (umgesetzt durch **§ 34 Abs. 1 Nr. 1 SEBG**) kommt die Auffangregelung im Falle der SE-Gründung durch Umwandlung stets zur Anwendung, wenn die umzuwandelnde Gesellschaft mitbestimmt war (dazu näher *Oetker*, § 34 SEBG Rz. 14 f.).

80

2. Schutz der Minderheitsaktionäre

Für die Umwandlungsgründung ist in der **SE-VO kein spezieller Schutz** der Minderheitsaktionäre vorgesehen: Art. 37 SE-VO enthält weder eine Ermächtigung an die Mitgliedstaaten (wie in Art. 24 Abs. 2 SE-VO für die Verschmelzungs- und Art. 34 SE-VO für die Holding-Gründung, vgl. dazu Art. 24 Rz. 3, 21 ff., Art. 34 Rz. 1 ff.) noch einen speziellen Verweis auf die nationalen Vorschriften (wie in Art. 24 Abs. 1 SE-VO in Bezug auf den Schutz der Gläubiger, dazu Art. 24 Rz. 1 f., 4 ff.). Dies kann vor dem Hintergrund der expliziten Regelungen bei Verschmelzung und Holding-Gründung auch nicht als bloßes Redaktionsversehen abgetan werden. Vielmehr handelt es sich um eine ganz bewusste Negierung der Notwendigkeit derartiger Regelungen durch den Verordnungsgeber[232]. Dies ist in der Tat auch nur konsequent und sachgerecht: Denn das mit der Umwandlung von einer nationalen Aktiengesellschaft in eine SE verbundene Gefährdungspotential für die Minderheitsaktionäre ist aufgrund des identitätswahrenden Charakters des Formwechsels (vgl. Art. 37 Abs. 2 SE-VO, dazu Rz. 5), des Sitzverlegungsverbots (Art. 37 Abs. 3 SE-VO, dazu Rz. 9 ff.) und der subsidiären Fortgeltung des nationalen Rechts gem. Art. 9 Abs. 1 lit. c ii, iii SE-VO demjenigen bei der Verschmelzungs- oder Holding-Gründung in keiner Weise vergleichbar[233].

81

Deshalb ist auch ein **Rekurs auf nationales Recht** – egal ob qua Art. 15 Abs. 1 SE-VO oder Art. 18, 36 SE-VO analog – **versperrt**[234].

82

---

schaft (SE), 2004, S. 432; *J. Schmidt*, „Deutsche" vs. „britische" Societas Europaea (SE), 2006, S. 375; *Schwarz*, Art. 37 SE-VO Rz. 87.

232 Vgl. *Kalss*, ZGR 2003, 593, 614; *Lutter/Bayer/J. Schmidt*, EuropUR, § 41 Rz. 69; *Marsch-Barner* in Kallmeyer, Anhang SE Rz. 99; *J. Schmidt*, „Deutsche" vs. „britische" Societas Europaea (SE), 2006, S. 376; *Scheifele*, Die Gründung der Europäischen Aktiengesellschaft (SE), 2004, S. 423; *Schwarz*, Art. 37 SE-VO Rz. 64; *Teichmann*, ZGR 2003, 367, 395.

233 Vgl. *Lutter/Bayer/J. Schmidt*, EuropUR, § 41 Rz. 69; *Scheifele*, Die Gründung der Europäischen Aktiengesellschaft (SE), 2004, S. 423; *J. Schmidt*, „Deutsche" vs. „britische" Societas Europaea (SE), 2006, S. 376 f.; *Schwarz*, Art. 37 SE-VO Rz. 64; s. ferner auch *Bücker* in Habersack/Drinhausen, Art. 37 SE-VO Rz. 67; *Casper* in Spindler/Stilz, AktG, 3. Aufl. 2015, Art. 37 SE-VO Rz. 20 f.; *Schäfer* in MünchKomm. AktG, 3. Aufl., Art. 37 SE-VO Rz. 37; *Seibt/Reinhard*, Der Konzern 2005, 407, 420; *Teichmann*, ZGR 2003, 367, 395.

234 Vgl. *Bücker* in Habersack/Drinhausen, Art. 37 SE-VO Rz. 67 f.; *Heckschen* in Widmann/Mayer, Anh. 14 Rz. 396; *Lutter/Bayer/J. Schmidt*, EuropUR, § 41 Rz. 69; *Marsch-Barner* in Kallmeyer, Anhang SE Rz. 99; *J. Schmidt*, „Deutsche" vs. „britische" Societas Europaea (SE), 2006, S. 377; *Schwarz*, Art. 37 SE-VO Rz. 64; *Seibt/Reinhard*, Der Konzern 2005, 407, 420;

83 Im Falle der Umwandlung einer deutschen AG in eine SE haben die Minderheitsaktionäre also **kein Austrittsrecht nach § 207 UmwG**[235].

84 **Ebenso wenig** besteht ein Anspruch auf Verbesserung des Beteiligungsverhältnisses nach **§ 196 UmwG**[236]. Die teils im Schrifttum vertretene Gegenansicht[237] vermag nicht zu überzeugen. Der Verweis darauf, dass selbst beim Formwechsel zwischen AG und KGaA ein solcher Anspruch besteht, verfängt bereits deshalb nicht, weil die Situation dort wegen des Hinzutritts bzw. Wegfalls eines Komplementärs eine grundlegend andere ist[238]. Ebenso fehl geht das weitere Argument, dass Rügen unangemessener Beteiligung sonst wegen der logischen Nichtgeltung des § 195 Abs. 2 UmwG im Anfechtungsprozess geltend gemacht werden müssten und damit ein Potential für „räuberische Aktionäre" eröffnet würde[239]. Denn im Falle der Umwandlung einer AG in eine SE erhält der Aktionär nur anstelle seiner AG-Aktie eine SE-Aktie, welche dieselbe wertmäßige Beteiligung verbrieft[240]; komplizierte Bewertungsfragen, die sinnvollerweise im Spruchverfahren geklärt werden sollten, stellen sich damit von vornherein gar nicht. Ganz unabhängig davon, dass § 196 UmwG somit von vornherein in der Sache nicht passt, steht seiner Anwendung aber natürlich vor allem ebenfalls die durch die bewusste Nichtregelung von Minderheitsschutzvorschriften in der SE-VO entfaltete Sperrwirkung (vgl. Rz. 82) entgegen.

3. Schutz der Gläubiger

85 *Mutatis mutandis* dasselbe gilt in Bezug auf die Parallelproblematik spezieller Schutzinstrumente zugunsten der Gläubiger. Die SE-VO enthält auch insoweit – anders als bei der Verschmelzungs- und der Holding-Gründung (vgl. oben Rz. 81) – weder eine Ermächtigung noch eine Verweisung auf das nationale Recht. Hier wie dort handelt es sich um eine bewusste und sachgerechte Entscheidung des Europäischen

---

Teichmann, ZGR 2003, 367, 395; abw. jedoch *Casper* in Spindler/Stilz, AktG, 3. Aufl. 2015, Art. 37 SE-VO Rz. 20 f.; *Paefgen* in KölnKomm. AktG, 3. Aufl., Art. 37 SE-VO Rz. 94 ff.; *Schäfer* in MünchKomm. AktG, 3. Aufl., Art. 37 SE-VO Rz. 37.

235 Vgl. *Bücker* in Habersack/Drinhausen, Art. 37 SE-VO Rz. 67; *Casper* in Spindler/Stilz, AktG, 3. Aufl. 2015, Art. 37 SE-VO Rz. 20 f.; *Göz*, ZGR 2008, 593, 608; *Habersack/Verse*, EuropGesR, § 13 Rz. 24; *Jannott* in Jannott/Frodermann, Kap. 3 Rz. 274; *Kowalski*, DB 2007, 2243, 2245; *Lutter/Bayer/J. Schmidt*, EuropUR, § 41 Rz. 69; *Marsch-Barner* in Kallmeyer, Anhang SE Rz. 99; *Paefgen* in KölnKomm. AktG, 3. Aufl., Art. 37 SE-VO Rz. 94; *J. Schmidt*, „Deutsche" vs. „britische" Societas Europaea (SE), 2006, S. 377; *Schäfer* in MünchKomm. AktG, 3. Aufl., Art. 37 SE-VO Rz. 37; *Schröder* in Manz/Mayer/Schröder, Art. 37 SE-VO Rz. 100; *Schwarz*, Art. 37 SE-VO Rz. 64; *Seibt/Reinhard*, Der Konzern 2005, 407, 420; *Teichmann*, ZGR 2003, 367, 395.

236 Vgl. *Bücker* in Habersack/Drinhausen, Art. 37 SE-VO Rz. 68; *Casper* in Spindler/Stilz, AktG, 3. Aufl. 2015, Art. 37 SE-VO Rz. 21; *Göz*, ZGR 2008, 593, 608; *Jannott* in Jannott/Frodermann, Kap. 3 Rz. 274; *Lutter/Bayer/J. Schmidt*, EuropUR, § 41 Rz. 69; *Marsch-Barner* in Kallmeyer, Anhang SE Rz. 100; *J. Schmidt*, „Deutsche" vs. „britische" Societas Europaea (SE), 2006, S. 377; *Schwarz*, Art. 37 SE-VO Rz. 65.

237 So *Paefgen* in KölnKomm. AktG, 3. Aufl., Art. 37 SE-VO Rz. 95; *Schäfer* in MünchKomm. AktG, 3. Aufl., Art. 37 SE-VO Rz. 38; *Schröder* in Manz/Mayer/Schröder, Art. 37 SE-VO Rz. 98.

238 Vgl. *Casper* in Spindler/Stilz, AktG, 3. Aufl. 2015, Art. 37 SE-VO Rz. 21; *Marsch-Barner* in Kallmeyer, Anhang SE Rz. 100.

239 Vgl. *Paefgen* in KölnKomm. AktG, 3. Aufl., Art. 37 SE-VO Rz. 95; *Schäfer* in MünchKomm. AktG, 3. Aufl., Art. 37 SE-VO Rz. 38.

240 Vgl. *Bücker* in Habersack/Drinhausen, Art. 37 SE-VO Rz. 68; *Casper* in Spindler/Stilz, AktG, 3. Aufl. 2015, Art. 37 SE-VO Rz. 21.

Gesetzgebers[241]: Denn aufgrund des identitätswahrenden Charakters des Formwechsels (vgl. Art. 37 Abs. 2 SE-VO, dazu Rz. 5), des Sitzverlegungsverbots (Abs. 3, dazu Rz. 9 ff.) und der subsidiären Fortgeltung des nationalen Rechts gem. Art. 9 Abs. 1 lit. c ii, iii SE-VO besteht auch für die Gläubiger kein demjenigen bei einer Verschmelzungs- oder Holding-Gründung auch nur annähernd vergleichbares Gefährdungspotential[242], zumal durch die Gründungsprüfung nach Abs. 6 speziell auch die Kapitalgrundlagen der SE gewährleistet sind[243]. Ein **Rekurs auf nationales Recht** ist konsequenterweise auch hier **versperrt**[244].

Im Falle der Umwandlung einer deutschen AG in eine SE haben die Gläubiger somit **keinen Anspruch auf Sicherheitsleistung gem. §§ 204, 22 UmwG**[245].

86

---

241 Vgl. *Lutter/Bayer/J. Schmidt*, EuropUR, § 41 Rz. 69; *Scheifele*, Die Gründung der Europäischen Aktiengesellschaft (SE), 2004, S. 432 f.; *J. Schmidt*, „Deutsche" vs. „britische" Societas Europaea (SE), 2006, S. 376; *Schwarz*, Art. 37 SE-VO Rz. 66.
242 Vgl. *Bücker* in Habersack/Drinhausen, Art. 37 SE-VO Rz. 96; *Casper* in Spindler/Stilz, AktG, 3. Aufl. 2015, Art. 37 SE-VO Rz. 20; *Lutter/Bayer/J. Schmidt*, EuropUR, § 41 Rz. 69; *Schäfer* in MünchKomm. AktG, 3. Aufl., Art. 37 SE-VO Rz. 39; *Scheifele*, Die Gründung der Europäischen Aktiengesellschaft (SE), 2004, S. 432 f.; *J. Schmidt*, „Deutsche" vs. „britische" Societas Europaea (SE), 2006, S. 376 f.; *Schwarz*, Art. 37 SE-VO Rz. 66.
243 Vgl. *Bücker* in Habersack/Drinhausen, Art. 37 SE-VO Rz. 96; *Casper* in Spindler/Stilz, AktG, 3. Aufl. 2015, Art. 37 SE-VO Rz. 20; *Schäfer* in MünchKomm. AktG, 3. Aufl., Art. 37 SE-VO Rz. 39.
244 Vgl. *Lutter/Bayer/J. Schmidt*, EuropUR, § 41 Rz. 69; *J. Schmidt*, „Deutsche" vs. „britische" Societas Europaea (SE), 2006, S. 377; *Schwarz*, Art. 37 SE-VO Rz. 66.
245 Vgl. *Bücker* in Habersack/Drinhausen, Art. 37 SE-VO Rz. 96; *Casper* in Spindler/Stilz, AktG, 3. Aufl. 2015, Art. 37 SE-VO Rz. 20; *Habersack/Verse*, EuropGesR, § 13 Rz. 24; *Jannott* in Jannott/Frodermann, Kap. 3 Rz. 274; *Lutter/Bayer/J. Schmidt*, EuropUR, § 41 Rz. 69; *Schäfer* in MünchKomm. AktG, 3. Aufl., Art. 37 SE-VO Rz. 39; *J. Schmidt*, „Deutsche" vs. „britische" Societas Europaea (SE), 2006, S. 377; *Schwarz*, Art. 37 SE-VO Rz. 66; a.A. *Mahi*, Europäische Aktiengesellschaft, 2004, S. 78 f.; *Paefgen* in KölnKomm. AktG, 3. Aufl., Art. 37 SE-VO Rz. 120; *Seibt/Reinhard*, Der Konzern 2005, 407, 424; *Vossius*, ZIP 2005, 741, 748.

Titel III. Aufbau der SE

Art. 38
[Struktur der Organe]

Die SE verfügt nach Maßgabe dieser Verordnung über
a) eine Hauptversammlung der Aktionäre und
b) entweder ein Aufsichtsorgan und ein Leitungsorgan (dualistisches System) oder ein Verwaltungsorgan (monistisches System), entsprechend der in der Satzung gewählten Form.

I. Unternehmensverfassung der SE ... 1	b) Normative Divergenz in der SE-VO 26
II. Entstehung der Norm	c) Wesensmerkmale der SE-spezifischen Leitungssysteme 28
1. Entwicklung des SE-Statuts 4	d) Zuordnung der mitgliedstaatlichen Mischsysteme 31
2. Strukturrichtlinie 8	
3. Erwägungsgrund 14: Funktionstrennung 11	IV. Verknüpfung zwischen europäischem und nationalem Recht
III. Reduktion der mitgliedstaatlichen Vielfalt auf zwei Leitungssysteme .. 14	1. Grundstrukturen in der SE-VO
	a) Eigenregelung der SE-Verordnung . 34
1. Typenvielfalt in den mitgliedstaatlichen Rechtsordnungen 15	b) Organstruktur nach Maßgabe der Satzung 35
a) Monistische Leitungssysteme ... 16	2. Ergänzung durch mitgliedstaatliches Recht
b) Dualistische Leitungssysteme ... 19	a) Dualistisches System 37
c) Mischformen 22	b) Monistisches System 40
2. Reduktion auf zwei Leitungssysteme in der SE-VO	3. Einfluss der SE-Beteiligungsrichtlinie (Mitbestimmung) 41
a) Konvergenz und Divergenz der Systeme 24	V. Einrichtung weiterer Organe 44

Literatur: *Arlt*, Französische Aktiengesellschaft, 2006; *Arlt/Bervoets/Grechenig/Kalss*, The Societas Europaea in Relation to the Public Corporation of Five Member States (France, Italy, Netherlands, Spain, Austria), EBOR 2002, 733; *Beier*, Der Regelungsauftrag als Gesetzgebungsinstrument im Gemeinschaftsrecht, 2001; *Brandt*, Überlegungen zu einem SE-Ausführungsgesetz, NZG 2002, 991; *Brandt*, Der Diskussionsentwurf zu einem SE-Ausführungsgesetz, DStR 2003, 1208; *Brandt*, Die Hauptversammlung der Europäischen Aktiengesellschaft (SE), 2004 (zit.: Hauptversammlung); *Cheffins*, Company Law: Theory, Structure and Operation, 1997; *Davies*, Struktur der Unternehmensführung in Großbritannien und Deutschland: Konvergenz oder fortbestehende Divergenz?, ZGR 2001, 268; *Doralt/Nowotny/Kalss* (Hrsg.), Kommentar zum Aktiengesetz, 2. Aufl. 2012 (zit.: AktG); *Dorresteijn/Kuiper/Morse*, European Corporate Law, 1995; *Esteban Velasco*, La separación entre Dirección y Control: el sistema monista español frente la opción entre distintos sistemas que ofrece el Derecho comparado, in Derecho de Sociedades Anónimas Cotizadas, Band II, 2006, S. 727; *Ferran*, Company Law Reform in the United Kingdom, RabelsZ 69 (2005), 629; *Ferrarini/Giudici/Richter*, Company Law Reform in Italy: Real Progress?, RabelsZ 69 (2005), 658; *Ficker*, Die europäische Entwicklung zu einem Aufsichtsratssystem für Großgesellschaften, in Lutter/Kollhosser/Trusen (Hrsg.), FS Bärmann, 1975, S. 299; *Fischer*, Monistische Unternehmensverfassung, 2010; *Forst*, Die Beteiligungsvereinbarung nach § 21 SEBG, 2010; *Grechenig*, Spanisches Aktien- und GmbH-Recht, Wien, 2005; *Gower and Davies'* Principles of Modern Company Law, 9. Aufl. 2012; *Guyon*, Droit des Affaires, Band 1: Droit commercial général et Sociétés, 12. Aufl. 2003; *Guyon*, Traité des Contrats, Les Sociétés, 5. Aufl. 2002; *Hannigan*, Company Law, 3. Aufl. 2012; *Hoffmann-Becking*, Organe: Strukturen und Verantwortlichkeiten, insbesondere im monistischen System, ZGR 2004, 355; *Holland*, Das amerikanische

„board of directors" und die Führungsorganisation der monistischen SE in Deutschland, 2006; *Hommelhoff*, Einige Bemerkungen zur Organisationsverfassung der Europäischen Aktiengesellschaft, AG 2001, 279; *Hommelhoff*, Satzungsstrenge und Gestaltungsfreiheit in der Europäischen Aktiengesellschaft, in Habersack/Hommelhoff/Hüffer/Schmidt (Hrsg.), FS Ulmer, 2003, S. 267; *Hommelhoff/Oplustil*, Deutsche Einflüsse auf das polnische Recht der Kapitalgesellschaften: Vorgesellschaft, Eigenkapitalersatz und dualistische Organstruktur in Aktiengesellschaften, in Dauner-Lieb/Hommelhoff/Jacobs/Kaiser/Weber (Hrsg.), FS Konzen, 2006, S. 309; *Hopt*, Gemeinsame Grundsätze der Corporate Governance in Europa?, ZGR 2000, 779; *Hopt/Leyens*, Board Models in Europe – Recent Developments of Internal Corporate Governance Structures in Germany, the United Kingdom, France and Italy, ECFR 2004, 135; *Hornberg*, Die Regelungen zur Beaufsichtigung der Geschäftsführung im deutschen und britischen Corporate Governance Kodex, 2006 (zit.: Beaufsichtigung der Geschäftsführung); *Huizinga*, Die Machtbalance zwischen Verwaltung und Hauptversammlung in der Europäischen Gesellschaft (SE), 2012; *Ihrig/Wagner*, Diskussionsentwurf für ein SE-Ausführungsgesetz, BB 2003, 969; *Jungmann*, The Effectiveness of Corporate Governance in One-Tier and Two-Tier Board Systems, ECFR 2006, 426; *Kalss/Burger/Eckert*, Die Entwicklung des österreichischen Aktienrechts, 2003; *Lau Hansen*, Nordic Company Law, Kopenhagen, 2003; *Lau Hansen*, The nordic corporate governance model – a European model?, Perspectives in Company Law and Financial Regulation in FS Wymeersch, 2009, S. 145; *Leyens*, Deutscher Aufsichtsrat und U.S.-Board: ein- oder zweistufiges Verwaltungssystem? – Zum Stand der rechtsvergleichenden Corporate Governance-Debatte, RabelsZ 67 (2003), 57–105; *Leyens*, Information des Aufsichtsrats, 2006; *Liebscher/Zoll* (Hrsg.), Einführung in das polnische Recht, 2005; *Lutter* (Hrsg.), Die Europäische Aktiengesellschaft, 2. Aufl. 1978 (zit.: Europäische AG); *Lutter*, Europäisches Gesellschaftsrecht, 1. Aufl. 1979, 2. Aufl. 1984 (zit.: EuGesR); *Lutter*, Europäische Aktiengesellschaft – Rechtsfigur mit Zukunft?, BB 2002, 1; *Mävers*, Die Mitbestimmung der Arbeitnehmer in der Europäischen Aktiengesellschaft, 2002 (zit.: Mitbestimmung); *Menjucq*, Das „monistische" System der Unternehmensleitung in der SE, ZGR 2003, 679; *Menjucq*, The Company Law Reform in France, RabelsZ 69 (2005), 698; *Merkt/Göthel*, US-amerikanisches Gesellschaftsrecht, 2. Aufl. 2006; *Minuth*, Führungssysteme der Europäischen Aktiengesellschaft (SE), 2005 (zit.: Führungssysteme); *Neye*, Die optionale Einführung der monistischen Unternehmensverfassung für die Europäische (Aktien-)Gesellschaft im deutschen Recht, in Crezelius/Hirte/Vieweg (Hrsg.), FS Röhricht, 2005, S. 443; *Oplustil/Teichmann* (Hrsg.), The European Company – all over Europe, 2004; *Passow*, Die Entstehung des Aufsichtsrats der Aktiengesellschaft, ZHR 64 (1909), 27; *Raiser*, Führungsstruktur und Mitbestimmung in der Europäischen Aktiengesellschaft nach dem Verordnungsvorschlag der Kommission vom 25. August 1989, in Baur/Hopt/Mailänder (Hrsg.), FS Steindorff, 1990, S. 201; *Raiser*, Die Europäische Aktiengesellschaft und die nationalen Aktiengesetze, in Bierich/Hommelhoff/Kropff (Hrsg.), FS Semler, 1993, S. 277; *Rickford*, Fundamentals, Developments and Trends in British Company Law – Some Wider Reflections, ECFR 2004, 391; *Schiessl*, Leitungs- und Kontrollstrukturen im internationalen Wettbewerb, ZHR 167 (2003), 235; *Schönborn*, Die monistische Societas Europaea in Deutschland im Vergleich zum englischen Recht, 2007, (zit.: Monistische SE und englisches Recht); *Schubert/Hommelhoff*, Hundert Jahre modernes Aktienrecht, 1985; *Skog*, The New Swedish Companies Act, AG 2006, 238; *Seibt*, Satzung und Satzungsgestaltung in der Europäischen Gesellschaft deutschen Rechts, in Lutter/Hommelhoff, Europäische Gesellschaft, S. 67; *Storck*, Corporate Governance à la Française – Current Trends –, ECFR 2004, 36; *Striebeck*, Reform des Aktienrechts durch die Strukturrichtlinie der Europäischen Gemeinschaften, 1992 (zit.: Strukturrichtlinie); *Teichmann*, Corporate Governance in Europa, ZGR 2001, 645; *Teichmann*, Vorschläge für das deutsche Ausführungsgesetz zur Europäischen Aktiengesellschaft, ZIP 2002, 1109; *Teichmann*, Gestaltungsfreiheit im monistischen Leitungssystem der Europäischen Aktiengesellschaft, BB 2004, 53; *Teichmann*, Binnenmarktkonformes Gesellschaftsrecht, 2006; *Teichmann*, Gestaltungsfreiheit in Mitbestimmungsvereinbarungen, AG 2008, 797; *Theisen*, Gesetzliche versus funktionsgerechte Informationsversorgung, ZGR 2013, 1; *Ulmer*, Paritätische Arbeitnehmermitbestimmung im Aufsichtsrat von Großunternehmen – noch zeitgemäß?, ZHR 166 (2002), 271; *van den Berghe*, Corporate Governance in a Globalising world: Convergence or Divergence?, 2002; *v. Werder*, Formen der Führungsorganisation einer Europäischen Aktiengesellschaft, RIW 1997, 304; *Waclawik*, Der Referentenentwurf des Gesetzes zur Einführung der Europäischen (Aktien-)Gesellschaft, DB 2004, 1191; *Wagner*, Die Bestimmung des auf die SE anwendbaren Rechts, NZG 2002, 985; *Werlauff*, SE – The Law of the European Company, 2003; *Wiethölter*, Interessen und Organisation der Aktiengesellschaft im amerikanischen und deutschen Recht, 1961; *Wymeersch*, A Status Report on Corporate Governance Rules and Practices in Some Continental European States, in Hopt/Kanda/Roe/Wymeersch/Prigge (Hrsg.), Comparative Corporate Governance – The State of the Art and Emerging Research, 1998, S. 1045.

I. Unternehmensverfassung der SE

1 Titel III regelt den Aufbau der SE und der vorangestellte Art. 38 SE-VO bildet die **Grundnorm** ihrer Unternehmensverfassung. Die SE verfügt über eine Hauptversammlung der Aktionäre und – nach Wahl der Satzung – über ein Aufsichts- und ein Leitungsorgan (dualistisches System) oder über ein Verwaltungsorgan (monistisches System). Zuständigkeiten und innere Organisation der einzelnen Organe werden in den nachfolgenden Abschnitten der Verordnung entfaltet: Im ersten Abschnitt für das dualistische (Art. 39–42 SE-VO), im zweiten für das monistische Leitungssystem (Art. 43–45 SE-VO); dem folgt ein Abschnitt mit gemeinsamen Vorschriften für beide Systeme (Art. 46–51 SE-VO) und der Abschnitt über die Hauptversammlung (Art. 52–60 SE-VO). Nach Maßgabe des europäisch determinierten Rechtsrahmens ist die Schaffung weiterer Organe durch die SE-Satzung oder den mitgliedstaatlichen Gesetzgeber grundsätzlich denkbar (dazu Rz. 44 ff.).

2 Während die SE-VO sich in vielen gesellschaftsrechtlichen Fragen auf eine Rahmenregelung mit Verweisen in das allgemeine nationale Aktienrecht zurückgezogen hat, wird für das dualistische und das monistische Leitungssystem das Bemühen erkennbar, zumindest das Grundgerüst der Unternehmensverfassung originär in der Verordnung zu verankern. Der Titel zur Unternehmensverfassung ist nach demjenigen über die Gründung der umfangreichste. Zudem enthält die Verordnung in diesem Bereich die wohl am weitesten reichende Regelungsermächtigung zur Schaffung SE-spezifischen Rechts durch den mitgliedstaatlichen Gesetzgeber. Regelungsziel ist also ein originär **SE-spezifisches Leitungssystem**, sei es dualistisch, sei es monistisch. Dessen Grundstrukturen sind europäisch determiniert beziehungsweise SE-spezifisch von den Mitgliedstaaten ausgestaltet, das allgemeine Aktienrecht ist damit stärker als in anderen Bereichen auf eine nachgeordnet lückenfüllende Aufgabe reduziert (vgl. auch die Erläuterungen zu Art. 39 ff. SE-VO für das dualistische und zu Art. 43 ff. SE-VO für das monistische System).

3 Bezüglich der **Hauptversammlung** hingegen hat sich der europäische Gesetzgeber weitgehend aus der Regelungsverantwortung zurückgezogen. Die Lücken im Rechtstext sind groß, die Verweisungen führen in das nationale Aktienrecht des Sitzstaates. Dies gilt selbst für so zentrale Fragen wie Kompetenzen, Organisation und Ablauf der Hauptversammlung (Art. 52 und 53 SE-VO). Es lässt sich daher kaum annehmen, die SE-VO habe für die Stellung der Hauptversammlung in der Unternehmensverfassung ein bestimmtes Modell zwingend festgelegt. Weder für das „Hierarchiemodell", bei welchem die Hauptversammlung ein grundsätzlich allzuständiges Basisorgan ist, noch für das „Nebenordnungsmodell", das allen Organen der Unternehmensverfassung originär-eigene Kompetenzen zuweist, lässt sich in der SE-VO eine Verankerung erkennen[1]. Die Stellung der Hauptversammlung in der Kompetenzordnung der Unternehmensverfassung changiert stattdessen in Abhängigkeit vom Sitzstaat der SE[2].

---

[1] Ebenso *Huizinga*, Hauptversammlung der SE, S. 74; *Paefgen* in KölnKomm. AktG, 3. Aufl., Art. 38 SE-VO Rz. 9; a.A. *Brandt*, Hauptversammlung, S. 67 ff. und 105 ff., der annimmt, die SE sei unionsrechtlich auf die Nebenordnungsstruktur festgelegt. Vgl. Art. 52 Rz. 10.
[2] Dies wird eingehend belegt in der rechtsvergleichenden Arbeit von *Huizinga*, Hauptversammlung der SE, 2012.

II. Entstehung der Norm

1. Entwicklung des SE-Statuts

Art. 38 SE-VO, der in seiner heutigen Fassung ein Satzungswahlrecht zwischen dem dualistischen und dem monistischen Leitungssystem eröffnet, hat eine wechselvolle Geschichte[3]. Der **Kommissionsvorschlag** aus dem Jahre **1970** hatte das dualistische Modell mit Vorstand und Aufsichtsrat noch als allein verbindliche Leitungsstruktur vorgegeben[4]. Nach Auffassung der Europäischen Kommission war zwar in allen Mitgliedstaaten eine Trennung von Geschäftsführung und Überwachung gebräuchlich. Das System der „strikten Trennung" sei aber demjenigen der „lockeren Trennung" überlegen; denn es ermögliche eine dauerhaftere und wirksamere Überwachung und Kontrolle[5]. Diese Entscheidung für das dualistische Modell war naturgemäß eng mit der Frage der Mitbestimmung verknüpft[6]: Ein Drittel der Aufsichtsratsmitglieder sollte von den Arbeitnehmern gewählt werden[7]. Dies entsprach dem damaligen Standard im deutschen Recht (Betriebsverfassungsgesetz 1952).

Der geänderte **Vorschlag des Jahres 1975**[8] blieb bei dieser Weichenstellung; auch hier war für die SE ausschließlich das dualistische Modell vorgesehen (Art. 62 ff. SE-VO)[9]. Der Aufsichtsrat sollte gem. Art. 74a SE-VO zu einem Drittel aus Vertretern der Aktionäre, zu einem Drittel aus Vertretern der Arbeitnehmer und zu einem Drittel aus Personen, die von beiden Gruppen hinzugewählt würden, bestehen („Drei-Bänke-Modell"). Das Festhalten am dualistischen Leitungsmodell wurde begründet mit der Notwendigkeit, „ein System klarer Trennung der Verantwortlichkeiten einzuführen"[10]. Zudem ließ sich die Mitbestimmung im System der Trennung von Vorstand und Aufsichtsrat leichter realisieren und seinerzeit wohl gar nicht anders denken denn als Vertretung der Arbeitnehmer in einem strikt separierten Aufsichtsorgan[11].

Der erneut geänderte **Vorschlag** aus dem Jahre **1989** vollzog die Wende zu einem **Wahlrecht** der Unternehmen[12]: Die Satzung der SE solle entscheiden, ob die Gesellschaft nach dem dualistischen oder nach dem monistischen System geleitet werde (Art. 61 des Entwurfs). Dieses Wahlrecht wurde möglich durch einen neuen Regelungsansatz in der Mitbestimmungsfrage[13]. Neben der SE-VO war eine Richtlinie geplant, die verschiedene Mitbestimmungsmodelle zur Wahl anbieten sollte. Damit war die Arbeitnehmerbeteiligung nicht mehr zwingend an ein bestimmtes Modell der Unternehmensleitung gekoppelt, weshalb auch für die Leitungsstruktur Wahlfreiheit eröffnet werden konnte.

---

3 Dazu im Überblick *Neye* in FS Röhricht, S. 443 ff.
4 Vorschlag einer Verordnung (EWG) des Rates über das Statut für europäische Aktiengesellschaften, ABl. EG Nr. C 124 v. 10.10.1970, S. 1 ff. (vgl. Art. 62 ff. zu Vorstand und Aufsichtsrat).
5 Begründung der Kommission zu den Art. 62 ff. des Vorschlags von 1970 (Sonderbeilage 8/70 zum Bulletin der EG, S. 53).
6 Ausführlich hierzu *Mävers*, Mitbestimmung, S. 109 ff.
7 Art. 137 ff. SEVO-Vorschlag 1970.
8 Abgedruckt bei *Lutter*, EuGesR, 1. Aufl., S. 278 ff.
9 Näher *Mävers*, Mitbestimmung, S. 132 ff.
10 Erwägungsgrund 14 des Vorschlags von 1975.
11 Vgl. zu diesen Überlegungen *Rittner* in Lutter, Europ. AG, S. 93, 95 ff. und *Mertens* in Lutter, Europ. AG, S. 115 f.
12 Abgedruckt bei *Lutter*, Europäisches Unternehmensrecht, 3. Aufl. 1991, S. 561 ff.; vgl. dazu *Raiser* in FS Steindorff, S. 201 ff.
13 Dazu *Mävers*, Mitbestimmung, S. 213 ff.

7 Nach der 1989 vorgeschlagenen Konzeption sollten allerdings die Mitgliedstaaten die Wahl der Mitbestimmungsmodelle einschränken können. Dies stand im Widerspruch zur Entscheidungsfreiheit der Unternehmen hinsichtlich der Leitungsstruktur und hätte zu Friktionen zwischen dem satzungsmäßig vorgesehenen Leitungsmodell und dem national geregelten Mitbestimmungsmodell führen können. Dieser Konflikt wurde zunächst zu Gunsten einer mitgliedstaatlichen Regelungshoheit gelöst. Im **Entwurf von 1991**[14] erhielten die Mitgliedstaaten im neu gefassten Art. 61 nun auch die Option, den SE mit Sitz in ihrem Hoheitsgebiet das dualistische oder das monistische Leitungssystem vorzuschreiben. Dieser Zusatz entfiel dann wieder, als der Text unter britischer Präsidentschaft im Jahre **1998 überarbeitet** wurde[15]. Denn mittlerweile war im Bereich der Mitbestimmung das Prinzip des Vorrangs der Verhandlungen zum Durchbruch gelangt, so dass es nur konsequent erschien, nun auch das Leitungsmodell wieder für den Gestaltungswillen der Gesellschaft zu öffnen[16]. Bei dieser Konzeption ist es für den **2001** verabschiedeten Rechtstext geblieben. Heute entscheidet der **Satzungsgeber** über das Leitungssystem der SE; die einschlägigen Regeln zur Mitbestimmung ergeben sich aus den Verhandlungen oder der subsidiär greifenden Auffangregelung gem. der SE-Richtlinie.

2. Strukturrichtlinie

8 Die geschilderte Entwicklung der SE-VO verlief parallel zu den Arbeiten an der Strukturrichtlinie. Dieser als fünfte gesellschaftsrechtliche Richtlinie geplante Rechtsakt sollte das nationale Aktienrecht der Mitgliedstaaten im Bereich der Unternehmensverfassung harmonisieren. Mit einer Verabschiedung ist kaum mehr zu rechnen[17]. Entstehungsgeschichtlich spiegelt aber die Strukturrichtlinie ebenso wie das SE-Statut den Wandel der rechtspolitischen Vorstellungen im Verlaufe der Jahrzehnte wider: Der erste **Vorschlag von 1972**[18] sah ausschließlich das dualistische Leitungssystem vor und hätte eine europaweite Einführung dieses Systems bedeutet. Zudem folgte der Vorschlag dem damaligen „Trend in Richtung auf eine interessen-pluralistische Ausrichtung der Unternehmen durch Einbeziehung der Arbeitnehmer in den unternehmerischen Entscheidungsprozess"[19] und sah für alle Aktiengesellschaften mit mehr als 500 Arbeitnehmern eine Beteiligung der Arbeitnehmer im Aufsichtsorgan der Gesellschaft vor.

9 Dem Vorschlag von 1972 folgte eine lebhafte Diskussion. Angesichts der fundamentalen Unterschiede der verschiedenen Rechtssysteme in Fragen des Leitungssystems und der Arbeitnehmerbeteiligung konnten weder der Europäische Wirtschafts- und Sozialausschuss noch das Europäische Parlament zu einer einheitlichen Linie finden[20]. Der geänderte **Vorschlag von 1983**[21] bot daher als Kompromiss ein Mitgliedstaaten-Wahlrecht an: Der Gesetzgeber könne entweder das dualistische System verbindlich vorschreiben oder aber den Unternehmen die Wahl zwischen dem dualistischen und dem monistischen System eröffnen. Der Sache nach wäre dadurch jedoch das monisti-

---

14 Abgedruckt bei *Lutter*, Europäisches Unternehmensrecht, 4. Aufl. 1996, S. 724 ff. Zu den damit eröffneten Möglichkeiten der Führungsorganisation *v. Werder*, RIW 1997, 304 ff.
15 *Mävers*, Mitbestimmung, S. 323.
16 Kritisch dazu *Mävers*, Mitbestimmung, S. 367.
17 S. nur *Habersack/Verse*, Europäisches Gesellschaftsrecht, § 4 Rz. 5, 10.
18 Abgedruckt bei *Lutter*, EuGesR, 1. Aufl., S. 99 ff. S. auch die Erläuterungen zu Inhalt und Konzeption des Vorschlags bei *Lutter*, EuGesR, 1. Aufl., S. 22 ff., *Mävers*, Mitbestimmung, S. 147 ff. und *Striebeck*, Strukturrichtlinie, S. 18 ff.
19 *Lutter*, EuGesR, 1. Aufl., S. 23.
20 Zur Diskussion des Vorschlags von 1972 *Mävers*, Mitbestimmung, S. 154 ff. und *Striebeck*, Strukturrichtlinie, S. 19 ff.
21 Abgedruckt bei *Lutter*, EuGesR, 2. Aufl., S. 145 ff.

sche System weitgehend dem dualistischen angenähert worden[22], dem unverkennbar „Vorbildcharakter"[23] zukommen sollte. Eine Mitbestimmung der Arbeitnehmer sollte für beide Systeme in Aktiengesellschaften mit mehr als 1000 Arbeitnehmern gelten. Im Jahre **1991** wurde ein nochmals geringfügig veränderter Vorschlag unterbreitet[24], der aber ebenso wenig zum Durchbruch führte. Seitdem ruhen die Arbeiten an der Strukturrichtlinie.

Die Entwicklung der Strukturrichtlinie hat für die heutige Fassung der SE-VO **me-** 10 **thodische Bedeutung**. Denn bei den Arbeiten an der SE-VO diente die jeweils aktuelle Version der Strukturrichtlinie stets als Vorbild, das im heute geltenden Wahlmodell der SE weiterlebt. Die EU-Kommission bezog sich bei der Einführung des Wahlrechts in den SE-Vorschlag von 1989 ausdrücklich auf den damaligen Stand der Arbeiten an der fünften Richtlinie[25]. In der Erläuterung zu Art. 61 des SE-Vorschlags von 1989 heißt es: „Das Statut der Europäischen Aktiengesellschaft gleicht sich in Bezug auf die Organe an die einzelstaatlichen Rechtsvorschriften über die Aktiengesellschaften und an die Bestimmungen des geänderten Vorschlags für eine fünfte Richtlinie über die Struktur der Aktiengesellschaften an."[26] Für die Auslegung der SE-VO in ihrer heutigen Fassung kann also der Blick auf die seinerzeit konzipierte Strukturrichtlinie weiterhin aufschlussreich sein.

3. Erwägungsgrund 14: Funktionstrennung

Die Entstehungsgeschichte der SE-VO (Rz. 4 ff.), die in der in Rz. 8 ff. beschriebenen 11 Weise mit der Diskussion um die Strukturrichtlinie verwoben ist, hat Niederschlag gefunden in Erwägungsgrund 14 der heute geltenden Verordnung:

„Es ist erforderlich, der SE alle Möglichkeiten einer leistungsfähigen Geschäftsführung an die Hand zu geben und gleichzeitig deren wirksame Überwachung sicherzustellen. Dabei ist dem Umstand Rechnung zu tragen, dass in der Gemeinschaft hinsichtlich der Verwaltung der Aktiengesellschaften derzeit zwei verschiedene Systeme bestehen. Die Wahl des Systems bleibt der SE überlassen, jedoch ist eine klare Abgrenzung der Verantwortungsbereiche jener Personen, denen die Geschäftsführung obliegt, und der Personen, die mit der Aufsicht betraut sind, wünschenswert."

Diesem Erwägungsgrund wird heute vielfach Bedeutung für die Aufteilung der Funk- 12 tionen im monistischen System beigemessen, teilweise wird ihm geradezu eine europarechtlich verankerte Trennung in **geschäftsführende** und **nicht-geschäftsführende Direktoren** entnommen[27]. Dies bedarf jedoch der Relativierung. Denn der Erwägungsgrund entstammt einer Zeit, in welcher der europäische Gesetzgeber die kon-

---

22 Vgl. dazu die Textanalyse bei *Teichmann*, Binnenmarktkonformes Gesellschaftsrecht, S. 596 ff.
23 *Striebeck*, Strukturrichtlinie, S. 33.
24 Abgedruckt bei *Lutter*, Europäisches Unternehmensrecht, 4. Aufl. 1996, S. 176 ff.; ausführliche Darstellung der dort vorgeschlagenen Systems der Unternehmensleitung bei *Schwarz*, Europäisches Gesellschaftsrecht, S. 446 ff. (Rz. 712 ff.).
25 Bulletin der Europäischen Gemeinschaften, Beilage 5/89, S. 11: „Was die Struktur der SE (Titel IV) anbelangt, so ist im Text unter Berücksichtigung des Stands der Arbeiten im Rat über den Vorschlag für eine fünfte Richtlinie vorgesehen, dass zwischen dem monistischen System (Verwaltungsorgan) und dem dualistischen System (Leitungs- und Aufsichtsorgan) gewählt werden kann."
26 Bulletin der Europäischen Gemeinschaften, Beilage 5/89, S. 21.
27 So etwa *Theisen/Hölzl* in Theisen/Wenz, Europäische Aktiengesellschaft, S. 280, mit der Bemerkung, das Statut unterscheide „generell zwischen geschäftsführenden und nicht-geschäftsführenden Mitgliedern des getrennten bzw. gemeinsamen Führungs- und Überwachungsorgans". Tendenziell auch *Paefgen* in KölnKomm. AktG, 3. Aufl., Art. 10 SE-VO Rz. 19 Fn. 51 (Auslegung nach dem Willen des Verordnungsgebers). Zurückhaltender *Hom-*

zeptionelle Führungsrolle dem dualistischen Modell zugedacht hatte. Er taucht erstmals im SE-Vorschlag von 1989 auf. In diesem Vorschlag war das monistische Modell noch stärker dem dualistischen nachgebildet als im heute geltenden Verordnungstext. So war das Verwaltungsorgan nach Art. 66 Abs. 2 Satz 1 des Vorschlags von 1989 verpflichtet, einem oder mehreren seiner Mitglieder die Geschäftsführung der SE zu übertragen. Dabei war sicherzustellen, dass die Zahl der geschäftsführenden Mitglieder niedriger war als diejenige der übrigen Mitglieder des Organs (Art. 66 Abs. 1 Satz 2 SE-Vorschlag). Eine noch stärkere Nähe zum dualistischen Modell wies der parallel entwickelte Vorschlag der Strukturrichtlinie von 1991 auf. Die Erwägungsgründe des Strukturrichtlinienentwurfs von 1991 machten deutlich, worum es ging: „Zwar ist die allgemeine Einführung des dualistischen Systems derzeit nicht zu verwirklichen; indessen soll dieses System den Aktiengesellschaften überall zumindest zur Wahl offen stehen. Das monistische System kann beibehalten werden, sofern es mit Merkmalen ausgestattet wird, die dazu führen, seine Funktionsweise der des dualistischen Systems anzugleichen."[28] Das monistische Modell sollte demnach formell erhalten bleiben, sich materiell aber dem **Leitbild des dualistischen Modells** unterordnen. Es besteht kaum ein Zweifel, dass die Abfassung der damals entstandenen Entwürfe der SE-VO von demselben Geist getragen war. Vor diesem Hintergrund ist ein Satz wie der folgende zu lesen, der sich bereits in den Erwägungsgründen des Vorschlags einer Strukturrichtlinie von 1991 fand: „Für beide Systeme ist es wünschenswert, die Verantwortlichkeiten der Personen, die mit der einen oder anderen Aufgabe betraut sind, eindeutig voneinander abzugrenzen."

13 Zwar ist der heutige Erwägungsgrund 14 der SE-VO nahezu gleichlautend formuliert, von der damaligen Präferenz für das dualistische System hat sich die SE-VO aber weit entfernt. Das monistische System wurde von den früher eingefügten „dualistischen Korsettstangen" wieder befreit. Unverändert geblieben ist allein der Erwägungsgrund 14, dessen Aussagekraft im Lichte der wechselvollen Entstehungsgeschichte nicht überschätzt werden darf. Dass eine klare Funktionstrennung wünschenswert sei, diente ursprünglich als Begründung für die dualistische Prägung, die das monistische Modell im Text der SE-VO erfahren sollte. Heute handelt es sich um einen schlichten **Programmsatz** ohne normative Verankerung im Rechtstext der Verordnung. Die Verordnung ist in ihrer heutigen Fassung für jede Variante der Funktionstrennung offen, wie sie in den aktuell existierenden monistisch orientierten Gesellschaftsrechtssystemen praktiziert wird, und lässt darüber hinaus auch andere Lösungsmöglichkeiten zu in Mitgliedstaaten, die SE-spezifisch das monistische Modell erstmals einführen.

III. Reduktion der mitgliedstaatlichen Vielfalt auf zwei Leitungssysteme

14 Dass Art. 38 SE-VO der SE ein Wahlrecht zwischen dem monistischen und dem dualistischen Leitungssystem eröffnet, erklärt sich aus der Typenvielfalt, die in den Mitgliedstaaten der Union herrscht (Rz. 15 ff.). Die SE-VO beschränkt sich allerdings nicht auf ein Wahlrecht aus den existierenden nationalen Systemen, sondern regelt selbst in Art. 38 ff. SE-VO recht ausführlich die materielle Leitungsstruktur der SE. Es geht demnach nicht etwa um die Wahl zwischen den verschiedenen real existie-

---

melhoff, AG 2001, 279, 284, der darauf hinweist, dass Erwägungsgrund 14 im Text der Verordnung keinen adäquaten Niederschlag findet.
28 Dieser Versuch, das dualistische Modell europaweit zum Maßstab zu machen, gipfelte in der am dualistischen Modell orientierten, für ein monistisches Organ aber schlicht unsinnigen Vorschrift des Art. 211 des Strukturrichtlinienentwurfs von 1991: „Niemand darf zugleich geschäftsführendes und nicht geschäftsführendes Mitglied des Verwaltungsorgans sein."

renden Leitungssystemen im mitgliedstaatlichen Aktienrecht. Vielmehr können die Satzungsgeber der SE aus den beiden von der SE-VO vorgeprägten Leitungssystemen eines auswählen, von denen das eine mit einem Aufsichts- und einem Leitungsorgan, das andere mit einem Verwaltungsorgan ausgestattet ist. Die Begriffe des „dualistischen" und des „monistischen" Leitungssystems bedürfen, mit anderen Worten, einer europäisch autonomen Interpretation und sind nicht deckungsgleich mit den mannigfaltig in den Mitgliedstaaten anzutreffenden Leitungssystemen (Rz. 24 ff.).

1. Typenvielfalt in den mitgliedstaatlichen Rechtsordnungen

In den Mitgliedstaaten der Union herrscht hinsichtlich der Leitung und Kontrolle von Aktiengesellschaften eine erhebliche Typenvielfalt. Die rechtstatsächlich existierenden Leitungsstrukturen lassen sich zwar grob in eine Gruppe der monistischen und eine andere der dualistischen Leitungssysteme unterteilen. Innerhalb dieser Gruppen gibt es aber eine beträchtliche Bandbreite[29]. Das monistische Modell ist traditionell bekannt im angelsächsischen und im romanischen Rechtsraum. Als Repräsentanten dieser beiden Rechtskreise sollen nachfolgend in Rz. 16 ff. das englische und das französische Recht vorgestellt werden. Für das dualistische Modell (Rz. 19 ff.) stehen vor allem das deutsche und das österreichische Aktienrecht; aber auch manche mittel- und osteuropäischen Rechtsordnungen haben sich am deutschen Recht orientiert, wofür exemplarisch das polnische Recht genannt sei. Hinzu kommen (Rz. 22 ff.) Mischformen wie das skandinavische Modell, das zwar ein Organ der Oberleitung kennt, zusätzlich aber – zumindest in Gesellschaften einer bestimmten Größenordnung – die Bestellung geschäftsführender Direktoren zwingend vorschreibt.

15

a) Monistische Leitungssysteme

Das **englische Recht** kennt streng genommen überhaupt kein gesetzlich geregeltes Leitungsmodell. Der Companies Act aus dem Jahre 2006 verlangt, dass jede Private Company über mindestens einen, jede Public Company über mindestens zwei Geschäftsleiter *(directors)* verfügen muss[30]. Alles weitere bleibt der Satzungsgestaltung überlassen. Zur Satzung der Gesellschaft werden automatisch die sog. Model Articles des Companies Act, soweit die Gesellschafter die dort vorgesehenen Regelungen nicht abbedingen[31]. Seit der Company Law Reform von 2006 gibt es separate Model Articles for Private Companies Limited by Shares und Model Articles for Public Companies. Funktional sind die Model Articles dem dispositiven Recht vergleichbar; sie prägen die reale Struktur englischer Gesellschaften ganz erheblich[32]. Nicht im Gesetz, sondern nur in den Model Articles findet sich beispielsweise eine Regelung

16

---

29 Siehe die rechtsvergleichenden Beiträge von *Arlt/Bervoets/Grechenig/Kalss*, EBOR 2002, 733 ff. und *Hopt/Leyens*, ECFR 2004, 135 ff. sowie monographisch *Fischer*, Monistische Unternehmensverfassung. Außerdem zur englischen Company Law Reform *Ferran*, RabelsZ 69 (2005), 629 ff., zur Gesellschaftsrechtsreform in Italien *Ferrarini/Giudici/Richter*, RabelsZ 69 (2005), 658 ff. und in Frankreich *Menjucq*, RabelsZ 69 (2005), 698 ff.
30 Sec. 154 CA 2006: „(1) A private company must have at least one director. (2) A public company must have at least two directors."
31 Sec. 20 CA: „(1) On the formation of a limited company (a) if articles are not registered, or (b) if articles are registered, in so far as they do not exclude or modify the relevant model articles, the relevant model articles (so far as applicable) form part of the company's articles in the same manner and to the same extent as if articles in the form of those articles had been duly registered. (2) The „relevant model articles" means the model articles prescribed for a company of that description as in force at the date on which the company is registered."
32 Dazu auch *Brandt*, Hauptversammlung, S. 76 ff.; weiterhin *Dorresteijn/Kuiper/Morse*, European Corporate Law, S. 128 ff.; sowie *Schönborn*, Monistische SE und englisches Recht, S. 49 ff.

zu den Kompetenzen der Geschäftsleiter, die ihnen die Aufgabe zuweist, die Geschäfte der Gesellschaft zu führen[33]. Auch die Möglichkeit, Geschäftsführungsaufgaben auf einzelne Direktoren zu delegieren, setzt eine Ermächtigung in der Satzung voraus. Das Gremium der Direktoren **(board of directors)** wird nach Common Law als Organ angesehen, dessen Befugnisse sich von der Gesellschafterversammlung ableiten und die es ohne Ermächtigung der Gesellschafter nicht weiterdelegieren kann[34]. Allerdings lassen die Model Articles eine Delegation von Entscheidungsbefugnissen in weitestem Umfang zu, sodass das Board auch in großen Gesellschaften die jeweils geeignete Führungsstruktur etablieren kann[35].

17 Die übliche Kennzeichnung des englischen Modells als „monistisch" mit einem *board of directors*, das als einziges Verwaltungsorgan die Geschäfte führt, ist demnach eine Beschreibung der Rechtspraxis, nicht des geschriebenen Rechts. In der Praxis börsennotierter Gesellschaften allerdings ergibt sich die Existenz eines „Board" schon daraus, dass diese Gesellschaften wegen ihres Geschäftsumfangs eine **größere Zahl von Geschäftsleitern** benötigen, die als formal bestellte „directors" alle den gleichen Status besitzen und daher die Geschäftsleitung zwangsläufig als Kollegialorgan organisieren müssen. Unter dem Einfluss von Corporate Governance Kodizes hat sich innerhalb der Gruppe der Geschäftsleiter eine Aufteilung in geschäftsführende *(executive)* und nicht-geschäftsführende *(non-executive)* Direktoren eingebürgert[36]. Zu den Zulassungsregeln der Londoner Börse gehört der sogenannte „UK Corporate Governance Code", der diese Zweiteilung explizit einfordert. Zwar ist auch dies keine zwingende Regel, denn die Börsennotierung erfordert nur eine öffentliche Erklärung über die Einhaltung des Kodex (Prinzip des *„comply or explain"*)[37]. Der Kodex verursacht aber einen faktischen Anpassungsdruck, so dass die überwiegende Zahl der börsennotierten Gesellschaften die Zweiteilung in geschäftsführende und nicht-geschäftsführende Direktoren respektiert und nach außen kenntlich macht. Ungeachtet dessen bleiben alle formal bestellten Geschäftsleiter als solche kollektiv in gleicher Weise verantwortlich für die Geschäftsleitung[38]. Der UK Corporate Governance Code hebt dies deutlich hervor: „As part of their role as *members of a unitary board*[39], non-executive directors should constructively challenge and help develop proposals on strategy."[40]

---

33 Model Articles for Private Companies Limited by Shares, Part 2 No. 3: „Subject to the articles, the directors are responsible for the management of the company's business, for which purpose they may exercise all the powers of the company." (insoweit inhaltsgleich die Model Articles for Public Companies).
34 Dass alle Entscheidungsgewalt in der Gesellschaft nach Vorstellung des englischen Rechts von den Gesellschaftern ausgeht, hebt *Rickford*, ECFR 2004, 391, 403 f. besonders deutlich hervor. Anders das US-amerikanische Recht, in dem das *board of directors* die Verwaltung der Gesellschaft nicht als Vertreter der Gesellschafter erledigt, sondern in eigener Verantwortung (*Merkt/Göthel*, US-amerikanisches Gesellschaftsrecht, S. 313); ausführlich zur Funktionsweise des board of directors im US-amerikanischen Rechtssystem *Holland*, Board of directors und monistische SE, S. 16 ff.
35 *Gower and Davies'* Company Law, S. 385.
36 *Gower and Davies'* Company Law, S. 424 ff.; *Hannigan*, Company Law, S. 107 ff.; *Hornberg*, Beaufsichtigung der Geschäftsführung, S. 117 ff.; *Leyens*, Information, S. 68 ff.
37 *Davies*, ZGR 2001, 268, 277 ff.; *Gower and Davies'* Company Law, S. 430 ff.; *Hannigan*, Company Law, S. 109 ff.; *Leyens*, Information, S. 56 ff.
38 *Cheffins*, Company Law, S. 96 f.; *Hornberg*, Beaufsichtigung der Geschäftsführung, S. 117.
39 Hervorhebung durch den *Verfasser*.
40 UK Corporate Governance Code von September 2014 (A.4 – Non-executive Directors, Main Principle), abrufbar auf der Homepage des Financial Reporting Council (FRC): https://www.frc.org.uk/Our-Work/Codes-Standards/Corporate-governance/UK-Corporate-Governance-Code.aspx.

Das **französische Recht** bietet zwar seit dem Jahre 1996 das dualistische Modell an[41], wird aber traditionell geprägt von einem monistischen Leitungssystem mit dem Verwaltungsrat *(conseil d'administration)* an der Spitze der Geschäftsleitung[42]. Der Verwaltungsrat bestimmt die Strategie des Unternehmens und wacht über deren Umsetzung; er kann jede Maßnahme der Geschäftsführung an sich ziehen, soweit er dies für erforderlich hält[43]. Zusätzlich bestimmt der Verwaltungsrat einen Generaldirektor, der mit der allgemeinen Geschäftsführung betraut wird *(directeur général)*; dies kann der Vorsitzende des Verwaltungsrats *(président directeur général)* oder eine andere natürliche Person sein[44]. Auf seinen Vorschlag kann der Verwaltungsrat weitere Geschäftsführer ernennen, die dem Directeur Général zur Seite stehen *(directeur général délégué)*[45]. Die Generaldirektoren sind jederzeit abberufbar; allerdings kann die vorzeitige Abberufung zu Schadensersatzforderungen führen, wenn sie nicht gerechtfertigt war[46]. Diese Überlagerung des originären Verwaltungsorgans durch den *directeur général* lässt in Fragen der Geschäftsführungs- und Vertretungskompetenz die aus dogmatischer Sicht wünschenswerte Trennschärfe vermissen[47]. Vertretungsorgan ist jedenfalls der Generaldirektor[48]. Zusätzlich ist aber offenbar auch der Verwaltungsrat berechtigt, die Gesellschaft zu vertreten[49].

18

---

41 Geregelt in den Art. L. 225-57 bis Art. L. 225-93 Code de commerce.
42 Art. L. 225-17 Abs. 1 Satz 1 Code de commerce: „La société anonyme est administrée par un conseil d'administration composé de trois membres au moins."
43 Art. L. 225-35 Abs. 1 Code de commerce: „Le conseil d'administration détermine les orientations de l'activité de la société et veille à leur mise en œuvre. Sous réserve des pouvoirs expressément attribués aux assemblées d'actionnaires et dans la limite de l'objet social, il se saisit de toute question intéressant la bonne marche de la société et règle par ses délibérations les affaires qui la concernent."
44 Art. L. 225-51-1 Abs. 1 Code de commerce: „La direction générale de la société est assumée, sous sa responsabilité, soit par le président du conseil d'administration, soit par une autre personne physique nommée par le conseil d'administration et portant le titre de directeur général."
45 Art. L. 225-53 Abs. 1 Code de commerce: „Sur proposition du directeur général, le conseil d'administration peut nommer une ou plusieurs personnes physiques chargées d'assister le directeur général, avec le titre de directeur général délégué."
46 Art. L. 225-55 Abs. 1 Code de commerce: „Le directeur général est révocable à tout moment par le conseil d'administration. Il en est de même, sur proposition du directeur général, des directeurs généraux délégués. Si la révocation est décidée sans juste motif, elle peut donner lieu à dommages-intérêts, sauf lorsque le directeur général assume les fonctions de président du conseil d'administration."
47 Dazu auch Art. 43 Rz. 21.
48 Art. L. 225-56 Abs. 1 Code de commerce: „Le directeur général est investi des pouvoirs les plus étendus pour agir en toute circonstance au nom de la société. Il exerce ces pouvoirs dans la limite de l'objet social et sous réserve de ceux que la loi attribue expressément aux assemblées d'actionnaires et au conseil d'administration. Il représente la société dans ses rapports avec les tiers. La société est engagée même par les actes du directeur général qui ne relèvent pas de l'objet social, à moins qu'elle ne prouve que le tiers savait que l'acte dépassait cet objet ou qu'il ne pouvait l'ignorer compte tenu des circonstances, étant exclu que la seule publication des statuts suffise à constituer cette preuve. Les dispositions des statuts ou les décisions du conseil d'administration limitant les pouvoirs du directeur général sont inopposables aux tiers."
49 Eine Vertretungsbefugnis des Verwaltungsrats lässt sich mittelbar Art. L. 225-35 Abs. 2 Code de commerce entnehmen: „Dans les rapports avec les tiers, la société est engagée même par les actes du conseil d'administration qui ne relèvent pas de l'objet social, à moins qu'elle ne prouve que le tiers savait que l'acte dépassait cet objet ou qu'il ne pouvait l'ignorer compte tenu des circonstances, étant exclu que la seule publication des statuts suffise à constituer cette preuve."

b) Dualistische Leitungssysteme

19 Das **deutsche Recht** ist ein wichtiger Repräsentant des dualistischen Leitungssystems und hat die europäische Diskussion maßgeblich geprägt[50]. Weitgehend parallel verlief die Rechtsentwicklung in **Österreich**[51]. Das heute in Deutschland und Österreich geltende dualistische Modell hat sich historisch aus einer monistischen Leitungsstruktur heraus entwickelt[52]. Im 19. Jahrhundert war die Geschäftsleitung durch einen Verwaltungsrat weithin üblich; soweit Geschäftsführer oder Direktoren eingesetzt wurden, waren sie dem Verwaltungsrat untergeordnet[53]. Der Aufsichtsrat findet zwar bereits im Allgemeinen Deutschen Handelsgesetzbuch von 1861 Erwähnung. Allerdings war seine Einrichtung fakultativ, so dass er in vielen Gesellschaften entweder gar nicht eingesetzt oder aber – entgegen dem heutigen Verständnis seiner Funktion – als Geschäftsleitungsorgan verstanden wurde. Auch die Novelle von 1884[54] änderte nichts daran, dass die Rechtswirklichkeit in deutschen Aktiengesellschaften bis zum Jahre 1937 weiterhin einem Verwaltungsratssystem entsprach[55]. Ermöglicht wurde dies insbesondere durch die Befugnis des Aufsichtsrats, Maßnahmen der Geschäftsführung an sich zu ziehen.

20 Im Lichte der Entstehungsgeschichte werden die **konstitutiven Merkmale** des dualistischen Systems deutlich: Die Existenz zweier rechtlich getrennter Organe ist für sich genommen nicht ausreichend. Es wird darüber hinaus sichergestellt, dass das Aufsichtsorgan Maßnahmen der Geschäftsleitung nicht an sich ziehen kann. Dies wird abgesichert durch den Grundsatz der Inkompatibilität, der es verbietet, dass Mitglieder des Leitungsorgans zugleich dem Aufsichtsorgan angehören. In diesem Sinne wird das deutsche Aktienrecht mit gutem Grund als paradigmatisch für das dualistische Modell angesehen. Es kennt nicht nur die beiden Organe Vorstand und Aufsichtsrat. Es sichert die Stellung des Vorstandes auch gegen allzu großen Machtgewinn des Aufsichtsrates ab: Der Vorstand leitet die Gesellschaft und ist dabei keinen Weisungen unterworfen (§ 76 Abs. 1 AktG)[56]; er kann nur aus wichtigem Grund abberufen werden (§ 84 Abs. 3 AktG), und Mitglieder des Vorstands können nicht zugleich Mitglieder des Aufsichtsrats sein (§ 105 AktG). Der Aufsichtsrat kann zwar über Zustimmungsvorbehalte auf wichtige Geschäftsführungsmaßnahmen Einfluss nehmen (§ 111 Abs. 4 Satz 2 AktG). Dies gewährt ihm aber nur ein Vetorecht, kein Initiativrecht[57]. Die Übertragung von Geschäftsführungsmaßnahmen an den Aufsichtsrat schließt das Gesetz ausdrücklich aus (§ 111 Abs. 4 Satz 1 AktG).

---

50 Vgl. die Ausführungen zur Strukturrichtlinie oben Rz. 8 ff.
51 Die historische Entwicklung wird ausführlich nachgezeichnet bei *Kalss/Burger/Eckert*, Entwicklung des österreichischen Aktienrechts, S. 264 ff. und S. 317 ff.; zur heute geltenden dualistischen Struktur in Österreich s. in Doralt/Nowotny/Kalss (Hrsg.), Aktiengesetz, die Kommentierung der §§ 70 ff. (Vorstand) von *Nowotny* und der §§ 86 ff. (Aufsichtsrat) von *Kalss*.
52 Dazu im Überblick *Schiessl*, ZHR 167 (2003), 235, 237 ff.; *Teichmann*, Binnenmarktkonformes Gesellschaftsrecht, S. 545 ff.
53 *Passow*, ZHR 64 (1909), 27 ff.; *Wiethölter*, Interessen und Organisation der Aktiengesellschaft, S. 66 ff.
54 Zu ihren Auswirkungen auf das Leitungssystem der Aktiengesellschaft *Hommelhoff* in Schubert/Hommelhoff, Modernes Aktienrecht, S. 85 ff.
55 *Ficker* in FS Bärmann, S. 305; *Teichmann*, Binnenmarktkonformes Gesellschaftsrecht, S. 554; *Wiethölter*, Interessen und Organisation der Aktiengesellschaft, S. 290.
56 Die Weisungsfreiheit wird gemeinhin der Formulierung des § 76 Abs. 1 AktG entnommen, der Vorstand leite die Gesellschaft „unter eigener Verantwortung" (s. nur *Fleischer* in Spindler/Stilz, § 76 AktG Rz. 57 f. und *Koch* in Hüffer, § 76 AktG Rz. 10).
57 S. etwa *Lutter/Krieger/Verse*, Aufsichtsrat, S. 35 Rz. 62: Der Aufsichtsrat könne bestimmte Geschäftsführungsmaßnahmen verhindern, nicht aber erzwingen.

Das **polnische Recht** hat sich nach der Transformation zur Marktwirtschaft im Handelsgesetzbuch von 2000 am deutschen Modell orientiert und sieht für Aktiengesellschaften gleichfalls eine Trennung von Vorstand und Aufsichtsrat vor[58]. Im Gefolge einer wissenschaftlichen Kontroverse hat der Gesetzgeber im Jahre 2003 die Vorschrift eingefügt, dass weder die Hauptversammlung noch der Aufsichtsrat berechtigt sind, dem Vorstand Anweisungen zu erteilen. Die Kategorie der zustimmungspflichtigen Geschäfte kennt das polnische Recht ebenfalls; allerdings muss der entsprechende Katalog in die Satzung aufgenommen werden und kann nicht einseitig vom Aufsichtsrat festgelegt werden. Gegenüber dem deutschen Recht ist der Widerruf der Vorstandsbestellung erleichtert, da er nicht an das Vorliegen eines wichtigen Grundes gebunden ist. Eine Mitbestimmung der Arbeitnehmer im Aufsichtsrat ist – mit Ausnahme privatisierter Staatsunternehmen – nicht vorgesehen. Dafür kann eine Aktionärsminderheit von mindestens zwanzig Prozent eine Wahl des Aufsichtsrats in getrennten Gruppen erzwingen und auf diese Weise einen Minderheitsvertreter installieren.

c) Mischformen

Im Recht der **skandinavischen Staaten** gilt eine aktienrechtliche Leitungsstruktur, die in gewisser Weise zwischen dem rein monistischen und dem konsequent dualistischen Modell angesiedelt ist. Zwar existiert ein oberstes Verwaltungsorgan, zugleich ist aber die Ernennung von geschäftsführenden Direktoren bereits kraft Gesetzes vorgesehen[59]. Dem Verwaltungsorgan obliegt die Bestellung und Abberufung der geschäftsführenden Direktoren; außerdem kann es hinsichtlich der Geschäftsführung Weisungen erteilen und allgemeine Richtlinien aufstellen[60]. Gegebenenfalls kann das Verwaltungsorgan auch alle den geschäftsführenden Direktoren zugewiesenen Kompetenzen wieder an sich ziehen[61]. Versucht man eine Verortung zwischen Monismus und Dualismus, ist das nordische Modell daher eher dem Monismus zuzuordnen[62].

Gesetzesreformen der jüngeren Zeit haben in vielen **anderen Staaten**, die traditionell einem rein monistischen Modell folgen, Elemente eines funktionalen Dualismus eingeführt. Der im Jahre 2001 neu eingeführte *directeur général* wird in der französischen Literatur teilweise als Element einer „*structure mixte*" beschrieben, weil er die lange Zeit vorherrschende Personalunion von Verwaltungsratspräsidium und Leitung der Geschäftsführung in der Figur des *président directeur général* aufbricht[63]. Auch das System der Unternehmensleitung in der spanischen Aktiengesellschaft, das herkömmlich monistisch geprägt ist, regelt mittlerweile gesetzlich die Delegation von Geschäftsführungsaufgaben auf einzelne Verwaltungsratsmitglieder *(consejero delegado)* oder einen geschäftsführenden Ausschuss *(comisión ejecutiva)*[64]. Eine vergleichbare Entwicklung hat das belgische Recht vollzogen; dort kann der traditionell allein herrschende *conseil d'administration* nunmehr kraft ausdrücklicher ge-

---

58 Zum Folgenden *Hommelhoff/Oplustil* in FS Konzen, S. 316 ff. und *Oplustil* in Liebscher/Zoll (Hrsg.), Einführung in das polnische Recht, S. 430 ff.
59 *Lau Hansen*, Nordic Company Law, S. 72; *Skog*, AG 2006, 238, 240; *Werlauff*, SE, S. 74.
60 *Lau Hansen*, Nordic Company Law, S. 116; *Werlauff*, SE, S. 74.
61 *Lau Hansen*, Nordic Company Law, S. 117.
62 *Lau Hansen* in FS Wymeersch, S. 145, 151; *Teichmann*, Binnenmarktkonformes Gesellschaftsrecht, S. 584 ff.
63 *Guyon*, Droit des Affaires I, S. 331; dazu auch *Arlt*, Französische Aktiengesellschaft, S. 163 ff.; *Hopt/Leyens*, ECFR 2004, 135, 156 f.; *Menjucq*, ZGR 2003, 679, 685 ff.; *Storck*, ECFR 2004, 36, 41 ff.
64 Dazu *Esteban Velasco*, S. 751 f. und *Grechenig*, Spanisches Aktien- und GmbH-Recht, S. 23 ff. sowie S. 35 ff.

setzlicher Regelung die Führung der täglichen Geschäfte auf einen geschäftsführenden Ausschuss delegieren[65].

2. Reduktion auf zwei Leitungssysteme in der SE-VO

a) Konvergenz und Divergenz der Systeme

24 Ungeachtet der realen Systemvielfalt hat sich in der rechtsvergleichenden Analyse die Unterscheidung von **zwei Grundmodellen** etabliert: das „monistische" mit nur einem Verwaltungsorgan und das „dualistische" mit einem Leitungs- und einem Aufsichtsorgan[66]. Diese Einteilung stand ohne Zweifel auch den Verfassern der SE-VO vor Augen; dies zeigt schon der in Rz. 11 ff. behandelte Erwägungsgrund 14. Das letztlich in den Rechtstext aufgenommene Wahlrecht ist daher nicht allein Ausweis dessen, dass eine Festlegung auf das eine oder andere System nicht konsensfähig gewesen wäre, sondern auch Ausdruck der Erkenntnis, dass monistisches und dualistisches System jeweils ihre spezifischen Schwächen und Stärken haben, in der Summe aber durchaus als **gleichwertig** angesehen werden können[67].

25 Auf der anderen Seite wird seit längerem eine **Konvergenz** der Systeme konstatiert[68]. Die kategorische Unterscheidung von monistischem und dualistischem System verliert damit an Schärfe. Denn zur Milderung ihrer je systemimmanenten Schwächen entwickeln sich beide Systeme in der praktischen Handhabung oder zumindest in den an die Praxis gerichteten Forderungen der Corporate Governance-Diskussion auf das jeweils andere zu. Für das monistische Modell wird beklagt, dass es an einer Überwachung durch wirklich unabhängig und distanziert urteilende Direktoren fehle und den geschäftsführenden Personen dadurch zu viel Macht zukomme. Gefordert und vielfach praktiziert wird daher die Aufnahme „unabhängiger" Direktoren in das monistische Verwaltungsorgan; als unabhängig werden in der Regel Organmitglieder verstanden, die selbst nicht geschäftsführend sind und auch keine anderen Bindungen an die Gesellschaft aufweisen, die ihr unabhängiges Urteil beeinträchtigen könnten[69]. Weiterhin lässt sich eine Intensivierung der Ausschussarbeit beobachten, die zur größeren Effizienz des Verwaltungsorgans beitragen soll. Im dualistischen Modell wird die Trennung von Geschäftsführung und Überwachung konsequenter durchgehalten, darunter leiden aber Informationsfluss und Diskussionskultur, wobei gerade Letzteres nicht selten auf die Arbeitnehmermitbestimmung zurückgeführt wird[70]. Zur Milderung dieser Defizite wird eine intensivierte Ausschussarbeit, eine Verbesserung des Informationsflusses (vgl. § 90 AktG)[71] und eine Aufwertung des Aufsichtsrats vom Überwachungs- zum Beratungsorgan angestrebt.

---

65 Vgl. *Wymeersch*, ZGR 2004, 53 ff.
66 S. nur *Leyens*, RabelsZ 67 (2003), 57 ff.; *Teichmann*, ZGR 2001, 645, 663 ff.; *Wymeersch* in Hopt u.a., Corporate Governance, S. 1045, 1078 ff.
67 In diesem Sinne zustimmend zum Vorschlag von 1989 *Raiser* in FS Steindorff, S. 201, 210.
68 S. dazu aus der reichhaltigen Literatur die Bestandsaufnahmen bei: *Davies*, ZGR 2001, 268 ff.; *Hopt*, ZGR 2000, 779 ff.; *Jungmann*, ECFR 2006, 426 ff.; *Schiessl*, ZHR 167 (2003), 235 ff.; *Teichmann*, Binnenmarktkonformes Gesellschaftsrecht, S. 565 ff.; *van den Berghe*, Corporate Governance, passim.
69 Vgl. auch die Empfehlung der EU-Kommission (2005/162/EG) v. 15.2.2005 (ABl. EU Nr. L 52 v. 15.2.2005, S. 51), wonach unabhängige nicht-geschäftsführende Direktoren „frei von jedweden signifikanten Interessenkonflikten" (Erwägungsgrund 18) sein sollen.
70 S. nur *Ulmer*, ZHR 166 (2002), 271, 275, der von einer „Entleerung der Diskussion im Plenum" spricht.
71 Zu dieser Thematik jüngst *Theisen*, ZGR 2013, 1 ff.

b) Normative Divergenz in der SE-VO

Die Konvergenz in der praktischen Handhabung und die in immer neuen Varianten auftretenden Mischformen stellen den Sinn der bisherigen Grenzziehung in Frage. Für die Anwendung der SE-VO gewinnt sie indessen neue Aktualität: Die Vorschriften der Art. 38 ff. SE-VO setzen zwingend voraus, dass sich ein konkretes nationales Leitungsmodell entweder dem dualistischen oder dem monistischen Modell zuweisen lässt. Es muss sich also um zwei klar **unterscheidbare Systeme** handeln. Andernfalls ließe sich das anwendbare Recht nicht bestimmen, das in die Vorschriften zum dualistischen (Art. 39 ff. SE-VO) und zum monistischen System (Art. 43 ff. SE-VO) unterteilt ist. Auch die Regelungsermächtigungen der Art. 39 Abs. 5 SE-VO (für Staaten, die das dualistische Modell nicht kennen) und des Art. 43 Abs. 4 SE-VO (für solche, die das monistische Modell nicht kennen) lassen sich nur unter der Prämisse, dass beide Systeme unterscheidbar sind, sinnvoll handhaben[72]. 26

Die Verfasser der Verordnung gingen offenbar davon aus, lediglich die ohnehin vorhandenen zwei Gruppen abzubilden, die es in Europa gibt. So heißt es in Erwägungsgrund 14: „Dabei ist dem Umstand Rechnung zu tragen, dass in der Gemeinschaft hinsichtlich der Verwaltung der Aktiengesellschaften derzeit zwei verschiedene Systeme bestehen." Tatsächlich ist aber in den nationalen Rechtsordnungen nur selten das eine oder andere System in Reinform anzutreffen. Die Reduzierung auf zwei klar unterscheidbare Systeme ist somit keine deklaratorische Bezugnahme auf bereits existierende Systeme, sondern eine **normative Entscheidung** für zwei SE-spezifische Leitungsmodelle, deren Grundstrukturen denn auch nicht durch Verweis auf nationales Recht, sondern durch konstitutive Regelung in der SE-VO festgelegt werden. 27

c) Wesensmerkmale der SE-spezifischen Leitungssysteme

Das **dualistische System** der SE-VO ist durch folgende Wesensmerkmale gekennzeichnet: Geschäftsführung und Überwachung sind zwei getrennten Organen zugewiesen (Art. 39 Abs. 1 Satz 1 SE-VO und Art. 40 Abs. 1 Satz 1 SE-VO). Zwischen beiden Organen herrscht personelle Inkompatibilität (Art. 39 Abs. 3 Satz 1 SE-VO); das Aufsichtsorgan ist nicht berechtigt, die Geschäfte zu führen (Art. 40 Abs. 1 Satz 2 SE-VO). Diese Regelung greift erkennbar auf das deutsch-österreichische Vorbild zurück[73] und lässt dessen Besonderheit als ein in seinen Grundzügen gesetzlich zwingend festgelegtes System erkennen. 28

Die Regelung zum **monistischen System** fällt demgegenüber erstaunlich knapp aus: Es gibt ein Verwaltungsorgan, das die Geschäfte führt (Art. 43 Abs. 1 Satz 1 SE-VO) und dessen Mitglieder von der Hauptversammlung bestellt werden (Art. 43 Abs. 3 SE-VO). Es tritt mindestens alle drei Monate zusammen (Art. 44 Abs. 1 SE-VO) und wählt aus seiner Mitte einen Vorsitzenden, der im Fall eines paritätisch mitbestimmten Organs ein von der Hauptversammlung bestelltes Mitglied sein muss (Art. 45 SE-VO). Die Möglichkeit, die täglichen Geschäfte auf einen geschäftsführenden Direktor zu delegieren, wird als Spielart des monistischen Modells zwar erwähnt, für Staaten, die das monistische System bereits kennen, allerdings nicht als SE-spezifische Regelung, sondern nur in Anlehnung an das nationale Modell zugelassen (Art. 43 Abs. 1 Satz 2 SE-VO). Die gegenüber dem dualistischen Modell nochmals verringerte Regelungsdichte der Art. 43 ff. SE-VO fügt sich in die allgemeine rechtsvergleichende Erkenntnis ein, dass sich das monistische Modell gerade durch seine „Unstrukturiert- 29

---
[72] Ausführlich dazu *Teichmann*, Binnenmarktkonformes Gesellschaftsrecht, S. 537 ff.
[73] In diesem Sinne etwa *Hommelhoff*, AG 2001, 279, 283 und *Theisen/Hölzl* in Theisen/Wenz, Europäische Aktiengesellschaft, S. 285.

heit" oder, positiver formuliert, durch seine „Strukturoffenheit" auszeichnet[74]. Auch das monistische Modell der SE-VO bietet wesentlich mehr Möglichkeiten für differenzierende Ausgestaltungen – sei es durch bloße Rechtspraxis, durch Regelungen in Geschäftsordnung und Satzung oder durch den mitgliedstaatlichen SE-Ausführungsgesetzgeber – als das dualistische Modell.

30 Hinzu kommen **Vorschriften, die für beide Systeme gemeinsam gelten**. Es finden sich dort Regelungen über die Länge der Amtsperiode (Art. 46 SE-VO), die persönlichen Voraussetzungen der Mitgliedschaft (Art. 47 SE-VO), zustimmungsbedürftige Geschäfte (Art. 48 SE-VO), die Vertraulichkeit (Art. 49 SE-VO), die Beschlussfassung (Art. 50 SE-VO) und die Haftung (Art. 51 SE-VO). Aussagen über die Unterschiede zwischen beiden Systemen lassen sich aus diesen gemeinsamen Vorschriften naturgemäß nicht ableiten. Andererseits liegt darin eine normative Aussage, die in ihrer Tragweite bislang noch kaum gewürdigt wurde: Der europäische Gesetzgeber geht – im Ergebnis wohl zu Recht – davon aus, dass es zahlreiche Einzelfragen gibt, die unabhängig von der Wahl des Systems in gleicher Weise geregelt werden können[75]. *Raiser* konstatierte seinerzeit[76]: „Wer das deutsche Aktienrecht kennt, ist erstaunt, wie weit sich diese Gesetzgebungstechnik als möglich erwies." Die weitere wissenschaftliche und rechtspraktische Befassung mit den beiden Systemen, die mit Einführung der SE immer häufiger in ein und derselben Rechtsordnung auftreten werden, dürfte erweisen, dass die Gemeinsamkeiten noch weiter gehen als bislang vermutet. Offenbar gibt es für Kollegialorgane ganz generell **gemeinsame Funktionsbedingungen**, die sich in den wenigen Vorschriften der Art. 46 bis 51 SE-VO gewiss nicht erschöpfen (dazu auch Vorbemerkung zu Art. 46 Rz. 1 ff.).

d) Zuordnung der mitgliedstaatlichen Mischsysteme

31 Die von der SE-VO vorgegebene Ausgangslage zwingt alle Mitgliedstaaten zu einer klaren Zuordnung ihres jeweils im nationalen Aktienrecht verankerten nationalen Leitungssystems. Das gilt auch und gerade für die Mischsysteme, denn die SE-VO kennt nur das monistische und das dualistische System – *tertium non datur*. Enthält das mitgliedstaatliche Recht Regelungen zum monistischen System, kann es dafür keine SE-spezifischen Regelungen mehr treffen. Dasselbe gilt umgekehrt für Staaten, deren Aktienrecht dem Dualismus folgt. Die Festlegung der Verordnung auf zwei Leitungssysteme bedingt für alle existierenden **nationalen Leitungssysteme** die Notwendigkeit einer **eindeutigen Zuordnung**.

32 Im rechtsvergleichenden Schrifttum werden die in Rz. 22 ff. beschriebenen **Mischsysteme** häufig als nicht eindeutig zuzuordnende zwischen den Systemen stehende Formen angesehen; dies entspricht nicht selten auch der Binnenperspektive der betroffenen Rechtsordnungen, wie etwa die in der französischen Literatur gewählte Bezeichnung einer *„structure mixte"* nach Einführung des *directeur général* verdeutlicht[77]. Soweit damit unterstellt wird, die Mischformen stünden in der Mitte mit gleichem Abstand zu den beiden verschiedenen Systemen, ist dem jedoch zu widersprechen. Erst recht abzulehnen sind Äußerungen, die bestimmte Mischsysteme aus-

---

74 Vgl. *Minuth*, Führungssysteme, S. 43.
75 In diesem Sinne auch *Raiser* in FS Steindorff, S. 201, 204 zum Verordnungsvorschlag 1989: Der europäische Gesetzgeber bringe schon äußerlich zum Ausdruck, dass beide Modelle in allen wesentlichen Punkten übereinstimmend zu beurteilen seien.
76 *Raiser* in FS Semler, S. 277, 290.
77 Dazu *Guyon*, Droit des Affaires I, S. 331; dazu auch *Arlt*, Französische Aktiengesellschaft, S. 163 ff.; *Hopt/Leyens*, ECFR 2004, 135, 156 f.; *Menjucq*, ZGR 2003, 679, 685 ff.; *Storck*, ECFR 2004, 36, 41 ff.

drücklich dem Kreis der dualistischen Rechtssysteme zuweisen[78]. Es handelt sich vielmehr durchgehend um Formen eines **arbeitsteilig organisierten Monismus**[79]. Denn allen bekannten Mischformen fehlt etwas, was gerade das Wesen des dualistischen Systems – auch in seiner Ausprägung durch die SE-VO – ausmacht: Es gibt keine klare und zwingend angeordnete Trennung von Geschäftsführung und Überwachung. Stattdessen bleibt es konzeptionell bei der Allzuständigkeit des monistischen Verwaltungsorgans. Die Delegation von Geschäftsführungskompetenzen auf geschäftsführende Direktoren oder Ausschüsse ändert dies nicht wesentlich; denn das Verwaltungsorgan bleibt weiterhin originär auch für die delegierbaren Materien zuständig. Dies äußert sich vor allem in Weisungs- und Interventionsrechten des Verwaltungsorgans und in der Möglichkeit, die Delegation jederzeit wieder rückgängig zu machen. Letztlich bleibt die Kompetenz des Verwaltungsorgans zur Oberleitung der Gesellschaft erhalten[80] – dies wiederum ist das prägende Merkmal eines monistischen Leitungssystems.

Die Diskussion vor Erlass der **nationalen Begleitgesetze** hat denn auch gezeigt, dass die vermeintlichen Mischsysteme unter der SE-VO nicht funktionsfähig wären, würde man sie dem dualistischen Modell zuordnen. Sie verstießen gegen zahlreiche zwingende Regelungen der SE-VO, weil ihren Geschäftsführungsorganen die Eigenverantwortlichkeit gegenüber dem Organ der Oberleitung fehlt[81]. Ordnet man sie hingegen als Spielarten des Monismus ein, löst sich der Widerspruch auf. Denn in Staaten, die das dualistische System nicht kennen, darf der nationale Gesetzgeber gem. Art. 39 Abs. 4 SE-VO hierzu ergänzende SE-spezifische Regelungen erlassen. Staaten mit einem monistisch geprägten Mischsystem können dies also für die SE als monistisches System beibehalten und zusätzlich ein klar strukturiertes dualistisches System einführen. Diejenigen Staaten, die über ein **Mischsystem** verfügen, haben sich in ihrer nationalen Gesetzgebung auch im Sinne dieser Einteilung entschieden, ihr System dem **Monismus** zugeordnet und sich infolgedessen der Ermächtigung bedient, ein SE-spezifisches dualistisches Leitungsmodell einzuführen[82].

IV. Verknüpfung zwischen europäischem und nationalem Recht

1. Grundstrukturen in der SE-VO

a) Eigenregelung der SE-Verordnung

Die Grundnorm des Art. 38 SE-VO und die folgenden Vorschriften zur Unternehmensverfassung der SE sind geprägt von der **Regelungstechnik**, die sich im Verlaufe der Entstehungsgeschichte der Verordnung entwickelt hat (vgl. dazu Art. 9 Rz. 12 ff.). Einerseits legt die SE-VO selbst das Grundmuster der Unternehmensverfassung fest, indem sie die Organe ausdrücklich benennt und deren Zuständigkeiten beschreibt.

---

78 So etwa *Manz* in Manz/Mayer/Schröder, Art. 38 SE-VO Rz. 3, der Dänemark dem dualistischen Modell zuordnet; ebenso *Hopt*, ZGR 2000, 779, 783, und *Reichert/Brandes* in Münch.Komm. AktG, 3. Aufl., Art. 38 SE-VO Rz. 9.
79 Dazu *Teichmann*, Binnenmarktkonformes Gesellschaftsrecht, S. 588 ff.
80 S. *Grechenig*, Spanisches Aktien- und GmbH-Recht, S. 37 ff. (Spanien); *Lau Hansen*, Nordic Company Law, S. 116 f. (Skandinavien); *Wymeersch*, ZGR 2004, 53, 56 (Belgien).
81 Vgl. etwa *van der Elst* in Oplustil/Teichmann, The European Company, S. 35 f., der feststellt, dass das modifizierte Leitungssystem des belgischen Rechts (vgl. *Wymeersch*, ZGR 2004, 53 ff.) mit der dualistischen Struktur der SE nicht kompatibel ist und somit angewandt auf eine SE gegen höherrangiges Recht verstieße.
82 Vgl. die Länderberichte in den Sammelwerken von *Baums/Cahn*, Europäische Aktiengesellschaft, *Jannott/Frodermann*, Handbuch Europäische Aktiengesellschaft, 2. Aufl., S. 699 ff. und *Oplustil/Teichmann*, The European Company, sowie *Schindler/Teichmann* in Theisen/Wenz, Europäische Aktiengesellschaft, S. 739, 758 ff.

Anderseits ist die Regelung nicht abschließend, weshalb zur Lückenfüllung auf nationales Aktienrecht verwiesen wird (z.B. Art. 51 SE-VO bzw. allgemein Art. 9 SE-VO) oder der nationale Gesetzgeber die Befugnis zum Erlass SE-spezifischer Sonderregeln verliehen bekommt (so namentlich in Art. 39 Abs. 5 SE-VO und Art. 43 Abs. 4 SE-VO). Dazu Einl. Rz. 2 f.

b) Organstruktur nach Maßgabe der Satzung

35 Das in Art. 38 SE-VO eingeräumte **Satzungs-Wahlrecht** einer jeden SE, sich für das monistische oder das dualistische System zu entscheiden, steht nicht zur Disposition des mitgliedstaatlichen Gesetzgebers[83]. Eine SE kann kraft europäischen Rechts in jedem Mitgliedstaat aus beiden Leitungssystemen das erwünschte auswählen. Es handelt sich um ein Wahlrecht, das die SE ausüben muss; denn aus der Verordnung selbst ließe sich nicht ableiten, ob eine konkrete SE monistisch oder dualistisch geführt wird. In diesem Sinne handelt es sich um einen an die Gesellschaft gerichteten Regelungsauftrag, mit welchem der Gesetzgeber zwar vorgibt, dass eine Regelung getroffen werden muss, deren Inhalt aber der privatautonomen Festlegung überlässt[84]. Das Registergericht muss bei fehlender Satzungsregelung die Eintragung der SE ablehnen (Art. 15 Abs. 1 SE-VO i.V.m. § 38 Abs. 4 Nr. 1 AktG)[85]. Eine nachträgliche Änderung des gewählten Systems ist im Wege der Satzungsänderung möglich[86].

36 Da in den meisten Mitgliedstaaten nur eines von beiden Systemen geregelt ist, musste der europäische Gesetzgeber zumindest die **Grundstruktur** beider Leitungsmodelle **in der Verordnung** selbst verankern. Der in Art. 9 SE-VO zentral geregelte und in vielen anderen Vorschriften der Verordnung anzutreffende Verweis auf das für nationale Aktiengesellschaften geltende Recht hätte überall dort nicht ausgereicht, wo nur eines der beiden Leitungssysteme im nationalen Aktienrecht angeboten wird. Bestand somit einerseits die Notwendigkeit, gewisse europäische „Pflöcke einzuschlagen", hätte eine Vorgehensweise, bei der beide Systeme bis in einzelne Details durchreguliert worden wären, auch Nachteile gehabt. Erstens wären damit die in den Mitgliedstaaten bereits existierenden und untereinander keineswegs identischen „dualistischen" und „monistischen" Systeme von einer weiteren, europäischen Variante überlagert worden; zweitens musste man sich im Prozess der Rechtsetzung erst einmal auf eine konkrete Ausgestaltung der jeweiligen Modelle einigen. Um diese Schwierigkeiten zumindest zu verringern, wählt die Verordnung einen gesetzgeberischen Mittelweg: Sie regelt nur das Grundgerüst und überlässt die weitere Ausgestaltung der nationalen Rechtsordnung.

2. Ergänzung durch mitgliedstaatliches Recht

a) Dualistisches System

37 Das mitgliedstaatliche Recht kommt somit auf zweierlei Weise zum Zuge: Soweit es um das im nationalen Aktienrecht gängige Leitungsmodell geht, greift die übliche Technik der **Verweisung** auf das am Sitz der SE geltende **allgemeine Aktienrecht** zu-

---

[83] Es ist insbesondere nicht davon abhängig, ob der nationale Gesetzgeber von den Ermächtigungen des Art. 39 Abs. 5 SE-VO oder Art. 43 Abs. 4 SE-VO Gebrauch gemacht hat (ebenso *Manz* in Manz/Mayer/Schröder, Art. 38 SE-VO Rz. 10; *Paefgen*, in KölnKomm. AktG, 3. Aufl., Art. 38 SE-VO Rz. 12; weiterhin Kommentierung zu Art. 39 Rz. 57).
[84] *Scholz* in Habersack/Drinhausen, Art. 38 SE-VO Rz. 2; *Reichert/Brandes* in MünchKomm. AktG, 3. Aufl., Art. 38 SE-VO Rz. 2; monographisch *Beier*, Regelungsauftrag, insb. S. 71 ff.
[85] Vgl. Art. 12 Rz. 20; weiterhin *Eberspächer* in Spindler/Stilz, AktG, Art. 38 SE-VO Rz. 7; *Paefgen* in KölnKomm. AktG, 3. Aufl., Art. 38 SE-VO Rz. 10.
[86] *Eberspächer* in Spindler/Stilz, AktG, Art. 38 SE-VO Rz. 7; *Paefgen* in KölnKomm. AktG, 3. Aufl., Art. 38 SE-VO Rz. 15; *Scholz* in Habersack/Drinhausen, Art. 38 SE-VO Rz. 29.

rück (z.B. Art. 51 SE-VO und als Auffangregelung Art. 9 SE-VO). Dies gilt für eine SE mit Sitz in Deutschland, wenn sie sich für das dualistische Modell entscheidet. Es sind dann ergänzend zu den Art. 39 ff. SE-VO die §§ 76–116 AktG heranzuziehen[87].

Das **SEAG** äußert sich hierzu nicht, weil der Verweis auf das nationale Aktienrecht bereits in der unmittelbar anwendbaren SE-VO geregelt ist. Im Schrifttum war zwar vorgeschlagen worden, die damit in Bezug genommenen Vorschriften des allgemeinen Aktienrechts deklaratorisch im SEAG aufzulisten[88]. Dem ist der Gesetzgeber aber zu Recht nicht gefolgt. Denn das europäische Recht genießt Vorrang gegenüber dem nationalen Recht; der nationale Gesetzgeber kann daher nicht die Geltung des allgemeinen Aktienrechts anordnen, die sich bereits unmittelbar aus der SE-VO ergibt[89]. Eine rein deklaratorische Auflistung im SEAG wäre nicht hilfreich, weil sie keine normative Autorität besäße – entscheidend für die Rechtsanwendung wäre nicht die Auflistung im nationalen Ausführungsgesetz, sondern die Interpretation der Verordnung durch den EuGH. Zudem entstünde Unklarheit über die Rechtsnatur der anwendbaren Vorschriften; im Rechtsalltag würden sie als eine vom deutschen Gesetzgeber zu verantwortende Norm angesehen. *Schwarz* verweist zu Recht auf eine frühe Entscheidung des EuGH[90], in der gerade wegen der Verdunkelung der Herkunft der Norm eine Wiederholung europäischer Normen im nationalen Recht als mit dem EG-Vertrag unvereinbar angesehen wurde[91]. 38

Die Regelungen des SEAG zum dualistischen System beschränken sich somit auf einzelne Aspekte, zu welchen die SE-VO ausdrücklich dem mitgliedstaatlichen Gesetzgeber die Regelungsbefugnis erteilt; der deutsche Gesetzgeber strebt dabei im Grundsatz einen **Gleichlauf mit dem allgemeinen Aktienrecht** an[92]: Interimistische Geschäftsführung durch Mitglieder des Aufsichtsrats (§ 15 SEAG); Zahl der Mitglieder des Leitungsorgans (§ 16 SEAG); Zahl der Mitglieder und Zusammensetzung des Aufsichtsorgans (§ 17 SEAG); Informationsverlangen einzelner Mitglieder des Aufsichtsorgans (§ 18 SEAG); Festlegung zustimmungsbedürftiger Geschäfte durch das Aufsichtsorgan (§ 19 SEAG). 39

b) Monistisches System

Soweit eine SE das im nationalen Recht unbekannte System wählt, ist eine **SE-spezifische Ausgestaltung im nationalen Ausführungsgesetz** zulässig. Es handelt sich insoweit um „Rechtsvorschriften, die die Mitgliedstaaten in Anwendung der speziell die SE betreffenden Gemeinschaftsmaßnahmen erlassen" (Art. 9 Abs. 1 lit. c i SE-VO)[93]. Dies ist der Gehalt der Regelungsermächtigungen in Art. 39 Abs. 5 SE-VO und Art. 43 Abs. 4 SE-VO. Der deutsche Gesetzgeber hat auf Basis des Art. 43 Abs. 4 SE-VO die **§§ 20–49 SEAG** für das monistische System erlassen[94]. 40

---

87 Dazu auch *Theisen/Hölzl* in Theisen/Wenz, Europäische Aktiengesellschaft, S. 285 ff.
88 In diesem Sinne tendenziell für ein „integriertes SE-Gesetz" *Lutter*, BB 2002, 1, 6. Für eine großzügige Handhabung des mitgliedstaatlichen Gestaltungsspielraums auch *Brandt*, NZG 2002, 991, 992 und *Ihrig/Wagner*, BB 2003, 969, 970.
89 Daher für eine eng auf die Regelungsaufträge und -optionen der SE-VO begrenzte Umsetzung *Teichmann*, ZIP 2002, 1109, 1110 und *Neye/Teichmann*, AG 2003, 169, 170; zustimmend *Waclawik*, DB 2004, 1191.
90 *Schwarz*, Anh. Art. 43 SE-VO Rz. 12.
91 EuGH, Rs. 39/72 (Kommission/Italien), Slg. 1973, 101 ff. (insb. Rz. 17 der Entscheidung).
92 Vgl. die Liste der einzelnen Regelungsoptionen und Vorschläge zur Gesetzgebung bei *Teichmann*, ZIP 2002, 1109 ff.
93 Art. 9 Rz. 53; *Schwarz*, Anh. Art. 43 SE-VO Rz. 5; nach Auffassung von *Wagner*, NZG 2002, 985, 986, setzt sich die Ermächtigungsnorm des Art. 43 Abs. 4 SE-VO als einfache Verweisungsnorm fort, was aber im Ergebnis keinen Unterschied macht.
94 Vgl. im Einzelnen die Kommentierung der Art. 43 ff. SE-VO und der §§ 20 ff. SEAG.

3. Einfluss der SE-Beteiligungsrichtlinie (Mitbestimmung)

41 Das Modell der Arbeitnehmerbeteiligung in der SE richtet sich nach den Regelungen der SE-Richtlinie, die für Deutschland im SE-Beteiligungsgesetz (SEBG) umgesetzt wurden. Zur „Beteiligung" im Sinne von Richtlinie und SEBG gehören „Unterrichtung, Anhörung und Mitbestimmung" (vgl. § 2 Abs. 8 SEBG). Zunächst ist ein **Verhandlungsverfahren** einzuleiten (vgl. §§ 4 ff. SEBG), das zu einer SE-Beteiligungsvereinbarung führen kann (vgl. § 21 SEBG). Scheitern die Verhandlungen, greift eine gesetzliche **Auffangregelung** (vgl. §§ 22 ff. SEBG). Die SE-Beteiligungsvereinbarung kann Regelungen über die Mitbestimmung der Arbeitnehmer im Aufsichts- oder Verwaltungsorgan der Gesellschaft enthalten (vgl. § 21 Abs. 3 SEBG).

42 Die Wahl zwischen Monismus und Dualismus ist **mitbestimmungsrelevant**. Denn Arbeitnehmervertreter können im Verwaltungsorgan intensiver Einfluss nehmen als im Aufsichtsorgan[95]. Nach dem maßgeblichen Ziel des Verhandlungsverfahrens der SE-Richtlinie, das der konkreten SE ein maßgeschneidertes Beteiligungsmodell ermöglichen soll[96], muss daher die Entscheidung für ein bestimmtes Leitungsmodell auch Gegenstand einer SE-Beteiligungsvereinbarung sein können. Nur so kann in den Verhandlungen beispielsweise die Variante einer dualistischen Struktur mit Parität gegen diejenige einer monistischen Struktur mit Unter-Parität abgewogen werden. Denkbar sind auch gänzlich neue Mitbestimmungsmodelle, etwa ein neu zu schaffendes Mitbestimmungsgremium außerhalb von Aufsichts- oder Verwaltungsorgan[97].

43 Die überwiegend vertretene **Gegenauffassung** lehnt eine solche Vereinbarungsmöglichkeit ab[98]. Nach Art. 38 SE-VO liege die Organstruktur in der Kompetenz des Satzungsgebers. Verhandelt werde allein über die „Mitbestimmung", worunter das Gesetz lediglich das Recht verstehe, Mitglieder in das Aufsichts- oder Verwaltungsorgan zu wählen oder zu bestellen (vgl. § 2 Abs. 12 SEBG)[99]. Dagegen spricht allerdings, dass Gegenstand der SE-Beteiligungsvereinbarung die „Beteiligung der Arbeitnehmer" ist und damit „jedes Verfahren, durch das die Arbeitnehmer auf die Beschlussfassung in der Gesellschaft Einfluss nehmen können" (§ 2 Abs. 8 SEBG)[100]. Die Satzungsautonomie des Art. 38 SE-VO steht nicht entgegen. Art. 12 Abs. 4 SE-VO setzt gerade voraus, dass es Überschneidungen zwischen der Satzung und der SE-Beteiligungsvereinbarung geben kann. Entgegen vielfach vertretener Auffassung[101] lässt sich dieser Vorschrift nicht entnehmen, dass die Satzung in solch einem Fall Vorrang hätte. Die Reichweite der Vereinbarungsautonomie ist nach der Systematik der europäischen Rechtstexte Gegenstand der SE-Richtlinie[102].

---

[95] Siehe nur *Reichert/Brandes* in MünchKomm. AktG, 3. Aufl., Art. 38 SE-VO Rz. 25; *Scholz* in Habersack/Drinhausen, Art. 38 SE-VO Rz. 25.
[96] Eingehend dazu *Teichmann*, AG 2008, 797, 800 ff.
[97] *Paefgen* in KölnKomm. AktG, 3. Aufl., Art. 38 SE-VO Rz. 39; *Reichert/Brandes* in MünchKomm. AktG, 3. Aufl., Art. 38 SE-VO Rz. 31, *Scholz* in Habersack/Drinhausen, Art. 38 SE-VO Rz. 16. Kritisch demgegenüber *Forst*, Beteiligungsvereinbarung, S. 293 ff.
[98] *Eberspächer* in Spindler/Stilz, AktG, Art. 38 SE-VO Rz. 7; *Habersack*, AG 2006, 345, 351; *Oetker*, § 21 SEBG Rz. 82; *Paefgen* in KölnKomm. AktG, 3. Aufl., Art. 38 SE-VO Rz. 36.
[99] Bemerkenswerterweise wollen einzelne Vertreter dieser Auffassung die Vereinbarung über ein satzungsmäßiges Mitbestimmungsgremium außerhalb von Aufsichts- oder Verwaltungsorgan durchaus zulassen (vgl. oben Fn. 98). Das damit einhergehende „Weniger an Mitbestimmung" sei als „Resultat der Verhandlungsfreiheit" zu respektieren, so *Paefgen* in KölnKomm. AktG, 3. Aufl., Art. 38 SE-VO Rz. 39.
[100] Grundlegend *Teichmann*, AG 2008, 797, 800 ff.
[101] Siehe nur: *Brandes* in MünchHdBGesR, Band 6, IntGesR, § 57 Rz. 44; *Habersack*, AG 2006, 345, 348 ff.; *Kiem* in KölnKomm. AktG, 3. Aufl., Art. 12 SE-VO Rz. 56 ff.
[102] *Teichmann*, AG 2008, 797, 803 ff.

V. Einrichtung weiterer Organe

44 In der SE besteht Satzungsautonomie nur dort, wo die **Verordnung eine Satzungsregelung ausdrücklich zulässt**; in den nicht oder nur teilweise geregelten Bereichen kommt ergänzend die mitgliedstaatlich gewährte Satzungsautonomie zum Tragen[103]. Eine ausdrückliche Ermächtigung zur Einrichtung weiterer Organe findet sich in der Verordnung nicht. Immerhin aber finden sich Anhaltspunkte dafür, dass die Art. 39 ff. SE-VO, welche die Leitungsstruktur regeln, die Existenz weiterer Organe nicht gänzlich ausschließen[104]. Daher greift ergänzend die mitgliedstaatliche Satzungsfreiheit, die ihrerseits begrenzt wird durch die zwingenden Kompetenzzuweisungen der Art. 39 ff. SE-VO. Die **Satzung** kann demnach fakultative Organe einrichten, soweit dadurch die gesetzliche Zuständigkeitsverteilung nicht verändert wird[105].

45 Der **mitgliedstaatliche Gesetzgeber** kann SE-spezifische Vorschriften für dasjenige Leitungssystem erlassen, das seiner Rechtsordnung unbekannt ist (Art. 39 Abs. 5 SE-VO, Art. 43 Abs. 4 SE-VO). Der **deutsche Gesetzgeber** hat davon für das monistische System in den §§ 20 ff. SEAG Gebrauch gemacht und dabei dem in der SE-VO geregelten Verwaltungsorgan die Figur des **geschäftsführenden Direktors** an die Seite gestellt. Einige Autoren lehnen die Regelung mit dem Argument ab, es handele sich bei den geschäftsführenden Direktoren um ein zusätzliches Organ, das dem Wesen des monistischen Modells widerspreche (näher zu dieser Diskussion Art. 43 Rz. 30 ff.). Rechtsvergleichend ist die Delegation der Geschäftsführung auf separate Ausschüsse oder Geschäftsführer in monistisch geprägten Rechtssystemen weithin üblich (vgl. oben Rz. 16 ff. sowie Rz. 22 f. und Anh. Art. 43 § 40 SEAG Rz. 2). Art. 38 SE-VO ist daher nicht in dem Sinne zu verstehen, dass im monistischen System neben der Hauptversammlung und dem Verwaltungsorgan keine weiteren Organe existieren dürften[106]. Bedenkt man, dass im Aktienrecht der Mitgliedstaaten unter dem Dach der beiden Systeme des Monismus und des Dualismus eine beträchtliche Variationsbreite herrscht, wäre es eine überschießende Interpretation des Art. 38 SE-VO, ihm zu unterstellen, er wolle all diese im nationalen Recht bestehenden Gestaltungsmöglichkeiten kurzerhand abschneiden. Der Wortlaut spricht nicht davon, dass eine SE „nur" die in Art. 38 SE-VO genannten Organe haben könne. Er ist offen für weitere Organe. Art. 43 Abs. 1 Satz 2 SE-VO erwähnt eines dieser Modelle und bestätigt damit, dass innerhalb des Monismus die Existenz von „Geschäftsführern" neben dem Verwaltungsorgan denkbar ist, darin also noch kein Systembruch liegt, solange die Leitung weiterhin beim Verwaltungsorgan konzentriert ist[107]. Dies ist nach dem deutschen SEAG gewährleistet. Der Verwaltungsrat ist als Organ der Oberleitung verpflichtet und auch mit den nötigen Kompetenzen dazu ausgestattet, den geschäftsführenden Direktoren die Leitlinien ihrer Tätigkeit vorzugeben und deren Umsetzung zu überwachen (Art. 43 Rz. 64 ff. und Anh. Art. 43 § 22 SEAG Rz. 12 ff.).

---

103 Zur Satzungsautonomie in der SE *Hommelhoff* in FS Ulmer, S. 267 ff.; *Seibt* in Lutter/Hommelhoff, Europäische Gesellschaft, S. 67 ff. sowie Art. 9 Rz. 39 ff., 56 ff.
104 Ebenso *Schwarz*, Art. 38 SE-VO Rz. 5. Normative Anhaltspunkte sind Art. 39 Abs. 1 Satz 2 SE-VO und Art. 43 Abs. 1 Satz 2 SE-VO mit der Erwähnung der „Geschäftsführer" sowie Art. 54 Abs. 2 SE-VO zur Einberufung der Hauptversammlung mit der Erwähnung „anderer Organe".
105 *Reichert/Brandes* in MünchKomm. AktG, 3. Aufl., Art. 38 SE-VO Rz. 27 ff.; *Scholz* in Habersack/Drinhausen, Art. 38 SE-VO Rz. 12; *Schwarz*, Art. 38 SE-VO Rz. 6. Dies entspricht der Rechtslage im deutschen Aktienrecht (vgl. *Koch* in Hüffer, § 23 AktG Rz. 38).
106 So aber *Hoffmann-Becking*, ZGR 2004, 355, 369 ff.
107 Art. 43 Abs. 1 Satz 2 SE-VO ist andererseits keine Gestaltungsgrenze für diejenigen Mitgliedstaaten, deren nationales Recht den Monismus bislang nicht kennt (Art. 43 Rz. 30 ff.).

Abschnitt 1. Dualistisches System

Art. 39
[Aufgaben und Bestellung des Leitungsorgans]

(1) Das Leitungsorgan führt die Geschäfte der SE in eigener Verantwortung. Ein Mitgliedstaat kann vorsehen, dass ein oder mehrere Geschäftsführer die laufenden Geschäfte in eigener Verantwortung unter denselben Voraussetzungen, wie sie für Aktiengesellschaften mit Sitz im Hoheitsgebiet des betreffenden Mitgliedstaates gelten, führt bzw. führen.

(2) Das Mitglied/die Mitglieder des Leitungsorgans wird/werden vom Aufsichtsorgan bestellt und abberufen.

Die Mitgliedstaaten können jedoch vorschreiben oder vorsehen, dass in der Satzung festgelegt werden kann, dass das Mitglied/die Mitglieder des Leitungsorgans von der Hauptversammlung unter den Bedingungen, die für Aktiengesellschaften mit Sitz in ihrem Hoheitsgebiet gelten, bestellt und abberufen wird/werden.

(3) Niemand darf zugleich Mitglied des Leitungsorgans und Mitglied des Aufsichtsorgans der SE sein. Das Aufsichtsorgan kann jedoch eines seiner Mitglieder zur Wahrnehmung der Aufgaben eines Mitglieds des Leitungsorgans abstellen, wenn der betreffende Posten nicht besetzt ist. Während dieser Zeit ruht das Amt der betreffenden Person als Mitglied des Aufsichtsorgans. Die Mitgliedstaaten können eine zeitliche Begrenzung hierfür vorsehen.

(4) Die Zahl der Mitglieder des Leitungsorgans oder die Regeln für ihre Festlegung werden durch die Satzung der SE bestimmt. Die Mitgliedstaaten können jedoch eine Mindest- und/oder Höchstzahl festsetzen.

(5) Enthält das Recht eines Mitgliedstaats in Bezug auf Aktiengesellschaften mit Sitz in seinem Hoheitsgebiet keine Vorschriften über ein dualistisches System, kann dieser Mitgliedstaat entsprechende Vorschriften in Bezug auf SE erlassen.

§ 15 SEAG: Wahrnehmung der Geschäftsleitung durch Mitglieder des Aufsichtsorgans
Die Abstellung eines Mitglieds des Aufsichtsorgans zur Wahrnehmung der Aufgaben eines Mitglieds des Leitungsorgans nach Artikel 39 Abs. 3 Satz 2 der Verordnung ist nur für einen im Voraus begrenzten Zeitraum, höchstens für ein Jahr, zulässig. Eine wiederholte Bestellung oder Verlängerung der Amtszeit ist zulässig, wenn dadurch die Amtszeit insgesamt ein Jahr nicht übersteigt.

§ 16 SEAG: Zahl der Mitglieder des Leitungsorgans
Bei Gesellschaften mit einem Grundkapital von mehr als 3 Millionen Euro hat das Leitungsorgan aus mindestens zwei Personen zu bestehen, es sei denn, die Satzung bestimmt, dass es aus einer Person bestehen soll. § 38 Abs. 2 des SE-Beteiligungsgesetzes bleibt unberührt.

I. Regelungsinhalt, Hintergrund und Normzweck 1	3. Abweichungen vom nationalen Recht 7
II. Anwendbare Vorschriften	III. Stellung und Aufgaben des Leitungsorgans (Art. 39 Abs. 1 SE-VO)
1. Allgemeines. 5	1. Leitung der Gesellschaft
2. Gemeinsamkeiten mit dem nationalen Recht. 6	a) Allgemeines 8

b) Selbständige und weisungsunabhängige Leitung 9
2. Geschäftsführung der Gesellschaft 14
3. Vertretung der Gesellschaft 16
4. Leitungsorgan als Kollegialorgan
   a) Gesamtgeschäftsführung 18
   b) Aufgabenwahrnehmung, interne Organisation und Vorsitz des Leitungsorgans 19
   c) Stellvertretende Mitglieder 23
5. Ermächtigung nach Art. 39 Abs. 1 Satz 2 SE-VO 24

IV. Bestellung, Anstellung und Abberufung (Art. 39 Abs. 2 SE-VO)
1. Bestellung
   a) Grundsätzliches zur Bestellung
      aa) Zuständigkeit und Verfahren; mitbestimmungsrechtliche Aspekte 26
      bb) Gerichtliche Notbestellung, Führungslosigkeit 28
      cc) Die fehlerhafte Bestellung von Organmitgliedern 29
   b) Persönliche Voraussetzungen ... 31
   c) Dauer der Amtszeit 32

d) Besonderheiten beim ersten Leitungsorgan 33
2. Anstellungsvertrag 35
3. Abberufung; Kündigung des Anstellungsvertrags 37
4. Verlagerung der Zuständigkeit auf die Hauptversammlung (Art. 39 Abs. 2 Unterabs. 2 SE-VO) 40
5. Wettbewerbsverbot; Kreditgewährung an die Mitglieder des Leitungsorgans 42

V. Unvereinbarkeit nach Art. 39 Abs. 3 SE-VO
1. Trennung von Leitung und Kontrolle 44
2. Durchbrechung des Grundsatzes nach Art. 39 Abs. 3 Satz 2 SE-VO .. 46

VI. Mitgliederanzahl des Leitungsorgans (Art. 39 Abs. 4 SE-VO)
1. Allgemeines 50
2. Mitbestimmungsrechtliche Fragen . 51
3. Über- und Unterbesetzung des Leitungsorgans 54

VII. Ergänzende Bestimmungen (Art. 39 Abs. 5 SE-VO) 57

Literatur: *Brandt*, Die Hauptversammlung der Europäischen Aktiengesellschaft (SE), 2004 (zit.: Hauptversammlung); *Brandt*, Überlegungen zu einem SE-Ausführungsgesetz, NZG 2002, 991; *Brandt/Scheifele*, Die Europäische Aktiengesellschaft und das anwendbare Recht, DStR 2002, 547; *Buchheim*, Europäische Aktiengesellschaft und grenzüberschreitende Konzernverschmelzung, 2001; *Fleischer*, Der Einfluß der Societas Europaea auf die Dogmatik des deutschen Gesellschaftsrechts, AcP 204 (2004), 502; *Fleischer*, Bestellungsdauer und Widerruf der Bestellung von Vorstandsmitgliedern im in- und ausländischen Aktienrecht, AG 2006, 429; *Forst*, Die Beteiligungsvereinbarung nach § 21 SEBG, 2010; *Forstmoser*, Monistische oder dualistische Unternehmensverfassung? Das Schweizer Konzept, ZGR 2003, 688; *Funke*, Die Arbeitnehmerbeteiligung im Rahmen der Gründung einer SE – Praktische Tipps zu Planungsschritten und anzustellenden Überlegungen im Vorfeld, NZA 2009, 412; *Götz*, Gesamtverantwortung des Vorstands bei vorschriftswidriger Unterbesetzung, ZIP 2002, 1745; *Grobe*, Die Geschlechterquote für Aufsichtsrat und Vorstand, AG 2015, 289; *Grobys*, Das geplante Umsetzungsgesetz zur Beteiligung von Arbeitnehmern in der Europäischen Aktiengesellschaft, NZA 2004, 779; *Habersack*, Das Konzernrecht der deutschen SE, ZGR 2003, 724; *Henssler*, Erfahrungen und Reformbedarf bei der SE – Mitbestimmungsrechtliche Reformvorschläge, ZHR 173 (2009), 222; *Henze*, Leitungsverantwortung des Vorstands – Überwachungspflicht des Aufsichtsrats, BB 2000, 209; *Henze*, Entscheidungen und Kompetenzen der Organe in der AG: Vorgaben der höchstrichterlichen Rechtsprechung, BB 2001, 53; *Hinrichs/Plitt*, Die Wahl der Mitglieder des besonderen Verhandlungsgremiums in betriebsratslosen Gesellschaften bei SE-Gründung/grenzüberschreitender Verschmelzung, NZA 2010, 204; *Hirte*, Die Europäische Aktiengesellschaft, NZG 2002, 1; *Hoffmann-Becking*, Organe: Strukturen und Verantwortlichkeiten, insbesondere im monistischen System, ZGR 2004, 355; *Hommelhoff*, Einige Bemerkungen zur Organisationsverfassung der Europäischen Aktiengesellschaft, AG 2001, 279; *Hommelhoff*, Zum Konzernrecht der Europäischen Aktiengesellschaft, AG 2003, 179; *Hommelhoff/Lächler*, Förder- und Schutzrecht für den SE-Konzern, AG 2014, 257; *Hommelhoff/Mattheus*, Corporate Governance nach dem KonTraG, AG 1998, 249; *Hoops*, Die Mitbestimmungsvereinbarung in der Europäischen Aktiengesellschaft (SE), 2009; *Kleinhenz/Leyendecker-Langner*, Ämterkontinuität bei der Umwandlung in eine dualistisch verfasste SE, AG 2013, 507; *Knapp*, Die Hauptversammlung bei der Europäischen Aktiengesellschaft (SE) – Besonderheiten bei Vorbereitung und Durchführung, DStR 2012, 2392; *Kowalski*, Praxisfragen bei der

Umwandlung einer Aktiengesellschaft in eine Europäische Gesellschaft (SE), DB 2007, 2243; *Krause*, Die Mitbestimmung der Arbeitnehmer in der Europäischen Gesellschaft (SE), BB 2005, 1221; *Krieger*, Personalentscheidungen des Aufsichtsrats, 1981; *Leyens*, Deutscher Aufsichtsrat und U.S.-Board – ein- oder zweistufiges Verwaltungssystem?, RabelsZ 67 (2003), 57; *Lieder*, Der Aufsichtsrat im Wandel der Zeit, 2006; *Louven/Ernst*, Praxisrelevante Rechtsfragen im Zusammenhang mit der Umwandlung einer Aktiengesellschaft in eine Europäische Aktiengesellschaft (SE), BB 2014, 323; *Lutter*, Der Aufsichtsrat: Konstruktionsfehler, Inkompetenz seiner Mitglieder oder normales Risiko?, AG 1994, 176; *Nagel*, Ist die Europäische Aktiengesellschaft (SE) attraktiv?, DB 2004, 1299; *Niedenhoff*, Mitbestimmung im europäischen Vergleich, IW Trends 2005; *Niklas*, Beteiligung der Arbeitnehmer in der Europäischen Gesellschaft (SE) – Umsetzung in Deutschland, NZA 2004, 1200; *Oetker*, Die Beteiligung der Arbeitnehmer in der Europäischen Aktiengesellschaft (SE) unter besonderer Berücksichtigung der leitenden Angestellten, BB-Spezial 2005, 2; *Priester*, Aufstellung und Feststellung des Jahresabschlusses bei unterbesetztem Vorstand in FS Kropff, 1997, S. 591; *Rottnauer*, Konstituierung der HV durch einen „unterbesetzten Vorstand", NZG 2000, 414; *Schäfer*, Beschlussanfechtbarkeit bei Beschlussvorschlägen durch einen unterbesetzten Vorstand, ZGR 2003, 147; *Scheibe*, Die Mitbestimmung der Arbeitnehmer in der SE unter besonderer Berücksichtigung des monistischen Systems, 2007; *J. Schmidt*, Deutsche vs. britische SE, 2006; *Seibt*, Privatautonome Mitbestimmungsvereinbarungen – Rechtliche Grundlagen und Praxishinweise, AG 2005, 413; *Seibt*, Größe und Zusammensetzung des Aufsichtsrats in der SE, ZIP 2010, 1057; *Teichmann*, Vorschläge für das deutsche Ausführungsgesetz zur Europäischen Aktiengesellschaft, ZIP 2002, 1109; *Teichmann*, Die Einführung der Europäischen Aktiengesellschaft, ZGR 2002, 383; *Teichmann*, Binnenmarktkonformes Gesellschaftsrecht, 2006; *Teichmann*, Gestaltungsfreiheit in Mitbestimmungsvereinbarungen, AG 2008, 797; *Teichmann/Rüb*, Der Regierungsentwurf zur Geschlechterquote in Aufsichtsrat und Vorstand, BB 2015, 259; *Teichmann/Rüb*, Die gesetzliche Geschlechterquote in der Privatwirtschaft, BB 2015, 898; *Theisen*, Gesetzliche versus funktionsgerechte Informationsversorgung, ZGR 2013, 1; *Veil*, Das Konzernrecht der Europäischen Aktiengesellschaft, WM 2003, 2169; *v. Werder*, Formen der Führungsorganisation einer Europäischen Aktiengesellschaft, RIW 1997, 304.

I. Regelungsinhalt, Hintergrund und Normzweck

1 Art. 39 SE-VO stellt neben Art. 40 SE-VO die zentrale Vorschrift zur **dualistischen SE** dar. Neben der Aufgabenzuweisung an das Leitungsorgan (Abs. 1) regelt sie die Bestellung und Abberufung seiner Mitglieder (Abs. 2) sowie die Unvereinbarkeit zwischen einer Mitgliedschaft im Aufsichtsorgan mit einer Mitgliedschaft im Leitungsorgan (Abs. 3) als auch die Größe des Leitungsorgans (Abs. 4). Abs. 5 stellt eine Sondervorschrift dar, die es Mitgliedstaaten ohne Regelungen zum dualistischen System ermöglicht, solche für die SE zu erlassen. Deutschland ist daher als Normadressat ausgenommen und durfte von der Ermächtigung keinen Gebrauch machen[1].

2 Das dualistische System nach deutschem Vorbild war seit dem Sanders-Vorentwurf von 1967 als einziges Verwaltungssystem für die SE vorgesehen. Erst mit dem Entwurf einer SE-VO von 1989 änderte sich dieser Zustand. Der uns heute bekannte Art. 39 Abs. 1 bis Abs. 4 war mit einer größeren Detailtiefe im Sanders-Vorentwurf enthalten[2]. Zudem wurde dem Leitungsorgan eine weitgehende Befugniszuständigkeit eingeräumt, die ihre Grenze allein in den Rechtsgeschäften fand, die die Norm nicht ausdrücklich anderen Organen zuwies[3]. Die Begrenzung auf die Geschäftsführungsbefugnisse erfolgte – wiederum – erst mit Art. 64 Abs. 1 des Entwurfs einer SE-VO von 1989 bzw. 1991. Die im Sanders-Vorentwurf von 1967 hervorgehobene Stellung des Leitungsorgans fand ihren Ausdruck nicht nur in der umfassenden Befugniszuweisung,

---
1 Vgl. unten Rz. 53 sowie *Paefgen* in KölnKomm. AktG, 3. Aufl., Art. 39 SE-VO Rz. 94; *Seibt* in Habersack/Drinhausen, Art. 39 SE-VO Rz. 44; *Schwarz*, Art. 39 SE-VO Rz. 77; *Teichmann*, ZIP 2002, 1109, 1114; *Teichmann*, ZGR 2002, 383, 443.
2 Vgl. *Seibt* in Habersack/Drinhausen, Art. 39 SE-VO Rz. 2; ausführlich *Schwarz*, Art. 39 SE-VO Rz. 2 ff.
3 So Art. IV-1-3 Abs. 1 Sanders-Vorentwurf 1967, Art. 64 Abs. 1 SE-VO von 1970 und 1975.

sondern ebenfalls darin, wie es vom Aufsichtsorgan abberufen werden konnte: Erforderlich war dazu – wie heute immer noch für die AG im § 84 Abs. 3 AktG vorgesehen ist – das Vorliegen eines wichtiges Grundes (Art. IV-1-2 Abs. 7). Dies änderte sich wiederum mit dem Entwurf von 1989, der in Art. 62 Abs. 2 die Möglichkeit vorsah, dass die Mitglieder des Leitungsorgans jederzeit abberufen werden können, so wie etwa auch im französischen Aktienrecht der Fall ist. Nach vielfacher Kritik wurde allerdings die „Jederzeitigkeit" schon im Entwurf der SE-VO von 1991 wieder gestrichen[4]; bei dieser Wertung ist es dann bis heute geblieben.

Art. 39 SE-VO ist eine **Zuweisungsnorm**. Die Leitung der SE wird – ähnlich wie in der Aktiengesellschaft dem Vorstand – dem Leitungsorgan zugewiesen. Die Wahrnehmung der Leitung als solche erfolgt als **Kollegialorgan**, Art. 39 Abs. 1 Satz 1 SE-VO. Zugleich führt die Aufgabenzuweisung dazu, dass sich das Leitungsorgan von den anderen Organen der Gesellschaft, dem Aufsichtsorgan sowie der Hauptversammlung, abgrenzt[5]. Während das Leitungsorgan **selbständig** und **weisungsunabhängig** die Geschäfte der SE führt[6], steht dem Aufsichtsorgan zum einen die Personalkompetenz zu, in dem es die Mitglieder des Leitungsorgans bestellt und abberuft (vgl. Art. 39 Abs. 2 SE-VO) und zum anderen weist ihm Art. 40 Abs. 1 SE-VO die Aufgabe zu, die Führung der Geschäfte durch das Leitungsorgan zu überwachen. 3

Art. 39 Abs. 1 Satz 2 und Abs. 2 Satz 2 SE-VO ermöglichen Gestaltungen, die von den eben beschriebenen Grundsätzen abweichen. So können nach Abs. 1 Satz 2 Personen, die nicht Mitglieder des Leitungsorgans sind, mit der Wahrnehmung der laufenden Geschäfte der SE ganz oder teilweise eigenverantwortlich betraut werden. Zudem kann nach Abs. 2 Satz 2 die Kompetenz zur Bestellung und Abberufung der Mitglieder des Leitungsorgans auf die Hauptversammlung übertragen werden. Beide Gestaltungsoptionen stehen allerdings unter dem Vorbehalt, dass das jeweilige nationale Aktienrecht die Möglichkeit auch für die nationale AG vorsieht. Das ist in Deutschland nicht der Fall; die Regelungen gehen daher für Deutschland ins Leere[7]. 4

II. Anwendbare Vorschriften

1. Allgemeines

Die SE-VO enthält verschiedene Verweise auf Vorschriften der nationalen Gesetzgeber. So findet für die dualistisch organisierte SE mit Sitz in Deutschland das Aktiengesetz Anwendung. Die SE-VO bedient sich dabei verschiedener Verweistechniken: In Art. 9 Abs. 1 lit. c ii SE-VO befindet sich die Generalverweisung. Sie fungiert als Auffangnorm, wenn keine ausdrücklicheren Verweisnormen greifen. Zu diesen Normen gehören zum einen partielle Generalverweisungen (Artt. 15, 18 SE-VO) sowie Spezialverweisungen (Artt. 51, 52 SE-VO). Trotz alledem existieren Abweichungen vom nationalen Recht. Nachfolgend verdeutlicht die Übersicht Gemeinsamkeiten (Rz. 6) und Abweichungen (Rz. 7) vom Recht der SE zum Aktienrecht[8]: 5

---

[4] Dazu *Schwarz*, Art. 39 SE-VO Rz. 63; *Seibt* in Habersack/Drinhausen, Art. 39 SE-VO Rz. 2.
[5] So auch *Reichert/Brandes* in MünchKomm. AktG, 3. Aufl., Art. 39 SE-VO Rz. 1.
[6] *Paefgen* in KölnKomm. AktG, 3. Aufl., Art. 39 SE-VO Rz. 22 ff.
[7] Dazu auch *Paefgen* in KölnKomm. AktG, 3. Aufl., Art. 39 SE-VO Rz. 89 ff.; *Seibt* in Habersack/Drinhausen, Art. 39 SE-VO Rz. 1; zur Forderung, die Personalkompetenz der Hauptversammlung übertragen zu können, vgl. *Seibt* in K. Schmidt/Lutter, § 84 AktG Rz. 2 sowie zu konzernrechtlichen Problemen bei der SE *Hommelhoff*, AG 2001, 279, 183; *Hirte*, NZG 2002, 1, 6.
[8] Vgl. zudem die Übersicht bei *Seibt* in Habersack/Drinhausen, Art. 39 SE-VO Rz. 3.

2. Gemeinsamkeiten mit dem nationalen Recht

6

SE mit Sitz in Deutschland	Regelung im Aktienrecht	Bemerkung
Art. 39 Abs. 1 Satz 1 SE-VO	§ 76 Abs. 1 Satz 1 AktG	– Ausdruck der unabhängigen Leitungskompetenz des Leitungsorgans der SE – Vgl. für das Aufsichtsorgan Art. 40 Abs. 1 Satz 2 SE-VO
Art. 9 Abs. 1 lit. c ii SE-VO i.V.m. § 76 Abs. 4 AktG	§ 76 Abs. 4 AktG	– Festlegung von Zielgrößen in den beiden Führungsebenen unterhalb des Vorstands
Art. 39 Abs. 1 i.V.m. Art. 50 SE-VO	§ 77 Abs. 1 Satz 1 AktG	– Grundsatz der Gesamtgeschäftsführung durch das Leitungsorgan
Art. 39 Abs. 4 Satz 2 SE-VO i.V.m. § 16 Satz 1 SEAG	§ 76 Abs. 2 Satz 1 und 2 AktG	– Anzahl der Mitglieder des Leitungsorgans
Art. 9 Abs. 1 lit. c ii SE-VO i.V.m. § 78 Abs. 1 AktG	§ 78 Abs. 1 AktG	– Leitungsorgan als Vertreter der SE
Art. 9 Abs. 1 lit. c ii SE-VO i.V.m. § 78 Abs. 2 Satz 1 AktG	§ 78 Abs. 2 Satz 1 AktG	– Regelung über die Aktivvertretung der SE – Grundsatz der Gesamtvertretungsmacht des Leitungsorgans
Art. 9 Abs. 1 lit. c ii SE-VO i.V.m. § 78 Abs. 2 Satz 2 AktG	§ 78 Abs. 2 Satz 2 AktG	– Regelung über die Passivvertretung der SE – Grundsatz der Einzelvertretungsbefugnis
Art. 9 Abs. 1 lit. c ii SE-VO i.V.m. § 78 Abs. 3, Abs. 4 AktG	§ 78 Abs. 3, Abs. 4 AktG	– Abweichende bzw. ergänzende Regelungen zur Gesamtvertretungsmacht des Leitungsorgans
Art. 9 Abs. 1 lit. c ii SE-VO i.V.m. § 82 Abs. 1 AktG	§ 82 Abs. 1 AktG	– Grundsatz der Unbeschränkbarkeit der Vertretungsbefugnis des Leitungsorgans
Art. 9 Abs. 1 lit. c ii SE-VO i.V.m. § 82 Abs. 2 AktG	§ 82 Abs. 2 AktG	– Grundsatz der Beschränkbarkeit der Geschäftsführungsbefugnis der Leitungsorganmitglieder
Art. 9 Abs. 1 lit. c ii SE-VO i.V.m. § 84 Abs. 1 Satz 5 AktG	§ 84 Abs. 1 Satz 5	– Zuständigkeit des Überwachungsorgans für Abschluss des Anstellungsvertrags; Laufzeit des Anstellungsvertrags
Art. 9 Abs. 1 lit. c ii SE-VO i.V.m. § 85 AktG	§ 85 AktG	– Gerichtliche Bestellung von Mitglieder des Leitungsorgans
Art. 9 Abs. 1 lit. c ii SE-VO i.V.m. § 87 Abs. 1 AktG	§ 87 Abs. 1 AktG	– Angemessenheit der Bezüge des Leitungsorgans
Art. 9 Abs. 1 lit. c ii SE-VO i.V.m. § 87 Abs. 2 AktG	§ 87 Abs. 2 AktG	– Möglichkeit zur Herabsetzung der Bezüge des Leitungsorgans
Art. 9 Abs. 1 lit. c ii SE-VO i.V.m. § 87 Abs. 3 AktG	§ 87 Abs. 3 AktG	– Bezüge des Leitungsorgans bei Insolvenz der Gesellschaft
Art. 9 Abs. 1 lit. c ii SE-VO i.V.m. § 88 AktG	§ 88 AktG	– Wettbewerbsverbot von Mitgliedern des Leitungsorgans
Art. 9 Abs. 1 lit. c ii SE-VO i.V.m. § 89 AktG	§ 89 AktG	– Gewährung von Krediten an Mitglieder des Leitungsorgans
Art. 9 Abs. 1 lit. c ii SE-VO i.V.m. § 94 AktG	§ 94 AktG	– Regelungen für stellvertretende Mitglieder

3. Abweichungen vom nationalen Recht

SE mit Sitz in Deutschland	Regelung im Aktienrecht	Bemerkung
Art. 39 Abs. 4 Satz 2 SE-VO i.V.m. § 16 Satz 2 SEAG, § 38 Abs. 2 SEBG	§ 76 Abs. 2 Satz 1 und 2 AktG	– Sonderregelung wegen Mitbestimmungsrecht in Deutschland; anderenfalls würde ein europarechtlicher Verstoß vorliegen (siehe dazu ausführlich Rz. 48 f.)
Art. 39 Abs. 3 SE-VO, Art. 47 Abs. 2 SE-VO, Art. 9 Abs. 1 lit. c ii SE-VO i.V.m. § 105 Abs. 1 AktG	§ 76 Abs. 3, § 105 AktG	– Bestellungsvoraussetzungen bzw. Hindernisse
Art. 9 Abs. 1 lit. c ii, iii SE-VO i.V.m. § 77 Abs. 1 Satz 2 AktG, Art. 50 Abs. 2 Satz 1 SE-VO	§ 77 Abs. 1 Satz 2 AktG	– Abdingbarkeit der Binnenorganisation – Ausschlaggebendes Stimmrecht für Vorsitzenden des Leitungsorgans nach Art. 50 Abs. 2 Satz 1 SE-VO
Art. 9 Abs. 1 lit. c ii SE-VO i.V.m. § 77 Abs. 1 Satz 2 AktG, Art. 50 Abs. 1 SE-VO	§ 77 Abs. 2 AktG	– Erlass von Geschäftsordnung – Geltung des Mehrheitsprinzips in der SE
Art. 39 Abs. 2 Unterabs. 1 SE-VO, Art. 9 Abs. 1 lit. c ii SE-VO i.V.m. § 84 Abs. 1 Satz 1 AktG, Art. 50 Abs. 1 lit. b SE-VO	§ 84 Abs. 1 Satz 1 AktG	– Aufsichtsorgan als Bestellungsorgan – Abdingbarkeit für Beschlussfassungsmehrheit durch Satzung – Besondere Anforderungen nach § 31 MitbestG gelten nicht; keine Regelungen nach SEBG
Art. 46 Abs. 1 SE-VO	§ 84 Abs. 1 Satz 1 AktG	– Maximaldauer der Amtszeit von sechs Jahren
Art. 46 Abs. 2 SE-VO	§ 84 Abs. 1 Satz 2–4 AktG	– Satzungsvorbehalt bei Wiederbestellung des Leitungsorgans
Art. 9 Abs. 1 lit. c ii SE-VO i.V.m. § 84 Abs. 2 AktG, Art. 50 Abs. 2 Satz 1 SE-VO	§ 84 Abs. 2 AktG	– Vorsitzender des Leitungsorgans hat ausschlaggebendes Stimmrecht
Art. 39 Abs. 2 SE-VO, Art. 50 Abs. 1 lit. b SE-VO, Art. 9 Abs. 1 lit. c ii SE-VO i.V.m. § 84 Abs. 3 AktG	§ 84 Abs. 3 AktG	– Abweichende Mehrheitsbestimmung in Satzung möglich – Besondere Anforderungen nach § 31 MitbestG gelten nicht; keine Regelungen nach SEBG

III. Stellung und Aufgaben des Leitungsorgans (Art. 39 Abs. 1 SE-VO)

1. Leitung der Gesellschaft

a) Allgemeines

Art. 39 Abs. 1 Satz 1 SE-VO entspricht funktionell § 76 Abs. 1 AktG; auch wenn die Formulierung eine andere ist[9]. Danach führt das Leitungsorgan die Geschäfte der SE in eigener Verantwortung. Die im AktG geführte Diskussion, ob und wie sich Geschäftsführung und Leitung terminologisch unterscheiden, da das AktG beide Begrif-

---

9 *Paefgen* in KölnKomm. AktG, 3. Aufl., Art. 39 SE-VO Rz. 23 f.; *Reichert/Brandes* in MünchKomm. AktG, 3. Aufl., Art. 39 SE-VO Rz. 9; *Manz* in Manz/Mayer/Schröder, Art. 39 SE-VO Rz. 5; *Hirte*, NZG 2002, 1, 6; *Veil*, WM 2003, 2169, 2170; *Hommelhoff*, AG 2003, 179, 182.

fe an unterschiedlichen Stellen verwendet, ist bei der SE nicht relevant[10]. Der Geschäftsführungsbegriff umfasst sowohl das rechtsgeschäftliche und tatsächliche Handeln für die Gesellschaft als auch die Unternehmensleitung als herausgehobenen Teil der Geschäftsführung[11]. Insofern existieren Parallelen zum Vorstand im AktG. Damit erfolgt zugleich die Abgrenzung zu den Kompetenzen anderer Organe[12].

b) Selbständige und weisungsunabhängige Leitung

9   Von besonderer Bedeutung in Art. 39 Abs. 1 Satz 1 SE-VO ist das Merkmal „in eigener Verantwortung". Auslegung und Behandlung sind in der Literatur umstritten[13], da es in anderen Sprachfassungen nicht auftaucht[14]. Hierbei wird ein besonderes Problem der SE deutlich: Zwar handelt es sich bei dieser um eine Rechtsform, die durch die SE-VO in jedem Mitgliedstaat existiert, allerdings stellt jede SE eines Mitgliedstaates – wegen der besonderen Verweise ins nationale Recht, aber auch wegen der unterschiedlichen Übersetzungen – wieder eine eigene Rechtsform dar, so dass mit der SE nicht nur *eine* neue europäische Rechtsform geschaffen wurde, sondern eine neue Rechtsform je EU-Mitgliedsstaat.

10 Dies führt dazu, dass die Frage über die Herleitung der Weisungsunabhängigkeit des Leitungsorgans strittig ist. So leitet eine Ansicht aus dem in der deutschen Fassung vorhandenen Merkmal „in eigener Verantwortung" wegen der Ähnlichkeit zu § 76 Abs. 1 AktG, der von „unter eigener Verantwortung" spricht, eine **funktionelle Entsprechung** her. Diese Ansicht sieht zudem die im AktG damit einhergehende Weisungsunabhängigkeit des AG-Vorstands gegenüber Aufsichtsrat und Hauptversammlung ebenso für das Leitungsorgan der SE gegenüber Aufsichtsorgan und Hauptversammlung als gegeben an[15]. Hingegen versteht eine Gegenauffassung in diesem Merkmal allein einen **Verweis auf die haftungsrechtliche Verantwortung** der Mitglieder des Leitungsorgans[16]. Dies entspreche der Wortlautauslegung der englischen und französischen Sprachfassungen, die eben diesen Zusatz nicht beinhalten. Zudem sei die gleiche Formulierung in Art. 39 Abs. 1 Satz 2 SE-VO und Art. 43 Abs. 1 Satz 2 SE-VO vorhanden, was zu der Irritation führen könne, zwei weisungsunabhängige Leitungsorgane können nebeneinander existieren, obwohl im monistischen als auch im dualistischen Verwaltungssystem der Leitgedanke eines einheitlichen unternehmerischen Organs vorherrsche[17]. Die Weisungsunabhängigkeit leitet sich daher nach dieser Ansicht gegenüber dem Aufsichtsorgan zum einen aus dem Verbot für das Aufsichtsorgan, die Geschäftsführung zu übernehmen, aus **Art. 40 Abs. 1 Satz 2 SE-VO** und dem **Funktionsprinzip des dualistischen Verwaltungssystems** und zum anderen gegenüber der

---

10 Zur Diskussion vgl. *Fleischer* in Spindler/Stilz, § 76 AktG Rz. 12 ff.
11 *Reichert/Brandes* in MünchKomm. AktG, 3. Aufl., Art. 39 SE-VO Rz. 2; *Seibt* in Habersack/Drinhausen, Art. 39 SE-VO Rz. 4; *Hirte*, NZG 2002, 1, 6.
12 *Eberspächer* in Spindler/Stilz, AktG, Art. 39 SE-VO Rz. 4; *Reichert/Brandes* in MünchKomm. AktG, 3. Aufl., Art. 29 SE-VO Rz. 1.
13 Dazu *Seibt* in Habersack/Drinhausen, Art. 39 SE-VO Rz. 6; *Reichert/Brandes* in MünchKomm. AktG, 3. Aufl., Art. 39 SE-VO Rz. 6; *Manz* in Manz/Mayer/Schröder, Art. 39 SE-VO Rz. 5; *Paefgen* in KölnKomm. AktG, 3. Aufl., Art. 39 SE-VO Rz. 23 f.; *Hirte*, NZG 2002, 1, 6; *Veil*, WM 2003, 2169, 2170.
14 Vgl. die Nachweise bei *Seibt* in Habersack/Drinhausen, Art. 39 SE-VO Rz. 6.
15 *Reichert/Brandes* in MünchKomm. AktG, 3. Aufl., Art. 39 SE-VO Rz. 6; *Manz* in Manz/Mayer/Schröder, Art. 39 SE-VO Rz. 5; *Paefgen* in KölnKomm. AktG, 3. Aufl., Art. 39 SE-VO Rz. 23 f.; *Hirte*, NZG 2002, 1, 6; *Veil*, WM 2003, 2169, 2170.
16 So vor allem *Schwarz*, Art. 39 SE-VO Rz. 25; *Seibt* in Habersack/Drinhausen, Art. 39 SE-VO Rz. 6.
17 *Seibt* in Habersack/Drinhausen, Art. 39 SE-VO Rz. 6.

Hauptversammlung aus Art. 52 Satz 1 SE-VO her[18]. Über Art. 52 Satz 2 SE-VO finden für die dualistische SE mit Sitz in Deutschland, die für die AG geltenden Vorschriften für Weisungsbeschlüsse der Hauptversammlung bei Geschäftsführungsmaßnahmen – nämlich § 119 Abs. 2 AktG – und die Holzmüller/Gelatine-Grundsätze[19] auch für die SE Anwendung[20]. Dem wiederum wird entgegengehalten, dass bereits in Art. 51 SE-VO die Haftung der Organe geregelt und dadurch eine zusätzliche Festschreibung in Art. 39 Abs. 1 Satz 1 SE-VO nicht notwendig sei[21]. Zudem existiere keine abschließende gemeinschaftsrechtliche Regelung über die Zuständigkeitsverteilung zwischen Leitungsorgan und Hauptversammlung in der SE-VO[22]. Nach dieser Auffassung könne man nicht von einer Weisungsunabhängigkeit nach der SE-VO des Leitungsorgans der SE gegenüber der Hauptversammlung ausgehen[23]. Richtigerweise kann eine Kompetenzabgrenzung und eine damit verbundene Weisungsunabhängigkeit des Leitungsorgans nur in einer Gesamtschau erfolgen[24]. Allein auf den Wortlaut von Art. 39 Abs. 1 Satz 1 SE-VO abzustellen, genügt dafür nicht. Ebenso wenig kann auf die verschiedenen Versionen der Textfassungen zurückgegriffen werden, da sie vornehmlich aus traditionellen und historischen Gründen gefasst wurden[25]. Vielmehr muss die Kompetenzordnung der dualistisch organisierten SE maßgeblich sein: Gegenüber dem Aufsichtsorgan ergibt sich die Weisungsunabhängigkeit – neben Art. 39 Abs. 1 Satz 1 SE-VO – auch aus Art. 40 Abs. 1 Satz 2 SE-VO. Indem das Leitungsorgan die Geschäfte in eigener Verantwortung führt und das Aufsichtsorgan von dieser Befugnis ausgeschlossen ist, bleibt es dem Aufsichtsorgan verwehrt, jenseits von Beratung oder Zustimmungserfordernis bestimmenden Einfluss auf das Leitungsorgan auszuüben. Auch gegenüber der Hauptversammlung ist das Leitungsorgan weisungsunabhängig. Dies ergibt sich – verneint man eine Zuständigkeitsverteilung zwischen Leitungsorgan und Hauptversammlung nach der SE-VO – zumindest aus Art. 52 Satz 2 SE-VO i.V.m. den nationalen Regelungen des Sitzungsstaates. Art. 39 Abs. 1 Satz 1 SE-VO hat hingegen nicht die Funktion eines Verweises auf die haftungsrechtliche Verantwortung des Leitungsorgans. Praktische Auswirkungen hat der Streit hingegen nicht.

Über die Generalverweisung des Art. 9 Abs. 1 lit. c ii SE-VO findet der 2015 neu eingefügte § 76 Abs. 4 AktG **zur Frauenförderung** auf die dualistisch organisierte SE Anwendung[26]. Damit ist auch das Leitungsorgan der SE, die börsennotiert ist oder der Mitbestimmung unterliegt, verpflichtet, Zielgrößen für den Frauenanteil in den bei-

11

---

18 *Seibt* in Habersack/Drinhausen, Art. 39 SE-VO Rz. 6; *Schwarz*, Art. 39 SE-VO Rz. 27.
19 Dazu ausführlich *Kubis* in MünchKomm. AktG, 3. Aufl., § 119 AktG Rz. 32 ff.; *Drinhausen* in Hölters, § 119 AktG Rz. 16 ff.; *Hoffmann* in Spindler/Stilz, § 119 AktG Rz. 21 ff.
20 *Seibt* in Habersack/Drinhausen, Art. 39 SE-VO Rz. 6; *Schwarz*, Art. 39 SE-VO Rz. 25; mit abweichender Begründung *Paefgen* in KölnKomm. AktG, 3. Aufl., Art. 39 SE-VO Rz. 24.
21 *Paefgen* in KölnKomm. AktG, 3. Aufl., Art. 39 SE-VO Rz. 22.
22 *Paefgen* in KölnKomm. AktG, 3. Aufl., Art. 39 SE-VO Rz. 24; *Spindler*, Art. 52 SE-VO Rz. 10; *Hirte*, NZG 2002, 1, 8; a.A. *Brandt*, Hauptversammlung, S. 90 f., 108 ff.
23 Dazu *Paefgen* in KölnKomm. AktG, 3. Aufl., Art. 39 SE-VO Rz. 24; a.A. *Reichert/Brandes* in MünchKomm. AktG, 3. Aufl., Art. 39 SE-VO Rz. 9; *J. Schmidt*, Deutsche vs. britische SE, S. 498 f.
24 Vgl. *Brandt*, Hauptversammlung, S. 90 f., 108 ff., der durch eine Gesamtschau bereits aus der SE-VO eine satzungsfeste Geschäftsführungskompetenz herleitet, in der die Hauptversammlung keine Einwirkungsbefugnisse hat; kritisch dazu *Paefgen* in KölnKomm. AktG, 3. Aufl., Art. 39 SE-VO Rz. 24 Fn. 47.
25 Dazu *J. Schmidt*, Deutsche vs. britische SE, S. 498 f.; darauf aber abstellend *Seibt* in Habersack/Drinhausen, Art. 39 SE-VO Rz. 6; *Schwarz*, Art. 39 SE-VO Rz. 24.
26 Vgl. Begründung BT-Drucks. 18/4227, S. 23.

den unter ihm liegenden Führungsebenen festzulegen[27]. Die Erfüllung eines der beiden Merkmale genügt. Börsennotierung ist auch die Notiz an einer dem deutschen regulierten Markt vergleichbaren Auslandsbörse[28]. In Bezug auf die Mitbestimmung kommt es auf den Ist-, nicht auf den Sollzustand an. Die regelwidrige Besetzung des Aufsichtsorgans kann entsprechend §§ 96 Abs. 4, 98 Abs. 1 AktG nur im Statusverfahren geltend gemacht werden.

12 Unklar ist, was „der Mitbestimmung unterliegen" bei der SE bedeutet. Da die gesetzlichen Regelungen der deutschen Mitbestimmung, insbesondere das MitbestG und das DrittelbG, auf die SE nicht anwendbar sind, ist der Verweis auf die Pflicht zur Mitbestimmung auf das SEBG zu beziehen. Bleibt die SE danach **mitbestimmungsfrei**, findet auch § 76 Abs. 4 AktG keine Anwendung. Das gilt auch dann, wenn sie inzwischen mehr als 500 Arbeitnehmer beschäftigt, sofern nicht eine Pflicht zur Neuverhandlung der Mitbestimmung entsteht[29]. Fraglich ist hingegen, ob jede Form der Mitbestimmung genügt. In Europa gibt es **Mitbestimmungssysteme**, die weit früher einsetzen als die aus dem deutschen Recht bekannte Schwelle von 500 Arbeitnehmern. In Schweden und Dänemark liegen die Schwellenwerte etwa bei 25 bzw. 35 Arbeitnehmern[30]. Es sind daher SE mit Sitz in Deutschland denkbar, die schon bei weit weniger als 500 Arbeitnehmern mitbestimmt sind. Die weiche Quote des § 76 Abs. 4 AktG auch auf solche Gesellschaften anzuwenden, widerspricht dem Regelungsanliegen des Teilhabegesetzes[31], das die Geschlechtergerechtigkeit gerade in Unternehmen von besonderem öffentlichem Interesse fördern wollte[32]. Dazu gehört die nicht börsennotierte SE mit 35 Arbeitnehmern sicherlich nicht. Ebenso wird es in Unternehmen mit deutlich unter 500 Arbeitnehmern vielfach keine zwei Leitungsebenen unterhalb des Vorstands geben. Der Wortlaut spricht dennoch für ein formales und nicht schutzzweckorientiertes Verständnis der Norm. Zudem ist bei der SE als supranationaler Rechtsform die deutsche Eingreifschwelle bei 500 Arbeitnehmern generell nicht von Bedeutung, so dass man sie auch nicht mittelbar zur Voraussetzung der Anwendung von § 76 Abs. 4 AktG machen kann. Die Norm ist daher formal dahin auszulegen, dass jede Pflicht zur Mitbestimmung genügt. Gleichgültig ist auch, ob sie aus einer Vereinbarung (Art. 4 RL 2001/86//EG) oder aus dem Eingreifen der Auffanglösung (Art. 7 RL 2001/86/EG) folgt.

13 Eine weitere Frage ist, ob die Mitbestimmungsvereinbarung nach Art. 4 RL 2001/86/EG von der weichen Quotenregelung des deutschen Gesetzes abweichen kann. Das wird hier in Bezug auf die „harte" Quote zur Besetzung des Aufsichtsorgans nach § 17 SEAG bejaht[33]. In Bezug auf Art. 39 SE-VO und § 76 Abs. 4 AktG ist die Frage hingegen zu verneinen. Verhandlungskompetenz haben die Parteien im Rahmen des Art. 4 RL 2001/86/EG nur in Bezug auf das Organ, in dem die Repräsentation der Arbeitnehmer stattfindet. Die weiche Quote in Bezug auf den Frauenanteil betrifft aber eine Vorstandspflicht, der Aufsichtsrat wirkt daran allenfalls beratend mit. Die Parteien der Mitbestimmungsvereinbarung können also über diese Pflicht nicht disponieren.

---

27 Zur den daraus resultierenden konkreten Pflichten des Vorstands in der Aktiengesellschaft siehe *Seibt* in K. Schmidt/Lutter, § 76 AktG Rz. 43 ff.
28 Vgl. *Koch* in Hüffer, § 3 AktG Rz. 6; *Drygala* in K. Schmidt/Lutter, § 96 AktG Rz. 33.
29 Zum „Einfrieren" der Mitbestimmung durch Vereinbarung vor Erreichen der nach deutschem Recht maßgeblichen Schwellenwerte siehe *Teichmann/Rüb*, BB 2015, 259, 266; *Grobe*, AG 2015, 289, 298.
30 Dazu *Niedenhoff*, IW-Trends 2005, S. 14.
31 Gesetz für die gleichberechtigte Teilhabe von Frauen und Männern an Führungspositionen in der Privatwirtschaft und im öffentlichen Dienst v. 24.4.2015, BGBl. I 2015, 642.
32 Vgl. BT-Drucks. 18/4227, S. 26.
33 Zur starren Quote in der dualistischen SE siehe auch *Teichmann/Rüb*, BB 2015, 898, 904.

2. Geschäftsführung der Gesellschaft

Dem Leitungsorgan obliegt nach Art. 39 Abs. 1 Satz 1 SE-VO die Geschäftsführung. Erfasst ist davon jedes rechtsgeschäftliche und tatsächliche Handeln für die SE[34]. Dazu zählt auch das laufende Geschäft, was im Umkehrschluss aus Art. 39 Abs. 1 Satz 2 SE-VO folgt[35]. Nach Art. 9 Abs. 1 lit. c ii SE-VO i.V.m. § 82 Abs. 2 AktG kann die Geschäftsführungsbefugnis der Leitungsorganmitglieder beschränkt werden. Von der Geschäftsführung ebenfalls erfasst ist die Leitung des Unternehmens als solche, sog. Unternehmensführung[36]. Sie stellt einen herausgehobenen und unübertragbaren Teil der Geschäftsführung dar[37]. Um zu bestimmen, was alles unter die Unternehmensführung fällt, kann man sich an betriebswirtschaftliche Ansätze anlehnen[38]. Danach umfasst die Unternehmensführung die **Unternehmensplanung** und **Unternehmensstrategie** sowie insbesondere die Investitionen, die Finanzen, das Personalwesen, die Organisation und Verwaltung, die Produktion, die Beschaffung, der Absatz sowie die Forschung und Entwicklung als auch das Controlling und die Beteiligungsverwaltung[39]. Die Einrichtung eines **Risikofrüherkennungs- und -überwachungssystems** folgt entgegen einiger Stimmen[40] nicht bereits aus Art. 39 Abs. 1 Satz 1 SE-VO, sondern aus Art. 9 Abs. 1 lit. c ii SE-VO i.V.m. § 91 Abs. 2 AktG[41]. 14

Die Befugnis zur Geschäftsführung durch das Leitungsorgan findet ihre Grenzen dort, wo die SE-VO entweder selbst oder durch Verweisung ins nationale Recht die Kompetenz zur Geschäftsführung einem anderen Organ zuweist oder die Möglichkeit einer Einschränkung vorsieht. Für das Aufsichtsorgan gilt, dass es grundsätzlich selbst nicht die Geschäfte der SE führen darf, Art. 40 Abs. 1 Satz 2 SE-VO, sondern diese dem Leitungsorgan zugewiesene Aufgabe zu überwachen hat, Art. 40 Abs. 1 Satz 1 SE-VO. Allerdings soll diese Grundkonstellation nicht darüber hinwegtäuschen, dass auch das dualistische System sich Elementen des monistischen Systems bedient und sich beide Systeme annähern[42]. So nimmt das Aufsichtsorgan – ähnlich wie der Aufsichtsrat bei der AG – eine das Leitungsorgan beratende und somit **mitunternehmerähnliche Stellung** ein[43]. Dass dem Aufsichtsorgan der SE die gleiche 15

---

34 *Schwarz*, Art. 39 SE-VO Rz. 12; *Seibt* in Habersack/Drinhausen, Art. 39 SE-VO Rz. 4; wegen der Nähe zur AG siehe auch *Spindler* in MünchKomm. AktG, 4. Aufl., § 76 AktG Rz. 15 ff.
35 Vgl. *Paefgen* in KölnKomm. AktG, 3. Aufl., Art. 39 SE-VO Rz. 17.
36 So auch *Paefgen* in KölnKomm. AktG, 3. Aufl., Art. 39 SE-VO Rz. 17; ausführlich zum Begriff *Spindler* in MünchKomm. AktG, 4. Aufl., § 76 AktG Rz. 16; *Fleischer* in Spindler/Stilz, § 76 AktG Rz. 18 ff.
37 Ebenfalls *Seibt* in Habersack/Drinhausen, Art. 39 SE-VO Rz. 4; *Schwarz*, Art. 39 SE-VO Rz. 13; *Hirte*, NZG 2002, 1, 6; ein etwas anderes Begriffsverständnis findet sich bei *Reichert/Brandes* in MünchKomm. AktG, 3. Aufl., Art. 39 SE-VO Rz. 2, nach denen „wie bei der Aktiengesellschaft" zwischen Leitung nach Art. 39 Abs. 1 Satz 1 SE-VO und Geschäftsführung nach § 77 AktG zu differenzieren sei. Nach überwiegender Auffassung gilt ein solches Verständnis allerdings nicht bei der AG, vgl. *Spindler* in MünchKomm. AktG, 4. Aufl., § 76 AktG Rz. 17 sowie *Fleischer* in Spindler/Stilz, § 76 AktG Rz. 12 ff.
38 Zu diesen *Fleischer* in Spindler/Stilz, § 76 AktG Rz. 16 m.w.N.
39 Vgl. *Henze*, BB 2000, 209, 210; *Henze*, BB 2001, 53, 57; *Paefgen* in KölnKomm. AktG, 3. Aufl., Art. 39 SE-VO Rz. 17; für einen funktionellen Ansatz *Fleischer* in Spindler/Stilz, § 76 AktG Rz. 16 ff.
40 *Seibt* in Habersack/Drinhausen, Art. 39 SE-VO Rz. 5.
41 Ebenso *Paefgen* in KölnKomm. AktG, 3. Aufl., Art. 39 SE-VO Rz. 17; *Schwarz*, Art. 39 SE-VO Rz. 15.
42 Dazu *Drygala* in K. Schmidt/Lutter, § 111 AktG Rz. 5; *Fleischer*, AcP 204 (2004), 502, 527; *Hommelhoff/Mattheus*, AG 1998, 249, 251; *Leyens*, RabelsZ 67 (2003), 57, 96 f.; *Lutter*, AG 1994, 176; *Lieder*, Der Aufsichtsrat im Wandel der Zeit, 2006, S. 643 m.w.N.; sehr skeptisch dazu *Theisen*, ZGR 2013, 1, 24 f.
43 *Drygala* in K. Schmidt/Lutter, § 111 AktG Rz. 5.

Stellung wie dem Aufsichtsrat bei der AG zukommen soll, zeigt vor allem die Regelung des deutschen Gesetzgebers in **§ 19 SEAG**. Danach können bestimmte Maßnahmen der Geschäftsführung nur **mit Zustimmung des Aufsichtsorgans** vorgenommen werden[44]. Er bedient sich dabei der in Art. 48 Abs. 1 Satz 2 SE-VO den nationalen Gesetzgebern eröffneten Ermächtigung, dem Aufsichtsorgan entsprechende Zustimmungsbefugnisse für Geschäftsführungsmaßnahmen einzuräumen. Damit wurde eine Parallele mit wenigen Unterschieden zu § 111 Abs. 4 Satz 1 AktG hergestellt[45]. Aber auch im Verhältnis zur Hauptversammlung einer deutsch geprägten SE existieren Einschränkungen der Geschäftsführungskompetenz des Leitungsorgans. So wird diesem über **Art. 52 Satz 2 i.V.m. § 119 Abs. 2 AktG** die Befugnis eingeräumt, Fragen der Geschäftsführung der Hauptversammlung vorzulegen. Der Entschluss zur Übertragung selbst stellt eine Maßnahme der Geschäftsführung dar[46]. Richtigerweise handelt es sich bei § 119 Abs. 2 AktG um eine Regelung, die dem primär zuständigen Leitungsorgan die Kompetenz einräumt, die Entscheidung über die Geschäftsführungsmaßnahme der Hauptversammlung – als dem subsidiär zuständigen Organ – zu übertragen[47]. Etwas komplexer ist hingegen die Beantwortung der Frage, wann die Befugnis des Leitungsorgans, die Geschäfte der SE zu führen, durch sog. „ungeschriebene Hauptversammlungskompetenzen" eingeschränkt wird und wie diese Kompetenzen im Recht der SE hergeleitet werden. Explizit geht es um die Frage, ob die **Holzmüller/Gelatine-Grundsätze**, die der BGH für die AG aufgestellt hat, auch im Recht der SE Anwendung finden. Art. 52 Satz 2 SE-VO spricht nur von Rechtsvorschriften und verweist damit nur auf geschriebenes nationales Recht. Folglich kann der Wortlaut als Begründung nicht herangezogen werden. Die Holzmüller/Gelatine-Grundsätze beruhen auf Entscheidungen zum Schutz der Aktionärsminderheit von Obergesellschaften in Konzernbildungskonstellationen[48]. Die SE-VO sieht aber keine speziellen konzernrechtlichen Regelungen vor[49]. Daraus ziehen Teile der Literatur den Schluss, dass die Holzmüller/Gelatine-Grundsätze nur über das **allgemeine Kollisionsrecht** anzuwenden seien[50]. Denn die vom BGH dort angestellten Erwägungen, dass die Maßnahme mit einer Satzungsänderung vergleichbar sei und ein Mediatisierungseffekt für die Aktionäre auftrete[51], ließen sich auch auf die SE übertragen. So sieht auch Art. 59 Abs. 1 SE-VO für die Satzungsänderung eine qualifizierte Mehrheit vor. Richtigerweise können die **Holzmüller/Gelatine-Grundsätze** bereits über Art. 52 Satz 2 SE-VO i.V.m. einer Gesamtanalogie zu den Strukturmaßnahmen angewendet werden[52]. Einer Auswei-

---

44 *Reichert/Brandes* in MünchKomm. AktG, 3. Aufl., Art. 39 SE-VO Rz. 12.
45 Auf die Unterschiede eingehend *Reichert/Brandes* in MünchKomm. AktG, 3. Aufl., Art. 48 SE-VO Rz. 1.
46 Dazu *Kubis* in MünchKomm. AktG, 3. Aufl., § 119 AktG Rz. 21; *Hoffmann* in Spindler/Stilz, § 119 AktG Rz. 13; *Koch* in Hüffer, § 119 AktG Rz. 13.
47 So auch *Seibt* in Habersack/Drinhausen, Art. 39 SE-VO Rz. 5; a.A. *Schwarz*, Art. 39 SE-VO Rz. 28.
48 Vgl. dazu ausführlich *Kubis* in MünchKomm. AktG, 3. Aufl., § 119 AktG Rz. 31 ff.
49 *Reichert/Brandes* in MünchKomm. AktG, 3. Aufl., Art. 39 SE-VO Rz. 10, eine Übersicht zur Entwicklung des SE-Konzerns geben *Hommelhoff/Lächler*, AG 2014, 257 ff.
50 Ausführlich zur Herleitung *Reichert/Brandes* in MünchKomm. AktG, 3. Aufl., Art. 39 SE-VO Rz. 10.
51 Dazu BGH v. 25.2.1982 – II ZR 174/80 – Holzmüller, BGHZ 83, 122 = AG 1982, 158 = NJW 1982, 1703 = ZIP 1982, 568 sowie BGH v. 26.4.2004 – II ZR 155/02 – Gelatine, BGHZ 159, 30 = AG 2004, 384 = NJW 2004, 1860 = NZG 2004, 571 = ZIP 2004, 993.
52 So auch *Seibt* in Habersack/Drinhausen, Art. 39 SE-VO Rz. 5; *Knapp*, DStR 2012, 2392, 2393, der für die Anwendung von Art. 52 SE-VO auf den Wortlaut der englischen und französischen Sprachfassungen abstellt und dort keine Beschränkung auf nationales geschriebenes Recht sieht.

chung auf das allgemeine Kollisionsrecht oder die Generalverweisung nach Art. 9 Abs. 1 lit. c ii SE-VO bedarf es nicht[53].

3. Vertretung der Gesellschaft

Im Gegensatz zur Aktiengesellschaft (§ 78 AktG) enthält die SE-VO keine Regelung zur Vertretung. Die in früheren Entwürfen enthaltenen Regelungen (Art. 62 Abs. 1 Satz 2, Art. 63 Abs. 1 Satz 3 sowie Art. 66 Abs. 1 Satz 2 SE-VO-Entw. von 1991) wurden im Zuge des Gesetzgebungsprozesses fallengelassen. Daher stellt sich die Frage, ob der Geschäftsführungsbegriff von Art. 39 Abs. 1 Satz 1 SE-VO weiter auszulegen ist und neben der internen Geschäftsführung auch die Vertretung gegenüber Dritten erfasst[54]. Eine solche Ausdehnung ist allerdings abzulehnen. Der Vergleich mit anderen Sprachfassungen hilft hier nicht weiter, da auch in diesen nicht eindeutig bestimmt werden kann, ob ein enges oder weites Begriffsverständnis gilt[55]. Hilfreicher ist eine historische Auseinandersetzung. So ist aus einer Zusammenschau der relevanten Normen erkennbar, dass nur die interne Geschäftsführung von Art. 39 Abs. 1 Satz 1 SE-VO als europaeinheitliche Lösung erfasst sein soll[56]. Das folgt vor allem aus dem Umstand, dass ursprünglich Normen zur Vertretung existierten. Dass mit deren Streichung die Vertretungsbefugnis dem Art. 39 Abs. 1 Satz 1 AktG zuwächst, erscheint nicht plausibel. Zudem enthält die SCE-VO für Europäische Genossenschaften in Art. 37 Abs. 1 Satz 1 neben der Befugnis zur Geschäftsführung eine ausdrückliche Regelung zur Vertretung. Damit wird deutlich, dass diese Lücke nur durch das nationale Recht über den Verweis von Art. 9 Abs. 1 lit. c ii SE-VO zu schließen ist[57].

16

Die SE mit Sitz in Deutschland wird damit grundsätzlich von ihrem Leitungsorgan vertreten. Dabei gilt der Gesamtvertretungsgrundsatz, von dem allerdings in der Satzung abgewichen werden kann[58]. Die Vertretungsmacht ist gegenüber Dritten unbeschränkt und unbeschränkbar, Art. 9 Abs. 1 lit. c ii SE-VO i.V.m. § 82 Abs. 1 AktG. Dies gilt für alle nationalstaatlichen Regelungen, da die Vertretungsregelungen infolge der **Publizitätsrichtlinie**[59] angeglichen wurden und kaum noch Unterschiede aufweisen. Gegen den Gesamtvertretungsgrundsatz aus § 78 Abs. 2 Satz 1 AktG kann auch nicht eingewandt werden, dass Art. 50 Abs. 1 lit. b diesen verdränge. Bei Art. 50 Abs. 1 lit. b handelt es sich um eine Norm, die das Zustandekommen von Beschlüssen regelt, wohingegen die Vertretung selbst keinen Beschluss darstellt, sondern ei-

17

---

53 Für die Lösung über das allgemeine Kollisionsrecht *Reichert/Brandes* in MünchKomm. AktG, 3. Aufl., Art. 39 SE-VO Rz. 10; sich nicht festlegend *Habersack*, ZGR 2003, 724, 741; für eine Anwendung über Art. 9 Abs. 1 lit. c ii SE-VO *Hommelhoff*, AG 2003, 179, 180 sowie *Teichmann*, ZGR 2002, 383, 397. Nicht überzeugend ist der Ansatz, nachdem die vom BGH entwickelten Grundsätze auch wegen mangelnder Rechtssicherheit keine Anwendung auf die SE finden sollen, so vor allem *Kubis* in MünchKomm. AktG, 3. Aufl., Art. 52 SE-VO Rz. 22 sowie *Brandt*, Hauptversammlung, S. 130 ff.
54 Vgl. *Seibt* in Habersack/Drinhausen, Art. 39 SE-VO Rz. 10; *Eberspächer* in Spindler/Stilz, AktG, Art. 39 SE-VO Rz. 5; *Paefgen* in KölnKomm. AktG, 3. Aufl., Art. 39 SE-VO Rz. 36 f.; *Reichert/Brandes* in MünchKomm. AktG, 3. Aufl., Art. 39 SE-VO Rz. 8.
55 Vgl. *Seibt* in Habersack/Drinhausen, Art. 39 SE-VO Rz. 10 mit Verweis auf die englische und französische Sprachfassung.
56 Dazu *Seibt* in Habersack/Drinhausen, Art. 39 SE-VO Rz. 10; *Paefgen* in KölnKomm. AktG, 3. Aufl., Art. 39 SE-VO Rz. 36 f.
57 So ebenfalls *Eberspächer* in Spindler/Stilz, AktG, Art. 39 SE-VO Rz. 5; *Paefgen* in KölnKomm. AktG, 3. Aufl., Art. 39 SE-VO Rz. 36; *Manz* in Manz/Mayer/Schröder, Art. 39 SE-VO Rz. 17; *Schwarz*, Art. 39 SE-VO Rz. 14; *Seibt* in Habersack/Drinhausen, Art. 39 SE-VO Rz. 10.
58 *Seibt* in Habersack/Drinhausen, Art. 39 SE-VO Rz. 10.
59 Vgl. dazu Art. 10 Abs. 2 der Publizitätsrichtlinie RL 2009/101/EG.

nen solchen ausführt[60]. Gegenüber dem Leitungsorgan selbst agiert das Aufsichtsorgan als Vertreter der SE, Art. 9 Abs. 1 lit. c ii SE-VO i.V.m. § 112 Satz 1 AktG[61].

4. Leitungsorgan als Kollegialorgan

a) Gesamtgeschäftsführung

18 Art. 39 Abs. 1 Satz 1 SE-VO weist dem Leitungsorgan die Geschäftsführung zu. Damit wird nicht den einzelnen Organmitgliedern die Aufgabe zuteil, sondern dem Leitungsorgan als Kollegialorgan[62]. Daher gilt auch im Recht der SE das Prinzip der Gesamtgeschäftsführung, obwohl eine ausdrückliche Regelung, wie sie § 77 Abs. 1 Satz 1 AktG enthält, fehlt. Andere Ansichten sehen dieses Prinzip nicht in der SE-VO verwurzelt und gehen von einer Regelungsoffenheit aus[63]. Danach ergebe sich die Gesamtgeschäftsführung erst über einen Verweis durch Art. 9 Abs. 1 lit. c ii SE-VO auf § 77 Abs. 1 Satz 1 AktG[64]. Richtigerweise folgt es allerdings schon aus dem Wortlaut von Art. 39 Abs. 1 Satz 1 SE-VO. Eines Verweises auf § 77 Abs. 1 Satz 1 AktG bedarf es nicht. Daher ist es auch nicht korrekt, wenn eine andere Ansicht die „aus § 77 Abs. 1 Satz 1 AktG resultierende Gesamtgeschäftsführung" als von Art. 50 Abs. 1 lit. b SE-VO verdrängt bezeichnet[65]. Dass das Leitungsorgan durch Mehrheitsbeschluss entscheidet, aber das Prinzip der Gesamtgeschäftsführung vorherrscht, stellt eine Besonderheit der SE-VO dar, die beide Grundsätze miteinander verbindet[66].

b) Aufgabenwahrnehmung, interne Organisation und Vorsitz des Leitungsorgans

19 Art. 39 Abs. 1 Satz 1 SE-VO stellt es dem Leitungsorgan frei, wie dessen interne Organisation zu erfolgen hat. Die Organisationsarten sind vielfältig[67]. Zudem besteht die Möglichkeit, dass sich das Leitungsorgan eine eigene Geschäftsordnung für die interne Aufgabenwahrnehmung geben kann, sofern diese Kompetenz nicht per Satzung dem Aufsichtsorgan übertragen wurde oder das Aufsichtsorgan bereits eine Geschäftsordnung erlassen hat. Dies ergibt sich Art. 9 Abs. 1 lit. c ii SE-VO i.V.m. § 77 Abs. 2 AktG, da die SE-VO diesen Regelungsbereich offen lässt.

20 Die Rolle des **Vorsitzenden** des Leitungsorgans ist nicht eindeutig durch die SE-VO geregelt: So findet man einerseits nur für das Aufsichtsorgan in Art. 42 Satz 1 und Art. 45 Satz 1 SE-VO Regelungen über die Wahl des Vorsitzenden; für das Leitungsorgan existieren solche nicht. Andererseits sieht allerdings Art. 50 Abs. 2 Satz 1 SE-VO ein Stichentscheidsrecht für die Organvorsitzenden vor. Aus systematischen Gründen und allein schon wegen des Wortlauts gilt dieses auch für das Leitungsorgan einer dualistischen SE[68]. Daraus folgt, dass die SE-VO zu diesem Punkt keine ab-

---

60 *Schwarz*, Art. 39 SE-VO Rz. 89; *Paefgen* in KölnKomm. AktG, 3. Aufl., Art. 39 SE-VO Rz. 37; *Seibt* in Habersack/Drinhausen, Art. 39 SE-VO Rz. 10.
61 *Eberspächer* in Spindler/Stilz, AktG, Art. 39 SE-VO Rz. 5; *Schwarz*, Art. 30 SE-VO Rz. 87; *Seibt* in Habersack/Drinhausen, Art. 39 SE-VO Rz. 10; *Manz* in Manz/Mayer/Schröder, Art. 39 SE-VO Rz. 67; *Hirte*, NZG 2003, 1, 7.
62 Ebenso *Seibt* in Habersack/Drinhausen, Art. 39 SE-VO Rz. 7; *Paefgen* in KölnKomm. AktG, 3. Aufl., Art. 39 SE-VO Rz. 25.
63 Für eine solche Regelungsoffenheit der SE-VO *Buchheim*, Europäische Aktiengesellschaft und grenzüberschreitende Konzernverschmelzung, 2001, S. 251.
64 So *Frodermann* in Jannott/Frodermann, Hdb. Europäische Aktiengesellschaft, S. 149.
65 So *Reichert/Brandes* in MünchKomm. AktG, 3. Aufl., Art. 39 SE-VO Rz. 4.
66 *Paefgen* in KölnKomm. AktG, 3. Aufl., Art. 39 SE-VO Rz. 26.
67 Vgl. dazu *Seibt* in Habersack/Drinhausen, Art. 39 SE-VO Rz. 9; *Seibt* in K. Schmidt/Lutter, § 77 AktG Rz. 20; *Spindler* in MünchKomm. AktG, 4. Aufl., § 77 AktG Rz. 55 ff.
68 So auch *Paefgen* in KölnKomm. AktG, 3. Aufl., Art. 39 SE-VO Rz. 30.

schließende Regelung vorsieht und über Art. 9 Abs. 1 lit. c ii SE-VO die Regelungen für die Wahl eines Vorsitzenden im Vorstand der Aktiengesellschaft Anwendung finden, § 84 Abs. 2 AktG. Dies kann ebenfalls von der Satzung nach § 77 Abs. 2 AktG vorgesehen oder – wenn eine solche keine Regelung enthält – von der Geschäftsordnung des Aufsichtsrats oder auch bei Nichtvorhandensein einer solchen, durch die Geschäftsordnung des Leitungsorgans geregelt werden. Allerdings kann es auch statutarisch ausgeschlossen oder eingeschränkt werden[69]. Die Übertragung der Befugnis auf einen **Ausschuss** ist mit Art. 9 Abs. 1 lit. c ii SE-VO i.V.m. § 107 Abs. 3 Satz 3 AktG nicht vereinbar[70]. Jedoch unterscheidet sich das in Art. 50 Abs. 2 Satz 1 SE-VO enthaltene Stichentscheidsrecht des Organvorsitzenden vom Recht der AG. Denn bei dieser gilt ein solches Stichentscheidsrecht nur bei einer entsprechenden Satzungsregelung, und auch dann nur bei einem Vorstand, der aus mehr als zwei Organmitgliedern besteht[71]. Insofern wird dem Leitungsvorsitzenden bereits durch die SE-VO eine hervorgehobene Stellung zuteil, die dem CEO im angloamerikanischen Recht entspricht[72]. Ein Weisungsrecht gegenüber anderen Organmitgliedern ist damit allerdings nicht verbunden und auch mit dem in Art. 39 Abs. 1 Satz 1 SE-VO verankerten Kollegialprinzip nicht zu vereinbaren[73].

Jedoch kann die Satzung der SE dem Vorsitzenden grundsätzlich ein **Vetorecht** einräumen. Es ist allerdings fraglich, ob dies auch bei einer mitbestimmten SE gelten kann, wenn § 38 Abs. 2 Satz 2 SEBG vorschreibt, dass ein Mitglied des Leitungsorgans für die **Bereiche Arbeit und Soziales** zuständig sein soll. Im Recht der AG hat der BGH bei mitbestimmten Gesellschaften unter Berücksichtigung der nach **§ 33 Abs. 1 MitbestG** vorgesehenen besonderen Rechtsstellung des Arbeitsdirektors ein solches Vetorecht des Vorstandsvorsitzenden verneint[74]. Denn diese Vorschrift garantiere dem Arbeitsdirektor als einem gleichberechtigten Mitglied des Vertretungsorgans einen Kernbereich von Zuständigkeiten in Personal- und Sozialfragen. Wenn nun dem Vorsitzenden ein Vetorecht eingeräumt werde, bestehe die Gefahr der Aushöhlung dieser Rechtsposition[75]. Die überwiegende Auffassung erkennt allerdings auch bei der mitbestimmten SE, die einen Arbeitsdirektor als Mitglied im Leitungsorgan vorweist, ein Veto-Recht an[76]. Die Fürsprecher gehen vor allem auf den Wortlaut der Normen für ihre Argumentation ein: Die in § 33 Abs. 1 MitbestG verankerte **gleichberechtigte Stellung** des Arbeitsdirektors mit den anderen Mitgliedern des Vorstands werde dort ausdrücklich angeordnet. In § 38 Abs. 2 SEBG hingegen erfolgt nur eine Bestimmung darüber, dass ein Mitglied des Leitungsorgans das Ressort „Arbeit und Soziales" übernehmen muss. Unter Hinweis auf das Fehlen dieser ausdrücklichen Anordnung und unter Berufung auf § 38 Abs. 1 SEBG wird daher eine entsprechende Gleichberechti-

21

---

69 *Seibt* in Habersack/Drinhausen, Art. 39 SE-VO Rz. 9.
70 *Reichert/Brandes* in MünchKomm. AktG, 3. Aufl., Art. 39 SE-VO Rz. 29; *Paefgen* in KölnKomm. AktG, 3. Aufl., Art. 39 SE-VO Rz. 30.
71 BGH v. 14.11.1983 – II ZR 33/83, BGHZ 89, 48, 59; OLG Karlsruhe v. 23.5.2000 – 8 U 233/99, AG 2001, 93, 94; *Kort* in Großkomm. AktG, 4. Aufl., § 77 AktG Rz. 26; *Koch* in Hüffer, § 77 AktG Rz. 11.
72 *Paefgen* in KölnKomm. AktG, 3. Aufl., Art. 39 SE-VO Rz. 31; *Seibt* in Habersack/Drinhausen, Art. 39 SE-VO Rz. 9.
73 *Seibt* in Habersack/Drinhausen, Art. 39 SE-VO Rz. 7, 9; *Paefgen* in KölnKomm. AktG, 3. Aufl., Art. 39 SE-VO Rz. 31; *Reichert/Brandes* in MünchKomm. AktG, 3. Aufl., Art. 39 SE-VO Rz. 30.
74 BGH v. 14.11.1983 – II ZR 33/83, NJW 1984, 733, 736.
75 BGH v. 14.11.1983 – II ZR 33/83, NJW 1984, 733, 736.
76 *Teichmann*, Art. 50 SE-VO Rz. 8; *Seibt* in Habersack/Drinhausen, Art. 39 SE-VO Rz. 9; *Reichert/Brandes* in MünchKomm. AktG, 3. Aufl., Art. 39 SE-VO Rz. 31; *Kiem*, ZHR 173 (2009), 156, 167.

gung verneint[77]. Die Diskussion ist vor allem wegen des europarechtlichen Hintergrunds von Relevanz. Denn es erscheint bereits fraglich, ob eine Pflicht zur Bestellung eines Arbeitsdirektors mit der **Arbeitnehmerbeteiligungsrichtlinie**[78] vereinbar ist, da eine Pflicht zwar im Entwurf vorgesehen war, in der Endfassung aber nicht mehr berücksichtigt wurde[79]. Von daher handelt es sich bei der Pflicht zur Bestellung eines Arbeitsdirektors wohl eher um eine einzelstaatliche „Gepflogenheit", die nach Art. 13 Abs. 2 der Arbeitnehmerbeteiligungsrichtlinie nicht auf die SE anzuwenden ist[80]. Daraus folgt allerdings zugleich als Konsequenz für das Bestehen eines Veto-Rechts des Leitungsorganvorsitzenden, dass die besondere Rechtsstellung des für die Bereiche Arbeit und Soziales zuständigen Organmitglieds hierbei keine besondere Berücksichtigung erfahren darf, da auch diese als eine einzelstaatliche Gepflogenheit nicht auf die SE anzuwenden ist. Daher steht dem Vorsitzenden des Leitungsorgans einer mitbestimmten SE ein durch die Satzung gewährtes Veto-Recht zu[81].

22 Aus Art. 9 Abs. 1 lit. c ii SE-VO i.V.m § 80 Abs. 1 Satz 2 AktG ergibt sich, dass auf den Geschäftsbriefen der SE der Vorsitzende des Leitungsorgans als solcher zu bezeichnen ist. Dem Leitungsorgan steht es zudem frei, einen **Sprecher** zu wählen, Art. 9 Abs. 1 lit. c ii SE-VO i.V.m. § 84 Abs. 2 AktG[82]. Dieser kann repräsentative, wie die Außendarstellung des Leitungsorgans, und organisatorische Funktionen, wie etwa die Sitzungsleitung und Kommunikation mit dem Aufsichtsorgan, wahrnehmen[83]. Nicht vereinbar mit dieser Stellung ist die Einräumung eines Stichentscheidrechts, wie es für den Vorsitzenden des Leitungsorgans nach Art. 50 Abs. 2 SE-VO vorgesehen ist[84].

c) Stellvertretende Mitglieder

23 Die Bestellung stellvertretender Organmitglieder wird von der SE-VO nicht geregelt. Da im deutschen Aktienrecht nach § 94 AktG stellvertretende Mitglieder den ordentlichen Organmitgliedern in ihren Rechten und Pflichten gleichgestellt werden, leitet sich ihre Zulässigkeit in der SE aus Art. 9 Abs. 1 lit. c ii SE-VO i.V.m. § 94 AktG her. Es kommt für ihre gemeinschaftsrechtliche Zulässigkeit allein auf ihre Rechtsstellung an, nicht auf ihre Bezeichnung[85]. Nach § 38 Abs. 2 Satz 2 SEBG können auch stellvertretende Mitglieder den Bereich „Arbeit und Soziales" wahrnehmen. Es handelt sich dabei allerdings nicht um eine hierarchische Abstufung, deren

---

77 Dazu ausführlich *Reichert/Brandes* in MünchKomm. AktG, 3. Aufl., Art. 50 SE-VO Rz. 31.
78 Richtlinie 2001/86/EG zur Ergänzung des Statuts der Europäischen Gesellschaft hinsichtlich der Beteiligung der Arbeitnehmer, ABl. EG 2001 Nr. L 294, 22.
79 So BT-Drucks. 7/3713, 46.
80 So bereits *Grobys*, NZA 2004, 779, 780; *Reichert/Brandes* in MünchKomm. AktG, 3. Aufl., Art. 50 SE-VO Rz. 32.
81 Hingegen wird ein solches Veto-Recht für den Vorsitzenden des Aufsichtsorgans überwiegend abgelehnt. Dies überzeugt, sofern man § 38 Abs. 1 SEBG und die besondere Zusammensetzung des Aufsichtsorgans zur Begründung heranzieht. Denn § 38 Abs. 1 SEBG stellt die Arbeitnehmervertreter den Anteilseignervertretern gleich; ein Veto-Recht würde zu einer Ungleichbehandlung führen. Allerdings überzeugt es nicht, die Stellung des Aufsichtsorgans als Kollegialorgan als Argument heranzuziehen; denn das Leitungsorgan ist ebenfalls ein solches, in dem wiederum ein Veto-Recht bejaht wird. So allerdings *Reichert/Brandes* in MünchKomm. AktG, 3. Aufl., Art. 50 SE-VO Rz. 33.
82 Ebenso *Seibt* in Habersack/Drinhausen, Art. 39 SE-VO Rz. 9; *Paefgen* in KölnKomm. AktG, 3. Aufl., Art. 39 SE-VO Rz. 33; *Schwarz*, Art. 39 SE-VO Rz. 94.
83 Ausführlich *Paefgen* in KölnKomm. AktG, 3. Aufl., Art. 39 SE-VO Rz. 33.
84 So ebenfalls *Paefgen* in KölnKomm. AktG, 3. Aufl., Art. 39 SE-VO Rz. 33; *Reichert/Brandes* in MünchKomm. AktG, 3. Aufl., Art. 39 SE-VO Rz. 31.
85 *Paefgen* in KölnKomm. AktG, 3. Aufl., Art. 39 SE-VO Rz. 34.

Zulässigkeit einer sachlichen Rechtfertigung bedarf[86]. Stellvertretende Organmitglieder stehen nur in interner Vorstandshierarchie nach Maßgabe der Geschäftsordnung hinter anderen Vorstandsmitgliedern zurück[87]. Bestellung und Abberufung sind nach Art. 9 Abs. 1 lit. c ii SE-VO i.V.m. § 81 AktG zum Handelsregister anzumelden. Bereits schon nicht eintragungsfähig ist die Eintragung eines Stellvertreterzusatzes[88].

5. Ermächtigung nach Art. 39 Abs. 1 Satz 2 SE-VO

Nach Art. 39 Abs. 1 Satz 2 SE-VO können neben dem Leitungsorgan der dualistisch verfassten SE ein oder mehrere Geschäftsführer vorgesehen sein, die die Führung der laufenden Geschäfte in eigener Verantwortung übernehmen. Die Vorschrift ist auf Wunsch Schwedens in die Endfassung des Verordnungsentwurfs eingefügt worden, da in der schwedischen Aktiengesellschaft eine solche Form der Unternehmensleitung möglich ist und für eine dort ansässige SE mit dualistischem Verwaltungssystem ebenfalls gelten sollte[89]. Nach Art. 39 Abs. 1 Satz 2 SE-VO gelten dieselben Voraussetzungen, wie sie für nationale Aktiengesellschaften des betreffenden Mitgliedsstaates vorgesehen sind. Diese Formulierung wurde im Schrifttum unterschiedlich interpretiert. So will eine Ansicht die Passage weit auslegen. Es komme nur darauf an, ob der Mitgliedsstaat überhaupt die Figur eines Exekutivorgans kenne, das für das laufende Geschäft zuständig sei[90]. Ob es sich dabei um ein monistisches oder dualistisches Verwaltungsmodell des betreffenden Mitgliedsstaates handele, sei nicht maßgeblich. Diese Auslegung überzeugt nicht und zwar aus zweierlei Gründen: Zum einen sprechen bereits teleologische Gesichtspunkte dagegen. So bestehen zwischen der SE-VO und den nationalen Rechtsordnungen enge Verknüpfungen durch die Verweistechniken. Bezweckt wird damit ein Gleichlauf der SE und den nationalen Aktiengesellschaften. Nur wenn das nationale Recht eine vergleichbare Regelung kennt, die in einem dualistischen Verwaltungssystem Geschäftsführer neben dem Leitungsorgan vorsieht, steht dem Mitgliedsstaat die Ermächtigung nach Art. 39 Abs. 1 Satz 2 SE-VO zu[91]. Darüber hinaus spielen auch rechtspolitische Aspekte eine Rolle. Durch den eben beschriebenen Gleichlauf zwischen SE und nationalen Aktiengesellschaften wird verhindert, dass die SE in diesen Bereichen attraktiver ausgestaltet wird und somit zur Konkurrenz der nationalen Aktiengesellschaften reift[92]. Da allerdings in der deutschen Aktiengesellschaft eine solche Gestaltungsmöglichkeit nicht vorgesehen ist, konnte Deutschland die Ermächtigung nach Art. 39 Abs. 1 Satz 2 SE-VO nicht wahrnehmen. 24

Neben Leitungs- und Aufsichtsorgan treten die Geschäftsführer (oder geschäftsführenden Direktoren) als drittes Organ, die die laufenden Geschäfte der Geschäftsführung 25

---

86 So hingegen *Seibt* in Habersack/Drinhausen, Art. 39 SE-VO Rz. 11; *Reichert/Brandes* in MünchKomm. AktG, 3. Aufl., Art. 39 SE-VO Rz. 32. Wie hier *Paefgen* in KölnKomm. AktG, 3. Aufl., Art. 39 SE-VO Rz. 34.
87 Vgl. nur *Koch* in Hüffer, § 94 AktG Rz. 2 m.w.N.
88 BGH v. 10.11.1997 – II ZB 6/97, NJW 1998, 1071, 1072, li. Sp.; *Habersack* in Großkomm. AktG, 4. Aufl., § 94 AktG Rz. 15; *Krieger/Sailer-Coceani* in K. Schmidt/Lutter, § 94 AktG Rz. 2; *Mertens/Cahn* in KölnKomm. AktG, 3. Aufl., § 94 AktG Rz. 6; *Paefgen* in KölnKomm. AktG, 3. Aufl., Art. 39 SE-VO Rz. 35; *Seibt* in Habersack/Drinhausen, Art. 39 SE-VO Rz. 11.
89 Dazu ausführlich *Foerster* in Hohloch, EU-Handbuch GesR, Kap. Schweden, Rz. 237 ff.; *Teichmann*, Binnenmarktkonformes Gesellschaftsrecht, 2006, S. 584 ff.; *Seibt* in Habersack/Drinhausen, Art. 39 SE-VO Rz. 12; *Paefgen* in KölnKomm. AktG, 3. Aufl., Art. 39 SE-VO Rz. 89.
90 So *Manz* in Manz/Mayer/Schröder, Art. 39 SE-VO Rz. 9 f.
91 Ebenfalls *Paefgen* in KölnKomm. AktG, 3. Aufl., Art. 39 SE-VO Rz. 92; *Schwarz*, Art. 39 SE-VO Rz. 37; *Seibt* in Habersack/Drinhausen, Art. 39 SE-VO Rz. 13.
92 Mag dieser Grund, auch unter Berücksichtigung der europäischen Idee, eher widersprüchlich anmuten, so spielte er jedoch bei Entstehung der SE-VO eine wesentliche Rolle. Nationalstaatliche Interessen werden höher gewichtet als gesamteuropäische.

wahrnehmen[93]. Dabei ist es nicht notwendig, dass die Geschäftsführer auch Mitglied des Leitungsorgans sind[94]. Folglich handelt es sich nicht um eine – in Anlehnung an § 77 Abs. 1 AktG entsprechende – Regelung zur Einzelgeschäftsführung[95]. Zudem gelten die Geschäftsführer nicht als ein – gegenüber dem Leitungsorgan – weisungsunabhängiges Organ, wie man eventuell aus der Verwendung des Begriffs Eigenverantwortlichkeit in Art. 39 Abs. 1 Satz 2 SE-VO schließen könnte[96]. Die Übertragung der Kompetenzen führt nicht dazu, dass die aus Art. 39 Abs. 1 Satz 1 SE-VO dem Leitungsorgan zustehenden Befugnisse schwinden. Vielmehr agiert das Leitungsorgan als Überwachungsorgan, in dem es im Vorfeld die Geschäftsführer ordnungsgemäß aussucht und nach der Auswahl den berufenen Geschäftsführern gegenüber weisungsbefugt ist[97]. Da den Geschäftsführern Organqualität zugesprochen wird, ist Art. 51 SE-VO analog anzuwenden.

IV. Bestellung, Anstellung und Abberufung (Art. 39 Abs. 2 SE-VO)

1. Bestellung

a) Grundsätzliches zur Bestellung

26 **aa) Zuständigkeit und Verfahren; mitbestimmungsrechtliche Aspekte.** Nach Art. 39 Abs. 2 Unterabs. 1 ist grundsätzlich das Aufsichtsorgan für die Bestellung des Leitungsorgans zuständig[98]. Die Übertragung der Bestellungskompetenz auf einen Ausschuss ist nach Art. 9 Abs. 1 lit. c ii SE-VO i.V.m. § 107 Abs. 3 Satz 3 AktG nicht möglich[99]. Nach Art. 9 Abs. 1 lit. c ii SE-VO i.V.m. § 84 Abs. 1 Satz 1 AktG erfordert die Bestellung der Mitglieder des Leitungsorgans einen Beschluss des Aufsichtsorgans als Gesamtorgan[100]. Für die Beschlussfähigkeit gilt Art. 50 Abs. 1 lit. a SE-VO. Danach muss die Hälfte der Organmitglieder anwesend sein. Der Beschluss selbst ergeht mit einfacher Mehrheit der anwesenden Mitglieder[101]. Jedoch besteht im Recht der SE nach Art. 50 Abs. 1 SE-VO die Möglichkeit, abweichende Mehrheitserfordernisse in der Satzung festzulegen, was im deutschen Aktienrecht nicht zulässig ist[102].

27 Das Wahlverfahren nach § 31 MitbestG, das das Bestellungsverfahren des Vorstands in der mitbestimmten AG regelt und qualifizierte Mehrheitsanforderungen verlangt, kann auf die SE nicht angewendet werden, da das SEBG dazu keine entsprechenden

---

93 Zur Organqualität vgl. *Forstmoser*, ZGR 2003, 688, 713; *Schwarz*, Art. 39 SE-VO Rz. 53; *Paefgen* in KölnKomm. AktG, 3. Aufl., Art. 39 SE-VO Rz. 90.
94 *Paefgen* in KölnKomm. AktG, 3. Aufl., Art. 39 SE-VO Rz. 90; *Schwarz*, Art. 39 SE-VO Rz. 33; widersprüchlich hingegen *Manz* in Manz/Mayer/Schröder, Art. 39 SE-VO Rz. 10.
95 So allerdings *Manz* in Manz/Mayer/Schröder, Art. 39 SE-VO Rz. 7 ff.; *Buchheim*, Europäische Aktiengesellschaft und grenzüberschreitende Konzernverschmelzung, 2001, S. 253.
96 *Paefgen* in KölnKomm. AktG, 3. Aufl., Art. 39 SE-VO Rz. 90.
97 *Schwarz*, Art. 39 SE-VO Rz. 39 ff.; *Seibt* in Habersack/Drinhausen, Art. 39 SE-VO Rz. 12; *Paefgen* in KölnKomm. AktG, 3. Aufl., Art. 39 SE-VO Rz. 90.
98 Allgemein zur Arbeitnehmerbeteiligung bei Gründung der SE siehe *Funke*, NZA 2009, 412 ff.; zur Wahl der Mitglieder des besonderen Verhandlungsgremiums siehe *Hinrichs/Plitt*, NZA 2010, 204 ff.
99 Ebenso *Reichert/Brandes* in MünchKomm. AktG, 3. Aufl., Art. 39 SE-VO Rz. 16.
100 *Reichert/Brandes* in MünchKomm. AktG, 3. Aufl., Art. 39 SE-VO Rz. 24; *Paefgen* in KölnKomm. AktG, 3. Aufl., Art. 39 SE-VO Rz. 39; *Manz* in Manz/Mayer/Schröder, Art. 39 SE-VO Rz. 20; *Seibt* in Habersack/Drinhausen, Art. 39 SE-VO Rz. 14.
101 *Paefgen* in KölnKomm. AktG, 3. Aufl., Art. 39 SE-VO Rz. 42; *Reichert/Brandes* in MünchKomm. AktG, 3. Aufl., Art. 39 SE-VO Rz. 24.
102 *Reichert/Brandes* in MünchKomm. AktG, 3. Aufl., Art. 39 SE-VO Rz. 24; *Paefgen* in KölnKomm. AktG, 3. Aufl., Art. 39 SE-VO Rz. 42; *Seibt* in Habersack/Drinhausen, Art. 39 SE-VO Rz. 14.

Regelungen enthält[103]. In der Literatur ist es allerdings umstritten[104], ob ein dem § 31 MitbestG entsprechendes Verfahren entweder als Folge der Verhandlung zwischen den Leitungsorganen der Gründungsgesellschaften und dem besonderen Verhandlungsgremium in der Satzung der SE oder in der Mitbestimmungsvereinbarung nach § 21 SEBG festgelegt werden kann. Nach einer Ansicht sind beide Möglichkeiten zulässig[105]: Dem Vorsitzenden des Aufsichtsorgans stehe dann gem. Art. 50 Abs. 2 Satz 2 SE-VO das Zweitstimmrecht bereits im zweiten und nicht – wie § 31 MitbestG vorsieht – erst im dritten Wahlgang zu. Zudem sei eine dem § 31 MitbestG entsprechende Regelung in der Mitbestimmungsvereinbarung noch von § 21 Abs. 3 Satz 2 Nr. 3 SEBG (beruhend auf Art. 4 Abs. 2 lit. g SE-RL) erfasst, da ein solches qualifiziertes Mehrheitserfordernis als Arbeitnehmerrecht angesehen werden und daher auch Gegenstand der Mitbestimmungsvereinbarung sein könne. Eine andere Auffassung lehnt sowohl die an § 31 MitbestG angelehnte Satzungsregelung als auch die Möglichkeit ab, eine dem § 31 MitbestG entsprechende Regelung über die Mitbestimmungsvereinbarung festzulegen[106]. Hinsichtlich der Satzungsregelung wird angeführt, dass der europäische Normgeber ausdrücklich eine Regelung gewählt habe, die von derjenigen des deutschen Gesetzgebers abweiche, und einen einzigen Wahlgang mit sofortigem Stichentscheid vorsehe. Folglich sei eine an § 31 MitbestG angelehnte Satzungsregelung unzulässig. Gegen die Möglichkeit über die Mitbestimmungsvereinbarung spreche, dass das Verfahren über die Zusammensetzung des Leitungsorgans die Kompetenz des Aufsichtsorgans als Gesamtorgan berühre und demzufolge es sich eben nicht um Rechte der Arbeitnehmervertreter im Aufsichtsorgan i.S.v. § 21 Abs. 3 Satz 2 SEBG handele. Richtigerweise ist eine differenzierte Betrachtung vorzunehmen[107]. Die Regelung in Art. 50 Abs. 2 Satz 2 setzt eine Grenze für den Inhalt der Satzungsregelung. Danach darf die Satzungsbestimmung nicht von der in Art. 50 Abs. 2 Satz 1 enthaltenen Regelung über das Zweitstimmrecht des Vorsitzenden bei einem paritätisch besetzten Aufsichtsorgan abweichen. Allerdings eröffnet Art. 50 Abs. 1 grundsätzlich die Möglichkeit, statt einer einfachen Mehrheit eine qualifizierte Mehrheit im Wege einer Satzungsbestimmung zu statuieren. Eine dem § 31 MitbestG entsprechende Satzungsregelung ist daher insofern zulässig, als sie keine Abweichung hinsichtlich des Zweitstimmrechts vorsieht. Daher ist – entgegen der Regelung in § 31 MitbestG – bereits im zweiten Wahlgang das Zweitstimmrecht des Vorsitzenden gegeben. Ob hingegen § 31 MitbestG über die Mitbestimmungsvereinbarung nach § 21 SEBG als geltendes Bestellungsverfahren eingeführt werden kann, erscheint zweifelhaft. Ließe man es zu, so hätte diese Regelung nach Art. 12 Abs. 4 SE-VO Vorrang gegenüber einer abweichenden Satzungsbestimmung[108]. Mit der bereits oben dargestellten Ansicht ist eine solche Möglichkeit abzulehnen[109]. Es erscheint bereits fraglich, ob es sich bei Regelungen zum Bestellungsverfahren um „Rechte der Arbeitnehmer" handelt. Betroffen sind die Mitglieder des gesamten Aufsichtsorgans und nicht nur die Arbeitnehmervertreter. Daher kann eine an § 31 Mit-

---

103 So einstimmig *Seibt* in Habersack/Drinhausen, SE.Recht, Art. 39 SE-VO Rz. 14; *Reichert/Brandes* in MünchKomm. AktG, 3. Aufl., Art. 39 SE-VO Rz. 24; *Paefgen* in KölnKomm. AktG, 3. Aufl., Art. 39 SE-VO Rz. 46.
104 Ausführlich zum Meinungsstand *Reichert/Brandes* in MünchKomm. AktG, Art. 39 SE-VO Rz. 24a; *Paefgen* in KölnKomm. AktG, 3. Aufl., Art. 39 SE-VO Rz. 42 ff.
105 *Seibt* in Habersack/Drinhausen, Art. 39 SE-VO Rz. 14.
106 So ausdrücklich *Paefgen* in KölnKomm. AktG, 3. Aufl., Art. 39 SE-VO Rz. 47 und 48.
107 So ebenfalls *Reichert/Brandes* in MünchKomm. AktG, 3. Aufl., Art. 39 SE-VO Rz. 24a.
108 *Reichert/Brandes* in MünchKomm. AktG, 3. Aufl., Art. 39 SE-VO Rz. 24a.
109 So *Paefgen* in KölnKomm. AktG, 3. Aufl., Art. 39 SE-VO Rz. 48; ihm hierbei beipflichtend *Reichert/Brandes* in MünchKomm. AktG, 3. Aufl., Art. 39 SE-VO Rz. 24a; *Henssler*, ZHR 173 (2009), 222, 243 f.

bestG orientierte Regelung nicht im Wege der Mitbestimmungsvereinbarung nach § 21 SEBG eingeführt werden.

28 **bb) Gerichtliche Notbestellung, Führungslosigkeit.** Für den Fall, dass der Posten eines Mitglieds des Leitungsorgans vakant ist und das Aufsichtsorgan seiner Pflicht aus Art. 39 Abs. 2 Unterabs. 1 SE-VO nicht nachkommt, ein neues Organmitglied zu bestellen, sieht die SE-VO keine Handlungsmöglichkeiten vor. Daraus folgt, dass bei der deutschen dualistisch verfassten SE über die Verweisung von Art. 9 Abs. 1 lit. c ii SE-VO die Vorschriften über die Notbestellung in der Aktiengesellschaft (§ 85 AktG) Anwendung finden[110]. Anwendbar sind dementsprechend auch die 2009 im Rahmen des MoMiG[111] eingeführten Regeln über führungslose Gesellschaften: Die Passivvertretung geht auf das Aufsichtsorgan über (§ 78 Abs. 2 Satz 2 AktG), und das Aufsichtsorgan muss Insolvenzantrag stellen, wenn die Gründe dafür vorliegen (§ 15a Abs. 3 InsO).

29 **cc) Die fehlerhafte Bestellung von Organmitgliedern.** Wird ein Mitglied des Leitungsorgans in fehlerhafter Weise bestellt und hat dieses Mitglied mit seinem Amt verbundene Handlungen vorgenommen, so sind diese Handlungen nicht als nichtig anzusehen, sondern sie sind bis zur Geltendmachung des Mangels wirksam. Es findet die „Lehre von der fehlerhaften Organbestellung" Anwendung[112]. Diese von der Rechtsprechung des BGH[113] entwickelte Lehre ist auf die SE zu übertragen, da die SE-VO keine Regelungen zur fehlerhaften Organbestellung enthält und die Verweisung von Art. 9 Abs. 1 lit. c ii SE-VO auch ungeschriebene Rechtsgrundsätze erfasst[114]. Voraussetzung ist, dass die Fehlerhaftigkeit im Bestellungstatbestand begründet wurde. Liegt ein solcher fehlerhafter Bestellungstatbestand vor, wird die Bestellung selbst als wirksam angesehen bis der Mangel geltend gemacht wird. Die Unwirksamkeit der Bestellung wirkt ex nunc vom Zeitpunkt der Geltendmachung an.

30 Liegt erst gar kein Bestellungsakt vor, geriert sich aber das nicht bestellte Mitglied als Mitglied des Leitungsorgans, indem es maßgeblich die Geschicke der Gesellschaft in die Hand nimmt und auch nach außen für das Organ auftritt[115], so finden ebenfalls über die Verweisung von Art. 9 Abs. 1c ii SE-VO die Grundsätze zur faktischen Geschäftsführung Anwendung[116].

b) Persönliche Voraussetzungen

31 Mitglieder des Leitungsorgans müssen den persönlichen Voraussetzungen des Art. 47 Abs. 2 SE-VO entsprechen. So gelten nach Art. 47 Abs. 2 lit. a SE-VO die Bestellungs-

---

110 *Seibt* in Habersack/Drinhausen, Art. 39 SE-VO Rz. 17; *Paefgen* in KölnKomm. AktG, 3. Aufl., Art. 39 SE-VO Rz. 83; *Reichert/Brandes* in MünchKomm. AktG, 3. Aufl., Art. 39 SE-VO Rz. 17.
111 Gesetz zur Modernisierung des GmbH-Rechts und zur Bekämpfung von Missbräuchen v. 23.10.2008, BGBl. I 2008, 2026.
112 *Paefgen* in KölnKomm. AktG, 3. Aufl., Art. 39 SE-VO Rz. 74; *Reichert/Brandes* in MünchKomm. AktG, 3. Aufl., Art. 39 SE-VO Rz. 25; *Seibt* in Habersack/Drinhausen, Art. 39 SE-VO Rz. 15; ausführlich zur AG siehe *Spindler* in MünchKomm. AktG, 4. Aufl., § 84 AktG Rz. 237 ff.
113 BGH v. 6.4.1964 – II ZR 75/62, BGHZ 41, 282, 287 f.; dazu auch *Mertens/Cahn* in KölnKomm. AktG, 3. Aufl., § 84 AktG Rz. 30 ff.; *Koch* in Hüffer, § 93 AktG Rz. 37 ff.
114 *Paefgen* in KölnKomm. AktG, 3. Aufl., Art. 39 SE-VO Rz. 74; *Reichert/Brandes* in MünchKomm. AktG, 3. Aufl., Art. 39 SE-VO Rz. 25; *Brandt/Scheifele*, DStR 2002, 547, 553; *Teichmann*, ZGR 2002, 383, 398 f.
115 BGH v. 21.3.1988 – II ZR 194/87, BGHZ 104, 44, 48; *Hopt* in Großkomm. AktG, 4. Aufl., § 93 AktG Rz. 49 ff.; *Koch* in Hüffer, § 93 AktG Rz. 38.
116 *Paefgen* in KölnKomm. AktG, 3. Aufl., Art. 39 SE-VO Rz. 74; *Reichert/Brandes* in MünchKomm. AktG, 3. Aufl., Art. 39 SE-VO Rz. 25.

verbote der in dem Sitzstaat ansässigen Aktiengesellschaft auch für die SE (für Deutschland § 76 Abs. 3 AktG in seiner durch das MoMiG erweiterten Fassung)[117]. Darüber hinaus dürfen nach Art. 47 Abs. 2 lit. b SE-VO Personen nicht dem Leitungsorgan der SE angehören, die infolge einer Gerichts- oder Verwaltungsentscheidung, die in einem Mitgliedstaat ergangen ist, dem dortigen Leitungs-, Aufsichts- oder Verwaltungsorgan einer dem Recht eines Mitgliedstaats unterliegenden Aktiengesellschaft nicht angehören dürfen. Das bezieht sich im deutschen Recht vor allem auf § 70 StGB und § 35 GewO.

c) Dauer der Amtszeit

Die Amtszeit der Mitglieder des Leitungsorgans richtet sich nach Art. 46 SE-VO. Nach Abs. 1 enthält die Satzung eine Regelung über den festgelegten Zeitraum, der sechs Jahre nicht überschreiten darf. Damit unterscheidet sich die Regelung der SE im Gegensatz zur Aktiengesellschaft in zwei wesentlichen Punkten. Während nach § 84 Abs. 1 Satz 1 AktG in der Aktiengesellschaft der Vorstand auf maximal fünf Jahre bestellt werden kann, liegt die maximale Höchstgrenze in der SE bei sechs Jahren. Zudem muss der Zeitraum zwingend in der Satzung festgelegt werden. Dem Aufsichtsorgan steht daher – ebenfalls im Gegensatz zur Regelung im AktG – kein Ermessensspielraum bei der Festlegung der Amtszeit zu[118]. Umstritten ist es daher, ob Klauseln in der Gestalt zulässig sind, die in der Satzung keine exakte Amtszeit, sondern nur eine bloße Zeitspanne möglicher Amtsperioden benennen[119]. Richtigerweise ist eine solche Auslegung nicht mehr vom Wortlaut gedeckt[120]. Zudem widerspricht sie der Regelung in Art. 40 Abs. 3 Satz 2 SE-VO, die es dem Satzungsgeber ermöglicht, eine bloße Rahmenregelung mit Höchst- und Untergrenze zu treffen[121].

d) Besonderheiten beim ersten Leitungsorgan

Die SE-VO enthält selbst keine speziellen Vorschriften darüber, wie die Bestellung des ersten Leitungsorgans zu erfolgen hat. Zwar bestimmt Art. 39 Abs. 2 SE-VO, dass das Leitungsorgan grundsätzlich vom Aufsichtsorgan bestellt wird, allerdings findet dieser für das erste Leitungsorgan grundsätzlich **keine Anwendung**, da für seine Anwendung vorausgesetzt wird, dass die SE bereits besteht, also im Handelsregister eingetragen ist[122]. Daher differenziert man für die SE zunächst danach, ob sie eine Vorgesellschaft benötigt oder nicht, d.h. ob sie vor Eintragung (Art. 16 SE-VO) bereits handlungsfähig sein muss oder nicht. Da die SE-VO keine Regelungen über die Vor-SE enthält, gelten über die Verweisung von Art. 15. Abs. 1 SE-VO die nationalen Regelungen über die Vor-AG. Daher wird das erste Leitungsorgan nach Art. 15 SE-VO i.V.m. § 30 Abs. 4 AktG durch das erste Aufsichtsorgan, das mit Anteilseignern be-

---

117 Dazu *Koch* in Hüffer, § 76 AktG Rz. 61 f.; *Seibt* in K. Schmidt/Lutter, § 76 AktG Rz. 36 ff.; *Spindler* in MünchKomm. AktG, 4. Aufl., § 76 AktG R7. 105 ff.
118 *Reichert/Brandes* in MünchKomm. AktG, 3. Aufl., Art. 39 SE-VO Rz. 6.
119 Dafür *Reichert/Brandes* in MünchKomm. AktG, 3. Aufl., Art. 46 SE-VO Rz. 3; *Schwarz*, Art. 46 SE-VO Rz. 13 ff.; *Eberspächer* in Spindler/Stilz, AktG, Art. 46 SE-VO Rz. 5; *Kowalski*, DB 2007, 2243, 2245; *Hoffmann-Becking*, ZGR 2004, 355, 364.
120 So vor allem *Paefgen* in KölnKomm. AktG, 3. Aufl., Art. 39 SE-VO Rz. 51; *Seibt* in Habersack/Drinhausen, Art. 39 SE-VO Rz. 19; *Teichmann*, Art. 46 SE-VO Rz. 4; *Louven/Ernst*, BB 2014, 323, 327.
121 *Paefgen* in KölnKomm. AktG, 3. Aufl., Art. 39 SE-VO Rz. 51; *Seibt* in Habersack/Drinhausen, Art. 39 SE-VO Rz. 19; *Louven/Ernst*, BB 2014, 323, 327.
122 Vgl. *Seibt* in Habersack/Drinhausen, Art. 39 SE-VO Rz. 21; *Reichert/Brandes* in MünchKomm. AktG, 3. Aufl., Art. 39 SE-VO Rz. 26.

setzt ist, bestellt¹²³. Ein Arbeitsdirektor (§ 38 Abs. 2 SEBG) muss für das erste Leitungsorgan nicht bestellt werden¹²⁴. Eine Vor-SE kommt daher nur bei der Verschmelzung zur Neugründung (Art. 17 Abs. 2 lit. b SE-VO), bei der Holdinggründung sowie der Gründung einer Tochter-SE (Art. 35 i.V.m. Art. 2 Abs. 3 SE-VO) in Betracht. Für die **Verschmelzung zur Neugründung** ergibt sich das Erfordernis für ein Leitungsorgan aus Art. 15 Abs. 1 SE-VO i.V.m. § 36 AktG. Danach muss der Vorstand bzw. das Leitungsorgan der Vor-SE die SE gemeinsam mit den verschmelzenden Gesellschaften als Gründer (§ 36 Abs. 2 Satz 2 UmwG) zum Handelsregister anmelden. Bei der **Holdinggründung** und **Gründung einer Tochter-SE** ist ein Leitungsorgan der Vor-SE ebenfalls erforderlich. Neben der Vornahme der Gründungsprüfung (Art. 15 Abs. 1 SE-VO i.V.m. §§ 33, 34 AktG) müssen die Einlagen eingefordert (Art. 15 Abs. 1 SE-VO i.V.m. §§ 36, 36a AktG) und die SE zum Handelsregister angemeldet werden (Art. 15 Abs. 1 SE-VO i.V.m. § 36 AktG). Differenzen ergeben sich allerdings bei der Frage, zu welchem Zeitpunkt die Vor-SE wirksam entsteht. Während bei der Gründung einer Tochter-SE mit Übernahme der Aktien durch die Gründer die Vor-SE wirksam wird (Art. 15 SE-VO i.V.m. § 29 AktG), ist es für die Holdinggründung als auch für die Verschmelzung zur Neugründung erforderlich, dass die Gesellschafter zustimmen (Art. 23 SE-VO sowie Art. 32 Abs. 6 SE-VO).

34 Hingegen wird die SE bei der **Verschmelzung durch Aufnahme** (Art. 17 Abs. 2 lit. a SE-VO)¹²⁵ und dem **Formwechsel** (Art. 37 SE-VO)¹²⁶ nicht als neue Rechtsperson gegründet, die für ihren Entstehungsprozess einer Vor-SE mit Organen bedarf. Bis zur Eintragung im Handelsregister – und dem daraus resultierenden Entstehen der SE – agieren die bisherigen Vorstandsmitglieder des aufnehmenden bzw. formwechselnden Rechtsträgers. Mit Eintragung der SE im Handelsregister erlischt jedoch die Stellung der Organmitglieder¹²⁷. Hier gilt nicht der aus § 203 UmwG bekannte **Grundsatz der Amtskontinuität**, so dass eine Neubestellung des Leitungsorgans notwendig ist. Mit Recht wird darauf verwiesen, dass trotz der „Kontinuität des Rechtsträgers"¹²⁸, das Leitungsorgan einer dualistisch verfassten SE nicht mit dem Vorstand einer Aktiengesellschaft gleichgestellt werden kann, da die SE vor allem gemeinschaftsrechtlich geprägt ist¹²⁹. Dies gilt erst Recht für den Wechsel in eine monistisch organisierte SE¹³⁰. Da bei der Verschmelzung durch Aufnahme und dem Formwechsel keine Vor-SE besteht, richtet sich die Bestellung des Leitungsorgans nach Art. 39 Abs. 2 SE-VO. Die Bestellung erfolgt aufschiebend bedingt durch Eintragung der SE und des Aufsichtsorgans im Handelsregister durch das erste Aufsichtsorgan¹³¹.

---

123 *Reichert/Brandes* in MünchKomm. AktG, 3. Aufl., Art. 39 SE-VO Rz. 26; *Eberspächer* in Spindler/Stilz, AktG, Art. 39 SE-VO Rz. 7; *Paefgen* in KölnKomm. AktG, 3. Aufl., Art. 39 SE-VO Rz. 66.
124 *Seibt* in Habersack/Drinhausen, Art. 39 SE-VO Rz. 21; *Reichert/Brandes* in MünchKomm. AktG, 3. Aufl., Art. 39 SE-VO Rz. 27.
125 Vgl. zur Verschmelzung durch Aufnahme *Schäfer* in MünchKomm. AktG, 3. Aufl., Art. 17 SE-VO Rz. 4.
126 Vgl. zum Formwechsel *Schäfer* in MünchKomm. AktG, 3. Aufl., Art. 37 SE-VO Rz. 2 ff.
127 *Reichert/Brandes* in MünchKomm. AktG, 3. Aufl., Art. 39 SE-VO Rz. 28; *Seibt* in Habersack/Drinhausen, Art. 39 SE-VO Rz. 22; *Manz* in Manz/Mayer/Schröder, Art. 39 SE-VO Rz. 24; *Paefgen* in KölnKomm. AktG, 3. Aufl., Art. 39 SE-VO Rz. 65; a.A. *Kleinhenz/Leyendecker-Langner*, AG 2013, 507, 510.
128 So *Paefgen* in KölnKomm. AktG, 3. Aufl., Art. 39 SE-VO Rz. 65.
129 *Paefgen* in KölnKomm. AktG, 3. Aufl., Art. 39 SE-VO Rz. 65.
130 *Manz* in Manz/Mayer/Schröder, Art. 39 SE-VO Rz. 21.
131 Vgl. *Reichert/Brandes* in MünchKomm. AktG, 3. Aufl., Art. 39 SE-VO Rz. 28; zu Gestaltungsmöglichkeiten ausführlich *Paefgen* in KölnKomm. AktG, 3. Aufl., Art. 39 SE-VO Rz. 65.

2. Anstellungsvertrag

Hinsichtlich des schuldrechtlichen Rechtsverhältnisses zwischen Organmitglied und SE existieren in der SE-VO keine Regelungen, so dass über die Verweisung in Art. 9 Abs. 1 lit. c ii SE-VO die Vorschriften des Aktiengesetzes über das Anstellungsverhältnis Anwendung finden[132]. Die Zuständigkeit für Abschluss, Änderung und Beendigung des Anstellungsvertrages mit den Organmitgliedern liegt daher nach Art. 9 Abs. 1 lit. c ii SE-VO i.V.m. § 112 AktG beim Aufsichtsorgan[133]. Grundsätzlich können Fragen der Vergütung nicht auf einen Ausschuss übertragen werden, Art. 9 Abs. 1 lit. c ii SE-VO i.V.m. § 107 Abs. 3 Satz 3 AktG. Hingegen ist es weitgehend anerkannt, dass der Personalausschuss vorbereitend tätig werden kann, aber nicht die Plenarentscheidung präjudizieren darf[134]. Allerdings ist davon wegen der Nähe von Vertragsausgestaltung und Vergütung abzuraten[135]. Zusatzvereinbarungen über variable Vergütungsbestandteile müssen ebenfalls vom Gesamtorgan beschlossen werden[136].

Das Anstellungsverhältnis muss getrennt von der Organstellung betrachtet werden; es gilt das sog. **Trennungsprinzip**. Relativiert wird dieser Grundsatz durch das **Prinzip der Sachnähe**, wonach die europarechtlichen Wertungen der SE-VO über die Bestellung von Organmitgliedern zu berücksichtigen sind[137]. So gilt zwar grundsätzlich nach Art. 9 Abs. 1 lit. c ii SE-VO i.V.m. § 84 Abs. 1 Satz 5 AktG eine Höchstlaufzeit des Anstellungsvertrages von fünf Jahren. Dabei muss allerdings berücksichtigt werden, dass für die Organbestellung nach Art. 46 Abs. 1 SE-VO die Möglichkeit besteht, die Höchstlaufzeit auf maximal sechs Jahre und statutarisch in der Satzung festzulegen. Unter Berücksichtigung des Gleichlaufes von Bestellung und Anstellung von Organmitgliedern (Gleichlaufprinzip) ist die Höchstlaufzeit des Anstellungsvertrags auf die in der Satzung festgesetzten Höchstlaufzeit zu begrenzen[138].

3. Abberufung; Kündigung des Anstellungsvertrags

Für die Abberufung gelten die gleichen Voraussetzungen wie für die Bestellung. Sie bildet den *actus contrarius* zu dieser. Nach Art. 39 Abs. 2 SE-VO fällt die Aufgabe zur Abberufung dem Aufsichtsorgan als Gesamtorgan zu. Allerdings wird in der Literatur diskutiert, ob ein wichtiger Grund zur Abberufung vorliegen muss. Art. 39 Abs. 2 SE-VO beinhaltet keine weiteren materiellen Voraussetzungen, so dass einige Stimmen eine jederzeitige Abberufung eines Organmitglieds ohne wichtigen Grund befürworten[139]. Dies kann allerdings schon aus historischen Gründen nicht überzeugen, da die vorgeschlagene Norm des Art. 62 SE-VO aus dem Entwurf von 1989, die ein jederzeitiges Abberufen ausdrücklich vorsah, aufgrund kritischer Stimmen geän-

---

132 *Seibt* in Habersack/Drinhausen, Art. 39 SE-VO Rz. 28; *Paefgen* in KölnKomm. AktG, 3. Aufl., Art. 39 SE-VO Rz. 84.
133 *Reichert/Brandes* in MünchKomm. AktG, 3. Aufl., Art. 39 SE-VO Rz. 40; *Seibt* in Habersack/Drinhausen, Art. 39 SE-VO Rz. 29.
134 Dazu *Koch* in Hüffer, § 107 AktG Rz. 28.
135 So auch *Seibt* in Habersack/Drinhausen, Art. 39 SE-VO Rz. 29; *Seibt* in K. Schmidt/Lutter, § 84 AktG Rz. 25.
136 *Seibt* in Habersack/Drinhausen, Art. 39 SE-VO Rz. 29; *Paefgen* in KölnKomm. AktG, 3. Aufl., Art. 39 SE-VO Rz. 84 m.w.N.
137 *Seibt* in Habersack/Drinhausen, Art. 39 SE-VO Rz. 28.
138 So auch *Paefgen* in KölnKomm. AktG, 3. Aufl., Art. 39 SE-VO Rz. 86, der zu Recht darauf hinweist, dass die bloße Angabe einer Höchstdauer von sechs Jahren unpräzise ist, da in der Satzung auch eine kürzere Laufzeit festgelegt werden kann.
139 So *Grundmann*, Europäisches Gesellschaftsrecht, S. 495; *Theisen/Hölzl* in Theisen/Wenz, S. 269, 288.

dert wurde¹⁴⁰. Art. 39 Abs. 2 SE-VO enthält daher keine abschließende Regelung, sondern ist bezüglich der Abberufungsvoraussetzungen regelungsoffen¹⁴¹, so dass über die Verweisung von Art. 9 Abs. 1 lit. c ii SE-VO die Vorschriften des nationalen Aktienrechts heranzuziehen sind¹⁴². Für die deutsche SE bedeutet das, dass nach Art. 9 Abs. 1 lit. c ii SE-VO i.V.m. § 84 Abs. 3 AktG das Leitungsorgan nur bei Vorliegen eines wichtigen Grundes abberufen werden kann. Dass § 84 Abs. 3 Satz 2 Alt. 3 AktG den Vertrauensentzug durch die Hauptversammlung nennt, stellt keinen Verstoß gegen die Abberufungskompetenz des Aufsichtsorgans dar, da diesem bei der Frage, ob der Vertrauensentzug Anlass für eine Abberufung gibt, ein Einschätzungsspielraum eingeräumt wird¹⁴³.

38 Andere das Organverhältnis beendende Gründe werden wegen der Regelungsoffenheit von Art. 39 Abs. 2 Unterabs. 1 SE-VO nicht verdrängt. Über Art. 9 Abs. 1 lit. c ii SE-VO finden daher die für die Aktiengesellschaft geltenden Beendigungsgründe ebenfalls Anwendung. Dazu zählen der Tod des Amtsträgers, der Eintritt einer das Organverhältnis auflösenden Bedingung, der Ablauf der in der Satzung festgelegten Amtszeit, die Niederlegung des Amtes, die einvernehmliche Aufhebung der Bestellung sowie die Aufhebung durch Löschung der Gesellschaft im Handelsregister¹⁴⁴.

39 Da das organschaftliche Bestellungsverhältnis und das schuldrechtliche Anstellungsverhältnis getrennt betrachtet werden, führt eine Abberufung nicht auch zugleich zur Kündigung des Anstellungsvertrags. Für die Beendigung gelten nach Art. 9 Abs. 1 lit. c ii SE-VO i.V.m. § 84 Abs. 3 Satz 5 AktG die allgemeinen Vorschriften. Die SE wird dabei vom Aufsichtsorgan nach Art. 9 Abs. 1 lit. c ii SE-VO i.V.m. § 112 AktG vertreten. Voraussetzung für die Kündigungserklärung ist das Vorliegen eines Beschlusses des Aufsichtsorgans; allerdings kann dies auch auf einen Ausschuss delegiert werden¹⁴⁵. Zu den weiteren Beendigungsgründen des Anstellungsvertrags zählen der Tod des Organmitglieds, ein Aufhebungsvertrag, der Ablauf der Vertragslaufzeit sowie der Eintritt vertraglich vereinbarter Beendigungsgründe.

4. Verlagerung der Zuständigkeit auf die Hauptversammlung (Art. 39 Abs. 2 Unterabs. 2 SE-VO)

40 Nach Art. 39 Abs. 2 Unterabs. 2 SE-VO können die Mitgliedsstaaten vorschreiben oder eine Bestimmung in der Satzung zulassen, nach der die Befugnis, das Leitungsorgan zu bestellen und abzuberufen, auf die Hauptversammlung übertragen wird. Eine Regelung kann dabei nur auf Bestellung und Abberufung gemeinsam ergehen, da sowohl der Wortlaut („und") als auch der Sinn und Zweck der Vorschrift ein kumulatives Element fordern¹⁴⁶.

---

140 So *Schwarz*, Art. 39 SE-VO Rz. 61; ebenso *Seibt* in Habersack/Drinhausen, Art. 39 SE-VO Rz. 25; *Paefgen* in KölnKomm. AktG, 3. Aufl., Art. 39 SE-VO Rz. 69.
141 *Seibt* in Habersack/Drinhausen, Art. 39 SE-VO Rz. 25.
142 So bereits *Seibt* in Habersack/Drinhausen, Art. 39 SE-VO Rz. 25; *Schwarz*, Art. 39 SE-VO Rz. 63; *Manz* in Manz/Mayer/Schröder, Art. 39 SE-VO Rz. 33; *Hommelhoff*, AG 2001, 279, 283; *Fleischer*, AG 2006, 429, 434; a.A. v. *Werder*, RIW 1997, 304, 308.
143 *Paefgen* in KölnKomm. AktG, 3. Aufl., Art. 39 SE-VO Rz. 70; *Seibt* in Habersack/Drinhausen, Art. 39 SE-VO Rz. 25; *Reichert/Brandes* in MünchKomm. AktG, 3. Aufl., Art. 39 SE-VO Rz. 33; *Manz* in Manz/Mayer/Schröder, Art. 39 SE-VO Rz. 74.
144 Dazu ausführlich und mit weiteren Nachweisen *Paefgen* in KölnKomm. AktG, 3. Aufl., Art. 39 SE-VO Rz. 72.
145 Vgl. *Reichert/Brandes* in MünchKomm. AktG, 3. Aufl., Art. 39 SE-VO Rz. 18; *Seibt* in Habersack/Drinhausen, Art. 39 SE-VO Rz. 31.
146 *Paefgen* in KölnKomm. AktG, 3. Aufl., Art. 39 SE-VO Rz. 40; *Schwarz*, Art. 39 SE-VO Rz. 61.

Allerdings steht dem Mitgliedstaat ein solches Wahlrecht nur zu, wenn sein nationales Gesellschaftsrecht eine Möglichkeit zur Kompetenzübertragung auf die Hauptversammlung vorsieht. Da das deutsche Aktienrecht eine solche Regelung nicht kennt und die aktienrechtliche Kompetenzordnung dem Aufsichtsrat die Alleinzuständigkeit von Bestellung und Abberufung zuweist (vgl. § 84 Abs. 1 Satz 1 bis 4, Abs. 3, § 23 Abs. 5 AktG), ist auch der deutschen SE diese Möglichkeit versperrt[147]. Für die deutsche dualistische SE folgt die Bestellungs- und Abberufungskompetenz des Aufsichtsorgans bereits aus dem Gemeinschaftsrecht[148]. Zwar gibt es in der Literatur die Forderung an den Gesetzgeber, dass es in der nicht börsennotierten und mitbestimmungsfreien SE möglich sein soll, die Bestellungs- und Abberufungskompetenz auf die Hauptversammlung zu übertragen[149]. Jedoch ist dem Einwand zuzustimmen, dass eine solche Maßnahme erst dann umgesetzt werden kann, wenn der deutsche Gesetzgeber die entsprechende Gestaltungsfreiheit der deutschen nicht börsennotierten und mitbestimmungsfreien Aktiengesellschaft einräumt[150].

5. Wettbewerbsverbot; Kreditgewährung an die Mitglieder des Leitungsorgans

Die Mitglieder des Leitungsorgans unterliegen durch den Verweis über Art. 9 Abs. 1 lit. c ii SE-VO i.V.m. § 88 AktG einem Wettbewerbsverbot. Insofern gelten die gleichen Regelungen für die SE wie für die Aktiengesellschaft[151].

Ebenso ist das Aufsichtsorgan nach Art. 9 Abs. 1 lit. c ii SE-VO i.V.m. § 89 Abs. 1 AktG zuständig für Kredite an Mitglieder des Leitungsorgans[152]. Allerdings besteht die Möglichkeit, die Entscheidung nach Art. 9 Abs. 1 lit. c ii SE-VO i.V.m. § 107 Abs. 3 Satz 1 AktG an einen Ausschuss zu übertragen. Nach Art. 9 Abs. 1 lit. c ii SE-VO i.V.m. § 112 AktG wird die SE bei der Kreditgewährung, wie auch bei sonstigen Geschäften mit dem Vorstandsmitglied, durch das Aufsichtsorgan vertreten.

V. Unvereinbarkeit nach Art. 39 Abs. 3 SE-VO

1. Trennung von Leitung und Kontrolle

Art. 39 Abs. 3 Satz 1 SE-VO manifestiert den im dualistischen Verwaltungssystem vorherrschenden Grundsatz der Trennung von Leitung und Aufsicht, indem untersagt ist, zugleich Mitglied in Leitungs- und Aufsichtsorgan zu sein. Wird gegen diesen Grundsatz verstoßen, ist die Bestellung nach § 134 BGB nichtig, wenn die Verknüpfung beider Organämter beabsichtigt ist[153]. Ist der Wechsel eines Mitglieds vom Aufsichtsorgan in das Leitungsorgan vorgesehen, so ist im Zweifel anzunehmen, dass die Aufgabe des Aufsichtsamtes gewollt war. Solange dieses Mandat nicht niedergelegt wurde, ist die Bestellung zum Mitglied des Leitungsorgans schwebend unwirk-

---

147 *Paefgen* in KölnKomm. AktG, 3. Aufl., Art. 39 SE-VO Rz. 40; *Eberspächer* in Spindler/Stilz, AktG, Art. 39 SE-VO Rz. 1; *Knapp*, DStR 2012, 2392; zur Entwicklung siehe auch *Brandt*, NZG 2002, 991 ff.
148 *Teichmann*, ZIP 2002, 1109, 1113; *Paefgen* in KölnKomm. AktG, 3. Aufl., Art. 39 SE-VO Rz. 40; jetzt auch klargestellt in 3. Auflage bei *Reichert/Brandes* in MünchKomm. AktG, 3. Aufl., Art. 39 SE-VO Rz. 15.
149 So *Hoffmann-Becking*, ZGR 2004, 355, 367; *Hommelhoff*, AG 2001, 279, 283.
150 So *Paefgen* in KölnKomm. AktG, 3. Aufl., Art. 39 SE-VO Rz. 40.
151 Vgl. dazu *Seibt* in K. Schmidt/Lutter, § 88 AktG Rz. 4 ff.
152 Zu konzernrechtlichen Fragen siehe *Reichert/Brandes* in MünchKomm. AktG, 3. Aufl., Art. 39 SE-VO Rz. 42.
153 *Seibt* in Habersack/Drinhausen, Art. 39 SE-VO Rz. 34; *Paefgen* in KölnKomm. AktG, 3. Aufl., Art. 39 SE-VO Rz. 55; *Reichert/Brandes* in MünchKomm. AktG, 3. Aufl., Art. 39 SE-VO Rz. 46.

sam[154]. Gleiches gilt für den entgegengesetzten Fall, wenn der Wechsel vom Leitungs- in das Aufsichtsorgan beabsichtigt wird[155].

45 Art. 39 Abs. 3 Satz 1 SE-VO ist lex specialis gegenüber der im deutschen Aktienrecht bestehenden Regelung (§ 105 Abs. 1 AktG) und verdrängt diese. Jedoch erfasst § 105 Abs. 1 AktG in seinem Anwendungsbereich Prokuristen, Handels- und Generalbevollmächtigte[156]. Daher gilt für diese Spezialfälle für die SE § 105 Abs. 1 AktG über Art. 9 Abs. 1 lit. c ii SE-VO. Die Unvereinbarkeit der Ämter gilt ebenfalls für stellvertretende Mitglieder des Leitungsorgans und für Abwickler der SE[157].

2. Durchbrechung des Grundsatzes nach Art. 39 Abs. 3 Satz 2 SE-VO

46 Der Grundsatz der Unvereinbarkeit, zugleich Mitglied in Leitungs- und Aufsichtsorgan zu sein, wird durch Art. 39. Abs. 3 Satz 2 SE-VO durchbrochen. So kann ein Mitglied des Aufsichtsorgans dazu abgestellt werden, Aufgaben eines Mitglieds des Leitungsorgans wahrzunehmen. Dabei handelt es sich nicht nur um eine bloße funktionelle Aufgabenwahrnehmung, sondern um einen organschaftlichen Bestellungsakt[158]. Daher werden dem vorübergehenden Mitglied des Leitungsorgans die gleichen Rechte und Pflichten zuteil, die den ständigen Mitgliedern des Leitungsorgans zustehen[159]. Das Wettbewerbsverbot des § 88 AktG gilt wegen Art. 9 Abs. 1 lit. c ii SE-VO i.V.m. § 105 Abs. 2 Satz 5 AktG nicht. § 105 Abs. 2 Satz 5 AktG wird nicht von Art. 39 SE-VO überlagert und gilt daher auch im Recht der SE[160].

47 Art. 39 Abs. 3 Satz 2 SE-VO verlangt, dass „der betreffende Posten nicht besetzt ist". Erfasst ist damit zum einen die Unterbesetzung des Organs, die vorliegt, wenn nicht die nach Gesetz, Satzung oder Geschäftsordnung vorgeschriebene Mindestanzahl an Mitgliedern erreicht wird[161]. Zum anderen ist Art. 39 Abs. 3 Satz 2 SE-VO ebenfalls einschlägig, wenn die nach der Satzung vorgesehene Höchstzahl der Mitglieder nicht ausgeschöpft wird[162]. Hingegen ist eine nur vorübergehende Verhinderung der Amtsausübung (Urlaub, Krankheit) – im Gegensatz zur vergleichbaren Regelung in § 105 Abs. 2 AktG – wegen des ausdrücklichen Wortlauts der Norm[163] nicht von Art. 39 Abs. 3 Satz 2 SE-VO erfasst[164].

48 Da die SE-VO kein Verfahren für die Abstellung vorsieht, finden über Art. 9 Abs. 1 lit. c ii SE-VO die für § 105 AktG entwickelten Grundsätze Anwendung. Erforderlich

---

154 *Seibt* in Habersack/Drinhausen, Art. 39 SE-VO Rz. 34.
155 *Paefgen* in KölnKomm. AktG, 3. Aufl., Art. 39 SE-VO Rz. 55; *Reichert/Brandes* in MünchKomm. AktG, 3. Aufl., Art. 39 SE-VO Rz. 46.
156 *Reichert/Brandes* in MünchKomm. AktG, 3. Aufl., Art. 39 SE-VO Rz. 44.
157 *Seibt* in Habersack/Drinhausen, Art. 39 SE-VO Rz. 33; *Reichert/Brandes* in MünchKomm. AktG, 3. Aufl., Art. 39 SE-VO Rz. 45; *Paefgen* in KölnKomm. AktG, 3. Aufl., Art. 39 SE-VO Rz. 54.
158 *Seibt* in Habersack/Drinhausen, Art. 39 SE-VO Rz. 35.
159 *Seibt* in Habersack/Drinhausen, Art. 39 SE-VO Rz. 36.
160 *Reichert/Brandes* in MünchKomm. AktG, 3. Aufl., Art. 39 SE-VO Rz. 53; *Paefgen* in KölnKomm. AktG, 3. Aufl., Art. 39 SE-VO Rz. 59.
161 *Paefgen* in KölnKomm. AktG, 3. Aufl., Art. 39 SE-VO Rz. 58; *Seibt* in Habersack/Drinhausen, Art. 39 SE-VO Rz. 37.
162 *Seibt* in Habersack/Drinhausen, Art. 39 SE-VO Rz. 37; *Reichert/Brandes* in MünchKomm. AktG, 3. Aufl., Art. 39 SE-VO Rz. 49; *Paefgen* in KölnKomm. AktG, 3. Aufl., Art. 39 SE-VO Rz. 58; *Manz* in Manz/Mayer/Schröder, Art. 39 SE-VO Rz. 46.
163 Kein Unterschied in den verschiedenen Sprachfassungen: „Posten nicht besetzt ist" bzw. „in the event of vacancy" und „en cas de vacance".
164 Ebenfalls *Seibt* in Habersack/Drinhausen, Art. 39 SE-VO Rz. 37; *Reichert/Brandes* in MünchKomm. AktG, 3. Aufl., Art. 39 SE-VO Rz. 50; *Paefgen* in KölnKomm. AktG, 3. Aufl., Art. 39 SE-VO Rz. 58; *Manz* in Manz/Mayer/Schröder, Art. 39 SE-VO Rz. 46.

sind daher Beschluss des Aufsichtsorgans, Beschlussbekanntgabe an den Bestellten, die Wahlannahme und deren Kundgabe gegenüber dem Aufsichtsorgan[165]. Die Übertragung dieser Aufgabe auf einen Ausschuss ist nach richtiger Auffassung nicht möglich[166]. Zwar wird das Verfahren nach § 105 AktG in § 107 Abs. 3 Satz 3 AktG nicht erwähnt. Da allerdings schon die Bestellung einer Person zum Vorstands- bzw. Leitungsorganmitglied nicht einem Aufsichtsrats- bzw. Aufsichtsorganausschuss überantwortet werden kann[167], und die Abstellung eines Mitglieds des Aufsichtsorgans als Mitglied des Leitungsorgans in unternehmenspolitischer Hinsicht ähnlich bedeutsam ist, ist von einem Delegationsverbot auch hier auszugehen. Nach Art. 9 Abs. 1 lit. c ii SE-VO i.V.m. § 81 AktG ist die Bestellung zum Handelsregister anzumelden[168].

Folge der Abstellung ist allerdings nicht der Verlust des Ursprungmandats, sondern das parallele Innehaben beider Ämter. Jedoch ordnet Art. 39 Abs. 3 Satz 3 SE-VO an, dass das Amt im Aufsichtsorgan während der Abstellung des betreffenden Mitglieds ruht. § 15 SEAG enthält für den Abstellungszeitraum eine Befristung, die an § 105 Abs. 2 AktG angelehnt ist und maximal ein Jahr beträgt. Damit hat der deutsche Gesetzgeber sich die Ermächtigung aus Art. 39 Abs. 3 Satz 4 SE-VO zunutze gemacht. Nimmt das betreffende Mitglied dennoch an einer Beschlussfassung im Aufsichtsorgan teil, so hat dieser Fehler keine Auswirkungen auf den Beschluss; allein die abgegebene Stimme ist ungültig[169]. 49

VI. Mitgliederanzahl des Leitungsorgans (Art. 39 Abs. 4 SE-VO)

1. Allgemeines

Nach Art. 39 Abs. 4 Satz 1 SE-VO kann entweder die Anzahl der Mitglieder oder eine für ihre Festlegung geltende Regelung in der Satzung der SE bestimmt werden. Nach Satz 2 steht es den Mitgliedsstaaten frei, eine Mindest- und/oder Höchstzahl festzulegen. In § 16 Satz 1 SEAG hat der deutsche Gesetzgeber eine darauf beruhende Regelung getroffen. Danach hat das Leitungsorgan bei einem Grundkapital von mehr als drei Mio. Euro aus mindestens zwei Mitgliedern zu bestehen, es sei denn, die Satzungsregelung sieht nur ein Mitglied vor. Die Norm ist an § 76 Abs. 2 Satz 2 angelehnt, so dass die für die AG übliche Satzungsregelung, dass der Vorstand aus einem oder mehreren Mitgliedern bestehe, zulässig ist[170]. Allerdings empfiehlt Ziff. 4.2.1 DCGK für börsennotierte Gesellschaften einen mehrköpfigen Vorstand. Fehlt eine solche Bestimmung gänzlich in der Satzung, liegt ein Eintragungshindernis für das Handelsregister vor, da es sich um einen Satzungspflichtbestandteil der SE han- 50

---

165 Vgl. bereits *Seibt* in Habersack/Drinhausen, Art. 39 SE-VO Rz. 35.
166 A.A. *Reichert/Brandes* in MünchKomm. AktG, 3. Aufl., Art. 39 SE-VO Rz. 54; *Paefgen* in KölnKomm. AktG, 3. Aufl., Art. 39 SE-VO Rz. 57; *Seibt* in Habersack/Drinhausen, Art. 39 SE-VO Rz. 35; wie hier hingegen *Drygala* in K. Schmidt/Lutter, § 105 AktG Rz. 16; *Spindler* in Spindler/Stilz, § 105 AktG Rz. 31; *Krieger*, Personalentscheidungen des Aufsichtsrats, 1981, S. 231.
167 *Koch* in Hüffer, § 84 AktG Rz. 5; *Spindler* in MünchKomm. AktG, 4. Aufl., § 84 AktG Rz. 17; ähnl. *Habersack* in MünchKomm. AktG, 4. Aufl., § 105 AktG Rz. 28.
168 *Reichert/Brandes* in MünchKomm. AktG, 3. Aufl., Art. 39 SE-VO Rz. 54; *Paefgen* in KölnKomm. AktG, 3. Aufl., Art. 39 SE-VO Rz. 57.
169 So auch schon *Schwarz*, Art. 39 SE-VO Rz. 70; *Seibt* in Habersack/Drinhausen, Art. 39 SE-VO Rz. 36.
170 Vgl. *Paefgen* in KölnKomm. AktG, 3. Aufl., Art. 39 SE-VO Rz. 75; *Reichert/Brandes* in MünchKomm. AktG, 3. Aufl., Art. 39 SE-VO Rz. 20; *Seibt* in Habersack/Drinhausen, Art. 39 SE-VO Rz. 39.

delt[171]. Allerdings muss die Satzung keine strikte Personenanzahl vorgeben, sondern kann für die Festsetzung der Organgröße andere Kriterien heranziehen. So ist es möglich, sich an der Beschäftigtenzahl oder an speziellen betriebswirtschaftlichen Kennzahlen zu orientieren[172]. Alternativ kann die Satzung vorsehen, dass die Festlegung der Personenanzahl dem Aufsichtsorgan übertragen wird[173].

2. Mitbestimmungsrechtliche Fragen

51 Die grundsätzlich gewährte Satzungsfreiheit bei der Frage der Bestellung der Leitungsorganmitglieder wird von § 16 Satz 2 SEAG eingeschränkt. Danach bleibt § 38 Abs. 2 SEBG unberührt. § 38 Abs. 2 Satz 1 SEBG bestimmt, dass das Leitungsorgan aus mindestens zwei Mitgliedern zu bestehen hat. Nach Satz 2 ist eines davon für den Bereich Arbeit und Soziales zuständig. Allerdings sieht die **Arbeitnehmerbeteiligungsrichtlinie**[174] das in § 38 Abs. 2 Satz 2 SEBG genannte Mitglied für Arbeit und Soziales (in der AG der Arbeitsdirektor) nicht vor. Es handelt sich also bei § 38 Abs. 2 SEBG um eine einzelstaatliche Gepflogenheit, die nach Art. 13 Abs. 2 der Arbeitnehmerbeteiligungsrichtlinie nicht auf die SE anzuwenden ist. Aus § 47 Abs. 1 Nr. 1 SEBG folgt zudem, dass die nationalen Vorschriften zur Mitbestimmung in den Organen der SE keine Berücksichtigung finden. Zudem gewährt Art. 50 Abs. 3 SE-VO nur in Bezug auf Beschlussfähigkeit und Beschlussfassung des Aufsichtsorgans die Übertragung der nationalen Mitbestimmungsregeln. Es spricht daher vieles dafür, dass die mitbestimmungsrechtlichen Besonderheiten auf die Beteiligung der Arbeitnehmer im Aufsichtsorgan beschränkt sind[175]. Eine andere Sichtweise verstößt gegen Gemeinschaftsrecht. Daran ändert sich auch nichts, wenn bereits in der nationalen Gründungsgesellschaft ein Arbeitsdirektor bestellt war[176].

52 Umstritten ist, ob Aspekte der Besetzung des Leitungsorgans Gegenstand der Mitbestimmungsvereinbarung sein können. Eine Ansicht will die Frage der Bestellung des Arbeitsdirektors nach dem Regelungsvorbild von § 33 MitbestG oder die Konturierung des Ressortzuschnitts betreffend die Arbeits- und Sozialbedingungen der SE als Gegenstand der Mitbestimmungsvereinbarung zulassen[177]. Die überzeugendere Auffassung lehnt einen solchen weiten Verhandlungsspielraum allerdings ab[178]. Zu Recht wird darauf verwiesen, dass der Mitbestimmungsbegriff in § 2 Abs. 12 SEBG sich auf die Begriffsbestimmung des Art. 2 lit. k der Arbeitnehmerbeteiligungsrichtlinie[179] be-

---

171 *Paefgen* in KölnKomm. AktG, 3. Aufl., Art. 39 SE-VO Rz. 75; *Schwarz*, Art. 39 SE-VO Rz. 71.
172 *Paefgen* in KölnKomm. AktG, 3. Aufl., Art. 39 SE-VO Rz. 75.
173 *Seibt* in Habersack/Drinhausen, Art. 39 SE-VO Rz. 39; *Paefgen* in KölnKomm. AktG, 3. Aufl., Art. 39 SE-VO Rz. 76; *Schwarz*, Art. 39 SE-VO Rz. 71.
174 Richtlinie 2001/86/EG zur Ergänzung des Statuts der Europäischen Gesellschaft hinsichtlich der Beteiligung der Arbeitnehmer, ABl. EG 2001 Nr. L 294, 22.
175 Ebenso *Paefgen* in KölnKomm. AktG, 3. Aufl., Art. 39 SE-VO Rz. 77; *Grobys*, NZA 2004, 779, 780; *Seibt* in Habersack/Drinhausen, Art. 39 SE-VO Rz. 41; a.A. *Oetker*, BB-Spezial 2005, 2, 12; *Niklas*, NZA 2004, 1200, 1204; *Krause*, BB 2005, 1221, 1228.
176 So aber *Jacobs* in MünchKomm. AktG, 3. Aufl., § 38 SEBG Rz. 4 sowie *Habersack* in Ulmer/Habersack/Henssler, Mitbestimmungsrecht, § 38 SEBG Rz. 42, der dann § 38 Abs. 1 SEBG anwenden will.
177 So vor allem *Seibt*, ZIP 2010, 1057, 1061; *Seibt*, AG 2005, 413, 425; *Seibt* in Habersack/Drinhausen, Art. 39 SE-VO Rz. 40; *Scheibe*, Die Mitbestimmung der Arbeitnehmer in der SE unter besonderer Berücksichtigung des monistischen Systems, 2007, S. 147 f.
178 *Oetker*, § 21 SEBG Rz. 83; *Paefgen* in KölnKomm. AktG, 3. Aufl., Art. 39 SE-VO Rz. 78 f.; *Hoops*, Die Mitbestimmungsvereinbarung in der Europäischen Aktiengesellschaft (SE), 2009, S. 169 f.; *Forst*, Die Beteiligungsvereinbarung nach § 21 SEBG, 2010, S. 302.
179 *Paefgen* in KölnKomm. AktG, 3. Aufl., Art. 39 SE-VO Rz. 79.

zieht. Danach bedeutet Mitbestimmung, die Wahrnehmung des Rechts der Arbeitnehmer auf die Bestellung des Aufsichtsorgans Einfluss zu nehmen. Das Leitungsorgan wird explizit nicht erwähnt und kann daher nicht Gegenstand der Mitbestimmungsvereinbarung nach § 21 Abs. 3 SEBG sein. Insbesondere spricht nicht für einen weiten Verhandlungsspielraum, dass in Art. 4 Abs. 1 der Arbeitnehmerbeteiligungsrichtlinie und in § 4 Abs. 1 Satz 2 SEBG von der Vereinbarung über die „Beteiligung der Arbeitnehmer innerhalb der SE" die Rede ist. Diese in Art. 2. lit. h der Arbeitnehmerbeteiligungsrichtlinie definierte Begriffsbestimmung ist gegenüber den speziellen mitbestimmungsrechtlichen Regelungen von Art. 2 lit. k der Richtlinie subsidiär und wird durch diese in ihrem Anwendungsbereich verdrängt[180].

Dementsprechend kann die Mitbestimmungsvereinbarung auch nicht von der weichen **Geschlechterquote** in Bezug auf den Vorstand abweichen, die sich aus Art. 9 Abs. 1 lit. c ii SE-VO i.V.m. § 111 Abs. 5 AktG in Bezug auf die Vorstandsbesetzung ergibt. Auch hierbei handelt es sich nicht um eine Regelung mit Bezug zu Arbeitnehmerrechten, sondern um eine rein vorstandsbezogene Angelegenheit. Dafür gilt Art. 4 Abs. 1 der Arbeitnehmerbeteiligungsrichtlinie nicht.

3. Über- und Unterbesetzung des Leitungsorgans

Prinzipiell finden über Art. 9 Abs. 1 lit. c ii SE-VO auf die deutsche SE die für die Aktiengesellschaft geltenden Grundsätze über die Über- und Unterbesetzung des Organs Anwendung[181]. Gehören dem Leitungsorgan weniger als die nach dem Gesetz oder der Satzung vorgeschriebene Anzahl an Mitgliedern an, so trifft das Aufsichtsorgan die Pflicht, die fehlenden Mitglieder unverzüglich neu zu bestellen[182]. Kommt das Aufsichtsorgan dieser Verpflichtung nicht nach oder liegt ein dringender Fall vor, kann das Gericht auf Antrag eines Beteiligten die Bestellung vornehmen (sog. Notbestellung, siehe dazu oben Rz. 25), Art. 9 Abs. 1 lit. c ii SE-VO i.V.m. § 85 AktG. Diese Bestimmungen verfolgen den Zweck, eine mögliche Handlungsunfähigkeit des Leitungsorgans zu verhindern bzw. diese so schnell wie möglich zu beenden.

Allerdings ist der Umgang mit einer möglichen Handlungsunfähigkeit in der Literatur umstritten. Während bei einer Überbesetzung des Organs keine Zweifel hinsichtlich der Wirksamkeit der Maßnahme bestehen[183], gehen die Meinungen bei der Unterbesetzung des Organs auseinander. *Paefgen* stellt darauf ab, dass die über die Verweisnorm geltenden Vorschriften der AG ausreichen und nur in wenigen Ausnahmen – namentlich dort, wo ein dringendes öffentliches Interesse für die sofortige Herstellung der Aktionsfähigkeit des Leitungsorgans streitet – vom Gebot der Vollbesetzung abgewichen werden kann[184]. Andere wiederum wollen bereits die Handlungsfähigkeit des Leitungsorgans annehmen, wenn das für die Herstellung der Beschlussfähigkeit nach Art. 50 Abs. 1 lit. a SE-VO erforderliche Quorum der Hälfte der nach der Satzung zu bestellenden Mitglieder nicht mehr erreicht wird[185]. Richtigerweise muss jedoch zwischen der korrekten Zusammensetzung des Organs und seiner Beschlussfähigkeit un-

---

[180] Hingegen für einen weiten Verhandlungsspielraum *Teichmann*, AG 2008, 797, 804.
[181] Ebenso *Paefgen* in KölnKomm. AktG, 3. Aufl., Art. 39 SE-VO Rz. 80.
[182] *Seibt* in Habersack/Drinhausen, Art. 39 SE-VO Rz. 42; *Reichert/Brandes* in MünchKomm. AktG, 3. Aufl., Art. 39 SE-VO Rz. 22; zu den aktienrechtlichen Regelungen siehe *Seibt* in K. Schmidt/Lutter, § 76 AktG Rz. 33; *Koch* in Hüffer, § 76 AktG Rz. 56.
[183] So einhellig *Paefgen* in KölnKomm. AktG, 3. Aufl., Art. 39 SE-VO Rz. 82; *Seibt* in Habersack/Drinhausen, Art. 39 SE-VO Rz. 43.
[184] *Paefgen* in KölnKomm. AktG, 3. Aufl., Art. 39 SE-VO Rz. 81.
[185] So vor allem *Eberspächer* in Spindler/Stilz, AktG, Art. 39 SE-VO Rz. 10; ähnlich *Reichert/Brandes* in MünchKomm. AktG, 3. Aufl., Art. 39 SE-VO Rz. 23.

terschieden werden[186], sodass der Verweis auf Art. 50 Abs. 1 lit. a SE-VO nicht genügt. Hier hilft die SE-VO mangels spezieller Regelungen nicht weiter.

56 Unstrittig ist, dass bei Realakten – bspw. der Berichterstattung an das Aufsichtsorgan – keine Vollbesetzung erforderlich ist[187]. Umso umstrittener ist die Behandlung der Maßnahmen, die einen rechtsgeschäftlichen Charakter aufweisen: So verneint eine Ansicht im Schrifttum die Handlungsunfähigkeit des Vorstands bei Unterbesetzung, wenn eine zur Beschlussfassung ausreichende Anzahl von Mitgliedern bestellt wurde und diese – wenn notwendig – vertretungsberechtigt sind[188]. Eine andere Ansicht wiederum will die Pflicht zur Vollbesetzung nur dann einschränken, wenn die sofortige Handlungsfähigkeit des Leitungsorgans im öffentlichen Interesse liegt (Wahrnehmung der Insolvenzantragspflicht nach § 15a InsO)[189]. Die Rechtsprechung hat sich zu möglichen Ausnahmen noch nicht geäußert. Allerdings gilt nach dem BGH der Vorstand einer AG als handlungsunfähig, soweit die Wahrnehmung von Aufgaben betroffen ist, die in die Zuständigkeit des Gesamtorgans fallen und von diesem im Wege der Beschlussfassung zu erledigen sind[190]. Richtigerweise gilt dies auch für innergesellschaftliche Maßnahmen, wie die Einberufung einer Hauptversammlung oder der Mitteilung der Tagesordnung[191]. Man sollte allerdings eine Ausnahme bei Maßnahmen, die im öffentlichen Interesse stehen, zulassen.

VII. Ergänzende Bestimmungen (Art. 39 Abs. 5 SE-VO)

57 Art. 39 Abs. 5 SE-VO enthält eine Sonderregelung für Mitgliedsstaaten, deren Aktienrecht über kein dualistisches Verwaltungssystem verfügt. Nur diese allein sind Adressaten der Norm. Um den Gleichlauf zwischen nationalen Aktiengesellschaften und der SE zu gewährleisten, sind die anderen Mitgliedsstaaten, in denen Vorschriften zum dualistischen Verwaltungssystem für Aktiengesellschaften bestehen, nicht berechtigt, ergänzende Sonderbestimmungen zu erlassen, es sei denn, die SE-VO ermächtigt dazu in besonderen Vorschriften, wie etwa Art. 39 Abs. 4 Satz 2 bzw. Art. 41 Abs. 3 Satz 2 SE-VO[192]. Deutschland ist daher nicht berechtigt, aufgrund von Art. 39 Abs. 5 SE-VO tätig zu werden. Den anderen Mitgliedsstaaten wird es hingegen ermöglicht, entsprechende Vorschriften für die SE zu schaffen. Zwar spricht Abs. 5 nicht von einer Pflicht der Mitgliedsstaaten, allerdings sind sie angehalten, das in Art. 38 lit. b SE-VO normierte Wahlrecht effektiv umzusetzen[193].

---

186 So bereits *Paefgen* in KölnKomm. AktG., 3. Aufl., Art. 39 SE-VO Rz. 80.
187 *Koch* in Hüffer, § 76 AktG Rz. 56; *Schäfer*, ZGR 2003, 147, 153 f.
188 *Priester* in FS Kropff, 1997, S. 591, 597 f.; *Rottnauer*, NZG 2000, 414, 416 f.; *Götz*, ZIP 2002, 1745, 1748 f.; *Mertens/Cahn* in KölnKomm. AktG, 3. Aufl., § 76 AktG Rz. 110 ff.; *Kort* in Großkomm. AktG, 4. Aufl., § 76 AktG Rz. 199.
189 *Reichert/Brandes* in MünchKomm. AktG, 3. Aufl., Art. 39 SE-VO Rz. 23; *Schäfer*, ZGR 2003, 147, 153 f.
190 BGH v. 12.11.2001 – II ZR 225/99, BGHZ 149, 158, 161 f. = AG 2002, 241.
191 Vgl. BGH v. 12.11.2001 – II ZR 225/99, BGHZ 149, 158, 160 f. = AG 2001, 241; a.A. *Schäfer*, ZGR 2003, 147, 153 f. sowie *Koch* in Hüffer, § 76 AktG Rz. 56.
192 Vgl. *Schwarz*, Art. 39 SE-VO Rz. 77; *Paefgen* in KölnKomm. AktG, 3. Aufl., Art. 39 SE-VO Rz. 94; *Seibt* in Habersack/Drinhausen, Art. 39 SE-VO Rz. 44.
193 Dazu auch *Seibt* in Habersack/Drinhausen, Art. 39 SE-VO Rz. 45; *Paefgen* in KölnKomm. AktG, 3. Aufl., Art. 39 SE-VO Rz. 96; *Schwarz*, Art. 39 SE-VO Rz. 81 f.; ähnlich *Manz* in Manz/Mayer/Schröder, Art. 39 SE-VO Rz. 54; *Hommelhoff*, AG 2001, 278, 282; abweichend hingegen *Nagel*, DB 2004, 1299, 1304.

Art. 40
[Aufgaben und Bestellung des Aufsichtsorgans]

(1) Das Aufsichtsorgan überwacht die Führung der Geschäfte durch das Leitungsorgan. Es ist nicht berechtigt, die Geschäfte der SE selbst zu führen.

(2) Die Mitglieder des Aufsichtsorgans werden von der Hauptversammlung bestellt. Die Mitglieder des ersten Aufsichtsorgans können jedoch durch die Satzung bestellt werden. Artikel 47 Abs. 4 oder eine etwaige nach Maßgabe der Richtlinie 2001/86/EG geschlossene Vereinbarung über die Mitbestimmung der Arbeitnehmer bleibt hiervon unberührt.

(3) Die Zahl der Mitglieder des Aufsichtsorgans oder die Regeln für ihre Festlegung werden durch die Satzung bestimmt. Die Mitgliedstaaten können jedoch für die in ihrem Hoheitsgebiet eingetragenen SE die Zahl der Mitglieder des Aufsichtsorgans oder deren Höchst- und/oder Mindestzahl festlegen.

§ 17 SEAG: Zahl der Mitglieder und Zusammensetzung des Aufsichtsorgans

(1) Das Aufsichtsorgan besteht aus drei Mitgliedern. Die Satzung kann eine bestimmte höhere Zahl festsetzen. Die Zahl muss durch drei teilbar sein. Die Höchstzahl beträgt bei Gesellschaften mit einem Grundkapital
bis zu 1 500 000 Euro neun,
von mehr als 1 500 000 Euro fünfzehn,
von mehr als 10 000 000 Euro einundzwanzig.

(2) Besteht bei einer börsennotierten SE das Aufsichtsorgan aus derselben Zahl von Anteilseigner- und Arbeitnehmervertretern, müssen in dem Aufsichtsorgan Frauen und Männer jeweils mit einem Anteil von mindestens 30 Prozent vertreten sein. Der Mindestanteil von jeweils 30 Prozent an Frauen und Männern im Aufsichtsorgan ist bei erforderlich werdenden Neubesetzungen einzelner oder mehrerer Sitze im Aufsichtsorgan zu beachten. Reicht die Zahl der neu zu besetzenden Sitze nicht aus, um den Mindestanteil zu erreichen, sind die Sitze mit Personen des unterrepräsentierten Geschlechts zu besetzen, um dessen Anteil sukzessive zu steigern. Bestehende Mandate können bis zu ihrem regulären Ende wahrgenommen werden.

(3) Die Beteiligung der Arbeitnehmer nach dem SE-Beteiligungsgesetz bleibt unberührt.

(4) Für Verfahren entsprechend den §§ 98, 99 oder 104 des Aktiengesetzes ist auch der SE-Betriebsrat antragsberechtigt. Für Klagen entsprechend § 250 des Aktiengesetzes ist auch der SE-Betriebsrat parteifähig; § 252 des Aktiengesetzes gilt entsprechend.

(5) § 251 des Aktiengesetzes findet mit der Maßgabe Anwendung, dass das gesetzeswidrige Zustandekommen von Wahlvorschlägen für die Arbeitnehmervertreter im Aufsichtsorgan nur nach den Vorschriften der Mitgliedstaaten über die Besetzung der ihnen zugewiesenen Sitze geltend gemacht werden kann. Für die Arbeitnehmervertreter aus dem Inland gilt § 37 Abs. 2 des SE-Beteiligungsgesetzes.

I. Übersicht 1	(2) Unterschiede zum Aktienrecht . . 12
II. Aufgaben des Aufsichtsorgans 2	bb) „Weiche" Quote (Art. 9 Abs. 1 lit. c ii SE-VO i.V.m. § 76 Abs. 4 und § 111 Abs. 5 AktG) . . 17
III. Wahl der Mitglieder und Abberufung	
1. Bestellung der Anteilseignervertreter	2. Bestellung der Arbeitnehmervertreter 20
a) Allgemeines 6	
b) Die Zusammensetzung des Aufsichtsrats nach § 17 SEAG . . . 7	3. Gerichtliche Ersatzbestellung 22
aa) „Harte" Frauenquote in der SE nach § 17 Abs. 2 SEAG 8	4. Abberufung aus dem Aufsichtsorgan 23
	5. Erstes Aufsichtsorgan 26
(1) Europarechtliche Bedenken und Regelungskompetenz . . . 10	IV. Größe des Aufsichtsorgans 30

Literatur: *Brandt,* Die Hauptversammlung der Europäischen Aktiengesellschaft (SE), 2004 (zit.: Hauptversammlung); *Forst,* Zur Größe des mitbestimmten Organs einer kraft Beteiligungsvereinbarung mitbestimmten SE, AG 2010, 350; *Grobe,* Die Geschlechterquote für Aufsichtsrat und Vorstand, AG 2015, 289; *Habersack,* Schranken der Mitbestimmungsautonomie in der SE, AG 2006, 345; *Henssler,* Unternehmerische Mitbestimmung in der Societas Europaea – Neue Denkanstöße für die Corporate Governance-Diskussion in FS Ulmer, 2003, S. 193; *Henssler,* Erfahrungen und Reformbedarf bei der SE – Mitbestimmungsrechtliche Reformvorschläge, ZHR 173 (2009), 222; *Hirte,* Die Europäische Aktiengesellschaft, NZG 2002, 1; *Hoffmann-Becking,* Organe: Strukturen und Verantwortlichkeiten, insbesondere im monistischen System, ZGR 2004, 355; *Hommelhoff,* Einige Bemerkungen zur Organisationsverfassung der Europäischen Aktiengesellschaft, AG 2001, 279; *Ihrig/Wagner,* Das Gesetz zur Einführung der Europäischen Gesellschaft (SEEG) auf der Zielgeraden, BB 2004, 1749; *Jacobs,* Privatautonome Unternehmensmitbestimmung in der SE in FS K. Schmidt, 2009, S. 795; *Kallmeyer,* Europa-AG – Strategische Optionen für deutsche Unternehmen, AG 2003, 197; *Kiefner/Friebel,* Zulässigkeit eines Aufsichtsrats mit einer nicht durch drei teilbaren Mitgliederzahl bei einer SE mit Sitz in Deutschland, NZG 2010, 537; *Kiem,* Vereinbarte Mitbestimmung und Verhandlungsmandat der Unternehmensleitung, ZHR 171 (2007), 713; *Kiem,* Erfahrungen und Reformbedarf bei der SE – Entwicklungsstand, ZHR 173 (2009), 156; *Kleinhenz/Leyendecker-Langner,* Ämterkontinuität bei der Umwandlung in eine dualistisch verfasste SE, AG 2013, 507; *Krause,* Die Mitbestimmung der Arbeitnehmer in der Europäischen Gesellschaft (SE), BB 2005, 1221; *Lange,* Überlegungen zur Umwandlung einer deutschen in eine Europäische Aktiengesellschaft, EuZW 2003, 301; *Oetker,* Unternehmensmitbestimmung in der SE kraft Vereinbarung, ZIP 2006, 1113; *Ohmann-Sauer/Langemann,* Der Referentenentwurf zur Einführung einer „gesetzlichen Frauenquote", NZA 2014, 1120; *Ossenbühl,* Frauenquote für Leitungsorgane von Privatunternehmen, NJW 2012, 417 ff.; *Papier/Heidebach,* Die Einführung einer gesetzlichen Frauenquote für die Aufsichtsräte deutscher Unternehmen unter verfassungsrechtlichen Aspekten, ZGR 2011, 305; *Redenius-Hövermann/Strenger,* Frauenquote „reloaded" – Kritische Würdigung des Referentenentwurfs zur Einführung einer Geschlechterquote im Aufsichtsrat, Der Konzern 2014, 373; *Reichert/Brandes,* Mitbestimmung der Arbeitnehmer in der SE – Gestaltungsfreiheit und Bestandsschutz, ZGR 2003, 767; *Schwarz,* Zum Statut der Europäischen Aktiengesellschaft, ZIP 2001, 1847; *Seibt,* Privatautonome Mitbestimmungsvereinbarungen – Rechtliche Grundlagen und Praxishinweise, AG 2005, 413; *Seibt,* Größe und Zusammensetzung des Aufsichtsrats in der SE, ZIP 2010, 1057; *Stüber,* Der Referentenentwurf zum Gesetz für die gleichberechtigte Teilhabe von Frauen und Männern an Führungspositionen in der Privatwirtschaft und im öffentlichen Dienst im Überblick, CCZ 2014, 261; *Teichmann,* Mitbestimmung und grenzüberschreitende Verschmelzung, Der Konzern 2007, 89; *Teichmann/Rüb,* Der Regierungsentwurf zur Geschlechterquote in Aufsichtsrat und Vorstand, BB 2015, 259; *Teichmann/Rüb,* Die gesetzliche Geschlechterquote in der Privatwirtschaft, BB 2015, 898.

I. Übersicht

1 Die Norm[1] regelt einen Teil der **Aufgaben und Befugnisse** des Aufsichtsorgans im dualistischen System (Art. 40 Abs. 1 SE-VO), die **Wahl seiner Mitglieder** (Art. 40 Abs. 2 SE-VO) und die **Größe des Organs** (Art. 40 Abs. 3 SE-VO). Hierzu finden sich nähere Bestimmungen in § 17 SEAG. Hinsichtlich der Befugnisse wird die Regelung durch Art. 48 SE-VO ergänzt, der die Zustimmungsvorbehalte regelt. Auch ansonsten enthalten die Art. 46–51 SE-VO weitere Regeln, die auch für das Aufsichtsorgan im dualistischen System relevant sind. Ansonsten gelten überwiegend die Regeln des nationalen Rechts[2], insbesondere hinsichtlich der Rechte und Pflichten des Gremiums die §§ 111 und 90 AktG sowie im Hinblick auf den Jahresabschluss auch die §§ 170–172 AktG. Sehr umstritten ist die Frage, inwieweit die innere Ordnung des Aufsichtsorgans und seine Größe von der Mitbestimmungsvereinbarung nach § 21 SEBG geregelt werden können und in welchem Verhältnis diese Vereinbarung zur

---

1 Zur Normgeschichte ausführlich *Paefgen* in KölnKomm. AktG, 3. Aufl., Art. 40 SE-VO Rz. 4 ff.
2 Detaillierte Übersicht über die rechtliche Verortung des Rechts des Aufsichtsorgans in der SE und des Aufsichtsrats in der AG bei *Seibt* in Habersack/Drinhausen, Art. 40 SE-VO Rz. 4.

Satzung der SE steht (näher Rz. 30 ff.). Neue Probleme ergeben sich bei der Übertragung der Frauenquote auf die SE (unten Rz. 8 ff.).

II. Aufgaben des Aufsichtsorgans

Das Aufsichtsorgan ist zuständig für die **Überwachung der Geschäftsführung** durch das Leitungsorgan, es prüft die Ordnungsmäßigkeit, Rechtmäßigkeit, Zweckmäßigkeit und Wirtschaftlichkeit der Geschäftsführung[3]. Die Norm entspricht im Wesentlichen § 111 Abs. 1 AktG, so dass zur Konkretisierung der Pflichten die dort gewonnenen Erkenntnisse mit herangezogen werden können[4]. Insbesondere ist auch in der SE die Überwachung nicht bloß retrospektiv, sondern als Pflicht zur begleitenden Überwachung und Beratung zu verstehen[5], die bereits im Stadium der Entscheidungsfindung greift[6]. Ergänzend gilt in der börsennotierten deutschen SE der Deutsche Corporate Governance Kodex einschließlich der Pflicht zur Abgabe der Entsprechenserklärung[7]. Die Einsichts- und Prüfungsrechte nach § 111 Abs. 2 AktG sind in Art. 41 SE-VO besonders geregelt, und auch die Pflicht zur Einberufung der HV (§ 111 Abs. 3 AktG) ist in Art. 54 Abs. 2 SE-VO durch ein freies Einberufungsrecht nach Ermessen des Organs ersetzt[8]. Ferner gehört zu den Aufgaben des Aufsichtsorgans die Vertretung der Gesellschaft gegenüber dem Leitungsorgan (Art. 9 SE-VO, § 112 AktG)[9] sowie die Bestellung und Abberufung der Mitglieder des Leitungsorgans nach Art. 39 Abs. 2 Satz 1 SE-VO.

Umstritten ist, inwieweit sich die Überwachung auch auf die Mitglieder **nachgeordneter Führungsebenen** bezieht. Das wird für das deutsche Aktienrecht teilweise bejaht, wenn den nachgeordneten Personen wesentliche Führungsaufgaben übertragen werden[10], von einer starken Gegenansicht aber nach wie vor abgelehnt[11]. In der SE wird diese Befugnis mit Berufung auf den Wortlaut bestritten, da die Vorschrift, anders als § 111 AktG, nur von der Überwachung der Geschäftsführung *durch das Leitungsorgan* spricht[12]. Aus demselben Grunde wird auch eine **Konzernbezogenheit**

---

3 *Manz* in Manz/Mayer/Schröder, Art. 40 SE-VO Rz. 3 m.w.N.
4 Vgl. *Drygala* in K. Schmidt/Lutter, § 111 AktG Rz. 6 ff.
5 *Frodermann* in Jannott/Frodermann, Handbuch Europäische Aktiengesellschaft, § 5 Rz. 109; *Kalss/Gerda* in Kalss/Hügel, § 37 SEG Rz. 6; *Theisen/Hölzl* in Theisen/Wenz, Europäische Aktiengesellschaft, S. 269, 291; *Schwarz*, Art. 40 SE-VO Rz. 10; *J. Schmidt*, „Deutsche" vs. „britische" SE, S. 544; *Seibt* in Habersack/Drinhausen, Art. 40 SE-VO Rz. 7; a.A. *Lange*, EuZW 2003, 301, 304, aufgrund einer fehlerhaften Gleichsetzung von Beratung mit Teilhabe an der Geschäftsführung.
6 *Eberspächer* in Spindler/Stilz, AktG, Art. 40 SE-VO Rz. 4.
7 *Hoffmann-Becking*, ZGR 2004, 355, 364.
8 *Kiem* in KölnKomm. AktG, 3. Aufl., Art. 54 SE-VO Rz. 13 ff.; a.A. (Verweis auf § 111 Abs. 3 AktG) *Reichert/Brandes* in MünchKomm. AktG, 3. Aufl., Art. 40 SE-VO Rz. 24.
9 *Drinhausen* in Van Hulle/Maul/Drinhausen, SE, S. 129; *J. Schmidt*, „Deutsche" vs. „britische" SE, S. 547 f. m.w.N.
10 *Hopt/Roth* in Großkomm. AktG, 4. Aufl., § 111 AktG Rz. 252; *Koch* in Hüffer, § 111 AktG Rz. 4; *Ulmer/Habersack* in Ulmer/Habersack/Henssler, Mitbestimmungsrecht, 3. Aufl. 2013, § 25 MitbestG Rz. 50; *Mertens/Cahn* in KölnKomm. AktG, 3. Aufl., § 111 AktG Rz. 26; noch weitergehend für generelle Zulässigkeit *Leyens*, Information des Aufsichtsrats, 2006, S. 158 ff.
11 *Semler*, Leitung und Überwachung der Aktiengesellschaft, 2. Aufl. 1996, S. 23, 68; *Semler* in FS Döllerer, 1988, S. 571, 588; *Raiser/Veil*, Recht der Kapitalgesellschaften, 5. Aufl. 2010, § 15 Rz. 3; *v. Schenck*, NZG 2002, 64, 66; *Lutter/Krieger/Verse*, Aufsichtsrat, Rz. 71; *Lutter*, AG 2006, 517, 520 f.
12 So *Reichert/Brandes* in MünchKomm. AktG, 3. Aufl., Art. 40 SE-VO Rz. 14; *Manz* in Manz/Mayer/Schröder, Art. 40 SE-VO Rz. 2; *Eberspächer* in Spindler/Stilz, AktG, Art. 40 SE-VO Rz. 4; vgl. auch *Paefgen* in KölnKomm. AktG, 3. Aufl., Art. 40 SE-VO Rz. 14, Fn. 35 mit Verweis auf die englische Textfassung des Art. 40 Abs. 1 Satz 1 SE-VO.

der **Überwachung** abgelehnt[13], die für die deutsche AG ganz allgemein anerkannt ist[14] und gesetzlich ihren Niederschlag in der besonderen Berichtspflicht des Vorstands nach § 90 Abs. 1 Satz 2 AktG gefunden hat.

4 Die Vertreter dieser beiden Ansichten überbetonen in beiden Fragen den Wortlaut der Norm, und zugleich ist **keine bewusste Regelung** beider Fragen durch den europäischen Gesetzgeber dahingehend erkennbar, dass eine Überwachung auch nachgeordneter Mitarbeiter bzw. eine konzernbezogene Überwachung in der SE nicht stattfinden soll. Auch in sachlicher Hinsicht spricht wenig für eine abweichende Behandlung der SE. Hinsichtlich der **Überwachung nachgeordneter Mitarbeiter** erscheint vielmehr die hier vertretene Differenzierung nach der Funktionsverteilung auch für die SE sinnvoll. Danach bezieht sich die Überwachungsaufgabe auch auf die Personen, die herausgehobene Leitungsaufgaben wahrnehmen, unabhängig davon, ob sie formal dem Leitungsorgan angehören oder nicht[15]. Hinsichtlich der SE als **Obergesellschaft eines Konzerns** kann man nicht an der Tatsache vorbeigehen, dass sich in einem Konzern auch die Aufgabe des Vorstands ändert, nämlich dahin, dass dieser auch die Tochtergesellschaften – mehr oder weniger intensiv – leitet. Es wäre gänzlich unverständlich, wenn dieser Teil der Vorstandstätigkeit ohne Überwachung durch den Aufsichtsrat bleiben sollte. Insbesondere könnte diese Ansicht dazu führen, dass Risiken aus dem Geschäft der Tochter dem Aufsichtsrat verborgen bleiben, und gerade solche Risiken haben in der Vergangenheit häufig Unternehmenskrisen ausgelöst. Die Zulassung eines überwachungsfreien Bereichs ist also auch in der SE nicht im Sinne einer guten Corporate Governance. Daher bezieht sich auch in der SE die Überwachungsaufgabe des Aufsichtsrats auf die Rechtmäßigkeit, Ordnungsmäßigkeit, Wirtschaftlichkeit und Zweckmäßigkeit der Konzernleitung durch den Vorstand der Muttergesellschaft[16]. Das schließt die Notwendigkeit ein, sich bei Bedarf auch mit den Angelegenheiten einzelner Tochtergesellschaften näher zu befassen[17].

5 Art. 40 Abs. 1 Satz 2 SE-VO schließt das Aufsichtsorgan **von der Geschäftsführung aus**. Diese negative Kompetenzabgrenzung korrespondiert mit § 111 Abs. 4 Satz 1 AktG. Sie lässt eine Weisungsbefugnis des Aufsichtsorgans gegenüber dem Leitungsorgan nicht zu, ebenso wenig wie ein Initiativrecht in unternehmerischen Angelegenheiten[18]. Die Norm ist Ausdruck der funktionalen Trennung zwischen Leitungs- und Aufsichtsorgan im dualistischen System und sichert die eigenverantwortliche Unternehmensführung durch das Leitungsorgan. Nach Art. 39 Abs. 3 Satz 1 SE-VO darf dementsprechend niemand zugleich Mitglied des Leitungsorgans und Mitglied des Aufsichtsorgans sein. Die Frage, ob die Gesellschaft über einen **Katalog von zustimmungspflichtigen Geschäften** verfügen muss oder ob Entscheidungsfreiheit hinsichtlich der Einführung solcher Zustimmungsvorbehalte besteht, ist umstritten[19],

---

13 *Schwarz*, Art. 40 SE-VO Rz. 13.
14 *Hopt/Roth* in Großkomm. AktG, 4. Aufl., § 111 AktG Rz. 369 ff.; *Lutter/Krieger/Verse*, Aufsichtsrat, Rz. 141 ff.; *v. Schenck* in Semler/v. Schenck, Arbeitshandbuch für Aufsichtsratsmitglieder, 4. Aufl. 2013, § 7 Rz. 68 ff.; *Semler*, Leitung und Überwachung der Aktiengesellschaft, 2. Aufl. 1996, S. 186 ff. Rz. 317 ff.; *Lutter*, AG 2006, 517, 519 ff.
15 Vgl. im Einzelnen *Drygala* in K. Schmidt/Lutter, § 111 AktG Rz. 8.
16 Dazu ausführlich *Lutter*, AG 2006, 517, 519; *Paefgen* in KölnKomm. AktG, 3. Aufl., Art. 40 SE-VO Rz. 15; *Seibt* in Habersack/Drinhausen, Art. 40 SE-VO Rz. 8 m.w.N.
17 So zur AG *v. Schenck* in Semler/v. Schenck, Arbeitshandbuch für Aufsichtsratsmitglieder, 4. Aufl. 2013, § 7 Rz. 70; *Hopt/Roth* in Großkomm. AktG, 4. Aufl., § 111 AktG Rz. 372.
18 *Manz* in Manz/Mayer/Schröder, Art. 40 SE-VO Rz. 1 m.w.N.
19 Vgl. *Hoffmann-Becking*, ZGR 2004, 355, 365 f. einerseits; *Theisen/Hölzl* in Theisen/Wenz, Europäische Aktiengesellschaft, S. 294 andererseits; für eine Mindestregelung auch *J. Schmidt*, „Deutsche" vs. „britische" SE, S. 544 ff.; vgl. auch *Reichert/Brandes* in MünchKomm. AktG, 3. Aufl., Art. 40 SE-VO Rz. 18 sowie *Paefgen* in KölnKomm. AktG, 3. Aufl.,

da die Regelung der Frage in Art. 48 SE-VO und § 19 SEAG nicht erkennen lässt, ob sie Höchst- oder Mindeststandard ist. Hinsichtlich der Bildung, Zusammensetzung und der Befugnisse von Ausschüssen des Aufsichtsorgans ergeben sich keine Besonderheiten gegenüber dem deutschen Recht[20].

III. Wahl der Mitglieder und Abberufung

1. Bestellung der Anteilseignervertreter

a) Allgemeines

Die Mitglieder des Aufsichtsgremiums werden regelmäßig nach Art. 40 Abs. 2 Satz 1 SE-VO **von der Hauptversammlung** bestellt. Die Bestellung erfolgt durch Wahl mit einfacher Mehrheit, sofern die Satzung keine andere Regelung enthält (Art. 53 SE-VO, § 133 Abs. 2 AktG)[21]. Für die Vorbereitung der Hauptversammlung gelten die Regeln des nationalen Rechts. Entsenderechte sind nach Maßgabe des nationalen Rechts zulässig; das ergibt sich aus Art. 40 Abs. 2 Satz 3 und Art. 47 Abs. 4 SE-VO[22]. Eine ergänzende Bestimmung über die persönlichen Voraussetzungen der Mitglieder findet sich in Art. 47 SE-VO.

6

b) Die Zusammensetzung des Aufsichtsrats nach § 17 SEAG

§ 17 Abs. 1 SEAG ist die Parallelvorschrift zu § 95 Satz 1 bis 4 AktG und stellt einen Gleichlauf zu den aktienrechtlichen Regelungen her. Insofern kann auf die Ausführungen zum AktG verwiesen werden[23].

7

aa) „Harte" Frauenquote in der SE nach § 17 Abs. 2 SEAG. In § 17 Abs. 2 SEAG findet sich seit 1.5.2015 die Regelung zur harten Frauenquote in der SE. Danach müssen **in jedem Fall** dem Aufsichtsorgan mindestens **30 Prozent Frauen** angehören. Der Gesetzgeber des Teilhabegesetzes wollte ursprünglich die SE nur in Form einer Soll-Regelung mit in den Anwendungsbereich der Frauenquote einbeziehen[24]. Aufgrund von Bedenken, dass dies einer **„Flucht aus der AG"** Vorschub leisten könnte[25], hat er sich dann entschieden, im SEAG eine eigenständige und mit **§ 96 Abs. 2 AktG** weitgehend, aber in der näheren Ausgestaltung nicht vollständig[26], identische Regelung zu treffen. Der Anwendungsbereich der beiden Normen ist jedoch identisch: Die SE muss kumulativ **börsennotiert** i.S. des § 3 AktG und **paritätisch mitbestimmt** sein. Die Regelung findet folglich keine Anwendung, wenn im Rahmen der Mitbestim-

8

Art. 40 SE-VO Rz. 21 f., welche grds. gegen einen Zwang zur Einführung eines Zustimmungskataloges sind, jedoch eine Ermessensreduktion auf Null für die Statuierung solcher Zustimmungsvorbehalte verlangen, welche ein rechtswidriges Verhalten des Leitungsorgans verhindern können.

20 Eingehend *Schwarz*, Art. 40 SE-VO Rz. 18 ff.
21 So auch *Reichert/Brandes* in MünchKomm. AktG, 3. Aufl., Art. 40 SE-VO Rz. 29; gegen eine Anwendung des § 133 Abs. 2 AktG und für das zwingende Erfordernis der einfachen Mehrheit *Seibt* in Habersack/Drinhausen, Art. 40 SE-VO Rz. 36 sowie *Paefgen* in KölnKomm. AktG, 3. Aufl., Art. 40 SE-VO Rz. 38.
22 *Reichert/Brandes* in MünchKomm. AktG, 3. Aufl., Art. 40 SE-VO Rz. 35; *Schwarz*, Art. 40 SE-VO Rz. 43; *J. Schmidt*, „Deutsche" vs. „britische" SE, S. 561 f.; *Paefgen* in KölnKomm. AktG, 3. Aufl., Art. 40 SE-VO Rz. 40.
23 *Drygala* in K. Schmidt/Lutter, § 95 AktG.
24 Art. 10 des RefE 2014; siehe dazu auch Stellungnahme des DAV-Handelsrechtsausschusses, NZG 2014, 1214, 1228.
25 Dazu auch *Stüber*, CCZ 2014, 261, 269; sowie zum RefE *Ohmann-Sauer/Langemann*, NZA 2014, 1120, 1124; *Redenius-Hövermann/Strenger*, Der Konzern 2014, 373, 376.
26 Zu den daraus resultierenden Problemen siehe unten Rz. 12 ff.

mungsvereinbarung festgeschrieben wird, dass die Zahl der Arbeitnehmervertreter unter der Zahl der Anteilseignervertreter liegt. In der Literatur wird diese **Umgehungsmöglichkeit** als bedenklich angesehen[27].

9 § 17 SEAG findet zudem keine Anwendung, wenn eine bereits existierende SE sich **grenzüberschreitend verschmilzt**. Die SE-VO regelt nur die Verschmelzungsgründung der SE, während die grenzüberschreitende Verschmelzung einer existierenden SE unter die Richtlinie über die grenzüberschreitende Verschmelzung von Kapitalgesellschaften[28] fällt[29]. Das führt in Bezug auf die Frauenquote zur Anwendung von **§ 96 Abs. 3 AktG** anstelle von § 17 Abs. 2 SEAG. Damit kommt es zu einer weitgehenden Gleichbehandlung mit der nationalen AG; allerdings gilt (vorbehaltlich einer anderen Lösung in der Mitbestimmungsvereinbarung) stets Gesamterfüllung, da **§ 96 Abs. 3 AktG** bewusst nicht auf die Sätze 3 und 5 des § 96 Abs. 2 AktG verweist[30].

10 **(1) Europarechtliche Bedenken und Regelungskompetenz.** Die Regelung ist in der Gesetz gewordenen Form erheblichen europarechtlichen Bedenken ausgesetzt. Sie sieht weder einen **Vorbehalt gleicher Eignung** der aufgrund der Quote zu wählenden Kandidaten und Kandidatinnen vor, noch enthält sie eine **Ausnahme für Härtefälle**, in denen trotz angemessener Suche ein/e geeignete/r Kandidat/in nicht gefunden werden kann. Die Regelung folgt damit dem Prinzip „**Quote vor Qualifikation**". Das gilt vor allem in der Zeit bis zum Auslaufen der regulären Amtszeit des amtierenden Aufsichtsorgans, in der nach § 17 Abs. 2 Satz 3 SEAG jedes freiwerdende Mandat zwingend mit einem Kandidaten des unterrepräsentierten Geschlechts nachzubesetzen ist, bis die Quote von 30 % erreicht ist. Das bedeutet de facto einen mehrjährigen Ausschluss männlicher Kandidaten von der Wählbarkeit, und zwar nach überwiegender Meinung selbst dann, wenn sie vor Inkrafttreten der Regelung wirksam zum Ersatzmitglied gewählt wurden[31]. Das ist politisch so gewollt („Jetzt sind eben mal die Frauen dran"[32]), ändert aber nichts daran, dass der EuGH in seiner bisherigen Rechtsprechung derart bedingungslos konzipierte Maßnahmen zur Frauenförderung stets verworfen hat[33]. Unterschiede zwischen den bisher entschiedenen Fällen aus dem Arbeits- und Beamtenrecht und der Besetzung eines Aufsichtsorgans einer börsennotierten SE sind zweifellos vorhanden[34], aber sie sind nicht so gravierend, dass eine derart einschneidende Lösung gerechtfertigt werden könnte[35]. Dabei wird auch zu berücksichtigen sein, dass der vorliegende Entwurf einer Quotenregelung auf EU-Ebene[36] sowohl einen Vorbehalt gleicher Eignung als auch eine Ausnahme für Härtefälle enthält.

---

27 Vgl. *Teichmann/Rüb*, BB 2015, 259, 266; *Grobe*, AG 2015, 289, 298.
28 Richtlinie 2005/56/EG des Europäischen Parlaments und des Rates vom 26. Oktober 2005 über die Verschmelzung von Kapitalgesellschaften aus verschiedenen Mitgliedstaaten, ABl. EU Nr. L 310 v. 25.11.2005.
29 *Drygala* in K. Schmidt/Lutter, § 96 AktG Rz. 62.
30 BT-Drucks. 18/4227, 25.
31 Vgl. BR-Drucks. 636/14, 146.
32 Vgl. Begr. RegE, BR-Drucks. 636/14, 1 ff.
33 EuGH v. 11.11.1997 – Rs. C-409/95 – Marschall, NJW 1997, 3429 (3430); EuGH v. 28.3.2000 – Rs. C-158/97 – Badeck, NJW 2000, 1549 (1553); EuGH v. 17.10.1995 – Rs. C-450/93 – Kalanke, NJW 1995, 3109 (3110); kritisch zu dieser Rechtsprechung *Grobe*, AG 2015, 289, 302 f.
34 Dazu *Papier/Heidebach*, ZGR 2011, 305, 316 f.
35 In der Bewertung wie hier auch *Ossenbühl*, NJW 2012, 41/ ff.
36 Vgl. Vorschlag für eine Richtlinie des Europäischen Parlaments und des Rates zur Gewährleistung einer ausgewogeneren Vertretung von Frauen und Männern unter den nicht geschäftsführenden Direktoren/Aufsichtsratsmitgliedern börsennotierter Gesellschaften und über damit zusammenhängende Maßnahmen (KOM (2012) 614 final).

Zweifelhaft könnte zudem sein, ob der deutsche Gesetzgeber überhaupt eine Regelungskompetenz dafür hat, in der SE eine Frauenquote vorzusehen. Schließlich handelt es sich um eine **Rechtsform europäischen Rechts**, und die besonderen Regeln für die Bestellung der Arbeitnehmervertreter sind in der SE-Beteiligungsrichtlinie[37] abschließend geregelt[38]. Jedoch enthält die **Beteiligungsrichtlinie** keine geschlechtsbezogenen Regelungen. **§ 6 Abs. 2 Satz 2 SEBG**, der eine Sollvorschrift zur gleichgewichtigen Besetzung mit Männern und Frauen enthält, ist eine Norm des nationalen Rechts. Nach der Normenhierarchie der SE ist der nationale Gesetzgeber dann nicht gehindert, zusätzliche Regeln einzuführen. Dies gilt vor allem dann, wenn sie zugleich für die nationale AG gelten, wie es hier der Fall ist[39].

(2) Unterschiede zum Aktienrecht. Im Vergleich zu § 96 Abs. 2 AktG fällt bei § 17 Abs. 2 SEAG die **geringe Regelungstiefe** ins Auge. § 17 Abs. 2 Satz 1 SEAG normiert die Quote an sich, die übrigen Sätze betreffen vor allem das Übergangsrecht, das sich bei der AG in § 25 EGAktG findet. Es fehlen aber Regelungen zur **Gesamt- oder Getrennterfüllung (§ 96 Abs. 2 Sätze 2, 3 und 5 AktG)**, zur **Rundung der Personenzahl (§ 96 Abs. 2 Satz 4 AktG)** und zu **den Rechtsfolgen einer quotenwidrigen Wahl (§ 96 Abs. 6 und 7 AktG)**. Regelungen dazu in der SE-VO und in der SE-Beteiligungsrichtlinie fehlen, da diese Rechtsakte keine Geschlechterquote kennen. Es ist jeweils zu prüfen, inwieweit die fraglichen Regeln des AktG kraft der **Generalverweisung** in Art. 9 Abs. 1 lit. c ii SE-VO auch für die SE gelten[40].

In Bezug auf die **Rechtsfolgen** einer quotenwidrigen Wahl und die **Rundungsvorschriften** ist das ohne weiteres zu bejahen[41]. Hier wäre eine Ungleichbehandlung schlicht widersinnig; es ist insofern mit der Gesetzesbegründung davon auszugehen, dass § 17 Abs. 2 SEAG bewusst lückenhaft gestaltet wurde, um eine Anwendung des nationalen Aktienrechts über die Verweisung nach **Art. 9 Abs. 1 lit. c ii SE-VO** zu ermöglichen[42]. Die Schwierigkeiten bei der internationalen Besetzung des Gremiums sind nicht über eine Begrenzung der Nichtigkeitsfolge[43], sondern mittels der Einräumung von Verhandlungsautonomie zu lösen (siehe unten Rz. 16).

Anders sieht dies in Bezug auf die **Gesamt- oder Getrennterfüllung** aus. Die Gesetzesbegründung ist dazu der Ansicht, dass eine Einzelerfüllung ausscheide, da die **Mitbestimmung in der SE** insgesamt auf Vereinbarung beruhe[44]. Gegen etwas, was zuvor vereinbart sei, könne aber weder die Anteilseigner- noch die Arbeitnehmerseite Widerspruch einlegen[45]. Diese Begründung impliziert, dass den Parteien des besonderen Verhandlungsgremiums in der Frage, wie die Frauenquote näher auszugestalten ist, **Verhandlungsautonomie** zusteht. Das erscheint – gerade vor dem Hintergrund der Diskussion zur Reichweite der Verhandlungsautonomie über die **Größe** und **Dreiteilbarkeit** des Aufsichtsorgans (s. unten Rz. 30 ff.), nicht als selbstverständlich und wird auch bereits ausdrücklich bestritten[46]. Die auf den Vereinbarungscharakter abstellende Gesetzesbegründung lässt zudem die Frage offen, was gelten soll, wenn die **Auffang-**

---

37 Richtlinie 2001/86/EG vom 8.10.2001, ABl. EG Nr. L 294, 22 v. 10.11.2001.
38 Bedenken bei *Kraft/Redenius-Hövermann*, AG 2012, 28 ff.; *Ohmann-Sauer/Langmann*, NZA 2014, 1120, 1123 f.; *Pütz/Weckes*, Geschlechterquote, Report Nr. 1-2014 der Hans Böckler-Stiftung, 2014, S. 11.
39 *Teichmann/Rüb*, BB 2015, 259, 264 f.; ebenso *Weller*, Stellungnahme, S. 6 f.
40 Differenzierend BT-Drucks. 18/4227, 22 f.
41 So auch *Teichmann/Rüb*, BB 2015, 898, 903.
42 BT-Drucks. 18/4227, 22 f.
43 So aber *Teichmann/Rüb*, BB 2015, 259, 267.
44 BT-Drucks. 18/4227, S. 22 f.
45 BT-Drucks. 18/4227, S. 22 f.
46 Ablehnend *Teichmann/Rüb*, BB 2015, 259, 267.

regelung eingreift. Eingewendet wird gegen die vom Gesetzgeber bezweckte Regelung, nach der in der SE nur Gesamterfüllung möglich sei, dass damit gegen das **Gleichbehandlungsgebot** nach Art. 10 SE-VO verstoßen werde[47]. Das trifft indessen nicht zu. Art. 10 SE-VO zwingt nicht dazu, die SE mit der AG gleich zu behandeln, wenn sich die Problemlage **signifikant** unterscheidet. Die gleiche Behandlung von Ungleichem ist durch Gleichbehandlungsgebote niemals vorgeschrieben, und das kann bei Art. 10 SE-VO nicht anders sein. Zulässig wäre die Differenzierung also dann, wenn das besondere Verhandlungsgremium tatsächlich die Verfahrensweise in dieser Frage vereinbaren könnte. Nach der hier zur Reichweite der Vereinbarungsautonomie vertretenen liberalen Grundauffassung (siehe unten Rz. 16) ist diese Möglichkeit zu bejahen. Indem das Widerspruchsrecht gegen die Gesamterfüllung den beiden „Fraktionen" im Aufsichtsrat zugewiesen wird, hat die Regelung zweifellos mitbestimmungsrechtlichen Charakter und kann daher in die Verhandlungen eines mitbestimmungsrechtlichen Gesamtpakets für die SE mit einbezogen werden.

15 Daher ist wie folgt zu differenzieren: Den Parteien steht es frei, in der **Mitbestimmungsvereinbarung** die Frage, ob die Frauenquote gesamt, getrennt oder von Wahl zu Wahl unterschiedlich zu erfüllen ist, **autonom zu regeln**. Sieht die Vereinbarung Gesamterfüllung vor, ist ein Widerspruch einer der beiden Seiten nicht mehr zulässig. Fehlt eine Vereinbarung in dieser Frage oder greift überhaupt die **Auffanglösung** ein, spricht ebenfalls viel für die Gesamterfüllung. Denn bei der Besetzung des Aufsichtsorgans einer SE sind die Arbeitnehmervertreter der ausländischen Standorte **aktiv und passiv wahlberechtigt**, und auch auf Anteilseignerseite muss die Sitzverteilung typischerweise die **Internationalität** der Gesellschaft widerspiegeln. Das bringt eine zusätzliche Komplexität hinein, die nach neuem Recht dazu führt, dass unter Umständen ein bestimmtes Mitglied eines bestimmten Geschlechts aus einem bestimmten Land gefunden werden muss[48]. Kommt dann noch die Getrennterfüllung hinzu, wird die Besetzung weiter kompliziert. Es erscheint daher zutreffend, im Grundsatz an der Getrennterfüllung festzuhalten und den Parteien zu lediglich zu ermöglichen, Abweichendes zu vereinbaren.

16 Fraglich ist weiterhin, ob es den Parteien auch möglich ist, in der Beteiligungsvereinbarung die **Geschlechterquote ganz abzuwählen oder zu modifizieren**, z.B. also auch eine höhere oder niedrigere als die gesetzliche Quote zu vereinbaren. Diese Möglichkeit ist zu bejahen. Nach Art. 4 Abs. 2 lit. b der SE-Beteiligungsrichtlinie[49] fällt die Zusammensetzung des Vertretungsorgans in die Regelungskompetenz der Parteien. Es handelt sich auch um eine Regelung mit Mitbestimmungsbezug, da die Geschlechterquote in die Auswahlfreiheit der Parteien eingreift und es zudem erschwert, die Sitze unter Berücksichtigung der regionalen Herkunft der Mitglieder zu vergeben[50]. Das kann dazu führen, dass einer starren gesetzlichen Quote unter Umständen gar nicht entsprochen werden kann, entweder weil für Deutschland nur ein Sitz zu vergeben ist[51] oder weil der betreffende Sitz der Arbeitnehmerseite nach Regelungen eines Mitgliedsstaates zu vergeben ist, in dem die Quote nicht gilt[52]. Es spricht auch im Lichte des inzwischen erreichten Diskussionsstands zur Frage der Größe des Aufsichtsorgans (s. unten Rz. 30) viel dafür, die Regelungskompetenz der Parteien auch hier zu bejahen. Das gibt

---

47 *Teichmann/Rüb*, BB 2015, 898, 904; *Teichmann*, § 24 SEAG Rz. 6.
48 Ebenso *Teichmann/Rüb*, BB 2015, 259, 266; *Grobe*, AG 2015, 289, 298.
49 Richtlinie 2001/86/EG des Rates vom 8. Oktober 2001 zur Ergänzung des Statuts der Europäischen Gesellschaft hinsichtlich der Beteiligung der Arbeitnehmer, ABl. EG Nr. L 294, 22 v. 10.11.2001.
50 *Teichmann/Rüb*, BB 2015, 259, 266.
51 Darauf hinweisend *Kraft/Redenius-Hövermann*, AG 2012, 28, 30 f.
52 *Teichmann/Rüb*, BB 2015, 259, 266.

bb) "Weiche" Quote (Art. 9 Abs. 1 lit. c ii SE-VO i.V.m. § 76 Abs. 4 und § 111 Abs. 5 AktG). Obwohl nicht besonders erwähnt, gelten für die SE auch die Regelungen über **Zielgrößen zur Frauenförderung**. Dies folgt aus der Generalverweisung nach Art. 9 Abs. 1 lit. c ii SE-VO. Voraussetzung für die Anwendung ist, dass die Gesellschaft entweder **börsennotiert oder mitbestimmt** ist. Mitbestimmt ist die Gesellschaft in diesem Sinne bereits dann, wenn überhaupt Arbeitnehmervertreter dem Aufsichtsorgan angehören (s. Art. 39 Rz. 12); dass es sich um eine Drittelparität deutscher Prägung handelt, ist nicht erforderlich. In Bezug auf die Pflichten des Vorstands zur Festlegung von Zielgrößen weiblicher Beschäftigter auf den beiden ihm nachgeordneten Führungsebenen (§ 76 Abs. 4 AktG) ergeben sich keine Besonderheiten im Vergleich zur AG (s. Art. 39 Rz. 12)[53]. Da es sich um eine Vorstandspflicht handelt, kann die Beteiligungsvereinbarung dazu auch keine Regelungen treffen. 17

Das Aufsichtsorgan ist, wenn die Regeln über die weiche Quote Anwendung finden, verpflichtet, für die **Besetzung des Leitungsorgans** und **für sich selbst** Zielgrößen weiblicher Mitglieder festzusetzen. Die letztgenannte Pflicht entfällt entsprechend § 111 Abs. 5 Satz 6 AktG, wenn für das Aufsichtsorgan bereits eine verbindliche ("harte") Quote besteht. In Bezug auf die SE ist das Eingreifen der harten Quote nach hier vertretener Ansicht vereinbarungsabhängig (oben Rz. 16). Daher wird die weiche Quote für die Besetzung des Aufsichtsrats verdrängt, wenn die **Beteiligungsvereinbarung** eine harte Quote enthält oder die Auffanglösung eingreift. Die Festsetzung einer weichen Quote für die **Vorstandsbesetzung** ist nicht disponibel, da sie keinen Mitbestimmungsbezug aufweist. Fraglich ist, was für die weiche Quote zur Besetzung des Aufsichtsorgans gilt. Der **Mitbestimmungsbezug** ist gering, da die weiche Quote die Besetzungsmöglichkeit nicht wesentlich einschränkt. Zudem handelt es sich bei der Festsetzung von Zielgrößen für die künftige Zusammensetzung des Gremiums um einen **Akt der Selbstorganisation**, mit dem sich der Aufsichtsrat im Hinblick auf zukünftige Besetzungsvorschläge nach § 124 Abs. 3 AktG ein Stück weit selbst bindet. Solche Ziele dürfen dem Gremium daher nicht **von außen** vorgegeben werden, sondern müssen der Entscheidung im Gremium vorbehalten sein (siehe auch unten Rz. 34). Die Beteiligungsvereinbarung kann daher gar keine Zielgrößen zur weichen Quote festsetzen, weder im Hinblick auf den Vorstand noch in Bezug auf den Aufsichtsrat. 18

Sofern die weiche Quote eingreift, entsprechen Pflichtenlage des Aufsichtsorgans und Sanktionen bei Verfehlen der Zielvorgabe denen eines Aufsichtsrats in der nationalen AG. Insoweit kann auf die Kommentierung zu § 111 Abs. 5 AktG verwiesen werden[54]. 19

2. Bestellung der Arbeitnehmervertreter

In mitbestimmten Gesellschaften ist nach Art. 40 Abs. 2 Satz 3 SE-VO die mit dem besonderen Verhandlungsgremium geschlossene **Vereinbarung vorrangig**. Sieht diese eine Beteiligung der Arbeitnehmer im Aufsichtsorgan vor, soll sie nach § 21 Abs. 3 SEBG auch das Verfahren regeln, nach dem die Arbeitnehmervertreter gewählt oder bestellt werden. Enthält die Vereinbarung eine diesbezügliche Regelung, so erlangen die Arbeitnehmervertreter die Mitgliedschaft im Aufsichtsorgan direkt und ohne Mitwirkung der Hauptversammlung, so wie das auch §§ 9 ff. MitbestG vorsehen. Fehlt eine solche Vereinbarung oder greift die Auffangregelung nach § 34 SEBG ein, 20

---

53 Den Anwendungsbereich von § 76 Abs. 4 AktG für die monistische SE hingegen verneinend *Teichmann*, § 24 SEAG Rz. 7.
54 *Drygala* in K. Schmidt/Lutter, § 111 AktG Rz. 67a ff.

werden die Arbeitnehmervertreter durch die Hauptversammlung gewählt, die dabei an die von der Arbeitnehmerseite gemachten Wahlvorschläge gebunden ist, § 36 Abs. 4 Satz 2 SEBG[55].

21 Die an dieser Lösung des deutschen Gesetzgebers geübte Kritik[56] ist im Ansatz nicht unberechtigt, denn Art. 42 Satz 2 und Art. 45 Satz 2 SE-VO sprechen von einer **"Bestellung" der Mitglieder** durch die Arbeitnehmer. Zudem ist es merkwürdig, dass Art. 40 Abs. 2 Satz 3 SE-VO nur auf die Vereinbarungslösung eingeht, nicht aber auf die gesetzliche Auffanglösung der Mitbestimmung. Dennoch ist nicht davon auszugehen, dass die vom deutschen Gesetzgeber getroffene Regelung gegen höherrangiges Recht verstößt[57]. Der SE-VO lässt sich nicht klar entnehmen, auf welchem Wege die Arbeitnehmervertreter ins Amt gelangen, wenn eine ausdrückliche Regelung der Frage in der Mitbestimmungsvereinbarung fehlt. Die Interpretation, dass die SE-VO die Arbeitnehmermandate im Falle der Auffanglösung als Entsendungsrechte der Arbeitnehmer i.S. des Art. 47 SE-VO ansieht, ist möglich, aber nicht zwingend, da Art. 40 Abs. 2 Satz 1 SE-VO eben von der Wahl durch die Hauptversammlung als Regelfall ausgeht und eine eindeutige anderweitige Regelung fehlt. Angesichts dessen ist die Frage als entscheidungsoffen[58] und der Regelung durch den nationalen Gesetzgeber zugänglich anzusehen, die mit § 36 Abs. 4 Satz 2 SEBG verbindlich getroffen wurde. Daher ist daran festzuhalten, dass die Wahl der Mitglieder durch die Hauptversammlung auch bei den Arbeitnehmervertretern konstitutiv für die Erlangung des Mandats ist.

3. Gerichtliche Ersatzbestellung

22 Es besteht Einigkeit, dass das Verfahren der **gerichtlichen Ersatzbestellung** von Aufsichtsratsmitgliedern nach § 104 AktG auch auf die SE anwendbar ist[59]. Das gilt auch im Hinblick auf die jetzt neu eingeführte Regelung zur gerichtlichen Bestellung unter Beachtung der Frauenquote, § 104 Abs. 5 AktG. Ein wichtiger Grund zur Einleitung eines solchen Verfahrens liegt insbesondere vor, wenn bei paritätischer Mitbestimmung ein Anteilseignervertreter wegfällt und dadurch das Kräftegleichgewicht im Aufsichtsorgan gestört ist[60]. Antragsberechtigt ist abweichend vom deutschen Recht nach § 17 Abs. 4 Satz 1 SEAG auch der SE-Betriebsrat. Der SE-Betriebsrat ist zugleich für Klagen nach § 250 AktG parteifähig, § 17 Abs. 4 Satz 2 SEAG.

4. Abberufung aus dem Aufsichtsorgan

23 Die Amtszeit der Mitglieder ist in Art. 46 SE-VO dahin geregelt, dass eine Bestellung für die Dauer von **bis zu sechs Jahren** möglich ist. Aus dieser Bestimmung wurde teilweise geschlossen, dass angesichts der festen Bestellungsfrist eine vorzeitige Abberufung[61] nur aus wichtigem Grund zulässig sei[62]. Die Gesetzesmaterialien weisen je-

---

55 Begr. SEEG, BT-Drucks. 15/3405, S. 55; *Ihrig/Wagner*, BB 2004, 1749, 1755; *Kienast* in Jannott/Frodermann, Handbuch Europäische Aktiengesellschaft, § 13 Rz. 284.
56 *Schwarz*, Art. 40 SE-VO Rz. 44; i.E. auch *Manz* in Manz/Mayer/Schröder, Art. 40 SE-VO Rz. 23; vgl. auch *Paefgen* in KölnKomm. AktG, 3. Aufl., Art. 40 SE-VO Rz. 45.
57 So auch *Eberspächer* in Spindler/Stilz, AktG, Art. 40 SE-VO Rz. 7; a.A. *Schwarz*, Art. 40 SE-VO Rz. 44.
58 So auch *Seibt* in Habersack/Drinhausen, Art. 40 SE-VO Rz. 39.
59 *Reichert/Brandes* in MünchKomm. AktG, 3. Aufl., Art. 40 SE-VO Rz. 39; *Paefgen* in KölnKomm. AktG, 3. Aufl., Art. 40 SE-VO Rz. 49.
60 Näher *Drygala* in K. Schmidt/Lutter, § 104 AktG Rz. 14.
61 Sonstige Beendigungsgründe vgl. *Paefgen* in KölnKomm. AktG, 3. Aufl., Art. 40 SE-VO Rz. 91 ff.
62 *Hommelhoff*, AG 2001, 279, 283; *Hirte*, NZG 2002, 1, 5; *Schwarz*, ZIP 2001, 1847, 1855.

doch in eine andere Richtung[63]. Auch in sachlicher Hinsicht spricht wenig dafür, für die Abberufung einen wichtigen Grund zu fordern, zumal eine solche Regelung die Auswechselung der Mitglieder im Anschluss an einen Kontrollwechsel extrem erschwert und sich damit als ein ausgesprochenes Übernahmehindernis darstellt. Es kann nicht angenommen werden, dass der europäische Gesetzgeber allein durch die Fristregelung in Art. 46 SE-VO eine solche Konsequenz herbeiführen wollte[64]. Hinsichtlich der erforderlichen Mehrheit kommt ebenfalls nationales Recht zur Anwendung, so dass vorbehaltlich einer abweichenden satzungsmäßigen Regelung die qualifizierte Mehrheit erforderlich ist, § 103 Abs. 1 AktG. Daraus, dass § 103 Abs. 1 Satz 3 AktG eine satzungsmäßige Regelung zulässt, folgt nichts anderes[65].

In Abweichung von § 103 AktG ist auch die Abberufung von Mitgliedern möglich, die unter Bindung an Wahlvorschläge gewählt wurden; das betrifft insbesondere die **Abberufung von Arbeitnehmervertretern** bei Eingreifen der Auffangregelung, § 37 Abs. 1 Satz 4 SEBG. Anders ist es bei entsandten Mitgliedern oder bei Arbeitnehmervertretern, die ihr Mandat aufgrund der Vereinbarungslösung unmittelbar ohne Wahl der Hauptversammlung erlangt haben: Hier liegt das Abberufungsrecht bei Entsendeberechtigten bzw. im Fall der Arbeitnehmer bei der zuständigen Arbeitnehmervertretung, die die Wahl vorgenommen hat[66]. 24

Nicht besonders geregelt ist die Frage der **gerichtlichen Abberufung** aus dem Aufsichtsorgan der SE. Die Entscheidung des europäischen Gesetzgebers, die Frage der Abberufung im Gegensatz zu den ursprünglichen Verordnungsentwürfen nicht zu regeln, lässt sich als Regelungsverzicht deuten, so dass über die Generalverweisung in Art. 9 Abs. 1 lit. c ii SE-VO nationales Recht zur Anwendung kommt[67]. Daher können sowohl Arbeitnehmer- wie auch Anteilseignervertreter gerichtlich abberufen werden. Auch für die Beschlussfassung gilt das nationale Recht[68]. 25

5. Erstes Aufsichtsorgan

Art. 40 Abs. 2 Satz 2 SE-VO enthält eine besondere Regelung für das erste Aufsichtsorgan. Abweichend von Art. 40 Abs. 2 Satz 1 SE-VO können dessen Mitglieder **durch die Satzung bestellt** werden. Darunter fällt gemäß Art. 6 SE-VO auch die Gründungsurkunde[69]. Die Norm will die Handlungsfähigkeit der in der Gründung befindlichen SE fördern, da ohne das Vorhandensein eines Aufsichtsorgans auch kein Vorstand be- 26

---

63 Begr. zum Entwurf einer SE-VO von 1989, BT-Drucks. 11/5427, S. 12.
64 I.E. wie hier *Schwarz*, Art. 40 SE-VO Rz. 63; *Manz* in Manz/Mayer/Schröder, Art. 40 SE-VO Rz. 14, 27; *Reichert/Brandes* in MünchKomm. AktG, 3. Aufl., Art. 40 SE-VO Rz. 57; *Brand*, Hauptversammlung, S. 147 f.; *J. Schmidt*, „Deutsche" vs. „britische" SE, S. 564; *Seibt* in Habersack/Drinhausen, Art. 40 SE-VO Rz. 55; *Paefgen* in KölnKomm. AktG, 3. Aufl., Art. 40 SE-VO Rz. 80.
65 So auch *Reichert/Brandes* in MünchKomm. AktG, 3. Aufl., Art. 40 SE-VO Rz. 58 sowie *Manz* in Manz/Mayer/Schröder, Art. 40 SE-VO Rz. 27; a.A. *Schwarz*, Art. 40 SE-VO Rz. 65; *Seibt* in Habersack/Drinhausen, Art. 40 SE-VO Rz. 55 sowie *Paefgen* in KölnKomm. AktG, 3. Aufl., Art. 40 SE-VO Rz. 81: stets einfache Mehrheit genügend.
66 Wie hier *Reichert/Brandes* in MünchKomm. AktG, 3. Aufl., Art. 40 SE-VO Rz. 60; *J. Schmidt*, „Deutsche" vs. „britische" SE, S. 564; a.A. *Paefgen* in KölnKomm. AktG, 3. Aufl., Art. 40 SE-VO Rz. 88: Abberufungskompetenz liegt als actus contrarius zur Bestellungskompetenz bei der Hauptversammlung gem. § 37 Abs. 1 Satz 4 SEBG analog.
67 Wie hier *Reichert/Brandes* in MünchKomm. AktG, 3. Aufl., Art. 40 SE-VO Rz. 61; *Schwarz*, Art. 40 SE-VO Rz. 68; *Eberspächer* in Spindler/Stilz, AktG, Art. 40 SE-VO Rz. 9.
68 Insoweit a.A. *Schwarz*, Art. 40 SE-VO Rz. 40 sowie *Paefgen* in KölnKomm. AktG, 3. Aufl., Art. 40 SE-VO Rz. 85, 90: satzungsmäßige Einführung der qualifizierten Mehrheit zulässig.
69 Vgl. *Manz* in Manz/Mayer/Schröder, Art. 40 SE-VO Rz. 8.

stellt werden kann, ohne den wiederum die werdende SE handlungsunfähig ist[70]. Die satzungsmäßige Bestellung ist zweckmäßig, aber nicht zwingend, denn Art. 40 Abs. 2 Satz 2 SE-VO will nur eine zusätzliche Handlungsoption eröffnen[71]. Die Norm hat Bedeutung vor allem bei der Gründung der Holding- und der Tochter-SE, da hier der Rechtsträger neu entsteht. Gleiches gilt für die Entstehung der SE durch Verschmelzung zur Neugründung.

27 Bei der **Verschmelzung durch Aufnahme** (Art. 17 Abs. 2a SE-VO) und beim **Formwechsel** in die SE kommt es jedoch zu einer Kontinuität des Rechtsträgers. Es ist daher fraglich, ob auch bei diesen Gesellschaften ein erstes Aufsichtsorgan erforderlich ist[72]. Die Antwort hängt davon ab, ob hinsichtlich der Organbesetzung Diskontinuität eintritt[73]. Das ist für den Formwechsel nach § 203 UmwG der Fall, wenn sich eine Veränderung hinsichtlich der Organbesetzung ergibt. Eine Veränderung auf der Arbeitnehmerseite, z.B. durch die Notwendigkeit, auch ausländische Mitarbeiter mit einem Sitz zu berücksichtigen, reicht dafür aus[74]. Der Aufsichtsrat bleibt beim Formwechsel also nur dann im Amt, wenn sich überhaupt keine Veränderung ergibt[75]. Ansonsten ist ein erstes Aufsichtsorgan zu bestellen. Bei der Verschmelzung zur Aufnahme bleibt der Aufsichtsrat des übernehmenden Rechtsträgers im Amt[76]. Sofern der Aufsichtsrat in Folge der verschmelzungsbedingten Veränderungen, also insbesondere eines dadurch bedingten Anstiegs der Mitarbeiterzahlen, nicht mehr korrekt besetzt ist, ist ein Statusverfahren nach §§ 97–99 AktG einzuleiten. Diese Rechtslage lässt sich auf die Gründung der SE im Wege der Verschmelzung zur Aufnahme übertragen[77]. Die Veränderung, die sich beim übernehmenden Rechtsträger dadurch ergibt, dass er bei der Verschmelzung die Rechtsform der SE annimmt (Art. 17 Abs. 2 Satz 2 SE-VO), wiegt nicht so schwer, dass abweichend vom nationalen Recht eine Diskontinuität des Aufsichtsorgans erforderlich wäre.

28 Die **Amtszeit des ersten Aufsichtsorgans** richtet sich nach § 30 AktG, nicht nach Art. 46 SE-VO. Die vorhergehenden Entwürfe der SE-VO enthielten zeitliche Höchstgrenzen für die Bestellungsdauer[78]. Das Entfallen dieser Bestimmungen darf nicht dahin gedeutet werden, dass jetzt allein Art. 46 SE-VO gilt und die Bestellung der Mitglieder des ersten Aufsichtsorgans für sechs Jahre erfolgen könnte[79]. Das wäre mit einer guten Corporate Governance gänzlich unvereinbar, denn häufig sind es die Vorstände der beteiligten Unternehmen, die die Satzung der späteren SE entwerfen. Häu-

---

70 *Manz* in Manz/Mayer/Schröder, Art. 40 SE-VO Rz. 9.
71 *Manz* in Manz/Mayer/Schröder, Art. 40 SE-VO Rz. 8; a.A. *J. Schmidt*, „Deutsche" vs. „britische" SE, S. 563.
72 Stets für die Neubestellung der Aufsichtsratsmitglieder *Manz* in Manz/Mayer/Schröder, Art. 40 SE-VO Rz. 10; *Eberspächer* in Spindler/Stilz, AktG, Art. 40 SE-VO Rz. 8; zu den Einzelfällen notwendiger Neubestellungen vgl. auch *Paefgen* in KölnKomm AktG, 3. Aufl., Art. 40 SE-VO Rz. 67 ff.
73 Str., für generelle Diskontinuität etwa *Neun* in Theisen/Wenz, 2. Aufl. 2005, S. 182; *Schwarz*, Art. 37 SE-VO Rz. 72; *Eberspächer* in Spindler/Stilz, AktG, Art. 40 SE-VO Rz. 8; *Manz* in Manz/Mayer/Schröder, Art. 40 SE-VO Rz. 10; für generelle Kontinuität hingegen *Kleinhenz/Leyendecker-Langner*, AG 2013, 507, 511 f.
74 *Reichert/Brandes* in MünchKomm. AktG, 3. Aufl., Art. 40 SE-VO Rz. 47.
75 So zu § 203 UmwG *Decher* in Lutter, § 203 UmwG Rz. 8 ff.; *Simon* in Semler/Stengel, § 203 UmwG Rz. 3 ff. jeweils m.w.N.; vgl. aber auch die a.A. von *Kleinhenz/Leyendecker-Langner*, AG 2013, 507, 511.
76 Statt aller *Kübler* in Semler/Stengel, § 20 UmwG Rz. 20 sowie *Eberspächer* in Spindler/Stilz, AktG, Art. 40 SE-VO Rz. 8.
77 A.A. *Reichert/Brandes* in MünchKomm. AktG, 3. Aufl., Art. 40 SE-VO Rz. 46, 54 f.
78 Art. 68 des Entwurfs von 1989; Art. 74c des Entwurfs von 1975.
79 So aber *Schwarz*, Art. 40 SE-VO Rz. 53; *Manz* in Manz/Mayer/Schröder, Art. 40 SE-VO Rz. 9; *Reichert/Brandes* in MünchKomm. AktG, 3. Aufl., Art. 40 SE-VO Rz. 52.

fig sind diese Personen auch die Vorstände der zukünftigen SE. Daher suchen sich de facto die Vorstände die Personen aus, die später die Überwachungsaufgabe wahrnehmen sollen. Gleichzeitig ist die Beteiligung der Aktionäre an der Auswahl der Mitglieder schwächer ausgeprägt. Zwar müssen sie der Satzung zustimmen, aber sie können dabei, von Ausnahmefällen abgesehen[80], nur über den Vorgang als ganzen abstimmen, nicht aber über jedes Organmitglied einzeln, so wie es bei einer regulären Wahl zum Aufsichtsorgan der Fall wäre. Diese schwächere Legitimation des ersten Aufsichtsorgans erfordert die Begrenzung der Amtszeit. Zudem ist der Regelungsverzicht des Verordnungsgebers als Verweis auf das nationale Recht und damit auf § 30 AktG zu verstehen. Art. 46 SE-VO gilt demgegenüber nur für Mitglieder des Aufsichtsorgans, die im regulären Verfahren ins Amt gekommen sind[81].

Schwierigkeiten verursacht die **Mitbestimmung im ersten Aufsichtsorgan**. In der Regel wird es länger dauern, bis das Aufsichtsorgan vollständig besetzt ist. Die Regierungsbegründung zum SEEG geht davon aus, dass das Aufsichtsorgan bis zum Zusammentreten der ersten Hauptversammlung (Art. 54 SE-VO) mitbestimmungsfrei bleibt[82]. Dafür spricht § 30 Abs. 2 AktG, aber auch § 31 AktG kommt zur Anwendung. Werden also bei einer Holding- oder Tochtergründung ein Unternehmen oder Unternehmensteile auf die Holding oder auf die Tochter übertragen, so ist das erste Aufsichtsorgan nach § 31 AktG zu bilden, d.h. es sind zunächst nur die Arbeitgebervertreter durch die Satzung zu bestellen und das Aufsichtsorgan wird später um die erforderliche Anzahl an Arbeitnehmervertretern ergänzt[83]. Die Verschmelzung zur Neugründung ist immer Sacheinbringung i.S. des § 31 AktG[84], so dass § 31 AktG auch bei der Gründung nach Art. 17 Abs. 2b SE-VO immer zur Anwendung kommt[85]. Beim Formwechsel mit Diskontinuität im Aufsichtsorgan gilt § 31 AktG auch für den Formwechsel, vgl. § 197 Satz 3 UmwG in der Fassung des 2. Gesetzes zur Änderung des Umwandlungsgesetzes[86]. Eine präventive gerichtliche Bestellung ist nicht nötig[87]. 29

IV. Größe des Aufsichtsorgans

Art. 40 Abs. 3 SE-VO sieht für die Regelung der Größe des Aufsichtsorgans eine **satzungsmäßige Regelung** vor. Gleichzeitig wird den Mitgliedstaaten die Möglichkeit eröffnet, für die in ihrem Gebiet ansässigen SE eine feste Zahl an Mitgliedern oder Höchst- oder Mindestzahlen festzulegen. Davon hat der deutsche Gesetzgeber in § 17 Abs. 1 SEAG dahingehend Gebrauch gemacht, dass er – wie in § 95 AktG – eine Mindestzahl von drei Mitgliedern und eine Höchstzahl festgesetzt hat, die durch drei teilbar sein muss und sich gestaffelt nach der Höhe des Grundkapitals bemisst[88]. Diese Regelung gilt jedoch unter der Vorgabe des § 17 Abs. 3 SEAG, wonach die Beteiligung der Arbeitnehmer nach dem SEBG unberührt bleibt. 30

---

80 Bei der Verschmelzung zur Neugründung kommt die Anwendung von § 76 Abs. 2 Satz 2 UmwG in Betracht, zutr. *Reichert/Brandes* in MünchKomm. AktG, 3. Aufl., Art. 40 SE-VO Rz. 50.
81 Wie hier *Seibt* in Habersack/Drinhausen, Art. 40 SE-VO Rz. 51 ff. sowie *Paefgen* in KölnKomm. AktG, 3. Aufl., Art. 40 SE-VO Rz. 71 ff.
82 Begr. RegE SEEG, BT-Drucks. 15/3405, S. 51.
83 *Pentz* in MünchKomm. AktG, 3. Aufl., § 31 AktG Rz. 23 ff.; *Seibt* in Habersack/Drinhausen, Art. 40 SE-VO Rz. 51 m.w.N.
84 Vgl. *Pentz* in MünchKomm. AktG, 3. Aufl., § 27 AktG Rz. 32, § 31 AktG Rz. 6 ff.
85 *Seibt* in Habersack/Drinhausen, Art. 40 SE-VO Rz. 51.
86 BT-Drucks. 16/2919, S. 9.
87 Zu dieser *Decher* in Lutter, § 203 UmwG Rz. 21 ff.
88 Näher dazu *Manz* in Manz/Mayer/Schröder, Art. 40 SE-VO Rz. 30 ff.

31 Einigkeit besteht darin, dass § 7 MitbestG, der für paritätisch mitbestimmte Unternehmen höhere Mindestzahlen festschreibt, auf die SE nicht anwendbar ist, was die Möglichkeit zur **Bildung kleinerer Aufsichtsorgane** eröffnet[89]. Darin liegt einer der zentralen Vorteile der SE für deutsche Unternehmen, die durch das MitbestG auf eine Zahl von 20 Mitgliedern festgelegt sind. Es bestehen erhebliche Zweifel daran, ob ein derartig großes Gremium hinreichend leistungsfähig ist und seine Aufgaben effektiv wahrnehmen kann[90]. Daher kann der Wechsel in die Rechtsform der SE die Möglichkeit zur Verkleinerung des Aufsichtsorgans eröffnen und damit einen Beitrag zur besseren Corporate Governance leisten[91].

32 Umstritten ist aber, wem die **Entscheidungskompetenz** zur Festlegung der Mitgliederzahl zusteht. Art. 40 Abs. 3 SE-VO verweist insoweit auf den Satzungsgeber. Häufig wird jedoch auch mit den Arbeitnehmern in dem Verfahren nach § 21 SEBG über die Größe des Aufsichtsorgans verhandelt. Einigen sich die Parteien dabei auf eine bestimmte Anzahl von Sitzen, geht diese Einigung in die Mitbestimmungsvereinbarung nach § 21 SEBG ein. Dann aber darf die Satzung nicht im Widerspruch zur Vereinbarung stehen und ist gegebenenfalls vor Eintragung der SE entsprechend anzupassen, Art. 12 Abs. 4 SE-VO. Daraus ist abzuleiten, dass Art. 12 Abs. 4 SE-VO in dieser Situation Vorrang hat[92] und deshalb die Größe des Aufsichtsorgans **Gegenstand der Mitbestimmungsvereinbarung** sein kann. Sofern die Satzung eine abweichende Zahl an Mitgliedern bestimmt hat, muss sie der Vereinbarung angepasst werden[93]. Gegen diese Lösung spricht nicht der Gedanke der fehlenden Satzungsautonomie, die in der Frage der Gesamtgröße des Aufsichtsorgans durch Art. 40 Abs. 3 zweifellos gegeben ist[94]. Bestritten wird aber von einem erheblichen Teil der Literatur die Mitbestimmungsrelevanz der Frage. Denn Art. 4 Abs. 2 lit. g SE-VO besagt zwar, dass der Inhalt der Vereinbarung auch die „Zahl der Mitglieder ... welche die Arbeitnehmer wählen oder bestellen können" umfasst. Daraus könne aber nur abgeleitet werden, dass die Bestimmung des Anteils, nicht hingegen die Gesamtgröße des Organs einer Vereinbarung zugänglich ist[95].

33 Dieser letztgenannten Einschränkung ist nicht zu folgen. Die Mitbestimmungsvereinbarung dient ersichtlich dem Zweck, eine **auf die jeweilige SE zugeschnittene Lö-**

---

[89] Statt aller *Seibt*, AG 2005, 413, 423; insofern übereinstimmend auch *Habersack*, AG 2006, 345, 347.
[90] *Mertens/Cahn* in KölnKomm. AktG, 3. Aufl., § 95 Rz. 7; *Semler* in MünchKomm. AktG, 2. Aufl., § 95 Rz. 24; *Hopt/Roth* in Großkomm. AktG, 4. Aufl., § 95 AktG Rz. 26; *Kremer* in Ringleb/Kremer/Lutter/v. Werder, DCGK, Rz. 976 ff.; *Kort*, AG 2008, 137 (140).
[91] Siehe auch *Seibt*, ZIP 2010, 1057.
[92] Vgl. *Forst*, AG 2010, 350, 350 f., welcher in Art. 12 Abs. 4 SE-VO eine Lösung des Regelungskonflikt zwischen Beteiligungsvereinbarung und Satzung sieht und einen Vorrang der Beteiligungsvereinbarung ablehnt.
[93] LG Nürnberg-Fürth v. 8.2.2010 – 1 HKO 8471/09 – „GfK", AG 2010, 384; *Oetker*, § 21 SEBG Rz. 62 ff.; *Oetker*, ZIP 2006, 1113, 1114 f.; *Seibt*, AG 2005, 413, 422; *Seibt*, ZIP 2010, 10597 ff.; *Kienast* in Jannott/Frodermann, Handbuch Europäische Aktiengesellschaft, § 13 Rz. 386; *Teichmann*, AG 2008, 797, 802 ff.; *Kort*, AG 2008, 137, 139; *Krause*, BB 2005, 1221, 1226; *Schwarz*, SE-VO, Einl. Rz. 288.
[94] So auch *Habersack*, AG 2006, 345, 349; *Oetker*, ZIP 2006, 1113, 1117.
[95] *Reichert/Brandes* in MünchKomm. AktG, 3. Aufl., Art. 40 SE-VO Rz. 68; 351 f.; *Paefgen* in KölnKomm. AktG, 3. Aufl., Art. 40 SE-VO Rz. 102; *Kiem* in KölnKomm. AktG, 3. Aufl., Art. 12 SE-VO Rz. 64; *Kiem*, ZHR 173 (2009), 156, 175; *Habersack* in Ulmer/Habersack/Henssler, Mitbestimmungsrecht, § 35 SEBG Rz. 6; *Habersack*, AG 2006, 345, 350 ff.; *Habersack*, ZHR 171 (2007), 613, 632; *Austmann* in MünchHdb. AG, § 85 Rz. 37; *Rieble*, BB 2006, 2018, 2021; *Feldhaus/Vanscheid*, BB 2008, 2246, 2247; *Jacobs* in FS K. Schmidt, S. 795, 804; *Forst*, AG 2010, 350 ff.

sung der Mitbestimmungsproblematik[96] zu finden. Sie schließt insbesondere die Befugnis ein, auch unkonventionelle Wege zu gehen, für die es im nationalen Recht kein Vorbild gibt. Das betrifft etwa die Vereinbarung des Kooptationsmodells für die Erlangung der Mitgliedschaft im Gremium (§ 2 Abs. 12 Nr. 2 SEBG), aber z.B. auch die Möglichkeit, gänzlich neue, im nationalen Recht nicht vorgesehene Organe als Ort der Mitbestimmung zu schaffen[97]. Von daher kann man den Begriff der Mitbestimmung nicht auf die Festlegung eines bestimmten Zahlenverhältnisses zwischen Anteilseigner- und Arbeitnehmervertretern beschränken[98], sondern muss anerkennen, dass ein großer Regelungsspielraum für die Parteien erforderlich und vom Gesetz gewollt ist. Zudem ist auch die Annahme, die Mitbestimmungsvereinbarung müsse zunächst in die Satzung überführt werden, um Wirksamkeit zu erlangen[99], nicht zutreffend. Die **Parteiautonomie folgt aus dem SEBG**, das wiederum in Ausführung der SE-RL erlassen wurde. Diese Rechtsvorschriften stehen im Rang über dem mitgliedstaatlichen Aktienrecht[100]. Aus diesem Grunde ist auch der Dreiteilbarkeitsgrundsatz teleologisch einzuschränken, so dass Aufsichtsräte mit gerader, aber nicht durch drei teilbarer Mitgliederzahl möglich sind[101].

Hinter der eher technisch geführten Diskussion um Satzungsautonomie, Mitbestimmungsbegriff, Kern-.und Randbereich[102] steht materiell die Befürchtung, dass die Leitungsorgane und Arbeitnehmervertreter in ihrer Mitbestimmungsvereinbarung **Kompromisse zu Lasten der Gesellschafter und des Aufsichtsorgans** eingehen[103]. Diese Gefahr sollte man nicht überbewerten. Die SE-VO ist jetzt mehr als 10 Jahre in Kraft. Eine nicht unerhebliche Anzahl von Gesellschaften ist der hier vertretenen Lösung gefolgt[104], ohne dass ernsthafte Probleme bekannt geworden wären. Die Aktionäre sind auch nicht schutzlos gestellt. Dem Satzungsgeber steht es frei, die Anpassung der Satzung an den Mitbestimmungskompromiss nach Art. 12 Abs. 4 SE-VO zu verweigern und damit das ganze Projekt zum Scheitern zu bringen, da die SE in diesem Fall nicht eingetragen werden kann. Das ist eine extreme Maßnahme, aber allein ihre Möglichkeit setzt die Leitungsorgane unter Druck, ein Ergebnis herbeizuführen, das Akzeptanz bei den Anteilseignern der beteiligten Gesellschaften findet. Das Aufsichtsorgan selbst ist dadurch geschützt, dass die Parteien nicht in sein Recht zur Selbstorganisation eingreifen können[105]. Denn auch wenn es in der AG § 23 Abs. 5 AktG nicht gäbe, wären nicht alle Vorschriften des AktG dispositiv. Die Unabdingbarkeit kann sich vielmehr auch aus dem Sinn und Zweck der Norm ergeben, wie

---

96 Weitere mögliche Regelungsinhalte der Mitbestimmungsvereinbarung bei *Jacobs* in FS K. Schmidt, S. 795, 809 ff.
97 Vgl. *Henssler* in FS Ulmer, S. 193, 197; *Kallmeyer*, AG 2003, 197, 200; *Reichert/Brandes*, ZGR 2003, 767, 774.
98 Wie hier auch LG Nürnberg-Fürth v. 8.2.2010 – 1 HKO 3471/09 – „GfK", AG 2010, 384; *Teichmann*, Der Konzern 2007, 89, 95 f.; *Seibt* in Habersack/Drinhausen, Art. 40 SE-VO Rz. 66 m.w.N.; *Seibt*, ZIP 2010, 1057, 1060 f.; *Kiefner/Friebel*, NZG 2010, 537, 538 ff.
99 *Habersack*, AG 2006, 345, 348.
100 *Teichmann*, Der Konzern 2007, 89, 95.
101 LG Nürnberg-Fürth v. 8.2.2010 – 1 HKO 3471/09 – „GfK", AG 2010, 384; *Kiefner/Friebel*, NZG 2010, 537, 538 ff.; a.A. *Forst*, AG 2010, 350, 356 ff.
102 Diese Begriffsbildung ist insgesamt wenig weiterführend. Siehe dazu insbesondere *Seibt*, ZIP 2010, 1057, 1060 einerseits, *Forst*, AG 2010, 350, 352 ff. andererseits, die beide am Begriff des Kernbereichs und der Schnittmenge ansetzen, damit aber zu diametral entgegengesetzten Ergebnissen kommen.
103 So auch *Forst*, AG 2010, 350, 352; *Henssler*, ZHR 173 (2009), 222 (238); *Kiem*, ZHR 171 (2007), 713 (718); *Kiem*, ZHR 173 (2009), 156 (178); *Windbichler* in FS Canaris, II/2, 2007, S. 1423, 1430.
104 Siehe die Praxisbeispiele von *Seibt*, ZIP 2010, 1058.
105 So auch *Seibt*, ZIP 2010, 1057, 1061.

das z.B. auch im Recht der Personengesellschaften und der GmbH bei bestimmten Normen angenommen wird, obwohl das Recht dort grundsätzlich dispositiv ist[106]. Zu diesen nicht dispositiven Grundsätzen des Aktienrechts zählt auch die Befugnis des Aufsichtsorgans auf unabhängige Organisation seiner eigenen Arbeit. Daher scheitern Vereinbarungen über die Person des Vorsitzenden, die zu bildenden Ausschüsse oder die Geschäftsordnung des Aufsichtsrats zwar nicht an der deutschen Satzungsstrenge, aber an den nicht disponiblen Grundsätzen guter Corporate Governance[107].

35 Die hier dargestellten Grundsätze gelten auch bei einer **SE-Gründung durch Formwechsel**. Zwar gilt bei dieser Gründungsform ein besonderes Verschlechterungsverbot hinsichtlich der Mitbestimmung der Arbeitnehmer (§ 35 Abs. 1 SEBG). Dieses Verbot ist aber nur dahin zu verstehen, dass der quotale Anteil der Arbeitnehmervertreter an den Sitzen im Aufsichtsorgan auch durch eine Mitbestimmungsvereinbarung nicht verschlechtert werden darf, nicht aber dahin, dass die absolute Größe des Aufsichtsorgans gleich zu bleiben habe[108]. Daher besteht auch bei dieser Gründungsform die Möglichkeit, das Aufsichtsorgan durch Vereinbarung zu verkleinern.

Art. 41
[Informationsrechte]

(1) Das Leitungsorgan unterrichtet das Aufsichtsorgan mindestens alle drei Monate über den Gang der Geschäfte der SE und deren voraussichtliche Entwicklung.

(2) Neben der regelmäßigen Unterrichtung gemäß Absatz 1 teilt das Leitungsorgan dem Aufsichtsorgan rechtzeitig alle Informationen über Ereignisse mit, die sich auf die Lage der SE spürbar auswirken können.

(3) Das Aufsichtsorgan kann vom Leitungsorgan jegliche Information verlangen, die für die Ausübung der Kontrolle gemäß Artikel 40 Absatz 1 erforderlich ist. Die Mitgliedstaaten können vorsehen, dass jedes Mitglied des Aufsichtsorgans von dieser Möglichkeit Gebrauch machen kann.

(4) Das Aufsichtsorgan kann alle zur Erfüllung seiner Aufgaben erforderlichen Überprüfungen vornehmen oder vornehmen lassen.

(5) Jedes Mitglied des Aufsichtsorgans kann von allen Informationen, die diesem Organ übermittelt werden, Kenntnis nehmen.

---

106 Beispiele sind etwa die Unabdingbarkeit von § 707 BGB und § 15 Abs. 1 GmbHG, vgl. *Wiedemann*, Die Übertragung und Vererbung von Mitgliedschaftsrechten bei Handelsgesellschaften, 1965, S. 76 ff. m.w.N.
107 Wie hier *Seibt*, ZIP 2010, 1057, 1061; i.E. übereinstimmend auch *Habersack*, AG 2006, 345, 348 f.
108 *Ihrig/Wagner*, BB 2004, 1749, 1755; *Köstler* in Theisen/Wenz, Europäische Aktiengesellschaft, S. 301, 321 f.; *Nagel* in Nagel/Freis/Kleinsorge, § 35 SEBG Rz. 3; *J. Schmidt*, „Deutsche" vs. „britische" SE, S. 559; *Seibt* in Habersack/Drinhausen, Art. 40 SE-VO Rz. 68; *Reichert/Brandes* in MünchKomm. AktG, 3. Aufl., Art. 40 SE-VO Rz. 69; bei der Verschmelzungs-, Holding- oder Tochtergründung muss gem. § 35 Abs. 2 SEBG nur der höchste Anteil von Arbeitnehmervertretern im Aufsichtsorgan der an der SE-Gründung beteiligten Gesellschaften geschützt werden, welcher vor der Eintragung der SE bestanden hat, und gerade nicht deren absolute Zahl, vgl. *Paefgen* in KölnKomm. AktG, 3. Aufl., Art. 40 SE-VO Rz. 99; *Seibt*, ZIP 2010, 1057, 1061; *Reichert/Brandes* in MünchKomm. AktG, 3. Aufl., Art. 40 SE-VO Rz. 74.

§ 18 SEAG: Informationsverlangen einzelner Mitglieder des Aufsichtsorgans

Jedes einzelne Mitglied des Aufsichtsorgans kann vom Leitungsorgan jegliche Information nach Artikel 41 Abs. 3 Satz 1 der Verordnung, jedoch nur an das Aufsichtsorgan, verlangen.

I. Regelungsgegenstand und Zweck ... 1	a) Berichtsverlangen des Gesamtaufsichtsorgans 19
II. Inhalt der Regelung	b) Berichtsverlangen einzelner Mitglieder des Aufsichtsorgans 23
1. Bericht über den Gang der Geschäfte und die voraussichtliche Entwicklung (Art. 41 Abs. 1 SE-VO) 4	c) Missbrauchskontrolle 25
a) Gang der Geschäfte 5	4. Prüfungsrecht des Aufsichtsorgans (Art. 41 Abs. 4 SE-VO) 28
b) Voraussichtliche Entwicklung ... 6	5. Information innerhalb des Aufsichtsorgans (Art. 41 Abs. 5 SE-VO) 30
c) Weitere Berichtsgrundsätze 7	
d) Konzernweite Berichterstattung? 9	6. Grundsätze ordnungsgemäßer Berichterstattung (§ 90 Abs. 4 AktG) .. 33
e) Zeitpunkt und Häufigkeit der Berichterstattung 10	a) Gewissenhafte und getreue Rechenschaft 35
2. Bericht über wesentliche Ereignisse (Art. 41 Abs. 2 SE-VO) 11	b) Form der Berichte 37
a) Ereignisse mit potentieller spürbarer Auswirkung 12	c) Rechtsfolgen einer nicht ordnungsgemäßen Berichterstattung 39
b) Zeitpunkt und Häufigkeit der Berichterstattung 15	7. Handlungen des Aufsichtsorgans im Hinblick auf Berichte 40
3. Informationsrecht des Aufsichtsorgans (Art. 41 Abs. 3 SE-VO) 17	8. Durchsetzung der Berichtspflichten . 41

Literatur: *Elsing/Schmidt*, Individuelle Informationsrechte von Aufsichtsratsmitgliedern einer Aktiengesellschaft, BB 2002, 1705; *Götz*, Rechte und Pflichten des Aufsichtsrats nach dem Transparenz- und Publizitätsgesetz, NZG 2002, 599; *Hirte*, Die Europäische Aktiengesellschaft – ein Überblick nach Inkrafttreten der deutschen Ausführungsgesetzgebung, DStR 2005, 653 (Teil 1) und 700 (Teil II); *Ihrig/Wagner*, Die Reform geht weiter: Das Transparenz- und Publizitätsgesetz kommt, BB 2002, 789; *Kropff*, Informationsbeschaffungspflichten des Aufsichtsrats, FS Raiser 2005, S. 225; *Lutter*, Bankenvertreter im Aufsichtsrat, ZHR 145 (1981), 224; *Lutter*, Information und Vertraulichkeit im Aufsichtsrat, 3. Aufl. 2006; *Thümmel*, Die Europäische Aktiengesellschaft (SE), Leitfaden für die Unternehmens- und Beratungspraxis, 2005.

I. Regelungsgegenstand und Zweck

Art. 41 SE-VO regelt die Berichtspflichten des Leitungsorgans gegenüber dem Aufsichtsorgan sowie die Prüfungs- und Informationsrechte des Aufsichtsorgans und seiner Mitglieder. Zweck der Regelung ist zum einen die Absicherung der Überwachungspflichten des Aufsichtsorgans. Zum anderen sollen die Berichtspflichten verhindern, dass sich die Mitglieder des Aufsichtsorgans gegenüber einer Inanspruchnahme auf Schadensersatz gem. Art. 51 SE-VO auf Unkenntnis berufen können[1]. 1

Die Regelung in Art. 41 SE-VO deckt sich in ihrem wesentlichen Regelungsgehalt mit den **Regelungen zur Aktiengesellschaft** in §§ 90, 111 AktG[2]. So entspricht Art. 41 Abs. 1 SE-VO im Wesentlichen § 90 Abs. 1 Satz 1 Nr. 3 AktG; Art. 41 Abs. 2 2

---

[1] *Paefgen* in KölnKomm. AktG, 3. Aufl, Art. 41 SE-VO Rz. 2; *Seibt* in Habersack/Drinhausen, Art. 41 SE-VO Rz. 2 a.E.; *Reichert/Brandes* in MünchKomm. AktG, 3. Aufl, Art. 41 SE-VO Rz. 1; *Schwarz*, Art. 41 SE-VO Rz. 1.

[2] *Frodermann* in Jannott/Frodermann, Handbuch Europäische Aktiengesellschaft, Kap. 5 Rz. 262.

SE-VO findet seine Entsprechung im Wesentlichen in § 90 Abs. 1 Satz 1 Nr. 4 AktG und § 90 Abs. 1 Satz 3 AktG. Das Informationsrecht des Aufsichtsorgans in Art. 41 Abs. 3 Satz 1 SE-VO korreliert mit § 90 Abs. 3 Satz 1 AktG. Das Prüfungsrecht gem. Art. 41 Abs. 4 SE-VO entspricht § 111 Abs. 2 AktG, während Art. 41 Abs. 5 SE-VO sein Spiegelbild in § 90 Abs. 5 Satz 1 AktG findet. In Einzelheiten weicht die Regelung in Art. 41 SE-VO allerdings von der Rechtslage bei der deutschen AG ab; hierauf wird nachstehend im Einzelnen eingegangen. Hinsichtlich des Verhältnisses zwischen Art. 41 SE-VO und §§ 90, 111 AktG ist **Art. 9 Abs. 1 lit. c ii SE-VO** zu beachten. Diese Vorschrift sieht vor, dass in Bezug auf die nicht durch die SE-VO geregelten Bereiche oder, soweit ein Bereich in der SE-VO nur teilweise geregelt ist, in Bezug auf die nicht von der SE-VO erfassten Aspekte, diejenigen **nationalen Rechtsvorschriften** der Mitgliedstaaten Anwendung finden, die für eine nach dem Recht des Sitzstaates der SE gegründete Aktiengesellschaft gelten würden.

3   Art. 41 SE-VO stellt unstreitig insoweit **keine abschließende Regelung** der Berichtspflichten dar, als das Leitungsorgan darüber hinaus stets dann berichtspflichtig ist, wenn es einen Beschluss des Aufsichtsorgans herbeiführen will oder muss (**Vorlageberichte**)[3]. **Umstritten** ist dagegen, ob die Regelung in Art. 41 SE-VO hinsichtlich des Berichtsgegenstandes der **periodisch zu erstattenden Berichte** abschließend ist. Art. 41 Abs. 1 und 2 SE-VO sehen lediglich die Erstattung von Berichten über den Gang der Geschäfte der SE und deren voraussichtliche Entwicklung sowie über Ereignisse vor, die sich auf die Lage der SE spürbar auswirken können. Damit sind im Wesentlichen Berichte gem. § 90 Abs. 1 Satz 1 Nr. 3 und 4 AktG sowie § 90 Abs. 1 Satz 3 AktG abgedeckt. Nicht ausdrücklich in der SE-VO erwähnt sind dagegen Berichte gem. § 90 Abs. 1 Satz 1 Nr. 1 und 2 AktG (Geschäftspolitik und Unternehmensplanung sowie Rentabilität). Teilweise wird die Ansicht vertreten, dass insoweit eine Regelungslücke vorliege und daher über Art. 9 Abs. 1 lit. c ii SE-VO die Regelung der § 90 Abs. 1 Satz 1 Nr. 1 und 2 AktG zur Anwendung kommen müsse[4], nach einer Gegenmeinung liegt insoweit eine abschließende Regelung der SE-VO vor, neben der für weitere, nationalrechtliche Berichtspflichten kein Raum ist[5]. Der Meinungsstreit dürfte im Ergebnis keine signifikanten Auswirkungen haben, da in dem nach Art. 41 Abs. 1 SE-VO zu erstattenden Bericht unter dem Gesichtspunkt der „voraussichtlichen Entwicklung" auch über die Unternehmensplanung[6] und unter dem Gesichtspunkt des „Gangs der Geschäfte" auch über die Rentabilität zu berichten sein wird. So verstanden, geht Art. 41 Abs. 1 SE-VO sogar über die Anforderungen des § 90 AktG hinaus, da die Berichte nach § 41 Abs. 1 SE-VO mindestens alle drei Monate und nicht nur mindestens jährlich zu erstatten sind.

---

[3] *Reichert/Brandes* in MünchKomm. AktG, 3. Aufl., Art. 41 SE-VO Rz. 3a; *Manz* in Manz/Mayer/Schröder, Art. 41 SE-VO Rz. 2.
[4] *Reichert/Brandes* in MünchKomm. AktG, 3. Aufl., Art. 41 SE-VO Rz. 3; ebenso wohl *Seibt* in Habersack/Drinhausen, Art. 41 SE-VO Rz. 5 hinsichtlich Geschäftspolitik und Unternehmensplanung.
[5] *Schwarz*, Art. 41 SE-VO Rz. 4, 33; wohl auch *Drinhausen* in Van Hulle/Maul/Drinhausen, SE, § 2 Rz. 29.
[6] So vertreten von *Paefgen* in KölnKomm. AktG, 3. Aufl., Art. 41 SE-VO Rz. 11, 15: Die Pflicht folge direkt daraus, dass Art. 41 SE-VO auf die voraussichtliche Geschäftsentwicklung und den Gang der Geschäfte Bezug nimmt, wovon auch die Rentabilität und die Unternehmensplanung umfasst seien. Zu diesem Zusammenhang auch *Schwarz*, Art. 41 SE-VO Rz. 9; ebenso wohl *Seibt* in Habersack/Drinhausen, Art. 41 SE-VO Rz. 5 hinsichtlich Rentabilität.

II. Inhalt der Regelung

1. Bericht über den Gang der Geschäfte und die voraussichtliche Entwicklung (Art. 41 Abs. 1 SE-VO)

Gem. Art. 41 Abs. 1 SE-VO hat das Leitungsorgan das Aufsichtsorgan mindestens alle drei Monate über den Gang der Geschäfte der SE und deren voraussichtliche Entwicklung zu unterrichten (auch **Quartalsbericht** genannt, was aufgrund des Mindestcharakters der quartalsweisen Erstattung missverständlich ist). 4

a) Gang der Geschäfte

Unter Gang der Geschäfte ist die gesamte operative Tätigkeit der Gesellschaft zu verstehen. Die gegenwärtige Situation der Gesellschaft ist nicht nur darzustellen, sondern auch zu begründen[7]. Dabei ist auch auf äußere Faktoren wie Entwicklungen auf den Märkten, Verhalten von Wettbewerbern, wesentliche Währungsschwankungen, Veränderungen der Nachfrage, der Weltwirtschaft oder der Kaufkraft einzugehen[8]. Darzustellen sind im Bericht die **finanzielle Situation und die Ertragslage** der Gesellschaft, die Marktlage, die Auftragslage[9], die Entwicklung der Belegschaft und der Investitionen sowie besondere Risiken und Chancen[10]. Ein besonderer Schwerpunkt des Berichts hat auf der **Liquidität** der Gesellschaft zu liegen, die regelmäßig um Hinweise zu noch offenen Kreditlinien, einen Periodenvergleich sowie um eine Erläuterung der Finanzierung zu ergänzen ist[11]. Anders als in § 90 Abs. 1 Satz 1 Nr. 3 AktG legt Art. 41 Abs. 1 SE-VO zwar nicht ausdrücklich fest, dass zum Bericht über den Gang der Geschäfte auch ein **Bericht über den Umsatz** der Gesellschaft gehört. In der Sache ergibt sich hieraus jedoch kein Unterschied, da auch bei der SE im Bericht über den Gang der Geschäfte zwingend auch über den Umsatz zu berichten ist[12]. Ferner hat der Bericht Zahlen zur Ergebnisrechnung zu enthalten[13]. Schließlich ist über Besonderheiten des Geschäftsverlaufs zu berichten; hierzu gehören etwa Arbeitskämpfe, der Gewinn oder Verlust wichtiger Märkte oder wichtiger Kunden, Rechtsstreitigkeiten und behördliche Verfahren oder die Kündigung von Schlüsselmitarbeitern[14]. Im Einzelnen hängen der Umfang und die Art der Berichterstattung von der Branche, Größe und Eigenart des jeweiligen Unternehmens ab[15]. Den Erfordernissen des jährlichen Geschäftsberichts muss der Bericht nicht entsprechen[16]. 5

---

[7] Für die AG: *Krieger/Sailer-Coceani* in K. Schmidt/Lutter, § 90 AktG Rz. 22; *Spindler* in MünchKomm. AktG, 3. Aufl., § 90 AktG Rz. 28.

[8] Für die AG: *Krieger/Sailer-Coceani* in K. Schmidt/Lutter, § 90 AktG Rz. 23; *Semler/v. Schenck*, AR-Mitglieder, § 1 Rz. 116.

[9] *Schwarz*, Art. 41 SE-VO Rz. 9; für die AG: *Lutter*, Information und Vertraulichkeit, Rz. 42.

[10] *Paefgen* in KölnKomm. AktG, 3. Aufl., Art. 41 SE-VO Rz. 17; für die AG: *Krieger/Sailer-Coceani* in K. Schmidt/Lutter, § 90 AktG Rz. 23; *Spindler* in MünchKomm. AktG, 3. Aufl., § 90 AktG Rz. 28; *Semler*, Leitung und Überwachung, Rz. 153.

[11] *Reichert/Brandes* in MünchKomm. AktG, 3. Aufl., Art. 41 SE-VO Rz. 5; für die AG: *Lutter/Krieger/Verse*, Aufsichtsrat, Rz. 196; *Lutter*, Information und Vertraulichkeit, Rz. 41.

[12] *Reichert/Brandes* in MünchKomm. AktG, 3. Aufl., Art. 41 SE-VO Rz. 5; *Manz* in Manz/Mayer/Schröder, Art. 41 SE-VO Rz. 9.

[13] Für die AG: *Krieger/Sailer-Coceani* in K. Schmidt/Lutter, § 90 AktG Rz. 23; *Semler*, Leitung und Überwachung, Rz. 153.

[14] *Paefgen* in KölnKomm. AktG, 3. Aufl., Art. 41 SE-VO Rz. 13; für die AG: *Krieger/Sailer-Coceani* in K. Schmidt/Lutter, § 90 AktG Rz. 23; *Lutter*, Information und Vertraulichkeit, Rz. 43; *Spindler* in MünchKomm. AktG, 3. Aufl., § 90 AktG Rz. 28.

[15] *Paefgen* in KölnKomm. AktG, 3. Aufl., Art. 41 SE-VO Rz. 9.

[16] Für die AG: *Krieger/Sailer-Coceani* in K. Schmidt/Lutter, § 90 AktG Rz. 23; *Spindler* in MünchKomm. AktG, 3. Aufl., § 90 AktG Rz. 28.

b) Voraussichtliche Entwicklung

6 Daneben ist gem. Art. 41 Abs. 1 SE-VO über die voraussichtliche Entwicklung der Geschäfte der SE zu berichten. Hieran zeigt sich, dass die Berichte des Leitungsorgans auch **zukunftsgerichtet** sein müssen. Insbesondere ergibt sich hieraus eine Pflicht zur „Follow up"-Berichterstattung. Wie bei den Berichten gem. § 90 Abs. 1 Satz 1 Nr. 3 AktG ist es daher auch bei Berichten nach Art. 41 Abs. 1 SE-VO unerlässlich, nicht nur über die absoluten Zahlen, sondern auch über Vergleichszahlen zu berichten, wobei ein Vergleich in zweierlei Hinsicht erforderlich ist, nämlich zum einen gegenüber den Zahlen des Vorjahresvergleichszeitraumes (**Vorjahresvergleich**) und zum anderen gegenüber den Planzahlen (**Soll-Ist-Vergleich**)[17]. Abweichungen von den Planzahlen sind vom Leitungsorgan zu **begründen**[18]. Darüber hinaus hat das Leitungsorgan, soweit notwendig, eine Korrektur der Planzahlen vorzunehmen und diese dem Aufsichtsorgan zu erläutern[19].

c) Weitere Berichtsgrundsätze

7 Bei der Erstellung der Berichte nach Art. 41 Abs. 1 SE-VO ist des Weiteren auch der im Rahmen des § 90 AktG anerkannte Grundsatz zu beachten, dass nicht nur eine Darstellung des Unternehmens insgesamt erforderlich ist, sondern daneben auch – abhängig von der Eigenart des Unternehmens – im Bericht eine Aufgliederung nach einzelnen Sparten, Produktbereichen oder Märkten vorzunehmen ist (**segmentierte Berichterstattung**)[20].

8 Besonders wesentliche, überraschende oder auffällige Daten sind zu erläutern. Des Weiteren sind dem Quartalsbericht, soweit vorhanden, in der Regel die verfügbaren **Zahlenwerke** beizufügen. Auch die Zahlenwerke sind für den Bericht sachgerecht (z.B. nach Sparten, Produkten oder Märkten) zu **gliedern**[21]. Der Bericht wird sich in der Regel nicht auf die bloße Vorlage von Zahlen beschränken können, sondern muss darüber hinaus **verbale Erläuterungen** enthalten[22].

d) Konzernweite Berichterstattung?

9 Die Frage, ob und inwieweit der Vorstand einer Muttergesellschaft seinem Aufsichtsrat auch zu Sachverhalten berichtspflichtig ist, die sich auf Tochtergesellschaften beziehen, wird im Rahmen des § 90 Abs. 1 Satz 2 AktG für die Aktiengesellschaft ausführlich diskutiert[23]. Eine Übertragung dieser Grundsätze auf die SE erscheint allerdings aufgrund der insoweit abweichenden Regelung in Art. 41 Abs. 1 SE-VO pro-

---

17 *Reichert/Brandes* in MünchKomm. AktG, 3. Aufl., Art. 41 SE-VO Rz. 5; *Seibt* in Habersack/Drinhausen, Art. 41 SE-VO Rz. 8; für die AG: *Wiesner* in MünchHdb. AG, § 25 Rz. 17; *Lutter*, Information und Vertraulichkeit, Rz. 36 ff.; *Semler*, Leitung und Überwachung, Rz. 153; *Semler/v. Schenck*, AR-Mitglieder, § 1 Rz. 119 ff.; *Lutter/Krieger/Verse*, Aufsichtsrat, Rz. 194.
18 *Paefgen* in KölnKomm. AktG, 3. Aufl., Art. 41 SE-VO Rz. 15; *Reichert/Brandes* in MünchKomm. AktG, 3. Aufl., Art. 41 SE-VO Rz. 5; *Schwarz*, Art. 41 SE-VO Rz. 9.
19 *Paefgen* in KölnKomm. AktG, 3. Aufl., Art. 41 SE-VO Rz. 15; *Reichert/Brandes* in MünchKomm. AktG, 3. Aufl., Art. 41 SE-VO Rz. 6.
20 *Schwarz*, Art. 41 SE-VO Rz. 9, 12; für die AG: *Wiesner* in MünchHdb. AG, § 25 Rz. 17; *Lutter*, Information und Vertraulichkeit, Rz. 36 ff.; *Semler*, Leitung und Überwachung, Rz. 153; *Semler/v. Schenck*, AR-Mitglieder, § 1 Rz. 120; *Lutter/Krieger/Verse*, Aufsichtsrat, Rz. 194.
21 Für die AG: *Krieger/Sailer-Coceani* in K. Schmidt/Lutter, § 90 AktG Rz. 202; *Spindler* in MünchKomm. AktG, 3. Aufl., § 90 AktG Rz. 28.
22 Für die AG: *Krieger/Sailer-Coceani* in K. Schmidt/Lutter, § 90 AktG Rz. 22; *Semler*, Leitung und Überwachung, Rz. 154; *Semler/v. Schenck*, AR-Mitglieder, § 1 Rz. 121.
23 Vgl. grundlegend *Lutter*, Information und Vertraulichkeit, Rz. 148 ff.; *Semler*, Leitung und Überwachung, Rz. 269 ff., 402 ff.; s. ferner zur AG *Krieger/Sailer-Coceani* in K. Schmidt/Lutter, § 90 AktG Rz. 31 f.

blematisch. Danach ist über den „Gang der Geschäfte der SE" und „deren" voraussichtliche Entwicklung zu berichten. Hieraus folgt, dass der Bericht nach Art. 41 Abs. 1 SE-VO sich auf die **verbundenen Unternehmen** der Gesellschaft nur zu erstrecken braucht, soweit diese für die Beurteilung der Geschäfte der Gesellschaft selbst relevant sind[24]. Ein Rückgriff auf § 90 Abs. 1 Satz 2 AktG, der eine solche Einschränkung nicht enthält, ist durch Art. 9 Abs. 1 lit. c ii SE-VO versperrt[25]. Soweit Vorgänge in verbundenen Unternehmen die Lage der SE allerdings beeinflussen, ist das Leitungsorgan der SE – auch im faktischen Konzern und bei einfachen Abhängigkeitsverhältnissen – verpflichtet, von seinen rechtlichen und faktischen Informationsrechten gegenüber den verbundenen Unternehmen Gebrauch zu machen. Dies schließt die Ausübung von Weisungsrechten (insbesondere bei Tochtergesellschaften in der Rechtsform der GmbH oder der Personengesellschaft) oder sonstigen Einflussrechten bis hin zur tatsächlichen oder angedrohten Abberufung der Geschäftsführer ein[26].

e) Zeitpunkt und Häufigkeit der Berichterstattung

Gem. Art. 41 Abs. 1 SE-VO sind die Berichte „mindestens alle drei Monate", und zwar unaufgefordert[27], zu erstatten. Der Drei-Monats-Turnus bezieht sich nicht auf das Kalenderjahr, sondern auf das Geschäftsjahr der Gesellschaft[28]. Sinn und Zweck dieser Berichte ist allerdings, dass das Aufsichtsorgan laufend über die Lage der Gesellschaft im Bilde ist. Daraus und aus dem Wortlaut der Verordnung ist zu schließen, dass die Berichte, soweit erforderlich, auch häufiger als alle drei Monate erstattet werden müssen, und zwar ohne dass das Aufsichtsorgan dies ausdrücklich verlangen muss[29]. Dies kann insbesondere bei Gesellschaften bedeutsam werden, deren Geschäft erheblichen monatlichen Schwankungen unterliegt[30]. Falls Berichte in kürzerem Abstand notwendig sind, das Leitungsorgan diese jedoch nicht erstattet, ist es Sache des Aufsichtsorgans sicherzustellen, dass das Leitungsorgan seinen Berichtspflichten nachkommt[31]. Wird vor Ablauf des regulären Drei-Monats-Zeitraums berichtet, ist der nächste reguläre Bericht spätestens drei Monate nach dem letzten regulären Bericht – und nicht gerechnet ab dem Zusatzbericht – zu erstatten[32]. Eine starre Verpflichtung des Aufsichtsorgans, anlässlich jedes Berichts zu einer Sitzung zusammenzutreten, besteht nicht[33].

10

---

24 Ebenso *Seibt* in Habersack/Drinhausen, Art. 41 SE-VO Rz. 9; *Reichert/Brandes* in MünchKomm. AktG, 3. Aufl., Art. 41 SE-VO Rz. 5; *Schwarz*, Art. 41 SE-VO Rz. 8; letzterer unter Verweis auf die – noch explizitere – Regelung zur Europäischen Genossenschaft (Art. 40 Abs. 1 SCE-VO).
25 *Paefgen* in KölnKomm. AktG, 3. Aufl., Art. 41 SE-VO Rz. 14; *Seibt* in Habersack/Drinhausen, Art. 41 SE-VO Rz. 9.
26 Vgl. zur AG *Krieger/Sailer-Coceani* in K. Schmidt/Lutter, § 90 AktG Rz. 31.
27 *Manz* in Manz/Mayer/Schröder, Art. 41 SE-VO Rz. 5; *Paefgen* in KölnKomm. AktG, 3. Aufl., Art. 41 SE-VO Rz. 5.
28 *Schwarz*, Art. 41 SE-VO Rz. 6; *Seibt* in Habersack/Drinhausen, Art. 41 SE-VO Rz. 10; *Paefgen* in KölnKomm. AktG, 3. Aufl., Art. 41 SE-VO Rz. 18.
29 *Paefgen* in KölnKomm. AktG, 3. Aufl., Art. 41 SE-VO Rz. 18; a.A. (neben Bringschuld des Leitungsorgans auch Holschuld des Aufsichtsorgans) *Seibt* in Habersack/Drinhausen, Art. 41 SE-VO Rz. 10.
30 Für die AG: *Krieger/Sailer-Coceani* in K. Schmidt/Lutter, § 90 AktG Rz. 24; *Semler/v. Schenck*, AR-Mitglieder, § 1 Rz. 115.
31 *Paefgen* in KölnKomm. AktG, 3. Aufl., Art. 41 SE-VO Rz. 18; für die AG: *Krieger/Sailer-Coceani* in K. Schmidt/Lutter, § 90 AktG Rz. 24; *Semler*, Leitung und Überwachung, Rz. 152; *Semler/v. Schenck*, AR-Mitglieder, § 1 Rz. 130.
32 *Schwarz*, Art. 41 SE-VO Rz. 6; *Paefgen* in KölnKomm. AktG, 3. Aufl., Art. 41 SE-VO Rz. 18.
33 *Paefgen* in KölnKomm. AktG, 3. Aufl., Art. 41 SE-VO Rz. 19; *Reichert/Brandes* in MünchKomm. AktG, 3. Aufl., Art. 41 SE-VO Rz. 4; *Seibt* in Habersack/Drinhausen, Art. 41 SE-VO Rz. 11; *Thümmel*, Europäische Aktiengesellschaft, S. 84; a.A. *Schwarz*, Art. 41 SE-VO Rz. 14.

2. Bericht über wesentliche Ereignisse (Art. 41 Abs. 2 SE-VO)

11 Gem. Art. 41 Abs. 2 SE-VO hat das Leitungsorgan dem Aufsichtsorgan des Weiteren rechtzeitig alle Informationen über Ereignisse mitzuteilen, die sich auf die Lage der SE spürbar auswirken können.

a) Ereignisse mit potentieller spürbarer Auswirkung

12 Art. 41 Abs. 2 SE-VO entspricht inhaltlich im Wesentlichen einer Verbindung von § 90 Abs. 1 Satz 1 Nr. 4 AktG (Berichte, die für die Rentabilität oder Liquidität der Gesellschaft von erheblicher Bedeutung sein können) und § 90 Abs. 1 Satz 3 AktG (sonstige wichtige Anlässe). Anders als nach § 90 Abs. 1 Satz 1 Nr. 4 AktG besteht nach Art. 41 Abs. 2 SE-VO eine Berichtspflicht jedoch nicht nur im Hinblick auf Geschäfte, die für die Rentabilität oder Liquidität der Gesellschaft von erheblicher Bedeutung sein können, sondern schon bei potentiellen „spürbaren Auswirkungen" auf die Lage der SE. Die **Schwelle berichtspflichtiger Umstände** ist daher **niedriger** als im Falle des § 90 Abs. 1 Satz 1 Nr. 4 AktG und orientiert sich eher an der Anlassberichterstattung gemäß § 90 Abs. 1 Satz 3 AktG[34]. Es kann sich sowohl um **Geschäftsführungsmaßnahmen** als auch um exogene, **von außen an die Gesellschaft herangetragene Umstände** handeln[35]. Eine Berichtspflicht besteht unabhängig davon, ob positive oder negative Auswirkungen zu befürchten sind[36].

13 Zu § 90 Abs. 1 Satz 1 Nr. 4 und Satz 3 AktG werden als berichtspflichtig beispielsweise **folgende Fälle** angesehen, die sich auf Art. 41 Abs. 2 SE-VO übertragen lassen: zu § 90 Abs. 1 Satz 1 Nr. 4 AktG der Erwerb oder die Veräußerung eines Betriebs oder Betriebsteils oder einer Beteiligung, die Gründung und Schließung einer Zweigniederlassung, die Aufnahme eines größeren Auftrags[37], der Abschluss langfristiger (Liefer-)Geschäfte, die Übernahme größerer Aufträge, das Tätigen größerer Investitionen, die Veräußerung oder der Erwerb von Unternehmen oder Betrieben, die Expansion in neue Geschäftsfelder oder Märkte oder Beteiligungen sowie die Gründung von Niederlassungen[38]; zu § 90 Abs. 1 Satz 3 AktG wesentliche Rechtsstreitigkeiten oder behördliche Verfahren bzw. Auflagen, erhebliche Betriebsstörungen, tatsächliche oder drohende Arbeitskämpfe, wesentliche Steuernachforderungen oder sonstige Forderungen, die gegen die Gesellschaft erhoben werden, Gefährdung größerer Außenstände oder Auftragsverhältnisse (z.B. wegen Insolvenz eines Großkunden), Liquiditätsprobleme, wesentliche Verluste, Unfälle oder sonstige Umstände, die die Lage der Gesellschaft erheblich verändern[39]. Des Weiteren kann über schwerwiegenden Streit

---

34 *Seibt* in Habersack/Drinhausen, Art. 41 SE-VO Rz. 12; nach *Paefgen* in KölnKomm. AktG, 3. Aufl., Art. 41 SE-VO Rz. 23 ist die Beurteilung des Vorliegens einer „spürbaren Auswirkung" Sache des Leitungsorgans im Rahmen seiner Unternehmensführung.
35 *Reichert/Brandes* in MünchKomm. AktG, 3. Aufl., Art. 41 SE-VO Rz. 7; *Seibt* in Habersack/Drinhausen, Art. 41 SE-VO Rz. 12; *Paefgen* in KölnKomm. AktG, 3. Aufl., Art. 41 SE-VO Rz. 21.
36 *Seibt* in Habersack/Drinhausen, Art. 41 SE-VO Rz. 12; *Paefgen* in KölnKomm. AktG, 3. Aufl., Art. 41 SE-VO Rz. 21; *Schwarz*, Art. 41 SE-VO Rz. 20; *Reichert/Brandes* in MünchKomm. AktG, 3. Aufl., Art. 41 SE-VO Rz. 7, nach dem ein Bericht über positive Effekte allerdings nur dann erforderlich sein soll, wenn insoweit bestimmte unternehmerische Entscheidungen zu treffen sind, die sich auf die Lage der Gesellschaft spürbar auswirken können.
37 Begr. RegE bei *Kropff*, Aktiengesetz, S. 117.
38 *Spindler* in MünchKomm. AktG, 3. Aufl., § 90 AktG Rz. 29; *Wiesner* in MünchHdb. AG, § 25 Rz. 18.
39 Begr. RegE bei *Kropff*, Aktiengesetz, S. 117; *Koch* in Hüffer, § 90 AktG Rz. 8; *Mertens/Cahn* in KölnKomm. AktG, 3. Aufl., § 90 AktG Rz. 45; *Lutter/Krieger/Verse*, Aufsichtsrat, Rz. 209; vgl. auch für die SE *Schwarz*, Art. 41 SE-VO Rz. 18; *Manz* in Manz/Mayer/Schröder, Art. 41 SE-VO Rz. 12 ff.

im Leitungsorgan zu berichten sein[40]. Diese Aufzählung ist nicht abschließend[41]. Umgekehrt löst nicht jeder der genannten Fälle stets zwingend eine Berichtpflicht aus. Ob das Geschäft von erheblicher Bedeutung ist, ist vielmehr im Wege einer **Einzelfallbetrachtung** zu klären und hängt von der Größe, Branchenzugehörigkeit und Situation der Gesellschaft einerseits sowie von der Art, dem Ausmaß und dem Risiko des Geschäfts andererseits ab[42]. Überdies ist von Bedeutung, welche Art oder welchen Umfang von Geschäften die Gesellschaft ansonsten üblicherweise durchführt. Was für eine Gesellschaft Tagesgeschäft ist, kann bei einer anderen Gesellschaft berichtspflichtig sein. Das Leitungsorgan hat dem Aufsichtsorgan bereits dann über ein Geschäft zu berichten, wenn eine **erhebliche Bedeutung potentiell möglich** ist, wofür eine vernünftige kaufmännische Prognose maßgebend ist. Es ist nicht nur über die Folgen zu berichten, die ein Gelingen eines Geschäfts auf die Gesellschaft hat, sondern auch über die Folgen eines etwaigen Misslingens.

In dem Bericht nach Art. 41 Abs. 2 SE-VO ist auch auf **verbundene Unternehmen** der Gesellschaft einzugehen, soweit diese sich auf die Lage der SE spürbar auswirken können[43]. 14

b) Zeitpunkt und Häufigkeit der Berichterstattung

Der Bericht gem. Art. 41 Abs. 2 SE-VO ist „**rechtzeitig**" zu erstatten. Rechtzeitigkeit bedeutet, dass das Aufsichtsorgan vor dem Treffen der jeweiligen Entscheidung Gelegenheit haben muss, Stellung zu nehmen. Bei Berichten, die eine Sitzung des Aufsichtsorgans vorbereiten, bedeutet Rechtzeitigkeit, dass die Berichte vor der Sitzung zu übermitteln sind, und zwar so zeitig, dass die Mitglieder des Aufsichtsorgans noch die Möglichkeit haben, sie zu lesen[44]. Je umfangreicher die Unterlagen sind und je länger sie bereits vor der Sitzung feststehen, desto früher sollten sie auch übermittelt werden. Berichte, die nicht der Vorbereitung einer Sitzung dienen, sollten so frühzeitig übermittelt werden, dass das Aufsichtsorgan noch in der Lage ist zu reagieren[45]. Ist ein berichtspflichtiges Ereignis bereits eingetreten, so ist gleichwohl darüber zu berichten, damit dem Aufsichtsorgan ermöglicht wird, den Eintritt gleichartiger Ereignisse in der Zukunft zu verhindern[46]. 15

Die Formulierung der Verordnung unterscheidet sich von der Formulierung in § 90 Abs. 2 Nr. 4, Abs. 4 Satz 2 AktG, in der die Rede von einer „möglichst" rechtzeitigen Berichterstattung ist. Anders als das AktG geht die SE-VO daher nicht ausdrücklich davon aus, dass sich **Eilsituationen** ergeben können, in denen von einer rechtzeitigen Unterrichtung abgesehen werden kann[47]. Gleichwohl ist zu berücksichtigen, dass sich auch in einer SE die Situation ergeben kann, dass das Leitungsorgan im Interesse 16

---

40 *Wiesner* in MünchHdb. AG, § 25 Rz. 19; *Mertens/Cahn* in KölnKomm. AktG, 3. Aufl., § 90 AktG Rz. 45.
41 S. zu weiteren Beispielen die Aufzählungen bei *Paefgen* in KölnKomm. AktG, 3. Aufl., Art. 41 SE-VO Rz. 22, sowie bei *Seibt* in Habersack/Drinhausen, Art. 41 SE-VO Rz. 14.
42 *Paefgen* in KölnKomm. AktG, 3. Aufl., Art. 41 SE-VO Rz. 22.
43 *Schwarz*, Art. 41 SE-VO Rz. 19; *Seibt* in Habersack/Drinhausen, Art. 41 SE-VO Rz. 12; *Paefgen* in KölnKomm. AktG, 3. Aufl., Art. 41 SE-VO Rz. 23. Auch hier legt Art. 41 Abs. 2 SE-VO ausdrücklich fest, dass Ereignisse bei verbundenen Unternehmen nur bei spürbarer Auswirkung auf die SE relevant sind; vgl. näher Rz. 9.
44 *Seibt* in Habersack/Drinhausen, Art. 41 SE-VO, Rz. 15.
45 Für die AG: BT-Drucks. 14/8769, S. 15.
46 *Schwarz*, Art. 41 SE-VO Rz. 22; *Paefgen* in KölnKomm. AktG, 3. Aufl., Art. 41 SE-VO Rz. 24; *Seibt* in Habersack/Drinhausen, Art. 41 SE-VO Rz. 15 a.E.
47 *Paefgen* in KölnKomm. AktG, 3. Aufl., Art. 41 SE-VO Rz. 26.

der Gesellschaft eine Maßnahme unverzüglich durchführen muss, ohne dass die Möglichkeit besteht, vorher das Aufsichtsorgan zu informieren[48]. In solchen Fällen muss das Leitungsorgan, ebenso wie im Rahmen des § 90 AktG, ausnahmsweise berechtigt sein, die Maßnahme vor Unterrichtung des Aufsichtsorgans auszuführen[49]. Wie bei § 90 AktG hat das Leitungsorgan dann allerdings vor der Durchführung der Maßnahme zumindest, sofern dies noch möglich ist, den **Vorsitzenden** des Aufsichtsorgans – im Falle seiner Verhinderung seinen Stellvertreter – zu unterrichten, der nach pflichtgemäßem Ermessen über das weitere Vorgehen, insbesondere über eine unverzügliche Information der anderen Mitglieder des Aufsichtsorgans, zu entscheiden hat[50]. Das Leitungsorgan hat dann dem Aufsichtsorgan in seiner Gesamtheit unverzüglich nachträglich, spätestens in seiner nächsten Sitzung, über den Vorgang zu berichten[51]. Auch wenn das Unterlassen der Information des Aufsichtsorgans an sich aufgrund einer Eilsituation gerechtfertigt ist, kann das Leitungsorgan dadurch gegen seine Berichtspflichten verstoßen haben, dass es nicht schon früher über die Thematik berichtet und daher den Eintritt der Eilsituation zu vertreten hat[52].

3. Informationsrecht des Aufsichtsorgans (Art. 41 Abs. 3 SE-VO)

17 Gem. Art. 41 Abs. 3 Satz 1 SE-VO kann das Aufsichtsorgan jegliche Informationen verlangen, die für die Ausübung der Kontrolle nach Art. 40 Abs. 1 SE-VO erforderlich sind. Gem. Art. 41 Abs. 3 Satz 2 SE-VO können die Mitgliedstaaten vorsehen, dass auch jedes einzelne Mitglied des Aufsichtsorgans von dieser Möglichkeit Gebrauch machen kann. Die Bundesrepublik Deutschland hat diese Option genutzt und in **§ 18 SEAG** in Anlehnung an § 90 Abs. 3 Satz 2 AktG vorgesehen, dass jedes einzelne Mitglied des Aufsichtsorgans vom Leitungsorgan jegliche Information i.S.d. Art. 41 Abs. 3 Satz 1 SE-VO verlangen kann, allerdings nur an das Aufsichtsorgan in seiner Gesamtheit.

18 Art. 41 Abs. 3 Satz 1 SE-VO findet seinen Grund in der Überwachungsfunktion des Aufsichtsorgans, für deren Erfüllung das Aufsichtsorgan auf ein umfassendes, eigenständiges Informationsrecht angewiesen ist. Hieraus folgt zugleich eine **Pflicht** des Aufsichtsorgans, in ausreichendem Umfang **von seinem Recht** auf Anforderung von Berichten **Gebrauch zu machen**. Versäumt es dies schuldhaft, kann es sich der Gesellschaft gegenüber schadensersatzpflichtig machen[53].

a) Berichtsverlangen des Gesamtaufsichtsorgans

19 Das Aufsichtsorgan kann von dem Leitungsorgan „jegliche" Information verlangen; Art. 41 Abs. 3 SE-VO geht damit in der Formulierung noch über § 90 Abs. 3 AktG hi-

---

48 Für die AG: *Krieger/Sailer-Coceani* in K. Schmidt/Lutter, § 90 AktG Rz. 29; *Koch* in Hüffer, § 90 AktG Rz. 13b; kritisch dagegen *DAV Handelsrechtsausschuss*, NZG 2002, 115, 116 und *Ihrig/Wagner*, BB 2002, 789, 793.
49 *Reichert/Brandes* in MünchKomm. AktG, 3. Aufl., Art. 41 SE-VO Rz. 8; gegen Rückgriff auf § 90 AktG *Paefgen* in KölnKomm. AktG, 3. Aufl., Art. 41 SE-VO Rz. 26.
50 *Reichert/Brandes* in MünchKomm. AktG, 3. Aufl., Art. 41 SE-VO Rz. 8; *Schwarz*, Art. 41 SE-VO Rz. 23; *Seibt* in Habersack/Drinhausen, Art. 41 SE-VO Rz. 17.
51 *Reichert/Brandes* in MünchKomm. AktG, 3. Aufl., Art. 41 SE-VO Rz. 8; *Manz* in Manz/Mayer/Schröder, Art. 41 SE-VO Rz. 15; *Seibt* in Habersack/Drinhausen, Art. 41 SE-VO Rz. 17; nach *Paefgen* in KölnKomm. AktG, 3. Aufl., Art. 41 SE-VO Rz. 26 soll ein Zuwarten bis zur nächsten Sitzung des Aufsichtsorgans nicht mit dem Gemeinschaftsrecht vereinbar sein.
52 Für die AG: *Krieger/Sailer-Coceani* in K. Schmidt/Lutter, § 90 AktG Rz. 29; *Spindler* in MünchKomm. AktG, 3. Aufl., § 90 AktG Rz. 29.
53 *Seibt* in Habersack/Drinhausen, Art. 41 SE-VO Rz. 18 a.E.; *Paefgen* in KölnKomm. AktG, 3. Aufl., Art. 41 SE-VO Rz. 27 a.E.

naus[54]. Der Begriff „jegliche Information" ist **weit auszulegen** und unterliegt keinen sachlichen Beschränkungen[55]. Das Aufsichtsorgan hat den Gegenstand seines Informationsbegehrens nach pflichtgemäßem Ermessen selbst festzulegen[56]. Lediglich bei **offensichtlich fehlendem Funktionsbezug**[57] und in **Missbrauchsfällen** (dazu s. Rz. 26) kann die Information verweigert werden. Aufgrund dieses weiten Umfangs potentieller Anforderungsverlangen ist das Aufsichtsorgan andererseits aber auch verpflichtet, den gewünschten Berichtsgegenstand in ausreichendem Maße zu **präzisieren**[58]. Das Informationsrecht erstreckt sich auch auf **verbundene Unternehmen**[59], ohne dass die Einschränkung des § 90 Abs. 3 Satz 1 AktG gilt, nach der nur über Beziehungen zu verbundenen Unternehmen und Vorgänge bei verbundenen Unternehmen berichtet werden muss, die auf die Lage der Gesellschaft von „erheblichem Einfluss" sein können.

20 Das Aufsichtsorgan hat nach Art. 41 Abs. 3 SE-VO das Recht, sich **jederzeit** zu informieren[60]. **Innerhalb welcher Zeitspanne** das Leitungsorgan die Anfrage zu beantworten hat, ist im Gesetz nicht geregelt; dies wird von den Umständen des Einzelfalles, insbesondere dem Gegenstand der Anfrage, der Wichtigkeit und Dringlichkeit der Angelegenheit sowie den anderen zu erledigenden Aufgaben des Leitungsorgans abhängen[61]. Bietet ein abgegebener Bericht dem Aufsichtsorgan keine hinreichenden Informationen, kann das Aufsichtsorgan **ergänzende Berichterstattung** verlangen[62].

21 Zuständig für das Berichtsverlangen ist gem. Art. 41 Abs. 3 Satz 1 SE-VO zunächst das Aufsichtsorgan als Kollegialorgan. Hierfür bedarf es eines Beschlusses des Aufsichtsorgans gem. Art. 50 SE-VO, der mit **einfacher Mehrheit** gefasst werden kann[63]. Ein Beschluss eines mit Kontrollaufgaben betrauten Ausschusses reicht aus[64]. Für die Begründung der Berichtspflicht reicht es aus, wenn die Anforderung auch nur einem Mitglied des Leitungsorgans zugeht[65].

---

54 *Paefgen* in KölnKomm. AktG, 3. Aufl., Art. 41 SE-VO Rz. 31. Der Sache nach werden sich kaum gravierende Unterschiede ergeben, da § 90 Abs. 3 AktG nach h.M. weit auszulegen ist; vgl. etwa *Spindler* in MünchKomm. AktG, 3. Aufl., § 90 AktG Rz. 34.
55 *Reichert/Brandes* in MünchKomm. AktG, 3. Aufl., Art. 41 SE-VO Rz. 9; *Paefgen* in KölnKomm. AktG, 3. Aufl., Art. 41 SE-VO Rz. 31; *Seibt* in Habersack/Drinhausen, Art. 41 SE-VO Rz. 19.
56 *Reichert/Brandes* in MünchKomm. AktG, 3. Aufl., Art. 41 SE-VO Rz. 11; *Paefgen* in KölnKomm. AktG, 3. Aufl., Art. 41 SE-VO Rz. 34.
57 *Reichert/Brandes* in MünchKomm. AktG, 3. Aufl., Art. 41 SE-VO Rz. 10; für die AG: *Krieger/Sailer-Coceani* in K. Schmidt/Lutter, § 90 AktG Rz. 48; *Spindler* in MünchKomm. AktG, 3. Aufl., § 90 AktG Rz. 51; *Wiesner* in MünchHdb. AG, § 25 Rz. 34; *Semler/v. Schenck*, AR-Mitglieder, § 1 Rz. 164; *Elsing/Schmidt*, BB 2002, 1705, 1707.
58 *Reichert/Brandes* in MünchKomm. AktG, 3. Aufl., Art. 41 SE-VO Rz. 11; *Paefgen* in KölnKomm. AktG, 3. Aufl., Art. 41 SE-VO Rz. 35.
59 *Reichert/Brandes* in MünchKomm. AktG, 3. Aufl., Art. 41 SE-VO Rz. 11; nach *Paefgen* in KölnKomm. AktG, 3. Aufl., Art. 41 SE-VO Rz. 32 sind Vorgänge bei Tochtergesellschaften, die auf die Lage der SE keine erkennbaren Auswirkungen haben, ausgeschlossen.
60 *Reichert/Brandes* in MünchKomm. AktG, 3. Aufl., Art. 41 SE-VO Rz. 12; *Seibt* in Habersack/Drinhausen, Art. 41 SE-VO Rz. 24.
61 *Seibt* in Habersack/Drinhausen, Art. 41 SE-VO Rz. 24.
62 *Seibt* in Habersack/Drinhausen, Art. 41 SE-VO Rz. 24.
63 *Reichert/Brandes* in MünchKomm. AktG, 3. Aufl., Art. 41 SE-VO Rz. 13; *Seibt* in Habersack/Drinhausen, Art. 41 SE-VO Rz. 22; *Paefgen* in KölnKomm. AktG, 3. Aufl., Art. 41 SE-VO Rz. 28; *Manz* in Manz/Mayer/Schröder.
64 *Reichert/Brandes* in MünchKomm. AktG, 3. Aufl., Art. 41 SE-VO Rz. 13; *Paefgen* in KölnKomm. AktG, 3. Aufl., Art. 41 SE-VO Rz. 29; *Seibt* in Habersack/Drinhausen, Art. 41 SE-VO Rz. 22.
65 *Reichert/Brandes* in MünchKomm. AktG, 3. Aufl., Art. 41 SE-VO Rz. 13.

22 Das Aufsichtsorgan hat dagegen – außerhalb des Rahmens des Art. 41 Abs. 3 SE-VO – grundsätzlich kein Recht, sich am Leitungsorgan vorbei unmittelbar, etwa bei den **Angestellten**, zu informieren. Das Aufsichtsorgan ist vielmehr gehalten, sich zunächst an das Leitungsorgan zu wenden und alles zu unterlassen, was der Autorität des Leitungsorgans schaden könnte[66]. Etwas anderes kommt nur dann in Betracht, wenn ein dringender Verdacht besteht, dass das Leitungsorgan erhebliche Pflichtverletzungen begeht oder trotz Aufforderung nicht zutreffend oder vollständig berichtet[67].

b) Berichtsverlangen einzelner Mitglieder des Aufsichtsorgans

23 Daneben kann gem. Art. 41 Abs. 3 Satz 2 SE-VO i.V.m. § 18 SEAG auch jedes einzelne Mitglied des Aufsichtsorgans Berichte des Leitungsorgans über die in Art. 41 Abs. 3 Satz 1 SE-VO beschriebenen Gegenstände verlangen. Gegenüber einem Schadensersatzverlangen kann sich das Mitglied des Aufsichtsorgans daher nicht darauf berufen, es sei nicht in der Lage gewesen, sich hinreichend über die Angelegenheiten der Gesellschaft zu informieren[68].

24 Der Anspruch des einzelnen Mitglieds des Aufsichtsorgans auf Berichterstattung ist allerdings insoweit eingeschränkt, als das Mitglied lediglich Erstattung des Berichtes **an das Aufsichtsorgan als Kollegialorgan** verlangen kann[69]. Hieraus folgt, dass der Berichtsanspruch des einzelnen Organmitglieds erlischt, soweit das Leitungsorgan über die Angelegenheit, über die das Mitglied des Aufsichtsorgans einen Bericht verlangt, bereits an das Aufsichtsorgan berichtet hat[70]. Das Mitglied muss dann gem. Art. 41 Abs. 5 SE-VO Aufklärung vom Aufsichtsorgan verlangen[71].

c) Missbrauchskontrolle

25 Es gilt der Grundsatz, dass das Leitungsorgan dem Aufsichtsorgan einen Bericht nicht aus Vertraulichkeitsgründen verweigern darf[72]. Dieser Grundsatz beruht darauf, dass die Mitglieder des Aufsichtsorgans ihrerseits gem. Art. 49 SE-VO einer **Verschwiegenheitspflicht** unterliegen, deren Verletzung gem. Art. 51 SE-VO mit einer Schadensersatzhaftung sanktioniert wird. Das Berichtssystem der SE-VO beruht damit auf der Annahme, dass das Leitungsorgan dem Aufsichtsorgan bedenkenlos auch vertrauliche Informationen offen legen kann. Dies gilt in gleichem Maße für die **Arbeitnehmervertreter** im Aufsichtsorgan[73].

---

[66] *Paefgen* in KölnKomm. AktG, 3. Aufl., Art. 41 SE-VO Rz. 30.
[67] *Schwarz*, Art. 41 SE-VO Rz. 26; *Seibt* in Habersack/Drinhausen, Art. 41 SE-VO Rz. 23; *Paefgen* in KölnKomm. AktG, 3. Aufl., Art. 41 SE-VO Rz. 30, der zusätzlich verlangt, dass das Aufsichtsorgan die Informationen nicht gemäß Art. 41 Abs. 4 SE-VO oder von den Abschlussprüfern erlangen kann.
[68] *Paefgen* in KölnKomm. AktG, 3. Aufl., Art. 41 SE-VO Rz. 37; *Seibt* in Habersack/Drinhausen, Art. 41 SE-VO Rz. 25.
[69] *Paefgen* in KölnKomm. AktG, 3. Aufl., Art. 41 SE-VO Rz. 36; *Seibt* in Habersack/Drinhausen, Art. 41 SE-VO Rz. 26; *Eberspächer* in Spindler/Stilz, AktG, Art. 41 SE-VO Rz. 5.
[70] *Paefgen* in KölnKomm. AktG, 3. Aufl., Art. 41 SE-VO Rz. 37; *Seibt* in Habersack/Drinhausen, Art. 41 SE-VO, Rz. 26.
[71] *Seibt* in Habersack/Drinhausen, Art. 41 SE-VO, Rz. 26.
[72] *Reichert/Brandes* in MünchKomm. AktG, 3. Aufl., Art. 41 SE-VO Rz. 10; *Manz* in Manz/Mayer/Schröder, Art. 41 SE-VO Rz. 3; für die AG: *Krieger/Sailer-Coceani* in K. Schmidt/Lutter, § 90 AktG Rz. 42; *Spindler* in MünchKomm. AktG, 3. Aufl., § 90 AktG Rz. 54; *Koch* in Hüffer, § 90 AktG Rz. 3; *Wiesner* in MünchHdb. AG, § 25 Rz. 35.
[73] *Spindler* in MünchKomm. AktG, 3. Aufl., § 90 AktG Rz. 56; *Schwarz*, Art. 41 SE-VO Rz. 32 Fn. 25 befürchtet daher, dass das Aufsichtsgremium einer deutschen SE erst sehr spät über wesentliche Maßnahmen informiert wird, um Arbeitnehmerproteste zu vermeiden. Insofern ergibt sich jedoch kein Unterschied zu der bereits bislang geltenden Situation bei der Aktiengesellschaft.

Ausnahmen von diesem Grundsatz kommen allerdings in Betracht, wenn eine **konkrete Missbrauchsgefahr** besteht, d.h. konkrete Anhaltspunkte dafür vorliegen, dass ein Mitglied des Aufsichtsorgans die Information unter Verstoß gegen seine Vertraulichkeitspflicht zu Lasten von Gesellschaftsinteressen nutzen wird. Dies kann etwa dann der Fall sein, wenn ein Mitglied des Aufsichtsorgans **Eigeninteressen** verfolgt, insbesondere an einem **Wettbewerber** der Gesellschaft beteiligt ist, diesen vertritt oder für ihn (als Organ oder anderweitig) tätig ist und konkret zu befürchten ist, dass es die eingeforderten Informationen an den Wettbewerber weitergeben wird[74]. Bei Informationsverlangen, die nur von einzelnen Mitgliedern des Aufsichtsorgans ausgehen, ist dem Leitungsorgan im Regelfall eine größere Skepsis gestattet als bei Informationsverlangen, die vom Aufsichtsorgan insgesamt mitgetragen werden[75]. Umgekehrt kann es allerdings dem Leitungsorgan nicht zum Vorwurf gemacht werden, wenn er dem Aufsichtsorgan Informationen offen legt, die für die Tätigkeit des Aufsichtsorgans relevant sind, obwohl es weiß, dass einzelne Mitglieder des Aufsichtsorgans ein Eigeninteresse an der missbräuchlichen Verwendung dieser Informationen haben könnten[76]. Denn grundsätzlich darf sich das Leitungsorgan – soweit nicht offensichtlich ist, dass es zu einem Missbrauch kommen wird – auf die Verschwiegenheit des Aufsichtsorgans verlassen.

26

Das Recht des Aufsichtsorgans zur Anforderung von Berichten wird ferner durch das allgemeine **Schikaneverbot** beschränkt[77]. Dieses kann tangiert sein, wenn das Aufsichtsorgan Berichtsverlangen zur Unzeit[78] oder in überzogenem Umfang stellt, deren Erkenntnisgewinn gering ist und die zu einer unnötigen Behinderung der Geschäftsführung des Leitungsorgans führen[79]. Als überzogen ist ein Berichtsverlangen beispielsweise dann anzusehen, wenn Berichte zu Gegenständen angefordert werden, über die erst vor kurzem berichtet wurde, ohne dass vernünftigerweise eine Änderung gegenüber dem früheren Bericht zu erwarten ist; anderes gilt jedoch, wenn aufgrund der Situation der Gesellschaft gerade eine engmaschige Berichterstattung erforderlich ist[80].

27

4. Prüfungsrecht des Aufsichtsorgans (Art. 41 Abs. 4 SE-VO)

Gem. Art. 41 Abs. 4 SE-VO kann das Aufsichtsorgan alle zur Erfüllung seiner Aufgaben erforderlichen Überprüfungen vornehmen oder vornehmen lassen. Die Vorschrift entspricht im wesentlichen § 111 Abs. 2 AktG. Das Aufsichtsorgan ist berechtigt, sämtliche **Bücher, Schriften und Papiere** sowie sämtliche **Vermögensgegenstände** der Gesellschaft einer Überprüfung zu unterziehen[81]. Diese Befugnis erstreckt sich auch auf entsprechende Unterlagen der **verbundenen Unternehmen** der Gesellschaft, allerdings

28

---

74 *Reichert/Brandes* in MünchKomm. AktG, 3. Aufl., Art. 41 SE-VO Rz. 15; *Schwarz*, Art. 41 SE-VO Rz. 28; *Paefgen* in KölnKomm. AktG, 3. Aufl., Art. 41 SE-VO Rz. 38.
75 *Paefgen* in KölnKomm. AktG, 3. Aufl., Art. 41 SE-VO Rz. 38.
76 Für die AG: *Krieger/Sailer-Coceani* in K. Schmidt/Lutter, § 90 AktG Rz. 45; *Mertens/Cahn* in KölnKomm. AktG, 3. Aufl., § 90 AktG Rz. 14.
77 *Paefgen* in KölnKomm. AktG, 3. Aufl., Art. 41 SE-VO Rz. 39; *Seibt* in Habersack/Drinhausen, Art. 41 SE-VO Rz. 21 a.E.
78 *Paefgen* in KölnKomm. AktG, 3. Aufl., Art. 41 SE-VO Rz. 39.
79 Vgl. für die AG *Krieger/Sailer-Coceani* in K. Schmidt/Lutter, § 90 AktG Rz. 47; *Mertens/Cahn* in KölnKomm. AktG, 3. Aufl., § 90 AktG Rz. 8 – keine laufende tägliche oder wöchentliche Berichterstattung über den Gang der Geschäfte im Einzelnen; *Lutter/Krieger/Verse*, Aufsichtsrat, Rz. 207.
80 Für die AG: *Krieger/Sailer-Coceani* in K. Schmidt/Lutter, § 90 AktG Rz. 47; *Lutter*, Information und Vertraulichkeit, Rz. 123.
81 *Reichert/Brandes* in MünchKomm. AktG, 3. Aufl., Art. 41 SE-VO Rz. 17; *Schwarz*, Art. 41 SE-VO Rz. 28; *Paefgen* in KölnKomm. AktG, 3. Aufl., Art. 41 SE-VO Rz. 51.

nur soweit sie bei der Gesellschaft vorhanden sind[82]. Ein Recht zum Durchgriff auf die Unterlagen rechtlich selbständiger verbundener Unternehmen, die lediglich bei diesen Unternehmen vorhanden sind, gestattet Art. 41 Abs. 4 SE-VO nicht[83].

29 Aus dem Zusatz „oder vornehmen lassen" ergibt sich, dass das Aufsichtsorgan die Prüfung auch einem oder mehreren Mitgliedern des Aufsichtsorgans, einem Ausschuss oder einem externen Dritten (z.B. Wirtschaftsprüfer) als **Delegiertem** übertragen kann[84]. Der externe Dritte kann vom insoweit vertretungsberechtigten Aufsichtsorgan unmittelbar im Namen der Gesellschaft bestellt werden; sein Vergütungsanspruch richtet sich gegen die Gesellschaft[85]. Allerdings kann sich das Aufsichtsorgan auch durch die Bestellung eines Dritten nicht von seiner Verantwortlichkeit für die Prüfung der Geschäftsführung freizeichnen oder das Überwachungsrecht vollständig auf Dritte verlagern; dem Dritten dürfen daher nur zeitlich und gegenständlich begrenzte Aufträge erteilt werden[86].

5. Information innerhalb des Aufsichtsorgans (Art. 41 Abs. 5 SE-VO)

30 Anders als bei der AG, bei der der Vorstand sich seiner Berichtspflicht durch Übermittlung des Berichts an den Aufsichtsratsvorsitzenden entledigen kann[87], ist bei der SE eine Übermittlung **an das Aufsichtsorgan**, d.h. an jedes Mitglied des Aufsichtsorgans erforderlich[88]. Dies ergibt sich aus der Begründung zur Änderung des Art. 64 Abs. 2 SE-VOV 1991[89] gegenüber der Vorgängernorm des SE-VOV 1989, der noch eine Information des Vorsitzenden des Aufsichtsorgans vorgesehen hatte[90]. Aus Praktikabilitätsgründen sollte gleichwohl davon ausgegangen werden, dass der Vorsitzende des Aufsichtsorgans als **Empfangsvertreter** des Organs agieren kann, der für die Weiterleitung an die Mitglieder verantwortlich ist[91].

31 Sollte gleichwohl ein Mitglied des Aufsichtsorgans nicht sämtliche Informationen erhalten haben, die dem Aufsichtsorgan übermittelt wurden, greift Art. 41 Abs. 5 SE-VO ein, nach dem jedes Mitglied des Aufsichtsorgans berechtigt ist, von allen Informationen, die diesem Organ übermittelt werden, Kenntnis zu nehmen. Der Anspruch richtet sich gegen das Aufsichtsorgan, nicht gegen das Leitungsorgan. **Kenntnisnahme** bedeutet, dass jedes Mitglied des Aufsichtsorgans das Recht hat, schriftliche Berichte zu lesen und mündliche Berichte zu hören[92]. Von diesem Recht zur bloßen „Kenntnisnah-

---

[82] *Reichert/Brandes* in MünchKomm. AktG, 3. Aufl., Art. 41 SE-VO Rz. 19; *Paefgen* in KölnKomm. AktG, 3. Aufl., Art. 41 SE-VO Rz. 52; *Eberspächer* in Spindler/Stilz, AktG, Art. 41 SE-VO Rz. 5.
[83] *Paefgen* in KölnKomm. AktG, 3. Aufl., Art. 41 SE-VO Rz. 52; *Seibt* in Habersack/Drinhausen, Art. 41 SE-VO Rz. 35.
[84] *Reichert/Brandes* in MünchKomm. AktG, 3. Aufl., Art. 41 SE-VO Rz. 22 ff.; *Paefgen* in KölnKomm. AktG, 3. Aufl., Art. 41 SE-VO Rz. 56.; *Seibt* in Habersack/Drinhausen, SE-Recht, Art. 41 SE-VO Rz. 39; *Schwarz*, Art. 41 SE-VO Rz. 30.
[85] *Reichert/Brandes* in MünchKomm. AktG, 3. Aufl., Art. 41 SE-VO Rz. 23.
[86] *Paefgen* in KölnKomm. AktG, 3. Aufl., Art. 41 SE-VO Rz. 56; *Manz* in Manz/Mayer/Schröder, Art. 41 SE-VO Rz. 25.
[87] *Wiesner* in MünchHdb. AG, § 25 Rz. 26; *Koch* in Hüffer, § 90 AktG Rz. 14; *Lutter/Krieger/Verse*, Aufsichtsrat, Rz. 222.
[88] *Paefgen* in KölnKomm. AktG, 3. Aufl., Art. 41 SE-VO Rz. 46.
[89] BT-Drucks. 12/1004, S. 8.
[90] *Manz* in Manz/Mayer/Schröder, Art. 41 SE-VO Rz. 8; *Schwarz*, Art. 41 SE-VO Rz. 23; *Thümmel*, Europäische Aktiengesellschaft, Rz. 163.
[91] *Manz* in Manz/Mayer/Schröder, Art. 41 SE-VO Rz. 8; *Paefgen* in KölnKomm. AktG, 3. Aufl., Art. 41 SE-VO Rz. 48 („Empfangsbote"); *Seibt* in Habersack/Drinhausen, Art. 41 SE-VO Rz. 40.
[92] *Paefgen* in KölnKomm. AktG, 3. Aufl., Art. 41 SE-VO Rz. 46; a.A. zu mündlichen Berichten *Seibt* in Habersack/Drinhausen, Art. 41 SE-VO Rz. 40.

me" zu trennen ist die Frage, ob jedes Mitglied des Aufsichtsorgans auch die „Übermittlung" schriftlicher Berichte verlangen kann. Diese Frage ist in Art. 41 Abs. 5 SE-VO nicht geregelt. Insoweit besteht eine Regelungslücke, so dass auf § 90 Abs. 5 Satz 2 AktG zurückgegriffen werden kann, nach dem die Berichte jedem Mitglied des Aufsichtsrates auf Verlangen zu übermitteln sind, soweit der Aufsichtsrat nichts anderes beschlossen hat[93]. Das Recht des Einzelmitglieds auf Übermittlung eines Berichts kann folglich durch Beschluss des Kollegialorgans aufgehoben werden. Dagegen kann das Recht des einzelnen Mitglieds des Aufsichtsorgans auf Kenntnisnahme auch durch Beschluss des Aufsichtsorgans – außer in Missbrauchsfällen[94] (dazu Rz. 26) – nicht ausgeschlossen werden. Der wesentliche Unterschied zwischen „Kenntnisnahme" und „Übermittlung" besteht darin, dass das Recht auf Kenntnisnahme auch ohne Aushändigung des Berichts – etwa im Wege der Auslegung des Berichts und Gestattung der Einsichtnahme – erfüllt werden kann, während Übermittlung bedeutet, dass das Mitglied des Aufsichtsorgans eine (elektronische) Kopie des Berichts erhält.

Anders als gem. § 90 Abs. 5 AktG erstreckt sich das Recht auf Kenntnisnahme nicht nur auf die vom Leitungsorgan erstatteten „Berichte", sondern auf **sämtliche Informationen**, die dem Aufsichtsorgan übermittelt werden, auch wenn dies nicht in Berichtsform geschieht[95]. 32

6. Grundsätze ordnungsgemäßer Berichterstattung (§ 90 Abs. 4 AktG)

Art. 41 SE-VO legt nicht fest, in welcher Form und in welcher Art und Weise die Berichte zu erstatten sind. Es besteht daher eine Regelungslücke, so dass auf **§ 90 Abs. 4 AktG** zurückgegriffen werden kann[96]. Im Rahmen des Art. 41 Abs. 2 SE-VO ist allerdings § 90 Abs. 4 Satz 2 AktG nicht anwendbar, soweit dieser davon spricht, dass die Berichte „möglichst rechtzeitig" zu erstatten sind. Insoweit ist vielmehr Art. 41 Abs. 2 SE-VO vorrangig, der die „rechtzeitige" Erstattung verlangt (s. dazu allerdings Rz. 16). 33

§ 90 Abs. 4 Satz 1 AktG legt fest, dass die Berichte den Grundsätzen einer gewissenhaften und getreuen Rechenschaft zu entsprechen haben. Gem. § 90 Abs. 4 Satz 2 AktG sind die Berichte „in der Regel in Textform" zu erstatten; das Textformerfordernis gilt nicht für den Bericht nach § 90 Abs. 1 Satz 3 AktG (Sonderbericht aus sonstigem wichtigem Anlass), der eine Untermenge der nach Art. 41 Abs. 2 SE-VO zu erstattenden Berichte darstellt. 34

a) Gewissenhafte und getreue Rechenschaft

Der im Gesetz nicht näher definierte Begriff der „gewissenhaften und getreuen Rechenschaft" orientiert sich an den Maßstäben des sorgfältigen Geschäftsleiters und dem **Sorgfaltsbegriff des § 93 Abs. 1 Satz 1 AktG**. Bei der Interpretation dieses Begriffs ist insbesondere dem Sinn und Zweck der Berichtspflicht Rechnung zu tragen, d.h. das Aufsichtsorgan muss in die Lage versetzt werden, seiner Überwachungsaufgabe nachzukommen[97]. Daraus ergibt sich, dass der Bericht **vollständig und zutreffend** sowie **übersichtlich und klar gegliedert**[98] sein, den erforderlichen Detaillierungsgrad aufwei- 35

---

93 Ebenso *Paefgen* in KölnKomm. AktG, 3. Aufl., Art. 41 SE-VO Rz. 49.
94 Vgl. für die AG: *Krieger/Sailer-Coceani* in K. Schmidt/Lutter, § 90 AktG Rz. 64, 43; *Mertens/Cahn* in KölnKomm. AktG, 3. Aufl., § 90 AktG Rz. 16.
95 *Reichert/Brandes* in MünchKomm. AktG, 3. Aufl., Art. 41 SE-VO Rz. 26.
96 *Thümmel*, Europäische Aktiengesellschaft, Rz. 163 f.; *Paefgen* in KölnKomm. AktG, 3. Aufl., Art. 41 SE-VO Rz. 40; *Eberspächer* in Spindler/Stilz, AktG, Art. 41 SE-VO Rz. 4.
97 Für die AG: *Krieger/Sailer-Coceani* in K. Schmidt/Lutter, § 90 AktG Rz. 52; *Semler/v. Schenck*, AR-Mitglieder, § 1 Rz. 108 f.
98 Für die AG: *Krieger/Sailer-Coceani* in K. Schmidt/Lutter, § 90 AktG Rz. 52; *Spindler* in MünchKomm. AktG, 3. Aufl., § 90 AktG Rz. 50; *Wiesner* in MünchHdb. AG, § 25 Rz. 29.

sen und einen **Vergleich** der aktuellen Zahlen mit den Vorjahreswerten sowie dem Budget enthalten muss[99]. Zur ordnungsgemäßen Berichterstattung gehört auch, dass Tatsachen und Wertungen klar zu trennen sind[100]. Die Verwendung von Schaubildern, Tabellen und graphischen Darstellungen wird zwar empfohlen[101]; sie sollte jedoch den verbalen Erläuterungscharakter des Berichts nicht in den Hintergrund drängen[102].

36 **Schuldner** der Berichtspflicht ist das Leitungsorgan als Kollegialorgan[103]. Anders als nach dem Grundsatz des § 77 Abs. 1 Satz 1 AktG bedürfen Beschlüsse des Leitungsorgans nicht der Einstimmigkeit, sondern können gem. Art. 50 SE-VO mit Mehrheit gefasst werden. Hieraus wird teilweise der Schluss gezogen, dass, außer bei grundsätzlichen bzw. bedeutsamen **Meinungsverschiedenheiten**, die unterschiedlichen im Leitungsorgan vertretenen Auffassungen nicht in dem Bericht darzulegen seien[104]. Unabhängig davon, ob die Auffassung der überstimmten Minderheit in dem Bericht angeführt wird oder nicht, muss jedoch jedem überstimmten Mitglied des Leitungsorgans das Recht zugebilligt – und gleichzeitig die Pflicht auferlegt – werden, das Aufsichtsorgan über seine abweichende Ansicht zu informieren[105].

b) Form der Berichte

37 Das **Textformerfordernis** wird gem. § 126b BGB auch durch Übermittlung per E-Mail gewahrt[106]. Soweit es sich um einen Bericht nach Art. 41 Abs. 2 SE-VO handelt, der der Sache nach ein Sonderbericht gem. § 90 Abs. 1 Satz 3 AktG ist, kommt gem. § 90 Abs. 4 Satz 2 AktG eine Ausnahme vom Textformerfordernis in Betracht[107]. Allerdings wird es auch bei Sonderberichten häufig möglich und sinnvoll sein, den Bericht auch in Textform vorzulegen oder zumindest nachzureichen[108]; hierüber hat das Leitungsorgan nach pflichtgemäßem Ermessen zu entscheiden.

38 Da das Gesetz die Textform der Berichte lediglich als Regelerfordernis bezeichnet, sind **Ausnahmen** vom Textformerfordernis denkbar, etwa aus Gründen der besonde-

---

99 Für die AG: *Krieger/Sailer-Coceani* in K. Schmidt/Lutter, § 90 AktG Rz. 52; *Wiesner* in MünchHdb. AG, § 25 Rz. 30.
100 Für die AG: *Krieger/Sailer-Coceani* in K. Schmidt/Lutter, § 90 AktG Rz. 52; *Koch* in Hüffer, § 90 AktG Rz. 13; *Spindler* in MünchKomm. AktG, 3. Aufl., § 90 AktG Rz. 50.
101 Für die AG: *Krieger/Sailer-Coceani* in K. Schmidt/Lutter, § 90 AktG Rz. 52; *Wiesner* in MünchHdb. AG, § 25 Rz. 30.
102 Zu den Anforderungen vgl. auch *Paefgen* in KölnKomm. AktG, 3. Aufl., Art. 41 SE-VO Rz. 41.
103 *Reichert/Brandes* in MünchKomm. AktG, 3. Aufl., Art. 41 SE-VO Rz. 1; *Schwarz*, Art. 41 SE-VO Rz. 5.
104 *Schwarz*, Art. 41 SE-VO Rz. 5; anders insoweit die h.M. zur AG: *Krieger/Sailer-Coceani* in K. Schmidt/Lutter, § 90 AktG Rz. 53; *Wiesner* in MünchHdb. AG, § 25 Rz. 29, nach dessen Ansicht das Aufsichtsorgan zusätzlich darauf hinzuweisen ist, dass eine Einigung nicht zustande gekommen ist; a.A. *Spindler* in MünchKomm. AktG, 3. Aufl., § 90 AktG Rz. 7; enger *Mertens/Cahn* in KölnKomm. AktG, 3. Aufl., § 90 AktG Rz. 28, nach dem nicht jede abweichende Meinung eines überstimmten Mitglieds des Leitungsorgans dem Aufsichtsorgan offen zu legen ist.
105 Ebenso *Paefgen* in KölnKomm. AktG, 3. Aufl., Art. 41 SE-VO Rz. 42 m.w.N.; für die AG: *Krieger/Sailer-Coceani* in K. Schmidt/Lutter, § 90 AktG Rz. 53; *Wiesner* in MünchHdb. AG, § 25 Rz. 29; *Spindler* in MünchKomm. AktG, 3. Aufl., § 90 AktG Rz. 7.
106 Für die AG: *Krieger/Sailer-Coceani* in K. Schmidt/Lutter, § 90 AktG Rz. 57; *Koch* in Hüffer, § 90 AktG Rz. 13.
107 Ebenso *Seibt* in Habersack/Drinhausen, Art. 41 SE-VO Rz. 28; a.A. *Paefgen* in KölnKomm. AktG, 3. Aufl., Art. 41 SE-VO Rz. 43.
108 *Seibt* in Habersack/Drinhausen, Art. 41 SE-VO Rz. 28; für die AG: *Krieger/Sailer-Coceani* in K. Schmidt/Lutter, § 90 AktG Rz. 57; *Spindler* in MünchKomm. AktG, 3. Aufl., § 90 AktG Rz. 12 ff.

ren **Eilbedürftigkeit** oder des gesteigerten **Geheimhaltungsbedürfnisses**[109]. Hiervon sollte im Rahmen des Art. 41 SE-VO nur in Ausnahmefällen Gebrauch gemacht werden[110].

c) Rechtsfolgen einer nicht ordnungsgemäßen Berichterstattung

Das Aufsichtsorgan hat eine eigenständige Pflicht, zu prüfen, ob das Leitungsorgan seiner Pflicht zur sorgfaltsgemäßen Berichterstattung ordnungsgemäß und gewissenhaft nachkommt[111]. Sofern dies nicht der Fall ist, liegt hierin ein schwerer **Pflichtverstoß**, der das Aufsichtsorgan berechtigt, die betreffenden Mitglieder des Leitungsorgans jedenfalls nach Abmahnung, in schweren Fällen auch ohne Abmahnung aus wichtigem Grund **abzuberufen**[112]. Unter den Voraussetzungen des § 93 Abs. 2 AktG sind die betreffenden Mitglieder des Leitungsorgans für den der Gesellschaft entstandenen **Schaden** haftbar[113]. 39

7. Handlungen des Aufsichtsorgans im Hinblick auf Berichte

Art. 41 SE-VO regelt nicht, welche Verhaltenspflichten das Aufsichtsorgan im Hinblick auf die ihm vorgelegten Berichte erfüllen muss. Aus der Beratungs- und Überwachungsfunktion des Aufsichtsorgans folgt allerdings, dass es zu den Berichten **Stellung nehmen** und sie mit dem Leitungsorgan **erörtern** muss[114]. Bei Zweifeln an der Rechtmäßigkeit oder Zweckmäßigkeit der Geschäftsführung hat das Aufsichtsorgan die Pflicht, Berichte anzufordern. Gegen eine verspätete oder unzureichende Erstattung der Berichte hat das Aufsichtsorgan einzuschreiten[115]. Im Hinblick auf die vorstehenden Pflichten des Aufsichtsorgans kann es, ebenso wie bei der Aktiengesellschaft, geboten sein, dass das Aufsichtsorgan eine **Informationsordnung** – eine besondere Form der Geschäftsordnung – erlässt, die die Berichtspflicht im Einzelnen regelt und ausgestaltet[116]. 40

8. Durchsetzung der Berichtspflichten

Die Durchsetzung der Berichtspflichten ist in der SE-VO nicht geregelt. Insoweit kann auf die **aktienrechtlichen Grundsätze** zurückgegriffen werden[117]. Insbesondere ist § 407 Abs. 1 AktG anwendbar, nach dem das Registergericht Mitglieder des Lei- 41

---

109 *Paefgen* in KölnKomm. AktG, 3. Aufl., Art. 41 SE-VO Rz. 44; *Seibt* in Habersack/Drinhausen, Art. 41 SE-VO Rz. 28.
110 *Schwarz*, Art. 41 SE-VO Rz. 12; *Paefgen* in KölnKomm. AktG, 3. Aufl., Art. 41 SE-VO Rz. 44.
111 *Seibt* in Habersack/Drinhausen, Art. 41 SE-VO Rz. 31.
112 *Paefgen* in KölnKomm. AktG, 3. Aufl., Art. 41 SE-VO Rz. 58; *Seibt* in Habersack/Drinhausen, Art. 41 SE-VO Rz. 32.
113 *Paefgen* in KölnKomm. AktG, 3. Aufl., Art. 41 SE-VO Rz. 58; *Seibt* in Habersack/Drinhausen, Art. 41 SE-VO Rz. 32.
114 Für die AG: *Krieger/Sailer-Coceani* in K. Schmidt/Lutter, § 90 AktG Rz. 72; *Koch* in Hüffer, § 90 AktG Rz. 4d; *Spindler* in MünchKomm. AktG, 3. Aufl., § 90 AktG Rz. 25; *Leyens*, Information des Aufsichtsrats, 2006, S. 154.
115 Für die AG: *Krieger/Sailer-Coceani* in K. Schmidt/Lutter, § 90 AktG Rz. 72; *Mertens/Cahn* in KölnKomm. AktG, 3. Aufl., § 90 AktG Rz. 6.
116 Hierzu ausführlich *Seibt* in Habersack/Drinhausen, Art. 41 SE-VO Rz. 30; für die AG: BT-Drucks. 13/9712, S. 15; grundlegend *Lutter*, Information und Vertraulichkeit, Rz. 100; vgl. ferner *Krieger/Sailer-Coceani* in K. Schmidt/Lutter, § 90 AktG Rz. 73.
117 *Reichert/Brandes* in MünchKomm. AktG, 3. Aufl., Art. 41 SE-VO Rz. 28 ff.; *Seibt* in Habersack/Drinhausen, Art. 41 SE-VO Rz. 33; *Paefgen* in KölnKomm. AktG, 3. Aufl., Art. 41 SE-VO Rz. 59; *Eberspächer* in Spindler/Stilz, AktG, Art. 41 SE-VO, Rz. 2; *Manz* in Manz/Mayer/Schröder, Art. 41 SE-VO Rz. 36; *Schwarz*, Art. 41 SE-VO Rz. 33 f.

tungsorgans, die ihre Berichtspflichten verletzen, im Verfahren nach §§ 388 ff. FamFG zur Erfüllung ihrer Pflichten anzuhalten hat. Das Registergericht wird von Amts wegen tätig; Mitglieder des Aufsichtsorgans und sonstige Dritte können jedoch sein Einschreiten anregen. Sobald das Registergericht (Rechtspfleger, § 3 Abs. 1 Nr. 2 lit. d RPflG) glaubhaft von einem Verstoß gegen die Berichtspflicht (d.h. zu späte, unzutreffende oder unvollständige Berichterstattung) Kenntnis erhält, hat es gem. § 388 Abs. 1 FamFG die betreffenden Mitglieder des Leitungsorgans unter Androhung eines Zwangsgeldes von maximal 5000 Euro dazu aufzufordern, ihrer Berichtspflicht innerhalb einer bestimmten Frist nachzukommen oder die Unterlassung im Wege des Einspruchs, § 390 FamFG, zu rechtfertigen. Gegen den Beschluss, durch den das Zwangsgeld festgesetzt oder der Einspruch verworfen wird, findet die Beschwerde gem. § 391 FamFG statt; gegen die Entscheidung des Beschwerdegerichts ist unter den Voraussetzungen der §§ 70 ff. FamFG die Rechtsbeschwerde eröffnet.

42 Ein weiteres faktisches Mittel der Durchsetzung besteht darin, dass das Aufsichtsorgan Mitglieder des Leitungsorgans, die erheblich gegen ihre Berichtspflichten verstoßen, gem. Art. 39 Abs. 2 SE-VO **abberufen** kann[118].

43 Nach herrschender Ansicht zur Aktiengesellschaft kann die Berichtspflicht des Weiteren im **Klagewege** durchgesetzt werden. Aktivlegitimiert ist die Aktiengesellschaft, die gemäß § 112 AktG durch das Aufsichtsorgan vertreten wird. Die Klage ist nach herrschender Auffassung gegen die Mitglieder des Leitungsorgans als notwendige Streitgenossen zu richten[119].

44 Lehnt das Leitungsorgan eine Berichterstattung ab, die von einem **einzelnen Mitglied** des Aufsichtsorgans nach Art. 41 Abs. 3 Satz 2 SE-VO i.V.m. § 18 SEAG **verlangt worden war**, kann das Mitglied des Aufsichtsorgans Klage auf Berichterstattung gegen die Gesellschaft erheben[120]. Verweigert der Vorsitzende des Aufsichtsorgans dem einzelnen Mitglied des Aufsichtsorgans die Kenntnisnahme bzw. Unterrichtung gem. Art. 41 Abs. 5 SE-VO, so kann das Mitglied im Klagewege gegen die durch das Leitungsorgan vertretene Gesellschaft vorgehen[121]. Das Verfahren nach § 407 Abs. 1 AktG steht ihm dagegen insoweit nicht zu Gebote[122].

---

118 *Schwarz*, Art. 41 SE-VO Rz. 34; *Manz* in Manz/Mayer/Schröder, Art. 41 SE-VO Rz. 10.
119 *Seibt* in Habersack/Drinhausen, Art. 41 SE-VO Rz. 33; *Paefgen* in KölnKomm. AktG, 3. Aufl., Art. 41 SE-VO Rz. 59; *Reichert/Brandes* in MünchKomm. AktG, 3. Aufl., Art. 41 SE-VO, Rz. 29; für die AG: LG Dortmund v. 10.8.1984 – 12 O 580/83, Die Mitbestimmung 1984, 410; *Krieger/Sailer-Coceani* in K. Schmidt/Lutter, § 90 AktG Rz. 70; *Koch* in Hüffer, § 90 AktG Rz. 15; *Spindler* in MünchKomm. AktG, 3. Aufl., § 90 AktG Rz. 91 ff.; *Wiesner* in MünchHdb. AG, § 25 Rz. 34.
120 *Paefgen* in KölnKomm. AktG, 3. Aufl., Art. 41 SE-VO Rz. 60; *Seibt* in Habersack/Drinhausen, Art. 41 SE-VO Rz. 33; *Reichert/Brandes* in MünchKomm. AktG, 3. Aufl., Art. 41 SE-VO Rz. 30; für die AG: *Krieger/Sailer-Coceani* in K. Schmidt/Lutter, § 90 AktG Rz. 71; *Spindler* in MünchKomm. AktG, 3. Aufl., § 90 AktG Rz. 63; *Mertens/Cahn* in KölnKomm. AktG, 3. Aufl., § 90 AktG Rz. 66; vgl. ferner BGH v. 28.11.1988 – II ZR 57/88, BGHZ 106, 54, 62.
121 *Seibt* in Habersack/Drinhausen, Art. 41 SE-VO Rz. 33; *Paefgen* in KölnKomm. AktG, 3. Aufl., Art. 41 SE-VO Rz. 60; *Reichert/Brandes* in MünchKomm. AktG, 3. Aufl., Art. 41 SE-VO Rz. 30; für die AG: *Krieger/Sailer-Coceani* in K. Schmidt/Lutter, § 90 AktG Rz. 71; *Spindler* in MünchKomm. AktG, 3. Aufl., § 90 AktG Rz. 64; vgl. ferner BGH v. 28.11.1988 – II ZR 57/88, BGHZ 106, 54, 62.
122 *Seibt* in Habersack/Drinhausen, Art. 41 SE-VO Rz. 33 a.E.

Art. 42
[Wahl des Vorsitzenden]

Das Aufsichtsorgan wählt aus seiner Mitte einen Vorsitzenden. Wird die Hälfte der Mitglieder des Aufsichtsorgans von den Arbeitnehmern bestellt, so darf nur ein von der Hauptversammlung der Aktionäre bestelltes Mitglied zum Vorsitzenden gewählt werden.

I. Übersicht 1	b) Wahl in paritätisch mitbestimmten Gesellschaften 4
II. Vorsitzender des Aufsichtsrats	III. Stellvertretender Vorsitzender 8
1. Aufgaben und Befugnisse 2	
2. Wahl des Vorsitzenden	
a) Allgemeines 3	

Literatur: *Habersack*, Schranken der Mitbestimmungsautonomie in der SE, AG 2006, 345; *Henssler*, Bewegung in der deutschen Unternehmensmitbestimmung, RdA 2005, 300; *Jacobs*, Privatautonome Unternehmensbestimmung in der SE in FS K. Schmidt, 2009, S. 795; *Kiem*, Erfahrungen und Reformbedarf bei der SE – Entwicklungsstand, ZHR 173 (2009), 156; *J. Schmidt*, „Deutsche" vs. „britische" Societas Europaea (SE), 2006; *Sven H. Schneider*, Der stellvertretende Vorsitzende des Aufsichtsorgans der dualistischen SE, AG 2008, 887; *Teichmann*, Die Einführung der Europäischen Aktiengesellschaft, ZGR 2002, 383.

I. Übersicht

Die Vorschrift enthält eine ansatzweise **Regelung der inneren Ordnung des Aufsichtsrats**, insbesondere in Bezug auf die Person des **Vorsitzenden**. Sie steht in Beziehung zu Art. 50 Abs. 2 SE-VO, der das Recht des Vorsitzenden zum Stichentscheid regelt, und ist vor allem für die paritätisch mitbestimmte SE von Bedeutung. Für die SE mit Sitz in Deutschland wird die Vorschrift vor allem durch § 107 AktG ergänzt. 1

II. Vorsitzender des Aufsichtsrats

1. Aufgaben und Befugnisse

Aufgaben und Befugnisse des Vorsitzenden des Aufsichtsrats regeln sich wie bei einer deutschen AG nach § 107 AktG. Das gilt vor allem für die Leitung der Sitzungen, die Koordination der Aufsichtsratsarbeit und die Repräsentation des Aufsichtsrats nach außen. Das Recht zum Stichentscheid bei Stimmengleichheit im Aufsichtsrat ist in Art. 50 Abs. 2 SE-VO besonders geregelt und tritt in der paritätisch mitbestimmten AG funktional an die Stelle des nicht anwendbaren § 29 MitbestG. Es sichert das – nach deutschem Verständnis auch verfassungsrechtlich gebotene[1] – leichte Übergewicht der Anteilseignerseite bei paritätischer Mitbestimmung. 2

---

[1] BVerfG v. 1.3.1979 – 1 BvR 532/77, 1 BvR 533/77, 1 BvR 419/78, 1 BvL 21/78, BVerfGE 50, 290, 350 = NJW 1979, 593, 833; *J. Schmidt*, „Deutsche" vs. „britische" SE, S. 572.

2. Wahl des Vorsitzenden

a) Allgemeines

3 Der Vorsitzende wird nach Art. 42 Satz 1 SE-VO **aus der Mitte der Mitglieder** gewählt; es können also nur Aufsichtsratsmitglieder gewählt werden und die Wahl kann nur durch den Aufsichtsrat selbst erfolgen. Art. 42 Satz 1 SE-VO statuiert insofern ein unionsrechtlich zwingendes Delegationsverbot[2]. Daher kann insbesondere nicht eine verbindliche Festlegung auf einen Vorsitzenden im Rahmen der Mitbestimmungsvereinbarung erfolgen[3]; denn das wäre mit dem Recht des Aufsichtsrats zur Selbstorganisation gänzlich unvereinbar, zumal die Mitglieder des Aufsichtsrats an den Verhandlungen über die Mitbestimmungsregelung nicht teilnehmen (§ 2 Abs. 5 SEBG). Ebenso wie im nationalen Recht die Person des Vorsitzenden nicht von außen bestimmt werden kann, ist dies auch in der SE unzulässig; das gilt auch im Hinblick auf entsprechende Satzungsregeln[4]. Die Wahl erfolgt mit einfacher Mehrheit[5]; die Kandidaten sind bei der eigenen Wahl stimmberechtigt[6].

b) Wahl in paritätisch mitbestimmten Gesellschaften

4 Ein besonderes Problem ergibt sich bei der paritätisch mitbestimmten Gesellschaft. Hier bestimmt Art. 42 Satz 2 SE-VO, dass nur ein von der **Hauptversammlung der Aktionäre** bestelltes Mitglied zum Vorsitzenden gewählt werden darf. Der Wortlaut ist missverständlich, da in der SE auch die Arbeitnehmervertreter von der Hauptversammlung gewählt werden, die dabei allerdings an Wahlvorschläge gebunden ist (§ 36 Abs. 4 SEBG). Trotzdem besteht Einigkeit, dass nach Sinn und Zweck der Norm nur ein Anteilseignervertreter zum Vorsitzenden gewählt werden kann, also ein Aufsichtsratsmitglied, das von der Hauptversammlung ohne Bindung an Wahlvorschläge gewählt worden ist[7]. Grundsätzlich besteht nach Art. 47 Abs. 1 SE-VO die Möglichkeit, dass auch eine Gesellschaft oder eine juristische Person – mit einer natürlichen Person als Vertreter – Mitglied des Aufsichtsrats und damit Vorsitzender bzw. stellvertretender Vorsitzender sein kann, sofern das für Aktiengesellschaften maßgebliche Recht des Sitzstaats der SE nichts anderes bestimmt. Von dieser Möglichkeit hat der deutsche Gesetzgeber jedoch keinen Gebrauch gemacht[8].

5 Es besteht bei der Wahl des Vorsitzenden die **Gefahr einer Pattsituation**. Die Verordnung enthält keine Regelung für den Fall, dass in der konstituierenden Sitzung des Aufsichtsrats der Kandidat der Anteilseigner keine Mehrheit erhält. Insbesondere fehlt ei-

---

[2] *Seibt* in Habersack/Drinhausen, Art. 42 SE-VO Rz. 5.
[3] Ausführlich dazu *Paefgen* in KölnKomm. AktG, 3. Aufl., Art. 42 SE-VO Rz. 6 f.; vgl. auch *Jacobs* in FS K. Schmidt, S. 795, 811; a.A. *Reichert/Brandes* in MünchKomm. AktG, 3. Aufl., Art. 42 SE-VO Rz. 13.
[4] *Hoffmann-Becking* in MünchHdb. AG, § 31 Rz. 8; *Mertens/Cahn* in KölnKomm. AktG, 3. Aufl., § 107 Rz. 14; *Lutter/Krieger/Verse*, Aufsichtsrat, Rz. 660; *Drygala* in K. Schmidt/Lutter, § 107 AktG Rz. 8; *Eberspächer* in Spindler/Stilz, Art. 42 SE-VO Rz. 2.
[5] Zum Wahlverfahren, zur Amtszeit, Wiederwahl und Abberufung ausführlich *Seibt* in Habersack/Drinhausen, Art. 42 SE-VO Rz. 9 ff. sowie *Paefgen* in KölnKomm. AktG, 3. Aufl., Art. 42 SE-VO Rz. 8 f., 18 f. und 23 f.
[6] *Lutter/Krieger/Verse*, Aufsichtsrat, Rz. 664; *Hoffmann-Becking* in MünchHdb. AG, § 31 Rz. 8; *Koch* in Hüffer, § 107 AktG Rz. 4; *Hopt/Roth* in Großkomm. AktG, 4. Aufl., § 107 Rz. 31; *Mertens/Cahn* in KölnKomm. AktG, 3. Aufl., § 107 AktG Rz. 14.
[7] *Henssler*, RdA 2005, 330, 336; *Hopt/Roth* in Großkomm. AktG, 4. Aufl., § 107 Rz. 498; *Teichmann*, ZGR 2002, 383, 443 ff.; *J. Schmidt*, „Deutsche" vs. „britische" SE, S. 570 m.w.N.; *Schwarz*, Art. 42 SE-VO Rz. 5 f.; *Drinhausen* in Van Hulle/Maul/Drinhausen, SE, 5. Abschn., § 2 Rz. 26; *Paefgen* in KölnKomm. AktG, 3. Aufl., Art. 42 SE-VO Rz. 11.
[8] *Seibt* in Habersack/Drinhausen, Art. 42 SE-VO Rz. 8; *Paefgen* in KölnKomm. AktG, 3. Aufl., Art. 42 SE-VO Rz. 10.

ne Regelung nach Art des § 27 Abs. 2 MitbestG über die Durchführung eines zweiten Wahlgangs, bei dem allein die Anteilseignervertreter den Vorsitzenden wählen. Eine doppelte Berücksichtigung der Vorsitzendenstimme nach Art. 50 Abs. 2 SE-VO kommt nicht in Betracht, solange es noch keinen Vorsitzenden gibt[9]. Aus der SE-VO kann man allenfalls entnehmen, dass anders als nach deutschem Recht[10] ein Arbeitnehmervertreter nicht zum Vorsitzenden gewählt werden kann; die für einen Arbeitnehmervertreter abgegebene Stimme wäre daher gesetzwidrig und bei der Auszählung nicht zu berücksichtigen. Jedoch ist es den Arbeitnehmervertretern unbenommen, gegen den von der Arbeitgeberseite vorgeschlagenen Kandidaten zu stimmen bzw. sich für einen anderen, ihnen genehmeren Arbeitgebervertreter auszusprechen. Damit kann das Zustandekommen einer Mehrheit verhindert werden[11].

Als Ausweg kommt die analoge Anwendung des § 27 Abs. 2 MitbestG nicht in Betracht, diese Möglichkeit scheitert daran, dass das SEBG die Mitbestimmung im Aufsichtsrat abschließend regelt[12]. Zulässig ist es aber, im Falle eines nicht auflösbaren Patts eine **gerichtliche Ersatzbestimmung** des Vorsitzenden analog § 104 AktG herbeizuführen[13], wie dies auch im nationalen Recht befürwortet wird, wenn eine Wahl des Vorsitzenden nicht zustande kommt[14]. Allerdings setzt ein solcher Antrag mehrere vergebliche Wahlversuche voraus. Die Drei-Monats-Frist nach § 104 Abs. 2 AktG muss nicht abgewartet werden, da das Fehlen des Vorsitzenden mit seiner in Pattsituationen entscheidenden Stimme die Entscheidungsfähigkeit des Aufsichtsorgans beeinträchtigt und damit stets einen dringenden Fall nach § 104 Abs. 2 AktG begründet[15]. Ein gewisser Zeitverlust ist gleichwohl zu befürchten.

Die Gefahr des Stimmengleichstandes lässt sich jedoch durch **Rechtsgestaltung** eindämmen. Bleibt bei der Entstehung der SE durch (formwechselnde) Umwandlung der Aufsichtsrat nach § 203 UmwG im Amt[16], gibt es einen Vorsitzenden. Dieser kann über die Person seines Nachfolgers mit abstimmen, so dass eine Vakanz im Amt vermieden wird[17]. Zudem ist es möglich, eine **Satzungsbestimmung** über die Auflösung des sich nach Art. 42 SE-VO ergebenden Patts in die Satzung mit aufzunehmen. Das ergibt sich aus Art. 50 Abs. 2 Satz 2 der SE-VO, der in der Frage des Stichentscheids satzungsmäßige Regeln im Allgemeinen ausdrücklich zulässt und diese nur dann beschränkt, wenn sie das Übergewicht der Anteilseignerseite gefährden. Im Umkehr-

---

9 *Drinhausen* in Van Hulle/Maul/Drinhausen, SE, 5. Abschn., § 2 Rz. 26.
10 Vgl. *Hopt/Roth* in Großkomm. AktG, 4. Aufl., § 107 AktG Rz. 26 m.w.N.
11 *Teichmann*, ZGR 2002, 383, 443 f.
12 Vgl. auch Art. 13 Abs. 3 lit. a der SE-RL; näher *Jacobs* in MünchKomm. AktG, 3. Aufl., § 47 SEBG Rz. 7; *Kienast* in Jannott/Frodermann, Handbuch Europäische Aktiengesellschaft, § 13 Rz. 410; vgl. auch *Paefgen* in KölnKomm. AktG, 3. Aufl., Art. 42 SE-VO Rz. 13; a.A. *Schwarz*, Art. 42 SE-VO Rz. 11.
13 *Reichert/Brandes* in MünchKomm. AktG, 3. Aufl., Art. 42 SE-VO Rz. 15; *Eberspächer* in Spindler/Stilz, AktG, Art. 42 SE-VO Rz. 2; vgl. auch *Schwarz*, Art. 42 SE-VO Rz. 22.
14 *Rittner* in FS *Rob. Fischer*, 1979, S. 627, 632; *Koch* in Hüffer, § 107 AktG Rz. 6; *Mertens/Cahn* in KölnKomm. AktG, 3. Aufl., § 107 AktG Rz. 23; *Habersack* in MünchKomm. AktG, 3. Aufl., § 107 AktG Rz. 25; *Hoffmann-Becking* in MünchHdb. AG, § 31 Rz. 8; *Lutter/Krieger/Verse*, Aufsichtsrat, Rz. 660.
15 Wie hier auch *Seibt* in Habersack/Drinhausen, Art. 42 SE-VO Rz. 15 sowie *Paefgen* in KölnKomm. AktG, 3. Aufl., Art. 42 SE-VO Rz. 21.
16 Str., wie hier *Heckschen* in Widmann/Mayer, UmwG, Anh. § 14 Rz. 393; *Jannott* in Jannott/Frodermann, Handbuch Europäische Aktiengesellschaft, § 3 Rz. 254; *Zollner* in Kalss/Hügel, § 31 SEG Rz. 19 ff.; a.A. *Neun* in Theisen/Wenz, Die Europäische Aktiengesellschaft, S. 182; *Manz* in Manz/Mayer/Schröder, Art. 40 SE-VO Rz. 10.
17 *Reichert/Brandes* in MünchKomm. AktG, 3. Aufl., Art. 42 SE-VO Rz. 5; vgl. auch *Paefgen* in KölnKomm AktG, 3. Aufl., Art. 42 SE-VO Rz. 15.

schluss muss daher eine Regelung, die das Recht zum Stichentscheid in der Satzung absichert, ohne die Rechte der Arbeitnehmer einzuschränken, mit dem Gesetz vereinbar sein[18]. Dabei kann die Regelung des § 27 Abs. 2 MitbestG sicherlich als Vorbild dienen[19]. Verbreitet sind auch Satzungsregelungen dahin, dass dem an Lebensjahren ältesten Anteilseignervertreter das Recht zum Stichentscheid zugesprochen wird[20]. Eine solche Regelung gewährleistet die zwingende Zuständigkeit des Gesamtaufsichtsorgans für die Wahl des Vorsitzenden und bringt zudem das gemeinschaftsrechtlich vorgeschriebene Übergewicht der Anteilseignervertreter zur Geltung[21].

III. Stellvertretender Vorsitzender

8 Nicht geregelt ist in der SE-VO die Figur des stellvertretenden Vorsitzenden. Über die Verweisung in Art. 9 SE-VO kommt insoweit deutsches Aktienrecht zur Anwendung, so dass nach § 107 AktG mindestens ein Stellvertreter zu wählen ist[22]. Dieser hat die **Befugnisse wie in einer deutschen AG**, insbesondere vertritt er den Vorsitzenden hinsichtlich der Sitzungsleitung, wenn dieser verhindert ist[23]. Sehr strittig ist, ob dem Stellvertreter in diesem Fall auch das Recht zum Stichentscheid zusteht. Die Frage hat auch Rückwirkung darauf, ob ein Arbeitnehmervertreter zum Stellvertreter gewählt werden kann. Einigkeit besteht darin, dass die mitbestimmungsrechtlichen Regelungen zu dieser Frage nicht anwendbar sind[24]. Damit fehlt eine gesetzliche Regelung, da sich Art. 50 SE-VO nur auf den Stichentscheid des Vorsitzenden selbst bezieht. Daraus zieht ein Teil der Literatur die Konsequenz, dass das Recht zum Stichentscheid nur dem Vorsitzenden selbst zusteht[25]. Nach dieser Ansicht bestehen keine Bedenken, einen Arbeitnehmervertreter zum Vorsitzenden zu bestellen. Die überwiegende Meinung hält umgekehrt das Stichentscheidsrecht des Stellvertreters für gegeben und verlangt deshalb, dieser müsse – wie der Vorsitzende – Anteilseignervertreter sein[26]. Eine vermittelnde Ansicht hält die Frage für satzungsdispositiv[27]. Ob ein Arbeitnehmervertreter erster Stellvertreter sein kann, hängt danach ebenfalls von der Ausgestaltung der Satzung ab, die das verfassungsrechtlich gebotene leichte Übergewicht der Anteilseignerseite wahren müsse. Der letztgenannten Ansicht ist zu folgen. Die restriktive Ansicht hat den Nachteil, dass nach ihr auch in der nicht paritätisch mitbestimmten SE ein Stichentscheid des Vorsitzenden nicht möglich sein dürfte; dort ist er aber durch-

---

18 *Reichert/Brandes* in MünchKomm. AktG, 3. Aufl., Art. 42 SE-VO Rz. 8 ff.
19 *Drinhausen* in Van Hulle/Maul/Drinhausen, SE, 5. Abschn., § 2 Rz. 26; *Eberspächer* in Spindler/Stilz, AktG, Art. 42 SE-VO Rz. 2; *Seibt* in Habersack/Drinhausen, Art. 42 SE-VO Rz. 10; a.A. *Paefgen* in KölnKomm. AktG, 3. Aufl., Art. 42 SE-VO Rz. 14.
20 *Paefgen* in KölnKomm. AktG, 3. Aufl., Art. 41 SE-VO Rz. 16; *Kiem*, ZHR 173 (2009), 156, 168; *Reichert/Brandes* in MünchKomm AktG, 3. Aufl., Art. 42 SE-VO Rz. 12a; *Seibt* in Habersack/Drinhausen, Art. 42 SE-VO Rz. 10.
21 *Paefgen* in KölnKomm. AktG, 3. Aufl., Art. 42 SE-VO Rz. 16.
22 *Drinhausen* in Van Hulle/Maul/Drinhausen, SE, 5. Abschn., § 2 Rz. 26.
23 *Lutter/Krieger/Verse*, Aufsichtsrat, Rz. 684; *Hoffmann-Becking* in MünchHdb. AG, § 31 Rz. 19; *Koch* in Hüffer, § 107 AktG Rz. 10; *Hopt/Roth* in Großkomm. AktG, 4. Aufl., § 107 AktG Rz. 155; *Mertens/Cahn* in KölnKomm. AktG, 3. Aufl., § 107 AktG Rz. 70; *Habersack* in MünchKomm. AktG, 3. Aufl., § 107 AktG Rz. 68; *Schwarz*, Art. 42 SE-VO Rz. 21; *J. Schmidt*, „Deutsche" vs. „britische" SE, S. 570.
24 Statt aller *Schwarz*, Art. 1 SE-VO Rz. 50 f.
25 *Teichmann*, Art. 50 SE-VO Rz. 24; *Habersack*, AG 2006, 345, 349 sowie Voraufl.
26 *Reichert/Brandes* in MünchKomm. AktG, 3. Aufl., Art. 42 SE-VO Rz. 19; sowie *Schwarz*, Art. 42 SE-VO Rz. 21; *Drinhausen* in Van Hulle/Maul/Drinhausen, SE, 5. Abschn., § 2 Rz. 26; *Paefgen* in KölnKomm. AktG, 3. Aufl., Art. 42 SE-VO Rz. 35 f.; *Seibt* in Habersack/Drinhausen, Art. 42 SE-VO Rz. 22; *Eberspächer* in Spindler/Stilz, AktG, Art. 42 SE-VO Rz. 3.
27 *Sven H. Schneider*, AG 2008, 887 ff.

aus sinnvoll und geboten[28]. Zudem sind die Befugnisse des Stellvertreters auch in einer AG, für die das MitBestG nicht gilt, satzungsdispositiv[29]. Das spricht dafür, in der SE, für die das MitBestG ebenfalls nicht gilt, ebenso zu verfahren. Die vermittelnde Ansicht ermöglicht zudem flexible Lösungen und schließt den Arbeitnehmervertreter als ersten Stellvertreter nicht kategorisch aus[30]. Dadurch wird zudem dem Gleichbehandlungsgebot im Verhältnis zur deutschen AG Rechnung getragen.

Abschnitt 2. Monistisches System

Art. 43
[Aufgaben und Bestellung des Verwaltungsorgans]

(1) Das Verwaltungsorgan führt die Geschäfte der SE. Ein Mitgliedstaat kann vorsehen, dass ein oder mehrere Geschäftsführer die laufenden Geschäfte in eigener Verantwortung unter denselben Voraussetzungen, wie sie für Aktiengesellschaften mit Sitz im Hoheitsgebiet des betreffenden Mitgliedstaats gelten, führt bzw. führen.

(2) Die Zahl der Mitglieder des Verwaltungsorgans oder die Regeln für ihre Festlegung sind in der Satzung der SE festgelegt. Die Mitgliedstaaten können jedoch eine Mindestzahl und erforderlichenfalls eine Höchstzahl festsetzen.

Ist jedoch die Mitbestimmung der Arbeitnehmer in der SE gemäß der Richtlinie geregelt, so muss das Verwaltungsorgan aus mindestens drei Mitgliedern bestehen.

(3) Das Mitglied/die Mitglieder des Verwaltungsorgans wird/werden von der Hauptversammlung bestellt. Die Mitglieder des ersten Verwaltungsorgans können jedoch durch die Satzung bestellt werden. Artikel 47 Absatz 4 oder eine etwaige nach Maßgabe der Richtlinie 2001/86/EG geschlossene Vereinbarung über die Mitbestimmung der Arbeitnehmer bleibt hiervon unberührt.

(4) Enthält das Recht eines Mitgliedstaats in Bezug auf Aktiengesellschaften mit Sitz in seinem Hoheitsgebiet keine Vorschriften über ein monistisches System, kann dieser Mitgliedstaat entsprechende Vorschriften in Bezug auf SE erlassen.

I. Rechtsquellen des monistischen Systems in der SE 1	aa) Regelungslücke in Art. 43 SE-VO 17
II. Entstehung der Norm 4	bb) Andere supranationale Rechtsformen (EWIV, SCE) 20
III. Regelungsgehalt des Art. 43 SE-VO	cc) Mitgliedstaatliche monistische Systeme 21
1. Stellung des Verwaltungsorgans in der Unternehmensverfassung (Art. 43 Abs. 1 Satz 1 SE-VO)	dd) Stellungnahme 23
a) Geschäftsführung durch das Verwaltungsorgan 12	2. Übertragung der laufenden Geschäfte an Geschäftsführer (Art. 43 Abs. 1 Satz 2 SE-VO)
b) Vertretung der Gesellschaft	

---

28 Zutr. *Sven H. Schneider*, AG 2008, 887, 889.
29 *Spindler* in Spindler/Stilz, § 107 AktG Rz. 48; *Habersack* in MünchKomm. AktG, 3. Aufl., § 107 AktG Rz. 66.
30 Siehe im Einzelnen *Sven H. Schneider*, AG 2008, 887.

a) Gleichlauf mit nationalem Aktienrecht 26	a) Bestellung, Entsendung und Ersatzmitglieder 43
b) Vorbild skandinavisches Recht ... 29	b) Bestellung der Mitglieder des ersten Verwaltungsorgans 48
c) Gestaltungsgrenze bei Neueinführung des monistischen Modells? .. 30	c) Abberufung 49
3. Zahl der Mitglieder des Verwaltungsorgans (Art. 43 Abs. 2 SE-VO)	d) Bestellung und Abberufung der Arbeitnehmervertreter 52
a) Satzungsautonomie 33	**IV. Das monistische Modell der deutschen SE**
b) Mitbestimmtes Verwaltungsorgan	1. Regelungsermächtigung (Art. 43 Abs. 4 SE-VO) 58
aa) Mindestzahl von drei Mitgliedern 35	2. Regelungstechnik des deutschen Gesetzgebers 59
bb) Nachgiebigkeit gegenüber Beteiligungsvereinbarung.... 36	3. Leitung und Kontrolle 63
cc) Paritätische Mitbestimmung . 41	4. Mitbestimmung 67
4. Bestellung der Mitglieder des Verwaltungsorgans (Art. 43 Abs. 3 SE-VO) .. 42	

Literatur (s. auch Literatur zu Art. 38 sowie bei Kommentierung des monistischen Modells: Art. 43 Anh. §§ 20 ff. SEAG): *Arlt*, Französische Aktiengesellschaft, 2006; *Artmann*, Die Organisationsverfassung der Europäischen Aktiengesellschaft, Wbl 2002, 189; *Bachmann*, Der Verwaltungsrat der monistischen SE, ZGR 2008, 779; *Bauer*, Organstellung und Organvergütung in der monistisch verfassten Europäischen Aktiengesellschaft (SE), 2008 (zit.: Organstellung); *Brandt*, Überlegungen zu einem SE-Ausführungsgesetz, NZG 2002, 991; *Brandt*, Die Hauptversammlung der Europäischen Aktiengesellschaft (SE), 2004 (zit.: Hauptversammlung); *Bungert/Beier*, Die Europäische Aktiengesellschaft, EWS 2002, 1; *Casper*, Der Lückenschluss im Statut der Europäischen Aktiengesellschaft, in Habersack/Hommelhoff/Hüffer/K. Schmidt (Hrsg.), FS Ulmer, 2003, S. 51; *Davies*, Introduction to Company Law, 2002; *Eder*, Die monistische verfasste Societas Europaea – Überlegungen zur Umsetzung eines CEO-Modells, NZG 2004, 544; *Edwards*, EC Company Law, 1999 (reprinted 2003); *Fischer-Zernin*, Der Rechtsangleichungserfolg der Ersten gesellschaftsrechtlichen Richtlinie der EWG, 1986; *Fleischer*, Zur Leitungsaufgabe des Vorstands im Aktienrecht, ZIP 2003, 1; *Forst*, Die Beteiligungsvereinbarung nach § 21 SEBG, 2010; *Forst*, Zur Größe des mitbestimmten Organs einer kraft Beteiligungsvereinbarung mitbestimmten SE, AG 2010, 350; *Forstmoser*, Monistische oder dualistische Unternehmensverfassung? Das Schweizer Konzept, ZGR 2003, 688; *Griffin*, Company Law, Fundamental Principles, 4. Aufl. 2006; *Gruber/Weller*, Societas Europaea: Mitbestimmung ohne Aufsichtsrat?, NZG 2003, 297; *Gutsche*, Die Eignung der Europäischen Aktiengesellschaft für kleine und mittlere Unternehmen in Deutschland, 1994; *Haas*, Reform des gesellschaftsrechtlichen Gläubigerschutzes, in Verhandlungen des 66. Deutschen Juristentages Stuttgart 2006, Band I, Gutachten E, 2006; *Habersack*, Schranken der Mitbestimmungsautonomie in der SE, AG 2006, 345; *Hamann/Sigle* (Hrsg.), Vertragsbuch Gesellschaftsrecht, 2. Aufl. 2012; *Heinze/Seifert/Teichmann*, Verhandlungssache – Arbeitnehmerbeteiligung in der SE, BB 2005, 2524; *Henssler*, Unternehmerische Mitbestimmung in der Societas Europaea, in Habersack/Hommelhoff/Hüffer/K. Schmidt (Hrsg.), FS Ulmer, 2003, S. 193; *Hirte*, Die Europäische Aktiengesellschaft, NZG 2002, 1; *Hommelhoff*, Die neue Position des Abschlussprüfers im Kraftfeld der aktienrechtlichen Organisationsverfassung, BB 1998, 2567, 2625; *Huizinga*, Die Machtbalance zwischen Verwaltung und Hauptversammlung in der Europäischen Gesellschaft (SE), 2012; *Jacobs*, Privatautonome Unternehmensmitbestimmung in der SE in FS K. Schmidt, 2009, S. 795; *Kämmerer/Veil*, Paritätische Arbeitnehmermitbestimmung in der monistischen Societas Europaea – ein verfassungsrechtlicher Irrweg?, ZIP 2005, 369; *Kallmeyer*, Europa-AG: Strategische Optionen für deutsche Unternehmen, AG 2003, 197; *Kallmeyer*, Das monistische System einer SE mit Sitz in Deutschland, ZIP 2003, 1531; *Kalss/Greda*, Die Europäische Gesellschaft (SE) österreichischer Prägung nach dem Ministerialentwurf, GesRZ 2004, 91; *Kiem*, SE-Aufsichtsrat und Dreiteilbarkeitsgrundsatz, Der Konzern 2010, 275; *Kirchner*, Grundstruktur eines neuen institutionellen Designs für die Arbeitnehmermitbestimmung auf der Unternehmensebene, AG 2004, 197; *Kleinhenz/Leyendecker-Langner*, Ämterkontinuität bei der Umwandlung in eine dualistisch verfasste SE, AG 2013, 507; *Lutter/Kollmorgen/Feldhaus*, Die Europäische Aktiengesellschaft – Satzungsgestaltung bei der mittelständischen SE, BB 2005, 2473; *Marsch-Barner*, Zur monistischen Führungsstruktur einer deutschen Europäischen Gesellschaft (SE), in GS Bosch, 2006, S. 99; *Merkt*, Die monistische Unternehmensverfassung für die Europäische Aktiengesellschaft aus deutscher Sicht – mit vergleichendem Blick auf die Schweiz, das Vereinigte Königreich und Frankreich,

ZGR 2003, 650; *Neuling*, Deutsche GmbH und englische private company, 1997 (zit.: GmbH und Limited); *Neye*, Die optionale Einführung der monistischen Unternehmensverfassung für die Europäische (Aktien-)Gesellschaft im deutschen Recht, in Crezelius/Hirte/Vieweg (Hrsg.), FS Röhricht, 2005, S. 443; *Neye/Teichmann*, Der Entwurf für das Ausführungsgesetz zur Europäischen Aktiengesellschaft, AG 2003, 169; *Nowotny*, Zur Organisationsverfassung der Europäischen Aktiengesellschaft, GesRZ 2004, 39; *Oetker*, Unternehmensmitbestimmung in der SE kraft Vereinbarung, ZIP 2006, 1113; *Raiser*, Unternehmensmitbestimmung vor dem Hintergrund europarechtlicher Entwicklungen, Gutachten B für den 66. Deutschen Juristentag, in Verhandlungen des 66. Deutschen Juristentages Stuttgart 2006, Band I, 2006; *Rehberg*, Chancen und Risiken der Verhandlungen über die Arbeitnehmerbeteiligung in Rieble/Junker (Hrsg.), Vereinbarte Mitbestimmung in der SE, 2008, S. 45; *Riesenhuber*, Europäisches Arbeitsrecht, 2009; *Rose/Köstler*, Mitbestimmung in der Europäischen Aktiengesellschaft (SE), 2011; *Roth*, Die unternehmerische Mitbestimmung in der monistischen SE, ZfA 2004, 431; *Schäfer*, SE und Gestaltung der Mitbestimmung aus gesellschaftsrechtlicher Sicht, in Rieble/Junker (Hrsg.), Vereinbarte Mitbestimmung in der SE, 2008, S. 13; *Scherer*, „Die Qual der Wahl": Dualistisches oder monistisches System?, 2006; *Schmidt-Tiedemann*, Geschäftsführung und Vertretung im Gesellschaftsrecht Deutschlands, Frankreichs und Englands, 2004 (zit.: Geschäftsführung und Vertretung); *Schönborn*, Die monistische Societas Europaea in Deutschland im Vergleich zum englischen Recht, 2007 (zit.: Monistische SE und englisches Recht); *Schwarz*, Zum Statut der Europäischen Aktiengesellschaft, ZIP 2001, 1847; *Schulz/Geismar*, Die Europäische Aktiengesellschaft, DStR 2001, 1078; *Seitz*, Die Geschäftsführer einer monistischen Societas Europaea (SE) mit Sitz in der Bundesrepublik Deutschland, 2010 (zit.: SE-Geschäftsführer); *Semler*, Leitung und Überwachung der Aktiengesellschaft, 2. Aufl. 1996; *Teichmann*, Die Einführung der Europäischen Aktiengesellschaft – Grundlagen der Ergänzung des europäischen Statuts durch den deutschen Gesetzgeber, ZGR 2002, 383; *Teichmann*, Gestaltungsfreiheit im monistischen Leitungssystem der Europäischen Aktiengesellschaft, BB 2004, 53; *Teichmann*, Die monistische Verfassung der SE, in Lutter/Hommelhoff (Hrsg.), Die Europäische Gesellschaft, S. 195; *Teichmann*, Ausführungsgesetz in Deutschland, in Theisen/Wenz (Hrsg.), Europäische Aktiengesellschaft, S. 691; *Teichmann*, Binnenmarktkonformes Gesellschaftsrecht, 2006; *Teichmann*, Mitbestimmung und grenzüberschreitende Verschmelzung, Der Konzern 2007, 89; *Teichmann*, Gestaltungsfreiheit in Mitbestimmungsvereinbarungen, AG 2008, 797.

I. Rechtsquellen des monistischen Systems in der SE

Art. 43 SE-VO leitet Abschnitt 2 des III. Titels der SE-VO ein und legt als **Grundnorm des monistischen Systems** dessen Wesenszüge europäisch einheitlich fest: Das Verwaltungsorgan führt die Geschäfte der SE (Art. 43 Abs. 1 SE-VO); seine Mitglieder werden von der Hauptversammlung bestellt (Art. 43 Abs. 3 SE-VO). Damit steht fest, dass die Geschäftsführung in Händen des Verwaltungsorgans liegt und dieses seine Tätigkeit unmittelbar gegenüber der Hauptversammlung zu verantworten hat. Daneben enthält der Artikel eine Regelung zur Zahl der Verwaltungsratsmitglieder (Art. 43 Abs. 2 SE-VO) und eine an die Mitgliedstaaten gerichtete Regelungsermächtigung (Art. 43 Abs. 4 SE-VO). 1

Auf Grundlage der Regelungsermächtigung in Art. 43 Abs. 4 SE-VO hat der deutsche Gesetzgeber im **SE-Ausführungsgesetz** eine detaillierte Regelung zum monistischen System einer in Deutschland ansässigen SE erlassen. Die das monistische System ausdifferenzierenden Vorschriften der **§§ 20–49 SEAG** werden im Anh. Art. 43 kommentiert. 2

Die weiteren Vorschriften des Abschnitts über das monistische System regeln die Sitzungsfrequenz des Organs und die Informationsrechte seiner Mitglieder (Art. 44 SE-VO) sowie die Bestellung eines Vorsitzenden (Art. 45 SE-VO). Regeln zur inneren Ordnung des Verwaltungsrats finden sich außerdem in den gemeinsamen Vorschriften für das dualistische und das monistische System (Art. 46 ff. SE-VO) und im SE-Ausführungsgesetz (vgl. zur inneren Ordnung des Verwaltungsrats den Überblick bei Anh. Art. 43 § 34 SEAG Rz. 1 ff.). 3

II. Entstehung der Norm

4 Die Verfasser der SE-VO verfolgten angesichts der Typenvielfalt im mitgliedstaatlichen Recht (Art. 38 Rz. 15 ff.) das Ziel, eine **SE-spezifische Organisationsverfassung** zu schaffen. Deren Konturen waren im Laufe der Entstehungsgeschichte von der jeweils aktuellen Einschätzung dessen abhängig, was als moderne Unternehmensführung anzusehen sei. Anfang der siebziger Jahre galt das deutsche Aktienrecht von 1965 einschließlich der 1951/1952 geschaffenen unternehmerischen Mitbestimmung[1] als fortschrittliches Konzept. So steht in der Begründung der EG-Kommission zum ersten Entwurf einer SE-VO (1970) zu lesen: „Die Entscheidung zwischen dem System der strikten Trennung, die es im deutschen und – dispositiv – im französischen und niederländischen Recht gibt, und dem System der lockeren Trennung, das gegenwärtig nur in Belgien, Italien und Luxemburg gilt, fiel zugunsten des Ersteren. Dieses ermöglicht eine dauerhaftere und wirksamere Überwachung und Kontrolle."[2] Die Entwürfe aus den Jahren 1970 und 1975 sahen daher für die SE alleine und zwingend das dualistische Modell mit Arbeitnehmervertretung im Aufsichtsrat vor. Erst in späteren Vorschlägen wurde das monistische Modell als Alternative eingeführt, zunächst im Entwurf von 1989 als Wahlrecht der Gesellschaft, sodann 1991 als Wahlrecht der Mitgliedstaaten, im 2001 verabschiedeten Text wiederum als Wahlrecht der Gesellschaft (ausführlich zur Historie des Wahlrechts der Leitungssysteme Art. 38 Rz. 4 ff.). Die Verordnung beschränkt sich heute auf eine Festlegung der Grundstrukturen der beiden Leitungsmodelle (Art. 38 Rz. 28 ff.) und verweist auf das nationale Aktienrecht, soweit eines der beiden Modelle dort geregelt ist, beziehungsweise erlaubt SE-spezifische Ausführungsregeln, soweit ein Modell im nationalen Recht unbekannt ist (Art. 38 Rz. 34 ff.).

5 Der heutige Art. 43 SE-VO hat **Vorläufer** in den Entwürfen der Jahre 1989 und 1991. Die Regelung hat wie viele andere Vorschriften der SE-VO im Verlauf der Entstehungsgeschichte vielfache Kürzungen erfahren. Im Vergleich zu früheren Fassungen sind insbesondere Passagen über die Vertretungsmacht und die innere Struktur des Verwaltungsorgans entfallen. Zum Verständnis des heutigen lückenhaften Textes vermag der Blick auf die früheren Versionen beizutragen.

6 Art. 66 des **Vorschlags von 1989**[3] hatte folgenden Wortlaut:

„(1) Das Verwaltungsorgan verwaltet und vertritt die SE. Dieses Organ muss mindestens aus drei Mitgliedern bestehen. Das Verwaltungsorgan gibt sich eine Geschäftsordnung und wählt aus seiner Mitte einen Vorsitzenden und einen oder mehrere stellvertretende Vorsitzende.

(2) Das Verwaltungsorgan überträgt einem oder mehreren seiner Mitglieder die Geschäftsführung der SE. Die Zahl der geschäftsführenden Mitglieder des Verwaltungsorgans muss niedriger sein als die Zahl der übrigen Mitglieder dieses Organs. Die Übertragung der Geschäftsführungsbefugnis auf ein Mitglied des Verwaltungsorgans kann von diesem Organ jederzeit widerrufen werden.

(3) Vorbehaltlich der in Anwendung von Artikel 4 der Richtlinie … (zur Ergänzung des SE-Statuts hinsichtlich der Stellung der Arbeitnehmer) erlassenen Vorschriften werden die Mitglieder des Verwaltungsorgans von der Hauptversammlung bestellt."

7 Die **Europäische Kommission** gab dazu folgende Erläuterungen[4]: „Dieser Artikel legt die Hauptmerkmale des monistischen Systems fest. Alle Mitglieder des Verwaltungs-

---

1 Zu ihrer Entstehungsgeschichte *Raiser*, DJT-Gutachten, S. B 13.
2 Kommission der Europäischen Gemeinschaften, Vorschlag einer Verordnung des Rates über das Statut für Europäische Aktiengesellschaften v. 24.6.1970, Beilage 8/70 zum Bulletin der EG, S. 53.
3 ABl. EG Nr. C 263 v. 16.10.1989, S. 41 ff., abgedruckt in AG 1990, 111 ff. und bei *Lutter*, Europäisches Unternehmensrecht, 3. Aufl. 1991, S. 561 ff.
4 Beilage 5/89 zum Bulletin der Europäischen Gemeinschaften, gestützt auf das Dokument KOM(89) 268 endg.

organs, das mindestens aus drei Mitgliedern bestehen muss, werden von der Hauptversammlung und von den Arbeitnehmern bestellt, wenn die SE ein Mitbestimmungssystem hat, das eine solche Beteiligung vorsieht. Alle Mitglieder bestellen aus ihrer Mitte die geschäftsführenden Mitglieder, denen sie die Geschäftsführung und die Vertretung der Gesellschaft übertragen. Die Hauptaufgabe der übrigen Mitglieder ist die Kontrolle und Überwachung der Geschäftsführer. Um die Stellung der nichtgeschäftsführenden Mitglieder zu stärken, ist vorgesehen, dass sie zahlreicher sind als die Geschäftsführer."

Im **Vorschlag von 1991**[5] erhielt die entsprechende Vorschrift folgenden Wortlaut: 8
„(1) Das Verwaltungsorgan führt die Geschäfte der SE. Das oder die Mitglieder des Verwaltungsorgans sind befugt, die SE gegenüber Dritten zu verpflichten und sie nach den in Anwendung der Richtlinie 68/151/EWG vom Sitzstaat erlassenen Rechtsvorschriften gerichtlich zu vertreten.
(1a) Das Verwaltungsorgan besteht aus mindestens drei Mitgliedern, deren Höchstzahl in der Satzung festgelegt ist. Das Verwaltungsorgan kann jedoch aus nur zwei Mitgliedern oder aus nur einem einzigen Mitglied bestehen, wenn die Vertretung der Arbeitnehmer in der SE nicht nach Artikel 4 der Richtlinie ... zur Ergänzung des SE-Statuts hinsichtlich der Stellung der Arbeitnehmer geregelt ist.
(2) Das Verwaltungsorgan kann einem oder mehreren seiner Mitglieder nur die Geschäftsführung der SE übertragen. Es kann bestimmte Geschäftsführungsbefugnisse auch einer oder mehreren natürlichen Personen übertragen, die nicht Mitglieder des Organs sind. Diese Geschäftsführungsbefugnisse können jederzeit widerrufen werden. Die Voraussetzungen für die Übertragung der Geschäftsführungsbefugnis können in der Satzung oder von der Hauptversammlung festgelegt werden.
(3) Vorbehaltlich der Anwendung von Artikel 4 der Richtlinie ..., der die Stellung der Arbeitnehmer im Verwaltungsorgan regelt, auf die SE werden das oder die Mitglieder des Verwaltungsorgans von der Hauptversammlung bestellt und abberufen."

Die **Europäische Kommission** erläuterte dies folgendermaßen[6]: „In Absatz 1 wird 9 hinsichtlich des Rechts des Verwaltungsorgans zur Vertretung der SE auf die in Anwendung der Ersten Gesellschaftsrichtlinie (68/151/EWG) vom Sitzstaat der SE erlassenen Rechtsvorschriften verwiesen. Absatz 1a bestimmt, dass die Zahl der Mitglieder des Verwaltungsorgans in der Satzung festgelegt wird. Die Mindestzahl beträgt jedoch drei Mitglieder, es sei denn, es ist keine Arbeitnehmervertretung im Verwaltungsorgan vorgesehen. Absatz 2 sieht bezüglich der Übertragung der Geschäftsführung an Mitglieder des Verwaltungsorgans anstatt einer Muss- eine Kannvorschrift vor. Des Weiteren wird in Absatz 2 präzisiert, dass bestimmte Geschäftsführungsbefugnisse nach der Satzung oder aufgrund von Beschlüssen der Hauptversammlung auf Personen übertragen werden können, die nicht Mitglieder des Organs sind."

Nach weiteren Überarbeitungen entstand im **Entwurf von 2001** die heute geltende 10 Fassung des Art. 43. Abweichungen gegenüber den früheren Texten betreffen vor allem die folgenden Aspekte: Die in Art. 66 Abs. 1 der früheren Fassungen enthaltene Regelung zur Vertretungsmacht des Verwaltungsorgans ist entfallen; Art. 43 Abs. 1 Satz 2 der geltenden Fassung enthält die Option, die laufenden Geschäfte einem Geschäftsführer zu übertragen, schränkt dies aber ein durch den Zusatz „unter denselben Voraussetzungen, wie sie für Aktiengesellschaften mit Sitz im Hoheitsgebiet des betreffenden Mitgliedstaats gelten"; Art. 43 Abs. 4 SE-VO ermächtigt die Mitgliedstaaten, deren Recht das monistische System nicht kennt, entsprechende Vorschriften in Bezug auf die SE zu erlassen.

---
[5] ABl. EG Nr. C 176 v. 8.7.1991, S. 1 ff.; abgedruckt auch bei *Lutter*, Europäisches Unternehmensrecht, 4. Aufl. 1996, S. 724 ff.
[6] Dokument KOM(91) endg. – SYN 218; zugleich BT-Drucks. 12/1004.

11 Die Kürzungen im Text verbunden mit der in früheren Entwürfen nicht enthaltenen Regelungsermächtigung des Art. 43 Abs. 4 SE-VO kennzeichnen einen grundlegenden Wechsel in der **Regelungstechnik**: Die SE-VO verzichtet darauf, das monistische System abschließend zu regeln. Nach den vielfältigen Streichungen, die der Entwurf im Laufe der Jahre erfahren hat, kann der europäische Rechtstext nicht mehr für sich in Anspruch nehmen, ein aus sich heraus funktionsfähiges Leitungssystem anzubieten. Vielmehr bedarf es überall dort, wo die SE-VO schweigt, der Ergänzung durch den nationalen Gesetzgeber. Dies geschieht in Staaten, die das monistische System kennen, über Verweisungen in das allgemeine Aktienrecht, in Staaten, denen das monistische System neu ist, auf Basis SE-spezifischer Ausführungsregelungen.

III. Regelungsgehalt des Art. 43 SE-VO

1. Stellung des Verwaltungsorgans in der Unternehmensverfassung (Art. 43 Abs. 1 Satz 1 SE-VO)

a) Geschäftsführung durch das Verwaltungsorgan

12 Das Verwaltungsorgan führt die Geschäfte der SE (Art. 43 Abs. 1 Satz 1 SE-VO). Der Begriff der Geschäftsführung bedarf einer autonom europäischen Interpretation, die allerdings in Ermangelung konkreter Anhaltspunkte in der Verordnung schwer fällt. Der Kompetenzbereich des Verwaltungsorgans lässt sich im Kontext der SE-VO am ehesten im Verhältnis zur Hauptversammlung als dem zweiten in der monistischen Unternehmensverfassung vorgesehenen Organ klären. Unter den **Begriff der Geschäftsführung** ist damit jedes tatsächliche oder rechtliche Handeln für die Gesellschaft zu fassen, das nicht in den Kompetenzbereich der Hauptversammlung fällt. Die Kompetenzen der Hauptversammlung ergeben sich aus dem Zusammenspiel der Art. 52 ff. SE-VO mit der jeweils durch die Verweisungen in Bezug genommen nationalen Rechtsordnung[7]. Grundlagengeschäfte – wie etwa Satzungsänderungen und Umstrukturierungen – fallen in den Kompetenzbereich der Hauptversammlung. Über Fragen der Geschäftsführung entscheidet sie nur, soweit sie ihr vom Verwaltungsorgan zur Zustimmung vorgelegt werden (Art. 52 Unterabs. 2 SE-VO, § 119 Abs. 2 AktG, § 22 Abs. 6 SEAG). Ergänzend gelten die Grundsätze der Holzmüller- und Gelatine-Entscheidungen; denn der Verweis auf die Rechtsvorschriften der Mitgliedstaaten schließt deren Interpretation durch die nationalen Gerichte mit ein[8]. Ein Weisungsrecht der Hauptversammlung besteht demnach für die monistische SE in Deutschland nicht[9].

13 Die Unterscheidung von „**Leitung**" und „**Geschäftsführung**" kennt die SE-VO nicht. Anders als § 76 Abs. 1 AktG, der dem Vorstand die Leitung der Gesellschaft zuweist, verwendet die SE-VO sowohl in Art. 39 Abs. 1 Satz 1 SE-VO (dualistisches System) als auch in Art. 43 Abs. 1 Satz 1 SE-VO (monistisches System) den Begriff der Geschäftsführung. Die im deutschen Recht diskutierte Abgrenzung von Leitung und Geschäftsführung sollte indessen nicht überbewertet werden, kennzeichnet die Leitung doch

---

[7] Näher die Kommentierung zu Art. 52 ff. SE-VO; eingehend *Huizinga*, Hauptversammlung der SE, S. 161 ff.; weiterhin *Manz* in Manz/Mayer/Schröder, Art. 43 SE-VO Rz. 3. A.A. *Brandt*, Hauptversammlung, S. 67 ff. und S. 105 ff., welcher der SE-VO ein europäisch abschließend determiniertes Konzept der „Nebenordnung" von Hauptversammlung und Unternehmensleitung entnimmt (dagegen bereits Art. 38 Rz. 3).

[8] *Casper* in FS Ulmer, S. 51, 68 f.; *Teichmann*, ZGR 2002, 383, 398 f.; zum Ganzen auch Art. 9 Rz. 56.

[9] Ebenso *Verse* in Habersack/Drinhausen, Art. 43 SE-VO Rz. 6. Hingegen halten *Kalss/Greda* in Kalss/Hügel, § 39 SEG Rz. 38, für das österreichische monistische System in der SE ein Weisungsrecht der Hauptversammlung für denkbar.

nach herrschender Auffassung lediglich einen besonders hervorgehobenen Ausschnitt der Geschäftsführung als delegationsfeste Kernkompetenz des Vorstands zur Festlegung grundlegender unternehmerischer Entscheidungen[10]. Im Grunde geht es also darum, einen delegationsfesten Kern der Geschäftsführungskompetenzen festzulegen[11]. Diese Frage lässt sich indessen ebenso zielführend auf Basis der allgemeinen Sorgfaltspflichten des Geschäftsführungsorgans diskutieren (dazu sogleich Rz. 15); die der SE-VO fremde Unterscheidung von Leitung und Geschäftsführung ist hierfür nicht erforderlich[12].

Eine **Delegation von Geschäftsführungsaufgaben** auf Personen, die nicht zum Verwaltungsorgan gehören, ist grundsätzlich möglich. Dies entspricht einer zwingenden praktischen Notwendigkeit in großen Unternehmen, für welche die SE typologisch konzipiert ist[13], und ist auch in denjenigen Staaten, die das monistische Modell bereits kennen, allgemein üblich[14]. Frühere Entwürfe der SE-VO (Rz. 5 ff.) hatten eine solche Delegation auf einzelne Mitglieder des Verwaltungsorgans (Entwurf von 1989) oder auch auf Dritte (Entwurf von 1991) noch ausdrücklich zugelassen. Aus der Streichung dieser Passagen ist nicht zu schließen, dass Delegationen nunmehr untersagt sein sollten. Vielmehr handelt es sich jetzt um einen nur teilweise geregelten Bereich, zu dessen Ergänzung das mitgliedstaatliche Recht heranzuziehen ist (dazu Art. 9 Rz. 44 ff.). 14

Auch wenn die SE-VO nicht ausdrücklich zwischen Leitung und Geschäftsführung unterscheidet, liefert doch die Vorschrift des Art. 43 Abs. 1 Satz 2 SE-VO einen Hinweis darauf, dass es einen **Kernbereich** nicht-delegierbarer Leitungskompetenz gibt[15]. Denn die Mitgliedstaaten können nur die „laufenden Geschäfte" auf einen oder mehrere Geschäftsführer übertragen[16]. Daraus lässt sich der Umkehrschluss ziehen, dass außergewöhnliche Entscheidungen auch bei dieser zweigliedrigen Leitungsstruktur in der Kompetenz des Verwaltungsorgans verbleiben. Zudem folgt schon aus allgemeinen Anforderungen an eine ordnungsgemäße Geschäftsführung, dass sich das Verwaltungsorgan mit der Delegation von Aufgaben nicht der ihm gesetzlich übertragenen Aufgaben gänzlich entledigen kann. Der genaue Verlauf der Kompetenzabgren- 15

---

10 So etwa *Fleischer*, ZIP 2003, 1, 3; *Koch* in Hüffer, § 76 AktG Rz. 8; *Seibt* in K. Schmidt/Lutter, § 76 AktG Rz. 9; die Gegenauffassung sieht in der Leitung den Oberbegriff von Geschäftsführung und Vertretung (*Semler*, Leitung und Überwachung, S. 5 ff.; zustimmend *Teichmann*, Binnenmarktkonformes Gesellschaftsrecht, S. 542 f.).
11 *Fleischer*, ZIP 2003, 1, 3; *Koch* in Hüffer, § 76 AktG Rz. 8; *Seibt* in K. Schmidt/Lutter, § 76 AktG Rz. 9.
12 Anders beispielsweise *Paefgen* in KölnKomm. AktG, 3. Aufl., Art. 39 SE-VO Rz. 17; demgegenüber weist die rechtsvergleichende Arbeit von *Huizinga*, Hauptversammlung der SE, S. 158, zu Recht darauf hin, dass die Unterscheidung von „Leitung" und „Geschäftsführung" anderen Rechtsordnungen fremd ist und es daher wenig überzeugt, sie in die SE-VO hinein zu interpretieren.
13 Zur Konzeption der SE als einer Rechtsform für Großunternehmen s. nur *Hommelhoff*, AG 2001, 279, 286 f., *Teichmann*, ZGR 2002, 383, 388 f. sowie monographisch *Gutsche*, Eignung der Europäischen Aktiengesellschaft für kleine und mittlere Unternehmen in Deutschland, 1994.
14 S. nur *Merkt*, ZGR 2003, 650, 657 ff. mit rechtsvergleichendem Überblick zu Frankreich und der Schweiz.
15 In diesem Sinne auch *Schwarz*, Art. 43 SE-VO Rz. 10 (ohne dabei auf Art. 43 Abs. 1 Satz 2 SE-VO Bezug zu nehmen). Vgl. auch *Merkt*, ZGR 2003, 650, 662: die dem Verwaltungsrat zugewiesenen Aufgaben der Festlegung der Grundlinien und der Überwachung ihrer Umsetzung sind unentziehbar. Ebenso für das österreichische Recht *Kalss/Greda* in Kalss/Hügel, § 39 SEG Rz. 6 ff. (allerdings ist hier zu beachten, dass das österreichische SEG den geschäftsführenden Direktoren von vornherein nur die laufenden Tagesgeschäfte zuweist).
16 Zur Bedeutung dieser Ermächtigungsnorm sogleich Rz. 26 ff.

zung steht zwar im **Ermessen** des Verwaltungsorgans[17]. Bei pflichtgemäßer Ausübung dieses Ermessens bleibt das Verwaltungsorgan aber verpflichtet, die Leitlinien der Aufgabenerfüllung selbst festzulegen, die Durchführung der delegierten Aufgaben sodann zu überwachen und gegebenenfalls einzugreifen, wenn bestimmte Aufgaben nicht im Sinne der Vorgaben des Verwaltungsorgans ausgeführt werden. Gegenüber den Aktionären – repräsentiert in der Hauptversammlung – ist in erster Linie das Verwaltungsorgan verantwortlich[18]; denn allein das Verwaltungsorgan wurde von der Hauptversammlung bestellt.

16 Der deutsche Gesetzgeber hat diesen Aspekt der **Verantwortung** gegenüber den Eigentümern in § 22 Abs. 2 bis 5 SEAG unterstrichen: Der Verwaltungsrat muss die Hauptversammlung bei Verlust der Hälfte des Grundkapitals einberufen; er ist für die ordnungsgemäße Führung der Bücher und für die Einführung eines Risikomanagementsystems verantwortlich und muss bei Zahlungsunfähigkeit oder Überschuldung die Insolvenz beantragen. Er muss sich bei alledem nicht persönlich um jedes Detail kümmern, kann aber bei eventuellen Fehlentwicklungen die Verantwortung nicht von sich weisen (vgl. Anh. Art. 43 § 22 SEAG Rz. 9 ff.).

b) Vertretung der Gesellschaft

17 **aa) Regelungslücke in Art. 43 SE-VO.** Die Vertretung der Gesellschaft ist in Art. 43 SE-VO nicht geregelt. Möglicherweise ist aber mit der Zuweisung der Geschäftsführungskompetenz zugleich die **implizite Verleihung von Vertretungsmacht** verbunden. Dies vertritt insbesondere *Hoffmann-Becking*. Seiner Auffassung nach ergibt sich aus Art. 43 Abs. 1 Satz 1 SE-VO, dass das Verwaltungsorgan gesetzlich zur Geschäftsführung und Vertretung der SE befugt sein soll[19]. Zweifel an dieser Interpretation weckt der Blick auf die Entstehungsgeschichte der Norm (Rz. 4 ff.). In allen früheren Fassungen war begrifflich zwischen Geschäftsführung und Vertretung unterschieden worden. Neben der Geschäftsführung fand sich im Rechtstext auch immer eine ausdrückliche Regelung zur Vertretungsmacht[20]. Die Regelung über die Geschäftsführung erlaubte also nach Auffassung der Redaktoren noch keinen zwingenden Schluss auf die Vertretungsmacht; diese bedurfte vielmehr einer eigenständigen Regelung[21]. Dass die SE-VO sich nunmehr einer solchen Regelung enthält, ist im Lichte der Entwicklung des Rechtstextes kein ungewöhnlicher Vorgang. Die Geschichte der SE-VO ist eine Geschichte ihrer Kürzungen. Die dadurch entstandenen Lücken sind nach der Konzeption der Verordnung über die Verweisungsnorm des Art. 9 Abs. 1 lit. c SE-VO durch Rückgriff auf nationales Recht zu schließen; hinzu kommt für den Bereich des monistischen Systems die Ermächtigung an den nationalen Gesetzgeber, SE-spezifische Sonderregeln zu erlassen (Art. 43 Abs. 4 SE-VO). Eine Lückenfüllung, die ohne den Rückgriff auf nationales Recht auskommen will, bedarf daher einer besonderen Rechtfertigung.

---

[17] *Merkt*, ZGR 2003, 650, 662 f.; *Teichmann*, BB 2004, 53, 54; auch *Kalss/Greda* in Kalss/Hügel, § 39 SEG Rz. 31 betonen, es handele sich bei der (in Österreich gesetzlich vorgegebenen) Trennung von Oberleitung und Tagesgeschäft um eine „bewegliche Grenze", die vom Verwaltungsrat zu konkretisieren sei.
[18] *Teichmann* in Lutter/Hommelhoff, Europäische Gesellschaft, S. 195, 204.
[19] *Hoffmann-Becking*, ZGR 2004, 355, 369.
[20] So noch Art. 66 Abs. 1 Satz 2 des Vorschlags von 1991 (*Lutter*, Europäisches Unternehmensrecht, 4. Aufl. 1996, S. 724, 736).
[21] Vgl. hierzu auch z.B. die englische Sprachfassung „the administrative organ shall manage the SE" oder die französische „L'organe d'administration gère la SE".

Teilweise wird zur Füllung der Lücke angenommen, die **Publizitätsrichtlinie** (frühere Erste gesellschaftsrechtliche Richtlinie)[22] habe die Frage in ihrem Artikel 10 bereits geregelt[23]. Gemäß dieser Vorschrift wird eine Gesellschaft durch Handlungen ihrer Organe selbst dann verpflichtet, wenn die Handlungen nicht zum Gegenstand des Unternehmens gehören; satzungsmäßige oder auf einem Beschluss der zuständigen Organe beruhende Beschränkungen der Vertretungsmacht können Dritten nicht entgegengehalten werden. Die Erste Richtlinie schafft allerdings keine Vertretungsorgane, sondern setzt sie voraus. Die Bestimmung des Vertretungsorgans einer Gesellschaft ist weiterhin Angelegenheit des mitgliedstaatlichen Rechts[24].

18

Will man dennoch die Vertretungsmacht des Vertretungsorgans unmittelbar aus dem europäischen Rechtstext ableiten, ist dies methodisch eine – grundsätzlich denkbare[25] – autonom-europäische Lückenfüllung der SE-VO. Voraussetzung dafür ist, dass sich ein **europäischer Rechtsgrundsatz** feststellen lässt, wonach ein zwingender Gleichlauf von Geschäftsführung und Vertretungsmacht besteht und ein Verwaltungsorgan immer auch Vertretungsorgan sein muss. Ein solcher Grundsatz ließe sich methodisch durch die Zusammenschau europäischer Rechtstexte (Rz. 20), ergänzt um eine Rechtsvergleichung der mitgliedstaatlichen Rechtsordnungen (Rz. 21 f.), entwickeln.

19

bb) Andere supranationale Rechtsformen (EWIV, SCE). Der Blick auf andere supranationale Rechtsformen lässt durchaus einen Gleichlauf von Geschäftsführungsbefugnis und Vertretungsmacht erkennen. Gem. Art. 20 der Verordnung über die **Europäische Wirtschaftliche Interessenvereinigung** (EWIV-VO)[26] kann jeder Geschäftsführer die Vereinigung wirksam vertreten. Allerdings bilden die Geschäftsführer kein Organ, das vertretungsberechtigt wäre; die Vertretungsbefugnis ist jedem einzelnen Geschäftsführer persönlich zugewiesen. Darin kommt der personengesellschaftsrechtliche Charakter der EWIV mit dem Grundsatz der Selbstorganschaft zum Ausdruck. Demgegenüber hat die **Europäische Genossenschaft** (SCE) eine der SE vergleichbare körperschaftliche Struktur. Die SCE-VO[27] kennt ebenso wie die SE-VO ein Wahlrecht zwischen dem dualistischen und dem monistischen Modell. Art. 42 Abs. 1 Satz 1 SCE-VO überträgt dem Verwaltungsorgan nicht nur die Geschäftsführung, sondern auch die Vertretung der Genossenschaft: „Das Verwaltungsorgan führt die Geschäfte der SCE und vertritt sie gegenüber Dritten und vor Gericht."

20

---

22 Richtlinie 2009/101/EG, ABl. EU Nr. L 258 v. 1.10.2009, S. 11; diese dient der Neukodifizierung von Richtlinie 68/151/EWG v. 9.3.1968, ABl. EG Nr. L 65 v. 14.3.1968, S. 8 ff. (dort war die Vertretungsbefugnis in Art. 9 geregelt).
23 So offenbar *Manz* in Manz/Mayer/Schröder, Art. 43 SE-VO Rz. 24, der zwar über Art. 9 Abs. 1 lit. c SE-VO zu einer Anwendung des mitgliedstaatlichen Rechts gelangt, daraus aber auf eine unbeschränkte und unbeschränkbare Vertretungsmacht des Verwaltungsorgans schließt, obwohl sich zur Vertretungsmacht eines monistischen Vertretungsorgans im von Art. 9 SE-VO in Bezug genommenen deutschen Recht keine Regelung findet.
24 *Grundmann*, Europäisches Gesellschaftsrecht, § 7 Rz. 211 (S. 116). Ebenso *Edwards*, EC Company Law, S. 34: „National law determines which organs have the power to commit the company vis-à-vis third parties and defines the scope of their power, whether directly by legislating or – as in the United Kingdom – indirectly by leaving it to be described in the company's statutes."
25 Die Frage ist für die SE-VO wegen ihrer vom Gesetzgeber gewollten Lückenhaftigkeit umstritten. Für die grundsätzliche Möglichkeit der Ausdifferenzierung europäischer Rechtsgedanken, die dann einem Rückgriff auf nationales Recht entgegenstehen, *Teichmann*, ZGR 2001, 383, 402 ff.; a.A. *Casper* in FS Ulmer, S. 51, 57 f. Näher Art. 9 Rz. 51 f.
26 Verordnung (EWG) Nr. 2137/85, ABl. EG Nr. L 199 v. 31.7.1985, S. 1 ff.
27 Verordnung 1435/2003/EG v. 22.7.2003, ABl. EG Nr. L 207 v. 18.8.2003, S. 1 ff.

21 **cc) Mitgliedstaatliche monistische Systeme.** Dem monistischen System in **Frankreich** ist die Trennung von Geschäftsführung und Vertretung geläufig[28]. *Guyon* betont, man müsse das Geschäftsführungsorgan und das Vertretungsorgan begrifflich unterscheiden, selbst wenn beide Funktionen von ein und demselben Organ wahrgenommen werden sollten[29]. Unter Geschäftsführung *(gestion)* sei die Entscheidung selbst, unter Vertretung *(representation)* deren Ausführung zu verstehen. Auch der französische Gesetzgeber behandelt Geschäftsführung und Vertretungsmacht als separat regelungsbedürftige Gegenstände, wenngleich der gesetzlichen Regelung die letzte begriffliche Klarheit fehlt[30]. Denn einerseits bestimmt Art. L. 225-17 Abs. 1 Satz 1 Code de commerce, dass der Verwaltungsrat die Gesellschaft verwalte[31], andererseits weist das Gesetz die allgemeine Geschäftsleitung und die Vertretungsmacht dem Verwaltungsratsvorsitzenden *(président directeur général)* zu. Seit der Reform des Jahres 2001 kann die allgemeine Geschäftsleitung und Vertretungsmacht auch einem *directeur général* übertragen werden, der nicht Mitglied des Verwaltungsrats ist (Art. L. 225-51-1 Abs. 1 Code de commerce)[32], aber dennoch unbeschränkte Vertretungsmacht besitzt (Art. L. 225-56 Code de commerce)[33]. Unklar ist, wie sich dazu die beibehaltene Regelung des Art. L. 225-35 Code de commerce verhält, wonach eine Handlung des Verwaltungsrats die Gesellschaft auch dann verpflichtet, wenn sie nicht vom Unternehmensgegenstand gedeckt ist[34]. Die unscharfe Kompetenzzuweisung des *Code de commerce* hinterlässt selbst bei französischen Autoren eine gewisse Ratlosigkeit[35], stützt aber jedenfalls nicht die These, es gebe im monistischen Modell einen zwingenden Gleichlauf von Geschäftsführungsbefugnis und Vertretungsmacht.

22 Im **englischen Recht** ist der Begriff des „Organs" nicht gebräuchlich[36]. Im Mittelpunkt der gesetzlichen Regelung steht der *director*. Der Companies Act beschränkt sich darauf, die Bestellung eines oder mehrerer Direktoren vorzuschreiben. Die Aufgabenverteilung im Bereich der Geschäftsführung wird als innere Angelegenheit der

---

28 Wenngleich der Gesetzgeber die Begriffe nicht durchgehend verwendet; dort taucht die Unterscheidung eher als Trennung von Innen- und Außenverhältnis der Gesellschaft auf (vgl. *Schmidt-Tiedemann*, Geschäftsführung und Vertretung, S. 48 ff.).
29 *Guyon*, Droit des Affaires I, S. 198.
30 Auch *Menjucq*, ZGR 2003, 679, 683, bezeichnet die Rechtslage als verwirrend, weil sowohl der Verwaltungsrat als auch dessen Vorsitzender jeweils uneingeschränkte Vertretungsmacht besitzen; die neuen Vorschriften, durch die der *directeur général* eingeführt wurde, hält er gleichfalls für nicht klar und präzise formuliert, weshalb nun eine gewisse Unsicherheit hinsichtlich der Kompetenzen des Verwaltungsrats bestehe. S. weiterhin *Arlt*, Französische Aktiengesellschaft, S. 117 f.
31 „La société anonyme est administrée par un conseil d'administration composé de trois membres au moins."
32 „La direction générale de la société est assumée, sous sa responsabilité, soit par le président du conseil d'administration, soit par une autre personne physique nommée par le conseil d'administration et portant le titre de directeur général."
33 „Le directeur général est investi des pouvoirs les plus étendus pour agir en toute circonstance au nom de la société. ... Il représente la société das ses rapports avec les tiers."
34 „Dans les rapports avec les tiers, la société est engagée même par les actes du conseil d'administration qui ne relèvent pas de l'objet social ...".
35 *Menjucq*, ZGR 2003, 679, 683. Auch *Schmidt-Tiedemann*, Geschäftsführung und Vertretung, S. 64, sieht einen Widerspruch darin, dass der Verwaltungsrat im Gesetz so umschrieben werde, als würde er für die Gesellschaft handeln, obwohl der Generaldirektor der gesetzliche Vertreter der Gesellschaft ist und daher die Entscheidungen des Verwaltungsrats umsetzen müsse.
36 *Edwards*, EC Company Law, S. 34: „The term ‚organ' is not a familiar one in UK company law". Zu einzelnen Gerichtsentscheidungen, in denen der Begriff des Organs verwendet wird, *Schmidt-Tiedemann*, Geschäftsführung und Vertretung, S. 72.

Gesellschaft angesehen. Über die Reichweite der Geschäftsführungsbefugnisse des *board of directors* entscheiden die Gesellschafter im Gesellschaftsvertrag[37]. Auch die Vertretungsbefugnis besteht nur im Rahmen der dem *board* zugewiesenen Zuständigkeiten und wird zusätzlich begrenzt durch den Gesellschaftsgegenstand[38]. Im Außenverhältnis gilt seit der Umsetzung der ersten gesellschaftsrechtlichen Richtlinie auch im englischen Recht, dass Beschränkungen der Vertretungsmacht Dritten nicht entgegengehalten werden können. Dennoch stützt sich die Wirksamkeit kompetenzüberschreitender Rechtsakte nach englischer Vorstellung nicht auf die originäre Vertretungsmacht der Direktoren, sondern auf den guten Glauben des Vertragspartners an das Bestehen einer solchen Vertretungsmacht[39]. Die früher geltende Lehre von der *constructive notice*, die bei einem Dritten die Kenntnis interner Beschränkungen unterstellte, wurde zu Gunsten des Dritten umgekehrt in eine Vermutung guten Glaubens[40]. Die unbeschränkte Vertretungsmacht wird also nicht konstitutiv vom Gesetz verliehen, sondern gegenüber gutgläubigen Dritten fingiert[41].

dd) Stellungnahme. Die beiden supranationalen Rechtsformen der EWIV und der SCE kennen zwar einen Gleichlauf von Geschäftsführungs- und Vertretungsbefugnis. Im Unterschied zur SE-VO hat der europäische Gesetzgeber diese Frage jedoch in Art. 20 EWIV-VO und Art. 42 SCE-VO ausdrücklich geregelt. Dies belegt ebenso wie die Entstehungsgeschichte des Art. 43 SE-VO (Rz. 4 ff.), dass das europäische Gesellschaftsrecht begrifflich zwischen **Geschäftsführung** (nach innen) und **Vertretung** (nach außen) unterscheidet. Es gibt keinen Anhaltspunkt dafür, dass mit der Streichung der Vorschriften zur Vertretungsmacht in Art. 43 SE-VO eine terminologische Kehrtwende vollzogen und die dogmatische Unterscheidung von Geschäftsführung und Vertretung aufgegeben werden sollte. Die SE-VO beschränkt sich auf eine Regelung der Zuständigkeit für die Geschäftsführung und meint damit die Kompetenzabgrenzung nach innen. Die Vertretungsbefugnis als Rechtsmacht nach außen bleibt ungeregelt (dies gilt auch für das dualistische System, vgl. Art. 39 Rz. 16).

23

Einem **Lückenschluss auf Ebene des Unionsrechts** steht schon die allgemeine Regelungstechnik der SE-VO entgegen. Ihre Lücken sind beabsichtigt und werden in aller Regel durch eine Generalverweisung in das Aktienrecht des Sitzstaates der SE geschlossen (Art. 9 SE-VO). Die Frage der Vertretungsmacht ist auch nicht etwa übersehen worden; in allen früheren Entwürfen war sie noch ausdrücklich geregelt. Fehlt damit schon die Voraussetzung einer unbewussten Lücke, so ist darüber hinaus kein europäisch vorgegebenes Modell erkennbar, mit dessen Hilfe man die Lücke auf Ebene des Unionsrechts schließen könnte. Schon der Blick auf die beiden wichtigsten monistisch geprägten Rechtsordnungen (Frankreich und England) hat gezeigt, dass es kein europäisch einheitliches Vorverständnis dessen gibt, wem in diesem System die

24

---

37 *Farrar's* Company Law, S. 363: „... the relationship between the board and the general meeting is a contractual one based on the articles which determine the extent of the management powers conferred on the board." Zur Machtverteilung zwischen den Gesellschaftsorganen auch *Brandt*, Hauptversammlung, S. 76 ff., sowie *Schmidt-Tiedemann*, Geschäftsführung und Vertretung, S. 236 f.
38 *Neuling*, GmbH und Limited, S. 121.
39 Section 40 (1) Companies Act: „In favour of a person dealing with a company in good faith, the power of the board of directors to bind the company, or authorise others to do so, is deemed to be free of any limitation under the company's constitution." Das Grundkonzept einer auf den Unternehmensgegenstand beschränkten Rechtsfähigkeit wurde damit nicht aufgegeben (*Schmidt-Tiedemann*, Geschäftsführung und Vertretung, S. 244).
40 Vgl. *Edwards*, EC Company Law, S. 37; *Neuling*, GmbH und Limited, S. 121.
41 *Schmidt-Tiedemann*, Geschäftsführung und Vertretung, S. 244.

Vertretungsmacht zuzuweisen ist⁴². Gerade deshalb finden sich auch in den Fassungen der SE-VO und in dem Entwurf für eine Strukturrichtlinie derart vielfältige Varianten der Aufteilung von Geschäftsführung und Vertretungsmacht⁴³.

25 Es hat demnach für die Frage der Vertretungsmacht bei den **allgemeinen Regeln der Lückenfüllung** sein Bewenden⁴⁴: Für den von der Verordnung nicht geregelten Bereich verweist Art. 9 Abs. 1 lit. c SE-VO auf das mitgliedstaatliche Recht. Da dies in Deutschland kein monistisches System bereithält, ist ergänzend die Ermächtigung des Art. 43 Abs. 4 SE-VO heranzuziehen. Mitgliedstaaten, deren Recht das monistische System nicht kennt, können auf dieser Grundlage Vorschriften über die Vertretungsverhältnisse im monistischen System erlassen. Das deutsche SEAG überträgt die Vertretung der Gesellschaft auf **geschäftsführende Direktoren** (§ 41 Abs. 1 SEAG), die vom Verwaltungsorgan zu bestellen sind. Der Verwaltungsrat ist als reines Innenorgan konzipiert, das die Leitlinien der Geschäftsführung vorgibt und hierfür gegenüber der Hauptversammlung Rechenschaft abzulegen hat. Er ist als Organ nicht vertretungsberechtigt, kann dies aber kompensieren, indem er aus seiner Mitte geschäftsführende Direktoren bestellt (§ 40 Abs. 1 Satz 2 SEAG). Zudem kann er seine Geschäftspolitik gegenüber den geschäftsführenden Direktoren mit Hilfe des Weisungsrechts (§ 44 Abs. 2 SEAG) und der Möglichkeit jederzeitiger Abberufung (§ 40 Abs. 5 SEAG) durchsetzen.

2. Übertragung der laufenden Geschäfte an Geschäftsführer (Art. 43 Abs. 1 Satz 2 SE-VO)

a) Gleichlauf mit nationalem Aktienrecht

26 Ein Mitgliedstaat kann nach Art. 43 Abs. 1 Satz 2 SE-VO für das monistische System vorsehen, dass ein oder mehrere Geschäftsführer die laufenden Geschäfte in eigener Verantwortung führen. Die mitgliedstaatliche Regelung muss sicherstellen, dass solche Geschäftsführer „**unter denselben Voraussetzungen**, wie sie für Aktiengesellschaften mit Sitz im Hoheitsgebiet des betreffenden Mitgliedstaates gelten", tätig werden. Folglich ist die Ausübung der Gestaltungsoption nur Mitgliedstaaten möglich, deren Aktienrecht eine vergleichbare Konstruktion der Übertragung der laufenden Geschäfte auf Geschäftsführer kennt. Art. 43 Abs. 1 Satz 2 SE-VO bringt damit den vielfach in der Verordnung aufscheinenden Grundsatz einer weitestmöglichen Gleichbehandlung der SE mit den Aktiengesellschaften ihres Sitzstaates zum Ausdruck⁴⁵.

27 Die Gestaltungsoption des Art. 43 Abs. 1 Satz 2 SE-VO wurde erst nach Fertigstellung des Entwurfs von 1991 in den Rechtstext aufgenommen⁴⁶. Zwar erlaubte der **Entwurf von 1991** in Art. 66 Abs. 2 die Delegation von Geschäftsführungsbefugnissen auf einzelne Mitglieder des Verwaltungsorgans; dies war jedoch eine Gestaltungs-

---

42 Ebenso der rechtsvergleichende Befund bei *Schmidt-Tiedemann*, Geschäftsführung und Vertretung, S. 73: ein einheitliches Prinzip hinsichtlich der Rechtsstellung der Leitungspersonen lasse sich nicht ermitteln.
43 Neben den in Rz. 4 ff. geschilderten früheren Fassungen der SE-VO s. auch Artikel 21a des geänderten Vorschlags für eine Strukturrichtlinie (1991): „Die geschäftsführenden Mitglieder eines Verwaltungsorgans verwalten die Gesellschaft unter der Aufsicht der nichtgeschäftsführenden Mitglieder des Organs." Die Vertretungsmacht blieb dort ungeregelt.
44 In diesem Sinne auch: *Verse* in Habersack/Drinhausen, Art. 43 SE-VO Rz. 17; *Schwarz*, Art. 43 SE-VO Rz. 13; *Schwarz*, ZIP 2001, 1847, 1857; *Kalss/Greda* in Kalss/Hügel, § 43 SEG Rz. 1.
45 Diese Gleichstellung kommt generell in Art. 10 SE-VO zum Ausdruck; auch Art. 9 SE-VO mit seinem Verweis auf das mitgliedstaatliche Aktienrecht ist auf Gleichbehandlung der SE mit nationalen Aktiengesellschaften gerichtet (Art. 9 Rz. 6).
46 Vgl. *Schwarz*, ZIP 2001, 1847, 1855.

möglichkeit des Verwaltungsorgans und nicht des mitgliedstaatlichen Gesetzgebers. Auch fehlte damals die Einschränkung „unter denselben Voraussetzungen, wie sie für Aktiengesellschaften mit Sitz im Hoheitsgebiet des betreffenden Mitgliedstaates gelten."

Das **deutsche Recht** ist von dieser Option nicht angesprochen[47]. Es kennt eine derartige Konstruktion nicht und kann daher von vornherein keine Regelung „unter denselben Voraussetzungen, wie sie für Aktiengesellschaften mit Sitz im Hoheitsgebiet des betreffenden Mitgliedstaats gelten", treffen.   28

b) Vorbild skandinavisches Recht

Eine Konstruktion, wie Art. 43 Abs. 1 Satz 2 SE-VO sie im Auge hat, ist aus dem skandinavischen Recht bekannt (Art. 38 Rz. 22). Dem Vernehmen nach hat **Schweden** seinerzeit diese Öffnung des monistischen Modells gefordert, weil Unsicherheit darüber herrschte, ob das skandinavische Modell als monistisch oder als dualistisch einzuordnen sei[48]. Da die Regelungsermächtigung des Art. 43 Abs. 4 SE-VO voraussetzt, dass das nationale Recht zum monistischen Modell keine Regelungen enthält, war nicht sicher, ob skandinavische Staaten sich auf diese Ermächtigung würden stützen können; dieselbe Frage stellte sich im Hinblick auf die Parallel-Ermächtigung zum dualistischen System (Art. 39 Abs. 5 SE-VO). Um SE mit Sitz in den skandinavischen Staaten gleichwohl die Nutzung des national bekannten Leitungssystems zu eröffnen, wurde vorsorglich für das monistische (Art. 43 Abs. 1 Satz 2 SE-VO) und auch für das dualistische System (Art. 39 Abs. 1 Satz 2 SE-VO) die Option aufgenommen, die laufenden Geschäfte auf einen oder mehrere Geschäftsführer zu übertragen.   29

c) Gestaltungsgrenze bei Neueinführung des monistischen Modells?

Ungeachtet seines entstehungsgeschichtlich und dem Wortlaut nach eng umrissenen Anwendungsbereichs wird Art. 43 Abs. 1 Satz 2 SE-VO mitunter als Gestaltungsgrenze auch für die Gesetzgeber derjenigen Mitgliedstaaten verstanden, die ein monistisches Modell im nationalen Recht nicht kennen und daher auf Basis des Art. 43 Abs. 4 SE-VO entsprechende Regelungen dazu erlassen. Für Deutschland richtet sich diese These gegen die Vorschriften des SEAG, mit denen in das monistische System der **geschäftsführende Direktor** eingeführt wird. Teilweise wird angenommen, die Zuweisung von Geschäftsführungsbefugnissen an Personen, die nicht Mitglieder des Verwaltungsorgans sind, sei überhaupt nur auf Basis des Art. 43 Abs. 1 Satz 2 SE-VO möglich und damit den Staaten, die ein derartiges Modell in ihrem nationalen Recht nicht kennen, generell versagt[49]. Andere Autoren halten zwar die Einführung geschäftsführender Direktoren auf Basis der allgemeinen Ermächtigungsnorm des Art. 43 Abs. 4 SE-VO für möglich, nehmen dann aber Art. 43 Abs. 1 Satz 2 SE-VO inhaltlich zum Maßstab und beschränken daher die Kompetenzen der geschäftsführenden Direktoren im Wege einer europarechtskonformen Auslegung auf die Führung der „laufenden Geschäfte"[50].   30

---

47 In der Diskussion zum SEAG-Gesetzentwurf wurde dies vielfach verkannt (vgl. *Hoffmann-Becking*, ZGR 2004, 355, 372; *Teichmann* in Theisen/Wenz, Europäische Aktiengesellschaft, S. 691, 731).
48 Vgl. *Neye/Teichmann*, AG 2003, 169, 176.
49 *Hoffmann-Becking*, ZGR 2004, 355, 375; ausführlich *Schönborn*, Monistische SE und englisches Recht, S. 192 ff.; zu den Rechtsfolgen im Falle einer Europarechtswidrigkeit vgl. *Bachmann*, ZGR 2008, 779, 785; a.A. *Manz* in Manz/Mayer/Schröder, Art. 43 SE-VO Rz. 14; *Reichert/Brandes* in MünchKomm. AktG, 3. Aufl., Art. 43 SE-VO Rz. 18.
50 *Verse* in Habersack/Drinhausen, Art. 43 SE-VO Rz. 16; *Kallmeyer*, ZIP 2003, 1531, 1532; *Schwarz*, Art. 43 SE-VO Rz. 39; *Seitz*, SE-Geschäftsführer, S. 226 ff.

31 Dem steht jedoch entgegen, dass die beiden Ermächtigungsnormen **verschiedene Sachverhalte** regeln: Art. 43 Abs. 1 Satz 2 SE-VO soll die Möglichkeit eröffnen, SE und nationale Aktiengesellschaft gleich zu behandeln. Der Fall des Art. 43 Abs. 4 SE-VO ist gänzlich anders gelagert, weil die SE hier in ein Rechtssystem einzupassen ist, dessen Aktienrecht die monistische Leitungsstruktur nicht kennt. Hätte der europäische Gesetzgeber in Art. 43 Abs. 1 Satz 2 SE-VO eine generell für das monistische System geltende Aussage treffen wollen, ließe sich der Zusatz „unter denselben Voraussetzungen, wie sie für Aktiengesellschaften mit Sitz im Hoheitsgebiet des betreffenden Mitgliedstaates gelten" nicht sinnvoll erklären. Dass dieser Zusatz existiert, zeigt, dass der Kern der Vorschrift in der **Gleichbehandlung** liegt und nicht darin, das monistische System in denjenigen Staaten inhaltlich einzuschränken, die es bei Einführung der SE-VO noch gar nicht kannten. Art. 43 Abs. 1 Satz 2 SE-VO kann auch schon deswegen keine prägende Aussage über das monistische System entnommen werden, weil sich eine identische Vorschrift im Abschnitt über das dualistische System findet (Art. 39 Abs. 1 Satz 2 SE-VO). Die Vorschrift sollte daher als das gelesen werden, was sie ihrem Wortlaut nach ist: Eine spezielle Gestaltungsoption für Staaten, die in ihrem nationalen Recht die Konstruktion eines lediglich für die laufenden Geschäfte zuständigen Geschäftsführers bereits kennen und sie auf die SE übertragen möchten. Dem Argument, es sei kein Grund dafür ersichtlich, warum Staaten mit monistischem System weniger Gestaltungsfreiheit haben sollten als diejenigen ohne monistisches System[51], ist daher der soeben erläuterte Regelungsgrund entgegenzuhalten: Der SE-VO geht es hier und an vielen anderen Stellen (vgl. Art. 9 Rz. 6 sowie Art. 10 Rz. 1) um eine Gleichbehandlung von SE und nationaler AG. Staaten, die bereits ein monistisches System mit Delegation der laufenden Geschäftsführung kennen (und nur solche sind in Art. 43 Abs. 1 Satz 2 SE-VO angesprochen), müssen die SE insoweit gleich behandeln[52]. Staaten, die ein monistisches System erst anlässlich der SE einführen, sind naturgemäß nicht in derselben Weise gebunden.

32 **Deutschland** hat sich bei der Einführung des geschäftsführenden Direktors ausschließlich auf die inhaltlich nicht beschränkte Regelungsermächtigung des Art. 43 Abs. 4 SE-VO gestützt[53]. Ebenso hat der Gesetzgeber in **Österreich** die Vorschrift interpretiert. Das österreichische SE-Gesetz führt einen geschäftsführenden Direktor ein, der zwar für die laufenden Geschäfte der Gesellschaft zuständig ist (§ 56 öSEG). Der österreichische Gesetzgeber hat diese Regelung aber nicht im Hinblick auf Art. 43 Abs. 1 Satz 2 SE-VO getroffen, sondern auf der Grundlage der Art. 43 Abs. 4 SE-VO. Er folgte der Einschätzung, dass die Ausgestaltung des monistischen Systems Sache des nationalen Gesetzgebers sei; daher wurde das monistische System so ausgestaltet, wie es der nationale Gesetzgeber für richtig hielt: In Anlehnung an Art. 43 Abs. 1 Satz 2 SE-VO wurde zwar die Einschränkung auf die laufenden Geschäfte übernommen, nicht aber die Formulierung, wonach der Geschäftsführer „in eigener Verantwortung" tätig werde[54].

---

51 *Verse* in Habersack/Drinhausen, Art. 43 SE-VO Rz. 16.
52 Diese Staaten genießen weiterhin Gestaltungsfreiheit, nur müssen sie diese auf der Ebene des nationalen Aktienrechts verwirklichen. Wenn sie dort die Voraussetzungen, unter denen die laufenden Geschäfte auf Geschäftsführer übertragen werden können, ändern, schlägt dies mittelbar auch auf die SE durch.
53 Im Sinne einer solchen regelungsoffenen Ermächtigung verstehen Art. 43 Abs. 4 SE-VO *Huizinga*, Hauptversammlung der SE, 2012, S. 34; *Verse* in Habersack/Drinhausen, Art. 43 SE-VO Rz. 15; *Neye/Teichmann*, AG 2003, 169, 176; *Manz* in Manz/Mayer/Schröder, Art. 43 SE-VO Rz. 11 ff.; *Teichmann*, BB 2004, 53, 59 f.
54 *Kalss/Greda* in Kalss/Hügel, § 56 SEG Rz. 3.

3. Zahl der Mitglieder des Verwaltungsorgans (Art. 43 Abs. 2 SE-VO)

a) Satzungsautonomie

Die Zahl der Mitglieder des Verwaltungsorgans oder die Regeln für ihre Festsetzung werden durch die Satzung bestimmt (Art. 43 Abs. 2 Satz 1 SE-VO). Die Mitgliedstaaten können jedoch eine Mindestzahl und erforderlichenfalls eine Höchstzahl festsetzen (Art. 43 Abs. 2 Satz 2 SE-VO). Von dieser **Ermächtigung** hat der deutsche Gesetzgeber in § 23 SEAG Gebrauch gemacht, der die Mitgliederzahl des Verwaltungsrats in Abhängigkeit vom Grundkapital der Gesellschaft staffelt.

33

Die Rechtsfolgen einer **Über- oder Unterbesetzung** richten sich nach dem nationalen Aktienrecht[55]. Demnach hindert eine Überbesetzung die Wirksamkeit der Rechtshandlungen nicht; bei Unterbesetzung kommt es darauf an, dass das Organ zumindest beschlussfähig war[56]. Das im nationalen Recht (beim Vorstand) relevante Problem der wirksamen Vertretung nach außen stellt sich in der monistischen SE nicht, weil die Vertretungsmacht den geschäftsführenden Direktoren zukommt (§ 41 SEAG).

34

b) Mitbestimmtes Verwaltungsorgan

aa) Mindestzahl von drei Mitgliedern. Unterliegt das Verwaltungsorgan der unternehmerischen Mitbestimmung[57], muss es aus mindestens drei Mitgliedern bestehen. Gem. Art. 43 Abs. 2 Unterabs. 2 SE-VO hängt diese Rechtsfolge davon ab, dass „die Mitbestimmung der Arbeitnehmer **gemäß der Richtlinie** geregelt" sei. Die Vorschrift ist missverständlich. Denn eine Regelung gemäß der Richtlinie könnte auch in einem Verzicht auf Mitbestimmung bestehen. Die Rechtsfolge einer Mindestzahl von drei Mitgliedern erhält jedoch nur Sinn, wenn die Regelung im konkreten Fall auch tatsächlich dazu führt, dass das Organ mitbestimmt ist[58]. Dies stellt auch die Erläuterung der Europäischen Kommission zum Entwurf von 1991 (oben Rz. 9) klar: „Die Mindestzahl beträgt jedoch drei Mitglieder, es sei denn, es ist keine Arbeitnehmervertretung im Verwaltungsorgan vorgesehen."

35

bb) Nachgiebigkeit gegenüber Beteiligungsvereinbarung. Fraglich ist, ob sich die in der Satzung festgelegte Mitgliederzahl und die zwingende Festlegung auf eine Mindestzahl von drei Mitgliedern auch gegenüber einer anderslautenden Beteiligungsvereinbarung durchsetzen (zum Inhalt der Beteiligungsvereinbarung § 21 SEBG Rz. 62 ff.). Beide Fragen sind getrennt zu betrachten:

36

Die **Mindestzahl von drei Mitgliedern** ist zwingendes Verordnungsrecht und kann daher auch in einer SE-Beteiligungsvereinbarung nicht abbedungen werden[59]. In der Normenhierarchie des Art. 9 SE-VO steht das Recht der Verordnung über der Beteiligungsvereinbarung[60]. Damit wird den Parteien der SE-Beteiligungsvereinbarung zwar ein gewisser Gestaltungsspielraum genommen, dies ist jedoch als Entscheidung des europäischen Gesetzgebers hinzunehmen.

37

---

55 *Schwarz*, Art. 43 SE-VO Rz. 77.
56 Vgl. *Seibt* in K. Schmidt/Lutter, § 76 AktG Rz. 33; *Koch* in Hüffer, § 76 AktG Rz. 56.
57 Zur Anwendbarkeit der gesetzlichen Mitbestimmung auf die SE vgl. § 22 SEBG und §§ 34 ff. SEBG und die Kommentierung hierzu.
58 Auch *Schwarz*, Art. 43 SE-VO Rz. 75 f., hält die Vorschrift nur bei einem mitbestimmten Verwaltungsorgan für anwendbar. Bei einem nicht mitbestimmten Verwaltungsorgan sei keine Mindestzahl verlangt. Ebenso *Kalss/Greda* in Kalss/Hügel, § 45 SEG Rz. 6.
59 *Verse* in Habersack/Drinhausen, Art. 43 SE-VO Rz. 23; anders hier noch die Vorauflage Art. 43 Rz. 36.
60 Vgl. hierzu *Teichmann*, AG 2008, 797, 804.

38 Soweit die **Satzung** eine bestimmte Mitgliederzahl regelt (Art. 43 Abs. 2 Unterabs. 1 Satz 1 SE-VO), darf sie nicht im Widerspruch zu einer eventuellen Beteiligungsvereinbarung stehen (vgl. Art. 12 Abs. 4 SE-VO). Ein Teil der Literatur nimmt insoweit einen Vorrang der Satzung an[61]. Eine Vereinbarung i.S.d. § 21 SEBG müsse die Grenzen der Satzungsautonomie beachten[62]. Weiterhin wird argumentiert, der Begriff der „**Mitbestimmung**" gem. § 2 Abs. 12 SEBG meine nur das Recht, einen Teil der Mitglieder des Aufsichts- oder Verwaltungsorgans zu wählen oder zu bestellen[63]. Die SE-Beteiligungsvereinbarung dürfe daher nur den relativen Arbeitnehmeranteil im Verwaltungsorgan regeln, nicht aber die absolute Größe des Organs.

39 Dem ist zu widersprechen. Die europäische **Vereinbarungsautonomie** genießt innerhalb des ihr zugewiesenen Regelungsbereichs Vorrang gegenüber anderslautenden Satzungsregeln[64]. Die Definition von „Mitbestimmung" in § 2 Abs. 12 SEBG hat nicht den Zweck, die Reichweite der Vereinbarungsautonomie festzulegen. Diese ist vielmehr weiter zu fassen: Sie betrifft alle Fragen der „Beteiligung" der Arbeitnehmer, also jedes Verfahren, durch das die Vertreter der Arbeitnehmer Einfluss auf die Beschlussfassung in der Gesellschaft nehmen können[65]. Zu Recht hat daher das LG Fürth einer Beteiligungsvereinbarung zur Wirksamkeit verholfen, in der eine von der Satzung abweichende Größe des Aufsichtsrats festgelegt war[66].

40 Zudem ergibt sich für die hier relevante Frage die Antwort bereits aus dem Wortlaut des Gesetzes. Gemäß § 21 Abs. 3 Satz 2 Nr. 1 SEBG legt die SE-Beteiligungsvereinbarung nicht etwa nur den proportionalen Anteil, sondern die konkrete **Zahl der Arbeitnehmervertreter** im Aufsichts- oder Verwaltungsorgan fest[67]. In Verbindung mit der Festlegung des proportionalen Anteils, der unstreitig zum Inhalt der Beteiligungsvereinbarung gehört, ergibt sich daraus zwangsläufig die Gesamtgröße des Organs.

41 cc) **Paritätische Mitbestimmung.** Ist das Verwaltungsorgan paritätisch mitbestimmt, gilt die Sonderregelung nach Art. 45 Satz 2 SE-VO, wonach immer ein von der Hauptversammlung bestelltes Mitglied den Vorsitz übernehmen muss. Ob es darüber hinaus ein zwingendes Zweitstimmrecht des Vorsitzenden gibt, oder dies in der Satzung anders geregelt werden könnte, ist streitig (vgl. Art. 50 Rz. 27).

4. Bestellung der Mitglieder des Verwaltungsorgans (Art. 43 Abs. 3 SE-VO)

42 Art. 43 Abs. 3 SE-VO regelt die Bestellung der Mitglieder des Verwaltungsorgans durch die Hauptversammlung. Ergänzend sind die §§ 27–33 SEAG zu beachten (vgl.

---

61 *Verse* in Habersack/Drinhausen, Art. 43 SE-VO Rz. 23; *Oetker*, ZIP 2006, 1113, 1118; *Seibt*, AG 2005, 413, 422 f.; *Schwarz*, Art. 43 SE-VO Rz. 76; *Eberspächer* in Spindler/Stilz, AktG, Art. 43 SE-VO Rz. 26.
62 *Habersack*, AG 2006, 345, 348; bezogen auf Größe des Verwaltungs- oder Leitungsorgans auch *Eberspächer* in Spindler/Stilz, AktG, Art. 43 SE-VO Rz. 26; *Forst*, Beteiligungsvereinbarung, S. 260 ff.; *Kallmeyer*, AG 2003, 197, 199; *Reichert/Brandes* in MünchKomm. AktG, 3. Aufl., Art. 43 SE-VO Rz. 69. Ebenso unten Teil B., § 21 SEBG Rz. 54.
63 *Habersack*, AG 2006, 345, 351; unten Teil B., § 21 SEBG Rz. 57; *Reichert/Brandes* in MünchKomm. AktG, 3. Aufl., Art. 43 SE-VO Rz. 67; *Schäfer* in Rieble/Junker, Vereinbarte Mitbestimmung in der SE, S. 13, 32.
64 Dazu eingehend *Teichmann*, AG 2008, 797, 800 ff.; weiterhin *Rehberg* in Rieble/Junker, Vereinbarte Mitbestimmung in der SE, S. 45, 62; *Riesenhuber*, Europäisches Arbeitsrecht, § 29 Rz. 50; *Schuberth* in Hamann/Sigle, Vertragsbuch Gesellschaftsrecht, § 8 Rz. 46.
65 *Teichmann*, AG 2008, 797, 804.
66 LG Nürnberg-Fürth v. 8.2.2010 – 1 HK O 8471/09, AG 2010, 384 (= BB 2010, 1113 mit zust. Anm. *Teichmann*, BB 2010, 1114); insoweit gleichsinnig unten *Oetker*, § 21 SEBG Rz. 63 ff.; kritisch hingegen *Forst*, AG 2010, 350 ff. sowie *Kiem*, Der Konzern 2010, 275 ff.
67 Dazu näher *Teichmann* in MünchHdBGesR, Band 6, 2013, § 49 Rz. 61 (m.w.N.).

a) Bestellung, Entsendung und Ersatzmitglieder

Art. 43 Abs. 3 SE-VO regelt die Bestellung der Mitglieder des Verwaltungsorgans. Für die Bestellung ist die **Hauptversammlung** zuständig (Art. 43 Abs. 3 Satz 1 SE-VO); davon unberührt bleiben Regelungen über die Mitbestimmung der Arbeitnehmer (Art. 43 Abs. 3 Satz 3 SE-VO). Für die Bestellung genügt die einfache Mehrheit[68]. Denn gem. Art. 57 SE-VO beschließt die Hauptversammlung mit einfacher Mehrheit, soweit nicht die Verordnung oder das nationale Recht eine größere Mehrheit vorschreibt. Das deutsche Recht sieht eine größere Mehrheit nicht vor; § 28 Abs. 1 SEAG regelt vielmehr ausdrücklich, dass sich die Bestellung der Verwaltungsratsmitglieder nach der SE-VO richten soll (vgl. zu den damit verbundenen Verfahrensfragen die Kommentierung zu § 28 SEAG). Die persönlichen Voraussetzungen für die Bestellung finden sich in Art. 47 SE-VO und § 27 SEAG geregelt. § 30 SEAG sieht außerdem eine **gerichtliche Bestellung** von Verwaltungsratsmitgliedern vor, wenn dem Verwaltungsrat nicht die zur Beschlussfassung nötige Zahl von Mitgliedern angehört. 43

Die Bestellung begründet die **korporationsrechtliche Stellung** der Organmitglieder, insbesondere ihre Teilhabe an der Geschäftsführungskompetenz (Art. 43 Abs. 1 Satz 1 SE-VO) des Verwaltungsorgans. Ihre Wirksamkeit setzt die Zustimmung der bestellten Person voraus[69]. Ob daneben ein Anstellungsverhältnis begründet werden kann, regelt die Verordnung nicht; insoweit gilt folglich mitgliedstaatliches Recht. Gewiss kann mit den geschäftsführenden Mitgliedern des Verwaltungsorgans, nach deutschem Recht also denjenigen, die gem. § 40 SEAG zu **geschäftsführenden** Direktoren bestellt wurden, zusätzlich zur gesellschaftsrechtlichen Organstellung ein **schuldrechtliches Anstellungsverhältnis** begründet werden. Für den Abschluss des Anstellungsvertrags ist dann der Verwaltungsrat zuständig (§ 41 Abs. 5 SEAG). Ob allerdings mit jedem Mitglied des Verwaltungsorgans zugleich ein Anstellungsverhältnis besteht, erscheint zweifelhaft. In Anlehnung an die deutsche Diskussion zum Aufsichtsrat[70] spricht vieles dafür, die Stellung der **nicht-geschäftsführenden** Mitglieder **rein gesellschaftsrechtlich** zu begreifen (vgl. Anh. Art. 43 § 28 SEAG Rz. 5). 44

Entsendungsrechte bestimmter Aktionäre, wie sie das deutsche Recht für den Aufsichtsrat kennt (§ 101 Abs. 2 AktG), sieht Art. 43 Abs. 3 Satz 1 SE-VO nicht vor. Zwar wird der Begriff der „Bestellung" im deutschen Aktienrecht als Oberbegriff für die Wahl durch die Hauptversammlung und die Entsendung durch einzelne Aktionäre gebraucht[71]. Art. 43 Abs. 3 Satz 1 SE-VO, der eine Bestellung „durch die Hauptversammlung" anordnet, scheint daher für Entsendungsrechte einzelner Aktionäre auf den ersten Blick keinen Spielraum zu eröffnen. Indessen sieht Art. 47 Abs. 4 SE-VO ausdrücklich vor, dass einzelstaatliche Vorschriften unberührt bleiben, die einer Minderheit von Aktionären oder anderen Personen oder Stellen die Bestellung eines Teils der Organmitglieder erlauben. Diese Ausnahmeregelungen bleiben unberührt, wie Art. 43 Abs. 3 Satz 3 SE-VO klarstellt. Im nationalen Recht vorgesehene Entsendungsrechte sind also auch in der SE zulässig, soweit sie sich nur auf einen Teil der Organmitglieder beziehen. Da § 101 Abs. 2 AktG nur Entsendungsrechte in den Aufsichtsrat regelt, ordnet **§ 28 Abs. 2 SEAG** für das monistische System eine entspre- 45

---

68 Ebenso für das österreichische Recht *Kalss/Greda* in Kalss/Hügel, § 46 SEG Rz. 5.
69 *Schwarz*, Art. 43 SE-VO Rz. 102.
70 Vgl. *Drygala* in K. Schmidt/Lutter, § 101 AktG Rz. 2.
71 *Koch* in Hüffer, § 101 AktG Rz. 3.

chende Anwendung dieser Vorschrift an. Somit können auch im monistischen System Entsenderechte in der Satzung begründet werden.

46 § 28 Abs. 3 SEAG erlaubt zudem die Bestellung von **Ersatzmitgliedern**. Dies ist zwar in Art. 43 Abs. 3 SE-VO nicht ausdrücklich vorgesehen, erscheint aber unbedenklich, weil die dort geregelte Entscheidungskompetenz der Hauptversammlung unangetastet bleibt[72]. Auch das österreichische SEG sieht eine Bestellung von Ersatzmitgliedern vor (§ 46 Abs. 2 SEG).

47 Eine Bestellung von **Stellvertretern** ist in der Verordnung nicht vorgesehen. Auch das SEAG lässt sie nicht zu. Es betont damit die uneingeschränkte persönliche Verantwortung des jeweils aktuellen Mitglieds (Art. 43 Anh. § 28 SEAG Rz. 9).

b) Bestellung der Mitglieder des ersten Verwaltungsorgans

48 Die Mitglieder des ersten Verwaltungsorgans können durch die Satzung bestellt werden (Art. 43 Abs. 3 Satz 2 SE-VO). Dies entspricht der Regelung in § 30 Abs. 1 AktG, wonach die Gründer den ersten Aufsichtsrat der Gesellschaft zu bestellen haben. Der Sinn dieser Vorschrift liegt darin, dass die Gesellschaft bereits **im Gründungsstadium handlungsfähig** sein muss[73]. Die SE-VO stellt zwar dem Wortlaut nach keine Pflicht auf, die Mitglieder des ersten Verwaltungsorgans bereits in der Satzung zu bestellen. Jedoch ist auch bei einer SE-Gründung die Handlungsfähigkeit der Gesellschaft im Gründungsstadium herzustellen, da die Mitglieder des Verwaltungsorgans bei der Gründungsprüfung (§ 33 AktG) und bei Anmeldung der Gesellschaft (§ 21 Abs. 1 SEAG) zwingend mitwirken müssen[74]. Eine Bestellung durch die Gründer sieht die SE-VO nicht vor; die Bestellung in der Satzung steht dem aber im praktischen Ergebnis gleich. Die für das dualistische System diskutierte Frage der Amtskontinuität von Aufsichtsrat und Vorstand bei einem Formwechsel in die SE[75] stellt sich für den Verwaltungsrat nicht. Denn bei dem Wechsel von einer deutschen Aktiengesellschaft in die monistische SE findet ein Wechsel des Leitungssystems statt, so dass schon aus diesem Grund eine Neubestellung der Organmitglieder erforderlich wird. Zur Durchführung der SE-Gründung ist es daher letztlich unumgänglich, bereits in der Gründungssatzung die Mitglieder des ersten Verwaltungsorgans zu bestellen[76]. Die Dauer der Bestellung kann in diesem Sonderfall abweichend von der regulär vorgesehenen Mandatsdauer geregelt werden (Art. 46 Rz. 4)[77].

c) Abberufung

49 Zur Abberufung der Mitglieder des Verwaltungsorgans schweigt die Verordnung. Streitig ist, ob darin eine Lücke liegt, die durch Verweis auf mitgliedstaatliches Recht zu schließen wäre, oder ob die Verordnung insoweit abschließend ist[78]. Im Allgemei-

---

72 Auch *Schwarz*, Art. 43 SE-VO Rz. 114, sieht die Verordnung insoweit als „regelungsoffen" an.
73 *Bayer* in K. Schmidt/Lutter, § 30 AktG Rz. 1; *Koch* in Hüffer, § 30 AktG Rz. 1.
74 § 30 AktG findet auf die SE-Gründung kraft der Verweisung in Art. 15 SE-VO Anwendung (Art. 15 Rz. 1, 4).
75 Siehe nur *Kleinhenz/Leyendecker-Langner*, AG 2013, 507 ff.
76 Im Ergebnis ebenso, wenn auch mit Abweichungen in der Begründung (analoge Anwendung des § 30 AktG) *Reichert/Brandes* in MünchKomm. AktG, 3. Aufl., Art. 43 SE-VO Rz. 45.
77 *Schwarz*, Art. 43 SE-VO Rz. 104.
78 Für eine Lückenfüllung durch nationales Recht *Bauer*, Organstellung, S. 47; *Brandt*, Hauptversammlung, S. 147; *Kalss/Greda* in Kalss/Hügel, § 48 SEG Rz. 2; *Manz* in Manz/Mayer/Schröder, Art. 43 SE-VO Rz. 32; *Schwarz*, Art. 43 SE-VO Rz. 120; *Siems* in KölnKomm. AktG, 3. Aufl., Art. 46 SE-VO Rz. 2; *Verse* in Habersack/Drinhausen, Art. 43 SE-VO Rz. 36. Für abschließende Regelung in der Verordnung *Hirte*, NZG 2002, 1, 5; *Hommelhoff*, AG 2001, 279, 283.

nen verweist die SE-VO selbst für nur teilweise geregelte Bereiche auf das mitgliedstaatliche Recht (Art. 9 Rz. 42 ff.). Will man diesen Weg ausnahmsweise verschließen, setzt dies den Nachweis voraus, dass die Verordnung den betreffenden Bereich nicht nur „teilweise" geregelt hat, sondern **abschließend regeln wollte** (Art. 9 Rz. 48). Ein Hinweis darauf ist für den Fall der Abberufung möglicherweise Art. 46 Abs. 1 SE-VO zu entnehmen. Demnach sind die Organmitglieder für einen in der Satzung festgelegten Zeitraum zu bestellen. Dies könnte darauf schließen lassen, dass sie während dieses Zeitraums nicht abberufen werden können.

Art. 46 Abs. 1 SE-VO könnte andererseits auch den Sinn haben, eine **unbefristete Bestellung zu verhindern**: Die für die Bestellung zuständigen Organe werden angehalten, sich nach Ablauf festgelegter Fristen erneut Gedanken über die Eignung der Mandatsträger zu machen und über eine Wiederbestellung ausdrücklich zu beschließen, andernfalls endet das Mandat. Die Entstehungsgeschichte der Verordnung legt ein solches Verständnis nahe[79]. Denn Art. 68 des Entwurfs von 1991 regelte ebenso wie der heutige Art. 46 SE-VO eine Bestellung für einen satzungsmäßig festgelegten Zeitraum, während nach dem damaligen Art. 66 Abs. 3 SE-VO die Mitglieder des Verwaltungsorgans von der Hauptversammlung „bestellt und abberufen" werden sollten. Angesichts der zeitlich festgelegten Mandatsdauer und der damit verbundenen automatischen Beendigung des Mandats bei Zeitablauf, ergibt diese Kompetenz zur Abberufung überhaupt nur als *vorzeitige* Abberufung einen Sinn. Dass der Hinweis auf die Abberufung im weiteren Verlauf gestrichen wurde, erlaubt keine Neuinterpretation der Regelung über die Zeitdauer. Denn der Kompensation dieser Kürzungen dienen regelmäßig die in das mitgliedstaatliche Recht führenden Verweisungsnormen. 50

Im Bereich des monistischen Systems übernehmen für eine in Deutschland ansässige SE die gem. Art. 43 Abs. 4 SE-VO erlassenen Regelungen die **Lückenfüllung**, da der Verweis auf nationales Recht andernfalls ins Leere ginge (vgl. zur Regelungstechnik im Bereich der Unternehmensverfassung Art. 38 Rz. 34 ff.). Der deutsche Gesetzgeber hat auf Grundlage des Art. 43 Abs. 4 SE-VO in **§ 29 SEAG** eine Regelung für die Abberufung von Verwaltungsratsmitgliedern getroffen. Die Abberufung vor Ablauf der Amtszeit ist demnach möglich, bedarf aber eines Beschlusses der Hauptversammlung, der mit einer Mehrheit von drei Vierteln der abgegebenen Stimmen gefasst werden muss (§ 29 Abs. 1 SEAG). Ein Mitglied, das auf Grund eines Entsendungsrechts einen Sitz im Verwaltungsrat einnimmt, kann vom Entsendungsberechtigten jederzeit abberufen werden (§ 29 Abs. 2 SEAG). Bei Vorliegen eines wichtigen Grundes ist auch eine gerichtliche Abberufung möglich (§ 29 Abs. 3 SEAG). Dazu auch die Kommentierung der entsprechenden SEAG-Vorschriften im Anh. Art. 43. 51

d) Bestellung und Abberufung der Arbeitnehmervertreter

Ob die Arbeitnehmer das Recht haben, einen Teil der Mitglieder des Verwaltungsorgans zu bestellen, richtet sich nach dem einschlägigen Mitbestimmungsregime. Soweit eine **Vereinbarung** über die Mitbestimmung getroffen wurde, hat diese Vorrang[80]. Wurde keine Vereinbarung geschlossen und kein Beschluss zum Abbruch der Verhandlungen durch das besondere Verhandlungsgremium der Arbeitnehmer gefasst, greift die gesetzliche **Auffanglösung**. Ist an der SE-Gründung eine mitbestimmte Gesellschaft deutschen Rechts beteiligt, haben die Arbeitnehmer in der Regel auch in der SE das Recht, einen Teil der Mitglieder des Aufsichts- oder Verwaltungsorgans zu bestellen (§ 35 SEBG). Die in Art. 43 Abs. 1 SE-VO geregelte Bestellungskom- 52

---

79 Zur Entstehungsgeschichte der Vorschrift ausführlich *Brandt*, Hauptversammlung, S. 146 ff.
80 Vgl. § 22 SEBG, wonach eine gesetzliche Arbeitnehmerbeteiligung nur dann eingreift, wenn dies ausdrücklich vereinbart wurde oder keine Vereinbarung zustande kam.

petenz der Hauptversammlung tritt insoweit zurück. Gem. § 36 Abs. 4 SEBG ist die Hauptversammlung in diesen Fällen an die Wahlvorschläge der Arbeitnehmer gebunden.

53 Art. 43 Abs. 3 Satz 3 SE-VO bringt diesen **Vorrang der Mitbestimmungsregelungen** etwas verklausuliert zum Ausdruck. Denn er erwähnt explizit nur die Möglichkeit, dass nach Maßgabe der SE-Richtlinie eine Vereinbarung über die Mitbestimmung abgeschlossen worden ist. Indessen kann es auch über die gesetzliche Auffanglösung zu einer Bestellung von Arbeitnehmervertretern im Verwaltungsorgan kommen. Auch in diesem Fall tritt die Bestellungskompetenz der Hauptversammlung zurück. Dieses Ergebnis lässt sich möglicherweise damit begründen, dass die Bestellungsrechte der Arbeitnehmer von Art. 47 Abs. 4 SE-VO erfasst sind, auf den Art. 43 Abs. 3 Satz 3 SE-VO ausdrücklich Bezug nimmt. Zu den dort genannten „anderen Personen", denen Bestellungsrechte eingeräumt sein können, ließen sich auch die Arbeitnehmer rechnen[81]. Indessen bestehen Zweifel daran, dass Art. 47 Abs. 4 SE-VO nach der Vorstellung des europäischen Gesetzgebers Regelungsort für die Mitbestimmung der Arbeitnehmer in SE-Organen sein sollte. Denn die Vorschrift erwähnt nur die „Bestellung", wohingegen „Mitbestimmung" weiter zu fassen ist und nach der Begriffsbestimmung in Art. 2 lit. k SE-Richtlinie auch die Empfehlung oder Ablehnung von Organmitgliedern umfasst.

54 Vorzugswürdig ist daher eine **systematische Abgrenzung von SE-Verordnung und SE-Richtlinie**. Die Bestellung von Mitgliedern des Verwaltungsorgans durch die Arbeitnehmer ist als gesetzliche Auffanglösung in der SE-Richtlinie ausdrücklich vorgesehen (Teil 3 des Anhangs, der die Auffanglösung nach Artikel 7 regelt). Die Verordnung ist daher selbstverständlich in all ihren Einzelbestimmungen so zu interpretieren, dass sie die Mitbestimmungsrechte der Arbeitnehmer, wie sie in der SE-Richtlinie geregelt sind, nicht vereitelt. Dass die Verordnung die Möglichkeit einer Bestellung von Organmitgliedern durch die Arbeitnehmer implizit in Rechnung stellt, kann angesichts der parallel verhandelten SE-Richtlinie keinem Zweifel unterliegen und kommt zudem in Art. 45 Satz 2 SE-VO zum Ausdruck: Zum Vorsitzenden des Verwaltungsorgans ist, wenn die Hälfte der Mitglieder von den Arbeitnehmern bestellt wurde, ein Anteilseigner zu wählen. Dementsprechend ist Art. 43 Abs. 3 SE-VO teleologisch dahingehend zu reduzieren, dass die Bestellungskompetenz der Hauptversammlung nicht nur gegenüber einer Mitbestimmungsvereinbarung, sondern auch bei Anwendung der gesetzlichen Auffanglösung zu Gunsten einer Bestellungskompetenz der Arbeitnehmer zurücktritt[82].

55 Teilweise wird allerdings angenommen, dass Art. 43 Abs. 3 Satz 3 SE-VO lediglich für das erste Verwaltungsorgan eine Ausnahme zulasse und daher die **Arbeitnehmervertreter** in allen anderen Fällen gemäß Art. 43 Abs. 3 Satz 1 SE-VO durch die **Hauptversammlung** zu bestellen seien[83]. Dies vermag jedoch systematisch und im Ergebnis nicht zu überzeugen. Art. 43 Abs. 3 SE-VO bezieht sich ganz allgemein auf die Bestellungskompetenz. Satz 1 der Vorschrift hat unstreitig für die gesamte Existenz einer SE Geltung. Der zweite Satz regelt dann den Sonderfall eines ersten Verwaltungsorgans. Dass Satz 3 wiederum nur als Einschränkung zu Satz 2 gemeint sei, ist nicht ersichtlich. Erstens widerspräche eine zwingende Bestellungskompetenz der Haupt-

---

81 *Schwarz*, Art. 47 SE-VO Rz. 55, Rz. 58.
82 Zum gleichen Ergebnis, aber mit anderer Begründung kommen: *Schwarz*, Art. 47 SE-VO Rz. 55; *Siems* in KölnKomm. AktG, 3. Aufl., Art. 43 SE-VO Rz. 52. Zustimmend, die Herleitung jedoch offenhaltend *Verse* in Habersack/Drinhausen, Art. 43 SE-VO Rz. 30.
83 *Jacobs* in MünchKomm. AktG, 3. Aufl., § 21 SEBG Rz. 19a; *Jacobs* in FS K. Schmidt, S. 795, 807.

versammlung dem in der SE-Richtlinie niedergelegten Verständnis, wonach „Mitbestimmung" gerade darin besteht, dass die **Arbeitnehmer** einen Teil der Organmitglieder wählen oder bestellen können (vgl. § 2 Abs. 12 SEBG). Zweitens nennt Satz 3 auch die Sonderregelung des Art. 47 Abs. 4 SE-VO, wonach beispielsweise nationale Entsendungsrechte erhalten bleiben (vgl. Art. 47 Rz. 26). Dass solche Entsendungsrechte allein für das erste Verwaltungsorgan gelten und danach entfallen sollen, ist kaum anzunehmen. Daher ist Art. 43 Abs. 3 Satz 3 SE-VO als allgemeine Vorrangregel zu sehen, wonach die Bestellungskompetenz der Hauptversammlung zurücktritt, wenn und soweit Bestellungsrechte der Arbeitnehmer bestehen oder einer der in Art. 47 Abs. 4 SE-VO geregelten Fälle vorliegt[84].

Damit beruht die Festlegung des deutschen Gesetzgebers in § 36 Abs. 4 SEBG (**Bestellung der Arbeitnehmervertreter durch die Hauptversammlung**) auf einer falschen Prämisse. Anders als in der Gesetzesbegründung angenommen[85], schreibt die SE-VO nicht zwingend vor, dass alle Mitglieder des Verwaltungsorgans von der Hauptversammlung bestellt werden müssten. Sie ist vielmehr offen für anderweitige mitbestimmungsrechtliche Regelungen. *Schwarz* hält daher die Regelung des § 36 Abs. 4 SEBG für europarechtswidrig und zieht daraus die Konsequenz, dass bereits die Benennung der Kandidaten durch SE-Betriebsrat oder Wahlgremium (§ 36 Abs. 2 und 3 SEBG) konstitutive Wirkung habe[86]. Dem ist jedoch nicht zu folgen. Denn der von ihm herangezogene Art. 47 Abs. 4 SE-VO lässt lediglich einzelstaatliche Rechtsvorschriften unberührt, besagt aber nichts über deren Inhalt. § 36 SEBG ist allein an der **SE-Richtlinie** zu messen. Deren Auffanglösung lässt indessen gerade offen, ob die Arbeitnehmer einen Teil der Mitglieder des Verwaltungsorgans wählen, bestellen, empfehlen oder ablehnen, solange nur die Zahl dieser Mitglieder sich nach dem höchsten Anteil in den beteiligten Gesellschaften vor Eintragung der SE bemisst. Eine Modifikation des Bestellungsverfahrens, die für die Mitbestimmung qualitativ keine Einschränkung bedeutet, wird man dem nationalen Gesetzgeber im Rahmen der Richtlinientransformation zugestehen dürfen. Die Bestellung der Arbeitnehmervertreter durch die Hauptversammlung bei Bindung an die Wahlvorschläge der Arbeitnehmervertretungen ist daher **europarechtlich zulässig**[87].

Die **Abberufung** von Mitgliedern des Verwaltungsorgans, die auf Vorschlag der Arbeitnehmer bestellt wurden, regelt § 37 SEBG. Ebenso wie bei der Bestellung ist auch hier die Hauptversammlung zuständig; sie ist dabei an einen entsprechenden Antrag der Arbeitnehmerseite gebunden (vgl. im Einzelnen die Kommentierung in Teil B. zu § 37 SEBG).

IV. Das monistische Modell der deutschen SE

1. Regelungsermächtigung (Art. 43 Abs. 4 SE-VO)

Art. 43 SE-VO enthält in seinem Absatz 4 eine **Ermächtigung** an die Mitgliedstaaten, **SE-spezifische Regelungen für das monistische System zu schaffen**. Dies richtet sich

---

84 So zutreffend *Verse* in Habersack/Drinhausen, Art. 43 SE-VO Rz. 29; ebenso (mit rechtsvergleichenden Ausführungen) *Huizinga*, Machtbalance zwischen Verwaltung und Hauptversammlung in der SE, S. 261 ff. (Entsendungsrechte), S. 284 ff. (Mitbestimmung).
85 Begr. RegE zu § 36 SEBG, BT-Drucks. 15/3405, S. 55.
86 *Schwarz*, Art. 43 SE-VO Rz. 108.
87 Im Lichte dessen bedarf dann allerdings Art. 45 Satz 2 SE-VO einer teleologischen Korrektur; er ist über den unmittelbaren Wortlaut („von den Arbeitnehmern bestellt") sinngemäß auch auf Verwaltungsratsmitglieder anwendbar, die auf Vorschlag der Arbeitnehmer von der Hauptversammlung bestellt wurden (vgl. Art. 45 Rz. 11).

an die Gesetzgeber derjenigen Mitgliedstaaten, deren Recht bislang keine Vorschriften für ein solches System enthält. In der Diskussion über die nationale Begleitgesetzgebung wurde die Frage aufgeworfen, ob der Gesetzgeber auf derartige das monistische System konkretisierende Vorschriften auch verzichten könne. Teilweise wurde das „kann" in Art. 43 Abs. 4 SE-VO im Sinne eines mitgliedstaatlichen Wahlrechts interpretiert[88]. Ungeachtet dessen bestand weitgehende Einigkeit, dass der deutsche Gesetzgeber angesichts der im allgemeinen Aktienrecht fest verankerten dualistischen Struktur gut daran täte, ergänzende Regelungen für das monistische System zu schaffen[89]. Zumindest mittelbar ist er hierzu auch verpflichtet, weil das Wahlrecht andernfalls de facto nicht sinnvoll ausgeübt werden könnte[90]. Die wohl überwiegende Auffassung interpretiert Art. 43 Abs. 4 SE-VO daher zumindest für den deutschen (und den österreichischen) Gesetzgeber im Sinne einer Regelungspflicht[91].

2. Regelungstechnik des deutschen Gesetzgebers

59 Der deutsche Gesetzgeber hat auf Grundlage der Ermächtigung des Art. 43 Abs. 4 SE-VO das monistische System in den **§§ 20 bis 49 SEAG** näher ausgestaltet. Es gilt für eine SE, die ihren Registersitz in Deutschland hat (§ 1 SEAG).

60 Probleme bereitet die Einfügung des monistischen Systems in eine **dualistisch geprägte Rechtsumgebung**. Die Ermächtigung des Art. 43 Abs. 4 SE-VO bezieht sich allein auf Regelungen über das monistische Leitungssystem. Für alle übrigen aktienrechtlichen Materien gilt mittels der Verweisungsnormen der Verordnung (Art. 9 SE-VO und verschiedene Spezialverweisungen) das allgemeine deutsche Aktienrecht. Diese allgemeinen Regeln setzen jedoch häufig die Existenz von Vorstand und Aufsichtsrat voraus. Das beginnt bei den Gründungsvorschriften[92], setzt sich fort in den Regelungen über Rechnungslegung[93] und Kapitalerhöhungen[94] und zieht sich bis in das Konzernrecht[95] hinein. Werden die Organe Vorstand und Aufsichtsrat einfach durch den monistischen Verwaltungsrat ersetzt, entfallen die genannten und andere, hundertfach über das Aktiengesetz verteilte Elemente der internen Corporate Governance. Ob tatsächlich jede Nuance dieser gesellschaftsrechtlichen Gewaltenteilung bewahrenswert ist, mag man unterschiedlich beurteilen. Jedenfalls erschien das SE-Ausführungsgesetz nicht als der geeignete Ort, das aktienrechtliche System der „checks and balances" mit einem Federstrich abzuschaffen[96]. Ebenso wenig konnte das Aktienrecht durchgängig reformiert und auf den Monismus ausgerichtet werden; denn es gilt im Bereich der

---

88 *Artmann*, Wbl 2002, 189, 190; *Bungert/Beier*, EWS 2002, 1, 3; *Hirte*, NZG 2002, 1, 5 Fn. 51; *Schulz/Geismar*, DStR 2001, 1078, 1082; *Schwarz*, ZIP 2001, 1847, 1854; *Werlauff*, SE, S. 73 f.
89 *Hommelhoff*, AG 2001, 279, 284; *Teichmann*, ZIP 2002, 1109, 1114.
90 *Schindler*, Europäische Aktiengesellschaft, S. 58.
91 *Verse* in Habersack/Drinhausen, Art. 43 SE-VO Rz. 30; *Ihrig/Wagner*, BB 2003, 969, 974; *Kalss/Greda*, GesRZ 2004, 91, 100; *Lutter*, BB 2002, 1, 4; *Neye/Teichmann*, AG 2003, 169, 175; *Theisen/Hölzl* in Theisen/Wenz, Europäische Aktiengesellschaft, S. 269, 279 f.
92 Bei der Nachgründung (§ 52 AktG) prüft der *Aufsichtsrat* den Vertrag, den der *Vorstand* gegenüber der Hauptversammlung zu erläutern hat.
93 Der *Aufsichtsrat* billigt den vom *Vorstand* aufgestellten Jahresabschluss (§ 172 AktG).
94 Die Entscheidung des *Vorstands* über die Ausübung des genehmigten Kapitals bedarf der Zustimmung des *Aufsichtsrats* (§ 204 AktG).
95 Der *Aufsichtsrat* prüft den vom *Vorstand* erstellten Abhängigkeitsbericht (§ 314 AktG).
96 Zu diesen gesetzgeberischen Vorüberlegungen *Neye/Teichmann*, AG 2003, 169, 177 ff.; *Teichmann*, BB 2004, 53, 57 ff.; *Teichmann* in Lutter/Hommelhoff, Europäische Gesellschaft, S. 195, 220 ff.; aus österreichischer Sicht gleichlaufende Erwägungen bei *Nowotny*, GesRZ 2004, 39 f.

Verweisungsnormen der SE-VO der Grundsatz der Gleichbehandlung von SE und nationaler Aktiengesellschaft (vgl. oben Rz. 26 ff. sowie Art. 9 Rz. 6 und Art. 10 Rz. 1). Eine das gesamte Aktienrecht einbeziehende monistische Leitungsstruktur hätte demnach im nationalen Aktienrecht eingeführt werden müssen. Dies erschien bei dem Zeitdruck, unter dem das Gesetzgebungsverfahren zu SEAG und SEBG stand, als ein gar zu großer Wurf. Der deutsche Gesetzgeber entschied sich daher für eine pragmatische Zwischenlösung, für die es auch in einigen Staaten, die das monistische System bereits kennen, durchaus Vorbilder gibt (vgl. Art. 38 Rz. 16 ff.).

Vor dem erläuterten Hintergrund wurde neben dem Verwaltungsrat als oberstem Leitungsorgan die Figur des geschäftsführenden Direktors eingeführt. Auf diese Weise wird eine Trennung in **geschäftsführende und nicht-geschäftsführende Direktoren** hergestellt, wie sie auch in den monistischen Systemen des Auslands allgemein üblich ist (vgl. Art. 38 Rz. 25). Dies wurde in der Diskussion grundsätzlich begrüßt. Kritisiert wurde allerdings, dass die Bestellung geschäftsführender Direktoren zwingend vorgeschrieben sei[97]. Indessen lag eine wesentliche Absicht des Gesetzgebers darin, für die als besonders wichtig angesehenen Bereiche Rechnungslegung und Konzernrecht ein dem nationalen Aktienrecht vergleichbares System der internen Kontrolle zu errichten (vgl. §§ 47, 49 SEAG). Diese interne Kontrolle ist im dualistischen System zwingendes Recht und muss es daher auch im monistischen sein. 61

Im Vergleich zum dualistischen System enthält das monistischen System aber **keine strikte Funktionstrennung** (dazu sogleich Rz. 63 ff.). Mitglieder des Verwaltungsrats können zugleich geschäftsführende Direktoren sein; die Direktoren müssen überdies den Weisungen des Verwaltungsrats folgen und können von ihm jederzeit abberufen werden. Um dennoch eine gewisse Selbstkontrolle sicherzustellen, schreibt das Gesetz vor, dass die Mehrheit des Verwaltungsrats aus nicht-geschäftsführenden Mitgliedern bestehen muss. 62

3. Leitung und Kontrolle

In der monistisch strukturierten SE in Deutschland ist der **Verwaltungsrat** das oberste Leitungsorgan der Gesellschaft. Er leitet die Gesellschaft, bestimmt die Grundlinien ihrer Tätigkeit und überwacht deren Umsetzung (§ 22 Abs. 1 SEAG). Ihm sind weiterhin in § 22 Abs. 2 bis Abs. 6 SEAG zentrale Aufgaben gesetzlich zwingend zugewiesen, die im dualistischen Modell der Vorstand übernimmt. Damit wird gesetzlich verdeutlicht, dass der Verwaltungsrat nicht etwa ein aufgewerteter Aufsichtsrat ist, sondern strukturell dem Vorstand entspricht, der im dualistischen Modell die Gesellschaft in eigener Verantwortung zu leiten hat. Im monistischen Modell entfällt die Überwachung durch eine externe Instanz; die im dualistischen Modell dem Aufsichtsrat zugewiesenen Überwachungsaufgaben müssen innerhalb des monistischen Verwaltungsorgans von den nicht-geschäftsführenden Mitgliedern oder durch Ausschüsse wahrgenommen werden. Zu Recht meint daher *Schwarz*, der Verwaltungsrat vereinige in sich die **Aufgaben von Vorstand und Aufsichtsrat** einer deutschen AG[98]. 63

Der Verwaltungsrat bestellt einen oder mehrere **geschäftsführende Direktoren** (§ 40 Abs. 1 SEAG). Die geschäftsführenden Direktoren vertreten die Gesellschaft nach außen (§ 41 SEAG). Sie können vom Verwaltungsrat jederzeit abberufen werden (§ 40 Abs. 5 SEAG) und sind im Innenverhältnis verpflichtet, die vom Verwaltungsrat vor- 64

---

97 So etwa *Hoffmann-Becking*, ZGR 2004, 355, 378; *Holland*, Board of Directors und monistische SE, S. 156; *Ihrig/Wagner*, BB 2003, 969, 975.
98 *Schwarz*, Anh. Art. 43 SE-VO Rz. 41; in diesem Sinne auch *Manz* in Manz/Mayer/Schröder, Art. 43 SE-VO Rz. 1.

gesehenen Beschränkungen und Anweisungen einzuhalten (§ 44 Abs. 2 SEAG). Zum geschäftsführenden Direktor können auch Mitglieder des Verwaltungsrats ernannt werden; die Mehrheit der Verwaltungsratsmitglieder muss aber nicht-geschäftsführend bleiben (§ 40 Abs. 1 Satz 2 SEAG). Andernfalls würde die Kontrolle der Geschäftsführung durch den Verwaltungsrat von den mit dem Tagesgeschäft befassten geschäftsführenden Mitgliedern dominiert und damit letztlich neutralisiert werden.

65 Die **Vertretung der Gesellschaft** gegenüber Dritten obliegt den geschäftsführenden Direktoren (§ 41 SEAG). Dafür sprechen Gründe der Praktikabilität, denn der Verwaltungsrat kann – zumal in einer mitbestimmten Gesellschaft – eine beachtliche Größe erreichen. Viele seiner Mitglieder werden sich in der Praxis auf die Position eines nicht-geschäftsführenden Mitglieds zurückziehen, das lediglich an den Sitzungen teilnimmt, von denen es nach Art. 44 Abs. 1 SE-VO streng genommen nicht mehr als vier jährlich geben muss. Die klare und ausschließliche Zuweisung der Vertretungsmacht an die geschäftsführenden Direktoren erscheint vorzugswürdig gegenüber der französischen Rechtslage, bei welcher eine unübersichtliche Gemengelage zwischen den Kompetenzen des conseil d'administration und dem directeur général besteht (vgl. oben Rz. 21). Die Konstruktion des englischen Rechts (vgl. oben Rz. 22), das die Vertretungsmacht als eine von der Gesellschafterversammlung verliehene Befugnis versteht und die dadurch entstehende Rechtsunsicherheit im Außenverhältnis durch einen vermuteten guten Glauben der unbeschränkten Vertretungsmacht kompensiert, entspricht nicht dem deutschen Recht, das die Vertretungsbefugnis bei Kapitalgesellschaften stets als gesetzlich zugewiesene Befugnis regelt.

66 Die geschäftsführenden Direktoren übernehmen zwar die Geschäftsführung und die Vertretung nach außen. Dennoch trägt der Verwaltungsrat als das „Verwaltungsorgan" im Sinne des Art. 43 Abs. 1 SE-VO im inneren Kompetenzgefüge der Gesellschaft die ungeteilte Verantwortung für die Geschäftsführung. Seine **Leitungsverantwortung** (Art. 43 Anh. § 22 SEAG Rz. 5 ff.) manifestiert sich vorrangig als Organisationsverantwortung. Nach dem SEAG stehen ihm die rechtlichen Instrumente zur Verfügung, um dieser Verantwortung gerecht werden zu können: Er bestellt die geschäftsführenden Direktoren, ist ihnen gegenüber weisungsbefugt und kann sie jederzeit wieder abberufen. Er hat zudem die Möglichkeit, geschäftsführende Direktoren aus den eigenen Reihen zu bestellen, wodurch Mitglieder des Verwaltungsorgans Vertretungsbefugnis erhalten.

4. Mitbestimmung

67 Ist eine mitbestimmte Gesellschaft an der Gründung einer SE beteiligt, kann es mittels einer Vereinbarung oder über die gesetzliche Auffanglösung zu einer **Übertragung der Mitbestimmungsregeln auf die SE** kommen. Die deutsche Mitbestimmung ist zwar bislang auf das dualistische Leitungsmodell bezogen, sie muss aber bei der Gründung einer monistisch geleiteten SE auf das Verwaltungsorgan übertragen werden. Gemäß der europäischen Vorgabe sind alle Mitglieder des Verwaltungsorgans, die von den Arbeitnehmern gewählt, bestellt oder empfohlen wurden, **vollwertige Mitglieder** des Verwaltungsrats mit denselben Rechten und Pflichten wie die Mitglieder, welche die Anteilseigner vertreten (§ 38 Abs. 1 SEBG). Die Arbeitnehmervertreter partizipieren damit an der unternehmerischen Oberleitung im Verwaltungsrat und genießen auf diese Weise einen qualitativ weiterreichenden Einfluss als im Aufsichtsrat des dualistischen Systems[99]. Sie können auch zu geschäftsführenden Direk-

---

[99] *Gruber/Weller*, NZG 2003, 297, 299; *Reichert/Brandes*, ZGR 2003, 767, 789; *Roth*, ZfA 2004, 431, 443 f.; *Teichmann*, BB 2004, 53, 57.

toren bestellt werden, sofern sich dafür im Verwaltungsrat eine Mehrheit findet[100]. Diese Aufwertung ist notwendig und systemimmanent, denn im monistischen System gibt es nur ein Organ der Oberleitung[101]. Gestaltungen, die darauf abzielen, zentrale Leitungsaufgaben in Ausschüsse zu verlagern, von deren Mitgliedschaft Arbeitnehmervertreter generell ausgeschlossen sind[102], lassen sich mit dieser Vorgabe nicht vereinbaren[103].

Richtet sich die Mitbestimmung nach der Auffanglösung, bemisst sich die **Zahl der Arbeitnehmervertreter** nach dem Anteil an Arbeitnehmervertretern, der zuvor in den Organen der beteiligten Gesellschaften geherrscht hat. Galt in einer der beteiligten Gesellschaften das traditionelle deutsche Mitbestimmungssystem, so ist der Vergleichsmaßstab ein Leitungsorgan (Vorstand), in dem keine von den Arbeitnehmern bestellten Mitglieder sitzen, und ein Aufsichtsorgan (Aufsichtsrat), in dem – je nach Mitbestimmungsregime – Drittelbeteiligung oder Parität herrscht. Bei der Übertragung dieser Regelung auf das monistische Verwaltungsorgan liegt es nahe, den Anteil der Arbeitnehmervertreter auf die Gruppe der nicht-geschäftsführenden Mitglieder des Verwaltungsrats zu beziehen[104]. Im Gesetzgebungsverfahren folgte man aber offenbar der Gegenauffassung[105], die eine numerische Übertragung der Aufsichtsratsmitbestimmung auf das Verwaltungsorgan fordert (zu den daraus resultierenden verfassungsrechtlichen Bedenken s. § 35 SEBG Rz. 13 f.). Andernfalls wäre der in letzter Minute eingefügte § 35 Abs. 3 SEAG nicht erforderlich gewesen[106]. Die Praxis musste sich hierauf einstellen; das monistische System entfaltete aus diesem Grunde für mitbestimmte Gesellschaften eine nur geringe Attraktivität. Bislang haben sich offenbar nur Gesellschaften, die noch unterhalb der paritätischen Mitbestimmung lagen, für das monistische Leitungsmodell entschieden. Nach Angaben von *Rose/Köstler* existierten am 1.1.2011 in Deutschland 55 dualistische und 30 monistische SE, jedoch gab es in keiner einzigen monistischen SE eine Mitbestimmung im Verwaltungsrat[107]. Die erste mitbestimmte monistische SE dürfte die Puma SE sein, die allerdings nur einer drittelparitätischen Mitbestimmung unterliegt[108].

68

---

100 Die beispielsweise von *Henssler* in FS Ulmer, S. 193, 208 ff. angeregte Beschränkung der Arbeitnehmervertreter auf eine Kontrollfunktion wird in der Praxis die Regel sein, ist aber rechtlich nicht zwingend.
101 Kritik daran aus verfassungsrechtlicher Sicht bei *Kämmerer/Veil*, ZIP 2005, 369 ff.
102 S. etwa *Gruber/Weller*, NZG 2003, 297, 300, mit dem Vorschlag eines allein von Anteilseignervertretern besetzten Planungsausschusses.
103 Vgl. andererseits *Reichert/Brandes*, ZGR 2003, 767, 794, mit dem zutreffenden Hinweis, dass auch nicht in jedem Ausschuss zwingend die proportionalen Anteile von Anteilseignern und Arbeitnehmern exakt abgebildet werden müssten.
104 Ausführliche Begründung dieses Standpunktes bei *Teichmann* in Lutter/Hommelhoff, Europäische Gesellschaft, S. 195, 214 ff.; ebenso *Roth*, ZfA 2004, 431, 451; monographisch *Scherer*, Dualistisches oder monistisches System, S. 140 ff.
105 S. dazu nur *Köstler* in Theisen/Wenz, Europäische Aktiengesellschaft, S. 331, 361 f.
106 Zu dessen Bedeutung und Entstehungsgeschichte vgl. Art. 43 Anh. § 35 SEAG Rz. 10 ff.
107 *Rose/Köstler*, Mitbestimmung in der SE, S. 17 f.
108 Die Homepage der Puma SE (www.puma.com) berichtet über einen Verwaltungsrat aus acht Mitgliedern, von denen drei die Arbeitnehmer repräsentieren (zuletzt eingesehen am 31.3.2015).

Anhang zu Art. 43 SE-VO
Monistisches System – Kommentierung der §§ 20–49 SEAG

§ 20 SEAG
Anzuwendende Vorschriften

Wählt eine SE gemäß Artikel 38 Buchstabe b der Verordnung in ihrer Satzung das monistische System mit einem Verwaltungsorgan (Verwaltungsrat), so gelten anstelle der §§ 76 bis 116 des Aktiengesetzes die nachfolgenden Vorschriften.

I. Eigenständige Regelung des monistischen Systems 1	II. Bezeichnung des Verwaltungsorgans als „Verwaltungsrat" 5

Literatur: Deutscher Anwaltverein, Stellungnahme zum Diskussionsentwurf des SE-Ausführungsgesetzes, NZG 2004, 75–86; *Forstmoser*, Monistische oder dualistische Unternehmensverfassung? Das Schweizer Konzept, ZGR 2003, 688–719; *Hirte*, Die Europäische Aktiengesellschaft, NZG 2002, 1–10; *Menjucq*, Das „monistische" System der Unternehmensleitung in der SE, ZGR 2003, 679–687; *Metz*, Die Organhaftung bei der monistisch strukturierten Europäischen Aktiengesellschaft mit Sitz in Deutschland, 2009; *Neye/Teichmann*, Der Entwurf für das Ausführungsgesetz zur Europäischen Aktiengesellschaft, AG 2003, 169–179; *Wagner*, Die Bestimmung des auf die SE anwendbaren Rechts, NZG 2002, 985–991.

I. Eigenständige Regelung des monistischen Systems

1 § 20 SEAG leitet den Abschnitt über das monistische Modell ein und nimmt auf das **Wahlrecht des Art. 38 SE-VO** Bezug. Demnach entscheidet die SE in ihrer Satzung über das Leitungsmodell. Wählt sie das dualistische Leitungsmodell mit Vorstand und Aufsichtsrat, gelten neben den Art. 39 ff. SE-VO die allgemeinen Vorschriften des deutschen Aktienrechts (vgl. Art. 39 Rz. 2). Entscheidet sie sich hingegen für das monistische Modell, fehlt ein entsprechendes Vorbild im deutschen Aktienrecht. Der deutsche Gesetzgeber hat daher auf Grundlage von Art. 43 Abs. 4 SE-VO für die SE in den §§ 20 ff. SEAG Vorschriften zum monistischen Leitungsmodell erlassen. Es handelt sich im Kontext der SE-spezifischen Normenhierarchie um „Rechtsvorschriften, die die Mitgliedstaaten in Anwendung der speziell die SE betreffenden Gemeinschaftsmaßnahmen erlassen" (Art. 9 Abs. 1 lit. c i SE-VO)[1].

2 § 20 SEAG erklärt ausdrücklich die §§ 76 bis 116 des Aktiengesetzes für unanwendbar. Statt dessen gelten die Vorschriften des SEAG. Dort finden sich zwar durchaus Anleihen beim nationalen Aktienrecht; § 20 SEAG stellt indessen klar, dass Vorschriften aus dem dualistischen System grundsätzlich nur dann herangezogen werden sollen, wenn das SEAG ausdrücklich Bezug auf sie nimmt[2]. Diese **Regelungstechnik** unterstreicht die Autonomie des monistischen Systems gegenüber dem dualistischen Sys-

---

1 Dazu Art. 9 Rz. 53; *Schwarz*, Anh. Art. 43 SE-VO Rz. 7; demgegenüber setzt sich nach Auffassung von *Wagner*, NZG 2002, 985, 986, die Ermächtigungsnorm des Art. 43 Abs. 4 SE-VO als einfache Verweisungsnorm fort.
2 Zu Recht weist daher *Manz* in Manz/Mayer/Schröder, Art. 43 SE-VO Rz. 55 darauf hin, dass es sich nicht um eine „Klarstellung" im deklaratorischen Sinne handelt, sondern mit der Vorschrift durchaus ein eigenständiger Inhalt verbunden ist.

tem des nationalen Aktienrechts³. Sie hat **methodische Bedeutung**⁴: Das monistische Modell soll nach Möglichkeit in seiner Eigenständigkeit gewürdigt und aus sich heraus fortentwickelt werden. Analogiebildung oder Rechtsfortbildung in Anlehnung an das System des nationalen Aktienrechts ist damit zwar nicht gänzlich verwehrt, aber doch erhöht begründungsbedürftig⁵. Derartige Parallelen dürfen nicht schematisch vorgenommen werden, sondern sind jeweils aus gleichlaufenden Sachnotwendigkeiten zu begründen⁶.

Vorschriften oder Rechtsgedanken aus dem dualistischen Modell können insbesondere dann herangezogen werden, wenn darin allgemeine Grundsätze der **Funktionsweise von Kollegialorganen** zum Ausdruck kommen (dazu bereits Art. 38 Rz. 30). Schon die Verordnung geht davon aus, dass es Überschneidungsbereiche beider Systeme gibt; denn sie regelt in den Art. 46 ff. SE-VO gemeinsame Vorschriften für das monistische und das dualistische System. Auch das SEAG hat Regelungen des allgemeinen Aktienrechts, soweit in ihnen nicht Besonderheiten des dualistischen Systems, sondern allgemeine Funktionsbedürfnisse einer jeden Leitungsstruktur zum Ausdruck kommen, in das monistische System integriert (s. etwa die §§ 34 ff. SEAG zur inneren Ordnung des Verwaltungsrats und § 39 SEAG zur Organhaftung).

3

In der rechtspolitischen Diskussion war der Regelungsansatz des § 20 SEAG auf **Kritik** gestoßen. Der *Handelsrechtsausschuss des DAV* hielt zwar den Ausschluss der §§ 76 bis 116 AktG für „methodisch einleuchtend", schlug darüber hinaus aber vor, Anlehnungen an das Aktienrecht durch „weitreichende Verweisungen auf das AktG" zu regeln und den Gesetzestext dadurch zu vereinfachen⁷. Nach Auffassung des *Deutschen Notarvereins* war die allgemeine Verweisungsnorm zuwenig aussagekräftig; er forderte eine ausdrückliche Auflistung aller Vorschriften des Aktiengesetzes, die auch auf das monistische System anwendbar seien⁸. Dieser Weg erschien jedoch nicht gangbar, da die Organe Aufsichtsrat oder Vorstand im Aktiengesetz mehrere hundert Male erwähnt sind. Eine enumerative Auflistung dieser Normen mit jeweiliger Klärung der Zuständigkeiten für das monistische System hätte den Rechtstext überlastet. Eine im mitgliedstaatlichen Recht enthaltene deklaratorische Auflistung von Normen, die bereits kraft europäischen Rechts auf die SE Anwendung finden, stößt darüber hinaus auf unionsrechtliche Bedenken (dazu bereits Art. 38 Rz. 38).

4

II. Bezeichnung des Verwaltungsorgans als „Verwaltungsrat"

Gem. § 20 SEAG trägt das Verwaltungsorgan der monistischen SE in Deutschland die Bezeichnung „**Verwaltungsrat**". Diese Bezeichnung entspricht dem französischen

5

---

3 Dazu auch *Verse* in Habersack/Drinhausen, SE-Recht, § 20 SEAG Rz. 2.
4 Zum Folgenden auch *Siems* in KölnKomm. AktG, 3. Aufl., Anh. Art. 51 SE-VO Rz. 6 ff.
5 Vgl. *Neye/Teichmann*, AG 2003, 169, 177.
6 Vergleichbar *Schwarz*, Anh. Art. 43 SE-VO Rz. 8: Rückgriff auf Sinn und Zweck der Regelungen der §§ 76 ff. AktG sei möglich, wobei Besonderheiten des monistischen Systems zu beachten seien. Siehe auch die methodischen Erwägungen bei *Metz*, Organhaftung, S. 82 ff.
7 *Handelsrechtsausschuss des DAV*, Stellungnahme zu § 18 Diskussionsentwurf. Dem tendenziell folgend *Siems* in KölnKomm. AktG, 3. Aufl., Anh. Art. 51 SE-VO Rz. 5; *Verse* in Habersack/Drinhausen, SE-Recht, § 20 SEAG Rz. 2.
8 *Deutscher Notarverein*, Stellungnahme zu § 18 Diskussionsentwurf, notar 2003, 94 ff., mit dem Vorschlag (S. 103), der Vorschrift über die anwendbaren Vorschriften folgenden Abs. 3 anzufügen: „§ 52 Abs. 3 und 4, § 59, § 63, § 64, § 83, § 88, § 89, § 92, § 121, § 131, § 145, § 179, § 183, § 194, § 227, § 239, §§ 202–206, § 221, § 293a, § 293c, § 308, § 312, § 394 des Aktiengesetzes sowie § 4, § 8, § 10, § 127, § 136, § 192 des Umwandlungsgesetzes betreffen anstelle der in diesen Vorschriften genannten Organe den Verwaltungsrat."

Recht (conseil d'administration) und der deutschen Begrifflichkeit, wie sie im Schweizer Obligationenrecht verwendet wird[9]. Die von *Hirte* erwogene Bezeichnung als „Vorstand"[10] hätte zwar insoweit ihre Berechtigung gehabt, als der Verwaltungsrat funktional eine dem Vorstand vergleichbare Leitungsverantwortung trägt (vgl. Art. 43 Rz. 60); sie hätte andererseits in einer an das Modell des deutschen Aktiengesetzes gewohnten Rechtsumgebung den konzeptionellen Unterschied zwischen dem monistischen und dem dualistischen Modell allzu sehr verdunkelt.

6 *Schwarz* sieht in der Bezeichnung als „Verwaltungsrat" einen Verstoß gegen das höherrangige europäische Recht, das in Art. 38 SE-VO die Bezeichnung „**Verwaltungsorgan**" zwingend vorschreibe[11]. Dem ist nicht zu folgen. Die Begriffe „Aufsichtsorgan", „Leitungsorgan" und „Verwaltungsorgan" in Art. 38 SE-VO sind funktional zu verstehen und nicht im Sinne einer sprachlichen Bezeichnung, die vom nationalen Recht zwingend zu übernehmen sei. Andernfalls wären einer dualistischen SE in Deutschland die Bezeichnungen „Vorstand" und „Aufsichtsrat" verwehrt; das monistische Organ einer in England gegründeten SE dürfte sich nicht „Board of directors" nennen, sondern müsste als „administrative organ" firmieren. Diese Beispiele zweier Rechtsordnungen, die den Verfassern der Verordnung nebst den anderen in Europa bekannten Systemen vor Augen standen, zeigen, dass die Formulierung in der SE-Verordnung nur neutral gemeint sein kann im Sinne einer Funktionsbezeichnung, die nicht zwingend mit der im Rechtsverkehr und in nationalen Rechtstexten üblichen Bezeichnung des Gremiums übereinstimmen muss. Solange das Organ eindeutig bezeichnet wird, sind daher die im nationalen Recht gebräuchlichen oder SE-spezifisch neu eingeführten Bezeichnungen zulässig.

§ 21 SEAG
Anmeldung und Eintragung

(1) Die SE ist bei Gericht von allen Gründern, Mitgliedern des Verwaltungsrats und geschäftsführenden Direktoren zur Eintragung in das Handelsregister anzumelden.

(2) In der Anmeldung haben die geschäftsführenden Direktoren zu versichern, dass keine Umstände vorliegen, die ihrer Bestellung nach § 40 Abs. 1 Satz 4 entgegenstehen und dass sie über ihre unbeschränkte Auskunftspflicht gegenüber dem Gericht belehrt worden sind. In der Anmeldung sind Art und Umfang der Vertretungsbefugnis der geschäftsführenden Direktoren anzugeben. Der Anmeldung sind die Urkunden über die Bestellung des Verwaltungsrats und der geschäftsführenden Direktoren sowie die Prüfungsberichte der Mitglieder des Verwaltungsrats beizufügen.

(3) Das Gericht kann die Anmeldung ablehnen, wenn für den Prüfungsbericht der Mitglieder des Verwaltungsrats die Voraussetzungen des § 38 Abs. 2 des Aktiengesetzes gegeben sind.

(4) Bei der Eintragung sind die geschäftsführenden Direktoren sowie deren Vertretungsbefugnis anzugeben.

---

9 S. für Frankreich *Menjucq*, ZGR 2003, 679 ff., für die Schweiz *Forstmoser*, ZGR 2003, 688 ff.
10 *Hirte*, NZG 2002, 1, 6.
11 *Schwarz*, Anh. Art. 43 SE-VO Rz. 11. Wie hier *Manz* in Manz/Mayer/Schröder, Art. 38 SE-VO Rz. 21; *Siems* in KölnKomm. AktG, 3. Aufl., Anh. Art. 51 SE-VO Rz. 2; *Verse* in Habersack/Drinhausen, SE-Recht, § 20 SEAG Rz. 3.

I. Überblick	1	III. Erklärungen und beizufügende Unterlagen (§ 21 Abs. 2 SEAG)	7
II. Anmeldung der Gründung (§ 21 Abs. 1 SEAG)		IV. Eintragung (§ 21 Abs. 3 und 4 SEAG)	12
1. Verpflichteter Personenkreis	2		
2. Allgemeines Gründungsrecht	5		

I. Überblick

Das Gründungsverfahren einer SE richtet sich nach den **im künftigen Sitzstaat geltenden Vorschriften**, soweit die SE-VO keine abweichenden Regelungen trifft (Art. 15 Abs. 1 SE-VO). Das deutsche Aktienrecht ist jedoch hier ebenso wie in anderen Bereichen vom dualistischen System mit Vorstand und Aufsichtsrat geprägt. Daher nimmt § 21 SEAG in Bezug auf die Anmeldung (Abs. 1), die dabei abzugebenden Erklärungen und einzureichenden Unterlagen (Abs. 2) sowie die Eintragung und deren Bekanntmachung (Abs. 3 und 4) gewisse Anpassungen an das monistische System vor[1]. Im Übrigen bleibt es bei der Anwendung der allgemeinen aktienrechtlichen Gründungsregeln[2]. Bei Anwendung des § 21 Abs. 1 SEAG ist allerdings eine **teleologische Reduktion** vorzunehmen[3]: Er passt nicht auf den Fall der Entstehung einer SE durch Verschmelzung (vgl. Art. 26 Rz. 8) oder durch Formwechsel (vgl. Art. 36 Rz. 66).

1

II. Anmeldung der Gründung (§ 21 Abs. 1 SEAG)

1. Verpflichteter Personenkreis

Für Gründungsbericht, Gründungsprüfung und Anmeldung der Gründung einer SE in Deutschland gelten die §§ 32 ff. AktG (vgl. dazu näher oben Art. 15). Die Orientierung dieser Vorschriften am dualistischen Leitungsmodell zeigt sich schon rein äußerlich an der häufigen Nennung von Vorstand und Aufsichtsrat, die mit der Zuweisung spezifischer Aufgaben im Gründungsverfahren verbunden wird (beispielsweise der Gründungsprüfung gem. § 33 Abs. 1 AktG). Soweit das SEAG hierzu keine spezielle Regelung trifft, gilt der **Grundsatz des § 22 Abs. 6 SEAG**: Rechte und Pflichten, die das Aktiengesetz Vorstand oder Aufsichtsrat zuweist, treffen im monistischen Modell allein den **Verwaltungsrat**.

2

Für die Anmeldung der Gründung zum Handelsregister weicht § 21 Abs. 1 SEAG von diesem Grundsatz ab und überträgt damit den **Regelungsgedanken des § 36 Abs. 1 AktG** in das monistische Modell. Gem. § 36 Abs. 1 AktG ist eine neu gegründete Aktiengesellschaft von allen Gründern und allen Mitgliedern des Vorstands und des Aufsichtsrats zur Eintragung in das Handelsregister anzumelden[4]. Die Anmeldung ist Voraussetzung der späteren Eintragung und leitet das zur Entstehung der AG führende Registerverfahren ein[5]. Die Anmelder handeln nicht im eigenen Namen, sondern im Namen der Vorgesellschaft[6], die mit Feststellung der Satzung und Übernah-

3

---

1 Vgl. die tabellarische Übersichten bei *Manz* in Manz/Mayer/Schröder, Art. 43 SE-VO Rz. 58; *Siems* in KölnKomm. AktG, 3. Aufl., Anh. Art. 51 SE-VO § 21 SEAG Rz. 5 sowie die Zusammenstellung im SE-RegE, BT-Drucks. 15/3405, S. 36.
2 Näher die Kommentierung zu Art. 15.
3 Eingehend *Verse* in Habersack/Drinhausen, SE-Recht, § 21 SEAG Rz. 6 ff.
4 Zur Frage, wer bei Gründung einer SE als „Gründer" im Rechtssinne anzusehen ist, vgl. Art. 12 Rz. 9.
5 *Koch* in Hüffer, § 36 AktG Rz. 2.
6 BGH v. 16.3.1992 – II ZB 17/91, BGHZ 117, 323, 325 ff. = AG 1992, 227.

me der Aktien durch die Gründer entstanden ist. § 36 Abs. 1 AktG spricht ganz bewusst nicht allein die vertretungsberechtigten Personen an, sondern nimmt alle an der Gründung beteiligten Personen für die ordnungsgemäße Durchführung der Gründung in die Verantwortung[7].

4 Das monistische System, in welchem grundsätzlich allein die geschäftsführenden Direktoren für Anmeldungen zum Handelsregister zuständig sind (§ 40 Abs. 2 Satz 4 SEAG), bedurfte insoweit einer Anpassung. § 21 Abs. 1 SEAG legt daher fest, dass neben den Gründern auch **alle Mitglieder des Verwaltungsrats und alle geschäftsführenden Direktoren** die Anmeldung zum Handelsregister abzugeben haben. Wurden stellvertretende geschäftsführende Direktoren bestellt, sind auch diese zur Anmeldung verpflichtet[8]. Abgesehen von der Regelung des zur Anmeldung verpflichteten Personenkreises in § 21 Abs. 1 SEAG gelten die allgemeinen Vorschriften des registerrechtlichen Verfahrens; insoweit können Rechtsprechung und Literatur zu § 36 Abs. 1 AktG herangezogen werden können. Ebenso kann zum Inhalt der Anmeldung auf den über Art. 15 SE-VO anwendbaren § 37 AktG Bezug genommen werden (s. ergänzend unten Rz. 13).

2. Allgemeines Gründungsrecht

5 Im Bereich des Gründungsrechts bleibt es – von der in § 21 Abs. 1 SEAG geregelten Anmeldung abgesehen – bei der **Generalzuständigkeit** des Verwaltungsrats, die sich aus § 22 Abs. 6 SEAG ergibt. In Einzelfällen bedarf allerdings das Zusammenspiel des allgemeinen Aktienrechts mit dem monistischen System einer funktionalen Anpassung, um den Besonderheiten des Leitungsmodells einerseits und dem Regelungsgedanken der allgemein-aktienrechtlichen Norm andererseits gerecht zu werden (dazu näher unten Anh. Art. 43 § 22 SEAG Rz. 41 ff.). Zu berücksichtigen ist insbesondere die **interne Arbeitsteilung**, die sich aus der Zusammenarbeit des Verwaltungsrats mit den ihm weisungsunterworfenen geschäftsführenden Direktoren ergibt.

6 So lässt sich die Anforderung des § 36 Abs. 2 AktG, wonach die **Einlagen zur freien Verfügung** des Vorstands geleistet sein müssen, nicht unmittelbar auf den Verwaltungsrat übertragen; denn dieser hat keine Vertretungsbefugnis, kann also im Rechtssinne nicht über die Einlagen „verfügen". Die Einlagen sind daher zur freien Verfügung der geschäftsführenden Direktoren zu leisten. Da geschäftsführende Direktoren im monistischen Leitungssystem der Personal- und Weisungshoheit des Verwaltungsrats unterliegen[9], gelangen die Einlagen mit der Leistung an die Direktoren zugleich in den Herrschaftsbereich des Verwaltungsrats. Das Merkmal der „freien" Verfügung ist insoweit nicht allein auf die Direktoren bezogen[10]; auch der Verwaltungsrat darf gegenüber dem einlegenden Gesellschafter keinen Beschränkungen in der Verfügung der eingezahlten Mittel unterliegen[11].

---

[7] Zu dieser gesetzgeberischen Intention BGH v. 16.3.1992 – II ZB 17/91, BGHZ 117, 323, 327 ff. = AG 1992, 227.
[8] *Schwarz*, Anh. Art. 43 SE-VO Rz. 18; *Verse* in Habersack/Drinhausen, SE-Recht, § 21 SEAG Rz. 4.
[9] Dazu im Überblick Art. 43 Rz. 60 ff.; vgl. im Übrigen die Kommentierung zu Anh. Art. 43 §§ 40 ff. SEAG.
[10] So jedoch *Manz* in Manz/Mayer/Schröder, Art. 43 SE-VO Rz. 59.
[11] Zum Merkmal der „freien" Verfügbarkeit s. nur *Kleindiek* in K. Schmidt/Lutter, § 36 AktG Rz. 19 ff. und *Koch* in Hüffer, § 36 AktG Rz. 7 ff.

III. Erklärungen und beizufügende Unterlagen (§ 21 Abs. 2 SEAG)

§ 21 Abs. 2 Satz 1 SEAG entspricht der allgemein-aktienrechtlichen Regelung in § 37 Abs. 2 Satz 1 AktG. Er gilt – anders als Abs. 1 der Vorschrift (oben Rz. 1) – auch für die Gründungsarten der Verschmelzung und des Formwechsels[12]. Die geschäftsführenden Direktoren unterliegen hinsichtlich der persönlichen Voraussetzungen Beschränkungen, die denjenigen von Vorstandsmitgliedern vergleichbar sind (§ 40 Abs. 1 Satz 4 SEAG lehnt sich insoweit an § 76 Abs. 2 AktG an); denn ebenso wie Vorstandsmitglieder nehmen sie die Geschäftsführung und die Vertretung der Gesellschaft nach außen wahr. Dass sie dabei anders als Vorstandsmitglieder weisungsabhängig sind, macht für die grundsätzlich zu fordernden persönlichen Voraussetzungen – wie etwa das Fehlen von einschlägigen Vorstrafen – keinen Unterschied. Ebenso wie Vorstandsmitglieder gem. § 37 Abs. 2 AktG müssen daher die geschäftsführenden Direktoren gem. § 21 Abs. 2 Satz 1 SEAG versichern, dass keine **Bestellungshindernisse** vorliegen und sie über ihre uneingeschränkte Auskunftspflicht gegenüber dem Gericht belehrt worden sind. 7

Die Stellung als geschäftsführender Direktor kann mit der **Mitgliedschaft im Verwaltungsrat** verbunden werden (vgl. § 40 Abs. 1 SEAG). Dabei kommt es zu einer kumulativen Anwendung der für beide Funktionen geltenden Bestellungshindernisse. Für Verwaltungsratsmitglieder gelten zunächst über Art. 47 Abs. 2 SE-VO die allgemeinen Bestellungshindernisse, welche das nationale Recht für Mitglieder von Leitungs- oder Aufsichtsorganen aufstellt (vgl. unten Art. 47 Rz. 12 f.). Zusätzlich gelten die Bestellungshindernisse des § 27 Abs. 1 SEAG, die eine übermäßige Kumulation von Mandaten verhindern sollen. Indessen sind auch im Fall der Personalunion die Bestellung zum geschäftsführenden Direktor und zum Mitglied des Verwaltungsrats zwei getrennte Rechtsakte, die verschiedenen Voraussetzungen unterliegen können. Die Versicherung der geschäftsführenden Direktoren nach § 21 Abs. 2 Satz 1 SEAG bezieht sich allein auf die Einhaltung der persönlichen Voraussetzungen für dieses Amt. Bestellungshindernisse aus § 27 Abs. 1 SEAG betreffen die Funktion als Mitglied des Verwaltungsrats und stehen der Eintragung als geschäftsführender Direktor nicht entgegen[13]. 8

In der Anmeldung ist weiterhin anzugeben, welche **Vertretungsbefugnis** die geschäftsführenden Direktoren haben (§ 21 Abs. 2 Satz 2 SEAG), ob also Einzel- oder Gesamtvertretungsbefugnis (vgl. § 41 SEAG) vorliegt. Dies entspricht der Vorschrift des § 37 Abs. 3 AktG. 9

Welche **Unterlagen** der Anmeldung beizufügen sind, ergibt sich grundsätzlich aus § 37 Abs. 4 AktG. § 21 Abs. 2 Satz 3 SEAG nimmt nur in zweierlei Hinsicht eine Anpassung an das monistische Modell vor: Zum einen sind der Anmeldung die Urkunden über die Bestellung des Verwaltungsrats und der geschäftsführenden Direktoren beizufügen; diese Regelung tritt an die Stelle von § 37 Abs. 4 Nr. 3 AktG. Weiterhin sind die Prüfungsberichte der Mitglieder des Verwaltungsrats beizufügen; insoweit wird § 37 Abs. 4 Nr. 4 AktG modifiziert. 10

---

12 *Verse* in Habersack/Drinhausen, SE-Recht, § 21 SEAG Rz. 10.
13 Ebenso *Verse* in Habersack/Drinhausen, SE-Recht, § 21 SEAG Rz. 11. Die entgegenstehende Auffassung von *Schwarz* (Anh. Art. 43 SE-VO Rz. 27) beruht offenbar darauf, dass er die allgemeinen Bestellungshindernisse für Verwaltungsratsmitglieder, die sich nach hier vertretener Auffassung aus Art. 47 Abs. 2 SE-VO in Verbindung mit dem allgemeinen Aktienrecht ergeben (vgl. hier Anh. Art. 43 § 27 SEAG Rz. 2 ff. und Art. 47 Rz. 7 ff.), dem § 27 SEAG zuordnet (*Schwarz*, Anh. Art. 43 SE-VO Rz. 129 ff.).

11 Rechtliche Grundlage der **Gründungsprüfung** durch die Mitglieder des Verwaltungsrats sind die §§ 33, 34 AktG i.V.m. § 22 Abs. 6 SEAG. Sie sind – ebenso wie im dualistischen System die Mitglieder von Vorstand und Aufsichtsrat – persönlich zur Prüfung des Gründungsvorgangs verpflichtet[14]. Über die Prüfung ist gem. § 34 Abs. 2 Satz 1 AktG schriftlich zu berichten. Die gemeinsame Berichterstattung in einer Urkunde ist zulässig[15]; der Plural in § 21 Abs. 2 Satz 3 SEAG („Prüfungsberichte") ist nicht so zu verstehen, dass jedes Mitglied des Verwaltungsrats zwingend einen äußerlich getrennten eigenen Bericht vorlegen muss[16]. Die geschäftsführenden Direktoren trifft keine Prüfungspflicht. Dies unterstreicht ihre gegenüber dem Verwaltungsrat nachgeordnete Stellung. Die Verantwortung für eine ordnungsgemäße Gründung trägt neben den Gründern vor allem der Verwaltungsrat als oberstes Leitungsorgan der Gesellschaft.

IV. Eintragung (§ 21 Abs. 3 und 4 SEAG)

12 Die Anmeldung führt zur Eintragung der Gesellschaft nach Art. 12 SE-VO, sofern keine Eintragungshindernisse entgegenstehen. Der Eintragung geht daher eine **Prüfung durch das Gericht** voraus; dies folgt aus § 38 AktG i.V.m. Art. 15 SE-VO. § 38 Abs. 2 AktG nennt als mögliches Eintragungshindernis die Unrichtigkeit oder Unvollständigkeit des Prüfungsberichts der Mitglieder von Vorstand und Aufsichtsrat[17]; bei Gründung einer monistisch strukturierten SE kommt es insoweit gem. § 21 Abs. 3 SEAG auf den Prüfungsbericht der Mitglieder des Verwaltungsrats an.

13 Den **Inhalt der Eintragung** regelt § 39 AktG i.V.m. Art. 15 SE-VO. In Modifizierung von § 39 Abs. 1 AktG, der vorschreibt, in der Eintragung die Vorstandsmitglieder anzugeben, bestimmt § 21 Abs. 4 SEAG, dass die Eintragung die geschäftsführenden Direktoren und ihre Vertretungsbefugnis angeben muss. Einzutragen sind Vor- und Nachname, Beruf und Wohnort[18]. Die Mitglieder des Verwaltungsrats werden als solche nicht eingetragen, da sie keine Vertretungsbefugnis besitzen[19]. Soweit sie zugleich geschäftsführende Direktoren sind, werden sie in dieser Eigenschaft eingetragen. Der Vorsitzende des Verwaltungsrats und sein Stellvertreter sind gem. § 46 Abs. 1 Satz 3 SEAG zum Handelsregister anzumelden.

14 Die **Bekanntmachung der Eintragung** geht gem. § 40 AktG i.V.m. Art. 15 SE-VO in einigen Punkten über den Inhalt der Eintragung hinaus. Die nach Art. 14 SE-VO zusätzlich gebotene Bekanntmachung im Amtsblatt der Europäischen Union hat lediglich informatorischen Charakter und ersetzt nicht die in den §§ 10 HGB, 40 AktG geregelte Bekanntmachung nach nationalem Recht[20].

---

14 Zu dieser Prüfungspflicht *Bayer* in K. Schmidt/Lutter, § 33 AktG Rz. 2 sowie *Koch* in Hüffer, § 33 AktG Rz. 2.
15 Für die gemeinsame Berichterstattung von Vorstand und Aufsichtsrat *Bayer* in K. Schmidt/Lutter, § 34 AktG Rz. 10 sowie *Koch* in Hüffer, § 34 AktG Rz. 4.
16 Ebenso *Verse* in Habersack/Drinhausen, SE-Recht, § 21 SEAG Rz. 13.
17 Zu weiteren Eintragungshindernissen Art. 12 Rz. 24 ff.
18 *Schwarz*, Anh. Art. 43 SE-VO Rz. 36; zu § 39 AktG *Kleindiek* in K. Schmidt/Lutter, § 39 AktG Rz. 3 sowie *Koch* in Hüffer, § 39 AktG Rz. 2.
19 *Manz* in Manz/Mayer/Schröder, Art. 43 SE-VO Rz. 58; *Verse* in Habersack/Drinhausen, SE-Recht, § 21 SEAG Rz. 15.
20 *Schwarz*, Art. 12 SE-VO Rz. 18 und Anh. Art. 43 SE-VO Rz. 39.

§ 22 SEAG
Aufgaben und Rechte des Verwaltungsrats

(1) Der Verwaltungsrat leitet die Gesellschaft, bestimmt die Grundlinien ihrer Tätigkeit und überwacht deren Umsetzung.

(2) Der Verwaltungsrat hat eine Hauptversammlung einzuberufen, wenn das Wohl der Gesellschaft es fordert. Für den Beschluss genügt die einfache Mehrheit. Für die Vorbereitung und Ausführung von Hauptversammlungsbeschlüssen gilt § 83 des Aktiengesetzes entsprechend; der Verwaltungsrat kann einzelne damit verbundene Aufgaben auf die geschäftsführenden Direktoren übertragen.

(3) Der Verwaltungsrat hat dafür zu sorgen, dass die erforderlichen Handelsbücher geführt werden. Der Verwaltungsrat hat geeignete Maßnahmen zu treffen, insbesondere ein Überwachungssystem einzurichten, damit den Fortbestand der Gesellschaft gefährdende Entwicklungen früh erkannt werden.

(4) Der Verwaltungsrat kann die Bücher und Schriften der Gesellschaft sowie die Vermögensgegenstände, namentlich die Gesellschaftskasse und die Bestände an Wertpapieren und Waren, einsehen und prüfen. Er kann damit auch einzelne Mitglieder oder für bestimmte Aufgaben besondere Sachverständige beauftragen. Er erteilt dem Abschlussprüfer den Prüfungsauftrag für den Jahres- und Konzernabschluss gemäß § 290 des Handelsgesetzbuchs.

(5) Ergibt sich bei Aufstellung der Jahresbilanz oder einer Zwischenbilanz oder ist bei pflichtmäßigem Ermessen anzunehmen, dass ein Verlust in der Hälfte des Grundkapitals besteht, so hat der Verwaltungsrat unverzüglich die Hauptversammlung einzuberufen und ihr dies anzuzeigen. Bei Zahlungsunfähigkeit oder Überschuldung der Gesellschaft hat der Verwaltungsrat den Insolvenzantrag nach § 15a Abs. 1 der Insolvenzordnung zu stellen; § 92 Abs. 2 des Aktiengesetzes gilt entsprechend.

(6) Rechtsvorschriften, die außerhalb dieses Gesetzes dem Vorstand oder dem Aufsichtsrat einer Aktiengesellschaft Rechte oder Pflichten zuweisen, gelten sinngemäß für den Verwaltungsrat, soweit nicht in diesem Gesetz für den Verwaltungsrat und für geschäftsführende Direktoren besondere Regelungen enthalten sind.

I. Bedeutung des § 22 SEAG 1	2. Einberufung in Sonderfällen
II. Stellung des Verwaltungsrats in der Unternehmensverfassung (§ 22 Abs. 1 SEAG)	a) Zum Wohle der Gesellschaft (§ 22 Abs. 2 Satz 1 SEAG) 19
	b) Verlust der Hälfte des Grundkapitals (§ 22 Abs. 5 Satz 1 SEAG) . . 21
1. Leitungsverantwortung	3. Vorbereitung und Durchführung
a) Inhalt 5	von Beschlüssen (§ 22 Abs. 2 Satz 3
b) Leitungsverantwortung und Leitungspflicht 9	SEAG) 23
2. Verhältnis zu den geschäftsführenden Direktoren	IV. Handelsbücher und Risikofrüherkennungssystem (§ 22 Abs. 3 SEAG) 25
a) Über-/Unterordnung 12	1. Führung der Handelsbücher (§ 22 Abs. 3 Satz 1 SEAG) 26
b) Delegation und Vollzugskontrolle 14	2. Risikofrüherkennungssystem 30
III. Verwaltungsrat und Hauptversammlung	V. Einsichts- und Prüfungsrecht (§ 22 Abs. 4 SEAG) 31
1. Einberufung und Leitung der Hauptversammlung 17	VI. Erteilung des Prüfungsauftrags an den Abschlussprüfer (§ 22 Abs. 4 Satz 3 SEAG) 34

VII. Leitungspflichten bei Zahlungsunfähigkeit und Überschuldung (§ 22 Abs. 5 Satz 2 SEAG)
1. Übertragbarkeit allgemein aktienrechtlicher Rechtsgrundsätze 35
2. Anpassung an die monistische Leitungsstruktur 36

VIII. Allgemeine Pflichtenstellung des Verwaltungsrats (§ 22 Abs. 6 SEAG)
1. Sinn und Zweck der Norm 41
2. Anwendung anderer vom Dualismus geprägter Rechtsnormen 42
3. Fehlen interner Kontrollmechanismen 46

Literatur: *Bachmann,* Der Verwaltungsrat der monistischen SE, ZGR 2008, 779–808; *Bauer,* Organstellung und Organvergütung in der monistisch verfassten Europäischen Aktiengesellschaft (SE), 2008; *Boettcher,* Die Kompetenzen von Verwaltungsrat und geschäftsführenden Direktoren in der monistischen SE in Deutschland, 2008 (zit.: Verwaltungsrat); *Brandt,* Die Hauptversammlung der Europäischen Aktiengesellschaft (SE), 2004 (zit.: Hauptversammlung); *Deutscher Anwaltverein,* Stellungnahme zum Diskussionsentwurf des SE-Ausführungsgesetzes, NZG 2004, 75–86; *Ebert,* Folgepflicht und Haftung des GmbH-Geschäftsführers beim Erhalt und bei der Ausführung von Weisungen, GmbHR 2003, 444–449; *Eder,* Die monistisch verfasste Societas Europaea – Überlegungen zur Umsetzung eines CEO-Modells, NZG 2004, 544–547; *Fischer,* Monistische Unternehmensverfassung, 2010; *Fleischer,* Zur Leitungsaufgabe des Vorstands im Aktienrecht, ZIP 2003, 1–11; *Haas,* Reform des gesellschaftsrechtlichen Gläubigerschutzes, Verhandlungen des 66. Deutschen Juristentages Stuttgart 2006, Band I, Gutachten E, 2006; *Holland,* Das amerikanische „board of directors" und die Führungsorganisation der monistischen SE in Deutschland, 2006; *Hommelhoff,* Die neue Position des Abschlussprüfers im Kraftfeld der aktienrechtlichen Organisationsverfassung, BB 1998, 2567–2573 (Teil I), 2625–2631 (Teil II); *Hopt/Leyens,* Board Models in Europe – Recent Developments of Internal Corporate Governance Structures in Germany, the United Kingdom, France and Italy, ECFR 1 (2004), 135–168; *Ihrig,* Die geschäftsführenden Direktoren in der monistischen SE: Stellung, Aufgaben und Haftung, ZGR 2008, 809–834; *Kallmeyer,* Das monistische System in der SE mit Sitz in Deutschland, ZIP 2003, 1531–1536; *Kalss/Greda,* Die Europäische Gesellschaft (SE) österreichischer Prägung nach dem Ministerialentwurf, GesRZ 2004, 91–107; *Kepper,* Die mitbestimmte SE deutschen Rechts, 2010; *Koke,* Die Finanzverfassung der Europäischen Aktiengesellschaft (SE) mit Sitz in Deutschland, 2005 (zit.: Finanzverfassung der SE); *Lutter/Kollmorgen/Feldhaus,* Die Europäische Aktiengesellschaft – Satzungsgestaltung bei der mittelständischen SE, BB 2005, 2473–2483; *Lutter/Kollmorgen/Feldhaus,* Muster-Geschäftsordnung für den Verwaltungsrat einer SE, BB 2007, 509–516; *Marsch-Barner,* Zur monistischen Führungsstruktur einer deutschen Europäischen Gesellschaft (SE), in Gedächtnisschrift für *Ulrich Bosch,* 2006, S. 99–113; *Mauch,* Das monistische Leitungssystem in der Europäischen Aktiengesellschaft, 2008; *Maul,* Konzernrecht der „deutschen" SE – Ausgewählte Fragen zum Vertragskonzern und den faktischen Unternehmensverbindungen, ZGR 2003, 743–763; *Menjucq,* Das „monistische" System der Unternehmensleitung in der SE, ZGR 2003, 679–687; *Merkt,* Die monistische Unternehmensverfassung für die Europäische Aktiengesellschaft aus deutscher Sicht, ZGR 2003, 650–678; *Minuth,* Führungssysteme der Europäischen Aktiengesellschaft (SE), 2005 (zit.: Führungssysteme); *Nagel,* Unabhängigkeit der Kontrolle im Aufsichtsrat und Verwaltungsrat: Der Konflikt zwischen der deutschen und der angelsächsischen Konzeption, NZG 2007, 166–169; *Neye/Teichmann,* Der Entwurf für das Ausführungsgesetz zur Europäischen Aktiengesellschaft, AG 2003, 169–179; *Nowotny,* Zur Organisationsverfassung der Europäischen Aktiengesellschaft, GesRZ 2004, 39–45; *Oechsler,* Kapitalerhaltung in der Europäischen Gesellschaft (SE), NZG 2005, 449–454; *Rockstroh,* Verwaltungsrat und geschäftsführende Direktoren in der monistisch strukturierten Societas Europaea, BB 2012, 1620–1625; *Scherer,* „Die Qual der Wahl": Dualistisches oder monistisches System?, 2006; *Teichmann,* Gestaltungsfreiheit im monistischen Leitungssystem der Europäischen Aktiengesellschaft, BB 2004, 53–60; *Teichmann,* Organhaftung in der SE, in Krieger/Uwe H. Schneider, Handbuch Managerhaftung, 2. Aufl. 2010; *Velte,* Corporate Governance in der monistischen Societas Europaea, WM 2010, 1635–1641.

I. Bedeutung des § 22 SEAG

1 Im monistischen Modell der SE führt das Verwaltungsorgan die Geschäfte (Art. 43 Abs. 1 SE-VO). Es trägt in Deutschland die Bezeichnung „Verwaltungsrat" (§ 20 SEAG). § 22 SEAG dient, gestützt auf die Regelungsermächtigung des Art. 43 Abs. 4 SE-

VO, der näheren Ausgestaltung der Aufgaben und Kompetenzen des Verwaltungsrats einer SE mit Sitz in Deutschland. Eine solche, die Verordnung ergänzende Vorschrift verfolgt zweierlei **Regelungsziele**: Zum einen ist das monistische System im deutschen Aktienrecht nicht geregelt und bedarf daher der Abgrenzung gegenüber dem traditionellen dualistischen System. Zum anderen bietet Art. 43 Abs. 1 SE-VO nicht genügend Anhaltspunkte, um die Pflichtenstellung eines Organs, das es im nationalen Aktienrecht nicht gibt, hinreichend klar zu umreißen[1].

Der Verwaltungsrat trägt im gesellschaftsrechtlichen Innenverhältnis die unveräußerliche **Leitungsverantwortung**[2]. Dies schließt es nicht aus, Geschäftsführungsaufgaben auf nachgeordnete Stellen zu delegieren (Art. 43 Rz. 13 ff.). Die vom Gesetz vorgesehene Bestellung geschäftsführender Direktoren (§ 40 Abs. 1 SEAG) bedeutet aber nur eine Arbeitsentlastung, keine Freistellung von Verantwortung. Die häufig zu lesende Einschätzung, es handele sich beim monistischen SE-Modell wegen der Existenz geschäftsführender Direktoren um ein „verdeckt dualistisches" Modell[3] oder um eine „Spielart des dualistischen Systems"[4], wird der Verantwortungs- und Haftungslage der Verwaltungsratsmitglieder nicht gerecht[5]. Da der geschäftsführende Direktor die Geschäfte nicht „in eigener Verantwortung" führt, können sich die Verwaltungsratsmitglieder nicht auf eine bloße Überwachung im Sinne der Aufsichtsratstätigkeit zurückziehen. Sie sind vergleichbar einem Vorstand für die Leitung der Gesellschaft zuständig und partizipieren an dieser Verantwortung in grundsätzlich gleicher Weise, unabhängig davon, ob sie zu den geschäftsführenden oder nicht-geschäftsführenden Mitgliedern des Verwaltungsrats gehören[6]. 2

Der Verwaltungsrat vereinigt damit auf sich die Aufgaben von Vorstand und Aufsichtsrat einer deutschen AG[7]. Eine Entsprechung zum Aufsichtsrat gibt es im monistischen System in der Regel nicht[8]. Denn die historisch gewachsene Vorstellung, das Aufsichtsorgan müsse zur besseren Wahrnehmung seiner Überwachungsaufgabe von der Geschäftsführung ausgeschlossen sein, ist ein Spezifikum des dualistischen Modells (Art. 38 Rz. 19 ff.). Im Vergleich dazu ist das **Zusammenfallen von Geschäftsführung und Überwachung** in einem Organ gerade das prägende Merkmal eines monistischen Systems (Art. 38 Rz. 32) und somit zwingende Vorgabe der mitgliedstaatlichen Ausgestaltung der monistischen SE. Gegebenenfalls auftretende Überwachungsdefizite sind systemgetreu durch interne Kontrollelemente auszugleichen (unten Rz. 46 ff.)[9]. 3

---

1 Daher ist § 22 Abs. 1 SEAG, entgegen *Schwarz*, Anh. Art. 43 SE-VO Rz. 49, mehr als nur eine deklaratorische Vorschrift.
2 Begr. RegE zu § 22 SEAG, BT-Drucks. 15/3405, S. 36.
3 So als Erster wohl der *DAV*, NZG 2004, 75, 82.
4 *Marsch-Barner* in GS Bosch, S. 99, 106.
5 Wie hier etwa *Bachmann*, ZGR 2008, 779, 780, und *Verse* in Habersack/Drinhausen, SE-Recht, vor § 22 SEAG Rz. 4 f.
6 Vgl. insoweit auch die Ausführungen zur Organhaftung bei Art. 51 und Anh. Art. 43 § 39 SEAG.
7 *Schwarz*, Anh. Art. 43 SE-VO Rz. 41; *Manz* in Manz/Mayer/Schröder, Art. 43 SE-VO Rz. 1; ebenso für das österreichische Modell der monistischen SE *Kalss/Greda* in Kalss/Hügel, § 39 SEG Rz. 3.
8 In Schweden haben die so genannten Revisoren das Recht, die Geschäftsführung des Verwaltungsrats und der geschäftsführenden Direktoren zu überprüfen. ABL Kap. 9 § 3.
9 Zu den Bestrebungen monistischer Systeme, die internen Kontrollmechanismen auszubauen, *Hopt/Leyens*, ECFR 2004 (1), 135 ff. Im Übrigen ist die Thematik der internen Kontrolleffizienz das beherrschende Thema der internationalen Corporate Governance-Debatte (vgl. zur Entwicklung im US-amerikanischen Recht *Holland*, Board of directors und monistische SE, S. 39 ff. und *Scherer*, Dualistisches oder monistisches System?, S. 77 ff., dort S. 68 ff. auch zum englischen Recht); zu den konzeptionellen Unterschieden von Kontrolle und Überwachung im Aufsichtsrats- und Verwaltungsratssystem auch *Nagel*, NZG 2007, 166 ff.

4 Eine dem SEAG vergleichbare Regelung findet sich im **österreichischen SE-Gesetz**[10]. Auch dort werden dem Verwaltungsrat die Rechte und Pflichten zugewiesen, die im dualistischen Modell von Vorstand oder Aufsichtsrat wahrgenommen werden (§ 38 Abs. 2 und 3 SEG)[11]. Der Verwaltungsrat leitet die Gesellschaft (§ 39 Abs. 1 SEG); damit sind ihm die originären unternehmerischen Leitungsaufgaben zugewiesen, wie insbesondere die Festlegung der strategischen Ausrichtung und der Unternehmensorganisation[12]. Da den geschäftsführenden Direktoren nach österreichischem Recht nur die laufenden Geschäfte obliegen (§ 56 SEG), besteht die Notwendigkeit einer Abgrenzung von Oberleitung und laufender Geschäftsführung[13]. Dem deutschen SEAG vergleichbar sind die folgenden Einzelregelungen: Der Verwaltungsrat hat die Pflicht, bei Verlust der Hälfte des Grundkapitals die Hauptversammlung einzuberufen (§ 39 Abs. 2 SEG); er hat dafür zu sorgen, dass ein Rechnungswesen und ein internes Kontrollsystem geführt werden (§ 39 Abs. 3 SEG); er kann Bücher und Schriften der Gesellschaft einsehen (§ 39 Abs. 4 SEG). Hingegen hat die in § 39 Abs. 5 SEG geregelte Berichterstattung bei Aktienoptionen keine Entsprechung im SEAG.

II. Stellung des Verwaltungsrats in der Unternehmensverfassung (§ 22 Abs. 1 SEAG)

1. Leitungsverantwortung

a) Inhalt

5 Der Verwaltungsrat **leitet die Gesellschaft**. Die Formel des § 22 Abs. 1 SEAG ist dem französischen Recht entlehnt[14]. Dieses ist dem Modell des SEAG auch deshalb vergleichbar, weil es ebenso wie das SEAG ein Verwaltungsorgan für die unternehmerische Oberleitung und einen geschäftsführenden Direktor *(directeur général)* für die Geschäftsführung gesetzlich vorschreibt[15]. Die Existenz geschäftsführender Direktoren soll dem Verwaltungsrat den Freiraum schaffen, sich um die von ihm für wichtig befundenen Fragen zu kümmern[16]. Diese „gesetzliche Delegation"[17] entspricht funktional der rechtsgeschäftlichen Übertragung von Geschäftsführungsaufgaben, ohne die auch ein angelsächsisches *Board* seinen eigentlichen Kernaufgaben kaum sinnvoll nachkommen kann[18].

---

10 Zum österreichischen SE-Monismus vgl. auch Art. 43 Rz. 31, 46, 55.
11 *Kalss/Greda* in Kalss/Hügel, § 39 SEG Rz. 3.
12 *Kalss/Greda* in Kalss/Hügel, § 39 SEG Rz. 6 ff.; *Nowotny*, GesRZ 2004, 39, 43 ff.
13 *Kalss/Greda* in Kalss/Hügel, § 39 SEG Rz. 28 ff. Im deutschen Modell liegt diese Kompetenzabgrenzung im Ermessen des Verwaltungsrats (s. unten Rz. 13).
14 Art. L-225-35 Code de commerce; Begr. RegE zu § 22 SEAG, BT-Drucks. 15/3405, S. 36; vgl. auch *Neye/Teichmann*, AG 2003, 169, 177.
15 Vgl. zum französischen Leitungsmodell Art. 38 Rz. 18 und *Menjucq*, ZGR 2003, 679 ff. *Siems* in KölnKomm. AktG, 3. Aufl., Anh. Art. 51 SEVO § 22 SEAG Rz. 9, weist zwar zu Recht darauf hin, dass sich der Begriff der „Oberleitung" im SEAG nicht findet und er nur zu begrifflicher Konfusion führe. Dies ist zutreffend, sofern an den Begriff der Anspruch gestellt würde, daraus konkrete Leitungsaufgaben zu deduzieren. Er wird hier indessen lediglich zur Kennzeichnung des monistischen in Abgrenzung vom dualistischen Modell verwendet, um den Verwaltungsrat als eigenständiges Organ zu kennzeichnen, dessen Stellung im Kompetenzgefüge der Gesellschaft nicht mit derjenigen eines Vorstands im Dualismus zur Deckung gebracht werden kann.
16 Ebenso *Reichert/Brandes* in MünchKomm. AktG, 3. Aufl., Art. 43 SE-VO Rz. 7.
17 *Reichert/Brandes* in MünchKomm. AktG, 3. Aufl., Art. 43 SE-VO Rz. 74, sprechen anschaulich von einer „gesetzlichen Delegationsnorm".
18 Zu Recht sieht daher *Scherer*, Dualistisches oder monistisches System?, S. 76, einen Gleichlauf der Aufgaben eines Executive Director im englischen Recht und des geschäftsführenden Direktors nach dem SEAG. In der rechtspolitischen Kritik steht daher weniger die Figur des

Im Kontext des deutschen Rechts ist die Aufgabe des Verwaltungsrats **mit derjenigen des Vorstands vergleichbar**, der im dualistischen Modell die Leitung der Gesellschaft inne hat[19]. Grundsätzlich kann daher für die Aufgabenbeschreibung des Verwaltungsrats auf die zum Vorstand entwickelten Gedanken zurückgegriffen werden[20]: „Er hat die langfristigen Unternehmensziele vorzugeben, die wesentlichen Geschäftsfelder zu umreißen und über die wichtigsten Investitionsentscheidungen zu befinden."[21] Diese Leitungsaufgabe lässt sich unterteilen in eine Planungs- und Steuerungsverantwortung, eine allgemeine Organisationsverantwortung, eine Finanzverantwortung und eine Informations- und Berichtsverantwortung[22]. 6

Da im monistischen System ein gesondertes Überwachungsorgan in Form des Aufsichtsrats fehlt, trifft den Verwaltungsrat eine gesteigerte Verantwortung für die Einrichtung **interner Kontrollmechanismen**. In Abhängigkeit vom Umfang der wirtschaftlichen Tätigkeit des Unternehmens und den damit verbundenen Risiken muss er beispielsweise die Einrichtung spezialisierter Ausschüsse erwägen (vgl. zur Ausschussbildung § 34 Abs. 4 SEAG), die mit dem nötigen Sachverstand ausgestattet sind und dadurch eine effektive Vollzugskontrolle (Rz. 14 ff.) der Geschäftsführung sicherstellen. 7

Im Rahmen seiner Organisationsverantwortung entscheidet der Verwaltungsrat auch über die Bestellung **interner oder externer Direktoren**[23]. Eine enge Bindung der Geschäftsführung an die strategische Linie des Verwaltungsrats lässt sich erreichen, indem Mitglieder des Verwaltungsrats zu geschäftsführenden Direktoren ernannt werden (interne Direktoren). § 40 Abs. 1 Satz 2 SEAG lässt dies zu, solange es sich nicht um die Mehrheit der Verwaltungsratsmitglieder handelt. Denkbar ist auch die Bestellung von Personen, die nicht dem Verwaltungsrat angehören (externe Direktoren). Werden allein externe Direktoren bestellt, ist die Umsetzung der Leitlinien des Verwaltungsrats möglicherweise nicht immer uneingeschränkt sichergestellt. Kommt es zu einem Konflikt mit den geschäftsführenden Direktoren, müsste zunächst eine Weisung ergehen oder gar der bisherige Direktor abberufen und ein neuer bestellt werden. Diese Überlegungen sprechen dafür, zumindest einen internen Direktor zu bestellen[24]. Umgekehrt ist bei dieser Gestaltung abzuwägen, dass eine solche Per- 8

---

geschäftsführenden Direktors als solches, wohl aber die zwingende gesetzliche Anordnung, dass mindestens ein geschäftsführender Direktor zu bestellen sei (dazu Art. 43 Rz. 58).

19 Vgl. *Teichmann* in Lutter/Hommelhoff, Europäische Gesellschaft, S. 195, 202. Differenzierend *Boettcher*, Verwaltungsrat, S. 76 ff., die § 76 AktG zwar zum Ausgangspunkt nimmt, die „Leitung" durch den Verwaltungsrat aber im Sinne einer Allzuständigkeit definiert.

20 So verfahren auch die meisten Kommentierungen, soweit sie sich ausführlicher mit dem Inhalt der Leitungsaufgaben befassen. S. dazu etwa *Reichert/Brandes* in MünchKomm. AktG, 3. Aufl., Art. 43 SE-VO Rz. 73 ff., *Siems* in KölnKomm. AktG, 3. Aufl., Anh. Art. 51 SE-VO § 22 SEAG Rz. 10 ff., *Verse* in Habersack/Drinhausen, SE-Recht, § 22 SEAG Rz. 5 ff. und für das insoweit vergleichbare österreichische Modell *Kalss/Greda* in Kalss/Hügel, § 39 SEG Rz. 6 ff.

21 *Fleischer*, ZIP 2003, 1, 5, zur Leitungsaufgabe des Vorstands.

22 So die Unterteilung bei *Reichert/Brandes* in MünchKomm. AktG, 3. Aufl., Art. 43 SE-VO Rz. 76 ff.; *Siems* in KölnKomm. AktG, 3. Aufl., Anh. Art. 51 SE-VO § 22 SEAG Rz. 11 ff. In diesem Sinne auch die Ausführungen zum österreichischen SE-Monismus bei *Kalss/Greda* in Kalss/Hügel, § 39 SEG Rz. 6 ff.; weiterhin *Eder*, NZG 2004, 544; *Kallmeyer*, ZIP 2003, 1531, 1532 (der allerdings entgegen der Konzeption des SEAG eine Zuständigkeit der geschäftsführenden Direktoren nur für die laufende Geschäftsführung annimmt – dazu Art. 43 Rz. 29 ff.).

23 Vgl. für die Schweiz *Merkt*, ZGR 2003, 650, 660.

24 Problematisch ist dies im Fall eines paritätisch mitbestimmten Verwaltungsrats, weil dann unter den nicht-geschäftsführenden Verwaltungsratsmitgliedern die Arbeitnehmervertreter die Mehrheit haben. Dies spricht dafür, die Parität nur auf die nicht-geschäftsführenden Mit-

sonenidentität die Kontrolleffizienz des Verwaltungsrats senken kann[25]. Dies gilt umso mehr, als die geschäftsführenden Direktoren die Gesellschaft vertreten (§ 41 Abs. 1 SEAG) und auch insoweit die Handlungsfähigkeit der Gesellschaft in Übereinstimmung mit der Strategieplanung des Verwaltungsrats zu jedem Zeitpunkt sichergestellt sein muss.

b) Leitungsverantwortung und Leitungspflicht

9   Die Leitung der Gesellschaft ist für den Verwaltungsrat ein **Pflichtrecht**[26]. Er ist verpflichtet, von seiner Kompetenz aktiv Gebrauch zu machen. Diese Pflicht trifft das Verwaltungsorgan als Kollegialorgan, also auch diejenigen Mitglieder, die sich nicht der täglichen Geschäftsführung widmen einschließlich der von den Arbeitnehmern bestellten Mitglieder (vgl. hierzu auch Anh. Art. 43 § 39 SEAG)[27].

10 Die Leitungsverantwortung des Verwaltungsrats betrifft das gesellschaftsrechtliche **Innenverhältnis**. Art. 43 Abs. 1 Satz 1 SE-VO und § 22 Abs. 1 SEAG klären die Rechte und Pflichten des Verwaltungsorgans gegenüber der Hauptversammlung (Art. 43 Rz. 11). Der Verwaltungsrat ist für alle Angelegenheiten zuständig, über die nicht kraft Gesetzes die Hauptversammlung zu beschließen hat (Art. 43 Rz. 11). Entsprechend der allgemeinen aktienrechtlichen Kompetenzverteilung in Geschäftsführungsangelegenheiten, die in der SE weitgehend dieselbe ist wie im nationalen Aktienrecht (Art. 52 Rz. 1), steht der Hauptversammlung kein Weisungsrecht gegenüber dem Verwaltungsrat zu[28]. Der Verwaltungsrat ist aber selbstverständlich den Aktionären gegenüber für die Geschäftsführung rechenschaftspflichtig. Dies kommt in § 22 Abs. 2 bis 5 SEAG ebenso zum Ausdruck wie in der Generalnorm des § 22 Abs. 6 SEAG, kraft derer sich namentlich das Auskunftsrecht aus § 131 AktG gegen den Verwaltungsrat und nicht etwa gegen die geschäftsführenden Direktoren richtet.

11 Das **Außenverhältnis** regelt die SE-VO nicht; weder zur Vertretungsmacht (dazu Art. 43 Rz. 16 ff.) noch zur Außenhaftung der Organe finden sich dort Anhaltspunkte. Das deutsche Ausführungsrecht weist auf Basis der Regelungsermächtigung des Art. 43 Abs. 4 SE-VO die Vertretungsmacht den geschäftsführenden Direktoren zu (§ 41 SEAG). Für die Außenhaftung gelten über Art. 9 Abs. 1 lit. c ii SE-VO die allgemeinen Regeln des mitgliedstaatlichen Rechts (Art. 51 Rz. 12).

2. Verhältnis zu den geschäftsführenden Direktoren

a) Über-/Unterordnung

12 Gem. § 40 Abs. 1 Satz 1 SEAG bestellt der Verwaltungsrat einen oder mehrere geschäftsführende Direktoren, denen nach § 40 Abs. 2 SEAG die Geschäftsführung obliegt. Dies ändert jedoch nichts an der Oberleitung durch den Verwaltungsrat, der gem. § 22 Abs. 1 SEAG die Gesellschaft leitet, die Grundlinien ihrer Tätigkeit bestimmt und deren Umsetzung überwacht. Im Vergleich zu den geschäftsführenden

---

glieder zu beziehen (*Teichmann*, BB 2004, 53, 56 f.; a.A. die herrschende Meinung, vgl. dazu Art. 43 Rz. 65).

25 Insoweit zu Recht gegen eine allgemeine Regel, wonach es stets interne geschäftsführende Direktoren geben müsse, *Ihrig*, ZGR 2008, 809, 812.
26 *Fleischer*, ZIP 2003, 1, 2, für den Vorstand.
27 *Fischer*, Monistische Unternehmensverfassung, S. 122 ff. Ebenso für das österreichische SEG *Kalss/Greda* in Kalss/Hügel, § 39 SEG Rz. 15; zur gleichgelagerten Gesamtverantwortung des Vorstandes *Fleischer*, ZIP 2003, 1, 2.
28 *Siems* in KölnKomm. AktG, 3. Aufl., Anh. Art. 51 SE-VO § 22 SEAG Rz. 17; *Verse* in Habersack/Drinhausen, SE-Recht, § 22 SEAG Rz. 11.

Direktoren besteht daher eine klare **Hierarchie**: Die Leitungsentscheidungen des Verwaltungsrats haben Vorrang und sind von den geschäftsführenden Direktoren bei Ausübung ihrer Tätigkeit zu beachten. Das SEAG festigt diese Position des Verwaltungsrats durch das Recht, die Direktoren jederzeit abzuberufen (§ 40 Abs. 5 SEAG) und ihnen Weisungen zu erteilen (§ 44 Abs. 2 SEAG).

„**Geschäftsführung**" der Direktoren im Sinne des § 40 SEAG kann vor diesem Hintergrund immer nur ein Ausschnitt der dem Verwaltungsrat zustehenden Kompetenzen sein. Verwaltungsrat und geschäftsführende Direktoren haben denselben Aktionsradius[29]. Der Verwaltungsrat unterliegt in seiner Einflussnahme auf die Geschäftsführung keinen inhaltlichen Beschränkungen; denn er ist bereits nach Art. 43 Abs. 1 SE-VO unionsrechtlich das für die Führung der Geschäfte zuständige Organ (Art. 43 Rz. 11 ff.). Auch die Reichweite der den geschäftsführenden Direktoren zugewiesenen Kompetenz ist inhaltlich unbeschränkt (str., vgl. Art. 43 Rz. 30 ff.); sie findet ihre Begrenzung allein qualitativ in der Unterordnung gegenüber dem Verwaltungsrat. Zwar spricht die Gesetzesbegründung davon, die geschäftsführenden Direktoren nähmen die „Aufgaben der laufenden Geschäftsführung" wahr[30]. Dies bezieht sich aber lediglich auf die Wahrnehmung dieser Aufgaben im Außenverhältnis, beispielsweise die Handelsregisteranmeldungen (ausdrücklich erwähnt in § 40 Abs. 4 Satz 4 SEAG). Das Gesetz überträgt den geschäftsführenden Direktoren die Geschäftsführung ohne einschränkenden Zusatz (§ 40 Abs. 2 Satz 1 SEAG), wobei der systematische Kontext der Weisungsunterworfenheit (§ 44 Abs. 2 SEAG) mitzudenken ist. Es überlässt damit die Grenzziehung zwischen Oberleitung und Geschäftsführung (in den Grenzen des § 40 Abs. 2 Satz 3 SEAG) dem Verwaltungsrat (dazu sogleich Rz. 14 ff.)[31].

b) Delegation und Vollzugskontrolle

Die Delegation von Geschäftsführungsaufgaben gehört zu den Ausprägungen eines jeden monistischen Systems (Art. 43 Rz. 13). Sie kann sich an Mitglieder des Verwaltungsorgans richten oder an Personen, die nicht dem Verwaltungsrat angehören[32]. Beides ist nach dem SEAG möglich, indem interne oder externe geschäftsführende Direktoren bestellt werden (vgl. § 40 Abs. 1 Satz 2 SEAG). Ungeachtet dessen trägt der Verwaltungsrat weiterhin als Gesamtorgan die Verantwortung für alle Bereiche der Geschäftsführung. Seine Pflichtenstellung wandelt sich mit der Delegation von Geschäftsführungsaufgaben in eine Pflicht zur Festsetzung der **Leitlinien** und der **Überwachung** ihrer Umsetzung (§ 22 Abs. 1 SEAG)[33]. Darüber hinaus kann der Verwaltungsrat zu jedem Zeitpunkt bestimmte Geschäftsführungsmaßnahmen an sich ziehen. Er ist dabei nicht auf Maßnahmen von grundlegender Bedeutung beschränkt. Vielmehr obliegt es seinem eigenen unternehmerischen, pflichtgemäß auszuübenden

---

29 *Teichmann* in Lutter/Hommelhoff, Europäische Gesellschaft, S. 195, 206. Insoweit anders das österreichische Recht, das den geschäftsführenden Direktoren ausdrücklich nur die laufenden Geschäfte zuweist (§ 56 SEG); zu den Problemen der Abgrenzung von Oberleitung und laufender Geschäftsführung *Kalss/Greda* in Kalss/Hügel, § 39 SEG Rz. 28 ff.
30 Begr. RegE zu § 40 SEAG, BT-Drucks. 14/3405, S. 39.
31 *Scherer*, Dualistisches oder monistisches System?, S. 102; weiterhin *Merkt*, ZGR 2003, 650, 662 f.; *Reichert/Brandes* in MünchKomm. AktG, 3. Aufl., Art. 43 SE-VO Rz. 79; sowie *Schwarz*, Anh. Art. 43 SE-VO Rz. 46. *Boettcher*, Verwaltungsrat, S. 95 f., betont, dass die Aufgabe der Oberleitung nicht delegierbar sei.
32 Vgl. die Beschreibung der Strukturalternativen bei *Minuth*, Führungssysteme, S. 77 ff. Siehe weiterhin *Fischer*, Monistische Unternehmensverfassung, S. 124 ff.
33 *Reichert/Brandes* in MünchKomm. AktG, 3. Aufl., Art. 43 SE-VO Rz. 91 ff.; ebenso für Österreich *Kalss/Greda* in Kalss/Hügel, § 39 SEG Rz. 16.

Ermessen, welche Entscheidungen er selbst zu treffen gedenkt und welche er den Direktoren zur eigenverantwortlichen Wahrnehmung überlässt[34]. Im konkreten Einzelfall kann und muss der Verwaltungsrat kraft seiner Weisungsbefugnis oder notfalls durch Abberufung bisheriger und Bestellung neuer geschäftsführender Direktoren auch in das Tagesgeschäft eingreifen[35].

15 Die Überwachung durch den Verwaltungsrat ist eine **Vollzugskontrolle** hinsichtlich der Grundlinien der Unternehmensstrategie, die er selbst festgelegt hat. Die Aufgabe der „Überwachung" im monistischen System ist daher nicht unmittelbar vergleichbar mit der Überwachung des Vorstands durch den Aufsichtsrat. Im monistischen System überwachen die nicht-geschäftsführenden Mitglieder des Verwaltungsrats die Durchführung von Entscheidungen, an denen sie selbst mitgewirkt haben, ja kraft ihrer Organstellung – die nicht nur Rechte, sondern auch Pflichten festlegt – sogar aktiv mitwirken müssen[36]. Zu Recht spricht *Merkt* von der Kontrolle der geschäftsführenden Direktoren als der „Kehrseite der Strategiefestlegung"[37]. Im dualistischen System ist der Aufsichtsrat demgegenüber kraft Gesetzes von der Geschäftsführung ausgeschlossen (Art. 40 Abs. 1 Satz 2 SE-VO, § 111 Abs. 4 Satz 1 AktG) und überwacht daher Entscheidungen, deren Entstehung er nicht zu verantworten hat.

16 Die Parallele zwischen monistischem und dualistischem System weist auch hier (vgl. bereits oben Rz. 3) auf den **Vorstand**. Soweit dieser Geschäftsführungsaufgaben delegiert, ist er verpflichtet, jederzeit **steuernd einzugreifen**, wenn während des Planungsvollzugs Störungen auftreten[38]. Dies gilt ebenso für den Verwaltungsrat im Verhältnis zu den geschäftsführenden Direktoren[39]. Anlehnungen an die zur Überwachungstätigkeit des Aufsichtsrats entwickelten Grundsätze sind hingegen nur unter Vorbehalt möglich. Soweit es sich um die allgemeine Überlegung handelt, dass der Verwaltungsrat ebenso wenig wie ein Aufsichtsrat jede einzelne Geschäftsführungsmaßnahme kontrollieren könne[40], ist die Parallele unbedenklich. Sie darf jedoch nicht dazu verleiten, den Verwaltungsrat beispielsweise schon deshalb aus der Verantwortung zu entlassen, weil im Rahmen der regelmäßigen Berichterstattung (vgl. § 40 Abs. 6 SEAG) keine Anhaltspunkte für Beanstandungen zu entdecken waren. Vielmehr muss sich der Verwaltungsrat als Leitungsorgan selbst um die Informationen bemühen, die er zur Erfüllung seiner Aufgaben benötigt und darüber hinaus aktiv von seinen Einflussrechten gegenüber den geschäftsführenden Direktoren Gebrauch machen.

---

34 *Merkt*, ZGR 2003, 650, 663.
35 A.A. *Schwarz*, der davon ausgeht, dass den geschäftsführenden Direktoren ein Kernbereich eigener Kompetenzen verbleiben müsse, *Schwarz*, Anh. Art. 43 SE-VO Rz. 337, 339; so auch *Kalss/Greda* in Kalss/Hügel, § 56 SEG Rz. 11, 15. *Merkt*, ZGR 2003, 650, 662 f. erwartet, dass sich die Erteilung von Weisungen in der Praxis auf Ausnahmefälle beschränken wird, um Schadensersatzpflichten zu vermeiden.
36 Darin liegt ein allgemeines Merkmal der „Überwachung" im monistischen System und eine wichtige Unterscheidung gegenüber dem dualistischen System. Dazu etwa *Scherer*, Dualistisches oder monistisches System?, S. 103, sowie *Teichmann*, Binnenmarktkonformes Gesellschaftsrecht, S. 572 ff. S. nur den UK Corporate Governance Code der Londoner Börse, Main Principle A.4: „As part of their role as members of a unitary board, non-executive directors should constructively challenge and help develop proposals on strategy." Es folgt das sog. Supporting Principle: „Non-executive directors should scrutinise the performance of management in meeting agreed goals and objectives and monitor the reporting of performance."
37 *Merkt*, ZGR 2003, 650, 672.
38 Vgl. zur Überwachungspflicht des Vorstands *Fleischer*, ZIP 2003, 1, 5.
39 *Verse* in Habersack/Drinhausen, SE-Recht, § 22 SEAG Rz. 9.
40 Etwa *Reichert/Brandes* in MünchKomm. AktG, 3. Aufl., Art. 43 SE-VO Rz. 91.

III. Verwaltungsrat und Hauptversammlung

1. Einberufung und Leitung der Hauptversammlung

Organisation und Ablauf der Hauptversammlung richten sich gem. Art. 53 SE-VO nach dem mitgliedstaatlichen Recht. Das deutsche Aktienrecht weist insoweit dem Vorstand eine maßgebliche Rolle zu: Er ist für die Einberufung der Hauptversammlung zuständig und übernimmt die wesentlichen Tätigkeiten bei Vorbereitung und Durchführung der Versammlung (vgl. im Einzelnen die §§ 121 ff. AktG); weiterhin ist er Adressat des Auskunftsrechts der Aktionäre (§ 131 AktG). Da sich für das monistische Modell im allgemeinen deutschen Aktienrecht keine Regelungen finden, bedurfte es einer Regelung im SE-Ausführungsgesetz, um die Zuständigkeiten für Einberufung und Durchführung der Hauptversammlung zu klären. Allgemein ergibt sich die **Zuständigkeit des Verwaltungsrats** für alle Aufgaben, die im dualistischen Modell dem Vorstand zugewiesen sind, aus § 22 Abs. 6 SEAG. Die daraus resultierende Kompetenz des Verwaltungsrats zur Einberufung und Leitung der Hauptversammlung entspricht seiner Letztverantwortung für die Unternehmenspolitik und seiner Verantwortlichkeit gegenüber den Anteilseignern[41]. Das SEAG weist diese Kompetenzen daher dem Verwaltungsrat und nicht den geschäftsführenden Direktoren zu[42]. Geschäftsführende Direktoren können durch Satzungsregelung die Befugnis erhalten, die Hauptversammlung einzuberufen; dies folgt aus dem Verweis der Art. 53 und 54 Abs. 2 SE-VO auf nationales Recht, wozu auch § 121 Abs. 2 Satz 3 AktG gehört[43].

17

Die Regelung stützt sich auf die **allgemeine Ermächtigung** zur Ausgestaltung des monistischen Systems (Art. 43 Abs. 4 SE-VO). Die Vorschriften der SE-VO über die Hauptversammlung der SE stehen nicht entgegen. Zwar vertritt *Brandt* die Auffassung, Art. 54 Abs. 2 SE-VO weise jedem Organ der Gesellschaft die Befugnis zu, jederzeit die Hauptversammlung einzuberufen[44]. Dem ist aber nicht zuzustimmen. Der **Verweis des Art. 54 Abs. 2 SE-VO** auf das mitgliedstaatliche Recht bedeutet, dass die genannten Organe oder Stellen nur dann die Hauptversammlung einberufen können, wenn sie nach mitgliedstaatlichem Recht dafür zuständig sind[45]. Dem hält die h.M. entgegen, ein solcher Verweis auf nationales Recht widerspreche der Systematik der SE-VO; es müsse sich daher um eine materielle Regelung der Einberufungsbefugnis aller dort genannten Organe und Stellen handeln (Art. 54 Rz. 12 ff.). Indessen sind „deklaratorische" Verweise auf nationales Recht, für die angesichts der allgemeinen Norm des Art. 9 SE-VO eigentlich kein Bedürfnis besteht, in der SE-VO keineswegs selten anzutreffen[46]. Sie erklären sich daraus, dass es in früheren Entwürfen zahlreiche materielle Regelungen gab, die sukzessive durch Verweise auf nationales Recht ersetzt wurden. Mit Blick auf Art. 54 Abs. 2 SE-VO ist kein nachvollziehbarer Grund dafür ersichtlich, warum der Verordnungsgeber in einem so wichtigen Punkt wie der Einberufungskompetenz entgegen sämtlicher nationaler Traditionen eine jederzeitige Einberufungsbefugnis aller vorhandenen Organe und staatlichen Stellen hätte anordnen wollen. Es spricht wesentlich mehr dafür, dass er mit Rücksicht auf unterschied-

18

---

41 Vgl. Begr. RegE, BT-Drucks. 15/3405, S. 37. Der Verwaltungsrat macht der Hauptversammlung damit auch die gem. § 124 Abs. 3 Satz 1 AktG vorgesehenen Beschlussvorschläge zu den Gegenständen der Tagesordnung (vgl. für die Wahl der Verwaltungsratsmitglieder Anh. Art. 43 § 28 SEAG Rz. 3).
42 Zustimmung auch *Verse* in Habersack/Drinhausen, SE-Recht, § 22 SEAG Rz. 19.
43 *Verse* in Habersack/Drinhausen, SE-Recht, § 22 SEAG Rz. 19.
44 *Brandt*, Hauptversammlung, S. 180.
45 Ebenso *Schwarz*, Art. 54 SE-VO Rz. 8.
46 Siehe nur Art. 53 SE-VO zu Organisation und Ablauf der Hauptversammlung.

liche nationale Traditionen deutlich machen wollte, dass das europäische Recht der Einberufungsbefugnis der unterschiedlichen Organe oder staatlichen Behörden nicht entgegensteht, sofern das nationale Recht dies wünscht und regelt.

2. Einberufung in Sonderfällen

a) Zum Wohle der Gesellschaft (§ 22 Abs. 2 Satz 1 SEAG)

19 Das dualistisch geprägte Aktienrecht kennt ausnahmsweise auch eine Einberufung der Hauptversammlung durch den Aufsichtsrat, sofern das Wohl der Gesellschaft es erfordert (§ 111 Abs. 3 AktG). Darin liegt im dualistischen Modell ein Element der Überwachung; denn die Fälle, in denen eine solche Einberufung typischerweise in Betracht kommt, sind solche, in denen der Aufsichtsrat notfalls gegen den Willen des Vorstands eine Hauptversammlung durchsetzt[47]. Da es im monistischen System kein separates Überwachungsorgan gibt und der Verwaltungsrat ohnehin für die Einberufung der Hauptversammlung zuständig ist, entfällt das Bedürfnis für eine speziell geregelte Einberufungsbefugnis. § 22 Abs. 2 SEAG hat daher vor allem die Funktion, den Verwaltungsrat an seine **Pflicht** zu gemahnen, eine **Hauptversammlung gegebenenfalls außerordentlich einzuberufen**, wenn das Wohl der Gesellschaft es erfordert[48]. Dies kann für Fälle einer krisenhaften Entwicklung gelten oder für Konstellationen im Sinne der Holzmüller-/Gelatine-Rechtsprechung[49], bei denen eine Geschäftsführungsmaßnahme ohne zustimmenden Beschluss der Hauptversammlung rechtswidrig wäre (im Einzelnen Art. 54 Rz. 22 f. sowie Art. 54 Rz. 46 f.).

20 Für den **Beschluss** über die Einberufung genügt im Verwaltungsrat die **einfache Mehrheit**. Zwar regelt auch Art. 50 SE-VO die Beschlussfassung in den Organen der SE. Dies steht allerdings unter dem ausdrücklichen Vorbehalt, dass die Verordnung selbst nichts anderes regelt. Für die Einberufung der Hauptversammlung verweisen Art. 53 und Art. 54 Abs. 2 SE-VO auf das mitgliedstaatliche Recht. Insoweit gilt für den Beschluss über die Einberufung der Hauptversammlung nicht Art. 50 SE-VO, sondern das einschlägige mitgliedstaatliche Recht (Art. 54 Rz. 23 f.)[50]. Da dieses für die monistische Struktur keine Regelung trifft, regelt § 22 Abs. 2 SEAG die Frage ausdrücklich. Diese Regelung entspricht derjenigen in § 111 Abs. 3 Satz 2 AktG. Diese Parallele zum deutschen Aktienrecht ist keine Anlehnung an Besonderheiten des dualistischen Modells, sondern Ausprägung allgemeiner Verfahrensgrundsätze von Kollegialorganen (dazu Art. 38 Rz. 30), die ihre Beschlüsse typischerweise mit einfacher Mehrheit fassen.

b) Verlust der Hälfte des Grundkapitals (§ 22 Abs. 5 Satz 1 SEAG)

21 Die Pflicht, bei einem Verlust in Höhe der Hälfte des Grundkapitals die Hauptversammlung einzuberufen (§ 22 Abs. 5 Satz 1 SEAG), dient ebenso wie die gleich gelagerte Pflicht des Vorstands im dualistischen Modell (§ 92 Abs. 1 AktG) der **Informati-**

---

47 *Drygala* in K. Schmidt/Lutter, § 111 AktG Rz. 45; *Koch* in Hüffer, § 111 AktG Rz. 30 f. nennt Abstimmung über Vertrauensentzug, der Abberufung des Vorstands nach § 84 Abs. 3 Satz 2 AktG vorbereitet, oder Einberufung zur Beschlussfassung über grundlegende Entscheidungen im Sinne der Holzmüller-/Gelatine-Rechtsprechung.
48 Auch die Begr. RegE zu § 22 SEAG, BT-Drucks. 15/3405, S. 37, sieht in § 22 Abs. 2 SEAG ein Element der besonderen Pflichtenstellung des Verwaltungsrats und seiner „Verantwortung für die Gesamtleitung der Gesellschaft".
49 *Koch* in Hüffer, § 111 AktG Rz. 31.
50 Ebenso *Schwarz*, Anh. Art. 43 SE-VO Rz. 54; *Verse* in Habersack/Drinhausen, SE-Recht, § 22 SEAG Rz. 22. A.A. *Siems* in KölnKomm. AktG, 3. Aufl., Anh. Art. 51 SE-VO § 22 SEAG Rz. 21.

on der Hauptversammlung und der Herstellung ihrer Handlungsfähigkeit[51]. Reaktionsmöglichkeiten der Hauptversammlung sind insbesondere Kapitalmaßnahmen oder ein Auflösungsbeschluss. Auch hiermit unterstreicht das SEAG die Gesamtverantwortung des Verwaltungsrats für die Geschäftsführung in der Gesellschaft. Eine Einberufungspflicht bei schweren Verlusten des gezeichneten Kapitals ist zudem in Art. 17 der zweiten gesellschaftsrechtlichen Richtlinie (Kapitalrichtlinie) vorgeschrieben[52]. Für den Beschluss über die Einberufung genügt auch hier die einfache Mehrheit; dies folgt in Ermangelung einer ausdrücklichen Regelung aus einer Analogie zu § 22 Abs. 2 Satz 2 SEAG[53].

Ein Verlust in Höhe der Hälfte des Grundkapitals ist eingetreten, wenn das Vermögen nur noch die **Hälfte des Nennkapitals** deckt[54]. Der Verwaltungsrat muss in diesem Fall die Hauptversammlung unverzüglich einberufen und die Verlustanzeige auf die Tagesordnung setzen. Eine Verletzung der Einberufungspflicht kann zur Haftung des Verwaltungsrats gem. § 39 SEAG führen. Außerdem ist die Vorschrift Schutzgesetz im Sinne des § 823 Abs. 2 BGB zu Gunsten der Gesellschaft[55]; ob darüber hinaus auch die individuellen Interessen der Aktionäre vom Schutzzweck erfasst sind, ist streitig[56]. Ein Schutzgesetz zu Gunsten der Gläubiger ist die Vorschrift nicht[57].

3. Vorbereitung und Durchführung von Beschlüssen (§ 22 Abs. 2 Satz 3 SEAG)

Die Hauptversammlung ist organisatorisch zumeist nicht in der Lage, ihre Beschlüsse selbst in die Tat umzusetzen. Daher ordnet § 83 AktG an, dass der Vorstand auf Verlangen der Hauptversammlung verpflichtet ist, Maßnahmen, die in die Zuständigkeit der Hauptversammlung fallen, vorzubereiten[58]. Diese Aufgabe weist § 22 Abs. 2 Satz 3 SEAG für das monistische Leitungsmodell dem Verwaltungsrat zu, der sich hierzu der Unterstützung der geschäftsführenden Direktoren bedienen kann. Im Übrigen gelten die zu § 83 AktG entwickelten Grundsätze; die Vorbereitung von Hauptversammlungsbeschlüssen durch den Verwaltungsrat setzt somit insbesondere voraus, dass eine **Kompetenz der Hauptversammlung** besteht und von ihr ein **Weisungsbeschluss** gefasst wurde[59].

Verletzt der Verwaltungsrat seine aus § 22 Abs. 2 Satz 3 SEAG resultierende Pflicht, kommt nur eine **Aktionärsklage** in Betracht. Die für § 83 AktG diskutierte Geltendmachung durch den Aufsichtsrat findet im monistischen System keine Entsprechung[60]. Eine Vertretung der Gesellschaft durch die geschäftsführenden Direktoren im Verhältnis zum Verwaltungsrat scheidet aus, weil diese dem Verwaltungsrat wei-

---

51 Vgl. *Krieger/Sailer-Coceani* in K. Schmidt/Lutter, § 92 AktG Rz. 1 sowie *Habersack* in Großkomm. AktG, 4. Aufl., § 92 AktG Rz. 2, und *Koch* in Hüffer, § 92 AktG Rz. 1; BGH v. 9.7.1979 – II ZR 211/76, NJW 1979, 1829, 1831.
52 Dazu etwa *Habersack*, Europäisches Gesellschaftsrecht, S. 152 ff. (Rz. 42 ff.).
53 *Schwarz*, Anh. Art. 43 SE-VO Rz. 69.
54 *Krieger/Sailer-Coceani* in K. Schmidt/Lutter, § 92 AktG Rz. 3; *Koch* in Hüffer, § 92 AktG Rz. 2; a.A. *Habersack* in Großkomm. AktG, 4. Aufl., § 92 AktG Rz. 13 ff.
55 *Koch* in Hüffer, § 92 AktG Rz. 7.
56 Bejahend *Habersack* in Großkomm. AktG, 4. Aufl., § 92 AktG Rz. 26; ablehnend *Koch* in Hüffer, § 92 AktG Rz. 7; *Krieger/Sailer-Coceani* in K. Schmidt/Lutter, § 92 AktG Rz. 12.
57 BGH v. 9.7.1979 – II ZR 211/76, NJW 1979, 1829, 1831 zu § 92 Abs. 1 AktG.
58 Vgl. zum Zweck der Regelung *Seibt* in K. Schmidt/Lutter, § 83 AktG Rz. 1 sowie *Koch* in Hüffer, § 83 AktG Rz. 1.
59 Vgl. dazu *Seibt* in K. Schmidt/Lutter, § 83 AktG Rz. 4, und *Koch* in Hüffer, § 83 AktG Rz. 2.
60 Zum Ganzen *Seibt* in K. Schmidt/Lutter, § 83 AktG Rz. 13, sowie *Koch* in Hüffer, § 83 AktG Rz. 6.

sungsunterworfen sind[61]. Die Hauptversammlung als solche ist ihrer Struktur nach im Rechtsverkehr nicht handlungsfähig und daher nicht in der Lage, die Gesellschaft in einem Rechtsstreit gegenüber dem Verwaltungsrat zu vertreten[62].

IV. Handelsbücher und Risikofrüherkennungssystem (§ 22 Abs. 3 SEAG)

25 § 22 Abs. 3 SEAG regelt zwei weitere zentrale Leitungsaufgaben des Verwaltungsrats. Er hat dafür zu sorgen, dass die erforderlichen Handelsbücher geführt werden und ein Überwachungssystem zur Früherkennung bestandsgefährdender Entwicklungen eingeführt wird. Die Regelung lehnt sich an § 91 AktG an, der für den Vorstand „Einzelaspekte der Leitungsverantwortung"[63] konkretisiert. Die Bedeutung des § 22 Abs. 3 SEAG liegt vor allem darin, die **Gesamtverantwortung des Verwaltungsrats als Kollegialorgan** und seine nach innen gerichtete Verantwortlichkeit gegenüber der Gesellschaft zu betonen[64]. Die Ausführung der konkreten Einzelmaßnahmen der Buchführung und der Risikofrüherkennung kann zwar den geschäftsführenden Direktoren oder leitenden Angestellten überlassen werden, die Verantwortung für eine ordnungsgemäße Durchführung der Maßnahmen trägt jedoch der Verwaltungsrat als Kollegialorgan (oben Rz. 14 ff.). Eine ressortmäßige Aufteilung und die Delegation an Personen außerhalb des Verwaltungsrats sind zwar zulässig; dies ändert aber nichts an der Überwachungspflicht auch der nicht unmittelbar zuständigen Verwaltungsratsmitglieder.

1. Führung der Handelsbücher (§ 22 Abs. 3 Satz 1 SEAG)

26 Die Vorschrift des § 22 Abs. 3 SEAG ist Teil eines Normengefüges, welches die gemeinsame Verantwortung der geschäftsführenden Direktoren und des Verwaltungsrats im Bereich der Rechnungslegung ausgestaltet: Die gesetzliche Pflicht zur Rechnungslegung trifft jeden Kaufmann (§§ 238, 242 HGB), in einer Kapitalgesellschaft deren gesetzliche Vertreter (vgl. § 264 Abs. 1 HGB). Diese Vorschriften finden gem. der in Art. 62 SE-VO geregelten Spezialverweisung für den Bereich der Rechnungslegung auch auf die SE Anwendung. Gesetzliche Vertreter einer monistischen SE sind die **geschäftsführenden Direktoren** (§ 41 Abs. 1 SEAG). Diese sind Adressaten der gesetzlichen Buchführungspflicht und damit vor allem im Außenverhältnis für die ordnungsgemäße Rechnungslegung verantwortlich.

27 Im internen Gefüge der monistischen SE ist jedoch der **Verwaltungsrat** das Organ der unternehmerischen Oberleitung. Seine Verantwortung realisiert sich weniger im Verhältnis zu Dritten als gegenüber den Aktionären. Das Gesetz erlegt ihm daher in § 22 Abs. 3 SEAG die Pflicht auf, für eine **ordnungsgemäße Rechnungslegung** Sorge zu tragen. Er kann sich nicht mit dem Hinweis darauf entlasten, dass die geschäftsführenden Direktoren kraft Gesetzes ohnehin zur Buchführung verpflichtet seien. Das Zusammenwirken von Verwaltungsrat und geschäftsführenden Direktoren regelt § 47 Abs. 1 SEAG, der die geschäftsführenden Direktoren verpflichtet, Jahresabschluss und Lagebericht dem Verwaltungsrat vorzulegen. Dieser hat die Rechnungslegung zu prüfen; erst mit seiner Billigung ist der Jahresabschluss festgestellt (§ 47 Abs. 5 SEAG).

---

61 *Schwarz*, Anh. Art. 43 SE-VO Rz. 58.
62 A.A. *Schwarz*, Anh. Art. 43 SE-VO Rz. 58: gerichtliche und außergerichtliche Vertretung durch die Hauptversammlung.
63 So *Koch* in Hüffer, § 91 AktG Rz. 1.
64 Dazu auch *Schwarz*, Anh. Art. 43 SE-VO Rz. 62; den Aspekt der Gesamtverantwortung betonen auch die Kommentierungen zu § 91 AktG (etwa *Koch* in Hüffer, § 91 AktG Rz. 1 und Rz. 3).

Diese **normative Zweispurigkeit** einer nach außen orientierten Buchführungspflicht 28
und einer nach innen gerichteten Sorgfaltspflicht ist bereits im allgemeinen Aktienrecht angelegt. Die Verantwortung des Verwaltungsrats im Innenverhältnis (§ 22 Abs. 3 Satz 1 SEAG) entspricht derjenigen des Vorstands nach § 91 Abs. 1 AktG. Diese Norm wäre angesichts der gesetzlich geregelten Zuständigkeit des gesetzlichen Vertreters einer Kapitalgesellschaft für die Rechnungslegung (§ 264 Abs. 1 HGB) überflüssig, verstünde man sie nicht als Hinweis auf das aktienrechtliche Innenverhältnis: Den Vorstand trifft im Außenverhältnis die Buchführungspflicht (§ 264 Abs. 1 HGB); im Innenverhältnis der Gesellschaft ist er organschaftlich verpflichtet, die dazu erforderlichen Maßnahmen zu ergreifen[65]. In der monistischen SE werden Innen- und Außenverhältnis auf verschiedene Personen verteilt: Adressaten der Buchführungspflicht sind im Außenverhältnis die geschäftsführenden Direktoren; im Innenverhältnis wird zusätzlich der Verwaltungsrat kraft seiner allgemeinen Oberleitungsaufgabe mit in die Pflicht genommen.

Der konkrete **Inhalt der Rechnungslegungspflichten** unterscheidet sich nicht von der 29
Rechtslage in einer dualistisch strukturierten Aktiengesellschaft. Für die Buchführungspflicht gilt kraft der Verweisung in Art. 61 SE-VO das allgemein auf Aktiengesellschaften anwendbare mitgliedstaatliche Recht (Art. 61 Rz. 1 ff.).

2. Risikofrüherkennungssystem

Die Einrichtung eines Risikofrüherkennungssystems muss den Verwaltungsrat in die 30
Lage versetzen, bestandsgefährdende Entwicklungen rechtzeitig zu erkennen[66]. Für die Anforderungen an ein derartiges Früherkennungssystem gelten dieselben Grundsätze wie im allgemeinen Aktienrecht[67]. Spezifisch für die monistische Leitungsstruktur ist, dass der Verwaltungsrat auch hier die rechte **Balance zwischen Delegation und Vollzugskontrolle** finden muss. Die nähere Ausformung und Handhabung des Früherkennungssystems darf der Verwaltungsrat den geschäftsführenden Direktoren und den nachgeordneten Managementebenen überlassen[68]. Es muss andererseits aber auch sichergestellt sein, dass die Information über Bestandsgefährdungen nicht nur auf einer unteren Leitungsebene oder bei den geschäftsführenden Direktoren vorliegt. Sie muss auch den Verwaltungsrat so **rechtzeitig erreichen**, dass dieser gegebenenfalls Maßnahmen zur Risikominimierung beraten und veranlassen kann.

V. Einsichts- und Prüfungsrecht (§ 22 Abs. 4 SEAG)

§ 22 Abs. 4 Satz 1 SEAG gewährt dem Verwaltungsrat das Recht, die Bücher und 31
Schriften der Gesellschaft sowie die Vermögensgegenstände, namentlich die Gesellschaftskasse und die Bestände an Wertpapieren und Waren, einzusehen und zu prüfen. Er ist damit nicht auf die von den geschäftsführenden Direktoren gelieferten Informationen angewiesen, sondern kann sich ein **eigenes Bild von den Verhältnissen der Gesellschaft** machen. Dies ist für die ordnungsgemäße Wahrnehmung seiner Leitungsverantwortung unerlässlich. Gewiss kann er kraft seiner Weisungsbefugnis die gewünschten Informationen auch von den geschäftsführenden Direktoren einfordern[69]. Zur Wahrnehmung seiner originären Leitungsverantwortung gehört aber auch

---

65 *Krieger/Sailer-Coceani* in K. Schmidt/Lutter, § 91 AktG Rz. 3 f.; *Koch* in Hüffer, § 91 AktG Rz. 2.
66 Vgl. *Krieger/Sailer-Coceani* in K. Schmidt/Lutter, § 91 AktG Rz. 6, sowie *Koch* in Hüffer, § 91 AktG Rz. 7 für das dualistische System.
67 Vgl. *Krieger/Sailer-Coceani* in K. Schmidt/Lutter, § 91 AktG Rz. 7 ff.
68 *Reichert/Brandes* in MünchKomm. AktG, 3. Aufl., Art. 43 SE-VO Rz. 90.
69 Darauf weist *Schwarz*, Anh. Art. 43 SE-VO Rz. 63 hin.

die Möglichkeit, sich gegebenenfalls ohne Einschaltung der geschäftsführenden Direktoren informieren zu können[70].

32 § 22 Abs. 4 Satz 1 SEAG lehnt sich zwar in der Formulierung an § 111 Abs. 2 AktG an, der ein vergleichbares Recht dem Aufsichtsrat gewährt, bei der **Norminterpretation** ist jedoch zu berücksichtigen, dass die Vorschrift in § 22 SEAG auf den Verwaltungsrat als ein Organ der Oberleitung bezogen ist, dessen Stellung sich von derjenigen des Aufsichtsorgans im dualistischen System grundlegend unterscheidet. **Nicht übertragbar** sind damit die Einschränkungen, die gegenüber dem Einsichts- und Prüfungsrecht des Aufsichtsrates gemeinhin geltend gemacht werden. Dem Aufsichtsrat werden bei der Zuziehung von Sachverständigen Grenzen gezogen, weil seine Mitglieder nach § 111 Abs. 5 AktG ihre Aufgaben nicht durch andere wahrnehmen lassen können. Im Lichte dessen wird eine Hinzuziehung von Sachverständigen nur für konkrete Einzelangelegenheiten zugelassen, nicht aber im Sinne einer ständigen Beratung[71]. Gestützt wird dies auf die Verpflichtung eines Aufsichtsratsmitglieds, das Amt persönlich und eigenverantwortlich auszuüben[72]. Diese restriktive Interpretation ist für § 22 Abs. 4 Satz 2 SEAG nicht zu übernehmen[73], weil im Verwaltungsrat als einem für die Geschäftsführung zuständigen Organ eine primär persönliche Aufgabenwahrnehmung nicht in derselben Weise gefordert sein kann. Zwar ist auch dort die Hinzuziehung von Sachverständigen dem Wortlaut nach nur für „bestimmte" Aufgaben vorgesehen. Es steht aber andererseits im freien unternehmerischen Ermessen des Verwaltungsrats, sich überall dort, wo er es für geboten hält, besonderen Sachverstandes zu bedienen. Insbesondere fehlt für den Verwaltungsrat eine § 111 Abs. 5 AktG vergleichbare Regelung, die eine Aufgabenwahrnehmung durch andere untersagt. Dies beruht auf der unterschiedlichen Aufgabenstellung von Aufsichtsrat und Verwaltungsrat. Während der Aufsichtsrat lediglich die Geschäftsführung des Vorstands zu überwachen hat, ist der Verwaltungsrat selbst originär für die ordnungsgemäße Geschäftsführung verantwortlich.

33 Das Einsichts- und Prüfungsrecht steht dem Verwaltungsrat insgesamt zu, nicht aber einzelnen seiner Mitglieder. Soweit der Verwaltungsrat Informationen erhält, können jedoch gem. Art. 44 Abs. 2 SE-VO alle seine Mitglieder davon Kenntnis nehmen. Weiterhin können **einzelne Mitglieder** mit der Wahrnehmung des Einsichts- und Prüfungsrechts betraut werden (§ 22 Abs. 4 Satz 2 SEAG); dies setzt aber einen Beschluss des Verwaltungsrats voraus[74]. Damit wird die Wahrnehmung des Informationsrechts kanalisiert und ein unkoordiniertes Vorgehen vermieden. Soweit Verwaltungsratsmitglieder zugleich geschäftsführende Direktoren sind, haben sie ohnehin unmittelbaren Zugang zu allen Unternehmensdaten. Das Einsichts- und Prüfungsrecht ist damit letztlich vor allem für die Mehrheit der nicht-geschäftsführenden Mitglieder (vgl. § 40 Abs. 1 Satz 2 SEAG) von Bedeutung, die sich gegebenenfalls ein eigenes Bild von der Lage im Unternehmen machen will.

---

70 *Verse* in Habersack/Drinhausen, SE-Recht, § 22 SEAG Rz. 30.
71 BGH v. 15.11.1982 – II ZR 27/82, BGHZ 85, 293, 296; *Drygala* in K. Schmidt/Lutter, § 111 AktG Rz. 36; *Koch* in Hüffer, § 111 AktG Rz. 23.
72 BGH v. 25.3.1982 – VII ZR 60/81, BGHZ 83, 293, 295.
73 A.A. *Verse* in Habersack/Drinhausen, SE-Recht, § 22 SEAG Rz. 35.
74 *Schwarz*, Anh. Art. 43 SE-VO Rz. 64.

VI. Erteilung des Prüfungsauftrags an den Abschlussprüfer (§ 22 Abs. 4 Satz 3 SEAG)

Der Abschlussprüfer wird nach der allgemeinen Regelung in § 318 HGB von den Gesellschaftern bestellt und erhält seinen Prüfungsauftrag vom gesetzlichen Vertreter der Gesellschaft. Davon weicht § 22 Abs. 4 Satz 3 SEAG insofern ab, als der Prüfungsauftrag nicht von den geschäftsführenden Direktoren als den gesetzlichen Vertretern der Gesellschaft, sondern vom Verwaltungsrat erteilt wird. Es liegt darin einer der seltenen Fälle, in denen der Verwaltungsrat die Gesellschaft nach außen vertritt. Ähnlich wie § 111 Abs. 2 Satz 3 AktG, der diese Aufgabe dem Aufsichtsrat zuweist, soll damit eine gewisse Distanz hergestellt werden zwischen den geschäftsführenden Personen und dem Abschlussprüfer, der im Rahmen seiner Tätigkeit zumindest indirekt auch die Qualität der Geschäftsführung bewertet[75]. Zugleich entsteht damit der nötige Freiraum, um den Prüfungsauftrag für eine **Konkretisierung und Strukturierung der Abschlussprüfung** zu nutzen[76]. Anders als die insoweit naturgemäß befangenen geschäftsführenden Direktoren kann der Verwaltungsrat, namentlich die nicht geschäftsführende Mehrheit seiner Mitglieder, die Abschlussprüfung dazu nutzen, bestimmte Prüfungsschwerpunkte festzulegen und damit möglicherweise Schwachstellen der Geschäftsführung aufzudecken[77].

34

VII. Leitungspflichten bei Zahlungsunfähigkeit und Überschuldung (§ 22 Abs. 5 Satz 2 SEAG)

1. Übertragbarkeit allgemein aktienrechtlicher Rechtsgrundsätze

§ 22 Abs. 5 Satz 2 SEAG[78] wurde im Rahmen des MoMiG[78] geändert[79]. Die Vorschrift führte zu einer Klarstellung gegenüber der früheren Fassung des § 22 Abs. 5 Satz 2 SEAG. Die vorher diskutierten Fragen, unter welchen Voraussetzungen Zahlungsunfähigkeit vorliegt und wann die damals in § 92 Abs. 2 Satz 1 AktG verankerte Drei-Wochen-Frist zur Stellung des Insolvenzantrags beginnt, sind damit überholt[80]. § 22 Abs. 5 Satz 2 SEAG verweist für den Fall der Zahlungsunfähigkeit oder Überschuldung der Gesellschaft (§ 15a InsO) auf § 92 Abs. 2 AktG. Danach darf der Vorstand in diesem Stadium keine Zahlungen mehr leisten, soweit sie nicht mit der Sorgfalt eines ordentlichen und gewissenhaften Geschäftsleiters vereinbar sind. Das gleiche gilt für Zahlungen an Aktionäre, soweit diese zur Zahlungsunfähigkeit der Gesellschaft führen müssen (§ 92 Abs. 2 Satz 3 AktG). Diese Regeln sind auf den Verwaltungsrat entsprechend anzuwenden. Grundsätzlich sind dabei die zu § 92 AktG entwickelten Rechtsgedanken auf das monistische System zu übertragen.

35

2. Anpassung an die monistische Leitungsstruktur

Der Insolvenzantrag ist vom Verwaltungsrat zu stellen. Der Gesetzeswortlaut ist allerdings etwas ungenau, wenn auf den „Verwaltungsrat" abgestellt wird. Vielmehr müsste es heißen, dass „jedes Mitglied des Verwaltungsrats" den Insolvenzantrag stellen

36

---

75 *Drygala* in K. Schmidt/Lutter, § 111 AktG Rz. 32 ff.
76 Dazu *Hommelhoff*, BB 1998, 2567, 2569.
77 Vgl. zu § 111 AktG *Koch* in Hüffer, § 111 AktG Rz. 29.
78 Gesetz zur Modernisierung des GmbH-Rechts und zur Bekämpfung von Missbräuchen, Gesetz vom 23.10.2008, BGBl. 2008 I, S. 2026.
79 Gesetz zur Umsetzung der Aktionärsrechterichtlinie, Gesetz vom 30.7.2009, BGBl. 2009 I, S. 2479, 2490.
80 Zu diesen Streitfragen vgl. Vorauflage, Anh. Art. 43 SE-VO § 22 SEAG Rz. 35 ff. Zusammenfassend auch *Ihrig*, ZGR 2008, 809, 817.

kann. Dies ergibt sich aus dem systematischen Vergleich mit § 15a Abs. 1 Satz 1 InsO, der auf die „Mitglieder des Vertretungsorgans" abstellt[81]. Die Bestimmung des § 22 Abs. 5 Satz 2 Halbsatz 1 SEAG bezieht sich lediglich auf den Antrag nach § 15a InsO, also auf die zwingend geregelte Insolvenzantragspflicht. Die Vorschrift trifft hingegen keine Aussage zum **fakultativen Insolvenzantrag** wegen drohender Zahlungsunfähigkeit, der nach § 18 Abs. 1 InsO ebenfalls als Eröffnungsgrund des Insolvenzverfahrens gilt. Insoweit bleibt es bei der Regelung des § 18 Abs. 3 InsO, wonach der Antrag entweder von allen Mitgliedern des Vertretungsorgans zu stellen ist oder von einem anderen Antragsteller, der zur Vertretung der Gesellschaft berechtigt ist. Vertretungsorgan sind nach § 40 Abs. 2 Satz 1 SEAG die geschäftsführenden Direktoren. Diese sind jedoch verpflichtet, vorab die Zustimmung des Verwaltungsrats einzuholen (§ 22 Abs. 1 SEAG), da es sich um eine grundlegende unternehmerische Leitungsentscheidung handelt[82].

37 Vor diesem Hintergrund erfordert die entsprechende Anwendung der krisenbezogenen Pflichten im monistischen System des SEAG ein Zusammenspiel zwischen Verwaltungsrat und geschäftsführenden Direktoren. Da die täglichen Geschäfte in der Regel in den Händen der **geschäftsführenden Direktoren** liegen, regelt § 40 Abs. 3 SEAG deren Pflicht, den Verwaltungsrat über eine krisenhafte Entwicklung unverzüglich zu informieren. Dies ist dahingehend zu verstehen, dass der Verwaltungsrat schon bei den ersten Anzeichen einer drohenden Zahlungsunfähigkeit oder Überschuldung informiert werden muss, damit ihm noch die Option verbleibt, eine Maßnahme zur Gegensteuerung zu ergreifen[83]. Der in § 40 Abs. 3 Satz 2 SEAG genannte Zeitpunkt, in dem die Gesellschaft zahlungsunfähig „wird" oder sich eine Überschuldung „ergibt", markiert im Interesse der Gläubiger den Zeitpunkt, zu dem der Verwaltungsrat auf jeden Fall informiert werden muss. Aus der allgemeinen Sorgfaltspflicht der geschäftsführenden Direktoren (§ 40 Abs. 8 SEAG) folgt darüber hinaus im Interesse der Gesellschaft eine deutliche Vorverlagerung der Berichtspflicht auf denjenigen Zeitpunkt, in dem die krisenhafte Entwicklung erkennbar wird und der Verwaltungsrat als Organ der Oberleitung davon Kenntnis erhalten muss, um gegebenenfalls noch rechtzeitig über Sanierungsmaßnahmen beschließen zu können.

38 Als Organ der Oberleitung trifft indessen den **Verwaltungsrat** auch die Pflicht, sich aktiv um eine rechtzeitige Kenntnis des Eintritts von Zahlungsunfähigkeit oder Überschuldung zu bemühen. Bei der Festlegung des Pflichtenmaßstabes ist allerdings zu berücksichtigen, dass der Verwaltungsrat zwar die Gesamtverantwortung für alle Vorgänge im Unternehmen trägt, sich aber nach Maßgabe des Art. 44 Abs. 1 SE-VO unter Umständen nur zu vier Sitzungen im Jahr trifft, somit nicht zwingend als ein mit dem Tagesgeschäft befasstes Gremium konzipiert ist. Es ist andererseits Teil seiner Organisationsverantwortung, für eine ordnungsgemäße Aufgabenerfüllung der geschäftsführenden Direktoren zu sorgen und eine effektive Vollzugskontrolle zu organisieren (oben Rz. 14 ff.). Er ist nicht verpflichtet, sich laufend und in kurzen Abständen über die Finanzlage der Gesellschaft zu informieren, muss aber die verlässliche Weiterleitung von Informationen durch die geschäftsführenden Direktoren zumindest stichprobenartig überprüfen und bei Anzeichen von Fehlentwicklungen aktiv von seinen Handlungsmöglichkeiten (Weisungserteilung, Bestellung neuer Direktoren, Abberufung vorhandener Direktoren) Gebrauch machen.

---

[81] *Verse* in Habersack/Drinhausen, SE-Recht, § 22 SEAG Rz. 38.
[82] *Verse* in Habersack/Drinhausen, SE-Recht, § 22 SEAG Rz. 39.
[83] *Teichmann* in Krieger/Uwe H. Schneider, Hdb. Managerhaftung, § 5 Rz. 39. Strenger *Siems* in KölnKomm. AktG, 3. Aufl., Anh. Art. 51 SE-VO Rz. 27, der keine Delegation der Pflicht des Verwaltungsrats aus § 22 Abs. 5 SEAG an die geschäftsführenden Direktoren zulassen möchte.

Das **Zahlungsverbot** des § 92 Abs. 2 AktG, auf den § 22 Abs. 5 Satz 2 Halbsatz 2 SE- 39
AG verweist, bezieht sich auf die Verwaltungsratsmitglieder[84]. Es entspricht ihrer
Gesamtverantwortung für die Geschäftsführer, Zahlungen nach Eintritt der Zahlungsunfähigkeit oder insolvenzverursachende Zahlungen möglichst zu verhindern.
Daneben sind die geschäftsführenden Direktoren von der Pflicht angesprochen (Anh.
Art. 43 § 40 SEAG Rz. 66).

Die Verletzung der Insolvenzantragspflicht kann wegen des gläubigerschützenden 40
Charakters der Regelung zu einer **persönlichen Haftung** der Verwaltungsratsmitglieder
führen[85]. Ebenso haften die geschäftsführenden Direktoren, wenn sie ihre in § 40
Abs. 3 SEAG geregelte Pflicht verletzen, den Verwaltungsrat rechtzeitig zu informieren, oder im weiteren Zeitablauf nicht darauf achten, dass gegebenenfalls rechtzeitig
Insolvenzantrag gestellt wird. Untätigkeit oder auch entgegenstehende Weisungen des
Verwaltungsrats können die Direktoren nicht entlasten[86]. Überdies droht den Mitgliedern des Verwaltungsrats die Strafbarkeit nach § 53 Abs. 4 Nr. 2, Abs. 5 SEAG, wenn
sie die Eröffnung des Insolvenzverfahrens (§ 15a Abs. 1 Satz 1 InsO) nicht rechtzeitig
beantragt haben.

VIII. Allgemeine Pflichtenstellung des Verwaltungsrats (§ 22 Abs. 6 SEAG)

1. Sinn und Zweck der Norm

Das monistische System der Unternehmensleitung muss in ein **aktienrechtliches** 41
Umfeld eingebettet werden, das durchweg vom Dualismus geprägt ist. Dieses Umfeld konnte anlässlich der SE-Einführung schon aus Zeitgründen nicht gänzlich auf
den Monismus umgestellt werden; die Regelungsermächtigung des Art. 43 Abs. 4 SE-
VO (Art. 43 Rz. 55 ff.) deckt im Übrigen nur eine Regelung der Leitungsstruktur,
nicht einen SE-spezifischen Umbau des gesamten Aktien- und Unternehmensrechts.
Der Gesetzgeber wählt daher mit § 22 Abs. 6 SEAG den Weg einer pauschalen Kompetenzzuweisung: Alle Rechte und Pflichten, die in Vorschriften außerhalb des SEAG
an Vorstand oder Aufsichtsrat gerichtet sind, beziehen sich im monistischen Modell
auf den Verwaltungsrat. Der Gesetzgeber folgt damit einem „zweckorientierten Lösungsansatz"[87]. Das Ziel besteht darin, für alle Normen des allgemeinen Aktienrechts sowie anderer Rechtsgebiete einen **Normadressaten** zu bestimmen, damit sie
gegenüber einer monistischen SE nicht ins Leere laufen[88]. Die Diskussion um das
SEAG konnte die hierfür in Betracht kommenden Rechtsnormen nicht vollständig
ausloten, so dass durchaus gesetzgeberische „Anschauungslücken" denkbar sind, die
von Rechtsprechung und Wissenschaft zu schließen sind. Dies betrifft Rechtsnormen, die nicht Rechte und Pflichten im engen Sinne zuweisen, jedoch in anderer
Weise vom dualistischen System geprägt sind (Rz. 42 ff.); weiterhin sind auch im unmittelbaren Anwendungsbereich des § 22 Abs. 6 SEAG Fälle denkbar, in denen die
damit verbundene Einebnung der internen Kontrollmechanismen nicht kompensationslos hingenommen werden kann (Rz. 46 ff.).

---

84 *Verse* in Habersack/Drinhausen, SE-Recht, § 22 SEAG Rz. 41.
85 Die Insolvenzantragspflicht des § 15a Abs. 1 Satz 1 InsO ist Schutzgesetz im Sinne von § 823
Abs. 2 BGB (siehe nur BGH, NJW 2007, 3130, 3131; *Koch* in Hüffer, § 92 AktG Rz. 26). § 92
Abs. 2 AktG hingegen wird seit der gesetzlichen Neufassung nicht mehr als Schutzgesetz angesehen (vgl. *Krieger/Sailer-Coceani* in K. Schmidt/Lutter, § 92 AktG Rz. 12).
86 Vgl. Anh. Art. 43 § 44 SEAG Rz. 13.
87 So *Kalss/Greda* in Kalss/Hügel, § 38 SEG Rz. 7, zur weitgehend vergleichbaren Parallelnorm
des österreichischen SEG.
88 *Kalss/Greda* in Kalss/Hügel, § 38 SEG Rz. 7.

2. Anwendung anderer vom Dualismus geprägter Rechtsnormen

42 § 22 Abs. 6 SEAG spricht allein von „Rechten und Pflichten", ohne zu berücksichtigen, dass Vorstand und Aufsichtsrat im Aktienrecht mitunter auch anderweitig erwähnt sind. Die Regelung ist nach ihrem Sinn und Zweck **weit auszulegen** und auf alle Normen zu erstrecken, die Vorstand oder Aufsichtsrat in irgendeiner Weise ansprechen, selbst wenn sie nicht Rechte oder Pflichten im engeren Sinne zuweisen[89]. Grundsätzlich ist jede auf nationale Aktiengesellschaften anwendbare Rechtsregel, soweit sie sich auf Vorstand oder Aufsichtsrat bezieht, in der monistischen SE auf den Verwaltungsrat zu übertragen. Dies gilt nicht nur für Vorschriften des Aktiengesetzes, sondern auch für Rechtsnormen anderer Rechtsbereiche.

43 **Beispiele**[90]: Der Verwaltungsrat ist zuständig für die Abgabe der Entsprechenserklärung zum Corporate Governance Kodex gem. § 161 AktG[91]. § 11 Abs. 2 Satz 3 Nr. 3 WpÜG fordert bei der Abgabe eines öffentlichen Angebots Angaben zu Vorteilen, die dem „Vorstand oder Aufsichtsrat der Zielgesellschaft" gewährt oder in Aussicht gestellt wurden; handelt es sich bei der Zielgesellschaft um eine monistische SE, ist über Vorteile zu informieren, die Mitgliedern des Verwaltungsrats gewährt oder in Aussicht gestellt wurden. Gem. § 15a WpHG müssen Verwaltungsratsmitglieder eigene Geschäfte mit Aktien der Gesellschaft mitteilen[92]; diese Norm ist von vornherein schon weiter formuliert als üblich und erfasst ausdrücklich auch die Mitglieder eines „Verwaltungsorgans" des Emittenten (§ 15a Abs. 2 WpHG). Der Rechtsgedanke des § 22 Abs. 6 SEAG lässt sich auch heranziehen für die Anwendung der Bestellungshindernisse des § 76 Abs. 3 AktG auf Verwaltungsratsmitglieder (vgl. Anh. Art. 43 § 27 SEAG Rz. 4).

44 Einer **funktionalen Betrachtung** bedürfen allgemeine Regelungen, die „Mitglieder der Geschäftsführung" ansprechen oder ähnlich offene Formulierungen wählen. Ein Beispiel ist die Vorschrift des § 192 Abs. 2 Nr. 3 AktG. Sie steht nach Auffassung der Rechtsprechung der Gewährung von **Aktienoptionen an Aufsichtsratsmitglieder** entgegen, da eine derartige Vergütungsform mit deren Kontrollfunktion als nicht vereinbar angesehen wird[93]. Insoweit läge es nahe, im Verwaltungsrat allein denjenigen Mitgliedern Aktienoptionen zuzugestehen, die zugleich geschäftsführende Direktoren sind, und die nicht-geschäftsführenden Mitglieder wegen ihrer Überwachungsfunktion davon auszuschließen[94]. Andererseits ist der Verwaltungsrat als Ganzes für die Oberleitung der Gesellschaft zuständig und damit dem Vorstand wesentlich eher vergleichbar als dem Aufsichtsrat; soweit ihm Überwachungsaufgaben zukommen, haben diese einen grundlegend anderen Charakter als beim Aufsichtsrat (oben Rz. 14 ff.). Die besseren Gründe sprechen daher hinsichtlich der Vergütung durch Aktienoptionen für eine Gleichstellung mit dem Vorstand[95].

45 Andererseits sind all jene Vorschriften, die den **gesetzlichen Vertreter** einer Gesellschaft ansprechen, grundsätzlich auf die **geschäftsführenden Direktoren** zu bezie-

---

[89] Ebenso *Verse* in Habersack/Drinhausen, SE-Recht, § 22 SEAG Rz. 42.
[90] Vgl. auch die Aufzählung bei *Siems* in KölnKomm. AktG, 3. Aufl., Anh. Art. 51 SE-VO § 22 SEAG Rz. 33 ff. sowie *Verse* in Habersack/Drinhausen, SE-Recht, § 22 SEAG Rz. 51 ff. Zum Bezugspunkt der kapitalmarktrechtlichen Zuständigkeiten auch *Kalss/Greda* in Kalss/Hügel, § 38 SEG Rz. 20 ff.
[91] *Reichert/Brandes* in MünchKomm. AktG, 3. Aufl., Art. 43 SE-VO Rz. 89; *Verse* in Habersack/Drinhausen, SE-Recht, § 22 SEAG Rz. 56.
[92] *Reichert/Brandes* in MünchKomm. AktG, 3. Aufl., Art. 43 SE-VO Rz. 88.
[93] BGH v. 16.2.2004 – II ZR 316/02, BGHZ 158, 122, 127 = AG 2004, 265.
[94] So *Koke*, Finanzverfassung der SE, S. 165 ff.
[95] Auch *Lutter/Kollmorgen/Feldhaus*, BB 2005, 2473, 2480; *Schwarz*, Anh. Art. 43 SE-VO Rz. 250; a.A. *Koke*, Finanzverfassung der SE, S. 165 ff. und *Oechsler*, NZG 2005, 449, 450 f.

hen[96]. Denn eine gesetzliche Verpflichtung, die den gesetzlichen Vertretern auferlegt wird, setzt im Zweifel für ihre Erfüllung die Rechtsmacht voraus, die Gesellschaft wirksam zu binden[97]. Dies können im Gefüge der monistischen SE allein die geschäftsführenden Direktoren. Es besteht daher ähnlich wie in der GmbH eine an die Außenwelt gerichtete Verantwortlichkeit der Direktoren in ihrer Eigenschaft als gesetzlicher Vertreter, während im Innenverhältnis die Leitungsmacht kraft der Weisungsbefugnis beim Verwaltungsrat liegt, der im Verhältnis zu den geschäftsführenden Direktoren zur Vollzugskontrolle verpflichtet ist. Daher ist auch in Fällen, in denen die geschäftsführenden Direktoren als Vertretungsorgan im Außenverhältnis handeln, die interne Kompetenzverteilung zu beachten, wonach der Verwaltungsrat die Leitentscheidungen trifft und stets ein Weisungsrecht in Einzelfragen hat[98].

3. Fehlen interner Kontrollmechanismen

Die Kumulation der Zuständigkeiten von Vorstand und Aufsichtsrat beim Verwaltungsrat führt zu einer Einebnung der vielfältig ausdifferenzierten **Corporate Governance** im deutschen Aktienrecht[99]. Der Gesetzgeber des SEAG begegnet dem in einzelnen Punkten durch eine Funktionstrennung zwischen Verwaltungsrat und geschäftsführenden Direktoren; dies betrifft die Aufstellung des Jahresabschlusses (§ 47 SEAG) und das Konzernrecht (§ 49 SEAG). In allen übrigen Bereichen werden Rechtsprechung und Wissenschaft von Fall zu Fall zu prüfen haben, ob nach Sinn und Zweck der allgemein aktienrechtlichen Regelung funktionsäquivalente Kontrollmechanismen im Sinne eines „Vier-Augen-Prinzips" zu entwickeln sind.

46

Als **Beispiel** dafür lässt sich das **genehmigte Kapital** anführen. Es besteht im dualistischen Modell in einer satzungsmäßigen Ermächtigung des Vorstandes, das Grundkapital durch Ausgabe neuer Aktien zu erhöhen (§ 202 Abs. 1 AktG). Wegen der grundlegenden Bedeutung dieser Maßnahme und der Kompetenzverschiebung von der Hauptversammlung zum Vorstand wird der Aufsichtsrat als Überwachungsorgan beteiligt: Der Vorstand soll von der Ermächtigung nur mit Zustimmung des Aufsichtsrats Gebrauch machen (§ 202 Abs. 3 Satz 2 AktG). Dieses Element der internen Kontrolle entfällt, wenn § 202 AktG gem. § 22 Abs. 6 SEAG undifferenziert auf den Verwaltungsrat angewandt wird. Kompensieren lässt sich dies zumindest teilweise durch die Annahme einer Verpflichtung, einen ausdrücklichen Verwaltungsratsbeschluss über die Ausübung der Kapitalerhöhung herbeizuführen[100]. Auf diese Weise wird die Mehrheit der nicht-geschäftsführenden Mitglieder (vgl. § 40 Abs. 1 Satz 2 SEAG) an ihre interne Kontrollaufgabe gemahnt. Empfehlenswert ist für derartige Fälle die Übertragung der Entscheidung auf einen Prüfungsausschuss, der ausschließlich aus nicht-geschäftsführenden Mitgliedern besteht[101].

47

---

96 Ebenso *Verse* in Habersack/Drinhausen, SE-Recht, § 22 SEAG Rz. 45, der dazu auch Vorschriften zählt, die sich an die „Gesellschaft" als solche richten (Rz. 46).
97 Dazu wird man auch Vorschriften zu zählen haben, die sich an die Gesellschaft als solche richten (*Verse* in Habersack/Drinhausen, SE-Recht, § 22 SEAG Rz. 46).
98 Vgl. *Verse* in Habersack/Drinhausen, SE-Recht, § 22 SEAG Rz. 47 am Beispiel der Zustimmung gemäß § 68 Abs. 2 AktG bei der Übertragung vinkulierter Namensaktien. Weiterhin *Verse* in Habersack/Drinhausen, SE-Recht, § 22 SEAG Rz. 53 zu den kapitalmarktrechtlichen Publizitätspflichten.
99 Bedenken in diese Richtung werden in der Literatur vielfach geäußert. S. beispielsweise *Kallmeyer*, ZIP 2003, 1531, 1533; *Scherer*, Dualistisches oder monistisches System?, S. 102 ff.
100 In diesem Sinne *Koke*, Finanzverfassung der SE, S. 190 ff.
101 Zu diesem typischen Element der internen Überwachung in monistischen Systemen s. nur *Holland*, Board of Directors und monistische SE, S. 27 ff. und *Scherer*, Dualistisches oder monistisches System?, S. 75 und S. 85 ff.

48 Für börsennotierte Gesellschaften empfiehlt sich eine weitere Ausdifferenzierung der internen Kontrollmechanismen im **Deutschen Corporate Governance Kodex**[102]. Dies greift den Regelungsmechanismus des angelsächsischen Rechtskreises, in dem das monistische Modell traditionell verankert ist, auf und macht ihn für die im deutschen Aktienrecht noch unbekannte Leitungsstruktur fruchtbar. Sinnvoll wäre die Empfehlung zur Einrichtung von Ausschüssen, die allein mit nicht-geschäftsführenden Verwaltungsratsmitgliedern besetzt sind und überall dort zur Beschlussfassung aufgerufen sind, wo im allgemeinen Aktienrecht der Aufsichtsrat tätig wird. So könnte einem Prüfungsausschuss die Aufgabe übertragen werden, den Jahresabschluss und den konzernrechtlichen Abhängigkeitsbericht aus Warte der nicht-geschäftsführenden Verwaltungsratsmitglieder zu überprüfen bzw. die entsprechende Entscheidung des Verwaltungsrats vorzubereiten[103].

§ 23 SEAG
Zahl der Mitglieder des Verwaltungsrats

(1) Der Verwaltungsrat besteht aus drei Mitgliedern. Die Satzung kann etwas anderes bestimmen; bei Gesellschaften mit einem Grundkapital von mehr als 3 Millionen Euro hat der Verwaltungsrat jedoch aus mindestens drei Personen zu bestehen. Die Höchstzahl der Mitglieder des Verwaltungsrats beträgt bei Gesellschaften mit einem Grundkapital

bis zu 1 500 000 Euro neun,

von mehr als 1 500 000 Euro fünfzehn,

von mehr als 10 000 000 Euro einundzwanzig.

(2) Die Beteiligung der Arbeitnehmer nach dem SE-Beteiligungsgesetz bleibt unberührt.

I. Europäische Rechtsgrundlage	1	III. Höchstzahl	6
II. Mindestzahl	4	IV. Arbeitnehmerbeteiligung	7

Literatur: *Fleischer* (Hrsg.), Handbuch des Vorstandsrechts, 2006; *Holland*, Das amerikanische „board of directors" und die Führungsorganisation einer monistischen SE in Deutschland, 2006 (zit.: Monistische SE); *Lutter/Kollmorgen/Feldhaus*, Die Europäische Aktiengesellschaft – Satzungsgestaltung bei der mittelständischen SE, BB 2005, 2473–2483; *Teichmann*, Gestaltungsfreiheit im monistischen Leitungssystem der Europäischen Aktiengesellschaft, BB 2004, 53–60.

---

[102] In diesem Sinne bereits *Neye/Teichmann*, AG 2003, 169, 177, sowie *Teichmann*, BB 2004, 53, 55. Monographisch *Messow*, Die Anwendbarkeit des Deutschen Corporate Governance Kodex für die SE, 2007.
[103] Vgl. den Vorschlag bei *Maul*, ZGR 2003, 743, 758 ff. für den faktischen Konzern. Die in § 47 Abs. 3 SEAG vorgesehene Prüfung des Jahresabschlusses durch den Verwaltungsrat kann gem. § 34 Abs. 4 SEAG nicht zur endgültigen Beschlussfassung, sondern nur zur Vorbereitung auf einen Ausschuss übertragen werden.

I. Europäische Rechtsgrundlage

Zur Zahl der Mitglieder des Verwaltungsorgans findet sich eine **europäische Vorgabe in Art. 43 Abs. 2 SE-VO** (vgl. Art. 43 Rz. 32 f.) Demnach werden die Zahl der Mitglieder des Verwaltungsorgans oder die Regeln für ihre Festlegung grundsätzlich in der Satzung festgelegt (Satz 1). Die Mitgliedstaaten können aber eine Mindestzahl und erforderlichenfalls eine Höchstzahl festsetzen (Satz 2). Ist die Mitbestimmung der Arbeitnehmer in der SE gemäß der Richtlinie geregelt, muss das Verwaltungsorgan aus mindestens drei Mitgliedern bestehen (Unterabs. 2).

§ 23 SEAG stützt sich auf die Ermächtigung in Art. 43 Abs. 2 Satz 2 SE-VO. Der Wortlaut der SE-Verordnung ist nicht so zu interpretieren, dass die Mitgliedstaaten nur starre **Mindest- oder Höchstgrenzen** festlegen dürften. Auch die Orientierung an **Schwellenwerten** – hier: bestimmte Grundkapitalziffern – ist der Sache nach eine Festlegung von Mindest- und Höchstzahlen der Mitglieder des Verwaltungsorgans. Es ist nicht anzunehmen, dass der Verordnungsgeber den Mitgliedstaaten einerseits die Regelungsbefugnis für diese Frage überantworten, ihnen andererseits derartige sachgerechte, weil an die Unternehmensgröße anknüpfende Differenzierungen untersagen wollte[1]. Die Kernaussage des Art. 43 Abs. 2 Satz 2 SE-VO liegt vielmehr darin, dass die Frage der Mindest- und Höchstzahlen von Verwaltungsorganmitgliedern der Regelungskompetenz der Mitgliedstaaten zugewiesen wird. Es widerspricht diesem Grundgedanken auch nicht, dass § 23 Abs. 1 Satz 2 SEAG die Festlegung der Mitgliederzahl für die Satzungsautonomie öffnet; denn diese wird von Art. 43 Abs. 2 Satz 1 SE-VO gerade als der Regelfall angesehen, dem gesetzliche Mindest- oder Höchstzahlen entgegengesetzt werden können, aber nicht müssen[2]. Die in § 23 Abs. 1 SEAG anzutreffende differenzierende Lösung ist daher verordnungskonform[3].

Die Ermächtigungsgrundlage scheint unterschiedliche **Anforderungen an die Festlegung einer Mindest- und einer Höchstzahl** zu stellen. Während die Festlegung einer Mindestzahl ohne sprachliche Relativierung gestattet wird, soll die Festlegung einer Höchstzahl nur „erforderlichenfalls" festgesetzt werden. Fraglich ist damit, ob die Mitgliedstaaten bei der Festlegung einer Höchstzahl an ein Kriterium einer – wie auch immer zu bestimmenden – **Erforderlichkeit** gebunden sind[4]. Neben der deutschen Fassung scheint auch die englische Fassung („where necessary") ein solches Verständnis nahezulegen, während die französische Fassung („le cas échéant") offener formuliert ist. Naheliegender ist der Zusatz „erforderlichenfalls" – oder im Französischen: „le cas échéant" – dahingehend zu verstehen, dass der Eindruck vermieden werden sollte, es müsse, wer eine Mindestgrenze festlegt, zugleich auch eine Höchstgrenze bestimmen. Dieser Eindruck wäre entstanden, würde die Ermächtigung lediglich lauten, „die Mitgliedstaaten können eine Mindest- und eine Höchstgrenze festsetzen". In jedem Fall ist die Ermächtigung aber so zu lesen, dass die Entscheidung darüber, unter welchen Voraussetzungen eine Höchstgrenze erforderlich ist, den Mitgliedstaaten überlassen

---

[1] Ebenso *Schwarz*, Anh. Art. 43 SE-VO Rz. 81 f.
[2] Da die Mitgliedstaaten die in Art. 43 Abs. 2 Satz 1 SE-VO geregelte Satzungsfreiheit gem. Satz 2 durch Festlegung einer Mindestzahl beseitigen können, ist die Öffnung der partiellen Satzungsfreiheit auch nicht nur eine deklaratorische Regelung (so aber *Schwarz*, Anh. Art. 48 SE-VO Rz. 79), sondern konstitutiv, um gegenüber der Festlegung in § 23 Abs. 1 Satz 1 SEAG einen Freiraum für die Satzungsfreiheit zu eröffnen.
[3] Ebenso *Schwarz*, Anh. Art. 43 SE-VO Rz. 78; *Verse* in Habersack/Drinhausen, SE-Recht, Art. 43 SE-VO Rz. 20.
[4] So im Ausgangspunkt *Schwarz*, Anh. Art. 43 SE-VO Rz. 82, der aber die Erforderlichkeit des § 23 Abs. 1 Satz 3 SEAG im Lichte der Arbeitsunfähigkeit allzu großer Gremien gewahrt sieht.

bleibt und eine Überprüfung dieser Entscheidung auf ihre inhaltliche Berechtigung nicht stattfindet.

II. Mindestzahl

4 § 23 Abs. 1 Satz 1 SEAG legt als Mindestzahl des Verwaltungsrats eine Zahl von **drei Mitgliedern** fest. Die Satzung kann davon abweichen. Wenn allerdings das Grundkapital der Gesellschaft mehr als drei Millionen Euro beträgt, *muss* der Verwaltungsrat aus mindestens drei Mitgliedern bestehen. Die Vorschrift folgt zwar in der Formulierung einerseits § 95 AktG für den Aufsichtsrat[5] und nimmt andererseits auch Anleihen bei § 76 Abs. 2 AktG für den Vorstand. Sie bedarf dennoch einer eigenständigen Würdigung im Lichte dessen, dass der Verwaltungsrat im monistischen Leitungssystem die Funktionen von Aufsichtsrat und Vorstand auf sich vereinigt (vgl. § 22 Abs. 6 SEAG); die Verwendung des monistischen Systems soll andererseits nach einer ganz bewussten gesetzgeberischen Weichenstellung mehr Gestaltungsfreiheit eröffnen als das Trennungssystem[6] und damit insbesondere für kleine und mittlere Gesellschaften ein brauchbares Instrumentarium bieten. Aus diesem Grunde ist die in § 23 SEAG festgelegte Zahl **satzungsdispositiv**. Die damit mögliche Reduzierung der Mitglieder auf eine Zahl von zwei oder eins ist allerdings nur unterhalb einer Grundkapitalziffer von drei Millionen Euro möglich und damit in erster Linie eine Option für den Mittelstand[7]; daneben bietet sich diese Gestaltung bei Einsatz der SE als Tochtergesellschaft an. Eine **Erhöhung** der Mitgliederzahl ist hingegen – unter Beachtung der gesetzlich festgelegten Höchstgrenzen – unabhängig von der Größe der Gesellschaft in der Satzung frei regelbar[8].

5 Die Regelung des monistischen Modells übernimmt insoweit zwei Einschränkungen aus dem Dualismus, die der Gesetzgeber als **allgemeine Regeln einer guten Unternehmensführung** identifiziert, die unabhängig vom konkreten Leitungsmodell Geltung beanspruchen[9]: Zum einen sollte die Leitung eines Unternehmens von einer gewissen Größe an nicht von einer Person allein wahrgenommen werden; zum anderen sollte stets ein Element der institutionalisierten Selbstkontrolle erhalten bleiben[10]. Aus diesem Grunde übernimmt § 23 Abs. 1 Satz 2 Halbsatz 2 SEAG den Schwellenwert eines Grundkapitals von drei Millionen Euro aus § 76 Abs. 2 Satz 2 AktG, oberhalb dessen eine Leitung durch eine einzige Person nicht mehr angemessen ist[11]. Weiterhin kann der geschäftsführende Direktor im Fall eines einköpfigen Verwaltungsrats nicht „aus der Mitte des Verwaltungsrats" bestellt werden. Denn nur durch Bestellung eines externen geschäftsführenden Direktors lässt sich bei einem einköpfigen Verwaltungsrat das Erfordernis des § 40 Abs. 1 Satz 2 SEAG erfüllen, dass die Mehrheit der Mitglieder des Verwaltungsrats nicht-geschäftsführend sein muss.

---

5 So *Holland*, Monistische SE, S. 131, und *Schwarz*, Anh. Art. 43 SE-VO Rz. 77.
6 Ausführlich *Teichmann*, BB 2004, 53 ff.
7 Dazu *Teichmann*, BB 2004, 53, 54, und *Lutter/Kollmorgen/Feldhaus*, BB 2005, 2473, 2477.
8 Dies verkennt *Holland*, Monistische SE, S. 131, der feststellt, nur Gesellschaften mit einem Grundkapital von weniger als 1 500 000 Euro seien berechtigt, die Größe des Verwaltungsrats frei zu bestimmen.
9 Zu derartigen allgemeinen Funktionsbedingungen Art. 38 Rz. 30.
10 Die hierfür bei *Fleischer* in Handbuch Vorstandsrecht, S. 29, referierten rechtspolitischen Argumente gelten mutatis mutandis auch für die monistische SE.
11 Kritisch *Holland*, Monistische SE, S. 132, der größere Flexibilität für die Unternehmen fordert.

III. Höchstzahl

§ 23 Abs. 1 Satz 3 SEAG legt für den Verwaltungsrat Höchstzahlen fest, die an bestimmte Schwellenwerte des Grundkapitals geknüpft sind. Die Formulierung ist § 95 AktG entlehnt, der Regelungsgedanke wiederum allgemeiner Natur (s. soeben Rz. 5): Ein Gremium, das **Entscheidungen zur Unternehmenspolitik** treffen soll, ist oberhalb einer bestimmten Größe nicht mehr arbeitsfähig.

6

IV. Arbeitnehmerbeteiligung

Im deutschen Aktienrecht hängt die Zahl der Aufsichtsratsmitglieder auch davon ab, ob die Gesellschaft der unternehmerischen Mitbestimmung unterliegt (vgl. § 7 MitbestG). Für die SE bleibt zu bedenken, dass die Arbeitnehmerbeteiligung von der SE-Richtlinie und dem darauf beruhenden SE-Beteiligungsgesetz geregelt wird. **Zudem kann über die konkrete Form der Arbeitnehmerbeteiligung verhandelt werden, so dass die Zahl** der Arbeitnehmervertreter im Gegensatz zum deutschen Mitbestimmungsrecht nicht gesetzlich zwingend festgelegt ist. Aus diesen Gründen öffnet § 23 Abs. 2 SEAG die Regelung über Mindest- und Höchstzahlen der Verwaltungsratsmitglieder für eventuell abweichende Regelungen oder Vereinbarungen nach dem SEBG. Die SE-VO legt in Art. 43 Abs. 2 Satz 3 eine Mindestzahl von **drei Mitgliedern** fest. Ob die SE-Beteiligungsvereinbarung die Größe des Verwaltungsrats festlegen kann oder lediglich den Anteil (oder die Zahl) der Arbeitnehmervertreter regeln darf, ist umstritten (näher § 21 SEBG Rz. 62 ff.)[12].

7

Inwieweit gesetzliche Mindest- oder Höchstzahlen bei Anwendung der **Auffanglösung** gelten, erscheint fraglich. § 23 Abs. 2 SEAG regelt die Frage nicht. Aber auch die in Ermangelung einer Vereinbarung anwendbaren §§ 34 bis 38 SEBG legen die Zahl der Organmitglieder nicht ausdrücklich fest. Insoweit bleibt es bei der Vorschrift des § 23 Abs. 1 SEAG, die Zahl der Mitglieder des Verwaltungsrats kann also in den von § 23 Abs. 1 SEAG festgelegten Grenzen durch die Satzung geregelt werden. Die gesetzliche Auffanglösung schützt nur den zuvor bestehenden Anteil der Arbeitnehmervertreter (§ 34 SEBG Rz. 7 ff., 18). Wenn zuvor paritätische Mitbestimmung bestand, muss daher eine durch zwei teilbare Gesamtzahl gewählt werden, von der dann die Hälfte den Arbeitnehmervertretern zusteht[13]. Diese wiederum darf gem. Art. 12 Abs. 4 SE-VO nicht im Konflikt zu einer eventuellen Mitbestimmungsvereinbarung stehen.

8

§ 24 SEAG
Zusammensetzung des Verwaltungsrats

(1) Der Verwaltungsrat setzt sich zusammen aus Verwaltungsratsmitgliedern der Aktionäre und, soweit eine Vereinbarung nach § 21 oder die §§ 34 bis 38 des SE-Beteiligungsgesetzes dies vorsehen, auch aus Verwaltungsratsmitgliedern der Arbeitnehmer.

(2) Nach anderen als den zuletzt angewandten vertraglichen oder gesetzlichen Vorschriften kann der Verwaltungsrat nur zusammengesetzt werden, wenn nach § 25

---

12 Für eine Regelbarkeit der Gesamtgröße *Teichmann* in MünchHdb. GesR, Bd. 6, § 49 Rz. 61; für die Gegenauffassung *Verse* in Habersack/Drinhausen, SE-Recht, § 23 SEAG Rz. 10.
13 *Verse* in Habersack/Drinhausen, SE-Recht, § 23 SEAG Rz. 8.

oder nach § 26 die in der Bekanntmachung des Vorsitzenden des Verwaltungsrats oder in der gerichtlichen Entscheidung angegebenen vertraglichen oder gesetzlichen Vorschriften anzuwenden sind.

(3) Besteht bei einer börsennotierten SE der Verwaltungsrat aus derselben Zahl von Anteilseigner- und Arbeitnehmervertretern, müssen in den Verwaltungsrat Frauen und Männer jeweils mit einem Anteil von mindestens 30 Prozent vertreten sein. Der Mindestanteil von jeweils 30 Prozent an Frauen und Männern im Verwaltungsrat ist bei erforderlich werdenden Neubesetzungen einzelner oder mehrerer Sitze im Verwaltungsrat zu beachten. Reicht die Zahl der neu zu besetzenden Sitze nicht aus, um den Mindestanteil zu erreichen, sind die Sitze mit Personen des unterrepräsentierten Geschlechts zu besetzen, um dessen Anteil sukzessive zu steigern. Bestehende Mandate können bis zu ihrem regulären Ende wahrgenommen werden.

Literatur: *Grobe*, Die Geschlechterquote für Aufsichtsrat und Vorstand, AG 2015, 289–303; *Teichmann/Rüb*, Der Regierungsentwurf zur Geschlechterquote in Aufsichtsrat und Vorstand, BB 2015, 259–267; *Teichmann/Rüb*, Die gesetzliche Geschlechterquote in der Privatwirtschaft, BB 2015, 898–906.

1 § 24 SEAG beschreibt die Regeln für die Zusammensetzung des Verwaltungsrats; eine vergleichbare Norm findet sich für das deutsche Aktienrecht in § 96 AktG. Die **rechtlichen Grundlagen** für die Zusammensetzung des Verwaltungsrats regeln die **SE-VO** und die **SE-Richtlinie** (umgesetzt im **SEBG**); § 24 Abs. 1 SEAG ist insoweit nur deklaratorischer Natur.

2 Gem. **Art. 43 Abs. 3 SE-VO** werden die Mitglieder des Verwaltungsorgans **von der Hauptversammlung bestellt** (Art. 43 Rz. 42 ff.). Die Mitglieder des ersten Verwaltungsorgans können durch die Satzung bestellt werden (Art. 43 Rz. 48). Unberührt bleiben Entsenderechte der Aktionäre (Art. 43 Rz. 45 und Anh. Art. 43 § 28 SEAG Rz. 7 f.) und die Mitbestimmung der Arbeitnehmer (Art. 43 Rz. 52 ff.).

3 Da insbesondere die Regelungen über die Mitbestimmung der Arbeitnehmer zu rechtlicher Unsicherheit über die ordnungsgemäße Zusammensetzung des Verwaltungsrats führen können, regelt das SEAG in Anlehnung an die §§ 97 ff. AktG ein **Statusverfahren** zur Feststellung der anwendbaren vertraglichen oder gesetzlichen Vorschriften. Dieses wird in den §§ 25 und 26 SEAG näher ausgestaltet.

4 § 24 Abs. 3 SEAG wurde durch das Gesetz für die gleichberechtigte Teilhabe von Frauen und Männern an Führungspositionen in der Privatwirtschaft und im öffentlichen Dienst neu eingefügt[1]. Demnach soll die Regelung zur **Geschlechterquote**, wie sie im AktG für die nationale AG geregelt ist (vgl. insb. § 96 Abs. 2 AktG), auch im paritätisch mitbestimmten Verwaltungsrat einer SE zur Anwendung kommen. Im Zuge des Gesetzgebungsverfahrens bestanden zunächst Zweifel, ob der Gesetzgeber insoweit überhaupt eine Regelungskompetenz für die SE habe[2]. Eine Regelungskompetenz ist zwar dem Grunde nach zu bejahen[3], allerdings ist die konkrete Regelung dennoch unionsrechtlich bedenklich. Denn mit der Regelung des § 24 Abs. 3 SEAG n.F. hat der deutsche Gesetzgeber den Verwaltungsrat mit dem Aufsichtsrat gleichgestellt. Tatsächlich entspricht der Verwaltungsrat funktional jedoch dem Vor-

---

1 Grundlage war der Regierungsentwurf (BT-Drucks. 18/3784, 18/4053) sowie der Beschluss des Ausschusses für Familie, Senioren, Frauen und Jugend (BT-Drucks. 18/4227). Zu den rechtspolitischen Hintergründen *Drygala* in K. Schmidt/Lutter, § 96 AktG Rz. 31 ff.
2 Vgl. hierzu m.w.N. *Teichmann/Rüb*, BB 2015, 259, 263 ff.
3 *Teichmann/Rüb*, BB 2015, 259, 264 f.; ebenso *Grobe*, AG 2015, 289, 298.

stand⁴. Während nun im dualistischen System das unternehmerische Leitungsorgan (= Vorstand) nur einer freiwillig zu bestimmenden Zielgröße unterworfen ist (vgl. § 111 Abs. 5 AktG n.F.), muss im monistischen System das funktional vergleichbare Organ (= Verwaltungsrat) eine feste Quote von 30 % erfüllen. Darin liegt eine gravierende Benachteiligung des monistischen Systems. Sie konterkariert das in Art. 38 SE-VO verankerte Wahlrecht und ist daher unionsrechtlich äußerst bedenklich⁵.

In § 24 Abs. 3 SEAG n.F. fehlen außerdem eine Reihe von Vorschriften, die das Quotenmodell praktikabel machen und für das nationale Aktienrecht in § 96 Abs. 2 AktG n.F. geregelt sind. Dazu gehört die **Rundungsregel**, die **Rechtsfolge des „leeren Stuhls"** und die **Getrenntberechnung** bei Widerspruch einer der beiden „Bänke". Auch eine zeitliche Übergangsregelung (vgl. § 25 EGAktG) fehlt⁶. Ob sich all diese Lücken über Art. 9 SE-VO schließen lassen, wie es dem Gesetzgeber offenbar vorschwebte⁷, ist methodisch zweifelhaft. Denn das nationale Aktienrecht kennt die monistische Leitungsstruktur nicht⁸. Aus diesem Grunde gewährt die SE-VO dem nationalen Gesetzgeber das Recht, besondere Regeln zu schaffen (vgl. Art. 43 Abs. 4 SE-VO), die sich im SE-Ausführungsgesetz finden. Im SEAG hat der deutsche Gesetzgeber die Anwendung der §§ 76 bis 116 AktG ausdrücklich ausgeschlossen. Nach der Konzeption des SEAG schaffen die §§ 20 ff. SEAG eine eigenständige Regelung für das monistische Modell (Art. 43 Rz. 68). Soweit ausnahmsweise Regelungen der §§ 76 bis 116 AktG auch im monistischen System gelten sollen, bedarf es einer ausdrücklichen Verweisung (vgl. etwa § 40 Abs. 7 und 8 SEAG). Einen solchen Verweis auf § 96 Abs. 2 n.F. hat der Gesetzgeber in das SEAG jedoch nicht aufgenommen.

Die Quotenregelung für das monistische Modell ist somit **lückenhaft**. Methodisch mag man bei wohlwollender Betrachtung des zum Ende hin etwas überhasteten Gesetzgebungsverfahrens von einer unbewussten Lücke ausgehen⁹. Dann ließe sich die Lücke so füllen, dass man unterstellt, der Gesetzgeber habe die **Verfahrensregeln des Aktiengesetzes** (§§ 96 Abs. 2, 104 Abs. 5 AktG) auch auf die monistische SE zur Anwendung bringen wollen. Dies gilt dann aber auch für das Widerspruchsrecht der beiden Bänke, dessen Ausübung zu einer Getrenntberechnung der Quote führt (vgl. § 96 Abs. 4 AktG n.F.)¹⁰.

Entsprechende Überlegungen gelten für die Verpflichtung des Verwaltungsrates, für die beiden obersten Führungsebenen **Zielgrößen** des Frauenanteils festzulegen¹¹. Die darauf bezogene Regelung des § 76 Abs. 4 AktG n.F. kann im Grunde keine Anwendung finden, weil § 20 SEAG die Anwendung des § 76 AktG ausdrücklich ausschließt. § 22 Abs. 6 SEAG, dessen Anwendbarkeit der zuständige Bundestags-Ausschuss unter-

---

4 Diese funktionale Gleichstellung ergibt sich unmittelbar aus Art. 43 Abs. 1 Satz 1 SE-VO: „Das Verwaltungsorgan führt die Geschäfte der SE."; siehe weiterhin § 22 Abs. 1 SEAG: „Das Verwaltungsorgan leitet die Gesellschaft, bestimmt die Grundlinien ihrer Tätigkeit und überwacht deren Umsetzung."
5 *Teichmann/Rüb*, BB 2015, 259, 265.
6 Zu dieser *Drygala* in K. Schmidt/Lutter, § 96 AktG Rz. 64 ff.
7 Vgl. die Begründung des Ausschusses für Familie, Senioren, Frauen und Jugend (BT-Drucks. 18/4227), S. 22.
8 Weshalb eine Anwendung der Quotenregelung auf ausländische Gesellschaften mit monistischem Modell abzulehnen ist (*Drygala* in K. Schmidt/Lutter, § 96 AktG Rz. 35).
9 Wenngleich über die Erfassung der SE zuvor eingehend diskutiert worden war (siehe nur *Teichmann/Rüb*, BB 2015, 259, 264 m.w.N.).
10 In diesem Punkt war der Ausschussbericht zwar anderer Auffassung (BT-Drucks. 18/4227, S. 22); ihm folgt *Grobe*, AG 2015, 289, 298. Diese Auffassung verstößt aber gegen den unionsrechtlich vorrangigen Grundsatz der Gleichbehandlung von SE und nationaler AG (näher *Teichmann/Rüb*, BB 2015, 898, 904).
11 Näher *Teichmann/Rüb*, BB 2015, 898, 905.

stellt hat[12], ist nicht dafür vorgesehen, die Grundaussage des § 20 SEAG zu unterlaufen[13]. Wollte man die Regelung dennoch anwenden, ließe sich dies wiederum nur mit einer entsprechenden Anschauungslücke des Gesetzgebers begründen.

§ 25 SEAG
Bekanntmachung über die Zusammensetzung des Verwaltungsrats

(1) Ist der Vorsitzende des Verwaltungsrats der Ansicht, dass der Verwaltungsrat nicht nach den maßgeblichen vertraglichen oder gesetzlichen Vorschriften zusammengesetzt ist, so hat er dies unverzüglich in den Gesellschaftsblättern und gleichzeitig durch Aushang in sämtlichen Betrieben der Gesellschaft und ihrer Konzernunternehmen bekannt zu machen. Der Aushang kann auch in elektronischer Form erfolgen. In der Bekanntmachung sind die nach Ansicht des Vorsitzenden des Verwaltungsrats maßgeblichen vertraglichen oder gesetzlichen Vorschriften anzugeben. Es ist darauf hinzuweisen, dass der Verwaltungsrat nach diesen Vorschriften zusammengesetzt wird, wenn nicht Antragsberechtigte nach § 26 Abs. 2 innerhalb eines Monats nach der Bekanntmachung im Bundesanzeiger das nach § 26 Abs. 1 zuständige Gericht anrufen.

(2) Wird das nach § 26 Abs. 1 zuständige Gericht nicht innerhalb eines Monats nach der Bekanntmachung im Bundesanzeiger angerufen, so ist der neue Verwaltungsrat nach den in der Bekanntmachung angegebenen Vorschriften zusammenzusetzen. Die Bestimmungen der Satzung über die Zusammensetzung des Verwaltungsrats, über die Zahl der Mitglieder des Verwaltungsrats sowie über die Wahl, Abberufung und Entsendung von Mitgliedern des Verwaltungsrats treten mit der Beendigung der ersten Hauptversammlung, die nach Ablauf der Anrufungsfrist einberufen wird, spätestens sechs Monate nach Ablauf dieser Frist insoweit außer Kraft, als sie den nunmehr anzuwendenden Vorschriften widersprechen. Mit demselben Zeitpunkt erlischt das Amt der bisherigen Mitglieder des Verwaltungsrats. Eine Hauptversammlung, die innerhalb der Frist von sechs Monaten stattfindet, kann an Stelle der außer Kraft tretenden Satzungsbestimmungen mit einfacher Stimmenmehrheit neue Satzungsbestimmungen beschließen.

(3) Solange ein gerichtliches Verfahren nach § 26 anhängig ist, kann eine Bekanntmachung über die Zusammensetzung des Verwaltungsrats nicht erfolgen.

I. Bedeutung der Norm	1	2. Anrufung des Gerichts	9
II. Mitbestimmungsmodelle in der SE	3	3. Fristablauf ohne Anrufung des Gerichts	10
III. Verfahren			
1. Bekanntmachung der unrichtigen Zusammensetzung	5		

Literatur: *Forst*, Die Beteiligungsvereinbarung nach § 21 SEBG, 2010; *Habersack*, Konstituierung des ersten Aufsichts- oder Verwaltungsorgans der durch Formwechsel entstandenen SE und Amtszeit ihrer Mitglieder, Der Konzern 2008, 67–75.

---

12 BT-Drucks. 18/4227, S. 23. Ebenso (ohne Begründung) *Grobe*, AG 2015, 289, 299.
13 Näher *Teichmann/Rüb*, BB 2015, 898, 905 f.

I. Bedeutung der Norm

Die §§ 25 und 26 SEAG regeln das sogenannte **Statusverfahren**, das der Feststellung oder Herstellung einer ordnungsgemäßen Zusammensetzung des Verwaltungsrats dient. Sie orientieren sich an den Vorschriften der §§ 97 ff. AktG für den Aufsichtsrat. Hier wie dort geht es darum, der Arbeit des Organs eine sichere Rechtsgrundlage zu bieten; Streit über die Zusammensetzung des Organs kann insbesondere dadurch entstehen, dass verschiedene Mitbestimmungsmodelle in Betracht kommen[1]. Das Statusverfahren setzt allerdings eine bereits bestehende SE voraus, findet also im Gründungsstadium noch keine Anwendung; eventuell auftretende Zweifelsfragen sind dort mit den Rechtsbehelfen des Eintragungsverfahrens zu klären (Art. 12 Rz. 2 ff.)[2]. 1

Der Verwaltungsrat bestimmt als Organ der Oberleitung die unternehmerischen Leitlinien (§ 22 Abs. 1 SEAG); das Interesse an **Rechtssicherheit** für seine Tätigkeit ist daher noch stärker ausgeprägt als beim Aufsichtsrat des dualistischen Systems. Rechtsprechung und Schrifttum zu den **§§ 97 ff. AktG** sind jedoch angesichts der parallel laufenden Regelungsziele weitgehend auf die §§ 25 und 26 SEAG **übertragbar**[3]. Abweichungen, die durch Eigenheiten des monistischen Systems bedingt sind, werden nachfolgend erörtert. 2

II. Mitbestimmungsmodelle in der SE

Das Statusverfahren dient vor allem dazu, Rechtsunsicherheiten im Zusammenhang mit der Anwendung der Mitbestimmungsregeln zu klären[4]. § 25 Abs. 1 SEAG erwähnt in Abweichung vom redaktionellen Vorbild des § 97 Abs. 1 Satz 1 AktG **sowohl gesetzliche als auch vertragliche Vorschriften**, nach denen sich die Zusammensetzung des Verwaltungsrats einer SE richten kann. Denn in der SE kann die Mitbestimmung nach dem SEBG auch in einer Vereinbarung geregelt sein (vgl. § 21 SEBG). Wurde keine Vereinbarung geschlossen, greift die gesetzliche Auffanglösung (§§ 34 ff. SEBG). Hingegen sind **Satzungsbestimmungen** weder gesetzliche noch vertragliche Vorschriften und können daher nicht Anlass für ein Statusverfahren sein[5]. 3

Unsicherheiten über die ordnungsgemäße Zusammensetzung eines mitbestimmten Verwaltungsrats können beispielsweise hinsichtlich der Frage bestehen, ob sich der **proportionale Anteil** der Arbeitnehmervertreter auf den gesamten Verwaltungsrat unter Einbeziehung der geschäftsführenden Mitglieder bezieht oder allein auf die nichtgeschäftsführenden Verwaltungsratsmitglieder (vgl. Art. 43 Rz. 65). Im Schrifttum ist außerdem streitig, welche Reichweite eine **Mitbestimmungsvereinbarung** haben kann, insbesondere ob sie die Mitgliederzahl des Verwaltungsrats regeln kann (vgl. Art. 43 Rz. 36 ff.). Im Bereich des dualistischen Modells ist weiterhin unklar, ob die Gesamtzahl der Aufsichtsratsmitglieder wegen der Vorschrift des § 17 Abs. 1 SEAG auch in einer mitbestimmten SE durch drei teilbar sein muss (Anh. Art. 43 § 17 SEAG 4

---

1 Zu den Regelungszielen des aktienrechtlichen Statusverfahrens *Drygala* in K. Schmidt/Lutter, § 97 AktG Rz. 1 sowie *Hopt/Roth/Peddinghaus* in Großkomm. AktG, 4. Aufl., § 97 AktG Rz. 3 ff.
2 *Habersack*, Der Konzern 2008, 67, 73; *Teichmann* in MünchHdb. GesR, Bd. 6, § 49 Rz. 62; *Verse* in Habersack/Drinhausen, SE-Recht, § 25 SEAG Rz. 4.
3 S. nur Kommentierung von *Drygala* in K. Schmidt/Lutter, §§ 97 ff. AktG.
4 *Hopt/Roth/Peddinghaus* in Großkomm. AktG, 4. Aufl., § 97 AktG Rz. 3.
5 *Schwarz*, Anh. Art. 43 SE-VO Rz. 94. Für das allgemeine Aktienrecht *Drygala* in K. Schmidt/Lutter, § 97 AktG Rz. 6 sowie *Koch* in Hüffer, § 97 AktG Rz. 3 und *Hopt/Roth/Peddinghaus* in Großkomm. AktG, 4. Aufl., § 97 AktG Rz. 23.

Rz. 30 ff.). Hierzu ist das wohl erste Statusverfahren bei einer SE durchgeführt worden, das eine durch zwei teilbare Zahl zugelassen hat[6]. Im monistischen Modell stellt sich diese Frage allerdings nicht, da eine dem § 17 Abs. 1 SEAG entsprechende Regelung hier nicht besteht.

III. Verfahren

1. Bekanntmachung der unrichtigen Zusammensetzung

5 Der Verwaltungsratsvorsitzende ist verpflichtet, die ordnungsgemäße Zusammensetzung des Verwaltungsrats zu prüfen[7]. Gelangt er zu der Ansicht, dass der Verwaltungsrat nicht ordnungsgemäß zusammengesetzt ist, hat er dies unverzüglich in den Gesellschaftsblättern (§ 25 AktG)[8] bekannt zu machen; zusätzlich ist eine Bekanntmachung durch Aushang in sämtlichen Betrieben der Gesellschaft und ihrer Konzernunternehmen erforderlich. Während im dualistischen System der Vorstand das Statusverfahren einleitet, weist der Gesetzgeber des SEAG die Prüfungs- und Bekanntmachungspflicht bewusst dem **Vorsitzenden des Verwaltungsrats** zu und nicht etwa den geschäftsführenden Direktoren[9]. Diese sind dem Verwaltungsrat untergeordnet (Anh. Art. 43 § 22 SEAG Rz. 12) und können insoweit nicht verpflichtet werden, für dessen ordnungsgemäße Zusammensetzung zu sorgen. In der Verantwortlichkeit des Verwaltungsratsvorsitzenden manifestiert sich die Parallelität zwischen Verwaltungsrat und Vorstand als Leitungsorgan der Gesellschaft. Gegen die Zuständigkeit des Verwaltungsratsvorsitzenden lässt sich zwar einwenden, dass er von einer Zusammensetzungsrüge selbst betroffen sein könnte. Indessen erscheint die Gefahr einer dauerhaft rechtswidrigen Zusammensetzung des Verwaltungsrats gering, da jedes Mitglied des Verwaltungsrats und auch alle übrigen betroffenen Personengruppen – insbesondere Aktionäre und Arbeitnehmer – die Möglichkeit haben, die ordnungsgemäße Zusammensetzung gerichtlich klären zu lassen (vgl. § 26 SEAG).

6 Die Bekanntmachung muss „**unverzüglich**", also ohne schuldhaftes Zögern (§ 121 Abs. 1 Satz 1 BGB), erfolgen. Die Einholung eines Rechtsgutachtens oder die Abstimmung mit den übrigen Verwaltungsratsmitgliedern begründet kein schuldhaftes Zögern[10]. In der Bekanntmachung sind die nach Ansicht des Verwaltungsratsvorsitzenden maßgeblichen Vorschriften anzugeben (§ 25 Abs. 1 Satz 3 SEAG).

7 Der **Verwaltungsratsvorsitzende** ist nicht nur zur Bekanntmachung nach § 25 Abs. 1 SEAG, sondern – wie jedes andere Verwaltungsratsmitglied – auch zur Anrufung des Gerichts befugt (§ 26 Abs. 2 SEAG). Der Weg über die Bekanntmachung nach § 25 SEAG führt möglicherweise zu einer Klärung der Verhältnisse, ohne dass ein Gerichtsverfahren nötig wird (dazu sogleich Rz. 9 ff.). Andererseits kann es vorzugswürdig sein, das Gericht anzurufen, wenn sich abzeichnet, dass es ohnehin zu einem Rechtsstreit kommen wird – etwa weil bereits andere nach § 26 Abs. 2 SEAG antragsbefugte Personen eine Anrufung des Gerichts angekündigt haben. Über den geeigneten Weg

---

6 LG Fürth v. 8.2.2010 – 1 HKO 8471/09, BB 2010, 1113 ff. = AG 2010, 384 (m. zust. Anm. *Teichmann*).
7 Zur parallel gelagerten Pflicht des Vorstandes im allgemeinen Aktienrecht: *Hopt/Roth/Peddinghaus* in Großkomm. AktG, 4. Aufl., § 97 AktG Rz. 27.
8 Anwendbar kraft der Generalverweisung in Art. 9 Abs. 1 lit. c ii SE-VO (*Schwarz*, Anh. Art. 43 SE-VO Rz. 95).
9 Begr. RegE, BT-Drucks. 15/3405, S. 37.
10 Für das allgemeine Aktienrecht: *Drygala* in K. Schmidt/Lutter, § 97 AktG Rz. 11 sowie *Koch* in Hüffer, § 97 AktG Rz. 4 und *Hopt/Roth/Peddinghaus* in Großkomm. AktG, 4. Aufl., § 97 AktG Rz. 43.

entscheidet der Verwaltungsratsvorsitzende nach pflichtgemäßem Ermessen[11]. Ist er der Ansicht, eine nach SEBG abgeschlossene SE-Beteiligungsvereinbarung sei unwirksam, so wird man ihn als verpflichtet ansehen müssen, das gerichtliche Statusverfahren einzuleiten. Das arbeitsgerichtliche Verfahren genießt demgegenüber keinen Vorrang[12]. Zwar können die arbeitsrechtlichen Folgen einer unwirksamen Beteiligungsvereinbarung nur im Beschlussverfahren nach ArbGG geklärt werden[13]. Für die Sachfrage der Zusammensetzung des Verwaltungsrats bleiben jedoch die ordentlichen Gerichte zuständig, die inzident alle vertraglichen und gesetzlichen Vorschriften, nach denen sich das Organ zusammensetzt, zu überprüfen haben.

Sollte bereits ein **gerichtliches Verfahren** nach § 26 SEAG anhängig sein, ist eine Bekanntmachung über die Zusammensetzung des Verwaltungsrats nicht mehr zulässig (§ 25 Abs. 3 SEAG). Die Feststellung der maßgeblichen Vorschriften durch das Gericht soll Vorrang haben vor der Bekanntmachung der Ansicht des Verwaltungsratsvorsitzenden[14].

2. Anrufung des Gerichts

Mit der Bekanntmachung beginnt eine **Frist von einem Monat** zu laufen, innerhalb derer die nach § 26 Abs. 2 SEAG antragsberechtigten Personen das zuständige Gericht zur Klärung der Zusammensetzung des Verwaltungsrats anrufen können. Zur Fristwahrung genügt auch die Anrufung eines örtlich unzuständigen Gerichts[15].

3. Fristablauf ohne Anrufung des Gerichts

Läuft die Frist ohne Anrufung des Gerichts ab, ist der neue Verwaltungsrat nach den in der Bekanntmachung angegebenen Vorschriften zusammenzusetzen (§ 25 Abs. 2 Satz 1 SEAG). Das Amt der bisherigen Verwaltungsratsmitglieder **erlischt** spätestens sechs Monate nach Ablauf der Anrufungsfrist (§ 25 Abs. 2 Satz 3 SEAG). In der nächsten auf den Ablauf der Monatsfrist folgenden Hauptversammlung ist der Verwaltungsrat gemäß den nunmehr geltenden Vorschriften **neu zu besetzen**.

Soweit **Arbeitnehmervertreter** zu bestellen sind, ist außerdem das nach Vereinbarung oder Gesetz maßgebende Verfahren einzuleiten; bei Anwendung der gesetzlichen Auffangregelung werden gemäß § 36 Absätze 2 und 3 SEBG Kandidaten ermittelt, die sodann von der Hauptversammlung zu bestellen sind (§ 36 Abs. 4 SEBG).

Satzungsbestimmungen treten außer Kraft, soweit sie den bekannt gemachten und nunmehr anzuwendenden Vorschriften entgegenstehen (§ 25 Abs. 2 Satz 2 SEAG). Gem. § 25 Abs. 2 Satz 4 SEAG kann die Hauptversammlung innerhalb von sechs Monaten nach Ablauf der Anrufungsfrist die außer Kraft getretenen Satzungsbestimmungen mit **einfacher Stimmenmehrheit** durch neue Satzungsbestimmungen ersetzen. Gem. Art. 59 Abs. 1 SE-VO ist zwar für eine Satzungsänderung grundsätzlich eine Mehrheit von mindestens zwei Dritteln der abgegebenen Stimmen erforderlich. Der mitgliedstaatliche Gesetzgeber kann aber vorsehen, dass eine einfache Stimmenmehrheit ausreicht, sofern mindestens die Hälfte des gezeichneten Kapitals vertreten ist (Art. 59 Abs. 2 SE-VO). Im Wege der **verordnungskonformen Auslegung** ist daher der in § 25 Abs. 2 Satz 4 SEAG vorgesehene Beschluss mit einfacher Stimmenmehr-

---

11 Zur vergleichbaren Ermessensentscheidung des Vorstands s. *Hopt/Roth/Peddinghaus* in Großkomm. AktG, 4. Aufl., § 97 AktG Rz. 30.
12 So aber *Forst*, SE-Beteiligungsvereinbarung, S. 339.
13 Insoweit zutreffend *Forst*, SE-Beteiligungsvereinbarung, S. 340.
14 *Schwarz*, Anh. Art. 43 SE-VO Rz. 105.
15 *Hopt/Roth/Peddinghaus* in Großkomm. AktG, 4. Aufl., § 97 AktG Rz. 70; *Koch* in Hüffer, § 97 AktG Rz. 6.

heit nur dann ausreichend, wenn zugleich mindestens die Hälfte des gezeichneten Kapitals bei der Beschlussfassung vertreten war[16].

13 Zur Fortgeltung einer **Mitbestimmungsvereinbarung**, die den bekannt gemachten Vorschriften entgegensteht, äußert sich das Gesetz nicht. Das Statusverfahren kann seinen Zweck (Rz. 1 f.) allerdings nur erfüllen, wenn sich die bekannt gemachte Rechtslage auch gegenüber einer entgegenstehenden Mitbestimmungsvereinbarung durchsetzt. Bestand Streit über die Vereinbarkeit der Mitbestimmungsvereinbarung mit gesetzlichen Regeln und hat der Verwaltungsratsvorsitzende dies zum Anlass einer Bekanntmachung nach § 25 Abs. 1 SEAG genommen, ist demzufolge der Verwaltungsrat nach Ablauf der Monatsfrist gemäß den bekannt gemachten Vorschriften zusammenzusetzen.

14 Dem steht nicht der im Unionsrecht verankerte **Vorrang der Verhandlungen**[17] entgegen. Denn die SE-Richtlinie regelt nur das Zustandekommen der Vereinbarung, nicht aber die Frage, auf welchem Wege ihre Wirksamkeit und ihr Inhalt verbindlich festgestellt werden können. In Ermangelung einer europäischen Vorgabe obliegt die Ausgestaltung des Rechtsweges dem mitgliedstaatlichen Gesetzgeber. Dessen Gestaltungsfreiraum wird begrenzt einerseits durch das Gebot, allgemeine rechtsstaatliche Anforderungen einzuhalten, andererseits durch den Grundsatz, die SE nicht anders zu behandeln als die Aktiengesellschaft nationalen Rechts[18]. § 25 SEAG entspricht diesen Anforderungen. Er regelt ein Verfahren, das der Feststellung des Inhalts und der Wirksamkeit der für die Verwaltungsratsbesetzung maßgeblichen Regeln dient, zu denen auch eine Mitbestimmungsvereinbarung gehören kann. Die von dieser Frage betroffenen Personen können zu jedem Zeitpunkt eine gerichtliche Klärung herbeiführen (vgl. § 26 SEAG). Zudem entspricht das Statusverfahren dem allgemeinen Aktienrecht, erfüllt also das Gebot der Gleichbehandlung von SE und nationaler Aktiengesellschaft.

§ 26 SEAG
Gerichtliche Entscheidung über die Zusammensetzung des Verwaltungsrats

(1) Ist streitig oder ungewiss, nach welchen Vorschriften der Verwaltungsrat zusammenzusetzen ist, so entscheidet darüber auf Antrag ausschließlich das Landgericht, in dessen Bezirk die Gesellschaft ihren Sitz hat.

(2) Antragsberechtigt sind

1. jedes Mitglied des Verwaltungsrats,

2. jeder Aktionär,

---

16 Einen anderen Weg gehen *Schwarz*, Anh. Art. 43 SE-VO Rz. 103, und *Verse* in Habersack/Drinhausen, SE-Recht, § 25 SEAG Rz. 11, die die Zulässigkeit einer einfachen Mehrheit aus dem Rechtsgedanken des Art. 12 Abs. 4 SE-VO ableiten; dieser betrifft allerdings nur die Anpassung der Satzung an die Beteiligungsvereinbarung, so dass fraglich erscheint, ob er die weiter reichende Vorschrift des § 25 Abs. 2 Satz 4 SEAG zu tragen vermag. Demgegenüber hält *Siems* in KölnKomm. AktG, 3. Aufl., Anh. Art. 51 SE-VO §§ 24 bis 26 SEAG Rz. 7, eine verordnungskonforme Auslegung für nicht möglich und plädiert für einen Vorrang von Art. 59 Abs. 1 SE-VO.

17 Vgl. Teil B., § 21 SEBG. Zur Stellung der Vereinbarung im Rahmen der SE-Normenhierarchie Art. 9.

18 Zum Gebot der Gleichbehandlung von SE und nationalen Aktiengesellschaften Art. 9 Rz. 6 sowie Art. 10 Rz. 1.

3. die nach § 98 Abs. 2 Satz 1 Nr. 4 bis 10 des Aktiengesetzes Antragsberechtigten,

4. der SE-Betriebsrat.

(3) Entspricht die Zusammensetzung des Verwaltungsrats nicht der gerichtlichen Entscheidung, so ist der neue Verwaltungsrat nach den in der Entscheidung angegebenen Vorschriften zusammenzusetzen. § 25 Abs. 2 gilt entsprechend mit der Maßgabe, dass die Frist von sechs Monaten mit dem Eintritt der Rechtskraft beginnt.

(4) Für das Verfahren gilt § 99 des Aktiengesetzes entsprechend mit der Maßgabe, dass die nach Absatz 5 der Vorschrift vorgesehene Einreichung der rechtskräftigen Entscheidung durch den Vorsitzenden des Verwaltungsrats erfolgt.

Das in § 26 SEAG geregelte gerichtliche Verfahren zur Feststellung der Vorschriften, nach denen der Verwaltungsrat zusammenzusetzen ist (**Statusverfahren**), lehnt sich eng an das **aktienrechtliche Vorbild der §§ 98, 99 AktG** an. Auf Rechtsprechung und Literatur zu diesen Vorschriften kann weitgehend zurückgegriffen werden.

Gem. § 26 Abs. 1 SEAG ist für den Rechtsstreit das **Landgericht** ausschließlich zuständig, in dessen Bezirk die Gesellschaft ihren Sitz hat; gemeint ist damit der satzungsmäßige Sitz[1]. Durch diese Regelung soll eine Zuständigkeitszersplitterung zwischen ordentlicher Gerichtsbarkeit und Arbeitsgerichtsbarkeit vermieden werden[2]. Die früher in § 26 Abs. 1 Satz 2 und 3 SEAG geregelte **Möglichkeit der Verfahrenskonzentration** findet sich nunmehr in § 71 Abs. 4 GVG[3]. Im allgemeinen Aktienrecht wurde davon teilweise Gebrauch gemacht[4]. Eine Anpassung an die SE ist verschiedentlich schon erfolgt[5].

Im allgemeinen Aktienrecht wurde durch das Gesetz zur Unternehmensintegrität und Modernisierung des Anfechtungsrechts (UMAG)[6] die Zuständigkeit der **Kammer für Handelssachen** eingeführt, soweit eine solche bei dem zuständigen Landgericht gebildet worden ist (§ 71 Abs. 2 Nr. 4 lit. c i.V.m. § 95 Abs. 2 Nr. 2 GVG). Das UMAG verfolgte generell das Ziel, der Kammer für Handelssachen die Zuständigkeit für gesellschaftsrechtliche Streitigkeiten auch dort zuzuweisen, wo sie zuvor bei der Zivilkammer angesiedelt war.

Die Liste der **Antragsberechtigten** (§ 26 Abs. 2 SEAG) orientiert sich an § 98 Abs. 2 AktG und nimmt die notwendigen Anpassungen an das monistische Modell vor. Antragsberechtigt sind demnach – neben den auch im allgemeinen Aktienrecht genannten Personen – insbesondere die Mitglieder des Verwaltungsrats und der SE-Betriebs-

---

[1] Vgl. § 5 AktG; auch die SE-VO meint mit dem Begriff „Sitz" den satzungsmäßigen Sitz im Gegensatz zur „Hauptverwaltung" (vgl. Art. 7 Rz. 6).
[2] *Schwarz*, Art. 43 SE-VO Rz. 109; zu § 98 AktG vgl. *Drygala* in K. Schmidt/Lutter, § 98 AktG Rz. 1 und *Koch* in Hüffer, § 98 AktG Rz. 1.
[3] FGG-Reform-Gesetz v. 17.12.2008, BGBl. I S. 2586.
[4] *Ulmer/Habersack* in Ulmer/Habersack/Henssler, Mitbestimmungsrecht, § 6 MitbestG Rz. 33.
[5] S. z.B. die Verordnung über die gerichtliche Zuständigkeit zur Entscheidung gesellschaftsrechtlicher Angelegenheiten und in Angelegenheiten der Versicherungsvereine auf Gegenseitigkeit (Konzentrations-VO Gesellschaftsrecht) des Landes *Nordrhein-Westfalen* v. 31.5.2005 (§ 1 Nr. 5.2: Zuständigkeit der Landgerichte Düsseldorf, Dortmund und Köln), die Verordnung über Zuständigkeiten nach dem Gesetz zur Unternehmensintegrität und Modernisierung des Anfechtungsrechts und nach anderen Rechtsvorschriften des Landes *Hessen* v. 6.4.2006 (§ 1: Zuständigkeit des LG Frankfurt/M) sowie die Verordnung des Justizministeriums über gerichtliche Zuständigkeiten (Zuständigkeitsverordnung Justiz – ZuVoJu) des Landes *Baden-Württemberg* v. 20.11.1998 (§ 13 Abs. 2 Nr. 11: Zuständigkeit der Landgerichte Mannheim und Stuttgart).
[6] Gesetz v. 22.9.2005, BGBl. I 2005, 2802 ff.

rat. Die Antragsberechtigung der Verwaltungsratsmitglieder, der Aktionäre, sowie von Betriebsrat, Gesamtbetriebsrat und SE-Betriebsrat ist an **keine weiteren Voraussetzungen** geknüpft. Bei den gem. § 26 Abs. 2 Nr. 3 i.V.m. § 98 Abs. 2 Nr. 4 bis 10 AktG antragsberechtigten **Einrichtungen oder Organisationen** ist Voraussetzung, dass sie Belange von Wahl- oder Vorschlagsberechtigten wahrnehmen oder nach den in Frage stehenden Vorschriften selbst ein Vorschlagsrecht hätten[7]. Für den Antrag ist nicht Voraussetzung, dass zuvor ein Bekanntmachungsverfahren nach § 25 SEAG durchgeführt wurde[8].

5 Für das **gerichtliche Verfahren** gilt § 99 AktG entsprechend (§ 26 Abs. 4 SEAG). Damit gelten für das Statusverfahren die Vorschriften des FamFG, soweit nicht in § 99 Abs. 2 bis 5 AktG eine andere Regelung besteht. In entsprechender Anwendung des § 99 Abs. 2 Satz 2 AktG sind anzuhören die Mitglieder des Verwaltungsrats, der SE-Betriebsrat sowie weitere antragsberechtigte Betriebsräte, Sprecherausschüsse, Spitzenorganisationen und Gewerkschaften. Die Aufgabe des Vorstands, die rechtskräftige Entscheidung zum Handelsregister einzureichen (§ 99 Abs. 5 Satz 3 AktG), übernimmt im monistischen System der Vorsitzende des Verwaltungsrats (§ 26 Abs. 4 SEAG).

6 Ergibt die **Gerichtsentscheidung**, dass der Verwaltungsrat nicht ordnungsgemäß zusammengesetzt ist, folgt die Zusammensetzung des neuen Verwaltungsrats den in der Entscheidung genannten Vorschriften (§ 26 Abs. 3 Satz 1 SEAG). Dafür gilt § 25 Abs. 2 SEAG entsprechend; die dort geregelte Frist von sechs Monaten beginnt mit der Rechtskraft der Entscheidung (§ 26 Abs. 3 Satz 2 SEAG).

§ 27 SEAG
Persönliche Voraussetzungen der Mitglieder des Verwaltungsrats

(1) Mitglied des Verwaltungsrats kann nicht sein, wer

1. bereits in zehn Handelsgesellschaften, die gesetzlich einen Aufsichtsrat oder einen Verwaltungsrat zu bilden haben, Mitglied des Aufsichtsrats oder des Verwaltungsrats ist,

2. gesetzlicher Vertreter eines von der Gesellschaft abhängigen Unternehmens ist oder

3. gesetzlicher Vertreter einer anderen Kapitalgesellschaft ist, deren Aufsichtsrat oder Verwaltungsrat ein Vorstandsmitglied oder geschäftsführender Direktor der Gesellschaft angehört.

Auf die Höchstzahl nach Satz 1 Nr. 1 sind bis zu fünf Sitze in Aufsichts- oder Verwaltungsräten nicht anzurechnen, die ein gesetzlicher Vertreter (beim Einzelkaufmann der Inhaber) des herrschenden Unternehmens eines Konzerns in zum Konzern gehörenden Handelsgesellschaften, die gesetzlich einen Aufsichtsrat oder einen Verwaltungsrat zu bilden haben, inne hat. Auf die Höchstzahl nach Satz 1 Nr. 1 sind Aufsichtsrats- oder Verwaltungsratsämter im Sinne der Nummer 1 doppelt anzurechnen, für die das Mitglied zum Vorsitzenden gewählt worden ist. Bei einer SE im Sinn des § 264d des Handelsgesetzbuchs muss mindestens ein Mitglied des Verwaltungsrats die Voraussetzungen des § 100 Abs. 5 des Aktiengesetzes erfüllen.

---

[7] Vgl. *Drygala* in K. Schmidt/Lutter, § 98 AktG Rz. 9 ff. sowie *Koch* in Hüffer, § 98 AktG Rz. 4.
[8] *Schwarz*, Art. 43 SE-VO Rz. 110; zum allgemeinen Aktienrecht *Koch* in Hüffer, § 98 AktG Rz. 3.

(2) § 36 Abs. 3 Satz 2 in Verbindung mit § 6 Abs. 2 bis 4 des SE-Beteiligungsgesetzes oder eine Vereinbarung nach § 21 des SE-Beteiligungsgesetzes über weitere persönliche Voraussetzungen der Mitglieder der Arbeitnehmer bleibt unberührt.

(3) Eine juristische Person kann nicht Mitglied des Verwaltungsrats sein.

§ 54 SEAG: Übergangsvorschrift zum Bilanzrechtsmodernisierungsgesetz
§ 27 Abs. 1 Satz 4 und § 34 Abs. 4 Satz 2 und 3 in der Fassung des Bilanzrechtsmodernisierungsgesetzes vom 25. Mai 2009 (BGBl. I S. 1102) finden keine Anwendung, solange alle Mitglieder des Verwaltungsrats und des Prüfungsausschusses vor dem 29. Mai 2009 bestellt worden sind.

I. Überblick	
1. Regelungsgehalt des § 27 SEAG 1	1. Doppelmandat entgegen „Organisationsgefälle" im Konzern 11
2. Bestellungshindernisse des allgemeinen Aktienrechts............. 2	2. Überkreuzverflechtungen 13
II. Höchstgrenze für die Kumulation mehrerer Mandate	3. Stellung als Prokurist oder Handlungsbevollmächtigter 14a
1. Berechnung 5	IV. Arbeitnehmervertreter im Verwaltungsrat 15
2. Anlehnung an § 100 Abs. 2 AktG ... 6	V. Besonderheiten für kapitalmarktorientierte SEs 15a
3. Mandate in ausländischen Gesellschaften 8	VI. Juristische Personen als Organmitglied 16
III. Inkompatibilitäten	

I. Überblick

1. Regelungsgehalt des § 27 SEAG

§ 27 SEAG regelt die Frage der Mehrfachmandate (Abs. 1), enthält eine Öffnungsklausel für die Arbeitnehmervertreter im Verwaltungsrat (Abs. 2) und schließt juristische Personen als Mitglieder des Verwaltungsrats aus (Abs. 3). Zwar steht der Verwaltungsrat funktional dem Vorstand im dualistischen System nahe. Dennoch sind **Regelungsvorbild** für § 27 SEAG in erster Linie **§ 100 Abs. 2 bis 4 AktG**. Denn die Tätigkeit im Verwaltungsrat ist nach dem gesetzlichen Leitbild grundsätzlich als nebenberufliche gedacht (vgl. auch Art. 44 SE-VO, der lediglich vier Sitzungen im Jahr zwingend vorschreibt). Daher orientiert sich § 27 Abs. 2 SEAG an den Regeln über Mehrfachmandate, die gem. § 100 Abs. 2 AktG für den Aufsichtsrat gelten. Ermächtigungsgrundlage für den Erlass des § 27 SEAG ist Art. 43 Abs. 4 SE-VO[1]. Die **Rechtsfolgen** einer gegen § 27 SEAG verstoßenden Bestellung zum Verwaltungsratsmitglied regeln § 31 SEAG (Nichtigkeit) und § 32 SEAG (Anfechtbarkeit); weiterhin sind die allgemeinen Lehren zur fehlerhaften Bestellung von Organmitgliedern heranzuziehen[2].

1

2. Bestellungshindernisse des allgemeinen Aktienrechts

Für die persönlichen Voraussetzungen der Organmitglieder einer SE gilt gem. **Art. 47 Abs. 2 SE-VO** grundsätzlich das **mitgliedstaatliche Recht**. Demnach dürfen Personen, die nach mitgliedstaatlichem Recht oder auf Grund einer Gerichts- oder Verwaltungsentscheidung nicht Organmitglied einer nationalen Aktiengesellschaft sein können, auch nicht dem Organ einer SE angehören. Nach der **deutschen Textfassung** der SE-VO schlägt unabhängig vom konkreten Leitungssystem jedes Bestellungshindernis natio-

2

---

1 *Schwarz*, Anh. Art. 43 SE-VO Rz. 114.
2 Siehe nur *Verse* in Habersack/Drinhausen, SE-Recht, § 27 SEAG Rz. 20 ff.

nalen Rechts auf die SE durch (Art. 47 Rz. 7); beispielsweise dürfte eine Person, die nicht Vorstandsmitglied einer nationalen AG sein kann, auch nicht dem Verwaltungsrat einer SE angehören. Dem entsprechend verzichtet das SEAG auf eine umfassende Regelung der persönlichen Voraussetzungen von Verwaltungsratsmitgliedern und unterstellt eine – über Art. 47 Abs. 2 SE-VO vermittelte – Anwendung des § 76 Abs. 3 AktG[3]. In Konsequenz dessen ordnet § 31 Abs. 1 Nr. 3 SEAG die **Nichtigkeit der Bestellung** zum Verwaltungsratsmitglied an, wenn gegen Art. 47 Abs. 2 SE-VO verstoßen worden ist.

3 Bei **unionsrechtlich-autonomer Auslegung** unter Berücksichtigung anderer Sprachfassungen ist Art. 47 Abs. 2 SE-VO jedoch enger zu verstehen. Bestellungshindernisse des nationalen Rechts gelten immer nur für das *entsprechende* **SE-Organ** (Art. 47 Rz. 8). Bei diesem Verständnis können Bestellungshindernisse für Vorstand oder Aufsichtsrat nicht auf den Verwaltungsrat übertragen werden[4]. Vielmehr müssen Bestellungshindernisse für das monistische System im nationalen Ausführungsgesetz SE-spezifisch geregelt werden. Das SEAG kommt dieser Aufgabe vor dem Hintergrund der missverständlichen deutschen Sprachfassung des Art. 47 Abs. 2 SE-VO nur unvollständig nach. Zwar regelt § 27 Abs. 1 SEAG die Frage der Mehrfachmandate. Es fehlen aber weitere persönliche Bestellungshindernisse für Verwaltungsratsmitglieder, insbesondere die in § 76 Abs. 3 AktG für den Vorstand geregelte fehlende Eignung bei Verurteilung wegen einer Insolvenzstraftat nach den §§ 283 bis 283d StGB.

4 **§ 76 Abs. 3 AktG** ist vor diesem Hintergrund auf Mitglieder des Verwaltungsrats **analog anwendbar**. Die Interessenlage ist vergleichbar; denn der Verwaltungsrat trägt als Organ der Oberleitung ebenso wie ein Vorstand Verantwortung für die Geschäftsleitung (Anh. Art. 43 § 22 SEAG Rz. 6). Es entsprach auch dem Willen des deutschen Gesetzgebers, die für den Vorstand geltenden Bestellungshindernisse auf Verwaltungsratsmitglieder zu übertragen. Dies belegt die Vorschrift des § 31 Abs. 1 Nr. 3 SEAG (vgl. Anh. Art. 43 § 31 SEAG Rz. 3 ff.). Indirekt ergibt sich dieser Wille des Gesetzgebers auch aus § 40 Abs. 1 Satz 4 SEAG. Nach dieser Vorschrift findet § 76 Abs. 3 AktG auf diejenigen geschäftsführenden Direktoren Anwendung, die nicht aus den Reihen des Verwaltungsrats bestellt werden; denn für Personen, die bereits dem Verwaltungsrat angehören, unterstellt der Gesetzgeber die Anwendung des § 76 Abs. 3 AktG auf Basis des Art. 47 Abs. 2 SE-VO. Da aber Art. 47 Abs. 2 SE-VO bei unionsrechtlich-autonomer Auslegung (Art. 47 Rz. 8) nicht zu einer Anwendung der auf den Vorstand bezogenen Bestellungshindernisse führt, weist das SEAG eine planwidrige Lücke auf, die durch analoge Anwendung des § 76 Abs. 3 AktG auf Verwaltungsratsmitglieder zu schließen ist[5]. Auch aus § 22 Abs. 6 SEAG ergibt sich – bei dem hier vertretenen funktional-weiten Verständnis der Vorschrift (Anh. Art. 43 § 22

---

3 Diesem Normverständnis folgen in der Literatur *Hopt/Roth* in Großkomm. AktG, 4. Aufl., § 100 AktG Rz. 204; *Manz* in Manz/Mayer/Schröder, Art. 47 SE-VO Rz. 15; *Reichert/Brandes* in MünchKomm. AktG, 3. Aufl., Art. 47 SE-VO Rz. 27 ff.; *Siems* in KölnKomm. AktG, 3. Aufl., Art. 47 SE-VO Rz. 19, 23 ff.

4 Ebenso *Verse* in Habersack/Drinhausen, SE-Recht, § 27 SEAG Rz. 4; *Schwarz*, Art. 47 SE-VO Rz. 33.

5 Die Anwendung des § 76 Abs. 3 AktG auf Verwaltungsratsmitglieder ist, soweit ersichtlich, in der Literatur unbestritten (s. etwa *Manz* in Manz/Mayer/Schröder, Art. 43 SE-VO Rz. 83 und Art. 47 SE-VO Rz. 15; *Reichert/Brandes* in MünchKomm. AktG, 3. Aufl., Art. 47 SE-VO Rz. 29; *Schwarz*, Anh. Art. 43 SE-VO Rz. 131); lediglich die Begründungen divergieren, da häufig Art. 47 Abs. 2 SE-VO in der deutschen Textfassung zu Grunde gelegt wird. Enger jedoch *Drinhausen* in Habersack/Drinhausen, SE-Recht, Art. 47 SE-VO Rz. 18, der die analoge Anwendung des § 76 Abs. 3 AktG ausschließlich auf die geschäftsführenden Direktoren beschränken möchte. Die dort angenommene Vergleichbarkeit des Verwaltungsrats mit dem (dualistischen) Aufsichtsrat überzeugt jedoch nicht.

SEAG Rz. 42) – ein Argument für die Anwendung der auf den Vorstand bezogenen Bestellungshindernisse; in der österreichischen Diskussion wird die Anwendung der allgemein aktienrechtlichen Bestellungshindernisse auf diesem Wege begründet[6].

II. Höchstgrenze für die Kumulation mehrerer Mandate

1. Berechnung

Die Mitgliedschaft im Verwaltungsrat kann grundsätzlich mit der Mitgliedschaft in Verwaltungsräten oder Aufsichtsräten anderer Gesellschaften verbunden werden, soweit die gesetzlich festgelegte Höchstgrenze von **insgesamt zehn Mandaten in Handelsgesellschaften** nicht überschritten wird (§ 27 Abs. 1 Satz 1 Nr. 1 SEAG). Dabei besteht ein **Konzernprivileg**: Mandatsträger im herrschenden Unternehmen können bis zu fünf Sitze in abhängigen Unternehmen übernehmen, ohne dass diese auf die Höchstgrenze angerechnet werden (§ 27 Abs. 1 Satz 2 SEAG). Andererseits ist der **Vorsitz** in einem Verwaltungs- oder Aufsichtsrat wegen der damit verbundenen höheren Arbeitsbelastung doppelt anzurechnen (§ 27 Abs. 1 Satz 3 SEAG). Bei der Berechnung der Höchstgrenze sind auch die Mandate im Aufsichts- oder Verwaltungsorgan einer in Deutschland ansässigen SE zu berücksichtigen[7]. Denn die SE ist vorbehaltlich abweichender Bestimmungen in der Verordnung einer nationalen Aktiengesellschaft gleichgestellt[8].

5

2. Anlehnung an § 100 Abs. 2 AktG

§ 27 Abs. 1 SEAG entspricht der Regelung in § 100 Abs. 2 AktG[9]; auf die Kommentierungen hierzu kann grundsätzlich verwiesen werden[10]. Ebenso ist in börsennotierten Gesellschaften die Empfehlung der Ziff. 5.4.5 Satz 2 des Deutschen Corporate Governance Kodex zu beachten[11]. Weiterführend ist bei Anwendung der zu § 100 Abs. 2 AktG entwickelten Grundsätze allerdings zu bedenken, dass ein Verwaltungsratsmitglied auf Grund der im Vergleich zum Aufsichtsrat herausgehobenen Leitungsverantwortung (Anh. Art. 43 § 22 SEAG Rz. 5 ff.) eine **höhere Verantwortung und** möglicherweise auch **Arbeitsbelastung** übernimmt als ein Aufsichtsratsmitglied[12]. Der österreichische Gesetzgeber hat sich aus diesen Gründen für eine **unterschiedliche Gewichtung** der Ämter entschieden und zählt bei den Mandatsbeschränkungen das Verwaltungsratsmandat wie zwei Aufsichtsratsmandate[13]. Der deutsche Gesetzgeber hat auf eine solche Gewichtung verzichtet. Dies bedeutet aber nicht, dass es in jedem

6

---

6 Auf die § 22 Abs. 6 SEAG vergleichbare Parallelnorm des österreichischen SEG stützen *Kalss/Greda* in Kalss/Hügel, § 45 SEG Rz. 19, ihre Auffassung, aktienrechtliche Qualifikationsanforderungen und Bestellungshindernisse seien auf den Verwaltungsrat übertragbar.
7 *Schwarz*, Art. 47 SE-VO Rz. 32. Nach *Verse* in Habersack/Drinhausen, SE-Recht, § 27 SEAG Rz. 8, sollen nur die Mandate als nicht-geschäftsführender Verwaltungsrat in anderen Gesellschaften zählen; dafür spricht in der Tat ein Vergleich mit § 100 Abs. 2 AktG, wo (konzernexterne) Vorstandsmandate auch nicht mitgezählt werden.
8 Zu diesem Gleichstellungsgrundsatz Art. 9 Rz. 6 und Art. 10 Rz. 1 ff.
9 Auf die „Cooling off"-Regelung des § 100 Abs. 2 Nr. 4 AktG wurde allerdings in § 27 Abs. 1 SEAG zu Recht verzichtet, denn beim Wechsel vom geschäftsführenden zum nicht-geschäftsführenden Verwaltungsratsmitglied besteht in einem monistischen System kein Grund für eine Karenzzeit (*Verse* in Habersack/Drinhausen, SE-Recht, § 27 SEAG Rz. 14).
10 Vgl. namentlich *Drygala* in K. Schmidt/Lutter, § 100 AktG Rz. 4 ff.
11 Demnach soll der Vorstand einer börsennotierten Gesellschaft insgesamt nicht mehr als drei Aufsichtsratsmandate in konzernexternen börsennotierten Gesellschaften oder in Aufsichtsgremien von konzernexternen Gesellschaften wahrnehmen, die vergleichbare Anforderungen stellen.
12 In diesem Sinne auch *Schwarz*, Anh. Art. 43 SE-VO Rz. 118.
13 Vgl. § 45 Abs. 3 SEG; dazu *Kalss/Greda* in Kalss/Hügel, § 43 SEG Rz. 12.

Fall unbedenklich wäre, die gesetzliche Obergrenze auszuschöpfen. Bei der Übernahme einer Zahl von Mandaten, deren Arbeitsbelastung nicht bewältigt werden kann, droht früher als im dualistischen System ein Übernahmeverschulden[14].

7 Der Gesetzgeber begründet die Anlehnung an § 100 Abs. 2 AktG mit dem Argument, Verwaltungsratsmitglieder hätten eine dem Aufsichtsrat vergleichbare Aufsichtsfunktion[15]. Daran ist richtig, dass die Tätigkeit in beiden Organen regelmäßig **keine Vollzeitbeschäftigung** ist und daher in der Regel auch mehrere solcher Mandate zu bewältigen sind. Dennoch unterscheidet sich die Aufsicht des Verwaltungsrats über die geschäftsführenden Direktoren in qualitativer Weise von derjenigen des Aufsichtsrats über den Vorstand (Anh. Art. 43 § 22 SEAG Rz. 14 ff.). Der Verwaltungsrat überwacht den Vollzug der von ihm selbst festgelegten Unternehmensstrategie; es geht also um die Kontrolle, ob die eigenen Leitentscheidungen konsequent umgesetzt werden. Die Vorbereitung und Vollzugskontrolle der unternehmerischen Leitentscheidungen verlangt eine intensivere Befassung mit den Geschäftsangelegenheiten der Gesellschaft als die Überwachungstätigkeit des Aufsichtsrats, der kein unternehmerisches Initiativrecht hat.

3. Mandate in ausländischen Gesellschaften

8 Die herrschende Lehre zu § 100 Abs. 2 Satz 1 Nr. 1 AktG bezieht die Mandatsobergrenze allein auf inländische Aktiengesellschaften. Mandate in den Organen ausländischer Gesellschaften werden nicht angerechnet, weil deren Rechtsposition mit inländischen Mandaten **nicht vergleichbar** sei[16]. Fraglich ist, ob die Einführung der SE in dieser Streitfrage einen neuen Akzent setzt[17]. Denn nunmehr besteht kraft europäischen Rechts (Art. 38 SE-VO) ein Wahlrecht zwischen dualistischer und monistischer Struktur. Folglich können Unternehmen in jedem Mitgliedstaat, wenn sie sich für die Rechtsform der SE entscheiden, zwischen der dualistischen und der monistischen Struktur wählen. Das Argument, bezüglich ausländischer Leitungssysteme fehle die Vergleichbarkeit, verliert damit zumindest für die SE an Überzeugungskraft.

9 Rechnet man jedoch allein bei der SE auch die Mandate ausländischer Gesellschaften auf die Höchstzahl an, droht eine Ungleichbehandlung von SE und nationaler Aktiengesellschaft[18]. Die **Gleichbehandlung** mit der nationalen Aktiengesellschaft ließe sich allerdings auch dadurch herstellen, dass ausländische Mandate künftig im Rahmen des § 100 Abs. 2 Satz 1 Nr. 1 AktG berücksichtigt werden[19]. Richtigerweise muss die Gleichbehandlung aber in Richtung auf die bereits zum Aufsichtsrat herrschende Lehre vorgenommen werden. Denn das Argument der fehlenden Vergleichbarkeit hat sein Gewicht keineswegs verloren. Mandate in in- und ausländischen Gesellschaften sind auch nach Einführung der SE nur schwer vergleichbar. Selbst in eng verwandten Rechtsordnungen fällt die Bewertung manchmal unterschiedlich aus; dies belegt die von § 27 SEAG abweichende Behandlung der Verwaltungsratsmandate

---

14 Zum Aspekt des Übernahmeverschuldens *Hopt/Roth* in Großkomm. AktG, 4. Aufl., § 100 AktG Rz. 32.
15 Begr. RegE zu § 27 SEAG, BT-Drucks. 15/3405, S. 37 f.
16 Zu dieser früher herrschenden Meinung *Koch* in Hüffer, § 100 AktG Rz. 10 m.w.N.; *Mertens* in KölnKomm. AktG, 3. Aufl., § 100 AktG Rz. 17.
17 In diesem Sinne *Hopt/Roth* in Großkomm. AktG, 4. Aufl., § 100 AktG Rz. 37 ff., die für eine Neubewertung der Streitfrage eintreten.
18 Aus diesem Grund gegen die Anrechnung ausländischer Mandate *Schwarz*, Anh. Art. 43 SE-VO Rz. 120.
19 Insoweit konsequent für eine Abkehr von der bisher herrschenden Meinung *Drygala* in K. Schmidt/Lutter, § 100 AktG Rz. 6; *Hopt/Roth* in Großkomm. AktG, 4. Aufl., § 100 AktG Rz. 37 ff.

in Österreich (soeben Rz. 6). Zudem herrscht in den Mitgliedstaaten auch nach Einführung der SE eine derart große **Typenvielfalt** (Art. 38 Rz. 15 ff.), dass sich die Frage der Vergleichbarkeit keineswegs erledigt hat. Eine **pauschale Anrechnung ausländischer Mandate scheidet daher aus**[20].

Es bedarf stattdessen einer einzelfallbezogenen Betrachtungsweise, die zunächst der Mandatsträger selbst nach pflichtgemäßem Ermessen durchzuführen hat. Er ist gehalten, die Kumulation in- und ausländischer Mandate im Lichte der damit verbundenen Arbeitsbelastung sorgfältig abzuwägen. Ergibt sich eine Summe von mehr als zehn Mandaten allein durch die Zurechnung ausländischer Mandate, ist zwar die formale Schwelle des § 27 Abs. 2 SEAG noch nicht überschritten, der Vorwurf eines **Übernahmeverschuldens** (vgl. bereits Rz. 6) aber sehr naheliegend. 10

III. Inkompatibilitäten

1. Doppelmandat entgegen „Organisationsgefälle" im Konzern

Mitglied des Verwaltungsrats kann nicht sein, wer bereits **gesetzlicher Vertreter eines** von der Gesellschaft **abhängigen Unternehmens** ist (§ 27 Abs. 1 Satz 1 Nr. 2 SEAG). Dies beruht auf der Überlegung, dass die betreffende Person sich in einem solchen Fall selbst kontrollieren würde und entspricht der Regelung in § 100 Abs. 2 Satz 1 Nr. 2 AktG. Diese Regelung gilt nach ihrem Sinn und Zweck auch für die gesetzlichen Vertreter eines abhängigen Unternehmens, das seinen **Sitz im Ausland** hat[21]. 11

Die Mitglieder des Verwaltungsrats einer abhängigen monistisch strukturierten SE sind nach der Konzeption des SEAG keine gesetzlichen Vertreter, denn gem. § 41 Abs. 1 SEAG sind allein die **geschäftsführenden Direktoren vertretungsbefugt**. Auf Verwaltungsratsmitglieder des abhängigen Unternehmens ist daher die Inkompatibilitätsregel des § 27 Abs. 1 Satz 1 Nr. 2 SEAG nicht anwendbar. Dies entspricht zwar der Regelung in § 100 Abs. 2 Satz 1 Nr. 2 AktG, die Aufsichtsratsmitglieder im abhängigen Unternehmen nicht einbezieht[22]. Dennoch widerspricht diese Regelung in gewisser Weise der Leitungsaufgabe des Verwaltungsrats (s. Anh. Art. 43 § 22 SEAG Rz. 5 ff.). Andererseits besteht in der Führungsorganisation eines Konzerns ein nachvollziehbares praktisches Interesse daran, Verwaltungsratsmitglieder des herrschenden Unternehmens zugleich für den Verwaltungsrat abhängiger Unternehmen bestellen zu können. Die **Übernahme eines Mandats** als nicht-geschäftsführendes Verwaltungsratsmitglied ist daher zu Recht **nicht von der Inkompatibilität erfasst**[23]. Soweit Verwaltungsratsmitglieder gleichzeitig zu geschäftsführenden Direktoren bestellt werden, unterliegen sie der Inkompatibilitätsregel in ihrer Eigenschaft als gesetzliche Vertreter des abhängigen Unternehmens. 12

---

20 Im Ergebnis ebenso *Reichert/Brandes* in MünchKomm. AktG, 3. Aufl., Art. 47 SE-VO Rz. 31; *Schwarz*, Anh. Art. 43 SE-VO Rz. 120. A.A. *Hopt/Roth* in Großkomm. Akt, 4. Aufl., § 100 AktG Rz. 36 ff.; *Verse* in Habersack/Drinhausen, SE-Recht, § 27 SEAG Rz. 9; *Habersack* in MünchKomm. AktG, 3. Aufl., § 100 AktG Rz. 16.
21 Ebenso *Verse* in Habersack/Drinhausen, SE-Recht, § 27 SEAG Rz. 12. Herrschende Meinung zu § 100 Abs. 2 Satz 1 Nr. 2 AktG (*Hopt/Roth* in Großkomm. AktG, 4. Aufl., § 100 AktG Rz. 54 m.w.N.).
22 *Drygala* in K. Schmidt/Lutter, § 100 AktG Rz. 9; *Hopt/Roth* in Großkomm. AktG, 4. Aufl., § 100 AktG Rz. 53.
23 Ebenso *Verse* in Habersack/Drinhausen, SE-Recht, § 27 SEAG Rz. 12.

2. Überkreuzverflechtungen

13 Ausgeschlossen von der Mitgliedschaft im Verwaltungsrat sind die gesetzlichen Vertreter anderer Kapitalgesellschaften, deren Aufsichtsrat oder Verwaltungsrat ein Vorstand oder geschäftsführender Direktor der Gesellschaft angehört (**Überkreuzverflechtung**). In einem solchen Fall würde sich die wechselseitige Kontrolle der betroffenen Personen neutralisieren. Regelungsvorbild ist § 100 Abs. 2 Satz 1 Nr. 3 AktG.

14 Die herrschende Meinung zu § 100 Abs. 2 Satz 1 Nr. 3 AktG bezieht das Verbot der Überkreuzverflechtung allein auf die gesetzlichen Vertreter inländischer Kapitalgesellschaften[24]. Anders als bei Berechnung der Höchstgrenze von Mandaten (oben Rz. 8 ff.) stellt sich hier aber nicht das Problem der Vergleichbarkeit; denn wer gesetzlicher Vertreter einer Gesellschaft ist, sollte sich zumindest im Bereich der Europäischen Union zweifelsfrei feststellen lassen[25]. Die Inkompatibilitätsregel muss daher auch für **gesetzliche Vertreter ausländischer Gesellschaften** gelten[26].

3. Stellung als Prokurist oder Handlungsbevollmächtigter

14a Die Vorschrift des § 100 AktG, die eine Inkompatibilität zwischen Vorstands- und Aufsichtsratsmandat regelt, findet im monistischen System naturgemäß keine Anwendung. Ganz im Gegenteil kann ein Verwaltungsratsmitglied kraft gesetzlicher Anordnung zugleich die Stellung eines geschäftsführenden Direktors übernehmen (§ 40 Abs. 1 Satz 2 SEAG). Ebenso können Verwaltungsratsmitglieder *a majore ad minus* auch Prokuristen oder Handlungsbevollmächtigte ihrer eigenen Gesellschaft sein[27]. In entsprechender Anwendung des § 40 Abs. 1 Satz 2 SEAG müssen sie dann allerdings auf die Zahl der **geschäftsführenden Verwaltungsratsmitglieder** angerechnet werden[28]. Die Mehrheit der Verwaltungsratsmitglieder darf weder als geschäftsführender Direktor noch als Prokurist oder Handlungsbevollmächtigter in das Tagesgeschäft involviert sein.

IV. Arbeitnehmervertreter im Verwaltungsrat

15 Die von den Arbeitnehmern in den Verwaltungsrat gewählten oder bestellten Personen sind **vollwertige Verwaltungsratsmitglieder** mit allen Rechten und Pflichten (§ 38 Abs. 1 SEBG; vgl. auch Art. 43 Rz. 64). Es gelten daher die allgemeinen Bestel-

---

24 Vgl. die Nachweise bei *Drygala* in K. Schmidt/Lutter, § 100 AktG Rz. 11, der allerdings selbst die Gegenauffassung vertritt.
25 Grundlage dafür ist das harmonisierte Recht der organschaftlichen Vertretung und Handelsregisterpublizität nach der Ersten und Elften gesellschaftsrechtlichen Richtlinie (näher *Grundmann*, Europäisches Gesellschaftsrecht, S. 122 ff.; *Schwarz*, Europäisches Gesellschaftsrecht, 190 ff.).
26 Ebenso *Schwarz*, Anh. Art. 43 SE-VO Rz. 126, unter Berufung auf den europäischen Charakter der SE; auch *Drygala* in K. Schmidt/Lutter, § 100 AktG Rz. 11; *Hopt/Roth* in Großkomm. AktG, 4. Aufl., § 100 AktG Rz. 62; *Habersack* in MünchKomm. AktG, 3. Aufl., § 100 AktG Rz. 28; *Verse* in Habersack/Drinhausen, SE-Recht, § 27 SEAG Rz. 13.
27 *Eberspächer* in Spindler/Stilz, AktG, Art. 47 SE-VO Rz. 6; *Verse* in Habersack/Drinhausen, SE-Recht, § 27 SEAG Rz. 6. A.A. *Reichert/Brandes* in MünchKomm. AktG, 3. Aufl., Art. 47 SE-VO Rz. 34, und *Siems* in KölnKomm. AktG, 3. Aufl., Art. 47 SE-VO Rz. 25.
28 *Eberspächer* in Spindler/Stilz, AktG, Art. 47 SE-VO Rz. 6; *Verse* in Habersack/Drinhausen, SE-Recht, § 27 SEAG Rz. 6. Damit kann auch dem Argument der Gegenauffassung Rechnung getragen werden, dass § 40 Abs. 1 Satz 2 SEAG durch eine Bestellung zum Prokuristen oder Handlungsbevollmächtigten umgangen werden könne (so *Reichert/Brandes* in MünchKomm. AktG, 3. Aufl., Art. 47 SE-VO Rz. 34; *Siems* in KölnKomm. AktG, 3. Aufl., Art. 47 SE-VO Rz. 25).

lungsvoraussetzungen für Verwaltungsratsmitglieder. § 27 Abs. 2 SEAG stellt lediglich klar, dass **zusätzliche Bestellungsvoraussetzungen**, die nur für Arbeitnehmervertreter gelten, unberührt bleiben. Diese folgen aus §§ 36 Abs. 3 Satz 2 i.V.m. 6 Abs. 2 bis 4 SEBG: Wählbar sind nur Arbeitnehmer der betroffenen Gesellschaften und Betriebe sowie Gewerkschaftsvertreter; jeder dritte Arbeitnehmervertreter ist ein Gewerkschaftsvertreter, jeder siebte ein leitender Angestellter. Von dieser gesetzlichen Regelung können SE-Beteiligungsvereinbarungen nach § 21 SEBG abweichen, in ihnen können daher im Einzelfall andere oder zusätzliche Bestellungsvoraussetzungen geregelt sein.

V. Besonderheiten für kapitalmarktorientierte SEs

Bei einer kapitalmarktorientierten Gesellschaft i.S.v. § 264d HGB hat mindestens ein unabhängiges Mitglied des Verwaltungsrats über Sachverstand in den Bereichen der Rechnungslegung oder Abschlussprüfung (vgl. § 105 Abs. 5 AktG[29]) zu verfügen. Diese Vorschrift wurde im Rahmen des BilMoG[30] mit Geltung ab 29.5.2009 neu eingefügt. Damit stellt der Gesetzgeber erhöhte Anforderungen an die Zusammensetzung und die persönlichen Voraussetzungen der Mitglieder des Verwaltungsrats und der eingerichteten Prüfungsausschüsse. Wurden sämtliche Mitglieder des Verwaltungsrats und des Prüfungsausschusses vor dem Inkrafttreten der Regelung am 29.5.2009 bestellt, so findet die Vorschrift jedoch keine Anwendung (vgl. hierzu die Übergangsregelung in § 54 SEAG). Für die Bestimmung der Unabhängigkeit im Sinne dieser Vorschrift kann auf die Kommentierungen zu § 100 Abs. 5 AktG verwiesen werden. Soweit es für die Unabhängigkeit auf die persönlichen oder geschäftlichen Beziehungen zu den Organen der Gesellschaft ankommt[31], sind im monistischen System der Verwaltungsrat und die geschäftsführenden Direktoren unter den Organbegriff zu fassen[32].

15a

In Kürze ist mit einer Änderung des § 27 Abs. 1 Satz 4 SEAG durch das **Abschlussprüfungsreformgesetz** zu rechnen[33]. Dieses Gesetz dient insbesondere der Umsetzung der prüfungsbezogenen Regelungen der Richtlinie 2014/56/EU sowie der Ausführung der entsprechenden Vorgaben der Verordnung (EU) Nr. 537/2014 im Hinblick auf die Abschlussprüfung bei Unternehmen von öffentlichem Interesse. Die für die SE relevanten Änderungen beziehen sich zum einen auf den **Anwendungsbereich** der erfassten Gesellschaften: Die bisherige Formulierung in § 27 Abs. 1 Satz 4 SEAG „SE im Sinn des § 264d des Handelsgesetzbuchs" soll ersetzt werden durch: „SE, die kapitalmarktorientiert im Sinne des § 264d des Handelsgesetzbuchs, die CRR-Kreditinstitut im Sinne des § 1 Absatz 3d Satz 1 des Kreditwesengesetzes, mit Ausnahme der in § 2 Absatz 1 Nummer 1 und 2 des Kreditwesengesetzes genannten Institute, oder die Versicherungsunternehmen im Sinne des § 341 des Handelsgesetzbuchs ist"[34]. Im Übrigen wird § 27 Abs. 1 Satz 4 SEAG wie bisher auf die Vorschrift des **§ 100 Abs. 5 AktG** verweisen. Dieser wird jedoch eine wichtige Änderung erfahren[35]: Bislang musste in den Gesellschaften, die dem Anwendungsbereich der Vorschrift unterliegen, wenigstens ein „unabhängiges" Aufsichtsratsmitglied über Sachverstand auf den Gebieten Rech-

15b

---

29 § 105 Abs. 5 AktG wurde seinerseits in Rahmen der Umsetzung von Art. 41 der Abschlussprüferrichtlinie (2006/43/EG) neu eingefügt.
30 Gesetz vom 25.5.2009, BGBl. I, S. 1102.
31 Näher hierzu *Drygala* in K. Schmidt/Lutter, § 100 AktG Rz. 45 f.
32 *Verse* in Habersack/Drinhausen, SE-Recht, § 27 SEAG Rz. 18.
33 Die Ausführungen stützen sich auf den Referentenentwurf des Bundesministeriums der Justiz und für Verbraucherschutz zur Umsetzung der Richtlinie 2014/56/EU vom 27. März 2015 (zitiert als RefE-AReG).
34 RefE-AReG, S. 13.
35 RefE-AReG, S. 11.

nungslegung oder Abschlussprüfung verfügen. Das Wort „unabhängig" soll entfallen. Stattdessen wird angefügt: „die Mitglieder müssen mit der Branche, in der die Gesellschaft tätig ist, vertraut sein". Nach der **Übergangsregelung** des § 56 SEAG-E soll diese Vorschrift keine Anwendung finden, solange alle Mitglieder des Verwaltungsrats und des Prüfungsausschusses vor dem 17.6.2016 bestellt worden sind.

15c In der Sache vermag der vorgesehene Verweis auf den neugefassten § 100 Abs. 5 AktG **nicht zu überzeugen**. Die Gesetzesbegründung verkennt insoweit die Unterschiede zwischen dem dualistischen und dem monistischen System. In § 100 Abs. 5 AktG kann künftig allein deshalb auf das Merkmal der „Unabhängigkeit" verzichtet werden, weil für den Aufsichtsrat kraft Gesetzes (vgl. § 105 AktG) eine institutionelle Trennung von der Geschäftsleitung sichergestellt ist[36]. Eben diese Trennung fehlt im monistischen System[37]. Für das monistische System ist ein Verzicht auf die Unabhängigkeit daher nicht sinnvoll.

VI. Juristische Personen als Organmitglied

16 Gem. § 27 Abs. 3 SEAG kann eine juristische Person nicht Mitglied des Verwaltungsrats sein. Zwar ließe Art. 47 Abs. 1 SE-VO eine Satzungsregelung über die Bestellung juristischer Personen zu, allerdings nur, sofern das für Aktiengesellschaften maßgebliche Recht des Sitzstaats der SE nichts anderes bestimmt. Da auch das allgemeine deutsche Aktienrecht nur natürliche Personen als Organmitglieder kennt, schließt das SEAG juristische Personen für das monistische System von der Mitgliedschaft aus (s. auch Art. 47 Rz. 2 ff.). Der Anfang 2002 vorgelegte Diskussionsentwurf zum SEAG[38] hatte die Bestellung juristischer Personen noch nicht angesprochen in der Annahme, es gelte für den Verwaltungsrat ohnehin § 76 Abs. 3 Satz 1 AktG. In der Diskussion war jedoch eine ausdrückliche Regelung angeregt worden[39], die sich nunmehr in § 27 Abs. 3 SEAG findet[40].

§ 28 SEAG
Bestellung der Mitglieder des Verwaltungsrats

(1) Die Bestellung der Mitglieder des Verwaltungsrats richtet sich nach der Verordnung.

(2) § 101 Abs. 2 des Aktiengesetzes gilt entsprechend.

(3) Stellvertreter von Mitgliedern des Verwaltungsrats können nicht bestellt werden. Jedoch kann für jedes Mitglied ein Ersatzmitglied bestellt werden, das Mitglied des Verwaltungsrats wird, wenn das Mitglied vor Ablauf seiner Amtszeit wegfällt. Das Ersatzmitglied kann nur gleichzeitig mit dem Mitglied bestellt werden. Auf seine Bestellung sowie die Nichtigkeit und Anfechtung seiner Bestellung sind die für das Mitglied geltenden Vorschriften anzuwenden. Das Amt des Ersatzmitglieds erlischt spätestens mit Ablauf der Amtszeit des weggefallenen Mitglieds.

---

36 RefE-AReG, S. 37.
37 Dies verkennt die Gesetzesbegründung, welche sich zur Neufassung des § 27 SEAG mit einem Hinweis auf die Ausführungen zu § 100 Abs. 5 AktG begnügt (RefE-AReG, S. 39).
38 Abgedr. in AG 2003, 204 ff.
39 S. etwa *Ihrig/Wagner*, BB 2003, 969, 974.
40 Dem ist allerdings nach Auffassung des Gesetzgebers nur klarstellender Charakter beizumessen (Begr. RegE zu § 27 SEAG, BT-Drucks. 15/3405, S. 38).

I. Überblick 1	IV. Stellvertreter und Ersatzmitglieder
II. Bestellung der Mitglieder des Verwaltungsrats 2	1. Stellvertreter 9
	2. Ersatzmitglieder 10
III. Entsendungsrechte 7	

Literatur: *Reuter*, Bestellung und Anstellung von Organmitgliedern im Körperschaftsrecht, in Lieb/Noack/H.P. Westermann (Hrsg.), FS Zöllner, 1998, S. 487–502; *Schiessl*, Leitungs- und Kontrollstrukturen im internationalen Wettbewerb, ZHR 167 (2003), 235–256; *Teichmann*, Binnenmarktkonformes Gesellschaftsrecht, 2006.

I. Überblick

Grundnorm für die Bestellung der Mitglieder des Verwaltungsrats ist **Art. 43 Abs. 3 Satz 1 SE-VO**, der anordnet, dass die Mitglieder des Verwaltungsorgans **von der Hauptversammlung bestellt** werden. § 28 Abs. 1 SEAG ist insoweit rein deklaratorisch, während die Abs. 2 und 3 zusätzliche Regelungen darstellen, die sich auf die Regelungsermächtigung in Art. 43 Abs. 4 SE-VO stützen. Ob bei einzelnen Personen **Bestellungshindernisse** bestehen, richtet sich nach nationalem Recht (vgl. Art. 47 SE-VO und § 27 SEAG). Bei einer rechtlich fehlerhaften Bestellung kann Nichtigkeits- oder Anfechtungsklage erhoben werden (§§ 31, 32 SEAG); für die Zwischenzeit gelten bei einem bereits in Vollzug gesetzten Organverhältnis die allgemeinen Grundsätze der fehlerhaften Organbestellung[1].

II. Bestellung der Mitglieder des Verwaltungsrats

Die Hauptversammlung bestellt die Mitglieder des Verwaltungsrats mit **einfacher Stimmenmehrheit** (Art. 43 Abs. 3 Satz 1 i.V.m. Art. 57 SE-VO, vgl. auch Art. 43 Rz. 43). Soweit keine in der Satzung festgelegten Entsendungsrechte bestehen (unten Rz. 7), ist die Hauptversammlung in ihrer Entscheidung über die zu bestellende Person frei. Die Satzung kann Bestellungsvoraussetzungen festlegen, sofern diese nicht auf ein verkapptes Entsendungsrecht hinauslaufen (Art. 47 Rz. 21).

Die **Vorschläge für die Wahl** zum Verwaltungsrat unterbreitet der amtierende Verwaltungsrat. Dies folgt aus den allgemeinen Regeln der Einberufung der Hauptversammlung, für welche Art. 53 SE-VO auf die im SE-Sitzstaat maßgeblichen Vorschriften verweist. Gem. § 124 Abs. 3 Satz 1 AktG unterbreiten Vorstand und Aufsichtsrat für jeden Gegenstand der Tagesordnung, über den die Hauptversammlung beschließen soll, einen Beschlussvorschlag. Diese Befugnis geht im monistischen System gem. § 22 Abs. 6 SEAG auf den Verwaltungsrat über[2]. Das korporationsrechtliche Verhältnis zur Gesellschaft entsteht, sofern die bestellte Person **die Bestellung annimmt** (Art. 43 Rz. 44)[3].

Ob neben der Bestellung auch ein **Anstellungsverhältnis** begründet werden kann, bleibt in der SE-VO offen, richtet sich also nach nationalem Recht. Auch das SEAG äußert sich zur Qualifikation der Rechtsbeziehung zwischen Verwaltungsratsmit-

---

[1] Zu diesen siehe nur *Verse* in Habersack/Drinhausen, SE-Recht, § 28 SEAG Rz. 11 ff.
[2] Der Verwaltungsrat nimmt für die Einberufung und Organisation der Hauptversammlung generell die Stellung ein, die im dualistischen System der Vorstand innehat (vgl. Anh. Art. 43 § 22 SEAG Rz. 17 f.).
[3] *Verse* in Habersack/Drinhausen, SE-Recht, § 28 SEAG Rz. 2.

glied und Gesellschaft nicht. Darin unterscheidet sich die Regelung zum Verwaltungsrat von derjenigen der geschäftsführenden Direktoren, bei denen das Gesetz den Abschluss eines Anstellungsvertrages als Möglichkeit anspricht (vgl. § 40 Abs. 5 Satz 2 SEAG).

5 Fraglich ist, ob für den Verwaltungsrat insoweit eine **Parallele zum Aufsichtsrat** gezogen werden kann, dessen Mitglieder nach herrschender Auffassung kein Anstellungsverhältnis mit der Gesellschaft eingehen[4]. Dies wird damit begründet, dass der körperschaftliche Akt der Bestellung bereits die Organpflichten begründe, für eine zusätzliche Pflichtenstellung kraft Dienstvertrags daher keine Notwendigkeit bestehe[5]. Zudem fehle im Verhältnis zum Aufsichtsrat das Vertretungsorgan, welches einen Dienstvertrag abschließen könnte[6]. Ebenso liegen die Dinge beim Verwaltungsrat. Alle für das körperschaftliche Verhältnis nötigen Fragen – einschließlich der Vergütung[7] – beschließt die Hauptversammlung[8]. Einer eigenständigen dienstvertraglichen Grundlage bedarf das Verhältnis zur Gesellschaft erst und nur dann, wenn die Übernahme des Mandats eine berufliche Existenzgrundlage darstellen soll[9]. Dies ist beim Vorstand und auch bei geschäftsführenden Direktoren, nicht aber bei Aufsichtsrats- und Verwaltungsratsmitgliedern der Fall. Für ein Anstellungsverhältnis ist daher bei Verwaltungsratsmitgliedern kein Raum[10].

6 Die **Arbeitnehmervertreter** werden bei Anwendung der gesetzlichen Auffanglösung von der Hauptversammlung bestellt, die dabei an Wahlvorschläge der Arbeitnehmer gebunden ist (§ 36 Abs. 4 SEBG). Dies ergibt sich zwar nicht unmittelbar aus der SE-VO; diese tritt aber insoweit im Verhältnis zur SE-Richtlinie zurück (Art. 43 Rz. 52 ff.). Ausdrücklich geregelt ist in Art. 43 Abs. 3 Satz 3 SE-VO, dass die Bestellungskompetenz der Hauptversammlung gegenüber einer Mitbestimmungsvereinbarung zurücktritt.

III. Entsendungsrechte

7 Entsendungsrechte lässt die SE-VO zu, soweit sie im mitgliedstaatlichen Recht vorgesehen sind (Art. 43 Abs. 3 Satz 3 i.V.m. 47 Abs. 4 SE-VO; vgl. Art. 43 Rz. 46). Das deutsche Aktienrecht kennt derartige Entsendungsrechte in **§ 101 Abs. 2 AktG** für den Aufsichtsrat. Gestützt auf die Ermächtigung des Art. 43 Abs. 4 SE-VO überträgt § 28 Abs. 2 SEAG diese Regelung auf den Verwaltungsrat.

8 Aus § 28 Abs. 2 SEAG i.V.m. § 101 Abs. 2 AktG ergeben sich folgende Vorgaben für die Einräumung von Entsendungsrechten[11]: Ein Recht, Mitglieder in den Verwaltungsrat zu entsenden, muss durch die **Satzung** eingeräumt werden. Es kann nur für bestimmte Aktionäre oder für die jeweiligen Inhaber von vinkulierten Namensaktien begründet werden. Die Entsendungsrechte können höchstens für **ein Drittel der Anteilseignervertreter** im Verwaltungsrat eingeräumt werden. Unberührt davon bleibt das so-

---

4 S. nur *Hopt/Roth* in Großkomm. AktG, 4. Aufl., § 101 AktG Rz. 91 ff.
5 *Reuter* in FS Zöllner, S. 487, 488.
6 So für den Aufsichtsrat *Hopt/Roth* in Großkomm. AktG, 4. Aufl., § 101 AktG Rz. 92.
7 Vgl. § 38 Abs. 1 SEAG mit Verweis auf § 113 AktG.
8 Ebenso für den Aufsichtsrat *Hopt/Roth* in Großkomm. AktG, 4. Aufl., § 101 AktG Rz. 93.
9 *Reuter* in FS Zöllner, S. 487, 488.
10 Ebenso: *Frodermann* in Jannott/Frodermann, Handbuch Europäische Aktiengesellschaft, S. 228 f.; *Verse* in Habersack/Drinhausen, SE-Recht, § 28 SEAG Rz. 3; a.A. *Schwarz*, Anh. Art. 43 SE-VO Rz. 117; *Manz* in Manz/Mayer/Schröder, Art. 43 SE-VO Rz. 33.
11 Vgl. des Weiteren die Kommentierungen zu § 101 AktG (*Drygala* in K. Schmidt/Lutter, § 101 AktG Rz. 14 ff.; *Koch* in Hüffer, § 101 AktG Rz. 9 ff.).

genannte Volkswagengesetz[12]. Das Entsendungsrecht wird durch Benennung der Person des Verwaltungsratsmitglieds ausgeübt. Die Erklärung richtet sich an die Gesellschaft, vertreten durch den oder die geschäftsführenden Direktoren. Die Bestellung wird erst durch Annahme wirksam. Die entsandten Mitglieder haben die **gleichen Rechte und Pflichten** wie alle übrigen Verwaltungsratsmitglieder; sie unterliegen nicht den Weisungen des Entsendungsberechtigten[13].

IV. Stellvertreter und Ersatzmitglieder

1. Stellvertreter

Die Bestellung von Stellvertretern für Verwaltungsratsmitglieder ist nach § 28 Abs. 3 Satz 1 SEAG **nicht zulässig**. Der Gesetzgeber möchte damit ebenso wie in § 101 Abs. 3 Satz 1 AktG (für den Aufsichtsrat) die ungeteilte Verantwortlichkeit der Verwaltungsratsmitglieder sicherstellen[14]. Zwar steht der Verwaltungsrat funktional dem Vorstand nahe[15], die Mandatsausübung wird jedoch in der Regel eine Nebentätigkeit sein[16]. Dies führt in monistischen Systemen häufig zu einer vergleichbar niedrigen Präsenz wie in deutschen Aufsichtsräten[17]. Angesichts dessen ist es sinnvoll, die Bestellung von Stellvertretern nicht zuzulassen, und die Verwaltungsratsmitglieder damit an die Notwendigkeit persönlicher Aufgabenwahrnehmung zu gemahnen[18]. Für die vorrangig mit dem Tagesgeschäft befassten geschäftsführenden Direktoren können Stellvertreter bestellt werden (vgl. § 40 Abs. 9 SEAG). Dies gilt auch, wenn sie gleichzeitig Mitglied des Verwaltungsrats sind; der für die Geschäftsführung benannte Stellvertreter kann aber nicht die Tätigkeit als Verwaltungsratsmitglied wahrnehmen.

9

2. Ersatzmitglieder

Für Verwaltungsratsmitglieder können Ersatzmitglieder bestellt werden, die **nachrücken**, wenn das Mitglied **vor Ablauf seiner Amtszeit wegfällt** (§ 28 Abs. 3 Satz 2 SEAG). Das Ersatzmitglied muss gleichzeitig mit dem Verwaltungsratsmitglied bestellt werden, für das es nachrücken soll (§ 28 Abs. 3 Satz 3 SEAG). Die Bestellung des Ersatzmitglieds richtet sich nach denselben Vorschriften wie die Bestellung des zu ersetzenden Mitglieds (§ 28 Abs. 3 Satz 4 SEAG). Folglich kann, soweit Mitglieder auf Grund von Entsendungsrechten bestellt werden (oben Rz. 7 f.), der Entsendungsberechtigte auch jeweils ein Ersatzmitglied benennen. Die Amtszeit des Ersatzmit-

10

---

12 Das früher geltende Volkswagengesetz ist vom EuGH für europarechtswidrig erklärt worden (EuGH v. 23.10.2007 – Rs. C-112/05, ZIP 2007, 2068 = AG 2007, 817). Die erneute Klage gegen die reformierte heute geltende Fassung hat der EuGH indessen abgewiesen (EuGH v. 22.10.2013 – Rs. C-95/12, ZIP 2013, 2103 = AG 2013, 921).
13 BGH v. 29.1.1962 – II ZR 1/61, BGHZ 36, 296, 306.
14 *Koch* in Hüffer, § 101 AktG Rz. 13.
15 Daher plädiert *Schwarz*, Anh. Art. 43 SE-VO Rz. 141, in Anlehnung an § 94 AktG für die Möglichkeit, Stellvertreter benennen zu können.
16 S. nur Art. 44 Abs. 1 SE-VO, der lediglich die Mindestzahl von vier Sitzungen pro Jahr vorsieht.
17 S. nur *Schiessl*, ZHR 167 (2003), 235, 246. Eine KPMG-Studie aus den Jahren 2002/2003 ermittelt zwar eine geringfügig höhere Sitzungsfrequenz angelsächsischer Boards im Vergleich zu deutschen Aufsichtsräten, an denen allerdings nur in 60 % der Fälle auch alle Mitglieder teilnahmen, während die Aufsichtsräte insofern eine Quote von 82 % erreichten (näher *Teichmann*, Binnenmarktkonformes Gesellschaftsrecht, S. 569 f.).
18 In diesem Sinne auch *Verse* in Habersack/Drinhausen, SE-Recht, § 28 SEAG Rz. 7. Rechtspolitisch kritisch sehen dies wegen der Parallele zum Vorstand *Siems* in KölnKomm. AktG, 3. Aufl., Anh. Art. 51 SE-VO Rz. 6 und *Schwarz*, Anh. Art. 43 SE-VO Rz. 141.

glieds endet spätestens mit Ablauf der Amtszeit des weggefallenen Verwaltungsratsmitglieds (§ 28 Abs. 3 Satz 5 SEAG).

11   Soweit **Arbeitnehmervertreter** nach der gesetzlichen Auffanglösung bestellt werden, ist gem. §§ 36 Abs. 3 Satz 2 i.V.m. 6 Abs. 2 Satz 3 SEBG stets ein Ersatzmitglied zu bestellen. Gleiches kann in einer Mitbestimmungsvereinbarung geregelt werden (vgl. § 21 Abs. 5 SEBG mit Verweis auf die §§ 34 bis 38 SEBG).

12   § 28 Abs. 3 Sätze 2 bis 4 SEAG zur Bestellung von Ersatzmitgliedern entspricht der Regelung in **§ 101 Abs. 3 AktG**; § 28 Abs. 3 Satz 5 SEAG entspricht **§ 102 Abs. 2 AktG**. Auf die Kommentierungen zum Aktiengesetz kann insoweit zurückgegriffen werden.

§ 29 SEAG
Abberufung der Mitglieder des Verwaltungsrats

(1) Mitglieder des Verwaltungsrats, die von der Hauptversammlung ohne Bindung an einen Wahlvorschlag gewählt worden sind, können von ihr vor Ablauf der Amtszeit abberufen werden. Der Beschluss bedarf einer Mehrheit, die mindestens drei Viertel der abgegebenen Stimmen umfasst. Die Satzung kann eine andere Mehrheit und weitere Erfordernisse bestimmen.

(2) Ein Mitglied des Verwaltungsrats, das auf Grund der Satzung in den Verwaltungsrat entsandt ist, kann von dem Entsendungsberechtigten jederzeit abberufen und durch ein anderes ersetzt werden. Sind die in der Satzung bestimmten Voraussetzungen des Entsendungsrechts weggefallen, so kann die Hauptversammlung das entsandte Mitglied mit einfacher Stimmenmehrheit abberufen.

(3) Das Gericht hat auf Antrag des Verwaltungsrats ein Mitglied abzuberufen, wenn in dessen Person ein wichtiger Grund vorliegt. Der Verwaltungsrat beschließt über die Antragstellung mit einfacher Mehrheit. Ist das Mitglied auf Grund der Satzung in den Verwaltungsrat entsandt worden, so können auch Aktionäre, deren Anteile zusammen den zehnten Teil des Grundkapitals oder den anteiligen Betrag von 1 Million Euro erreichen, den Antrag stellen. Gegen die Entscheidung ist die Beschwerde zulässig.

(4) Für die Abberufung eines Ersatzmitglieds gelten die Vorschriften über die Abberufung des Mitglieds, für das es bestellt ist.

I. Überblick	II. Abberufung durch die Hauptversammlung (§ 29 Abs. 1 SEAG) 7
1. Regelungsoffenheit der SE-Verordnung 1	III. Abberufung durch den Entsendungsberechtigten (§ 29 Abs. 2 SEAG) ... 12
2. Systematik der Abberufungskompetenzen 4	IV. Abberufung durch das Gericht (§ 29 Abs. 3 SEAG) 13

Literatur: *Brandt*, Die Hauptversammlung der Europäischen Aktiengesellschaft (SE), 2004 (zit.: Hauptversammlung der SE); *Hirte*, Die Europäische Aktiengesellschaft, NZG 2002, 1–10; *Hommelhoff*, Gesellschaftsrechtliche Fragen im Entwurf eines SE-Statuts, AG 1990, 422–435; *Hommelhoff*, Einige Bemerkungen zur Organisationsverfassung der Europäischen Aktiengesellschaft, AG 2001, 279–288; *Huizinga*, Die Machtbalance zwischen Verwaltung und Hauptversammlung in der Europäischen Gesellschaft (SE), 2012; *Jaeger*, Die Europäische Aktiengesellschaft – europäischen oder nationalen Rechts, 1994 (zit.: Europäische Aktiengesellschaft); *Messow*, Die Anwendbarkeit des Deutschen Corporate Governance Kodex auf die Societas Europaea (SE), 2008; *Raiser*, Die Europäische Aktiengesellschaft und die nationalen Aktiengesetze, in Bierich/Hommelhoff/Kropff (Hrsg.), FS Semler, 1993, S. 277–297; *Trojan-Limmer*, Die Geänderten Vorschläge für ein Statut der Europäischen Aktiengesellschaft (SE), RIW 1991, 1010–1017.

I. Überblick

1. Regelungsoffenheit der SE-Verordnung

Die SE-VO regelt zwar die Bestellung (Art. 43 Rz. 44 ff.), nicht aber die Abberufung der Mitglieder des Verwaltungsorgans. In der Literatur wird daher teilweise angenommen, dass die Bestellung für einen in der Satzung festgesetzten Zeitraum (Art. 46 Abs. 1 SE-VO) nicht vorzeitig durch Abberufung beendet werden könne[1]. Folgt man der allgemeinen Systematik der Lückenfüllung in der SE-VO, gilt jedoch für eine nicht ausdrücklich geregelte Frage **das Aktienrecht des Sitzstaates**, soweit nicht die SE-VO ausnahmsweise als abschließende Regelung zu verstehen ist (Art. 9 Rz. 42 ff.).

1

Die **Entstehungsgeschichte** spricht gegen die Annahme, die Verfasser der SE-VO hätten durch Schweigen die Abberufbarkeit ausschließen wollen[2]. Denn in den vorangehenden Entwürfen von 1989 (Art. 75) und 1991 (Art. 66 Abs. 3) waren Bestellung und Abberufung noch als miteinander korrespondierende Kompetenzen der Hauptversammlung geregelt worden. Die Begründung zum Entwurf von 1989 ging davon aus, damit einen ohnehin in allen Mitgliedstaaten geltenden Gedanken auszusprechen: „Im Allgemeinen geht die Zuständigkeit zur Bestellung der Mitglieder des Aufsichts- und des Verwaltungsorgans mit der Zuständigkeit zur Abberufung ‚ad nutum' einher."[3] Diese Einschätzung hatte sich nur insoweit als irrig erwiesen, als nicht alle Rechtsordnungen eine Abberufung „ad nutum" zulassen, sondern sie teilweise an bestimmte Voraussetzungen knüpfen[4]. Da sich der Entwurf von 1989 zu den **Abberufungsvoraussetzungen** nicht äußerte, entstand schon damals die Frage, ob er insoweit abschließend sei oder eine Ergänzung um mitgliedstaatliches Recht zulasse[5]. Im weiteren Verlauf entfiel dann die Regelung über die Abberufung gänzlich. Dies lässt sich angesichts der Unterschiede im mitgliedstaatlichen Recht nur so verstehen, dass die SE-Verordnung in dieser Frage auf eine Vereinheitlichung verzichtet. Im Kontext der allgemeinen Regelungstechnik **greift also gem. Art. 9 Abs. 1 lit. c ii) SE-VO nationales Recht**[6].

2

Da die SE-VO die Frage der Abberufung nicht regelt und das deutschen Aktienrecht für den Verwaltungsrat keine einschlägigen Regelungen bereit enthält, konnte der

3

---

1 *Hommelhoff*, AG 2001, 279, 283 sowie *Hirte*, NZG 2002, 1, 5.
2 Zum Folgenden insbesondere *Brandt*, Hauptversammlung der SE, S. 146 ff.
3 Begründung zu Art. 75 des Entwurfs von 1989, Beilage 5/89 zum Bulletin der Europäischen Gemeinschaften, S. 23.
4 S. die Hinweise bei *Brandt*, Hauptversammlung der SE, S. 148 Fn. 844, und bei *Jaeger*, Europäische Aktiengesellschaft, S. 141 f.; vgl. weiterhin die Kritik von *Hommelhoff*, AG 1990, 422, 427, der die im Entwurf von 1989 vorgesehene freie Abberufbarkeit des Aufsichtsorgans kritisiert.
5 S. etwa *Huizinga*, Machtbalance, S. 252; *Jaeger*, Europäische Aktiengesellschaft, S. 141; *Raiser* in FS Semler, S. 277, 291 ff. und *Trojan-Limmer*, RIW 1991, 1010, 1016, für Art. 62 Abs. 2 des Entwurfs von 1991, der die Abberufbarkeit des Vorstands regelte.
6 In diesem Sinne *Brandt*, Hauptversammlung der SE, S. 146 ff.; weiterhin *Manz* in Manz/Mayer/Schröder, Art. 43 SE-VO Rz. 32; *Reichert/Brandes* in MünchKomm. AktG, 3. Aufl., Art. 43 SE-VO Rz. 47 (die sich auf die Spezialverweisung des Art. 52 Satz 2 SE-VO stützen) sowie *Theisen/Hölzl* in Theisen/Wenz, Europäische Aktiengesellschaft, S. 279 f.

deutsche Gesetzgeber gestützt auf die **Ermächtigungsgrundlage** des Art. 43 Abs. 4 SE-VO die Regelung des § 29 SEAG erlassen[7]. Auch der österreichische Gesetzgeber hat mit § 48 SEG eine eigenständige Regelung über die Abberufung von Verwaltungsratsmitgliedern getroffen[8]. Die Änderungen im Kreis der Verwaltungsratsmitglieder sind gemäß § 46 Abs. 1 SEAG **bekannt zu machen**.

2. Systematik der Abberufungskompetenzen

4 § 29 SEAG entspricht in seinem Wortlaut weitgehend **§ 103 AktG**; die Erläuterungen hierzu können ergänzend herangezogen werden[9]. Die Vorschrift ist systematisch danach untergliedert, wer im konkreten Fall für die Abberufung eines Verwaltungsratsmitglieds zuständig ist: Grundsätzlich ist dies die **Hauptversammlung** (Abs. 1), bei entsandten Mitgliedern der **Entsendungsberechtigte** (Abs. 2), bei Vorliegen eines wichtigen Grundes das **Gericht** (Abs. 3); für die Abberufung von **Ersatzmitgliedern** gelten dieselben Vorschriften wie für das Mitglied, zu dessen Ersatz es bestellt ist (Abs. 4).

5 Die Abberufung von Vertretern der **Arbeitnehmer** richtet sich nach § 37 SEBG (vgl. die dortige Kommentierung in Teil B.); zuständig für die Abberufung ist die Hauptversammlung (§ 37 Abs. 1 Satz 4 SEBG), die jedoch ebenso wie bei der Bestellung den nach dem SEBG zustande gekommenen Empfehlungen der Arbeitnehmer folgen muss[10].

6 In ergänzender Anwendung des nationalen Aktienrechts sind auch **anderweitige Anlässe der Amtsbeendigung** denkbar[11]. Zu denken ist etwa an den Tod eines Verwaltungsratsmitglieds oder an die freiwillige Amtsniederlegung. Auch Verschmelzung oder Formwechsel können zur Mandatsbeendigung führen[12]. Ferner führt der Wegfall gesetzlich vorgeschriebener persönlicher Voraussetzungen zum Erlöschen des Verwaltungsratsamtes[13].

II. Abberufung durch die Hauptversammlung (§ 29 Abs. 1 SEAG)

7 Die Hauptversammlung kann Mitglieder des Verwaltungsrats, die von ihr ohne Bindung an einen Wahlvorschlag gewählt worden sind, vor Ablauf der Amtszeit abberufen. Die Wahl **ohne Bindung an einen Wahlvorschlag** ist der Regelfall (vgl. Art. 43 Rz. 44 und Anh. Art. 43 § 28 SEAG Rz. 2 ff.). Anders liegt es bei den Arbeitnehmervertretern, die von der Hauptversammlung auf Vorschlag der Arbeitnehmer bestellt werden (§ 36 Abs. 4 SEBG); deren Abberufung richtet sich nach § 37 SEBG. Von der Abberufungskompetenz der Hauptversammlung erfasst sind auch die Mitglieder des

---

7 Ebenso etwa *Verse* in Habersack/Drinhausen, SE-Recht, § 29 SEAG Rz. 1.
8 Näher *Kalss/Greda* in Kalss/Hügel, § 48 SEG Rz. 1 ff.
9 Vgl. insbesondere zu den Wirkungen der Abberufung: *Drygala* in K. Schmidt/Lutter, § 103 AktG Rz. 6; *Koch* in Hüffer, § 103 AktG Rz. 5 f.
10 Ebenso *Verse* in Habersack/Drinhausen, SE-Recht, § 29 SEAG Rz. 1. A.A. *Schwarz*, Anh. Art. 43 SE-VO Rz. 120, der die Abberufungskompetenz ebenso wie die Bestellungskompetenz den Arbeitnehmern bzw. dem SE-Betriebsrat selbst zuspricht; dies ist konsequent im Lichte der bei *Schwarz*, Art. 43 SE-VO Rz. 108, vertretenen Auffassung, dass bereits der Vorschlag der Arbeitnehmer konstitutive Wirkung habe (dazu Art. 43 Rz. 57).
11 Vgl. hierzu etwa *Verse* in Habersack/Drinhausen, SE-Recht, § 29 SEAG Rz. 23 sowie *Koch* in Hüffer, § 103 AktG Rz. 16 f.
12 Dies ist str. für den Formwechsel (vgl. *Koch* in Hüffer, § 103 AktG Rz. 16 m.w.N.).
13 Vgl. hierzu ausführlich *Reichert/Brandes* in MünchKomm. AktG, 3. Aufl., Art. 43 SE-VO Rz. 51 f.

ersten Verwaltungsrats, die gemäß Art. 43 Abs. 3 Satz 2 SE-VO durch die Satzung bestellt werden können[14].

Der **Hauptversammlungsbeschluss** über die Abberufung bedarf nach der Grundregel des § 29 Abs. 1 Satz 2 SEAG einer Mehrheit von drei Vierteln der abgegebenen Stimmen. Darin liegt eine Abweichung von Art. 57 SE-VO, der für alle Hauptversammlungsbeschlüsse grundsätzlich die einfache Mehrheit vorsieht. Allerdings lässt Art. 57 SE-VO mitgliedstaatliche Regelungen, die eine höhere Mehrheit vorschreiben, ausdrücklich zu[15].

8

Die **Satzung** kann für den Hauptversammlungsbeschluss eine **andere Mehrheit und weitere Erfordernisse** bestimmen (§ 29 Abs. 1 Satz 3 SEAG). Die erforderliche Beschlussmehrheit kann abgesenkt werden, allerdings ist eine Abberufung durch eine Minderheit nicht möglich[16]. Die in der Satzung geregelte Mehrheit muss einheitlich für alle Mitglieder des Verwaltungsrats gelten[17]. Der hierfür vom BGH im Rahmen des § 103 AktG herangezogene Grundsatz der individuell gleichen Berechtigung und Verantwortung aller Aufsichtsratsmitglieder[18] gilt auch im Verwaltungsrat.

9

Nach der Grundregel des § 29 Abs. 1 Satz 1 SEAG unterliegt die Abberufung keinen inhaltlichen Voraussetzungen und stellt sich damit als bloßer Vertrauensentzug durch die Hauptversammlung dar, der keiner weiteren Begründung bedarf[19]. Als **weitere Erfordernisse**, die Gegenstand einer Satzungsregelung sein können, sind zusätzliche Verfahrensvoraussetzungen denkbar. Die h.M. zu § 103 AktG hält es allerdings für unzulässig, die Abberufung an das **Vorliegen eines wichtigen Grundes** zu binden[20]. Diese dem deutschen Recht eigene Vorstellung, der Satzungsgeber müsse vor sich selbst geschützt werden, wird nicht in allen europäischen Rechtsordnungen ungeteilte Zustimmung finden[21]. Da sich jedoch der SEAG-Gesetzgeber bei der Konzeption des § 29 SEAG gerade auf das Regelungsvorbild des § 103 AktG gestützt hat (oben Rz. 4), ist insoweit einem Gleichlauf der Vorschriften der Vorzug zu geben[22].

10

Die **Vereinbarkeit** der von § 29 Abs. 1 Satz 3 SEAG gewährten Satzungsautonomie **mit Art. 57 SE-VO** wird teilweise bezweifelt[23]. Art. 57 SE-VO mit seinem Grundsatz der einfachen Mehrheit trete nur gegenüber zwingenden Vorschriften des nationalen

11

---

14 *Schwarz*, Anh. Art. 43 SE-VO Rz. 147; *Verse* in Habersack/Drinhausen, SE-Recht, § 29 SEAG Rz. 4.
15 A.A. *Messow*, Corporate Governance Kodex, S. 89 (einfache Mehrheit); zur rechtspolitischen Kritik an der Mehrheitsregelung, die faktisch die Machtbalance von der Hauptversammlung zum Verwaltungsrat verlagert, *Huiziunga*, Machtbalance, S. 254.
16 Ebenso *Verse* in Habersack/Drinhausen, SE-Recht, § 29 SEAG Rz. 8. Vgl. zu § 103 AktG *Drygala* in K. Schmidt/Lutter, § 103 AktG Rz. 5 sowie *Koch* in Hüffer, § 103 AktG Rz. 4.
17 *Verse* in Habersack/Drinhausen, SE-Recht, § 29 SEAG Rz. 8. Vgl. BGH v. 15.12.1986 – II ZR 18/86, BGHZ 99, 211, 215 f. (zu § 103 AktG).
18 BGH v. 15.12.1986 – II ZR 18/86, BGHZ 99, 211, 216.
19 *Schwarz*, Anh. Art. 43 SE-VO Rz. 150; für das allgemeine Aktienrecht s. *Drygala* in K. Schmidt/Lutter, § 103 AktG Rz. 3 sowie *Koch* in Hüffer, § 103 AktG Rz. 3.
20 Vgl. nur *Habersack* in MünchKomm. AktG, 3. Aufl., § 103 AktG Rz. 18; darauf Bezug nehmend *Verse* in Habersack/Drinhausen, SE-Recht, § 29 SEAG Rz. 9.
21 *Kalss/Greda* in Kalss/Hügel, § 48 SEG Rz. 5, verweisen zwar zu Recht darauf, dass die jederzeitige Abberufbarkeit für das monistische System auch rechtsvergleichend typisch sei. Ob dieser Grundsatz andernorts auch stets satzungsfest ausgestaltet ist, erscheint hingegen zweifelhaft.
22 In diesem Sinne *Siems* in KölnKomm. AktG, 3. Aufl., Anh. Art. 51 SE-VO § 29 SEAG Rz. 6; anders noch hier die Vorauflage, Anh. Art. 43 § 29 SEAG Rz. 10.
23 *Brandt*, Hauptversammlung, S. 241 ff.; *Manz* in Manz/Mayer/Schröder, Art. 43 SE-VO Rz. 92; *Schwarz*, Anh. Art. 43 SE-VO Rz. 148; differenzierend nach Erhöhung oder Herabsetzung der Mehrheit *Verse* in Habersack/Drinhausen, SE-Recht, § 29 SEAG Rz. 5 ff.

Rechts, nicht aber gegenüber einer Satzungsregelung zurück. Anhaltspunkt dafür ist der Wortlaut des Art. 57 SE-VO, der verlangt, dass das mitgliedstaatliche Recht eine größere Mehrheit „vorschreibt", und sich in dieser Formulierung von Art. 59 SE-VO unterscheidet, in dem es heißt, das nationale Recht könne eine höhere Mehrheit vorsehen „oder zulassen"[24]. Es geht allerdings in § 29 Abs. 1 Satz 3 SEAG der Sache nach um die Regelung von **Abberufungsvoraussetzungen**, die nach der Systematik der SE-VO generell dem mitgliedstaatlichen Recht überlassen bleiben (s. oben Rz. 2). Inhaltlich besteht eine Wechselwirkung zwischen den beiden Varianten, bei wichtigem Grund abzuberufen oder bei Vorliegen einer satzungsmäßig festgelegten Mehrheit. Über das Vorliegen eines wichtigen Grundes kann im konkreten Fall Streit entstehen, daher ist die Festlegung bestimmter Mehrheiten eine sinnvolle rechtssichere Alternative. Derartigen Sachregelungen des mitgliedstaatlichen Rechts wollte die SE-VO durch ihr Schweigen in dieser Frage gerade Raum geben. Gegenüber diesen spezielleren Überlegungen im Recht der Abberufung tritt Art. 57 SE-VO als allgemeine Norm zurück[25].

III. Abberufung durch den Entsendungsberechtigten (§ 29 Abs. 2 SEAG)

12 Ebenso wie im nationalen Recht der Aktiengesellschaft können auch in der SE Entsendungsrechte bestehen (Art. 43 Rz. 46 sowie Anh. Art. 43 § 28 SEAG Rz. 7). Dem Bestellungsrecht korrespondiert die in § 29 Abs. 2 SEAG geregelte Abberufungskompetenz, die nicht an das Vorliegen eines Grundes gebunden ist. Wurden zwischen dem Entsendungsberechtigten und dem entsandten Mitglied **Vereinbarungen** getroffen, **die einer Abberufung entgegenstehen**, so bleibt die Abberufung gleichwohl wirksam; das entsandte Mitglied ist in einem solchen Fall der Verletzung interner Vereinbarungen auf Schadensersatzansprüche beschränkt[26]. Beruht das Entsendungsrecht auf bestimmten in der Satzung festgelegten Voraussetzungen, so kann ausnahmsweise auch die Hauptversammlung das entsandte Mitglied abberufen, wenn diese Voraussetzungen weggefallen sind (§ 29 Abs. 2 Satz 2 SEAG).

IV. Abberufung durch das Gericht (§ 29 Abs. 3 SEAG)

13 Während die in § 29 Abs. 1 und 2 SEAG geregelte Abberufung durch Hauptversammlung oder Entsendungsberechtigten keinen wichtigen Grund voraussetzt, ist die Abberufung durch das Gericht an die Existenz eines wichtigen Grundes gebunden. Die Regelung gilt für alle Verwaltungsratsmitglieder gleichermaßen, auch für diejenigen, die von Arbeitnehmerseite bestellt wurden[27]. Ein **wichtiger Grund** liegt vor, wenn eine Fortsetzung des Amtsverhältnisses bis zum Ablauf der Amtszeit für die Gesellschaft unzumutbar ist[28]. So kann ein Verwaltungsratsmitglied abberufen werden, das durch sein Verhalten eine weitere vertrauensvolle Zusammenarbeit im Organ unmöglich

---

24 Dazu *Schwarz*, Art. 57 SE-VO Rz. 11.
25 Ebenso im Ergebnis *Siems* in KölnKomm. AktG, 3. Aufl., Anh. Art. 51 SE-VO § 29 SEAG Rz. 2. Demgegenüber hält *Verse* in Habersack/Drinhausen, SE-Recht, § 29 SEAG Rz. 6 f. zwar eine satzungsmäßige Absenkung der Mehrheit, nicht aber eine Erhöhung für zulässig.
26 Für § 103 AktG *Drygala* in K. Schmidt/Lutter, § 103 AktG Rz. 9 sowie *Koch* in Hüffer, § 103 AktG Rz. 7.
27 *Schwarz*, Anh. Art. 43 SE-VO Rz. 153; für § 103 AktG *Koch* in Hüffer, § 103 AktG Rz. 9.
28 *Verse* in Habersack/Drinhausen, SE-Recht, § 29 SEAG Rz. 13. Ebenso die h.M. zu § 103 AktG (vgl. *Drygala* in K. Schmidt/Lutter, § 103 AktG Rz. 14, *Koch* in Hüffer, § 103 AktG Rz. 10 jeweils mit Nachweisen zur früheren strengeren Auffassung, die ein krass gesellschaftswidriges Verhalten forderte).

macht²⁹. Die Abberufungsmöglichkeit durch das Gericht gilt für Aktionärsvertreter wie Arbeitnehmervertreter gleichermaßen³⁰.

Das Gericht entscheidet auf **Antrag**. Antragsberechtigt ist der **Verwaltungsrat**. Dieser beschließt über die Antragstellung mit einfacher Mehrheit (§ 29 Abs. 3 Satz 2 SEAG). Da Art. 50 SE-VO bereits eine Regelung über die Beschlussfassung in den SE-Organen trifft, ist § 29 Abs. 3 Satz 2 SEAG ohne Bedeutung. In Zweifelsfällen hat Art. 50 SE-VO Vorrang³¹. Das betroffene Mitglied unterliegt bei der Abstimmung einem Stimmverbot³². Wenn das Mitglied auf Grund eines satzungsmäßigen Entsendungsrechts bestellt wurde, ist auch eine **Aktionärsminderheit**, deren Anteile zusammen den zehnten Teil des Grundkapitals oder den anteiligen Betrag von einer Million Euro erreichen, antragsberechtigt (§ 29 Abs. 3 Satz 3 SEAG). 14

Zuständiges Gericht ist das Amtsgericht. Die örtliche Zuständigkeit orientiert sich an den Landgerichtsbezirken: Das Amtsgericht, in dessen Bezirk ein Landgericht seinen Sitz hat, ist für diesen Landgerichtsbezirk insgesamt zuständig (§§ 375 Nr. 4, 376 FamFG, § 23a Abs. 1 Satz 1 Nr. 2, Abs. 2 Nr. 4 GVG). Die örtliche Zuständigkeit können die Bundesländer durch Rechtsverordnung abweichend regeln (§ 376 Abs. 2 FamFG)³³. 15

Gegen die Entscheidung des Gerichts, die als Beschluss (§ 38 FamFG) ergeht, ist die **Beschwerde** zulässig (§ 29 Abs. 3 Satz 4 SEAG i.V.m. §§ 58 ff. FamFG). Über die Beschwerde entscheidet das OLG (§ 119 Abs. 1 Nr. 1 lit. b GVG). Wenn das OLG in seiner Entscheidung die Rechtsbeschwerde zulässt, kann diese in letzter Instanz an den BGH erhoben werden (§§ 70 ff. FamFG, § 133 GVG). 16

§ 30 SEAG
Bestellung durch das Gericht

(1) Gehört dem Verwaltungsrat die zur Beschlussfähigkeit nötige Zahl von Mitgliedern nicht an, so hat ihn das Gericht auf Antrag eines Mitglieds des Verwaltungsrats oder eines Aktionärs auf diese Zahl zu ergänzen. Mitglieder des Verwaltungsrats sind verpflichtet, den Antrag unverzüglich zu stellen, es sei denn, dass die rechtzeitige Ergänzung vor der nächsten Sitzung des Verwaltungsrats zu erwarten ist. Hat der Ver-

---

29 LG Frankfurt v. 14.10.1986 – 3/11 T 29/85, AG 1987, 160 f. für den Aufsichtsrat. Weitere Einzelfälle bei *Koch* in Hüffer, § 103 AktG Rz. 11; *Drygala* in K. Schmidt/Lutter, § 103 AktG Rz. 16.
30 Dies ergibt sich in § 103 AktG, an dem sich § 29 SEAG orientiert, aus § 103 Abs. 4 AktG. Dieser Absatz wurde in das SEAG nicht übernommen, weil er auf die nationalen mitbestimmungsrechtlichen Regelungen verweist und für die SE ohnehin das SEBG gilt. § 103 Abs. 4 AktG hat aber zusätzlich in Bezug auf § 103 Abs. 3 AktG eine klarstellende Funktion, weil er festhält, dass für die Abberufung der Arbeitnehmervertreter „außer Absatz 3" auch das Mitbestimmungsrecht gelte. Er macht damit deutlich, dass auch Arbeitnehmervertreter gemäß § 103 Abs. 3 AktG vom Gericht aus wichtigem Grund abberufen werden können (vgl. *Koch* in Hüffer, § 103 AktG Rz. 14). Da sich § 29 Abs. 3 SEAG im Wortlaut eng an § 103 Abs. 3 AktG anlehnt und auch denselben Zweck verfolgt, ist er ebenso zu verstehen.
31 *Schwarz*, Anh. Art. 43 SE-VO Rz. 155; *Verse* in Habersack/Drinhausen, SE-Recht, § 29 SEAG Rz. 14.
32 *Verse* in Habersack/Drinhausen, SE-Recht, § 29 SEAG Rz. 15.
33 Hiervon haben Sachsen-Anhalt (AG Stendal) und Thüringen (AG Jena) Gebrauch gemacht, jeweils mit einer ausschließlichen Zuständigkeit, vgl. hierzu *Heinemann* in Keidel, § 376 FamFG Rz. 7.

waltungsrat auch aus Mitgliedern der Arbeitnehmer zu bestehen, so können auch den Antrag stellen

1. die nach § 104 Abs. 1 Satz 3 des Aktiengesetzes Antragsberechtigten,
2. der SE-Betriebsrat.

Gegen die Entscheidung ist die Beschwerde zulässig.

(2) Gehören dem Verwaltungsrat länger als drei Monate weniger Mitglieder als die durch Vereinbarung, Gesetz oder Satzung festgelegte Zahl an, so hat ihn das Gericht auf Antrag auf diese Zahl zu ergänzen. In dringenden Fällen hat das Gericht auf Antrag den Verwaltungsrat auch vor Ablauf der Frist zu ergänzen. Das Antragsrecht bestimmt sich nach Absatz 1. Gegen die Entscheidung ist die Beschwerde zulässig.

(3) Das Amt des gerichtlich bestellten Mitglieds erlischt in jedem Fall, sobald der Mangel behoben ist.

(4) Das gerichtlich bestellte Mitglied hat Anspruch auf Ersatz angemessener barer Auslagen und, wenn den Mitgliedern der Gesellschaft eine Vergütung gewährt wird, auf Vergütung für seine Tätigkeit. Auf Antrag des Mitglieds setzt das Gericht die Vergütung und die Auslagen fest. Gegen die Entscheidung ist die Beschwerde zulässig; die Rechtsbeschwerde ist ausgeschlossen. Aus der rechtskräftigen Entscheidung findet die Zwangsvollstreckung nach der Zivilprozessordnung statt.

I. Überblick 1	IV. Amtsdauer (§ 30 Abs. 3 SEAG) 7
II. Ergänzung bei Beschlussunfähigkeit (§ 30 Abs. 1 SEAG) 2	V. Auslagen und Vergütung (§ 30 Abs. 4 SEAG) 8
III. Ergänzung bei dauerhafter Unterbesetzung (§ 30 Abs. 2 SEAG) 6	

I. Überblick

1   Die Regelung stützt sich auf die Ermächtigungsgrundlage des Art. 43 Abs. 4 SE-VO und **orientiert sich an § 104 AktG**. SE-spezifische Abweichungen vom nationalen Vorbild bestehen kaum, so dass weitgehend auf die Kommentierungen zu § 104 AktG zurückgegriffen werden kann. Ziel ist die gerichtliche Ergänzung des Organs bei Beschlussunfähigkeit (Abs. 1) oder länger andauernder Unterbesetzung (Abs. 2). Die Amtszeit des gerichtlich bestellten Mitglieds ist an die Dauer des Mangels gebunden, zu dessen Behebung es bestellt wurde (Abs. 3). Es hat Anspruch auf Auslagenersatz und, soweit die übrigen Mitglieder eine solche erhalten, auch auf Vergütung (Abs. 4).

II. Ergänzung bei Beschlussunfähigkeit (§ 30 Abs. 1 SEAG)

2   Der Verwaltungsrat ist beschlussunfähig, wenn ihm die nach Gesetz oder Satzung (s. dazu Art. 50 Rz. 6 ff.) für die Beschlussfähigkeit **vorgesehene Mitgliederzahl fehlt**[1]. Die Beschlussfähigkeit des Verwaltungsrats richtet sich nach Art. 50 Abs. 1 lit. a SE-VO. Demnach muss in Ermangelung anderweitiger Regelungen mindestens die Hälfte der Mitglieder anwesend sein. Beschlussunfähig ist der Verwaltungsrat daher erst dann, wenn ihm nur noch weniger als die Hälfte der regulären Mitglieder angehören[2]. Anders als § 30 Abs. 2 SEAG für die Gesamtzahl des Organs erwähnt § 30 Abs. 1 SE-

---

1 So für den Aufsichtsrat *Koch* in Hüffer, § 104 AktG Rz. 2.
2 Ebenso *Verse* in Habersack/Drinhausen, SE-Recht, § 30 SEAG Rz. 2.

AG nicht die Vereinbarung als Grundlage der Beschlussfähigkeit. Dies erscheint konsequent, da das Quorum der Beschlussfähigkeit in Art. 50 Abs. 1 SE-VO festgelegt ist, der nur gegenüber anderslautenden Satzungsregeln zurücktritt (Art. 50 Rz. 6).

Antragsberechtigt ist in diesem Fall jedes Mitglied des Verwaltungsrats und jeder Aktionär. Die Mitglieder des Verwaltungsrats unterliegen der Pflicht, den Antrag unverzüglich – also ohne schuldhaftes Zögern (§ 121 Abs. 1 Satz 1 BGB) – zu stellen (§ 30 Abs. 1 Satz 2 SEAG). Ist der Verwaltungsrat **mitbestimmt**, sind gem. § 30 Abs. 1 Satz 3 SEAG neben dem SE-Betriebsrat auch die in § 104 Abs. 1 Satz 3 AktG genannten Organe und Gruppierungen (Arbeitnehmervertretungsorgane, ein Zehntel oder einhundert der wahlberechtigten Arbeitnehmer, Gewerkschaften und ihre Spitzenorganisationen) antragsberechtigt. Zweckmäßig ist es, mit dem Antrag zugleich einen geeigneten Kandidaten vorzuschlagen[3]. 3

Das **zuständige Gericht** wird in § 30 Abs. 1 SEAG nicht ausdrücklich bezeichnet, sondern richtet sich nach dem FamFG. Danach ist nach §§ 375 Nr. 4, 276 FamFG, § 23a Abs. 1 Satz 1 Nr. 2, Abs. 2 Nr. 4 GVG das Amtsgerichtgericht zuständig, in dessen Bezirk sich der (Satzungs-)Sitz der SE befindet. 4

Gegen die Entscheidung, die als Beschluss (§ 38 Abs. 1 FamFG) ergeht, ist die **Beschwerde** zulässig (§ 30 Abs. 1 Satz 4 SEAG). Über die Beschwerde entscheidet das OLG (siehe bereits Anh. Art. 43 § 29 SEAG Rz. 16).

Das Gericht hat bei der Frage, ob ein zusätzliches Mitglied zu bestellen ist, keinen **Ermessensspielraum**[4]. Bei fehlender Beschlussfähigkeit hat es auf Antrag den Verwaltungsrat auf die zur Beschlussfassung nötige Mitgliederzahl zu ergänzen (§ 30 Abs. 1 Satz 1 SEAG). Über die konkret zu bestellende Person entscheidet das Gericht jedoch im eigenen Ermessen; Vorschläge sind möglich, aber nicht bindend[5]. Bei einem mitbestimmten Verwaltungsrat muss das Gericht allerdings die für die **Mitbestimmung** geltenden Repräsentationsgrundsätze beachten; der Rechtsgedanke des § 104 Abs. 4 AktG kann insoweit zur Konkretisierung des gerichtlichen Ermessens herangezogen werden[6]. 5

III. Ergänzung bei dauerhafter Unterbesetzung (§ 30 Abs. 2 SEAG)

Anlass für die gerichtliche Bestellung eines Ersatzmitglieds nach § 30 Abs. 2 SEAG ist eine **länger als drei Monate** andauernde Unterbesetzung des Verwaltungsrats. In dringenden Fällen kann eine gerichtliche Bestellung auch schon früher erfolgen; derartige Fälle sind insbesondere bei einem Ungleichgewicht in einem paritätisch mitbestimmten Organ denkbar[7]. Für die Antragsberechtigung gilt § 30 Abs. 1 SEAG (§ 30 Abs. 2 Satz 3 SEAG). Ebenso wie bei der Ersatzbestellung nach Abs. 1 ist gegen die gerichtliche Entscheidung die Beschwerde zulässig. 6

---

3 *Verse* in Habersack/Drinhausen, SE-Recht, § 30 SEAG Rz. 4.
4 *Schwarz*, Anh. Art. 43 SE-VO Rz. 166.
5 *Schwarz*, Anh. Art. 43 SE-VO Rz. 166; *Verse* in Habersack/Drinhausen, SE-Recht, § 30 SEAG Rz. 6. Für das allgemeine Aktienrecht *Drygala* in K. Schmidt/Lutter, § 104 AktG Rz. 9 und *Koch* in Hüffer, § 104 AktG Rz. 5.
6 Ebenso *Schwarz*, Anh. Art. 43 SE-VO Rz. 166.
7 *Schwarz*, Anh. Art. 43 SE-VO Rz. 167; *Verse* in Habersack/Drinhausen, SE-Recht, § 30 SEAG Rz. 10. Zum insoweit vergleichbaren § 104 AktG *Drygala* in K. Schmidt/Lutter, § 104 AktG Rz. 19 und *Koch* in Hüffer, § 104 AktG Rz. 10. Für den Zeitraum bis zur gerichtlichen Ersatzbestellung bei Übergewicht der Anteilseigner wird teilweise eine analoge Anwendung von § 35 Abs. 3 SEAG vorgeschlagen (*Schwarz*, Anh. Art. 43 SE-VO Rz. 221).

IV. Amtsdauer (§ 30 Abs. 3 SEAG)

7   Die Rechtsstellung der ersatzweise bestellten Verwaltungsratsmitglieder unterscheidet sich grundsätzlich nicht von derjenigen der regulären Mitglieder[8]. Allerdings **endet ihr Mandat automatisch** in dem Zeitpunkt, in dem der Mangel behoben ist, der Anlass für ihre Bestellung war (§ 30 Abs. 3 SEAG)[9]. Eine frühere Abberufung ist denkbar unter den Voraussetzungen des § 29 Abs. 3 SEAG (Anh. Art. 43 § 29 SEAG Rz. 13 ff.). Bei börsennotierten Gesellschaften soll die gerichtliche Bestellung bis zur nächsten Hauptversammlung befristet sein (Ziff. 5.4.3 Satz 2 DCGK)[10]. Diese Empfehlung bezieht sich zwar auf das dualistische Modell (Aufsichtsrat), ist aber auf den Monismus entsprechend übertragbar[11].

V. Auslagen und Vergütung (§ 30 Abs. 4 SEAG)

8   § 30 Abs. 4 SEAG regelt den Anspruch des gerichtlich bestellten Mitglieds auf Ersatz seiner Auslagen und die Gewährung einer Vergütung. Es besteht Anspruch auf Ersatz angemessener Auslagen und – soweit die regulären Mitglieder eine Vergütung erhalten – auch auf Vergütung. Deren Höhe setzt das Gericht auf Antrag fest. Gegen die Entscheidung ist die Beschwerde zulässig (oben Rz. 4); die Rechtsbeschwerde ist ausgeschlossen. Der rechtskräftige Beschluss ist Vollstreckungstitel i.S.v. § 794 ZPO (§ 30 Abs. 4 Satz 4 SEAG).

§ 31 SEAG
Nichtigkeit der Wahl von Verwaltungsratsmitgliedern

(1) Die Wahl eines Verwaltungsratsmitglieds durch die Hauptversammlung ist außer im Fall des § 241 Nr. 1, 2 und 5 des Aktiengesetzes nur dann nichtig, wenn

1. der Verwaltungsrat unter Verstoß gegen § 24 Abs. 2, § 25 Abs. 2 Satz 1 oder § 26 Abs. 3 zusammengesetzt wird;
2. durch die Wahl die gesetzliche Höchstzahl der Verwaltungsratsmitglieder überschritten wird (§ 23);
3. die gewählte Person nach Artikel 47 Abs. 2 der Verordnung bei Beginn ihrer Amtszeit nicht Verwaltungsratsmitglied sein kann.

(2) Für die Parteifähigkeit für die Klage auf Feststellung, dass die Wahl eines Verwaltungsratsmitglieds nichtig ist, gilt § 250 Abs. 2 des Aktiengesetzes entsprechend. Parteifähig ist auch der SE-Betriebsrat.

(3) Erhebt ein Aktionär, ein Mitglied des Verwaltungsrats oder ein nach Absatz 2 Parteifähiger gegen die Gesellschaft Klage auf Feststellung, dass die Wahl eines Verwaltungsratsmitglieds nichtig ist, so gelten § 246 Abs. 2, 3 Satz 1 bis 4, Abs. 4, die §§ 247, 248 Abs. 1 Satz 2, die §§ 248a und 249 Abs. 2 des Aktiengesetzes entspre-

---

[8] *Verse* in Habersack/Drinhausen, SE-Recht, § 30 SEAG Rz. 12.
[9] *Messow*, Corporate Governance Kodex, S. 91, sieht darin einen Konflikt mit Art. 46 SE-VO, der für jedes Organmitglied eine satzungsmäßig festgelegte Amtszeit fordert, löst diesen Konflikt dann aber durch die Konstruktion einer auflösend bedingten Ersatzbestellung.
[10] *Verse* in Habersack/Drinhausen, SE-Recht, § 30 SEAG Rz. 5.
[11] Vgl. *Messow*, Corporate Governance Kodex, S. 213 ff. sowie S. 276.

chend. Es ist nicht ausgeschlossen, die Nichtigkeit auf andere Weise als durch Erhebung der Klage geltend zu machen.

I. Überblick	1	IV. Sonstige Verfahrensfragen (§ 31 Abs. 3 SEAG)	8
II. Nichtigkeitsgründe	2		
III. Parteifähigkeit (§ 31 Abs. 2 SEAG)	7		

Literatur: *Göz*, Beschlussmängelklagen bei der Societas Europaea (SE), ZGR 2008, 593–628.

I. Überblick

§ 31 SEAG stützt sich auf die Ermächtigungsgrundlage des Art. 43 Abs. 4 SE-VO und entspricht inhaltlich weitgehend § 250 AktG. Kommentierungen zu dieser Vorschrift können zur Handhabung des § 31 SEAG herangezogen werden. Ebenso gelten die allgemeinen Grundsätze zum fehlerhaften Bestellungsverhältnis, wonach ein bereits in Vollzug gesetztes Organverhältnis für die Vergangenheit als wirksam anzusehen ist[1]. 1

II. Nichtigkeitsgründe

Die Nichtigkeit von Hauptversammlungsbeschlüssen einer SE richtet sich grundsätzlich nach dem mitgliedstaatlichen Recht im Sitzstaat der SE (Art. 53 Rz. 32). Ebenso wie § 250 AktG für die nationale Aktiengesellschaft schränkt § 31 SEAG die Nichtigkeitsgründe bei der Bestellung des Verwaltungsrats einer SE ein. Anwendbar sind die **allgemeinen Nichtigkeitsgründe** des § 241 Nr. 1 (Einberufungsmangel), Nr. 2 (fehlende Beurkundung) und Nr. 5 (rechtskräftig entschiedene Anfechtungsklage) AktG. 2

Zusätzlich bestimmt § 31 Abs. 1 SEAG **besondere Nichtigkeitsgründe** für die Wahl von Verwaltungsratsmitgliedern. Dies sind Verfahrensfehler beim Statusverfahren der §§ 24 bis 26 SEAG (Nr. 1), die Überschreitung der in § 23 SEAG festgelegten gesetzlichen Höchstzahl (Nr. 2) und die Wahl von Personen, die nach Art. 47 Abs. 2 SE-VO dem Organ einer SE nicht angehören können. 3

Die **Verweisung auf Art. 47 Abs. 2 SE-VO** (§ 31 Abs. 1 Nr. 3 SEAG) ist verfehlt. Denn die dort in Bezug genommenen persönlichen Bestellungsvoraussetzungen des allgemeinen mitgliedstaatlichen Aktienrechts gelten nicht für Verwaltungsratsmitglieder (näher Art. 47 Rz. 7 ff.). Dies ergibt eine Analyse der verschiedenen Sprachfassungen, die zu dem Ergebnis führt, dass die jeweiligen Bestellungsvoraussetzungen des nationalen Rechts immer nur für das „entsprechende" Organ in der SE gelten. Da das deutsche Aktiengesetz keine Bestellungsvoraussetzungen für Verwaltungsratsmitglieder regelt, geht Art. 47 Abs. 2 SE-VO insoweit ins Leere[2]. Dass § 31 Abs. 1 Nr. 3 SEAG dennoch auf ihn verweist, liegt an der insoweit nicht präzisen deutschen Sprachfassung des Art. 47 SE-VO, die nahelegt, Bestellungsvoraussetzungen des allgemeinen Aktienrechts gälten auch für das im nationalen Recht ungeregelte Leitungssystem. 4

§ 31 Abs. 1 SEAG enthält somit eine planwidrige Lücke. Denn sein Ziel, mit dem Verweis auf Art. 47 Abs. 2 SE-VO die Nichtigkeit der Bestellung von Verwaltungsratsmitgliedern zu regeln, die entgegen einem persönlichen Bestellungshindernis be- 5

---
1 *Verse* in Habersack/Drinhausen, SE-Recht, § 31 SEAG Rz. 8.
2 Ebenso *Verse* in Habersack/Drinhausen, SE-Recht, § 31 SEAG Rz. 5.

stellt wurden, erreicht er nicht. Die Lücke ist zu schließen durch eine **analoge Anwendung** der Nichtigkeitsfolge auf Fälle, in denen Verwaltungsratsmitglieder bestellt wurden, obwohl in ihrer Person Bestellungshindernisse gem. § 76 Abs. 3 AktG vorlagen. Diese Bestellungshindernisse gelten zwar unmittelbar nur für den Vorstand, sind aber auf Verwaltungsratsmitglieder analog anwendbar (Anh. Art. 43 § 27 SEAG Rz. 4). Die Nichtigkeitsfolge erfasst gemäß den allgemeinen Regeln nur Mitglieder, die bereits bei Beginn ihrer Amtszeit nicht wählbar waren[3].

6 Darüber hinaus muss ein Hauptversammlungsbeschluss über die Bestellung eines Arbeitnehmervertreters dann nichtig sein, wenn die Hauptversammlung ein Mitglied bestellt, welches nicht von den Arbeitnehmern vorgeschlagen wurde, mithin ein **Verstoß gegen § 36 Abs. 4 Satz 2 SEBG** vorliegt[4]. § 250 Abs. 1 Ziff. 2 AktG enthält eine vergleichbare Regelung. § 31 Abs. 1 SEAG, der sich im übrigen an § 250 AktG anlehnt, schweigt jedoch zu dieser Frage. Dies lässt sich in Ermangelung anderweitiger Anhaltspunkte in der Gesetzesbegründung nur durch ein Versehen erklären, das möglicherweise auf mangelnder Abstimmung von SEAG und SEBG beruht.

III. Parteifähigkeit (§ 31 Abs. 2 SEAG)

7 Parteifähig für die Klage auf Feststellung der Nichtigkeit sind die in § 250 Abs. 2 AktG genannten **Arbeitnehmervertretungsorgane** und Gewerkschaften (§ 31 Abs. 2 Satz 1 SEAG) und der SE-Betriebsrat (§ 31 Abs. 2 Satz 2 SEAG). Aktionäre und Verwaltungsratsmitglieder sind als natürliche Personen ohnehin parteifähig im Sinne des § 50 Abs. 1 ZPO (vgl. auch § 31 Abs. 3 Satz 1 SEAG); insoweit bedurfte es keiner ausdrücklichen Regelung.

IV. Sonstige Verfahrensfragen (§ 31 Abs. 3 SEAG)

8 Die Vorschrift des § 31 Abs. 3 Satz 1 SEAG verweist für das Verfahren der Nichtigkeitsklage in weitem Umfang auf die Regelungen über die **Anfechtungsklage**. Dies deckt sich mit § 250 Abs. 3 AktG[5]. Da die Nichtigkeit bereits kraft Gesetzes eintritt, kann sie auch in **anderer Weise** als durch Klage geltend gemacht werden (§ 31 Abs. 3 Satz 2 SEAG)[6]. In sinngemäßer Anwendung von § 246 Abs. 2 AktG, der die **Prozessvertretung** auf Seiten der Gesellschaft Aufsichtsrat und Vorstand gemeinsam überträgt, vertreten im monistischen Modell Verwaltungsrat und geschäftsführende Direktoren gemeinsam die Gesellschaft[7]. Klagt allerdings der Verwaltungsrat selbst gegen die Gesellschaft, sollte die Bestellung eines besonderen Vertreters zugelassen werden, weil ansonsten die weisungsunterworfenen geschäftsführenden Direktoren die Gesellschaft zu vertreten hätten[8].

---

3 *Schwarz*, Anh. Art. 43 SE-VO Rz. 176; *Verse* in Habersack/Drinhausen, SE-Recht, § 31 SEAG Rz. 6; zum allgemeinen Aktienrecht *Koch* in Hüffer, § 250 AktG Rz. 9.
4 *Göz*, ZGR 2008, 593, 623; *Reichert/Brandes* in MünchKomm. AktG, Art. 43 SE-VO Rz. 32; *Verse* in Habersack/Drinhausen, SE-Recht, § 31 SEAG Rz. 7; a.A. *Siems* in KölnKomm. AktG, 3. Aufl., Anh. Art. 51 SE-VO §§ 31–33 SEAG Rz. 5 (Ablehnung einer Analogie zu § 250 Abs. 1 Nr. 2 AktG).
5 Vgl. daher *Schwab* in K. Schmidt/Lutter, § 250 AktG Rz. 9 und *Koch* in Hüffer, § 250 AktG Rz. 14 f.
6 Vgl. dazu *Koch* in Hüffer, § 250 AktG Rz. 16.
7 *Siems* in KölnKomm. AktG, 3. Aufl., Anh. Art. 51 SE-VO §§ 31–33 SEAG Rz. 7; *Verse* in Habersack/Drinhausen, SE-Recht, § 31 SEAG Rz. 9.
8 *Göz*, ZGR 2008, 593, 598.

§ 32 SEAG
Anfechtung der Wahl von Verwaltungsratsmitgliedern

Für die Anfechtung der Wahl von Verwaltungsratsmitgliedern findet § 251 des Aktiengesetzes mit der Maßgabe Anwendung, dass das gesetzwidrige Zustandekommen von Wahlvorschlägen für die Arbeitnehmervertreter im Verwaltungsrat nur nach den Vorschriften der Mitgliedstaaten über die Besetzung der ihnen zugewiesenen Sitze geltend gemacht werden kann. Für die Arbeitnehmervertreter aus dem Inland gilt § 37 Abs. 2 des SE-Beteiligungsgesetzes.

I. Überblick	1	III. Anfechtungsbefugnis	4
II. Anfechtungsgründe	2	IV. Anfechtungsverfahren	6

Literatur: *Forst*, Die Beteiligungsvereinbarung nach § 21 SEBG, 2010; *Göz*, Beschlussmängelklagen bei der Societas Europaea (SE), ZGR 2008, 593–628.

I. Überblick

§ 32 SEAG verweist auf § 251 AktG und bezieht sich damit auf die im allgemeinen Aktienrecht entwickelten Besonderheiten der Anfechtung von Wahlbeschlüssen der Hauptversammlung. Da der Verwaltungsrat einer mitbestimmten SE auch mit Repräsentanten ausländischer Arbeitnehmer besetzt sein kann, verweist die Vorschrift insoweit auf das jeweilige mitgliedstaatliche Recht, das die Besetzung der den Arbeitnehmern zugewiesenen Mitglieder regelt. Für die Arbeitnehmer aus dem Inland gilt § 37 Abs. 2 SEBG. Im Übrigen gelten auch hier die Grundsätze der fehlerhaften Bestellung von Organmitgliedern (vgl. Anh. Art. 43 § 31 SEAG Rz. 1). 1

II. Anfechtungsgründe

Aus § 32 SEAG ergeben sich in Verbindung mit § 251 AktG folgende Anfechtungsgründe: Die Wahl von Verwaltungsratsmitgliedern durch die Hauptversammlung kann **wegen Verletzung des Gesetzes oder der Satzung** durch Klage angefochten werden[1]. Ist die Hauptversammlung an Wahlvorschläge gebunden, kann die Anfechtung auch darauf gestützt werden, dass der **Wahlvorschlag gesetzwidrig** zustande gekommen ist. Der Beschluss kann außerdem nach den Vorgaben des § 243 Abs. 4 AktG bei **unrichtiger, unvollständiger oder verweigerter Erteilung von Information** angefochten werden. Eine Bestätigung des anfechtbaren Beschlusses gem. § 244 AktG ist möglich. 2

Gem. § 36 Abs. 4 SEBG werden in einem mitbestimmten Verwaltungsrat auch die **Arbeitnehmervertreter** von der Hauptversammlung bestellt; diese ist dabei an den nach § 36 Abs. 2 und 3 SEBG zustande gekommenen Vorschlag der Arbeitnehmer gebunden[2]. Folglich kann auch die Anfechtung des Beschlusses nur auf einen Verfah- 3

---
1 Dabei ist zu bedenken, dass Art. 47 Abs. 3 SE-VO der Satzung die Festlegung besonderer persönlicher Voraussetzungen gestattet (*Göz*, ZGR 2008, 593, 623 f.).
2 Nach a.A. hat bereits der Wahlvorschlag der Arbeitnehmer konstitutive Wirkung (dazu Art. 43 Rz. 57).

rensfehler beim Zustandekommen dieses Wahlvorschlages gestützt werden (vgl. § 37 Abs. 2 SEBG).

III. Anfechtungsbefugnis

4 Zur Anfechtungsbefugnis ergibt sich aus § 32 SEAG i.V.m. § 251 Abs. 2 AktG Folgendes: Anfechtungsbefugt ist zunächst **jeder Aktionär** (unter den Voraussetzungen des § 245 Nr. 1 oder Nr. 2 AktG). Durch den Verweis auf §§ 251 Abs. 2 Satz 1 i.V.m. 245 Nr. 4 AktG ergäbe sich außerdem eine Zuständigkeit des Vorstandes. Da ein solcher im monistischen System nicht existiert, bedarf der Verweis einer Modifizierung. Gem. § 22 Abs. 6 SEAG übernimmt grundsätzlich der Verwaltungsrat alle Zuständigkeiten des Vorstandes. Möglicherweise verleiht das AktG aber gerade deshalb dem Vorstand die Anfechtungsbefugnis, weil er selbst von dem Verfahren nicht betroffen ist. Der Verwaltungsrat hingegen müsste die Anfechtung der Bestellung eines seiner eigenen Mitglieder betreiben. Die Nennung des Vorstandes in § 245 Nr. 4 AktG beruht indessen darauf, dass er kraft Amtes zur Wahrung des Gesetzes und des Gesellschaftsvertrages berufen ist[3]. Dies ist eine Leitungsaufgabe, die im monistischen System der **Verwaltungsrat** trägt. Ihm muss daher auch die korrespondierende Klagebefugnis zugestanden werden[4]. Das persönlich betroffene Mitglied ist insoweit von der Beschlussfassung ausgeschlossen[5]. Die Vertretung der Gesellschaft sollte in diesem Fall nicht von den geschäftsführenden Direktoren, sondern einem besonderen Vertreter wahrgenommen werden (vgl. Anh. Art. 43 § 31 SEAG Rz. 8)[6].

5 Die **Bestellung von Arbeitnehmervertretern** aus dem **Inland** kann gem. § 37 Abs. 2 Satz 2 SEBG angefochten werden von SE-Betriebsrat und Leitung der SE sowie von den in § 37 Abs. 1 Satz 2 SEBG Genannten (Arbeitnehmervertretungen, Gewerkschaften, drei Arbeitnehmer bei Urwahl des Mitglieds, Sprecherausschuss)[7]. § 251 Abs. 2 AktG Satz 2 und 3 AktG regeln zwar für den Sonderfall der Montan-Mitbestimmung die Anfechtungsbefugnis von Arbeitnehmervertretungsorganen und Gewerkschaften. Diese Regelungen werden aber durch die spezielleren Vorschriften des SEBG verdrängt, auf die § 32 Satz 2 SEAG verweist. Die Anfechtung der Bestellung von Arbeitnehmervertretern aus dem **Ausland** richtet sich nach dem hierfür maßgeblichen mitgliedstaatlichen Gesetz, welches die SE-Richtlinie transformiert (§ 32 Satz 1 SEAG hat insoweit nur klarstellende Funktion).

IV. Anfechtungsverfahren

6 Das Anfechtungsverfahren bestimmt sich gemäß der Verweisung in § 32 SEAG und § 251 Abs. 3 AktG weitgehend nach den allgemeinen Regelungen über Anfechtungsklagen (§§ 246, 247, 248 Abs. 1 Satz 2 und 248a AktG).

---

3 *K. Schmidt* in Großkomm. AktG, 4. Aufl., § 245 AktG Rz. 31.
4 Ebenso *Göz*, ZGR 2008, 593, 597 f. sowie *Verse* in Habersack/Drinhausen, SE-Recht, § 32 SEAG Rz. 5.
5 In Analogie zu § 34 BGB (*Verse* in Habersack/Drinhausen, SE-Recht, § 32 SEAG Rz. 5).
6 *Göz*, ZGR 2008, 593, 598.
7 *Reichert/Brandes* in MünchKomm. AktG, 3. Aufl., Art. 43 SE-VO Rz. 36. Zur Benennung weiterer Anfechtungsberechtigter in der SE-Beteiligungsvereinbarung *Forst*, Beteiligungsvereinbarung, S. 292.

§ 33 SEAG
Wirkung des Urteils

Für die Urteilswirkung gilt § 252 des Aktiengesetzes entsprechend.

Die Vorschrift schließt die Sonderregeln des SEAG zur Nichtigkeit oder Anfechtbarkeit der Bestellung von Verwaltungsratsmitgliedern ab. Die Nichtigkeit richtet sich nach § 31 SEAG, die Anfechtbarkeit nach § 32 SEAG. Das Urteil, das auf eine Anfechtungsklage oder eine Klage auf Feststellung der Nichtigkeit ergeht, soll ebenso wie im allgemeinen Aktienrecht mit **Drittwirkung** ausgestattet sein und insbesondere auch die Arbeitnehmerseite einbeziehen[1]. Für die näheren Einzelheiten sei auf die Kommentierungen zu § 252 AktG verwiesen.

§ 34 SEAG
Innere Ordnung des Verwaltungsrats

(1) Der Verwaltungsrat hat neben dem Vorsitzenden nach näherer Bestimmung der Satzung aus seiner Mitte mindestens einen Stellvertreter zu wählen. Der Stellvertreter hat nur dann die Rechte und Pflichten des Vorsitzenden, wenn dieser verhindert ist. Besteht der Verwaltungsrat nur aus einer Person, nimmt diese die dem Vorsitzenden des Verwaltungsrats gesetzlich zugewiesenen Aufgaben wahr.

(2) Der Verwaltungsrat kann sich eine Geschäftsordnung geben. Die Satzung kann Einzelfragen der Geschäftsordnung bindend regeln.

(3) Über die Sitzungen des Verwaltungsrats ist eine Niederschrift anzufertigen, die der Vorsitzende zu unterzeichnen hat. In der Niederschrift sind der Ort und der Tag der Sitzung, die Teilnehmer, die Gegenstände der Tagesordnung, der wesentliche Inhalt der Verhandlungen und die Beschlüsse des Verwaltungsrats anzugeben. Ein Verstoß gegen Satz 1 oder Satz 2 macht einen Beschluss nicht unwirksam. Jedem Mitglied des Verwaltungsrats ist auf Verlangen eine Abschrift der Sitzungsniederschrift auszuhändigen. Die Sätze 1 bis 4 finden auf einen Verwaltungsrat, der nur aus einer Person besteht, keine Anwendung.

(4) Der Verwaltungsrat kann aus seiner Mitte einen oder mehrere Ausschüsse bestellen, namentlich, um seine Verhandlungen und Beschlüsse vorzubereiten oder die Ausführung seiner Beschlüsse zu überwachen. Die Aufgaben nach Absatz 1 Satz 1 und nach § 22 Abs. 1 und 3, § 40 Abs. 1 Satz 1 und § 47 Abs. 3 dieses Gesetzes sowie nach § 68 Abs. 2 Satz 2, § 203 Abs. 2, § 204 Abs. 1 Satz 1, § 205 Abs. 2 Satz 1 und § 314 Abs. 2 und 3 des Aktiengesetzes können einem Ausschuss nicht an Stelle des Verwaltungsrats zur Beschlussfassung überwiesen werden. Dem Verwaltungsrat ist regelmäßig über die Arbeit der Ausschüsse zu berichten. Der Verwaltungsrat kann einen Prüfungsausschuss einrichten, dem insbesondere die Aufgaben nach § 107 Abs. 3 Satz 2 des Aktiengesetzes übertragen werden können. Er muss mehrheitlich mit nicht geschäftsführenden Mitgliedern besetzt werden. Richtet der Verwaltungsrat einer SE im Sinn des § 264d des Handelsgesetzbuchs einen Prüfungsausschuss ein, muss mindestens ein Mitglied des Prüfungsausschusses die Voraussetzungen des

---
1 Vgl. zum Sinn und Zweck des § 252 AktG *Schwab* in K. Schmidt/Lutter, § 252 AktG Rz. 1 und *Koch* in Hüffer, § 252 AktG Rz. 1.

§ 100 Abs. 5 des Aktiengesetzes erfüllen und darf der Vorsitzende des Prüfungsausschusses nicht geschäftsführender Direktor sein.

§ 54 SEAG: Übergangsvorschrift zum Bilanzrechtsmodernisierungsgesetz
§ 27 Abs. 1 Satz 4 und § 34 Abs. 4 Satz 2 und 3 in der Fassung des Bilanzrechtsmodernisierungsgesetzes vom 25. Mai 2009 (BGBl. I S. 1102) finden keine Anwendung, solange alle Mitglieder des Verwaltungsrats und des Prüfungsausschusses vor dem 29. Mai 2009 bestellt worden sind.

I. Überblick 1	V. Bildung von Ausschüssen (§ 34 Abs. 4 SEAG)
II. Stellvertretender Vorsitzender des Verwaltungsrats (§ 34 Abs. 1 SEAG)	1. Überblick 18
1. Ergänzung der SE-VO 4	2. Ausschusszusammensetzung
2. Wahl des stellvertretenden Vorsitzenden 5	a) Geschäftsführende und nicht-geschäftsführende Mitglieder . . . 22
3. Stellung des stellvertretenden Vorsitzenden im Verwaltungsrat 7	b) Ausschusszusammensetzung im mitbestimmten Verwaltungsrat . . 23
III. Geschäftsordnung (§ 34 Abs. 2 SEAG) 10	3. Zwingende Aufgaben des Verwaltungsrats als Kollegialorgan 27
IV. Sitzungsniederschrift (§ 34 Abs. 3 SEAG) 14	4. Exekutivausschuss für unternehmerische Oberleitung 28
	5. Prüfungsausschuss 30

Literatur: *Bachmann*, Der Verwaltungsrat in der monistischen SE, ZGR 2008, 779–808; *Eder*, Die monistische verfasste Societas Europaea – Überlegungen zur Umsetzung eines CEO-Modells, NZG 2004, 544–547; *Fischer*, Monistische Unternehmensverfassung, 2010; *Forst*, Zu den Auswirkungen des Gesetzes zur Angemessenheit der Vorstandsvergütung auf die SE, ZIP 2010, 1786–1790; *Gößl*, Die Satzung der Europäischen Aktiengesellschaft (SE) mit Sitz in Deutschland, 2010; *Gruber/Weller*, Societas Europaea: Mitbestimmung ohne Aufsichtsrat?, NZG 2003, 297–301; *Habersack*, „Kirch/Deutsche Bank" und die Folgen – Überlegungen zu § 100 Abs. 5 AktG und Ziff. 5.4, 5.5 DCGK – in FS Goette, 2011, S. 121–134; *von Hein*, Die Rolle des US-amerikanischen CEO gegenüber dem Board of Directors im Lichte neuerer Entwicklungen, RIW 2002, 501–509; *Heinze/Seifert/Teichmann*, Verhandlungssache – Arbeitnehmerbeteiligung in der SE, BB 2005, 2524–2530; *Holland*, Das amerikanische „board of directors" und die Führungsorganisation der monistischen SE in Deutschland, 2006 (zit.: Board of directors und monistische SE); *Hommelhoff/Mattheus*, Corporate Governance nach dem KonTraG, AG 1998, 249–259; *Hopt/Leyens*, Board Models in Europe – Recent Developments of Internal Corporate Governance Structures in Germany, the United Kingdom, France and Italy, ECFR 1 (2004), 135–168; *Hornberg*, Die Regelungen zur Beaufsichtigung der Geschäftsführung im deutschen und britischen Corporate Governance Kodex, 2006; *Kindl*, Die Teilnahme an der Aufsichtsratssitzung, 1993; *Leyens*, Information des Aufsichtsrats, 2006; *Lutter/Kollmorgen/Feldhaus*, Die Europäische Aktiengesellschaft – Satzungsgestaltung bei der mittelständischen SE, BB 2005, 2473–2483; *Lutter/Kollmorgen/Feldhaus*, Muster-Geschäftsordnung für den Verwaltungsrat einer SE, BB 2007, 509–516; *Marsch-Barner*, Zur monistischen Führungsstruktur einer deutschen Europäischen Aktiengesellschaft (SE), in GS *Bosch*, 2006, S. 99–113; *Merkt*, Die monistische Unternehmensverfassung für die Europäische Aktiengesellschaft aus deutscher Sicht – mit vergleichendem Blick auf die Schweiz, das Vereinigte Königreich und Frankreich, ZGR 2003, 650–678; *Messow*, Die Anwendbarkeit des Deutschen Corporate Governance Kodex auf die Societas Europaea (SE), 2008 (zit. Corporate Governance Kodex); *Minuth*, Führungssysteme der Europäischen Aktiengesellschaft (SE), 2005; *Reichert/Brandes*, Mitbestimmung der Arbeitnehmer in der SE: Gestaltungsfreiheit und Bestandsschutz, ZGR 2003, 767–799; *Schönborn*, Die monistische Societas Europaea in Deutschland im Vergleich zum englischen Recht, 2007; *Scheffler*, Aufgaben und Zusammensetzung von Prüfungsausschüssen (Audit Committees), ZGR 2003, 236–263; *Scherer*, „Die Qual der Wahl": Dualistisches oder monistisches System?, 2006; *Teichmann*, Gestaltungsfreiheit im monistischen Leitungssystem der Europäischen Aktiengesellschaft, BB 2004, 53–60; *Teichmann*, Gestaltungsfreiheit in Mitbestimmungsvereinbarungen, AG 2008, 797–808; *van den Berghe*, Corporate Governance in a Globalising world: Convergence or Divergence?, 2002 (zit.: Corporate Governance); *Windbichler*, Methodenfragen in einer gestuften Rechtsordnung – Mitbestimmung und körperschaftliche Organisationsautonomie in der Europäischen Gesellschaft in FS Canaris, 2007, S. 1423–1434.

I. Überblick

Die innere Ordnung des Verwaltungsrats ist in der **SE-VO** nur **lückenhaft** geregelt. Das Verwaltungsorgan tritt mindestens alle drei Monate zusammen (Art. 44 Abs. 1 SE-VO); jedes Mitglied kann von allen Informationen, die dem Verwaltungsorgan übermittelt werden, Kenntnis nehmen (Art. 44 Abs. 2 SE-VO). Das Verwaltungsorgan wählt aus seiner Mitte einen Vorsitzenden, der bei paritätischer Mitbestimmung ein Vertreter der Anteilseigner sein muss (Art. 45 SE-VO). Zudem findet sich im Abschnitt der gemeinsamen Vorschriften für das monistische und das dualistische System in Art. 50 SE-VO eine Regelung über Beschlussfähigkeit und Beschlussfassung der Organe der SE.

1

Zur Ergänzung der SE-VO regelt das SEAG in seinen **§§ 34 ff. Einzelheiten der inneren Ordnung des Verwaltungsrats** einer in Deutschland ansässigen SE. Dazu gehören die Wahl eines stellvertretenden Vorsitzenden (§ 34 Abs. 1 SEAG), die Geschäftsordnung des Verwaltungsrats (§ 34 Abs. 2 SEAG), die Niederschrift seiner Sitzungen (§ 34 Abs. 3 SEAG) sowie die Ausschussarbeit (§ 34 Abs. 4 SEAG). Ergänzende Regeln zur Beschlussfassung trifft § 35 SEAG, während § 36 SEAG Fragen der Teilnahme an den Sitzungen des Verwaltungsrats und seiner Ausschüsse regelt und § 37 SEAG die Einberufung des Verwaltungsrats behandelt. Weitere Bestimmungen zur inneren Ordnung können in **Satzung** und **Geschäftsordnung** aufgenommen werden (§ 34 Abs. 2 SEAG).

2

Inhaltlich orientieren sich die Regelungen über die innere Ordnung des Verwaltungsrats vielfach an den allgemeinen aktienrechtlichen Bestimmungen zum Aufsichtsrat. In ihnen spiegeln sich verallgemeinerungsfähige **Funktionsbedingungen von Kollegialorganen** (vgl. Art. 38 Rz. 30), insbesondere wenn deren Mitglieder die Tätigkeit nur als Nebenbeschäftigung ausüben. So wird namentlich die Bildung von Ausschüssen schon seit längerem als systemübergreifendes Element einer guten Corporate Governance angesehen[1]. Von besonderer Bedeutung ist die Ausschussbildung auch in mitbestimmten Organen, deren Plenum zuweilen eine Größe erreicht, die einer fruchtbaren Diskussionskultur entgegensteht[2].

3

II. Stellvertretender Vorsitzender des Verwaltungsrats (§ 34 Abs. 1 SEAG)

1. Ergänzung der SE-VO

Gem. Art. 45 Satz 1 SE-VO wählt das Verwaltungsorgan aus seiner Mitte einen **Vorsitzenden**. Ist das Verwaltungsorgan paritätisch mitbestimmt, muss der Vorsitzende ein Vertreter der Anteilseigner sein (Art. 45 Satz 2 SE-VO). Insoweit lässt die SE-VO keinen Raum für eine mitgliedstaatliche Regelung. § 32 Abs. 1 Satz 1 SEAG regelt daher allein die Wahl eines **stellvertretenden Vorsitzenden**, der bei Verhinderung des Vorsitzenden dessen Aufgaben übernehmen soll. Die Vorschrift ist in ihrem Wortlaut

4

---

1 S. dazu *von Hein*, RIW 2002, 501, 505 f.; *Holland*, Board of Directors und monistische SE, S. 25 ff.; *Hommelhoff/Mattheus*, AG 1998, 249, 254 f.; *Hopt/Leyens*, ECFR 1 (2004), 135, 161; *Hornberg*, Beaufsichtigung der Geschäftsführung, S. 252 ff.; *Leyens*, Information des Aufsichtsrats, S. 100 ff. (Board-Modell) und S. 262 ff. (Aufsichtsrat); *Merkt*, ZGR 2003, 650, 667; *Minuth*, Führungssysteme der Europäischen Aktiengesellschaft, S. 63 ff.; *van den Berghe*, Corporate Governance, S. 76.
2 *Hopt/Roth* in Großkomm. AktG, 4. Aufl., § 107 AktG Rz. 229.

angelehnt an **§ 107 Abs. 1 AktG**[3]. Die in § 107 Abs. 1 Satz 2 AktG geregelte Anmeldung zum Handelsregister findet ihre Entsprechung in § 46 Abs. 1 Satz 3 SEAG.

2. Wahl des stellvertretenden Vorsitzenden

5 Für die Wahl des stellvertretenden Vorsitzenden durch den Verwaltungsrat gelten die Regeln der **Beschlussfassung** nach Art. 50 Abs. 1 und 2 SE-VO[4]: Der Verwaltungsrat entscheidet mit einfacher Mehrheit, bei Stimmengleichheit gibt die Stimme des Vorsitzenden den Ausschlag. Art. 50 SE-VO ist insoweit aber satzungsdispositiv. Eine **Regelung in der Satzung** ist zu empfehlen, wenn die Auflösung einer Pattsituation anders als durch das Doppelstimmrecht des Vorsitzenden – beispielsweise durch einen zweiten Wahlgang – ermöglicht werden soll[5].

6 Für den **paritätisch mitbestimmten** Verwaltungsrat fehlt die verfahrensmäßige Sicherung der Arbeitnehmerinteressen, wie sie im nationalen Recht das zweistufige Wahlverfahren des § 27 MitbestG bietet. Dies lässt sich auch weder durch eine unmittelbare noch eine analoge Anwendung des MitbestG beheben, da die maßgeblichen Fragen abschließend durch die SE-VO geregelt sind[6]. Die in § 27 MitbestG mitgeregelte Wahl des Vorsitzenden regelt bereits Art. 45 Satz 2 SE-VO in dem Sinne, dass es sich zwingend um einen Vertreter der Anteilseigner handeln muss. Im Übrigen richtet sich die Beschlussfassung in Organen der SE nach Art. 50 SE-VO. Dieser kann nur für die Beschlussfassung im Aufsichtsorgan von mitbestimmungsrechtlichen Vorschriften des nationalen Rechts überlagert werden (Art. 50 Abs. 3 SE-VO)[7]. Eine rechtlich abgesicherte Position ihrer Interessen können die Arbeitnehmer daher allenfalls durch Abschluss einer Mitbestimmungsvereinbarung erreichen. Zwar will die herrschende Literaturmeinung in derartigen Vereinbarungen Absprachen über die innere Ordnung des Organs nicht zulassen[8]. Das ist aber gerade in Bereichen, für die Satzungsautonomie besteht und die zugleich mitbestimmungsrelevant sind, wenig überzeugend[9].

3. Stellung des stellvertretenden Vorsitzenden im Verwaltungsrat

7 Der Stellvertreter hat die Rechte und Pflichten des Verwaltungsratsvorsitzenden, wenn dieser verhindert ist. Folgende **Aufgaben** weist das SEAG dem Vorsitzenden ausdrücklich zu: Unterzeichnung der Sitzungsniederschrift (§ 34 Abs. 3 Satz 1 SEAG); Entscheidung über die Teilnahme externer Mitglieder an Ausschusssitzungen (§ 36 Abs. 2 SEAG); Einberufung des Verwaltungsrats auf Verlangen eines Mitglieds (§ 37 Abs. 1 SEAG). Weitere Aufgaben können sich aus Satzung oder Geschäftsordnung ergeben. Eine **Verhinderung** des Vorsitzenden ist immer dann anzunehmen,

---

3 Vgl. Begr. RegE zu § 34 SEAG, BT-Drucks. 15/3405, S. 38.
4 Es gelten dieselben Verfahrensregeln wie bei der Wahl des Vorsitzenden (Art. 45 Rz. 3).
5 Hingegen ist Art. 50 SE-VO einer Abänderung durch die Geschäftsordnung des Verwaltungsrats nicht zugänglich; die von *Lutter/Kollmorgen/Feldhaus*, BB 2007, 509, 511, vorgeschlagene Geschäftsordnungsregel mit zwei Wahlgängen dürfte daher nicht zulässig sein.
6 Zudem schließt § 47 Abs. 1 Nr. 1 SEBG die Geltung des Mitbestimmungsgesetzes aus (Begr. RegE, § 47 SEBG, BT-Drucks. 15/3405, S. 57; *Reichert/Brandes* in MünchKomm. AktG, 3. Aufl., Art. 45 SE-VO Rz. 4). A.A. *Verse* in Habersack/Drinhausen, SE-Recht, § 34 SEAG Rz. 5.
7 Teilweise wird eine analoge Anwendung auf das Verwaltungsorgan befürwortet (dazu Art. 50 Rz. 31).
8 Zu dieser Streitfrage unten Teil B., § 21 SEBG Rz. 51 ff.
9 Zu den Argumenten, die gegen die h.M. sprechen, eingehend *Teichmann*, AG 2008, 797, 800 ff. Für die Zulässigkeit einer Vereinbarung zur Stellvertretung des Vorsitzenden auch *Verse* in Habersack/Drinhausen, SE-Recht, § 34 SEAG Rz. 6 sowie *Windbichler* in FS Canaris, 2007, S. 1423, 1433.

wenn dieser auch nur vorübergehend eine Aufgabe nicht wahrnehmen kann, die keinen Aufschub duldet[10].

Der Vorsitzende und sein Stellvertreter können gleichzeitig **geschäftsführende Direktoren** sein (vgl. § 40 Abs. 1 Satz 2 SEAG). Sie gewinnen damit eine Machtfülle, die derjenigen eines US-amerikanischen „Chief Executive Officer" vergleichbar ist[11]. Unter dem Aspekt einer guten Corporate Governance erscheint dies zwar in großen oder gar börsennotierten Gesellschaften nicht unbedingt empfehlenswert und daher, wenn überhaupt, nur für mittelständische Unternehmen geeignet[12]. Rechtlich gesehen steht es dem Verwaltungsrat indessen frei, aus seiner Mitte geschäftsführende Direktoren zu bestellen, soweit die nicht-geschäftsführenden Mitglieder in der Mehrheit bleiben (§ 40 Abs. 1 Satz 2 SEAG). Die Bestellung zum geschäftsführenden Direktor ist **personenbezogen**. Soweit also der Vorsitzende zum geschäftsführenden Direktor bestellt wurde, geht diese Funktion auch bei Verhinderung des Vorsitzenden nicht auf den Stellvertreter über[13]. 8

Fraglich ist, ob dem stellvertretenden Vorsitzenden auch der **Stichentscheid** zusteht, den Art. 50 Abs. 2 Satz 1 SE-VO für den Vorsitzenden regelt. Bejaht man dies, liegt der Schluss nahe, dass in einem paritätisch mitbestimmten Organ neben dem Vorsitzenden (Art. 45 Satz 2 SE-VO) auch sein Stellvertreter zwingend ein Vertreter der **Anteilseigner** sein muss[14]. Indessen ist ein automatischer Übergang des Doppelstimmrechts auf den Stellvertreter abzulehnen (vgl. bereits Art. 50 Rz. 24). Der Wortlaut des Art. 50 Abs. 2 Satz 1 SE-VO deckt eine solche Ausdehnung nicht; dort ist nur vom Vorsitzenden die Rede. Der mitgliedstaatliche Gesetzgeber ist nicht befugt, die Verordnung insoweit zu korrigieren. Selbst wenn man dem deutschen Gesetzgeber eine solche Kompetenz zugestehen wollte[15], wäre kaum anzunehmen, dass dieser eine solche Regelung habe treffen wollen, geht doch im nationalen Recht die Zweitstimme des Vorsitzenden auch nicht auf den Stellvertreter über (§ 29 Abs. 2 Satz 3 MitbestG). Der stellvertretende Vorsitzende übernimmt nach dem Sinn und Zweck des § 34 Abs. 1 SEAG nur insoweit die Rolle des Vorsitzenden, als spezifische Aufgaben des Organvorsitzenden erledigt werden müssen, die keinen Aufschub dulden (oben Rz. 7). Die Ausübung des Doppelstimmrechts gehört nicht dazu; es ist an die Person des Vorsitzenden gebunden und setzt dessen Anwesenheit voraus. Gemäß dieser eingeschränkten Rolle des Stellvertreters kann er unproblematisch **aus den Reihen der Arbeitnehmer** bestellt werden[16]. 9

In Abweichung von der gesetzlichen Regelung des Art. 50 Abs. 2 Satz 1 SE-VO kann für das monistische Modell eine **Satzungsregelung** getroffen werden; denn die Beseitigung der Satzungsautonomie in Art. 50 Abs. 2 Satz 2 SE-VO gilt nur für das dualistische System (Art. 50 Rz. 27). Die Satzung könnte also regeln, dass der Stichentscheid auf den stellvertretenden Vorsitzenden übergeht. Da es sich um einen Bereich han- 9a

---

10 Vgl. zur gleichgelagerten Vorschrift des allgemeinen Aktienrechts *Drygala* in K. Schmidt/Lutter, § 107 AktG Rz. 26 und *Koch* in Hüffer, § 107 AktG Rz. 10.
11 Zu dieser Gestaltung in der monistischen SE namentlich *Eder*, NZG 2004, 544 ff.
12 Vgl. *Teichmann*, BB 2004, 53, 54 f.
13 Ebenso *Verse* in Habersack/Drinhausen, SE-Recht, § 34 SEAG Rz. 8.
14 In diesem Sinne *Drinhausen* in Habersack/Drinhausen, SE-Recht, Art. 50 SE-VO Rz. 27; *Eberspächer* in Spindler/Stilz, AktG, Art. 50 SE-VO Rz. 7; *Schwarz*, Art. 50 SE-VO Rz. 38; *Siems* in KölnKomm. AktG, 3. Aufl., Art. 50 SE-VO Rz. 28.
15 In diesem Sinne *Verse* in Habersack/Drinhausen, SE-Recht, § 34 SEAG Rz. 9 ff., mit dem Argument, die Frage der Stellvertretung sei in Art. 50 SE-VO nicht geregelt, weshalb der nationale Gesetzgeber eine eigene Regelung treffen könne.
16 Insoweit zustimmend *Verse* in Habersack/Drinhausen, SE-Recht, § 34 SEAG Rz. 5, nach dessen Auffassung das Recht zum Stichentscheid nur dann auf den Stellvertreter übergeht, wenn dieser aus den Reihen der Anteilseigner kommt.

delt, für den Satzungsautonomie gilt und der zugleich mitbestimmungsrelevant ist, kann auch die SE-Beteiligungsvereinbarung eine entsprechende Regelung treffen[17].

III. Geschäftsordnung (§ 34 Abs. 2 SEAG)

10 Gem. § 34 Abs. 2 SEAG kann sich der Verwaltungsrat eine Geschäftsordnung geben, zu welcher die Satzung bindende Vorgaben machen darf. Diese Regelung ist **§ 77 Abs. 2 AktG** entlehnt, der die Geschäftsordnung des Vorstands betrifft[18]. Anders als in § 77 Abs. 2 Satz 3 AktG herrscht im Verwaltungsrat jedoch **kein Einstimmigkeitserfordernis** bei Beschlüssen über die Geschäftsordnung; insoweit genießt Art. 50 SE-VO Vorrang, der das Mehrheitsprinzip festlegt, dabei zwar zur Disposition der SE-Satzung, nicht aber zur Disposition des mitgliedstaatlichen Gesetzgebers steht[19]. Ebenso fehlt naturgemäß die in § 77 Abs. 2 AktG angesprochene vorrangige Geschäftsordnungs-Kompetenz des Aufsichtsrats.

11 **Inhalt** der Geschäftsordnung sind Einzelfragen der organinternen Zusammenarbeit, etwa Sitzungsmodalitäten und Ausschussarbeit[20]. Fragen der **Beschlussfassung** können in der Geschäftsordnung nicht geregelt werden[21]. Denn dies regelt Art. 50 SE-VO, der nur gegenüber der Satzung nachgiebig ist, nicht aber gegenüber einer Geschäftsordnung (näher Art. 50 Rz. 6).

12 Die **Satzung** kann Einzelfragen der Geschäftsordnung bindend vorschreiben, nicht aber die gesamte Geschäftsordnung vorwegnehmen[22]. Dem Verwaltungsrat muss ein satzungsfester Kernbereich an eigener Regelungskompetenz verbleiben[23].

13 Ob auch die mit den Arbeitnehmern geschlossene **Beteiligungsvereinbarung** Fragen der inneren Ordnung mit bindender Wirkung gegenüber Satzung und Geschäftsordnung regeln kann, ist umstritten. Nach herrschender Auffassung findet die Vereinbarung ihre Grenze an der Satzungsautonomie der Gesellschaft und der Geschäftsordnungsautonomie des Organs[24]. Diese enge Sichtweise verstößt allerdings gegen die europarechtlich angeordnete Parteiautonomie (Art. 4 Abs. 2 SE-RL). Diese hat Vorrang vor mitgliedstaatlichem Recht und gilt im Anwendungsbereich dessen, was die SE-Richtlinie unter den Begriff der „Beteiligung" fasst: „jedes Verfahren – einschließlich der Unterrichtung, der Anhörung und der Mitbestimmung –, durch das die Vertreter der Arbeitnehmer auf die Beschlussfassung innerhalb der Gesellschaft Einfluss

---

17 So in der Tendenz auch *Bachmann*, ZGR 2008, 779, 806. Die Reichweite der Vereinbarungsautonomie ist allerdings auch in diesem Punkt heftig umstritten. Vertreter der h.M., die grundsätzlich Vereinbarungen über „mitbestimmungsrelevante" Fragen zulassen, verneinen hinsichtlich des Stichentscheids des Vorsitzenden die Mitbestimmungsrelevanz (vgl. bereits Art. 50 Rz. 26 a.E. sowie oben Anh. Art. 43 § 34 SEAG Rz. 6).
18 Vgl. Begr. RegE zu § 34 SEAG, BT-Drucks. 15/3405, S. 38.
19 Ebenso *Verse* in Habersack/Drinhausen, SE-Recht, § 34 SEAG Rz. 15. Der Verwaltungsrat kann sich daher später durch einen Mehrheitsbeschluss gegebenenfalls auch über die von ihm erlassene Geschäftsordnung hinwegsetzen (*Verse* in Habersack/Drinhausen, SE-Recht, § 34 SEAG Rz. 19).
20 Vgl. die Muster-Geschäftsordnung von *Lutter/Kollmorgen/Feldhaus*, BB 2007, 509 ff.; s. außerdem *Siems* in KölnKomm. AktG, 3. Aufl., Anh. Art. 51 SE-VO, § 34 SEAG Rz. 12; *Verse* in Habersack/Drinhausen, SE-Recht, § 34 SEAG Rz. 18.
21 *Gößl*, Satzung der SE, S. 217; bedenklich daher § 6 der Muster-Geschäftsordnung von *Lutter/Kollmorgen/Feldhaus*, BB 2007, 509, 513.
22 Vgl. dazu § 10 der Mustersatzung einer monistischen SE bei *Lutter/Kollmorgen/Feldhaus*, BB 2005, 2473, 2478.
23 *Schwarz*, Anh. Art. 43 SE-VO Rz. 198; *Siems* in KölnKomm. AktG, 3. Aufl., Anh. Art. 51 SE-VO, § 34 SEAG Rz. 11; *Verse* in Habersack/Drinhausen, SE-Recht, § 34 SEAG Rz. 16; ebenso die h.M. zu § 77 Abs. 2 AktG (*Koch* in Hüffer, § 77 AktG Rz. 20).
24 S. nur unten Teil B., § 21 SEBG Rz. 51 ff.

nehmen können" (Art. 2 lit. h SE-RL)[25]. Da die innere Ordnung des mitbestimmten Verwaltungsorgans Teil des Verfahrens ist, durch welches die Arbeitnehmer Einfluss auf die Beschlussfassung innerhalb der Gesellschaft nehmen können, muss dieser Bereich auch der Regelung in einer Beteiligungsvereinbarung offen stehen[26].

IV. Sitzungsniederschrift (§ 34 Abs. 3 SEAG)

Die Regelung in § 34 Abs. 3 SEAG zur Sitzungsniederschrift orientiert sich an **§ 107 Abs. 2 AktG**[27]. Der **Vorsitzende** muss eine Sitzungsniederschrift anfertigen und unterzeichnen. Er darf sich dabei einer Hilfsperson (Protokollführer) bedienen[28]; § 36 Abs. 1 Satz 1 SEAG ist nur eine Soll-Vorschrift, von der in diesem begründeten Fall eine Ausnahme gemacht werden kann[29]. Jedes Verwaltungsratsmitglied hat Anspruch auf Aushändigung einer Sitzungsniederschrift (§ 34 Abs. 3 Satz 4 SEAG). 14

Der **Mindestinhalt** der Niederschrift ist in § 34 Abs. 3 Satz 2 SEAG geregelt: Ort und Tag der Sitzung, Teilnehmer, Gegenstände der Tagesordnung, der wesentliche Inhalt der Verhandlungen und die Beschlüsse des Verwaltungsrats. Der Inhalt der Beschlüsse ist vollständig und genau wiederzugeben, bei kontroversen Abstimmungen auch mit Angabe der Ja- und Nein-Stimmen[30]. 15

Die Niederschrift ist eine bloße **Beweisurkunde** und hat keinen materiellen Einfluss auf die Wirksamkeit der Beschlüsse[31]. § 34 Abs. 3 Satz 3 SEAG stellt daher klar, dass Verstöße gegen die Sätze 1 und 2 den Beschluss nicht unwirksam machen. 16

Besteht der Verwaltungsrat nur aus **einer Person**, kann von der Abfassung einer Niederschrift abgesehen werden[32]. Grundsätzlich gilt zwar eine Mindestzahl von drei Mitgliedern; die Satzung kann aber bei Gesellschaften, die ein Grundkapital von nicht mehr als 3 Millionen Euro aufweisen, eine geringere Zahl festsetzen (§ 23 Abs. 1 SEAG). Auf eine Verpflichtung, Verwaltungsratsbeschlüsse zu Beweiszwecken festzuhalten, wie sie im Recht der Einpersonen-GmbH besteht (§ 48 Abs. 3 GmbHG), hat der Gesetzgeber bewusst verzichtet[33]. Es liegt damit in der Eigenverantwortung des einzigen Verwaltungsratsmitglieds, für eine angemessene Dokumentation derjenigen Angelegenheiten zu sorgen, über die der Verwaltungsrat als Organ entscheiden muss. 17

V. Bildung von Ausschüssen (§ 34 Abs. 4 SEAG)

1. Überblick

Die Regelung des § 34 Abs. 4 SEAG über die Bestellung von Verwaltungsratsausschüssen und deren Kompetenzen orientiert sich an **§ 107 Abs. 3 und 4 AktG**[34]. Da- 18

---

25 Näher *Teichmann*, AG 2008, 797, 800 ff.
26 Vgl. dazu die Mustervereinbarung bei *Heinze/Seifert/Teichmann*, BB 2005, 2524 ff.
27 Vgl. Begr. RegE zu § 34 SEAG, BT-Drucks. 15/3405, S. 38.
28 *Schwarz*, Anh. Art. 43 SE-VO Rz. 201; ebenso für den Aufsichtsrat *Kindl*, Teilnahme an der Aufsichtsratssitzung, S. 40.
29 Ebenso für die parallel gelagerte Problematik im Aufsichtsrat *Koch* in Hüffer, § 107 AktG Rz. 14.
30 *Koch* in Hüffer, § 107 AktG Rz. 14.
31 *Verse* in Habersack/Drinhausen, SE-Recht, § 34 SEAG Rz. 20; ebenso zu § 107 AktG *Koch* in Hüffer, § 107 AktG Rz. 15.
32 Diese Regelung hat keine Parallele im § 107 AktG, da der Aufsichtsrat immer aus mindestens drei Personen besteht (vgl. § 95 Abs. 1 Satz 1 AktG).
33 Begr. RegE zu § 34 SEAG, BT-Drucks. 15/3405, S. 38.
34 Vgl. Begr. RegE zu § 34 SEAG, BT-Drucks. 15/3405, S. 38. Die Anlehnung an § 107 Abs. 4 AktG erfolgte mit dem BilMoG vom 25.5.2009, BGBl. I S. 1102.

mit hat der deutsche Gesetzgeber ebenso wie im allgemeinen Aktienrecht[35] darauf verzichtet, die Bildung bestimmter Ausschüsse fest vorzuschreiben. Es liegt im **pflichtgemäßen Ermessen des Verwaltungsrats**, ob und mit welcher Aufgabenzuweisung er Ausschüsse einrichtet[36]. Eine Satzungskompetenz besteht in dieser Frage nicht; die allgemeine Satzungskompetenz in Geschäftsordnungsfragen (§ 34 Abs. 2 Satz 2 SEAG) wird insoweit durch die ausdrückliche Kompetenzzuweisung an den Verwaltungsrat (§ 34 Abs. 4 Satz 1 SEAG) verdrängt[37]. Über § 47 Abs. 3 SEAG findet die durch das KonTraG für börsennotierte Gesellschaften hinsichtlich der Ausschussarbeit erweiterte Berichtspflicht gegenüber der Hauptversammlung (§ 171 Abs. 2 Satz 2 AktG) auch auf die SE Anwendung. Zudem enthält der Deutsche Corporate Governance Kodex in Ziffer 5.3 Empfehlungen und Anregungen zur Ausschussarbeit[38]. Diese beziehen sich zwar allein auf das dualistische Leitungssystem, sind aber auch für monistisch strukturierte Gesellschaften ein Anhaltspunkt dessen, was unter guter Unternehmensführung zu verstehen ist[39].

19 Ausschüsse können vorbereitende, überwachende oder beschließende Funktion haben. Die Bildung von **vorbereitenden** Ausschüssen unterliegt grundsätzlich keinen Beschränkungen, da insoweit ohnehin noch der Verwaltungsrat als Plenum entscheiden muss. **Überwachende** Ausschüsse haben die Aufgabe, die Umsetzung der Verwaltungsratsbeschlüsse zu überwachen. Ihre Funktion ist insoweit auch an die Beschlüsse des Plenums gebunden.

20 **Beschließende** Ausschüsse entscheiden über die in ihrem Aufgabenbereich liegenden Angelegenheiten anstelle des Verwaltungsrats. Dem entsprechend sind für diese Ausschüsse gewisse Einschränkungen zu beachten: § 34 Abs. 4 Satz 2 SEAG regelt, welche Aufgaben einem beschließenden Ausschuss nicht übertragen werden können[40]. Bei einem Verstoß gegen das Delegationsverbot wäre der von einem Ausschuss gefasste Beschluss nichtig[41]. Weiterhin gelten bestimmte Mindestanforderung an die Zusammensetzung beschließender Ausschüsse (unten Rz. 22). Schließlich sollte die Möglichkeit, beschließende Ausschüsse einzurichten, in der **Satzung** ausdrücklich vorgesehen werden, um einen Verstoß gegen Art. 50 SE-VO zu vermeiden (vgl. Art. 50 Rz. 22 f.)[42]. Zur Wahrung der Autonomie des Verwaltungsrats in seinen inneren Angelegenheiten[43] sollte die Satzung allerdings davon absehen, die Einrichtung von Ausschüssen zwingend vorzuschreiben.

---

35 Zum Stellenwert der Ausschussarbeit nach dem KonTraG *Hommelhoff/Mattheus*, AG 1998, 249, 254 f.
36 Vgl. auch *Reichert/Brandes* in MünchKomm. AktG, 3. Aufl., Art. 44 SE-VO Rz. 50; *Verse* in Habersack/Drinhausen, SE-Recht, § 34 SEAG Rz. 31. Eingehend zur Ausschusstätigkeit im monistischen System *Fischer*, Monistische Unternehmensverfassung, S. 204 ff.
37 *Verse* in Habersack/Drinhausen, SE-Recht, § 34 SEAG Rz. 24; a.A. *Bachmann*, ZGR 2008, 779, 791.
38 Vgl. die jeweils aktuelle Fassung unter www.corporate-governance-code.de. Den Einfluss der Corporate Governance Kodices auf die Qualität der Ausschussarbeit betont *Merkt*, ZGR 2003, 650, 667 f.
39 Ausführlich *Messow*, SE und Corporate Governance Kodex, S. 260 ff.
40 Im nationalen Aktienrecht sind außerdem ungeschriebene Delegationsverbote anerkannt. Insoweit ist ein Gleichlauf des allgemeinen Aktienrechts mit dem SEAG anzunehmen, so dass die ungeschriebenen Delegationsverbote auch im Rahmen des § 34 SEAG greifen (siehe nur *Verse* in Habersack/Drinhausen, SE-Recht, § 34 SEAG Rz. 28).
41 *Verse* in Habersack/Drinhausen, SE-Recht, § 34 SEAG Rz. 29.
42 Ebenso *Schönborn*, Die monistische SE, S. 113 f. Die Gegenauffassung wendet Art. 50 SE-VO unmittelbar auf Ausschüsse an, sodass eine Satzungsregelung hierzu entbehrlich wäre (etwa *Verse* in Habersack/Drinhausen, SE-Recht, § 34 SEAG Rz. 22; *Eberspächer* in Spindler/Stilz, AktG, Art. 44 SE-VO Rz. 5).
43 Vgl. BGH v. 25.2.1982 – II ZR 123/81, BGHZ 83, 106 ff. für den Aufsichtsrat.

National und international gebräuchlich sind in großen Gesellschaften **Prüfungsausschüsse** *(audit committee)* sowie **Nominierungs-** und **Vergütungsausschüsse** *(remuneration* und/oder *nomination committee)*[44]. Der Hinweis auf den Prüfungsausschuss (§ 34 Abs. 4 Satz 4 SEAG) wurde klarstellend durch das BilMoG eingefügt (vgl. Rz. 30)[45]. Zusätzlich ist im monistischen System die Einrichtung eines **Exekutivausschusses** zu empfehlen, der zwischen den Sitzungen des Plenums die Aufgaben der unternehmerischen Oberleitung wahrnimmt (unten Rz. 28 ff.).

21

2. Ausschusszusammensetzung

a) Geschäftsführende und nicht-geschäftsführende Mitglieder

Der Verwaltungsrat kann einzelne seiner Mitglieder zu geschäftsführenden Direktoren ernennen, solange die **nicht-geschäftsführenden Mitglieder weiterhin die Mehrheit** bilden (§ 40 Abs. 1 Satz 2 SEAG). Bei beschließenden Ausschüssen wird man diese Regel auch auf die Ausschusszusammensetzung übertragen müssen, da andernfalls der vom Gesetzgeber erstrebte Kontrollmechanismus außer Kraft gesetzt werden könnte[46]. Bei vorbereitenden und überwachenden Ausschüssen ist hingegen eine Mehrheit von geschäftsführenden Mitgliedern denkbar, da auf Grund ihrer nur eingeschränkten Kompetenzen stets die Rückbindung an das Plenum sichergestellt ist (oben Rz. 19).

22

b) Ausschusszusammensetzung im mitbestimmten Verwaltungsrat

Bei Besetzung der Verwaltungsratsausschüsse gilt ebenso wie für den Aufsichtsrat der Grundsatz der individuell **gleichen Berechtigung und Verantwortung** aller Mitglieder ohne Rücksicht darauf, wer sie bestellt hat[47]. Dies bedeutet zwar nicht, dass im mitbestimmten Verwaltungsrat zwingend in jedem Ausschuss das Mehrheitsverhältnis von Anteilseigner- und Arbeitnehmervertretern exakt abgebildet werden müsse. Die Gestaltung der Ausschussarbeit darf aber nicht dem Zweck dienen, zwingendes Mitbestimmungsrecht nach dessen Sinn und Zweck zu unterlaufen[48]. Diese für den Aufsichtsrat entwickelten Grundsätze gelten auch für den mitbestimmten Verwaltungsrat[49], jedenfalls soweit sich die Mitbestimmung nach der Auffanglösung richtet. Denn nach der SE-Richtlinie sind in diesem Fall auch die von den Arbeitneh-

23

---

[44] S. nur *Fischer*, Monistische Unternehmensverfassung, S. 211 ff.; *Siems* in KölnKomm. AktG, 3. Aufl., Anh. Art. 51 SE-VO, § 34 SEAG Rz. 22; *Verse* in Habersack/Drinhausen, SE-Recht, § 34 SEAG Rz. 37; *Koch* in Hüffer, § 107 AktG Rz. 20; *Leyens*, Information des Aufsichtsrats, S. 100 ff. und *van den Berghe*, Corporate Governance, S. 76; zu Prüfungsausschüssen ausführlich *Scheffler*, ZGR 2003, 236 ff. Vgl. zu Ausschussbildung auch die Muster-Geschäftsordnung von *Lutter/Kollmorgen/Feldhaus*, BB 2007, 509, 515. Zu Personalausschuss und Prüfungsausschuss in der monistischen SE auch *Reichert/Brandes* in MünchKomm. AktG, 3. Aufl., Art. 44 SE-VO Rz. 63 ff. und Rz. 71 ff.
[45] Gesetz vom 25.5.2009 (BGBl. I S. 1102). Zu § 107 Abs. 3 Satz 2 AktG siehe *Koch* in Hüffer, § 107 AktG Rz. 22.
[46] *Schwarz*, Anh. Art. 43 SE-VO Rz. 204; *Siems* in KölnKomm. AktG, 3. Aufl., Anh. Art. 51 SE-VO, § 34 SEAG Rz. 26. Ebenso, jedenfalls für den Prüfungsausschuss, *Marsch-Barner* in GS Bosch, S. 99, 110. Andere Stimmen wollen das Gebot des § 40 Abs. 1 Satz 2 SEAG nicht auf jeden beschließenden Ausschuss übertragen und nur bei besonders wichtigen Entscheidungen anwenden (etwa *Verse* in Habersack/Drinhausen, SE-Recht, § 34 SEAG Rz. 31 für Aufgaben im Bereich der Überwachung der geschäftsführenden Direktoren; vergleichbar *Bachmann*, ZGR 2008, 779, 792).
[47] Ebenso *Reichert/Brandes* in MünchKomm. AktG, 3. Aufl., Art. 44 SE-VO Rz. 56; grundlegend (für den Aufsichtsrat) BGH v. 25.2.1982 – II ZR 123/81, BGHZ 83, 106, 112 f.
[48] Für den Aufsichtsrat BGH v. 25.2.1982 – II ZR 102/81, BGHZ 83, 144, 149.
[49] Ebenso *Siems* in KölnKomm. AktG, 3. Aufl., Anh. Art. 51 SE-VO, § 34 SEAG Rz. 28; *Verse* in Habersack/Drinhausen, SE-Recht, § 34 SEAG Rz. 32; a.A. *Gruber/Weller*, NZG 2003, 297, 300.

mern gewählten, bestellten oder empfohlenen Mitglieder „**vollberechtigte Mitglieder**" des betreffenden Organs (dazu auch Art. 43 Rz. 68)[50]. Dass die Verwaltungsratsmitglieder mehr Kompetenzen haben und eine größere Verantwortung tragen als im dualistischen Modell die Aufsichtsratsmitglieder, liegt in der Natur der Sache und darf nicht Anlass für eine Verkürzung der Mitspracherechte derjenigen Mitglieder sein, die von den Arbeitnehmern vorgeschlagen wurden.

24 Bedenklich sind daher Ausschusskonstruktionen, die dazu gedacht sind, den Einfluss der Arbeitnehmer zurückzudrängen. So wird vorgeschlagen, einen unternehmerischen Planungsausschuss für den Bereich der dem Verwaltungsrat zugewiesenen **strategischen Oberleitung** einzurichten, dem Arbeitnehmervertreter generell nicht angehören sollen[51]. Es handelt sich dabei zwar nur um einen vorbereitenden Ausschuss, der seine Überlegungen stets dem Plenum zur Beschlussfassung vorlegen müsste. Dennoch wäre der generelle Ausschluss der Arbeitnehmervertreter von der in einem Ausschuss vorgenommenen strategischen Planung nicht zulässig. Denn gerade die strategische Oberleitung ist eine Kernkompetenz des Gesamtorgans[52]. Auch die Übertragung des gegenüber den geschäftsführenden Direktoren bestehenden **Weisungsrechts** auf einen Exekutivausschuss, dem keine Arbeitnehmervertreter angehören[53], verstößt gegen die Gleichberechtigung der Organmitglieder.

25 Fehl geht der Versuch, eine **Parallele zum Aufsichtsrat** zu ziehen mit dem Hinweis, dort hätten die Arbeitnehmervertreter auch keinen Einfluss auf das Tagesgeschäft[54]. Diese Einschränkung trifft im dualistischen Modell auch die Vertreter der Anteilseigner und lässt sich daher gerade nicht für eine Ungleichbehandlung im monistischen Modell heranziehen. Wenn im Aufsichtsrat ein Übergehen der Arbeitnehmervertreter bei der Ausschussbildung die Vermutung des Missbrauchs in sich trägt[55], gilt dies ebenso im Verwaltungsrat[56]. Die Arbeitnehmer partizipieren dort gleichwertig an der qualitativ gewichtigeren Rolle, die dem Verwaltungsrat im Vergleich zum Aufsichtsrat nun einmal zukommt. Wer eine funktionale Übertragung der deutschen Mitbestimmung auf das monistische Modell anstrebt, darf nicht die Rechte der Arbeitnehmervertreter beschneiden, sondern muss die Parität auf die Bezugsgruppe der nicht-geschäftsführenden Mitglieder begrenzen (dazu Art. 43 Rz. 69).

26 Ohne weiteres zulässig ist die Ausschussbildung, soweit sie der Arbeitsfähigkeit des Organs dient. In mitbestimmten Verwaltungsräten besteht durchaus ein Bedürfnis dafür, die nachteilige **Größe des Organs** durch die Einrichtung vorbereitender Ausschüsse zu kompensieren. Diese Ausschüsse müssen nicht zwingend das Verhältnis von Anteilseigner- und Arbeitnehmervertretern in derselben Weise abbilden wie das Gesamtorgan[57]. Das „**leichte Übergewicht**" der Anteilseigner darf sich auch dort widerspiegeln[58], solange Arbeitnehmervertreter nicht generell ausgeschlossen werden.

---

50 SE-Richtlinie, Anhang Auffangregelung, Teil 3, letzter Satz, umgesetzt in § 38 Abs. 1 SEBG.
51 *Gruber/Weller*, NZG 2003, 297, 300; kritisch dazu *Verse* in Habersack/Drinhausen, SE-Recht, § 34 SEAG Rz. 33.
52 Dies macht schon § 34 Abs. 4 Satz 2 SEAG deutlich, der eine Übertragung auf beschließende Ausschüsse gänzlich untersagt.
53 In diesem Sinne *Reichert/Brandes*, ZGR 2003, 767, 795 f. und *Reichert/Brandes* in MünchKomm. AktG, 3. Aufl., Art. 44 SE-VO Rz. 58 ff.
54 So *Reichert/Brandes*, ZGR 2003, 767, 795 und *Reichert/Brandes* in MünchKomm. AktG, 3. Aufl., Art. 44 SE-VO Rz. 61 mit dem Hinweis, eine Beteiligung von Arbeitnehmervertretern an Fragen des täglichen Geschäfts sei dem deutschen Recht grundsätzlich fremd.
55 So zutreffend *Reichert/Brandes* in MünchKomm. AktG, 3. Aufl., Art. 44 SE-VO Rz. 57.
56 So auch *Frodermann* in Jannott/Frodermann, Handbuch Europäische Aktiengesellschaft, S. 244; *Paefgen* in KölnKomm. AktG, 3. Aufl., Art. 38 SE-VO Rz. 34, Fn. 117.
57 Dazu ausführlich *Reichert/Brandes*, ZGR 2003, 767, 793 ff.
58 Für den Aufsichtsrat BGH v. 25.2.1982 – II ZR 102/81, BGHZ 83, 144, 149.

3. Zwingende Aufgaben des Verwaltungsrats als Kollegialorgan

§ 34 Abs. 2 SEAG definiert **Kernkompetenzen** des Verwaltungsrats, die nicht auf beschließende Ausschüsse übertragen werden können: Wahl des stellvertretenden Vorsitzenden (§ 34 Abs. 1 Satz 1 SEAG), Oberleitung der Gesellschaft (§ 22 Abs. 1 SEAG), Führung der Handelsbücher (§ 22 Abs. 3 SEAG), Bestellung der geschäftsführenden Direktoren (§ 40 Abs. 1 Satz 1 SEAG), Prüfung des Jahresabschlusses (§ 47 Abs. 3 SEAG), Zustimmung zur Übertragung vinkulierter Namensaktien (§ 68 Abs. 2 Satz 2 AktG), Entscheidung über den Ausschluss des Bezugsrechts beim genehmigten Kapital und über die Bedingungen der Aktienausgabe (§§ 203 Abs. 2, 204 Abs. 1 Satz 1, 205 Abs. 2 Satz 1 AktG) sowie die Prüfung des Abhängigkeitsberichts (§ 314 Abs. 2 und 3 AktG). In der Aufzählung des § 34 Abs. 4 Satz 2 SEAG fehlen einige Beschlussgegenstände, für die im dualistischen System ein Delegationsverbot besteht. Im Grundsatz findet dies seine Erklärung in der unterschiedlichen Funktionsweise der beiden Systeme. Die nachträglich eingeführte Regelung, wonach über die Vorstandsvergütung das Aufsichtsratsplenum entscheiden soll (siehe § 107 Abs. 3 Satz 3 AktG), wurde zwar nicht explizit auf das monistische System übertragen. Darin dürfte allerdings ein Redaktionsversehen liegen[59]; das damalige Reformgesetz (VorstAG) hat auch an anderer Stelle die Auswirkungen auf das monistische Systems nicht bedacht (vgl. § 39 SEAG Rz. 11).

27

4. Exekutivausschuss für unternehmerische Oberleitung

Bei der Ausschussarbeit im Verwaltungsrat ist zu bedenken, dass dieser im monistischen System das Organ der unternehmerischen **Oberleitung** ist. Funktional steht er damit dem Vorstand näher als dem Aufsichtsrat (Anh. Art. 43 § 22 SEAG Rz. 3). Der Vorstand kennt keine Ausschussbildung, sondern allenfalls eine Geschäftsverteilung, die am Grundsatz der Gesamtgeschäftsführung und Gesamtleitung nichts ändert[60]; denn der Vorstand nimmt die Leitungsverantwortung mit vollberuflich tätigen Mitgliedern als Kollegialorgan wahr. Der Verwaltungsrat steht somit funktional dem Vorstand nahe, ist andererseits insoweit mit dem Aufsichtsrat vergleichbar, als seine Mitglieder das Mandat in der Regel nur im Nebenberuf ausüben werden. Zwar kann ein Teil der Verwaltungsratsmitglieder zu geschäftsführenden Direktoren bestellt werden, er bleibt jedoch in seiner Mehrheit zwingend mit nicht-geschäftsführenden Mitgliedern besetzt (§ 40 Abs. 1 Satz 2 SEAG), die typischerweise nicht ihre gesamte Arbeitszeit dieser Tätigkeit widmen[61].

28

Dennoch obliegt dem **Verwaltungsrat als Gesamtorgan** die Festlegung der Grundlinien der Unternehmensstrategie und die Überwachung ihrer Umsetzung. Wegen seiner Gesamtverantwortung bei teilweise nur nebenamtlicher Tätigkeit seiner Mitglieder bedarf er einer vom Vorstand/Aufsichtsrats-Modell gelösten eigenständigen Einordnung. Sie steht im Spannungsfeld zwischen der internen Organisationsfreiheit einerseits und der Vorgabe des § 34 Abs. 4 SEAG andererseits, wonach die Leitungsaufgabe nicht an beschließende Ausschüsse delegiert werden darf. Um dem gerecht zu werden, muss der Verwaltungsrat die geschäftsführenden Direktoren intensiver überwachen als ein Aufsichtsrat den Vorstand, zumal Überwachung sich im Fall des Verwaltungsrats als **Vollzugskontrolle** der eigenen Strategieentscheidung versteht und nicht als Kontrolle fremder Entscheidungen (Anh. Art. 43 § 22 SEAG Rz. 15). Die notwendige Überwachungsintensität kann nur durch hinreichend häufige Befassung

29

---

59 Siehe nur *Forst*, ZIP 2010, 1786, 1788 sowie *Verse* in Habersack/Drinhausen, SE-Recht, § 34 SEAG Rz. 27.
60 Näher *Koch* in Hüffer, § 77 AktG Rz. 3 ff.
61 S. nur Art. 44 Abs. 1 SE-VO, der lediglich vier Sitzungen im Jahr verlangt.

mit den Angelegenheiten der Gesellschaft erreicht werden. Nur in sehr kleinen Gesellschaften wird dies durch den Verwaltungsrat im Plenum möglich sein; in allen anderen Fällen bietet sich die Übertragung dieser Aufgabe auf einen Ausschuss an, der beispielsweise „**Exekutivausschuss**"62 oder „Geschäftsführungsausschuss"63 genannt werden kann.

5. Prüfungsausschuss

30 Der neu eingeführte § 34 Abs. 4 Satz 4 SEAG stellt explizit fest, dass der Verwaltungsrat einen Prüfungsausschuss bilden kann. Ihm können insbesondere die in § 107 Abs. 3 Satz 2 AktG geregelten **Aufgaben** übertragen werden, also die Überwachung des Rechnungslegungsprozesses, der Wirksamkeit des internen Kontrollsystems, des Risikomanagementsystems und des internen Revisionssystems sowie der Abschlussprüfung. Der Ausschuss muss, wenn er eingerichtet wird, mehrheitlich aus nicht-geschäftsführenden Mitgliedern bestehen (§ 34 Abs. 4 Satz 5 SEAG).

31 Handelt es sich um eine **kapitalmarktorientierte** Gesellschaft i.S.d. § 264d HGB, muss mindestens ein Mitglied des Verwaltungsrats über Sachverstand auf den Gebieten der Rechnungslegung oder Abschlussprüfung verfügen (Verweis des § 34 Abs. 4 Satz 6 SEAG auf § 100 Abs. 5 AktG). Den Vorsitz des Prüfungsausschusses muss in jedem Fall ein nicht-geschäftsführender Direktor einnehmen (§ 34 Abs. 4 Satz 6 Halbsatz 2 SEAG). Allerdings besteht auch in kapitalmarktorientierten Unternehmen keine Pflicht zur Einrichtung eines Prüfungsausschusses; darin liegt kein Verstoß gegen Art. 41 Abs. 5 der Abschlussprüferrichtlinie64. Zu beachten sind außerdem die Vorgaben des Deutschen Corporate Governance Kodex, die zwar für das dualistische Modell formuliert, insoweit aber unproblematisch auf das monistische Modell übertragbar sind65. Ziffer 5.2 Satz 2 DCGK empfiehlt, dass der Organvorsitzende (hier: Verwaltungsratsvorsitzende) nicht den Vorsitz im Prüfungsausschuss innehaben sollte. Ziffer 5.3.2 Satz 2 DCGK sieht vor, dass der Vorsitzende des Prüfungsausschusses über besondere Kenntnisse und Erfahrungen von Rechnungslegungsgrundsätzen und internen Kontrollverfahren verfügen muss; außerdem soll er unabhängig und kein ehemaliger geschäftsführender Direktor der Gesellschaft sein (vgl. Ziffer 5.3.2 Satz 3 DCGK).

31a Die geplante Gesetzesänderung durch das **Abschlussprüfungsreformgesetz** wird den Kreis der erfassten Gesellschaften neu definieren (dazu bereits Anh. Art. 43 § 27 SEAG Rz. 15b); außerdem soll das Merkmal der Unabhängigkeit entfallen und ein Verweis auf die Voraussetzungen des neu zu fassenden § 27 Abs. 1 Satz 4 SEAG an dessen Stelle treten (vgl. kritisch hierzu Anh. Art. 43 § 27 SEAG Rz. 15c). Nach der vorgesehenen Übergangsvorschrift (vgl. Anh. Art. 43 § 27 SEAG Rz. 15b) müssen die neuen Regelungen nicht angewandt werden, solange alle Mitglieder des Verwaltungsrats und des Prüfungsausschusses vor dem 17.6.2016 bestellt worden sind.

---

62 So die Terminologie bei *Bachmann*, ZGR 2008, 779, 792, sowie *Reichert/Brandes* in Münch-Komm. AktG, 3. Aufl., Art. 44 SE-VO Rz. 52 ff., *Verse* in Habersack/Drinhausen, SE-Recht, § 34 SEAG Rz. 40 und *Eder*, NZG 2004, 544, 546.
63 *Holland*, Board of directors und monistische SE, S. 181 f.
64 *Habersack* in FS Goette, 2011, S. 121, 126; *Verse* in Habersack/Drinhausen, SE-Recht, § 34 SEAG Rz. 38.
65 Ebenso *Verse* in Habersack/Drinhausen, SE-Recht, § 34 SEAG Rz. 39. Demgegenüber weist *Messow*, Corporate Governance Kodex, S. 268, auf die anders gelagerte Bedeutung des Audit Committee im monistischen Modell hin und plädiert insoweit, S. 296 f., für eine Neufassung des Kodex.

§ 35 SEAG
Beschlussfassung

(1) Abwesende Mitglieder können dadurch an der Beschlussfassung des Verwaltungsrats und seiner Ausschüsse teilnehmen, dass sie schriftliche Stimmabgaben überreichen lassen. Die schriftlichen Stimmabgaben können durch andere Mitglieder überreicht werden. Sie können auch durch Personen, die nicht dem Verwaltungsrat angehören, übergeben werden, wenn diese nach § 109 Abs. 3 des Aktiengesetzes zur Teilnahme an der Sitzung berechtigt sind.

(2) Schriftliche, fernmündliche oder andere vergleichbare Formen der Beschlussfassung des Verwaltungsrats und seiner Ausschüsse sind vorbehaltlich einer näheren Regelung durch die Satzung oder eine Geschäftsordnung des Verwaltungsrats nur zulässig, wenn kein Mitglied diesem Verfahren widerspricht.

(3) Ist ein geschäftsführender Direktor, der zugleich Mitglied des Verwaltungsrats ist, aus rechtlichen Gründen gehindert, an der Beschlussfassung im Verwaltungsrat teilzunehmen, hat insoweit der Vorsitzende des Verwaltungsrats eine zusätzliche Stimme.

I. Überblick 1	V. Zweitstimmrecht des Vorsitzenden (§ 35 Abs. 3 SEAG)
II. Vereinbarkeit mit Art. 50 SE-VO . . . 2	1. Anwendungsbereich 10
III. Stimmbote (§ 35 Abs. 1 SEAG) 6	2. Rechtliche Hinderung an der Stimmrechtsausübung 12
IV. Beschlussfassung ohne Sitzung (§ 35 Abs. 2 SEAG) 8	

Literatur: *Bachmann*, Der Verwaltungsrat in der monistischen SE, ZGR 2008, 779–808; *Kindl*, Die Teilnahme an der Aufsichtsratssitzung, 1993; *Kindl*, Beschlussfassung des Aufsichtsrats und neue Medien – zur Änderung des § 108 Abs. 4 AktG, ZHR 166 (2002), 335–348; *Lutter/Kollmorgen/Feldhaus*, Muster-Geschäftsordnung für den Verwaltungsrat einer SE, BB 2007, 509–516; *Matthießen*, Stimmrecht und Interessenkollision im Aufsichtsrat, 1989; *Siems*, Befangenheit bei Verwaltungsratsmitgliedern einer Europäischen Aktiengesellschaft, NZG 2007, 129–132; *Teichmann*, Gestaltungsfreiheit im monistischen Leitungssystem der Europäischen Aktiengesellschaft, BB 2004, 53–60.

I. Überblick

§ 35 SEAG regelt die Beschlussfassung im Verwaltungsrat. Die ersten beiden Absätze der Vorschrift lehnen sich an § 108 Abs. 3 und 4 AktG an. Sie lassen die Überbringung schriftlicher Stimmabgaben zu und erlauben schriftliche, fernmündliche und andere Formen der Beschlussfassung, soweit kein Mitglied widerspricht. Abs. 3 betrifft den Sonderfall des geschäftsführenden Direktors, der zugleich Mitglied des Verwaltungsrates und im Einzelfall aus rechtlichen Gründen an der Stimmabgabe gehindert ist. Zur Auswirkung von Beschlussmängeln siehe Art. 50 Rz. 20. 1

II. Vereinbarkeit mit Art. 50 SE-VO

§ 35 SEAG ergänzt Art. 50 SE-VO, der Grundregeln zu Beschlussfähigkeit und Beschlussfassung in den Organen der SE enthält. Ob die SE-VO in diesem Bereich überhaupt **regelungsoffen** ist, lässt sich nur schwer klären. Selbst die Gesetzesbegründung 2 zu § 35 SEAG räumt ein, dass unklar sei, ob Art. 50 SE-VO sämtliche Fragen der Beschlussfassung regeln wolle. Bei europäisch-autonomer Auslegung bleibt allerdings für eine mitgliedstaatliche Ausformung der Begriffe „anwesend" und „vertreten", die für das Beschlussquorum und für die Beschlussmehrheit relevant sind, kein Raum (Art. 50 Rz. 11 ff.)[1]. Der deutsche Gesetzgeber verfolgte vor allem das Ziel, den Gesellschaften den größtmöglichen Umfang an **Satzungsautonomie** zu gewähren. Die § 108 Abs. 4 AktG entlehnte Regelung der Abs. 1 und 2 wurde „zur Sicherheit" eingefügt[2]; denn auf diese Weise haben die Gesellschaften im Ergebnis Rechtssicherheit, diese Frage in der Satzung regeln zu können. Auf die Frage, ob sich die Satzungsautonomie auf Art. 50 Abs. 1 SE-VO (vgl. Art. 50 Rz. 6 ff. zur Satzungsautonomie) oder auf § 35 SEAG stützt, kommt es dann nicht entscheidend an[3].

3 Beschlussfähigkeit und Beschlussmehrheit setzen voraus, dass wenigstens die Hälfte der Organmitglieder anwesend oder vertreten sind (Art. 50 Abs. 1 SE-VO). Eine Beteiligung abwesender Mitglieder sieht Art. 50 SE-VO nicht vor. Andererseits lässt sich die Überbringung einer Stimmbotschaft als eine Form der von Art. 50 Abs. 1 SE-VO zugelassenen **Vertretung eines abwesenden Mitglieds** auffassen (Art. 50 Rz. 15). § 35 Abs. 1 SEAG verstößt daher nicht gegen die Verordnung, hat allerdings gegenüber Art. 50 Abs. 1 SE-VO auch keine eigenständige Bedeutung. Denn Vorrang hat in jedem Fall das europäisch autonom ermittelte Auslegungsergebnis des Begriffes der Vertretung in Art. 50 Abs. 1 SE-VO.

4 Die in § 35 Abs. 2 SEAG zugelassene schriftliche, fernmündliche oder anderweitige Form der Beschlussfassung ist gleichfalls an Art. 50 Abs. 1 SE-VO zu messen. Bei fernmündlicher Kommunikation und bei anderen Formen der **zeitgleichen Telekommunikation** der Sitzungsteilnehmer sind die betreffenden Mitglieder **anwesend** i.S.v. Art. 50 Abs. 1 SE-VO (Art. 50 Rz. 13). Anders liegt es bei Mitgliedern, deren Stimmabgabe nur schriftlich übersandt und nicht von einem Stimmboten überbracht wird. Sie sind weder anwesend noch vertreten und können daher gem. Art. 50 Abs. 1 SE-VO weder für das Beschlussquorum, noch für die Beschlussmehrheit berücksichtigt werden. Art. 35 Abs. 2 SEAG muss insoweit gegenüber dem höherrangigen europäischen Recht zurücktreten. Eine **schriftliche Stimmabgabe** auf Basis von § 35 Abs. 2 SEAG ist daher nicht zulässig[4]; sie kann aber in der Satzung zugelassen werden (vgl. Art. 50 Rz. 14).

5 § 35 Abs. 3 SEAG regelt ein Doppelstimmrecht des Vorsitzenden für den Fall, in dem ein geschäftsführender Direktor zugleich Verwaltungsratsmitglied ist und einem **Stimmrechtsausschluss** unterliegt. Zwar regelt Art. 50 Abs. 2 SE-VO den Stichentscheid durch den Vorsitzenden im Fall der Stimmengleichheit. Dies ist jedoch eine andere Konstellation (unten Rz. 10 ff.). Außerdem bleiben Fragen der Befangenheit und des Stimmrechtsausschlusses in Art. 50 SE-VO gerade ungeregelt (Art. 50 Rz. 19), weshalb in diesem Bereich eine mitgliedstaatliche Regelung möglich ist[5].

---

1 BT-Drucks. 15/3405, S. 38.
2 Vgl. Begr. RegE zu § 35 SEAG, BT-Drucks. 14/3405, S. 38.
3 Sieht man von der Einordnung in die Normenhierarchie des Art. 9 SE-VO ab, für die es einen Unterschied macht, ob Satzungsautonomie von der SE-VO oder vom mitgliedstaatlichen Recht gewährt wird (Art. 9 Rz. 39 ff., 57 ff.).
4 A.A. die h.M.: *Manz* in Manz/Mayer/Schröder, Art. 50 SE-VO Rz. 7; *Reichert/Brandes* in MünchKomm. AktG, 3. Aufl., Art. 44 SE-VO Rz. 25 ff.; *Schwarz*, Anh. Art. 43 SE-VO Rz. 214 und *Verse* in Habersack/Drinhausen, SE-Recht, § 35 SEAG Rz. 2.
5 Ebenso mit etwas abweichender Begründung *Siems*, NZG 2007, 169, 130 f.

III. Stimmbote (§ 35 Abs. 1 SEAG)

Gem. § 35 Abs. 1 SEAG können abwesende Mitglieder ihre Stimme schriftlich abgeben und von anderen Personen überbringen lassen. Stimmbote kann auch sein, wer nach den Regeln des § 109 Abs. 3 AktG, die insoweit auf den Verwaltungsrat zu übertragen sind, zur Sitzungsteilnahme zugelassen ist (§ 35 Abs. 1 Satz 3 SEAG)[6]. Die Abstimmung durch Stimmboten ist von der schriftlichen Stimmabgabe i.S.d. § 35 Abs. 2 SEAG zu unterscheiden. Der Stimmbote ist mit Art. 50 SE-VO zu vereinbaren, weil das abwesende Mitglied damit **als „vertreten" anzusehen** ist (bereits oben Rz. 3)[7].

Maßgeblich ist, dass sich die übermittelte Stimmabgabe **dem Willen** des abwesenden und durch den Stimmboten vertretenen Mitglieds **eindeutig zurechnen** lässt (Art. 50 Rz. 15). Daran sind die Überlegungen zu messen, die im deutschen Aktienrecht im Rahmen des § 108 Abs. 3 AktG angestellt werden[8]: Die überbrachte Stimmabgabe muss nicht zwingend eigenhändig unterschrieben sein[9]. Denn wenn Art. 50 SE-VO die Vertretung durch eine andere Person zulässt, deckt dies sogar Fälle ab, in denen überhaupt keine schriftliche Äußerung des Mitglieds überbracht wird. Die Zurechnung zum abwesenden Mitglied vollzieht sich über die Person, die statt seiner anwesend ist. Daher ist – mit einer für das deutsche Aktienrecht vertretenen Auffassung[10] – auch die Ausfüllung der Stimmbotschaft nach Weisung in der Sitzung zulässig.

IV. Beschlussfassung ohne Sitzung (§ 35 Abs. 2 SEAG)

Im Bereich der von Art. 50 Abs. 1 SE-VO geregelten Fragen der Beschlussfassung hat der mitgliedstaatliche Gesetzgeber keine Regelungsbefugnis (Art. 50 Rz. 14). § 35 Abs. 2 SEAG kann insoweit keine Anwendung finden. Er dient nach Aussage der Gesetzesbegründung auch in erster Linie dazu, der Gesellschaft nach Möglichkeit die volle **Satzungsautonomie** zu gewährleisten. Diese ist bereits nach der Verordnung gegeben (Art. 50 Rz. 6 ff.). Die Satzung – nicht aber die Geschäftsordnung (Art. 50 Rz. 6) – kann daher eine § 35 Abs. 2 SEAG entsprechende Regelung treffen und Formen der Beschlussfassung ohne Sitzung zulassen[11].

Es mag insoweit sinnvoll sein, sich in der Satzung an die Formulierung des § 35 Abs. 2 SEAG anzulehnen, die **§ 108 Abs. 4 AktG** entstammt und als solche im Schrifttum bereits ausführliche Kommentierungen erfahren hat[12]. In Betracht kommt namentlich die Beschlussfassung im Wege der **Telefon- oder Videokonferenz** sowie über einen „Chat-Room" mittels der **Übersendung von E-Mails**[13]. Sodann können diese verschiedenen Formen der Beschlussfassung auch kombiniert werden (z.B. durch Zuschaltung

---

[6] Vgl. näher *Drygala* in K. Schmidt/Lutter, § 109 AktG Rz. 18 f.
[7] In Art. 50 SE-VO ist der Begriff der Vertretung in einem weiten Sinne auszulegen (Art. 50 Rz. 15).
[8] Näher *Drygala* in K. Schmidt/Lutter, § 108 AktG Rz. 20 f. sowie *Koch* in Hüffer, § 108 AktG Rz. 19 f. und *Kindl*, Teilnahme an der Aufsichtsratssitzung, S. 32 ff.
[9] Anders die wohl herrschende Meinung im allgemeinen Aktienrecht (vgl. *Drygala* in K. Schmidt/Lutter, § 108 AktG Rz. 23), sowie zur SE *Verse* in Habersack/Drinhausen, SE-Recht, § 35 SEAG Rz. 3. Für die großzügigere Auffassung, die auch Telefax oder E-Mail zulassen will, *Koch* in Hüffer, § 108 AktG Rz. 20 m.w.N.
[10] S. dazu nur *Lutter/Krieger/Verse*, Aufsichtsrat, Rz. 726; insoweit krit. *Koch* in Hüffer, § 108 AktG Rz. 19.
[11] A.A. *Verse* in Habersack/Drinhausen, SE-Recht, § 35 SEAG Rz. 6, der eine Regelung in Satzung oder Geschäftsordnung für zulässig hält.
[12] Dazu neben den gängigen Aktiengesetz-Kommentaren auch *Kindl*, ZHR 166 (2002), 335 ff.
[13] Näher *Kindl*, ZHR 166 (2002), 335, 341.

einzelner räumlich abwesender Mitglieder in eine Telefon- oder Videokonferenz)[14]. Soweit die Satzung derartige Formen der Beschlussfassung ohne Sitzung erlaubt, besteht auch kein Widerspruchsrecht einzelner Organmitglieder[15]. Fraglich bleibt im Hinblick auf die SE-VO lediglich, ob eine rein virtuelle Zusammenkunft auf die Zahl der Pflichtsitzungen gem. Art. 44 SE-VO angerechnet werden kann. Insoweit ist zu bedenken, dass die Pflichtsitzungen der Beratung, nicht aber zwingend der Beschlussfassung dienen. Daher sollte zumindest bei den vier Pflichtsitzungen pro Jahr wenigstens die Mehrheit der Mitglieder persönlich anwesend sein (vgl. Art. 44 Rz. 7 ff.).

V. Zweitstimmrecht des Vorsitzenden (§ 35 Abs. 3 SEAG)

1. Anwendungsbereich

10 Bei Stimmengleichheit im Verwaltungsrat gibt gem. Art. 50 Abs. 2 SE-VO die Stimme des Vorsitzenden den Ausschlag. Dem fügt § 35 Abs. 3 SEAG eine Sonderregel für diejenigen Fälle hinzu, in denen ein geschäftsführender Direktor zugleich Mitglied des Verwaltungsrats und aus rechtlichen Gründen daran gehindert ist, an der Beschlussfassung teilzunehmen[16]. Die Vorschrift wurde auf Vorschlag des Bundestags-Rechtsausschusses in das SEAG eingefügt[17] und zielt vor allem auf **mitbestimmte Verwaltungsräte**, ohne dass ihre Anwendbarkeit dem Wortlaut nach auf diese Fälle beschränkt wäre[18]. Das Zweitstimmrecht des Vorsitzenden soll verhindern, dass bei einem Stimmrechtsausschluss des geschäftsführenden Verwaltungsratsmitglieds die **Anteilseignervertreter in die Minderheit geraten**. Denn das in Art. 50 Abs. 2 SE-VO vorgesehene Doppelstimmrecht des Vorsitzenden setzt Stimmengleichheit voraus, zu der es aber erst gar nicht kommt, wenn ein Mitglied der Anteilseignerseite vom Stimmrecht ausgeschlossen ist.

10a Nach der Regelungstechnik der §§ 20 ff. SEAG sind die darin enthaltenen Normen grundsätzlich zwingend, wenngleich wesentlich öfter als im allgemeinen deutschen Aktienrecht eine Öffnung für Satzungs- oder Geschäftsordnungsautonomie vorgesehen ist[19]. Für die Beschlussfassung in den Organen der SE gilt allerdings der in der Normenhierarchie vorrangige Art. 50 SE-VO, der weitreichende Satzungsautonomie gewährt (Art. 50 Rz. 6 ff.). Die Gesellschaft kann daher ein von § 35 Abs. 3 SEAG abweichendes Beschlussverfahren in der **Satzung** regeln[20]. Dagegen bestehen auch in der Sache keine Bedenken, da der Regelungszweck des § 35 Abs. 3 SEAG darin besteht, im Beschlussverfahren die Interessen der Anteilseigner zu wahren und diese nach der europäischen Regelung selbst entscheiden dürfen sollen, welche Beschlussverfahren in ihrer Gesellschaft gelten.

11 Eine **analoge Anwendung** auf sonstige Anteilseignervertreter, die aus persönlichen Gründen einem Stimmrechtsausschluss unterliegen oder anderweitig an der Sitzungs-

---

14 Zu diesen Formen der „gemischten Beschlussfassung" *Kindl*, ZHR 166 (2002), 335, 342 ff.
15 So in Bezug auf § 108 Abs. 4 AktG *Kindl*, ZHR 166 (2002), 335, 341.
16 Sollten mehrere Verwaltungsratsmitglieder gleichzeitig geschäftsführende Direktoren sein, kann die Vorschrift auch mehrfach zur Anwendung kommen (*Verse* in Habersack/Drinhausen, SE-Recht, § 35 SEAG Rz. 15).
17 Vgl. BT-Drucks. 15/4053, S. 18.
18 Gegen eine teleologische Reduktion auf mitbestimmte Verwaltungsräte zutreffend *Verse* in Habersack/Drinhausen, SE-Recht, § 35 SEAG Rz. 9; *Manz* in Manz/Mayer/Schröder, Art. 43 SE-VO Rz. 115; *Siems*, NZG 2007, 129, 130; *Siems* in KölnKomm. AktG, Anh. Art. 51 SE-VO § 35 SEAG Rz. 6.
19 Zu dieser Regelungstechnik *Teichmann*, BB 2004, 54, 59.
20 *Siems* in KölnKomm. AktG, 3. Aufl., Anh. Art. 51 SE-VO § 35 SEAG Rz. 15; a.A. *Verse* in Habersack/Drinhausen, SE-Recht, § 35 SEAG Rz. 17.

teilnahme gehindert sind[21], ist abzulehnen[22]. Der gesetzgeberische Grund des § 35 Abs. 3 SEAG ist das spezifische Kontrolldefizit, das entsteht, wenn ein Verwaltungsratsmitglied zugleich geschäftsführender Direktor ist. Dem ist die Situation, in der ein bloßes Verwaltungsratsmitglied weggefallen oder verhindert ist, nicht vergleichbar. Das Zweitstimmrecht geht bei Verhinderung des Vorsitzenden nicht auf den **stellvertretenden** Vorsitzenden über. Zwar handelt es sich insoweit – anders als beim Stichentscheid in Pattsituationen (dazu Anh. Art. 43 § 34 SEAG Rz. 9) – nicht um eine bereits von Art. 50 SE-VO erfasste Sachfrage. Jedoch ist ein Übergang des Zweitstimmrechts auf den Stellvertreter dem deutschen Recht fremd (vgl. insoweit bereits Anh. Art. 43 § 34 SEAG Rz. 9), weshalb mangels entgegenstehender Anhaltspunkte nicht anzunehmen ist, dass der deutsche Gesetzgeber hiervon in § 35 Abs. 3 SEAG stillschweigend hätte abweichen wollen[23].

2. Rechtliche Hinderung an der Stimmrechtsausübung

§ 35 Abs. 3 SEAG regelt selbst nicht, in welchen Fällen ein geschäftsführendes Verwaltungsratsmitglied an der Stimmrechtsausübung gehindert ist. Dies bestimmt sich nach den allgemein für Körperschaften entwickelten Grundsätzen, die in **Analogie zu § 34 BGB** und vergleichbaren Gesetzesnormen entwickelt wurden[24]. Daraus folgt insbesondere ein Stimmverbot des Organmitglieds bei der Beschlussfassung über ein **mit ihm abzuschließendes Rechtsgeschäft** oder die **Einleitung eines Rechtsstreits zwischen ihm und der Gesellschaft**[25]. Diese Ausschlussgründe treffen auch auf den Verwaltungsrat zu. Das Stimmverbot im Falle der Geltendmachung von Ansprüchen der Gesellschaft oder der Einleitung eines Rechtsstreits lässt sich als allgemeiner und rechtsformunabhängiger Rechtsgedanke aus verschiedenen gesetzlichen Vorschriften des Rechts der Körperschaften ermitteln[26]. Das Stimmverbot bei der Vornahme von Rechtsgeschäften mit der betroffenen Person rechtfertigt sich überall dort, wo dem Organ ein Weisungsrecht zusteht[27], wie es auch im Verhältnis zwischen dem Verwaltungsrat und den geschäftsführenden Direktoren der Fall ist (vgl. § 44 Abs. 2 SEAG). Die weitere Frage, ob ein Verwaltungsratsmitglied bei seiner eigenen Bestellung zum geschäftsführenden Direktor mit abstimmen kann (dazu Anh. Art. 43 § 40 SEAG Rz. 27), stellt sich im Rahmen des § 35 Abs. 3 SEAG nicht; denn dieser setzt voraus, dass das Verwaltungsratsmitglied bereits geschäftsführender Direktor ist. Indessen ist das Verwaltungsratsmitglied ausgeschlossen, wenn es um seinen **Anstellungsvertrag** mit der Gesellschaft in seiner Eigenschaft als geschäftsführender Direktor geht[28]. 12

Allein die Tatsache, dass der Verwaltungsrat über **Geschäftsführungsmaßnahmen** beschließt, die in die Zuständigkeit des geschäftsführenden Direktors fallen oder gar in 13

---

21 So *Schwarz*, Anh. Art. 43 SE-VO Rz. 222.
22 Ebenso *Verse* in Habersack/Drinhausen, SE-Recht, § 35 SEAG Rz. 9.
23 A.A. *Verse* in Habersack/Drinhausen, SE-Recht, § 35 SEAG Rz. 16, der einen Übergang auf den Stellvertreter annimmt, dies allerdings nur, wenn der Stellvertreter zugleich Anteilseignervertreter ist. Es erscheint methodisch zweifelhaft, dem Schweigen des Gesetzes eine derart differenzierte Lösung entnehmen zu wollen.
24 Ebenso *Verse* in Habersack/Drinhausen, SE-Recht, § 35 SEAG Rz. 11. Zu diesen allgemeinen Grundlagen ausführlich *Matthießen*, Stimmrecht und Interessenkollision im Aufsichtsrat. *Siems*, NZG 2007, 129, 131 lehnt einen Rückgriff auf den Rechtsgedanken des § 34 BGB generell ab, weil es vorliegend um Besonderheiten des monistischen Systems gehe.
25 Zum allgemeinen Aktienrecht *Drygala* in K. Schmidt/Lutter, § 108 AktG Rz. 16 und *Koch* in Hüffer, § 108 AktG Rz. 9.
26 *Matthießen*, Stimmrecht und Interessenkollision im Aufsichtsrat, S. 88 ff., zusammenfassend S. 98.
27 *Matthießen*, Stimmrecht und Interessenkollision im Aufsichtsrat, S. 168.
28 Ebenso *Verse* in Habersack/Drinhausen, SE-Recht, § 35 SEAG Rz. 14.

eine Weisung an ihn münden können, bewirkt keinen Stimmrechtsausschluss[29]. Die Geschäftsführung gehört zu den zwingenden Zuständigkeiten des Verwaltungsrats nach Art. 43 Abs. 1 SE-VO. Einem Mitglied des Verwaltungsrats das Stimmrecht in Geschäftsführungsangelegenheiten allein deshalb abzusprechen, weil es bei der Ausführung oder Vorbereitung dieser Maßnahme persönlich beteiligt war oder sein wird, widerspricht dem ureigensten Wesen des monistischen Systems. Dessen Eigenart liegt gerade darin, dass die Mitglieder des Verwaltungsrats nicht nur über die Strategie entscheiden, sondern auch für deren Ausführung zuständig sind (vgl. Art. 43 Rz. 12 ff. und Anh. Art. 43 § 22 SEAG Rz. 5 ff.). Es liegt darin auch in der Person der geschäftsführenden Direktoren keine persönliche Betroffenheit, die einen Ausschluss rechtfertigen könnte. Denn es geht um eine **Angelegenheit der Gesellschaft**, für deren Besorgung jedes Verwaltungsmitglied originär kraft seiner Bestellung durch die Hauptversammlung berufen wurde. Solange also nur unterschiedliche Auffassungen über die „richtige" Unternehmenspolitik im Raume stehen, muss jedes Verwaltungsratsmitglied seine Stimme erheben können und abstimmen dürfen. Der Ausschluss eines einzelnen Mitglieds kann nur auf den oben genannten Gründen einer besonderen **persönlichen Betroffenheit** beruhen, insbesondere wenn ihm eine Pflichtverletzung vorgeworfen und über deren Konsequenzen Beschluss gefasst werden soll. Allein in diesen Fällen einer der Person drohenden nachteiligen Maßnahme ist die dem Stimmrechtsausschluss zu Grunde liegende Annahme gerechtfertigt, dass das betroffene Mitglied seine eigenen Interessen über diejenigen der Gesellschaft stellen werde[30].

14 Insgesamt erlauben somit die im Recht der Körperschaften entwickelten allgemeinen Grundsätze zum Stimmrechtsausschluss eine sachgerechte Lösung der vergleichbaren Problematik im monistischen System. Für den in der Literatur teilweise angenommenen „**Rechtsfortbildungsauftrag**" im Hinblick auf die besondere Problematik des monistischen Systems[31] ist daher keine Notwendigkeit erkennbar. Sie führt im Vergleich zu den bereits anerkannten Rechtsgedanken zu keinen anderen Ergebnissen und hat methodisch den Nachteil, ihre Lösungen ohne die Anlehnung an bereits gesetzlich verankerte Wertungen entwickeln zu müssen. Besonderheiten des monistischen Systems, die eine Abweichung von den oben erläuterten Lösungen erforderlich machten, sind nicht erkennbar. Insbesondere ist die fehlende Unbefangenheit bei der Beurteilung einzelner Geschäftsführungsfragen[32] keineswegs eine ausschließliche Erscheinung des monistischen Systems. Der Aufsichtsrat einer großen Aktiengesellschaft ist ganz im Gegenteil geradezu typischerweise pluralistisch aus Vertretern verschiedener Interessengruppen zusammengesetzt, die daher keineswegs zwingend immer nur das reine Unternehmensinteresse im Auge haben.

15 Die Vorschrift des § 35 Abs. 2 SEAG kann nach alledem ihren gesetzgeberischen Zweck, die (rechtspolitisch verfehlte) **Übertragung der numerischen Parität** auf den mitbestimmten Verwaltungsrat **zu korrigieren**, nur sehr eingeschränkt erfüllen. Der Bundestags-Rechtsausschuss hat für die Einführung des § 35 Abs. 3 SEAG plädiert, weil er in Geschäftsführungsfragen auch unter den nicht-geschäftsführenden Verwaltungsratsmitgliedern eine Mehrheit der Anteilseigner sicherstellen wollte. Die „schematische Gleichbehandlung von Aufsichtsrat und Verwaltungsrat" führe bei

---

29 Ebenso *Bachmann*, ZGR 2008, 779, 794, *Lutter/Kollmorgen/Feldhaus*, BB 2007, 509, 510, *Schwarz*, Anh. Art. 43 SE-VO Rz. 220, *Verse* in Habersack/Drinhausen, SE-Recht, § 35 SEAG Rz. 12.
30 So auch die Umschreibung des allgemeinen Rechtsgedankens vom „Verbot des Richtens in eigener Sache" bei *Matthießen*, Stimmverbot und Interessenkollision im Aufsichtsrat, S. 138.
31 In diesem Sinne *Siems*, NZG 2007, 129, 131.
32 Dies betonend *Siems*, NZG 2007, 129, 131.

„allen Entscheidungen des Verwaltungsrats zur Kontrolle der Unternehmensleitung" zu einem Letztentscheidungsrecht der Arbeitnehmervertreter[33]. Diese Sorge ist nicht unbegründet, da mit der Bestellung eines Anteilseignervertreters zum geschäftsführenden Direktor die **Arbeitnehmervertreter** die **Mehrheit der nicht-geschäftsführenden Mitglieder** stellen. Im Falle von Meinungsverschiedenheiten können sich die Anteilseignervertreter allein mit Hilfe des geschäftsführenden Verwaltungsratsmitglieds durchsetzen, das auf diese Weise die „Bänke" gegeneinander ausspielen kann[34]. All diese Überlegungen rechtfertigen aber nicht den Stimmrechtsausschluss des geschäftsführenden Mitglieds. Denn es ist vollwertiges von der Hauptversammlung bestelltes Verwaltungsratsmitglied. Seine Meinung zu Geschäftsführungsfragen wiegt ebensoviel wie diejenige aller anderen Mitglieder, und selbstverständlich ist es ebenso wie alle anderen ausschließlich dem Gesellschaftsinteresse verpflichtet. Auch nach Auffassung des Rechtsausschusses sollte § 35 Abs. 3 SEAG nicht Regelungsort eines eventuellen Stimmverbotes sein. Dieses sei vielmehr nach den allgemeinen Grundsätzen zu ermitteln[35]. Die Annahme, bei der Erteilung einer Weisung bestehe ein Stimmverbot des geschäftsführenden Direktors[36], ist ein Rechtsirrtum über das Wesen dieser allgemeinen Rechtsgrundsätze, der für die Auslegung des § 35 Abs. 3 SEAG ohne Belang ist. Eine die Rechtsauffassung des Bundestags-Rechtsausschusses aufgreifende Gesetzesinterpretation ist auch deshalb nicht möglich, weil es gegen höherrangiges Verordnungsrecht (Art. 43 Abs. 1 SE-VO) verstieße, ein von der Hauptversammlung bestelltes Verwaltungsratsmitglied in Geschäftsführungsangelegenheiten auszuschließen. Das zu Recht bemängelte Überwachungsdefizit im paritätisch mitbestimmten Verwaltungsrat ist eine Folge der von der herrschenden Meinung angenommenen numerischen Parität im monistischen System; die notwendige Korrektur müsste an dieser Stelle ansetzen (vgl. Art. 43 Rz. 69).

§ 36 SEAG
Teilnahme an Sitzungen des Verwaltungsrats und seiner Ausschüsse

(1) An den Sitzungen des Verwaltungsrats und seiner Ausschüsse sollen Personen, die dem Verwaltungsrat nicht angehören, nicht teilnehmen. Sachverständige und Auskunftspersonen können zur Beratung über einzelne Gegenstände zugezogen werden.

(2) Mitglieder des Verwaltungsrats, die dem Ausschuss nicht angehören, können an den Ausschusssitzungen teilnehmen, wenn der Vorsitzende des Verwaltungsrats nichts anderes bestimmt.

(3) Die Satzung kann zulassen, dass an den Sitzungen des Verwaltungsrats und seiner Ausschüsse Personen, die dem Verwaltungsrat nicht angehören, an Stelle von verhinderten Mitgliedern teilnehmen können, wenn diese sie in Textform ermächtigt haben.

(4) Abweichende gesetzliche Bestimmungen bleiben unberührt.

---

33 BT-Drucks. 15/4053, S. 57 f.
34 Dazu bereits *Teichmann*, BB 2004, 53, 56 f.
35 In der Begründung des Änderungsvorschlags wird in BT-Drucks. 15/4035, S. 59 ausdrücklich auf den Stimmrechtsausschluss nach den „allgemeinen Rechtsgrundsätzen (§ 34 BGB analog, Verbot des Richtens in eigener Sache)" hingewiesen.
36 Vgl. BT-Drucks. 15/4035, S. 59.

| I. Überblick 1
| II. Teilnahme Dritter an Verwaltungs-
| ratssitzungen (§ 36 Abs. 1 SEAG) . . . 3
| III. Teilnahme an Ausschusssitzungen
| (§ 36 Abs. 2 SEAG) 8
| IV. Teilnahme Dritter für verhinderte
| Mitglieder (§ 36 Abs. 3 SEAG) 10
| V. Abweichende gesetzliche Bestim-
| mungen (§ 36 Abs. 4 SEAG) 14

Literatur: *Forstmoser*, Monistische oder dualistische Unternehmensverfassung? Das Schweizer Konzept, ZGR 2003, 688–719; *Holland*, Das amerikanische „board of directors" und die Führungsorganisation einer monistischen SE in Deutschland, 2006 (zit.: Board of directors und monistische SE); *Kindl*, Die Teilnahme an der Aufsichtsratssitzung, 1993; *Leyens*, Information des Aufsichtsrats, 2006; *Merkt*, Die monistische Unternehmensverfassung für die Europäische Aktiengesellschaft aus deutscher Sicht – mit vergleichendem Blick auf die Schweiz, das Vereinigte Königreich und Frankreich, ZGR 2003, 650–678.

I. Überblick

1   § 36 SEAG regelt die Teilnahme an Sitzungen des Verwaltungsrats und seiner Ausschüsse. § 36 Abs. 1 SEAG enthält den Grundsatz, dass an den Sitzungen nur die Verwaltungsratsmitglieder teilnehmen sollen, und gestattet als Ausnahme die Zuziehung von Sachverständigen und Auskunftspersonen. § 36 Abs. 2 SEAG regelt die Teilnahme an Ausschusssitzungen und legt fest, dass grundsätzlich nur die Mitglieder des betreffenden Ausschusses teilnehmen sollen; andere Verwaltungsratsmitglieder können teilnehmen, wenn der Verwaltungsratsvorsitzende nichts anderes bestimmt. § 36 Abs. 3 SEAG gestattet Satzungsregelungen zur Teilnahme von Außenstehenden an Stelle von verhinderten Verwaltungsratsmitgliedern. Abweichende gesetzliche Bestimmungen bleiben gem. § 36 Abs. 4 SEAG unberührt.

2   Die **SE-VO** regelt die hier angesprochenen Fragen nicht. Sie gestaltet die innere Ordnung des Verwaltungsorgans nur höchst rudimentär (vgl. Anh. Art. 43 § 34 SEAG Rz. 1 ff.), daher bleibt Raum für **ergänzend anwendbares mitgliedstaatliches Recht**. § 36 SEAG ist eng an **§ 109 AktG** angelehnt. Einzelheiten der Sitzungsteilnahme sind keine Besonderheit des dualistischen oder monistischen Modells, vielmehr eine gemeinsame Problematik aller Kollegialorgane (vgl. Art. 38 Rz. 30); Rechtsprechung und Schrifttum zu § 109 AktG können somit als Auslegungshilfe für § 36 SEAG herangezogen werden.

II. Teilnahme Dritter an Verwaltungsratssitzungen (§ 36 Abs. 1 SEAG)

3   An Sitzungen des Verwaltungsrats sollen grundsätzlich nur dessen Mitglieder teilnehmen. Das unentziehbare **Teilnahmerecht der Mitglieder** ist in § 36 SEAG unausgesprochen vorausgesetzt[1]. Es kann nur in eng begrenzten Ausnahmefällen entzogen werden, etwa wenn eine schwere Verletzung der Gesellschaftsinteressen droht oder der ordnungsgemäße Sitzungsablauf gefährdet ist[2].

4   Der Ausschluss Dritter von der Teilnahme an Verwaltungsratssitzungen stellt einen Gleichlauf von tatsächlicher Einflussmöglichkeit und rechtlicher **Verantwortlichkeit**

---

[1] Ebenso für § 109 AktG *Hopt/Roth* in Großkomm. AktG, 4. Aufl., § 109 AktG Rz. 13. Für den Aufsichtsrat auch *Kindl*, Teilnahme an der Aufsichtsratssitzung, S. 5 ff.

[2] Ebenso *Verse* in Habersack/Drinhausen, SE-Recht, § 36 SEAG Rz. 2; näher zu der vergleichbaren Frage im Aufsichtsrat *Hopt/Roth* in Großkomm. AktG, 4. Aufl., § 109 AktG Rz. 17 ff.; *Koch* in Hüffer, § 109 AktG Rz. 2; *Kindl*, Teilnahme an der Aufsichtsratssitzung, S. 111 ff.

her[3]. Die Verantwortung für die Oberleitung der Gesellschaft (§ 22 Abs. 1 SEAG) ist den hierfür bestellten Mitgliedern des Verwaltungsrats zugewiesen. Eine Einflussnahme Dritter auf den Entscheidungsprozess im Verwaltungsrat ist daher zu vermeiden. Der grundsätzliche Ausschluss von Dritten dient außerdem der offenen Aussprache und der Wahrung der **Vertraulichkeit** im Gremium[4]. Dementsprechend regelt die SE-VO eine Verschwiegenheitspflicht auch nur für die Organmitglieder (Art. 49 SE-VO). Die unzulässige Teilnahme Dritter hat allerdings auf die Gültigkeit der gefassten Beschlüsse regelmäßig keine Auswirkung[5].

Dennoch kann es im Einzelfall für die Arbeit des Verwaltungsrats hilfreich sein, externe Sitzungsteilnehmer zuzulassen, um sich deren **Sachverstand** oder **sonstige Kenntnisse** zunutze zu machen[6]. Die Sitzungsteilnahme Dritter ist gem. § 36 Abs. 1 SEAG auf den behandelten Gegenstand zu begrenzen; eine ständige Teilnahme ist ausgeschlossen[7]. Eine Ausnahme davon ist die Anwesenheit eines Protokollführers zur Unterstützung des Vorsitzenden, der gem. § 34 Abs. 3 SEAG eine Sitzungsniederschrift anzufertigen hat (Anh. Art. 43 § 34 SEAG Rz. 14) oder auch die Hinzuziehung eines Dolmetschers[8]. 5

Auf Basis von § 36 Abs. 1 SEAG können auch externe **geschäftsführende Direktoren** zu den Sitzungen hinzugebeten werden[9]. Da diese die Tagesgeschäfte führen, ist ein Informationsaustausch mit dem Verwaltungsrat dringend geboten. Inwieweit hierzu die Teilnahme der externen geschäftsführenden Direktoren nötig ist, hängt auch davon ab, ob es geschäftsführende Direktoren aus den Reihen des Verwaltungsrats gibt. Eine ständige Anwesenheit ist nicht geboten und auch nicht durch Satzung regelbar[10]. Über die Teilnahme der externen Direktoren entscheidet vielmehr der Verwaltungsrat nach pflichtgemäßem Ermessen[11]. Die Bedenken, die im aktienrechtlichen Schrifttum hinsichtlich der Teilnahme von Vorstandsmitgliedern an Aufsichtsratssitzungen geäußert werden[12], lassen sich auf das monistische System nicht übertragen; denn im Gegensatz zum Aufsichtsrat ist der Verwaltungsrat nicht nur Überwachungsorgan, sondern selbst Geschäftsführungsorgan (Art. 43 Rz. 12 ff.). 6

Über die **Zulassung** Dritter zu Verwaltungsratssitzungen befindet grundsätzlich der Verwaltungsrat als Kollegialorgan. In praktischer Hinsicht reicht es aus, wenn der 7

---

3 Zu § 109 AktG: *Koch* in Hüffer, § 109 AktG Rz. 1; *Kindl*, Teilnahme an der Aufsichtsratssitzung, S. 13. Rechtspolitische Kritik an dieser gesetzgeberischen Intention bei *Hopt/Roth* in Großkomm. AktG, 4. Aufl., § 109 AktG Rz. 1 ff.
4 S. für den Aufsichtsrat nur *Hopt/Roth* in Großkomm. AktG, 4. Aufl., § 109 AktG Rz. 6 und *Kindl*, Teilnahme an der Aufsichtsratssitzung, S. 12.
5 Siehe BGH v. 17.4.1967 – II ZR 157/64, BGHZ 47, 341, 350 zum Aufsichtsrat; *Verse* in Habersack/Drinhausen, SE-Recht, § 36 SEAG Rz. 1.
6 Ausführlich zur Norm des § 109 Abs. 1 Satz 2 AktG: *Kindl*, Teilnahme an der Aufsichtsratssitzung, S. 16 ff.
7 Für den Aufsichtsrat *Drygala* in K. Schmidt/Lutter, § 109 AktG Rz. 8; *Hopt/Roth* in Großkomm. AktG, 4. Aufl., § 109 AktG Rz. 41; *Koch* in Hüffer, § 109 AktG Rz. 5.
8 Ebenso *Verse* in Habersack/Drinhausen, SE-Recht, § 36 SEAG Rz. 2.
9 *Schwarz*, Anh. Art. 43 SE-VO Rz. 226; *Verse* in Habersack/Drinhausen, SE-Recht, § 36 SEAG Rz. 4; zu dieser Konstellation auch *Merkt*, ZGR 2003, 650, 670, und *Thümmel*, Europäische Aktiengesellschaft, Rz. 206 (S. 101).
10 Eingehend *Siems* in KölnKomm. AktG, 3. Aufl., Anh. Art. 51 SE-VO, § 36 SEAG Rz. 4.
11 So auch aus Schweizer Sicht *Forstmoser*, ZGR 2003, 688, 719. Dass es auch sinnvoll sein kann, unter Ausschluss der geschäftsführenden Personen zu tagen, um Kritik offen äußern zu können, zeigt die US-amerikanische Diskussion (dazu *Holland*, Board of directors und monistische SE, S. 97). Für eine umfassende rechtsökonomische und rechtsvergleichende Analyse des Informationsflusses zwischen Management und überwachenden Personen monographisch *Leyens*, Information des Aufsichtsrates.
12 Dazu etwa *Hopt/Roth* in Großkomm. AktG, 4. Aufl., § 109 AktG Rz. 30 m.w.N.

Vorsitzende über die Teilnahme entscheidet und den übrigen Mitgliedern Gelegenheit zur Stellungnahme gibt. Soweit keines der Mitglieder widerspricht, ist ein förmlicher Beschluss nicht erforderlich; der Verwaltungsrat kann andererseits sitzungsleitende Maßnahmen des Vorsitzenden jederzeit aufheben oder ändern[13].

III. Teilnahme an Ausschusssitzungen (§ 36 Abs. 2 SEAG)

8   Die Teilnahme an Ausschüssen steht grundsätzlich auch denjenigen **Verwaltungsratsmitgliedern** offen, die nicht Mitglied des betreffenden Ausschusses sind. Damit verbunden besteht auch ein Anspruch auf Einsichtnahme in die Unterlagen des Ausschusses[14]. Für die Teilnahme **Dritter** gelten die zu § 36 Abs. 1 SEAG (oben Rz. 3 ff.) entwickelten Regeln.

9   Der **Vorsitzende des Verwaltungsrats** (nicht des Ausschusses) kann die Teilnahme untersagen. Er entscheidet dabei nach pflichtgemäßem Ermessen und muss insbesondere den Grundsatz der Gleichbehandlung aller Verwaltungsratsmitglieder beachten[15]. Der Ausschluss von der Teilnahme muss im Gesellschaftsinteresse liegen, eine Ungleichbehandlung sachliche Gründe haben. Nach dem in § 36 Abs. 2 SEAG ausgedrückten Regel-Ausnahme-Verhältnis muss die Untersagung der Teilnahme eine einzelfallbezogen begründbare Ausnahme bleiben. Unzulässig wäre daher eine generelle Anordnung, wonach an den Sitzungen von Ausschüssen stets nur die Ausschussmitglieder teilnehmen dürften[16].

IV. Teilnahme Dritter für verhinderte Mitglieder (§ 36 Abs. 3 SEAG)

10 Ist ein Verwaltungsratsmitglied verhindert, kann es in Textform einen Dritten zu der Teilnahme an Verwaltungsrats- oder Ausschusssitzungen ermächtigen, **wenn die Satzung dies zulässt**. Die Ermächtigung durch das Verwaltungsratsmitglied bedarf der **Textform** i.S.d. § 126b BGB. Ausreichend ist damit jede zur dauerhaften Wiedergabe in Schriftzeichen geeignete Erklärungsweise, bei welcher die Person des Erklärenden genannt und der Abschluss der Erklärung erkennbar gemacht wird. § 36 Abs. 3 SEAG, der die Vertretung durch außenstehende Dritte regelt, setzt unausgesprochen voraus, dass die Vertretung durch ein anderes, bei der Sitzung anwesendes **Verwaltungsratsmitglied** unproblematisch möglich ist und auch keiner Satzungsregelung bedarf[17].

11 Das Organmitglied ist **verhindert**, wenn tatsächliche Gründe einer Teilnahme entgegenstehen[18]. Da das Mandat persönlicher Natur ist, sollte die Ermächtigung eines Dritten die Ausnahme bleiben; andererseits ist das Verwaltungsratsmandat zumindest für die nicht-geschäftsführenden Mitglieder ein Nebenamt, weshalb Verhinderungen auf Grund anderer Verpflichtungen nicht immer vermieden werden können[19].

---

13 Ebenso *Verse* in Habersack/Drinhausen, SE-Recht, § 36 SEAG Rz. 3; für den Aufsichtsrat *Lutter/Krieger/Verse*, Aufsichtsrat, Rz. 774 (S. 339); *Koch* in Hüffer, § 109 AktG Rz. 5.
14 Für den Aufsichtsrat *Lutter/Krieger/Verse*, Aufsichtsrat, Rz. 788 (S. 345); *Koch* in Hüffer, § 109 AktG Rz. 6.
15 Für den Aufsichtsrat *Lutter/Krieger/Verse*, Aufsichtsrat, Rz. 774 (S. 339); *Koch* in Hüffer, § 109 AktG Rz. 6.
16 *Schwarz*, Anh. Art. 43 SE-VO Rz. 229; *Verse* in Habersack/Drinhausen, SE-Recht, § 36 SEAG Rz. 6; für den Aufsichtsrat *Koch* in Hüffer, § 109 AktG Rz. 6; *Lutter/Krieger/Verse*, Aufsichtsrat, Rz. 774 (S. 339).
17 So zu Recht *Verse* in Habersack/Drinhausen, SE-Recht, § 36 SEAG Rz. 9.
18 *Schwarz*, Anh. Art. 43 SE-VO Rz. 232; *Verse* in Habersack/Drinhausen, SE-Recht, § 36 SEAG Rz. 7; für den Aufsichtsrat *Hopt/Roth* in Großkomm. AktG, 4. Aufl., § 109 AktG Rz. 80.
19 *Hopt/Roth* in Großkomm. AktG, 4. Aufl., § 109 AktG Rz. 80.

Der teilnahmeberechtigte Dritte ist allein auf Grund des § 36 Abs. 3 SEAG **nicht befugt**, für das Mitglied **an der Beschlussfassung teilzunehmen**. Die Stimmabgabe durch abwesende Mitglieder folgt eigenen Regeln: Die zur Teilnahme ermächtigte Person kann Stimmbote sein, wenn sie eine schriftliche Stimmabgabe des Mitglieds überreicht (Anh. Art. 43 § 35 SEAG Rz. 6). Sie ist dann „Vertreter" des abwesenden Mitglieds im Sinne des Art. 50 Abs. 1 SE-VO (Art. 50 Rz. 15)[20].

In Ermangelung einer schriftlichen Stimmbotschaft beschränkt sich das **Teilnahmerecht** des Dritten auf die Anwesenheit bei der Sitzung. Er kann im Namen des verhinderten Mitglieds Erklärungen abgeben oder Anträge stellen. Das Recht, seine eigene Meinung vorzutragen und damit an der Diskussion teilzunehmen, kann ihm nicht zugestanden werden[21]; andernfalls läge es in der Hand des verhinderten Mitglieds, einem Dritten unter Umgehung der Regelung des § 36 Abs. 1 SEAG Zugang und Rederecht zu verschaffen.

V. Abweichende gesetzliche Bestimmungen (§ 36 Abs. 4 SEAG)

Abweichende gesetzliche Bestimmungen, die gem. § 36 Abs. 4 SEAG unberührt bleiben, sind namentlich Sonderregeln des Aufsichtsrechts, die Vertretern der Aufsichtsbehörden ein Teilnahmerecht zusprechen (z.B. § 44 Abs. 4 KWG)[22].

§ 37 SEAG
Einberufung des Verwaltungsrats

(1) Jedes Verwaltungsratsmitglied kann unter Angabe des Zwecks und der Gründe verlangen, dass der Vorsitzende des Verwaltungsrats unverzüglich den Verwaltungsrat einberuft. Die Sitzung muss binnen zwei Wochen nach der Einberufung stattfinden.

(2) Wird dem Verlangen nicht entsprochen, so kann das Verwaltungsratsmitglied unter Mitteilung des Sachverhalts und der Angabe einer Tagesordnung selbst den Verwaltungsrat einberufen.

I. Überblick	1	III. Einberufung aus eigener Initiative (§ 37 Abs. 2 SEAG)	6
II. Einberufungsverlangen (§ 37 Abs. 1 SEAG)	3		

I. Überblick

Die Vorschrift behandelt die Einberufung des Verwaltungsrats auf Verlangen eines einzelnen Mitglieds. Die **Einberufung** als solche ist weder in der SE-VO noch im SEAG näher geregelt und damit formfrei möglich, sofern nicht Satzung oder Geschäfts-

---

20 *Schwarz*, Anh. Art. 43 SE-VO Rz. 233.
21 So für den Aufsichtsrat *Koch* in Hüffer, § 109 AktG Rz. 7. Dagegen sprechen sich *Hopt/Roth* in Großkomm. AktG, 4. Aufl., § 109 AktG Rz. 87, für ein eigenes Rederecht des Beauftragten aus; offen gelassen wird die Frage bei *Kindl*, Teilnahme an der Aufsichtsratssitzung, S. 26 f.
22 Vgl. *Drygala* in K. Schmidt/Lutter, § 109 AktG Rz. 20; *Hopt/Roth* in Großkomm. AktG, 4. Aufl., § 109 AktG Rz. 92; *Koch* in Hüffer, § 109 AktG Rz. 8.

ordnung besondere Verfahrensvorschriften aufstellen[1]. Für die Einberufung ist der Verwaltungsratsvorsitzende zuständig; dessen Regelzuständigkeit ergibt sich mittelbar aus § 37 Abs. 1 SEAG[2]. Der wesentliche Regelungsgehalt des § 37 SEAG besteht im **individuellen Recht** eines einzelnen Mitglieds, die Einberufung des Verwaltungsrats zu verlangen (Abs. 1) und gegebenenfalls selbst vorzunehmen (Abs. 2).

2 Die Vorschrift orientiert sich an **§ 110 AktG**. Es handelt sich um eine nicht systemspezifische, sondern für jedes Kollegialorgan relevante Fragestellung (vgl. vor Art. 46 Rz. 1); daher können Literatur und Rechtsprechung zu § 110 AktG als Interpretationshilfe herangezogen werden. Der in § 110 Abs. 3 AktG festgelegte Sitzungsturnus wurde nicht in das SEAG übernommen, weil diese Frage bereits in Art. 44 Abs. 1 SE-VO geregelt ist.

II. Einberufungsverlangen (§ 37 Abs. 1 SEAG)

3 Jedes Verwaltungsratsmitglied kann eine Einberufung des Verwaltungsrats verlangen. Das Verlangen **richtet sich an den Vorsitzenden** des Verwaltungsrats. Es muss den Zweck der Sitzung benennen, also insbesondere die Gegenstände, die behandelt werden sollen, und die **Gründe** für die Einberufung, also die Notwendigkeit einer Sitzung außerhalb des regulären Turnus[3].

4 Der Vorsitzende muss dem Einberufungsverlangen **unverzüglich**, also ohne schuldhaftes Zögern (§ 121 Abs. 1 BGB), nachkommen. Zwischen Einberufung und Sitzungstermin können dann nochmals maximal **zwei Wochen** liegen. Eine Ablehnung des Verlangens ist im Missbrauchsfalle möglich. Da jedoch die Aussprache im Plenum den Kern der Tätigkeit eines Kollegialorgans ausmacht, ist der Wunsch danach nur höchst selten als missbräuchlich zu bewerten[4].

5 Die Unterschiede zwischen dem dualistischen und dem monistischen Modell werden hinsichtlich der Frage relevant, ob das in § 110 Abs. 1 AktG geregelte Einberufungsverlangen des Vorstands auf die **geschäftsführenden Direktoren** übertragbar ist[5]. Der Gesetzgeber hat dieses Initiativrecht des Vorstands nicht in den § 37 SEAG übernommen. Dies ist keine planwidrige Lücke, eine analoge Anwendung des § 37 Abs. 1 SEAG ist daher abzulehnen[6]. Denn die Stellung des Vorstands als eigenverantwortliches Leitungsorgan ist mit derjenigen des geschäftsführenden Direktors nicht vergleichbar (vgl. Art. 43 Rz. 64 ff.). Dies bestätigt § 22 Abs. 6 SEAG, der die Aufgaben des Vorstands grundsätzlich dem Verwaltungsrat zuweist. Ein geschäftsführender Direktor kann daher kraft seiner besseren Kenntnis des Tagesgeschäfts zwar verpflichtet sein, eine Einberufung anzuregen. Wenn sich aber ungeachtet dessen nicht ein einziges Verwaltungsratsmitglied findet, das eine Einberufung für notwendig hält und die entsprechende Initiative ergreift, muss der geschäftsführende Direktor dies respektieren.

---

1 *Reichert/Brandes* in MünchKomm. AktG, 3. Aufl., Art. 44 SE-VO Rz. 9; *Schwarz*, Anh. Art. 43 SE-VO Rz. 238. Für den Aufsichtsrat *Drygala* in K. Schmidt/Lutter, § 110 AktG Rz. 8 sowie *Hopt/Roth* in Großkomm. AktG, 4. Aufl., § 110 AktG Rz. 16 ff.
2 *Verse* in Habersack/Drinhausen, SE-Recht, § 37 SEAG Rz. 2.
3 *Schwarz*, Anh. Art. 43 SE-VO Rz. 239. Weiterhin die Kommentierungen zu § 110 AktG (*Drygala* in K. Schmidt/Lutter, § 110 AktG Rz. 4; *Koch* in Hüffer, § 110 AktG Rz. 6).
4 Ebenso *Verse* in Habersack/Drinhausen, SE-Recht, § 37 SEAG Rz. 4. So auch die Einschätzung bezüglich § 110 AktG bei *Drygala* in K. Schmidt/Lutter, § 110 AktG Rz. 5 und *Koch* in Hüffer, § 110 AktG Rz. 7.
5 *Schwarz*, Anh. Art. 43 SE-VO Rz. 242 f. plädiert insoweit für eine analoge Anwendung des § 37 Abs. 1 SEAG.
6 Ebenso *Siems* in KölnKomm. AktG, 3. Aufl., Anh. Art. 51 SE-VO, § 37 SEAG Rz. 3; *Verse* in Habersack/Drinhausen, SE-Recht, § 37 SEAG Rz. 6.

III. Einberufung aus eigener Initiative (§ 37 Abs. 2 SEAG)

Das Verwaltungsratsmitglied, das vergeblich ein Einberufungsverlangen an den Vorsitzenden gerichtet hat, kann den Verwaltungsrat dann im Wege der **Selbsthilfe** aus eigener Initiative einberufen (§ 37 Abs. 2 SEAG). Vergeblich war das Einberufungsverlangen, wenn der Vorsitzende die Einberufung nicht innerhalb der in § 37 Abs. 1 SEAG geregelten Frist vorgenommen hat und auch nicht in Kürze damit zu rechnen ist, dass dies noch geschieht. Die aus eigener Initiative vorgenommene Einberufung muss diesen Sachverhalt mitteilen, also über das verweigerte Einberufungsverlangen berichten, und eine Tagesordnung für die Sitzung angeben. Die Einberufung muss ohne schuldhaftes Zögern auf das vergebliche Einberufungsverlangen folgen[7]. Die Zweiwochenfrist gilt für die Einberufung im Wege der Selbsthilfe nicht[8].

§ 38 SEAG
Rechtsverhältnisse der Mitglieder des Verwaltungsrats

(1) Für die Vergütung der Mitglieder des Verwaltungsrats gilt § 113 des Aktiengesetzes entsprechend.

(2) Für die Gewährung von Krediten an Mitglieder des Verwaltungsrats und für sonstige Verträge mit Mitgliedern des Verwaltungsrats gelten die §§ 114 und 115 des Aktiengesetzes entsprechend.

I. Überblick	1	III. Kreditgewährung und sonstige Verträge (§ 38 Abs. 2 SEAG)	10
II. Vergütung der Verwaltungsratsmitglieder (§ 38 Abs. 1 SEAG)	3		

Literatur: *Bauer*, Organstellung und Organvergütung in der monistisch verfassten Europäischen Aktiengesellschaft (SE), 2008 (zit. Organstellung); *Blümich* (Hrsg.), EStG-KStG-GewStG, 125. Ergänzungslieferung, Stand: Oktober 2014; *Brandt*, Die Hauptversammlung der Europäischen Aktiengesellschaft (SE), 2004 (zit.: Hauptversammlung); *Frle/Sauter* (Hrsg.), Heidelberger Kommentar zum Körperschaftsteuergesetz, 3. Aufl. 2010; *Fischer*, Monistische Unternehmensverfassung, 2010; *Lutter/Kollmorgen/Feldhaus*, Die Europäische Aktiengesellschaft – Satzungsgestaltung bei der mittelständischen SE, BB 2005, 2473–2483; *Messow*, Die Anwendbarkeit des Deutschen Corporate Governance Kodex auf die Societas Europaea (SE), 2008 (zit. Corporate Governance Kodex); *Seibt/Saame*, Geschäftsleiterpflichten bei der Entscheidung über D&O-Versicherungsschutz, AG 2006, 901–913

I. Überblick

§ 38 SEAG regelt das Rechtsverhältnis zwischen der Gesellschaft und den Verwaltungsratsmitgliedern. Er verweist hierfür auf die Vorschriften des Aktiengesetzes über den Aufsichtsrat. Dies betrifft die Regelungen über die **Vergütung** (§ 113 AktG), über **Dienst- oder Werkverträge** mit der Gesellschaft (§ 114 AktG) und über **Kreditgewährung** der Gesellschaft an die Organmitglieder (§ 115 AktG). Die vergütungsbezo-

---

[7] *Lutter/Krieger/Verse*, Aufsichtsrat, Rz. 697 (S. 297).
[8] *Verse* in Habersack/Drinhausen, SE-Recht, § 37 SEAG Rz. 7.

genen Empfehlungen des Deutschen Corporate Governance Kodex zum Aufsichtsrat sind entsprechend auf die Verwaltungsratsmitglieder anwendbar[1].

2 Im Gesetzgebungsverfahren wurde teilweise gefordert, sich bei Regelung dieser Fragen eher am Vorstand zu orientieren, weil der Verwaltungsrat diesem in seiner Gesamtverantwortung für die Unternehmensleitung näher stehe[2]. Indessen folgen die auf den Vorstand bezogenen Regelungen dem Leitbild eines Geschäftsführers, der seine gesamte Arbeitskraft in den Dienst der Gesellschaft stellt. Dies dürfte bei Verwaltungsratsmitgliedern eher die Ausnahme sein. Diese stehen jedenfalls insoweit dem Aufsichtsrat näher, als es sich in beiden Fällen um eine typische **Nebentätigkeit** handelt. Die SE-VO bringt dies mittelbar zum Ausdruck, indem sie für beide Organe vier Sitzungen pro Jahr ausreichen lässt[3]. Während allerdings Aufsichtsratsmitglieder nicht zugleich dem Vorstand angehören dürfen (§ 105 AktG), können Verwaltungsratsmitglieder auch zu geschäftsführenden Direktoren bestellt werden (§ 40 Abs. 1 Satz 2 SEAG); in diesem Sonderfall finden dann in der Funktion als geschäftsführender Direktor auch die Vergütungsregeln über den Vorstand entsprechende Anwendung (§ 40 Abs. 7 SEAG i.V.m. §§ 87 bis 89 AktG).

II. Vergütung der Verwaltungsratsmitglieder (§ 38 Abs. 1 SEAG)

3 Gem. § 38 Abs. 1 SEAG gilt für die Vergütung der Verwaltungsratsmitglieder § 113 AktG entsprechend. Den Verwaltungsratsmitgliedern kann demnach eine Vergütung gewährt werden (§§ 38 Abs. 1 SEAG i.V.m. 113 Abs. 1 Satz 1 AktG). Mit Blick auf die Verantwortung, die der Verwaltungsrat übernimmt, wird eine Vergütung der Regelfall sein. Über die Vergütung der Verwaltungsratsmitglieder **entscheiden die Aktionäre**: Die Vergütung kann in der Satzung festgesetzt oder von der Hauptversammlung bewilligt werden (§§ 38 Abs. 1 SEAG i.V.m. 113 Abs. 1 Satz 2 AktG)[4]. Ist die Vergütung in der Satzung festgesetzt, kann die Hauptversammlung eine Änderung mit einfacher Mehrheit beschließen (§§ 38 Abs. 1 SEAG i.V.m. 113 Abs. 1 Satz 4 AktG); mit Blick auf Art. 59 Abs. 2 SE-VO reicht die einfache Mehrheit allerdings nur aus, wenn mindestens die Hälfte des gezeichneten Kapitals vertreten ist[5]. Eine Satzungsregelung kann noch nicht für den ersten Verwaltungsrat nach der SE-Gründung getroffen werden (§§ 38 Abs. 1 SEAG i.V.m. 113 Abs. 2 AktG). Ob die bei § 113 Abs. 2 AktG unterstellte gesetzestypische Gefahr bei einer SE-Gründung auch besteht, ist zwar zweifelhaft; jedoch genügen diese Zweifel nicht, um den gesetzlich angeordneten Verweis für irrelevant zu erklären[6]. Für den in der Praxis häufigen Fall des Formwechsels in die SE findet die Verweisung ohnehin keine Anwendung[7].

---

1 *Messow*, Corporate Governance Kodex, S. 276; *Verse* in Habersack/Drinhausen, SE-Recht, § 38 SEAG Rz. 3.
2 Vgl. insbesondere die Stellungnahme des Bundesrates, BT-Drucks. 15/3656, S. 5; in dieselbe Richtung auch *Schwarz*, Art. 43 SE-VO Rz. 248.
3 Vgl. Art. 41 Abs. 1 und Art. 44 SE-VO.
4 Unverständlich daher die nicht näher begründete Einwendung des Bundesrates im Gesetzgebungsverfahren: Es werde nicht deutlich, wer für die Vergütung des Verwaltungsrates verantwortlich sei (vgl. BT-Drucks. 15/3656, S. 5).
5 Zutreffend *Verse* in Habersack/Drinhausen, SE-Recht, § 38 SEAG Rz. 5; in der Tendenz auch *Bauer*, Organstellung, S. 118, der argumentativ auf Art. 59 Abs. 2 SE-VO hinweist, dann aber wohl eine einfache Mehrheit ohne weitere Voraussetzung ausreichen lassen will. Für die Gegenauffassung *Brandt*, Hauptversammlung, S. 246.
6 So aber Bauer, Organstellung, S. 110 ff., mit dem methodischen Argument der teleologischen Reduktion.
7 *Verse* in Habersack/Drinhausen, SE-Recht, § 38 SEAG Rz. 7; für die AG *Habersack* in MünchKomm. AktG, 4. Aufl., § 113 AktG Rz. 55.

Die Vergütung soll in einem **angemessenen Verhältnis** zu den Aufgaben der Verwaltungsratsmitglieder stehen (§§ 38 Abs. 1 SEAG i.V.m. 113 Abs. 1 Satz 3 AktG). Im Gesetzgebungsverfahren wurde zwar eingewandt, es werde der Leitungsverantwortung des Verwaltungsrats nicht gerecht, im Bereich der Vergütung auf den Aufsichtsrat zu verweisen[8]. Dieser Einwand verkennt jedoch, dass bei einer „entsprechenden Anwendung" nicht etwa die für den Aufsichtsrat übliche Vergütungshöhe den Maßstab bildet, sondern der in § 113 Abs. 1 Satz 3 AktG geregelte Grundsatz der **aufgabenadäquaten Vergütung**[9]. Demselben Prinzip folgt im Übrigen die Regelung über die Vorstandsvergütung (§ 87 Abs. 1 Satz 1 AktG). Die Vergütung muss außerdem in einem angemessenen Verhältnis zur **Lage der Gesellschaft** stehen (§§ 38 SEAG i.V.m. 113 Abs. 1 Satz 3 AktG). Auch dieser Gedanke gilt im allgemeinen Aktienrecht nicht nur für den Aufsichtsrat, sondern ebenso für den Vorstand (§ 87 Abs. 1 Satz 1 AktG).

4

Bei der Bemessung der Vergütung sind Vergleiche mit Erfahrungswerten bei der Aufsichtsrats- oder Vorstandsvergütung nur bedingt tragfähig. Die Funktion besteht zwar in einer Teilhabe an der unternehmerischen Oberleitung und ist insoweit dem Vorstand vergleichbar, sie wird andererseits typischerweise als **Nebentätigkeit** wahrgenommen werden, was sie zumindest vom Arbeits- und Zeitaufwand in die Nähe eines Aufsichtsratsmandats rückt. Eine tägliche Befassung mit den Angelegenheiten der Gesellschaft wird man nur von denjenigen Verwaltungsratsmitgliedern erwarten können, die zugleich geschäftsführende Direktoren sind; in dieser Eigenschaft beziehen sie jedoch regelmäßig eine separate Vergütung (vgl. Anh. Art. 43 § 40 SEAG Rz. 52 ff.). Denkbar aber nicht zwingend ist eine Regelung, wonach der für Verwaltungsratsmitglieder vorgesehene Vergütungsanspruch ruht oder angerechnet wird, solange ein Mitglied die Funktion eines geschäftsführenden Direktors wahrnimmt[10].

5

Als **materielle Kriterien** für die Bemessung einer angemessenen (oben Rz. 4) Vergütung kommen insbesondere die persönliche Qualifikation und der Marktwert des betreffenden Kandidaten in Betracht[11]. Weiterhin können die Übernahme des Vorsitzes und/oder die Tätigkeit in Ausschüssen gesondert honoriert werden[12]. Nicht zulässig ist eine Differenzierung zwischen Vertretern der Anteilseigner und der Arbeitnehmer[13].

6

---

8 Stellungnahme des Bundesrates, BT-Drucks. 15/3656, S. 5; vgl. auch *Schwarz*, Anh. Art. 43 SE-VO Rz. 248.
9 In diesem Sinne auch *Verse* in Habersack/Drinhausen, SE-Recht, § 38 SEAG Rz. 8. Näher hierzu *Fischer*, Monistische Unternehmensverfassung, S. 195 ff.
10 Nach Auffassung von *Reichert/Brandes* in MünchKomm. AktG, 3. Aufl., Art. 44 SE-VO Rz. 86 (in diesem Sinne auch *Bauer*, Organstellung, S. 150 ff.), sollte die Vergütungsregelung generell auf die nicht-geschäftsführenden Verwaltungsratsmitglieder beschränkt werden. Zwingend erscheint dies nicht, ist doch die Funktion als Verwaltungsratsmitglied auch bei Verbindung mit der Funktion des geschäftsführenden Direktors weiterhin zu erfüllen und möglicherweise mit gewissen Zusatzbelastungen verbunden (ebenso *Siems* in KölnKomm. AktG, 3. Aufl., Anh. Art. 51 SE-VO, § 38 SEAG Rz. 3 und *Verse* in Habersack/Drinhausen, SE-Recht, § 38 SEAG Rz. 9).
11 So zur Vorstandsvergütung *Seibt* in K. Schmidt/Lutter, § 87 AktG Rz. 9 und *Koch* in Hüffer, § 87 AktG Rz. 2.
12 *Reichert/Brandes* in MünchKomm. AktG, 3. Aufl., Art. 44 SE-VO Rz. 88; *Verse* in Habersack/Drinhausen, SE-Recht, § 38 SEAG Rz. 9; vgl. auch *Drygala* in K. Schmidt/Lutter, § 113 AktG Rz. 17 sowie *Koch* in Hüffer, § 113 AktG Rz. 4 und die Satzungsregelung bei *Lutter/Kollmorgen/Feldhaus*, BB 2005, 2473, 2480.
13 *Reichert/Brandes* in MünchKomm. AktG, 3. Aufl., Art. 44 SE-VO Rz. 88; dies verbietet der Grundsatz der gleichen Berechtigung und Verantwortung aller Organmitglieder (grundlegend für den Aufsichtsrat BGH v. 25.2.1982 – II ZR 123/81, BGHZ 83, 106, 113).

7 **Kein Vergütungsbestandteil** ist der reine Auslagenersatz[14]. Auch die Prämien für den Abschluss einer D&O-Versicherung, die für ein Organ der unternehmerischen Oberleitung noch größere Bedeutung erlangt als für den Aufsichtsrat, zählen nach mittlerweile herrschender Auffassung nicht zur Vergütung[15].

8 Ob Mitgliedern des Verwaltungsrats **Aktienoptionen** gewährt werden können, ist umstritten (näher Anh. Art. 43 § 22 SEAG Rz. 44). Es geht dabei zum einen um die Frage, welches eine angemessene Vergütung ist, zum anderen ist eine Abstimmung mit dem Recht der Kapitalerhöhung nötig. Eine **erfolgsbezogene Vergütung** ist für den Aufsichtsrat grundsätzlich zulässig[16], muss daher umso mehr auch für den Verwaltungsrat gestattet sein, der unmittelbar unternehmerische Verantwortung trägt. Die Gewährung von Aktienoptionen scheitert bei Aufsichtsratsmitgliedern allerdings an § 192 Abs. 2 Nr. 3 AktG, der die hierfür nötige **bedingte Kapitalerhöhung** nur zum Zwecke der Gewährung von Bezugsrechten an „Mitglieder der Geschäftsführung" gestattet[17]. Im Gegensatz zum Aufsichtsrat ist der Verwaltungsrat aber ein Geschäftsführungsorgan, daher ist die Gewährung von Aktienoptionen dem Wortlaut nach möglich. Auch die für das dualistische Modell angeführten Bedenken gegenüber einer Angleichung der Vorstands- und der Aufsichtsratsvergütung[18] greifen gegenüber dem Verwaltungsrat nicht durch, dessen Eigenart gerade darin liegt, die im dualistischen System getrennten Funktionen auf sich zu vereinen (s. Anh. Art. 43 § 22 SEAG Rz. 3)[19].

9 Problematisch ist die **steuerliche Behandlung** der Verwaltungsratsvergütung. Die Aufsichtsratsvergütung ist steuerlich nur zur Hälfte als Betriebsausgabe abzugsfähig. Der hierfür maßgebliche § 10 Nr. 4 KStG nennt zwar auch den „Verwaltungsrat", meint damit aber ein mit der Überwachung der Geschäftsführung betrautes Gremium[20]. Der SE-Verwaltungsrat ist jedoch kraft europäischen Rechts (Art. 43 Abs. 1 SE-VO) selbst Geschäftsführungsorgan. Die in § 22 Abs. 1 SEAG angesprochene „Überwachung" bezieht sich lediglich auf die Umsetzung der vom Verwaltungsrat festgelegten Grundlinien der Geschäftstätigkeit, wie sie auch jedem Vorstand gegenüber seinen nachgeordneten Hierarchien obliegt (Anh. Art. 43 § 22 SEAG Rz. 15). Eine steuerliche Einstufung als Überwachungsorgan ist mit der europäischen Vorgabe des Art. 43 Abs. 1 Satz 1 SE-VO („Das Verwaltungsorgan führt die Geschäfte der SE") nicht zu vereinbaren[21].

---

[14] *Drygala* in K. Schmidt/Lutter, § 113 AktG Rz. 14; *Verse* in Habersack/Drinhausen, SE-Recht, § 38 SEAG Rz. 6; *Koch* in Hüffer, § 113 AktG Rz. 2b.

[15] Vgl. *Verse* in Habersack/Drinhausen, SE-Recht, § 38 SEAG Rz. 6; *Drygala* in K. Schmidt/Lutter, § 113 AktG Rz. 16; *Koch* in Hüffer, § 113 AktG Rz. 2a; *Lutter/Krieger/Verse*, Aufsichtsrat, Rz. 1038; a.A. *Semler* in MünchKomm. AktG, 2. Aufl., § 113 AktG Rz. 82. Zur unternehmenspolitischen Entscheidung über die Vereinbarung eines D&O-Versicherungsschutzes *Seibt/Saame*, AG 2006, 901 ff.

[16] Näher *Drygala* in K. Schmidt/Lutter, § 113 AktG Rz. 28 und *Koch* in Hüffer, § 113 AktG Rz. 9 ff.

[17] BGH v. 16.2.2004 – II ZR 316/02, NJW 2004, 1109 f. = AG 2004, 265.

[18] Vgl. dazu BGH v. 16.2.2004 – II ZR 316/02, NJW 2004, 1109, 1110 = AG 2004, 265.

[19] Ebenso *Bauer*, Organstellung, S. 119 ff.; *Fischer*, Monistische Unternehmensverfassung, S. 192; *Verse* in Habersack/Drinhausen, SE-Recht, § 38 SEAG Rz. 13–15 sowie *Siems* in KölnKomm. AktG, 3. Aufl., Anh. Art. 51 SE-VO, § 38 SEAG Rz. 8.

[20] Vgl. *Hofmeister* in Blümich, KStG, Loseblatt, § 10 Rz. 85 ff.

[21] Ebenso *Fischer*, Monistische Unternehmensverfassung, S. 196 f.; a.A. *Verse* in Habersack/Drinhausen, SE-Recht, § 38 SEAG Rz. 16.

III. Kreditgewährung und sonstige Verträge (§ 38 Abs. 2 SEAG)

Dienst- oder Werkverträge einzelner Verwaltungsratsmitglieder mit der Gesellschaft sind nur dann zulässig, wenn sie eine Tätigkeit betreffen, die außerhalb der Verwaltungsratstätigkeit steht. Ihre Wirksamkeit hängt außerdem von einer **Zustimmung** des Verwaltungsrats ab. Sie kann als vorherige Einwilligung oder nachträgliche Genehmigung erteilt werden[22]. Das betreffende Mitglied ist dabei nach den allgemeinen Regeln nicht stimmberechtigt (vgl. Art. 50 Rz. 19). Im übrigen sind sowohl geschäftsführende als auch nicht-geschäftsführende Mitglieder stimmberechtigt[23]; zur klaren Trennung der Interessensphären kann sich die Delegation an einen Ausschuss empfehlen, der allein mit nicht-geschäftsführenden Mitgliedern besetzt ist[24]. Damit der Verwaltungsrat sich ein eigenes Urteil über die rechtliche Einordnung des Vertrags bilden kann, muss die geschuldete Leistung möglichst konkret bezeichnet werden[25]. Die Vorschriften finden auch Anwendung auf Verträge mit Unternehmen, an denen das Verwaltungsratsmitglied beteiligt ist[26]. 10

Grundsätzlich wird eine **gesonderte dienst- oder werkvertragliche Vergütung** nur für diejenigen Verwaltungsratsmitglieder in Betracht kommen, die nicht zugleich geschäftsführende Direktoren sind[27] und damit noch freie Arbeitskapazitäten haben, die sie der Gesellschaft außerhalb des Verwaltungsratsmandats zur Verfügung stellen können. Da Verwaltungsratsmitglieder ihrer Funktion nach auch in das operative Geschäft eingreifen können (Anh. Art. 43 § 22 SEAG Rz. 5 ff.), ist der Kreis der außerhalb ihrer Tätigkeit stehenden Beratungsfelder naturgemäß enger als bei Aufsichtsräten[28]. Maßgeblich ist dabei nicht der Umfang der Tätigkeit, sondern ihr **Gegenstand**[29]. Denkbar ist ein gesonderter Dienst- oder Werkvertrag beispielsweise dann, wenn ein Verwaltungsratsmitglied ein besonderes Fachwissen vorzuweisen hat und auf Grund dessen die Erledigung einer Aufgabe übernimmt, die üblicherweise nicht im Verwaltungsrat selbst, sondern durch Delegation an Dritte erledigt worden wäre, weil sie sich nicht auf überordnete allgemeine Fragen der Unternehmenstätigkeit bezieht[30]. 11

Wird ein Verwaltungsratsmitglied zum **geschäftsführenden Direktor** bestellt, fällt der hiermit zusammenhängende **Anstellungsvertrag** nicht unter §§ 38 Abs. 2 SEAG, 114 AktG und bedarf folglich keiner Zustimmung der Hauptversammlung[31]. Systematisch lässt sich dies durch den Vorrang der Spezialregelung in § 41 Abs. 5 SEAG begründen: Für den Abschluss des Anstellungsvertrages und die Festlegung der Ver- 12

---

22 *Verse* in Habersack/Drinhausen, SE-Recht, § 38 SEAG Rz. 22.
23 *Verse* in Habersack/Drinhausen, SE-Recht, § 38 SEAG Rz. 22.
24 *Bauer*, Organstellung, S. 131; *Verse* in Habersack/Drinhausen, SE-Recht, § 38 SEAG Rz. 23.
25 *Verse* in Habersack/Drinhausen, SE-Recht, § 38 SEAG Rz. 21; vgl. BGH v. 4.7.1994 – II ZR 197/93, BGHZ 126, 340, 344 f. = AG 1994, 508 (für den Aufsichtsrat).
26 *Verse* in Habersack/Drinhausen, SE-Recht, § 38 SEAG Rz. 18; vgl. für den Aufsichtsrat BGH v. 20.11.2006 – II ZR 279/05, NZG 2007, 103 ff. = AG 2007, 80.
27 Die Bestellung von Verwaltungsratsmitgliedern zu geschäftsführenden Direktoren ist zulässig und in § 40 Abs. 1 Satz 2 SEAG vorausgesetzt (näher Anh. Art. 43 § 40 SEAG Rz. 19 ff.). Die Tätigkeit als geschäftsführender Direktor wird gesondert vergütet (Anh. Art. 43 § 40 SEAG Rz. 52 ff.).
28 *Reichert/Brandes* in MünchKomm. AktG, Art. 44 SE-VO Rz. 91; *Verse* in Habersack/Drinhausen, SE-Recht, § 38 SEAG Rz. 20.
29 BGH v. 4.7.1994 – II ZR 197/93, BGHZ 126, 340, 344 = AG 1994, 508 (für den Aufsichtsrat).
30 Vgl. BGH v. 4.7.1994 – II ZR 197/93, BGHZ 126, 340, 344 = AG 1994, 508 (für den Aufsichtsrat).
31 Ebenso mit ausführlicher Begründung *Reichert/Brandes* in MünchKomm. AktG, 3. Aufl., Art. 44 SE-VO Rz. 78 ff.

gütung ist der Verwaltungsrat zuständig (vgl. Anh. Art. 43 § 40 SEAG Rz. 18, 52)[32]. Auch der Sache nach passt der Regelungsgedanke der §§ 38 Abs. 2 SEAG, 114 AktG nicht für die geschäftsführenden Direktoren. Denn deren Tätigkeit steht nicht i.S.d. § 114 Abs. 1 AktG „außerhalb" der Tätigkeit des Verwaltungsrats. Es handelt sich vielmehr um ein Aufgabenfeld, das originär dem Verwaltungsrat zugewiesen ist und in welchem der geschäftsführende Direktor kraft „gesetzlicher Delegation" nach Weisung des Verwaltungsrats tätig wird (s. Anh. Art. 43 § 22 SEAG Rz. 13 und Anh. Art. 43 § 40 SEAG Rz. 28 ff.).

13 Die Sonderregel des § 115 AktG über die **Kreditgewährung** der Gesellschaft an Aufsichtsratsmitglieder soll Missbräuchen entgegenwirken[33]. Aus demselben Grunde wird in § 38 Abs. 2 SEAG die entsprechende Anwendung der Vorschrift auf Verwaltungsratsmitglieder angeordnet. Eine Kreditvergabe der Gesellschaft an Mitglieder des Verwaltungsrats bedarf somit der **Einwilligung des Verwaltungsrats**. Anstelle des Verwaltungsrats kann ein Ausschuss tätig werden[34], wobei für die Überweisung an einen beschließenden Ausschuss eine entsprechende Satzungsregelung notwendig ist (Art. 50 Rz. 22 f.). Für geschäftsführende Direktoren gilt § 40 Abs. 7 SEAG, der auf § 89 AktG verweist und insoweit die allgemeine Regelung des § 38 Abs. 2 SEAG verdrängt[35].

§ 39 SEAG
Sorgfaltspflicht und Verantwortlichkeit der Verwaltungsratsmitglieder

Für die Sorgfaltspflicht und Verantwortlichkeit der Verwaltungsratsmitglieder gilt § 93 AktG entsprechend.

I. Überblick	1	III. Verschwiegenheitspflicht	9
II. Objektiver Pflichtenmaßstab		IV. Schadensersatzpflicht	10
1. Aufgabenbezogene Pflichtenstellung	2	V. Haftungsausschluss	14
2. Business Judgment Rule	6	VI. Geltendmachung durch die Gläubiger	15
3. Gesamtverantwortung und Ressortaufteilung	7	VII. Verjährung	16

Literatur: *Boettcher*, Die Kompetenzen von Verwaltungsrat und geschäftsführenden Direktoren in der monistischen SE in Deutschland, 2009 (zit.: Verwaltungsrat); *Fleischer* (Hrsg.), Handbuch des Vorstandsrechts, 2006; *Forst*, Zu den Auswirkungen des Gesetzes zur Angemessenheit der Vorstandsvergütung auf die SE, ZIP 2010, 1786–1790; *Ihrig*, Organschaftliche Haftung und Haftungsdurchsetzung unter Berücksichtigung der monistisch verfassten SE, in Bachmann/Casper/Schäfer/Veil (Hrsg.), Steuerungsfunktionen des Haftungsrechts im Gesellschafts- und Kapitalmarktrecht, 2007, S. 17–28; *Ihrig*, Die geschäftsführenden Direktoren in der monistischen SE: Stellung, Aufgaben und Haftung, ZGR 2008, 809–834; *Krieger*, Organpflichten und Haftung in der AG, in Krieger/Uwe H. Schneider (Hrsg.), Handbuch Managerhaftung, 2. Aufl. 2010, § 3 (S. 41–74); *Lohse*, Unternehmerisches Ermessen, 2005; *Lutter*, Die Business Judgment Rule und ihre praktische An-

---
32 Ebenso *Verse* in Habersack/Drinhausen, SE-Recht, § 38 SEAG Rz. 18.
33 *Drygala* in K. Schmidt/Lutter, § 115 AktG Rz. 2 und *Koch* in Hüffer, § 115 AktG Rz. 1.
34 *Drygala* in K. Schmidt/Lutter, § 115 AktG Rz. 9 sowie *Koch* in Hüffer, § 115 AktG Rz. 2.
35 *Bauer*, Organstellung, S. 172; *Verse* in Habersack/Drinhausen, SE-Recht, § 38 SEAG Rz. 26.

wendung, ZIP 2007, 841–848; *Metz*, Die Organhaftung bei der monistisch strukturierten Europäischen Aktiengesellschaft mit Sitz in Deutschland, 2009 (zit.: Organhaftung); *Teichmann*, Organhaftung in der SE, in Krieger/Uwe H. Schneider (Hrsg.), Handbuch Managerhaftung, 2. Aufl., 2010, § 5 (S. 98–117); *E. Vetter*, Risikobereich und Haftung: Organisation (Geschäftsverteilung und Delegation) und Überwachung, in Krieger/Uwe H. Schneider (Hrsg.), Handbuch Managerhaftung, 2. Aufl. 2010, § 18 (S. 501–539).

I. Überblick

Die **SE-VO** enthielt in früheren Fassungen noch eigenständige Haftungsregeln (Art. 51 Rz. 2 ff.), **verweist** aber in der heute gültigen Version in Art. 51 SE-VO **auf das mitgliedstaatliche Recht**. Das monistische Modell ist allerdings im Aktiengesetz nicht geregelt, daher hat der deutsche Gesetzgeber für das monistische Modell eigene Haftungsregeln erlassen (§§ 39 und 40 Abs. 8 SEAG). Diese verweisen auf **§ 93 AktG**, der insoweit als haftungsrechtliche Generalklausel fungiert (Art. 51 Rz. 21 ff.). Dieser allgemeine Maßstab bietet „genügend Spielraum für eine individuelle und an der konkreten Aufgabenstellung orientierte Haftung der Mitglieder des Verwaltungsrats"[1]. Ebenso wie die §§ 93, 116 AktG regelt auch § 39 SEAG nur die Innenhaftung gegenüber der Gesellschaft, die Außenhaftung folgt den allgemeinen Grundsätzen[2]. 1

II. Objektiver Pflichtenmaßstab

1. Aufgabenbezogene Pflichtenstellung

Gem. § 39 SEAG i.V.m. § 93 Abs. 1 Satz 1 AktG haben die Verwaltungsratsmitglieder bei ihrer Geschäftsführung die Sorgfalt eines ordentlichen und gewissenhaften Geschäftsleiters anzuwenden. Diese Vorschrift umschreibt nicht nur einen Verschuldensmaßstab, sondern auch eine objektive Pflichtenstellung der Geschäftsleiter[3]. Bei Konkretisierung dieser Pflichten sind die **Aufgaben des Verwaltungsrats** in den Blick zu nehmen, die sich aus SE-VO und SEAG ergeben[4]: Er ist Organ der Geschäftsführung (Art. 43 Rz. 12 ff.) und leitet die Gesellschaft (Anh. Art. 43 § 22 SEAG Rz. 5 ff.). Er nimmt außerdem die Personalhoheit gegenüber den geschäftsführenden Direktoren wahr (Anh. Art. 43 § 22 SEAG Rz. 12 ff.). Weitere Leitungsaufgaben betreffen die Einberufung der Hauptversammlung in bestimmten für die Gesellschaft bedrohlichen Situationen (§ 22 Abs. 2 Satz 1 und Abs. 5 Satz 1 SEAG), die Führung der Handelsbücher (§ 22 Abs. 3 SEAG) und die Einrichtung eines Risikoüberwachungssystems (§ 22 Abs. 3 Satz 2 SEAG). Bei Zahlungsunfähigkeit oder Überschuldung ist der Verwaltungsrat verpflichtet, einen Insolvenzantrag zu stellen (§ 22 Abs. 5 Satz 2 SEAG). Ganz allgemein hat er all diejenigen Aufgaben wahrzunehmen, die im dualistischen System bei Vorstand oder Aufsichtsrat angesiedelt sind, soweit nicht das Gesetz ausnahmsweise eine Zuständigkeit der geschäftsführenden Direktoren begründet (§ 22 Abs. 6 SEAG). Der Verwaltungsrat ist außerdem im faktischen Konzern verpflichtet, den von den geschäftsführenden Direktoren erstellten Abhängigkeitsbericht zu prüfen[5]. 2

Ein Verwaltungsratsmitglied, das zugleich **geschäftsführender Direktor** ist, unterliegt in seinem Tätigkeitsbereich als geschäftsführender Direktor der Haftung nach § 40 3

---

1 So ausdrücklich die Gesetzesbegründung zu § 39 SEAG, BT-Drucks. 15/3405, S. 39.
2 *Verse* in Habersack/Drinhausen, SE-Recht, § 39 SEAG Rz. 2.
3 Vgl. zum allgemeinen Aktienrecht *Krieger/Sailer-Coceani* in K. Schmidt/Lutter, § 93 AktG Rz. 6 und *Koch* in Hüffer, § 93 AktG Rz. 5.
4 Vgl. zum Folgenden vertieft die Kommentierungen zu Art. 43 und Anh. Art. 43 § 22 SEAG. Weiterhin *Metz*, Organhaftung, S. 98 ff.
5 Vgl. § 49 Abs. 1 SEAG.

Abs. 8 SEAG, für seine Verwaltungsratstätigkeit der Haftungsnorm des § 39 SEAG. Die Unterscheidung ist aber eher formaler Natur, da in beiden Fällen der generalklauselartige Tatbestand des § 93 AktG zur Anwendung kommt.

4 Bei Erfüllung seiner Aufgaben hat jedes Verwaltungsratsmitglied die **„Sorgfalt eines ordentlichen und gewissenhaften Geschäftsleiters"** zu beachten (§ 39 SEAG i.V.m. § 93 Abs. 1 Satz 1 AktG). Die Konkretisierung des Sorgfaltsmaßstabes orientiert sich ebenso wie bei einem AG-Vorstand oder GmbH-Geschäftsführer daran, dass dem Verwaltungsrat in verantwortlich leitender Position die selbständige treuhänderische Wahrnehmung fremder Vermögensinteressen obliegt[6]. Es handelt sich daher um einen **normativen Maßstab**, gemessen an den objektiven Notwendigkeiten derjenigen Unternehmen, die eine vergleichbare Größe, Tätigkeit und wirtschaftliche Lage haben[7]. Individuelle Unfähigkeit oder abweichende tatsächliche Übungen haben auf den objektiven Pflichtenmaßstab keine Auswirkung. Zur Sorgfalt eines ordentlichen und gewissenhaften Geschäftsleiters gehört insbesondere die Sorge für die Rechtmäßigkeit („Legalitätspflicht") und für die sachgemäße Ordnungsmäßigkeit der Geschäftsführung, sowie für Wirtschaftlichkeit und Zweckmäßigkeit der Leitungsentscheidungen[8]. Entsprechend ihrer Gleichstellung in Rechten und Pflichten (§ 38 Abs. 1 SEBG) unterliegen die **Arbeitnehmervertreter** derselben Haftung wie die Vertreter der Anteilseigner[9].

5 Bei **Anpassung der allgemeinen aktienrechtlichen Maßstäbe** an die besondere Funktion des Verwaltungsrats ist zu bedenken, dass er zwar Leitungsverantwortung trägt, seine Mitglieder das Amt jedoch regelmäßig als Nebentätigkeit wahrnehmen[10]. Während beispielsweise der Aufsichtsrat für Fehler im Tagesgeschäft nicht haftet, weil dieses nicht seiner Überwachung unterliegt[11], ist eine solche Verantwortlichkeit beim Verwaltungsrat keineswegs ausgeschlossen; denn dieser kann sich ungeachtet der Hilfestellung durch die geschäftsführenden Direktoren von der Verantwortung für das Tagesgeschäft nicht freizeichnen (s. Anh. Art. 43 § 22 SEAG Rz. 13 und Anh. Art. 43 § 40 SEAG Rz. 28 ff.). Umgekehrt machen SE-VO und SEAG aber auch deutlich, dass von Verwaltungsratsmitgliedern – anders als von Vorstandsmitgliedern – keineswegs die tägliche Befassung mit den Angelegenheiten der Gesellschaft erwartet wird: Art. 44 Abs. 1 SE-VO fordert lediglich eine Mindestzahl von vier Sitzungen pro Jahr und das SEAG stellt dem Verwaltungsrat nicht ohne Grund die geschäftsführenden Direktoren zur Seite. Auch das Wettbewerbsverbot, das § 88 AktG für Vorstandsmitglieder anordnet, gilt im monistischen System allein für die geschäftsführenden Direktoren (vgl. § 40 Abs. 7 SEAG)[12]. Somit verdichtet sich die an den Verwaltungsrat gestellte Sorgfaltsanforderung zu der Verpflichtung, die ihm zur Verfügung stehenden **Instrumente**

---

6 Vgl. die Formulierung bei BGH v. 20.2.1995 – II ZR 143/93, BGHZ 129, 30, 34 = AG 1995, 274.
7 *Krieger* in Krieger/Uwe H. Schneider, Handbuch Managerhaftung, § 3 Rz. 4 (S. 45); *Krieger/Sailer-Coceani* in K. Schmidt/Lutter, § 93 AktG Rz. 6; *Koch* in Hüffer, § 93 AktG Rz. 6.
8 *Verse* in Habersack/Drinhausen, SE-Recht, § 39 SEAG Rz. 5 ff. Für den Vorstand: *Krieger* in Krieger/Uwe H. Schneider, Handbuch Managerhaftung, § 3 Rz. 5 f. (S. 45 f.).
9 *Reichert/Brandes* in MünchKomm. AktG, 3. Aufl., Art. 51 SE-VO Rz. 14; *Verse* in Habersack/Drinhausen, SE-Recht, § 39 SEAG Rz. 4.
10 Eingehend *Metz*, Organhaftung, S. 129 ff., 138 ff.; weiterhin *Verse* in Habersack/Drinhausen, SE-Recht, § 39 SEAG Rz. 3.
11 *Krieger* in Krieger/Uwe H. Schneider, Handbuch Managerhaftung, § 3 Rz. 24 (S. 55); *Lutter/Krieger/Verse*, Aufsichtsrat, Rz. 985.
12 *Verse* in Habersack/Drinhausen, SE-Recht, § 39 SEAG Rz. 16–18, weist zu Recht darauf hin, dass ein nebenamtlich tätiges Verwaltungsratsmitglied legitimerweise auch eigene Interessen außerhalb der Gesellschaft verfolgen darf.

der **Unternehmensleitung** zweckgerecht einzusetzen[13]. Dazu gehört insbesondere die sorgfältige Auswahl und Kontrolle der geschäftsführenden Direktoren, eine zweckgerechte Gestaltung des Informationsflusses in den Verwaltungsrat (Anh. Art. 43 § 40 SEAG Rz. 38 ff.), die Erteilung von Weisungen an die Direktoren (Anh. Art. 43 § 44 SEAG Rz. 8 ff.) und als *ultima ratio* auch deren jederzeit mögliche Abberufung (Anh. Art. 43 § 40 SEAG Rz. 47 ff.) sowie die Verfolgung eventueller Schadensersatzansprüche der Gesellschaft (Anh. Art. 43 § 40 SEAG Rz. 68).

2. Business Judgment Rule

Für den Verwaltungsrat gilt ebenso wie für den Vorstand die sogenannte Business Judgment Rule (§§ 39 SEAG i.V.m. 93 Abs. 1 Satz 2 AktG). Es liegt demnach **keine Pflichtverletzung** vor, wenn das Verwaltungsratsmitglied bei einer unternehmerischen Entscheidung vernünftigerweise annehmen durfte, auf der Grundlage angemessener Informationen zum Wohle der Gesellschaft zu handeln. Da der Verwaltungsrat in seiner unternehmerischen Verantwortung dem Vorstand nahe kommt, genießt er einen vergleichbar weiten unternehmerischen Handlungsspielraum[14]. Dieser erfasst auch das bewusste Eingehen geschäftlicher Risiken und die Gefahr von Fehlbeurteilungen, solange das unternehmerische Handeln auf einer sorgfältigen Ermittlung der Entscheidungsgrundlagen beruht[15].

6

3. Gesamtverantwortung und Ressortaufteilung

Innerhalb des Verwaltungsrats gilt das Prinzip der **Gesamtverantwortung**[16]. Es findet im traditionellen deutschen Gesellschaftsrecht nicht nur auf den Vorstand Anwendung[17], sondern auch auf die Geschäftsführer einer GmbH, sofern mehrere Geschäftsführer bestellt wurden[18]. Demgemäß ist es als allgemeines Prinzip auch im monistischen Modell für die Aufgabenteilung innerhalb des Verwaltungsrats zu beachten. Die Gesamtverantwortung steht einer **Ressortbildung** nicht entgegen, begrenzt aber deren Spielraum und begründet eine wechselseitige Überwachungspflicht der einzelnen Mitglieder[19]. In der bisherigen Diskussion besteht sowohl für den Vorstand als auch für die mehrgliedrige GmbH-Geschäftsleitung Einigkeit darüber, dass

7

---

13 *Teichmann* in Krieger/Uwe H. Schneider, Handbuch Managerhaftung, § 5 Rz. 26 (S. 108). S. auch *Ihrig* in Bachmann/Casper/Schäfer/Veil, Haftung und Haftungsdurchsetzung, S. 17, 22 f. Vgl. hierzu die Parallele beim Aufsichtsrat: Dieser ist gehalten seine Überwachungsmittel zweckgerecht einzusetzen (*Krieger* in Krieger/Uwe H. Schneider, Handbuch Managerhaftung, § 3 Rz. 25 (S. 55)).
14 *Teichmann* in Krieger/Uwe H. Schneider, Handbuch Managerhaftung, § 5 Rz. 25 (S. 108); zur Anwendung der Business Judgment Rule allgemein *Krieger* in Krieger/Uwe H. Schneider, Handbuch Managerhaftung, § 3 Rz. 13 ff. (S. 51 ff.).
15 Vgl. BGH v. 21.4.1997 – II ZR 175/95, BGHZ 135, 244, 253 = AG 1997, 377 und BGH v. 21.3.2005 – II ZR 54/03, NZG 2005, 562 ff. (zum Vorstandsmitglied einer Genossenschaft). Weiterführend und vertiefend die von *Lohse*, Unternehmerisches Ermessen, 2005, entwickelte gesellschaftsrechtliche Entscheidungsfehlerlehre; aktueller Überblick zur Thematik bei *Lutter*, ZIP 2007, 841 ff.
16 *Boettcher*, Verwaltungsrat, S. 90 ff.; *Schwarz*, Art. 51 SE-VO Rz. 16; *Verse* in Habersack/Drinhausen, SE-Recht, § 39 SEAG Rz. 12.
17 Dazu *Fleischer* in Handbuch Vorstandsrecht, S. 23 ff. sowie *E. Vetter* in Krieger/Uwe H. Schneider, Handbuch Managerhaftung, § 18 (S. 501 ff.).
18 Grundlegend zur Gesamtverantwortung in der GmbH BGH v. 15.10.1996 – VI ZR 319/95, BGHZ 133, 370 ff. = AG 1997, 37.
19 *Eberspächer* in Spindler/Stilz, AktG, Art. 43 SE-VO Rz. 23; vgl. allgemein zu Ressortbildung und Gesamtverantwortung *E. Vetter* in Krieger/Uwe H. Schneider, Handbuch Managerhaftung, § 18 Rz. 17 ff. (S. 508 ff.).

für „echte Führungsentscheidungen"[20] beziehungsweise „Maßnahmen von besonderem Gewicht"[21] Gesamtverantwortung besteht.

8 Das **einzelne Verwaltungsratsmitglied** ist verpflichtet, an der Aufgabenerledigung des Verwaltungsrats aktiv mitzuwirken und ihm zugängliche entscheidungsrelevante Informationen an das Gesamtorgan weiterzugeben[22]. Dass die nicht-geschäftsführenden Mitglieder typischerweise einen gewissen Informationsrückstand gegenüber den geschäftsführenden Mitgliedern haben, kann ihnen aber nicht zum Vorwurf gereichen, sondern liegt in der Natur dieser Funktionsaufteilung[23]. Hält ein Verwaltungsratsmitglied einen Beschluss des Verwaltungsrats für rechtswidrig oder unsachgemäß, muss es mit Nein stimmen; bloße Stimmenthaltung genügt nicht[24]. Soweit eine Geschäftsverteilung vorgenommen wurde, trifft das einzelne Verwaltungsratsmitglied neben der eigenen Ressortverantwortung eine Überwachungspflicht hinsichtlich der fremden Ressorts[25].

III. Verschwiegenheitspflicht

9 Die in § 93 Abs. 1 Satz 3 AktG geregelte Verschwiegenheitspflicht folgt für Organmitglieder der SE **unmittelbar aus Art. 49 SE-VO**. Die dort geregelte Verpflichtung, Informationen nach dem Ausscheiden aus dem Amt nicht weiterzugeben, setzt eine auch während der Amtszeit bestehende Verschwiegenheitspflicht als gegeben voraus. Vgl. zu den Einzelheiten die Kommentierung bei Art. 49 SE-VO.

IV. Schadensersatzpflicht

10 Die Pflichtverletzung führt gem. § 39 SEAG i.V.m. § 93 Abs. 2 AktG zu einer Schadensersatzpflicht, soweit der Gesellschaft daraus ein Schaden entstanden ist. Die Haftungsnorm des § 93 Abs. 1 AktG wirkt insoweit auch als **objektivierter Verschuldensmaßstab**[26]. Jedes Organmitglied haftet für Pflichtverletzungen unabhängig von seinen persönlichen Kenntnissen und Fähigkeiten und hat für diejenige Sorgfalt einzustehen, die von einem durchschnittlichen Organmitglied erwartet werden kann[27]. Es muss sich notfalls die Kenntnisse und Fähigkeiten aneignen, die nötig sind, um alle normalerweise anfallenden Geschäftsvorgänge auch ohne fremde Hilfe verstehen und sachgerecht beurteilen zu können[28]. Die hierzu kürzlich ergangene Rechtsprechung, wonach eine rechtliche Beratung im Zweifel durch einen von der Gesellschaft unabhängigen, für die zu klärende Frage fachlich qualifizierten Berufsträger erfolgen

---

20 *Fleischer* in Handbuch Vorstandsrecht, S. 24 (Rz. 55) für den Vorstand.
21 *Kleindiek* in Lutter/Hommelhoff, § 37 GmbHG Rz. 31 für die GmbH-Geschäftsführer.
22 Vgl. *Krieger* in Krieger/Uwe H. Schneider, Handbuch Managerhaftung, § 3 Rz. 28 (S. 58) für den Aufsichtsrat.
23 *Siems* in KölnKomm. AktG, 3. Aufl., Anh. Art. 51 SE-VO § 39 SEAG Rz. 19.
24 *Krieger* in Krieger/Uwe H. Schneider, Handbuch Managerhaftung, § 3 Rz. 28 (S. 58) für den Aufsichtsrat.
25 *Reichert/Brandes* in MünchKomm. AktG, 3. Aufl., Art. 51 SE-VO Rz. 16 und 26 f.; *E. Vetter* in Krieger/Uwe H. Schneider, Handbuch Managerhaftung, § 18 Rz. 17 ff. (S. 508 ff.).
26 Vgl. zu § 93 AktG: *Krieger/Sailer-Coceani* in K. Schmidt/Lutter, § 93 AktG Rz. 34 und *Koch* in Hüffer, § 93 AktG Rz. 43.
27 Für den Vorstand *Hopt/Roth* in Großkomm. AktG, 5. Aufl., § 93 AktG Rz. 392 ff.; für den Aufsichtsrat *Hopt/Roth* in Großkomm. AktG, 4. Aufl., § 116 AktG Rz. 284.
28 *Reichert/Brandes* in MünchKomm. AktG, 3. Aufl., Art. 51 SE-VO Rz. 14; für den Aufsichtsrat BGH v. 15.11.1982 – II ZR 27/82, BGHZ 85, 293, 295 f.; weiterhin *Hopt/Roth* in Großkomm. AktG, 4. Aufl., § 116 AktG Rz. 43.

müsse und die erteilte Rechtsauskunft einer sorgfältigen Plausibilitätskontrolle zu unterziehen sei[29], gilt auch für Verwaltungsratsmitglieder.

Durch den Verweis des § 39 SEAG findet auch die **Beweislastregelung** des § 93 Abs. 2 Satz 2 AktG Anwendung: Ist streitig, ob Verwaltungsratsmitglieder die Sorgfalt eines ordentlichen und gewissenhaften Geschäftsleiters angewandt haben, so trifft sie die Beweislast. Bei der Anwendung des § 93 Abs. 2 Satz 3 AktG[30], der den Abschluss von D & O-Versicherungen betrifft, ist zu differenzieren: Sind die Verwaltungsratsmitglieder gleichzeitig geschäftsführende Direktoren, gilt die Vorschrift bereits über § 40 Abs. 8 SEAG i.V.m. § 93 Abs. 2 Satz 3 AktG. Für die Tätigkeit der geschäftsführenden Verwaltungsratsmitglieder im Verwaltungsrat nach § 39 SEAG i.V.m. § 93 Abs. 2 Satz 3 SEAG kann nichts anderes gelten[31]. Anders verhält es sich bei nicht-geschäftsführenden Direktoren. § 39 SEAG lehnte sich an den ursprünglichen § 116 AktG an, der durch das VorstAG geändert wurde und seither Aufsichtsratsmitglieder vom Selbstbehalt ausnimmt. Diese Lücke beruht offenbar auf einem Redaktionsversehen und ist durch eine analoge Anwendung des § 116 Satz 1 AktG zu schließen[32]. 11

Bei Vorliegen der **Sondertatbestände** des § 93 Abs. 3 AktG besteht gleichfalls eine Schadensersatzpflicht. Die Ziffern 7 und 8 (Vergütung an Aufsichtsräte, Kreditvergabe an Vorstands- oder Aufsichtsratsmitglieder) sind an das monistische Modell anzupassen: Haftungsauslöser ist demnach ein Verstoß gegen §§ 38 Abs. 2 SEAG i.V.m. 114 AktG (Gewährung zusätzlicher Vergütungen an Verwaltungsratsmitglieder) sowie gegen §§ 38 Abs. 2 SEAG i.V.m. 115 AktG/§§ 40 Abs. 7 SEAG i.V.m. 89 AktG (Kreditgewährung an Verwaltungsratsmitglieder/geschäftsführende Direktoren). 12

Bei **Geltendmachung** der Ansprüche gegenüber einem Verwaltungsratsmitglied wird die SE durch die geschäftsführenden Direktoren vertreten (§ 41 Abs. 1 SEAG). Nach den allgemein geltenden Regeln besteht bei hinreichender Erfolgsaussicht eine Pflicht, den Anspruch geltend zu machen; nur ausnahmsweise darf bei einem mindestens gleichwertigen entgegenstehenden Interesse der Gesellschaft von einer Rechtsverfolgung abgesehen werden[33]. Der Verwaltungsrat kann hierüber Beschluss fassen und gegebenenfalls den geschäftsführenden Direktoren eine Weisung erteilen[34]. Das betroffene Verwaltungsratsmitglied unterliegt bei der Beschlussfassung einem Stimmverbot. Daher ist es nicht geboten, den geschäftsführenden Direktoren insoweit eine weisungsfreie Alleinzuständigkeit zuzugestehen[35]. Nach den allgemeinen Vorschriften (§§ 147, 148 AktG) kann auch die Hauptversammlung die Geltendmachung betreiben[36]. 13

V. Haftungsausschluss

Die Haftung ist ausgeschlossen, wenn die Handlung auf einem **gesetzmäßigen Beschluss der Hauptversammlung** beruhte (§§ 39 SEAG i.V.m. 93 Abs. 4 Satz 1 AktG). 14

---

29 BGH v. 20.9.2011 – II ZR 234/09, NJW-RR 2011, 1670, 1672 = AG 2011, 876 für den Vorstand einer AG.
30 § 93 Abs. 2 Satz 3 AktG wurde im Rahmen des VorstAG vom 31.7.2009, BGBl. I S. 2509 neu eingefügt.
31 *Verse* in Habersack/Drinhausen, SE-Recht, § 39 SEAG Rz. 21.
32 *Forst*, ZIP 2010, 1786, 1788; *Verse* in Habersack/Drinhausen, SE-Recht, § 39 SEAG Rz. 21.
33 BGH v. 21.4.1997 – II ZR 175/95, BGHZ 135, 244 ff. = AG 1997, 377 („ARAG/Garmenbeck").
34 Ebenso *Verse* in Habersack/Drinhausen, SE-Recht, § 39 SEAG Rz. 24.
35 So aber *Ihrig*, ZGR 2008, 809, 822. Für die hier vertretene Gegenauffassung siehe *Verse* in Habersack/Drinhausen, SE-Recht, § 39 SEAG Rz. 24.
36 Siehe nur *Verse* in Habersack/Drinhausen, SE-Recht, § 39 SEAG Rz. 27.

Die Billigung durch den Verwaltungsrat kann die Haftung nicht beseitigen (Rechtsgedanke des § 93 Abs. 4 Satz 2 AktG). Verzicht oder Vergleich richten sich nach den Regelungen des § 93 Abs. 4 Sätze 3 und 4 AktG.

VI. Geltendmachung durch die Gläubiger

15 Gläubiger der Gesellschaft können, soweit sie von der Gesellschaft keine Befriedigung erlangen können, den Ersatzanspruch der Gesellschaft gegen Verwaltungsratsmitglieder geltend machen (§§ 39 SEAG i.V.m. 93 Abs. 5 AktG); dies setzt voraus, dass es sich um einen Fall des § 93 Abs. 2 AktG (oben Rz. 11) oder um eine gröbliche Pflichtverletzung handelt.

VII. Verjährung

16 Die Ansprüche aus §§ 39 SEAG i.V.m. 93 AktG verjähren gem. § 93 Abs. 6 AktG in **fünf Jahren**. Da es sich um einen Anspruch handelt, der nicht der regelmäßigen Verjährungsfrist von drei Jahren unterliegt, gilt § 200 BGB: Die Verjährung beginnt mit der Entstehung des Anspruchs[37]. Schadensersatzansprüche, die sich auf andere Vorschriften stützen, verjähren selbständig[38].

§ 40 SEAG
Geschäftsführende Direktoren

(1) Der Verwaltungsrat bestellt einen oder mehrere geschäftsführende Direktoren. Mitglieder des Verwaltungsrats können zu geschäftsführenden Direktoren bestellt werden, sofern die Mehrheit des Verwaltungsrats weiterhin aus nicht geschäftsführenden Mitgliedern besteht. Die Bestellung ist zur Eintragung in das Handelsregister anzumelden. Werden Dritte zu geschäftsführenden Direktoren bestellt, gilt für sie § 76 Abs. 3 des Aktiengesetzes entsprechend. Die Satzung kann Regelungen über die Bestellung eines oder mehrerer geschäftsführender Direktoren treffen. § 38 Abs. 2 des SE-Beteiligungsgesetzes bleibt unberührt.

(2) Die geschäftsführenden Direktoren führen die Geschäfte der Gesellschaft. Sind mehrere geschäftsführende Direktoren bestellt, so sind sie nur gemeinschaftlich zur Geschäftsführung befugt; die Satzung oder eine vom Verwaltungsrat erlassene Geschäftsordnung kann Abweichendes bestimmen. Gesetzlich dem Verwaltungsrat zugewiesene Aufgaben können nicht auf die geschäftsführenden Direktoren übertragen werden. Soweit nach den für Aktiengesellschaften geltenden Rechtsvorschriften der Vorstand Anmeldungen und die Einreichung von Unterlagen zum Handelsregister vorzunehmen hat, treten an die Stelle des Vorstands die geschäftsführenden Direktoren.

(3) Ergibt sich bei der Aufstellung der Jahresbilanz oder einer Zwischenbilanz oder ist bei pflichtgemäßem Ermessen anzunehmen, dass ein Verlust in der Hälfte des Grundkapitals besteht, so haben die geschäftsführenden Direktoren dem Vorsitzenden des

---

37 *Koch* in Hüffer, § 93 AktG Rz. 87; *Frodermann* in Jannott/Frodermann, Handbuch Europäische Aktiengesellschaft, S. 264 (Rz. 305). Dies kommt auch in der RegBegr. zum Gesetz zur Anpassung der Verjährungsvorschriften an die Schuldrechtsmodernisierung zum Ausdruck (BT-Drucks. 15/3653, S. 12).
38 *Krieger/Sailer-Coceani* in K. Schmidt/Lutter, § 93 AktG Rz. 77 und *Koch* in Hüffer, § 93 AktG Rz. 86.

Verwaltungsrats unverzüglich darüber zu berichten. Dasselbe gilt, wenn die Gesellschaft zahlungsunfähig wird oder sich eine Überschuldung der Gesellschaft ergibt.

(4) Sind mehrere geschäftsführende Direktoren bestellt, können sie sich eine Geschäftsordnung geben, wenn nicht die Satzung den Erlass einer Geschäftsordnung dem Verwaltungsrat übertragen hat oder der Verwaltungsrat eine Geschäftsordnung erlässt. Die Satzung kann Einzelfragen der Geschäftsordnung bindend regeln. Beschlüsse der geschäftsführenden Direktoren über die Geschäftsordnung müssen einstimmig gefasst werden.

(5) Geschäftsführende Direktoren können jederzeit durch Beschluss des Verwaltungsrats abberufen werden, sofern die Satzung nichts anderes regelt. Für die Ansprüche aus dem Anstellungsvertrag gelten die allgemeinen Vorschriften.

(6) Geschäftsführende Direktoren berichten dem Verwaltungsrat entsprechend § 90 des Aktiengesetzes, sofern die Satzung oder die Geschäftsordnung nichts anderes vorsieht.

(7) Die §§ 87 bis 89 des Aktiengesetzes gelten entsprechend.

(8) Für Sorgfaltspflicht und Verantwortlichkeit der geschäftsführenden Direktoren gilt § 93 des Aktiengesetzes entsprechend.

(9) Die Vorschriften über die geschäftsführenden Direktoren gelten auch für ihre Stellvertreter.

I. Einführung 1	III. Geschäftsführung durch die geschäftsführenden Direktoren (§ 40 Abs. 2 SEAG)
1. Geschäftsführende Direktoren als Element monistischer Corporate Governance 2	1. Allgemeine Reichweite der Geschäftsführungsbefugnis 28
2. Überblick zum Regelungsgehalt des § 40 SEAG	2. Abgrenzung zu den Verwaltungsratskompetenzen 31
a) Bestellung und Abberufung geschäftsführender Direktoren . . . 4	3. Handelsregisteranmeldungen 35
b) Stellung der geschäftsführenden Direktoren in der Unternehmensverfassung 5	4. Gesamt- oder Einzelgeschäftsführung 36
c) Freiräume für Satzungsautonomie 7	IV. Berichtspflichten gegenüber dem Verwaltungsrat
3. Vorgaben der SE-VO 9	1. Allgemeine Informationsversorgung (§ 40 Abs. 6 SEAG) 39
4. Organqualität der geschäftsführenden Direktoren 10	2. Berichtspflicht in der Krise (§ 40 Abs. 3 SEAG) 41
a) Zurechenbarkeit ihres Handelns zur SE 11	V. Geschäftsordnung der geschäftsführenden Direktoren (§ 40 Abs. 4 SEAG) 44
b) Weitere mit der Organqualität verbundene Sachfragen 13	VI. Abberufung (§ 40 Abs. 5 SEAG) . . . 48
II. Bestellung der geschäftsführenden Direktoren (§ 40 Abs. 1 SEAG)	VII. Rechtsverhältnis zur Gesellschaft (§ 40 Abs. 7 SEAG) 52
1. Bestellung und Anstellungsvertrag . 14	1. Vergütung der geschäftsführenden Direktoren (§ 87 AktG entsprechend) 53
2. Personenbezogene Bestellungsvoraussetzungen	
a) Interne und externe geschäftsführende Direktoren 19	
b) Allgemeine Bestellungshindernisse 25	2. Wettbewerbsverbot (§ 88 AktG entsprechend) 58
3. Beschlussfassung im Verwaltungsrat 26	

3. Kreditgewährung an geschäftsführende Direktoren (§ 89 AktG entsprechend) 61

VIII. Haftung der geschäftsführenden Direktoren (§ 40 Abs. 8 SEAG). ... 63
IX. Stellvertreter (§ 40 Abs. 9 SEAG) .. 69

Literatur: *Altmeppen,* Organhaftung gegenüber Dritten: Grundlagen, insbesondere die Haftung aus unerlaubter Handlung und c.i.c., in Krieger/Uwe H. Schneider (Hrsg.), Handbuch Managerhaftung, 2. Aufl. 2010, § 7 (S. 184–224); *Arlt,* Französische Aktiengesellschaft, 2006; *Bachmann,* Der Verwaltungsrat der monistischen SE, ZGR 2008, 779–808; *Bauer,* Organstellung und Organvergütung in der monistisch verfassten Europäischen Aktiengesellschaft (SE), 2008 (zit.: Organstellung); *Beuthien,* Zur Theorie der Stellvertretung im Gesellschaftsrecht, in Lieb/Noack/Westermann (Hrsg.), FS Zöllner, 1998, S. 87–109; *Boettcher,* Die Kompetenzen von Verwaltungsrat und geschäftsführenden Direktoren in der monistischen SE in Deutschland, 2009 (zit.: Kompetenzen); *Buck,* Wissen und juristische Person, 2001; *Fischer,* Monistische Unternehmensverfassung, 2010; *Flume,* Allgemeiner Teil des Bürgerlichen Rechts, Band I/2, Die juristische Person, 1983; *Forst,* Zu den Auswirkungen des Gesetzes zur Angemessenheit der Vorstandsvergütung auf die SE, ZIP 2010, 1786–1790; *Forstmoser,* Monistische oder dualistische Unternehmensverfassung? Das Schweizer Konzept, ZGR 2003, 688–719; *Grechenig,* Spanisches Aktien- und GmbH-Recht, Wien, 2005; *Hoffmann-Becking,* Organe: Strukturen und Verantwortlichkeiten, insbesondere im monistischen System, ZGR 2004, 355–382; *Holland,* Das amerikanische „board of directors" und die Führungsorganisation einer monistischen SE in Deutschland, 2006; *Hornberg,* Die Regelungen zur Beaufsichtigung der Geschäftsführung im deutschen und britischen Corporate Governance Kodex, 2006; *Ihrig,* Organschaftliche Haftung und Haftungsdurchsetzung unter Berücksichtigung der monistisch verfassten SE, in Bachmann/Casper/Schäfer/Veil (Hrsg.), Steuerungsfunktionen des Haftungsrechts im Gesellschafts- und Kapitalmarktrecht, 2007, S. 17–28; *Ihrig/Wagner,* Diskussionsentwurf für ein SE-Ausführungsgesetz, BB 2003, 969–976; *Ihrig,* Die geschäftsführenden Direktoren in der monistischen SE: Stellung, Aufgaben und Haftung, ZGR 2008, 809–834; *Kallmeyer,* Das monistische System einer SE mit Sitz in Deutschland, ZIP 2003, 1531–1536; *Kleindiek,* Deliktshaftung und juristische Person, 1997; *Koke,* Die Finanzverfassung der Europäischen Aktiengesellschaft (SE) mit Sitz in Deutschland, 2005 (zit.: Finanzverfassung der SE); *Lohr,* Die Beschränkung der Innenhaftung des GmbH-GF, NZG 2000, 1204–1213; *Lohse,* Unternehmerisches Ermessen, 2005; *Lutter/Kollmorgen/Feldhaus,* Muster-Geschäftsordnung für den Verwaltungsrat einer SE, BB 2007, 509–516; *Matthießen,* Stimmrecht und Interessenkollision im Aufsichtsrat, 1989; *Mauch,* Das monistische Leitungssystem in der Europäischen Aktiengesellschaft, 2008; *Menjucq,* Das „monistische" System der Unternehmensleitung in der SE, ZGR 2003, 679–687; *Merkt,* Die monistische Unternehmensverfassung für die Europäische Aktiengesellschaft aus deutscher Sicht – mit vergleichendem Blick auf die Schweiz, das Vereinigte Königreich und Frankreich, ZGR 2003, 650–678; *Messow,* Die Anwendbarkeit des Deutschen Corporate Governance Kodex auf die Societas Europaea (SE), 2008 (zit. Corporate Governance Kodex); *Metz,* Die Organhaftung bei der monistisch strukturierten Europäischen Aktiengesellschaft mit Sitz in Deutschland, 2009 (zit.: Organhaftung); *Neye,* Die optionale Einführung der monistischen Unternehmensverfassung für die Europäische (Aktien-)Gesellschaft im deutschen Recht, in Crezelius/Hirte/Vieweg (Hrsg.), FS Röhricht, 2005, S. 443–454; *Neye/Teichmann,* Der Entwurf für das Ausführungsgesetz zur Europäischen Aktiengesellschaft, AG 2003, 169–179; *Ortolf,* Die monistische SE-Konzerngesellschaft mit Sitz in Deutschland, 2012 (zit.: Monistische SE-Konzerngesellschaft); *Paefgen,* Dogmatische Grundlagen, Anwendungsbereich und Formulierung einer Business Judgment Rule im künftigen UMAG, AG 2004, 245–261; *Scherer,* „Die Qual der Wahl": Dualistisches oder monistisches System?, 2006; *Roitsch,* Auflösung, Liquidation und Insolvenz der Europäischen Aktiengesellschaft (SE) mit Sitz in Deutschland: Art. 63–65 SE-VO, 2006; *Schiessl,* Leitungs- und Kontrollstrukturen im internationalen Wettbewerb, ZHR 167 (2003), 235–256; *Schönborn,* Die monistische Societas Europaea in Deutschland im Vergleich zum englischen Recht, 2007; *Schürnbrand,* Organschaft im Recht der privaten Verbände, 2007 (zit.: Organschaft); *Seitz,* Die Geschäftsführer einer monistischen Societas Europaea (SE) mit Sitz in der Bundesrepublik Deutschland, 2010 (zit.: SE-Geschäftsführer); *Spindler,* Vergütung und Abfindung von Vorstandsmitgliedern, DStR 2004, 36–45; *Teichmann,* Gestaltungsfreiheit im monistischen Leitungssystem der Europäischen Aktiengesellschaft, BB 2004, 53–60; *Teichmann,* Organhaftung in der SE, in Krieger/Uwe H. Schneider (Hrsg.), Handbuch Managerhaftung, 2. Aufl. 2010, § 5 (S. 98–117); *Ulmer,* Stimmrechtsschranken für Aufsichtsratsmitglieder bei eigener Kandidatur zum Vorstand, NJW 1998, 2288–2293; *Wymeersch,* Das neue belgische Gesetz über „Corporate Governance", ZGR 2004, 53–68.

I. Einführung

§ 40 SEAG bildet die **Grundnorm** für die Figur des **geschäftsführenden Direktors**, der gem. § 40 Abs. 2 SEAG die Geschäfte der Gesellschaft führt. Er untersteht dabei dem Verwaltungsrat, der die unternehmerischen Grundlinien festlegt (§ 22 Abs. 1 SEAG). Der Verwaltungsrat bestellt die geschäftsführenden Direktoren und kann sie jederzeit wieder abberufen (§ 40 Abs. 1 und Abs. 5 SEAG). Im Außenverhältnis ist der geschäftsführende Direktor Vertretungsorgan der Gesellschaft (§ 41 Abs. 1 SEAG). Im Innenverhältnis genießt er jedoch nicht die Unabhängigkeit eines AG-Vorstands. Vielmehr hat er – einem GmbH-Geschäftsführer vergleichbar – interne Beschränkungen seiner Geschäftsführungsbefugnisse zu beachten (§ 44 Abs. 2 SEAG) und unterliegt dem Weisungsrecht des Verwaltungsrats.

1. Geschäftsführende Direktoren als Element monistischer Corporate Governance

Rechtsvergleichend betrachtet sind geschäftsführende Direktoren oder funktional ähnliche Ausdifferenzierungen des monistischen Systems weitgehend üblich. Nicht immer liegt dem eine gesetzliche Regelung zugrunde. Im anglo-amerikanischen Rechtskreis findet sich die Aufteilung in „executive" und „non executive directors" in den diversen Corporate Governance Kodices (Art. 38 Rz. 17). Einige kontinentaleuropäisch-monistische Systeme haben die in der Praxis entstandene Ausdifferenzierung im Verwaltungsorgan mittlerweile gesetzlich nachvollzogen[1]. Im Systemvergleich ungewöhnlich ist die in § 40 Abs. 1 Satz 1 SEAG enthaltene **zwingende Anordnung**, mindestens einen geschäftsführenden Direktor zu bestellen. Der Gesetzgeber hat an diesem Konzept ungeachtet vieler kritischer Stimmen[2] festgehalten, da auch für die monistische SE kraft der Verweisungsregeln der Verordnung (insb. Art. 9 Abs. 1 lit. c ii SE-VO) nahezu das gesamte **deutsche Aktiengesetz** gilt[3]. Ebenso hat sich der **österreichische** Gesetzgeber entschieden[4].

Gewiss sind andere Konzepte der „checks and balances" denkbar, als sie das dualistisch geprägte Aktiengesetz kennt[5]. Auf die SE findet aber weitgehend das allgemeine Aktienrecht Anwendung; ein monistisches System in Reinform könnte daher nur im Zuge einer umfassenden Revision des gesamten deutschen Aktienrechts realisiert werden. Dafür war der europäisch gegebene Zeitrahmen für das SE-Einführungsgesetz zu knapp bemessen[6]. Um die Aufgabenteilung bei der Feststellung des Jahresabschlusses (vgl. § 172 AktG) und im Rahmen der konzernrechtlichen Schutzmecha-

---

1 So kennt etwa das belgische Recht zusätzlich zum „conseil d'administration" seit einiger Zeit das „comité de direction" und den „administrateur délégué" (*Wymeersch*, ZGR 2004, 53 ff.); das französische Recht hat den „directeur général" eingeführt (*Arlt*, Französische Aktiengesellschaft, S. 165 ff.; *Menjucq*, ZGR 2003, 679, 685 ff.); in Spanien gibt es neben dem Verwaltungsrat häufig einen geschäftsführenden Ausschuss (*Grechenig*, Spanisches Aktien- und GmbH-Recht, S. 37 f.). Auch das Schweizer Obligationenrecht regelt die Kompetenzaufteilung zwischen Verwaltungsrat und Management (dazu *Forstmoser*, ZGR 2003, 688 ff.).
2 Kritisch dazu beispielsweise *Fischer*, Monistische Unternehmensverfassung, S. 40, *Hoffmann-Becking*, ZGR 2004, 355, 378, *Ihrig/Wagner*, BB 2003, 969, 975, und *Merkt*, ZGR 2003, 650, 656. Grundsätzliche Kritik auch bei *Schönborn*, Monistische SE, S. 163 ff. Demgegenüber sieht *Seitz*, SE-Geschäftsführer, S. 158, in der gesetzlichen Regelung einen „gelungenen Kompromiss".
3 Begr. zu § 40 SEAG, BT-Drucks. 15/3405, S. 39. Zu diesen gesetzgeberischen Überlegungen auch *Neye/Teichmann*, AG 2003, 169, 177 ff., und *Teichmann*, BB 2004, 53, 57 ff.
4 *Kalss/Greda* in Kalss/Hügel, § 59 SEG Rz. 4.
5 So *Forstmoser*, ZGR 2003, 688, 713.
6 Darauf weist *Neye* in FS Röhricht, S. 443, 449 f., zu Recht hin.

nismen (vgl. §§ 311 ff. AktG) aufrecht zu erhalten, wird diese im SEAG mit den geschäftsführenden Direktoren verknüpft (§§ 47 und 49 SEAG). Zahlreiche weitere **dualistisch geprägte Funktionselemente** des allgemeinen Aktienrechts finden sich häufig an versteckter Stelle. So ordnet § 184 Abs. 1 AktG an, dass der Beschluss über die Erhöhung des Grundkapitals vom Vorstand und dem Vorsitzenden des Aufsichtsrats anzumelden ist. Diese Regel findet über Art. 5 SE-VO auch auf eine monistisch strukturierte SE Anwendung. Wenn die zwingend angeordnete Beteiligung zweier Organe einen binnenorganisatorischen Sinn hat, sollte sie adäquat in das monistische Modell übertragen werden. Die Figur des geschäftsführenden Direktors bietet für diese und andere Zweifelsfragen einen Anknüpfungspunkt[7]. *De lege ferenda* mag dies zur Disposition stehen, wenn zuvor geklärt wurde, ob und auf welche Weise die fein ziselierte dualistische Corporate Governance funktions-äquivalent in ein monistisches System übertragen werden soll.

2. Überblick zum Regelungsgehalt des § 40 SEAG

a) Bestellung und Abberufung geschäftsführender Direktoren

4 Der Verwaltungsrat bestellt einen oder mehrere geschäftsführende Direktoren; sie können aus den Reihen des Verwaltungsrates bestellt werden, solange die Verwaltungsratsmehrheit weiterhin aus nicht-geschäftsführenden Mitgliedern besteht. Geschäftsführende Direktoren sind jederzeit abberufbar. Sie schließen zumeist einen Anstellungsvertrag mit der Gesellschaft. Im Übrigen verweist § 40 Abs. 7 SEAG für das Rechtsverhältnis zur Gesellschaft auf die aktienrechtlichen Regelungen über den Vorstand.

b) Stellung der geschäftsführenden Direktoren in der Unternehmensverfassung

5 Den geschäftsführenden Direktoren obliegt die **Geschäftsführung** der Gesellschaft (§ 40 Abs. 2 SEAG) und ihre **Vertretung** nach außen (§ 41 Abs. 1 SEAG). Sie stehen allerdings wegen ihrer jederzeitigen Abberufbarkeit (§ 40 Abs. 5 SEAG) und der internen Kompetenzschranken (§ 44 Abs. 2 SEAG) funktional betrachtet dem Geschäftsführer einer GmbH wesentlich näher als dem Vorstand einer deutschen Aktiengesellschaft[8].

6 Speziell geregelt sind Pflichten zur **Information des Verwaltungsrats** bei einem Verlust in Höhe der Hälfte des Grundkapitals sowie bei Zahlungsunfähigkeit oder Überschuldung (§ 40 Abs. 3 SEAG) und eine allgemeine Berichtspflicht gegenüber dem Verwaltungsrat (§ 40 Abs. 6 SEAG). Weiterhin sind die geschäftsführenden Direktoren für die Anmeldungen beim Handelsregister zuständig (§ 40 Abs. 2 Satz 4 SEAG). Für die **Haftung** der geschäftsführenden Direktoren gilt § 93 AktG entsprechend (§ 40 Abs. 8 SEAG).

c) Freiräume für Satzungsautonomie

7 Die Regelung über geschäftsführende Direktoren ist an mehreren Stellen satzungsdispositiv. Die Satzung kann Regelungen über die **Bestellung** eines oder mehrerer geschäftsführender Direktoren festlegen (§ 40 Abs. 1 Satz 5 SEAG). Sie kann insbesondere eine bestimmte Zahl von Direktoren vorsehen oder Vorgaben zu deren

---

[7] In diesem Sinne spricht sich *Koke*, Finanzverfassung der SE, S. 148, dafür aus, dass Verwaltungsrat und geschäftsführende Direktoren gemeinsam anmelden. Er diskutiert des weiteren die Problematik, wer im monistischen System als „Mitglied der Geschäftsführung" i.S.d. § 192 Abs. 2 Nr. 3 AktG anzusehen sei und daher Aktienoptionen erhalten könne (S. 165 ff.).
[8] Ebenso *Verse* in Habersack/Drinhausen, SE-Recht, § 40 SEAG Rz. 1.

Qualifikation enthalten⁹. Die Satzung kann auch festlegen, dass nur Personen zu geschäftsführenden Direktoren bestellt werden können, die nicht dem Verwaltungsrat angehören[10]. Von der Bestellungskompetenz des Verwaltungsrats (§ 40 Abs. 1 Satz 1 SEAG) kann die Satzung nicht abweichen. Die Modalitäten des Bestellungsbeschlusses können abweichend von Art. 50 SE-VO geregelt werden (Art. 50 Rz. 6 ff.); allerdings ist eine Übertragung auf beschließende Verwaltungsratsausschüsse untersagt (§ 34 Abs. 4 Satz 2 SEAG). Weiterhin kann die Satzung Fragen der **Abberufung** regeln (§ 40 Abs. 5 Satz 1 SEAG)[11], sie beispielsweise vom Vorliegen bestimmter Gründe abhängig machen, ein qualifiziertes Mehrheitserfordernis oder eine feste Amtszeit vorsehen. Eine Abberufung aus wichtigem Grund muss allerdings stets möglich bleiben und kann von der Satzung nicht ausgeschlossen werden[12].

Satzungsoffen sind auch Fragen der internen **Geschäftsverteilung** der geschäftsführenden Direktoren (§ 40 Abs. 2 Satz 2 Hs. 2 SEAG). An die Stelle der gemeinschaftlichen Geschäftsführung kann beispielsweise eine bestimmte Ressortaufteilung treten. Die Satzung kann auch andere Fragen der **Geschäftsordnung** bindend regeln (§ 40 Abs. 4 Satz 2 SEAG). Andernfalls obliegt diese Organisationsaufgabe vorrangig dem Verwaltungsrat (§ 40 Abs. 2 Satz 2 Hs. 2 und Abs. 4 Satz 1 SEAG). Auch die in § 40 Abs. 6 SEAG geregelte **Berichtspflicht** der geschäftsführenden Direktoren gegenüber dem Verwaltungsrat kann in der Satzung modifiziert werden. 8

3. Vorgaben der SE-VO

Die Einführung des geschäftsführenden Direktors stützt sich auf die **Ermächtigungsnorm** des Art. 43 Abs. 4 SE-VO (Art. 43 Rz. 59 ff.). In der Diskussion wurde zwar vielfach Art. 43 Abs. 1 Satz 2 SE-VO als Kompetenzgrundlage angesehen; diese Vorschrift spricht aber nur diejenigen Staaten an, die bereits über ein monistisches Modell verfügen und dort die Figur des Geschäftsführers kennen (Art. 43 Rz. 26 ff.). Gemäß dieses eng umrissenen Anwendungsbereichs kann Art. 43 Abs. 1 Satz 2 SE-VO, der nur eine Übertragung der laufenden Geschäfte vorsieht, nicht als Gestaltungsgrenze für den mitgliedstaatlichen Gesetzgeber interpretiert werden (str., vgl. Art. 43 Rz. 30 ff.). Die Geschäftsführungskompetenz der gem. Art. 43 Abs. 4 SE-VO eingeführten geschäftsführenden Direktoren ist nicht zwangsläufig auf die laufenden Geschäfte beschränkt (unten Rz. 28 ff.). 9

4. Organqualität der geschäftsführenden Direktoren

Die Einführung der geschäftsführenden Direktoren hat einen althergebrachten **Dogmenstreit** aus dem Dornröschenschlaf erweckt: denjenigen zwischen Vertretertheorie und Organtheorie[13]. Als einer der ersten hat *Hoffmann-Becking* die Frage aufgeworfen, ob es sich bei den geschäftsführenden Direktoren um ein Organ der Gesellschaft han- 10

---

9 So auch *Reichert/Brandes* in MünchKomm. AktG, 3. Aufl., Art. 43 SE-VO Rz. 11; *Siems* in KölnKomm. AktG, Anh. Art. 51 SE-VO § 40 SEAG Rz. 98; in Anlehnung an das GmbH-Recht (vgl. *Kleindiek* in Lutter/Hommelhoff, vor § 35 GmbHG Rz. 4) kann auch eine Bestimmung zur Dauer der Bestellung getroffen werden.
10 *Frodermann* in Jannott/Frodermann, Handbuch Europäische Aktiengesellschaft, S. 232 f. (Rz. 169); *Lutter/Kollmorgen/Feldhaus*, BB 2007, 509, 511.
11 Vgl. dazu *Reichert/Brandes* in MünchKomm. AktG, 3. Aufl., Art. 43 SE-VO Rz. 132 ff.
12 Vgl. *Manz* in Manz/Mayer/Schröder, Art. 43 SE-VO Rz. 147; ausführlich *Reichert/Brandes* in MünchKomm. AktG, 3. Aufl., Art. 43 SE-VO Rz. 134 ff.
13 Vgl. im Überblick *K. Schmidt*, GesR, § 10 I 2 (S. 250 ff.). Ausführliche Darstellung auch bei *Buck*, Wissen und juristische Person, S. 209 ff.

dele[14]; im Schrifttum wird diese Frage überwiegend bejaht[15]. Bei genauerer Betrachtung ist jedoch danach zu differenzieren, um welche Regelungsfrage es geht[16]: Für die Zurechenbarkeit ihrer Handlungen zur SE sind die geschäftsführenden Direktoren als Organ der Gesellschaft anzusehen (unter a). Ob sie „Organ" im Sinne einer konkreten Norm der SE-VO sind, lässt sich hingegen nicht aus Perspektive der deutschen Dogmatik entscheiden, sondern muss im Wege europäisch-autonomer Auslegung geklärt werden (unter b).

a) Zurechenbarkeit ihres Handelns zur SE

11 Nach der **Organtheorie** sind juristische Personen als solche nicht handlungsfähig; sie handeln allein durch ihre Organe, deren Handeln als eigenes Handeln der juristischen Person anzusehen ist. Demgegenüber sieht die **Vertretertheorie** auch im Handeln der Organe vornehmlich ein Handeln derjenigen natürlichen Personen, die Organmitglied sind. Ihr Handeln werde der juristischen Person zwar zugerechnet, bleibe dieser gegenüber aber fremdes Handeln[17]. Dem Streit wird Bedeutung beigemessen „für den Zugang zu vielen praktischen Problemen, insbesondere für die Frage, ob die juristische Person selbst zu wissen, zu irren und zu vergessen vermag, ob sie deliktsfähig ist und ob sie sich strafbar machen kann."[18]

12 Die Grundfrage des Theorienstreits dreht sich jedoch darum, ob das **Handeln** einer natürlichen Person der juristischen Person **zurechenbar** ist. Der bloße Rekurs auf die Organtheorie kann nicht die Begründung dafür ersetzen, warum das Handeln oder Wissen einer natürlichen Person der juristischen Person zuzurechnen sein soll[19]. Der Theorienstreit entbindet insoweit nicht von der Analyse des konkret anstehenden Regelungsproblems[20]. Soweit das Gesetz eine konkrete Frage ausdrücklich regelt, ist eine darüber hinausgehende Theoriebildung entbehrlich[21]. So steht außer Frage, dass die geschäftsführenden Direktoren die SE vertreten (§ 41 Abs. 1 SEAG). Der geschäftsführende Direktor ist folglich in demselben Sinne Organ der monistischen SE wie es der Vorstand einer AG oder der Geschäftsführer einer GmbH sind. Sein Handeln ist der SE als eigenes zurechenbar. Die zu Vorstandsmitgliedern und Geschäfts-

---

14 *Hoffmann-Becking*, ZGR 2004, 355, 369 ff.
15 S. nur *Hoffmann-Becking*, ZGR 2004, 355, 369 ff.; *Ihrig*, ZGR 2008, 809, 810; *Mauch*, S. 59 ff.; *Reichert/Brandes* in MünchKomm. AktG, 3. Aufl., Art. 43 SE-VO Rz. 8, 15; *Schürnbrand*, Organschaft, S. 62 ff.; *Schwarz*, Anh. Art. 43 SE-VO Rz. 265 i.V.m. Art. 39 SE-VO Rz. 52 f.; *Seitz*, SE-Geschäftsführer, S. 145 ff. *Kalss/Greda* in Kalss/Hügel, § 56 SEG Rz. 4, sehen im geschäftsführenden Direktor des österreichischen SEG ein Organ im materiellen, nicht aber im formellen Sinne. Gegen eine Organqualität der geschäftsführenden Direktoren *Siems* in KölnKomm. AktG, Anh. Art. 51 SE-VO § 40 SEAG Rz. 7.
16 Ebenso der methodische Ansatz bei *Verse* in Habersack/Drinhausen, SE-Recht, § 40 SEAG Rz. 4 ff.
17 In diesem Sinne *Flume*, AT Bürgerliches Recht, Band I/2, 1983, S. 379.
18 *Beuthien* in FS Zöllner, 1998, S. 87, 90.
19 In diesem Sinne zurückhaltend gegenüber einer Verwendung der Organtheorie als Ersatz für sachliche Begründungen *Kleindiek*, Deliktshaftung, S. 181. Dass allein mit der Feststellung, eine Person sei Organ, auch für Fragen der Wissenszurechnung noch nicht viel gewonnen ist, zeigt die ausführliche und differenzierte Analyse bei *Buck*, Wissen und juristische Person, S. 203 ff.
20 Zu Recht meint *Flume*, AT Bürgerliches Recht, Band I/2, 1983, S. 378, jede Problemlösung müsse an der konkreten Einzelfrage orientiert sein und diese für sich zu lösen versuchen.
21 In diesem Sinne *K. Schmidt*, GesR, § 10 I 2 (S. 252): „Niemand wird einen durch einfachen Blick in das Gesetz lösbaren Fall durch Exkurse über die Organtheorie und die Vertretertheorie in die Länge ziehen. Wo aber solche Klarheit noch fehlt, muß sich der Jurist auf die Grundlagen besinnen."

führern gewonnenen Erkenntnisse – beispielsweise die Anwendung von § 31 BGB – können auf den geschäftsführenden Direktor übertragen werden[22].

b) Weitere mit der Organqualität verbundene Sachfragen

Alle übrigen Fragen, die man im Schrifttum mit der Einordnung als „Organ" gelöst zu haben glaubt, bedürfen einer am einzelnen Problem orientierten Betrachtung. Die Klassifizierung als Organ besagt nichts darüber, ob die SE-VO zur Einführung geschäftsführender Direktoren ermächtigt oder ob der mitgliedstaatliche Gesetzgeber ihnen Vertretungsmacht verleihen darf. Dies sind **Auslegungsfragen der SE-VO** (hierzu Art. 43 Rz. 17 ff., 26 ff.). Ebensowenig ist mit der Auffassung, der geschäftsführende Direktor sei Organ, geklärt, ob die gemeinsamen Vorschriften der Art. 46 ff. SE-VO auf ihn anwendbar sind[23]; diese Vorschriften beziehen sich ihrer Systematik nach auf die von der SE-VO geregelten Organe und gelten daher nicht automatisch für die dem nationalen Recht entstammenden geschäftsführenden Direktoren (näher Vorb. Art. 46 Rz. 3).

13

II. Bestellung der geschäftsführenden Direktoren (§ 40 Abs. 1 SEAG)

1. Bestellung und Anstellungsvertrag

Der Verwaltungsrat bestellt einen oder mehrere geschäftsführende Direktoren (§ 40 Abs. 1 Satz 1 SEAG); die Satzung kann nähere Regelungen hierzu treffen (oben Rz. 7). Die Bestellung begründet das **korporationsrechtliche Verhältnis** zwischen dem geschäftsführenden Direktor und der Gesellschaft. Sie bedarf zu ihrer Wirksamkeit der **Annahme** durch die bestellte Person[24]. Die Bestellung ist zur Eintragung im **Handelsregister** anzumelden (§ 40 Abs. 1 Satz 3 SEAG), wobei dies aber nur deklaratorische Wirkung hat[25]. Bei einer fehlerhaften Bestellung gelten die allgemeinen Regeln vom fehlerhaften Bestellungsverhältnis[26].

14

Gem. § 40 Abs. 1 Satz 6 SEAG bleibt die Regelung des § 38 Abs. 2 SEBG unberührt, wonach die Zahl der geschäftsführenden Direktoren mindestens zwei beträgt, von denen einer zwingend für den Bereich Arbeit und Soziales zuständig ist. Dies lehnt sich zwar an den „**Arbeitsdirektor**" des deutschen Mitbestimmungsrechts an[27], begründet rechtlich gesehen aber nicht mehr als eine zwingende Ressortzuständigkeit (Teil B., § 38 SEBG Rz. 11). § 38 SEBG ist Teil der gesetzlichen Auffanglösung, die insbesondere dann Anwendung findet, wenn anlässlich der SE-Gründung keine Beteiligungsvereinbarung geschlossen wurde (vgl. § 22 SEBG).

15

Zusätzlich zur körperschaftlichen Bestellung wird in aller Regel ein schuldrechtlicher **Anstellungsvertrag** abgeschlossen; § 40 Abs. 5 Satz 2 SEAG setzt diese Mög-

16

---

22 Ebenso *Verse* in Habersack/Drinhausen, SE-Recht, § 40 SEAG Rz. 5.
23 In diesem Sinne auch *Seitz*, SE-Geschäftsführer, S. 152.
24 Dies ist ein allgemeiner Grundsatz, der daraus folgt, dass mit der Bestellung auch gesellschaftsrechtliche Pflichten verbunden sind (vgl. *Kleindiek* in Lutter/Hommelhoff, § 6 GmbHG Rz. 42).
25 Vgl. zum allgemeinen Aktienrecht *Seibt* in K. Schmidt/Lutter, § 81 AktG Rz. 15 und *Koch* in Hüffer, § 81 AktG Rz. 10 sowie zum GmbH-Recht *Kleindiek* in Lutter/Hommelhoff, § 39 GmbHG Rz. 1.
26 *Siems* in KölnKomm. AktG, Anh. Art. 51 SE-VO § 40 SEAG Rz. 50; *Verse* in Habersack/Drinhausen, SE-Recht, § 40 SEAG Rz. 23 ff.
27 Vgl. Begr. zu § 38 SEBG, BT-Drucks. 15/3405, S. 55.

lichkeit voraus[28]. Der geschäftsführende Direktor ist im arbeitsrechtlichen Sinne kein Arbeitnehmer[29]. Sein Vertragsverhältnis ist vielmehr als Dienstvertrag einzuordnen, der auf entgeltliche Geschäftsbesorgung gerichtet ist (§§ 611, 675 BGB)[30]. Sollte ausnahmsweise kein Entgelt vereinbart sein, liegt ein Auftrag (§§ 662 ff. BGB) vor. Der geschäftsführende Direktor unterliegt der Sozialversicherungspflicht, sofern er nicht zugleich als Mitglied des Verwaltungsrats Anteil an dessen Weisungsrecht hat[31].

17 Für die **inhaltliche Ausgestaltung** und rechtliche Einordnung des Anstellungsvertrages kann auf die allgemeinen, zu GmbH-Geschäftsführer und AG-Vorstand entwickelten Regeln zurückgegriffen werden[32]. Die SE-VO äußert sich hierzu nicht und das SEAG geht in § 40 Abs. 5 Satz 2 SEAG von der Anwendung der allgemeinen Vorschriften aus. Sinnvoll sind insbesondere Regelungen zu Laufzeit und Kündigung des Vertrages[33], da die Bestellung jederzeit durch Abberufung beendet werden kann und Ansprüche aus dem Anstellungsvertrag davon unberührt bleiben (vgl. § 40 Abs. 5 Satz 2 SEAG). Wird ein Verwaltungsratsmitglied zum geschäftsführenden Direktor bestellt (unten Rz. 19 ff.), kann es in dieser Funktion einen Anstellungsvertrag abschließen, während für die bloße Mitgliedschaft im Verwaltungsrat kein Anstellungsvertrag abgeschlossen werden kann (Anh. Art. 43 § 28 SEAG Rz. 5).

18 Die Bestellung der geschäftsführenden Direktoren obliegt dem **Verwaltungsrat** (§ 40 Abs. 1 Satz 1 SEAG). Dieser schließt auch den Anstellungsvertrag ab (§ 41 Abs. 5 SEAG). Eine Bestellung durch die Hauptversammlung ist nicht möglich. Sie wäre auch nicht sinnvoll, da der geschäftsführende Direktor als Hilfsperson des Verwaltungsrats konzipiert ist. Der Verwaltungsrat kann geschäftsführende Direktoren jederzeit abberufen (§ 40 Abs. 5 Satz 1 SEAG) und in ihrer Geschäftsführung an interne Weisungen binden (§ 44 Abs. 2 SEAG). Gemäß dieser Struktur der Unternehmensverfassung obliegen Auswahl und Anleitung der geschäftsführenden Direktoren dem Verwaltungsrat; dieser muss der **Hauptversammlung** über seine personal- und geschäftspolitischen Entscheidungen Rechenschaft ablegen (vgl. Anh. Art. 43 § 22 SEAG Rz. 10).

2. Personenbezogene Bestellungsvoraussetzungen

a) Interne und externe geschäftsführende Direktoren

19 Das zwischen Vorstand und Aufsichtsrat geltende Prinzip der Inkompatibilität (Art. 39 Abs. 3 Satz 1 SE-VO) gibt es im Monismus nicht. § 40 Abs. 1 Satz 2 SEAG lässt die Bestellung von **Verwaltungsratsmitgliedern** zu geschäftsführenden Direktoren ausdrücklich zu. Dadurch entsteht die für monistische Systeme typische Aufteilung in „inside" und „outside directors", die sich daran orientiert, ob die geschäfts-

---

28 Die Trennung von Bestellung und Anstellung ist ein weithin anerkanntes Prinzip im deutschen Gesellschaftsrecht (s. nur *Seibt* in K. Schmidt/Lutter, § 84 AktG Rz. 5; *Koch* in Hüffer, § 84 AktG Rz. 2; *Kleindiek* in Lutter/Hommelhoff, Anh. § 6 GmbHG Rz. 1) und findet kraft der lückenfüllenden Anwendung nationalen Rechts (Art. 9 Rz. 42 ff.) auch auf die SE Anwendung. Eingehend *Bauer*, Organstellung, S. 135 ff.
29 *Reichert/Brandes* in MünchKomm. AktG, 3. Aufl., Art. 43 SE-VO Rz. 147 ff.; *Verse* in Habersack/Drinhausen, SE-Recht, § 40 SEAG Rz. 28.
30 *Verse* in Habersack/Drinhausen, SE-Recht, § 40 SEAG Rz. 7.
31 *Reichert/Brandes* in MünchKomm. AktG, 3. Aufl., Art. 43 SE-VO Rz. 161. Die Weisungsabhängigkeit ist wesentlicher Grund für die Feststellung der Sozialversicherungspflicht bei einem GmbH-Fremdgeschäftsführer (BSG v. 14.12.1999 – B 2 U 48/98 R, BB 2000, 674 ff.).
32 *Reichert/Brandes* in MünchKomm. AktG, 3. Aufl., Art. 43 SE-VO Rz. 155 ff. S. auch für den GmbH-Geschäftsführer *Kleindiek* in Lutter/Hommelhoff, Anh. § 6 GmbHG Rz. 1 ff., für den AG-Vorstand *Seibt* in K. Schmidt/Lutter, § 84 AktG Rz. 23.
33 *Thümmel*, Europäische Aktiengesellschaft, S. 109 (Rz. 227).

führenden Personen zugleich im Board sitzen oder nicht[34]. Wird der Verwaltungsratsvorsitzende zum geschäftsführenden Direktor bestellt, kommt es nach dem Muster des angelsächsischen **„Chief Executive Officer"**[35] zu der Vereinigung von Organvorsitz und Management in einer Hand (vgl. Art. 45 Rz. 7). Zumindest in großen Gesellschaften dürfte dies allerdings den Regeln guter Corporate Governance widersprechen. Für börsennotierte Gesellschaften sollte der Deutsche Corporate Governance Kodex, der bislang auf die monistische Struktur nicht eingeht, eine Trennung von Verwaltungsratsvorsitz und der Position des geschäftsführenden Direktors anregen oder empfehlen[36].

Soweit Verwaltungsratsmitglieder zu geschäftsführenden Direktoren bestellt werden, muss die Mehrheit des Verwaltungsrats aus nicht-geschäftsführenden Mitgliedern bestehen (§ 40 Abs. 1 Satz 2 SEAG). Diese im angelsächsischen Raum so genannte **„Board Balance"**[37] schafft durch die Kombination von „executive" und „non executive members" ein Element der internen Kontrolle[38]. Da der Verwaltungsrat jede Maßnahme der Geschäftsführung an sich ziehen und durch Weisung auch gegenüber den geschäftsführenden Direktoren durchsetzen kann (vgl. Anh. Art. 43 § 22 SEAG Rz. 12 ff.), müssen diese die nicht-geschäftsführende Mehrheit von ihrem unternehmerischen Konzept überzeugen. 20

Der Verwaltungsrat als Kollegialorgan fungiert damit als Gesprächspartner und **interne Kontrollstufe** im Verhältnis zu seinen geschäftsführenden Mitgliedern. Gewiss kann sich dies im Einzelfall als nur „schwache Sicherung" erweisen[39]. Jedoch ist die interne Überschneidung der Zuständigkeitsbereiche ein typisches und unverzichtbares Kennzeichen des Monismus im Vergleich zum Dualismus (Art. 38 Rz. 14 ff.), dessen Nachteile systemimmanent kompensiert werden müssen. Die internen Abläufe so auszugestalten, dass sich die Geschäftsführung nicht verselbstständigt, ist Teil der Organisationsaufgabe des Verwaltungsrates. Sollten sich auch börsennotierte Gesellschaften für das monistische System entscheiden – was wegen der dabei drohenden Übernahme der paritätischen Mitbestimmung (Art. 43 Rz. 69) eher nicht zu erwarten ist – wäre der Deutsche Corporate Governance Kodex der geeignete Ort, um hierfür Leitlinien aufzustellen[40]. 21

Da geschäftsführende Direktoren auch aus der Mitte des Verwaltungsrats bestellt werden können, solange die Mehrheit des Verwaltungsrats nicht-geschäftsführend bleibt (§ 40 Abs. 1 Satz 2 SEAG), ist die Figur des geschäftsführenden Direktors letztlich ein Instrument der **Selbstorganisation des Verwaltungsrates**. Dieser ist gem. Art. 43 Abs. 1 SE-VO zwingend für die Geschäftsführung zuständig (Art. 43 Rz. 12 ff.) und damit auch für die Leitung der Gesellschaft verantwortlich (Anh. Art. 43 § 22 SE- 22

---

34 Zu dieser im angelsächsischen Raum üblichen Unterscheidung *Holland*, Board of directors und monistische SE, S. 18 ff. Zu den einzelnen Gestaltungsmöglichkeiten in der SE vgl. *Siems* in KölnKomm. AktG, 3. Aufl., Anh. Art. 51 SE-VO § 40 SEAG Rz. 26 ff.
35 Zum sog. CEO ausführlich *Bachmann*, ZGR 2008, 779, 788 ff.
36 Vgl. hierzu die auf eine monistische SE ausgerichteten Formulierungsvorschläge bei *Messow*, Corporate Governance Kodex, S. 296.
37 *Merkt*, ZGR 2003, 650, 667.
38 *Schwarz*, Anh. Art. 43 SE-VO Rz. 267. S. zur Bedeutung der „non executive members" im angelsächsischen Board etwa *Hornberg*, Deutscher und britischer Corporate Governance Kodex, S. 117 ff.; *Merkt*, ZGR 2003, 650, 666; *Scherer*, Dualistisches oder monistisches System?, S. 71 ff.; *Schiessl*, ZHR 167 (2003), 235, 243 f.
39 In diesem Sinne kritisch *Kallmeyer*, ZIP 2003, 1531, 1533; kritisch auch *Frodermann* in Jannott/Frodermann, Handbuch Europäische Aktiengesellschaft, S. 233 (Rz. 171).
40 Dazu bereits *Teichmann*, BB 2004, 53, 55 f.; monographisch *Messow*, Corporate Governance Kodex, insb. S. 293 ff.

AG Rz. 5 ff.). Im Lichte dessen ist die Figur des geschäftsführenden Direktors nach pflichtgemäßem Ermessen in einer Weise einzusetzen, die den Verwaltungsrat einerseits vom Tagesgeschäft entlastet, ihm andererseits den für seine Leitungsaufgabe nötigen Einfluss auf die Angelegenheiten der Gesellschaft sichert (Anh. Art. 43 § 22 SE-AG Rz. 8). Zur Verbesserung der Informationsversorgung und zur Durchsetzung der eigenen Strategieentscheidungen bietet es sich an, zumindest einen Direktoren aus den Reihen des Verwaltungsrats zu bestellen[41].

23 In einem **paritätisch mitbestimmten** Verwaltungsrat kann die Bestellung interner geschäftsführender Direktoren allerdings zu einem Kontrolldefizit führen. In der Praxis ist kaum zu erwarten, dass Arbeitnehmervertreter zu geschäftsführenden Direktoren bestellt werden. Die Bestellung einzelner Aktionärsvertreter zu geschäftsführenden Direktoren hat demgegenüber zur Folge, dass die Arbeitnehmervertreter unter den **nicht-geschäftsführenden** Mitgliedern die **Mehrheit** bilden. Dies erschwert die interne Kontrolle der geschäftsführenden Direktoren. Denn diese können als Verwaltungsratsmitglieder über Geschäftsführungsmaßnahmen mit abstimmen (Anh. Art. 43 § 35 SEAG Rz. 13) und daher immer dann, wenn sie eine den Arbeitnehmervertretern gefällige Geschäftspolitik verfolgen, auf eine Stimmenmehrheit im Verwaltungsrat bauen[42].

24 Wird ein Verwaltungsratsmitglied unter **Verstoß** gegen § 40 Abs. 1 Satz 2 SEAG zum geschäftsführenden Direktor bestellt, muss es entweder das Verwaltungsratsmandat niederlegen oder auf das Amt des geschäftsführenden Direktors verzichten; bis dahin ist die Bestellung **schwebend unwirksam**[43]. Dasselbe gilt, wenn ein geschäftsführender Direktor zum Verwaltungsratsmitglied bestellt werden soll und dadurch die „Board Balance" verletzt würde.

b) Allgemeine Bestellungshindernisse

25 Für Personen, die bereits Verwaltungsratsmitglied sind, galten bei ihrer Bestellung in den Verwaltungsrat die persönlichen Bestellungshindernisse des **§ 76 Abs. 3 AktG** (Anh. Art. 43 § 27 SEAG Rz. 4). Werden Dritte zu geschäftsführenden Direktoren bestellt, findet § 76 Abs. 3 AktG gem. § 40 Abs. 1 Satz 3 SEAG entsprechende Anwendung. Anderweitige Bestellungshindernisse gelten für geschäftsführende Direktoren, sofern sie funktional auf die geschäftsführungs- und vertretungsbefugten Personen bezogen sind (Art. 47 Rz. 14).

3. Beschlussfassung im Verwaltungsrat

26 Grundlage der Bestellung ist ein Beschluss des Verwaltungsrats. Für **Beschlussfähigkeit und Mehrheitserfordernisse** gilt Art. 50 SE-VO. Nach § 34 Abs. 4 Satz 2 SEAG kann die Bestellung i.S.d. § 40 Abs. 1 Satz 1 SEAG nicht auf einen beschließenden Ausschuss übertragen werden. Der Abschluss des Anstellungsvertrages ist davon zwar nicht erfasst. Jedoch hat insbesondere *Forst* überzeugend herausgearbeitet, dass dem Gesetzgeber des 2008 erlassenen VorstAG hier ein Versäumnis unterlaufen ist. Es besteht kein ersichtlicher Grund dafür, warum der neu eingeführte Plenumsvor-

---

41 Dass darunter die unbefangene Wahrnehmung der Kontrollaufgabe insbesondere im Fall einer späteren Verfolgung von Schadensersatzansprüchen leiden könnte (so *Ihrig*, ZGR 2008, 809, 812 f.), ist nicht ganz von der Hand zu weisen. Wer diesem Aspekt Priorität einräumt, wird allerdings schon bei der Auswahl zwischen den Systemen eher dem dualistischen zuneigen.
42 Zu diesem Problem auch *Teichmann*, BB 2004, 53, 56; vgl. weiterhin Art. 43 Rz. 68 f.
43 Ebenso *Reichert/Brandes* in MünchKomm. AktG, 3. Aufl., Art. 47 SE-VO Rz. 40 in Anlehnung an die Kommentierungen zu § 105 AktG.

behalt für die Festlegung der Vergütung (vgl. § 107 Abs. 3 AktG) im monistischen Modell nicht gelten sollte⁴⁴.

Werden **Verwaltungsratsmitglieder** zu geschäftsführenden Direktoren bestellt (oben Rz. 19 ff.), stellt sich die Frage, ob das zu bestellende Mitglied einem **Stimmverbot** unterliegt. Die SE-VO regelt diese Frage nicht, es gelten also die Grundsätze des nationalen Rechts (Art. 50 Rz. 19). Im nationalen Aktienrecht ist weithin anerkannt, dass ein Aufsichtsratsmitglied an seiner eigenen Wahl zum Vorsitzenden mitwirken kann⁴⁵. Wird ein Aufsichtsratsmitglied jedoch zum Vorstand bestellt, plädieren verschiedene Stimmen dafür, das betreffende Aufsichtsratsmitglied von der Abstimmung auszuschließen⁴⁶. Die dafür maßgeblichen Argumente lassen sich jedoch nicht ohne weiteres auf das monistische Modell übertragen. Für das Stimmverbot lässt sich zwar die persönliche Betroffenheit und damit die Sorge anführen, der Einzelne werde seine eigenen Interessen über diejenigen der Gesellschaft stellen. Dagegen spricht aber die organschaftliche Zuständigkeit, an der auch ein persönlich betroffenes Mitglied partizipiert. Die Bestellung geschäftsführender Direktoren ist eine Kernkompetenz des Verwaltungsrats, an der alle Mitglieder gleichberechtigt partizipieren; dass dabei die Wahl auch auf Mitglieder des Verwaltungsrats fallen kann, sieht das Gesetz ausdrücklich vor (§ 40 Abs. 1 Satz 2 SEAG). Darin liegt der entscheidende Unterschied zum dualistischen Modell (vgl. Art. 39 Abs. 3 SE-VO und § 105 AktG). Die Lage entspricht somit eher einer Organbinnenwahl im Aufsichtsrat, bei welcher auch der betroffene Kandidat mitstimmen darf, weil die Kandidatur im Gesellschaftsinteresse liegt⁴⁷. Weiterer Vergleichsmaßstab ist die Bestellung eines GmbH-Gesellschafters zum Geschäftsführer; auch hier unterliegt der betroffene Gesellschafter keinem Stimmverbot⁴⁸. Somit kann im monistischen Modell das betroffene Verwaltungsratsmitglied an der Beschlussfassung über seine eigene Bestellung mitwirken⁴⁹. Anders verhält es sich beim **Anstellungsvertrag**⁵⁰. In diesem geht es um die persönlichen Interessen des geschäftsführenden Direktors; er unterliegt insoweit als Verwaltungsratsmitglied einem Stimmverbot⁵¹. Seine Stimme geht gem. § 35 Abs. 3 SEAG auf den Verwaltungsratsvorsitzenden über.

27

---

44 *Forst*, ZIP 2010, 1786, 1788; ebenso *Reichert/Brandes* in MünchKomm. AktG, 3. Aufl., Art. 43 SE-VO Rz. 106, Art. 44 SE-VO Rz. 46. Anders hier die Vorauflage (§ 40 SEAG Rz. 26) sowie *Siems* in KölnKomm. AktG, Anh. Art. 51 SE-VO § 40 SEAG Rz. 11.
45 *Drygala* in K. Schmidt/Lutter, § 108 AktG Rz. 15; *Hopt/Roth* in Großkomm. AktG, 4. Aufl., § 108 AktG Rz. 56; *Koch* in Hüffer, § 108 AktG Rz. 9; *Ulmer*, NJW 1998, 2288, 2291.
46 *Hopt/Roth* in Großkomm. AktG, 4. Aufl., § 108 AktG Rz. 56; *Koch* in Hüffer, § 108 AktG Rz. 9; *Ulmer*, NJW 1998, 2288 ff. Die überzeugenderen Argumente sprechen aber für die Gegenauffassung, die bei *Matthießen*, Stimmrecht und Interessenkollision, S. 228 ff., ausführlich begründet wird.
47 So auch *Ulmer*, NJW 1998, 2288, 2291, der nur bei einer Kandidatur zum Vorstand ein Stimmverbot annimmt.
48 *Bayer* in Lutter/Hommelhoff, § 47 GmbHG Rz. 45.
49 Ebenso *Reichert/Brandes* in MünchKomm. AktG, 3. Aufl., Art. 43 SE-VO Rz. 122.
50 Ebenso *Verse* in Habersack/Drinhausen, SE-Recht, § 40 SEAG Rz. 29. Für eine solche Differenzierung auch hinsichtlich der Bestellung eines Aufsichtsratsmitglieds zum Vorstand *Matthießen*, Stimmrecht und Interessenkollision, S. 238 ff.
51 Anders für die GmbH *Hüffer/Schürnbrand* in Ulmer/Habersack/Löbbe, 2. Aufl., § 47 GmbHG Rz. 184 (m.w.N. zur Diskussion). Die dortige Befürchtung von Mehrheits-/Minderheitskonflikten ist jedoch auf die monistische SE nicht unbesehen übertragbar und wird für den Fall der paritätischen Mitbestimmung durch § 35 Abs. 3 SEAG kompensiert.

III. Geschäftsführung durch die geschäftsführenden Direktoren (§ 40 Abs. 2 SEAG)

1. Allgemeine Reichweite der Geschäftsführungsbefugnis

28 Die geschäftsführenden Direktoren führen die Geschäfte der Gesellschaft (§ 40 Abs. 2 Satz 1 SEAG). Ihr Aufgabenbereich deckt sich mit demjenigen des Verwaltungsrates, der bereits kraft Art. 43 Abs. 1 SE-VO für die Geschäftsführung zuständig ist (Anh. Art. 43 § 22 SEAG Rz. 13). Der gesetzlichen Konzeption nach sind sie **Hilfspersonen des Verwaltungsrats**, der sie bestellt, jederzeit abberufen und ihnen Weisungen erteilen kann. Der Verwaltungsrat bestimmt das Maß an Eigenverantwortlichkeit, das den geschäftsführenden Direktoren bei Wahrnehmung ihrer Tätigkeit zusteht. Je nach Zuschnitt des Unternehmens kann sowohl eine enge Bindung an Weisungen des Verwaltungsrats als auch eine weitgehende Eigenständigkeit der geschäftsführenden Direktoren sinnvoll sein. Der Verwaltungsrat regelt als Organ der Oberleitung diese Fragen der internen Organisation nach pflichtgemäßem Ermessen (Anh. Art. 43 § 22 SEAG Rz. 14 ff.).

29 Die geschäftsführenden Direktoren übernehmen typischerweise die **laufenden Geschäfte**, während die Grundlagenentscheidungen dem Verwaltungsrat vorbehalten bleiben. Entgegen verschiedentlich vertretener Auffassung liegt darin keine gesetzlich zwingende Zuständigkeitsgrenze[52]. Zwar findet sich in der Gesetzesbegründung zu § 40 Abs. 2 Satz 1 SEAG der Hinweis, dieser stelle klar, dass die Aufgaben der laufenden Geschäftsführung zwingend von den geschäftsführenden Direktoren wahrgenommen würden[53]. Dies erlaubt aber nicht den Umkehrschluss, dass der Verwaltungsrat von diesem Bereich ausgeschlossen ist. Darin läge ein Verstoß gegen Art. 43 Abs. 1 SE-VO, der die Geschäftsführung dem Verwaltungsorgan zuweist (Art. 43 Rz. 12 ff.).

30 Ebensowenig lässt sich dem Gesetz entnehmen, dass ein geschäftsführender Direktor keine **außergewöhnlichen Geschäfte** tätigen dürfe[54]. Für eine solche Begrenzung bietet der Wortlaut des § 40 Abs. 2 Satz 1 SEAG keinen Anhaltspunkt. Die Abgrenzung wäre auch kaum praktikabel, denn ob eine Maßnahme zu den „laufenden Geschäften" gehört oder nicht, ist eine Frage des Einzelfalles und hängt auch von der unternehmerischen Einschätzung ab, welche Tragweite eine Maßnahme haben könnte. Die Grenzziehung zwischen laufenden Geschäften, die eigenständig den geschäftsführenden Direktoren überlassen bleiben können, und grundlegenden, auf die der Verwaltungsrat Einfluss nehmen sollte, ist eine Entscheidung der Oberleitung, die dem Verwaltungsrat zukommt[55]. Entscheidender Maßstab für den Verwaltungsrat ist

---

[52] So aber *Boettcher*, Kompetenzen, S. 148; *Schwarz*, Anh. Art. 43 SE-VO Rz. 276, *Seitz*, SE-Geschäftsführer, S. 226 ff., wohl auch *Frodermann* in Jannott/Frodermann, Handbuch Europäische Aktiengesellschaft, S. 247 (Rz. 227). Der österreichische Gesetzgeber hat die Kompetenzen der geschäftsführenden Direktoren in § 56 SEG ausdrücklich auf die Tagesgeschäfte begrenzt (dazu *Kalss/Greda* in Kalss/Hügel, § 56 SEG Rz. 5 ff.). Die Diskussion hängt auch damit zusammen, ob man in Art. 43 Abs. 1 Satz 2 SE-VO eine immanente Gestaltungsgrenze für den nationalen Gesetzgeber sieht, was nach hier vertretener Auffassung abzulehnen ist (vgl. hierzu Art. 43 Rz. 30 ff.).
[53] Begr. RegE zu § 40 SEAG, BT-Drucks. 15/3405, S. 39.
[54] So auch *Verse* in Habersack/Drinhausen, SE-Recht, § 40 SEAG Rz. 34.
[55] In diesem Sinne auch *Siems* in KölnKomm. AktG, 3. Aufl., Anh. Art. 51 SE-VO § 40 SEAG Rz. 53 f. Zu Recht weist *Verse* in Habersack/Drinhausen, SE-Recht, § 40 SEAG Rz. 33, darauf hin, dass dem Verwaltungsrat gemäß §§ 40 Abs. 2 Satz 3 i.V.m. 22 Abs. 1 SEAG ohnehin die exklusive Oberleitungsfunktion zukommt, weshalb für eine Eingrenzung der Direktoren auf „laufende Geschäfte" kein Bedürfnis bestehe. Vergleichbar argumentiert *Bauer*, Organstellung, S. 87.

dabei die allgemeine Sorgfaltspflicht, die aus gutem Grund von einem weiten unternehmerischen Ermessen geprägt ist (§§ 39 SEAG i.V.m. 93 AktG). Die sogenannte „Business Judgment Rule" ist zurückhaltend in der inhaltlichen Richtigkeitskontrolle und betont stattdessen das Entscheidungsverfahren[56]. Diese Lösung ist auch in der vorliegenden Frage vorzugswürdig gegenüber einer gesetzlich gezogenen und für den Verwaltungsrat zwingenden inhaltlich-materiellen Grenze zwischen „laufenden" und „außergewöhnlichen" Geschäften.

2. Abgrenzung zu den Verwaltungsratskompetenzen

Von der Geschäftsführungsbefugnis der geschäftsführenden Direktoren ausgenommen sind diejenigen Aufgaben, die das Gesetz ausdrücklich dem Verwaltungsrat zuweist (§ 40 Abs. 2 Satz 3 SEAG). Bei Anwendung dieser Vorschrift ist zu bedenken, dass es im Monismus nicht dieselbe klare Trennung der Kompetenzen gibt wie im Dualismus. Vielmehr werden die geschäftsführenden Direktoren ihrer gesetzlichen Konzeption nach notwendigerweise im Kompetenzbereich des Verwaltungsrats tätig (oben Rz. 28 und Anh. Art. 43 § 22 SEAG Rz. 13). Der Verwaltungsrat darf und soll innerhalb seines Aufgabenbereichs zur eigenen Arbeitsentlastung den geschäftsführenden Direktoren vielfältige Maßnahmen der Geschäftsführung überlassen. § 40 Abs. 2 Satz 3 SEAG spricht somit die Ausnahme von der Regel an: Grundsätzlich decken sich die Aufgabenbereiche von Verwaltungsrat und geschäftsführenden Direktoren im Kontext eines Verhältnisses der Über-/Unterordnung (Anh. Art. 43 § 22 SEAG Rz. 12 ff.). Nur bei einer **ausschließlichen Zuweisung** von Aufgaben **an den Verwaltungsrat** sind die geschäftsführenden Direktoren vom betreffenden Aufgabenbereich ausgeschlossen[57]. Ob dies der Fall ist, muss gegebenenfalls durch Auslegung ermittelt werden.

31

Ausgangspunkt ist die Aufgabenbeschreibung des Verwaltungsrats in **§ 22 SEAG**. Soweit dabei das Verhältnis zwischen Verwaltungsrat und **Hauptversammlung** angesprochen ist, können die geschäftsführenden Direktoren nicht an die Stelle des Verwaltungsrats treten; denn solche Vorschriften sind Ausdruck der Verantwortlichkeit des Verwaltungsrats in seiner Eigenschaft als Organ der Oberleitung gegenüber den Eigentümern der Gesellschaft (Anh. Art. 43 § 22 SEAG Rz. 10). Soweit es hingegen um **interne Organisationspflichten** geht – Führen der Handelsbücher und Einrichtung eines internen Risikoüberwachungssystems (§ 22 Abs. 3 SEAG) – kann der Verwaltungsrat die konkreten Umsetzungsmaßnahmen den geschäftsführenden Direktoren überlassen. Auch die ausschließlich dem Verwaltungsrat zugewiesene Oberleitung (§ 22 Abs. 1 SEAG) zieht Umsetzungsmaßnahmen nach sich, die den geschäftsführenden Direktoren übertragen werden können. Sodann ist für die dem Verwaltungsrat obliegende Vorbereitung und Ausführung von Hauptversammlungsbeschlüssen eine Delegationsmöglichkeit ausdrücklich vorgesehen (§ 22 Abs. 2 Satz 3 Hs. 2 SEAG).

32

Auch für die gem. **§ 22 Abs. 6 SEAG** dem Verwaltungsrat zufallenden Aufgaben, die im dualistischen System der Vorstand wahrnimmt, gilt im Zweifel die Regel, dass Ausführungsmaßnahmen auf die geschäftsführenden Direktoren **delegiert** werden können. Die Direktoren stellen eine im dualistischen System nicht vorhandene Ausführungsebene unterhalb des Leitungsorgans dar; das aktienrechtliche Prinzip der Ausschließ-

33

---

56 Zu diesem Grundgedanken der aus dem US-amerikanischen Recht stammenden Formel *Paefgen*, AG 2004, 245, 249. Für eine Weiterentwicklung zu einer gesellschaftsrechtlichen Entscheidungslehre *Lohse*, Unternehmerisches Ermessen, S. 210 ff. (mit eingehender Darstellung der US-amerikanischen Rechtslage auf S. 237 ff.).

57 Vergleichbar *Schwarz*, Anh. Art. 43 SE-VO Rz. 279: Nur die Aufgaben, die dem Verwaltungsrat zwingend aufgegeben sind, können nicht auf die Geschäftsführer übertragen werden.

lichkeit der Kompetenzverteilung zwischen Vorstand und Aufsichtsrat ist daher auf das Verhältnis Verwaltungsrat/geschäftsführende Direktoren nicht übertragbar.

34 Das Verhältnis zwischen Verwaltungsrat und geschäftsführenden Direktoren kann auch in der **Satzung** (Anh. Art. 43 § 44 SEAG Rz. 5) oder einer **Geschäftsordnung** (Anh. Art. 43 § 44 SEAG Rz. 7) näher konkretisiert werden. Die geschäftsführenden Direktoren müssen derartige Beschränkungen ihrer Kompetenzen im Innenverhältnis beachten (§ 44 Abs. 2 SEAG).

3. Handelsregisteranmeldungen

35 Zur Entlastung des Verwaltungsrats, der nach der Generalzuweisung des § 22 Abs. 6 SEAG grundsätzlich alle aktienrechtlich dem Vorstand zugewiesenen Aufgaben übernimmt, weist § 40 Abs. 2 Satz 4 SEAG alle Anmeldungen zum Handelsregister den geschäftsführenden Direktoren zu. Grundsätzlich nehmen daher die **geschäftsführenden Direktoren** die Anmeldungen vor und reichen dort alle notwendigen Dokumente ein. Etwas anderes gilt, wenn **spezialgesetzlich** geregelt ist, dass neben den geschäftsführenden Direktoren auch andere Personen zu beteiligen sind. Innerhalb des SEAG ist § 21 SEAG zu nennen[58]. Ebenso wird man zu entscheiden haben, wenn im allgemeinen Aktienrecht der Vorstand eine Anmeldung nicht allein, sondern gemeinsam mit dem Aufsichtsrat vorzunehmen hat[59]. Denn § 40 Abs. 2 Satz 4 SEAG erfasst seinem Wortlaut nach nur Vorschriften, die allein den Vorstand ansprechen. Nach dem Sinn und Zweck der speziellen Regelungen, die Vorstand und Aufsichtsrat gemeinsam in die Pflicht nehmen, ist eine **Beteiligung des Verwaltungsrats** in der Regel geboten. Diese gemeinsame Verpflichtung der geschäftsführenden und der aufsichtführenden Personen ist ein Element der wechselseitigen Kontrolle, das durch Beteiligung von geschäftsführenden Direktoren und Verwaltungsrat zumindest annäherungsweise auch im monistischen System abgebildet werden kann.

4. Gesamt- oder Einzelgeschäftsführung

36 § 40 Abs. 2 Satz 2 SEAG geht vom Grundsatz der Gesamtgeschäftsführung aus, sofern mehrere geschäftsführende Direktoren bestellt sind. Die Vorschrift lehnt sich an die Regelung zum Vorstand in § 77 Abs. 1 AktG an und ist daher im Wesentlichen gleichlaufend zu interpretieren. Unter den geschäftsführenden Direktoren gilt das **Kollegialprinzip**, Geschäftsführungsentscheidungen müssen also einstimmig beschlossen werden[60]. Art. 50 SE-VO findet auf die dem nationalen Recht entstammenden geschäftsführenden Direktoren keine Anwendung (Art. 50 Rz. 4)[61]. Besondere Beschlussformalitäten sieht das Gesetz nicht vor. Es bedarf daher keiner Protokollierung; auch sind fernmündliche oder mit elektronischer Post gefasste Beschlüsse denkbar[62].

37 Die Satzung oder eine vom Verwaltungsrat erlassene Geschäftsordnung können **abweichende Regelungen** treffen (§ 40 Abs. 2 Satz 2 SEAG)[63]. Zwar können auch die geschäftsführenden Direktoren selbst eine Geschäftsordnung erlassen (§ 40 Abs. 4

---

58 S. auch Begr. RegE zu § 21 SEAG, BT-Drucks. 15/3405, S. 36.
59 So zum Beispiel bei der Anmeldung der Kapitalerhöhung nach § 184 Abs. 1 AktG (*Koke*, Finanzverfassung der SE, S. 148).
60 Für den Vorstand *Seibt* in K. Schmidt/Lutter, § 77 AktG Rz. 8 und *Koch* in Hüffer, § 77 AktG Rz. 6.
61 A.A. *Schwarz*, Anh. Art. 43 SE-VO Rz. 277.
62 Vgl. *Seibt* in K. Schmidt/Lutter, § 77 AktG Rz. 8 und *Koch* in Hüffer, § 77 AktG Rz. 6.
63 Vgl. auch *Reichert/Brandes* in MünchKomm. AktG, 3. Aufl., Art. 43 SE-VO Rz. 128, sowie *Siems* in KölnKomm. AktG, 3. Aufl., Anh. Art. 51 SE-VO § 40 SEAG Rz. 60 ff. und *Verse* in Habersack/Drinhausen, SE-Recht, § 40 SEAG Rz. 37.

Satz 1 SEAG), die Disposition über das Prinzip der Gesamtgeschäftsführung steht ihnen jedoch nicht zu. Dies sollen gem. § 40 Abs. 2 Satz 2 SEAG der **Satzungsgeber** oder der **Verwaltungsrat** entscheiden.

Abweichungen vom Grundsatz der Gesamtgeschäftsführung bilden insbesondere die Einführung des **Mehrheitsprinzips** und eine Ressortaufteilung[64]. Die einzelnen Mitglieder müssen auch nicht zwingend gleichberechtigt sein[65]. Denkbar ist beispielsweise, ein **einzelnes Mitglied** besonders hervorzuheben und ihm das Recht der alleinigen Entscheidung einzuräumen; zumeist wird es sich dabei um einen geschäftsführenden Direktor handeln, der zugleich Mitglied des Verwaltungsrats ist. Auf diese Weise kann eine dem US-amerikanischen „CEO" vergleichbare Position geschaffen werden (vgl. Art. 45 Rz. 7).

IV. Berichtspflichten gegenüber dem Verwaltungsrat

1. Allgemeine Informationsversorgung (§ 40 Abs. 6 SEAG)

Für die allgemeine Informationsversorgung des Verwaltungsrats gilt **§ 90 AktG** entsprechend (§ 40 Abs. 6 SEAG). Dies impliziert nicht etwa eine materielle Gleichstellung mit dem Verhältnis zwischen Vorstand und Aufsichtsrat. Das Gesetz greift auf § 90 AktG deshalb zurück, weil dieser eine sinnvolle Informationsordnung beschreibt zwischen denjenigen Personen, die in das Tagesgeschäft eingebunden sind, und denjenigen, die sich nur in größeren Zeitabständen über das Geschehen in der Gesellschaft informieren. Die geschäftsführenden Direktoren trifft darüber hinaus eine allgemeine **Vorbereitungs- und Beratungspflicht**[66]: Sie müssen den Verwaltungsrat durch hinreichende Informationen in die Lage versetzen, seiner Aufgabe der unternehmerischen Oberleitung nachzukommen.

Im Gegensatz zum allgemeinen Aktienrecht ist diese Informationsordnung im monistischen SE-Modell **dispositiv**. Der Informationsfluss kann entsprechend der Realstruktur der Unternehmensleitung in Satzung oder Geschäftsordnung auch anders geregelt werden. Zumindest in größeren Gesellschaften empfiehlt sich der Erlass einer **Informationsordnung** durch den Verwaltungsrat, in der Termine und Inhalte einer regelmäßigen Berichterstattung näher geregelt werden. Denkbar ist eine Intensivierung der Berichterstattung in Gesellschaften, deren Verwaltungsrat eine enge Einbindung in das Tagesgeschäft anstrebt. Es steht aber ebenso im Ermessen von Satzungs- und Geschäftsordnungsgeber, die Informationsordnung zu lockern, wenn beispielsweise durch Personalunion zwischen Verwaltungsratsmitgliedern und geschäftsführenden Direktoren der Informationsfluss in den Verwaltungsrat auf andere Weise gesichert ist[67].

---

64 Dazu *Thümmel*, Europäische Aktiengesellschaft, S. 112 f. (Rz. 236). Bei gesetzlicher Mitbestimmung ordnet § 38 Abs. 2 SEBG überdies eine zwingende Ressortbildung für Arbeit und Soziales an (vgl. oben Rz. 15).
65 *Reichert/Brandes* in MünchKomm. AktG, 3. Aufl., Art. 43 SE-VO Rz. 129.
66 *Reichert/Brandes* in MünchKomm. AktG, 3. Aufl., Art. 43 SE-VO Rz. 179.
67 *Merkt*, ZGR 2003, 650, 669, betont, angesichts der gesteigerten Pflichtenstellung des Verwaltungsrats könne eine Verringerung der Informationsrechte kaum in Betracht kommen (vergleichbare Bedenken erhebt *Verse* in Habersack/Drinhausen, SE-Recht, § 40 SEAG Rz. 42). Dies ist im Grundsatz richtig. Eine Reduzierung der in § 40 Abs. 6 SEAG geregelten Berichtspflichten entspricht nur dann pflichtgemäßem Ermessen, wenn der Informationsfluss auf andere Weise sichergestellt ist, und führt naturgemäß zu einem größeren Haftungsrisiko, wenn sich später erweisen sollte, dass der Informationsfluss nicht funktionierte.

2. Berichtspflicht in der Krise (§ 40 Abs. 3 SEAG)

41 Die geschäftsführenden Direktoren stehen auf Grund ihrer Nähe zum Tagesgeschäft besonders in der Pflicht, krisenhafte Entwicklungen frühzeitig zu erkennen und dem Verwaltungsrat mitzuteilen. Den Verwaltungsrat trifft sodann die Rechenschaftspflicht gegenüber der Hauptversammlung und gegebenenfalls die Verantwortung für den rechtzeitig gestellten Insolvenzantrag (§ 22 Abs. 5 SEAG)[68]. Diese im dualistischen System allein dem Vorstand zugewiesenen Verantwortlichkeiten bedürfen im Monismus einer reibungslosen **Zusammenarbeit** zwischen Verwaltungsrat und geschäftsführenden Direktoren.

42 Auslöser der speziellen Informationspflicht des § 40 Abs. 3 SEAG ist eine Entwicklung, bei der nach pflichtgemäßem Ermessen oder bei der Aufstellung der Jahresbilanz oder einer Zwischenbilanz anzunehmen ist, dass ein **Verlust** in der Hälfte des Grundkapitals eingetreten ist. Dies ist der Fall, wenn das verbleibende Vermögen nur noch die Hälfte des Nennkapitals deckt (Anh. Art. 43 § 22 SEAG Rz. 22). Die geschäftsführenden Direktoren haben dies dem Verwaltungsrat mitzuteilen (§ 40 Abs. 3 Satz 1 SEAG). Der Verwaltungsrat hat daraufhin die Hauptversammlung einzuberufen (§ 22 Abs. 5 Satz 1 SEAG), um ihr die Möglichkeit zum Gegensteuern zu geben (Anh. Art. 43 § 22 SEAG Rz. 21).

43 Ist die Gesellschaft **zahlungsunfähig** oder **überschuldet**, müssen die geschäftsführenden Direktoren dies gleichfalls dem Verwaltungsrat mitteilen (§ 40 Abs. 3 Satz 2 SEAG)[69]; denn zu diesem Zeitpunkt ist gem. §§ 22 Abs. 5 Satz 2 SEAG i.V.m. 92 Abs. 2 und 3 AktG unverzüglich der Insolvenzantrag zu stellen. Für die rechtzeitige Stellung des Antrags auf Insolvenzeröffnung sind Verwaltungsrat und geschäftsführende Direktoren gleichermaßen verantwortlich, wenngleich im Außenverhältnis die geschäftsführenden Direktoren als vertretungsbefugtes Organ den Antrag stellen (Anh. Art. 43 § 22 SEAG Rz. 36 ff.).

V. Geschäftsordnung der geschäftsführenden Direktoren (§ 40 Abs. 4 SEAG)

44 Die **geschäftsführenden Direktoren** können sich eine Geschäftsordnung geben (§ 40 Abs. 4 Satz 1 SEAG); diese Regelung entspricht derjenigen für den Vorstand in § 77 Abs. 2 AktG. Erlassen die geschäftsführenden Direktoren ihre eigene Geschäftsordnung, so ist dafür ein **einstimmiger Beschluss** erforderlich (§ 40 Abs. 4 Satz 3 SEAG).

45 Die Selbstorganisation der geschäftsführenden Direktoren tritt in den Hintergrund, wenn die Satzung den Erlass der Geschäftsordnung ausdrücklich dem **Verwaltungsrat** zuweist oder dieser von sich aus eine Geschäftsordnung erlässt (§ 40 Abs. 4 Satz 1 SEAG).

46 Die **Satzung** kann Einzelfragen der Geschäftsordnung zwingend regeln, darf dabei allerdings nicht die gesamte Geschäftsordnung determinieren[70]. Denn sie regelt nach dem Wortlaut des § 40 Abs. 4 SEAG nur „Einzelfragen" und sollte auch nach Sinn und Zweck der Norm geschäftsführenden Direktoren und/oder Verwaltungsrat einen Kernbereich organisatorischer Flexibilität belassen.

---

68 Näher *Roitsch*, Liquidation der SE, S. 134.
69 Ein Versäumnis dieser Mitteilung kann über § 823 Abs. 2 BGB auch zu einer Außenhaftung gegenüber Gläubigern führen (näher *Verse* in Habersack/Drinhausen, SE-Recht, § 40 SEAG Rz. 45).
70 So auch die h.M. zum insoweit gleichlautenden § 77 Abs. 2 AktG. S. nur *Seibt* in K. Schmidt/Lutter, § 77 AktG Rz. 27 und *Koch* in Hüffer, § 77 AktG Rz. 20.

Inhalt einer Geschäftsordnung können Regeln für die interne Zusammenarbeit der Direktoren sein, wozu etwa Sitzungsmodalitäten und Ressortzuständigkeiten gehören. Auch das Verhältnis zum Verwaltungsrat lässt sich sinnvollerweise in einer solchen Geschäftsordnung regeln, etwa die Informationsversorgung des Verwaltungsrats und dessen Einbindung in wichtige unternehmerische Entscheidungen[71]. 47

VI. Abberufung (§ 40 Abs. 5 SEAG)

Geschäftsführende Direktoren können **jederzeit** durch Beschluss des Verwaltungsrats **abberufen** werden (§ 40 Abs. 5 SEAG). Ein wichtiger Grund ist für die Abberufung nicht erforderlich[72]. Darin kommt das gesetzliche Leitbild der geschäftsführenden Direktoren als eines dem Verwaltungsrat untergeordneten Gremiums zum Ausdruck. Für die **Beschlussfassung** im Verwaltungsrat gelten die allgemeinen Regeln (Art. 50 SE-VO und § 34 SEAG). Die **Satzung** kann anderes regeln, insbesondere die Abberufung nur unter Befristung und/oder bei Vorliegen eines wichtigen Grundes zulassen oder eine qualifizierte Beschlussmehrheit vorsehen (vgl. auch oben Rz. 7)[73]. Der geschäftsführende Direktor kann außerdem sein Amt aus freien Stücken niederlegen[74]. 48

Nach dem Wortlaut des § 34 Abs. 4 SEAG könnte die Abberufung einem **beschließenden Ausschuss** übertragen werden[75]; denn § 34 Abs. 4 Satz 2 SEAG nennt nur § 40 Abs. 1 Satz 1 SEAG nicht aber § 40 Abs. 5 SEAG. Der Sache nach überzeugt dies nicht. Denn die Abberufung ist als actus contratrius von ebenso großer Bedeutung wie die Bestellung. Auch § 107 Abs. 3 AktG, an dessen Wortlaut sich § 34 Abs. 3 SEAG orientiert[76], schließt eine Übertragung auf beschließende Ausschüsse für Bestellung *und* Abberufung aus. § 34 Abs. 4 SEAG weist insoweit eine Lücke auf, die durch analoge Anwendung der auf § 40 Abs. 1 Satz 1 SEAG bezogenen Regelung geschlossen werden muss. Eine Übertragung auf einen beschließenden Ausschuss ist daher nicht möglich[77]. 49

Soll ein geschäftsführender Direktor abberufen werden, der zugleich **Verwaltungsratsmitglied** ist, so endet allein die Stellung als geschäftsführender Direktor, nicht diejenige als Verwaltungsratsmitglied[78]. Daher unterliegt das betroffene Mitglied im Verwaltungsrat auch bei der Beschlussfassung über die eigene Abberufung keinem Stimmverbot[79]. Die Auswahl der geeigneten geschäftsführenden Personen ist eine 50

---

71 Vgl. auch den Musterentwurf einer Verwaltungsrats-Geschäftsordnung bei *Lutter/Kollmorgen/Feldhaus*, BB 2007, 509, 510, der den Erlass einer „Informationsordnung" für geschäftsführende Direktoren ausdrücklich anspricht.
72 *Schwarz*, Anh. Art. 43 SE-VO Rz. 285.
73 *Schwarz*, Anh. Art. 43 SE-VO Rz. 286; *Manz* in Manz/Mayer/Schröder, Art. 43 SE-VO Rz. 147; *Siems* in KölnKomm. AktG, 3. Aufl., Anh. Art. 51 SE-VO § 40 SEAG Rz. 80; *Verse* in Habersack/Drinhausen, SE-Recht, § 40 SEAG Rz. 54; für teleologische Reduktion des Satzungsfreiheit hingegen mit beachtlichen Argumenten (Personalhoheit des Verwaltungsrats als Merkmal des Monismus) *Seitz*, SE-Geschäftsführer, S. 184 f.
74 *Reichert/Brandes* in MünchKomm. AktG, 3. Aufl., Art. 43 SE-VO Rz. 142; *Verse* in Habersack/Drinhausen, SE-Recht, § 40 SEAG Rz. 58.
75 *Reichert/Brandes* in MünchKomm. AktG, 3. Aufl., Art. 43 SE-VO Rz. 108; *Siems* in KölnKomm. AktG, 3. Aufl., Anh. Art. 51 SE-VO § 40 SEAG Rz. 74; *Verse* in Habersack/Drinhausen, SE-Recht, § 40 SEAG Rz. 53.
76 Begr. RegE zu § 34 SEAG, BT-Drucks. 15/3405, S. 38.
77 Ebenso *Bauer*, Organstellung, S. 69, *Eberspächer* in Spindler/Stilz, AktG, Art. 43 SE-VO Rz. 6; *Seitz*, SE-Geschäftsführer, S. 185.
78 *Schwarz*, Anh. Art. 43 SE-VO Rz. 287; zur Abberufung von Verwaltungsratsmitgliedern s. § 29 SEAG.
79 Ebenso *Reichert/Brandes* in MünchKomm. AktG, 3. Aufl., Art. 43 SE-VO Rz. 139.

Kernkompetenz des Verwaltungsrats, an der auch derjenige Anteil hat, der die Position des geschäftsführenden Direktors übernehmen oder abgeben soll (s. bereits oben Rz. 27). Zudem ist, da die Abberufung keinen wichtigen Grund voraussetzt, nicht notwendigerweise davon auszugehen, dass ihr ein Fehlverhalten des abzuberufenden Direktors vorangegangen ist. Der Streit kann sich auch lediglich um unterschiedliche geschäftspolitische Strategien drehen, über die jedes Verwaltungsratsmitglied gleichberechtigt mitzubestimmen hat. Ein persönliches **Stimmverbot** besteht daher nur dann, wenn die Bestellung aus wichtigem Grund widerrufen werden soll und ein solcher tatsächlich vorliegt, was notfalls gerichtlich geklärt werden muss[80]. Ebenso ist das betroffene Mitglied bei der Entscheidung über eine Kündigung des Anstellungsvertrages vom Stimmrecht ausgeschlossen (vgl. oben Rz. 27 für den Abschluss des Anstellungsvertrages).

51 Die Laufzeit des Anstellungsvertrages richtet sich nach der vertraglichen Regelung oder dem allgemeinen Dienstvertragsrecht[81]. Sie ist vom körperschaftlichen Akt der Abberufung ebenso zu trennen wie die Frage, ob wechselseitige Ansprüche aus dem **Anstellungsvertrag** bestehen (s. § 40 Abs. 5 Satz 2 SEAG). Denkbar sind Schadensersatzansprüche wegen eines Fehlverhaltens des geschäftsführenden Direktors. Umgekehrt kann es vertragliche Regelungen geben, wonach der geschäftsführende Direktor zumindest für den Fall einer unbegründeten Abberufung vor Beendigung der Vertragszeit Entschädigungs- und Abfindungszahlungen erhält. Der Verwaltungsrat ist im Rahmen seiner allgemeinen Sorgfaltspflicht gehalten, sich bei der Vertragsgestaltung den nötigen Entscheidungsfreiraum zu bewahren und die von § 40 Abs. 5 Satz 1 SEAG vorgesehene jederzeitige Abberufbarkeit nicht durch die Zusage übermäßig hoher Abfindungen zu konterkarieren.

VII. Rechtsverhältnis zur Gesellschaft (§ 40 Abs. 7 SEAG)

52 Für Vergütung, Wettbewerbsverbot und Kreditgewährung an geschäftsführende Direktoren gelten die Vorschriften des Aktiengesetzes über den Vorstand entsprechend (§ 40 Abs. 7 SEAG). Soweit diese aktienrechtlichen Vorschriften auf den Aufsichtsrat Bezug nehmen, tritt an seine Stelle gem. § 22 Abs. 6 SEAG der Verwaltungsrat[82].

1. Vergütung der geschäftsführenden Direktoren (§ 87 AktG entsprechend)

53 Der Verwaltungsrat legt die Vergütung der geschäftsführenden Direktoren fest[83]. Er kommt dabei einer Rechtspflicht nach, deren unsorgfältige Wahrnehmung zu Schadensersatzpflichten führen kann[84]. Ebenso wie bei anderen Unternehmensorganen gilt der Grundsatz **aufgabenadäquater Vergütung** (vgl. Anh. Art. 43 § 38 SEAG Rz. 3): Der Verwaltungsrat hat dafür zu sorgen, dass die Gesamtbezüge in einem angemessenen Verhältnis zu den Aufgaben der geschäftsführenden Direktoren stehen (§§ 40 Abs. 7 SEAG i.V.m. 87 Abs. 1 AktG)[85]. Zwar sind geschäftsführende Direktoren den Vorgaben des Verwaltungsrats unterworfen, während der Vorstand gegenüber dem Aufsichtsrat weisungsfrei agiert; die konkrete Arbeitsbelastung und die Verantwor-

---

80 *Reichert/Brandes* in MünchKomm. AktG, 3. Aufl., Art. 43 SE-VO Rz. 139; *Verse* in Habersack/Drinhausen, SE-Recht, § 40 SEAG Rz. 52; dies entspricht Rechtsprechung und Schrifttum zum GmbH-Recht (vgl. *Teichmann* in Gehrlein/Ekkenga/Simon, § 47 GmbHG Rz. 42).
81 Dazu *Verse* in Habersack/Drinhausen, SE-Recht, § 40 SEAG Rz. 60 f.
82 Begr. RegE zu § 40 SEAG, BT-Drucks. 15/3405, S. 39.
83 Diese Kompetenz kann nicht auf einen Ausschuss delegiert werden (vgl. § 34 SEAG Rz. 27).
84 Für den Aufsichtsrat *Koch* in Hüffer, § 87 AktG Rz. 23 und *Spindler*, DStR 2004, 36, 42.
85 Dazu im Überblick *Spindler*, DStR 2004, 36, 37 ff.

tung für die Geschicke des Unternehmens dürften sich im Alltag jedoch nur wenig von derjenigen eines Vorstandsmitglieds unterscheiden. Daher können für die Bemessung der Bezüge grundsätzlich die für **Vorstandsbezüge** entwickelten Kriterien herangezogen werden. Denkbare Maßstäbe sind somit die persönliche Qualifikation und der Marktwert des betreffenden Direktors, die konkrete Verhandlungslage und die Dauer der Zugehörigkeit zur Gesellschaft[86]. In der börsennotierten monistischen SE sind die auf Vorstandsbezüge bezogenen Ziff. 4.2.2 bis 4.2.5 des Deutschen Corporate Governance Kodex sinngemäß zu beachten[87].

Vergütungsbestandteile können sein[88]: Festgehalt, Gewinnbeteiligungen, Aufwandsentschädigungen, Versicherungsentgelte, Provisionen und Nebenleistungen jeder Art (§§ 40 Abs. 7 SEAG i.V.m. 87 Abs. 1 AktG)[89]. Auch ein Ruhegehalt oder vergleichbare Leistungen zählen zur Vergütung und unterliegen dem Gebot der Angemessenheit[90]. Den geschäftsführenden Direktoren können ebenso wie Vorstandsmitgliedern Aktienoptionen angeboten werden[91]. Eine bedingte Kapitalerhöhung für diesen Zweck ist zulässig, da es sich um Mitglieder der Geschäftsführung i.S.d. § 192 Abs. 2 Nr. 3 AktG handelt. Bei der angemessenen Ausgestaltung von Aktienoptionsplänen kann auf die zum Vorstand gesammelten Erfahrungen zurückgegriffen werden; insbesondere sollte nicht allein der Börsenkurs Maßstab der Managementleistung sein[92]. Die Problematik kompensationsloser Anerkennungsprämien stellt sich in Bezug auf geschäftsführende Direktoren in derselben Weise wie bei Vorstandsmitgliedern[93]. 54

Bei Bemessung der Vergütung ist die **Lage der Gesellschaft** zu berücksichtigen (§§ 40 Abs. 7 SEAG i.V.m. 87 Abs. 1 Satz 1 AktG)[94]. In Konsequenz dessen kann eine wesentliche Verschlechterung in den Verhältnissen der Gesellschaft zu einer Herabsetzung der Vergütung führen (§§ 40 Abs. 7 SEAG i.V.m. 87 Abs. 2 AktG)[95]. Bei einer insolvenzbedingten Kündigung ist ein eventueller Schadensersatzanspruch eines geschäftsführenden Direktors zeitlich auf zwei Jahre begrenzt (§§ 40 Abs. 7 SEAG i.V.m. 87 Abs. 3 AktG)[96]. 55

Die bilanzrechtlich angeordnete Pflicht zur **Offenlegung** der Vergütung (§§ 285 Satz 1 Nr. 9 lit. a, 314 Abs. 1 Nr. 6 lit. a HGB) gilt auch für geschäftsführende Direktoren; denn der Gesetzeswortlaut ist nicht auf den Vorstand begrenzt, sondern gilt allgemein für die „Mitglieder des Geschäftsführungsorgans"[97]. 56

Wird ein **Mitglied des Verwaltungsrats** zum geschäftsführenden Direktor bestellt, handelt es sich rechtlich gesehen um zwei verschiedene Mandate, die separat ver- 57

---

86 Dazu *Seibt* in K. Schmidt/Lutter, § 87 AktG Rz. 9; *Koch* in Hüffer, § 87 AktG Rz. 4; *Spindler*, DStR 2004, 36, 38 f.
87 *Verse* in Habersack/Drinhausen, SE-Recht, § 40 SEAG Rz. 64; eingehend *Messow*, Corporate Governance Kodex, S. 244 ff.
88 Vgl. dazu eingehend *Bauer*, Organstellung, S. 142 ff.
89 Näher *Spindler*, DStR 2004, 36, 41.
90 *Seibt* in K. Schmidt/Lutter, § 87 AktG Rz. 5 und *Koch* in Hüffer, § 87 AktG Rz. 21.
91 *Bauer*, Organstellung. S. 147.
92 Näher *Koch* in Hüffer, § 87 AktG Rz. 19, und *Spindler*, DStR 2004, 36, 43 f.
93 Im Einzelnen ist hier vieles umstritten. Vgl. die BGH-Entscheidung im Fall „Mannesmann", BGH v. 21.12.2005 – 3 StR 470/04, AG 2006, 110 ff. und die Nachweise zur Diskussion bei *Koch* in Hüffer, § 87 AktG Rz. 7.
94 Vgl. dazu *Seibt* in K. Schmidt/Lutter, § 87 AktG Rz. 5 und *Koch* in Hüffer, § 87 AktG Rz. 3.
95 Dazu *Seibt* in K. Schmidt/Lutter, § 87 AktG Rz. 11 und *Koch* in Hüffer, § 87 AktG Rz. 24 ff. Weiterhin Bauer, Organstellung, S. 144 ff.
96 Näher *Seibt* in K. Schmidt/Lutter, § 87 AktG Rz. 23 und *Koch* in Hüffer, § 87 AktG Rz. 34.
97 Ebenso *Verse* in Habersack/Drinhausen, SE-Recht, § 40 SEAG Rz. 63.

gütet werden (vgl. für den Verwaltungsrat Anh. Art. 43 § 38 SEAG Rz. 12)[98]. Dies schließt nicht aus, die Doppelfunktion in wirtschaftlicher Hinsicht bei Ermittlung der insgesamt angemessenen Vergütung zu berücksichtigen oder die beiden Vergütungen schuldrechtlich miteinander zu verknüpfen (z.B. Ruhen der Verwaltungsratsbezüge, solange gleichzeitig die Tätigkeit als geschäftsführender Direktor ausgeübt wird). Bei der Beschlussfassung im Verwaltungsrat unterliegt das betroffene Mitglied einem Stimmverbot (vgl. bereits oben § 40 SEAG Rz. 27)[99].

2. Wettbewerbsverbot (§ 88 AktG entsprechend)

58 Geschäftsführende Direktoren unterliegen gemäß §§ 40 Abs. 7 SEAG i.V.m. 88 AktG einem Wettbewerbsverbot. Die Regelungsproblematik ist derjenigen des Vorstands im dualistischen System vergleichbar. In beiden Fällen bezweckt die Vorschrift den **Schutz der Gesellschaft** nicht nur vor Wettbewerbshandlungen, sondern auch vor einem anderweitigen Einsatz der Arbeitskraft[100]. Mit ihr korrespondiert daher das auch für geschäftsführende Direktoren geltende Leitbild einer Vollzeittätigkeit in den Diensten der Gesellschaft[101]. An die Stelle der **Einwilligung** des Aufsichtsrats tritt diejenige des Verwaltungsrats (§ 22 Abs. 6 SEAG).

59 Geschäftsführende Direktoren dürfen ohne Einwilligung des Verwaltungsrats weder ein **Handelsgewerbe** betreiben noch im Geschäftszweig der Gesellschaft für eigene oder fremde Rechnung **Geschäfte** machen. Die Einwilligung des Verwaltungsrats kann nur für bestimmte Handelsgewerbe oder Handelsgesellschaften oder bestimmte Arten von Geschäften erteilt werden. Ohne Einwilligung des Verwaltungsrats dürfen geschäftsführende Direktoren auch nicht Mitglied des Vorstands oder Geschäftsführer oder persönlich haftender Gesellschafter einer anderen Handelsgesellschaft sein. Auch **Doppelmandate** als geschäftsführender Direktor in einer anderen SE können daher nur mit Einwilligung des Verwaltungsrats übernommen werden. Unabhängig von der Vorschrift des § 40 Abs. 7 SEAG gilt für geschäftsführende Direktoren die allgemeine Verpflichtung, der Gesellschaft ihre Geschäftschancen nicht zu entziehen[102].

60 Geschäftsführende Direktoren, die gegen das Verbot verstoßen, machen sich **schadensersatzpflichtig** (§§ 40 Abs. 7 SEAG i.V.m. 88 Abs. 2 AktG). Die Gesellschaft kann alternativ verlangen, dass die für eigene Rechnung eingegangenen Geschäfte als für Rechnung der Gesellschaft eingegangen gelten und die aus Geschäften für fremde Rechnung bezogene Vergütung herausgegeben oder der Anspruch auf die Vergütung abgetreten wird. Ansprüche der Gesellschaft **verjähren** in drei Monaten seit dem Zeitpunkt, in dem die übrigen geschäftsführenden Direktoren und die Verwaltungsratsmitglieder von der zum Schadensersatz verpflichtenden Handlung Kenntnis erlangen oder ohne grobe Fahrlässigkeit erlangt haben müssten; sie verjähren ohne

---

98 Ebenso *Siems* in KölnKomm. AktG, 3. Aufl., Anh. Art. 51 SE-VO § 40 SEAG Rz. 86; *Verse* in Habersack/Drinhausen, SE-Recht, § 40 SEAG Rz. 65. Für ein Einheitsmodell, bei dem die gesamte Vergütung im Anstellungsvertrag festgelegt wird, demgegenüber Bauer, Organstellung, S. 151 ff. Dadurch würde allerdings die Vergütungskompetenz der Hauptversammlung für Verwaltungsratsmitglieder (§ 38 Abs. 1 SEAG) unterlaufen, weshalb die Konzeption einer einheitlichen Vergütung „aus einem Guss" (*Bauer*, Organstellung, S. 160) der Gestaltungspraxis im konkreten Einzelfall überlassen bleiben sollte. Beispielsweise könnte die Hauptversammlung von einer eigenen Vergütungsfestsetzung absehen und die Festlegung einer angemessenen Gesamtvergütung dem Anstellungsvertrag überlassen.
99 *Bauer*, Organstellung, S. 161 ff.
100 So der Regelungszweck des § 88 AktG, auf den in § 40 Abs. 7 SEAG verwiesen wird (*Seibt* in K. Schmidt/Lutter, § 88 AktG Rz. 1 sowie *Koch* in Hüffer, § 88 AktG Rz. 1).
101 Ebenso *Verse* in Habersack/Drinhausen, SE-Recht, § 40 SEAG Rz. 67.
102 *Verse* in Habersack/Drinhausen, SE-Recht, § 40 SEAG Rz. 68.

Rücksicht auf Kenntnis oder grob fahrlässige Unkenntnis in fünf Jahren von ihrer Entstehung an (§§ 40 Abs. 7 SEAG i.V.m. 88 Abs. 3 AktG).

3. Kreditgewährung an geschäftsführende Direktoren (§ 89 AktG entsprechend)

Kredite der Gesellschaft an ihre geschäftsführenden Direktoren setzen einen **Verwaltungsratsbeschluss** voraus[103]. Dies folgt aus dem Verweis des § 40 Abs. 7 SEAG auf § 89 AktG. Diese Maßnahme soll Kredite nicht verhindern, wohl aber für **Transparenz** sorgen[104]. Auf geschäftsführende Direktoren anwendbar sind auch die Regelungen des § 89 Abs. 1 AktG (Kredite und vergleichbare Geschäfte), § 89 Abs. 3 AktG (Kredite an nahestehende Personen oder solche, die für Rechnung des Vorstandsmitglieds handeln) und § 89 Abs. 4 AktG (Kreditgewährung an juristische Personen, in denen das betreffende Vorstandsmitglied gleichfalls Mandate wahrnimmt). 61

Der Verweis des § 40 Abs. 7 SEAG geht ins Leere, soweit er **§ 89 Abs. 2 AktG** einbezieht. Denn dort sind Kredite an Prokuristen und Handlungsbevollmächtigte geregelt, mithin keine Besonderheiten des monistischen Leitungssystems. § 40 Abs. 7 SEAG, der sich auf die Ermächtigung des Art. 43 Abs. 4 SE-VO zur Schaffung spezifischer Regelungen für das monistische System stützt, kann daher den Verweis auf § 89 Abs. 2 AktG nicht tragen. Diese Vorschrift findet richtigerweise nach der allgemeinen Verweisungsnorm des **Art. 9 Abs. 1 lit. c ii SE-VO** auf jede SE unabhängig von ihrem Leitungssystem Anwendung. 62

VIII. Haftung der geschäftsführenden Direktoren (§ 40 Abs. 8 SEAG)

Die geschäftsführenden Direktoren müssen entsprechend **§ 93 Abs. 1 Satz 1 AktG** die „Sorgfalt eines ordentlichen und gewissenhaften Geschäftsleiters" beachten (§ 40 Abs. 8 SEAG). Die aktienrechtliche Vorschrift wird hier als **haftungsrechtliche Generalklausel** in Bezug genommen, die jeweils der Anpassung an den konkreten Pflichtenmaßstab der betroffenen Personen bedarf (Art. 51 Rz. 21 ff.). Maßstab für die ordnungsgemäße Wahrnehmung der gesetzlich geregelten Pflichten der geschäftsführenden Direktoren ist diejenige **Sorgfalt**, die „ein ordentlicher Geschäftsmann in verantwortlich leitender Position bei selbständiger treuhänderischer Wahrnehmung fremder Vermögensinteressen einzuhalten hat"[105]. Wie im allgemeinen Aktienrecht hat die Haftungsnorm auch hier eine **Doppelfunktion**[106]: Sie ist generalklauselartige Ausprägung objektiver Verhaltenspflichten und Verschuldensmaßstab in einem. Zudem folgt aus dem Verweis auf § 93 Abs. 1 Satz 3 AktG die **Verschwiegenheitspflicht** der geschäftsführenden Direktoren (vgl. Art. 49 Rz. 3). 63

§§ 40 Abs. 8 SEAG i.V.m. 93 AktG regeln die **Innenhaftung** im Verhältnis zur Gesellschaft. Darüber hinaus unterliegen die geschäftsführenden Direktoren als gesetzliche Vertreter der Gesellschaft (§ 41 Abs. 1 SEAG) in vielfältiger Weise der **Außenhaftung** gegenüber Dritten. In diesem Bereich gilt für die SE das allgemeine nationale Aktien- 64

---

103 Die Entscheidung kann einem Ausschuss übertragen werden (vgl. § 34 Abs. 4 SEAG). Das persönlich betroffene Mitglied unterliegt einem Stimmrechtsausschluss (vgl. Art. 50 Rz. 19).
104 So für § 89 AktG *Seibt* in K. Schmidt/Lutter, § 89 AktG Rz. 1 und *Koch* in Hüffer, § 89 AktG Rz. 1.
105 Formulierung nach BGH v. 20.2.1995 – II ZR 143/93, BGHZ 129, 30, 34 = AG 1995, 274. Weitere Nachweise zum Sorgfaltsmaßstab bei *Krieger/Sailer-Coceani* in K. Schmidt/Lutter, § 93 AktG Rz. 6 ff. und *Koch* in Hüffer, § 93 AktG Rz. 6.
106 *Reichert/Brandes* in MünchKomm. AktG, 3. Aufl., Art. 43 SE-VO Rz. 166. S. weiterhin *Krieger/Sailer-Coceani* in K. Schmidt/Lutter, § 93 AktG Rz. 6 und *Koch* in Hüffer, § 93 AktG Rz. 5.

recht (Art. 51 Rz. 13); insoweit tragen die geschäftsführenden Direktoren dasselbe Außenhaftungsrisiko wie der Vorstand einer AG[107].

65 Im Innenverhältnis genießt der geschäftsführende Direktor entsprechend § 93 Abs. 1 Satz 2 AktG ein **unternehmerisches Ermessen**. Im Kompetenzgefüge des monistischen Systems bedarf dies allerdings einer gewissen Modifizierung. Denn Organ der Oberleitung ist der Verwaltungsrat, der den geschäftsführenden Direktoren Weisungen in Fragen der Geschäftsführung erteilen kann. Diese Ausgangslage modifiziert das unternehmerische Ermessen der geschäftsführenden Direktoren in zweierlei Weise: Sie haben einerseits bei allen Geschäftsführungsentscheidungen zunächst zu bedenken, dass es geboten sein könnte, den Verwaltungsrat frühzeitig einzubinden und dessen Entschließung abzuwarten. Sie genießen andererseits in den Bereichen, die ihnen der Verwaltungsrat zur eigenständigen Wahrnehmung überträgt, eigenes unternehmerisches Ermessen und können nicht für unternehmerische Entscheidungen haftbar gemacht werden, von denen sie auf der Grundlage angemessener Informationen annehmen durften, sie lägen im Wohle der Gesellschaft[108].

66 Wegen ihrer **Weisungsunterworfenheit** und jederzeitigen Abberufbarkeit stehen die geschäftsführenden Direktoren dem Geschäftsführer einer GmbH näher als dem Vorstand einer Aktiengesellschaft[109]. Teilweise wird daher vertreten, dass § 93 Abs. 4 Satz 2 AktG keine Anwendung finden könne[110]. Nach dieser Vorschrift kann eine Billigung durch den Aufsichtsrat den eigenverantwortlich tätigen Vorstand nicht entlasten. Der geschäftsführende Direktor hingegen muss gesetzmäßige Weisungen des Verwaltungsrats befolgen und muss insoweit auch von einer Haftung entlastet werden. Indessen wird zu Recht eingewandt, dass dieses Ergebnis auch im Rahmen des §§ 40 Abs. 8 SEAG i.V.m. 93 Abs. 4 Satz 2 AktG erreicht werden kann[111]. Die bloße Billigung kann den geschäftsführenden Direktor schon deshalb nicht entlasten, weil eine Billigung weniger ist als eine Weisung. Erst wenn der Verwaltungsrat eine Weisung ausspricht, stellt sich für den Direktor die Frage, ob er den Vorrang noch eigenständig überprüfen kann und dafür anschließend verantwortlich gemacht werden kann. Insoweit sind die allgemeinen Grenzen des Weisungsrechts maßgeblich (Anh. Art. 43 § 44 SEAG Rz. 12). Soweit die geschäftsführenden Direktoren **rechtmäßige Weisungen** des Verwaltungsrats befolgen, trifft sie im Innenverhältnis keine Haftung[112]. Verbindlich sind auch unternehmerische Weisungen, welche die geschäftsführenden Direktoren für unzweckmäßig halten mögen, soweit sich der Verwaltungsrat dabei im Rahmen des gesetzlich zugestandenen unternehmerischen Ermessens bewegt (Anh. Art. 43 § 44 SEAG Rz. 13). Allerdings muss der Verwaltungsrat zuvor in ausreichender Weise informiert worden sein, um die Weisung auf zutreffender Entscheidungsgrundlage aussprechen zu können[113]. Eine Haftung der geschäftsführenden Direktoren ist außerdem

---

107 Dazu im Überblick *Altmeppen* in Krieger/Uwe H. Schneider, Handbuch Managerhaftung, § 7 (S. 184 ff.).
108 *Reichert/Brandes* in MünchKomm. AktG, 3. Aufl., Art. 43 SE-VO Rz. 169 f.
109 Begr. RegE zu § 40 SEAG, BT-Drucks. 15/3405, S. 39. Weiterhin *Teichmann* in Krieger/Uwe H. Schneider, Handbuch Managerhaftung, S. 108 (Rz. 26).
110 So noch die Vorauflage (§ 40 SEAG Rz. 66) sowie *Siems* in KölnKomm. AktG, 3. Aufl., Anh. Art. 51 SE-VO § 40 SEAG Rz. 99.
111 *Verse* in Habersack/Drinhausen, SE-Recht, § 40 SEAG Rz. 79; *Reichert/Brandes* in MünchKomm. AktG, 3. Aufl., Art. 43 SE-VO Rz. 168 (in Änderung zur Vorauflage).
112 *Drinhausen* in Habersack/Drinhausen, SE-Recht, Art. 51 SE-VO Rz. 9; *Teichmann* in Krieger/Uwe H. Schneider, Handbuch Managerhaftung, § 44 (Rz. 44); *Marsch-Barner* in GS Bosch, 2006, S. 99, 112; *Siems* in KölnKomm. AktG, 3. Aufl., Anh. Art. 51 SE-VO § 40 SEAG Rz. 99. A.A. *Reichert/Brandes* in MünchKomm. AktG, 3. Aufl., Art. 43 SE-VO Rz. 168 ff. (in Änderung zur Vorauflage).
113 *Teichmann* in Krieger/Uwe H. Schneider, Handbuch Managerhaftung, S. 108 f. (Rz. 27).

ausgeschlossen, wenn die Handlung auf einem gesetzmäßigen Beschluss der Hauptversammlung beruht (§§ 40 Abs. 8 SEAG i.V.m. 93 Abs. 4 Satz 1 AktG). Bei Ausführung einer Weisung, durch die der Verwaltungsrat pflichtwidrig handelt, trifft auch den geschäftsführenden Direktor eine Haftung; denn er ist zur entsprechenden Prüfung der ihm erteilten Weisungen verpflichtet[114]. Dies gilt auch bei einem Verstoß gegen das Zahlungsverbot des § 92 Abs. 2 AktG, der gemäß § 93 Abs. 3 Nr. 6 AktG eine Schadensersatzhaftung begründet. Entgegen einer teilweise vertretenen Ansicht ist dies keineswegs eine Leitungsentscheidung, für die allein der in § 22 Abs. 5 SEAG angesprochene Verwaltungsrat verantwortlich ist (vgl. § 22 SEAG Rz. 39)[115]. Vielmehr sind auch die geschäftsführenden Direktoren in ihrer Eigenschaft als Vertretungsorgan an die Einhaltung des Zahlungsverbots gebunden[116].

Ebenso wie im allgemeinen Aktienrecht gilt, soweit mehrere geschäftsführende Direktoren bestellt wurden, der **Grundsatz der Gesamtverantwortung**[117]. Eine Ressortbildung ist zulässig, führt aber nicht ohne weiteres zu einer Haftungsbefreiung der übrigen Direktoren. Jeder Direktor steht weiterhin in der Verantwortung, die Tätigkeit der anderen Ressorts mit zu verfolgen und zu überwachen. Darüber hinaus wird die Ressortbildung in Ausnahmefällen durch eine **unteilbare Gesamtverantwortung** aller Direktoren überlagert[118]. Dies gilt insbesondere für die Meldepflichten gegenüber dem Handelsregister (oben Rz. 35) und die Handlungspflichten in der Krise der Gesellschaft (oben Rz. 41 ff.). 67

Für die **Rechtsverfolgung** gegenüber den geschäftsführenden Direktoren ist der Verwaltungsrat zuständig, der insoweit gem. § 41 Abs. 5 SEAG die Gesellschaft vertritt[119]. Bei hinreichender Erfolgsaussicht muss er Haftungsansprüche gegen die geschäftsführenden Direktoren geltend machen, soweit nicht ausnahmsweise mindestens gleichwertige Interessen der Gesellschaft entgegenstehen[120]. 68

IX. Stellvertreter (§ 40 Abs. 9 SEAG)

Auch die für geschäftsführende Direktoren bestellten Stellvertreter übernehmen alle mit dem Mandat verbundenen Rechte und Pflichten[121]. Dies macht § 40 Abs. 9 SEAG deutlich, der an § 94 AktG angelehnt ist. Für Bestellung und Abberufung der Stellvertreter gelten die allgemeinen Regeln des § 40 SEAG. Ebenso wie für den Vorstand einer Aktiengesellschaft hat die Bezeichnung als Stellvertreter rein interne Bedeutung für die Geschäftsverteilung. Sie ist im Außenverhältnis irrelevant und daher auch im Handelsregister nicht eintragungsfähig[122]. 69

---

114 *Ihrig* in Bachmann/Casper/Schäfer/Veil, Haftung und Haftungsdurchsetzung, S. 17, 25.
115 So aber *Seitz*, SE-Geschäftsführer, S. 311 f., der allein den Verwaltungsrat für Verstöße verantwortlich machen will.
116 *Verse* in Habersack/Drinhausen, SE-Recht, § 40 SEAG Rz. 78.
117 *Verse* in Habersack/Drinhausen, SE-Recht, § 40 SEAG Rz. 72. Für die GmbH-Geschäftsführer *Kleindiek* in Lutter/Hommelhoff, § 37 GmbHG Rz. 29.
118 Für die GmbH-Geschäftsführer *Lohr*, NZG 2000, 1204, 1210.
119 Näher *Teichmann* in Krieger/Uwe H. Schneider, Handbuch Managerhaftung, S. 116 f. (§ 5 Rz. 47 ff.). Weiterhin *Siems* in KölnKomm. AktG, 3. Aufl., Anh. Art. 51 SE-VO § 40 SEAG Rz. 90; *Verse* in Habersack/Drinhausen, SE-Recht, § 40 SEAG Rz. 81.
120 Grundlegend für das Verhältnis Aufsichtsrat zu Vorstand: BGH v. 21.4.1997 – II ZR 175/95, BGHZ 136, 244 ff. = AG 1997, 377. Zur Übertragbarkeit dieser Gedanken auf das monistische System eingehend *Metz*, Organhaftung, S. 164 ff.
121 So für stellvertretende Vorstandsmitglieder *Krieger/Sailer-Coceani* in K. Schmidt/Lutter, § 94 AktG Rz. 1 und *Koch* in Hüffer, § 94 AktG Rz. 1 f.
122 *Krieger/Sailer-Coceani* in K. Schmidt/Lutter, § 94 AktG Rz. 2 und *Koch* in Hüffer, § 94 AktG Rz. 3.

§ 41 SEAG
Vertretung

(1) Die geschäftsführenden Direktoren vertreten die Gesellschaft gerichtlich und außergerichtlich. Hat eine Gesellschaft keine geschäftsführenden Direktoren (Führungslosigkeit), wird die Gesellschaft für den Fall, dass ihr gegenüber Willenserklärungen abgegeben oder Schriftstücke zugestellt werden, durch den Verwaltungsrat vertreten.

(2) Mehrere geschäftsführende Direktoren sind, wenn die Satzung nichts anderes bestimmt, nur gemeinschaftlich zur Vertretung der Gesellschaft befugt. Ist eine Willenserklärung gegenüber der Gesellschaft abzugeben, so genügt die Abgabe gegenüber einem geschäftsführenden Direktor oder im Fall des Absatzes 1 Satz 2 gegenüber einem Mitglied des Verwaltungsrats. § 78 Abs. 2 Satz 3 und 4 des Aktiengesetzes gilt entsprechend.

(3) Die Satzung kann auch bestimmen, dass einzelne geschäftsführende Direktoren allein oder in Gemeinschaft mit einem Prokuristen zur Vertretung der Gesellschaft befugt sind. Absatz 2 Satz 2 gilt in diesen Fällen entsprechend.

(4) Zur Gesamtvertretung befugte geschäftsführende Direktoren können einzelne von ihnen zur Vornahme bestimmter Geschäfte oder bestimmter Arten von Geschäften ermächtigen. Dies gilt entsprechend, wenn ein einzelner geschäftsführender Direktor in Gemeinschaft mit einem Prokuristen zur Vertretung der Gesellschaft befugt ist.

(5) Den geschäftsführenden Direktoren gegenüber vertritt der Verwaltungsrat die Gesellschaft gerichtlich und außergerichtlich.

I. Überblick.................... 1	V. Einzelermächtigung (§ 41 Abs. 4 SEAG) 13
II. Organschaftliche Vertretungsmacht (§ 41 Abs. 1 SEAG)............ 6	VI. Vertretung der Gesellschaft gegenüber geschäftsführenden Direktoren (§ 41 Abs. 5 SEAG) 16
III. Gesamtvertretung (§ 41 Abs. 2 SEAG) 9	
IV. Abweichende Satzungsregelung (§ 41 Abs. 2 Satz 1 und Abs. 3 SEAG). 11	VII. Vertretung der Gesellschaft gegenüber Verwaltungsratsmitgliedern .. 19

Literatur: *Buck*, Wissen und juristische Person – Wissenszurechnung und Herausbildung zivilrechtlicher Organisationspflichten, 2001; *Göz*, Beschlussmängelklagen bei der Societas Europaea (SE), ZGR 2008, 593–629; *Kleindiek*, Delikthaftung und juristische Person, 1997; *Rockstroh*, Verwaltungsrat und geschäftsführende Direktoren in der monistisch strukturierten Societas Europaea, BB 2012, 1620–1625; *Schwarz*, Vertretungsregelungen durch den Aufsichtsrat (§ 78 Abs. 3 Satz 2 AktG) und durch Vorstandsmitglieder (§ 78 Abs. 4 Satz 1 AktG), ZHR 166 (2002), 625–655; *Seitz*, Die Geschäftsführer einer monistischen Societas Europaea (SE) mit Sitz in der Bundesrepublik Deutschland, 2010 (zit.: SE-Geschäftsführer); *Teichmann*, Binnenmarktkonformes Gesellschaftsrecht, 2006.

I. Überblick

1   Die SE-VO regelt zwar die Zuständigkeiten für die Geschäftsführung, nicht aber für die Vertretung der SE (Art. 43 Rz. 17 ff.). Der deutsche Gesetzgeber hat daher, gestützt auf Art. 43 Abs. 4 SE-VO, für das neu einzuführende monistische Modell in § 41 SEAG eine **eigenständige Vertretungsregelung** geschaffen. Diese orientiert sich

an der Vertretungsmacht des Vorstands in der nationalen Aktiengesellschaft (§ 78 AktG)[1]. Für die rechtsgeschäftlich erteilte Vertretungsmacht (zivilrechtliche und handelsrechtliche Vollmachten) gilt kraft der Generalverweisung des Art. 9 SE-VO das mitgliedstaatliche Recht[2].

Vertretungsberechtigt sind die **geschäftsführenden Direktoren** (§ 41 Abs. 1 SEAG). 2
Mehrere Direktoren sind gemeinschaftlich aktiv vertretungsbefugt, wenn die Satzung nichts anderes bestimmt (§ 41 Abs. 2 und 3 SEAG). Einzelne geschäftsführende Direktoren können zur Vornahme bestimmter Geschäfte oder bestimmter Arten von Geschäften ermächtigt werden (§ 41 Abs. 4 SEAG). Passive Vertretungsmacht genießt jeder geschäftsführende Direktor alleine (§ 41 Abs. 2 Satz 2 SEAG).

Die Vertretungsbefugnis der geschäftsführenden Direktoren ist **im Außenverhältnis** 3
unbeschränkt, kann im Innenverhältnis aber Einschränkungen unterworfen werden (§ 44 SEAG).

Der **Verwaltungsrat** ist grundsätzlich nicht vertretungsbefugt[3]. Er vertritt die Gesell- 4
schaft allein im Verhältnis zu den geschäftsführenden Direktoren (§ 41 Abs. 5 SEAG). Diese Regelung entspricht § 112 AktG für das Verhältnis zwischen Vorstand und Aufsichtsrat[4]. Sie kommt insbesondere bei Abschluss des Anstellungsverhältnisses (Anh. Art. 43 § 40 SEAG Rz. 18) sowie bei der Geltendmachung von Ersatzansprüchen (vgl. Anh. Art. 43 § 40 SEAG Rz. 63 ff.) in Betracht.

Das **österreichische SEG** regelt im Gegensatz zum deutschen SEAG eine gemeinsame 5
Vertretungsbefugnis von geschäftsführenden Direktoren und Verwaltungsrat (§ 43 SEG). Soweit die Satzung nichts anderes bestimmt, sind sämtliche Mitglieder des Verwaltungsrats und die geschäftsführenden Direktoren nur gemeinsam zur Vertretung der Gesellschaft befugt (§ 43 Abs. 2 Satz 1 SEG). Es ist ebenso wie im deutschen Recht eine kraft Satzung geregelte Einzelvertretung oder unechte Gesamtvertretung möglich[5]. Die Satzung kann auch den Verwaltungsrat ermächtigen, abweichende Vertretungsregelungen zu treffen (§ 43 Abs. 3 Satz 2 SEG).

II. Organschaftliche Vertretungsmacht (§ 41 Abs. 1 SEAG)

Die geschäftsführenden Direktoren sind die organschaftlichen Vertreter der Gesell- 6
schaft[6]. **Rechtsgeschäftliches Handeln** im Namen der Gesellschaft wird dieser wie eigenes Handeln zugerechnet[7]. Die Vertretungsmacht ist nach außen nicht beschränkbar (§ 44 Abs. 1 SEAG). Eine rechtsgeschäftliche Bindung der Gesellschaft scheitert allenfalls dann, wenn ein Missbrauch der Vertretungsmacht vorliegt[8]. Für die Befreiung von § 181 Alt. 2 BGB (Mehrfachvertretung) ist in Ermangelung einer eigenständi-

---

1 Begr. RegE zu § 41 SEAG, BT-Drucks. 15/3405, S. 39.
2 *Schwarz*, Anh. Art. 43 SE-VO Rz. 315; *Verse* in Habersack/Drinhausen, SE-Recht, § 41 SEAG Rz. 2.
3 Teilweise wird allerdings die Auffassung vertreten, er müsse kraft europäischen Rechts vertretungsbefugt sein; dazu Art. 43 Rz. 17 ff.
4 Begr. RegE zu § 41 SEAG, BT-Drucks. 15/3405, S. 39.
5 Vgl. im Einzelnen *Kalss/Greda* in Kalss/Hügel, § 43 SEG Rz. 12 ff.
6 Zum Begriff der organschaftlichen Vertretung *K. Schmidt*, GesR, § 10 II 1 (S. 254 ff.).
7 *Reichert/Brandes* in MünchKomm. AktG, 3. Aufl., Art. 43 SE-VO Rz. 191; *Schwarz*, Anh. Art. 43 SE-VO Rz. 303. Ebenso für den Vorstand der AG *Seibt* in K. Schmidt/Lutter, § 78 AktG Rz. 2 und *Koch* in Hüffer, § 78 AktG Rz. 3.
8 Dazu näher *Seibt* in K. Schmidt/Lutter, § 78 AktG Rz. 7 und *Koch* in Hüffer, § 78 AktG Rz. 9.

gen SE-Regelung auf die allgemeinen aktienrechtlichen Grundsätze zurückzugreifen, wonach die Gestattung in der Satzung oder durch den Verwaltungsrat ausgesprochen werden kann[9]. Darüber hinaus gelten für die geschäftsführenden Direktoren die allgemeinen Regeln der **Wissenszurechnung** von Organen einer juristischen Person; der Gesellschaft ist demnach auch das Wissen eines geschäftsführenden Direktors zuzurechnen, der selbst nicht an dem betreffenden Geschäft beteiligt war[10]. Außerdem haftet die Gesellschaft in analoger Anwendung des § 31 BGB (über Art. 9 Abs. 1 lit. c ii SE-VO) für **deliktische Handlungen**, die ihre geschäftsführenden Direktoren in Ausführung der ihnen zustehenden Verrichtungen begehen[11].

7 Für die **gerichtliche Vertretung** der SE durch ihre geschäftsführenden Direktoren gelten dieselben Grundsätze wie bei einer nationalen Aktiengesellschaft[12]. Sie sind Adressat gerichtlicher Zustellungen (§ 170 ZPO); sie können im Prozess nur als Partei und nicht als Zeuge vernommen werden (§ 455 Abs. 1 Satz 1 ZPO); sie sind zuständig für die Abgabe eidesstattlicher Versicherungen im Namen der Gesellschaft.

8 Die geschäftsführenden Direktoren vertreten die Gesellschaft auch bei der Anfechtung eines Verwaltungsratsbeschlusses durch ein Mitglied des Verwaltungsrats[13]. In diesem Ausnahmefall können die nicht-geschäftsführenden Verwaltungsratsmitglieder im Prozess als Zeugen vernommen werden[14]. Bei **Anfechtungsklagen** von Aktionären gegen einen Hauptversammlungsbeschluss vertreten geschäftsführende Direktoren und Verwaltungsrat gemeinsam die Gesellschaft[15]. § 246 Abs. 2 Satz 2 AktG ist insoweit lex specialis gegenüber der allgemeinen Vertretungsregelung; an die Stelle des Aufsichtsrats tritt gem. § 22 Abs. 6 SEAG der Verwaltungsrat. Erhebt ein geschäftsführender Direktor Anfechtungsklage, wird die Gesellschaft nur durch den Verwaltungsrat vertreten[16]. Denn nach dem Rechtsgedanken des § 246 Abs. 2 Satz 3 AktG kann der auf Klägerseite prozessführende geschäftsführende Direktor nicht gleichzeitig die beklagte Gesellschaft vertreten; nach der Grundregel des § 22 Abs. 6 SEAG ist in diesem Fall der Verwaltungsrat an Stelle der geschäftsführenden Direktoren vertretungsberechtigt. Ein weiterer Sonderfall ist die von der Hauptversammlung betriebene **Geltendmachung von Ersatzansprüchen**, für die gem. § 147 Abs. 2 AktG ein besonderer Vertreter bestellt wird.

---

9 *Verse* in Habersack/Drinhausen, SE-Recht, § 41 SEAG Rz. 9; eingehend zur Problematik *Rockstroh*, BB 2012, 1620, 1623.
10 *Reichert/Brandes* in MünchKomm. AktG, 3. Aufl., Art. 43 SE-VO Rz. 186. Für den AG-Vorstand *Seibt* in K. Schmidt/Lutter, § 78 AktG Rz. 10 f. und *Koch* in Hüffer, § 78 AktG Rz. 3. Monographisch zu Legitimationsgrundlage und Grenzen der Wissenszurechnung in juristischen Personen: *Buck*, Wissen und juristische Person, insb. S. 194 ff.
11 *Schwarz*, Art. 51 SE-VO Rz. 26; *Hirte*, NZG 2002, 1, 8. Für den AG-Vorstand *Seibt* in K. Schmidt/Lutter, § 78 AktG Rz. 34 und *Koch* in Hüffer, § 78 AktG Rz. 23. Monographisch zur deliktischen Haftung juristischer Personen: *Kleindiek*, Deliktshaftung und juristische Person.
12 Dazu *Seibt* in K. Schmidt/Lutter, § 78 AktG Rz. 4 und *Koch* in Hüffer, § 78 AktG Rz. 4.
13 *Göz*, ZGR 2008, 593, 598 (der bei einer Klage des gesamten Verwaltungsrats allerdings die gerichtliche Bestellung eines besonderen Vertreters für erforderlich hält); *Reichert/Brandes* in MünchKomm. AktG, 3. Aufl., Art. 43 SE-VO Rz. 187; *Verse* in Habersack/Drinhausen, SE-Recht, § 41 SEAG Rz. 6. Vgl. für die Vertretung der Aktiengesellschaft durch den Vorstand: BGH v. 17.5.1993 – II ZR 89/92, BGHZ 122, 342 ff. = AG 1993, 464.
14 Siehe *Reichert/Brandes* in MünchKomm. AktG, 3. Aufl., Art. 43 SE-VO Rz. 188, sowie *Verse* in Habersack/Drinhausen, SE-Recht, § 41 SEAG Rz. 6.
15 *Reichert/Brandes* in MünchKomm. AktG, 3. Aufl., Art. 43 SE-VO Rz. 189; *Verse* in Habersack/Drinhausen, SE-Recht, § 41 SEAG Rz. 6.
16 Ebenso *Verse* in Habersack/Drinhausen, SE-Recht, § 41 SEAG Rz. 6.

Für den Fall der **Führungslosigkeit** wurde mit dem MoMiG eine passive Vertretungsmacht des Verwaltungsrats eingeführt (§ 41 Abs. 1 Satz 2 SEAG)[17]. Eine aktive Vertretungsmacht wird dem Verwaltungsrat damit jedoch nicht verliehen (str.; vgl. Anh. Art. 43 § 45 SEAG Rz. 3). Um diese wiederherzustellen, muss der Verwaltungsrat unverzüglich neue geschäftsführende Direktoren bestellen[18].

8a

III. Gesamtvertretung (§ 41 Abs. 2 SEAG)

§ 41 Abs. 2 Satz 1 SEAG folgt ebenso wie die Parallelnorm § 78 Abs. 2 Satz 1 AktG für die **Aktivvertretung** dem Prinzip der Gesamtvertretung. Mehrere geschäftsführende Direktoren sind demnach, soweit die Satzung nichts Abweichendes bestimmt (unten Rz. 11 ff.), nur gemeinschaftlich zur Vertretung der Gesellschaft befugt[19]. Wurde nur ein geschäftsführender Direktor bestellt, ist dieser alleinvertretungsberechtigt[20]. Müssen jedoch nach Gesetz (vgl. § 38 Abs. 2 SEBG) oder Satzung mehrere geschäftsführende Direktoren bestellt werden und sind diese in Ermangelung anderslautender Satzungsregelung nur gemeinsam vertretungsberechtigt, kann bei Wegfall eines von zwei geschäftsführenden Direktoren der verbleibende Direktor die Gesellschaft nicht alleine vertreten[21]. Der Verwaltungsrat – in dringenden Fällen auch das Gericht (§ 45 SEAG) – muss in diesem Fall zunächst einen neuen geschäftsführenden Direktor bestellen.

9

Willenserklärungen gegenüber der Gesellschaft (**Passivvertretung**) werden wirksam, wenn sie nur einem geschäftsführenden Direktor zugegangen sind (§ 41 Abs. 2 Satz 2 SEAG); insoweit gilt also Einzelvertretung. Dies betrifft auch geschäftsähnliche Erklärungen wie etwa eine Mahnung oder Mängelrüge[22]. Eine wirksame Zustellung ist unter der im Handelsregister eingetragenen Geschäftsanschrift oder unter der eingetragenen Anschrift einer empfangsberechtigten Person möglich (§ 41 Abs. 2 Satz 2 SEAG i.V.m. § 78 Abs. 2 Satz 3 und 4 AktG).

10

IV. Abweichende Satzungsregelung (§ 41 Abs. 2 Satz 1 und Abs. 3 SEAG)

Die **Satzung** kann vom Grundsatz der Gesamtvertretung abweichen (§ 41 Abs. 2 Satz 1 SEAG). Eine Ermächtigung des Verwaltungsrats, seinerseits abweichende Vertretungsregelungen zu treffen, regelt das SEAG nicht. Es weicht insoweit vom allgemeinen Aktienrecht ab, das in § 78 Abs. 3 Satz 2 AktG eine Regelung durch den Aufsichtsrat bei entsprechender Satzungsermächtigung zulässt. In der monistischen SE kann der Verwaltungsrat hingegen nicht in der Satzung dazu ermächtigt werden, einzelnen geschäftsführenden Direktoren Einzelvertretungsmacht zu erteilen[23]. Der Kritik an dieser Vorschrift ist zuzugestehen, dass die Einschränkung systematisch nicht recht überzeugt[24]; ist doch das monistische System ansonsten eher gestaltungs-

11

---

17 Eingefügt mit dem MoMiG vom 23.10.2008, BGBl. I, S. 2026. Zum Begriff der Führungslosigkeit vgl. die Kommentierung der gleichlautenden Vorschrift des § 78 Abs. 1 Satz 2 AktG, *Seibt* in K. Schmidt/Lutter, § 78 AktG Rz. 20 f.
18 *Verse* in Habersack/Drinhausen, SE-Recht, § 41 SEAG Rz. 4.
19 Für die Einzelheiten vgl. *Seibt* in K. Schmidt/Lutter, § 78 AktG Rz. 16 f. und *Koch* in Hüffer, § 78 AktG Rz. 11 f.
20 *Schwarz*, Anh. Art. 43 SE-VO Rz. 306.
21 Vgl. für den Vorstand der Aktiengesellschaft *Seibt* in K. Schmidt/Lutter, § 78 AktG Rz. 16 und *Koch* in Hüffer, § 78 AktG Rz. 11.
22 *Seibt* in K. Schmidt/Lutter, § 78 AktG Rz. 19 und *Koch* in Hüffer, § 78 AktG Rz. 13.
23 Ebenso *Reichert/Brandes* in MünchKomm. AktG, 3. Aufl., Art. 43 SE-VO Rz. 191; *Seitz*, SE-Geschäftsführer, S. 246; *Verse* in Habersack/Drinhausen, SE-Recht, § 41 SEAG Rz. 12.
24 Dazu insbesondere *Rockstroh*, BB 2012, 1620, 1622.

offener als das dualistische. Dass die Entscheidung über die Vertretungsbefugnis in der monistischen SE der Satzung überlassen bleiben soll, lässt sich aber möglicherweise mit der engen Verflochtenheit von Verwaltungsrat und geschäftsführenden Direktoren, die sogar teilweise personenidentisch sein können, begründen[25].

12 § 41 Abs. 3 Satz 1 SEAG stellt klar, dass insbesondere **Einzelvertretung** durch einen geschäftsführenden Direktor oder **unechte Gesamtvertretung** eines geschäftsführenden Direktors gemeinsam mit einem Prokuristen zulässig sind[26]. Denkbar ist auch eine **gemeinschaftliche Vertretung**, bei der nicht alle, sondern jeweils nur zwei (oder mehrere) geschäftsführende Direktoren zusammenwirken[27]. Für die Passivvertretung bleibt es in all diesen Fällen bei der Einzelvertretungsmacht (§ 41 Abs. 3 Satz 2 SEAG).

V. Einzelermächtigung (§ 41 Abs. 4 SEAG)

13 § 41 Abs. 4 SEAG lässt in Anlehnung an § 78 Abs. 4 AktG die sogenannte Einzelermächtigung zu, bei der ein **gesamtvertretungsberechtigter geschäftsführender Direktor** dazu ermächtigt wird, die Gesellschaft alleine zu vertreten. Die Ermächtigung muss von geschäftsführenden Direktoren in vertretungsberechtigter Zahl ausgesprochen werden (§ 41 Abs. 4 Satz 2 SEAG). Bei **unechter Gesamtvertretung** genügt Zusammenwirken eines geschäftsführenden Direktors mit einem Prokuristen (§ 41 Abs. 4 Satz 2 SEAG). Die Ermächtigung kann jederzeit widerrufen werden[28].

14 Die Ermächtigung muss, um den Grundsatz der Gesamtvertretung nicht auszuhöhlen, auf **bestimmte Geschäfte** oder **bestimmte Arten** von Geschäften begrenzt sein. Nach der herrschenden Auffassung im Aktienrecht bedarf es dazu einer gegenständlichen Beschränkung, die hinreichend präzise sein muss[29]. Zulässig wäre beispielsweise eine gegenständliche Beschränkung, die mit einer betragsmäßigen Grenze verbunden wird („Nur Einkaufsgeschäfte bis zu 10 000 Euro")[30].

15 Durch die Ermächtigung wird die Gesamtvertretungsmacht des ermächtigten Direktors zur **Einzelvertretungsmacht**[31]. Gemäß der unionsrechtlichen Publizitätsrichtlinie ist offen zu legen, ob die zur Vertretung der Gesellschaft befugten Personen die Gesellschaft allein oder nur gemeinschaftlich vertreten können[32]. Soll daher von der Ermächtigung Gebrauch gemacht werden, setzt das eine Eintragung im Handelsregister voraus; diese kann abstrakt und generell formuliert sein[33]. Dass ein Dritter sich über die

---

25 In diesem Sinne *Seitz*, SE-Geschäftsführer, S. 246.
26 Zu den Einzelheiten vgl. die Kommentierungen der Parallelnorm in § 78 Abs. 3 AktG: *Seibt* in K. Schmidt/Lutter, § 78 AktG Rz. 25 f. und *Koch* in Hüffer, § 78 AktG Rz. 14 ff.
27 Vgl. *Seibt* in K. Schmidt/Lutter, § 78 AktG Rz. 27 und *Koch* in Hüffer, § 78 AktG Rz. 18.
28 So zu § 78 Abs. 4 AktG: *Seibt* in K. Schmidt/Lutter, § 78 AktG Rz. 31 und *Koch* in Hüffer, § 78 AktG Rz. 22.
29 *Seibt* in K. Schmidt/Lutter, § 78 AktG Rz. 30 und *Koch* in Hüffer, § 78 AktG Rz. 21.
30 So das Beispiel bei *Koch* in Hüffer, § 78 AktG Rz. 21.
31 So die h.M. im Aktienrecht; nach a.A. ist die Ermächtigung als ein Fall der Handlungsvollmacht anzusehen (vgl. *Seibt* in K. Schmidt/Lutter, § 78 AktG Rz. 33 und *Koch* in Hüffer, § 78 AktG Rz. 20, jew. m.w.N.).
32 Urspr. Richtlinie 68/151/EWG, Art. 2 Abs. 2 lit. d Satz 2; neukodifiziert in Richtlinie 2009/101/EG, Art. 2 lit. d i).
33 So für § 78 Abs. 4 AktG zu Recht und entgegen der ganz h. M. (vgl. *Kleindiek* in K. Schmidt/Lutter, § 37 AktG Rz. 25 und *Koch* in Hüffer, § 37 AktG Rz. 8) *Schwarz*, ZHR 166 (2002), 625, 639 mit Formulierungsvorschlag: „Ein Vorstandsmitglied ist allein zur Vertretung befugt, wenn es durch zur Gesamtvertretung befugte Vorstandsmitglieder dazu ermächtigt wird." Für die Eintragung der generellen Möglichkeit, eine solche Ermächtigung zu erteilen, auch *Verse* in Habersack/Drinhausen, SE-Recht, § 41 SEAG Rz. 14.

Möglichkeit der Ermächtigung auch durch Lektüre des Gesetzes informieren könnte, ist aus unionsrechtlicher Sicht nicht ausreichend[34].

VI. Vertretung der Gesellschaft gegenüber geschäftsführenden Direktoren (§ 41 Abs. 5 SEAG)

Im Verhältnis zu den geschäftsführenden Direktoren wird die Gesellschaft durch den **Verwaltungsrat** vertreten (§ 41 Abs. 5 SEAG). Die Regelung entspricht § 112 AktG[35], wonach die Aktiengesellschaft gegenüber Vorstandsmitgliedern durch den Aufsichtsrat vertreten wird. Dies soll **Interessenkollisionen vermeiden** und eine unbefangene, von sachfremden Erwägungen unbeeinflusste Vertretung der Gesellschaft sicherstellen[36]. Denn den geschäftsführenden Direktoren fehlt typischerweise die nötige Unbefangenheit, wenn sie die Gesellschaft gegenüber einer Person aus den eigenen Reihen vertreten sollen[37]. Dies gilt gegenüber amtierenden, aber auch gegenüber ausgeschiedenen geschäftsführenden Direktoren[38]. Der Verwaltungsrat handelt nach erfolgter interner Beschlussfassung im Außenverhältnis durch eines seiner Mitglieder, wobei im Regelfall von einer konkludenten Ermächtigung des Vorsitzenden auszugehen ist[39]. Für die Passivvertretung ist jedes einzelne Verwaltungsratsmitglied zuständig[40]. 16

Die **Anpassung** dieses Rechtsgedankens **an das monistische Modell** begegnet insoweit gewissen Schwierigkeiten, als ein geschäftsführender Direktor zugleich Mitglied des Verwaltungsrats sein kann (vgl. § 40 Abs. 1 Satz 2 SEAG). Die Regelung des § 41 Abs. 5 SEAG stellt daher die Unbefangenheit der vertretungsberechtigten Personen nicht in jedem Fall ausreichend sicher. Als Korrektiv dient das **Stimmverbot** innerhalb des Verwaltungsrats (vgl. Anh. Art. 43 § 35 SEAG Rz. 12 ff., § 40 SEAG Rz. 27 und Art. 50 Rz. 19)[41]: Soll der Verwaltungsrat im Namen der Gesellschaft ein Geschäft abschließen, von dem ein Verwaltungsratsmitglied, welches zugleich geschäftsführender Direktor ist, betroffen ist, unterliegt dieses Mitglied bei der vorangehenden Beschlussfassung einem Stimmverbot. Dies betrifft allerdings nur die Willensbildung im Innenverhältnis. Im Außenverhältnis ist das Verwaltungsratsmitglied über Art. 9 Abs. 1 lit. c ii SE-VO gem. **§ 181 BGB** daran gehindert, an der gem. § 41 Abs. 5 SEAG bestehenden Vertretungsmacht des Verwaltungsrats zu partizipieren. 17

---

34 Der EuGH fordert aus diesem Grunde die Eintragung des an und für sich selbstverständlichen Umstandes, dass der alleinige Geschäftsführer einer GmbH auch alleine vertretungsberechtigt ist (EuGH v. 12.11.1974 – Rs. 32/74, Slg. 1974, 1201 ff. – „Haaga"); zum dahinter stehenden Informationsmodell *Teichmann*, Binnenmarktkonformes Gesellschaftsrecht, S. 213.
35 Begr. RegE zu § 41 SEAG, BT-Drucks. 15/3405, S. 39.
36 So zu § 112 AktG: BGH v. 26.6.1995 – II ZR 122/94, BGHZ 130, 108, 111 = AG 1995, 464; BGH v. 1.12.2003 – II ZR 161/02, BGHZ 157, 151, 154 = AG 2004, 142.
37 Vgl. zum Regelungszweck des § 112 AktG: *Drygala* in K. Schmidt/Lutter, § 112 AktG Rz. 1 und *Koch* in Hüffer, § 112 AktG Rz. 1.
38 *Verse* in Habersack/Drinhausen, SE-Recht, § 41 SEAG Rz. 15; in diesem Sinne für § 112 AktG: BGH v. 26.6.1995 – II ZR 122/94, BGHZ 130, 108, 111 f. = AG 1995, 464; BGH v. 1.12.2003 – II ZR 161/02, BGHZ 157, 151, 153 f. = AG 2004, 142.
39 So in Anlehnung an die parallele Problematik im allgemeinen Aktienrecht *Verse* in Habersack/Drinhausen, SE-Recht, § 41 SEAG Rz. 17; weiterhin *Seitz*, SE-Geschäftsführer, S. 247 f.
40 Dass die dahingehende Änderung des § 112 Satz 2 AktG durch das MoMiG (2008) nicht in § 41 Abs. 5 SEAG übernommen wurde, dürfte ein Redaktionsversehen sein (*Verse* in Habersack/Drinhausen, SE-Recht, § 41 SEAG Rz. 18).
41 So auch *Manz* in Manz/Mayer/Schröder, Art. 43 SE-VO Rz. 159; *Reichert/Brandes* in MünchKomm. AktG, Art. 43 SE-VO Rz. 192; *Schwarz*, Anh. Art. 43 SE-VO Rz. 312; *Verse* in Habersack/Drinhausen, SE-Recht, § 41 SEAG Rz. 16.

Insoweit ist auch keine Befreiung möglich. Denn § 41 Abs. 5 SEAG bringt den zwingenden Rechtsgedanken zum Ausdruck, dass geschäftsführende Direktoren bei der Regelung ihrer eigenen Rechtsverhältnisse – und derjenigen ihrer Kollegen – zur Gesellschaft nicht auf Seiten der Gesellschaft mitwirken sollen.

18   Im **mitbestimmten Verwaltungsrat** kann das Stimmverbot des geschäftsführenden Mitglieds, bei dem es sich in der Regel um einen Vertreter der Anteilseigner handeln wird, zu einem Übergewicht der Arbeitnehmervertreter führen[42]. Dies korrigiert § 35 Abs. 3 SEAG durch einen Übergang des Stimmrechts auf den Vorsitzenden. Empfehlenswert ist die Übertragung der Beschlussfassung auf einen Ausschuss; hierfür muss in der Satzung Vorsorge getroffen werden (Art. 50 Rz. 22 f.).

VII. Vertretung der Gesellschaft gegenüber Verwaltungsratsmitgliedern

19   Bei Rechtsgeschäften mit einem Mitglied des Verwaltungsrats wird die SE nach den allgemeinen Regeln des § 41 SEAG durch ihre geschäftsführenden Direktoren vertreten. Dies begegnet Bedenken, weil die geschäftsführenden Direktoren dem Verwaltungsrat weisungsunterworfen sind (Anh. Art. 43 § 44 SEAG Rz. 8) und von ihm jederzeit abberufen werden können. Es ginge indessen zu weit, diese Konstellation generell mit einer Umgehung des § 181 BGB zu vergleichen und den geschäftsführenden Direktoren die Vertretungsmacht zu versagen, selbst wenn der Verwaltungsrat dann immer noch die Möglichkeit hätte, das Vertreterhandeln zu gestatten[43]. Denn das Gesetz hat die Problematik gesehen und trifft hierfür in **§ 38 Abs. 2 SEAG** eine Sonderregelung[44]: Dienst-, Werk- und Kreditverträge zwischen der Gesellschaft und ihren Verwaltungsratsmitgliedern bedürfen der Zustimmung des Verwaltungsrats (Anh. Art. 43 § 38 SEAG Rz. 9 ff.). Bei dieser Beschlussfassung ist das betroffene Mitglied nicht stimmberechtigt (Anh. Art. 43 § 38 SEAG Rz. 9). Diese Schutzmechanismen setzen voraus, dass die geschäftsführenden Direktoren Vertretungsmacht haben, und lösen das Problem der Interessenkollision auf andere Weise. Der Verwaltungsrat wird angehalten, über das Geschäft intern einen Beschluss herbeizuführen. Dadurch werden auch die nicht am Rechtsgeschäft beteiligten Verwaltungsratsmitglieder an ihre Pflichten gegenüber der Gesellschaft erinnert, deren Verletzung zur persönlichen Haftung nach § 39 SEAG führt. Darüber hinaus kann einem pflichtwidrigen Zusammenwirken geschäftsführender Direktoren mit einzelnen oder allen Verwaltungsratsmitgliedern mit den Grundsätzen vom Missbrauch der Vertretungsmacht begegnet werden[45].

§ 42 SEAG

[aufgehoben]

Die Vorschrift regelte, dass die geschäftsführenden Direktoren für die Gesellschaft mit dem Zusatz „Geschäftsführender Direktor" zeichnen. Diese Vorschrift wurde

---

[42] Zur Problematik *Reichert/Brandes* in MünchKomm. AktG, 3. Aufl., Art. 43 SE-VO Rz. 192 ff.).
[43] In diesem Sinne *Schwarz*, Anh. Art. 43 SE-VO Rz. 313.
[44] Ebenso *Seitz*, SE-Geschäftsführer, S. 249; *Siems*, in KölnKomm. AktG, 3. Aufl., Anh. Art. 51 SE-VO § 41 SEAG Rz. 7; *Verse* in Habersack/Drinhausen, SE-Recht, § 41 SEAG Rz. 5.
[45] So für die wegen der Weisungsunterworfenheit der Geschäftsführer vergleichbare Lage in der GmbH: *Kleindiek* in Lutter/Hommelhoff, § 35 GmbHG Rz. 9 und Rz. 22 ff.

ebenso wie die Parallelnorm des allgemeinen Aktienrechts (§ 79 AktG) durch das MoMiG aufgehoben[1].

§ 43 SEAG
Angaben auf Geschäftsbriefen

(1) Auf allen Geschäftsbriefen, gleichviel welcher Form, die an einen bestimmten Empfänger gerichtet werden, müssen die Rechtsform und der Sitz der Gesellschaft, das Registergericht des Sitzes der Gesellschaft und die Nummer, unter der die Gesellschaft in das Handelsregister eingetragen ist, sowie alle geschäftsführenden Direktoren und der Vorsitzende des Verwaltungsrats mit dem Familiennamen und mindestens einem ausgeschriebenen Vornamen angegeben werden. § 80 Abs. 1 Satz 3 des Aktiengesetzes gilt entsprechend.

(2) § 80 Abs. 2 bis 4 des Aktiengesetzes gilt entsprechend.

I. Überblick 1	3. Ausnahmen: Vordrucke in bestehenden Geschäftsbeziehungen 8
II. Angaben auf Geschäftsbriefen und Bestellscheinen	III. Angaben der inländischen Zweigniederlassung einer ausländischen Gesellschaft 10
1. Begriff 4	
2. Pflichtangaben 6	

Literatur: *Bärwaldt/Schabacker*, Angaben auf Geschäftspapieren inländischer Zweigniederlassungen ausländischer Kapitalgesellschaften, AG 1996, 461–465; *Maaßen/Orlikowski-Wolf*, Stellt das Fehlen von Pflichtangaben in Geschäftskorrespondenz einen Wettbewerbsverstoß dar?, BB 2007, 561–565.

I. Überblick

Die Vorschrift ist in Anlehnung an § 80 AktG formuliert[1] und bezweckt die **Publizität der wesentlichen Gesellschaftsverhältnisse**[2]. Geregelt werden die notwendigen Angaben auf Geschäftsbriefen (§ 43 Abs. 1 SEAG) und Bestellscheinen (§§ 43 Abs. 2 SEAG i.V.m. 80 Abs. 3 AktG). Weiterhin sind erfasst Mitteilungen im Rahmen einer bestehenden Geschäftsverbindung (§§ 43 Abs. 2 SEAG i.V.m. 80 Abs. 2 AktG) und die von Zweigniederlassungen verwandten Geschäftsbriefe oder Bestellscheine (§§ 43 Abs. 2 SEAG i.V.m. 80 Abs. 4 AktG).

1

Unionsrechtliche Grundlage dieser Publizitätsvorschriften sind die Publizitätsrichtlinie (2009/101/EG) und die Zweigniederlassungsrichtlinie (89/666/EWG)[3]. Auch wenn die SE als Rechtsform in den einschlägigen **Richtlinien** nicht genannt ist, weil es diese Rechtsform bei Erlass der Richtlinien noch nicht gab, ist sie doch in allen

2

---

1 Dies geschah zum Zwecke der Deregulierung und mit dem Hinweis, dass der Klarheit und Sicherheit des Rechtsverkehrs mit den allgemeinen Vertretungsregeln des BGB hinreichend gedient sei (BT-Drucks. 16/6140, S. 43).

1 Vgl. Begr. RegE zu § 34 SEAG, BT-Drucks. 15/3405, S. 39.
2 So zu § 80 AktG: *Seibt* in K. Schmidt/Lutter, § 80 AktG Rz. 1 und *Koch* in Hüffer, § 80 AktG Rz. 1.
3 Näher *Seibt* in K. Schmidt/Lutter, § 80 AktG Rz. 1 und *Koch* in Hüffer, § 80 AktG Rz. 1.

von der Verordnung nicht geregelten Fragen einer Aktiengesellschaft nationalen Rechts gleichgestellt und daher auch den Regelungen der gesellschaftsrechtlichen Richtlinien unterworfen (Art. 9 Rz. 55 f.). Speziell für die SE erlassene Rechtsvorschriften müssen mit den Richtlinien im Einklang stehen (Art. 9 Abs. 2 SE-VO).

3 Es handelt sich bei den Publizitätsregelungen um bloße **Ordnungsvorschriften**, deren Verletzung auf die Gültigkeit der Erklärung keinen Einfluss hat[4]. Möglicherweise können aber Wettbewerber das Fehlen der vorgeschriebenen Angaben als Wettbewerbsverstoß angreifen[5].

II. Angaben auf Geschäftsbriefen und Bestellscheinen

1. Begriff

4 **Geschäftsbriefe** sind alle nach außen gerichteten Mitteilungen der Gesellschaft, die an einen bestimmten Empfänger gerichtet sind[6]. Der Begriff ist weit auszulegen; es kann sich auch um Preislisten, Rechnungen, Quittungen, Lieferscheine oder andere Mitteilungen handeln[7]. Gemäß ausdrücklicher gesetzlicher Regelung sind **Bestellscheine** den Geschäftsbriefen gleich zu stellen (§§ 43 Abs. 2 SEAG i.V.m. 80 Abs. 3 Satz 1 AktG).

5 Nach der neu gefassten Publizitätsrichtlinie (vgl. oben Rz. 1) sind nicht nur Mitteilungen in Schriftform, sondern alle Mitteilungen, die „**auf Papier oder in sonstiger Weise**" erstellt werden (Art. 5 n.F. Erste Richtlinie, s. oben Rz. 2), erfasst. Diese europäische Vorgabe wurde mit dem Gesetz über elektronische Handelsregister und Genossenschaftsregister sowie das Unternehmensregister (EHUG) umgesetzt, welches in § 43 Abs. 1 SEAG nach dem Wort „Geschäftsbriefen" den Zusatz „gleichviel welcher Form" einfügte[8]. Unter die Publizitätsvorschriften für Geschäftsbriefe fallen damit auch Mitteilungen in elektronischer Form[9].

2. Pflichtangaben

6 Anzugeben sind Rechtsform und Sitz der Gesellschaft, das Registergericht des Sitzes der Gesellschaft und die Nummer, unter der die Gesellschaft im Handelsregister eingetragen ist. Weiterhin sind alle geschäftsführenden Direktoren und der Vorsitzende des Verwaltungsrats mit dem Familiennamen und mindestens einem ausgeschriebenen Vornamen anzugeben. Diese Vorgaben des § 43 Abs. 1 Satz 1 SEAG entsprechen § 80 Abs. 1 Satz 1 AktG. Für § 80 Abs. 1 Satz 2 (Angabe des Vorstandsvorsitzenden) findet sich hingegen keine Entsprechung, weil es unter den geschäftsführenden Direktoren keinen Vorsitzenden gibt[10].

---

[4] *Verse* in Habersack/Drinhausen, SE-Recht, § 43 SEAG Rz. 4; für § 80 AktG siehe *Seibt* in K. Schmidt/Lutter, § 80 AktG Rz. 11 und *Koch* in Hüffer, § 80 AktG Rz. 8.
[5] Dazu *Maaßen/Orlikowski-Wolf*, BB 2007, 561 ff.
[6] *Seibt* in K. Schmidt/Lutter, § 80 AktG Rz. 8.
[7] *Seibt* in K. Schmidt/Lutter, § 80 AktG Rz. 8 und *Koch* in Hüffer, § 80 AktG Rz. 2.
[8] Gesetz über elektronische Handelsregister und Genossenschaftsregister sowie das Unternehmensregister (EHUG), BGBl. I 2006, 2585.
[9] *Koch* in Hüffer, § 80 AktG Rz. 2; *Seibt* in K. Schmidt/Lutter, § 80 AktG Rz. 8; *Maaßen/Orlikowski-Wolf*, BB 2007, 651.
[10] In § 40 Abs. 1 SEAG, der die Bestellung der geschäftsführenden Direktoren regelt, fehlt eine Entsprechung zu § 80 Abs. 2 AktG, der die Ernennung eines Vorstandsvorsitzenden zulässt. Dennoch wird dies von Teilen der Literatur als möglich angesehen, vgl. *Siems* in KölnKomm. AktG, 3. Aufl., Anh. Art. 51 SE-VO § 43 SEAG Rz. 2. Da das Gesetz dieser Position keinerlei Sonderstellung einräumt, erscheint eine Angabe auf den Geschäftsbriefen aber nicht erforderlich.

§ 80 Abs. 1 Satz 3 AktG findet entsprechende Anwendung (§ 43 Abs. 1 Satz 2 SEAG). 7
Demnach sind Angaben über das Kapital der Gesellschaft zulässig, aber nicht zwingend vorgeschrieben. Werden Angaben gemacht, muss in jedem Fall das Grundkapital sowie, wenn auf die Aktien der Ausgabebetrag nicht vollständig eingezahlt ist, der Gesamtbetrag der ausstehenden Einlagen angegeben werden.

3. Ausnahmen: Vordrucke in bestehenden Geschäftsbeziehungen

Auf die Angaben nach § 43 Abs. 1 Satz 1 SEAG kann verzichtet werden bei Mitteilungen oder Berichten, die im Rahmen einer bestehenden Geschäftsbeziehung ergehen und für die **üblicherweise Vordrucke** verwendet werden, in denen lediglich die im Einzelfall erforderlichen besonderen Angaben eingefügt zu werden brauchen. Dies folgt aus dem Verweis in § 43 Abs. 2 SEAG auf § 80 Abs. 2 AktG[11]. 8

Die Ausnahmeregelung gilt nur für Geschäftsbriefe, **nicht** für **Bestellscheine** (§§ 43 Abs. 2 SEAG i.V.m. 80 Abs. 3 Satz 2 AktG). 9

III. Angaben der inländischen Zweigniederlassung einer ausländischen Gesellschaft

Aktiengesellschaften mit Sitz im Ausland unterliegen hinsichtlich der Geschäftsbriefe und Bestellscheine, die von ihrer Zweigniederlassung im Inland verwendet werden, denselben Publizitätsregeln wie inländische Aktiengesellschaften (§ 80 Abs. 4 AktG)[12]. Diese Regelung überträgt § 43 Abs. 2 SEAG durch entsprechende Anwendung des § 80 Abs. 4 AktG auf die SE. Somit haben **SE mit Sitz im Ausland** bei den Geschäftsbriefen und Bestellscheinen ihrer deutschen Zweigniederlassung das Register, bei dem die Zweigniederlassung geführt wird, und die Nummer des Registereintrags anzugeben[13]. Weiterhin gelten die Vorschriften des § 43 Abs. 1 SEAG (Pflichtangaben) und §§ 43 Abs. 2 SEAG i.V.m. 80 Abs. 1 bis 3 AktG (Ausnahme für Vordrucke, Gleichstellung von Bestellscheinen). 10

Die Regelung gilt **unabhängig vom konkreten Leitungsmodell** für jede SE mit Sitz im Ausland. Denn auch die in Bezug genommene Vorschrift des § 80 Abs. 4 AktG ist insoweit struktur-neutral. Vielmehr werden Publizitätsvorschriften des deutschen Rechts auf die ausländische Gesellschaft nur insoweit angewandt, als nicht das ausländische Recht Abweichungen nötig macht (§ 80 Abs. 4 Satz 1 Hs. 2 AktG). Systematisch betrachtet handelt es sich daher um eine Vorschrift allgemeiner Art, die im SEAG-Abschnitt über das monistische Modell im Grunde fehl am Platz ist. Noch weitergehend ließe sich fragen, ob der deutsche Gesetzgeber überhaupt die Kompetenz hatte, eine Sonderregelung für die inländische Zweigniederlassung einer ausländischen SE zu treffen, sind doch SE-spezifische Regelungen immer nur dann zulässig, wenn die SE-VO hierzu eine Ermächtigung enthält (Art. 9 Rz. 10). Letztlich kommt es auf diese Frage jedoch nicht an, denn die inländische Zweigniederlassung einer ausländischen SE würde nach dem allgemeinen Grundsatz der Gleichbehandlung von Aktiengesellschaft und SE (dazu Art. 9 Rz. 6 sowie Art. 10 Rz. 1 ff.) den Publizitätsregeln des § 80 Abs. 4 AktG auch ohne den expliziten Verweis des § 43 Abs. 2 SEAG unterliegen. 11

---

11 Vgl. zu den Einzelheiten *Seibt* in K. Schmidt/Lutter, § 80 AktG Rz. 9 und *Koch* in Hüffer, § 80 AktG Rz. 5.
12 Zu den Einzelheiten *Bärwaldt/Schabacker*, AG 1996, 461 ff.
13 *Schwarz*, Anh. Art. 43 SE-VO Rz. 328.

§ 44 SEAG
Beschränkungen der Vertretungs- und Geschäftsführungsbefugnis

(1) Die Vertretungsbefugnis der geschäftsführenden Direktoren kann nicht beschränkt werden.

(2) Im Verhältnis zur Gesellschaft sind die geschäftsführenden Direktoren verpflichtet, die Anweisungen und Beschränkungen zu beachten, die im Rahmen der für die SE geltenden Vorschriften die Satzung, der Verwaltungsrat, die Hauptversammlung und die Geschäftsordnungen des Verwaltungsrats und der geschäftsführenden Direktoren für die Geschäftsführungsbefugnis getroffen haben.

I. Überblick	1	2. Hauptversammlung	6
II. Unbeschränkbare Vertretungsmacht (§ 44 Abs. 1 SEAG)	3	3. Geschäftsordnung	7
		4. Verwaltungsrat	8
III. Beschränkungen im Innenverhältnis (§ 44 Abs. 2 SEAG)		5. Rechtsfolgen	14
1. Satzung	5		

Literatur: *Boettcher*, Die Kompetenzen von Verwaltungsrat und geschäftsführenden Direktoren in der monistischen SE in Deutschland, 2009; *Brandt*, Die Hauptversammlung der Europäischen Aktiengesellschaft (SE), 2004 (zit.: Hauptversammlung); *Egermann/Heckenthaler*, Der Verwaltungsrat in der Europäischen Gesellschaft (SE) österreichischer Prägung – Überlegungen zu §§ 38 ff. SEG, GesRZ 2004, 256–266; *Hoffmann-Becking*, Organe: Strukturen und Verantwortlichkeiten, insbesondere im monistischen System, ZGR 2004, 355–382; *Ihrig*, Die geschäftsführenden Direktoren in der monistischen SE: Stellung, Aufgaben, Haftung, ZGR 2008, 809–834; *Kallmeyer*, Das monistische System einer SE mit Sitz in Deutschland, ZIP 2003, 1531–1536; *Kalss/Greda*, Die Europäische Gesellschaft (SE) österreichischer Prägung nach dem Ministerialentwurf, GesRZ 2004, 91–107; *Lutter*, Haftung und Haftungsfreiräume des GmbH-Geschäftsführers – 10 Gebote an den Geschäftsführer, GmbHR 2000, 301–312; *Marsch-Barner*, Zur monistischen Führungsstruktur einer deutschen Europäischen Gesellschaft (SE), in Gedächtnisschrift Bosch, 2006, S. 99–113; *Merkt*, Die monistische Unternehmensverfassung für die Europäische Aktiengesellschaft aus deutscher Sicht – mit vergleichendem Blick auf die Schweiz, das Vereinigte Königreich und Frankreich, ZGR 2003, 650–678; *Metz*, Die Organhaftung bei der monistisch strukturierten Europäischen Aktiengesellschaft mit Sitz in Deutschland, 2009 (zit.: Organhaftung); *Neye/Teichmann*, Der Entwurf für das Ausführungsgesetz zur Europäischen Aktiengesellschaft, AG 2003, 169–179; *Nowotny*, Zur Organisationsverfassung der Europäischen Aktiengesellschaft, GesRZ 2004, 39–45; *Ortolf*, Die monistische SE-Konzerngesellschaft mit Sitz in Deutschland, 2012 (zit.: SE-Konzerngesellschaft); *Seitz*, Die Geschäftsführer einer monistischen Societas Europaea (SE) mit Sitz in der Bundesrepublik Deutschland, 2009 (zit.: SE-Geschäftsführer); *Teichmann*, Gestaltungsfreiheit im monistischen Leitungssystem der Europäischen Aktiengesellschaft, BB 2004, 53–60; *Teichmann*, Die monistische Verfassung der SE, in Lutter/Hommelhoff (Hrsg.), Die Europäische Gesellschaft, 2005, S. 195–222; *Teichmann*, Organhaftung in der SE, in Krieger/Uwe H. Schneider (Hrsg.), Handbuch Managerhaftung, 2007, § 5 (S. 98–117); *Verse*, Das Weisungsrecht des Verwaltungsrats der monistischen SE in FS Hoffmann-Becking, 2013, S. 1277–1295.

I. Überblick

1 § 44 Abs. 1 SEAG regelt für das **Außenverhältnis** den allgemeinen handelsrechtlichen Grundsatz der unbeschränkten und unbeschränkbaren organschaftlichen Vertretungsmacht. Die Regelung entspricht § 82 Abs. 1 AktG[1].

---
1 Vgl. Begr. RegE zu § 41 SEAG, BT-Drucks. 15/3405, S. 39.

Im **Innenverhältnis** unterliegen die geschäftsführenden Direktoren den Beschränkun- 2
gen, die ihnen die Satzung, der Verwaltungsrat sowie die vom Verwaltungsrat oder
den geschäftsführenden Direktoren erlassene Geschäftsordnung auferlegen. Die Stellung des geschäftsführenden Direktors wird damit im Innenverhältnis derjenigen eines GmbH-Geschäftsführers angenähert[2].

II. Unbeschränkbare Vertretungsmacht (§ 44 Abs. 1 SEAG)

Gemäß dem Grundsatz der unbeschränkbaren Vertretungsmacht darf sich der Rechts- 3
verkehr darauf verlassen, dass geschäftsführende Direktoren im Rahmen der ihnen gesetzlich verliehenen Vertretungsmacht (§ 41 SEAG) die Gesellschaft wirksam vertreten können[3]. Prozesshandlungen und Rechtsgeschäfte wirken also auch dann für und
gegen die Gesellschaft, wenn dabei Beschränkungen oder Anweisungen im Innenverhältnis übergangen wurden. Zur Vermeidung dieser **Rechtsfolge** bleibt den geschäftsführenden Direktoren die Möglichkeit, Verträge unter die aufschiebende Bedingung
(§ 158 Abs. 1 BGB) der internen Zustimmung zu stellen[4]. Andernfalls ist die Überschreitung der internen Beschränkungen eine Pflichtverletzung, die im Innenverhältnis zur Schadensersatzpflicht nach § 40 Abs. 8 SEAG führt (vgl. unten Rz. 14).

Ausgenommen vom Grundsatz der unbeschränkbaren Vertretungsmacht sind Fälle, in 4
denen das **Gesetz** selbst die Vertretungsmacht **beschränkt** und von der wirksamen internen Willensbildung der Gesellschaft abhängig macht[5]. Dies gilt etwa bei Rechtsgeschäften zwischen Gesellschaft und Verwaltungsratsmitgliedern (§§ 38 Abs. 2
SEAG i.V.m. 114, 115 AktG) oder bei Strukturmaßnahmen wie dem Abschluss eines
Unternehmensvertrages (§ 293 Abs. 1 Satz 1 AktG) oder Verschmelzungsvertrages
(§ 13 Abs. 1 UmwG). Anwendbar sind auch die allgemeinen Regeln über den Missbrauch der Vertretungsmacht[6]. Demgegenüber ist die Zustimmung der Hauptversammlung auf Basis ungeschriebener Zuständigkeiten keine Wirksamkeitsvoraussetzung; das vom vertretungsberechtigten Organ abgeschlossene Geschäft ist in diesen
Fällen auch bei fehlender Zustimmung wirksam[7].

III. Beschränkungen im Innenverhältnis (§ 44 Abs. 2 SEAG)

1. Satzung

Beschränkungen der Geschäftsführungsbefugnis von geschäftsführenden Direktoren 5
können sich aus der Satzung ergeben. Zu beachten ist namentlich der satzungsmäßi-

---

2 In diesem Sinne auch Begr. RegE zu § 41 SEAG, BT-Drucks. 15/3405, S. 39; weiterhin *Neye/Teichmann*, AG 2003, 169, 179 und *Teichmann*, BB 2004, 53, 54.
3 Vgl. für den AG-Vorstand *Seibt* in K. Schmidt/Lutter, § 82 AktG Rz. 2 und *Koch* in Hüffer, § 82 AktG Rz. 3; ebenso für den GmbH-Geschäftsführer die Regelung in § 37 Abs. 2 GmbHG (vgl. *Kleindiek* in Lutter/Hommelhoff, § 37 GmbHG Rz. 2).
4 So für den Vorstand *Seibt* in K. Schmidt/Lutter, § 82 AktG Rz. 10 und *Koch* in Hüffer, § 82 AktG Rz. 3.
5 Dazu näher *Seibt* in K. Schmidt/Lutter, § 82 AktG Rz. 4 und *Koch* in Hüffer, § 82 AktG Rz. 4 f.
6 Zu ihnen *Seibt* in K. Schmidt/Lutter, § 82 AktG Rz. 5 und *Koch* in Hüffer, § 82 AktG Rz. 6 ff.
7 So der BGH in den Entscheidungen „Holzmüller" (BGH v. 25.2.1982 – II ZR 174/80, BGHZ 83, 122 ff.) und „Gelatine" (BGH v. 26.4.2004 – II ZR 155/02, BGHZ 159, 31 ff. = AG 2004, 384). Diese aktienrechtliche Rechtsfortbildung gilt auch für die SE (vgl. Art. 52 Rz. 46 ff.; a.A. *Brandt*, Hauptversammlung, S. 127 ff.).

ge **Unternehmensgegenstand**[8]. Weiterhin sind die geschäftsführenden Direktoren dem Gesellschaftszweck verpflichtet, der regelmäßig in der Gewinnerzielung besteht[9]. Satzungsbestimmungen, die näher konkretisieren, auf welche Weise der Unternehmensgegenstand zu verfolgen ist, sind nur in engen Grenzen zulässig. Dies wird im allgemeinen Aktiengesetz mit der vorrangigen Leitungskompetenz des Vorstandes begründet[10], ist aber auf das monistische Modell zu übertragen, in welchem der Verwaltungsrat eine dem Vorstand entsprechende Leitungskompetenz ausübt (Anh. Art. 43 § 22 SEAG Rz. 5 ff.).

2. Hauptversammlung

6   Beschränkungen oder Anweisungen durch die Hauptversammlung kommen nur in engen Grenzen in Betracht[11]. Sie kann auf die Geschäftsführung allenfalls durch Änderung des satzungsmäßigen Unternehmensgegenstandes Einfluss nehmen[12]. Über Einzelmaßnahmen entscheidet sie nur, wenn sie ihr gem. **§ 119 Abs. 2 AktG** vorgelegt werden oder ausnahmsweise eine zwingende Zuständigkeit nach den Grundsätzen der „Holzmüller"- und „Gelatine"-Entscheidungen besteht[13].

3. Geschäftsordnung

7   Auch die Geschäftsordnung der geschäftsführenden Direktoren kann diesen Beschränkungen auferlegen. Die Geschäftsordnung kann von den geschäftsführenden Direktoren selbst oder vom Verwaltungsrat erlassen werden (§ 40 Abs. 4 SEAG); in diesem Sinne spricht § 44 Abs. 2 SEAG – sprachlich ungenau – von den „Geschäftsordnungen des Verwaltungsrats und der geschäftsführenden Direktoren"[14]. Eine typische Beschränkung der Geschäftsführungsbefugnis durch Geschäftsordnung ist die **Ressortbildung** unter mehreren geschäftsführenden Direktoren[15].

4. Verwaltungsrat

8   Die rechtspraktisch größte Bedeutung dürfte Beschränkungen und Anweisungen zukommen, die vom Verwaltungsrat ausgesprochen werden. Dieser ist kraft europäischen Rechts Geschäftsführungsorgan (Art. 43 Abs. 1 SE-VO) und nach der konkretisierenden Vorgabe des § 22 Abs. 1 SEAG im gesellschaftsrechtlichen Innenverhältnis das Organ der **unternehmerischen Oberleitung**. Er ist daher befugt und im Rahmen einer ordnungsgemäßen Aufgabenerfüllung auch verpflichtet, sich zumindest über die wichtigeren Maßnahmen der Geschäftsführung zu informieren und hierüber ein eigenes Urteil zu bilden. Gegenüber den geschäftsführenden Direktoren besteht ein Verhältnis der **Über-/Unterordnung** (Anh. Art. 43 § 22 SEAG Rz. 12 ff.). Insoweit gleicht die Stellung der geschäftsführenden Direktoren derjenigen eines GmbH-Ge-

---

8   Für den Vorstand: *Seibt* in K. Schmidt/Lutter, § 82 AktG Rz. 13 und *Koch* in Hüffer, § 82 AktG Rz. 9.
9   Für den Vorstand: *Seibt* in K. Schmidt/Lutter, § 82 AktG Rz. 12 und *Koch* in Hüffer, § 82 AktG Rz. 9.
10 *Seibt* in K. Schmidt/Lutter, § 82 AktG Rz. 15 und *Koch* in Hüffer, § 82 AktG Rz. 10.
11 In diesem Sinne auch *Manz* in Manz/Mayer/Schröder, Art. 43 SE-VO Rz. 165; *Verse* in Habersack/Drinhausen, SE-Recht, § 44 SEAG Rz. 5 ff.
12 Vgl. *Seibt* in K. Schmidt/Lutter, § 82 AktG Rz. 15 und *Koch* in Hüffer, § 82 AktG Rz. 11.
13 Dazu bereits die Nachweise in Fn. 7.
14 Vgl. zur Interpretation des insoweit gleichlautenden § 82 Abs. 2 AktG *Seibt* in K. Schmidt/Lutter, § 82 AktG Rz. 17 und *Koch* in Hüffer, § 82 AktG Rz. 13.
15 Vgl. für den AG-Vorstand *Koch* in Hüffer, § 82 AktG Rz. 13.

schäftsführers im Verhältnis zur Gesellschafterversammlung[16]; dies war vom Gesetzgeber auch so beabsichtigt[17].

Dieser Unterschied gegenüber dem dualistischen Modell, in dem der Vorstand weisungsfrei agiert (Art. 39 Rz. 5), ergibt sich weniger aus dem Wortlaut des § 44 Abs. 2 SEAG, der mit demjenigen des § 82 Abs. 2 AktG nahezu identisch ist, als vielmehr aus dem **systematischen Zusammenhang**. Beschränkungen der Geschäftsführungsbefugnis sind im Rahmen der gesetzlichen Vorschriften möglich[18]. Die gesetzlichen Vorschriften schließen im dualistischen Modell den Aufsichtsrat von Geschäftsführungsmaßnahmen weitgehend aus (Art. 40 Abs. 1 Satz 2 SE-VO), während sie im monistischen Modell den Verwaltungsrat gerade als zentrales Organ der Oberleitung konstituieren (Art. 43 Abs. 1 SE-VO, § 22 Abs. 1 SEAG). Daher wirkt der Verweis auf die gesetzlichen Vorschriften anders als beim dualistischen Modell nicht als Kompetenzschranke, sondern vielmehr als Hinweis auf die übergeordnete Funktion des Verwaltungsrats[19]. Er hat nicht nur das Recht, sondern die Pflicht, durch Beschränkungen oder Anweisungen steuernd auf die Geschäftsführung der Direktoren Einfluss zu nehmen. Ausdrücklich lässt daher § 44 Abs. 2 SEAG – im Gegensatz zur Parallelnorm des § 82 Abs. 2 AktG – zu, dass den geschäftsführenden Direktoren **Anweisungen** gegeben werden. Weisungen des Verwaltungsrats an die nachgeordneten Mitarbeiter hingegen sieht das Gesetz nicht vor. Ihnen gegenüber nehmen die geschäftsführenden Direktoren das arbeitsrechtliche Direktionsrecht wahr. Dabei sollte es im Sinne einer klaren Aufteilung der Verantwortungsbereiche auch bleiben[20]. 9

Einen dem Zugriff des Verwaltungsrats entzogenen Kompetenzkern der geschäftsführenden Direktoren – etwa im Bereich der **laufenden Geschäfte** – gibt es nicht (Anh. Art. 43 § 40 SEAG Rz. 29)[21]. Der Verwaltungsrat ist nach der zwingenden Vorgabe des Art. 43 Abs. 1 SE-VO Geschäftsführungsorgan und kann daher auch in die laufende Geschäftsführung eingreifen. Zwar spricht Art. 43 Abs. 1 Satz 2 SE-VO die Möglichkeit an, die laufenden Geschäfte auf Geschäftsführer zu übertragen; damit sind aber nicht die geschäftsführenden Direktoren des SEAG gemeint; denn deren Rege- 10

---

16 Dazu *Kleindiek* in Lutter/Hommelhoff, § 37 GmbHG Rz. 1, 17 ff. und *Lutter*, GmbHR 2000, 301, 303 f.
17 S. Nachweise in Fn. 2.
18 Vgl. den insoweit nahezu identischen Wortlaut von § 82 Abs. 2 AktG („... im Rahmen der Vorschriften über die Aktiengesellschaft ...") und § 44 Abs. 2 SEAG („... im Rahmen der für die SE geltenden Vorschriften ...").
19 Vgl. auch *Schwarz*, Art. 43 SE-VO Rz. 58; Anh. Art. 43 SE-VO Rz. 330; *Boettcher*, S. 168; *Seitz*, S. 256 f., nach deren Auffassung sich das Weisungsrecht des Verwaltungsrats unmittelbar aus der SE-VO ableiten lässt. Der österreichische Gesetzgeber hat aus diesen Erwägungen heraus darauf verzichtet, das Weisungsrecht des Verwaltungsrats gegenüber den geschäftsführenden Direktoren ausdrücklich zu regeln. Es ist nach Auffassung von *Kalss/Greda* in Kalss/Hügel, § 56 SEG Rz. 15, ohnehin Ausfluss der dem Verwaltungsrat allgemein obliegenden allgemeinen Leitung der Gesellschaft; ebenso *Kalss/Greda*, GesRZ 2004, 91, 106 und *Egermann/Heckenthaler*, GesRZ 2004, 256, 264. Zu Einzelheiten der Weisungsunterworfenheit *Nowotny*, GesRZ 2004, 39, 42 ff.
20 So eingehend *Ihrig*, ZGR 2008, 809, 826 f.; weiterhin *Verse* in Habersack/Drinhausen, SE-Recht, § 44 SEAG Rz. 13. A.A. *Siems* in KölnKomm. AktG, 3. Aufl., Anh. Art. 51 SE-VO § 44 SEAG Rz. 16, wohl auch *Eberspächer* in Spindler/Stilz, AktG, Art. 51 SE-VO Rz. 6.
21 In diesem Sinne auch *Marsch-Barner* in GS Bosch, S. 99, 105; *Merkt*, ZGR 2003, 650, 665; *Ortolf*, SE-Konzerngesellschaft, S. 47 ff.; *Teichmann* in Lutter/Hommelhoff, Europäische Gesellschaft, S. 195, 206; *Thümmel*, Europäische Aktiengesellschaft, S. 117 (Rz. 246); *Verse* in FS Hoffmann-Becking, 2013, S. 1277, 1282. Zweifelnd an einem derart umfassenden Weisungsrecht *Hoffmann-Becking*, ZGR 2004, 355, 369; ausdrücklich für eine exklusive Zuständigkeit der geschäftsführenden Direktoren im Bereich der laufenden Geschäftsführung *Kallmeyer*, ZIP 2003, 1531, 1532, und *Schwarz*, Anh. Art. 43 SE-VO Rz. 337, sowie *Kalss/Greda* in Kalss/Hügel, § 56 SEG Rz. 18, für die Rechtslage nach dem österreichischen SEG.

lung stützt sich auf Art. 43 Abs. 4 SE-VO (Art. 43 Rz. 28). Art. 43 Abs. 1 Satz 2 SE-VO ist auch keine immanente Schranke für die Einrichtung von geschäftsführenden Direktoren (str.; vgl. Art. 43 Rz. 30 ff.). Denn er soll nach Wortlaut und Normzweck lediglich denjenigen Staaten, die einen Geschäftsführer für das Tagesgeschäft in ihrem nationalen Aktienrecht bereits kennen, die Möglichkeit geben, ihre national übliche Struktur auf die SE zu übertragen. In Bezug auf das deutsche Recht geht die Vorschrift damit ins Leere. Die Regelung des SEAG kennt allerdings ihrerseits eine systemimmanente Grenze: Wollte der Verwaltungsrat die Führung der laufenden Geschäfte komplett an sich ziehen, würde er damit die im Gesetz angelegte Trennung in geschäftsführende und nicht-geschäftsführende Verwaltungsratsmitglieder (§ 40 Abs. 1 Satz 2 SEAG) unterlaufen[22].

11 Der Verwaltungsrat entscheidet über die Erteilung von Weisungen durch **Beschluss**[23]. Die Beschlussfassung richtet sich nach Art. 50 SE-VO. Die Übertragung an einen beschließenden Ausschuss (etwa einen „Exekutivausschuss", Anh. Art. 43 § 34 SEAG Rz. 28 ff.) ist möglich, soweit dafür in der Satzung eine Regelung getroffen wurde (Art. 50 Rz. 22 f.). Entscheidungen der Oberleitung muss der Verwaltungsrat allerdings als Kollegialorgan im Plenum treffen (Anh. Art. 43 § 34 SEAG Rz. 27). Anweisungen des Verwaltungsrats können sich auf einzelne Geschäftsführungsmaßnahmen oder auf bestimmte Geschäftsarten beziehen[24]; denkbar ist auch die vorbeugende Anordnung von Zustimmungsvorbehalten (Art. 48 Rz. 4). Geschäftsführende Direktoren, die zugleich Verwaltungsratsmitglieder sind, können an der Beschlussfassung teilnehmen, soweit nicht ein mit ihnen persönlich abzuschließendes Rechtsgeschäft betroffen ist (Anh. Art. 43 § 35 SEAG Rz. 13).

12 Auch **unzweckmäßige Weisungen** des Verwaltungsrats sind verbindlich[25]. Bei unternehmerischen Meinungsverschiedenheiten genießt das Urteil des Verwaltungsrats, dem die Oberleitung der Gesellschaft zugewiesen ist, den Vorrang. Für unternehmerische Entscheidungen gilt auch in der SE die „Business Judgment Rule" (Anh. Art. 43 § 39 SEAG Rz. 6 sowie Anh. Art. 43 § 40 SEAG Rz. 30). Innerhalb dieser Bandbreite kann sich der Verwaltungsrat gegenüber den geschäftsführenden Direktoren durch Erteilung einer Weisung durchsetzen[26]. Allerdings sind die geschäftsführenden Direktoren verpflichtet, den Verwaltungsrat vor seiner Beschlussfassung hinreichend zu informieren (Anh. Art. 43 § 40 SEAG Rz. 38 ff.) und dabei ihre häufig größere Sachkenntnis in Fragen des Tagesgeschäfts einzubringen. Außerdem müssen sie die Weisung zumindest einer Plausibilitätsprüfung dahingehend unterziehen, ob sie dem Test der Business Judgment Rule standhalten kann. Nur unter dieser Voraussetzung können sie sich in einem eventuellen Haftungsfall entlastend auf eine Weisung des Verwaltungsrats berufen (Anh. Art. 43 § 40 SEAG Rz. 65). An die **Prüfungspflicht** der geschäftsführenden Direktoren sollten gerade in Grenzfällen unternehmerisch risikoreicher Entscheidungen keine allzu hohen Anforderungen gestellt werden[27]. Letztlich entspricht es der internen Kompetenzverteilung, dass der Verwaltungsrat die Verantwortung für

---

22 Innerhalb der Bandbreite der hierzu vertretenen Meinungen ist mit *Verse* in Habersack/Drinhausen, SE-Recht, § 44 SEAG Rz. 12, davon auszugehen, dass hiermit nur extreme Fallgestaltungen ausgeschlossen werden sollen. Ausführlich zur Thematik: *Boettcher*, Kompetenzen, S. 185 ff., *Seitz*, SE-Geschäftsführer, S. 269 f.
23 Dazu auch *Schwarz*, Anh. Art. 43 SE-VO Rz. 340; *Verse* in Habersack/Drinhausen, SE-Recht, § 44 SEAG Rz. 20.
24 *Thümmel*, Europäische Aktiengesellschaft, S. 116 (Rz. 246).
25 *Metz*, Organhaftung, S. 193; *Seitz*, SE-Geschäftsführer, S. 326; *Teichmann* in Krieger/Uwe H. Schneider, Handbuch Managerhaftung, S. 115 (§ 5 Rz. 45).
26 *Verse* in FS Hoffmann-Becking, 2013, S. 1277, 1289; *Verse* in Habersack/Drinhausen, SE-Recht, § 44 SEAG Rz. 15.
27 Eingehende Begründung hierfür bei *Verse* in FS Hoffmann-Becking, 2013, S. 1277, 1291 ff.

seine Weisung zu tragen hat und die geschäftsführenden Direktoren deren Ausführung nur bei eindeutig sorgfaltswidrigen Anweisungen versagen können.

Ihre **Grenze** findet die Leitungskompetenz des Verwaltungsrats außerdem, wenn die Ausführung einer Weisung gesellschaftsrechtliche oder öffentlich-rechtliche Pflichten der geschäftsführenden Direktoren verletzen würde[28]. Diese unterliegen als gesetzliche Vertreter der Gesellschaft (§ 41 Abs. 1 SEAG) vielfach Pflichten im Interesse Dritter oder der Allgemeinheit, über die der Verwaltungsrat nicht disponieren kann. Unzulässig und rechtlich unbeachtlich wäre daher eine Anweisung, deren Ausführung die im Gläubigerinteresse liegenden Vorschriften der Kapitalerhaltung verletzen würde[29]. Die geschäftsführenden Direktoren sind zudem zur Wahrung der rechtlich geschützten **Aktionärsinteressen** verpflichtet. Dies unterscheidet sie vom GmbH-Geschäftsführer, der bei einer Gesellschafterweisung nicht prüfen muss, ob die Gesellschafter damit möglicherweise gegen ihre eigenen Interessen verstoßen[30]. Der Verwaltungsrat der SE ist jedoch ebenso wie die geschäftsführenden Direktoren zur Wahrung fremder Vermögensinteressen eingesetzt. Daher wäre beispielsweise eine gegen den aktienrechtlichen Gleichbehandlungsgrundsatz (§ 53a AktG) verstoßende Verwaltungsratsweisung unzulässig und für die geschäftsführenden Direktoren nicht verbindlich. Die Tatsache, dass für bestimmte Aufgaben im Sinne eines „Vier-Augen-Prinzips" geschäftsführende Direktoren und Verwaltungsrat gemeinsam zuständig sind, begründet für sich genommen keinen Ausschluss des Weisungsrechts[31]. Es bleibt bei dem Über-/Unterordnungsverhältnis und der damit verbundenen übergeordneten Verantwortung des Verwaltungsrats, dessen Weisungen in diesen Fällen allerdings besonders genau daraufhin untersucht werden müssen, dass sie nicht gesetzeswidrig sind[32].

5. Rechtsfolgen

Der Verstoß gegen die in Rz. 7–13 genannten internen Beschränkungen berührt die Wirksamkeit des Rechtsgeschäfts im Außenverhältnis nicht. Der geschäftsführende Direktor begeht jedoch im Innenverhältnis eine **Pflichtverletzung**, wenn er gegen eine rechtlich zulässige Beschränkung oder Anweisung verstößt[33]. Darüber hinaus verletzt er seine Sorgfaltspflichten, wenn er eine unzweckmäßige Weisung des Verwaltungsrats widerspruchslos hinnimmt, ohne auf entscheidungsrelevante Informationen hinzuweisen, die dem Verwaltungsrat möglicherweise nicht vorgelegen haben (vgl. oben Rz. 12). Die Pflichtverletzung führt zur Schadensersatzhaftung nach § 40 Abs. 8 SEAG.

---

28 *Verse* in FS Hoffmann-Becking, 2013, S. 1277, 1287 ff. Für den GmbH-Geschäftsführer s. nur *Lutter*, GmbHR 2000, 301, 304; in diesem Sinne auch *Egermann/Heckenthaler*, GesRZ 2004, 256, 265 zum monistischen System der österreichischen SE. Enger *Drinhausen* in Van Hulle/Maul/Drinhausen, 5. Abschnitt § 3 Rz. 23; *Schwarz*, Anh. Art. 43 SE-VO Rz. 342, Art. 43 SE-VO Rz. 58: „offensichtlich rechtswidrige Weisungen".
29 So für die GmbH *Kleindiek* in Lutter/Hommelhoff, § 37 GmbHG Rz. 22 und *Lutter*, GmbHR 2000, 301, 304.
30 *Metz*, Organhaftung, S. 195. Vgl. zur GmbH BGH v. 28.1.1980 – II ZR 84/79, BGHZ 76, 154, 159: Es bleibt den Gesellschaftern selbst überlassen, von ihrem Anfechtungsrecht gegen einen fehlerhaften Gesellschafterbeschluss Gebrauch zu machen.
31 So aber Teile der Literatur etwa für die Rechnungslegung (§ 47 SEAG) und die Prüfung des Abhängigkeitsberichts (§ 49 SEAG): *Boettcher*, Kompetenzen, S. 176 ff.; *Eberspächer* in Spindler/Stilz, AktG, Art. 43 SE-VO Rz. 16.
32 In diesem Sinne *Verse* in Habersack/Drinhausen, SE-Recht, § 44 SEAG Rz. 11, 18; einen vergleichbar differenzierenden Ansatz verfolgt *Ortolf*, SE-Konzerngesellschaft, S. 114 ff.
33 Zur Folgepflicht der geschäftsführenden Direktoren etwa: *Eberspächer* in Spindler/Stilz, AktG, Art. 43 SE-VO Rz. 15; *Schwarz*, Anh. Art. 43 SE-VO Rz. 342; *Verse* in Habersack/Drinhausen, SE-Recht, § 44 SEAG Rz. 9, 19.

§ 45 SEAG
Bestellung durch das Gericht

Fehlt ein erforderlicher geschäftsführender Direktor, so hat in dringenden Fällen das Gericht auf Antrag eines Beteiligten das Mitglied zu bestellen. § 85 Abs. 1 Satz 2, Abs. 2 und 3 des Aktiengesetzes gilt entsprechend.

1 § 45 SEAG stellt sicher, dass in dringenden Fällen ein geschäftsführender Direktor auch durch das Gericht bestellt werden kann. Die Regelung entspricht derjenigen in § 85 AktG für den Vorstand[1]. Die gerichtliche Bestellung eines geschäftsführenden Direktors dient dazu, die **Handlungs- und Prozessfähigkeit** der Gesellschaft herzustellen[2]. Der gerichtlich bestellte geschäftsführende Direktor hat die vollen Rechte und Pflichten, die mit dieser Position verbunden sind[3]. Sein Mandat erlischt, sobald der Mangel behoben, also ein geschäftsführender Direktor vom Verwaltungsrat (§ 40 Abs. 1 Satz 1 SEAG) bestellt worden ist[4].

2 Voraussetzung ist, dass ein erforderlicher **geschäftsführender Direktor fehlt** und die Gesellschaft dadurch **handlungsunfähig** ist, weil sie nicht vertreten werden kann. Die bloß vorübergehende Verhinderung eines geschäftsführenden Direktors reicht nicht aus[5]. Da das SEAG keine Mindestzahl von geschäftsführenden Direktoren vorsieht (vgl. § 40 Abs. 1 Satz 1 SEAG), ist die monistische SE auch mit nur einem geschäftsführenden Direktor handlungsfähig. Eine gerichtliche Bestellung kommt somit nur in Betracht, wenn überhaupt kein geschäftsführender Direktor bestellt wurde oder ein bestellter Direktor durch Tod, Widerruf der Bestellung oder Amtsniederlegung ausgeschieden ist[6]. Unterliegt die SE der gesetzlichen Mitbestimmung, muss sie mindestens zwei geschäftsführende Direktoren haben (§ 38 Abs. 2 SEBG). Im gesetzlichen Regelfall der Gesamtvertretung (Anh. Art. 43 § 41 SEAG Rz. 9) ist die SE dann nur mit zwei geschäftsführenden Direktoren handlungsfähig[7].

3 Eine gerichtliche Bestellung muss **dringlich** sein. Da grundsätzlich der Verwaltungsrat jederzeit einen geschäftsführenden Direktor bestellen kann (§ 40 Abs. 1 Satz 1 SEAG), liegt Dringlichkeit nur vor, wenn der Verwaltungsrat aus irgendwelchen Gründen nicht sofort tätig werden kann und der Gesellschaft, ihren Aktionären oder Gläubigern, der Belegschaft oder der Öffentlichkeit daraus ein Schaden zu entstehen droht[8]. Nach Auffassung von *Schwarz* hat der Verwaltungsrat in dringenden Fällen ein **Notvertretungsrecht**[9]. Dies wäre allerdings ein systematischer Fremdkörper. Denn die Vertretungsmacht setzt stets einen Bestellungsakt voraus; dies gilt auch für

---

1 Vgl. Begr. RegE zu § 45 SEAG, BT-Drucks. 15/3405, S. 39.
2 So für § 85 AktG: *Seibt* in K. Schmidt/Lutter, § 85 AktG Rz. 1 und *Koch* in Hüffer, § 85 AktG Rz. 1.
3 *Schwarz*, Anh. Art. 43 SE-VO Rz. 348; ebenso für den Vorstand *Seibt* in K. Schmidt/Lutter, § 85 AktG Rz. 9 und *Koch* in Hüffer, § 85 AktG Rz. 5.
4 *Schwarz*, Anh. Art. 43 SE-VO Rz. 348.
5 *Verse* in Habersack/Drinhausen, SE-Recht, § 45 SEAG Rz. 2; zur vergleichbaren Lage im Aktienrecht: *Seibt* in K. Schmidt/Lutter, § 85 AktG Rz. 2 und *Koch* in Hüffer, § 85 AktG Rz. 2.
6 *Schwarz*, Anh. Art. 43 SE-VO Rz. 346.
7 Vgl. für den Vorstand der Aktiengesellschaft *Seibt* in K. Schmidt/Lutter, § 78 AktG Rz. 16 und *Koch* in Hüffer, § 78 AktG Rz. 11.
8 *Schwarz*, Anh. Art. 43 SE-VO Rz. 346. Vgl. außerdem zu § 85 AktG *Seibt* in K. Schmidt/Lutter, § 85 AktG Rz. 3; *Fleischer* in Spindler/Stilz, § 85 AktG Rz. 7 und *Koch* in Hüffer, § 85 AktG Rz. 3.
9 *Schwarz*, Anh. Art. 43 SE-VO Rz. 303; ebenso *Seitz*, SE-Geschäftsführer, S. 249; a.A. *Verse* in Habersack/Drinhausen, SE-Recht, § 45 SEAG Rz. 1.

Notfälle[10]. Wenn der Verwaltungsrat beschlussfähig ist, kann er ohnehin eine Person aus seiner Mitte zum geschäftsführenden Direktor bestellen; ist er es nicht, hilft auch das ihm zugewiesene Notvertretungsrecht nicht weiter.

Das Verfahren wird eingeleitet auf **Antrag eines Beteiligten**. Dies ist jeder, der an der gerichtlichen Bestellung ein schutzwürdiges Interesse hat[11]. Für das anzuwendende **gerichtliche Verfahren** und den Anspruch des gerichtlich bestellten geschäftsführenden Direktors auf **Auslagenersatz** und **Vergütung** verweist § 45 Satz 2 SEAG auf das Aktiengesetz (§ 85 Abs. 1 Satz 2 sowie Abs. 2 und 3 AktG). 4

Für die Bescheidung des Antrags ist das Amtsgericht am Sitz der Gesellschaft zuständig (§§ 375 Nr. 4, 377 Abs. 1 FamFG, § 23a Abs. 1 Satz 1 Nr. 2, Abs. 2 Nr. 4 GVG, § 14 AktG). Beschwerden hierzu ergehen nach § 45 Satz 2 SEAG i.V.m. § 85 Abs. 1 Satz 2 AktG, §§ 58 ff. FamFG, § 119 Abs. 1 Nr. 1 lit. b GVG an das OLG. Letztinstanzlich ist der BGH zuständig, §§ 70 ff. FamFG, § 133 GVG. 5

§ 46 SEAG
Anmeldung von Änderungen

(1) Die geschäftsführenden Direktoren haben jeden Wechsel der Verwaltungsratsmitglieder unverzüglich in den Gesellschaftsblättern bekannt zu machen und die Bekanntmachung zum Handelsregister einzureichen. Sie haben jede Änderung der geschäftsführenden Direktoren oder der Vertretungsbefugnis eines geschäftsführenden Direktors zur Eintragung in das Handelsregister anzumelden. Sie haben weiterhin die Wahl des Verwaltungsratsvorsitzenden und seines Stellvertreters sowie jede Änderung in der Person des Verwaltungsratsvorsitzenden oder seines Stellvertreters zum Handelsregister anzumelden.

(2) Die neuen geschäftsführenden Direktoren haben in der Anmeldung zu versichern, dass keine Umstände vorliegen, die ihrer Bestellung nach § 40 Abs. 1 Satz 4 entgegenstehen und dass sie über ihre unbeschränkte Auskunftspflicht gegenüber dem Gericht belehrt worden sind. § 37 Abs. 2 Satz 2 des Aktiengesetzes ist anzuwenden.

(3) § 81 Abs. 2 des Aktiengesetzes gilt für die geschäftsführenden Direktoren entsprechend.

I. Überblick	1	1. Änderungen bei geschäftsführenden Direktoren	5
II. Bekanntmachung über den Verwaltungsrat	2	2. Versicherung über das Fehlen von Bestellungshindernissen	7
III. Anmeldungen betreffend die geschäftsführenden Direktoren			

Literatur: *Hommelhoff*, Die Autarkie des Aufsichtsrats – Besprechung der Entscheidung BGHZ 85, 293 „Hertie", ZGR 1983, 551–580; *Neye/Teichmann*, Der Entwurf für das Ausführungsgesetz

---

10 Im Aktienrecht § 85 AktG, verallgemeinerungsfähig für Körperschaften in § 29 BGB; daher ist auch für den GmbH-Geschäftsführer eine Notbestellung anerkannt, obwohl sie im GmbH-Gesetz nicht geregelt ist (*Lutter/Hommelhoff*, vor § 35 GmbHG Rz. 13 ff.).
11 *Schwarz*, Anh. Art. 43 SE-VO Rz. 347; weiterhin *Seibt* in K. Schmidt/Lutter, § 85 AktG Rz. 4 und *Koch* in Hüffer, § 85 AktG Rz. 4.

zur Europäischen Aktiengesellschaft, AG 2003, 169–179; *Teichmann*, Gestaltungsfreiheit im monistischen Leitungssystem der Europäischen Aktiengesellschaft, BB 2004, 53–60.

I. Überblick

1 § 46 SEAG soll **Publizität** über die personelle Zusammensetzung von Verwaltungsrat und geschäftsführenden Direktoren sowie über die Vertretungsbefugnis gegenüber Dritten herstellen. Er findet seine Parallele im allgemeinen Aktienrecht in § 81 Abs. 1 AktG (für den Vorstand) und §§ 106, 107 Abs. 1 Satz 2 AktG (für den Aufsichtsrat)[1]. Die Vorschrift unterscheidet zwischen Bekanntmachung und Eintragung[2]. Angaben über den Verwaltungsrat unterliegen lediglich der Bekanntmachungspflicht, während Angaben über geschäftsführende Direktoren – wegen ihrer für den Rechtsverkehr bedeutsamen Vertretungsmacht (§ 41 SEAG) – auch einzutragen sind. Darüber hinaus stellt § 46 SEAG klar, dass die **geschäftsführenden Direktoren** für die Bekanntmachungen und Anmeldungen zum Handelsregister zuständig sind[3]. Es genügt Handeln in vertretungsberechtigter Zahl[4].

II. Bekanntmachung über den Verwaltungsrat

2 Nach dem gesetzlichen Wortlaut haben die geschäftsführenden Direktoren jeden Wechsel der Verwaltungsratsmitglieder unverzüglich in den Gesellschaftsblättern bekannt zu machen und die Bekanntmachung zum Handelsregister einzureichen. Obwohl der Verwaltungsrat nicht vertretungsberechtigt ist (vgl. § 41 Abs. 1 SEAG), besteht ein Interesse an der Publizität seiner Zusammensetzung. Denn der Verwaltungsrat ist als Organ der Oberleitung für die Leitlinien der Geschäftsführung verantwortlich und nimmt kraft seines Weisungsrechts (Anh. Art. 43 § 44 SEAG Rz. 8 ff.) Einfluss auf die Tätigkeit der geschäftsführenden Direktoren, die die Gesellschaft nach außen vertreten. § 46 SEAG knüpft an die bei der SE-Gründung einzureichenden Unterlagen an (§ 21 Abs. 2 Satz 3 SEAG: Urkunden über die Bestellung des Verwaltungsrats) und ermöglicht eine **lückenlose Dokumentation** der Zusammensetzung des Verwaltungsrats[5]. Da die Verwaltungsratsmitglieder die Gesellschaft nicht vertreten, beschränkt sich das Gesetz auf die Bekanntmachung, es erfolgt keine Eintragung im Handelsregister[6]. Der Gesetzgeber hat allerdings offenbar versäumt, die zwischenzeitlich für das Aktienrecht eingeführten Erleichterungen, wonach für den Aufsichtsrat jeweils nur eine **Liste** der Mitglieder zum Handelsregister einzureichen

---

1 Vgl. Begr. RegE zu § 46 SEAG, BT-Drucks. 15/3405, S. 39.
2 Darüber besteht im Ergebnis Einigkeit; allerdings meinen *Reichert/Brandes* in MünchKomm. AktG, 3. Aufl., Art. 43 SE-VO Rz. 143, die Unterscheidung von Bekanntmachung (Verwaltungsrat) und Eintragung (geschäftsführende Direktoren) gehe aus dem Gesetz nicht hinreichend deutlich hervor.
3 Für eine Zuweisung der Anmeldepflichten an die geschäftsführenden Direktoren auch *Neye/Teichmann*, AG 2003, 169, 178, während der *DAV* in seiner Stellungnahme zum DiskE eine Zuständigkeit des Verwaltungsrats für Handelsregisteranmeldungen anregte (NZG 2004, 75, 85).
4 Vgl. *Reichert/Brandes* in MünchKomm. AktG, 3. Aufl., Art. 43 SE-VO Rz. 144 und *Schwarz*, Anh. Art. 43 SE-VO Rz. 359 sowie *Drygala* in K. Schmidt/Lutter, § 106 AktG Rz. 4 und *Koch* in Hüffer, § 106 AktG Rz. 2.
5 Zum vergleichbaren Zusammenspiel von § 106 AktG und § 37 Abs. 4 Nr. 3a AktG (bezogen auf den Aufsichtsrat) s. *Drygala* in K. Schmidt/Lutter, § 106 AktG Rz. 1 und *Koch* in Hüffer, § 106 AktG Rz. 1.
6 *Schwarz*, Anh. Art. 43 SE-VO Rz. 356.

ist (§ 106 AktG), auf die monistische SE zu übertragen[7]. Dass es sich hierbei um ein Redaktionsversehen handelt, wird daran deutlich, dass der Gesetzgeber für den Bereich der Gründung durch Streichung des früheren § 21 Abs. 5 SEAG auf eine Bekanntmachung verzichtet hat, sodass hierfür die Einreichung einer Liste genügt. Warum dies bei späteren Änderungen anders sein soll, ist nicht ersichtlich.

Offenzulegen (durch Einreichung einer Liste, Rz. 2) ist jeder **Wechsel**. Dazu gehören nicht nur Ausscheiden und Eintritt, sondern auch das Ausscheiden eines Mitglieds, ohne dass an seiner Stelle ein neues Mitglied eintritt[8]. Publizitätspflichtig ist auch das Nachrücken von Ersatzmitgliedern[9]. Anzugeben sind jeweils Name, Beruf und Wohnort[10]. Bekanntmachung in den Gesellschaftsblättern bedeutet jedenfalls ein Einrücken in den Bundesanzeiger[11]. 3

Auch die Wahl des **Verwaltungsratsvorsitzenden** und seines Stellvertreters ist zum Handelsregister anzumelden (§ 46 Abs. 1 Satz 3 SEAG)[12]. Die Vorschrift entspricht derjenigen des § 107 Abs. 1 Satz 2 AktG für den Aufsichtsrat. Anzugeben sind bei der Anmeldung Namen und Anschriften des Vorsitzenden und seines Stellvertreters[13]. 4

III. Anmeldungen betreffend die geschäftsführenden Direktoren

1. Änderungen bei geschäftsführenden Direktoren

Die geschäftsführenden Direktoren haben jede **Änderung** in ihren Reihen anzumelden. Dazu gehören ebenso wie beim Verwaltungsrat (oben Rz. 3) das Ausscheiden bisheriger und der Eintritt neuer geschäftsführender Direktoren; dies betrifft auch stellvertretende geschäftsführende Direktoren (§ 40 Abs. 9 SEAG)[14]. Einzutragen sind Name, Geburtsdatum und Wohnort[15], deren jeweilige Änderung gleichfalls anmeldepflichtig ist[16]. Anzumelden sind weiterhin Änderungen in der **Vertretungsbefugnis**, beispielsweise ein Wechsel von Gesamtvertretungsberechtigung zu Einzelvertretungsberechtigung (vgl. Anh. Art. 43 § 41 SEAG Rz. 9 ff.)[17]. 5

Die **Einzelheiten der Anmeldung** regeln §§ 46 Abs. 2 SEAG i.V.m. 81 Abs. 2 AktG: Der Anmeldung sind die Urkunden über die Änderung in Urschrift oder öffentlich beglaubigter Abschrift für das Gericht des Sitzes der Gesellschaft beizufügen. Die neuen geschäftsführenden Direktoren haben ihre Namensunterschrift zur Aufbewahrung bei Gericht zu zeichnen. 6

---

7 Näher hierzu *Verse* in Habersack/Drinhausen, SE-Recht, § 46 SEAG Rz. 4 f.
8 *Drygala* in K. Schmidt/Lutter, § 106 AktG Rz. 2 und *Koch* in Hüffer, § 106 AktG Rz. 2.
9 *Schwarz*, Anh. Art. 43 SE-VO Rz. 353. *Verse* in Habersack/Drinhausen, SE-Recht, § 46 SEAG Rz. 6.
10 Vgl. auch *Drygala* in K. Schmidt/Lutter, § 106 AktG Rz. 3 und *Koch* in Hüffer, § 106 AktG Rz. 2.
11 § 25 AktG findet mangels einer Regelung in der SE-VO nach der allgemeinen Verweisungsnorm des Art. 9 SE-VO Anwendung (*Schwarz*, Anh. Art. 43 SE-VO Rz. 354). Es handelt sich nicht um eine Information, die nach Art. 14 SE-VO zugleich im EU-Amtsblatt zu veröffentlichen wäre.
12 Es erfolgt aber keine Eintragung (*Schwarz*, Anh. Art. 43 SE-VO Rz. 360).
13 *Drygala* in K. Schmidt/Lutter, § 107 AktG Rz. 14 und *Koch* in Hüffer, § 107 AktG Rz. 11.
14 *Schwarz*, Anh. Art. 43 SE-VO Rz. 357.
15 § 43 Nr. 4 lit. b Handelsregisterverordnung.
16 *Verse* in Habersack/Drinhausen, SE-Recht, § 46 SEAG Rz. 13.
17 Zur umstrittenen Frage, ob die Einzelermächtigung (§ 41 Abs. 4 SEAG) eintragungspflichtig ist, vgl. Anh. Art. 43 § 41 SEAG Rz. 15.

2. Versicherung über das Fehlen von Bestellungshindernissen

7 Neu hinzutretende geschäftsführende Direktoren müssen gemäß § 46 Abs. 2 SEAG bei ihrer erstmaligen Anmeldung versichern, dass keine Bestellungshindernisse (Anh. Art. 43 § 40 SEAG Rz. 25) vorliegen und sie über ihre unbeschränkte Auskunftspflicht gegenüber dem Gericht belehrt worden sind. Dies entspricht der Erklärung, die von den ersten geschäftsführenden Direktoren bei der Gründung abgegeben werden muss (Anh. Art. 43 § 21 SEAG Rz. 7). Die Verpflichtung gilt auch für geschäftsführende Direktoren, die zugleich Verwaltungsratsmitglieder sind[18].

§ 47 SEAG
Prüfung und Feststellung des Jahresabschlusses

(1) Die geschäftsführenden Direktoren haben den Jahresabschluss und den Lagebericht unverzüglich nach ihrer Aufstellung dem Verwaltungsrat vorzulegen. Zugleich haben die geschäftsführenden Direktoren einen Vorschlag vorzulegen, den der Verwaltungsrat der Hauptversammlung für die Verwendung des Bilanzgewinns machen soll; § 170 Abs. 2 Satz 2 des Aktiengesetzes gilt entsprechend.

(2) Jedes Verwaltungsratsmitglied hat das Recht, von den Vorlagen und Prüfungsberichten Kenntnis zu nehmen. Die Vorlagen und Prüfungsberichte sind auch jedem Verwaltungsratsmitglied oder, soweit der Verwaltungsrat dies beschlossen hat und ein Bilanzausschuss besteht, den Mitgliedern des Ausschusses auszuhändigen.

(3) Für die Prüfung durch den Verwaltungsrat gilt § 171 Abs. 1 und 2 des Aktiengesetzes entsprechend.

(4) Absatz 1 Satz 1 und Absatz 3 gelten entsprechend für einen Einzelabschluss nach § 325 Abs. 2a Satz 1 des Handelsgesetzbuchs sowie bei Mutterunternehmen (§ 290 Abs. 1, 2 des Handelsgesetzbuchs) für den Konzernabschluss und den Konzernlagebericht. Der Einzelabschluss nach § 325 Abs. 2a Satz 1 des Handelsgesetzbuchs darf erst nach Billigung durch den Verwaltungsrat offen gelegt werden.

(5) Billigt der Verwaltungsrat den Jahresabschluss, so ist dieser festgestellt, sofern nicht der Verwaltungsrat beschließt, die Feststellung des Jahresabschlusses der Hauptversammlung zu überlassen. Die Beschlüsse des Verwaltungsrats sind in den Bericht des Verwaltungsrats an die Hauptversammlung aufzunehmen.

(6) Hat der Verwaltungsrat beschlossen, die Feststellung des Jahresabschlusses der Hauptversammlung zu überlassen, oder hat der Verwaltungsrat den Jahresabschluss nicht gebilligt, so stellt die Hauptversammlung den Jahresabschluss fest. Hat der Verwaltungsrat eines Mutterunternehmens (§ 290 Abs. 1, 2 des Handelsgesetzbuchs) den Konzernabschluss nicht gebilligt, so entscheidet die Hauptversammlung über die Billigung. Für die Feststellung des Jahresabschlusses oder die Billigung des Konzernabschlusses durch die Hauptversammlung gilt § 173 Abs. 2 und 3 des Aktiengesetzes entsprechend.

---

18 Der gesetzliche Verweis auf § 40 Abs. 1 Satz 4 SEAG ist insoweit missverständlich (vgl. *Siems* in KölnKomm. AktG, 3. Aufl., Anh. Art. 51 SE-VO § 46 SEAG Rz. 5; *Verse* in Habersack/Drinhausen, SE-Recht, § 46 SEAG Rz. 15).

I. Überblick 1	3. Bericht an die Hauptversammlung 14
II. Aufstellung und Feststellung des Jahresabschlusses	4. Feststellung des Jahresabschlusses durch die Hauptversammlung 16
1. Dem Verwaltungsrat vorzulegende Unterlagen 5	**III. Gewinnverwendungsvorschlag** 20
2. Prüfung und Feststellung durch den Verwaltungsrat 8	

Literatur: *Hommelhoff*, Die Autarkie des Aufsichtsrats – Besprechung der Entscheidung BGHZ 85, 293 „Hertie", ZGR 1983, 551–580; *Neye/Teichmann*, Der Entwurf für das Ausführungsgesetz zur Europäischen Aktiengesellschaft, AG 2003, 169–179; *Teichmann*, Gestaltungsfreiheit im monistischen Leitungssystem der Europäischen Aktiengesellschaft, BB 2004, 53–60.

I. Überblick

Die Vorschrift orientiert sich an den **§§ 170 bis 173 AktG**. Diese allgemeinen aktienrechtlichen Regelungen nehmen den Aufsichtsrat für eine unternehmensinterne Prüfung der Rechnungslegung in die Pflicht. Regelungsgrund ist die besondere Bedeutung der Rechnungslegung. Sie dient nicht nur der Selbstinformation des Kaufmannes, sondern auch der Information und dem Schutze Dritter[1]. Aus diesen Gründen verfolgt § 47 SEAG das Ziel, einen vergleichbaren Mechanismus der **internen Selbstkontrolle** auch im monistischen System zu verankern[2]: Die Aufstellung von Jahresabschluss und Lagebericht obliegt den geschäftsführenden Direktoren, deren Prüfung dem Verwaltungsrat. Damit ist in gewisser Weise ein „Vier-Augen-Prinzip" gesetzlich vorgegeben[3]. Eine vergleichbare Regelung hat der österreichische Gesetzgeber in § 41 SEG getroffen[4]. 1

Folgende Elemente kennzeichnen die **Funktionsaufteilung** der Organe im Bereich der Rechnungslegung (dazu bereits Anh. Art. 43 § 22 SEAG Rz. 26 ff.): Der Verwaltungsrat ist im gesellschaftsrechtlichen Innenverhältnis den Eigentümern verpflichtet, für eine ordnungsgemäße Führung der Handelsbücher zu sorgen (§ 22 Abs. 3 Satz 1 SEAG). Die praktische Durchführung übernehmen die geschäftsführenden Direktoren, die als Vertretungsorgan im Außenverhältnis (§ 41 Abs. 1 SEAG) die Adressaten der gesetzlichen Buchführungspflicht sind. Den von den geschäftsführenden Direktoren aufgestellten Jahresabschluss mit Lagebericht prüft der Verwaltungsrat (§ 47 Abs. 3 SEAG). Mit seiner Billigung ist der Jahresabschluss festgestellt, sofern er nicht der Hauptversammlung die Feststellung überlassen will (§ 47 Abs. 5 und 6 SEAG). 2

Da geschäftsführende Direktoren zugleich Mitglieder des Verwaltungsrats sein können (§ 40 Abs. 1 Satz 2 SEAG) und darüber hinaus dessen Weisungen unterliegen 3

---

[1] Zum Zweck von Rechnungslegung und Publizität s. nur *Pöschke* in Großkomm. HGB, 5. Aufl., vor § 238 HGB Rz. 1 ff.
[2] Zur allgemeinen Frage, inwieweit Corporate Governance-Mechanismen des dualistischen Systems im monistischen System abgebildet werden sollen und können, vgl. bereits Art. 43 Rz. 59 ff. und Anh. Art. 43 § 40 SEAG Rz. 3.
[3] Vgl. Begr. RegE zu § 47 SEAG, BT-Drucks. 15/3405, S. 39 f. Zum gesetzgeberischen Ziel, die Aufgabenteilung des dualistisch geprägten Aktienrechts zumindest im Sinne eines „Vier-Augen-Prinzips" auch im monistischen System zu etablieren *Neye/Teichmann*, AG 2003, 169, 178; *Teichmann*, BB 2004, 53, 58; *Teichmann* in Lutter/Hommelhoff, Europäische Gesellschaft, S. 195, 220 ff.
[4] Diese Regelung ist nach Aussage von *Kalss/Greda* in Kalss/Hügel, § 41 SEG Rz. 3 von der „Vorstellung der Notwendigkeit einer Trennung von Auf- und Feststellung geprägt".

(Anh. Art. 43 § 44 SEAG Rz. 8 ff.), verliert das aus dem dualistischen System übernommene Vier-Augen-Prinzip im monistischen System teilweise seine steuernde Wirkung[5]. Es erscheint allerdings nicht sinnvoll, die Feststellung des Jahresabschlusses aus diesem Grunde generell der Hauptversammlung zuzuweisen[6]; denn die Aktionärsversammlung ist zumindest in Publikumsgesellschaften zu einer fundierten Willensbildung über Fragen der Rechnungslegung kaum in der Lage. Eine dem Monismus adäquate Antwort auf denkbare Kontrolldefizite ist die Einrichtung eines **Prüfungsausschusses**, der mit nicht-geschäftsführenden und sachkundigen Verwaltungsratsmitgliedern zu besetzen ist[7]. Die Einrichtung eines solchen Ausschusses ist jedenfalls in größeren Gesellschaften Teil der pflichtgemäßen Selbstorganisation des Verwaltungsrates (Anh. Art. 43 § 34 SEAG Rz. 18 ff.).

4 § 47 SEAG betrifft die funktionelle Aufgabenverteilung innerhalb des Unternehmens. Demgegenüber richten sich die **Inhalte der Rechnungslegung** sowie deren Prüfung durch den Abschlussprüfer und ihre Offenlegung gem. Art. 61 SE-VO nach den Vorschriften, die für Aktiengesellschaften gelten, die dem Recht des Sitzstaates der SE unterliegen. Es gilt also das nationale, auf Basis der Richtlinie 2013/34/EU europäisch harmonisierte Bilanzrecht (Art. 61 Rz. 1).

II. Aufstellung und Feststellung des Jahresabschlusses

1. Dem Verwaltungsrat vorzulegende Unterlagen

5 Die geschäftsführenden Direktoren haben gem. § 47 Abs. 1 Satz 1 SEAG dem Verwaltungsrat den **Jahresabschluss** (§ 242 Abs. 3 HGB) und den **Lagebericht** (§ 289 HGB) vorzulegen. Die Vorlagepflicht gilt ebenso für einen Einzelabschluss nach internationalen Rechnungslegungsstandards i.S.d. § 325 Abs. 2a Satz 1 HGB sowie bei Mutterunternehmen auch für den Konzernabschluss und den Konzernlagebericht (§ 47 Abs. 4 SEAG). Der Einzelabschluss gem. § 325 Abs. 2a HGB darf erst nach Billigung durch den Verwaltungsrat offengelegt werden (§ 47 Abs. 4 Satz 2 SEAG).

6 Den **Prüfungsbericht** erhält der Verwaltungsrat direkt vom Abschlussprüfer, da er hierfür gem. § 22 Abs. 4 Satz 3 SEAG das auftraggebende Organ ist. § 321 Abs. 5 Satz 2 HGB ist insoweit analog heranzuziehen (Anh. Art. 43 § 22 SEAG Rz. 34).

7 Jedes **Verwaltungsratsmitglied** hat gem. § 47 Abs. 2 Satz 1 SEAG das Recht, von den Vorlagen und Prüfungsberichten, die dem Verwaltungsrat vorliegen, Kenntnis zu nehmen und diese ausgehändigt zu bekommen. Die Bedeutung dieser an § 170 Abs. 3 AktG angelehnten Regelung liegt vor allem darin, dass den Verwaltungsratsmitgliedern ein unentziehbarer Individualanspruch gewährt wird[8]. Der Verwaltungsrat als Organ hat ohnehin ein umfassendes Informationsrecht gegenüber den geschäftsführenden Direktoren (Anh. Art. 43 § 40 SEAG Rz. 38 ff.). Besteht ein Bilanzausschuss, sind die Vorlagen und Prüfungsberichte auf Beschluss des Verwaltungsrats den Ausschussmitgliedern auszuhändigen (§ 47 Abs. 2 Satz 2 SEAG); das Individualrecht der übrigen Verwaltungsratsmitglieder tritt in diesem Fall zurück[9].

---

5 Kritisch insoweit *Schwarz*, Anh. Art. 43 SE-VO Rz. 371.
6 So de lege ferenda *Schwarz*, Anh. Art. 43 SE-VO Rz. 371.
7 *Fischer* in MünchKomm. AktG, 3. Aufl., Art. 61 SE-VO Rz. 27.
8 *Schwarz*, Anh. Art. 43 SE-VO Rz. 368; wenngleich mit *Verse* in Habersack/Drinhausen, SE-Recht, § 47 SEAG Rz. 9, zu konstatieren ist, dass sich zumindest der Anspruch auf Kenntnisnahme (wenn auch nicht auf Übermittlung) bereits aus Art. 44 SE-VO ergibt (vgl. Art. 44 Rz. 13 ff.).
9 *Schwarz*, Anh. Art. 43 SE-VO Rz. 368.

2. Prüfung und Feststellung durch den Verwaltungsrat

Der Verwaltungsrat **prüft** die ihm vorgelegten Rechnungslegungsunterlagen in entsprechender Anwendung von § 171 Abs. 1 und 2 AktG (§ 47 Abs. 3 SEAG). Somit hat der Abschlussprüfer an den Verhandlungen des Verwaltungsrats teilzunehmen und über die wesentlichen Ergebnisse seiner Prüfung zu berichten (§§ 47 Abs. 3 SEAG i.V.m. 171 Abs. 1 Satz 2 AktG).

Mit der **Billigung** durch den Verwaltungsrat ist der Jahresabschluss festgestellt. Der Verwaltungsrat hat alternativ die Möglichkeit, die Feststellung des Jahresabschlusses der Hauptversammlung zu überlassen (§ 47 Abs. 5 Satz 1 SEAG). Die Beschlüsse des Verwaltungsrats sind in den Bericht an die Hauptversammlung (unten Rz. 14) aufzunehmen (§ 47 Abs. 5 Satz 2 SEAG). Mit der **Feststellung** wird der Jahresabschluss verbindlich für die Gesellschaftsorgane und die Aktionäre sowie die Inhaber sonstiger gewinnabhängiger Ansprüche[10].

Bei Anwendung dieser Regelungen, die den §§ 170 ff. AktG entlehnt sind, ist den Besonderheiten der monistischen Struktur Rechnung zu tragen (vgl. bereits oben Rz. 1 ff.). Während der Aufsichtsrat als Überwachungsorgan den Jahresabschluss nur als Ganzes billigen oder ablehnen kann[11], ist der Verwaltungsrat als Leitungsorgan befugt, auf die Rechnungslegung aktiv Einfluss zu nehmen und den geschäftsführenden Direktoren diesbezüglich **Weisungen** zu erteilen[12]. Verbindlich sind allerdings nur rechtmäßige Weisungen (Anh. Art. 43 § 44 SEAG Rz. 13); Anweisungen des Verwaltungsrats müssen sich daher im Rahmen der bilanzrechtlichen Ansatz- und Bewertungsregeln bewegen. Ändert der Verwaltungsrat einen bereits geprüften Abschluss, muss eine **Nachtragsprüfung** durchgeführt werden (§ 316 Abs. 3 HGB)[13].

Dieser grundlegende Unterschied in der Stellung von Verwaltungsrat und Aufsichtsrat kommt im Wortlaut des § 47 SEAG, der sich weitgehend am Aktiengesetz orientiert, nicht hinreichend deutlich zum Ausdruck, ergibt sich aber aus dem **systematischen Kontext** von SEAG und SE-VO: Anders als der Aufsichtsrat ist der Verwaltungsrat das Organ der Oberleitung (Anh. Art. 43 § 22 SEAG Rz. 5 ff.); gegenüber den geschäftsführenden Direktoren ist er in allen Fragen der Geschäftsführung weisungsbefugt (Anh. Art. 43 § 44 SEAG Rz. 8 ff.). Im Verhältnis zur Hauptversammlung ist in erster Linie der Verwaltungsrat rechenschaftspflichtig (Anh. Art. 43 § 48 SEAG Rz. 1, 8); das Gesetz nimmt ihn sogar ausdrücklich in die Pflicht, einen eventuell entstandenen Jahresfehlbetrag der Hauptversammlung zu erläutern (§ 48 Abs. 2 Satz 4 SEAG). Diese Rechenschaftspflicht gegenüber den Aktionären erhält ihren Sinn aus der umfassenden Leitungsmacht des Verwaltungsrats, zu welcher notwendig das Weisungsrecht gegenüber den geschäftsführenden Direktoren gehört. Dass § 47 SEAG an dieser grundlegenden Kompetenzaufteilung etwas ändern wollte, ist nicht ersichtlich. Ein solches Ergebnis widerspräche auch dem Gebot der europarechtskonformen Auslegung des SEAG. Denn nach Art. 43 Abs. 1 SE-VO ist das Verwaltungsorgan für die Geschäftsführung zuständig. Es muss daher kraft europäischen Rechts die Kompetenz haben, in Einzel-

---

10 Vgl. *Drygala* in K. Schmidt/Lutter, § 172 AktG Rz. 7 sowie *Koch* in Hüffer, § 172 AktG Rz. 2.
11 Im zweiten Fall greift die Notkompetenz der Hauptversammlung gem. § 173 Abs. 1 AktG.
12 Ebenso *Verse* in Habersack/Drinhausen, SE-Recht, § 47 SEAG Rz. 8. Insoweit trägt auch hier die Parallele zur GmbH (Anh. Art. 43 § 44 SEAG Rz. 8), bei welcher die Gesellschafter gleichfalls Abweichungen am von den Geschäftsführern aufgestellten Jahresabschluss vornehmen dürfen (vgl. *Hass* in Baumbach/Hueck, § 42a GmbHG Rz. 15). Nach österreichischer Rechtslage kann der SE-Verwaltungsrat den geschäftsführenden Direktoren gleichfalls Weisungen zur Rechnungslegung erteilen (*Kalss/Greda* in Kalss/Hügel, § 41 SEG Rz. 7).
13 Ebenso für die österreichische Rechtslage *Kalss/Greda* in Kalss/Hügel, § 41 SEG Rz. 8.

fragen der recht- und zweckmäßigen Rechnungslegung letztverbindliche Festlegungen zu treffen.

12 Die gesteigerte Verantwortung des Verwaltungsrats im Vergleich zum Aufsichtsrat schlägt sich auch im anzuwendenden **Sorgfaltsmaßstab** nieder[14]. Das einzelne Verwaltungsratsmitglied braucht sich zwar nicht dieselbe Sachkunde wie ein Abschlussprüfer anzueignen[15]. Der Verwaltungsrat als Organ muss aber sicherstellen, dass er über die nötige Sachkunde verfügt, um seine Leitungskompetenz in Fragen der Rechnungslegung und sein damit verbundenes Weisungsrecht gegenüber den geschäftsführenden Direktoren (oben Rz. 10) sachgerecht wahrnehmen zu können. Er sollte dazu das Gespräch mit dem Abschlussprüfer suchen, dessen Teilnahme an den Verhandlungen des Verwaltungsrats das Gesetz ohnehin vorsieht (oben Rz. 8). In größeren Gesellschaften ist es sinnvoll, die Prüfung der Rechnungslegung einem vorbereitenden Prüfungsausschuss zu übertragen; zumindest der Ausschussvorsitzende sollte dann über hinreichende Kenntnisse und Erfahrung im Bereich der Rechnungslegung verfügen[16]. In kleineren Gesellschaften kann innerhalb des Verwaltungsrats ein „Berichterstatter" gebeten werden, die Entscheidung vorzubereiten[17].

13 Über die Hinzuziehung von **externen Sachverständigen** entscheidet der Verwaltungsrat nach pflichtgemäßem Ermessen. Die zum Aufsichtsrat ergangene Entscheidung des BGH, die einer Zuziehung von Sachverständigen zurückhaltend gegenüber steht[18], ist auf den Verwaltungsrat nicht ohne weiteres übertragbar. Der bereits für den Aufsichtsrat tragende Gedanke der Eigenverantwortlichkeit[19] erlangt im Verwaltungsrat umso mehr Bedeutung, als dieser Leitungsverantwortung trägt und gegebenenfalls auch auf die Bilanzierung Einfluss nehmen kann und muss (oben Rz. 10). Das Argument, die Auswertung der Bilanzzahlen sei zunächst Sache des geschäftsführenden Organs (also: des Vorstands)[20], kann gegenüber dem Verwaltungsrat als oberstem Organ der Geschäftsführung gerade keine Einschränkung bei der Überprüfung der Rechnungslegung begründen. Weiterhin fehlt ein dem § 111 Abs. 5 AktG entsprechendes Verbot der Aufgabendelegation an Dritte[21]. Andererseits gilt auch für den Verwaltungsrat ein Vorrang der gesellschaftsintern erreichbaren Unterstützung[22], so dass zunächst das Gesamtorgan beziehungsweise ein hierfür eingerichteter Ausschuss zu befassen und die geschäftsführenden Direktoren sowie der Abschlussprüfer zu befragen sind[23]. Einzelne Verwaltungsratsmitglieder haben erst dann Anspruch auf individuelle Beratung durch einen Sachverständigen, wenn die gesellschaftsinterne Aufklärung und Beratung zu keinem befriedigenden Ergebnis geführt hat.

---

14 Ebenso wohl auch *Fischer* in MünchKomm. AktG, 3. Aufl., Art. 61 SE-VO Rz. 27. Demgegenüber für einen Gleichlauf mit den für die AG entwickelten Grundsätzen *Verse* in Habersack/Drinhausen, SE-Recht, § 47 SEAG Rz. 13. *Casper* in Spindler/Stilz, AktG, Art. 62 SE-VO Rz. 5 sieht eine Pflicht zur intensivierten Prüfung nur, wenn zuvor Weisungen erteilt wurden.
15 Diese zum Aufsichtsrat vertretene Auffassung (*Drygala* in K. Schmidt/Lutter, § 171 AktG Rz. 6 und *Koch* in Hüffer, § 171 AktG Rz. 9) ist auf die gleichfalls typischerweise nebenberuflich tätigen Verwaltungsratsmitglieder übertragbar.
16 Vgl. Deutscher Corporate Governance Kodex Ziff. 5.3.2.
17 So *Hommelhoff*, ZGR 1983, 551, 577, für den Aufsichtsrat.
18 BGH v. 15.11.1982 – II ZR 27/82, BGHZ 85, 293 ff.
19 Dazu *Hommelhoff*, ZGR 1983, 551, 563 ff.
20 BGH v. 15.11.1982 – II ZR 27/82, BGHZ 85, 293, 299.
21 Zu § 111 Abs. 5 AktG als einem der das Urteil tragenden Gründe *Hommelhoff*, ZGR 1983, 551, 554 ff., der insoweit kritisch anmerkt, dass die Hinzuziehung eines Beraters noch nicht einer Aufgabenübertragung an diesen gleichkomme.
22 Zu diesem Grundsatz im Kontext der Aufsichtsratstätigkeit *Hommelhoff*, ZGR 1983, 551, 564.
23 Für eine vorherige Befassung des Gesamtorgans auch BGH v. 15.11.1982 – II ZR 27/82, BGHZ 85, 293, 299.

3. Bericht an die Hauptversammlung

Der Verwaltungsrat **berichtet der Hauptversammlung** schriftlich über das Ergebnis 14
seiner Prüfung (§§ 47 Abs. 3 SEAG i.V.m. 171 Abs. 2 AktG). Dabei hat er mitzuteilen,
in welcher Art und in welchem Umfang er die Geschäftsführung der Gesellschaft
während des Geschäftsjahres geprüft hat; bei börsennotierten Gesellschaften hat er
insbesondere anzugeben, welche Ausschüsse gebildet worden sind, sowie die Zahl
seiner Sitzungen und die der Ausschüsse mitzuteilen. Weiterhin hat der Verwaltungsrat zum Ergebnis der Prüfung des Jahresabschlusses durch den Abschlussprüfer
Stellung zu nehmen. Am Schluss seines Berichts hat er zu erklären, ob nach dem abschließenden Ergebnis seiner Prüfung Einwendungen zu erheben sind und ob er den
von den geschäftsführenden Direktoren aufgestellten Jahresabschluss billigt. Der Bericht ist den geschäftsführenden Direktoren vor Einberufung der Hauptversammlung
zuzuleiten[24].

Ist die SE **abhängige Gesellschaft**, finden über die Verweisung des § 49 SEAG die 15
§§ 312 bis 314 AktG Anwendung (Anh. Art. 43 § 49 SEAG Rz. 3). Die geschäftsführenden Direktoren erstellen in diesem Fall einen Abhängigkeitsbericht, der von Abschlussprüfer und Verwaltungsrat zu prüfen ist. Der Verwaltungsrat muss in seinem
Bericht an die Hauptversammlung über das Ergebnis dieser Prüfung berichten (§§ 49
SEAG, 314 Abs. 2 Satz 1 AktG).

4. Feststellung des Jahresabschlusses durch die Hauptversammlung

Die subsidiäre Kompetenz der Hauptversammlung zur Feststellung des Jahres- 16
abschlusses (§ 47 Abs. 6 SEAG) tritt im monistischen System noch stärker hinter den
Kompetenzen des Verwaltungsrats zurück als im Dualismus hinter denjenigen des
Aufsichtsrates. Da im dualistischen System der Aufsichtsrat den Jahresabschluss
nicht abändern darf, greift automatisch die Hauptversammlungskompetenz, wenn
der Aufsichtsrat den Abschluss nicht billigt (§ 173 Abs. 1 Satz 1 AktG)[25]. Hingegen
kann im monistischen System der Verwaltungsrat einen Disput zwischen ihm und
den geschäftsführenden Direktoren kraft seiner Leitungskompetenz autonom entscheiden. Die Anrufung der Hauptversammlung hat in diesem Kontext eher den
Sinn, sich in bedeutsamen Angelegenheiten bei den Aktionären rückzuversichern.
Sie weist insoweit Parallelen zur allgemeinen Vorlagemöglichkeit von Geschäftsführungsmaßnahmen nach § 119 Abs. 2 AktG auf.

Die Hauptversammlung entscheidet gem. § 47 Abs. 6 Satz 1 SEAG in den folgenden 17
beiden Fällen über den Jahresabschluss: Kraft **Verwaltungsratsbeschluss** kann der
Hauptversammlung die Feststellung des Jahresabschlusses überlassen werden. Dies
bedeutet nicht zwingend, dass der Verwaltungsrat den Abschluss missbilligt. Er kann
auch aus anderen Gründen – etwa wegen publizitätsträchtiger Geschäftsvorfälle im
abgeschlossenen Geschäftsjahr, die sich im Jahresabschluss niederschlagen – eine
Entscheidung der Hauptversammlung für sinnvoll oder wünschenswert halten.
Wenn der Verwaltungsrat den Jahresabschluss ausdrücklich **nicht billigt**, kommt es
gleichfalls zu einer Feststellung durch die Hauptversammlung. Dieses Vorgehen dürfte jedoch allenfalls eine „ultima ratio" bei unüberbrückbaren internen Differenzen
darstellen. Denn als weniger auffällige Stufen der Eskalation stehen dem Verwaltungsrat seine Einflussmöglichkeiten auf die geschäftsführenden Direktoren (oben

---

24 Dies folgt mittelbar aus § 48 Abs. 1 Satz 1 SEAG (*Siems* in KölnKomm. AktG, 3. Aufl., Anh.
Art. 51 SE-VO § 47 SEAG Rz. 7).
25 Eine zweite Möglichkeit, die Kompetenz der Hauptversammlung zu begründen, ist ein gemeinsamer Beschluss von Vorstand und Aufsichtsrat (§ 173 Abs. 1 Satz 1 AktG).

Rz. 10) sowie der bloße Verweis an die Hauptversammlung (unter Verzicht auf eine förmliche Missbilligung des Jahresabschlusses) zur Verfügung.

18 Der **Hauptversammlungsbeschluss** über die Feststellung des Jahresabschlusses ergeht in der ordentlichen Hauptversammlung (§§ 48 Abs. 2 SEAG i.V.m. 175 Abs. 3 AktG); er bedarf einer einfachen Mehrheit (Art. 57 SE-VO). Es gilt hierfür das gem. § 131 Abs. 2 Nr. 3 und 4 AktG erweiterte Auskunftsrecht der Aktionäre[26]. Die Hauptversammlung muss sich an das materielle Bilanzrecht halten (§§ 47 Abs. 6 Satz 3 SEAG i.V.m. 173 Abs. 2 AktG), kann aber in diesem Rahmen über die Ausübung von Bewertungsspielräumen frei entscheiden[27]. Der Verwaltungsrat kann nach einmal erfolgter Überweisung der Angelegenheit an die Hauptversammlung die Feststellungskompetenz nicht mehr an sich ziehen (Anh. Art. 43 § 48 SEAG Rz. 7). Ändert die Hauptversammlung den Jahresabschluss ab, wird bei prüfungspflichtigen Gesellschaften eine Nachtragsprüfung erforderlich (§§ 47 Abs. 6 Satz 3 i.V.m. 173 Abs. 3 AktG). Für Nichtigkeit und Anfechtbarkeit des Feststellungsbeschlusses sind die besonderen Vorschriften der §§ 256 Abs. 3, 257 AktG zu beachten.

19 Die Hauptversammlung entscheidet bei einem Mutterunternehmen auch über die Billigung des **Konzernabschlusses**, wenn der Verwaltungsrat diesen nicht gebilligt hat (§ 47 Abs. 6 Satz 2 und 3 SEAG).

III. Gewinnverwendungsvorschlag

20 Über die Verwendung des Bilanzgewinns beschließt die ordentliche Hauptversammlung (§ 48 Abs. 1 SEAG). Der Vorschlag für die Gewinnverwendung kommt von der Verwaltung. Im dualistischen System unterbreitet der Vorstand einen Vorschlag, der vom Aufsichtsrat geprüft wird (§§ 170 Abs. 2, 171 Abs. 1 AktG). Das SEAG modifiziert dies für das monistische System: Die **geschäftsführenden Direktoren**, die den Jahresabschluss aufgestellt haben, unterbreiten dem Verwaltungsrat einen Vorschlag zur Gewinnverwendung (§ 47 Abs. 1 Satz 2 SEAG). Dieser Vorschlag ist in entsprechender Anwendung des § 170 Abs. 2 Satz 2 AktG wie folgt zu gliedern: 1. Verteilung an die Aktionäre; 2. Einstellung in die Gewinnrücklagen; 3. Gewinnvortrag; 4. Bilanzgewinn. Eine abweichende Gliederung ist zulässig, soweit dies durch den Inhalt des Gewinnverwendungsvorschlags bedingt ist[28]. Der **Verwaltungsrat** prüft den Vorschlag und hat auch hier kraft seiner Leitungskompetenz (oben Rz. 10) das Recht, seine eigenen Vorstellungen gegenüber den geschäftsführenden Direktoren durchzusetzen[29]. Der Verwaltungsrat unterbreitet anschließend bei der Einberufung zur ordentlichen Hauptversammlung einen von ihm zu verantwortenden Gewinnverwendungsvorschlag[30], über den die Hauptversammlung Beschluss fasst (§ 48 Abs. 1 SEAG).

---

26 Zur Anwendbarkeit des § 131 AktG auf die SE Art. 53 Rz. 22.
27 Vgl. *Drygala* in K. Schmidt/Lutter, § 173 AktG Rz. 5 und *Koch* in Hüffer, § 173 AktG Rz. 4.
28 Vgl. *Drygala* in K. Schmidt/Lutter, § 170 AktG Rz. 15 und *Koch* in Hüffer, § 170 AktG Rz. 11.
29 Ebenso *Verse* in Habersack/Drinhausen, SE-Recht, § 47 SEAG Rz. 20.
30 A.A. *Schwarz*, Anh. Art. 43 SE-VO Rz. 379: die ordentliche Hauptversammlung beschließt über den Gewinnverwendungsvorschlag der geschäftsführenden Direktoren. Dies widerspricht aber der generellen Leitungskompetenz des Verwaltungsrats, die auch darin zum Ausdruck kommt, dass im Falle eines Verlustes den Verwaltungsrat die Erläuterungspflicht gegenüber der Hauptversammlung trifft (Anh. Art. 43 § 48 SEAG Rz. 8).

§ 48 SEAG
Ordentliche Hauptversammlung

(1) Unverzüglich nach der Zuleitung des Berichts an die geschäftsführenden Direktoren hat der Verwaltungsrat die Hauptversammlung zur Entgegennahme des festgestellten Jahresabschlusses und des Lageberichts, eines vom Verwaltungsrat gebilligten Einzelabschlusses nach § 325 Abs. 2a Satz 1 des Handelsgesetzbuchs sowie zur Beschlussfassung über die Verwendung des Bilanzgewinns, bei einem Mutterunternehmen (§ 290 Abs. 1, 2 des Handelsgesetzbuchs) auch zur Entgegennahme des vom Verwaltungsrat gebilligten Konzernabschlusses und des Konzernlageberichts, einzuberufen.

(2) Die Vorschriften des § 175 Abs. 2 bis 4 und des § 176 Abs. 2 des Aktiengesetzes gelten entsprechend. Der Verwaltungsrat hat der Hauptversammlung die in § 176 Abs. 1 Satz 1 des Aktiengesetzes angegebenen Vorlagen zugänglich zu machen. Zu Beginn der Verhandlung soll der Verwaltungsrat seine Vorlagen erläutern. Er soll dabei auch zu einem Jahresfehlbetrag oder einem Verlust Stellung nehmen, der das Jahresergebnis wesentlich beeinträchtigt hat. [5]Satz 4 ist auf Kreditinstitute nicht anzuwenden.

I. Überblick 1	III. Vorbereitung und Ablauf der ordentlichen Hauptversammlung
II. Einberufung der ordentlichen Hauptversammlung (§ 48 Abs. 1 SEAG) ... 4	(§ 48 Abs. 2 SEAG) 6

I. Überblick

Die Vorschrift über die ordentliche Hauptversammlung orientiert sich an **§ 175 AktG** und folgt auf § 47 SEAG wegen des Sachzusammenhangs mit der Feststellung des Jahresabschlusses[1]. Zuständig für die Einberufung der ordentlichen Hauptversammlung ist der **Verwaltungsrat**. Dies entspricht seiner Stellung in der Unternehmensverfassung, kraft derer er gegenüber den Aktionären erster Ansprechpartner ist und über die Unternehmensführung Rechenschaft abzulegen hat (vgl. Anh. Art. 43 § 22 SEAG Rz. 10, 17 ff.). 1

Zu **Vorbereitung und Ablauf** der ordentlichen Hauptversammlung verweist § 48 Abs. 2 Satz 1 SEAG auf die Vorschriften der §§ 175 Abs. 2 bis 4 und 176 Abs. 2 AktG. Gem. Art. 53 SE-VO richten sich diese Fragen nach dem Aktienrecht des SE-Sitzstaates (Art. 53 Rz. 1)[2]. Die Sonderregelung des § 48 SEAG für das monistische Modell stützt sich auf Art. 43 Abs. 4 SE-VO und akzentuiert das Verhältnis zwischen Verwaltungsrat und Hauptversammlung gemäß der generellen Leitlinie des SEAG, den Verwaltungsrat weitgehend dem Vorstand gleichzustellen (Anh. Art. 43 § 22 SEAG Rz. 2 f.). 2

Den **Zeitpunkt** der ordentlichen Hauptversammlung regelt § 48 SEAG nicht. § 175 Abs. 1 Satz 2 AktG, der eine Hauptversammlung innerhalb der ersten acht Monate des Geschäftsjahres vorschreibt, findet keine Anwendung. Denn die Verordnung trifft in Art. 54 Abs. 1 SE-VO eine eigene Regelung: Die Hauptversammlung tritt mindestens einmal im Kalenderjahr binnen **sechs Monaten** nach Abschluss des Geschäftsjahres zusammen, sofern das Recht des SE-Sitzstaates keine häufigeren Versammlungen vorsieht (s. auch Art. 54 Rz. 6 f.). 3

---
1 Begr. RegE zu § 48 SEAG, BT-Drucks. 15/3405, S. 40.
2 *Schwarz*, Anh. Art. 43 SE-VO Rz. 376.

II. Einberufung der ordentlichen Hauptversammlung (§ 48 Abs. 1 SEAG)

4 Der Verwaltungsrat beruft die ordentliche Hauptversammlung ein, nachdem er seinen **Prüfungsbericht** über den Jahresabschluss (Anh. Art. 43 § 47 SEAG Rz. 8) fertiggestellt und den geschäftsführenden Direktoren zugeleitet hat[3]. Die Einberufung hat **unverzüglich** nach diesem Zeitpunkt zu erfolgen. Der hierauf gerichtete Beschluss des Verwaltungsrates kann mit einfacher Mehrheit (Art. 54 Abs. 2 SE-VO i.V.m. § 121 Abs. 2 Satz 1 Halbsatz 2 AktG, § 22 Abs. 6 SEAG) gefasst werden (Art. 54 Rz. 24)[4].

5 Zur Tagesordnung der ordentlichen Hauptversammlung gehören jedenfalls die folgenden **Beschlussgegenstände**: Entgegennahme des festgestellten Jahresabschlusses und des Lageberichts sowie – falls ein solcher erstellt wurde – des vom Verwaltungsrat gebilligten Einzelabschlusses nach § 325 Abs. 2a Satz 1 HGB; Verwendung des Bilanzgewinns; bei einem Mutterunternehmen auch Entgegennahme des vom Verwaltungsrat gebilligten Konzernabschlusses und Konzernlageberichts. Zu diesen in § 48 Abs. 1 SEAG genannten Beschlussgegenständen kommen weitere hinzu: Die Entlastung der Mitglieder des Verwaltungsrats und der geschäftsführenden Direktoren (Art. 51 Rz. 27)[5] und die Wahl des Abschlussprüfers (§ 318 Abs. 1 HGB)[6]. Die ordentliche Hauptversammlung ist auf diese Gegenstände nicht beschränkt und kann sich auch mit zusätzlichen Themen befassen[7].

III. Vorbereitung und Ablauf der ordentlichen Hauptversammlung (§ 48 Abs. 2 SEAG)

6 Zur Vorbereitung der ordentlichen Hauptversammlung sind folgende Unterlagen von der Einberufung an in den Geschäftsräumen der Gesellschaft zur Einsicht der Aktionäre **auszulegen** (§§ 48 Abs. 2 Satz 1 SEAG i.V.m. 175 Abs. 2 Satz 1 AktG): der Jahresabschluss; gegebenenfalls ein vom Verwaltungsrat gebilligter Einzelabschluss nach § 325 Abs. 2a HGB; der Lagebericht; der Bericht des Verwaltungsrats und der Vorschlag des Verwaltungsrats (Anh. Art. 43 § 47 SEAG Rz. 19) für die Verwendung des Bilanzgewinns[8]. Auf Verlangen ist jedem Aktionär unverzüglich eine **Abschrift** der Unterlagen zu erteilen (§§ 48 Abs. 2 Satz 1 SEAG i.V.m. 175 Abs. 2 Satz 2 AktG). Bei einem Mutterunternehmen gelten die Auslagepflicht und die Pflicht zur Erteilung von Abschriften auch für Konzernabschluss, Konzernlagebericht und den hierüber erteilten Bericht des Verwaltungsrats (§§ 48 Abs. 2 Satz 1 SEAG i.V.m. 175 Abs. 2 Satz 3 AktG).

7 Die Vorschriften für die Einberufung der Hauptversammlung, die Auslegung von Unterlagen und die Erteilung von Abschriften gelten sinngemäß, wenn die Hauptver-

---

3 Die Zuleitung an die geschäftsführenden Direktoren dient Informationszwecken (*Schwarz*, Anh. Art. 43 SE-VO Rz. 378).
4 *Schwarz*, Anh. Art. 43 SE-VO Rz. 377: Der von Art. 54 Abs. 2 SE-VO gestützte Verweis auf das nationale Recht (und damit auf § 121 Abs. 2 Satz 1 AktG) verdrängt die allgemeine Regelung des Art. 50 SE-VO. Ebenso *Verse* in Habersack/Drinhausen, SE-Recht, § 48 SEAG Rz. 3. Für die Anwendung des Art. 50 SE-VO dagegen *Siems* in KölnKomm. AktG, 3. Aufl., Anh. Art. 51 SE-VO § 48 SEAG Rz. 6.
5 Die Entlastung soll gem. § 120 Abs. 3 AktG mit der Verhandlung über die Verwendung des Bilanzgewinns verbunden werden.
6 Abweichend dagegen *Brandt*, Die Hauptversammlung der Europäischen Aktiengesellschaft (SE), 2004, S. 148 ff., der eine Hauptversammlungskompetenz für die Entlastung der Mitglieder des Verwaltungsrats verneint.
7 So zum allgemeinen Aktienrecht *Koch* in Hüffer, § 175 AktG Rz. 1.
8 Nicht vorzulegen ist dagegen der Gewinnverwendungsvorschlag der geschäftsführenden Direktoren, so aber *Manz* in Manz/Mayer/Schröder, Art. 43 SE-VO Rz. 178.

sammlung über die **Feststellung des Jahresabschlusses** oder die Billigung des Konzernabschlusses (Anh. Art. 43 § 47 SEAG Rz. 16 ff.) beschließen soll (§§ 48 Abs. 2 Satz 1 SEAG i.V.m. 175 Abs. 3 AktG). Mit Einberufung der Hauptversammlung ist der Verwaltungsrat an die in seinem Prüfbericht (Anh. Art. 43 § 47 SEAG Rz. 14) enthaltenen Erklärungen gebunden (§§ 48 Abs. 2 Satz 1 SEAG i.V.m. 175 Abs. 4 AktG). Er kann daher die einmal begründete Zuständigkeit der Hauptversammlung für die Feststellung des Jahresabschlusses (Anh. Art. 43 § 47 SEAG Rz. 17) oder Billigung des Konzernabschlusses (Anh. Art. 43 § 47 SEAG Rz. 19) nicht mehr durch nachträgliche Billigung beseitigen[9]. Die Verhandlungen über die Feststellung des Jahresabschlusses und über die Verwendung des Bilanzgewinns sollen verbunden werden (§§ 48 Abs. 2 Satz 1 SEAG i.V.m. 175 Abs. 3 Satz 2 AktG). Der Abschlussprüfer hat an den Verhandlungen über die Feststellung des Jahresabschlusses oder die Billigung des Konzernabschlusses teilzunehmen, er ist dabei nicht zur Auskunftserteilung an Aktionäre verpflichtet (§§ 48 Abs. 2 Satz 1 SEAG i.V.m. 176 Abs. 2 AktG).

In der Hauptversammlung hat der Verwaltungsrat die sich aus §§ 48 Abs. 2 Satz 1 SEAG i.V.m. 175 Abs. 2 AktG ergebenden Unterlagen vorzulegen und den Aktionären zugänglich zu machen. Die Zugänglichmachung kann durch die Bereitlegung von Kopien oder auch durch die Bereitstellung von Bildschirmen erfolgen[10]. Daneben soll der Verwaltungsrat zu einem Jahresfehlbetrag oder einem Verlust Stellung nehmen, der das Jahresergebnis wesentlich beeinträchtigt hat (§ 48 Abs. 2 Satz 4 SEAG). Diese Regelung betont ein weiteres Mal die direkte Verantwortlichkeit des Verwaltungsrats gegenüber den Aktionären (oben Rz. 1). Der Verwaltungsrat kann diesbezüglich nicht auf die geschäftsführenden Direktoren verweisen; denn diese unterliegen seiner Personalhoheit und seinen Anweisungen. Eine Ausnahme von der Erläuterungspflicht gilt gem. § 48 Abs. 2 Satz 5 SEAG für Kreditinstitute; dies berücksichtigt deren besondere Vertrauensstellung[11].   8

§ 49 SEAG
Leitungsmacht und Verantwortlichkeit bei Abhängigkeit von Unternehmen

(1) Für die Anwendung der Vorschriften der §§ 308 bis 318 des Aktiengesetzes treten an die Stelle des Vorstands der Gesellschaft die geschäftsführenden Direktoren.

(2) Für die Anwendung der Vorschriften der §§ 319 bis 327 des Aktiengesetzes treten an die Stelle des Vorstands der eingegliederten Gesellschaft die geschäftsführenden Direktoren.

Literatur: *Ebert*, Das anwendbare Konzernrecht der Europäischen Aktiengesellschaft, BB 2003, 1854–1859; *Habersack*, Das Konzernrecht der „deutschen" SE: Grundlagen, ZGR 2003, 724–742; *Hommelhoff*, Zum Konzernrecht in der Europäischen Aktiengesellschaft, AG 2003, 179–184; *Hommelhoff/Lächler*, Förder- und Schutzrecht für den SE-Konzern, AG 2014, 257–267; *Jaecks/Schönborn*, Die Europäische Aktiengesellschaft, das internationale und das deutsche Konzernrecht, RIW 2003, 254–265; *Lächler*, Das Konzernrecht der Europäischen Gesellschaft (SE), 2007; *Lächler/Oplustil*, Funktion und Umfang des Regelungsbereichs der SE-Verordnung, NZG 2005, 381–387; *Ortolf*, Die monistische SE-Konzerngesellschaft mit Sitz in Deutschland, 2012 (zit.: SE-

---
9 Vgl. *Drygala* in K. Schmidt/Lutter, § 175 AktG Rz. 17 und *Koch* in Hüffer, § 175 AktG Rz. 10.
10 *Verse* in Habersack/Drinhausen, SE-Recht, § 48 SEAG Rz. 9.

Konzerngesellschaft); *Maul,* Die faktische abhängige SE (Societas Europaea) im Schnittpunkt zwischen deutschem und europäischem Recht, 1998; *Maul,* Konzernrecht der „deutschen" SE – Ausgewählte Fragen zum Vertragskonzern und den faktischen Unternehmensverbindungen, ZGR 2003, 743–763; *Mertens,* Die Haftung wegen Mißbrauchs der Leitungsmacht nach § 309 AktG aus schadensrechtlicher Sicht, AcP 168 (1968), 225–234; *Schürnbrand,* Organschaft im Recht der privaten Verbände, 2007; *Teichmann,* Die Einführung der Europäischen Aktiengesellschaft – Grundlagen der Ergänzung des europäischen Statuts durch den deutschen Gesetzgeber, ZGR 2002, 383–464; *Teichmann,* Binnenmarktkonformes Gesellschaftsrecht, 2007; *Ulmer,* Zur Haftung der abordnenden Körperschaft nach § 31 BGB für Sorgfaltsverstöße des von ihr bekannten Aufsichtsratsmitglieds in FS Stimpel, 705–725; *Veil,* Das Konzernrecht der Europäischen Aktiengesellschaft, WM 2003, 2169–2175.

1   Das **Konzernrecht** der SE findet in der SE-VO **keine Regelung**[1]. Somit liegt nach der allgemeinen Verweisungstechnik der SE-VO (Art. 9 Rz. 34 ff.) eine Anwendung des nationalen Konzernrechts nahe. Umstritten ist allerdings, ob das Konzernrecht innerhalb oder außerhalb des Regelungsbereichs der Verordnung liegt[2]. Die Erwägungsgründe 15 bis 17 der Verordnung scheinen anzudeuten, dass das Konzernrecht überhaupt nicht vom Regelungsbereich der SE-VO erfasst sein soll[3]. Die besseren Argumente sprechen jedoch dafür, das Konzernrecht innerhalb des Regelungsbereichs anzusiedeln; denn es handelt sich um einen genuin gesellschaftsrechtlichen Fragenkreis, der gerade in Staaten, die kein geschriebenes Konzernrecht kennen, nicht von der Anwendung des allgemeinen Gesellschaftsrechts zu trennen ist[4].

2   Im Ergebnis gelangen beide Auffassungen zu einer Anwendung des deutschen Konzernrechts auf eine in Deutschland ansässige SE[5]. Allerdings sehen einige Autoren in verschiedenen konzernrechtlichen Vorschriften des Aktiengesetzes einen Verstoß gegen **zwingende Vorgaben der SE-VO**[6]. Demgegenüber lässt sich einwenden, dass die konzernrechtliche Problematik bei Abfassung der SE-VO bekannt war und der Verzicht auf eine eigenständig europäische Regelung gerade den Weg zur Beibehaltung nationaler Besonderheiten ermöglichen sollte[7]. Der deutsche Gesetzgeber hat auf Basis dieser Prämisse mit § 49 SEAG Vorkehrungen getroffen, um die auf das dualistische System zugeschnittenen Vorschriften auch im Monismus handhabbar zu machen.

---

1   Anders noch frühere Entwürfe (dazu *Hommelhoff/Lächler,* Anh. KonzernR Rz. 3).
2   Zum Diskussionsstand Art. 9 Rz. 23.
3   In diesem Sinne namentlich *Ebert,* BB 2003, 1854, 1856 ff. und *Habersack,* ZGR 2003, 724, 727; ohne abschließende Stellungnahme *Veil,* WM 2003, 2169, 2172.
4   Diese Auffassung vertreten insbesondere *Hommelhoff,* AG 2003, 179, 180; *Lächler,* Konzernrecht der SE, S. 99 ff.; *Lächler/Oplustil,* NZG 2005, 381, 386; *Maul* in Theisen/Wenz, Europäische Aktiengesellschaft, S. 457, 466 f.; *Teichmann,* Binnenmarktkonformes Gesellschaftsrecht, S. 305 f. Auch *Jaecks/Schönborn,* RIW 2003, 254, 255, gehen offenbar davon aus, dass das Konzernrecht innerhalb des Regelungsbereichs liegt.
5   Vgl. Art. 9 Rz. 23 sowie die eingehende Darlegung bei *Ortolf,* SE-Konzerngesellschaft, S. 56 ff.
6   *Hommelhoff,* AG 2003, 179, 182, sieht in den Regeln des Vertragskonzerns (Weisungsrecht gegenüber dem Vorstand und Sonderregeln der Kapitalerhaltung) eine unzulässige Durchbrechung zwingender Vorgaben der SE-Verordnung. Ebenso *Lächler,* Konzernrecht der SE, S. 161 (wegen eines Verstoßes gegen die Kapitalerhaltungsregeln der Kapitalrichtlinie) und S. 199 ff. (Unvereinbarkeit des Weisungsrechts mit der in der SE-VO abschließend geregelten Leitungsstruktur). Siehe nun aber die Modifizierungen in *Hommelhoff/Lächler,* AG 2014, 257 ff. sowie *Hommelhoff/Lächler,* Anh. KonzernR Rz. 5.
7   So die h.M., *Altmeppen* in MünchKomm. AktG, 3. Aufl., Art. 9 Anh. Rz. 27 ff.; *Habersack,* ZGR 2003, 724, 740; *Paefgen* in KölnKomm. AktG, 3. Aufl., Schlussanh. II Rz. 7 ff.; *Verse* in Habersack/Drinhausen, SE-Recht, § 49 SEAG Rz. 5.

Die Regelung verfolgt ebenso wie im Bereich der Rechnungslegung (Anh. Art. 43 § 47 SEAG Rz. 1) das Ziel, das im Dualismus entstandene **System der internen Selbstkontrolle** auf das monistische System zu übertragen[8]. Aus diesem Grund treten für die konzernrechtlichen Pflichten – in Abweichung von der allgemeinen Regelung des § 22 Abs. 6 SEAG – die geschäftsführenden Direktoren an die Stelle des Vorstands. Auf diese Weise entsteht eine Aufgabenteilung zwischen geschäftsführenden Direktoren und Verwaltungsrat, welche diejenige von Vorstand und Aufsichtsrat abbildet; denn soweit das Konzernrecht bestimmte Rechte oder Pflichten dem Aufsichtsrat zuweist, bleibt es bei der allgemeinen Zuweisung des § 22 Abs. 6 SEAG an den Verwaltungsrat. 3

Folglich erstellen im **faktischen Konzern** die geschäftsführenden Direktoren den Abhängigkeitsbericht (§ 46 Abs. 1 SEAG i.V.m. § 312 AktG), der vom Abschlussprüfer (Art. 9 Abs. 1 lit. c ii SE-VO i.V.m. § 314 AktG) und vom Verwaltungsrat (§ 22 Abs. 6 SEAG i.V.m. § 314 AktG) zu prüfen ist[9]. 4

Im **Vertragskonzern** gilt kraft der allgemeinen Verweisung des Art. 9 Abs. 1 lit. c ii SE-VO das Weisungsrecht des § 308 Abs. 1 AktG[10]. Empfänger der Weisung sind die geschäftsführenden Direktoren (§ 49 Abs. 1 SEAG i.V.m. § 308 Abs. 1 AktG). Das grundsätzlich dem Verwaltungsrat zustehende Weisungsrecht (Anh. Art. 43 § 44 SEAG Rz. 8 ff.) geht damit auf das herrschende Unternehmen über. Der Beherrschungsvertrag beschneidet damit die Leitungskompetenzen des Verwaltungsrats[11]. Für das Verfahren nach § 308 Abs. 3 AktG tritt der Verwaltungsrat an die Stelle des Aufsichtsrats (§ 22 Abs. 6 SEAG)[12]. Im Falle von unzulässigen Weisungen haften die organschaftlichen Vertreter nach § 309 AktG. Die Haftung des herrschenden Unternehmens gegenüber der abhängigen Gesellschaft ist umstritten. Sie wird teilweise aus Gesetz in Form eines ungeschriebenen Falls der Organhaftung nach § 309 Abs. 1 und 2 AktG hergeleitet[13], teils aus § 309 AktG i.V.m. § 31 BGB[14], teils aus Vertrag (§ 280 Abs. 1 i.V.m. § 241 Abs. 2 BGB[15]. Bei der abhängigen Gesellschaft sind nach § 49 Abs. 1 SEAG i.V.m. § 310 AktG die geschäftsführenden Direktoren sowie die Mitglieder des Verwaltungsrats bei schuldhafter Ausführung von unzulässigen Weisungen verantwortlich[16]. 5

Auch im Falle der **Eingliederung** tritt der geschäftsführende Direktor an die Stelle des Vorstands (§ 46 Abs. 2 SEAG). Er ist damit insbesondere Adressat der nach § 323 Abs. 1 AktG möglichen Weisungen hinsichtlich der Leitung der Gesellschaft. 6

---

8 Zu den Vorüberlegungen *Teichmann*, ZGR 2002, 383, 444 ff.
9 Der Überlegung von *Maul*, ZGR 2003, 743, 758 ff., hierfür die Einrichtung eines Prüfungsausschusses gesetzlich vorzuschreiben, hat sich der Gesetzgeber nicht angeschlossen.
10 Zur Gegenauffassung s. oben Fn. 6.
11 Zutreffend *Maul*, ZGR 2003, 743, 748. Eingehend hierzu *Ortolf*, SE-Konzerngesellschaft, S. 131 ff.
12 Näher hierzu *Maul*, ZGR 2003, 743, 748; *Paefgen* in KölnKomm. AktG, 3. Aufl., Schlussanh. II Rz. 70.
13 *Mertens* AcP 168 (1968), 225, 228 f.; *Schürnbrand*, Organschaft, S. 181 ff.
14 *Altmeppen* in MünchKomm. AktG, § 309 AktG Rz. 138; *Ulmer* in FS Stimpel, 1985, S. 705, 712.
15 *Emmerich* in Habersack/Emmerich, § 309 AktG Rz. 21; *Koppensteiner* in KölnKomm. AktG, 3. Aufl., § 309 AktG Rz. 37.
16 *Verse* in Habersack/Drinhausen, SE-Recht, § 49 SEAG Rz. 27.

Art. 44
[Sitzungen; Informationsrecht]

(1) Das Verwaltungsorgan tritt in den durch die Satzung bestimmten Abständen, mindestens jedoch alle drei Monate, zusammen, um über den Gang der Geschäfte der SE und deren voraussichtliche Entwicklung zu beraten.

(2) Jedes Mitglied des Verwaltungsorgans kann von allen Informationen, die diesem Organ übermittelt werden, Kenntnis nehmen.

I. Überblick 1	III. Informationsrecht (Art. 44 Abs. 2 SE-VO)
II. Sitzungsturnus (Art. 44 Abs. 1 SE-VO)	1. Informationsfluss zum Verwaltungsorgan 10
1. Entstehungsgeschichte der Vorschrift 3	
2. Festlegung in der Satzung 5	2. Informationsrecht der einzelnen Mitglieder 13
3. Inhalt und Ablauf der Sitzungen 6	

Literatur: *Baums* (Hrsg.), Bericht der Regierungskommission Corporate Governance, 2001; *Holland*, Das amerikanische „board of directors" und die Führungsorganisation einer monistischen SE in Deutschland, 2006 (zit.: Board of directors und monistische SE); *Hommelhoff/Teichmann*, Namensaktie, Neue Medien und Nachgründung – aktuelle Entwicklungslinien im Aktienrecht, in Dörner/Menold/Pfitzer/Oser (Hrsg.), Reform des Aktienrechts, der Rechnungslegung und der Prüfung, 2003, S. 103; *Lutter*, Information und Vertraulichkeit im Aufsichtsrat, 3. Aufl. 2006; *Kindl*, Beschlussfassung des Aufsichtsrats und neue Medien – zur Änderung des § 108 Abs. 4 AktG, ZHR 166 (2002), 335; *Sander*, Moderne Kommunikationsformen im deutschen und europäischen Gesellschaftsrecht, 2003 (zit.: Moderne Kommunikationsformen); *Scherer*, „Die Qual der Wahl": Dualistisches oder monistisches System?, 2006; *S. Schmidt*, Videokonferenzen als Aufsichtsratssitzungen, 2012 (zit.: Videokonferenzen); *Wagner*, Aufsichtsratssitzung in Form der Videokonferenz – Gegenwärtiger Stand und mögliche Änderungen durch das Transparenz- und Publizitätsgesetz, NZG 2002, 57.

I. Überblick

1 Art. 44 SE-VO regelt den **Sitzungsturnus** des Verwaltungsorgans; dies tritt nach Maßgabe der Satzung, mindestens aber alle drei Monate einmal zusammen, um über den Gang der Geschäfte und deren voraussichtliche Entwicklung zu beraten (Art. 44 Abs. 1 SE-VO). Weiterhin hat jedes Mitglied ein **Informationsrecht** bezüglich aller Informationen, die dem Verwaltungsorgan übermittelt werden (Art. 44 Abs. 2 SE-VO).

2 Art. 44 SE-VO trifft damit für die **innere Ordnung** des Verwaltungsorgans nur eine „teilweise" Regelung i.S.d. Art. 9 SE-VO (vgl. Art. 9 Rz. 44 ff.). Ungeregelt bleiben insbesondere die Formalien der Einberufung und der Ablauf der Sitzung. Hierzu gilt **ergänzend das mitgliedstaatliche Recht**, das sich für das monistische System einer in Deutschland ansässigen SE auf die Ermächtigung des Art. 43 Abs. 4 SE-VO stützt. § 34 SEAG regelt Einzelheiten der inneren Ordnung des Verwaltungsrats und den Erlass einer Geschäftsordnung. Regeln zur Beschlussfassung trifft neben dem hierfür einschlägigen Art. 50 SE-VO auch § 35 SEAG. § 36 SEAG befasst sich mit der Teilnahme an den Sitzungen des Verwaltungsrats und seiner Ausschüsse und § 37 SEAG regelt die Einberufung des Verwaltungsrats. Zu den Einzelheiten sei auf die Kommentierung dieser Vorschriften im Anh. zu Art. 43 verwiesen.

II. Sitzungsturnus (Art. 44 Abs. 1 SE-VO)

1. Entstehungsgeschichte der Vorschrift

Ihrer Entstehungsgeschichte nach steht die Regelung im Zusammenhang mit der **Aufteilung in geschäftsführende und nicht-geschäftsführende Mitglieder** des Verwaltungsorgans. Gem. Art. 66 Abs. 2 des Entwurfs von 1989[1] sollte das Verwaltungsorgan einem oder mehreren seiner Mitglieder die Geschäftsführung der SE übertragen. Um den dadurch entstehenden Informationsvorsprung der geschäftsführenden Mitglieder auszugleichen, sollte das Verwaltungsorgan nach Art. 67 Abs. 1 des Entwurfs von 1989 alle drei Monate zusammentreten, um über den Gang der Geschäfte zu beraten.

3

Die **Europäische Kommission** begründete dies folgendermaßen[2]:

4

„Das Verwaltungsorgan muss mindestens alle drei Monate zusammentreten, damit die Geschäftsführer der Gesellschaft alle Mitglieder über den Gang der Geschäfte der Gesellschaft unterrichten. Im Rahmen dieser Sitzungen können die nichtgeschäftsführenden Mitglieder die Geschäftsführung und den Gang der Geschäfte der SE überwachen."

Dieser Grundgedanke trägt die Vorschrift noch heute. Die Aufteilung in geschäftsführende und nicht-geschäftsführende Mitglieder ist zwar in der SE-VO nicht mehr vorgeschrieben, wird aber von ihr als gängige Praxis zumindest in Rechnung gestellt und mit Erwägungsgrund 14 (dazu Art. 38 Rz. 11 ff.) auch für wünschenswert erachtet.

2. Festlegung in der Satzung

Die Satzung legt fest, in welchen Abständen der Verwaltungsrat zusammentritt. Dies ist nach dem Wortlaut des Art. 44 Abs. 1 SE-VO ein **zwingender Regelungsgegenstand** der Satzung[3]. Teilweise wird die Regelung zwar nur als Ermächtigung zu einer Satzungsregelung verstanden, von der nicht zwingend Gebrauch gemacht werden muss[4]. Insbesondere die englische[5] und französische[6] Sprachfassung sprechen indessen gegen ein solches Verständnis[7]. Daher kann das Fehlen einer Satzungsregelung bei der Eintragungsprüfung (Art. 12 Rz. 3) zu Beanstandungen führen[8]. Danach kann der Satzungsmangel nicht mehr geltend gemacht werden[9]. Als ergänzende Satzungsregelung empfiehlt sich außerdem die Statuierung einer Pflicht zur Einberufung **außerordentlicher Sitzungen**, sofern das Wohl der Gesellschaft es erfordert; in Ermangelung einer Satzungsregelung ist dies ohnehin Teil der allgemeinen Leitungsverantwortung des Verwaltungsorgans (vgl. Anh. Art. 43 § 22 SEAG Rz. 5 ff.)[10]. Wurde eine außerordentliche

5

---

1 Abgedr. in AG 1990, 111 ff.
2 Beilage 5/89 zum Bulletin der Europäischen Gemeinschaften, S. 22.
3 *Schwarz*, Art. 44 SE-VO Rz. 5; *Siems* in KölnKomm. AktG, 3. Aufl., Art. 44 SE-VO Rz. 4.
4 *Eberspächer* in Spindler/Stilz, AktG, Art. 44 SE-VO Rz. 2; *Manz* in Manz/Mayer/Schröder, Art. 44 SE-VO Rz. 2; *Reichert/Brandes* in MünchKomm. AktG, 3. Aufl., Art. 44 SE-VO Rz. 8; *Seibt* in Lutter/Hommelhoff, Die Europäische Gesellschaft, S. 67, 71.
5 „The administrative organ shall meet at least once every three months at intervals laid down by the statutes ...".
6 „L'organe d'administration se réunit au moins tous les trois mois selon une périodicité fixée par les status ...".
7 Darauf weisen schon namentlich *Manz* in Manz/Mayer/Schröder, Art. 44 SE-VO Rz. 2 und *Verse* in Habersack/Drinhausen, Art. 44 SE-VO Rz. 2 hin.
8 *Verse* in Habersack/Drinhausen, Art. 44 SE-VO Rz. 2.
9 Näher zur Behandlung von Satzungsmängeln *Seibt* in K. Schmidt/Lutter, § 23 AktG Rz. 58 ff.
10 In diesem Sinne *Schwarz*, Art. 44 SE-VO Rz. 6.

Sitzung anberaumt, beginnt der Turnus von neuem; es muss also innerhalb der drei Monate, die auf die außerordentlich anberaumte Sitzung folgen, wieder eine Sitzung stattfinden.

3. Inhalt und Ablauf der Sitzungen

6 Themen der Sitzung sind der **Gang der Geschäfte** und deren voraussichtliche Entwicklung. Dabei ist grundsätzlich nicht zwischen laufenden Geschäften und Fragen der Unternehmensleitung zu trennen[11]. Denn das Verwaltungsorgan erfüllt mit den Sitzungen seine Pflicht als Geschäftsführungsorgan (Art. 43 Abs. 1 SE-VO), kann sich also nicht auf den Standpunkt zurückziehen, für die laufenden Geschäfte seien ausschließlich die geschäftsführenden Direktoren zuständig. Deren Zuständigkeiten sind immer nur ein Ausschnitt der allgemeinen und hierarchisch übergeordneten Geschäftsführungskompetenz des Verwaltungsorgans (Anh. Art. 43 § 22 SEAG Rz. 13). Es ist für das Verwaltungsorgan somit keine zwingende rechtliche Vorgabe, sondern allenfalls eine Frage der Zweckmäßigkeit, die Zeit des Beisammenseins für die wirklich wichtigen Fragen zu nutzen und sich nicht in Einzelheiten der täglichen Geschäftsführung zu verlieren.

7 An eine Sitzung i.S.d. Art. 44 Abs. 1 SE-VO sind gewisse qualitative **Anforderungen** zu stellen. Sie dient der **Beratung der Gesellschaftsangelegenheiten**. Die Organmitglieder müssen also Gelegenheit erhalten, sich in Rede und Gegenrede mit den Angelegenheiten der Gesellschaft zu befassen. Ein Zusammentreffen, das lediglich der Beschlussfassung ohne Aussprache dient, ist keine Sitzung i.S.d. Art. 44 Abs. 1 SE-VO[12]. Es stellt sich hier dieselbe Frage, wie sie im deutschen Aktienrecht zu § 110 Abs. 3 AktG diskutiert wird, ob nämlich eine **Videokonferenz** auf die Zahl der gesetzlichen Pflichtsitzungen angerechnet werden kann[13]. Den 2002 neu gefassten § 110 Abs. 3 AktG wird man nach Wortlaut und Entstehungsgeschichte so zu verstehen haben, dass Pflichtsitzungen nicht zwingend als Präsenzsitzungen abgehalten werden müssen[14]. Andererseits wird auch von Befürwortern der Videokonferenz eingeräumt, dass diese nicht denselben intensiven Kommunikationsprozess erlaubt wie eine Präsenzsitzung[15]. Überwiegend wird daher gefordert, dass die Videokonferenz die begründungsbedürftige Ausnahme bleibe und wenigstens eine Sitzung im Halbjahr als Präsenzsitzung stattfinden solle[16].

8 Diese Überlegung gilt erst recht im Kontext des Art. 44 Abs. 1 SE-VO, der nicht das Aufsichtsorgan, sondern das monistische Verwaltungsorgan betrifft. Gerade die äußerst geringe Zahl von **vier Pflichtsitzungen** legt die Schlussfolgerung nahe, dass diese wenigen Sitzungen **von besonderer Qualität** sein müssen. Vier Sitzungen im Jahr sind ohnehin zu wenig, um der Geschäftsführungsaufgabe, die dem Verwaltungsorgan nach

---

11 Zur Problematik *Scherer*, Dualistisches oder monistisches System, S. 34 ff.
12 Zur Unterscheidung von Beratung und Beschlussfassung Art. 50 Rz. 13.
13 Vgl. *Hopt/Roth* in Großkomm. AktG, 4. Aufl., § 110 AktG Rz. 69 ff. (m.w.N.); *Sander*, Moderne Kommunikationsformen, S. 66.
14 *Hopt/Roth* in Großkomm. AktG, 4. Aufl., § 110 AktG Rz. 71; *Koch* in Hüffer, § 110 AktG Rz. 11; *S. Schmidt*, Videokonferenzen, S. 201; a.A. (gegen die Verzichtbarkeit einer physischen Zusammenkunft) *Drygala* in K. Schmidt/Lutter, § 110 AktG Rz. 20.
15 S. nur *Wagner*, NZG 2002, 57, 61, der lediglich einwendet, eine Präsenzsitzung könne nicht rechtlich erzwungen werden. Zur Problematik auch *Hommelhoff/Teichmann* in Dörner/Menold/Pfitzer/Oser, Reform des Aktienrechts, S. 103, 123 ff.
16 S. nur *Hopt/Roth* in Großkomm. AktG, 4. Aufl., § 110 AktG Rz. 71; *Lutter/Krieger/Verse*, Aufsichtsrat, § 11 Rz. 690; *Koch* in Hüffer, § 110 AktG Rz. 11 jew. m.w.N.; abweichend *S. Schmidt*, Videokonferenzen, S. 212, der Videokonferenz als im Wesentlichen gleichwertig zur Präsenzsitzung ansieht.

Art. 43 Abs. 1 SE-VO zugewiesen ist, sinnvoll nachzukommen. Die Verordnung unterstellt somit, dass es **Zwischenformen** gibt: Einzeltreffen der geschäftsführenden und der nicht-geschäftsführenden Mitglieder, Beratungen der Ausschüsse, Besprechungen unter Zuhilfenahme von Telekommunikationsmitteln (Telefon- oder Videokonferenzen). Die von der Verordnung geforderte Zahl von vier Pflichtsitzungen pro Jahr ergibt angesichts dessen nur Sinn, wenn man darin ein Zusammentreffen sieht, auf dem die **entscheidenden strategischen Weichenstellungen** besprochen werden. Die Beratung komplexer Sachverhalte erlangt eine höhere Qualität, wenn eine ungehinderte Kommunikation auf verbaler und nonverbaler Ebene möglich ist. Hierzu muss die **Mehrheit** der Mitglieder **persönlich anwesend** sein[17].

Soweit Gegner der Präsenzsitzung darauf verweisen, die persönliche Anwesenheit sei zwar wünschenswert aber nicht vom Gesetz erzwingbar[18], ist dem zu widersprechen. Bei Übernahme eines Mandats im Oberleitungsorgan der Gesellschaft gehört es zur **pflichtgemäßen Aufgabenerfüllung**, wenigstens vier Mal im Jahr die persönliche Sitzungsteilnahme zu ermöglichen. Da selbst bei einer Pflichtsitzung nicht zwingend alle Mitglieder anwesend sein müssen, genügt es im Durchschnitt für jedes Mitglied, zumindest zwei oder drei Mal im Jahr persönlich anwesend zu sein. Dies ist selbst in europäisch und international tätigen Unternehmen keine unzumutbare Belastung, sollte vielmehr bei der Übernahme des verantwortungsvollen Mandats im Verwaltungsorgan selbstverständlich sein.

III. Informationsrecht (Art. 44 Abs. 2 SE-VO)

1. Informationsfluss zum Verwaltungsorgan

Art. 44 Abs. 2 SE-VO regelt ein individuelles Informationsrecht, klärt aber nicht die Frage, auf welche Weise das Organ seine Informationen erhält. Letzteres bedarf auch keiner besonderen Regelung, denn das Verwaltungsorgan hat als **Organ der Geschäftsführung und Oberleitung** ohnehin Zugang zu allen relevanten Informationen, die in der Gesellschaft verfügbar sind[19]. In der Praxis bedeutet dies zwar keineswegs immer, dass im Verwaltungsorgan tatsächlich alle notwendigen Informationen ankommen; dies sicherzustellen ist jedoch eine Frage der verantwortlichen Selbstorganisation – z.B. durch Ausschussbildung und einen regelmäßigen Informationsaustausch mit den geschäftsführenden Direktoren[20].

Für die konkrete Durchführung von Geschäftsführungsmaßnahmen sind nach § 40 SEAG die **geschäftsführenden Direktoren** zuständig. Diese unterliegen einer gesetzlichen Pflicht zur regelmäßigen Berichterstattung (§ 40 Abs. 6 SEAG), die in Satzung und Geschäftsordnung verdichtet werden kann. Zudem kann der Verwaltungsrat kraft seines Weisungsrechts (§ 44 Abs. 2 SEAG) jede gewünschte Information von

---

17 Ebenso für den Aufsichtsrat die Regierungskommission Corporate Governance (s. *Baums*, Bericht der Regierungskommission, S. 99 Rz. 57). Großzügiger *Schwarz*, Art. 44 SE-VO Rz. 10; *Siems* in KölnKomm. AktG, 3. Aufl., Art. 44 SE-VO Rz. 8 ff.; *Verse* in Habersack/Drinhausen, Art. 44 SE-VO Rz. 5, die zwar grundsätzlich ein örtliches Zusammenkommen verlangen, daneben aber auch Videokonferenzen oder andere Kommunikationsmittel ausreichen lassen. Zur Diskussion im deutschen Aktienrecht *Kindl*, ZHR 166 (2002), 335, 344 ff. (m.w.N.) und *S. Schmidt*, Videokonferenzen, S. 195 ff., die auch Videokonferenzen ausreichen lassen, sowie *Sander*, Moderne Kommunikationsformen, S. 64 ff.
18 So etwa für den Aufsichtsrat *Wagner*, NZG 2002, 57, 61.
19 *Schwarz*, Art. 44 SE-VO Rz. 15.
20 Ausführlich zu den Maßnahmen, die gewährleisten, dass das Gesamtorgan die nötigen Informationen erhält, *Holland*, Board of directors und monistische SE, S. 164 ff.

den geschäftsführenden Direktoren einfordern und zur Strukturierung des Informationsflusses eine Informationsordnung erlassen (s. Anh. Art. 43 § 40 SEAG Rz. 40). Weiterhin erleichtert es die Informationsversorgung im Verwaltungsorgan, dass geschäftsführende Direktoren aus der Mitte des Verwaltungsrats bestellt werden können (§ 40 Abs. 1 Satz 2 SEAG). Anders als beim Aufsichtsrat nationalen Aktienrechts gibt es für das Verwaltungsorgan keine normative „Bagatellgrenze"[21]; als Geschäftsführungsorgan entscheidet es selbst, welche Informationen für seine Tätigkeit von Belang sind und welche nicht[22].

12 Soweit **einzelne Mitglieder** des Organs über Informationen verfügen, die für die Tätigkeit des Verwaltungsorgans relevant sind, trifft sie im Rahmen einer sorgfältigen Ausfüllung ihres Mandats die Pflicht, diese Informationen an das Gesamtorgan **weiterzuleiten**[23]. An dem hierdurch erreichten Informationsstand des Organs partizipieren die übrigen Mitglieder durch ihr in Art. 44 Abs. 2 SE-VO festgeschriebenes individuelles Informationsrecht.

2. Informationsrecht der einzelnen Mitglieder

13 Der besondere Regelungsgehalt des Art. 44 Abs. 2 SE-VO liegt in der individuell **gleichberechtigten Teilhabe** aller Organmitglieder am Informationsstand des Organs[24]. Infolge der häufig anzutreffenden Arbeitsteilung im Organ kann der Informationsstand der Mitglieder unterschiedlich sein. Art. 44 Abs. 2 SE-VO bekräftigt demgegenüber den Anspruch aller Mitglieder, an den Informationen des Organs in gleicher Weise zu partizipieren. Dies gilt auch für die Arbeitnehmervertreter, die ihr Mandat im Organ mit gleichen Rechten und Pflichten wahrnehmen (dazu Art. 43 Rz. 67). Sollte der Anspruch klageweise geltend gemacht werden müssen, ist die Gesellschaft passivlegitimiert und wird durch die geschäftsführenden Direktoren vertreten[25].

14 Art. 44 Satz 2 SE-VO spricht von Informationen, die dem Organ **übermittelt** werden. Dies ist gemäß der Intention der Regelung in einem weiten Sinne zu verstehen[26]. Nicht nur Informationen, die von Außenstehenden aus eigenem Antrieb an das Organ herangetragen werden, sondern auch Informationen, die einzelne Organmitglieder auf Grund ihrer Mitgliedschaft im Verwaltungsorgan erhalten, sind den übrigen Mitgliedern weiterzugeben.

15 Da sich der Informationsanspruch **gegen das Organ** richtet und nicht gegen einzelne Mitglieder des Organs, muss es sich um Informationen handeln, die **aufgabenbezogen** sind, also in einem Zusammenhang mit der Geschäftsführung und Oberleitung

---

21 Zu dessen Ableitung aus der Funktion des Aufsichtsrates *Lutter*, Information und Vertraulichkeit im Aufsichtsrat, Rz. 112 ff. (S. 37 ff.).
22 *Teichmann* in Lutter/Hommelhoff, Europäische Gesellschaft, S. 197, 210.
23 Ebenso *Reichert/Brandes* in MünchKomm. AktG, 3. Aufl., Art. 44 SE-VO Rz. 41. Vgl. auch *Lutter*, Information und Vertraulichkeit im Aufsichtsrat, Rz. 463 (S. 175): Keine Verschwiegenheitspflicht der Mitglieder untereinander.
24 In diesem Sinne auch *Reichert/Brandes* in MünchKomm. AktG, 3. Aufl., Art. 44 SE-VO Rz. 36; *Schwarz*, Art. 44 SE-VO Rz. 19; *Verse* in Habersack/Drinhausen, Art. 44 SE-VO Rz. 7.
25 *Reichert/Brandes* in MünchKomm. AktG, 3. Aufl., Art. 44 SE-VO Rz. 40; *Siems* in KölnKomm. AktG, 3. Aufl., Art. 44 SE-VO Rz. 24; *Verse* in Habersack/Drinhausen, Art. 44 SE-VO Rz. 11; zum Aufsichtsrat BGH v. 15.11.1982 – II ZR 27/82, BGHZ 85, 293, 295. Da Fragen der prozessualen Durchsetzung in der SE-Verordnung nicht geregelt sind, ist gemäß der allgemeinen Normquellenhierarchie (Art. 9 Rz. 42 ff.) auf das mitgliedstaatliche Recht zurückzugreifen.
26 Ebenso *Reichert/Brandes* in MünchKomm. AktG, 3. Aufl., Art. 44 SE-VO Rz. 37.

durch das Organ stehen[27]. Nur auf Informationen, die funktionsgemäß für das Gesamtorgan bestimmt sind, haben auch die übrigen Mitglieder einen Anspruch. Dazu gehören namentlich Informationen, die geschäftsführende Verwaltungsratsmitglieder kraft ihrer Stellung als geschäftsführende Direktoren erhalten[28]. Der nationale Gesetzgeber hat dies verstärkt und formalisiert durch die Berichtspflicht der geschäftsführenden Direktoren nach § 40 Abs. 6 SEAG.

Ein Recht des Organs auf **Informationsverweigerung** sieht die Verordnung nicht vor. Darin liegt nicht etwa eine Regelungslücke. Denn dem Geheimhaltungsbedürfnis innerhalb des Organs trägt die **Verschwiegenheitspflicht** der Mitglieder (Art. 49 SE-VO, § 39 SEAG, § 93 Abs. 1 Satz 3 AktG) Rechnung. Diese Vorschrift regelt ihrem Wortlaut nach zwar nur die Preisgabe von Informationen nach dem Ausscheiden aus dem Amt, unterstellt damit aber implizit, dass die Organmitglieder während ihrer Amtszeit erst recht einer Verschwiegenheitspflicht unterliegen (Art. 49 Rz. 7). Eine Verweigerung von Information kommt daher allenfalls bei einem durch konkrete Tatsachen belegbaren Verdacht, ein Mitglied werde gegen seine Pflichtenstellung aus Art. 49 SE-VO verstoßen und die erlangte Information zum Nachteil der Gesellschaft verwenden, in Betracht[29]. 16

Art. 45
[Vorsitzender des Verwaltungsorgans]

Das Verwaltungsorgan wählt aus seiner Mitte einen Vorsitzenden. Wird die Hälfte der Mitglieder des Verwaltungsorgans von den Arbeitnehmern bestellt, so darf nur ein von der Hauptversammlung der Aktionäre bestelltes Mitglied zum Vorsitzenden gewählt werden.

I. Überblick 1	III. Wahl des Vorsitzenden im paritätisch mitbestimmten Verwaltungsorgan (Art. 45 Satz 2 SE-VO) 10
II. Wahl des Vorsitzenden aus der Mitte des Verwaltungsrats (Art. 45 Satz 1 SE-VO)	1. Bestellung der Hälfte der Mitglieder durch die Arbeitnehmer 11
1. Wahlverfahren und Amtsdauer 2	2. Wahl des Vorsitzenden aus den Reihen der Anteilseigner 12
2. Stellung des Vorsitzenden im Organ . 6	
3. Sonderfälle: Ein- oder Zweipersonen-Verwaltungsrat 8	

Literatur: *Casper*, Gesellschaftsrechtliche Reformvorschläge bei der SE, ZHR 173 (2009), 181; *Eder*, Die monistische verfasste Societas Europaea – Überlegungen zur Umsetzung eines CEO-Modells, NZG 2004, 544; *von Hein*, Vom Vorstandsvorsitzenden zum CEO?, ZHR 166 (2002), 464; *von Hein*, Die Rolle des US-amerikanischen CEO gegenüber dem Board of Directors im Lichte neuerer Entwicklungen, RIW 2002, 501; *Holland*, Das amerikanische „board of directors" und die Führungsorganisation einer monistischen SE in Deutschland, 2006 (zit.: Board of directors und monistische SE); *Kallmeyer*, Das monistische System in der SE mit Sitz in Deutschland, ZIP 2003, 1531; *Merkt*, Die monistische Unternehmensverfassung für die Europäische Aktiengesell-

---
27 In diesem Sinne auch *Reichert/Brandes* in MünchKomm. AktG, 3. Aufl., Art. 44 SE-VO Rz. 37.
28 *Schwarz*, Art. 44 SE-VO Rz. 20.
29 *Reichert/Brandes* in MünchKomm. AktG, 3. Aufl., Art. 44 SE-VO Rz. 44.

schaft aus deutscher Sicht – mit vergleichendem Blick auf die Schweiz, das Vereinigte Königreich und Frankreich, ZGR 2003, 650; *Teichmann*, Gestaltungsfreiheit im monistischen Leitungssystem der Europäischen Aktiengesellschaft, BB 2004, 53.

I. Überblick

1   Art. 45 SE-VO schreibt zwingend die Wahl eines Vorsitzenden aus der Mitte des Verwaltungsrats vor (Art. 45 Satz 1 SE-VO). In einem paritätisch mitbestimmten Verwaltungsorgan muss der Vorsitzende aus den Reihen der Anteilseignervertreter kommen (Art. 45 Satz 2 SE-VO). Dem Verwaltungsratsvorsitzenden kommt in späteren Abstimmungen des Verwaltungsorgans bei Stimmengleichheit der Stichentscheid zu (Art. 50 Abs. 2 SE-VO). Weitere Aufgaben oder Befugnisse des Vorsitzenden regelt die SE-VO nicht; diese ergeben sich namentlich aus den §§ 34 ff. SEAG (vgl. dazu die Kommentierung in Anh. Art. 43 SE-VO). Außerdem sieht § 34 Abs. 1 SEAG die Wahl eines stellvertretenden Vorsitzenden vor.

II. Wahl des Vorsitzenden aus der Mitte des Verwaltungsrats (Art. 45 Satz 1 SE-VO)

1. Wahlverfahren und Amtsdauer

2   Der Vorsitzende muss selbst **Verwaltungsratsmitglied** sein, die Bestellung von Dritten ist nicht möglich[1]. In Staaten, deren Rechtssystem dies zulässt, kann der Vorsitzende auch eine juristische Person sein; diese muss allerdings eine natürliche Person als Vertreter bestellen (Art. 47 Abs. 1 Satz 2 SE-VO). Für in Deutschland ansässige SE ist die Mitgliedschaft juristischer Personen im Verwaltungsorgan nicht zugelassen (Art. 47 Rz. 2 ff.).

3   Bei der Wahl des Vorsitzenden gelten die allgemeinen Anforderungen des Art. 50 Abs. 1 SE-VO an **Beschlussfähigkeit und Beschlussfassung** in SE-Organen. Es muss also die Hälfte der Verwaltungsratsmitglieder anwesend oder vertreten sein; der Beschluss wird mit Mehrheit der Stimmen gefasst. Der zur Wahl stehende Kandidat ist selbst stimmberechtigt[2]. Die Wahl wird wirksam, wenn der Gewählte sie annimmt[3]. Sie ist gem. § 46 Abs. 1 Satz 3 SEAG von den geschäftsführenden Direktoren zum Handelsregister anzumelden.

4   Da Art. 50 Abs. 2 SE-VO (Stichentscheid des Vorsitzenden) zumindest bei der Wahl des ersten Vorsitzenden noch keine Anwendung finden kann, droht bei **Stimmengleichheit** eine Blockade der Willensbildung; bei späteren Wahlen lässt sich dies vermeiden, indem die Wahl zu einem Zeitpunkt durchgeführt wird, zu dem der bisherige Vorsitzende noch im Amt ist[4]. Zur Vermeidung einer Pattsituation kann die Satzung geeignete Regelungen treffen (Art. 50 Rz. 6 ff.). Andernfalls muss die Wahl so oft wiederholt werden, bis einer der Kandidaten eine Mehrheit erhält. Sollte es we-

---

1 *Schwarz*, Art. 45 SE-VO Rz. 4.
2 *Manz* in Manz/Mayer/Schröder, Art. 45 SE-VO Rz. 1; *Reichert/Brandes* in MünchKomm. AktG, 3. Aufl., Art. 45 SE-VO Rz. 3; *Siems* in KölnKomm. AktG, 3. Aufl., Art. 45 SE-VO Rz. 2.
3 *Reichert/Brandes* in MünchKomm. AktG, 3. Aufl., Art. 45 SE-VO Rz. 3.
4 *Reichert/Brandes* in MünchKomm. AktG, 3. Aufl., Art. 45 SE-VO Rz. 4. Die ebd. Art. 42 SE-VO Rz. 6 (sowie von *Paefgen* in KölnKomm. AktG, 3. Aufl., Art. 42 SE-VO Rz. 5) vorgeschlagene Lösung einer zeitlich versetzten Amtszeit des Vorsitzenden und seines Stellvertreters setzt voraus, dass der Stichentscheid des Art. 50 Abs. 2 SE-VO auf den Stellvertreter übergeht; gerade dies ist aber höchst zweifelhaft (vgl. Art. 50 Rz. 24 sowie Anh. Art. 43 § 34 SEAG Rz. 9).

gen Stimmengleichheit oder aus anderen Gründen nicht zu einer Wahl des Vorsitzenden kommen[5], ist in Analogie zu § 30 Abs. 2 SEAG eine **gerichtliche Ersatzbestellung möglich**[6].

Die **Amtsdauer** des Vorsitzenden entspricht in Ermangelung einer anderweitigen Aussage in Satzung, Geschäftsordnung oder Wahlbeschluss der Zeit, für welche das gewählte Mitglied nach Art. 46 Abs. 1 SE-VO in das Organ bestellt wurde[7]. Wird das Mitglied wiederbestellt (Art. 46 Abs. 2 SE-VO), muss auch eine erneute Wahl zum Vorsitzenden stattfinden. Die **vorzeitige Abberufung** ist als actus contrarius nach denselben Regeln wie die Wahl möglich. Allerdings darf der Vorsitzende nicht mitstimmen, weil in diesem Fall nicht gewährleistet ist, dass er seine eigenen Interessen gegenüber denjenigen der Gesellschaft zurückstellen wird[8]. Der Vorsitzende kann sein Amt auch **niederlegen**, hat jedoch darauf zu achten, dass dies nicht zur Unzeit erfolgt[9].

2. Stellung des Vorsitzenden im Organ

Zur Stellung des Verwaltungsratsvorsitzenden enthält die **SE-VO** einen einzigen Anhaltspunkt in Art. 50 Abs. 2 Satz 2 SE-VO, der dem Vorsitzenden bei Stimmengleichheit den Stichentscheid zuweist. Im Übrigen folgt die innere Ordnung des Verwaltungsrats weitgehend mitgliedstaatlichem Recht[10]. Für Deutschland gelten die **§§ 34 bis 37 SEAG**, die dem Vorsitzenden **folgende Aufgaben** zuweisen (vgl. die Kommentierung der genannten SEAG-Vorschriften im Anh. Art. 43): Unterzeichnung der Sitzungsniederschrift (§ 34 Abs. 3 Satz 1 SEAG); Entscheidung über die Teilnahme externer Mitglieder an Ausschusssitzungen (§ 36 Abs. 2 SEAG); Einberufung des Verwaltungsrats auf Verlangen eines Mitglieds (§ 37 Abs. 1 SEAG); Wahrnehmung des zusätzlichen Stimmrechts nach § 35 Abs. 3 SEAG. Weiterhin erwächst dem Vorsitzenden eine gewisse **faktische Dominanz** durch die allgemeine Koordination derjenigen Aufgaben, die dem Verwaltungsrat als Ganzem zugewiesen sind[11]. Er nimmt in der Regel die Berichte der geschäftsführenden Direktoren entgegen und leitet sie weiter (§§ 40 Abs. 6 SEAG i.V.m. 90 AktG). Er wird zumeist derjenige sein, der in der Hauptversammlung für den Verwaltungsrat die Rechenschaftspflicht des § 48 Abs. 2 SEAG (Erläuterung der in § 175 Abs. 2 AktG genannten Unterlagen) erfüllt. Generell übernimmt der Verwaltungsratsvorsitzende auf Grund der Verweisung in § 22 Abs. 6 SEAG in Ermangelung spezieller Regelungen diejenigen **Befugnisse**, die im dualistischen Modell **dem Vorstandsvorsitzenden oder dem Aufsichtsratsvorsitzenden zugewiesen** sind. Schließlich können auch die Satzung der Gesellschaft oder die Geschäftsordnung des Verwaltungsrates dem Vorsitzenden **weitere Aufgaben** zuweisen.

Durch Ausnutzung der Gestaltungsmöglichkeiten, die das SEAG der Gesellschaft belässt, ist es denkbar, die Stellung des Vorsitzenden derjenigen eines **Chief Executive**

---

5 Diese Gefahr dürfte vor allem im paritätisch mitbestimmten Organ bestehen (dazu sogleich Rz. 12).
6 So *Schwarz*, Art. 45 SE-VO Rz. 19, der zu Recht darauf hinweist, dass die Verordnung insoweit für eine ergänzende Anwendung des mitgliedstaatlichen Rechts Raum lässt; auch *Reichert/Brandes* in MünchKomm. AktG, 3. Aufl., Art. 45 SE-VO Rz. 14 ff. halten eine gerichtliche Ersatzbestellung für zulässig.
7 *Reichert/Brandes* in MünchKomm. AktG, 3. Aufl., Art. 45 SE-VO Rz. 9.
8 *Reichert/Brandes* in MünchKomm. AktG, 3. Aufl., Art. 45 SE-VO Rz. 10. Großzügiger *Verse* in Habersack/Drinhausen, Art. 45 SE-VO Rz. 9, der ein Stimmverbot nur bei einer außerordentlichen Abberufung annimmt. Zu Stimmverboten in SE-Organen Art. 50 Rz. 19.
9 *Reichert/Brandes* in MünchKomm. AktG, 3. Aufl., Art. 45 SE-VO Rz. 11.
10 Näher hierzu auch *Reichert/Brandes* in MünchKomm. AktG, 3. Aufl., Art. 45 SE-VO Rz. 12 ff.
11 *Reichert/Brandes* in MünchKomm. AktG, 3. Aufl., Art. 45 SE-VO Rz. 13.

Officer weitgehend anzunähern[12]. Im Gegensatz zum Aufsichtsratsvorsitzenden kann der Verwaltungsratsvorsitzende zugleich Vorsitzender der Geschäftsführung sein, indem er zum geschäftsführenden Direktor ernannt wird (vgl. § 40 Abs. 1 Satz 2 SEAG). Ihm kann in der Geschäftsordnung der geschäftsführenden Direktoren eine übergeordnete Position zugewiesen werden (vgl. Anh. Art. 43 § 40 SEAG Rz. 19). Ihm kommt zudem gem. Art. 50 Abs. 2 SE-VO bei Stimmengleichheit im Verwaltungsrat der Stichentscheid zu. Höhere Geschäftsführungseffizienz und kurze Entscheidungswege werden allerdings mit einem Verlust an Kontrolleffizienz erkauft. Indessen ist gerade dieses Spannungsverhältnis notwendig mit dem CEO-Modell verbunden. Die starke Stellung des Vorsitzenden sollte sinnvollerweise durch verschiedene **Überwachungsmechanismen** kompensiert werden[13]: Ein Ansatzpunkt hierfür findet sich in § 40 Abs. 1 Satz 2 SEAG, der eine nicht-geschäftsführende Mehrheit im Verwaltungsrat sicherstellt. Im Hinblick auf die spezifische Interessenlage im mitbestimmten Organ soll außerdem § 35 Abs. 3 SEAG die Kontrollmacht der Anteilseignervertreter gegenüber den geschäftsführenden Direktoren stärken; allerdings verfehlt die Vorschrift gerade in Geschäftsführungsfragen den ihr im Gesetzgebungsverfahren beigemessenen kompensatorischen Effekt (Anh. Art. 43 § 35 SEAG Rz. 12 ff.). Die Möglichkeiten der Satzungsgestaltung, dem Vorsitzenden bei der Beschlussfassung im Verwaltungsorgan eine hervorgehobene Stellung zu verschaffen, sind wegen dessen Charakter als Kollegialorgan beschränkt (Art. 50 Rz. 7).

3. Sonderfälle: Ein- oder Zweipersonen-Verwaltungsrat

8 Das Verwaltungsorgan kann auch aus nur einem Mitglied bestehen. Dies deutet Art. 43 Abs. 3 Satz 1 SE-VO durch die Formulierung „das Mitglied/die Mitglieder" an. § 23 Abs. 1 SEAG sieht zwar grundsätzlich eine Mindestzahl von drei Mitgliedern vor, gestattet der Satzung aber eine Reduzierung der Mitgliederzahl, sofern das Grundkapital der Gesellschaft 3 Mio. Euro nicht überschreitet. Besteht das Verwaltungsorgan nur aus **einem Mitglied**, erübrigt sich naturgemäß die Bestellung eines Vorsitzenden. Da jedoch das mitgliedstaatliche Recht dem Vorsitzenden einige Funktionen explizit zuweist, schließt § 34 Abs. 1 Satz 3 SEAG die Lücke mit dem Hinweis, dass diese Aufgaben von dem einzigen Verwaltungsratsmitglied wahrgenommen werden.

9 Besteht das Verwaltungsorgan aus lediglich **zwei Personen**, ist dennoch ein Vorsitzender zu bestellen. Das Zweitstimmrecht des Vorsitzenden hat dann zur Folge, dass er gegebenenfalls alle Entscheidungen bestimmen kann. Dies ist zulässig, wird aber kaum praktisch relevant werden. Der mitbestimmte Verwaltungsrat besteht ohnehin aus mindestens drei Mitgliedern (Art. 43 Abs. 2 Unterabs. 2 SE-VO). Für den Verwaltungsrat einer monistischen SE mit Sitz in Deutschland gilt regelmäßig die Zahl von drei Mitgliedern; anderweitige Bestimmungen kann die Satzung treffen. Die Satzung kann im Übrigen auch den Stichentscheid des Vorsitzenden abbedingen; dies folgt aus Art. 50 Abs. 2 Satz 2 SE-VO[14].

---

12 Näher *Eder*, NZG 2004, 544 ff.; *Frodermann* in Jannott/Frodermann, Handbuch Europäische Aktiengesellschaft, S. 230 f.; *Kallmeyer*, ZIP 2003, 1531, 1534; *Merkt*, ZGR 2003, 650, 664 f.; *Reichert/Brandes* in MünchKomm. AktG, 3. Aufl., Art. 45 SE-VO Rz. 18 ff.; *Teichmann*, BB 2004, 53, 55 f.; zu Möglichkeiten und Grenzen einer vergleichbaren Struktur im dualistischen System deutscher Prägung *von Hein*, ZHR 166 (2002), 464 ff.
13 Zu den Einschränkungen der Rolle des CEO im US-amerikanischen Leitungsmodell *von Hein*, RIW 2002, 501, 505 ff. und *Holland*, Board of directors und monistische SE, S. 68 ff., der bezogen auf die monistische SE für eine flexible Regelung im Deutschen Corporate Governance-Kodex plädiert (S. 161 ff.).
14 Zur Beschränkung der Satzungsautonomie im Falle eines mitbestimmten Aufsichtsorgans und der Frage, ob dies auch für das Verwaltungsorgan gilt, vgl. Art. 50 Rz. 27.

III. Wahl des Vorsitzenden im paritätisch mitbestimmten Verwaltungsorgan (Art. 45 Satz 2 SE-VO)

In einem paritätisch mitbestimmten Verwaltungsorgan darf nur **ein von der Hauptversammlung bestelltes Mitglied** zum Vorsitzenden gewählt werden (Art. 45 Satz 2 SE-VO). Damit stellt die SE-VO sicher, dass das Übergewicht der Anteilseignerseite gewahrt bleibt; dies zeigt das Zusammenspiel mit Art. 50 Abs. 2 Satz 2 SE-VO, der dem Vorsitzenden bei Stimmengleichheit ein Zweitstimmrecht zugesteht. Soweit es einen **stellvertretenden** Vorsitzenden gibt (vgl. etwa § 34 Abs. 1 SEAG), muss dieser nicht aus den Reihen der Anteilseigner kommen. Die teilweise vertretene Gegenauffassung, wonach der Stellvertreter kein Arbeitnehmervertreter sein dürfe[15], beruht auf der fehlerhaften Prämisse, dass bei Verhinderung des Vorsitzenden dessen Zweitstimmrecht auf den Stellvertreter übergehe (dazu Art. 50 Rz. 24).

1. Bestellung der Hälfte der Mitglieder durch die Arbeitnehmer

Voraussetzung von Art. 45 Satz 2 SE-VO ist, dass die Hälfte der Mitglieder des Verwaltungsorgans **von den Arbeitnehmern bestellt** wurde. Dieser Fall kann nach dem deutschen SEBG streng genommen nicht eintreten, weil auch die Arbeitnehmervertreter – auf Vorschlag der Arbeitnehmer – von der Hauptversammlung bestellt werden (§ 36 Abs. 4 SEBG). Diese Vorschrift beruht auf der irrigen Vorstellung des deutschen Gesetzgebers, sämtliche Organmitglieder müssten zwingend von der Hauptversammlung bestellt werden (vgl. Art. 43 Rz. 56). Seinem Sinn und Zweck nach erfasst Art. 45 Satz 2 SE-VO auch den Fall, in dem die Hälfte der Mitglieder von der Hauptversammlung **unter Bindung an einen Wahlvorschlag der Arbeitnehmer** bestellt wurde[16]. Dies folgt schon daraus, dass gem. Art. 2 lit. k SE-Richtlinie (§ 2 Abs. 12 SEBG) auch die Empfehlung von Organmitgliedern durch die Arbeitnehmer eine Form der Mitbestimmung ist. Nach dem Sinn und Zweck des Art. 45 Satz 2 SE-VO, den Anteilseignern mit Hilfe von Art. 50 Abs. 2 SE-VO in Pattsituationen das Übergewicht zu sichern, muss er auf alle Modalitäten der Mitbestimmung Anwendung finden, die dazu führen, dass nur die Hälfte der Organmitglieder von den Anteilseignern frei bestellt werden konnte.

2. Wahl des Vorsitzenden aus den Reihen der Anteilseigner

Im paritätisch mitbestimmten Organ ist der Vorsitzende zwingend ein Vertreter der Anteilseigner. Dennoch nehmen die Arbeitnehmervertreter an der Wahl als vollwertige Organmitglieder (Art. 43 Rz. 67) teil. Dies schafft die Gefahr einer **Pattsituation**. Bei Stimmengleichheit ist der vorgeschlagene Kandidat nicht gewählt. Der Stichentscheid des Vorsitzenden (Art. 50 Abs. 2 SE-VO) hilft nur weiter, wenn es bereits einen Vorsitzenden gibt. Andernfalls bleibt zu fragen, wie eine Pattsituation aufgelöst werden könnte. Das Wahlverfahren des § 27 Abs. 2 MitbestG findet keine Anwendung[17]. Denn das Verfahren der Beschlussfassung ist vorrangig in Art. 50 SE-VO geregelt; zudem schließt § 47 Abs. 1 Nr. 1 SEBG die Geltung des MitbestG ausdrücklich aus.

---

15 *Eberspächer* in Spindler/Stilz, AktG, Art. 45 SE-VO Rz. 10; *Reichert/Brandes* in MünchKomm. AktG, 3. Aufl., Art. 45 SE-VO Rz. 29; *Siems* in KölnKomm. AktG, 3. Aufl., Art. 45 SE-VO Rz. 5.

16 Ebenso *Verse* in Habersack/Drinhausen, Art. 45 SE-VO Rz. 14. Zu demselben Ergebnis gelangt man, wenn mit *Schwarz*, Art. 43 SE-VO Rz. 108, der konstitutive Bestellungsakt bereits in der Benennung der Kandidaten durch den SE-Betriebsrat gesehen wird.

17 Ebenso *Casper*, ZHR 173 (2009), 181, 216 f.; *Eberspächer* in Spindler/Stilz, AktG, Art. 45 SE-VO Rz. 3; *Paefgen* in KölnKomm. AktG, 3. Aufl., Art. 42 SE-VO Rz. 13; *Reichert/Brandes* in MünchKomm. AktG, 3. Aufl., Art. 45 SE-VO Rz. 4; *Siems* in KölnKomm. AktG, 3. Aufl., Art. 45 SE-VO Rz. 4; *Verse* in Habersack/Drinhausen, Art. 45 SE-VO Rz. 9; a.A. *Schwarz*, Art. 45 SE-VO Rz. 9.

Dessen Wahlmodus passt auch nicht auf den vorliegenden Fall, weil anders als bei § 27 MitbestG im Falle des Art. 45 Satz 2 SE-VO von vornherein feststeht, dass nur ein Vertreter der Anteilseigner Vorsitzender werden kann. Sollten sich die Arbeitnehmervertreter dennoch geschlossen der Wahl eines Vorsitzenden verweigern, ist dies über allgemeine Überlegungen des Rechtsmissbrauchs und der **Loyalitätspflichten im Organ** zu lösen[18]: Gemäß der zwingenden Vorgabe in Art. 45 Satz 2 SE-VO muss der Vorsitzende aus den Reihen der Anteilseignervertreter kommen. Die Arbeitnehmervertreter sind daher gemäß ihrer organschaftlichen Treuepflicht gehalten, zumindest eines dieser Mitglieder als Kandidaten zu akzeptieren. Da bei geschlossener Stimmenthaltung der Arbeitnehmervertreter die nötige Beschlussmehrheit nicht erreicht würde (vgl. Art. 50 Rz. 17), sind sie verpflichtet, zumindest einen der Anteilseignervertreter mit einer Ja-Stimme zu unterstützen. Gegebenenfalls ist als letzter Ausweg wiederum die gerichtliche Ersatzbestellung anzustrengen (so schon oben Rz. 4). Da das Beschlussverfahren gem. Art. 50 SE-VO in der Satzung regelbar ist (Art. 50 Rz. 6–8), kann für den Fall der Pattsituation auch eine vorbeugende **Satzungsregelung** getroffen werden (vgl. Art. 42 Rz. 7 sowie Art. 50 Rz. 25).

Abschnitt 3. Gemeinsame Vorschriften für das monistische und das dualistische System

Vorbemerkung

1 In die SE-VO wurden erstmals mit dem Entwurf von 1989, der das monistische System einführte, gemeinsame Vorschriften für beide Systeme eingeführt. Darin kommt zum Ausdruck, dass es ungeachtet der Differenzen zwischen beiden Leitungsmodellen einen **Bestand gemeinsamer Grundprinzipien** gibt, die nicht notwendig mit dem jeweiligen Modell verbunden sind, sondern aus allgemeinen Regelungsbedürfnissen der Unternehmensleitung einer Aktiengesellschaft entspringen, die durch Kollegialorgane wahrgenommen wird (vgl. Art. 38 Rz. 30).

2 Zum **Regelungsgehalt** der gemeinsamen Vorschriften gehören die Amtsdauer der Organmitglieder (Art. 46 SE-VO), die persönlichen Voraussetzungen für die Organmitgliedschaft (Art. 47 SE-VO), die Festlegung von Geschäften, für die eine Zustimmung des Aufsichtsorgans oder ein ausdrücklicher Beschluss des Verwaltungsorgans erforderlich ist (Art. 48 SE-VO), die Verschwiegenheitspflicht der Organmitglieder (Art. 49 SE-VO), die Beschlussfassung im Organ (Art. 50 SE-VO) und die Organhaftung (Art. 51 SE-VO).

3 Ihrer systematischen Stellung nach beziehen sich die gemeinsamen Vorschriften des dritten Abschnitts auf die beiden vorangehenden Abschnitte, die das dualistische (Abschnitt 1) und das monistische System (Abschnitt 2) regeln. Auf die Hauptversammlung finden sie keine Anwendung. Erfasst werden aber in jedem Fall **das Leitungs- und Aufsichtsorgan im dualistischen und das Verwaltungsorgan im monistischen System**. Hingegen ist nicht ohne weiteres anzunehmen, dass die gemeinsamen Vorschriften für **sonstige Organe** oder Gremien gelten, die vom mitgliedstaatlichen Gesetzgeber oder der Satzung eingeführt werden (dazu Art. 38 Rz. 44 ff.), zumal wenn sie nicht in derselben Weise als Kollegialorgan strukturiert sind wie die ausdrücklich

---

18 Ebenso *Verse* in Habersack/Drinhausen, Art. 45 SE-VO Rz. 16.

in der Verordnung genannten. Für in Deutschland ansässige SE stellt sich die Frage insbesondere mit Bezug auf den oder die **geschäftsführenden Direktor/en** im monistischen Modell. Für sie ist von Fall zu Fall zu entscheiden, ob die Rechtsgedanken der Art. 46 ff. SE-VO anwendbar sind. Da der geschäftsführende Direktor im Kompetenzbereich des Verwaltungsorgans tätig wird, muss für ihn beispielsweise dieselbe Verschwiegenheitspflicht gelten (Art. 49 Rz. 3); er muss weiterhin einer vergleichbaren Haftung unterliegen (Art. 51 Rz. 7). Hingegen bedarf es einer eigenständigen mitgliedstaatlichen Regelung hinsichtlich der persönlichen Voraussetzungen, da die Grundregel des Art. 47 SE-VO, die Bestellungsvoraussetzungen des vergleichbaren Systems im nationalen Aktienrecht anzuwenden, auf den geschäftsführenden Direktor nicht passt (Art. 47 Rz. 13).

Art. 46
[Amtsdauer]

(1) Die Mitglieder der Organe der Gesellschaft werden für einen in der Satzung festgelegten Zeitraum, der sechs Jahre nicht überschreiten darf, bestellt.

(2) Vorbehaltlich in der Satzung festgelegter Einschränkungen können die Mitglieder einmal oder mehrmals für den gemäß Absatz 1 festgelegten Zeitraum wiederbestellt werden.

I. Überblick 1	2. Zulässiger Inhalt der Satzungsregelung 3
II. Festlegung der Amtsdauer in der Satzung (Art. 46 Abs. 1 SE-VO)	3. Erfasster Personenkreis 5
1. Entstehungsgeschichte 2	III. Wiederbestellung (Art. 46 Abs. 2 SE-VO) 9

Literatur: *Drinhausen/Nohlen*, Festlegung der Amtsdauer von SE-Organmitgliedern in der Satzung nach Art. 46 Abs. 1 SE-VO, ZIP 2009, 1890; *Gutsche*, Die Eignung der Europäischen Aktiengesellschaft für kleine und mittlere Unternehmen in Deutschland, 1994 (zit.: Eignung der Europäischen Aktiengesellschaft); *Habersack*, Konstituierung des ersten Aufsichts- oder Verwaltungsorgans der durch Formwechsel entstandenen SE und Amtszeit seiner Mitglieder, Der Konzern 2007, 67; *Hirte*, Die Europäische Aktiengesellschaft, NZG 2002, 1; *Hoffmann-Becking*, Organe: Strukturen und Verantwortlichkeiten, insbesondere im monistischen System, ZGR 2004, 355; *Holland*, Das amerikanische „board of directors" und die Führungsorganisation einer monistischen SE in Deutschland, 2006 (zit.: Board of directors und monistische SE); *Hommelhoff*, Einige Bemerkungen zur Organisationsverfassung der Europäischen Aktiengesellschaft, AG 2001, 279; *Hommelhoff*, Satzungsstrenge und Gestaltungsfreiheit in der Europäischen Aktiengesellschaft, in Habersack/Hommelhoff/Hüffer/Schmidt (Hrsg.), FS Ulmer, 2003, S. 267; *Huizinga*, Die Machtbalance zwischen Verwaltung und Hauptversammlung in der Europäischen Gesellschaft (SE), 2012 (zit.: Hauptversammlung der SE); *J. Schmidt*, „Deutsche" vs. „britische" Societas Europaea (SE): Gründung, Verfassung, Kapitalstruktur, 2006 (zit.: „Deutsche" vs. „britische" Societas Europaea (SE)).

I. Überblick

Art. 46 SE-VO behandelt die **Amtsdauer** der Organmitglieder (Art. 46 Abs. 1 SE-VO) und ihre **Wiederbestellung** (Art. 46 Abs. 2 SE-VO). Die Satzung muss die Amtsdauer festlegen und kann die Wiederwahl Beschränkungen unterwerfen. Der körperschaftliche **Akt der Bestellung** ist in Art. 46 SE-VO nicht geregelt, er findet sich bei der Regelung der verschiedenen Organe: Es gilt Art. 39 Abs. 2 SE-VO für das Leitungsorgan, Art. 40 Abs. 2 SE-VO für das Aufsichtsorgan und Art. 43 Abs. 3 SE-VO für das Verwaltungsorgan. Auf die geschäftsführenden Direktoren ist Art. 46 SE-VO nicht anwendbar (s. unten Rz. 8).

II. Festlegung der Amtsdauer in der Satzung (Art. 46 Abs. 1 SE-VO)

1. Entstehungsgeschichte

2 Die in Art. 46 Abs. 1 SE-VO angeordnete Festlegung einer bestimmten Amtsdauer soll dazu beitragen, die **Verantwortlichkeit der Organmitglieder** zu stärken; dies lässt sich der Begründung der Europäischen Kommission zum gleichlautenden Art. 68 Abs. 1 Satz 1 im Entwurf von 1989 entnehmen[1]. Die Bestellung für eine im Vorhinein festgelegte Amtsdauer schließt indessen nicht aus, dass ein Organmitglied vor Ablauf dieser Amtszeit abberufen werden kann (vgl. dazu auch Art. 43 Rz. 49 ff.). Im Entwurf von 1989 fanden sich neben der Festlegung der Amtszeit auch Regelungen zur **vorzeitigen Abberufung** der Organmitglieder[2]. Daher lässt sich dem gegenüber 1989 unveränderten Art. 46 Abs. 1 SE-VO nicht die Aussage entnehmen, allein durch die Festlegung einer bestimmten Amtsdauer sei die vorzeitige Abberufung ausgeschlossen[3]. Systematisch betrachtet relativiert allerdings die Möglichkeit der vorzeitigen Abberufung das teleologische Argument, die festgelegte Amtszeit stärke die Unabhängigkeit der Organmitglieder[4]. Andererseits hebt sich die SE-VO damit immer noch ab von der für die USA kritisierten Praxis der jährlichen Wahl der Board-Mitglieder, die eine allzu kurzfristig ausgerichtete Unternehmenspolitik begünstige[5].

2. Zulässiger Inhalt der Satzungsregelung

3 Die Satzung der SE *muss* eine Regelung über die Amtsdauer der Organmitglieder treffen[6]; es handelt sich um eine Gestaltungsermächtigung mit Regelungsauftrag[7]. Der in der Satzung festgelegte Zeitraum darf **sechs Jahre** nicht überschreiten. Die Rechtsfolgen einer fehlerhaften Satzungsbestimmung regelt die Verordnung nicht, insoweit gilt mitgliedstaatliches Recht. Fehlt die von Art. 46 Abs. 1 SE-VO geforderte Satzungsbestimmung, besteht ein **Eintragungshindernis**[8]. Danach kann der Satzungsmangel nicht mehr geltend gemacht werden[9]. Wird die SE dennoch eingetragen, endet die Amtszeit der Mitglieder des Leitungs-, Aufsichts- oder Verwaltungsorgans jedenfalls mit Ablauf von sechs Jahren[10]. Die Regelung des § 30 Abs. 3 AktG, wonach

---

1 Beilage 5/89 zum Bulletin der Europäischen Gemeinschaften, S. 22.
2 Art. 75 Abs. 1 des Entwurfs von 1989 lautet: „Die Mitglieder des Aufsichts- oder Verwaltungsorgans können von denselben Organen, Personen oder Personengruppen, die nach diesem Statut oder der Satzung der SE für ihre Bestellung zuständig sind, abberufen werden." Für das Leitungsorgan regelte der damalige Art. 62 Abs. 2: „Die Mitglieder des Leitungsorgans werden vom Aufsichtsorgan bestellt und können jederzeit von diesem abberufen werden."
3 So verstehen die Vorschrift *Hommelhoff*, AG 2001, 279, 283, und *Hirte*, NZG 2002, 1, 5.
4 So schon (zum Entwurf von 1991) *Gutsche*, Eignung der Europäischen Aktiengesellschaft, S. 155.
5 Dazu *Holland*, Board of directors und monistische SE, S. 139.
6 *Hoffmann-Becking*, ZGR 2004, 355, 364; *Reichert/Brandes* in MünchKomm. AktG, 3. Aufl., Art. 46 SE-VO Rz. 3.
7 *Hommelhoff* in FS Ulmer, 2003, S. 267, 275.
8 *Schwarz*, Art. 46 SE-VO Rz. 6.
9 Näher zur Behandlung von Satzungsmängeln *Seibt* in K. Schmidt/Lutter, § 23 AktG Rz. 58 ff.
10 *Reichert/Brandes* in MünchKomm. AktG, 3. Aufl., Art. 46 SE-VO Rz. 6.

die Mitglieder des **ersten Aufsichtsrats** nicht für längere Zeit als bis zur Beendigung der ersten Hauptversammlung bestellt werden können, findet in der SE keine Anwendung[11]. Möglich wäre aber eine dahingehende Satzungsregelung als zulässiger Fall der Differenzierung (dazu sogleich Rz. 4).

Die Satzung kann sich, entgegen einer vielfach vertretenen Auffassung[12], nicht auf die Festlegung einer **Höchstdauer** beschränken und die genaue Festlegung dem Bestellungsorgan überlassen[13]. Denn nach dem Wortlaut der Verordnung legt bereits Art. 46 Abs. 1 SE-VO die Höchstdauer von sechs Jahren fest, innerhalb derer sich die konkrete Amtszeit nach einem „in der Satzung festgelegten Zeitraum" bemisst. Der Vergleich mit Art. 40 Abs. 3 SE-VO zeigt auch, dass die Verordnung es klar zum Ausdruck bringt, wenn sie der Satzung gestatten möchte, lediglich die ausfüllungsbedürftigen Vorgaben für eine Festlegung aufzustellen, die von anderen Organen konkretisiert werden kann[14]; denn dort heißt es: „Die Zahl der Mitglieder des Aufsichtsorgans oder die Regeln für ihre Festlegung werden durch die Satzung bestimmt." Nach dem Sinn und Zweck von Art. 46 Abs. 1 SE-VO soll die Festlegung der Amtszeit in der Satzung die Verantwortlichkeit der Organmitglieder stärken (vgl. oben Rz. 2). Dies gelingt besser, wenn sich die Amtszeit eindeutig aus der Satzung ergibt und nicht der Festlegung durch das bestellende Organ überlassen wird. Dass mit einer Festlegung der Amtszeit in der Satzung massiv in das aktienrechtliche Kompetenzgefüge eingegriffen würde[15], ist eine vom deutschen Recht geprägte Sichtweise. Die relativ schwache Stellung einer deutschen Hauptversammlung ist im europäischen Vergleich keineswegs als systemprägend anzusehen[16]. Immerhin sind sachlich begründete **Differenzierungen** der Amtszeit zulässig[17]. Insbesondere kann die Satzung für die Bestellung der ersten Mitglieder des Aufsichts- oder Verwaltungsorgans eine vom Regelfall abweichende Amtsdauer festlegen (dazu auch Art. 43 Rz. 48)[18]. Zulässig ist auch eine Differenzierung zwischen regulär bestellten Mitgliedern und Ersatzmitgliedern (unten Rz. 7). Überdies beseitigt die satzungsmäßige Festlegung einer bestimmten Amtsdauer nicht die Möglichkeit einer vorzeitigen Abberufung (dazu Art. 43 Rz. 49–51) oder Amtsniederlegung.

3. Erfasster Personenkreis

Die Satzungsregelung gilt auch für Organmitglieder, die von den Arbeitnehmern (oder auf deren Vorschlag) bestellt wurden[19]. Dies folgt schon daraus, dass diese Mit-

---

11 *Drinhausen* in Habersack/Drinhausen, Art. 46 SE-VO Rz. 8; *Siems* in KölnKomm. AktG, 3. Aufl., Art. 46 SE-VO Rz. 9.
12 *Drinhausen/Nohlen*, ZIP 2009, 1890, 1892 ff.; *Drinhausen* in Habersack/Drinhausen, Art. 46 SE-VO Rz. 10 f.; *Eberspächer* in Spindler/Stilz, AktG, Art. 46 SE-VO Rz. 5; *Hoffmann-Becking*, ZGR 2004, 355, 364; *Reichert/Brandes* in MünchKomm. AktG, 3. Aufl., Art. 46 SE-VO Rz. 3; *J. Schmidt*, „Deutsche" vs. „britische" Societas Europaea (SE), 2006, S. 494; *Schwarz*, Art. 46 SE-VO Rz. 13 ff.
13 Ebenso *Austmann* in MünchHdb. AG, § 85 Rz. 4; *Manz* in Manz/Mayer/Schröder, Art. 46 SE-VO Rz. 2; *Paefgen* in KölnKomm. AktG, 3. Aufl., Art. 39 SE-VO Rz. 51; *Siems* in KölnKomm. AktG, 3. Aufl., Art. 46 SE-VO Rz. 12.
14 Darauf weist auch *Schwarz*, Art. 46 SE-VO Rz. 13, ausdrücklich hin.
15 *Drinhausen* in Habersack/Drinhausen, Art. 46 SE-VO Rz. 11.
16 S. nur *Huizinga*, Hauptversammlung der SE, S. 126 f.
17 *Schwarz*, Art. 46 SE-VO Rz. 11.
18 Ebenso *Habersack*, Der Konzern 2008, 67, 73 f.; *Manz* in Manz/Mayer/Schröder, Art. 46 SE-VO Rz. 1; *Schwarz*, Art. 46 SE-VO Rz. 11; *Siems* in KölnKomm. AktG, 3. Aufl., Art. 46 Rz. 9; *Drinhausen* in Habersack/Drinhausen, Art. 46 SE-VO Rz. 8. A.A. *Drygala*, Art. 40 SE-VO Rz. 28.
19 *Eberspächer* in Spindler/Stilz, AktG, Art. 46 SE-VO Rz. 5; *Reichert/Brandes* in MünchKomm. AktG, 3. Aufl., Art. 45 SE-VO Rz. 10; *Schwarz*, Art. 46 SE-VO Rz. 7.

glieder den übrigen gleichwertig sind; zudem enthält Art. 46 Abs. 1 SE-VO keinen Anhaltspunkt dafür, dass die **Arbeitnehmervertreter** nicht erfasst sein sollen. Regelt die SE-Beteiligungsvereinbarung die Amtszeit der Arbeitnehmervertreter, muss die Satzung dem gem. Art. 12 Abs. 4 SE-VO entsprechen; die Obergrenze von sechs Jahren gilt auch in diesem Fall[20].

6 Ebenso gilt die satzungsmäßige Festlegung für **entsandte Organmitglieder**. Art. 47 Abs. 4 SE-VO lässt zwar Entsendungsrechte des mitgliedstaatlichen Rechts bestehen (Art. 47 Rz. 26 ff.), bietet aber keinen Anhaltspunkt dafür, dass die entsandten Organmitglieder nicht der gem. Art. 46 Abs. 1 SE-VO festzulegenden Amtsdauer unterliegen[21]. Der Regelungszweck, die Unabhängigkeit der Organmitglieder zu stärken, steht dem nicht entgegen. Ein entsandtes Mitglied führt seine Bestellung zwar nicht auf die Hauptversammlung zurück, soll aber in seiner Amtsführung ebenso wie regulär bestellte Mitglieder vorrangig das Gesellschaftsinteresse im Blick haben und insoweit unabhängig von den Vorstellungen des Entsendungsberechtigten sein Urteil fällen. Dass entsandte Mitglieder jederzeit abberufen werden können, spricht nicht zwingend gegen eine Beachtung der satzungsmäßig festgelegten Amtsdauer[22], denn die satzungsmäßige Amtsdauer steht auch bei den regulär bestellten Organmitgliedern einer Abberufung nicht entgegen (vgl. oben Rz. 4).

7 Die Amtszeit von **Ersatzmitgliedern** bestimmt sich grundsätzlich nach derjenigen des Mitglieds, für welches es nachrückt[23]. Indessen liegt hier auch ein Fall der zulässigen Differenzierung vor. Die Satzung kann beispielsweise regeln, dass die Amtszeit eines nachgerückten Ersatzmitglieds bereits dann endet, wenn anstelle des ausgeschiedenen Mitglieds ein neues ordentliches Mitglied bestellt wurde.

8 Art. 46 SE-VO bezieht sich gemäß seiner systematischen Stellung in den gemeinsamen Vorschriften auf das dualistische und das monistische System und die dort geregelten Organe (vgl. Vor Art. 46 Rz. 3). Die **geschäftsführenden Direktoren** finden sich nicht in der SE-VO, sondern wurden durch das SEAG eingeführt (§ 40 SEAG); für sie gilt daher nicht Art. 46 SE-VO, sondern das nationale Recht (s. Anh. Art. 43 § 40 SEAG Rz. 7)[24]. Auf sie trifft auch der in Rz. 2 erläuterte Regelungsgedanke des Art. 46 SE-VO (Stärkung der Verantwortlichkeit) nicht zu. Bei ihnen steht nicht die eigene Verantwortlichkeit im Vordergrund, sondern die Personalhoheit des Verwaltungsrats (s. Art. 43 Rz. 64 ff.).

III. Wiederbestellung (Art. 46 Abs. 2 SE-VO)

9 Art. 46 Abs. 2 SE-VO macht deutlich, dass eine Wiederbestellung von Organmitgliedern jedenfalls nach der SE-VO keinen Beschränkungen unterliegt. Die einmalige oder auch die mehrmalige Wiederbestellung ist möglich. Lediglich die Satzung der Gesellschaft kann diese Möglichkeit einschränken, indem die Anzahl der Wiederbestellungen begrenzt oder beispielsweise eine Altersgrenze eingeführt wird[25].

10 Andererseits folgt aus Art. 46 Abs. 2 i.V.m. Abs. 1 SE-VO, dass eine **automatische Verlängerung** der Amtszeit über die Dauer von sechs Jahren hinaus **nicht zulässig**

---

20 *Schwarz*, Art. 46 SE-VO Rz. 7.
21 A.A. *Eberspächer* in Spindler/Stilz, AktG, Art. 46 SE-VO Rz. 5 und *Reichert/Brandes* in MünchKomm. AktG, 3. Aufl., Art. 46 SE-VO Rz. 14.
22 So aber *Reichert/Brandes* in MünchKomm. AktG, 3. Aufl., Art. 46 SE-VO Rz. 14.
23 *Reichert/Brandes* in MünchKomm. AktG, 3. Aufl., Art. 46 SE-VO Rz. 15.
24 Ebenso *Eberspächer* in Spindler/Stilz, AktG, Art. 46 SE-VO Rz. 1.
25 *Schwarz*, Art. 46 SE-VO Rz. 19.

und eine formelle Wiederbestellung nötig ist[26]. Eine Satzungsregelung, die zu einer automatischen Mandatsverlängerung führt, ist unzulässig, wenn dadurch die gesamte Amtszeit mehr als sechs Jahre beträgt[27].

Art. 47
[Voraussetzungen der Organmitgliedschaft]

(1) Die Satzung der SE kann vorsehen, dass eine Gesellschaft oder eine andere juristische Person Mitglied eines Organs sein kann, sofern das für Aktiengesellschaften maßgebliche Recht des Sitzstaats der SE nichts anderes bestimmt.

Die betreffende Gesellschaft oder sonstige juristische Person hat zur Wahrnehmung ihrer Befugnisse in dem betreffenden Organ eine natürliche Person als Vertreter zu bestellen.

(2) Personen, die

a) nach dem Recht des Sitzstaats der SE dem Leitungs-, Aufsichts- oder Verwaltungsorgan einer dem Recht dieses Mitgliedstaats unterliegenden Aktiengesellschaft nicht angehören dürfen oder

b) infolge einer Gerichts- oder Verwaltungsentscheidung, die in einem Mitgliedstaat ergangen ist, dem Leitungs-, Aufsichts- oder Verwaltungsorgan einer dem Recht des Mitgliedstaats unterliegenden Aktiengesellschaft nicht angehören dürfen,

können weder Mitglied eines Organs der SE noch Vertreter eines Mitglieds im Sinne von Absatz 1 sein.

(3) Die Satzung der SE kann für Mitglieder, die die Aktionäre vertreten, in Anlehnung an die für Aktiengesellschaften geltenden Rechtsvorschriften des Sitzstaats der SE besondere Voraussetzungen für die Mitgliedschaft festlegen.

(4) Einzelstaatliche Rechtsvorschriften, die auch einer Minderheit von Aktionären oder anderen Personen oder Stellen die Bestellung eines Teils der Organmitglieder erlauben, bleiben von dieser Verordnung unberührt.

I. Überblick 1	IV. Statutarische Bestellungsvoraussetzungen (Art. 47 Abs. 3 SE-VO)
II. Juristische Person als Organ (Art. 47 Abs. 1 SE-VO) 2	1. Allgemeines Verständnis der Norm . 17
III. Bestellungshindernisse (Art. 47 Abs. 2 SE-VO)	2. Dualistisches System 18
1. Reichweite der Norm 5	3. Monistisches System 20
2. Bestellungshindernisse im dualistischen System 10	4. Rechtsfolgen bei Verstoß gegen Bestellungsvoraussetzung 22
3. Bestellungshindernisse im monistischen System 12	V. Besondere Bestellungsrechte (Art. 47 Abs. 4 SE-VO)
4. Rechtsfolge bei Verstoß gegen Bestellungshindernis 16	1. Verweisung auf „einzelstaatliche" Rechtsvorschriften 23
	2. Besondere Bestellungsrechte für SE mit Sitz in Deutschland 25

---

[26] *Manz* in Manz/Mayer/Schröder, Art. 46 SE-VO Rz. 4; *Reichert/Brandes* in MünchKomm. AktG, 3. Aufl., Art. 46 SE-VO Rz. 12.

[27] *Reichert/Brandes* in MünchKomm. AktG, 3. Aufl., Art. 46 SE-VO Rz. 6.

Art. 47 SE-VO

Literatur: *Brandes*, Juristische Personen als Geschäftsführer der Europäischen Privatgesellschaft, 2003 (zit.: Juristische Person); *Brandes*, Europäische Aktiengesellschaft: Juristische Person als Organ?, NZG 2004, 642; *Erdmann*, Ausländische Staatsangehörige in Geschäftsführung und Vorständen deutscher GmbHs und AGs, NZG 2002, 503; *Fleischer*, Juristische Personen als Organmitglied im Europäischen Gesellschaftsrecht, RIW 2004, 16; *Fleischer* (Hrsg.), Handbuch des Vorstandsrechts, 2006 (zit.: Vorstandsrecht); *Hoffmann-Becking*, Organe: Strukturen und Verantwortlichkeiten, insbesondere im monistischen System, ZGR 2004, 355; *Hommelhoff*, Satzungsstrenge und Gestaltungsfreiheit in der Europäischen Aktiengesellschaft, in Habersack/Hommelhoff/Hüffer/Schmidt (Hrsg.), FS Ulmer, 2003, S. 267; *Ihrig/Wagner*, Diskussionsentwurf für ein SE-Ausführungsgesetz, BB 2003, 969; *Kalss/Greda*, Die Europäische Gesellschaft (SE) österreichischer Prägung nach dem Ministerialentwurf, GesRZ 2004, 91; *Schürnbrand*, Organschaft im Recht der privaten Verbände, 2007 (zit.: Organschaft); *Schwarz*, Zum Statut der Europäischen Aktiengesellschaft, ZIP 2001, 1847; *Scriba*, Die Europäische wirtschaftliche Interessenvereinigung, 1988 (zit.: EWIV); *Seitz*, Die Geschäftsführer einer monistischen Societas Europaea (SE) mit Sitz in der Bundesrepublik Deutschland, 2010 (zit.: SE-Geschäftsführer); *Teichmann*, Die Einführung der Europäischen Aktiengesellschaft – Grundlagen der Ergänzung des europäischen Statuts durch den deutschen Gesetzgeber, ZGR 2002, 383.

I. Überblick

1 Die Vorschrift regelt die Voraussetzungen der Organmitgliedschaft in der SE. Die Bestellung juristischer Personen zu Organmitgliedern ist nur möglich, sofern das für Aktiengesellschaften maßgebliche Recht des SE-Sitzstaates nichts anderes bestimmt (Art. 47 Abs. 1 SE-VO); die Option ist daher auf eine in Deutschland ansässige SE nicht anwendbar. Bestellungshindernisse, die einer Organmitgliedschaft in Aktiengesellschaften des mitgliedstaatlichen Rechts entgegenstehen, gelten auch für die Organmitgliedschaft in der SE (Art. 47 Abs. 2 SE-VO). Darüber hinaus kann die Satzung in Anlehnung an das mitgliedstaatliche Aktienrecht besondere Voraussetzungen für die Mitgliedschaft festlegen (Art. 47 Abs. 3 SE-VO). Unberührt bleiben einzelstaatliche Vorschriften, die einer Minderheit von Aktionären oder anderen Personen oder Stellen die Bestellung eines Organmitglieds erlauben (Art. 47 Abs. 4 SE-VO).

II. Juristische Person als Organ (Art. 47 Abs. 1 SE-VO)

2 Die Bestellung juristischer Personen zum Organmitglied ist in verschiedenen europäischen Rechtsordnungen zulässig[1] und wurde daher in Art. 47 Abs. 1 SE-VO als Option in die SE-VO aufgenommen[2]. Es obliegt der Satzung, von der Option Gebrauch zu machen, soweit das für Aktiengesellschaften maßgebliche Recht des Sitzstaates nichts anderes bestimmt. Im deutschen Aktienrecht müssen die Mitglieder von Vorstand oder Aufsichtsrat natürliche Personen sein (§§ 76 Abs. 3 Satz 1, 100 Abs. 1 Satz 1 AktG). § 27 Abs. 3 SEAG schließt auch für den Verwaltungsrat die Mitgliedschaft juristischer Personen aus. Geschäftsführende Direktoren müssen gleichfalls natürliche Personen sein (§ 40 Abs. 1 Satz 4 SEAG i.V.m. § 76 Abs. 3 AktG). Die Bestellung juristischer Personen zum Organmitglied ist daher **für eine SE mit Sitz in Deutschland nicht zulässig.**

3 Mit der Bestellung juristischer Personen zu Organmitgliedern werden verschiedene **Vorteile** verbunden. Sie erlaube einheitliche Leitungsstrukturen im Konzern; bei Unternehmenskooperationen sei die Führung durch eine gemeinsame Betriebsführungs-

---

[1] Dazu *Brandes*, Juristische Person, S. 18 ff.; *Fleischer*, RIW 2004, 16, 17 ff.; *Manz* in Manz/Mayer/Schröder, Art. 47 SE-VO Rz. 22 ff.
[2] Zur Entstehungsgeschichte der Norm *Schwarz*, Art. 47 SE-VO Rz. 2 ff.

gesellschaft möglich[3]. **Nachteile** liegen in der nur mittelbaren Pflichtenbindung der konkret handelnden Personen[4] und der Gefahr einer häufigen Auswechslung des geschäftsführenden Personals[5]. Zudem verringert sich der Einfluss der Gesellschafter auf die Auswahl der geschäftsführenden Personen[6]. Diesen Nachteilen lässt sich teilweise begegnen durch die Pflicht zur **Benennung eines ständigen Vertreters**, wie es insbesondere das französische Recht vorsieht[7]. Auch Art. 47 Abs. 1 Satz 2 SE-VO schreibt vor, dass eine natürliche Person als Vertreter der juristischen Person zu bestellen sei.

In der **Diskussion** vor Erlass des SEAG wurde ein dringendes Bedürfnis für die Bestellung juristischer Personen als Organmitglied kaum geltend gemacht, zumal dies eine Anpassung des allgemeinen Aktienrechts vorausgesetzt hätte[8]. Der deutsche Gesetzgeber hat sich daher für einen Gleichlauf mit dem bestehenden nationalen Aktienrecht entschieden, das juristische Personen als Organmitglieder nicht vorsieht[9]. Auch der österreichische Gesetzgeber hat von der Option, juristische Personen in Organen zuzulassen, keinen Gebrauch gemacht[10].

III. Bestellungshindernisse (Art. 47 Abs. 2 SE-VO)

1. Reichweite der Norm

Nach Art. 47 Abs. 2 SE-VO dürfen natürliche Personen, die nach dem mitgliedstaatlichen Recht in Aktiengesellschaften nicht Mitglied eines Leitungs-, Aufsichts- oder Verwaltungsorgans sein können, auch nicht Organmitglied einer SE sein. Die SE-VO unterscheidet zwischen Bestellungshindernissen nach dem **Recht des Sitzstaates** der SE (Art. 47 Abs. 2 lit. a SE-VO) und Bestellungshindernissen, die auf einer **Gerichts- oder Verwaltungsentscheidung** beruhen (Art. 47 Abs. 2 lit. b SE-VO), die in (irgend-)einem Mitgliedstaat ergangen ist. Während also für unmittelbar wirkende Rechtshindernisse nur das Recht des Sitzstaates maßgeblich ist, wirken sich Bestellungshindernisse, die auf der Entscheidung von Behörden oder Gerichten eines Mitgliedstaates beruhen, auch in allen anderen Mitgliedstaaten aus[11].

Bei der zweiten Gruppe der Bestellungshindernisse (Gerichts- und Verwaltungsentscheidungen) ist das Recht der SE **tendenziell strenger als das nationale Aktienrecht**. Denn Verwaltungs- und Gerichtsentscheidungen gelten nach dem Grundsatz der Territorialität üblicherweise nur für das Hoheitsgebiet des Staates, in dem sie erlassen

---

3 Näher *Brandes*, NZG 2004, 642, 643 ff.; *Fleischer*, RIW 2004, 16, 20. Kritisch gegenüber der Zulassung juristischer Personen als Organe *Schürnbrand*, Organschaft, S. 236 ff.
4 *Brandes*, NZG 2004, 642, 645 ff.; *Fleischer*, RIW 2004, 16, 20 f.
5 *Brandes*, NZG 2004, 642, 647 f.; *Fleischer*, RIW 2004, 16, 21.
6 *Fleischer*, RIW 2004, 16, 21; *Kalss/Greda*, GesRZ 2004, 91, 101.
7 *Brandes*, NZG 2004, 642, 648; *Fleischer*, RIW 2004, 16, 17 f.
8 Zurückhaltend daher *Hoffmann-Becking*, ZGR 2004, 355, 366; skeptisch auch *Fleischer*, RIW 2004, 16, 21; ebenso für Österreich *Kalss/Greda*, GesRZ 2004, 91, 101. Grundsätzlich positiv gegenüber juristischen Personen als Organmitglieder die Einschätzung bei *Brandes*, NZG 2004, 642, 649.
9 Vgl. Begr. RegE, BT-Drucks. 14/3405, S. 38, der § 27 Abs. 3 SEAG nur eine klarstellende Funktion beimisst; nach a.A. war eine explizite Regelung notwendig, um für das monistische System die Mitgliedschaft juristischer Personen zu verbieten (*Schwarz*, Art. 47 SE-VO Rz. 14; *Ihrig/Wagner*, BB 2003, 969, 974).
10 *Kalss/Greda* in Kalss/Hügel, § 45 SEG Rz. 3.
11 *Manz* in Manz/Mayer/Schröder, Art. 47 SE-VO Rz. 5; *Reichert/Brandes* in MünchKomm. AktG, 3. Aufl., Art. 47 SE-VO Rz. 2; *Schwarz*, Art. 47 SE-VO Rz. 26; *Siems* in KölnKomm. AktG, 3. Aufl., Art. 47 SE-VO Rz. 15; zum Aktienrecht mittlerweile auch *Mertens/Cahn* in KölnKomm. AktG § 76 AktG Rz. 120.

wurden. Es ist daher selbst im europäischen Binnenmarkt keineswegs die Regel, dass ein Mitgliedstaat die Gerichts- oder Verwaltungsentscheidungen eines anderen Mitgliedstaats ohne weitere Prüfung auf die Organzugehörigkeit nach nationalem Aktienrecht ausstrahlen lässt. Im deutschen Aktienrecht findet sich eine nur teilweise Regelung der Problematik[12], im Recht der GmbH ist sie heftig umstritten[13]. Art. 47 Abs. 2 lit. b SE-VO schafft insoweit für die SE Klarheit: Jegliche Gerichts- oder Verwaltungsentscheidung eines anderen Mitgliedstaats, die der Zugehörigkeit im Organ einer Aktiengesellschaft entgegensteht, ist für die SE zu berücksichtigen.

7 Der Tatbestand des Art. 47 Abs. 2 SE-VO erfasst das monistische und das dualistische Leitungssystem, denn er spricht vom „**Leitungs-, Aufsichts- oder Verwaltungsorgan**" einer dem nationalen Recht unterliegenden Aktiengesellschaft. Ganz offensichtlich wurde die Norm so allgemein formuliert, um in jedem Mitgliedstaat unabhängig vom konkreten nationalen Leitungssystem den Grundgedanken zum Ausdruck zu bringen, dass Personen, die in den Organen einer nationalen Aktiengesellschaft nicht bestellungsfähig sind, auch bei einer SE mit Sitz in demselben Mitgliedstaat keine Organfunktionen übernehmen sollen. Damit werden aber unter Umständen **relative Bestellungshindernisse**, also solche, die nur die Mitgliedschaft in einem bestimmten Organ ausschließen, in Bezug auf die SE in **absolute Bestellungshindernisse** verwandelt, weil sie eine Mitgliedschaft in jedem SE-Organ ausschließen[14]. Beispielsweise wäre eine Person, die nach deutschem Aktienrecht nicht Vorstand einer AG sein kann, in der SE auch von der Mitgliedschaft im Aufsichts- oder Verwaltungsorgan ausgeschlossen, obwohl sie im deutschen Aktienrecht Mitglied des Aufsichtsrats sein könnte[15].

8 Um dieser überschießenden Wirkung des Art. 47 Abs. 2 SE-VO zu begegnen, plädiert *Schwarz* für eine **einschränkende Interpretation** in dem Sinne, dass die Bestellungshindernisse des nationalen Rechts immer **nur für das entsprechende Organ** der SE gelten[16]. Die anderen Sprachfassungen liefern deutliche Hinweise darauf, dass dies dem Verständnis des europäischen Gesetzgebers entspricht[17]. So heißt es in der französischen Textfassung: „Ne peuvent être membres d'un organe de la SE ... les personnes qui ne peuvent faire partie, selon la loi de l'Etat membre du siège de la SE, de *l'organe correspondant* d'une société anonyme relevant du droit de cet Etat membre ..." Die englische Fassung formuliert es ähnlich: „No person may be a member of any SE organ ... who is disqualified, under the law of the Member State in which the SE's registered office is situated, from serving on the *corresponding organ* of a public limited-liability company governed by the law of that Member State ..." Demnach gilt

---

12 § 76 Abs. 3 AktG erstreckt die Regelung des § 76 Abs. 2 Nr. 3 AktG auch auf Fälle einer Verurteilung im Ausland wegen einer Tat, die mit den in Satz 2 Nr. 3 genannten Taten vergleichbar ist.
13 Für die Berücksichtigung ausländischer Gerichts- und Verwaltungsentscheidungen *Erdmann*, NZG 2002, 503, 508; dagegen *Uwe H. Schneider/Sven H. Schneider* in Scholz, 11. Aufl., § 6 GmbHG Rz. 27: kritisch in Bezug auf Verwaltungsbehörden und zustimmend bei Gerichtsentscheidungen, soweit die der Verurteilung zugrundeliegenden Tatbestände den deutschen vergleichbar sind.
14 In diesem Sinne versteht *Manz* in Manz/Mayer/Schröder, Art. 47 SE-VO Rz. 6, die Norm.
15 Dies kann sich daraus ergeben, dass § 76 Abs. 3 AktG für den Vorstand Bestellungshindernisse enthält, die sich in § 100 AktG für den Aufsichtsrat nicht finden.
16 So *Schwarz*, Art. 47 SE-VO Rz. 23; *Reichert/Brandes* in MünchKomm. AktG, 3. Aufl., Art. 47 SE-VO Rz. 20, vertreten dies für Bestellungshindernisse des Vorstandes, die nur auf das Leitungsorgan der SE übertragbar seien, nicht auf das Aufsichtsorgan; sie legen die Vorschrift indessen bezüglich des monistischen Systems weit aus und übertragen Bestellungshindernisse des Vorstands auf das Verwaltungsorgan der SE (Art. 47 SE-VO Rz. 25 ff.).
17 Die kursive Hervorhebung in den nachfolgenden Zitaten wurde vom *Verf.* hinzugefügt.

ein Bestellungshindernis des nationalen Rechts immer nur für das vergleichbare Organ in der SE[18].

Diese Interpretation leuchtet ein, soweit Bestellungshindernisse des nationalen Rechts auf ein vergleichbares Organ bei der SE bezogen werden können. Auf eine SE mit dualistischem Modell lassen sich die Bestellungshindernisse für die Organe Vorstand und Aufsichtsrat unproblematisch übertragen. Für eine SE mit monistischer Struktur findet sich hingegen im deutschen Recht kein Vorbild. Insoweit können aber die Mitgliedstaaten auf Basis des Art. 43 Abs. 4 SE-VO eine **SE-spezifische Regelung** treffen; diese findet sich in §§ 27, 40 Abs. 1 Satz 4 SEAG. Der Auffassung, Art. 47 Abs. 2 SE-VO sei seinem Wortlaut nach abschließend und lasse ergänzende nationale Regelungen nicht zu[19], kann aus teleologischen und systematischen Gründen nicht gefolgt werden. Denn das normative Ziel, den Gleichlauf mit nationalem Recht herzustellen, trägt erkennbar nur soweit, wie es im nationalen Recht eine Parallele gibt, an die sich anknüpfen lässt. Unzulässig sind daher nur SE-spezifische Regelungen für das im nationalen Recht bereits geregelte Leitungsmodell; dies entspricht der allgemeinen Einschränkung der einschlägigen Ermächtigungsnormen (Art. 43 Rz. 58).

2. Bestellungshindernisse im dualistischen System

Für eine SE mit dualistischem Leitungssystem gelten dieselben Bestellungshindernisse **wie in der nationalen Aktiengesellschaft**. Für den Vorstand ist insbesondere § 76 Abs. 3 AktG zu beachten, für den Aufsichtsrat § 100 AktG[20].

Für Aktiengesellschaften deutschen Rechts sind bei der Zählung der Aufsichtsratsmandate gem. **§ 100 Abs. 2 Satz 1 Nr. 1 AktG** auch solche in einer SE mitzuzählen. Denn die SE ist als „Handelsgesellschaft" im Sinne dieser Vorschrift anzusehen (vgl. Art. 1 Abs. 1 SE-VO)[21]. Ob nur die Sitze in einer SE mit Sitz in Deutschland gezählt werden, hängt vom Verständnis des § 100 Abs. 2 Nr. 1 AktG ab. Mit Blick auf den Sinn und Zweck der Norm, der auf die Arbeitsbelastung der Mandatsträger abstellt, ist diejenige Auffassung vorzugswürdig, die auch Mandate in ausländischen Gesellschaften berücksichtigt[22]. Auch Sitze in einem SE-Verwaltungsrat oder das Mandat als geschäftsführender Direktor in einer monistischen SE sind bei Zählung der Höchstgrenze für ein Aufsichtsratsmitglied zu berücksichtigen[23]. Das Verwaltungsratsmandat ist wegen seiner typischerweise nur nebenberuflichen Belastung einem Aufsichtsratsmandat gleichzustellen, während die Tätigkeit als geschäftsführender

---

18 Ebenso *Eberspächer* in Spindler/Stilz, AktG, Art. 47 SE-VO Rz. 3; *Schwarz*, Art. 47 SE-VO Rz. 23; *Drinhausen* in Habersack/Drinhausen, Art. 47 SE-VO Rz. 12; *Siems* in KölnKomm. AktG, 3. Aufl., Art. 47 SE-VO Rz. 18; A.A. *Manz* in Manz/Mayer/Schröder, Art. 47 SE-VO Rz. 5 wegen eines abweichenden Verständnisses der anderen Sprachfassungen.

19 So versteht *Schwarz*, Art. 47 SE-VO Rz. 22, die Norm, weshalb er (Rz. 23 und 25) für eine restriktive Auslegung der Norm in dem Sinne eintritt, dass Bestellungshindernisse des nationalen Rechts immer nur für das entsprechende Organ der SE gelten. In der Tendenz vergleichbar *Reichert/Brandes* in MünchKomm. AktG, 3. Aufl., Art. 47 SE-VO, Rz. 27, die eine direkte Anwendung der nationalen Inhabilitätsregeln befürworten.

20 Dazu und zu weiteren, in anderen Gesetzen geregelten Bestellungshindernissen die Kommentierung von *Seibt* in K. Schmidt/Lutter, § 76 AktG und *Drygala* in K. Schmidt/Lutter, § 100 AktG; für den Vorstand auch *Thüsing* in Fleischer, Vorstandsrecht, S. 103 ff.

21 So zutreffend *Drinhausen* in Habersack/Drinhausen, Art. 47 SE-VO Rz. 16.

22 *Drinhausen* in Habersack/Drinhausen, Art. 47 SE-VO Rz. 16. Zum Streit, ob Mandate ausländischer Gesellschaften mit gezählt werden sollen, vgl. *Drygala* in K. Schmidt/Lutter, § 100 AktG Rz. 6.

23 Ebenso *Schwarz*, Art. 47 SE-VO Rz. 28.

Direktor in der Rubrik „gesetzlicher Vertreter" der Nummern 2 und 3 des § 100 Abs. 2 Satz 1 AktG einzuordnen ist.

3. Bestellungshindernisse im monistischen System

12 Gemäß dem oben entwickelten Normverständnis (oben Rz. 7 f.) gelten die Bestellungshindernisse des allgemeinen Aktienrechts immer nur für das entsprechende SE-Organ. Für die Mitglieder des Verwaltungsorgans einer monistischen SE bedurfte es also einer **SE-spezifischen Regelung** auf Basis der Ermächtigung des Art. 43 Abs. 4 SE-VO.

13 § 27 SEAG regelt für den **Verwaltungsrat**, dass seine Mitglieder natürliche Personen sein müssen und nur eine bestimmte Höchstzahl von Mandaten übernehmen dürfen (vgl. im Übrigen die Kommentierung zu § 27 SEAG im Anh. Art. 43). Für **geschäftsführende Direktoren**, die nicht gleichzeitig dem Verwaltungsrat angehören, gilt § 76 Abs. 3 AktG entsprechend (§ 40 Abs. 1 Satz 4 SEAG)[24]. Dies schließt eine andernfalls möglicherweise entstehende Lücke, da zweifelhaft ist, ob die vom nationalen Ausführungsgesetz geschaffene Figur des geschäftsführenden Direktors von Art. 47 Abs. 2 SE-VO erfasst ist. Anlass für derartige Zweifel bietet der Umstand, dass „Geschäftsführer" zwar in Art. 39 Abs. 1 Satz 2 und Art. 43 Abs. 1 Satz 2 SE-VO erwähnt sind, nicht aber in Art. 47 Abs. 2 SE-VO[25]. Zudem handelt es sich bei den geschäftsführenden Direktoren gerade nicht um Geschäftsführer im Sinne des Art. 43 Abs. 1 Satz 2 SE-VO (Anh. Art. 43 § 40 SEAG Rz. 9). Der deutsche Gesetzgeber hat daher zur Vermeidung von Unklarheiten und gestützt auf Art. 43 Abs. 4 SE-VO **in § 40 Abs. 1 Satz 4 SEAG eine eigene Regelung** für die geschäftsführenden Direktoren geschaffen (vgl. die Kommentierung des § 40 SEAG im Anh. Art. 43).

14 Für Bestellungshindernisse **anderer Rechtsgebiete** ist im Wege einer **funktionalen Betrachtung** zu ermitteln, ob sie auch die geschäftsführenden Direktoren erfassen. Beispielsweise richtet sich die Untersagung der Leitung eines Kreditinstituts nach § 36 Abs. 1 Satz 1 Kreditwesengesetz (KWG) ausdrücklich gegen den „Geschäftsleiter" und ist damit von vornherein funktional offen auf diejenigen Personen bezogen, die die Geschäfte führen. Sie kann damit in der monistischen SE sowohl auf die Mitglieder des Verwaltungsrats als auch auf die geschäftsführenden Direktoren Anwendung finden.

15 Insgesamt ist die **Regelung des SEAG lückenhaft**, denn sie beruht auf einem von der offiziellen deutschen Textfassung irregeleiteten Normverständnis des Art. 47 Abs. 2 SE-VO (vgl. oben Rz. 7 f.). Das SEAG unterstellt, dass Bestellungshindernisse des nationalen Aktienrechts absolut wirken; somit würden auf den Vorstand bezogene Bestellungshindernisse auch einer Mitgliedschaft im Verwaltungsrat einer SE entgegenstehen. Dieses Normverständnis wird an zwei Stellen deutlich: Erstens sind die Bestellungshindernisse des § 76 Abs. 3 AktG gem. § 40 Abs. 1 Satz 4 SEAG nur auf solche geschäftsführenden Direktoren entsprechend anzuwenden, die nicht gleichzeitig dem Verwaltungsrat angehören. Denn nach dem (deutschen) Wortlautverständnis des Art. 47 Abs. 2 SE-VO unterlägen Verwaltungsratsmitglieder ohnehin kraft europäischen Rechts den Bestellungshindernissen des § 76 Abs. 3 AktG. Zweitens erklärt § 31 Abs. 1 Nr. 3 SEAG die Bestellung von Verwaltungsratsmitgliedern für nichtig, wenn sie gegen Art. 47 Abs. 2 SE-VO verstößt. Diese Regelung beruht gleichfalls auf der Vorstellung, Verwaltungsratsmitglieder unterlägen vermittelt durch Art. 47 Abs. 2

---

24 Zur (analogen) Anwendung des § 76 Abs. 3 AktG auf geschäftsführende Direktoren, die zugleich Verwaltungsratsmitglied sind, sogleich Rz. 15.
25 Die SE-VO erwähnt die Figur des Geschäftsführers nur in Art. 39 Abs. 1 Satz 1 und Art. 43 Abs. 1 Satz 1, nicht aber in Art. 47 Abs. 2 SE-VO. Nach Auffassung von *Schwarz*, Art. 47 SE-VO Rz. 34, kommt Art. 47 Abs. 2 SE-VO daher nur im Wege der Analogie zu Anwendung. Für eine direkte Anwendung der Vorschrift *Seitz*, SE-Geschäftsführer, S. 159.

SE-VO den Bestellungshindernissen des deutschen Aktienrechts; bei dem oben Rz. 8 begründeten restriktiven Normverständnis liefe die Norm jedoch völlig leer. Die planwidrig entstandenen Lücken sind durch analoge Anwendung der maßgeblichen aktienrechtlichen Normen zu schließen (vgl. Anh. Art. 43 § 27 SEAG Rz. 4 und Anh. Art. 43 § 31 SEAG Rz. 5).

4. Rechtsfolge bei Verstoß gegen Bestellungshindernis

Wird eine Person zum Mitglied eines SE-Organs bestellt, obwohl ein nach Art. 47 Abs. 2 SE-VO maßgebliches Bestellungshindernis entgegenstand, ist die Rechtsfolge dieses Verstoßes dem **mitgliedstaatlichen Recht** zu entnehmen[26]. Im deutschen Aktienrecht gilt für den Aufsichtsrat § 250 Abs. 1 Nr. 6 AktG (Nichtigkeit der Bestellung). Die Bestellung zum Vorstand entgegen § 76 Abs. 3 AktG ist gem. § 134 BGB nichtig[27]. Für den Verwaltungsrat gilt § 31 SEAG. 16

Die Nichtigkeitsfolge unmittelbar der **SE-VO** zu entnehmen[28], begegnet Bedenken. Art. 47 Abs. 2 SE-VO regelt die Folgen eines Verstoßes nicht. Für nicht oder nur teilweise geregelte Bereiche gilt in der Regel das mitgliedstaatliche Recht (Art. 9 Abs. 1 lit. c SE-VO), soweit nicht Anhaltspunkte dafür vorliegen, dass die SE-VO insoweit abschließend sein soll. Gerade dies lässt sich aber im Fall des Art. 47 Abs. 2 SE-VO kaum annehmen. Erstens schweigt die Vorschrift gänzlich über die Rechtsfolgen einer fehlerhaften Bestellung. Zweitens ist gerade für die in Art. 47 Abs. 2 lit. b SE-VO geregelten Gerichts- und Verwaltungsentscheidungen anzunehmen, dass im Recht der Mitgliedstaaten eine reiche Palette an Sanktionen existiert, die bei Missachtung der Entscheidung eingreifen. Die besseren Gründe sprechen daher für die Annahme, der europäische Gesetzgeber habe sich in Art. 47 Abs. 2 SE-VO einer Regelung der Rechtsfolgen bewusst enthalten.

IV. Statutarische Bestellungsvoraussetzungen (Art. 47 Abs. 3 SE-VO)

1. Allgemeines Verständnis der Norm

Die Satzung der SE kann Bestellungsvoraussetzungen **in Anlehnung an das mitgliedstaatliche Aktienrecht** vorsehen (Art. 47 Abs. 3 SE-VO). Die Verordnung, die grundsätzlich einem dem deutschen Recht vergleichbaren Prinzip der Satzungsstrenge folgt[29], eröffnet hier ausnahmsweise Gestaltungsfreiheit für den Satzungsgeber. Dieser Freiraum wird gekoppelt an die mitgliedstaatlichen Vorgaben, indem die SE-Satzung Bestellungshindernisse nur *in Anlehnung* an die für Aktiengesellschaften geltenden Rechtsvorschriften des Sitzstaats der SE regeln darf. Dieser **Gleichlauf der Gestaltungsfreiheit** in nationaler und europäischer Aktiengesellschaft ist ein durchgängiges Muster der Verordnung[30], die diesen Grundsatz allerdings zumeist enger formuliert als in Art. 47 Abs. 3 SE-VO. So erschließt die Generalnorm des Art. 9 SE-VO die Satzungsfreiheit – sofern sie nicht ausdrücklich durch die Verordnung gewährt wird – nur „unter den gleichen Voraussetzungen wie im Falle einer nach dem Recht des Sitzstaats der SE gegründeten Aktiengesellschaft"[31]. Gemäß dem allgemeinen Grundsatz, SE und nationale Aktiengesellschaft gleich zu behandeln, ist nicht anzunehmen, dass der offenere 17

---
26 Ebenso *Drinhausen* in Habersack/Drinhausen, SE-Recht, Art. 47 SE-VO Rz. 23.
27 *Koch* in Hüffer, § 76 AktG Rz. 62.
28 So *Schwarz*, Art. 47 SE-VO Rz. 36.
29 *Hommelhoff* in FS Ulmer, 2003, S. 267, 272 ff.
30 *Hommelhoff* in FS Ulmer, 2003, S. 267, 275.
31 Vgl. Art. 9 Rz. 58. Vergleichbar die Formulierungen in Art. 39 Abs. 2 Unterabs. 2 und Art. 55 Abs. 1 SE-VO.

Wortlaut des Art. 47 Abs. 3 SE-VO eine über das nationale Recht hinausgehende Gestaltungsfreiheit gewähren wollte; deren Grenzen hätten dann auch in der Verordnung näher bestimmt werden müssen. Naheliegender erscheint die These von *Schwarz*, dass die Gestaltungsfreiheit der SE **für beide Leitungssysteme** offen stehen soll. Mit der offenen Formulierung werde dem Umstand Rechnung getragen, dass im nationalen Recht zumeist nur eines der beiden Leitungssysteme geregelt sei, die der SE nach Art. 38 SE-VO zur Verfügung stehen (Art. 38 Rz. 34 ff.)[32]. Die im nationalen Aktienrecht gewährte Satzungsautonomie soll einer SE aber auch dann offen stehen, wenn sie sich für das dort bislang nicht geregelte Leitungssystem entschieden hat.

2. Dualistisches System

18 Die Bestellung zum **Vorstand** kann nach deutschem Aktienrecht von statutarischen Eignungsvoraussetzungen abhängig gemacht werden, soweit hierfür ein legitimes Interesse der Gesellschaft erkennbar ist und das Auswahlermessen des Aufsichtsrats nicht über Gebühr eingeschränkt wird[33]. Derselbe Gestaltungsfreiraum besteht auch in der dualistisch strukturierten SE mit Sitz in Deutschland.

19 Für den **Aufsichtsrat** gilt § 100 Abs. 4 AktG. Die Satzung kann demnach persönliche Voraussetzungen für diejenigen Aufsichtsratsmitglieder aufstellen, die von der Hauptversammlung ohne Bindung an einen Wahlvorschlag gewählt oder auf Grund der Satzung in den Aufsichtsrat entsandt werden. Unzulässig sind Bestellungsvoraussetzungen für die Arbeitnehmervertreter im Aufsichtsrat[34]. Unzulässig sind auch Voraussetzungen, die auf ein verkapptes Entsendungsrecht hinauslaufen[35]. Diese zur deutschen Aktiengesellschaft entwickelten Grundsätze sind auf die dualistisch strukturierte SE mit Sitz in Deutschland übertragbar.

3. Monistisches System

20 Das SEAG trifft für den **Verwaltungsrat** keine Regelung über statutarische Bestellungsvoraussetzungen. Indessen kann der Satzungsgeber hier gestützt auf Art. 47 Abs. 3 SE-VO Bestellungsvoraussetzungen in Anlehnung (oben Rz. 17) an die Regelungen des nationalen Aktienrechts aufstellen. Damit gilt ebenso wie für den Aufsichtsrat (§ 100 Abs. 4 AktG), dass Bestellungsvoraussetzungen nur insoweit zulässig sind, als sie auf Verwaltungsratsmitglieder bezogen sind, die von der Hauptversammlung ohne Bindung an einen Wahlvorschlag gewählt werden (vgl. oben Rz. 19). Entsendungsrechte müssen ausdrücklich in der Satzung verankert werden (vgl. Art. 43 Rz. 45 sowie § 28 Abs. 2 SEAG i.V.m. § 101 Abs. 2 AktG) und dürfen nicht über Bestellungsvoraussetzungen mittelbar und verschleiert entstehen. Statutarische Bestellungsvoraussetzungen für die Arbeitnehmervertreter im Verwaltungsrat sind unzulässig[36].

---

[32] *Schwarz*, Art. 47 SE-VO Rz. 40; auch *Drinhausen* in Habersack/Drinhausen, Art. 47 SE-VO Rz. 25 sowie *Reichert/Brandes* in MünchKomm. AktG, 3. Aufl., Art. 47 SE-VO Rz. 37, und *Siems* in KölnKomm. AktG, 3. Aufl., Art. 47 SE-VO Rz. 28, eröffnen im Ergebnis für den Verwaltungsrat einer SE denselben Satzungsspielraum wie für den Aufsichtsrat einer AG.

[33] *Seibt* in K. Schmidt/Lutter, § 76 AktG Rz. 37 ff.; *Koch* in Hüffer, § 76 AktG Rz. 60; *Thüsing* in Fleischer, Vorstandsrecht, S. 105; nach *Lutter/Krieger/Verse*, Aufsichtsrat, Rz. 341 soll der Aufsichtsrat aber im Einzelfall berechtigt sein, sich über entsprechende Satzungsvorgaben nach pflichtgemäßem Ermessen hinwegzusetzen.

[34] *Drygala* in K. Schmidt/Lutter, § 100 AktG Rz. 36; *Koch* in Hüffer, § 100 AktG Rz. 20 f.

[35] Derartiges liegt beispielsweise nahe, wenn die Zugehörigkeit zu einer bestimmten Familie verlangt wird (vgl. *Koch* in Hüffer, § 100 AktG Rz. 20).

[36] *Drinhausen* in Habersack/Drinhausen, Art. 47 SE-VO Rz. 26; *Schwarz*, Art. 47 SE-VO Rz. 42.

Zu denkbaren statutarischen Bestellungsvoraussetzungen für **geschäftsführende Direktoren** enthält das SEAG keine Regelung. Auch hier ist die Gestaltungsfreiheit der Satzung in Anlehnung an das nationale Aktienrecht zu bestimmen (oben Rz. 17). Im deutschen Aktienrecht wird es für zulässig erachtet, Bestellungsvoraussetzungen für den Vorstand in die Satzung aufzunehmen (oben Rz. 18). Der geschäftsführende Direktor hat zwar eine im Vergleich zum Vorstand deutlich schwächere Position (Anh. Art. 43 § 40 SEAG Rz. 28 ff. und Anh. Art. 43 § 44 SEAG Rz. 5 ff.), dies allein rechtfertigt aber keine unterschiedliche Behandlung der monistischen SE im Hinblick auf statutarische Bestellungsvoraussetzungen. **Grenze der Gestaltungsfreiheit ist** – wie im dualistisch-nationalen Modell auch (oben Rz. 18) – **das Auswahlermessen** des für die Bestellung zuständigen Organs. Dies ist für die geschäftsführenden Direktoren der Verwaltungsrat. Bestellungsvoraussetzungen in der Satzung sind also zulässig, soweit sie das Auswahlermessen des Verwaltungsrats nicht übermäßig beeinträchtigen. Dabei ist zu bedenken, dass der Verwaltungsrat – anders als ein Aufsichtsrat – für die Geschäftsleitung originär Verantwortung trägt. Entsprechend schutzbedürftiger ist sein Auswahlermessen bei der Bestellung geschäftsführender Direktoren.

4. Rechtsfolgen bei Verstoß gegen Bestellungsvoraussetzung

Ebenso wie bei gesetzlichen, gerichtlichen oder behördlichen Bestellungsvoraussetzungen (oben Rz. 16) richten sich die Rechtsfolgen eines Verstoßes nach **mitgliedstaatlichem Recht**[37]. Die Wahl von Aufsichtsratsmitgliedern ist anfechtbar (§ 251 Abs. 1 AktG); dies gilt entsprechend bei Mitgliedern des Verwaltungsrats. Bei der Bestellung zum Mitglied des Vorstands kann ein Widerruf der Bestellung aus wichtigem Grund (§ 84 Abs. 3 AktG) gerechtfertigt sein. Geschäftsführende Direktoren kann der Verwaltungsrat ohnehin jederzeit abberufen (§ 40 Abs. 5 SEAG).

V. Besondere Bestellungsrechte (Art. 47 Abs. 4 SE-VO)

1. Verweisung auf „einzelstaatliche" Rechtsvorschriften

Einzelstaatliche Vorschriften können einer Minderheit von Aktionären oder anderen Stellen das Recht einräumen, einen Teil der Organmitglieder zu bestellen; derartige Vorschriften bleiben von der SE-VO unberührt (Art. 47 Abs. 4 SE-VO). Mit „einzelstaatlichen Vorschriften" ist üblicherweise das **mitgliedstaatliche Recht einschließlich seines Internationalen Privatrechts** gemeint. In diesem Sinne verwendet die EWIV-VO den Begriff; dort wird auch als Gegenbegriff immer dann, wenn das Internationale Privatrecht ausgeschlossen und direkt auf das Sachrecht verwiesen werden soll, der Begriff „innerstaatliches Recht" verwendet[38]. Die Terminologie der SE-VO ist weniger stringent[39]. Sie unterscheidet nicht immer klar zwischen dem „innerstaatlichen" und dem „einzelstaatlichen" Recht, was die systematische Aussagekraft dieser Zusätze dort, wo sie ausnahmsweise verwendet werden, reduziert. Andererseits sprechen keine zwingenden Gründe dagegen, die Terminologie an der hier verwendeten Stelle in ihrem üblichen Sinne zu verstehen[40]. Es handelt sich daher um ei-

---

37 Insoweit übereinstimmend *Schwarz*, Art. 47 SE-VO Rz. 44; weiterhin *Drinhausen* in Habersack/Drinhausen, Art. 47 SE-VO Rz. 29.
38 S. nur *Scriba*, EWIV, S. 50.
39 Dazu bereits *Teichmann*, ZGR 2002, 383, 397 f.
40 Anders *Schwarz*, Art. 47 SE-VO Rz. 53 sowie *Siems* in KölnKomm. AktG, 3. Aufl., Art. 47 SE-VO Rz. 34, wonach es sich um eine Sachnormverweisung handelt.

ne Verweisung auf das mitgliedstaatliche Recht einschließlich des Internationalen Privatrechts[41].

24 Die Verweisung auf einzelstaatliches Recht unterscheidet sich von den zahlreichen sonstigen Verweisungen der SE-VO auch dadurch, dass sie **nicht auf das im Sitzstaat der SE geltende Aktienrecht verweist**. Da ein solcher Zusatz in Art. 47 Abs. 4 SE-VO fehlt, könnte die Anwendung des Internationalen Privatrechts, das Teil der nationalen Rechtsordnung ist, zu unterschiedlichen Ergebnissen führen, je nachdem, ob ein Mitgliedstaat der Sitz- oder der Gründungstheorie folgt. In diesen Streit wollte die SE-VO zwar nicht eingreifen[42], sie hat ihn aber in allen übrigen Verweisungsnormen dadurch entschärft, dass sie auf das Recht des Sitzstaates verweist und unter dem „Sitz" einer SE nach der Terminologie der SE-VO eindeutig der **Registersitz** zu verstehen ist[43]. Indem Art. 7 Satz 1 SE-VO verlangt, dass sich der Registersitz im Staat der Hauptverwaltung befindet, vermeidet die Verordnung zumindest im praktischen Ergebnis eine Entscheidung zwischen Sitz- und Gründungstheorie. Es gibt keinerlei Anhaltspunkte dafür, dass dies gerade im Fall der Bestellung von Organmitgliedern anders sein sollte. Daher ist in Ergänzung des insoweit lückenhaften Wortlauts anzunehmen, dass einzelstaatliche Vorschriften des Sitzstaates der SE gemeint sind[44].

2. Besondere Bestellungsrechte für SE mit Sitz in Deutschland

25 Das deutsche Recht erlaubt besondere Entsendungsrechte für den Aufsichtsrat in § 101 Abs. 2 AktG; dies gilt gem. Art. 47 Abs. 4 SE-VO auch für eine in Deutschland ansässige SE mit dualistischem System[45]. Demnach kann die Satzung für bestimmte Aktionäre oder die jeweiligen Inhaber bestimmter Aktien das Recht begründen, Mitglieder in den **Aufsichtsrat** zu entsenden (§ 101 Abs. 2 Satz 1 AktG). Die **Entsendungsrechte** können insgesamt für höchstens ein Drittel der von den Aktionären zu bestellenden Aufsichtsratsmitglieder eingeräumt werden (§ 101 Abs. 2 Satz 4 AktG). Haben nationale Behörden, die als „andere Stellen" im Sinne von Art. 47 Abs. 4 Var. 3 SE-VO einzuordnen sind, nach dem mitgliedstaatlichen Recht besondere Entsendungsrechte, sind die Verpflichtungen, die sich aus der Kapitalverkehrsfreiheit in Art. 63 AEUV ergeben, zu beachten; insbesondere dürfen die Behörden die Option anderer Aktionäre zur effektiven Beteiligung an der Verwaltung und Kontrolle der Gesellschaft nicht einschränken[46].

---

[41] Die Einbeziehung des Internationalen Privatrechts wird auch von der allgemein von der SE-Verordnung beabsichtigten Gleichlauf der SE mit den Aktiengesellschaften nationalen Rechts besser gerecht (vgl. dazu Art. 9 Rz. 28 ff.).
[42] Vgl. Erwägungsgrund 27: „In Anbetracht des spezifischen und gemeinschaftlichen Charakters der SE lässt die in dieser Verordnung für die SE gewählte Regelung des tatsächlichen Sitzes die Rechtsvorschriften der Mitgliedstaaten unberührt und greift der Entscheidung bei anderen Gemeinschaftstexten im Bereich des Gesellschaftsrechts nicht vor."
[43] Zum Begriff des Sitzes: Art. 7 Rz. 5 ff.; *Schwarz*, ZIP 2001, 1847, 1849, 1850; *Teichmann*, ZGR 2002, 383, 456.
[44] Auch *Schwarz*, Art. 47 SE-VO Rz. 53, plädiert dafür, das Sitzstaatrecht anzuwenden, meint damit aber offenkundig nur das Sachrecht, nicht jedoch das Internationale Privatrecht; dies entspricht dem allgemein von *Schwarz* vertretenen Verständnis der Verweisungen als Sachnormverweisungen unter Ausschluss des Kollisionsrechts (Einl. Rz. 128). Zur Gegenposition Art. 9 Rz. 28 ff.
[45] Art. 40 Abs. 2 Satz 3 SE-VO enthält insoweit auch einen ausdrücklichen Vorbehalt gegenüber dem Regelfall der Bestellung durch die Hauptversammlung.
[46] S. nur EuGH v. 11.11.2010 – C-543/08 – „Golden Shares", EuZW 2011, 17 = AG 2011, 123. Ebenso *Drinhausen* in Habersack/Drinhausen, Art. 47 SE-VO Rz. 32.

Die Bestellung des **Vorstands** ist ausschließlich und zwingend eine Kompetenz des Aufsichtsrats[47]. Entsendungsrechte oder anderweitige davon abweichende Bestellungsrechte sind nicht zulässig. Art. 39 Abs. 2 SE-VO enthält insoweit – anders als Art. 40 Abs. 2 SE-VO und Art. 43 Abs. 3 SE-VO – auch keinen Vorbehalt und keinen Hinweis auf Art. 47 Abs. 4 SE-VO[48]. 26

Für die Bestellung des **Verwaltungsrats** einer monistischen SE gilt § 101 Abs. 2 AktG entsprechend. Dies folgt aus § 28 Abs. 2 SEAG. Die Kompetenznorm des Art. 43 Abs. 3 SE-VO, die eine Bestellung durch die Hauptversammlung vorsieht, ist für derartige anderweitige Bestellungsrechte offen (Art. 43 Abs. 3 Satz 3 SE-VO durch Verweis auf Art. 47 Abs. 4 SE-VO). 27

Auf den ersten Blick lassen sich auch **Arbeitnehmervertreter**, die im Rahmen der unternehmerischen Mitbestimmung bestellt werden, unter Art. 47 Abs. 4 SE-VO fassen[49]. Allerdings versteht die SE-Richtlinie – und ihr folgend das SEBG – unter „Mitbestimmung" nicht nur die unmittelbare Bestellung von Organmitgliedern durch die Arbeitnehmer, sondern auch das Recht, die Bestellung eines Teils der Organmitglieder zu empfehlen oder abzulehnen (§ 2 Abs. 12 SEBG). Insofern hätte Art. 47 Abs. 4 SE-VO, wenn er nach dem Willen des Verordnungsgebers die Mitbestimmung hätte regeln wollen, weiter gefasst werden müssen. Zudem muss Mitbestimmung in der SE nicht immer den einzelstaatlichen Vorschriften folgen, sondern kann auch auf einer Beteiligungsvereinbarung beruhen. Es ist daher nicht anzunehmen, dass der Verordnungsgeber in Art. 47 Abs. 4 SE-VO die Frage der Mitbestimmung regeln wollte. Näher liegt eine systematische Abgrenzung von SE-VO und SE-Richtlinie in dem Sinne, dass Fragen der Mitbestimmung ihren Regelungsort generell in der SE-Richtlinie finden und die SE-VO insoweit aus teleologischen Erwägungen zurücktritt; dies betrifft insbesondere die grundsätzlich ausschließliche Bestellungskompetenz der Hauptversammlung gem. Art. 40 Abs. 2 Satz 1 und Art. 43 Abs. 3 Satz 1 SE-VO (vgl. Art. 43 Rz. 52 ff.). 28

Art. 48
[Zustimmungsbedürftige Geschäfte]

(1) In der Satzung der SE werden die Arten von Geschäften aufgeführt, für die im dualistischen System das Aufsichtsorgan dem Leitungsorgan seine Zustimmung erteilen muss und im monistischen System ein ausdrücklicher Beschluss des Verwaltungsorgans erforderlich ist.

Die Mitgliedstaaten können jedoch vorsehen, dass im dualistischen System das Aufsichtsorgan selbst bestimmte Arten von Geschäften von seiner Zustimmung abhängig machen kann.

(2) Die Mitgliedstaaten können für die in ihrem Hoheitsgebiet eingetragenen SE festlegen, welche Arten von Geschäften auf jeden Fall in die Satzung aufzunehmen sind.

---

47 Für das nationale Aktienrecht *Seibt* in K. Schmidt/Lutter, § 84 AktG Rz. 8; *Koch* in Hüffer, § 84 AktG Rz. 5.
48 Darauf weist *Schwarz*, Art. 47 SE-VO Rz. 49, zu Recht hin.
49 In diesem Sinne *Schwarz*, Art. 47 SE-VO Rz. 55.

Art. 48 SE-VO

I. Überblick 1
II. Zustimmungs-/Beschlussbedürftigkeit gemäß Satzung (Art. 48 Abs. 1 Unterabs. 1 SE-VO)
   1. Regelungszweck 2
   2. Festlegung in der Satzung 5
   3. Beschlussfassung im Gremium 9
   4. Rechtswirkungen im gesellschaftsrechtlichen Innenverhältnis 11
III. Zustimmungsvorbehalt durch das Aufsichtsorgan (Art. 48 Abs. 1 Unterabs. 2 SE-VO) 16
IV. Vorgaben des mitgliedstaatlichen Rechts (Art. 48 Abs. 2 SE-VO) 19

Literatur: *Altmeppen*, Grenzen der Zustimmungsvorbehalte des Aufsichtsrats und die Folgen ihrer Verletzung durch den Vorstand, in Bitter/Lutter/Priester/Schön/Ulmer (Hrsg.), FS K. Schmidt, 2009, S. 23; *Berrar*, Die zustimmungspflichtigen Geschäfte nach § 111 Abs. 4 AktG im Lichte der Corporate Governance-Diskussion, DB 2001, 2181; *Fleischer*, Aktuelle Entwicklungen der Managerhaftung, NJW 2009, 2337; *Fleischer*, Kompetenzüberschreitungen von Geschäftsleitern im Personen- und Kapitalgesellschaftsrecht, Schaden – rechtmäßiges Alternativverhalten – Vorteilsausgleichung, DStR 2009, 1204; *Fonk*, Zustimmungsvorbehalte des AG-Aufsichtsrates, ZGR 2006, 841; *Grooterhorst*, Pflichten und Haftung des Aufsichtsrats bei zustimmungsbedürftigen Geschäften des Vorstands, NZG 2011, 921; *Gutsche*, Die Eignung der Europäischen Aktiengesellschaft für kleine und mittlere Unternehmen in Deutschland, 1994 (zit.: Eignung der Europäischen Aktiengesellschaft); *Hoffmann-Becking*, Organe: Strukturen und Verantwortlichkeiten, insbesondere im monistischen System, ZGR 2004, 355; *Holland*, Das amerikanische „board of directors" und die Führungsorganisation einer monistischen SE in Deutschland, 2006 (zit.: Board of directors und monistische SE); *Hommelhoff*, Satzungsstrenge und Gestaltungsfreiheit in der Europäischen Aktiengesellschaft, in Habersack/Hommelhoff/Hüffer/Schmidt (Hrsg.), FS Ulmer, 2003, S. 267; *Koke*, Die Finanzverfassung der Europäischen Aktiengesellschaft (SE) mit Sitz in Deutschland, 2005 (zit.: Finanzverfassung der SE); *Kropff*, Die Unternehmensplanung im Aufsichtsrat, NZG 1998, 613; *Leyens*, Information des Aufsichtsrats, 2006; *Merkt*, Die monistische Unternehmensverfassung für die Europäische Aktiengesellschaft aus deutscher Sicht – mit vergleichendem Blick auf die Schweiz, das Vereinigte Königreich und Frankreich –, ZGR 2003, 650; *Schiessl*, Leitungs- und Kontrollstrukturen im internationalen Wettbewerb, ZHR 167 (2003), 235; *Seebach*, Kontrollpflicht und Flexibilität – zu den Möglichkeiten des Aufsichtsrats bei der Ausgestaltung und Handhabung von Zustimmungsvorbehalten, AG 2012, 70; *Teichmann*, Vorschläge für das deutsche Ausführungsgesetz zur Europäischen Aktiengesellschaft, ZIP 2002, 1109; *Teichmann*, Binnenmarktkonformes Gesellschaftsrecht, 2006; *van den Berghe*, Corporate Governance in a Globalising world: Convergence or Divergence?, 2002.

I. Überblick

1 Art. 48 Abs. 1 Unterabs. 1 SE-VO weist dem Satzungsgeber die Verantwortung zu, die Arten von Geschäften zu regeln, für die im dualistischen System das Aufsichtsorgan seine Zustimmung erteilen und im monistischen System das Verwaltungsorgan einen ausdrücklichen Beschluss des Plenums herbeiführen muss. Gem. Art. 48 Abs. 1 Unterabs. 2 SE-VO kann das mitgliedstaatliche Recht dem Aufsichtsorgan gestatten, zustimmungsbedürftige Geschäfte selbst festzulegen; darauf beruht die Vorschrift des § 19 SEAG. Schließlich können die Mitgliedstaaten den in ihrem Hoheitsgebiet eingetragenen SE auch vorschreiben, welche Arten von Geschäften auf jeden Fall in die Satzung aufzunehmen sind (Art. 48 Abs. 2 SE-VO). Von dieser Möglichkeit hat der deutsche Gesetzgeber keinen Gebrauch gemacht.

II. Zustimmungs-/Beschlussbedürftigkeit gemäß Satzung (Art. 48 Abs. 1 Unterabs. 1 SE-VO)

1. Regelungszweck

Die Satzung legt fest, welche Geschäfte der Zustimmung des Aufsichtsorgans oder eines ausdrücklichen Beschlusses des Verwaltungsorgans bedürfen. Ihrem systematischen Standort gemäß (gemeinsame Vorschriften) und durch die Erfassung beider Leitungsmodelle in einem Satz scheint die Regelung beide Leitungssysteme gleich zu behandeln. Und doch entfaltet die scheinbar parallele Regelung im Kontext der verschiedenen Leitungsmodelle einen jeweils **system-spezifischen Regelungszweck**:

Im **dualistischen System** modifizieren die zustimmungsbedürftigen Geschäfte die Überwachungsfunktion des Aufsichtsorgans, das ausnahmsweise über Maßnahmen der Geschäftsführung beschließt, von der es grundsätzlich ausgeschlossen ist (vgl. Art. 40 Abs. 1 Satz 2 SE-VO). Es handelt sich dennoch um eine Erscheinungsform der Überwachung. Denn das Aufsichtsorgan erlangt kein unternehmerisches Initiativrecht; dieses liegt ausschließlich beim Leitungsorgan. Das Aufsichtsorgan kann dessen Vorschläge ablehnen, nicht aber selbst Vorschläge unterbreiten oder gar ohne Beteiligung des Leitungsorgans beschließen. Das zustimmungsbedürftige Geschäft begründet somit ein Veto-Recht und ist Teil einer nicht nur retrospektiv, sondern zukunftsorientiert verstandenen **Überwachung der Geschäftsleitung**[1]. Da das Leitungsorgan die Zustimmungsbedürftigkeit zumeist schon während der eigenen Entscheidungsfindung in Rechnung stellen wird, trägt sie indirekt zu einer verbesserten und frühzeitigen Kommunikation zwischen den Organen bei[2].

Im **monistischen System** ist ohnehin das Verwaltungsorgan als Ganzes für die Geschäftsführung zuständig (Art. 43 Abs. 1 SE-VO). Die Regelung des Art. 48 Abs. 1 SE-VO wäre daher entbehrlich, gäbe es nicht in der Praxis häufig eine Zweiteilung in geschäftsführende und nicht-geschäftsführende Mitglieder. Damit hat der von Art. 48 Abs. 1 SE-VO geforderte ausdrückliche Beschluss vor allem das Ziel, eine Befassung des Plenums mit der betreffenden Angelegenheit zu erzwingen. Die Norm akzentuiert damit den Charakter des Verwaltungsorgans als **Kollegialorgan**[3]. Sie geht unausgesprochen von dem praktischen Regelfall aus, in dem nicht alle Mitglieder des Verwaltungsorgans in gleicher Weise in das Tagesgeschäft involviert sind[4]. Die Entstehungsgeschichte der Norm bestätigt dies[5]. In dem Entwurf von 1989, der eine dem heutigen Art. 48 SE-VO entsprechende Vorläufernorm enthielt, war die Übertragung der Geschäftsführung auf geschäftsführende Mitglieder des Verwaltungsorgans noch zwingend vorgesehen. Sie ist zwar im Anschluss wieder entfallen; die Notwendigkeit, das

---

1 Zum damit angesprochenen Wandel des Überwachungsverständnisses hin zu einem „mitunternehmerischen" Aufsichtsrat *Lutter/Krieger/Verse*, Aufsichtsrat, Rz. 57 (S. 32); weiterhin *Hopt/Roth* in Großkomm. AktG, 4. Aufl., § 111 AktG Rz. 583 ff.
2 Dazu etwa *Leyens*, Information des Aufsichtsrats, S. 138; sowie *Hopt/Roth* in Großkomm. AktG, 4. Aufl., § 111 AktG Rz. 586 ff. Zum Zustimmungsvorbehalt als Mittel der Einbindung des Aufsichtsrats in die Unternehmensplanung *Kropff*, NZG 1998, 613 ff. und *Leyens*, Information des Aufsichtsrats, S. 371 ff.
3 Die Verantwortung aller von der Hauptversammlung bestellten Organmitglieder betont in Anlehnung an US-amerikanische Erfahrungen *Holland*, Board of directors und monistische SE, S. 157.
4 Auch die Corporate Governance-Kodizes in Ländern mit monistischer Struktur sehen zumeist ausdrücklich vor, dass bestimmte Entscheidungen dem Verwaltungsorgan vorgelegt werden müssen (näher *Berrar*, DB 2001, 2181, 2183 und *Merkt*, ZGR 2003, 650, 662 f. sowie *Seibt* in Habersack/Drinhausen, Art. 48 SE-VO Rz. 11).
5 Zur Entstehungsgeschichte auch *Schwarz*, Art. 48 SE-VO Rz. 3 ff.

Gesamtorgan mit den wichtigen Angelegenheiten der Gesellschaft zu befassen, ist jedoch geblieben.

2. Festlegung in der Satzung

5 Die Satzung legt fest, für welche Arten von Geschäften das Aufsichtsorgan seine Zustimmung erteilen beziehungsweise das Verwaltungsorgan einen ausdrücklichen Beschluss herbeiführen muss. Der Vergleich der deutschen mit der englischen Sprachfassung der SE-VO („shall") legt den Schluss nahe, dass eine **Regelungspflicht** besteht[6]: Sie entspringt der systemübergreifenden Erkenntnis, dass sowohl im dualistischen als auch im monistischen Modell wichtige Entscheidungsprozesse häufig in einem kleinen Kreis geschäftsführender Personen unter Ausschluss der nicht-geschäftsführenden Organmitglieder ablaufen[7].

6 Fehlt eine Satzungsregelung, besteht bei Gründung der SE ein **Eintragungshindernis**[8]. Danach wirkt sich der Satzungsmangel allerdings auf die Wirksamkeit der Satzung nicht aus[9]. Anders als in § 111 Abs. 4 Satz 2 AktG herrscht keine Alternativität zwischen einer Festlegung durch die Satzung oder durch das Aufsichtsorgan[10]. Art. 48 Abs. 1 SE-VO schreibt vielmehr eine Festlegung durch Satzung zwingend vor (Art. 48 Abs. 1 Unterabs. 1 SE-VO) und eröffnet lediglich zusätzlich die mitgliedstaatlich zu regelnde Möglichkeit einer Festlegung durch das Aufsichtsorgan (Art. 48 Abs. 1 Unterabs. 2 SE-VO)[11].

7 Die Satzung kann nicht konkrete Geschäfte der Zustimmungs- bzw. Beschlusspflicht unterwerfen, sondern muss **abstrakt-generell bestimmte Arten von Geschäften bezeichnen**[12]. Dies kann der Abschluss von Rechtsgeschäften mit Dritten sein oder auch eine zunächst interne unternehmerische Entscheidung – wie etwa die allgemeine Unternehmensplanung, eine wichtige Investitionsentscheidung oder Betriebsstilllegung[13]. Die Zustimmungs- und Beschlusspflicht kann auch konzernbezogen sein

---

6 In diesem Sinne *Eberspächer* in Spindler/Stilz, AktG, Art. 48 SE-VO Rz. 2; *Hommelhoff* in FS Ulmer, 2003, S. 267, 275; *Manz* in Manz/Mayer/Schröder, Art. 48 SE-VO Rz. 3; *Schwarz*, Art. 48 SE-VO Rz. 9; *Seibt* in Habersack/Drinhausen, Art. 48 SE-VO Rz. 4; *Siems* in KölnKomm. AktG, 3. Aufl., Art. 48 SE-VO Rz. 2. A.A. *Reichert/Brandes* in MünchKomm. AktG, 3. Aufl., Art. 48 SE-VO Rz. 1 und *Thümmel*, Europäische Aktiengesellschaft, Rz. 180, wonach die Festlegung zustimmungsbedürftiger Geschäfte im Ermessen des Satzungsgebers bzw. Aufsichtsrates liegen soll.

7 Empirische Studien legen den Schluss nahe, dass sich auch ein monistisches Verwaltungsorgan nicht wesentlich häufiger trifft als ein Aufsichtsrat, obwohl im Verwaltungsorgan die grundlegenden Geschäftsentscheidungen fallen sollten (vgl. *Teichmann*, Binnenmarktkonformes Gesellschaftsrecht, S. 569 f. und *van den Berghe*, Corporate Governance in a Globalising World, S. 75 f.; auch *Schiessl*, ZHR 167 (2003), 235 ff., sieht im häufig zu geringen Zeitaufwand der überwachenden Mitglieder ein gemeinsames Problem beider Leitungssysteme).

8 *Schwarz*, Art. 48 SE-VO Rz. 9.

9 Näher zur Behandlung von Satzungsmängeln, die sich in Ermangelung einer europäischen Regelung nach dem nationalen Recht richtet: *Seibt* in K. Schmidt/Lutter, § 23 AktG Rz. 58 ff.

10 Dies wird von *Hoffmann-Becking*, ZGR 2004, 355, 365, zwar kritisiert; entgegen seiner dort geäußerten Auffassung lag es aber nicht im Ermessen des mitgliedstaatlichen Gesetzgebers, diese Vorgabe der SE-VO in § 19 SEAG zu korrigieren.

11 Teilweise wird allerdings angenommen, die Festlegung durch den Aufsichtsrat könne die Satzungsregelung ersetzen; dazu sogleich Rz. 17.

12 Ebenso *Seibt* in Habersack/Drinhausen, Art. 48 SE-VO Rz. 7; für ein weites Ermessen des Satzungsgebers bei der Formulierung des Katalogs plädiert *Siems* in KölnKomm. AktG, 3. Aufl., Art. 48 SE-VO Rz. 6 ff.

13 *Manz* in Manz/Mayer/Schröder, Art. 48 SE-VO Rz. 13; *Schwarz*, Art. 48 SE-VO Rz. 13. S. aus der aktienrechtlichen Literatur zu den praxisüblichen Katalogen etwa: *Fonk*, ZGR 2006, 841, 846 ff.; *Hopt/Roth* in Großkomm. AktG, 4. Aufl., § 111 AktG Rz. 629 und *Lutter/Krieger/Verse*, Aufsichtsrat, Rz. 118 ff. (S. 60 ff.).

und Maßnahmen in der Untergesellschaft betreffen, die vom Geschäftsführungsorgan der Obergesellschaft veranlasst werden[14]. Soweit die Satzung ihre Festlegung nicht konzernbezogen formuliert, ist es eine Frage der Auslegung, ob vergleichbar gewichtige Maßnahmen in der Untergesellschaft von der Zustimmungs-/Beschlusspflicht erfasst sind[15]. Ad-hoc-Zustimmungsvorbehalte für Einzelgeschäfte sind in Ausnahmefällen zulässig[16].

Eine Satzungsbestimmung, wonach die **laufenden Geschäfte** einer Zustimmungs- bzw. Beschlusspflicht unterworfen werden, ist nicht möglich[17]. Art. 48 Abs. 1 SE-VO verlangt eine klar konturierte Definition der zustimmungs-/beschlussbedürftigen Geschäftsarten, die mit einer bloßen Festlegung auf die „laufenden Geschäfte" nicht erfüllt wäre. Weiterhin sprechen die folgenden, je nach Leitungssystem differenzierenden Erwägungen gegen einen derartigen Zustimmungsvorbehalt: Im **dualistischen Modell** verstößt er gegen die zwingende Kompetenzaufteilung zwischen Leitungs- und Aufsichtsorgan. Die Geschäftsführung obliegt dem Leitungsorgan; Maßnahmen der Geschäftsführung dürfen dem Aufsichtsorgan nicht übertragen werden. Damit wäre eine Satzungsregelung, die für Maßnahmen der laufenden Geschäftsführung die Zustimmung des Aufsichtsrats verlangt, nicht zu vereinbaren. Im **monistischen Modell** ist das Verwaltungsorgan zwar mit der Geschäftsführung auch für die Maßnahmen der laufenden Geschäftsführung zuständig. Indessen geht es bei den beschlussbedürftigen Geschäften allein um solche, bei denen eine Befassung des Plenums nötig erscheint (oben Rz. 4). Grundsätzlich liegt es im pflichtgemäßen Ermessen des Verwaltungsorgans, die Trennlinie zwischen Maßnahmen der laufenden Geschäftsführung und außergewöhnlichen Maßnahmen zu ziehen[18]. Daher würde eine Satzungsregelung, die für jede Maßnahme der laufenden Geschäftsführung einen ausdrücklichen Plenarbeschluss verlangt, die Organkompetenz übermäßig beschränken[19]. 8

3. Beschlussfassung im Gremium

Für die Beschlussfassung in Aufsichts- und Verwaltungsorgan gilt **Art. 50 SE-VO**. Die darin festgelegten Voraussetzungen für Beschlussfähigkeit und Beschlussfassung dürfen nicht durch Übertragung auf beschließende Ausschüsse unterlaufen werden (vgl. Art. 50 Rz. 22 f.). Daher ist entgegen einer vielfach vertretenen Auffassung[20] eine Delegation auf beschließende **Ausschüsse** nicht ohne weiteres zulässig[21]. Sie setzt vielmehr eine entsprechende Regelung in der Satzung voraus (s. Art. 50 Rz. 23). Soweit eine solche Regelung die Beschlussfassung des Verwaltungsorgans betrifft, wäre sicherzustellen, dass ein beschließender Ausschuss mehrheitlich aus nicht-geschäftsführenden Mitgliedern besteht[22]. 9

---

14 So zum allgemeinen Aktienrecht *Koch* in Hüffer, § 111 AktG Rz. 33. Zu konzernbezogenen Zustimmungsvorbehalten weiterhin *Fonk*, ZGR 2006, 841, 852 ff.
15 *Seibt* in Habersack/Drinhausen, Art. 48 SE-VO Rz. 10; zum nationalen Aktienrecht *Koch* in Hüffer, § 111 AktG Rz. 53.
16 Vgl. BGH v. 15.11.1993 – II ZR 235/92, BGHZ 124, 111, 126 ff.; dazu auch *Fonk*, ZGR 2006, 841, 851.
17 So auch *Manz* in Manz/Mayer/Schröder, Art. 48 SE-VO Rz. 13; *Schwarz*, Art. 48 SE-VO Rz. 15 ff.; a.A. *Merkt*, ZGR 2003, 650, 662.
18 So auch *Merkt*, ZGR 2003, 650, 662 f.
19 *Reichert/Brandes* in MünchKomm. AktG, 3. Aufl., Art. 48 SE-VO Rz. 10.
20 *Eberspächer* in Spindler/Stilz, AktG, Art. 48 SE-VO Rz. 7; *Seibt* in Habersack/Drinhausen, Art. 48 SE-VO Rz. 16; *Siems* in KölnKomm. AktG, 3. Aufl., Art. 48 SE-VO Rz. 15; differenzierend *Schwarz*, Art. 48 SE-VO Rz. 19 ff., der im Aufsichtsorgan eine Übertragung auf beschließende Ausschüsse für zulässig hält.
21 So auch *Manz* in Manz/Mayer/Schröder, Art. 48 SE-VO Rz. 17.
22 Vgl. dazu *Eberspächer* in Spindler/Stilz, AktG, Art. 48 SE-VO Rz. 7.

10 Für das Verwaltungsorgan im monistischen System fordert Art. 48 Abs. 1 Unterabs. 1 Var. 2 SE-VO einen **ausdrücklichen Beschluss**. Das Plenum hat sich mit der Angelegenheit zu befassen und muss einen formellen Beschluss herbeiführen, der auf der Tagesordnung anzukündigen und in der Sitzungsniederschrift festzuhalten ist[23]. Es genügt nicht, dass sich das Verwaltungsorgan von den geschäftsführenden Mitgliedern berichten lässt und deren Ausführungen nicht widerspricht. Vielmehr muss erkennbar eine eigene Willensbildung im Organ stattgefunden haben.

4. Rechtswirkungen im gesellschaftsrechtlichen Innenverhältnis

11 Das Fehlen der Zustimmung bzw. eines ausdrücklichen Beschlusses wirkt sich nur im Innenverhältnis aus und entfaltet **keine Wirkung gegenüber Dritten**. Rechtsgeschäfte, die ohne den erforderlichen (Zustimmungs-)Beschluss abgeschlossen werden, bleiben wirksam[24]. In früheren Entwürfen der SE-Verordnung war dies noch ausdrücklich festgelegt[25]. Dieselbe Rechtsfolge ergibt sich nunmehr in ergänzender Anwendung des mitgliedstaatlichen Rechts, welches nach den Vorgaben der Publizitätsrichtlinie gewährleisten muss, dass die organschaftliche Vertretungsbefugnis im Außenverhältnis unbeschränkt bleibt.

12 Bei Verstoß gegen die internen Vorlagepflichten hat die Gesellschaft gegebenenfalls einen **Schadensersatzanspruch** gegenüber dem Leitungsorgan oder den geschäftsführenden Direktoren. Für die haftungsausfüllende Kausalität zwischen Pflichtverletzung und Schaden muss eine adäquate Kausalität bestehen. Auf die Rechtsfigur des rechtmäßigen Alternativverhaltens kann sich ein Mitglied des Leitungsorgans/geschäftsführender Direktor jedoch nicht berufen[26]. Weiterhin kann das Fehlverhalten Anlass für eine **Abberufung** aus der Organstellung und eine Kündigung des Anstellungsverhältnisses sein.

13 Soweit eine zustimmungs-/beschlussbedürftige Maßnahme keinen Aufschub verdient, obliegt es dem pflichtgemäßen Ermessen der geschäftsführenden Personen (Leitungsorgan oder geschäftsführende Direktoren), über die vorgezogene Ausführung der Maßnahme zu entscheiden und die Zustimmung bzw. den Beschluss nachträglich einzuholen. Da Zustimmung oder Beschluss ohnehin nur Wirkung im Innenverhältnis haben, entscheidet sich die Folge einer derartigen **Notgeschäftsführung** letztlich am Maßstab der Pflichtenbindung der geschäftsführenden Personen. Ein Schadensersatz oder gar eine Beendigung der Anstellung sind nicht gerechtfertigt, wenn die Maßnahme aus einer ex ante-Betrachtung im Interesse der Gesellschaft keinen Aufschub duldete[27]. In aller Regel wird es aber auch dann möglich und geboten sein, zumindest den Vorsitzenden des Gremiums zu informieren[28].

14 Ob zu zustimmungs-/beschlussbedürftigen Geschäften die **Hauptversammlung** befragt werden kann, regelt Art. 48 SE-VO nicht. Die SE-VO selbst regelt die Kompetenzen der Hauptversammlung auch in Art. 52 SE-VO nicht abschließend. Bei einer in

---

23 *Manz* in Manz/Mayer/Schröder, Art. 48 SE-VO Rz. 16, hält dies für ratsam, aber nicht für zwingend.
24 *Manz* in Manz/Mayer/Schröder, Art. 48 SE-VO Rz. 22; *Schwarz*, Art. 48 SE-VO Rz. 25; *Siems* in KölnKomm. AktG, 3. Aufl., Art. 48 SE-VO Rz. 3, 20.
25 Art. 72 E-1989, Art. 66 E-1975.
26 So zum Sonderschadensrecht bei einschlägigen Verfahrens- und Kompetenzverstößen im Aktienrecht *Grooterhorst*, NZG 2011, 921, 924; *Seebach*, AG 2012, 70, 73; zur SE *Seibt* in Habersack/Drinhausen, Art. 48 SE-VO Rz. 18. A.A. zum Aktienrecht *Altmeppen* in FS K. Schmidt, 2009, S. 23, 32 ff.; *Fleischer*, NJW 2009, 2337, 2339 f.; *Fleischer*, DStR 2009, 1204.
27 Für die grundsätzliche Zulässigkeit einer solchen Notgeschäftsführung auch *Schwarz*, Art. 48 SE-VO Rz. 11.
28 *Manz* in Manz/Mayer/Schröder, Art. 48 SE-VO Rz. 20.

Deutschland ansässigen SE können Geschäftsführungsmaßnahmen gem. Art. 52 Satz 2 SE-VO i.V.m. § 119 Abs. 2 AktG der Hauptversammlung vorgelegt werden (Art. 52 Rz. 27). Da Art. 52 Satz 2 SE-VO allgemein auf die mitgliedstaatlichen Kompetenzregeln verweist, wird teilweise angenommen, die Hauptversammlung könne gemäß § 111 Abs. 4 S. 3 AktG die nach Art. 48 Abs. 1 SE-VO erforderliche Zustimmung des Aufsichtsorgans ersetzen[29]. Richtigerweise muss Art. 48 SE-VO insoweit aber als abschließend angesehen werden, so dass die Hauptversammlung in diesem Bereich nicht an die Stelle des Aufsichtsorgans treten kann (Art. 52 Rz. 37)[30].

Die Anrufung der Hauptversammlung durch den Vorstand, um die fehlende Zustimmung des Aufsichtsrats zu ersetzen, hat im **monistischen System** keine Entsprechung. Der **Verwaltungsrat ist das oberste Leitungsorgan**, er tritt gem. § 22 Abs. 6 SEAG an die Stelle des Vorstands, müsste also die Hauptversammlung anrufen, um seinen eigenen ablehnenden Beschluss zu ersetzen. Anders als im dualistischen System bedarf es zur Klärung einer Meinungsverschiedenheit auch nicht der Hauptversammlung als dritter Instanz. Denn gegenüber den geschäftsführenden Direktoren kann der Verwaltungsrat einen Disput kraft seines Weisungsrechts abschließend entscheiden[31]. Allenfalls kann bei Meinungsverschiedenheiten innerhalb des Verwaltungsrats der Beschluss gefasst werden, zur Klärung der Frage die Hauptversammlung anzurufen. Es handelt sich dann um eine Vorlage i.S.d. § 119 Abs. 2 AktG, für die – außerhalb der Holzmüller-Fälle – ein Hauptversammlungsbeschluss mit einfacher Mehrheit genügt.

III. Zustimmungsvorbehalt durch das Aufsichtsorgan (Art. 48 Abs. 1 Unterabs. 2 SE-VO)

Der mitgliedstaatliche Gesetzgeber kann das Aufsichtsorgan dazu ermächtigen, selbst bestimmte Arten von Geschäften von seiner Zustimmung abhängig zu machen. Ein Gleichlauf mit dem nationalen Aktienrecht ist hier nicht gefordert. Der deutsche Gesetzgeber hat sich gemäß der generell mit dem SEAG verfolgten Linie[32] mit **§ 19 SEAG** für einen weitgehenden Gleichlauf mit § 111 Abs. 4 Satz 3 AktG entschieden. Für die Einzelheiten sei auf die Kommentierung des § 19 SEAG (Anh. Art. 48) verwiesen[33].

Ob die Kompetenz des Aufsichtsorgans zur Festlegung zustimmungsbedürftiger Geschäfte *neben* die Regelungspflicht des Satzungsgebers (oben Rz. 5 ff.) tritt oder diese ersetzt, wird in Art. 48 Abs. 1 SE-VO nicht ganz deutlich. Das Wort „jedoch" spricht dafür, dass **an die Stelle des Satzungsgebers das Aufsichtsorgan tritt**; dies entspräche auch der Regelung im deutschen Aktienrecht (§ 111 Abs. 4 Satz 2 AktG)[34]. Andererseits soll das Aufsichtsorgan nur „bestimmte Arten von Geschäften"[35] von seiner Zustimmung abhängig machen dürfen. Damit soll dem Aufsichtsorgan offenbar eine flexible Anpassung an die konkreten Verhältnisse ermöglicht werden, die eine starre

---

29 *Manz* in Manz/Mayer/Schröder, Art. 48 SE-VO Rz. 24; *Reichert/Brandes* in MünchKomm. AktG, 3. Aufl., Art. 48 SE-VO Rz. 16; *Schwarz*, Art. 48 SE-VO Rz. 14 und 29; *Seibt* in Habersack/Drinhausen, Art. 48 SE-VO Rz. 19.
30 Ebenso *Siems* in KölnKomm. AktG, 3. Aufl., Art. 48 SE-VO Rz. 20.
31 *Reichert/Brandes* in MünchKomm. AktG, 3. Aufl., Art. 48 SE-VO Rz. 17.
32 S. nur *Teichmann*, ZIP 2002, 1109, 1110.
33 Vgl. für das Aktienrecht *Drygala* in K. Schmidt/Lutter, § 111 AktG Rz. 58 ff.
34 Dort klar zum Ausdruck gebracht durch das nachfolgend kursiv hervorgehobene „oder" im Wortlaut der Vorschrift: „Die Satzung *oder* der Aufsichtsrat hat jedoch zu bestimmen, daß bestimmte Arten von Geschäften nur mit seiner Zustimmung vorgenommen werden dürfen."
35 In der französischen Fassung „certaines catégories d'opérations", in der englischen Fassung „certain categories of transaction".

Satzungsregelung alleine nicht bieten kann. Hinzu kommt, dass für das Aufsichtsorgan eine mitgliedstaatliche Kann-Regelung möglich ist, während die Satzung zwingend einen Katalog mit zustimmungspflichtigen Geschäften enthalten soll[36]. Dies spricht dafür, in der Kompetenz des Aufsichtsorgans nur eine Ergänzung zur Satzung zu sehen[37]. Diesem Verständnis folgt auch der deutsche Gesetzgeber, der in § 19 SEAG die Zuständigkeit des Aufsichtsrats neben diejenige des Satzungsgebers stellt[38].

18 Ein vergleichbares Recht für das **Verwaltungsorgan** ist weder in der Verordnung noch im SEAG vorgesehen. Hierfür besteht auch **keine Notwendigkeit**, da das Verwaltungsorgan kraft seiner unmittelbaren Zuständigkeit für die Geschäftsführung (Art. 43 Abs. 1 SE-VO) ohnehin jede Geschäftsführungsmaßnahme an sich ziehen kann[39]. Entsprechende Vorlagepflichten der geschäftsführenden Direktoren können in deren Geschäftsordnung geregelt werden[40]. Wenn dies unterbleibt, besteht aus mitbestimmungsrechtlicher Perspektive die Gefahr, dass der Schwerpunkt der Geschäftsführung aus dem Verwaltungsorgan heraus verlagert wird und die nicht-geschäftsführenden Mitglieder – also insbesondere die Arbeitnehmervertreter – lediglich zu den vier zwingend vorgesehenen jährlichen Sitzungen (Art. 44 Abs. 1 SE-VO) an der Oberleitung teilhaben[41]. Indessen haben nicht-geschäftsführende Mitglieder des Verwaltungsrats Möglichkeiten, sich gegen eine faktische Zurücksetzung zu wehren. Sie können insbesondere von ihrem Informationsrecht nach Art. 44 Abs. 2 SE-VO Gebrauch machen und gem. § 37 SEAG die Einberufung des Verwaltungsrats erzwingen.

IV. Vorgaben des mitgliedstaatlichen Rechts (Art. 48 Abs. 2 SE-VO)

19 Die Mitgliedstaaten werden in Art. 48 Abs. 2 SE-VO ermächtigt, bestimmte Arten von Geschäften gesetzlich vorzuschreiben, die in jedem Fall als zustimmungs- beziehungsweise beschlussbedürftig in die Satzung aufzunehmen sind. Dass der **gesetzliche Katalog** für beide Leitungssysteme gleichermaßen gelten müsse[42], lässt sich Art. 48 Abs. 2 SE-VO nicht entnehmen[43]. Die unterschiedliche Funktionalität des Zustimmungsvorbehalts im dualistischen und der Beschlusspflicht im monistischen System (oben Rz. 2 ff.) legt es vielmehr nahe, nach beiden Systemen zu differenzieren. In **Deutschland** hatte sich zum TransPuG die Auffassung durchgesetzt, dass derartige gesetzliche Vorgaben nicht sinnvoll seien[44]. Das SEAG macht daher von der Ermächtigung des Art. 48 Abs. 2 SE-VO keinen Gebrauch.

20 Allerdings kennt das deutsche Aktienrecht einige **speziell geregelte Zustimmungspflichten**. Diese Mitwirkungsrechte werden von Art. 48 SE-VO nicht verdrängt, soweit sie sich infolge andernorts geregelter Verweisungen auf nationales Recht stützen können. Ein Beispiel dafür ist die Zustimmung des Aufsichtsrats bei Durchfüh-

---

[36] *Manz* in Manz/Mayer/Schröder, Art. 48 SE-VO Rz. 10.
[37] In diesem Sinne auch *Manz* in Manz/Mayer/Schröder, Art. 48 SE-VO Rz. 7; *Seibt* in Habersack/Drinhausen, Art. 48 SE-VO Rz. 22 und *Siems* in KölnKomm. AktG, 3. Aufl., Art. 48 SE-VO Rz. 24.
[38] Kritisch dazu (auf Basis eines anderen Textverständnisses der Verordnung) *Hoffmann-Becking*, ZGR 2004, 355, 365.
[39] *Frodermann* in Jannott/Frodermann, Handbuch Europäische Aktiengesellschaft, S. 253; *Schwarz*, Art. 48 SE-VO Rz. 33 ff.; *Siems* in KölnKomm. AktG, 3. Aufl., Art. 48 SE-VO Rz. 21; *Teichmann* in Lutter/Hommelhoff, Europäische Gesellschaft, S. 197, 211.
[40] *Reichert/Brandes* in MünchKomm. AktG, 3. Aufl., Art. 48 SE-VO Rz. 2.
[41] Dazu *Gutsche*, Eignung der Europäischen Aktiengesellschaft, S. 159 ff.
[42] So *Schwarz*, Art. 48 SE-VO Rz. 39.
[43] Wie hier *Seibt* in Habersack/Drinhausen, Art. 48 SE-VO Rz. 24.
[44] Dazu *Berrar*, DB 2001, 2181, 2183 ff.; *Fonk*, ZGR 2006, 841, 843 sowie *Koch* in Hüffer, § 111 AktG Rz. 36.

rung einer **genehmigten Kapitalerhöhung** (§ 204 Abs. 1 Satz 2 AktG). Das Verfahren der Kapitalerhöhung unterliegt gem. Art. 5 SE-VO dem mitgliedstaatlichen Recht (Art. 5 Rz. 1 ff.). Demgemäß bleibt es auch in der SE bei dem in § 204 Abs. 1 Satz 2 AktG geregelten Zustimmungsvorbehalt des Aufsichtsrats[45]. Für das monistische System ist eine entsprechende Anpassung vorzunehmen und in Anlehnung an die Systematik des Art. 48 Abs. 1 SE-VO ein ausdrücklicher Verwaltungsratsbeschluss zu fordern (Anh. Art. 43 § 22 SEAG Rz. 47)[46].

Ein weiterer Fall eines mitgliedstaatlich geregelten Zusammenwirkens von Vorstand und Aufsichtsrat ist die **Feststellung des Jahresabschlusses** (§ 172 AktG); in Übertragung dessen auf das monistische System billigt der Verwaltungsrat den von den geschäftsführenden Direktoren aufgestellten Jahresabschluss (§ 47 Abs. 5 SEAG). Einschlägige Verweisungsnorm hierfür ist Art. 61 SE-VO, der für die Aufstellung, Prüfung und Offenlegung des Jahresabschlusses das mitgliedstaatliche Recht heranzieht. Begrifflich ist allerdings die Feststellung des Jahresabschlusses von seiner Aufstellung zu unterscheiden[47]. Art. 61 SE-VO erwähnt die Feststellung zwar nicht, macht aber durch die Aufzählung der Verfahrensschritte (Aufstellung, Prüfung und Offenlegung) deutlich, dass der gesamte Prozess der Rechnungslegung von der Aufstellung über die Prüfung bis hin zur Offenlegung dem mitgliedstaatlichen Recht unterliegen soll. Die Feststellung ist hierin ein notwendiger Zwischenschritt; sie vom Verweis auf das mitgliedstaatliche Recht auszunehmen, ergäbe keinen Sinn. Der Verweis auf mitgliedstaatliches Recht muss daher auch die Feststellung erfassen (vgl. zum Ergebnis auch Art. 61 Rz. 3).

21

Anhang zu Art. 48 SE-VO

§ 19 SEAG
Festlegung zustimmungsbedürftiger Geschäfte durch das Aufsichtsorgan

Das Aufsichtsorgan kann selbst bestimmte Arten von Geschäften von seiner Zustimmung abhängig machen.

I. Überblick	1	II. Festlegung zustimmungsbedürftiger Geschäfte durch das Aufsichtsorgan .	2

Literatur: *Fleischer*, Gestaltungsgrenzen für Zustimmungsvorbehalte des Aufsichtsrats nach § 111 Abs. 4 S. 2 AktG, BB 2013, 835–843; *Seebach*, Kontrollpflicht und Flexibilität – Zu den Möglichkeiten des Aufsichtsrats bei der Ausgestaltung und Handhabung von Zustimmungsvorbehalten, AG 2012, 70–77.

---

45 Ebenso im Ergebnis *Koke*, Finanzverfassung der SE, S. 189, der dieses Ergebnis mit der Entstehungsgeschichte der SE-Verordnung stützt.
46 Überzeugend *Koke*, Finanzverfassung der SE, S. 190 ff.
47 Erst mit der Feststellung wird der Abschluss verbindlich; dazu *Drygala* in K. Schmidt/Lutter, § 172 AktG Rz. 7 und *Koch* in Hüffer, § 172 AktG Rz. 2.

I. Überblick

1 Die Festlegung zustimmungsbedürftiger Geschäfte durch den Aufsichtsrat ist ein wichtiges Element der **proaktiven Überwachungs- und Beratungsaufgabe des Aufsichtsrates**[1]. Im allgemeinen Aktienrecht ist sie in **§ 111 Abs. 4 AktG** geregelt. Dort findet sich seit der Reform durch das TransPuG[2] eine Verpflichtung, zustimmungsbedürftige Geschäfte festzulegen. Dies kann durch die Satzung oder den Aufsichtsrat geschehen. Für die dualistisch strukturierte SE gilt **Art. 48 SE-VO**. Demnach werden zustimmungsbedürftige Geschäfte in der **Satzung** aufgeführt; darin kommt eine Regelungspflicht zum Ausdruck (str., vgl. Art. 48 Rz. 5). Der mitgliedstaatliche Gesetzgeber ist zu einer Regelung ermächtigt, wonach das Aufsichtsorgan selbst bestimmte Arten von Geschäften von seiner Zustimmung abhängig machen kann. Von dieser **Regelungsermächtigung** hat der deutsche Gesetzgeber in § 19 SEAG Gebrauch gemacht. Er verfolgt damit das Ziel, einen weitgehenden Gleichlauf mit dem nationalen Aktienrecht herzustellen[3].

II. Festlegung zustimmungsbedürftiger Geschäfte durch das Aufsichtsorgan

2 Im Zusammenhang mit der europäischen Vorgabe des Art. 48 SE-VO entsteht die Frage, ob die Kompetenz des Aufsichtsorgans, zustimmungsbedürftige Geschäfte festzulegen, neben oder an die Stelle einer **Satzungsfestlegung** tritt. Nationale Aktiengesellschaften können zustimmungsbedürftige Geschäfte entweder in der Satzung oder durch den Aufsichtsrat festlegen (§ 111 Abs. 4 Satz 2 AktG). Für die SE gilt jedoch in erster Linie Art. 48 SE-VO mit seiner Verpflichtung zur Satzungsregelung (oben Rz. 1). Die kraft mitgliedstaatlichen Rechts eingeführte Kompetenz des Aufsichtsrates bildet dazu nur eine **Ergänzung**, die es dem Aufsichtsorgan erlaubt, den Katalog der zustimmungsbedürftigen Geschäfte unabhängig vom Verfahren einer Satzungsänderung an die konkreten Bedürfnisse der Unternehmensleitung flexibel anzupassen (vgl. Art. 48 Rz. 17)[4].

3 Bei der Einführung von Zustimmungsvorbehalten des Aufsichtsrats gelten die zu § 111 Abs. 4 Satz 2 AktG entwickelten Grundlagen und Grenzen[5]: Sie dienen der **präventiven Überwachung**, dürfen andererseits den Grundsatz des Art. 40 Abs. 1 Satz 2 SE-VO nicht verletzen, dass das Aufsichtsorgan nicht zur Geschäftsführung berechtigt ist. Das Aufsichtsorgan hat demnach lediglich ein **Veto-Recht** gegen Maßnahmen, die der Vorstand vorschlägt, kann jedoch nicht selbst bestimmte Geschäftsführungsmaßnahmen beschließen oder anweisen. Der Katalog zustimmungsbedürftiger Geschäfte muss sich abstrakt auf bestimmte Arten von Geschäften beziehen (Art. 48 Rz. 7 f.): Ein Zustimmungsvorbehalt für die „laufenden Geschäfte" ist nicht möglich; Ad-hoc-Vorbehalte für Einzelmaßnahmen sind nur in Ausnahmefällen zulässig[6].

---

[1] S. nur *Lutter/Krieger/Verse*, Rechte und Pflichten des Aufsichtsrats, Rz. 114 ff.
[2] Transparenz- und Publizitätsgesetz v. 19.7.2002, BGBl. I 2002, 2681 ff.
[3] Begr. RegE, BT-Drucks. 15/3405, S. 36.
[4] Ebenso *Seibt* in Habersack/Drinhausen, SE-Recht, Art. 48 SE-VO Rz. 22; *Siems* in KölnKomm. AktG, 3. Aufl., Art. 48 SE-VO Rz. 24.
[5] Näher *Drygala* in K. Schmidt/Lutter, § 111 AktG Rz. 52 ff.; *Fleischer*, BB 2013, 835 ff. und *Koch* in Hüffer, § 111 AktG Rz. 40 ff.
[6] Ebenso *Seibt* in Habersack/Drinhausen, SE-Recht, Art. 48 SE-VO Rz. 23. Demgegenüber will *Siems* in KölnKomm. AktG, 3. Aufl., Art. 48 SE-VO Rz. 26 einen einzelfallbezogenen Zustimmungsvorbehalt zwar nicht gestatten, hält aber die Aufnahme einer neuen Kategorie zustimmungsbedürftiger Geschäfte – aus Anlass eines konkret auftretenden Falles, der davon sogleich mit erfasst wird – für denkbar.

Einen **gesetzlichen Katalog** von Geschäften, für die zwingend ein Zustimmungsvorbehalt besteht, kennen weder das AktG noch das SEAG[7]. Art. 48 SE-VO gewährt den Mitgliedstaaten zwar das Recht, derartige Mindestkataloge festzulegen. Der deutsche Gesetzgeber hat von dieser Ermächtigung im Lichte der zum TransPuG geführten Diskussion jedoch keinen Gebrauch gemacht (vgl. Art. 48 Rz. 19). 4

Die **Zustimmung** wird durch **Beschluss** erteilt, für den die Regeln des Art. 50 SE-VO gelten. Soll die Zustimmung einem beschließenden Ausschuss übertragen werden, ist dies in der Satzung zu regeln (Art. 50 Rz. 22 f.). Eine Ersetzung der Zustimmung des Aufsichtsorgans durch einen **Hauptversammlungsbeschluss** (vgl. § 111 Abs. 4 Satz 3 AktG) ist nach dem SEAG nicht vorgesehen. Wegen des insoweit abschließenden Charakters von Art. 48 SE-VO ist eine solche Ersetzung nicht möglich (Art. 48 Rz. 14 sowie Art. 52 Rz. 37). 5

Art. 49
[Verschwiegenheitspflicht]

Die Mitglieder der Organe der SE dürfen Informationen über die SE, die im Falle ihrer Verbreitung den Interessen der Gesellschaft schaden könnten, auch nach Ausscheiden aus ihrem Amt nicht weitergeben; dies gilt nicht in Fällen, in denen eine solche Informationsweitergabe nach den Bestimmungen des für Aktiengesellschaften geltenden einzelstaatlichen Rechts vorgeschrieben oder zulässig ist oder im öffentlichen Interesse liegt.

I. Überblick 1	IV. Ausnahmen von der Verschwiegenheitspflicht 8
II. Verpflichteter Personenkreis 2	V. Rechtsfolgen eines Pflichtverstoßes . 13
III. Inhaltliche und zeitliche Reichweite der Verschwiegenheitspflicht 4	

Literatur: *Berndt/Hoppler*, Whistleblowing – ein integraler Bestandteil effektiver Corporate Governance, BB 2005, 2623; *Klöhn*, Der Aufschub der Ad-hoc-Publizität wegen überwiegender Geheimhaltungsinteressen des Emittenten (§ 15 Abs. 3 WpHG), ZHR 178 (2014), 55; *Leyens*, Information des Aufsichtsrats, 2006; *Lutter*, Information und Vertraulichkeit im Aufsichtsrat, 3. Aufl. 2006; *Stoffels*, Grenzen der Informationsweitergabe durch den Vorstand einer Aktiengesellschaft im Rahmen einer „Due Diligence", ZHR 165 (2001), 362; *Weber-Rey*, Whistleblowing zwischen Corporate Governance und Better Regulation, AG 2006, 406.

I. Überblick

Art. 49 SE-VO normiert eine **Verschwiegenheitspflicht** der Organmitglieder auch für die Zeit nach ihrem Ausscheiden aus dem Amt. Er setzt damit als selbstverständlich voraus, dass die Organmitglieder schon während ihrer Amtszeit einer Verschwiegenheitspflicht unterliegen. Die Verschwiegenheitspflicht findet ihre **Grenzen**, soweit das mitgliedstaatliche Aktienrecht eine Informationsweitergabe erlaubt oder vorschreibt oder diese im öffentlichen Interesse liegt. 1

---

[7] Anders das österreichische Aktienrecht in § 95 Abs. 5 AktG und § 37 SEG.

II. Verpflichteter Personenkreis

2 Die Verschwiegenheitspflicht gilt für die Mitglieder der Organe der SE. Nach der systematischen Stellung der Vorschrift sind die **Mitglieder von Leitungs-, Aufsichts- und Verwaltungsorgan** angesprochen (Vor Art. 46 Rz. 3)[1].

3 Für die **geschäftsführenden Direktoren** gilt Art. 49 SE-VO zwar nicht unmittelbar, sie unterliegen jedoch im Ergebnis derselben Verschwiegenheitspflicht[2]. Denn sie werden im Kompetenzbereich des Verwaltungsorgans (Geschäftsführung i.S.d. Art. 43 Abs. 1 SE-VO) tätig; der mitgliedstaatliche Gesetzgeber konnte zwar auf Basis der Ermächtigung des Art. 43 Abs. 4 SE-VO Hilfspersonen für das Verwaltungsorgan schaffen, durfte dabei aber nicht die mit dessen Aufgabenwahrnehmung verknüpfte Verschwiegenheitspflicht verkürzen. Die geschäftsführenden Direktoren unterliegen daher auf Grund ihrer allgemeinen Pflichtenstellung ebenso der Verschwiegenheitspflicht wie der Verwaltungsrat (vgl. auch Anh. Art. 43 § 40 SEAG Rz. 63).

III. Inhaltliche und zeitliche Reichweite der Verschwiegenheitspflicht

4 Art. 49 SE-VO bezieht die Verschwiegenheitspflicht anders als frühere Fassungen nicht mehr auf „vertrauliche" Informationen. Alleiniger **Maßstab** für die Weitergabe von Informationen ist das **Gesellschaftsinteresse**[3]. Es kommt somit nicht darauf an, ob eine Information noch geheim oder bereits Personen außerhalb des Organs oder auch außerhalb der Gesellschaft bekannt ist. Selbst wenn bereits ein überschaubarer Kreis von Personen Kenntnis von einer Information hat, kann die Weitergabe an einen größeren Personenkreis (namentlich die Medien) gegen das Interesse der Gesellschaft verstoßen[4]. Dabei ist auch zu bedenken, dass eine Aussage aus dem Munde eines Organmitglieds ein anderes Gewicht hat als wenn eine Information nur als Gerücht kursiert. Art. 49 SE-VO untersagt daher auch die **Verbreitung einer Information** innerhalb eines größeren Personenkreises als demjenigen, der bislang von ihr Kenntnis erlangt hatte, wenn dies den Interessen der Gesellschaft zuwiderläuft.

5 Die **Weitergabe innerhalb des Organs** ist keine Informationsverbreitung i.S.d. Art. 49 SE-VO, da alle Organmitglieder derselben Verschwiegenheitspflicht unterliegen und kraft ihrer Mitgliedschaft im Organ sogar einen Anspruch auf gleichmäßige Information haben (vgl. Art. 41 Abs. 5 und Art. 44 Abs. 2 SE-VO)[5]. Dasselbe gilt für die Weitergabe einer Information vom Leitungs- an das Aufsichtsorgan oder vom geschäftsführenden Direktor an den Verwaltungsrat. Grundsätzlich darf man darauf vertrauen, dass die übrigen Mitglieder des Organs und die Mitglieder des anderen, gleichfalls der Verschwiegenheit unterliegenden Organs ihre Verschwiegenheitspflicht beachten. Nur bei begründeten Zweifeln daran kann es geboten sein, eine Information selbst innerhalb der Gesellschaft nicht weiterzugeben[6].

---

1 So auch *Manz* in Manz/Mayer/Schröder, Art. 49 SE-VO Rz. 1.
2 Ebenso *Drinhausen* in Habersack/Drinhausen, Art. 49 SE-VO Rz. 3; *Eberspächer* in Spindler/Stilz, AktG, Art. 49 SE-VO Rz. 1; *Reichert/Brandes* in MünchKomm. AktG, 3. Aufl., Art. 49 SE-VO Rz. 1. A.A. (unmittelbare Geltung des Art. 49 SE-VO) *Manz* in Manz/Mayer/Schröder, Art. 49 SE-VO Rz. 1, 18; *Schwarz*, Art. 49 SE-VO Rz. 6.
3 Ebenso *Drinhausen* in Habersack/Drinhausen, Art. 49 SE-VO Rz. 6; *Manz* in Manz/Mayer/Schröder, Art. 49 SE-VO Rz. 7.
4 S. dazu *Krieger/Sailer-Coceani* in K. Schmidt/Lutter, § 93 AktG Rz. 24.
5 *Drinhausen* in Habersack/Drinhausen, Art. 49 SE-VO Rz. 9; *Manz* in Manz/Mayer/Schröder, Art. 49 SE-VO Rz. 10; *Reichert/Brandes* in MünchKomm. AktG, 3. Aufl., Art. 49 SE-VO Rz. 7; *Siems* in KölnKomm. AktG, 3. Aufl., Art. 49 SE-VO Rz. 6, 9 ff.
6 In diesem Sinne *Lutter*, Information und Vertraulichkeit im Aufsichtsrat, S. 43 ff. und S. 197 f. für das Verhältnis von Vorstand und Aufsichtsrat; sowie *Leyens*, Information des Aufsichtsrats, S. 169; weiterhin *Hopt/Roth* in Großkomm. AktG, 4. Aufl., § 116 AktG Rz. 254 f.

Untersagt ist eine Weitergabe, die den Interessen der Gesellschaft schaden könnte. **6**
Der **Begriff des Schadens** ist hier nicht allein finanziell zu verstehen. Es genügt beispielsweise auch eine Beeinträchtigung der Reputation. Ob die Verbreitung einer Information den Interessen der Gesellschaft schadet, ist mitunter eine **Abwägungsfrage**. Die Preisgabe einer Information mag kurzfristig nachteilig wirken, langfristig aber als vorteilhaft angesehen werden – etwa im Sinne einer offenen Informationspolitik, die Missstände im Unternehmen ungeschminkt darstellt. Über eine derartige Informationsstrategie kann ein Organmitglied allerdings nicht im Alleingang entscheiden; vielmehr muss darüber das Organ beraten und beschließen.

In **zeitlicher** Hinsicht gilt die Verschwiegenheitspflicht **grundsätzlich unbegrenzt**. Die **7**
Weitergabe von Informationen ist auch nach Ausscheiden aus dem Amt erst dann gestattet, wenn damit den Interessen der Gesellschaft kein Schaden mehr zugefügt werden kann[7]. Dass während der Amtszeit eine Verschwiegenheitspflicht besteht, versteht sich von selbst. Während die deutsche Sprachfassung eher den Eindruck vermittelt, die Verordnung regele allein die Verschwiegenheitspflicht nach Ende der Amtszeit und setze das Bestehen einer solchen Pflicht während der Amtszeit nur stillschweigend voraus, ergibt sich aus der französischen und englischen Fassung, dass Art. 49 SE-VO die Verschwiegenheitspflicht **während der Amtszeit** mitregelt. Denn es heißt dort sinngemäß, eine Information dürfe „selbst nach" dem Ausscheiden aus der Gesellschaft nicht weitergegeben werden[8]. Zudem dürften nach dem Sinn und Zweck der Regelung, auch wenn sich dies nicht unmittelbar aus dem Wortlaut ergibt, auch Personen, die nur erst für ein Mandat nominiert wurden, sowie Ersatzmitglieder der Verschwiegenheitspflicht unterliegen[9].

IV. Ausnahmen von der Verschwiegenheitspflicht

Der zweite Halbsatz des Art. 49 SE-VO entbindet die Organmitglieder von ihrer Ver- **8**
schwiegenheitspflicht, soweit das einzelstaatliche Recht eine Informationsweitergabe vorschreibt oder diese im öffentlichen Interesse liegt[10]. Mit dem **einzelstaatlichen Recht** ist auf das nach Internationalem Gesellschaftsrecht maßgebliche Sachrecht verwiesen (dazu bereits Art. 47 Rz. 24)[11].

Beispiele für Ausnahmen von der Verschwiegenheitspflicht[12]: Auf **Fragen der Aktio-** **9**
näre während der Hauptversammlung muss gem. § 131 AktG grundsätzlich Auskunft gegeben werden. Eine Auskunftsverweigerung ist nur gerechtfertigt, wenn „nicht unerhebliche Nachteile" für die Gesellschaft drohen; Art. 49 Abs. 1 SE-VO wird dadurch insoweit eingeschränkt, als diese Norm keine Wesentlichkeitsschwelle kennt. Eine wichtige Ausnahme zu Art. 49 Abs. 1 SE-VO bilden auch die **kapital-**

---

7 *Drinhausen* in Habersack/Drinhausen, Art. 49 SE-VO Rz. 4; *Schwarz*, Art. 49 SE-VO Rz. 13; *Siems* in KölnKomm. AktG, 3. Aufl., Art. 49 SE-VO Rz. 1.
8 „Les membres des organes de la SE sont tenus de ne pas divulguer, *même après* la cessation de leurs fonctions, les informations ..." sowie „The members of an SE's organ shall be under a duty, *even after* they have ceased to hold office, not do divulge any information ...".
9 *Drinhausen* in Habersack/Drinhausen, Art. 49 SE-VO Rz. 5; *Siems* in KölnKomm. AktG, 3. Aufl., Art. 49 SE-VO Rz. 4.
10 Zu den Einzelfällen *Lutter*, Information und Vertraulichkeit im Aufsichtsrat, Rz. 528 ff. (S. 199 ff.).
11 Ebenso *Manz* in Manz/Mayer/Schröder, Art. 49 SE-VO Rz. 13. A.A. (allgemeiner Verweis auf das einzelstaatliche Recht) *Drinhausen* in Habersack/Drinhausen, Art. 49 SE-VO Rz. 13; *Schwarz*, Art. 49 SE-VO Rz. 17; differenzierend: *Siems* in KölnKomm. AktG, 3. Aufl., Art. 49 SE-VO Rz. 13 ff.: Anwendung der Kollisionsregel des jeweiligen Rechtsgebietes.
12 S. außerdem die ausführliche Darstellung gesetzlicher Auskunftspflichten bei *Hopt/Roth* in Großkomm. AktG, 4. Aufl., § 116 AktG Rz. 260 ff.

marktrechtlichen Informationspflichten, etwa die Ad-hoc-Mitteilung kursrelevanter Tatsachen nach § 15 WpHG[13]. Nur in seltenen Fällen ist es denkbar, kursrelevante Informationen im Interesse der Gesellschaft zurückzuhalten; dies entscheidet sich aber nicht am Maßstab des Art. 49 SE-VO, sondern anhand kapitalmarktrechtlicher Wertungen[14].

10 Auch die Regeln über die Informationsweitergabe im Rahmen einer **Due Diligence** zählen zu den Ausnahmen von der Verschwiegenheitspflicht[15]. Sie sind zwar nicht ausdrücklich gesetzlich geregelt; der Verweis auf einzelstaatliches Recht erfasst aber auch dessen Auslegung und Fortbildung durch die Gerichte (dazu auch Art. 9 Rz. 56). Die Entscheidung über die Durchführung einer Due Diligence trifft das geschäftsführende Organ[16]. Im **dualistischen System** ist dies der Vorstand; der Aufsichtsrat kann die Durchführung der Due Diligence von seiner Zustimmung abhängig machen[17]. Im **monistischen System** können die geschäftsführenden Direktoren eine derart weitreichende Entscheidung nicht ohne den Verwaltungsrat treffen. Sie sind daher verpflichtet, den Verwaltungsrat über das Begehren einer Due Diligence zu informieren und dessen Entschließung abzuwarten[18].

11 Auch das „**öffentliche Interesse**" kann eine Preisgabe von Informationen rechtfertigen. Da ein derart unbestimmter Rechtsbegriff in hohem Maße ausfüllungsbedürftig ist, stellt sich die Frage, ob auch hier die Wertungen des einzelstaatlichen Rechts maßgeblich sind. Seinem Wortlaut nach bezieht Art. 49 SE-VO das öffentliche Interesse jedoch nicht auf die einzelstaatlichen Vorschriften, sondern sieht darin offenbar einen übergeordneten Ausnahmetatbestand. Die Bestimmung des öffentlichen Interesses sollte daher auch **Wertungen des Unionsrechts** einbeziehen, soweit diese hinreichend konkretisierbar sind[19].

12 Ein denkbares Beispiel für die Preisgabe von Informationen im öffentlichen Interesse sind Sachverhalte, die unter dem Stichwort des „**Whistleblowing**" diskutiert werden. Darunter versteht man einerseits die Weitergabe von Informationen innerhalb des Unternehmens, wobei die zuständigen Hierarchieebenen übersprungen werden[20]. Dieses **interne** Whistleblowing ist kein Anwendungsfall des Art. 49 SE-VO, sondern eine Frage der internen Informationsversorgung[21]. Hingegen kann bei dem sogenann-

---

13 *Reichert/Brandes* in MünchKomm. AktG, 3. Aufl., Art. 49 SE-VO Rz. 10.
14 Zur damit angesprochenen Befreiungsmöglichkeit nach § 15 Abs. 3 WpHG eingehend *Klöhn*, ZHR 178 (2014), 55 ff.
15 *Reichert/Brandes* in MünchKomm. AktG, 3. Aufl., Art. 49 SE-VO Rz. 14; zur Informationsweitergabe im Rahmen einer Due Diligence beispielsweise *Stoffels*, ZHR 165 (2001), 362 ff.
16 S. nur *Lutter*, Information und Vertraulichkeit im Aufsichtsrat, Rz. 687 (S. 262).
17 *Lutter*, Information und Vertraulichkeit im Aufsichtsrat, Rz. 687 ff. (S. 262 ff.). Vgl. *Lutter*, Information und Vertraulichkeit im Aufsichtsrat, Rz. 690 ff. (S. 264 ff.) auch zu der Frage, inwieweit im Rahmen der Due Diligence Einsicht in Aufsichtsratsprotokolle genommen werden kann.
18 Vgl. Anh. Art. 43 § 40 SEAG Rz. 39 ff. zur allgemeinen Informationspflicht der geschäftsführenden Direktoren gegenüber dem Verwaltungsrat.
19 Ebenso *Drinhausen* in Habersack/Drinhausen, Art. 49 SE-VO Rz. 15; *Schwarz*, Art. 49 SE-VO Rz. 16; *Siems* in KölnKomm. AktG, 3. Aufl., Art. 49 SE-VO Rz. 17. Enger dagegen *Manz* und *Schröder* in Manz/Mayer/Schröder, Art. 49 SE-VO Rz. 16, Art. 8 SE-VO Rz. 119, die sich bei der Auslegung am Begriff der „öffentlichen Sicherheit und Ordnung" in Art. 52 AEUV orientieren.
20 *Berndt/Hoppler*, BB 2005, 2623, 2624; *Weber-Rey*, AG 2006, 406, 407. Diskutiert wird in diesem Zusammenhang die Frage, ob Angestellte des Unternehmens bestimmte Missstände dem Aufsichtsrat direkt mitteilen dürfen oder die arbeitsrechtlichen Hierarchieebenen einhalten müssen (s. *Leyens*, Information des Aufsichtsrats, S. 200, m.w.N.).
21 Unter diesem Aspekt liegt in einem geordneten Verfahren des internen Whistleblowing ein Beitrag zur Corporate Governance des Unternehmens (näher *Berndt/Hoppler*, BB 2005, 2623 ff. und *Weber-Rey*, AG 2006, 406 ff.).

ten **externen** Whistleblowing[22] ein Konflikt mit Art. 49 SE-VO auftreten, wenn ein Organmitglied Informationen über Fehlentwicklungen des Unternehmens nach außen trägt. Grundsätzlich ist ein Organmitglied verpflichtet, zunächst mit Hilfe der internen Entscheidungsprozesse für Abhilfe zu sorgen. Führt dies nicht zum Erfolg, kann im Einzelfall die Weitergabe von Information an die zuständigen Behörden oder auch an die Öffentlichkeit unter dem Aspekt gerechtfertigt sein, dass zumindest an der Aufdeckung gravierender Missstände auch ein öffentliches Interesse besteht.

V. Rechtsfolgen eines Pflichtverstoßes

Die Rechtsfolgen eines Verstoßes gegen die Verschwiegenheitspflicht regelt Art. 49 SE-VO nicht. Insoweit gilt **ergänzend das mitgliedstaatliche Recht**, das im Sinne des unionsrechtlichen „effet utile" eine wirksame Sanktion vorsehen muss. Eine persönliche Haftung auf **Schadensersatz** folgt aus Art. 51 SE-VO i.V.m. dem mitgliedstaatlichen Haftungsregime[23]. Pflichtverletzungen während der Amtszeit rechtfertigen in der Regel die vorzeitige **Abberufung** und eine Kündigung des Anstellungsvertrages[24]. Die Pflichtverletzung ist außerdem **strafbewehrt** in § 404 Abs. 1 Nr. 1, Abs. 2 AktG, der gem. § 53 Abs. 1 SEAG auch für das monistische System gilt.

13

Art. 50
[Beschlussfähigkeit und Beschlussfassung der Organe]

(1) Sofern in dieser Verordnung oder der Satzung nichts anderes bestimmt ist, gelten für die Beschlussfähigkeit und die Beschlussfassung der Organe der SE die folgenden internen Regeln:

a) Beschlussfähigkeit: mindestens die Hälfte der Mitglieder muss anwesend oder vertreten sein;

b) Beschlussfassung: mit der Mehrheit der anwesenden oder vertretenen Mitglieder.

(2) Sofern die Satzung keine einschlägige Bestimmung enthält, gibt die Stimme des Vorsitzenden des jeweiligen Organs bei Stimmengleichheit den Ausschlag. Eine anders lautende Satzungsbestimmung ist jedoch nicht möglich, wenn sich das Aufsichtsorgan zur Hälfte aus Arbeitnehmervertretern zusammensetzt.

(3) Ist die Mitbestimmung der Arbeitnehmer gemäß der Richtlinie 2001/86/EG vorgesehen, so kann ein Mitgliedstaat vorsehen, dass sich abweichend von den Absätzen 1 und 2 Beschlussfähigkeit und Beschlussfassung des Aufsichtsorgans nach den Vorschriften richten, die unter denselben Bedingungen für die Aktiengesellschaften gelten, die dem Recht des betreffenden Mitgliedstaats unterliegen.

I. Überblick	1	III. Beschlussfähigkeit und Beschlussfassung (Art. 50 Abs. 1 SE-VO)	
II. Regelungsebenen		1. Europäisch autonome Auslegung der Tatbestandsmerkmale	
1. Die SE-VO	5		
2. Die SE-Satzung	6	a) Grundsatz	11
3. Mitgliedstaatliches Recht	9	b) Anwesenheit	12

---
22 So bezeichnet bei *Weber-Rey*, AG 2006, 406, 407.
23 *Reichert/Brandes* in MünchKomm. AktG, 3. Aufl., Art. 49 SE-VO Rz. 20.
24 *Reichert/Brandes* in MünchKomm. AktG, 3. Aufl., Art. 49 SE-VO Rz. 20.

c) Vertretung 15	5. Willensbildung in Ausschüssen 21
2. Mitbestimmtes Organ 16	IV. Stichentscheid des Vorsitzenden
3. Beschlussfassung 17	(Art. 50 Abs. 2 SE-VO) 24
4. Ungeregelte Fragen: mitgliedstaatliches Recht 18	V. Überlagerung durch nationales Mitbestimmungsrecht (Art. 50 Abs. 3 SE-VO) 28

Literatur: *Arlt,* Französische Aktiengesellschaft, 2006; *Bachmann,* Der Verwaltungsrat in der monistischen SE, ZGR 2008, 779; *Bonell,* Agency, in Hartkamp/Hesselink/Hondius/Joustra/du Perron/Veldman (Hrsg.), Towards a European Civil Code, 3. Aufl. 2004, S. 381; *Cheffins,* Company Law: Theory, Structure and Operation, 1997; *Eder,* Die monistisch verfasste Societas Europaea – Überlegungen zur Umsetzung eines CEO-Modells, NZG 2004, 544; *Hommelhoff/Teichmann,* Namensaktie, Neue Medien und Nachgründung – aktuelle Entwicklungslinien im Aktienrecht, in Dörner/Menold/Pfitzer/Oser (Hrsg.), Reform des Aktienrechts, der Rechnungslegung und der Prüfung, 2003, S. 103 (zit.: Reform des Aktienrechts); *Kämmerer/Veil,* Paritätische Arbeitnehmermitbestimmung in der monistischen Societas Europaea – ein verfassungsrechtlicher Irrweg?, ZIP 2005, 369; *Kallmeyer,* Das monistische System einer SE mit Sitz in Deutschland, ZIP 2003, 1531; *Lutter/Kollmorgen/Feldhaus,* Die Europäische Aktiengesellschaft – Satzungsgestaltung bei der mittelständischen SE, BB 2005, 2473; *Matthießen,* Stimmrecht und Interessenkollision im Aufsichtsrat, 1989; *Roth,* Die unternehmerische Mitbestimmung in der monistischen SE, ZfA 2004, 431; *Scheffler,* Aufgaben und Zusammensetzung von Prüfungsausschüssen, ZGR 2003, 236; *Schneider,* Der stellvertretende Vorsitzende des Aufsichtsorgans der dualistischen SE, AG 2008, 887; *Schumacher,* Vertretung in Organsitzungen der Societas Europaea (SE), NZG 2009, 697; *Siems,* Befangenheit bei Verwaltungsratsmitgliedern einer Europäischen Aktiengesellschaft, NZG 2007, 129; *Storck,* Corporate Governance à la Française – Current Trends, ECFR 2004, 36; *Wiesner,* Die grenzüberschreitende Verschmelzung und der neue Mitbestimmungskompromiss, DB 2005, 91; *Windbichler,* Methodenfragen in einer gestuften Rechtsordnung – Mitbestimmung und körperschaftliche Organisationsautonomie in der Europäischen Gesellschaft, in FS Canaris, 2007, S. 1423.

I. Überblick

1 Art. 50 Abs. 1 SE-VO stellt Grundregeln für die **Beschlussfähigkeit und Beschlussfassung** in den Organen der SE auf. Er gilt nach seiner systematischen Stellung (Abschnitt: Gemeinsame Vorschriften) sowohl für das monistische als auch für das dualistische System, bestimmt also die Beschlussmodalitäten für Leitungs- und Aufsichtsorgan ebenso wie für das Verwaltungsorgan. Die Beschlussfassung in der Hauptversammlung folgt eigenen Regeln (vgl. Art. 53 sowie Art. 56 ff. SE-VO). Art. 50 Abs. 2 SE-VO regelt den **Stichentscheid** des Organvorsitzenden, der für das paritätisch mitbestimmte Aufsichtsorgan zwingend angeordnet wird. Art. 50 Abs. 3 SE-VO öffnet den Regelungsbereich der Vorschrift für die Anwendung des allgemeinen auf nationale Aktiengesellschaften anwendbaren Rechts, soweit es sich um **mitbestimmte Organe** handelt.

2 Die **Entstehungsgeschichte** der Vorschrift lässt sich zurückverfolgen zu Vorläufern, die zunächst nur auf den Aufsichtsrat bezogen waren (Art. 77 der Entwürfe von 1970 und 1975) und nach Aufnahme des monistischen Systems in die gemeinsamen Vorschriften für beide Leitungssysteme Eingang fanden (Art. 76 der Entwürfe von 1989 und 1991). So sind insbesondere die Grundregeln über Beschlussfähigkeit (Anwesenheit der Mehrheit der Mitglieder) und Beschlussfassung (Mehrheit der anwesenden Mitglieder) nahezu unverändert auch in früheren Entwürfen enthalten. In einer recht späten Phase der Entstehungsgeschichte kamen die mitbestimmungsrelevanten Abs. 2 und 3

hinzu (Doppelstimme des Vorsitzenden, Anwendung der nationalen Mitbestimmungsregeln)[1].

Durch die Ausdehnung auf alle Organe der SE gilt Art. 50 SE-VO in seiner heutigen Fassung auch für das **dualistische Leitungssystem** und weicht insoweit nicht unerheblich vom Modell des deutschen Aktienrechts ab. Im Vorstand einer deutschen Aktiengesellschaft gilt vorbehaltlich abweichender Regelungen (§ 77 Abs. 1 Satz 2 AktG) weder das Mehrheitsprinzip noch kommt dem Vorsitzenden bei Stimmengleichheit der Stichentscheid zu[2]. In der dualistischen SE ist dies anders. Gem. Art. 50 Abs. 1 SE-VO ist die Mehrheitsentscheidung die Regel; nach Art. 50 Abs. 2 SE-VO entscheidet bei Stimmengleichheit die Stimme des Vorsitzenden. Eine abweichende Gestaltung durch die Satzung ist zulässig (unten Rz. 25). 3

Fraglich ist, ob Art. 50 SE-VO auch für die Beschlussfassung in Organen gilt, die nicht von der SE-VO selbst geregelt werden. Zu denken ist namentlich an die **Geschäftsführer** i.S.d. Art. 43 Abs. 1 Satz 2 SE-VO und die **geschäftsführenden Direktoren** des deutschen SEAG, die auf Grundlage von Art. 43 Abs. 4 SE-VO eingeführt wurden. Dem Wortlaut nach erfasst Art. 50 SE-VO alle „Organe" der SE. Nach der Systematik der SE-VO, die zunächst das dualistische, dann das monistische Modell und im Anschluss „gemeinsame Vorschriften" für beide Modelle regelt, ist jedoch anzunehmen, dass sich die gemeinsamen Vorschriften gerade auf diejenigen Organe beziehen, die in den beiden vorangegangenen Abschnitten von der Verordnung konstituiert wurden. Hinsichtlich der Geschäftsführer des Art. 43 Abs. 1 Satz 2 SE-VO geht die Verordnung selbst davon aus, dass deren Rechtsstellung sich nach dem mitgliedstaatlichen Recht richtet; dies gilt erst recht für zusätzliche Organe, die auf Basis des Art. 43 Abs. 4 SE-VO geschaffen werden. Die Beschlussfassung der vom SEAG eingeführten geschäftsführenden Direktoren richtet sich daher nach nationalem Recht (Anh. Art. 43 § 40 SEAG Rz. 36 ff.)[3]. 4

II. Regelungsebenen

1. Die SE-VO

Die Regeln über Beschlussfähigkeit und Beschlussfassung **treten gegenüber anderslautenden Vorschriften der SE-VO zurück**[4]. Zu nennen sind insoweit Art. 54 Abs. 2 SE-VO (Beschlussfassung über die Einberufung der Hauptversammlung nach einzelstaatlichen Rechtsvorschriften) und Art. 56 Satz 2 SE-VO (Verfahren der Behandlung eines Minderheitenverlangens auf Ergänzung der Hauptversammlungstagesordnung). 5

2. Die SE-Satzung

Art. 50 Abs. 1 und Abs. 2 SE-VO **treten außerdem zurück hinter anderslautenden Regelungen in der Satzung**; nicht vorgesehen sind abweichende Regelungen in der Geschäftsordnung eines SE-Organs[5]. Eine Regelung der Beschlussfassung in der Satzung 6

---

1 Das Doppelstimmrecht des Vorsitzenden taucht erstmals in Art. 76 Abs. 3a des Entwurfs von 1991 auf. Der Verweis auf nationale Mitbestimmungsregeln findet sich erstmals in der 2001 verabschiedeten Fassung.
2 S. nur *Seibt* in K. Schmidt/Lutter, § 77 AktG Rz. 8 und *Koch* in Hüffer, § 77 AktG Rz. 2.
3 Ebenso *Drinhausen* in Habersack/Drinhausen, Art. 50 SE-VO Rz. 8 f.; a.A. *Schwarz*, Art. 50 SE-VO Rz. 1, der die Norm auch auf die Geschäftsführer bezieht (in diesem Sinne konsequent auch die Kommentierung zu § 40 SEAG bei *Schwarz*, Anh. Art. 43 SE-VO Rz. 277).
4 Zu anderen Bestimmungen in der Verordnung auch *Schwarz*, Art. 50 SE-VO Rz. 21.
5 *Schwarz*, Art. 50 SE-VO Rz. 27.

ist dringend anzuraten, da sich die Vorgaben des Art. 50 Abs. 1 SE-VO für die Unternehmenspraxis als zu knapp und mitunter auch – je nach Interpretation – als zu restriktiv erweisen[6]. Mit der Nachgiebigkeit gegenüber Satzungsregelungen verweist die SE-VO auf die Hauptversammlung als das für Satzungsänderungen zuständige Organ. Es ist daher nicht das beschließende SE-Organ selbst befugt, die Beschlussanforderungen des Art. 50 SE-VO zu modifizieren[7]. Regelungen des mitgliedstaatlichen Rechts wie § 108 Abs. 4 AktG oder § 35 Abs. 2 SEAG, wonach die Mitglieder des Organs auf die Einhaltung von Beschlussformalien verzichten können, sind mit Art. 50 SE-VO nicht zu vereinbaren (s. auch Anh. Art. 43 § 35 SEAG Rz. 8 f.).

7 Bei der satzungsmäßigen Ausgestaltung ist zu beachten, dass die Organe der SE von der Verordnung als **Kollegialorgane** angelegt sind. Diesen Charakter darf ihr auch die Satzung nicht nehmen. Die **zwingenden** und nicht zur Disposition der Satzung stehenden **Kompetenzzuweisungen** beziehen sich jeweils auf das Organ als solches. Es ist jeweils das Gesamtorgan, dem die Leitung (Art. 39 Abs. 1 SE-VO), die Aufsicht (Art. 40 Abs. 1 SE-VO) oder die Geschäftsführung (Art. 43 Abs. 1 SE-VO) obliegt. Bei Wahrnehmung dieser Aufgaben unterliegen alle Organmitglieder der persönlichen Haftung (Art. 51 SE-VO). Folglich geht die Verordnung davon aus, dass die Organkompetenzen von allen Mitgliedern im Grundsatz **gleichberechtigt** und mit gleicher Verantwortlichkeit wahrgenommen werden[8].

8 Die **Grenzen der Satzungsautonomie** wären daher etwa überschritten bei Festlegung eines Beschlussquorums unterhalb der Hälfte der Mitglieder[9] oder bei der Einführung eines „direktorialen" Systems[10], das dem Organvorsitzenden ein Weisungsrecht gegenüber den übrigen Mitgliedern zuweist. Hingegen ist ein bloßes **Vetorecht zulässig**[11], soweit die Satzungsregelung verfahrensmäßig sicherstellt, dass es dadurch nicht zu einer dauerhaften Blockade der Willensbildung im Organ kommt[12]. Zulässig und angesichts der Interpretationsspielräume des Art. 50 Abs. 1 SE-VO auch dringend zu empfehlen sind Regelungen über die **Beschlussfassung ohne Sitzung**[13] (durch schriftliche Stimmabgabe oder mit Hilfe von Telekommunikationsmitteln) und die Einrichtung von **Ausschüssen** (vgl. unten Rz. 21 ff.).

---

6 S. nur unten Rz. 12 ff. zu der Frage, was unter Anwesenheit der Mitglieder zu verstehen ist, und Rz. 21 ff. zur Übertragung von Kompetenzen auf beschließende Ausschüsse.
7 Ebenso *Drinhausen* in Habersack/Drinhausen, Art. 50 SE-VO Rz. 4.
8 Ebenso *Schwarz*, Art. 50 SE-VO Rz. 19.
9 Nach Auffassung von *Schwarz*, Art. 50 SE-VO Rz. 19, wäre dies zulässig.
10 Insoweit übereinstimmend *Schwarz*, Art. 50 SE-VO Rz. 15.
11 Ebenso *Bachmann*, ZGR 2008, 779, 793; *Drinhausen* in Habersack/Drinhausen, Art. 50 SE-VO Rz. 20; *Siems* in KölnKomm. AktG, 3. Aufl., Art. 50 SE-VO Rz. 13 f. Für das deutsche Recht bezogen auf den Vorstand *Seibt* in K. Schmidt/Lutter, § 77 AktG Rz. 14 und *Koch* in Hüffer, § 77 AktG Rz. 12. Anders als hier *Reichert/Brandes* in MünchKomm. AktG, 3. Aufl., Art. 50 SE-VO Rz. 33 f., die im Vetorecht des Vorsitzenden und des Aufsichtsrats einen Verstoß gegen das Kollegialitätsprinzip sieht.
12 Wegen dieser Gefahr der Blockade wohl an der Grenze des Zulässigen der Vorschlag von *Eder*, NZG 2004, 544, 545, die Beschlussfähigkeit von der Anwesenheit des Vorsitzenden abhängig zu machen; kritisch dazu auch *Reichert/Brandes* in MünchKomm. AktG, 3. Aufl., Art. 45 SE-VO Rz. 31, während *Bachmann*, ZGR 2008, 779, 793, insoweit für Satzungsautonomie plädiert.
13 *Schwarz*, Art. 50 SE-VO Rz. 20. Demgegenüber sind *Reichert/Brandes* in MünchKomm. AktG, 3. Aufl., Art. 50 SE-VO Rz. 52 der Auffassung, die Beschlussfassung ohne Sitzung werde von Art. 50 SE-VO nicht geregelt und sei daher für ergänzendes mitgliedstaatliches Recht einschließlich der Geschäftsordnung der Organe offen; im unmittelbaren Anwendungsbereich des Art. 50 SE-VO – insbesondere der Anforderung, dass die Mitglieder anwesend oder vertreten sein müssen – wird man dieser Auffassung aber nicht folgen können.

3. Mitgliedstaatliches Recht

Fraglich bleibt, ob in Ermangelung einer Satzungsregelung auch mitgliedstaatliches 9
Recht ergänzend herangezogen werden kann. Dies hängt davon ab, ob man Art. 50 SE-VO als abschließend ansieht oder darin eine Vorschrift erblickt, die ihren **Regelungsbereich nur teilweise abdeckt**, so dass nach Art. 9 Abs. 1 lit. c ii SE-VO mitgliedstaatliches Recht im Sitzstaat der SE ergänzend eingreift. Ob die Verordnung einen Bereich teilweise oder abschließend regelt, bestimmt sich nicht nach mitgliedstaatlichem Verständnis von Vollständigkeit, sondern gemäß autonom europäischer Auslegung der konkreten Norm (Art. 9 Rz. 36 ff.). Hilfreich ist insoweit ein Blick in die Entstehungsgeschichte der Norm (vgl. bereits oben Rz. 2). Im Entwurf von 1970 bestand noch die Absicht, die Bedingungen, unter denen der Aufsichtsrat[14] seine Tätigkeit ausübt, „eingehend" zu regeln[15]. Dies erlaubt den Umkehrschluss, dass die heutige Norm dieses Ziel nicht mehr verfolgt. Denn die damalige Vorschrift war ausführlicher als die heutige Fassung[16]; sie ist außerdem zu lesen im Sinne des damaligen Regelungskonzepts, ein in sich vollständiges europäisches Statut zu schaffen (vgl. Art. 9 Rz. 12 ff.). Im weiteren Verlauf der Entstehungsgeschichte teilte die Vorschrift das Schicksal vieler anderer Normen der SE-VO: Sie wurde inhaltlich gekürzt und steht heute im Kontext einer bewusst lückenhaften Verordnung. Art. 50 SE-VO lässt sich daher nicht als abschließende Regelung verstehen, die einer Anwendung mitgliedstaatlichen Rechts in allen Fragen der Beschlussfassung entgegenstünde. Es handelt sich vielmehr um eine nur teilweise Regelung i.S.d. Art. 9 Abs. 1 lit. c ii SE-VO.

Verdrängt werden somit nur diejenigen Vorschriften nationalen Rechts, welche die 10
in Art. 50 SE-VO ausdrücklich geregelten Fragen betreffen, also das Quorum der Beschlussfähigkeit und die Mehrheitserfordernisse bei Beschlussfassung[17]. Ungeregelt bleiben der Stimmrechtsausschluss bei Interessenkonflikten (unten Rz. 19), die Behandlung von Beschlussmängeln (unten Rz. 20) und die Ausschussarbeit (unten Rz. 21 ff.); insoweit kann ergänzend auf **mitgliedstaatliches Recht** zurückgegriffen werden. Für das Aufsichtsorgan im dualistischen Modell kommt § 108 AktG zur Anwendung. Für das monistische Modell hat der deutsche Gesetzgeber in § 35 SEAG Regelungen getroffen, die sich möglicherweise mit dem Anwendungsbereich des Art. 50 SE-VO überschneiden. Damit sollte im Bewusstsein dessen, dass eine klare Abgrenzung des Regelungsbereichs von Art. 50 SE-VO nur schwer möglich ist[18], sichergestellt werden, dass zumindest in der Satzung Bestimmungen zur Beschlussfassung regelbar sind (Anh. Art. 43 § 35 SEAG Rz. 2).

III. Beschlussfähigkeit und Beschlussfassung (Art. 50 Abs. 1 SE-VO)

1. Europäisch autonome Auslegung der Tatbestandsmerkmale

a) Grundsatz

Organe der SE sind beschlussfähig, wenn mindestens die **Hälfte der Mitglieder anwe-** 11
send oder vertreten ist (Art. 50 Abs. 1 lit. a SE-VO). Unter welchen Voraussetzungen

---

14 Das monistische Modell war damals noch nicht vorgesehen (vgl. Art. 38 Rz. 4 ff.).
15 Begr. zu Art. 77 des Entwurfs von 1970, Beilage 8/70 zum Bulletin der EG, S. 65.
16 Sie enthielt insbesondere Regelungen über die Art und Weise der Vertretung abwesender Mitglieder und über die Möglichkeiten schriftlicher oder fernmündlicher Beschlussfassung; beides fehlt in der heutigen Textfassung.
17 Insoweit übereinstimmend *Drinhausen* in Habersack/Drinhausen, Art. 50 SE-VO Rz. 6. Vgl. auch den ausdrücklichen Hinweis der Europäischen Kommission zur Streichung des Abs. 4 aus der Vorläufernorm von 1989: „Absatz 4 wurde zugunsten der Anwendbarkeit einzelstaatlichen Rechts gestrichen." (abgedr. in BT-Drucks. 12/1004, S. 9).
18 So ausdrücklich Begr. RegE zu § 35 SEAG, BT-Drucks. 14/3405, S. 38.

ein Mitglied als „anwesend" oder „vertreten" anzusehen ist, lässt sich der Verordnung nicht entnehmen. Es wäre hilfreich, könnte man das jeweilige nationale Recht zur Ausfüllung der Begriffe heranziehen. Dass ein Mitglied anwesend oder vertreten sein muss, ist jedoch in Art. 50 SE-VO selbst festgelegt; insoweit **fehlt eine** Lücke, die das mitgliedstaatliche Recht schließen könnte[19]. Die Einleitung zu Art. 50 Abs. 1 SE-VO („Sofern in dieser Verordnung oder der Satzung nichts anderes bestimmt ist ...") macht auch deutlich, dass jedenfalls in dem von Art. 50 Abs. 1 SE-VO geregelten Bereich **kein Eindringen des nationalen Rechts** erwünscht ist, vielmehr eine einheitlich europäische Lösung geschaffen werden sollte. Wenn Art. 50 Abs. 1 SE-VO davon spricht, Mitglieder müssten „anwesend" oder „vertreten" sein, so liegt darin kein impliziter Verweis auf nationales Recht, sondern ein Rechtsbegriff, der nach den allgemeinen methodischen Regeln der europäisch-autonomen Auslegung bedarf (vgl. allgemein Art. 9 Rz. 36 ff.). Die von vielen Autoren vertretene Gegenauffassung, wonach mitgliedstaatliches Recht gelte[20], konstruiert einen methodischen Gegensatz, der so nicht existiert. Denn die europäisch-autonome Auslegung spricht nicht zwingend dagegen, beispielsweise die Wirksamkeit der Vertretung nach nationalem Recht zu bestimmen, wenn sich dies im Einzelfall als Sinn und Zweck der europäischen Norm ermitteln lässt. Umgekehrt kommen auch die Vertreter der Gegenauffassung nicht ohne die Annahme aus, dass in den Begriffen „Anwesenheit" und „Vertretung" ein europäisch-autonomer Regelungsgehalt liegt[21].

b) Anwesenheit

12 Die Auslegung des Begriffes „anwesend" ist funktional auf den Regelungskontext zu beziehen, der die **Beschlussfassung in Kollegialorganen** zum Gegenstand hat. Alle von Art. 50 Abs. 1 SE-VO erfassten Organe treffen in ihrem Kompetenzbereich wichtige unternehmerische Entscheidungen. Die Willensbildung in diesen Fragen setzt eine **Interaktion** zwischen den Mitgliedern des Organs voraus. Für das Verwaltungsorgan heißt es in Art. 44 Abs. 1 SE-VO ausdrücklich, es treffe sich mindestens alle drei Monate, um über den Gang der Geschäfte der SE und deren voraussichtliche Entwicklung zu „beraten". Es hat also ein Gespräch im Organ stattzufinden, nicht nur eine Abstimmung. Dies versteht sich auch für das Leitungs- und Aufsichtsorgan im dualistischen System von selbst. Normativer Anhaltspunkt, dass im Aufsichtsorgan nicht nur abgestimmt, sondern auch beraten wird, ist Art. 41 Abs. 1 SE-VO; demnach unterrichtet das Leitungsorgan das Aufsichtsorgan mindestens alle drei Monate über die Geschäfte der SE und deren voraussichtliche Entwicklung. Damit trifft sich auch das Aufsichtsorgan mindestens alle drei Monate und zwar nicht allein zur Beschlussfassung, sondern zur ausgiebigen Befassung mit den Angelegenheiten der Gesellschaft.

---

19 In diesem Sinne auch *Lutter/Krieger/Verse*, Aufsichtsrat, Rz. 1367; *Schwarz*, Art. 50 SE-VO Rz. 6; zur Gegenauffassung Fn. 20.
20 S. etwa *Drinhausen* in Habersack/Drinhausen, Art. 50 SE-VO Rz. 8; *Reichert/Brandes* in MünchKomm. AktG, Art. 50 SE-VO Rz. 6; *Siems*, NZG 2007, 129, 130. *Manz* in Manz/Mayer/Schröder, Art. 50 SE-VO Rz. 6, hält eine Regelung der Einzelfragen im Ausführungsgesetz für möglich.
21 *Schumacher*, NZG 2009, 697, 699, und *Reichert/Brandes* in MünchKomm. AktG, Art. 50 SE-VO Rz. 6, gelangen zu Recht zu dem Ergebnis, dass die Möglichkeit, sich bei der Beschlussfassung vertreten zu lassen, auch dann bestehe, wenn das nationale Recht sie nicht vorsehe. Ebenso meint *Drinhausen* in Habersack/Drinhausen, Art. 50 SE-VO Rz. 12, die Einschaltung Dritter als Hilfspersonen müsse unabhängig vom mitgliedstaatlichen Recht möglich sein. Ebendies lässt sich aber nur als Ergebnis einer europäisch-autonomen Auslegung begründen (s. unten Rz. 15).

Für die ordnungsgemäße Arbeit im Gremium ist daher grundsätzlich die **physische** 13
Anwesenheit der Mitglieder nötig[22]. Dies schließt andererseits Formen der Sitzungsbeteiligung nicht zwingend aus, bei denen Mitglieder zwar nicht körperlich anwesend sind, aber zeitgleich durch technische Mittel „zugeschaltet" werden (insb. die Telefon- oder Videokonferenz). Für eine tiefer gehende Beratung und die damit verbundene Interaktion auf verbaler und nonverbaler Ebene ist zwar die physische Anwesenheit vorzugswürdig[23]. Andererseits regelt Art. 50 Abs. 1 SE-VO gerade nicht die Beratung, sondern die **Beschlussfassung**[24]. Hierfür soll es sogar genügen, dass ein Mitglied sich vertreten lässt (unten Rz. 15). Daher wird man auch die Anwesenheit als Voraussetzung der Beschlussfähigkeit nicht zwingend als körperliche Anwesenheit verstehen müssen. Formen der **Telekommunikation** sind zulässig, soweit das Mitglied auf diese Weise zeitgleich an der Beschlussfassung teilnehmen kann und eine Interaktion zwischen den Mitgliedern möglich ist. Dies ist bei einer telefonischen Zuschaltung oder einer Videokonferenz der Fall[25]. Nicht ausreichend ist die Stimmabgabe per Telefax oder E-Mail[26].

Teilweise wird aus der **Entstehungsgeschichte** gefolgert, **mitgliedstaatliches Recht** 14 könne derartige Formen der Beschlussfassung ohne Sitzung regeln[27]. Art. 76 Abs. 4 des Entwurfs von 1989 hatte die Beschlussfassung durch Fernschreiben, Telegramm, Telefon oder andere Telekommunikationsmittel der Satzungsautonomie überlassen. Dieser Passus wurde 1991 gestrichen „zugunsten der Anwendbarkeit einzelstaatlichen Rechts"[28]. Der heutige Wortlaut des Art. 50 SE-VO bietet jedoch keinen Anhaltspunkt für ein Eindringen mitgliedstaatlicher Regelungen, die vom Erfordernis der „Anwesenheit" oder „Vertretung" absehen wollten. Im Gegenzug wurde die europäische Satzungsautonomie im Vergleich zum Entwurfstext von 1989 deutlich erweitert[29]. Nach dem heutigen Verordnungstext ist daher eine Abweichung von den Erfordernissen des Art. 50 Abs. 1 und 2 SE-VO nicht durch mitgliedstaatliches Recht, sondern allein durch die **Satzung der SE** möglich.

c) Vertretung

Die Auslegung des Begriffs der „Vertretung" i.S.d. Art. 50 Abs. 1 SE-VO begegnet der 15 Schwierigkeit, dass ein europäisches Recht der Stellvertretung nicht existiert und selbst die rechtsvergleichende Ermittlung gemeinsamer Prinzipien in diesem Bereich kaum möglich erscheint[30]. Das Recht der Stellvertretung fällt überdies nicht in den Bereich des Gesellschaftsrechts und gehörte damit von vornherein nicht zu den Ma-

---

22 Ebenso *Drinhausen* in Habersack/Drinhausen, Art. 50 SE-VO Rz. 11.
23 S. dazu nur *Hommelhoff/Teichmann* in Dörner/Menold/Pfitzer/Oser, Reform des Aktienrechts, S. 103, 123 ff.
24 Vgl. Art. 44 SE-VO Rz. 7 ff. zu der Frage, ob eine Sitzung, bei der die Mehrheit der Mitglieder abwesend ist, als Pflichtsitzung im Sinne des Art. 44 SE-VO gezählt werden kann.
25 Enger *Schwarz*, Art. 50 SE-VO Rz. 5, der körperliche Anwesenheit verlangt.
26 A.A. die h.M., die auch schriftliche oder telegrafische Stimmabgabe für zulässig hält, ohne dabei immer scharf zu trennen, ob das Mitglied auf diese Weise „anwesend" oder „vertreten" ist (*Manz* in Manz/Mayer/Schröder, Art. 50 SE-VO Rz. 7; *Reichert/Brandes* in MünchKomm. AktG, 3. Aufl., Art. 44 SE-VO Rz. 28 ff.).
27 *Schwarz*, Art. 50 SE-VO Rz. 20.
28 Begr. der Europäischen Kommission, abgedr. in BT-Drucks. 12/1004, S. 9.
29 Im Text von 1989 konnte die Satzung nur ein „größeres Quorum" oder eine „größere Mehrheit" vorsehen. Im heutigen Text gilt Art. 50 SE-VO nur, „soweit in der Satzung nichts anderes bestimmt ist" (Art. 50 Abs. 1 SE-VO) bzw. „sofern die Satzung keine einschlägige Bestimmung enthält" (Art. 50 Abs. 2 SE-VO).
30 Zu den stark divergierenden nationalen Konzepten der Stellvertretung s. nur *Bonell* in Hartkamp u.a. (Hrsg.), Towards a European Civil Code, 3. Aufl. 2004, S. 381 ff.; s. weiterhin *Schumacher*, NZG 2009, 697 ff.

terien, welche die SE-VO zu regeln beansprucht (vgl. Art. 9 Rz. 18 ff.). Andererseits ist „Vertretung" bei funktionaler Betrachtung auch nicht zwingend im Sinne von rechtsgeschäftlicher Stellvertretung zu interpretieren. Es geht nicht um die Abgabe einer eigenen Willenserklärung des Vertreters i.S.d. § 164 BGB, sondern um die **Herstellung von Beschlussfähigkeit** im Organ. Da die Beratung nicht zwingend in derselben Sitzung stattfinden muss, kann für die bloße Beschlussfassung auch ein abwesendes Mitglied berücksichtigt werden, soweit sich sein Wille mit Hilfe einer **Mittelsperson** zweifelsfrei ermitteln lässt. Vertretung ist daher „untechnisch"[31] und in einem weiten Sinne als jedes Verfahren zu verstehen, das abwesenden Mitgliedern eine Stimmabgabe ermöglicht, die nachweisbar auf ihre eigene Willensbildung zurückgeht. Zulässig ist daher auch der **Stimmbote**[32]. Eine Stellvertretung i.S.d. § 164 BGB erfüllt diese Voraussetzung nicht, weil in diesem Fall die Willensbildung durch den Stellvertreter erfolgt[33]. Der Begriff des Vertretens impliziert zudem, dass für die abwesende Person eine andere Person anwesend ist. Eine schriftliche Stimmabgabe per Post oder Telefax reicht dafür nicht aus; derartige Abstimmungsverfahren sind nur zulässig, wenn sie in der Satzung ausdrücklich vorgesehen sind.

2. Mitbestimmtes Organ

16 Herrscht in einem SE-Organ unternehmerische Mitbestimmung, so haben die Arbeitnehmervertreter die gleichen Rechte und Pflichten wie die Anteilseignervertreter (§ 38 Abs. 1 SEBG). Es kommt zur Feststellung der Beschlussfähigkeit allein darauf an, dass die Hälfte aller Mitglieder anwesend oder vertreten ist, unabhängig davon, in welchem Verhältnis es sich dabei um Anteilseigner- und Arbeitnehmervertreter handelt[34]. Die SE-VO hält zwar institutionelle Absicherungen des leichten Übergewichts der Anteilseignerseite bereit[35]; ob und inwieweit die Anteilseignervertreter von ihren Anwesenheits- und Stimmrechten Gebrauch machen, liegt aber in deren eigener Verantwortung. Ein mitbestimmtes Organ ist daher **auch dann beschlussfähig, wenn die Anteilseignervertreter in der Minderheit sind**[36]. Unzulässig sind auch Differenzierungen bei der Stimmabgabe; das teilweise vertretene Stimmverbot der Arbeitnehmervertreter bei wichtigen Leitentscheidungen im monistischen Modell[37] verträgt sich nicht mit der Konzeption der Mitbestimmung nach SE-Richtlinie und SEBG[38].

---

31 *Schwarz*, Art. 50 SE-VO Rz. 7; ebenso *Schumacher*, NZG 2009, 697, 699.
32 *Drinhausen* in Habersack/Drinhausen, Art. 50 SE-VO Rz. 12. Nach *Schwarz*, Art. 50 SE-VO Rz. 7, ergibt sich die Zulässigkeit der Stimmbotschaft allenfalls aus ergänzend anwendbarem mitgliedstaatlichen Recht (§ 108 Abs. 3 AktG und § 35 Abs. 1 SEAG). Wenn man aber den Begriff der Vertretung nach Art. 50 Abs. 1 SE-VO untechnisch versteht (so *Schwarz*, Art. 50 SE-VO Rz. 7), ergibt sich die Zulässigkeit der Stimmbotschaft bereits unmittelbar aus Art. 50 Abs. 1 SE-VO.
33 Zu demselben Ergebnis gelangen Autoren, die insoweit auf mitgliedstaatliches Recht (§ 108 Abs. 3 AktG) zurückgreifen: *Drinhausen* in Habersack/Drinhausen, Art. 50 SE-VO Rz. 13; *Reichert/Brandes* in MünchKomm. AktG, 3. Aufl., Art. 50 SE-VO Rz. 6; *Schumacher*, NZG 2009, 697, 699.
34 *Schwarz*, Art. 50 SE-VO Rz. 14.
35 Gem. Art. 43 Satz 2 und Art. 45 Satz 2 SE-VO ist der Vorsitzende im paritätisch mitbestimmten Organ immer ein Vertreter der Anteilseigner; seine Stimme gibt gem. Art. 50 Abs. 2 SE-VO bei Stimmengleichheit den Ausschlag.
36 Ebenso *Drinhausen* in Habersack/Drinhausen, Art. 50 SE-VO Rz. 14.
37 *Kallmeyer*, ZIP 2003, 1531, 1535.
38 Wie hier *Bachmannn*, ZGR 2008, 779, 803; *Reichert/Brandes* in MünchKomm. AktG, 3. Aufl., Art. 50 SE-VO Rz. 47 ff.

3. Beschlussfassung

Der Beschluss eines SE-Organs kommt zustande mit der Mehrheit der Stimmen der anwesenden oder vertretenen Mitglieder. Im deutschen Aktienrecht werden Enthaltungen oder nicht abgegebene Stimmen üblicherweise nicht mitgezählt; ein Beschluss kommt zustande, wenn die Ja-Stimmen die Nein-Stimmen überwiegen[39]. Art. 50 Abs. 1 lit. b SE-VO schließt eine solche Vorgehensweise jedoch aus[40]. Für den Beschluss ist nach dem klaren Wortlaut der Norm erforderlich, dass eine **Mehrheit** der anwesenden oder vertretenen Mitglieder dem Beschluss **zugestimmt** hat[41]. Anwesenheit und Vertretung sind dabei ebenso zu bestimmen wie bei der Beschlussfähigkeit (oben Rz. 12 ff.).

4. Ungeregelte Fragen: mitgliedstaatliches Recht

In Art. 50 SE-VO nicht angesprochen und daher – soweit nicht in der Satzung geregelt – nach mitgliedstaatlichem Recht zu entscheiden sind die **Beschlussmodalitäten**. So ist eine **geheime Abstimmung** nach den im deutschen Aktienrecht entwickelten Grundsätzen möglich[42]. Diese und andere Verfahrensfragen richten sich nach der inneren Ordnung des betreffenden Organs (vgl. für Aufsichtsrat und Verwaltungsrat § 107 AktG und § 34 SEAG, für den Vorstand gegebenenfalls die nach § 77 AktG aufgestellte Geschäftsordnung).

Auch zum **Stimmrechtsausschluss** äußert sich die SE-VO nicht, so dass ergänzend mitgliedstaatliches Recht gilt[43]. Die im deutschen Aktienrecht in Analogie zu § 34 BGB entwickelten Regeln des Stimmrechtsausschlusses bei persönlicher Betroffenheit eines Organmitglieds[44] gelten auch für Abstimmungen im SE-Organ[45]. Da es sich um einen allgemeinen Rechtsgedanken körperschaftlich strukturierter Verbände handelt, sind diese Überlegungen auch auf den Verwaltungsrat der monistischen SE übertragbar. Zu beachten ist für das monistische System noch § 35 Abs. 3 SEAG, der den Sonderfall des geschäftsführenden Direktors regelt, der zugleich Mitglied des Verwaltungsrats ist (Anh. Art. 43 § 35 SEAG Rz. 10 ff.).

Nach mitgliedstaatlichem Recht bestimmen sich auch die Rechtsfolgen von **Beschlussmängeln**[46]. Über Mängel der Stimmabgabe ist nach den allgemeinen rechtsgeschäftlichen Regeln zu entscheiden[47]. Wesentliche Verfahrensmängel sowie Ver-

---

[39] So für den Aufsichtsrat *Drygala* in K. Schmidt/Lutter, § 108 Rz. 30 und *Koch* in Hüffer, § 108 AktG Rz. 6.
[40] Ebenso *Eberspächer* in Spindler/Stilz, AktG, Art. 50 SE-VO Rz. 6; *Drinhausen* in Habersack/Drinhausen, Art. 50 SE-VO Rz. 16; (im Ergebnis auch) *Reichert/Brandes* in MünchKomm. AktG, 3. Aufl., Art. 50 SE-VO Rz. 12 ff.; *Schwarz* Art. 50 SE-VO Rz. 12; *Siems* in KölnKomm. AktG, 3. Aufl., Art. 50 SE-VO Rz. 8. A.A. *Manz* in Manz/Mayer/Schröder, Art. 50 SE-VO Rz. 4.
[41] Ebenso *Schwarz*, Art. 50 SE-VO Rz. 12 und – mit ausführlicher Diskussion der Problematik – im Ergebnis *Reichert/Brandes* in MünchKomm. AktG, 3. Aufl., Art. 50 SE-VO Rz. 12 ff.
[42] Dazu *Drygala* in K. Schmidt/Lutter, § 108 AktG Rz. 20 und *Koch* in Hüffer, § 108 AktG Rz. 5 f.
[43] *Siems*, NZG 2007, 129.
[44] Monographisch *Matthießen*, Stimmrecht und Interessenkollision im Aufsichtsrat, 1989; vgl. weiterhin *Drygala* in K. Schmidt/Lutter, § 108 AktG Rz. 16 und *Koch* in Hüffer, § 108 AktG Rz. 9 für den Aufsichtsrat und *Koch* in Hüffer, § 77 AktG Rz. 8 für den Vorstand.
[45] *Reichert/Brandes* in MünchKomm. AktG, 3. Aufl., Art. 50 SE-VO Rz. 36 ff.; *Schwarz*, Art. 50 SE-VO Rz. 13.
[46] *Manz* in Manz/Mayer/Schröder, Art. 50 SE-VO Rz. 21; *Reichert/Brandes* in MünchKomm. AktG, 3. Aufl., Art. 44 SE-VO Rz. 35 und Art. 50 SE-VO Rz. 55; *Schwarz*, Art. 50 SE-VO Rz. 29.
[47] *Schwarz*, Art. 50 SE-VO Rz. 28.

stöße gegen Gesetz oder Satzung führen zur Nichtigkeit des Beschlusses; eine Anfechtbarkeit ist mit der im deutschen Aktienrecht herrschenden Meinung abzulehnen[48].

5. Willensbildung in Ausschüssen

21 Auch zur Einrichtung von Ausschüssen und deren interner Willensbildung äußert sich Art. 50 Abs. 1 SE-VO nicht. Insoweit greift ergänzend das mitgliedstaatliche Recht. Unproblematisch, weil ohne Überschneidungen mit dem Regelungsbereich von Art. 50 Abs. 1 SE-VO, ist die **Einrichtung von vorbereitenden und überwachenden Ausschüssen** (vgl. § 107 Abs. 3 AktG für das Aufsichtsorgan und § 34 Abs. 4 SEAG für den Verwaltungsrat).

22 Problematisch sind **beschließende Ausschüsse**. Es läge zwar nahe, die Regeln des Art. 50 SE-VO auf beschließende Ausschüsse zu übertragen[49]. Dem kann aber im Ergebnis nicht gefolgt werden. Denn beschließende Ausschüsse treffen im Kompetenzbereich des Organs eine wirksame Entscheidung. Sind weniger als die Hälfte der Organmitglieder im beschließenden Ausschuss anwesend oder vertreten – was die Regel sein dürfte –, könnten Beschlüsse gefasst werden, ohne die in Art. 50 Abs. 1 SE-VO genannten Quoren einzuhalten.

23 Eine derartige Überlagerung der zwingenden Beschlussregelungen des Art. 50 SE-VO ließe sich allenfalls dann begründen, wenn die Einrichtung von beschließenden Ausschüssen nicht in den **Regelungsbereich** dieser Norm fiele. Die Einrichtung von Ausschüssen ist sowohl in dualistischen als auch in monistischen Rechtssystemen eine weit verbreitete Praxis; insoweit ist anzunehmen, dass diese Möglichkeit bei Abfassung der SE-VO bekannt war und mitgliedstaatlichem Recht überlassen bleiben sollte. Allerdings ist die Übertragung von Beschlusskompetenzen auf Ausschüsse, soweit ersichtlich, keineswegs in allen europäischen Rechtsordnungen üblich[50]. Auch die Europäische Kommission äußert sich zu diesem Punkt zurückhaltend[51]: Sie empfiehlt zwar die Einrichtung von Nominierungs-, Vergütungs- und Prüfungsausschüssen; deren Aufgabe soll aber vorrangig darin bestehen, Empfehlungen für die vom Verwaltungsrat oder Aufsichtsrat zu fassenden Beschlüsse abzugeben. Sie sind nicht dazu gedacht, bestimmte Sachbereiche dem Blickfeld des Organs zu entziehen, das

---

48 Grundlegend BGH v. 17.5.1993 – II ZR 89/92, BGHZ 122, 342, 346 ff. = AG 1993, 464; weiterhin *Drygala* in K. Schmidt/Lutter, § 108 AktG Rz. 39 und *Koch* in Hüffer, § 108 AktG Rz. 25 ff. (jew. m.w.N.). Für die SE *Drinhausen* in Habersack/Drinhausen, Art. 50 SE-VO Rz. 22.

49 So *Drinhausen* in Habersack/Drinhausen, Art. 50 SE-VO Rz. 23; *Schwarz*, Art. 50 SE-VO Rz. 24.

50 Das französische Gesetz über Handelsgesellschaften äußert sich überhaupt nicht zur Ausschussbildung (*Menjucq*, RabelsZ 69 (2005), 698, 700 f.); weiterhin zum französischen Recht *Arlt*, Französische Aktiengesellschaft, S. 109; *Storck*, ECFR 2004, 36, 51, verweist hierzu auch auf eine Entscheidung der *Cour de Cassation* vom 4.7.1995, wonach die Vergütung der Direktoren durch den Conseil d'Administration festzulegen sei, der diese Kompetenz nicht auf einen Ausschuss übertragen dürfe (die Entscheidung ist veröffentlicht in Revue des sociétés 1995, 504 ff. mit Anm. *Le Cannu*). Im englischen Recht dürfte angesichts der generellen Gestaltungsfreiheit im Innenverhältnis (vgl. Art. 38 Rz. 16 f.) einer Beschlusskompetenz grundsätzlich nichts im Wege stehen; der für börsennotierte Gesellschaften maßgebliche UK Corporate Governance Code (i.d.F. von September 2014, abrufbar unter www.frc.org.uk) weist dem Audit Committee allerdings auch nur empfehlenden Charakter zu (Ziffer C.3.7.: „The audit committee should have primary responsibility for making a recommendation on the appointment, reappointment and removal of the external auditors. ...").

51 Empfehlung der Kommission (2005/162/EG) v. 15.2.2005, ABl. EU Nr. L 52 v. 25.2.2005, S. 51 ff.

für die Entscheidungen in seinem Zuständigkeitsbereich voll verantwortlich bleibt[52]. Soweit die Übertragung von Entscheidungsbefugnissen einzelstaatlich zulässig sei, solle sie offen gelegt werden[53]. Die damit auf europäischer Ebene zur Kenntnis genommene Tatsache, dass einige Rechtsordnungen beschließende Ausschüsse zulassen, genügt indessen nicht, um die zwingenden Quoren des Art. 50 Abs. 1 SE-VO zurücktreten zu lassen. In den Regelungsbereich des Art. 50 SE-VO fällt zwar nicht die Einrichtung von Ausschüssen als solche, wohl aber **jede Beschlussfassung im Kompetenzbereich des Organs**. Andernfalls könnte mitgliedstaatliches Recht durch die Zulassung beschließender Ausschüsse im Ergebnis die Beschlussanforderungen im Organ herabsetzen. Dafür besteht aus Sicht des europäischen Rechtstextes schon deshalb kein Bedürfnis, weil Art. 50 Abs. 1 SE-VO anderslautende Regelungen in der **Satzung** zulässt und damit jede Gesellschaft, die beschließende Ausschüsse einrichten will, entsprechende Vorsorge in der Satzung treffen kann[54].

IV. Stichentscheid des Vorsitzenden (Art. 50 Abs. 2 SE-VO)

Gem. Art. 50 Abs. 2 Satz 1 SE-VO gibt bei Stimmengleichheit die Stimme des Vorsitzenden den Ausschlag[55]. Damit soll der Entstehung von unauflösbaren **Pattsituationen** vorgebeugt werden. Es bedarf anders als im deutschen Mitbestimmungsrecht (§ 29 Abs. 2 Satz 1 MitbestG) keiner zweiten Abstimmung; vielmehr entscheidet kraft Gesetzes die Stimme des Vorsitzenden, wenn sich bei der Abstimmung Stimmengleichheit ergibt[56]. Dieses Vorrecht des Vorsitzenden gilt auch in einem Organ, das aus nur zwei Personen besteht[57]. Da die Regelung allgemein gefasst für alle Organe gilt, ist sie auch auf ein Leitungsorgan im dualistischen System anwendbar, sofern dort ein Vorsitzender bestellt wurde[58]. Auf den **stellvertretenden Vorsitzenden** geht das Stimmrecht nicht automatisch über. Die Gegenauffassung will insoweit nationales Recht heranziehen und dem stellvertretenden Vorsitzenden gem. § 107 Abs. 1 Satz 3 AktG dieselben Rechte wie dem Vorsitzenden gewähren[59]. Die Anwendung nationalen Rechts trägt dieses Ergebnis aber schon deshalb nicht, weil das deutsche Aktienrecht kein Zweitstimmrecht des Vorsitzenden (und damit auch nicht seines Stellvertreters) kennt. Ein gesetzliches Zweitstimmrecht gibt es alleine in mitbestimmten Gesellschaften, und dort geht es nach deutschem Recht gerade nicht auf den Stellvertreter über[60] (vgl. weiterhin Anh. Art. 43 § 34 SEAG Rz. 9). 24

Die **Satzung** kann andere Regelungen zur Auflösung von Pattsituationen enthalten; Art. 50 Abs. 2 Satz 1 SE-VO lässt dies ausdrücklich zu. Denkbar ist beispielsweise ei- 25

---

52 Empfehlung 2005/162/EG, ABl. EU Nr. L 52 v. 25.2.2005, S. 55.
53 Empfehlung 2005/162/EG, ABl. EU Nr. L 52 v. 25.2.2005, S. 58.
54 Aus Perspektive des deutschen Rechts sollte eine Satzungsregelung die Einrichtung von Ausschüssen allerdings nicht zwingend vorschreiben, weil dies in die Organisationsautonomie des Organs zu sehr eingreift (vgl. BGH v. 25.2.1982 – II ZR 123/81, BGHZ 83, 106 ff. = AG 1982, 218 zur Ausschussbildung im Aufsichtsrat).
55 Zum vorgelagerten Problem, wie eine Pattsituation bei der Bestellung des Vorsitzenden gelöst werden kann, vgl. Art. 45 Rz. 12 und Art. 42 Rz. 7.
56 *Schwarz*, Art. 50 SE-VO Rz. 30.
57 *Manz* in Manz/Mayer/Schröder, Art. 50 SE-VO Rz. 15; *Siems* in KölnKomm. AktG, 3. Aufl., Art. 50 SE-VO Rz. 26; ebenso für den Verwaltungsrat *Lutter/Kollmorgen/Feldhaus*, BB 2005, 2473, 2479.
58 *Drinhausen* in Habersack/Drinhausen, Art. 50 SE-VO Rz. 26.
59 *Drinhausen* in Habersack/Drinhausen, Art. 50 SE-VO Rz. 27; *Eberspächer* in Spindler/Stilz, AktG, Art. 50 SE-VO Rz. 7; *Schwarz*, Art. 50 SE-VO Rz. 38; *Siems* in KölnKomm. AktG, 3. Aufl., Art. 50 SE-VO Rz. 28.
60 Dazu nur *Koch* in Hüffer, § 107 AktG Rz. 30.

ne zweite Abstimmung oder die Anrufung eines Ausschusses[61]. Die Satzung kann auch regeln, dass der Stichentscheid des Vorsitzenden bei dessen Abwesenheit durch den stellvertretenden Vorsitzenden ausgeübt wird[62]. Für den Sonderfall, dass über die Bestellung des Vorsitzenden selbst abgestimmt wird (Art. 45 Rz. 12), kann der Stichentscheid dem ältesten Anteilseignervertreter zugewiesen werden[63]. Ein **Vetorecht** des Vorsitzenden ist hingegen von der Ermächtigung nicht erfasst, weil es mit dem Regelungsproblem des Art. 50 Abs. 2 Satz 1 SE-VO nicht in Zusammenhang steht, vielmehr dem Vorsitzenden eine weit über den Stichentscheid hinausgehende Einflussnahme sichert[64]. Ein solches Vetorecht kann daher allenfalls auf die allgemeine Satzungsermächtigung des Art. 50 Abs. 1 SE-VO gestützt werden (oben Rz. 6 ff.).

26 In einem **paritätisch besetzten Aufsichtsorgan** ist eine abweichende Satzungsbestimmung nicht möglich (Art. 50 Abs. 2 Satz 2 SE-VO). Es ist dem Satzungsgeber also verwehrt, das Letztentscheidungsrecht der Anteilseignerseite aufzugeben. Dies überrascht zunächst, da ein freiwilliger Verzicht auf Rechtspositionen grundsätzlich unbedenklich ist[65]. Die Regelung lässt sich aber mit dem Charakter der SE als Aktiengesellschaft erklären, die für eine Vielzahl von Aktionären und nicht zuletzt auch eine Börsennotierung offen stehen soll. Eine Satzungsregelung, die der Arbeitnehmerseite ein Übergewicht verschafft, könnte als Investitionshemmnis und damit als ein Verstoß gegen die Kapitalverkehrsfreiheit angesehen werden. Das zwingende Letztentscheidungsrecht der Anteilseigner sorgt dafür, dass die SE als Objekt der Kapitalanlage attraktiv bleibt und diese Attraktivität nicht im Gefolge einer bestimmten, möglicherweise zufällig entstandenen Konstellation auf Anteilseignerseite mittels Satzungsänderung beseitigt werden kann. Wegen der fehlenden Satzungsautonomie in der paritätisch mitbestimmten SE ist hier die oben (Rz. 25) erwähnte Regelung, wonach der Stichentscheid auf den stellvertretenden Vorsitzenden übergeht, nicht möglich. Die Gegenauffassung will sich insoweit auf das nationale Recht stützen[66]; dies kennt aber – wie oben (Rz. 24) erwähnt – in der paritätisch mitbestimmten Gesellschaft keine derartige Satzungsautonomie. Wollte man insoweit Satzungsautonomie gewähren, müsste man zumindest zulassen, dass die Frage wegen ihrer Mitbestimmungsrelevanz auch Gegenstand einer SE-Beteiligungsvereinbarung sein kann[67].

27 Das Verbot einer abweichenden Satzungsregelung gilt nach dem Wortlaut des Art. 50 Abs. 2 Satz 2 SE-VO nur für das Aufsichtsorgan. Viele Autoren übertragen die Regelung auch auf das monistische **Verwaltungsorgan** mit dem Argument, es handele sich bei der Begrenzung auf das Aufsichtsorgan um ein Redaktionsversehen[68]. Dass der

---

61 Zu diesen Gestaltungsmöglichkeiten *Schwarz*, Art. 50 SE-VO Rz. 31 und 33.
62 *Schneider*, AG 2008, 887, 889.
63 *Drinhausen* in Habersack/Drinhausen, Art. 45 SE-VO Rz. 15.
64 Gegen Zulässigkeit eines Vetorechts *Schwarz*, Art. 50 SE-VO Rz. 32 mit Hinweis auf die Verfassung der SE-Organe als Kollegialorgane.
65 Die Gegenauffassung, wonach selbst ein freiwilliger Verzicht auf das Übergewicht der Anteilseigner gegen die Verfassung verstößt, vermag nicht recht zu überzeugen.
66 *Drinhausen* in Habersack/Drinhausen, Art. 50 SE-VO Rz. 27; *Schneider*, AG 2008, 887, 889.
67 Demgegenüber hält *Schneider*, AG 2008, 887, 890, zwar eine Satzungsregelung für möglich, spricht der Frage jedoch die Mitbestimmungsrelevanz ab und sieht daher keine Regelungskompetenz für die SE-Beteiligungsvereinbarung. Das ist gerade aus deutscher Sicht, wo eine gesetzliche Regelung des Zweitstimmrechts überhaupt nur für mitbestimmte Gesellschaften existiert, wenig überzeugend. Auch in Art. 50 Abs. 2 Satz 2 SE-VO hat die Frage erkennbar Mitbestimmungsrelevanz. Für Vereinbarungsautonomie daher *Windbichler* in FS Canaris, 2007, S. 1423, 1433.
68 *Drinhausen* in Habersack/Drinhausen, Art. 50 SE-VO Rz. 29; *Reichert/Brandes* in MünchKomm. AktG, 3. Aufl., Art. 50 SE-VO Rz. 3; *Schwarz*, Art. 50 SE-VO Rz. 36; *Siems* in KölnKomm. AktG, 3. Aufl., Art. 50 SE-VO Rz. 27.

europäische Gesetzgeber die unterschiedlichen Organstrukturen der SE bei Abfassung des Art. 50 SE-VO nicht vor Augen gehabt haben sollte, ist hingegen wenig überzeugend[69]. Die systematische Analyse des Textes zeigt, dass der europäische Gesetzgeber die Situation eines paritätisch mitbestimmten Verwaltungsrats dort, wo er es für nötig hielt, auch geregelt hat. Dass auch ein Verwaltungsrat paritätisch mitbestimmt sein kann, sieht die Verordnung durchaus. So regelt Art. 45 Satz 2 SE-VO für diesen Fall ausdrücklich, dass der Vorsitzende ein Vertreter der Anteilseigner sein muss. Zudem fällt auf, dass Art. 50 Abs. 2 Satz 1 SE-VO ganz allgemein von den Organen der SE spricht, während Art. 50 Abs. 2 Satz 2 SE-VO nur das Aufsichtsorgan nennt. Darin dürfte eher die Annahme zum Ausdruck kommen, dass es in der Praxis ein paritätisch besetztes Leitungsorgan überhaupt nicht und ein paritätisch besetztes Verwaltungsorgan nur selten geben werde. Die Richtlinie zur grenzüberschreitenden Verschmelzung hat gezeigt, dass eine paritätische Mitbestimmung im monistischen System auf europäischer Ebene als ungewöhnlich empfunden würde; sie enthält nämlich gerade auf Wunsch derjenigen Staaten, die eine Mitbestimmung im monistischen System bereits kennen, das Recht, in diesem Organ die Parität auf ein Drittel zu begrenzen[70]. Die Integration der Mitbestimmung in das monistische System vollzieht sich zwar nach herrschender Auffassung mittels einer Übertragung der Parität auf das gesamte Organ[71]. Ein solches national geprägtes Verständnis kann jedoch gegenüber der Regelung des Art. 50 Abs. 2 Satz 2 SE-VO, die europäisch-autonom auszulegen ist, nicht maßgebend sein. Daher bleibt im monistischen System eine satzungsmäßige Regelung möglich, die den Stichentscheid des Vorsitzenden beseitigen würde.

V. Überlagerung durch nationales Mitbestimmungsrecht (Art. 50 Abs. 3 SE-VO)

Art. 50 Abs. 3 SE-VO ermöglicht die Anwendung nationaler Mitbestimmungsregeln auch dann, wenn diese von den Beschlussfassungsregeln des Art. 50 Abs. 1 und 2 SE-VO abweichen. Allerdings muss der mitgliedstaatliche Gesetzgeber dies ausdrücklich vorsehen. Bislang ist diese Vorschrift in Ermangelung einer entsprechenden mitgliedstaatlichen Regelung für SE mit Sitz in Deutschland **ohne praktischen Anwendungsbereich**. Dies dürfte in erster Linie daran liegen, dass bereits Art. 50 Abs. 2 SE-VO den Vorstellungen des deutschen Mitbestimmungsrechts weitgehend Rechnung trägt. Abweichungen ergeben sich insbesondere bei der Wahl des Vorsitzenden und des stellvertretenden Vorsitzenden in Aufsichts- und Verwaltungsorgan (Art. 42 Rz. 4 ff. sowie Anh. Art. 43 § 34 SEAG Rz. 5 f.), bei der es nicht zu den nach Mitbestimmungsgesetz vorgesehenen zwei Wahlgängen kommt. 28

Sollte der Gesetzgeber künftig eine Modifizierung der Beschlussfassung in mitbestimmten Organen regeln wollen, kann er lediglich die Vorschriften zur Anwendung bringen, die **unter denselben Bedingungen** für nationale Aktiengesellschaften gelten. Ein Sonderrecht für die SE bleibt dem mitgliedstaatlichen Gesetzgeber verwehrt. 29

Ob der mitgliedstaatliche Gesetzgeber mittels der Ermächtigung des Art. 50 Abs. 3 SE-VO auch eine Regelung durchsetzen könnte, die den Stichentscheid des Vorsitzenden und damit das leichte **Übergewicht der Anteilseigner** beseitigt, ist eine offene Frage. 30

---

69 Gegen eine analoge Anwendung auf den Verwaltungsrat auch *Roth*, ZfA 2004, 431, 441.
70 Es handelt sich um Art. 16 Abs. 4 lit. c der Richtlinie, der nach Aussage von *Wiesner* (DB 2005, 91, 93) auf eine Initiative der skandinavischen Staaten zurückgeht.
71 Zur Kritik an dieser Interpretation Art. 43 SE-VO Rz. 69.

Zwar ist der SE-Verordnung durchaus das Bestreben zu entnehmen, das Übergewicht der Anteilseigner sicherzustellen[72]. Auch werden die Regelungen in Art. 42 und Art. 45 SE-VO, wonach der Vorsitzende des paritätisch mitbestimmten Organs ein Vertreter der Anteilseigner sein muss, nicht zur Disposition gestellt. Indessen bezieht sich die Ermächtigung zu einer abweichenden Handhabung ausdrücklich auf Art. 50 Abs. 2 SE-VO und damit auf den Stichentscheid des Vorsitzenden. Die SE-VO stellt damit auch dieses Instrument zur Disposition des nationalen Gesetzgebers[73]. Eine immanente Schranke der mitgliedstaatlichen Gesetzgebung ergibt sich folglich nicht aus der SE-Verordnung, sondern allenfalls aus dem nationalen Verfassungsrecht[74].

31 Die Ermächtigung gilt ihrem Wortlaut nach nur für das **Aufsichtsorgan**. Ebenso wie in Art. 50 Abs. 2 Satz 2 SE-VO (oben Rz. 27) ist die Entscheidung des Verordnungsgebers zu respektieren, diese Sonderregel weder für das Leitungs- noch für das Verwaltungsorgan zu erlassen. Art. 50 Abs. 3 SE-VO findet daher auf das monistische System keine Anwendung[75].

Art. 51
[Haftung]

Die Mitglieder des Leitungs-, Aufsichts- oder Verwaltungsorgans haften gemäß den im Sitzstaat der SE für Aktiengesellschaften maßgeblichen Rechtsvorschriften für den Schaden, welcher der SE durch eine Verletzung der ihnen bei der Ausübung ihres Amtes obliegenden gesetzlichen, satzungsmäßigen oder sonstigen Pflichten entsteht.

I. Überblick 1	III. Organhaftung im dualistischen System 13
II. Entstehungsgeschichte der Norm	IV. Organhaftung im monistischen System 18
1. Eigenständige Haftungsregelungen in früheren Entwürfen 2	1. § 93 AktG als haftungsrechtliche Generalklausel 20
2. Verweis auf das nationale Recht in Art. 51 SE-VO heutiger Fassung 5	2. Binnenhaftung oder Außenhaftung? . 22
3. Tatbestand und Rechtsfolge gem. Art. 51 SE-VO 7	

Literatur: *Bachmann*, Reform der Organhaftung? Materielles Haftungsrecht und seine Durchsetzung in privaten und öffentlichen Unternehmen, Gutachten E für den 70. Deutschen Juristentag, 2014; *Baums*, Empfiehlt sich eine Neuregelung des aktienrechtlichen Anfechtungs- und Organhaftungsrechts, insbesondere der Klagemöglichkeiten von Aktionären?, Gutachten F für den 63. Deutschen Juristentag, 2000; *Fleischer*, Außenhaftung der Geschäftsleiter im französischen Gesellschaftsrecht, RIW 1999, 576; *Fleischer*, Deliktische Geschäftsführerhaftung gegenüber außenstehenden Dritten im englischen Gesellschaftsrecht, ZGR 2000, 152; *Fleischer*, Erweiterte Außenhaftung der Organmitglieder im Europäischen Gesellschafts- und Kapitalmarktrecht, ZGR

---

72 Daher für eine immanente Grenze der Ermächtigung des Art. 50 Abs. 3 SE-VO *Schwarz*, Art. 50 SE-VO Rz. 50.
73 A.A. *Schwarz*, Art. 50 SE-VO Rz. 50.
74 Vgl. zur Verfassungsmäßigkeit der Parität im monistischen Modell *Kämmerer/Veil*, ZIP 2005, 369 ff.
75 A.A. *Drinhausen* in Habersack/Drinhausen, Art. 50 SE-VO Rz. 31; *Schwarz*, Art. 50 SE-VO Rz. 48.

2004, 437; *Fleischer* (Hrsg.), Handbuch des Vorstandsrechts, 2006; *Holland*, Das amerikanische „board of directors" und die Führungsorganisation einer monistischen SE in Deutschland, 2006 (zit.: Board of directors und monistische SE); *Lohr*, Die Beschränkung der Innenhaftung des GmbH-GF, NZG 2000, 1204; *Lutter* (Hrsg.), Die Europäische Aktiengesellschaft, 2. Aufl. 1978; *Lutter*, Die Business Judgment Rule und ihre praktische Anwendung, ZIP 2007, 841; *Merkt*, Die monistische Unternehmensverfassung für die Europäische Aktiengesellschaft aus deutscher Sicht – mit vergleichendem Blick auf die Schweiz, das Vereinigte Königreich und Frankreich, ZGR 2003, 650; *Metz*, Die Organhaftung bei der monistisch strukturierten Europäischen Aktiengesellschaft mit Sitz in Deutschland, 2009 (zit.: Organhaftung); *Schiessl*, Leitungs- und Kontrollstrukturen im internationalen Wettbewerb, ZHR 167 (2003), 235; *Seitz*, Die Geschäftsführer einer monistischen Societas Europaea (SE) mit Sitz in der Bundesrepublik Deutschland, 2009; *Spindler*, Haftung und Aktionärsklage nach dem neuen UMAG, NZG 2005, 865; *Teichmann*, Organhaftung in der SE, in Krieger/Uwe H. Schneider (Hrsg.), Handbuch Managerhaftung, 2. Aufl. 2010, § 5 (S. 98); *Ulmer*, Die Aktionärsklage als Instrument zur Kontrolle des Vorstands- und Aufsichtsratshandelns, ZHR 163 (1999), 290.

I. Überblick

Art. 51 SE-VO verweist für die Organhaftung auf das **mitgliedstaatliche Recht** im Sitzstaat der SE. Insoweit ist danach zu unterscheiden, ob die SE das dualistische oder das monistische System gewählt hat. Für das **dualistische System** (unten Rz. 13 ff.) gelten kraft der Verweisung die allgemeinen aktienrechtlichen Regelungen, also § 93 AktG für das Leitungsorgan (Vorstand) und § 116 AktG für das Aufsichtsorgan (Aufsichtsrat). Für das **monistische System** (unten Rz. 18 ff.) enthält das allgemeine deutsche Aktienrecht keine Regelung. Das SEAG hat auf Basis der Ermächtigung des Art. 43 Abs. 4 SE-VO eine SE-spezifische Regelung für Verwaltungsrat (§ 39 SEAG) und geschäftsführende Direktoren (§ 40 Abs. 8 SEAG) eingeführt. 1

II. Entstehungsgeschichte der Norm

1. Eigenständige Haftungsregelungen in früheren Entwürfen

Art. 51 SE-VO ist in seiner jetzigen Fassung erst relativ spät in die Verordnung aufgenommen worden. Frühere Entwürfe hatten noch bis in das Jahr 1991 eine eigenständige Anspruchsgrundlage für die Haftung wegen Pflichtverletzungen vorgesehen[1]. Im **Entwurf von 1970**, der allein das dualistische Modell kannte, regelte Art. 71 eine Haftung der Vorstandsmitglieder für Pflichtverletzungen[2]. Eine Entlastung war möglich durch den „doppelten Nachweis"[3], dass das Vorstandsmitglied kein Verschulden trifft und dass es die fragliche Handlung oder Unterlassung schriftlich dem Aufsichtsrat angezeigt hat[4]. Über eine Klageerhebung war von Aufsichtsrat und Hauptversammlung zu entscheiden (Art. 72 Abs. 1 des Entwurfs). Die Haftungsklage konnte aber auch von Aktionären erhoben werden, die über 5 % des Kapitals oder Aktien im Nennwert von 100 000 Europäischer Rechnungseinheiten verfügten. Aufsichtsratsmitglieder hafteten gem. Art. 81 für Pflichtverletzungen, soweit sie nicht fehlendes Verschulden nachweisen konnten und die betreffende Handlung dem Vorsitzenden des Aufsichtsrats angezeigt hatten. Die Haftungsklage gegen Aufsichtsrats- 2

---

1 Zur Entstehungsgeschichte auch *Schwarz*, Art. 51 SE-VO Rz. 2.
2 ABl. EG Nr. C 124 v. 10.10.1970, S. 16.
3 So ausdrücklich die Erläuterungen der Europäischen Kommission, Bull. EG 1970, Beil. 8, S. 61.
4 Kritisch zu dieser Anzeigepflicht seinerzeit *Rittner* in Lutter, Europäische Aktiengesellschaft, S. 93, 109.

mitglieder konnte von der Hauptversammlung oder der in Art. 72 Abs. 1 des Entwurfs genannten Aktionärsminderheit erhoben werden (Art. 81 Abs. 5 des Entwurfs). In den **Entwurf von 1975** wurde zusätzlich eine direkte Haftung gegenüber Aktionären und Dritten aufgenommen[5], die in späteren Entwürfen aber wieder entfallen ist.

3 In den **Entwurf von 1989** fand das monistische Modell Eingang (vgl. Art. 38 Rz. 6 und Art. 43 Rz. 4 ff.); dem entsprechend wurde ein gemeinsamer, für Verwaltungs-, Leitungs- und Aufsichtsorgan geltender Haftungstatbestand eingeführt (Art. 77 des Entwurfs. Auf das Erfordernis, die betreffende Handlung oder Unterlassung zur eigenen Entlastung dem Aufsichtsrat anzuzeigen, wurde jedoch in der Fassung von 1989 verzichtet; eine Erklärung dafür findet sich in den Erläuterungen der Europäischen Kommission nicht[6]. Im **Entwurf von 1991** wurde der Haftungstatbestand sprachlich variiert, ohne dass damit inhaltliche Veränderungen verbunden sein sollten[7].

4 Das **gesetzgeberische Anliegen** einer Haftung für schuldhafte Pflichtverletzungen erläuterte die Europäische Kommission in ihren Ausführungen zum Entwurf von 1989 wie folgt[8]:

„Diese Bestimmung und die folgenden Bestimmungen betreffen die Haftung der Organe der SE für Schäden, die durch schuldhaftes Verhalten gegenüber der Gesellschaft entstanden sind. Die Haftung kommt nur zum Tragen, wenn die SE einen Schaden erlitten hat. Folglich muss ein Kausalzusammenhang zwischen dem schädigenden Ereignis und dem Schaden selbst bestehen.

Setzen sich die Organe der Gesellschaft nach dem Kollegialsystem zusammen, so kann ein Dritter kaum erfahren, welches Mitglied dieses Organs den Schaden verursacht hat. Deshalb ist im Text eine gesamtschuldnerische Haftung aller Mitglieder des betreffenden Organs unabhängig von der Art des Verschuldens vorgesehen.

Nach den Grundsätzen des Zivilrechts muss im allgemeinen derjenige, der einen Schaden erlitten hat, das Verschulden des Verursachers nachweisen. Bei Anwendungen dieser Regel im vorliegenden Fall wären zahlreiche Haftungsklagen zum Scheitern verurteilt, da ein Dritter nur unter größten Schwierigkeiten Vorgänge im Innern der Gesellschaft überprüfen könnte. Deshalb erscheint es angezeigt, die Beweislast umzukehren und die beschuldigten Mitglieder zu dem Nachweis zu verpflichten, dass sie kein Verschulden trifft."

2. Verweis auf das nationale Recht in Art. 51 SE-VO heutiger Fassung

5 Der im Jahre 2001 verabschiedete Text beschränkt sich darauf, mitgliedstaatliches Recht für anwendbar zu erklären. Fraglich ist, wie dieser **Regelungsverzicht** zu deuten ist. Anders als etwa die Mitbestimmung oder das Konzernrecht war die Frage der Haftung nicht wirklich umstritten. Auch der häufige Grund für einen Regelungsverzicht, die zwischenzeitliche Harmonisierung des Gesellschaftsrechts (vgl. Art. 9 Rz. 12 ff.), lässt sich gerade in Haftungsfragen nicht anführen. Durch die Entstehungsgeschichte der Vorschrift bis hin zum Entwurf des Jahres 1991 zieht sich er-

---

5 Auch dazu kritisch *Rittner* in Lutter, Europäische Aktiengesellschaft, S. 93, 111.
6 Vgl. Beilage 5/89 zum Bulletin der Europäischen Gemeinschaften, S. 23: Erläuterungen zu Art. 77 des Entwurfs.
7 Die Formulierung „schuldhaftes Verhalten bei der Ausübung ihres Amtes" wurde ersetzt durch „eine Verletzung der ihnen bei der Ausübung ihres Amtes obliegenden Pflichten". Dazu erläuterte die Europäische Kommission seinerzeit, der Artikel sei präzisiert worden, ohne dass dies Auswirkungen auf die beabsichtigten Rechtsfolgen gehabt hätte (KOM(91)174 endg. – SYN 218 = BT-Drucks. 12/1004, Erläuterung zu Art. 77 des Entwurfs).
8 Beilage 5/89 zum Bulletin der Europäischen Gemeinschaften, S. 23.

kennbar die Auffassung, es bedürfe zur Verhaltenssteuerung und Schadenskompensation in der SE einer wirkungsvollen Organhaftung. Der in der letzten Fassung vorgenommene Regelungsverzicht lässt sich am ehesten damit erklären, dass im mitgliedstaatlichen Recht ohnehin **ausreichende Haftungsregeln** existieren. Ein weiterer Aspekt mag darin bestanden haben, dass die Organhaftung eng mit dem allgemeinen Zivilrecht verknüpft und daher einer unionsrechtlichen Vereinheitlichung nur schwer zugänglich ist[9]. Zudem bevorzugen einige Mitgliedstaaten konzeptionell eine Binnenhaftung, während andere der Außenhaftung mehr Gewicht beimessen[10].

Für den Regelungsverzicht hätte indessen eine schlichte Streichung der Norm genügt. Nach Art. 9 Abs. 1 SE-VO fände dann automatisch das mitgliedstaatliche Recht Anwendung. Statt dessen hat sich der Verordnungsgeber in Art. 51 SE-VO für eine **Spezialverweisung** entschieden, an der auffällt, dass sie den Anwendungsbereich der Organhaftung recht klar absteckt[11]: Die Organmitglieder einer SE haften nach mitgliedstaatlichem Recht für den Schaden, welcher der SE durch eine Verletzung der ihnen bei Ausübung ihres Amtes obliegenden gesetzlichen, satzungsmäßigen oder sonstigen Pflichten entsteht. Im Lichte der Entstehungsgeschichte und der allgemeinen Systematik, die grundsätzlich über Art. 9 SE-VO auf mitgliedstaatliches Recht verweist, lässt sich der so formulierten Spezialverweisung die Grundaussage entnehmen, dass jedenfalls ein **Minimum an Haftung** gewährleistet sein muss[12]. Das mitgliedstaatliche Recht kann nicht völlig darauf verzichten, bei Verwirklichung des in Art. 51 SE-VO genannten Tatbestandes (Pflichtverletzung, Kausalität, Schaden der Gesellschaft) ein wirksames Haftungsregime bereitzuhalten[13]. Nähere inhaltliche Vorgaben lassen sich aus Art. 51 SE-VO aber kaum ableiten. Soweit mitgliedstaatliche Haftungsnormen existieren und ihnen nicht rechtspraktisch ein völliger Leerlauf attestiert werden muss, dürfte dies den europäischen Anforderungen genügen.

3. Tatbestand und Rechtsfolge gem. Art. 51 SE-VO

Die Haftung der Organmitglieder wird ausgelöst durch eine Verletzung der ihnen bei der Ausübung ihres Amtes obliegenden Pflichten (**Organpflichten**). Diese Pflichten können sich aus Gesetz, Satzung oder sonstigen Rechtsgrundlagen ergeben. Die konkrete Pflichtenstellung bei Ausübung des Amtes ergibt sich aus einer Zusammenschau von europäischem und nationalem Recht. Das normative Grundgerüst für beide Leitungssysteme regelt die SE-Verordnung selbst (Art. 38 Rz. 14 ff.). Die dort festgelegten Kompetenzen von Leitungs-, Aufsichts- und Verwaltungsorgan einer SE begründen zugleich Pflichten der Organmitglieder[14]. Passivität gegenüber der gesetzlich zugewiesenen Aufgabe wäre ebenso eine Pflichtverletzung wie unsorgfältige Wahrnehmung der Kompetenz. In einem **mitbestimmten** Organ gelten für die Vertreter der Arbeitnehmer dieselben Maßstäbe wie für diejenigen der Anteilseigner[15].

---

9 Jedenfalls wurde zum geänderten Entwurf von 1991 die Streichung der 1989 noch enthaltenen Regelung zu Haftungsverzicht und Vergleich damit begründet, dass sie „eng mit einzelstaatlichen Verfahrensvorschriften verknüpft" sei (Begr. der Kommission zu Art. 79 im Vorschlag von 1991, BT-Drucks. 12/1004, S. 10).
10 Dazu *Merkt*, ZGR 2003, 650, 673 ff.
11 Dazu auch *Schwarz*, Art. 51 SE-VO Rz. 5.
12 Eingehend *Metz*, Organhaftung, S. 64–82; weiterhin: *Merkt*, ZGR 2003, 650, 674; *Schwarz*, Art. 51 SE-VO Rz. 5.
13 *Drinhausen* in Habersack/Drinhausen, Art. 51 SE-VO Rz. 2; *Teichmann* in Krieger/Uwe H. Schneider, Handbuch Managerhaftung, § 5 Rz. 11.
14 *Teichmann* in Krieger/Uwe H. Schneider, Handbuch Managerhaftung, § 5 Rz. 18.
15 *Drinhausen* in Habersack/Drinhausen, Art. 51 SE-VO Rz. 7 und Rz. 10; *Siems* in KölnKomm. AktG, 3. Aufl., Art. 51 SE-VO Rz. 8.

8 **Gesetzliche Pflichten** der SE-Organe folgen insbesondere aus den Art. 39 ff. SE-VO (dualistisches System) sowie Art. 43 ff. SE-VO (monistisches System und gemeinsame Vorschriften) sowie dem ergänzend über Spezialverweisungen oder Art. 9 Abs. 1 SE-VO heranzuziehenden nationalen Recht. Für das im mitgliedstaatlichen Recht jeweils unbekannte Leitungssystem kommen SE-spezifische Ausführungsregelungen der Mitgliedstaaten hinzu – für Deutschland die §§ 20 ff. SEAG zum monistischen System. Entsprechend der SE-spezifischen Regelung der Satzungsautonomie (Art. 9 Rz. 39 ff., 57 ff.) können **satzungsmäßige Pflichten** entweder in Ausübung ausdrücklicher Ermächtigungen der SE-VO oder im Rahmen der Satzungsautonomie mitgliedstaatlichen Rechts geregelt werden[16]. Als Grundlage **sonstiger Pflichten** kommen insbesondere schuldrechtliche Vereinbarungen (etwa ein Anstellungsvertrag) zwischen der Gesellschaft und ihren Organmitgliedern in Betracht[17].

9 Problematisch sind Versuche, **allgemeine Maßstäbe** pflichtgemäßen Verhaltens aus der Verordnung selbst ableiten zu wollen[18]. Zwar lassen sich Konkretisierungen der Geschäftsleiterpflichten – wie etwa die Business Judgment Rule[19] oder die Haftungsregeln bei Ressortaufteilung im Kollegialorgan – ohne weiteres als allgemein gültige und sachnotwendige Haftungsbegrenzungen in unternehmerisch tätigen Kollegialorganen verstehen. Der europäische Gesetzgeber hat jedoch durch den Verweis auf mitgliedstaatliches Recht gerade davon Abstand genommen, derartige Vorgaben in der Verordnung zu verankern. Er setzt zwar die Existenz solcher Regeln im mitgliedstaatlichen Recht voraus (oben Rz. 5), bringt sie aber mittels der Regelungstechnik des Art. 51 SE-VO gerade in ihrer konkreten **mitgliedstaatlichen Ausprägung** zur Entfaltung. Solange der konkrete Pflichtenmaßstab des mitgliedstaatlichen Rechts nicht mittelbar zu einer völligen Aushöhlung der Haftung führt (oben Rz. 6), besteht kein Anlass, mittels europäischer Grundsätze korrigierend einzugreifen.

10 Durch die Pflichtverletzung muss ein **Schaden** verursacht worden sein. Darunter ist jeder Vermögensnachteil zu verstehen[20], der kausal durch die Pflichtverletzung entstanden ist. Die konkrete Ausfüllung des Schadensbegriffes und der **Kausalität** richtet sich ebenso nach mitgliedstaatlichem Recht wie Fragen der **Darlegungs- und Beweislast** und des **Verschuldens**[21]. Frühere Entwürfe der SE-VO hatten hierzu noch eigenständige Regelungen enthalten (vgl. oben Rz. 2 ff.). Durch seinen Regelungsverzicht hat sich der europäische Gesetzgeber erkennbar einer eigenen Festlegung in diesen Bereichen enthalten wollen.

11 Die Verletzung von Organpflichten führt zur **Haftung**. Gemeint ist die Verpflichtung der Organmitglieder, denen eine schadensverursachende Pflichtverletzung zur Last fällt (Haftung für eigenes Fehlverhalten), den dadurch entstandenen Schaden der Gesellschaft zu ersetzen, in deutscher Terminologie also ein Schadensersatzanspruch. Art. 51 SE-VO spricht zwar nur den **Schaden der SE** an; dies allein beschränkt die Haftung aber nicht zwingend auf eine reine Binnenhaftung[22]. Art. 51 SE-VO lässt

---

16 Art. 51 SE-VO ist selbst keine Ermächtigungsnorm für Satzungsregelungen (*Schwarz*, Art. 51 SE-VO Rz. 12).
17 *Schwarz*, Art. 51 SE-VO Rz. 13.
18 So aber *Schwarz*, Art. 51 SE-VO Rz. 14, nach dessen Auffassung die Business Judgment Rule Teil des Art. 51 SE-VO ist; ebenso Rz. 15 offenbar für die Haftungsregeln bei interner Ressortaufteilung. Wie hier *Drinhausen* in Habersack/Drinhausen, Art. 51 SE-VO Rz. 15 und *Siems* in KölnKomm. AktG, 3. Aufl., Art. 51 SE-VO Rz. 9.
19 Zu deren Voraussetzungen allgemein *Lutter*, ZIP 2007, 841, 843 ff.
20 Vgl. auch die weitere englische Fassung: „loss or damage".
21 Vgl. insoweit insbesondere die Kommentierungen zu § 93 AktG.
22 *Merkt*, ZGR 2003, 650, 674.

Raum für mitgliedstaatliche Regelungen, die Aktionären oder auch Gläubigern abgeleitete Klagerechte zugestehen, mittels derer sie den Schaden der Gesellschaft geltend machen können (zur Problematik im monistischen System unten Rz. 22 ff.).

Eine **Außenhaftung** im strengen Sinne, bei der also nicht ein Schaden der Gesellschaft, sondern ein separat abzuwickelnder Schaden einzelner Aktionäre oder außenstehender Dritter in Rede steht[23], ist gleichfalls denkbar. Sie war im Entwurf von 1975 vorübergehend für die SE-Verordnung erwogen worden (oben Rz. 2). Sie unterliegt nach heutiger Rechtslage gem. Art. 9 Abs. 1 lit. c ii SE-VO dem mitgliedstaatlichen Recht. 12

III. Organhaftung im dualistischen System

Das dualistische System der SE weist dieselbe Grundstruktur auf wie das Vorstands-/ Aufsichtsratsmodell einer deutschen Aktiengesellschaft (s. nur Art. 38 Rz. 28 und Kommentierung zu Art. 39 ff.). Über den Verweis des Art. 51 SE-VO gelten also für den Vorstand **§ 93 AktG** und für den Aufsichtsrat **§ 116 AktG**; weiterhin kommt für beide Organe § 117 Abs. 2 AktG zur Anwendung[24]. 13

Das **Leitungsorgan** (Vorstand) einer dualistischen SE ist verpflichtet zur Geschäftsführung (Art. 39 Abs. 1 Satz 1 SE-VO), zur regelmäßigen Unterrichtung des Aufsichtsrats (Art. 41 SE-VO), zur Beachtung der Zustimmungsvorbehalte des Aufsichtsrats (Art. 48 SE-VO) und zur Verschwiegenheit (Art. 49 SE-VO, vgl. zum konkreten Inhalt dieser Pflichten die Kommentierung der genannten Vorschriften). Weitere gesetzliche Pflichten ergeben sich ergänzend aus dem nationalen Aktienrecht, das über Art. 9 Abs. 1 lit. c ii SE-VO zur Anwendung gelangt (allgemein zu diesem Generalverweis Art. 9 Rz. 42 ff.). Zu denken ist beispielsweise an die aus § 91 AktG resultierenden Pflichten zur Buchführung und zur Einrichtung eines Risikoüberwachungssystems. Sonstige Pflichten i.S.d. Art. 51 SE-VO (oben Rz. 8) ergeben sich insbesondere aus dem Anstellungsvertrag, den Vorstandsmitglieder üblicherweise mit der Gesellschaft abschließen (vgl. Art. 39 Rz. 35). 14

Das **Aufsichtsorgan** (Aufsichtsrat) einer dualistischen SE hat die Mitglieder des Vorstands zu bestellen (Art. 39 Abs. 2 Satz 1 SE-VO) und deren Geschäftsführung zu überwachen (Art. 40 Abs. 1 SE-VO, s. auch dazu die Kommentierung der entsprechenden Vorschriften). Daneben gehört zu den gesetzlichen Pflichten die Sorge für einen ausreichenden Informationsfluss; das Aufsichtsorgan muss bei entsprechendem Anlass von seinen Informationsrechten (Art. 41 Abs. 3 bis 5 SE-VO) aktiv Gebrauch machen (vgl. Art. 41 Rz. 18). 15

Zum **Sorgfaltsmaßstab**, den die Organmitglieder einzuhalten haben, findet sich in der SE-Verordnung keine Vorgabe. Insoweit sind § 93 AktG für den Vorstand und § 116 AktG für den Aufsichtsrat heranzuziehen, die nicht nur die Haftung als solche begründen, sondern in Form einer Generalklausel auch den Sorgfaltsmaßstab definieren[25]. Geschuldet wird die „Sorgfalt eines ordentlichen und gewissenhaften Geschäftsleiters" (für den Vorstand, § 93 Abs. 1 Satz 1 AktG; sinngemäß auch für den 16

---

23 In diesem Sinne verwendet beispielsweise *Fleischer*, ZGR 2000, 152 ff., den Begriff der Außenhaftung.
24 *Teichmann* in Krieger/Uwe H. Schneider, Managerhaftung, § 5 Rz. 17; *Schwarz*, Art. 51 SE-VO Rz. 6.
25 *Krieger/Sailer-Coceani* in K. Schmidt/Lutter, § 93 AktG Rz. 1 sowie 6 ff.; *Koch* in Hüffer, § 93 AktG Rz. 6.

Aufsichtsrat, § 116 Satz 1 AktG). Die hierzu entwickelten Grundsätze des deutschen Aktienrechts können für die dualistische SE herangezogen werden[26].

17 Die **Verschwiegenheitspflicht** der SE-Organmitglieder ist unmittelbar in der Verordnung verankert (Art. 49 SE-VO). Die für nationale Aktiengesellschaften geltenden §§ 93 Abs. 1 Sätze 3 und 4, 116 Satz 2 AktG kommen daher nicht zur Anwendung.

IV. Organhaftung im monistischen System

18 Art. 51 SE-VO verweist auch für die Mitglieder des Verwaltungsorgans auf die für Aktiengesellschaften geltenden Rechtsvorschriften im Sitzstaat der SE. Da das allgemeine deutsche Aktienrecht das monistische System nicht regelt, geht die Verweisung insoweit ins Leere. Das **SEAG** enthält daher **eigene Haftungsnormen**, die sich auf Art. 43 Abs. 4 SE-VO stützen[27]. Die Haftung der Mitglieder des Verwaltungsrats regelt § 39 SEAG, diejenige der geschäftsführenden Direktoren § 40 Abs. 8 SEAG.

19 Die **Regelungsprinzipien** des SEAG bestehen darin, § 93 AktG als haftungsrechtliche Generalklausel einzusetzen (unten Rz. 20 ff.) und es damit auch für das monistische System bei der gesellschaftsrechtlichen Binnenhaftung des allgemeinen Aktienrechts zu belassen (unten Rz. 22 ff.). Für haftungsrechtliche Einzelfragen sei auf die Kommentierung der §§ 39 und 40 Abs. 8 SEAG (Anh. Art. 43) verwiesen.

1. § 93 AktG als haftungsrechtliche Generalklausel

20 Gem. **§ 39 SEAG** gilt für die Sorgfaltspflicht und Verantwortlichkeit der Verwaltungsratsmitglieder § 93 AktG entsprechend. Auch die geschäftsführenden Direktoren haften nach **§ 40 Abs. 8 SEAG** entsprechend der Regelung des § 93 AktG. Ungeachtet der unterschiedlichen Pflichtenstellung von Verwaltungsrat und geschäftsführenden Direktoren knüpft der Gesetzgeber damit in beiden Fällen an die aktienrechtliche Haftungsnorm für den Vorstand an. Daraus folgt ein grundsätzlicher Gleichlauf der Haftungstatbestände, weil die zu regelnden Haftungsfragen zumeist vergleichbar sind[28]. Dies impliziert indessen nicht, dass Pflichtenstellung und Sorgfaltsmaßstäbe bei Vorstand, Verwaltungsrat und geschäftsführenden Direktoren gänzlich identisch seien. Vielmehr dient § 93 AktG – wie auch im allgemeinen deutschen Aktienrecht, das ihn in sinngemäßer Anwendung (§ 116 AktG) auf den Aufsichtsrat überträgt – als **haftungsrechtliche Generalklausel**.

21 Dieser allgemein formulierte Maßstab bedarf der **Anpassung an den Pflichtenmaßstab** der konkret betroffenen Personen[29]. Die entsprechende Anwendung des § 93 AktG soll nach der Gesetzesbegründung zu § 39 SEAG „genügend Spielraum für eine individuelle und an der konkreten Aufgabenstellung orientierte Haftung der Mitglieder des Verwaltungsrats" bieten[30]. Dasselbe gilt für die geschäftsführenden Direktoren. Zu deren Haftungsnorm (§ 40 Abs. 8 SEAG) erläutert die Gesetzesbegründung, dass bei Ausfüllung der unbestimmten Rechtsbegriffe des § 93 AktG die besondere Stellung der geschäftsführenden Direktoren zu berücksichtigen sei, die wegen der

---

26 Vgl. *Krieger/Sailer-Coceani* in K. Schmidt/Lutter, Kommentierung zu § 93 AktG und *Drygala* in K. Schmidt/Lutter, Kommentierung zu § 116 AktG.
27 A.A. *Schwarz*, Art. 51 SE-VO Rz. 9, und *Seitz*, Geschäftsführer, S. 318, die für die geschäftsführenden Direktoren eine Regelungslücke annehmen, die durch analoge Anwendung des Art. 51 SE-VO zu schließen sei. Auch dieser Weg führt aber zur Anwendung von § 40 Abs. 8 SEAG, so dass der Streit hier dahinstehen kann.
28 So auch der methodische Ansatz bei *Metz*, Organhaftung, S. 86–95.
29 *Metz*, Organhaftung, S. 88–90.
30 So ausdrücklich die Gesetzesbegr. zu § 39 SEAG, BT-Drucks. 15/3405, S. 39.

Weisungsunterworfenheit und jederzeitigen Abberufbarkeit der eines Geschäftsführers einer GmbH ähnlicher sei als der eines Vorstands einer Aktiengesellschaft[31].

2. Binnenhaftung oder Außenhaftung?

Mit dem Verweis auf § 93 AktG setzt der Gesetzgeber den Akzent auf ein System der **Binnenhaftung**[32]. Denn die **Geltendmachung** des Schadens der Gesellschaft **obliegt in erster Linie den Vertretungsorganen**. Dies rührt an die altbekannte Problematik, dass innerhalb der Gesellschaft kaum jemand ein Interesse daran hat, Pflichtverletzungen aufzudecken, an deren Entstehung er möglicherweise selbst beteiligt war, und überdies die auch für die Gesellschaft rufschädigende Wirkung eines Haftungsprozesses gefürchtet wird. Dieses Defizit an interner Kontrolle kommt im monistischen System noch stärker zum Tragen, da hier kein formal unabhängiges Organ existiert, das unverfälscht und unbefangen die Interessen der Gesellschaft verfolgt. Vielfach wird daher die Notwendigkeit gesehen, die Außenhaftung als verhaltenssteuerndes Element im monistischen System besonders zu akzentuieren[33].

Außenhaftung im strengen Sinne meint jedoch die Haftung der Organmitglieder für einen Schaden, den sie **außenstehenden Personen in Ausübung ihrer Organpflichten** zugefügt haben. Dies ist in den meisten Rechtsordnungen eine Frage des Deliktsrechts, die völlig unabhängig davon zu beantworten ist, ob ein monistisches oder ein dualistisches Leitungssystem vorherrscht[34]. Dualistisch und monistisch geprägte Rechtsordnungen versuchen hier in grundsätzlich vergleichbarer Weise, eine Balance zwischen dem Prinzip der Haftungsbeschränkung und der zivilrechtlichen Verantwortung der konkret handelnden Personen zu finden[35]. Ob man in der „Haftungskanalisierung beim Unternehmensträger" sogar eines der „Strukturprinzipien des Europäischen Gesellschaftsrechts" zu sehen hat[36], mag angesichts des insoweit nur wenig aussagefähigen Unionsrechts dahingestellt bleiben; im Sinne eines rechtsvergleichenden Befundes ist der Aussage jedoch zuzustimmen[37]. Für die SE beschränkt sich die Außenhaftung daher zu Recht auf die Anwendung der allgemeinen zivilrechtlichen Regeln (oben Rz. 12).

Hingegen geht es bei den Versuchen, die „Apathie" der internen Kontrollinstanzen zu überwinden, nicht um Außenhaftung im strengen Sinne, sondern um Modifikationen der Binnenhaftung für Schäden, die der Gesellschaft entstanden sind. Im Vordergrund steht dabei ein **Verfolgungsrecht der Aktionäre** aus abgeleitetem Recht[38]. Dieses ist im deutschen Aktienrecht keineswegs unbekannt, bleibt aber auch nach

---

31 Begr. RegE zu § 40 SEAG, BT-Drucks. 15/3405, S. 39.
32 *Merkt*, ZGR 2003, 650, 673; *Thümmel*, Europäische Aktiengesellschaft, S. 108 (Rz. 224).
33 Für eine stärkere Betonung der Außenhaftung im monistischen System daher *Holland*, Board of directors und monistische SE, S. 200 ff. und *Merkt*, ZGR 2003, 650, 674 f. Auch *Schiessl*, ZHR 167 (2003), 235, 243, sieht, in allgemeiner Form, in der mangelnden Kontrolleffizienz eine rechtspraktische Schwäche des monistischen Systems.
34 Beispielsweise betraf die grundlegende „Baustoff"-Entscheidung des BGH (BGH v. 5.12.1989 – VI ZR 335/88, BGHZ 109, 297 ff.) die Außenhaftung eines GmbH-Geschäftsführers.
35 S. nur die Betrachtungen von *Fleischer* zu entsprechenden Grundsatzentscheidungen in Frankreich (RIW 1999, 576 ff.) und England (ZGR 2000, 152 ff.), der in beiden Fällen Parallelen zum deutschen Recht herausarbeitet.
36 So *Fleischer*, ZGR 2004, 437, 443.
37 Auch *Fleischer* stützt seine Erkenntnis nicht unmittelbar auf das Unionsrecht, sondern auf einen Vergleich der mitgliedstaatlichen Rechtssysteme (vgl. ZGR 2004, 437, 439 f.).
38 Grundlegend für diese Frage *Baums*, Gutachten für den 63. DJT, S. F 239 ff.; *Ulmer*, ZHR 163 (1999), 290 ff. sowie *Bachmann*, Gutachten für den 70. DJT, S. E 73 ff.

25 Zweifel sind jedoch gegenüber dem Ansatz anzumelden, eine weitere Verschärfung des Verfolgungsrechts der Aktionäre gerade aus den Besonderheiten des monistischen Systems abzuleiten. Die deutsche Rechtspraxis zeigt, dass im Bereich der Haftungsklage die Trennung von Vorstand und Aufsichtsrat kaum weiterhilft. Die faktische Verflechtung in die Entscheidungsprozesse und die – gerade wegen der höheren Kontrolleffizienz geforderte – enge Zusammenarbeit der beteiligten Personen sind in beiden Systemen vergleichbar. Vor allem aber lässt der drohende Reputationsschaden für die Gesellschaft eine Haftungsklage aus zumindest vertretbaren Gründen stets nur als Ultima Ratio erscheinen. Es geht damit im Kern um ein **gemeinsames Problem beider Leitungssysteme**, für das im deutschen Aktienrecht auch eine gemeinsame Lösung gefunden werden sollte[41]. Im Ergebnis ist damit *de lege ferenda* eine Verschärfung des Verfolgungsrechts allenfalls im allgemeinen Aktienrecht zu diskutieren, das über die Verweisungsnormen der SE-VO auch für die monistische SE gilt. Derzeit muss es mit der gesetzlichen Ausgangslage des SEAG sein Bewenden haben, die sich eng an das allgemeine Aktienrecht anlehnt: Im Verhältnis zu den geschäftsführenden Direktoren ist der Verwaltungsrat für die Geltendmachung von Ersatzansprüchen zuständig (Anh. Art. 43 § 41 SEAG Rz. 4); gegenüber Verwaltungsratsmitgliedern wird die Gesellschaft von den geschäftsführenden Direktoren vertreten (vgl. Anh. Art. 43 § 39 SEAG Rz. 15). Außerdem finden über die Generalverweisung des Art. 9 Abs. 1 lit. c ii) SE-VO auch die §§ 147, 148 AktG Anwendung.

Abschnitt 4. Hauptversammlung

Art. 52
[Zuständigkeit]

Die Hauptversammlung beschließt über die Angelegenheiten, für die ihr
a) durch diese Verordnung oder
b) durch in Anwendung der Richtlinie 2001/86/EG erlassene Rechtsvorschriften des Sitzstaats der SE
die alleinige Zuständigkeit übertragen wird.

Außerdem beschließt die Hauptversammlung in Angelegenheiten, für die der Hauptversammlung einer dem Recht des Sitzstaats der SE unterliegenden Aktiengesellschaft die Zuständigkeit entweder aufgrund der Rechtsvorschriften dieses Mitgliedstaats oder aufgrund der mit diesen Rechtsvorschriften in Einklang stehenden Satzung übertragen worden ist.

---

39 Dazu etwa *Spindler*, NZG 2005, 865, 866 ff.
40 S. nur rechtsvergleichend *Ulmer*, ZHR 163 (1999), 290, 302 ff.; sowie *Holland*, Board of directors und monistische SE, S. 34 ff. zur Bildung eines „litigation committee" innerhalb des Board.
41 Bemerkenswert ist, dass auch *Holland*, Board of directors und monistische SE, S. 200 ff., in seinem Plädoyer für eine stärkere Außenhaftung im monistischen Modell letztlich zu dem Modell gelangt, das der Gesetzgeber kurz darauf in § 148 AktG implementiert hat.

Art. 52 SE-VO

I. Grundlagen
1. Regelungsgegenstand und Normzweck ... 1
2. Historische Entwicklung ... 3

II. Alleinige Zuständigkeit (Art. 52 Unterabs. 1 SE-VO) ... 6

III. Vorrangfrage
1. Verhältnis von Art. 52 Unterabs. 1 lit. b zu Art. 52 Unterabs. 2 Alt. 1 SE-VO ... 7
2. Art. 52 Unterabs. 2 SE-VO als Ergänzungsnorm ... 8

IV. Zuständigkeit kraft EU-Rechts (Art. 52 Unterabs. 1 SE-VO) ... 11
1. Kompetenz durch SE-VO (Art. 52 Unterabs. 1 lit. a SE-VO) ... 12
2. Kompetenz durch SE-RL (Art. 52 Unterabs. 1 lit. b SE-VO) ... 17
   a) Zuständigkeitszuweisung in Richtlinie ... 18
   b) Zuständigkeitszuweisung im SEBG ... 19
3. Kompetenz durch ungeschriebene gemeinschaftsrechtliche Zuständigkeiten ... 22

V. Zuständigkeit kraft nationalen Rechts (Art. 52 Unterabs. 2 SE-VO) ... 24
1. Kompetenz durch nationale Rechtsvorschriften (Art. 52 Unterabs. 2 Alt. 1 SE-VO) ... 25
   a) Mitwirkungsrechte (§ 119 AktG) ... 26
   b) Verwendung des Bilanzgewinns ... 28
   c) Entlastung der Mitglieder des Vorstands und des Aufsichtsrats ... 30
   d) Jahresabschluss ... 31
   e) Sonderprüfung ... 34
   f) Auflösung der Gesellschaft ... 35
   g) Änderung der Satzung; Kapitalmaßnahmen ... 36
   h) Ersetzung der Zustimmung der Verwaltung (§ 111 Abs. 4 Satz 3 AktG) ... 37
   i) Vergütungsregelung (§ 113 AktG) ... 38
   j) Geltendmachung von Ersatzansprüchen ... 40
   k) Sonstiges ... 44
2. Kompetenz durch Satzung (Art. 52 Unterabs. 2 Alt. 2 SE-VO) ... 45
3. Kompetenz durch ungeschriebene nationale Zuständigkeiten ... 46

Literatur: *Artmann*, Die Organisationsverfassung der Europäischen Aktiengesellschaft, wbl 2002, 189; *Brandt*, Die Hauptversammlung der Europäischen Aktiengesellschaft (SE), 2004 (zit.: Hauptversammlung); *Brandt/Scheifele*, Die Europäische Aktiengesellschaft und das anwendbare Recht, DStR 2002, 547; *Casper*, Der Lückenschluss im Statut der Europäischen Aktiengesellschaft in FS Ulmer, 2003, S. 51; *Casper*, Erfahrungen und Reformbedarf bei der SE – Gesellschaftsrechtliche Reformvorschläge, ZHR 173 (2009), 181; *Fischer*, Der Sonderbeschluss der Vorzugsaktionäre in der Societas Europaea (SE), ZGR 2013, 832; *Göz*, Beschlussmängelklagen bei der Societas Europaea (SE), ZGR 2008, 593; *Gutsche*, Die Eignung der Europäischen Aktiengesellschaft für kleine und mittlere Unternehmen in Deutschland, 1994 (zit.: EA für kleine und mittlere Unternehmen); *Hirte*, Die Europäische Aktiengesellschaft, NZG 2002, 1; *Hommelhoff*, Gesellschaftsrechtliche Fragen im Entwurf eines SE-Statuts, AG 1990, 422; *Huizinga*, Die Machtbalance zwischen Verwaltung und Hauptversammlung in der Europäischen Gesellschaft (SE), 2012; *Knapp*, Die Hauptversammlung der Europäischen Aktiengesellschaft (SE) – Besonderheiten bei Vorbereitung und Durchführung, DStR 2012, 2392; *Leupold*, Die Europäische Aktiengesellschaft unter besonderer Berücksichtigung des deutschen Rechts, 1993 (zit.: Europäische Aktiengesellschaft); *Lutter*, Europäische Aktiengesellschaft – Rechtsfigur mit Zukunft, BB 2002, 1; *Mock*, Sonderprüfungen bei der Europäischen Aktiengesellschaft, Der Konzern 2010, 455; *Nagel*, Die Europäische Aktiengesellschaft (SE): Bestandsaufnahme und Perspektiven in FS Nutzinger, 2005, S. 373; *Raiser*, Die Europäische Aktiengesellschaft und die nationalen Aktiengesetze in FS Semler, 1993, S. 277; *Schwarz*, Zum Statut der Europäischen Aktiengesellschaft, ZIP 2001, 1847; *Sonnenberger*, Die Hauptversammlung, in Lutter (Hrsg.), Die Europäische Aktiengesellschaft, 2. Aufl. 1978, S. 73; *Spindler*, Die Hauptversammlung der Europäischen Gesellschaft und Anfechtungsklagen gegen ihre Beschlüsse, in Lutter/Hommelhoff (Hrsg.), Die Europäische Gesellschaft, 2005, S. 223; *Teichmann*, Die Einführung der Europäischen Aktiengesellschaft, ZGR 2002, 383; *Thoma/Leuering*, Die Europäische Aktiengesellschaft – Societas Europaea, NJW 2002, 1449; *Wagner*, Die Bestimmung des auf die SE anwendbaren Rechts, NZG 2002, 985; *Wirtz*, Die Lückenfüllung im Recht der SE und SPE – Eine Untersuchung am Beispiel der Holzmüller-Rechtsprechung des BGH, 2012 (zit.: Lückenfüllung im Recht der SE).

I. Grundlagen

1. Regelungsgegenstand und Normzweck

1 Im Rahmen der Regelungen der SE-VO zur Hauptversammlung in Titel III stellt Art. 52 SE-VO die **zentrale Kompetenznorm** für die Hauptversammlung dar[1]. Die Hauptversammlung ist dabei auf wenige grundlegende Entscheidungen in ihrer Einflussnahme in der SE beschränkt[2]. Sie dient in der SE – wie im deutschen Aktienrecht auch – als Organ für die Wahrnehmung der Rechte der Aktionäre[3]. Die Regelungen der Art. 52 bis 60 SE-VO gelten gleichermaßen für das monistische wie auch für das dualistische System[4], ebenso wie für börsennotierte und für nicht-börsennotierte SEs[5]. Die SE-VO unterscheidet ferner nicht zwischen ordentlichen und außerordentlichen Hauptversammlungen, lässt diese Unterscheidung aber nach den jeweiligen mitgliedstaatlichen Vorschriften zu[6].

2 Zusammen mit den Vorschriften über das Leitungsorgan (Art. 38, 39 Abs. 1 SE-VO), über das Aufsichtsorgan (Art. 40 Abs. 1 SE-VO) und das Verwaltungsorgan (Art. 43 SE-VO) stellt Art. 52 SE-VO eine der wichtigsten Normen im Rahmen des Strukturgefüges der SE dar[7]. Innerhalb dieses Normenkomplexes regelt Art. 52 SE-VO die Kompetenzen, welche der Hauptversammlung zugewiesen sind, und grenzt somit die Zuständigkeiten der Hauptversammlung von derjenigen der Unternehmensverwaltung (hierzu Art. 39 Rz. 3; Art. 43 Rz. 12) ab. Art. 52 SE-VO listet im Einzelnen keine Zuständigkeiten der Hauptversammlung auf. Stattdessen wird in Art. 52 Unterabs. 1 SE-VO auf die Vorschriften der SE-VO und auf die die SE-RL umsetzenden Regelungen sowie in Art. 52 Unterabs. 2 SE-VO auf die allgemein für Aktiengesellschaften geltenden nationalen Rechtsvorschriften verwiesen[8]. Hierdurch ergibt sich eine **doppelstufige Kompetenzzuweisung** (s. unten Rz. 7 ff.), was zur Folge hat, dass die jeweiligen europäischen Gesellschaften der einzelnen Mitgliedstaaten insbesondere bei der Kompetenzabgrenzung zwischen den einzelnen Organen z.T. erheblich unterschiedlich ausgestaltet sein können[9].

---

1 *Schindler*, Europäische Aktiengesellschaft, S. 76; *Brandt*, Hauptversammlung, S. 92; *Spindler* in Lutter/Hommelhoff, Europäische Gesellschaft, S. 223, 227; s. auch *Schwarz*, Art. 52 SE-VO Rz. 1; *Eberspächer* in Spindler/Stilz, AktG, Art. 52 SE-VO Rz. 1; *Liebscher* in Semler/Volhard/Reichert, Arbeitshandbuch für die Hauptversammlung, § 49 Rz. 4 ff.
2 *Mayer* in Manz/Mayer/Schröder, Art. 52 SE-VO Rz. 1; *Leupold*, Europäische Aktiengesellschaft, S. 103; *Spindler* in Lutter/Hommelhoff, Europäische Gesellschaft, S. 223, 227; *Jäger*, NZG 2003, 1033, 1036.
3 *Fürst/Klahr* in Jannott/Frodermann, Handbuch Europäische Aktiengesellschaft, S. 274 f. Rz. 17; *Thümmel*, Europäische Aktiengesellschaft, S. 118 Rz. 249; s. auch die Bezeichnung bei *Thoma/Leuering*, NJW 2002, 1449, 1451 sowie *Lutter*, BB 2002, 1, 4: „Grundorgan".
4 *Mayer* in Manz/Mayer/Schröder, Vorbem. zu Abschnitt 4 SE-VO Rz. 2; *Schwarz*, Art. 52 SE-VO Rz. 8; *Kubis* in MünchKomm. AktG, 3. Aufl., Art. 52 SE-VO Rz. 6; *Eberspächer* in Spindler/Stilz, AktG, Art. 52 SE-VO Rz. 2.
5 *Bücker* in Habersack/Drinhausen, Art. 52 SE-VO Rz. 1; *Kubis* in MünchKomm. AktG, 3. Aufl., Art. 52 SE-VO Rz. 5; *Knapp*, DStR 2012, 2392.
6 *Spindler* in Lutter/Hommelhoff, Europäische Gesellschaft, S. 223, 227; *Kubis* in MünchKomm. AktG, 3. Aufl., Art. 52 SE-VO Rz. 2; *Brandt*, Hauptversammlung, S. 66 f.; *Eberspächer* in Spindler/Stilz, AktG, Art. 52 SE-VO Rz. 1; *Bücker* in Habersack/Drinhausen, Art. 52 SE-VO Rz. 4.
7 *Schwarz*, Art. 52 SE-VO Rz. 1.
8 S. hierzu ausführlich *Wirtz*, Lückenfüllung im Recht der SE, S. 106 ff.
9 *Schindler*, Europäische Aktiengesellschaft, S. 77; *Hirte*, NZG 2002, 1, 9; *Artmann*, wbl 2002, 189, 196; *Lutter*, BB 2002, 1, 4; *Spindler* in Lutter/Hommelhoff, Europäische Gesellschaft, S. 223, 227; *Zollner* in Kalss/Hügel, § 62 SEG Rz. 3 m.w.N.; ferner *Schulz/Geismar*, DStR 2001, 1078, 1079; *Thoma/Leuering*, NJW 2002, 1449, 1450. Allgemein zur nationalen Eigenart der SE *Heckschen* in Widmann/Mayer, Anhang 14 Rz. 2; *Nagel* in FS Nutzinger, S. 373, 395; *Zöllter-Petzold*, Gründung einer Societas Europaea (SE), 2005, S. 3 f.

2. Historische Entwicklung

Sämtliche **Vorgängerentwürfe** enthielten Vorschriften zur Hauptversammlung, deren 3
Zahl aber von 17 Artikeln in der SE-VOV 1970 bzw. 20 Artikeln in dem SE-VOV 1989
auf nur noch 9 Vorschriften in der aktuellen SE-VO reduziert worden ist. Entsprechende Vorgängerentwürfe zu Art. 52 waren der Art. IV-3-1 Sanders-Vorentwurf[10],
Art. 83 SE-VOV 1970[11], Art. 83 SE-VOV 1975[12], Art. 81 SE-VOV 1989[13] und SE-VOV
1991[14] sowie Art. 52 RatsE von 1998[15]. Verweisungen auf das jeweilige Sitzstaatrecht
(unten Rz. 24 ff.) fehlten in diesen Entwürfen im Gegensatz zur vorliegenden Fassung
jedoch noch bis in das Jahr 1991 (unten Rz. 5).

Die Zuständigkeiten der Hauptversammlung waren zunächst abschließend in einem 4
Kompetenzkatalog des Art. 83 SE-VOV 1970 und 1975 enumeriert[16]. Zwar enthielt
auch der Vorschlag von 1989 in Art. 81 SE-VOV einen ausdrücklichen Zuständigkeitskatalog, der aber ausweislich der Begründung anders als zuvor als „nicht erschöpfend" bezeichnet wurde[17]. Die Fassung von 1989 enthielt darüber hinaus noch
weitere Zuständigkeiten der Hauptversammlung, so dass die Bezeichnung des Kompetenzkatalogs als „nicht abschließend" lediglich der Klarstellung diente[18]. Anders
als in der aktuellen SE-VO in Art. 52 Unterabs. 2 SE-VO (unten Rz. 24 ff.) fehlte ein
ausdrücklicher Verweis auf die Anwendung nationaler mitgliedstaatlicher Zuständigkeitsregelungen, was mittelbar auch durch Art. 35 Abs. 3 lit. b SE-VOV 1989[19]
zum Ausdruck kam, der ausnahmsweise für die Gründung einer gemeinsamen Tochter-SE auf das Recht der Mitgliedstaaten verwies.

Mit Art. 81 SE-VOV 1991 wurde erstmals auf das jeweilige **nationale Recht** verwie- 5
sen: Nach Art. 81 lit. b SE-VOV 1991 sollte die Hauptversammlung für die Angelegenheiten zuständig sein, für die andere Organe nach der Verordnung, der SE-RL,
dem zwingenden Sitzstaatrecht oder der Satzung der SE nicht ausschließlich zuständig sind[20]. Ein grundlegender Konzeptionswechsel für eine Änderung der strukturel-

---

10 Sanders-Vorentwurf, EWG-Kommission, Dok. 16.205/IV/66-D und DOK 1100/IV/67-D, Dezember 1966, Kollektion Studien, Reihe Wettbewerb Nr. 6, Brüssel 1967; ausführlich hierzu *Sanders*, AG 1967, 344 ff.
11 Vorschlag einer Verordnung (EWG) des Rates über das Statut für Europäische Aktiengesellschaften v. 19.8.1970, BT-Drucks. VI/1109, S. 1, 34.
12 Geänderter Vorschlag einer Verordnung des Rates über das Statut für Europäische Aktiengesellschaften v. 2.6.1975, BT-Drucks. 7/3713, S. 1, 62 f.
13 Vorschlag für eine Verordnung (EWG) des Rates über das Statut der Europäischen Aktiengesellschaft v. 21.9.1989, BT-Drucks. 11/5427, S. 1, 40; kritisch hierzu *Hommelhoff*, AG 1990, 422, 429 f.
14 Geänderter Vorschlag für eine Verordnung (EWG) des Rates über das Statut der Europäischen Aktiengesellschaft v. 16.5.1991, ABl. EG Nr. C 176 v. 8.7.1991, S. 1, 45.
15 Geänderter Vorschlag für eine Verordnung über das Statut der Europäischen Aktiengesellschaft v. 28.5.1998, Dok. Nr. 8772/98 SE 27 SOC 205 (nicht veröffentlicht).
16 Unterrichtung der gesetzgebenden Körperschaften betreffend den Vorschlag der Kommission zu Art. 83 SE-VOV 1970, BT-Drucks. VI/1109 v. 19.8.1970, S. 1, 27, 34 sowie Begr. d. Komm. zu Art. 83 SE-VOV 1975, BT-Drucks. 7/3713 v. 2.6.1975, S. 192, 219, hierzu s. *Pipkorn*, AG 1975, 318, 323; *Walther/Wiesner*, GmbHR 1975, 265; s. zu Art. 83 SE-VOV 1985 *Sonnenberger* in Lutter, Europäische Aktiengesellschaft, 2. Aufl. 1978, S. 73, 74 ff.; *Brandt*, Hauptversammlung, S. 92 f.
17 Begr. d. Komm. zu Art. 81 SE-VOV 1989, BT-Drucks. 11/5427, S. 2, 33.
18 WSA, Stellungnahme zum SE-VOV 1970, ABl. EG Nr. C 131 v. 13.12.1972, S. 32, 44; *Schwarz*, Art. 52 SE-VO Rz. 3; *Brandt*, Hauptversammlung, S. 92 f.
19 Vorschlag für eine Verordnung (EWG) des Rates über das Statut der Europäischen Aktiengesellschaft v. 21.9.1989, BT-Drucks. 11/5427, S. 1, 31.
20 Begr. d. Komm. zu Art. 81 SE-VOV 1991, BT-Drucks. 12/1004 v. 30.7.1991, S. 1, 10; s. hierzu *Trojan-Limmer*, RIW 1991, 1010, 1016.

len Grundkonzeption war mit der Neuformulierung zwar nicht gewollt[21], dennoch stellte die eingeführte Verweisungslösung auf das mitgliedstaatliche nationale Recht insofern ein Novum dar[22]. Art. 52 SE-RatsE 1998 korrigierte sodann den aufgrund der negativ formulierten Zuständigkeitsbeschreibung teils unklar gebliebenen Art. 81 SE-VOV 1991; der Hauptversammlung wurde jetzt positiv formuliert eine Kompetenz kraft Gemeinschaftsrechts bzw. kraft nationalen Rechts übertragen[23]. Die nachfolgenden Regelungen der Art. 52 SE-RatsE 1998 und der aktuelle Art. 52 SE-VO führten diese Doppelstufigkeit dann lediglich fort. Die Verweisung auf das nationale Recht sollte in Art. 81 SE-VOV 1991 zum einen als politischer Kompromiss die jeweiligen nationalen Unterschiede in der Kompetenzverteilung zwischen den Organen berücksichtigen, um eine konsensfähige Regelung zu schaffen, ohne Unterschiede im Detail beseitigen zu müssen[24]. Zum anderen wurde sie auch mit den zwischenzeitlich erfolgten Harmonisierungen aufgrund der Umsetzung gesellschaftsrechtlicher Richtlinien begründet, die anstelle einer einheitlichen gemeinschaftsrechtlichen Regelung in der SE-VO eine Verweisung in das harmonisierte nationale Recht als gleichwertig erscheinen lässt[25].

II. Alleinige Zuständigkeit (Art. 52 Unterabs. 1 SE-VO)

6 Während Unterabs. 1 von einer „alleinigen Zuständigkeit" der Hauptversammlung spricht, taucht in Unterabs. 2 diese Begrifflichkeit nicht auf. Die Hauptversammlung ist nach der SE-VO (Art. 52 Unterabs. 1 SE-VO) demzufolge dort zuständig, wo ihr eine Kompetenz **ausdrücklich und als eigene Angelegenheit übertragen** wird[26]. Trotz der Einführung einer allgemeiner formulierten Kompetenzklausel durch Art. 81 SE-VOV 1991 (oben Rz. 5) ist die Formulierung der „alleinigen Zuständigkeit" dahingehend klarstellend zu verstehen, dass der Hauptversammlung nur dann eine Kompetenz zukommt, wenn ihr ausdrücklich durch die VO eine Zuständigkeit übertragen wurde oder sie sich ausnahmsweise auf eine ungeschriebene mitgliedstaatliche Kompetenz berufen kann (hierzu unten Rz. 22 f.). Art. 52 SE-VO weist daher der Hauptversammlung keine umfassende Generalkompetenz zu[27]. Dementsprechend ist die Hauptversammlung auch nicht als oberstes Organ konzipiert[28], ihr stehen keine Weisungsrechte gegenüber der Verwaltung zu[29]. Ebenso wenig kann die Hauptversammlung ihre

---

21 So *Brandt*, Hauptversammlung, S. 93; *Gutsche*, EA für kleine und mittlere Unternehmen, S. 77; ebenso *Raiser* in FS Semler, S. 277, 293.
22 Ebenso *Schwarz*, Art. 52 SE-VO Rz. 4; s. auch *Leupold*, Europäische Aktiengesellschaft, S. 102 f.
23 *Brandt*, Hauptversammlung, S. 94; *Schwarz*, Art. 52 SE-VO Rz. 5; *Leupold*, Europäische Aktiengesellschaft, S. 105 ff.; *Trojan-Limmer*, RIW 1991, 1010, 1017; *Schindler*, Europäische Aktiengesellschaft, S. 77; *Artmann*, wbl 2002, 189, 197.
24 *Brandt*, Hauptversammlung, S. 96; *Bücker* in Habersack/Drinhausen, Art. 52 SE-VO Rz. 5; *Schwarz*, Art. 52 SE-VO Rz. 4; allgemein auch *Grote*, Das neue Statut der Europäischen Aktiengesellschaft zwischen europäischem und nationalem Recht, 1990, S. 48.
25 Erwägungsgrund 9 der Begr. d. Komm. zu SE-VOV 1989, BT-Drucks. 11/5427, S. 1; *Schwarz*, Art. 52 SE-VO Rz. 4; *Di Marco*, ZfbF 1991, 1, 12 f.; *Blanquet*, ZGR 2002, 20, 47; *Brandt*, Hauptversammlung, S. 96.
26 *Schwarz*, Art. 52 SE-VO Rz. 16; *Mayer* in Manz/Mayer/Schröder, Art. 52 SE-VO Rz. 3; *Brecht*, Das Pflichtenprogramm börsennotierter Aktiengesellschaften im Europäischen Gemeinschaftsrecht, 2004, S. 349.
27 *Schwarz*, Vorb. Art. 38–60 SE-VO Rz. 7; *Bücker* in Habersack/Drinhausen, Art. 52 SE-VO Rz. 6; *Mayer* in Manz/Mayer/Schröder, Art. 52 SE-VO Rz. 5.
28 *Kiem* in KölnKomm. AktG, 3. Aufl., Art. 52 SE-VO Rz. 6; *Bücker* in Habersack/Drinhausen, Art. 52 SE-VO Rz. 7; *Kubis* in MünchKomm. AktG, 3. Aufl., Art. 52 SE-VO Rz. 7.
29 *Kubis* in MünchKomm. AktG, 3. Aufl., Art. 52 SE-VO Rz. 7; *Bücker* in Habersack/Drinhausen, Art. 52 SE-VO Rz. 7.

Kompetenzen auf andere Organe delegieren, außer wenn die SE-VO bzw. das nationale Recht dies explizit erlauben wie im Falle z.B. des genehmigten Kapitals (§ 202 AktG)[30].

III. Vorrangfrage

1. Verhältnis von Art. 52 Unterabs. 1 lit. b zu Art. 52 Unterabs. 2 Alt. 1 SE-VO

Unklar ist zunächst das Verhältnis von Art. 52 Unterabs. 1 lit. b zu Unterabs. 2 SE-VO, denn die durch in Anwendung der Richtlinie 2001/86/EG erlassenen Rechtsvorschriften des Sitzstaats der SE sind aufgrund der erforderlichen mitgliedstaatlichen Umsetzung der Richtlinie notwendigerweise immer auch nationale Rechtsvorschriften eines Mitgliedstaates. Insofern könnte Art. 52 Unterabs. 1 lit. b SE-VO als Unterfall der nationalen Rechtsvorschriften des Art. 52 Unterabs. 2 Alt. 1 SE-VO zu verstehen sein. Dadurch, dass der europäische Gesetzgeber die Kompetenz durch SE-RL ausdrücklich und zudem aus systematischen Gründen vorrangig vor den „allgemeinen" nationalen Rechtsvorschriften erwähnt hat, ist jedoch ersichtlich, dass die Zuständigkeitszuweisung durch die SE-RL neben einer Verdeutlichung der Normenhierarchie der Rechtsquellen[31] auch ihren eigenen Anwendungsbereich haben soll, denn die Normenhierarchie wird bereits ausdrücklich durch Art. 9 dargestellt (Art. 9 Rz. 34 ff.). Ansonsten wäre Art. 52 Unterabs. 1 lit. b SE-VO schlichtweg überflüssig. Daher können die nationalen Rechtsvorschriften i.S.d. Art. 52 Unterabs. 2 Alt. 1 SE-VO lediglich solche sein, die nicht bereits der Umsetzung der Richtlinie 2001/86/EG dienen, d.h. insbesondere Vorschriften des AktG und des UmwG[32] sowie des SEAG[33]. Unterabs. 1 lit. b ist bezogen auf das deutsche Umsetzungsgesetz (SEBG)[34] insofern **lex specialis**[35].

7

2. Art. 52 Unterabs. 2 SE-VO als Ergänzungsnorm

Auch das **Verhältnis von Unterabs. 1 zu Unterabs. 2** ist insgesamt nicht eindeutig. Der Wortlaut scheint zunächst eine Gleichrangigkeit der beiden Zuständigkeitsregelungen nahe zu legen, wofür die Verbindung der beiden Unterabsätze durch die Konjunktion „außerdem" spricht[36]. Eine Auslegung allein am Wortlaut der Norm geht jedoch fehl. Sie ist insbesondere nicht mit dem Vorrang des Gemeinschaftsrechts vereinbar, denn das mitgliedstaatliche Recht als unterrangige Vorschrift kann keine den

8

---

30 *Eberspächer* in Spindler/Stilz, AktG, Art. 52 SE-VO Rz. 14; *Bücker* in Habersack/Drinhausen, Art. 52 SE-VO Rz. 7.
31 *Schwarz*, Art. 52 SE-VO Rz. 13; *Brandt*, Hauptversammlung, S. 142.
32 So i.E. auch *Schwarz*, Art. 52 SE-VO Rz. 17; ferner *Kubis* in MünchKomm. AktG, 3. Aufl., Art. 52 SE-VO Rz. 18.
33 Gesetz zur Ausführung der Verordnung (EG) Nr. 2157/2001 des Rates v. 8.10.2001 über das Statut der Europäischen Gesellschaft (SE) (SE-Ausführungsgesetz – SEAG), BGBl. I 2004, 3675 ff.; wie hier *Bücker* in Habersack/Drinhausen, Art. 52 SE-VO Rz. 21; *Huizinga*, Die Machtbalance zwischen Verwaltung und Hauptversammlung in der Europäischen Gesellschaft (SE), S. 172 f.; wohl anders *Kiem* in KölnKomm. AktG, 3. Aufl., Art. 52 SE-VO Rz. 26, der keine Einschränkung auf nur bestimmte nationale Rechtsvorschriften erkennen lässt und allgemein das AktG als primäre Rechtsquelle für Hauptversammlungszuständigkeiten der deutschen SE ansieht.
34 Gesetz über die Beteiligung der Arbeitnehmer in einer Europäischen Gesellschaft (SE-Beteiligungsgesetz) v. 22.12.2004, BGBl. I 2004, 3686 ff.
35 S. auch *Kiem* in KölnKomm. AktG, 3. Aufl., Art. 52 SE-VO Rz. 19; dagegen weist *Bücker* in Habersack/Drinhausen, Art. 52 SE-VO Rz. 14 darauf hin, dass Unterabs. 2 nur für die Aktiengesellschaft gelte.
36 S. auch die englische („furthermore"), französische („en outre"), italienische („inoltre"), spanische („asimismo"), portugiesische („além disso"), dänische („endvidere"), niederländische („tevens") und schwedische („vidare") Sprachfassung.

Vorgaben der SE-VO zuwiderlaufende Kompetenzverteilung anordnen[37]. Zudem wäre eine derart strikt am Wortlaut orientierte Auslegung der Gleichrangigkeit beider Zuständigkeitsregelungen mit der in Art. 9 Abs. 1 SE-VO zum Ausdruck gebrachten Normenhierarchie unvereinbar, denn die Generalverweisung in Art. 9 Abs. 1 lit. c ii SE-VO verweist auf die Anwendung mitgliedstaatlichen Rechts explizit nur in den Fällen, in denen eine eigene Sachregelung in der SE-VO oder eine Spezialverweisung fehlt (hierzu Art. 9 Rz. 42 ff.)[38].

9 Art. 52 Unterabs. 2 SE-VO ist demzufolge als eine Ergänzungsnorm zu Unterabs. 1 und nicht als umfassende Kompetenzzuweisung zu verstehen[39]. Die nationale Zuständigkeitsverweisung tritt also nur ergänzend **neben die mitgliedstaatliche Kompetenz** und nicht gleichrangig neben sie. Der Wortlaut der Norm („außerdem") ist insoweit missverständlich formuliert und, anstatt im engeren Wortsinn als „Gleichrangigkeit" der Zuweisungsnormen, gemeinschaftsrechtlich aufgrund des Vorrangs des EU-Rechts auszulegen[40]. Damit die Kompetenzzuweisung des Art. 52 Unterabs. 2 SE-VO an die Nationalstaaten aber nicht vollständig ausgehöhlt wird und einen Sinn behält, muss die SE-VO auch gerade offen sein für über Unterabs. 2 hinausgehende nationale Zuständigkeiten. Lediglich die **grundsätzliche Struktur** der SE im Rahmen von organschaftlichen Kompetenzen, die bereits durch die VO selbst vorgegeben ist, darf nicht von den einzelnen Mitgliedstaaten unterlaufen werden[41]. Die Zuständigkeitsverweisung in Art. 52 Unterabs. 2 SE-VO steht folglich unter dem Vorbehalt der gemeinschaftsrechtlichen Strukturvorgaben; die Organisationsstruktur der SE gehört insofern zu den fundamentalen Merkmalen der Gesellschaftsrechtsform (Art. 38 Rz. 2). Daher ist die Organisationsstruktur unmittelbar aus der SE-VO abzuleiten und kann aus Gründen der Rechtsvereinheitlichung nicht dem nationalen Gesetzgeber zur Regelung überlassen werden[42]. Nach Art. 39 Abs. 1 Satz 1 SE-VO ist im dualistischen System das Leitungsorgan und nach Art. 43 Abs. 1 Satz 1 SE-VO im monistischen System das Verwaltungsorgan für die Geschäftsführung zuständig. Hieraus kann zwar nicht abgeleitet werden, dass die Hauptversammlung nie mit dem Bereich der Geschäftsführung in Berührung treten darf, allerdings ist eine vollständige Kompetenzzuweisung der Geschäftsführung an die Hauptversammlung kraft nationalen Rechts nach Art. 52 Unterabs. 2 SE-VO dadurch ausgeschlossen[43]. Sie würde gegen die **vorrangige europarechtliche Strukturvorgabe** des Art. 39 Abs. 1 Satz 1 SE-VO und des Art. 43 Abs. 1 Satz 1 SE-VO verstoßen.

---

37 So zu Recht *Brandt*, Hauptversammlung, S. 120 f.; *Schwarz*, Art. 52 SE-VO Rz. 18; *Artmann*, wbl 2002, 189, 190; *Eberspächer* in Spindler/Stilz, AktG, Art. 52 SE-VO Rz. 6.
38 Zum Verhältnis zur Generalverweisung des Art. 9 s. *Heckschen* in Widmann/Mayer, Anhang 14 Rz. 40 f.
39 *Spindler* in Lutter/Hommelhoff, Europäische Gesellschaft, S. 223, 233; *Schwarz*, Art. 52 SE-VO Rz. 18; *Brandt*, Hauptversammlung, S. 121, 142.
40 Wie hier *Kiem* in KölnKomm. AktG, 3. Aufl., Art. 52 SE-VO Rz. 9; *Bücker* in Habersack/Drinhausen, Art. 52 SE-VO Rz. 9.
41 Ebenso *Schwarz*, Art. 52 SE-VO Rz. 19; *Kiem* in KölnKomm. AktG, 3. Aufl., Art. 52 SE-VO Rz. 10; *Bücker* in Habersack/Drinhausen, Art. 52 SE-VO Rz. 10; so wohl auch *Brandt*, Hauptversammlung, S. 88 f.; *Blanquet*, ZGR 2002, 20, 46 f.; *Kübler*, ZHR 167 (2003), 222, 223.
42 Begr. d. Komm. zu SE-VOV 1989, BT-Drucks. 11/5427, S. 1; *Gutsche*, EA für kleine und mittlere Unternehmen, S. 104; s. auch Erwägungsgrund 6 und 27 der SE-VO; i.E. ebenso *Huizinga*, Die Machtbalance zwischen Verwaltung und Hauptversammlung in der Europäischen Gesellschaft (SE), S. 70 f.
43 Ebenso *Schwarz*, Art. 52 SE-VO Rz. 19; *Bücker* in Habersack/Drinhausen, Art. 52 SE-VO Rz. 10; *Kiem* in KölnKomm. AktG, 3. Aufl., Art. 52 SE-VO Rz. 10; i.E. auch *Kubis* in MünchKomm. AktG, 3. Aufl., Art. 52 SE-VO Rz. 7; *Mayer* in Manz/Mayer/Schröder, Art. 52 SE-VO Rz. 11; *Gutsche*, EA für kleine und mittlere Unternehmen, S. 101, 104; *Jaeger*, Die europäische Aktiengesellschaft, 1994, S. 114; *Wenz*, SE, S. 82; *Fürst/Klahr* in Jannott/Frodermann, Handbuch Europäische Aktiengesellschaft, S. 275 Rz. 18.

Fraglich ist hierbei aber insbesondere, ob das nationale Recht mit einer zusätzlichen 10
Zuständigkeitszuweisung an die Hauptversammlung die **Kompetenzen anderer Organe einschränken** darf, sofern keine alleinige Zuständigkeit des jeweiligen anderen Organs durch die VO gegeben ist. Teilweise wird argumentiert, dass eine von dem nationalen Recht abhängige Kompetenzverteilung dem Zweck der SE-VO sowie dem Erwägungsgrund 6 zuwiderliefe und daher auch eine Kompetenzverteilung zwischen den Organen einheitlich nach den Vorgaben der VO zu regeln sei[44]. Zu berücksichtigen ist aber, dass die SE-VO einen langwierigen, rechtspolitischen Kompromiss darstellt (Einl. Rz. 7 ff.) und von daher vielfach auf das nationale Recht verweist, damit zu starke Differenzen der SE zur jeweiligen nationalen AG verhindert werden[45]. Eine Zuständigkeitsverweisung auch nach mitgliedstaatlichem Recht widerspricht zudem dann nicht dem Zweck der SE-VO, wenn – wie hier – gefordert wird, dass die grundsätzliche Struktur der SE gemeinschaftsrechtlich zu regeln ist (oben Rz. 9), da so im Grundsatz eine einheitliche Struktur in den wesentlichen Kompetenzabgrenzungsfragen gewahrt bleibt[46]. Eine Auslegung, die eine Kompetenzverteilung zwischen den Organen lediglich gemeinschaftsrechtlich bestimmen möchte, ist vielmehr mit dem eindeutigen Wortlaut des Art. 52 Unterabs. 2 SE-VO nicht zu vereinbaren. Um daher den Verweis auf das mitgliedstaatliche Recht nicht vollständig leer laufen zu lassen, sollte auch die Kompetenzverteilung zwischen den Organen dem nationalen Recht überlassen werden und nicht ausschließlich europarechtlich bestimmt werden[47].

IV. Zuständigkeit kraft EU-Rechts (Art. 52 Unterabs. 1 SE-VO)

Die Hauptversammlung ist zunächst für diejenigen Angelegenheiten zuständig, für 11
die ihr durch die SE-VO (Art. 52 Unterabs. 1 lit. a SE-VO) oder durch die Umsetzung der SE-RL erlassenen Rechtsvorschriften des jeweiligen Sitzstaats (Art. 52 Unterabs. 1 lit. b SE-VO) die alleinige Zuständigkeit übertragen wird.

1. Kompetenz durch SE-VO (Art. 52 Unterabs. 1 lit. a SE-VO)

Die **Kompetenz der Hauptversammlung auf der gemeinschaftsrechtlichen Ebene** richtet sich gem. Art. 52 Unterabs. 1 lit. a SE-VO nach der Verordnung selbst. Der Hauptversammlung kommt in Art. 3 Abs. 2 Satz 1 i.V.m. Art. 23 Abs. 1, 32 Abs. 6 Satz 1 SE-VO (Gründung einer SE unter Beteiligung einer SE), Art. 37 Abs. 7 SE-VO (Gründung einer SE durch Umwandlung)[48], Art. 8 (Sitzverlegung der SE)[49], Art. 39, 40, 43 SE-VO (Bestellung der Organe), Art. 59 SE-VO (Satzungsänderung) und Art. 66 Abs. 6 SE-VO (Rückumwandlung in eine nationale AG) eine Zuständigkeit kraft SE-VO zu. 12

---

44 So *Brandt*, Hauptversammlung, S. 88 f.; ähnlich *Gutsche*, EA für kleine und mittlere Unternehmen, S. 104.
45 So zu Recht auch *Brandt*, Hauptversammlung, S. 96 f.; s. auch *Schwarz*, Vorb. Art. 38–60 SE-VO Rz. 5; allgemein zur Bewahrung nationaler Besonderheiten der SE auch *Schnyder* in FS Druey, S. 569, 573, 579.
46 *Schwarz*, Art. 52 SE-VO Rz. 20; i.E. ebenso *Kubis* in MünchKomm. AktG, 3. Aufl., Art. 52 SE-VO Rz. 8.
47 *Schwarz*, Vorb. Art. 38–60 SE-VO Rz. 5, Art. 52 SE-VO Rz. 20; i.E. ebenso *Zollner* in Kalss/Hügel, § 62 SEG Rz. 3, 18; *Kalss/Greda*, GesRZ 2004, 91, 92; *Noack*, Hauptversammlung europäischer börsennotierter Gesellschaften, in Zentrum für europäisches Wirtschaftsrecht, Nr. 130, 2002, S. 10 f.; *Artmann*, wbl 2002, 189, 196; wohl auch *Fürst/Klahr* in Jannott/Frodermann, Handbuch Europäischer Aktiengesellschaft, S. 275 Rz. 18.
48 *Liebscher* in Semler/Volhard/Reichert, Arbeitshandbuch für die Hauptversammlung, § 49 Rz. 9.
49 Wie hier *Kiem* in KölnKomm. AktG, 3. Aufl., Art. 52 SE-VO Rz. 13; *Kubis* in MünchKomm. AktG, 3. Aufl., Art. 52 SE-VO Rz. 14; *Bücker* in Habersack/Drinhausen, Art. 52 SE-VO Rz. 12.

Art. 52 SE-VO   Zuständigkeit der HV

13   Die Vorschriften über die **Gründung** einer SE weisen für die unterschiedlichen Arten der Gründung nur teilweise der Hauptversammlung eine Kompetenz zu[50], etwa nach Art. 3 Abs. 2 Satz 1 SE-VO für die Beteiligung einer bereits bestehenden SE an der Gründung einer weiteren SE[51], für deren Gründung durch Verschmelzung gem. Art. 23 Abs. 1 SE-VO hinsichtlich der Zustimmung zum Verschmelzungsplan (Art. 23 Rz. 14 ff.) und für die Gründung einer Holding-SE Art. 32 Abs. 6 Satz 1 SE-VO eine Zuständigkeit für die Zustimmung zu dem Gründungsplan (Art. 32 Rz. 71). Anderes gilt jedoch für den Fall der Gründung einer Tochter-SE unter Beteiligung einer SE, denn die SE-VO selbst enthält keine Sachnormen über dieses Verfahren (Art. 3 Rz. 16), so dass nach Art. 52 Unterabs. 2 SE-VO das mitgliedstaatliche nationale Recht maßgeblich ist (hierzu auch unten Rz. 44)[52]. Gleiches gilt, wenn eine SE nicht unter Beteiligung einer bereits bestehenden SE gegründet wird, da die Art. 23 Abs. 1, Art. 32 Abs. 6 SE-VO sich grundsätzlich nur an die Hauptversammlungen der nationalen Gründungsgesellschaften richten (Art. 23 Rz. 1, Art. 32 Rz. 60).

14   Nach Art. 37 Abs. 7 Satz 1 SE-VO muss die Hauptversammlung bei **Umwandlung einer bestehenden Aktiengesellschaft in eine SE** dem Umwandlungsplan zustimmen und außerdem die Satzung der SE genehmigen (ausführlich hierzu Art. 37 Rz. 47 ff.)[53]. Für die Zuständigkeit der Hauptversammlung für die **Sitzverlegung** ordnet Art. 8 Abs. 4 SE-VO an, dass die Hauptversammlung über die Verlegung beschließen soll[54].

15   Ferner enthalten für die **Bestellung und Abberufung der Organe** die Art. 39, 40 und 43 SE-VO Kompetenzzuweisungen an die Hauptversammlung. Nach Art. 39 Abs. 2 Unterabs. 2 SE-VO kann ein Mitgliedstaat die Bestellung und Abberufung der **Leitungsorgane** der Hauptversammlung übertragen oder eine entsprechende Satzungsregelung zulassen (Art. 39 Rz. 40), ohne dass jedoch Deutschland davon Gebrauch gemacht hätte[55]. Die Bestellung der **Aufsichtsratsmitglieder** obliegt gem. Art. 40 Abs. 2 Satz 1 SE-VO der Hauptversammlung (Art. 40 Rz. 6), Gleiches gilt gem. Art. 43 Abs. 3 Satz 1 SE-VO für die Bestellung der **Verwaltungsorganmitglieder** (Art. 43 Rz. 43)[56]. Dagegen findet sich anders als in den ausdrücklichen Vorgängerregelungen zur **Abberufung**[57] in der Verordnung keine entsprechende Vorschrift mehr, so dass sich die Zuständigkeiten

---

50   Ausführlich zur SE-Gründung *Heckschen* in Widmann/Mayer, Anhang 14 Rz. 55 ff.
51   *Schwarz*, Art. 52 SE-VO Rz. 11; *Brandt*, Hauptversammlung, S. 142; *Mayer* in Manz/Mayer/Schröder, Art. 52 SE-VO Rz. 4.
52   *Schwarz*, Art. 52 SE-VO Rz. 11; *Brandt*, Hauptversammlung, S. 142; so wohl auch *Kubis* in MünchKomm. AktG, 3. Aufl., Art. 52 SE-VO Rz. 14.
53   *Schwarz*, Art. 37 SE-VO Rz. 49 ff.; *Schäfer* in MünchKomm. AktG, 3. Aufl., Art. 37 SE-VO Rz. 27 ff.; *Nagel* in FS Nutzinger, S. 373, 379; *Scheifele*, Gründung, S. 416.
54   Oben Art. 8 Rz. 39 ff.; *Kubis* in MünchKomm. AktG, 3. Aufl., Art. 52 SE-VO Rz. 14; *Mayer* in Manz/Mayer/Schröder, Art. 52 SE-VO Rz. 4; *Zollner* in Kalss/Hügel, § 62 SEG Rz. 19; *Fürst/Klahr* in Jannott/Frodermann, Handbuch Europäische Aktiengesellschaft, S. 276 Rz. 21; *Schwarz*, Art. 52 SE-VO Rz. 11; *Spindler* in Lutter/Hommelhoff, Europäische Gesellschaft, S. 223, 232; *Brandt*, Hauptversammlung, S. 142.
55   *Schwarz*, Art. 52 SE-VO Rz. 11; *Schwarz*, ZIP 2001, 1847, 1855; *Fürst/Klahr* in Jannott/Frodermann, Handbuch Europäische Aktiengesellschaft, S. 276 Rz. 22; *Liebscher* in Semler/Volhard/Reichert, Arbeitshandbuch für die Hauptversammlung, § 49 Rz. 6; *Nagel* in FS Nutzinger, S. 373, 381; *Thümmel*, Europäische Aktiengesellschaft, S. 80 Rz. 154; *Brandt*, Hauptversammlung, S. 142 m.w.N.
56   *Spindler* in Lutter/Hommelhoff, Europäische Gesellschaft, S. 223, 234; *Heckschen* in Widmann/Mayer, Anhang 14 Rz. 245 f.
57   Art. IV-2-3 Abs. 2 Sanders-Vorentwurf, Art. 75 Abs. 2 SE-VOV 1970 und 1975, Art. 63 Abs. 2 und Art. 75 SE-VOV 1989 sowie Art. 63 Abs. 2 SE-VOV 1991 für die Abberufung der Aufsichtsorganmitglieder und Art. 75 SE-VOV 1989, Art. 66 Abs. 3 Satz 1 SE-VOV 1991 für die der Verwaltungsorganmitglieder.

hierfür gem. Art. 52 Unterabs. 2 SE-VO nach mitgliedstaatlichem Recht richten[58]. In Deutschland hat der Gesetzgeber von dieser Möglichkeit in §§ 29 Abs. 1 Satz 1, 29 Abs. 2 Satz 2 SEAG[59] sowie in § 37 Abs. 1 Satz 4 SEBG[60] für die monistisch strukturierte SE Gebrauch gemacht. Nach § 29 Abs. 1 Satz 1 SEAG können Verwaltungsratsmitglieder durch die Hauptversammlung vor Ablauf der Amtszeit abberufen werden[61]. Auch ein aufgrund satzungsmäßiger Bestimmungen entsandtes Mitglied des Verwaltungsrats kann die Hauptversammlung bei Wegfall der in der Satzung festgelegten Voraussetzungen des Entsendungsrechts nach § 29 Abs. 2 Satz 2 SEAG abberufen, was weitgehend § 103 AktG entspricht[62]. Für die Abberufung der Arbeitnehmervertreter durch die Hauptversammlung trifft § 37 Abs. 1 Satz 4 SEBG hingegen eine speziellere Regelung (ausführlich hierzu unten Rz. 21). Im dualistischen System findet hingegen die allgemeine Regelung des § 103 AktG Anwendung[63], so dass das Verwaltungsratsmitglied von der Hauptversammlung jederzeit mit einer Mehrheit von ¾ der abgegebenen Stimmen vorbehaltlich einer anderen Satzungsregelung abberufen werden kann, einschließlich der Möglichkeit (hierzu auch Art. 57 Rz. 10 ff.), andere Mehrheiten festzulegen[64].

Nach Art. 59 Abs. 1 bedarf schließlich jede **Satzungsänderung** eines Beschlusses der Hauptversammlung (näher Art. 59 Rz. 3 ff.). Auch die Zustimmung zum Umwandlungsplan bei einer **Umwandlung der SE in eine AG nationalen Rechts** sieht gem. Art. 66 Abs. 6 SE-VO eine ausdrückliche Zuständigkeit der Hauptversammlung vor (Art. 66 Rz. 49). 16

2. Kompetenz durch SE-RL (Art. 52 Unterabs. 1 lit. b SE-VO)

Des Weiteren kann sich eine Zuständigkeit der Hauptversammlung gem. Art. 52 Unterabs. 1 lit. b SE-VO aus den Vorschriften ergeben, die der Sitzstaat der SE in Umsetzung der **Richtlinie über die Beteiligung der Arbeitnehmer in der SE (SE-ErgRL)**[65] erlassen hat. Zum Verhältnis zu den nationalen Rechtsvorschriften i.S.d. Unterabs. 2 Alt. 1 s. bereits oben Rz. 7. 17

---

58 *Schwarz*, Art. 52 SE-VO Rz. 11 *Kiem* in KölnKomm. AktG, 3. Aufl., Art. 52 SE-VO Rz. 16; *Bücker* in Habersack/Drinhausen, Art. 52 SE-VO Rz. 12; *Brandt*, Hauptversammlung, S. 140; für Annexkompetenz dagegen *Kubis* in MünchKomm. AktG, 3. Aufl., Art. 52 SE-VO Rz. 11 f.; a.A. wohl *Mayer* in Manz/Mayer/Schröder, Art. 52 SE-VO Rz. 14, jedoch ohne nähere Begründung.
59 Kommentierung dazu s. Anh. Art. 43 SE-VO.
60 S. hierzu *Steinberg*, Mitbestimmung in der Europäischen Aktiengesellschaft, 2006, S. 85, 206.
61 *Kubis* in MünchKomm. AktG, 3. Aufl., Art. 52 SE-VO Rz. 11; *Reichert/Brandes* in MünchKomm. AktG, 3. Aufl., Art. 40 SE-VO Rz. 57; *Spindler* in Lutter/Hommelhoff, Europäische Gesellschaft, S. 223, 234; *Nagel* in FS Nutzinger, S. 373, 382; *Eberspächer* in Spindler/Stilz, AktG, Art. 52 SE-VO Rz. 5.
62 Begr. RegE zu SEAG, BT-Drucks. 15/3405, S. 38; hierzu *Ihrig/Teichmann*, BB 2003, 969, 975; s. auch *Steinberg*, Mitbestimmung in der Europäischen Aktiengesellschaft, 2006, S. 95.
63 *Steinberg*, Mitbestimmung in der Europäischen Aktiengesellschaft, 2006, S. 85; s. auch *Thümmel*, Europäische Aktiengesellschaft, S. 88 Rz. 176.
64 *Spindler* in Lutter/Hommelhoff, Europäische Gesellschaft, S. 223, 234; so auch bereits *Rasner*, ZGR 1992, 314, 322; a.A. *Schwarz*, Art. 40 SE-VO Rz. 65, der von einer abschließenden Regelung des Art. 57 SE-VO ausgeht.
65 Richtlinie 2001/86/EG des Rates v. 8.10.2001 zur Ergänzung des Statuts der Europäischen Gesellschaft hinsichtlich der Beteiligung der Arbeitnehmer, ABl. EG Nr. L 294 v. 10.11.2001, S. 22.

a) Zuständigkeitszuweisung in Richtlinie

18 Anders als zuvor Art. 3 Abs. 3 und Art. 4 Abs. 2 SE-RL-V 1991[66] enthält die **Richtlinie keine Kompetenzzuweisungen für die Hauptversammlung** mehr. Allenfalls käme eine solche Zuständigkeitszuweisung durch Qualifikation der Hauptversammlung als „zuständiges Organ der beteiligten Gesellschaften" i.S.d. Art. 4 Abs. 1 SE-RL in Betracht[67]. Dem steht jedoch die deutsche Umsetzung in § 13 i.V.m. § 2 Abs. 5 Satz 2 SEBG entgegen[68], die die Kompetenz für eine Vereinbarung über die Beteiligung der Arbeitnehmer[69] den Leitungsorganen gem. § 2 Abs. 5 Satz 2 SEBG zuweist[70]. Zuständigkeiten für die Hauptversammlung begründet die SE-RL demzufolge nicht. Allerdings kann der nationale Gesetzgeber in dem jeweiligen Umsetzungsgesetz einzelne Kompetenzen für die Hauptversammlung vorsehen. Dieses hat der deutsche Gesetzgeber in dem SEBG getan.

b) Zuständigkeitszuweisung im SEBG

19 Das SEBG ist als nationales Umsetzungsgesetz lex specialis zu den „sonstigen" nationalen Rechtsvorschriften i.S.d. Art. 52 Unterabs. 2 Alt. 1 SE-VO (oben Rz. 7). Eine Zuständigkeit der Hauptversammlung sehen § 36 Abs. 4 SEBG für die **Bestellung der Arbeitnehmervertreter** und § 37 Abs. 1 Satz 4 SEBG für die **Abberufung der Arbeitnehmervertreter** in der monistisch strukturierten SE vor. §§ 28 Abs. 1 Satz 2 Nr. 4, 37 Abs. 2 Satz 3 SEBG stellen demgegenüber keine Kompetenznormen dar.

20 Nach § 36 Abs. 4 Satz 1 SEBG werden die zuvor auf der Grundlage des § 36 Abs. 3 Satz 2 SEBG durch ein Wahlgremium ermittelten Arbeitnehmervertreter der Hauptversammlung der SE zur **Bestellung** vorgeschlagen, welche nach § 36 Abs. 4 Satz 2 SEBG an die Vorschläge gebunden ist[71]. Die Wahl durch das Wahlgremium selbst begründet allein aber noch nicht den rechtlichen Status als Arbeitnehmervertreter im Aufsichts- oder Verwaltungsorgan, nach Ansicht des Gesetzgebers hat erst die Bestellung durch die Hauptversammlung konstitutive Wirkung[72]. Eine Vorgabe in der SE-ErgRL[73] existiert für diese Vorschrift nicht (s. bereits oben Rz. 18), jedoch beruht die Regelung – auch nach Ansicht des deutschen Gesetzgebers[74] – auf der Verordnung selbst, denn bereits nach Art. 40 Abs. 2 Satz 1 und Art. 43 Abs. 3 Satz 1 SE-VO sind

---

66 Geänderter Vorschlag für eine Richtlinie des Rates zur Ergänzung des SE-Statuts hinsichtlich der Stellung der Arbeitnehmer, ABl. EG Nr. C 138 v. 29.5.1991, S. 8.
67 *Hanau*, RdA 1998, 231, 232.
68 So auch *Schwarz*, Art. 52 SE-VO Rz. 13.
69 S. hierzu die europäische Vorgabe in Art. 4 Abs. 1 SE-ErgRiL.
70 Zu dem Begriff der Leitungen s. auch *Oetker* in Lutter/Hommelhoff, Europäische Gesellschaft, S. 277, 297 f.; *Nagel* in Nagel/Freis/Kleinsorge, SEBG, § 2 Rz. 15.
71 § 36 Abs. 4 SEBG entspricht im Wesentlichen § 6 Abs. 6 MontanMitbestG i.V.m. § 101 Abs. 1 Satz 2 AktG, der ebenfalls die Bestellung durch die Hauptversammlung vorsieht, vgl. *Jacobs* in MünchKomm. AktG, 3. Aufl., § 36 SEBG Rz. 9; *Reichert/Brandes* in MünchKomm. AktG, 3. Aufl., Art. 43 SE-VO Rz. 27; *Schwarz*, Art. 40 SE-VO Rz. 44 Fn. 44, 75, Art. 43 SE-VO Rz. 108; ferner *Nagel* in Nagel/Freis/Kleinsorge, SEBG, § 36 Rz. 9 f.; *Oetker* in Lutter/Hommelhoff, Europäische Gesellschaft, S. 277, 311; *Brandt*, BB-Special 8/2005, 6 bei Fn. 48; *Krause*, BB 2005, 1221, 1228; *Hennings* in Manz/Mayer/Schröder, Art. 40 SE-VO Rz. 11, Art. 43 SE-VO Rz. 31; *Ihrig/Wagner*, BB 2004, 1749, 1755 in Fn. 80.
72 Begr. RegE zu SEEG, BT-Drucks. 15/3405, S. 55; so auch *Jacobs* in MünchKomm. AktG, 3. Aufl., § 36 SEBG Rz. 9.
73 Richtlinie 2001/86/EG des Rates v. 8.10.2001 zur Ergänzung des Statuts der Europäischen Gesellschaft hinsichtlich der Beteiligung der Arbeitnehmer, ABl. EU Nr. L 294 v. 10.11.2001.
74 Begr. RegE zu SEEG, BT-Drucks. 15/3405, S. 55.

alle Mitglieder des Aufsichts- oder Verwaltungsorgans grundsätzlich von der Hauptversammlung zu bestellen (zu den Ausnahmen Art. 40 Rz. 20 f.)[75]. Die Vorschrift des § 36 Abs. 4 SEBG hat insofern lediglich deklaratorische Wirkung[76]. Auch wenn sie der Umsetzung der SE-RL dient, ist die Bestellung der Aufsichts- oder Verwaltungsorganmitglieder bereits von Art. 40 Abs. 2 und Art. 43 Abs. 3 Satz 1 SE-VO erfasst und aus systematischen Erwägungen in den Unterabs. 1 lit. a einzuordnen[77].

§ 37 Abs. 1 Satz 4 SEBG regelt die **Abberufung der Arbeitnehmervertreter** durch die Hauptversammlung der SE in einer monistisch strukturierten Gesellschaft. Diese Regelung findet ihre Entsprechung im deutschen Aktienrecht in § 103 AktG sowie in § 103 Abs. 4 AktG i.V.m. § 23 Abs. 2 und 3 MitbestG[78], der über die Verweisung des Art. 52 Unterabs. 2 Alt. 1 SE-VO in das mitgliedstaatliche Recht für die dualistisch strukturierte SE Anwendung findet[79]. Die Abberufung soll nur durch denjenigen erfolgen soll, der das betreffende Mitglied gewählt hat[80]. Gegen die Auffassung, die bereits die Bestellung und folgerichtig auch die Abberufung nicht der Hauptversammlung zuweist[81], spricht sowohl der eindeutige Wortlaut des § 37 Abs. 1 Satz 4 SEBG als auch die Begründung des Gesetzgebers[82]. Zudem sieht auch § 29 Abs. 1 Satz 1 SEAG eine entsprechende Möglichkeit der vorzeitigen Abberufung der Verwaltungsmitglieder durch die Hauptversammlung vor (oben Rz. 15)[83]. 21

3. Kompetenz durch ungeschriebene gemeinschaftsrechtliche Zuständigkeiten

Art. 52 Unterabs. 1 SE-VO ist offen formuliert; demnach ist die Hauptversammlung nicht auf Beschlüsse über Angelegenheiten beschränkt, die ihr „ausdrücklich" durch die SE-VO als Zuständigkeit übertragen sind, im Gegensatz etwa zu Art. 9 Abs. 1 lit. b SE-VO, der Satzungsgestaltungen nur bei „ausdrücklicher" Gestattung durch die SE-VO zulässt. Demgemäß können auch **ungeschriebene gemeinschaftsrechtliche Kompetenzen** die Zuständigkeit der Hauptversammlung begründen[84]. Aufgrund der lediglich ergänzenden Funktion des Unterabs. 2 (oben Rz. 8 f.) gehen diese den nationalen 22

---

75 Auf diesen Aspekt zu Recht hinweisend auch *Schwarz*, Art. 52 SE-VO Rz. 13.
76 A.A. *Schwarz*, Art. 40 SE-VO Rz. 44, der sie verordnungskonform dahingehend auslegen will, dass der Bestellungsakt selbst durch die Wahl durch das Wahlgremium oder die Bestimmung durch den SE-Betriebsarzt erfolgt und die Bestellung durch die Hauptversammlung lediglich bestätigt werden kann und daher rein deklaratorisch wirkt.
77 So i.E. auch *Schwarz*, Art. 52 SE-VO Rz. 13; ähnlich *Torggler*, ecolex 2001, 533 („kaum erforderlich").
78 Begr. RegE zu SEEG, BT-Drucks. 15/3405, S. 55; s. hierzu *Koch* in Hüffer, § 103 AktG Rz. 14.
79 So wie hier *Reichert/Brandes* in MünchKomm. AktG, 3. Aufl., Art. 40 SE-VO Rz. 62; *Steinberg*, Mitbestimmung in der Europäischen Aktiengesellschaft, 2006, S. 85, 95, 206; a.A. *Hommelhoff*, AG 2001, 279, 283; *Hirte*, NZG 2002, 1, 5; *Schwarz*, ZIP 2001, 1847, 1855.
80 Begr. RegE zu SEEG, BT-Drucks. 15/3405, S. 55; zustimmend *Kubis* in MünchKomm. AktG, 3. Aufl., Art. 52 SE-VO Rz. 11.
81 *Schwarz*, Art. 40 SE-VO Rz. 44.
82 Begr. RegE zu SEEG, BT-Drucks. 15/3405, S. 55. *Reichert/Brandes* in MünchKomm. AktG, 3. Aufl., Art. 40 SE-VO Rz. 57 ff.; *Kubis* in MünchKomm. AktG, 3. Aufl., Art. 52 SE-VO Rz. 11; *Fürst/Klahr* in Jannott/Frodermann, Handbuch Europäische Aktiengesellschaft, S. 278 Rz. 29.
83 So auch *Kubis* in MünchKomm. AktG, 3. Aufl., Art. 52 SE-VO Rz. 11.
84 *Brandt*, Hauptversammlung, S. 122 f.; *Kiem* in KölnKomm. AktG, 3. Aufl., Art. 52 SE-VO Rz. 21 ff.; *Kubis* in MünchKomm. AktG, 3. Aufl., Art. 52 SE-VO Rz. 15; *Schwarz*, Art. 52 SE-VO Rz. 14; *Bücker* in Habersack/Drinhausen, Art. 52 SE-VO Rz. 15; *Spindler* in Lutter/Hommelhoff, Europäische Gesellschaft, S. 223, 228 ff.; bezogen auf Art. 7 Abs. 1 SE-VOV 1991 bzw. Art. 6 Abs. 1 EUV-VOV 1993 s. auch *Schwarz*, Europäisches Gesellschaftsrecht, 2000, Rz. 1095; *Wagner*, Der Europäische Verein, 2000, S. 56 f.

Rechtsvorschriften vor[85]. Bei Mitbestimmungsvereinbarungen kann die Hauptversammlung zuständig sein, wenn die Vereinbarung Regelungen enthält, die durch Satzung getroffen werden müssen, etwa die Größe des Aufsichtsrats[86]; von der Ermächtigung des Art. 12 Abs. 4 SE-VO, dass der Mitgliedstaat die Kompetenz zur Satzungsänderung auch den Leitungsorganen im Falle einer Mitbestimmungsvereinbarung überantworten kann, hat der deutsche Gesetzgeber keinen Gebrauch gemacht. Bis zur entsprechenden Satzungsänderung und Genehmigung durch die Hauptversammlung sind diese Vereinbarungen schwebend unwirksam[87]. Eine generelle Zuständigkeit der Hauptversammlung zur Genehmigung einer Mitbestimmungsvereinbarung auch ohne Satzungsänderung besteht dagegen nicht, wie sich aus Art. 12 Abs. 4 SE-VO ergibt[88].

23 Eine ungeschriebene Kompetenzzuweisung enthält auch Art. 63 2. Halbsatz SE-VO für die **Auflösung der SE**[89]. Sowohl Art. 115 Nr. 2 SE-VOV 1989 als auch Art. 115 Satz 1 SE-VOV 1991 enthielten noch eine Bestimmung, nach der die SE durch Beschluss der Hauptversammlung aufgelöst werden konnte. Zwar stellt Art. 63 2. Halbsatz SE-VO ausdrücklich klar, dass es bei der Auflösung *insgesamt* allein auf das nationale Recht ankommt[90]. Durch Art. 63 2. Halbs. SE-VO wird aber indirekt belegt, dass der Verordnungsgeber wie selbstverständlich davon ausgegangen ist, dass die Hauptversammlung dasjenige Organ ist, das zum Liquiditätsbeschluss berufen ist; ansonsten hätte es des zusätzlichen Hinweises in Art. 63 2. Halbs. SE-VO nicht bedurft[91].

V. Zuständigkeit kraft nationalen Rechts (Art. 52 Unterabs. 2 SE-VO)

24 Nach Art. 52 Unterabs. 2 SE-VO ist die Hauptversammlung ergänzend (oben Rz. 8 f.) für diejenigen Angelegenheiten zuständig, für welche ihr aufgrund der Vorschriften nationalen Rechts (Art. 52 Unterabs. 2 Alt. 1 SE-VO) oder aufgrund in Übereinstimmung mit nationalem Recht stehender Satzung (Art. 52 Unterabs. 2 Alt. 2 SE-VO) eine Kompetenz zugewiesen ist. Demgemäß muss immer zunächst nach den gemeinschaftsrechtlichen Zuständigkeiten gefragt werden, bevor auf das nationale Recht bzw. § 119 AktG rekurriert werden kann. Auch darf die nationale Kompetenzordnung nicht diejenige der SE-VO unterlaufen (oben Rz. 9)[92].

---

85 *Schwarz*, Art. 52 SE-VO Rz. 14; i.E. auch *Kubis* in MünchKomm. AktG, 3. Aufl., Art. 52 SE-VO Rz. 16.
86 *Kiem* in KölnKomm. AktG, 3. Aufl., Art. 52 SE-VO Rz. 23; *Bücker* in Habersack/Drinhausen, Art. 52 SE-VO Rz. 18.
87 *Bücker* in Habersack/Drinhausen, Art. 52 SE-VO Rz. 18.
88 *Kiem* in KölnKomm. AktG, 3. Aufl., Art. 52 SE-VO Rz. 23; *Bücker* in Habersack/Drinhausen, Art. 52 SE-VO Rz. 17.
89 *Brandt*, Hauptversammlung, S. 123, 140; *Spindler* in Lutter/Hommelhoff, Europäische Gesellschaft, S. 223, 233; a.A. *Schwarz*, Art. 52 SE-VO Rz. 15; unklar *Schäfer* in MünchKomm. 3. Aufl., AktG, Art. 63 SE-VO Rz. 1: „überflüssige Klarstellung".
90 *Schwarz*, Art. 52 SE-VO Rz. 15.
91 *Spindler* in Lutter/Hommelhoff, Europäische Gesellschaft, S. 223, 233; ebenso *Brandt*, Hauptversammlung, S. 140; a.A. *Bücker* in Habersack/Drinhausen, Art. 52 SE-VO Rz. 12, 16: nur klarstellende Bedeutung, Kompetenz der Hauptversammlung nur über Art. 52 Unterabs. 2; *Kiem* in KölnKomm. AktG, 3. Aufl., Art. 52 SE-VO Rz. 22, 32; wieder anders *Huizinga*, Die Machtbalance zwischen Verwaltung und Hauptversammlung in der Europäischen Gesellschaft (SE), S. 393: Art. 63 SE-VO regelt nur Mehrheitserfordernisse, Zuständigkeit dagegen nach Art. 53 Unterabs. 2 SE-VO über das nationale Recht.
92 S. auch *Bücker* in Habersack/Drinhausen, Art. 52 SE-VO Rz. 22.

1. Kompetenz durch nationale Rechtsvorschriften (Art. 52 Unterabs. 2 Alt. 1 SE-VO)

Zuständig ist die Hauptversammlung zunächst für solche Angelegenheiten, in denen nach dem nationalen Recht auch die Hauptversammlung einer Aktiengesellschaft zuständig wäre[93]. In Deutschland richtet sich die Zuständigkeit einer SE somit insbesondere nach den Vorschriften des AktG und des UmwG sowie des SEAG (s. bereits oben Rz. 7). 25

a) Mitwirkungsrechte (§ 119 AktG)

Im deutschen Aktienrecht stellt § 119 Abs. 1 AktG die zentrale Norm betreffend die Beschlusskompetenzen der Hauptversammlung dar[94]. Auch die Hauptversammlung einer in Deutschland ansässigen SE hat insbesondere die in **§ 119 Abs. 1 AktG aufgezählten Zuständigkeiten**. Sie beschließt danach gem. § 119 Abs. 1 Nr. 2 AktG über die Verwendung des Bilanzgewinns (unten Rz. 28), über die Entlastung der Mitglieder des Vorstands und des Aufsichtsrats, § 119 Abs. 1 Nr. 3 AktG (unten Rz. 30), über die Bestellung des Abschlussprüfers, § 119 Abs. 1 Nr. 4 AktG (unten Rz. 33), über Maßnahmen der Kapitalbeschaffung und -herabsetzung, § 119 Abs. 1 Nr. 6 AktG (unten Rz. 36), sowie über die Bestellung von Prüfern zur Prüfung von Vorgängen bei der Gründung oder der Geschäftsführung, § 119 Abs. 1 Nr. 7 AktG (unten Rz. 34) und über die Auflösung der Gesellschaft, § 119 Abs. 1 Nr. 8 AktG (Rz. 23, 35). Zur Bestellung der Aufsichtsratsmitglieder (§ 119 Abs. 1 Nr. 1 AktG) s. oben Rz. 15 und zur Satzungsänderung (§ 119 Abs. 1 Nr. 5 AktG) Rz. 16, 36. 26

Darüber hinaus kann die Hauptversammlung einer deutschen AG gem. **§ 119 Abs. 2 AktG** auch über Fragen der **Geschäftsführung** entscheiden, wenn der Vorstand es verlangt. Allerdings hat die Hauptversammlung einer nationalen Aktiengesellschaft in Fragen der Geschäftsführung im deutschen Recht grundsätzlich keine Zuständigkeit; insbesondere kann sie sich nicht durch entsprechenden Beschluss zuständig machen, sondern ist von einem darauf gerichteten Verlangen des Vorstands abhängig[95]. Nach einer Ansicht soll die Kompetenzverteilung in der SE abschließend geregelt sein, es scheide eine Anwendung des § 119 Abs. 2 AktG aus[96], da dahingehende Änderungsvorschläge des EP zum SE-VOV 1989 nicht berücksichtigt worden seien[97]. Dieser Umkehrschluss überzeugt jedoch nicht: Denn Art. 52 Unterabs. 2 SE-VO verweist auch in einem solchen Fall auf das subsidiär national anwendbare Recht, die Verordnung erstrebt gerade mit Art. 52 Unterabs. 2 SE-VO einen Gleichlauf der Zuständigkeiten mit dem mitgliedstaatlichen Recht[98]. Zudem verbleibt im Fall des § 119 Abs. 2 AktG auch das Initiativrecht beim Vorstand, so dass die eigenverantwortliche Geschäftsführung der Leitungsorgane nicht gefährdet wird[99]. 27

---

93 Für das österreichische Recht *Zollner* in Kalss/Hügel, § 62 SEG Rz. 22 ff. Überblick über Regelungen nach französischem, britischem und niederländischem Recht bei *Jaeger*, Die europäische Aktiengesellschaft, 1994, S. 113; *Mayer* in Manz/Mayer/Schröder, Art. 52 SE-VO Rz. 26 ff.; zum spanischen Recht s. *Matarredona* in Matarredona (Dir.), La Sociedad Anónima Europea Domiciliada en España, 2006, S. 257 ff.
94 *Spindler* in K. Schmidt/Lutter, § 119 AktG Rz. 1 m.w.N.
95 *Spindler* in K. Schmidt/Lutter, § 119 AktG Rz. 14 m.w.N.
96 *Brandt*, Hauptversammlung, S. 114 ff.
97 Änderungsvorschlag Nr. 93 des EP zum SE-VOV 1989, ABl. EG Nr. C 48, S. 72, 92 f.
98 *Schwarz*, Art. 52 SE-VO Rz. 20; *Kubis* in MünchKomm. AktG, 3. Aufl., Art. 52 SE-VO Rz. 20.
99 *Mayer* in Manz/Mayer/Schröder, Art. 52 SE-VO Rz. 15; *Fürst/Klahr* in Jannott/Frodermann, Handbuch Europäische Aktiengesellschaft, S. 277 Rz. 25; *Bücker* in Habersack/Drinhausen, Art. 52 SE-VO Rz. 33; *Kiem* in KölnKomm. AktG, 3. Aufl., Art. 52 SE-VO Rz. 27; *Schwarz*, Art. 52 SE-VO Rz. 24 f.; *Kubis* in MünchKomm. AktG, 3. Aufl., Art. 52 SE-VO Rz. 20; *Eberspächer* in Spindler/Stilz, AktG, Art. 52 SE-VO Rz. 9; *Spindler* in Lutter/Hommelhoff, Europäische Gesellschaft, S. 223, 229 f.; *Teichmann*, ZGR 2003, 367, 396.

b) Verwendung des Bilanzgewinns

28 Anders als noch Art. 81 lit. g SE-VOV 1989 enthält die SE-VO **keine eigenständige Regelung** für den Verwendungsbeschluss des Bilanzgewinns mehr. Im nationalen Recht findet sich in §§ 119 Abs. 1 Nr. 2, 174 Abs. 1 Satz 1 AktG eine Regelung, nach der die Hauptversammlung über die Verwendung des sich aus dem festgestellten Jahresabschluss ergebenden Bilanzgewinns entscheidet[100]. Nach einer Ansicht richtet sich daher der Gewinnverwendungsbeschluss in der SE mangels gemeinschaftsrechtlicher Regelung nach Art. 52 Unterabs. 2 Alt. 1 SE-VO i.V.m. §§ 119 Abs. 1 Nr. 2, 174 Abs. 1 Satz 1 AktG, wobei die Hauptversammlung hierbei gem. § 174 Abs. 1 Satz 2 AktG an den festgestellten Jahresabschluss gebunden ist[101]. Über die Gewinnverwendung entscheidet demnach die ordentliche Hauptversammlung nach § 175 Abs. 1 AktG[102]. Das weitere Verfahren richtet sich nach dieser Auffassung wie im nationalen Recht direkt nach § 175 Abs. 2 bis 4 AktG[103]. Richtigerweise ist jedoch zu differenzieren, denn auch § 48 Abs. 1 SEAG enthält eine Regelung zur Beschlussfassung über die Verwendung des Bilanzgewinns und § 48 Abs. 2 Satz 1 SEAG verweist nur auf die entsprechende Anwendung der §§ 175 Abs. 2 bis 4, 176 Abs. 2 AktG. Obwohl die Vorschriften einen weitgehend gleichen Regelungsgehalt haben, ist für das **monistische System § 48 SEAG** daher **lex specialis** zu den §§ 174 ff. AktG[104]. Dieses verdeutlicht zum einen die Gesetzesbegründung zu §§ 47 f. SEAG[105] (s. auch unten Rz. 32), zum anderen die systematische Stellung in Abschnitt 4 Unterabschnitt 2 des SEAG („monistisches System"). Zwar wird in § 20 SEAG darauf hingewiesen, dass, sofern eine SE gem. Art. 38 lit. b SE-VO das monistische System wählt, nur anstelle der §§ 76 bis 116 AktG die §§ 20 ff. SEAG Anwendung finden sollen[106], jedoch enthält das deutsche AktG keine Bestimmungen für die Unternehmensverfassung einer monistisch strukturierten SE. Somit ist davon auszugehen, dass auch die §§ 174 ff. AktG im monistischen System nicht direkt Anwendung finden können. Im dualistischen System einer SE ist § 48 SEAG hingegen nicht anwendbar und es muss auf die direkte Anwendung der § 119 Abs. 1 Nr. 2 i.V.m. §§ 174 ff. AktG zurückgegriffen werden. Ein inhaltlicher Unterschied zu der Auffassung, die den § 175 Abs. 2 bis 4 AktG direkt anwenden, ergibt sich jedoch auch im monistischen System nicht, so dass der Streit rein akademischer Natur sein dürfte. Auch wenn in § 48 SEAG nicht ausdrücklich auf § 174 Abs. 1 Satz 2 AktG verwiesen wird, ergibt sich die Bindung der Hauptversammlung an den festgestellten Jahresabschluss unmittelbar aus dem Wortlaut des § 48 Abs. 1 SEAG („zur Entgegennahme des *festgestellten* Jahresabschlusses").

29 Die Hauptversammlung einer SE beschließt gem. Art. 52 Unterabs. 2 Alt. 1 SE-VO i.V.m. § 261 Abs. 3 Satz 2 AktG auch über die **Verwendung eines außerordentlichen Ertrags**, der sich aus einer höheren Bewertung von Aktiva ergibt, wenn infolge einer Sonderprüfung stille Reserven aufzudecken sind[107].

---

100 *Drygala* in K. Schmidt/Lutter, § 174 AktG Rz. 3.
101 *Schwarz*, Art. 52 SE-VO Rz. 32; *Brandt*, Hauptversammlung, S. 154; hierzu auch *Koch* in Hüffer, § 174 AktG Rz. 3; *Euler/Klein* in Spindler/Stilz, § 174 AktG Rz. 7.
102 *Drygala* in K. Schmidt/Lutter, § 174 AktG Rz. 3.
103 Hierzu *Drygala* in K. Schmidt/Lutter, § 174 AktG Rz. 5 ff.
104 *Eberspächer* in Spindler/Stilz, AktG, Art. 52 SE-VO Rz. 7; auch *Fürst/Klahr* in Jannott/Frodermann, Handbuch Europäische Aktiengesellschaft, S. 279 Rz. 30 gehen davon aus, dass der § 48 SEAG im monistischen System Anwendung findet; i.E. ebenso *Kubis* in MünchKomm. AktG, 3. Aufl., Art. 52 SE-VO Rz. 19; *Bücker* in Habersack/Drinhausen, Art. 52 SE-VO Rz. 23.
105 Begr. RegE zu SEAG, BT-Drucks. 15/3405, S. 39 f.
106 Begr. RegE zu SEAG, BT-Drucks. 15/3405, S. 36.
107 Zu den Ausnahmen *Kleindiek* in K. Schmidt/Lutter, AktG, § 261 Rz. 12.

c) Entlastung der Mitglieder des Vorstands und des Aufsichtsrats

Nach §§ 119 Abs. 1 Nr. 3, 120 AktG ist ein **jährlicher Entlastungsbeschluss** im Sinne der Billigung der Verwaltung vorgesehen[108]. Bereits Art. VI-6-2 Sanders-Vorentwurf enthielt eine an § 120 AktG angelehnte Entlastung. Die SE-VOV 1970 und 1975 sahen aber keine diesbzgl. Kompetenzzuweisung im als abschließend anzusehenden Zuständigkeitskatalog an die Hauptversammlung einer SE vor; jedoch fand ein Entlastungsbeschluss in Art. 92 Abs. 3, Art. 216 Abs. 3 und Art. 218 SE-VOV 1970 zumindest Erwähnung. Im SE-VOV 1975 finden sich dagegen keine vergleichbaren Vorschriften mehr, stattdessen wurde die Entlastung als negative Voraussetzung für die Erhebung einer Haftungsklage in Art. 71 Abs. 4, Art. 81 Abs. 3 SE-VOV 1975 statuiert[109]. Eine Kompetenz der Hauptversammlung zur Erteilung einer Entlastung war jedoch nachweislich der Begründung zu Art. 91 SE-VOV 1975 nicht vorgesehen[110]. Auch der SE-VOV 1989 kennt keine Regelungen zur Entlastung mehr[111]. Ebenfalls ist in den nachfolgenden Statutentwürfen die Entlastung nicht mehr geregelt, obwohl sich das EP und der WSA ausdrücklich für eine Aufnahme des Entlastungsbeschlusses in den Zuständigkeitskatalog ausgesprochen hatten[112]. Daraus könnte im Umkehrschluss auf den abschließenden Charakter der SE-VO geschlossen werden ohne Verweis auf das mitgliedstaatliche Recht über Art. 52 Unterabs. 2 Alt. 1 SE-VO[113]. Andererseits richtet sich die Haftung der Organmitglieder gem. Art. 51 SE-VO allein nach dem Sitzstaatrecht (Art. 51 Rz. 5); im Gegensatz zu § 120 Abs. 2 Satz 2 AktG[114] kann auf europäischer Ebene zudem ein Entlastungsbeschluss eine Haftung ausschließen[115]. Außerdem erfolgt auch die Abberufung der Organmitglieder nach nationalem Recht (oben Rz. 15), im deutschen Recht kann aber eine verweigerte Entlastung eine Abberufung aus wichtigem Grund darstellen[116]. Um einen Einklang mit dem nationalen Recht zu erreichen, ist somit davon auszugehen, dass die SE-VO einem solchen Entlastungsbeschluss nicht entgegensteht[117]. Gem. Art. 52 Unterabs. 2 Alt. 1 SE-VO i.V.m. §§ 119 Abs. 1 Nr. 3, 120 AktG hat die Hauptversammlung daher die Kompetenz zur Entlastung der Mitglieder des Vorstandes und des Aufsichtsrates. Für das Verwaltungsorgan und die Geschäftsführer gilt § 120 AktG entsprechend[118].

---

108 *Spindler* in K. Schmidt/Lutter, § 120 AktG Rz. 13, 15 m.w.N.
109 Begr. d. Komm. zum SE-VOV 1975, BT-Drucks. 7/3713, S. 213, 236.
110 Begr. d. Komm. zu Art. 91 SE-VOV 1975, BT-Drucks. 7/3713, S. 221.
111 *Schwarz*, Art. 52 SE-VO Rz. 30; *Hommelhoff*, AG 1990, 422, 427.
112 Stellungnahme des WSA zum SE-VOV 1989, ABl. EG Nr. C 124 v. 21.5.1990, S. 34, 40; Stellungnahme des EP zum SE-VOV 1989, ABl. EG Nr. C 48 v. 25.2.1991, S. 72, 88, 92; EP, Bericht des Rechtsausschusses zum SE-VOV 1989, Teil A, S. 35, Teil B, S. 36.
113 So *Brandt*, Hauptversammlung, S. 149 f.; s. auch *Hommelhoff*, AG 1990, 422, 427.
114 *Spindler* in K. Schmidt/Lutter, § 120 AktG Rz. 45. Wie im deutschen Recht, allerdings ohne ausdrückliche Regelung, die österreichische Regelung, hierzu *Zollner* in Kalss/Hügel, § 62 SEG Rz. 22; s. auch *Mayer* in Manz/Mayer/Schröder, Art. 52 SE-VO Rz. 30.
115 *Schwarz*, Art. 52 SE-VO Rz. 30; zur österreichischen Regelung des § 104 öAktG s. *Bachner* in MünchKomm. AktG, 3. Aufl., § 120 AktG Rz. 54.
116 *Spindler* in K. Schmidt/Lutter, § 120 AktG Rz. 47.
117 So auch *Schwarz*, Art. 52 SE-VO Rz. 30; wie hier auch *Bücker* in Habersack/Drinhausen, Art. 52 SE-VO Rz. 26 f.; *Kiem* in KölnKomm. AktG, 3. Aufl., Art. 52 SE-VO Rz. 28; *Kubis* in MünchKomm. AktG, 3. Aufl., Art. 52 SE-VO Rz. 19; *Huizinga*, Die Machtbalance zwischen Verwaltung und Hauptversammlung in der Europäischen Gesellschaft (SE), S. 412; *Zollner* in Kalss/Hügel, § 62 SEG Rz. 22; ohne nähere Begründung zustimmend *Gutsche*, EA für kleine und mittlere Unternehmen, S. 84; *Leupold*, Europäische Aktiengesellschaft, S. 100; weiterführend *Spindler* in Lutter/Hommelhoff, Europäische Gesellschaft, S. 223, 236.
118 *Schwarz*, Art. 52 SE-VO Rz. 30.

Art. 52 SE-VO

d) Jahresabschluss

31 Nach Art. 61 f. SE-VO hat die SE zwar einen Jahresabschluss und einen konsolidierten Abschluss aufzustellen, jedoch sieht die Verordnung selbst, anders als noch Art. 81 lit. f SE-VOV 1989, **keine eigene Zuständigkeitsregelung für die Feststellung des Jahresabschlusses** mehr vor. Bei Aufstellung ihres Jahresabschlusses, ihres konsolidierten Abschlusses einschließlich des dazugehörigen Jahresberichts sowie der Prüfung und der Offenlegung dieser Abschlüsse unterliegt die SE daher nach Art. 52 Unterabs. 2 Alt. 1 SE-VO den für die Aktiengesellschaften am Sitz der SE geltenden Vorschriften[119].

32 Sofern nicht Vorstand und Aufsichtsrat dieses beschließen oder der Aufsichtsrat die Billigung des Jahresabschlusses verweigert, ist gem. §§ 172 Satz 1, 173 Abs. 1 Satz 1 AktG die **Hauptversammlung in Deutschland grundsätzlich nicht** für die Feststellung des Jahresabschlusses **zuständig**[120]. Eine ähnliche Regelung zu § 172 AktG findet sich in § 47 Abs. 5 SEAG, während § 173 Abs. 1 AktG weitgehend § 47 Abs. 6 SEAG entspricht. Nach der Begründung des Gesetzgebers sollte wegen der besonderen Bedeutung des Jahresabschlusses und wegen der Eigenarten, die für das monistische System gelten, im SEAG eine eigenständige Regelung getroffen werden[121]. Auch wenn die Normen den gleichen Regelungsgehalt haben, stellt für das monistische System § 47 Abs. 5 und Abs. 6 SEAG somit lex specialis zu den §§ 172 Satz 1, 173 Abs. 1 Satz 1 AktG dar[122]. Dieses verdeutlicht zum einen die Gesetzesbegründung, zum anderen die systematische Stellung in Abschnitt 4 Unterabschnitt 2 des SEAG („monistisches System") (ausführlich bereits oben Rz. 28). Über die Verweisung des Art. 52 Unterabs. 2 Alt. 1 SE-VO ist damit auch die Hauptversammlung einer „deutschen" SE, entweder nach §§ 172 Satz 1, 173 Abs. 1 Satz 1 AktG oder gem. § 47 Abs. 5, Abs. 6 SEAG grundsätzlich nicht für die Feststellung des Jahresabschlusses zuständig. Die Hauptversammlung im monistischen System hat aber nach § 48 Abs. 1 SEAG die Aufgabe, den vom Verwaltungsrat gebilligten und damit festgestellten Jahresabschluss und Jahresbericht sowie den vom Verwaltungsrat gebilligten Einzelabschluss nach § 325 Abs. 2a Satz 1 HGB entgegenzunehmen. Zudem ist sie im monistischen System bei einem Mutterunternehmen (§ 290 Abs. 1, 2 HGB) gem. § 48 Abs. 1 SEAG zur Entgegennahme des vom Verwaltungsrat gebilligten Konzernabschlusses und des Konzernlageberichts befugt. Unabhängig von einer monistischen oder dualistischen Systemwahl, kommt der Hauptversammlung einer in Deutschland ansässigen SE auch im Fall einer rückwirkenden Kapitalherabsetzung nach § 234 Abs. 2 AktG[123] und im Fall der Abwicklung einer SE nach § 270 Abs. 2 AktG[124] für die Aufstellung des Jahresabschlusses eine Zuständigkeit zu[125]. Demzufolge be-

---

119 *Jahn/Herfs-Röttgen*, DB 2001, 631, 634; *Schwarz*, Art. 52 SE-VO Rz. 31; *Brandt*, Hauptversammlung, S. 154; *Kubis* in MünchKomm. AktG, 3. Aufl., Art. 52 SE-VO Rz. 19; *Huizinga*, Die Machtbalance zwischen Verwaltung und Hauptversammlung in der Europäischen Gesellschaft (SE), S. 400; zwischen Art. 9 Abs. lit. c und Art. 52 Satz 2 SE-VO hingegen noch offen lassend *Spindler* in Lutter/Hommelhoff, Europäische Gesellschaft, S. 223, 237.
120 *Drygala* in K. Schmidt/Lutter, § 172 AktG Rz. 1, § 173 Rz. 1 ff.; *Bücker* in Habersack/Drinhausen, Art. 52 SE-VO Rz. 24; anders jedoch die Regelung im französischen Recht, nach der die Hauptversammlung nach Art. L 225-100 Abs. 3 C. Com stets für die Feststellung des Jahresabschluss zuständig ist; ebenso Art. 163 B.W. Niederlande; hierzu *Brandt*, Hauptversammlung, S. 154; *Schwarz*, Art. 52 SE-VO Rz. 31.
121 Begr. RegE zu SEAG, BT-Drucks. 15/3405, S. 39.
122 Unklar *Schwarz*, Art. 52 SE-VO Rz. 30; so wie hier wohl *Fürst/Klahr* in Jannott/Frodermann, Handbuch Europäische Aktiengesellschaft, S. 279 Rz. 31; *Ihrig/Wagner*, BB 2003, 969, 976.
123 *Veil* in K. Schmidt/Lutter, § 234 AktG Rz. 4.
124 *Riesenhuber* in K. Schmidt/Lutter, § 270 AktG Rz. 1.
125 *Brandt*, Hauptversammlung, S. 154; *Schwarz*, Art. 52 SE-VO Rz. 31.

sitzt die Hauptversammlung einer SE mit Sitz in Deutschland lediglich in Ausnahmefällen über die Verweisung des Art. 52 Unterabs. 2 Alt. 1 SE-VO in dem Bereich des Jahresabschlusses eine selbständig zugewiesene Kompetenz.

Auch für die Kontrolle des Jahresabschlusse finden sich in der SE-VO keine Regelungen, so dass ebenfalls das nationale Recht zur Anwendung gelangt. Nach § 119 Abs. 1 Nr. 4 AktG i.V.m. § 318 Abs. 1 HGB bestellt die Hauptversammlung somit auch den **Abschlussprüfer**[126]. 33

e) Sonderprüfung

Nach § 119 Abs. 1 Nr. 7 AktG, der auf die Sonderprüfung gem. §§ 142 ff. AktG Bezug nimmt[127], beschließt die Hauptversammlung im nationalen Recht auch über die Bestellung von Prüfern zur Prüfung von Vorgängen bei der Gründung oder der Geschäftsführung. Mangels Regelung in der Verordnung selbst ist über den Verweis des Art. 52 Unterabs. 2 Alt. 1 SE-VO das **jeweilige nationale Recht einschlägig**[128]. Die SE-VO ist nicht abschließend, denn auch die einzelnen Mitgliedstaaten weisen der Hauptversammlung z.T. eine entsprechende Kompetenz zu[129]. Die Hauptversammlung einer in Deutschland ansässigen SE ist daher auch gem. Art. 52 Unterabs. 2 Alt. 1 SE-VO i.V.m. §§ 119 Abs. 1 Nr. 7, 142 ff. AktG für den Beschluss zur Bestellung von Prüfern bei der Sonderprüfung zuständig[130]. SE-spezifische Besonderheiten bestehen nicht. 34

f) Auflösung der Gesellschaft

Zwar besteht nach Art. 63 SE-VO eine ungeschriebene mitgliedstaatliche Kompetenz der Hauptversammlung (oben Rz. 23), aber der Verweis in das nationale Recht tritt ergänzend (oben Rz. 9) daneben. Bereits Art. 63 2. Halbsatz SE-VO zeigt daher, dass für die Auflösung der Gesellschaft **nationales Recht** einschlägig ist. Die Hauptversammlung einer SE in Deutschland ist somit gem. §§ 119 Abs. 1 Nr. 8, 262 Abs. 1 Nr. 2 AktG zur jederzeitigen Auflösung durch Beschluss zuständig, wenn eine Mehrheit von mindestens drei Viertel des bei der Beschlussfassung vertretenen Grundkapitals zustimmt[131]. Auch die Zuständigkeit für einen **Fortsetzungsbeschluss** sowie die **Zuständigkeiten in der Abwicklung** richten sich gem. Art. 63 SE-VO nach nationalem Recht (Art. 63 Rz. 37 ff.). Nach § 274 Abs. 1 Satz 1 AktG kann die Hauptversamm- 35

---

126 *Kiem* in KölnKomm. AktG, 3. Aufl., Art. 52 SE-VO Rz. 30; *Schwarz*, Art. 52 SE-VO Rz. 32; *Bücker* in Habersack/Drinhausen, Art. 52 SE-VO Rz. 25; *Brandt*, Hauptversammlung, S. 154; *Kubis* in MünchKomm. AktG, 3. Aufl., Art. 52 SE-VO Rz. 19.
127 *Spindler* in K. Schmidt/Lutter, § 119 AktG Rz. 12.
128 Eingehend dazu *Mock*, Der Konzern 2010, 455, 457 ff.
129 So kennt das englische Recht eine ungeschriebene Reservezuständigkeit der Generalversammlung für den Fall, dass das *Board* seine, ausgehend von Art. 70 Table A, anerkannte Kompetenz zur Stellung eines Antrags beim *Secretary of State* zur Initiierung einer *investigation by inspectors* nicht ausüben kann oder will, s. hierzu *Jänich*, Aktienrechtliche Sonderprüfung, 2005, S. 182 m.w.N. Das französische Recht beinhaltet hingegen keine Kompetenz zur Initiierung einer *expertise de gestion* für die Versammlung der Anteilseigner; stattdessen sind nur die Minderheitsaktionäre sowie die Aktionärsvereinigungen nach Art. L 225-231 C.com antragsberechtigt, s. *Jänich*, Aktienrechtliche Sonderprüfung, 2005, S. 114 ff. m.w.N.
130 So auch *Kiem* in KölnKomm. AktG, 3. Aufl., Art. 52 SE-VO Rz. 31; *Bücker* in Habersack/Drinhausen, Art. 52 SE-VO Rz. 29; *Kubis* in MünchKomm. AktG, 3. Aufl., Art. 52 SE-VO Rz. 21; *Mayer* in Manz/Mayer/Schröder, Art. 52 SE-VO Rz. 13; *Huizinga*, Die Machtbalance zwischen Verwaltung und Hauptversammlung in der Europäischen Gesellschaft (SE), S. 302; anders (über Art. 9 Abs. 1 lit. c SE-VO) *Mock*, Der Konzern 2010, 455, 457.
131 Ausführlich hierzu *Riesenhuber* in K. Schmidt/Lutter, § 262 AktG Rz. 8 ff.

lung einer SE mit Sitz in Deutschland die Fortsetzung der Gesellschaft beschließen, solange noch nicht mit der Verteilung des Vermögens unter den Aktionären begonnen wurde, wenn die SE durch Zeitablauf oder durch Hauptversammlungsbeschluss gem. §§ 119 Abs. 1 Nr. 8, 262 Abs. 1 Nr. 2 AktG aufgelöst wurde[132]. Eine Kompetenz besteht gem. § 265 Abs. 2 Satz 1 AktG auch für die Bestellung anderer Personen als den Vorstandsmitgliedern als Abwickler[133]. Weitere Sonderzuständigkeiten in der Abwicklung stehen der Hauptversammlung einer in Deutschland ansässigen SE nach §§ 269 Abs. 3 Satz 2, 270 Abs. 2 AktG zu[134].

g) Änderung der Satzung; Kapitalmaßnahmen

36 Gem. §§ 119 Abs. 1 Nr. 5, 179 Abs. 1 Satz 1 AktG bedarf im deutschen Recht jede Satzungsänderung einer nationalen AG eines Beschlusses der Hauptversammlung[135]. Eine **Kompetenz** der Hauptversammlung **für Änderungen der Satzung** ergibt sich bei der SE jedoch bereits aus Art. 52 Unterabs. 1 lit. a i.V.m. Art. 59 SE-VO (oben Rz. 16). Die gemeinschaftsrechtliche Zuständigkeitszuweisung ist insofern spezieller als die §§ 119 Abs. 1 Nr. 5, 179 Abs. 1 Satz 1 AktG des deutschen Rechts. Die **nationalen Vorschriften** finden daneben **keine Anwendung** (oben Rz. 9). Gleiches gilt für Kapitalmaßnahmen, denn Art. 5 SE-VO stellt aufgrund seiner Entstehungsgeschichte keine Ausnahmevorschrift zu Art. 59 SE-VO dar[136]. Dieses findet im Ergebnis seine Entsprechung im deutschen Recht: Auch wenn gem. § 119 Abs. 1 Nr. 6 AktG Maßnahmen der Kapitalbeschaffung (§§ 182 ff. AktG) einschließlich der Ausgabe von Wandel- und Gewinnschuldverschreibungen (§ 221 AktG) und der Kapitalherabsetzung (§§ 222 ff. AktG) in die Zuständigkeit der Hauptversammlung einer nationalen AG fallen[137], stellt eine Kapitalerhöhung auch immer eine Satzungsänderung dar und bedarf somit eines Beschlusses der Hauptversammlung einer nationalen AG gem. § 179 Abs. 1 Satz 1 AktG[138].

h) Ersetzung der Zustimmung der Verwaltung (§ 111 Abs. 4 Satz 3 AktG)

37 Nach Art. 48 SE-VO hat der Aufsichtsrat bzw. das Verwaltungsorgan bestimmte Geschäftsführungsmaßnahmen zu genehmigen (Art. 48 Rz. 2 ff.). Für den Fall der Verweigerung der Genehmigung enthält die SE-VO keine Regelung. Umstritten ist daher, ob die verweigerte Zustimmung durch einen **Hauptversammlungsbeschluss ersetzt** werden kann. Im nationalen Recht ist dies auf Verlangen des Vorstandes gem. § 111 Abs. 4 Satz 3 AktG möglich[139]. Zwar kann die Hauptversammlung einer in Deutschland ansässigen SE gem. Art. 52 Unterabs. 2 Alt. 2 SE-VO i.V.m. § 119 Abs. 2 AktG mit einzelnen Geschäftsführungsfragen (oben Rz. 27) und auch mit für die in der Satzung festgelegten Arten von Geschäften befasst werden[140], so dass daraus abgeleitet werden könnte, dass sie dann auch die verweigerte Zustimmung ersetzen

---

132 *Brandt*, Hauptversammlung, S. 145; *Schwarz*, Art. 63 SE-VO Rz. 32 ff., 47.
133 *Riesenhuber* in K. Schmidt/Lutter, § 265 AktG Rz. 5.
134 *Brandt*, Hauptversammlung, S. 145; hierzu *Bachmann* in Spindler/Stilz, § 269 AktG Rz. 9 f.; *Euler/Binger* in Spindler/Stilz, § 270 AktG Rz. 93 ff.
135 *Seibt* in K. Schmidt/Lutter, § 179 AktG Rz. 22.
136 Wie hier *Bücker* in Habersack/Drinhausen, Art. 52 SE-VO Rz. 37; a.A. *Kiem* in KölnKomm. AktG, 3. Aufl., Art. 52 SE-VO Rz. 37; wohl auch a.A. *Kubis* in MünchKomm. AktG, 3. Aufl., Art. 52 SE-VO Rz. 17, der nur auf die AktG-Regelungen abstellt.
137 *Spindler* in K. Schmidt/Lutter, § 119 AktG Rz. 10.
138 *Koch* in Hüffer, § 182 AktG Rz. 3; a.A. *Kubis* in MünchKomm. AktG, 3. Aufl., Art. 52 SE-VO Rz. 17.
139 *Drygala* in K. Schmidt/Lutter, § 111 AktG Rz. 62 f.
140 *Schwarz*, Art. 48 SE-VO Rz. 14; *Eberspächer* in Spindler/Stilz, AktG, Art. 52 SE-VO Rz. 9.

können muss[141]. Doch ist Art. 48 abschließend und ein Rückgriff auf § 111 Abs. 4 Satz 3 AktG folglich ausgeschlossen[142]. Dies folgt aus einem Vergleich mit den Vorgängerstatuten von 1970, 1975, 1989 und 1991, die ebenfalls keine entsprechende ausdrückliche Kompetenzregelung trafen, obwohl eine solche zwischenzeitlich gefordert worden war[143]. Anders als bei der Abberufung streitet hier die von der SE-VO detailliert geregelte interne Organisation des Aufsichtsrates dafür, im Zweifel eher von einem abschließenden Charakter der SE-VO auszugehen[144]. Eine spiegelbildliche Befugnis der Hauptversammlung wie bei Bestellung und Abberufung ist auch nicht anzunehmen, da dieses Recht zur Vorlage an die Hauptversammlung kein Pendant in der Organisation der Leitungsorgane der SE-VO hat. Richtigerweise ist daher davon auszugehen, dass aufgrund der abschließenden Regelung ein **Rückgriff auf das nationale Recht des § 111 Abs. 4 AktG ausgeschlossen** ist. Dies bedeutet auch keinen gravierenden Eingriff in die Rechte der Eigentümer, da im Falle des Art. 48 Unterabs. 1 SE-VO die Satzungsgestaltung als eine Form der antizipierten Zustimmung interpretiert werden kann, und im Falle des Art. 48 Unterabs. 2 SE-VO die nach Art. 57 SE-VO mit einfacher Stimmenmehrheit mögliche Abberufung des Aufsichtsrates eine Lösungsmöglichkeit bietet[145]. Auf jeden Fall ist für die monistisch strukturierte SE eine Anwendung von § 111 Abs. 4 Satz 3 AktG aufgrund der ausschließlich dem Leitungsorgan zugewiesenen Geschäftsführungskompetenz ausgeschlossen[146].

i) Vergütungsregelung (§ 113 AktG)

Während die Vorgängerentwürfe noch in Art. IV-2-7 Sanders-Vorentwurf sowie Art. 79 Abs. 1 SE-VOV 1970 und 1975 Regelungen zur **Vergütung des Aufsichtsorgans** enthielten, schweigt die SE-VO hierüber. Da eine Vergütung in den Mitgliedstaaten

38

---

141 *Schwarz*, Art. 48 SE-VO Rz. 29, Art. 52 Rz. 26; *Bücker* in Habersack/Drinhausen, Art. 52 SE-VO Rz. 31; *Kiem* in KölnKomm. AktG, 3. Aufl., Art. 52 SE-VO Rz. 33; *Eberspächer* in Spindler/Stilz, AktG, Art. 52 SE-VO Rz. 9; *Huizinga*, Die Machtbalance zwischen Verwaltung und Hauptversammlung in der Europäischen Gesellschaft (SE), S. 176; i.E. ebenso *Fürst/Klahr* in Jannott/Frodermann, Handbuch Europäische Aktiengesellschaft, S. 277 Rz. 25.
142 *Brandt*, Hauptversammlung, S. 150 ff.; *Manz* in Manz/Mayer/Schröder, Art. 48 SE-VO Rz. 24; *Kubis* in MünchKomm. AktG, 3. Aufl., Art. 52 SE-VO Rz. 20; *Spindler* in Lutter/Hommelhoff, Europäische Gesellschaft, S. 223, 235; *Liebscher* in Semler/Volhard/Reichert, Arbeitshandbuch für die Hauptversammlung, § 49 Rz. 10; *Lange*, EuZW 2003, 301, 305; zu den Vorgängerentwürfen ebenso *Leupold*, Europäische Aktiengesellschaft, S. 94 f.; *Reinkensmeier*, Die Organisation der Geschäftsführung und ihrer Überwachung in der europäischen Aktiengesellschaft, 1992, S. 133; *Wirtz*, Lückenfüllung im Recht der SE, S. 109 f.; *Gutsche*, EA für kleine und mittlere Unternehmen, S. 97 f.; *Zawischa*, ZfRV 1976, 125, 130; *Walther/Wiesner*, GmbHR 1975, 247, 251.
143 WSA, Stellungnahme zum SE-VOV 1970, ABl. EG Nr. C 131 v. 13.12.1972, S. 32, 42; WSA, Stellungnahme zum SE-VOV 1989, ABl. EG Nr. C 124 v. 21.5.1990, S. 34, 39 f.; UNICE, Stellungnahme zum Verordnungsvorschlag von 1989, European Company Statute Position v. 20.11.1989, S. 6; s. auch *Walther*, AG 1972, 99, 102; *Walther/Wiesner*, GmbHR 1975, 247, 251.
144 *Spindler* in Lutter/Hommelhoff, Europäische Gesellschaft, S. 223, 235; i.E. ähnlich *Reinkensmeier*, Die Organisation der Geschäftsführung und ihrer Überwachung in der europäischen Aktiengesellschaft, 1992, S. 133; *Brandt*, Hauptversammlung, S. 151 f.; a.A. *Kiem* in KölnKomm. AktG, 3. Aufl., Art. 52 SE-VO Rz. 33; für die dualistische SE a.A. auch *Bücker* in Habersack/Drinhausen, Art. 52 SE-VO Rz. 31: von „Aushöhlung" der SE könne keine Rede sein, auch kein praktisches Bedürfnis – indes geht es um die Frage der abschließenden Regelung.
145 *Spindler* in Lutter/Hommelhoff, Europäische Gesellschaft, S. 223, 235.
146 So auch *Bücker* in Habersack/Drinhausen, Art. 52 SE-VO Rz. 32; *Eberspächer* in Spindler/Stilz, AktG, Art. 52 SE-VO Rz. 9; *Huizinga*, Die Machtbalance zwischen Verwaltung und Hauptversammlung in der Europäischen Gesellschaft (SE), S. 176 f.

aber üblich ist¹⁴⁷, ist nicht von einer abschließenden Regelung auszugehen. In der SE-VO kommt es daher grundsätzlich über Art. 9 Abs. 1 lit. c ii SE-VO zur Anwendung des Sitzstaatrechts¹⁴⁸. Sofern die Hauptversammlung einer nationalen Aktiengesellschaft die Vergütung festlegen kann, gilt dieses gem. Art. 52 Unterabs. 2 Alt. 1 SE-VO auch für die jeweilige SE¹⁴⁹. Nach § 113 Abs. 1 Satz 2 AktG kann eine dualistisch strukturierte SE mit Sitz in Deutschland die Vergütung des Aufsichtsrats von der Gesellschaftssatzung oder von der Hauptversammlung festsetzen¹⁵⁰. Auch kann die Hauptversammlung, wenn die Vergütung in der Satzung bestimmt wurde, gem. § 113 Abs. 1 Satz 4 AktG eine Satzungsänderung beschließen, durch welche die Vergütung herabgesetzt wird¹⁵¹.

39 Im monistischen System verweist § 38 Abs. 1 SEAG für die **Vergütung des Verwaltungsorgans** auf die entsprechende Anwendung des § 113 AktG. Auch hier kommt der Hauptversammlung über den Verweis des Art. 52 Unterabs. 2 Alt. 1 SE-VO demzufolge eine Kompetenz zu¹⁵², die Ausführungen zu Rz. 38 gelten entsprechend.

j) Geltendmachung von Ersatzansprüchen

40 In Art. 15 und 20 SE-VOV 1975 fand sich noch eine Regelung über die Haftung im Verordnungsentwurf, aber bereits Art. 15, 28 SE-VOV 1989 und Art. 28 SE-VOV 1991 enthielten stattdessen einen **Verweis für Haftungsfragen in das nationale Recht**¹⁵³. Die Hauptversammlung einer nationalen AG hat in Deutschland gem. § 147 Abs. 1 Satz 1 AktG die Kompetenz, die Ersatzansprüche der Gesellschaft aus der **Gründung** gegen die nach den §§ 46 bis 48, 53 AktG verpflichteten Personen (1. Alt.) oder aus der Geschäftsführung gegen die **Mitglieder des Vorstands und des Aufsichtsrats** (2. Alt.) oder aus **§ 117 AktG** (3. Alt.) durch Beschluss geltend zu machen¹⁵⁴.

41 §§ 46 ff. AktG regeln im nationalen Recht die **Gründungshaftung**. Hiernach haften die Gründer, deren Verwaltungsorgane und die Gründungsprüfer für die Ordnungsmäßigkeit des Gründungsvorgangs¹⁵⁵. Aus der Entstehungsgeschichte der VO zu den Haftungsfragen (oben Rz. 40) ist zu schließen, dass das Statut keine abschließende Regelungslücke enthält; die Regelungslücke ist daher durch die Anwendung des nationalen Rechts nach §§ 46 ff. AktG zu schließen¹⁵⁶. Über Art. 52 Unterabs. 2 Alt. 1 SE-VO findet daneben auch § 50 AktG Anwendung, nach dem die SE auf Ersatzansprüche verzichten oder sich hierüber vergleichen kann, wenn die Hauptversammlung zustimmt¹⁵⁷.

---

147 *Schwarz*, Art. 40 SE-VO Rz. 88.
148 Ebenso *Schwarz*, Art. 40 SE-VO Rz. 88; *Brandt*, Hauptversammlung, S. 153.
149 *Spindler* in Lutter/Hommelhoff, Europäische Gesellschaft, S. 223, 235; *Bücker* in Habersack/Drinhausen, Art. 52 SE-VO Rz. 34; *Kiem* in KölnKomm. AktG, 3. Aufl., Art. 52 SE-VO Rz. 34; *Kubis* in MünchKomm. AktG, 3. Aufl., Art. 52 SE-VO Rz. 21; *Brandt*, Hauptversammlung, S. 152 f.
150 *Fürst/Klahr* in Jannott/Frodermann, Handbuch Europäische Aktiengesellschaft, S. 277 f. Rz. 26; *Schwarz*, Art. 52 SE-VO Rz. 27.
151 *Drygala* in K. Schmidt/Lutter, § 113 AktG Rz. 7.
152 Begr. RegE zu SEAG, BT-Drucks. 15/3405, S. 38; *Kiem* in KölnKomm. AktG, 3. Aufl., Art. 52 SE-VO Rz. 34; *Bücker* in Habersack/Drinhausen, Art. 52 SE-VO Rz. 34; *Schwarz*, Art. 52 SE-VO Rz. 27.
153 Unterrichtung durch die BReg. zu SE-VOV 1991, BT Drucks. 12/1004 v. 30.7.1991, S. 1, 3.
154 Ausführlich hierzu *Spindler* in K. Schmidt/Lutter, § 147 AktG Rz. 3 ff.
155 *Bayer* in K. Schmidt/Lutter, § 46 AktG Rz. 1 ff.
156 *Brandt*, Hauptversammlung, S. 153; *Schwarz*, Art. 52 SE-VO Rz. 29. Für das österreichische Recht s. *Zollner* in Kalss/Hügel, § 62 SEG Rz. 26 f.
157 Hierzu *Bayer* in K. Schmidt/Lutter, § 50 AktG Rz. 3 ff.

In der SE-VO richtet sich die **Haftung der Mitglieder der Verwaltungsorgane** gem. Art. 51 nach mitgliedstaatlichem Recht (dazu Art. 51 Rz. 5). Die Regelung des § 147 Abs. 1 Satz 1 AktG gilt daher auch für eine in Deutschland ansässige SE[158]. Wenn die Hauptversammlung einen entsprechenden Beschluss fasst, müssen die Ersatzansprüche somit durch die SE geltend gemacht werden[159]. Die noch in Art. 79 SE-VOV 1989 enthaltene Regelung über den Verzicht der Haftungsklage ist zugunsten der Mitgliedstaaten gestrichen worden[160]. Die Gesellschaft kann gem. § 93 Abs. 4 Satz 3 AktG ebenfalls unter der Voraussetzung der Zustimmung der Hauptversammlung auf die Ersatzansprüche verzichten oder sich hierüber vergleichen[161].

42

Mangels Regelung in der Verordnung findet über den Verweis des Art. 52 Unterabs. 2 Alt. 1 SE-VO auch § 117 Abs. 4 AktG Anwendung, der für die Aufhebung der Ersatzpflicht der Gesellschaft im Falle der Schadensersatzpflicht nach § 117 Abs. 1 AktG[162] auf die sinngemäße Anwendung des § 93 Abs. 4 Satz 3 und 4 AktG verweist. Auch die **Aufhebung der Schadensersatzpflicht** ist demnach von der Zustimmung der Hauptversammlung abhängig.

43

k) Sonstiges

Für den Fall der Gründung einer SE durch Beteiligung einer SE ergibt sich die Zuständigkeitsverweisung an die Hauptversammlung bereits aus der Verordnung selbst, für die anderen Fälle wird auf das nationale Recht verweisen (oben Rz. 13). Auch für den Fall der **Verschmelzung** einer SE mit einer nationalen Aktiengesellschaft (zur Zulässigkeit Art. 3 Rz. 3) hat die Hauptversammlung somit gem. § 65 Abs. 1 i.V.m. § 13 Abs. 1 UmwG eine Kompetenz[163] und ist folglich über die Verweisung des Art. 52 Unterabs. 2 Alt. 1 SE-VO auch für einen derartigen Verschmelzungsbeschluss zuständig. Die Hauptversammlung einer SE in Deutschland hat daneben eine Kompetenz für die Zustimmung zum Abschluss und zur Änderung eines **Unternehmensvertrages** nach §§ 293 Abs. 1, 295 Abs. 1 AktG[164]. Zustimmungspflichtig sind gem. § 179a AktG des Weiteren die Verträge, durch die sich eine SE zur Übertragung des ganzen Gesellschaftsvermögens verpflichtet, ohne dass die Übertragung unter die Vorschrif-

44

---

158 *Spindler* in Lutter/Hommelhoff, Europäische Gesellschaft, S. 223, 235 f.; *Bücker* in Habersack/Drinhausen, Art. 52 SE-VO Rz. 35; *Kiem* in KölnKomm. AktG, 3. Aufl., Art. 52 SE-VO Rz. 35.
159 *Schwarz*, Art. 52 SE-VO Rz. 29; *Brandt*, Hauptversammlung, S. 153; *Fürst/Klahr* in Jannott/Frodermann, Handbuch Europäische Aktiengesellschaft, S. 277 f. Rz. 26; *Kubis* in MünchKomm. AktG, 3. Aufl., Art. 52 SE-VO Rz. 21.
160 Unterrichtung durch die BReg. zu SE-VOV 1991, BT-Drucks. 12/1004 v. 30.7.1991, S. 1, 10.
161 *Bücker* in Habersack/Drinhausen, Art. 52 SE-VO Rz. 36; *Schwarz*, Art. 52 SE-VO Rz. 28; *Spindler* in Lutter/Hommelhoff, Europäische Gesellschaft, S. 223, 236.
162 Hierzu *Hommelhoff/Witt* in K. Schmidt/Lutter, § 117 AktG Rz. 6 ff.
163 *Bücker* in Habersack/Drinhausen, Art. 52 SE-VO Rz. 41; *Kiem* in KölnKomm. AktG, 3. Aufl., Art. 52 SE-VO Rz. 37; *Fürst/Klahr* in Jannott/Frodermann, Handbuch Europäische Aktiengesellschaft, S. 278 Rz. 27; *Teichmann*, ZGR 2003, 367, 373; *Heckschen* in Widmann/Mayer, Anhang 14 Rz. 237 ff., 242, 311.
164 *Kiem* in KölnKomm. AktG, 3. Aufl., Art. 52 SE-VO Rz. 37; *Bücker* in Habersack/Drinhausen, Art. 52 SE-VO Rz. 40; *Spindler* in Lutter/Hommelhoff, Europäische Gesellschaft, S. 223, 227; i.E. auch *Eberspächer* in Spindler/Stilz, AktG, Art. 52 SE-VO Rz. 10, der für eine internationalprivatrechtliche Anknüpfung (und nicht über Art. 52 SE-VO) plädiert, da nach deutscher Rechtslage auf die abhängige Gesellschaft ohnehin das Recht ihres Sitzstaates Anwendung findet.

ten des Umwandlungsgesetzes fällt[165]. Auch die Kompetenzen der Hauptversammlung im Falle der **Nachgründung** (§ 52 AktG) und des **Erwerbs eigener Aktien** (§ 78 Abs. 1 Nr. 8 AktG) sind über den Verweis des Art. 52 Unterabs. 2 Alt. 1 SE-VO anwendbar[166].

2. Kompetenz durch Satzung (Art. 52 Unterabs. 2 Alt. 2 SE-VO)

45 Aufgrund § 23 Abs. 5 AktG kann die Satzung die Zuständigkeiten unter den Organen nur abweichend vom deutschen Aktienrecht regeln, wenn das Aktiengesetz dies ausdrücklich für zulässig erklärt[167]. Damit sind der **satzungsmäßigen Zuständigkeitsregelung** über Art. 52 Unterabs. 2 Alt. 2 SE-VO auch für die SE enge Grenzen gesetzt[168]. Zudem sind die Vorgaben der gemeinschaftsrechtlichen Organisationsverfassung zu beachten (oben Rz. 9), zu denen sich eine Zuständigkeit kraft Satzung nicht in Widerspruch setzen darf[169]. Zwar kennen sowohl das dänische Recht (§ 69 Abs. 2 Nr. 3 ASL) als auch das schwedische Recht (Kap. 9 § 5 Nr. 4 ABL) sowie das englische Recht eine sehr weitgehende Satzungsgestaltung im Bereich der Zuständigkeitsordnung[170], jedoch besteht im deutschen Recht nur nach § 119 Abs. 1 Alt. 2 i.V.m. § 23 Abs. 5 AktG eine Gestaltungsmöglichkeit[171]. Im Wesentlichen können der Hauptversammlung daher durch Satzung im Zusammenhang mit der Bildung von gesetzlich nicht vorgesehenen Gremien wie Beiräten oder Ausschüssen Kontroll- und Entscheidungsfunktionen übertragen werden[172]. Zudem erlaubt § 68 Abs. 2 Satz 3 AktG der Satzung, der Hauptversammlung die Zustimmung zur Übertragung von Aktien zu überlassen[173].

3. Kompetenz durch ungeschriebene nationale Zuständigkeiten

46 Es ist strittig, ob durch die Verweisung von Art. 52 Unterabs. 2 SE-VO in das nationale Recht auch **ungeschriebene mitgliedstaatliche Zuständigkeiten** der Hauptversammlung erfasst werden. Diese Frage stellt sich im deutschen Aktienrecht insbesondere im Zusammenhang mit der durch das Gelatine-Urteil[174] bekräftigten und

---

165 *Mayer* in Manz/Mayer/Schröder, Art. 52 SE-VO Rz. 16; *Fürst/Klahr* in Jannott/Frodermann, Handbuch Europäische Aktiengesellschaft, S. 277 f. Rz. 26; *Heckschen* in Widmann/Mayer, Anhang 14 Rz. 341, 346 f.
166 *Kubis* in MünchKomm. AktG, 3. Aufl., Art. 52 SE-VO Rz. 21.
167 *Seibt* in K. Schmidt/Lutter, § 23 AktG Rz. 53; *Wirtz*, Lückenfüllung im Recht der SE, S. 152.
168 *Bücker* in Habersack/Drinhausen, Art. 52 SE-VO Rz. 43; *Schwarz*, Art. 52 SE-VO Rz. 33; *Kubis* in MünchKomm. AktG, 3. Aufl., Art. 52 SE-VO Rz. 23; *Mayer* in Manz/Mayer/Schröder, Art. 52 SE-VO Rz. 19; *Fürst/Klahr* in Jannott/Frodermann, Handbuch Europäische Aktiengesellschaft, S. 279 Rz. 32; *Eberspächer* in Spindler/Stilz, AktG, Art. 52 SE-VO Rz. 14; *Brandt*, Hauptversammlung, S. 121 f.; *Hirte*, NZG 2002, 1, 5; hierzu auch *Hommelhoff* in FS Ulmer, S. 267, 274 f.
169 *Schwarz*, Art. 52 SE-VO Rz. 33.
170 Hierzu *Brandt*, Hauptversammlung, S. 122.
171 *Spindler* in K. Schmidt/Lutter, § 119 AktG Rz. 1.
172 *Brandt*, Hauptversammlung, S. 121 f.; *Schwarz*, Art. 52 SE-VO Rz. 33; *Fürst/Klahr* in Jannott/Frodermann, Handbuch Europäische Aktiengesellschaft, S. 279 Rz. 32 m.w.N.
173 *Fürst/Klahr* in Jannott/Frodermann, Handbuch Europäische Aktiengesellschaft, S. 279 Rz. 32; s. hierzu auch *Koch* in Hüffer, § 68 AktG Rz. 13 f.; *Cahn* in Spindler/Stilz, § 68 AktG Rz. 40 f.
174 BGH v. 26.4.2004 – II ZR 155/02 – „Gelatine II", AG 2004, 384 ff. = NJW 2004, 1860 ff.; dazu *Fleischer*, NJW 2004, 2335 ff.; *Bungert*, BB 2004, 1345 ff.; *Koppensteiner*, Der Konzern 2004, 381 ff.; *Weißhaupt*, AG 2004, 585; *Altmeppen*, ZIP 2004, 999 ff.; *Fuhrmann*, AG 2004, 339 ff.; *Götze*, NZG 2004, 585 ff.; *Goette*, DStR 2004, 927 ff.; *Liebscher*, ZGR 2005, 1 ff.; *Habersack*, AG 2005, 137 ff.

präzisierten[175] Rechtsprechung der **Holzmüller-Doktrin** des BGH[176], nach der eine Geschäftsführungsmaßnahme, die zwar von der Außenvertretungsmacht des Vorstandes formal noch gedeckt ist, aber gleichwohl tief in die Mitgliedschaftsrechte der Aktionäre und deren Vermögensinteressen eingreift, der Zustimmung der Hauptversammlung nach § 119 Abs. 2 AktG bedarf[177]. Im Fall einer Anwendung dieser Grundsätze auf die SE besteht hiernach für bestimmte Geschäfte eine Vorlagepflicht für das Leitungs- bzw. analog für das Verwaltungsorgan.

Die wohl h.M. vertritt die **Anwendung der (nationalen) Holzmüller-Doktrin auch auf die SE**[178]. Bereits zu den Vorgängerentwürfen wurde dies vertreten[179]. Dass es sich um Richterrecht handelt, stünde einer Verweisung nicht entgegen, zumal einige Rechtsordnungen der Mitgliedstaaten sich explizit auf case law stützen[180]. Auch der Wortlaut der Vorschrift schließt die Übertragung der Holzmüller-Doktrin nicht aus, zumal die in den anderen Sprachfassung verwendeten Begriffe „par la *loi* de cet État membre", „the *law* of that Member State" das ungeschriebene wie das kodifizierte Recht umfassen[181]. Jedoch bestehen daran erhebliche Zweifel, abgesehen von der Frage der Verweisung auf Richterrecht[182] und den damit verbundenen Einbußen an Rechtssicherheit[183]. Denn im Lichte einer gemeinschaftseinheitlichen Lösung sind Satzungsgestaltungen vorzuziehen, die über eine genaue Bestimmung des Unternehmensgegenstands die Geschäftsführung in gewünschter Weise begrenzen können[184]. Auch setzt man sich in Widerspruch zu dem Wortlaut des Art. 52 Unterabs. 2 SE-VO („übertragen"), denn übertragen werden können nur geschriebene Regelungen[185]. Ab-

47

---

175 *Spindler* in Lutter/Hommelhoff, Europäische Gesellschaft, S. 223, 228 m.w.N.
176 BGH v. 25.2.1982 – II ZR 174/80– „Holzmüller", BGHZ 83, 122, 131 = AG 1982, 158, 163.
177 Ausführlich hierzu *Spindler* in K. Schmidt/Lutter, § 119 AktG Rz. 26 ff.; s. auch hierzu *Wirtz*, Lückenfüllung im Recht der SE, S. 27 ff.
178 *Casper* in FS Ulmer, 2003, S. 51, 69; *Habersack*, ZGR 2003, 724, 741; *Bücker* in Habersack/Drinhausen, Art. 52 SE-VO Rz. 42; *Kiem* in KölnKomm. AktG, 3. Aufl., Art. 52 SE-VO Rz. 36; *Schwarz*, Art. 52 SE-VO Rz. 35; *Huizinga*, Die Machtbalance zwischen Verwaltung und Hauptversammlung in der Europäischen Gesellschaft (SE), S. 203; *Göz*, ZGR 2008, 593, 615; *Wirtz*, Lückenfüllung im Recht der SE, S. 168; *Fürst/Klahr* in Jannott/Frodermann, Handbuch Europäische Aktiengesellschaft, S. 279 ff. Rz. 34 ff.; *Mayer* in Manz/Mayer/Schröder, Art. 52 SE-VO Rz. 10, 17 f.; *Zollner* in Kalss/Hügel, § 62 SEG Rz. 21; *Heckschen* in Widmann/Mayer, Anhang 14 Rz. 341, 348 ff.; *Eberspächer* in Spindler/Stilz, AktG, Art. 52 SE-VO Rz. 12 f.; *Thümmel*, Europäische Aktiengesellschaft, S. 122 Rz. 258; allgemein zur Anwendung ungeschriebenen Rechts auch *Teichmann*, ZGR 2002, 383, 398.
179 *Hommelhoff*, AG 1990, 422, 428; *Artmann*, wbl 2002, 189, 196; *Casper* in FS Ulmer, S. 51, 69; *Gutsche*, EA für kleine und mittlere Unternehmen, S. 104 f.; *Maul*, Die faktisch abhängige SE (Societas Europaea) im Schnittpunkt zwischen deutschem und europäischem Recht, 1998, S. 40 ff.; *Buchheim*, Europäische Aktiengesellschaft und grenzüberschreitende Konzernverschmelzung – Der aktuelle Entwurf der Rechtsform aus betriebswirtschaftlicher Sicht, 2001, S. 250; *Jaeger*, Die europäische Aktiengesellschaft, 1994, S. 115 f.; *Körner* in Paschke/*Iliopoulos* (Hrsg.), Europäisches Privatrecht, 1998, S. 531, 550 f.
180 *Schwarz*, Art. 52 SE-VO Rz. 35, Einl. Rz. 134 mit umfangreichen w.N.; ebenso *Bücker* in Habersack/Drinhausen, Art. 52 SE-VO Rz. 42.
181 *Mayer* in Manz/Mayer/Schröder, Art. 52 SE-VO Rz. 10; *Bücker* in Habersack/Drinhausen, Art. 52 SE-VO Rz. 42.
182 Abl. *Kubis* in MünchKomm. AktG, 3. Aufl., Art. 52 SE-VO Rz. 22; *Marsch-Barner* in FS Happ, 2006, S. 165, 171; *Brandt*, Hauptversammlung, S. 123 ff.; unter Hinweis auf Art. 83 SE-VOV 1975 ähnlich bereits *Sonnenberger* in Lutter, Europäische Aktiengesellschaft, 2. Aufl. 1978, S. 73, 75.
183 *Kubis* in MünchKomm. AktG, 3. Aufl., Art. 52 SE-VO Rz. 22.
184 *Brandt*, Hauptversammlung, S. 132 ff.; i.E. zustimmend *Kubis* in MünchKomm. AktG, 3. Aufl., Art. 52 SE-VO Rz. 22.
185 *Brandt*, Hauptversammlung, S. 130.

gesehen davon sorgen bereits die ungeschriebenen Zuständigkeiten nach der SE-VO für den nötigen Schutz der Aktionäre, so dass sich im Ergebnis bei einer EU-freundlichen Auslegung keine großen Differenzen zwischen den Auffassungen ergeben sollten.

Art. 53
[Organisation und Ablauf der Hauptversammlung; Abstimmungsverhalten]

Für die Organisation und den Ablauf der Hauptversammlung sowie für die Abstimmungsverfahren gelten unbeschadet der Bestimmungen dieses Abschnitts die im Sitzstaat der SE für Aktiengesellschaften maßgeblichen Rechtsvorschriften.

I. Grundlagen	
1. Regelungsgegenstand und Normzweck ... 1	a) Ausübung der Mitgliedschaftsrechte
2. Historische Entwicklung ... 2	aa) Teilnahme ... 17
II. Reichweite der Verweisung ... 4	bb) Stimmrechtsausübung; Stimmrechtsvertretung ... 20
III. Organisation und Ablauf der Hauptversammlung ... 6	cc) Rederecht und Sprache ... 21
1. Begriff ... 7	dd) Auskunftsrecht ... 22
2. Organisation der Hauptversammlung ... 8	ee) Sonstige Mitgliedschaftsrechte 23
a) Ort ... 9	b) Leitung der Hauptversammlung ... 25
b) Tele- und Internet-Hauptversammlung ... 10	aa) Person ... 26
c) Dauer ... 11	bb) Aufgaben und Befugnisse ... 28
d) Zeitpunkt ... 12	c) Niederschrift und Teilnehmerverzeichnis ... 29
e) Mitteilungspflichten im Vorfeld ... 13	IV. Abstimmungsverfahren ... 31
f) Anträge und Gegenanträge ... 14	V. Beschlusskontrolle ... 32
g) Universalversammlung ... 15	VI. Selbstorganisationsrecht der Hauptversammlung
3. Ablauf der Hauptversammlung ... 16	1. Satzung ... 33
	2. Geschäftsordnung ... 34

Literatur: S. vor Art. 52.

I. Grundlagen

1. Regelungsgegenstand und Normzweck

1 Der konkret nach zeitlichen, örtlichen und inhaltlichen Vorgaben strukturierte Ablauf einer Hauptversammlung ist in der SE-VO nicht geregelt. Art. 53 SE-VO verweist für **Organisation, Ablauf und Abstimmungsverfahren** lediglich auf das Recht des Sitzstaates, unbeschadet der Bestimmungen der SE-VO über die Hauptversammlung. Demgemäß gilt der Verweis in das nationale Recht lediglich subsidiär[1]. Das Abstimmungsverfahren wird in Art. 57 bis 60 SE-VO z.T. spezieller geregelt (Art. 57 Rz. 1).

---

1 *Schwarz*, Art. 53 SE-VO Rz. 4; *Kubis* in MünchKomm. AktG, 3. Aufl., Art. 53 SE-VO Rz. 1; *Spindler* in Lutter/Hommelhoff, Europäische Gesellschaft, S. 223, 237; s. auch *Eberspächer* in Spindler/Stilz, AktG, Art. 53 SE-VO Rz. 1: „partielle Generalverweisung", ebenso *Bücker* in Habersack/Drinhausen, Art. 53 SE-VO Rz. 1.

2. Historische Entwicklung

Die Vorgängervorschrift Art. 81a SE-VOV 1991 verwies ebenso wie Art. 53 SE-VO für die im Entwurf ungeregelten Fragen der Organisation und des Ablaufs der Hauptversammlung generell auf das jeweilige nationale Recht des Sitzstaats. Nach der Kommissionsbegründung zum Statut von 1991 sollte Art. 81a SE-VOV 1991 die zahlreichen im Vorschlag von 1989 in Art. 84, 88, 89, 90, 91, 99 SE-VOV 1989 noch bestehenden **Einzelregelungen ersetzen**[2]. Zwar stellte Art. 81a SE-VOV 1991 seinem Wortlaut nach durch die Aufzählung einzelner Anwendungsbereiche die ausführlichere Regelung im Vergleich zur jetzigen Fassung dar, indem er beispielhaft die Stimmabgabe, die Einberufung der Hauptversammlung sowie die Teilnahme und Vertretung benannte. Ein Unterschied zu der heutigen Regelung ergab sich jedoch ansonsten nicht.

Diese Regelungstechnik setzte sich in dem Ratsentwurf von 1998 in Art. 53 SE-RatsE 1998 fort, der die teils in Art. 81a SE-VOV 1991 exemplarisch genannten Regelungen zur Teilnahme und Vertretung (Art. 86, 87 SE-VOV 1991) sowie zur Stimmkraft und Stimmabgabe (Art. 92 SE-VOV 1991) entfallen ließ. Stattdessen fand sich, bereits wortgleich mit der heutigen Vorschrift, der **Verweis auf das Recht des jeweiligen Sitzstaats** der SE.

II. Reichweite der Verweisung

Art. 53 SE-VO verweist generell auf das jeweilige Sitzstaatsrecht, allerdings gehen die Art. 54 bis Art. 56 SE-VO, welche Regelungen über die Häufigkeit und Form der Einberufung der Hauptversammlung sowie über die Ergänzung der Tagesordnung enthalten, als **lex specialis** vor (oben Rz. 1)[3]. Die gemeinschaftseinheitliche Ausgestaltung der Einberufung, der Teilnahme und Vertretung in der Hauptversammlung dient insofern der Rechtssicherheit und insbesondere dem Aktionärsminderheitenschutz[4].

Art. 9 Abs. 1 lit. c ii SE-VO als allgemeine Generalverweisung[5] (Art. 9 Rz. 7) wird durch Art. 53 als speziellere Norm zur **Ausfüllung von Regelungslücken bei** der Durchführung der Hauptversammlung verdrängt. Die Verweisung nach Art. 53 SE-VO erstreckt sich aber nur auf alle Fragen der Durchführung der Hauptversammlung, hier lediglich der Organisation, der Ablauf und des Abstimmungsverhaltens. Diese Aufzählung ist zwar in Art. 53 SE-VO selbst als abschließend zu verstehen, jedoch werden Rechtsfragen außerhalb des Anwendungsbereichs der Vorschrift über die allgemeine Generalverweisung in Art. 9 Abs. 1 lit. c ii SE-VO erfasst, welche ebenfalls zur Anwendung des Sitzstaatrechts der SE und somit zum gleichen Ergebnis führt[6].

---

[2] Unterrichtung durch die BReg. zu SE-VOV 1991, BT-Drucks. 12/1004 v. 30.7.1991, S. 1, 10 f.; hierzu *Merkt*, BB 1992, 652, 657; *Schwarz*, Art. 53 SE-VO Rz. 2; *Brandt*, Hauptversammlung, S. 173 m.w.N.
[3] *Kiem* in KölnKomm. AktG, 3. Aufl., Art. 53 SE-VO Rz. 3; *Bücker* in Habersack/Drinhausen, Art. 53 SE-VO Rz. 3; *Schwarz*, Art. 53 SE-VO Rz. 4; *Brandt*, Hauptversammlung, S. 173.
[4] *Brandt*, Hauptversammlung, S. 173.
[5] S. hierzu ausführlich *Wirtz*, S. 79 ff.
[6] Ebenso *Schwarz*, Art. 53 SE-VO Rz. 5; wohl auch *Kubis* in MünchKomm. AktG, 3. Aufl., Art. 53 SE-VO Rz. 1 ff.

III. Organisation und Ablauf der Hauptversammlung

6 Die Durchführung der Hauptversammlung unterliegt **in den Mitgliedstaaten unterschiedlichen Regelungen**[7]. Der Ablauf und die Organisation der Hauptversammlung in England sind im Companies Act 1985 geregelt, in Frankreich gelten für die SA die Bestimmungen des 5. Kapitels des Code de Commerce (Art. 225-96 bis 225-126) sowie die Vorschriften der Art. 120 bis 153-3 der VO Nr. 67-236 vom 23.3.1967 und für die SARL finden Art. 223-27 ff. des Code de Commerce in Verbindung mit Art. 37, 38, 40 und 53 VO Nr. 67–236 vom 23.3.1967 Anwendung. In Österreich werden die Organisation und der Ablauf der Hauptversammlung im Wesentlichen in den §§ 105–114 AktG geregelt[8]. Im deutschen Recht finden sich Vorschriften zum Ablauf einer Hauptversammlung sowohl in §§ 50 f. SEAG (hierzu ausführlich Art. 55 Rz. 5) als auch in den §§ 121 ff. AktG.

1. Begriff

7 Unter den Begriff **Organisation und Ablauf der Hauptversammlung** fallen die Einberufung, die Tagesordnung, die Teilnahme und die Vertretung der Aktionäre in der Hauptversammlung, die Feststellung der Anwesenheit, die Stimmabgabe, die Hauptversammlungsniederschrift, die Beschlussfassung sowie das Informationsrecht der Aktionäre[9], wie sich aus einem Vergleich mit der Vorgängernorm des Art. 81a SE-VOV 1991 ergibt[10]. Als Teil der Organisation und des Ablaufs ist auch die Vorbereitung einer Hauptversammlung anzusehen, die daher ebenfalls von der Verweisung des Art. 53 SE-VO in das nationale Recht umfasst ist[11].

2. Organisation der Hauptversammlung

8 Die Organisation der Hauptversammlung richtet sich im Fall einer fehlenden Spezialverweisung gem. Art. 53 SE-VO nach dem **Recht des Sitzstaates** der SE. Nicht umfasst von der Verweisung in das mitgliedstaatliche Recht des Art. 53 SE-VO wird hingegen die Einberufung als solche, die von der speziellen Norm des Art. 54 SE-VO geregelt wird (hierzu ausführlich Art. 54 Rz. 2)[12].

a) Ort

9 Eine Regelung bzgl. des Ortes der Hauptversammlung trifft die SE-VO selbst nicht, auch nicht in Art. 54 Abs. 2 SE-VO, der nur den zeitlichen Aspekt der Hauptversammlung betrifft. Über den Verweis des Art. 53 SE-VO ist für eine in Deutschland ansässige Gesellschaft damit § 121 Abs. 5 Satz 1 AktG zu beachten, wonach die Hauptversammlung am **Sitz der Gesellschaft** stattfinden soll, sofern durch **Satzung**

---

[7] Überblick bei *Jaeger*, Die europäische Aktiengesellschaft, 1994, S. 121 ff.; *Mayer* in Manz/Mayer/Schröder, Art. 53 SE-VO Rz. 103; hierzu auch *Schwarz*, Art. 53 SE-VO Rz. 5 m.w.N.
[8] Zum österreichischen Recht s. *Zollner* in Kalss/Hügel, § 62 SEG Rz. 11 ff.
[9] *Kubis* in MünchKomm. AktG, 3. Aufl., Art. 53 SE-VO Rz. 6; *Kiem* in KölnKomm. AktG, 3. Aufl., Art. 53 SE-VO Rz. 2; *Bücker* in Habersack/Drinhausen, Art. 53 SE-VO Rz. 4; *Mayer* in Manz/Mayer/Schröder, Art. 53 SE-VO Rz. 3 f.; *Schwarz*, Art. 53 SE-VO Rz. 7; *Fürst/Klahr* in Jannott/Frodermann, Handbuch Europäische Aktiengesellschaft, S. 293 f. Rz. 90 ff.; *Hirte*, NZG 2002, 1, 8; *Schwarz*, ZIP 2001, 1847, 1857; *Spindler* in Lutter/Hommelhoff, Europäische Gesellschaft, S. 223, 244.
[10] *Schwarz*, Art. 53 SE-VO Rz. 7; *Mayer* in Manz/Mayer/Schröder, Art. 53 SE-VO Rz. 4.
[11] *Brandt*, Hauptversammlung, S. 174; *Schwarz*, Art. 53 SE-VO Rz. 7; *Kubis* in MünchKomm. AktG, 3. Aufl., Art. 53 SE-VO Rz. 2; *Bücker* in Habersack/Drinhausen, Art. 53 SE-VO Rz. 4.
[12] *Schwarz*, Art. 54 SE-VO Rz. 1; a.A. aber wohl *Kubis* in MünchKomm. AktG, 3. Aufl., Art. 53 SE-VO Rz. 3 ff.

nicht etwas anderes bestimmt ist[13]. Der Ort der Hauptversammlung bestimmt sich daher in erster Linie nach der Satzung[14]. § 121 Abs. 5 AktG stellt eine Sollvorschrift dar, von der nur bei Vorliegen erheblicher Gründe abgewichen werden kann[15]. Daneben kann gem. § 121 Abs. 5 Satz 2 AktG eine in Deutschland zum Handel im regulierten Markt zugelassene Aktiengesellschaft auch die Hauptversammlung am Sitz der Börse vornehmen[16]. Anders als im nationalen Recht, für das nach wie vor umstritten ist, ob eine **Hauptversammlung auch im Ausland** abgehalten werden darf[17], ist dies für die SE-Hauptversammlung entsprechend der Praxis anderer Mitgliedstaaten[18] zu bejahen. Die Argumente gegen eine Hauptversammlung im Ausland bei einer nationalen AG sind im Fall der SE anders zu werten[19]. Anders als die nationale AG trägt die SE gerade europäischen Charakter, so dass von einer unzumutbaren Erschwerung der Teilnahme nicht ausgegangen werden kann[20]. Bei der SE ist eine EU-freundliche Auslegung des § 121 Abs. 5 AktG geboten[21]. Missbräuchen durch willkürliche, nur schwer erreichbare oder weit vom Ort des Sitzes der SE entfernte Hauptversammlungen kann durch Anfechtungsklagen erfolgreich entgegengetreten werden[22]. Auch an die Kenntnisse der beurkundenden Notare im Ausland wird man bei der SE-VO andere Anforderungen stellen müssen, wenn es um die Voraussetzun-

---

13 *Kubis* in MünchKomm. AktG, 3. Aufl., Art. 53 SE-VO Rz. 10; *Liebscher* in Semler/Volhard/Reichert, Arbeitshandbuch für die Hauptversammlung, § 49 Rz. 15; *Schwarz*, Art. 53 SE-VO Rz. 9; *Spindler* in Lutter/Hommelhoff, Europäische Gesellschaft, S. 223, 238 m.w.N. zum nationalen Recht.
14 *Semler* in MünchHdb. AG, § 35 Rz. 31; *Koch* in Hüffer, § 121 AktG Rz. 12; *Kubis* in MünchKomm. AktG, 3. Aufl., § 121 AktG Rz. 88 ff.; *Reichert/Balke* in Semler/Volhard/Reichert (Hrsg.) Arbeitshandbuch für die Hauptversammlung, § 4 Rz. 112, 114.
15 *Semler* in MünchHdb. AG, § 35 Rz. 35; *Kubis* in MünchKomm. AktG, 3. Aufl., § 121 AktG Rz. 89; *Schwarz*, Art. 53 SE-VO Rz. 9.
16 *Ziemons* in K. Schmidt/Lutter, § 121 AktG Rz. 93.
17 Ausführlich *Ziemons* in K. Schmidt/Lutter, § 121 AktG Rz. 96 ff. Für Zulässigkeit bei Satzungsregelung: *Koch* in Hüffer, § 121 AktG Rz. 14 ff.; *Semler* in MünchHdb. AG, § 35 Rz. 32 f.; *Kubis* in MünchKomm. AktG, 3. Aufl., § 121 AktG Rz. 88 m.w.N.; abl. dagegen OLG Hamburg v. 7.5.1993 – 2 Wx 55/91, ZIP 1993, 921 = AG 1993, 384; *Butzke* in Butzke, Die Hauptversammlung der Aktiengesellschaft, S. 17 Rz. 14; *Möhring/Schwartz*, Die Aktiengesellschaft und ihre Satzung, S. 180.
18 *Gomard/Ebeling* in Blanpain, International encyclopaedia of laws, 2000, Dänemark, Rz. 200; *Peytz* in Maitland-Walker, Guide to european company laws, 1997, Denmark, S. 145, 160 f.; *Ong/Hegarty* in Maitland-Walker, Guide to european company laws, 1997, Ireland, S. 310, 323; *Brandt*, Hauptversammlung, S. 175.
19 Ebenso *Kubis* in MünchKomm. AktG, 3. Aufl., Art. 53 SE-VO Rz. 10; *Liebscher* in Semler/Volhard/Reichert, Arbeitshandbuch für die Hauptversammlung, § 49 Rz. 16; *Kiem* in KölnKomm. AktG, 3. Aufl., Art. 53 SE-VO Rz. 9; *Bücker* in Habersack/Drinhausen, Art. 53 SE-VO Rz. 10; *Schwarz*, Art. 53 SE-VO Rz. 10; *Eberspächer* in Spindler/Stilz, AktG, Art. 53 SE-VO Rz. 4; *Spindler* in Lutter/Hommelhoff, Europäische Gesellschaft, S. 223, 238 f.; a.A. *Heckschen* in Widmann/Mayer, Anhang 14 Rz. 497, der nur bei Vorliegen einer Satzungsregelung der SE bzw. bei Vorliegen einer Vollversammlung von einer Zulässigkeit der Hauptversammlung im Ausland ausgeht.
20 *Brandt*, Hauptversammlung, S. 176; s. auch *Schiessl*, DB 1992, 823; für die nationale AG so aber noch *Richter* in Semler/Volhard (Hrsg.), Arbeitshandbuch für die Hauptversammlung, 2. Aufl. 2003, § 7 Rz. 7; kritisch zu einem derartigen Schutzbedürfnis aber *Semler* in MünchHdb. AG, § 35 Rz. 33; *Reichert/Balke* in Semler/Volhard/Reichert, Arbeitshandbuch für die Hauptversammlung, § 4 Rz. 114: Verbot der Hauptversammlung im Ausland auch für nationale AG „überkommene Auffassung".
21 *Spindler* in Lutter/Hommelhoff, Europäische Gesellschaft, S. 223, 239 m.w.N.; *Schwarz*, Art. 53 SE-VO Rz. 10.
22 *Spindler* in Lutter/Hommelhoff, Europäische Gesellschaft, S. 223, 239 m.w.N. zum nationalen Recht.

gen des § 130 AktG geht[23]. Auf jeden Fall ist aber ein Wahrnehmungsprotokoll erforderlich, ebenso wie die persönliche Vergewisserung durch den Notar hinsichtlich der Funktionsfähigkeit von Stimmauszählungsgeräten und die Überwachung des Abstimmungsverfahrens[24].

b) Tele- und Internet-Hauptversammlung

10 Offen in der SE-VO ist auch, ob andere Hauptversammlungsformen als die reine Präsenz-Hauptversammlung zulässig sind; demgemäß findet über den Verweis des Art. 53 SE-VO das **mitgliedstaatliche Recht** Anwendung. Nach deutschem Recht ist zwar die rein virtuelle Hauptversammlung nach wie vor unzulässig, der Grundsatz der Präsenzhauptversammlung wurde jedoch durch das ARUG[25] entscheidend gelockert[26]. Die Satzung kann seither gem. § 118 Abs. 1 Satz 2 AktG die Präsenzversammlung um eine Online-Teilnahme erweitern[27], wobei die Rechte der Aktionäre allerdings auch eingeschränkt werden können[28]. So ist nun auch die aktive virtuelle Teilnahme möglich und nicht nur eine passive Teilnahme mittels Audio- und Videoübertragung wie schon vor dem ARUG in § 118 Abs. 3 AktG a.F. vorgesehen. Zudem kann seither gem. § 118 Abs. 2 AktG virtuell das Stimmrecht ausgeübt werden, wenn die Satzung dies vorsieht (unten Rz. 20). Dies gilt angesichts des besonderen Charakters als grenzüberschreitender Rechtsform in besonderem Maße für die SE (oben Rz. 9)[29].

c) Dauer

11 Eine Regelung für die Dauer der Hauptversammlung findet sich weder in der Verordnung noch im deutschen Recht[30]. Wird die Hauptversammlung im nationalen Recht nur für einen Tag festgelegt, muss der Versammlungsbeginn so gewählt werden, dass die Tagesordnung am gleichen Tag ordnungsgemäß abgewickelt werden kann und nicht über Mitternacht hinausgeht[31]. Ansonsten muss die Hauptversammlung vorsorglich für zwei Tage einberufen werden[32]. Angesetzt werden kann die Hauptver-

---

23 *Kubis* in MünchKomm. AktG, 3. Aufl., Art. 53 SE-VO Rz. 10; vorsichtiger aber *Eberspächer* in Spindler/Stilz, AktG, Art. 53 SE-VO Rz. 4, ähnlich *Bücker* in Habersack/Drinhausen, Art. 53 SE-VO Rz. 11; *Kiem* in KölnKomm. AktG, 3. Aufl., Art. 53 SE-VO Rz. 10: „gleichwertiger Beurkundungsakt" erforderlich.
24 *Bücker* in Habersack/Drinhausen, Art. 53 SE-VO Rz. 11.
25 Gesetz zur Umsetzung der Aktionärsrechterichtlinie (ARUG) vom 30.7.2009, BGBl. I 2011, S. 2479.
26 Auch die Einführung der Möglichkeit einer Online-Teilnahme hat an dem Grundsatz einer Präsenz-Hauptversammlung nichts geändert, jedoch beschränkt sich diese auf die Pflicht des Vorstands, am Ort der Hauptversammlung anwesend zu sein. Es ist somit möglich, dass sämtliche Aktionäre nur noch online teilnehmen, s. ausführlich *Spindler* in K. Schmidt/Lutter, § 118 AktG Rz. 9, 49; *Kubis* in MünchKomm. AktG, 3. Aufl., § 118 AktG Rz. 80, der trotz des neuen § 118 Abs. 1 Satz 2, Abs. 2 AktG die Notwendigkeit einer realen Hauptversammlung aus dem Wortlaut des § 118 Abs. 1 Satz 2 AktG („an deren Ort") folgert.
27 *Kubis* in MünchKomm. AktG, 3. Aufl., Art. 53 SE-VO Rz. 14; *Knapp*, DStR 2012, 2392, 2394.
28 Näher *Spindler* in K. Schmidt/Lutter, § 118 AktG Rz. 9, 47 f.; *Kubis* in MünchKomm. AktG, 3. Aufl., § 118 AktG Rz. 80.
29 *Spindler* in Lutter/Hommelhoff, Europäische Gesellschaft, S. 223, 239.
30 *Brandt*, Hauptversammlung, S. 177; *Schwarz*, Art. 53 SE-VO Rz. 11; zum deutschen Recht *Kubis* in MünchKomm. AktG, 3. Aufl., § 121 AktG Rz. 36; *Koch* in Hüffer, § 121 AktG Rz. 12.
31 *Ziemons* in K. Schmidt/Lutter, § 121 AktG Rz. 34 f.
32 *Ziemons* in K. Schmidt/Lutter, § 121 AktG Rz. 34; s. aber auch *Bücker* in Habersack/Drinhausen, Art. 53 SE-VO Rz. 18 f. im Hinblick auf die Anfechtbarkeit; s. auch *Kiem* in KölnKomm. AktG, 3. Aufl., Art. 53 SE-VO Rz. 12.

sammlung aber auch aufgrund besonderer Gründe auf mehrere Tage, wenn die Komplexität einzelner Tagesordnungspunkte eine zeitaufwändige Behandlung erwarten lässt[33]. Gleiches gilt gem. Art. 53 SE-VO auch für eine in Deutschland ansässige SE[34].

d) Zeitpunkt

Zwar gehört neben Ort und Dauer auch der Zeitpunkt der Einberufung der Hauptversammlung nach dem Wortlaut noch zur Organisation, jedoch trifft **Art. 54 SE-VO** hierfür **spezielle Regelungen**, die insofern dem Art. 53 SE-VO vorgehen (oben Rz. 4)[35]. Da Art. 54 Abs. 2 SE-VO zudem für weitere Einzelheiten auf das jeweilige Sitzstaatrecht der SE verweist (Art. 54 Rz. 3 f., 22), verbleibt für Art. 53 SE-VO hier kein Spielraum.

12

e) Mitteilungspflichten im Vorfeld

Die **Mitteilungspflichten der Gesellschaft gegenüber den Aktionären** im Vorfeld der Hauptversammlung sind ebenfalls nicht in der SE-VO geregelt. Jedoch findet hier nicht Art. 53 SE-VO Anwendung[36], sondern **Art. 54 Abs. 2 SE-VO**, da dieser bezogen auf derartige Mitteilungspflichten wie z.B. Form, Inhalt und Frist der Einberufung die speziellere Vorschrift darstellt[37]. Im Ergebnis besteht durch den Verweis auf das jeweilige nationale Recht jedoch kein Unterschied, lediglich die Verweisnorm ist eine andere. Zu den Vorbereitungspflichten der Kreditinstitute s. Art. 54 Rz. 24.

13

f) Anträge und Gegenanträge

Anders als in Art. 86 SE-VOV 1970 und Art. 89 SE-VOV 1975, die noch Regelungen für Anträge zu Beschlussgegenständen der Tagesordnung und zur Behandlung von Gegenanträgen enthielten, finden sich **keine Vorschriften** zur Behandlung von Anträgen und Gegenanträgen zu Tagesordnungspunkten in der SE-VO mehr. Art. 56 SE-VO findet keine Anwendung, denn die Vorschrift betrifft lediglich die Aufstellung der Tagesordnungspunkte selbst (Art. 56 Rz. 2)[38], von denen das Recht, Anträge ohne Aufnahme in die Tagesordnung und ohne Bekanntmachung auch noch in der Hauptversammlung zu stellen, zu unterscheiden ist, s. § 124 Abs. 4 Satz 2 AktG[39]. Für die SE kommt daher über Art. 53 SE-VO das jeweilige Sitzstaatrecht zur Anwendung[40]. Für Anträge und Gegenanträge gelten somit für eine in Deutschland ansässige SE die §§ 124 Abs. 4, 125, 126 AktG.

14

---

33 *Butzke* in *Butzke*, Die Hauptversammlung der Aktiengesellschaft, S. 18 f. Rz. 15 ff.; *Brandt*, Hauptversammlung, S. 177; *Schwarz*, Art. 53 SE-VO Rz. 11; *Kubis* in MünchKomm. AktG, 3. Aufl., § 121 AktG Rz. 36; *Kubis* in MünchKomm. AktG, 3. Aufl., Art. 53 SE-VO Rz. 9; *Koch* in Hüffer, § 121 AktG Rz. 17.
34 *Schwarz*, Art. 53 SE-VO Rz. 11; *Brandt*, Hauptversammlung, S. 177.
35 Ebenso *Kubis* in MünchKomm. AktG, 3. Aufl., Art. 53 SE-VO Rz. 4.
36 So aber *Brandt*, Hauptversammlung, S. 177; *Kubis* in MünchKomm. AktG, 3. Aufl., Art. 53 SE-VO Rz. 11; wohl auch *Eberspächer* in Spindler/Stilz, AktG, Art. 53 SE-VO Rz. 5.
37 So auch *Bücker* in Habersack/Drinhausen, Art. 53 SE-VO Rz. 12; *Schwarz*, Art. 53 SE-VO Rz. 12, Art. 54 SE-VO Rz. 18.
38 *Schwarz*, Art. 53 SE-VO Rz. 13, Art. 56 SE-VO Rz. 1; *Fürst/Klahr* in Jannott/Frodermann, Handbuch Europäische Aktiengesellschaft, S. 292 Rz. 90 f.; *Mock*, Der Konzern 2010, 455, 459.
39 *Ziemons* in K. Schmidt/Lutter, § 124 AktG Rz. 71 ff.; *Semler* in MünchHdb. AG, § 35 Rz. 47, 60; zur Abgrenzung s. auch *Kubis* in MünchKomm. AktG, 3. Aufl., § 124 AktG Rz. 46 ff.
40 *Brandt*, Hauptversammlung, S. 224 f.; *Schwarz*, Art. 53 SE-VO Rz. 13; *Gutsche*, EA für kleine und mittlere Unternehmen, 1994, S. 193.

g) Universalversammlung

15 Sowohl Art. 86 Abs. 4 SE-VOV 1970 und 1975 als auch Art. 91 Abs. 2 SE-VOV 1989 sahen noch Regelungen zur Universalversammlung vor, während die SE-VO **keine diesbezügliche Vorschrift** mehr kennt. Auch wenn die Begründung der Kommission zur Streichung des Art. 91 in der SE-VOV 1991 undeutlich ist[41], ist daher nicht von einem „beredten Schweigen" auszugehen, so dass über Art. 53 SE-VO daher das mitgliedstaatliche Recht zur Anwendung gelangt[42], mithin § 121 Abs. 6 AktG[43]. Danach sind Mängel im Einberufungsverfahren unbeachtlich, sofern alle Aktionäre erschienen oder vertreten sind und kein Aktionär der Beschlussfassung widerspricht[44]. Auch Verstöße gegen die in Art. 52 ff. SE-VO unmittelbar geregelten Verfahrensfragen sind in das Vollversammlungsprivileg des § 121 Abs. 6 AktG einzubeziehen, sofern die Vollversammlung den Charakter einer Hauptversammlung besitzt[45]; ein Beschlussverfahren unter Abwesenden kann demgegenüber auch bei allseitiger Zustimmung nicht zu einer wirksamen Beschlussfassung führen[46].

3. Ablauf der Hauptversammlung

16 Auch über den Ablauf der Hauptversammlung finden sich in der SE-VO **keine Regelungen**, während die Vorgängerentwürfe z.T. vereinzelte Detailvorschriften kannten, auch wenn sie kein komplettes Regelwerk hierzu enthielten[47]. Unter den Hauptversammlungsablauf fallen die Ausübung der Mitgliedschaftsrechte, die Hauptversammlungsleitung sowie die Niederschrift der Hauptversammlung.

a) Ausübung der Mitgliedschaftsrechte

17 **aa) Teilnahme.** Im Gegensatz zu der SE-VO billigte noch der Art. 86 SE-VOV 1991 ausdrücklich jedem Aktionär ein Teilnahmerecht zu; Art. 86 SE-VOV 1989 verlangte vorher noch, dass die gesetzlichen oder satzungsmäßigen Förmlichkeiten erfüllt sein müssen[48]. Aufgrund der unterschiedlichen Ausgestaltung der Formvorschriften in den Mitgliedstaaten ist davon auszugehen, dass letztendlich **bewusst auf eine einheitliche Vorgabe in der SE-VO verzichtet** wurde[49]. Die Verordnung enthält mit Ausnahme des Art. 38 lit. a SE-VO, der von der „Hauptversammlung der Aktionäre" spricht, dementsprechend keinerlei Anhaltspunkte für den Kreis der Teilnehmer der Hauptversammlung, für den Umfang des Teilnahmerechts bzw. für eine Teilnahmepflicht.

---

41 S. Begr. d. Komm. zu Art. 91 SE-VOV 1991, BT-Drucks. 12/1004 v. 30.7.1991, S. 1, 10.
42 *Schwarz*, Art. 53 SE-VO Rz. 14; *Kubis* in MünchKomm. AktG, 3. Aufl., Art. 52 SE-VO Rz. 3, Art. 53 SE-VO Rz. 23; *Brandt*, Hauptversammlung, S. 179; *Gutsche*, EA für kleine und mittlere Unternehmen, 1994, S. 189.
43 *Kubis* in MünchKomm. AktG, 3. Aufl., Art. 52 SE-VO Rz. 3, Art. 53 SE-VO Rz. 23; *Bücker* in Habersack/Drinhausen, Art. 53 SE-VO Rz. 35; *Schwarz*, Art. 53 SE-VO Rz. 14; *Brandt*, Hauptversammlung, S. 179.
44 *Ziemons* in K. Schmidt/Lutter, § 121 AktG Rz. 100 ff.; *Brandt*, Hauptversammlung, S. 179; *Schwarz*, Art. 53 SE-VO Rz. 14; *Kubis* in MünchKomm. AktG, 3. Aufl., Art. 53 SE-VO Rz. 23; *Bücker* in Habersack/Drinhausen, Art. 53 SE-VO Rz. 35.
45 *Kubis* in MünchKomm. AktG, 3. Aufl., § 121 AktG Rz. 96; *Koch* in Hüffer, § 121 AktG Rz. 19 ff.; *Liebscher* in Semler/Volhard/Reichert, Arbeitshandbuch für die Hauptversammlung, § 49 Rz. 3.
46 *Kubis* in MünchKomm. AktG, 3. Aufl., Art. 53 SE-VO Rz. 23; s. auch *Brandt*, Hauptversammlung, S. 264.
47 Hierzu ausführlich *Brandt*, Hauptversammlung, S. 224 f.
48 Hierzu *Brandt*, Hauptversammlung, S. 222 f.
49 So *Brandt*, Hauptversammlung, S. 223.

Über den Verweis des Art. 53 SE-VO gilt daher für eine in Deutschland ansässige SE **§ 118 AktG**[50]. Die Hauptversammlung einer SE mit Sitz in Deutschland ist auch nach Umsetzung der Aktionärsrechterichtlinie[51] durch das ARUG eine **Präsenz-Hauptversammlung** (zur Möglichkeit einer virtuellen Hauptversammlung oben Rz. 10) und teilnahmeberechtigt sind alle Aktionäre[52]. Die Gesellschaftssatzung konnte früher gem. § 123 Abs. 2 bis 4 AktG vorsehen, dass die Teilnahme auf der Hauptversammlung von der rechtzeitigen Hinterlegung der Aktien oder einer Anmeldung abhängig gemacht wird[53]; durch die Änderung des § 123 AktG durch das UMAG ist eine entsprechende Forderung der Satzung nicht mehr möglich[54]. Stattdessen ist nun gem. § 123 Abs. 3 Satz 3 AktG der Nachweis des Anteilsbesitzes bezogen auf den 21. Tag vor der Hauptversammlung (dem sog. record-date) zu erbringen. Durch Aufnahme in die Aktionärsrechterichtlinie wurde das record-date-Verfahren EU-weit eingeführt[55].

18

Art. 87 Abs. 2 SE-VOV 1970 und 1975 sowie Art. IV-3-4 Abs. 2 Sanders-Vorentwurf sahen noch ein Teilnahmerecht für Inhaber von **Wandelschuldverschreibungen** vor. Eine derartige Regelung kennt die SE-VO nicht mehr, ohne dass damit ein Verbot verbunden wäre, den Kreis der teilnahmeberechtigten Personen auch auf **Dritte** zu erstrecken[56]. Auch hier gilt über Art. 53 SE-VO § 118 AktG, so dass die Mitglieder des Leitungs- und Aufsichtsorgans teilnehmen müssen[57] (ohne Möglichkeit eines Satzungsdispenses[58]) sowie der Versammlungsleiter und der Notar, nicht aber der Abschlussprüfer[59] oder

19

---

50 *Kubis* in MünchKomm. AktG, 3. Aufl., Art. 53 SE-VO Rz. 23; *Liebscher* in Semler/Volhard/Reichert, Arbeitshandbuch für die Hauptversammlung, § 49 Rz. 28; *Bücker* in Habersack/Drinhausen, Art. 53 SE-VO Rz. 13; *Mayer* in Manz/Mayer/Schröder, Art. 53 SE-VO Rz. 5; *Heckschen* in Widmann/Mayer, Anhang 14 Rz. 500; *Eberspächer* in Spindler/Stilz, AktG, Art. 53 SE-VO Rz. 6; a.A. *Schwarz*, Art. 53 SE-VO Rz. 23, der aber über den Verweis des Art. 9 Abs. 1 lit. c SE-VO zu dem gleichen Ergebnis kommt.
51 RL 2007/36/EG vom 11.7.2007 über die Ausübung bestimmter Rechte von Aktionären in börsennotierten Gesellschaften, ABl. EU v. 14.7.2007, Nr. L 184/17.
52 *Kubis* in MünchKomm. AktG, 3. Aufl., Art. 53 SE-VO Rz. 14; *Mayer* in Manz/Mayer/Schröder, Art. 53 SE-VO Rz. 12 ff.; *Fürst/Klahr* in Jannott/Frodermann, Handbuch Europäische Aktiengesellschaft, S. 294 Rz. 101; zum deutschen Recht *Koch* in Hüffer, § 118 AktG Rz. 12; *Hoffmann* in Spindler/Stilz, § 118 AktG Rz. 11; *Kubis* in MünchKomm. AktG, 3. Aufl., § 118 AktG Rz. 17.
53 Zur alten Rechtslage: *Brandt*, Hauptversammlung, S. 223; *Mayer* in Manz/Mayer/Schröder, 1. Aufl. 2005, Art. 53 SE-VO Rz. 13; *Fürst/Klahr* in Jannott/Frodermann, Handbuch Europäische Aktiengesellschaft, S. 295 Rz. 102 f.
54 *Ziemons* in K. Schmidt/Lutter, § 123 AktG Rz. 1 ff.; *Schwarz*, Art. 53 SE-VO Rz. 22.
55 Art. 7 Abs. 2 der RL 2007/36/EG vom 11.7.2007 über die Ausübung bestimmter Rechte von Aktionären in börsennotierten Gesellschaften, ABl. EU v. 14.7.2007, Nr. L 184/17, 184/22.
56 So auch *Schwarz*, Art. 53 SE-VO Rz. 23; *Brandt*, Hauptversammlung, S. 223; wohl auch *Mayer* in Manz/Mayer/Schröder, Art. 53 SE-VO Rz. 12 ff.
57 *Schwarz*, Art. 53 SE-VO Rz. 23; *Kubis* in MünchKomm. AktG, 3. Aufl., Art. 53 SE-VO Rz. 14; *Bücker* in Habersack/Drinhausen, Art. 53 SE-VO Rz. 16; *Mayer* in Manz/Mayer/Schröder, Art. 53 SE-VO Rz. 18; *Heckschen* in Widmann/Mayer, Anhang 14 Rz. 500; *Brandt*, Hauptversammlung, S. 223; *Knapp*, DStR 2012, 2392, 2394.
58 Anders als nach § 118 Abs. 2 Satz 2 AktG kann die reine räumliche Entfernung zwischen dem Hauptversammlungsort und dem Dienst- bzw. Wohnsitz des Organmitglieds als Befreiungstatbestand aufgrund der Internationalität der Gesellschaft und der damit oft zwingend verbundenen weiteren Entfernungen nicht geltend gemacht werden, *Kubis* in MünchKomm. AktG, 3. Aufl., Art. 53 SE-VO Rz. 14; zur Teilnahmepflicht ähnlich *Fürst/Klahr* in Jannott/Frodermann, Handbuch Europäische Aktiengesellschaft, S. 296 Rz. 108.
59 Dieser ist aber ausnahmsweise im Fall des § 176 Abs. 2 Satz 1 AktG zur Teilnahme verpflichtet, *Brandt*, Hauptversammlung, S. 224; *Schwarz*, Art. 53 SE-VO Rz. 23; *Mayer* in Manz/Mayer/Schröder, Art. 53 SE-VO Rz. 14; zum deutschen Recht *Kubis* in MünchKomm. AktG, 3. Aufl., § 118 AktG Rz. 96 ff.; *Koch* in Hüffer, § 118 AktG Rz. 23.

Medienvertreter teilnehmen können[60]. Eine allgemeine Öffentlichkeit der Hauptversammlung besteht nicht, so dass andere Personen – selbst bei größeren börsennotierten Gesellschaften – auch in der SE kein Teilnahmerecht haben[61]; sie können aber als Gäste vom Versammlungsleiter zugelassen werden[62]. Ebenso bestimmt sich Inhalt und Umfang des Teilnahmerechts gem. Art. 53 SE-VO i.V.m. § 118 AktG nach dem nationalen Recht[63].

20 **bb) Stimmrechtsausübung; Stimmrechtsvertretung.** Art. 88 SE-VOV 1970 und Art. 88, 88a und 88b SE-VOV 1975, Art. 87 und 88 SE-VOV 1989 enthielten noch detaillierte Regelungen zur Stimmrechtsvertretung, während Art. 87 SE-VOV 1991 nur noch bestimmte, dass die Aktionäre sich von einer Person ihrer Wahl vertreten lassen können, wodurch dem Aktionär die größtmögliche Freiheit bei der Auswahl seines Vertreters gewährt werden sollte[64]. Da die SE-VO nun keine Regelung zur Stimmrechtsausübung bzw. -vertretung mehr enthält und nicht von einer abschließenden Regelung auszugehen ist, kommt gem. Art. 53 SE-VO das **jeweilige Sitzstaatsrecht** der SE zur Anwendung[65]. Nach deutschem Recht ist seit dem ARUG in Art. 118 Abs. 2 AktG eine Stimmrechtsausübung ohne Teilnahme an der Hauptversammlung möglich, soweit die Satzung dieses vorsieht. Demnach kann eine Stimmabgabe per Briefwahl erfolgen, was auch auf dem Wege „elektronischer Kommunikation" geschehen kann[66]. Durch das ARUG wurde dem Aktionär umfassend die Möglichkeit gegeben, sämtliche Mitgliedschaftsrechte unabhängig von einer physischen Präsenz am Ort der Hauptversammlung auszuüben, vorausgesetzt, die Satzung sieht dieses direkt (oder mittelbar durch Ermächtigung des Vorstands) vor[67]. Durch die nun bestehende Möglichkeit der Stimmrechtsausübung ohne tatsächliche Teilnahme an der Hauptversammlung ist im Einzelfall ggf. schon keine Stimmrechtsvertretung notwendig. Soll das Stimmrecht dennoch durch einen Dritten ausgeübt werden, ist dieses grundsätzlich nach deutschem Recht gem. §§ 129 Abs. 3, 134 Abs. 3, 135 AktG möglich, weil das Recht nicht höchstpersönlicher Natur ist[68]. Erforderlich hierfür ist jedoch sowohl für die deutsche AG als auch (bei entsprechender Anwendung) für die SE eine ausdrückliche Weisung und Benennung der vertretenden organfernen Personen[69].

---

60 *Spindler* in K. Schmidt/Lutter, § 118 AktG Rz. 48. Ebenso *Kubis* in MünchKomm. AktG, 3. Aufl., Art. 53 SE-VO Rz. 14; zur Erstreckung auf Dritte s. auch *Mayer* in Manz/Mayer/Schröder, Art. 53 SE-VO Rz. 14, 21; *Fürst/Klahr* in Jannott/Frodermann, Handbuch Europäische Aktiengesellschaft, S. 296 Rz. 108.

61 *Mayer* in Manz/Mayer/Schröder, Art. 53 SE-VO Rz. 21; *Schwarz*, Art. 53 SE-VO Rz. 23; *Brandt*, Hauptversammlung, S. 224 m.w.N. zum nationalen Recht.

62 Einzelheiten bei *Spindler* in K. Schmidt/Lutter, § 118 AktG Rz. 48; vgl. auch *Schwarz*, Art. 53 SE-VO Rz. 23; *Mayer* in Manz/Mayer/Schröder, Art. 53 SE-VO Rz. 19.

63 Hierzu ausführlich *Spindler* in K. Schmidt/Lutter, § 118 AktG Rz. 24 ff. S. auch *Kubis* in MünchKomm. AktG, 3. Aufl., Art. 53 SE-VO Rz. 14.

64 Begr. d. Komm. zu Art. 81 SE-VOV 1991, BT-Drucks. 12/1004 v. 30.7.1991, S. 1, 10.

65 *Bücker* in Habersack/Drinhausen, Art. 53 SE-VO Rz. 17; *Schwarz*, Art. 53 SE-VO Rz. 16; *Mayer* in Manz/Mayer/Schröder, Art. 53 SE-VO Rz. 13; *Fürst/Klahr* in Jannott/Frodermann, Handbuch Europäische Aktiengesellschaft, S. 295 f. Rz. 105; *Brandt*, Hauptversammlung, S. 225.

66 S. hierzu *Koch* in Hüffer, § 118 AktG Rz. 15, der zu Recht die Bezeichnung „Briefwahl" als „doppelt unglücklich" ansieht, da zum einen nicht nur Wahlen, sondern jegliche Abstimmungen erfasst seien, zum anderen die elektronische Stimmabgabe nach allg. Sprachgebrauch nicht „brieflich" erfolge.

67 *Spindler* in K. Schmidt/Lutter, § 118 AktG Rz. 47 ff.; *Wicke* in FS Kanzleiter, 2010, S. 415, 418; *Kubis* in MünchKomm. AktG, 3. Aufl., § 118 AktG Rz. 81; *Hoffmann* in Spindler/Stilz, § 118 AktG Rz. 36.

68 S. zur Stimmrechtausübung durch Dritte: *Spindler* in K. Schmidt/Lutter, § 118 AktG Rz. 30 ff.; § 134 AktG Rz. 38 ff.

69 Ausführlich *Spindler* in K. Schmidt/Lutter, § 134 AktG Rz. 38 ff.

cc) Rederecht und Sprache. Auch wenn das Rederecht anders als das Auskunftsrecht gem. § 131 AktG (unten Rz. 29) im nationalen Recht an keiner Stelle ausdrücklich erwähnt ist, gehört es als Ausfluss des Teilnahmerechts zu den **mitgliedschaftlichen Aktionärsrechten**[70]. Mangels Regelung in der SE-VO findet das **nationale Recht** über den Verweis des Art. 53 SE-VO Anwendung[71]. Umstritten ist aber, **in welcher Sprache** die Hauptversammlung stattzufinden hat. Die SE-VO enthält auch hierzu keinerlei Hinweise. Im nationalen Aktienrecht ist weitgehend anerkannt, dass die Sprache der Hauptversammlung Deutsch sein muss[72]. Die Frage der **Mehrsprachigkeit** bei der SE ist hingegen anders zu beurteilen, damit die Ausführungen eines Aktionärs bei einer mehrstaatlichen Gesellschaft wie der SE für alle Teilnehmer überhaupt verständlich werden können und so eine Kommunikation zumindest in Grundzügen garantiert werden kann. Zum Teil wird daher gefordert, dass abweichend von den aktienrechtlichen Grundzügen bei der SE die sprachlichen Schranken großzügiger gezogen werden sollen und neben Ausführungen in deutscher Sprache auch solche in jeder EU-Amtssprache zuzulassen sind[73]. Richtig ist, dass die sprachlichen Schranken bei der SE umfassender als im nationalen Recht zu ziehen sind, die Forderung nach jeder EU-Amtssprache geht aber indes zu weit. Es bleibt grundsätzlich bei dem Verweis über Art. 53 SE-VO auf das mitgliedstaatliche Recht; die durch eine Simultan-Übersetzung[74] aufgeworfenen Kosten wären derart exorbitant, dass der Verordnungsgeber diese Frage ansonsten hätte selbst regeln müssen[75]. Denn dass dem Verordnungsgeber das Problem durchaus bekannt war, zeigt Anhang Teil 2 lit. h der SE-RL, welcher der SE die Kosten für die Dolmetscher anlässlich der Sitzungen zur Verhandlung über die Mitbestimmungsvereinbarung auferlegt. Um allerdings einem babylonischen Sprachgewirr vorzubeugen, ist angesichts der Erweiterung der EU – insbesondere durch Inkorporation der osteuropäischen Länder – zu fordern, dass zumindest Englisch als lingua franca des internationalen Wirtschaftsverkehrs durch den Satzungsgeber gewählt werden kann[76]; zwingend ist dies jedoch nicht. Auch andere Sprachen kann der Satzungsgeber festlegen; es ist dann an den Aktionären, ob sie in eine solche SE investieren wollen[77]. Von der Verwaltung der SE kann aber darüber hinaus nicht verlangt werden, dass sie für angemessene Übersetzungsmöglichkeiten zu sorgen hat[78].

dd) Auskunftsrecht. Art. 90 SE-VOV 1989 kannte zwar noch eine Regelung des Auskunftsrechts auf gemeinschaftsrechtlicher Ebene; heute findet sich jedoch diesbezüglich keine Vorschrift in der SE-VO, so dass sich auch das Auskunftsrecht nach **mit-**

---

70 *Kubis* in MünchKomm. AktG, 3. Aufl., § 118 AktG Rz. 39; *Koch* in Hüffer, § 118 AktG Rz. 20; *Hoffmann* in Spindler/Stilz, § 118 AktG Rz. 12.
71 Zum Rederecht in der AG *Spindler* in K. Schmidt/Lutter, § 118 AktG Rz. 26.
72 *Spindler* in K. Schmidt/Lutter, § 131 AktG Rz. 25 m.w.N.
73 So *Kubis* in MünchKomm. AktG, 3. Aufl., Art. 53 SE-VO Rz. 15; *Eberspächer* in Spindler/Stilz, AktG, Art. 53 SE-VO Rz. 6; wohl auch *Heckschen* in Widmann/Mayer, Anhang 14 Rz. 509.
74 Eine solche aber fordernd *Kubis* in MünchKomm. AktG, 3. Aufl., Art. 53 SE-VO Rz. 15.
75 *Spindler* in Lutter/Hommelhoff, Europäische Gesellschaft, S. 223, 240; wie hier *Bücker* in Habersack/Drinhausen, Art. 53 SE-VO Rz. 27; *Kiem* in KölnKomm. AktG, 3. Aufl., Art. 53 SE-VO Rz. 19.
76 *Spindler* in Lutter/Hommelhoff, Europäische Gesellschaft, S. 223, 240; so wohl auch *Knapp*, DStR 2012, 2392, 2394 f.
77 Dies verkennt wohl *Bücker* in Habersack/Drinhausen, Art. 53 SE-VO Rz. 27, der offenbar selbst eine Satzungsklausel nicht zulassen will.
78 A.A. *Kubis* in MünchKomm. AktG, 3. Aufl., Art. 53 SE-VO Rz. 15.

gliedstaatlichem Recht richtet[79], mithin § 131 AktG anwendbar ist[80]. Jeder Aktionär hat daher das Recht auf Auskunft in der Hauptversammlung zu allen Angelegenheiten der Gesellschaft, sofern die Auskunft zur sachgemäßen Beurteilung eines Gegenstandes der Tagesordnung erforderlich ist[81], unabhängig von seiner Beteiligung und vom Stimmrecht[82]. Die Modifikationen bzgl. der Sprache gelten aus denselben Gründen wie für das Rederecht auch für das Auskunftsrecht (oben Rz. 21)[83] ebenso wie für die Auskunftsverweigerung nach § 131 Abs. 3 Satz 1 Nr. 5 AktG. Zwar ist im deutschen Recht für eine nationale AG davon auszugehen, dass angesichts der Einfügung in das AktG 1965 lediglich der Schutz von Rechtsgütern nach der deutschen Strafrechtsordnung in den § 131 Abs. 3 Satz 1 Nr. 5 AktG einbezogen werden sollte[84], jedoch ist angesichts der bewussten Mehrstaatlichkeit der SE als europäische Gesellschaft die Auskunftsverweigerung zugunsten des Leitungsorgans insoweit auszudehnen, als sich eines seiner Mitglieder nach einer ausländischen Rechtsordnung irgendeines Mitgliedstaates strafbar machen würde[85]. Zuständig für die Erfüllung der Auskunftspflicht sowie für die Entscheidung über eine Auskunftsverweigerung in der monistisch strukturierten SE sind allein die geschäftsführenden Direktoren, eine weitergehende Berechtigung oder Verpflichtung sonstiger Personen besteht daneben nicht[86]. Die Verpflichtung zur Auskunft bzw. zur Auskunftsverweigerung im monistischen System ergibt sich hierbei aus dem Generalverweis des § 22 Abs. 6 SEAG[87]. Die Erläuterungen zu §§ 131, 132 AktG gelten im Übrigen entsprechend.

23 **ee) Sonstige Mitgliedschaftsrechte.** Die sonstigen Mitgliedschaftsrechte richten sich bei den SE-Aktionären mangels Regelung in der Verordnung ebenfalls nach dem Sitzstaatsrecht; es findet in Deutschland daher das AktG Anwendung[88]. Dieses gilt für das **Beschlussrecht**, für das Recht auf **Einsichtnahme in das Teilnehmerverzeichnis** sowie für das **Widerspruchsrecht**[89]. Nach den Regeln des AktG besteht daneben die

---

79 *Schwarz*, Art. 53 SE-VO Rz. 24; *Kubis* in MünchKomm. AktG, 3. Aufl., Art. 53 SE-VO Rz. 16; *Mayer* in Manz/Mayer/Schröder, Art. 53 SE-VO Rz. 7, 23; *Fürst/Klahr* in Jannott/Frodermann, Handbuch Europäische Aktiengesellschaft, S. 273 f. Rz. 13; kritisch zu dieser Enthaltsamkeit *Raiser* in FS Semler, 2003, S. 277, 294.
80 *Schwarz*, Art. 53 SE-VO Rz. 24; *Kubis* in MünchKomm. AktG, 3. Aufl., Art. 53 SE-VO Rz. 16; *Kiem* in KölnKomm. AktG, 3. Aufl., Art. 53 SE-VO Rz. 20; *Bücker* in Habersack/Drinhausen, Art. 53 SE-VO Rz. 29; *Mayer* in Manz/Mayer/Schröder, Art. 53 SE-VO Rz. 56 f.; *Fürst/Klahr* in Jannott/Frodermann, Handbuch Europäische Aktiengesellschaft, S. 273 f. Rz. 13; *Gutsche*, EA für kleine und mittlere Unternehmen, 1994, S. 195. Zu einem guten Überblick über die Regelungen in Frankreich, Niederlanden und Großbritannien s. *Jaeger*, Die europäische Aktiengesellschaft, 1994, S. 125 ff.
81 *Koch* in Hüffer, § 131 AktG Rz. 1 ff.; *Kubis* in MünchKomm. AktG, 3. Aufl., § 131 AktG Rz. 1 ff.; *Siems* in Spindler/Stilz, § 131 AktG Rz. 12 ff.
82 *Spindler* in K. Schmidt/Lutter, § 131 AktG Rz. 13.
83 Ebenso *Kubis* in MünchKomm. AktG, 3. Aufl., Art. 53 SE-VO Rz. 16.
84 *Spindler* in K. Schmidt/Lutter, § 131 AktG Rz. 82.
85 So wie hier *Kubis* in MünchKomm. AktG, 3. Aufl., Art. 53 SE-VO Rz. 16; *Bücker* in Habersack/Drinhausen, Art. 53 SE-VO Rz. 29.
86 *Kubis* in MünchKomm. AktG, 3. Aufl., Art. 53 SE-VO Rz. 16; *Bücker* in Habersack/Drinhausen, Art. 53 SE-VO Rz. 31; *Mayer* in Manz/Mayer/Schröder, Art. 53 SE-VO Rz. 56; *Knapp*, DStR 2012, 2392, 2395.
87 *Heckschen* in Widmann/Mayer, Anhang 14 Rz. 504 f.
88 *Schwarz*, Art. 53 SE-VO Rz. 25; *Kubis* in MünchKomm. AktG, 3. Aufl., Art. 53 SE-VO Rz. 17; *Schwarz*, ZIP 2001, 1847, 1857; *Schwarz/Lösler*, NotBZ 2001, 117, 123; *Bungert/Beier*, EWS 2002, 1, 4.
89 *Kubis* in MünchKomm. AktG, 3. Aufl., Art. 53 SE-VO Rz. 17.

Möglichkeit der Ausübung durch einen Vertreter (zur Stimmrechtsvertretung bereits oben Rz. 20)[90].

Im Allgemeinen ist davon auszugehen, dass die Rechte und Pflichten der SE-Aktionäre grundsätzlich gleich sind[91]. Noch in Art. 40 SE-VOV 1991 war dieser **Gleichbehandlungsgrundsatz** ausdrücklich festgeschrieben. Da der Gleichbehandlungsgrundsatz nur entfernt mit dem Ablauf der Hauptversammlung zusammenhängt, findet das nationale Recht heute aber nicht über die Verweisung des Art. 53 SE-VO, sondern über die allgemeine Generalverweisung des Art. 9 Abs. 1 lit. c ii SE-VO Anwendung[92]. Beide Verweisungsnormen gelangen jedoch im Ergebnis zur Anwendung des § 53a AktG für eine in Deutschland ansässige SE. Grundsätzlich meint die Gleichbehandlung während der Hauptversammlung i.S.d. § 53a AktG zwar die Gleichbehandlung nach Köpfen[93]; um aber die Durchführbarkeit der Hauptversammlung zu gewährleisten, ist bei der SE auch von einer Gleichbehandlung nach Stimmen auszugehen[94]. Dieses gilt insbesondere im Hinblick auf die Redezeiten der Aktionäre (zum Rederecht s. oben Rz. 21). 24

b) Leitung der Hauptversammlung

Nach Art. 61 SE-VOV 1991 war noch vorgesehen, dass sich die innere Ordnung der Hauptversammlung nach Maßgabe der Satzung der SE regelt. Diese Bestimmung ist zugunsten der partiellen Generalverweisung des Art. 38 SE-VO gestrichen worden (Art. 38 Rz. 6 f.)[95]. Daher enthält die SE-VO keinerlei Bestimmungen über die Person oder Aufgaben und Befugnisse des **Versammlungsleiters**. 25

aa) Person. Auch im nationalen Recht findet der Versammlungsleiter lediglich in § 122 Abs. 3 Satz 2 AktG (Bestimmung des Versammlungsleiters durch das Gericht bei Erteilung einer Einziehungsermächtigung) und in § 130 Abs. 2 AktG (Angabe der Feststellung des Vorsitzenden über die Beschlussfassung in der Versammlungsniederschrift) Erwähnung. Die Leitung der Hauptversammlung durch einen Vorsitzenden stellt im nationalen Recht jedoch ein **unverzichtbares Erfordernis** dar[96], dieser Gedanke ist auf die SE übertragbar[97]. Regelungen über die Person des Versammlungsleiters lassen sich jedoch auch dem AktG nicht entnehmen[98]. Die Ausschlusskriterien des nationalen Rechts[99] finden aber auch auf die SE Anwendung. Besondere Anforde- 26

---

90 *Kubis* in MünchKomm. AktG, 3. Aufl., Art. 53 SE-VO Rz. 17; *Schwarz*, Art. 53 Rz. 25; *Fürst/Klahr* in Jannott/Frodermann, Handbuch Europäische Aktiengesellschaft, S. 295 Rz. 105.
91 *Schwarz*, Art. 53 SE-VO Rz. 25; *Brandt*, Hauptversammlung, S. 222.
92 So auch *Schwarz*, Art. 53 SE-VO Rz. 25; *Brandt*, Hauptversammlung, S. 222; *Eberspächer* in Spindler/Stilz, AktG, Art. 53 SE-VO Rz. 6.
93 Hierzu *Fleischer* in K. Schmidt/Lutter, § 53a AktG Rz. 26.
94 *Schwarz*, Art. 53 SE-VO Rz. 25; *Brandt*, Hauptversammlung, S. 222; zur deutschen Aktiengesellschaft *Semler* in MünchHdb. AG, § 36 Rz. 42; *Koch* in Hüffer, § 53a AktG Rz. 7.
95 *Brandt*, Hauptversammlung, S. 226.
96 *Koch* in Hüffer, § 129 AktG Rz. 18; *Kubis* in MünchKomm. AktG, 3. Aufl., § 119 AktG Rz. 105; *Mülbert* in Großkomm. AktG, 4. Aufl., Vor §§ 118–147 AktG Rz. 73; *Zöllner* in KölnKomm. AktG, 2. Aufl., § 119 AktG Rz. 46; *Heckschen* in Widmann/Mayer, Anhang 14 Rz. 498; *Stützle/Walgenbach*, ZHR 155 (1991), 516, 519.
97 *Bücker* in Habersack/Drinhausen, Art. 53 SE-VO Rz. 21; *Mayer* in Manz/Mayer/Schröder, Art. 53 SE-VO Rz. 5, Rz. 26; *Fürst/Klahr* in Jannott/Frodermann, Handbuch Europäische Aktiengesellschaft, S. 298 Rz. 118 f.; *Jaeger*, Die europäische Aktiengesellschaft, 1994, S. 123; *Hirte*, NZG 2002, 1, 8.
98 *Ziemons* in K. Schmidt/Lutter, § 129 AktG Rz. 48 ff.
99 Hierzu *Ziemons* in K. Schmidt/Lutter, § 129 AktG Rz. 60 f.

rungen werden an die Person üblicherweise nicht gestellt[100]. Die Auswahl des Versammlungsleiters ist aber gegenüber dem AktG zu modifizieren: So darf bei der monistisch strukturierten SE der Versammlungsleiter aus Gründen der Neutralität weder durch Wahl noch durch Satzungsbestimmung aus dem Kreis des Verwaltungsorgans stammen[101]; zumindest muss er dem Kreis der nicht geschäftsführungsbefugten Organmitglieder angehören[102].

27 Umstritten ist aber, ob entgegen einer im nationalen Recht vertretenen Ansicht[103] für die in Deutschland domizilierende SE **Kenntnisse der deutschen Sprache** zu fordern sind[104]. Anders als für die nationale AG kann angesichts des grenzüberschreitenden Charakters der SE die Beherrschung der deutschen Sprache nicht gefordert werden[105].

28 **bb) Aufgaben und Befugnisse.** Der Versammlungsleiter einer SE besitzt die gleichen Aufgaben und Befugnisse eines solchen einer aktienrechtlichen Hauptversammlung[106]. Üblicherweise findet eine Unterteilung in **Leitungs- und Ordnungsbefugnisse** statt, wobei die Leitungsbefugnisse der sachgemäßen Abwicklung der Hauptversammlung und die Ordnungsbefugnisse der Sicherung eines geordneten Verfahrensablaufs dienen[107]. Der Versammlungsleiter einer SE hat unter Beachtung des Neutralitäts-, des Verhältnismäßigkeits- und des Gleichbehandlungsgebots insgesamt für die ordnungsgemäße Abwicklung der Hauptversammlung zu sorgen, wozu insbesondere auch die Festlegung und die Überwachung des in Art. 53 SE-VO ausdrücklich erwähnten Abstimmungsverfahrens (unten Rz. 31) gehört[108]. Da Art. 58 SE-VO nur regelt, welche Stimmen bei der Auszählung zu berücksichtigen sind (hierzu Art. 58 Rz. 23 ff.), die SE-VO ein bestimmtes Abstimmungs- oder Zählverfahren in der SE-VO selbst hingegen nicht bestimmt, ist hierfür über Art. 53 SE-VO das Sitzstaatsrecht anwendbar. Der Versammlungsleiter ist dementsprechend bei der Anordnung des Zählverfahrens frei, sofern die Satzung nichts Gegenteiliges bestimmt; er kann zwischen Additions- und Subtraktionsverfahren wählen (Art. 58 Rz. 6)[109]. Bei fehlender Satzungsregelung kann der Hauptversammlungsleiter auch ein nicht-dokumentiertes

---

100 *Kubis* in MünchKomm. AktG, 3. Aufl., Art. 53 SE-VO Rz. 18; *Kubis* in MünchKomm. AktG, 3. Aufl., § 119 Rz. 107.
101 Ebenso *Kubis* in MünchKomm. AktG, 3. Aufl., Art. 53 SE-VO Rz. 18.
102 Insoweit auch *Bücker* in Habersack/Drinhausen, Art. 53 SE-VO Rz. 22; *Bachmann*, ZGR 2008, 779, 789 f.; *Casper*, ZHR 173 (2009), 181, 216; offen *Knapp*, DStR 2012, 2392, 2394.
103 Zumindest solange die Übersetzung durch einen vereidigten Dolmetscher gewährleistet ist, s. OLG Hamburg v. 12.1.2001 – 11 U 162/00, NZG 2001, 513, 516; *Butzke* in Butzke, Die Hauptversammlung der Aktiengesellschaft, S. 130 Rz. 4; s. auch *Mülbert* in Großkomm. AktG, 4. Aufl., Vor §§ 118–147 AktG Rz. 147.
104 Dafür *Kubis* in MünchKomm. AktG, 3. Aufl., Art. 53 SE-VO Rz. 18; *Bücker* in Habersack/Drinhausen, Art. 53 SE-VO Rz. 23; *Kiem* in KölnKomm. AktG, 3. Aufl., Art. 53 SE-VO Rz. 18: mindestens simultane Übersetzung.
105 So auch *Schwarz*, Art. 53 SE-VO Rz. 17; *Brandt*, Hauptversammlung, S. 226.
106 *Ziemons* in K. Schmidt/Lutter, § 129 AktG Rz. 62 ff.
107 *Mülbert* in Großkomm. AktG, 4. Aufl., Vor §§ 118–147 AktG Rz. 98; *Kubis* in MünchKomm. AktG, 3. Aufl., § 119 AktG Rz. 128; *Semler* in MünchHdb. AG, § 36 Rz. 39; *Martens*, WM 1981, 1010.
108 *Kubis* in MünchKomm. AktG, 3. Aufl., Art. 53 SE-VO Rz. 19; *Bücker* in Habersack/Drinhausen, Art. 53 SE-VO Rz. 25; *Kiem* in KölnKomm. AktG, 3. Aufl., Art. 53 SE-VO Rz. 17; *Fürst/Klahr* in Jannott/Frodermann, Handbuch Europäische Aktiengesellschaft, S. 298 Rz. 118; zu weiteren Beispielen *Mayer* in Manz/Mayer/Schröder, Art. 53 SE-VO Rz. 26.
109 *Kubis* in MünchKomm. AktG, 3. Aufl., Art. 53 SE-VO Rz. 19; *Mayer* in Manz/Mayer/Schröder, Art. 53 SE-VO Rz. 37; *Fürst/Klahr* in Jannott/Frodermann, Handbuch Europäische Aktiengesellschaft, S. 273 Rz. 13; *Brandt*, Hauptversammlung, S. 235.

Abstimmungsverfahren wie z.B. Zuruf oder Handheben festlegen[110]. Weitere Besonderheiten zum nationalen Recht bestehen bei einer SE mit Sitz in Deutschland nicht[111].

c) Niederschrift und Teilnehmerverzeichnis

Während Art. 94 SE-VOV 1970 und 1975 sowie Art. 99 SE-VOV 1989 noch Regelungen zur **Dokumentation der Hauptversammlung** vorsahen, kannte der Verordnungsentwurf von 1991 bereits keine entsprechende Regelung mehr und es kam über Art. 81a SE-VOV 1991 zur Anwendung des nationalen Rechts. Über Art. 53 SE-VO gelangen daher die §§ 129, 130 AktG zur Anwendung[112]. Nach § 129 AktG ist daher ein Teilnehmerverzeichnis auszulegen[113], welches nach § 129 Abs. 1 Satz 2 AktG der Versammlungsleiter (oben Rz. 25 ff.) zu führen hat[114]. Dieses muss den in den § 129 Abs. 2 und Abs. 3 AktG beschriebenen Anforderungen genügen; die Publizität richtet sich nach § 129 Abs. 4 AktG[115]. Für eine in Deutschland ansässige SE gilt zudem, dass gem. § 130 Abs. 1 Satz 1 AktG grundsätzlich jeder Hauptversammlungsbeschluss durch ein über die Verhandlung notariell aufgenommene Niederschrift zu beurkunden ist[116].

29

Eine nationale nichtbörsennotierte Aktiengesellschaft hat aber auch gem. § 130 Abs. 1 Satz 3 AktG die Möglichkeit, eine **Niederschrift vom Vorsitzenden des Aufsichtsrats** zu unterzeichnen, soweit keine Beschlüsse gefasst werden, für die das Gesetz eine Dreiviertel- oder größere Mehrheit bestimmt[117]. Fraglich ist, ob und wie diese zugelassene Erleichterung für nichtbörsennotierte Gesellschaften auch auf eine SE mit Sitz in Deutschland zutrifft. Die europäische Aktiengesellschaft sieht für Satzungsänderungen vorbehaltlich einer strengeren mitgliedstaatlichen Mehrheit für nationale Aktiengesellschaften gem. Art. 59 Abs. 1 SE-VO eine Mehrheit von nicht weniger als zwei Drittel der abgegebenen Stimmen vor (hierzu Art. 59 Rz. 11). Da das nationale Recht in § 179 Abs. 2 Satz 1 AktG eine strengere Vorschrift für Satzungsänderungen statuiert, stellt diese Norm somit eine solche Ausnahme i.S.d. Art. 59 Abs. 1 SE-VO dar und ist die speziellere Vorschrift. Nach richtiger Auffassung wird man daher bei der in Deutschland ansässigen SE wegen § 179 Abs. 2 Satz 1 AktG im

30

---

110 *Mayer* in Manz/Mayer/Schröder, Art. 53 Rz. 37; *Kubis* in MünchKomm. AktG, 3. Aufl., Art. 53 SE-VO Rz. 19; *Brandt*, Hauptversammlung, S. 235.
111 Für die sonstigen Aufgaben und Befugnisse kann daher auf die Kommentierung von *Ziemons* zu § 129 AktG in K. Schmidt/Lutter, AktG, verwiesen werden.
112 *Brandt*, Hauptversammlung, S. 226; *Kubis* in MünchKomm. AktG, 3. Aufl., Art. 53 SE-VO Rz. 20; *Schwarz*, Art. 53 SE-VO Rz. 18; *Mayer* in Manz/Mayer/Schröder, Art. 53 SE-VO Rz. 6; *Hirte*, NZG 2002, 1, 8; *Eberspächer* in Spindler/Stilz, AktG, Art. 53 SE-VO Rz. 7.
113 S. *Ziemons* in K. Schmidt/Lutter, § 129 AktG Rz. 17. Dieses wurde in Art. 89 SE-VOV 1970 noch gemeinschaftsweit einheitlich geregelt, *Brandt*, Hauptversammlung, S. 226; zum Teilnahmeverzeichnis s. auch *Mayer* in Manz/Mayer/Schröder, Art. 53 SE-VO Rz. 34; *Fürst/Klahr* in Jannott/Frodermann, Handbuch Europäische Aktiengesellschaft, S. 296 f. Rz. 111.
114 Zum nationalen Recht *Kubis* in MünchKomm. AktG, 3. Aufl., § 130 AktG Rz. 31; zur SE so wie hier *Kubis* in MünchKomm. AktG, 3. Aufl., Art. 53 SE-VO Rz. 20; unklar *Mayer* in Manz/Mayer/Schröder, Art. 53 SE-VO Rz. 34; a.A. *Fürst/Klahr* in Jannott/Frodermann, Handbuch Europäische Aktiengesellschaft, S. 297 Rz. 113: „Vorstand der Gesellschaft".
115 *Kubis* in MünchKomm. AktG, 3. Aufl., Art. 53 SE-VO Rz. 20; hierzu auch *Fürst/Klahr* in Jannott/Frodermann, Handbuch Europäische Aktiengesellschaft, S. 297 Rz. 114.
116 *Kiem* in KölnKomm. AktG, 3. Aufl., Art. 53 SE-VO Rz. 21; *Bücker* in Habersack/Drinhausen, Art. 53 SE-VO Rz. 33; *Schwarz*, Art. 53 SE-VO Rz. 18; *Mayer* in Manz/Mayer/Schröder, Art. 53 SE-VO Rz. 86; *Fürst/Klahr* in Jannott/Frodermann, Handbuch Europäische Aktiengesellschaft, S. 310 Rz. 160; *Brandt*, Hauptversammlung, S. 226.
117 Hierzu ausführlich *Ziemons* in K. Schmidt/Lutter, § 130 AktG Rz. 1 ff.

Rahmen des § 130 Abs. 1 Satz 3 AktG eine Abweichung von der notariellen Beurkundung nur unterhalb einer Drei-Viertel-Kapitalmehrheit[118] und nicht bei einer Zwei-Drittel-Mehrheit der abgegebenen Stimmen zulassen können[119].

IV. Abstimmungsverfahren

31 Auch das Abstimmungsverfahren findet in Art. 53 SE-VO beim Umfang der Verweisung auf das nationale Recht ausdrücklich Erwähnung, Art. 57 SE-VO regelt lediglich die Voraussetzungen für die Beschlussfassung (Art. 57 Rz. 1), Art. 58 lediglich punktuell die für die Zählung zu berücksichtigenden Stimmen (hierzu Art. 58 Rz. 2)[120]. Die SE-VO enthält im Gegensatz zu Art. 92, 93 SE-VOV 1989 und Art. 92 SE-VOV 1991 keine Regelungen mehr über die Stimmkraft der Aktien und über die Stimmrechtsbeschränkung aus sachlichen und individuellen Gründen. Daher richten sich sämtliche andere Verfahrensfragen bzgl. der Abstimmung nach dem **nationalen Recht**[121], einschließlich der Stimmrechtsvertretung (§ 134 AktG, s. auch oben Rz. 20); etwaige Verbote bei der Stimmrechtsausübung richten sich nach § 136 AktG[122]. Fragen des Anwesenheitsquorums werden indes nicht vom Abstimmungsverfahren umfasst (hierzu Art. 57 Rz. 7)[123].

V. Beschlusskontrolle

32 Zuletzt fand sich eine gemeinschaftsrechtliche Bestimmung zur Beschlusskontrolle in Art. 100 SE-VOV 1989. Sowohl die **materiell-rechtlichen Vorgaben für eine Beschlusskontrolle** als auch die **zugehörigen Verfahrensfragen** sind im Gegensatz zu den Vorgängerentwürfen in der SE-VO jetzt nicht mehr geregelt; daher findet das mitgliedstaatliche Sitzrecht Anwendung. Zu dieser Anwendbarkeit gelangt man bzgl. der Beschlusskontrolle jedoch nicht durch die Verweisnorm des Art. 53 SE-VO, denn die Beschlusskontrolle wird dem Wortlaut nach weder von der Organisation und dem Ablauf der Hauptversammlung noch von dem Abstimmungsverfahren erfasst, sondern vielmehr durch die allgemeine Generalverweisung des Art. 9 Abs. 1 lit. c ii SE-VO[124]. Daher gelten grundsätzlich ohne Abweichung die Bestimmungen des AktG

---

118 Zur Maßgeblichkeit der Kapital- anstelle der Stimmenmehrheit *Ziemons* in K. Schmidt/Lutter, § 130 AktG Rz. 46.
119 So wie hier *Kubis* in MünchKomm. AktG, 3. Aufl., Art. 53 SE-VO Rz. 20; *Knapp*, DStR 2012, 2392, 2394; wohl auch *Mayer* in Manz/Mayer/Schröder, Art. 53 SE-VO Rz. 85; *Fürst/Klahr* in Jannott/Frodermann, Handbuch Europäische Aktiengesellschaft, S. 310 Rz. 160; wohl auch *Bücker* in Habersack/Drinhausen, Art. 53 SE-VO Rz. 34; a.A. *Brandt*, Hauptversammlung, S. 226 Fn. 1260; differenzierend *J. Schmidt*, „Deutsche" vs. „britische" Societas Europaea, 2006, S. 663, 665: „prinzipiell Stimmenmehrheit von ⅔, grundsätzlich zusätzlich eine Kapitalmehrheit von mindestens ¾ des vertretenen Grundkapitals erforderlich, die indes satzungsmäßig abdingbar ist"; für eine generelle Pflicht der notariellen Beurkundung hingegen *Heckschen*, DNotZ 2003, 251, 267 f.
120 *Spindler* in Lutter/Hommelhoff, Europäische Gesellschaft, S. 223, 237.
121 *Kubis* in MünchKomm. AktG, 3. Aufl., Art. 53 SE-VO Rz. 21; *Bücker* in Habersack/Drinhausen, Art. 53 SE-VO Rz. 37; *Mayer* in Manz/Mayer/Schröder, Art. 57 SE-VO Rz. 15 ff.; *Brandt*, Hauptversammlung, S. 235.
122 *Schwarz*, Art. 53 SE-VO Rz. 20; *Kubis* in MünchKomm. AktG, 3. Aufl., Art. 53 SE-VO Rz. 21; *Brandt*, Hauptversammlung, S. 264.
123 *Schwarz*, Art. 53 SE-VO Rz. 19 unter Verweis auf *Brandt*, Hauptversammlung, S. 229 ff., 235 ff.
124 So auch *Göz*, ZGR 2008, 593, 595; *Brandt*, Hauptversammlung, S. 266; *Schwarz*, Art. 53 SE-VO Rz. 21; *Kubis* in MünchKomm. AktG, 3. Aufl., Art. 53 SE-VO Rz. 22; *Bücker* in Habersack/Drinhausen, Art. 53 SE-VO Rz. 5, 38; *Mock*, Der Konzern 2010, 455, 460; *Schindler*, Europäische Aktiengesellschaft, S. 79; *Theisen/Hölzl* in Theisen/Wenz, Europäische Aktien-

(§§ 148 f., §§ 241 ff.), der ZPO[125] sowie im Bereich des Auskunftserzwingungsverfahrens das FamFG[126]. Der Verweis in das nationale Recht findet sowohl für Nichtigkeits- und Anfechtungsgründe, als auch für die Befugnis zur Erhebung der Anfechtungsklage oder die Einhaltung von Anfechtungsfristen Anwendung[127]. Allerdings bestehen für die monistisch strukturierte SE Besonderheiten, indem der Verwaltungsrat und nicht die geschäftsführenden Direktoren anfechtungsbefugt sind. In diesem Fall müssen besondere Vertreter die SE vertreten, da sonst die SE durch die weisungsabhängigen geschäftsführenden Direktoren vertreten werden müsste[128]. Für eine in Deutschland ansässige SE bleibt es somit bei den aktienrechtlichen Fehlerkategorien für Hauptversammlungsbeschlüsse; des Weiteren gelten die Voraussetzungen und Folgen einer erfolgreichen Beschlussanfechtung nach §§ 245 ff. AktG. Lediglich bei der Anwendung des § 241 Nr. 3 AktG, der Nichtigkeitsgründe für einen Hauptversammlungsbeschluss aufzählt[129], sind gemeinschaftseinheitliche Einflüsse denkbar[130], die sich speziell auf das Wesen der europäischen Aktiengesellschaft beziehen, insbesondere für Nichtigkeitsgründe bei einer monistisch strukturierten Gesellschaft[131].

VI. Selbstorganisationsrecht der Hauptversammlung

1. Satzung

Die **Zulässigkeitsgrenzen für Satzungen** finden sich im deutschen Recht ausschließlich in § 23 Abs. 5 AktG. In deutschen Aktiengesellschaften finden sich oft Satzungsregeln betreffend Organisation und Ablauf der Hauptversammlung[132], für den Satzungsgeber der SE findet über Art. 53 SE-VO derselbe Dispositionsrahmen Anwendung[133]. Eine Satzungsöffnungsklausel enthält die SE-VO mit Ausnahme von Art. 56 Satz 3 SE-VO nicht, dessen Reichweite der Satzungsermächtigung derjenigen in § 122 Abs. 1 Satz 2 AktG entspricht. Daher kann es im Bereich des Selbstorganisationsrechts der Hauptversammlung auch nicht zur Anwendung von Art. 9 Abs. 1 lit. b SE-VO und zu einer **Kollision zwischen dem gemeinschaftsrechtlichen Satzungsrecht und dem AktG** kommen[134].

33

---

gesellschaft, S. 247, 263; *Hirte*, NZG 2002, 1, 8; *Hommelhoff/Teichmann*, SZW 2002, 1, 10; a.A. über die Verweisung des Art. 53 SE-VO *Mayer* in Manz/Mayer/Schröder, Art. 53 SE-VO Rz. 6; *Thümmel*, Europäische Aktiengesellschaft, S. 124 Rz. 265.

125 *Fürst/Klahr* in Jannott/Frodermann, Handbuch Europäische Aktiengesellschaft, S. 309 f. Rz. 159; *Brandt*, Hauptversammlung, S. 266; *Spindler* in Lutter/Hommelhoff, Europäische Gesellschaft, S. 223, 247; *Thümmel*, Europäische Aktiengesellschaft, S. 124 f. Rz. 265 f.; *Hommelhoff/Teichmann*, SZW 2002, 1, 10; *Schwarz/Lösler*, NotBZ 2001, 117, 123.

126 *Kubis* in MünchKomm. AktG, 3. Aufl., Art. 53 SE-VO Rz. 22; zur Anwendung des AktG auch *Fürst/Klahr* in Jannott/Frodermann, Handbuch Europäische Aktiengesellschaft, S. 309 f. Rz. 159.

127 Eingehend *Göz*, ZGR 2008, 593, 596 ff., 609 ff.; *Spindler* in Lutter/Hommelhoff, Europäische Gesellschaft, S. 223, 247; *Thümmel*, Europäische Aktiengesellschaft, S. 124 f. Rz. 265 f.

128 Zutr. *Göz*, ZGR 2008, 593, 597 f.

129 Hierzu *Schwab* in K. Schmidt/Lutter, § 241 AktG Rz. 23 ff.

130 *Kubis* in MünchKomm. AktG, 3. Aufl., Art. 53 SE-VO Rz. 22; *Spindler* in Lutter/Hommelhoff, Europäische Gesellschaft, S. 223, 248.

131 *Kubis* in MünchKomm. AktG, 3. Aufl., Art. 53 SE-VO Rz. 22.

132 Zur Satzungsgestaltung bzgl. der Durchführung der Hauptversammlung *Mülbert* in Großkomm. AktG, 4. Aufl., Vor §§ 118–147 AktG Rz. 180, 183 ff.

133 *Kubis* in MünchKomm. AktG, 3. Aufl., Art. 53 SE-VO Rz. 24; zur Möglichkeit einer Satzungsregelung auch *Mayer* in Manz/Mayer/Schröder, Art. 57 SE-VO Rz. 16 f.

134 *Kubis* in MünchKomm. AktG, 3. Aufl., Art. 53 SE-VO Rz. 24.

2. Geschäftsordnung

34 Die Hauptversammlung einer nationalen AG kann sich gem. § 129 Abs. 1 Satz 1 AktG eine Geschäftsordnung mit Regeln für die Vorbereitung und Durchführung geben[135]. Diese Regelung gilt kraft der Verweisung des Art. 53 SE-VO auch für eine in Deutschland ansässige SE. Die SE kann daher ihre organisatorischen und verfahrensmäßigen Abläufe der Hauptversammlung durch eine Geschäftsordnung regeln, der jedoch, wie im nationalen Recht auch, nur ein schmaler Anwendungsbereich verbleiben dürfte[136].

Art. 54
[Einberufung der Hauptversammlung]

(1) Die Hauptversammlung tritt mindestens einmal im Kalenderjahr binnen sechs Monaten nach Abschluss des Geschäftsjahres zusammen, sofern die im Sitzstaat der SE für Aktiengesellschaften, die dieselbe Art von Aktivitäten wie die SE betreiben, maßgeblichen Rechtsvorschriften nicht häufigere Versammlungen vorsehen. Die Mitgliedstaaten können jedoch vorsehen, dass die erste Hauptversammlung bis zu 18 Monate nach Gründung der SE abgehalten werden kann.

(2) Die Hauptversammlung kann jederzeit vom Leitungs-, Aufsichts- oder Verwaltungsorgan oder von jedem anderen Organ oder jeder zuständigen Behörde nach den für Aktiengesellschaften im Sitzstaat der SE maßgeblichen einzelstaatlichen Rechtsvorschriften einberufen werden.

I. Grundlagen	
1. Regelungsgegenstand und Normzweck 1	
2. Historische Entwicklung 4	
II. Zeitpunkt und Turnus der Einberufung einer ordentlichen Hauptversammlung (Art. 54 Abs. 1 SE-VO) . . . 5	
1. Reguläre Frist der Einberufung (Art. 54 Abs. 1 Satz 1 SE-VO)	
a) Frequenz 6	
b) Einberufung binnen sechs Monaten 8	
2. Einberufungsfrist der ersten Hauptversammlung (Art. 54 Abs. 1 Satz 2 SE-VO) 9	3. Zeitpunkt der Einberufung 10
	III. Einberufungsrecht (Art. 54 Abs. 2 SE-VO)
	1. Einberufungsberechtigte 11
	a) Gemeinschaftseinheitliche Regelung 12
	b) Einberufung durch Behörden 14
	c) Einberufung durch sonstige Organe 15
	2. Einberufungsgründe 16
	3. Sonstige Einberufungsmodalitäten . . 18
	a) Form und Inhalt der Einberufung . 19
	b) Mitteilungspflichten im Vorfeld . . 21
	c) Einberufungsbeschluss 23
	d) Tagesordnung 25
	e) Termin 27

Literatur: S. vor Art. 52.

---

[135] *Ziemons* in K. Schmidt/Lutter, § 129 AktG Rz. 4.
[136] *Ziemons* in K. Schmidt/Lutter, AktG, § 129 AktG Rz. 4 ff.; *Schwarz*, Art. 53 SE-VO Rz. 17; *Kubis* in MünchKomm. AktG, 3. Aufl., Art. 53 SE-VO Rz. 25; *Bücker* in Habersack/Drinhausen, Art. 53 SE-VO Rz. 36; *Mayer* in Manz/Mayer/Schröder, Art. 53 SE-VO Rz. 38; *Fürst/Klahr* in Jannott/Frodermann, Handbuch Europäische Aktiengesellschaft, S. 273 Rz. 13; zum nationalen Recht *Mülbert* in Großkomm. AktG, 4. Aufl., Vor §§ 118–147 AktG Rz. 185; *Kubis* in MünchKomm. AktG, 3. Aufl., § 129 AktG Rz. 12.

I. Grundlagen

1. Regelungsgegenstand und Normzweck

Die Regelung des Art. 54 SE-VO erfasst die **Einberufung der Hauptversammlung** einer SE. Nach Art. 54 Abs. 1 Satz 1 SE-VO muss die Hauptversammlung mindestens einmal im Jahr innerhalb von 6 Monaten nach Abschluss des Geschäftsjahres zusammentreten, es sei denn, es gelten nach Art. 54 Abs. 1 Satz 2 SE-VO für die Einberufung der ersten Hauptversammlung nach Gründung der SE mitgliedstaatliche Besonderheiten. Art. 54 Abs. 2 SE-VO statuiert hingegen Einberufungsrechte und -pflichten, verweist aber wegen des Einberufungsverfahren ausdrücklich auf die mitgliedstaatlichen Regelungen, welche für nationale Aktiengesellschaften gelten[1]. Art. 54 SE-VO geht Art. 53 SE-VO als speziellere Vorschrift vor (Art. 53 Rz. 9 f.)[2].   1

Die Einberufung der **ordentlichen Hauptversammlung** nach Art. 54 Abs. 1 Satz 1 SE-VO erfolgt grundsätzlich nach den gemeinschaftsweit einheitlich festgeschriebenen Einberufungsmodalitäten hinsichtlich Turnus und Zeitpunkt für die Hauptversammlung, wobei im Fall des Art. 54 Abs. 1 Satz 2 SE-VO abweichend das mitgliedstaatliche Recht Anwendung findet, sofern es eine Regelung beinhaltet (ausführlich unten Rz. 9). Eine Regelung der außerordentlichen Hauptversammlung kennt die SE-VO hingegen nicht, auch wenn außerordentliche Hauptversammlungen nicht durch die Verordnung ausgeschlossen werden[3].   2

Art. 54 Abs. 2 SE-VO verweist hingegen für die einzuberufenden Organe und für die sonstigen Einberufungsmodalitäten auf das mitgliedstaatliche Recht. Fraglich ist aber **der Umfang der Verweisung** des Art. 54 Abs. 2 SE-VO in das nationale Recht. Eine Ansicht sieht Art. 54 Abs. 2 SE-VO lediglich als Regelung der außerordentlichen Hauptversammlung und wendet dann über den Verweis des Art. 54 Abs. 2 SE-VO das mitgliedstaatliche Recht auch für die in Art. 54 Abs. 1 SE-VO ungeregelten Rechtsfragen an[4]. Nach anderer Auffassung wird von Art. 54 Abs. 2 SE-VO die außerordentliche Hauptversammlung hingegen nicht erfasst, hiernach wird in Art. 54 Abs. 2 SE-VO lediglich das Einberufungsrecht geregelt[5]. Die einzelnen Einberufungsmodalitäten unterfallen nach letzter Ansicht dann aber nicht dem Art. 54 Abs. 2 SE-VO, sondern der generellen Verweisung auf das mitgliedstaatliche Recht nach Art. 53 SE-VO, welcher die Durchführung der Hauptversammlung regelt (hierzu ausführlich Art. 53 Rz. 7 ff.)[6]. Richtigerweise wird zu differenzieren sein. Nach der hier vertretenen Auffassung regelt zwar Art. 54 Abs. 2 SE-VO nicht die außerordentliche Hauptversammlung (oben Rz. 2); deswegen ist jedoch nicht hinsichtlich der Einberufungs-   3

---

1 *Schwarz*, Art. 54 SE-VO Rz. 1; *Kubis* in MünchKomm. AktG, 3. Aufl., Art. 54 SE-VO Rz. 1; *Eberspächer* in Spindler/Stilz, AktG, Art. 54 SE-VO Rz. 1.
2 *Bücker* in Habersack/Drinhausen, Art. 54 SE-VO Rz. 4.
3 So wie hier *Kubis* in MünchKomm. AktG, 3. Aufl., Art. 52 SE-VO Rz. 2; a.A. *Schwarz*, Art. 54 SE-VO Rz. 4, 26 ff., der zwischen Art. 54 Abs. 1 SE-VO (ordentliche Hauptversammlung) und Art. 54 Abs. 2 SE-VO (außerordentliche Hauptversammlung) differenziert.
4 So *Schwarz*, Art. 54 SE-VO Rz. 6; *Bücker* in Habersack/Drinhausen, Art. 54 SE-VO Rz. 5.
5 *Kubis* in MünchKomm. AktG, 3. Aufl., Art. 52 SE-VO Rz. 2, Art. 54 SE-VO Rz. 8 ff.; a.A. *Kiem* in KölnKomm. AktG, 3. Aufl., Art. 54 SE-VO Rz. 3: Art. 54 Abs. 2 SE-VO gilt für alle Fälle der Hauptversammlungseinberufung; *Mayer* in Manz/Mayer/Schröder, Art. 54 SE-VO Rz. 5; so wohl auch *Fürst/Klahr* in Jannott/Frodermann, Handbuch Europäische Aktiengesellschaft, S. 284 f. Rz. 60 ff.
6 So wohl *Kubis* in MünchKomm. AktG, 3. Aufl., Art. 54 SE-VO Rz. 11, der zwar einerseits bei der Möglichkeit einer Ermächtigung an den Gesetzgeber aus Art. 54 Abs. 2 SE-VO oder aus Art. 53 SE-VO von „rein theoretischem Wert" spricht, andererseits die einzelnen Einberufungsmodalitäten aber in Art. 53 SE-VO Rz. 3 ff. als Unterfall der „Organisation" der Hauptversammlung einordnet.

Art. 54 SE-VO

modalitäten auf die generelle Vorschrift des Art. 53 zurückzugreifen[7]. Stattdessen sind die Einberufungsmodalitäten vollumfänglich von dem Verweis auf das mitgliedstaatliche Recht über Art. 54 Abs. 2 SE-VO erfasst, wofür schon der Wortlaut spricht[8], zudem auch systematische Gründe, da Art. 54 SE-VO bezüglich der Einberufung die speziellere Norm darstellt (Art. 53 Rz. 1).

2. Historische Entwicklung

4 In Art. 84, 86 SE-VOV 1970 und 1975[9] und Art. 82, 84 SE-VOV 1989 waren **neben der jährlichen Einberufung** als **einzelne Einberufungsmodalitäten** auch Fristen sowie Art und Inhalt der Bekanntmachung der Einberufung vorgesehen. Im SE-VOV 1991 ist die detaillierte Regelung des Art. 83 SE-VOV 1989 dann ersatzlos gestrichen worden. Allerdings stellte auch Art. 82 SE-VOV 1991 noch eine Vorschrift dar, die z.T. einzelne Einberufungsmodalitäten, insbesondere hinsichtlich der Fristen regelte. Ein Verweis in das jeweilige mitgliedstaatliche Recht für die Einberufung der Aktionäre befand sich für die dort nicht geregelten Voraussetzungen in Art. 81a SE-VOV 1991. Der Verweis in das jeweilige nationale Recht war insofern bereits dem Verordnungsentwurf aus dem Jahr 1991 bekannt, der insoweit der heutigen Fassung des Art. 54 ähnelte.

II. Zeitpunkt und Turnus der Einberufung einer ordentlichen Hauptversammlung (Art. 54 Abs. 1 SE-VO)

5 Zu differenzieren ist i.R.d. Art. 54 Abs. 1 SE-VO zunächst zwischen der regulären Frist der Einberufung und der Frist der ersten Einberufung einer Hauptversammlung nach Art. 54 Abs. 1 Satz 2 SE-VO. Die reguläre Frist der Einberufung unterteilt sich wiederum in den Turnus der Einberufung bzw. die Hauptversammlungsfrequenz sowie in die Frist für die Abhaltung der ordentlichen Hauptversammlung. Sowohl Frequenz als auch die Einberufungsfrist sind in Art. 54 Abs. 1 SE-VO **gemeinschaftseinheitlich** geregelt. Keine Regelung findet sich stattdessen in der Verordnung bzgl. der Frage des Zeitpunkts der Einberufung einer ordentlichen Hauptversammlung, so dass über den Verweis des Art. 54 Abs. 2 SE-VO das **mitgliedstaatliche Recht** Anwendung findet.

1. Reguläre Frist der Einberufung (Art. 54 Abs. 1 Satz 1 SE-VO)

a) Frequenz

6 Nach Art. 54 Abs. 1 Satz 1 1. Halbsatz SE-VO hat die Hauptversammlung einer SE mindestens **einmal im Kalenderjahr** stattzufinden. Obwohl das deutsche Aktienrecht hinsichtlich der Einberufungsfrist in §§ 120 Abs. 1 Satz 1, 175 Abs. 1 Satz 2 AktG an das Ende des Geschäftsjahres anknüpft, geht insoweit die kalenderjährliche Ver-

---

7 So aber wohl *Kubis* in MünchKomm. AktG, 3. Aufl., Art. 53 SE-VO Rz. 3 ff., Art. 54 SE-VO Rz. 11; so wie hier *Bücker* in Habersack/Drinhausen, Art. 54 SE-VO Rz. 6; a.A. *Kiem* in KölnKomm. AktG, 3. Aufl., Art. 54 SE-VO Rz. 3: Art. 54 Abs. 2 SE-VO findet auf alle Fälle der Einberufung einer Hauptversammlung Anwendung, sowohl auf die ordentliche als auch auf die außerordentliche Hauptversammlung; *Mayer* in Manz/Mayer/Schröder, Art. 54 SE-VO Rz. 6 ff., 16.
8 I.E. ebenso *Schwarz*, Art. 54 SE-VO Rz. 6; *Brandt*, Hauptversammlung, S. 181, 185; noch bewusst offen lassend *Mayer* in Manz/Mayer/Schröder, 1. Aufl. 2005, Art. 54 SE-VO Rz. 18.
9 Zu Art. 84 und 86 SE-VOV 1975 ausführlich *Sonnenberger* in Lutter, Europäische Aktiengesellschaft, 2. Aufl. 1978, S. 73, 77 ff.

sammlungsfrequenz der SE-VO nach Art. 9 Abs. 1 lit. a SE-VO vor[10]. Die Vorgabe der SE-VO ist insoweit abschließend[11]. Eine zusätzliche Anknüpfung an das Geschäftsjahr ist daher nicht statthaft.

Diese Grundregel wird durch Art. 54 Abs. 1 Satz 1 2. Halbsatz SE-VO durchbrochen, wenn **das mitgliedstaatliche Recht häufigere Hauptversammlungen** verlangt[12], sofern die SE die gleiche Geschäftstätigkeit ausübt wie die zur Abhaltung einer häufigeren Hauptversammlung verpflichtete nationale Aktiengesellschaft. Dieser Vorbehalt ist für eine in Deutschland ansässige SE ohne Belang, da §§ 120 Abs. 1 Satz 1, 175 Abs. 1 Satz 2 AktG zwar den Zeitpunkt der Einberufung der ordentlichen Hauptversammlung anders als die gemeinschaftseinheitliche Regelung des Art. 54 Abs. 1 Satz 1 1. Halbsatz SE-VO am Ende des Geschäftsjahres festmachen, ansonsten aber hinsichtlich der Frequenz ebenfalls einmal jährlich eine Pflicht zur Einberufung statuieren[13]. 7

b) Einberufung binnen sechs Monaten

Nach Art. 54 Abs. 1 Satz 1 1. Halbsatz SE-VO als gemeinschaftseinheitlicher, abschließender Regelung ist die ordentliche Hauptversammlung **binnen sechs Monaten** nach Abschluss des Geschäftsjahres einzuberufen[14]. Zwar knüpft die europarechtliche Regelung ebenso wie das nationale Recht in §§ 120 Abs. 1 Satz 1, 175 Abs. 1 Satz 2 AktG an das Ende des Geschäftsjahres an, jedoch beträgt die Frist zwischen dem Geschäftsjahresende und dem spätesten Tag der Hauptversammlung nach gemeinschaftseinheitlichen Vorgaben nur sechs Monate anstatt der durch das AktG festgeschriebenen acht Monate. Art. 54 Abs. 1 Satz 1 1. Halbsatz SE-VO verkürzt daher für eine in Deutschland ansässige SE die Einberufungsfrist im Gegensatz zum nationalen Recht. Eine § 175 Abs. 1 Satz 1 AktG entsprechende Vorschrift für die im deutschen Aktienrecht nicht vorgesehene monistische Struktur hat der deutsche Gesetzgeber in § 48 Abs. 1 SEAG geschaffen[15]. Eine Kollision zwischen § 175 Abs. 1 Satz 1 AktG bzw. § 48 Abs. 1 SEAG und Art. 54 Abs. 1 Satz 1 SE-VO scheidet jedoch von vornherein aus, da in §§ 175 Abs. 1 Satz 1 AktG, 48 Abs. 1 SEAG nur die Frist zwischen dem Eingang des Verwaltungs- bzw. Aufsichtsratsberichtes einerseits und 8

---

10 *Kubis* in MünchKomm. AktG, 3. Aufl., Art. 54 SE-VO Rz. 3; *Bücker* in Habersack/Drinhausen, Art. 54 SE-VO Rz. 8; *Fürst/Klahr* in Jannott/Frodermann, Handbuch Europäische Aktiengesellschaft, S. 271 Rz. 4; i.E. ebenso *Mayer* in Manz/Mayer/Schröder, Art. 54 SE-VO Rz. 20; *Eberspächer* in Spindler/Stilz, AktG, Art. 54 SE-VO Rz. 2; *Thümmel*, Europäische Aktiengesellschaft, S. 119 Rz. 251; zur österreichischen Regelung in § 126 Abs. 1 öAktG s. *Zollner* in Kalss/Hügel, § 62 SEG Rz. 4.
11 So auch *Schwarz*, Art. 54 SE-VO Rz. 4; *Mayer* in Manz/Mayer/Schröder, Art. 54 SE-VO Rz. 20; a.A. aber *Kubis* in MünchKomm. AktG, 3. Aufl., Art. 54 SE-VO Rz. 3, der bei Geschäftsjahresende zwischen dem 30.6. und dem 30.11. entgegen dem insofern europarechtlich vorrangigen, eindeutigen Wortlaut des Art. 54 Abs. 1 Satz 1 SE-VO auf das Kalenderjahr abstellen will.
12 *Kubis* in MünchKomm. AktG, 3. Aufl., Art. 54 SE-VO Rz. 4; *Schwarz*, Art. 54 SE-VO Rz. 4; *Mayer* in Manz/Mayer/Schröder, Art. 54 SE-VO Rz. 3.
13 Ebenso *Kubis* in MünchKomm. AktG, 3. Aufl., Art. 54 SE-VO Rz. 4; *Bücker* in Habersack/Drinhausen, Art. 54 SE-VO Rz. 9; *Fürst/Klahr* in Jannott/Frodermann, Handbuch Europäische Aktiengesellschaft, S. 272 f. Rz. 9; *Eberspächer* in Spindler/Stilz, AktG, Art. 54 SE-VO Rz. 2; *Thümmel*, Europäische Aktiengesellschaft, S. 119 Rz. 251.
14 *Schwarz*, Art. 54 SE-VO Rz. 4; *Kubis* in MünchKomm. AktG, 3. Aufl., Art. 54 SE-VO Rz. 5; *Liebscher* in Semler/Volhard/Reichert, Arbeitshandbuch für die Hauptversammlung, § 49 Rz. 18; *Brandt*, Hauptversammlung, S. 174; *Mayer* in Manz/Mayer/Schröder, Art. 54 SE-VO Rz. 1 f., 20; *Schindler*, Europäische Aktiengesellschaft, S. 74 f.; *Hirte*, NZG 2002, 1, 8; *Artmann*, wbl 2002, 189, 196; *Pluskat*, EuZW 2001, 524, 527.
15 Hierzu *Kubis* in MünchKomm. AktG, 3. Aufl., Art. 54 SE-VO Rz. 2; *Eberspächer* in Spindler/Stilz, AktG, Art. 54 SE-VO Rz. 2.

der Einberufung andererseits geregelt ist, während Art. 54 Abs. 1 1. Halbsatz SE-VO eine absolute sechsmonatige Frist statuiert[16]. Maßgeblich für die Frist ist nicht das Datum der Einberufung, sondern das Stattfinden der Hauptversammlung; sie muss daher 6 Monate nach Abschluss des Geschäfts- bzw. Kalenderjahres stattfinden, wobei sich die Frist gem. §§ 187, 188 i.V.m. 193 BGB berechnet[17]. Im Falle der Verkürzung des laufenden Geschäftsjahres durch die Einführung eines Rumpfgeschäftsjahres ist für die Berechnung der Frist das Ende des Rumpfgeschäftsjahres maßgeblich[18]. Allerdings hat die Fristüberschreitung nicht die Nichtigkeit oder Anfechtbarkeit von Hauptversammlungsbeschlüssen zur Folge[19].

2. Einberufungsfrist der ersten Hauptversammlung (Art. 54 Abs. 1 Satz 2 SE-VO)

9 Nach Art. 54 Abs. 1 Satz 2 SE-VO werden die Mitgliedstaaten ermächtigt, die Frist für die erste Hauptversammlung in der Gründungsphase der SE auf **bis zu 18 Monate** nach der Gründung zu verlängern. Im AktG fehlt eine entsprechende Regelung, der deutsche Gesetzgeber hat von dieser Ermächtigung keinen Gebrauch gemacht. Eine teleologische Auslegung, die für eine in Deutschland ansässige SE anstelle der gemeinschaftseinheitlich vorgeschriebenen Grundregel der sechsmonatigen Einberufungsfrist des Art. 54 Abs. 1 Satz 1 1. Halbsatz SE-VO die nationale achtmonatige Frist der §§ 120 Abs. 1 Satz 1, 175 Abs. 1 Satz 2 AktG anwenden will, geht insofern fehl[20].

3. Zeitpunkt der Einberufung

10 Von der regulären Frist zur Einberufung der ordentlichen Hauptversammlung und der Frist der ersten Einberufung nach Gründung der SE ist die **Frist zur Einberufung vor dem Stattfinden** der Hauptversammlung zu unterscheiden. Zwar enthielten die Vorgängervorschriften Art. 86 Abs. 1 SE-VOV 1970 und 1975 sowie Art. 84 Abs. 3 SE-VOV 1989 zur Einberufung noch entsprechende Bestimmungen, nicht jedoch die jetzige SE-VO[21]. Nach Art. 54 Abs. 2 SE-VO (oben Rz. 3) findet daher das mitgliedstaatliche Recht Anwendung, für eine in Deutschland ansässige SE gilt daher § 123 Abs. 1 AktG. Hiernach ist die Hauptversammlung mindestens dreißig Tage vor dem Tag der Versammlung einzuberufen[22]. Für eine in Deutschland ansässige SE sind daher – wie bei der nationalen AG – ausschließlich die Feiertage i.S.d. § 193 BGB maßgeblich (Art. 53 Rz. 14)[23]. Auch gilt die aufgrund des Grundsatzes der Nichtdiskriminierung

---

16 *Kubis* in MünchKomm. AktG, 3. Aufl., Art. 54 SE-VO Rz. 2.
17 *Kiem* in KölnKomm. AktG, 3. Aufl., Art. 54 SE-VO Rz. 5; *Bücker* in Habersack/Drinhausen, Art. 54 SE-VO Rz. 10.
18 *Kiem* in KölnKomm. AktG, 3. Aufl., Art. 54 SE-VO Rz. 6.
19 *Bücker* in Habersack/Drinhausen, Art. 54 SE-VO Rz. 11; *Koch* in Hüffer, § 175 AktG Rz. 4; *Hennrichs/Pöschke* in MünchKomm. AktG, 3. Aufl., § 175 AktG Rz. 20; *Reger* in Bürgers/Körber, § 175 AktG Rz. 5; wohl auch *Euler/Klein* in Spindler/Stilz, § 175 AktG Rz. 15: ausdrücklich keine Auswirkung der Fristüberschreitung auf Wirksamkeit von Jahresabschluss und Gewinnverwendungsbeschluss.
20 So aber *Kubis* in MünchKomm. AktG, 3. Aufl., Art. 54 SE-VO Rz. 7; so wie hier *Bücker* in Habersack/Drinhausen, Art. 54 SE-VO Rz. 12; *Kiem* in KölnKomm. AktG, 3. Aufl., Art. 54 SE-VO Rz. 12; *Schwarz*, Art. 54 SE-VO Rz. 5; *Mayer* in Manz/Mayer/Schröder, Art. 54 SE-VO Rz. 21; wohl auch *Fürst/Klahr* in Jannott/Frodermann, Handbuch Europäische Aktiengesellschaft, S. 271 Rz. 4, *Eberspächer* in Spindler/Stilz, AktG, Art. 54 SE-VO Rz. 2.
21 *Schwarz*, Art. 54 SE-VO Rz. 24; *Brandt*, Hauptversammlung, S. 186; s. auch *Fürst/Klahr* in Jannott/Frodermann, Handbuch Europäische Aktiengesellschaft, S. 285 f. Rz. 64 f.
22 Zur Berechnung der Frist sowie zur Berücksichtigung der Sonn- und Feiertage s. *Ziemons* in K. Schmidt/Lutter, § 123 AktG Rz. 33 f.
23 Ebenso *Kubis* in MünchKomm. AktG, 3. Aufl., Art. 53 SE-VO Rz. 7.

nach Art. 10 SE-VO für Übernahmefälle in § 16 Abs. 4 Satz 1 WpÜG vorgesehene Fristverkürzung für eine SE mit Sitz in Deutschland[24].

III. Einberufungsrecht (Art. 54 Abs. 2 SE-VO)

1. Einberufungsberechtigte

Art. 54 Abs. 1 SE-VO regelt nicht das für die Einberufung der ordentlichen Hauptversammlung **zuständige Organ**. Die Verordnungsentwürfe kannten grundsätzlich nur eine Berechtigung und Verpflichtung des Vorstands, der allerdings nach Art. 84 SE-VOV 1970 und 1975 sowie Art. 82 Abs. 2 SE-VOV 1991 auf Verlangen des Aufsichtsrats zur Einberufung verpflichtet war; lediglich ausnahmsweise kam dem Aufsichtsrat im Fall der Säumnis des Vorstands eine Einberufungskompetenz zu[25]. Nach Art. 54 Abs. 2 SE-VO steht das Einberufungsrecht jetzt dem Leitungs-, Aufsichts- oder Verwaltungsorgan sowie jedem anderen Organ oder jeder zuständigen Behörde zu. Die Einberufung durch unzuständige Personen führt nach Art. 9 Abs. 1 lit. c SE-VO i.V.m. § 241 Nr. 1 AktG zur Nichtigkeit der Beschlüsse, sofern keine Universalversammlung i.S.d. § 121 Abs. 6 AktG (hierzu Art. 53 Rz. 17) vorliegt[26].

11

a) Gemeinschaftseinheitliche Regelung

Umstritten ist, ob die in Art. 54 Abs. 2 SE-VO **genannten Organe** unabhängig vom nationalen Recht ein Recht zur Einberufung haben[27] oder ob sich die Einberufung generell nach dem nationalen Recht richtet[28]. Denkbar wäre auch eine Differenzierung zwischen den einzelnen Organen des Art. 54 Abs. 2 SE-VO[29]. Dann wären die explizit genannten Organe wie Leitungs-, Aufsichts- oder Verwaltungsorgan bereits aus der unmittelbar anwendbaren gemeinschaftseinheitlichen Regelung zur Einberufung berechtigt, während für die Begriffe „jedes Organ" oder „jede zuständige Stelle" auf das jeweilige nationale Recht verwiesen werden würde[30]. Jedenfalls zu weit gehen dürfte indes die Einbeziehung von satzungsmäßig berufenen Organen bzw. zuständigen Behörden bereits in den europarechtlichen Verweis des Art. 54 Abs. 2 SE-VO[31], denn die genannten Begriffe unterfallen nicht per se den „maßgeblichen einzelstaatlichen Rechtsvorschriften" i.S.d. Art. 54 Abs. 2 SE-VO, sondern können allenfalls über das jeweilige nationale Recht Berücksichtigung finden, sofern – wie § 121 Abs. 2 Satz 3 AktG im deutschen Recht – auf das Recht zur Einberufung durch Satzung verwiesen

12

---

24 So auch *Kubis* in MünchKomm. AktG, 3. Aufl., Art. 53 SE-VO Rz. 7.
25 *Schwarz*, Art. 54 SE-VO Rz. 8; *Brandt*, Hauptversammlung, S. 179; *Sonnenberger* in Lutter, Europäische Aktiengesellschaft, 2. Aufl. 1978, S. 73, 77.
26 *Spindler* in Lutter/Hommelhoff, Europäische Gesellschaft, S. 223, 243; *Brandt*, Hauptversammlung, S. 210 f.; *Eberspächer* in Spindler/Stilz, AktG, Art. 54 SE-VO Rz. 1; *Schwarz*, Art. 54 SE-VO Rz. 13 m.w.N. zum nationalen Recht.
27 So *Fürst/Klahr* in Jannott/Frodermann, Handbuch Europäische Aktiengesellschaft, S. 274 Rz. 14, S. 284 Rz. 53; *Spindler* in Lutter/Hommelhoff, Europäische Gesellschaft, S. 223, 241 ff.; *Mayer* in Manz/Mayer/Schröder, Art. 54 SE-VO Rz. 7 f.; *Kind*, Die Europäische Aktiengesellschaft, 1994, S. 20; wohl auch *Artmann*, wbl 2002, 189, 197; noch weitergehend *Brandt*, Hauptversammlung, S. 179 ff., 182, der davon ausgeht, dass Art. 54 Abs. 2 SE-VO bzgl. der Einberufungsberechtigten abschließend ist, so dass das nationale Recht daneben keine Anwendung findet.
28 So *Schwarz*, Art. 54 SE-VO Rz. 8: „Zur Einberufung (…) ist (…) das Organ bzw. der Organteil befugt, der befugt ist, eine Hauptversammlung der AG im Sitzmitgliedstaate einzuberufen"; zustimmend *Zollner* in Kalss/Hügel, § 62 SEG Rz. 7.
29 So *Kubis* in MünchKomm. AktG, 3. Aufl., Art. 54 SE-VO Rz. 8 f.
30 So *Kubis* in MünchKomm. AktG, 3. Aufl., Art. 54 SE-VO Rz. 8 f.
31 So aber wohl *Kubis* in MünchKomm. AktG, 3. Aufl., Art. 54 SE-VO Rz. 8 f.

13 Nach richtiger Auffassung kann die Hauptversammlung in jedem Mitgliedstaat durch die bereits **gemeinschaftsweit in Art. 54 Abs. 2 SE-VO festgeschriebenen Organe** einberufen werden, die Einberufung richtet sich daher nicht nach dem nationalen Recht[32]. Der Wortlaut des Art. 54 Abs. 2 SE-VO ist insofern zwar nicht eindeutig, doch kann der Verweis auf das mitgliedstaatliche Recht auch nur das Verfahren der Einberufung erfassen, d.h. lediglich für die einzelnen Einberufungsmodalitäten (zu den Einberufungsmodalitäten unten Rz. 18 ff.)[33]. Mit der Statuierung der einzelnen Organe in Art. 54 Abs. 2 SE-VO wurde gerade eine gemeinschaftseinheitliche Regelung der Einberufungsberechtigten für eine europäische Gesellschaft angestrebt. Auch wäre die Regelung sonst kaum verständlich, da eine Bezugnahme auf die Mitgliedstaaten sich bereits aus den generellen Verweisen der SE-VO in Art. 9 Abs. 1 lit. c bzw. Art. 53 SE-VO ergäbe[34]. Art. 54 Abs. 2 SE-VO gibt daher allen Leitungsorganen, aber auch sonstigen Organen und Behörden gleichberechtigt und ohne Restriktion die Befugnis zur Einberufung der Hauptversammlung[35]. Auch ein zwingend nicht vorgesehenes Organ, wie etwa ein Beirat, kann folglich die Hauptversammlung einberufen. Der Verweis in Art. 54 Abs. 2 SE-VO schränkt daher nicht die Kompetenzen der in Art. 54 Abs. 2 SE-VO aufgeführten Organe zur Einberufung ein, sondern bezieht sich ausschließlich auf das Verfahren der Einberufung[36].

b) Einberufung durch Behörden

14 Art. 54 Abs. 2 SE-VO lässt auch ausdrücklich eine **Einberufungskompetenz für Behörden** zu. Das deutsche Recht kennt für die Einberufung der Hauptversammlung einer nationalen Aktiengesellschaft keine derartige Einberufung für staatliche Stellen, denn die aufsichtsrechtlichen Maßnahmen nach §§ 44 Abs. 5 KWG; 3 Abs. 1 Satz 1 BSpkG; 83 Abs. 1 Satz 1 Nr. 6 VAG richten sich an den Vorstand[37]. Auch das Registergericht kann im nationalen Recht gem. §§ 407 Abs. 1 Satz 1, 175 AktG lediglich ein Zwangsgeld festsetzen, aber nicht die Einberufung selbst vornehmen, sofern der Vorstand die Einberufung der ordentlichen Hauptversammlung unterlässt[38]. Im SE-AG ist jedoch keine Benennung einer Behörde erfolgt, die nach Art. 68 Abs. 2 SE-VO

---

[32] *Spindler* in Lutter/Hommelhoff, Europäische Gesellschaft, S. 223, 241; zust. *Bücker* in Habersack/Drinhausen, Art. 54 SE-VO Rz. 14; *Kiem* in KölnKomm. AktG, 3. Aufl., Art. 54 SE-VO Rz. 14; *Göz*, ZGR 2008, 593, 611; *Liebscher* in Semler/Volhard/Reichert, Arbeitshandbuch für die Hauptversammlung, § 49 Rz. 20; letztlich auch *Kubis* in MünchKomm. AktG, 3. Aufl., Art. 54 SE-VO Rz. 8; *Fürst/Klahr* in Jannott/Frodermann, Handbuch Europäische Aktiengesellschaft, S. 284 Rz. 53; *Mayer* in Manz/Mayer/Schröder, Art. 54 SE-VO Rz. 7 f.; wohl auch *Eberspächer* in Spindler/Stilz, AktG, Art. 54 SE-VO Rz. 3.

[33] *Spindler* in Lutter/Hommelhoff, Europäische Gesellschaft, S. 223, 241; so auch *Fürst/Klahr* in Jannott/Frodermann, Handbuch Europäische Aktiengesellschaft, S. 284 Rz. 53 ff.; *Mayer* in Manz/Mayer/Schröder, Art. 54 SE-VO Rz. 6 ff.

[34] *Spindler* in Lutter/Hommelhoff, Europäische Gesellschaft, S. 223, 241; zust. *Bücker* in Habersack/Drinhausen, Art. 54 SE-VO Rz. 14.

[35] *Spindler* in Lutter/Hommelhoff, Europäische Gesellschaft, S. 223, 241; i.E. ebenso *Fürst/Klahr* in Jannott/Frodermann, Handbuch Europäische Aktiengesellschaft, S. 284 Rz. 53 ff.

[36] *Spindler* in Lutter/Hommelhoff, Europäische Gesellschaft, S. 223, 241; *Bücker* in Habersack/Drinhausen, Art. 54 SE-VO Rz. 14; überzeugend i.E. auch *Brandt*, Hauptversammlung, S. 181.

[37] *Schwarz*, Art. 54 SE-VO Rz. 10; *Butzke* in Butzke, Die Hauptversammlung der Aktiengesellschaft, S. 30 Rz. 46; *Semler* in MünchHdb. AG, § 35 Rz. 11; i.E. ebenso *Mayer* in Manz/Mayer/Schröder, Art. 54 SE-VO Rz. 22; hierzu auch *Kubis* in MünchKomm. AktG, 3. Aufl., § 121 AktG Rz. 25, Art. 54 SE-VO Rz. 8.

[38] *Schwarz*, Art. 54 SE-VO Rz. 10; *Brandt*, Hauptversammlung, S. 179.

zur Einberufung berechtigt wäre (näher hierzu Art. 68 Rz. 8). Aufgrund der Vorgaben des Art. 68 Abs. 2 SE-VO ist jedoch eine solche Benennung erforderlich[39]; allein das nationale Mitgliedstaatsrecht sollte darüber entscheiden, welche staatlichen Organe zuständig sind – wobei nach den Vorgaben der Art. 68 Abs. 2, Art. 54 Abs. 2 SE-VO zwingend *ein* staatliches Organ diese Kompetenz haben muss[40]. Insoweit müsste der deutsche Gesetzgeber noch ergänzend tätig werden, um die gemeinschaftsrechtlichen Vorgaben zu erfüllen[41].

c) Einberufung durch sonstige Organe

§ 121 Abs. 2 Satz 3 AktG lässt eine **Satzungsregelung** zu, die einzelnen Aktionären oder Aktionärsgruppen, einzelnen Mitgliedern von Vorstand und Aufsichtsrat sowie außenstehenden Dritten eigene Einberufungsrechte einräumt[42]. Hingegen werden in Art. 54 Abs. 2 SE-VO als einberufungsberechtigte Personen nur die genannten und andere Organe sowie Behörden aufgeführt, so dass andere Personen ohne Organqualität nach der SE-VO nicht einberufungsberechtigt sind[43]. § 121 Abs. 2 Satz 3 AktG findet daher für eine in Deutschland ansässige SE insgesamt keine Anwendung (oben Rz. 13)[44], da die SE-VO keinerlei Satzungsspielraum vorsieht und insoweit eine Sperrwirkung entfaltet. Hingegen sollte auch **Scheinorganmitgliedern** i.S.d. § 121 Abs. 2 Satz 2 AktG, die im Register eingetragen sind[45], aus Gründen der Rechtssicherheit ein Einberufungsrecht zugebilligt werden[46]. Zwar enthält Art. 54 Abs. 2 SE-VO keine entsprechende Erweiterung; doch präjudiziert der Begriff „Organ" in Art. 54 Abs. 2 SE-VO nicht, wann jemand noch als Organmitglied aus Gründen des Schutzes der Rechtsverkehrs und der Rechtssicherheit angesehen werden kann[47]. Das Einberufungsrecht einer Aktionärsminderheit unterfällt hingegen nicht Art. 54

15

---

39 *Brandt*, Hauptversammlung, S. 181; *Spindler* in Lutter/Hommelhoff, Europäische Gesellschaft, S. 223, 241; *Mayer* in Manz/Mayer/Schröder, Art. 54 SE-VO Rz. 10; a.A. *Schwarz*, Art. 54 SE-VO Rz. 10; *Eberspächer* in Spindler/Stilz, AktG, Art. 54 SE-VO Rz. 3.
40 *Spindler* in Lutter/Hommelhoff, Europäische Gesellschaft, S. 223, 241; *Mayer* in Manz/Mayer/Schröder, Art. 54 SE-VO Rz. 10; a.A. *Bücker* in Habersack/Drinhausen, Art. 54 SE-VO Rz. 16: Benennungspflicht nur, wenn überhaupt nationale Zuständigkeit besteht; ähnlich *Kiem* in KölnKomm. AktG, 3. Aufl., Art. 54 SE-VO Rz. 19.
41 A.A. *Kiem* in KölnKomm. AktG, 3. Aufl., Art. 54 SE-VO Rz. 19: keine gemeinschaftsrechtliche Verpflichtung des deutschen Gesetzgebers, Behördenkompetenz zu schaffen.
42 *Ziemons* in K. Schmidt/Lutter, § 121 AktG Rz. 20; *Liebscher* in Semler/Volhard/Reichert, Arbeitshandbuch für die Hauptversammlung, § 49 Rz. 21.
43 *Spindler* in Lutter/Hommelhoff, Europäische Gesellschaft, S. 223, 242; i.E. auch *Brandt*, Hauptversammlung, S. 182, der § 121 Abs. 2 Satz 3 AktG generell nicht anwenden will; insoweit auch *Schwarz*, Art. 54 SE-VO Rz. 12, der insoweit – nicht konsequent – den Verweis auf das nationale Recht auf die durch die Satzung genannten Organe beschränken will; unklar *Kubis* in MünchKomm. AktG, 3. Aufl., Art. 54 SE-VO Rz. 8 f., der anscheinend sehr weit sämtliche satzungsmäßigen begründeten Einberufungsrechte auf die SE mit Sitz in Deutschland anwendet.
44 *Spindler* in Lutter/Hommelhoff, Europäische Gesellschaft, S. 223, 242; *Brandt*, Hauptversammlung, S. 182; *Bücker* in Habersack/Drinhausen, Art. 54 SE-VO Rz. 15; a.A. *Mayer* in Manz/Mayer/Schröder, Art. 54 SE-VO Rz. 22.
45 *Ziemons* in K. Schmidt/Lutter, § 121 AktG Rz. 20.
46 *Spindler* in Lutter/Hommelhoff, Europäische Gesellschaft, S. 223, 242; *Schwarz*, Art. 54 SE-VO Rz. 12; *Eberspächer* in Spindler/Stilz, AktG, Art. 54 SE-VO Rz. 3; *Bücker* in Habersack/Drinhausen, Art. 54 SE-VO Rz. 17; *Kiem* in KölnKomm. AktG, 3. Aufl., Art. 54 SE-VO Rz. 21; a.A. *Kubis* in MünchKomm. AktG, 3. Aufl., Art. 54 SE-VO Rz. 6, der Art. 50 Abs. 1 SE-VO als Verdrängung von §§ 121 Abs. 2, 111 Abs. 3 AktG ansieht; sowie unter Hinweis auf eine europäisch gebotene Rechtssicherheit *Brandt*, Hauptversammlung, S. 182 f.
47 *Spindler* in Lutter/Hommelhoff, Europäische Gesellschaft, S. 223, 242.

Abs. 2 SE-VO, sondern wird spezieller durch den Art. 55 SE-VO geregelt (hierzu ausführlich Art. 55 Rz. 2)[48].

2. Einberufungsgründe

16 Nach Art. 54 Abs. 2 SE-VO kann die Hauptversammlung „**jederzeit**" von allen einberufungsberechtigten Organen (oben Rz. 11 ff.) einberufen werden, eines besonderen Grundes zur Einberufung bedarf es nach Art. 54 Abs. 2 SE-VO daher nicht[49]. Art. 54 Abs. 2 SE-VO stellt die Einberufung der Hauptversammlung aber nicht vollständig in das Ermessen der Organe, sondern ergänzt nur die bestehenden Pflichten zur Einberufung[50]. Zu differenzieren ist insoweit zwischen dem **Einberufungsrecht** für die Organe und der **Einberufungspflicht** (s. unten Rz. 17). Art. 54 Abs. 2 SE-VO regelt gemeinschaftseinheitlich unmittelbar lediglich das Recht zur Einberufung, für eine derartige Pflicht verweist er hingegen auf das jeweilige mitgliedstaatliche Recht[51]. Andernfalls wäre Art. 54 Abs. 2 SE-VO zugunsten der generellen Verweisung des Art. 9 Abs. 1 lit. c bzw. Art. 53 SE-VO entbehrlich (oben Rz. 13)[52]. Folglich kann das mitgliedstaatliche Recht nicht von der Entbehrlichkeit eines Einberufungsgrundes abweichen und nicht das Einberufungsrecht sämtlicher Organe einschränken[53]. Das für die dualistische Struktur der in Deutschland ansässigen SE in § 111 Abs. 3 Satz 1 AktG beim Aufsichtsrat und für das monistische System in § 22 Abs. 2 Satz 1 SEAG beim Verwaltungsorgan[54] erforderliche „Wohl der Gesellschaft" als nationalgesetzlicher Einberufungsgrund für das Aufsichtsorgan wird daher durch die gemeinschaftsweit festgeschriebene „jederzeitige" Einberufungskompetenz überspielt[55]. Allenfalls kann ein Rechtsmissbrauch in Betracht kommen[56]. Auch § 121 Abs. 2 Satz 1 AktG findet auf eine in Deutschland ansässige SE daneben keine Anwendung[57]. Die Frage

---

48 *Schwarz*, Art. 54 SE-VO Rz. 12; *Mayer* in Manz/Mayer/Schröder, Art. 54 SE-VO Rz. 25.
49 *Kubis* in MünchKomm. AktG, 3. Aufl., Art. 54 SE-VO Rz. 10, Art. 53 SE-VO Rz. 3; *Spindler* in Lutter/Hommelhoff, Europäische Gesellschaft, S. 223, 242 f.; *Brandt*, Hauptversammlung, S. 183 f.; *Mayer* in Manz/Mayer/Schröder, Art. 54 SE-VO Rz. 13, 15; *Eberspächer* in Spindler/Stilz, AktG, Art. 54 SE-VO Rz. 4; a.A. *Schwarz*, Art. 54 SE-VO Rz. 28 f., der die Wendung „jederzeit" in Abgrenzung zur ordentlichen HV des Art. 54 Abs. 1 SE-VO sieht (hierzu ablehnend bereits oben Rz. 2) und daher eine Einberufung nur nach den im Mitgliedstaat bestimmten Einberufungsgründen zulassen will; zustimmend *Thümmel*, Europäische Aktiengesellschaft, S. 118 Rz. 250 in Fn. 197.
50 *Spindler* in Lutter/Hommelhoff, Europäische Gesellschaft, S. 223, 243.; *Brandt*, Hauptversammlung, S. 184; *Mayer* in Manz/Mayer/Schröder, Art. 54 SE-VO Rz. 23 f.
51 So auch *Kubis* in MünchKomm. AktG, 3. Aufl., Art. 54 SE-VO Rz. 10, Art. 53 SE-VO Rz. 3; *Bücker* in Habersack/Drinhausen, Art. 54 SE-VO Rz. 19; *Mayer* in Manz/Mayer/Schröder, Art. 54 SE-VO Rz. 17, 23; *Eberspächer* in Spindler/Stilz, AktG, Art. 54 SE-VO Rz. 4.
52 *Kubis* in MünchKomm. AktG, 3. Aufl., Art. 54 SE-VO Rz. 10.
53 Auf diesen Aspekt zu Recht hinweisend *Kubis* in MünchKomm. AktG, 3. Aufl., Art. 54 SE-VO Rz. 10.
54 S. hierzu Begr. RegE zu SEEG, BT-Drucks. 15/3405, S. 36 f.
55 *Kubis* in MünchKomm. AktG, 3. Aufl., Art. 54 SE-VO Rz. 10; ebenso *Spindler* in Lutter/Hommelhoff, Europäische Gesellschaft, S. 223, 243, dort allerdings nur zu § 113 Abs. 3 Satz 1 AktG; a.A. *Kiem* in KölnKomm. AktG, 3. Aufl., Art. 54 SE-VO Rz. 16: Durchführung der Hauptversammlung müsse im Unternehmensinteresse liegen, ebenso *Bücker* in Habersack/Drinhausen, Art. 54 SE-VO Rz. 19.
56 Insoweit zutr. *Bücker* in Habersack/Drinhausen, Art. 54 SE-VO Rz. 19; *Kiem* in KölnKomm. AktG, 3. Aufl., Art. 54 SE-VO Rz. 16.
57 A.A. *Fürst/Klahr* in Jannott/Frodermann, Handbuch Europäische Aktiengesellschaft, S. 284 Rz. 56.

nach den Folgen einer **grundlosen Einberufung** im deutschen Recht[58] stellt sich somit wegen des jederzeitigen Einberufungsrechts nach Art. 54 Abs. 2 SE-VO nicht[59].

Von dem unmittelbar durch Art. 54 Abs. 2 SE-VO eingeräumten Einberufungsrecht bleiben jedoch die mitgliedstaatlichen **Einberufungspflichten** unberührt[60]. Die Hauptversammlung einer SE in Deutschland ist demzufolge durch das Leitungsorgan unverzüglich nach Eingang des Prüfungs- und Rechenschaftsberichts des Aufsichtsorgans gem. Art. 54 Abs. 2 SE-VO i.V.m. §§ 175 Abs. 1 Satz 1, 171 Abs. 2 AktG einzuberufen[61]. Dasselbe gilt für die Einberufung durch den Vorstand nach § 92 Abs. 1 AktG (Verlustanzeige) und wegen des Verbindungsgebots in § 120 Abs. 3 Satz 1 AktG nach § 120 Abs. 1 AktG für den Vorstand hinsichtlich der Entlastung der Organmitglieder[62]. Der Aufsichtsrat hat gem. Art. 54 Abs. 2 SE-VO i.V.m. § 111 Abs. 3 Satz 1 AktG dann eine Hauptversammlung einzuberufen, wenn es das Wohl der Gesellschaft verlangt[63]. Für die im deutschen AktG nicht vorgesehene monistisch strukturierte SE hat der Gesetzgeber in § 48 Abs. 1 SEAG eine dem § 175 Abs. 1 Satz 1 AktG entsprechende Vorschrift für das Verwaltungsorgan geschaffen[64]. Daneben hat das Verwaltungsorgan gem. Art. 54 Abs. 2 SE-VO i.V.m. § 22 Abs. 2 Satz 1 SEAG, der weitgehend dem § 111 Abs. 3 Satz 1 AktG entspricht, eine Hauptversammlung einzuberufen, wenn das Wohl der Gesellschaft es fordert[65]. Zudem besteht eine Pflicht zur Einberufung des Verwaltungsorgans bei einem Verlust in Höhe der Hälfte des Grundkapitals gem. Art. 54 Abs. 2 SE-VO i.V.m. § 22 Abs. 5 SEAG[66]. Des Weiteren finden gem. Art. 9 Abs. 1 lit. c SE-VO die satzungsmäßigen Einberufungsgründe[67] und die von der SE vertraglich vereinbarten Einberufungspflichten[68] auch auf eine in Deutschland ansässige SE Anwendung[69].

3. Sonstige Einberufungsmodalitäten

Für die weiteren Einberufungsmodalitäten verweist Art. 54 Abs. 2 SE-VO vollumfänglich auf die maßgeblichen **einzelstaatlichen Rechtsvorschriften** (oben Rz. 2 f.). Dieses betrifft insbesondere Form und Inhalt der Einberufung (unten Rz. 19 f.), den Einberufungsbeschluss (unten Rz. 23 f.), die Tagesordnung (unten Rz. 25) sowie die Mitteilungspflichten im Vorfeld (unten Rz. 21).

---

58 *Ziemons* in K. Schmidt/Lutter, § 121 AktG Rz. 13.
59 *Kubis* in MünchKomm. AktG, 3. Aufl., Art. 53 SE-VO Rz. 3.
60 *Kiem* in KölnKomm. AktG, 3. Aufl., Art. 54 SE-VO Rz. 17; *Liebscher* in Semler/Volhard/Reichert, Arbeitshandbuch für die Hauptversammlung, § 49 Rz. 17 ff.; *Bücker* in Habersack/Drinhausen, Art. 54 SE-VO Rz. 20; *Kubis* in MünchKomm. AktG, 3. Aufl., Art. 54 SE-VO Rz. 9; *Brandt*, Hauptversammlung, S. 184.
61 *Drygala* in K. Schmidt/Lutter, § 175 AktG Rz. 4.
62 *Kubis* in MünchKomm. AktG, 3. Aufl., Art. 53 SE-VO Rz. 3; zu den Einberufungspflichten s. auch *Mayer* in Manz/Mayer/Schröder, Art. 54 SE-VO Rz. 23 ff.
63 *Drygala* in K. Schmidt/Lutter, § 111 AktG Rz. 33.
64 *Fürst/Klahr* in Jannott/Frodermann, Handbuch Europäische Aktiengesellschaft, S. 284 Rz. 54; *Mayer* in Manz/Mayer/Schröder, Art. 54 SE-VO Rz. 23; *Bücker* in Habersack/Drinhausen, Art. 54 SE-VO Rz. 22.
65 Begr. RegE zu SEEG, BT-Drucks. 15/3405, S. 36 f.; *Thümmel*, Europäische Aktiengesellschaft, S. 119 Rz. 250.
66 Begr. RegE zu SEEG, BT-Drucks. 15/3405, S. 37; *Thümmel*, Europäische Aktiengesellschaft, S. 119 Rz. 250.
67 *Ziemons* in K. Schmidt/Lutter, § 121 AktG Rz. 15.
68 *Ziemons* in K. Schmidt/Lutter, § 121 AktG Rz. 17.
69 *Kubis* in MünchKomm. AktG, 3. Aufl., Art. 53 SE-VO Rz. 3; *Kiem* in KölnKomm. AktG, 3. Aufl., Art. 54 SE-VO Rz. 18; *Bücker* in Habersack/Drinhausen, Art. 54 SE-VO Rz. 23.

a) Form und Inhalt der Einberufung

19 Auf eine in Deutschland ansässige SE finden die §§ 121 Abs. 3, 124 AktG Anwendung[70]. Demzufolge ist die Einberufung der Hauptversammlung nach § 121 Abs. 3 AktG i.V.m. § 25 Satz 1 AktG zwingend im elektronischen Bundesanzeiger bekannt zu machen. Eine **Bekanntmachung** im EU-Amtsblatt ist zwar bei einer gemeinschaftsweiten Aktionärsbasis wünschenswert[71], jedoch im Umkehrschluss zu Art. 14 SE-VO, der abschließend einzelne Pflichten zur Veröffentlichung im Amtsblatt der Europäischen Gemeinschaft statuiert (Art. 14 Rz. 7) nicht ausreichend bzw. erforderlich[72]. Zu fordern sein wird aber wenigstens die Veröffentlichung in einer weit verbreiteten überregionalen Zeitung[73]. Da die SE-VO nicht regelt, in welcher Sprache die Informationen erteilt werden müssen, ist das nationale Recht anzuwenden, in der Regel daher in der Sprache des Sitzstaats[74]. Ob man diese Pflicht zur Bekanntmachung in der deutschen Sprache aus dem allgemeinen in Art. 10 SE-VO festgeschriebenen Grundsatz der Nichtdiskriminierung ableiten kann, erscheint aber zweifelhaft[75]. Vielmehr ergibt sich diese Pflicht bereits aus dem Verweis des Art. 54 Abs. 2 SE-VO in das jeweilige nationale Recht.

20 Als **notwendigen Inhalt** muss die Einberufung gem. §§ 121 Abs. 3 Satz 2, 124 AktG die Firma, den Sitz der SE, Zeit und Ort der Hauptversammlung, etwaige besondere Teilnahme- und Abstimmungsmodalitäten, die Tagesordnung und im Falle besonderer Beschlüsse die in § 124 Abs. 2 und Abs. 3 AktG normierten Besonderheiten enthalten[76]. Hierbei gelten für die SE jedoch keine Abweichungen zum nationalen Recht[77]. Die Einberufungsbekanntmachung sollte darüber hinaus mit dem Rechtsformzusatz „Societas Europaea" oder „SE" versehen sein sowie vorsorglich neben dem Gesellschaftssitz zur Abgrenzung von namensidentischen Gemeinden im Ausland einen Hinweis auf Deutschland als Sitzstaat enthalten, um der Nichtigkeitsfolge der § 241 Nr. 1 i.V.m. § 121 Abs. 3 Satz 2 AktG zu entgehen[78].

b) Mitteilungspflichten im Vorfeld

21 Kraft der Verweisung des Art. 54 Abs. 2 SE-VO (zur Abgrenzung zu Art. 53 SE-VO s. Art. 53 Rz. 5) gelten auch die **Mitteilungsrechte und -pflichten im Vorfeld** nach

---

[70] *Schwarz*, Art. 54 SE-VO Rz. 18; *Kubis* in MünchKomm. AktG, 3. Aufl., Art. 53 SE-VO Rz. 6; *Bücker* in Habersack/Drinhausen, Art. 54 SE-VO Rz. 25; *Fürst/Klahr* in Jannott/Frodermann, Handbuch Europäische Aktiengesellschaft, S. 285 f. Rz. 63 ff.; *Mayer* in Manz/Mayer/Schröder, Art. 54 SE-VO Rz. 26 ff.; *Eberspächer* in Spindler/Stilz, AktG, Art. 54 SE-VO Rz. 5; *Thümmel*, Europäische Aktiengesellschaft, S. 119 Rz. 252; *Wicke*, MittBayNot 2006, 196, 204.
[71] Diesen Aspekt zu Recht hervorhebend *Brandt*, Hauptversammlung, S. 178; *Schwarz*, Art. 54 SE-VO Rz. 21.
[72] Ebenso *Kubis* in MünchKomm. AktG, 3. Aufl., Art. 53 SE-VO Rz. 6; *Bücker* in Habersack/Drinhausen, Art. 54 SE-VO Rz. 25; a.A. wohl *Brandt*, Hauptversammlung, S. 178; *Schwarz*, Art. 54 SE-VO Rz. 21, die eine Pflichtveröffentlichung aus Art. 14 SE-VO ableiten wollen.
[73] So wie hier *Schwarz*, Art. 54 SE-VO Rz. 21; *Brandt*, Hauptversammlung, S. 178; *Fürst/Klahr* in Jannott/Frodermann, Handbuch Europäische Aktiengesellschaft, S. 285 Rz. 63.
[74] *Schwarz*, Art. 54 SE-VO Rz. 20; *Brandt*, Hauptversammlung, S. 177 f.; *Bücker* in Habersack/Drinhausen, Art. 54 SE-VO Rz. 25; i.E. ebenso *Kubis* in MünchKomm. AktG, 3. Aufl., Art. 53 SE-VO Rz. 6.
[75] So aber *Kubis* in MünchKomm. AktG, 3. Aufl., Art. 53 SE-VO Rz. 6.
[76] *Schwarz*, Art. 54 SE-VO Rz. 19; *Kubis* in MünchKomm. AktG, 3. Aufl., Art. 53 SE-VO Rz. 6; *Fürst/Klahr* in Jannott/Frodermann, Handbuch Europäische Aktiengesellschaft, S. 286 Rz. 67.
[77] S. dazu *Ziemons* in K. Schmidt/Lutter, §§ 123, 124 AktG.
[78] So auch *Kubis* in MünchKomm. AktG, 3. Aufl., Art. 53 SE-VO Rz. 6.

§§ 125 bis 127 AktG für eine in Deutschland ansässige SE[79]. Für die SE besteht daher eine Pflicht gem. Art. 54 Abs. 2 SE-VO i.V.m. § 125 AktG binnen zwölf Tagen nach der Bekanntmachung der Einberufung, den Kreditinstituten sowie namentlich bekannten Aktionären und Aktionärsvereinigungen die Einberufung, die Tagesordnung sowie etwaige Anträge von Aktionären mitzuteilen[80]. Gleichfalls wie bei der Bekanntmachung der Einberufung genügt die SE den Verpflichtungen aus §§ 125, 126 AktG durch die Publizität in deutscher Sprache (oben Rz. 19)[81]. Abweichend zum nationalen Recht hat die Mitteilungspflichten nach §§ 125, 126 AktG bei dem monistischen System das Verwaltungsorgan zu erfüllen, so dass § 125 Abs. 3 und Abs. 4 AktG hier keine Anwendung finden; zudem wird die nationale Soll-Vorschrift des § 125 Abs. 1 Satz 3 2. Halbsatz AktG verordnungskonform dahingehend auszulegen sein, dass die Angabe von Mitgliedschaften in vergleichbaren Kontrollgremien innerhalb den Europäischen Gemeinschaften zwingend mit der für den ersten Halbsatz gültigen Rechtsfolge erfolgen muss[82].

Die **Vorbereitungspflichten der Kreditinstitute** nach Art. 54 Abs. 2 SE-VO i.V.m. §§ 128, 135 AktG gelten auch für die Hauptversammlung einer SE mit Sitz in Deutschland[83]. 22

c) Einberufungsbeschluss

Zu den Modalitäten der Einberufung gehört ebenfalls der **Einberufungsbeschluss**. Auch wenn die Beschlussfassung der Organe sich grundsätzlich nach Art. 50 SE-VO richtet, steht Art. 50 Abs. 1 SE-VO unter dem Vorbehalt einer anderen Bestimmung der Verordnung oder Satzung (Art. 50 Rz. 5 ff.). Art. 54 Abs. 2 SE-VO stellt aber eine solche entsprechende andere Bestimmung dar, so dass er dem Art. 50 SE-VO vorgeht[84]. Auch Art. 57 SE-VO regelt lediglich die Beschlussfassung der Hauptversammlung selbst und nicht die der Einberufung zur Hauptversammlung (Art. 57 Rz. 1). 23

Auf eine **dualistisch strukturierte SE** in Deutschland findet daher über den Verweis des Art. 54 Abs. 2 SE-VO § 121 Abs. 2 Satz 1 AktG Anwendung, so dass für den Einberufungsbeschluss des Vorstandes eine einfache Mehrheit erforderlich ist[85], für denjenigen des Aufsichtsratsorgans nach § 111 Abs. 3 Satz 2 AktG die Mehrheit der abgegebenen Stimmen, wobei Stimmenthaltungen und abwesende Organmitglieder nicht mitzuzählen sind[86]. Für den Einberufungsbeschluss in der **monistischen SE** gilt über den Verweis des Art. 54 Abs. 2 SE-VO die spezielle Regelung des § 22 Abs. 2 Satz 2 24

---

79 *Fürst/Klahr* in Jannott/Frodermann, Handbuch Europäische Aktiengesellschaft, S. 288 f. Rz. 73 ff.; *Mayer* in Manz/Mayer/Schröder, Art. 54 SE-VO Rz. 29 ff.
80 *Ziemons* in K. Schmidt/Lutter, § 125 AktG Rz. 23 f.
81 *Kubis* in MünchKomm. AktG, 3. Aufl., Art. 53 SE-VO Rz. 11.
82 Ausführlich hierzu *Kubis* in MünchKomm. AktG, 3. Aufl., Art. 53 SE-VO Rz. 11; *Kubis* in MünchKomm. AktG, 3. Aufl., § 121 AktG Rz. 77.
83 S. die Kommentierung zum nationalen Recht *Ziemons* in K. Schmidt/Lutter, § 128 AktG Rz. 1 ff.
84 So auch *Schwarz*, Art. 54 SE-VO Rz. 15, Art. 50 SE-VO Rz. 21 f.; *Kiem* in KölnKomm. AktG, 3. Aufl., Art. 54 SE-VO Rz. 28; *Bücker* in Habersack/Drinhausen, Art. 54 SE-VO Rz. 26; a.A. *Brandt*, Hauptversammlung, S. 183: Einberufungsbeschluss ist von Art. 50 SE-VO erfasst, ebenso *Kubis* in MünchKomm. AktG, 3. Aufl., Art. 54 SE-VO Rz. 9.
85 *Kiem* in KölnKomm. AktG, 3. Aufl., Art. 54 SE-VO Rz. 29; *Bücker* in Habersack/Drinhausen, Art. 54 SE-VO Rz. 26.
86 *Schwarz*, Art. 54 SE-VO Rz. 16; *Kiem* in KölnKomm. AktG, 3. Aufl., Art. 54 SE-VO Rz. 29; *Bücker* in Habersack/Drinhausen, Art. 54 SE-VO Rz. 26.

SEAG für den Verwaltungsrat; hiernach genügt ebenfalls eine einfache Mehrheit für die Einberufung[87].

d) Tagesordnung

25 Eine in Deutschland ansässige SE hat gem. Art. 54 Abs. 2 SE-VO i.V.m. § 121 Abs. 3 Satz 2 AktG eine **Tagesordnung** aufzustellen, welche von demjenigen aufzustellen ist, der die Hauptversammlung einberuft (zu den Einberufungsberechtigten s. oben Rz. 11 f.)[88]. Vom Sonderfall des nachträglichen Minderheitsverlangens nach § 124 Abs. 1 Satz 1 AktG abgesehen, muss die Tagesordnung, anders als noch nach § 124 Abs. 1 Satz 1 AktG a.F. schon in der Einberufung enthalten sein[89]. Die Tagesordnung führt alle die auf der Hauptversammlung zu behandelnden Gegenstände in der zu behandelnden Reihenfolge auf[90]. Sie ist wie die Einberufung selbst in deutscher Sprache aufzustellen (oben Rz. 19). Für die Wahl von Aufsichtsratsmitgliedern, für Satzungsänderungen und auch für zustimmungspflichtige Verträge sind in § 124 Abs. 2 AktG für eine nationale Aktiengesellschaft besondere Bekanntmachungsregeln vorgesehen, die auch für eine SE mit Sitz in Deutschland gelten[91]. Aufgrund der speziellen Verweisung in Art. 56 Satz 2 SE-VO gilt auch die Bekanntmachungsfrist des § 124 Abs. 1 Satz 1 AktG für ein Ergänzungsverlangen von Minderheitsaktionären (hierzu Art. 56 Rz. 24)[92]. Demnach sind die Gegenstände der Tagesordnung schon, wie beim regulären Verfahren, mit Einberufung bekannt zu machen. Ist dieses nicht mehr möglich, hat unmittelbar nach Zugang des Verlangens eine „unverzügliche" Bekanntgabe zu erfolgen, § 124 Abs. 1 Satz 1 AktG. Wie konkret die Angabe der Tagesordnungspunkte auszufallen hat, richtet sich nach nationalem Recht[93]; demnach müssen sich die Aktionäre ein konkretes Bild über die in der Hauptversammlung zu behandelnden Punkte machen können[94]. Im Übrigen kann auf die Ausführungen zu §§ 121, 124 AktG verwiesen werden.

26 Wenn die Tagesordnung ordnungswidrig bekannt gemacht wird, dürfen gem. Art. 54 Abs. 2 SE-VO i.V.m. § 124 Abs. 4 Satz 1 AktG über die **fehlerhaften Tagesordnungspunkte** keine Beschlüsse gefasst werden, gleichwohl gefasste Beschlüsse sind nach

---

87 Wie hier *Bücker* in Habersack/Drinhausen, Art. 54 SE-VO Rz. 26; i.E. ebenso *Schwarz*, Art. 54 SE-VO Rz. 17, allerdings über eine „gesamtanaloge Anwendung" von § 22 Abs. 2 Satz 2 SEAG und § 121 Abs. 2 Satz 1 AktG; ähnlich *Kiem* in KölnKomm. AktG, 3. Aufl., Art. 54 SE-VO Rz. 29; zur österreichischen Regelung des § 38 Abs. 2 SEG s. *Zollner* in Kalss/Hügel, § 62 SEG Rz. 5.
88 *Schwarz*, Art. 54 SE-VO Rz. 22; *Eberspächer* in Spindler/Stilz, AktG, Art. 54 SE-VO Rz. 6; *Bücker* in Habersack/Drinhausen, Art. 54 SE-VO Rz. 28; *Kiem* in KölnKomm. AktG, 3. Aufl., Art. 54 SE-VO Rz. 31; a.A. über den Verweis des Art. 53 SE-VO *Kubis* in MünchKomm. AktG, 3. Aufl., Art. 53 SE-VO Rz. 8.
89 *Koch* in Hüffer, § 121 AktG Rz. 9; *Kubis* in MünchKomm. AktG, 3. Aufl., § 121 AktG Rz. 43, 75.
90 *Schwarz*, Art. 54 SE-VO Rz. 22; *Kiem* in KölnKomm. AktG, 3. Aufl., Art. 54 SE-VO Rz. 31; *Bücker* in Habersack/Drinhausen Art. 54 SE-VO Rz. 28; *Fürst/Klahr* in Jannott/Frodermann, Handbuch Europäische Aktiengesellschaft, S. 287 Rz. 68; *Mayer* in Manz/Mayer/Schröder, Art. 54 SE-VO Rz. 28; noch zum alten § 124 Abs. 1 Satz 1 AktG: *Werner* in Großkomm. AktG, 4. Aufl., § 124 AktG Rz. 14; *Semler* in MünchHdb. AG, § 35 Rz. 38.
91 *Schwarz*, Art. 54 SE-VO Rz. 22.
92 *Kubis* in MünchKomm. AktG, 3. Aufl., Art. 53 SE-VO Rz. 8.
93 *Eberspächer* in Spindler/Stilz, AktG, Art. 54 SE-VO Rz. 6; *Schwarz*, Art. 54 SE-VO Rz. 22; *Brandt*, Hauptversammlung, S. 186 f.; *Kubis* in MünchKomm. AktG, 3. Aufl., Art. 53 SE-VO Rz. 8.
94 *Schwarz*, Art. 54 SE-VO Rz. 17; *Fürst/Klahr* in Jannott/Frodermann, Handbuch Europäische Aktiengesellschaft, S. 286 Rz. 68; *Brandt*, Hauptversammlung, S. 187.

Art. 9 Abs. 1 lit. c SE-VO i.V.m. §§ 243 Abs. 1, 245 Nr. 2 AktG anfechtbar (Art. 53 Rz. 34)[95]. Allerdings kann eine Verletzung der Einberufungsvorschriften geheilt werden, wenn alle Aktionäre erschienen sind und niemand der Durchführung der Hauptversammlung widerspricht (zur Universalversammlung s. auch oben Rz. 11; näher Art. 53 Rz. 17)[96].

e) Termin

Den Termin zur Abhaltung der Hauptversammlung hat das Organ, das für die Einberufung zuständig ist, nach pflichtgemäßem Ermessen festzulegen[97]. Demgemäß kommen mangels SE-spezifischer Vorgaben die nationalen Einschränkungen, etwa hinsichtlich von Feiertagen oder Sonntagen, zur Anwendung[98]. Aber auch entsprechende ausländische Feiertage sind zu berücksichtigen, wenn die Hauptversammlung der SE im Ausland stattfinden soll; andernfalls wäre das Teilnahmerecht der Aktionäre unzulässig eingeschränkt[99].

27

Art. 55
[Einberufung durch eine Minderheit der Aktionäre]

(1) Die Einberufung der Hauptversammlung und die Aufstellung ihrer Tagesordnung können von einem oder mehreren Aktionären beantragt werden, sofern sein/ihr Anteil am gezeichneten Kapital mindestens 10 % beträgt; die Satzung oder einzelstaatliche Rechtsvorschriften können unter denselben Voraussetzungen, wie sie für Aktiengesellschaften gelten, einen niedrigeren Prozentsatz vorsehen.

(2) Der Antrag auf Einberufung muss die Punkte für die Tagesordnung enthalten.

(3) Wird die Hauptversammlung nicht rechtzeitig bzw. nicht spätestens zwei Monate nach dem Zeitpunkt, zu dem der in Absatz 1 genannte Antrag gestellt worden ist, abgehalten, so kann das am Sitz der SE zuständige Gericht oder die am Sitz der SE zuständige Verwaltungsbehörde anordnen, dass sie innerhalb einer bestimmten Frist einzuberufen ist, oder die Aktionäre, die den Antrag gestellt haben, oder deren Vertreter dazu ermächtigen. Hiervon unberührt bleiben einzelstaatliche Bestimmungen, aufgrund deren die Aktionäre gegebenenfalls die Möglichkeit haben, selbst die Hauptversammlung einzuberufen.

---

95 *Kiem* in KölnKomm. AktG, 3. Aufl., Art. 54 SE-VO Rz. 32; *Bücker* in Habersack/Drinhausen, Art. 54 SE-VO Rz. 29; *Mayer* in Manz/Mayer/Schröder, Art. 54 SE-VO Rz. 32; *Schwarz*, Art. 54 SE-VO Rz. 44 m.w.N. zum nationalen Recht.
96 *Schwarz*, Art. 54 SE-VO Rz. 23; *Fürst/Klahr* in Jannott/Frodermann, Handbuch Europäische Aktiengesellschaft, S. 288 Rz. 72; *Mayer* in Manz/Mayer/Schröder, Art. 54 SE-VO Rz. 44; s. auch *Spindler* in Lutter/Hommelhoff, Europäische Gesellschaft, S. 223, 243.
97 Zutr. *Bücker* in Habersack/Drinhausen, Art. 54 SE-VO Rz. 27; *Kiem* in KölnKomm. AktG, 3. Aufl., Art. 54 SE-VO Rz. 24.
98 *Kiem* in KölnKomm. AktG, 3. Aufl., Art. 54 SE-VO Rz. 25; *Kubis* in MünchKomm. AktG, 3. Aufl., Art. 53 SE-VO Rz. 7; *Bücker* in Habersack/Drinhausen, Art. 54 SE-VO Rz. 27.
99 *Kiem* in KölnKomm. AktG, 3. Aufl., Art. 54 SE-VO Rz. 25; *Bücker* in Habersack/Drinhausen, Art. 54 SE-VO Rz. 27; *Brandt*, Hauptversammlung, S. 175: Berücksichtigung ausländischer Feiertage „wünschenswert, aber nicht zwingend"; a.A. *Kubis* in MünchKomm. AktG, 3. Aufl., Art. 53 SE-VO Rz. 9.

Art. 55 SE-VO (§ 50 SEAG)

§ 50 SEAG: Einberufung und Ergänzung der Tagesordnung auf Verlangen einer Minderheit
(1) Die Einberufung der Hauptversammlung und die Aufstellung ihrer Tagesordnung nach Artikel 55 der Verordnung kann von einem oder mehreren Aktionären beantragt werden, sofern sein oder ihr Anteil am Grundkapital mindestens 5 Prozent beträgt.
(2) Die Ergänzung der Tagesordnung für eine Hauptversammlung durch einen oder mehrere Punkte kann von einem oder mehreren Aktionären beantragt werden, sofern sein oder ihr Anteil 5 Prozent des Grundkapitals oder den anteiligen Betrag von 500 000 Euro erreicht.

I. Grundlagen	
1. Regelungsgegenstand und Normzweck	1
2. Historische Entwicklung	3
II. Einberufungsantrag der Minderheit (Art. 55 Abs. 1 und 2 SE-VO)	
1. Antragsberechtigung	4
2. Quorum	
a) Höhe	
aa) Regelung der SE-VO	5
bb) Nationale Ausführungsbestimmungen (§ 50 SEAG)	6
cc) Vorrang der Satzung	7
b) Mindestbesitzdauer	8
3. Ordnungsgemäßer Antrag	
a) Adressat	10
b) Inhalt.	11
c) Form	13
d) Rechtsmissbrauch des Einberufungsverlangens	14
4. Verfahren	
a) Einberufungspflicht des Geschäftsorgans	15
b) Sonstige Verfahrensvoraussetzungen	17
III. Staatliches Einberufungsverfahren (Art. 55 Abs. 3 SE-VO)	
1. Allgemeines	18
2. Verfahren	20
a) Verfahrensgrundsätze	21
b) Verfahrensvoraussetzungen	
aa) Einberufungsantrag	22
bb) Nichteinberufung innerhalb Frist	25
c) Kosten.	26
3. Einberufungsalternativen	27
a) Anordnung durch das Gericht . . .	28
b) Ermächtigung der Aktionärsminderheit	29
c) Selbsteinberufungsrecht der Aktionäre	30

Literatur: S. vor Art. 52.

I. Grundlagen

1. Regelungsgegenstand und Normzweck

1 Art. 55 SE-VO regelt zusammen mit Art. 56 SE-VO den **Minderheitenschutz** in der SE[1]. Sowohl Art. 55 SE-VO als auch Art. 56 SE-VO tragen dem Umstand Rechnung, dass die Aktionäre ihren Einfluss in der SE in der Hauptversammlung geltend machen müssen[2]. Die Minderheitenrechte der Aktionäre in der SE setzen sich zusammen aus der Möglichkeit, eine Hauptversammlung überhaupt nach Art. 55 SE-VO einzuberufen (sog. Einberufungsrecht bzw. -verlangen) sowie nach Art. 56 SE-VO aus der Möglichkeit, die Ergänzung der Tagesordnung für eine bereits anderweitig einberufene Hauptversammlung beschließen zu lassen (sog. Ergänzungsverlangen).

---

1 *Schwarz*, Art. 55 SE-VO Rz. 1; *Kubis* in MünchKomm. AktG, 3. Aufl., Art. 55, 56 SE-VO Rz. 1; *Eberspächer* in Spindler/Stilz, AktG, Art. 55, 56 SE-VO Rz. 1; *Mayer* in Manz/Mayer/Schröder, Art. 55 SE-VO Rz. 1; *Schindler*, Europäische Aktiengesellschaft, S. 75 f.; *Lind*, Die Europäische Aktiengesellschaft, S. 165 f.; *Thümmel*, Europäische Aktiengesellschaft, S. 120 Rz. 253; ausführlich zum Minderheitenschutz in der SE im Allgemeinen *Kalss*, ZGR 2003, 593 ff.
2 *Eberspächer* in Spindler/Stilz, AktG, Art. 55, 56 SE-VO Rz. 1; *Bücker* in Habersack/Drinhausen, Art. 55 SE-VO Rz. 1; *Schwarz*, Art. 55 SE-VO Rz. 1; *Kubis* in MünchKomm. AktG, 3. Aufl., Art. 55, 56 SE-VO Rz. 1; *Kalss*, ZGR 2003, 593, 600.

Das **Minderheitenrecht auf Einberufung** einer Hauptversammlung ist hierbei **zwei-** 2
stufig aufgebaut: Dem an die Gesellschaft gerichteten Einberufungsverlangen der Aktionärsminderheit nach Art. 55 Abs. 1 und 2 SE-VO (unten Rz. 4 ff.) schließt sich bei dessen Nichtbeachtung das staatliche Einberufungsverfahren nach Art. 55 Abs. 3 SE-VO an (unten Rz. 18 ff.)[3]. Durch die Norm wird, wie in Art. 56 SE-VO auch (Art. 56 Rz. 1), der Minderheitenschutz grundsätzlich bereits auf gemeinschaftsrechtlicher Ebene gewährleistet. Art. 55 SE-VO erlaubt den Mitgliedstaaten oder dem Satzungsgeber das Absenken des Quorums, nicht jedoch Einschränkungen des Minderheitenschutzes[4]. Art. 55 SE-VO stellt eine Spezialverweisung dar, die den generellen Verweisungen der Art. 53, 54 SE-VO (hierzu Art. 53 Rz. 1, 5 ff., Art. 54 Rz. 4) vorgeht[5]. Art. 55 SE-VO enthält keinen Verweis auf das nationale Recht; daher kann im Prinzip nicht auf das mitgliedstaatliche Recht zurückgegriffen werden. Dennoch erscheint es zur Lückenfüllung sachdienlich, das jeweilige nationale Recht in seinen Wertungen vorsichtig heranzuziehen, da die SE-VO weitgehend das jeweilige nationale Recht inkorporiert[6]. Eindeutig nicht herangezogen werden können jedoch solche nationalen Regelungen, die die Inanspruchnahme der Einberufung an strengere Voraussetzungen knüpfen als der Art. 55 SE-VO vorgibt[7]. Auf jeden Fall muss aber zunächst eine europarechtlich autonome Auslegung gesucht werden, die auch rechtsvergleichend den acquis communautaire berücksichtigt.

2. Historische Entwicklung

Bereits die **Vorgängerentwürfe** kannten eine **ähnliche Form der Einberufung** durch 3
die Minderheitsaktionäre. So sah Art. IV-3-2 Sanders-Vorentwurf eine dem § 122 Abs. 1, 3 und 4 AktG im Wesentlichen entsprechende Regelung vor, die sodann in Art. 85 Abs. 1 und 2 SE-VOV 1970 sowie später in Art. 85 SE-VOV 1975 nahezu identisch übernommen wurde. Auch Art. 83 SE-VOV 1989, Art. 83 SE-VOV 1991 und Art. 54 SE-RatsE 1998 kannten bereits ein Einberufungsrecht der Minderheitsaktionäre. Während aber die ursprünglichen Verordnungsvorschläge (Art. 85 Abs. 1 SE-VOV 1970 und 1975) noch eine Mindestbeteiligung von 5 % bzw. eine am Nennbetrag orientierte Beteiligungsschwelle vorschrieben, sah bereits Art. 83 SE-VOV 1989 und SE-VOV 1991 ein Quorum von 10 % des haftenden Kapitals vor, was auf Kritik stieß[8]. Im Gegensatz zu den Vorgängerentwürfen, in denen in Art. 85 Abs. 1 SE-VOV 1970 und 1975 sowie in Art. 85 Abs. 1 SE-VOV 1991 nur die Satzung dieses Quorum herabsetzen konnte, während in dem SE-VOV 1989 überhaupt keine Herabsetzung möglich war, konnte bereits nach Art. 55 Abs. 1 2. Halbsatz RatsE 1998 aber auch das nationale Recht die Beteiligungsschwelle für das Einberufungsverlangen senken. Diese Regelung ist in der aktuellen Fassung übernommen worden. Zusätzlich forderte Art. 83 SE-VOV 1991 noch eine Begründung des Einberufungsverlangens der Minderheitsaktionäre. Nunmehr ist das Minderheitenrecht aus Art. 55 SE-VO ohne diese Begründungspflicht weitgehend voraussetzungsfrei auf europarechtlicher Ebene festgelegt.

---

[3] *Schwarz*, Art. 55 SE-VO Rz. 1; *Kiem* in KölnKomm. AktG, 3. Aufl., Art. 55 SE-VO Rz. 2; *Eberspächer* in Spindler/Stilz, AktG, Art. 55, 56 SE-VO Rz. 1; *Bücker* in Habersack/Drinhausen, Art. 55 SE-VO Rz. 2; *Mayer* in Manz/Mayer/Schröder, Art. 55 SE-VO Rz. 1 f., 9.
[4] *Kubis* in MünchKomm. AktG, 3. Aufl., Art. 55, 56 SE-VO Rz. 2; *Schwarz*, Art. 55 SE-VO Rz. 16.
[5] *Kubis* in MünchKomm. AktG, 3. Aufl., Art. 55, 56 SE-VO Rz. 2.
[6] Ähnlich, aber wohl weitergehender für Heranziehung des nationalen Rechts *Kiem* in KölnKomm. AktG, 3. Aufl., Art. 55 SE-VO Rz. 14 ff.; dem folgend *Bücker* in Habersack/Drinhausen, Art. 55 SE-VO Rz. 4.
[7] *Kiem* in KölnKomm. AktG, 3. Aufl., Art. 55 SE-VO Rz. 14.
[8] *Trojan-Limmer*, RIW 1991, 1010, 1017.

II. Einberufungsantrag der Minderheit (Art. 55 Abs. 1 und 2 SE-VO)

1. Antragsberechtigung

4 Antragsberechtigt für die Einberufung einer Hauptversammlung sind nach Art. 55 Abs. 1 SE-VO bereits **ein oder mehrere Aktionäre**. Erforderlich ist daher, dass der Antragsteller im Zeitpunkt des Antrags Aktionär ist[9]. Die Antragsberechtigung des Art. 55 Abs. 1 SE-VO ist mit derjenigen des § 122 Abs. 1 AktG identisch, so dass neben der materiell-rechtlichen Aktionärseigenschaft auch bei der in Deutschland ansässigen SE ein unwiderleglich vermuteter Aktienbesitz nach § 67 Abs. 2 AktG genügt[10], insbesondere bei Namensaktien. Vermögensrechtliche Belastungen der Aktie schaden der Antragsbefugnis nicht, auch ein fehlendes Stimmrecht ist wie im nationalen Recht irrelevant[11]. Das Einberufungsverlangen kann ebenso wie im nationalen Recht[12] durch Dritte ausgeübt werden[13]. Auch Aktionäre, die als Entleiher ihre Aktie im Rahmen einer Wertpapierleihe als Sachdarlehen erhalten haben (§ 607 BGB), zählen hierzu[14]. Befürchtungen, der gesetzliche Zweck des Mindestquorums (Schaffung einer Seriositätsschwelle und somit frühzeitige Prüfung der Ernsthaftigkeit des Begehrens) könne unterlaufen werden[15], wenn sich ein „räuberischer" Aktionär auf vergleichsweise einfachem Wege das Quorum „zusammenleihen" könnte, überzeugen nicht, da sich die Aktien zur Erreichung des Quorums ohnehin nicht in einer Hand befinden müssen und somit beispielsweise auch ein „Einsammeln von Stimmrechten" durch Einwerben von Vollmachten mit vergleichbaren Effekten möglich ist[16].

2. Quorum

a) Höhe

5 **aa) Regelung der SE-VO.** Das Einberufungsrecht steht nur einer Aktionärsminderheit mit einem Quorum von **10 % am gezeichneten Kapital** zu. Die 10 %ige Beteiligungsschwelle stellt einen gemeinschaftsweiten Mindeststandard mit Vorrang vor den Vorschriften einzelner Mitgliedstaaten dar, welche für die Aktiengesellschaften eine höhere Mindestbeteiligung vorsehen; sie gewährt damit den Minderheitsaktionären ein europaweit einheitliches Mindestmaß an Minderheitsschutz[17]. Die in der SE-VO verwandte Terminologie des „gezeichneten Kapitals" ist nicht mit der deutschen Begrifflichkeit identisch. Trotz der sprachlichen Abweichung des im Aktiengesetz ge-

---

9 *Kubis* in MünchKomm. AktG, 3. Aufl., Art. 55, 56 SE-VO Rz. 4; *Bücker* in Habersack/Drinhausen, Art. 55 SE-VO Rz. 5.
10 *Kubis* in MünchKomm. AktG, 3. Aufl., Art. 55, 56 SE-VO Rz. 4; *Bücker* in Habersack/Drinhausen, Art. 55 SE-VO Rz. 5.
11 *Bücker* in Habersack/Drinhausen, Art. 55 SE-VO Rz. 5; *Eberspächer* in Spindler/Stilz, AktG, Art. 55, 56 SE-VO Rz. 1; *Kubis* in MünchKomm. AktG, 3. Aufl., Art. 55, 56 SE-VO Rz. 4.
12 *Ziemons* in K. Schmidt/Lutter, § 122 AktG Rz. 15.
13 *Bücker* in Habersack/Drinhausen, Art. 55 SE-VO Rz. 5; *Kubis* in MünchKomm. AktG, 3. Aufl., Art. 55, 56 SE-VO Rz. 4; *Mayer* in Manz/Mayer/Schröder, Art. 55 SE-VO Rz. 15.
14 *Bücker* in Habersack/Drinhausen, Art. 55 SE-VO Rz. 9; bezüglich der erforderlichen Kapitalmehrheit beim Squeeze-Out s.: BGH v. 16.3.2009 – II ZR 302/06, BGHZ 180, 154 = AG 2009, 441; im Zusammenhang mit der Bestellung der Sonderprüfer: *Mock* in Spindler/Stilz, § 142 AktG Rz. 115; grundsätzlich gegen die Berücksichtigung geliehener Aktien zur Erreichung aktienrechtlicher Quoren: *Bachmann*, ZHR 173 (2009), 596, 620 ff.
15 So *Bachmann*, ZHR 173 (2009), 596, 621 f.
16 S. hierzu ausführlich *Bachmann*, ZHR 173 (2009), 596, 620 ff., der zwar auch anerkennt, dass ein „Einsammeln von Stimmrechten" ähnliche Effekte haben kann, dieses jedoch im Vergleich zur Stimmenleihe als deutlich komplizierter ansieht.
17 *Schwarz*, Art. 55 SE-VO Rz. 7; *Kiem* in KölnKomm. AktG, 3. Aufl., Art. 55 SE-VO Rz. 1, 14; *Bücker* in Habersack/Drinhausen, Art. 55 SE-VO Rz. 6; *Brandt*, Hauptversammlung, S. 188; *Liebscher* in Semler/Volhard/Reichert, Arbeitshandbuch für die Hauptversammlung, § 49 Rz. 22.

bräuchlichen Begriffs des „Grundkapitals" von der europäischen Terminologie des „gezeichneten Kapitals", der sich aus Gründen des einheitlichen Sprachgebrauchs erklärt, ist ein sachlicher Unterschied damit jedoch nicht verbunden[18]. Die Vorschrift steht insofern im Einklang mit § 122 Abs. 1 AktG. Bei der Berechnung des Quorums sind Aktien aller Art, auch Vorzugsaktien etc., einzubeziehen.

bb) Nationale Ausführungsbestimmungen (§ 50 SEAG). Einzelstaatliche Rechtsvorschriften können nach Art. 55 Abs. 1 2. Halbsatz SE-VO unter denselben Voraussetzungen, wie sie für nationale Aktiengesellschaften gelten, einen niedrigeren Prozentsatz vorsehen[19]. Deutschland hat von dieser Ermächtigung in § 50 Abs. 1 SEAG durch eine **Absenkung auf 5 % vom Grundkapital** Gebrauch gemacht. Jedoch gehen **abweichende Satzungsregelungen** der SE in den von Art. 55 Abs. 1 SE-VO festgelegten Grenzen vor (unten Rz. 7). In § 50 Abs. 2 SEAG wird für das Ergänzungsverlangen als zusätzliche Alternative ein rechnerischer Anteil am Grundkapital von 500 000 Euro vorgesehen (Art. 56 Rz. 6, 10 f.). Hierdurch erfolgt eine vollständige Harmonisierung der Quoren mit § 122 AktG[20]. Dadurch wird der Minderheitenschutz gegenüber der Regelung in der SE-VO gestärkt, denn ohne eine Satzungsregelung gilt anstatt der 10 %igen Beteiligung der SE-VO die 5 %ige des § 50 Abs. 1 SEAG[21]. Bezugspunkt der Berechnung ist daher der im Handelsregister eingetragene Nennbetrag des Grundkapitals zum Zeitpunkt der Antragstellung[22]. Dabei müssen auch Aktien aus einem bedingten Kapital berücksichtigt werden, wenn das Grundkapital sich durch die Ausgabe von Bezugsaktien erhöht hat, da das Kapital damit bereits als erhöht gilt[23]. 6

cc) Vorrang der Satzung. Art. 55 Abs. 1 2. Halbsatz SE-VO eröffnet auch der Satzung einer SE die Möglichkeit, einen niedrigeren Prozentsatz für das Einberufungsverlangen vorzusehen. Dabei handelt es sich um originäres Satzungsrecht der SE-VO gem. Art. 9 Abs. 1 lit. b SE-VO[24] und nicht um einen Verweis auf nationale aktienrechtliche Vorschriften und deren Satzungsspielräume; mithin gelangt § 23 Abs. 5 AktG nicht zur Anwendung. Soweit die Satzung das Quorum für ein Minderheitsverlangen betrifft, entfalten die Satzungsregelungen eine **verdrängende Wirkung**, auch gegen- 7

---

18 Begr. RegE zu SEAG, BT-Drucks. 15/3405, S. 40; *Kubis* in MünchKomm. AktG, 3. Aufl., Art. 55, 56 SE-VO Rz. 5; *Mayer* in Manz/Mayer/Schröder, Art. 55 SE-VO Rz. 23; *Thümmel*, Europäische Aktiengesellschaft, S. 120 Rz. 253 in Fn. 199; wohl auch *Heckschen* in Widmann/Mayer, Anhang 14 Rz. 491.
19 Begr. RegE zu SEAG, BT-Drucks. 15/3405, S. 40; *Spindler* in Lutter/Hommelhoff, Europäische Gesellschaft, S. 223, 242; zur österreichischen Regelung des § 62 SEG s. *Zollner* in Kalss/Hügel, § 62 SEG Rz. 8; *Liebscher* in Semler/Volhard/Reichert, Arbeitshandbuch für die Hauptversammlung, § 49 Rz. 22.
20 S. dazu *Ziemons* in K. Schmidt/Lutter, § 122 AktG Rz. 7; vgl. auch *Kubis* in MünchKomm. AktG, 3. Aufl., Art. 55, 56 SE-VO Rz. 3; *Schwarz*, Art. 55 SE-VO Rz. 17, Art. 56 Rz. 7; *Fürst/Klahr* in Jannott/Frodermann, Handbuch Europäische Aktiengesellschaft, S. 271 f. Rz. 5; *Neye/Teichmann*, AG 2003, 169, 176; *Ihrig/Wagner*, BB 2003, 969, 976.
21 *Schwarz*, Art. 55 SE-VO Rz. 7; ebenso *Fürst/Klahr* in Jannott/Frodermann, Handbuch Europäische Aktiengesellschaft, S. 282 Rz. 46.
22 *Kubis* in MünchKomm. AktG, 3. Aufl., Art. 55, 56 SE-VO Rz. 5; *Bücker* in Habersack/Drinhausen, Art. 55 SE-VO Rz. 7.
23 *Kubis* in MünchKomm. AktG, 3. Aufl., § 122 AktG Rz. 6; *Reichert/Balke* in Semler/Volhard/Reichert, Arbeitshandbuch für die Hauptversammlung, § 4 Rz. 33; *Werner* in Großkomm. AktG, 4. Aufl., § 122 AktG Rz. 6; *Ziemons* in K. Schmidt/Lutter, § 122 AktG Rz. 7; *Rieckers* in Spindler/Stilz, § 122 AktG Rz. 9.
24 *Schwarz*, Art. 55 SE-VO Rz. 15; *Brandt*, Hauptversammlung, S. 194; *Kubis* in MünchKomm. AktG, 3. Aufl., Art. 55, 56 SE-VO Rz. 2 f.

über § 50 SEAG[25]. Dies lässt sich zum einen durch die Normgenese belegen[26], zum anderen auch durch den Wortlaut des Art. 55 SE-VO, denn im Vergleich zu Art. 47 Abs. 1 oder zu Art. 52 Satz 2 enthält Art. 55 Abs. 1 SE-VO gerade keinen Vorbehalt zu Gunsten der nationalen Vorschrift[27]. Hinsichtlich des Quorums für ein Einberufungsrecht bzw. -verlangen ist § 50 SEAG somit satzungsdispositiv[28]. Die Satzung der SE kann folglich eine niedrigere Beteiligungsquote als die 5 %ige des § 50 Abs. 1 SEAG vorsehen, aber auch eine höhere als in § 50 Abs. 1 SEAG festsetzen oder sogar das 10 %ige Quorum des Art. 55 Abs. 1 2. Halbsatz SE-VO wiederherstellen[29].

b) Mindestbesitzdauer

8   Anders als das deutsche Recht, das gem. §§ 122 Abs. 1 Satz 3, 142 Abs. 2 Satz 2 AktG eine nachweisliche Mindestbesitzdauer der Aktien von mindestens drei Monaten vor Antragstellung verlangt[30], setzt Art. 55 Abs. 1 SE-VO lediglich das beschriebene Quorum (oben Rz. 5) voraus, mithin **keine weiteren Anforderungen** hinsichtlich einer Mindestbesitzzeit[31]. Die Vorschriften des §§ 122 Abs. 1 Satz 3, 142 Abs. 2 Satz 2 AktG gelten daher nicht für eine SE mit Sitz in Deutschland[32]. Die Ermächtigung des Art. 55 Abs. 1 2. Halbsatz SE-VO zeigt vielmehr, dass die Mitgliedstaaten lediglich berechtigt sein sollen, den Minderheitenschutz zu verbessern, anstatt ihn einzuschränken[33].

9   Davon zu trennen ist die Frage der **Mindestfortwirkungsdauer** des Quorums, welche insbesondere bei einem anschließenden Ermächtigungsverfahren mit u.U. länger währendem Beschwerdeverfahren zum Tragen kommt. Anders als die h.M. im deutschen Recht, die das Fortbestehen des Quorums bis zur rechtskräftigen Entscheidung über das Minderheitsverlangen fordert[34], lässt sich aus der SE-VO nicht ableiten, dass

---

25 *Kubis* in MünchKomm. AktG, 3. Aufl., Art. 55, 56 SE-VO Rz. 2; *Schwarz*, Art. 55 SE-VO Rz. 15; *Brandt*, Hauptversammlung, S. 194; *Spindler* in Lutter/Hommelhoff, Europäische Gesellschaft, S. 223, 242.

26 Hierzu ausführlich *Schwarz*, Art. 55 SE-VO Rz. 15; *Brandt*, Hauptversammlung, S. 194.

27 *Kubis* in MünchKomm. AktG, 3. Aufl., Art. 55, 56 SE-VO Rz. 3; a.A. *Kiem* in KölnKomm. AktG, 3. Aufl., Art. 55 SE-VO Rz. 5; *Bücker* in Habersack/Drinhausen, Art. 55 SE-VO Rz. 8, die auf den Gleichlauf mit den für die nationalen Aktiengesellschaften geltenden Bestimmungen hinweisen – dann hätte aber auch ein genereller Verweis auf nationales Recht genügt.

28 *Kubis* in MünchKomm. AktG, 3. Aufl., Art. 55, 56 SE-VO Rz. 2.

29 *Schwarz*, Art. 55 SE-VO Rz. 17; *Kubis* in MünchKomm. AktG, 3. Aufl., Art. 55, 56 SE-VO Rz. 3, 5; a.A. *Eberspächer* in Spindler/Stilz, AktG, Art. 55, 56 SE-VO Rz. 3, demzufolge der abweichende Schwellenwert in der Satzung 5 % nicht überschreiten darf, ebenso *Kiem* in KölnKomm. AktG, 3. Aufl., Art. 55 SE-VO Rz. 5; *Bücker* in Habersack/Drinhausen, Art. 55 SE-VO Rz. 8.

30 *Spindler* in K. Schmidt/Lutter, § 142 AktG Rz. 42.

31 *Kubis* in MünchKomm. AktG, 3. Aufl., Art. 55, 56 SE-VO Rz. 6; *Kiem* in KölnKomm. AktG, 3. Aufl., Art. 55 SE-VO Rz. 17; *Bücker* in Habersack/Drinhausen, Art. 55 SE-VO Rz. 11; *Mayer* in Manz/Mayer/Schröder, Art. 55 SE-VO Rz. 6, 22.

32 *Schwarz*, Art. 55 SE-VO Rz. 8; *Bücker* in Habersack/Drinhausen, Art. 55 SE-VO Rz. 11; *Kubis* in MünchKomm. AktG, 3. Aufl., Art. 55, 56 SE-VO Rz. 6; *Eberspächer* in Spindler/Stilz, AktG, Art. 55, 56 SE-VO Rz. 3; *Brandt*, Hauptversammlung, S. 189 f.

33 *Schwarz*, Art. 55 SE-VO Rz. 8; i.E. ebenso *Mayer* in Manz/Mayer/Schröder, Art. 55 SE-VO Rz. 6.

34 OLG Düsseldorf v. 16.1.2004 – I-3 Wx 290/03 – „Babcock Borsig AG", AG 2004, 211 = NZG 2004, 239 m. zust. Anm. *Vetter*, EWiR 2004, 261; ausführlich *Kubis* in MünchKomm. AktG, 3. Aufl., Art. 55, 56 SE-VO Rz. 6; *Kubis* in MünchKomm. AktG, 3. Aufl., § 122 AktG Rz. 7, 45, Art. 55, 56 SE-VO Rz. 6, mit Hinweis auf die Verweisung des § 122 Abs. 1 Satz 3 AktG auf § 142 Abs. 2 Satz 2 AktG, der eine dreimonatige Vorbesitzzeit fordert, m.w.N. Zu ausführlichen Nachweisen im deutschen Recht s. *Ziemons* in K. Schmidt/Lutter, § 122 AktG Rz. 9 ff.

das Quorum über den Zeitpunkt der Antragstellung hinaus bestehen muss[35]. Ansonsten würde es allein auf die Prüfungs- und Reaktionsgeschwindigkeit des Vorstands bzw. auf die Arbeitsgeschwindigkeit der Gerichte, die mit einem Minderheitsverlangen befasst sind, ankommen[36]. Die in Art. 55 Abs. 1 SE-VO genannte Voraussetzung von „einem oder mehreren Aktionären" liegt daher auch bei einer nachfolgenden Veräußerung der Aktien vor, sofern die Aktionärsstellung der Antragsteller hierdurch nicht vollständig verloren geht. Es genügt also bei einer in Deutschland ansässigen SE, dass das Quorum bei Stellung des Antrags nach Art. 55 Abs. 1 SE-VO vorliegt, ein Fortdauern ist nicht erforderlich (s. auch unten Rz. 24)[37].

3. Ordnungsgemäßer Antrag

a) Adressat

Eine Regelung über den richtigen Adressaten des Einberufungsantrages enthält Art. 55 Abs. 1 SE-VO nicht. Die **verbandsinterne Empfangszuständigkeit** ist umstritten. Nach einer Ansicht ist die Empfangszuständigkeit entsprechend dem umfänglichen Einberufungsrecht aus Art. 54 Abs. 2 SE-VO herzuleiten, d.h. der Antrag kann an alle zur Einberufung berechtigten Gesellschaftsorgane nach Art. 54 Abs. 2 (Art. 54 Rz. 13 ff.) gerichtet werden[38]. Richtigerweise ist aber nur das Geschäftsführungsorgan (Vorstand bzw. Verwaltungsrat) richtiger Adressat des Antrages[39]. Dies entspricht zum einen den Vorgängerregelungen[40], zum anderen wird der Einberufungsantrag auch zweckmäßigerweise an das geschäftsführende Gesellschaftsorgan zu richten sein[41]. Zudem korrespondiert das in Art. 54 Abs. 2 SE-VO geregelte Einberufungsrecht gerade nicht mit einer entsprechenden Einberufungspflicht (Art. 54 Rz. 18 f.); diese wird vielmehr durch einen formell und materiell ordnungsgemäßen Einberufungsantrag von Art. 55 Abs. 1 SE-VO statuiert (unten Rz. 15)[42]. Des Weiteren wird das Aufsichtsorgan auch nicht immer rechtzeitig über den Einberufungsantrag entscheiden können[43].

10

b) Inhalt

Der Inhalt des Antrags wird in Art. 55 Abs. 2 SE-VO geregelt, wobei die Anforderungen gegenüber dem deutschen Recht reduziert sind[44]. Nach Art. 55 Abs. 2 SE-VO

11

---

35 Ebenso *Kubis* in MünchKomm. AktG, 3. Aufl., Art. 55, 56 SE-VO Rz. 6; *Eberspächer* in Spindler/Stilz, AktG, Art. 55, 56 SE-VO Rz. 3; a.A. *Bücker* in Habersack/Drinhausen, Art. 55 SE-VO Rz. 12; *Kiem* in KölnKomm. AktG, 3. Aufl., Art. 55 SE-VO Rz. 8.
36 So auch *Kubis* in MünchKomm. AktG, 3. Aufl., Art. 55, 56 SE-VO Rz. 6.
37 *Eberspächer* in Spindler/Stilz, AktG, Art. 55, 56 SE-VO Rz. 3; *Kubis* in MünchKomm. AktG, 3. Aufl., Art. 55, 56 SE-VO Rz. 6; a.A. *Bücker* in Habersack/Drinhausen, Art. 55 SE-VO Rz. 12; *Kiem* in KölnKomm. AktG, 3. Aufl., Art. 55 SE-VO Rz. 8.
38 *Schwarz*, Art. 55 SE-VO Rz. 6; *Brandt*, Hauptversammlung, S. 190 f.; wohl auch *Mayer* in Manz/Mayer/Schröder, Art. 55 SE-VO Rz. 5.
39 *Kubis* in MünchKomm. AktG, 3. Aufl., Art. 55, 56 SE-VO Rz. 6; *Eberspächer* in Spindler/Stilz, AktG, Art. 55, 56 SE-VO Rz. 4; *Bücker* in Habersack/Drinhausen, Art. 55 SE-VO Rz. 14; *Kiem* in KölnKomm. AktG, 3. Aufl., Art. 55 SE-VO Rz. 10 f.
40 S. insbesondere Art. 83 Abs. 1 SE-VOV 1989 „kann bei der SE (...) beantragt werden (...)."
41 *Bücker* in Habersack/Drinhausen, Art. 55 SE-VO Rz. 14; dies räumt auch *Schwarz*, Art. 55 SE-VO Rz. 6 ein; *Brandt*, Hauptversammlung, S. 190 f.
42 *Kubis* in MünchKomm. AktG, 3. Aufl., Art. 55, 56 SE-VO Rz. 7; i.E. ebenso *Eberspächer* in Spindler/Stilz, AktG, Art. 55, 56 SE-VO Rz. 4.
43 *Kubis* in MünchKomm. AktG, 3. Aufl., Art. 55, 56 SE-VO Rz. 7.
44 Ebenso *Eberspächer* in Spindler/Stilz, AktG, Art. 55, 56 SE-VO Rz. 4; *Kubis* in MünchKomm. AktG, 3. Aufl., Art. 55, 56 SE-VO Rz. 8; a.A. *Schwarz*, Art. 55 SE-VO Rz. 10 f.; *Brandt*, Hauptversammlung, S. 191.

muss der Einberufungsantrag lediglich die Punkte der **Tagesordnung** bezeichnen[45] und nicht – wie im deutschen Recht (§ 122 Abs. 1 AktG) – den Zweck der Hauptversammlung sowie die Gründe der Einberufung angeben, wobei der „Zweck" im deutschen Recht ebenfalls die Nennung der Gegenstände der Tagesordnung umfasst[46]. Unerlässlich für ein wirksames Einberufungsverlangen sind die Zuständigkeit der Hauptversammlung (formelle Voraussetzung) und die inhaltliche Rechtmäßigkeit des verlangten Tagesordnungspunktes sowohl mit der SE-VO als auch mit den ergänzend geltenden mitgliedstaatlichen Regelungen und der Satzung (materielle Voraussetzung)[47]. Die Minderheitsaktionäre einer in Deutschland ansässigen SE müssen auch aufgrund der Verweisung des Art. 54 Abs. 2 SE-VO i.V.m. §§ 121, 124 AktG (Art. 54 Rz. 27) die gewünschten Tagesordnungspunkte derart präzise bezeichnen, dass der Vorstand die Möglichkeit erhält, diese nach den Anforderungen des § 124 AktG bekannt zu machen[48]. Art. 55 Abs. 2 SE-VO setzt aber nicht voraus, dass ein konkreter Beschlussantrag für die initiierten Tagesordnungspunkte formuliert wird[49].

12 Fraglich ist, ob eine **Begründung** für das Einberufungsverlangen wie nach § 122 Abs. 1 Satz 1 AktG erforderlich ist, insbesondere dafür, warum ein Abwarten bis zur nächsten ordentlichen Hauptversammlung nicht möglich sein soll[50]; denn Art. 55 Abs. 2 SE-VO enthält keine entsprechende Regelung. Zwar entfaltet nach einer Auffassung Art. 55 Abs. 2 SE-VO Sperrwirkung gegenüber nationalem Recht, denn in der SE-VO fehle im Gegensatz zur deutschem Recht in § 122 Abs. 1 Satz 1 AktG gerade eine entsprechende Regelung, so dass es keiner Begründung für das Einberufungsverlangen bedürfe[51]. Hierfür spräche auch die Entstehungsgeschichte des Art. 55 Abs. 2 SE-VO[52]: Die Vorgängernormen von 1970[53] und 1975[54] kannten zwar noch eine Begründungspflicht, die in dem Verordnungstext von 1989 jedoch dann fehlte[55] und erst

---

45 *Eberspächer* in Spindler/Stilz, AktG, Art. 55, 56 SE-VO Rz. 4; *Kiem* in KölnKomm. AktG, 3. Aufl., Art. 55 SE-VO Rz. 13; *Bücker* in Habersack/Drinhausen, Art. 55 SE-VO Rz. 15; zur Notwendigkeit der Nennung der Tagesordnungspunkte auch *Mayer* in Manz/Mayer/Schröder, Art. 55 SE-VO Rz. 8.
46 *Ziemons* in K. Schmidt/Lutter, § 122 AktG Rz. 18 ff.
47 *Kubis* in MünchKomm. AktG, 3. Aufl., Art. 55, 56 SE-VO Rz. 8; *Eberspächer* in Spindler/Stilz, AktG, Art. 55, 56 SE-VO Rz. 4.
48 *Eberspächer* in Spindler/Stilz, AktG, Art. 55, 56 SE-VO Rz. 4; *Kubis* in MünchKomm. AktG, 3. Aufl., Art. 55, 56 SE-VO Rz. 8; *Kiem* in KölnKomm. AktG, 3. Aufl., Art. 55 SE-VO Rz. 13; *Bücker* in Habersack/Drinhausen, Art. 55 SE-VO Rz. 15; zum nationalen Recht *Ziemons* in K. Schmidt/Lutter, § 124 AktG Rz. 12 ff.
49 Ebenso *Eberspächer* in Spindler/Stilz, AktG, Art. 55, 56 SE-VO Rz. 4; *Kubis* in MünchKomm. AktG, 3. Aufl., Art. 55, 56 SE-VO Rz. 8; a.A. *Schwarz*, Art. 55 SE-VO Rz. 10; *Brandt*, Hauptversammlung, S. 191, allerdings beide ohne nähere Begründung für die Abweichung gegenüber § 122 AktG.
50 *Ziemons* in K. Schmidt/Lutter, § 122 AktG Rz. 22; *Koch* in Hüffer, § 122 AktG Rz. 4; *Semler* in MünchHdb. AG, § 35 Rz. 15.
51 *Kubis* in MünchKomm. AktG, 3. Aufl., Art. 55, 56 SE-VO Rz. 8; *Eberspächer* in Spindler/Stilz, AktG, Art. 55, 56 SE-VO Rz. 4; *Bücker* in Habersack/Drinhausen, Art. 55 SE-VO Rz. 16; *Kiem* in KölnKomm. AktG, 3. Aufl., Art. 55 SE-VO Rz. 18; *Mayer* in Manz/Mayer/Schröder, Art. 55 SE-VO Rz. 6, Art. 56 SE-VO Rz. 6; so auch *Fürst/Klahr* in Jannott/Frodermann, Handbuch Europäische Aktiengesellschaft, S. 292 f. Rz. 92 zu Art. 56 SE-VO; bereits *Schindler*, Europäische Aktiengesellschaft, S. 75; *Scheifele*, ZIP 2001, 1889, 1897.
52 S. hierzu auch *Schwarz*, Art. 55 SE-VO Rz. 11; *Brandt*, Hauptversammlung, S. 192.
53 Art. 85 Abs. 1 Satz 1 SE-VOV 1970, Vorschlag einer Verordnung (EWG) des Rates über das Statut für europäische Aktiengesellschaften v. 19.8.1970, BT-Drucks. VI/1109, S. 1, 35.
54 Art. 85 Abs. 1 Satz 1 SE-VOV 1975, Geänderter Vorschlag einer Verordnung des Rates über das Statut für Europäische Aktiengesellschaften v. 2.6.1975, BT-Drucks. 7/3713, S. 1, 63.
55 S. Art. 83 SE-VOV 1989, Vorschlag für eine Verordnung (EWG) des Rates über das Statut der Europäischen Aktiengesellschaft v. 21.9.1989, BT-Drucks. 11/5427, S. 1, 40.

wieder auf Drängen des WSA[56] und EP[57] in den Vorschlag von 1991[58] aufgenommen wurde – bevor sie dann erneut endgültig ersatzlos gestrichen wurde, woraus eine abschließende Regelung hergeleitet wird[59]. Dagegen zeigt schon der systematische Zusammenhang mit Art. 56 Abs. 2 SE-VO, dass nationales Recht das Minderheitenrecht weiter ausformen kann[60]. Entscheidend ist ferner, dass mit einer Begründungspflicht rechtsmissbräuchliche Einberufungen verhindert werden können[61]. Die nach § 122 Abs. 1 Satz 1 AktG erforderliche Begründung des Antrags ist also auch für eine SE mit Sitz in Deutschland zu fordern.

c) Form

Hinsichtlich der **Formvoraussetzungen** für einen Einberufungsantrag der Minderheit treffen Art. 55 Abs. 1 und Abs. 2 SE-VO keine Aussage, so dass das jeweilige nationalen Recht zur Anwendung kommt, für Deutschland mithin über Art. 53 die § 122 Abs. 1 AktG i.V.m. §§ 126, 126a BGB[62]. Der Antrag ist daher schriftlich bzw. in elektronischer Form gem. §§ 126, 126a BGB an die Gesellschaft zu richten[63]. Auch die Rücknahme eines Einberufungsantrags bedarf der Schriftform[64]. Die Satzung kann Formerleichterungen, nicht aber höhere Anforderungen vorsehen, damit Art. 55 SE-VO nicht unterlaufen wird[65]. Der bzw. die Antragsteller haben auf Aufforderung des prüfungsberechtigten Organs ihre Aktionärseigenschaft und das Erreichen des Beteiligungsquorums nachzuweisen, etwa durch eine Bestätigung des depotführenden Wertpapierdienstleistungsunternehmens; zwingend ist die Vorlage der Nachweise bei Antragstellung selbst noch nicht[66].

13

d) Rechtsmissbrauch des Einberufungsverlangens

Art. 55 SE-VO entfaltet keine Sperrwirkung für die Ablehnung **rechtsmissbräuchlicher Einberufungsverlangen**[67]. Entsprechend der zu § 122 AktG geführten Diskussion zum Rechtsmissbrauch ist daher in bestimmten Fällen ein allgemeines Verweigerungsrecht des Einberufungsorgan anzunehmen[68], zu stützen auf die allgemeine

14

---

56 WSA, Stellungnahme zum SE-VOV 1989, ABl. EG Nr. C 124 v. 21.5.1990, S. 34, 41.
57 EP, Stellungnahme zum SE-VOV 1989, ABl. EG Nr. C 48 v. 25.2.1991, S. 72, 93.
58 Art. 83 Abs. 2 SE-VOV 1991, Geänderter Vorschlag für eine Verordnung (EWG) des Rates über das Statut der Europäischen Aktiengesellschaft v. 8.7.1991, ABl. EG Nr. C 176, S. 1, 46.
59 Hierzu *Schindler*, Europäische Aktiengesellschaft, S. 75; *Schwarz*, ZIP 2001, 18479, 1857.
60 *Schwarz*, Art. 55 SE-VO Rz. 12; *Brandt*, Hauptversammlung, S. 192; *Spindler* in Lutter/Hommelhoff, Europäische Gesellschaft, S. 223, 242.
61 *Brandt*, Hauptversammlung, S. 191; *Schwarz*, Art. 55 SE-VO Rz. 11 f.
62 *Schwarz*, Art. 55 SE-VO Rz. 9; *Kubis* in MünchKomm. AktG, 3. Aufl., Art. 55, 56 SE-VO Rz. 9; *Eberspächer* in Spindler/Stilz, AktG, Art. 55, 56 SE-VO Rz. 4; *Brandt*, Hauptversammlung, S. 191; *Mayer* in Manz/Mayer/Schröder, Art. 55 SE-VO Rz. 5, 25; i.E. ebenso, allerdings über Art. 9 Abs. 1 lit. c ii SE-VO *Bücker* in Habersack/Drinhausen, Art. 55 SE-VO Rz. 18.
63 *Bücker* in Habersack/Drinhausen, Art. 55 SE-VO Rz. 18; *Ziemons* in K. Schmidt/Lutter, § 122 AktG Rz. 15.
64 *Kubis* in MünchKomm. AktG, 3. Aufl., Art. 55, 56 SE-VO Rz. 9.
65 *Kiem* in KölnKomm. AktG, 3. Aufl., Art. 55 SE-VO Rz. 15; zust. *Bücker* in Habersack/Drinhausen, Art. 55 SE-VO Rz. 18.
66 *Bücker* in Habersack/Drinhausen, Art. 55 SE-VO Rz. 10.
67 *Kubis* in MünchKomm. AktG, 3. Aufl., Art. 55, 56 SE-VO Rz. 10; *Schwarz*, Art. 55 SE-VO Rz. 13; *Eberspächer* in Spindler/Stilz, AktG, Art. 55, 56 SE-VO Rz. 5; *Mayer* in Manz/Mayer/Schröder, Art. 55 SE-VO Rz. 4; *Brandt*, Hauptversammlung, S. 193; *Fleischer*, JZ 2003, 865.
68 *Schwarz*, Art. 55 SE-VO Rz. 13; *Kubis* in MünchKomm. AktG, 3. Aufl., Art. 55, 56 SE-VO Rz. 10; *Bücker* in Habersack/Drinhausen, Art. 55 SE-VO Rz. 21; zurückhaltender *Kiem* in KölnKomm. AktG, 3. Aufl., Art. 55 SE-VO Rz. 23 f.

verbandsrechtliche Treuepflicht der Aktionäre zur Gesellschaft[69]. Zur bisher entwickelten Kasuistik kann insofern auf die Kommentierung zum nationalen Recht verwiesen werden[70], wobei aber die weitere Rechtsfortbildung auf gemeinschaftsrechtlicher Ebene abzuwarten bleibt[71]. Insgesamt ist bei der Annahme des Rechtsmissbrauchs Zurückhaltung geboten, um den von Art. 55 SE-VO bezweckten Minderheitenschutz nicht vollständig leer laufen zu lassen[72].

4. Verfahren

a) Einberufungspflicht des Geschäftsorgans

15 Wenn ein Einberufungsantrag einer Minderheit vorliegt, besteht für das Geschäftsführungsorgan zunächst die **Pflicht zur Prüfung**, ob die formellen und materiellen Voraussetzungen des Einberufungsantrags (oben Rz. 11) vorliegen und, bei Nichtvorliegen weiterer entgegenstehender Gründe, sodann eine **Pflicht zur Einberufung** der Hauptversammlung[73]. Die Einberufung hat unverzüglich zu erfolgen, die Frist von 2 Monaten nach Art. 55 Abs. 3 SE-VO nach Antragstellung stellt nur eine Höchstfrist dar[74]. Die Pflicht des Art. 55 Abs. 1 SE-VO erschöpft sich aber in der Einberufung der Hauptversammlung; das Geschäftsorgan ist nicht verpflichtet, den Minderheitsaktionären auch eine negative Entscheidung mitzuteilen[75]. Eine Teilrechtswidrigkeit des Einberufungsverlangens führt zur Unwirksamkeit des gesamten Einberufungsverlangens[76]. Bei den formellen Voraussetzungen sind im Wesentlichen die Höhe des Quorums (oben Rz. 5), der Antragsinhalt (oben Rz. 11 f.) sowie die Antragsform (oben Rz. 13) zu prüfen, die materielle Prüfung beschränkt sich hauptsächlich auf den Rechtsmissbrauch des Einberufungsantrags (oben Rz. 14)[77].

16 Die Beschlussfassung richtet sich mangels anderer Regelung nach Art. 50 Abs. 1 SE-VO (Art. 50 Rz. 17)[78]. **Pflichtwidrigkeiten** hinsichtlich der Einberufungspflicht führen zur Organhaftung nach Art. 51 SE-VO (Art. 51 Rz. 7 ff.)[79]. Das Geschäftsführungsorgan als zur Einberufung berechtigtes Organ (oben Rz. 10) darf keineswegs die

---

69 *Koch* in Hüffer, § 122 AktG Rz. 6; s. auch ausführlich *Kiem* in KölnKomm. AktG, 3. Aufl., Art. 55 SE-VO Rz. 24 mit dem Hinweis, dass nahezu alle europäischen Jurisdiktionen das Institut der rechtsmissbräuchlichen Ausübung von Gesellschafterrechten auf die Treuepflicht des Gesellschafters stützen.
70 *Kubis* in MünchKomm. AktG, § 122 Rz. 18 ff.
71 So vorsichtig auch *Kubis* in MünchKomm. AktG, 3. Aufl., Art. 55, 56 SE-VO Rz. 10; *Bücker* in Habersack/Drinhausen, Art. 55 SE-VO Rz. 21.
72 Auf diesen Aspekt zu Recht hinweisend *Eberspächer* in Spindler/Stilz, AktG, Art. 55, 56 SE-VO Rz. 5.
73 *Eberspächer* in Spindler/Stilz, AktG, Art. 55, 56 SE-VO Rz. 6; *Kubis* in MünchKomm. AktG, 3. Aufl., Art. 55, 56 SE-VO Rz. 11; *Schwarz*, Art. 55 SE-VO Rz. 18; *Brandt*, Hauptversammlung, S. 196 f.; *Mayer* in Manz/Mayer/Schröder, Art. 55 SE-VO Rz. 1.
74 *Kiem* in KölnKomm. AktG, 3. Aufl., Art. 55 SE-VO Rz. 27.
75 So auch *Kubis* in MünchKomm. AktG, 3. Aufl., Art. 55, 56 SE-VO Rz. 11.
76 *Schwarz*, Art. 55 SE-VO Rz. 19; *Brandt*, Hauptversammlung, S. 197; zu § 122 Abs. 2 AktG s. *Mertens*, AG 1997, 481, 489; a.A. *Kiem* in KölnKomm. AktG, 3. Aufl., Art. 55 SE-VO Rz. 22; *Bücker* in Habersack/Drinhausen, Art. 55 SE-VO Rz. 20, beide allerdings ohne nähere Begründung.
77 *Kubis* in MünchKomm. AktG, 3. Aufl., Art. 55, 56 SE-VO Rz. 11; *Bücker* in Habersack/Drinhausen, Art. 55 SE-VO Rz. 22; s. auch *Schwarz*, Art. 55 SE-VO Rz. 19.
78 *Kubis* in MünchKomm. AktG, 3. Aufl., Art. 55, 56 SE-VO Rz. 11; *Eberspächer* in Spindler/Stilz, AktG, Art. 55, 56 SE-VO Rz. 6; *Brandt*, Hauptversammlung, S. 196; a.A. *Schwarz*, Art. 55 SE-VO Rz. 18, der als andere Regelung i.S.d. Art. 50 Abs. 1 SE-VO auch die in Art. 54 Abs. 2 SE-VO enthaltene Verweisung auf das mitgliedstaatliche Recht ansieht.
79 *Eberspächer* in Spindler/Stilz, AktG, Art. 55, 56 SE-VO Rz. 6; *Kubis* in MünchKomm. AktG, 3. Aufl., Art. 55, 56 SE-VO Rz. 11; *Brandt*, Hauptversammlung, S. 196.

in Art. 55 Abs. 3 Satz 1 SE-VO vorgesehene **Zwei-Monats-Frist** für die Abhaltung der Hauptversammlung voll ausnutzen, denn es handelt sich hierbei lediglich um eine Höchstfrist, welche an der Unverzüglichkeit der Entscheidung über den Einberufungsantrag nichts ändert[80]. Raum für eine teleologische Erweiterung der Frist bei komplexen Hauptversammlungsvorbereitungen lässt Art. 55 SE-VO nicht[81], zumal dann eine Fristbestimmung auch nicht mehr rechtssicher erfolgen kann.

b) Sonstige Verfahrensvoraussetzungen

Das **weitere Einberufungsverfahren** richtet sich nach Art. 54 Abs. 2 SE-VO und damit für eine SE mit Sitz in Deutschland nach §§ 121 ff. AktG (ausführlich Art. 54 Rz. 21 ff.). Für die Einberufung durch das Leitungsorgan enthält § 121 Abs. 2 Satz 1 AktG eine Regelung, für das Verwaltungsorgan gilt § 22 Abs. 2 Satz 2 SEAG[82]. Der Vorstand kann die durch die Minderheit beantragte Tagesordnung um eigene Tagesordnungspunkte ergänzen; daneben ist er auch befugt, etwaige Begründungen bekannt zu machen, eine Pflicht hierzu besteht aber nicht[83]. Die Einberufung sollte mit einem Hinweis auf das dahinter stehende Minderheitsverlangen versehen sein[84]. 17

III. Staatliches Einberufungsverfahren (Art. 55 Abs. 3 SE-VO)

1. Allgemeines

Art. 55 Abs. 3 SE-VO soll das Minderheitenrecht durch ein staatliches Einberufungsverfahren für den Fall absichern, dass der Antrag auf Einberufung durch die Minderheit nach Art. 55 Abs. 1, 2 SE-VO von den Gesellschaftsorganen abgelehnt oder innerhalb eines bestimmten Zeitraums gar nicht entschieden wird. Damit die abschließende Entscheidung über die Einberufung durch eine Minderheit nicht bei den Gesellschaftsorganen liegt[85], überprüft die staatliche Stelle, ob das Einberufungsbegehren rechtswidrig unberücksichtigt geblieben ist[86]. Hierfür sieht Art. 55 Abs. 3 Satz 1 SE-VO zwei Wege vor: Das zuständige Gericht bzw. die zuständige Verwaltungsbehörde kann die Einberufung **selbst unmittelbar anordnen** (Art. 55 Abs. 3 Satz 1 Alt. 1 SE-VO) oder alternativ die **Aktionärsminderheit ermächtigen**, die Hauptversammlung selbst einzuberufen (Art. 55 Abs. 3 Satz 1 Alt. 2 SE-VO). Beide Einberufungswege sind zwingend gemeinschaftsrechtlich festgeschrieben; die wahlweise Bereitstellung der Mitgliedstaaten nur eines Einberufungsweges genügt nicht[87]. Zu weit geht es daher auch, wenn – unter fehlgehender Berufung auf die Begründung 18

---

80 *Kubis* in MünchKomm. AktG, 3. Aufl., Art. 55, 56 SE-VO Rz. 11; *Kiem* in KölnKomm. AktG, 3. Aufl., Art. 55 SE-VO Rz. 27; *Bücker* in Habersack/Drinhausen, Art. 55 SE-VO Rz. 23.
81 Anders offenbar *Kiem* in KölnKomm. AktG, 3. Aufl., Art. 55 SE-VO Rz. 28; dem folgend *Bücker* in Habersack/Drinhausen, Art. 55 SE-VO Rz. 24: Verlängerung auf ein „angemessenes Maß".
82 *Schwarz*, Art. 55 SE-VO Rz. 18.
83 *Kubis* in MünchKomm. AktG, 3. Aufl., Art. 55, 56 SE-VO Rz. 12; *Bücker* in Habersack/Drinhausen, Art. 55 SE-VO Rz. 25.
84 *Kiem* in KölnKomm. AktG, 3. Aufl., Art. 55 SE-VO Rz. 33; *Kubis* in MünchKomm. AktG, 3. Aufl., Art. 55, 56 SE-VO Rz. 12; *Bücker* in Habersack/Drinhausen, Art. 55 SE-VO Rz. 25.
85 Begr. d. Komm. zu Art. 81 SE-VOV 1989, BT-Drucks. 11/5427, S. 13.
86 *Schwarz*, Art. 55 SE-VO Rz. 20; *Brandt*, Hauptversammlung, S. 197 f.; *Liebscher* in Semler/Volhard/Reichert, Arbeitshandbuch für die Hauptversammlung, § 49 Rz. 23.
87 *Schwarz*, Art. 55 SE-VO Rz. 28; *Brandt*, Hauptversammlung, S. 201 f.; *Kubis* in MünchKomm. AktG, 3. Aufl., Art. 55, 56 SE-VO Rz. 13; i.E. ebenso *Eberspächer* in Spindler/Stilz, AktG, Art. 55, 56 SE-VO Rz. 7; *Fürst/Klahr* in Jannott/Frodermann, Handbuch Europäische Aktiengesellschaft, S. 282 Rz. 46.

zum SEAG⁸⁸ – für die deutsche SE nur die aus § 122 Abs. 3 AktG bekannte gerichtliche Ermächtigung einer Aktionärsminderheit entsprechend Art. 55 Abs. 3 Alt. 1 SE-VO eingreifen soll[89]. Allein das nach Art. 55 Abs. 3 Satz 1 SE-VO berufene staatliche Organ, welches nach Art. 68 Abs. 2 SE-VO zwingend von der Bundesrepublik Deutschland zu benennen ist (Art. 68 Rz. 5), kann daher für die in Deutschland domizilierende SE entscheiden, welcher Einberufungsweg einzuschlagen ist[90]. Da beide Einberufungsalternativen europarechtlich gleichwertig festgeschrieben sind, kann die Auswahlentscheidung des hierzu berufenen staatlichen Organs auch nicht mit der Begründung angefochten werden, dass die jeweils andere Alternative die „rechtmäßigere" sei[91].

19 Daneben sieht Art. 55 Abs. 3 Satz 2 SE-VO für den Fall, dass das Geschäftsführungsorgan seiner Einberufungspflicht nicht nachkommt, ein weiteres Einberufungsrecht vor. Nach Art. 55 Abs. 3 Satz 2 SE-VO steht den Minderheitsaktionären auch ein **Selbsteinberufungsrecht** zu, sofern entsprechende einzelstaatliche Bestimmungen existieren. Die Bestimmung hat für eine in Deutschland ansässige SE indes keine Bedeutung (näher unten Rz. 30).

2. Verfahren

20 Sofern das Einberufungsverlangen ordnungsgemäß ist, muss die staatliche Stelle für die Einberufung sorgen, ein Ermessen steht ihr nicht zu[92]. Ermessen besteht lediglich hinsichtlich der Wahl zwischen den beiden Einberufungswegen des Art. 55 Abs. 3 Satz 1 SE-VO (oben Rz. 18 f., unten Rz. 28 f.)[93]. Das Gericht hat seinen Beschluss zu begründen[94]. Gegen den Beschluss sind die üblichen Rechtsmittel des FamFG zulässig, insbesondere die Beschwerde nach § 58 FamFG, und gegen diese Entscheidung wiederum die Rechtsbeschwerde nach § 70 FamFG, wenn das Beschwerdegericht sie zulässt.

a) Verfahrensgrundsätze

21 Sofern die SE ihren Sitz in Deutschland hat, ist nach § 4 Satz 2 SEAG für das staatliche Einberufungsverfahren gem. Art. 55 Abs. 3 Satz 1 das Amtsgericht (§§ 23 Abs. 2 Nr. 4 GVG, 375 Nr. 4 FamFG) am Sitz der Gesellschaft (§ 377 Abs. 1 FamFG) zustän-

---

88 S. hierzu Begr. RegE zu SEAG, BT-Drucks. 15/3405, S. 31 „... damit ergibt sich ein weitgehender Gleichlauf mit dem nationalen Aktiengesetz. Dies bedeutet, dass eine SE mit Sitz in Deutschland, in allen Fragen, *die in der Verordnung keine Regelung erfahren haben*, ebenso behandelt wird wie eine deutsche Aktiengesellschaft" (S. 31): hier könnte eine entsprechende Aussage des Gesetzgebers versucht zu sehen sein. Allerdings besteht in Art. 55 Abs. 3 Satz 1 Alt. 1 SE-VO mit der Möglichkeit der unmittelbaren Anordnung der Einberufung durch staatliche Stellen vielmehr eine derartige Regelung in der Verordnung, so dass der Regierungsbegründung eine derart behauptete Aussage gerade nicht zu entnehmen ist.
89 So aber *Eberspächer* in Spindler/Stilz, AktG, Art. 55, 56 SE-VO Rz. 7 unter Hinweis auf Begr. RegE zu SEAG, BT-Drucks. 15/3405, S. 31; wohl auch *Thümmel*, Europäische Aktiengesellschaft, S. 120 Rz. 254.
90 *Kubis* in MünchKomm. AktG, 3. Aufl., Art. 55, 56 SE-VO Rz. 13; ebenso *Schwarz*, Art. 55 SE-VO Rz. 28; *Brandt*, Hauptversammlung, S. 201 f.
91 So zu Recht *Kubis* in MünchKomm. AktG, 3. Aufl., Art. 55, 56 SE-VO Rz. 13.
92 So auch *Schwarz*, Art. 55 SE-VO Rz. 31; *Bücker* in Habersack/Drinhausen, Art. 55 SE-VO Rz. 37; *Kubis* in MünchKomm. AktG, 3. Aufl., Art. 55, 56 SE-VO Rz. 15; *Eberspächer* in Spindler/Stilz, AktG, Art. 55, 56 SE-VO Rz. 10; *Brandt*, Hauptversammlung, S. 203.
93 *Kubis* in MünchKomm. AktG, 3. Aufl., Art. 55, 56 SE-VO Rz. 15; *Schwarz*, Art. 55 SE-VO Rz. 31; *Eberspächer* in Spindler/Stilz, AktG, Art. 55, 56 SE-VO Rz. 10; *Bücker* in Habersack/Drinhausen, Art. 55 SE-VO Rz. 28.
94 *Kiem* in KölnKomm. AktG, 3. Aufl., Art. 55 SE-VO Rz. 43; *Bücker* in Habersack/Drinhausen, Art. 55 SE-VO Rz. 37.

dig[95]. Den Verfahrensgrundsatz schreibt Art. 55 Abs. 3 Satz 1 SE-VO nicht vor; daher ist für das deutsche Verfahren das Verfahren der freiwilligen Gerichtsbarkeit anzuwenden, insbesondere der Amtsermittlungsgrundsatz, § 26 FamFG[96]. Allerdings ist dieser entsprechend den zu § 142 AktG entwickelten aktienrechtlichen Grundsätzen dahingehend zu modifizieren, dass die Minderheit eine Darlegungslast für das Vorliegen der Verfahrensvoraussetzungen trifft, da hier ein Antragsgegner in Gestalt der Gesellschaft vorhanden ist; umgekehrt obliegt es der Gesellschaft, Anhaltspunkte für eine etwaige Rechtsmissbräuchlichkeit vorzutragen[97].

b) Verfahrensvoraussetzungen

aa) Einberufungsantrag. Der Antrag auf Durchführung des staatlichen Einberufungsverfahrens beim Gericht setzt voraus, dass er durch die in ihren Rechten verletzten Minderheitsaktionäre (zum Quorum s. oben Rz. 5 ff.) gestellt wird. Denn nur diejenige Minderheit, deren Rechte verletzt worden sind, soll auch berechtigt sein, ihr Minderheitenrecht durchzusetzen[98]. Allerdings ist nicht erforderlich, dass alle Aktionäre, die das Einberufungsbegehren an das Leitungsorgan gerichtet haben, auch den Antrag bei Gericht stellen; es genügen vielmehr einzelne Aktionäre aus diesem Kreis[99]. Es ist jedoch auch weiterhin notwendig, dass eine Antragsbefugnis in Form des Erreichens des Mindestkapitalanteils nach Abs. 1 besteht[100]. Das Gericht kann nicht von sich aus bzw. von Amts wegen tätig werden. Dementsprechend können die Aktionäre auch den Antrag jederzeit bis zur rechtskräftigen Entscheidung wieder zurücknehmen[101]. 22

Erforderlich ist ferner ein **ordnungsgemäßer Einberufungsantrag**. Der Verweis in Art. 55 Abs. 3 Satz 1 SE-VO auf den in Abs. 1 genannten Antrag bedeutet implizit, dass auch die Voraussetzungen des Art. 55 Abs. 1 SE-VO vorliegen müssen[102], so dass zumindest ein formell ordnungsgemäßer Antrag erforderlich ist[103]. Zwar enthält die SE-VO keine Angaben darüber, bis zu welchem Zeitpunkt das staatliche Verfahren einzuleiten ist (Antragsfrist); angesichts einer fehlenden Verweisung in das jeweilige mitgliedstaatliche Recht ist die Angemessenheit dieser Frist aber gemeinschaftsein- 23

---

95 *Kubis* in MünchKomm. AktG, 3. Aufl., Art. 55, 56 SE-VO Rz. 15; *Schwarz*, Art. 55 SE-VO Rz. 27; *Eberspächer* in Spindler/Stilz, AktG, Art. 55, 56 SE-VO Rz. 9; *Fürst/Klahr* in Jannott/Frodermann, Handbuch Europäische Aktiengesellschaft, S. 282 Rz. 46; *Mayer* in Manz/Mayer/Schröder, Art. 55 SE-VO Rz. 12, 26.
96 *Kiem* in KölnKomm. AktG, 3. Aufl., Art. 55 SE-VO Rz. 41; *Eberspächer* in Spindler/Stilz, AktG, Art. 55, 56 SE-VO Rz. 9; *Kubis* in MünchKomm. AktG, 3. Aufl., Art. 55, 56 SE-VO Rz. 15.
97 *Bücker* in Habersack/Drinhausen, Art. 55 SE-VO Rz. 31; zur Modifikation des Amtsermittlungsgrundsatzes im Zusammenhang mit § 142 AktG s. *Spindler* in K. Schmidt/Lutter, § 142 AktG Rz. 60; *Schröer* in MünchKomm. AktG, 3. Aufl., § 142 AktG Rz. 77; *G. Bezzenberger* in Großkomm. AktG, 4. Aufl., § 142 AktG Rz. 64; *Fleischer* in Küting/Weber, Hdb. Rechnungslegung, § 142 AktG Rz. 133.
98 *Schwarz*, Art. 55 SE-VO Rz. 23; *Kubis* in MünchKomm. AktG, 3. Aufl., Art. 55, 56 SE-VO Rz. 15; *Kiem* in KölnKomm. AktG, 3. Aufl., Art. 55 SE-VO Rz. 37; *Bücker* in Habersack/Drinhausen, Art. 55 SE-VO Rz. 33; *Mayer* in Manz/Mayer/Schröder, Art. 55 SE-VO Rz. 13.
99 *Kiem* in KölnKomm. AktG, 3. Aufl., Art. 55 SE-VO Rz. 37; *Bücker* in Habersack/Drinhausen, Art. 55 SE-VO Rz. 33.
100 *Kiem* in KölnKomm. AktG, 3. Aufl., Art. 55 SE-VO Rz. 37.
101 *Kiem* in KölnKomm. AktG, 3. Aufl., Art. 55 SE-VO Rz. 35, 38; *Bücker* in Habersack/Drinhausen, Art. 55 SE-VO Rz. 29.
102 *Schwarz*, Art. 55 SE-VO Rz. 21; *Eberspächer* in Spindler/Stilz, AktG, Art. 55, 56 SE-VO Rz. 8; *Brandt*, Hauptversammlung, S. 198.
103 *Kubis* in MünchKomm. AktG, 3. Aufl., Art. 55, 56 SE-VO Rz. 14; *Schwarz*, Art. 55 SE-VO Rz. 21; *Eberspächer* in Spindler/Stilz, AktG, Art. 55, 56 SE-VO Rz. 8; *Brandt*, Hauptversammlung, S. 198; *Mayer* in Manz/Mayer/Schröder, Art. 55 SE-VO Rz. 14.

heitlich vorzunehmen[104]. Nach Stattgeben des Einberufungsantrags ist die Hauptversammlung gem. Art. 55 Abs. 3 Satz 1 SE-VO „innerhalb einer bestimmten Frist einzuberufen". Eine Konkretisierung dieser Umsetzungsfrist hat sich einerseits an dem Interesse der Minderheit an einer schnellen Einberufung und andererseits an der Vorbereitungsdauer sowie Komplexität der geforderten Tagesordnungspunkte zu orientieren[105], so dass die Einberufung zumindest nicht unbegrenzt verzögert werden darf[106]. In Orientierung an der von Art. 55 Abs. 3 SE-VO vorgesehenen Frist sollte sie nicht länger als 2 Monate nach Ablehnung des Einberufungsantrags betragen, außer in begründeten Ausnahmefällen[107]. Die Einberufungsfrist, d.h. der Zeitraum zwischen Einberufung und Zeitpunkt der Hauptversammlung, richtet sich gem. Art. 54 Abs. 2 SE-VO hingegen nach dem mitgliedstaatlichen Recht[108]; für eine in Deutschland domizilierende SE findet sie daher frühestens einen Monat nach der Einberufung statt[109]. Darüber hinaus ist auch ein **materiell ordnungsgemäßer Antrag** Voraussetzung[110]. Zwar soll dies für die Verfahrenseinleitung keine Rolle spielen, da erst von dem angerufenen Gericht im Rahmen der Rechtmäßigkeitseinschätzung des Beschlusses des Organs der SE dies zu berücksichtigen sei[111]. Doch streitet schon der Wortlaut des Art. 55 Abs. 3 Satz 1 SE-VO, der ausdrücklich auf den „in Absatz 1 genannte(n) Antrag" verweist, für das Erfordernis eines materiell ordnungsgemäßen Antrags. Schließlich kann das **Rechtsschutzbedürfnis** entfallen, wenn ein beantragter Tagesordnungspunkt ersichtlich entfallen ist, etwa weil das betroffene Leitungsorganmitglied ausgeschieden ist oder sich der Punkt anderweitig erledigt hat[112].

24 Demgegenüber muss das Quorum von 5 % nur zum Zeitpunkt des Einberufungsantrags vorgelegen haben, nicht mehr zum Zeitpunkt der Verfahrenseinleitung nach Art. 55 Abs. 3 SE-VO (**Bestehensdauer des Quorums**)[113]. Die gegenteilige Auffassung, die sich auf den Wortlaut („Aktionäre, die den Antrag gestellt haben") sowie auf die Funktion des Minderheitenrechts beruft[114], verkennt, dass der Hinweis auf den Wortlaut nur die Aktivlegitimation trägt, nicht aber den zwingenden Fortbestand des Quorums[115]. Zwar ist der Gegenansicht zuzubilligen, dass gerade der Minderheit bis zur Einleitung des gerichtlichen Verfahrens die Kontrolle über ihren Antrag belassen

---

104 *Bücker* in Habersack/Drinhausen, Art. 55 SE-VO Rz. 32; *Schwarz*, Art. 55 SE-VO Rz. 32; *Eberspächer* in Spindler/Stilz, AktG, Art. 55, 56 SE-VO Rz. 9; wohl a.A. *Kiem* in KölnKomm. AktG, 3. Aufl., Art. 55 SE-VO Rz. 36: Umstände des Einzelfalls maßgeblich bei Bestimmung einer „angemessenen" Frist; ausführlich *Brandt*, Hauptversammlung, S. 204, der in Anlehnung an das englische Recht spätestens nach drei Monaten eine Verwirkung des Rechts annehmen möchte.
105 *Brandt*, Hauptversammlung, S. 205.
106 *Brandt*, Hauptversammlung, S. 205; *Schwarz*, Art. 55 SE-VO Rz. 33.
107 *Bücker* in Habersack/Drinhausen, Art. 55 SE-VO Rz. 32.
108 *Schwarz*, Art. 55 SE-VO Rz. 34; *Brandt*, Hauptversammlung, S. 205.
109 So auch *Brandt*, Hauptversammlung, S. 205; ähnlich *Schwarz*, Art. 55 SE-VO Rz. 34: frühestens nach 30 Tagen. Zum nationalen Recht s. *Ziemons* in K. Schmidt/Lutter, § 123 AktG Rz. 6.
110 *Kubis* in MünchKomm. AktG, 3. Aufl., Art. 55, 56 SE-VO Rz. 14; *Eberspächer* in Spindler/Stilz, AktG, Art. 55, 56 SE-VO Rz. 8; *Brandt*, Hauptversammlung, S. 198.
111 So *Schwarz*, Art. 55 SE-VO Rz. 21; wohl auch *Mayer* in Manz/Mayer/Schröder, Art. 55 SE-VO Rz. 14.
112 Zutr. *Bücker* in Habersack/Drinhausen, Art. 55 SE-VO Rz. 36.
113 *Kubis* in MünchKomm. AktG, 3. Aufl., Art. 55, 56 SE-VO Rz. 14; *Eberspächer* in Spindler/Stilz, AktG, Art. 55, 56 SE-VO Rz. 8; zustimmend wohl *Mayer* in Manz/Mayer/Schröder, Art. 55 SE-VO Rz. 13.
114 *Schwarz*, Art. 55 SE-VO Rz. 25; *Kiem* in KölnKomm. AktG, 3. Aufl., Art. 55 SE-VO Rz. 8; *Bücker* in Habersack/Drinhausen, Art. 55 SE-VO Rz. 12, 34; *Brandt*, Hauptversammlung, S. 199.
115 So zu Recht *Kubis* in MünchKomm. AktG, 3. Aufl., Art. 55, 56 SE-VO Rz. 14.

werden soll und es dem Sinn des Minderheitenrechts widersprechen könnte, wenn ein einzelner Aktionär in diese Rechtsposition eintreten könnte, um das gerichtliche Verfahren einzuleiten[116], jedoch würde ansonsten der Prüfungs- und Reaktionsgeschwindigkeit des Vorstands und der Arbeitsgeschwindigkeit des Gerichts zu großes Gewicht eingeräumt (oben Rz. 9)[117]. Im Gleichklang mit Art. 55 Abs. 1 SE-VO ist daher auf den Zeitpunkt des Einberufungsantrags abzustellen.

bb) Nichteinberufung innerhalb Frist. Um ein Verfahren nach Art. 55 Abs. 3 Satz 1 SE-VO auszulösen ist weitere Voraussetzung, dass die Gesellschaft die verlangte Hauptversammlung nicht innerhalb einer bestimmten Frist einberuft. Bei **ausdrücklicher Ablehnung** ist das Abwarten der Frist nicht erforderlich. Ansonsten wird im Rahmen der „Rechtzeitigkeit" i.S.d. Art. 55 Abs. 3 Satz 1 SE-VO dem Geschäftsführungsorgan eine **angemessene Frist** zur Entscheidung eingeräumt[118], die nach Art. 55 Abs. 3 Satz 1 SE-VO spätestens **zwei Monate** nach Zugang des Einberufungsantrags endet[119]. Danach wird ein sorgfaltswidriges Verhalten der Gesellschaftsorgane ebenso wie die Weigerung der Gesellschaft zur Einberufung unwiderleglich vermutet[120]. Das angerufene Gericht muss diese absolute Frist nicht abwarten, wenn sich bereits aufgrund der staatlich normierten oder der in der Satzung der SE geregelten Einberufungsfristen zeigt, dass die von der Aktionärsminderheit verlangte Hauptversammlung innerhalb der Zwei-Monats-Frist nicht abgehalten werden kann. Dementsprechend gilt für die in Deutschland domizilierende SE, dass ein Nichterreichen der Zwei-Monats-Frist wegen der Ein-Monats-Frist des § 123 Abs. 1 AktG[121] bereits dann feststeht, wenn die Gesellschaftsorgane auf das Einberufungsverlangen der Aktionärsminderheit nicht innerhalb eines Monats reagiert haben[122]. 25

c) Kosten

Anders als Art. 85 Abs. 2 Satz 3 SE-VOV 1970, der noch ausdrücklich vorsah, dass die Gesellschaft selbst die Kosten zur Einberufung zu tragen habe, enthält die SE-VO **keine Regelung hinsichtlich der Kostentragung** mehr im Zusammenhang mit der Organisation und der Veranstaltung der Hauptversammlung. Im Ergebnis herrscht Einigkeit darüber, dass bei der SE die Gesellschaft auch für die Einberufung der Hauptversammlung durch eine Minderheit die Kosten zu tragen hat[123]. Begründet werden kann eine solche Annahme zum einen mit der effektiven Ausgestaltung des Minderheitenschutzrechts[124] und zum anderen mit einem Verweis der Verordnung in das mitgliedstaatliche Recht. Daher kommt über den Verweis des Art. 54 Abs. 2 26

---

116 Auf diesen Aspekt hinweisend *Brandt*, Hauptversammlung, S. 199 f.; *Schwarz*, Art. 55 SE-VO Rz. 25; *Bücker* in Habersack/Drinhausen, Art. 55 SE-VO Rz. 12.
117 So auch *Kubis* in MünchKomm. AktG, 3. Aufl., Art. 55, 56 SE-VO Rz. 14, 6; i.E. ebenso *Eberspächer* in Spindler/Stilz, AktG, Art. 55, 56 SE-VO Rz. 8; wohl auch *Mayer* in Manz/Mayer/Schröder, Art. 55 SE-VO Rz. 13.
118 *Kubis* in MünchKomm. AktG, 3. Aufl., Art. 55, 56 SE-VO Rz. 14; *Schwarz*, Art. 55 SE-VO Rz. 26; *Brandt*, Hauptversammlung, S. 200.
119 *Kubis* in MünchKomm. AktG, 3. Aufl., Art. 55, 56 SE-VO Rz. 14; *Eberspächer* in Spindler/Stilz, AktG, Art. 55, 56 SE-VO Rz. 8; *Schwarz*, Art. 55 SE-VO Rz. 26.
120 So auch *Schwarz*, Art. 55 SE-VO Rz. 26 in Fn. 53.
121 Ausführlich *Ziemons* in K. Schmidt/Lutter, § 123 AktG Rz. 6.
122 So zu Recht *Kubis* in MünchKomm. AktG, 3. Aufl., Art. 55, 56 SE-VO Rz. 14; a.A. aber wohl *Brandt*, Hauptversammlung, S. 200, der davon ausgeht, dass die gesetzlich bestimmten Fristen in den einzelnen Mitgliedstaaten unbeachtlich sind.
123 *Kubis* in MünchKomm. AktG, 3. Aufl., Art. 55, 56 SE-VO Rz. 15, 17; *Schwarz*, Art. 55 SE-VO Rz. 36; *Mayer* in Manz/Mayer/Schröder, Art. 55 SE-VO Rz. 6, 25; ausführlich *Brandt*, Hauptversammlung, S. 206 f.
124 Diesen Aspekt hervorhebend *Schwarz*, Art. 55 SE-VO Rz. 36; ähnlich *Brandt*, Hauptversammlung, S. 206; auch *Kubis* in MünchKomm. AktG, 3. Aufl., Art. 55, 56 SE-VO Rz. 17 be-

SE-VO das mitgliedstaatliche Recht zur Anwendung, so dass entsprechend dem deutschen Aktienrecht in § 122 Abs. 4 AktG[125] die ermächtigten Aktionäre im eigenen Namen, aber für Rechnung der Gesellschaft handeln[126]. Zunächst sind daher die anfallenden Kosten von den ermächtigten Aktionären selbst zu tragen, diesen steht allerdings im Innenverhältnis zur Gesellschaft ein Erstattungsanspruch zu (s. auch unten Rz. 29)[127]. Im Ergebnis trägt daher die SE bei stattgebenden Entscheidungen durch das berufene Gericht die Kosten.

26a Hinsichtlich der **Kosten des Verfahrens nach Art. 55 Abs. 3 SE-VO** selbst werden die Gerichtskosten gem. § 122 AktG i.V.m. Art. 9 Abs. 1c ii SE-VO von der Gesellschaft übernommen. Allerdings sind prozessual gesehen die Minderheitsaktionäre die Kostenschuldner nach GNotKG, die dann allerdings die Gesellschaft auf Erstattung in Anspruch nehmen können. Obsiegt jedoch die Gesellschaft, müssen die Minderheitsaktionäre die Gerichtskosten selbst tragen[128]. Für die außergerichtlichen Kosten, insbesondere Anwaltshonorare, müssen die Beteiligten nach § 81 FamFG diese selbst tragen, außer Billigkeitsaspekte gebieten eine andere Verteilung[129].

3. Einberufungsalternativen

27 Für den Fall, dass das Geschäftsführungsorgan seine Einberufungspflicht aus Art. 55 Abs. 1 SE-VO nicht erfüllt, unterscheidet Art. 55 Abs. 3 SE-VO drei Einberufungsalternativen (s. bereits oben Rz. 18 f.): Das zuständige Gericht als zuständige staatliche Stelle für eine in Deutschland ansässige SE (oben Rz. 21) kann die Einberufung gem. Art. 55 Abs. 3 Satz 1 Alt. 1 SE-VO anordnen bzw. die Aktionärsminderheit oder deren Vertreter nach Art. 55 Abs. 3 Satz 1 Alt. 2 SE-VO zur Einberufung ermächtigen oder die Aktionäre können sich unter bestimmten Voraussetzungen selbst gem. Art. 55 Abs. 3 Satz 2 SE-VO einberufen.

a) Anordnung durch das Gericht

28 Art. 55 Abs. 3 Satz 1 Alt. 1 SE-VO sieht vor, dass das berufene Gericht die Einberufung der Hauptversammlung innerhalb einer bestimmten Frist (oben Rz. 25) anordnen kann. Das Gericht kann die Einberufung nicht unmittelbar selbst vornehmen, sondern kann lediglich **die Gesellschaft beauftragen**, die Einberufung der Hauptversammlung unter Vorgabe einer hierzu bestimmten Frist vorzunehmen[130], alternativ die Aktionärsminderheit ermächtigen (unten Rz. 29). Welche der beiden Möglichkeiten das Gericht wählt, steht in seinem pflichtgemäßen Ermessen; es ist nicht an die

---

tont, dass der Minderheit aus der vorprozessualen Weigerung des Geschäftsführungsorgans keine Kostennachteile entstehen dürfen.

125 *Ziemons* in K. Schmidt/Lutter, § 122 AktG Rz. 62.
126 *Schwarz*, Art. 55 SE-VO Rz. 36; *Bücker* in Habersack/Drinhausen, Art. 55 SE-VO Rz. 46; *Kiem* in KölnKomm. AktG, 3. Aufl., Art. 55 SE-VO Rz. 52; *Brandt*, Hauptversammlung, S. 207.
127 *Schwarz*, Art. 55 SE-VO Rz. 36; *Kubis* in MünchKomm. AktG, 3. Aufl., Art. 55, 56 SE-VO Rz. 17; *Bücker* in Habersack/Drinhausen, Art. 55 SE-VO Rz. 46; *Brandt*, Hauptversammlung, S. 207.
128 *Kiem* in KölnKomm. AktG, 3. Aufl., Art. 55 SE-VO Rz. 53; *Bücker* in Habersack/Drinhausen, Art. 55 SE-VO Rz. 47.
129 Zum Ganzen näher *Kiem* in KölnKomm. AktG, 3. Aufl., Art. 55 SE-VO Rz. 53.
130 So *Kubis* in MünchKomm. AktG, 3. Aufl., Art. 55, 56 SE-VO Rz. 16; *Bücker* in Habersack/Drinhausen, Art. 55 SE-VO Rz. 38; *Kiem* in KölnKomm. AktG, 3. Aufl., Art. 55 SE-VO Rz. 10; *Schwarz*, Art. 55 SE-VO Rz. 30; *Fürst/Klahr* in Jannott/Frodermann, Handbuch Europäische Aktiengesellschaft, S. 282 Rz. 46; *Brandt*, Hauptversammlung, S. 202.

Anträge der Aktionäre gebunden[131]. Die gegenteilige Auffassung, die dem Gericht die Kompetenz zur eigenen Einberufung zuweist[132], lässt sich mit dem Wortlaut von Art. 55 Abs. 3 Satz 1 SE-VO nicht vereinbaren, auch wenn die Gefahr besteht, dass möglicherweise ein Gesellschaftsorgan zur Einberufung verpflichtet wird, das sich gerade zuvor noch rechtswidrig dem Einberufungsverlangen der Minderheit widersetzt hat[133]. Auch die grundsätzliche Anerkennung einer **Prüfungsfrist** für die Einberufung (oben Rz. 25) spricht gegen die Möglichkeit der Einberufung durch das zuständige Gericht selbst; andernfalls müsste nach der gerichtlichen Entscheidung die Einberufung sofort vorgenommen werden, anstatt zunächst noch die in Art. 55 Abs. 3 Satz 1 SE-VO statuierte Frist abzuwarten[134]. Die erforderliche Vollstreckungsmöglichkeit ergibt sich für die SE mit Sitz in Deutschland aus § 888 ZPO, der über die allgemeine Verweisung des Art. 53 (Art. 53 Rz. 5 ff.) Anwendung findet[135]. Eines gesonderten Antrags bedarf es hierfür nicht[136].

b) Ermächtigung der Aktionärsminderheit

Daneben ist auch eine Ermächtigung der Aktionärsminderheit nach Art. 55 Abs. 3 Satz 1 Alt. 2 SE-VO möglich (zum Verhältnis zur ersten Alternative s. oben Rz. 18). Hiernach kann das zuständige Gericht die antragstellenden Minderheitsaktionäre[137] oder deren Vertreter[138] zur Einberufung der Hauptversammlung ermächtigen. Die antragstellenden Aktionäre können dann kraft staatlicher Ermächtigung die Hauptversammlung mit der von ihnen beantragten Tagesordnung unter Beachtung der sonstigen Verfahrensvorschriften (oben Rz. 17) einberufen[139]. Zwar sieht die SE-VO keine Frist für die Ausübung der Ermächtigung vor; doch kann das Gericht eine solche Frist festlegen[140]. Fehlt es an einer solchen gerichtlichen Fristbestimmung, muss die Hauptversammlung innerhalb einer angemessenen Frist, in der Regel bis 8 Wochen, einberufen werden; die Gesellschaft kann sich gegen eine verspätete Einberufung durch Antrag auf Erlass einer einstweiligen Verfügung auf Unterlassung wehren[141]. Die Vorschrift des Art. 55 Abs. 3 Satz 1 Alt. 2 SE-VO entspricht der deutschen Regelung in § 122 Abs. 3 Satz 1 AktG. Über die Verweisung des Art. 54 Abs. 2 SE-VO gelten für das Verfahren der Einberufung bei einer in Deutschland domizilierenden SE die §§ 121 ff. AktG (näher oben Rz. 17)[142], so dass für die näheren Voraussetzungen

29

---

131 *Kiem* in KölnKomm. AktG, 3. Aufl., Art. 55 SE-VO Rz. 50; *Bücker* in Habersack/Drinhausen, Art. 55 SE-VO Rz. 28.
132 So *Eberspächer* in Spindler/Stilz, AktG, Art. 55, 56 SE-VO Rz. 7.
133 Auf diese Gefahr zu Recht hinweisend *Schwarz*, Art. 55 SE-VO Rz. 30; *Brandt*, Hauptversammlung, S. 202.
134 *Schwarz*, Art. 55 SE-VO Rz. 30; *Kubis* in MünchKomm. AktG, 3. Aufl., Art. 55, 56 SE-VO Rz. 16; *Brandt*, Hauptversammlung, S. 202.
135 A.A., aber i.E. ebenso *Kubis* in MünchKomm. AktG, 3. Aufl., Art. 55, 56 SE-VO Rz. 16 sowie *Eberspächer* in Spindler/Stilz, AktG, Art. 55, 56 SE-VO Rz. 10, die ohne nähere Begründung von einer „analogen" Anwendung des § 888 ZPO ausgehen wollen. Unklar *Mayer* in Manz/Mayer/Schröder, Art. 55 SE-VO Rz. 14: Vollstreckung „nach nationalem Recht", ebenso *Bücker* in Habersack/Drinhausen, Art. 55 SE-VO Rz. 40.
136 Ebenso *Kubis* in MünchKomm. AktG, 3. Aufl., Art. 55, 56 SE-VO Rz. 16.
137 Nur diese, vgl. *Bücker* in Habersack/Drinhausen, Art. 55 SE-VO Rz. 41.
138 *Bücker* in Habersack/Drinhausen, Art. 55 SE-VO Rz. 42.
139 *Schwarz*, Art. 55 SE-VO Rz. 29.
140 *Kubis* in MünchKomm. AktG, 3. Aufl., Art. 55, 56 SE-VO Rz. 15; *Bücker* in Habersack/Drinhausen, Art. 55 SE-VO Rz. 43; *Brandt*, Hauptversammlung, S. 204 f.
141 Zutr. *Bücker* in Habersack/Drinhausen, Art. 55 SE-VO Rz. 43.
142 So auch *Eberspächer* in Spindler/Stilz, AktG, Art. 55, 56 SE-VO Rz. 10; *Kubis* in MünchKomm. AktG, 3. Aufl., Art. 55, 56 SE-VO Rz. 17; *Bücker* in Habersack/Drinhausen, Art. 55 SE-VO Rz. 44.

auf die Kommentierung zum nationalen Recht verwiesen werden kann. Insbesondere muss die Minderheit sich selbst um die Logistik einschließlich Versammlungsort und Veröffentlichung des Einberufungsverlangens etc. kümmern – was gerade bei großen Publikums-SE oftmals kaum überwindbare Hürden darstellt[143]. Die Aktionäre handeln dann im eigenen Namen, haben aber einen Freistellungs- bzw. Erstattungsanspruch gegenüber der SE[144].

c) Selbsteinberufungsrecht der Aktionäre

30   Nach Art. 55 Abs. 3 Satz 2 SE-VO bleiben einzelstaatliche Vorschriften, aufgrund denen die Aktionäre die Möglichkeit erhalten, selbst die Hauptversammlung einzuberufen (sog. Selbsteinberufungsrecht), unberührt. Diese Vorschrift stellt eine **Sondervorschrift** im Rahmen der Einberufung durch eine Aktionärsminderheit dar[145]. Sie regelt eine Ausnahme zum Grundsatz des Art. 55 Abs. 3 Satz 1 SE-VO und stellt klar, dass ein bereits auf mitgliedstaatlicher Ebene existierendes Selbsteinberufungsrecht der Minderheitsaktionäre auch ohne Einleitung eines staatliches Einberufungsverfahrens unmittelbare Geltung erlangt[146]. Da Deutschland jedoch keine entsprechenden Regelungen kennt, scheidet die Anwendung auf eine in Deutschland ansässige SE zum gegenwärtigen Zeitpunkt aus[147].

Art. 56
[Ergänzung der Tagesordnung]

Die Ergänzung der Tagesordnung für eine Hauptversammlung durch einen oder mehrere Punkte kann von einem oder mehreren Aktionären beantragt werden, sofern sein/ihr Anteil am gezeichneten Kapital mindestens 10 % beträgt. Die Verfahren und Fristen für diesen Antrag werden nach dem einzelstaatlichen Recht des Sitzstaats der SE oder, sofern solche Vorschriften nicht vorhanden sind, nach der Satzung der SE festgelegt. Die Satzung oder das Recht des Sitzstaats können unter denselben Voraussetzungen, wie sie für Aktiengesellschaften gelten, einen niedrigeren Prozentsatz vorsehen.

§ 50 SEAG: Einberufung und Ergänzung der Tagesordnung auf Verlangen einer Minderheit
(1) Die Einberufung der Hauptversammlung und die Aufstellung ihrer Tagesordnung nach Artikel 55 der Verordnung kann von einem oder mehreren Aktionären beantragt werden, sofern sein oder ihr Anteil am Grundkapital mindestens 5 Prozent beträgt.
(2) Die Ergänzung der Tagesordnung für eine Hauptversammlung durch einen oder mehrere Punkte kann von einem oder mehreren Aktionären beantragt werden, sofern sein oder ihr Anteil 5 Prozent des Grundkapitals oder den anteiligen Betrag von 500 000 Euro erreicht.

---

143 *Bücker* in Habersack/Drinhausen, Art. 55 SE-VO Rz. 44.
144 *Bücker* in Habersack/Drinhausen, Art. 55 SE-VO Rz. 46.
145 *Schwarz*, Art. 55 SE-VO Rz. 35; hierzu auch *Brandt*, Hauptversammlung, S. 205.
146 *Kubis* in MünchKomm. AktG, 3. Aufl., Art. 55, 56 SE-VO Rz. 13; *Schwarz*, Art. 55 SE-VO Rz. 35; *Eberspächer* in Spindler/Stilz, AktG, Art. 55, 56 SE-VO Rz. 7; *Mayer* in Manz/Mayer/Schröder, Art. 55 SE-VO Rz. 17.
147 *Schwarz*, Art. 55 SE-VO Rz. 35; *Bücker* in Habersack/Drinhausen, Art. 55 SE-VO Rz. 26; *Eberspächer* in Spindler/Stilz, AktG, Art. 55, 56 SE-VO Rz. 7; *Kubis* in MünchKomm. AktG, 3. Aufl., Art. 55, 56 SE-VO Rz. 13.

I. Regelungsgegenstand und Normzweck 1	3. Ordnungsgemäßer Antrag (Art. 56 Satz 1 und Satz 3 SE-VO)
II. Historische Entwicklung 3	a) Adressat 11
III. Satzungsregelung und mitgliedstaatlicher Vorbehalt 4	b) Inhalt 12
	c) Form 14
1. Nationale Ausführungsbestimmungen 5	d) Zeitpunkt 15
	e) Rechtsmissbrauch des Ergänzungsverlangens 17
2. Vorrang der Satzung 6	4. Verfahren und Antragsfrist (Art. 56 Satz 2 SE-VO)
IV. Ergänzungsverlangen	
1. Antragsberechtigung 7	a) Verfahren 18
2. Beteiligungsquorum	b) Antragsfrist 20
a) Höhe 8	V. Staatliches Rechtsdurchsetzungsverfahren 21
b) Dauer 10	

Literatur: S. vor Art. 52.

I. Regelungsgegenstand und Normzweck

Art. 56 SE-VO steht in enger Verbindung mit Art. 55 SE-VO und dient, wie das dort geregelte Einberufungsrecht, dem **Minderheitenschutz** (Art. 55 Rz. 1). Art. 56 SE-VO regelt das in der Praxis bedeutsamere[1] Verlangen zur Ergänzung der Tagesordnung einer bereits einberufenen Hauptversammlung[2] bzw. das Recht auf Bekanntmachung eines Beschlussgegenstandes zur Tagesordnung[3]. Beide Vorschriften finden ihre Parallelen im deutschen Aktienrecht der § 122 Abs. 1 und Abs. 2 AktG[4]. Aufgrund der unmittelbaren europarechtlichen Anwendbarkeit der Norm einerseits und der Beschränkung in Art. 56 Satz 2 SE-VO auf die Geltung bereits existierenden mitgliedstaatlichen Rechts andererseits können die zu § 122 Abs. 2 AktG entwickelten Grundsätze[5] indes nur mit Vorsicht übertragen werden[6]. 1

Das Ergänzungsverlangen des Art. 56 Satz 1 und Satz 3 SE-VO ist von den **Tatbestandsvoraussetzungen** identisch formuliert wie Art. 55 Abs. 1 Satz 1 SE-VO für das Einberufungsverlangen durch eine Minderheit, so dass die Voraussetzungen für das Ergänzungsverlangen weitgehend mit denen des Einberufungsverlangen (hierzu Art. 55 Rz. 7 ff.) übereinstimmen[7]. Sowohl hinsichtlich der **Aktionärseigenschaft** (unten Rz. 8), des **Adressaten des Antrags** (unten Rz. 11) als auch für die **Form** (unten Rz. 14) ergeben sich daher keine Abweichungen zu Art. 55 SE-VO. Abweichungen zu Art. 55 SE-VO existieren jedoch aufgrund struktureller Unterschiede beider Normen oder aufgrund nationaler Besonderheiten in Deutschland[8]. Zu unterscheiden sind von dem Einberufungsverlangen nach Art. 56 SE-VO die Anträge und Gegenanträge 2

---

1 *Schwarz*, Art. 56 SE-VO Rz. 1 unter Bezugnahme auf *Mertens*, AG 1997, 481 ff.
2 *Kubis* in MünchKomm. AktG, 3. Aufl., Art. 55, 56 SE-VO Rz. 18; *Mayer* in Manz/Mayer/Schröder, Art. 56 SE-VO Rz. 2; *Heckschen* in Widmann/Mayer, Anhang 14 Rz. 493; *Liebscher* in Semler/Volhard/Reichert, Arbeitshandbuch für die Hauptversammlung, § 49 Rz. 26.
3 *Schwarz*, Art. 56 SE-VO Rz. 1.
4 *Kubis* in MünchKomm. AktG, 3. Aufl., Art. 55, 56 SE-VO Rz. 18; *Bücker* in Habersack/Drinhausen, Art. 56 SE-VO Rz. 1; *Fürst/Klahr* in Jannott/Frodermann, Handbuch Europäische Aktiengesellschaft, S. 271 f. Rz. 5 f.
5 Ausführlich *Ziemons* in K. Schmidt/Lutter, § 122 AktG Rz. 31 ff.
6 So zu Recht auch *Kubis* in MünchKomm. AktG, 3. Aufl., Art. 55, 56 SE-VO Rz. 18.
7 *Kubis* in MünchKomm. AktG, 3. Aufl., Art. 55, 56 SE-VO Rz. 19.
8 *Kubis* in MünchKomm. AktG, 3. Aufl., Art. 55, 56 SE-VO Rz. 19.

zu Tagesordnungspunkten, denn solche können ohne Aufnahme in die Tagesordnung und ohne Bekanntmachung auch noch direkt in der Hauptversammlung gestellt werden (Art. 53 Rz. 16).

II. Historische Entwicklung

3 Sowohl Art. 85 Abs. 3 SE-VOV 1970 als auch Art. 86 Abs. 3 SE-VOV 1975 sowie Art. IV-3-2 Sanders-Vorentwurf kannten weitgehend **entsprechende Bestimmungen** für die Bekanntmachung von Gegenständen zur Tagesordnung. So sahen diese Vorschriften für die Einberufung und für die Ergänzung der Tagesordnung einen Prozentsatz i.H.v. 5 % des Kapitals und alternativ eine Mindestkapitalbeteiligung i.H.v. 100 000 bzw. 250 000 Rechnungseinheiten vor. In den nachfolgenden Verordnungsentwürfen in Art. 85 SE-VOV 1989, Art. 85 SE-VOV 1991 und Art. 56 SE-RatsE 1998 war dann bereits eine 10 %-Beteiligung am gezeichneten Kapital gefordert, welche der heutigen Regelung in Art. 56 Satz 1 SE-VO entspricht (hierzu unten Rz. 8 f.).

III. Satzungsregelung und mitgliedstaatlicher Vorbehalt

4 Wie auch bei Art. 55 Abs. 1 2. Halbsatz SE-VO (Art. 55 Rz. 4) kann durch die **Satzung** (Art. 6 SE-VO) oder durch **einzelstaatliche Rechtsvorschriften** gem. Art. 56 Satz 3 SE-VO für die erforderliche Mindestbeteiligung ein niedrigerer Prozentsatz als 10 % des gezeichneten Kapitals bestimmt werden.

1. Nationale Ausführungsbestimmungen

5 Nach Art. 56 Satz 3 SE-VO kann ein abweichender niedriger Prozentsatz durch Satzung oder einzelstaatliche Rechtsvorschriften unter denselben Voraussetzungen, wie sie für nationale Aktiengesellschaften gelten, durch die Mitgliedstaaten festgelegt werden. Art. 56 Satz 3 SE-VO erkennt hierbei aber nicht bereits bestehende mitgliedstaatliche Vorschriften an (Art. 55 Rz. 5). Eine Umsetzung des Art. 56 Satz 3 erfolgte durch den deutschen Gesetzgeber in **§ 50 Abs. 2 SEAG**, in dem das Quorum für das Ergänzungsverlangen von 10 % auf 5 % des Grundkapitals abgesenkt (§ 50 Abs. 2 Alt. 1 SEAG, sog. relatives Quorum) oder alternativ ein rechnerischer Anteil am Grundkapital von 500 000 Euro vorgesehen wird (§ 50 Abs. 2 Alt. 2 SEAG, sog. absolutes Quorum). Näher hierzu unten Rz. 8 f.

2. Vorrang der Satzung

6 Art. 56 Satz 3 SE-VO sieht daneben auch vor, dass die Satzung der SE einen niedrigeren Prozentsatz für das Ergänzungsverlangen vorsehen kann. Hinsichtlich der **Normenhierarchie** zwischen Satzung und mitgliedstaatlichen Rechtsvorschriften sowie der **Reichweite des mitgliedstaatlichen Vorbehalts** kann hinsichtlich der Parallelität auf die Ausführungen zu Art. 55 Abs. 1 2. Halbsatz SE-VO verwiesen werden (Art. 55 Rz. 6). Auch bei Art. 56 Satz 3 SE-VO steht die Satzungsautonomie nicht unter einem mitgliedstaatlichen Vorbehalt, denn Art. 56 Satz 2 SE-VO bestimmt ausdrücklich den Vorrang des mitgliedstaatlichen Rechts vor der Satzungsgestaltung, so dass im Umkehrschluss bei Art. 56 Satz 3 SE-VO die Satzung dem nationalen Recht vorgehen muss[9]. Die Satzung der SE kann dementsprechend wie bei Art. 55 SE-VO auch (Art. 55 Rz. 6) eine niedrigere Beteiligungsquote als die 5 %ige des § 50 Abs. 2 Alt. 1

---

[9] *Schwarz*, Art. 56 SE-VO Rz. 6; unklar *Thümmel*, Europäische Aktiengesellschaft, S. 121 Rz. 255.

SEAG vorsehen, aber auch eine höhere festsetzen oder sogar das 10 %ige Quorum des Art. 56 Satz 1 SE-VO wiederherstellen[10].

IV. Ergänzungsverlangen

1. Antragsberechtigung

Erforderlich ist eine ausreichende Anzahl von Aktionären für einen ordnungsgemäßen Antrag (Rz. 8 f.). Antragsberechtigt für die Einberufung einer Hauptversammlung sind nach Art. 56 Satz 1 SE-VO bereits **ein oder mehrere Aktionäre**. Zunächst ist demnach – wie bei Art. 55 SE-VO auch – Voraussetzung, dass der oder die antragstellenden Aktionäre zum Zeitpunkt der Antragstellung die **Aktionärsstellung** besitzt (Art. 55 Rz. 7).

2. Beteiligungsquorum

a) Höhe

Nach Art. 56 Satz 1 SE-VO sind diejenigen Aktionäre antragsberechtigt, die zusammen oder alleine 10 % des gezeichneten Kapitals halten. Art. 56 Satz 3 SE-VO sieht als Ausnahme von dem 10 %igen Quorum vor, dass die Satzung der SE (Art. 6 SE-VO) oder das mitgliedstaatliche Recht dieses Beteiligungsquorum herabsetzen kann, eine Verschärfung ist hingegen bereits nachweislich des Gesetzeswortlauts nicht möglich (zu Art. 55 SE-VO s. Art. 55 Rz. 8). Eine Absenkung des Beteiligungsquorums ist durch den deutschen Gesetzgeber in § 50 Abs. 2 SEAG erfolgt. Hiernach genügt für die Ergänzung der Tagesordnung ein Quorum von **5 % des Grundkapitals** (zur Terminologie des SEAG s. Art. 55 Rz. 8) oder der anteilige Betrag von 500 000 Euro.

Bedenken hinsichtlich der **Europarechtskonformität** ergeben sich jedoch für die Festlegung eines **absoluten Quorums** in § 50 Abs. 2 Alt. 2 SEAG. Der Fix-Betrag i.H.v. 500 000 Euro kann bei höherem Grundkapital ohne weiteres wesentlich geringer als die in § 50 Abs. 2 Alt. 1 SEAG genannten 5 % des gezeichneten Kapitals sein[11]. Zwar soll nach Auffassung des deutschen Gesetzgebers der Wortlaut des Art. 56 Satz 3 SE-VO gerade so verstanden werden, dass dieselben Voraussetzungen, wie sie für nationale Aktiengesellschaften gelten, angewandt werden können[12], so dass eine parallele Regelung zu § 122 Abs. 2 AktG nahe liegt[13]. Des Weiteren sei nach dem Sinn und Zweck der Vorschrift, minderheitenfreundliche Regelungen auf nationaler Ebene zuzulassen, nicht erkennbar, weshalb ein absolutes Quorum neben dem unzweifelhaft zulässigen Relativen unzulässig sein solle[14]. Richtigerweise überschreitet § 50 Abs. 2 Alt. 2 SEAG jedoch die von Art. 56 Satz 3 SE-VO gezogenen Grenzen und ist damit unwirksam[15]; denn der Wortlaut des Art. 56 Satz 1 SE-VO spricht anstatt von einer

---

10 *Schwarz*, Art. 55 SE-VO Rz. 6; a.A. *Bücker* in Habersack/Drinhausen, Art. 56 SE-VO Rz. 2.
11 *Spindler* in Lutter/Hommelhoff, Europäische Gesellschaft, S. 223, 243.
12 Begr. RegE zu SEAG, BT-Drucks. 15/3405, S. 40; *Kubis* in MünchKomm. AktG, 3. Aufl., Art. 55, 56 SE-VO Rz. 19; *Bücker* in Habersack/Drinhausen, Art. 56 SE-VO Rz. 9; *Eberspächer* in Spindler/Stilz, AktG, Art. 55, 56 SE-VO Rz. 11; Stellungnahme des DAV zum SEAG-DiskE, NZG 2004, 75, 85; wohl auch *Fürst/Klahr* in Jannott/Frodermann, Handbuch Europäische Aktiengesellschaft, S. 292 Rz. 90; *Heckschen* in Widmann/Mayer, Anhang 14 Rz. 493 sowie *Mayer* in Manz/Mayer/Schröder, Art. 56 SE-VO Rz. 9 f.
13 Begr. RegE zu SEAG, BT-Drucks. 15/3405, S. 40.
14 *Kubis* in MünchKomm. AktG, 3. Aufl., Art. 55, 56 SE-VO Rz. 19; ähnlich *Bücker* in Habersack/Drinhausen, Art. 56 SE-VO Rz. 9; i.E. ebenso, allerdings ohne Begründung *Eberspächer* in Spindler/Stilz, AktG, Art. 55, 56 SE-VO Rz. 11.
15 *Schwarz*, Art. 56 SE-VO Rz. 7 ff.; wohl offen lassend: *Liebscher* in Semler/Volhard/Reichert, Arbeitshandbuch für die Hauptversammlung, § 49 Rz. 26.

absoluten Kapitalbeteiligung lediglich von einer relativen. Dafür spricht auch die Entstehungsgeschichte der Norm (hierzu oben Rz. 3)[16]. Die Rede ist hier lediglich von einer Zulässigkeit „unter denselben Voraussetzungen, wie sie für Aktiengesellschaften gelten" in Bezug auf den in Art. 56 Satz 3 SE-VO erwähnten *Prozentsatz*. Dieser explizit erwähnte Prozentsatz wird jedoch aus systematischen Gründen in Art. 56 Satz 1 SE-VO nur durch eine relative Beteiligungsquote (i.H.v. 10 %) konkretisiert, von anderen mitgliedstaatlichen Möglichkeiten der Verstärkung des Minderheitenschutzes ist gerade nicht die Rede[17].

b) Dauer

10 Keine Anwendung finden auf die SE § 122 Abs. 2 i.V.m. § 122 Abs. 1 Satz 3 AktG und § 142 Abs. 2 Satz 2 AktG; eine **Mindestbesitzdauer** ist keine weitere Antragsvoraussetzung (ausführlich Art. 55 Rz. 10)[18]. Wie schon bei Art. 55 SE-VO muss auch hier das Quorum nur zum Zeitpunkt der Antragstellung vorliegen (Art. 55 Rz. 6)[19].

3. Ordnungsgemäßer Antrag (Art. 56 Satz 1 und Satz 3 SE-VO)

a) Adressat

11 Art. 56 SE-VO regelt nicht den richtigen Adressaten des Ergänzungsantrages. Die Zuständigkeit hierfür richtet sich nach der allgemeinen Kompetenzverteilung innerhalb der SE; zuständig ist damit das Organ, welchem generell die Ausarbeitung der Tagesordnung der Hauptversammlung obliegt[20]. Da die Aufstellung der Tagesordnung als Vorbereitung der Hauptversammlung in den Aufgabenbereich der **Geschäftsführung** fällt, ist verbandsintern im Einklang mit Art. 55 das Leitungsorgan bzw. bei der monistisch organisierten SE (Art. 43 SE-VO) das Verwaltungsorgan zuständig (Art. 55 Rz. 10)[21].

b) Inhalt

12 Das Ergänzungsverlangen des Art. 56 Satz 1 SE-VO regelt inhaltlich die Ergänzung der Tagesordnung durch einen oder mehreren Punkte. Der Inhalt eines solchen Antrags darf nur auf **Beschlussgegenstände** gerichtet sein, beschlusslose Diskussions- oder Informationspunkte genügen auf europarechtlicher Ebene ebenso wenig wie im nationalen Recht[22]. Denn auch die Art. 57, 58 SE-VO gehen von einer beschlussorientierten Hauptversammlung aus (Art. 57 Rz. 4)[23]. Das Minderheitenrecht soll nicht

---

16 *Schwarz*, Art. 56 SE-VO Rz. 8; kritisch auch bereits *Spindler* in Lutter/Hommelhoff, Europäische Gesellschaft, S. 223, 243; *Brandt*, Hauptversammlung, S. 209 ff. zu § 47 Abs. 2 SEAG-DiskE; dies wird nicht weiter erwähnt von *Bücker* in Habersack/Drinhausen, Art. 56 SE-VO Rz. 9.
17 I.E. ebenso *Schwarz*, Art. 56 SE-VO Rz. 9.
18 *Kiem* in KölnKomm. AktG, 3. Aufl., Art. 56 SE-VO Rz. 20; *Bücker* in Habersack/Drinhausen, Art. 56 SE-VO Rz. 11.
19 *Kubis* in MünchKomm. AktG, 3. Aufl., Art. 55, 56 SE-VO Rz. 19; *Schwarz*, Art. 56 SE-VO Rz. 5; a.A. *Kiem* in KölnKomm. AktG, 3. Aufl., Art. 56 SE-VO Rz. 14; *Bücker* in Habersack/Drinhausen, Art. 56 SE-VO Rz. 12.
20 *Schwarz*, Art. 56 SE-VO Rz. 12.
21 *Schwarz*, Art. 56 SE-VO Rz. 12; *Kiem* in KölnKomm. AktG, 3. Aufl., Art. 56 SE-VO Rz. 21; *Bücker* in Habersack/Drinhausen, Art. 56 SE-VO Rz. 14; *Brandt*, Hauptversammlung, S. 212 f.; *Mayer* in Manz/Mayer/Schröder, Art. 56 SE-VO Rz. 11.
22 *Kubis* in MünchKomm. AktG, 3. Aufl., Art. 55, 56 SE-VO Rz. 20; *Bücker* in Habersack/Drinhausen, Art. 56 SE-VO Rz. 15; *Schwarz*, Art. 56 SE-VO Rz. 14; i.E. auch *Brandt*, Hauptversammlung, S. 215. Zum nationalen Recht *Ziemons* in K. Schmidt/Lutter, § 122 AktG Rz. 43.
23 *Kubis* in MünchKomm. AktG, 3. Aufl., Art. 55, 56 SE-VO Rz. 20.

durch Verwicklung in zeitraubende Diskussionen dazu führen, dass die gesamte Hauptversammlung torpediert wird; vielmehr dient das Antragsrecht zur Fassung von Beschlüssen und der Herbeiführung von rechtlichen Ergebnissen[24]. Auch müssen die Tagesordnungspunkte so präzise gefasst sein, dass das Leitungsorgan sie zur Einberufung verwenden und Beschlussvorlagen dazu erarbeiten kann[25]. Nicht von Art. 56 SE-VO erfasst werden dagegen die Ankündigung von Gegenanträgen, deren Verfahren sich nach Art. 53 SE-VO i.V.m. § 126 AktG richtet[26].

Umstritten ist entsprechend dem Streit bei Art. 55 Abs. 1 SE-VO, ob eine **Begründung** des Ergänzungsverlangens zu fordern ist. Nach einer Ansicht ist eine Begründungspflicht nicht gegeben, denn Art. 56 Satz 2 SE-VO verweise lediglich für das Verfahren und die Fristen hinsichtlich der Weiterbehandlung des Antrags auf das nationale Recht; nicht für das eigentliche Verfahren für den Antrag selbst[27]. Hingegen verweist Art. 56 Satz 2 SE-VO bereits dem Wortlaut nach auf das einzelstaatliche Recht des Sitzstaats der SE und führt daher für die SE mit Sitz in Deutschland zu der Anwendung von § 122 Abs. 1 und Abs. 2 AktG[28]. Die Anforderungen an die Begründung sind indes geringer als beim Einberufungsverlangen, da der Aufwand für die zusätzliche Behandlung von Beschlussgegenständen wesentlich geringer ausfällt als bei einer außerordentlichen Hauptversammlung[29].

c) Form

Auch hinsichtlich der **Formvoraussetzungen** des Ergänzungsverlangens ist Art. 56 SE-VO keine Regelung zu entnehmen[30]. Daher richtet sich die Form des Antrags über den Verweis des Art. 53 SE-VO nach dem jeweiligen nationalen Recht, auf eine in Deutschland ansässige SE finden § 122 Abs. 1 AktG i.V.m. §§ 126, 126a BGB Anwendung[31]. Zu möglichen Satzungsfestlegungen s. Art. 55 Rz. 7.

d) Zeitpunkt

Im Unterschied zu dem Einberufungsverlangen des Art. 55 Abs. 1 SE-VO setzt das Ergänzungsverlangen dem Wortlaut nach eine bereits einberufene Hauptversammlung voraus. Insofern stellt sich bei Art. 56 Satz 1 SE-VO die Frage nach dem **zulässigen Zeitpunkt der Antragstellung**. Auf jeden Fall ist ein Ergänzungsverlangen **nach Ein-**

---

24 *Schwarz*, Art. 56 SE-VO Rz. 14.
25 *Bücker* in Habersack/Drinhausen, Art. 56 SE-VO Rz. 15.
26 *Kiem* in KölnKomm. AktG, 3. Aufl., Art. 56 SE-VO Rz. 18, Fn. 26; *Kubis* in MünchKomm. AktG, 3. Aufl., Art. 55, 56 SE-VO Rz. 20; *Eberspächer* in Spindler/Stilz, AktG, Art. 56 SE-VO Rz. 11; *Bücker* in Habersack/Drinhausen, Art. 56 SE-VO 15.
27 *Kubis* in MünchKomm. AktG, 3. Aufl., Art. 55, 56 SE-VO Rz. 22; *Mayer* in Manz/Mayer/Schröder, Art. 56 SE-VO Rz. 6; anders als noch in Vorauflage nun von Begründungpflicht ausgehend: *Fürst/Klahr* in Jannott/Frodermann, Handbuch Europäische Aktiengesellschaft, S. 292 f. Rz. 92.
28 *Schwarz*, Art. 56 SE-VO Rz. 13; *Bücker* in Habersack/Drinhausen, Art. 56 SE-VO Rz. 15; *Kiem* in KölnKomm. AktG, 3. Aufl., Art. 56 SE-VO Rz. 19; *Brandt*, Hauptversammlung, S. 192; *Fürst/Klahr* in Jannott/Frodermann, Handbuch Europäische Aktiengesellschaft, S. 292 f. Rz. 92; *Spindler* in Lutter/Hommelhoff, Europäische Gesellschaft, S. 223, 242.
29 *Brandt*, Hauptversammlung, S. 213; *Schwarz*, Art. 56 SE-VO Rz. 13.
30 So wie hier *Kubis* in MünchKomm. AktG, 3. Aufl., Art. 55, 56 SE-VO Rz. 19, 22; a.A. aber *Schwarz*, Art. 56 SE-VO Rz. 13 sowie *Brandt*, Hauptversammlung, S. 213, die auch für die Formvoraussetzungen auf den Verweis in das mitgliedstaatliche Recht über Art. 56 Satz 2 SE-VO zurückgreifen wollen, i.E. aber ebenfalls zur Anwendung des § 122 Abs. 1 AktG und somit zur Schriftlichkeit gelangen.
31 Im Ergebnis ebenso *Bücker* in Habersack/Drinhausen, Art. 56 SE-VO Rz. 16; *Kiem* in KölnKomm. AktG, 3. Aufl., Art. 56 SE-VO Rz. 17, allerdings über Art. 9 Abs. 1 lit. c ii SE-VO.

berufung der Hauptversammlung zulässig[32]. Das **Fristende** richtet sich für das Ergänzungsverlangen nach Einberufung über den ausdrücklichen Verweis des Art. 56 Satz 2 SE-VO für Fristen nach dem jeweiligen mitgliedstaatlichen Recht (unten Rz. 20); zu beachten ist hierbei, dass es dem Geschäftsführungsorgan möglich sein muss, die ergänzte Tagesordnung rechtzeitig ordnungsgemäß bekannt zu machen, damit eine Anfechtbarkeit der Beschlüsse vermieden werden kann[33]. Dementsprechend findet auf die in Deutschland ansässige SE § 124 Abs. 1 Satz 2 AktG Anwendung (unten Rz. 20)[34].

16 Fraglich ist aber, ob auch ein Ergänzungsverlangen **vor Einberufung** der Hauptversammlung zulässig ist. Der Wortlaut des Art. 56 Satz 1 SE-VO scheint zunächst dagegen zu sprechen, denn wenn die Tagesordnung *ergänzt* werden kann, legt dieses im Umkehrschluss nahe, dass eine Hauptversammlung bereits einberufen sein muss[35]. Auch auf gemeinschaftsrechtlicher Ebene spricht aber ebenso wie im nationalen Recht[36] aus Zweckmäßigkeitsgründen zur Verringerung des zusätzlichen Unterrichtungsaufwandes[37] nichts dagegen, ein Ergänzungsverlangen bereits vor Einberufung der Hauptversammlung zu beantragen[38]. Der Ergänzungsantrag nach Art. 56 Satz 1 SE-VO kann daher während des gesamten Geschäftsjahres für die jeweils kommende Hauptversammlung gestellt werden[39], auch wenn ein Termin für die nächste Hauptversammlung noch gar nicht feststeht[40].

e) Rechtsmissbrauch des Ergänzungsverlangens

17 Auch bei dem Ergänzungsverlangen gilt wie für das Einberufungsverlangen des Art. 55 SE-VO auch (Art. 55 Rz. 15) die Grenze des Rechtsmissbrauchs. Die dort dargestellten Grundsätze finden **entsprechende Anwendung** auf Art. 56 SE-VO[41]. Allerdings werden hier höhere Anforderungen an einen Rechtsmissbrauch als bei der

---

32 *Kubis* in MünchKomm. AktG, 3. Aufl., Art. 55, 56 SE-VO Rz. 19; *Brandt*, Hauptversammlung, S. 215; *Schwarz*, Art. 56 SE-VO Rz. 16; *Eberspächer* in Spindler/Stilz, AktG, Art. 55, 56 SE-VO Rz. 11; *Mayer* in Manz/Mayer/Schröder, Art. 56 SE-VO Rz. 4; a.A. *Fürst/Klahr* in Jannott/Frodermann, Handbuch Europäische Aktiengesellschaft, S. 293 Rz. 93: Ergänzungsverlangen muss Gesellschaft min. 24 Tage (bei börsennotierten Gesellschaften min. 30 Tage) vorher zugehen.
33 *Kubis* in MünchKomm. AktG, 3. Aufl., Art. 55, 56 SE-VO Rz. 19, 22; *Eberspächer* in Spindler/Stilz, AktG, Art. 55, 56 SE-VO Rz. 11.
34 *Kubis* in MünchKomm. AktG, 3. Aufl., Art. 55, 56 SE-VO Rz. 19, 22; *Bücker* in Habersack/Drinhausen, Art. 56 SE-VO Rz. 17.
35 *Brandt*, Hauptversammlung, S. 214; *Kubis* in MünchKomm. AktG, 3. Aufl., Art. 55, 56 SE-VO Rz. 19.
36 *Ziemons* in K. Schmidt/Lutter, § 122 AktG Rz. 40.
37 So *Brandt*, Hauptversammlung, S. 215; *Mayer* in Manz/Mayer/Schröder, Art. 56 SE-VO Rz. 4.
38 *Kubis* in MünchKomm. AktG, 3. Aufl., Art. 55, 56 SE-VO Rz. 19; *Kiem* in KölnKomm. AktG, 3. Aufl., Art. 56 SE-VO Rz. 15; *Bücker* in Habersack/Drinhausen, Art. 56 SE-VO Rz. 17; *Schwarz*, Art. 56 SE-VO Rz. 16; *Eberspächer* in Spindler/Stilz, AktG, Art. 55, 56 SE-VO Rz. 11; *Brandt*, Hauptversammlung, S. 215.
39 *Brandt*, Hauptversammlung, S. 215; *Schwarz*, Art. 56 SE-VO Rz. 16; *Fürst/Klahr* in Jannott/Frodermann, Handbuch Europäische Aktiengesellschaft, S. 293 Rz. 93: allerdings muss Ergänzungsverlangen der Gesellschaft min. 24 Tage (bei börsennotierten Gesellschaften min. 30 Tage) vor der Hauptversammlung zugehen; *Mayer* in Manz/Mayer/Schröder, Art. 56 SE-VO Rz. 4.
40 *Kiem* in KölnKomm. AktG, 3. Aufl., Art. 56 SE-VO Rz. 15; zust. *Bücker* in Habersack/Drinhausen, Art. 56 SE-VO Rz. 17.
41 *Kiem* in KölnKomm. AktG, 3. Aufl., Art. 56 SE-VO Rz. 22.

außerordentlichen Hauptversammlung zu stellen sein, da der mit einem Ergänzungsverlangen verbundene Aufwand wesentlich geringer ist[42].

4. Verfahren und Antragsfrist (Art. 56 Satz 2 SE-VO)

a) Verfahren

In Art. 56 Satz 2 SE-VO wird zunächst für das Verfahren hinsichtlich des Ergänzungsantrages nach Art. 56 Satz 1 SE-VO auf das Mitgliedstaatsrecht oder, sofern dort keine Regelung besteht, auf die Satzung verwiesen. Verfahren i.S.d. Art. 56 Satz 2 SE-VO stellt nicht das eigentliche Verfahren für den Antrag selbst dar (hierzu oben Rz. 7 ff.), sondern lediglich das Verfahrensrecht um dessen Weiterbehandlung[43]. Die **Weiterbehandlung des Ergänzungsverlangens richtet** sich daher für eine in Deutschland ansässige SE nach §§ 122 ff. AktG gem. Art. 56 Satz 2 SE-VO über den Verweis in das mitgliedstaatliche Recht, so dass die für die Einberufung zuständigen Gesellschaftsorgane über den Ergänzungsantrag der Minderheitsaktionäre zu beschließen haben[44]. § 122 Abs. 2 AktG statuiert eine strikte Befolgungspflicht des Geschäftsorgans[45], welcher bei Vorliegen der formellen und materiellen Voraussetzungen für das Ergänzungsverlangen nachgekommen werden muss[46]. Die Entscheidung stellt keine Ermessensnorm dar, bei Vorliegen der Voraussetzungen ist das Geschäftsführungsorgan in seiner Entscheidung rechtlich gebunden.

18

Art. 50 Abs. 1 SE-VO greift für die **Beschlussfassung** über das Ergänzungsbegehren nach richtiger Ansicht nicht, denn die Verweisung in Art. 56 Satz 2 SE-VO ist als eine „andere Vorschrift" i.S.d. Art. 50 Abs. 1 SE-VO zu qualifizieren (Art. 50 Rz. 5)[47]. Daher gilt über den Verweis des Art. 56 Satz 2 SE-VO der § 121 Abs. 2 Satz 1 AktG für das Leitungsorgan in der dualistischen SE, in der monistischen SE § 22 Abs. 2 Satz 2 SEAG für das Verwaltungsorgan hinsichtlich der Beschlussfassung; die einfache Mehrheit genügt[48].

19

b) Antragsfrist

Eine Regelung über die Antragsfrist enthält Art. 56 SE-VO nicht. Die Antragsfrist ist nicht mit dem Zeitpunkt zu verwechseln, in dem der Ergänzungsantrag überhaupt gestellt werden kann (oben Rz. 15 f.). Sie umfasst den Zeitraum, in dem ein rechtzeitig gestellter Antrag noch einen Anspruch auf Bekanntmachung zur Tagesordnung

20

---

42 *Kubis* in MünchKomm. AktG, 3. Aufl., Art. 55, 56 SE-VO Rz. 21; *Bücker* in Habersack/Drinhausen, Art. 56 SE-VO Rz. 19; *Mayer* in Manz/Mayer/Schröder, Art. 56 SE-VO Rz. 6; weitergehend zum Rechtsmissbrauch auch *Schwarz*, Art. 56 SE-VO Rz. 15; *Brandt*, Hauptversammlung, S. 214.
43 *Kubis* in MünchKomm. AktG, 3. Aufl., Art. 55, 56 SE-VO Rz. 22; *Eberspächer* in Spindler/Stilz, AktG, Art. 55, 56 SE-VO Rz. 11; a.A. *Bücker* in Habersack/Drinhausen, Art. 56 SE-VO Rz. 13: Wortlaut spreche dagegen, zudem Angleichung an Minderheitenschutz der nationalen Aktiengesellschaften.
44 *Kubis* in MünchKomm. AktG, 3. Aufl., Art. 55, 56 SE-VO Rz. 22; *Schwarz*, Art. 56 SE-VO Rz. 18.
45 *Ziemons* in K. Schmidt/Lutter, § 122 AktG Rz. 48.
46 *Schwarz*, Art. 56 SE-VO Rz. 19; *Kubis* in MünchKomm. AktG, 3. Aufl., Art. 55, 56 SE-VO Rz. 22; *Brandt*, Hauptversammlung, S. 218.
47 So zu Recht *Schwarz*, Art. 56 SE-VO Rz. 18; auch *Kubis* in MünchKomm. AktG, 3. Aufl., Art. 55, 56 SE-VO Rz. 22 geht davon aus, dass Art. 56 Satz 2 SE-VO die einschlägige Vorschrift ist; a.A. *Brandt*, Hauptversammlung, S. 218, der zur Anwendung des Art. 50 Abs. 1 SE-VO gelangt.
48 *Schwarz*, Art. 56 SE-VO Rz. 18; *Kiem* in KölnKomm. AktG, 3. Aufl., Art. 56 SE-VO Rz. 23; *Bücker* in Habersack/Drinhausen, Art. 56 SE-VO Rz. 20; a.A. *Brandt*, Hauptversammlung, S. 218, der Art. 50 Abs. 1 SE-VO anwenden will.

der nächsten Hauptversammlung gewährt⁴⁹. Über den Verweis des Art. 56 Satz 2 SE-VO findet auf eine SE mit Sitz in Deutschland die **Bekanntmachungspflicht des § 124 Abs. 1 Satz 1 AktG** Anwendung (Art. 54 Rz. 27)⁵⁰. Sofern dem Ergänzungsverlangen nachgekommen werden soll, müssen die Beschlussgegenstände daher bereits mit der Einberufung bekannt gemacht werden, wenn der Antrag vor Einberufung der Hauptversammlung gestellt worden ist. Anderenfalls, wenn der Antrag zwischen Einberufung und Hauptversammlung gestellt wurde, hat eine Bekanntgabe unverzüglich nach Zugang des Verlangens zu erfolgen⁵¹. Auch nach erfolgter Einberufung der Hauptversammlung sind demzufolge ggf. noch Gegenstände zu berücksichtigen⁵². Falls das Geschäftsführungsorgan diesem trotz schneller Prüfung des Ergänzungsverlangens nicht nachkommen kann und eine rechtzeitige Bekanntgabe nicht mehr erfolgen kann, gilt der Antrag der Minderheitsaktionäre für die nächste Hauptversammlung fort⁵³. Ferner muss der Antrag gem. § 124a AktG auf der Internetseite der Gesellschaft bekannt gemacht und bei börsennotierten Gesellschaften darüber hinaus nach § 125 Abs. 1 Satz 3 AktG den Aktionären mitgeteilt werden.

V. Staatliches Rechtsdurchsetzungsverfahren

21 Anders als Art. 55 Abs. 3 SE-VO sieht Art. 56 SE-VO für den Fall einer **unberechtigten Weigerung des Geschäftsführungsorgans** kein staatliches Rechtsdurchsetzungsverfahren vor. Zwar könnte daraus der Schluss gezogen werden, dass die hier keinerlei Sanktionen an eine Verletzung des in Art. 56 SE-VO geregelten Minderheitenrechts knüpfen wollte⁵⁴. Jedoch spricht gegen diesen Umkehrschluss das Telos der Norm, insbesondere der Charakter als Minderheitenrecht, das weitgehend leer laufen würde, wenn die Gesellschaft nicht zur Bekanntmachung gezwungen werden könnte⁵⁵. Im deutschen Recht kann die Aktionärsminderheit für den Fall, dass der Vorstand dem Ergänzungsverlangen nicht nachkommt, gem. § 122 Abs. 3 AktG auf dem gerichtlichen Wege die Bekanntmachung der geforderten Beschlussgegenstände erreichen⁵⁶. Fraglich ist daher aufgrund der zwingenden Notwendigkeit der Anerkennung eines Rechtsdurchsetzungsverfahrens für die SE mit Sitz in Deutschland nur, ob bezüglich des Rechtsdurchsetzungsverfahrens kraft Verweisung in Art. 56 Satz 2 SE-VO das Verfahren des § 122 Abs. 3 AktG angewandt werden soll⁵⁷ oder aber Art. 55 Abs. 3 SE-VO analog⁵⁸ gilt. Auch wenn insbesondere aus systematischen Gründen einiges für einen Verweis hinsichtlich des *Verfahrens* in Art. 56 Satz 2 SE-VO in das jeweilige nationale Recht spricht und somit eine Anwendung des § 122

---

49 *Schwarz*, Art. 56 SE-VO Rz. 17.
50 *Schwarz*, Art. 56 SE-VO Rz. 19; *Kubis* in MünchKomm. AktG, 3. Aufl., Art. 55, 56 SE-VO Rz. 22; *Fürst/Klahr* in Jannott/Frodermann, Handbuch Europäische Aktiengesellschaft, S. 292 Rz. 91; *Kiem* in KölnKomm. AktG, 3. Aufl., Art. 56 SE-VO Rz. 24.
51 *Kiem* in KölnKomm. AktG, 3. Aufl., Art. 56 SE-VO Rz. 24; *Kubis* in MünchKomm. AktG, 3. Aufl., Art. 55, 56 SE-VO Rz. 22; *Bücker* in Habersack/Drinhausen, Art. 56 SE-VO Rz. 21.
52 *Schwarz*, Art. 56 SE-VO Rz. 17; *Kiem* in KölnKomm. AktG, 3. Aufl., Art. 56 SE-VO Rz. 24.
53 *Ziemons* in K. Schmidt/Lutter, § 122 AktG Rz. 12; *Schwarz*, Art. 56 SE-VO Rz. 17; a.A. *Brandt*, Hauptversammlung, S. 217 f.
54 So angedacht von *Spindler* in Lutter/Hommelhoff, Europäische Gesellschaft, S. 223, 243 f.
55 *Spindler* in Lutter/Hommelhoff, Europäische Gesellschaft, S. 223, 244; *Liebscher* in Semler/Volhard/Reichert, Arbeitshandbuch für die Hauptversammlung, § 49 Rz. 27.
56 *Ziemons* in K. Schmidt/Lutter, § 122 AktG Rz. 52.
57 So *Mayer* in Manz/Mayer/Schröder, Art. 56 SE-VO Rz. 13.
58 So die h.M., *Schwarz*, Art. 56 SE-VO Rz. 20; *Kubis* in MünchKomm. AktG, 3. Aufl., Art. 55, 56 SE-VO Rz. 22; *Kiem* in KölnKomm. AktG, 3. Aufl., Art. 56 SE-VO Rz. 3, 25; *Bücker* in Habersack/Drinhausen, Art. 56 SE-VO Rz. 22; *Brandt*, Hauptversammlung, S. 221; *Spindler* in Lutter/Hommelhoff, Europäische Gesellschaft, S. 223, 244.

Abs. 3 AktG naheliegt, ist angesichts der Parallelität beider Vorschriften zum Minderheitenschutz in der SE von einer analogen Anwendung des Art. 55 Abs. 3 SE-VO beim Einberufungsverlangen auch für das Ergänzungsverlangen nach Art. 56 SE-VO auszugehen[59]. Hierfür spricht auch, dass so ein Gleichklang zwischen Art. 55 und Art. 56 SE-VO erreicht werden kann, ohne dass die einheitlichen Rechtsfolgen durch unterschiedliche Regelungen auf nationaler Ebene zerstört werden könnten[60]. Daher gilt in allen europäischen Mitgliedstaaten einheitlich Art. 55 Abs. 3 SE-VO analog auch für das Ergänzungsverlangen. Eine Modifikation der Zwei-Monats-Frist des Art. 55 Abs. 3 Satz 1 SE-VO muss aber für die in Deutschland ansässige SE gelten, denn hier ist über den Verweis des Art. 56 Satz 2 SE-VO i.V.m. § 124 Abs. 1 Satz 1 AktG eine Bekanntmachung zum Zeitpunkt der Einberufung der Hauptversammlung bzw. unverzüglich erforderlich (oben Rz. 20).

Art. 57
[Beschlussfassung]

Die Beschlüsse der Hauptversammlung werden mit der Mehrheit der abgegebenen gültigen Stimmen gefasst, sofern diese Verordnung oder gegebenenfalls das im Sitzstaat der SE für Aktiengesellschaften maßgebliche Recht nicht eine größere Mehrheit vorschreibt.

I. Grundlagen
1. Regelungsgegenstand und Normzweck 1
2. Historische Entwicklung 3
II. Beschlussfassung 4
1. Abstimmungsvoraussetzungen
   a) Beschlüsse der Hauptversammlung 5
   b) Beschlussfähigkeit 6
   c) Stimmberechtigung 8
   d) Gültige Stimmabgabe 9
2. Erforderliche Stimmenmehrheit . . . 10
   a) Stimmenmehrheit aus der SE-VO . 11
   b) Verschärfung der Stimmenmehrheit aus dem jeweiligen Sitzstaatrecht 12
   c) Keine Verschärfung der Stimmenmehrheit durch Satzung 14
3. Ermittlung der Stimmenmehrheit . . 15
III. Fehlerhaftigkeit von Hauptversammlungsbeschlüssen 16
IV. Zustimmungserfordernis bei Erhöhung von Verpflichtungen 17

Literatur: S. vor Art. 52.

I. Grundlagen

1. Regelungsgegenstand und Normzweck

Art. 57 SE-VO regelt die **Voraussetzungen für Beschlüsse der Hauptversammlung** einer SE. Grundsätzlich richtet sich die Hauptversammlungsbeschlussfassung auf-

---

[59] *Schwarz*, Art. 56 SE-VO Rz. 20; *Kubis* in MünchKomm. AktG, 3. Aufl., Art. 55, 56 SE-VO Rz. 22; *Kiem* in KölnKomm. AktG, 3. Aufl., Art. 56 SE-VO Rz. 25; *Brandt*, Hauptversammlung, S. 221; *Bücker* in Habersack/Drinhausen, Art. 56 SE-VO Rz. 4; *Spindler* in Lutter/Hommelhoff, Europäische Gesellschaft, S. 223, 244; *Knapp*, DStR 2012, 2392, 2394.
[60] *Kubis* in MünchKomm. AktG, 3. Aufl., Art. 55, 56 SE-VO Rz. 22; ebenso *Brandt*, Hauptversammlung, S. 221.

grund der generellen Verweisung des Art. 53 SE-VO nach den Vorschriften des jeweiligen nationalen Rechts, allerdings enthalten die Art. 57 bis 60 SE-VO einzelne Regelungen, die der Generalverweisung des Art. 53 SE-VO vorgehen (Art. 53 Rz. 1, 5 ff.). Durch diese bewusste Zurückhaltung des Verordnungsgebers wird ein weitgehender Gleichlauf für eine in Deutschland domizilierende SE mit dem deutschen Aktienrecht erreicht, hiervon sind jedoch einzelne Bereiche durch die gemeinschaftsweite Regelung in den Art. 57 ff. SE-VO ausgespart[1].

2 Im Interesse der Rechtssicherheit greift Art. 57 SE-VO eine Einzelfrage der Abstimmung heraus und führt sie einer gemeinschaftsweit einheitlichen Regelung zu[2]. Die Regelung des Art. 57 SE-VO stellt die Grundnorm der Beschlussfassung in der Hauptversammlung dar und statuiert den **Grundsatz der einfachen Mehrheit** der abgegebenen gültigen Stimmen[3]. Dementsprechend muss die Zahl der abgegebenen gültigen Ja-Stimmen die Zahl der Nein-Stimmen um wenigstens eine übersteigen, bei Stimmengleichheit ist der Antrag abgelehnt[4]. Die abgegebenen Stimmen finden keine Regelung in Art. 57 SE-VO, sondern werden in Art. 58 SE-VO definiert (Art. 58 Rz. 3 f.). Allerdings enthält Art. 57 SE-VO eine Öffnungsklausel für höhere Mehrheiten, die nicht nur in der SE-VO selbst, sondern auch durch das jeweilige nationale Recht vorgeschrieben werden können[5]. Nach Art. 57 SE-VO gelten daher abweichend von dem Grundsatz der einfachen Mehrheit für die SE auch nationale Vorschriften, die für Hauptversammlungsbeschlüsse einer nationalen Aktiengesellschaft höhere Mehrheiten vorschreiben (unten Rz. 12 f.); Gleiches gilt auch für eine Abweichung durch die Verordnung selbst (unten Rz. 11).

2. Historische Entwicklung

3 Sowohl nach Art. IV-3-8 Abs. 2 Sanders-Vorentwurf als auch nach Art. 91 SE-VOV 1970 benötigten Hauptversammlungsbeschlüsse grundsätzlich der einfachen Mehrheit der gültig abgegebenen Stimmen, die Satzung konnte jedoch hiervon abweichend eine größere Mehrheit festsetzen. Die Grundnorm für die Beschlussfassung enthielten sodann Art. 94 Abs. 1 SE-VOV 1989 sowie Art. 94 Abs. 1 SE-VOV 1991, welche allerdings anders als die heutige Regelung noch eine Obergrenze von 80 % der abgegebenen Stimmen vorsahen und daher dort eine höhere Abstimmungsquote im Unterschied zur jetzigen Regelung nicht festgelegt werden konnte. Art. 57 SE-RatsE 1998 war hingegen bereits wortidentisch mit der heutigen Fassung des Art. 57 SE-VO.

---

1 *Eberspächer* in Spindler/Stilz, AktG, Art. 57, 58 SE-VO Rz. 1; *Kubis* in MünchKomm. AktG, 3. Aufl., Art. 57, 58 SE-VO Rz. 1; *Bücker* in Habersack/Drinhausen, Art. 57 SE-VO Rz. 1; *Brandt*, Hauptversammlung, S. 227; *Heckschen* in Widmann/Mayer, Anhang 14 Rz. 506.
2 *Eberspächer* in Spindler/Stilz, AktG, Art. 57, 58 SE-VO Rz. 1; *Kubis* in MünchKomm. AktG, 3. Aufl., Art. 57, 58 SE-VO Rz. 1 f.; *Brandt*, Hauptversammlung, S. 227, 239 f.
3 *Schwarz*, Art. 57 SE-VO Rz. 1; *Kubis* in MünchKomm. AktG, 3. Aufl., Art. 57, 58 SE-VO Rz. 1; *Spindler* in Lutter/Hommelhoff, Europäische Gesellschaft, S. 223, 246; *Zollner* in Kalss/Hügel, § 62 SEG Rz. 29; *Fürst/Klahr* in Jannott/Frodermann, Handbuch Europäische Aktiengesellschaft, S. 273 Rz. 10, S. 307 Rz. 148; *Thümmel*, Europäische Aktiengesellschaft, S. 123 Rz. 260.
4 *Mayer* in Manz/Mayer/Schröder, Art. 57 SE-VO Rz. 1; *Bücker* in Habersack/Drinhausen, Art. 57 SE-VO Rz. 15; *Kiem* in KölnKomm. AktG, 3. Aufl., Art. 57 SE-VO Rz. 22; zum nationalen Recht *Spindler* in K. Schmidt/Lutter, § 133 AktG Rz. 22.
5 *Spindler* in Lutter/Hommelhoff, Europäische Gesellschaft, S. 223, 246; *Kubis* in MünchKomm. AktG, 3. Aufl., Art. 57, 58 SE-VO Rz. 2.

II. Beschlussfassung

Nach dem Grundsatz des Art. 57 SE-VO sind Beschlüsse mit der **einfachen Mehrheit der abgegebenen gültigen Stimmen** zu fassen. Allerdings ist unklar, inwieweit neben Art. 57 SE-VO bzw. den europaweit festgeschriebenen, einheitlichen Abstimmungsvoraussetzungen noch Raum ist für nationale Bestimmungen und Satzungsspielräume hinsichtlich der Beschlussfähigkeit der Hauptversammlung (unten Rz. 6).

1. Abstimmungsvoraussetzungen

a) Beschlüsse der Hauptversammlung

Art. 57 SE-VO regelt nur die erforderliche Stimmenmehrheit zu Beschlüssen der Hauptversammlung, d.h. die Norm bezieht sich auf alle **Verfahrens- und Sachbeschlüsse**, unabhängig davon, ob sie einen positiven oder negativen Inhalt enthalten[6]. Daneben gilt Art. 57 SE-VO aber auch für jeden Beschluss bzw. Willensäußerung der Hauptversammlung, auch für Verfahrensbeschlüsse oder die Beschlussfassung bei **Wahlen**, so dass der im deutschen Recht geltende Satzungsspielraum nach § 133 Abs. 2 AktG nicht eingreift[7].

b) Beschlussfähigkeit

Nicht geregelt wird von Art. 57 SE-VO die Frage der **Beschlussfähigkeit** der Hauptversammlung. Diese Frage findet in der gesamten SE-VO keine Berücksichtigung, insbesondere ist sie auch nicht von Art. 50 SE-VO erfasst (Art. 50 Rz. 1). Aber auch das deutsche Aktienrecht kennt kaum derartige Regelungen (unten Rz. 7). Fraglich ist daher, ob neben der Stimmenmehrheit **weitere Beschlussvoraussetzungen wie die Beschlussfähigkeit** in der **Satzung** für eine SE mit Sitz in Deutschland aufgestellt werden können. Zwar soll Art. 57 SE-VO eine abschließende Regelung darstellen, so dass entsprechende Satzungsgestaltungen und die Anwendung von § 133 Abs. 1 AktG ausgeschlossen wären[8]. Hierfür spricht nach dieser Ansicht der Wortlaut des Art. 57 SE-VO, der im Gegensatz zur deutschen Regelung in § 133 Abs. 1 2. Halbsatz AktG gerade nicht vorsehe, dass weitere Abstimmungsvoraussetzungen aufgestellt werden könnten[9]. Richtigerweise stellt Art. 57 SE-VO jedoch **keine abschließende Regelung** dar, so dass auch § 133 Abs. 1 AktG auf die SE mit Sitz in Deutschland anwendbar ist[10]. Weder den Regelungen des Art. 59 Abs. 2 SE-VO noch des Art. 53 SE-VO kann ein einheitlicher Zusammenhang entnommen werden: Denn Art. 59 Abs. 2 SE-VO sieht nur eine Öffnungsklausel für Mitgliedstaaten bei satzungsändernden Beschlüssen zur Festlegung einer einfachen Mehrheit vor, sofern die Hälfte des gezeichneten Kapitals vertreten ist. Art. 53 SE-VO kann von vornherein nicht zur Lückenfüllung herangezogen werden, da er nur das Abstimmungsverfahren (Art. 53 Rz. 33) anstatt die Voraussetzungen für das Vorliegen einer Abstimmung regelt[11]. Gegen die Annah-

---

6 *Kubis* in MünchKomm. AktG, 3. Aufl., Art. 57, 58 SE-VO Rz. 3; *Fürst/Klahr* in Jannott/Frodermann, Handbuch Europäische Aktiengesellschaft, S. 305 Rz. 141.
7 *Kubis* in MünchKomm. AktG, 3. Aufl., Art. 57, 58 SE-VO Rz. 3; *Kiem* in KölnKomm. AktG, 3. Aufl., Art. 57 SE-VO Rz. 3; *Bücker* in Habersack/Drinhausen, Art. 57 SE-VO Rz. 2; ausführlich *Schwarz*, Art. 57 SE-VO Rz. 22; *Brandt*, Hauptversammlung, S. 257; a.A. aber wohl *Fürst/Klahr* in Jannott/Frodermann, Handbuch Europäische Aktiengesellschaft, S. 309 Rz. 156 ff.
8 *Schwarz*, Art. 57 SE-VO Rz. 16 f., 19; *Brandt*, Hauptversammlung, S. 234.
9 *Schwarz*, Art. 57 SE-VO Rz. 16.
10 *Spindler* in Lutter/Hommelhoff, Europäische Gesellschaft, S. 223, 244 f.; *Bücker* in Habersack/Drinhausen, Art. 57 SE-VO Rz. 6; *Kiem* in KölnKomm. AktG, 3. Aufl., Art. 57 SE-VO Rz. 9; *Kubis* in MünchKomm. AktG, 3. Aufl., Art. 57, 58 SE-VO Rz. 1; *Thümmel*, Europäische Aktiengesellschaft, S. 123 Rz. 260.
11 *Spindler* in Lutter/Hommelhoff, Europäische Gesellschaft, S. 223, 244.

me einer abschließenden Regelungen streitet auch die Entstehungsgeschichte der VO; die Entwürfe enthielten ursprünglich entsprechende Quoren, welche aber aufgegeben wurden, ohne dass damit eine abschließende Regelung geschaffen werden sollte[12]. Daher wird gem. Art. 9 Abs. 1 lit. c SE-VO der Spielraum für den nationalen Gesetzgeber eröffnet, der nach § 133 Abs. 1 2. Halbsatz AktG auch für entsprechende Satzungsbestimmungen hinsichtlich der Beschlussfähigkeit eingreift[13]. Gerade eine Satzungsregelung mit entsprechender Publizität sorgt für Klarheit, so dass der hier vertretenen Ansicht auch nicht entgegengehalten werden kann, sie gefährde die europaweite Rechtssicherheit[14].

7 Für eine in Deutschland ansässige SE ergibt sich hieraus, dass vorbehaltlich einer zulässigen, anderweitigen Satzungsregelung die Hauptversammlung mangels aktienrechtlicher Vorgaben zur Beschlussfähigkeit bereits bei **Präsenz eines einzigen Aktionärs** beschlussfähig ist[15]. Das deutsche Recht kennt mit Ausnahme des § 52 Abs. 5 AktG im Fall der Nachgründungsgeschäfte[16] keine Mindestpräsenz für die Beschlussfassung.

c) Stimmberechtigung

8 Voraussetzung für einen wirksamen Beschluss ist ferner, dass die an der Abstimmung teilnehmenden Aktien überhaupt stimmberechtigt sind[17]. Da die SE-VO hierfür keine Regelung vorsieht, finden aufgrund der Verbindung der Stimmrechte mit den Aktien die jeweiligen **aktienrechtlichen Vorschriften der Mitgliedstaaten** über den Verweis des Art. 5 SE-VO Anwendung[18]. Zu beachten ist für die SE mit Sitz in Deutschland daher insbesondere § 134 Abs. 2 AktG, so dass das Stimmrecht grundsätzlich erst mit der vollständigen Leistung der Einlage entsteht[19]. Anwendung finden daneben auf die in Deutschland ansässige SE auch individuelle Stimmrechtsverbote oder -beschränkungen nach §§ 20 Abs. 7, 71b, 136 und 328 AktG[20] sowie § 28 WpHG[21]; zu berücksichtigen sind des Weiteren auch ein fehlendes Stimmrecht aus

---

12 So bereits *Spindler* in Lutter/Hommelhoff, Europäische Gesellschaft, S. 223, 244 unter Hinweis auf Art. 84 SE-VOV 1989 und dessen Streichung in dem SE-VOV 1991, s. hierzu Begr. d. Komm. zu Art. 84 SE-VOV 1991, BT-Drucks. 12/1004 v. 30.7.1991, S. 1, 10.
13 *Spindler* in Lutter/Hommelhoff, Europäische Gesellschaft, S. 223, 244.
14 *Spindler* in Lutter/Hommelhoff, Europäische Gesellschaft, S. 223, 244; a.A. *Brandt*, Hauptversammlung, S. 234.
15 *Kubis* in MünchKomm. AktG, 3. Aufl., Art. 57, 58 SE-VO Rz. 1; *Bücker* in Habersack/Drinhausen, Art. 57 SE-VO Rz. 5; zum nationalen Recht s. *Schröer* in MünchKomm. AktG, 3. Aufl., § 133 AktG Rz. 16 m.w.N.; *Spindler* in K. Schmidt/Lutter, § 133 AktG Rz. 7.
16 *Bayer* in K. Schmidt/Lutter, § 52 AktG Rz. 34.
17 *Kubis* in MünchKomm. AktG, 3. Aufl., Art. 57, 58 SE-VO Rz. 4; *Bücker* in Habersack/Drinhausen, Art. 57 SE-VO Rz. 7.
18 *Kubis* in MünchKomm. AktG, 3. Aufl., Art. 57, 58 SE-VO Rz. 4; *Brandt*, Hauptversammlung, S. 237 f.; *Eberspächer* in Spindler/Stilz, AktG, Art. 57, 58 SE-VO Rz. 3; *Bücker* in Habersack/Drinhausen, Art. 57 SE-VO Rz. 7; so auch bereits *Spindler* in Lutter/Hommelhoff, Europäische Gesellschaft, S. 223, 245 f., allerdings noch mit dem kumulativen Verweis des Art. 9 Abs. 1 lit. c SE-VO in das mitgliedstaatliche Recht; *Kiem* in KölnKomm. AktG, 3. Aufl., Art. 57 SE-VO Rz. 10: ob Verweis aus Art. 9 Abs. 1 lit. c ii SE-VO oder Art. 5 SE-VO folgt, kann offen bleiben, wenngleich „vieles" für Art. 5 SE-VO spricht.
19 *Kubis* in MünchKomm. AktG, 3. Aufl., Art. 57, 58 SE-VO Rz. 4; *Kiem* in KölnKomm. AktG, 3. Aufl., Art. 57 SE-VO Rz. 11; *Bücker* in Habersack/Drinhausen, Art. 57 SE-VO Rz. 7; *Brandt*, Hauptversammlung, S. 236 m.w.N. zum nationalen Recht.
20 *Kiem* in KölnKomm. AktG, 3. Aufl., Art. 57 SE-VO Rz. 11; *Kubis* in MünchKomm. AktG, 3. Aufl., Art. 57, 58 SE-VO Rz. 4; *Bücker* in Habersack/Drinhausen, Art. 57 SE-VO Rz. 7.
21 *Kubis* in MünchKomm. AktG, 3. Aufl., Art. 57, 58 SE-VO Rz. 4; *Kiem* in KölnKomm. AktG, 3. Aufl., Art. 57 SE-VO Rz. 11; *Bücker* in Habersack/Drinhausen, Art. 57 SE-VO Rz. 7.

stimmrechtslosen Vorzugsaktien nach § 139 Abs. 1 AktG[22] sowie etwaige satzungsmäßige Höchststimmrechte[23]. Auch Stimmrechtsvereinbarungen, wonach der Aktionär nach Weisung der Verwaltung sein Stimmrecht auszuüben hat, sind unzulässig, zulässig sind aber Stimmrechtsvereinbarungen mit anderen Aktionären (Pools etc.)[24].

d) Gültige Stimmabgabe

Art. 57 SE-VO regelt auch nicht, was unter einer „gültigen" Stimme zu verstehen ist. Auf eine in Deutschland ansässige SE finden daher zur Konkretisierung des Art. 57 SE-VO auch ohne ausdrücklichen Verweis in das mitgliedstaatliche Recht die nationalen **aktienrechtlichen Gültigkeitsvoraussetzungen** bzw. -hindernisse Anwendung[25]. Gemeinschaftsrechtliche Besonderheiten bestehen hierbei nicht. Zum Abstimmungsverfahren, das sich nach nationalem Recht richtet s. Art. 53 Rz. 31.

9

2. Erforderliche Stimmenmehrheit

Art. 57 SE-VO normiert die **gemeinschaftsweite Grundregel**, dass für alle Beschlüsse (zum Begriff oben Rz. 5 f.) mit Ausnahme gesondert normierter Beschlüsse wie z.B. zur Satzungsänderung nach Art. 59 SE-VO (zu weiteren Ausnahmen oben Rz. 2) die einfache Mehrheit der abgegebenen gültigen Stimmen gilt. Jedoch sieht Art. 57 SE-VO eine **Öffnungsklausel** für hiervon abweichende höhere Mehrheiten durch das Mitgliedstaatsrecht vor (unten Rz. 12 f.). Bereits nach dem Wortlaut des Art. 57 SE-VO sind lediglich größere Mehrheiten beachtlich, von der einfachen Mehrheit zwar abweichende, aber niedrigere Mehrheiten bleiben daher im Umkehrschluss außer Betracht.

10

a) Stimmenmehrheit aus der SE-VO

Nur solange die SE-VO keine größere Mehrheit vorschreibt, gilt gem. Art. 57 SE-VO die einfache Mehrheit. Eine **qualifizierte Mehrheit** schreibt die Verordnung etwa in Art. 59 SE-VO für satzungsändernde Beschlüsse (Art. 59 Rz. 7) sowie in Art. 8 Abs. 6 SE-VO für die grenzüberschreitende Sitzverlegung (Art. 8 Rz. 39) vor. Zu Kapitalmaßnahmen s. Art. 52 Rz. 36. Die Beschlüsse für die Auflösung der SE nach Art. 63 SE-VO sowie für die Umwandlung in eine nationale AG nach Art. 66 Abs. 6 Satz 2 SE-VO i.V.m. Art. 7 der Richtlinie 78/855/EWG unterliegen zwar nicht direkt einer durch die Verordnung selbst festgesetzten qualifizierten Mehrheit, jedoch indirekt kraft Verweisung in das nationale Recht des jeweiligen Mitgliedstaats[26]. Gleiches gilt für diejenigen Mehrheitserfordernisse, welche sich aus den einzelnen Gründungsvorschriften für eine SE ergeben, wenn diese nach Art. 3 Abs. 1 SE-VO an der Gründung einer weiteren SE beteiligt ist und daher selbst eine „Gründungsgesellschaft" dar-

11

---

22 *Bücker* in Habersack/Drinhausen Art. 57 SE-VO Rz. 7; zum nationalen Recht näher *Spindler* in K. Schmidt/Lutter, § 139 AktG Rz. 7 ff.
23 Zur Zulässigkeit s. *Spindler* in K. Schmidt/Lutter, § 134 AktG Rz. 12 ff.; *Kubis* in MünchKomm. AktG, 3. Aufl., Art. 57, 58 SE-VO Rz. 4; *Spindler* in Lutter/Hommelhoff, Europäische Gesellschaft, S. 223, 245; ausführlich *Brandt*, Hauptversammlung, S. 236 f. m.w.N.
24 § 136 Abs. 2 AktG, s. nur *Kiem* in KölnKomm. AktG, 3. Aufl., Art. 57 SE-VO Rz. 12; *Bücker* in Habersack/Drinhausen, Art. 57 SE-VO Rz. 8.
25 Ausführlich *Spindler* in K. Schmidt/Lutter, § 133 AktG Rz. 15 ff. S. auch *Kubis* in MünchKomm. AktG, 3. Aufl., Art. 57, 58 SE-VO Rz. 5.
26 *Kubis* in MünchKomm. AktG, 3. Aufl., Art. 57, 58 SE-VO Rz. 1 f., Art. 59 SE-VO Rz. 4; *Kiem* in KölnKomm. AktG, 3. Aufl., Art. 57 SE-VO Rz. 26; *Bücker* in Habersack/Drinhausen, Art. 57 SE-VO Rz. 18; *Eberspächer* in Spindler/Stilz, AktG, Art. 57, 58 SE-VO Rz. 4; *Schwarz*, Art. 57 SE-VO Rz. 6; *Mayer* in Manz/Mayer/Schröder, Art. 57 SE-VO Rz. 6.

stellt[27]. So muss die Hauptversammlung der sich verschmelzenden SE gem. Art. 23 Abs. 1 SE-VO im Fall der Gründung durch Verschmelzung dem Verschmelzungsplan zustimmen, wobei sich die Mehrheit für die Zustimmung in einem solchen Fall aus einem Verweis des Art. 18 SE-VO in das mitgliedstaatliche Recht ergibt (nach § 65 Abs. 1 Satz 1 UmwG mindestens ¾ des bei der Beschlussfassung vertretenen Grundkapitals, s. Art. 23 Rz. 10)[28]; zur erforderlichen Mehrheit des Art. 32 Abs. 6 SE-VO für die Zustimmung der Hauptversammlung bei der Holding-Gründung Art. 32 Rz. 65 ff. In beiden Fällen ergibt sich die geforderte Mehrheit zwar durch einen Verweis in das jeweilige mitgliedstaatliche Recht, jedoch wird diese aufgrund der Verweistechnik der Verordnung zumindest mittelbar durch die SE-VO selbst festgesetzt.

b) Verschärfung der Stimmenmehrheit aus dem jeweiligen Sitzstaatrecht

12 Nach Art. 57 SE-VO ist eine Verschärfung der Stimmenmehrheit für die SE auch durch **nationale Vorschriften** zulässig, die für Hauptversammlungsbeschlüsse einer nationalen Aktiengesellschaft höhere Mehrheiten vorschreiben. Eine Obergrenze für eine maximal zulässige Stimmenmehrheit enthält die SE-VO in Abweichung zu ihren Vorgängernormen nicht mehr (oben Rz. 3), so dass grundsätzlich auch die Einstimmigkeit als erforderliche Beschlussvoraussetzung denkbar ist[29]. Allerdings kann gerade bei Publikumsgesellschaften eine „Verewigung" der Satzung durch Einstimmigkeit nicht festgelegt werden[30]. Aus einem Vergleich des Wortlauts des Art. 57 SE-VO („vorschreiben") mit dem Wortlaut des Art. 59 SE-VO („vorsehen oder zulassen") ergibt sich, dass aufgrund des fehlenden Zusatzes „oder zulassen" bei Art. 57 SE-VO von einer Beschränkung auf zwingendes nationales Recht auszugehen ist und dispositives Recht grundsätzlich (anders als bei Art. 59 SE-VO) nicht erfasst ist[31]. Es sind jedoch auch solche nationale Normen als zwingend anzusehen, die eine Abweichung nach oben durch die Satzung zulassen, da hier zumindest eine zwingende nationale Untergrenze normiert ist[32]. Höhere Stimmenmehrheiten für die SE mit Sitz in Deutschland finden sich daher in § 103 Abs. 1 AktG für die Abberufung von Aufsichtsratsmitgliedern und in § 29 Abs. 1 SEAG für die der Verwaltungsratsmitglieder[33].

13 Umstritten ist die Übertragbarkeit mitgliedstaatlicher Anforderungen an die **Kapitalmehrheit** auf die in Deutschland ansässige SE. Problematisch ist hierbei, dass eine Vielzahl der deutschen aktienrechtlichen Vorschriften nicht auf eine erhöhte Stimmenmehrheit, sondern auf eine Kapitalmehrheit abstellen (§§ 103 Abs. 1, 129 Abs. 1 Satz 1, 179 Abs. 2 Satz 1, 182 Abs. 1 Satz 1, 186 Abs. 3 Satz 2, 293 Abs. 1 Satz 2, 319

---

27 Wie hier *Bücker* in Habersack/Drinhausen, Art. 57 SE-VO Rz. 19; a.A. *Schwarz*, Art. 57 SE-VO Rz. 6, 13 f., der hierin primär nicht mittelbare, durch die Verordnung festgesetzte Mehrheitserfordernisse sieht, sondern aufgrund der Verweise in das nationale Recht mitgliedstaatliche Regelungen annehmen möchte.
28 *Scheifele*, Gründung, S. 211 f.
29 So zu Recht *Schwarz*, Art. 57 SE-VO Rz. 7; *Kiem* in KölnKomm. AktG, 3. Aufl., Art. 57 SE-VO Rz. 29; *Bücker* in Habersack/Drinhausen, Art. 57 SE-VO Rz. 21.
30 S. dazu in diesem Kommentar *Bayer*, Art. 59 SE-VO Rz. 15; *Bücker* in Habersack/Drinhausen, Art. 57 SE-VO Rz. 21.
31 *Kiem* in KölnKomm. AktG, 3. Aufl., Art. 57 SE-VO Rz. 28; *Schwarz*, Art. 57 SE-VO Rz. 11, Fn. 11.
32 *Schwarz*, Art. 57 SE-VO Rz. 12; *Kiem* in KölnKomm. AktG, 3. Aufl., Art. 57 SE-VO Rz. 28; *Bücker* in Habersack/Drinhausen, Art. 57 SE-VO Rz. 20.
33 Wie hier *Kiem* in KölnKomm. AktG, 3. Aufl., Art. 57 SE-VO Rz. 28; *Bücker* in Habersack/Drinhausen, Art. 57 SE-VO Rz. 20; *Schwarz*, Art. 57 SE-VO Rz. 11 f.; anders *Brandt*, Hauptversammlung, S. 243: zwar auch Einschränkung auf nur zwingendes nationales Recht, jedoch § 103 Abs. 1 AktG nicht erfasst, da diese Mehrheit kein zwingendes Recht sei.

Abs. 2 AktG). Dabei ist die Kapitalmehrheit für die nationale Aktiengesellschaft ein neben die einfache Stimmenmehrheit tretendes Erfordernis und keine Erhöhung der Abstimmungsquote[34]. Die Kapitalmehrheit bei der SE aber tritt nicht neben die einfache Stimmmehrheit, da Art. 57 SE-VO keine weiteren Erfordernisse aufstellt[35]. Die Anwendung der eine Kapitalmehrheit fordernden nationalen Vorschriften würde daher nach Art. 9 Abs. 1 lit. c ii SE-VO eine Regelungsoffenheit in der Verordnung voraussetzen. Hiergegen spricht aber bereits der Wortlaut der Art. 57 und 59 SE-VO, da beide Normen ausdrücklich nur auf die Mehrheit der abgegebenen Stimmen abstellen[36]. Auch zeigt die Normentwicklung, dass die Frage der Beschlussfassung in den verschiedenen SE-Statuten zwar unterschiedlich geregelt war (oben Rz. 3), jedoch immer nur auf die Stimmenmehrheit und gerade nicht auf eine Kapitalmehrheit abgestellt wurde[37]. Insofern ist davon auszugehen, dass die SE-VO hier eine abschließende Regelung trifft und Vorgaben zur Kapitalmehrheit nicht anwendbar sind[38]. Zwar sollen auch Vorschriften, die eine Kapitalmehrheit vorsehen, aufgrund einer europaeinheitlichen Auslegung des Art. 57 SE-VO als „größere Mehrheiten" i.S.d. Art. 57 SE-VO anzusehen sein[39]. Zudem sollen Vorschriften über die Kapitalmehrheit aufgrund des Erfordernisses eines einheitlichen Mindeststandards sogar dem generellen Verweis des Art. 53 SE-VO unterfallen[40]. Beides entspricht jedoch nicht dem Telos der Norm: Da bestimmte Kapitalmehrheiten dem Grundsatz der Gleichbehandlung („one share – one vote") zuwiderlaufen, sind nationalen Anforderungen an die Kapitalmehrheit, wie sie für die deutsche AG gelten, abzulehnen; sie würden den europarechtlich unerwünschten Unterschied in der Stimmkraft der Aktien bloß zementieren[41]. Eine **verordnungskonforme Auslegung**[42] deutet daher die im nationalen Recht bestehenden Mehrheitserfordernisse für eine Kapitalmehrheit als Stimmenmehrheit; denn die Verordnung öffnet sich in Art. 57 SE-VO a.E. auch für mitgliedstaatliche Regelungen, die bestimmte Beschlüsse an qualifizierte Anforderungen knüpfen wollen[43]. Daher findet das aktienrechtliche Erfordernis einer zusätzlichen Mehrheit von ¾ des vertretenen Grundkapitals auf die SE mit Sitz in Deutschland dergestalt Anwendung, dass bei Strukturänderungsmaßnahmen anstelle der im AktG vorgegebenen Kapitalmehrheit auf eine entsprechende Stimmenmehrheit von ¾ abzustellen ist[44].

---

34 *Seibt* in K. Schmidt/Lutter, § 179 AktG Rz. 27.
35 *Schwarz*, Art. 57 SE-VO Rz. 8 f.; *Brandt*, Hauptversammlung, S. 248.
36 *Schwarz*, Art. 57 SE-VO Rz. 9; *Brandt*, Hauptversammlung, S. 248.
37 Ausführlich hierzu *Schwarz*, Art. 57 SE-VO Rz. 9; *Brandt*, Hauptversammlung, S. 247 ff.
38 So auch *Schwarz*, Art. 57 SE-VO Rz. 8 f.; *Kubis* in MünchKomm. AktG, 3. Aufl., Art. 57, 58 SE-VO Rz. 7; *Eberspächer* in Spindler/Stilz, AktG, Art. 57, 58 SE-VO Rz. 5; *Brandt*, Hauptversammlung, S. 247 ff., 250; wohl auch *Leupold*, Europäische Aktiengesellschaft, 1993, S. 110.
39 So *Mayer* in Manz/Mayer/Schröder, Art. 57 SE-VO Rz. 10; wohl auch *Thümmel*, Europäische Aktiengesellschaft, S. 123 Rz. 261; unklar *Fürst/Klahr* in Jannott/Frodermann, Handbuch Europäische Aktiengesellschaft, S. 307 Rz. 147 ff.
40 So *Kiem* in KölnKomm. AktG, 3. Aufl., Art. 57 SE-VO Rz. 36 ff.; *J. Schmidt*, „Deutsche" vs. „britische" Societas Europaea, S. 659 f.; zust. *Bücker* in Habersack/Drinhausen, Art. 57 SE-VO Rz. 28.
41 *Kubis* in MünchKomm. AktG, 3. Aufl., Art. 57, 58 SE-VO Rz. 7.
42 *Schwarz*, Art. 57 SE-VO Rz. 10; i.E. ebenso *Kubis* in MünchKomm. AktG, 3. Aufl., Art. 57, 58 SE-VO Rz. 7; *Eberspächer* in Spindler/Stilz, AktG, Art. 57, 58 SE-VO Rz. 5; *Brandt*, Hauptversammlung, S. 247 ff., 250.
43 Diesen Aspekt zu Recht hervorhebend *Eberspächer* in Spindler/Stilz, AktG, Art. 57, 58 SE-VO Rz. 5; *Schwarz*, Art. 57 SE-VO Rz. 10.
44 So auch *Eberspächer* in Spindler/Stilz, AktG, Art. 57, 58 SE-VO Rz. 5; *Schwarz*, Art. 57 SE-VO Rz. 10; *Kubis* in MünchKomm. AktG, 3. Aufl., Art. 57, 58 SE-VO Rz. 7; *Brandt*, Hauptversammlung, S. 250.

c) Keine Verschärfung der Stimmenmehrheit durch Satzung

14 Zwar sieht Art. 57 SE-VO eine Öffnungsklausel für schärfere mitgliedstaatliche Regelungen vor (oben Rz. 12 f.), fraglich ist jedoch, ob diese Bezugnahme auf das nationale Recht auch mögliche **Satzungsgestaltungen** nach nationalem Recht umfasst[45]. Dem steht jedoch bereits der Wortlaut des Art. 57 SE-VO entgegen, der anders als Art. 52 SE-VO keinen entsprechenden Spielraum vorsieht[46]. Auch unterscheidet sich die Wortwahl des Art. 57 SE-VO deutlich von der des Art. 59 SE-VO, der alternativ von „vorsehen" oder „zulassen" spricht und mithin auf die nationale Satzungsautonomie Bezug nimmt, während in Art. 57 SE-VO ausschließlich die Rede davon ist, dass das mitgliedstaatliche Recht eine größere Mehrheit „vorschreibt"[47]. Insofern lässt Art. 57 SE-VO zwar zwingende nationale Abweichungen für größere Mehrheiten zu, jedoch keine diesbezüglichen Satzungsgestaltungen[48]. Eine Anwendung der Regeln über ungeschriebene Kompetenzen für die Hauptversammlung und damit höheren Mehrheiten aufgrund Richterrechts scheidet dagegen aus (s. dazu Art. 52 Rz. 46 f.).

3. Ermittlung der Stimmenmehrheit

15 Art. 57 SE-VO legt keine Voraussetzungen für das Verfahren zur Ermittlung der einfachen Stimmenmehrheit fest, auch das zu Grunde liegende Abstimmungsverfahren unterliegt keiner gemeinschaftsweit einheitlichen Regelung (Art. 53 Rz. 30). Über den generellen Verweis des Art. 53 SE-VO in das mitgliedstaatliche Recht gilt daher für die in Deutschland domizilierende SE, dass entweder die Satzung oder der Versammlungsleiter sowohl das Abstimmungsverfahren als auch das technische Verfahren zur Stimmauszählung selbständig festlegen können; hierbei besteht ein Wahlrecht zwischen **Additions- und Subtraktionsverfahren** (Art. 53 Rz. 30, 33)[49]. Insbesondere das Subtraktionsverfahren ist entgegen einer Mindermeinung zulässig, indem die Zahl der Ja-Stimmen durch Abzug der Nein-Stimmen und der Enthaltungen von der Gesamtzahl ermittelt wird. Hiergegen wird zwar vorgebracht, dass nach Art. 58 SE-VO die Enthaltungen nicht indirekt als Ja-Stimmen gewertet werden dürften[50]. Dagegen spricht jedoch, dass die Frage der Teilnahme durch das nationale Aktienrecht bestimmt wird und Art. 58 SE-VO keine Aussage enthält, wann eine Stimme als Ja-Stimme gewertet werden kann (etwa nur bei aktiver Teilnahme). Die Entstehungsgeschichte von Art. 58 SE-VO belegt vielmehr, dass die Verfahrensweisen gerade dem nationalen Recht überantwortet werden sollten[51]. Über den Verweis des Art. 5 SE-VO findet auch das jeweilige mitgliedstaatliche Recht bei der Behandlung unterschiedlicher Stimmkraft und insbesondere bei den Mehrfachstimmrechten Anwendung; diese sind allerdings für die in Deutschland ansässige SE

---

45 So *Zollner* in Kalss/Hügel, § 62 SEG Rz. 29.
46 *Spindler* in Lutter/Hommelhoff, Europäische Gesellschaft, S. 223, 246.
47 *Spindler* in Lutter/Hommelhoff, Europäische Gesellschaft, S. 223, 246; zustimmend J. *Schmidt*, „Deutsche" vs. „britische" Societas Europaea, S. 660.
48 *Spindler* in Lutter/Hommelhoff, Europäische Gesellschaft, S. 223, 246; *Kubis* in MünchKomm. AktG, 3. Aufl., Art. 57, 58 SE-VO Rz. 8; *Bücker* in Habersack/Drinhausen, Art. 57 SE-VO Rz. 29; *Kiem* in KölnKomm. AktG, 3. Aufl., Art. 57 SE-VO Rz. 40; *Schwarz*, Art. 57 SE-VO Rz. 11, 15; *Eberspächer* in Spindler/Stilz, AktG, Art. 57, 58 SE-VO Rz. 4; *Brandt*, Hauptversammlung, S. 241; *Liebscher* in Semler/Volhard/Reichert, Arbeitshandbuch für die Hauptversammlung, § 49 Rz. 32; *Mayer* in Manz/Mayer/Schröder, Art. 57 SE-VO Rz. 14; J. *Schmidt*, „Deutsche" vs. „britische" Societas Europaea, S. 659 f.
49 *Kubis* in MünchKomm. AktG, 3. Aufl., Art. 57, 58 SE-VO Rz. 6; *Bücker* in Habersack/Drinhausen, Art. 57 SE-VO Rz. 11 f.; *Fürst/Klahr* in Jannott/Frodermann, Handbuch Europäische Aktiengesellschaft, S. 306 f. Rz. 146; *Knapp*, DStR 2012, 2392, 2395.
50 *Kiem* in KölnKomm. AktG, 3. Aufl., Art. 57 SE-VO Rz. 20.
51 Zutr. *Bücker* in Habersack/Drinhausen, Art. 57 SE-VO Rz. 13.

wegen § 12 Abs. 2 AktG[52] ausgeschlossen[53]. Ungültige Stimmen finden keine Berücksichtigung[54].

III. Fehlerhaftigkeit von Hauptversammlungsbeschlüssen

Art. 57 SE-VO lässt sich auch keine Aussage zur **Beschlussanfechtung** und zur **materiellen Beschlusskontrolle** bei der Fehlerhaftigkeit von Hauptversammlungsbeschlüssen entnehmen. Hierfür spricht auch die Entstehungsgeschichte der SE-VO, die in Art. IV-3-12 Sanders-Vorentwurf[55], Art. 95 SE-VOV 1970[56] und 1975[57] sowie Art. 100 SE-VOV 1989[58] noch eigene Regelungen zur Anfechtung von Hauptversammlungsbeschlüssen kannte, während mit dem VO-Vorschlag von 1991[59] eine derartige Bestimmung zugunsten der jeweiligen mitgliedstaatlichen Regelungen entfallen ist[60]. Über die allgemeine Generalverweisung des Art. 9 Abs. 1 lit. c ii SE-VO findet daher heute das jeweilige mitgliedstaatlichen Recht Anwendung; für die SE mit Sitz in Deutschland gelten dementsprechend die §§ 241 ff. AktG (Art. 53 Rz. 34), einschließlich der Frage der Klagebefugnis und der Anfechtungs- und Nichtigkeitsgründe[61].

16

IV. Zustimmungserfordernis bei Erhöhung von Verpflichtungen

Für die Auferlegung von Nebenverpflichtungen nach § 180 Abs. 1 AktG und die Vinkulierung von Aktien oder Zwischenscheinen nach § 180 Abs. 2 AktG verlangt das nationale Recht in Deutschland für die Aktiengesellschaft die **Zustimmung aller** betroffenen Aktionäre, um die Aktionäre davor zu bewahren, dass sie gegen ihren Willen zu vermehrten Nebenleistungen verpflichtet oder durch die Vinkulierung ihrer Aktien enger an die Gesellschaft gebunden werden[62]. Dieses Zustimmungserfordernis stellt einen gemeinschaftsweiten Rechtsgrundsatz dar, auch Art. 97 Abs. 3 SE-VOV 1989 und 1991 enthielten hierzu noch eine ausdrückliche Bestimmung[63]. Das Erfordernis der Zustimmung aller betroffenen Aktionäre stellt aber nicht grundsätzlich einen von Art. 57 SE-VO abweichenden höheren Mehrheitsbeschluss durch mit-

17

---

52 Zum nationalen Recht s. *Ziemons* in K. Schmidt/Lutter, § 12 AktG Rz. 19.
53 *Kubis* in MünchKomm. AktG, 3. Aufl., Art. 57, 58 SE-VO Rz. 6; weitergehend *Brandt*, Hauptversammlung, S. 237 ff., u.a. auch zu einer Auswirkung auf eine grenzüberschreitende Sitzverlegung.
54 *Kiem* in KölnKomm. AktG, 3. Aufl., Art. 57 SE-VO Rz. 18; *Bücker* in Habersack/Drinhausen, Art. 57 SE-VO Rz. 14.
55 Sanders-Vorentwurf, EWG-Kommission, Dok. 16.205/IV/66-D und DOK 1100/IV/67-D, Dezember 1966, Kollektion Studien, Reihe Wettbewerb Nr. 6, Brüssel 1967.
56 Vorschlag einer Verordnung (EWG) des Rates über das Statut für europäische Aktiengesellschaften v. 19.8.1970, BT-Drucks. VI/1109, S. 1, 39.
57 Geänderter Vorschlag einer Verordnung des Rates über das Statut für Europäische Aktiengesellschaften v. 2.6.1975, BT-Drucks. 7/3713, S. 1, 69 f.
58 Vorschlag für eine Verordnung (EWG) des Rates über das Statut der Europäischen Aktiengesellschaft v. 21.9.1989, BT-Drucks. 11/5427, S. 1, 43 f.
59 S. Art. 100 des geänderten Vorschlags für eine Verordnung (EWG) des Rates über das Statut der Europäischen Aktiengesellschaft v. 8.7.1991, ABl. EG Nr. C 176 v. 8.7.1991, S. 1, 53 f.
60 Zur geschichtlichen Entwicklung ausführlich *Brandt*, Hauptversammlung, S. 265 f.; *Schwarz*, Art. 57 SE-VO Rz. 23.
61 LG Stuttgart v. 17.5.2011 – 31 O 30/10 KfH, juris; ausführlich zum Beschlussmängelrecht bei der SE *Göz*, ZGR 2008, 593 ff.; *Kiem* in KölnKomm. AktG, 3. Aufl., Art. 57 SE-VO Rz. 43; *Bücker* in Habersack/Drinhausen, Art. 57 SE-VO Rz. 31; *Hirte*, NZG 2002, 18; *Knapp*, DStR 2012, 2392, 2395.
62 *Seibt* in K. Schmidt/Lutter, § 180 AktG Rz. 14 m.w.N. zum nationalen Recht.
63 *Schwarz*, Art. 57 SE-VO Rz. 18; *Werlauff*, EC company law, 1993, S. 244.

gliedstaatliches Recht dar[64], denkbar ist auch, dass die Anzahl der betroffenen Aktionäre die einfache Mehrheit unterschreitet. Dennoch finden auch Erhöhung derartiger Verpflichtungen auf die SE mit Sitz in Deutschland Anwendung, es gelten insofern §§ 180, 55 AktG[65].

Art. 58
[Abstimmungsverfahren]

Zu den abgegebenen Stimmen zählen nicht die Stimmen, die mit Aktien verbunden sind, deren Inhaber nicht an der Abstimmung teilgenommen oder sich der Stimme enthalten oder einen leeren oder ungültigen Stimmzettel abgegeben haben.

I. Grundlagen
1. Regelungsgegenstand und Normzweck 1
2. Historische Entwicklung 2

II. Abstimmungsverfahren 3
1. Nichtteilnahme an der Abstimmung 5
2. Stimmenthaltungen 7
3. Leere oder ungültige Stimmzettel .. 8

Literatur: S. vor Art. 52.

I. Grundlagen

1. Regelungsgegenstand und Normzweck

1 Art. 58 SE-VO enthält **punktuelle Regelungen zum Abstimmungsverfahren**. Neben Art. 57 SE-VO bildet Art. 58 SE-VO den Grundtatbestand für alle Hauptversammlungsbeschlüsse (zu Art. 57 SE-VO s. Art. 57 Rz. 2)[1].

2. Historische Entwicklung

2 Sowohl Art. 91 Abs. 2 SE-VOV 1970 und 1975 als auch Art. IV-3-8 Sanders-Vorentwurf stellten auf die „Mehrheit der gültig abgegebenen Stimmen" ab, während Art. 94 SE-VOV 1989 nur bestimmte, dass die Stimmenmehrheit ausgehend vom vertretenen gezeichneten Kapital zu berechnen war. Art. 93a SE-VOV 1991 entsprach sodann der heutigen Bestimmung des Art. 58 SE-VO und wurde auf Vorschlag des EP eingeführt[2].

---

64 Wie hier *Bücker* in Habersack/Drinhausen, Art. 57 SE-VO Rz. 30; *Kiem* in KölnKomm. AktG, 3. Aufl., Art. 57 SE-VO Rz. 41.
65 So auch *Schwarz*, Art. 57 SE-VO Rz. 18; a.A. *Mayer* in Manz/Mayer/Schröder, Art. 57 SE-VO Rz. 12, der auch die Zustimmungserklärungen bestimmter, von der Beschlussfassung betroffener Aktionärsgruppen aufgrund einer „Verschärfung" des Erfordernisses der einfachen Mehrheit als „größere Mehrheit" i.S.d. Art. 57 SE-VO ansieht.
1 *Kubis* in MünchKomm. AktG, 3. Aufl., Art. 57, 58 SE-VO Rz. 1; zu Art. 58 SE-VO s. auch *Zollner* in Kalss/Hügel, § 62 SEG Rz. 37; *Mayer* in Manz/Mayer/Schröder, Art. 58 SE-VO Rz. 1; *Fürst/Klahr* in Jannott/Frodermann, Handbuch Europäische Aktiengesellschaft, S. 273 Rz. 10, S. 307 Rz. 148.
2 Änderungsantrag Nr. 107, Stellungnahme des EP zum SE-VOV 1989, ABl. EG C 48 v. 25.2.1991, S. 72, 95.

II. Abstimmungsverfahren

Geregelt wird in Art. 58 SE-VO nur die **Ermittlung der Stimmenmehrheit** bezogen auf die abgegebenen Stimmen, das Abstimmungsverfahren selbst ist hingegen nicht erfasst und unterliegt nach dem Verweis des Art. 53 SE-VO den mitgliedstaatlichen Rechtsvorschriften anstelle einer gemeinschaftsweiten einheitlichen Regelung (Art. 53 Rz. 33)[3]. Hierfür sind sämtliche nationale Abstimmungs- und Auszählungsverfahren auf die SE anwendbar, so dass auch die in der englischen Gesellschaftsrechtspraxis übliche Abstimmung durch Handheben (show of hands) zulässig ist[4]. Möglich sind auch elektronische oder per Internet durchgeführte Abstimmungen etc[5]. Für die **Mehrheitsberechnung bei der Beschlussfassung der Hauptversammlung** wird in Art. 57 SE-VO auf die abgegebenen Stimmen abgestellt (Art. 57 Rz. 4), Art. 58 SE-VO stellt hierfür klar, welche Stimmen als abgegeben gelten und konkretisiert durch eine Negativbegrenzung insofern den Art. 57 SE-VO.

3

Für die Bestimmung der Mehrheit i.S.d. Art. 57 SE-VO wird auf die abgegebenen Stimmen abgestellt. Art. 58 SE-VO zählt hierfür **drei Alternativen** im Abstimmungsverfahren auf, die gemeinschaftsweit einheitlich nicht zu den abgegebenen Stimmen i.S.d. Art. 57 SE-VO zu rechnen sind.

4

1. Nichtteilnahme an der Abstimmung

Zunächst führt nach Art. 58 Alt. 1 SE-VO die Nichtteilnahme an der Abstimmung dazu, dass die hiervon betroffenen Aktionäre **von der Ergebnisrelevanz ausgeschlossen** sind, da das Stimmrecht sämtlicher Aktien der SE an die Teilnahme der Hauptversammlung gebunden werden soll[6]. Eine persönliche Teilnahme an der Hauptversammlung für die Ergebnisrelevanz der Stimme wird hierdurch jedoch nicht vorgeschrieben; es kommt nur auf die Teilnahme an der Abstimmung an, nicht auf die Anwesenheit auf der Hauptversammlung[7]. Vielmehr wird über den Verweis des Art. 53 SE-VO in das jeweilige mitgliedstaatliche Recht die Möglichkeit einer Vertretung im Stimmrecht eröffnet (für die SE mit Sitz in Deutschland gelten §§ 129 Abs. 3, 134 Abs. 3, 135 AktG, s. Art. 53 Rz. 22), die sodann auch als Teilnahme i.S.d. Art. 58 SE-VO zu werten ist[8]. Keine gemeinschaftsrechtliche Entscheidung wird dadurch für die Präsenzhauptversammlung getroffen, die Zulässigkeit einer solchen folgt für die in Deutschland ansässige SE jedoch aus dem Verweis der Generalklausel des Art. 53 SE-VO auf § 118 AktG (hierzu Art. 53 Rz. 12).

5

Die **bloße Passivität** des Aktionärs bei der Stimmabgabe unter Anwendung des sog. **Subtraktionsverfahrens** ist hingegen kein Fall der Nichtteilnahme i.S.d. Art. 58 Alt. 1 SE-VO[9]. Da die SE-VO hinsichtlich des Auszählungsverfahrens offen ist und weder

6

---

3 *Kiem* in KölnKomm. AktG, 3. Aufl., Art. 58 SE-VO Rz. 2; *Bücker* in Habersack/Drinhausen, Art. 58 SE-VO Rz. 3; *Liebscher* in Semler/Volhard/Reichert, Arbeitshandbuch für die Hauptversammlung, § 49 Rz. 28.
4 S. hierzu *Schwarz*, Art. 58 SE-VO Rz. 1, 4; *Eberspächer* in Spindler/Stilz, AktG, Art. 57, 58 SE-VO Rz. 6; *Mayer* in Manz/Mayer/Schröder, Art. 58 SE-VO Rz. 1.
5 *Bücker* in Habersack/Drinhausen, Art. 58 SE-VO Rz. 3.
6 *Kubis* in MünchKomm. AktG, 3. Aufl., Art. 57, 58 SE-VO Rz. 9.
7 *Spindler* in Lutter/Hommelhoff, Europäische Gesellschaft, S. 223, 245; *Kiem* in KölnKomm. AktG, 3. Aufl., Art. 58 SE-VO Rz. 6; *Bücker* in Habersack/Drinhausen, Art. 58 SE-VO Rz. 5; *Kubis* in MünchKomm. AktG, 3. Aufl., Art. 57, 58 SE-VO Rz. 9; *Schwarz*, Art. 58 SE-VO Rz. 4; *Eberspächer* in Spindler/Stilz, AktG, Art. 57, 58 SE-VO Rz. 6; *Brandt*, Hauptversammlung, S. 235.
8 *Kubis* in MünchKomm. AktG, 3. Aufl., Art. 57, 58 SE-VO Rz. 9; *Eberspächer* in Spindler/Stilz, AktG, Art. 57, 58 SE-VO Rz. 6; *Göz*, ZGR 2008, 593, 619.
9 *Kubis* in MünchKomm. AktG, 3. Aufl., Art. 57, 58 SE-VO Rz. 9.

das Abstraktions- noch das Subtraktionsverfahren vorschreibt, besteht ein Wahlrecht (Art. 57 Rz. 17, Art. 53 Rz. 30). Wenn jedoch die Subtraktionsmethode gewählt wird, erfolgt eine Auszählung der Stimmenthaltungen und derjenigen Stimmen, von denen angenommen wird, dass sie die kleinste Gruppe darstellen, welches in der Regel die Nein-Stimmen sind. Von der Gesamtzahl, die durch die Präsenzliste ausgewiesen wird, werden zunächst die Zahl der Stimmenthaltungen und gegebenenfalls die Stimmen der von einem Stimmverbot betroffenen Aktionäre abgezogen, woraus sich die Zahl der Abstimmenden ergibt, von der dann wiederum die ausgezählten Nein-Stimmen subtrahiert werden. Die sich hieraus ergebende Differenz stellt schließlich die Zahl der Ja-Stimmen dar[10]. Die Annahme dieses Auszählungsverfahren führt daher dazu, dass kraft Anordnung einer verbandsinternen Fiktionswirkung, die Passivität von anwesenden Aktionären als Zustimmung zum betroffenen Beschlussantrag qualifiziert wird[11]. Daraus wird die Unzulässigkeit des Subtraktionsverfahrens teilweise abgeleitet[12]. Indes besagt Art. 58 SE-VO nichts über die Frage, wann von einer „Teilnahme" des Aktionärs an der Abstimmung auszugehen ist; dies ist wiederum den Mitgliedstaaten überlassen, so dass der Versammlungsleiter einer SE auch die sich passiv verhaltenden Aktionäre als Teilnehmer qualifizieren kann, so dass diese den Ja-Stimmen zugerechnet werden. Da das europäische Recht nichts an den jeweiligen Abstimmungsverfahren in den Mitgliedstaaten ändern wollte und den Aktionären bei vorheriger Bekanntgabe des Abstimmungsverfahrens bewusst ist, dass ein passives Verhalten (also weder Nein-Stimme noch Enthaltung) als Ja-Stimme gewertet wird, spricht nichts dagegen, das Subtraktionsverfahren anzuwenden[13].

2. Stimmenthaltungen

7   Daneben werden nach Art. 58 Alt. 2 SE-VO auch diejenigen Aktionäre nicht berücksichtigt, die sich der **Stimme enthalten** haben[14]. Die Vorschrift steht für die in Deutschland domizilierende SE **weitgehend im Gleichklang mit dem nationalen Recht**. Nach § 133 Abs. 1 AktG stellen alle abgegebenen Stimmen nur die gültigen Ja- und Nein-Stimmen dar, nicht jedoch die Enthaltungen[15]. Anders als § 133 Abs. 2 AktG stellt Art. 58 SE-VO jedoch ein Verbot für Satzungsbestimmungen auf, die eine Stimmenthaltung bei der Ermittlung der erforderlichen Stimmenmehrheit positiv berücksichtigen[16]. Denn eine Satzungserleichterung ist nach Art. 57 SE-VO gegenüber dem europarechtlich zwingend vorgeschrieben Erfordernis der einfachen Stimmenmehrheit aufgrund des Vergleichs mit dem Wortlaut der Art. 52 und 59 SE-VO unzulässig (Art. 57 Rz. 16). Im Ergebnis berechnet sich die Mehrheit der abgegebenen Stimmen für die SE europaweit also nur nach den gültigen Ja- und Nein-Stimmen (s. auch Art. 57 Rz. 2), die Stimmenthaltungen werden als nicht abgegebene Stimmen angesehen.

---

10 Zum Verfahren s. auch *Spindler* in K. Schmidt/Lutter, § 133 AktG Rz. 22 ff.
11 *Kubis* in MünchKomm. AktG, 3. Aufl., Art. 57, 58 SE-VO Rz. 9; *Schröer* in MünchKomm. AktG, 3. Aufl., § 133 AktG Rz. 26.
12 So *Kiem* in KölnKomm. AktG, 3. Aufl., Art. 58 SE-VO Rz. 7.
13 Zutr. *Kubis* in MünchKomm. AktG, 3. Aufl., Art. 57, 58 SE-VO Rz. 6; *Bücker* in Habersack/Drinhausen, Art. 58 SE-VO Rz. 7; *Schwarz*, Art. 58 SE-VO Rz. 6; *Eberspächer* in Spindler/Stilz, AktG, Art. 57, 58 SE-VO Rz. 3.
14 S. auch *Brandt*, Hauptversammlung, S. 235; *Schwarz*, Art. 58 SE-VO Rz. 5 je m.w.N. zu der unterschiedlichen Behandlung der Stimmenthaltung in einzelnen Mitgliedstaaten.
15 *Spindler* in K. Schmidt/Lutter, § 133 AktG Rz. 15.
16 *Kubis* in MünchKomm. AktG, 3. Aufl., Art. 57, 58 SE-VO Rz. 10; *Bücker* in Habersack/Drinhausen, Art. 58 SE-VO Rz. 8.

3. Leere oder ungültige Stimmzettel

Auch leere oder ungültige Stimmzettel stellen **keine ergebnisrelevante Stimme** dar. 8
Da die Auswahl des Abstimmungsverfahrens ausdrücklich nach Art. 53 SE-VO den jeweiligen mitgliedstaatlichen aktienrechtlichen Vorschriften unterliegt (Art. 53 Rz. 33) und daher die SE-VO nicht nur als einzig zulässiges Abstimmungsverfahren die Stimmabgabe per Stimmzettel vorsieht, wie aufgrund des insofern missverständlichen Wortlauts des Art. 58 SE-VO aber leicht anzunehmen sein könnte[17], hat Art. 58 Alt. 3 SE-VO insofern lediglich eine klarstellende Funktion. Falls eine schriftliche Stimmabgabe erfolgt und diese gem. der Verweisung des Art. 53 SE-VO in dem jeweiligen nationalen Sitzrecht der SE überhaupt anerkannt ist, können – europarechtlich einheitlich geregelt – nur eindeutige Willensbekundungen in die Zählbasis für die Ermittlung der Stimmenmehrheit einfließen[18]. Abgegebene ungültige Stimmen bleiben ebenso unberücksichtigt wie leere Stimmzettel. Dass Art. 57 SE-VO daneben noch auf die „gültigen" Stimmen abstellt, ist überflüssig[19].

Art. 59
[Satzungsänderungen]

(1) Die Änderung der Satzung bedarf eines Beschlusses der Hauptversammlung, der mit der Mehrheit von nicht weniger als zwei Dritteln der abgegebenen Stimmen gefasst worden ist, sofern die Rechtsvorschriften für Aktiengesellschaften im Sitzstaat der SE keine größere Mehrheit vorsehen oder zulassen.

(2) Jeder Mitgliedstaat kann jedoch bestimmen, dass die einfache Mehrheit der Stimmen im Sinne von Absatz 1 ausreicht, sofern mindestens die Hälfte des gezeichneten Kapitals vertreten ist.

(3) Jede Änderung der Satzung wird gemäß Artikel 13 offen gelegt.

§ 51 SEAG: Satzungsänderungen

Die Satzung kann bestimmen, dass für einen Beschluss der Hauptversammlung über die Änderung der Satzung die einfache Mehrheit der abgegebenen Stimmen ausreicht, sofern mindestens die Hälfte des Grundkapitals vertreten ist. Dies gilt nicht für die Änderung des Gegenstands des Unternehmens, für einen Beschluss gemäß Artikel 8 Abs. 6 der Verordnung sowie für Fälle, für die eine höhere Kapitalmehrheit gesetzlich zwingend vorgeschrieben ist.

I. Regelungsgegenstand und -zweck . . . 1	IV. Veränderungen der erforderlichen Mehrheit
II. Anwendungsbereich	1. Verschärfung (Art. 59 Abs. 1 SE-VO) . 14
1. Grundsatz 2	2. Erleichterungen (Art. 59 Abs. 2 SE-VO) 17
2. Kapitalmaßnahmen 5	V. Offenlegung (Art. 59 Abs. 3 SE-VO)
3. Redaktionelle Anpassungen 8	1. Publizitätsregime 22
4. Ausnahmen 9	2. Wirksamwerden 23
III. Mehrheitserfordernis (Art. 59 Abs. 1 SE-VO) 11	

---

17 So jedenfalls *Kubis* in MünchKomm. AktG, 3. Aufl., Art. 57, 58 SE-VO Rz. 11.
18 *Bücker* in Habersack/Drinhausen, Art. 58 SE-VO Rz. 9; *Kubis* in MünchKomm. AktG, 3. Aufl., Art. 57, 58 SE-VO Rz. 11.
19 *Schwarz*, Art. 58 SE-VO Rz. 4; ähnlich *Kubis* in MünchKomm. AktG, 3. Aufl., Art. 57, 58 SE-VO Rz. 5: „fast schon tautologisch".

3. Notarielle Beurkundung 25
4. Registerverfahren 26

VI. Aufhebung und Änderung von
Satzungsänderungsbeschlüssen 27

Literatur: *Brandt,* Die Hauptversammlung der Europäischen Aktiengesellschaft (SE), 2004; *Heckschen,* Die Europäische AG aus notarieller Sicht, DNotZ 2003, 251; *J. Schmidt,* „Deutsche" vs. „britische" Societas Europea (SE), 2006; *Spitzbart,* Die Europäische Aktiengesellschaft (Societas Europaea – SE) – Aufbau der SE und Gründung, RNotZ 2006, 369; *Wicke,* Die Europäische Aktiengesellschaft – Grundstruktur, Gründungsformen und Funktionsweise, MittBayNot 2006, 196.

I. Regelungsgegenstand und -zweck

1 Die Vorschrift des Art. 59 SE-VO regelt in Abs. 1 die **Zuständigkeit sowie Mehrheitserfordernisse** im Falle einer **Satzungsänderung** (siehe auch Art. 6 Rz. 4 ff.) sowie in Abs. 3 die **Transparenzerfordernisse**. Zweck der in Abweichung von Art. 57 SE-VO mindestens erforderlichen Zwei-Drittel-Stimmenmehrheit ist es, die Minderheit vor grundlegenden Veränderungen dadurch zu schützen, dass eine qualifizierte Mehrheit für die Veränderung der Satzung vorgeschrieben wird. Daneben verdeutlicht die Vorschrift aber auch die Notwendigkeit einer Entscheidung der Hauptversammlung und weist somit die „Satzungskompetenz" der Hauptversammlung der SE zu[1]. Art. 59 Abs. 2 SE-VO räumt dem nationalen Gesetzgeber allerdings die Möglichkeit ein, Erleichterungen zu gestatten. Schließlich wird über Art. 59 Abs. 3 SE-VO der Rechtsverkehr durch die zwingende Offenlegung derartiger Veränderungen nach Maßgabe der 1. (Publizitäts-)RL informiert und geschützt.

II. Anwendungsbereich

1. Grundsatz

2 Art. 59 SE-VO erfasst grundsätzlich alle Satzungsänderungen und schreibt für diese sowohl die Zuständigkeit der Hauptversammlung als auch die erforderliche Mehrheit vor. Dies gilt unzweifelhaft für **materielle (echte) Satzungsbestandteile**[2]. Dazu gehören sowohl die *zwingenden* als auch die *fakultativen* Satzungsbestandteile (Einzelheiten Art. 6 Rz. 17–24), so etwa die grundlegenden Entscheidungen über die Struktur der SE, wie insbesondere die Änderung des Unternehmensgegenstands, die Entscheidung für das monistische oder das dualistische System, weiterhin die Regelungen über Firma und Sitz (für die Verlegung des Sitzes in einen anderen Mitgliedstaat[3] sieht Art. 8 Abs. 6 Satz 2 SE-VO explizit die Anwendung des Art. 59 SE-VO vor; vgl. dazu Art. 8 Rz. 39) sowie Kapitalmaßnahmen (näher unten Rz. 5 ff.).

3 Die *inhaltliche Änderung* sog. **formeller (unechter) Satzungsbestandteile**, also von Bestimmungen, die lediglich in die Satzungsurkunde aufgenommen worden sind, indes genauso gut in Nebenabreden außerhalb der Satzung hätten geregelt werden können[4],

---

[1] *Kubis* in MünchKomm. AktG, 3. Aufl., Art. 59 SE-VO Rz. 1; *Mayer* in Manz/Mayer/Schröder, Art. 59 SE-VO Rz. 8; *Bücker* in Habersack/Drinhausen, Art. 59 SE-VO Rz. 1.
[2] Zum Begriff ausf. *Seibt* in K. Schmidt/Lutter, § 23 AktG Rz. 5; *Pentz* in MünchKomm. AktG, 3. Aufl., § 23 AktG Rz. 40; *Koch* in Hüffer, § 23 AktG Rz. 3.
[3] Zur Bedeutung dieser Möglichkeit: Kommissionsbericht zu VO 2157/2001 v. 17.11.2010, KOM(2010) 676, S. 4.
[4] Dazu aus nationaler Sicht: *Seibt* in K. Schmidt/Lutter, § 23 AktG Rz. 6; *Pentz* in MünchKomm. AktG, 3. Aufl. 2008 § 23 AktG Rz. 41 f.; *Koch* in Hüffer, § 23 AktG Rz. 4.

ist im nationalen deutschen Recht[5] keine Satzungsänderung. Allerdings wird von einem Teil des Schrifttums jede Änderung des Textes der SE-Satzung als Satzungsänderung qualifiziert[6]. Doch dürfte die Unterscheidung im nationalen deutschen Recht auch für die SE vorzugswürdiger sein[7]. Daher ist zu unterscheiden: **Materiell** erfolgt die Änderung solcher lediglich formeller Satzungsregelungen über den Verweis in Art. 9 Abs. 1 lit. c ii SE-VO nach dem Recht des Sitzstaates der SE; für die deutsche SE gilt also das Gleiche wie für die deutsche AG, d.h. die Änderung erfolgt nach Maßgabe der jeweiligen Vereinbarung, **nicht nach Maßgabe der Vorschriften über die Satzungsänderung**[8]. Daher ist auch bei einer deutschen SE eine Satzungsänderung i.S. von Art. 59 SE-VO weder erforderlich noch ausreichend[9], es sei denn, die Aufnahme in die Satzung signalisiert *(Auslegung!)*, dass eine Aufhebung oder Änderung nicht der Mitwirkung aller Beteiligten bedarf, sondern nach den Regelungen der Satzungsänderung möglich sein soll[10].

Infolge der materiell wirksamen Änderung der nur formellen Satzungsbestandteile ist der *Satzungstext unrichtig* geworden. Die nunmehr erforderliche **Änderung des Satzungstextes** wird allgemein als **Satzungsänderung i.S. von Art. 59 SE-VO** qualifiziert[11], ohne dass die unterschiedlichen Auffassungen zum nationalen Recht[12] näher berücksichtigt werden. Dieser Auffassung sollte aus Gründen der Transparenz und der Rechtssicherheit für die SE gefolgt werden. Allerdings kommen hier die Erleichterungen einer bloßen Textanpassung in Betracht (näher unten Rz. 8). 4

2. Kapitalmaßnahmen

Art. 5 SE-VO verweist u.a. für Änderungen des Kapitals auf die aktienrechtlichen Vorschriften des Mitgliedstaats, in dem die SE registriert ist (näher Art. 5 Rz. 8 ff.). Jedoch handelt es sich hierbei *nicht* um eine *verdrängende Spezialregelung* wie sich im Umkehrschluss zu Art. 63 SE-VO und Art. 66 Abs. 6 Satz 2 SE-VO (dazu unten Rz. 10)[13] sowie auch aus der Entstehungsgeschichte der Vorschrift[14] ergibt. Dem- 5

---

5 *Seibt* in K. Schmidt/Lutter, § 179 AktG Rz. 8; *Stein* in MünchKomm. AktG, 3. Aufl., § 179 AktG Rz. 31; *Koch* in Hüffer, § 179 AktG Rz. 5; *Hoffmann-Becking*, ZGR 1994, 442 ff.
6 Für uneingeschränkte Einbeziehung auch formeller (unechter) Satzungsbestandteile in den Anwendungsbereich des Art. 59: *Kubis* in MünchKomm. AktG, 3. Aufl., Art. 59 SE-VO Rz. 4; *Eberspächer* in Spindler/Stilz, AktG, Art. 59 SE-VO Rz. 3.
7 So auch *Bücker* in Habersack/Drinhausen, Art. 59 SE-VO Rz. 5; *Kiem* in KölnKomm. AktG, 3. Aufl., Art. 59 SE-VO Rz. 2; *Seibt* in 1. Aufl., Art. 59 SE-VO Rz. 2; wohl auch *Mayer* in Manz/Mayer/Schröder, Art. 59 SE-VO Rz. 2.
8 So für das nationale Recht: *Seibt* in K. Schmidt/Lutter, § 179 AktG Rz. 8; *Koch* in Hüffer, § 179 AktG Rz. 5; *Stein* in MünchKomm. AktG, § 179 AktG Rz. 31.
9 *Bücker* in Habersack/Drinhausen, Art. 59 SE-VO Rz. 5; *Kiem* in KölnKomm. AktG, 3. Aufl., Art. 59 SE-VO Rz. 2; wohl auch *Mayer* in Manz/Mayer/Schröder, Art. 59 SE-VO Rz. 2; vgl. weiter (für die GmbH) BGH v. 29.9.1955 – II ZR 225/54, BGHZ 18, 205, 208.
10 So für das nationale Recht: *Seibt* in K. Schmidt/Lutter, § 179 AktG Rz. 8 m.w.N.; für die GmbH auch *Bayer* in Lutter/Hommelhoff, § 53 GmbHG Rz. 5; *Harbarth* in MünchKomm. GmbHG, § 53 GmbHG Rz. 25; *Zöllner* in Baumbach/Hueck, § 53 GmbHG Rz. 23 ff.
11 *Bücker* in Habersack/Drinhausen, Art. 59 SE-VO Rz. 5; *Kiem* in KölnKomm. AktG, Art. 59 SE-VO Rz. 2; *Kubis* in MünchKomm. AktG, 3. Aufl., Art. 59 SE-VO Rz. 4.
12 Für Anwendung der Satzungsänderungsvorschriften: *Stein* in MünchKomm. AktG, 3. Aufl., § 179 AktG Rz. 33; *Koch* in Hüffer, § 179 AktG Rz. 4; für Erleichterungen (z.B. einfache Mehrheit): *Wiedemann* in Großkomm. AktG, 4. Aufl., § 179 AktG Rz. 51; *Seibt* in K. Schmidt/Lutter, § 179 AktG Rz. 9; für die GmbH auch *Bayer* in Lutter/Hommelhoff, § 53 GmbHG Rz. 35.
13 So auch *Schwarz*, Art. 59 SE-VO Rz. 11; *Kubis* in MünchKomm. AktG, 3. Aufl., Art. 59 SE-VO Rz. 2; *Kiem* in KölnKomm. AktG, 3. Aufl., Art. 59 SE-VO Rz. 5.
14 Siehe dazu *Bücker* in Habersack/Drinhausen, Art. 59 SE-VO Rz. 8; *Kiem* in KölnKomm. AktG, 3. Aufl., Art. 59 SE-VO Rz. 5; *Schwarz*, Art. 59 SE-VO Rz. 11.

zufolge ist Art. 59 SE-VO bei satzungswirksamen Kapitalmaßnahmen neben Art. 5 SE-VO, der für weitere Einzelheiten auf das Recht des Sitzstaates verweist, anzuwenden, d.h. im Falle von Kapitalerhöhungen und Kapitalherabsetzungen sowie bei der Schaffung eines bedingten oder genehmigten Kapitals[15].

6 Im Hinblick auf die Ausnutzung eines genehmigten Kapitals (§ 202 AktG) oder einer „Bis Zu"-Kapitalerhöhung[16] (§ 182 AktG) stellt sich die weitere Frage, ob Art. 59 SE-VO die **Delegation der Ausführungsentscheidung** an Vorstand oder Verwaltungsrat zulässt. Diese Frage ist zu bejahen, da über Art. 5 SE-VO diese Kapitalmaßnahmen aus dem nationalen Recht auch in der SE zur Verfügung stehen[17] (vgl. auch Art. 5 Rz. 8 m.w.N.). Es wäre auch im Hinblick auf Art. 10 SE-VO nicht gerechtfertigt, diese Kapitalmaßnahmen zu erschweren.

7 Dagegen kommt Art. 59 SE-VO auf **lediglich kapitalrelevante** Hauptversammlungsbeschlüsse, die keine Änderung der Satzung erforderlich machen, nicht zur Anwendung. Nicht erfasst sind somit etwa *Wandelschuldverschreibungen, Gewinnschuldverschreibungen* oder *Genussrechte*[18]. Gleiches gilt für einen *Bezugsrechtsausschluss*[19]. Insoweit greifen Art. 5 SE-VO (dazu näher Art. 5 Rz. 10) sowie Art. 57 SE-VO, wobei über Art. 57 Halbsatz 2 SE-VO im nationalen deutschen Aktienrecht sogar eine Drei-Viertel-Mehrheit vorgeschrieben ist (§§ 186 Abs. 3 Satz 2, 221 Abs. 1 Satz 2, Abs. 3 AktG), sodass auch keine Durchbrechung der Systematik zum Schutz der Minderheit erforderlich ist[20].

3. Redaktionelle Anpassungen

8 Aufgrund der allgemeinen Fassung der Vorschrift stellt sich die Frage nach der Anwendbarkeit des § 179 Abs. 1 Satz 2 AktG über Art. 9 Abs. 1 lit. c ii SE-VO für SE mit Sitz in Deutschland. Betroffen sind rein textliche Anpassungen an geänderte Umstände oder auch geänderte formelle Satzungsbestandteile (dazu oben Rz. 4). Die notwendige Regelungslücke in der Verordnung wird von der ganz h.M. bejaht, da praktische Erwägungen und die Anpassung an die nationale Aktiengesellschaft (vgl. auch Art. 10 SE-VO) in den durch die Verordnung geregelten Bereichen dies nahelegen[21]. Insbesondere im Hinblick auf einige Kapitalmaßnahmen wird die praktische Bedeutung dieser Möglichkeit offenkundig. So erfolgt bei zuvor von der Hauptversammlung beschlossenen „Bis Zu"-Kapitalerhöhungen, einem bedingtem oder genehmigten Kapital die Ausführung ohne Beteiligung der Hauptversammlung. Müsste dann nur für die Textanpassung eine Hauptversammlung einberufen oder bis zur nächsten zugewartet werden, würden diese praktisch sehr bedeutsamen Kapitalmaßnahmen unnötig erschwert. Demzufolge ist es zulässig, dem Aufsichtsrat oder Verwaltungsrat

---

15 *Kubis* in MünchKomm. AktG, 3. Aufl., Art. 59 SE-VO Rz. 2; *Eberspächer* in Spindler/Stilz, AktG, Art. 59 SE-VO Rz. 3; *Bücker* in Habersack/Drinhausen, Art. 59 SE-VO Rz. 8; *Kiem* in KölnKomm. AktG, 3. Aufl., Art. 59 SE-VO Rz. 5; *Mayer* in Manz/Mayer/Schröder, Art. 59 SE-VO Rz. 2.
16 Siehe dazu *Koch* in Hüffer, § 182 AktG Rz. 12; *Veil* in K. Schmidt/Lutter, § 182 AktG Rz. 16 f.
17 *Bücker* in Habersack/Drinhausen, Art. 59 SE-VO Rz. 10.
18 *Bücker* in Habersack/Drinhausen, Art. 59 SE-VO Rz. 9; *Kiem* in KölnKomm. AktG, 3. Aufl., Art. 59 SE-VO Rz. 6; a.A. *Schwarz*, Art. 59 SE-VO Rz. 11.
19 *Bücker* in Habersack/Drinhausen, Art. 59 SE-VO Rz. 9; *Kiem* in KölnKomm. AktG, 3. Aufl., Art. 59 SE-VO Rz. 6.
20 *Bücker* in Habersack/Drinhausen, Art. 59 SE-VO Rz. 9.
21 *Kubis* in MünchKomm. AktG, 3. Aufl., Art. 59 SE-VO Rz. 3; *Eberspächer* in Spindler/Stilz, AktG, Art. 59 SE-VO Rz. 3; *Bücker* in Habersack/Drinhausen, Art. 59 SE-VO Rz. 14; *Kiem* in KölnKomm. AktG, 3. Aufl., Art. 59 SE-VO Rz. 9; *Mayer* in Manz/Mayer/Schröder, Art. 59 SE-VO Rz. 26.

per Beschluss im Einzelfall oder generell in der Satzung die textliche Anpassung der Satzung zu gestatten[22].

4. Ausnahmen

In der SE-VO sind einige Gegenstände der Entscheidung durch die Hauptversammlung entzogen. So kann nach Art. 12 Abs. 4 Satz 3 SE-VO das Leitungs- oder Verwaltungsorgan eine Satzungsregelung, die im Widerspruch zur Vereinbarung der Arbeitnehmerbeteiligung nach Art. 4 der RL 2001/86/EG steht, anpassen, sofern der Mitgliedstaat dies vorsieht. Hiervon hat der deutsche Gesetzgeber indes noch keinen Gebrauch gemacht (näher Art. 12 Rz. 33)[23].

Nationales Recht ist ausdrücklich nach **Art. 63 SE-VO** für den Auflösungsbeschluss und nach **Art. 66 Abs. 6 Satz 2 SE-VO** für den Beschluss zur Rückumwandlung in eine nationale Aktiengesellschaft anzuwenden und verdrängt Art. 59 SE-VO[24].

III. Mehrheitserfordernis (Art. 59 Abs. 1 SE-VO)

Art. 59 SE-VO schreibt mindestens eine Zwei-Drittel-Mehrheit der abgegebenen Stimmen für die erfassten Beschlussgegenstände vor. Für die Ermittlung des Abstimmungsergebnisses gilt nichts anderes wie für Art. 57 Abs. 1 (Art. 57 Rz. 6 ff.). Grundlage der Ergebnisermittlung ist die Anzahl der stimmberechtigten Aktien[25]; die Zahl der zu berücksichtigenden Stimmen ergibt sich aus Art. 58 SE-VO[26], wobei das Zählverfahren den nationalen Verfahrensvorschriften folgt[27] (näher Art. 58 Rz. 3 ff.).

Existieren **mehrere Aktiengattungen**, bedarf es nach Art. 60 Abs. 1, 2 SE-VO eines zusätzlichen **Sonderbeschlusses** der Aktionäre jeder Gattung mit der Mehrheit des Art. 59 SE-VO, sofern deren Rechte durch den Beschluss betroffen sind[28] (näher Art. 60 Rz. 14 ff.).

Individuelle Zustimmungsvorbehalte werden durch Art. 59 SE-VO nicht ausgeschlossen, sondern richten sich über Art. 9 Abs. 1 lit. c ii SE-VO nach dem nationalen Recht des Sitzstaats der SE[29].

IV. Veränderungen der erforderlichen Mehrheit

1. Verschärfung (Art. 59 Abs. 1 SE-VO)

Art. 59 Abs. 1 SE-VO bestimmt eine höhere Mehrheit, wenn eine solche **nach nationalem Recht vorgeschrieben oder zugelassen** ist. Damit sind zunächst *gesetzlich festgeschriebene* Stimmenmehrheiten erfasst. Dies gilt auch dann, wenn der nationale

---

22 Einzelheiten bei *Seibt* in K. Schmidt/Lutter, § 179 AktG Rz. 23 ff.
23 Hierzu sowie richtig zur Entscheidungsfreiheit der Hauptversammlung in diesem Fall: *Bücker* in Habersack/Drinhausen, Art. 59 SE-VO Rz. 13 m.w.N.
24 *Bücker* in Habersack/Drinhausen, Art. 59 SE-VO Rz. 7; *Mayer* in Manz/Mayer/Schröder, Art. 59 SE-VO Rz. 5 f.; *Kubis* in MünchKomm. AktG, 3. Aufl., Art. 59 SE-VO Rz. 4; *Kiem* in KölnKomm. AktG, 3. Aufl., Art. 59 SE-VO Rz. 4.
25 *Kubis* in MünchKomm. AktG, 3. Aufl., Art. 59 SE-VO Rz. 5.
26 *Kubis* in MünchKomm. AktG, 3. Aufl., Art. 59 SE-VO Rz. 5; *Kiem* in KölnKomm. AktG, 3. Aufl., Art. 59 SE-VO Rz. 10; *Bücker* in Habersack/Drinhausen, Art. 59 SE-VO Rz. 15; *Schwarz*, Art. 59 SE-VO Rz. 12; *Mayer* in Manz/Mayer/Schröder, Art. 59 SE-VO Rz. 10.
27 *Bücker* in Habersack/Drinhausen, Art. 59 SE-VO Rz. 15; *Kiem* in KölnKomm. AktG, 3. Aufl., Art. 59 SE-VO Rz. 10.
28 *Bücker* in Habersack/Drinhausen, Art. 59 SE-VO Rz. 11.
29 Richtig *Bücker* in Habersack/Drinhausen, Art. 59 SE-VO Rz. 12.

Gesetzgeber zugleich die Möglichkeit eröffnet, in der Satzung wieder eine geringere Mehrheit zu bestimmen[30]. Anders als bei Art. 57 SE-VO (dort Rz. 14) ist eine *Verschärfung aber auch in der Satzung* der SE möglich, wenn das nationale Recht diese Möglichkeit vorsieht[31].

15 Dies bedeutet, dass der **Satzungsgeber einer deutschen SE** gem. **§ 133 Abs. 1 AktG** stets eine höhere **Stimmen**mehrheit etablieren kann, und zwar grundsätzlich bis zur Einstimmigkeit[32]. Eine Ausnahme ist hiervon in Übereinstimmung mit dem nationalen Recht[33] nur zu machen, wenn dadurch die Satzungsänderung faktisch unmöglich gemacht wird, wie regelmäßig bei Publikumsgesellschaften, die Einstimmigkeit verlangen[34]. Eine Besonderheit ist wiederum bei der Änderung des Gesellschaftszwecks zu beachten, die **analog § 33 Abs. 1 Satz 2 BGB** der Zustimmung aller Aktionäre bedarf[35].

16 Problematisch und umstritten sind die Mehrheitserfordernisse, wenn das nationale Recht – wie in Deutschland – neben der einfachen Stimmenmehrheit nach § 133 Abs. 1 AktG für Satzungsänderungen in **§ 179 Abs. 2 AktG** zusätzlich eine **Kapitalmehrheit** fordert. Ein Teil der Literatur versteht den Verweis in Art. 59 Abs. 1 SE-VO so, dass das Quorum der *Kapital*mehrheit im Wege einer europarechtlichen, verordnungskonformen Auslegung in eine *Stimmen*mehrheit umzudeuten ist und somit für Satzungsänderungen bei einer deutschen SE – vorbehaltlich einer abweichenden Satzungsregelung nach § 179 Abs. 2 Satz 2 AktG – eine *Drei-Viertel-Stimmenmehrheit* vorliegen muss[36] (so auch *Spindler*, Art. 57 Rz. 13). Die Gegenauffassung geht hingegen zutreffend davon aus, dass Art. 59 Abs. 1 SE-VO nur *Stimmen*mehrheiten zwingend anordnet, aber zusätzliche *Kapital*mehrheiten nicht grundsätzlich ausschließt (a.A. *Spindler*, Art. 57 Rz. 13 m.w.N.), sodass auch bei der deutschen SE neben der Zwei-Drittel-Stimmenmehrheit noch *zusätzlich die Drei-Viertel-Kapitalmehrheit* vorliegen muss[37]. Dies ist schon deshalb überzeugend, weil die Gegenauffassung übersieht, dass nach dem eindeutigen Wortlaut von Art. 59 Abs. 1 Halbsatz 2 SE-VO nicht nur eine größere *Stimmen*mehrheit, sondern allgemein eine „größere Mehrheit" nach den nationalen Vorschriften des Sitzstaates für maßgeblich erklärt und somit auch zusätzliche Kapitalmehrheiten (im Sinne einer „größeren" Mehrheit) erfasst werden. Hinzu kommt das rechtspolitische Argument, dass nach den europäischen Vorstellungen eine echte Aktionärsdemokratie im Sinne des *one share, one vo-*

---

30 *Schwarz*, Art. 59 SE-VO Rz. 14; *Kiem* in KölnKomm. AktG, 3. Aufl., Art. 59 SE-VO Rz. 18; a.A. *Brandt*, S. 245.
31 *Bücker* in Habersack/Drinhausen, Art. 59 SE-VO Rz. 17; *Kiem* in KölnKomm. AktG, 3. Aufl., Art. 59 SE-VO Rz. 13.
32 *Kubis* in MünchKomm. AktG, 3. Aufl., Art. 59 SE-VO Rz. 6; *Bücker* in Habersack/Drinhausen, Art. 59 SE-VO Rz. 15; *Kiem* in KölnKomm. AktG, 3. Aufl., Art. 59 SE-VO Rz. 13; *Mayer* in Manz/Mayer/Schröder, Art. 59 SE-VO Rz. 12; *Wicke*, MittBayNot 2006, 196, 204; *Spitzbart*, RNotZ 2006, 369, 386.
33 Hierzu *Stein* in MünchKomm. AktG, 3. Aufl., § 179 AktG Rz. 98; *Koch* in Hüffer, § 179 AktG Rz. 20 m.w.N.
34 *Bücker* in Habersack/Drinhausen, Art. 59 SE-VO Rz. 18; *Mayer* in Manz/Mayer/Schröder, Art. 59 SE-VO Rz. 14; *Seibt* in 1. Aufl., Art. 59 SE-VO Rz. 11; a.A. wohl *Kiem* in KölnKomm. AktG, 3. Aufl., Art. 59 SE-VO Rz. 12.
35 *Eberspächer* in Spindler/Stilz, AktG, Art. 59 SE-VO Rz. 4a; zum nationalen Recht *Stein* in MünchKomm. AktG, 3. Aufl., § 179 AktG Rz. 129.
36 *Kubis* in MünchKomm. AktG, 3. Aufl., Art. 59 SE-VO Rz. 6; *Eberspächer* in Spindler/Stilz, AktG, Art. 59 SE-VO Rz. 4a; *Schwarz*, Art. 59 SE-VO Rz. 15.
37 So auch *Bücker* in Habersack/Drinhausen, Art. 59 SE-VO Rz. 16, 18; *Kiem* in KölnKomm. AktG, 3. Aufl., Art. 59 SE-VO Rz. 16; *Mayer* in Manz/Mayer/Schröder, Art. 59 SE-VO Rz. 18; *Lutter/Bayer/J. Schmidt*, EuropUR, § 41 Rz. 166; vgl. bereits *J. Schmidt*, Britische SE, S. 692.

te erstrebenswert ist[38], auch wenn ein Regelungsbedürfnis auf EU-Ebene bislang abgelehnt wurde[39]. Vor dem Hintergrund dieser grundsätzlichen Wertung, spricht vieles dafür, ein Auseinanderfallen von Stimmrecht und Kapitalanteil nicht weiter zu fördern, wofür Kapitalmehrheiten als Korrektiv dienen[40]. Auch wenn die SE-VO keine Kapitalmehrheiten ausdrücklich nennt, so sind doch Kapitalmehrheiten nach Art. 33 Abs. 4 Satz 4, 44 Unterabs. 1 n.F. (≙ Art. 29 Abs. 4 Satz 4, 40 Unterabs. 1 a.F.) der Kapital-RL[41] europarechtlich grundsätzlich als zulässig anerkannt[42]. Und letztlich gibt das Anliegen des europäischen Verordnungsgebers, die SE der jeweiligen nationalen AG in Anbetracht der erreichten Harmonisierung weitestgehend gleich zu gestalten (vgl. Erwägungsgründe 5, 7, 9), den Ausschlag für die Anwendung einer nach nationalem Recht erforderlichen **Kapitalmehrheit als zusätzlichem Mehrheitserfordernis**.

2. Erleichterungen (Art. 59 Abs. 2 SE-VO)

Eine **Ausnahme** von der Zweidrittel-Stimmenmehrheit gestattet Art. 59 Abs. 2 SE-VO, falls der nationale Gesetzgeber dies vorsieht. *Voraussetzung* für die Ausübung der Regelungsoption ist jedoch, dass die nationale Vorschrift mindestens eine einfache Stimmenmehrheit und eine Vertretung von mindestens der Hälfte des gezeichneten Kapitals vorschreibt. „**Vertreten**" ist das Kapital stets nur dann, wenn es mit einer gültigen (Ja- oder Nein-)Stimme an der Abstimmung teilgenommen hat; nicht nach Art. 58 SE-VO mitzählende Stimmen sowie ungültige Stimmen bleiben daher unberücksichtigt, genauso wie die bloße Teilnahme an der Hauptversammlung[43].

17

Von der eröffneten Regelungsoption hat der deutsche Gesetzgeber in **§ 51 SEAG** Gebrauch gemacht und dort in **Satz 1** die Herabsetzung der Mehrheit dem SE-Satzungsgeber überantwortet. Eine solche **Delegation an den Satzungsgeber** ist nicht deshalb unzulässig, weil Art. 59 Abs. 2 SE-VO etwa nur eine unmittelbare gesetzliche Anordnung gestatten würde[44]. Vielmehr ergibt sich die **Zulässigkeit** der Delegation[45] aus dem Vergleich mit dem Wortlaut des Art. 57 Halbsatz 2 SE-VO, der strenger von

18

---

38 Diesen Grundsatz aber gerade anders deutend *Spindler*, Art. 57 Rz. 13.
39 So auch *Kubis* in MünchKomm. AktG, 3. Aufl., Art. 59 SE-VO Rz. 6; dazu *Lutter/Bayer/J. Schmidt*, EuropUR, § 18 Rz. 15 f.
40 Richtig *Bücker* in Habersack/Drinhausen, Art. 57 SE-VO Rz. 27 f.; *Kiem* in KölnKomm. AktG, 3. Aufl., Art. 57 SE-VO Rz. 37; a.A. *Kubis* in MünchKomm. AktG, 3. Aufl., Art. 59 SE-VO Rz. 6, Art. 58 SE-VO Rz. 7.
41 Ursprünglich: RL 77/91/EWG; seit 4.12.2012: RL 2012/30/EU des Europäischen Parlaments und des Rates vom 25.10.2012 zur Koordinierung der Schutzbestimmungen, die in den Mitgliedstaaten den Gesellschaften im Sinne des Artikels 54 Absatz 2 des Vertrages über die Arbeitsweise der Europäischen Union im Interesse der Gesellschafter sowie Dritter für die Gründung der Aktiengesellschaft sowie für die Erhaltung und Änderung ihres Kapitals vorgeschrieben sind, um diese Bestimmungen gleichwertig zu gestalten (Neu-fassung), Abl. EU v. 14.11.2012, L 315/74. Text und Stand 2011 und ausf. Erläuterungen bei *Lutter/Bayer/J. Schmidt*, EuropUR, § 20 m.z.w.N.
42 *Bücker* in Habersack/Drinhausen, Art. 57 SE-VO Rz. 27 f.; *Kiem* in KölnKomm. AktG, 3. Aufl., Art. 57 SE-VO Rz. 39.
43 So richtig *Kiem* in KölnKomm. AktG, 3. Aufl., Art. 59 SE-VO Rz. 27 im Anschluss an *Seibt* in 1. Aufl., Art. 59 SE-VO Rz. 13 sowie die ganz h.M. im nationalen Recht; vgl. nur *Seibt* in K. Schmidt/Lutter, § 179 AktG Rz. 28; *Stein* in MünchKomm. AktG, 3. Aufl., § 179 AktG Rz. 82 m.w.N.
44 So aber *Brandt*, S. 247.
45 So auch *Bücker* in Habersack/Drinhausen, Art. 59 SE-VO Rz. 20; *Kiem* in KölnKomm. AktG, 3. Aufl., Art. 59 SE-VO Rz. 20; *Kubis* in MünchKomm. AktG, 3. Aufl., Art. 59 SE-VO Rz. 7; *Eberspächer* in Spindler/Stilz, AktG, Art. 59 SE-VO Rz. 5; *Schwarz*, Art. 59 SE-VO Rz. 18.

„vorschreiben" spricht, Art. 59 Abs. 2 SE-VO hingegen lediglich von „bestimmen"[46].

19 Der deutsche Gesetzgeber wollte mit § 51 SEAG die Regelung des **§ 179 Abs. 2 Satz 2 AktG** für die SE **nachbilden**[47]. Allerdings wird im AktG auf die *Kapital*mehrheit abgestellt, während für die SE eindeutig bestimmt ist, dass nur die *Stimmen*mehrheit herabgesetzt werden kann. Schwierigkeiten können sich mit dieser gewollten Erleichterung ergeben, wenn zusätzliche Kapitalmehrheiten gefordert werden. Sind diese jedoch gesetzlich zwingend, so greift schon die Ausnahme nach § 51 Satz 2 SEAG (unten Rz. 21)[48]. In den übrigen Fällen stellt sich jedoch die Frage, ob die **Kapitalmehrheit** eingehalten werden muss. Teils wird dies verneint[49], teils wird darauf abgestellt, ob die Satzung auch die Kapitalmehrheit herabsetzt[50]. Letztere Ansicht läuft zwar Gefahr, den Erleichterungszweck der Regelung zu unterlaufen, indem bei Fehlen einer Satzungsregelung grundsätzlich die Kapitalmehrheit (meist ¾) erfüllt werden muss, indes explizit nur die Präsenz (oben Rz. 17) des Kapitalquorums gefordert ist, ist jedoch systematisch konsequent.

20 Die Regelung des § 51 SEAG hat keine Auswirkungen auf die nach Art. 59 Abs. 1 SE-VO eröffnete Möglichkeit, in der Satzung der SE eine höhere Stimmenmehrheit festzuschreiben, sofern diese Möglichkeit nach nationalem Recht eröffnet ist (oben Rz. 15)[51]. Durch § 51 SEAG werden die allgemeinen aktienrechtlichen Vorschriften nicht verdrängt, hier die zulässige Verschärfung des § 133 Abs. 1 AktG.

21 **§ 51 Satz 2 SEAG** nimmt von der Ermächtigung an den Satzungsgeber, Erleichterungen anzuordnen (oben Rz. 18), einige Beschlussgegenstände aus[52]. So ist die **Zwei-Drittel-Mehrheit als Untergrenze** stets für die Änderung des Unternehmensgegenstands, die grenzüberschreitende Sitzverlegung sowie generell auch dann vorgeschrieben, wenn gesetzlich eine höhere Kapitalmehrheit zwingend ist, d.h. nicht in der Satzung abgemildert werden kann. Solche Regelungen finden sich im AktG sehr häufig: §§ 52 Abs. 5 Satz 1, 129 Abs. 1 Satz 1, 179 Abs. 2 Satz 2, 179a Abs. 1 Satz 2, 182 Abs. 1 Satz 2, 186 Abs. 3 Satz 3, 193 Abs. 1 Satz 2, 202 Abs. 2 Satz 3, 222 Abs. 1 Satz 2, 229 Abs. 3, 293 Abs. 1 Satz 3 AktG.

V. Offenlegung (Art. 59 Abs. 3 SE-VO)

1. Publizitätsregime

22 Art. 59 Abs. 3 SE-VO verweist auf **Art. 13** und damit auf die nationalen Offenlegungsvorschriften, die gem. der **1. (Publizitäts-)Richtlinie** weitgehend harmonisiert sind[53] (dazu auch Art. 13 Rz. 1). Dies bedeutet für die SE mit Sitz in Deutschland, dass gem.

---

46 Ausführlich herausgearbeitet von *Kiem* in KölnKomm. AktG, 3. Aufl., Art. 59 SE-VO Rz. 20 ff. unter Berücksichtigung anderer Sprachfassungen und der Kapital-RL; dem folgend *Bücker* in Habersack/Drinhausen, Art. 59 SE-VO Rz. 20.
47 RegE, BT-Drucks. 15/3405, S. 40; *Kubis* in MünchKomm. AktG, 3. Aufl., Art. 59 SE-VO Rz. 8.
48 So auch *Bücker* in Habersack/Drinhausen, Art. 59 SE-VO Rz. 24.
49 *Seibt* in 1. Aufl., Art. 59 SE-VO Rz. 12; ebenso implizit die Stimmen, die eine Umdeutung in Stimmenmehrheit vornehmen wollen: *Kubis* in MünchKomm. AktG, 3. Aufl., Art. 59 SE-VO Rz. 8; *Eberspächer* in Spindler/Stilz, AktG, Art. 59 SE-VO Rz. 5 f.
50 *Bücker* in Habersack/Drinhausen, Art. 59 SE-VO Rz. 22; *Kiem* in KölnKomm. AktG, 3. Aufl., Art. 59 SE-VO Rz. 24.
51 Ebenso *Eberspächer* in Spindler/Stilz, AktG, Art. 59 SE-VO Rz. 6; a.A. *Kubis* in MünchKomm. AktG, 3. Aufl., Art. 59 SE-VO Rz. 8.
52 Siehe auch mit weiteren Beispielen: *Kubis* in MünchKomm. AktG, 3. Aufl., Art. 59 SE-VO Rz. 9; *Mayer* in Manz/Mayer/Schröder, Art. 59 SE-VO Rz. 24.
53 Zur 1. RL ausf. *Lutter/Bayer/J. Schmidt*, EuropUR, § 19.

§§ 10, 8b Abs. 2 Nr. 1, 9 Abs. 1 Satz 4, 5 HGB die Satzungsänderung in das Handelsregister **einzutragen** und anschließend im elektronischen Unternehmensregister **bekanntzumachen** ist[54].

2. Wirksamwerden

Die **SE-VO regelt** den Zeitpunkt des Wirksamwerdens für Satzungsänderungen nur **punktuell**. So legen Art. 8 Abs. 10 SE-VO für die *grenzüberschreitende Sitzverlegung* sowie Art. 16 Abs. 1 SE-VO für die *Entstehung* der juristischen Person die Eintragung in das Register als konstitutive Voraussetzung fest. Mittelbar ist die konstitutive Wirkung der Eintragung auch für alle **Kapitalmaßnahmen** über Art. 5 SE-VO vorgeschrieben, sofern das nationale Recht eine solche Regelung vorsieht[55]; für die SE mit Sitz in Deutschland gilt dies nach §§ 52 Abs. 1 Satz 1, 189, 211, 224, 229 Abs. 3, 238 Satz 1, 294 Abs. 2 AktG.

Für alle **anderen Satzungsänderungen** stellt sich die Frage, ob die notwendige Eintragung ebenfalls konstitutiven oder lediglich deklaratorischen Charakter hat. Aus der punktuellen Regelung der SE-VO könnte der Umkehrschluss gezogen werden, dass alle übrigen Satzungsänderungen nur deklaratorisch einzutragen sind[56]. Allerdings stehen beide Vorschriften im Zusammenhang mit der Gründung der SE und treffen daher keine abschließende Aussage über Satzungsänderungen[57]. Außerdem würde diese Rechtsfolge der angestrebten Angleichung an die nationalen Aktiengesellschaften entgegenstehen, da die nationalen Vorschriften insoweit unterschiedlich sind[58]. Allgemein wird daraus zutreffend gefolgert, dass die SE-VO für Satzungsänderungen **regelungsoffen** ist[59]. Davon ausgehend, ist über Art. 9 Abs. 1 lit. c ii SE-VO für die SE mit Sitz in Deutschland § 181 Abs. 3 AktG anzuwenden, wonach für alle Satzungsänderungen die Eintragung in das Handelsregister **konstitutive Wirkung** hat[60].

3. Notarielle Beurkundung

Der satzungsändernde Beschluss der Hauptversammlung sind nach §§ 179 Abs. 2 Satz 1, 130 Abs. 1 Satz 1, 3 AktG notariell zu beurkunden[61], und zwar auch für die börsennotierte SE[62]. Dieses Erfordernis ergibt sich zum einen aus der allgemeinen Verweisungsnorm des Art. 9 Abs. 1 lit. c ii SE-VO, zum anderen aus Art. 53 SE-VO, da die Beurkundung im Hauptversammlungsprotokoll erfolgt und daher zur Organisation und zum Ablauf der Hauptversammlung zu zählen ist[63].

---

54 *Kubis* in MünchKomm. AktG, 3. Aufl., Art. 59 SE-VO Rz. 10; *Bücker* in Habersack/Drinhausen, Art. 59 SE-VO Rz. 30; *Kiem* in KölnKomm. AktG, 3. Aufl., Art. 59 SE-VO Rz. 34.
55 Ebenso *Eberspächer* in Spindler/Stilz, AktG, Art. 59 SE-VO Rz. 7.
56 Erwägend, i.E. aber abl., auch *Kubis* in MünchKomm. AktG, 3. Aufl., Art. 59 SE-VO Rz. 10.
57 *Kiem* in KölnKomm. AktG, 3. Aufl., Art. 59 SE-VO Rz. 30; *Schwarz*, Art. 59 SE-VO Rz. 24.
58 Hierzu ausf. *Schwarz*, Art. 59 SE-VO Rz. 24; *Brandt*, S. 265.
59 *Kiem* in KölnKomm. AktG, 3. Aufl., Art. 59 SE-VO Rz. 30; *Bücker* in Habersack/Drinhausen, Art. 59 SE-VO Rz. 26; *Kubis* in MünchKomm. AktG, 3. Aufl., Art. 59 SE-VO Rz. 10; *Eberspächer* in Spindler/Stilz, AktG, Art. 59 SE-VO Rz. 7; *Mayer* in Manz/Mayer/Schröder, Art. 59 SE-VO Rz. 28.
60 *Kiem* in KölnKomm. AktG, 3. Aufl., Art. 59 SE-VO Rz. 31; *Bücker* in Habersack/Drinhausen, Art. 59 SE-VO Rz. 26; *Kubis* in MünchKomm. AktG, 3. Aufl., Art. 59 SE-VO Rz. 10; *Eberspächer* in Spindler/Stilz, AktG, Art. 59 SE-VO Rz. 7; *Mayer* in Manz/Mayer/Schröder, Art. 59 SE-VO Rz. 28.
61 *Bücker* in Habersack/Drinhausen, Art. 59 SE-VO Rz. 25; *Heckschen*, DNotZ 2003, 251, 267; *Wicke*, MittBayNot 2006, 196, 204; *Spitzbart*, RNotZ 2006, 369, 386.
62 *Bücker* in Habersack/Drinhausen, Art. 59 SE-VO Rz. 25.
63 So auch *Kiem* in KölnKomm. AktG, 3. Aufl., Art. 59 SE-VO Rz. 29.

4. Registerverfahren

26 Auch das nationale Registerverfahren kommt über die Verweisung des Art. 9 Abs. 1 lit. c ii SE-VO zur Anwendung[64]. Dies bedeutet, dass die Satzungsänderung mit dem vollständigen Wortlaut der Satzung vom Vorstand bzw. den geschäftsführenden Direktoren **anzumelden** ist, § 181 Abs. 1 Satz 1, 2 AktG. Der Anmeldung sind die nach der jeweiligen Maßnahme erforderlichen **Unterlagen** beizufügen, insbesondere die **notarielle Bescheinigung** nach § 181 Abs. 1 Satz 2 AktG[65]. Zum deutschen Registerverfahren zählt auch die **Kontrolle** des Beschlusses durch den Registerrichter[66]. Dies bedeutet, dass der Beschluss sowohl **formell** als auch **materiell**-rechtlich überprüft wird, wobei sich dies auf eine **Plausibilitätsprüfung** beschränkt. Bei materiellen Fehlern muss wegen eines Eintragungshindernisses zwischen anfechtbaren und nichtigen Beschlüssen differenziert werden[67].

VI. Aufhebung und Änderung von Satzungsänderungsbeschlüssen

27 Da die Satzungsänderung erst mit ihrer Eintragung in das Handelsregister wirksam wird (oben Rz. 24), ist **vor der Eintragung** die **Aufhebung** der Satzungsänderung jederzeit durch Hauptversammlungsbeschluss mit *einfacher* Mehrheit möglich[68]. Hiervon zu unterscheiden ist die **Änderung** satzungsändernder Beschlüsse, die stets die Einhaltung des *Verfahrens gem. Art. 59 SE-VO* verlangt[69]. Nach Eintragung der Satzungsänderung ist generell für jede Aufhebung/Änderung ein neuer Beschluss in der Form des Art. 59 SE-VO erforderlich[70].

Art. 60
[Sonderbeschlüsse]

(1) **Sind mehrere Gattungen von Aktien vorhanden, so erfordert jeder Beschluss der Hauptversammlung noch eine gesonderte Abstimmung durch jede Gruppe von Aktionären, deren spezifische Rechte durch den Beschluss berührt werden.**

(2) **Bedarf der Beschluss der Hauptversammlung der Mehrheit der Stimmen gemäß Art. 59 Absätze 1 oder 2, so ist diese Mehrheit auch für die gesonderte Abstimmung jeder Gruppe von Aktionären erforderlich, deren spezifische Rechte durch den Beschluss berührt werden.**

---

[64] Ebenso *Bücker* in Habersack/Drinhausen, Art. 59 SE-VO Rz. 27; *Kiem* in KölnKomm. AktG, 3. Aufl., Art. 59 SE-VO Rz. 31 ff.
[65] Siehe auch *Bücker* in Habersack/Drinhausen, Art. 59 SE-VO Rz. 27.
[66] *Bücker* in Habersack/Drinhausen, Art. 59 SE-VO Rz. 28; *Kiem* in KölnKomm. AktG, 3. Aufl., Art. 59 SE-VO Rz. 32; *Schwarz*, Art. 59 SE-VO Rz. 25 f.; *Mayer* in Manz/Mayer/Schröder, Art. 59 SE-VO Rz. 29.
[67] Hierzu *Seibt* in K. Schmidt/Lutter, § 181 AktG Rz. 22 ff.; *Stein* in MünchKomm. AktG, 3. Aufl., § 181 AktG Rz. 45 ff.; *Koch* in Hüffer, § 181 AktG Rz. 12 ff.
[68] So auch für das nationale Recht: *Seibt* in K. Schmidt/Lutter, § 179 AktG Rz. 47 m.w.N.; für die GmbH auch *Bayer* in Lutter/Hommelhoff, § 53 GmbHG Rz. 45 (allg. M.).
[69] So auch für das nationale Recht: *Seibt* in K. Schmidt/Lutter, § 179 AktG Rz. 47 m.w.N.; für die GmbH auch *Bayer* in Lutter/Hommelhoff, § 53 GmbHG Rz. 45 (allg. M.).
[70] So auch für das nationale Recht: *Seibt* in K. Schmidt/Lutter, § 179 AktG Rz. 47 m.w.N.; für die GmbH auch *Bayer* in Lutter/Hommelhoff, § 53 GmbHG Rz. 45 (allg. M.).

Art. 60 SE-VO

I. Grundlagen
1. Regelungsgegenstand und Normzweck 1
2. Historische Entwicklung 4

II. Sonderbeschluss (Art. 60 Abs. 1 SE-VO) 5
1. Voraussetzungen 6
   a) Mehrere Aktiengattungen 7
   b) Spezifische Rechte berührend ... 8
2. Gesonderte Abstimmung 10
3. Abstimmungsvoraussetzungen 13

III. Sonderbeschluss bei Satzungsänderung (Art. 60 Abs. 2 SE-VO) 14
1. Gesetzliche Mehrheit 15
2. Satzungsmäßige Mehrheit 16

IV. Nicht erfasste Fälle 17

Literatur: S. vor Art. 52.

I. Grundlagen

1. Regelungsgegenstand und Normzweck

Art. 60 SE-VO betrifft den **Sonderbeschluss** und stellt eine weitere Beschlussvoraussetzung abweichend von dem Grundtatbestand des Art. 57 SE-VO auf (hierzu Art. 57 Rz. 1 f.). Die Vorschrift regelt den Spezialfall der Hauptversammlungsbeschlüsse in der SE mit mehreren Aktiengattungen. Sofern die spezifischen Rechte von Aktionären einzelner Aktiengattungen (unten Rz. 7) durch einen Hauptversammlungsbeschluss nachteilig berührt werden (hierzu unten Rz. 8 f.), ist für einen derartigen Beschluss zu seiner Wirksamkeit zusätzlich noch die Zustimmung der betroffenen Aktionäre erforderlich[1]. 1

Die Regelung des Art. 60 SE-VO dient dem **Schutz einzelner Aktionärsgruppen** gegenüber einer Mehrheitsentscheidung der Aktionärsgesamtheit[2]. Daneben ermöglicht Art. 60 Abs. 2 SE-VO durch gegebenenfalls erhöhte Anforderungen an die Mehrheitsverhältnisse auch noch eine vereinfachte Veränderung der relativen Gewichtung bestimmter Aktiengattungen zueinander[3]. 2

Der Sonderbeschluss nach Art. 60 Abs. 1 SE-VO **erleichtert** die **Beschlussfassung**, denn im Gegensatz zu dem allgemeinen gesellschaftsrechtlichen Grundsatz des § 35 BGB, dass Eingriffe in besondere Mitgliedschaftsrechte grundsätzlich der Zustimmung aller betroffenen Aktionäre bedürfen[4], dient Art. 60 Abs. 1 SE-VO dem Zweck, diesen Grundsatz einerseits für die Aktionäre einer bestimmten Gattung abzusichern, andererseits aber auch für die Publikumsgesellschaft adäquat auszugestalten[5]. 3

Art. 60 SE-VO ist eine abschließende Regelung, so dass für Art. 53 SE-VO kein Raum ist[6]. Ebenso wenig kann die Satzung der SE die Sonderbeschlüsse für Aktionärsgrup- 3a

---

1 *Schwarz*, Art. 60 SE-VO Rz. 1; *Eberspächer* in Spindler/Stilz, AktG, Art. 60 SE-VO Rz. 1; *Kubis* in MünchKomm. AktG, 3. Aufl., Art. 60 SE-VO Rz. 1; *Fürst/Klahr* in Jannott/Frodermann, Handbuch Europäische Aktiengesellschaft, S. 308 Rz. 152; *Thümmel*, Europäische Aktiengesellschaft, S. 124 Rz. 264.
2 *Schwarz*, Art. 60 SE-VO Rz. 1; *Eberspächer* in Spindler/Stilz, AktG, Art. 60 SE-VO Rz. 1; *Mayer* in Manz/Mayer/Schröder, Art. 60 SE-VO Rz. 1.
3 *Kubis* in MünchKomm. AktG, 3. Aufl., Art. 60 SE-VO Rz. 1.
4 *Spindler* in K. Schmidt/Lutter, § 138 AktG Rz. 15.
5 *Eberspächer* in Spindler/Stilz, AktG, Art. 60 SE-VO Rz. 1; *Kiem* in KölnKomm. AktG, 3. Aufl., Art. 60 SE-VO Rz. 2; *Bücker* in Habersack/Drinhusen, Art. 60 SE-VO Rz. 1; *Schwarz*, Art. 60 SE-VO Rz. 1; *Fischer*, ZGR 2013, 832, 837.
6 *Kubis* in MünchKomm. AktG, 3. Aufl., Art. 60 SE-VO Rz. 2; *Bücker* in Habersack/Drinhusen, Art. 60 SE-VO Rz. 3; *Schwarz*, Art. 60 SE-VO Rz. 6; *Fischer*, ZGR 2013, 832, 834.

pen erweitern oder beschränken[7]. Die Mehrheitsanforderungen kann die Satzung nur in dem von Art. 60 SE-VO (hier Abs. 2) eröffneten Rahmen ändern. Art. 60 SE-VO enthält ferner keinen Verweis auf das nationale Recht, so dass die Vorschriften des deutschen AktG keine Anwendung finden[8]. Auch muss **Art. 60 SE-VO europarechtsautonom ausgelegt werden**, nationales Recht kann hierfür nicht maßgeblich sein[9]. Das Recht der Mitgliedstaaten ist dagegen maßgeblich für die Begründung und den Inhalt der Aktiengattungen[10]. Ebenso wenig regelt Art. 60 SE-VO Fragen des Verstoßes gegen das Erfordernis des Sonderbeschlusses[11]; dies wie auch die sonstigen prozessualen Fragen (Freigabeverfahren etc.)[12] bestimmen sich allein nach dem Recht des jeweiligen Mitgliedstaats (Art. 57 Rz. 16).

2. Historische Entwicklung

4 Auch die Vorgängerentwürfe kannten bereits eine **gesonderte Zustimmung bestimmter Aktionäre**. Angelehnt an § 179 Abs. 3 AktG bedurfte der Hauptversammlungsbeschluss gem. Art. III-2-2 Abs. 5 Sanders-Vorentwurf und Art. 49 Abs. 5 SE-VOV 1970 nur dann der Zustimmung, wenn er sich auf das bisherige Verhältnis der Aktiengattungen zueinander nachteilig auswirkte. Nach Art. 49 Abs. 5 SE-VOV 1975 war der Hauptversammlungsbeschluss bereits dann zustimmungspflichtig, wenn die Inhaber einer Aktiengattung dadurch „benachteiligt" wurden; dieses sollte laut Kommissionsbegründung die Inhaber einer Gattung von Aktien nicht nur vor einer Veränderung des Verhältnisses der Aktiengattungen schützen, sondern vor jeder Benachteiligung[13]. Die Regelung wurde zunächst in Art. 52 Abs. 5 SE-VOV 1989 übernommen, wodurch der Grundsatz der Gleichbehandlung der SE-Aktionäre angewendet werden sollte[14]. Im SE-Statut von 1991 wurde sie jedoch wieder gestrichen. Vielmehr sollte nach Art. 98 Abs. 1 SE-VOV 1991 ein Sonderbeschluss bereits dann erforderlich sein, wenn die Rechte einer bestimmten Aktiengattung durch den Hauptversammlungsbeschluss „berührt werden". Diese Regelung entspricht der heutigen Fassung des Art. 60 Abs. 1 SE-VO. Eine dem Art. 60 Abs. 2 SE-VO entsprechende Regelung kannten bereits die Vorgängernormen der Art. 98 Abs. 2 SE-VOV 1989 und 1991.

II. Sonderbeschluss (Art. 60 Abs. 1 SE-VO)

5 Von Art. 60 Abs. 1 SE-VO wird nur das **Verhältnis mehrerer Aktiengattungen untereinander** erfasst, Sonderrechte einzelner Aktionäre ohne Gattungsverschiedenheit unterfallen bereits nicht dem Tatbestand des Art. 60 SE-VO (unten Rz. 17 f.)[15]. Der-

---

7 *Bücker* in Habersack/Drinhausen, Art. 60 SE-VO Rz. 3.
8 *Bücker* in Habersack/Drinhausen, Art. 60 SE-VO Rz. 3; *Brandt*, Hauptversammlung, S. 258 f.; *Kubis* in MünchKomm. AktG, 3. Aufl., Art. 60 SE-VO Rz. 2: mitgliedstaatliche Regelungen, die Art. 60 SE-VO unmittelbar oder mittelbar entgegenstehen, sind auf SE nicht anwendbar, jedoch sind dort mitgliedstaatliche Regelungen anwendbar, wo Art. 60 SE-VO ohnehin nicht greift.
9 *Fischer*, ZGR 2013, 832, 834.
10 *Kiem* in KölnKomm. AktG, 3. Aufl., Art. 60 SE-VO Rz. 5; *Bücker* in Habersack/Drinhausen, Art. 60 SE-VO Rz. 3; *Schwarz*, Art. 60 SE-VO Rz. 5.
11 Anders teilweise wohl *Fischer*, ZGR 2013, 832, 854 ff., 855, der Fragen der Heilungswirkung unter Art. 60 SE-VO diskutiert; diese sind aber mangels SE-Regelung dem nationalen Recht unterworfen.
12 Eingehend dazu *Fischer*, ZGR 2013, 832, 859 ff.
13 Begr. d. Komm. zu Art. 49 SE-VOV 1975, BT-Drucks. 7/3713 v. 2.6.1975, S. 207 f.
14 Begr. d. Komm. zu Art. 52 Abs. 5 SE-VOV 1989, BT-Drucks. 11/5427, S. 10.
15 *Kubis* in MünchKomm. AktG, 3. Aufl., Art. 60 SE-VO Rz. 1.

artige Sonderrechte ohne Gattungsverschiedenheit unterliegen stattdessen dem Recht des jeweiligen Mitgliedstaats (näher hierzu unten Rz. 17).

1. Voraussetzungen

Wenn Gegenstände der Beschlussfassung die Aktionäre in ihrer mitgliedschaftlichen Stellung zur SE unterschiedlich betreffen, ist zur Wirksamkeit des Hauptversammlungsbeschlusses nach Art. 60 Abs. 1 SE-VO zusätzlich noch ein separater Beschluss der betroffenen Aktionäre erforderlich, um ihren Partikularinteressen Rechnung zu tragen (oben Rz. 2). Ohne den Sonderbeschluss soll der Beschluss der Hauptversammlung schwebend unwirksam sein[16]; hiergegen spricht jedoch, dass Art. 60 SE-VO die Abstimmung in der Hauptversammlung (s. unten Rz. 10) anordnet, mit Ende dieser Hauptversammlung kann der Beschluss daher nicht mehr nachgeholt werden[17]. Sofern mehrere Aktiengattungen unterschiedlich berührt werden, sind auch mehrere notwendige separate Sonderbeschlüsse der jeweils betroffenen Aktionäre denkbar[18]. Anders als im deutschen Aktienrecht, in dem sich die Erforderlichkeit eines Sonderbeschlusses nach den gesetzlichen Tatbeständen bestimmt, verlangt Art. 60 Abs. 1 SE-VO neben der **Existenz mehrerer Aktiengattungen**, dass auch „**spezifische Rechte durch den Beschluss berührt werden**". Art. 60 Abs. 1 SE-VO statuiert daher zwei Tatbestandsvoraussetzungen. 6

a) Mehrere Aktiengattungen

Als erste Tatbestandsvoraussetzung verlangt Art. 60 Abs. 1 SE-VO das Vorliegen mehrerer Gattungen von Aktien. Während Art. 52 Abs. 4 SE-VOV 1989 und 1991 noch eine Bestimmung kannten, nach der die Aktien mit gleichen Rechten eine Gattung bilden, fehlt heute in der SE-VO eine derartige Definition. Über den Verweis des Art. 5 SE-VO gilt daher für eine SE mit Sitz in Deutschland der den Vorgängerregelungen in den SE-Statuten entsprechende § 11 Satz 2 AktG[19], das Bestehen von Sonderrechten einzelner Gattungen richtet sich nach dem nationalen Recht[20]. Daher liegt eine **Gattungsverschiedenheit** bei Einräumung unterschiedlicher mitgliedschaftlicher Rechte bzw. Pflichten vor; keine Gattungsverschiedenheit wird hingegen durch bloße unterschiedliche Verbriefung oder durch Festsetzung unterschiedlicher Ausgabebeträge erreicht[21]. Ebenso wenig begründet ein Entsendungsrecht für bestimmte Aktionäre eine eigene Gattung, § 101 Abs. 2 Satz 3 AktG[22]. Die Regelung des Art. 60 Abs. 1 SE-VO setzt bereits nach dem Wortlaut explizit die Existenz meh- 7

---

16 *Bücker* in Habersack/Drinhausen, Art. 60 SE-VO Rz. 2.
17 Zutr. *Fischer*, ZGR 2013, 832, 853 f.
18 *Schwarz*, Art. 60 SE-VO Rz. 4.
19 *Fischer*, ZGR 2013, 832, 835; *Schwarz*, Art. 60 SE-VO Rz. 5; *Kubis* in MünchKomm. AktG, 3. Aufl., Art. 60 SE-VO Rz. 3; *Kiem* in KölnKomm. AktG, 3. Aufl., Art. 60 SE-VO Rz. 4; *Eberspächer* in Spindler/Stilz, AktG, Art. 60 SE-VO Rz. 2; *Bücker* in Habersack/Drinhausen, Art. 60 SE-VO Rz. 5; *Fürst/Klahr* in Jannott/Frodermann, Handbuch Europäische Aktiengesellschaft, S. 308 Rz. 153; *Mayer* in Manz/Mayer/Schröder, Art. 60 SE-VO Rz. 2; *Brandt*, Hauptversammlung, S. 260; *Artmann*, wbl 2002, 189, 197.
20 *Schwarz*, Art. 60 SE-VO Rz. 8; *Kubis* in MünchKomm. AktG, 3. Aufl., Art. 60 SE-VO Rz. 3; *Bücker* in Habersack/Drinhausen, Art. 60 SE-VO Rz. 5; *Brandt*, Hauptversammlung, S. 260.
21 *Kubis* in MünchKomm. AktG, 3. Aufl., Art. 60 SE-VO Rz. 3; *Kiem* in KölnKomm. AktG, 3. Aufl., Art. 60 SE-VO Rz. 4; *Eberspächer* in Spindler/Stilz, AktG, Art. 60 SE-VO Rz. 2; *Bücker* in Habersack/Drinhausen, Art. 60 SE-VO Rz. 3 f.; *Mayer* in Manz/Mayer/Schröder, Art. 60 SE-VO Rz. 3 f.; *Zätzsch/Maul* in Beck'sches Hdb. AG, § 3 Rz. 67 f.; *Koch* in Hüffer, § 11 AktG Rz. 7. Ausführlich zum nationalen Recht s. *Ziemons* in K. Schmidt/Lutter, § 11 AktG Rz. 6 ff.
22 *Bücker* in Habersack/Drinhausen, Art. 60 SE-VO Rz. 6; *Spindler* in Spindler/Stilz, § 101 AktG Rz. 54.

rerer Aktiengattungen voraus, so dass die erstmalige Begründung einer neuen Aktiengattung nicht vom Tatbestand erfasst wird[23].

b) Spezifische Rechte berührend

8 Gefordert wird von Art. 60 Abs. 1 SE-VO für eine gesonderte Abstimmung zusätzlich, dass der Hauptversammlungsbeschluss die spezifischen Rechte der jeweiligen Aktiengattung berührt. Während zahlreiche andere Sprachfassungen der SE-VO die „Beeinträchtigung" von Rechten voraussetzen[24], ist die deutsche Sprachfassung „Berührung" sehr weit reichend[25]. Da die meisten anderen Sprachfassungen aber hier ein anderes Verständnis zugrunde legen, ist aufgrund der **gemeinschaftsweiten autonomen Auslegung** eine rechtliche oder wirtschaftliche gattungsspezifische Benachteiligung einzelner Aktiengattungen für die Anwendung des Art. 60 Abs. 1 SE-VO zu verlangen[26]. Erforderlich ist ein Eingriff in die gattungsspezifischen Rechte der Aktionäre[27]. Eine Beschränkung auf „unmittelbare" Beeinträchtigung enthält Art. 60 SE-VO nicht; erfasst werden auch reflexartige Beeinträchtigungen, z.B. durch die Erweiterung der Rechte anderer Aktiengattungen[28]. Diese gemeinschaftsautonome Auslegung für die SE stellt eine Abweichung zum deutschen Recht dar, wonach Sonderbeschlüsse zum Teil auch dann erforderlich sind, wenn in dem Hauptversammlungsbeschluss für die Gattungsaktionäre keine Beeinträchtigung liegt (so im Bereich der Kapitalmaßnahmen und Umstrukturierungen, §§ 182 Abs. 2, 193 Abs. 1 Satz 3, 202 Abs. 2 Satz 4, 222 Abs. 2, 229 Abs. 3, 237 Abs. 2 Satz 1 AktG)[29]. Im Wesentlichen entsprechen aber durch eine derart vorgenommene Auslegung die Kriterien des Art. 60 Abs. 1 SE-VO den Tatbestandsvoraussetzungen des § 179 Abs. 3 AktG[30] bzw. der Regelung für Vorzugsaktien nach § 141 AktG[31], ohne dass diese unmittelbar anwendbar wäre[32]. Dabei ist zunächst der Inhalt des Rechts zu ermitteln, das geändert werden soll, zudem eine etwaige wirtschaftliche Aushöhlung[33]. So kommt es auch in europarechtsautonomer Auslegung etwa für Vorzugsaktien auf eine Änderung des Zahlungsanspruchs des Vorzugs oder dessen wirtschaftliche Aushöhlung an[34]. Eine Kapitalherabsetzung bei prozentualem Vorzug greift in die Rechte der Vorzugsaktio-

---

23 *Kubis* in MünchKomm. AktG, 3. Aufl., Art. 60 SE-VO Rz. 3; *Kiem* in KölnKomm. AktG, 3. Aufl., Art. 60 SE-VO Rz. 9; *Bücker* in Habersack/Drinhausen, Art. 60 SE-VO Rz. 12; *Fischer*, ZGR 2013, 832, 836.
24 Ausführlich hierzu *Brandt*, Hauptversammlung, S. 259 m.N. in Fn. 1407; *Kiem* in KölnKomm. AktG, 3. Aufl., Art. 60 SE-VO Rz. 6; s. auch *Mayer* in Manz/Mayer/Schröder, Art. 60 SE-VO Rz. 7.
25 So auch *Kubis* in MünchKomm. AktG, 3. Aufl., Art. 60 SE-VO Rz. 4; *Bücker* in Habersack/Drinhausen, Art. 60 SE-VO Rz. 7; *Schwarz*, Art. 60 SE-VO Rz. 8.
26 Grundlegend *Brandt*, Hauptversammlung, S. 259 f.; zustimmend *Kubis* in MünchKomm. AktG, 3. Aufl., Art. 60 SE-VO Rz. 4; *Bücker* in Habersack/Drinhausen, Art. 60 SE-VO Rz. 7; *Kiem* in KölnKomm. AktG, 3. Aufl., Art. 60 SE-VO Rz. 6; *Schwarz*, Art. 60 SE-VO Rz. 8; *Eberspächer* in Spindler/Stilz, AktG, Art. 60 SE-VO Rz. 3; *Fischer*, ZGR 2013, 832, 836.
27 *Schwarz*, Art. 60 SE-VO Rz. 9; *Koke*, Finanzverfassung der Europäischen Aktiengesellschaft mit Sitz in Deutschland, 2004, S. 88; *Zollner* in Kalss/Hügel, § 62 SEG Rz. 34.
28 Zutr. *Bücker* in Habersack/Drinhausen, Art. 60 SE-VO Rz. 7; a.A. *Kiem* in KölnKomm. AktG, 3. Aufl., Art. 60 SE-VO Rz. 6.
29 *Eberspächer* in Spindler/Stilz, AktG, Art. 60 SE-VO Rz. 3; *Schwarz*, Art. 60 SE-VO Rz. 6.
30 Ausführlich zum nationalen Recht *Seibt* in K. Schmidt/Lutter, § 179 AktG Rz. 48 ff.
31 *Spindler* in K. Schmidt/Lutter, § 141 AktG Rz. 34 ff.
32 Zutr. *Fischer*, ZGR 2013, 832, 841, der § 141 Abs. 2 AktG hinsichtlich der inhaltlichen Gestaltung über Art. 5 SE-VO heranzieht.
33 So zu Recht *Fischer*, ZGR 2013, 832, 837 ff. „zweistufige Prüfung" – die Kriterien der wirtschaftlichen Aushöhlung bestimmen sich aufgrund der inhaltlichen Ausgestaltung dabei nach nationalem Recht (S. 841).
34 *Fischer*, ZGR 2013, 832, 837 ff.

näre ein, da ihr Zahlungsanspruch reduziert wird, so dass es eines Beschlusses nach Art. 60 SE-VO bedarf[35]. Auch eine Kapitalerhöhung mit Ausgabe junger Stammaktien kann einen Eingriff in die Rechtsstellung der Vorzugsaktionäre bedingen[36], ebenso wie Verschmelzungsvorgänge[37].

Die Beeinträchtigung muss aber bereits existierende Rechte nachträglich betreffen: Wenn etwa die Satzung bereits von vornherein die Schaffung mehrfacher Vorzugsaktiengattungen vorsieht, kann deren spätere Einführung nicht die bereits bestehenden Vorzugsaktien beeinträchtigen, da dies von Anfang an vorgesehen war[38]. Es ist daher schon der Tatbestand des Art. 60 Abs. 1 SE-VO nicht erfüllt und ein Sonderbeschluss ist daher nach der SE-VO nicht erforderlich; in der Folge kommt es auf die Frage, ob die **nationale Ausnahmevorschrift des § 141 Abs. 2 Satz 2 AktG auch für die SE greift**[39], nach der unter den in § 141 Abs. 2 Satz 2 AktG beschriebenen Umständen ausnahmsweise eine Zustimmung der Vorzugsaktionäre entbehrlich ist, schon gar nicht an.

Es müssen **gerade die spezifischen Rechte beeinträchtigt werden**, die die Aktiengattung charakterisieren; es genügt nicht, wenn Rechte beeinträchtigt werden, die jedem Aktionär zustehen[40]. Eine Saldierung etwaiger gattungsspezifischer Vorteile mit ebensolchen Nachteilen ist unzulässig[41]. Die vollständige Aufhebung von (Dividenden-)Vorzügen stellt einen Sonderfall der gattungsspezifischen Benachteiligung dar[42].

2. Gesonderte Abstimmung

Anders als das deutsche Recht, das für einen Sonderbeschluss gem. § 138 Satz 1 AktG wahlweise sowohl eine gesonderte Abstimmung im Rahmen der Hauptversammlung als auch eine gesonderte Versammlung der betroffenen Aktionäre vorsieht[43], sieht Art. 60 Abs. 1 SE-VO **nur die gesonderte Abstimmung** vor[44]. Dementsprechend kann eine gesonderte Versammlung der nachteilig betroffenen Aktionäre für die SE nicht angeordnet werden, vielmehr hat die Abstimmung im Rahmen der Hauptversammlung stattzufinden; Art. 60 Abs. 1 SE-VO enthält insofern eine abschließende Regelung für die gesonderte Abstimmung[45]. Auch über die Aufhebung oder Beschränkung

---

35 *Fischer*, ZGR 2013, 832, 848 – wird der Anspruch der Vorzugsaktionäre allerdings entsprechend erhöht, entfällt eine Beeinträchtigung.
36 *Fischer*, ZGR 2013, 832, 845.
37 Näher *Fischer*, ZGR 2013, 832, 849 ff.
38 Zutr. *Bücker* in Habersack/Drinhausen, Art. 60 SE-VO Rz. 13 f.; *Fischer*, ZGR 2013, 832, 842; a.A. *Koke*, Finanzverfassung der SE, S. 91: der wohl in diesem Fall von einer mittelbaren Beeinträchtigung ausgeht.
39 Hierzu *Koke*, Finanzverfassung der SE, S. 91: gegen Anwendung des § 141 Abs. 2 Satz 2 AktG auf die SE spricht die abschließende Regelung der SE-VO zu dem Erfordernis eines Sonderbeschlusses.
40 *Schwarz*, Art. 60 SE-VO Rz. 9; *Bücker* in Habersack/Drinhausen, Art. 60 SE-VO Rz. 8; *Zollner* in Kalss/Hügel, § 62 SEG Rz. 34; *Brandt*, Hauptversammlung, S. 257; *Fischer*, ZGR 2013, 832, 837.
41 *Kubis* in MünchKomm. AktG, 3. Aufl., Art. 60 SE-VO Rz. 4; *Kiem* in KölnKomm. AktG, 3. Aufl., Art. 60 SE-VO Rz. 6; *Eberspächer* in Spindler/Stilz, AktG, Art. 60 SE-VO Rz. 3; *Bücker* in Habersack/Drinhausen, Art. 60 SE-VO Rz. 8; *Fischer*, ZGR 2013, 832, 836.
42 Ebenso *Kubis* in MünchKomm. AktG, 3. Aufl., Art. 60 SE-VO Rz. 4.
43 *Spindler* in K. Schmidt/Lutter, § 138 AktG Rz. 4 ff.
44 Ausführlich *Brandt*, Hauptversammlung, S. 260 m.N. in Fn. 1413; *Schwarz*, Art. 60 SE-VO Rz. 12; *Kubis* in MünchKomm. AktG, 3. Aufl., Art. 60 SE-VO Rz. 5; *Mayer* in Manz/Mayer/Schröder, Art. 60 SE-VO Rz. 10; *Fischer*, ZGR 2013, 832, 852.
45 *Kubis* in MünchKomm. AktG, 3. Aufl., Art. 60 SE-VO Rz. 5; *Kiem* in KölnKomm. AktG, 3. Aufl., Art. 60 SE-VO Rz. 11; *Bücker* in Habersack/Drinhausen, Art. 60 SE-VO Rz. 16; *Schwarz*, Art. 60 SE-VO Rz. 12; *Brandt*, Hauptversammlung, S. 261; *Eberspächer* in Spindler/

von Vorzügen einer SE mit Sitz in Deutschland ist anders als nach § 141 Abs. 3 Satz 1 AktG lediglich im Rahmen einer gesonderten Abstimmung und nicht im Rahmen einer Sonderversammlung zu beschließen[46].

11 Auch die **Satzungsgestaltungsfreiheit** des § 138 Satz 1 AktG gilt mangels Regelungsoffenheit nicht über Art. 9 Abs. 1 lit. c ii SE-VO und findet keine Anwendung auf die in Deutschland domizilierende SE[47].

12 Sofern der Tatbestand des Art. 60 Abs. 1 SE-VO gegeben ist, muss unter den Aktionären jeder benachteiligten Gattung eine gesonderte Abstimmung vorliegen. Über den Verweis des Art. 53 SE-VO in das **jeweilige mitgliedstaatliche Recht** findet für eine in Deutschland domizilierende SE § 121 Abs. 3 Satz 2 AktG Anwendung, so dass die gesonderte Abstimmung bereits bei Einberufung der Hauptversammlung als eigener Tagesordnungspunkt anzukündigen ist[48]. Die Durchführung einer solchen Abstimmung obliegt dem Versammlungsleiter (ausführlich Art. 53 Rz. 30).

3. Abstimmungsvoraussetzungen

13 Nicht geregelt werden in Art. 60 Abs. 1 und Abs. 2 SE-VO die **Abstimmungsvoraussetzungen** für den Sonderbeschluss; auch findet sich anders als bei § 138 Satz 2 AktG eine Verweisung auf die Verfahrensvorschriften der Hauptversammlung. Eine solche wäre aber erforderlich, da die Sonderbeschlüsse keine Beschlüsse der Hauptversammlung darstellen und somit die Art. 57 und 59 SE-VO zumindest nicht direkt anwendbar sind. Während einige den Verweis des Art. 53 SE-VO und damit die jeweiligen Mehrheiten des Sitzstaatsrechts anwenden wollen[49], ist richtigerweise von einer – zumindest analogen – Anwendung des Art. 57 SE-VO im Rahmen des Art. 60 SE-VO auszugehen[50]. Art. 53 SE-VO verweist nur hinsichtlich des Abstimmungsverfahrens auf das mitgliedstaatliche Recht, während die erforderliche Mehrheit in Art. 57 SE-VO geregelt wird (Art. 53 Rz. 33). Die Regelung des Art. 60 Abs. 2 SE-VO verdeutlicht jedoch, dass ein Rückgriff auf das nationale Recht gerade für die Abstimmungsvoraussetzungen der Sonderbeschlüsse nicht zulässig sein soll[51].

III. Sonderbeschluss bei Satzungsänderung (Art. 60 Abs. 2 SE-VO)

14 Damit ein Sonderbeschluss nach Art. 60 Abs. 1 SE-VO wirksam zustande kommt, gilt das Erfordernis der einfachen Stimmenmehrheit des Art. 57 SE-VO (oben Rz. 13). Wenn der Hauptversammlungsbeschluss selbst aber der Mehrheit nach Art. 59 Abs. 1

Stilz, AktG, Art. 60 SE-VO Rz. 4; a.A. ohne Begründung *Mayer* in Manz/Mayer/Schröder, Art. 60 SE-VO Rz. 10.

46 *Kubis* in MünchKomm. AktG, 3. Aufl., Art. 60 SE-VO Rz. 5; *Schwarz*, Art. 60 SE-VO Rz. 12. Zum nationalen Recht *Spindler* in K. Schmidt/Lutter, § 141 AktG Rz. 35.

47 *Schwarz*, Art. 60 SE-VO Rz. 6; *Bücker* in Habersack/Drinhausen, Art. 60 SE-VO Rz. 16; *Brandt*, Hauptversammlung, S. 260 f.; *Eberspächer* in Spindler/Stilz, AktG, Art. 60 SE-VO Rz. 5.

48 *Eberspächer* in Spindler/Stilz, AktG, Art. 60 SE-VO Rz. 4; *Kubis* in MünchKomm. AktG, 3. Aufl., Art. 60 SE-VO Rz. 5; *Bücker* in Habersack/Drinhausen, Art. 60 SE-VO Rz. 17.

49 *Mayer* in Manz/Mayer/Schröder, Art. 60 SE-VO Rz. 13; wohl auch *Eberspächer* in Spindler/Stilz, AktG, Art. 60 SE-VO Rz. 5, der die Anwendung des § 138 Satz 2 AktG bejaht und demzufolge zur Beschlussfassung i.R.d. Sonderbeschlusses das AktG gilt.

50 Ähnlich *Schwarz*, Art. 60 SE-VO Rz. 10: „im Sinne einer SE-spezifischen Regelungslücke entsprechende Anwendung"; zustimmend *Kubis* in MünchKomm. AktG, 3. Aufl., Art. 60 SE-VO Rz. 5; *Bücker* in Habersack/Drinhausen, Art. 60 SE-VO Rz. 22; *Zollner* in Kalss/Hügel, § 62 SEG Rz. 34; *Brandt*, Hauptversammlung, S. 262.

51 So auch *Schwarz*, Art. 60 SE-VO Rz. 10.

oder Abs. 2 SE-VO bedarf, findet dieses **qualifizierte Erfordernis** gem. Art. 60 Abs. 2 SE-VO auch für die gesonderte Abstimmung Anwendung.

1. Gesetzliche Mehrheit

Sofern es sich daher um die Zustimmung zu einem **satzungsändernden Hauptversammlungsbeschluss** handelt und durch die Satzungsänderung die spezifischen Rechte der Aktionäre einer Aktiengattung berührt werden, muss der erforderliche Sonderbeschluss der betroffenen Aktionäre mit der Mehrheit gefasst werden, welche auch für den satzungsändernden Beschluss selbst nach Art. 59 Abs. 1 SE-VO erforderlich ist (hierzu auch Art. 59 Rz. 11 ff.)[52]. Der Sonderbeschluss per se bewirkt keine Satzungsänderung, so dass die Mehrheit des Art. 59 Abs. 1 und Abs. 2 SE-VO ohne die Regelung des Art. 60 Abs. 2 SE-VO keine Anwendung finden würde. Damit die Rechte der betroffenen Aktionäre jedoch auch bei Satzungsänderungen nicht unterlaufen werden, verweist insofern Art. 60 Abs. 2 SE-VO auf das qualifizierte gesetzliche Mehrheitserfordernis des Art. 59 Abs. 1 SE-VO gleichfalls für den Fall der gesonderten Abstimmung. Erzielt wird durch diese Regelung des Art. 60 Abs. 2 SE-VO ein Gleichlauf der Mehrheitserfordernisse für den Hauptversammlungsbeschluss aller Aktionäre und den Sonderbeschluss der benachteiligten Aktionäre einer Gattung[53]; wenn die erforderliche Mehrheit bereits bei einem der Beschlüsse nicht erzielt wird, ist der Beschlussantrag daher insgesamt abgelehnt[54].

15

2. Satzungsmäßige Mehrheit

Der Verweis des Art. 60 Abs. 2 SE-VO erstreckt sich nicht nur auf Art. 59 Abs. 1 SE-VO, sondern auch auf Art. 59 Abs. 2 SE-VO. Für die gesonderte Abstimmung unter den Aktionären einer Gattung, die durch den Beschluss in ihren spezifischen Rechten berührt werden, gelten daher auch die in Art. 59 Abs. 2 SE-VO eröffneten **mitgliedstaatlichen Erleichterungen**. Auf eine in Deutschland ansässige SE findet daher auch § 51 SEAG (ausführlich Art. 59 Rz. 18 ff.) für die erforderliche Mehrheit bei der Fassung eines Sonderbeschlusses Anwendung[55].

16

IV. Nicht erfasste Fälle

Die erstmalige Begründung einer neuen Aktiengattung unterfällt bereits nachweislich des Wortlauts des Art. 60 Abs. 1 SE-VO nicht dem Anwendungsbereich der Vorschrift (oben Rz. 7). Auch die **Begründung oder Erhöhung von Nebenverpflichtungen** der Aktionäre ist kein Anwendungsfall des Art. 60 SE-VO; vielmehr gilt die allgemeine Regel, so dass für einen entsprechenden Beschluss der Hauptversammlung die Zustimmung aller Aktionäre erforderlich ist. Da die Zustimmungspflichtigkeit im Falle der Erhöhung von Verpflichtungen allerdings einen gemeinschaftsweiten Rechtsgrundsatz darstellt, unterliegt der Beschluss einer SE nach überzeugender Ansicht bereits auf gemeinschaftsrechtlicher Ebene der Zustimmung aller hiervon betroffenen

17

---

52 *Schwarz*, Art. 60 SE-VO Rz. 14; *Eberspächer* in Spindler/Stilz, AktG, Art. 60 SE-VO Rz. 4; *Kubis* in MünchKomm. AktG, 3. Aufl., Art. 60 SE-VO Rz. 6; *Bücker* in Habersack/Drinhausen, Art. 60 SE-VO Rz. 19; *Mayer* in Manz/Mayer/Schröder, Art. 60 SE-VO Rz. 16.
53 *Kiem* in KölnKomm. AktG, 3. Aufl., Art. 60 SE-VO Rz. 16; *Bücker* in Habersack/Drinhausen, Art. 60 SE-VO Rz. 19.
54 *Kubis* in MünchKomm. AktG, 3. Aufl., Art. 60 SE-VO Rz. 6.
55 *Eberspächer* in Spindler/Stilz, AktG, Art. 60 SE-VO Rz. 4; *Kubis* in MünchKomm. AktG, 3. Aufl., Art. 60 SE-VO Rz. 6; *Bücker* in Habersack/Drinhausen, Art. 60 SE-VO Rz. 21; *Kiem* in KölnKomm. AktG, 3. Aufl., Art. 60 SE-VO Rz. 14.

Aktionäre⁵⁶. Ansonsten ergibt sich bei Annahme einer Regelungslücke für die in Deutschland ansässige SE nach § 180 Abs. 1 AktG die gleiche Rechtslage⁵⁷.

18 Nicht von Art. 60 SE-VO werden ferner die **Sonderrechte einzelner Aktionäre ohne Gattungsverschiedenheit** erfasst, etwa Entsenderechte nach § 101 Abs. 2 Satz 1, 3 AktG⁵⁸. Auch der **Schutz von Minderheitsaktionären im Konzern** unterliegt nach richtiger Ansicht ausschließlich über den Verweis des Art. 9 Abs. 1 lit. c ii SE-VO den mitgliedstaatlichen Vorschriften⁵⁹. Für die abhängige SE mit Sitz in Deutschland finden daher §§ 295 Abs. 2, 296 Abs. 2, 297 Abs. 2, 302 Abs. 3 Satz 3, 309 Abs. 3 Satz 1, 310 Abs. 4, 317 Abs. 4, 318 Abs. 4 AktG Anwendung⁶⁰. Trotz des an sich abschließenden Charakters des Art. 60 SE-VO (s. oben Rz. 7) ergibt sich schon aus Erwägungsgrund 15, dass Art. 60 SE-VO nicht auch den Schutz der außenstehenden Minderheitsaktionäre erfassen soll⁶¹, sondern dieser vielmehr vom Sitzstaatrecht der abhängigen Gesellschaft geregelt werden soll⁶². Für die nicht von Art. 60 SE-VO erfassten Sonderbeschlüsse zum Schutz von Minderheitsaktionären gilt über den Verweis des Art. 9 Abs. 1 lit. c ii SE-VO nationales Recht, wobei der Verweis sich nur auf das „Ob" des Sonderbeschlusses bezieht, nicht aber auf das „Wie" des Abstimmungsverfahren selbst⁶³. Im Interesse der Rechtssicherheit sollte für die Abstimmungsvoraussetzungen der Beschlussfassung einheitlich in allen Mitgliedstaaten dieselbe Regelung des Art. 57 SE-VO Anwendung finden⁶⁴.

---

56 Ausführlich *Brandt*, Hauptversammlung, S. 262 m.N. in Fn. 1426; zustimmend *Eberspächer* in Spindler/Stilz, AktG, Art. 60 SE-VO Rz. 6; *Kubis* in MünchKomm. AktG, 3. Aufl., Art. 60 SE-VO Rz. 3; *Bücker* in Habersack/Drinhausen, Art. 60 SE-VO Rz. 9.
57 Auf diesen Aspekt zu Recht hinweisend auch *Kubis* in MünchKomm. AktG, 3. Aufl., Art. 60 SE-VO Rz. 3; *Eberspächer* in Spindler/Stilz, AktG, Art. 60 SE-VO Rz. 6; *Bücker* in Habersack/Drinhausen, Art. 60 SE-VO Rz. 9.
58 *Kiem* in KölnKomm. AktG, 3. Aufl., Art. 60 SE-VO Rz. 10; *Bücker* in Habersack/Drinhausen, Art. 60 SE-VO Rz. 10.
59 *Schwarz*, Art. 60 SE-VO Rz. 7; *Kubis* in MünchKomm. AktG, 3. Aufl., Art. 60 SE-VO Rz. 1; *Brandt*, Hauptversammlung, S. 258 f.; *Kiem* in KölnKomm. AktG, 3. Aufl., Art. 60 SE-VO Rz. 8; *Bücker* in Habersack/Drinhausen, Art. 60 SE-VO Rz. 10; a.A. *Eberspächer* in Spindler/Stilz, AktG, Art. 60 SE-VO Rz. 5 ohne nähere Begründung: internationalprivatrechtliche Anknüpfung entscheidet über anzuwendendes nationales Sachrecht.
60 *Schwarz*, Art. 60 SE-VO Rz. 7; *Brandt*, Hauptversammlung, S. 258.
61 So auch *Schwarz*, Art. 60 SE-VO Rz. 6; *Brandt*, Hauptversammlung, S. 261.
62 So wie hier *Schwarz*, Art. 60 SE-VO Rz. 7; *Brandt*, Hauptversammlung, S. 262.
63 *Brandt*, Hauptversammlung, S. 262; *Schwarz*, Art. 60 SE-VO Rz. 11; a.A. *Bücker* in Habersack/Drinhausen, Art. 60 SE-VO Rz. 11, der diese Beschlüsse nicht als Hauptversammlungsbeschlüsse rechtstechnisch begreift und daher auch das Abstimmungsverfahren dem nationalen Recht unterwerfen will – indes ist die analoge Anwendung geboten, s. oben Rz. 13.
64 So auch *Brandt*, Hauptversammlung, S. 262; *Schwarz*, Art. 60 SE-VO Rz. 11.

Titel IV. Jahresabschluss und konsolidierter Abschluss

Art. 61
[Aufstellung]

Vorbehaltlich des Artikels 62 unterliegt die SE hinsichtlich der Aufstellung ihres Jahresabschlusses und gegebenenfalls ihres konsolidierten Abschlusses einschließlich des dazugehörigen Lageberichts sowie der Prüfung und der Offenlegung dieser Abschlüsse den Vorschriften, die für dem Recht des Sitzstaates der SE unterliegende Aktiengesellschaften gelten.

I. Gegenstand der Regelung 1	IV. Aufstellung und Feststellung des Jahresabschlusses; Aufstellung und Billigung des Konzernabschlusses
II. Buchführungspflicht, Jahresabschluss und Lagebericht: anwendbares Recht	1. SE mit dualistischem System 20
1. Buchführungspflicht 6	2. SE mit monistischem System 25
2. HGB-Bilanzrecht 7	V. Prüfung und Offenlegung
3. Jahresabschluss und Lagebericht ... 15	1. Prüfung 27
III. Konzernrechnungslegung	2. Offenlegung 32
1. Kapitalmarktorientierte Gesellschaften 16	VI. Aufbewahrungs- und Vorlagepflichten................... 39
2. Nicht kapitalmarktorientierte Gesellschaften 18	VII. Straf- und Bußgeldvorschriften 40

Literatur: *Blöink/Knoll-Birmann*, Bilanzrichtlinie-Umsetzungsgesetz (BilRUG) – Hintergrund und Kernelemente des Regierungsentwurfs vom 7.1.2015, Der Konzern 2015, 65; *Clausnitzer/Blatt*, Das neue elektronische Handels- und Unternehmensregister, GmbHR 2006, 1303; *Kleindiek*, Rechnungslegung in Europa – Gestaltungsaufgaben im Bilanz-, Gesellschafts- und Steuerrecht, in Hatje/Terhechte (Hrsg.), Unternehmen und Steuern in Europa, EuR 2006, Beiheft 2, S. 91; *Kolb/Roß*, Der Referentenentwurf des Bilanzrichtlinie-Umsetzungsgesetzes – Diskussion etwaiger Änderungen des HGB durch das BilRUG, WPg 2014, 1089; *Küting/Eichenlaub*, Verabschiedung des MicroBilG – Der „vereinfachte" Jahresabschluss für Kleinstkapitalgesellschaften, DStR 2012, 2615; *Oser/Orth/Wirtz*, Neue Vorschriften zur Rechnungslegung und Prüfung durch das Bilanzrichtlinie-Umsetzungsgesetz, WPg 2014, 1877; *Oser/Orth/Wirtz*, Neue Vorschriften zur Rechnungslegung und Prüfung durch das Bilanzrichtlinie-Umsetzungsgesetz – Anmerkungen zum RegE vom 7.1.2015, DB 2015, 197; *Plendl/Niehues*, Rechnungslegung, Prüfung und Publizität, in Theisen/Wenz, Europäische Aktiengesellschaft, S. 405; *Seibert/Decker*, Das Gesetz über elektronische Handelsregister und Genossenschaftsregister sowie das Unternehmensregister (EHUG) – Der „Big Bang" im Recht der Unternehmenspublizität, DB 2006, 2446; *Spießhofer*, Die neue europäische Richtlinie über die Offenlegung nichtfinanzieller Informationen – Paradigmenwechsel oder Papiertiger?, NZG 2014, 1281; *Velte*, Die neue EU-Bilanzrichtlinie, GmbHR 2013, 1125; *Velte*, Reform der Abschlussprüfung nach der Richtlinie 2014/56/EU und der Verordnung (EU) Nr. 537/2014, DStR 2014, 1688; *Wader/Stäudle*, Geänderte Rechnungslegungs- und Offenlegungsvorschriften durch das MicroBilG, WPg 2013, 249.

I. Gegenstand der Regelung

Die Vorschrift unterwirft die Aufstellung, Offenlegung und Prüfung der Jahresabschlüsse und Konzernabschlüsse sowie der dazu gehörigen Lageberichte den **für nationale Aktiengesellschaften des Sitzstaates geltenden Regelungen**, welche in Umsetzung der europäischen Bilanzrichtlinien ergangen sind. Art. 61 SE-VO ist Ausdruck

1

der von der SE-VO angestrebten **Gleichbehandlung der SE mit den nationalen Aktiengesellschaften**. In der Konsequenz der bloßen Verweisung liegt es, dass sich die Vergleichbarkeit der Rechnungslegung der SE unterschiedlicher Sitzstaaten auf den durch die Bilanzrichtlinien harmonisierten Rahmen beschränkt; eine EU-weit einheitliche Rechnungslegung für die transnationale Rechtsform SE gibt es nicht. Hinsichtlich der Richtlinienvorgaben zum Bilanzrecht sind v.a. zu nennen die Richtlinien 78/660/EWG (JahresabschlussRL) und 83/349/EWG (KonzernabschlussRL) – mit diversen Änderungen, u.a. durch die Richtlinien 2001/65/EG (Fair-ValueRL) und 2003/51/EG (ModernisierungsRL) – sowie die AbschlussprüferRL 84/253/EWG, welche später durch die Richtlinie 2006/43/EG[1] ersetzt wurde. Mittlerweile sind auch die JahresabschlussRL und die KonzernabschlussRL aufgehoben und in der neuen BilanzRL 2013/34/EU[2] zusammengeführt worden, die bis zum 20.7.2015 umzusetzen ist. Die Bundesregierung hat zu Jahresbeginn 2015 den Regierungsentwurf eines Bilanzrichtlinie-Umsetzungsgesetzes (BilRUG)[3] in das Gesetzgebungsverfahren eingebracht[4]. Die BilanzRL 2013/34/EU ist jüngst durch die RL 2014/95/EU[5] geändert worden. Die ÄnderungsRL enthält Vorgaben zur Berichterstattung insbesondere über Umwelt-, Sozial- und Arbeitnehmerbelange, über die Beachtung der Menschenrechte sowie über Maßnahmen zur Korruptions- und Bestechungsbekämpfung (sog. CSR-Reporting, Corporate Social Responsibility) als Teil der Lageberichterstattung großer Unternehmen von öffentlichem Interesse mit mehr als 500 Mitarbeitern; diese Richtlinienvorgaben sind bis zum 6.12.2016 in das nationale Recht umzusetzen. Im Zuge der EU-Abschlussprüfungsreform 2014 wurde die AbschlussprüferRL 2006/43/EG durch die ÄnderungsRL 2014/56/EU[6] novelliert. Ihr zur Seite ist die EU-Verordnung Nr. 537/2014[7] (AbschlussprüferVO) getreten, die besondere Anforderungen an die Abschlussprüfung bei Unternehmen von öffentlichem Interesse (zu diesem Begriff s. un-

---

1 Richtlinie 2006/43/EG des Europäischen Parlaments und des Rates vom 17.5.2006 über Abschlussprüfungen von Jahresabschlüssen und konsolidierten Abschlüssen, zur Änderung der Richtlinien 78/660/EWG und 83/349 EWG des Rates und zur Aufhebung der Richtlinie 84/253/EWG des Rates, ABl. EU Nr. L 17 v. 9.6.2006, S. 87.
2 Richtlinie 2013/34/EU vom 26.6.2013 über den Jahresabschluss, den konsolidierten Abschluss und damit verbundene Berichte von Unternehmen bestimmter Rechtsformen und zur Änderung der Richtlinie 2006/43/EG des Europäischen Parlaments und des Rates und zur Aufhebung der Richtlinien 78/660/EWG und 83/349/EWG des Rats, ABl. EU Nr. L 182 v. 19.6.2013, S. 19.
3 Entwurf eines Gesetzes zur Umsetzung der Richtlinie 2013/34/EU des Europäischen Parlaments und des Rates vom 26. Juni 2013 über den Jahresabschluss, den konsolidierten Abschluss und damit verbundene Berichte von Unternehmen bestimmter Rechtsformen und zur Änderung der Richtlinie 2006/43/EG des Europäischen Parlaments und des Rates und zur Aufhebung der Richtlinien 78/660/EWG und 83/349/EWG des Rates (Bilanzrichtlinie-Umsetzungsgesetz – BilRUG), BT-Drucks. 18/4050.
4 S. zu den wesentlichen Regelungsgegenständen des RegE BilRUG *Kleindiek* in K. Schmidt/Lutter, Vor § 150 AktG Rz. 2, 15 und etwa *Blöink/Knoll-Birmann*, Der Konzern 2015, 65 ff.; *Oser/Orth/Wirtz*, DB 2015, 197 ff.; *Zwirner*, DStR 2015, 375 ff. Zum vorausgegangenen Referentenentwurf BilRUG vom 28.7.2014 s. etwa die Übersichten bei *Kolb/Roß*, WPg 2014, 1089 ff.; *Oser/Orth/Wirtz*, DB 2014, 1877 ff.; *Zwirner*, DStR 2014, 1784 ff., 1843 ff. und 1889 ff.
5 Richtlinie 2014/95/EU des Europäischen Parlaments und des Rates vom 22.10.2014 zur Änderung der Richtlinie 2013/34/EU im Hinblick auf die Angabe nichtfinanzieller und die Diversität betreffender Informationen durch bestimmte große Unternehmen und Gruppen, ABl. EU Nr. L 330 v. 15.11.2014, S. 1; dazu etwa *Spießhofer*, NZG 2014, 1281 ff.
6 Richtlinie 2014/56/EU des Europäischen Parlaments und des Rates vom 16.4.2014 zur Änderung der Richtlinie 2006/43/EG über Abschlussprüfungen von Jahresabschlüssen und konsolidierten Abschlüssen, ABl. EU Nr. L 158 v. 27.5.2014, S. 196.
7 Verordnung (EU) Nr. 537/2014 des Europäischen Parlaments und des Rates vom 16.4.2014 über spezifische Anforderungen an die Abschlussprüfung bei Unternehmen von öffentlichem Interesse und zur Aufhebung des Beschlusses 2005/909/EG der Kommission, ABl. EU Nr. L 158 v. 27.5.2014, S. 77.

ten Rz. 31) normiert. Die Vorgaben der geänderten AbschlussprüferRL sind von den Mitgliedstaaten bis zum 17.6.2016 umzusetzen; die Bestimmungen der AbschlussprüferVO gelten ab dem 17.6.2016 unmittelbar, wobei den Mitgliedstaaten freilich eine Reihe von Wahlrechten eingeräumt worden ist (s. auch unten Rz. 31). Den Vorschriften des nach Maßgabe der genannten Richtlinien angeglichenen Rechts der Mitgliedstaaten stehen im Übrigen die unmittelbar geltenden Bestimmungen der IAS-Verordnung[8] (s. unten Rz. 16) zur Seite.

Der Verweis auf das mitgliedstaatliche Rechnungslegungsrecht steht unter dem **Vorbehalt von Art. 62 SE-VO**, der für die Abschlüsse von Kredit- oder Finanzinstituten sowie von Versicherungsunternehmen auf die für diese – wiederum in Umsetzung einschlägiger Richtlinienvorgaben – geltenden speziellen einzelstaatlichen Rechtsvorschriften des Sitzstaates verweist. Art. 61, 62 SE-VO haben ihrerseits Vorrang gegenüber der allgemeinen Verweisungsnorm des Art. 9 SE-VO. 2

Art. 61 SE-VO verweist (nur) für die **Aufstellung** des Jahres- und Konzernabschlusses auf diejenigen Vorschriften, die für dem Recht des Sitzstaates der SE unterliegende Aktiengesellschaften gelten. Für die **Feststellung** des Jahresabschlusses bzw. die Billigung des Konzernabschlusses greift aber jedenfalls die allgemeine Verweisung in Art. 9 Abs. 1 lit. c sublit. ii SE-VO[9]. Wegen des sachlichen Zusammenhangs von Aufstellung und Feststellung (bzw. Billigung) wird im Folgenden auf beides eingegangen (s. unten Rz. 20 ff.). 3

Die Erstreckung der Prüfungs- und Offenlegungspflicht auf den **Lagebericht** bzw. **Konzernlagebericht** ist nach dem Wortlaut der Vorschrift zwar nicht völlig zweifelsfrei; denn Prüfung und Offenlegung werden auf „diese Abschlüsse" bezogen. Da der Normtext zuvor aber vom Jahresabschluss und konsolidiertem Abschluss „einschließlich des dazugehörigen Lageberichts" spricht, erstreckt sich die Pflicht zur Prüfung und Offenlegung auch auf die Lageberichterstattung[10]. Eine andere Interpretation wäre mit den Vorgaben der Bilanzrichtlinien (oben Rz. 1) auch nicht vereinbar. 4

Nicht von der Vorschrift erfasst werden aber die nach nationalem Recht zu erfüllenden **unterjährigen Berichtspflichten** zu Lasten kapitalmarktaktiver Unternehmen kraft kapitalmarktrechtlicher Vorgaben. Die Geltung der insoweit einschlägigen Verpflichtungsquellen des nationalen Rechts folgt indes aus der allgemeinen Verweisung in Art. 9 Abs. 1 lit. c sublit. ii SE-VO. Einzelheiten der Zwischenberichterstattung sind im Rahmen dieser Kommentierung nicht zu erörtern[11]. 5

II. Buchführungspflicht, Jahresabschluss und Lagebericht: anwendbares Recht

1. Buchführungspflicht

Die SE unterliegt als Handelsgesellschaft (Art. 9 SE-VO i.V.m. § 3 AktG) den für Kaufleute geltenden Vorschriften des Handelsrechts (§ 6 HGB) und damit auch der **Buchführungspflicht** nach Maßgabe der §§ 238 ff. HGB. Verantwortlich für die Erfüllung der Buchführungspflicht ist in der dualistisch strukturierten SE der Vorstand 6

---

8 Verordnung (EG) Nr. 1606/2002 des Europäischen Parlaments und des Rates v. 19.7.2002 betreffend die Anwendung internationaler Rechnungslegungsstandards, ABl. EG Nr. L 243 v. 11.9.2002, S. 1.
9 *Schwarz*, Art. 61 SE-VO Rz. 27.
10 Zust. *Habersack* in Habersack/Drinhausen, Art. 61 SE-VO Rz. 3.
11 Dazu weiterführend etwa *Nonnenmacher* in Marsch-Barner/Schäfer, Hdb. Börsennotierte AG, 3. Aufl. 2014, § 57.

(§ 91 Abs. 1 AktG), in der Gesellschaft mit monistischem Leitungssystem der Verwaltungsrat (§ 22 Abs. 3 Satz 1 SEAG).

2. HGB-Bilanzrecht

7 Die SE ist – vorbehaltlich der Konzernrechnungslegung nach IFRS (dazu unten Rz. 16 ff.) – zur **Rechnungslegung nach Maßgabe der Vorschriften des HGB** verpflichtet; wobei die allgemeinen Bestimmungen der §§ 242 ff. HGB durch die auf Kapitalgesellschaften anwendbaren Vorschriften der §§ 264 ff. HGB ergänzt und modifiziert werden[12]. Die HGB-Bestimmungen zur Rechnungslegung enthalten umfassende und eingehende Vorschriften zur Gliederung des Jahresabschlusses sowie zum Ansatz und zur Bewertung. Nach § 264 Abs. 2 Satz 1 HGB muss der Jahresabschluss aller Gesellschaften (unabhängig von ihrer Größenklasse, s. sogleich Rz. 9) unter Beachtung der Grundsätze ordnungsmäßiger Buchführung ein den tatsächlichen Verhältnissen entsprechendes Bild der Vermögens-, Finanz- und Ertragslage der Gesellschaft vermitteln. Tochterunternehmen eines konsolidierungspflichtigen Mutterunternehmens sind unter den näheren Voraussetzungen des § 264 Abs. 3 HGB von der Anwendung der §§ 264 ff. HGB befreit.

8 Die bilanzrechtlichen Bestimmungen des HGB werden flankiert von einigen **rechtsformspezifischen Vorschriften im AktG**, insbesondere in §§ 150, 152, 158 und 160 AktG (zur Bildung und Verwendung von gesetzlicher Rücklage und Kapitalrücklage, zum Ausweis in der Bilanz, in der Gewinn- und Verlustrechnung und im Anhang), in §§ 170–173 AktG (zur Prüfung des aufgestellten Jahres- und Konzernabschlusses durch den Aufsichtsrat sowie zur Feststellung des Jahresabschlusses bzw. Billigung des Konzernabschlusses), schließlich in §§ 256, 257 AktG (zur Nichtigkeit des festgestellten Jahresabschlusses).

9 Im Rahmen der §§ 264 ff. HGB unterscheidet das Gesetz (§ 267 HGB) **drei Größenklassen von Gesellschaften** (kleine, mittelgroße sowie große Gesellschaften) und verbindet damit größenspezifisch gesteigerte Anforderungen an Intensität und Umfang der Rechnungslegungspflichten. Die Größe bemisst sich nach den Kriterien Bilanzsumme, Umsatzerlöse und Arbeitnehmerzahl, wobei für jeweils zwei dieser Kriterien die Schwellenwerte zur höheren Klasse nicht überschritten sein dürfen (§ 267 HGB); im Zuge des BilRUG (oben Rz. 1) ist eine Anhebung der aktuellen Schwellenwerte vorgesehen. Eine kapitalmarktorientierte Gesellschaft i.S.d. § 264d HGB – d.h. eine solche, die einen organisierten Markt i.S.d. § 2 Abs. 5 WpHG durch von ihr ausgegebene Wertpapiere i.S.d. § 2 Abs. 1 WpHG in Anspruch nimmt oder die Zulassung zum Handel an einem organisierten Markt beantragt hat – gilt stets als große Gesellschaft (§ 267 Abs. 3 Satz 2 HGB).

10 Das HGB-Bilanzrecht ist durch das Gesetz zur Modernisierung des Bilanzrechts (**BilanzrechtsmodernisierungsG – BilMoG**) vom 25.5.2009 (BGBl. I 2009, 1102)[13] nachhaltig reformiert worden. Im Zentrum des BilMoG stehen die modernisierten Ansatz- und Bewertungsvorschriften für den **Jahresabschluss** (HGB-Einzelabschluss), mit denen das HGB-Bilanzrecht – so die Begründung zum RegE – zu einer im Verhältnis zu den internationalen Rechnungslegungsstandards „gleichwertigen (vollwertigen), aber kostengünstigeren und einfacheren Alternative" weiterentwickelt und dauerhaft aufrechterhalten werden soll. Bezugspunkt jener Voll- bzw. Gleichwertigkeit ist die Informationskraft der beiden Regelwerke. Ziel des BilMoG ist der Ausbau der Informationsfunktion des HGB-Abschlusses. Es will die Prinzipien und Grund-

---

[12] Vgl. zum Folgenden auch schon die Übersicht bei *Kleindiek* in K. Schmidt/Lutter, Vor § 150 AktG Rz. 7 ff.
[13] Erläuterungen und Materialien bei *Ernst/Naumann*, Das neue Bilanzrecht, 2009.

sätze des deutschen Bilanzrechts nicht aufgeben, die handelsrechtliche Rechnungslegung aber „maßvoll an die IFRS annähern"; dabei soll die HGB-Bilanz Grundlage der gesellschaftsrechtlichen Ausschüttungsbemessung und der steuerlichen Gewinnermittlung bleiben. Vor diesem Hintergrund versteht sich das BilMoG insbesondere auch als Alternative zu dem IFRS-Standard für kleine und mittlere Unternehmen (**IFRS for SMEs**), den die Begründung zum RegE angesichts seiner Komplexität und Regelungsdichte zu Recht als „ungeeignet" ansieht, den Bedürfnissen des Mittelstandes in ausreichender Weise Rechnung zu tragen[14].

Zur Stärkung der Informationsfunktion handelsrechtlicher Rechnungslegung wurden mit dem BilMoG u.a. bislang **bestehende Ansatz-, Ausweis- und Bewertungswahlrechte beseitigt**, etwa durch die Aufhebung der umgekehrten Maßgeblichkeit (früher § 5 Abs. 1 Satz 2 EStG a.F.), durch die Abschaffung der Aufwandsrückstellungen nach § 249 Abs. 2 HGB a.F. oder durch die Pflicht zur Aktivierung eines entgeltlich erworbenen Geschäfts- oder Firmenwertes, der im Wege einer Fiktion zum Vermögensgegenstand erklärt wird (§ 246 Abs. 1 Satz 4 HGB) und planmäßiger Abschreibung unterliegt. Für die Aktivierung selbst geschaffener immaterieller Vermögensgegenstände des Anlagevermögens hat der Gesetzgeber ein Wahlrecht geschaffen (§ 248 Abs. 2 Satz 1 HGB), das an die Stelle des früheren Aktivierungsverbots (§ 248 Abs. 2 HGB a.F.) getreten ist; werden solche Vermögensgegenstände im Jahresabschluss (nach wie vor *nicht* in der Steuerbilanz: § 5 Abs. 2 EStG) aktiviert, geht damit eine Ausschüttungssperre einher (§ 268 Abs. 8 HGB). 11

Änderungen hat das BilMoG auch für die **Bewertungsvorschriften** des HGB-Bilanzrechts mit sich gebracht. An den Anschaffungs- und Herstellungskosten als Obergrenze der Bewertung wurde aber festgehalten; allein Kreditinstitute haben ihre zu Handelszwecken erworbenen Finanzinstrumente mit dem beizulegenden Zeitwert (fair value) zu bewerten (§ 340e Abs. 3 und 4 HGB mit § 255 Abs. 4 HGB). Die auf den Jahresabschluss (HGB-Einzelabschluss) bezogenen Reformmaßnahmen des BilMoG umfassen zudem ausgebaute Angabepflichten im **Anhang**; sie werden schließlich durch Neuerungen in der HGB-**Konzernrechnungslegung** ergänzt. Umfangreiche **Übergangsvorschriften** nach Art. 66 und 67 EGHGB sind hinzugetreten. 12

In Umsetzung der Richtlinie 2012/6/EU (MicroRL)[15] hat das Kleinstkapitalgesellschaften-Bilanzrechtsänderungsgesetz (kurz: **MicroBilG**) v. 20.12.2012 (BGBl. I 2012, 2751)[16] **Erleichterungen für Kleinstkapitalgesellschaften** eingeführt, welche mindestens zwei dieser drei Größenmerkmale nicht überschreiten (§ 267a Abs. 1 HGB): 13

(1) 350 000 Euro Bilanzsumme nach Abzug eines auf der Aktivseite ausgewiesenen Fehlbetrages;

(2) 700 000 Euro Umsatzerlöse in den zwölf Monaten vor dem Abschlussstichtag;

(3) im Jahresdurchschnitt zehn Arbeitnehmer.

Solche Kleinstkapitalgesellschaften können die für „kleine Gesellschaften" i.S.d. § 267 Abs. 1 HGB schon bisher bestehenden Erleichterungen auch weiterhin nutzen (so ausdrücklich § 267a Abs. 2 HGB; mit Einschränkung nach § 276 Satz 3 HGB). Ihnen werden aber zusätzliche Erleichterungen gewährt, die erstmals für Jahresabschlüsse in Anspruch genommen werden konnten, die sich auf einen nach dem 30.12.2012 liegenden Abschlussstichtag beziehen (Art. 70 EGHGB): Kleinstkapitalgesellschaften (und damit auch Kleinst-Aktiengesellschaften) dürfen unter bestimmten Voraussetzungen auf einen **Anhang verzichten** (s. § 264 Abs. 1 Satz 5 i.V.m. § 264

---

14 Alle Zitate aus der Begründung zum RegE BilMoG, BT-Drucks 16/10067, S. 1 und 33 f.
15 ABl. EU Nr. L 81 v. 21.3.2012, S. 3.
16 Dazu etwa *Küting/Eichenlaub*, DStR 2012, 2615 ff.; *Wader/Stäudle*, WPg 2013, 249 ff.

Abs. 2 Satz 4 und 5 HGB; § 160 Abs. 3 AktG), brauchen nur eine **weiter verkürzte Bilanz** nach Maßgabe von § 266 Abs. 1 Satz 4 HGB, § 152 Abs. 4 AktG aufzustellen, dürfen ihre **GuV vereinfacht** darstellen (s. § 275 Abs. 5 HGB; § 158 Abs. 3 AktG) und können ihrer Pflicht zur **Offenlegung der Bilanz** – statt durch Bekanntmachung im (elektronisch geführten) Bundesanzeiger – auch **durch Hinterlegung** beim Betreiber des Bundesanzeigers (in elektronischer Form) nachkommen (§ 326 Abs. 2 HGB). Im Zuge des BilRUG (oben Rz. 1) soll § 267a HGB um einen neuen Abs. 3 erweitert werden, der bestimmt, dass die Erleichterungen für Kleinstkapitalgesellschaften keine Anwendung finden auf Investmentgesellschaften, Unternehmensbeteiligungsgesellschaften sowie anderen Gesellschaften, deren einziger Zweck Erwerb, Verwaltung und Verwertung von Unternehmensbeteiligungen sind, ohne dass dabei in die Verwaltung dieser Unternehmen eingegriffen wird.

14 Das Rechnungslegungsrecht des HGB ist Bestandteil eines ausgefeilten Gesamtsystems des Unternehmensrechts, das durch enge **Verzahnungen von Bilanz- und Gesellschaftsrecht** gekennzeichnet ist. Dem regelgerecht erstellten HGB-Jahresabschluss kommt eine zentrale Funktion bei der gläubigerschützenden Sicherung der Kapitalerhaltung (Ausschüttungsbegrenzung) zu; die Ausgestaltung des Rechnungslegungsrechts trägt dem bilanzbasierten Kapitalschutzkonzept des AktG Rechnung, wie es von der KapitalRL 2012/30/EU[17] (insbes. Art. 17 und 18) nach wie vor vorgegeben wird. Diese Funktion der Rechnungslegung steht in einem Zielkonflikt zu den kapitalmarktorientierten Rechnungslegungsregeln der IFRS[18]. Jene sind nicht auf Zahlungsbemessung ausgerichtet, sondern suchen über die Ressourcen des Unternehmens zu berichten und sollen die von den Kapitalgebern benötigten prognosegeeigneten Informationen liefern. Weil die IFRS grundkonzeptionell nicht dazu geeignet sind, jenen Aufgaben gerecht zu werden, die dem Einzelabschluss in einem bilanzrechtlich geprägten System des Kapitalschutzes zugewiesen sein müssen, hat der deutsche Gesetzgeber bei Umsetzung der in Art. 5 IAS-VO (s. oben Rz. 1) gewährten Mitgliedstaatenwahlrechte entschieden, für alle Unternehmen – auch für kapitalmarktorientierte Gesellschaften – an der **Verpflichtung zur Erstellung eines HGB-Jahresabschlusses** festzuhalten. Nur in einem Randbereich wird hier den Unternehmen (und damit auch der SE mit Sitz in Deutschland) die Option zum befreienden IFRS-Abschluss eingeräumt: nämlich bezogen auf die Bekanntmachung im (heute nur noch elektronisch geführten) Bundesanzeiger (sog. **IFRS-Einzelabschluss nach § 325 Abs. 2a HGB**; s. unten Rz. 36). Im Übrigen stehen die IFRS nur für die – ausschließlich Informationszwecken dienende – **Konzernrechnungslegung** offen (näher unten Rz. 16 ff.).

3. Jahresabschluss und Lagebericht

15 Der Jahresabschluss einer jeden SE besteht gemäß §§ 264 Abs. 1 Satz 1, 242 Abs. 1 und Abs. 2 HGB aus der **Bilanz**, der Gewinn- und Verlustrechnung (**GuV**) und dem **Anhang**. Der Jahresabschluss einer kapitalmarktorientierten SE i.S.d. § 264d HGB, die nicht zur Aufstellung eines Konzernabschlusses verpflichtet ist, muss um eine Kapitalflussrechnung und einen Eigenkapitalspiegel erweitert werden; er kann auch um eine Segmentberichterstattung erweitert werden (§ 264 Abs. 1 Satz 2 HGB). Mit-

---

[17] Richtlinie 2012/30/EU des Europäischen Parlaments und des Rates vom 25.10.2012 zur Koordinierung der Schutzbestimmungen, die in den Mitgliedstaaten den Gesellschaften im Sinne des Artikels 54 Absatz 2 des Vertrages über die Arbeitsweise der Europäischen Union im Interesse der Gesellschafter sowie Dritter für die Gründung der Aktiengesellschaft sowie für die Einhaltung und Änderung ihres Kapitals vorgeschrieben sind, um diese Bestimmungen gleichwertig zu gestalten, ABl. EU Nr. L 315 v. 14.11.2012, S. 74.
[18] S. dazu *Kleindiek*, Rechnungslegung in Europa, S. 91, 103 ff. m.w.N.

telgroße und große Gesellschaften (oben Rz. 9) haben den Jahresabschluss zwingend um einen **Lagebericht** zu ergänzen (§ 264 Abs. 1 HGB), für dessen Inhalt § 289 HGB gilt; börsennotierte und bestimmte andere kapitalmarktorientierte Gesellschaften (s. § 289a Abs. 1 Satz 1 HGB) haben nach Maßgabe des § 289a HGB eine Erklärung zur Unternehmensführung in den Lagebericht aufzunehmen. Zu Aufstellung und Feststellung s. unten Rz. 20 ff.

III. Konzernrechnungslegung

1. Kapitalmarktorientierte Gesellschaften

Die **IAS-Verordnung** (s. oben Rz. 1) verpflichtet in ihrem Art. 4 alle nach EG-Recht konsolidierungspflichtigen Gesellschaften, ihre Konzernabschlüsse nach internationalen Rechnungslegungsstandards aufzustellen, wenn am jeweilgen Bilanzstichtag ihre Wertpapiere in einem beliebigen Mitgliedstaat zum Handel in einem geregelten Markt zugelassen sind. Internationale Rechnungslegungsstandards in diesem Sinne sind allein die *International Accounting Standards (IAS)* bzw. – wie alle vom *International Accounting Standards Board (IASB)* seit dem 1.4.2001 veröffentlichten Regelungen heißen – die *International Financial Reporting Standards (IFRS)*; üblicherweise wird zur Bezeichnung jener Standards heute einheitlich von den „IFRS" gesprochen, worin dann auch die IAS eingeschlossen sind. Voraussetzung für die Anwendbarkeit jener IFRS ist freilich ihre vorherige förmliche Anerkennung durch die Kommission im sog. Regelungsverfahren (Komitologieverfahren) nach Maßgabe des Ratsbeschlusses v. 28.6.1999 zur Festlegung der Modalitäten für die Ausübung der der Kommission übertragenen Durchführungsbefugnisse (1999/468/EG)[19] – „*endorsement*"[20]. Das deutsche Recht zwingt auch dann zur Konzernrechnungslegung nach IFRS, wenn für das Mutterunternehmen der Wertpapierhandel in einem geregelten Markt zum Bilanzstichtag erst beantragt worden ist (§ 315a Abs. 2 HGB). 16

Die **maßgeblichen Vorgaben für die IFRS-Konzernrechnungslegung** sind wie folgt abzugrenzen: Die IAS-Verordnung regelt das Rechnungslegungssystem, nach dem der konsolidierte Abschluss aufzustellen ist. Die Konsolidierungspflicht selbst und etwaige Befreiungen davon ergeben sich auch weiterhin aus den (durch Richtlinienrecht harmonisierten) nationalen Bilanzrechten der Mitgliedstaaten, für die SE mit Sitz in Deutschland also aus §§ 290 ff. HGB (§ 315a Abs. 1 HGB). Für den Konsolidierungskreis, die Ansatz- und Bewertungsregeln sowie die Berichtselemente der Konzernrechnungslegung gelten indes die Vorgaben der IFRS. Die Pflicht zur Aufstellung eines Konzernlageberichts nach Maßgabe von § 315 HGB bleibt hingegen auch für solche Gesellschaften bestehen, die nach IFRS konsolidiert Rechnung legen. Darüber hinaus gelten auch für den Konzernabschluss nach IFRS die Vorgaben in § 298 Abs. 1 HGB i.V.m. §§ 244, 245 HGB (Abfassung in deutscher Sprache, s. aber auch unten Rz. 34; Unterzeichnung durch die gesetzlichen Vertreter) sowie die Verpflichtung zu ergänzenden Angaben im Anhang nach Maßgabe der §§ 313 Abs. 2–4, 314 Abs. 1 Nr. 4, 6, 8, 9, Abs. 2 Satz 2 HGB (zum Ganzen § 315a Abs. 1 HGB). 17

2. Nicht kapitalmarktorientierte Gesellschaften

Nicht kapitalmarktorientierte Muttergesellschaften haben die **Wahl, entweder nach IFRS** (mit den darin geregelten Berichtsinstrumenten, ergänzt um den Konzernlagebericht und die weiteren Angaben nach Maßgabe des in Rz. 17 Gesagten) **oder nach** 18

---

19 ABl. EG Nr. L 184 v. 17.7.1999, S. 23.
20 Zur Implementierung der IFRS in das europäische (Rechnungslegungs-)Recht s. etwa *Buchheim/Knorr/Schmidt*, KoR 2008, 334 ff.; *Inwinkl*, WPg 2007, 289 ff.

§§ 290 ff. HGB konsolidiert Rechnung zu legen (§ 315a Abs. 3 HGB). Ein Unternehmen, das von seinem Wahlrecht zugunsten der IFRS-Konzernrechnungslegung Gebrauch macht, hat die internationalen Standards und die durch § 315a Abs. 1 HGB für anwendbar erklärten Vorschriften des HGB (s. Rz. 17) vollständig zu befolgen (§ 315a Abs. 3 Satz 2 HGB).

19 Der **Konzernabschluss nach HGB** besteht aus der Konzernbilanz, der Konzern-Gewinn- und Verlustrechnung, dem Konzernanhang sowie der Kapitalflussrechnung und dem Eigenkapitalspiegel (§ 297 Abs. 1 Satz 1 HGB); er kann um eine Segmentberichterstattung erweitert (§ 297 Abs. 1 Satz 2 HGB) und muss um den Konzernlagebericht ergänzt werden (§ 315 HGB).

IV. Aufstellung und Feststellung des Jahresabschlusses; Aufstellung und Billigung des Konzernabschlusses

1. SE mit dualistischem System

20 In der SE mit dualistischem System ist der **Vorstand** als gesetzliches Vertretungsorgan (alle Vorstandsmitglieder) für die **Aufstellung** von Jahresabschluss und Lagebericht sowie Konzernabschluss und Konzernlagebericht zuständig (§§ 264 Abs. 1 Satz 1, 290 Abs. 1 HGB). Jahresabschluss und Lagebericht mittelgroßer und großer Gesellschaften (s. oben Rz. 9) müssen binnen dreier Monate nach Ende des Geschäftsjahres aufgestellt werden; kleine Gesellschaften haben, soweit es einem ordnungsgemäßen Geschäftsgang entspricht, für die Aufstellung ihres Jahresabschlusses maximal sechs Monate Zeit (§ 264 Abs. 1 Satz 3 und 4 HGB). Konzernabschluss und Konzernlagebericht sind innerhalb von fünf Monaten nach Geschäftsjahresende aufzustellen (§ 290 Abs. 1 HGB), kapitalmarktorientierte Gesellschaften i.S.v. § 264d HGB, die nicht solche nach § 327a HGB sind, haben indes nur vier Monate Zeit (§ 290 Abs. 1 Satz 2 HGB).

21 Der Vorstand hat nach § 170 Abs. 1 Satz 1 AktG Jahresabschluss und Lagebericht – gemeinsam mit seinem Gewinnverwendungsvorschlag nach § 170 Abs. 2 AktG – unverzüglich (d.h. ohne schuldhaftes Zögern, § 121 Abs. 1 Satz 1 BGB) nach der Aufstellung dem **Aufsichtsrat zur Prüfung** (dazu § 171 AktG, zu den zeitlichen Vorgaben § 171 Abs. 3 AktG) vorzulegen. Entsprechendes gilt für einen IFRS-Einzelabschluss nach § 325 Abs. 2a HGB (s. oben Rz. 14) sowie bei konsolidierungspflichtigen Mutterunternehmen für den Konzernabschluss und den Konzernlagebericht (§ 170 Abs. 1 Satz 2 AktG). Der IFRS-Einzelabschluss nach § 325 Abs. 2a HGB darf vom Vorstand erst nach dessen Billigung durch den Aufsichtsrat offen gelegt werden (s. unten Rz. 36). Zur Vorlage des Prüfungsberichts des Abschlussprüfers s. sogleich Rz. 22.

22 Mit **Billigung des Jahresabschlusses durch den Aufsichtsrat** (Erklärung am Schluss des Aufsichtsratsberichts nach § 171 Abs. 2 Satz 4 AktG) ist dieser **festgestellt**, sofern nicht Vorstand und Aufsichtsrat beschließen, die Feststellung des Jahresabschlusses der Hauptversammlung zu überlassen (§ 172 Satz 1 AktG). Haben Vorstand und Aufsichtsrat dies beschlossen oder hat der Aufsichtsrat den Jahresabschluss nicht gebilligt, so stellt die **Hauptversammlung** den Jahresabschluss fest (§ 173 Abs. 1 Satz 1 AktG). Die Feststellung kann in prüfungspflichtigen Gesellschaften nicht ohne vorherige **Abschlussprüfung** erfolgen (s. unten Rz. 27). Der Prüfungsbericht des Abschlussprüfers wird dem Aufsichtsrat vom Abschlussprüfer übermittelt (§ 321 Abs. 5 Satz 2 HGB i.V.m. § 111 Abs. 2 Satz 3 AktG; s. aber auch § 170 Abs. 3 Satz 2 AktG zur Übermittlung an einen [Prüfungs-]Ausschuss des Aufsichtsrats); der Aufsichtsrat trifft seine Entscheidung über die Billigung des Jahresabschlusses erst nach Vorlage des Prüfungsberichts.

Ebenso entscheidet die Hauptversammlung über die **Billigung des Konzernabschlusses**, wenn der Aufsichtsrat eines Mutterunternehmens dem Konzernabschluss die Billigung (Erklärung nach § 171 Abs. 2 Satz 5 AktG) versagt hat (§ 173 Abs. 1 Satz 2 AktG). Das soeben in Rz. 22 Gesagte gilt entsprechend. 23

Jahresabschluss und Konzernabschluss sind von allen Vorstandsmitgliedern, einschließlich der Stellvertreter (§ 94 AktG), zu **unterzeichnen** (§§ 245, 298 Abs. 1 HGB), wobei sich die Zeichnungspflicht auf den festgestellten Jahresabschluss (bzw. den gebilligten Konzernabschluss) bezieht[21]. 24

2. SE mit monistischem System

In der SE mit monistischem System sind für die **Aufstellung** von Jahresabschluss und Lagebericht sowie Konzernabschluss und Konzernlagebericht die **geschäftsführenden Direktoren** zuständig, da sie die gesetzlichen Vertreter der Gesellschaft sind (§ 41 Abs. 1 SEAG); auch §§ 40 Abs. 3 Satz 1, 47 Abs. 1 Satz 1 und Abs. 4 Satz 1 SEAG gehen von ihrer Zuständigkeit bei der Abschlussaufstellung aus[22]. Aufstellung von Jahresabschluss und Konzernabschluss unterliegen den bei Rz. 20 skizzierten Fristen. 25

Das **weitere Verfahren** ist in § 47 SEAG in Anlehnung an und unter Verweis auf die Regelungen in §§ 170–173 AktG ausgestaltet (s. oben Rz. 21 ff.); die nach §§ 170–173 AktG dem Aufsichtsrat zugewiesenen Kompetenzen obliegen in der SE mit monistischem System deren Verwaltungsrat. Der Prüfungsbericht des Abschlussprüfers wird dem Verwaltungsrat vom Abschlussprüfer übermittelt (§ 22 Abs. 6 SEAG). Der Einzelabschluss nach § 325 Abs. 2a HGB darf wiederum erst nach Billigung durch den Verwaltungsrat offen gelegt werden (§ 47 Abs. 4 Satz 2 SEAG); zu näheren Einzelheiten s. die Erläuterungen zu § 47 SEAG im Anh. Art. 43. 26

V. Prüfung und Offenlegung

1. Prüfung

Jahresabschluss und Lagebericht in **mittelgroßen** und **großen Kapitalgesellschaften** (und mithin auch in der SE dieser Größenklassen; s. oben Rz. 9) sind zwingend der **Abschlussprüfung** unterworfen. Hat keine Prüfung stattgefunden, kann der Jahresabschluss nicht festgestellt werden (§ 316 Abs. 1 HGB); ein gleichwohl festgestellter Abschluss ist entsprechend § 256 Abs. 1 Nr. 2 AktG nichtig. Tochterunternehmen eines konsolidierungspflichtigen Mutterunternehmens sind unter den näheren Voraussetzungen des § 264 Abs. 3 HGB von der Prüfungspflicht befreit. **Obligatorische Konzernabschlüsse** und Konzernlageberichte sind in jedem Fall prüfungspflichtig; ohne vorherige Prüfung ist die Billigung des Konzernabschlusses ausgeschlossen (§ 316 Abs. 2 HGB). Werden Jahresabschluss, Konzernabschluss, Lagebericht oder Konzernlagebericht nach Vorlage des Prüfungsberichts geändert, so ist eine **Nachtragsprüfung** erforderlich (§ 316 Abs. 3 HGB). Die Vorschriften zur Prüfung des Jahresabschlusses (§§ 316 ff. HGB) sind auf den **IFRS-Einzelabschluss nach § 325 Abs. 2a HGB** (s. Rz. 14) entsprechend anzuwenden (§ 324a HGB). 27

Ihrem **Umfang** nach erstreckt sich die Prüfung auf den Jahresabschluss, den Konzernabschluss, den Lagebericht sowie den Konzernlagebericht (aber ohne Prüfung der Angaben nach § 289a HGB); die Buchführung ist in die Prüfung einzubeziehen. Prü- 28

---

21 Heute ganz h.M.; BGH v. 28.1.1985 – II ZR 79/84, GmbHR 1985, 256; *Kleindiek* in MünchKomm. BilanzR, § 245 HGB Rz. 6 m.w.N.
22 Im Ergebnis ebenso *Casper* in Spindler/Stilz, AktG, Art. 61 SE-VO Rz. 4; *Fischer* in MünchKomm. AktG, Art. 61 SE-VO Rz. 25.

fungsmaßstab (**Gegenstand der Prüfung**) ist die Übereinstimmung mit den gesetzlichen Vorgaben und den sie ggf. ergänzenden Bestimmungen der Satzung. Einzelheiten zu Umfang und Gegenstand der Prüfung sind in § 317 HGB normiert, der im Zuge des BilRUG (oben Rz. 1) gewisse Änderungen erfahren wird.

29 Die Abschlussprüfung in der SE können einzelne **Wirtschaftsprüfer oder Wirtschaftsprüfungsgesellschaften** durchführen (§ 319 Abs. 1 Satz 1 HGB, §§ 15, 27 ff. WPO), sofern sie über eine wirksame Bescheinigung über die Teilnahme an der Qualitätskontrolle (§ 57a WPO) verfügen (§ 319 Abs. 1 Satz 3 HGB) und kein Ausschlussgrund nach §§ 319 Abs. 2–5, 319a, 319b HGB (Gefährdungen der Prüferunabhängigkeit) vorliegt. Dabei normiert § 319a HGB besondere Ausschlussgründe bezogen auf die Abschlussprüfung bei einem kapitalmarktorientierten Unternehmen i.S. des § 264d HGB, während § 319b HGB die Ausschlussgründe der §§ 319, 319a HGB auf das Netzwerk eines Abschlussprüfers ausdehnt. Der Abschlussprüfer wird von der Hauptversammlung der prüfungspflichtigen SE gewählt (der Konzernabschlussprüfer von der Hauptversammlung der konsolidierungspflichtigen Muttergesellschaft), Art. 52 SE-VO i.V.m. § 318 Abs. 1 Satz 1 HGB, § 119 Abs. 1 Nr. 4 AktG. Der **Prüfungsauftrag** wird in der SE mit dualistischem System durch den Aufsichtsrat erteilt (§ 111 Abs. Abs. 2 Satz 3 AktG), in der SE mit monistischem System durch den Verwaltungsrat (§ 22 Abs. 4 Satz 3 SEAG), wobei jeweils der Vorsitzende handelt. Der Prüfungsauftrag ist unverzüglich nach der Wahl zu erteilen (§ 318 Abs. 1 Satz 4 HGB). Für die Prüfung kapitalmarktorientierter Gesellschaften i.S. des § 264d HGB gilt im Übrigen eine **Pflicht zur internen personellen Rotation** des Abschlussprüfers bzw. (bei Prüfungsgesellschaften) des verantwortlichen Prüfungspartners nach sieben Jahren (§ 319a Abs. 1 Satz 1 Nr. 4 i.V.m. Sätzen 4 und 5 HGB); dann muss er mit der Prüfungstätigkeit bei dem entsprechenden Unternehmen für mindestens zwei Jahre aussetzen.

30 Jahresabschluss und Konzernabschluss, Lagebericht und Konzernlagebericht sind dem Abschlussprüfer unverzüglich nach der Aufstellung durch die gesetzlichen Vertreter der Gesellschaft vorzulegen (§ 320 Abs. 1 Satz 1 HGB); Letztere sind dem Prüfer gegenüber auskunftspflichtig nach Maßgabe von § 320 HGB. Der Abschlussprüfer berichtet über Art und Umfang sowie über das Ergebnis der Prüfung schriftlich nach näherer Bestimmung des § 321 HGB und fasst das Ergebnis der Prüfung in einem **Bestätigungsvermerk** nach Maßgabe von § 322 HGB zusammen. Empfänger des **Prüfungsberichts** ist der Aufsichtsrat bzw. (in der SE mit monistischer Struktur) der Verwaltungsrat (§ 321 Abs. 5 Satz 2 HGB i.V.m. § 111 Abs. 2 Satz 3 AktG, § 22 Abs. 6 SEAG). Der Abschlussprüfer hat an den Verhandlungen von Aufsichtsrat bzw. Verwaltungsrat über den Jahres- und Konzernabschluss teilzunehmen (§ 171 Abs. 1 Satz 2 AktG). Im Falle der Eröffnung des Insolvenzverfahrens über das Vermögen der Gesellschaft (oder bei Ablehnung des Eröffnungsantrags mangels Masse) hat jeder Gläubiger ein Einsichtsrecht in die Prüfungsberichte der drei zurückliegenden Geschäftsjahre nach Maßgabe von § 321a HGB.

31 Die aktuell geltenden – vorstehend skizzierten – gesetzlichen Regelungen zur Abschlussprüfung entsprechen den Vorgaben der AbschlussprüferRL 2006/43/EG vor deren jüngster Änderung durch die ÄnderungsRL 2014/56/EU (s. oben Rz. 1), deren Vorgaben von den Mitgliedstaaten bis zum 17.6.2016 umzusetzen sind. Im Rahmen der **EU-Abschlussprüfungsreform 2014** ist zeitgleich mit dieser ÄnderungsRL die EU-Verordnung Nr. 537/2014 (AbschlussprüferVO) über die Abschlussprüfung bei Unternehmen von öffentlichem Interesse verkündet worden; jene Verordnung gilt ab dem 17.6.2016 unmittelbar (s. auch dazu schon oben Rz. 1). Unternehmen von öffentlichem Interesse sind – nach näherer Begriffsbestimmung in Art. 2 Nr. 13 AbschlussprüferRL – Unternehmen, die unter das Recht eines Mitgliedstaats fallen und deren

übertragbare Wertpapiere zum Handel auf einem geregelten Markt eines Mitgliedstaates zugelassen sind, außerdem bestimmte Kreditinstitute und Versicherungsunternehmen sowie (wie es in Art. 2 Nr. 13 lit. d AbschlussprüferRL heißt) solche „Unternehmen, die von Mitgliedstaaten als Unternehmen von öffentlichem Interesse bestimmt werden, beispielsweise Unternehmen, die aufgrund der Art ihrer Tätigkeit, ihrer Größe oder der Zahl ihrer Mitarbeiter von erheblicher öffentlicher Bedeutung sind". Die novellierte AbschlussprüferRL sowie die neue AbschlussprüferVO werden zu mancherlei Änderungen gegenüber den gegenwärtig geltenden Rechtsvorschriften zur Abschlussprüfung führen, zumal jene europäischen Rechtsakte mit einer Reihe von Mitgliedstaatenwahlrechten einhergehen. Einzelheiten dazu können in diesem Kommentar nicht erläutert werden[23]; auch bleibt abzuwarten, wie der deutsche Gesetzgeber die den Mitgliedstaaten gewährten Gestaltungsoptionen wahrnehmen wird.

2. Offenlegung

Jahresabschluss und Konzernabschluss, Lagebericht und Konzernlagebericht unterliegen der **Offenlegungspflicht** nach den Bestimmungen der **§§ 325 ff. HGB**, die im Zuge des Gesetzes über elektronische Handelsregister und Genossenschaftsregister sowie das Unternehmensregister (**EHUG**) v. 10.11.2006[24] erhebliche Änderungen erfahren hatten[25]. 32

Die gesetzlichen Vertreter der SE haben für diese den Jahresabschluss (Bilanz, GuV, Anhang) und den Konzernabschluss sowie Lagebericht und Konzernlagebericht, jeweils mit dem Bestätigungsvermerk des Abschlussprüfers (oder dem Vermerk über dessen Versagung), **beim Betreiber des** (heute nur noch elektronisch geführten) **Bundesanzeigers einzureichen**[26]. Ebenso einzureichen sind der Bericht des Aufsichtsrats bzw. Verwaltungsrats (§ 22 Abs. 6 SEAG) über die Prüfung (s. Rz. 21, 26)[27]. Das hat unverzüglich nach Vorlage des Abschlusses an die Gesellschafter, spätestens jedoch vor Ablauf des zwölften Monats des dem Abschlussstichtag nachfolgenden Geschäftsjahres zu geschehen (§ 325 Abs. 1 Satz 2 HGB). Jahresabschluss und ggf. Konzernabschluss sind (mit den Lageberichten) auch dann zwingend innerhalb jener Jahresfrist einzureichen, wenn sonstige Unterlagen noch fehlen sollten; die fehlenden Unterlagen sind unverzüglich nach Vorliegen nachzureichen (§§ 325 Abs. 1 Satz 5, 328 Abs. 1 Nr. 2 HGB). Für kapitalmarktorientierte Gesellschaften i.S.d. § 264d HGB verkürzt sich diese Höchstfrist auf vier Monate (§ 325 Abs. 4 HGB mit der Einschränkung nach Maßgabe von § 327a HGB). **Form und Inhalt der Offenlegung** bestimmen sich nach § 328 HGB. Die neue BilanzRL 2013/34/EU (oben Rz. 1) gibt in Art. 30 Abs. 1 und 3 vor, dass Jahres- und ggf. Konzernabschluss, (Konzern-)Lagebericht und Bestätigungsvermerk (bzw. Vermerk über dessen Versagung) spätestens 12 Monate nach dem Bilanzstichtag offengelegt werden müssen. Im Zuge des **BilRUG** (oben 33

---

23 Zu den Regelungsschwerpunkten der ÄnderungsRL sowie der AbschlussprüferVO s. zusammenfassend *Kleindiek* in K. Schmidt/Lutter, Vor § 150 AktG Rz. 30 f. und etwa *Scheffler*, AG 2014, R196 ff.; *Velte*, DStR 2014, 1688 ff.
24 BGBl. I 2006, 2553; dazu *Seibert/Decker*, DB 2006, 2446.
25 Art. 1 Nr. 21 EHUG; hierzu einführend etwa *Clausnitzer/Blatt*, GmbHR 2006, 1303, 1306 ff.; *Deilmann*, BB 2006, 2347; *Seibert/Decker*, DB 2006, 2446, 2450 f.; ausführlich *Kleindiek* in Lutter/Hommelhoff, Anh. zu § 42a GmbHG.
26 www.bundesanzeiger.de; Betreiber des Bundesanzeigers ist die Bundesanzeiger Verlagsgesellschaft mbH, Köln (Handelsregister AG Köln, HRB 31248).
27 Außerdem sind einzureichen die nach § 161 AktG für börsennotierte Gesellschaften vorgeschriebene Erklärung zum Corporate Governance Kodex, der Vorschlag von Vorstand bzw. Verwaltungsrat zur Gewinnverwendung (§ 170 Abs. 2 AktG, §§ 22 Abs. 6, 47 Abs. 1 Satz 2 SEAG) sowie der Verwendungsbeschluss der Hauptversammlung.

Rz. 1, 15) ist die Umsetzung dieser Richtlinienvorgabe durch entsprechende Korrekturen der §§ 325, 328 HGB vorgesehen; die Einreichung eines noch ungeprüften Abschlusses reicht zur Wahrung der Frist künftig also nicht mehr aus.

34 Die **Rechnungslegungsunterlagen können zusätzlich** zu ihrer deutschsprachigen Fassung **auch übersetzt** in jede Amtssprache eines Mitgliedstaates der EU **übermittelt** werden (§ 325 Abs. 6 i.V.m. § 11 HGB). Sie **sind elektronisch einzureichen** (§ 325 Abs. 6 i.V.m. § 12 Abs. 2 HGB).

35 **Kleine Gesellschaften** (s. Rz. 9) haben von den in Rz. 33 bezeichneten Unterlagen nur die Bilanz und den Anhang beim Betreiber des elektronischen Bundesanzeigers einzureichen; der Anhang braucht die die GuV betreffenden Angaben nicht zu enthalten. **Mittelgroße Gesellschaften** können Erleichterungen für den Ausweis in Bilanz und Anhang nach Maßgabe von § 327 HGB in Anspruch nehmen. **Tochterunternehmen** eines konsolidierungspflichtigen Mutterunternehmens sind unter den näheren Voraussetzungen des § 264 Abs. 3 HGB von der Verpflichtung zur Offenlegung ihres Jahresabschlusses befreit. Zur Publizitätspflicht der inländischen **Zweigniederlassung** einer Kapitalgesellschaft mit Sitz in einem anderen EU-Staat oder Vertragsstaat des Abkommens über den europäischen Wirtschaftsraum s. § 325a HGB.

36 Die gesetzlichen Vertreter der Gesellschaft haben die Rechnungslegungsunterlagen jeweils unverzüglich nach der Einreichung **im Bundesanzeiger bekannt machen** zu lassen (§ 325 Abs. 2 HGB). Für diese Offenlegung im Bundesanzeiger (und nur dafür) **kann** an die Stelle des HGB-Jahresabschlusses ein **Einzelabschluss nach** den übernommenen **IFRS** (s. oben Rz. 14) treten, für den ergänzend die in § 325 Abs. 2a HGB aufgeführten Bestimmungen des HGB-Bilanzrechts gelten. **Kleinstkapitalgesellschaften** i.S.v. § 267a Abs. 1 HGB (dazu oben Rz. 13) können ihrer Offenlegungspflicht – statt durch Bekanntmachung im Bundesanzeiger – auch durch Hinterlegung beim Betreiber des Bundesanzeigers (in elektronischer Form) nachkommen (§ 326 Abs. 2 HGB); Interessenten wird dann auf Antrag eine Kopie der Bilanz (über das Unternehmensregister in ebenfalls elektronischer Form; s. unten Rz. 38) übermittelt.

37 Der **Betreiber des Bundesanzeigers prüft**, ob die einzureichenden Rechnungslegungsunterlagen fristgemäß und vollzählig eingereicht worden sind; andernfalls unterrichtet er die für die Durchführung eines Ordnungsgeldverfahrens nach **§ 335 HGB** zuständige Behörde (zu Einzelheiten s. § 329 HGB). Zuständige Behörde ist das Bundesamt für Justiz, das **von Amts wegen** (also ohne dass es noch eines Antrages bedarf) ein **Ordnungsgeldverfahren** gegen die Mitglieder des vertretungsberechtigten Organs einer Kapitalgesellschaft einleitet, welche die gesetzlichen Pflichten zur Offenlegung der Rechnungslegungsunterlagen nicht befolgen; alternativ kann das Ordnungsgeldverfahren gegen die Gesellschaft selbst eingeleitet werden (§§ 335, 335a HGB)[28]. Festzusetzen (ggf. auch wiederholt) ist ein Ordnungsgeld zwischen mindestens 2500 und höchstens 25 000 Euro (§ 335 Abs. 1 Satz 4 HGB). Jedoch wird dieser Mindestbetrag inzwischen gem. § 335 Abs. 4 HGB i.d.F. des HGB-Änderungsgesetzes v. 4.10.2013[29] größenspezifisch modifiziert: Für kleine Kapitalgesellschaften (§ 267 Abs. 1 HGB) ist das Ordnungsgeld nach Maßgabe von § 335 Abs. 4 Satz 2 Nr. 2 HGB auf 1000 Euro herabzusetzen, für Kleinstkapitalgesellschaften i.S.v. § 267a Abs. 1 HGB (oben Rz. 13), soweit sie einen Hinterlegungsauftrag nach § 326 Abs. 2 HGB erteilt haben (dazu oben Rz. 36), ist es nach Maßgabe von § 335 Abs. 4 Satz 2 Nr. 1 HGB auf 500 Euro zu reduzieren. Ist die Sechswochenfrist zur Nachholung der Offenlegung (gerechnet ab Zugang der Ordnungsgeldandrohung) nur geringfügig überschritten

---

28 Zu Einzelheiten s. *Kleindiek* in Lutter/Hommelhoff, Anh. zu § 42a GmbHG Rz. 37 ff.
29 BGBl. I 2013, 3746 (erstmals anwendbar auf Geschäftsjahre mit Stichtag nach dem 30.12.2012).

worden, sind die genannten Mindestbeträge (2500, 1000 bzw. 500 Euro) weiter herabzusetzen (§ 335 Abs. 4 Satz 2 Nr. 4 HGB).

Die Unterlagen der Rechnungslegung und deren Bekanntmachung sind – wie alle wesentlichen publizitätspflichtigen Unternehmensdaten – auch über die Internetseite des (elektronisch geführten) **Unternehmensregisters**[30] zugänglich; die entsprechenden Daten werden vom Betreiber des Bundesanzeigers dem Unternehmensregister übermittelt (s. § 8b HGB)[31]. 38

VI. Aufbewahrungs- und Vorlagepflichten

Die SE ist wie eine AG verpflichtet, Unterlagen nach Maßgabe von § 257 HGB aufzubewahren und ggf. nach §§ 258 bis 261 HGB vorzulegen. 39

VII. Straf- und Bußgeldvorschriften

Erwägungsgrund 18 verpflichtet die Mitgliedstaaten zur Anwendung der in den Mitgliedstaaten für Aktiengesellschaften geltenden Sanktionen. Zur Anwendbarkeit der Straf- und Bußgeldvorschriften vgl. § 53 SEAG. 40

Art. 62
[Abschluss von Kredit- oder Finanzinstituten, Versicherungsunternehmen]

(1) Handelt es sich bei der SE um ein Kreditinstitut oder ein Finanzinstitut, so unterliegt sie hinsichtlich der Aufstellung ihres Jahresabschlusses und gegebenenfalls ihres konsolidierten Abschlusses einschließlich des dazugehörigen Lageberichts sowie der Prüfung und der Offenlegung dieser Abschlüsse den gemäß der Richtlinie 2000/12/EG des Europäischen Parlaments und des Rates vom 20. März 2000 über die Aufnahme und Ausübung der Tätigkeit der Kreditinstitute[1] erlassenen einzelstaatlichen Rechtsvorschriften des Sitzstaats.

(2) Handelt es sich bei der SE um ein Versicherungsunternehmen, so unterliegt sie hinsichtlich der Aufstellung ihres Jahresabschlusses und gegebenenfalls ihres konsolidierten Abschlusses einschließlich des dazugehörigen Lageberichts sowie der Prüfung und der Offenlegung dieser Abschlüsse den gemäß der Richtlinie 91/674/EWG des Rates vom 19. Dezember 1991 über den Jahresabschluss und den konsolidierten Abschluss von Versicherungsunternehmen[2] erlassenen einzelstaatlichen Rechtsvorschriften des Sitzstaats.

I. Gegenstand der Regelung 1	III. Versicherungsunternehmen (Art. 62 Abs. 2 SE-VO) 4
II. Kredit- oder Finanzinstitute (Art. 62 Abs. 1 SE-VO) 2	

---

30 www.unternehmensregister.de; s. zum Unternehmensregister einführend *Clausnitzer/Blatt*, GmbHR 2006, 1303, 1304 f.; *Seibert/Decker*, DB 2006, 2446, 2449 f.
31 Einführend *Seibert/Decker*, DB 2006, 2446, 2449 f.

1 ABl. EG Nr. L 126 v. 26.5.2000, S. 1.
2 ABl. EG Nr. L 374 v. 31.12.1991, S. 7.

Art. 62 SE-VO Abschluss von Kredit- oder Finanzinstituten, Versicherungsunternehmen

Literatur: S. vor Art. 61.

I. Gegenstand der Regelung

1 Die Vorschrift enthält, ergänzend und modifizierend zur Verweisung nach Art. 61 SE-VO, eine spezielle Verweisung für Kredit- und Finanzinstitute sowie Versicherungsunternehmen in der Rechtsform der SE. Für die Aufstellung von Konzernabschluss, Lagebericht und Konzernlagebericht sowie für die Prüfung und Offenlegung dieser Unterlagen verweist die Norm auf das zur Umsetzung der Richtlinien über die Aufnahme und Ausübung der Tätigkeit der Kreditinstitute sowie über den Jahresabschluss und den konsolidierten Abschluss von Versicherungsunternehmen erlassene – weitgehend harmonisierte – **sitzstaatliche Recht**. Dessen branchenbezogene Bestimmungen sind vorrangig vor den allgemeinen Vorschriften anzuwenden, auf die Art. 61 SE-VO verweist.

II. Kredit- oder Finanzinstitute (Art. 62 Abs. 1 SE-VO)

2 Eine Umschreibung der Begriffe Kredit- und Finanzinstitut fand sich in Art. 1 der Richtlinie 2000/12/EG über die Aufnahme und Ausübung der Tätigkeit der Kreditinstitute, auf die Art. 62 Abs. 1 SE-VO nach wie vor Bezug nimmt. Jene Richtlinie wurde später neu gefasst durch die Richtlinie 2006/48/EG, die ihrerseits mittlerweile von der Richtlinie 2013/36/EU abgelöst worden ist[3]. Für die Begriffe „Kreditinstitut" und „Finanzinstitut" verweist die RL 2006/48/EG (Art. 3 Abs. 1 Nr. 1 und 22) auf die Begriffsbestimmungen in Art. 4 Abs. 1 Nr. 1 und Nr. 26 der EU-Verordnung 575/2013[4], die im Wesentlichen mit den Begriffsbestimmungen in Art. 1 Nr. 1 lit. a und Art. 1 Nr. 5 RL 2000/12/EG übereinstimmen. Ein **Kreditinstitut** ist demnach ein Unternehmen, dessen Tätigkeit darin besteht, Einlagen oder andere rückzahlbare Gelder des Publikums entgegenzunehmen und Kredite für eigene Rechnung zu gewähren (Art. 4 Abs. 1 Nr. 1 VO 575/2013); bei einem **Finanzinstitut** handelt es sich um ein Unternehmen, das weder Kreditinstitut noch Wertpapierfirma ist und dessen Haupttätigkeit darin besteht, Beteiligungen zu erwerben oder eines oder mehrere der in Anhang I Nummern 2 bis 12 und 15 der RL 2013/36/EU genannten Geschäfte zu betreiben (Art. 4 Abs. 1 Nr. 26 VO 575/2013).

3 Die in Art. 62 Abs. 1 SE-VO in Bezug genommene Richtlinie 2000/12/EWG bzw. die aktuelle Nachfolgerichtlinie 2013/36/EG hat freilich im Wesentlichen den Zugang zur Tätigkeit von Kreditinstituten sowie das Aufsichtsrecht über deren Tätigkeit zum Gegenstand; sie trifft indessen keine Regelungen zur Rechnungslegung der Banken. Insoweit sind vielmehr die Rechnungslegungsbestimmungen der **Bankbilanzrichtlinie 86/635/EWG**[5] einschlägig. Ob die – insgesamt misslungene[6] – Formulierung des Art. 62 Abs. 1 SE-VO deshalb Ausdruck eines Redaktionsversehens des

---
[3] Richtlinie 2013/36/EU des Europäischen Parlaments und des Rates vom 26.6.2013 über den Zugang zur Tätigkeit von Kreditinstituten und die Beaufsichtigung von Kreditinstituten und Wertpapierfirmen, zur Änderung der Richtlinie 2002/87/EG und zur Aufhebung der Richtlinien 2006/48/EG und 2000/49/EG, ABl. EU Nr. L 176 v. 27.6.2013, S. 338.
[4] Verordnung (EU) Nr. 575/2013 des Europäischen Parlaments und des Rates vom 26.6.2013 über Aufsichtsanforderungen an Kreditinstitute und Wertpapierfirmen und zur Änderung der Verordnung (EU) Nr. 646/2012, ABl. EU Nr. L 176 v. 27.6.2013, S. 1.
[5] Richtlinie 86/635/EWG, ABl. EG Nr. L 372 v. 31.12.1986, S. 1; zuletzt geändert durch RL 2006/46/EG vom 14.6.2006, ABl. EU Nr. L 224 v. 16.8.2006, S. 1.
[6] *Fischer* in MünchKomm. AktG, 3. Aufl., Art. 62 SE-VO Rz. 3 ff.; *Plendl/Niehues* in Theisen/Wenz, Europäische Aktiengesellschaft, S. 405, 415 ff.

europäischen Gesetzgebers ist[7], mag dahinstehen. Denn jedenfalls ist über die allgemeine Verweisungsvorschrift des Art. 61 SE-VO auch das in Umsetzung der Bankbilanz-RL ergangene nationale Recht verbindlich[8]; der deutsche Gesetzgeber hat die Bankbilanz-RL in den **§§ 340 bis 340o HGB** umgesetzt.

III. Versicherungsunternehmen (Art. 62 Abs. 2 SE-VO)

Versicherungsunternehmen sind gem. Art. 2 der Versicherungsbilanzrichtlinie 91/674/EWG[9], auf welche Art. 62 Abs. 2 SE-VO verweist, „Unternehmen gem. Artikel 1 der Richtlinie 73/239/EWG mit Ausnahme derjenigen Versicherungsvereine auf Gegenseitigkeit, die nach Artikel 3 der Richtlinie 73/239/EWG aus deren Anwendungsbereich ausgeschlossen sind, aber einschließlich der in Art. 4 lit. a, b, c und e der genannten Richtlinie aufgeführten Einrichtungen, es sei denn, deren Tätigkeit besteht nicht ausschließlich oder hauptsächlich im Versicherungsgeschäft" (Art. 2 lit. a Versicherungsbilanz-RL) oder „Unternehmen gemäß Artikel 1 der Richtlinie 79/267/EWG mit Ausnahme der in Art. 2 Absätze 2 und 3 sowie Artikel 3 der genannten Richtlinie aufgeführten Einrichtungen und Versicherungsvereine auf Gegenseitigkeit" (lit. b) oder „Unternehmen, die die Rückversicherung betreiben" (Art. 2 lit. c Versicherungsbilanz-RL). Die Vorgaben der Versicherungsbilanz-RL sind in den **§§ 341 bis 341p HGB** umgesetzt. 4

---

7 *Plendl/Niehues* in Theisen/Wenz, Europäische Aktiengesellschaft, S. 405, 416 f.
8 *Fischer* in MünchKomm. AktG, 3. Aufl., Art. 62 SE-VO Rz. 6; *Habersack* in Habersack/Drinhausen, Art. 62 SE-VO Rz. 2; *Schwarz*, Art. 62 SE-VO Rz. 6.
9 Richtlinie 91/674/EWG des Rates vom 19.12.1991 über den Jahresabschluss und den konsolidierten Abschluss von Versicherungsunternehmen, ABl. EG Nr. L 374 v. 31.12.1991, S. 7; zuletzt geändert durch RL 2006/46/EG vom 14.6.2006, ABl. EU Nr. L 224 v. 16.8.2006, S. 1.

Titel V. Auflösung, Liquidation, Zahlungsunfähigkeit und Zahlungseinstellung

Art. 63
[Auflösung und ähnliche Verfahren]

Hinsichtlich der Auflösung, Liquidation, Zahlungsunfähigkeit, Zahlungseinstellung und ähnlicher Verfahren unterliegt die SE den Rechtsvorschriften, die für eine Aktiengesellschaft maßgeblich wären, die nach dem Recht des Sitzstaats der SE gegründet worden ist; dies gilt auch für die Vorschriften hinsichtlich der Beschlussfassung durch die Hauptversammlung.

I. Grundlagen 1	2. Auflösung
II. Entwicklung der Norm 3	a) Allgemeine Auflösungsgründe . . . 27
III. Norminhalt	b) SE-spezifische Auflösungsgründe
1. Allgemeines 5	aa) Allgemeines 31
2. Regelungsgegenstand 8	bb) Änderungen den Sitz betreffend 33
3. Verweisungsregelung	c) Anmeldung, Eintragung und
a) Allgemeines 12	Bekanntmachung der Auflösung . 36
b) Art der Verweisung	3. Liquidation
aa) Sachnorm- oder Gesamtnormverweisung 14	a) Allgemeines 37
bb) Inhaltlicher Umfang der Sachnormverweisung 15	b) Dualistisch strukturierte SE 39
cc) Verweis auf ungeschriebenes nationales Recht 20	c) Monistisch strukturierte SE
c) Anwendbares Recht aufgrund der Verweisung; ergänzende Anwendung des AktG 21	aa) Allgemeines 41
	bb) Gesetzliche Abwickler 42
	cc) Andere Abwickler 43
4. Verweis für die Beschlussfassung durch die Hauptversammlung 22	dd) Pflichten des Abwicklers, Vertretungsbefugnis, Weisungsbefugnis und Abberufung . . . 44
5. Ausnahmen von der Verweisung . . . 25	4. Insolvenzverfahren
IV. Auflösung einer SE mit Sitz in Deutschland	a) Allgemeines 45
	b) Zuständigkeit 46
	c) Verhältnis der Organe der SE zum Insolvenzverwalter 49
1. Allgemeines 26	d) Besonderheiten bei der monistischen SE mit Sitz in Deutschland 50

Literatur: *Bachmann*, Das auf die insolvente Societas Europaea (SE) anwendbare Recht, in Grenzen überwinden – Prinzipien bewahren, FS v. Hoffmann, 2011, S. 36; *Casper*, Erfahrungen und Reformbedarf bei der SE – Gesellschaftsrechtliche Reformvorschläge, ZHR 173 (2009), 181; *Casper/Weller*, Mobilität und grenzüberschreitende Umstrukturierung der SE, NZG 2009, 681; *Drinhausen/Nohlen*, Die EG-Niederlassungsfreiheit und das Verbot des Auseinanderfallens von Satzungs- und Verwaltungssitz der SE nach Art. 7 SE-VO, in FS Spiegelberger, 2009, S. 645; *Frege/Nicht*, Auflösung und Abwicklung, in Jannott/Frodermann, Handbuch der Europäischen Aktiengesellschaft – Societas Europaea, 2. Aufl. 2014; *Hopt*, Auflösung, Abwicklung und Konkurs der S.E., in Lutter (Hrsg.), Die Europäische Aktiengesellschaft, 2. Aufl. 1978, S. 353; *Kunz*, Die Insolvenz der Europäischen Aktiengesellschaft, 1995 (zit.: Insolvenz); *Ludwig*, Die Beendigung der Europäischen Aktiengesellschaft (SE) nach europäischem und nationalem Recht, Diss. Köln 2006 (zit.: Beendigung); *Neye*, Die europäische Aktiengesellschaft, 2005; *Nolting*, Insolvenz und Sanierung, in Theisen/Wenz (Hrsg.), Die Europäische Aktiengesellschaft, 2. Aufl. 2005; *Oechsler*, Kapitalerhaltung in der Europäischen Gesellschaft (SE), NZG 2005, 449; *Roitsch*, Auflösung, Liquidation und Insolvenz der Europäischen Aktiengesellschaft (SE) mit Sitz in Deutschland, 2006 (zit.:

Auflösung); *Schöberl*, Auflösung, Liquidation und Insolvenz, in Straube/Aicher (Hrsg.), Handbuch zur Europäischen Aktiengesellschaft – Praxishandbuch, 2006; *Vinçon*, Die grenzüberschreitende Sitzverlegung der Europäischen Aktiengesellschaft, Diss. Heidelberg 2008 (zit.: Sitzverlegung); *Zang*, Sitz und Verlegung des Sitzes einer Europäischen Aktiengesellschaft mit Sitz in Deutschland, 2004 (zit.: Sitz); *Zimmer*, Das „Koppelungsgebot" der SE-VO auf dem Prüfstand, EWS 2010, 222.

I. Grundlagen

Die Auflösung und Liquidation einer SE führen zum Ende der Existenz der Gesellschaft (Beendigung). Sie sind daher der Schlusspunkt des „Lebens" einer SE, das mit der Gründung beginnt. Mit der **Auflösung** ändern sich die Zielrichtung des Geschäftsbetriebs und der Zweck der Gesellschaft[1]. Verbunden damit ist die **Liquidation** der Gesellschaft im Sinne einer bestmöglichen Verwertung des Vermögens der SE, einer geordneten Befriedigung der Gläubiger und der Ausschüttung des übrigen Vermögens an die Gesellschafter. Die Liquidation kann entweder gesellschaftsrechtlich oder insolvenzrechtlich erfolgen. In beiden Fällen geht es um den Schutz der Gläubiger. Die gesellschaftsrechtliche Liquidation darf nur dann erfolgen, wenn das Vermögen der Gesellschaft ausreicht, um alle Gläubiger vollständig zu befriedigen. Ist dies nicht der Fall, so muss ein Verfahren eingreifen, das die Gläubiger jedenfalls quotal gleichmäßig befriedigt. Diese Aufgabe übernimmt ein Insolvenzverfahren. Was im Einzelnen unter einem Verfahren zur Gesamtvollstreckung in der Insolvenz einer Gesellschaft zu fassen ist, ist von Mitgliedstaat zu Mitgliedstaat ganz unterschiedlich ausgestaltet und entzieht sich einer einheitlichen Betrachtung. Eine Bestimmung dessen, was als Insolvenzverfahren anzuerkennen ist, ergibt sich aus Art. 2 lit. a in Verbindung mit Art. 1 Abs. 1 EuInsVO, die entsprechenden Insolvenzverfahren sind in Anhang A zur EuInsVO aufgelistet. Nur eine Liquidation im Rahmen eines Insolvenzverfahrens ist ein **Gesamtvollstreckungsverfahren**[2]. Der Verweis auf das Insolvenzverfahren des Sitzstaates beinhaltet auch die Möglichkeit, dass es zu keiner Vollbeendigung der Gesellschaft kommt, sondern dass die Gesellschaft saniert und im Anschluss an einen Fortführungsbeschluss der Gesellschafter fortgeführt wird. Die bloße Veräußerung des Unternehmens *(asset deal)* führt hingegen nicht zur Abwendung des Ziels einer Vollbeendigung[3], weil sich die Vollbeendigung auf den Rechtsträger, also die SE, bezieht und die Veräußerung des Unternehmens keine Auswirkung auf den Bestand des Rechtsträgers hat[4]. 1

Die Schaffung einer supranationalen Gesellschaftsform bedarf notwendigerweise Vorschriften für die Beendigung der Gesellschaft. Als supranationale Rechtsform[5] sind die maßgeblichen Bestimmungen zunächst nicht im nationalen Recht zu suchen, sondern der übergeordneten Rechtsebene zu entnehmen[6]. Eine einheitliche Gemeinschaftsregelung wäre im Hinblick auf die Einheitlichkeit der Ausgestaltung der 2

---

1 Ausführlich *Frege/Nicht* in Jannott/Frodermann, Handbuch Europäische Aktiengesellschaft, § 12 Rz. 3; *Schöberl* in Straube/Aicher, Europäische Aktiengesellschaft, S. 288 f.; *Schwarz*, Art. 63 SE-VO Rz. 5.
2 Ungenau *Schwarz*, Art. 63 SE-VO Rz. 5, der von einem Gesamtverfahren spricht und dies auch auf die anderen Liquidationsverfahren bezieht.
3 So aber *Schwarz*, Art. 63 SE-VO Rz. 5.
4 Zur Differenzierung von Unternehmen/Verband und Rechtsträger allg. ausführlich *Karsten Schmidt*, GesR, § 18.
5 *Teichmann*, ZGR 2002, 383, 387; zweifelnd *Lächler/Oplustil*, NZG 2005, 381.
6 *Ludwig*, Beendigung, S. 21.

SE wünschenswert, sie ist aber nicht notwendig[7]. In der SE-VO hat man sich aus guten Gründen jedoch für eine sehr **zurückhaltende Regelung** der Vorschriften für die Beendigung der Gesellschaft entschieden[8]. Die Auflösung und die Liquidation sowie die Beendigung von Gesellschaften ist nämlich mit einer erheblichen **Vielzahl von Annexregelungen** verbunden, die nicht gesellschaftsrechtlich geprägt sind (z.B. registerrechtliche, insolvenzrechtliche und steuerrechtliche Fragestellungen), so dass insoweit die Kompetenz der EU zur einheitlichen Regelung gefehlt hat[9]. Unabhängig davon wäre eine vereinheitlichte Regelung aufgrund der Vielzahl von Regelungen nicht mit dem Versuch vereinbar gewesen, eine schlanke Regelung für die SE zu schaffen. Sie hätte zudem tief in das Rechtsgefüge der einzelnen Mitgliedstaaten eingegriffen und wäre an Akzeptanzdefiziten gescheitert.

Besonders sensibel ist insbesondere der gesamte Bereich der **Insolvenz**, weil die Ausgestaltung des insoweit eingreifenden Verfahrens in den einzelnen Mitgliedstaaten höchst disparat und einer Vereinheitlichung nicht zugänglich ist[10]. Nach dem Erwägungsgrund 20 Satz 1 der SE-VO zählt das Konkursrecht daher auch nicht zu den Rechtsgebieten, die von der Verordnung erfasst werden[11]. Der Erwägungsgrund 20 lautet: „Andere Rechtsgebiete wie das Steuerrecht, das Wettbewerbsrecht, der gewerbliche Rechtsschutz und das Konkursrecht werden nicht von dieser Verordnung erfasst. Die Rechtsvorschriften der Mitgliedstaaten und das Gemeinschaftsrecht gelten in den oben genannten, sowie in anderen, nicht von dieser Verordnung erfassten Bereichen." Damit wird dem Umstand Rechnung getragen, dass auf der Ebene der EU – mit Ausnahme Dänemarks – ein kollisionsrechtlicher Ansatz zur Anerkennung fremder insolvenzrechtlicher Entscheidungen getroffen wurde, der zu einer Harmonisierung auf kollisionsrechtlicher Ebene führt[12]. Einen entsprechenden kollisionsrechtlichen Ansatz wählt Art. 63 SE-VO für die Auflösung und Liquidation einer SE, die nicht insolvenzrechtlich vorgenommen wird. Er erklärt die Rechtsregeln für anwendbar, die für eine Aktiengesellschaft maßgeblich wären, die nach dem Recht des Sitzstaates der SE gegründet worden ist.

II. Entwicklung der Norm

3 Die SE-VO enthält in ihrer aktuellen Fassung nur noch eine rudimentäre Regelung über das Ende einer SE, deren Kernnorm Art. 63 SE-VO ist, die sowohl die Auflösung und Liquidation als auch die Insolvenz erfasst. Für die Auflösung und Liquidation einer SE war dem **früheren Konzept einer umfassenden Regelung** entsprechend im Sander-Vorentwurf ein vollständiger Regelungskanon vorgesehen[13]. Darauf aufbauend hieß es in den Erwägungsgründen zum Vorschlag der SE-VOV von 1970 noch aus-

---

7 Ebenso *Frege/Nicht* in Jannott/Frodermann, Handbuch Europäische Aktiengesellschaft, § 12 Rz. 4.
8 Zu den Gründen *Ludwig*, Beendigung, S. 37 ff. Skeptisch dazu *Bachmann* in Habersack/Drinhausen, Art. 63 SE-VO, Rz. 65; vgl. auch *Bachmann* in FS v. Hoffmann, 2011, S. 36, 40 ff.
9 Vgl. auch *Ludwig*, Beendigung, S. 39.
10 Vgl. *Nolting* in Theisen/Wenz, Europäische Aktiengesellschaft, S. 622; *Schöberl* in Straube/Aicher, Europäische Aktiengesellschaft, S. 296; *Schwarz*, Art. 63 SE-VO Rz. 2.
11 Erwägungsgrund 20 VO 2157/2001, ABl. EG Nr. L 294 v. 10.11.2001, S. 1–21. Ebenso wie hier *Kiem* in KölnKomm. AktG, 3. Aufl., Art. 63 SE-VO Rz. 7 ff.; *Nolting* in Theisen/Wenz, Europäische Aktiengesellschaft, S. 627; *Schröder* in Manz/Mayer/Schröder, Art. 63 SE-VO Rz. 7; *Ludwig*, Beendigung, S. 68 f. Anders offenbar *Bachmann* in Habersack/Drinhausen, Art. 63 SE-VO Rz. 65.
12 Zu den verschiedenen Möglichkeiten der Rechtsangleichung in Europa vgl. die Beiträge in *Riesenhuber*, Europäische Methodenlehre, 3. Aufl. 2015.
13 Dazu *Schwarz*, Art. 63 SE-VO Rz. 2.

drücklich, dass „... sämtliche Vorschriften über (...) die Liquidation der europäischen Aktiengesellschaft von der Anwendung der einzelstaatlichen Rechte ausgenommen werden" müssten[14]. Demgemäß regelte Titel IX in den Art. 247 ff. SE-VOV 1970 die Auflösung und Abwicklung der SE ohne Verweisung auf das nationale Recht[15]. Dies wurde in dem Vorschlag für eine SE-VO von 1975 im Wesentlichen beibehalten. Der Ansatz der autonomen Regelung von Auflösung und Liquidation wurde in dem Vorschlag der SE-VO von 1989 aufgegeben. Stattdessen wurde eine Verweisung auf die Auflösungsgründe des Aktienrechts des Staates, in dem die SE ihren Sitz hat, aufgenommen. Um den Schutz der Aktionäre in der Liquidation der SE sicherzustellen, wollte sich der Vorschlag auf die Regelung von Auflösungsgründen und auf die Regelung der wesentlichen Probleme beschränken[16]. Die Regelungen über die Auflösung und Liquidation wurden in dem Vorschlag zu einer SE-VO 1991 noch weiter gekürzt (vgl. Art. 129, 130 SE-VOV 1991). Neben dem Wegfall der eigenständigen Bestimmungen über die Liquidation wurden die Regelungen auf den Verweis auf das Sitzstaatsrecht und einige Sachregelungen beschränkt, so dass im Ergebnis nur noch eine kursorische Regelung vorgesehen war[17]. In Bezug auf Vorschriften der Insolvenz (Konkurs) der SE sah der Sanders-Vorentwurf sowohl einige autonome Vorschriften vor, als auch eine Verweisung auf das Sitzstaatsrecht der SE (Art. IX 3-1 Abs. 2). Im Gegensatz dazu verwies Art. 261 SE-VOV 1970 auf das zwischen den Mitgliedstaaten abzuschließende Übereinkommen über den Konkurs, Vergleiche und konkursähnliche Verfahren. Der SE-VOV 1975 behielt diese Regelung bei. In den SE-VOV von 1989 und 1991 wurde wieder auf das Sitzstaatsrecht verwiesen, insbesondere auf die einzelstaatlichen Rechtsvorschriften über die Zahlungsunfähigkeit und Zahlungseinstellung[18].

In der Literatur wird aus dieser Entwicklung gefolgert, dass der Begriff des Konkurses durch die Begriffe **„Zahlungsunfähigkeit und Zahlungseinstellung"** ersetzt worden sei[19]. Dafür gibt es allerdings keinen Anhaltspunkt. Zwar wurde darauf hingewiesen, dass die Norm einen reinen Verweisungscharakter habe und Bezug nehme auf das Europäische Übereinkommen über Insolvenzverfahren von 1995, welches von einem Begriff der Insolvenz ausgehe, der jedenfalls ein Element von Zahlungskrise oder Vermögensinsuffizienz erfasse[20]. Wesentlich ist jedoch, dass der frühere Verweis auf das Übereinkommen nun durch einen Verweis auf das nationale Recht ersetzt worden ist, so dass die Schlussfolgerung – wollte man sie überhaupt ziehen – nun nicht mehr möglich ist. Ferner hat es früher bereits einen Unterschied zwischen dem Begriff des Konkurses und den beiden anderen Begriffen gegeben, die nur die Voraussetzung für die Eröffnung eines Konkursverfahrens darstellen, keinesfalls aber so mit dem Konkurs gleichzusetzen sind, dass sie den Begriff des Konkurses einfach sinngleich überlagern könnten. Das Gleiche gilt auch für den Begriff der Insolvenz, denn auch nach dem aktuellen (deutschen) Recht lässt sich der Begriff der Insolvenz nicht durch Voraussetzungen für die Eröffnung des Insolvenzverfahrens ersetzen[21]. 4

---

14 So auch *Schwarz*, Art. 63 SE-VO Rz. 2.
15 Vgl. *Schwarz*, Art. 63 SE-VO Rz. 2.
16 Begr. SE-VOV 1989, BT-Drucks. 11/5427, S. 3.
17 Siehe *Kunz*, Insolvenz, S. 27 ff.; *Ludwig*, Beendigung, S. 33.
18 So auch *Schwarz*, Art. 63 SE-VO Rz. 3; vgl. dazu auch *Kunz*, Insolvenz, S. 27 ff.
19 *Roitsch*, Auflösung, S. 29; *Kunz*, Insolvenz, S. 44 f.; vgl. darüber hinaus auch *Bachmann* in Habersack/Drinhausen, Art. 63 SE-VO Rz. 3 und 62 ff.
20 *Fuchs* in Manz/Mayer/Schröder, 1. Aufl. 2005, Art. 63 SE-VO Rz. 8.
21 Wie hier im Ergebnis *Nolting* in Theisen/Wenz, Europäische Aktiengesellschaft, S. 623 f.

III. Norminhalt

1. Allgemeines

5 Art. 63 SE-VO beinhaltet in Halbsatz 1 eine kollisionsrechtliche Regelung, die die maßgeblichen Rechtsvorschriften bestimmt, denen die SE im Hinblick auf deren Auflösung, Liquidation, Zahlungsunfähigkeit, Zahlungseinstellung und ähnlicher Verfahren unterliegt. Demnach wird das sog. **Sitzstaatsrecht** berufen, wobei die SE insoweit den jeweiligen nationalen Aktiengesellschaften gleichgestellt wird und damit im Ergebnis die Supranationalität der Gesellschaftsform SE aufgehoben wird. Da diese Regelung sich auch auf die Beschlussfassung der Organe bezieht, ist Art. 63 Halbsatz 1 SE-VO eine „andere Bestimmung" der Verordnung im Sinne des Art. 50 Abs. 1 SE-VO[22]. Die sich für die in Art. 63 Halbsatz 1 SE-VO genannten Verfahren aus dem nationalen Recht ergebenden Zuständigkeiten sind solche im Sinne des Art. 52 Unterabs. 2 SE-VO[23].

6 Art. 63 Halbsatz 2 SE-VO erklärt die Verweisungsnorm des Halbsatz 1 ausdrücklich auch für die „Vorschriften hinsichtlich der Beschlussfassung durch die Hauptversammlung" für anwendbar. Damit werden die **nationalen Rechtsvorschriften des Sitzstaates**, die für die jeweilige nationale AG nach Beschlussfassung durch die Hauptversammlung bei der Auflösung und Insolvenz gelten, für die SE berufen. Art. 57 und 59 SE-VO greifen daher insoweit nicht ein. Damit soll gewährleistet werden, dass Beschlüsse, die auch im werbenden Stadium, also nur bei Gelegenheit der Auflösung, getroffen werden können, noch den allgemeinen Vorschriften der Art. 52 ff. SE-VO unterfallen können[24].

7 Die Regelung über die Beendigung der SE findet nur eine Entsprechung bei den Regelungen über die Beendigung einer Europäischen Genossenschaft (SCE). Art. 72 SCE-VO ist mit Art. 63 SE-VO identisch. Die **anderen supranationalen Gesellschaftsformen** sehen zum Teil andere Regelungsansätze vor. Für die Europäische Wirtschaftliche Interessenvereinigung (EWIV) sind die Auflösungsgründe in Art. 31 und 32 EWIV-VO abschließend geregelt, während die Abwicklung ebenso wie die Zahlungseinstellung (Art. 36 EWIV-VO) und Zahlungsunfähigkeit (Art. 35 Abs. 2 EWIV-VO) dem einzelstaatlichen Recht unterstellt werden[25]. Der mittlerweile gescheiterte Entwurf einer Verordnung über die Societas Privata Europaea (SPE) sah eine Anwendbarkeit nationalen Rechts bzw. der EuInsVO vor[26]. Für den europäischen Verein sehen Art. 42 ff. EUV-VOV Vorschriften vor, die mit denen des SE-VOV 1991 vergleichbar sind[27]. Das Gleiche gilt auch für die Europäische Gegenseitigkeitsgesellschaft (EUGGES, Art. 50 ff. EUGGES-VOV). In dem Entwurf für eine Neufassung der 12. Richtlinie (2009/102/EG), mit der als „europäisch harmonisierter Subtyp" der jeweiligen nationalen Ein-Personen-Privatgesellschaftsformen eine Societas Unius Personae (SUP) geschaffen werden soll, wird lediglich geregelt, dass die Mitgliedstaaten sicherstellen, dass sich die SUP nach nationalem Recht auflösen kann (Art. 25 Abs. 1).

---

22 So auch *Schwarz*, Art. 63 SE-VO Rz. 1.
23 *Schwarz*, Art. 63 SE-VO Rz. 1.
24 Vgl. *Schwarz*, Art. 63 SE-VO Rz. 13 f.
25 Zur EWIV *Fritz*, Die EWIV – Praxiskommentar, 1997, S. 198 ff.; vgl. den Überblick bei *Habersack/Verse*, Europäisches Gesellschaftsrecht, § 12 Rz. 38 ff.
26 Art. 41 Nr. 2 des Ratsentwurfs vom 23.5.2011, dazu *Mock* in Hirte/Teichmann, The European Private Company – Societas Privata Europaea, 2013, S. 349 ff.; allg. *Hommelhoff/Schubel/Teichmann*, SPE – die europäische Kapitalgesellschaft für den Mittelstand, 2014, passim; *J. Prütting*, JZ 2014, 381; kritisch z.B. *Ehricke*, KSzW 2010, 6.
27 Siehe *Wagner*, Der Europäische Verein, 2000, S. 53 f.

2. Regelungsgegenstand

Art. 63 SE-VO bezieht die dort geregelte Kollisionsnorm auf **fünf Anknüpfungspunkte**, nämlich auf die „Auflösung", „Liquidation", „Zahlungsunfähigkeit", „Zahlungseinstellung" und „ähnliche Verfahren". Die vom Verordnungsgeber genannten Begriffe stehen inhaltlich nicht in einer Reihe und sind als solche und im Sachzusammenhang klärungsbedürftig[28]. Zur Auslegung der Begriffe, wie darüber hinaus auch zur Auslegung der SE-VO allgemein, sind grundsätzlich die allgemeinen Maßstäbe zur Auslegung von EU-Sekundärrecht heranzuziehen. Noch nicht endgültig geklärt ist jedoch die Methode der Auslegung beim „Europäischen Gesellschaftsrecht" im Allgemeinen und bei der SE-VO im Besonderen. Hier bestehen nämlich die Besonderheiten, dass es zum einen unterschiedliche Harmonisierungsgeschwindigkeiten gibt und dass es zum anderen eine gewollte Verzahnung der europäischen Verordnung mit dem nationalen Recht gibt[29]. In ihrer Begrifflichkeit haben die fünf Anknüpfungspunkte keine unionsrechtlich feststehende Bedeutung. Sie sind vielmehr grundsätzlich **autonom und funktional** auszulegen[30]. Allerdings wird aufgrund der Verzahnung, die die SE-VO mit den jeweiligen mitgliedstaatlichen Regelungen zulässt und fordert, neben einer am supranationalen Charakter der SE orientierten SE-autonomen Auslegung auch eine Heranziehung der Auslegung nach dem betreffenden nationalen Recht möglich sein. Dies bietet sich in den Fällen an, in denen man durch die Auslegung von Begriffen nach der SE-autonomen Methode ein Ergebnis erzielt, das als solches nicht mit dem nach der SE-VO berufenen mitgliedstaatlichen Gesellschaftsrecht vereinbar ist.

Die Begriffe kennzeichnen gesellschaftsrechtliche und insolvenzrechtliche Ansatzpunkte für die Einleitung von Verfahren in den jeweiligen Mitgliedstaaten, die zu einer Beendigung der Gesellschaft führen[31]. Diese Verfahren müssen nicht notwendig gesetzlich geregelt sein[32]. Die Begriffe sind aus Sicht **deutscher Rechtsterminologie** zum Teil unscharf gewählt. Während man den Begriffen „Auflösung" und „Liquidation" durchaus noch einen Verfahrenscharakter zusprechen könnte, beinhalten die Begriffe „Zahlungsunfähigkeit" und „Zahlungseinstellung" eindeutig keine Verfahrenselemente, sondern sind nur Voraussetzungen zur Einleitung von bestimmten (Gesamtvollstreckungs-)Verfahren, selbst wenn die Formulierung „und ähnlicher Verfahren" ein anderes Verständnis nahe legen könnte. Im Regelungszusammenhang betrachtet sind aber auch die „Auflösung" und die „Liquidation" nicht ihrerseits als eigenständige Verfahren zu verstehen, sondern als tatbestandliche Anknüpfungspunkte für mitgliedstaatliche Verfahren, die unter der Änderung des Zwecks der SE von einer unternehmerisch tätigen Einheit hin zu einer auf die Abwicklung gerichteten Einheit und der insoweit weiter bestehenden Rechtsfähigkeit der SE zur Gesamtvermögensabwicklung der Gesellschaft und damit zur Beendigung der Gesellschaft führt[33]. Es greift allerdings etwas zu kurz, wenn man unter „Liquidation" nur das Verfahren bezeichnen wollte, mit dem die Vermögensabwicklung vollzogen wird[34].

---

28 So auch *Nolting* in Theisen/Wenz, Europäische Aktiengesellschaft, S. 622.
29 Sehr instruktiv dazu *Krolop* in Riesenhuber, Europäische Methodenlehre, 3. Aufl. 2015, S. 426 ff. und S. 448 ff. für die SE-VO.
30 Insoweit gleich *Schwarz*, Art. 63 SE-VO Rz. 5; *Kiem* in KölnKomm. AktG, 3. Aufl., Art. 63 SE-VO Rz. 10; *Bachmann* in Habersack/Drinhausen, Art. 63 SE-VO Rz. 10.
31 Ähnlich *Nolting* in Theisen/Wenz, Europäische Aktiengesellschaft, S. 623.
32 *Schwarz*, Art. 63 SE-VO Rz. 5.
33 S. *Bachmann* in Habersack/Drinhausen, Art. 63 SE-VO Rz. 10; *Kiem* in KölnKomm. AktG, Art. 63 SE-VO Rz. 5 f.; *Roitsch*, Auflösung, S. 25 ff.; *Schwarz*, Art. 63 SE-VO Rz. 7, Fn. 13; vgl. zudem *Schöberl* in Straube/Aicher, Europäische Aktiengesellschaft, S. 288 f.
34 So etwa *Kiem* in KölnKomm. AktG, 3. Aufl., Art. 63 SE-VO Rz. 5 f.; *Bachmann* in Habersack/Drinhausen, Art. 63 SE-VO Rz. 110.

In diesem Fall würden nämlich Sanierungsverfahren nicht erfasst, obwohl sie unstreitig auch unter Art. 63 SE-VO fallen. Vor diesem Hintergrund lässt sich die Verknüpfung mit dem Zusatz „und ähnlicher Verfahren", der zwar sprachlich unsauber ist – weil vorher eben keine Verfahren bezeichnet worden sind, sondern nur die Voraussetzung für Verfahren – auch so verstehen, dass sie sich auf alle vier vorherigen Merkmale bezieht und damit deutlich macht, dass Regelungsgegenstand in Art. 63 SE-VO diejenigen Verfahren sein sollen, die zu einer Beendigung der Gesellschaft führen. Um insoweit auch alle möglichen mitgliedstaatlichen Verfahren in den Anwendungsbereich der Kollisionsnorm aufzunehmen, selbst wenn deren Anknüpfungspunkte nicht mit „Auflösung", „Liquidation", „Zahlungsunfähigkeit" oder „Zahlungseinstellung" in Verbindung zu bringen sind, stellt der Begriff „ähnlicher Verfahren" eine Auffangvorschrift für solche Verfahren dar, die nach nationalem Recht ebenfalls zu einer Beendigung der Gesellschaft führen[35].

10 Die **sprachlich wenig exakte Fassung des Regelungsgegenstandes** der Verweisung dürfte dem Umstand geschuldet sein, dass die SE-VO mit Modifikationen aus früheren Vorentwürfen zur SE entwickelt wurde und andere Sekundärrechtsakte einen gewissen Vorbildcharakter hatten, so dass eine sprachlich klare Linie fehlt. So mag z.B. möglicherweise die Formulierung „Konkurse, Vergleiche und ähnliche Verfahren" in Art. 1 Abs. 2 lit. b EuGVVO einen gewissen Anhaltspunkt für die Fassung des Art. 63 SE-VO gegeben haben, aus der gefolgert werden könnte, dass sich dieser Zusatz nur auf die Begriffe „Zahlungsunfähigkeit und Zahlungseinstellung" bezieht. Zwingend ist dies nicht, und keinesfalls kann daraus Weiteres für den Regelungsgehalt des Art. 63 SE-VO abgeleitet werden. Denn einerseits spricht Art. 63 SE-VO von Zahlungsunfähigkeit und Zahlungseinstellung, und es kann nicht als gesichert angesehen werden, dass diese beiden Begriffe synonym mit dem Begriff des Konkurses verwendet werden sollten. Anderseits wäre ein damit verbundener Verweis auf das nationale Insolvenzrecht nach Erwägungsgrund 20 der Verordnung ausgeschlossen und darf deshalb nicht in die Vorschrift des Art. 63 SE-VO hineingelesen werden[36]. Ebenso zurückhaltend ist mit ähnlich lautenden Formulierungen aus anderen, gesellschaftsrechtsbezogenen EU-Regelwerken zu verfahren. Der Wortlaut der Art. 13 Abs. 2 PublizitätsRL und Art. 5 Abs. 3 KapRL bezieht sich jeweils auf andere Regelungszusammenhänge und ist daher allenfalls nur bedingt zum Verständnis der Begriffe in Art. 63 SE-VO heranzuziehen.

11 Ein weiterer Grund für die ungenaue begriffliche Fassung des Art. 63 SE-VO besteht darin, dass der Verordnungsgeber mit dem Umstand zu kämpfen hatte, dass die Regelung des Art. 63 SE-VO eine Vielzahl disparater und ganz **unterschiedlicher Ansätze und Voraussetzungen** in den mitgliedstaatlichen Rechten im Hinblick auf die Beendigung von Gesellschaften in sich vereinen musste und dies am besten dadurch bewerkstelligt werden konnte, dass gleichsam nur typische Anhaltspunkte für die Einleitung von Verfahren angegeben wurden, die zu einer Beendigung der Gesellschaft führen können.

3. Verweisungsregelung

a) Allgemeines

12 Art. 63 Halbsatz 1 SE-VO verweist auf die Rechtsvorschriften, die für eine Aktiengesellschaft maßgeblich wären, die nach dem Recht des Sitzstaates der SE gegründet wären. Es handelt sich damit um eine **Spezialverweisung**, da die in Art. 63 SE-VO

---

35 So auch *Schröder* in Manz/Mayer/Schröder, Art. 63 SE-VO Rz. 2.
36 Einzelheiten dazu s. unten Rz. 17; auch *Schröder* in Manz/Mayer/Schröder, Art. 63 SE-VO Rz. 7 f.

vorgenommene Verweisung tatbestandlich den besonderen Fall der Beendigung der SE betrifft[37]. Nach dem auch im europäischen Recht geltenden Grundsatz der Spezialität verdrängt Art. 63 SE-VO als Spezialverweisung die Generalverweisung in Art. 9 Abs. 1 lit. c SE-VO[38]. Der Vorrang der Spezialverweisung ergibt sich auch aus dem Wortlaut des Art. 9 SE-VO, wonach die SE zunächst den Bestimmungen der Verordnung selbst unterliegt, zu denen auch Spezialverweisungen zählen[39].

Art. 63 SE-VO trifft keine eigene materielle Regelung und weicht in der Verweisungsanordnung auch nicht von der Generalklausel ab. Diese Verweisungsnorm hat damit die Funktion, die in ihr angesprochene Rechtsfrage als zum Regelungsbereich gehörig zu charakterisieren und erschöpft sich allerdings auch in dieser **Klarstellung**[40]. Als Verweisungsnorm ist Art. 63 SE-VO **keine Rangkollisionsnorm**, da sie nicht die Abgrenzung von Unionsrecht und nationalem Recht bei gleichem Sachverhalt regelt[41]. Im Bereich der SE enthält das nationale Recht nämlich keine Regelungen, die in Konkurrenz zu denen der SE-VO stehen könnten. Es wird durch die Regelung des Art. 63 SE-VO vielmehr nationales Recht auf Sachverhalte für anwendbar erklärt, die es vorher nicht erfasst hat[42]. Sie greift ferner nicht kraft eigener Zuständigkeit ein, sondern wird zur Anwendung berufen, so dass es sich bei Art. 63 SE-VO nicht um eine Verweisungsnorm im Sinne des Internationalen Privatrechts handelt, sondern um eine bloße Rechtsanwendungsregel[43]. 13

b) Art der Verweisung

aa) Sachnorm- oder Gesamtnormverweisung. Das Verständnis der Art der Verweisungsregel in Art. 63 SE-VO ist unklar. Zunächst lassen sich grundsätzlich Sachnorm- und Gesamtnormverweisungen unterscheiden. Üblicherweise werden in Verweisungsnormen in Verordnungen die unterschiedlichen Arten der Verweisungen durch die Begriffe „innerstaatliches Recht" für eine Sachnormverweisung und „einzelstaatliches Recht" für eine Gesamtnormverweisung verwendet. Die SE-VO zieht neben diesen beiden Begriffen auch andere, neutrale Formulierungen heran, ohne dass insoweit eine bewusste Verwendung ersichtlich wäre. Daher ist dem Wortlaut der Norm selbst keine Festlegung auf die Art der Verweisung zu entnehmen[44]. Vor dem Hintergrund, dass die Verweisung des Art. 63 SE-VO ihrem Sinn und Zweck nach **jede Rück- und Weiterverweisung ausschließen** möchte, weil das berufene Recht für die SE im Hinblick auf den zugrunde liegenden Sachverhalt eine Gleichbehandlung der SE mit den jeweiligen mitgliedstaatlichen Aktiengesellschaften anstrebt, handelt es sich um eine **Sachnormverweisung**[45]. Diese Sachnormverweisung 14

---

37 *Ludwig*, Beendigung, S. 46; allgemeiner *Schwarz*, Europäisches Gesellschaftsrecht, 2000, Rz. 957; vgl auch *Schäfer* in MünchKomm. AktG, 3. Aufl., Art. 63 SE-VO Rz. 1; *Casper* in Spindler/Stilz, AktG, Art. 63 SE-VO Rz. 1; *Hirte*, NZI 2002, 1, 10.
38 Allg. Meinung, *Schwarz*, Art. 63 SE-VO Rz. 8; *Schröder* in Manz/Mayer/Schröder, Art. 63 SE-VO Rz. 1; *Roitsch*, Auflösung, S. 21; *Ludwig*, Beendigung, S. 46 f.
39 *Brandt/Scheifele*, DStR 2002, 547, 553; *Hommelhoff* in Lutter/Hommelhoff, Europäische Gesellschaft, S. 5, 15.
40 Siehe *Kalss* in Kalss/Hügel, nach § 63 SEG Rz. 1; *Ludwig*, Beendigung, S. 47; *Brandt/Scheifele*, DStR 2002, 547, 551.
41 Vgl. allg. zur Rangkollisionsnorm *Sonnenberger* in MünchKomm. BGB, 6. Aufl., Einl. IPR Rz. 126.
42 *Teichmann*, ZGR 2002, 383, 395; *Ludwig*, Beendigung, S. 48.
43 *Teichmann*, ZGR 2002, 383, 395; *Ludwig*, Beendigung, S. 48.
44 So auch *Ludwig*, Beendigung, S. 49.
45 *Casper* in Spindler/Stilz, AktG, Art. 63 SE-VO Rz. 1; *Schwarz*, Art. 63 SE-VO Rz. 8; *Schwarz*, ZIP 2001, 1847, 1858; *Ludwig*, Beendigung, S. 52; *Roitsch*, Auflösung, S. 21; vgl. auch *Brandt/Scheifele*, DStR 2002, 547, 553; *Kiem* in KölnKomm. AktG, 3. Aufl., Art. 63 SE-VO Rz. 1; im

bezieht sich sowohl auf das berufene Verfahrensrecht als auch auf das entsprechende materielle Recht in diesem Bereich[46].

15 **bb) Inhaltlicher Umfang der Sachnormverweisung.** In der Literatur ist indes umstritten, worauf sich die Sachnormverweisung inhaltlich erstreckt[47]. Unter Berücksichtigung der Begriffspaare „Auflösung und Liquidation" und „Zahlungsunfähigkeit und Zahlungseinstellung" könnte man in Art. 63 SE-VO einen Verweis sowohl auf das deutsche Gesellschaftsrecht als auch auf das deutsche Insolvenzrecht sehen. Dagegen wird der Umfang der Sachnormverweisung von der wohl herrschenden Meinung enger gesehen und auf die **gesellschaftsrechtlichen Bestimmungen** (auf das für die AG geltende Recht) des Sitzstaates der SE beschränkt[48].

16 Soweit Art. 63 SE-VO auf das nationale Recht, das für eine Aktiengesellschaft maßgeblich ist, verweist, sind damit nicht nur die Aktiengesetze im engeren Sinne gemeint. Das ergibt sich zum einen bereits aus dem Wortlaut des Art. 63 SE-VO, der insoweit einen offeneren Wortlaut gewählt hat und sich nicht nur auf die mitgliedstaatlichen Aktiengesetze bezieht. Darüber hinaus muss mit der Verweisung dem Umstand Rechnung getragen werden, dass sich allgemein Auflösungsgründe für alle Gesellschaften etwa in Frankreich[49] und Italien[50] (auch) im allgemeinen Zivilgesetzbuch finden, während in Großbritannien sowohl freiwillige als auch zwangsweise Abwicklungen im Insolvency Act geregelt sind. Zum Teil existiert in manchen Mitgliedstaaten nicht einmal ein spezielles Aktiengesetz (vgl. die Niederlande und Italien, wo sich die entsprechenden aktienrechtlichen Vorschriften in den dortigen Zivilgesetzbüchern befinden[51]). Die Verweisung des Art. 63 SE-VO erfasst damit alle nationalen Vorschriften, die die Auflösung der Aktiengesellschaft zum Gegenstand haben. Die **Eingrenzung** der Verweisung findet deshalb **nach inhaltlichen** und nicht nach formalen **Kriterien** statt[52].

17 Zu Unklarheiten führt, dass Art. 63 SE-VO auch die „Zahlungsunfähigkeit" und „Zahlungseinstellung" erfasst. Mit dem Hinweis, dass der SE-VOV 1991 unter Zahlungsunfähigkeit und Zahlungseinstellung die Insolvenz verstanden habe und auch das Europäische Übereinkommen über Insolvenzverfahren 1995 und die EuInsVO von einem Begriff der Insolvenz ausgingen, der jedenfalls ein Element von Zahlungskrise oder Vermögensinsuffizienz erfasse, wird daraus gefolgert, dass Art. 63 SE-VO, wenn auch nicht unmittelbar nach dem Wortlaut, so doch der Sache nach auch auf das nationale und internationale Insolvenzrecht verweise[53]. Diese Auffassung steht allerdings im Widerspruch zu Erwägungsgrund 20 der SE-VO, nach dessen Satz 1 an-

---

Grundsatz wohl auch *Bachmann* in Habersack/Drinhausen, Art. 63 SE-VO Rz. 9. Anders *Schröder* in Manz/Mayer/Schröder, Art. 63 SE-VO Rz. 1, der ohne weitere Begründung eine Gesamtnormverweisung annimmt. Ausführlich auch *Teichmann*, oben zu Art. 9 SE-VO Rz. 26 ff.

46 Ausführlich dazu *Ludwig*, Beendigung, S. 54 ff.
47 Siehe ausführlich zum Meinungsstand *Bachmann* in FS v. Hoffmann, S. 36, 41 ff.
48 *Schwarz*, Art. 63 Rz. 8; *Schwarz*, ZIP 2001, 1847, 1858; *Nolting* in Theisen/Wenz, Europäische Aktiengesellschaft, S. 624 ff., *Ludwig*, Beendigung, S. 57 ff.; jetzt auch *Schröder* in Manz/Mayer/Schröder, Art. 63 SE-VO Rz. 8; *Kiem* in KölnKomm. AktG, 3. Aufl., Art. 63 SE-VO Rz. 8 ff.; *Frege/Nicht* in Jannott/Frodermann, Handbuch Europäische Aktiengesellschaft, § 12 Rz. 9 f.; *Thümmel*, Europäische Aktiengesellschaft, S. 161 Rz. 356.
49 Art. 1844-7 Code Civil.
50 Art. 2448 Codice Civile.
51 2. Buch, Art. 64 ff. Burgerlijk Wetboek; Art. 2325 ff. Codice Civile.
52 Zu alledem ausführlich *Ludwig*, Beendigung, S. 57.
53 Für eine Gesamtnormverweisung hinsichtlich der Insolvenz *Bachmann* in Habersack/Drinhausen, Art. 63 SE-VO Rz. 66, 68; vgl. auch *Casper* in Spindler/Stilz, AktG, Art. 63 SE-VO Rz. 5, der eine Sachnormverweisung hinsichtlich des materiellen Insolvenzrechts annimmt.

dere Rechtsbereiche, wie das Steuerrecht, das Wettbewerbsrecht, der gewerbliche Rechtsschutz und das Konkursrecht, nicht von der Verordnung erfasst werden. Würde man Art. 63 SE-VO als Verweisung auf das nationale und internationale Insolvenzrecht begreifen, dann läge der Ansatzpunkt zur Ermittlung des maßgebenden Rechts im Insolvenzfall der SE bei Art. 63 SE-VO, der als ersten Prüfungsschritt die Bestimmung des Sitzstaates (Art. 7 SE-VO) vorsehen würde. Damit würde aber außerhalb der EuInsVO ein weiterer gemeinschaftsrechtlicher Ansatzpunkt für die Bestimmung des maßgebenden Insolvenzrechts der SE bei Belegenheit von Vermögensgegenständen in verschiedenen Mitgliedstaaten ergeben, was aber ausweislich des 20. Erwägungsgrundes gerade nicht der Fall sein soll[54]. Dem lässt sich auch nicht entgegenhalten, dass sich der Widerspruch zwischen Art. 63 SE-VO und dem 20. Erwägungsgrund dadurch auflöse, dass man den zweiten Satz des 20. Erwägungsgrundes hinzuziehe, wonach die Rechtsvorschriften der Mitgliedstaaten und das Unionsrecht in den oben genannten sowie in den anderen von der Verordnung nicht erfassten Bereichen gelten. Daraus ergibt sich nämlich nur, dass die SE-VO keine Sperrwirkung auf das Recht der Mitgliedstaaten und das Unionsrecht ausüben soll, wo die SE-VO durch ihren Anwendungsbereich lex specialis ist. Das nationale Recht und das (übrige) Unionsrecht finden dort Anwendung, wo das Recht der SE-VO keine Beachtung verlangt[55]. Auch für die Insolvenz einer SE mit Sitz in Deutschland gilt nach Art. 3 EuInsVO im Zweifel deutsches Insolvenzrecht[56] (vgl. ferner unten Rz. 46 ff.).

Es stellt sich damit allerdings die Frage, wie der **Bedeutungsgehalt** der Begriffe „Zahlungsunfähigkeit" und „Zahlungseinstellung" verstanden werden muss, damit sie außerhalb des Konkurs- und Insolvenzrechts eingeordnet werden können und damit eine Kongruenz zwischen Erwägungsgrund 20 und dem Wortlaut des Art. 63 Halbsatz 1 SE-VO hergestellt werden kann. 18

Bei der **inhaltlichen Bestimmung** darf nicht vorrangig vom Verständnis nationaler Rechtssprachen ausgegangen werden, insbesondere dürfen nicht feststehende Rechtsbegriffe des deutschen Insolvenzrechts zugrunde gelegt werden. Vielmehr ist eher ein untechnisches Verständnis eines tatsächlichen Vorgangs zugrunde zu legen. Verwiesen wird demnach auf das für eine Aktiengesellschaft maßgebliche Recht[57], in dem eine SE tatsächlichen oder potenziellen Zahlungsverpflichtungen nicht mehr nachkommt oder nachkommen kann[58]. Eine etwaige Redundanz innerhalb der Anknüpfungspunkte für die Verweisung lässt sich dadurch erklären, dass neben allen denkbaren Verfahren, die zur Beendigung einer SE führen können, auch die Auflösungsgründe mit umfasst werden sollen[59]. Außerdem besteht im Hinblick auf andere Rechtsordnungen ein Bedürfnis, die einzelnen Begriffe mit aufzuführen[60]. Damit werden etwa diejenigen Verfahren erfasst, die Zahlungsunfähigkeit voraussetzen, die aber kein Konkursverfahren sind und sich außerhalb der entsprechenden, ausweislich des Erwägungsgrundes 20 nicht in Bezug genommenen Regelungen vollziehen. 19

---

54 So die überzeugende Argumentation von *Nolting* in Theisen/Wenz, Europäische Aktiengesellschaft, S. 624.
55 Im Ergebnis in eine ähnliche Richtung argumentiert *Nolting* in Theisen/Wenz, Europäische Aktiengesellschaft, S. 625.
56 S. dazu jetzt grundlegend EuGH v. 2.5.2006 – Rs. C-341/04 – „Eurofood IFSC Ltd.", Slg. 2006, I-3813.
57 Das muss nicht notwendigerweise das Aktienrecht sein – so aber offensichtlich *Nolting* in Theisen/Wenz, Europäische Aktiengesellschaft, S. 624 f.
58 *Ludwig*, Beendigung, S. 58.
59 So auch *Schröder* in Manz/Mayer/Schröder, Art. 63 SE-VO Rz. 2.
60 Überzeugend *Ludwig*, Beendigung, S. 58; vgl. auch *Nolting* in Theisen/Wenz, Europäische Aktiengesellschaft, S. 626.

So ist z.B. eine zahlungsunfähige Aktiengesellschaft in Dänemark nicht verpflichtet, Konkurs anzumelden[61], gleichwohl kann sie ihre Auflösung bestimmen. Auch nach englischem Recht ist eine freiwillige Auflösung möglich, wenn die Gesellschaft aufgrund ihrer Verbindlichkeiten ihre Geschäfte nicht weiterführen kann[62]. Betrachtet man vor diesem Hintergrund, dass sich das Konkurs- bzw. Insolvenzverfahren als ein Gesamtverfahren auszeichnet, welches die Insolvenz des Schuldners voraussetzt und den vollständigen oder teilweisen Vermögensbeschlag gegen den Schuldner sowie die Bestellung eines Verwalters zur Folge hat (Art. 1 Abs. 1 EuInsVO) und dass derartige Verfahren gem. Erwägungsgrund 20 nicht von Art. 63 SE-VO erfasst werden sollen, dann folgt daraus, dass Art. 63 SE-VO als gesellschaftsrechtliche Beendigung der SE all diejenigen Verfahren erfasst, bei denen mindestens eine Insolvenzvoraussetzung fehlt; das heißt, eine gesellschaftsrechtliche Beendigung liegt dann vor, wenn entweder keine Insolvenz vorausgesetzt ist, kein Vermögensbeschlag erfolgt, kein Verwalter ernannt oder aber die Verwertung nicht in einem Gesamtvollstreckungsverfahren erfolgt[63]. Damit verweist Art. 63 SE-VO also auf alle Verfahren, in denen eine Gesellschaft zu einem rechtlichen Ende gebracht werden soll, unabhängig davon, ob dies freiwillig oder zwangsweise geschieht, solange der Beendigungsgrund nicht in der Insolvenz der Gesellschaft besteht und daher ein besonderes Verfahren nach sich zieht.

20 **cc) Verweis auf ungeschriebenes nationales Recht.** Der Wortlaut des Art. 63 SE-VO verweist auf die *Rechtsvorschriften* (engl.: legal provisions), die auf eine Aktiengesellschaft im Sitzstaat angewendet werden müssen, so dass fraglich ist, ob sich der Verweis auch auf ungeschriebenes nationales Recht bezieht[64]. Zwar könnte der Gedanke der Rechtssicherheit und der Rechtsklarheit gegen die Einbeziehung ungeschriebenen Rechts sprechen, doch spielt vor allem das Richterrecht als Konkretisierung abstrakter Rechtszusammenhänge eine wesentliche Rolle in der Rechtspraxis, so dass das auf eine Aktiengesellschaft anzuwendende nationale Recht unvollständig wäre, wenn man formal auf Rechtsvorschriften abstellen wollte. Der Wille des europäischen Normgebers, ein wenigstens mit Hilfe zahlreicher Verweisungen in das nationale Recht vollständiges Aktienrecht bereitzustellen, kann sich nur durchsetzen, wenn auch die national entwickelten, ungeschriebenen Rechtssätze jeweils Anwendung finden[65].

c) Anwendbares Recht aufgrund der Verweisung; ergänzende Anwendung des AktG

21 Geht man von einer Sachnormverweisung aus, die sich nur auf die Regelungen bezieht, welche zu einer gesellschaftsrechtlichen Beendigung der Gesellschaft führen, ohne dass der Beendigungsgrund in der Insolvenz der Gesellschaft besteht und ein besonderes Verfahren nach sich zieht, so kommen für eine SE mit Sitz in Deutschland die Rechtsvorschriften in Betracht, die auch für eine in Deutschland ansässige AG im Hinblick auf deren Beendigung anwendbar wären, ohne dass auch auf das nationale Insolvenzrecht verwiesen würde[66]. Insoweit sind die Regelungen des AktG, insbes. §§ 262–274 AktG, ergänzend anwendbar.

---

[61] S. § 69a ASL, dazu *Alsted/Hansen* in Hohloch (Hrsg.), EU-Handbuch Gesellschaftsrecht, 1997, Dänemark, Rz. 199.
[62] Section 97 Insolvency Act.; *Hohloch* in Hohloch (Hrsg.), EU-Handbuch Gesellschaftsrecht, 1997, Großbritannien, Rz. 304.
[63] So überzeugend *Ludwig*, Beendigung, S. 59.
[64] Dazu *Ludwig*, Beendigung, S. 59 f.
[65] *Teichmann*, ZGR 2002, 383, 398; *Ludwig*, Beendigung, S. 60; vgl. auch *Hommelhoff* in Lutter/Hommelhoff, Europäische Gesellschaft, S. 21.
[66] Inkonsequent insoweit *Schwarz*, Art. 63 SE-VO Rz. 9.

4. Verweis für die Beschlussfassung durch die Hauptversammlung

Art. 63 Halbsatz 2 SE-VO erklärt die Verweisungsvorschrift in Halbsatz 1 ausdrücklich auch für die Vorschriften hinsichtlich der Beschlussfassung durch die Hauptversammlung als anwendbar. Danach sind die Regelungen bezüglich der Beschlussfassung der Hauptversammlung, die für eine AG im SE-Sitzstaat gelten, auch auf die SE anwendbar. In seinem Anwendungsbereich verdrängt Art. 63 Halbsatz 2 SE-VO die ihrerseits auf nationales Recht verweisenden Vorschriften der Art. 57 und 59 SE-VO[67]. 22

Der **Anwendungsbereich** des Art. 63 Halbsatz 2 SE-VO wird begrenzt durch den systematischen Zusammenhang. Die Grundregelungen über die Kompetenzen der Hauptversammlung finden sich in Art. 52 ff. SE-VO, wobei Vorschriften über die Beschlussfassung der Hauptversammlung in Art. 57 und 59 SE-VO vorgesehen sind und Art. 53 SE-VO für die Organisation, den Ablauf und das Abstimmungsverfahren der Hauptversammlung einer werbenden SE grundsätzlich auf das nationale Recht des Sitzstaates verweist. Die in Art. 63 Halbsatz 2 SE-VO vorgesehene Verweisung ergänzt die allgemeinen Regelungen und betrifft nur die Fragen der Beschlussfassung der Hauptversammlung, die mit der von Art. 63 SE-VO erfassten Regelungsmaterie, nämlich die Beendigung der Gesellschaft, zusammenhängen[68]. In erster Linie geht es im deutschen Recht insoweit um die **Beschlussfassung der Hauptversammlung bezüglich der Auflösung der SE**. Für die Annahme einer ungeschriebenen gemeinschaftsrechtlichen Zuständigkeit gem. Art. 63 Halbsatz 2 SE-VO in Verbindung mit Art. 52 Unterabs. 1 SE-VO[69] gibt es keine Grundlage. Darüber hinaus werden aber auch alle anderen Beschlüsse der Hauptversammlung erfasst, die nach der nationalen Rechtsordnung im Rahmen der Auflösung, Liquidation und Insolvenz zu fassen sind (z.B. §§ 265 Abs. 2 Satz 1, 274 Abs. 1 Satz 1 AktG)[70]. Wesentliches Merkmal der von Art. 63 Halbsatz 2 SE-VO erfassten Hauptversammlungsbeschlüsse ist, dass sie einen spezifischen Bezug zur Auflösung, Liquidation oder Insolvenz haben müssen. Beschlüsse, die nur bei Gelegenheit der Liquidation, Auflösung oder Insolvenz getroffen worden sind, im werbenden Stadium der SE aber ebenso hätten erfasst werden können, unterfallen nicht der Verweisungsanordnung des Art. 63 Halbsatz 2 SE-VO, sondern den allgemeinen Regeln der Art. 52 ff. SE-VO[71]. 23

Die Beschlussfassung der Hauptversammlung mit Bezug zur Auflösung, Liquidation und Insolvenz regelt abweichend von Art. 57 SE-VO aufgrund der Verweisung in Art. 63 Halbsatz 2 SE-VO das **nationale Sitzstaatsrecht**[72]. Für eine in Deutschland ansässige SE gelten daher die §§ 262 Abs. 1 Nr. 2, 264 ff., 118 ff. AktG im Hinblick auf die Auflösung und Liquidation der SE. Für einen Beschluss der Hauptversammlung zur Auflösung einer SE mit Sitz in Deutschland ist demnach die sogenannte **doppelte Mehrheit** erforderlich. Zum einen bedarf es gem. § 262 Abs. 1 Nr. 2 AktG einer Mehrheit, die mindestens drei Viertel des bei der Beschlussfassung vertretenen Grundkapitals umfasst. Zusätzlich ist gem. § 133 AktG die einfache Stimmenmehrheit erforderlich. Soweit in der Literatur eine SE-spezifische Auslegung des § 262 Abs. 1 Nr. 2 AktG vertreten wird, mit der Folge, dass eine Mehrheit von drei Viertel 24

---

67 So auch *Schröder* in Manz/Mayer/Schröder, Art. 63 SE-VO Rz. 6.
68 Ähnlich *Schwarz*, Art. 63 SE-VO Rz. 1: „Beschlussfassung der Hauptversammlung bei der Auflösung und Insolvenz".
69 So *Brandt*, Die Hauptversammlung der europäischen Aktiengesellschaft (SE), 2004, S. 123, 140.
70 *Schwarz*, Art. 63 SE-VO Rz. 13.
71 So auch *Schwarz*, Art. 63 SE-VO Rz. 14.
72 Ebenso *Bachmann* in Habersack/Drinhausen, Art. 63 SE-VO Rz. 21; *Kiem* in KölnKomm. AktG, 3. Aufl., Art. 63 SE-VO Rz. 17.

der Stimmen für einen Auflösungsbeschluss notwendig ist[73], so ist ein derartiges Bedürfnis nicht ersichtlich. Aufgrund des Verweises in Art. 63 Halbsatz 2 SE-VO kommt das nationale Recht umfassend zur Anwendung, also auch § 262 Abs. 1 Nr. 2 Halbsatz 2 AktG, so dass in der Satzung der SE höhere Anforderungen an die Mehrheitserfordernisse zur Auflösung gestellt werden können. Es obliegt daher den Gesellschaftern selbst, die Anforderungen an die Auflösung zu erhöhen; für eine entsprechende Auslegung des § 262 Abs. 1 Nr. 2 Halbsatz AktG ist insoweit dann kein Platz mehr.

5. Ausnahmen von der Verweisung

25 Die Verweisung des Art. 63 SE-VO bezieht sich nicht auf Gegenstände, die von der SE-VO selbst geregelt werden. Dazu gehören der Verstoß gegen die Vorschrift des Art. 7 SE-VO als Auflösungsgrund, der von Art. 64 SE-VO erfasst wird, die Offenlegung der Löschung gem. Art. 65 SE-VO nach Maßgabe des Art. 13 SE-VO i.V.m. nationalen Vorschriften und die Bekanntmachung zu Informationszwecken im Amtsblatt der EU gem. Art. 14 Abs. 1 SE-VO[74].

IV. Auflösung einer SE mit Sitz in Deutschland

1. Allgemeines

26 Eine SE mit Sitz in Deutschland wird aufgelöst, wenn entweder nach dem Recht der SE-VO oder nach dem deutschen Recht, auf das dort verwiesen wird, die Auflösung der Gesellschaft vorgesehen wird. Mit der Auflösung wird die Abwicklung der SE eingeleitet. Das nationale deutsche Recht bestimmt das Liquidationsverfahren, die Vollbeendigung und die Löschung der Gesellschaft aus dem Handelsregister. Die Firma der SE erhält gem. § 268 Abs. 4 Satz 1 AktG einen Zusatz für Geschäftsbriefe, der auf den Liquidationsstatus der SE hinweist, und gem. § 269 Abs. 6 AktG einen die Abwicklung andeutenden Zusatz für die Zeichnung[75].

2. Auflösung

a) Allgemeine Auflösungsgründe

27 Die Voraussetzungen für eine Auflösung ergeben sich nach deutschem Aktienrecht aus **§ 262 Abs. 1 AktG**[76]. Die dort genannten sechs Auflösungsgründe lassen sich in zwei Gruppen aufteilen. Zum einen kann die Gesellschaft auf Basis der **freiwilligen Entscheidung** der Gesellschafter aufgelöst werden. Dazu gehören die Auflösung durch Beschluss gem. § 262 Abs. 1 Nr. 2 AktG und die Auflösung aufgrund der in der Satzung bestimmten Zeit, weil es mangels gesetzlicher Höchstdauer zu diesem Auflösungsgrund nur nach Festlegung in der Satzung kommen kann. Zum anderen sieht § 262 Abs. 1 AktG Auflösungstatbestände vor, die **zwingend** sind. Dazu gehören die Eröffnung eines Insolvenzverfahrens über das Vermögen der Gesellschaft (§ 262 Abs. 1 Nr. 3 AktG), die Ablehnung der Verfahrenseröffnung mangels Masse (§ 263

---

[73] *Roitsch*, Auflösung, S. 42 ff., insbes. S. 44; vgl. auch *Eberspächer* in Spindler/Stilz, AktG, Art. 57, 58 SE-VO Rz. 5.
[74] *Bachmann* in Habersack/Drinhausen, Art. 63 SE-VO Rz. 9; *Kiem* in KölnKomm. AktG, 3. Aufl., Art. 63 SE-VO Rz. 19 f.; *Schröder* in Manz/Mayer/Schröder, Art. 63 SE-VO Rz. 3; *Schwarz*, Art. 63 SE-VO Rz. 11.
[75] In den früheren Vorschlägen war ein solcher Zusatz ausdrücklich vorgesehen, vgl. z.B. Art. 11 lit. f SE-VOV 1991. Diese Vorschläge sind aber nicht in die SE-VO aufgenommen worden.
[76] Zu Einzelheiten s. *Riesenhuber* in K. Schmidt/Lutter, § 262 AktG Rz. 3 ff.

Abs. 1 Nr. 4 AktG), die rechtskräftige Feststellung eines Satzungsmangels durch das Registergericht nach § 399 FamFG (§ 262 Abs. 1 Nr. 5 AktG) und die Löschung wegen Vermögenslosigkeit nach § 394 FamFG (§ 262 Abs. 1 Nr. 6 AktG). Die Fälle der Amtslöschung werden ergänzt durch § 397 FamFG, der einen besonders schweren, eine Nichtigkeitsklage nach §§ 275, 276 AktG rechtfertigenden Satzungsmangel voraussetzt.

§ 262 Abs. 2 AktG macht deutlich, dass die Auflösungsgründe in § 262 Abs. 1 AktG nicht vollständig sind[77]. **Weitere Auflösungsgründe** ergeben sich daher aus anderen gesetzlichen Bestimmungen. Gem. § 17 VereinsG besteht die Möglichkeit, auch gegen Kapitalgesellschaften ein Vereinsverbot nach den §§ 3 ff. VereinsG zu erlassen, wenn sie sich gegen die verfassungsmäßige Ordnung, die Völkerverständigung oder Strafgesetze wenden. § 396 AktG enthält eine Vorschrift zur gerichtlichen Auflösung wegen Gefährdung des Allgemeinwohls. In § 38 Abs. 1 KWG und in § 87 Abs. 5 VAG ist geregelt, dass im Bereich der Finanz- und Versicherungsunternehmen das Erlöschen einer Genehmigung, wenn von ihr nicht Gebrauch gemacht wird, sowie ihre Rücknahme oder ihr Widerruf zur Auflösung führen können. Zu einer Auflösung führt es, wenn alle Gesellschafter wegfallen. Während eine Ein-Personen-AG rechtlich zulässig ist, führt eine Kein-Personen-AG zur Auflösung[78]. 28

In der aktienrechtlichen Literatur ist umstritten, ob es über den § 262 Abs. 1 Nr. 1 AktG hinaus noch weitere **satzungsmäßig geregelte Auflösungsgründe** geben kann. Die heute herrschende Meinung verneint dies[79]. Demnach ist es nicht möglich, einem oder mehreren Aktionären ein Kündigungsrecht einzuräumen, dessen ordnungsmäßige Ausübung zur Auflösung der Gesellschaft führt. Dies muss wegen der Geltung des Grundsatzes der Satzungsstrenge auch bei der SE ebenso im Anwendungsbereich des Art. 63 SE-VO gelten[80]. 29

Kein ausdrücklicher Auflösungsgrund ist nach deutschem Recht die Zweckerreichung oder deren Unmöglichkeit bei einer AktG[81]. 30

b) SE-spezifische Auflösungsgründe

aa) Allgemeines. Die allgemeinen Auflösungsgründe, die für die SE nach deutschem Aktienrecht gelten, können im Hinblick auf die SE konkretisiert werden. Nach § 262 Abs. 1 Nr. 5 AktG i.V.m. § 399 FamFG führt ein **Satzungsmangel**, der auf der Nichtigkeit aufgrund der Verletzung zwingender Vorgaben der SE-VO und/oder des nationalen Rechts, auf das verwiesen wird, beruht, zur Auflösung der SE. In Betracht kommen Art. 4 SE-VO (Grundkapital), Art. 11 SE-VO i.V.m. §§ 18 ff. HGB (Firma), § 8 AktG (Aktien), §§ 16 und 23 SEAG (Leitungs- und Verwaltungsratsmitglieder)[82]. Eine Auflösung durch Nichtigkeitserklärung gem. §§ 275 ff. AktG kommt bei allen Gründungsformen der SE außer der Verschmelzungsgründung in Betracht[83]. Bei der Ver- 31

---

77 Vgl. *Riesenhuber* in K. Schmidt/Lutter, § 262 AktG Rz. 23.
78 *Ehricke* in Großkomm. AktG, 4. Aufl., § 42 AktG Rz. 49 f.
79 *Hüffer* in MünchKomm. AktG, 3. Aufl., § 262 AktG Rz. 20 f.; *Riesenhuber* in K. Schmidt/Lutter, § 262 AktG Rz. 12; *Bachmann* in Spindler/Stilz, AktG, § 262 AktG Rz. 71; *Bachmann* in Habersack/Drinhausen, Art. 63 SE-VO Rz. 19; *Kiem* in KölnKomm. AktG, 3. Aufl., Art. 63 SE-VO Rz. 32; anders aber noch z.B. *Wiedemann* in Großkomm. AktG, 4. Aufl., § 262 AktG Rz. 39 im Anschluss an RGZ 79, 418, 422.
80 So *Kiem* in KölnKomm. AktG, 3. Aufl., Art. 63 SE-VO Rz. 32; *Bachmann* in Habersack/Drinhausen, Art. 63 SE-VO Rz. 19.
81 Vgl. *K. Schmidt*, GesR, § 30 VI 2b.
82 *Schwarz*, Art. 63 SE-VO Rz. 17.
83 S. *Schäfer* in MünchKomm. AktG, 3. Aufl., Art. 63 SE-VO Rz. 2; *Roitsch*, Auflösung, S. 67.

schmelzungsgründung enthält Art. 30 SE-VO eine abschließende Regelung (s. Art. 30 Rz. 4)[84].

32 Nicht zu einer Auflösung führt dagegen der Wegfall der Mehrstaatlichkeit nach einer Gründung[85], wie z.B. beim Fall einer Tochter-SE oder einer Holding-SE[86]. Ebenso führt die unterbliebene Rechtmäßigkeitskontrolle bei einer Verschmelzung nach Art. 30 Abs. 2 SE-VO (dazu s. Art. 30 Rz. 8) nicht zu einer Auflösung der SE, weil das deutsche Recht, auf das Art. 30 Abs. 2 SE-VO im Fall einer SE mit Sitz in Deutschland verweist, eine Auflösung bei unterbliebener Rechtmäßigkeitskontrolle nicht kennt[87].

33 **bb) Änderungen den Sitz betreffend.** Einen Satzungsmangel stellt das **Auseinanderfallen des Satzungssitzes und des Ortes der Hauptverwaltung** dar, soweit beide Orte in demselben Mitgliedstaat liegen und in dem betreffenden Mitgliedstaat die Regelung des Art. 7 Abs. 2 SE-VO umgesetzt ist. In Deutschland erfolgte dies durch § 2 SE-AG a.F., wonach die Satzung der SE als Sitz den Ort zu bestimmen hatte, wo die Hauptverwaltung geführt wurde. Dies entsprach ursprünglich der Regelung des § 5 Abs. 2 AktG a.F. Beide Normen sind allerdings durch das MoMiG mit Wirkung zum 1.11.2008 aufgehoben worden.

34 Für den Fall des Auseinanderfallens von Satzungssitz und Ort der Hauptverwaltung enthält **Art. 64 Abs. 2 SE-VO** eine gesonderte Regelung. Das deutsche Recht sieht für diesen Fall ebenfalls eine Amtslöschung vor. § 52 SEAG verweist insoweit auf § 262 Abs. 1 Nr. 5 AktG i.V.m. § 399 FamFG (s. Art. 64 Rz. 19).

35 Art. 8 Abs. 15 SE-VO lässt die Sitzverlegung einer SE in einen anderen Mitgliedstaat zu, ohne dass es zu einer Auflösung und/oder Neugründung kommt. Dagegen ist – anders als etwa in der früheren Vorschrift des Art. 117a SE-VOV 1991 – ein Beschluss über die Sitzverlegung in einen Staat außerhalb der EU nicht von der SE-VO erfasst[88]. Es bleibt daher in diesem Fall bei der allgemeinen Regel, dass das nationale Recht, auf das Art. 63 Halbsatz 1 SE-VO verweist, über die Rechtsfolgen eines solchen Beschlusses bestimmt. Demzufolge handelt es sich bei einem solchen Beschluss entweder um einen Auflösungsbeschluss nach § 261 Abs. 1 Nr. 2 AktG oder um einen satzungsändernden, nichtigen Beschluss nach § 241 Nr. 3 AktG[89]. Das gilt auch dann, wenn die SE zwar aufgelöst ist, ihre Fortsetzung aber beschlossen werden könnte (Art. 63 SE-VO i.V.m. § 274 Abs. 1 AktG). Zurecht ist darauf hingewiesen worden, dass eine aufgelöste SE sich in eine nationale AG umwandeln kann oder sich an einer Verschmelzung oder Spaltung nach nationalem Umwandlungsrecht beteiligen kann[90]. Art. 8 Abs. 15 SE-VO steht dem deshalb nicht entgegen, weil die Umwandlung gem. Art. 66 SE-VO den Sitz der SE im selben Land belässt. Dieselbe Wertung greift bei der Verschmelzung oder der Spaltung einer aufgelösten SE ein, wenn das nationale Recht den aufgelösten Rechtsträger für fortsetzungsfähig ansieht (vgl. Art. 9 Abs. 1 lit. c ii; § 274 AktG; §§ 3, 124 Abs. 2 UmwG).

---

84 Anders hingegen *Bachmann* in Habersack/Drinhausen, Art. 63 SE-VO Rz. 26 unter Bezugnahme auf eine nur die Nichtigkeitserklärung wegen Fehlern bei der Verschmelzung umfassende Auslegung des Art. 30 Abs. 1 SE-VO; wie hier *Schwarz*, Art. 63 SE-VO Rz. 23.
85 Vgl. dagegen aber Art. 31 Abs. 3 in Verbindung mit Art. 4 Abs. 2 EWIV-VO – dazu *Schwarz*, Art. 63 SE-VO Rz. 21.
86 *Schwarz*, Art. 63 SE-VO Rz. 21, Fn. 29.
87 Ausführlicher *Schwarz*, Art. 63 SE-VO Rz. 22.
88 Vgl. Art. 32 Abs. 1 i.V.m. Art. 12 EWIV-VO.
89 Im Ergebnis ebenso *Bachmann* in Habersack/Drinhausen, Art. 63 SE-VO Rz. 28.
90 *Bachmann* in Habersack/Drinhausen, Art. 63 SE-VO Rz. 29 f.

c) Anmeldung, Eintragung und Bekanntmachung der Auflösung

Die Auflösung bzw. die Löschung der SE wird in das Handelsregister eingetragen[91]. Das ergibt sich aus dem Verweis des Art. 63 SE-VO auf das nationale Recht. Eine konkrete – aber insoweit überflüssige[92] – Ausprägung der Publizität enthält Art. 65 SE-VO, der ebenso auf das nationale Recht verweist (s. Art. 65 Rz. 1 ff.). In den Fällen des § 262 Abs. 1 Nr. 1 und 2 AktG hat der Vorstand der SE die Auflösung unverzüglich zur Eintragung in das Handelsregister anzumelden. Dabei ist es zwar nicht erforderlich, wohl aber zweckmäßig[93], den Auflösungsgrund anzugeben. In den Fällen der § 262 Abs. 1 Nr. 3–5 AktG trägt das Registergericht die Auflösung und den Grund von Amts wegen ein. Im Fall von § 262 Abs. 1 Nr. 6 AktG wird von Amts wegen die Löschung, nicht aber die Auflösung, in das Handelsregister eingetragen.

36

3. Liquidation

a) Allgemeines

Die Abwicklung (Liquidation) der SE folgt wegen des Verweises in Art. 63 Halbsatz 1 SE-VO den **nationalen Vorgaben des Sitzstaates**. Eine SE mit Sitz in Deutschland unterliegt daher den Abwicklungsvorschriften der §§ 264 ff. AktG. Diese dienen der Umsetzung des Gesellschaftsvermögens der SE in Geld, der Gläubigerbefriedigung und der Verteilung des übrigen Vermögens unter den Aktionären[94]. § 264 Abs. 3 AktG regelt, dass auch in der Abwicklung grundsätzlich die Regeln anwendbar sind, die für nicht aufgelöste Gesellschaften (werbende Gesellschaften) gelten. Ebenso werden die Pflichten der Abwickler in § 268 Abs. 2 AktG durch den Verweis auf nationale Regelungen der Rechte und Pflichten des Vorstandes konkretisiert. Diese Verweise sind im Hinblick auf eine SE nicht auf die spezifischen Regelungen für eine werbende AG zu verstehen, sondern als Verweisung auf das Recht der werbenden SE[95]. Das ergibt sich aus dem Sinn und Zweck der SE-VO, die – trotz ihrer Verweise in das Sitzrecht – von ihrer Konzeption her doch ein möglichst großes Maß an Einheitlichkeit aufweisen möchte. Da die werbende Tätigkeit der SE in der SE-VO – jedenfalls – zum Teil geregelt ist, würde es gegen dieses Ziel verstoßen, wenn hinsichtlich der Parallelwertungen zur werbenden Tätigkeit im Rahmen der Liquidation nunmehr nicht die bestehenden Regelungen der SE-VO herangezogen würden, sondern auch hier die nationalen Regelungen vorgingen. Damit wäre dann eine SE in Liquidation vollends aus dem supranationalen Recht der SE-VO herausgelöst. Die Begründung dieses Ergebnisses ist dogmatisch allerdings schwierig, weil sowohl § 264 Abs. 3 als auch § 268 Abs. 2 AktG nicht als (Rück-)Verweisungsnormen auf das Recht der SE verstanden werden können. Daher wird man vor dem Hintergrund des Sinns und Zwecks der Verweisung im Gesamtkontext der Regelung der SE den Verweis in Art. 63 Halbsatz 1 SE-VO so verstehen müssen, dass nur auf solche nationalen Regelungen verwiesen wird, die die Liquidation als solche regeln. Art. 63 Halbsatz 1 SE-VO erlaubt hingegen mit seiner Einschränkung auf liquidationsspezifische Fragen keine Weiterverweisung innerhalb der Liquidationsfragen, die Regelungsmaterien betreffen, die

37

---

91 *Schröder* in Manz/Mayer/Schröder, Art. 63 SE-VO Rz. 24.
92 In der Wertung ebenso *Schwarz*, Art. 63 SE-VO Rz. 4.
93 So *Frege/Nicht* in Jannott/Frodermann, Handbuch Europäische Aktiengesellschaft, § 12 Rz. 60.
94 Ausführlich dazu *Frege/Nicht* in Jannott/Frodermann, Handbuch Europäische Aktiengesellschaft, § 12 Rz. 61 ff.
95 Ebenso *Schwarz*, Art. 63 SE-VO Rz. 28; *Ludwig*, Beendigung, S. 52; zum gleichen Ergebnis kommen mit anderer Begründung *Kiem* in KölnKomm. AktG, 3. Aufl., § 263 AktG Rz. 33 und *Casper* in Spindler/Stilz, AktG, § 263 AktG Rz. 4. S. auch *Bachmann* in Habersack/Drinhausen, Art. 63 SE-VO Rz. 43.

auch in der SE-VO geregelt sind[96]. Die SE bleibt während der Abwicklung rechts- und parteifähig. Sie hat jedoch in ihrer Firma einen Hinweis auf das Abwicklungsstadium zu führen (s. § 268 Abs. 4 und § 269 Abs. 6 AktG).

38 Im Einzelnen ist ferner zwischen der Abwicklung einer dualistisch strukturierten SE und einer monistisch strukturierten SE zu differenzieren.

b) Dualistisch strukturierte SE

39 In einer dualistisch strukturierten SE richtet sich die Bestellung der Abwickler nach § 265 AktG. Demnach werden entweder die zum Zeitpunkt der Auflösung der SE **amtierenden Mitglieder des Leitungsorgans** bestellt (§ 265 Abs. 1 AktG) **oder** durch Satzung bzw. mittels Beschluss der Hauptversammlung **andere Abwickler** bestimmt (§ 265 Abs. 2 AktG), wobei insoweit die persönlichen Bestellungshindernisse gem. § 265 Abs. 2 Satz 2 in Verbindung mit § 76 Abs. 3 AktG zu beachten sind. Gem. § 265 Abs. 3 AktG muss das Registergericht bei Vorliegen eines wichtigen Grundes Abwickler bestellen. Die besondere Antragsberechtigung der qualifizierten Minderheit sowie die Grenzwerte des § 265 Abs. 3 AktG gelten auch für die SE[97]. § 265 Abs. 2 Satz 3 AktG lässt eine **juristische Person** als Abwickler zu; das gilt auch für eine SE. Art. 47 Abs. 1 SE-VO steht dem nicht entgegen, weil das Verbot, dass eine juristische Person Organmitglied wird, nicht für eine SE in der Liquidation gilt[98].

40 Die Abwickler in einer SE haben gem. § 268 Abs. 1 Satz 1 AktG die Pflicht, die laufenden Geschäfte zu beenden, die Forderungen einzuziehen, das übrige Vermögen in Geld umzusetzen und die Gläubiger zu befriedigen[99]. Im Rahmen dieser **Abwicklungspflichten** können die Abwickler im Einzelfall auch das Unternehmen der SE weiterführen, z.B., um es als Ganzes oder in Teilen wirtschaftlich günstiger veräußern zu können (vgl. § 268 Abs. 1 Satz 2 AktG). Voraussetzung ist aber, dass aus Sicht eines ordentlichen und gewissenhaften Geschäftsleiters eine positive Prognose des Verwertungserfolges besteht[100]. Darüber hinaus haben die Abwickler innerhalb ihres Geschäftskreises die Rechte und Pflichten eines Vorstandes der SE (§ 268 Abs. 2 Satz 1 AktG). Sie werden insoweit auch weiter vom Aufsichtsrat kontrolliert (vgl. Art. 39 ff. SE-VO und §§ 15 ff. SEAG). Die Abwickler einer SE vertreten sie unbeschränkt und unbeschränkbar (§ 269 Abs. 1, Abs. 5 AktG)[101]. Die Rechnungslegungspflichten der Abwickler ergeben sich aus den allgemeinen Vorschriften der §§ 242 ff., 264 ff. und 284 ff. HGB. Die Verpflichtung, eine Eröffnungsbilanz, einen Jahresabschluss und einen Lagebericht aufzustellen, ergibt sich für den oder die Abwickler einer SE aus § 270 AktG. Die Abwickler müssen zudem eine Abwicklungsschlussbilanz aufstellen, wenn die Voraussetzungen für die Verteilung des Liquiditätsüberschusses vorliegen (§ 273 AktG). Am Ende der Abwicklung sind die Gläubiger zu befriedigen und, nach Beachtung des Sperrjahres (§ 272 AktG), darf der Abwicklungsüberschuss an die Gesellschafter der SE ausgekehrt werden (§§ 268 Abs. 1, 271

---

96 Ähnlich *Schwarz*, Art. 63 SE-VO Rz. 28 über den Weg einer „SE-spezifischen" Auslegung.
97 *Roitsch*, Auflösung, S. 78 ff.
98 *Schwarz*, Art. 63 SE-VO Rz. 30.
99 Im Einzelnen dazu vgl. *Bachmann* in Habersack/Drinhausen, Art. 63 SE-VO Rz. 44 f.; *Schröder* in Manz/Mayer/Schröder, Art. 63 SE-VO Rz. 27; *Frege/Nicht* in Jannott/Frodermann, Handbuch Europäische Aktiengesellschaft, § 12 Rz. 61.
100 *Frege/Nicht* in Jannott/Frodermann, Handbuch Europäische Aktiengesellschaft, § 12 Rz. 77 f.
101 *Frege/Nicht* in Jannott/Frodermann, Handbuch Europäische Aktiengesellschaft, § 12 Rz. 81; vgl. auch BGH v. 2.3.2009 – II ZR 264/07, NZG 2009, 659, 662 = GmbHR 2009, 712; a.A. *Erle*, GmbHR 1998, 216, 218 ff.

AktG)¹⁰². Eine vorläufige Verteilung ist nicht mehr möglich. Die Abwickler der SE müssen nach Beendigung der Abwicklung und nach Stellung der Schlussrechnung dies gem. § 274 Abs. 1 Satz 1 AktG zur Eintragung in das Handelsregister anmelden. Das Amtsgericht verfügt dann die Löschung der SE (§ 273 Abs. 1 Satz 2 AktG). Die Existenz der SE erlischt nach der Lehre vom Doppeltatbestand, wenn sie aus dem Register gelöscht wurde und kein Vermögen mehr besitzt¹⁰³. Die Bücher und Schriften der SE müssen gem. § 273 Abs. 2 AktG zehn Jahre an einem sicheren Ort zur Aufbewahrung hinterlegt werden. Nach der Löschung der SE kann es auch bei der SE noch eine Nachtragsabwicklung geben, wenn sich herausstellt, dass weitere Abwicklungsmaßnahmen notwendig sind. Dies richtet sich bei der SE ebenfalls nach § 273 Abs. 4 AktG.

c) Monistisch strukturierte SE

aa) Allgemeines. In den §§ 20–49 SEAG hat der deutsche Gesetzgeber Regeln für die werbende monistische SE aufgestellt. Zwar ermächtigt Art. 43 Abs. 4 SE-VO auch, die Liquidation einer monistisch strukturierten SE zu regeln, doch hat der **deutsche Gesetzgeber davon keinen Gebrauch gemacht**. Damit ist die vielfältige Gefahr der Rechtsunsicherheit eröffnet, weil die §§ 264–274 AktG nicht unmittelbar auf die monistische SE anwendbar sind, da sie auf eine dualistische Unternehmensverfassung abstellen¹⁰⁴. Normativer Ansatzpunkt für eine Regelung ist daher § 22 Abs. 6 SEAG, wonach Rechtsvorschriften, die außerhalb des SEAG dem Vorstand oder dem Aufsichtsrat einer Aktiengesellschaft Rechte oder Pflichten zuweisen, sinngemäß auch für den Verwaltungsrat gelten, soweit nicht im SEAG für den Verwaltungsrat und für die geschäftsführenden Direktoren besondere Regelungen enthalten sind. Zwar ist § 22 Abs. 6 SEAG an der werbenden monistischen SE ausgerichtet, doch ist die Regelung Ausdruck des allgemeinen Gedankens, dass die monistische SE angelehnt an die dualistische SE zu regeln ist, so dass die Regelungsansätze der Liquidation übertragen werden können¹⁰⁵. Demnach verweist Art. 63 Halbsatz 1 SE-VO für die Liquidation einer monistischen SE auf das Recht des Sitzstaates. Zwar beinhaltet Art. 63 Halbsatz 1 SE-VO nur einen Verweis auf die Aktiengesellschaft, wie sie im Recht des Sitzstaates der SE gegründet worden ist, so dass damit der Sache nach nur auf die dualistische AG verwiesen würde, jedoch ist Art. 63 Halbsatz 1 SE-VO vor dem Hintergrund des Art. 43 Abs. 4 SE-VO dahingehend auszulegen, dass auch der **Verweis auf das Sitzstaatsrecht** gewollt ist, wenn es sich um eine SE handelt, die in ihrer Struktur von den Aktiengesellschaften in dem Sitzstaat der AG abweicht. In Deutschland werden daher über § 22 Abs. 6 SEAG (dazu Anh. Art. 43 § 22 SEAG Rz. 41) die **§§ 264–274 AktG in entsprechender Auslegung** zur Anwendung herangezogen¹⁰⁶. Sie sind direkt anwendbar, wenn es sich um Regelungen handelt, die keinen Bezug zu dem Leitungs- bzw. Aufsichtsorgan haben. Sind von den Liquidationsvorschriften indessen die Stellung, Rechte und Pflichten des Leitungsorgans bzw. Aufsichtsorgans betroffen, so bedarf es einer sinngemäßen Übertragung dieser Vorschriften in das Recht der monistischen SE.

41

---

102 S. *Bachmann* in Habersack/Drinhausen, Art. 63 SE-VO Rz. 45; *Frege/Nicht* in Jannott/Frodermann, Handbuch Europäische Aktiengesellschaft, § 12 Rz. 92.
103 *Frege/Nicht* in Jannott/Frodermann, Handbuch Europäische Aktiengesellschaft, § 12 Rz. 105; so auch *Schröder* in Manz/Mayer/Schröder, Art. 63 SE-VO Rz. 30.
104 Vgl. *Kiem* in KölnKomm. AktG, 3. Aufl., Art. 63 SE-VO Rz. 48; *Schwarz*, Art. 63 SE-VO Rz. 32; *Bachmann* in Habersack/Drinhausen, Art. 63 SE-VO Rz. 46.
105 Ebenso *Schwarz*, Art. 63 SE-VO Rz. 33.
106 Vgl. *Schwarz*, Art. 63 SE-VO Rz. 33.

42 **bb) Gesetzliche Abwickler.** Während in einer AG der Vorstand der gesetzliche Abwickler ist und der Aufsichtsrat seine Stellung nicht ändert, muss bei einer monistischen SE, bei der das Verwaltungsorgan die Aufgaben von Vorstand und Aufsichtsrat wahrnimmt, die **Aufgabenwahrnehmung differenziert** werden. Der Verwaltungsrat leitet die Gesellschaft, bestimmt die Grundlinien ihrer Tätigkeit und überwacht deren Umsetzung (§ 22 Abs. 1 SEAG). Geschäftsführende Direktoren, die entweder Mitglieder des Verwaltungsrates oder Dritte sein können, führen die Geschäfte der Gesellschaft (§ 40 Abs. 2 Satz 1 SEAG). In der Literatur wird mit Blick auf die Aufgabenbeschreibung der §§ 264 ff. AktG zum einen vertreten, dass Abwickler in der Liquidation einer monistischen SE sowohl die Verwaltungsratsmitglieder als auch der geschäftsführende Direktor sein sollen[107]. Eine andere Ansicht bezieht sich auf § 22 Abs. 6 SEAG und nimmt an, nur die Verwaltungsratmitglieder seien als Abwickler berufen[108]. Entsprechendes wird dann auch jeweils für die Geschäftsführung vertreten[109]. Beiden Auffassungen kann nicht zugestimmt werden. Die Konzeption der §§ 22 Abs. 1 und § 40 Abs. 2 SEAG macht deutlich, dass die Tätigkeit, die in einer dualistischen AG dem Vorstand obliegt, in der monistischen SE der Sache nach dem **geschäftsführenden Direktor** obliegen muss[110]. Unterstützt wird dies auch durch § 41 Abs. 1 Satz 1 SEAG, wonach der geschäftsführende Direktor die Gesellschaft gerichtlich und außergerichtlich vertritt. Diese Kompetenz spiegelt sich dann in § 269 Abs. 1 AktG wider. Der Verwaltungsrat hat zwar eine Weisungsbefugnis, ist aber inhaltlich nur für die großen Linien der Geschäftspolitik zuständig[111]. Im Rahmen der Liquidation werden diese „großen Linien der Geschäftspolitik" durch die Liquidationsvorgaben des Gesetzes bestimmt, so dass die Verwaltungsorganmitglieder insoweit keine andere Entscheidung treffen dürfen. Daher ist es auch wenig überzeugend, bei den Abwicklungsgeschäften zu entscheiden, ob diese Aufgabe eine Vertretungshandlung, ein laufendes Geschäft, eine Leitungsentscheidung oder ein außergewöhnliches Geschäft ist[112]. Diese für die werbende SE sinnvolle Unterscheidung hebt sich in der Abwicklung auf, weil es insoweit keine „außergewöhnlichen Geschäfte" oder „Leitentscheidungen der Geschäftsführung" mehr gibt, da sich alle Entscheidungen an dem Liquidationszweck orientieren müssen und dieser keinen Platz für „Leitentscheidungen" mehr lässt. Unabhängig davon wären aufgrund der Vertretungsbefugnis derartige Geschäfte auch von den geschäftsführenden Direktoren auszuführen und die Verwaltungsorganmitglieder nur weisungsbefugt. Das „Tagesgeschäft" der abwickelnden Geschäfte obliegt folglich allein den geschäftsführenden Direktoren[113]. Sie führen die laufenden Geschäfte zu Ende und gehen ggf. neue Geschäfte ein, soweit dies vom Liquidationszweck gedeckt ist, sie ziehen die Forderungen ein und setzen die Vermögenswerte in Geld um. Diese im Rahmen der Abwicklung typischerweise anfallenden Geschäfte können am ehesten von den geschäftsführenden Direktoren

---

107 *Schwarz*, Art. 63 SE-VO Rz. 36; *Kiem* in KölnKomm. AktG, 3. Aufl., Art. 63 SE-VO Rz. 37 ff., 39.
108 *Frege/Nicht* in Jannott/Frodermann, Handbuch Europäische Aktiengesellschaft, § 12 Rz. 66 ff.; im Anschluss daran *Schäfer* in MünchKomm. AktG, 3. Aufl., Art. 63 SE-VO Rz. 4; *Casper* in Spindler/Stilz, AktG, Art. 63 SE-VO Rz. 4; s. auch *Schöberl* in Straube/Aicher, Europäische Aktiengesellschaft, S. 293; *Roitsch*, Auflösung, S. 82.
109 S. etwa *Frege/Nicht* in Jannott/Frodermann, Handbuch Europäische Aktiengesellschaft, § 12 Rz. 68 und *Kiem* in KölnKomm. AktG, 3. Aufl., Art. 63 SE-VO Rz. 37.
110 So auch *Bachmann* in Habersack/Drinhausen, Art. 63 SE-VO Rz. 48, 55.
111 *Schwarz*, Art. 63 SE-VO Rz. 36.
112 So *Schwarz*, Art. 63 SE-VO Rz. 38.
113 Für eine weitergehende Zuständigkeit des Verwaltungsrates in Bezug auf das Tagesgeschäft vgl. *Kiem* in KölnKomm. AktG, 3. Aufl., Art. 63 SE-VO Rz. 44 f.

durchgeführt werden[114] und sind ohnehin dem Kompetenzbereich der Verwaltungsorganmitglieder entzogen, so dass diese nicht als Abwickler in Betracht kommen. Dies wird mittelbar auch durch § 40 Abs. 2 Satz 4 SEAG unterstrichen, wonach die Anmeldung und Einreichung von Unterlagen zum Handelsregister ebenfalls von den geschäftsführenden Direktoren vorzunehmen sind. § 47 Abs. 1 SEAG enthält vor dem Hintergrund der §§ 270 und 273 Abs. 1 AktG eine ähnliche Wertung. Daraus ergibt sich, dass die Verwaltungsorganmitglieder keinesfalls (alleinige) Abwickler sein können. Wenig praktisch ist es überdies, wenn man den gesetzlichen Abwickler in einen geschäftsführenden (geschäftsführender Direktor) und in einen nichtgeschäftsführenden (Verwaltungsorganmitglied) Teil des Abwicklers aufteilen möchte[115]. Es fragt sich, welche Funktion dort dann das Verwaltungsorganmitglied haben soll, insbesondere, was konzediert wird, wenn es nicht einmal eine Vertretungsbefugnis hat[116]. Eine solche Konstruktion wirkt eher aufgebläht und dem Liquidationszweck abträglich. Eine Kontrolle, die in der dualistischen SE der Aufsichtsrat übernimmt, wird in der SE ohnehin vom Verwaltungsrat vorgenommen; sie muss nicht auch innerhalb der Figur des Abwicklers verankert sein. Es passt daher nicht in die Konzeption einer SE, das Kontrollorgan gleichzeitig als Teil des gesetzlichen Abwicklers zu verstehen[117]. Gesetzliche Abwickler einer monistischen SE sind daher nur die geschäftsführenden Direktoren.

cc) Andere Abwickler. Die Satzung der monistischen SE, die Hauptversammlung durch Beschluss oder das zuständige Gericht können andere Abwickler bestellen. Die Bestellung dieser Abwickler führt zu einer **Abberufung der gesetzlichen Abwickler**. Die persönlichen Voraussetzungen der anderen Abwickler ergeben sich aus dem Verweis des § 265 Abs. 2 Satz 2 AktG auf § 76 Abs. 3 Satz 3 und 4 AktG. Danach können auch in einer monistischen SE juristische Personen Abwickler sein. Antragberechtigt sind gem. § 265 Abs. 3, Satz 1 AktG eine qualifizierte Minderheit der Gesellschafter oder das Verwaltungsorgan aufgrund seiner Überwachungsfunktion (vgl. § 22 Abs. 6 SEAG). Für den Beschluss des Verwaltungsorgans ist Art. 50 SE-VO maßgeblich[118]. 43

dd) Pflichten des Abwicklers, Vertretungsbefugnis, Weisungsbefugnis und Abberufung. Die Pflichten des Abwicklers in einer monistischen SE entsprechen denjenigen in einer dualistisch strukturierten SE (vgl. oben Rz. 40). Vertretungsbefugt sind die geschäftsführenden Direktoren als geborene Abwickler bzw. die externen Abwickler bei Bestellung durch Satzung, Beschluss oder Gericht. Die Auffassung, die sowohl die Mitglieder des Verwaltungsrats als auch die geschäftsführenden Direktoren als Abwickler sehen, kommt bei der Frage der Vertretungsbefugnis zu einem in sich widersprüchlichen und daher abzulehnenden Ergebnis. Demnach müssten als eingetragene Abwickler sowohl der Verwaltungsrat als auch die geschäftsführenden Direktoren im Rechtsverkehr vertretungsbefugt sein[119]. Unabhängig davon, dass nur schwer ersichtlich ist, wie insofern die Vertretungsbefugnis nach außen konkret ausgestaltet werden sollte, würde dies zu einem systemwidrigen Ergebnis führen, weil damit die 44

---

114 *Bachmann* in Habersack/Drinhausen, Art. 63 SE-VO Rz. 55; *Schröder* in Manz/Mayer/Schröder, Art. 63 SE-VO Rz. 26 f.
115 *Schwarz*, Art. 63 SE-VO Rz. 38.
116 Eine solche Vertretungsbefugnis für Verwaltungsratsmitglieder nimmt jedoch *Casper* in Spindler/Stilz, AktG, Art. 63 SE-VO Rz. 4 an.
117 Von Systemwidrigkeit spricht auch *Schröder* in Manz/Mayer/Schröder, Art. 63 SE-VO Rz. 26, soweit für den Verwaltungsrat zumindest eine partielle Vertretungsbefugnis konstruiert werden soll; so nämlich *Casper* in Spindler/Stilz, AktG, Art. 63 SE-VO Rz. 4.
118 *Schwarz*, Art. 63 SE-VO Rz. 42.
119 S. *Schäfer* in MünchKomm. AktG, 3. Aufl., Art. 63 SE-VO Rz. 4; *Casper* in Spindler/Stilz, AktG, Art. 63 SE-VO Rz. 5.

Kompetenzverteilung in einer monistischen SE konterkariert würde[120]. Die These, die den Verwaltungsrat als Abwickler ansieht, ist ähnlichen dogmatischen Einwänden ausgesetzt. Würden nämlich die Mitglieder des Verwaltungsrats in die Stellung der Abwickler einrücken[121], so verlöre die monistisch ausgestaltete SE im Liquidationsverfahren ihr Aufsichtsgremium[122]. Nach der hier vertretenen Auffassung verbleibt dem Verwaltungsrat auch im Stadium der Liquidation einer monistischen SE die Überwachungsaufgabe gegenüber den geschäftsführenden Direktoren als Abwickler mit der Vertretungsbefugnis im Rechtsverkehr. Mit der Überwachung ist das Weisungsrecht des Verwaltungsrats, das in der monistischen Leitungsstruktur der SE typisch ist, verbunden. Dagegen sprechen auch nicht die Vorschriften der §§ 264 ff. AktG, da sich diese auf ein anderes Leistungsmodell beziehen und daher im Hinblick auf die Besonderheiten der monistischen Struktur keine Anwendung finden[123]. Aufgrund der Besonderheiten der Geschäftsführung im Rahmen der Liquidation ist das Weisungsrecht verbunden mit einem Verweigerungsrecht der geschäftsführenden Direktoren als Abwickler bezüglich der Befolgung der Weisungen, wenn diese dazu führen würden, dass sie ihre Pflichten als Abwickler verletzen würden und sich gegebenenfalls nur aufgrund der Befolgung einer Weisung schadensersatzpflichtig machten (§ 268 Abs. 2 Satz 1 i.V.m. § 93 Abs. 2 AktG). Das Weisungsrecht des Verwaltungsrats besteht indes nicht gegenüber externen Abwicklern. Werden externe Abwickler eingesetzt, ist die Entscheidung gefallen, die Abwicklung der Gesellschaft in andere Hände zu geben, als in diejenigen, die bis zum Zeitpunkt der Liquidation die Leitung der SE zu verantworten hatten. Damit wird – bildlich gesprochen – das Gefüge der monistischen Struktur der SE verlassen, und es entfällt somit die Rechtfertigung dafür, die Geschäftsleitung eines Teils des Leistungsorgans der SE durch einen anderen Teil kontrollieren und ggf. durch Weisungen bestimmen zu lassen. Ist ein externer Abwickler durch das Gericht bestellt worden, so entfällt die Möglichkeit der Weisung durch ein Organ der SE bereits aufgrund des Bestellungsaktes des Gerichts. Ist ein externer Abwickler nicht vom Gericht bestellt worden, wird das Weisungsrecht des Verwaltungsrats ersetzt durch die Möglichkeit der Hauptversammlung, ihn jederzeit abzuberufen (§ 265 Abs. 5 Satz 1 AktG).

4. Insolvenzverfahren

a) Allgemeines

45 Für eine SE mit Sitz in Deutschland gilt das **deutsche Insolvenzrecht**, also insbesondere die Regelungen der InsO; gewisse Modifikationen kann es für eine monistisch strukturierte SE geben (s. unten Rz. 50 ff.). Zu demselben Ergebnis kommen auch die Vertreter der Auffassung, die Art. 63 SE-VO hinsichtlich der Insolvenz als Gesamtnormverweisung verstehen[124]. Für die in Deutschland domizilierte SE gem. § 11 Abs. 1 Satz 1 InsO ist eine SE als juristische Person (Art. 1 Abs. 3 SE-VO) insolvenzfähig. Das gilt auch, wenn sie aufgelöst ist, solange ihr Vermögen noch nicht verteilt

---

120 So ausdrücklich *Schröder* in Manz/Mayer/Schröder, Art. 63 SE-VO Rz. 26 Fn. 22; zustimmend *Bachmann* in Habersack/Drinhausen, Art. 63 SE-VO Rz. 54.
121 Vgl. *Frege/Nicht* in Jannott/Frodermann, Handbuch Europäische Aktiengesellschaft, § 12 Rz. 66 ff.
122 Vgl. *Bachmann* in Habersack/Drinhausen, Art. 63 SE-VO Rz. 54.
123 A.A. etwa *Kiem* in KölnKomm. AktG, 3. Aufl., Art. 63 SE-VO Rz. 38; *Frege/Nicht* in Jannott/Frodermann, Handbuch Europäische Aktiengesellschaft, § 12 Rz. 63 ff. Wie hier *Schwarz*, Art. 63 SE-VO Rz. 37; *Casper* in Spindler/Stilz, AktG, Art. 63 SE-VO Rz. 4; *Bachmann* in Habersack/Drinhausen, Art. 63 SE-VO Rz. 50.
124 S. ausführlich *Bachmann* in FS v. Hoffmann, 2011, S. 36, 44 ff.; vgl. auch *Roitsch*, Auflösung, S. 28, 110 f.; *Schwarz*, Art. 63 SE-VO Rz. 8 f. und 52.

ist (§ 11 Abs. 3 InsO)[125]. Der SE stehen – ebenso wie einer AG – alle Verfahrenstypen der InsO, insbesondere auch das Verfahren der Eigenverwaltung gem. §§ 270 ff. InsO und das Schutzschirmverfahren gem. § 270b Abs. 1 InsO offen.

Im Hinblick auf die **grenzüberschreitenden Bezüge der Insolvenz** einer SE gelten – wie bei einer AG auch – die Regeln des **internationalen Insolvenzrechts**. Es gibt insoweit keine Besonderheiten. Anwendbar sind insoweit innerhalb ihres Anwendungsbereichs die EuInsVO und darüber hinaus die Regelungen des autonomen deutschen Internationalen Insolvenzrechts der §§ 335 ff. InsO. Der Anwendungsbereich der EuInsVO beschränkt sich in räumlicher Hinsicht auf alle Mitgliedstaaten der EU außer Dänemark, und in sachlicher Hinsicht sind Kreditinstitute und Versicherungsunternehmen vom Anwendungsbereich ausgeschlossen[126]. Ein grenzüberschreitender Bezug liegt vor, wenn der Schuldner in Deutschland Vermögensgegenstände oder eine Niederlassung im Ausland hat[127]. 45a

b) Zuständigkeit

Für das Insolvenzverfahren über das Vermögen einer SE mit Sitz in Deutschland ist grundsätzlich das **Insolvenzgericht am (satzungsmäßigen) Sitz der SE** (international) zuständig. Das ergibt sich allgemein aus § 3 InsO und für den Anwendungsbereich der EuInsVO aus Art. 3 EuInsVO. Abweichend davon kann im Kontext der EuInsVO die Zuständigkeit des Insolvenzgerichts auch am Ort des **Mittelpunkts der hauptsächlichen Interessen** (COMI) der SE liegen[128]. Eine Konzernzuständigkeit, etwa am Sitz der Mutter-SE, gibt es nicht[129], vielmehr muss nach der Regel „eine Person, ein Vermögen, ein Verfahren" für jeden Schuldner unabhängig geprüft werden, welches Gericht zuständig ist. Ein spezifisches Konzerninsolvenzrecht, das auch für einen SE-Konzern Bedeutung hätte[130], gibt es ebenfalls (noch) nicht[131]. 46

Halten sich mehrere Gerichte für international zuständig für die Eröffnung des Insolvenzverfahrens über das Vermögen einer SE, gilt innerhalb der EuInsVO das **Prioritätsprinzip**. Eine Entscheidung über die Eröffnung eines Verfahrens wird in den anderen Mitgliedstaaten anerkannt (Art. 16 EuInsVO). Es ist ggf. möglich, im Inland ein Sekundärinsolvenzverfahren zu eröffnen (Art. 3 Abs. 2 bis 4, 27 ff. EuInsVO). Voraussetzung ist dafür, dass eine SE mit Sitz in einem Mitgliedstaat der EuInsVO ihren Hauptsitz hat und in Deutschland eine Niederlassung (Art. 2 lit. h EuInsVO) unterhält. 47

---

125 *Ehricke* in Jaeger, InsO, 2004, § 11 Rz. 95 ff.
126 *Schwarz*, Art. 63 SE-VO Rz. 53 und 81 f.; *Paulus*, EuInsVO, 4. Aufl. 2013, Einl. Rz. 33, 36.
127 Ausführlich *Duursma-Kepplinger* in Duursma-Kepplinger/Duursma/Chalupsky, EuInsVO, 2002, Art. 1 Rz. 2 ff.; *Smid*, Deutsches und Europäisches Insolvenzrecht, 2004, Art. 1 EuInsVO Rz. 6; *Leible/Staudinger*, KTS 2000, 533, 538 f.
128 Zum „COMI" ausführlich: *Undritz* in Hamburger Kommentar z. Insolvenzrecht, 3. Aufl. 2009, nach §§ 335 ff., Art. 3 EuInsVO Rz. 2 ff.; *Paulus*, EuInsVO, 4. Aufl. 2013, Art. 3 Rz. 5 ff.; *Kübler* in FS Gerhardt, 2004, S. 527 ff.
129 Statt vieler *Specovius/Kuske* in Gottwald, Insolvenzrechts-Handbuch, 5. Aufl. 2015, § 95 Rz. 5 ff.; *Ehricke*, DZWIR 1999, 354 ff.; vgl. aber auch den abweichenden Ansatz von *Paulus*, EuInsVO, 4. Aufl. 2013, Einl. Rz. 43 ff. S. auch den Vorschlag der Kommission zur Überarbeitung der EuInsVO v. 12.12.2012, dazu auch *Prager/Keller*, NZI 2013, 57; *Vallender*, ZInsO 2015, 57.
130 Vgl. *Schwarz*, Art. 63 SE-VO Rz. 78 ff.; *Nolting* in Theisen/Wenz, Europäische Aktiengesellschaft, S. 646 ff.
131 Grundlegend *Rotstegge*, Konzerninsolvenz, 2006; zu Plänen der Einführung eines Konzerninsolvenzrechts auf EU-Ebene vgl. *Van Hulle/Maul*, ZGR 2004, 484.

48 Im Rahmen des autonomen **deutschen Internationalen Insolvenzverfahrens** sind die Voraussetzungen für die Anerkennung ausländischer Eröffnungsentscheidungen strenger. § 343 InsO enthält die Regelung einer „Anerkennungszuständigkeit", wonach das deutsche Gericht von Amts wegen nach dem Spiegelbildprinzip zu prüfen hat, ob das ausländische Gericht zuständig wäre, wenn dort deutsches Insolvenzrecht gelte.

c) Verhältnis der Organe der SE zum Insolvenzverwalter

49 Durch die Eröffnung des Insolvenzverfahrens über das Vermögen der SE geht die **Verwaltungs- und Verfügungsbefugnis** über die zur Masse gehörigen Gegenstände auf den **Insolvenzverwalter** über (§ 80 Abs. 1 InsO). Die Organisationsverfassung der SE wird dadurch als solche nicht tangiert. Allerdings „ersetzt" der Insolvenzverwalter alle Organe der Schuldnerin, soweit es sich um die Verwaltung des Vermögens und die Verfügungen darüber handelt. Die **Funktionsteilung** zwischen den Organen der SE und dem Insolvenzverwalter richtet sich gemäß den allgemeinen Regeln nach der sog. Weber'schen Formel[132]. Danach gibt es eine verdrängende Alleinzuständigkeit des Insolvenzverwalters, eine Alleinzuständigkeit der Organe der SE und einen Überschneidungsbereich[133]. Die Eröffnung des Insolvenzverfahrens führt dazu, dass das SE-Liquidationsrecht keine Anwendung mehr findet. Eine Ausnahme gibt es nur dann, wenn der Insolvenzverwalter einen Gegenstand aus der Masse freigibt[134]. Dieser Vermögensgegenstand fällt dann in den insolvenzbeschlagsfreien Teil des Vermögens und unterliegt damit dem Kompetenzbereich der Abwickler der SE[135].

d) Besonderheiten bei der monistischen SE mit Sitz in Deutschland

50 Gem. § 22 Abs. 5 Satz 2 Halbs. 1 SEAG hat der Verwaltungsrat einer SE mit Sitz in Deutschland bei Zahlungsunfähigkeit oder Überschuldung der Gesellschaft den Insolvenzantrag nach § 15a Abs. 1 Satz 1 InsO zu stellen. Demnach ist **jedes Verwaltungsratsmitglied antragsbefugt**[136]. Außerdem gilt § 92 Abs. 2 AktG entsprechend. Diese ausdrückliche Zuweisung der Antragspflicht ist eine Spezialregelung zu § 41 Abs. 1 SEAG, die den geschäftsführenden Direktoren die Vertretungsbefugnis für die monistische SE auferlegt, die damit verdrängt wird. Die **geschäftsführenden Direktoren** sind damit gem. § 40 Abs. 3 SEAG verpflichtet, den Verwaltungsrat über die Zahlungsunfähigkeit und Überschuldung zu informieren (dazu Anh Art. 43 § 22 SEAG Rz. 41 ff.). Sie haben insoweit eine unterstützende Funktion, indem sie durch die Informationspflicht die Verwaltungsorganmitglieder in die Lage versetzen, rechtzeitig reagieren zu können[137]. Allerdings kann die Normierung einer organinternen Be-

---

132 Ähnlich *Schwarz*, Art. 63 SE-VO Rz. 63. Die sog. „Weber'sche Formel" basiert auf den grundlegenden Überlegungen von *Weber*, KTS 1970, 73 ff.
133 Ausführlich dazu *Maesch*, Corporate Governance in einer insolventen AG, 2005, S. 74 ff.; *Schwarz*, Art. 63 SE-VO Rz. 63.
134 Die Frage, ob ein Insolvenzverwalter in der Insolvenz einer juristischen Person Vermögensgegenstände freigeben kann, ist im deutschen Recht streitig, s. statt vieler *Jaeger/Henckel*, InsO, § 35 Rz. 146 ff.; *Meier-Sommer*, Die Freigabe streitbefangener Forderungen in der Insolvenz einer GmbH, 2007, passim; anders vor allem *K. Schmidt*, KTS 1984, 345, 366; *ders.*, Wege zum Insolvenzrecht der Unternehmen, 1990, S. 27 f., 161; *K. Schmidt* in Kölner Schrift zur Insolvenzordnung, 2. Aufl. 1999, S. 1207 ff.; ebenso auch *Maesch*, Corporate Governance in einer insolventen AG, 2005, S. 40 ff.
135 Unrichtig daher die Annahme, dass es bei der Verwaltung des insolvenzfreien Vermögens bei der Kompetenzverteilung der werbenden SE bleibt, *Schwarz*, Art. 63 SE-VO Rz. 75.
136 Vgl. statt aller *Casper* in Spindler/Stilz, AktG, Art. 63 SE-VO Rz. 6; *Bachmann* in Habersack/Drinhausen, Art. 63 SE-VO Rz. 72.
137 *Manz* in Manz/Mayer/Schröder, Art. 43 SE-VO Rz. 141.

richtspflicht über den Insolvenzgrund nicht zu einer Verdoppelung der dreiwöchigen Antragsfrist führen. Vielmehr müssen die geschäftsführenden Direktoren und Verwaltungsratsmitglieder so zusammenwirken, dass die **Drei-Wochen-Frist** des § 15a Abs. 1 Satz 1 InsO gehalten werden kann[138]. Als maßgeblicher Zeitpunkt für den Fristbeginn ist auf die Erkennbarkeit des Insolvenzgrundes für die Verwaltungsratsmitglieder abzustellen. Sie können ihre Verantwortlichkeit für die Überprüfung der finanziellen Grundlagen der SE nicht haftungsbefreiend auf die geschäftsführenden Direktoren delegieren, ohne sich eines Organisationsverschuldens verantwortlich zu machen[139]. Fallen ausnahmsweise das auf die insolvente SE anwendbare Gesellschafts- und Insolvenzrecht auseinander, z.B. wenn sich der Satzungs- und der Verwaltungssitz einer SE entgegen Art. 7 SE-VO in unterschiedlichen Staaten befinden, so ergibt sich die Pflicht zur Stellung eines Antrags auf Eröffnung eines Insolvenzverfahrens nach dem anwendbaren Insolvenzstatut[140].

Regelungstechnisch misslungen ist, dass § 22 Abs. 5 Satz 2 SEAG das **Verbot der Zahlungen** nach Zahlungsunfähigkeit oder nach der Überschuldung der SE, die gem. § 92 Abs. 2 AktG verboten sind, nur auf die Verwaltungsratsmitglieder und nicht auf die geschäftsführenden Direktoren bezieht, denn die Verwaltungsratsmitglieder dürfen aufgrund der Geschäftsverteilung derartige Zahlungen in der Regel nicht vornehmen, vielmehr obliegt die Abwicklung des Zahlungsverkehrs den geschäftsführenden Direktoren[141]. Vor dem Hintergrund des Schutzzwecks des § 92 Abs. 2 AktG wäre es de lege ferenda sinnvoll, die geschäftsführenden Direktoren in diese Haftung einzubeziehen. Aufgrund des eindeutigen gesetzlichen Wortlauts wird man de lege lata allerdings nur die Verwaltungsratsmitglieder verantwortlich machen können. Haftungsgrund ist insoweit dann nicht die Vornahme der entsprechenden Zahlungen, sondern der Vorwurf, trotz des Weisungsrechts (vgl. § 44 Abs. 2 SEAG) nicht auf die geschäftsführenden Direktoren eingewirkt zu haben, dass diese die Zahlungen nicht vorgenommen haben (§ 39 SEAG i.V.m. § 15a Abs. 1 InsO). Der geschäftsführende Direktor haftet insoweit allerdings nicht, weil ihn aufgrund der Pflichtenzuweisung an die Verwaltungsratsmitglieder gerade kein eigener Pflichtenverstoß zur Last fällt, wenn er Zahlungen nach Insolvenzreife vornimmt[142]. 51

Die **Rechte und Pflichten des Schuldners** im Insolvenzverfahren nimmt bei einer monistisch strukturierten SE der vom Insolvenzgericht ernannte Insolvenzverwalter wahr. Gem. § 80 InsO gehen auf ihn die Verwaltungs- und Verfügungsbefugnis hinsichtlich des gesamten vom Insolvenzbeschlag erfassten Vermögens der SE über. Das vormalige Geschäftsleitungsorgan der SE verliert jede Kompetenz, über das Vermögen der Gesellschaft zu verfügen oder es zu verwalten. In einer monistischen SE endet auch das Aufsichts- und Weisungsrecht des Verwaltungsrats gegenüber den geschäftsführenden Direktoren und gegenüber allen Handlungen des Insolvenzverwalters das Vermögen der Gesellschaft betreffend. Jede andere Auffassung wäre unvereinbar mit der aus § 80 InsO folgenden Stellung des Insolvenzverwalters im 52

---

138 *Nolting* in Theisen/Wenz, Europäische Aktiengesellschaft, S. 641; *Oechsler*, NZG 2005, 449, 452.
139 So *Nolting* in Theisen/Wenz, Europäische Aktiengesellschaft, S. 641 f.; *Oechsler*, NZG 2005, 449, 453.
140 S. auch *Kindler* in MünchKomm. BGB, 6. Aufl., Int. Gesellschaftsrecht, Rz. 61 ff.
141 S. auch *Nolting* in Theisen/Wenz, Europäische Aktiengesellschaft, S. 641.
142 Anders *Bachmann* in Habersack/Drinhausen, Art. 63 SE-VO Rz. 72, der eine erweiternde Auslegung von § 92 Abs. 2 AktG i.V.m. § 22 Abs. 5 Satz 2 Halbsatz 2 SEAG vertritt und dadurch auch die geschäftsführenden Direktoren haften lassen möchte; ebenso *Casper* in Spindler/Stilz, AktG, Art. 63 SE-VO Rz. 6; *Kiem* in KölnKomm. AktG, 3. Aufl., Art. 63 SE-VO Rz. 53; *Roitsch*, Auflösung, S. 136 f.; vgl. aber *Neye*, Die europäische Aktiengesellschaft, S. 140; *Nolting* in Theisen/Wenz, Europäische Aktiengesellschaft, S. 617, 641.

eröffneten Verfahren und der mit der Übertragung der weitgehenden Kompetenzen einhergehende Haftung nach § 60 InsO. Nur soweit kein Vermögen bzw. keine Vermögensinteressen betroffen sind, bleiben die Geschäftsführungskompetenzen der geschäftsführenden Direktoren bestehen. Die Rechte des Schuldners im eröffneten Verfahren, z.B. die Rechte in der Gläubigerversammlung (§ 74 Abs. 1 Satz 2 InsO), insbesondere das Recht auf Bestreiten im Prüfungstermin nach § 176 InsO, die Rechte nach § 158 Abs. 2 Satz 1 InsO, § 161 Satz 1 InsO, § 160 InsO und das Antragsrecht auf Wiedereinsetzung in den vorigen Stand gem. § 186 InsO, nimmt bzw. nehmen grundsätzlich die zur Vertretung befugte(n) Person(en) wahr, also der bzw. die geschäftsführenden Direktoren. Etwas anderes gilt dann, wenn in der InsO ausdrücklich etwas anderes geregelt ist, wie z.B. das Beschwerderecht des Antragstellers nach § 34 InsO. Da nach § 22 Abs. 5 Satz 2 SEAG die Verwaltungsratsmitglieder antragsberechtigt sind, steht auch ihnen – und nicht dem geschäftsführenden Direktor – das Beschwerderecht zu[143]. Die Pflichten des Schuldners nach §§ 97 bis 99 InsO treffen gem. § 101 Abs. 1 Satz 1 InsO bei einer SE die Mitglieder des Vertretungs- und Aufsichtsorgans. Um dem Sinn und Zweck dieser Vorschrift, nämlich die Gewährleistung einer möglichst effektiven Verwaltung, umfangreich Rechnung zu tragen, unterliegen bei einer monistischen SE sowohl die Verwaltungsratsmitglieder als auch die geschäftsführenden Direktoren diesen Pflichten. Diese umfassen vor allem Auskunfts- oder Mitwirkungspflichten (§ 97 Abs. 1 und Abs. 2 InsO). Im Rahmen der dem geschäftsführenden Direktor für den Schuldner obliegenden Aufgaben besteht kein Weisungsrecht gem. § 44 Abs. 2 SEAG[144]. Die Regelung des § 44 Abs. 2 SEAG bezieht sich nur auf die werbende SE und findet im Insolvenzverfahren keine Anwendung. Der geschäftsführende Direktor muss seine Pflichten im Interesse des Verfahrens ableisten und nicht im Interesse der Gesellschaft. Daher macht es keinen Sinn, dass das Interesse der Gesellschaft durch Weisungen durch das Organ der Gesellschaft weitergegeben wird.

53 Bei der **Eigenverwaltung** (§§ 270 ff. InsO) bleibt die Struktur der monistischen SE unberührt. Lediglich die Befugnisse des Sachwalters (§§ 274, 275 InsO) und des Gläubigerausschusses (§ 276 InsO) müssen berücksichtigt werden. Das Planverfahren (§§ 217 ff. InsO) und das Schutzschirmverfahren (§ 270b Abs. 1 InsO) gelten bei einer SE, auf die deutsches Insolvenzrecht Anwendung findet, ebenso wie bei einer AG, über deren Vermögen ein Insolvenzverfahren eröffnet worden ist.

Art. 64
[Auseinanderfallen von Sitz und Hauptverwaltung]

(1) Erfüllt eine SE nicht mehr die Verpflichtung nach Artikel 7, so trifft der Mitgliedstaat, in dem die SE ihren Sitz hat, geeignete Maßnahmen, um die SE zu verpflichten, innerhalb einer bestimmten Frist den vorschriftswidrigen Zustand zu beenden, indem sie

a) entweder ihre Hauptverwaltung wieder im Sitzstaat errichtet

b) oder ihren Sitz nach dem Verfahren des Artikels 8 verlegt.

---

143 Ebenso *Schwarz*, Art. 63 SE-VO Rz. 72; *Bachmann* in Habersack/Drinhausen, Art. 63 SE-VO Rz. 72.
144 Anders *Schwarz*, Art. 63 SE-VO Rz. 74; *Kiem* in KölnKomm. AktG, 3. Aufl., Art. 63 SE-VO Rz. 55; *Bachmann* in Habersack/Drinhausen, Art. 63 SE-VO Rz. 72; *Roitsch*, Auflösung, S. 138.

(2) Der Sitzstaat trifft die erforderlichen Maßnahmen, um zu gewährleisten, dass eine SE, die den vorschriftswidrigen Zustand nicht gemäß Absatz 1 beendet, liquidiert wird.

(3) Der Sitzstaat sieht vor, dass ein Rechtsmittel gegen die Feststellung des Verstoßes gegen Artikel 7 eingelegt werden kann. Durch dieses Rechtsmittel werden die in den Absätzen 1 und 2 vorgesehenen Verfahren ausgesetzt.

(4) Wird auf Veranlassung der Behörden oder einer betroffenen Partei festgestellt, dass sich die Hauptverwaltung einer SE unter Verstoß gegen Artikel 7 im Hoheitsgebiet eines Mitgliedstaats befindet, so teilen die Behörden dieses Mitgliedstaats dies unverzüglich dem Mitgliedstaat mit, in dem die SE ihren Sitz hat.

§ 52 SEAG: Auflösung der SE bei Auseinanderfallen von Sitz und Hauptverwaltung

(1) Erfüllt eine SE nicht mehr die Verpflichtung nach Artikel 7 der Verordnung, so gilt dies als Mangel der Satzung im Sinne von § 262 Abs. 1 Nr. 5 des Aktiengesetzes. Das Registergericht fordert die SE auf, innerhalb einer bestimmten Frist den vorschriftswidrigen Zustand zu beenden, indem sie
1. entweder ihre Hauptverwaltung wieder im Sitzstaat errichtet
2. oder ihren Sitz nach dem Verfahren des Artikels 8 der Verordnung verlegt.

(2) Wird innerhalb der nach Absatz 1 bestimmten Frist der Aufforderung nicht genügt, so hat das Gericht den Mangel der Satzung festzustellen.

(3) Gegen Verfügungen, durch welche eine Feststellung nach Absatz 2 getroffen wird, findet die Beschwerde statt.

I. Zweck und Entwicklung der Norm	1	b) Nicht erfasste Verstöße	10
II. Primärrechtskonformität der Regelung des Art. 64 Abs. 2 SE-VO	3	3. Erforderliche Maßnahmen	16
III. Auflösungstatbestand gem. Art. 64 Abs. 1 SE-VO		IV. Zwangsweise Liquidation gem. Art. 64 Abs. 2 SE-VO	19
1. Allgemeines	5	V. Rechtsmittel gem. Art. 64 Abs. 3 SE-VO	20
2. Von Art. 64 SE-VO erfasste und nicht erfasste Verstöße		VI. Mitteilungspflicht gem. Art. 64 Abs. 4 SE-VO	23
a) Erfasste Verstöße	8		

Literatur: S. vor Art. 63.

I. Zweck und Entwicklung der Norm

Art. 64 SE-VO erweitert die Reihe der nationalen Auflösungsgründe, welche gem. Art. 63 SE-VO für eine Aktiengesellschaft maßgeblich wären, die nach dem Recht des Staates der SE gegründet worden ist, um einen weiteren **SE-spezifischen Auflösungsgrund**. Die Vorschrift geht von einem Gleichlauf von Sitz und Hauptverwaltung aus, die beide an demselben Ort in einem Mitgliedstaat der Europäischen Union gelegen sein müssen. Art. 64 Abs. 2 SE-VO sanktioniert das dauerhafte Auseinanderfallen von Sitz und Hauptverwaltung mit der Liquidation der SE, wenn nicht der verordnungsgemäße Zustand wieder hergestellt wird. Dieser Auflösungsgrund bezieht die Regelungen der Art. 7 und 8 SE-VO in den Normzweck ein[1]. Art. 64 SE-VO beinhaltet zwar lediglich die Verpflichtung der Mitgliedstaaten, geeignete Maßnahmen einzuführen, die eine SE bei einem Verstoß gegen Art. 7 SE-VO dazu anhalten, diesen

1

---

[1] Siehe *Ludwig*, Beendigung, S. 36; *Ebert*, BB 2003, 1854, 1857.

Verstoß entweder zu beseitigen oder die SE zu liquidieren². Der Sache nach ergibt sich aus dem Zusammenspiel des Art. 64 Abs. 2 SE-VO mit Art. 7 und 8 SE-VO aber, dass es sich um die materielle Regelung eines Auflösungsgrundes handelt, der darin besteht, dass Sitz und Hauptverwaltung der SE dauerhaft nicht mehr in demselben Mitgliedstaat liegen³. Eine derartige Konstruktion findet sich in den Vorentwürfen zur SE-VO erst seit 1989 und 1991. Gem. Art. 115 Nr. 3c, 117 SE-VOV 1989 bestand die Möglichkeit, eine SE mit Sitz in Deutschland durch Gerichtsbeschluss aufzulösen, wenn die SE ihren Sitz aus der Gemeinschaft heraus verlegen sollte. Parallel zu Art. 5a SE-VOV 1991, der die Sitzverlegung der SE innerhalb der Gemeinschaft ohne Auflösung und anschließender Neugründung einführte, wurde mit Art. 117a SE-VOV 1991 ein neuer Grund für eine gerichtlich verfügte Auflösung vorgesehen. Zum Schutz des Gemeinschaftscharakters der SE konnte auf Antrag jedes Beteiligten oder einer zuständigen Behörde durch das Gericht des Sitzes der SE die Gesellschaft aufgelöst werden⁴.

2 Die Regelung des Art. 64 SE-VO entspricht dem Art. 32 EWIV-VO i.V.m. Art. 12 EWIV-VO, der für die EWIV anordnet, dass bei Auseinanderfallen von Sitz und Hauptverwaltung bzw. dem Ort, an dem eines der Mitglieder der EWIV seine Hauptverwaltung hat und dort auch tatsächlich seine Tätigkeit ausübt, zu einem Auflösungsverfahren führt. Eine Entsprechung zu Art. 64 SE-VO sieht auch Art. 73 Abs. 2 bis Abs. 5 SCE-VO vor.

II. Primärrechtskonformität der Regelung des Art. 64 Abs. 2 SE-VO

3 Die Anwendung des Art. 64 Abs. 2 SE-VO führt dazu, dass die Folge der grenzüberschreitenden Verlegung der Hauptverwaltung in einen anderen als den (Satzungs-)Sitzstaat ein rechtswidriger Zustand ist, der zur Liquidation führen kann. Der dadurch faktisch erzwungene Rechtswechsel könnte als eine unzulässige **Beschränkung der Niederlassungsfreiheit** einer SE gem. Art. 49 Abs. 1 SE-VO i.V.m. Art. 54 Abs. 1 AEUV angesehen werden⁵. Zum Teil wird in Abrede gestellt, dass eine SE als supranationale Gesellschaftsform überhaupt in den Schutzbereich des Art. 54 AEUV fällt⁶. Allerdings ist ein Verständnis des Art. 54 Abs. 1 AEUV zu eng, wonach diese Vorschrift nicht auf Gesellschaften Anwendung finden soll, die nach den Rechtsvorschriften eines Mitgliedstaates gegründet sind und ihren satzungsmäßigen oder tatsächlichen Sitz in der EU haben. Die Gründung einer SE richtet sich zwar primär nach europäischem Recht, doch wird damit nur eine Vereinheitlichung der Gründung einer Gesellschaftsform in den nationalen Rechten angestrebt, keinesfalls soll dies aber dazu führen können, dass nach der SE-VO gegründete SE nicht in den Ge-

---

2 *Schwarz*, Art. 64 SE-VO Rz. 1; *Schröder* in Manz/Mayer/Schröder, Art. 64 SE-VO Rz. 1.
3 Siehe *Frege/Nicht* in Jannott/Frodermann, Handbuch Europäische Aktiengesellschaft, § 12 Rz. 5; *Bartone/Klapdor*, Europäische Aktiengesellschaft, S. 79; *Ludwig*, Beendigung, S. 36. Ob dagegen Art. 64 Abs. 2 SE-VO damit zum Rückgrat der Verordnung gehört, so *Blanquet*, ZGR 2002, 20, 42, mag aufgrund der geringen Bedeutung eher bezweifelt werden.
4 Vgl. *Schwarz*, Art. 64 SE-VO Rz. 2; *Schwarz*, Europäisches Gesellschaftsrecht, 2000, Rz. 1182 f.
5 Siehe dazu *Zimmer*, EWS 2010, 222, 226 f.; *Schindler*, RdW 2003, 122; *Teichmann*, ZGR 2003, 367, 401; *de Diego*, EWS 2005, 440, 448 f.; *Ulmer*, NJW 2004, 1201, 1210; *Schäfer*, NZG 2004, 785, 787 f.; *Thümmel*, Europäische Aktiengesellschaft, Rz. 19; *Ludwig*, Beendigung, S. 38 ff.; *Schröder* in Manz/Mayer/Schröder, Art. 64 SE-VO Rz. 1; *Schäfer* in MünchKomm. AktG, 3. Aufl., Art. 64 SE-VO Rz. 3; *Casper* in Spindler/Stilz, AktG, Art. 7 SE-VO Rz. 2; *Casper*, ZHR 173 (2009), 181, 208 f.
6 So *Ulmer*, NJW 2004, 1201, 1210; *Teichmann*, ZGR 2003, 367, 401; *Ludwig*, Beendigung, S. 39.

nuss der Freizügigkeit für Gesellschaften nach dem AEUV fallen. Die in Art. 54 AEUV vorgenommene Beschränkung bezieht sich lediglich darauf, Gesellschaften, die nicht innerhalb der EU gegründet bzw. ihren Sitz haben, von der Freizügigkeit auszunehmen[7]. Zudem macht die Gleichstellung der SE in Art. 10 SE-VO mit einer nationalen Aktiengesellschaft deutlich, dass eine SE nicht anders behandelt werden darf als eine AG[8], für die Art. 54 AEUV unzweifelhaft gilt.

Art. 64 Abs. 2 SE-VO beinhaltet lediglich eine **Sanktion** bei dem Auseinanderfallen von Hauptverwaltung und Satzungssitz. Dies führt aber nicht dazu, dass die Sitzverlegung einer SE unter Wahrung ihrer Identität nicht möglich wäre. Dass sich das subsidiär anwendbare Recht damit ändert, ist unerheblich, weil dieses in der Konstruktion der SE als supranationale Gesellschaftsform angelegt ist[9]. Selbst wenn man diesem Argument nicht folgen wollte, liegt in der in Art. 64 Abs. 2 SE-VO beinhalteten Rechtsfolge **kein Verstoß gegen Art. 54 AEUV** vor, weil darin allenfalls eine Regelung über den „Wegzug" der Gesellschaft gesehen werden könnte. Diese können nach der derzeitigen Lage der Rechtsprechung des EuGH aber immer noch reglementiert werden, ohne dass ein Verstoß gegen Art. 54 Abs. 1 AEUV vorliegt[10]. Dies gilt insbesondere nach der „Cartesio-Entscheidung" des EuGH aus dem Jahr 2008[11]. Nach alledem verstößt Art. 64 Abs. 2 nicht gegen Art. 54 Abs. 1 AEUV i.V.m. Art. 49 Abs. 1 AEUV[12].   4

III. Auflösungstatbestand gem. Art. 64 Abs. 1 SE-VO

1. Allgemeines

Art. 64 Abs. 1 SE-VO setzt voraus, dass die SE ihre Verpflichtung aus Art. 7 SE-VO nicht mehr erfüllt. Art. 7 SE-VO sieht vor, dass die SE als nominellen Sitz einen Ort zu bestimmen hat, der innerhalb der Gemeinschaft und im gleichen Mitgliedstaat wie die Hauptverwaltung liegt. Zudem muss die SE ihren Satzungssitz am Ort der Hauptverwaltung haben, falls der Satzungssitzstaat der SE von der Ermächtigung des Art. 7 Satz 2 SE-VO Gebrauch gemacht hat[13]. Dies war in Deutschland zunächst der Fall. Der deutsche Gesetzgeber hatte den Gleichlauf mit § 5 Abs. 2 AktG a.F. herstellen wollen[14] und in § 2 SEAG a.F. geregelt, dass die Satzung der SE **als Sitz den Ort zu bestimmen hat, wo die Hauptverwaltung geführt wird**. Durch das MoMiG[15] sind beide Normen mit Wirkung zum 1.11.2008 aufgehoben worden.   5

---

7 Vgl. statt vieler *Jung* in Schwarze, EU-Kommentar, 3. Aufl. 2012, Art. 54 AEUV Rz. 18.
8 *Eidenmüller*, JZ 2004, 24, 31; vgl. auch *Ziemons*, ZIP 2003, 1913, 1918.
9 So auch *Schindler*, RdW 2003, 122, 125; *Ludwig*, Beendigung, S. 39.
10 Insoweit anderer Ansicht ist *Peters*, GmbHR 2008, 245, 247, der einen Verstoß gegen die Niederlassungsfreiheit auch für Wegzugsverbote annehmen will. Vgl. auch den Überblick zum Stand der Rechtsprechung des EuGH zu Art. 54 AEUV bei *Jung* in Schwarze, EU-Kommentar, 3. Aufl. 2012, Art. 54 AEUV Rz. 35 ff.
11 EuGH v. 16.12.2008 – Rs. C-210/06 – „Cartesio", NJW 2009, 569 ff. = AG 2009, 79 ff.
12 Im Ergebnis gleich *Ludwig*, Beendigung, S. 40; *Zimmer*, EWS 2010, 222, 226 f.; *Casper/Weller*, NZG 2009, 681, 682 f.; *Vinçon*, Sitzverlegung, S. 55 ff.; *Schäfer* in MünchKomm. AktG, 3. Aufl., Art. 64 SE-VO Rz. 3; *Teichmann*, ZGR 2003, 367, 401; *Ulmer*, NJW 2004, 1204, 1210. Anders offensichtlich *Ziemons*, ZIP 2003, 1913, 1918; *Wymeersch*, ECGI Law Working Paper 8/2003, S. 23.
13 Dazu s. oben Art. 7 Rz. 21; *Hunger* in Jannott/Frodermann, Handbuch Europäische Aktiengesellschaft, § 9 Rz. 21.
14 *Neye*, Europäische Aktiengesellschaft, S. 75; *Hunger* in Jannott/Frodermann, Handbuch Europäische Aktiengesellschaft, § 9 Rz. 21; *Schwarz*, Art. 64 SE-VO Rz. 4.
15 Gesetz zur Modernisierung des GmbH-Rechts und zur Bekämpfung von Missbräuchen vom 28.10.2010, BGBl. I 2008, 2026.

6   Art. 64 SE-VO sieht für die Mitgliedstaaten allerdings vor, nur für einige Verpflichtungen der SE nach Art. 7 Satz 1 SE-VO Regelungen zu treffen. Art. 64 SE-VO **erfasst daher nicht alle in Art. 7 SE-VO genannten Verpflichtungen**[16]. Im Einzelnen sind verschiedene Anwendungsfälle zu differenzieren, nämlich in die Fälle, in denen die Hauptverwaltung außerhalb der EU liegt, in die Fälle, in denen der Satzungssitz außerhalb der EU liegt, in die Fälle, in denen Hauptverwaltung und Satzungssitz in unterschiedlichen EU-Staaten liegen und in die Fälle, in denen die Hauptverwaltung und der Satzungssitz in unterschiedlichen Orten innerhalb desselben Staates in der EU liegen.

7   Art. 64 Abs. 1 lit. a und lit. b SE-VO stellen klar, dass nur solche Verstöße gegen Art. 7 SE-VO erfasst werden, die entweder durch eine Wiedererrichtung der Hauptverwaltung im Satzungssitzstaat oder eine Sitzverlegung nach dem Verfahren des Art. 8 SE-VO beseitigt werden können[17]. Der Wortlaut „erfüllt (…) nicht mehr" macht zudem deutlich, dass eine **Einschränkung in zeitlicher Hinsicht** vorgenommen wird, in dem Sinne, dass die SE jedenfalls bei ihrer Eintragung in das Register ihre Verpflichtung aus Art. 7 Satz 1 SE-VO erfüllt hat.

2. Von Art. 64 SE-VO erfasste und nicht erfasste Verstöße

a) Erfasste Verstöße

8   Ein Verstoß gegen Art. 7 Satz 1 Halbsatz 2 SE-VO liegt vor, wenn der **Satzungssitz und die Hauptverwaltung** infolge einer Satzungssitzverlegung **in verschiedenen Mitgliedstaaten** liegen. Zwar regelt Art. 8 Abs. 9 SE-VO, dass die SE erst dann in das Register des neuen Sitzstaats eingetragen werden darf, wenn sie ihre Hauptverwaltung in diesem Mitgliedstaat errichtet hat, doch sind fehlerhafte Eintragungen in das Register denkbar. Insoweit richten sich die Folgen einer fehlerhaften Eintragung nach Art. 64 SE-VO und nicht nach dem Recht des betroffenen Mitgliedstaates[18].

9   Gegen Art. 7 Satz 1 Halbsatz 2 SE-VO verstößt eine SE auch dann, wenn sie unter Beibehaltung des Satzungssitzes ihre Hauptverwaltung in einen anderen Mitgliedstaat verlegt[19]. Bei einer **Verlegung der Hauptverwaltung** in einen Nicht-EWR-Staat bei Beibehaltung des Satzungssitzes in dem Mitgliedstaat verstößt die SE gegen Art. 7 Satz 1 Halbsatz 2 SE-VO[20].

b) Nicht erfasste Verstöße

10 Art. 64 Abs. 1 bis Abs. 3 SE-VO erfassen nicht Verstöße gegen Art. 7 SE-VO, die schon **vor der Eintragung der SE** bestanden haben. Zwar hatte der Verordnungsgeber bei Erlass des Art. 64 SE-VO offensichtlich die Fälle nicht im Auge, wo der Ort der Hauptverwaltung bereits bei der Gründung gegen Art. 7 SE-VO vom Satzungssitz der künftigen SE abweicht, doch macht der Wortlaut „erfüllt eine SE nicht mehr die Verpflichtung nach Art. 7" deutlich, dass Verstöße vor Eintragung nicht von Art. 64 SE-VO erfasst sind. Insoweit handelt es sich um einen Verstoß gegen die Gründungsvorschriften, so dass die Eintragung einer SE, die ihren Satzungssitz in Deutschland begründen will, nach Art. 15 Abs. 1 SE-VO i.V.m. § 38 Abs. 1 Satz 2 AktG abzulehnen

---

16 *Schwarz*, Art. 64 SE-VO Rz. 4; *Schröder* in Manz/Mayer/Schröder, Art. 64 SE-VO Rz. 5.
17 *Zang*, Sitz, S. 61 f.; *Schwarz*, Art. 64 SE-VO Rz. 4.
18 *Teichmann*, ZGR 2002, 383, 457 f.; *Schäfer* in MünchKomm. AktG, 3. Aufl., Art. 64 SE-VO Rz. 4; *Wenz* in Theisen/Wenz, Europäische Aktiengesellschaft, S. 171, 204; *Schwarz*, Art. 64 SE-VO Rz. 5; anderer Ansicht *Zang*, Sitz, S. 64, 77.
19 *Jahn/Herss-Röttgen*, DB 2001, 631, 634; *Zang*, Sitz, S. 65; *Schwarz*, Art. 64 SE-VO Rz. 7; *Schröder* in Manz/Mayer/Schröder, Art. 64 SE-VO Rz. 4.
20 S. *Schwarz*, Art. 64 SE-VO Rz. 7; *Schröder* in Manz/Mayer/Schröder, Art. 64 SE-VO Rz. 4.

ist. Zwar wird in der Regel dann das für die Eintragung zuständige Gericht oder die zuständige Behörde die Eintragung der SE ablehnen, doch ist zumindest theoretisch möglich, dass die SE gleichwohl eingetragen wird und dann wirksam gegründet ist[21]. Da die SE insoweit die Möglichkeit hat, ihre Hauptverwaltung im Sitzstaat zu errichten, wird vertreten, dass Art. 64 Abs. 1 lit. a SE-VO in erweiternder Auslegung auch auf den Fall des anfänglichen Auseinanderfallens von Hauptverwaltung und Satzungssitz anwendbar sei, insbesondere, weil dies der Sache nach dem Fall der Verlegung der Hauptverwaltung nach Gründung entspreche[22]. Für eine derartige Auslegung ist aber dogmatisch kein Raum, weil in dem Fall, in dem eine SE durch das zuständige Gericht oder die zuständige Behörde fehlerhaft eingetragen wird, bereits die allgemeinen Auflösungsregeln nach Art. 63 SE-VO eingreifen. In Betracht kommt hier insbesondere die Auflösung gem. § 262 Abs. 1 Nr. 5 AktG, § 399 FamFG (Auflösung von Amts wegen)[23].

Wird der **Satzungssitz außerhalb der EU** gewählt, wobei der Hauptverwaltungssitz innerhalb der EU verbleibt, so lässt sich differenzieren: Wenn der nominelle und der tatsächliche Sitz der Gesellschaft bereits bei ihrer Gründung außerhalb der EU liegt, handelt es sich nicht um eine SE, auch wenn eine solche Gesellschaft versehentlich als SE im Register eingetragen werden sollte und im Rechtsverkehr auftritt. Art. 64 SE-VO entfaltet gegenüber einer Schein-SE keine Wirkung[24]. Gleiches gilt, wenn zwar die Hauptverwaltung der Gesellschaft zum Zeitpunkt der Eintragung in einem Mitgliedstaat, der Satzungssitz aber außerhalb der EU liegt. In diesem Fall gibt es ebenfalls keinen Mitgliedstaat, in dem die SE ihren Sitz hat, der durch den Art. 64 SE-VO verpflichtet werden könnte[25]. 11

Es stellt einen Verstoß gegen Art. 7 SE-VO dar, wenn die **Verlegung des Satzungssitzes in einen Staat außerhalb des EWR** stattfindet. Ein solcher Verstoß wird allerdings von Art. 64 SE-VO nicht erfasst, weil er weder durch die in Art. 64 Abs. 1 lit. a SE-VO vorgesehene Sitzverlegung noch nach dem in Art. 8 SE-VO vorgesehenen Verfahren (Art. 64 Abs. 1 lit. b SE-VO) beseitigt werden kann[26]. Zu bedenken ist allerdings, dass es nach deutschem Recht keine weitergehende Regelung über den Fall der Sitzverlegung in einen Nicht-EWR-Staat geben muss. Ein Beschluss über eine entsprechende Sitzverlegung würde nach deutschem Recht ohnehin zur Nichtigkeit des Hauptversammlungsbeschlusses führen (Art. 9 Abs. 1 lit. c II SE-VO i.V.m. § 241 Nr. 3 AktG). Satzungsändernde Beschlüsse, die von zwingenden Vorschriften des Aktienrechts abweichen, sind stets nach § 241 Nr. 3, 3. Alt. AktG nichtig. 12

Ein Verstoß gegen Art. 7 SE-VO liegt auch vor, wenn sich die **Hauptverwaltung und der Satzungssitz in unterschiedlichen EU-Staaten** befinden. Dabei kommen **drei unterschiedliche Fälle** in Betracht: Entweder hatte die SE bereits bei der Gründung ih- 13

---

21 *Schröder* in Manz/Mayer/Schröder, Art. 64 SE-VO Rz. 5; *Grote*, Das neue Statut der Europäischen Aktiengesellschaft zwischen europäischem und nationalem Recht, 1990, S. 157.
22 So *Bachmann* in Habersack/Drinhausen, Art. 64 SE-VO Rz. 11; *Schröder* in Manz/Mayer/Schröder, Art. 64 SE-VO Rz. 5; *Casper* in Spindler/Stilz, AktG, Art. 64 SE-VO Rz. 2; vgl. auch *Ludwig*, Beendigung, S. 37.
23 So wie hier *Zang*, Sitz, S. 75; *Schwarz*, Art. 64 SE-VO Rz. 10; anders hingegen *Schröder* in Manz/Mayer/Schröder, Art. 64 SE-VO Rz. 5, der Art. 64 entgegen des Wortlautes erweiternd auslegen will. Dazu ist allerdings kein Platz, da der Verstoß bereits durch die Auflösung des Tatbestandes gem. Art. 63 erfasst wird.
24 *Schröder* in Manz/Mayer/Schröder, Art. 64 SE-VO Rz. 7.
25 *Schröder* in Manz/Mayer/Schröder, Art. 64 SE-VO Rz. 7; *Schäfer* in MünchKomm. AktG, 3. Aufl., Art. 64 SE-VO Rz. 4.
26 S. *Schwarz*, Art. 64 SE-VO Rz. 10 unter Aufgabe seiner früheren Position in ZIP 2001, 1847, 1858.

ren Hauptverwaltungssitz nicht am Satzungssitz und ist trotz dieses Fehlers in das Register eingetragen worden, oder die SE hat nach Eintragung die Hauptverwaltung vom Satzungssitz in einen anderen Mitgliedstaat verlegt, oder die SE hat nach Eintragung ihren Satzungssitz nach Art. 8 SE-VO weg vom Ort der Hauptverwaltung verlegt, ohne dass dies beim Eintragungsverfahren aufgefallen wäre[27]. Da die SE diesen rechtswidrigen Zustand auf beide, in Art. 64 SE-VO genannte Wege beseitigen kann, muss das nationale Recht eine Regelung für diese Fälle vorsehen. Dies gilt auch für den Fall, dass die SE nach Eintragung ihren Satzungssitz an einen anderen Ort als den der Hauptverwaltung verlegt hat. Zwar ist der Wortlaut des Art. 64 Abs. 1 lit. a SE-VO insoweit missverständlich, als er davon spricht, dass der vorschriftswidrige Zustand zu beenden ist, indem die SE (...) ihre Hauptverwaltung „wieder" im Sitzstaat errichtet, was die Auslegung nahe legen könnte, dass dieser Fall nicht dadurch gelöst werden kann, dass nun auch die Hauptverwaltung an den Satzungssitz verlegt wird, weil sie sich da noch nie befunden hat und es daher auch kein Zurückverlegen wird. Allerdings ist ein solches Ergebnis nicht haltbar, weil es die Herstellung eines Zustandes verhindern würde, der der Sache nach als verordnungsgemäß vorausgesetzt wird.

14 Ein Verstoß gegen Art. 7 Satz 2 SE-VO i.V.m. § 2 SEAG a.F. lag vor, wenn **Sitz und Hauptverwaltung innerhalb desselben Mitgliedstaats auseinanderfallen**. Ein solcher Verstoß wurde von Art. 64 SE-VO nicht sanktioniert, weil eine Wiedereinrichtung der Hauptverwaltung im Sitzstaat nach Art. 64 Abs. 1 lit. a SE-VO nicht geeignet ist, einen Verstoß gegen Art. 7 Satz 2 SE-VO i.V.m. § 2 SEAG a.F. zu beseitigen. Dieses erfordert nämlich innerhalb des jeweiligen Sitzstaats zusätzlich die Wiedererrichtung der Hauptverwaltung am Satzungssitz der SE[28]. Auch ein Verfahren nach Art. 8 SE-VO führt nicht dazu, den Verstoß gegen Art. 7 Satz 2 SE-VO zu beheben, denn Art. 8 SE-VO regelt die grenzüberschreitende Sitzverlegung und ist daher auf die Sitzverlegung innerhalb eines Mitgliedstaats nicht anwendbar[29]. Das gleiche galt für den Verstoß gegen die Regelung des § 2 SEAG a.F., weil diese Vorschrift dem § 5 Abs. 2 AktG a.F. entsprach[30].

15 Schließlich greift Art. 64 SE-VO auch nicht bei einer **nichtigen Satzungsregelung** ein. Eine solche könnte z.B. darin liegen, dass ein Satzungssitz außerhalb der EU gewählt wurde oder dass ein mehrfacher Satzungssitz bestimmt worden ist. Eine derartige anfänglich nichtige Regelung des Satzungssitzes hat nach Art. 9 Abs. 1 lit. c ii SE-VO, § 23 Abs. 3 Nr. 1 AktG, § 399 Abs. 1 FamFG, § 262 Abs. 1 Nr. 5 AktG eine Amtsauflösung zur Folge[31].

3. Erforderliche Maßnahmen

16 Art. 64 Abs. 1 SE-VO gibt den Mitgliedstaaten, in denen die SE ihren satzungsmäßigen Sitz hat, auf, die erforderlichen Maßnahmen zu treffen, um die SE zu verpflichten, den vorschriftswidrigen Zustand zu beenden. Der deutsche Gesetzgeber ist dieser Verpflichtung mit der Regelung des **§ 52 SEAG** gefolgt, der ein eigenständiges Verfahren vorsieht, das sich an dem Verfahren der Amtsauflösung bei Feststellung eines Satzungsmangels nach § 144a FGG a.F. (heute § 399 FamFG) orientiert. Die früheren Vorschläge im Schrifttum, zur Umsetzung der Vorgaben des Art. 64 Abs. 1–3

---

27 S. *Schröder* in Manz/Mayer/Schröder, Art. 64 SE VO Rz. 9.
28 S. *Schwarz*, Art. 64 SE-VO Rz. 11.
29 Vgl. *Wenz* in Theisen/Wenz, Europäische Aktiengesellschaft, S. 171, 204.
30 *Schwarz*, Art. 64 SE-VO Rz. 12.
31 Vgl. *Schwarz*, Art. 64 SE-VO Rz. 14; *Schäfer* in MünchKomm. AktG, 3. Aufl., Art. 64 SE-VO Rz. 4.

SE-VO auf das Amtsauflösungsverfahren gem. § 144a FGG a.F. zurückzugreifen[32], sind nicht aufgegriffen worden. Nach § 52 Abs. 1 SEAG gilt der Umstand, dass eine SE nicht mehr die Verpflichtung nach Art. 7 SE-VO erfüllt, als **Mangel der Satzung** i.S.d. §§ 262 Abs. 1, 5 AktG. Das Registergericht fordert dann die SE auf, innerhalb einer bestimmten Frist den vorschriftswidrigen Zustand zu beenden, indem sie ihre Hauptverwaltung wieder im Sitzstaat errichtet oder ihren Sitz nach dem Verfahren des Art. 8 SE-VO verlegt. Nach § 52 Abs. 2 SEAG muss das Gericht den Mangel der Satzung feststellen, wenn die SE nach Ablauf der bestimmten Frist der Forderung nicht genügt. Gegen eine derartige Verfügung des Registergerichts besteht die Möglichkeit einer Beschwerde.

Für die in § 52 Abs. 1 Satz 2 SEAG geregelte Beseitigungsaufforderung ist das Registergericht des Sitzes der SE **sachlich und örtlich zuständig**, in dessen Handelsregister die Gesellschaft eingetragen ist[33]. Die in § 52 Abs. 1 Satz 2 geregelten Maßnahmen zur Beseitigung des rechtswidrigen Zustands geben die Vorgaben des Art. 64 Abs. 1 SE-VO wörtlich wieder. Die Wiedererrichtung der Hauptversammlung beinhaltet die Verpflichtung, dass die Hauptverwaltung räumlich in den Satzungssitzstaat zurückverlagert werden muss[34]. Die Behebung des Verstoßes gegen Art. 7 SE-VO nach dem Verfahren gem. Art. 8 SE-VO beinhaltet, dass eine entsprechende Satzungsänderung vorgenommen wird. Der Satzungssitz muss dadurch in den Mitgliedstaat verlegt werden, in dem sich die Hauptverwaltung befindet[35]. 17

§ 52 SEAG sieht **keinen Antrag** auf Festsetzung der Maßnahmen vor. Anders als nach Art. 117a SE-VOV 1991, der noch ein Antragserfordernis einer beteiligten oder zuständigen Behörde vorsah, verzichtet Art. 64 Abs. 1 SE-VO auf diese Voraussetzung. 18

IV. Zwangsweise Liquidation gem. Art. 64 Abs. 2 SE-VO

Art. 64 Abs. 2 SE-VO verpflichtet den Sitzstaat, die erforderlichen Maßnahmen zu treffen, um zu gewährleisten, dass die SE, die den vorschriftswidrigen Zustand nicht nach Maßgabe des Art. 64 Abs. 1 lit. a oder lit. b SE-VO beendet, liquidiert wird. Als Liquidation ist – wie in Art. 63 SE-VO – die **Abwicklung der Gesellschaft** im Anschluss an deren Auflösung gemeint. Das deutsche Umsetzungsrecht hat nach § 52 Abs. 1 Satz 1 SEAG i.V.m. mit § 262 Abs. 1 Nr. 5 AktG den Auflösungsgrund des Satzungsmangels vorgesehen und entspricht damit den Vorgaben des Art. 64 Abs. 2 SE-VO. Der Sache nach fingiert das Gesetz in dieser Situation einen Absatzmangel, der vom Registergericht vor der Liquidation festgestellt werden muss[36]. 19

V. Rechtsmittel gem. Art. 64 Abs. 3 SE-VO

Nach Art. 64 Abs. 3 SE-VO hat jeder Mitgliedstaat in seinen nationalen Umsetzungsregelungen der SE, die ihren Sitz dort hat, ein Rechtsmittel gegen die Feststellung des Verstoßes gegen Art. 7 SE-VO einzuräumen. Die SE kann damit allerdings lediglich geltend machen, dass kein Verstoß gegen diese Vorschrift vorliegt. Nicht angegriffen 20

---

32 Vgl. *Teichmann*, ZGR 2002, 383, 458 f.; *Teichmann*, ZIP 2002, 1109, 1116; *Brandt*, NZI 2002, 991, 995; *Zang*, Sitz, S. 73 f.; *Wenz* in Theisen/Wenz, Europäische Aktiengesellschaft, S. 205.
33 *Schwarz*, Art. 64 SE-VO Rz. 16.
34 *Zang*, Sitz, S. 67; *Schwarz*, Art. 64 SE-VO Rz. 17.
35 Vgl. *Zang*, Sitz, S. 68; *Schwarz*, Art. 64 SE-VO Rz. 18.
36 Vgl. *Schwarz*, Art. 64 SE-VO Rz. 19; *Schäfer* in MünchKomm. AktG, 3. Aufl., Art. 64 SE-VO Rz. 6.

werden kann die Auswahl der Maßnahmen nach Art. 64 Abs. 1 SE-VO oder die Durchführung der Abwicklung nach Art. 64 Abs. 2 SE-VO.

21 Art. 64 Abs. 3 SE-VO bestimmt ferner, dass das nationale Umsetzungsrecht vorsehen muss, dass die Rechtsmittel einen **Suspensiveffekt** haben, so dass Maßnahmen nach Art. 64 Abs. 1 SE-VO so lange keine Wirkung haben, wie die Frist nach Abs. 1 läuft und eine Abwicklung unzulässig ist[37]. Dass sich der Suspensiveffekt bereits aus Art. 64 Abs. 3 SE-VO ergibt, ist in Hinblick auf die systematische Stellung der Norm hingegen abzulehnen[38]. Ein Rechtsmittel hat auch einen **Devolutiveffekt**[39]. Als Rechtsmittel wird ein gerichtlicher Rechtsbehelf verstanden. Dies ergibt sich aus dem Vergleich mit den anderssprachigen Fassungen der SE-VO[40].

22 Im deutschen Recht ist die Umsetzung der Vorgaben des Art. 64 Abs. 3 SE-VO in § 52 SEAG vorgenommen worden, in dem geregelt ist, dass Verfügungen, durch welche eine Feststellung nach Art. 64 Abs. 2 SE-VO getroffen wird, der **Beschwerde** unterliegen. Die **aufschiebende Wirkung** bezieht sich sowohl auf die zur Auflösung führende Feststellung des Satzungsmangels als auch gegen die Beseitigungsaufforderung nach § 52 Abs. 1 Satz 2 SEAG[41]. Soweit vertreten wird, dass die Beschwerde lediglich aufschiebende Wirkung gegenüber der zur Auflösung führenden Feststellung des Mangels der Satzung nach § 52 Abs. 2 SEAG, nicht aber gegenüber der Beseitigungsaufforderung nach § 52 Abs. 1 Satz 2 SEAG habe[42], wird übersehen, dass Art. 64 Abs. 3 Satz 2 SE-VO anordnet, dass durch das Rechtsmittel sowohl die in den Abs. 1 und 2 vorgesehenen Verfahren ausgesetzt werden. Zudem übersieht die abweichende Meinung, dass zwischen der Feststellung des Satzungsmangels und der Beseitigungsaufforderung ein notwendiger innerer Zusammenhang besteht, der nicht zu trennen ist und der sich auch in der Einheitlichkeit der aufschiebenden Wirkung gegenüber diesen Verfahrensschritten ausdrückt.

VI. Mitteilungspflicht gem. Art. 64 Abs. 4 SE-VO

23 Die Behörden des Mitgliedstaates, in dem die Hauptverwaltung der SE liegt, müssen gem. Art. 64 Abs. 4 SE-VO dem Sitzstaat der SE mitteilen, wenn der Ort der Hauptverwaltung und der satzungsmäßige Sitz grenzüberschreitend auseinanderfallen. Art. 64 Abs. 4 SE-VO fordert ferner, dass diese **Mitteilung unverzüglich** erfolgen muss, nachdem die Behörden des Staates, in dem die SE ihre Hauptverwaltung hat, davon Kenntnis erlangt haben. Der Begriff der Feststellung wird in Art. 64 Abs. 4 SE-VO nicht weiter erläutert. Aus dem Regelungszusammenhang ergibt sich jedoch, dass es keiner gerichtlichen oder sonst formalisierten Feststellung des Verstoßes bedarf[43]. Unverzüglich ist die Mitteilung, wenn sie ohne schuldhaftes Zögern vorgenommen wird[44]. Nach § 4 SEAG, der auf §§ 376 und 377 FamFG verweist, ist aus-

---

37 *Schröder* in Manz/Mayer/Schröder, Art. 64 SE-VO Rz. 20; *Schwarz*, Art. 64 SE-VO Rz. 20.
38 Die Frage letztlich offen lassend *Bachmann* in Habersack/Drinhausen, Art. 64 SE-VO Rz. 32.
39 *Zang*, Sitz, S. 69; *Schwarz*, Art. 64 SE-VO Rz. 20.
40 Judicial remedy (engl. Version); recours juridictionnel (franz. Fassung); recurso jurisdiccional (span. Fassung); recurso judicial (portugiesische Fassung).
41 So auch *Schwarz*, Art. 64 SE-VO Rz. 20.
42 *Zang*, Sitz, S. 73.
43 So *Schäfer* in MünchKomm. AktG, 3. Aufl., Art. 64 SE-VO Rz. 8.
44 Ähnlich auch *Schröder* in Manz/Mayer/Schröder, Art. 64 SE-VO Rz. 21, der auch „baldmöglichst" als unverzüglich ansieht.

schließlich das Registergericht für diese Mitteilung zuständig[45]. Zur Mitteilung sind die Behörden von Amts wegen verpflichtet, wenn sie Kenntnis erlangen. Art. 64 Abs. 4 SE-VO sieht aber vor, dass jeder Betroffene ein **Initiativrecht** hat, so dass er die zuständigen Behörden am Sitz der Hauptverwaltung informieren und somit deren Tätigwerden initiieren kann[46]. Voraussetzung für das Vorliegen eines Initiativrechts, das zu einer Mitteilungspflicht des Gerichts führt, ist jedoch, dass die veranlassende Partei eine „betroffene Partei" ist. Damit soll das Registergericht davor geschützt werden, jeder Verdachtsanzeige nachgehen zu müssen[47]. Vielmehr ist es notwendig, dass der Anzeigende ein rechtliches oder wirtschaftliches Interesse an der Einhaltung der Vorschriften des Art. 7 SE-VO hat. Dieses Interesse muss dem Registergericht gegenüber glaubhaft gemacht werden[48].

Art. 65
[Bekanntmachung der Auflösung]

Die Eröffnung eines Auflösungs-, Liquidations-, Zahlungsunfähigkeits- und Zahlungseinstellungsverfahrens und sein Abschluss sowie die Entscheidung über die Weiterführung der Geschäftstätigkeit werden unbeschadet einzelstaatlicher Bestimmungen, die zusätzliche Anforderungen in Bezug auf die Offenlegung enthalten, gemäß Artikel 13 offen gelegt.

I. Zweck und Entwicklung der Norm	1	III. Publizitätsmittel	11
II. Die Publizitätsgegenstände	5		

Literatur: S. vor Art. 63.

I. Zweck und Entwicklung der Norm

Art. 65 SE-VO regelt die Publizität der Eröffnung eines Auflösungs-, Liquidations-, Zahlungsunfähigkeits- und Zahlungseinstellungsverfahrens und die Publizität des Abschlusses eines derartigen Verfahrens. Ebenso wird in dieser Vorschrift die Publizitätspflicht von Entscheidungen über die Weiterführung der Geschäftstätigkeit nach Art. 13 SE-VO angeordnet. Zweck der Norm ist die **Offenlegung der in Art. 65 SE-VO bezeichneten Verfahren**[1]. Mit der Veröffentlichungspflicht soll vornehmlich der **Geschäftsverkehr geschützt** werden. Die Kenntnis über die Eröffnung der Verfahren versetzt die einzelnen Akteure nämlich in die Lage, ihr geschäftliches Verhalten auf die neue Situation bezüglich der SE abzustimmen. Neben dem Schutzzweck für den Ge-

1

---

45 Siehe dazu Art. 12 Rz. 7. Eine Meldepflicht für jede Behörde sehen dagegen *Casper* in Spindler/Stilz, AktG, Art. 54 SE-VO Rz. 6; *Schäfer* in MünchKomm. AktG, 3. Aufl., Art. 64 SE-VO Rz. 8.
46 So auch *Bachmann* in Habersack/Drinhausen, Art. 64 SE-VO Rz. 38. Die Möglichkeit der bloßen Anregung zum Tätigwerden sieht dagegen *Casper* in Spindler/Stilz, AktG, Art. 64 SE-VO Rz. 6; letztlich offen lassend *Kiem* in KölnKomm. AktG, 3. Aufl., Art. 64 SE-VO Rz. 25.
47 *Schröder* in Manz/Mayer/Schröder, Art. 64 SE-VO Rz. 22.
48 Vgl. ferner *Schröder* in Manz/Mayer/Schröder, Art. 64 SE-VO Rz. 22, mit einer Aufzählung von potenziell Betroffenen.
1 *Schwarz*, Art. 65 SE-VO Rz. 1.

schäftsverkehr hat die Publizität darüber hinaus die formale Funktion der sachgerechten registermäßigen Behandlung der Beendigung der Gesellschaft[2] und im Hinblick auf die Eröffnung des Insolvenzverfahrens die Gewährleistung, dass die Beteiligten die Rechte und Pflichten im Verfahren angemessen wahrnehmen können[3].

2 Publizitätsvorschriften, die Art. 65 SE-VO der Sache nach entsprechen, hat es bereits in Art. IX-1-4, IX-2-9, IX-3-3 des Vorentwurfs zu einem SE-Statut von *Sanders* und in den Art. 250, 259, 263 SE-VOV 1970 und den entsprechenden Normen in der SE-VOV von 1975 gegeben. Die einzelnen Regelungen in den früheren Entwürfen betrafen jeweils unterschiedliche Sachgebiete und verwiesen daher entsprechend auch zum Teil auf unterschiedliche Rechte, um die Publizität zu regeln[4]. Die Vorschriften, die in den **früheren Entwürfen** die Offenlegung anordneten, bestimmten im Gegensatz zu Art. 65 SE-VO auch die Publizitätsmittel selbst[5]. Anders als die älteren Entwürfe haben die Entwürfe zu einer SE-VOV 1989 und 1991 dann jedoch die Anwendung der in den jeweiligen Mitgliedstaaten vorgesehenen Offenlegungsinstrumente angeordnet (vgl. Art. 13 SE-VOV 1989 und Art. 9 SE-VOV 1991).

3 Im Hinblick auf **andere supranationale Rechtsformen** findet sich in Art. 74 SCE-VO eine ähnliche Regelung wie in Art. 65 SE-VO. Im Hinblick auf den europäischen Verein und auf die EUGGES werden lediglich Vorschriften für die Offenlegung eines Verfahrens wegen Zahlungsunfähigkeit oder Zahlungseinstellung vorgesehen (vgl. Art. 45 Abs. 2–4 EUV-VOV, Art. 54 Abs. 2–4 EUGGES-VOV). Für die EWIV sieht Art. 7 Satz 2 lit. f–h EWIV-VO die Offenlegung der Auflösung und des Abwicklungsbeschlusses vor. Art. 36 EWIV-VO ergänzt dies um einen Verweis auf das einzelstaatliche Recht über Zahlungsunfähigkeit und Zahlungseinstellung. Eine Pflicht zur Offenlegung insolvenzrechtlicher Vorgänge ist in der EWIV-VO dagegen nicht vorgesehen.

4 Im Hinblick auf die Grundregelung des Art. 63 SE-VO ist – ebenso wie für die Vorgängernorm des Art. 250 Abs. 1 SE-VOV 1975[6] – vertreten worden, dass Art. 65 SE-VO entweder der Sache nach überflüssig sei[7] oder doch nur eine klarstellende Funktion habe[8]. Richtig ist, dass Art. 65 SE-VO i.V.m. Art. 13 SE-VO zur Anwendung des Sitzstaatsrechts führt und dasselbe Ergebnis auch über eine Verweisung nach Art. 63 SE-VO erreicht würde[9]. Gleichwohl ist die Regelung des Art. 65 SE-VO **keineswegs überflüssig**[10]. Zum einen begründet diese Vorschrift die Offenlegung der einzelnen Verfahren in dem europäischen Recht und entzieht es damit der mitgliedstaatlichen Rechtsgrundlage. Damit wird vor allem gewährleistet, dass die **Publizität** über die in Art. 65 SE-VO geregelten Gegenstände **in allen Mitgliedstaaten gleichermaßen** erfolgt. Zudem wird die **Auslegung** des Art. 65 SE-VO in letzter Konsequenz **dem EuGH zugeordnet**, während ein Wegdenken des Art. 65 SE-VO dazu führen würde, dass die in Art. 65 SE-VO genannten Verfahren nur über den Verweis in das nationale

---

2 *Schwarz*, Art. 65 SE-VO Rz. 1.
3 *Schwarz*, Art. 65 SE-VO Rz. 1; *Schröder* in Manz/Mayer/Schröder, Art. 65 SE-VO Rz. 3 (ergänzende Heranziehung des § 30 InsO).
4 Im Hinblick auf die Insolvenz vgl. Art. IX-3-1 Vorentwurf zu einer SE-VOV von *Sanders* – siehe *Sanders* in Schmitthoff (Hrsg.), The Harmonisation of European Company Law, 1973, S. 83 ff.; *Sanders*, AWD 1960, 1; Art. 261 SE-VOV 1970 und 1975.
5 Vgl. insoweit *Hopt* in Lutter, Die europäische Aktiengesellschaft, 2. Aufl. 1978, S. 353, 375.
6 Siehe *Hopt* in Lutter, Die europäische Aktiengesellschaft, 2. Aufl. 1978, S. 353, 368.
7 *Roitsch*, Auflösung, S. 70 f.; *Schwarz*, Art. 65 SE-VO Rz. 4.
8 So *Bachmann* in Habersack/Drinhausen, Art. 65 SE-VO Rz. 2.
9 *Schwarz*, Art. 65 SE-VO Rz. 4.
10 So auch *Kiem* in KölnKomm. AktG, 3. Aufl., Art. 65 SE-VO Rz. 4, der die Bedeutung von Art. 65 SE-VO als Anknüpfungspunkt für Art. 13 SE-VO hervorhebt.

Recht von der Publizität erfasst würden und sich Einzelheiten dann aus den verschiedenen nationalen Rechten ergeben würden.

II. Die Publizitätsgegenstände

Art. 65 SE-VO ist im Zusammenhang mit Art. 13 SE-VO und Art. 14 SE-VO zu sehen. Diese drei Vorschriften regeln die Publizitätsverpflichtung anlässlich der Auflösung und der Insolvenz einer SE. Die Vorschriften erfassen aber nicht alle Bekanntmachungen während der Auflösung, Liquidation und Insolvenz einer SE, sondern **nur bestimmte Publizitätsgegenstände**[11]. Die im Einzelnen nicht erfassten Fälle werden deshalb dann nicht europaeinheitlich, sondern nach den jeweiligen mitgliedstaatlichen Rechtsvorschriften geregelt, die über Art. 63 Halbsatz 1 SE-VO zur Anwendung gelangen. Insoweit sind die Regelungen des AktG entsprechend heranzuziehen.

Ebenso wie in Art. 63 SE-VO müssen die Begriffe, die Art. 65 SE-VO zur Bezeichnung der Publizitätsgegenstände heranzieht, **autonom ausgelegt** werden. Sie sind funktional zu verstehen und müssen in Übereinstimmung mit den entsprechenden Begriffen in Art. 63 SE-VO ausgelegt werden, um einen Verständnisgleichklang zu erzeugen. Damit sind die Publizitätsgegenstände mit Rücksicht auf das nationale Recht zu ermitteln, auf das Art. 63 SE-VO verweist[12].

Die in Art. 65 SE-VO vorgesehen **Publizitätsgegenstände** sind
– die Eröffnung eines Auflösungsverfahrens,
– die Eröffnung eines Liquidationsverfahrens,
– die Eröffnung eines Zahlungsunfähigkeitsverfahrens,
– die Eröffnung eines Zahlungseinstellungsverfahrens,
– der Abschluss eines Auflösungsverfahrens,
– der Abschluss eines Liquidationsverfahrens,
– der Abschluss eines Zahlungsunfähigkeitsverfahrens,
– der Abschluss eines Zahlungseinstellungsverfahrens,
– die Entscheidung über die Weiterführung der Geschäftstätigkeit.

Soweit Art. 65 SE-VO die Eröffnung eines Verfahrens der dort genannten Art erfasst, soll damit gewährleistet werden, dass der **Eintritt der SE in eine existenzgefährdende Phase** veröffentlicht wird[13]. Im deutschen Aktienrecht wird das Abwicklungsverfahren durch den Eintritt eines Auflösungsgrundes gem. § 264 Abs. 1 AktG eingeleitet. Daher beziehen sich die Publizitätsgegenstände im Hinblick auf diese Verfahrenseröffnung auf den Eintritt eines Auflösungsgrundes der §§ 262, 263 AktG für eine SE. Soweit die Eröffnung eines Insolvenzverfahrens angesprochen ist, ergeben sich die Publizitätsgegenstände im Hinblick auf die Eröffnung des Insolvenzverfahrens gem. § 27 InsO oder im Hinblick auf die Anordnung der Eigenverwaltung gem. § 270 Abs. 1 Satz 1 bzw. § 273 InsO[14]. Das deutsche Recht kennt kein besonderes Auflösungsverfahren, wie es in Art. 65 SE-VO beschrieben ist. Vor dem Hintergrund der oben in Rz. 6 bezeichneten Auslegung des Art. 65 SE-VO nach den nationalen Maßstäben des Sitzstaates der SE ist unter „Eröffnung eines Auflösungsverfahrens" der

---

11 *Schwarz*, Art. 65 SE-VO Rz. 5.
12 So auch *Schwarz*, Art. 65 SE-VO Rz. 6; vgl. auch *Schröder* in Manz/Mayer/Schröder, Art. 65 SE-VO Rz. 1.
13 *Schwarz*, Art. 65 SE-VO Rz. 7.
14 Nach *Kiem* in KölnKomm. AktG, 3. Aufl., Art. 65 SE-VO Rz. 15 ist eine getrennte Offenlegung der Anordnung der Eigenverwaltung dagegen entbehrlich.

Eintritt eines Auflösungsgrundes zu verstehen. Erfasst werden damit alle Auflösungsgründe einer SE, und zwar unabhängig davon, ob sie an ein gerichtliches oder an ein außergerichtliches Verfahren anknüpfen[15].

9 Der in Art. 65 SE-VO geregelte Abschluss eines Verfahrens bezieht sich trotz des missverständlichen Begriffes „sein" nicht etwa nur auf das Zahlungseinstellungsverfahren, sondern auf die **gesamten in Art. 65 SE-VO genannten Verfahrensarten**. Die englische Fassung regelt nämlich insoweit: „The initiation and termination of winding up, liquidation, insolvency or cessation of payment procedures." Dadurch wird eindeutig klargestellt, dass die Publizitätsgegenstände sowohl die Eröffnung als auch der Abschluss der jeweiligen Verfahren sind. Es wäre darüber hinaus auch inkonsequent, die Beendigung eines Zahlungseinstellungsverfahrens zu veröffentlichen, während der Abschluss einer Liquidation nicht offenlegungspflichtig wäre[16]. Der Abschluss der Verfahren ist im deutschen Recht die Beendigung der Abwicklung nach § 273 AktG, die Aufhebung eines Insolvenzverfahrens gem. § 200 Abs. 1 InsO und die Aufhebung des Verfahrens nach Bestätigung des Insolvenzplans nach § 258 InsO. Ebenso gehören zur Abwicklung eines Verfahrens die vorzeitige Einstellung des Insolvenzverfahrens mangels Masse (§ 207 InsO) oder wegen Masseunzulänglichkeit (§ 211 InsO).

10 **Weitere Publizitätsgegenstände** sind die Weiterführung der Geschäftstätigkeit als Fortsetzung der SE gem. § 274 AktG und die Eintragung der Löschung gem. § 273 Abs. 1 Satz 2 AktG bzw. § 394 Abs. 1 Satz 2 FamFG. Ein darüber hinausgehender, publizitätspflichtiger Tatbestand findet sich etwa in der (dreifachen) Bekanntmachung des Aufrufs an die Gläubiger nach § 267 AktG, ihre Ansprüche anzumelden. Derartige Publizitätsgegenstände sind aufgrund der Verweisung des Art. 63 Halbsatz 1 SE-VO auf das mitgliedstaatliche Aktiengesetz des Staates, in dem die SE ihren Sitz hat, auch für die SE offenlegungspflichtig[17].

III. Publizitätsmittel

11 Die Publizitätsmittel ergeben sich aus dem nationalen Recht. Ein **Gleichlauf der Publizitätsmittel** in den einzelnen Mitgliedstaaten ist allerdings dadurch gewährleistet, dass die jeweiligen nationalen Publizitätsmittel den Anforderungen der EU-Publizitätsrichtlinie 2009[18] entsprechen müssen. Daraus folgt für eine SE mit Sitz in Deutschland, dass sie die Publizitätsgegenstände im deutschen (elektronisch geführten) Handelsregister eintragen und elektronisch bekannt machen lassen muss (§§ 8, 10 HGB i.V.m. § 9 HGB; dazu ausführlich Art. 13 Rz. 4 ff.).

12 Art. 14 Abs. 1 SE-VO erfordert die **Bekanntmachung zu Informationszwecken im Amtsblatt der EU**. Dieses außerordentliche Publizitätsmittel ist allerdings nur auf die Eintragung und auf die Löschung der Eintragung einer SE beschränkt. Im Hinblick auf Versicherungsunternehmen und Kreditinstitute sehen die Richtlinien

---

15 So *Schwarz*, Art. 65 SE-VO Rz. 8 unter Verweis auf Art. IX-1-4 Vorentwurf zu einer SE von *Sanders*, Art. 250 SE-VOV 1970; Art. 250 SE-VOV 1975, Art. 118 SE-VOV 1989 und Art. 118 SE-VOV 1991.
16 *Schwarz*, Art. 65 SE-VO Rz. 10; *Schwarz*, ZIP 2001, 1847, 1858.
17 *Schwarz*, Art. 65 SE-VO Rz. 13.
18 Richtlinie 2009/101/EG des Europäischen Parlaments und des Rates vom 16.9.2009 zur Koordinierung der Schutzbestimmungen, die in den Mitgliedstaaten den Gesellschaften im Sinne des Artikels 48 Absatz 2 des Vertrags im Interesse der Gesellschafter sowie Dritter vorgeschrieben sind, um diese Bestimmungen gleichwertig zu gestalten, ABl. EU Nr. L 258 v. 1.10.2009, S. 11.

2001/17/EG[19] und 2001/24/EG über die Sanierung und Liquidation von solchen Unternehmen vor, dass die Entscheidungen über die Eröffnung eines Liquidationsverfahrens und die Entscheidung über eine Sanierungsmaßnahme im Amtsblatt der EU bekannt zu machen sind[20].

Art. 65 SE-VO lässt ausdrücklich **einzelstaatliche Bestimmungen** zu, die **zusätzliche Anforderungen** in Bezug auf die Offenlegung enthalten. Damit wird deutlich, dass Art. 65 SE-VO nur eine Mindestharmonisierung im Hinblick auf die Publizität fordert. Die zusätzlichen Publizitätsanforderungen können sich sowohl auf die Publizitätsgegenstände als auch auf die Publizitätsmittel beziehen[21]. Hintergrund dieser Regelung ist, dass Art. 65 SE-VO es ermöglichen will, dass die einzelnen mitgliedstaatlichen Regelungen höhere Anforderungen als Art. 13 SE-VO stellen und eine möglichst umfassende Information des Geschäftsverkehrs gewährleisten können[22]. 13

Art. 65 SE-VO lässt es auch zu, dass **weitere gemeinschaftsrechtliche Vorschriften** über die Offenlegung Anforderungen enthalten, die über das nationale Recht auf eine SE angewendet werden müssen. Insbesondere fallen darunter die für Versicherungsunternehmen und Kreditinstitute geltenden Publizitätsvorschriften und die Möglichkeit gem. Art. 102, § 5 Abs. 1 EGInsO, die dem Insolvenzverwalter das Recht einräumt, die Bekanntmachung des wesentlichen Inhalts über die Eröffnungsentscheidung in anderen Mitgliedstaaten zu beantragen. Eine entsprechende Vorgabe kann sich auch aus § 345 InsO ergeben, die für die Sachverhalte maßgeblich ist, die außerhalb des Anwendungsbereiches der EuInsVO liegen[23]. 14

Im deutschen Recht sind die Publizitätsanforderungen **in unterschiedlichen Gesetzen** geregelt. Die Bekanntmachung der Auflösung ergibt sich aus § 263 AktG i.V.m. § 10 HGB. Die Bekanntmachung des Eröffnungsbeschlusses im Insolvenzverfahren ergibt sich auch aus § 30 InsO. Der Abschluss des Insolvenzverfahrens ist je nach Art der Beendigung gem. § 200 Abs. 2 InsO oder § 215 InsO zu publizieren[24]. Bekanntmachungspflichten ergeben sich darüber hinaus z.B. aus §§ 23, 25 InsO hinsichtlich der Bekanntmachung der Verfügungsbeschränkungen im Vorverfahren bzw. der Aufhebung von Sicherungsmaßnahmen, aus § 252 InsO im Hinblick auf die Bekanntmachung über den Beschluss über einen Insolvenzplan, aus § 267 InsO im Hinblick auf die Überwachung des Insolvenzplans und aus § 273 InsO bezüglich der Anordnung der Eigenverwaltung oder deren Aufhebung. Die Publizitätsmittel werden insoweit durch § 9 InsO konkretisiert[25]. 15

Die Bekanntmachung der **Fortsetzung der aufgelösten Gesellschaft** ergibt sich aus § 274 Abs. 3 AktG i.V.m. § 10 HGB. 16

Der **Schluss der Abwicklung** ist gem. § 273 Abs. 1 AktG i.V.m. § 10 HGB bekannt zu machen.

---

19 Noch in Kraft bis Dezember 2015, aufgehoben durch die Richtlinie 2009/138/EG.
20 Vgl. jeweils Art. 6 Abs. 1 und 14 Abs. 1 der Richtlinien und die Erwägungsgründe 20.
21 Anders *Kiem* in KölnKomm. AktG, 3. Aufl., Art. 65 SE-VO Rz. 20 f., der eine Erweiterungsmöglichkeit nur hinsichtlich nicht genannter Publizitätsgegenstände sieht.
22 Vgl. *Schwarz*, Art. 65 SE-VO Rz. 17.
23 Siehe *Stephan* in Heidelberger Kommentar z. InsO, 7. Aufl. 2014, § 345 InsO Rz. 1 ff.; *Smid*, Deutsches und Europäisches Insolvenzrecht, 2004, § 345 InsO Rz. 3 ff.
24 *Schröder* in Manz/Mayer/Schröder, Art. 65 SE-VO Rz. 3.
25 Insoweit anders *Bachmann* in Habersack/Drinhausen, Art. 65 SE-VO Rz. 15, der in § 9 InsO keine hinreichende Umsetzung der Publizitätsrichtlinie sieht.

Art. 66
[Umwandlung in nationale AG]

(1) Eine SE kann in eine dem Recht ihres Sitzstaats unterliegende Aktiengesellschaft umgewandelt werden. Ein Umwandlungsbeschluss darf erst zwei Jahre nach Eintragung der SE oder nach Genehmigung der ersten beiden Jahresabschlüsse gefasst werden.

(2) Die Umwandlung einer SE in eine Aktiengesellschaft führt weder zur Auflösung der Gesellschaft noch zur Gründung einer neuen juristischen Person.

(3) Das Leitungs- oder das Verwaltungsorgan der SE erstellt einen Umwandlungsplan sowie einen Bericht, in dem die rechtlichen und wirtschaftlichen Aspekte der Umwandlung erläutert und begründet sowie die Auswirkungen, die der Übergang zur Rechtsform der Aktiengesellschaft für die Aktionäre und die Arbeitnehmer hat, dargelegt werden.

(4) Der Umwandlungsplan ist mindestens einen Monat vor dem Tag der Hauptversammlung, die über die Umwandlung zu beschließen hat, nach den in den Rechtsvorschriften der einzelnen Mitgliedstaaten gemäß Artikel 3 der Richtlinie 68/151/EWG vorgesehenen Verfahren offen zu legen.

(5) Vor der Hauptversammlung nach Absatz 6 ist von einem oder mehreren unabhängigen Sachverständigen, der/die nach den einzelstaatlichen Durchführungsbestimmungen zu Artikel 10 der Richtlinie 78/855/EWG durch ein Gericht oder eine Verwaltungsbehörde des Mitgliedstaates, dem die sich in eine Aktiengesellschaft umwandelnde SE unterliegt, bestellt oder zugelassen ist/sind, zu bescheinigen, dass die Gesellschaft über Vermögenswerte mindestens in Höhe ihres Kapitals verfügt.

(6) Die Hauptversammlung der SE stimmt dem Umwandlungsplan zu und genehmigt die Satzung der Aktiengesellschaft. Die Beschlussfassung der Hauptversammlung erfolgt nach Maßgabe der einzelstaatlichen Bestimmungen im Einklang mit Artikel 7 der Richtlinie 78/855/EWG.

I. Grundlagen	
1. Überblick 1	
2. Genese der Norm 2	
3. Ratio der Norm 3	
4. Abschließender Charakter? 6	
5. Rechtsnatur der Umwandlung 11	
6. Anwendbares Recht 12	
II. Voraussetzungen der Umwandlung/ Restriktionen 13	
1. Zielrechtsform: Aktiengesellschaft (Art. 66 Abs. 1 Satz 1 SE-VO) 14	
2. Verbot der statutenwechselnden Umwandlung (Art. 66 Abs. 1 Satz 1 SE-VO) 15	
3. Zweijährige Sperrfrist (Art. 66 Abs. 1 Satz 2 SE-VO) 18	
III. Verfahren	
1. Umwandlungsplan (Art. 66 Abs. 3 Alt. 1 SE-VO) 23	
a) Erstellungskompetenz 24	
b) Inhalt	
aa) Mindestinhalt 25	
bb) Fakultativer Inhalt 28	
c) Form 29	
d) Zuleitung an den Betriebsrat 31	
2. Umwandlungsbericht (Art. 66 Abs. 3 Alt. 2 SE-VO) 32	
a) Erstellungskompetenz 33	
b) Form 34	
c) Inhalt 36	
d) Verzicht, Entbehrlichkeit bei der Einpersonen-SE 37	
3. Offenlegung des Umwandlungsplans (Art. 66 Abs. 4 SE-VO) 38	
4. Umwandlungsprüfung (Art. 66 Abs. 5 SE-VO)	
a) Allgemeines 40	
b) Person und Bestellung der Prüfer . 41	
c) Reinvermögensprüfung	
aa) Gegenstand 42	
bb) Zeitpunkt 44

cc) Auskunftsrecht 45	b) Anmeldung und Rechtmäßigkeits-
d) Bescheinigung 46	prüfung bei Umwandlung einer
e) Keine Gründungsprüfung nach	„deutschen" SE in eine AG 66
nationalem Recht 48	8. Eintragung und Publizität 71
5. Umwandlungsbeschluss (Art. 66	IV. Rechtsfolgen und Bestandsschutz
Abs. 6 SE-VO) 49	1. Rechtsfolgen 73
a) Vorbereitung der Hauptversamm-	2. Bestandsschutz 74
lung 50	V. Schutz von Arbeitnehmern, Minder-
b) Durchführung der Hauptversamm-	heitsgesellschaftern und Gläubigern
lung 52	1. Schutz der Arbeitnehmer
c) Beschlussfassung 54	a) Keine denjenigen nach Art. 37
6. Sonderproblem: Organmitglieder und	Abs. 8, 9 SE-VO korrespondieren-
Abschlussprüfer – Kontinuität oder	den Schutzregeln 76
Neubestellung? 59	b) Konsequenzen für einen etwaigen
a) Organmitglieder 60	Mitbestimmungsstatus 78
b) Abschlussprüfer 64	2. Schutz der Minderheitsaktionäre . . . 81
7. Rechtmäßigkeitsprüfung	3. Schutz der Gläubiger 84
a) Allgemeines 65	

Literatur: *Casper*, Numerus clausus und Mehrstaatlichkeit bei der SE-Gründung, AG 2007, 97; *Kalss/Zollner*, Der Weg aus der SE, RdW 2004, 587; *Kossmann/Heinrich*, Möglichkeiten der Umwandlung einer bestehenden SE, ZIP 2007, 164; *Marsch-Barner*, Die Rechtsstellung der Europäischen Gesellschaft (SE) im Umwandlungsrecht, in Liber amicorum *Wilhelm Happ*, 2006, S. 164; *Oplustil/Schneider*, Zur Stellung der Europäischen Aktiengesellschaft im Umwandlungsrecht, NZG 2003, 13; *Reiner*, Formwechsel einer SE in eine KGaA und „vernünftige" Zweifel an der Auslegung des Art. 66 SE-VO, Der Konzern 2011, 135; *Vossius*, Gründung und Umwandlung der deutschen Europäischen Gesellschaft (SE), ZIP 2005, 741.

I. Grundlagen

1. Überblick

Art. 66 SE-VO regelt die **Rückumwandlung einer SE in eine nationale Aktiengesellschaft**. Abs. 1 statuiert die prinzipielle Möglichkeit (Satz 1), normiert jedoch zugleich eine zweijährige Sperrfrist (Satz 2, dazu Rz. 18 ff.). Dogmatisch handelt es sich – ebenso wie bei der SE-Gründung durch Umwandlung gem. Art. 37 SE-VO (vgl. Art. 37 Rz. 5) – um einen identitätswahrenden Formwechsel (vgl. Abs. 2, dazu Rz. 11). Der verfahrensrechtliche Rahmen ist eng an den in Art. 37 SE-VO für den *actus contrarius* der SE-Gründung durch Umwandlung normierten angelehnt und entspricht damit dem „europäischen Modell für Strukturmaßnahmen" (vgl. Rz. 5). Kernelemente sind: Umwandlungsplan (Abs. 3 Alt. 1, dazu Rz. 23 ff.), Offenlegung des Umwandlungsplans (Abs. 4, dazu Rz. 38 f.), Umwandlungsbericht (Abs. 3 Alt. 2, dazu Rz. 32 ff.), Umwandlungsprüfung (Abs. 5, Rz. 40 ff.), Hauptversammlungsbeschluss (Abs. 6, dazu Rz. 49 ff.) sowie Rechtmäßigkeitsprüfung (dazu Rz. 65 ff.), Eintragung und Publizität (dazu Rz. 71).

1

2. Genese der Norm

Die Rückumwandlung einer SE in eine nationale Aktiengesellschaft war bereits im **Vorentwurf von** *Sanders* vom Dezember 1966[1] vorgesehen (Art. X-1–Art. X-6) und

2

---

[1] *Sanders*, Société anonyme européenne, 1966 (abrufbar unter http://aei.pitt.edu/39000/1/A3884.pdf); deutsche Textausgabe: *Sanders*, Europäische Aktiengesellschaft, 1966.

ausführlich geregelt, ebenso dann im **SE-VOE 1970**[2] und **1975**[3] (Art. 264–268). Der **SE-VOE 1989**[4] beschränkte sich dann jedoch nur noch darauf, der Hauptversammlung die Zuständigkeit für die Entscheidung über die Umwandlung zuzuweisen (Art. 81 lit. j), im SE-VOE 1991[5] entfiel dann sogar dies. Im Rahmen der „Wiederbelebung" des SE-Projekts Ende der 1990er Jahre entschloss man sich dann aber, doch wieder eine entsprechende Regelung aufzunehmen.

3. Ratio der Norm

3   Ratio der Norm ist es, die **Möglichkeit einer Rückumwandlung einer SE in eine nationale AG zu gewährleisten** – unabhängig davon, ob das nationale Recht die Möglichkeit eines Formwechsels kennt oder nicht[6]. Damit wird indirekt auch die Entscheidung für die SE erleichtert, denn die Gründer können darauf vertrauen, dass es sich um ein „Ticket mit (potentieller) Rückfahrkarte" handelt[7].

4   Zugleich wollte man aber auch **Rechtsmissbräuche verhindern**: Der Weg eines Rechtsformwechsels in die SE (egal mittels welcher Gründungsvariante) und einer sich daran anschließenden Rückumwandlung in eine nationale AG sollte insbesondere nicht zu einer „Flucht aus der Mitbestimmung" (oder anderen „unliebsamen" nationalen Regeln) missbraucht werden können[8]. Die Regelung zur Rückumwandlung wurde daher mit drei wesentlichen **Restriktionen** versehen: (1) Rückumwandlung nur in eine Aktiengesellschaft (Art. 66 Abs. 1 Satz 1 SE-VO, dazu Rz. 14) und (2) nur in eine solche des Sitzstaates (Abs. 1 Satz 1, dazu Rz. 15 ff.), sowie (3) eine zweijährige Sperrfrist (Abs. 1 Satz 2, dazu unten Rz. 18 ff.). Die Beschränkung auf die AG als Zielrechtsform ist im Übrigen auch ein regelungshistorisches Relikt aus den Zeiten des ursprünglichen Entwurfs, der auch den Zugang zur SE nur für Aktiengesellschaften eröffnete[9]; zudem erleichterte die Strukturgleichheit der Rechtsform die Regelung[10].

5   Ebenso wie derjenige für die Umwandlungsgründung einer SE in Art. 37 SE-VO (vgl. Art. 37 Rz. 3) baut auch der durch Art. 66 SE-VO etablierte verfahrensrechtliche Rahmen für die Rückumwandlung bewusst auf dem – in der 3. (Fusions-)Richtlinie[11] ursprünglich für Verschmelzungen entwickelten[12] und durch den Leitgedanken des „Schutzes durch Information" geprägten – **„europäischen Modell für Strukturmaß-**

---

2 ABl. EG Nr. C 134 v. 10.10.1970, S. 1 = Beil. Bull. EG 8/1970 = BT-Drucks. VI/1109.
3 KOM(75) 150.
4 KOM(89) 268 = BT-Drucks. 11/5427.
5 KOM(91) 174 = BT-Drucks. 12/1004.
6 Vgl. *Casper* in Spindler/Stilz, AktG, 3. Aufl. 2015, Art. 2, 3 SE-VO Rz. 39; Art. 66 SE-VO Rz. 1; *Casper*, AG 2007, 97, 104; *Drinhausen* in Habersack/Drinhausen, Art. 66 SE-VO Rz. 3; *Heckschen* in Widmann/Mayer, Anh. 14 Rz. 520; *Kiem* in KölnKomm. AktG, 3. Aufl., Art. 66 SE-VO Rz. 4; *Lutter/Bayer/J. Schmidt*, EuropUR, § 41 Rz. 179; *Oplustil/Schneider*, NZG 2003, 13, 16; *Schäfer* in MünchKomm. AktG, 3. Aufl., Art. 66 SE-VO Rz. 1, 14. Kritisch dazu jedoch *Reiner*, Der Konzern 2011, 135, 142.
7 Vgl. *Kiem* in KölnKomm. AktG, 3. Aufl., Art. 66 SE-VO Rz. 4.
8 Vgl. Begründung zu Art. 264 SE-VOE 1970 (Fn. 2) und zu Art. 264, 265 SE-VOE 1975 (Fn. 3). Siehe weiter *Kiem* in KölnKomm. AktG, 3. Aufl., Art. 66 SE-VO Rz. 4; *Lutter/Bayer/J. Schmidt*, EuropUR, § 41 Rz. 179; *Schäfer* in MünchKomm. AktG, 3. Aufl., Art. 66 SE-VO Rz. 1.
9 Vgl. Begründung zu Art. 264 SE-VOE 1970 (Fn. 2). Art. 2 beschränkte den Zugang zur SE ausschließlich auf Aktiengesellschaften.
10 Vgl. Begründung zu Art. 264 SE-VOE 1970 (Fn. 2).
11 Ursprünglich: RL 78/855/EWG; seit 1.7.2011: RL 2011/35/EU des Europäischen Parlaments und des Rates v. 5.4.2011 über die Verschmelzung von Aktiengesellschaften, ABl. EU Nr. L 110 v. 29.4.2011, S. 1. Ausf. Erläuterungen bei *Lutter/Bayer/J. Schmidt*, EuropUR, § 21 m.z.w.N.
12 Vgl. *Lutter/Bayer/J. Schmidt*, EuropUR, § 21 Rz. 3 m.w.N.

nahmen"[13] auf, modifiziert es aber entsprechend den Spezifika der formwechselnden Umwandlung[14].

4. Abschließender Charakter?

Äußerst umstritten ist, ob und in welchem Umfang Art. 66 SE-VO eine abschließende Regelung darstellt, d.h. Sperrwirkung gegenüber Umwandlungsvarianten nach nationalem Recht entfaltet. Dabei werden im Wesentlichen drei Ansichten vertreten: **(1)** Art. 66 SE-VO als **generell abschließende Regelung** in Bezug auf sämtliche Umwandlungsvarianten, d.h. eine SE kann weder einen Formwechsel nach nationalem Recht in eine andere Rechtsform als eine AG vornehmen noch sich an rechtsformübergreifenden Verschmelzungs- und Spaltungsvorgängen nach nationalem Recht beteiligen, da Art. 66 SE-VO für die Aufgabe der supranationalen Rechtsform eine doppelte Beschränkung (Rechtsformkongruenz und Sperrfrist) statuiert[15]; **(2)** Art. 66 SE-VO als **abschließende Regelung nur des Formwechsels**, d.h. ein Formwechsel einer SE ist nur gem. Art. 66 SE-VO in eine nationale AG zulässig; eine SE kann sich aber frei an Verschmelzungs- und Spaltungsvorgängen nach nationalem Recht beteiligen[16]; **(3) keinerlei Sperrwirkung** des Art. 66 SE-VO gegenüber Umwandlungsvarianten nach nationalem Recht – egal ob Formwechsel in eine andere Rechtsform als eine AG oder Verschmelzung oder Spaltung[17].

6

Letztere Auffassung ist zutreffend: Funktion des Art. 66 SE-VO ist es, zu gewährleisten, dass in jedem Fall – unabhängig davon, welche Umwandlungsvarianten das jeweilige nationale Recht vorsieht – ein „Weg zurück aus der SE" in eine nationale AG zur Verfügung steht (vgl. Rz. 3). Es handelt sich also um eine **Mindestnorm**, die garantiert, dass für jede SE der „Rückweg" in eine nationale AG frei steht – es soll *ein* Ausweg aus der SE eröffnet werden, nicht aber der einzige Ausweg. Aus praktischer Perspektive würde ein Verständnis des Art. 66 SE-VO als generell abschließende Regelung im Übrigen auch nur unnötigen Aufwand und Kosten produzieren, denn die Gesellschaft müsste sich dann zwar zunächst in eine nationale AG umwandeln, könnte dann aber hieran unmittelbar einen Umwandlungsvorgang nach nationalem

7

---

13 Vgl. zu diesem: *Lutter/Bayer/J. Schmidt*, EuropUR, § 21 Rz. 24; § 22 Rz. 2, 23; § 23 Rz. 3, 26; § 41 Rz. 63.
14 Vgl. *Drinhausen* in Habersack/Drinhausen, Art. 66 SE-VO Rz. 1; *Lutter/Bayer/J. Schmidt*, EuropUR, § 41 Rz. 179.
15 Vgl. *Kalss*, GesRZ 2004, Sonderheft, 24, 26 f.; *Kalss/Zollner*, RdW 2004, 587, 589; *Zollner* in Kalss/Hügel, § 33 SEG Rz. 21 f. Jedenfalls „vernünftige" Zweifel an der Zulässigkeit eines Formwechsels von der SE in eine andere Rechtsform als eine AG (konkret: KGaA): *Reiner*, Der Konzern 2011, 135 ff.
16 Vgl. *Vossius*, ZIP 2005, 741, 748 f. (anders aber *Vossius* in Widmann/Mayer, § 20 UmwG Rz. 404: keinerlei Sperrwirkung).
17 Vgl. OLG Frankfurt v. 2.12.2010 – 5 Sch 3/10 – „Fresenius", NZG 2012, 351, 352; *Becker/Fleischmann* in Jannott/Frodermann, Kap. 10 Rz. 5; *Casper* in Spindler/Stilz, AktG, 3. Aufl. 2015, Art. 2, 3 SE-VO Rz. 38 ff.; *Casper*, AG 2007, 97, 101 ff.; Art. 66 SE-VO Rz. 1; *Casper/Weller*, NZG 2009, 681, 685; *Drinhausen* in Habersack/Drinhausen, Art. 66 SE-VO Rz. 7, 34 ff.; *Heckschen* in Widmann/Mayer, Anh. 14 Rz. 516.1, 519 ff.; *Kiem* in KölnKomm. AktG, 3. Aufl., Art. 66 SE-VO Rz. 11; *Lutter/Bayer/J. Schmidt*, EuropUR, § 41 Rz. 177 ff.; *Marsch-Barner* in Kallmeyer, Anhang SE Rz. 127 ff.; *Marsch-Barner* in FS Happ, 2006, S. 165, 173 ff.; *Oplustil/Schneider*, NZG 2003, 13 ff.; *Schäfer* in MünchKomm. AktG, 3. Aufl., Art. 66 SE-VO Rz. 1, 14; *Schröder* in Manz/Mayer/Schröder, Art. 66 SE-VO Rz. 9; *Schwarz*, Art. 66 SE-VO Rz. 29; *Teichmann* in MünchHdb. AG, § 49 Rz. 108; *Vossius* in Widmann/Mayer, § 20 UmwG Rz. 404; *Wicke*, MittBayNot 2006, 196, 201.

Recht anschließen[18]. Art. 66 SE-VO stellt nach alledem **nur** und ausschließlich für den **Formwechsel einer SE in eine nationale AG** eine **abschließende Regelung** dar[19].

8 Art. 66 SE-VO entfaltet daher auch **keine Sperrwirkung** gegenüber **anderen Umwandlungsvarianten**, die das jeweilige nationale Recht zur Verfügung stellt. Eine SE kann also gem. Art. 9 Abs. 1 lit. c ii SE-VO i.V.m. mit dem jeweiligen nationalen Recht einen **Formwechsel in eine andere nationale Rechtsform als eine AG** vollziehen sowie sich an einer **Verschmelzung** oder **Spaltung** nach nationalem Recht beteiligen. Der verfahrensrechtliche Rahmen richtet sich dann jeweils allein nach dem jeweiligen nationalen Recht[20] (und nicht etwa nach Art. 66 SE-VO analog[21]). Aus der Gesamtsystematik der SE-VO ergeben sich allerdings zwei weitere Einschränkungen: Die Art. 2, 17 ff. SE-VO sind abschließende *leges speciales* hinsichtlich der Verschmelzung zur Neugründung einer SE sowie für die Verschmelzung durch Aufnahme, im Zuge derer der übernehmende Rechtsträger seine Rechtsform in eine SE ändert[22] (vgl. Art. 2 Rz. 26, Art. 3 Rz. 3). Im Zuge einer Spaltung nach nationalem Recht kann wegen des *numerus clausus* der Gründungsmöglichkeiten in Art. 2 f. SE-VO keine neue SE, sondern nur eine nationale Rechtsform entstehen[23].

9 Damit bleibt aber noch die weitere Frage, ob für derartige sonstige Varianten der „Renationalisierung" zumindest die zweijährige Sperrfrist des **Art. 66 Abs. 1 Satz 2 SE-VO** (dazu näher Rz. 18 ff.) **analog** gilt. Dies ist mit der h.M. jedenfalls für den **Formwechsel** in eine andere Rechtsform als eine nationale AG zu bejahen[24]. Soweit im Schrifttum eine analoge Anwendung des Art. 66 Abs. 1 Satz 2 SE-VO darüber hinaus auch für **Verschmelzungen** und **Spaltungen** befürwortet wird[25], ist dem hingegen

---

18 Vgl. *Casper* in Spindler/Stilz, AktG, 3. Aufl. 2015, Art. 2, 3 SE-VO Rz. 39; *Casper*, ZHR 173 (2009), 181, 195; *Heckschen* in Widmann/Mayer, Anh. 14 Rz. 520; *Oplustil/Schneider*, NZG 2003, 13, 15; *Schwarz*, Art. 66 SE-VO Rz. 29; kritisch dazu jedoch *Reiner*, Der Konzern 2011, 135, 142 f.
19 Vgl. die Nachweise in Fn. 17.
20 Vgl. *Becker/Fleischmann* in Jannott/Frodermann, Kap. 10 Rz. 6, 8; *Lutter/Bayer/J. Schmidt*, EuropUR, § 41 Rz. 177 ff.; *Schröder* in Manz/Mayer/Schröder, Art. 66 SE-VO Rz. 9, 22; *Teichmann* in MünchHdb. AG, § 49 Rz. 108.
21 So aber *Drinhausen* in Habersack/Drinhausen, Art. 66 SE-VO Rz. 12; *Schwarz*, Art. 66 SE-VO Rz. 31.
22 Vgl. *Bayer* in Lutter, § 122b UmwG Rz. 7; *Casper*, AG 2007, 97, 103; *Drinhausen* in Habersack/Drinhausen, Art. 66 SE-VO Rz. 35; *Grambow/Stadler*, BB 2010, 977, 978 f.; *Heckschen* in Widmann/Mayer, Anh. 14 Rz. 528.2; *Lutter/Bayer/J. Schmidt*, EuropUR, § 23 Rz. 14, § 41 Rz. 177 m.w.N.
23 Vgl. *Casper* in Spindler/Stilz, AktG, 3. Aufl. 2015, Art. 2, 3 SE-VO Rz. 40; *Casper*, AG 2007, 97, 104; *Drinhausen* in Habersack/Drinhausen, Art. 66 SE-VO Rz. 35; *Heckschen* in Widmann/Mayer, Anh. 14 Rz. 529; *Kossmann/Heinrich*, ZIP 2007, 164, 168; *Lutter/Bayer/J. Schmidt*, EuropUR, § 41 Rz. 178; *Marsch-Barner* in FS Happ, 2006, S. 165, 176; *Schäfer* in MünchKomm. AktG, 3. Aufl., Art. 66 SE-VO Rz. 14; abw. *Oplustil/Schneider*, NZG 2003, 13, 17.
24 Vgl. *Becker/Fleischmann* in Jannott/Frodermann, Kap. 10 Rz. 10; *Casper* in Spindler/Stilz, AktG, 3. Aufl. 2015, Art. 2, 3 SE-VO Rz. 39; *Casper*, AG 2007, 97, 104; *Casper*, ZHR 173 (2009), 181, 195; *Kossmann/Heinrich*, ZIP 2007, 164, 168; *Lutter/Bayer/J. Schmidt*, EuropUR, § 41 Rz. 181; *Marsch-Barner* in FS Happ, 2006, S. 165, 177; *Marsch-Barner* in Kallmeyer, Anhang SE Rz. 128, 131; *Oplustil/Schneider*, NZG 2003, 13, 15 f.; *Ratka/Rauter*, GesRZ 2006, 55, 65 f.; *Schröder* in Manz/Mayer/Schröder, Art. 66 SE-VO Rz. 9; *Schwarz*, Art. 66 SE-VO Rz. 31; *Teichmann* in MünchHdb. AG, § 49 Rz. 108; a.A. *Kiem* in KölnKomm. AktG, 3. Aufl., Art. 66 SE-VO Rz. 12; *Wicke*, MittBayNot 2006, 196, 201.
25 Vgl. *Becker/Fleischmann* in Jannott/Frodermann, Kap. 10 Rz. 10; *Casper* in Spindler/Stilz, AktG, 3. Aufl. 2015, Art. 2, 3 SE-VO Rz. 38, 40; *Casper*, AG 2007, 97, 104 f.; *Casper*, ZHR 173 (2009), 181, 195; *Kalss/Zollner*, RdW 2004, 587, 589; *Marsch-Barner* in FS Happ, 2006, S. 165, 174 f.; *Marsch-Barner* in Kallmeyer, Anhang SE Rz. 128, 135; *Oplustil/Schneider*, NZG 2003, 13, 16; *Ratka/Rauter*, GesRZ 2006, 55, 65 f.; *Schäfer* in MünchKomm. AktG,

nicht zu folgen²⁶. Denn die Sperrfrist ist gerade auf die spezifisch mit einem Formwechsel verbundenen Missbrauchsrisiken zugeschnitten und kann schon deshalb nicht auf Verschmelzungen und Spaltungen übertragen werden. Eine Analogie kann hier insbesondere auch nicht damit gerechtfertigt werden, dass sonst die nationalen Nachgründungsvorschriften umgangen werden könnten²⁷; denn diese sind selbstverständlich ebenso wie alle anderen Vorschriften des jeweiligen nationalen Rechts gem. Art. 9 Abs. 1 lit. c ii SE-VO anwendbar²⁸.

Eine „**deutsche**" **SE** hat somit neben der Möglichkeit eines Formwechsels **in eine nationale AG gem. Art. 66 SE-VO** gemäß dem qua **Art. 9 Abs. 1 lit. c ii SE-VO** anwendbaren nationalen Recht folgende Umwandlungsmöglichkeiten: 10

– **Formwechsel** in alle in § 191 Abs. 2 UmwG genannten Rechtsträger gem. §§ 190 ff. UmwG (allerdings gilt hier die Sperrfrist des Art. 66 Abs. 1 Satz 2 SE-VO analog, vgl. Rz. 9)²⁹;
– nationale oder grenzüberschreitende **Verschmelzung** gem. §§ 1 Abs. 1 Nr. 1, 2 ff., 122a ff. UmwG (soweit die Art. 2, 17 ff. SE-VO nicht *leges speciales* sind, vgl. dazu Rz. 8)³⁰;
– **Spaltung** gem. §§ 1 Abs. 1 Nr. 2, 123 ff. UmwG (wodurch aber nur eine nationale Rechtsform, keine SE entstehen kann, vgl. Rz. 8)³¹;
– **Vermögensübertragung** gem. §§ 1 Abs. 1 Nr. 3, 174 ff. UmwG³².

---

3. Aufl., Art. 66 SE-VO Rz. 14; *Schröder* in Manz/Mayer/Schröder, Art. 66 SE-VO Rz. 9; *Schwarz*, Art. 66 SE-VO Rz. 31; *Teichmann* in MünchHdb. AG, § 49 Rz. 108; s. ferner auch *Kalss*, GesRZ 2004, Sonderheft, 24, 27; *Kalss/Zollner*, RdW 2004, 587, 589; *Zollner* in Kalss/Hügel, § 33 SEG Rz. 21.

26 Vgl. *Drinhausen* in Habersack/Drinhausen, Art. 66 SE-VO Rz. 42; *Heckschen* in Widmann/Mayer, Anh. 14 Rz. 521.1; *Kiem* in KölnKomm. AktG, 3. Aufl., Art. 66 SE-VO Rz. 12; *Kossmann/Heinrich*, ZIP 2007, 164, 167; *Lutter/Bayer/J. Schmidt*, EuropUR, § 41 Rz. 177 f.; *Vossius*, ZIP 2005, 741, 748 f.; *Wicke*, MittBayNot 2006, 196, 201.
27 So aber *Schwarz*, Art. 66 SE-VO Rz. 31.
28 Vgl. *Casper*, AG 2007, 97, 104; *Drinhausen* in Habersack/Drinhausen, Art. 66 SE-VO Rz. 42; *Kossmann/Heinrichs*, ZIP 2007, 164, 168. Die Anwendbarkeit (trotz Plädoyer für eine Analogie zu Art. 66 Abs. 1 Satz 2 SE-VO) bejahend auch *Schäfer* in MünchKomm. AktG, 3. Aufl., Art. 66 SE-VO Rz. 14.
29 Vgl. *Becker/Fleischmann* in Jannott/Frodermann, Kap. 10 Rz. 34; *Kossmann/Heinrich*, ZIP 2007, 164, 168; *Heckschen* in Widmann/Mayer, Anh. 14 Rz. 520; *Lutter/Bayer/J. Schmidt*, EuropUR, § 41 Rz. 181; *Marsch-Barner* in Kallmeyer, Anhang SE Rz. 131; *Marsch-Barner* in FS Happ, 2006, S. 165, 177; *Oplustil/Schneider*, NZG 2003, 13, 16; *Schäfer* in MünchKomm. AktG, 3. Aufl., Art. 66 SE-VO Rz. 14; *Schröder* in Manz/Mayer/Schröder, Art. 66 SE-VO Rz. 22.
30 Vgl. *Becker/Fleischmann* in Jannott/Frodermann, Kap. 10 Rz. 38 ff.; *Drinhausen* in Habersack/Drinhausen, Art. 66 SE-VO Rz. 38 ff.; *Heckschen* in Widmann/Mayer, Anh. 14 Rz. 525 ff.; *Kossmann/Heinrich*, ZIP 2007, 164 ff.; *Lutter/Bayer/J. Schmidt*, EuropUR, § 41 Rz. 177; *Marsch-Barner* in Kallmeyer, Anhang SE Rz. 129 f.; *Oplustil/Schneider*, NZG 2003, 13, 16; *Schäfer* in MünchKomm. AktG, 3. Aufl., Art. 66 SE-VO Rz. 14; *Schröder* in Manz/Mayer/Schröder, Art. 66 SE-VO Rz. 22; *Vossius*, ZIP 2005, 741, 748.
31 Vgl. *Becker/Fleischmann* in Jannott/Frodermann, Kap. 10 Rz. 44; *Drinhausen* in Habersack/Drinhausen, Art. 66 SE-VO Rz. 39 ff.; *Heckschen* in Widmann/Mayer, Anh. 14 Rz. 529; *Kossmann/Heinrich*, ZIP 2007, 164, 167 f.; *Marsch-Barner* in Kallmeyer, Anhang SE Rz. 135; *Marsch-Barner* in FS Happ, 2006, S. 165, 176; *Lutter/Bayer/J. Schmidt*, EuropUR, § 41 Rz. 178; *Oplustil/Schneider*, NZG 2003, 13, 17; *Schäfer* in MünchKomm. AktG, 3. Aufl., Art. 66 SE-VO Rz. 14; *Schröder* in Manz/Mayer/Schröder, Art. 66 SE-VO Rz. 22; *Vossius*, ZIP 2005, 741, 748.
32 Vgl. *Kossmann/Heinrich*, ZIP 2007, 164, 168; *Marsch-Barner* in Kallmeyer, Anhang SE Rz. 136; *Marsch-Barner* in FS Happ, 2006, S. 165; *Schäfer* in MünchKomm. AktG, 3. Aufl., Art. 66 SE-VO Rz. 14; *Schröder* in Manz/Mayer/Schröder, Art. 66 SE-VO Rz. 22; *Vossius*, ZIP 2005, 741, 749.

5. Rechtsnatur der Umwandlung

11 Gem. Art. 66 Abs. 2 SE-VO führt die Umwandlung der SE in eine nationale Aktiengesellschaft weder zur Auflösung der Gesellschaft noch zur Gründung einer neuen juristischen Person. Dogmatisch handelt es sich – ebenso wie beim *actus contrarius* der Gründung einer SE durch Umwandlung gem. Art. 37 SE-VO (vgl. Art. 37 Rz. 5) – um einen **identitätswahrenden Formwechsel**[33]. Es entsteht also kein neuer Rechtsträger, sondern die Gesellschaft tauscht nur ihr europäisches gegen ein nationales „Rechtskleid"[34]. Im Falle der Umwandlung in eine deutsche AG existiert deshalb auch keine „Vor-AG"[35]; eine Handelndenhaftung gem. §§ 197 Satz 1 UmwG, 41 Abs. 1 Satz 2 AktG kommt hingegen in Betracht[36].

6. Anwendbares Recht

12 Korrespondierend mit Art. 37 SE-VO (vgl. Art. 37 Rz. 6) enthält auch **Art. 66 SE-VO** keine vollständige und umfassende Regelung der Rückumwandlung einer SE in eine nationale AG, sondern etabliert lediglich einen grundlegenden **europäischen Rahmen**, der noch der Ausfüllung durch nationales Recht bedarf[37]. Wenn und soweit Art. 66 SE-VO keine abschließende Regelung trifft, ist gem. **Art. 9 Abs. 1 lit. c ii SE-VO** das **nationale Recht** des Sitzstaats der SE zur Anwendung berufen[38]. Nicht einschlägig ist hingegen Art. 63 SE-VO, denn die Umwandlung führt gerade nicht zu einer Auflösung und Liquidation[39]. Bei einer **„deutschen" SE** gelten somit **§§ 190 ff. UmwG**[40].

II. Voraussetzungen der Umwandlung/Restriktionen

13 Wie bereits dargelegt (vgl. Rz. 4), statuiert Art. 66 SE-VO für die Umwandlung drei wesentliche Restriktionen: (1) Rückumwandlung nur in eine Aktiengesellschaft

---

33 Vgl. *Becker/Fleischmann* in Jannott/Frodermann, Kap. 10 Rz. 12; *Casper* in Spindler/Stilz, AktG, 3. Aufl. 2015, Art. 66 SE-VO Rz. 2; *Drinhausen* in Habersack/Drinhausen, Art. 66 SE-VO Rz. 33; *Hirte*, DStR 2005, 700, 704; *Kiem* in KölnKomm. AktG, 3. Aufl., Art. 66 SE-VO Rz. 6; *Lutter/Bayer/J. Schmidt*, EuropUR, § 41 Rz. 179; *Schäfer* in MünchKomm. AktG, Art. 66 SE-VO Rz. 2; *Schröder* in Manz/Mayer/Schröder, Art. 66 SE-VO Rz. 10; *Schwarz*, Art. 66 SE-VO Rz. 28; *Zollner* in Kalss/Hügel, § 33 SEG Rz. 2.
34 Vgl. *Casper* in Spindler/Stilz, AktG, 3. Aufl. 2015, Art. 66 SE-VO Rz. 2; *Drinhausen* in Habersack/Drinhausen, Art. 66 SE-VO Rz. 33; *Schwarz*, Art. 66 SE-VO Rz. 28.
35 Vgl. zur Nichtentstehung einer Vorgesellschaft nach nationalem Recht: BGH v. 25.1.1999 – II ZR 383/96, NJW-RR 1999, 1554, 1555; *K. Schmidt* in Großkomm. AktG, 4. Aufl., § 41 Rz. 10; *J. Schmidt*, „Deutsche" vs. „britische" Societas Europaea (SE), 2006, S. 387 m.w.N.
36 Vgl. zur Geltung der Handelndenhaftung gem. §§ 197 Satz 1 UmwG, 41 Abs. 1 Satz 2 AktG im Falle des Formwechsels in eine AG: *Decher/Hoger* in Lutter, § 197 UmwG Rz. 41; *Heidinger* in Spindler/Stilz, § 41 AktG Rz. 16 m.w.N.
37 Vgl. auch *Kiem* in KölnKomm. AktG, 3. Aufl., Art. 66 SE-VO Rz. 7.
38 Vgl. *Becker/Fleischmann* in Jannott/Frodermann, Kap. 10 Rz. 11; *Casper* in Spindler/Stilz, AktG, 3. Aufl. 2015, Art. 66 SE-VO Rz. 3; *Drinhausen* in Habersack/Drinhausen, Art. 66 SE-VO Rz. 9; *Kiem* in KölnKomm. AktG, 3. Aufl., Art. 66 SE-VO Rz. 7; *Schäfer* in MünchKomm. AktG, 3. Aufl., Art. 66 SE-VO Rz. 4; *Schröder* in Manz/Mayer/Schröder, Art. 66 SE-VO Rz. 7; vgl. ferner auch *Schwarz*, Art. 66 SE-VO Rz. 10.
39 Vgl. *Casper* in Spindler/Stilz, AktG, 3. Aufl. 2015, Art. 66 SE-VO Rz. 3; *Drinhausen* in Habersack/Drinhausen, Art. 66 SE-VO Rz. 9; *Kiem* in KölnKomm. AktG, 3. Aufl., Art. 66 SE-VO Rz. 8; *Schäfer* in MünchKomm. AktG, 3. Aufl., Art. 66 SE-VO Rz. 4.
40 Vgl. *Becker/Fleischmann* in Jannott/Frodermann, Kap. 10 Rz. 11; *Casper* in Spindler/Stilz, AktG, 3. Aufl. 2015, Art. 66 SE-VO Rz. 3; *Drinhausen* in Habersack/Drinhausen, Art. 66 SE-VO Rz. 9; *Habersack/Verse*, EuropGesR, § 13 Rz. 24; *Kiem* in KölnKomm. AktG, 3. Aufl., Art. 66 SE-VO Rz. 7; *Schäfer* in MünchKomm. AktG, 3. Aufl., Art. 66 SE-VO Rz. 4; *Schröder* in Manz/Mayer/Schröder, Art. 66 SE-VO Rz. 19.

(Abs. 1 Satz 1, dazu Rz. 14) und (2) nur in eine solche des Sitzstaates (Abs. 1 Satz 1, dazu Rz. 15 ff.), sowie (3) eine zweijährige Sperrfrist (Abs. 1 Satz 2, dazu Rz. 18 ff.).

1. Zielrechtsform: Aktiengesellschaft (Art. 66 Abs. 1 Satz 1 SE-VO)

Erstens regelt Art. 66 SE-VO nur die Umwandlung in eine nationale Aktiengesellschaft (Abs. 1 Satz 1). Vgl. zu den Hintergründen bereits Rz. 4. Zur daneben ggf. bestehenden Möglichkeit eines Formwechsel in eine andere Rechtsform nach nationalem Recht bereits Rz. 8 ff.

2. Verbot der statutenwechselnden Umwandlung (Art. 66 Abs. 1 Satz 1 SE-VO)

Zweitens gestattet Art. 66 Abs. 1 Satz 1 SE-VO nur die Umwandlung der SE in eine **dem Recht ihres Sitzstaats unterliegende Aktiengesellschaft**. Wie dargelegt (vgl. Rz. 4), soll dadurch in Kombination mit der zweijährigen Sperrfrist (dazu Rz. 18 ff.) einem Missbrauch vorgebeugt werden.

Anders als noch Art. 264 Abs. 3 SE-VOE 1970[41] und 1975[42] stellt Art. 66 Abs. 1 Satz 1 SE-VO jedoch nicht mehr auf den Ort ab, an dem sich die tatsächliche Geschäftsleitung der SE befindet. Erforderlich ist nach dem – auch in anderen Sprachfassungen[43] – eindeutigen Wortlaut vielmehr (nur), dass die Aktiengesellschaft dem Recht des bisherigen Sitzstaats der SE unterliegen muss, d.h. maßgeblich ist das Gesellschaftsstatut. **Verboten** ist also – anders als nach der Pendantregelung des Art. 37 SE-VO, der explizit die Verlegung des Sitzes verbietet (Art. 37 Abs. 3 SE-VO, dazu Art. 37 Rz. 9 ff.) – gerade nur der **Statutenwechsel**, d.h. zulässig ist nur eine Umwandlung in eine nationale Aktiengesellschaft des Mitgliedstaats, dessen Recht schon bislang subsidiär auf die SE Anwendung fand. Eine Verlegung des tatsächlichen Verwaltungssitzes im Zuge der Rückumwandlung ist hingegen – jedenfalls durch die SE-VO – nicht verboten[44]. Dies ist letztlich auch nur konsequent und sinnvoll. Denn mit der Rückumwandlung in eine nationale AG verlässt die Gesellschaft die EU-Ebene. In Bezug auf die nationalen Gesellschaftsrechtsformen kommt aber nach dem bisherigen Stand des Unionsrechts jedem einzelnen Mitgliedstaat die alleinige Definitionsautonomie darüber zu, wie stark das „territoriale Band" „seiner" Gesellschaften zu seinem Hoheitsgebiet sein muss, d.h. insbesondere, ob sie i.S.d. Gründungstheorie lediglich formal mit dem Satzungssitz in seinem Hoheitsgebiet ansässig sein müssen oder ob die Qualifizierung als nationale Gesellschaftsform darüber hinaus i.S.d. Sitztheorie erfordert, dass sich dort auch der Verwaltungssitz befindet[45]. Wenn der Mitgliedstaat des Sitzes der SE es zulässt, dass seine nationalen Aktiengesellschaften ihren tatsächlichen Verwaltungssitz außerhalb seines Hoheitsgebiets haben, so ist es folglich grundsätzlich zulässig, dass die SE im Zuge der Rückumwandlung in eine na-

---

41 Fn. 2.
42 Fn. 3.
43 Vgl. englisch: „public limited-liability company governed by the law of the Member State in which its registered office is situated", französisch „en société anonyme relevant du droit de l'État membre de son siège statutaire".
44 Wenn daher in der Literatur verbreitet von „Sitzverlegungsverbot" gesprochen wird (vgl. etwa *Casper* in Spindler/Stilz, AktG, 3. Aufl. 2015, Art. 66 SE-VO Rz. 1; *Drinhausen* in Habersack/Drinhausen, Art. 66 SE-VO Rz. 4; *Heckschen* in Widmann/Mayer, Anh. 14 Rz. 518.2; *Schröder* in Manz/Mayer/Schröder, Art. 66 SE-VO Rz. 6), so ist dies zumindest sehr missverständlich.
45 Vgl. EuGH v. 16.12.2008 – Rs. C-210/06 – „Cartesio Oktató és Szolgáltató bt", Slg. 2008, I-9641 – Rz. 110; EuGH v. 12.7.2012 – Rs. C-378/10 – „VALE", ZIP 2012, 1394 – Rz. 29; *Bayer/J. Schmidt*, ZHR 173 (2009), 735, 742; *Bayer/J. Schmidt*, ZIP 2012, 1481, 1485; *Lutter/Bayer/J. Schmidt*, EuropUR, § 6 Rz. 41.

tionale AG ihren tatsächlichen Verwaltungssitz an einen Ort außerhalb des betreffenden Mitgliedstaats verlegt. Dem steht im Übrigen auch die Ratio der Norm, eine „Flucht aus der Mitbestimmung" oder aus sonstigen „unliebsamen" nationalen Vorschriften zu verhindern, nicht entgegen. Denn dem wird durch den Zwang zur Beibehaltung des bisherigen subsidiären Gesellschaftsstatuts als nunmehr ausschließliches Gesellschaftsstatut ja gerade entsprochen.

17 Eine **SE mit Sitz in Deutschland** kann folglich nur in eine deutsche Aktiengesellschaft umgewandelt werden, aufgrund von § 5 AktG aber auch in eine deutsche Aktiengesellschaft mit tatsächlichem Verwaltungssitz außerhalb von Deutschland (vgl. dazu auch *Ringe* in K. Schmidt/Lutter, § 5 AktG Rz. 8).

3. Zweijährige Sperrfrist (Art. 66 Abs. 1 Satz 2 SE-VO)

18 Drittens statuiert Art. 66 Abs. 1 Satz 2 SE-VO zur Verhinderung von Missbräuchen (vgl. Rz. 4) eine zweijährige[46] Sperrfrist: Der Umwandlungsbeschluss darf erst zwei Jahre nach Eintragung der SE oder nach Genehmigung der ersten beiden Jahresabschlüsse gefasst werden. Bei den beiden Tatbeständen handelt es sich um **Alternativen**: Derjenige, der früher eintritt, beendet die Sperrfrist[47].

19 In der ersten Alternative endet die Sperrfrist zwei Jahre nach der **Eintragung der SE**. Gemeint ist der Zeitpunkt der erstmaligen Eintragung der Gesellschaft als SE in ein nationales Register nach Art. 12 Abs. 1 SE-VO (dazu Art. 12 Rz. 2 ff.)[48]. Welche Gründungsvariante genutzt wurde, ist dabei ebenso irrelevant[49] wie der Zeitpunkt der Offenlegung der Gründung[50] oder ob die SE zwischenzeitlich ihren Sitz gem. Art. 8 SE-VO verlegt hat[51].

20 Die zweite Alternative lässt die Sperrfrist dagegen mit der **Genehmigung des zweiten Jahresabschlusses der SE** enden. „Genehmigung" des Jahresabschlusses ist der Rechtsakt, mit dem der Jahresabschluss für die SE verbindlich wird[52]. Maßgeblich ist insoweit gem. Art. 61 SE-VO das jeweilige nationale Recht[53]; bei einer „deutschen" SE also §§ 172 f. AktG (dualistisches System) bzw. § 47 Abs. 5 SEAG (monistisches System)[54]. Die Frist nach dieser zweiten Alternative ist häufig kürzer: Wenn die Gesell-

---

46 Art. 264 Abs. 2 SE-VOE 1970 (Fn. 2) und SE-VOE 1975 (Fn. 3) hatten sogar noch eine Frist von drei Jahren vorgesehen. Vorbild war offenbar das französische Recht (vgl. Art. 236 Loi n° 66-537 du 24 juillet 1966 sur les sociétés commerciales, JORF du 26 juillet 1966, p. 6402; heute: Art. L225-243 C. com.), vgl. *Oplustil/Schneider*, NZG 2003, 13, 14 (allerdings mit Zahlendreher: „263").
47 Vgl. *Becker/Fleischmann* in Jannott/Frodermann, Kap. 10 Rz. 10; *Drinhausen* in Habersack/Drinhausen, Art. 66 SE-VO Rz. 15; *Kiem* in KölnKomm. AktG, 3. Aufl., Art. 66 SE-VO Rz. 15; *Schäfer* in MünchKomm. AktG, 3. Aufl., Art. 66 SE-VO Rz. 5; *Schröder* in Manz/Mayer/Schröder, Art. 66 SE-VO Rz. 4; *Zollner* in Kalss/Hügel, § 33 SEG Rz. 6.
48 Vgl. *Drinhausen* in Habersack/Drinhausen, Art. 66 SE-VO Rz. 16.
49 Vgl. *Casper* in Spindler/Stilz, AktG, 3. Aufl. 2015, Art. 66 SE-VO Rz. 4.
50 Vgl. *Drinhausen* in Habersack/Drinhausen, Art. 66 SE-VO Rz. 16.
51 Vgl. *Drinhausen* in Habersack/Drinhausen, Art. 66 SE-VO Rz. 16; *Heckschen* in Widmann/Mayer, Anh. 14 Rz. 518.2.
52 Vgl. *Drinhausen* in Habersack/Drinhausen, Art. 66 SE-VO Rz. 17; *Kiem* in KölnKomm. AktG, 3. Aufl., Art. 66 SE-VO Rz. 15; *Schröder* in Manz/Mayer/Schröder, Art. 66 SE-VO Rz. 4.
53 Vgl. *Schröder* in Manz/Mayer/Schröder, Art. 66 SE-VO Rz. 4; zur Maßgeblichkeit des nationalen Rechts auch: *Drinhausen* in Habersack/Drinhausen, Art. 66 SE-VO Rz. 17; *Kiem* in KölnKomm. AktG, 3. Aufl., Art. 66 SE-VO Rz. 15.
54 Vgl. auch (allerdings nur unter Bezugnahme auf §§ 172 f. AktG, d.h. Außerachtlassung der monistischen SE): *Drinhausen* in Habersack/Drinhausen, Art. 66 SE-VO Rz. 17; *Kiem* in KölnKomm. AktG, 3. Aufl., Art. 66 SE-VO Rz. 15.

schaft als „neue" Gesellschaft gegründet wurde, ist das erste Geschäftsjahr i.d.R. ein Rumpfgeschäftsjahr; bei der SE-Gründung durch Verschmelzung durch Aufnahme oder Umwandlung wird die SE-Gründung oft innerhalb des laufenden Geschäftsjahres wirksam[55]. Ggf. kann aufgrund einer Änderung des Geschäftsjahres auch das zweite Geschäftsjahr ein bloßes „Rumpfgeschäftsjahr" sein; zu beachten sind jedoch die allgemeinen Grenzen für eine Änderung des Geschäftsjahres[56]; das Interesse an einer Verkürzung der Sperrfrist kann jedenfalls mit Blick auf die Ratio des Art. 66 Abs. 1 Satz 2 SE-VO keinen hinreichenden Grund bilden[57].

Die **Sperrfrist** verhindert nach dem eindeutigen Wortlaut der Norm nur die Fassung des **Umwandlungsbeschlusses**; vorbereitende Maßnahmen – inkl. der Einberufung der beschließenden Hauptversammlung – sind bereits vorher zulässig[58]. 21

Nicht zu folgen ist der von Teilen der Literatur[59] postulierten **teleologischen Reduktion** der Sperrfrist für den Fall, dass im konkreten Fall ein Missbrauch ausgeschlossen ist, d.h. insbesondere wenn die SE durch Umwandlung gem. Art. 37 SE-VO entstanden ist und keine Sitzverlegung erfolgt ist[60]. Denn der Europäische Gesetzgeber hat sich hier ganz bewusst für eine abstrakte Fristenregelung (und gerade keine einzelfallbezogene Ermessensklausel oder Ähnliches) entschieden[61]. 22

III. Verfahren

1. Umwandlungsplan (Art. 66 Abs. 3 Alt. 1 SE-VO)

Grundlage des gesamten Umwandlungsvorgangs[62] ist gem. Art. 66 Abs. 3 Alt. 1 SE-VO – entsprechend dem „europäischen Modell für Strukturmaßnahmen" (vgl. Rz. 5) – ein Plan, der sog. Umwandlungsplan. 23

a) Erstellungskompetenz

Zuständig für die Erstellung des Umwandlungsplans ist gem. Art. 66 Abs. 3 Alt. 1 SE-VO das **Leitungs- oder das Verwaltungsorgan** der SE. Bei der „deutschen" monistischen SE ist also der Verwaltungsrat zuständig[63]. Ob alle Organmitglieder handeln müssen oder ein Handeln in vertretungsberechtigter Zahl genügt, richtet sich mangels Regelung in der SE-VO gem. Art. 9 Abs. 1 lit. c ii SE-VO nach nationalem Recht. Im Falle einer „deutschen" SE genügt ein Handeln in vertretungsberechtigter Zahl (vgl. zur Parallelproblematik bei Art. 37 Abs. 4 SE-VO: Art. 37 Rz. 13). 24

---

55 Vgl. *Drinhausen* in Habersack/Drinhausen, Art. 66 SE-VO Rz. 17; *Kiem* in KölnKomm. AktG, 3. Aufl., Art. 66 SE-VO Rz. 16; *Vossius*, ZIP 2005, 741, 749.
56 Vgl. *Drinhausen* in Habersack/Drinhausen, Art. 66 SE-VO Rz. 18; vgl. zu diesen allgemeinen Grenzen: *Winkeljohann/Philipps* in Beck'scher Bilanz-Kommentar, § 240 HGB Rz. 60 ff.
57 Vgl. *Drinhausen* in Habersack/Drinhausen, Art. 66 SE-VO Rz. 18.
58 Vgl. *Drinhausen* in Habersack/Drinhausen, Art. 66 SE-VO Rz. 15; *Kiem* in KölnKomm. AktG, 3. Aufl., Art. 66 SE-VO Rz. 16.
59 Vgl. *Seibt* in Voraufl. Rz. 20; *Casper* in Spindler/Stilz, AktG, 3. Aufl. 2015, Art. 66 SE-VO Rz. 4; *Oplustil/Schneider*, NZG 2003, 13, 15.
60 Vgl. *Drinhausen* in Habersack/Drinhausen, Art. 66 SE-VO Rz. 14; *Schwarz*, Art. 66 SE-VO Rz. 21.
61 Vgl. *Drinhausen* in Habersack/Drinhausen, Art. 66 SE-VO Rz. 14; *Schwarz*, Art. 66 SE-VO Rz. 21.
62 Vgl. *Drinhausen* in Habersack/Drinhausen, Art. 66 SE-VO Rz. 19; *Lutter/Bayer/J. Schmidt*, EuropUR, § 41 Rz. 180.
63 Vgl. *Schäfer* in MünchKomm. AktG, 3. Aufl., Art. 66 SE-VO Rz. 6.

b) Inhalt

25 **aa) Mindestinhalt.** Ebenso wie für den Umwandlungsplan nach Art. 37 Abs. 4 SE-VO macht die SE-VO auch für den Umwandlungsplan nach Art. 66 Abs. 3 SE-VO keine inhaltlichen Vorgaben. Vor diesem Hintergrund wird auch hier verbreitet für eine Analogie zu Art. 20 Abs. 1 Satz 2 SE-VO[64] (dazu Art. 20 Rz. 15 ff.), Art. 32 Abs. 2 Satz 3 SE-VO[65] (dazu Art. 32 Rz. 24 ff.) oder Art. 8 Abs. 2 Satz 2 SE-VO[66] (dazu Art. 8 Rz. 22 ff.) plädiert. Aus den in Bezug auf die Parallelproblematik i.R.d. Art. 37 Abs. 4 SE-VO dargelegten Gründen (vgl. Art. 37 Rz. 14) sprechen jedoch auch hier die überzeugenderen Argumente dafür, dass sich der Inhalt des Umwandlungsplans – hier allerdings über die Verweisungsnorm des **Art. 9 Abs. 1 lit. c ii SE-VO** – nach **nationalem Recht** richtet[67]. Im Falle einer „deutschen" SE sind daher die **§§ 194 Abs. 1, 243 UmwG** entsprechend heranzuziehen (vgl. dazu auch bereits Art. 37 Rz. 14)[68].

26 Mit Blick auf das Fehlen einer eindeutigen höchstrichterlichen Entscheidung betreffend die Streitfrage um den genauen Inhalt des Umwandlungsplans findet sich für die **Praxis** indes auch hier häufig die **Empfehlung**, sicherheitshalber **beiden Ansichten** Rechnung zu tragen, d.h. sowohl die nach §§ 194 Abs. 1, 243 UmwG als auch die im Falle einer analogen Anwendung des Art. 20 Abs. 1 Satz 2 SE-VO erforderlichen Angaben aufzunehmen[69].

27 Wie bereits zu Art. 37 Abs. 4 SE-VO dargelegt (vgl. Art. 37 Rz. 16 ff.), ergeben sich bei sachgerechter Handhabung der Analogie indes – wie nachfolgende tabellarische Übersicht zeigt – ohnehin **kaum Unterschiede**. Einzige echte Divergenz ist die sich im Falle einer analogen Anwendung des Art. 20 Abs. 1 Satz 2 SE-VO aus dessen lit. g ergebende Pflicht zur Angabe von Sondervorteilen.

	§§ 194 Abs. 1, 243 UmwG	**Art. 20 Abs. 1 Satz 2 SE-VO analog**
AG als Zielrechtsform	§ 194 Abs. 1 Nr. 1 UmwG	Art. 20 Abs. 1 Satz 2 lit. a SE-VO
Firma der AG	§ 194 Abs. 1 Nr. 2 UmwG	Art. 20 Abs. 1 Satz 2 lit. a SE-VO
Beteiligung der bisherigen Aktionäre an der AG nach den für diese geltenden Vorschriften	§ 194 Abs. 1 Nr. 3 UmwG	Art. 20 Abs. 1 Satz 2 lit. b SE-VO
Zahl, Art und Umfang der Aktien, die die Aktionäre durch die formwechselnde Umwandlung erlangen sollen	§ 194 Abs. 1 Nr. 4 UmwG	Art. 20 Abs. 1 Satz 2 lit. c SE-VO
Rechte der bzw. Maßnahmen für Sonderrechtsinhaber	§ 194 Abs. 1 Nr. 5 UmwG	Art. 20 Abs. 1 Satz 2 lit. f SE-VO

---

64 Vgl. *Becker/Fleischmann* in Jannott/Frodermann, Kap. 10 Rz. 14; *Kiem* in KölnKomm. AktG, 3. Aufl., Art. 66 SE-VO Rz. 17; *Schröder* in Manz/Mayer/Schröder, Art. 66 SE-VO Rz. 11; *Schwarz*, Art. 66 SE-VO Rz. 13; vgl. weiter auch *Schäfer* in MünchKomm. AktG, 3. Aufl., Art. 66 SE-VO Rz. 6 (Analogie zu Art. 20 Abs. 1 Satz 2, Art. 32 Abs. 2 Satz 3 SE-VO).
65 Vgl. *Schäfer* in MünchKomm. AktG, 3. Aufl., Art. 66 SE-VO Rz. 6 (Analogie zu Art. 20 Abs. 1 Satz 2, Art. 32 Abs. 2 Satz 3 SE-VO).
66 Vgl. *Drinhausen* in Habersack/Drinhausen, Art. 66 SE-VO Rz. 21.
67 Vgl. *Casper* in Spindler/Stilz, AktG, 3. Aufl. 2015, Art. 66 SE-VO Rz. 6.
68 Vgl. *Casper* in Spindler/Stilz, AktG, 3. Aufl. 2015, Art. 66 SE-VO Rz. 6.
69 Vgl. *Becker/Fleischmann* in Jannott/Frodermann, Kap. 10 Rz. 14; *Drinhausen* in Habersack/Drinhausen, Art. 66 SE-VO Rz. 21.

	§§ 194 Abs. 1, 243 UmwG	Art. 20 Abs. 1 Satz 2 SE-VO analog
Folgen der formwechselnden Umwandlung für die Arbeitnehmer/Angaben zur Mitbestimmung	§ 194 Abs. 1 Nr. 7 UmwG	Art. 20 Abs. 1 Satz 2 lit. i SE-VO
Satzung der AG	§§ 243 Abs. 1, 218 Abs. 1 UmwG	Art. 20 Abs. 1 Satz 2 lit. h SE-VO
Sondervorteile für Organmitglieder und Sachverständige	–	Art. 20 Abs. 1 Satz 2 lit. g SE-VO

bb) Fakultativer Inhalt. Unabhängig davon, welcher Ansicht man folgt, können in den Umwandlungsplan darüber hinaus weitere Angaben aufgenommen werden (vgl. § 194 Abs. 1 UmwG: „mindestens"[70] bzw. Art. 20 Abs. 2[71]) (vgl. zur Parallelproblematik bei Art. 37 Abs. 4 SE-VO: Art. 37 Rz. 19). 28

c) Form

In formaler Hinsicht lässt sich aus der SE-VO nur das Gebot einer **textlichen Fixierung** („Plan") ableiten (vgl. auch Art. 37 Rz. 20)[72]. 29

Gem. Art. 9 Abs. 1 lit. c ii SE-VO können sich aber ggf. aus dem nationalen Recht weitergehende Formerfordernisse ergeben[73]. Im Falle einer „deutschen" SE bedarf der Umwandlungsplan (ebenso wie derjenige nach Art. 37 Abs. 4 SE-VO, vgl. Art. 37 Rz. 21) entgegen einer verbreiteten Auffassung[74] in Analogie zu §§ 6, 122c Abs. 4, 125 Satz 1 **UmwG der notariellen Beurkundung**[75]. 30

d) Zuleitung an den Betriebsrat

Bei konsequenter Anwendung des **Art. 9 Abs. 1 lit. c ii SE-VO** ergibt sich aus § 194 Abs. 2 UmwG das Erfordernis der Zuleitung des Umwandlungsplans an den Betriebsrat[76] (vgl. zur Parallelproblematik i.R.d. Art. 37 Abs. 4 SE-VO: Art. 37 Rz. 22). Wenngleich dies im Schrifttum teils bestritten wird[77], ist eine Zuleitung schon aus Gründen der Vorsicht in jedem Fall anzuraten. 31

---

70 Vgl. auch *Casper* in Spindler/Stilz, AktG, 3. Aufl. 2015, Art. 66 SE-VO Rz. 6 i.V.m. Art. 37 SE-VO Rz. 8 f.
71 Vgl. *Schwarz*, Art. 66 SE-VO Rz. 13.
72 Vgl. zur Parallelproblematik bei Art. 37 SE-VO: *Lutter/Bayer/J. Schmidt*, EuropUR, § 41 Rz. 64.
73 Vgl. *Drinhausen* in Habersack/Drinhausen, Art. 66 SE-VO Rz. 22.
74 Vgl. *Becker/Fleischmann* in Jannott/Frodermann, Kap. 10 Rz. 16; *Drinhausen* in Habersack/Drinhausen, Art. 66 SE-VO Rz. 22; *Casper* in Spindler/Stilz, AktG, 3. Aufl. 2015, Art. 66 SE-VO Rz. 6; *Schäfer* in MünchKomm. AktG, 3. Aufl., Art. 66 SE-VO Rz. 6.
75 Vgl. *Schwarz*, Art. 66 SE-VO Rz. 14.
76 Vgl. *Becker/Fleischmann* in Jannott/Frodermann, Kap. 10 Rz. 17; *Casper* in Spindler/Stilz, AktG, 3. Aufl. 2015, Art. 66 SE-VO Rz. 6 i.V.m. Art. 37 SE-VO Rz. 12; *Drinhausen* in Habersack/Drinhausen, Art. 66 SE-VO Rz. 24; *Schwarz*, Art. 66 SE-VO Rz. 17; ebenso i.E. auch *Heckschen* in Widmann/Mayer, Anh. 14 Rz. 518; *Schröder* in Manz/Mayer/Schröder, Art. 66 SE-VO Rz. 20 i.V.m. Art. 37 SE-VO Rz. 81.
77 Vgl. *Kiem* in KölnKomm. AktG, 3. Aufl., Art. 66 SE-VO Rz. 17 i.V.m. *Paefgen* in KölnKomm. AktG, 3. Aufl., Art. 37 SE-VO Rz. 48.

2. Umwandlungsbericht (Art. 66 Abs. 3 Alt. 2 SE-VO)

32 Zweites Grundelement ist gem. Art. 66 Abs. 3 Alt. 2 SE-VO – entsprechend dem „europäischen Modell für Strukturmaßnahmen" (vgl. Rz. 5) – ein Umwandlungsbericht.

a) Erstellungskompetenz

33 Für die Erstellung des Umwandlungsberichts ist gem. Art. 66 Abs. 3 Alt. 2 SE-VO ebenfalls das **Leitungs- oder das Verwaltungsorgan** der SE zuständig; bei einer „deutschen" monistischen SE also der Verwaltungsrat. Ob alle Organmitglieder handeln müssen oder ein Handeln in vertretungsberechtigter Zahl genügt, richtet sich mangels Regelung in der SE-VO gem. Art. 9 Abs. 1 lit. c ii SE-VO nach nationalem Recht. Bei einer „deutschen" AG genügt somit ebenso wie bei § 192 Abs. 1 Satz 1 UmwG[78] eine Unterzeichnung in vertretungsberechtigter Zahl. Vgl. zur Parallelproblematik i.R.d. Art. 37 Abs. 4 SE-VO bereits Art. 37 Rz. 24.

b) Form

34 Ebenso wie bei der Verschmelzungs- (vgl. zum Verschmelzungsbericht Art. 20 Rz. 29 ff.) und Umwandlungsgründung (vgl. Art. 37 Rz. 25) ist auch der Umwandlungsbericht nach Art. 66 Abs. 3 Alt. 2 SE-VO ein **vom Plan** strikt zu trennendes und **separates Dokument**[79]. Die im Schrifttum anzutreffende Gegenauffassung, der zufolge der Umwandlungsbericht integraler Bestandteil des Umwandlungsplans sein soll[80], geht fehl, denn im Gegensatz zur Holding-Gründung (vgl. Art. 32 Abs. 2 Satz 2, dazu Art. 32 Rz. 12 ff.) ist dies bei der Umwandlungsgründung und Rückumwandlung eben gerade nicht so konzipiert[81].

35 Aus der SE-VO selbst ergibt sich – ebenso wie nach Art. 37 Abs. 4 Alt. 2 SE-VO (vgl. Art. 37 Rz. 26) – in formaler Hinsicht im Übrigen lediglich das Gebot einer **textlichen Fixierung** („Bericht"). Gem. Art. 9 Abs. 1 lit. c ii SE-VO können sich jedoch aus dem jeweiligen nationalen Recht strengere Formerfordernisse ergeben. Bei einer „deutschen" SE bedarf der Umwandlungsbericht folglich gem. § 192 Abs. 1 Satz 1 UmwG der Schriftform i.S.d. § 126 BGB.

c) Inhalt

36 Inhaltlich ist zunächst eine **Erläuterung und Begründung der rechtlichen und wirtschaftlichen Aspekte der Umwandlung** gefordert; darüber hinaus müssen aber auch die **Auswirkungen**, die der Übergang zur Rechtsform einer SE **für die Aktionäre und für die Arbeitnehmer** hat, dargelegt werden. Dies korrespondiert mit der Pendantregelung in Art. 37 Abs. 4 Alt. 2 SE-VO[82], dazu Art. 37 Rz. 27.

---

78 Vgl. *Decher/Hoger* in Lutter, § 192 UmwG Rz. 5; *Drinhausen/Keinath* in Henssler/Strohn, § 192 UmwG Rz. 9; *Meister/Klöcker* in Kallmeyer, § 192 UmwG Rz. 38.
79 Vgl. *Drinhausen* in Habersack/Drinhausen, Art. 66 SE-VO Rz. 24; *Schwarz*, Art. 66 SE-VO Rz. 15 i.V.m. Art. 37 SE-VO Rz. 31.
80 Vgl. *Casper* in Spindler/Stilz, AktG, 3. Aufl. 2015, Art. 66 SE-VO Rz. 6 i.V.m. Art. 37 SE-VO Rz. 11; *Kiem* in KölnKomm. AktG, 3. Aufl., Art. 66 SE-VO Rz. 18 i.V.m. *Paefgen* in KölnKomm. AktG, 3. Aufl., Art. 37 SE-VO Rz. 49; *Schäfer* in MünchKomm. AktG, 3. Aufl., Art. 66 SE-VO Rz. 7 i.V.m. Art. 37 SE-VO Rz. 15.
81 Vgl. *Drinhausen* in Habersack/Drinhausen, Art. 66 SE-VO Rz. 24; *Schwarz*, Art. 66 SE-VO Rz. 15 i.V.m. Art. 37 SE-VO Rz. 31.
82 Vgl. auch *Casper* in Spindler/Stilz, AktG, 3. Aufl. 2015, Art. 66 SE-VO Rz. 6; *Drinhausen* in Habersack/Drinhausen, Art. 66 SE-VO Rz. 23; *Kiem* in KölnKomm. AktG, 3. Aufl., Art. 66 SE-VO Rz. 18; *Schäfer* in MünchKomm. AktG, 3. Aufl., Art. 66 SE-VO Rz. 7; *Schwarz*, Art. 66 SE-VO Rz. 15.

d) Verzicht, Entbehrlichkeit bei der Einpersonen-SE

In Bezug auf die Möglichkeit eines Verzichts auf den Umwandlungsbericht und die Entbehrlichkeit bei einer Einpersonen-SE gilt *mutatis mutandis* dasselbe wie bei Art. 37 Abs. 4 Alt. 2 SE-VO[83], dazu Art. 37 Rz. 28 f. (Verweisungsnorm ist hier aber freilich Art. 9 Abs. 1 lit. c ii SE-VO). 37

3. Offenlegung des Umwandlungsplans (Art. 66 Abs. 4 SE-VO)

Als drittes Element des „europäischen Modells für Strukturmaßnahmen" (vgl. Rz. 5) ist der **Umwandlungsplan** gem. Art. 66 Abs. 4 SE-VO offenzulegen. Die Vorschrift bezieht sich – ebenso wie das Pendant des Art. 37 Abs. 5 SE-VO (dazu Art. 37 Rz. 30) – ausdrücklich nur auf den Umwandlungs*plan*, nicht auch auf den Umwandlungs*bericht*. Da dieser auch kein Bestandteil des Umwandlungsplans, sondern ein separates Dokument ist (vgl. Rz. 34), ist er folglich nicht offenzulegen[84]. 38

Auch im Übrigen entspricht Art. 66 Abs. 4 SE-VO vollständig Art. 37 Abs. 5 SE-VO[85]; in Bezug auf **Verfahren** und **Zeitpunkt** der Offenlegung kann daher auf Art. 37 Rz. 31 ff. verwiesen werden. 39

4. Umwandlungsprüfung (Art. 66 Abs. 5 SE-VO)

a) Allgemeines

Als vierten Baustein des „europäischen Modells für Strukturmaßnahmen" (vgl. Rz. 5) statuiert Art. 66 Abs. 5 SE-VO das Erfordernis einer Umwandlungsprüfung durch externe Sachverständige (dazu Rz. 41). Der Fokus liegt hier jedoch – anders als bei der Prüfung i.R.d. Verschmelzungs- und Holdinggründung (vgl. dazu Art. 22 Rz. 13, Art. 32 Rz. 55) – naturgemäß nicht auf dem Umtauschverhältnis, sondern es erfolgt – ebenso wie bei der Umwandlungsgründung gem. Art. 37 Abs. 6 SE-VO (vgl. Art. 37 Rz. 35) – eine **Werthaltigkeitsprüfung zur Sicherung der Reinvermögensdeckung**, d.h. der realen Kapitalaufbringung[86]. Aufgrund dieser Gläubigerschutzfunktion ist ein Verzicht durch die Aktionäre auch hier nicht zulässig[87]. 40

b) Person und Bestellung der Prüfer

Die Prüfung hat durch einen oder mehrere unabhängige Sachverständige zu erfolgen. Deren **Qualifikation und Bestellung** richtet sich nach den einzelstaatlichen Durch- 41

---

[83] Vgl. auch *Drinhausen* in Habersack/Drinhausen, Art. 66 SE-VO Rz. 23 i.V.m. *Bücker* in Habersack/Drinhausen, Art. 66 SE-VO Rz. 42; *Schäfer* in MünchKomm. AktG, 3. Aufl., Art. 66 SE-VO Rz. 7 i.V.m. Art. 37 SE-VO Rz. 17; *Schwarz*, Art. 66 SE-VO Rz. 15 i.V.m. Art. 37 SE-VO Rz. 35.

[84] Vgl. *Becker/Fleischmann* in Jannott/Frodermann, Kap. 10 Rz. 19; *Drinhausen* in Habersack/Drinhausen, Art. 66 SE-VO Rz. 24; *Kiem* in KölnKomm. AktG, 3. Aufl., Art. 66 SE-VO Rz. 19; a.A. *Casper* in Spindler/Stilz, AktG, 3. Aufl. 2015, Art. 66 SE-VO Rz. 6; *Schäfer* in MünchKomm. AktG, 3. Aufl., Art. 66 SE-VO Rz. 7 i.V.m. Art. 37 SE-VO Rz. 19.

[85] Vgl. auch *Casper* in Spindler/Stilz, AktG, 3. Aufl. 2015, Art. 66 SE-VO Rz. 6; *Drinhausen* in Habersack/Drinhausen, Art. 66 SE-VO Rz. 24; *Schäfer* in MünchKomm. AktG, 3. Aufl., Art. 66 SE-VO Rz. 8; *Schwarz*, Art. 66 SE-VO Rz. 16.

[86] Vgl. *Becker/Fleischmann* in Jannott/Frodermann, Kap. 10 Rz. 21 ff.; *Drinhausen* in Habersack/Drinhausen, Art. 66 SE-VO Rz. 25; *Kiem* in KölnKomm. AktG, 3. Aufl., Art. 66 SE-VO Rz. 20; *Schäfer* in MünchKomm. AktG, 3. Aufl., Art. 66 SE-VO Rz. 9 i.V.m. Art. 37 SE-VO Rz. 21 f.

[87] Vgl. *Becker/Fleischmann* in Jannott/Frodermann, Kap. 10 Rz. 21; *Drinhausen* in Habersack/Drinhausen, Art. 66 SE-VO Rz. 27; *Kiem* in KölnKomm. AktG, 3. Aufl., Art. 66 SE-VO Rz. 22; *Schäfer* in MünchKomm. AktG, 3. Aufl., Art. 66 SE-VO Rz. 9 i.V.m. Art. 37 SE-VO Rz. 23.

führungsbestimmungen zu **Art. 10 Abs. 1 der 3. (Fusions-)Richtlinie**[88] (die Verweisung bezieht sich noch auf die ursprüngliche Fassung als RL 78/855/EWG, ist seit der Kodifikation als RL 2011/35/EU jedoch als Verweis auf diese zu lesen)[89]. Bei einer „deutschen" SE gelten also die §§ 60, 10 f. UmwG i.V.m. §§ 319–319b HGB[90].

c) Reinvermögensprüfung

42 **aa) Gegenstand.** Gegenstand der Prüfung ist, ob die Gesellschaft über **Nettovermögenswerte mindestens in Höhe ihres Kapitals** verfügt. Gemeint ist – korrespondierend zur Pendantregelung in Art. 37 Abs. 6 SE-VO (vgl. Art. 37 Rz. 38) – das Kapital der AG, die Zielrechtsform der Umwandlung ist[91]. Für die **Nettovermögenswerte** sind nicht die bilanziellen Wertansätze maßgeblich, sondern die Verkehrswerte[92]; denn die Prüfung dient ja gerade der Sicherstellung der realen Kapitalaufbringung (vgl. Rz. 40).

43 Im Gegensatz zur Umwandlungsprüfung nach Art. 37 Abs. 6 SE-VO (vgl. Art. 37 Rz. 37, 39) wird hier jedoch **nicht** geprüft, ob die Nettovermögenswerte auch die kraft Gesetzes oder Statut nicht ausschüttungsfähigen **Rücklagen** decken. Der Grund für diese Abweichung ist unklar. Im Schrifttum wird teils spekuliert, dass der Europäische Gesetzgeber vielleicht die Gefahr der fehlenden Kapitaldeckung bei der Umwandlung einer nationalen AG in eine SE für größer gehalten hat als im umgekehrten Fall[93]. Andere meinen, dass die Erstreckung der Prüfung auch auf die nicht ausschüttungsfähigen Rücklagen ohnehin systemwidrig sei und deshalb nicht auch in Art. 66 SE-VO übernommen worden wäre[94]. Mit Blick darauf, dass sowohl Art. 37 SE-VO als auch Art. 66 SE-VO erst in einer relativ späten Phase der Beratungen (wieder) in die SE-VO Eingang fanden (vgl. Rz. 2 sowie Art. 37 Rz. 2) ist allerdings gut denkbar, dass es sich insoweit um ein bloßes Redaktionsversehen handelte. Die insgesamt relativ unklare Lage bildet aber wohl jedenfalls keine ausreichend Basis für eine Analogie.

44 **bb) Zeitpunkt.** Im Hinblick auf den maßgeblichen Zeitpunkt enthält Art. 66 Abs. 5 SE-VO ebenso wenig eine ausdrückliche Regelung wie Art. 37 Abs. 6 SE-VO. Aus den bei Art. 37 Rz. 41 f. dargelegten Gründen spricht aber viel dafür, dass maßgeblicher Zeitpunkt der **Tag der beschlussfassenden Hauptversammlung** ist.

45 **cc) Auskunftsrecht.** Um die Prüfung effektiv durchführen zu können, steht den Sachverständigen – ebenso wie i.R.d. Prüfung nach Art. 37 Abs. 6 SE-VO (dazu Art. 37 Rz. 43) – ein **Auskunftsrecht** zu, das sich auch hier aufgrund des expliziten Verweises

---

[88] Fn. 11.
[89] Vgl. *Becker/Fleischmann* in Jannott/Frodermann, Kap. 10 Rz. 24; *Drinhausen* in Habersack/Drinhausen, Art. 66 SE-VO Rz. 26 i.V.m. *Bücker* in Habersack/Drinhausen, Art. 37 SE-VO Rz. 51; *Schwarz*, Art. 66 SE-VO Rz. 18 i.V.m. Art. 37 SE-VO Rz. 42.
[90] Vgl. *Becker/Fleischmann* in Jannott/Frodermann, Kap. 10 Rz. 24; *Drinhausen* in Habersack/Drinhausen, Art. 66 SE-VO Rz. 26 i.V.m. *Bücker* in Habersack/Drinhausen, Art. 37 SE-VO Rz. 51; *Schwarz*, Art. 66 SE-VO Rz. 18 i.V.m. Art. 37 SE-VO Rz. 42.
[91] Vgl. *Drinhausen* in Habersack/Drinhausen, Art. 66 SE-VO Rz. 25; *Schäfer* in MünchKomm. AktG, 3. Aufl., Art. 66 SE-VO Rz. 9.
[92] Vgl. *Becker/Fleischmann* in Jannott/Frodermann, Kap. 10 Rz. 23; *Casper* in Spindler/Stilz, AktG, 3. Aufl. 2015, Art. 66 SE-VO Rz. 7; *Drinhausen* in Habersack/Drinhausen, Art. 66 SE-VO Rz. 25; *Kiem* in KölnKomm. AktG, 3. Aufl., Art. 66 SE-VO Rz. 20; *Schäfer* in MünchKomm. AktG, 3. Aufl., Art. 66 SE-VO Rz. 9 i.V.m. Art. 37 SE-VO Rz. 23; *Schwarz*, Art. 66 SE-VO Rz. 18 i.V.m. Art. 37 SE-VO Rz. 44.
[93] Vgl. *Drinhausen* in Habersack/Drinhausen, Art. 66 SE-VO Rz. 26; *Kiem* in KölnKomm. AktG, 3. Aufl., Art. 66 SE-VO Rz. 21; *Schwarz*, Art. 66 SE-VO Rz. 18.
[94] So *Schröder* in Manz/Mayer/Schröder, Art. 66 SE-VO Rz. 17.

auf die 3. (Fusions-)Richtlinie[95] aus den nationalen Umsetzungsvorschriften zu deren Art. 10 Abs. 3 ergibt (und nicht aus Art. 22 Unterabs. 2 SE-VO analog[96]), d.h. bei einer deutschen AG aus §§ 60, 11 Abs. 1 Satz 1 UmwG i.V.m. § 320 Abs. 1 Satz 2, Abs. 2 Satz 1 und 2 HGB.

d) Bescheinigung

Der oder die Sachverständige(n) haben eine Bescheinigung zu erstellen. Im Gegensatz zu Art. 37 Abs. 6 SE-VO (vgl. dazu Art. 37 Rz. 44) verweist Art. 66 Abs. 5 SE-VO insofern jedoch nicht ausdrücklich auf die 2. (Kapital-)Richtlinie[97]. Jedenfalls insoweit besteht jedoch keinerlei Grund für einen abweichenden Standard, zumal die AG, die Zielrechtsform der Umwandlung ist, ohnehin den nationalen Umsetzungsvorschriften zur 2. (Kapital-)Richtlinie unterliegt[98]. Auch für die Bescheinigung nach Abs. 5 gilt mithin **Art. 10 Abs. 2 der 2. (Kapital-)Richtlinie** entsprechend. Erforderlich ist also die Beschreibung des Gesellschaftsvermögens, die Nennung der angewandten Bewertungsverfahren und die Angabe, ob die Werte, zu denen diese Verfahren führen, ergeben, dass die Gesellschaft über Nettovermögenswerte mindestens in Höhe ihres Kapitals zuzüglich der kraft Gesetzes oder Statut nicht ausschüttungsfähigen Rücklagen verfügt.

46

Eine Pflicht zur **Offenlegung** der Bescheinigung besteht (ebenso wie für die nach Art. 37 Abs. 6 SE-VO, vgl. Art. 37 Rz. 45) **nicht**; Art. 66 Abs. 4 SE-VO bezieht sich ausdrücklich nur auf den Umwandlungsplan, für eine Analogie ist auch insoweit[99] kein Raum. Die Bescheinigung ist den Aktionären jedoch im Wege der **Vorabinformation** zugänglich zu machen (vgl. Rz. 51).

47

e) Keine Gründungsprüfung nach nationalem Recht

Ebenso wie bei der Umwandlungsgründung gem. Art. 37 SE-VO ist auch i.R.d. Rückumwandlung gem. Art. 66 SE-VO **keine zusätzliche Gründungsprüfung nach nationalem Recht** (etwa gem. Art. 9 Abs. 1 lit. c ii SE-VO i.V.m. §§ 197 UmwG, 33 ff. AktG) erforderlich[100]. Denn die ordnungsgemäße Kapitalaufbringung wird bereits i.R.d. Werthaltigkeitsprüfung nach Art. 66 Abs. 5 SE-VO kontrolliert[101].

48

---

95 Fn. 11.
96 So aber *Schäfer* in MünchKomm. AktG, 3. Aufl., Art. 66 SE-VO Rz. 9 i.V.m. Art. 37 SE-VO Rz. 24; *Schwarz*, Art. 66 SE-VO Rz. 18 i.V.m. Art. 37 SE-VO Rz. 44.
97 Ursprünglich: RL 77/91/EWG; seit 4.12.2012: RL 2012/30/EU des Europäischen Parlaments und des Rates vom 25.10.2012 zur Koordinierung der Schutzbestimmungen, die in den Mitgliedstaaten den Gesellschaften im Sinne des Artikels 54 Absatz 2 des Vertrages über die Arbeitsweise der Europäischen Union im Interesse der Gesellschafter sowie Dritter für die Gründung der Aktiengesellschaft sowie für die Erhaltung und Änderung ihres Kapitals vorgeschrieben sind, um diese Bestimmungen gleichwertig zu gestalten (Neufassung), ABl. EU Nr. L 315 v. 14.11.2012, S. 74. Text mit Stand 2011 und ausf. Erläuterungen bei *Lutter/Bayer/J. Schmidt*, EuropUR, § 20 m.z.w.N.
98 Vgl. auch *Schröder* in Manz/Mayer/Schröder, Art. 66 SE-VO Rz. 16.
99 Vgl. zur Nichtgeltung des Abs. 4 für den Umwandlungsbericht bereits Rz. 39.
100 Vgl. *Becker/Fleischmann* in Jannott/Frodermann, Kap. 10 Rz. 28; *Casper* in Spindler/Stilz, AktG, 3. Aufl. 2015, Art. 66 SE-VO Rz. 7; *Drinhausen* in Habersack/Drinhausen, Art. 66 SE-VO Rz. 25, 30; *Kiem* in KölnKomm. AktG, 3. Aufl., Art. 66 SE-VO Rz. 26; *Schäfer* in MünchKomm. AktG, 3. Aufl., Art. 66 SE-VO Rz. 9; *Schwarz*, Art. 66 SE-VO Rz. 26. Zweifelnd jedoch *Marsch-Barner* in Kallmeyer, Anhang SE Rz. 133.
101 Vgl. *Becker/Fleischmann* in Jannott/Frodermann, Kap. 10 Rz. 28; *Casper* in Spindler/Stilz, AktG, 3. Aufl. 2015, Art. 66 SE-VO Rz. 7 i.V.m. Art. 37 SE-VO Rz. 13; *Drinhausen* in Habersack/Drinhausen, Art. 66 SE-VO Rz. 25, 30; *Heckschen* in Widmann/Mayer, Anh. 14 Rz. 518, 518.1; *Kiem* in KölnKomm. AktG, 3. Aufl., Art. 66 SE-VO Rz. 26; *Schäfer* in MünchKomm.

5. Umwandlungsbeschluss (Art. 66 Abs. 6 SE-VO)

49 Als fünftes Element des „europäischen Modells für Strukturmaßnahmen" (vgl. Rz. 5) muss die Hauptversammlung dem Umwandlungsplan zustimmen und die Satzung der AG genehmigen.

a) Vorbereitung der Hauptversammlung

50 Für die Einberufung der Hauptversammlung gelten zunächst **Art. 54 Abs. 2, 55, 56 SE-VO**; im Übrigen gilt gem. **Art. 53 SE-VO** das jeweilige **nationale Recht** des Sitzstaats der SE[102].

51 Bei einer „deutschen" SE gelten also insbesondere **§§ 121 ff. AktG, 238, 230 Abs. 2 UmwG**[103]. Entsprechend der Wertung des Art. 11 Abs. 1 lit. a und e der 3. (Fusions-)RL[104] ist aber nicht nur der Umwandlungsbericht gem. § 230 Abs. 2 UmwG zugänglich zu machen, sondern auch der Umwandlungsplan sowie die Bescheinigung gem. Art. 66 Abs. 5 SE-VO[105].

b) Durchführung der Hauptversammlung

52 Die Durchführung der Hauptversammlung richtet sich mangels spezieller Regelung in der SE-VO gem. **Art. 53 SE-VO** ebenfalls nach dem jeweiligen **nationalen** Recht[106].

53 Bei einer „deutschen" SE gelten also **§§ 129 ff. AktG, 239 UmwG**[107]. Die Auslegungspflicht des § 239 Abs. 1 UmwG ist aber mit Blick auf die von der SE-VO intendierte bestmögliche Information der Aktionäre erweiternd auch auf Umwandlungsplan und Bescheinigung nach Art. 66 Abs. 5 (dazu oben Rz. 46) zu erstrecken[108]. § 239 Abs. 2 UmwG ist dahin auszulegen, dass der Umwandlungsplan zu erläutern ist[109].

Komm. AktG, 3. Aufl., Art. 66 SE-VO Rz. 9 i.V.m. Art. 37 SE-VO Rz. 26; *Schwarz*, Art. 66 SE-VO Rz. 26.

102 Vgl. *Drinhausen* in Habersack/Drinhausen, Art. 66 SE-VO Rz. 28; *Schwarz*, Art. 66 SE-VO Rz. 22. Zumindest ungenau insofern *Kiem* in KölnKomm. AktG, 3. Aufl., Art. 66 SE-VO Rz. 23 der schlicht auf die Kommentierung zu Art. 37 SE-VO verweist (und Art. 53 ff. SE-VO nicht einmal erwähnt).

103 Vgl. *Drinhausen* in Habersack/Drinhausen, Art. 66 SE-VO Rz. 28; *Schwarz*, Art. 66 SE-VO Rz. 22.

104 Fn. 11.

105 Vgl. ähnlich auch *Kiem* in KölnKomm. AktG, 3. Aufl., Art. 66 SE-VO Rz. 23 i.V.m. *Paefgen* in KölnKomm. AktG, 3. Aufl., Art. 37 SE-VO Rz. 85 (allerdings mit Bezugnahme auf lit. d und e und erweiternder Auslegung des § 63 UmwG); *Schwarz*, Art. 66 SE-VO Rz. 22. Für eine Auslegung auch des Umwandlungsberichts auch *Casper* in Spindler/Stilz, AktG, 3. Aufl. 2015, Art. 66 SE-VO Rz. 8 i.V.m. Art. 37 SE-VO Rz. 14.

106 Vgl. *Drinhausen* in Habersack/Drinhausen, Art. 66 SE-VO Rz. 28; *Schwarz*, Art. 66 SE-VO Rz. 22. Zumindest ungenau insofern *Kiem* in KölnKomm. AktG, 3. Aufl., Art. 66 SE-VO Rz. 23, der schlicht auf die Kommentierung zu Art. 37 SE-VO verweist (und Art. 53 ff. SE-VO nicht einmal erwähnt).

107 Vgl. *Drinhausen* in Habersack/Drinhausen, Art. 66 SE-VO Rz. 28; *Schwarz*, Art. 66 SE-VO Rz. 22.

108 Vgl. in Bezug auf den Umwandlungsplan auch *Kiem* in KölnKomm. AktG, 3. Aufl., Art. 66 SE-VO Rz. 23 i.V.m. *Paefgen* in KölnKomm. AktG, 3. Aufl., Art. 37 SE-VO Rz. 88; zur Parallelproblematik i.R.d. Art. 37 SE-VO auch *Bücker* in Habersack/Drinhausen, Art. 37 SE-VO Rz. 59; *Scheifele*, Die Gründung der Europäischen Aktiengesellschaft (SE), 2004, S. 418; in Bezug auf den Umwandlungsplan auch *Casper* in Spindler/Stilz, AktG, 3. Aufl. 2015, Art. 66 SE-VO Rz. 8 i.V.m. Art. 37 SE-VO Rz. 14; *Paefgen* in KölnKomm. AktG, 3. Aufl., Art. 37 SE-VO Rz. 88; *Schäfer* in MünchKomm. AktG, 3. Aufl., Art. 37 SE-VO Rz. 27.

109 Vgl. *Kiem* in KölnKomm. AktG, 3. Aufl., Art. 66 SE-VO Rz. 23 i.V.m. *Paefgen* in KölnKomm. AktG, 3. Aufl., Art. 37 SE-VO Rz. 88; zur Parallelproblematik i.R.d. Art. 37 SE-VO auch *Bü-*

c) Beschlussfassung

Gegenstand der Beschlussfassung ist der **Umwandlungsplan**. Art. 66 Abs. 6 Satz 1 SE-VO hebt zwar die Satzung nochmals besonders hervor[110], diese ist aber ohnehin integraler Bestandteil des Umwandlungsplans[111] (vgl. Rz. 27). 54

Anders als bei der Umwandlungsgründung (vgl. Art. 37 Rz. 53) sind **Art. 23 Abs. 2 Satz 2, 32 Abs. 6 Satz 3 SE-VO nicht analog** anzuwenden. Denn im Falle der Rückumwandlung in eine nationale AG besteht für einen solchen Zustimmungsvorbehalt kein Bedürfnis: Es werden ja gerade keine Verhandlungen mit den Arbeitnehmern eingeleitet, sondern die Gesellschaft unterfällt mit der Rückumwandlung in eine nationale AG vielmehr – soweit solche existieren – automatisch den an die Rechtsform als nationale AG anknüpfenden nationalen Mitbestimmungsvorschriften (vgl. noch näher unten Rz. 78 ff.). 55

Bezüglich der Modalitäten der Beschlussfassung erklärt Art. 66 Abs. 6 Satz 2 SE-VO die einzelstaatlichen **Durchführungsvorschriften zu Art. 7 der 3. (Fusions-)Richtlinie**[112] für anwendbar. Es gelten also gerade nicht die nationalen Vorschriften zum Formwechsel[113]; die Verweisung ist zudem zugleich *lex specialis* zu Art. 57, 59 SE-VO[114]. Bei einer deutschen AG gelten also § 65 UmwG i.V.m. § 133 Abs. 1 AktG[115]. Der Beschluss bedarf also grundsätzlich einer Mehrheit von drei Vierteln des bei der Beschlussfassung vertretenen Grundkapitals plus einer einfachen Stimmenmehrheit; die Satzung kann aber eine größere Kapitalmehrheit und weitere Erfordernisse bestimmen (§ 65 Abs. 1 UmwG i.V.m. § 133 Abs. 1 AktG). Sind mehrere Gattungen von Aktien vorhanden, ist ein Sonderbeschluss der stimmberechtigten Aktionäre jeder Gattung erforderlich (§ 65 Abs. 2 UmwG). 56

Die Verweisung auf die Durchführungsvorschriften zur 3. (Fusions-)Richtlinie erstreckt sich auch auf etwaige nationale Vorgaben zur **Form**[116]. Bei einer „deutschen" 57

---

cker in Habersack/Drinhausen, Art. 37 SE-VO Rz. 59; *Paefgen* in KölnKomm. AktG, 3. Aufl., Art. 37 SE-VO Rz. 88; *Schäfer* in MünchKomm. AktG, 3. Aufl., Art. 37 SE-VO Rz. 27. Für Analogie zu § 64 UmwG hingegen *Scheifele*, Die Gründung der Europäischen Aktiengesellschaft (SE), 2004, S. 418 f.

110 Vgl. zu den Hintergründen dieser gleichermaßen auch in Art. 37 Abs. 7 SE-VO verwendeten Formulierung Art. 37 SE-VO Rz. 52 Fn. 154.

111 Vgl. auch *Drinhausen* in Habersack/Drinhausen, Art. 66 SE-VO Rz. 28 i.V.m. *Bücker* in Habersack/Drinhausen, Art. 37 SE-VO Rz. 62; *Kiem* in KölnKomm. AktG, 3. Aufl., Art. 66 SE-VO Rz. 23 i.V.m. *Paefgen* in KölnKomm. AktG, 3. Aufl., Art. 37 SE-VO Rz. 83; *Schäfer* in MünchKomm. AktG, 3. Aufl., Art. 66 SE-VO Rz. 10 i.V.m. Art. 37 SE-VO Rz. 28.

112 Fn. 11. Näher zu Art. 7 der 3. (Fusions-)RL: *Lutter/Bayer/J. Schmidt*, EuropUR, § 21 Rz. 76 ff. m.w.N.

113 Vgl. *Schäfer* in MünchKomm. AktG, 3. Aufl., Art. 66 SE-VO Rz. 10 i.V.m. Art. 37 SE-VO Rz. 28.

114 Nicht ganz korrekt insofern *Schwarz*, Art. 66 SE-VO Rz. 23 (*lex specialis* zu Art. 53 SE-VO).

115 Vgl. *Drinhausen* in Habersack/Drinhausen, Art. 66 SE-VO Rz. 28 i.V.m. *Bücker* in Habersack/Drinhausen, Art. 37 SE-VO Rz. 60; *Casper* in Spindler/Stilz, AktG, 3. Aufl. 2015, Art. 66 SE-VO Rz. 8 i.V.m. Art. 37 SE-VO Rz. 15; *Lutter/Bayer/J. Schmidt*, EuropUR, § 41 Rz. 180; *Schäfer* in MünchKomm. AktG, 3. Aufl., Art. 66 SE-VO Rz. 10 i.V.m. Art. 37 SE-VO Rz. 28; *Schwarz*, Art. 66 SE-VO Rz. 23.

116 Vgl. *Kiem* in KölnKomm. AktG, 3. Aufl., Art. 66 SE-VO Rz. 23 i.V.m. *Paefgen* in KölnKomm. AktG, 3. Aufl., Art. 37 SE-VO Rz. 91; *Schäfer* in MünchKomm. AktG, 3. Aufl., Art. 66 SE-VO Rz. 10 i.V.m. Art. 37 SE-VO Rz. 14, 28; *Schröder* in Manz/Mayer/Schröder, Art. 66 SE-VO Rz. 18 i.V.m. Art. 37 SE-VO Rz. 57.

SE muss der Beschluss daher gem. **§ 13 Abs. 3 UmwG** notariell beurkundet werden[117].

58 Die Rechtsfolgen etwaiger **Beschlussmängel** richten sich mangels Regelung in der SE-VO **gem. Art. 9 Abs. 1 lit. c ii SE-VO** nach nationalem Recht[118]. Bei einer „deutschen" SE gelten also die **§§ 241 ff. AktG**[119]. Zudem gilt die formwechselspezifische Frist des **§ 195 Abs. 1 UmwG**[120]. Nicht zur Anwendung berufen sind hingegen die formwechselspezifischen Sonderregelungen des § 195 Abs. 2 UmwG[121] und des § 210 UmwG[122], denn diese setzen einen Anspruch auf Verbesserung des Beteiligungsverhältnisses (§ 196 UmwG) bzw. auf Barabfindung (§ 207 UmwG) voraus, welche aber bei der Umwandlung einer SE in eine nationale AG richtiger Ansicht nach gerade nicht bestehen (näher Rz. 81 ff.).

6. Sonderproblem: Organmitglieder und Abschlussprüfer – Kontinuität oder Neubestellung?

59 Ähnlich wie im umgekehrten Fall der Umwandlung einer nationalen AG in eine SE gem. Art. 37 SE-VO (dazu Art. 37 Rz. 57 ff.) ist auch im Falle der Umwandlung einer SE in eine nationale AG streitig, ob und ggf. in welchen Fällen die Organmitglieder sowie der Abschlussprüfer neu zu bestellen sind oder ob Ämterkontinuität besteht.

a) Organmitglieder

60 Im Hinblick auf die Organmitglieder wird jedenfalls für den Fall eines Wechsels des Leitungssystems (d.h. monistisch/dualistisch verfasste SE in dualistisch/monistisch verfasste AG) überwiegend von einer Diskontinuität der Ämter ausgegangen[123]. Für den Fall der Umwandlung einer dualistisch verfassten SE in eine deutsche AG nimmt die wohl **h.M.** hingegen an, dass zwar die Ämter der Mitglieder des Leitungsorgans erlöschen[124], die Mitglieder des Aufsichtsorgans aber (nunmehr als Mitglieder des Aufsichtsrats) gem. § 203 UmwG im Amt bleiben, wenn die rechtlichen Grundlagen sowie die zahlenmäßige Zusammensetzung des Aufsichtsrats erhalten blei-

---

117 Vgl. *Drinhausen* in Habersack/Drinhausen, Art. 66 SE-VO Rz. 28 i.V.m. *Bücker* in Habersack/Drinhausen, Art. 37 SE-VO Rz. 60; *Casper* in Spindler/Stilz, AktG, Art. 66 SE-VO Rz. 8 i.V.m. Art. 37 SE-VO Rz. 15; *Schäfer* in MünchKomm. AktG, 3. Aufl., Art. 66 SE-VO Rz. 10 i.V.m. Art. 37 SE-VO Rz. 24, 28.
118 Ebenso *Kiem* in KölnKomm. AktG, 3. Aufl., Art. 66 SE-VO Rz. 23 i.V.m. *Paefgen* in KölnKomm. AktG, 3. Aufl., Art. 37 SE-VO Rz. 92; ebenso i.E. ferner auch *Drinhausen* in Habersack/Drinhausen, Art. 66 SE-VO Rz. 28 i.V.m. *Bücker* in Habersack/Drinhausen, Art. 37 SE-VO Rz. 69; *Schäfer* in MünchKomm. AktG, 3. Aufl., Art. 66 SE-VO Rz. 10 i.V.m. Art. 37 SE-VO Rz. 29.
119 Vgl. *Drinhausen* in Habersack/Drinhausen, Art. 66 SE-VO Rz. 28 i.V.m. *Bücker* in Habersack/Drinhausen, Art. 37 SE-VO Rz. 69; *Kiem* in KölnKomm. AktG, 3. Aufl., Art. 66 SE-VO Rz. 23 i.V.m. *Paefgen* in KölnKomm. AktG, 3. Aufl., Art. 37 SE-VO Rz. 92; *Schäfer* in MünchKomm. AktG, 3. Aufl., Art. 66 SE-VO Rz. 10 i.V.m. Art. 37 SE-VO Rz. 29.
120 Vgl. *Kiem* in KölnKomm. AktG, 3. Aufl., Art. 66 SE-VO Rz. 23 i.V.m. *Paefgen* in KölnKomm. AktG, 3. Aufl., Art. 37 SE-VO Rz. 92.
121 Ebenso *Drinhausen* in Habersack/Drinhausen, Art. 66 SE-VO Rz. 32; a.A. *Schäfer* in MünchKomm. AktG, 3. Aufl., Art. 66 SE-VO Rz. 10, 13 i.V.m. Art. 37 SE-VO Rz. 29.
122 Ebenso *Drinhausen* in Habersack/Drinhausen, Art. 66 SE-VO Rz. 32; *Schäfer* in MünchKomm. AktG, 3. Aufl., Art. 66 SE-VO Rz. 13 i.V.m. Art. 37 SE-VO Rz. 29.
123 Vgl. *Drinhausen* in Habersack/Drinhausen, Art. 66 SE-VO Rz. 29; *Kiem* in KölnKomm. AktG, 3. Aufl., Art. 66 SE-VO Rz. 25; *Zollner* in Kalss/Hügel, § 33 SEG Rz. 17.
124 Vgl. *Drinhausen* in Habersack/Drinhausen, Art. 66 SE-VO Rz. 29; *Kiem* in KölnKomm. AktG, 3. Aufl., Art. 66 SE-VO Rz. 25.

ben[125]. Nach anderer Ansicht ist indes im Falle einer Beibehaltung des Leitungssystems von einer grundsätzlichen Amtskontinuität auszugehen[126].

Stellungnahme: Ebenso wie die Umwandlung einer AG in eine SE gem. Art. 37 SE-VO (vgl. Art. 37 Rz. 61) führt auch die Umwandlung einer SE in eine AG gem. Art. 66 SE-VO wegen des **identitätswahrenden Charakters des Formwechsels** (vgl. Abs. 2, dazu Rz. 11) gerade nicht zu einer Diskontinuität des Rechtsträgers; der Rechtsträger bleibt vielmehr identisch, er wechselt „nur" von einem europäischen zu einem nationalen Rechtskleid (vgl. Rz. 11). Vor allem ändert sich auch nichts am Grundcharakter der Gesellschaft als Aktiengesellschaft; es kommt also gerade nicht – wie bei einem Formwechsel nach nationalem Recht – zu einem „Rechtsformsprung"[127] wie z.B. von einer Kapital- in eine Personengesellschaft oder auch „nur" von einer AG in eine GmbH oder umgekehrt[128]. Eben diese Identität und Kontinuität des Rechtsträgers indiziert aber zugleich auch – ebenso wie i.R.d. Art. 37 SE-VO (vgl. Art. 37 Rz. 61) – die **Kontinuität der Ämter der Organmitglieder**. Es wäre im Übrigen auch aus praktischer Sicht prinzipiell wenig sinnhaft und letztlich nur eine überflüssige Formalie, die Mitglieder von Leitungs- und Aufsichtsorgan neu als Mitglieder von Vorstand und Aufsichtsrat zu bestellen, wenn sich eine dualistische „deutsche" SE in eine deutsche AG umwandelt[129]. 61

Von einer **Ämterdiskontinuität** – und damit dem Erfordernis einer Neubestellung – ist damit auch i.R.d. Art. 66 SE-VO – ebenso wie i.R.d. Art. 37 SE-VO (vgl. Art. 37 Rz. 62) – lediglich in zwei Fällen auszugehen: (1) Im Falle des **Wechsels des Leitungssystems**, d.h. bei Umwandlung einer monistisch verfassten SE in eine dualistisch verfasste AG bzw. einer dualistisch verfassten SE in eine monistisch verfasste nationale AG[130]; (2) wenn sich **Größe und Zusammensetzung eines Organs im Zuge der Umwandlung ändern**[131]. 62

Praxishinweis: In der Praxis sollte aufgrund der unsicheren Rechtslage bis zu einer höchstrichterlichen Klärung der Problematik gleichwohl in jedem Fall eine vorsorgliche Neubestellung erwogen werden[132]. 63

b) Abschlussprüfer

In Bezug auf den Abschlussprüfer verlangt die derzeit wohl h.M. ebenfalls eine Neubestellung[133]. Ebenso wie im umgekehrten Fall des Art. 37 SE-VO (dazu Art. 37 64

---

125 Vgl. *Becker/Fleischmann* in Jannott/Frodermann, Kap. 10 Rz. 29; *Drinhausen* in Habersack/Drinhausen, Art. 66 SE-VO Rz. 29; *Kiem* in KölnKomm. AktG, 3. Aufl., Art. 66 SE-VO Rz. 25; a.A. *Schröder* in Manz/Mayer/Schröder, Art. 66 SE-VO Rz. 20 (generelle Diskontinuität).
126 Vgl. *Heckschen* in Widmann/Mayer, Anh. 14 Rz. 518, 518.3; *Zollner* in Kalss/Hügel, § 33 Rz. 17.
127 Vgl. *Zöllner*, DB 1973, 2077, 2078.
128 Vgl. zum umgekehrten Fall der Umwandlung einer AG in eine SE: *Kleinhenz/Leyendecker-Langner*, AG 2013, 507, 509 f., 511 f.
129 Vgl. zum umgekehrten Fall der Umwandlung einer AG in eine SE: *Kleinhenz/Leyendecker-Langner*, AG 2013, 507, 510, 512.
130 Vgl. zum umgekehrten Fall der Umwandlung einer AG in eine SE: *Kleinhenz/Leyendecker-Langner*, AG 2013, 507; *J. Schmidt*, „Deutsche" vs. „britische" Societas Europaea (SE), 2006, S. 372. Siehe ferner auch die Nachweise in Fn. 125.
131 Vgl. für den Fall der Umwandlung einer AG in eine dualistisch verfasste SE: *Kleinhenz/Leyendecker-Langner*, AG 2013, 507, 512, 514.
132 Vgl. zum umgekehrten Fall der Umwandlung einer AG in eine SE auch *Kleinhenz/Leyendecker-Langner*, AG 2013, 507, 514.
133 Vgl. *Casper* in Spindler/Stilz, AktG, 3. Aufl. 2015, Art. 66 SE-VO Rz. 8; *Schäfer* in MünchKomm. AktG, 3. Aufl., Art. 66 SE-VO Rz. 11.

Rz. 64) und bei den Organmitgliedern i.R.d. Art. 66 SE-VO (dazu Rz. 61 f.) spricht der identitätswahrende Charakter der Umwandlung von einer SE in eine AG (vgl. Abs. 2, dazu Rz. 11) aber auch im Falle des Abschlussprüfers maßgeblich dafür, von einer **Amtskontinuität** auszugehen. Dafür spricht insbesondere auch, dass nicht nur Rechtsträger und Vermögen identisch sind, sondern für die AG grundsätzlich auch dieselben nationalen Bilanzvorschriften gelten wie für eine SE mit Sitz in dem betreffenden Staat (vgl. auch Art. 61 Rz. 1 ff.)[134]. In der Praxis sollte aber auch hier bis zu einer höchstrichterlichen Klärung eine vorsorgliche Neubestellung in Erwägung gezogen werden.

7. Rechtmäßigkeitsprüfung

a) Allgemeines

65 Sechster Baustein des „europäischen Modells für Strukturmaßnahmen" (vgl. Rz. 5) ist grundsätzlich die Rechtmäßigkeitsprüfung, Eintragung und Publizität. Mangels Vorgaben in der SE-VO gilt insoweit das jeweilige **nationale Recht**[135].

b) Anmeldung und Rechtmäßigkeitsprüfung bei Umwandlung einer „deutschen" SE in eine AG

66 Bei einer „deutschen" SE ist die AG gem. §§ 246, 198 UmwG vom Vertretungsorgan der SE (d.h. bei einer dualistischen von dem Leitungsorgan, bei einer monistischen von den geschäftsführenden Direktoren) beim zuständigen Registergericht **anzumelden**.

67 Für den **Inhalt** der Anmeldung gilt: Anzumelden sind die neue Rechtsform der AG (§§ 246 Abs. 1, 198 UmwG), die Vorstandsmitglieder (§ 246 Abs. 2 UmwG) sowie Art und Umfang ihrer jeweiligen Vertretungsbefugnis (§§ 197 Satz 1 UmwG, 37 Abs. 3 Nr. 2 AktG). Die Vorstandsmitglieder müssen zudem eine Versicherung bzgl. Ausschlussgründen und Belehrung abgeben (§§ 197 Satz 1 UmwG, 37 Abs. 2 AktG).

68 Die erforderlichen **Anlagen** ergeben sich zunächst aus §§ 198 Abs. 3, 199 UmwG. Damit das Gericht seine Prüfungsfunktion effektiv ausüben kann, ist darüber hinaus aber auch die Einreichung des Umwandlungsplans, der Bescheinigung nach Art. 66 Abs. 5 SE-VO sowie eines Nachweises über die Gründungsberechtigung erforderlich. Damit ergibt sich folgende „Checkliste":

- Umwandlungsplan;
- Bescheinigung gem. Art. 66 Abs. 5 SE-VO;
- Niederschrift des Umwandlungsbeschlusses (§ 199 UmwG);
- Umwandlungsbericht oder Verzichtserklärungen (§ 199 UmwG);
- Nachweis über die Zuleitung des Umwandlungsplans nach § 194 Abs. 2 UmwG[136] (§ 199 UmwG);
- ggf. (soweit Neubestellung erforderlich):[137] Urkunden über die Bestellung der Mitglieder des Vorstands und Aufsichtsrats (§§ 197 Satz 1 UmwG, 37 Abs. 4 Nr. 3 AktG); ggf. Liste der Mitglieder des Aufsichtsrats (§§ 197 Satz 1 UmwG, 37 Abs. 4 Nr. 3a AktG); ggf. Nachweis über Art und Umfang ihrer jeweiligen Vertretungs-

---

134 Vgl. zum umgekehrten Fall der Umwandlung einer AG in eine SE auch *Paefgen* in KölnKomm. AktG, 3. Aufl., Art. 37 SE-VO Rz. 43.
135 Vgl. *Lutter/Bayer/J. Schmidt*, EuropUR, § 41 Rz. 180.
136 Vgl. zum Erfordernis der Zuleitung Rz. 32.
137 Vgl. zur Problematik von Ämterkontinuität und Neubestellungen näher Rz. 60 ff.

befugnis (§§ 197 Satz 1 UmwG, 37 Abs. 3 Nr. 2 AktG); ggf. Versicherungen gem. §§ 197 Satz 1 UmwG, 37 Abs. 2 AktG (dazu Rz. 67);
– Berechnung des Aufwands für den Formwechsel (§§ 197 Satz 1 UmwG, 37 Abs. 4 Nr. 2 AktG);
– Negativerklärung gem. §§ 198 Abs. 3, 16 Abs. 2 UmwG;
– Nachweis über die Gründungsberechtigung gem. Art. 66 Abs. 1 SE-VO, insbesondere auch über den Ablauf der Sperrfrist (dazu Rz. 13 ff.).

Das Registergericht hat die Ordnungsmäßigkeit des Formwechsels sowohl in formeller als auch in materieller Hinsicht zu prüfen[138]. Im Rahmen der **formellen Prüfung** wird kontrolliert, ob sämtliche Eintragungsvoraussetzungen vorliegen, d.h. Zuständigkeit des Registergerichts, Anmeldeberechtigung, Form der Anmeldung, Vollständigkeit der Angaben und Unterlagen[139]. Im Falle von Mängeln oder Unvollständigkeit hat das Gericht im Wege der Zwischenverfügung Gelegenheit zur Behebung innerhalb einer angemessenen Frist zu geben (§ 382 Abs. 4 FamFG)[140]. 69

Im Rahmen der **materiellen Prüfung** ist das Gericht auf eine Kontrolle der Rechtmäßigkeit des Formwechsels beschränkt; die Zweckmäßigkeit i.S.d. unternehmerischen Richtigkeit ist nicht Gegenstand der Kontrolle[141]. Beim Umwandlungsbericht und bei der Bescheinigung gem. Art. 66 Abs. 5 SE-VO erfolgt analog § 38 Abs. 2 Satz 1 AktG jedoch nur eine Prüfung auf offensichtliche Unrichtigkeit oder Unvollständigkeit[142]. Im Übrigen ergibt sich aus § 398 FamFG, dass nur die Verletzung zwingender Vorschriften des Gesetzes oder der Satzung, die dem Schutz öffentlicher Interessen dienen, geprüft wird[143]. 70

8. Eintragung und Publizität

Fällt die Prüfung positiv aus, so hat die **konstitutive Eintragung** (vgl. § 202 Abs. 1 UmwG) in das Register der formwechselnden SE (vgl. § 198 Abs. 1 UmwG) zu erfolgen. 71

Der Formwechsel in die AG ist gem. § 201 UmwG i.V.m. § 10 HGB **bekanntzumachen**[144] (Art. 13 SE-VO gilt nicht[145], denn die Vorschrift regelt nur die Offenlegung der Eintragung einer SE). Daneben hat gem. Art. 14 SE-VO (dazu Art. 14 Rz. 1 ff.) eine informatorische Bekanntmachung des Erlöschens der SE (freilich nur als SE, die Gesellschaft bleibt ja als AG fortbestehen, vgl. bereits Rz. 11 sowie noch Rz. 73) im ABl. EU zu erfolgen[146]. 72

---

138 Vgl. zum nationalen Umwandlungsrecht: OLG Frankfurt v. 25.6.2003 – 20 W 415/02, NZG 2004, 732, 733.
139 Vgl. zum nationalen Formwechsel: *Decher/Hoger* in Lutter, § 198 UmwG Rz. 24; *Schwanna* in Semler/Stengel, 3. Aufl. 2012, § 198 UmwG Rz. 14.
140 Vgl. zum nationalen Formwechsel: *Decher/Hoger* in Lutter, § 198 UmwG Rz. 24.
141 Vgl. zum nationalen Formwechsel: *Decher/Hoger* in Lutter, § 198 UmwG Rz. 25.
142 Vgl. zur Parallelproblematik i.R.d. Art. 37 SE-VO: *Bücker* in Habersack/Drinhausen, Art. 37 SE-VO Rz. 87; *Paefgen* in KölnKomm. AktG, 3. Aufl., Art. 37 SE-VO Rz. 115 sowie Art. 37 SE-VO Rz. 71.
143 Vgl. zum nationalen Formwechsel: *Decher/Hoger* in Lutter, § 198 UmwG Rz. 25 i.V.m. *Decher* in Lutter, § 19 UmwG Rz. 5.
144 Vgl. *Veil* in Jannott/Frodermann, Kap. 10 Rz. 38.
145 So aber *Schäfer* in MünchKomm. AktG, 3. Aufl., Art. 66 SE-VO Rz. 12.
146 Vgl. *Drinhausen* in Habersack/Drinhausen, Art. 66 SE-VO Rz. 31; *Schäfer* in MünchKomm. AktG, 3. Aufl., Art. 66 SE-VO Rz. 12.

IV. Rechtsfolgen und Bestandsschutz

1. Rechtsfolgen

73 Mit der konstitutiven Eintragung wird die SE im Wege eines **identitätswahrenden Formwechsels** (vgl. Art. 66 Abs. 2 SE-VO, dazu bereits Rz. 11) **zur AG**. Dies ergibt sich für die Umwandlung einer „deutschen" SE in eine AG nicht erst aus § 202 Abs. 1 Nr. 1 UmwG, sondern bereits unmittelbar aus Art. 66 Abs. 2 SE-VO[147] (§ 202 Abs. 1 Nr. 1 UmwG ergänzt Art. 66 Abs. 2 SE-VO nur dahin, dass der Formwechsel mit der Eintragung wirksam wird[148]). Im Hinblick auf die Wirkungen der Eintragung im Übrigen gelten jedoch § 202 Abs. 1 Nr. 2 und 3 UmwG. Zu den Konsequenzen für einen etwaigen Mitbestimmungsstatus s. Rz. 78 ff.

2. Bestandsschutz

74 Der Bestandsschutz richtet sich nach dem **nationalen Recht**, dem die formgewechselte AG unterliegt. Die SE-VO enthält insoweit keine spezielle Regelung[149], da die Gesellschaft in diesem Moment ja bereits die EU-Ebene verlassen hat.

75 Im Falle der Umwandlung einer „deutschen" SE in eine deutsche AG gilt folglich der vollumfängliche Bestandsschutz gem. **§ 202 Abs. 3 UmwG**[150].

V. Schutz von Arbeitnehmern, Minderheitsgesellschaftern und Gläubigern

1. Schutz der Arbeitnehmer

a) Keine denjenigen nach Art. 37 Abs. 8, 9 SE-VO korrespondierenden Schutzregeln

76 Im Gegensatz zum umgekehrten Fall der Umwandlung einer AG in eine SE sieht Art. 66 SE-VO für den Fall der Umwandlung einer SE in eine AG **keine Mitgliedstaatenoption eines Vetorechts** wie in Art. 37 Abs. 8 SE-VO (dazu Art. 37 Rz. 77 f.) vor. Für ein solches (rechtspolitisch ohnehin fragwürdiges, vgl. Art. 37 Rz. 78) spezielles Schutzinstrument gegen eine „Flucht aus der Mitbestimmung" bestünde hier wegen der unten (Rz. 78 ff.) erläuterten Konsequenzen des Formwechsels für den Mitbestimmungsstatus auch von vornherein kein Bedürfnis.

77 Ebenso enthält Art. 66 SE-VO auch **keine spezielle Anordnung der Fortgeltung aller arbeitsrechtlichen Beziehungen** wie in Art. 37 Abs. 9 SE-VO (dazu Art. 37 Rz. 79). Eine solche wäre aber – wie schon zu Art. 37 SE-VO dargelegt (vgl. Art. 37 Rz. 79) – ohnehin nur ein irreführender und überflüssiger deklaratorischer Programmsatz: Denn die Fortgeltung aller arbeitsrechtlichen Beziehungen ergibt sich auch bei der Umwandlung nach Art. 66 SE-VO bereits aus dem identitätswahrenden Charakter des Formwechsels (vgl. Art. 66 Abs. 2 SE-VO, dazu Rz. 11, 73).

b) Konsequenzen für einen etwaigen Mitbestimmungsstatus

78 Im Falle der Rückumwandlung einer SE in eine nationale AG kommt das Verhandlungsverfahren nach der SE-RL nicht zur Anwendung. Vielmehr unterfällt die Gesellschaft mit der Rückumwandlung in eine nationale AG **automatisch** – soweit solche

---

[147] Vgl. auch *Marsch-Barner* in Kallmeyer, Anhang SE Rz. 134.
[148] In diesem Sinne ist wohl auch *Drinhausen* in Habersack/Drinhausen, Art. 66 SE-VO Rz. 31, 33 zu verstehen.
[149] *Schwarz*, Art. 66 SE-VO Rz. 27 will hingegen Art. 9 Abs. 1 lit. c ii SE-VO anwenden.
[150] Näher dazu *Decher/Hoger* in Lutter, UmwG, § 202 Rz. 52 ff. m.w.N.

existieren – den an die Rechtsform als nationale AG anknüpfenden **nationalen Mitbestimmungsvorschriften**[151].

Eine „deutsche" SE, die in eine **deutsche AG** umgewandelt wird, unterliegt damit fortan ggf. – soweit der jeweilige Anwendungsbereich eröffnet ist – dem **DrittelbG** oder dem **MitbestG**[152]. 79

Die Umwandlung in eine deutsche AG ist insbesondere auch **keine strukturelle Änderung i.S.d. § 18 Abs. 3 SEBG**[153]. Denn die Vorschrift betrifft gerade nur strukturelle Änderungen *der SE*, nicht aber das Verlassen der supranationalen Ebene; zudem bleibt die Grundstruktur als Aktiengesellschaft ja gerade erhalten. 80

2. Schutz der Minderheitsaktionäre

Ebenso wenig wie in Art. 37 SE-VO für die Umwandlungsgründung (vgl. dazu Art. 37 Rz. 81 ff.) ist auch in Art. 66 SE-VO für den umgekehrten Fall der Umwandlung einer SE in eine AG ein spezieller Schutz der Minderheitsaktionäre vorgesehen. Art. 66 SE-VO enthält weder eine Ermächtigung an die Mitgliedstaaten (wie in Art. 24 Abs. 2 SE-VO für die Verschmelzungs- und Art. 34 SE-VO für die Holdinggründung, vgl. dazu Art. 24 Rz. 3, 21 ff., Art. 34 Rz. 1 ff.) noch einen speziellen Verweis auf die nationalen Vorschriften (wie in Art. 24 Abs. 1 SE-VO in Bezug auf den Schutz der Gläubiger, dazu Art. 24 Rz. 1 f., 4 ff.). Dies kann vor dem Hintergrund der expliziten Regelungen bei Verschmelzungs- und Holdinggründung auch nicht als bloßes Redaktionsversehen abgetan werden. Vielmehr handelt es sich – ebenso wie bei Art. 37 SE-VO (vgl. Art. 37 Rz. 81) – um eine ganz bewusste Negierung der Notwendigkeit derartiger Regelungen durch den Verordnungsgeber. Dies ist in der Tat auch nur konsequent und sachgerecht: Denn ebenso wie im umgekehrten Fall der Umwandlung einer AG in eine SE ist auch das mit der Umwandlung einer SE in eine nationale AG verbundene Gefährdungspotential aufgrund des identitätswahrenden Charakters des Formwechsels (vgl. Abs. 2, dazu Rz. 11) und des zwingenden Fortbestands des bisherigen subsidiären als nunmehr alleinigen Gesellschaftsstatuts (vgl. Abs. 1 Satz 1, dazu Rz. 15 ff.) demjenigen bei der Verschmelzungs- oder Holdinggründung in keiner Weise vergleichbar[154]. 81

Deshalb ist auch ein **Rekurs auf nationales Recht** – egal ob qua Art. 9 Abs. 1 lit. c ii SE-VO oder in sonstiger Weise – **versperrt**[155]. 82

Im Falle der Umwandlung einer „deutschen" SE in eine AG haben die Minderheitsaktionäre also **kein** Austrittsrecht nach **§ 207 UmwG**[156]. Ebenso besteht auch **kein** 83

---

151 Vgl. *Jacobs* in MünchKomm. AktG, 3. Aufl., § 18 SEBG Rz. 18; *Kiem* in KölnKomm. AktG, 3. Aufl., Art. 66 SE-VO Rz. 28. Vgl. weiter auch: Mitteilung der Kommission zur Überprüfung der Richtlinie 2001/86/EG des Rates vom 8.10.2001 zur Ergänzung des Statuts der Europäischen Gesellschaft hinsichtlich der Beteiligung der Arbeitnehmer, KOM(2008) 591, S. 8.
152 Vgl. *Kiem* in KölnKomm. AktG, 3. Aufl., Art. 66 SE-VO Rz. 28.
153 Vgl. *Jacobs* in MünchKomm. AktG, 3. Aufl., § 18 SEBG Rz. 17 f.; *Kiem* in KölnKomm. AktG, 3. Aufl., Art. 66 SE-VO Rz. 28; abw. jedoch *Oetker*, § 18 SEBG Rz. 25; *Nagel*, NZG 2004, 833, 839; *Nagel*, AuR 2004, 281, 286 für den Fall, dass eine deutsche AG in eine SE umgewandelt, dann der Sitz ins UK verlegt und die SE dann in eine *plc* umgewandelt wird.
154 Vgl. auch *Drinhausen* in Habersack/Drinhausen, Art. 66 SE-VO Rz. 32.
155 Vgl. zur Parallelproblematik i.R.d. Art. 37 SE-VO: Art. 37 Rz. 82.
156 Vgl. *Becker/Fleischmann* in Jannott/Frodermann, Kap. 10 Rz. 32; *Casper* in Spindler/Stilz, AktG, 3. Aufl. 2015, Art. 66 SE-VO Rz. 10; *Drinhausen* in Habersack/Drinhausen, Art. 66 SE-VO Rz. 32; *Schäfer* in MünchKomm. AktG, 3. Aufl., Art. 66 SE-VO Rz. 13.

Anspruch auf Verbesserung des Beteiligungsverhältnisses nach **§ 196 UmwG**[157]. Die teils im Schrifttum vertretene Gegenansicht[158] vermag aus denselben Gründen, wie sie bereits ausführlich zur Parallelproblematik bei Art. 37 SE-VO dargelegt wurden (vgl. Art. 37 Rz. 84), auch hier nicht zu überzeugen.

3. Schutz der Gläubiger

84 *Mutatis mutandis* dasselbe gilt in Bezug auf die Parallelproblematik spezieller Schutzinstrumente zugunsten der Gläubiger. Die SE-VO enthält auch insoweit – anders als bei der Verschmelzungs- und der Holdinggründung (vgl. oben Rz. 81) – weder eine Ermächtigung noch eine Verweisung auf das nationale Recht. Hier wie dort handelt es sich um eine bewusste und sachgerechte Entscheidung des Europäischen Gesetzgebers: Denn aufgrund des identitätswahrenden Charakters des Formwechsels (vgl. Abs. 2, dazu Rz. 11, 73) und des zwingenden Fortbestands des bisherigen subsidiären als nunmehr alleinigen Gesellschaftsstatuts (vgl. Abs. 1 Satz 1, dazu Rz. 15 ff.) besteht auch für die Gläubiger kein dem bei einer Verschmelzungs- oder Holdinggründung auch nur annähernd vergleichbares Gefährdungspotential[159], zumal durch die Gründungsprüfung nach Art. 66 Abs. 5 SE-VO speziell auch die Kapitalgrundlagen der SE gewährleistet sind[160]. Ein **Rekurs auf nationales Recht** ist konsequenterweise auch hier **versperrt**[161].

85 Im Falle der Umwandlung einer deutschen AG in eine SE haben die Gläubiger somit **keinen Anspruch auf Sicherheitsleistung gem. §§ 204, 22 UmwG**[162].

---

157 Vgl. *Casper* in Spindler/Stilz, AktG, 3. Aufl. 2015, Art. 66 SE-VO Rz. 10; vgl. ferner auch *Becker/Fleischmann* in Jannott/Frodermann, Kap. 10 Rz. 33.
158 Vgl. *Schäfer* in MünchKomm. AktG, 3. Aufl., Art. 66 SE-VO Rz. 13.
159 Vgl. auch *Drinhausen* in Habersack/Drinhausen, Art. 66 SE-VO Rz. 32.
160 Vgl. zur Parallelproblematik i.R.d. Art. 37 SE-VO: *Bücker* in Habersack/Drinhausen, Art. 37 SE-VO Rz. 96; *Casper* in Spindler/Stilz, AktG, Art. 37 SE-VO Rz. 20; *Schäfer* in MünchKomm. AktG, 3. Aufl., Art. 37 SE-VO Rz. 39; sowie Art. 37 SE-VO Rz. 85.
161 Vgl. zur Parallelproblematik i.R.d. Art. 37 SE-VO: *Lutter/Bayer/J. Schmidt*, EuropUR, § 41 Rz. 69; *J. Schmidt*, „Deutsche" vs. „britische" Societas Europaea (SE), 2006, S. 377; *Schwarz*, Art. 37 SE-VO Rz. 66; sowie Art. 37 SE-VO Rz. 85.
162 Vgl. *Becker/Fleischmann* in Jannott/Frodermann, Kap. 10 Rz. 32; *Casper* in Spindler/Stilz, AktG, 3. Aufl. 2015, Art. 66 SE-VO Rz. 10; *Drinhausen* in Habersack/Drinhausen, Art. 66 SE-VO Rz. 32; *Schäfer* in MünchKomm. AktG, 3. Aufl., Art. 66 SE-VO Rz. 13.

Titel VI. Ergänzungs- und Übergangsbestimmungen

Art. 67
[Wirtschafts- und Währungsunion]

(1) Jeder Mitgliedstaat kann, sofern und solange für ihn die dritte Stufe der Wirtschafts- und Währungsunion (WWU) nicht gilt, auf die SE mit Sitz in seinem Hoheitsgebiet in der Frage, auf welche Währung ihr Kapital zu lauten hat, dieselben Bestimmungen anwenden wie auf die Aktiengesellschaften, für die seine Rechtsvorschriften gelten. Die SE kann ihr Kapital auf jeden Fall auch in Euro ausdrücken. In diesem Fall wird für die Umrechnung zwischen Landeswährung und Euro der Satz zugrunde gelegt, der am letzten Tag des Monats vor der Gründung der SE galt.

(2) Sofern und solange für den Sitzstaat der SE die dritte Stufe der WWU nicht gilt, kann die SE jedoch die Jahresabschlüsse und gegebenenfalls die konsolidierten Abschlüsse in Euro erstellen und offen legen. Der Mitgliedstaat kann verlangen, dass die Jahresabschlüsse und gegebenenfalls die konsolidierten Abschlüsse nach denselben Bedingungen, wie sie für die dem Recht dieses Mitgliedstaats unterliegenden Aktiengesellschaften vorgesehen sind, in der Landeswährung erstellt und offen gelegt werden. Dies gilt unbeschadet der der SE zusätzlich eingeräumten Möglichkeit, ihre Jahresabschlüsse und gegebenenfalls ihre konsolidierten Abschlüsse entsprechend der Richtlinie 90/604/EWG[1] in Euro offen zu legen.

I. Normzweck	1	2. Rechnungslegung (Art. 67 Abs. 2 Satz 1 und 2 SE-VO)	3
II. Einzelheiten		3. Mittelstandsrichtlinie (Art. 67 Abs. 2 Satz 3 SE-VO)	4
1. Kapital der SE (Art. 67 Abs. 1 SE-VO)	2		

I. Normzweck

Gem. Art. 4 Abs. 1 SE-VO lautet das Kapital einer SE auf Euro. Die SE-VO legt auch im Übrigen einheitlich den Euro als Währung zu Grunde. Für Mitgliedstaaten, die noch nicht an der dritten Stufe der Wirtschafts- und Währungsunion (WWU) teilnehmen, schafft Art. 67 SE-VO die erforderlichen Spezial- und Ausnahmebestimmungen[2]. Sie sind für das deutsche Recht ohne Bedeutung.

1

---

[1] Richtlinie 90/604/EWG des Rates vom 8. November 1990 zur Änderung der Richtlinie 78/660/EWG über den Jahresabschluss und der Richtlinie 83/349/EWG über den konsolidierten Abschluss hinsichtlich der Ausnahme für kleine und mittlere Gesellschaften sowie der Offenlegung von Abschlüssen in Ecu (ABl. EG Nr. L 317 v. 16.11.1990, S. 57). Zur Anpassung an die Richtlinie 2013/34/EU des Europäischen Parlaments und des Rates vom 26. Juni 2013 über den Jahresabschluss, den konsolidierten Abschluss und damit verbundene Berichte von Unternehmen bestimmter Rechtsformen und zur Änderung der Richtlinie 2006/43/EG des Europäischen Parlaments und des Rates und zur Aufhebung der Richtlinien 78/660/EWG und 83/349/EWG des Rates (ABL. EU Nr. L 182/19 v. 29.6.2013) vgl. unten Rz. 4.
[2] Eingehend *Schwarz*, Art. 67 SE-VO Rz. 1 ff.; *Mayer* in Manz/Mayer/Schröder, Art. 67 SE-VO Rz. 1; *Habersack* in Habersack/Drinhausen, Art. 67 SE-VO Rz. 1.

II. Einzelheiten

1. Kapital der SE (Art. 67 Abs. 1 SE-VO)

2 Mitgliedstaaten, für die die dritte Stufe der WWU noch nicht gilt, können für die Währungsangabe ihr nationales Aktienrecht anwenden (Art. 67 Abs. 1 Satz 1 SE-VO). Zusätzlich[3] ist aber auch die Angabe in Euro zulässig (Art. 67 Abs. 1 Satz 2 SE-VO). Art. 67 Abs. 1 Satz 3 SE-VO verhält sich zum anfänglichen Umrechnungskurs, der sodann für die gesamte Dauer der SE gilt[4]. Auf die Höhe des Mindestkapitals (Art. 4 Abs. 2 SE-VO) hat die Norm keinen Einfluss[5].

2. Rechnungslegung (Art. 67 Abs. 2 Satz 1 und 2 SE-VO)

3 Eine SE mit Sitz außerhalb der WWU hat die Wahl, ihre Abschlüsse in Euro oder Landeswährung zu erstellen bzw. zu publizieren (Art. 67 Abs. 2 Satz 1 SE-VO), sofern nicht der betreffende Mitgliedstaat von der Ausnahmeoption nach Art. 67 Abs. 2 Satz 2 SE-VO Gebrauch macht[6].

3. Mittelstandsrichtlinie (Art. 67 Abs. 2 Satz 3 SE-VO)

4 Art. 67 Abs. 2 Satz 3 SE-VO stellt klar, dass die sog. „Mittelstandsrichtlinie" unberührt bleibt. Wenn also ein Mitgliedstaat von der Ausnahmeoption gem. Art. 67 Abs. 2 Satz 2 SE-VO Gebrauch macht, können daher die Abschlüsse zusätzlich in Euro offen gelegt werden[7]. Die neue Bilanzrichtlinie[8] sieht in Art. 52 Abs. 1 zwar eine Aufhebung der Richtlinie 78/660/EWG und 83/349/EWG vor, verweist aber in Abs. 2 auf die fortgeltende Konkordanzliste in Anhang VII der Richtlinie, so dass keine Notwendigkeit zur Änderung des Art. 67 Abs. 2 Satz 3 SE-VO bestand.

---

3 *Schwarz*, Art. 67 SE-VO Rz. 5; *Mayer* in Manz/Mayer/Schröder, Art. 67 SE-VO Rz. 4; *Kiem* in KölnKomm., AktG, 3. Aufl., Art. 11 SE-VO Rz. 4; die Zusatzangabe hat rein deklaratorische Natur, *Habersack* in Habersack/Drinhausen, Art. 67 SE-VO Rz. 2.
4 *Mayer* in Manz/Mayer/Schröder, Art. 67 SE-VO Rz. 5.
5 *Mayer* in Manz/Mayer/Schröder, Art. 67 SE-VO Rz. 6.
6 *Mayer* in Manz/Mayer/Schröder, Art. 67 SE-VO Rz. 10; *Schwarz*, Art. 67 SE-VO Rz. 7.
7 *Mayer* in Manz/Mayer/Schröder, Art. 67 SE-VO Rz. 11; *Schwarz*, Art. 67 SE-VO Rz. 8.
8 Oben Gesetzestext Fn. 1; dazu allgemein *Luttermann*, NZG 2013, 1128.

Titel VII. Schlussbestimmungen

Art. 68
[Nationale Umsetzung]

(1) Die Mitgliedstaaten treffen alle geeigneten Vorkehrungen, um das Wirksamwerden dieser Verordnung zu gewährleisten.

(2) Jeder Mitgliedstaat benennt die zuständigen Behörden im Sinne der Art. 8, 25, 26, 54, 55 und 64. Er setzt die Kommission und die anderen Mitgliedstaaten davon in Kenntnis.

§ 4 SEAG: Zuständigkeiten
Für die Eintragung der SE und für die in Artikel 8 Abs. 8, Artikel 25 Abs. 2 sowie den Artikeln 26 und 64 Abs. 4 der Verordnung bezeichneten Aufgaben ist das nach den §§ 376 und 377 des Gesetzes über das Verfahren in Familiensachen und in den Angelegenheiten der freiwilligen Gerichtsbarkeit bestimmte Gericht zuständig. Das zuständige Gericht im Sinne des Artikels 55 Abs. 3 Satz 1 der Verordnung bestimmt sich nach § 375 Nr. 4, §§ 376 und 377 des Gesetzes über das Verfahren in Familiensachen und in den Angelegenheiten der freiwilligen Gerichtsbarkeit.

I. Normzweck 1	4. Zuständige Behörden in Deutschland 7
II. Einzelheiten	5. Ergänzende Anwendung des AktG 8
1. Normadressaten 2	6. Einhaltung des Regelungsrahmens .. 9
2. Geeignete Vorkehrungen (Art. 68 Abs. 1 SE-VO) 3	7. Mitteilungspflicht (Art. 68 Abs. 2 Satz 2 SE-VO) 11
3. Benennung der zuständigen Behörden und Information von Kommission und Mitgliedstaaten (Art. 68 Abs. 2 SE-VO) 5	

Literatur: *Ries*, Änderungen im Registerverfahren nach der Reform des Rechts der Freiwilligen Gerichtsbarkeit, Rpfleger 2009, 441.

I. Normzweck

Art. 68 Abs. 1 SE-VO enthält einen **allgemeinen Programmsatz** ohne engeren eigenen Anwendungsbereich. Er präzisiert lediglich den vormals in Art. 10 EG geregelten Effektivitätsgrundsatz und ist insoweit deklaratorischer Natur[1]. Art. 68 Abs. 2 SE-VO gibt den Mitgliedstaaten die Benennung der zuständigen Behörden im Sinne der Verordnung auf und stellt die wechselseitige Information sicher. Der Artikel soll insbesondere für den Fall gelten, dass sich ein Mitgliedstaat veranlasst sieht, für die SE spezielle Maßnahmen zur Anwendung der SE-VO zu treffen, weil es in seinem nationalen Recht bestimmte Rechtsstrukturen von Gesellschaften nicht gibt[2]. Darüber hinaus können die Mitgliedstaaten auf der Grundlage des Art. 68 Abs. 1 SE-VO tätig

1

---

[1] *Schwarz*, Art. 68 SE-VO Rz. 1; *Habersack* in Habersack/Drinhausen, Art. 68 SE-VO Rz. 1; *Kiem* in KölnKomm. AktG, 3. Aufl., Art. 11 SE-VO Rz. 1, 5 f.
[2] Rat und Kommission, Erklärungen für das Ratsprotokoll (zum geänderten Vorschlag vom 19.12.2000), Ratsdokument 14717/00 ADD 1 vom 19.12.2001.

werden, falls Maßnahmen über die ausdrücklichen Ermächtigungen hinaus notwendig werden sollten[3].

II. Einzelheiten

1. Normadressaten

2 Die Mitgliedstaaten sind Normadressaten. Damit sind alle staatlichen Stellen gemeint, die mit der Ausführung der SE-VO befasst sind, insbesondere der **Gesetzgeber**[4].

2. Geeignete Vorkehrungen (Art. 68 Abs. 1 SE-VO)

3 Die Mitgliedstaaten haben alle **geeigneten Vorkehrungen** zu treffen, um das Wirksamwerden der Verordnung zu gewährleisten. „Wirksamwerden" in diesem Sinne meint nicht das Inkrafttreten der VO selbst, denn dies ergibt sich aus Art. 70 SE-VO, sondern die **praktische Wirksamkeit**[5]. Dazu gehört zunächst einmal der Erlass des jeweiligen nationalen Ausführungsgesetzes. Während die SE-VO am 8.10.2004 in Kraft trat (vgl. Art. 70 SE-VO), ist das SE-Einführungsgesetz (SEEG)[6] erst am 22.12.2004 erlassen worden und somit leicht verspätet am 29.12.2004 in Kraft getreten. Deutschland hat seine Pflicht aus Art. 68 Abs. 1 SE-VO insoweit erfüllt. Die Pflicht besteht als Beobachtungs- und Reaktionspflicht fort[7]; die Mitgliedstaaten haben also die zukünftige Einhaltung der Vorgaben zu überwachen. Geeignet sind alle Vorkehrungen, die in dem betreffenden Staat dazu beitragen, die Ziele der VO zu erreichen, insofern besteht ein Ermessensspielraum[8].

4 Die Ausführungsgesetze der Mitgliedstaaten haben die **Vorgaben** der Verordnung genau zu beachten. Das bedeutet, dass sie z.B. ihr bisheriges System den Vorschriften zum Aufbau der SE nach Art. 38 ff. SE-VO anpassen müssen[9], soweit dies für das Wirksamwerden notwendig ist. Bei der Erfüllung der Pflicht aus Art. 68 Abs. 1 SE-VO haben die Mitgliedstaaten den Grundsatz der Nicht-Diskriminierung einzuhalten. Dies zeigen Art. 10 SE-VO und Erwägungsgrund 5 sowie die Erklärungen von Rat und Kommission[10]. Die SE darf also gegenüber nationalen Aktiengesellschaften weder besser noch schlechter gestellt werden. Eine Ausnahme gilt nur dann, wenn die Sonderbehandlung von der SE-VO vorgeschrieben wird.

3. Benennung der zuständigen Behörden und Information von Kommission und Mitgliedstaaten (Art. 68 Abs. 2 SE-VO)

5 Gem. Art. 68 Abs. 2 Satz 1 SE-VO haben die Mitgliedstaaten die **zuständigen Behörden** für bestimmte Maßnahmen zu benennen. Dies sind:

---

3 *Neye/Teichmann*, AG 2003, 169.
4 *Schwarz*, Art. 68 SE-VO Rz. 4.
5 *Schwarz*, Art. 68 SE-VO Rz. 6.
6 Gesetz zur Einführung der Europäischen Gesellschaft (SEEG) vom 22.12.2004, BGBl. I 2004, 3675.
7 *Fuchs* in Manz/Mayer/Schröder, Art. 68 SE-VO Rz. 6.
8 *Schwarz*, Art. 68 SE-VO Rz. 5.
9 Vgl. dazu Art. 1 §§ 15 ff. SEEG (§§ 15 ff. SEAG); *Schwarz*, Art. 68 SE-VO Rz. 5; zur Frage, ob die Norm insofern als „Ergänzungsermächtigungsnorm" zu verstehen ist, *Schwarz*, Art. 68 SE-VO Rz. 7 f. m.w.N.
10 Erklärungen für das Ratsprotokoll (zum geänderten Vorschlag vom 19.12.2000), Ratsdokument 14717/00 ADD 1 vom 19.12.2001.

– nach Art. 8 SE-VO (Sitzverlegung) die Ausstellung der Bescheinigung, einen möglichen Widerspruch und die Eintragung;
– nach Art. 25 SE-VO (Verschmelzung) die Kontrolle der Rechtmäßigkeit der Rechtshandlungen und der Formalitäten und die Ausstellung der entsprechenden Bescheinigung im Sitzstaat der Gründungsgesellschaft;
– nach Art. 26 SE-VO (Verschmelzung) die Rechtmäßigkeitskontrolle im künftigen Sitzstaat der SE und die Eintragung der SE;
– nach Art. 54, 55 SE-VO die Einberufung der Hauptversammlung von Amts wegen bzw. auf Antrag von Aktionären;
– nach Art. 64 SE-VO die Überwachung der Einhaltung der Sitzvorschriften.

Ein Ermessensspielraum hinsichtlich des Ob besteht nicht, frei sind die Mitgliedstaaten jedoch bei der konkreten Aufgabenzuweisung[11].

Über seine Entscheidungen hat der jeweilige Mitgliedstaat die Kommission und die anderen Mitgliedstaaten **in Kenntnis zu setzen**. Dabei schreibt die SE-VO die Form der Benachrichtigung nicht vor; sie bleibt freigestellt[12].

4. Zuständige Behörden in Deutschland

Die zuständigen „Behörden" im Sinne des Art. 68 Abs. 2 Satz 1 SE-VO werden durch § 4 SEAG in der Fassung des Art. 75 FGG-ReformG v. 17.12.2008 (BGBl. I 2008, 2586) inhaltlich im Wesentlichen unverändert ggü. dem FGG wie folgt festgelegt:

„Für die Eintragung der SE und für die in Artikel 8 Abs. 8, Artikel 25 Abs. 2 sowie den Artikeln 26 und 64 Abs. 4 der Verordnung bezeichneten Aufgaben ist das nach den §§ 376 und 377 des Gesetzes über das Verfahren in Familiensachen und in den Angelegenheiten der freiwilligen Gerichtsbarkeit bestimmte Gericht zuständig. Das zuständige Gericht im Sinne des Artikels 55 Abs. 3 Satz 1 der Verordnung bestimmt sich nach § 375 Nr. 4, §§ 376 und 377 des Gesetzes über das Verfahren in Familiensachen und in den Angelegenheiten der freiwilligen Gerichtsbarkeit."

5. Ergänzende Anwendung des AktG

Damit ist jetzt nicht nur die sachliche, nicht auch die örtliche Zuständigkeit geregelt. Durch den ausdrücklichen Verweis auf § 377 Abs. 1 FamFG ist eine Anwendung des § 14 AktG hinsichtlich der örtlichen Zuständigkeit überflüssig geworden[13]. Einer Benennung eines nach Art. 54 SE-VO zuständigen Gerichts bedarf es nicht, weil dies in Deutschland nur bei § 122 Abs. 3 AktG der Fall ist und hierfür Art. 55 SE-VO gilt[14] (vgl. aber Art. 54 Rz. 14).

6. Einhaltung des Regelungsrahmens

Es erscheint fraglich, ob mit § 4 SEAG der durch die zitierten Normen der SE-VO vorgegebene **Regelungsrahmen eingehalten** wurde. Die deutsche Fassung der Verordnung (Art. 8 Abs. 8 bzw. Art. 25 Abs. 2, Abs. 3 Satz 2 SE-VO: „das zuständige Gericht, der Notar oder eine andere zuständige Behörde") lässt auf den ersten Blick die Interpretation zu, der nationale Gesetzgeber könne unter diesen drei Institutionen frei auswählen. Dies hält allerdings einer näheren Betrachtung nicht stand. Denn die Zuständigkeit von Notar und Gericht ist durch Art. 8 Abs. 8, Art. 25 Abs. 2, Art. 26

---

11 *Schwarz*, Art. 68 SE-VO Rz. 9.
12 *Fuchs* in Manz/Mayer/Schröder, Art. 68 SE-VO Rz. 6.
13 Vgl. *Kiem* in KölnKomm. AktG, 3. Aufl., Art. 11 SE-VO Rz. 14; *Habersack* in Habersack/Drinhausen, Art. 68 SE-VO Rz. 2; zur alten Rechtslage Voraufl. Rz. 8.
14 *Schwarz*, Art. 68 SE-VO Rz. 14.

Abs. 1 SE-VO bereits zwingend vorgegeben. Richtigerweise kann der einzelne Mitgliedsstaat daneben lediglich noch weitere zuständige Behörden festlegen (z.B. für das Königreich der Niederlande die Zuständigkeit der Kamer van Koophandel)[15]. Die Betrachtung verschiedener Sprachfassungen, die im Europarecht notwendig ist, um einen „gemeinschaftsrechtlichen Wortsinn" zu ermitteln[16], belegt dies. So zeigt zunächst die französische Fassung Abweichungen von der deutschen. Dort wird in Art. 68 SE-VO nur von den „autorités compétentes" gesprochen. Dagegen formulieren die von dieser Vorschrift in Bezug genommenen Artikel teils „un tribunal, un notaire ou une autreautorité compétente" (Art. 8 Abs. 8, Art. 25 Abs. 2, Abs. 3 Satz 2, Art. 26 Abs. 1 SE-VO), teils lediglich „autorité compétente" (Art. 54 Abs. 2 SE-VO, vgl. auch Art. 8 Abs. 7 SE-VO), teils „autorité judiciaire ou administrative compétente" (Art. 55 Abs. 3 SE-VO) oder bloß „les autorités" (Art. 64 Abs. 4 SE-VO)[17]. Auch die englische Version formuliert in dieser Weise (vgl. Art. 8 Abs. 8: „the court, notary or other competent authority"), ebenso die spanische (Art. 8 Abs. 8: „un tribunal, un notario u otra autoridad competente") und die italienische Fassung (Art. 8 Abs. 8: „un organo giurisdizionale, un notaio o un'altra autorità competente"). Dies gilt ebenfalls hinsichtlich Art. 25 Abs. 2 SE-VO und Art. 26 Abs. 1 SE-VO.

Folglich ist die deutsche Übersetzung des Art. 68 SE-VO ungenau. Wie der *Deutsche Notarverein* in seiner Stellungnahme zum Diskussionsentwurf des SEEG zutreffend feststellt, bezieht sich das Wort „*zuständig*", da es als Femininum und im Singular gebraucht wird, nur auf das Wort „*Behörde*". Bezöge es sich auf alle drei Substantive, stünde es als Maskulinum im Plural (also z.B. französisch „*compétents*"). Es ist zu vermuten, dass die englische Version „competent" zur Klarstellung allen drei Substantiven vorangestellt hätte[18].

Im Ergebnis lässt sich festhalten, dass der nationale, also auch der deutsche Gesetzgeber, allein in Bezug auf die „Behörde" eine Zuständigkeitszuweisung vornehmen durfte, während „Gericht" und „Notar" von der SE-VO für zuständig erklärt wurden. Insoweit darf der Gesetzgeber lediglich die örtliche und funktionelle Zuständigkeit regeln[19].

10 Da gem. § 4 Satz 1 SEAG die §§ 376, 377 FamFG für die Ausstellung der Bescheinigungen gelten, die für die Eintragung der Sitzverlegung und der Verschmelzung erforderlich sind, handelt es sich um **Handelsregistersachen**. Somit gilt die durch das SEEG angepasste Handelsregisterverordnung[20]. Die Zuständigkeit für die Führung der Handelsregister liegt nach §§ 375 Nr. 4, 376, 377 FamFG bei den Amtsgerichten. Eine Registersache ist gem. § 4 Satz 1 SEAG auch das Zwangsauflösungsverfahren bei Auseinanderfallen von Sitz und Hauptverwaltung. Dazu näher unter Art. 64 Rz. 5 ff.

---

15 *Deutscher Notarverein*, Stellungnahme zum Diskussionsentwurf eines Gesetzes zur Einführung der Europäischen Gesellschaft vom 24.6.2003, notar 2003, 94.
16 *Bleckmann*, Europarecht, 6. Aufl. 1996, Rz. 540; *Luttermann*, EuZW 1999, 401, 404.
17 Nach *Deutscher Notarverein*, Stellungnahme zum Diskussionsentwurf eines Gesetzes zur Einführung der Europäischen Gesellschaft vom 24.6.2003, notar 2003, 95 f.
18 *Deutscher Notarverein*, Stellungnahme zum Diskussionsentwurf eines Gesetzes zur Einführung der Europäischen Gesellschaft vom 24.6.2003, notar 2003, 95.
19 *Deutscher Notarverein*, Stellungnahme zum Diskussionsentwurf eines Gesetzes zur Einführung der Europäischen Gesellschaft vom 24.6.2003, notar 2003, 96; a.A. die h.M.: *Kiem* in KölnKomm. AktG, 3. Aufl., Art. 11 SE-VO Rz. 12; *Habersack* in Habersack/Drinhausen, Art. 68 SE-VO Rz. 2.
20 Vgl. näher Art. 7 SEEG; aktuell HRV i.d.F. v. 10.10.2013, §§ 43 ff.

7. Mitteilungspflicht (Art. 68 Abs. 2 Satz 2 SE-VO)

Sowohl die Kommission als auch direkt alle Mitgliedstaaten sind entsprechend zu informieren. Dadurch soll insbesondere die Zusammenarbeit zwischen den jeweiligen Behörden erleichtert werden[21]. 11

Art. 69
[Überprüfung der Verordnung]

Spätestens fünf Jahre nach Inkrafttreten dieser Verordnung legt die Kommission dem Rat und dem Europäischen Parlament einen Bericht über die Anwendung der Verordnung sowie gegebenenfalls Vorschläge für Änderungen vor. In dem Bericht wird insbesondere geprüft, ob es zweckmäßig ist,

a) zuzulassen, dass sich die Hauptverwaltung und der Sitz der SE in verschiedenen Mitgliedstaaten befinden,

b) den Begriff der Verschmelzung in Artikel 17 Absatz 2 auszuweiten, um auch andere als die in Artikel 3 Absatz 1 und Artikel 4 Absatz 1 der Richtlinie 78/855/EWG definierten Formen der Verschmelzung zuzulassen,

c) die Gerichtsstandsklausel des Artikels 8 Absatz 16 im Lichte von Bestimmungen, die in das Brüsseler Übereinkommen von 1968 oder in einen Rechtsakt der Mitgliedstaaten oder des Rates zur Ersetzung dieses Übereinkommens aufgenommen wurden, zu überprüfen,

d) vorzusehen, dass ein Mitgliedstaat in den Rechtsvorschriften, die er in Ausübung der durch diese Verordnung übertragenen Befugnisse oder zur Sicherstellung der tatsächlichen Anwendung dieser Verordnung auf eine SE erlässt, Bestimmungen in der Satzung der SE zulassen kann, die von diesen Rechtsvorschriften abweichen oder diese ergänzen, auch wenn derartige Bestimmungen in der Satzung einer Aktiengesellschaft mit Sitz in dem betreffenden Mitgliedstaat nicht zulässig wären.

Literatur: *Arbeitskreis Aktien- und Kapitalmarktrecht*, Die 8 wichtigsten Änderungsvorschläge zur SE-VO, ZIP 2009, 698; *Casper*, Erfahrungen und Reformbedarf bei der SE – Gesellschaftsrechtliche Reformvorschläge, ZHR 173 (2009), 181; *Henssler*, Erfahrungen und Reformbedarf bei der SE – Mitbestimmungsrechtliche Reformvorschläge, ZHR 173 (2009), 222; *Kiem*, Erfahrungen und Reformbedarf bei der SE – Entwicklungsstand, ZHR 173 (2009), S. 156; *Kiem*, Der Evaluierungsbericht der EU-Kommission zur SE-Verordnung, CFL 2011, 123; *Schuberth/von der Höh*, Zehn Jahre „deutsche" SE – Eine Bestandsaufnahme, AG 2014, 439; *Teichmann*, Zum Geburtstag viel Buch: Eine Literaturauslese zum fünften Jahrestag der Societas Europaea (SE), GPR 2010, 85.

Ihrem Auftrag gem. Art. 69 SE-VO entsprechend legte die Kommission im Hinblick auf eine etwaige Revision der SE-VO am 17.11.2010 einen **Bericht** über die Anwendung der SE-VO[1] vor. Diesem waren sowohl eine externe Studie[2] als auch eine öffent- 1

---
21 *Schwarz*, Art. 68 SE-VO Rz. 15; *Habersack* in Habersack/Drinhausen, Art. 68 SE-VO Rz. 2; *Kiem* in KölnKomm. AktG, 3. Aufl., Art. 11 SE-VO Rz. 15 ff.
1 Bericht der Kommission an das Europäische Parlament und den Rat v. 17.11.2010 über die Anwendung der Verordnung (EG) Nr. 2157/2001 des Rates vom 8. Oktober 2001 über das Statut der Europäischen Gesellschaft (SE), KOM (2010) 676 endg.
2 Ernst & Young, Study on the operation and the impacts of the Statute for a European Company (SE) – Final Report (Datum: 9.12.2009); abrufbar unter: http://ec.europa.eu/internal_market/consultations/docs/2010/se/study_SE_9122009_en.pdf.

liche Konsultation vorausgegangen. Während in diesem Bericht noch davon die Rede gewesen ist, dass die Kommission derzeit über mögliche Änderungen des SE-Statuts nachdenke und gegebenenfalls 2012 entsprechende Vorschläge[3] vorlegen werde, heißt es im Ende 2012 veröffentlichten Aktionsplan zum Europäischen Gesellschaftsrecht[4], dass die Kommission kurzfristig keine Revision der Verordnung beabsichtige. Stattdessen kündigte sie für 2013 eine Informationskampagne zur Stärkung der Kenntnisse über das Statut der Europäischen Aktiengesellschaft (SE) im Rahmen einer umfassenden Website an.

2   Mittlerweile hat die Europäische Kommission eine besondere **SE-Website** eingerichtet, um für eine bessere Verbreitung der Kenntnisse über die SE zu sorgen.[5] Dass dadurch SE-Gründungen in Staaten gefördert werden, die bislang kein Interesse an dieser Rechtsform gezeigt haben, darf bezweifelt werden. Doch immerhin finden sich dort in leicht verständlicher Weise – mit Hilfe eines Fragen- und Antwortkataloges – Basisinformationen über die Besonderheiten dieser Rechtsform. Zudem gibt eine Liste Auskunft über die nationalen Behörden, die bei einer SE-Gründung oder Sitzverlegung zuständig sind. Sodann bietet die Website eine Sammlung von Links zu den Internetseiten der einzelnen Mitgliedstaaten, auf denen sich die nationale Ausführungsgesetzgebung findet.

Art. 70
[Inkrafttreten]

Diese Verordnung tritt am 8. Oktober 2004 in Kraft.

Diese Verordnung ist in allen ihren Teilen verbindlich und gilt unmittelbar in jedem Mitgliedstaat.

Von einer Kommentierung des Art. 70 SE-VO wurde abgesehen.

---

3   Dabei hätte die Kommission auf zahlreiche Vorarbeiten aus der Wissenschaft zurückgreifen können. Vgl. nur *Arbeitskreis Aktien- und Kapitalmarktrecht, Die 8 wichtigsten Änderungsvorschläge zur SE-VO*, ZIP 2009, 698; *Casper*, ZHR 173 (2009), S. 181; *Henssler*, ZHR 173 (2009), S. 222; *Kiem*, ZHR 173 (2009), S. 156 und den Report of the Reflection Group – On the Future of EU Company Law vom April 2011, S. 29 f. (abrufbar unter: http://ec.europa.eu/internal_market/company/docs/modern/reflectiongroup_report_en.pdf).
4   Mitteilung der Kommission – Aktionsplan: Europäisches Gesellschaftsrecht und Corporate Governance – ein moderner Rechtsrahmen für engagiertere Aktionäre und bessere überlebensfähige Unternehmen v. 12.12.2012, COM (2012) 740 final, S. 16. Vgl. für eine ausführliche Stellungnahme zum gesamten Aktionsplan nur *Hopt*, ZGR 2013, 165.
5   http://ec.europa.eu/internal_market/company/societas-europaea/index_de.htm.

B. SE-Beteiligungsgesetz

Gesetz über die Beteiligung der Arbeitnehmer in einer Europäischen Gesellschaft (SE-Beteiligungsgesetz – SEBG)

vom 22. Dezember 2004 (BGBl. I S. 3675)

Teil 1. Allgemeine Vorschriften

§ 1 Zielsetzung des Gesetzes

(1) Das Gesetz regelt die Beteiligung der Arbeitnehmer in einer Europäischen Gesellschaft (SE), die Gegenstand der Verordnung (EG) Nr. 2157/2001 des Rates vom 8. Oktober 2001 über das Statut der Europäischen Gesellschaft (ABl. EG Nr. L 294 S. 1) ist. Ziel des Gesetzes ist, in einer SE die erworbenen Rechte der Arbeitnehmer (Arbeitnehmerinnen und Arbeitnehmer) auf Beteiligung an Unternehmensentscheidungen zu sichern. Maßgeblich für die Ausgestaltung der Beteiligungsrechte der Arbeitnehmer in der SE sind die bestehenden Beteiligungsrechte in den Gesellschaften, die die SE gründen.

(2) Zur Sicherung des Rechts auf grenzüberschreitende Unterrichtung, Anhörung, Mitbestimmung und sonstige Beteiligung der Arbeitnehmer wird eine Vereinbarung über die Beteiligung der Arbeitnehmer in der SE getroffen. Kommt es nicht zu einer Vereinbarung, wird eine Beteiligung der Arbeitnehmer in der SE kraft Gesetzes sichergestellt.

(3) Die Vorschriften dieses Gesetzes sowie die nach Absatz 2 zu treffende Vereinbarung sind so auszulegen, dass die Ziele der Europäischen Gemeinschaft, die Beteiligung der Arbeitnehmer in der SE sicherzustellen, gefördert werden.

(4) Die Grundsätze der Absätze 1 bis 3 gelten auch für strukturelle Änderungen einer gegründeten SE sowie für deren Auswirkungen auf die betroffenen Gesellschaften und ihre Arbeitnehmer.

§ 2 Begriffsbestimmungen

(1) Der Begriff des Arbeitnehmers richtet sich nach den Rechtsvorschriften und Gepflogenheiten der jeweiligen Mitgliedstaaten. Arbeitnehmer eines inländischen Unternehmens oder Betriebs sind Arbeiter und Angestellte einschließlich der zu ihrer Berufsausbildung Beschäftigten und der in § 5 Abs. 3 Satz 2 des Betriebsverfassungsgesetzes genannten leitenden Angestellten, unabhängig davon, ob sie im Betrieb, im Außendienst oder mit Telearbeit beschäftigt werden. Als Arbeitnehmer gelten auch die in Heimarbeit Beschäftigten, die in der Hauptsache für das Unternehmen oder den Betrieb arbeiten.

(2) Beteiligte Gesellschaften sind die Gesellschaften, die unmittelbar an der Gründung einer SE beteiligt sind.

(3) Tochtergesellschaften sind rechtlich selbstständige Unternehmen, auf die eine andere Gesellschaft einen beherrschenden Einfluss im Sinne von Artikel 3 Abs. 2 bis 7 der Richtlinie 94/45/EG des Rates vom 22. September 1994 über die Einsetzung eines Europäischen Betriebsrats oder die Schaffung eines Verfahrens zur Unterrichtung und Anhörung der Arbeitnehmer in gemeinschaftsweit operierenden Unternehmen und Unternehmensgruppen (ABl. EG Nr. L 254 S. 64) ausüben kann. § 6 Abs. 2 bis 4 des Europäische Betriebsräte-Gesetzes vom 28. Oktober 1996 (BGBl. I S. 1548, 2022) ist anzuwenden.

(4) Betroffene Tochtergesellschaften oder betroffene Betriebe sind Tochtergesellschaften oder Betriebe einer beteiligten Gesellschaft, die zu Tochtergesellschaften oder Betrieben der SE werden sollen.

(5) Leitung bezeichnet das Organ der unmittelbar an der Gründung der SE beteiligten Gesellschaften oder der SE selbst, das die Geschäfte der Gesellschaft führt und zu ihrer Vertretung berechtigt ist. Bei den beteiligten Gesellschaften ist dies das Leitungs- oder Verwaltungsorgan, bei der SE das Leitungsorgan oder die geschäftsführenden Direktoren.

(6) Arbeitnehmervertretung bezeichnet jede Vertretung der Arbeitnehmer nach dem Betriebsverfassungsgesetz (Betriebsrat, Gesamtbetriebsrat, Konzernbetriebsrat oder eine nach § 3 Abs. 1 Nr. 1 bis 3 des Betriebsverfassungsgesetzes gebildete Vertretung).

(7) SE-Betriebsrat bezeichnet das Vertretungsorgan der Arbeitnehmer der SE, das durch eine Vereinbarung nach § 21 oder kraft Gesetzes nach den §§ 22 bis 33 eingesetzt wird, um die Rechte auf Unterrichtung und Anhörung der Arbeitnehmer der SE, ihrer Tochtergesellschaften und Betriebe und, wenn vereinbart, Mitbestimmungsrechte und sonstige Beteiligungsrechte in Bezug auf die SE wahrzunehmen.

(8) Beteiligung der Arbeitnehmer bezeichnet jedes Verfahren – einschließlich der Unterrichtung, Anhörung und Mitbestimmung –, durch das die Vertreter der Arbeitnehmer auf die Beschlussfassung in der Gesellschaft Einfluss nehmen können.

(9) Beteiligungsrechte sind Rechte, die den Arbeitnehmern und ihren Vertretern im Bereich der Unterrichtung, Anhörung, Mitbestimmung und der sonstigen Beteiligung zustehen. Hierzu kann auch die Wahrnehmung dieser Rechte in den Konzernunternehmen der SE gehören.

(10) Unterrichtung bezeichnet die Unterrichtung des SE-Betriebsrats oder anderer Arbeitnehmervertreter durch die Leitung der SE über Angelegenheiten, welche die SE selbst oder eine ihrer Tochtergesellschaften oder einen ihrer Betriebe in einem anderen Mitgliedstaat betreffen oder die über die Befugnisse der zuständigen Organe auf der Ebene des einzelnen Mitgliedstaats hinausgehen. Zeitpunkt, Form und Inhalt der Unterrichtung sind so zu wählen, dass es den Arbeitnehmervertretern möglich ist, zu erwartende Auswirkungen eingehend zu prüfen und gegebenenfalls eine Anhörung mit der Leitung der SE vorzubereiten.

(11) Anhörung bezeichnet die Einrichtung eines Dialogs und eines Meinungsaustauschs zwischen dem SE-Betriebsrat oder anderer Arbeitnehmervertreter und der Leitung der SE oder einer anderen zuständigen mit eigenen Entscheidungsbefugnissen ausgestatteten Leitungsebene. Zeitpunkt, Form und Inhalt der Anhörung müssen dem SE-Betriebsrat auf der Grundlage der erfolgten Unterrichtung eine Stellungnahme zu den geplanten Maßnahmen der Leitung der SE ermöglichen, die im Rahmen des Entscheidungsprozesses innerhalb der SE berücksichtigt werden kann.

(12) Mitbestimmung bedeutet die Einflussnahme der Arbeitnehmer auf die Angelegenheiten einer Gesellschaft durch

1. die Wahrnehmung des Rechts, einen Teil der Mitglieder des Aufsichts- oder Verwaltungsorgans der Gesellschaft zu wählen oder zu bestellen, oder

2. die Wahrnehmung des Rechts, die Bestellung eines Teils oder aller Mitglieder des Aufsichts- oder Verwaltungsorgans der Gesellschaft zu empfehlen oder abzulehnen.

§ 3 Geltungsbereich

(1) Dieses Gesetz gilt für eine SE mit Sitz im Inland. Es gilt unabhängig vom Sitz der SE auch für Arbeitnehmer der SE, die im Inland beschäftigt sind sowie für beteiligte Gesellschaften, betroffene Tochtergesellschaften und betroffene Betriebe mit Sitz im Inland.
(2) Mitgliedstaaten im Sinne dieses Gesetzes sind die Mitgliedstaaten der Europäischen Union und die anderen Vertragsstaaten des Abkommens über den Europäischen Wirtschaftsraum.

Teil 2. Besonderes Verhandlungsgremium

Kapitel 1. Bildung und Zusammensetzung

§ 4 Information der Leitungen

(1) Das besondere Verhandlungsgremium ist auf Grund einer schriftlichen Aufforderung der Leitungen zu bilden. Es hat die Aufgabe, mit den Leitungen eine schriftliche Vereinbarung über die Beteiligung der Arbeitnehmer in der SE abzuschließen.
(2) Wenn die Leitungen die Gründung einer SE planen, informieren sie die Arbeitnehmervertretungen und Sprecherausschüsse in den beteiligten Gesellschaften, betroffenen Tochtergesellschaften und betroffenen Betrieben über das Gründungsvorhaben. Besteht keine Arbeitnehmervertretung, erfolgt die Information gegenüber den Arbeitnehmern. Die Information erfolgt unaufgefordert und unverzüglich nach Offenlegung des Verschmelzungsplans, des Gründungsplans für eine Holdinggesellschaft, des Umwandlungsplans oder nach Abschluss der Vereinbarung eines Plans zur Gründung einer Tochtergesellschaft.
(3) Die Information erstreckt sich insbesondere auf

1. die Identität und Struktur der beteiligten Gesellschaften, betroffenen Tochtergesellschaften und betroffenen Betriebe und deren Verteilung auf die Mitgliedstaaten;
2. die in diesen Gesellschaften und Betrieben bestehenden Arbeitnehmervertretungen;
3. die Zahl der in diesen Gesellschaften und Betrieben jeweils beschäftigten Arbeitnehmer sowie die daraus zu errechnende Gesamtzahl der in einem Mitgliedstaat beschäftigten Arbeitnehmer;
4. die Zahl der Arbeitnehmer, denen Mitbestimmungsrechte in den Organen dieser Gesellschaften zustehen.

(4) Maßgeblicher Zeitpunkt für die Ermittlung der Zahl der Arbeitnehmer ist der Zeitpunkt der Information nach Absatz 2.

§ 5 Zusammensetzung des besonderen Verhandlungsgremiums

(1) Für die in jedem Mitgliedstaat beschäftigten Arbeitnehmer der beteiligten Gesellschaften, betroffenen Tochtergesellschaften und betroffenen Betriebe werden Mitglieder für das besondere Verhandlungsgremium gewählt oder bestellt. Für jeden Anteil der in einem Mitgliedstaat beschäftigten Arbeitnehmer, der 10 Prozent der Gesamtzahl der in allen Mitgliedstaaten beschäftigten Arbeitnehmer der beteiligten Gesellschaften und der betroffenen Tochtergesellschaften oder betroffenen Betriebe oder einen Bruchteil davon beträgt, ist ein Mitglied aus diesem Mitgliedstaat in das besondere Verhandlungsgremium zu wählen oder zu bestellen.

(2) Wird die SE durch Verschmelzung gegründet, sind so viele zusätzliche Mitglieder in das besondere Verhandlungsgremium zu wählen oder zu bestellen, wie erforderlich sind, um zu gewährleisten, dass jede beteiligte Gesellschaft, die eingetragen ist und Arbeitnehmer in dem betreffenden Mitgliedstaat beschäftigt und die als Folge der geplanten Eintragung der SE als eigene Rechtspersönlichkeit erlöschen wird, in dem besonderen Verhandlungsgremium durch mindestens ein Mitglied vertreten ist. Dies darf nicht zu einer Doppelvertretung der betroffenen Arbeitnehmer führen.

(3) Die Zahl der zusätzlichen Mitglieder darf 20 Prozent der sich aus Absatz 1 ergebenden Mitgliederzahl nicht überschreiten. Kann danach nicht jede nach Absatz 2 besonders zu berücksichtigende Gesellschaft durch ein zusätzliches Mitglied im besonderen Verhandlungsgremium vertreten werden, so werden diese Gesellschaften in absteigender Reihenfolge der Zahl der bei ihnen beschäftigten Arbeitnehmer berücksichtigt. Dabei ist zu gewährleisten, dass ein Mitgliedstaat nicht mehrere zusätzliche Sitze erhält, solange nicht alle anderen Mitgliedstaaten, aus denen die nach Absatz 2 besonders zu berücksichtigenden Gesellschaften stammen, einen Sitz erhalten haben.

(4) Treten während der Tätigkeitsdauer des besonderen Verhandlungsgremiums solche Änderungen in der Struktur oder Arbeitnehmerzahl der beteiligten Gesellschaften, der betroffenen Tochtergesellschaften oder der betroffenen Betriebe ein, dass sich die konkrete Zusammensetzung des besonderen Verhandlungsgremiums ändern würde, so ist das besondere Verhandlungsgremium entsprechend neu zusammenzusetzen. Über solche Änderungen haben die zuständigen Leitungen unverzüglich das besondere Verhandlungsgremium zu informieren. § 4 Abs. 2 bis 4 gilt entsprechend.

§ 6 Persönliche Voraussetzungen der auf das Inland entfallenden Mitglieder des besonderen Verhandlungsgremiums

(1) Die persönlichen Voraussetzungen der Mitglieder des besonderen Verhandlungsgremiums richten sich nach den jeweiligen Bestimmungen der Mitgliedstaaten, in denen sie gewählt oder bestellt werden.

(2) Zu Mitgliedern des besonderen Verhandlungsgremiums wählbar sind im Inland Arbeitnehmer der Gesellschaften und Betriebe sowie Gewerkschaftsvertreter. Frauen und Männer sollen entsprechend ihrem zahlenmäßigen Verhältnis gewählt werden. Für jedes Mitglied ist ein Ersatzmitglied zu wählen.

(3) Gehören dem besonderen Verhandlungsgremium mehr als zwei Mitglieder aus dem Inland an, ist jedes dritte Mitglied ein Vertreter einer Gewerkschaft, die in einem an der Gründung der SE beteiligten Unternehmen vertreten ist.

(4) Gehören dem besonderen Verhandlungsgremium mehr als sechs Mitglieder aus dem Inland an, ist mindestens jedes siebte Mitglied ein leitender Angestellter.

§ 7 Verteilung der auf das Inland entfallenden Sitze des besonderen Verhandlungsgremiums

(1) Die Wahl oder Bestellung der Mitglieder des besonderen Verhandlungsgremiums nach § 5 erfolgt nach den jeweiligen Bestimmungen der Mitgliedstaaten.

(2) Bei der Wahl der auf das Inland entfallenden Mitglieder des besonderen Verhandlungsgremiums sollen alle an der Gründung der SE beteiligten Gesellschaften mit Sitz im Inland, die Arbeitnehmer im Inland beschäftigen, durch mindestens ein Mitglied im besonderen Verhandlungsgremium vertreten sein.

(3) Ist die Anzahl der auf das Inland entfallenden Mitglieder des besonderen Verhandlungsgremiums geringer als die Anzahl der an der Gründung der SE beteiligten Gesellschaften mit Sitz im Inland, die Arbeitnehmer im Inland beschäftigen, so erhalten die Gesellschaften in absteigender Reihenfolge der Zahl der Arbeitnehmer jeweils einen Sitz.

(4) Ist die Anzahl der auf das Inland entfallenden Mitglieder des besonderen Verhandlungsgremiums höher als die Anzahl der an der Gründung der SE beteiligten Gesellschaften mit Sitz im Inland, die Arbeitnehmer im Inland beschäftigen, so sind die nach erfolgter Verteilung nach Absatz 2 verbleibenden Sitze nach dem d'Hondtschen Höchstzahlenverfahren auf die beteiligten Gesellschaften zu verteilen.

(5) Sind keine Gesellschaften mit Sitz im Inland an der Gründung der SE beteiligt, sondern von ihr nur Betriebe ausländischer Gesellschaften betroffen, gelten die Absätze 2 bis 4 entsprechend.

Kapitel 2. Wahlgremium

§ 8 Zusammensetzung des Wahlgremiums; Urwahl

(1) Die nach diesem Gesetz oder dem Gesetz eines anderen Mitgliedstaats auf die im Inland beschäftigten Arbeitnehmer der an der Gründung der SE beteiligten Gesellschaften, betroffenen Tochtergesellschaften und betroffenen Betriebe entfallenden Mitglieder des besonderen Verhandlungsgremiums werden von einem Wahlgremium in geheimer und unmittelbarer Wahl gewählt. Im Fall des § 6 Abs. 3 ist jedes dritte Mitglied auf Vorschlag einer Gewerkschaft zu wählen, die in einem an der Gründung der SE beteiligten Unternehmen vertreten ist. Wird nur ein Wahlvorschlag gemacht, muss dieser mindestens doppelt so viele Bewerber enthalten wie Vertreter von Gewerkschaften zu wählen sind. Jeder Wahlvorschlag einer Gewerkschaft muss von einem Vertreter der Gewerkschaft unterzeichnet sein. Im Fall des § 6 Abs. 4 ist jedes siebte Mitglied auf Vorschlag der Sprecherausschüsse zu wählen; Satz 3 gilt entsprechend. Besteht in einem beteiligten Unternehmen oder in einer beteiligten Unternehmensgruppe kein Sprecherausschuss, können die leitenden Angestellten Wahlvorschläge machen; ein Wahlvorschlag muss von einem Zwanzigstel oder 50 der wahlberechtigten leitenden Angestellten unterzeichnet sein.

(2) Ist aus dem Inland nur eine Unternehmensgruppe an der SE-Gründung beteiligt, besteht das Wahlgremium aus den Mitgliedern des Konzernbetriebsrats oder, sofern ein solcher nicht besteht, aus den Mitgliedern der Gesamtbetriebsräte, oder, sofern ein solcher in einem Unternehmen nicht besteht, aus den Mitgliedern des Betriebsrats. Betriebsratslose Betriebe und Unternehmen einer Unternehmensgruppe werden vom Konzernbetriebsrat, Gesamtbetriebsrat oder Betriebsrat mit vertreten.

(3) Ist aus dem Inland nur ein Unternehmen an der Gründung einer SE beteiligt, besteht das Wahlgremium aus den Mitgliedern des Gesamtbetriebsrats, oder, sofern ein

solcher nicht besteht, aus den Mitgliedern des Betriebsrats. Betriebsratslose Betriebe eines Unternehmens werden vom Gesamtbetriebsrat oder Betriebsrat mit vertreten.

(4) Ist aus dem Inland nur ein Betrieb von der Gründung einer SE betroffen, besteht das Wahlgremium aus den Mitgliedern des Betriebsrats.

(5) Sind an der Gründung der SE eine oder mehrere Unternehmensgruppen oder nicht verbundene Unternehmen beteiligt oder sind von der Gründung unternehmensunabhängige Betriebe betroffen, setzt sich das Wahlgremium aus den jeweiligen Arbeitnehmervertretungen auf Konzernebene, Unternehmensebene oder Betriebsebene zusammen. Die Absätze 2 bis 4 gelten entsprechend. Ist in den Fällen des Satzes 1 eine entsprechende Arbeitnehmervertretung nicht vorhanden, werden diese Mitglieder des Wahlgremiums von den Arbeitnehmern in Urwahl gewählt. Die Wahl wird von einem Wahlvorstand eingeleitet und durchgeführt, der in einer Versammlung der Arbeitnehmer gewählt wird, zu der die inländische Konzernleitung, Unternehmensleitung oder Betriebsleitung einlädt. Es sind so viele Mitglieder des Wahlgremiums zu wählen, wie eine bestehende Arbeitnehmervertretung in den Fällen der Absätze 2 bis 4 an gesetzlichen Mitgliedern hätte; für das Wahlverfahren gilt Absatz 7 Satz 3 bis 5 entsprechend.

(6) Das Wahlgremium besteht aus höchstens 40 Mitgliedern. Würde diese Höchstzahl überschritten, ist die Anzahl der Mitglieder in dem Wahlgremium entsprechend ihrem zahlenmäßigen Verhältnis nach dem d'Hondtschen Höchstzahlverfahren zu verringern.

(7) Besteht in den Fällen der Absätze 2 bis 5 keine Arbeitnehmervertretung, wählen die Arbeitnehmer die Mitglieder des besonderen Verhandlungsgremiums in geheimer und unmittelbarer Wahl. Die Wahl wird von einem Wahlvorstand eingeleitet und durchgeführt, der in einer Versammlung der Arbeitnehmer gewählt wird, zu der die inländische Konzernleitung, Unternehmensleitung oder Betriebsleitung einlädt. Die Wahl der Mitglieder des besonderen Verhandlungsgremiums erfolgt nach den Grundsätzen der Verhältniswahl. Sie erfolgt nach den Grundsätzen der Mehrheitswahl, wenn nur ein Wahlvorschlag eingereicht wird. Jeder Wahlvorschlag der Arbeitnehmer muss von mindestens einem Zwanzigstel der wahlberechtigten Arbeitnehmer, mindestens jedoch von drei Wahlberechtigten, höchstens aber von 50 Wahlberechtigten unterzeichnet sein; in Betrieben mit in der Regel bis zu 20 wahlberechtigten Arbeitnehmern genügt die Unterzeichnung durch zwei Wahlberechtigte. § 8 Abs. 1 Satz 2 bis 6 gilt entsprechend.

§ 9 Einberufung des Wahlgremiums

(1) Auf der Grundlage der von den Leitungen erhaltenen Informationen hat der Vorsitzende der Arbeitnehmervertretung auf Konzernebene oder, sofern eine solche nicht besteht, auf Unternehmensebene oder, sofern eine solche nicht besteht, auf Betriebsebene

1. Ort, Tag und Zeit der Versammlung des Wahlgremiums festzulegen;
2. die Anzahl der Mitglieder aus den jeweiligen Arbeitnehmervertretungen nach § 8 Abs. 6 festzulegen;
3. zur Versammlung des Wahlgremiums einzuladen.

(2) Bestehen auf einer Ebene mehrere Arbeitnehmervertretungen, treffen die Verpflichtungen nach Absatz 1 den Vorsitzenden der Arbeitnehmervertretung, die die meisten Arbeitnehmer vertritt.

§ 10 Wahl der Mitglieder des besonderen Verhandlungsgremiums

(1) Bei der Wahl müssen mindestens zwei Drittel der Mitglieder des Wahlgremiums, die mindestens zwei Drittel der Arbeitnehmer vertreten, anwesend sein. Die Mitglieder des Wahlgremiums haben jeweils so viele Stimmen, wie sie Arbeitnehmer vertreten. Die Wahl erfolgt mit einfacher Mehrheit der abgegebenen Stimmen.

(2) Im Wahlgremium vertreten die Arbeitnehmervertretungen und die in Urwahl gewählten Mitglieder jeweils alle Arbeitnehmer der organisatorischen Einheit, für die sie nach § 8 Abs. 2 bis 5 zuständig sind. Nicht nach Satz 1 vertretene Arbeitnehmer werden den Arbeitnehmervertretungen innerhalb der jeweiligen Unternehmensgruppe zu gleichen Teilen zugerechnet.

(3) Sind für eine Arbeitnehmervertretung mehrere Mitglieder im Wahlgremium vertreten, werden die entsprechend der von ihnen vertretenen Arbeitnehmer bestehenden Stimmenanteile gleichmäßig aufgeteilt. Dies gilt auch für die nach § 8 Abs. 5 Satz 3 gewählten Mitglieder des Wahlgremiums.

Kapitel 3. Verhandlungsverfahren

§ 11 Information über die Mitglieder des besonderen Verhandlungsgremiums

(1) Die Wahl oder Bestellung der Mitglieder des besonderen Verhandlungsgremiums soll innerhalb von zehn Wochen nach der in § 4 Abs. 2 und 3 vorgeschriebenen Information erfolgen. Den Leitungen sind unverzüglich die Namen der Mitglieder des besonderen Verhandlungsgremiums, ihre Anschriften sowie die jeweilige Betriebszugehörigkeit mitzuteilen. Die Leitungen haben die örtlichen Betriebs- und Unternehmensleitungen, die dort bestehenden Arbeitnehmervertretungen und Sprecherausschüsse sowie die in inländischen Betrieben vertretenen Gewerkschaften über diese Angaben zu informieren.

(2) Das Verhandlungsverfahren nach den §§ 12 bis 17 findet auch dann statt, wenn die in Absatz 1 Satz 1 genannte Frist aus Gründen, die die Arbeitnehmer zu vertreten haben, überschritten wird. Nach Ablauf der Frist gewählte oder bestellte Mitglieder können sich jederzeit an dem Verhandlungsverfahren beteiligen.

§ 12 Sitzungen; Geschäftsordnung

(1) Die Leitungen laden unverzüglich nach Benennung der Mitglieder oder im Fall des § 11 nach Ablauf der in § 11 Abs. 1 Satz 1 genannten Frist zur konstituierenden Sitzung des besonderen Verhandlungsgremiums ein und informieren die örtlichen Betriebs- und Unternehmensleitungen. Das besondere Verhandlungsgremium wählt aus seiner Mitte einen Vorsitzenden und mindestens zwei Stellvertreter. Es kann sich eine schriftliche Geschäftsordnung geben.

(2) Der Vorsitzende kann weitere Sitzungen einberufen.

§ 13 Zusammenarbeit zwischen besonderem Verhandlungsgremium und Leitungen

(1) Das besondere Verhandlungsgremium schließt mit den Leitungen eine schriftliche Vereinbarung über die Beteiligung der Arbeitnehmer in der SE ab. Zur Erfüllung dieser Aufgabe arbeiten sie vertrauensvoll zusammen.

(2) Die Leitungen haben dem besonderen Verhandlungsgremium rechtzeitig alle erforderlichen Auskünfte zu erteilen und die erforderlichen Unterlagen zur Verfügung zu stellen. Das besondere Verhandlungsgremium ist insbesondere über das Gründungsvorhaben und den Verlauf des Verfahrens bis zur Eintragung der SE zu unterrichten. Zeitpunkt, Häufigkeit und Ort der Verhandlungen werden zwischen den Leitungen und dem besonderen Verhandlungsgremium einvernehmlich festgelegt.

§ 14 Sachverständige und Vertreter von geeigneten außenstehenden Organisationen

(1) Das besondere Verhandlungsgremium kann bei den Verhandlungen Sachverständige seiner Wahl, zu denen auch Vertreter von einschlägigen Gewerkschaftsorganisationen auf Gemeinschaftsebene zählen können, hinzuziehen, um sich von ihnen bei seiner Arbeit unterstützen zu lassen. Diese Sachverständigen können, wenn das besondere Verhandlungsgremium es wünscht, an den Verhandlungen in beratender Funktion teilnehmen.

(2) Das besondere Verhandlungsgremium kann beschließen, die Vertreter von geeigneten außenstehenden Organisationen vom Beginn der Verhandlungen zu unterrichten.

§ 15 Beschlussfassung im besonderen Verhandlungsgremium

(1) Die Mitglieder des besonderen Verhandlungsgremiums, die in einem Mitgliedstaat gewählt oder bestellt werden, vertreten alle in dem jeweiligen Mitgliedstaat beschäftigten Arbeitnehmer. Solange aus einem Mitgliedstaat keine Mitglieder in das besondere Verhandlungsgremium gewählt oder bestellt sind (§ 11 Abs. 2), gelten die betroffenen Arbeitnehmer als nicht vertreten.

(2) Das besondere Verhandlungsgremium beschließt vorbehaltlich des Absatzes 3 und § 16 Abs. 1 mit der Mehrheit seiner Mitglieder, in der zugleich die Mehrheit der vertretenen Arbeitnehmer enthalten sein muss. Jedes auf das Inland entfallende Mitglied vertritt gleich viele Arbeitnehmer.

(3) Hätten die Verhandlungen eine Minderung der Mitbestimmungsrechte zur Folge, so ist für einen Beschluss zur Billigung einer solchen Vereinbarung eine Mehrheit von zwei Dritteln der Mitglieder des besonderen Verhandlungsgremiums erforderlich, die mindestens zwei Drittel der Arbeitnehmer in mindestens zwei Mitgliedstaaten vertreten. Dies gilt

1. im Fall einer SE, die durch Verschmelzung gegründet werden soll, sofern sich die Mitbestimmung auf mindestens 25 Prozent der Gesamtzahl der Arbeitnehmer der beteiligten Gesellschaften und der betroffenen Tochtergesellschaften erstreckt oder

2. im Fall einer SE, die als Holding-Gesellschaft oder als Tochtergesellschaft gegründet werden soll, sofern sich die Mitbestimmung auf mindestens 50 Prozent der Gesamtzahl der Arbeitnehmer der beteiligten Gesellschaften und der betroffenen Tochtergesellschaften erstreckt.

(4) Minderung der Mitbestimmungsrechte bedeutet, dass

1. der Anteil der Arbeitnehmervertreter im Aufsichts- oder Verwaltungsorgan der SE geringer ist als der höchste in den beteiligten Gesellschaften bestehende Anteil oder

2. das Recht, Mitglieder des Aufsichts- oder Verwaltungsorgans der Gesellschaft zu wählen, zu bestellen, zu empfehlen oder abzulehnen, beseitigt oder eingeschränkt wird.

(5) Wird eine SE durch Umwandlung gegründet, kann ein Beschluss nach Absatz 3 nicht gefasst werden.

§ 16 Nichtaufnahme oder Abbruch der Verhandlungen

(1) Das besondere Verhandlungsgremium kann beschließen, keine Verhandlungen aufzunehmen oder bereits aufgenommene Verhandlungen abzubrechen. Für diesen Beschluss ist eine Mehrheit von zwei Dritteln der Mitglieder erforderlich, die mindestens zwei Drittel der Arbeitnehmer in mindestens zwei Mitgliedstaaten vertreten. Die Vorschriften für die Unterrichtung und Anhörung der Arbeitnehmer, die in den Mitgliedstaaten gelten, in denen die SE Arbeitnehmer beschäftigt, finden Anwendung.

(2) Ein Beschluss nach Absatz 1 beendet das Verfahren zum Abschluss der Vereinbarung nach § 21. Ist ein solcher Beschluss gefasst worden, finden die Regelungen der §§ 22 bis 33 über den SE-Betriebsrat kraft Gesetzes und der §§ 34 bis 38 über die Mitbestimmung kraft Gesetzes keine Anwendung.

(3) Wird eine SE durch Umwandlung gegründet, kann ein Beschluss nach Absatz 1 nicht gefasst werden, wenn den Arbeitnehmern der umzuwandelnden Gesellschaft Mitbestimmungsrechte zustehen.

§ 17 Niederschrift

In eine Niederschrift, die vom Vorsitzenden und einem weiteren Mitglied des besonderen Verhandlungsgremiums zu unterzeichnen ist, ist aufzunehmen

1. ein Beschluss über den Abschluss einer Vereinbarung nach § 13 Abs. 1,
2. ein Beschluss über die Nichtaufnahme oder den Abbruch der Verhandlungen nach § 16 Abs. 1 und
3. die jeweiligen Mehrheiten, mit denen die Beschlüsse gefasst worden sind.

Eine Abschrift der Niederschrift ist den Leitungen zu übermitteln.

§ 18 Wiederaufnahme der Verhandlungen

(1) Frühestens zwei Jahre nach dem Beschluss nach § 16 Abs. 1 wird auf schriftlichen Antrag von mindestens 10 Prozent der Arbeitnehmer der SE, ihrer Tochtergesellschaften und Betriebe oder von deren Vertretern ein besonderes Verhandlungsgremium erneut gebildet, mit der Maßgabe, dass an die Stelle der beteiligten Gesellschaften, betroffenen Tochtergesellschaften und betroffenen Betriebe die SE, ihre Tochtergesellschaften und Betriebe treten. Die Parteien können eine frühere Wiederaufnahme der Verhandlungen vereinbaren.

(2) Wenn das besondere Verhandlungsgremium die Wiederaufnahme der Verhandlungen mit der Leitung der SE nach Absatz 1 beschließt, in diesen Verhandlungen jedoch keine Einigung erzielt wird, finden die §§ 22 bis 33 über den SE-Betriebsrat kraft Gesetzes und die §§ 34 bis 38 über die Mitbestimmung kraft Gesetzes keine Anwendung.

(3) Sind strukturelle Änderungen der SE geplant, die geeignet sind, Beteiligungsrechte der Arbeitnehmer zu mindern, finden auf Veranlassung der Leitung der SE oder des SE-Betriebsrats Verhandlungen über die Beteiligungsrechte der Arbeitnehmer der SE statt. Anstelle des neu zu bildenden besonderen Verhandlungsgremiums können die Verhandlungen mit der Leitung der SE einvernehmlich von dem SE-Betriebsrat gemeinsam mit Vertretern der von der geplanten strukturellen Änderung betroffenen Arbeitnehmer, die bisher nicht von dem SE-Betriebsrat vertreten werden, geführt werden. Wird in diesen Verhandlungen keine Einigung erzielt, sind die §§ 22 bis 33 über den SE-Betriebsrat kraft Gesetzes und die §§ 34 bis 38 über die Mitbestimmung kraft Gesetzes anzuwenden.

(4) In den Fällen der Absätze 1 und 3 gelten die Vorschriften des Teils 2 mit der Maßgabe, dass an die Stelle der Leitungen die Leitung der SE tritt.

§ 19 Kosten des besonderen Verhandlungsgremiums

Die durch die Bildung und Tätigkeit des besonderen Verhandlungsgremiums entstehenden erforderlichen Kosten tragen die beteiligten Gesellschaften und nach ihrer Gründung die SE als Gesamtschuldner. Insbesondere sind für die Sitzungen in erforderlichem Umfang Räume, sachliche Mittel, Dolmetscher und Büropersonal zur Verfügung zu stellen sowie die erforderlichen Reise- und Aufenthaltskosten der Mitglieder des besonderen Verhandlungsgremiums zu tragen.

§ 20 Dauer der Verhandlungen

(1) Die Verhandlungen beginnen mit der Einsetzung des besonderen Verhandlungsgremiums und können bis zu sechs Monate dauern. Einsetzung bezeichnet den Tag, zu dem die Leitungen zur konstituierenden Sitzung des besonderen Verhandlungsgremiums eingeladen haben.

(2) Die Parteien können einvernehmlich beschließen, die Verhandlungen über den in Absatz 1 genannten Zeitraum hinaus bis zu insgesamt einem Jahr ab der Einsetzung des besonderen Verhandlungsgremiums fortzusetzen.

Teil 3. Beteiligung der Arbeitnehmer in der SE

Kapitel 1. Beteiligung der Arbeitnehmer kraft Vereinbarung

§ 21 Inhalt der Vereinbarung

(1) In der schriftlichen Vereinbarung zwischen den Leitungen und dem besonderen Verhandlungsgremium wird, unbeschadet der Autonomie der Parteien im Übrigen und vorbehaltlich des Absatzes 6, festgelegt:

1. der Geltungsbereich der Vereinbarung, einschließlich der außerhalb des Hoheitsgebietes der Mitgliedstaaten liegenden Unternehmen und Betriebe, sofern diese in den Geltungsbereich einbezogen werden;
2. die Zusammensetzung des SE-Betriebsrats, die Anzahl seiner Mitglieder und die Sitzverteilung, einschließlich der Auswirkungen wesentlicher Änderungen der Zahl der in der SE beschäftigten Arbeitnehmer;

3. die Befugnisse und das Verfahren zur Unterrichtung und Anhörung des SE-Betriebsrats;
4. die Häufigkeit der Sitzungen des SE-Betriebsrats;
5. die für den SE-Betriebsrat bereitzustellenden finanziellen und materiellen Mittel;
6. der Zeitpunkt des Inkrafttretens der Vereinbarung und ihre Laufzeit; ferner die Fälle, in denen die Vereinbarung neu ausgehandelt werden soll und das dabei anzuwendende Verfahren.

(2) Wenn kein SE-Betriebsrat gebildet wird, haben die Parteien die Durchführungsmodalitäten des Verfahrens oder der Verfahren zur Unterrichtung und Anhörung festzulegen. Absatz 1 gilt entsprechend.

(3) Für den Fall, dass die Parteien eine Vereinbarung über die Mitbestimmung treffen, ist deren Inhalt festzulegen. Insbesondere soll Folgendes vereinbart werden:
1. die Zahl der Mitglieder des Aufsichts- oder Verwaltungsorgans der SE, welche die Arbeitnehmer wählen oder bestellen können oder deren Bestellung sie empfehlen oder ablehnen können;
2. das Verfahren, nach dem die Arbeitnehmer diese Mitglieder wählen oder bestellen oder deren Bestellung empfehlen oder ablehnen können und
3. die Rechte dieser Mitglieder.

(4) In der Vereinbarung soll festgelegt werden, dass auch vor strukturellen Änderungen der SE Verhandlungen über die Beteiligung der Arbeitnehmer in der SE aufgenommen werden. Die Parteien können das dabei anzuwendende Verfahren regeln.

(5) Die Vereinbarung kann bestimmen, dass die Regelungen der §§ 22 bis 33 über den SE-Betriebsrat kraft Gesetzes und der §§ 34 bis 38 über die Mitbestimmung kraft Gesetzes ganz oder in Teilen gelten.

(6) Unbeschadet des Verhältnisses dieses Gesetzes zu anderen Regelungen der Mitbestimmung der Arbeitnehmer im Unternehmen muss in der Vereinbarung im Fall einer durch Umwandlung gegründeten SE in Bezug auf alle Komponenten der Arbeitnehmerbeteiligung zumindest das gleiche Ausmaß gewährleistet werden, das in der Gesellschaft besteht, die in eine SE umgewandelt werden soll. Dies gilt auch bei einem Wechsel der Gesellschaft von einer dualistischen zu einer monistischen Organisationsstruktur und umgekehrt.

Kapitel 2. Beteiligung der Arbeitnehmer kraft Gesetzes

Abschnitt 1. SE-Betriebsrat kraft Gesetzes

Unterabschnitt 1. Bildung und Geschäftsführung

§ 22 Voraussetzung

(1) Die Regelungen der §§ 23 bis 33 über den SE-Betriebsrat kraft Gesetzes finden ab dem Zeitpunkt der Eintragung der SE Anwendung, wenn
1. die Parteien dies vereinbaren oder
2. bis zum Ende des in § 20 angegebenen Zeitraums keine Vereinbarung zustande gekommen ist und das besondere Verhandlungsgremium keinen Beschluss nach § 16 gefasst hat.

(2) Absatz 1 gilt entsprechend im Fall des § 18 Abs. 3.

§ 23 Errichtung des SE-Betriebsrats

(1) Zur Sicherung des Rechts auf Unterrichtung und Anhörung in der SE ist ein SE-Betriebsrat zu errichten. Dieser setzt sich aus Arbeitnehmern der SE, ihrer Tochtergesellschaften und Betriebe zusammen. Für die Errichtung des SE-Betriebsrats gelten § 5 Abs. 1, § 6 Abs. 1 und 2 Satz 2 und 3, die §§ 7 bis 10 und 11 Abs. 1 Satz 2 und 3 entsprechend mit der Maßgabe, dass an die Stelle der beteiligten Gesellschaften, betroffenen Tochtergesellschaften und betroffenen Betriebe die SE, ihre Tochtergesellschaften und Betriebe treten. Im Fall des § 22 Abs. 1 Nr. 2 ist für die Feststellung der Zahl der beschäftigten Arbeitnehmer das Ende des in § 20 angegebenen Zeitraums maßgeblich. Die Mitgliedschaft im SE-Betriebsrat beginnt mit der Wahl oder Bestellung. Die Dauer der Mitgliedschaft der aus dem Inland kommenden Mitglieder beträgt vier Jahre, wenn sie nicht durch Abberufung oder aus anderen Gründen vorzeitig endet. Für die Abberufung gelten die §§ 8 bis 10 entsprechend mit der Maßgabe, dass an die Stelle der beteiligten Gesellschaften, betroffenen Tochtergesellschaften und betroffenen Betriebe die SE, ihre Tochtergesellschaften und Betriebe treten.

(2) Die Leitung der SE lädt unverzüglich nach Benennung der Mitglieder zur konstituierenden Sitzung des SE-Betriebsrats ein. Der SE-Betriebsrat wählt aus seiner Mitte einen Vorsitzenden und dessen Stellvertreter.

(3) Der Vorsitzende oder im Fall seiner Verhinderung der Stellvertreter vertritt den SE-Betriebsrat im Rahmen der von ihm gefassten Beschlüsse. Zur Entgegennahme von Erklärungen, die dem SE-Betriebsrat gegenüber abzugeben sind, ist der Vorsitzende oder im Fall seiner Verhinderung der Stellvertreter berechtigt.

(4) Der SE-Betriebsrat bildet aus seiner Mitte einen Ausschuss von drei Mitgliedern, dem neben dem Vorsitzenden zwei weitere zu wählende Mitglieder angehören. Der Ausschuss führt die laufenden Geschäfte des SE-Betriebsrats (geschäftsführender Ausschuss).

§ 24 Sitzungen und Beschlüsse

(1) Der SE-Betriebsrat soll sich eine schriftliche Geschäftsordnung geben, die er mit der Mehrheit seiner Mitglieder beschließt.

(2) Vor Sitzungen mit der Leitung der SE ist der SE-Betriebsrat oder der geschäftsführende Ausschuss – gegebenenfalls in der nach § 29 Abs. 3 erweiterten Zusammensetzung – berechtigt, in Abwesenheit der Vertreter der Leitung der SE zu tagen. Mit Einverständnis der Leitung der SE kann der SE-Betriebsrat weitere Sitzungen durchführen. Die Sitzungen des SE-Betriebsrats sind nicht öffentlich.

(3) Der SE-Betriebsrat ist beschlussfähig, wenn mindestens die Hälfte seiner Mitglieder anwesend ist. Die Beschlüsse des SE-Betriebsrats werden, soweit in diesem Gesetz nichts anderes bestimmt ist, mit der Mehrheit der anwesenden Mitglieder gefasst.

§ 25 Prüfung der Zusammensetzung des SE-Betriebsrats

Alle zwei Jahre, vom Tage der konstituierenden Sitzung des SE-Betriebsrats an gerechnet, hat die Leitung der SE zu prüfen, ob Änderungen der SE und ihrer Tochtergesellschaften und Betriebe, insbesondere bei den Arbeitnehmerzahlen in den einzelnen Mitgliedstaaten eingetreten sind. Sie hat das Ergebnis dem SE-Betriebsrat mitzuteilen. Ist danach eine andere Zusammensetzung des SE-Betriebsrats erforderlich, veranlasst dieser bei den in den jeweiligen Mitgliedstaaten zuständigen Stellen, dass die Mitglieder des SE-Betriebsrats in diesen Mitgliedstaaten neu gewählt oder bestellt werden. Mit der neuen Wahl oder Bestellung endet die Mitgliedschaft der bisherigen Arbeitnehmervertreter aus diesen Mitgliedstaaten.

§ 26 Beschluss zur Aufnahme von Neuverhandlungen

(1) Vier Jahre nach seiner Einsetzung hat der SE-Betriebsrat mit der Mehrheit seiner Mitglieder einen Beschluss darüber zu fassen, ob über eine Vereinbarung nach § 21 verhandelt werden oder die bisherige Regelung weiter gelten soll.

(2) Wird der Beschluss gefasst, über eine Vereinbarung nach § 21 zu verhandeln, so gelten die §§ 13 bis 15, 17, 20 und 21 entsprechend mit der Maßgabe, dass an die Stelle des besonderen Verhandlungsgremiums der SE-Betriebsrat tritt. Kommt keine Vereinbarung zustande, findet die bisherige Regelung weiter Anwendung.

Unterabschnitt 2. Aufgaben

§ 27 Zuständigkeiten des SE-Betriebsrats

Der SE-Betriebsrat ist zuständig für die Angelegenheiten, die die SE selbst, eine ihrer Tochtergesellschaften oder einen ihrer Betriebe in einem anderen Mitgliedstaat betreffen oder die über die Befugnisse der zuständigen Organe auf der Ebene des einzelnen Mitgliedstaats hinausgehen.

§ 28 Jährliche Unterrichtung und Anhörung

(1) Die Leitung der SE hat den SE-Betriebsrat mindestens einmal im Kalenderjahr in einer gemeinsamen Sitzung über die Entwicklung der Geschäftslage und die Perspektiven der SE unter rechtzeitiger Vorlage der erforderlichen Unterlagen zu unterrichten und ihn anzuhören. Zu den erforderlichen Unterlagen gehören insbesondere

1. die Geschäftsberichte,
2. die Tagesordnung aller Sitzungen des Leitungsorgans und des Aufsichts- oder Verwaltungsorgans,
3. die Kopien aller Unterlagen, die der Hauptversammlung der Aktionäre vorgelegt werden.

(2) Zu der Entwicklung der Geschäftslage und den Perspektiven im Sinne von Absatz 1 gehören insbesondere

1. die Struktur der SE sowie die wirtschaftliche und finanzielle Lage;
2. die voraussichtliche Entwicklung der Geschäfts-, Produktions- und Absatzlage;
3. die Beschäftigungslage und ihre voraussichtliche Entwicklung;
4. Investitionen (Investitionsprogramme);
5. grundlegende Änderungen der Organisation;
6. die Einführung neuer Arbeits- und Fertigungsverfahren;
7. die Verlegung von Unternehmen, Betrieben oder wesentlichen Betriebsteilen sowie Verlagerungen der Produktion;
8. Zusammenschlüsse oder Spaltungen von Unternehmen oder Betrieben;

9. die Einschränkung oder Stilllegung von Unternehmen, Betrieben oder wesentlichen Betriebsteilen;
10. Massenentlassungen.

(3) Die Leitung der SE informiert die Leitungen über Ort und Tag der Sitzung.

§ 29 Unterrichtung und Anhörung über außergewöhnliche Umstände

(1) Über außergewöhnliche Umstände, die erhebliche Auswirkungen auf die Interessen der Arbeitnehmer haben, hat die Leitung der SE den SE-Betriebsrat rechtzeitig unter Vorlage der erforderlichen Unterlagen zu unterrichten. Als außergewöhnliche Umstände gelten insbesondere
1. die Verlegung oder Verlagerung von Unternehmen, Betrieben oder wesentlichen Betriebsteilen;
2. die Stilllegung von Unternehmen, Betrieben oder wesentlichen Betriebsteilen;
3. Massenentlassungen.

(2) Der SE-Betriebsrat hat das Recht, auf Antrag mit der Leitung der SE oder den Vertretern einer anderen zuständigen, mit eigenen Entscheidungsbefugnissen ausgestatteten Leitungsebene innerhalb der SE zusammenzutreffen, um zu den außergewöhnlichen Umständen angehört zu werden.

(3) Auf Beschluss des SE-Betriebsrats stehen die Rechte nach Absatz 2 dem geschäftsführenden Ausschuss (§ 23 Abs. 4) zu. Findet eine Sitzung mit dem geschäftsführenden Ausschuss statt, so haben auch die Mitglieder des SE-Betriebsrats, die von diesen Maßnahmen unmittelbar betroffene Arbeitnehmer vertreten, das Recht, daran teilzunehmen.

(4) Wenn die Leitung der SE beschließt, nicht entsprechend der von dem SE-Betriebsrat oder dem geschäftsführenden Ausschuss abgegebenen Stellungnahme zu handeln, hat der SE-Betriebsrat das Recht, ein weiteres Mal mit der Leitung der SE zusammenzutreffen, um eine Einigung herbeizuführen.

§ 30 Information durch den SE-Betriebsrat

Der SE-Betriebsrat informiert die Arbeitnehmervertreter der SE, ihrer Tochtergesellschaften und Betriebe über den Inhalt und die Ergebnisse der Unterrichtungs- und Anhörungsverfahren. Sind keine Arbeitnehmervertreter vorhanden, sind die Arbeitnehmer zu informieren.

Unterabschnitt 3. Freistellung und Kosten

§ 31 Fortbildung

Der SE-Betriebsrat kann Mitglieder zur Teilnahme an Schulungs- und Bildungsveranstaltungen bestimmen, soweit diese Kenntnisse vermitteln, die für die Arbeit des SE-Betriebsrats erforderlich sind. Der SE-Betriebsrat hat die Teilnahme und die zeitliche Lage rechtzeitig der Leitung der SE mitzuteilen. Bei der Festlegung der zeitlichen Lage sind die betrieblichen Notwendigkeiten zu berücksichtigen.

§ 32 Sachverständige

Der SE-Betriebsrat oder der geschäftsführende Ausschuss können sich durch Sachverständige ihrer Wahl unterstützen lassen, soweit dies zur ordnungsgemäßen Erfüllung ihrer Aufgaben erforderlich ist. Sachverständige können auch Vertreter von Gewerkschaften sein.

§ 33 Kosten und Sachaufwand

Die durch die Bildung und Tätigkeit des SE-Betriebsrats und des geschäftsführenden Ausschusses entstehenden erforderlichen Kosten trägt die SE. Im Übrigen gilt § 19 Satz 2 entsprechend.

Abschnitt 2. Mitbestimmung kraft Gesetzes

§ 34 Besondere Voraussetzungen

(1) Liegen die Voraussetzungen des § 22 vor, finden die Regelungen über die Mitbestimmung der Arbeitnehmer kraft Gesetzes nach den §§ 35 bis 38 Anwendung
1. im Fall einer durch Umwandlung gegründeten SE, wenn in der Gesellschaft vor der Umwandlung Bestimmungen über die Mitbestimmung der Arbeitnehmer im Aufsichts- oder Verwaltungsorgan galten;
2. im Fall einer durch Verschmelzung gegründeten SE, wenn
   a) vor der Eintragung der SE in einer oder mehreren der beteiligten Gesellschaften eine oder mehrere Formen der Mitbestimmung bestanden und sich auf mindestens 25 Prozent der Gesamtzahl der Arbeitnehmer aller beteiligten Gesellschaften und betroffenen Tochtergesellschaften erstreckten oder
   b) vor der Eintragung der SE in einer oder mehreren der beteiligten Gesellschaften eine oder mehrere Formen der Mitbestimmung bestanden und sich auf weniger als 25 Prozent der Gesamtzahl der Arbeitnehmer aller beteiligten Gesellschaften und betroffenen Tochtergesellschaften erstreckten und das besondere Verhandlungsgremium einen entsprechenden Beschluss fasst;
3. im Fall einer durch Errichtung einer Holding-Gesellschaft oder einer Tochtergesellschaft gegründeten SE, wenn
   a) vor der Eintragung der SE in einer oder mehreren der beteiligten Gesellschaften eine oder mehrere Formen der Mitbestimmung bestanden und sich auf mindestens 50 Prozent der Gesamtzahl der Arbeitnehmer aller beteiligten Gesellschaften und betroffenen Tochtergesellschaften erstreckten oder
   b) vor der Eintragung der SE in einer oder mehreren der beteiligten Gesellschaften eine oder mehrere Formen der Mitbestimmung bestanden und sich auf weniger als 50 Prozent der Gesamtzahl der Arbeitnehmer aller beteiligten Gesellschaften und betroffenen Tochtergesellschaften erstreckten und das besondere Verhandlungsgremium einen entsprechenden Beschluss fasst.

(2) Bestanden in den Fällen von Absatz 1 Nr. 2 und 3 mehr als eine Form der Mitbestimmung im Sinne des § 2 Abs. 12 in den verschiedenen beteiligten Gesellschaften, so entscheidet das besondere Verhandlungsgremium, welche von ihnen in der SE eingeführt wird. Wenn das besondere Verhandlungsgremium keinen solchen Beschluss fasst und eine inländische Gesellschaft, deren Arbeitnehmern Mitbestim-

mungsrechte zustehen, an der Gründung der SE beteiligt ist, ist die Mitbestimmung nach § 2 Abs. 12 Nr. 1 maßgeblich. Ist keine inländische Gesellschaft, deren Arbeitnehmern Mitbestimmungsrechte zustehen, beteiligt, findet die Form der Mitbestimmung nach § 2 Abs. 12 Anwendung, die sich auf die höchste Zahl der in den beteiligten Gesellschaften beschäftigten Arbeitnehmer erstreckt.

(3) Das besondere Verhandlungsgremium unterrichtet die Leitungen über die Beschlüsse, die es nach Absatz 1 Nr. 2 Buchstabe b und Nr. 3 Buchstabe b und Absatz 2 Satz 1 gefasst hat.

§ 35 Umfang der Mitbestimmung

(1) Liegen die Voraussetzungen des § 34 Abs. 1 Nr. 1 (Gründung einer SE durch Umwandlung) vor, bleibt die Regelung zur Mitbestimmung erhalten, die in der Gesellschaft vor der Umwandlung bestanden hat.

(2) Liegen die Voraussetzungen des § 34 Abs. 1 Nr. 2 (Gründung einer SE durch Verschmelzung) oder des § 34 Abs. 1 Nr. 3 (Gründung einer Holding-SE oder Tochter-SE) vor, haben die Arbeitnehmer der SE, ihrer Tochtergesellschaften und Betriebe oder ihr Vertretungsorgan das Recht, einen Teil der Mitglieder des Aufsichts- oder Verwaltungsorgans der SE zu wählen oder zu bestellen oder deren Bestellung zu empfehlen oder abzulehnen. Die Zahl dieser Arbeitnehmervertreter im Aufsichts- oder Verwaltungsorgan der SE bemisst sich nach dem höchsten Anteil an Arbeitnehmervertretern, der in den Organen der beteiligten Gesellschaften vor der Eintragung der SE bestanden hat.

§ 36 Sitzverteilung und Bestellung

(1) Der SE-Betriebsrat verteilt die Zahl der Sitze im Aufsichts- oder Verwaltungsorgan auf die Mitgliedstaaten, in denen Mitglieder zu wählen oder zu bestellen sind. Die Verteilung richtet sich nach dem jeweiligen Anteil der in den einzelnen Mitgliedstaaten beschäftigten Arbeitnehmer der SE, ihrer Tochtergesellschaften und Betriebe. Können bei dieser anteiligen Verteilung die Arbeitnehmer aus einem oder mehreren Mitgliedstaaten keinen Sitz erhalten, so hat der SE-Betriebsrat den letzten zu verteilenden Sitz einem bisher unberücksichtigten Mitgliedstaat zuzuweisen. Dieser Sitz soll, soweit angemessen, dem Mitgliedstaat zugewiesen werden, in dem die SE ihren Sitz haben wird. Dieses Verteilungsverfahren gilt auch in dem Fall, in dem die Arbeitnehmer der SE Mitglieder dieser Organe empfehlen oder ablehnen können.

(2) Soweit die Mitgliedstaaten über die Besetzung der ihnen zugewiesenen Sitze keine eigenen Regelungen treffen, bestimmt der SE-Betriebsrat die Arbeitnehmervertreter im Aufsichts- oder Verwaltungsorgan der SE.

(3) Die Ermittlung der auf das Inland entfallenden Arbeitnehmervertreter des Aufsichts- oder Verwaltungsorgans der SE erfolgt durch ein Wahlgremium, das sich aus den Arbeitnehmervertretungen der SE, ihrer Tochtergesellschaften und Betriebe zusammensetzt. Für das Wahlverfahren gelten § 6 Abs. 2 bis 4, § 8 Abs. 1 Satz 2 bis 5, Abs. 2 bis 7 und die §§ 9 und 10 entsprechend mit der Maßgabe, dass an die Stelle der beteiligten Gesellschaften, betroffenen Tochtergesellschaften und betroffenen Betriebe die SE, ihre Tochtergesellschaften und Betriebe treten. Das Wahlergebnis ist der Leitung der SE, dem SE-Betriebsrat, den Gewählten, den Sprecherausschüssen und Gewerkschaften mitzuteilen.

(4) Die nach den Absätzen 2 und 3 ermittelten Arbeitnehmervertreter werden der Hauptversammlung der SE zur Bestellung vorgeschlagen. Die Hauptversammlung ist an diese Vorschläge gebunden.

§ 37 Abberufung und Anfechtung

(1) Ein Mitglied oder ein Ersatzmitglied der Arbeitnehmer aus dem Inland im Aufsichts- oder Verwaltungsorgan kann vor Ablauf der Amtszeit abberufen werden. Antragsberechtigt sind
1. die Arbeitnehmervertretungen, die das Wahlgremium gebildet haben;
2. in den Fällen der Urwahl mindestens drei wahlberechtigte Arbeitnehmer;
3. für ein Mitglied nach § 6 Abs. 3 nur die Gewerkschaft, die das Mitglied vorgeschlagen hat;
4. für ein Mitglied nach § 6 Abs. 4 nur der Sprecherausschuss, der das Mitglied vorgeschlagen hat.

Für das Abberufungsverfahren gelten die §§ 8 bis 10 entsprechend mit der Maßgabe, dass an die Stelle der beteiligten Gesellschaften, betroffenen Tochtergesellschaften und betroffenen Betriebe die SE, ihre Tochtergesellschaften und Betriebe treten; abweichend von § 8 Abs. 5 und § 10 Abs. 1 Satz 3 bedarf der Beschluss einer Mehrheit von drei Vierteln der abgegebenen Stimmen. Die Arbeitnehmervertreter sind von der Hauptversammlung der SE abzuberufen.

(2) Die Wahl eines Mitglieds oder eines Ersatzmitglieds der Arbeitnehmer aus dem Inland im Aufsichts- oder Verwaltungsorgan kann angefochten werden, wenn gegen wesentliche Vorschriften über das Wahlrecht, die Wählbarkeit oder das Wahlverfahren verstoßen worden und eine Berichtigung nicht erfolgt ist, es sei denn, dass durch den Verstoß das Wahlergebnis nicht geändert oder beeinflusst werden konnte. Zur Anfechtung berechtigt sind die in Absatz 1 Satz 2 Genannten, der SE-Betriebsrat und die Leitung der SE. Die Klage muss innerhalb eines Monats nach dem Bestellungsbeschluss der Hauptversammlung erhoben werden.

§ 38 Rechtsstellung; Innere Ordnung

(1) Die Arbeitnehmervertreter im Aufsichts- oder Verwaltungsorgan der SE haben die gleichen Rechte und Pflichten wie die Mitglieder, die die Anteilseigner vertreten.

(2) Die Zahl der Mitglieder des Leitungsorgans (§ 16 des SE-Ausführungsgesetzes) oder der geschäftsführenden Direktoren (§ 40 des SE-Ausführungsgesetzes) beträgt mindestens zwei. Einer von ihnen ist für den Bereich Arbeit und Soziales zuständig.

(3) Besteht in einer der beteiligten Gesellschaften das Aufsichtsorgan aus derselben Zahl von Anteilseigner- und Arbeitnehmervertretern sowie einem weiteren Mitglied, so ist auch im Aufsichts- oder Verwaltungsorgan der SE ein weiteres Mitglied auf gemeinsamen Vorschlag der Anteilseigner- und der Arbeitnehmervertreter zu wählen.

Abschnitt 3. Tendenzschutz

§ 39 Tendenzunternehmen

(1) Auf eine SE, die unmittelbar und überwiegend
1. politischen, koalitionspolitischen, konfessionellen, karitativen, erzieherischen, wissenschaftlichen oder künstlerischen Bestimmungen oder
2. Zwecken der Berichterstattung oder Meinungsäußerung, auf die Artikel 5 Abs. 1 Satz 2 des Grundgesetzes anzuwenden ist,

dient, findet Abschnitt 2 keine Anwendung.

(2) Eine Unterrichtung und Anhörung beschränkt sich auf die Gegenstände des § 28 Abs. 2 Nr. 5 bis 10 und des § 29 und erfolgt nur über den Ausgleich oder die Milderung der wirtschaftlichen Nachteile, die den Arbeitnehmern infolge der Unternehmens- oder Betriebsänderung entstehen.

Teil 4. Grundsätze der Zusammenarbeit und Schutzbestimmungen

§ 40 Vertrauensvolle Zusammenarbeit

Die Leitung der SE und der SE-Betriebsrat oder die Arbeitnehmervertreter im Rahmen eines Verfahrens zur Unterrichtung und Anhörung arbeiten zum Wohl der Arbeitnehmer und des Unternehmens oder der Unternehmensgruppe vertrauensvoll zusammen.

§ 41 Geheimhaltung; Vertraulichkeit

(1) Informationspflichten der Leitungen und der Leitung der SE nach diesem Gesetz bestehen nur, soweit bei Zugrundelegung objektiver Kriterien dadurch nicht Betriebs- oder Geschäftsgeheimnisse der an der Gründung beteiligten Gesellschaften, der SE oder deren jeweiliger Tochtergesellschaften und Betriebe gefährdet werden.

(2) Die Mitglieder und Ersatzmitglieder eines SE-Betriebsrats sind unabhängig von ihrem Aufenthaltsort verpflichtet, Betriebs- oder Geschäftsgeheimnisse, die ihnen wegen ihrer Zugehörigkeit zum SE-Betriebsrat bekannt geworden und von der Leitung der SE ausdrücklich als geheimhaltungsbedürftig bezeichnet worden sind, nicht zu offenbaren und nicht zu verwerten. Dies gilt auch nach dem Ausscheiden aus dem SE-Betriebsrat.

(3) Die Pflicht zur Vertraulichkeit des SE-Betriebsrats nach Absatz 2 gilt nicht gegenüber den
1. Mitgliedern des SE-Betriebsrats;
2. Arbeitnehmervertretern der SE, ihrer Tochtergesellschaften und Betriebe, wenn diese auf Grund einer Vereinbarung nach § 21 oder nach § 30 über den Inhalt der Unterrichtung und die Ergebnisse der Anhörung zu informieren sind;
3. Arbeitnehmervertretern im Aufsichts- oder Verwaltungsorgan der SE sowie
4. Dolmetschern und Sachverständigen, die zur Unterstützung herangezogen werden.

(4) Die Pflicht zur Vertraulichkeit nach Absatz 2 gilt entsprechend für
1. die Mitglieder und Ersatzmitglieder des besonderen Verhandlungsgremiums;

2. die Arbeitnehmervertreter der SE, ihrer Tochtergesellschaften und Betriebe;
3. die Arbeitnehmervertreter, die in sonstiger Weise an einem Verfahren zur Unterrichtung und Anhörung teilnehmen;
4. die Sachverständigen und Dolmetscher.

(5) Die Ausnahme von der Pflicht zur Vertraulichkeit nach Absatz 3 Nr. 1 gilt für den Personenkreis nach Absatz 4 Nr. 1 bis 3 entsprechend. Die Pflicht zur Vertraulichkeit gilt ferner nicht für

1. die Mitglieder des besonderen Verhandlungsgremiums gegenüber Dolmetschern und Sachverständigen;
2. die Arbeitnehmervertreter nach Absatz 4 Nr. 3 gegenüber Arbeitnehmervertretern im Aufsichts- oder Verwaltungsorgan der SE, gegenüber Dolmetschern und Sachverständigen, die vereinbarungsgemäß zur Unterstützung herangezogen werden und gegenüber Arbeitnehmervertretern der SE, ihrer Tochtergesellschaften und Betriebe, sofern diese nach der Vereinbarung (§ 21) über den Inhalt der Unterrichtungen und die Ergebnisse der Anhörung zu unterrichten sind.

§ 42 Schutz der Arbeitnehmervertreter

Bei der Wahrnehmung ihrer Aufgaben genießen die
1. Mitglieder des besonderen Verhandlungsgremiums;
2. Mitglieder des SE-Betriebsrats;
3. Arbeitnehmervertreter, die in sonstiger Weise bei einem Verfahren zur Unterrichtung und Anhörung mitwirken;
4. Arbeitnehmervertreter im Aufsichts- oder Verwaltungsorgan der SE;

die Beschäftigte der SE, ihrer Tochtergesellschaften oder Betriebe oder einer der beteiligten Gesellschaften, betroffenen Tochtergesellschaften oder betroffenen Betriebe sind, den gleichen Schutz und die gleichen Sicherheiten wie die Arbeitnehmervertreter nach den Gesetzen und Gepflogenheiten des Mitgliedstaats, in dem sie beschäftigt sind. Dies gilt insbesondere für

1. den Kündigungsschutz,
2. die Teilnahme an den Sitzungen der jeweiligen in Satz 1 genannten Gremien und
3. die Entgeltfortzahlung.

§ 43 Missbrauchsverbot

Eine SE darf nicht dazu missbraucht werden, den Arbeitnehmern Beteiligungsrechte zu entziehen oder vorzuenthalten. Missbrauch wird vermutet, wenn ohne Durchführung eines Verfahrens nach § 18 Abs. 3 innerhalb eines Jahres nach Gründung der SE strukturelle Änderungen stattfinden, die bewirken, dass den Arbeitnehmern Beteiligungsrechte vorenthalten oder entzogen werden.

§ 44 Errichtungs- und Tätigkeitsschutz

Niemand darf
1. die Bildung des besonderen Verhandlungsgremiums, die Errichtung eines SE-Betriebsrats oder die Einführung eines Verfahrens zur Unterrichtung und Anhörung

nach § 21 Abs. 2 oder die Wahl, Bestellung, Empfehlung oder Ablehnung der Arbeitnehmervertreter im Aufsichts- oder Verwaltungsorgan behindern oder durch Zufügung oder Androhung von Nachteilen oder durch Gewährung oder Versprechen von Vorteilen beeinflussen;
2. die Tätigkeit des besonderen Verhandlungsgremiums, des SE-Betriebsrats oder der Arbeitnehmervertreter nach § 21 Abs. 2 oder die Tätigkeit der Arbeitnehmervertreter im Aufsichts- oder Verwaltungsorgan behindern oder stören oder
3. ein Mitglied oder Ersatzmitglied des besonderen Verhandlungsgremiums, des SE-Betriebsrats oder einen Arbeitnehmervertreter nach § 21 Abs. 2 oder einen Arbeitnehmervertreter im Aufsichts- oder Verwaltungsorgan wegen seiner Tätigkeit benachteiligen oder begünstigen.

Teil 5. Straf- und Bußgeldvorschriften; Schlussbestimmung

§ 45 Strafvorschriften

(1) Mit Freiheitsstrafe bis zu zwei Jahren oder mit Geldstrafe wird bestraft, wer
1. entgegen § 41 Abs. 2, auch in Verbindung mit Abs. 4, ein Betriebs- oder Geschäftsgeheimnis verwertet oder
2. entgegen § 43 Satz 1 eine SE dazu missbraucht, Arbeitnehmern Beteiligungsrechte zu entziehen oder vorzuenthalten.

(2) Mit Freiheitsstrafe bis zu einem Jahr oder mit Geldstrafe wird bestraft, wer
1. entgegen § 41 Abs. 2, auch in Verbindung mit Abs. 4, ein Betriebs- oder Geschäftsgeheimnis offenbart,
2. entgegen § 44 Nr. 1 oder 2 eine dort genannte Tätigkeit behindert, beeinflusst oder stört oder
3. entgegen § 44 Nr. 3 eine dort genannte Person benachteiligt oder begünstigt.

(3) Handelt der Täter in den Fällen des Absatzes 2 Nr. 1 gegen Entgelt oder in der Absicht, sich oder einen anderen zu bereichern oder einen anderen zu schädigen, so ist die Strafe Freiheitsstrafe bis zu zwei Jahren oder Geldstrafe.

(4) Die Tat wird nur auf Antrag verfolgt. In den Fällen des Absatzes 1 Nr. 2 und des Absatzes 2 Nr. 2 und 3 sind das besondere Verhandlungsgremium, der SE-Betriebsrat, die Mehrheit der Arbeitnehmervertreter im Rahmen eines Verfahrens zur Unterrichtung und Anhörung, jedes Mitglied des Aufsichts- oder Verwaltungsorgans, eine im Unternehmen vertretene Gewerkschaft sowie die Leitungen antragsberechtigt.

§ 46 Bußgeldvorschriften

(1) Ordnungswidrig handelt, wer
1. entgegen § 4 Abs. 2 oder § 5 Abs. 4 Satz 2, jeweils auch in Verbindung mit § 18 Abs. 4, eine Information nicht, nicht richtig, nicht vollständig oder nicht rechtzeitig gibt oder
2. entgegen § 28 Abs. 1 Satz 1 oder § 29 Abs. 1 Satz 1 den SE-Betriebsrat nicht, nicht richtig, nicht vollständig, nicht in der vorgeschriebenen Weise oder nicht rechtzeitig unterrichtet.

(2) Die Ordnungswidrigkeit kann mit einer Geldbuße bis zu zwanzigtausend Euro geahndet werden.

§ 47 Geltung nationalen Rechts

(1) Dieses Gesetz berührt nicht die den Arbeitnehmern nach inländischen Rechtsvorschriften und Regelungen zustehenden Beteiligungsrechte, mit Ausnahme
1. der Mitbestimmung in den Organen der SE;
2. der Regelung des Europäische Betriebsräte-Gesetzes, es sei denn, das besondere Verhandlungsgremium hat einen Beschluss nach § 16 gefasst.

(2) Regelungen und Strukturen über die Arbeitnehmervertretungen einer beteiligten Gesellschaft mit Sitz im Inland, die durch die Gründung der SE als eigenständige juristische Person erlischt, bestehen nach Eintragung der SE fort. Die Leitung der SE stellt sicher, dass diese Arbeitnehmervertretungen ihre Aufgaben weiterhin wahrnehmen können.

Richtlinie 2001/86/EG des Rates
vom 8. Oktober 2001
zur Ergänzung des Statuts der Europäischen Gesellschaft hinsichtlich der Beteiligung der Arbeitnehmer

(ABl. EG Nr. L 294 v. 10.11.2001, S. 22 ff.)

DER RAT DER EUROPÄISCHEN UNION –

gestützt auf den Vertrag zur Gründung der Europäischen Gemeinschaft, insbesondere auf Artikel 308,

auf der Grundlage des geänderten Vorschlags der Kommission,

nach Stellungnahme des Europäischen Parlaments,

nach Stellungnahme des Wirtschafts- und Sozialausschusses,

in Erwägung nachstehender Gründe:

(1) Zur Erreichung der Ziele des Vertrags wird mit der Verordnung (EG) Nr. 2157/2001 des Rates das Statut der Europäischen Gesellschaft (SE) festgelegt.

(2) Mit jener Verordnung soll ein einheitlicher rechtlicher Rahmen geschaffen werden, innerhalb dessen Gesellschaften aus verschiedenen Mitgliedstaaten in der Lage sein sollten, die Neuorganisation ihres Geschäftsbetriebs gemeinschaftsweit zu planen und durchzuführen.

(3) Um die Ziele der Gemeinschaft im sozialen Bereich zu fördern, müssen besondere Bestimmungen – insbesondere auf dem Gebiet der Beteiligung der Arbeitnehmer – festgelegt werden, mit denen gewährleistet werden soll, dass die Gründung einer SE nicht zur Beseitigung oder zur Einschränkung der Gepflogenheiten der Arbeitnehmerbeteiligung führt, die in den an der Gründung einer SE beteiligten Gesellschaften herrschen. Dieses Ziel sollte durch die Einführung von Regeln in diesen Bereich verfolgt werden, mit denen die Bestimmungen der Verordnung ergänzt werden.

(4) Da die Ziele der vorgeschlagenen Maßnahme – wie oben ausgeführt – nicht hinreichend von den Mitgliedstaaten erreicht werden können, weil es darum geht, eine Reihe von für die SE geltenden Regeln für die Beteiligung der Arbeitnehmer zu erlassen, und da die Ziele daher wegen des Umfangs und der Wirkungen der vorgeschlagenen Maßnahme besser auf Gemeinschaftsebene erreicht werden können, kann die Gemeinschaft im Einklang mit dem Subsidiaritätsprinzip nach Artikel 5 des Vertrags Maßnahmen ergreifen. Im Einklang mit dem Verhältnismäßigkeitsprinzip nach jenem Artikel geht diese Richtlinie nicht über das für die Erreichung dieser Ziele erforderliche Maß hinaus.

(5) Angesichts der in den Mitgliedstaaten bestehenden Vielfalt an Regelungen und Gepflogenheiten für die Beteiligung der Arbeitnehmervertreter an der Beschlussfassung in Gesellschaften ist es nicht ratsam, ein auf die SE anwendbares einheitliches europäisches Modell der Arbeitnehmerbeteiligung vorzusehen.

(6) In allen Fällen der Gründung einer SE sollten jedoch Unterrichtungs- und Anhörungsverfahren auf grenzüberschreitender Ebene gewährleistet sein.

(7) Sofern und soweit es in einer oder in mehreren der an der Gründung einer SE beteiligten Gesellschaften Mitbestimmungsrechte gibt, sollten sie durch Übertragung an die SE nach deren Gründung erhalten bleiben, es sei denn, dass die Parteien etwas anderes beschließen.

(8) Die konkreten Verfahren der grenzüberschreitenden Unterrichtung und Anhörung der Arbeitnehmer sowie gegebenenfalls der Mitbestimmung, die für die einzelnen SE

gelten, sollten vorrangig durch eine Vereinbarung zwischen den betroffenen Parteien oder – in Ermangelung einer derartigen Vereinbarung – durch die Anwendung einer Reihe von subsidiären Regeln festgelegt werden.

(9) Angesicht der unterschiedlichen Gegebenheiten bei den nationalen Systemen der Mitbestimmung sollte den Mitgliedstaaten die Anwendung der Auffangregelungen für die Mitbestimmung im Falle einer Fusion freigestellt werden. In diesem Fall ist die Beibehaltung der bestehenden Mitbestimmungssysteme und -praktiken, die gegebenenfalls auf der Ebene der teilnehmenden Gesellschaften bestehen, durch eine Anpassung der Vorschriften für die Registrierung zu gewährleisten.

(10) Die Abstimmungsregeln in dem besonderen Gremium, das die Arbeitnehmer zu Verhandlungszwecken vertritt, sollten – insbesondere wenn Vereinbarungen getroffen werden, die ein geringeres Maß an Mitbestimmung vorsehen, als es in einer oder mehreren der sich beteiligenden Gesellschaften gegeben ist – in einem angemessenen Verhältnis zur Gefahr der Beseitigung oder der Einschränkung der bestehenden Mitbestimmungssysteme und -praktiken stehen. Wenn eine SE im Wege der Umwandlung oder Verschmelzung gegründet wird, ist diese Gefahr größer, als wenn die Gründung im Wege der Errichtung einer Holdinggesellschaft oder einer gemeinsamen Tochtergesellschaft erfolgt.

(11) Führen die Verhandlungen zwischen den Vertretern der Arbeitnehmer und dem jeweils zuständigen Organ der beteiligten Gesellschaften nicht zu einer Vereinbarung, so sollten für die SE von ihrer Gründung an bestimmte Standardanforderungen gelten. Diese Standardanforderungen sollten eine effiziente Praxis der grenzüberschreitenden Unterrichtung und Anhörung der Arbeitnehmer sowie deren Mitbestimmung in dem einschlägigen Organ der SE gewährleisten, sofern und soweit es eine derartige Mitbestimmung vor der Errichtung der SE in einer der beteiligten Gesellschaften gegeben hat.

(12) Es sollte vorgesehen werden, dass die Vertreter der Arbeitnehmer, die im Rahmen der Richtlinie handeln, bei der Wahrnehmung ihrer Aufgaben einen ähnlichen Schutz und ähnliche Garantien genießen, wie sie die Vertreter der Arbeitnehmer nach den Rechtsvorschriften und/oder den Gepflogenheiten des Landes ihrer Beschäftigung haben. Sie sollten keiner Diskriminierung infolge der rechtmäßigen Ausübung ihrer Tätigkeit unterliegen und einen angemessenen Schutz vor Kündigung und anderen Sanktionen genießen.

(13) Die Vertraulichkeit sensibler Informationen sollte auch nach Ablauf der Amtszeit der Arbeitnehmervertreter gewährleistet sein; dem zuständigen Organ der SE sollte es gestattet werden, Informationen zurückzuhalten, die im Falle einer Bekanntgabe an die Öffentlichkeit den Betrieb der SE ernsthaft stören würden.

(14) Unterliegen eine SE sowie ihre Tochtergesellschaften und Niederlassungen der Richtlinie 94/45/EG des Rates vom 22. September 1994 über die Einsetzung eines Europäischen Betriebsrats oder die Schaffung eines Verfahrens zur Unterrichtung und Anhörung der Arbeitnehmer in gemeinschaftsweit operierenden Unternehmen und Unternehmensgruppen, so sollten die Bestimmungen jener Richtlinie und die Bestimmungen zu ihrer Umsetzung in einzelstaatliches Recht weder auf die SE noch auf ihre Tochtergesellschaften und Niederlassungen anwendbar sein, es sei denn, das besondere Verhandlungsgremium beschließt, keine Verhandlungen aufzunehmen oder bereits eröffnete Verhandlungen zu beenden.

(15) Die Regeln dieser Richtlinie sollten andere bestehende Beteiligungsrechte nicht berühren und haben nicht notwendigerweise Auswirkungen auf andere bestehende Vertretungsstrukturen aufgrund gemeinschaftlicher oder einzelstaatlicher Rechtsvorschriften oder Gepflogenheiten.

(16) Die Mitgliedstaaten sollten geeignete Maßnahmen für den Fall vorsehen, dass die in dieser Richtlinie festgelegten Pflichten nicht eingehalten werden.

(17) Der Vertrag enthält Befugnisse für die Annahme dieser Richtlinie nur in Artikel 308.

(18) Die Sicherung erworbener Rechte der Arbeitnehmer über ihre Beteiligung an Unternehmensentscheidungen ist fundamentaler Grundsatz und erklärtes Ziel dieser Richtlinie. Die vor der Gründung von SE bestehenden Rechte der Arbeitnehmer sollten deshalb Ausgangspunkt auch für die Gestaltung ihrer Beteiligungsrechte in der SE (Vorher-Nachher-Prinzip) sein. Dieser Ansatz sollte folgerichtig nicht nur für die Neugründung einer SE, sondern auch für strukturelle Veränderungen einer bereits gegründeten SE und für die von den strukturellen Änderungsprozessen betroffenen Gesellschaften gelten.

(19) Die Mitgliedstaaten sollten vorsehen können, dass Vertreter von Gewerkschaften Mitglied eines besonderen Verhandlungsgremiums sein können, unabhängig davon, ob sie Arbeitnehmer einer an der Gründung einer SE beteiligten Gesellschaft sind oder nicht. In diesem Zusammenhang sollten die Mitgliedstaaten dieses Recht insbesondere in den Fällen vorsehen können, in denen Gewerkschaftsvertreter nach ihrem einzelstaatlichen Recht stimmberechtigte Mitglieder des Aufsichts- oder des Leitungsorgans sein dürfen.

(20) In mehreren Mitgliedstaaten werden die Beteiligung der Arbeitnehmer sowie andere Bereiche der Arbeitgeber/Arbeitnehmer-Beziehungen sowohl durch einzelstaatliche Rechtsvorschriften als auch durch Gepflogenheiten geregelt, wobei die Gepflogenheiten im vorliegenden Zusammenhang in der Weise zu verstehen sind, dass sie auch Tarifverträge auf verschiedenen Ebenen – national, sektoral oder unternehmensbezogen – umfassen –

HAT FOLGENDE RICHTLINIE ERLASSEN:

TEIL I. ALLGEMEINE BESTIMMUNGEN

Artikel 1
Gegenstand

(1) Diese Richtlinie regelt die Beteiligung der Arbeitnehmer in der Europäischen Aktiengesellschaft (Societas Europaea, nachfolgend „SE" genannt), die Gegenstand der Verordnung (EG) Nr. 2157/2001 ist.

(2) Zu diesem Zweck wird in jeder SE gemäß dem Verhandlungsverfahren nach den Artikeln 3 bis 6 oder unter den in Artikel 7 genannten Umständen gemäß dem Anhang eine Vereinbarung über die Beteiligung der Arbeitnehmer getroffen.

Artikel 2
Begriffsbestimmungen

Für die Zwecke dieser Richtlinie bezeichnet der Ausdruck

a) "SE" eine nach der Verordnung (EG) Nr. 2157/2001 gegründete Gesellschaft,
b) "beteiligte Gesellschaften" die Gesellschaften, die unmittelbar an der Gründung einer SE beteiligt sind,

c) "Tochtergesellschaft" einer Gesellschaft ein Unternehmen, auf das die betreffende Gesellschaft einen beherrschenden Einfluss im Sinne des Artikels 3 Absätze 2 bis 7 der Richtlinie 94/45/EG ausübt,

d) "betroffene Tochtergesellschaft oder betroffener Betrieb" eine Tochtergesellschaft oder einen Betrieb einer beteiligten Gesellschaft, die/der bei der Gründung der SE zu einer Tochtergesellschaft oder einem Betrieb der SE werden soll,

e) "Arbeitnehmervertreter" die nach den Rechtsvorschriften und/oder den Gepflogenheiten der einzelnen Mitgliedstaaten vorgesehenen Vertreter der Arbeitnehmer,

f) "Vertretungsorgan" das Organ zur Vertretung der Arbeitnehmer, das durch die Vereinbarung nach Artikel 4 oder entsprechend dem Anhang eingesetzt wird, um die Unterrichtung und Anhörung der Arbeitnehmer der SE und ihrer Tochtergesellschaften und Betriebe in der Gemeinschaft vorzunehmen und gegebenenfalls Mitbestimmungsrechte in Bezug auf die SE wahrzunehmen,

g) "besonderes Verhandlungsgremium" das gemäß Artikel 3 eingesetzte Gremium, das die Aufgabe hat, mit dem jeweils zuständigen Organ der beteiligten Gesellschaften die Vereinbarung über die Beteiligung der Arbeitnehmer in der SE auszuhandeln,

h) "Beteiligung der Arbeitnehmer" jedes Verfahren – einschließlich der Unterrichtung, der Anhörung und der Mitbestimmung –, durch das die Vertreter der Arbeitnehmer auf die Beschlussfassung innerhalb der Gesellschaft Einfluss nehmen können,

i) "Unterrichtung" die Unterrichtung des Organs zur Vertretung der Arbeitnehmer und/oder der Arbeitnehmervertreter durch das zuständige Organ der SE über Angelegenheiten, die die SE selbst oder eine ihrer Tochtergesellschaften oder einen ihrer Betriebe in einem anderen Mitgliedstaat betreffen oder die über die Befugnisse der Entscheidungsorgane auf der Ebene des einzelnen Mitgliedstaats hinausgehen, wobei Zeitpunkt, Form und Inhalt der Unterrichtung den Arbeitnehmervertretern eine eingehende Prüfung der möglichen Auswirkungen und gegebenenfalls die Vorbereitung von Anhörungen mit dem zuständigen Organ der SE ermöglichen müssen,

j) "Anhörung" die Einrichtung eines Dialogs und eines Meinungsaustauschs zwischen dem Organ zur Vertretung der Arbeitnehmer und/oder den Arbeitnehmervertretern und dem zuständigen Organ der SE, wobei Zeitpunkt, Form und Inhalt der Anhörung den Arbeitnehmervertretern auf der Grundlage der erfolgten Unterrichtung eine Stellungnahme zu den geplanten Maßnahmen des zuständigen Organs ermöglichen müssen, die im Rahmen des Entscheidungsprozesses innerhalb der SE berücksichtigt werden kann,

k) "Mitbestimmung" die Einflussnahme des Organs zur Vertretung der Arbeitnehmer und/oder der Arbeitnehmervertreter auf die Angelegenheiten einer Gesellschaft durch

– die Wahrnehmung des Rechts, einen Teil der Mitglieder des Aufsichts- oder des Verwaltungsorgans der Gesellschaft zu wählen oder zu bestellen, oder

– die Wahrnehmung des Rechts, die Bestellung eines Teils der oder aller Mitglieder des Aufsichts- oder des Verwaltungsorgans der Gesellschaft zu empfehlen und/oder abzulehnen.

TEIL II. VERHANDLUNGSVERFAHREN

Artikel 3
Einsetzung eines besonderen Verhandlungsgremiums

(1) Wenn die Leitungs- oder die Verwaltungsorgane der beteiligten Gesellschaften die Gründung einer SE planen, leiten sie nach der Offenlegung des Verschmelzungsplans oder des Gründungsplans für eine Holdinggesellschaft oder nach der Vereinbarung eines Plans zur Gründung einer Tochtergesellschaft oder zur Umwandlung in eine SE so rasch wie möglich die erforderlichen Schritte – zu denen auch die Unterrichtung über die Identität der beteiligten Gesellschaften und der betroffenenTochtergesellschaften oder betroffenen Betriebe sowie die Zahl ihrer Beschäftigten gehört – für die Aufnahme von Verhandlungen mit den Arbeitnehmervertretern der Gesellschaften über die Vereinbarung über die Beteiligung der Arbeitnehmer in der SE ein.

(2) Zu diesem Zweck wird ein besonderes Verhandlungsgremium als Vertretung der Arbeitnehmer der beteiligten Gesellschaften sowie der betroffenen Tochtergesellschaften oder betroffenen Betriebe gemäß folgenden Vorschriften eingesetzt:

a) Bei der Wahl oder der Bestellung der Mitglieder des besonderen Verhandlungsgremiums ist Folgendes sicherzustellen:

 i) die Vertretung durch gewählte oder bestellte Mitglieder entsprechend der Zahl der in jedem Mitgliedstaat beschäftigten Arbeitnehmer der beteiligten Gesellschaften und der betroffenen Tochtergesellschaften oder betroffenen Betriebe in der Form, dass pro Mitgliedstaat für jeden Anteil der in diesem Mitgliedstaat beschäftigten Arbeitnehmer, der 10 % der Gesamtzahl der in allen Mitgliedstaaten beschäftigten Arbeitnehmer der beteiligten Gesellschaften und der betroffenen Tochtergesellschaften oder betroffenen Betriebe entspricht, oder für einen Bruchteil dieser Tranche Anspruch auf einen Sitz besteht;

 ii) im Falle einer durch Verschmelzung gegründeten SE die Vertretung jedes Mitgliedstaats durch so viele weitere Mitglieder, wie erforderlich sind, um zu gewährleisten, dass jede beteiligte Gesellschaft, die eingetragen ist und Arbeitnehmer in dem betreffenden Mitgliedstaat beschäftigt und die als Folge der geplanten Eintragung der SE als eigene Rechtspersönlichkeit erlöschen wird, in dem besonderen Verhandlungsgremium durch mindestens ein Mitglied vertreten ist, sofern

 – die Zahl dieser zusätzlichen Mitglieder 20 % der sich aus der Anwendung von Ziffer i ergebenden Mitgliederzahl nicht überschreitet und

 – die Zusammensetzung des besonderen Verhandlungsgremiums nicht zu einer Doppelvertretung der betroffenen Arbeitnehmer führt.

 Übersteigt die Zahl dieser Gesellschaften die Zahl der gemäß Unterabsatz 1 verfügbaren zusätzlichen Mitglieder, so werden diese zusätzlichen Mitglieder Gesellschaften in verschiedenen Mitgliedstaaten in absteigender Reihenfolge der Zahl der bei ihnen beschäftigten Arbeitnehmer zugeteilt.

b) Die Mitgliedstaaten legen das Verfahren für die Wahl oder die Bestellung der Mitglieder des besonderen Verhandlungsgremiums fest, die in ihrem Hoheitsgebiet zu wählen oder zu bestellen sind. Sie ergreifen die erforderlichen Maßnahmen, um sicherzustellen, dass nach Möglichkeit jede beteiligte Gesellschaft, die in dem jeweiligen Mitgliedstaat Arbeitnehmer beschäftigt, durch mindestens ein Mitglied in dem Gremium vertreten ist. Die Gesamtzahl der Mitglieder darf durch diese Maßnahmen nicht erhöht werden.

Die Mitgliedstaaten können vorsehen, dass diesem Gremium Gewerkschaftsvertreter auch dann angehören können, wenn sie nicht Arbeitnehmer einer beteiligten Gesellschaft oder einer betroffenen Tochtergesellschaft oder eines betroffenen Betriebs sind.

Unbeschadet der einzelstaatlichen Rechtsvorschriften und/oder Gepflogenheiten betreffend Schwellen für die Einrichtung eines Vertretungsorgans sehen die Mitgliedstaaten vor, dass die Arbeitnehmer der Unternehmen oder Betriebe, in denen unabhängig vom Willen der Arbeitnehmer keine Arbeitnehmervertreter vorhanden sind, selbst Mitglieder für das besondere Verhandlungsgremium wählen oder bestellen dürfen.

(3) Das besondere Verhandlungsgremium und das jeweils zuständige Organ der beteiligten Gesellschaften legen in einer schriftlichen Vereinbarung die Beteiligung der Arbeitnehmer in der SE fest.

Zu diesem Zweck unterrichtet das jeweils zuständige Organ der beteiligten Gesellschaften das besondere Verhandlungsgremium über das Vorhaben der Gründung einer SE und den Verlauf des Verfahrens bis zu deren Eintragung.

(4) Das besondere Verhandlungsgremium beschließt vorbehaltlich des Absatzes 6 mit der absoluten Mehrheit seiner Mitglieder, sofern diese Mehrheit auch die absolute Mehrheit der Arbeitnehmer vertritt. Jedes Mitglied hat eine Stimme. Hätten jedoch die Verhandlungen eine Minderung der Mitbestimmungsrechte zur Folge, so ist für einen Beschluss zur Billigung einer solchen Vereinbarung eine Mehrheit von zwei Dritteln der Stimmen der Mitglieder des besonderen Verhandlungsgremiums, die mindestens zwei Drittel der Arbeitnehmer vertreten, erforderlich, mit der Maßgabe, dass diese Mitglieder Arbeitnehmer in mindestens zwei Mitgliedstaaten vertreten müssen, und zwar

— im Falle einer SE, die durch Verschmelzung gegründet werden soll, sofern sich die Mitbestimmung auf mindestens 25 % der Gesamtzahl der Arbeitnehmer der beteiligten Gesellschaften erstreckt, oder

— im Falle einer SE, die als Holdinggesellschaft oder als Tochtergesellschaft gegründet werden soll, sofern sich die Mitbestimmung auf mindestens 50 % der Gesamtzahl der Arbeitnehmer der beteiligten Gesellschaften erstreckt.

Minderung der Mitbestimmungsrechte bedeutet, dass der Anteil der Mitglieder der Organe der SE im Sinne des Artikels 2 Buchstabe k geringer ist als der höchste in den beteiligten Gesellschaften geltende Anteil.

(5) Das besondere Verhandlungsgremium kann bei den Verhandlungen Sachverständige seiner Wahl, zu denen auch Vertreter der einschlägigen Gewerkschaftsorganisationen auf Gemeinschaftsebene zählen können, hinzuziehen, um sich von ihnen bei seiner Arbeit unterstützen zu lassen. Diese Sachverständigen können, wenn das besondere Verhandlungsgremium dies wünscht, den Verhandlungen in beratender Funktion beiwohnen, um gegebenenfalls die Kohärenz und Stimmigkeit auf Gemeinschaftsebene zu fördern. Das besondere Verhandlungsgremium kann beschließen, die Vertreter geeigneter außenstehender Organisationen, zu denen auch Gewerkschaftsvertreter zählen können, vom Beginn der Verhandlungen zu unterrichten.

(6) Das besondere Verhandlungsgremium kann mit der nachstehend festgelegten Mehrheit beschließen, keine Verhandlungen aufzunehmen oder bereits aufgenommene Verhandlungen abzubrechen und die Vorschriften für die Unterrichtung und Anhörung der Arbeitnehmer zur Anwendung gelangen zu lassen, die in den Mitgliedstaaten gelten, in denen die SE Arbeitnehmer beschäftigt. Ein solcher Beschluss beendet das Verfahren zum Abschluss der Vereinbarung gemäß Artikel 4. Ist ein solcher Beschluss gefasst worden, findet keine der Bestimmungen des Anhangs Anwendung.

Richtlinie 2001/86/EG

Für den Beschluss, die Verhandlungen nicht aufzunehmen oder sie abzubrechen, ist eine Mehrheit von zwei Dritteln der Stimmen der Mitglieder, die mindestens zwei Drittel der Arbeitnehmer vertreten, erforderlich, mit der Maßgabe, dass diese Mitglieder Arbeitnehmer in mindestens zwei Mitgliedstaaten vertreten müssen.

Im Fall einer durch Umwandlung gegründeten SE findet dieser Absatz keine Anwendung, wenn in der umzuwandelnden Gesellschaft Mitbestimmung besteht.

Das besondere Verhandlungsgremium wird auf schriftlichen Antrag von mindestens 10 % der Arbeitnehmer der SE, ihrer Tochtergesellschaften und ihrer Betriebe oder von deren Vertretern frühestens zwei Jahre nach dem vorgenannten Beschluss wieder einberufen, sofern die Parteien nicht eine frühere Wiederaufnahme der Verhandlungen vereinbaren. Wenn das besondere Verhandlungsgremium die Wiederaufnahme der Verhandlungen mit der Geschäftsleitung beschließt, in diesen Verhandlungen jedoch keine Einigung erzielt wird, findet keine der Bestimmungen des Anhangs Anwendung.

(7) Die Kosten, die im Zusammenhang mit der Tätigkeit des besonderen Verhandlungsgremiums und generell mit den Verhandlungen entstehen, werden von den beteiligten Gesellschaften getragen, damit das besondere Verhandlungsgremium seine Aufgaben in angemessener Weise erfüllen kann.

Im Einklang mit diesem Grundsatz können die Mitgliedstaaten Regeln für die Finanzierung der Arbeit des besonderen Verhandlungsgremiums festlegen. Sie können insbesondere die Übernahme der Kosten auf die Kosten für einen Sachverständigen begrenzen.

Artikel 4
Inhalt der Vereinbarung

(1) Das jeweils zuständige Organ der beteiligten Gesellschaften und das besondere Verhandlungsgremium verhandeln mit dem Willen zur Verständigung, um zu einer Vereinbarung über die Beteiligung der Arbeitnehmer innerhalb der SE zu gelangen.

(2) Unbeschadet der Autonomie der Parteien und vorbehaltlich des Absatzes 4 wird in der schriftlichen Vereinbarung nach Absatz 1 zwischen dem jeweils zuständigen Organ der beteiligten Gesellschaften und dem besonderen Verhandlungsgremium Folgendes festgelegt:

a) der Geltungsbereich der Vereinbarung,

b) die Zusammensetzung des Vertretungsorgans als Verhandlungspartner des zuständigen Organs der SE im Rahmen der Vereinbarung über die Unterrichtung und Anhörung der Arbeitnehmer der SE und ihrer Tochtergesellschaften und Betriebe sowie die Anzahl seiner Mitglieder und die Sitzverteilung,

c) die Befugnisse und das Verfahren zur Unterrichtung und Anhörung des Vertretungsorgans,

d) die Häufigkeit der Sitzungen des Vertretungsorgans,

e) die für das Vertretungsorgan bereitzustellenden finanziellen und materiellen Mittel,

f) die Durchführungsmodalitäten des Verfahrens oder der Verfahren zur Unterrichtung und Anhörung für den Fall, dass die Parteien im Laufe der Verhandlungen beschließen, eines oder mehrere solcher Verfahren zu schaffen, anstatt ein Vertretungsorgan einzusetzen,

g) der Inhalt einer Vereinbarung über die Mitbestimmung für den Fall, dass die Parteien im Laufe der Verhandlungen beschließen, eine solche Vereinbarung einzuführen, einschließlich (gegebenenfalls) der Zahl der Mitglieder des Verwaltungs- oder des Aufsichtsorgans der SE, welche die Arbeitnehmer wählen oder bestellen können oder deren Bestellung sie empfehlen oder ablehnen können, der Verfahren, nach denen die Arbeitnehmer diese Mitglieder wählen oder bestellen oder deren Bestellung empfehlen oder ablehnen können, und der Rechte dieser Mitglieder,

h) der Zeitpunkt des Inkrafttretens der Vereinbarung und ihre Laufzeit, die Fälle, in denen die Vereinbarung neu ausgehandelt werden sollte, und das bei ihrer Neuaushandlung anzuwendende Verfahren.

(3) Sofern in der Vereinbarung nichts anderes bestimmt ist, gilt die Auffangregelung des Anhangs nicht für diese Vereinbarung.

(4) Unbeschadet des Artikels 13 Absatz 3 Buchstabe a muss in der Vereinbarung im Falle einer durch Umwandlung gegründeten SE in Bezug auf alle Komponenten der Arbeitnehmerbeteiligung zumindest das gleiche Ausmaß gewährleistet werden, das in der Gesellschaft besteht, die in eine SE umgewandelt werden soll.

Artikel 5
Dauer der Verhandlungen

(1) Die Verhandlungen beginnen mit der Einsetzung des besonderen Verhandlungsgremiums und können bis zu sechs Monate andauern.

(2) Die Parteien können einvernehmlich beschließen, die Verhandlungen über den in Absatz 1 genannten Zeitraum hinaus bis zu insgesamt einem Jahr ab der Einsetzung des besonderen Verhandlungsgremiums fortzusetzen.

Artikel 6
Für das Verhandlungsverfahren maßgebliches Recht

Sofern in dieser Richtlinie nichts anderes vorgesehen ist, ist für das Verhandlungsverfahren gemäß den Artikeln 3 bis 5 das Recht des Mitgliedstaates maßgeblich, in dem die SE ihren Sitz haben wird.

Artikel 7
Auffangregelung

(1) Zur Verwirklichung des in Artikel 1 festgelegten Ziels führen die Mitgliedstaaten unbeschadet des nachstehenden Absatzes 3 eine Auffangregelung zur Beteiligung der Arbeitnehmer ein, die den im Anhang niedergelegten Bestimmungen genügen muss.

Die Auffangregelung, die in den Rechtsvorschriften des Mitgliedstaats festgelegt ist, in dem die SE ihren Sitz haben soll, findet ab dem Zeitpunkt der Eintragung der SE Anwendung, wenn

a) die Parteien dies vereinbaren oder

b) bis zum Ende des in Artikel 5 genannten Zeitraums keine Vereinbarung zustande gekommen ist und
   – das zuständige Organ jeder der beteiligten Gesellschaften der Anwendung der Auffangregelung auf die SE und damit der Fortsetzung des Verfahrens zur Eintragung der SE zugestimmt hat und

– das besondere Verhandlungsgremium keinen Beschluss gemäß Artikel 3 Absatz 6 gefasst hat.

(2) Ferner findet die Auffangregelung, die in den Rechtsvorschriften des Mitgliedstaats festgelegt ist, in dem die SE eingetragen wird, gemäß Teil 3 des Anhangs nur Anwendung, wenn

a) im Falle einer durch Umwandlung gegründeten SE die Bestimmungen eines Mitgliedstaats über die Mitbestimmung der Arbeitnehmer im Verwaltungs- oder Aufsichtsorgan für eine in eine SE umgewandelte Aktiengesellschaft galten;

b) im Falle einer durch Verschmelzung gegründeten SE
- vor der Eintragung der SE in einer oder mehreren der beteiligten Gesellschaften eine oder mehrere Formen der Mitbestimmung bestanden und sich auf mindestens 25 % der Gesamtzahl der Arbeitnehmer aller beteiligten Gesellschaften erstreckten oder
- vor der Eintragung der SE in einer oder mehreren der beteiligten Gesellschaften eine oder mehrere Formen der Mitbestimmung bestanden und sich auf weniger als 25 % der Gesamtzahl der Arbeitnehmer aller beteiligten Gesellschaften erstreckten und das besondere Verhandlungsgremium einen entsprechenden Beschluss fasst;

c) im Falle einer durch Errichtung einer Holdinggesellschaft oder einer Tochtergesellschaft gegründeten SE
- vor der Eintragung der SE in einer oder mehreren der beteiligten Gesellschaften eine oder mehrere Formen der Mitbestimmung bestanden und sich auf mindestens 50 % der Gesamtzahl der Arbeitnehmer aller beteiligten Gesellschaften erstreckten oder
- vor der Eintragung der SE in einer oder mehreren der beteiligten Gesellschaften eine oder mehrere Formen der Mitbestimmung bestanden und sich auf weniger als 50 % der Gesamtzahl der Arbeitnehmer aller beteiligten Gesellschaften erstreckten und das besondere Verhandlungsgremium einen entsprechenden Beschluss fasst.

Bestanden mehr als eine Mitbestimmungsform in den verschiedenen beteiligten Gesellschaften, so entscheidet das besondere Verhandlungsgremium, welche von ihnen in der SE eingeführt wird. Die Mitgliedstaaten können Regeln festlegen, die anzuwenden sind, wenn kein einschlägiger Beschluss für eine in ihrem Hoheitsgebiet eingetragene SE gefasst worden ist. Das besondere Verhandlungsgremium unterrichtet das jeweils zuständige Organ der beteiligten Gesellschaften über die Beschlüsse, die es gemäß diesem Absatz gefasst hat.

(3) Die Mitgliedstaaten können vorsehen, dass die Auffangregelung in Teil 3 des Anhangs in dem in Absatz 2 Buchstabe b vorgesehenen Fall nicht Anwendung findet.

TEIL III. SONSTIGE BESTIMMUNGEN

Artikel 8
Verschwiegenheit und Geheimhaltung

(1) Die Mitgliedstaaten sehen vor, dass den Mitgliedern des besonderen Verhandlungsgremiums und des Vertretungsorgans sowie den sie unterstützenden Sachverständigen nicht gestattet wird, ihnen als vertraulich mitgeteilte Informationen an Dritte weiterzugeben.

Das Gleiche gilt für die Arbeitnehmervertreter im Rahmen eines Verfahrens zur Unterrichtung und Anhörung.

Diese Verpflichtung besteht unabhängig von dem Aufenthaltsort der betreffenden Personen und auch nach Ablauf ihres Mandats weiter.

(2) Jeder Mitgliedstaat sieht vor, dass das Aufsichts- oder das Verwaltungsorgan einer SE oder einer beteiligten Gesellschaft mit Sitz in seinem Hoheitsgebiet in besonderen Fällen und unter den Bedingungen und Beschränkungen des einzelstaatlichen Rechts Informationen nicht weiterleiten muss, wenn deren Bekanntwerden bei Zugrundelegung objektiver Kriterien den Geschäftsbetrieb der SE (oder gegebenenfalls der beteiligten Gesellschaft) oder ihrer Tochtergesellschaften und Betriebe erheblich beeinträchtigen oder ihnen schaden würde.

Jeder Mitgliedstaat kann eine solche Freistellung von einer vorherigen behördlichen oder gerichtlichen Genehmigung abhängig machen.

(3) Jeder Mitgliedstaat kann für eine SE mit Sitz in seinem Hoheitsgebiet, die in Bezug auf Berichterstattung und Meinungsäußerung unmittelbar und überwiegend eine bestimmte weltanschauliche Tendenz verfolgt, besondere Bestimmungen vorsehen, falls das innerstaatliche Recht solche Bestimmungen zum Zeitpunkt der Annahme dieser Richtlinie bereits enthält.

(4) Bei der Anwendung der Absätze 1, 2 und 3 sehen die Mitgliedstaaten Verfahren vor, nach denen die Arbeitnehmervertreter auf dem Verwaltungsweg oder vor Gericht Rechtsbehelfe einlegen können, wenn das Aufsichts- oder das Verwaltungsorgan der SE oder der beteiligten Gesellschaft Vertraulichkeit verlangt oder die Informationen verweigert.

Diese Verfahren können Regelungen zur Wahrung der Vertraulichkeit der betreffenden Informationen einschließen.

Artikel 9
Arbeitsweise des Vertretungsorgans und Funktionsweise des Verfahrens zur Unterrichtung und Anhörung der Arbeitnehmer

Das zuständige Organ der SE und das Vertretungsorgan arbeiten mit dem Willen zur Verständigung unter Beachtung ihrer jeweiligen Rechte und Pflichten zusammen.

Das Gleiche gilt für die Zusammenarbeit zwischen dem Aufsichts- oder dem Verwaltungsorgan der SE und den Arbeitnehmervertretern im Rahmen eines Verfahrens zur Unterrichtung und Anhörung der Arbeitnehmer.

Artikel 10
Schutz der Arbeitnehmervertreter

Die Mitglieder des besonderen Verhandlungsgremiums, die Mitglieder des Vertretungsorgans, Arbeitnehmervertreter, die bei einem Verfahren zur Unterrichtung und Anhörung mitwirken, und Arbeitnehmervertreter im Aufsichts- oder im Verwaltungsorgan der SE, die Beschäftigte der SE, ihrer Tochtergesellschaften oder Betriebe oder einer der beteiligten Gesellschaften sind, genießen bei der Wahrnehmung ihrer Aufgaben den gleichen Schutz und gleichartige Sicherheiten wie die Arbeitnehmervertreter nach den innerstaatlichen Rechtsvorschriften und/oder Gepflogenheiten des Landes, in dem sie beschäftigt sind.

Dies gilt insbesondere für die Teilnahme an den Sitzungen des besonderen Verhandlungsgremiums oder des Vertretungsorgans an allen sonstigen Sitzungen, die im Rahmen der Vereinbarung nach Artikel 4 Absatz 2 Buchstabe f stattfinden, und an den Sitzungen des Verwaltungs- oder des Aufsichtsorgans sowie für die Lohn- und Gehaltsfortzahlung an die Mitglieder, die Beschäftigte einer der beteiligten Gesellschaften oder der SE oder ihrer Tochtergesellschaften oder Betriebe sind, für die Dauer ihrer zur Wahrnehmung ihrer Aufgaben erforderlichen Abwesenheit.

Artikel 11
Verfahrensmissbrauch

Die Mitgliedstaaten treffen im Einklang mit den gemeinschaftlichen Rechtsvorschriften geeignete Maßnahmen, um zu verhindern, dass eine SE dazu missbraucht wird, Arbeitnehmern Beteiligungsrechte zu entziehen oder vorzuenthalten.

Artikel 12
Einhaltung der Richtlinie

(1) Jeder Mitgliedstaat trägt dafür Sorge, dass die Leitung der Betriebe einer SE und die Aufsichts- oder die Verwaltungsorgane der Tochtergesellschaften und der beteiligten Gesellschaften, die sich in seinem Hoheitsgebiet befinden, und ihre Arbeitnehmervertreter oder gegebenenfalls ihre Arbeitnehmer den Verpflichtungen dieser Richtlinie nachkommen, unabhängig davon, ob die SE ihren Sitz in seinem Hoheitsgebiet hat oder nicht.

(2) Die Mitgliedstaaten sehen geeignete Maßnahmen für den Fall der Nichteinhaltung dieser Richtlinie vor; sie sorgen insbesondere dafür, dass Verwaltungs- oder Gerichtsverfahren bestehen, mit denen die Erfüllung der sich aus dieser Richtlinie ergebenden Verpflichtungen durchgesetzt werden kann.

Artikel 13
Verhältnis dieser Richtlinie zu anderen Bestimmungen

(1) SE und Tochtergesellschaften einer SE, die gemeinschaftsweit operierende Unternehmen oder herrschende Unternehmen in einer gemeinschaftsweit operierenden Unternehmensgruppe im Sinne der Richtlinie 94/45/EG oder im Sinne der Richtlinie 97/74/EG zur Ausdehnung der genannten Richtlinie auf das Vereinigte Königreich sind, unterliegen nicht den genannten Richtlinien und den Bestimmungen zu deren Umsetzung in einzelstaatliches Recht.

Beschließt das besondere Verhandlungsgremium jedoch gemäß Artikel 3 Absatz 6, keine Verhandlungen aufzunehmen oder bereits aufgenommene Verhandlungen abzubrechen, so gelangen die Richtlinie 94/45/EG oder die Richtlinie 97/74/EG und die Bestimmungen zu ihrer Umsetzung in einzelstaatliches Recht zur Anwendung.

(2) Einzelstaatliche Rechtsvorschriften und/oder Gepflogenheiten in Bezug auf die Mitbestimmung der Arbeitnehmer in den Gesellschaftsorganen, die nicht zur Umsetzung dieser Richtlinie dienen, finden keine Anwendung auf gemäß der Verordnung (EG) Nr. 2157/2001 gegründete und von dieser Richtlinie erfasste Gesellschaften.

(3) Diese Richtlinie berührt nicht

a) die den Arbeitnehmern nach einzelstaatlichen Rechtsvorschriften und/oder Gepflogenheiten zustehenden Beteiligungsrechte, die für die Arbeitnehmer der SE und ihrer Tochtergesellschaften und Betriebe gelten, mit Ausnahme der Mitbestimmung in den Organen der SE,

b) die nach einzelstaatlichen Rechtsvorschriften und/oder Gepflogenheiten geltenden Bestimmungen über die Mitbestimmung in den Gesellschaftsorganen, die auf die Tochtergesellschaften der SE Anwendung finden.

(4) Zur Wahrung der in Absatz 3 genannten Rechte können die Mitgliedstaaten durch geeignete Maßnahmen sicherstellen, dass die Strukturen der Arbeitnehmervertretung in den beteiligten Gesellschaften, die als eigenständige juristische Personen erlöschen, nach der Eintragung der SE fortbestehen.

Artikel 14
Schlussbestimmungen

(1) Die Mitgliedstaaten erlassen die erforderlichen Rechts- und Verwaltungsvorschriften, um dieser Richtlinie spätestens am 8. Oktober 2004 nachzukommen, oder stellen spätestens zu diesem Zeitpunkt sicher, dass die Sozialpartner die erforderlichen Bestimmungen durch Vereinbarungen einführen; die Mitgliedstaaten treffen alle erforderlichen Vorkehrungen, um jederzeit gewährleisten zu können, dass die durch diese Richtlinie vorgeschriebenen Ergebnisse erzielt werden. Sie setzen die Kommission unverzüglich davon in Kenntnis.

(2) Wenn die Mitgliedstaaten diese Vorschriften erlassen, nehmen sie in den Vorschriften selbst oder durch einen Hinweis bei der amtlichen Veröffentlichung auf diese Richtlinie Bezug. Die Mitgliedstaaten regeln die Einzelheiten der Bezugnahme.

Artikel 15
Überprüfung durch die Kommission

Die Kommission überprüft spätestens zum 8. Oktober 2007 im Benehmen mit den Mitgliedstaaten und den Sozialpartnern auf Gemeinschaftsebene die Anwendung dieser Richtlinie, um dem Rat gegebenenfalls erforderliche Änderungen vorzuschlagen.

Artikel 16
Inkrafttreten

Diese Richtlinie tritt am Tag ihrer Veröffentlichung im Amtsblatt der Europäischen Gemeinschaften in Kraft.

Artikel 17
Adressaten

Diese Richtlinie ist an die Mitgliedstaaten gerichtet.

Geschehen zu Luxemburg am 8. Oktober 2001.

Im Namen des Rates

Der Präsident

L. Onkelinx

Richtlinie 2001/86/EG

ANHANG AUFFANGREGELUNG (nach Artikel 7)

Teil 1: Zusammensetzung des Organs zur Vertretung der Arbeitnehmer

Zur Verwirklichung des Ziels nach Artikel 1 wird in den in Artikel 7 genannten Fällen ein Vertretungsorgan gemäß folgenden Regeln eingesetzt:

a) Das Vertretungsorgan setzt sich aus Arbeitnehmern der SE und ihrer Tochtergesellschaften und Betriebe zusammen, die von den Arbeitnehmervertretern aus ihrer Mitte oder, in Ermangelung solcher Vertreter, von der Gesamtheit der Arbeitnehmer gewählt oder bestellt werden.

b) Die Mitglieder des Vertretungsorgans werden gemäß den einzelstaatlichen Rechtsvorschriften und/oder Gepflogenheiten gewählt oder bestellt.

Die Mitgliedstaaten sorgen durch entsprechende Vorschriften dafür, dass Änderungen innerhalb der SE und ihrer Tochtergesellschaften und Betriebe durch Anpassung der Zahl der Mitglieder des Vertretungsorgans und der Zuteilung der Sitze in diesem Organ Rechnung getragen wird.

c) Sofern die Zahl der Mitglieder des Vertretungsorgans es rechtfertigt, wählt das Vertretungsorgan aus seiner Mitte einen engeren Ausschuss mit höchstens drei Mitgliedern.

d) Das Vertretungsorgan gibt sich eine Geschäftsordnung.

e) Die Mitglieder des Vertretungsorgans werden entsprechend der Zahl der in jedem Mitgliedstaat beschäftigten Arbeitnehmer der beteiligten Gesellschaften und der betroffenen Tochtergesellschaften oder betroffenen Betriebe gewählt oder bestellt, so dass pro Mitgliedstaat für jeden Anteil der in diesem Mitgliedstaat beschäftigten Arbeitnehmer, der 10 % der Gesamtzahl der in allen Mitgliedstaaten beschäftigten Arbeitnehmer der beteiligten Gesellschaften und der betroffenen Tochtergesellschaften oder betroffenen Betriebe entspricht, oder für einen Bruchteil dieser Tranche Anspruch auf einen Sitz besteht.

f) Die Zusammensetzung des Vertretungsorgans wird dem zuständigen Organ der SE mitgeteilt.

g) Vier Jahre nach seiner Einsetzung prüft das Vertretungsorgan, ob die Vereinbarung nach den Artikeln 4 und 7 ausgehandelt werden oder die in Übereinstimmung mit diesem Anhang angenommene Auffangregelung weiterhin gelten soll.

Wird der Beschluss gefasst, eine Vereinbarung gemäß Artikel 4 auszuhandeln, so gelten Artikel 3 Absätze 4 bis 7 und Artikel 4 bis 6 sinngemäß, wobei der Ausdruck „besonderes Verhandlungsgremium" durch das Wort „Vertretungsorgan" ersetzt wird. Wenn am Ende des für die Verhandlungen vorgesehenen Zeitraums keine Vereinbarung zustande gekommen ist, findet die Regelung, die ursprünglich gemäß der Auffangregelung angenommen worden war, weiterhin Anwendung.

Teil 2: Auffangregelung für die Unterrichtung und Anhörung

Für die Zuständigkeiten und Befugnisse des Vertretungsorgans in einer SE gelten folgende Regeln:

a) Die Zuständigkeiten des Vertretungsorgans beschränken sich auf die Angelegenheiten, die die SE selbst oder eine ihrer Tochtergesellschaften oder einen ihrer Betriebe in einem anderen Mitgliedstaat betreffen oder über die Befugnisse der Entscheidungsorgane auf der Ebene des einzelnen Mitgliedstaats hinausgehen.

b) Unbeschadet etwaiger Zusammenkünfte gemäß Buchstabe c hat das Vertretungsorgan das Recht, auf der Grundlage regelmäßig von dem zuständigen Organ erstellter Berichte über die Entwicklung der Geschäftslage und die Perspektiven der SE unterrichtet und dazu gehört zu werden und zu diesem Zweck mindestens einmal jährlich mit dem zuständigen Organ der SE zusammenzutreten. Die örtlichen Geschäftsleitungen werden hiervon in Kenntnis gesetzt.

Das zuständige Organ der SE übermittelt dem Vertretungsorgan die Tagesordnung aller Sitzungen des Verwaltungsorgans oder gegebenenfalls des Leitungs- und des Aufsichtsorgans sowie Kopien aller Unterlagen, die der Hauptversammlung der Aktionäre unterbreitet werden.

Diese Unterrichtung und Anhörung bezieht sich insbesondere auf die Struktur der SE, ihre wirtschaftliche und finanzielle Situation, die voraussichtliche Entwicklung der Geschäfts-, Produktions- und Absatzlage, auf die Beschäftigungslage und deren voraussichtliche Entwicklung, auf die Investitionen, auf grundlegende Änderungen der Organisation, auf die Einführung neuer Arbeits- oder Fertigungsverfahren, auf Verlagerungen der Produktion, auf Fusionen, Verkleinerungen oder Schließungen von Unternehmen, Betrieben oder wichtigen Teilen derselben und auf Massenentlassungen.

c) Treten außergewöhnliche Umstände ein, die erhebliche Auswirkungen auf die Interessen der Arbeitnehmer haben, insbesondere bei Verlegungen, Verlagerungen, Betriebs- oder Unternehmensschließungen oder Massenentlassungen, so hat das Vertretungsorgan das Recht, darüber unterrichtet zu werden. Das Vertretungsorgan oder – wenn das Vertretungsorgan dies, insbesondere bei Dringlichkeit, beschließt – der engere Ausschuss hat das Recht, auf Antrag mit dem zuständigen Organ der SE oder den Vertretern einer geeigneteren mit eigenen Entscheidungsbefugnissen ausgestatteten Leitungsebene innerhalb der SE zusammenzutreffen, um über Maßnahmen, die erhebliche Auswirkungen auf die Interessen der Arbeitnehmer haben, unterrichtet und dazu gehört werden.

Wenn das zuständige Organ beschließt, nicht im Einklang mit der von dem Vertretungsorgan abgegebenen Stellungnahme zu handeln, hat das Vertretungsorgan das Recht, ein weiteres Mal mit dem zuständigen Organ der SE zusammenzutreffen, um eine Einigung herbeizuführen.

Findet eine Sitzung mit dem engeren Ausschuss statt, so haben auch die Mitglieder des Vertretungsorgans, die von diesen Maßnahmen unmittelbar betroffene Arbeitnehmer vertreten, das Recht, daran teilzunehmen.

Die Sitzungen nach Absatz 1 lassen die Vorrechte des zuständigen Organs unberührt.

d) Die Mitgliedstaaten können Regeln für den Vorsitz in den Sitzungen zur Unterrichtung und Anhörung festlegen.

Vor Sitzungen mit dem zuständigen Organ der SE ist das Vertretungsorgan oder der engere Ausschuss – gegebenenfalls in der gemäß Buchstabe c Absatz 3 erweiterten Zusammensetzung – berechtigt, in Abwesenheit der Vertreter des zuständigen Organs zu tagen.

e) Unbeschadet des Artikels 8 unterrichten die Mitglieder des Vertretungsorgans die Arbeitnehmervertreter der SE und ihrer Tochtergesellschaften und Betriebe über den Inhalt und die Ergebnisse der Unterrichtungs- und Anhörungsverfahren.

f) Das Vertretungsorgan oder der engere Ausschuss können sich durch Sachverständige ihrer Wahl unterstützen lassen.

g) Sofern dies zur Erfüllung ihrer Aufgaben erforderlich ist, haben die Mitglieder des Vertretungsorgans Anspruch auf bezahlte Freistellung für Fortbildungsmaßnahmen.

h) Die Ausgaben des Vertretungsorgans gehen zulasten der SE, die die Mitglieder dieses Organs mit den erforderlichen finanziellen und materiellen Mitteln ausstattet, damit diese ihre Aufgaben in angemessener Weise wahrnehmen können.

Insbesondere trägt die SE die Kosten der Veranstaltung der Sitzungen einschließlich der Dolmetschkosten sowie die Aufenthalts- und Reisekosten für die Mitglieder des Vertretungsorgans und des engeren Ausschusses, soweit nichts anderes vereinbart wurde.

Die Mitgliedstaaten können im Einklang mit diesen Grundsätzen Regeln für die Finanzierung der Arbeit des Vertretungsorgans festlegen. Sie können insbesondere die Übernahme der Kosten auf die Kosten für einen Sachverständigen begrenzen.

Teil 3: Auffangregelung für die Mitbestimmung

Für die Mitbestimmung der Arbeitnehmer in der SE gelten folgende Bestimmungen:

a) Fanden im Falle einer durch Umwandlung gegründeten SE Vorschriften eines Mitgliedstaats über die Mitbestimmung der Arbeitnehmer im Verwaltungs- oder im Aufsichtsorgan vor der Eintragung Anwendung, so finden alle Komponenten der Mitbestimmung der Arbeitnehmer weiterhin Anwendung. Buchstabe b gilt diesbezüglich sinngemäß.

b) In den Fällen der Gründung einer SE haben die Arbeitnehmer der SE, ihrer Tochtergesellschaften und Betriebe und/oder ihr Vertretungsorgan das Recht, einen Teil der Mitglieder des Verwaltungs- oder des Aufsichtsorgans der SE zu wählen oder zu bestellen oder deren Bestellung zu empfehlen oder abzulehnen, wobei die Zahl dieser Mitglieder sich nach dem höchsten maßgeblichen Anteil in den beteiligten Gesellschaften vor der Eintragung der SE bemisst.

Bestanden in keiner der beteiligten Gesellschaften vor der Eintragung der SE Vorschriften über die Mitbestimmung, so ist die SE nicht verpflichtet, eine Vereinbarung über die Mitbestimmung der Arbeitnehmer einzuführen.

Das Vertretungsorgan entscheidet über die Verteilung der Sitze im Verwaltungs- oder im Aufsichtsorgan auf die Mitglieder, die Arbeitnehmer aus verschiedenen Mitgliedstaaten vertreten, oder über die Art und Weise, in der die Arbeitnehmer der SE Mitglieder dieser Organe empfehlen oder ablehnen können, entsprechend den jeweiligen Anteilen der in den einzelnen Mitgliedstaaten beschäftigten Arbeitnehmer der SE. Bleiben Arbeitnehmer aus einem oder mehreren Mitgliedstaaten bei der anteilmäßigen Verteilung unberücksichtigt, so bestellt das Vertretungsorgan eines der Mitglieder aus einem dieser Mitgliedstaaten, und zwar vorzugsweise – sofern angemessen – aus dem Mitgliedstaat, in dem die SE ihren Sitz haben wird. Jeder Mitgliedstaat hat das Recht, die Verteilung der ihm im Verwaltungs- oder im Aufsichtsorgan zugewiesenen Sitze festzulegen.

Alle von dem Vertretungsorgan oder gegebenenfalls den Arbeitnehmern gewählten, bestellten oder empfohlenen Mitglieder des Verwaltungsorgans oder gegebenenfalls des Aufsichtsorgans der SE sind vollberechtigte Mitglieder des jeweiligen Organs mit denselben Rechten (einschließlich des Stimmrechts) und denselben Pflichten wie die Mitglieder, die die Anteilseigner vertreten.

Vorbemerkung

I. Entwicklungslinien bis zur Richtlinie 2001/86/EG 1
1. Kommissionsentwurf (1970) 2
2. Kommissionsentwurf (1975) 3
3. Kommissionsentwurf (1989) 5
4. Davignon-Bericht und Kompromissvorschläge 8
5. Der Gipfel von Nizza und die Richtlinie 2001/86/EG 11

II. Die Umsetzung der Richtlinie 2001/86/EG durch das SE-Beteiligungsgesetz 13

III. Die Umsetzung der Richtlinie 2001/86/EG in den Mitgliedstaaten der Europäischen Union 16
1. Österreich 17
2. Belgien, Frankreich, Luxemburg und Niederlande 18
3. Griechenland, Italien, Malta, Portugal, Spanien und Zypern 19
4. Großbritannien und Irland 20
5. Dänemark, Finnland und Schweden . 21
6. Osteuropäische Mitgliedstaaten ... 22
7. Vertragsstaaten des Abkommens über den Europäischen Wirtschaftsraum 23

IV. Reformüberlegungen
1. Beteiligung der Arbeitnehmer 24
2. Erhöhung des Anteils weiblicher Mitglieder im Aufsichts- oder Verwaltungsorgan 30

V. Die Beteiligung der Arbeitnehmer nach der Richtlinie 2001/86/EG als Modell für die weitere Rechtsetzung der Gemeinschaft im Gesellschaftsrecht
1. Arbeitnehmerbeteiligung in der Europäischen Genossenschaft (SCE)... 33
2. Mitbestimmung bei grenzüberschreitender Verschmelzung von Kapitalgesellschaften 36
3. Entsprechungsübersicht SEBG – SCEBG – MgVG 43

Literatur:

1. Mitbestimmung in Europa

Baums/Ulmer (Hrsg.), Unternehmens-Mitbestimmung der Arbeitnehmer im Recht der EU-Mitgliedstaaten, 2004 (zit.: Unternehmens-Mitbestimmung); *Klinkhammer/Welslau*, Mitbestimmung in Deutschland und Europa, 1995; *Wunsch-Semmler*, Entwicklungslinien einer europäischen Arbeitnehmermitwirkung, 1995 (zit.: Entwicklungslinien).

2. Entwicklung bis zur Richtlinie 2001/86/EG

a) Gesamtdarstellungen: *Calle Lambach*, Die Beteiligung der Arbeitnehmer in der Europäischen Gesellschaft (SE), 2004 (zit.: Beteiligung der Arbeitnehmer); *Figge*, Mitbestimmung auf Unternehmensebene in Vorschlägen der Europäischen Gemeinschaften, 1991 (zit.: Mitbestimmung auf Unternehmensebene); *Mävers*, Die Mitbestimmung der Arbeitnehmer in der Europäischen Aktiengesellschaft, 2002 (zit.: Mitbestimmung).

b) Erste Anfänge: *Bärmann*, Europäische Integration im Gesellschaftsrecht, 1970; *Lyon-Caen*, Beitrag zu den Möglichkeiten der Vertretung der Interessen der Arbeitnehmer in der Europäischen Aktiengesellschaft, 1970 (zit. Interessenvertretung); *Sanders*, Auf dem Weg zu einer europäischen Aktiengesellschaft?, AWD 1960, 1; *Sanders*, Die Europäische Aktiengesellschaft – Probleme des Zugangs und der Mitbestimmung, AG 1967, 344; *Sanders*, Vorentwurf eines Statuts für eine Europäische Aktiengesellschaft, 1967.

c) Kommissionsvorschläge 1970/1975: *Wagner*, Die wirtschaftliche Arbeitnehmermitbestimmung in einer Europäischen Aktiengesellschaft, 1977 (zit.: Arbeitnehmermitbestimmung).

d) Kommissionsvorschläge 1989/1991: *Abeltshauser*, Der neue Statutvorschlag für eine Europäische Aktiengesellschaft, AG 1990, 289; *Blank*, Perspektiven der Mitbestimmung in der EG, ArbuR 1993, 229; *Blanpain*, Representation of Employees at the Level of the Enterprise and the EEC, RdA 1992, 127; *Däubler*, Mitbestimmung – Ein Thema für Europa, KJ 1990, 14; *Dreher*, Sockellösung statt Optionsmodell für die Mitbestimmung in der Europäischen Aktiengesellschaft?, EuZW 1990, 476; *Göke*, Arbeitsrechtliche Probleme des Richtlinienvorschlages KOM (91) endg. – SYN 219 zur Ergänzung des SE-Statuts im Verhältnis zum deutschen und italienischen Arbeitsrecht, Diss. Münster 1993; *Krieger*, Muss die Mitbestimmung der Arbeitnehmer das europäische Gesellschaftsrecht blockieren? in FS Rittner, 1991, S. 303; *v. Maydell*, Die vorgeschlagenen Regeln zur Mitbestimmung für eine Europäische Aktiengesellschaft, AG 1990, 442; *Nagel*, Erosion der Mitbestimmung und EG-Kommissionsentwürfe zur Europa-AG, ArbuR 1990, 205; *Pipkorn*, Arbeitnehmerbeteiligung in Unternehmen auf europäischer Grundlage, RdA 1992, 120; *Raiser*, Führungsstruktur und Mitbestimmung in der Europäischen Aktiengesellschaft nach dem Verordnungsvorschlag der Kommission vom 25. August 1989 in FS Steindorff, 1990, S. 201; *Wißmann*, Die Mitbestimmung der Arbeitnehmer in der Europäischen Aktiengesellschaft (SE), RdA 1992, 320.

e) **„Davignon-Bericht" bis „Nizza-Gipfel":** *Hanau*, Neuer Anlauf zur mitbestimmten SE, RdA 1998, 231; *Heinze*, Die Europäische Aktiengesellschaft, ZGR 2002, 66; *Kleinsorge/Neye*, Europäische Aktiengesellschaft: Durchbruch erreicht, BArbBl. 2001, Heft 4, 5; *Kolvenbach*, Scheitert die Europa AG an der Mitbestimmung?, NZA 1998, 1323.

3. Richtlinie 2001/86/EG

Grundmann, Europäisches Gesellschaftsrecht, 2. Aufl. 2011, Rz. 1081 ff.; *Güntzel*, Die Richtlinie über die Arbeitnehmerbeteiligung in der Europäischen Aktiengesellschaft (SE) und ihre Umsetzung in das deutsche Recht, 2006, S. 131–290 (zit.: Richtlinie); *Hanau* in Hanau/Steinmeyer/Wank, Handbuch des Europäischen Arbeits- und Sozialrechts, 2002, § 19 Rz. 153 ff.; *Heinze*, Die Vertretung der Führungskräfte in der Europäischen Aktiengesellschaft in FS Schwerdtner, 2003, S. 741; *Henssler*, Unternehmerische Mitbestimmung in der Societas Europea – Neue Denkanstöße für die „Corporate Governance"-Diskussion in FS Ulmer, 2003, S. 193; *Herfs-Röttgen*, Arbeitnehmerbeteiligung in der Europäischen Aktiengesellschaft, NZA 2001, 424; *Herfs-Röttgen*, Probleme der Arbeitnehmerbeteiligung in der Europäischen Aktiengesellschaft, NZA 2002, 358; *Keller*, Die Europäische Aktiengesellschaft und Arbeitnehmerbeteiligung, WSI-Mitteilungen 2002, 203; *Kleinsorge*, Europäische Gesellschaft und Beteiligungsrechte der Arbeitnehmer, RdA 2002, 343; *Köstler*, Mitbestimmung in Theisen/Wenz (Hrsg.), Die Europäische Aktiengesellschaft, 2002, S. 301 (zit. Europäische Aktiengesellschaft); *Köstler*, Die Mitbestimmung in der SE, ZGR 2003, 800; *Kraushaar*, Europäische Aktiengesellschaft (SE) und Unternehmensmitbestimmung, BB 2003, 1614; *Kuffner*, Die Beteiligung der Arbeitnehmer in der Europäischen Aktiengesellschaft, 2003 (zit.: Beteiligung der Arbeitnehmer); *Nagel*, Verschlechternde Regelungen und Vereinbarungen zur Mitbestimmung in der Europäischen Aktiengesellschaft, ArbuR 2001, 406; *Pluskat*, Die Arbeitnehmerbeteiligung in der geplanten Europäischen AG, DStR 2001, 1483; *Reichert/Brandes*, Mitbestimmung der Arbeitnehmer in der SE: Gestaltungsfreiheit und Bestandsschutz, ZGR 2003, 767; *Riesenhuber*, Europäisches Arbeitsrecht, 2009, § 29, S. 514 ff.; *Runggaldier*, Die Arbeitnehmermitbestimmung in der SE, GesRZ 2004, Sonderheft, S. 47; *Schäfer*, Der europäische Rahmen für Arbeitnehmermitwirkung, 2005, S. 74–90; *Steinberg*, Mitbestimmung in der Europäischen Aktiengesellschaft, 2005 (zit.: Mitbestimmung); *Veelken*, Zur Mitbestimmung bei der Europäischen Aktiengesellschaft in GS Blomeyer, 2004, S. 491; *Wißmann*, „Deutsche" Europäische Aktiengesellschaft und Mitbestimmung in FS Wiedemann, 2002, S. 685.

4. SE-Beteiligungsgesetz

Annuß/Kühn/Rudolph/Rupp, EBRG – Europäisches Betriebsrätegesetz/SEBG/MgVG/SCEBG, 2014; *Arbeitskreis Aktien- und Kapitalmarktrecht*, Vorschläge zur Reform der Mitbestimmung in der Societas Europaea (SE), ZIP 2010, 2221; *Arbeitskreis Aktien- und Kapitalmarktrecht*, Vorschläge zur Reform der Mitbestimmung in der Societas Europaea (SE) – ergänzende Stellungnahme, ZIP 2011, 1841; *Bachmann*, Der Verwaltungsrat der monistischen SE, ZGR 2009, 779; *Calle Lambach*, Das Gesetz über die Beteiligung der Arbeitnehmer in einer Europäischen Gesellschaft (SE-Beteiligungsgesetz – SEBG), RIW 2005, 161; *Cannistra*, Das Verhandlungsverfahren zur Regelung der Mitbestimmung der Arbeitnehmer bei Gründung einer Societas Europaea und bei Durchführung einer grenzüberschreitenden Verschmelzung, 2014 (zit.: Verhandlungsverfahren); *Cremers/Stollt/Vitols* (Hrsg.), A decade of experience with the European Company, Brüssel 2013; *Diekmann*, Die Mitbestimmung unter europäischen Gesichtspunkten, insbesondere unter Berücksichtigung der europäischen Gesellschaft (SE) in FS Gruson, 2009, S. 75; *Donner*, Kollektivrechtliche Vereinbarungslösungen im Bereich der Arbeitnehmerbeteiligung, 2009 (zit.: Vereinbarungslösungen); *Drinhausen/Keinath*, Verwendung der SE zur Vermeidung von Arbeitnehmermitbestimmung – Abgrenzung zulässiger Gestaltungen vom Missbrauch gemäß § 43 SEBG, BB 2011, 2699; *Engels*, Fortentwicklung des Betriebsverfassungsrechts außerhalb des Betriebsverfassungsgesetzes, Teil I, ArbuR 2009, 10; *Ernst*, Ein Überblick über die Europäische Aktiengesellschaft (SE) in Deutschland, BB 2005, Special Nr. 3, S. 1; *Forst*, Unternehmerische Mitbestimmung im Konzern unter Beteiligung supranationaler Rechtsformen, Der Konzern 2010, 151; *Funke*, Die Arbeitnehmerbeteiligung im Rahmen der Gründung einer SE, NZA 2009, 412; *Gaul/Ludwig/Forst* (Hrsg.), Europäisches Mitbestimmungsrecht, 2015; *Grambow*, Auslegung der Auffangregelungen zur Mitbestimmung bei Gründung einer Societas Europaea, BB 2012, 902; *Grobys*, Das geplante Umsetzungsgesetz zur Beteiligung von Arbeitnehmervertretern in der Europäischen

Aktiengesellschaft, NZA 2004, 779; *Grobys*, SE-Betriebsrat und Mitbestimmung in der Europäischen Gesellschaft, NZA 2005, 84; *Gruber*, Die monistische Unternehmensführung in der Societas Europaea (SE) im Spannungsfeld von Mitbestimmung, Eigentumsgarantie und Corporate Governance, 2011 (zit.: Unternehmensführung); *Gruber/Weller*, Societas Europaea: Mitbestimmung ohne Aufsichtsrat, NZG 2003, 297; *Habersack*, Konzernrechtliche Aspekte der Mitbestimmung in der Societas Europaea, Der Konzern 2006, 105; *Habersack*, Grundsatzfragen der Mitbestimmung in SE und SCE sowie bei grenzüberschreitender Verschmelzung, ZHR 171 (2007), 613; *Haider-Giangreco/Polte*, Die SE als Rechtsform für den Mittelstand, BB 2014, 2947; *Heinze*, Mitbestimmung in einer monistischen Europäischen Aktiengesellschaft, 2009 (zit.: Mitbestimmung); *Henssler*, Erfahrungen und Reformbedarf bei der SE – Mitbestimmungsrechtliche Reformvorschläge, ZHR 173 (2009), 222; *Henssler*, Konzernrechtliche Abhängigkeit in der Mitbestimmungsrecht der Europäischen Aktiengesellschaft – Der Abhängigkeitsbegriff im Europäischen Mitbestimmungsrecht, EBRG, SEBG und nationalem AktG in FS K. Schmidt, 2009, S. 601; *von der Heyde*, Die Beteiligung der Arbeitnehmer in der Societas Europaea (SE), 2007 (zit.: Beteiligung); *Hinrichs/Plitt*, Die Wahl der Mitglieder des besonderen Verhandlungsgremiums in betriebsratslosen Gesellschaften bei SE-Gründung/grenzüberschreitender Verschmelzung, NZA 2010, 204; *Joost*, Mitbestimmung in der Europäischen Aktiengesellschaft, in Oetker/Preis (Hrsg.), Europäisches Arbeits- und Sozialrecht (EAS), Teil B 8200, 2006; *Kallmeyer*, Die Beteiligung der Arbeitnehmer in einer Europäischen Aktiengesellschaft, ZIP 2004, 1442; *Keller/Werner*, Arbeitnehmerbeteiligung in der Europäischen Aktiengesellschaft (SE) – Eine empirische Analyse der ersten Fälle, WSI-Mitteilungen 2007, 604; *Kepper*, Die mitbestimmte monistische SE deutschen Rechts, 2010 (zit.: Monistische SE); *Kiehn*, Die betriebliche Beteiligung der Arbeitnehmer in der Societas Europaea (SE), 2011 (zit.: Beteiligung); *Kiem*, Erfahrungen und Reformbedarf bei der SE – Entwicklungsstand, ZHR 173 (2009), 156; *Kiem*, Der Evaluationsbericht der EU – Kommission zur SE-Verordnung, Corporate Finance Law 2011, 134; *Kienast*, Mitbestimmung, in Jannott/Frodermann, Handbuch Europäische Aktiengesellschaft, 2. Aufl. 2014, Kap. 13 S. 495 ff.; *Kleinsorge*, Die Beteiligung der Arbeitnehmer in der SE, in Baums/Cahn (Hrsg.), Die Europäische Aktiengesellschaft. Umsetzungsfragen und Perspektiven, 2004, S. 140; *Koch*, Die Beteiligung von Arbeitnehmervertretern an Aufsichtsrats- und Verwaltungsratsausschüssen einer Europäischen Aktiengesellschaft, 2011 (zit.: Beteiligung); *Köklü*, Die Beteiligung der Arbeitnehmer und die Corporate Governance in der Europäischen Aktiengesellschaft („Societas Europaea") mit Sitz in Deutschland, 2006 (zit.: Beteiligung der Arbeitnehmer); *Köklü*, Arbeitnehmerbeteiligung, in Van Hulle/Maul/Drinhausen (Hrsg.), Handbuch zur Europäischen Gesellschaft (SE), 2007, Kap. 6, S. 171; *Köstler*, Die Beteiligung der Arbeitnehmer in der Europäischen Aktiengesellschaft nach den deutschen Umsetzungsgesetzen, DStR 2005, 745; *Köstler*, Mitbestimmung, in Theisen/Wenz (Hrsg.), Die Europäische Aktiengesellschaft, 2. Aufl. 2005, S. 331 (zit.: Europäische Aktiengesellschaft); *Köstler*, Mitbestimmung der Arbeitnehmer in der Europäischen Aktiengesellschaft (SE), in Blanke, Europäische Betriebsräte-Gesetz, Europäische Mitbestimmung-SE, 2. Aufl. 2006, Teil A (zit.: EBRG); *Kowalski*, Praxisfragen bei der Umwandlung einer Aktiengesellschaft in eine Europäische Gesellschaft (SE), DB 2007, 2243; *Kraft*, Die Europäisierung der deutschen Mitbestimmung durch das SE-Beteiligungsgesetz, 2005 (zit.: Europäisierung); *Krause*, Die Mitbestimmung der Arbeitnehmer in der Europäischen Gesellschaft (SE), BB 2005, 1221; *Kraushaar*, Europäische Aktiengesellschaft (SE) und Unternehmensmitbestimmung, BB 2003, 1614; *Kumpf*, Multinationalität der SE-Mitbestimmungsordnung, 2014 (zit.: SE-Mitbestimmungsordnung); *Maack*, Rechtsschutz im Arbeitnehmerbeteiligungsverfahren der „deutschen" Societas Europaea, 2012 (zit.: Rechtsschutz); *Müller-Bonanni/Melot de Beauregard*, Mitbestimmung in der Societas Europaea, GmbHR 2005, 195; *Müller-Bonanni/Müntefering*, Arbeitnehmerbeteiligung bei SE-Gründung und grenzüberschreitender Verschmelzung im Vergleich, BB 2009, 1699; *Nagel*, Die Europäische Aktiengesellschaft (SE) und die Beteiligung der Arbeitnehmer, ArbuR 2004, 281; *Nagel*, Die Mitbestimmung bei der formwechselnden Umwandlung einer deutschen AG in eine Europäische Gesellschaft (SE), ArbuR 2007, 329; *Nagel/Freis/Kleinsorge*, Die Beteiligung der Arbeitnehmer im Unternehmen auf der Grundlage des europäischen Rechts, 2. Aufl. 2009 (zit.: Beteiligung der Arbeitnehmer); *Niklas*, Beteiligung der Arbeitnehmer in der Europäischen Gesellschaft (SE) – Umsetzung in Deutschland, NZA 2004, 1200; *Oetker*, Die Beteiligung der Arbeitnehmer in der Europäischen Aktiengesellschaft (SE) unter besonderer Berücksichtigung der leitenden Angestellten, BB 2005, Special Nr. 1, S. 2; *Oetker*, Beteiligung der Arbeitnehmer in der Europäischen Aktiengesellschaft (SE) im Überblick, ZESAR 2005, 3; *Oetker*, Die Mitbestimmung der Arbeitnehmer in der Europäischen Gesellschaft, in Lutter/Hommelhoff (Hrsg.), Die Europäische Gesellschaft, 2005, S. 277; *Oetker*, Mitbestimmungssicherung bei Errichtung einer Europäischen Gesellschaft (SE) durch formwechselnde Umwandlung einer Aktiengesellschaft mit Sitz in Deutschland in FS Birk, 2008, S. 557; *Rehberg*, Chancen und Risiken der Verhandlungen über die Arbeitnehmerbeteiligung, in Rieble/Junker (Hrsg.), Vereinbarte Mitbestimmung in der SE, 2008, S. 45; *Rehwinkel*,

Die gesetzliche Auffanglösung der Unternehmensmitbestimmung in der Europäischen Aktiengesellschaft, ZESAR 2008, 74; *Reinhardt*, Die Sicherung der Unternehmensmitbestimmung durch Vereinbarungen, 2011 (zit.: Sicherung der Unternehmensmitbestimmung); *Rieble*, Schutz vor paritätischer Unternehmensmitbestimmung, BB 2006, 2019; *Rieble*, Schnelle Mitbestimmungssicherung gegen die SE, BB 2014, 2997; *Rieble/Junker* (Hrsg.), Vereinbarte Mitbestimmung in der SE, 2008; *Ringe*, Mitbestimmungsrechtliche Folgen einer SE-Sitzverlegung, NZG 2006, 931; *Rose/Köstler*, Mitbestimmung in der Europäischen Aktiengesellschaft, 2. Aufl. 2014; *Scheibe*, Die Mitbestimmung der Arbeitnehmer in der SE unter besonderer Berücksichtigung des monistischen Systems, 2006 (zit.: Mitbestimmung der Arbeitnehmer); *Schlösser*, Europäische Aktiengesellschaft und deutsches Strafrecht, NZG 2008, 126; *Schmid*, Mitbestimmung in der Europäischen Aktiengesellschaft (SE), 2010 (zit.: Mitbestimmung); *Sick*, Der SE-Betriebsrat und die Europäische Aktiengesellschaft (SE) sowie die Arbeitnehmerbeteiligung bei der grenzüberschreitenden Verschmelzung von Kapitalgesellschaften, in Düwell (Hrsg.), BetrVG-Handkommentar, 4. Aufl. 2014, S. 1782 (zit.: HaKo-BetrVG); *Sigle*, Zur Mitbestimmung in der SE & Co. KG in FS Hommelhoff, 2012, S. 1123; *Spitzbart*, Die Europäische Aktiengesellschaft (Societas Europaea – SE) – Aufbau der SE und Gründung, RNotZ 2006, 369; *Stollt/Wolters*, Arbeitnehmerbeteiligung in der Europäischen Aktiengesellschaft – Ein Handbuch für die Praxis, 2012; *Weiss/Wöhlert*, Societas Europaea – Der Siegeszug des deutschen Mitbestimmungsrechts in Europa?, NZG 2006, 121; *Windbichler*, Methodenfragen in einer gestuften Rechtsordnung – Mitbestimmung und körperschaftliche Organisationsautonomie in der Europäischen Gesellschaft in FS Canaris Bd. II, 2007, S. 1423; *Wirtz*, Der SE-Betriebsrat: Anwendungsvoraussetzungen und Ausgestaltung der betrieblichen Mitbestimmung durch den SE-Betriebsrat kraft Vereinbarung und kraft Gesetzes, 2013 (zit.: SE-Betriebsrat); *Wisskirchen/Prinz*, Das Gesetz über die Beteiligung der Arbeitnehmer in einer Europäischen Gesellschaft (SE), DB 2004, 2638; *Wißmann*, Die Arbeitnehmerbeteiligung in der „deutschen" SE vor Gericht in FS Richardi, 2007, S. 841; *Ziegler/Gey*, Arbeitnehmermitbestimmung im Aufsichtsrat der Europäischen Gesellschaft (SE) im Vergleich zum Mitbestimmungsgesetz, BB 2009, 1750. Zu Einzelfragen s. auch die Nachweise bei den jeweiligen Vorschriften des SEBG.

I. Entwicklungslinien bis zur Richtlinie 2001/86/EG

1   Im Rahmen der Arbeiten zur Schaffung eines institutionellen Rechtsrahmens für eigenständige Europäische Gesellschaften standen seit den 60er Jahren die Überlegungen zu einer Europäischen Aktiengesellschaft (SE) im Zentrum[1]. Bei ihnen erwies sich vor allem die Mitbestimmung der Arbeitnehmer als Kristallisationspunkt für divergierende Vorstellungen der Mitgliedstaaten, die die Verabschiedung einer Verordnung über das Statut einer Europäischen Aktiengesellschaft lange Zeit verhindert hatten[2].

1. Kommissionsentwurf (1970)

2   Ausgangspunkt der von der Kommission unterbreiteten Vorschläge war der **1. Entwurf** für ein SE-Statut aus dem Jahre 1970[3]. Im Hinblick auf die Unternehmensmitbestimmung sah dieser für die SE einen der deutschen Aktiengesellschaft entsprechenden dualistischen Verwaltungsaufbau vor. Dem aus mindestens 12 Mitgliedern bestehenden Aufsichtsrat sollten – entsprechend dem damals geltenden § 76 Abs. 1 BetrVG 1952 (heute: § 4 Abs. 1 DrittelbG) – zu einem Drittel Arbeitnehmervertreter angehören (Art. 137 ff.), sofern das Satzungsorgan nicht eine größere Anzahl von Aufsichtsratsmitgliedern der Arbeitnehmer festlegt. Ihre Wahl sollte nicht unmittelbar den Arbeitnehmern, sondern den Mitgliedern der nationalen Betriebsvertretungen

---

[1] Zu den Entwicklungslinien z.B. *Bärmann*, Europäische Integration im Gesellschaftsrecht, S. 143 ff.; *Figge*, Mitbestimmung auf Unternehmensebene, S. 103 ff.; *Grundmann*, Europäisches Gesellschaftsrecht, Rz. 1032 ff.; *Lutter/Bayer/J. Schmidt*, Europäisches Unternehmens- und Kapitalmarktrecht, S. 715 ff.; *Oechsler* in MünchKomm. AktG, 3. Aufl. Vor Art. 1 SE-VO Rz. 1 ff.; *Schwarz*, SE-VO, Einleitung Rz. 2 ff.; *Wenz*, SE, S. 10 ff.
[2] Statt aller *Monti*, WM 1997, 607, 608.
[3] ABl. EG Nr. C 124 v. 10.10.1970, S. 1 ff.

obliegen (Art. 139)⁴. Die mitbestimmungsrechtlichen Partien des Entwurfes stießen jedoch überwiegend, wenn auch aus unterschiedlichen Gründen, auf Ablehnung⁵.

2. Kommissionsentwurf (1975)

Der **2. Entwurf** der Kommission aus dem Jahre 1975⁶ schrieb das Modell eines dualistischen Verwaltungsaufbaus fort, sah jedoch in Art. 73 für die Zusammensetzung des Aufsichtsrates eine grundsätzliche konzeptionelle Änderung vor. Abweichend von dem 1. Entwurf sollte sich dieser aus drei gleich starken Gruppen von Mitgliedern zusammensetzen („Drei-Bänke-Modell"). Neben die Mitglieder der Aktionäre und der Arbeitnehmer sollten die Aufsichtsratsmitglieder der Aktionäre und die der Arbeitnehmer zu einem Drittel Vertreter der Öffentlichkeit hinzuwählen können. 3

Auch bezüglich der Wahl der Aufsichtsratsmitglieder der Arbeitnehmer sah der 2. Entwurf der Kommission eine grundlegende Korrektur vor. An die Stelle der Mitglieder der nationalen Betriebsvertretungen trat als Wahlkörper eine Delegiertenversammlung, deren Mitglieder die Arbeitnehmer in den Mitgliedstaaten unmittelbar wählen sollten⁷. In den Beratungen über den 2. Vorschlag konnte jedoch insbesondere wegen der divergierenden mitbestimmungsrechtlichen Vorstellungen abermals kein Einvernehmen erzielt werden; die Arbeiten wurden im Jahre 1982 zugunsten der 5. gesellschaftsrechtlichen Richtlinie (Struktur-RL)⁸ vorläufig eingestellt. 4

3. Kommissionsentwurf (1989)

Der im Anschluss an eine längere Diskussionspause vorgelegte **3. Entwurf** der Kommission aus dem Jahre 1989⁹ war erkennbar von dem Bestreben geprägt, den unterschiedlichen gesellschaftsrechtlichen und mitbestimmungsrechtlichen Traditionen in den Mitgliedstaaten Rechnung zu tragen und übertrug zentrale Vorstellungen aus dem zwischenzeitlich erarbeiteten geänderten Vorschlag für eine 5. gesellschaftsrechtliche Richtlinie¹⁰ auf die SE. Für den dritten Anlauf war zunächst die für die weiteren Arbeiten richtungsweisende Aufspaltung der gemeinschaftsrechtlichen Regelungsinstrumente charakteristisch, die wegen der unterschiedlichen Rechtsgrundlagen im EG-Vertrag gewählt wurde¹¹. Während eine auf Art. 100a EG-Vertrag a.F. gestützte Verordnung die gesellschaftsrechtlichen Bestimmungen eines SE-Statuts 5

---

4 Näher hierzu *Güntzel*, Richtlinie, S. 23 ff.; *Hofmann*, Mitbestimmung der Arbeitnehmer, Diss. Bonn 1976, S. 191 ff., 201 ff.; *Mävers*, Mitbestimmung, S. 107 ff.; *Kraft*, Europäisierung, S. 98 ff.; aus der vorherigen Diskussion z.B. *Sanders*, AG 1967, 344 ff. sowie *Lyon-Caen*, Interessenvertretung, 1970.
5 Im Überblick z.B. *Hofmann*, Mitbestimmung der Arbeitnehmer, Diss. Bonn 1976, S. 212 ff.; *Mävers*, Mitbestimmung, S. 117 ff.
6 Bulletin der EG, Beil. 4/1975.
7 Näher zu diesem *Hofmann*, Mitbestimmung der Arbeitnehmer, Diss. Bonn 1976, S. 252 ff., 258 ff.; *Kraft*, Europäisierung, S. 102 ff.; *Mävers*, Mitbestimmung, S. 132 ff.; *Wagner*, Arbeitnehmermitbestimmung; *H.P. Westermann*, RabelsZ 1984, 123 ff. sowie allg. *Lutter*, Die Europäische Aktiengesellschaft, 2. Aufl. 1978.
8 Hierzu im Überblick *Mävers*, Mitbestimmung, S. 169 ff.
9 ABl. EG Nr. C 263 v. 16.10.1989, S. 41 ff. (SE-Statut), 69 ff. (Beteiligung der Arbeitnehmer). Zum vorangegangenen Memorandum der Kommission v. 15.7.1988 (BR-Drucks. 392/88 = Bulletin der EG, Beil. 3/1988) *Figge*, Mitbestimmung auf Unternehmensebene, S. 193 ff.; *Kolvenbach*, DB 1988, 1837 ff.; *Mävers*, Mitbestimmung, S. 190 ff.
10 Dazu im Überblick *Oetker* in Großkomm. AktG, 4. Aufl., Vorbem. Mitbestimmungsgesetze Rz. 125 ff. sowie *Grundmann*, Europäisches Gesellschaftsrecht, Rz. 366 ff.
11 Hierzu stellvertretend *Abeltshauser*, AG 1990, 289, 291 ff.; *Figge*, Mitbestimmung auf Unternehmensebene, S. 218 ff.; *Wahlers*, AG 1990, 448 ff. sowie im Überblick *Eser*, ZVglRWiss. 91 (1992), 258, 284 f.; *Hauschka*, EuZW 1990, 181, 183 f.; *Merkt*, BB 1992, 652, 659 f.; den Ansatz der Kommission verteidigend *Pipkorn*, RdA 1992, 120, 124.

zusammenfassen sollte[12], schlug die Kommission für die mitbestimmungsrechtlichen Fragen den Weg einer separaten und auf Art. 54 Abs. 3 lit. g EG-Vertrag a.F. gestützten Richtlinie vor[13].

6 Der **Verordnungsentwurf** wich strukturell von den bisherigen Vorschlägen ab, da er für die SE nicht mehr zwingend ein dualistisches System vorschrieb, sondern in den Art. 66 f. des Entwurfs zusätzlich die Möglichkeit eröffnete, für die SE eine monistische Struktur zu wählen[14]. Der hierdurch geschaffene Gestaltungsspielraum strahlte denknotwendig auf den mitbestimmungsrechtlichen **Richtlinienvorschlag** aus. Er enthielt in Anlehnung an die Arbeiten zur 5. gesellschaftsrechtlichen Richtlinie verschiedene Mitbestimmungsmodelle, die den Mitgliedstaaten zur Auswahl gestellt werden sollten. Sie reichten von einem Repräsentationsmodell deutscher Prägung, über das dem früheren niederländischen Recht entlehnte Kooptationsmodell[15] und die Mitwirkung eines mit bestimmten Befugnissen ausgestatteten separaten Arbeitnehmervertretungsorgans bis hin zu einem Vereinbarungsmodell[16]. Die Vielfalt der den Mitgliedstaaten eröffneten Wahlmöglichkeiten faszinierte zwar durch ihre Elastizität, die es ihnen ermöglicht hätte, die SE für ihr Hoheitsgebiet in die unterschiedlichen Mitbestimmungstraditionen einzufügen[17]. Sie war aber ungeachtet der Bedenken bezüglich des Verzichts auf jegliche Harmonisierung[18] und die aufgespaltenen Rechtsgrundlagen[19] mit dem Makel behaftet, dass die Gleichwertigkeit der verschiedenen Mitbestimmungsmodelle nicht gewährleistet war[20].

7 Der im Jahre **1991** vorgelegte **geänderte Kommissionsentwurf**[21] beließ es bei dem Ansatz verschiedener Mitbestimmungsmodelle, die aber – abweichend von dem Vorschlag aus dem Jahre 1989 – zwischen den Leitungs- bzw. Verwaltungsorganen der an der Gründung der beteiligten Gesellschaften und den Arbeitnehmervertretern zu vereinbaren waren. Den Mitgliedstaaten sollte jedoch vorbehalten bleiben, die Wahl der Modelle zu begrenzen oder für die SE mit Sitz in ihrem Hoheitsgebiet die Wahl eines

---

12 ABl. EG Nr. C 263 v. 16.10.1989, S. 41 ff.
13 ABl. EG Nr. C 263 v. 16.10.1989, S. 69 ff.
14 *Figge*, Mitbestimmung auf Unternehmensebene, S. 124 ff.; *Hauschka*, EuZW 1990, 181, 182 f.; *Jaeger*, Die Europäische Aktiengesellschaft – europäischen oder nationalen Rechts, 1994, S. 138 ff.; *Kraft*, Europäisierung, S. 106 ff.; *Leupold*, Die Europäische Aktiengesellschaft, 1993, S. 72 ff.; *Wenz*, SE, S. 75 ff.; ausführlich *Abeltshauser*, Strukturalternativen für eine europäische Unternehmensverfassung, 1990.
15 Hierzu näher *Honée*, ZGR 1982, 87 ff.; *Maeijer*, ZGR 1974, 104 ff.; *Maeijer*, ZfA 1979, 69 ff.; *Sanders*, AG 1977, 173 ff.
16 Zu diesen Modellen *Blank*, ArbuR 1993, 229 (232 f.); *Dreher*, EuZW 1990, 476 ff.; *Güntzel*, Richtlinie, S. 44 ff.; *von der Heyde*, Beteiligung, S. 41 ff.; *Kiehn*, Beteiligung, S. 38 ff.; *Leupold*, Die Europäische Aktiengesellschaft, 1993, S. 201 ff.; *v. Maydell*, AG 1990, 443 ff.; *Mävers*, Mitbestimmung, S. 207 ff.; *Merkt*, BB 1992, 652, 658; *Nagel*, ArbuR 1990, 205 ff.; *Raiser* in FS Steindorff, 1990, S. 201 ff.; *Wenz*, SE, S. 24, 157 ff.; *Wißmann*, RdA 1992, 320, 323 ff.
17 Positiv deshalb *Hopt* in FS Everling, 1995, S. 475, 490 f.
18 Kritisch z.B. *Jaeger*, ZEuP 1994, 206, 217: „ein Chamäleon, das sich – notgedrungen – seiner jeweiligen rechtlichen Umgebung anpasst"; *Raiser* in FS Semler, 1993, S. 277, 290.
19 Hierzu *Abeltshauser*, AG 1990, 289, 291 ff.; *Figge*, Mitbestimmung auf Unternehmensebene, S. 218 ff.; *Wahlers*, AG 1990, 448 ff. sowie im Überblick *Eser*, ZVglRWiss. 91 (1992), 258, 284 f.; *Hauschka*, EuZW 1990, 181, 183 f.; *Merkt*, BB 1992, 652, 659 f.; den Ansatz der Kommission verteidigend *Pipkorn*, RdA 1992, 120, 124.
20 Statt aller *Abeltshauser*, AG 1990, 289, 295 ff.; *Abeltshauser*, Funktionale Alternativen einer Europäischen Unternehmensverfassung, Diss. Florenz 1994; *Figge*, Mitbestimmung auf Unternehmensebene, S. 132 ff., 230 ff.; *Raiser* in FS Semler, 1993, S. 277, 290; *Wißmann*, RdA 1992, 320, 329 f.; *Wunsch-Semmler*, Entwicklungslinien, S. 79 ff.
21 ABl. EG Nr. C 138 v. 29.5.1991, S. 1 ff. (SE-Statut), 8 ff. (Beteiligung der Arbeitnehmer); näher dazu im Überblick *Güntzel*, Richtlinie, S. 50 ff.; *von der Heyde*, Beteiligung, S. 45 ff.; *Koch*, Beteiligung, S. 88 f.; *Mävers*, Mitbestimmung, S. 252 ff.

einzigen Modells vorzuschreiben[22]. Hinsichtlich der für die Vereinbarung eröffneten Formen einer Beteiligung der Arbeitnehmer schrieb der geänderte Vorschlag der Kommission im Grundsatz den Richtlinienentwurf des Jahres 1989 fort. Die Beteiligung der Arbeitnehmervertreter sollte entweder unmittelbar in dem Aufsichts- oder dem Verwaltungsorgan (Art. 4) oder durch ein separates Arbeitnehmerorgan verwirklicht werden (Art. 5). Daneben sah der geänderte Vorschlag in Art. 6 die Möglichkeit vor, im Wege der Vereinbarung andere Modelle für eine Vertretung der Arbeitnehmer festzulegen, die jedoch bestimmten Mindestanforderungen genügen mussten.

4. Davignon-Bericht und Kompromissvorschläge

Da wegen der mitbestimmungsrechtlichen Problematik zwischen den Mitgliedstaaten abermals nicht das notwendige Einvernehmen erzielt werden konnte, wurden die Arbeiten unterbrochen und erst wieder aufgenommen, nachdem im September 1994 die Richtlinie über die Einsetzung eines Europäischen Betriebsrats in gemeinschaftsweit operierende Unternehmen und Unternehmensgruppen (94/45/EG)[23] in Kraft getreten war. Den Ausgangspunkt für die weitere Diskussion[24] bildete der Davignon-Bericht[25], der vor allem den in der Richtlinie 94/45/EG aufgezeigten Weg einer vorrangigen Vereinbarungsregelung mit einem subsidiär eingreifenden Auffangmodell favorisierte.

Auf der Grundlage des Davignon-Berichts legte zunächst der luxemburgische Ratsvorsitz am 18.7.1997 einen Kompromissvorschlag vor[26], dem unter dem Vorsitz Großbritanniens am 1.4.1998 ein weiterer Entwurf folgte[27]. Ähnlich wie bei der Richtlinie 94/45/EG sah der letztgenannte Vorschlag die Bildung eines besonderen Verhandlungsgremiums vor, in dem die Arbeitnehmer der verschiedenen Mitgliedstaaten entsprechend ihrem zahlenmäßigen Verhältnis vertreten sind, wobei die Mitgliedstaaten für ihren jeweiligen Hoheitsbereich das Verfahren über die Wahl oder die Bestellung der Mitglieder eigenständig festlegen sollten (Art. 3 Abs. 2 lit. c). Das besondere Verhandlungsgremium sollte sodann entweder mit den zuständigen Organen der beteiligten Gesellschaften eine schriftliche Vereinbarung über die Modalitäten der Arbeitnehmerbeteiligung abschließen (Art. 3 Abs. 3) oder aber mit qualifizierter Mehrheit beschließen können, keine Verhandlungen aufzunehmen oder diese abzubrechen. Konnten sich die Parteien nicht auf eine Vereinbarung verständigen, dann sollte als Auffangregelung die Bildung eines separaten Vertretungsorgans der Arbeitnehmer eingreifen (Teil 1 des Anhangs)[28]. Zusätzlich wollte der Entwurf die Unternehmensmitbestimmung in den Mitgliedstaaten dadurch absichern, dass die Arbeit-

---

22 *Figge*, Mitbestimmung auf Unternehmensebene, S. 216; *Wißmann*, RdA 1992, 320, 329.
23 ABl. EG Nr. L 254 v. 30.9.1994, S. 64 ff.
24 Im Überblick *Hopt*, ZIP 1998, 96, 99 ff.; *Jaeger*, BetrR 1998, 5 ff. Eingeleitet durch die Mitteilung der Kommission v. 14.11.1995 (KOM [95] 457 endg.); hierzu *Kolvenbach*, EuZW 1996, 229 ff.
25 Sachverständigengruppe „European Systems of Worker Involvement", Abschlussbericht, 1997; hierzu *Güntzel*, Richtlinie, S. 57 ff.; *Heinze*, AG 1997, 289, 291 ff.; *Hopt*, ZIP 1998, 96, 100; *Jaeger*, BetrR 1998, 5, 6 ff.; *Kiehn*, Beteiligung, S. 44 ff.; *Kraft*, Europäisierung, S. 115 ff.; *Mävers*, Mitbestimmung, S. 296 ff.
26 BR-Drucks. 728/97; hierzu *Jaeger*, BetrR 1998, 5, 8 f.; *Kolvenbach*, NZA 1998, 1323, 1324 ff.; *Mävers*, Mitbestimmung, S. 313 ff.
27 Abgedruckt in RdA 1998, 239 ff.; hierzu *Hanau*, RdA 1998, 231 ff.; *Kolvenbach*, NZA 1998, 1323, 1326 f.; *Mävers*, Mitbestimmung, S. 320 ff.
28 Generell im Sinne einer Sockellösung *Dreher*, EuZW 1990, 476, 478, der diese jedoch als Alternative zum Optionsmodell vorschlug und zudem die Beteiligung der Arbeitnehmer im Aufsichts- oder Verwaltungsorgan beibehielt; so auch die *Davignon*-Gruppe in ihrem Abschlussbericht (Nr. 83), aber im Sinne einer Auffangregelung (20 % Beteiligung); gegen den Vorschlag einer Sockellösung *Eser*, ZVglRWiss. 91 (1992), 258, 288; *Lutter*, AG 1990, 413.

nehmer der beteiligten Gesellschaften über eine Repräsentanz in dem Vertretungsorgan oder gegebenenfalls in dem Leitungsorgan der SE verfügen, wenn ihnen dieses Recht auch im Hinblick auf die an der SE beteiligte nationale Gesellschaft zusteht (Teil 2 des Anhangs). Die Auffangregelung für die Mitbestimmung erwies sich indes als nicht konsensfähig.

10 Im Zentrum der nachfolgend von der österreichischen Präsidentschaft im Herbst 1998 unterbreiteten Vorschläge standen die Voraussetzungen für das Eingreifen der mitbestimmungsrechtlichen Auffanglösung[29]. Erörtert wurde in diesem Zusammenhang, dass von der Mitbestimmungsregelung über 50 % der bei den Gründungsunternehmen beschäftigten Arbeitnehmer erfasst sein müssen oder bei einer kleineren Zahl ein Mehrheitsbeschluss des besonderen Verhandlungsgremiums zugunsten der Anwendung der Auffangregelung vorliegt. Auch auf diesen Kompromiss konnten sich die Arbeitsminister der Europäischen Union auf ihrer Sitzung am 2.12.1998 indes nicht einigen[30]. Entsprechendes gilt für den auf der Sitzung am 25.5.1999 erörterten und im Hinblick auf die Schwellenwerte modifizierten Vorschlag der deutschen Präsidentschaft, der an dem Veto der spanischen Regierung scheiterte[31].

5. Der Gipfel von Nizza und die Richtlinie 2001/86/EG

11 Der politische Durchbruch gelang erst unter der französischen Präsidentschaft auf dem Gipfel von Nizza in der Nacht vom 7. auf den 8.12.2000[32]. Nach jahrelangem Widerstand konnte Spanien durch finanzielle Zusagen für die spanische Fischereiflotte und durch Einfügung einer Optionslösung für die Gründung einer SE durch Verschmelzung (Art. 7 Abs. 3 SE-RL i.V.m. Art. 12 Abs. 3 SE-VO) zur Zustimmung bewogen werden[33]. Die Kompromissnorm sieht vor, dass es den Mitgliedstaaten obliegt, ob sie eine Auffangregelung für die Mitbestimmung vorsehen, wenn eine SE durch Verschmelzung zweier Aktiengesellschaften gegründet wird.

12 Gemäß dem Auftrag des Europäischen Rates von Nizza prüfte der Ausschuss der Ständigen Vertreter die überarbeiteten Vorschläge der deutschen Präsidentschaft und legte einen Bericht für die Tagung des Ministerrates (Beschäftigung und Sozialpolitik) am 20.12.2000 vor[34]. Auf der Grundlage von Art. 308 EG leitete der Rat den Verordnungs- sowie den Richtlinienentwurf am 9.3.2001 dem Europäischen Parlament zum Zwecke der Konsultation zu[35]. Dieses hielt Art. 308 EG als Rechtsgrundlage für fehlerhaft und sah sich selbst nach Art. 95 EG für die SE-Verordnung und gem. Art. 137 EG für die SE-Richtlinie als mitentscheidungsbefugt an. Dennoch stimmte das Europäische Parlament den geänderten Vorschlägen – abgesehen von einigen technischen Änderungswünschen[36] – am 4.9.2001 zu, um die erzielte politische Einigung über

---

29 S. dazu im Überblick *Mävers*, Mitbestimmung, S. 344 ff.
30 S. *Riester*, ArbuR 1999, 1, 4 f.
31 Dazu *Mävers*, Mitbestimmung, S. 357 ff.
32 *Mävers*, Mitbestimmung, S. 412.
33 *Heinze*, ZGR 2002, 66, 77; *Veelken* in GS Blomeyer, 2004, S. 491, 516.
34 *Blanquet*, ZGR 2002, 20, 33.
35 *Herfs-Röttgen*, NZA 2002, 358, 358 f.; *Jacobs* in MünchKomm. AktG, 3. Aufl., Vor § 1 SEBG Rz. 7.
36 Zu den einzelnen Änderungsvorschlägen hinsichtlich der SE-Verordnung vgl. Bericht des Ausschusses für Recht und Binnenmarkt über den Entwurf einer Verordnung des Rates über das Statut der Europäischen Gesellschaft (SE), (14 886/2000 – C 5–0092/2001 – 1989/0218 [CNS]), Berichterstatter *Hans-Peter Mayer*, Sitzungsdokument A5-0243/2001 v. 26.6.2001, und hinsichtlich der SE-Richtlinie vgl. Bericht des Ausschusses für Beschäftigung und soziale Angelegenheiten über den Entwurf einer Richtlinie des Rates zur Ergänzung des Statuts der Europäischen Gesellschaft hinsichtlich der Beteiligung der Arbeitnehmer (14732/2000 –

das SE-Statut und die Arbeitnehmerbeteiligung nicht zu gefährden[37]. Die Änderungsvorschläge des Europäischen Parlaments blieben vom Rat unberücksichtigt, so dass dieser unter schwedischer Präsidentschaft die SE-Verordnung sowie die SE-Richtlinie in der dem Europäischen Parlament zur Konsultation zugeleiteten Fassung am 8.10.2001 verabschiedete[38]. Zur Überprüfung der SE-Richtlinie durch die EU-Kommission s. unten Rz. 24.

II. Die Umsetzung der Richtlinie 2001/86/EG durch das SE-Beteiligungsgesetz

Den Mitgliedstaaten stand zur Umsetzung der SE-Richtlinie eine Frist von drei Jahren[39] zur Verfügung. Zeitgleich zum Ablauf dieser Umsetzungsfrist trat die SE-Verordnung am 8.10.2004 in Kraft. Während zur Ausführung der SE-Verordnung das Bundesministerium der Justiz bereits am 28.2.2003 einen auf das Gesellschaftsrecht beschränkten Diskussionsentwurf für ein „Gesetz zur Einführung der Europäischen Gesellschaft (SEEG)"[40] veröffentlichte, ließen die beiden zuständigen Ministerien – das Bundesministerium der Justiz und das Bundesministerium für Wirtschaft und Arbeit – über ein Jahr verstreichen, bis sie bezüglich der Umsetzung der SE-Richtlinie am 5.4.2004 einen umfassenden Referentenentwurf in Form eines Artikelgesetzes vorlegten[41]. Dieser enthielt in Art. 2 erstmals den Entwurf für ein „Gesetz zur Beteiligung der Arbeitnehmer in einer Europäischen Gesellschaft (SE-Beteiligungsgesetz – SEBG)". Kurze Zeit später, am 26.5.2004, beschloss das Bundeskabinett einen Regierungsentwurf[42], der am 28.5.2004 dem Bundesrat zugeleitet wurde[43]. Nach Beratung in den Fachausschüssen gab der Bundesrat am 9.7.2004 seine Stellungnahme ab[44], in der er insbesondere forderte, von der Optionslösung des Art. 7 Abs. 3 SE-RL Gebrauch zu machen, um die Attraktivität der Europäischen Gesellschaft im Hinblick auf die Fusion deutscher Unternehmen mit europäischen Partnern zu steigern[45]. Weiterhin kritisierte der Bundesrat die in dem Regierungsentwurf vorgesehene 1:1-Übertragung der Mitbestimmung im dualistischen System auf das bei Wahl des monistischen Sys-

13

C5-0093/2001 – 1989/0219 [CNS]), Berichterstatter *Winfried Menrad*, Sitzungsdokument A 5-0231/2001 v. 21.6.2001.

37 Ausführlich zum Kompetenzkonflikt *Calle Lambach*, Beteiligung der Arbeitnehmer, S. 41 f.; *Herfs-Röttgen*, NZA 2002, 358, 358 f.; *von der Heyde*, Beteiligung, S. 67 ff.; *Hommelhoff*, AG 2001, 279, 279 f.; *Kleinsorge*, RdA 2002, 343, 345 f.; *Kuffner*, Beteiligung der Arbeitnehmer, S. 50 ff.; *Neye*, ZGR 2002, 377 ff.; *Schwarz*, ZIP 2001, 1847, 1848.

38 Verordnung (EG) Nr. 2517/2001 des Rates v. 8.10.2001 über das Statut der Europäischen Gesellschaft (SE), ABl. EG Nr. L 294 v. 10.11.2001, S. 1 ff. und Richtlinie 2001/86/EG des Rates v. 8.10.2001 zur Ergänzung des Statuts der Europäischen Genossenschaft hinsichtlich der Beteiligung der Arbeitnehmer, ABl. EG Nr. L 294 v. 10.11.2001, S. 22 ff.

39 Zur Entstehungsgeschichte des SEBG *Kleinsorge* in Nagel/Freis/Kleinsorge, Beteiligung der Arbeitnehmer, Einf. SE Rz. 40 ff. sowie *Hohenstatt/Müller-Bonanni* in Habersack/Drinhausen, Vor § 1 SEBG Rz. 54 ff.; *Ihrig/Wagner*, BB 2004, 1749, 1749 f.; *Jacobs* in MünchKomm. AktG, 3. Aufl., Vor § 1 SEBG Rz. 28 ff.

40 Abgedruckt in *Neye*, Die Europäische Aktiengesellschaft, 2005, S. 301 ff. und NZG 2003, Sonderbeilage zu Heft 7 sowie AG 2003, 204 ff. Im Überblick zum Diskussionsentwurf: *Brandt*, DStR 2003, 1208 ff.; *Ihrig/Wagner*, BB 2003, 969 ff.; *Neye*, AG 2003, 169 ff.

41 Abgedruckt in *Neye*, Die Europäische Aktiengesellschaft, 2005, S. 327 ff. sowie im Überblick dazu *Waclawik*, DB 2004, 1191 ff.

42 BT-Drucks. 15/3405 v. 21.6.2004. Im Überblick zum Regierungsentwurf *Ihrig/Wagner*, BB 2004, 1749 ff.; *Nagel*, NZG 2004, 833 ff.; *Nagel*, ArbuR 2004, 281 ff.; *Wisskirchen/Prinz*, DB 2004, 2638 ff.

43 BR-Drucks. 438/04 v. 28.5.2004.

44 BR-Drucks. 438/04 (B) v. 9.7.2004.

45 BR-Drucks. 438/04 (B) v. 9.7.2004, S. 2.

tems zu bildende Verwaltungsorgan[46]. Ihre Gegenäußerung gab die Bundesregierung am 24.8.2004 ab[47].

14 Aufgrund besonderer Eilbedürftigkeit wurde der Regierungsentwurf bereits vor Abgabe der Stellungnahme des Bundesrates gem. Art. 76 Abs. 2 Satz 4 GG in den Bundestag eingebracht, so dass am 1.7.2004 die 1. Lesung und zugleich die Überweisung der Vorlage an den Ausschuss für Wirtschaft und Arbeit, den Rechtsausschuss, den Finanzausschuss und den Ausschuss für die Angelegenheiten der Europäischen Union erfolgen konnte[48]. Die ursprünglich für den 30.9.2004 vorgesehene 2. und 3. Lesung setzte der Bundestag im Laufe der Sitzung von der Tagesordnung ab. Stattdessen führte der Rechtsausschuss am 18.10.2004 eine öffentliche Anhörung durch, in der Vertreter der Wirtschaft[49], der Arbeitgeberverbände[50], des DGB[51], der Wissenschaft[52], der Anwaltschaft[53] und aus dem Ausland[54] Stellungnahmen abgaben. Am 27.10.2004 gab der Rechtsausschuss eine Beschlussempfehlung und einen Bericht zu dem Gesetzesentwurf der Bundesregierung ab[55]. Neben verschiedenen redaktionellen Änderungsvorschlägen schlug der Rechtsausschuss vor allem die Einfügung des § 35 Abs. 3 SEAG vor. Danach erhält der Vorsitzende des Verwaltungsrats, den regelmäßig die Anteilseignerseite bestimmt, eine zusätzliche Stimme, wenn ein geschäftsführendes Verwaltungsratsmitglied aus rechtlichen Gründen gehindert ist, an der Beschlussfassung im Verwaltungsrat teilzunehmen. Auf diese Weise wollte der Rechtsausschuss den in der öffentlichen Anhörung geäußerten Bedenken zur Verfassungsmäßigkeit der paritätischen Mitbestimmung im Verwaltungsrat der SE Rechnung tragen. Einen Änderungsantrag der CDU/CSU-Fraktion, der unter anderem eine Beschränkung der Parität im monistischen System auf die nicht geschäftsführenden Verwaltungsratsmitglieder vorsah[56], lehnte der Ausschuss mehrheitlich ab.

15 Am 29.10.2004 verabschiedete der Bundestag in 2. und 3. Lesung das SEEG in der vom Rechtsausschuss empfohlenen Fassung[57]. Zwar beschloss der Bundesrat am 26.11.2004 die Anrufung des Vermittlungsausschusses[58], dieser beendete aber die Verhandlungen am 15.12.2004 ohne Ergebnis[59]. Daraufhin legte der Bundesrat am 17.12.2004 Einspruch ein[60], den der Bundestag noch am selben Tag mit der Mehrheit der Stimmen seiner Mitglieder zurückwies[61]. Schließlich trat das SEEG nach seiner Verkündung im Bundesgesetzblatt am 28.12.2004 mit dem nachfolgenden Tag in

---

46 BR-Drucks. 438/04 (B) v. 9.7.2004, S. 3.
47 BT-Drucks. 15/3656 v. 24.8.2004.
48 Deutscher Bundestag, Stenographischer Bericht, 118. Sitzung v. 1.7.2004, Plenarprotokoll 15/118, S. 10754 D.
49 *Bernhard Beck*, Vorstandsmitglied der EnBW AG.
50 *Klaus Bräunig*, BDI und *Jürgen Möllering*, DIHK. Vgl. auch Gemeinsame Stellungnahme von BDA, BDI, DIHK, DGV und Dt. Aktieninstitut zum Entwurf eines Gesetzes zur Einführung der Europäischen Gesellschaft v. 3.5.2004.
51 *Dietmar Hexel*, DGB. Vgl. auch Stellungnahme des DGB zum Referentenentwurf eines Gesetzes zur Einführung der Europäischen Gesellschaft (SEEG) v. 25.5.2004.
52 *Bernhard Nagel* und *Rüdiger Veil*.
53 *Christoph H. Seibt*, abgedruckt in NZA 2004, Heft 21 Umschlagseite IX ff.
54 *Lionel Fulton*, Secretary of Labour Research Department London.
55 BT-Drucks. 15/4053 v. 27.10.2004.
56 BT-Drucks. 15/4053 v. 27.10.2004, S. 116 ff.
57 Deutscher Bundestag, Stenographischer Bericht, 136. Sitzung v. 29.10.2004, Plenarprotokoll 15/136, S. 12497D-12508A.
58 BR-Drucks. 850/04 (B).
59 BR-Drucks. 989/04.
60 BR-Drucks. 989/04 (B).
61 Ergänzende BR-Drucks. zu BR-Drucks. 989/04 (B).

Kraft[62] und ist seitdem unverändert geblieben. Zu den gegenwärtig diskutierten Reformvorschlägen insbesondere im Hinblick auf die Beteiligung der Arbeitnehmer s. unten Rz. 24 ff. Zu den Auswirkungen der Bestrebungen der aktuellen Gesetzgebung, in den Aufsichtsräten börsennotierter und mitbestimmter Unternehmen eine Erhöhung des Anteils weiblicher Mitglieder zu erreichen, auf die Beteiligung der Arbeitnehmer im Aufsichts- oder Verwaltungsorgan der SE s. unten Rz. 30 ff.

III. Die Umsetzung der Richtlinie 2001/86/EG in den Mitgliedstaaten der Europäischen Union

16
Nicht nur Deutschland, sondern auch einige andere EU-Mitgliedstaaten bewältigten eine Umsetzung der Richtlinie 2001/86/EG in nationales Recht nur mit erheblichen zeitlichen Verzögerungen. Eine fristgerechte Umsetzung gelang nur in Dänemark, Großbritannien, Island, Finnland, Österreich, Schweden, Slowakei und Ungarn[63].

1. Österreich

17
Der österreichische Gesetzgeber integrierte mit dem 82. Bundesgesetz[64] die entsprechenden Umsetzungsvorschriften zur SE-Richtlinie in das Arbeitsverfassungsgesetz, welches in der neuen Fassung gem. § 254 Abs. 16 ArbVG fristgerecht am 8.10.2004 in Kraft trat[65]. In diesem Zusammenhang fügte er in das Arbeitsverfassungsgesetz einen VI. Teil über die „Beteiligung der Arbeitnehmer in der europäischen Gesellschaft" ein (§§ 208 ff. ArbVG). In diesem finden sich allgemeine Bestimmungen in den §§ 208 bis 214 ArbVG wieder, während sich die §§ 215 bis 231 ArbVG mit der Bildung des besonderen Verhandlungsgremiums sowie den formellen und materiellen Anforderungen für eine Beteiligungsvereinbarung befassen. Die §§ 232 ff. ArbVG legen schließlich das Verfahren zur Bildung eines SE-Betriebsrats kraft Gesetzes fest und die Regelungen zur Mitbestimmung kraft Gesetzes haben in den §§ 244 ff. ArbVG ihren Niederschlag gefunden.

2. Belgien, Frankreich, Luxemburg und Niederlande

18
In **Belgien** gelang die Umsetzung der SE-Richtlinie durch den Tarifvertrag n° 84 vom 6.10.2004 über die Arbeitnehmerbeteiligung in der SE (Convention edlective de travail n° 84), welcher mit einem königlichen Erlass vom 22.12.2004 verabschiedet und am 19.1.2005 im belgischen Staatsblatt, dem Moniteur belge, veröffentlicht wurde[66]. In **Frankreich** wurden die Umsetzungsvorschriften als Ergänzung des VIII. Titels des IV. Buches des Code du travail durch einen VII. Abschnitt mit dem Titel „Groupe spécial de négociation et organe de représentation dans la société européenne" integriert[67].

---

62 Gesetz zur Einführung der Europäischen Gesellschaft (SEEG) v. 22.12.2004, BGBl. I 2004, 3675 ff.
63 Die in Kraft getretenen nationalen Umsetzungsgesetze, teilweise mit englischer Übersetzung, sind abrufbar unter: ec.europa.eu/internal_market/company/societas-europaea/countries/legislation/index_de.htm. Ein Überblick ist zu finden bei: *Jannott/Frodermann*, Handbuch Europäische Aktiengesellschaft, Kap. 15.
64 Bundesgesetzblatt für die Republik Österreich Teil I Nr. 82/2004.
65 Näher dazu *Cerny/Mayr*, Arbeitsverfassungsrecht, Bd. 6, 2006; *Gahleitner*, Kommentar zur SE-Arbeitnehmerbeteiligung, in Kalss/Hügel, Europäische Aktiengesellschaft; *Reich-Rohrwig* in Jannott/Frodermann, Handbuch Europäische Aktiengesellschaft, Kap. 15 Rz. 2692 ff.
66 Veröffentlicht im: Staatsblad 19/01/2005, S. 1476 ff. Vgl. dazu *Lebbink/Peeters/Guyot* in Jannott/Frodermann, Handbuch Europäische Aktiengesellschaft, Kap. 15 Rz. 146 ff.
67 Gesetz Nr. 2005-842 v. 26.7.2005 (J.O n° 173 v. 27.7.2005, S. 12160). S. zum Inhalt: *Rohmert/Hellio/Herrmann* in Jannott/Frodermann, Handbuch Europäische Aktiengesellschaft, Kap. 15 Rz. 959 ff.; *Klein*, RIW 2004, 435, 437; *Roussel-Verret*, BB-Special 1/2005, 25 ff.

Zusammen mit einigen anderen Entwürfen zur Reform des luxemburgischen Arbeitsrechts reichte die **luxemburgische Regierung** beim Parlament am 21.1.2005 einen Gesetzesentwurf zur Umsetzung der SE-Richtlinie ein[68], der durch Gesetz v. 25.4.2006 in Kraft getreten ist. In den **Niederlanden** musste das Projekt der Europäischen Aktiengesellschaft zunächst zurücktreten, weil eine seit Jahren diskutierte Reform des nationalen Mitbestimmungsrechts Priorität hatte[69]. Deshalb erfolgte eine Umsetzung der SE-Richtlinie durch den niederländischen Gesetzgeber erst im März 2005[70].

3. Griechenland, Italien, Malta, Portugal, Spanien und Zypern

19 Das Projekt der Europäischen Aktiengesellschaft wurde im südeuropäischen Rechtsraum zumeist nur zögerlich umgesetzt. So kam es in **Griechenland** erst im Mai 2006 zu einem entsprechenden Gesetz[71]. In **Italien** unterzeichneten die Sozialpartner am 2.3.2005 zunächst einen Entwurf zur Umsetzung der Richtlinie, der durch Gesetz Nr. 188 v. 19.8.2005 in Kraft getreten ist[72]. In **Portugal** verzögerten die Parlamentswahlen im Februar 2005 anfänglich die Arbeiten zur Umsetzung der SE-Richtlinie, die jedoch im Dezember 2005 durch das Decreto-Lei n.° 215/2005[73] zum Abschluss gelangten. Angesichts der jahrelangen Blockade **Spaniens** im europäischen Gesetzgebungsprozess überraschte es nicht, dass dort das Umsetzungsgesetz zur SE-Richtlinie erst sehr spät verabschiedet worden ist. Erst die neue (sozialistische) Regierung stand der europäischen Gesellschaftsform offener gegenüber und betrieb die Implementierung der Bestimmungen der SE-Richtlinie in das spanische Arbeitsrecht, die mit dem Gesetz v. 18.10.2006 abgeschlossen wurde[74]. Eine gänzlich andere Entwicklung ist in den EU-Mitgliedstaaten Malta und Zypern zu verzeichnen. **Malta** kam seiner Verpflichtung zur Umsetzung der SE-Richtlinie mit dem „Law L.N. 452 of 2004 Employee Involvement (European Company) Regulations, 2004" bereits Ende Oktober 2004 nach[75]; und auch in **Zypern** trat Ende Dezember 2004 das nationale Umsetzungsgesetz Nr. 277 (I)/2004 zur SE-Richtlinie in Kraft[76].

4. Großbritannien und Irland

20 In **Großbritannien** setzte Teil 3 der „European Public Limited-Liability Company Regulations (No. 2326)" die Forderungen der SE-Richtlinie fristgerecht um[77]. In **Irland**

---

68 Nr. 5435 v. 3.2.2005.
69 Dazu *Berentsen*, Die Mitbestimmung 2002, Heft 6, 31 ff.; *Timmerman/Spanjaard* in Baums/Ulmer, Unternehmens-Mitbestimmung, S. 75, 92 f.
70 Veröffentlicht im Staatsblad van der Koninkrijk der Nederlanden 2005/166 & 167 v. 31.3.2005. Vgl. dazu *Delgado/Joskin* in Jannott/Frodermann, Handbuch Europäische Aktiengesellschaft, Kap. 15 Rz. 2503 ff.
71 S. *Athanasiou* in Jannott/Frodermann, Handbuch Europäische Aktiengesellschaft, Kap. 15 Rz. 1026 ff., 1147 ff.
72 Gazetta Ufficiale Della Republica Italiana Nr. 220 v. 21.9.2005; dazu *Cavasola/Zischg* in Jannott/Frodermann, Handbuch Europäische Aktiengesellschaft, Kap. 15 Rz. 1553 ff.
73 Diavio da Republica – I Serie – A Nr. 237 v. 13.12.2005; s. näher *Almeida/Vila Franca/Frege* in Jannot/Frodermann, Handbuch Europäische Aktiengesellschaft, Kap. 15 Rz. 3117 ff.
74 S. näher *Larramendi*, BB 2005, Special Nr. 1, S. 22 ff.; *de Dios Martinez/Alcazar Cuartero* in Jannott/Frodermann, Handbuch Europäische Aktiengesellschaft, Kap. 15 Rz. 3768 ff.
75 Veröffentlicht im: The Malta government gazette 22/10/2004 17667, ab Seite B 7068 in englischer Fassung; dazu *Hirsch* in Jannott/Frodermann, Handbuch Europaische Aktiengesellschaft, Kap. 15 Rz. 2393 ff.
76 Veröffentlicht im: zyprischen Amtsblatt Teil 1 (I) Nr. 3940 v. 31.12.2004, S. 5570 ff.
77 Veröffentlicht im: UK SI 2004 No. 2326 (für Großbritannien); SR 2004 No. 417 (für Nordirland). Vgl. dazu *Hearnden/Becker* in Jannott/Frodermann, Handbuch Europäische Aktiengesellschaft, Kap. 15 Rz. 4082 ff.

gelangte die Richtlinie 2001/86/EG hingegen erst im Jahre 2006 in das nationale Recht[78].

5. Dänemark, Finnland und Schweden

Das **dänische Umsetzungsgesetz** Nr. 281 vom 26.4.2004 trat fristgerecht zum 8.10.2004 in Kraft[79]. In **Finnland** verabschiedete das Parlament am 13.8.2004 mit dem „Act on the involvement of employees in European companies (No. 758)" das finnische Umsetzungsgesetz zur SE-Richtlinie, welches ebenfalls am 8.10.2004 in Kraft trat[80]. Durch das „Lag (2004:559) om arbetstagarinflytande i europabolag" vom 10.6.2004 erfolgte die Umsetzung der SE-Richtlinie schließlich auch in **Schweden** fristgerecht[81].

21

6. Osteuropäische Mitgliedstaaten

Estland schuf mit dem IEA (Act on the Involvement of in the Affairs of a Community-Scale Undertakings, a Community-Scale Groups of Undertakings or a European Company) das Umsetzungsgesetz zur SE-Richtlinie, welches am 12.1.2005 verabschiedet und am 1.2.2005 im Amtsblatt veröffentlicht wurde[82]. In Lettland trat im März 2005 das nationale Umsetzungsgesetz in Kraft[83]. In **Litauen** fand die SE-Richtlinie ihre Umsetzung im „Law on the Involvement of Employees in Decision Making in European Companies (No X-20)" vom 12.5.2005[84]. In **Polen** wiederum gelang die Umsetzung der SE-Richtlinie wie in Lettland erst im März 2005[85]. In der **Slowakei** verabschiedete der Nationale Rat am 9.9.2004 den „Act on European companies and amendments to some acts", in dessen Teil 2 unter der Überschrift „Involvement of employees in an European company" die SE-Richtlinie fristgerecht umgesetzt wurde[86]. In **Slowenien** führten innerpolitische Konflikte dazu, dass das Projekt der Europäischen Aktiengesellschaft erst im März 2006 zum Abschluss gelangte[87]. In der **Tschechischen Republik** erfolgte die Umsetzung der SE-Richtlinie in nationales Recht mit dem Gesetz 627/2004 im Dezember 2004[88]. In **Ungarn** fand die SE-Richt-

22

---

78 S. dazu *Managan/Scally* in Jannott/Frodermann, Handbuch Europäische Aktiengesellschaft, Kap. 15 Rz. 1281 ff.
79 Veröffentlicht im: Lovtidende A 27/04/2004. Vgl. dazu *Nørgaard/Weber/Møller/Nielsen/Warschow* in Jannott/Frodermann, Handbuch Europäische Aktiengesellschaft, Kap. 15 Rz. 434 ff.
80 Veröffentlicht im: Suomen Saadoskokoelma (SK) 18/08/2004 758, S. 2133 ff. Zum Inhalt *Kocher*, RIW 2006, 168, 169 f.; *Karlsson/Kuusimäki* in Jannott/Frodermann, Handbuch Europäische Aktiengesellschaft, Kap. 15 Rz. 730 ff.
81 Veröffentlicht im Svensk författningssamling (SFS) 2004/559 v. 18.6.2004, S. 1 ff. Vgl. dazu *Hein-Kaznova/Scheele/Cohrs* in Jannott/Frodermann, Handbuch Europäische Aktiengesellschaft, Kap. 15 Rz. 3408 ff.
82 Veröffentlicht im Riigi Teataja 01/02/2005. Vgl. zum Inhalt *Riismaa/Molok/Loor* in Jannott/Frodermann, Handbuch Europäische Aktiengesellschaft, Kap. 15 Rz. 578 ff.
83 Veröffentlicht im Latvijas Vēstnesis on 24/03/2005 num: 49. Vgl. dazu *Frišfelde/Burkevics/Rudzitis* in Jannott/Frodermann, Handbuch Europäische Aktiengesellschaft, Kap. 15 Rz. 1840 ff.
84 Dazu *Pekšys/Venckienė/Bernotaitė/Ščeponienė* in Jannott/Frodermann, Handbuch Europäische Aktiengesellschaft, Kap. 15 Rz. 2078 ff.
85 Veröffentlicht im Dziennik Ustaw Nr. 62, Poz. 550 i 551, S. 4131 ff. Vgl. dazu *Zagórski* in Jannott/Frodermann, Handbuch Europäische Aktiengesellschaft, Kap. 15 Rz. 2922 ff.
86 Veröffentlicht im Zbierka zákonov č. 562/2004, Čiastka 236, S. 4881 ff. Vgl. dazu *Huber/Šimo/Kmec* in Jannott/Frodermann, Handbuch Europäische Aktiengesellschaft, Kap. 15 Rz. 3494 ff.
87 S. *Prelič/Prostor* in Jannott/Frodermann, Handbuch Europäische Aktiengesellschaft, Kap. 15 Rz. 3605 ff., 3618 ff.
88 Veröffentlicht im Sbírka zákonů č. 627/2004, Částka 213, S. 11374 ff.; dazu *Fabian/Kotlaba* in Jannott/Frodermann, Handbuch Europäische Aktiengesellschaft, Kap. 15 Rz. 3880 ff.

linie ihre fristgerechte Umsetzung im Teil 2 des „Act XLV of 2004 on the European Company" unter der Überschrift „Employee involvement in decision-making in the european company"[89]. In den Mitgliedstaaten **Bulgarien** und **Rumänien** wurde der Prozess der Umsetzung im Jahre 2006 bzw. 2007 abgeschlossen[90]; in **Kroatien** ist der Umsetzungsprozess bislang nicht abgeschlossen[91].

7. Vertragsstaaten des Abkommens über den Europäischen Wirtschaftsraum

23 **Island** war eines der ersten Länder im Europäischen Wirtschaftsraum, welches für die Beteiligung der Arbeitnehmer in der SE mit dem Gesetz Nr. 27 vom 27.4.2004 eine nationale Rechtsgrundlage schuf[92]. In **Norwegen** erlangte das nationale Umsetzungsgesetz zur Richtlinie 2001/86/EG dagegen erst zum 1.4.2005 Gültigkeit[93]. In **Liechtenstein** erfolgte die Umsetzung der SE-Richtlinie durch Gesetz v. 25.11.2005[94].

IV. Reformüberlegungen

1. Beteiligung der Arbeitnehmer

24 Nach Art. 15 SE-RL oblag es der **EU-Kommission**, im Benehmen mit den Mitgliedstaaten und den Sozialpartnern auf europäischer Ebene, die Anwendung der SE-RL zu überprüfen und ggf. erforderliche Änderungen vorzuschlagen. Während für eine entsprechende Überprüfung der SE-VO eine bis zum 8.10.2009 laufende Frist bestand (s. Art. 69 SE-VO), war der Bericht zur SE-RL bereits bis zum 7.10.2007 vorzulegen. Dies geschah am 30.9.2008[95]. Von detaillierten Änderungsvorschlägen sah die EU-Kommission jedoch in Übereinstimmung mit dem Votum der Mitgliedstaaten mangels ausreichender praktischer Erfahrungen ab und beschränkte sich auf die Benennung einiger Problemschwerpunkte. Diese wurden teilweise in den nachfolgenden Bericht der EU-Kommission zur SE-VO berücksichtigt, der am 17.10.2010 vorgelegt wurde[96], ohne dass dieser aber bereits in konkrete Vorschläge einmündete. Aus europäischer Sicht besteht die Hauptschwierigkeit in den disparaten tatsächlichen Befunden zur SE. Während die SE in einigen Mitgliedstaaten, wie z.B. Deutschland, vergleichswei-

---

[89] Veröffentlicht im Magyar Közlöny 2004/72.szám., v. 28.5.2004, S. 7292 ff. Vgl. dazu *Wodraschke* in Jannott/Frodermann, Handbuch Europäische Aktiengesellschaft, Kap. 15 Rz. 3983 ff.

[90] S. für Bulgarien: *Todorova/Zwiatkow* in Jannott/Frodermann, Handbuch Europäische Aktiengesellschaft, Kap. 15 Rz. 296 ff. Für Rumänien: *Popescu/Wodraschke* in Jannott/Frodermann, Handbuch Europäische Aktiengesellschaft, Kap. 15 Rz. 3271 ff.

[91] *Famira/Skoko* in Jannott/Frodermann, Handbuch Europäische Aktiengesellschaft, Kap. 15 Rz. 1712 ff.

[92] Publication Nr. 27 v. 27.4.2004; dazu *Viðar* in Jannott/Frodermann, Handbuch Europäische Aktiengesellschaft, Kap. 15 Rz. 1433 ff.

[93] Veröffentlicht im Norsk Lovtidend avd I nr 4, 2005; dazu *Christiansen/Bröthen/Kolstad* in Jannott/Frodermann, Handbuch Europäische Aktiengesellschaft, Kap. 15 Rz. 2654 ff.

[94] Liechtensteinisches Landesgesetzblatt 2006 Nr. 27 v. 10.2.2006; dazu *Daisenberger/Prast/Wenz* in Jannott/Frodermann, Handbuch Europäische Aktiengesellschaft, Kap. 15 Rz. 1957 ff.

[95] Mitteilung der Kommission zur Überprüfung der RL 2001/86/EG des Rates vom 8.10.2001 zur Ergänzung des Statuts der Europäischen Gesellschaft hinsichtlich der Beteiligung der Arbeitnehmer, KOM (2008) 591 endg.; s. auch *Hohenstatt/Müller-Bonanni* in Habersack/Drinhausen, Vor § 1 SEBG Rz. 69.

[96] Bericht der Kommission an das Europäische Parlament und den Rat über die Anwendung der Verordnung (EG) Nr. 2157/2001 des Rates vom 8.10.2001 über das Statut der Europäischen Gesellschaft (SE), KOM (2010) 676 endg.; dazu auch *Cannistra*, Verhandlungsverfahren, S. 263 ff.; *Hohenstatt/Müller-Bonanni* in Habersack/Drinhausen, Vor § 1 SEBG Rz. 70; *Kiem*, Corporate Finance Law 2011, 134 ff.; *Kleinsorge* in Nagel/Freis/Kleinsorge, Beteiligung der Arbeitnehmer, Einf. SE Rz. 88 ff.; *Linden*, Mitbestimmungsvereinbarung, S. 227 f.

se starke Beachtung erfahren hat, ist sie in vielen anderen Mitgliedstaaten bislang bedeutungslos geblieben (s. näher Einleitung Rz. 49 i.V.m. Art. 69 Rz. 1 f.), ohne dass die Gründe hierfür ohne weiteres auf der Hand liegen.

Detaillierte Änderungsvorschläge hat der aus Persönlichkeiten der Praxis und der Wissenschaft zusammengesetzte **Arbeitskreis „Aktien- und Kapitalmarktrecht (AAK)"**[97] in den Jahren 2009 und 2010 vorgelegt, die zunächst die SE-VO betrafen[98]. Aus Sicht der Arbeitnehmerbeteiligung besonders einschneidend ist der Vorschlag, die Gründung der SE von dem Abschluss einer Beteiligungsvereinbarung durch Streichung von Art. 12 Abs. 2 SE-VO zu entkoppeln (Änderungsvorschlag Nr. 2). Ferner plädiert der Arbeitskreis für eine Angleichung des für die gesetzliche Auffangregelung maßgeblichen Schwellenwerts von 25 % an den Schwellenwert in der RL 2005/56/EG (grenzüberschreitende Verschmelzung) von 33 ⅓ % (s. Art. 16 Abs. 3 lit. e, s. unten Rz. 38)[99]. Ferner soll aus der Verschmelzungsrichtlinie die dortige Option, die gesetzliche Auffangregelung auch ohne vorheriges Verhandlungsverfahren zur Anwendung zu bringen[100], in das Recht der SE übernommen werden (Änderungsvorschlag Nr. 5). Schließlich schlägt der Arbeitskreis eine strikte Trennung der Vereinbarungsinhalte vor und will die Aktionäre stärker in die Verhandlungen über den Abschluss einer auf die Mitbestimmung bezogenen Vereinbarung einbeziehen (Änderungsvorschlag Nr. 6 und 7)[101]. 25

Ergänzt und präzisiert wurden die auf die SE-VO bezogenen Vorschläge des Arbeitskreises durch weitere Anregungen, die sich auf das SEBG beziehen und im Herbst 2010 vorgelegt wurden[102]. Im Einzelnen schlägt der Arbeitskreis vor allem folgende Änderungen bzw. Ergänzungen vor: 26

– Einfügung einer an § 37 Abs. 2 SEBG orientierten Bestimmung zur Wahl der Mitglieder des BVG,
– Aufnahme einer Bestimmung zum Verhandlungsgremium auf Unternehmensseite,
– Zwingendes Ratifizierungserfordernis durch die Hauptversammlung bzw. Gesellschafterversammlung der beteiligten Gesellschaften,
– Erweiterung der Neuverhandlungspflicht in § 18 Abs. 3 SEBG auf die Beendigung der nach § 21 SEBG abgeschlossenen Vereinbarung,
– Einfügung einer Bestimmung zur fehlerhaften Mitbestimmungsvereinbarung,
– Erweiterung der in einer Mitbestimmungsvereinbarung regelbaren Gegenstände (Gesamtzahl der Mitglieder des Aufsichts- oder Verwaltungsorgans, Zusammensetzung der Ausschüsse, Zustimmungsvorbehalte zugunsten des Aufsichtsorgans der SE),
– Einführung der Nachwirkung für die Beteiligungsvereinbarung sowie
– Öffnung der Konzernmitbestimmung nach § 5 MitbestG und § 2 DrittelbG für eine Vereinbarung i.S. von § 21 SEBG.

---

97 S. darüber hinaus auch *Kiem*, Corporate Finance Law 2011, 134, 143 sowie ferner *Cannistra*, Verhandlungsverfahren, S. 267 ff.; *Habersack* in Bergmann u.a., 10 Jahre SE, S. 9, 25 ff.; *Henssler*, ZHR 173 (2009), 222 ff.; *Kiem*, ZHR 173 (2009), 156 ff.
98 S. insoweit abgedruckt in ZIP 2009, 698 ff.; übereinstimmend *Kiem*, Corporate Finance Law 2011, 134, 139 f.
99 Änderungsvorschlag Nr. 4; zustimmend *Habersack* in Bergmann u.a., 10 Jahre SE, S. 9, 26.
100 S. Art. 16 Abs. 4 lit. a RL 2005/56/EG sowie § 23 Abs. 1 Satz 1 Nr. 3 MgVG; dazu auch unten Rz. 35.
101 S. dazu auch *Noack* in Bergmann u.a., 10 Jahre SE, S. 96 ff.
102 S. ZIP 2010, 2221 ff. sowie ergänzend ZIP 2011, 1841 ff.

27 Die verbreitet kritisierte und als Hemmschuh für die Gründung einer SE bewertete Dauer und Komplexität des Verhandlungsverfahrens zwingt – entgegen dem Vorschlag Nr. 2 des Arbeitskreises – nicht zu einer **registerrechtlichen Entkopplung**, da diese als ein effektives Instrument zu bewerten ist, um eine Beteiligung der Arbeitnehmer in der SE zu gewährleisten. Dies ist insbesondere notwendig, um ein beteiligungsfreies Zwischenstadium möglichst zu vermeiden. Vorzugswürdig ist als Alternative deshalb der Rückgriff auf das Modell des MgVG, durch einseitige Erklärung der Leitung(en) die gesetzliche Auffangregelung zur Anwendung zu bringen (Änderungsvorschlag Nr. 5 des Arbeitskreises sowie unten Rz. 39)[103]. Im Übrigen sollte eine Reform der SE-VO bzw. der SE-RL die als besonders problematisch empfundenen und kontrovers diskutierten Sonderkonstellationen der **Vorrats-SE** sowie der **sekundären SE-Gründung** zumindest im Hinblick auf die Beteiligung der Arbeitnehmer einer Klärung zuführen[104]. Angesichts der verbreiteten Unsicherheiten, die mit dem Begriff der „**strukturellen Änderung**" in § 18 Abs. 3 SEBG verbunden sind (s. dazu § 18 SEBG Rz. 20 ff.), drängt sich diesbezüglich zudem eine Präzisierung auf, die auch an Art. 13 der novellierten EBR-Richtlinie 2009/38/EG anknüpfen könnte, zugleich aber die dort ebenfalls zu konstatierende tatbestandliche Offenheit im Interesse der Praktikabilität eingrenzen sollte[105]. Die Konkretisierung mit Hilfe eines nicht abschließenden Katalogs „struktureller Änderungen", der an § 37 Abs. 1 Satz 2 EBRG anknüpfen könnte, erweist sich allerdings nur dann als zielführend, wenn die Katalogtatbestände auf einen Leitgedanken zurückgeführt werden können.

28 Überprüfungsbedürftig erscheint das komplizierte Modell zur **Zusammensetzung des BVG** (§ 5 SEBG), das wegen § 23 Abs. 1 Satz 2 SEBG auch auf die Zusammensetzung des SE-Betriebsrates kraft Gesetzes ausstrahlt. Die hiernach abgesicherte Vertretung sehr kleiner Belegschaften aus einem Mitgliedstaat in den vorgenannten Organen kann zu erheblichen Verzerrungen führen[106], die alleine über eine Gewichtung der Stimmen oder andere Beschlussmodalitäten (doppelte Mehrheit) abgemildert werden können (s. § 15 Abs. 2 und 3 SEBG). Die Einführung von Schwellenwerten, die Splitterbelegschaften in einzelnen Mitgliedstaaten bei der Bildung des BVG ausklammern und im Rahmen der Novellierung der EBR-RL zumindest erwogen wurden[107], tritt allerdings in einen Zielkonflikt zu dem legitimen Anliegen, eine mitgliedstaatliche Repräsentativität des BVG zu gewährleisten (s. auch § 4 SEBG Rz. 6). Im Interesse der Funktionsfähigkeit des Vertretungsorgans mag diese zwar Einschränkungen rechtfertigen, erzwingt diese aber nicht, solange über eine Gewichtung der Stimmen oder doppelte Mehrheitserfordernisse die Repräsentativität der Beschlussfassungen gesichert ist. Während dies für das BVG durch § 15 Abs. 2 und 3 SEBG gesichert ist, er-

---

103 Zustimmend auch *Cannistra*, Verhandlungsverfahren, S. 271; *Forst* in Bergmann u.a., 10 Jahre SE, S. 50, 52 f.; *Habersack* in Bergmann u.a., 10 Jahre SE, S. 9, 25.
104 Ebenso *Cannistra*, Verhandlungsverfahren, S. 273 ff.
105 S. insoweit auch *Cannistra*, Verhandlungsverfahren, S. 277 ff. Nur wenig hilfreich ist dabei die exemplarische Aufzählung in Erwägungsgrund 40 zur RL 2009/38/EG (Fusion, Übernahme oder Spaltung).
106 S. exemplarisch die Zusammensetzung des besonderen Verhandlungsgremiums bei der Errichtung der Porsche-SE; s. ArbG Stuttgart v. 29.4.2008 – 12 BV 109/07, BeckRS 2008, 55726, Rz. 14.
107 So Art. 5 Abs. 2 lit. b sowie Nr. 1 lit. c des Anhangs des Vorschlags der Kommission für eine Richtlinie des Europäischen Parlaments und des Rates über die Einsetzung eines Europäischen Betriebsrats oder die Schaffung eines Verfahrens zur Unterrichtung und Anhörung der Arbeitnehmer in gemeinschaftsweit operierenden Unternehmen und Unternehmensgruppen, KOM (2008) 419 endg. = Oetker/Preis, EAS, A 6540, die einen Schwellenwert von 50 Arbeitnehmern festlegten.

weist sich § 24 Abs. 3 Satz 2 SEBG, der für den SE-Betriebsrat kraft Gesetzes ausschließlich auf die Mehrheit der Mitglieder abstellt, als korrekturbedürftig.

Die seitens des Arbeitskreises „Aktien- und Kapitalmarktrecht (AAK)" vorgeschlagenen Ergänzungen zum **Recht der Beteiligungsvereinbarung** (s. oben Rz. 26) sind zwar nicht stets zwingend geboten, aber aus Gründen der Rechtsklarheit im Grundsatz zu befürworten[108]. Das gilt insbesondere für die Regelungen zur Beendigung der Beteiligungsvereinbarung sowie zur fehlerhaften Beteiligungsvereinbarung. Angesichts des gesellschaftsrechtlichen Befundes sind insbesondere Bestimmungen vorzugswürdig, die eine gerichtliche Geltendmachung mit Ausschlussfristen versieht und die Rechtmäßigkeitsprüfung durch die Registergerichte im Interesse einer Beschleunigung des Gründungsverfahrens auf evidente Rechtsverstöße oder eine Gesamtnichtigkeit der Beteiligungsvereinbarung beschränken. Die seitens des Arbeitskreises unterbreiteten Vorschläge zur Abschlusskompetenz auf Seiten der beteiligten Gesellschaften bzw. der SE sind zwar in der Zielsetzung zu begrüßen, aber nicht zwingend erforderlich, da die beteiligten Gesellschaften ihre Binnenstruktur autonom ausgestalten können. Das gilt sowohl für die Bildung und Zusammensetzung einer Verhandlungskommission als auch die Legitimation der Beteiligungsvereinbarung durch die Gesellschafter der beteiligten Gesellschaften. Über ihre Beteiligung im Rahmen des Gründungsverfahrens stehen ihnen ausreichende Instrumentarien zur Verfügung, um Vorgaben für die Verhandlungen zu beschließen bzw. den Abschluss einer Beteiligungsvereinbarung mit einem Zustimmungsvorbehalt zu verknüpfen. Allerdings lassen die verbreiteten Unsicherheiten über die Reichweite zulässiger Inhalte der Beteiligungsvereinbarung zur Mitbestimmung (§ 21 Abs. 3 SEBG; s. dazu § 21 SEBG Rz. 51 ff.) Präzisierungen durch den Gesetzgeber als geboten erscheinen. Dabei fällt besonders ins Gewicht, dass eine alsbaldige Klärung der rechtlichen Unsicherheiten durch eine gefestigte Rechtsprechung angesichts der kaum vorhandenen Rechtsstreitigkeiten in Kürze nicht zu erwarten ist. Die hiermit verbundenen Rechtsunsicherheiten stellen jedoch eine vermeidbare Belastung für eine zügige Durchführung des Verhandlungsverfahrens dar. 29

2. Erhöhung des Anteils weiblicher Mitglieder im Aufsichts- oder Verwaltungsorgan

Die bereits seit mehreren Jahren sowohl in Deutschland als auch auf europäischer Ebene geführte Diskussion um eine Erhöhung des Anteils weiblicher Mitglieder insbesondere in den Aufsichtsräten[109] wird sich auch auf die SE auswirken. Das gilt jedoch nicht für den inzwischen vom Europäischen Parlament mit Modifikationen beschlossenen **Vorschlag für eine Richtlinie** „zur Gewährleistung einer ausgewogenen Vertretung von Frauen und Männern unter den nicht geschäftsführenden Direktoren/Aufsichtsratsmitgliedern börsennotierter Gesellschaften und über damit zusammenhängende Maßnahmen"[110], der sich auf alle börsennotierten Gesellschaften erstrecken und die Mitgliedstaaten verpflichten soll, für diese Gesellschaften einen Mindestanteil von 40 % für das unterrepräsentierte Geschlecht festzulegen. Nach 30

---

108 S. auch *Cannistra*, Verhandlungsverfahren, S. 293.
109 S. z.B. *Bachmann*, ZIP 2011, 1131 ff.; *Brandt*, Gleichstellungsquote im Aufsichtsrat der Aktiengesellschaft, 2012; *Habersack* in Verhandlungen des 69. DJT Bd. 1, 2012, E 34 ff.; *Henssler/Seidensticker*, KSzW 2012, 10 ff.; *Redenius-Hövermann*, ZIP 2010, 660 ff.; *Langenbucher*, JZ 2010, 1038 ff.; *Papier/Heidebach*, ZGR 2011, 305 ff.; *Schladebach/Stefanopoulou*, BB 2010, 1042 ff.; *Spindler/Brandt*, NZG 2011, 401 ff.; *Teichmann/Langes*, EWS 2013, 175 ff.
110 S. den Richtlinienvorschlag der EU-Kommission vom 14.11.2012 (KOM [2012] 614 endg.; dazu *Teichmann/Langes*, EWS 2013, 175 ff. sowie aus kompetenzrechtlicher Sicht *Koch*, ZHR 175 [2011] 827 ff.); zum Beschluss des Europäischen Parlaments s. die Pressemitteilung der EU-Kommission (IP/13/1118) vom 20.11.2013.

seinem Wortlaut erfasst der Terminus „börsennotierte Gesellschaft" zwar auch eine SE, gleichwohl bleibt der Richtlinienvorschlag für diese aber ohne Auswirkungen, da es hierzu einer Änderung der SE-VO bedürfte, die bislang jedoch nicht angestrebt ist.

31 Abgeschwächte Bedeutung für die SE hatte zunächst das Vorhaben der Bundesregierung, durch ein „Gesetz für die gleichberechtigte Teilhabe von Frauen und Männern an Führungspositionen in der Privatwirtschaft und im öffentlichen Dienst" den Anteil von Frauen und Männern unter den Aufsichtsratsmitgliedern sowohl der Aktionäre als auch der Arbeitnehmer auf jeweils mindestens 30 % festzulegen. Von der verbindlichen Vorgabe einer fixen Quote, die für paritätisch mitbestimmte und zugleich börsennotierte Aktiengesellschaften eingeführt werden sollte (s. § 96 Abs. 2 AktG n.F.-RefE), blieb die SE zunächst ausgenommen, da es der **Referentenentwurf** vom 9.9.2014 für die SE bei einer **Sollvorgabe** beließ, in die aber auch die Anteilseignervertreter einbezogen (s. § 17 Abs. 2 SEAG n.F.-RefE) und der Mindestanteil der Geschlechter auf mindestens 30 % festgelegt werden sollte[111]. Entsprechendes war für den Verwaltungsrat angestrebt (s. § 24 Abs. 3 SEAG n.F.-RefE), wobei der Referentenentwurf nicht zwischen geschäftsführenden und nicht geschäftsführenden Direktoren unterschied. Für die Arbeitnehmervertreter im Aufsichts- oder Verwaltungsorgan war eine entsprechende Ergänzung des SEBG beabsichtigt, die allerdings zwischen der vereinbarten Mitbestimmung (s. dazu auch § 21 SEBG Rz. 7) und der gesetzlichen Auffangregelung differenzierte. Während sich die Geschlechtervorgabe als Sollbestimmung für die Beteiligungsvereinbarung auf alle Arbeitnehmervertreter im Aufsichts- oder Verwaltungsorgan und damit auch auf die Vertreter aus dem EU/EWR-Ausland erstrecken sollte (s. § 21 Abs. 5 SEBG n.F.-RefE), beschränkte sich die für die gesetzliche Auffangregelung angestrebte Bestimmung auf die auf das Inland entfallenden Arbeitnehmervertreter (ebenso de lege lata für die Mitglieder des kraft Gesetzes errichteten SE-Betriebsrats, s. § 23 Abs. 1 Satz 3 SEBG i.V.m. § 6 Abs. 2 Satz 2 SEBG), war aber wie § 17 Abs. 2 und § 24 Abs. 3 SEAG n.F.-RefE als Sollbestimmung ausgestaltet (s. § 36 Abs. 3 Satz 3 SEBG n.F.-RefE).

32 Bereits der **Gesetzesentwurf der Bundesregierung**[112] gab die zurückhaltende Position des Referentenentwurfs auf und unterwarf mit den angestrebten Änderungen in § 17 SEAG und § 24 SEAG sowohl das Aufsichtsorgan einer dualistisch verfassten SE als auch das Verwaltungsorgan einer monistisch verfassten SE einer zwingenden Quote[113], die den Mindestanteil sowohl für Frauen als auch für Männer auf jeweils 30 % festlegt. Diese Konzeption[114] blieb im weiteren Gesetzgebungsverfahren unverändert und gilt mit der Änderung der §§ 17 und 24 SEAG durch Art. 14 des Gesetzes über die gleichberechtigte Teilhabe von Frauen und Männern an Führungspositionen in der Privatwirtschaft und im öffentlichen Dienst vom 24.4.2015[115] nunmehr auch für die SE. Im Gegensatz zu dem Referentenentwurf, der für die Wahrung des Mindestanteilsgebots noch von dem Prinzip der Getrennterfüllung beherrscht war und dementsprechend auch Änderungen für das SEBG vorschlug, beruhen die im Ausgangspunkt konzeptionell eigenständigen §§ 17 Abs. 2, 24 Abs. 3 SEAG[116] – vergleichbar mit § 96 Abs. 2 Satz 2 AktG – auf der **Maxime einer Gesamterfüllung**, wobei der abschließend gefasste Regelungsgehalt der Normen darauf hindeutet, dass eine **Ge-**

---

111 S. dazu auch *Ohmann-Sauer/Langemann*, NZA 2014, 1120, 1123 f.
112 BT-Drucks. 18/3784.
113 Kritisch zur Übertragung auf die monistische SE *Grobe* AG 2015, 289, 297 f.; *Teichmann/Rüb*, BB 2015, 898, 905 f. näher dazu oben *Teichmann*, § 24 SEAG Rz. 4 ff.
114 Zur Vereinbarkeit mit dem Unionsrecht s. *Drygala*, Art. 40 Rz. 10 f.; *Teichmann/Rüb*, BB 2015, 259, 264 ff.
115 BGBl. I 2015, 642.
116 S. BT-Ausschuss, BT-Drucks. 18/4227, S. 22; krit. dazu *Teichmann/Rüb*, BB 2015, 898, 903 f.; ferner auch *Drygala*, Art. 40 Rz. 12 f.

trennterfüllung des Mindestanteilsgebots ausgeschlossen sein soll[117]. Dementsprechend wurden die ursprünglich angestrebten und hierauf bezogenen Änderungen des SEBG (s. oben Rz. 31) wieder fallengelassen.

V. Die Beteiligung der Arbeitnehmer nach der Richtlinie 2001/86/EG als Modell für die weitere Rechtsetzung der Gemeinschaft im Gesellschaftsrecht

1. Arbeitnehmerbeteiligung in der Europäischen Genossenschaft (SCE)

Der mit der Richtlinie 2001/86/EG für die Beteiligung der Arbeitnehmer in der SE erzielte Kompromiss ermöglichte es, auch das Projekt einer weiteren europäischen Gesellschaftsform in Gestalt der Europäischen Genossenschaft (SCE) abzuschließen. Analog der für die SE gewählten Normstruktur sind die gesellschaftsrechtlichen Vorgaben für die SCE in der Verordnung 1435/2003 des Rates vom 22.7.2003[118] zusammengefasst, deren Art. 1 Abs. 6 bezüglich der Beteiligung der Arbeitnehmer auf die Richtlinie 2003/72/EG[119] vom gleichen Tage verweist[120]. Die SCE-RL hat die SE-RL mit nahezu identischem Wortlaut übernommen und enthält lediglich geringe Variationen, die aus der spezifischen Rechtsform resultieren.

Angesicht der identischen Übernahme der SE-RL für die Beteiligung der Arbeitnehmer in der SCE entspricht auch die Umsetzungsgesetzgebung in Deutschland den Regelungen für die SE. Das für die Ausgestaltung der Arbeitnehmerbeteiligung maßgebliche SCE-Beteiligungsgesetz (SCEBG)[121] ist mit dem SEBG weitgehend identisch. Neben den notwendigen Anpassungen an die andere Rechtsform (siehe z.B. § 2 Abs. 2 SCEBG, § 36 Abs. 4 SCEBG) sieht das SCEBG lediglich folgende inhaltliche Abweichungen vor:

– Für die Sitzgarantie der Gewerkschaften in dem besonderen Verhandlungsgremium (BVG) verlangt § 6 Abs. 3 SCEBG, dass die sich hierauf berufende Gewerkschaft in einer der an der Gründung der SCE beteiligten juristischen Person, betroffenen

---

117 So im Anschluss an die Vorstellungen des historischen Gesetzgebers (BT-Drucks. 18/4227, 22); *Drygala*, Art. 40 Rz. 14; *Grobe*, AG 2015, 289, 298; *Stüber*, CCZ 2015, 38, 39; a.A. *Teichmann/Rüb*, BB 2015, 898, 904 f., wegen eines andernfalls auftretenden Widerspruchs zu dem Gleichbehandlungsgebot in Art. 10 SE-VO. Für die Beschränkung auf eine Gesamterfüllung spricht der Vergleich mit der Rechtslage bei einer grenzüberschreitenden Verschmelzung, für die sich aus § 96 Abs. 3 AktG und den in Bezug genommenen Bestimmungen in § 96 Abs. 2 AktG eine Ausklammerung der Getrennterfüllung ergibt; s. *Drygala* in K. Schmidt/Lutter, § 96 AktG Rz. 64. Die Legitimation für die hiermit verbundene Abweichung von dem Recht der nationalen Aktiengesellschaft wird durch die transnationale Zusammensetzung der Arbeitnehmervertreter geliefert, bei der die Integration eines Mindestanteilsgebots auf kaum lösbare Probleme stößt, da sich diese stets auf die auf das Inland entfallenden Vertreter beschränken muss (so auch die als § 36 Abs. 3 Satz 3 SEBG vorgeschlagene Regelung des Referentenentwurfes vom 9.9.2014; s. oben Rz. 31 sowie auch *Drygala*, Art. 40 Rz. 14).
118 ABl. EU Nr. L 207 v. 18.8.2003, S. 1 = Oetker/Preis, EAS, A 2160.
119 ABl. EU Nr. L 207 v. 18.8.2003, S. 25 = Oetker/Preis, EAS, A 3720; s. dazu auch *Kisker*, RdA 2006, 206, 208 f.
120 Zu den unionsrechtlichen Rahmendaten für die SCE im Überblick *Kleinsorge* in Nagel/Freis/Kleinsorge, Beteiligung der Arbeitnehmer, Einf. SCE Rz. 5 ff.; *Mahi*, DB 2004, 967 ff.; *Mock*, GPR 2004, 213 ff. sowie zuvor *Blomeyer*, BB 2000, 1741 ff.
121 Gesetz über die Beteiligung der Arbeitnehmer und Arbeitnehmerinnen in einer Europäischen Genossenschaft (SCE-Beteiligungsgesetz – SCEBG); in Kraft getreten als Art. 2 des Gesetzes zur Einführung der Europäischen Genossenschaft und zur Änderung des Genossenschaftsrechts v. 14.8.2006, BGBl. I 2006, 1911, 1917 ff.; dazu im Überblick *Kleinsorge* in Nagel/Freis/Kleinsorge, Beteiligung der Arbeitnehmer, Einf. SCE Rz. 22 ff

Tochtergesellschaften oder einem betroffenen Betrieb vertreten ist; § 6 Abs. 3 SEBG fordert demgegenüber, dass die Gewerkschaft in einem an der Gründung der SE „beteiligten Unternehmen" vertreten ist (s. dazu § 6 SEBG Rz. 16).

– Ist die Anzahl der auf Deutschland entfallenden Mitglieder des BVG höher als die Zahl der an der Gründung der SCE beteiligten juristischen Personen mit Sitz im Inland, so sieht § 7 SCEBG für die Verteilung nach Maßgabe des d'Hondtschen Höchstzahlverfahrens ausdrücklich eine Berücksichtigung auch der betroffenen Tochtergesellschaften und betroffenen Betriebe vor; demgegenüber beschränkt sich die Parallelbestimmung in § 7 Abs. 4 SEBG bei der Verteilung auf die „beteiligten Gesellschaften" (s. dazu auch § 7 SEBG Rz. 4).

– Bezüglich des Wahlvorschlagsrechts der Gewerkschaften schreibt § 8 Abs. 1 Satz 2 SCEBG die in § 6 Abs. 3 SCEBG vorgesehene Ausdehnung bezüglich des Vertretenseins auf die betroffenen Tochtergesellschaften und betroffenen Betriebe fort; demgegenüber erfasst § 8 Abs. 1 Satz 2 SEBG in konsequenter Fortführung von § 6 Abs. 3 SEBG ausschließlich die „beteiligten Unternehmen".

– Während § 21 Abs. 4 SEBG für die Beteiligungsvereinbarung im Falle „struktureller Änderungen" der SE eine Soll-Bestimmung bezüglich einer Wiederaufnahme der Verhandlungen vorsieht (s. dazu § 21 SEBG Rz. 43), bezieht § 21 Abs. 3 Satz 2 Nr. 4 SCEBG diesen Regelungsinhalt in den Katalog der Regelungsgegenstände einer „Vereinbarung über die Mitbestimmung" und benennt zudem auch strukturelle Änderungen, die bei Tochtergesellschaften oder Betrieben der SCE beabsichtigt sind.

– Für den Fall, dass an der Gründung der SCE neben mindestens zwei juristischen Personen auch natürliche Personen beteiligt sind, sehen die §§ 40 und 41 SCEBG Sonderbestimmungen vor, derer es bei der SE nicht bedurfte.

35 Die Bestrebungen zur Erhöhung des Anteils von **Frauen in den Aufsichts- oder Verwaltungsorganen** (s. oben Rz. 30 ff.) haben bei der SCE keinen Niederschlag gefunden, was sich in erster Linie daraus erklärt, dass die entsprechenden Vorschriften ausschließlich börsennotierte Gesellschaften erfassen (s. § 96 Abs. 2 Satz 1 AktG, §§ 17 Abs. 2, 24 Abs. 3 SEAG). Bei der SCE ist eine Börsennotierung denknotwendig ausgeschlossen.

2. Mitbestimmung bei grenzüberschreitender Verschmelzung von Kapitalgesellschaften

36 Die Verabschiedung der Richtlinie zur Verschmelzung von Kapitalgesellschaften aus verschiedenen Mitgliedstaaten war bis zuletzt ebenfalls von Kontroversen um die Mitbestimmung der Arbeitnehmer geprägt[122]. Der im Rahmen der Richtlinie 2005/56/EG vom 26.10.2005[123] (Verschmelzungs-RL) erzielte Kompromiss greift in seinem Kern auf das für die SE geschaffene Modell zurück, beschränkt sich bei dessen Übernahme jedoch – im Gegensatz zur SCE-RL – auf Regelungen zur Unternehmensmitbestimmung. Bezüglich der Unterrichtung und Anhörung der Arbeitnehmer bzw. ihrer Vertreter verbleibt es bei der Anwendung der Gesetze, die in dem Mitgliedstaat gelten,

---

[122] S. aus dem Schrifttum z.B. *Grundmann*, Europäisches Gesellschaftsrecht, § 26, S. 544 ff.; *Koberski* in FS Wißmann, 2005, S. 474 ff.; *Nagel*, NZG 2006, 97, 98 f.; *Neye*, ZIP 2005, 1893 ff.; *Pluskat*, EWS 2004, 1 ff.; *Riesenhuber*, NZG 2004, 15 ff.; *Röpke*, DRdA 2006, 68 f.; *Wiesner*, DB 2005, 91 ff.
[123] ABl. EU Nr. L 310 v. 25.11.2005, S. 1 ff. = Oetker/Preis, EAS, A 3800; näher dazu *Heuschmid*, ArbuR 2006, 184 ff.; *Kisker*, RdA 2006, 206, 209 ff.; *Kleinsorge* in Nagel/Freis/Kleinsorge, Beteiligung der Arbeitnehmer, Einf. MgVG Rz. 6 ff.; *Riesenhuber*, Europäisches Arbeitsrecht, 2009, § 30, S. 541 ff.

in dem die aus der grenzüberschreitenden Verschmelzung hervorgehende Gesellschaft ihren Sitz hat. Dementsprechend unterliegt diese – im grundsätzlichen Gegensatz zur SE (s. § 47 Abs. 1 Nr. 2 SEBG) – ohne Einschränkungen dem Gesetz über Europäische Betriebsräte (EBRG)[124]. Hinsichtlich der Mitbestimmung der Arbeitnehmer in dem Aufsichts- oder Verwaltungsorgan der Gesellschaften trifft Art. 16 Verschmelzungs-RL eine Sonderregelung, die von dem Anliegen geprägt ist, eine Minderung der Mitbestimmungsrechte infolge der grenzüberschreitenden Verschmelzung zu verhindern.

Art. 16 Abs. 1 Verschmelzungs-RL hält zwar den Grundsatz fest, dass sich die Mitbestimmung der Arbeitnehmer nach dem Recht des Mitgliedstaates richtet, in dem die aus der Verschmelzung **hervorgehende Gesellschaft ihren Sitz** hat[125], sieht hiervon aber in Art. 16 Abs. 2 Verschmelzungs-RL zwei bedeutsame **Ausnahmen** vor, wenn 37

– in einer der an der Verschmelzung beteiligten Gesellschaften ein System der **Arbeitnehmermitbestimmung** i.S. von Art. 2 lit. k SE-RL besteht und diese Gesellschaft durchschnittlich mehr als **500 Arbeitnehmer** beschäftigt

oder

– das nach Art. 16 Abs. 1 Verschmelzungs-RL zu bestimmende **Mitbestimmungsstatut** die Mitbestimmung der Arbeitnehmer **nicht mindestens in dem gleichen Umfang vorsieht**, wie es in den an der Verschmelzung jeweils beteiligten Gesellschaften besteht.

Für beide Fallgestaltungen schreibt Art. 16 Abs. 3 Verschmelzungs-RL die **Einleitung eines Verhandlungsprozesses** vor, der – analog der Konzeption in Art. 7 SE-RL – von einer im Nichteinigungsfalle eingreifenden **Auffangregelung** flankiert ist.

Für die auch von der Verschmelzungs-RL als vorrangig bewertete Verhandlungslösung greift Art. 16 Abs. 3 der Richtlinie mittels einer Verweisungsnorm weitgehend auf die Bestimmungen der SE-RL zurück, insbesondere für die Einsetzung eines besonderen Verhandlungsgremiums sowie dessen Arbeitsweise. Eine bis in die letzte Phase vor Verabschiedung der Richtlinie umstrittene Abweichung legt Art. 16 Abs. 3 lit. e Verschmelzungs-RL jedoch für den **Schwellenwert** fest, der für das **Eingreifen der Auffangregelung** überschritten sein muss. Während es Art. 7 Abs. 2 Unterabsatz 1 lit. b SE-RL (= § 34 Abs. 1 Nr. 2 SEBG) für eine durch Verschmelzung gegründete SE bereits ausreichen lässt, wenn sich eine oder mehrere Formen der Mitbestimmung auf mindestens 25 Prozent der Arbeitnehmer erstrecken, erhöht Art. 16 Abs. 3 lit. e Verschmelzungs-RL das Quorum auf ein Drittel. Ist dieses jedoch erreicht, so gilt die in Teil 3 lit. b des Anhangs zur SE-RL ausgeformte Auffangregelung und damit der höchste Anteil an Arbeitnehmervertretern in den an der Verschmelzung beteiligten Gesellschaften auch für die aus der grenzüberschreitenden Verschmelzung hervorgehende Gesellschaft; den Mitgliedstaaten eröffnet Art. 16 Abs. 4 lit. c Verschmelzungs-RL jedoch die Option, den Anteil der Arbeitnehmervertreter im Verwaltungsorgan auf ein Drittel zu begrenzen. 38

Abweichend von dem Ansatz für die SE – aber im Einklang mit der Konzeption für Europäische Betriebsräte (s. § 21 Abs. 1 Satz 2 EBRG) – sollen die Mitgliedstaaten den an der Verschmelzung beteiligten Gesellschaften die Option eröffnen, die Auffangregelung unmittelbar zur Anwendung zu bringen (Art. 16 Abs. 4 lit. a Verschmelzungs-RL); ebenso soll dem besonderen Verhandlungsgremium das Recht zustehen, 39

---

124 S. insofern auch den 12. Erwägungsgrund zur Richtlinie 2005/56/EG.
125 Dazu ferner die Absicherung durch einen Rechtsformzwang in Art. 16 Abs. 6 Verschmelzungs-RL.

sich mit qualifizierter absoluter Mehrheit selbst dann für das nach Art. 16 Abs. 1 der Richtlinie maßgebende Mitbestimmungsstatut zu entscheiden, wenn dieses hinsichtlich des Umfangs an Mitbestimmung hinter dem in einer der an der Verschmelzung beteiligten Gesellschaften zurückbleibt (Art. 16 Abs. 4 lit. b Verschmelzungs-RL).

40 Bezüglich der **prozeduralen Absicherung der Verhandlungslösung** verweist Art. 16 Abs. 3 Verschmelzungs-RL nicht nur auf die in Art. 12 Abs. 2 bis 4 SE-VO normierte Verknüpfung von Beteiligungsvereinbarung und Registereintragung, sondern bezieht diese auch in das in Art. 11 Verschmelzungs-RL installierte Instrumentarium ein, das die Rechtmäßigkeit der grenzüberschreitenden Verschmelzung absichern soll. Die von den Mitgliedstaaten zu benennende Stelle hat nach Art. 11 Abs. 1 Satz 2 Verschmelzungs-RL insbesondere sicherzustellen, dass die gegebenenfalls nach Art. 16 der Richtlinie erforderliche Vereinbarung abgeschlossen wurde. Hierzu ist vor allem die nach Art. 10 Abs. 2 Verschmelzungs-RL auszustellende Vorabbescheinigung vorzulegen (Art. 11 Abs. 2 Verschmelzungs-RL).

41 Das zur **Umsetzung** der Verschmelzungs-RL geschaffene „Gesetz über die Mitbestimmung der Arbeitnehmer bei einer grenzüberschreitenden Verschmelzung" (MgVG) v. 21.12.2006[126] lehnt sich insbesondere hinsichtlich des Verhandlungsprozesses eng an die Bestimmungen des SEBG an, was letztlich den Verweisungen in Art. 16 Abs. 3 Verschmelzungs-RL auf die entsprechenden Bestimmungen der SE-RL entspricht. Die zentralen Bestimmungen, die die Voraussetzungen für die **Einleitung des Verhandlungsverfahrens** bei einer grenzüberschreitenden Verschmelzung festlegen, enthält § 5 MgVG, der die Vorgaben aus Art. 16 Abs. 2 Verschmelzungs-RL übernimmt. Bezüglich der **gesetzlichen Auffangregelung** hat § 23 Abs. 1 Satz 1 Nr. 3 MgVG die durch Art. 16 Abs. 4 lit. a Verschmelzungs-RL eröffnete Option in Anspruch genommen, dass die Leitungen der an der Verschmelzung beteiligten Gesellschaften die Anwendung der gesetzlichen Auffangregelung ohne vorherige Durchführung des Verhandlungsverfahrens beschließen können. Abgesehen von einer von den Parteien des Verhandlungsverfahrens getroffenen Vereinbarung gelangt die gesetzliche Auffangregelung jedoch nur zur Anwendung, wenn das in der Verschmelzungs-RL vorgegebene Quorum von einem Drittel der Gesamtzahl der Arbeitnehmer erreicht wird oder (beim Unterschreiten des Quorums) das besondere Verhandlungsgremium einen entsprechenden Beschluss fasst (§ 23 Abs. 1 Satz 2 MgVG). Hervorzuheben ist insofern, dass der deutsche Gesetzgeber – wie bereits im Rahmen von § 34 Abs. 1 SEBG – auch in § 23 Abs. 1 Satz 2 MgVG den Bemessungsmaßstab auf die betroffenen Tochtergesellschaften ausdehnt. Ist diese Voraussetzung jedoch erfüllt, so richtet sich der **Umfang der Mitbestimmung** nach dem höchsten Anteil an Arbeitnehmervertretern, der in den Organen der beteiligten Gesellschaften vor der Eintragung der aus der grenzüberschreitenden Verschmelzung hervorgegangenen Gesellschaft bestanden hat

---

126 BGBl. I 2006, 3332 ff.; dazu *Bauckhage-Hoffer/Rupietta*, EWS 2012, 417 ff.; *Brandes*, ZIP 2008, 2193 ff.; *Drinhausen/Keinath*, AG 2010, 398 ff.; *Forst*, AG 2013, 588 ff.; *Habersack* in Ulmer/Habersack/Henssler, Mitbestimmungsrecht, Teil IV, MgVG; *Henssler*, ZHR 173 (2009), 222, 226 ff.; *Jacobs* in MünchKomm. AktG, 3. Aufl., Vor § 1 SEBG Rz. 42 ff.; *Kleinsorge* in Nagel/Freis/Kleinsorge, Beteiligung der Arbeitnehmer, Einf. MgVG Rz. 24 ff.; *Kolb/Rothenfußer*, GmbHR 2014, 130 ff.; *Krauel/Mense/Wind*, Der Konzern 2010, 540 ff.; *Lunk/Hinrichs*, NZA 2007, 773 ff.; *Morgenroth/Salzmann*, NZA-RR 2013, 449 ff.; *Müller-Bonanni/Müntefering*, NJW 2009, 2347 ff.; *Nagel*, NZG 2007, 57 ff.; *Roßmann*, Unternehmensmitbestimmung und grenzüberschreitende Verschmelzung in der Europäischen Union, 2012; *Schubert*, RdA 2007, 9 ff.; *Schubert*, ZIP 2009, 791 ff.; *Schubert* in Hoffmann/Schubert, Entwicklungen im Arbeits- und Wirtschaftsrecht, 2009, S. 103 ff.; *Teichmann*, Der Konzern 2007, 89 ff. sowie Begr. RegE, BT-Drucks. 12/2922. Zur Umsetzung in Österreich s. z.B. *Eckert/Schimka*, Wbl. 2008, 201 ff.; *Kaufmann*, öRdW 2008, 150 ff.

(§ 24 Abs. 1 Satz 2 MgVG). Die in Art. 16 Abs. 4 lit. c Verschmelzungs-RL den Mitgliedstaaten eröffnete Option, für den Fall einer monistischen Verfassung den Arbeitnehmeranteil im Verwaltungsrat auf ein Drittel zu begrenzen, hat das MgVG nicht in Anspruch genommen.

Das gesetzgeberische Anliegen, den **Anteil weiblicher Mitglieder** in den Aufsichts- oder Verwaltungsorganen börsennotierter Gesellschaften zu erhöhen (s. oben Rz. 30), sollte sich nach Art. 11 des Referentenentwurfes vom 9.9.2014 auch in Änderungen des MgVG niederschlagen, die inhaltlich den Vorschlägen für das SEBG (s. oben Rz. 31) entsprachen[127]. Ebenso wie für die SE wurden diese jedoch bereits in dem Regierungsentwurf zugunsten einer allgemeinen Regelung aufgegeben, die in § 96 Abs. 3 Satz 1 AktG für paritätisch zusammengesetzte Aufsichts- oder Verwaltungsorgane eine starre Quote von 30 % festlegt, wenn es sich bei der aus der Verschmelzung hervorgegangenen Gesellschaft um eine solche handelt, die börsennotiert ist. Wie bei der SE (s. oben Rz. 32) sieht § 96 Abs. 3 AktG davon ab, für die Wahrung des Mindestanteilsgebots eine Getrennterfüllung zu eröffnen, da die hierauf bezogenen Bestimmungen in § 96 Abs. 2 Satz 3 und 5 AktG ausdrücklich aus der Verweisungsnorm in § 96 Abs. 3 Satz 2 AktG ausgeklammert worden sind[128]. 42

3. Entsprechungsübersicht SEBG – SCEBG – MgVG

	SE-Beteiligungsgesetz	SCE-Beteiligungsgesetz	Mitbestimmung der Arbeitnehmer bei grenzüberschreitender Verschmelzung (MgVG)
Allgemeine Vorschriften			
Zielsetzung des Gesetzes	§ 1	§ 1	§ 1
Begriffsbestimmung	§ 2	§ 2	§ 2
Geltungsbereich	§ 3	§ 3	§ 3
Besonderes Verhandlungsgremium			
Bildung und Zusammensetzung			
Information der Leitungen	§ 4	§ 4	§ 6
Zusammensetzung des besonderen Verhandlungsgremiums	§ 5	§ 5	§ 7
Persönliche Voraussetzungen der auf das Inland entfallenden Mitglieder des besonderen Verhandlungsgremiums	§ 6	§ 6	§ 8
Verteilung der auf das Inland entfallenden Sitze des besonderen Verhandlungsgremiums	§ 7	§ 7	§ 9
Wahlgremium			
Zusammensetzung des Wahlgremiums; Urwahl	§ 8	§ 8	§ 10
Einberufung des Wahlgremiums	§ 9	§ 9	§ 11

43

---

127 S. auch *Ohmann-Sauer/Langemann*, NZA 2014, 1120, 1123.
128 Ebenso für die ausschließliche Möglichkeit einer Gesamterfüllung des Mindestanteilsgebots *Drygala* in K. Schmidt/Lutter, § 96 AktG Rz. 64.

	SE-Beteiligungsgesetz	SCE-Beteiligungsgesetz	Mitbestimmung der Arbeitnehmer bei grenzüberschreitender Verschmelzung (MgVG)
Wahl der Mitglieder des besonderen Verhandlungsgremiums	§ 10	§ 10	§ 12
Verhandlungsverfahren			
Information über die Mitglieder des besonderen Verhandlungsgremiums	§ 11	§ 11	§ 13
Sitzungen; Geschäftsordnung	§ 12	§ 12	§ 14
Zusammenarbeit zwischen besonderem Verhandlungsgremium und Leitung	§ 13	§ 13	§ 15
Sachverständige und Vertreter von geeigneten außenstehenden Organisationen	§ 14	§ 14	§ 16
Beschlussfassung im besonderen Verhandlungsgremium	§ 15	§ 15	§ 17
Nichtaufnahme oder Abbruch der Verhandlungen	§ 16	§ 16	§ 18
Niederschrift	§ 17	§ 17	§ 19
Wiederaufnahme der Verhandlungen	§ 18	§ 18	–
Kosten des besonderen Verhandlungsgremiums	§ 19	§ 19	§ 20
Dauer der Verhandlungen	§ 20	§ 20	§ 21
Beteiligung der Arbeitnehmer in der SE			
Beteiligung der Arbeitnehmer kraft Vereinbarung			
Inhalt der Vereinbarung	§ 21	§ 21	§ 22
Beteiligung der Arbeitnehmer kraft Vereinbarung			
SE-Betriebsrat kraft Gesetzes			
Bildung und Geschäftsführung			
Voraussetzung	§ 22	§ 22	–
Errichtung des SE-Betriebsrats	§ 23	§ 23	–
Sitzungen und Beschlüsse	§ 24	§ 24	–
Prüfung der Zusammensetzung des SE-Betriebsrats	§ 25	§ 25	–
Beschluss zur Aufnahme von Neuverhandlungen	§ 26	§ 26	–
Aufgaben			
Zuständigkeiten des SE-Betriebsrats	§ 27	§ 27	–
Jährliche Unterrichtung und Anhörung	§ 28	§ 28	–

	SE-Beteiligungsgesetz	SCE-Beteiligungsgesetz	Mitbestimmung der Arbeitnehmer bei grenzüberschreitender Verschmelzung (MgVG)
Unterrichtung und Anhörung über außergewöhnliche Umstände	§ 29	§ 29	–
Information durch den SE-Betriebsrat	§ 30	§ 30	–
Freistellung und Kosten			
Fortbildung	§ 31	§ 31	–
Sachverständige	§ 32	§ 32	–
Kosten und Sachaufwand	§ 33	§ 33	–
Mitbestimmung kraft Gesetzes			
Besondere Voraussetzungen	§ 34	§ 34	§ 23
Umfang der Mitbestimmung	§ 35	§ 35	§ 24
Sitzverteilung und Bestellung	§ 36	§ 36	§ 25
Abberufung und Anfechtung	§ 37	§ 37	§ 26
Rechtsstellung; Innere Ordnung	§ 38	§ 38	§ 27
Tendenzschutz			
Tendenzunternehmen	§ 39	§ 39	§ 28
Grundsätze der Zusammenarbeit und Schutzbestimmungen			
Vertrauensvolle Zusammenarbeit	§ 40	§ 42	–
Geheimhaltung; Vertraulichkeit	§ 41	§ 43	§ 31
Schutz der Arbeitnehmervertreter	§ 42	§ 44	§ 32
Missbrauchsverbot	§ 43	§ 45	–
Errichtungs- und Tätigkeitsschutz	§ 44	§ 46	§ 33
Straf- und Bußgeldvorschriften; Schlussbestimmung			
Strafvorschriften	§ 45	§ 47	Vor § 34
Bußgeldvorschriften	§ 46	§ 48	§ 35
Geltung nationalen Rechts	§ 47	§ 49	§ 29

Teil 1. Allgemeine Vorschriften

§ 1
Zielsetzung des Gesetzes

(1) Das Gesetz regelt die Beteiligung der Arbeitnehmer in einer Europäischen Gesellschaft (SE), die Gegenstand der Verordnung (EG) Nr. 2157/2001 des Rates vom 8. Oktober 2001 über das Statut der Europäischen Gesellschaft (ABl. EG Nr. L 294 S. 1) ist. Ziel des Gesetzes ist, in einer SE die erworbenen Rechte der Arbeitnehmer (Arbeitnehmerinnen und Arbeitnehmer) auf Beteiligung an Unternehmensentscheidungen zu sichern. Maßgeblich für die Ausgestaltung der Beteiligungsrechte der Arbeitnehmer in der SE sind die bestehenden Beteiligungsrechte in den Gesellschaften, die die SE gründen.

(2) Zur Sicherung des Rechts auf grenzüberschreitende Unterrichtung, Anhörung, Mitbestimmung und sonstige Beteiligung der Arbeitnehmer wird eine Vereinbarung über die Beteiligung der Arbeitnehmer in der SE getroffen. Kommt es nicht zu einer Vereinbarung, wird eine Beteiligung der Arbeitnehmer in der SE kraft Gesetzes sichergestellt.

(3) Die Vorschriften dieses Gesetzes sowie die nach Absatz 2 zu treffende Vereinbarung sind so auszulegen, dass die Ziele der Europäischen Gemeinschaft, die Beteiligung der Arbeitnehmer in der SE sicherzustellen, gefördert werden.

(4) Die Grundsätze der Absätze 1 bis 3 gelten auch für strukturelle Änderungen einer gegründeten SE sowie für deren Auswirkungen auf die betroffenen Gesellschaften und ihre Arbeitnehmer.

I. Allgemeines 1	III. Vorrang der Vereinbarungslösung (§ 1 Abs. 2 SEBG) 26
II. Gegenstand und Ziel des Gesetzes (§ 1 Abs. 1 SEBG)	IV. Auslegung des SEBG und der Beteiligungsvereinbarung (§ 1 Abs. 3 SEBG) 30
1. Allgemeines 5	1. Auslegung des SEBG 31
2. Erfasste Gründungsformen	
a) Grundformen 7	2. Auslegung von Beteiligungsvereinbarungen 35
b) Sonderformen	
aa) Sekundäre SE-Gründung 9	V. Strukturelle Änderungen (§ 1 Abs. 4 SEBG) 36
bb) Arbeitnehmerlose SE 14	
cc) Vorrats-SE 17	
dd) Mehrstaatlichkeit der Arbeitnehmerschaft 22	

Literatur: *Blanke*, „Vorrats-SE" ohne Arbeitnehmerbeteiligung, 2005; *Blanke*, „Vorrats-SE" ohne Arbeitnehmerbeteiligung, ZIP 2006, 789; *Casper/Schäfer*, Die Vorrats-SE – Zulässigkeit und wirtschaftliche Neugründung, ZIP 2007, 653; *Forst*, Die Beteiligung der Arbeitnehmer in der Vorrats-SE, NZG 2009, 687; *Forst*, Unternehmerische Mitbestimmung im Konzern unter Beteiligung supranationaler Rechtsformen, Der Konzern 2010, 151; *Forst*, Beteiligung der Arbeitnehmer in der Vorrats-SE, RdA 2010, 55; *Hörtig*, Gründungs- und Umstrukturierungsmöglichkeiten bei der Europäischen Aktiengesellschaft (SE), 2011 (zit.: Gründungs- und Umstrukturierungsmöglichkeiten); *Luke*, Vorrats-SE ohne Arbeitnehmerbeteiligung?, NZA 2013, 941; *Oetker*, Sekundäre Gründung einer Tochter-SE nach Art. 3 Abs. 2 SE-VO und Beteiligung der Arbeitnehmer in FS Kreutz, 2010, S. 797; *Schreiner*, Zulässigkeit und wirtschaftliche Neugründung einer Vorrats-SE, 2009 (zit.: Vorrats-SE); *Schubert*, Die Arbeitnehmerbeteiligung bei der Europäischen Gesellschaft ohne Arbeitnehmer, ZESAR 2006, 340; *Schubert*, Die Arbeitnehmerbeteiligung bei der Gründung einer

SE durch Verschmelzung unter Beteiligung arbeitnehmerloser Aktiengesellschaften, RdA 2012, 146; *Seibt*, Arbeitnehmerlose Societas Europaea, ZIP 2005, 2248. S. auch Vor § 1 SEBG sowie § 21 SEBG.

I. Allgemeines

In § 1 Abs. 1 Satz 2 definiert das SEBG in allgemeiner Form dessen **Ziel**, bei Gründung einer SE die erworbenen Rechte der Arbeitnehmer auf Beteiligung an Unternehmensentscheidungen zu sichern, und erhebt dieses in § 1 Abs. 3 SEBG zur allgemeinen **Auslegungsmaxime** für die Anwendung des Gesetzes sowie der Vereinbarung, die auf seiner Grundlage abgeschlossen wird. Im bisherigen Gefüge der Gesetze zur Unternehmensmitbestimmung (MitbestG, DrittelbG, Montan-MitbestG) nimmt das SEBG eine Zwitterstellung ein: Es begründet einerseits die Unternehmensmitbestimmung für eine von den genannten Gesetzen nicht erfasste Rechtsform, knüpft andererseits aber – wie § 1 Abs. 1 Satz 3 SEBG belegt – an den bisherigen mitbestimmungsrechtlichen Status quo an und dient dessen Erhaltung[1]. Aus dieser Perspektive fügt sich das SEBG in andere gesetzliche Regelungen ein, die den Schutz der Unternehmensmitbestimmung bei strukturellen Änderungen in mitbestimmten Unternehmen bezwecken (MitbestBeiG, § 325 Abs. 1 UmwG)[2]. 1

Die **SE-RL** enthält nur teilweise unmittelbar mit § 1 SEBG vergleichbare Bestimmungen; die in § 1 Abs. 1 Satz 2 SEBG umschriebene Zielsetzung des Gesetzes lässt sich jedoch auf die Erwägungsgründe der SE-RL zurückführen. Das gilt vor allem für den 3. Erwägungsgrund: 2

„(3) Um die Ziele der Gemeinschaft im sozialen Bereich zu fördern, müssen besondere Bestimmungen – insbesondere auf dem Gebiet der Beteiligung der Arbeitnehmer – festgelegt werden, mit denen gewährleistet werden soll, dass die Gründung einer SE nicht zur Beseitigung oder zur Einschränkung der Gepflogenheiten der Arbeitnehmerbeteiligung führt, die in den an der Gründung einer SE beteiligten Gesellschaften herrschen. Dieses Ziel sollte durch die Einführung von Regeln in diesem Bereich verfolgt werden, mit denen die Bestimmungen der Verordnung ergänzt werden."

Ergänzt wird diese allgemeine Zielsetzung der SE-RL durch den 18. Erwägungsgrund:

„(18) Die Sicherung erworbener Rechte der Arbeitnehmer über ihre Beteiligung an Unternehmensentscheidungen ist fundamentaler Grundsatz und erklärtes Ziel dieser Richtlinie. Die vor der Gründung von SE bestehenden Rechte der Arbeitnehmer sollten deshalb Ausgangspunkt auch für die Gestaltung ihrer Beteiligungsrechte in der SE (Vorher-Nachher-Prinzip) sein. […]"

Eine unmittelbare Entsprechung finden lediglich § 1 Abs. 1 Satz 1 und Abs. 2 SEBG in Art. 1 SE-RL:

„(1) Diese Richtlinie regelt die Beteiligung der Arbeitnehmer in der Europäischen Aktiengesellschaft (SE, nachfolgend ‚SE' genannt), die Gegenstand der Verordnung (EG) Nr. 2157/2001 ist.

(2) Zu diesem Zweck wird in jeder SE gemäß dem Verhandlungsverfahren nach den Artikeln 3 bis 6 oder unter den in Artikel 7 genannten Umständen gemäß dem Anhang eine Vereinbarung über die Beteiligung der Arbeitnehmer getroffen."

Der Befund bezüglich der SE-RL in Rz. 2 gilt in gleicher Weise für die **SCE-RL**; hinzuweisen ist auf Erwägungsgrund 3 und 21 zur SCE-RL sowie Art. 1 SCE-RL. Die zur Umsetzung geschaffene Vorschrift in **§ 1 SCEBG** ist mit § 1 SEBG identisch. Weitgehend übernommen hat der Gesetzgeber § 1 SEBG auch für die Mitbestimmung der Arbeitnehmer bei einer **Verschmelzung von Kapitalgesellschaften** aus verschiedenen Mitgliedstaaten (vgl. § 1 MgVG). 3

---

1 Treffend spricht *Henssler*, RdA 2005, 330, 333, von einer abgeleiteten Mitbestimmung.
2 Zu diesen ausführlich *Schupp*, Mitbestimmungsbeibehaltung bei Veränderung der Unternehmensstruktur, 2001.

4 In **Österreich** sieht der zur Umsetzung der SE-RL in das ArbVG eingefügte VI. Teil (§§ 208 bis 253) von einer mit § 1 SEBG vergleichbaren Bestimmung weitgehend ab. Lediglich § 1 Abs. 1 Satz 1 SEBG findet in § 208 ArbVG und § 1 Abs. 2 SEBG in § 40 Abs. 4c ArbVG eine Entsprechung.

II. Gegenstand und Ziel des Gesetzes (§ 1 Abs. 1 SEBG)

1. Allgemeines

5 § 1 Abs. 1 SEBG hält in Satz 1 den **Gegenstand des SEBG** fest und überträgt mit identischem Wortlaut Art. 1 Abs. 1 SE-RL in das deutsche Recht. Ein weitergehender Regelungsgehalt ist mit § 1 Abs. 1 Satz 1 SEBG nicht verbunden.

6 Ferner übernimmt § 1 Abs. 1 SEBG die im 3. Erwägungsgrund zur SE-RL niedergelegte **Zielsetzung** in das Gesetz (§ 1 Abs. 1 Satz 2 SEBG) und hält in konsequenter Umsetzung des 18. Erwägungsgrundes (§ 1 Abs. 1 Satz 2 SEBG) der SE-RL die Anknüpfung an den bisherigen Status quo der Beteiligungsrechte bei den an der Gründung der SE beteiligten Gesellschaften als maßgebliches Kriterium für die Ausgestaltung der Beteiligungsrechte fest. Hierauf stellt insbesondere der für die Beteiligungsvereinbarung im Hinblick auf die Mitbestimmung notwendige „Vorher-Nachher-Vergleich" in § 15 Abs. 3 SEBG sowie die gesetzliche Auffangregelung ab (vgl. § 35 SEBG).

2. Erfasste Gründungsformen

a) Grundformen

7 Das SEBG und die hierin festgelegte Beteiligung der Arbeitnehmer greift bei **jeder Form der Gründung** einer SE ein, ohne dass das Gesetz jedoch die Gründungsformen im Einzelnen aufzählt. Da § 1 Abs. 1 Satz 1 SEBG pauschal auf die SE-VO Bezug nimmt, erfasst das SEBG jede SE, deren Gründung auf der SE-VO beruht, insbesondere die in Art. 2 SE-VO aufgezählten Grundformen, also die Gründung durch **Verschmelzung** (Art. 2 Abs. 1 SE-VO), die Gründung einer **Holding-SE** (Art. 2 Abs. 2 SE-VO) oder einer **Tochter-SE** (Art. 2 Abs. 3 SE-VO) sowie die **Umwandlung** einer Aktiengesellschaft in eine SE (Art. 2 Abs. 4 SE-VO).

8 Das SEBG geht – wie § 1 Abs. 1 Satz 2 SEBG verdeutlicht – davon aus, dass in den Gesellschaften, die eine SE gründen, eine **Arbeitnehmerbeteiligung** existiert, die nicht auf dem SEBG, sondern den unterschiedlichen Vorschriften der Mitgliedstaaten beruht, ohne dies jedoch in den Rang einer (ungeschriebenen) tatbestandlichen Voraussetzung für die Anwendung des SEBG zu erheben. Die Notwendigkeit eines im Rahmen der SE-Gründung durchzuführenden Verhandlungsverfahrens (s. Art. 12 Abs. 2 SE-VO) ist deshalb nicht bereits dadurch in Frage gestellt, weil in den die SE-Gründung betreibenden Gesellschaften keine Beteiligung der Arbeitnehmer existiert. Dabei ist es unerheblich, ob die gesetzlichen Voraussetzungen für eine Beteiligung der Arbeitnehmer nicht erfüllt werden (z.B. Schwellenwerte für die Unternehmensmitbestimmung, Ausklammerung aus der Unternehmensmitbestimmung aus Gründen des Tendenzschutzes [§ 1 Abs. 3 MitbestG, § 1 Abs. 2 Satz 1 Nr. 2 DrittelbG]) oder die kraft Gesetzes vorgesehenen Möglichkeiten einer Arbeitnehmerbeteiligung nicht wahrgenommen werden (z.B. unterbliebene Bildung von Betriebsratsstrukturen). Zur Problematik einer **arbeitnehmerlosen SE** s. unten Rz. 14 ff.

b) Sonderformen

9 **aa) Sekundäre SE-Gründung.** Keine ausdrückliche Antwort gibt das SEBG auf die Rechtslage bei einer **sekundären SE-Gründung**, obwohl Art. 3 Abs. 2 Satz 1 SE-VO

ausdrücklich auch die Möglichkeit eröffnet, dass eine SE eine oder mehrere Tochtergesellschaften in der Rechtsform einer SE gründen kann (**SE-Tochter**; s. näher Art. 3 SE-VO Rz. 6 ff.). Ob diese beteiligungsfrei errichtet und damit ohne vorherige Durchführung eines Verhandlungsverfahrens (s. Art. 12 Abs. 2 SE-VO) in das Register eingetragen werden kann, ist umstritten.

Nach überwiegender Ansicht soll die Gründung einer SE-Tochter beteiligungsfrei erfolgen, da sowohl die SE-RL als auch das SEBG auf die Tatbestände einer primären SE-Gründung zugeschnitten seien[3]. Soweit dieser These die offen formulierte Regelung in Art. 12 Abs. 2 SE-VO entgegengehalten wird, wird diesem Einwand mittels einer teleologischen Reduktion der Vorschrift begegnet[4]. Dies bedeutet nicht nur, dass die häufig als Vorrats-SE sekundär gegründete SE ohne Durchführung eines Verhandlungsverfahrens in das Register eingetragen werden kann, sondern auch eine Gefährdung für eine bei der Gründungs-SE bestehende Beteiligung der Arbeitnehmer, wenn die sekundär gegründete SE wirtschaftliche Aktivitäten der Gründungs-SE übernimmt. Selbst wenn die sekundär gegründete SE zunächst noch eine Tochtergesellschaft der Gründungs-SE bleibt, ist die Beteiligung der Arbeitnehmer spätestens dann in Frage gestellt, wenn die Gründungs-SE ihre Anteile an der sekundär gegründeten SE veräußert. Der hiergegen angeführte Schutz durch das Missbrauchsverbot in § 43 SEBG[5] dürfte indes regelmäßig zu kurz greifen.

10

Deshalb betont die Gegenauffassung zu Recht, dass es sich auch bei der Errichtung einer SE-Tochter um eine auf der Grundlage der SE-VO vollzogene SE-Gründung handelt, so dass für diese ebenfalls Art. 12 Abs. 2 SE-VO gilt. Ebenso erfasst § 1 Abs. 1 Satz 1 SEBG jede Form einer SE-Gründung, ohne zwischen primärer und sekundärer Gründung zu unterscheiden. Bei der Gründung einer SE-Tochter ist deshalb für diese das Procedere in den §§ 4 ff. SEBG zur Bildung eines BVG einzuleiten und ggf. eine Vereinbarung über die Beteiligung der Arbeitnehmer in der SE-Tochter abzuschließen[6]; insoweit nimmt die eine Gründung der SE-Tochter betreibende SE die Stellung

11

---

[3] Hierfür *Feuerborn* in KölnKomm. AktG, 3. Aufl., Vor § 1 SEBG Rz. 5; *Fleischmann* in Gaul/Ludwig/Forst, Europäische Mitbestimmung, § 2 Rz. 127; *Forst*, Beteiligungsvereinbarung, S. 185 ff.; *Forst*, Der Konzern 2010, 151, 158 f.; *Habersack* in Ulmer/Habersack/Henssler, Mitbestimmungsrecht, § 34 SEBG Rz. 21 a.E.; *von der Heyde*, Beteiligung, S. 164; *Hohenstatt/Müller-Bonanni* in Habersack/Drinhausen, § 3 SEBG Rz. 9; *Hoops*, Mitbestimmungsvereinbarung, S. 54 f.; *Jacobs* in MünchKomm. AktG, 3. Aufl., Vor § 1 SEBG Rz. 11a f., § 3 SEBG Rz. 2; *Schreiner*, Vorrats-SE, S. 127 ff.; *Seibt*, ZIP 2005, 2248, 2249; *Spitzbarth*, RNotZ 2006, 369, 422; *Veelken* in GS Blomeyer, 2004, S. 491, 513 f.; *Wirtz*, SE-Betriebsrat, S. 71 ff.; in dieser Richtung auch *Kiem*, ZHR 173 (2009), 156, 163 f.
[4] So *Hohenstatt/Müller-Bonanni* in Habersack/Drinhausen, § 3 SEBG Rz. 8 a.E.; *Hoops*, Mitbestimmungsvereinbarung, S. 55; *Jacobs* in MünchKomm. AktG, 3. Aufl., Vor § 1 SEBG Rz. 11b; *Schreiner*, Vorrats-SE, S. 128.
[5] S. *Habersack* in Ulmer/Habersack/Henssler, Mitbestimmungsrecht, § 34 SEBG Rz. 21 a.E.; *Hohenstatt/Müller-Bonanni* in Habersack/Drinhausen, § 3 SEBG Rz. 9; *Jacobs* in MünchKomm. AktG, 3. Aufl., Vor § 1 SEBG Rz. 11b; *Schreiner*, Vorrats-SE, S. 129; *Wirtz*, SE-Betriebsrat, S. 73.
[6] So auch *Cannistra*, Verhandlungsverfahren, S. 90 ff.; *Henssler* in Ulmer/Habersack/Henssler, Mitbestimmungsrecht, Einl. SEBG Rz. 106; *Jannott* in Jannott/Frodermann, Handbuch Europäische Aktiengesellschaft, Kap. 3 Rz. 277 f.; *Kienast* in Jannott/Frodermann, Handbuch Europäische Aktiengesellschaft, Kap. 13 Rz. 244 ff.; *Lutter/Bayer/J. Schmidt*, Europäisches Unternehmens- und Kapitalmarktrecht, § 41 Rz. 193; *Maul* in KölnKomm. AktG, 3. Aufl., Art. 3 SE-VO Rz. 24; *Oechsler* in MünchKomm. AktG, 3. Aufl., Art. 3 SE-VO Rz. 5; *Oetker* in FS Kreutz, 2010, S. 797, 806 ff.; *Scheibe*, Mitbestimmung der Arbeitnehmer, S. 165 ff.; *Schmid*, Mitbestimmung, S. 109 ff.; *Teichmann* in MünchHdb. AG, § 49 Rz. 53; im Ausgangspunkt auch *Köklü* in Van Hulle/Maul/Drinhausen, Kap. 6 Rz. 109 f., der jedoch den SE-Betriebsrat als Verhandlungspartei bestimmt.

einer „beteiligten Gesellschaft" i.S. des § 2 Abs. 2 SEBG ein (s. § 2 SEBG Rz. 14)[7]. Vereinzelt wird insoweit indes auch befürwortet, die bei der SE kraft Vereinbarung oder kraft Gesetzes bestehende Mitbestimmungsregelung auf die SE-Tochter zu verlängern[8]. Für diesen konstruktiven Ansatz fehlt jedoch eine tragfähige gesetzliche Grundlage. Ein Beteiligungsverfahren ist bei dem hier befürworteten Ansatz ausschließlich entbehrlich, wenn die Bildung eines BVG mangels einer ausreichenden Zahl von Arbeitnehmern nicht in Betracht kommt (s. unten Rz. 15) oder die SE-Tochter eine Vorrats-SE ist, bei deren Gründung im Einzelfall die Durchführung eines Beteiligungsverfahrens entfällt (s. unten Rz. 18).

12 Schwierigkeiten bereitet bei dem hiesigen Verständnis die Anwendung der **gesetzlichen Auffangregelung** – insbesondere der §§ 34 Abs. 1, 35 SEBG – sowie des **Beschlussquorums in § 15 Abs. 3 SEBG**, da die vorgenannten Bestimmungen den Sonderfall der sekundären SE-Gründung nicht eigens benennen. Um zu verhindern, dass die Errichtung einer SE-Tochter den mit dem SEBG verfolgten Zweck unterläuft, lässt sich für eine Schließung der Regelungslücke erwägen, die bei der Gründung der jeweiligen SE maßgebenden Bestimmungen auf die Gründung einer von ihr beherrschten SE-Tochter zu verlängern[9]. Wurde z.B. die SE durch eine Umwandlung gegründet, so wären die entsprechenden Schutzbestimmungen in den §§ 15 Abs. 5, 21 Abs. 6, 34 Abs. 1 und 35 Abs. 1 SEBG auch bei der Gründung einer von dieser SE betriebenen SE-Tochter (analog) anzuwenden. Umgekehrt würde aus diesem Ansatz folgen, dass das Nichteingreifen der Auffangregelung bei einer sekundären SE-Gründung erhalten bleibt[10]. Gegen das Vorliegen einer für diesen Ansatz notwendigen Regelungslücke spricht, dass der Begriff „Tochtergesellschaft" in § 15 Abs. 3 Satz 2 Nr. 2 SEBG und § 34 Abs. 3 SEBG nicht zwischen primärer und sekundärer Gründung der Tochtergesellschaft differenziert, so dass die vorgenannten Vorschriften nicht nur auf eine Tochter-SE, sondern darüber hinaus auch auf die von einer SE gegründete Tochtergesellschaft in der Rechtsform der SE anwendbar sind[11]. Angesichts des offenen Gesetzeswortlauts ist es nicht gerechtfertigt, deren Anwendungsbereich auf die Gründung einer Tochter-SE (Art. 2 Abs. 3 SE-VO) zu begrenzen, um sodann im Wege eines Umkehrschlusses eine Regelungslücke im SEBG zu postulieren. Kommt es im Rahmen eines bei der sekundären Gründung durchzuführenden Verhandlungsverfahrens nicht zum Abschluss einer Beteiligungsvereinbarung, ist deshalb die gesetzliche Auffangregelung zur Gründung einer Tochter-SE anzuwenden[12]. Entsprechendes gilt für die Ermittlung des Beschlussquorums in § 15 Abs. 3 SEBG.

13 Unabhängig von der Frage, ob für die Gründung einer SE-Tochter ein Beteiligungsverfahren nach Maßgabe der §§ 4 ff. SEBG einzuleiten ist, kann deren Errichtung als **strukturelle Änderung** i.S. des § 18 Abs. 3 SEBG der Gründungs-SE zu qualifizieren

---

7 Ebenso *Henssler* in Ulmer/Habersack/Henssler, Mitbestimmungsrecht, Einl. SEBG Rz. 106; zustimmend *Cannistra*, Verhandlungsverfahren, S. 91.
8 Hierfür *Grobys*, NZA 2005, 85, 91 sowie im Anschluss *Güntzel*, Richtlinie, S. 298; dagegen jedoch *Scheibe*, Mitbestimmung der Arbeitnehmer, S. 166 sowie nachfolgend *Forst*, Der Konzern 2010, 151, 158 f.; *Forst*, Beteiligungsvereinbarung, S. 184 f.; *Wirtz*, SE-Betriebsrat, S. 73.
9 Ähnlich *Grobys*, NZA 2005, 85, 91; *Henssler*, ZHR 173 (2009), 222, 234; *Henssler* in Ulmer/Habersack/Henssler, Mitbestimmungsrecht, Einl. SEBG Rz. 107, die das Mitbestimmungsregime der Mutter-SE für maßgeblich halten.
10 Ebenso *Henssler*, RdA 2005, 330, 335.
11 Treffend insoweit auch *Cannistra*, Verhandlungsverfahren, S. 91 f.; *Henssler* in Ulmer/Habersack/Henssler, Mitbestimmungsrecht, Einl. SEBG Rz. 106; in diesem Sinne ebenfalls *Lutter/Bayer/J. Schmidt*, Europäisches Unternehmens- und Kapitalmarktrecht, § 41 Rz. 193.
12 Hierfür *Cannistra*, Verhandlungsverfahren, S. 91 f.; *Kienast* in Jannott/Frodermann, Handbuch Europäische Aktiengesellschaft, Kap. 13 Rz. 246, 306; *Maul* in KölnKomm. AktG, 3. Aufl., Art. 3 SE-VO Rz. 24; *Oetker* in FS Kreutz, 2010, S. 797, 812; *Scheibe*, Mitbestimmung der Arbeitnehmer, S. 166 f.; wohl auch *Schmid*, Mitbestimmung, S. 109 ff.

sein¹³ und bei ihr zu erneuten Verhandlungen über eine Beteiligungsvereinbarung führen (s. näher § 18 SEBG Rz. 26). Entsprechendes gilt, wenn die Parteien die Gründung einer SE-Tochter ausdrücklich als Sachverhalt für erneute Verhandlungen (§ 21 Abs. 1 Nr. 6, Abs. 4 SEBG) in die Beteiligungsvereinbarung aufgenommen haben (s. § 21 SEBG Rz. 43 ff.)¹⁴. Dies erweist sich schon deshalb als zweckmäßig, weil die Gründung einer Tochtergesellschaft für sich genommen nicht zwingend die Struktur der Gründungsgesellschaft berührt¹⁵.

bb) Arbeitnehmerlose SE. Keine besondere Regelung trifft das SEBG für den Sonderfall einer auch nach der Gründung arbeitnehmerlosen SE, was nicht nur bei einer Verschmelzung von Holding-Gesellschaften bzw. deren Umwandlung, sondern auch bei der Gründung einer Tochter-SE¹⁶ in Betracht kommen kann. Ausgehend von der Prämisse, dass bei der zu gründenden SE stets Arbeitnehmer beschäftigt sein müssen, ist z.T. versucht worden, die Eintragung einer SE in das Register auch ohne das Verfahren in den §§ 4 ff. SEBG herbeizuführen, wenn bei der SE keine Arbeitnehmer beschäftigt werden sollen¹⁷. Für eine hierauf gestützte generelle teleologische Reduktion des Art. 12 Abs. 2 SE-VO fehlen jedoch tragfähige Gründe¹⁸. Gerade die von Art. 2 Abs. 2 SE-VO eröffnete Möglichkeit einer Holding-SE hätte dem Unionsgesetzgeber Anlass gegeben, im Rahmen von Art. 12 Abs. 2 SE-VO eine Sonderbestimmung für die Gründung einer auch in Zukunft arbeitnehmerlosen SE zu treffen. Weder der Umstand, dass bei der SE nach der Gründung keine Arbeitnehmer beschäftigt sind, noch die Absicht, auch zukünftig die Beschäftigung von Arbeitnehmern zu unterlassen, rechtfertigt für sich alleine den Verzicht auf ein Verfahren zur Beteiligung der Arbeitnehmer. Deshalb kann auch eine derartige arbeitnehmerlose SE erst nach Durchführung eines Verhandlungsverfahrens in das Register eingetragen werden, sofern nicht der nachfolgend erörterte Sonderfall vorliegt.

14

Die Anwendung von Art. 12 Abs. 2 SE-VO sowie der §§ 4 ff. SEBG setzen denknotwendig voraus, dass die Durchführung eines Verhandlungsverfahrens mittels Bildung eines BVG möglich ist. Fehlt hierfür die notwendige tatsächliche Grundlage, dann bedarf Art. 12 Abs. 2 SE-VO einer teleologischen Reduktion, so dass eine SE auch ohne vorherige Durchführung eines Beteiligungsverfahrens in das Register eingetragen werden kann. Insoweit folgt aus § 5 Abs. 1 SEBG, dass dem BVG mindestens zehn Mitglieder angehören müssen (s. § 5 SEBG Rz. 6), wobei jedenfalls für inländische Mitglieder zusätzlich jeweils ein Ersatzmitglied zu wählen ist (§ 6 Abs. 1 Satz 3

15

---

13 S. dazu näher *Oetker* in FS Kreutz, 2010, S. 797, 803 ff.; zurückhaltend *Cannistra*, Verhandlungsverfahren, S. 241; *Henssler*, ZHR 173 (2009), 222, 234; *Henssler* in Ulmer/Habersack/Henssler, Mitbestimmungsrecht, Einl. SEBG Rz. 108.
14 Dazu auch *Oetker* in FS Kreutz, 2010, S. 797, 813 f.
15 Deshalb eine strukturelle Änderung i.S. von § 18 Abs. 3 im Grundsatz ablehnend *Henssler* in Ulmer/Habersack/Henssler, Mitbestimmungsrecht, Einl. SEBG Rz. 8.
16 So der Sachverhalt bei LG Hamburg v. 30.9.2005 – 417 T 15/05 – „Zoll Pool Hafen Hamburg", ZIP 2005, 2018 f. (zuvor AG Hamburg v. 28.6.2005 – 66 AR 76/05, ZIP 2005, 2017, 2018); s. auch *Henssler*, RdA 2005, 330, 334 f.
17 In dieser Richtung *Müller-Bonanni/Melot de Beauregard*, GmbHR 2005, 195, 200; wohl auch *Henssler*, RdA 2005, 330, 334.
18 Ebenso LG Hamburg v. 30.9.2005 – 417 T 15/05 – „Zoll Pool Hafen Hamburg", ZIP 2005, 2018, 2019 sowie AG Hamburg v. 28.6.2005 – 66 AR 76/05, ZIP 2005, 2017, 2018; zustimmend insoweit *Austmann* in MünchHdb. AG, § 85 Rz. 29; *Cannistra*, Verhandlungsverfahren, S. 75; *Fleischmann* in Gaul/Ludwig/Forst, Europäisches Mitbestimmungsrecht, § 2 Rz. 124; *Henssler*, ZHR 173 (2009), 222, 233; *Henssler* in Ulmer/Habersack/Henssler, Mitbestimmungsrecht, Einl. SEBG Rz. 79; *von der Heyde*, Beteiligung, S. 163; *Schubert*, ZESAR 2006, 340, 341; *Schmid*, Mitbestimmung, S. 96 f.; *Seibt*, ZIP 2005, 2248; *Teichmann* in MünchHdb. AG, § 49 Rz. 13; s. auch *Blanke*, „Vorrats-SE" ohne Arbeitnehmerbeteiligung, 2005, S. 51 ff.

SEBG)[19]. Nicht zuletzt deshalb sowie wegen der nach § 6 Abs. 3 SEBG zu berücksichtigenden Gewerkschaftsvertreter[20] ist die verbreitete Forderung nach mindestens zehn Arbeitnehmern nicht stets überzeugend. In der Regel ist die Zahl der für die Bildung eines BVG notwendigen Arbeitnehmer höher, ohne jedoch zwingend die Zahl 20 erreichen zu müssen[21]. Ist die danach notwendige Zahl von Arbeitnehmern nicht erreichbar, kann auch kein BVG gebildet werden. Die somit für die Durchführung eines Beteiligungsverfahrens notwendige Zahl von Arbeitnehmern muss jedoch nicht zwingend bei den Gründungsgesellschaften (beteiligten Gesellschaften) erreicht werden. Da § 6 Abs. 2 SEBG die Wählbarkeit auch auf Arbeitnehmer betroffener Tochtergesellschaften ausdehnt (s. § 6 SEBG Rz. 9), genügt es, wenn die für die Bildung eines BVG notwendige Zahl von Arbeitnehmern durch Arbeitnehmer erreicht wird, die bei betroffenen Tochtergesellschaften beschäftigt sind[22]. Umgekehrt folgt hieraus, dass eine teleologische Reduktion von Art. 12 Abs. 2 SE-VO mit der Möglichkeit einer sofortigen Eintragung nur in Betracht kommt, wenn weder die Gründungsgesellschaften noch betroffene Tochtergesellschaften i.S. von § 2 Abs. 4 SEBG insgesamt die für die Bildung eines BVG notwendige Zahl von Arbeitnehmern beschäftigen[23]. Sofern die SE jedoch nach ihrer Gründung keine Tochtergesellschaften hat bzw. haben soll, greift die vorstehend befürwortete teleologische Reduktion bereits ein, wenn bei den Gründungsgesellschaften keine Arbeitnehmer beschäftigt sind. Das gilt selbst dann, wenn die Gründungsgesellschaften über Tochtergesellschaften mit Arbeitnehmern verfügen, die Tochtergesellschaften jedoch nicht solche der SE und damit keine „betroffenen Tochtergesellschaften" i.S. von § 2 Abs. 4 SEBG werden sollen[24].

16 Selbst wenn eine SE aus den Gründen in Rz. 15 ohne Durchführung eines Beteiligungsverfahrens gegründet werden kann, bleibt die Rechtslage klärungsbedürftig, wenn der Grund für die teleologische Reduktion von Art. 12 Abs. 2 SE-VO zu einem späteren Zeitpunkt entfällt, weil die SE – ggf. entgegen den ursprünglichen Absichten – eine für die Bildung eines BVG notwendige Zahl von Arbeitnehmern beschäftigt. In Betracht kommt dies insbesondere, wenn eine u.U. nach dem DrittelbG oder MitbestG mitbestimmte Gesellschaft auf eine SE verschmolzen wird (s. dazu auch Art. 3 SE-VO Rz. 2). Neben einer analogen Anwendung von § 18 Abs. 3 SEBG[25] oder einer analogen Anwendung der gesetzlichen Auffangregelung[26] ist vor allem zu erwägen, die teleologische Reduktion von Art. 12 Abs. 2 SE-VO bereits mit dem Vorbehalt zu

---

19 Treffend im Ansatz deshalb *Cannistra*, Verhandlungsverfahren, S. 79.
20 Zum Verzicht auf die Arbeitnehmereigenschaft bei Gewerkschaftsvertretern s. § 6 SEBG Rz. 14.
21 So aber *Cannistra*, Verhandlungsverfahren, S. 79.
22 Ebenso für die Berücksichtigung der Arbeitnehmer von betroffenen Tochtergesellschaften *Henssler* in Ulmer/Habersack/Henssler, Mitbestimmungsrecht, Einl. SEBG Rz. 79; *Schubert*, ZESAR 2006, 340, 343.
23 *Austmann* in MünchHdb. AG, § 85 Rz. 29; *Casper* in Spindler/Stilz, AktG, Art. 2, 3 SE-VO Rz. 28, Art. 12 SE-VO Rz. 7; *Casper/Schäfer*, ZIP 2007, 653, 653; *Fleischmann* in Gaul/Ludwig/Forst, Europäisches Mitbestimmungsrecht, § 2 Rz. 125; *Henssler*, ZHR 173 (2009), 222, 233; *Hörtig*, Gründungs- und Umstrukturierungsmöglichkeiten, S. 133 ff.; *Schmid*, Mitbestimmung, S. 99 f.; *Schubert*, ZESAR 2006, 340, 343 f.; *Siegle* in FS Hommelhoff, 2012, S. 133 ff.; im Grundsatz auch *Cannistra*, Verhandlungsverfahren, S. 77 ff., die jedoch wegen der Notwendigkeit von Ersatzmitgliedern (§ 6 Abs. 2) auf weniger als 20 Arbeitnehmer abstellt); a.A. *Kienast* in Jannott/Frodermann, Handbuch Europäische Aktiengesellschaft, Kap. 13 Rz. 255, der von einer Mindestbeschäftigtenzahl absieht.
24 Treffend *Austmann* in MünchHdb. AG, § 85 Rz. 29.
25 So *Blanke*, Arbeitnehmerbeteiligung, S. 71; *Cannistra*, Verhandlungsverfahren, S. 80 f.; *Teichmann* in FS Hellwig, 2010, S. 347, 368; ablehnend hierzu *Forst*, Beteiligungsvereinbarung, S. 124; *Henssler* in Ulmer/Habersack/Henssler, Mitbestimmungsrecht, § 18 SEBG Rz. 32; *Hohenstatt/Müller-Bonanni* in Habersack/Drinhausen, § 18 SEBG Rz. 11.
26 So *Schubert*, ZESAR 2006, 340, 344; ebenso im Anschluss *Schmid*, Mitbestimmung, S. 102 f.

versehen, dass das Beteiligungsverfahren nach Maßgabe der §§ 4 ff. SEBG nachzuholen ist, wenn der Grund für die teleologische Reduktion nach Eintragung der SE entfällt[27]. Für diesen Ansatz spricht, dass auch eine teleologische Reduktion den Anwendungsbereich der Norm nicht stärker einschränken darf als dies zwingend geboten ist, um eine normzweckwidrige überschießende Wirkung zu verhindern[28]. Wird die teleologische Reduktion von Art. 12 Abs. 2 SE-VO sowie der §§ 4 ff. SEBG allein darauf gestützt, dass die Bildung eines BVG mangels ausreichender Zahl von Arbeitnehmern nicht möglich ist, entfällt die methodische Legitimation für diese Rechtsfortbildung stets dann, wenn die Bildung eines BVG zu einem späteren Zeitpunkt möglich ist. Dem ist durch eine nachträgliche Durchführung des Verhandlungsverfahrens nach Maßgabe der §§ 4 ff. SEBG Rechnung zu tragen, ohne dass es hierfür darauf ankommt, ob bei der SE eine strukturelle Änderung i.S. von § 18 Abs. 3 Satz 1 SEBG oder ein damit vergleichbarer Tatbestand vorliegt[29].

cc) Vorrats-SE. Kontroverse Diskussionen hat darüber hinaus die Beteiligung der Arbeitnehmer bei der Gründung einer Vorrats-SE (s. dazu näher Art. 2 SE-VO Rz. 31 ff.) ausgelöst, bezüglich der z.T. die Einleitung eines Verfahrens über die Beteiligung der Arbeitnehmer als entbehrlich betrachtet wird[30]. Soweit dies ausschließlich auf den Umstand gestützt wird, dass bei der Vorrats-SE keine Arbeitnehmer beschäftigt werden sollen, stehen die in Rz. 14 genannten Gründe einer teleologischen Reduktion von Art. 12 Abs. 2 SE-VO entgegen, wenn wegen ausreichender Zahl von Arbeitnehmern bei den Gründungsgesellschaften die Bildung eines BVG möglich ist[31]. Solange die SE-VO den Besonderheiten bei der Gründung einer Vorrats-SE nicht ausdrücklich durch einen Dispens von dem Verhandlungsverfahren Rechnung trägt, bleibt dieses auch bei der Errichtung einer Vorrats-SE durchzuführen.

Nur in dem Sonderfall, dass die an der Gründung der Vorrats-SE beteiligten Gesellschaften insgesamt nicht die für die Bildung eines BVG notwendige Zahl von Arbeitnehmern beschäftigen, ist eine abweichende Würdigung vorzugswürdig, denn in dieser Konstellation fehlt für die Bildung eines BVG die notwendige tatsächliche Grundlage, um das Verhandlungsprocedere einzuleiten (s. oben Rz. 15). Ausschließlich in diesem Fall ist aufgrund einer teleologischen Reduktion von Art. 12 Abs. 2 SE-VO die sofortige Eintragung der Vorrats-SE ohne vorheriges Verhandlungsverfahren möglich[32]. Der Sonderfall, dass die notwendige Arbeitnehmerzahl nicht durch die

---

27 Gegen eine Nachholung des Beteiligungsverfahrens *Forst*, Beteiligungsvereinbarung, S. 124 f.
28 So im Ansatz treffend bereits *Blanke*, Arbeitnehmerbeteiligung, S. 70 f., der hieraus jedoch scheinbar (S. 71) die Anwendung von § 18 Abs. 3 folgert.
29 So aber *Cannistra*, Verhandlungsverfahren, S. 81 f.
30 So z.B. AG Düsseldorf v. 16.1.2006 – HRB 52618, ZIP 2006, 287 sowie im Ergebnis *Wollburg/Banerjea*, ZIP 2005, 277, 280 f.; dagegen jedoch *Blanke*, „Vorrats-SE" ohne Arbeitnehmerbeteiligung, 2005, S. 35 f.; *Blanke*, ZIP 2006, 789 ff.
31 Ebenso *Bayer*, Art. 2 Rz. 33 ff.; *Henssler* in Ulmer/Habersack/Henssler, Mitbestimmungsrecht, Einl. SEBG Rz. 78; *Jacobs* in MünchKomm. AktG, 3. Aufl., § 3 SEBG Rz. 2b; *Schubert*, ZESAR 2006, 340, 343, 345; *Spitzbart*, RNotZ 2006, 369, 414; *Veil* in KölnKomm. AktG, 3. Aufl., Art. 2 SE-VO Rz. 54; *Wirtz*, SE-Betriebsrat, S. 87 ff.; *Wißmann* in MünchHdb. ArbR, 3. Aufl. 2009, § 287 Rz. 11; weitergehend *Kienast* in Jannott/Frodermann, Handbuch Europäische Aktiengesellschaft, Kap. 13 Rz. 488, der auf eine Mindestbeschäftigtenzahl verzichtet; ebenso *Jannott* in Jannott/Frodermann, Handbuch Europäische Aktiengesellschaft, Kap. 3 Rz. 305; *Jannott/Kienast* in Gaul/Ludwig/Forst, Europäisches Mitbestimmungsrecht, § 2 Rz. 57.
32 So auch OLG Düsseldorf v. 30.3.2009 – 1-3 Wx 248/08, ZIP 2009, 818, 819 f. = AG 2009, 629; AG München v. 29.3.2006 – HRB 159649, ZIP 2006, 1300 f.; im Ansatz ebenso *Casper* in Spindler/Stilz, AktG, Art. 2, 3 SE-VO Rz. 28; *Casper/Schäfer*, ZIP 2007, 653, 654; *Diekmann* in FS Gruson, 2009, S. 75, 88; *Habersack* in Bergmann u.a., 10 Jahre SE, S. 9, 19 f.; *Henssler*, RdA 2005, 330, 335; *Henssler* in Ulmer/Habersack/Henssler, Mitbestimmungsrecht, Einl.

Gründungsgesellschaften, sondern durch deren Tochtergesellschaften erreicht wird, kommt bei der Gründung einer Vorrats-SE nicht in Betracht, weil der Gegenstand einer Vorrats-SE die Qualifizierung einer Tochtergesellschaft als „betroffene Tochtergesellschaft" i.S. von § 2 Abs. 4 SEBG ausschließt.

19 Selbst wenn die Vorrats-SE wegen einer teleologischen Reduktion von Art. 12 Abs. 2 SE-VO ohne Arbeitnehmerbeteiligung errichtet und in das Register eingetragen werden kann, ist die Rechtslage umstritten, wenn es zu einem späteren Zeitpunkt zu einer **Aktivierung der Vorrats-SE** kommt. Im Schrifttum, dem sich auch die Rechtsprechung angeschlossen hat, wird in diesem Fall nahezu einmütig für eine Nachholung des Verhandlungsverfahrens plädiert[33]. Umstritten ist allerdings die Rechtsgrundlage. Verbreitet wird eine **analoge Anwendung von § 18 Abs. 3 SEBG** befürwortet[34], wobei teilweise die Vorschrift insgesamt für entsprechend anwendbar erklärt wird[35], so dass für eine Nachholung des Verhandlungsverfahrens die Eignung der Aktivierung zur Minderung der Beteiligungsrechte hinzutreten muss[36], teilweise wird der Analogieschluss indes auf die Rechtsfolgen der Norm beschränkt[37]. Da es sich bei

---

SEBG Rz. 79; *Jacobs* in MünchKomm. AktG, 3. Aufl., § 3 SEBG Rz. 2a; *Kiem* in KölnKomm. AktG, 3. Aufl., Art. 12 SE-VO Rz. 42; *Kienast* in Jannott/Frodermann, Handbuch Europäische Aktiengesellschaft, Kap. 13 Rz. 487; *Lutter/Bayer/J. Schmidt*, Europäisches Unternehmens- und Kapitalmarktrecht, § 41 Rz. 194; *Schmid*, Mitbestimmung, S. 121 f.; *Schreiner*, Vorrats-SE, S. 61 ff.; *Schürnbrand* in Habersack/Drinhausen, Art. 12 SE-VO Rz. 25; *Seibt*, ZIP 2005, 2248, 2248 f.; *Wirtz*, SE-Betriebsrat, S. 86 f.; *Wißmann* in MünchHdb. ArbR, 3. Aufl. 2009, § 287 Rz. 11; im Grundsatz auch *Cannistra*, Verhandlungsverfahren, S. 77 ff.

33 Abweichend *Joost* in FS Richardi, 2007, S. 573, 576; *Kienast* in Jannott/Frodermann, Handbuch Europäische Aktiengesellschaft, Kap. 13 Rz. 493 ff.

34 So OLG Düsseldorf v. 30.3.2009 – I-3 Wx 248/08, ZIP 2009, 918, 920 f. = AG 2009, 629; ebenso im Schrifttum *Bayer*, Art. 2 SE-VO Rz. 35; *Casper*, AG 2007, 97, 100; *Casper* in Spindler/Stilz, AktG, Art. 2, 3 SE-VO Rz. 28, 31; *Casper/Schäfer*, ZIP 2007, 653, 658 f.; *Feuerborn* in KölnKomm. AktG, 3. Aufl., § 1 SEBG Rz. 9, § 18 SEBG Rz. 53; *Forst*, NZG 2009, 687, 690 f.; *Forst*, RdA 2010, 55, 58; *Forst*, Der Konzern 2010, 151, 157; *Henssler* in Ulmer/Habersack/Henssler, Mitbestimmungsrecht, § 18 SEBG Rz. 31 f.; *Jacobs* in MünchKomm. AktG, 3. Aufl., § 18 SEBG Rz. 2b; *Köstler* in Theisen/Wenz, Europäische Aktiengesellschaft, 2. Aufl. 2005, S. 331, 374; *Luke*, NZA 2013, 941, 943; *Reinhardt*, Sicherung der Unternehmensmitbestimmung, S. 203 f.; *Schäfer* in MünchKomm. AktG, 3. Aufl., Art. 16 SE-VO Rz. 13; *Schäfer* in Rieble/Junker, Vereinbarte Mitbestimmung in der SE, 2008, § 1 Rz. 12; *Schürnbrand* in Habersack/Drinhausen, Art. 12 SE-VO Rz. 26; *Wirtz*, SE-Betriebsrat, S. 87; *Wißmann* in MünchHdb. ArbR, 3. Aufl. 2009, § 287 Rz. 18; im Regelfall auch *Veil* in KölnKomm. AktG, 3. Aufl., Art. 2 SE-VO Rz. 55; im Ergebnis ferner *Schreiner*, Vorrats-SE, S. 139 ff., der sich jedoch auf eine richtlinienkonforme Auslegung der von § 18 Abs. 3 Satz 1 erfassten „strukturellen Änderungen" stützt und hierdurch zu einer unmittelbaren Anwendung der Norm gelangt (so auch im Ergebnis *Teichmann* in FS Hellwig, 2010, S. 347, 367); a.A. jedoch *Diekmann* in FS Gruson, 2009, S. 75, 89; *Hörtig*, Gründungs- und Umstrukturierungsmöglichkeiten, S. 140 ff.; *Jannott* in Jannott/Frodermann, Handbuch Europäische Aktiengesellschaft, Kap. 3 Rz. 310; *Kienast* in Jannott/Frodermann, Handbuch Europäische Aktiengesellschaft, Kap. 13 Rz. 493 ff.; *Maul* in KölnKomm. AktG, 3. Aufl., Art. 3 SE-VO Rz. 29; *Schmid*, Mitbestimmung, S. 128; *Schubert*, ZESAR 2006, 340, 346 f.; *Siegle* in FS Hommelhoff, 2012, S. 1123, 1126 f.

35 So *Henssler* in Ulmer/Habersack/Henssler, Mitbestimmungsrecht, § 18 SEBG Rz. 32; in diesem Sinne auch *Cannistra*, Verhandlungsverfahren, S. 81 f.; *Kiem*, ZHR 173 (2009), 156, 165 f.; *Kiem* in KölnKomm. AktG, 3. Aufl., Art. 12 SE-VO Rz. 52; *Seibt*, ZIP 2005, 2248, 2250; ähnlich *Götze/Winzer/Arnold*, ZIP 2009, 245, 252.

36 So ausdrücklich *Henssler* in Ulmer/Habersack/Henssler, Mitbestimmungsrecht, § 18 SEBG Rz. 32 sowie nachfolgend *Hohenstatt/Müller-Bonanni* in Habersack/Drinhausen, § 18 SEBG Rz. 11; *Jannott/Kienast* in Gaul/Ludwig/Forst, Europäisches Mitbestimmungsrecht, § 2 Rz. 68; *Reichert*, ZIP 2014, 1957, 1965; *Reichert/Ott* in Bergmann u.a., 10 Jahre SE, S. 154, 180.

37 In diesem Sinne *Casper/Schäfer*, ZIP 2007, 653, 659; *Forst*, RdA 2010, 55, 58; *Schmid*, Mitbestimmung, S. 127 ff.; im Ergebnis letztlich auch diejenigen Autoren, die eine analoge An-

der Aktivierung der Vorrats-SE um eine wirtschaftliche Neugründung der SE handelt und auf diese auch im Übrigen das Gründungsrecht der SE zur Anwendung kommt (s. näher Art. 2 SE-VO Rz. 32 ff.), sprechen indes die besseren Gründe für eine **Anwendung der §§ 4 ff. SEBG**[38]. Hierfür entfällt allerdings abermals die tatsächliche Grundlage, wenn im Zeitpunkt der wirtschaftlichen Neugründung (Aktivierung) nicht die für die Bildung eines BVG notwendige Arbeitnehmerzahl erreicht wird[39]. In dieser Konstellation sind jedoch die Gründe in Rz. 16 dafür anzuführen, dass das Verhandlungsverfahren nach den §§ 4 ff. SEBG nachzuholen ist, wenn bei der SE zu einem späteren Zeitpunkt die Bildung eines BVG möglich ist. Bei diesem Ansatz ist es ausgeschlossen, dass eine im Zeitpunkt der Aktivierung beteiligungsfreie (ehemalige) Vorrats-SE auch bei späterer Einstellung von Arbeitnehmern beteiligungsfrei bleibt[40].

Die Notwendigkeit einer nachgeholten Anwendung der §§ 4 ff. SEBG besteht ausschließlich, wenn die Vorrats-SE wegen einer teleologischen Reduktion von Art. 12 Abs. 2 SE-VO ohne vorherige Durchführung eines Beteiligungsverfahrens in das Register eingetragen werden durfte (s. oben Rz. 18). Ist hingegen auch bei der Gründung einer Vorrats-SE ein Beteiligungsverfahren durchgeführt worden (s. oben Rz. 17), dann ist stets im Einzelfall zu prüfen, ob die wirtschaftliche Neugründung (Aktivierung) die Voraussetzungen einer „strukturellen Änderung" i.S. von § 18 Abs. 3 Satz 1 SEBG erfüllt (s. § 18 SEBG Rz. 28)[41]. Ist dies nicht der Fall, dann bleibt es bei dem bisherigen Status in der Vorrats-SE, andernfalls sind Neuverhandlungen nach Maßgabe des Procederes in § 18 Abs. 3 SEBG durchzuführen. Für eine entsprechende Anwendung von § 18 Abs. 3 SEBG[42] oder der §§ 4 ff. SEBG[43] fehlen in dieser Konstellation die methodischen Voraussetzungen[44]. 20

Ungeachtet der Ausführungen in Rz. 18 und Rz. 19 kann in einer bei Gründung der Vorrats-SE abgeschlossenen Beteiligungsvereinbarung die Aktivierung der Vorrats-SE als Tatbestand für erneute Verhandlungen (§ 21 Abs. 1 Nr. 6 SEBG) festgelegt werden 21

---

wendung von § 18 Abs. 3 SEBG befürworten, ohne sich mit der Eignung zur Minderung der Beteiligungsrechte auseinanderzusetzen; s. *Feuerborn* in KölnKomm. AktG, 3. Aufl., § 1 SEBG Rz. 9, § 18 SEBG Rz. 53; *Forst*, NZG 2009, 687, 691; *Jacobs* in MünchKomm. AktG, 3. Aufl., § 3 SEBG Rz. 2b; *Reinhardt*, Sicherung der Unternehmensmitbestimmung, S. 203 f.; *Schäfer* in MünchKomm. AktG, 3. Aufl., Art. 16 SE-VO Rz. 13.

38 Hierfür ebenfalls *Diekmann* in FS Gruson, 2009, S. 75, 89; *Maul* in KölnKomm. AktG, 3. Aufl., Art. 3 SE-VO Rz. 29; *Schmid*, Mitbestimmung, S. 128 f.; *Schubert*, ZESAR 2006, 340, 346 f.; a.A. *Cannistra*, Verhandlungsverfahren, S. 80 f.; *Casper/Schäfer*, ZIP 2007, 653, 658 f.; *Forst*, NZG 2009, 687, 690; *Forst*, RdA 2010, 55, 58; *Hörtig*, Gründungs- und Umstrukturierungsmöglichkeiten. S. 139 f.; *Schreiner*, Vorrats-SE, S. 135 f.

39 Treffend insoweit *Casper* in Spindler/Stilz, AktG, Art. 2, 3 SE-VO Rz. 31; *Casper/Schäfer*, ZIP 2007, 653, 660; *Reichert/Ott* in Bergmann u.a., 10 Jahre SE, S. 154, 182 f.; *Reinhardt*, Sicherung der Unternehmensmitbestimmung, S. 205 f.; *Schmid*, Mitbestimmung, S. 124; a.A. *Forst*, NZG 2009, 687, 691 f., der in dieser Konstellation die Eintragung der für die Aktivierung der Vorrats-SE notwendigen Satzungsänderung für unzulässig erachtet; ebenso *Forst*, RdA 2010, 55, 58 f.; *Schreiner*, Vorrats-SE, S. 151 f. Zu der Frage, ob die wegen der Aktivierung der Vorrats-SE notwendige Satzungsänderung aufgrund analoger Anwendung von Art. 12 Abs. 2 SE-VO erst nach Durchführung der Arbeitnehmerbeteiligung eingetragen werden darf, s. Art. 12 SE-VO Rz. 29.

40 So aber in der Konsequenz für die Vertreter einer analogen Anwendung von § 18 Abs. 3 SEBG *Casper* in Spindler/Stilz, AktG, Art. 2, 3 SE-VO Rz. 31; i.E. auch *Reichert/Ott* in Bergmann u.a., 10 Jahre SE, S. 154, 183.

41 Treffend *Henssler* in Ulmer/Habersack/Henssler, Mitbestimmungsrecht, Einl. SEBG Rz. 78; ebenso *Cannistra*, Verhandlungsverfahren, S. 81 f.

42 Hierfür *Jacobs* in MünchKomm. AktG, 3. Aufl., § 3 SEBG Rz. 2b.

43 So *Schmid*, Mitbestimmung, S. 127.

44 Treffend im Hinblick auf eine analoge Anwendung der §§ 4 ff. SEBG *Schubert*, ZESAR 2006, 340, 347; ebenso im Hinblick auf eine analoge Anwendung von § 18 Abs. 3 SEBG *Wirtz*, SE-Betriebsrat, S. 89.

(s. näher § 21 SEBG Rz. 39 ff.)[45]. Ebenso ist es auch möglich, die Beteiligung der Arbeitnehmer bereits bei Gründung der Vorrats-SE auszugestalten[46] und ggf. unter den Vorbehalt einer späteren Aktivierung der Vorrats-SE zu stellen. Voraussetzung hierfür ist allerdings stets, dass der Abschluss der Beteiligungsvereinbarung rechtswirksam ist, was denknotwendig die rechtswirksame Errichtung eines BVG erfordert. Liegen hierfür mangels einer ausreichenden Zahl von Arbeitnehmern die Voraussetzungen nicht vor, ist eine gleichwohl mit einzelnen Arbeitnehmern abgeschlossene „Beteiligungsvereinbarung" ein rechtliches Nullum.

22 **dd) Mehrstaatlichkeit der Arbeitnehmerschaft.** Nach dem Grundmodell des SEBG gehen insbesondere die Bestimmungen zur Bildung des BVG von einer mehrstaatlichen Arbeitnehmerschaft aus. Deshalb wird die Einleitung eines Beteiligungsverfahren nach dem SEBG teilweise in Frage gestellt, wenn sich unter den an der Gründung beteiligten Gesellschaften nur eine Gesellschaft befindet, die Arbeitnehmer beschäftigt und dies zudem nur in einem Mitgliedstaat geschieht. In Betracht kommt dies z.B. wenn eine arbeitnehmerlose AG des Mitgliedstaates A mit einer AG im Mitgliedstaates B zu einer SE verschmolzen werden soll und die AG mit Sitz in dem Mitgliedstaat B ausschließlich in diesem Arbeitnehmer beschäftigt[47]. Die Bildung eines BVG, das sich aus Vertretern verschiedener Mitgliedstaaten zusammensetzt, ist in dieser Konstellation nicht möglich.

23 Von einem Teil des Schrifttums wird die mehrstaatliche Zusammensetzung des BVG zur konstitutiven Voraussetzung für die Beteiligung der Arbeitnehmer nach dem SEBG erhoben. Sei dies nicht möglich, scheide die Einleitung eines Beteiligungsverfahrens nach den §§ 4 ff. SEBG aus, was wiederum zur Notwendigkeit einer teleologischen Reduktion von Art. 12 Abs. 2 SE-VO führe, so dass die SE ohne vorherige Durchführung des Verhandlungsverfahrens in das Register eingetragen werden könne[48]. Die Gegenauffassung bewertet die Mehrstaatlichkeit des BVG hingegen anders und sieht in den §§ 4 ff. SEBG lediglich einen Konfliktlösungsmechanismus für den Fall einer mehrstaatlichen Arbeitnehmerschaft, der indes nicht ausschließt, dass die Arbeitnehmer lediglich aus einem Mitgliedstaat stammen[49]. Sind die Arbeitnehmer nur in einem Mitgliedstaat beschäftigt, setze sich das BVG allein aus Vertretern aus diesem Mitgliedstaat zusammen[50]. Entsprechendes gilt nach dieser Auffassung für die gesetzliche Auffangregelung zur Mitbestimmung (§§ 34 ff. SEBG). Diese setze nicht voraus, dass die Arbeitnehmer aus verschiedenen Mitgliedstaaten stammen[51]. Anders wird teilweise jedoch für die Bestimmungen zum SE-Betriebsrat kraft Geset-

---

45 Hierfür plädierend *Schmid*, Mitbestimmung, S. 126; *Schubert*, ZESAR 2006, 340, 347 f.
46 S. insoweit auch die Handlungsempfehlung von *Rieble* in Rieble/Junker, Vereinbarte Mitbestimmung in der SE, 2008, § 3 Rz. 53: Abschluss einer Beteiligungsvereinbarung mit „handverlesenen" Arbeitnehmern; ebenso im Anschluss *Feuerborn* in KölnKomm. AktG, 3. Aufl., § 1 SEBG Rz. 9 a.E.
47 So das Beispiel von *Seibt* in Hohenstatt/Willemsen/Schweibert/Seibt, Umstrukturierung und Übertragung von Unternehmen, 4. Aufl. 2011, Kap. E Rz. 181.
48 So *Jacobs* in MünchKomm. AktG, 3. Aufl., § 3 SEBG Rz. 2d; *Seibt* in Willemsen/Hohenstatt/Schweibert/Seibt, Umstrukturierung und Übertragung von Unternehmen, 4. Aufl. 2011, Kap. F Rz. 181; ebenso wohl auch *Hohenstatt/Müller-Bonanni* in Habersack/Drinhausen, § 3 SEBG Rz. 14, wenn in keiner der Gründungsgesellschaften ein System der Mitbestimmung i.S. des § 2 Abs. 12 SEBG besteht.
49 *Schubert*, RdA 2012, 146, 147 ff.; im Ergebnis auch *Sick* in Düwell, BetrVG, SE und grenzüberschreitende Verschmelzung Rz. 8.
50 So *Hohenstatt/Müller-Bonanni* in Habersack/Drinhausen, § 1 SEBG Rz. 14; *Schubert*, RdA 2012, 146, 148 ff.
51 *Hohenstatt/Müller-Bonanni* in Habersack/Drinhausen, § 1 SEBG Rz. 14; *Schubert*, RdA 2012, 146, 152.

zes entschieden, da dessen Zuständigkeit nur bei grenzüberschreitenden Angelegenheiten in Betracht komme, was denknotwendig eine mehrstaatliche Arbeitnehmerschaft voraussetze[52]. Bedeutsam ist dies insbesondere, wenn die Voraussetzungen für die Anwendung der gesetzlichen Auffangregelung zur Mitbestimmung nicht erfüllt sind, weil die SE von mitbestimmungsfreien Gesellschaften gegründet wird. In dieser Konstellation könnte zwar eine Beteiligungsvereinbarung abgeschlossen werden, die Verhandlungen stünden aber nicht unter dem Druck einer bei deren Scheitern eingreifenden gesetzlichen Auffangregelung. Soweit gerade im Hinblick auf diese Fallgestaltung eine teleologische Reduktion von Art. 12 Abs. 2 SE-VO erwogen wird[53], bleibt allerdings unklar, warum unter Heranziehung der §§ 4 ff. SEBG ein BVG zu bilden ist, obwohl die vom Gesetz vorausgesetzte Möglichkeit eines Eingreifens der gesetzlichen Auffangregelung, wenn es nicht zum Abschluss einer Vereinbarung kommt (s. § 1 Abs. 2 SEBG), nicht besteht.

Im Ausgangspunkt ist der letztgenannten Auffassung zuzustimmen, da die §§ 4 ff. SEBG ohne Schwierigkeiten auch dann angewendet werden können, wenn die zu berücksichtigenden Arbeitnehmer ausschließlich in einem Mitgliedstaat beschäftigt sind. Für eine teleologische Reduktion in den Fällen fehlender Mehrstaatlichkeit der Arbeitnehmerschaft sind keine durchgreifenden Sachgründe erkennbar, insbesondere rechtfertigt der Normzweck der §§ 4 ff. SEBG nicht den Umkehrschluss, dass die Bildung eines BVG ausgeschlossen sei, wenn die Arbeitnehmer lediglich in einem einzigen Mitgliedstaat beschäftigt sind[54]. Entsprechendes gilt für die Anwendung der gesetzlichen Auffangregelung zur Mitbestimmung. Zudem bleibt die gegenteilige Auffassung eine Antwort auf die Frage schuldig, welche Auswirkung es hat, wenn die Mehrstaatlichkeit der Arbeitnehmerschaft nach Gründung der SE entfällt. Soweit für eine Ausnahme bezüglich der Errichtung eines SE-Betriebsrates kraft Gesetzes plädiert wird, kann dies nicht überzeugen. Die Voraussetzung einer die Zuständigkeit des SE-Betriebsrates begründenden Angelegenheit liegt bereits dann vor, wenn diese ausschließlich die SE selbst betrifft. Exemplarisch zeigt dies die Anhörung des SE-Betriebsrates nach § 28 Abs. 2 Nr. 1 SEBG. Ferner ist die Existenz eines SE-Betriebsrates notwendige Voraussetzung, um die gesetzliche Auffangregelung zur Mitbestimmung anwenden zu können (s. § 36 Abs. 1 und 2 SEBG). Entsprechendes gilt für die Antragsrechte nach § 17 Abs. 3 SEAG, § 26 Abs. 2 Nr. 4 SEAG und § 30 Abs. 1 Satz 3 Nr. 2 SEAG.

24

Auch vom Standpunkt der gegenteiligen Auffassung ist jedoch nicht zwingend geboten, dass die SE dauerhaft ohne eine Beteiligung der Arbeitnehmer bleibt. Das spätere Entstehen einer mehrstaatlichen Arbeitnehmerschaft ist nicht anders zu behandeln als die bei Gründung arbeitnehmerlose SE, bei der nach der Eintragung die Bildung eines BVG möglich wird (s. oben Rz. 15). Selbst wenn Art. 12 Abs. 2 SE-VO wegen der fehlenden Mehrstaatlichkeit der Arbeitnehmerschaft entgegen der hier befürworteten Ansicht teleologisch zu reduzieren ist, entfällt hierfür die vom Normzweck geleitete Notwendigkeit, wenn die Mehrstaatlichkeit zu einem späteren Zeitpunkt eintritt. Dem ist wie bei der arbeitnehmerlosen SE durch eine Nachholung des

25

---

[52] So *Schubert*, RdA 2012, 146, 150 f.; s. auch *Thüsing*, ZIP 2006, 1469, 1476; ebenso vom Standpunkt der gegenteiligen Ansicht *Hohenstatt/Müller-Bonanni* in Habersack/Drinhausen, § 3 SEBG Rz. 14; *Jacobs* in MünchKomm. AktG, 3. Aufl., § 3 SEBG Rz. 2d; *Seibt* in Willemsen/Hohenstatt/Schweibert/Seibt, Umstrukturierung und Übertragung von Unternehmen, 4. Aufl. 2011, Kap. F Rz. 181; dagegen jedoch *Luke*, NZA 2013, 941, 943 ff.

[53] Hierfür *Schubert*, RdA 2012, 146, 154 f. sowie *Hohenstatt/Müller-Bonanni* in Habersack/Drinhausen, § 3 SEBG Rz. 14.

[54] Ebenso *Schubert*, RdA 2012, 146, 148 f. sowie *Hohenstatt/Müller-Bonanni* in Habersack/Drinhausen, § 3 SEBG Rz. 14.

Verhandlungsverfahrens nach den §§ 4 ff. SEBG Rechnung zu tragen (s. näher oben Rz. 16)[55].

III. Vorrang der Vereinbarungslösung (§ 1 Abs. 2 SEBG)

26 Die für die Beteiligung der Arbeitnehmer in der SE nach dem SEBG maßgebliche Konzeption greift das Prinzip der SE-RL auf, nach dem grundsätzlich die Beteiligten die in der Gesellschaft zur Anwendung gelangenden Regelungen aushandeln sollen. Neben Art. 1 Abs. 2 SE-RL hält vor allem der 8. Erwägungsgrund zur SE-RL dieses Prinzip fest:

„(8) Die konkreten Verfahren der grenzüberschreitenden Unterrichtung und Anhörung der Arbeitnehmer sowie gegebenenfalls der Mitbestimmung, die für die einzelnen SE gelten, sollten vorrangig durch eine Vereinbarung zwischen den betroffenen Parteien oder – in Ermangelung einer derartigen Vereinbarung – durch die Anwendung einer Reihe von subsidiären Regeln festgelegt werden."

27 Dementsprechend bestimmt § 1 Abs. 2 Satz 2 SEBG programmatisch, dass für den Fall des Scheiterns einer Vereinbarung eine Beteiligung der Arbeitnehmer in der SE kraft Gesetzes sichergestellt wird. Angesichts der grundsätzlichen Differenzierung zwischen Unterrichtung und Anhörung einerseits sowie Mitbestimmung andererseits legen die §§ 23 bis 33 SEBG diese für die Unterrichtung und Anhörung sowie die §§ 35 bis 38 SEBG für die Mitbestimmung fest.

28 Einen eigenständigen Regelungsgehalt hat § 1 Abs. 2 SEBG nicht. Insbesondere lässt sich aus **§ 1 Abs. 2 Satz 1 SEBG** keine verbindliche Vorgabe für den Inhalt der Beteiligungsvereinbarung ableiten. Der in dem SEBG installierte Verhandlungsmechanismus verfolgt zwar das allgemeine Ziel, das Recht der Arbeitnehmer auf grenzüberschreitende Beteiligung zu sichern, überlässt deren konkrete Ausgestaltung aber den Verhandlungsparteien. In diesem Rahmen kann der bisherige Status quo grundsätzlich auch abgesenkt werden, sofern nicht zwingende Vorgaben des SEBG entgegenstehen (z.B. § 15 Abs. 5 SEBG). Das gilt nicht nur für die Mitbestimmung, sondern auch für die Unterrichtung und Anhörung der Arbeitnehmer, sofern die Beteiligten diesbezüglich die Vorgaben in § 21 Abs. 1 SEBG beachten.

29 Vergleichbares gilt für **§ 1 Abs. 2 Satz 2 SEBG**. Die Vorschrift sieht lediglich in allgemeiner Form das subsidiäre Eingreifen einer gesetzlichen Auffangregelung vor. Die Voraussetzungen für deren Anwendung sowie die nähere Ausgestaltung regelt das Gesetz in seinem 3. Teil (§§ 22 bis 33, 34 bis 39 SEBG). Im Unterschied zur Unterrichtung und Anhörung greift die gesetzliche Auffangregelung zur Mitbestimmung nicht stets beim Scheitern einer Vereinbarung ein, sondern nur, wenn die von der zur Gründung der SE gewählten Form abhängigen Voraussetzungen in § 34 Abs. 1 SEBG erfüllt sind. Noch weitergehend bestimmt § 16 Abs. 2 SEBG, dass die gesetzliche Auffangregelung bei einem Beschluss des BVG, die Verhandlungen mit den Leitungen nicht aufzunehmen oder diese abzubrechen, weder im Hinblick auf die Unterrichtung und Anhörung noch bezüglich der Mitbestimmung zur Anwendung gelangt (vgl. auch § 16 SEBG Rz. 17).

---

[55] Abweichend insoweit *Jacobs* in MünchKomm. AktG, 3. Aufl., § 3 SEBG Rz. 2d, der für eine analoge Anwendung von § 18 Abs. 3 SEBG plädiert; in diesem Sinne auch *Hohenstatt/Müller-Bonanni* in Habersack/Drinhausen, § 3 SEBG Rz. 14 a.E.

IV. Auslegung des SEBG und der Beteiligungsvereinbarung (§ 1 Abs. 3 SEBG)

Mit § 1 Abs. 3 SEBG erhebt das SEBG die Förderung der Beteiligungssicherung zur Auslegungsmaxime[56], die nicht nur die Vorschriften des Gesetzes, sondern auch die zwischen den Parteien abgeschlossene Vereinbarung beeinflusst. Die Anwendung anderer Auslegungskriterien schließt die Vorschrift jedoch weder im Hinblick auf das SEBG noch für die Beteiligungsvereinbarung aus.

1. Auslegung des SEBG

Die Vorgabe in § 1 Abs. 3 SEBG entbindet den Norminterpreten von der Aufgabe, die **teleologische Zielsetzung** der Vorschriften des SEBG eigenständig zu ermitteln[57]. Zudem verpflichtet sie diesen dazu, diese im Zweifel so auszulegen, dass die Sicherstellung der Beteiligung der Arbeitnehmer in der SE möglichst gefördert wird[58]; insoweit lässt sich § 1 Abs. 3 SEBG das **Gebot einer mitbestimmungsfreundlichen Auslegung** entnehmen[59]. Dies legitimiert den Rechtsanwender jedoch nicht, die tradierten Grenzen der Gesetzesauslegung zu überschreiten. Insbesondere muss sich die Auslegung der Vorschriften auch bei Berücksichtigung der Vorgabe in § 1 Abs. 3 SEBG in dem Rahmen bewegen, den der natürliche Wortsinn absteckt[60].

Die Auslegungsmaxime des § 1 Abs. 3 SEBG befreit den Interpreten nicht davon, bei der Anwendung der Vorschriften des SEBG die **Vorgaben des Unionsrechts** zu beachten. Das gilt insbesondere für das Gebot einer **richtlinienkonformen Auslegung**, da die Bestimmungen des SEBG oftmals eine unmittelbare Entsprechung in der SE-RL finden und den Wortlaut der korrespondierenden Regelung z.T. unverändert übernehmen[61].

Besondere Bedeutung für die Anwendung des SEBG können zudem die Vorschriften der SE-VO erlangen, da diese als unmittelbar geltende Rechtsvorschriften der Union (vgl. Art. 288 Unterabs. 2 AEUV) gegenüber dem Recht der Mitgliedstaaten einen Anwendungsvorrang genießen. Sie überlagern auch die Bestimmungen des SEBG und zwingen dazu, diese im Kollisionsfall nicht anzuwenden. Ungeachtet der Auslegungsregel in § 1 Abs. 3 SEBG sind deshalb die Vorschriften des SEBG so auszulegen, dass ihr Inhalt nicht im Widerspruch zu den Bestimmungen der SE-VO steht[62]. Allerdings steht auch deren Inhalt nicht stets zweifelsfrei fest und bedarf ihrerseits ebenfalls der Konkretisierung im Wege einer Auslegung. Bei dieser kann es auch notwendig sein, einzelne Vorschriften der SE-VO im Lichte der SE-RL, insbesondere ihrer in

---

56 Kritisch insoweit *Windbichler* in FS Canaris Bd. II, 2007, S. 1423, 1427 f.
57 So auch *Hohenstatt/Müller-Bonanni* in Habersack/Drinhausen, § 1 SEBG Rz. 10; *Wirtz*, SE-Betriebsrat, S. 63.
58 *Nagel* in Nagel/Freis/Kleinsorge, Beteiligung der Arbeitnehmer, § 1 SEBG Rz. 5.
59 So auch im Anschluss *Feuerborn* in KölnKomm. AktG, 3. Aufl., § 1 SEBG Rz. 14; *Hohenstatt/Müller-Bonanni* in Habersack/Drinhausen, § 1 SEBG Rz. 9.
60 Treffend wie hier *Feuerborn* in KölnKomm. AktG, 3. Aufl., § 1 SEBG Rz. 14; *Henssler* in Ulmer/Habersack/Henssler, Mitbestimmungsrecht, § 1 SEBG Rz. 4; *Hohenstatt/Müller-Bonanni* in Habersack/Drinhausen, § 1 SEBG Rz. 10; *Wirtz*, SE-Betriebsrat, S. 63. Zum natürlichen Wortsinn als allgemeine Grenze der Auslegung *Larenz/Canaris*, Methodenlehre der Rechtswissenschaft, 3. Aufl. 1995, S. 141 ff.
61 *Feuerborn* in KölnKomm. AktG, 3. Aufl., § 1 SEBG Rz. 15; *Henssler* in Ulmer/Habersack/Henssler, Mitbestimmungsrecht, § 1 SEBG Rz. 4; *Wirtz*, SE-Betriebsrat, S. 63 ff. Zu den auch insoweit bestehenden Schranken für die Auslegung vgl. z.B. BAG v. 18.2.2003 – 1 ABR 2/02, AP Nr. 12 zu § 611 BGB Arbeitsbereitschaft.
62 Ebenso *Feuerborn* in KölnKomm. AktG, 3. Aufl., § 1 SEBG Rz. 16.

den Erwägungsgründen niedergelegten Zielsetzung auszulegen[63]; Art. 1 Abs. 4 SE-VO verweist hinsichtlich der Beteiligung der Arbeitnehmer ausdrücklich auf die ergänzende Richtlinie, so dass eine im Widerspruch zu der SE-RL stehende Auslegung der SE-VO nicht im Einklang mit dem unionsrechtlichen Normengefüge steht. Dieser Zusammenhang rechtfertigt es jedoch nicht, die Bestimmungen der SE-VO im Zweifel so auszulegen, dass die Sicherung der Arbeitnehmerbeteiligung gefördert wird[64].

34 Die Auslegungsmaxime in § 1 Abs. 3 SEBG ist auf die **Vorschriften des SEBG** beschränkt. Sie gibt deshalb keinen Maßstab für die Anwendung anderer einfachgesetzlicher Bestimmungen, insbesondere nicht für die gesellschaftsrechtlichen Vorschriften des SEAG bzw. des wegen Art. 9 SE-VO anzuwendenden AktG.

2. Auslegung von Beteiligungsvereinbarungen

35 Die Auslegungsmaxime in § 1 Abs. 3 SEBG gilt ausdrücklich auch für die von den Parteien abgeschlossene Beteiligungsvereinbarung, ist aber ebenso wenig wie bezüglich des SEBG in der Lage, andere Auslegungsgrundsätze vollständig zu verdrängen[65]. Auch insoweit zieht der Wortlaut der Beteiligungsvereinbarung für deren Auslegung eine durch § 1 Abs. 3 SEBG nicht überwindbare Grenze[66]. Ferner ist die Vorgabe in § 1 Abs. 3 SEBG nicht in der Lage, einen entgegenstehenden Willen der Verhandlungsparteien zu überwinden[67]. Darüber hinaus ist bei der Beteiligungsvereinbarung das Gebot einer richtlinienkonformen Auslegung zu beachten, sofern die maßgebliche Bestimmung der SE-RL unmittelbar den Inhalt der abzuschließenden Beteiligungsvereinbarung betrifft[68]. Soweit der Beteiligungsvereinbarung die Kraft zugesprochen wird, Regelungen mit normativer Wirkung zu schaffen, sind bei deren Auslegung die Grundsätze zur Gesetzesauslegung anzuwenden (s. § 21 SEBG Rz. 26)[69].

V. Strukturelle Änderungen (§ 1 Abs. 4 SEBG)

36 Die Grundsätze in Rz. 26 ff. sollen nach § 1 Abs. 4 SEBG auch für strukturelle Änderungen in der SE gelten. Dementsprechend enthält das SEBG an verschiedenen Stellen ausdrücklich Regelungen, um die Auswirkungen struktureller Änderungen zu erfassen, so vor allem in § 18 Abs. 3 SEBG sowie in § 25 SEBG[70], womit das SEBG insbesondere Erwägungsgrund 18 Satz 3 der SE-RL[71] Rechnung trägt[72], nach dem das Vorher-Nachher-Prinzip „nicht nur für die Neugründung einer SE, sondern auch für strukturelle Veränderungen einer bereits gegründeten SE und für die von den strukturellen Änderungsprozessen betroffenen Gesellschaften gelten" soll.

---

63 So auch *Feuerborn* in KölnKomm. AktG, 3. Aufl., § 1 SEBG Rz. 16.
64 Wie hier *Feuerborn* in KölnKomm. AktG, 3. Aufl., § 1 SEBG Rz. 16.
65 Zustimmend *Hohenstatt/Müller-Bonanni* in Habersack/Drinhausen, § 21 SEBG Rz. 11; *Wirtz*, SE-Betriebsrat, S. 164; dazu ausführlich *Oetker* in FS Konzen, 2006, S. 635, 643 ff. sowie *Linden*, Mitbestimmungsvereinbarung, S. 61 ff.
66 Ebenso *Feuerborn* in KölnKomm. AktG, 3. Aufl., § 1 SEBG Rz. 17; *Hohenstatt/Müller-Bonanni* in Habersack/Drinhausen, § 1 SEBG Rz. 11; *Wirtz*, SE-Betriebsrat, S. 164.
67 Zustimmend *Henssler* in Ulmer/Habersack/Henssler, Mitbestimmungsrecht, § 1 SEBG Rz. 4; *Hohenstatt/Müller-Bonanni* in Habersack/Drinhausen, § 1 SEBG Rz. 11.
68 Hierfür auch *Feuerborn* in KölnKomm. AktG, 3. Aufl., § 1 SEBG Rz. 17; *Wirtz*, SE-Betriebsrat, S. 164; a.A. *Linden*, Mitbestimmungsvereinbarung, S. 63 f.
69 So auch *Hohenstatt/Müller-Bonanni* in Habersack/Drinhausen, § 1 SEBG Rz. 11; a.A. *Jacobs* in MünchKomm. AktG, 3. Aufl., § 21 SEBG Rz. 8, der aufgrund seines abweichenden Ansatzes die Grundsätze zur Auslegung von Verträgen anwendet.
70 Entsprechendes gilt in Österreich nach Maßgabe der §§ 228, 233 Abs. 3 ArbVG.
71 Entsprechendes gilt für die SCE-RL, s. Erwägungsgrund 21 Satz 3 bis 5 zur SCE-RL.
72 So auch Begr. RegE, BT-Drucks. 15/3405, S. 43.

§ 2
Begriffsbestimmungen

(1) Der Begriff des Arbeitnehmers richtet sich nach den Rechtsvorschriften und Gepflogenheiten der jeweiligen Mitgliedstaaten. Arbeitnehmer eines inländischen Unternehmens oder Betriebs sind Arbeiter und Angestellte einschließlich der zu ihrer Berufsausbildung Beschäftigten und der in § 5 Abs. 3 Satz 2 des Betriebsverfassungsgesetzes genannten leitenden Angestellten, unabhängig davon, ob sie im Betrieb, im Außendienst oder mit Telearbeit beschäftigt werden. Als Arbeitnehmer gelten auch die in Heimarbeit Beschäftigten, die in der Hauptsache für das Unternehmen oder den Betrieb arbeiten.

(2) Beteiligte Gesellschaften sind die Gesellschaften, die unmittelbar an der Gründung einer SE beteiligt sind.

(3) Tochtergesellschaften sind rechtlich selbstständige Unternehmen, auf die eine andere Gesellschaft einen beherrschenden Einfluss im Sinne von Artikel 3 Abs. 2 bis 7 der Richtlinie 94/45/EG des Rates vom 22. September 1994 über die Einsetzung eines Europäischen Betriebsrats oder die Schaffung eines Verfahrens zur Unterrichtung und Anhörung der Arbeitnehmer in gemeinschaftsweit operierenden Unternehmen und Unternehmensgruppen (ABl. EG Nr. L 254 S. 64) ausüben kann. § 6 Abs. 2 bis 4 des Europäische Betriebsräte-Gesetzes vom 28. Oktober 1996 (BGBl. I S. 1548, 2022) ist anzuwenden.

(4) Betroffene Tochtergesellschaften oder betroffene Betriebe sind Tochtergesellschaften oder Betriebe einer beteiligten Gesellschaft, die zu Tochtergesellschaften oder Betrieben der SE werden sollen.

(5) Leitung bezeichnet das Organ der unmittelbar an der Gründung der SE beteiligten Gesellschaften oder der SE selbst, das die Geschäfte der Gesellschaft führt und zu ihrer Vertretung berechtigt ist. Bei den beteiligten Gesellschaften ist dies das Leitungs- oder Verwaltungsorgan, bei der SE das Leitungsorgan oder die geschäftsführenden Direktoren.

(6) Arbeitnehmervertretung bezeichnet jede Vertretung der Arbeitnehmer nach dem Betriebsverfassungsgesetz (Betriebsrat, Gesamtbetriebsrat, Konzernbetriebsrat oder eine nach § 3 Abs. 1 Nr. 1 bis 3 des Betriebsverfassungsgesetzes gebildete Vertretung).

(7) SE-Betriebsrat bezeichnet das Vertretungsorgan der Arbeitnehmer der SE, das durch eine Vereinbarung nach § 21 oder kraft Gesetzes nach den §§ 22 bis 33 eingesetzt wird, um die Rechte auf Unterrichtung und Anhörung der Arbeitnehmer der SE, ihrer Tochtergesellschaften und Betriebe und, wenn vereinbart, Mitbestimmungsrechte und sonstige Beteiligungsrechte in Bezug auf die SE wahrzunehmen.

(8) Beteiligung der Arbeitnehmer bezeichnet jedes Verfahren – einschließlich der Unterrichtung, Anhörung und Mitbestimmung –, durch das die Vertreter der Arbeitnehmer auf die Beschlussfassung in der Gesellschaft Einfluss nehmen können.

(9) Beteiligungsrechte sind Rechte, die den Arbeitnehmern und ihren Vertretern im Bereich der Unterrichtung, Anhörung, Mitbestimmung und der sonstigen Beteiligung zustehen. Hierzu kann auch die Wahrnehmung dieser Rechte in den Konzernunternehmen der SE gehören.

(10) Unterrichtung bezeichnet die Unterrichtung des SE-Betriebsrats oder anderer Arbeitnehmervertreter durch die Leitung der SE über Angelegenheiten, welche die SE

selbst oder eine ihrer Tochtergesellschaften oder einen ihrer Betriebe in einem anderen Mitgliedstaat betreffen oder die über die Befugnisse der zuständigen Organe auf der Ebene des einzelnen Mitgliedstaats hinausgehen. Zeitpunkt, Form und Inhalt der Unterrichtung sind so zu wählen, dass es den Arbeitnehmervertretern möglich ist, zu erwartende Auswirkungen eingehend zu prüfen und gegebenenfalls eine Anhörung mit der Leitung der SE vorzubereiten.

(11) Anhörung bezeichnet die Einrichtung eines Dialogs und eines Meinungsaustauschs zwischen dem SE-Betriebsrat oder anderer Arbeitnehmervertreter und der Leitung der SE oder einer anderen zuständigen mit eigenen Entscheidungsbefugnissen ausgestatteten Leitungsebene. Zeitpunkt, Form und Inhalt der Anhörung müssen dem SE-Betriebsrat auf der Grundlage der erfolgten Unterrichtung eine Stellungnahme zu den geplanten Maßnahmen der Leitung der SE ermöglichen, die im Rahmen des Entscheidungsprozesses innerhalb der SE berücksichtigt werden kann.

(12) Mitbestimmung bedeutet die Einflussnahme der Arbeitnehmer auf die Angelegenheiten einer Gesellschaft durch

a) die Wahrnehmung des Rechts, einen Teil der Mitglieder des Aufsichts- oder Verwaltungsorgans der Gesellschaft zu wählen oder zu bestellen, oder

b) die Wahrnehmung des Rechts, die Bestellung eines Teils oder aller Mitglieder des Aufsichts- oder Verwaltungsorgans der Gesellschaft zu empfehlen oder abzulehnen.

I. Allgemeines 1	5. Leitung (§ 2 Abs. 5 SEBG) 23
II. Die einzelnen Begriffsbestimmungen	6. Arbeitnehmervertretung (§ 2 Abs. 6 SEBG) 25
1. Arbeitnehmerbegriff (§ 2 Abs. 1 SEBG) 7	7. SE-Betriebsrat (§ 2 Abs. 7 SEBG) . . . 29
2. Beteiligte Gesellschaften (§ 2 Abs. 2 SEBG) 13	8. Beteiligung der Arbeitnehmer (§ 2 Abs. 8 SEBG) 32
3. Tochtergesellschaften (§ 2 Abs. 3 SEBG) 16	9. Beteiligungsrechte (§ 2 Abs. 9 SEBG) 34
4. Betroffene Tochtergesellschaften oder betroffene Betriebe (§ 2 Abs. 4 SEBG) 20	10. Unterrichtung (§ 2 Abs. 10 SEBG) . . 36
	11. Anhörung (§ 2 Abs. 11 SEBG) 37
	12. Mitbestimmung (§ 2 Abs. 12 SEBG) . 39

Literatur: S. Vor § 1 SEBG.

I. Allgemeines

1   Die Vorschrift fasst – entsprechend der Regelungstechnik in Art. 2 SE-RL – für die **Anwendung des SEBG** zentrale Legaldefinitionen zusammen; sie sind für die Anwendung der jeweiligen Vorschriften des Gesetzes verbindlich[1]. Das gilt grundsätzlich auch für die Parteien in den Verhandlungen um den Abschluss einer **Beteiligungsvereinbarung**. Spielräume verbleiben ihnen lediglich im Rahmen der Vereinbarung, sofern sie dabei die durch das SEBG belassenen Spielräume ausschöpfen. In den durch

---

[1] *Annuß* in Annuß/Kühn/Rudolph/Rupp, EBRG, § 2 SEBG Rz. 1; *Feuerborn* in KölnKomm. AktG, 3. Aufl., § 2 SEBG Rz. 2; *Henssler* in Ulmer/Habersack/Henssler, Mitbestimmungsrecht, § 2 SEBG Rz. 1; *Hohenstatt/Müller-Bonanni* in Habersack/Drinhausen, § 2 SEBG Rz. 3; *Jacobs* in MünchKomm. AktG, 3. Aufl., § 2 SEBG Rz. 1.

das SEBG gezogenen Grenzen können sie für die Anwendung der Vereinbarung Begriffsbestimmungen verwenden, die von § 2 SEBG abweichen[2]. Sofern sie hiervon jedoch absehen, ist davon auszugehen, dass die Legaldefinitionen in § 2 SEBG auch für die Rechtsbegriffe in der Beteiligungsvereinbarung maßgebend sind und dies dem Willen der Vereinbarungsparteien entspricht. Relevant ist dies u.a., wenn in der Beteiligungsvereinbarung die Unterrichtung oder Anhörung eines kraft Vereinbarung errichteten SE-Betriebsrates vorgesehen ist. Mangels entgegenstehender Anhaltspunkte ist hierfür das Begriffsverständnis in § 2 Abs. 10 und 11 maßgebend.

Die einzelnen Umschreibungen in § 2 SEBG sind regelmäßig **Art. 2 SE-RL** entnommen und transformieren die dortigen Begriffsbestimmungen zumeist unverändert in das deutsche Recht. Art. 2 SE-RL hat folgenden Wortlaut:

„Für die Zwecke dieser Richtlinie bezeichnet der Ausdruck

a) ‚SE' eine nach der Verordnung (EG) Nr. 2157/2001 gegründete Gesellschaft,

b) ‚beteiligte Gesellschaften' die Gesellschaften, die unmittelbar an der Gründung einer SE beteiligt sind,

c) ‚Tochtergesellschaft' einer Gesellschaft ein Unternehmen, auf das die betreffende Gesellschaft einen beherrschenden Einfluss im Sinne des Artikels 3 Absätze 2 bis 7 der Richtlinie 94/45/EG ausübt,

d) ‚betroffene Tochtergesellschaft oder betroffener Betrieb' eine Tochtergesellschaft oder einen Betrieb einer beteiligten Gesellschaft, die/der bei der Gründung der SE zu einer Tochtergesellschaft oder einem Betrieb der SE werden soll,

e) ‚Arbeitnehmervertreter' die nach den Rechtsvorschriften und/oder den Gepflogenheiten der einzelnen Mitgliedstaaten vorgesehenen Vertreter der Arbeitnehmer,

f) ‚Vertretungsorgan' das Organ zur Vertretung der Arbeitnehmer, das durch die Vereinbarung nach Artikel 4 oder entsprechend dem Anhang eingesetzt wird, um die Unterrichtung und Anhörung der Arbeitnehmer der SE und ihrer Tochtergesellschaften und Betriebe in der Gesellschaft vorzunehmen und gegebenenfalls Mitbestimmungsrechte in Bezug auf die SE wahrzunehmen,

g) ‚besonderes Verhandlungsgremium' das gemäß Artikel 3 eingesetzte Gremium, das die Aufgabe hat, mit dem jeweils zuständigen Organ der beteiligten Gesellschaften die Vereinbarung über die Beteiligung der Arbeitnehmer in der SE auszuhandeln,

h) ‚Beteiligung der Arbeitnehmer' jedes Verfahren – einschließlich der Unterrichtung, der Anhörung und der Mitbestimmung – durch das die Vertreter der Arbeitnehmer auf die Beschlussfassung innerhalb der Gesellschaft Einfluss nehmen können,

i) ‚Unterrichtung' die Unterrichtung des Organs zur Vertretung der Arbeitnehmer und/oder der Arbeitnehmervertreter durch das zuständige Organ der SE über Angelegenheiten, die die SE selbst oder eine ihrer Tochtergesellschaften oder einen ihrer Betriebe in einem anderen Mitgliedstaat betreffen oder die über die Befugnisse der Entscheidungsorgane auf der Ebene des einzelnen Mitgliedstaats hinausgehen, wobei Zeitpunkt, Form und Inhalt der Unterrichtung den Arbeitnehmervertretern eine eingehende Prüfung der möglichen Auswirkungen und gegebenenfalls die Vorbereitung von Anhörungen mit dem zuständigen Organ der SE ermöglichen müssen,

j) ‚Anhörung' die Einrichtung eines Dialogs und eines Meinungsaustauschs zwischen dem Organ zur Vertretung der Arbeitnehmer und/oder den Arbeitnehmervertretern und dem zuständigen Organ der SE, wobei Zeitpunkt, Form und Inhalt der Anhörung den Arbeitnehmervertretern auf der Grundlage der erfolgten Unterrichtung eine Stellungnahme zu den geplanten Maßnahmen des zuständigen Organs ermöglichen müssen, die im Rahmen des Entscheidungsprozesses innerhalb der SE berücksichtigt werden kann,

k) ‚Mitbestimmung' die Einflussnahme des Organs zur Vertretung der Arbeitnehmer und/oder der Arbeitnehmervertreter auf die Angelegenheiten einer Gesellschaft durch

– die Wahrnehmung des Rechts, einen Teil der Mitglieder des Aufsichts- oder des Verwaltungsorgans der Gesellschaft zu wählen oder zu bestellen, oder

---

[2] Treffend *Annuß* in Annuß/Kühn/Rudolph/Rupp, EBRG, § 2 SEBG Rz. 1; *Hohenstatt/Müller-Bonanni* in Habersack/Drinhausen, § 2 SEBG Rz. 3.

– die Wahrnehmung des Rechts, die Bestellung eines Teils der oder aller Mitglieder des Aufsichts- oder des Verwaltungsorgans der Gesellschaft zu empfehlen und/oder abzulehnen."

3 Trotz des aus § 2 SEBG erkennbaren Bestrebens, die in Rz. 2 wiedergegebene Richtlinienbestimmung in das innerstaatliche Recht zu transformieren, ist dies nicht vollständig geglückt. So findet einerseits die Umschreibung der Arbeitnehmervertreter in Art. 2 lit. e SE-RL in § 2 SEBG keine Entsprechung (s. dazu unten Rz. 28), während andererseits der Begriff der Beteiligungsrechte zwar in § 2 Abs. 9 SEBG definiert wird, ohne dass Art. 2 SE-RL hierfür ein Vorbild liefert. Zudem bleiben zentrale Begriffe im SEBG – insoweit der SE-RL folgend – ohne nähere Konkretisierung. Das betrifft neben dem Betriebsbegriff (s. dazu unten Rz. 22) insbesondere den für die Anwendung von § 18 Abs. 3 SEBG zentralen Begriff der „strukturellen Änderung"[3], der nunmehr jedoch zumindest im EBRG (§ 37 Abs. 1 Satz 2 EBRG) eine Präzisierung erfahren hat (s. dazu näher § 18 SEBG Rz. 21).

4 Soweit § 2 Abs. 3 Satz 1 SEBG auf die **Richtlinie 94/45/EG** Bezug nimmt, ist die Vorschrift trotz der zwischenzeitlichen Aufhebung der vorgenannten Richtlinie durch Art. 17 Abs. 1 der Richtlinie 2009/38/EG[4] unverändert geblieben. Das Gesetz zur Umsetzung dieser Richtlinie[5] hat von einer Anpassung des SEBG abgesehen. Für Art. 2 lit. c SE-RL ist dies unschädlich, da Art. 17 Abs. 2 RL 2009/38/EG ausdrücklich festlegt, dass Verweisungen auf die aufgehobene Richtlinie 94/45/EG als Verweisungen auf die Richtlinie 2009/38/EG gelten[6]. Für § 2 Abs. 3 Satz 1 SEBG kommt ein abweichendes Verständnis nicht in Betracht, so dass der Regelungsgehalt des Art. 17 Abs. 2 RL 2009/38/EG korrigierend in § 2 Abs. 3 Satz 1 SEBG mit dem Ergebnis einer dynamischen Bezugnahme hineingelesen werden muss. Soweit § 2 Abs. 3 Satz 2 SEBG auf **§ 6 Abs. 2 bis 4 EBRG 1996** verweist, ergeben sich keine Unterschiede, da die letztgenannten Bestimmungen unverändert in § 6 Abs. 2 bis 4 des neu bekanntgemachten EBRG übernommen wurden. Auch insoweit verbietet sich jedoch ein statisches Verständnis der Verweisungsnorm; vielmehr ist nunmehr das EBRG in der Fassung der Bekanntmachung vom 7. Dezember 2011 (BGBl. I 2011, 2650) für die Anwendung von § 2 Abs. 3 Satz 2 SEBG maßgebend.

5 Der Katalog der Legaldefinitionen in Art. 2 SE-RL stimmt mit den vergleichbaren begrifflichen Umschreibungen in **Art. 2 SCE-RL** überein; Entsprechendes gilt für die Legaldefinitionen in **§ 2 SCEBG** bei einem Vergleich mit § 2 SEBG. Übernommen hat der Gesetzgeber die Legaldefinitionen in § 2 Abs. 1 bis 6 und 12 SEBG mit geringen Abweichungen auch für die gesetzliche Regelung zur Mitbestimmung der Arbeitnehmer bei einer **Verschmelzung von Kapitalgesellschaften** aus verschiedenen Mitgliedstaaten (s. § 2 MgVG).

6 Das **österreichische Recht** greift die Begriffsbestimmungen in Art. 2 SE-RL mit den §§ 210 bis 212 ArbVG auf, wobei diese ebenfalls regelmäßig die unionsrechtlichen Legaldefinitionen übernehmen; bezüglich des Arbeitnehmerbegriffs ist § 36 ArbVG maßgebend.

---

[3] Anders insoweit das österreichische Recht für „wesentliche Änderungen in der Struktur der Europäischen Gesellschaft" (§ 228 Abs. 2 ArbVG) sowie den Betriebsbegriff (§ 34 Abs. 1 ArbVG).
[4] ABl. EU Nr. L 122 v. 16.5.2009, S. 28.
[5] Zweites Gesetz zur Änderung des Europäischen Betriebsräte-Gesetzes – Umsetzung der Richtlinie 2009/38/EG über Europäische Betriebsräte vom 16. Juni 2011, BGBl. I 2011, 1050.
[6] Ebenso *Forst*, ZESAR 2010, 154, 157.

II. Die einzelnen Begriffsbestimmungen

1. Arbeitnehmerbegriff (§ 2 Abs. 1 SEBG)

Abweichend von der ansonsten praktizierten engen Anlehnung an Art. 2 SE-RL enthält § 2 Abs. 1 SEBG eine eigenständige Definition des Arbeitnehmerbegriffs[7], die zwar einerseits auf das Recht der jeweiligen Mitgliedstaaten verweist (§ 2 Abs. 1 Satz 1 SEBG), andererseits aber im Hinblick auf die inländischen Arbeitnehmer unmittelbar den Wortlaut des **§ 5 Abs. 1 Satz 1 und 2 BetrVG** übernimmt. Wegen dieser Parallelität sind für die Auslegung von § 2 Abs. 1 Satz 2 SEBG die zu § 5 Abs. 1 BetrVG anerkannten Grundsätze[8] heranzuziehen[9]. Maßgebend ist deshalb der **allgemeine Arbeitnehmerbegriff**[10], der insbesondere eine arbeitsvertragliche Beziehung zu dem Unternehmen bzw. dem Rechtsträger des Betriebes fordert[11]. Soweit für die Anwendung des SEBG die **Zahl der Arbeitnehmer** eines inländischen Unternehmens oder Betriebes maßgebend ist, ist das **Arbeitszeitvolumen** unbeachtlich. Teilzeitbeschäftigte sind selbst bei einer geringfügigen Tätigkeit (§ 8 SGB IV) ohne Einschränkungen nach Maßgabe ihrer Kopfzahl zu berücksichtigen[12]. Bezüglich der in **Heimarbeit** Beschäftigten stimmt § 2 Abs. 1 Satz 3 SEBG mit § 5 Abs. 1 Satz 2 BetrVG überein, so dass es der identische Wortlaut rechtfertigt, die Auslegung von § 5 Abs. 1 Satz 2 BetrVG[13] auch für die Anwendung von § 2 Abs. 1 Satz 3 SEBG zugrundezulegen.

7

Entgegen dem BetrVG, das **leitende Angestellte i.S. des § 5 Abs. 3 Satz 2 BetrVG** grundsätzlich aus dem Anwendungsbereich dieses Gesetzes ausklammert[14], beschreibt § 2 Abs. 1 Satz 2 SEBG den umgekehrten Weg und bezieht leitende Angestellte in den für das SEBG maßgebenden Arbeitnehmerbegriff ein. Wegen der Integration dieser Arbeitnehmergruppe in die Unternehmensmitbestimmung nach dem MitbestG (s. § 3 MitbestG) ist diese Abweichung vom BetrVG zwar zwingend geboten[15], im Hinblick auf die vom DrittelbG erfassten Unternehmen aber auch als eine unionsrechtlich nicht geforderte Privilegierung der leitenden Angestellten zu bewerten[16], die im Interesse der Praktikabilität jedoch hinzunehmen ist[17]. Für die Konkre-

8

---

[7] A.A. *Feuerborn* in KölnKomm. AktG, 3. Aufl., § 2 SEBG Rz. 4. Zur fehlenden eigenen Definition des Arbeitnehmerbegriffs in der SE-RL s. *Annuß* in Annuß/Kühn/Rudolph/Rupp, EBRG, § 2 SEBG Rz. 2; *Feuerborn* in KölnKomm. AktG, 3. Aufl., § 2 SEBG Rz. 3; *Güntzel*, Richtlinie, S. 133 ff.; *Kumpf*, SE-Mitbestimmungsordnung, S. 19 f.; s. auch unten Rz. 12.

[8] Zu diesen ausführlich statt aller *Raab* in GK-BetrVG, 10. Aufl. 2014, § 5 BetrVG Rz. 15 ff.

[9] Ebenso *Henssler* in Ulmer/Habersack/Henssler, Mitbestimmungsrecht, § 2 SEBG Rz. 2; *Köklü* in Van Hulle/Maul/Drinhausen, Kap. 6 Rz. 28.

[10] So auch Begr. RegE, BT-Drucks. 15/3405, S. 43 f.; *Feuerborn* in KölnKomm. AktG, 3. Aufl., § 2 SEBG Rz. 4; *Henssler* in Ulmer/Habersack/Henssler, Mitbestimmungsrecht, § 2 SEBG Rz. 2; *Hohenstatt/Müller-Bonanni* in Habersack/Drinhausen, § 2 SEBG Rz. 5; *Jacobs* in MünchKomm. AktG, 3. Aufl., § 2 SEBG Rz. 2.

[11] Ebenso *Annuß* in Annuß/Kühn/Rudolph/Rupp, EBRG, § 2 SEBG Rz. 3.

[12] Für die allgemeine Ansicht statt aller *Feuerborn* in KölnKomm. AktG, 3. Aufl., § 2 SEBG Rz. 7; *Jacobs* in MünchKomm. AktG, 3. Aufl., § 2 SEBG Rz. 4; *Köklü* in Van Hulle/Maul/Drinhausen, Kap. 6 Rz. 28.

[13] Dazu z.B. *Raab* in GK-BetrVG, 10. Aufl. 2014, § 5 BetrVG Rz. 95 ff.

[14] Entsprechendes gilt für den im EBRG maßgebenden Arbeitnehmerbegriff; s. *Oetker* in GK-BetrVG, 10. Aufl. 2014, § 4 EBRG Rz. 4 sowie *Giesen* in Henssler/Willemsen/Kalb, ArbR-Komm., EBRG Rz. 17.

[15] Näher dazu *Heinze* in FS Schwerdtner, 2003, S. 741, 745 ff. sowie *Feuerborn* in KölnKomm. AktG, 3. Aufl., § 2 SEBG Rz. 10; *Scheibe*, Mitbestimmung der Arbeitnehmer, S. 52 ff.; *Steinberg*, Mitbestimmung, S. 139 ff.; gegenteiliger Ansicht *Güntzel*, Richtlinie, S. 385 f.

[16] Zur dortigen Ausklammerung der leitenden Angestellten s. § 3 Abs. 1 DrittelbG.

[17] Die Privilegierung der leitenden Angestellten zeigt sich besonders deutlich, wenn keine der Gesellschaften, die an der Gründung der SE beteiligt sind, aufgrund der Zahl der Arbeitneh-

9 Die nach Inkrafttreten des SEBG erfolgte Ergänzung des § 5 Abs. 1 BetrVG um den dortigen Satz 3, der insbesondere **überlassene Beamte** sowie **Arbeitnehmer des öffentlichen Dienstes** den Arbeitnehmern i.S. von § 5 Abs. 1 Satz 1 BetrVG mittels einer Fiktion („gelten") gleichstellt[21], findet in § 2 Abs. 1 Satz 2 SEBG keine Entsprechung. Zwar hat der Gesetzgeber dort im Unterschied zu § 4 Satz 1 EBRG, § 3 Abs. 1 DrittelbG und § 3 Abs. 1 MitbestG auf eine dynamisch zu lesende Bezugnahme auf das BetrVG verzichtet, die textliche Anlehnung an § 5 Abs. 1 BetrVG legt aber eine entsprechende Anwendung von § 5 Abs. 1 Satz 3 BetrVG nahe. Gegen die hierfür notwendige Planwidrigkeit der Regelungslücke spricht jedoch, dass es nicht der Absicht des Gesetzgebers entsprach, die betriebsverfassungsrechtliche Präzisierung des Arbeitnehmerbegriffs generell zu adaptieren, sondern er bezweckte ausweislich der Gesetzesmaterialien vielmehr eine Anknüpfung an den allgemeinen Arbeitnehmerbegriff[22]. Dementsprechend beschränkt § 2 Abs. 1 Satz 2 SEBG die Bezugnahme auf § 5 BetrVG ausdrücklich auf den Begriff des leitenden Angestellten. Hieraus sowie aus dem Verzicht auf eine an sich naheliegende Übernahme der Definition in § 3 Abs. 1 MitbestG bzw. der dortigen Verweisung folgt deshalb, dass die Fiktion in § 5 Abs. 1 Satz 3 BetrVG für den in § 2 Abs. 1 Satz 2 SEBG umschriebenen Arbeitnehmerbegriff keine Bedeutung hat.

10 Aus dem für § 2 Abs. 1 Satz 2 SEBG maßgeblichen allgemeinen Arbeitnehmerbegriff (s. oben Rz. 7) folgt für **Leiharbeitnehmer**, dass diese bei der Anwendung des SEBG ausschließlich bei dem Unternehmen des Verleihers und selbst dann nicht bei dem entleihenden Unternehmen zu berücksichtigen sind, wenn diese dort nach § 7 Satz 2 BetrVG für die Betriebsratswahl aktiv wahlberechtigt sind[23]. Angesichts der bewussten Anknüpfung des Gesetzgebers an den allgemeinen Arbeitnehmerbegriff[24] kann auf eine arbeitsvertragliche Beziehung zu dem entleihenden Unternehmen auch dann nicht verzichtet werden, wenn Leiharbeitnehmer bei den Schwellenwerten des BetrVG bzw. den Gesetzen zur Unternehmensmitbestimmung auch im Betrieb bzw. Unternehmen des Entleihers zu berücksichtigen sind[25]. Selbst wenn der Gesetzgeber Leiharbeitnehmer de lege ferenda in die Fiktion des § 5 Abs. 1 Satz 3 BetrVG ein-

---

mer nicht dem MitbestG unterliegt. In dieser Konstellation geht das SEBG über die selbst definierte Zielsetzung hinaus, da der Status quo der leitenden Angestellten zu deren Gunsten verändert wird.
18 Dazu ausführlich z.B. *Raab* in GK-BetrVG, 10. Aufl. 2014, § 5 BetrVG Rz. 130 ff.
19 Hierzu statt aller *Raab* in GK-BetrVG, 10. Aufl. 2014, § 5 BetrVG Rz. 201 ff. sowie *Gaul* in Henssler/Willemsen/Kalb, ArbR-Komm., § 5 BetrVG Rz. 63 ff.
20 So auch *Feuerborn* in KölnKomm. AktG, 3. Aufl., § 2 SEBG Rz. 10.
21 Näher dazu z.B. *Raab* in GK-BetrVG, 10. Aufl. 2014, § 5 BetrVG Rz. 62 ff.
22 S. ausdrücklich Begr. RegE, BT-Drucks. 15/3405, S. 43 f.
23 Ebenso *Feuerborn* in KölnKomm. AktG, 3. Aufl., § 2 SEBG Rz. 8; *Hohenstatt/Müller-Bonanni* in Habersack/Drinhausen, § 2 SEBG Rz. 5; *Kleinmann/Kujath* in Manz/Mayer/Schröder, § 2 SEBG Rz. 2; a.A. wohl *Nagel* in Nagel/Freis/Kleinsorge, Beteiligung der Arbeitnehmer, § 2 SEBG Rz. 3.
24 S. Begr. RegE, BT-Drucks. 15/3405, S. 43 f.
25 Zur Konzeption der aktuellen höchstrichterlichen Rechtsprechung des BAG, in der die tradierte „Zwei-Komponenten-Lehre" zugunsten einer am Normzweck ausgerichteten Auslegung abgelöst wurde, s. vor allem BAG v. 5.12.2012 – 7 ABR 48/11, AP Nr. 81 zu § 5 BetrVG 1972 = NZA 2013, 793, Rz. 17 ff.; BAG v. 13.3.2013 – 7 ABR 69/11, AP Nr. 15 zu § 9 BetrVG 1972 = NZA 2013, 789, Rz. 17 ff.; dazu auch näher *Raab* in GK-BetrVG, 10. Aufl. 2014, § 9 BetrVG Rz. 10 f.

beziehen sollte, strahlt dies aus den Gründen in Rz. 9 nicht auf § 2 Abs. 1 Satz 2 SEBG aus. Hierfür bedürfte es vielmehr einer Modifikation der Regelung in § 2 Abs. 1 Satz 2 SEBG, indem z.B. die aus § 3 Abs. 1 MitbestG bekannte Regelungstechnik einer Verweisung übernommen wird.

Die Bedeutung des in § 2 Abs. 1 Satz 2 SEBG umschriebenen Arbeitnehmerbegriffs ist auf **inländische Unternehmen und Betriebe** beschränkt. Dabei ist für Unternehmen der nach der Satzung zu bestimmende Sitz maßgebend, während für den Betrieb dessen Belegenheit innerhalb des Territoriums der Bundesrepublik Deutschland entscheidend ist. Das gilt bei Betrieben selbst dann, wenn sich der satzungsmäßige Sitz des Rechtsträgers in einem anderen Mitgliedstaat befindet (s. auch § 8 Abs. 4 SEBG). Der Arbeitnehmerbegriff in § 2 Abs. 1 Satz 2 SEBG ist deshalb auch dann anzuwenden, wenn die SE nach dem Recht eines anderen Mitgliedstaates errichtet wird, da auch in diesem Fall partiell die Vorschriften des SEBG zur Anwendung gelangen (s. z.B. § 6 SEBG Rz. 7). 11

Keine Bedeutung hat § 2 Abs. 1 Satz 2 SEBG für in **anderen Mitgliedstaaten** gelegene Unternehmen und Betriebe. Vielmehr verweist § 2 Abs. 1 Satz 1 SEBG für diese ausdrücklich auf das Recht des jeweiligen Mitgliedstaates. Soweit für die Anwendung des SEBG die Zahl der Arbeitnehmer in einem Mitgliedstaat (§ 15 Abs. 2 und 3 SEBG) oder deren Zahl bei beteiligten Gesellschaften in anderen Mitgliedstaaten maßgebend ist, richtet sich der Arbeitnehmerbegriff wegen § 2 Abs. 1 Satz 1 SEBG stets nach dem Recht des jeweiligen Mitgliedstaates. Soweit es hierdurch zu Abweichungen von § 2 Abs. 1 Satz 2 SEBG kommt, sind diese hinzunehmen, da der Arbeitnehmerbegriff in der SE-Richtlinie – wie sich indirekt aus Art. 2 lit. e SE-RL erschließt – keiner autonomen Auslegung zugänglich ist[26] und damit nicht die Rechtslage in den jeweiligen Mitgliedstaaten ggf. über eine unionsrechtskonforme Auslegung prägt. 12

2. Beteiligte Gesellschaften (§ 2 Abs. 2 SEBG)

Für die Umschreibung der „beteiligten Gesellschaften" übernimmt § 2 Abs. 2 SEBG den Wortlaut des Art. 2 lit. b SE-RL. Erfasst werden hiervon nur diejenigen Gesellschaften, die sich unmittelbar an der Gründung der SE beteiligen. Gesellschaften, die von diesen abhängig sind (Tochtergesellschaften) zählen nicht zu den „beteiligten Gesellschaften"[27]; bei **Konzernstrukturen** ist deshalb ausschließlich die **Konzernobergesellschaft** (herrschendes Unternehmen) beteiligte Gesellschaft i.S. des § 2 Abs. 2 SEBG[28]. Bestätigt wird dies durch § 2 Abs. 4 SEBG, da die von der beteiligten Gesellschaft abhängige Gesellschaft als „betroffene Tochtergesellschaft" bezeichnet wird. **Tochtergesellschaften** der Konzernobergesellschaft sind deshalb nur zu berücksichtigen, wenn sie die Anforderungen in § 2 Abs. 4 SEBG erfüllen, weil sie zukünftig Tochtergesellschaften der SE sein sollen (s. näher unten Rz. 21). 13

Im Gegensatz zu § 210 Abs. 1 Satz 2 ArbVG verzichtet § 2 Abs. 2 SEBG darauf, den Kreis der unmittelbar an der Gründung beteiligten Gesellschaften nach Maßgabe der 14

---

26 Treffend im Ergebnis *Feuerborn* in KölnKomm. AktG, 3. Aufl., § 2 SEBG Rz. 3; *Jacobs* in MünchKomm. AktG, 3. Aufl., § 2 SEBG Rz. 3 a.E.; *Kumpf*, SE-Mitbestimmungsordnung, S. 19 f.; *Rieble* in Rieble/Junker, Vereinbarte Mitbestimmung in der SE, 2008, § 3 Rz. 49 ff. mit Fn. 27.
27 *Annuß* in Annuß/Kühn/Rudolph/Rupp, EBRG, § 2 SEBG Rz. 6; *Feuerborn* in KölnKomm. AktG, 3. Aufl., § 2 SEBG Rz. 13; *Henssler* in Ulmer/Habersack/Henssler, Mitbestimmungsrecht, § 2 SEBG Rz. 3; *Kleinmann/Kujath* in Manz/Mayer/Schröder, § 2 SEBG Rz. 3; *Nagel* in Nagel/Freis/Kleinsorge, Beteiligung der Arbeitnehmer, § 2 SEBG Rz. 5.
28 *Feuerborn* in KölnKomm. AktG, 3. Aufl., § 2 SEBG Rz. 13; *Grobys*, NZA 2005, 84, 85; *Jacobs* in MünchKomm. AktG, 3. Aufl., § 2 SEBG Rz. 8; *Kleinmann/Kujath* in Manz/Mayer/Schröder, § 2 SEBG Rz. 3.

verschiedenen **Gründungsformen** zu erläutern, die österreichische Regelung liefert jedoch eine zutreffende Beschreibung der gesellschaftsrechtlichen Verhältnisse[29]. Danach sind bei der Gründung der SE durch **Verschmelzung** die verschmelzenden Gesellschaften unmittelbar beteiligt. Bei einer Verschmelzung durch Aufnahme sind dies sowohl die aufnehmende Gesellschaft (übernehmende Gesellschaft) als auch diejenige, die infolge der Verschmelzung ihre Identität verliert (übertragende Gesellschaft); bei einer Verschmelzung durch Gründung einer neuen Gesellschaft sind diejenigen Gesellschaften beteiligt, die sich verschmelzen. Bei einer **Holding-SE** sind die die Gründung der SE anstrebenden Gesellschaften unmittelbar beteiligt; bei einer **Tochter-SE** sind an deren Gründung unmittelbar beteiligt diejenigen Gesellschaften, die Aktien der Tochter-SE zeichnen. Unmittelbar beteiligt ist bei der Gründung einer SE durch **Umwandlung** ausschließlich die umzuwandelnde Gesellschaft, die in das Rechtskleid der SE wechseln soll. Bei der **sekundären Gründung** einer SE-Tochter (Art. 3 Abs. 2 SE-VO) nimmt die gründende SE die Stellung einer „beteiligten Gesellschaft" ein.

15 Vereinzelt greift das SEBG auf den Begriff **„beteiligte Unternehmen"** zurück (so § 6 Abs. 3 SEBG, § 8 Abs. 1 Satz 2 und 6 SEBG), ohne diesen jedoch klarstellend zu definieren. Verbreitet wird hieraus gefolgert, dass die von dem Begriff „beteiligte Unternehmen" erfassten Gesellschaften nicht mit den „beteiligten Gesellschaften" i.S. von § 2 Abs. 2 SEBG deckungsgleich sind, sondern weitergehend auch die betroffenen Tochtergesellschaften i.S. von § 2 Abs. 4 SEBG einbezogen werden[30]. Angesichts der fehlenden Definition im SEBG kann diese extensive Auslegung aus dem Zweck der jeweiligen Norm folgen, in die der Begriff eingefügt wurde[31]. Dieses Gebot ist insbesondere bei § 6 Abs. 3 SEBG zu beachten, da der Gesetzgeber mit der korrespondierenden Vorschrift in § 6 Abs. 3 SCEBG gezeigt hat, welche Regelungstechnik er für ein weites Verständnis verwendet (s. näher § 6 SEBG Rz. 16) und nachvollziehbare Gründe für eine inkongruente Reichweite der Normen nicht erkennbar sind.

3. Tochtergesellschaften (§ 2 Abs. 3 SEBG)

16 Bezüglich der Tochtergesellschaften sieht § 2 Abs. 3 SEBG – wie Art. 2 lit. c SE-RL – von einer eigenständigen Definition ab und verweist stattdessen auf Art. 3 Abs. 2 bis 7 EBR-RL bzw. § 6 Abs. 2 bis 4 EBRG[32]. Soweit § 2 Abs. 3 Satz 1 SEBG auf Art. 3 Abs. 2 bis 7 RL 94/45/EG verweist, ist nach der Aufhebung dieser Richtlinie nunmehr wegen Art. 17 Abs. 2 RL 2009/38/EG Art. 3 Abs. 2 bis 7 RL 2009/38/EG maßgeblich (s. näher oben Rz. 4), der Art. 3 Abs. 2 bis 7 RL 94/45/EG jedoch unverändert übernommen hat. Entsprechendes gilt für die Bezugnahme in § 2 Abs. 3 Satz 2 SEBG auf § 6 Abs. 2 bis 4 EBRG. Diese ist nunmehr als eine solche auf das EBRG vom 7. Dezember 2011 (BGBl. I 2011, 2650) zu lesen, das insoweit aber keine Änderungen zu der früheren Rechtslage aufweist (s. auch oben Rz. 4).

17 Tochtergesellschaften sind nach § 2 Abs. 3 SEBG rechtlich selbständige Unternehmen (abhängige Unternehmen), auf die ein anderes Unternehmen (herrschendes Unternehmen) unmittelbar oder mittelbar **beherrschenden Einfluss** ausüben kann. Dieser ist bei den Tatbeständen in § 6 Abs. 2 Nr. 1 bis 3 EBRG (gesetzlich) zu vermuten. Diese sind jedoch einer Widerlegung durch einen Beweis des Gegenteils zugänglich

---

[29] Übernommen auch von *Hohenstatt/Müller-Bonanni* in Habersack/Drinhausen, § 2 SEBG Rz. 9.
[30] In dieser Richtung *Feuerborn* in KölnKomm. AktG, 3. Aufl., § 2 SEBG Rz. 14; *Jacobs* in MünchKomm. AktG, 3. Aufl., § 2 SEBG Rz. 7.
[31] Treffend *Hohenstatt/Müller-Bonanni* in Habersack/Drinhausen, § 2 SEBG Rz. 10.
[32] Mit vergleichbarer Regelungstechnik auch die österreichische Regelung in § 210 Abs. 2 ArbVG, die auf einen beherrschenden Einfluss i.S. des § 176 ArbVG abstellt.

(§ 292 Satz 1 ZPO)³³, was Art. 3 Abs. 2 RL 2009/38/EG ausdrücklich festhält. Da § 2 Abs. 3 Satz 1 SEBG – ebenso wie Art. 2 lit. c SE-RL – nicht auch auf die Generalklausel in Art. 3 Abs. 1 RL 2009/38/EG verweist, sprechen die besseren Gründe dafür, der Aufzählung der Beherrschungsmittel in § 6 Abs. 2 Nr. 1 bis 3 EBRG abschließende Wirkung beizumessen³⁴.

Im Unterschied zu § 18 AktG ist **keine „einheitliche Leitung"** erforderlich³⁵; es genügt die **potenzielle Leitungsmacht**, um ein Unternehmen als „herrschend" i.S. von § 2 Abs. 3 SEBG qualifizieren zu können. Mit der Anknüpfung an die Möglichkeit zur Ausübung eines beherrschenden Einflusses („ausüben kann") übernimmt § 2 Abs. 3 Satz 1 SEBG den konzeptionellen Ansatz in § 3 Abs. 1 EBRG, der insoweit mit der Vorgabe in Art. 3 Abs. 1 RL 2009/38/EG übereinstimmt. Beide Rechtsakte zum Recht der Europäischen Betriebsräte lassen mit der gleichermaßen aufgenommenen Formulierung „ausüben kann" die Möglichkeit einer Einflussnahme ausreichen³⁶. Obwohl Art. 2 lit. c SE-RL die abweichende Formulierung „ausübt" enthält, folgt hieraus keine Diskrepanz von § 2 Abs. 3 Satz 1 SEBG zu der vorgenannten Richtlinie³⁷. Art. 2 lit. c SE-RL verweist ausdrücklich auf Art. 3 Abs. 2 bis 7 RL 2009/38/EG (s. oben Rz. 4) und nimmt damit auch auf die „Fähigkeit, einen beherrschenden Einfluss auszuüben" in Art. 3 Abs. 2 RL 2009/38/EG Bezug. Da die Funktion der letztgenannten Bestimmung vor allem darin besteht, die Sachverhalte zu umschreiben, in denen ein beherrschender Einfluss i.S. von Art. 3 Abs. 1 RL 2009/38/EG ausgeübt werden kann, kommt es auch im Rahmen von Art. 2 lit. c SE-RL lediglich auf die Möglichkeit an, einen beherrschenden Einfluss ausüben zu können.

18

Wegen des Fehlens eines Beherrschungsverhältnisses erfasst § 2 Abs. 3 SEBG nicht den **Gleichordnungskonzern** i.S. des § 18 Abs. 2 AktG³⁸. Zu den Tochtergesellschaften i.S. des § 2 Abs. 3 SEBG können jedoch auch **Gemeinschaftsunternehmen** zählen³⁹. Im Unterschied zu dem herrschenden Unternehmen, dessen Rechtsform durch

19

---

33 *Feuerborn* in KölnKomm. AktG, 3. Aufl., § 2 SEBG Rz. 17; *Henssler* in Ulmer/Habersack/Henssler, Mitbestimmungsrecht, § 2 SEBG Rz. 4; *Hohenstatt/Müller-Bonanni* in Habersack/Drinhausen, § 2 SEBG Rz. 17; *Jacobs* in MünchKomm. AktG, 3. Aufl., § 2 SEBG Rz. 10; *Kleinmann/Kujath* in Manz/Mayer/Schröder, § 2 SEBG Rz. 4; *Nagel* in Nagel/Freis/Kleinsorge, Beteiligung der Arbeitnehmer, § 2 SEBG Rz. 10; *Rieble* in Rieble/Junker, Vereinbarte Mitbestimmung in der SE, 2008, § 3 Rz. 47; ebenso zu § 210 Abs. 2 ArbVG *Cerny* in Cerny/Mayr, Arbeitsverfassungsrecht, Bd. 6, 2006, § 210 ArbVG Erl. 3; *Gahleitner* in Kalss/Hügel, § 210 ArbVG Rz. 3. Wie hier zu § 6 Abs. 2 EBRG BAG v. 30.3.2004 – 1 ABR 61/01 – „Bofrost", AP Nr. 3 zu § 5 EBRG = NZA 2004, 863, Rz. 125; *Oetker* in GK-BetrVG, 10. Aufl. 2014, § 6 EBRG Rz. 8, m.w.N.
34 Ebenso ArbG Stuttgart v. 29.4.2008 – 12 BV 109/07 – „Porsche SE", BeckRS 2008, 55726, Rz. 85 ff.; *Forst*, ZESAR 2010, 154, 160; *Henssler* in FS K. Schmidt, 2009, S. 601, 607; *Hohenstatt/Müller-Bonanni* in Habersack/Drinhausen, § 2 SEBG Rz. 14; *Reichert/Ott* in Bergmann u.a., 10 Jahre SE, S. 154, 191 f.; a.A. *Jacobs* in MünchKomm. AktG, § 2 SEBG Rz. 10; verfehlt insoweit *Nagel* in Nagel/Freis/Kleinsorge, Beteiligung der Arbeitnehmer, § 2 SEBG Rz. 7, der ohne Einschränkungen auf § 6 Abs. 1 EBRG zurückgreift.
35 Zustimmend *Annuß* in Annuß/Kühn/Rudolph/Rupp, EBRG, § 2 SEBG Rz. 7; *Henssler* in Ulmer/Habersack/Henssler, Mitbestimmungsrecht, § 2 SEBG Rz. 4; *Rieble* in Rieble/Junker, Vereinbarte Mitbestimmung in der SE, 2008, § 3 Rz. 46; in dieser Richtung auch *Henssler* in FS K. Schmidt, 2009, S. 601, 611; a.A. wegen der Notwendigkeit einer richtlinienkonformen Auslegung *Hohenstatt/Müller-Bonanni* in Habersack/Drinhausen, § 2 SEBG Rz. 12 f.
36 S. BAG v. 30.3.2004 – 1 ABR 61/01 – „Bofrost", AP Nr. 3 zu § 5 EBRG = NZA 2004, 863, Rz. 124 sowie *Oetker* in GK-BetrVG, 10. Aufl. 2014, § 6 EBRG Rz. 2, m.w.N.
37 So aber *Hohenstatt/Müller-Bonanni* in Habersack/Drinhausen, § 2 SEBG Rz. 13.
38 Wie hier *Henssler* in Ulmer/Habersack/Henssler, Mitbestimmungsrecht, § 2 SEBG Rz. 4; *Hohenstatt/Müller-Bonanni* in Habersack/Drinhausen, § 2 SEBG Rz. 19.
39 *Nagel* in Nagel/Freis/Kleinsorge, Beteiligung der Arbeitnehmer, § 2 SEBG Rz. 7; im Anschluss auch *Hohenstatt/Müller-Bonanni* in Habersack/Drinhausen, § 2 SEBG Rz. 20. S. dazu im Rahmen der EBR-RL *Oetker* in GK-BetrVG, 10. Aufl. 2014, § 6 EBRG Rz. 4 f.

den von der Gründungsform abhängigen Kreis der beteiligten Gesellschaften beeinflusst wird, gibt das SEBG die **Rechtsform der Tochtergesellschaft** nicht vor; es kann sich bei dieser deshalb auch um eine Personengesellschaft handeln[40]. Aus dem Wortlaut von § 2 Abs. 3 SEBG ergeben sich keine Einschränkungen im Hinblick auf den **Sitz der Tochtergesellschaft**. Gleichwohl folgt hieraus nicht, dass auch solche Gesellschaften einbezogen sind, die ihren Sitz außerhalb eines Mitgliedstaates i.S. von § 3 SEBG haben[41], selbst wenn diese Arbeitnehmer in einem Betrieb beschäftigen, der in einem Mitgliedstaat gelegen ist. Bei mittelbaren Tochtergesellschaften mit Sitz in einem Mitgliedstaat i.S. von § 3 SEBG ist es hingegen unschädlich, wenn der beherrschende Einfluss über eine andere Tochtergesellschaft vermittelt wird, die ihren Sitz außerhalb eines Mitgliedstaates hat.

4. Betroffene Tochtergesellschaften oder betroffene Betriebe (§ 2 Abs. 4 SEBG)

20 Zur betroffenen Tochtergesellschaft oder zum betroffenen Betrieb wird eine Tochtergesellschaft oder ein Betrieb, wenn eine an der Gründung der SE unmittelbar beteiligte Gesellschaft herrschendes Unternehmen bzw. Rechtsträger eines Betriebes ist und sich dieses Rechtsverhältnis nach der Gründung der SE zu dieser fortsetzen soll. Hierfür muss die SE nach ihrer Gründung den beherrschenden Einfluss unmittelbar oder mittelbar auf die Tochtergesellschaft ausüben können bzw. Rechtsträger des Betriebes sein.

21 Betroffene Tochtergesellschaften sind deshalb die Tochtergesellschaften der **verschmelzenden Gesellschaften** oder die Tochtergesellschaften einer **umzuwandelnden Gesellschaft**. Etwas anderes gilt bei der **Gründung einer Tochter-SE** im Hinblick auf die Tochtergesellschaften der gründenden Gesellschaften; diese werden nach der Gründung der Tochter-SE von dieser weder unmittelbar noch mittelbar beherrscht, bei ihnen handelt es sich vielmehr um Schwestergesellschaften[42]. Anders ist teilweise bei der Gründung einer **Holding-SE** zu entscheiden; in diesem Fall werden die Tochtergesellschaften der gründenden Gesellschaften jedoch nur dann zu Enkelgesellschaften der Holding-SE, wenn diese einen beherrschenden Einfluss auf die gründenden Gesellschaften ausüben kann, da § 2 Abs. 3 SEBG für die Qualifizierung als Tochtergesellschaft einen mittelbar beherrschenden Einfluss ausreichen lässt (s. oben Rz. 17)[43]. Wird der beherrschende Einfluss auf die Tochtergesellschaft indes ausschließlich von der Gründungsgesellschaft ausgeübt, dann ist deren Tochtergesellschaft keine mittelbare Tochtergesellschaft der SE und deshalb keine „betroffene Tochtergesellschaft i.S. von § 2 Abs. 4".

---

40 Ebenso im Anschluss *Feuerborn* in KölnKomm. AktG, 3. Aufl., § 2 SEBG Rz. 16.
41 Treffend *Hohenstatt/Müller-Bonanni* in Habersack/Drinhausen, § 2 SEBG Rz. 12; *Jacobs* in MünchKomm. AktG, 3. Aufl., § 2 SEBG Rz. 13a; a.A. *Kiem*, ZHR 173 (2009), 156, 171.
42 *Annuß* in Annuß/Kühn/Rudolph/Rupp, EBRG, § 2 SEBG Rz. 8; *Feuerborn* in KölnKomm. AktG, 3. Aufl., § 2 SEBG Rz. 23; *Hohenstatt/Müller-Bonanni* in Habersack/Drinhausen, § 2 SEBG Rz. 24; ebenso für das österreichische Recht *Cerny* in Cerny/Mayr, Arbeitsverfassungsrecht, Bd. 6, 2006, § 210 ArbVG Erl. 4; *Gahleitner* in Kalss/Hügel, § 210 ArbVG Rz. 4.
43 Wie hier *Feuerborn* in KölnKomm. AktG, 3. Aufl., § 2 SEBG Rz. 22; *Gahleitner* in Kalss/Hügel, § 210 ArbVG Rz. 4; *Henssler* in Ulmer/Habersack/Henssler, Mitbestimmungsrecht, § 2 SEBG Rz. 5; *Scheibe*, Mitbestimmung der Arbeitnehmer, S. 60 f.; in der Tendenz ebenso *Annuß* in Annuß/Kühn/Rudolph/Rupp, EBRG, § 2 SEBG Rz. 8; zu weitgehend Begr. RegE, BT-Drucks. 15/3405, S. 14, wonach die betroffenen Tochtergesellschaften bei Gründung einer Holding-SE stets zu Enkelgesellschaften der SE werden; ebenso *Hohenstatt/Müller-Bonanni* in Habersack/Drinhausen, § 2 SEBG Rz. 25; *Nagel* in Nagel/Freis/Kleinsorge, Beteiligung der Arbeitnehmer, § 2 SEBG Rz. 14 sowie zu § 210 ArbVG *Cerny* in Cerny/Mayr, Arbeitsverfassungsrecht, Bd. 6, 2006, § 210 ArbVG Erl. 4; dagegen mit Recht *Feuerborn* in KölnKomm. AktG, 3. Aufl., § 2 SEBG Rz. 22 f.

Bezüglich des **Betriebsbegriffs** verzichtet das SEBG auf eine eigenständige Legaldefinition; es gelten deshalb die allgemeinen Anforderungen des Betriebsverfassungsrechts[44], auch wenn der Gesetzgeber davon abgesehen hat, eine mit § 3 Abs. 2 MitbestG oder § 3 Abs. 2 DrittelbG vergleichbare Verweisungsnorm in das SEBG zu inkorporieren. Betrieb i.S. des SEBG kann wegen § 1 Abs. 1 Satz 2 Abs. 2 BetrVG deshalb auch ein **Gemeinschaftsbetrieb** sein[45]. 22

5. Leitung (§ 2 Abs. 5 SEBG)

Im Rahmen des SEBG verwendet das Gesetz wiederholt die Formulierung „Leitungen", insbesondere bilden sie den Verhandlungspartner des BVG für den Abschluss einer Beteiligungsvereinbarung. Die Legaldefinition in § 2 Abs. 5 SEBG umschreibt die „Leitung" näher, während die mit § 2 SEBG korrespondierende Bestimmung in Art. 2 SE-RL auf eine vergleichbare Umschreibung verzichtet. Im Rahmen der SE-RL ist dies entbehrlich, weil diese nicht den offenen Begriff der „Leitungen", sondern präzisere Formulierungen verwendet (z.B. Leitungs- oder Verwaltungsorgane der beteiligten Gesellschaften, Art. 3 Abs. 1 Satz 1 SE-RL; jeweils zuständige Organ der beteiligten Gesellschaften, Art. 4 Abs. 1 SE-RL; zuständiges Organ der SE, Art. 9 Unterabs. 1 SE-RL)[46]. 23

Für die „Leitung" einer Gesellschaft stellt § 2 Abs. 5 SEBG auf die Geschäftsführungsbefugnis und die Vertretungsmacht ab. Leitung ist deshalb dasjenige Organ einer Gesellschaft, dem sowohl die Geschäftsführungsbefugnis als auch die Vertretungsmacht zusteht[47]. Bei den beteiligten Gesellschaften handelt es sich, abhängig von der dualistischen oder monistischen Struktur der Gesellschaft, um das Leitungs- oder das Verwaltungsorgan[48]. Erhebt das SEBG die SE selbst zum Normadressaten (z.B. § 18 Abs. 4 SEBG), so wird die Leitung entweder durch das vom Aufsichtsorgan bestellte Leitungsorgan (so bei der dualistisch strukturierten SE) oder die (internen oder externen) geschäftsführenden Direktoren des Verwaltungsrates (so bei der SE mit monistischer Struktur) gebildet[49]. Hätte der Gesetzgeber sämtliche Mitglieder des Verwaltungsrates einbeziehen wollen, dann hätte es nahegelegen, im Rahmen 24

---

44 Ebenso *Feuerborn* in KölnKomm. AktG, 3. Aufl., § 2 SEBG Rz. 24; *Henssler* in Ulmer/Habersack/Henssler, Mitbestimmungsrecht, § 2 SEBG Rz. 6; *Hohenstatt/Müller-Bonanni* in Habersack/Drinhausen, § 2 SEBG Rz. 23; *Jacobs* in MünchKomm. AktG, 3. Aufl., § 2 SEBG Rz. 26; krit. *Annuß* in Annuß/Kühn/Rudolph/Rupp, EBRG, § 2 SEBG Rz. 9; für eine autonome Auslegung anhand der Richtlinie hingegen *Kumpf*, SE-Mitbestimmungsordnung, S. 22 ff.
45 Zustimmend *Feuerborn* in KölnKomm. AktG, 3. Aufl., § 2 SEBG Rz. 24; *Hohenstatt/Müller-Bonanni* in Habersack/Drinhausen, § 2 SEBG Rz. 23; *Roock* in Gaul/Ludwig/Forst, Europäisches Mitbestimmungsrecht, § 2 Rz. 99.
46 Wie hier auch *Feuerborn* in KölnKomm. AktG, 3. Aufl., § 2 SEBG Rz. 25. Entsprechendes gilt für das österreichische Recht, da dieses auf das zuständige Organ oder die zuständigen Leitungs- oder Verwaltungsorgane abstellt.
47 So auch *Feuerborn* in KölnKomm. AktG, 3. Aufl., § 2 SEBG Rz. 26; *Henssler* in Ulmer/Habersack/Henssler, Mitbestimmungsrecht, § 2 SEBG Rz. 7; *Jacobs* in MünchKomm. AktG, 3. Aufl., § 2 SEBG Rz. 14.
48 *Feuerborn* in KölnKomm. AktG, 3. Aufl., § 2 SEBG Rz. 26; *Henssler* in Ulmer/Habersack/Henssler, Mitbestimmungsrecht, § 2 SEBG Rz. 7; *Nagel* in Nagel/Freis/Kleinsorge, Beteiligung der Arbeitnehmer, § 2 SEBG Rz. 15.
49 *Annuß* in Annuß/Kühn/Rudolph/Rupp, EBRG, § 2 SEBG Rz. 10; *Feuerborn* in KölnKomm. AktG, 3. Aufl., § 2 SEBG Rz. 26; *Henssler* in Ulmer/Habersack/Henssler, Mitbestimmungsrecht, § 2 SEBG Rz. 7; *Hohenstatt/Müller-Bonanni* in Habersack/Drinhausen, § 2 SEBG Rz. 28; *Kleinmann/Kujath* in Manz/Mayer/Schröder, § 2 SEBG Rz. 6; *Köklü* in Van Hulle/Maul/Drinhausen, Kap. 6 Rz. 4; *Nagel* in Nagel/Freis/Kleinsorge, Beteiligung der Arbeitnehmer, § 2 SEBG Rz. 15; a.A. für die monistische SE *Jacobs* in MünchKomm. AktG, 3. Aufl., § 2 SEBG Rz. 14, der zur „Leitung" nicht nur die geschäftsführenden Direktoren, sondern alle Mitglieder des Verwaltungsorgans zählt.

von § 2 Abs. 5 SEBG nicht auf die geschäftsführenden Direktoren, sondern pauschal auf das Verwaltungsorgan abzustellen. Zwar weist Art. 43 Abs. 1 SE-VO die Führung der Geschäfte pauschal dem Verwaltungsorgan zu, § 40 Abs. 2 Satz 1 SEAG konkretisiert dies jedoch auf die geschäftsführenden Direktoren, die zugleich nach § 41 Abs. 1 Satz 1 SEAG zur gerichtlichen und außergerichtlichen Vertretung befugt sind.

6. Arbeitnehmervertretung (§ 2 Abs. 6 SEBG)

25 Verwendet das SEBG in den jeweiligen Vorschriften den Begriff der Arbeitnehmervertretung, so handelt es sich wegen der Legaldefinition in § 2 Abs. 6 SEBG ausschließlich um die **nach dem BetrVG gebildeten Vertretungen**[50]. Die SE-RL stellt in Art. 2 lit. e demgegenüber nicht auf das Organ, sondern auf die **„Arbeitnehmervertreter"** ab, verweist jedoch insoweit auf die Rechtsvorschriften und/oder Gepflogenheiten der Mitgliedstaaten (s. auch unten Rz. 28). Wegen der Bezugnahme auf das BetrVG werden **ausländische Arbeitnehmervertretungen** nicht in die Legaldefinition einbezogen. Dies kann indes – wie im Rahmen von § 4 Abs. 2 Satz 1 SEBG (s. § 4 SEBG Rz. 19) – im Widerspruch zu dem Zweck der Norm stehen, in die der Begriff inkorporiert wurde. Zwar bleibt auch in diesem Fall die Legaldefinition in § 2 Abs. 6 SEBG verbindlich, diese schließt es jedoch nicht aus, im Ausland errichtete Arbeitnehmervertretungen mittels eines Analogieschlusses in den Anwendungsbereich der jeweiligen Norm einzubeziehen.

26 Da die Legaldefinition in § 2 Abs. 6 SEBG mit der Bezugnahme auf das BetrVG einerseits die Vertretungen der leitenden Angestellten wegen ihrer Kodifizierung im SprAuG ausklammert[51], andererseits Art. 2 lit. e SE-RL offener formuliert ist, hat das SEBG die von den leitenden Angestellten errichteten **Sprecherausschüsse** stets gesondert neben die „Arbeitnehmervertretungen" in den Gesetzestext aufgenommen (so z.B. § 4 Abs. 2 Satz 1 SEBG). Aufgrund dieser Regelungstechnik ist die alleinige Verwendung des Begriffs „Arbeitnehmervertretung" in den Vorschriften des SEBG stets in dem engeren und durch § 2 Abs. 6 umschriebenen Sinne zu verstehen, ohne dass die von den leitenden Angestellten gebildeten Sprecherausschüsse einzubeziehen sind (so z.B. § 4 Abs. 3 Nr. 2 SEBG, § 9 Abs. 1 und 2 SEBG, § 10 Abs. 2 und 3 SEBG).

27 Soweit § 2 Abs. 6 SEBG auf die **Vertretungen nach dem BetrVG** Bezug nimmt, werden diese in dem Klammerzusatz näher erläutert, wobei dessen Wortlaut eine abschließende Aufzählung nahelegt[52]. Von den aufgrund eines **Tarifvertrages** errichteten Vertretungen der Arbeitnehmer werden hierdurch zwar diejenigen erfasst, die nach § 3 Abs. 1 Nr. 1 bis 3 BetrVG errichtet worden sind, keine Erwähnung haben aber die Vertretungen gefunden, die aufgrund eines Tarifvertrages für im **Flugbetrieb beschäftigte Arbeitnehmer** errichtet wurden (§ 117 Abs. 2 BetrVG). Hierbei dürfte es sich jedoch um ein gesetzgeberisches Versehen handeln, das eine ergänzende Korrektur des Klammerzusatzes rechtfertigt. Im Rahmen des SEBG handelt es sich auch

---

[50] *Feuerborn* in KölnKomm. AktG, 3. Aufl., § 2 SEBG Rz. 28; *Nagel* in Nagel/Freis/Kleinsorge, Beteiligung der Arbeitnehmer, § 2 SEBG Rz. 16.
[51] *Annuß* in Annuß/Kühn/Rudolph/Rupp, EBRG, § 2 SEBG Rz. 11; *Feuerborn* in KölnKomm. AktG, 3. Aufl., § 2 SEBG Rz. 30; *Hohenstatt/Müller-Bonanni* in Habersack/Drinhausen, § 2 SEBG Rz. 32; *Jacobs* in MünchKomm. AktG, 3. Aufl., § 2 SEBG Rz. 15; *Kleinmann/Kujath* in Manz/Mayer/Schröder, § 2 SEBG Rz. 7; *Köklü* in Van Hulle/Maul/Drinhausen, Kap. 6 Rz. 14; *Nagel* in Nagel/Freis/Kleinsorge, Beteiligung der Arbeitnehmer, § 2 SEBG Rz. 16; *Niklas*, NZA 2004, 1200, 1201; *Roock* in Gaul/Ludwig/Forst, Europäisches Mitbestimmungsrecht, § 2 Rz. 105.
[52] Hierfür auch *Feuerborn* in KölnKomm. AktG, 3. Aufl., § 2 SEBG Rz. 30; *Hohenstatt/Müller-Bonanni* in Habersack/Drinhausen, § 2 SEBG Rz. 31; *Nagel* in Nagel/Freis/Kleinsorge, Beteiligung der Arbeitnehmer, § 2 SEBG Rz. 16.

bei ihnen um „Arbeitnehmervertretungen"⁵³. Wegen der abschließend gemeinten Aufzählung in § 2 Abs. 6 SEBG sind die nach **§ 3 Abs. 1 Nr. 4 und 5 BetrVG** gebildeten Gremien keine Arbeitnehmervertretung i.S. des § 2 Abs. 6 SEBG⁵⁴. Obwohl § 2 Abs. 6 SEBG auf § 3 Abs. 1 Nr. 1 bis 3 BetrVG Bezug nimmt, sind nicht nur die durch Tarifvertrag errichteten Vertretungen Arbeitnehmervertretungen i.S. des SEBG. Wegen des aus der Entstehungsgeschichte erkennbaren Zwecks der Bezugnahme, lediglich die in § 3 Abs. 1 BetrVG aufgezählten Sachverhalte einzugrenzen⁵⁵, ist ausschließlich auf diese und nicht auf die Rechtsgrundlage für die abweichend vom BetrVG errichtete Arbeitnehmervertretung abzustellen. Deshalb genügt es, wenn die Vertretung in den von § 3 Abs. 1 Nr. 1 bis 3 BetrVG erfassten Sachverhalten nach § 3 Abs. 2 BetrVG aufgrund einer **Betriebsvereinbarung** errichtet worden ist⁵⁶. Ferner ist aus diesem Grunde auch ein nach **§ 3 Abs. 3 BetrVG** gebildeter unternehmenseinheitlicher Betriebsrat eine Arbeitnehmervertretung i.S. des § 2 Abs. 6 SEBG⁵⁷, da dieser nur in den Fällen des § 3 Abs. 1 Nr. 1 lit. a BetrVG errichtet werden kann.

Obwohl sich § 2 SEBG eng an die Vorgaben in Art. 2 SE-RL anlehnt, sieht das SEBG von einer Legaldefinition des **Arbeitnehmervertreters** ab (so aber Art. 2 lit. e SE-RL). Es liegt zwar nahe, diesen Personenkreis auf die in § 2 Abs. 6 SEBG aufgezählten Organe zu beziehen, die damit verbundene Einengung auf Mitglieder betriebsverfassungsrechtlicher Organe würde aber Art. 2 SE-RL widersprechen. Art. 2 lit. e SE-RL stellt auf die Rechtsvorschriften und Gepflogenheiten der Mitgliedstaaten ab, so dass aus diesem Blickwinkel auch die **Mitglieder der Sprecherausschüsse** Arbeitnehmervertreter i.S. der Legaldefinition in Art. 2 lit. e SE-RL sind. Für die Anwendung des SEBG folgt hieraus, dass der in seinen Vorschriften verwendete Begriff „Arbeitnehmervertreter" (z.B. § 41 Abs. 3 Nr. 3, Abs. 4 Nr. 2 SEBG) bei der gebotenen unionsrechtskonformen Auslegung auch die Vertreter der leitenden Angestellten in den Sprecherausschüssen umfasst⁵⁸. Auf die Definition der „Arbeitnehmervertretung" in § 2 Abs. 6 SEBG strahlt diese Auslegung jedoch nicht aus. 28

7. SE-Betriebsrat (§ 2 Abs. 7 SEBG)

Verwendet das SEBG den Begriff „SE-Betriebsrat", so ist hierunter das Vertretungsorgan der Arbeitnehmer zu verstehen, das entweder aufgrund einer nach § 21 SEBG abgeschlossenen Beteiligungsvereinbarung oder nach der gesetzlichen Auffangregelung in den §§ 22 bis 33 SEBG errichtet worden ist⁵⁹. Die SE-RL verwendet dem- 29

---

53 Ebenso *Scheibe*, Mitbestimmung der Arbeitnehmer, S. 71 f.; zustimmend *Kleinmann/Kujath* in Manz/Mayer/Schröder, § 2 SEBG Rz. 7; *Nagel* in Nagel/Freis/Kleinsorge, Beteiligung der Arbeitnehmer, § 2 SEBG Rz. 18.
54 Ebenso *Feuerborn* in KölnKomm. AktG, 3. Aufl., § 2 SEBG Rz. 29; *Henssler* in Ulmer/Habersack/Henssler, Mitbestimmungsrecht, § 2 SEBG Rz. 8; *Hohenstatt/Müller-Bonanni* in Habersack/Drinhausen, § 2 SEBG Rz. 32; *Jacobs* in MünchKomm. AktG, 3. Aufl., § 2 SEBG Rz. 15; *Nagel* in Nagel/Freis/Kleinsorge, Beteiligung der Arbeitnehmer, § 2 SEBG Rz. 18; *Roock* in Gaul/Ludwig/Forst, Europäisches Mitbestimmungsrecht, § 2 Rz. 104.
55 Dementsprechend sollten mit der Bezugnahme auf § 3 Abs. 1 Nr. 1 bis 3 BetrVG „Spartenbetriebsräte und andere vereinbarte Formen nach § 3 BetrVG" erfasst werden; s. Begr. RegE, BT-Drucks. 15/3405, S. 44.
56 Treffend wie hier *Hohenstatt/Müller-Bonanni* in Habersack/Drinhausen, § 2 SEBG Rz. 31; a.A. *Feuerborn* in KölnKomm. AktG, 3. Aufl., § 2 SEBG Rz. 29; *Henssler* in Ulmer/Habersack/Henssler, Mitbestimmungsrecht, § 2 SEBG Rz. 8; *Jacobs* in MünchKomm. AktG, 3. Aufl., § 2 SEBG Rz. 15.
57 *Roock* in Gaul/Ludwig/Forst, Europäisches Mitbestimmungsrecht, § 2 Rz. 104; a.A. *Jacobs* in MünchKomm. AktG, 3. Aufl., § 2 SEBG Rz. 15.
58 A.A. *Annuß* in Annuß/Kühn/Rudolph/Rupp, EBRG, § 2 SEBG Rz. 11.
59 *Annuß* in Annuß/Kühn/Rudolph/Rupp, EBRG, § 2 SEBG Rz. 12; *Feuerborn* in KölnKomm. AktG, 3. Aufl., § 2 SEBG Rz. 31; *Henssler* in Ulmer/Habersack/Henssler, Mitbestimmungs-

gegenüber durchgängig den Begriff „Vertretungsorgan" und definiert dieses in Art. 2 lit. f, ohne jedoch einen Inhalt vorzugeben, der von der Legaldefinition in § 2 Abs. 7 SEBG abweicht.

30 Die Legaldefinition in § 2 Abs. 7 SEBG entbindet bei der Anwendung einzelner **Vorschriften des SEBG** nicht von einer **Auslegung** des dort jeweils aufgenommenen Begriffs „SE-Betriebsrat". Mit diesem kann der Gesetzgeber entweder den aufgrund einer Vereinbarung errichteten SE-Betriebsrat oder den SE-Betriebsrat kraft Gesetzes meinen. Zuweilen verwendet das SEBG zur Klarstellung auch den Begriff „SE-Betriebsrat kraft Gesetzes" (so z.B. in § 16 Abs. 2 Satz 2 SEBG, § 18 Abs. 2 und 3 Satz 3 SEBG), ohne hierdurch jedoch den Umkehrschluss zu rechtfertigen, der Begriff „SE-Betriebsrat" ohne einschränkenden Zusatz sei stets in einem umfassenden Sinne zu verstehen, der beide Rechtsgrundlagen (kraft Vereinbarung nach § 21 SEBG sowie kraft Gesetzes) umfasst. Vielmehr bedarf es in jedem Fall einer Auslegung der jeweiligen Vorschrift, in welchem Sinne diese den ohne Zusatz versehenen Begriff „SE-Betriebsrat" verstanden wissen will. Regelmäßig hilft hierbei bereits der systematische Kontext weiter. So ist der Begriff „SE-Betriebsrat" im Rahmen der §§ 22 bis 33 SEBG aufgrund der systematischen Stellung[60] stets im Sinne des kraft Gesetzes errichteten SE-Betriebsrates zu verstehen. Umgekehrt kann sich aus dem Zweck der jeweiligen Vorschrift indes auch ergeben, dass mit dem „SE-Betriebsrat" das Gremium bzw. seine Mitglieder unabhängig von der Rechtsgrundlage der Errichtung gemeint sind. Exemplarisch hierfür stehen § 41 Abs. 2, Abs. 3 Nr. 1 SEBG, § 42 Satz 1 Nr. 2 SEBG, § 44 SEBG und § 45 Abs. 4 SEBG, die wegen ihrer systematischen Stellung und ihres Zwecks unabhängig davon zur Anwendung gelangen, ob der SE-Betriebsrat aufgrund einer Beteiligungsvereinbarung oder kraft Gesetzes errichtet worden ist.

31 Die Grundsätze in Rz. 30 sind auch maßgebend, wenn **andere Gesetze** den Begriff „SE-Betriebsrat" verwenden. Im Regelfall ist bei deren Anwendung davon auszugehen, dass dieser in einem umfassenden Sinne, also unabhängig von der Rechtsgrundlage für die Errichtung des SE-Betriebsrates zu verstehen ist. Das gilt insbesondere für die §§ 17 Abs. 3 Satz 2, 26 Abs. 2 Nr. 4, 30 Abs. 1 Satz 3 Nr. 2, 31 Abs. 2 Satz 2 SE-AG, da für ein restriktives Begriffsverständnis keine Anhaltspunkte erkennbar sind.

8. Beteiligung der Arbeitnehmer (§ 2 Abs. 8 SEBG)

32 Mit dem Begriff „Beteiligung" übernimmt das SEBG aus der SE-RL einen **Oberbegriff**, der sowohl die Unterrichtung und Anhörung als auch die Mitbestimmung zusammenfasst[61]. Mit ihrem Wortlaut entspricht die Legaldefinition in § 2 Abs. 8 SEBG der Begriffsumschreibung in Art. 2 lit. h SE-RL, deren Elemente (Unterrichtung, Anhörung, Mitbestimmung) § 2 Abs. 10 bis 12 SEBG konkretisiert.

33 Für die Abgrenzung zu den Legaldefinitionen in § 2 Abs. 9 bis 12 SEBG ist der in § 2 Abs. 8 SEBG zum Ausdruck gebrachte Charakter der **Beteiligung als Verfahren** entscheidend[62]. Dieses ist auf ein bestimmtes **Ziel** gerichtet, an dem sich auch die hierfür geschaffenen Beteiligungsrechte (§ 2 Abs. 9 SEBG) ausrichten müssen. Im Vordergrund der Beteiligung steht die Einflussnahme „auf die Beschlussfassung" der

---

recht, § 2 SEBG Rz. 9; *Hohenstatt/Müller-Bonanni* in Habersack/Drinhausen, § 2 SEBG Rz. 33; *Jacobs* in MünchKomm. AktG, 3. Aufl., § 2 SEBG Rz. 16; *Kleinmann/Kujath* in Manz/Mayer/Schröder, § 2 SEBG Rz. 8; *Nagel* in Nagel/Freis/Kleinsorge, Beteiligung der Arbeitnehmer, § 2 SEBG Rz. 19.

60 S. die Abschnittsübersicht vor § 22 SEBG: „SE-Betriebsrat kraft Gesetzes".
61 Ähnlich auch die sachlich entsprechende Vorschrift in Österreich, vgl. § 212 Abs. 1 ArbVG.
62 Begr. RegE, BT-Drucks. 15/3405, S. 44 (zu Abs. 9); ebenso *Hohenstatt/Müller-Bonanni* in Habersack/Drinhausen, § 2 SEBG Rz. 36; *Köklü* in Van Hulle/Maul/Drinhausen, Kap. 6 Rz. 12; *Nagel* in Nagel/Freis/Kleinsorge, Beteiligung der Arbeitnehmer, § 2 SEBG Rz. 21.

Gesellschaft, was sowohl der Begriffsumschreibung in Art. 2 lit. h SE-RL als auch der korrespondierenden Vorschrift in Österreich (§ 212 Satz 1 ArbVG) entspricht.

9. Beteiligungsrechte (§ 2 Abs. 9 SEBG)

Mit der Legaldefinition in § 2 Abs. 9 SEBG führt das SEBG die in § 2 Abs. 8 SEBG umschriebene „Beteiligung" fort, ohne indes in dem Katalog des Art. 2 SE-RL eine Entsprechung zu finden. Sie bezeichnet die bezüglich Unterrichtung, Anhörung und Mitbestimmung bestehenden Rechte in konsequenter Fortsetzung der Begriffsbildung in § 2 Abs. 8 SEBG als Beteiligungsrechte; eine vergleichbare Regelung enthält auch das österreichische Recht (§ 212 Abs. 1 Satz 2 ArbVG). Aufgegriffen hat das SEBG den Begriff „Beteiligungsrechte" nur vereinzelt (s. aber § 18 Abs. 3 Satz 1 SEBG, § 43 Satz 1 und 2 SEBG und § 45 Abs. 1 Nr. 2 SEBG).

34

Darüber hinaus verleiht § 2 Abs. 9 Satz 2 SEBG den Beteiligungsrechten eine **konzerndimensionale Reichweite**[63], wenngleich die Bezugnahme auf „Konzernunternehmen" von der üblichen Terminologie des SEBG abweicht, das hierfür den Begriff „Tochtergesellschaft" verwendet. Zudem erweitert der in § 2 Abs. 9 SEBG aufgenommene Zusatz nicht die in § 27 SEBG festgelegte Zuständigkeit des kraft Gesetzes errichteten SE-Betriebsrates.

35

10. Unterrichtung (§ 2 Abs. 10 SEBG)

Soweit das SEBG den Begriff der Unterrichtung verwendet (s. § 21 Abs. 1 Nr. 3 SEBG, § 21 Abs. 2 SEBG, § 28 Abs. 1 Satz 1 SEBG, § 29 Abs. 1 Satz 1 SEBG), richtet sich die Legaldefinition in § 2 Abs. 10 SEBG an die von der Leitung der SE insbesondere gegenüber dem SE-Betriebsrat geschuldete Unterrichtung und übernimmt hierfür die Umschreibung in Art. 2 lit. i SE-RL[64]. In diesem Zusammenhang konkretisiert § 2 Abs. 10 SEBG neben dem Kreis der in die Unterrichtung einbezogenen Angelegenheiten (§ 2 Abs. 10 Satz 1 SEBG) vor allem Zeitpunkt, Form und Inhalt der Unterrichtung (§ 2 Abs. 10 Satz 2 SEBG). Diese sind von dem Zweck geleitet, eine möglichst umfassende Prüfung der jeweiligen Angelegenheit zu ermöglichen und einen sachgerechten Dialog mit der Leitung der SE vorzubereiten[65].

36

11. Anhörung (§ 2 Abs. 11 SEBG)

Die Legaldefinition in § 2 Abs. 11 SEBG übernimmt die Begriffsumschreibung in Art. 2 lit. j SE-RL[66] und greift in ihrem Kern die Umschreibung in § 1 Abs. 5 EBRG auf[67]. Charakteristisch für die unionsrechtlich vorgeprägte Definition der Anhörung ist die Abstraktion von dem Begriffsverständnis des BetrVG[68]. Während die dort normierten Anhörungsrechte lediglich die Gelegenheit zur Stellungnahme eröffnen sol-

37

---

63 In der § 2 Abs. 9 SEBG entsprechenden österreichischen Vorschrift (§ 212 Abs. 1 Satz 2 ArbVG) fehlt ein vergleichbarer Zusatz.
64 Mit nahezu identischem Wortlaut in Österreich § 212 Abs. 2 ArbVG.
65 Treffend *Feuerborn* in KölnKomm. AktG, 3. Aufl., § 2 SEBG Rz. 37; *Hohenstatt/Müller-Bonanni* in Habersack/Drinhausen, § 2 SEBG Rz. 37; *Kleinmann/Kujath* in Manz/Mayer/Schröder, § 2 SEBG Rz. 11.
66 Die Regelungen in § 2 Abs. 11 SEBG stimmen mit denen in Österreich überein (vgl. § 212 Abs. 3 ArbVG).
67 S. dazu näher *Blanke*, 2. Aufl. 2006, § 1 EBRG Rz. 21 ff.; *Giesen* in Henssler/Willemsen/Kalb, ArbR-Komm., EBRG Rz. 14; *C. Müller*, 1997, § 1 EBRG Rz. 13 ff. sowie ausführlich *Oetker*, DB 1996, Beilage Nr. 10, S. 7 f.; ferner *Oetker* in GK-BetrVG, 10. Aufl. 2014, § 1 EBRG Rz. 9 ff.
68 *Blanke*, 2. Aufl. 2006, § 1 EBRG Rz. 21; *Kienast* in Jannott/Frodermann, Handbuch Europäische Aktiengesellschaft, Kap. 13 Rz. 284 f.; *C. Müller*, 1997, § 1 EBRG Rz. 14.

len[69], zielt die Anhörung im Rahmen des SEBG – nicht anders als im Rahmen des EBRG – auf die Errichtung eines Dialogs und einen Meinungsaustausch zwischen SE-Betriebsrat und Leitung der SE ab, was im Vergleich zu einer Beteiligung nach dem BetrVG einem Beratungsrecht entspricht[70]. Keine Parallele findet in § 2 Abs. 11 SEBG das in § 2 Abs. 11 EBRG vorgesehene Recht der Arbeitnehmervertreter, mit der Leitung zusammenzukommen, um von dieser eine mit Gründen versehene Antwort auf eine etwaige Stellungnahme der Arbeitnehmervertretung zu erhalten. Bei einer am Zweck des Dialogs ausgerichteten Betrachtung ist hierin jedoch lediglich eine Klarstellung zu sehen, so dass sich im Rahmen von § 2 Abs. 11 SEBG keine Unterschiede ergeben.

38 Im Gegensatz zu der Begriffsumschreibung in Art. 2 lit. j SE-RL, die als Adressaten des Dialogs das für die jeweilige Maßnahme zuständige Organ der SE benennt[71], konkretisiert § 2 Abs. 11 Satz 1 SEBG diesen mit dem Verweis auf die Leitung der SE (s. insoweit § 2 Abs. 5) oder eine andere Leitungsebene, verlangt für deren „Zuständigkeit" jedoch, dass sie bezüglich des jeweiligen Gegenstandes des Dialogs mit eigenen Entscheidungsbefugnissen ausgestattet ist[72]. Hierdurch will das Gesetz sicherstellen, dass der Dialog auf derjenigen Ebene stattfindet, auf der die Entscheidungen über die beteiligungspflichtige Angelegenheit getroffen werden, da nur so eine Einflussnahme auf die Beschlussfassung in der Gesellschaft (§ 2 Abs. 8 SEBG) als Ziel der Beteiligung erreichbar ist[73]. Wie die Unterrichtung werden Zeitpunkt, Form und Inhalt der Anhörung vor allem von der gesetzgeberischen Absicht geleitet, dem SE-Betriebsrat im Rahmen des Dialogs die Abgabe einer sachgerechten Stellungnahme zu ermöglichen, um hierdurch auf den Entscheidungsprozess des jeweiligen Entscheidungsträgers Einfluss nehmen zu können[74].

12. Mitbestimmung (§ 2 Abs. 12 SEBG)

39 Die Legaldefinition der Mitbestimmung in § 2 Abs. 12 SEBG, die mit der Begriffsumschreibung in Art. 2 lit. k SE-RL übereinstimmt[75], harmoniert nur eingeschränkt mit der im deutschen Recht üblichen Terminologie, die die Mitbestimmung regelmäßig umfassender versteht und auch die Beteiligungsrechte des Betriebsrates einbezieht (s. z.B. § 87 Abs. 1 Einleitungssatz BetrVG: „hat ... mitzubestimmen")[76]. Demgegenüber ist die Legaldefinition in § 2 Abs. 12 SEBG enger und beschränkt die Mitbestimmung auf die Unternehmensmitbestimmung, die sich in Deutschland über die Wahl oder Bestellung eines Teils der Mitglieder des Aufsichts- oder Verwaltungsorgans vollzieht. Bei diesen handelt es sich wegen der unmittelbaren Legitima-

---

69 S. zu dem Anhörungsrecht in § 102 Abs. 1 Satz 1 BetrVG *Raab* in GK-BetrVG, 10. Aufl. 2014, § 102 BetrVG Rz. 3 und 107 sowie allgemein *Richardi* in Richardi, BetrVG, 14. Aufl. 2014, vor § 74 BetrVG Rz. 25 f.
70 Näher *Oetker*, DB 1996, Beilage Nr. 10, S. 7 ff., 9; ebenso *Feuerborn* in KölnKomm. AktG, 3. Aufl., § 2 SEBG Rz. 39; *Kienast* in Jannott/Frodermann, Handbuch Europäische Aktiengesellschaft, Kap. 13 Rz. 287; *Nagel* in Nagel/Freis/Kleinsorge, Beteiligung der Arbeitnehmer, § 2 SEBG Rz. 24; *Wirtz*, SE-Betriebsrat, S. 210; in der Sache auch *Hohenstatt/Müller-Bonanni* in Habersack/Drinhausen, § 2 SEBG Rz. 39: einer Beratung angenähert; zu eng *Schwarz*, SE-VO, Einleitung Rz. 241, der ausschließlich auf die Gelegenheit zur Stellungnahme für den Entscheidungsprozess des zuständigen Organs abstellt.
71 Ebenso in Österreich § 212 Abs. 3 ArbVG.
72 Aufgegriffen hat das SEBG diese Regelung in § 29 Abs. 2 SEBG.
73 Zustimmend *Kleinmann/Kujath* in Manz/Mayer/Schröder, § 2 SEBG Rz. 12.
74 Zustimmend *Feuerborn* in KölnKomm. AktG, 3. Aufl., § 2 SEBG Rz. 40.
75 Ebenso in Österreich § 212 Abs. 4 ArbVG.
76 *Annuß* in Annuß/Kühn/Rudolph/Rupp, EBRG, § 2 SEBG Rz. 15; *Nagel*, ArbuR 2004, 281, 282; s. auch die amtliche Überschrift des Vierten Teils des BetrVG: „Mitwirkung und Mitbestimmung der Arbeitnehmer".

tion durch die Arbeitnehmer um „Arbeitnehmervertreter im Aufsichts- oder Verwaltungsorgan der SE" i.S. von § 15 Abs. 4 Nr. 1 SEBG, § 35 Abs. 2 Satz 2 SEBG, § 36 Abs. 3 Satz 3 SEBG, § 38 Abs. 1 SEBG, § 41 Abs. 3 Nr. 3 SEBG, § 42 Satz 1 Nr. 4 SEBG und § 44 SEBG.

Eine bestimmte Intensität der „Einflussnahme" auf die Bestellung der Mitglieder des Aufsichts- oder Verwaltungsorgans setzt die Mitbestimmung i.S. der Legaldefinition in § 2 Abs. 12 SEBG nicht voraus. Vielmehr stellt diese in § 2 Abs. 12 Nr. 2 SEBG ein auf einzelne Mitglieder des Aufsichts- oder Verwaltungsorgans bezogenes **Empfehlungs- oder Ablehnungsrecht** (sog. Kooptationsmodell) dem deutschen Modell einer unmittelbaren (oder mittelbaren) Wahl durch die Arbeitnehmer gleich und behandelt dieses als gleichwertig. Umgesetzt worden ist dies insbesondere bei den in § 15 Abs. 4 SEBG niedergelegten Voraussetzungen, unter denen eine „Minderung der Mitbestimmung" i.S. des § 15 Abs. 3 SEBG vorliegt. Praktische Relevanz hat das Kooptationsmodell heute nicht mehr; es galt ausschließlich in den Niederlanden, wurde dort aber im Jahre 2004 abgeschafft. 40

§ 3
Geltungsbereich

(1) Dieses Gesetz gilt für eine SE mit Sitz im Inland. Es gilt unabhängig vom Sitz der SE auch für Arbeitnehmer der SE, die im Inland beschäftigt sind sowie für beteiligte Gesellschaften, betroffene Tochtergesellschaften und betroffene Betriebe mit Sitz im Inland.

(2) Mitgliedstaaten im Sinne dieses Gesetzes sind die Mitgliedstaaten der Europäischen Union und die anderen Vertragsstaaten des Abkommens über den Europäischen Wirtschaftsraum.

I. Allgemeines	1	III. Arbeitnehmer der SE	6
II. Einbezogene Gesellschaften	3	IV. Mitgliedstaaten (§ 3 Abs. 2 SEBG) . .	8

Literatur: S. Vor § 1 SEBG.

I. Allgemeines

Die Vorschrift legt den **räumlichen Geltungsbereich** des SEBG fest[1], wobei zwischen den erfassten Gesellschaften (bzw. Betrieben) und den Arbeitnehmern zu differenzieren ist. Ferner definiert § 3 Abs. 2 SEBG abschließend für das SEBG den **Begriff der Mitgliedstaaten**. 1

Die in § 3 SEBG zusammengefassten Regelungen, die in der **SE-RL keine Parallele** finden[2], orientieren sich deutlich an der vergleichbaren Bestimmung in **§ 2 EBRG**; 2

---
[1] Treffend *Feuerborn* in KölnKomm. AktG, 3. Aufl., § 3 SEBG Rz. 1.
[2] S. auch *Feuerborn* in KölnKomm. AktG, 3. Aufl., § 3 SEBG Rz. 2. Entsprechendes gilt für die SCE; ohne entsprechende Vorgabe der SCE-RL trifft § 3 SCEBG eine mit § 3 SEBG übereinstimmende Regelung. Im wesentlichen Kern entspricht auch die Parallelnorm für die Mitbestimmung der Arbeitnehmer bei einer Verschmelzung von Kapitalgesellschaften aus verschiedenen Mitgliedstaaten in § 3 MgVG der Bestimmung in § 3 SEBG.

bezüglich der Definition der Mitgliedstaaten ist § 3 Abs. 2 SEBG mit § 2 Abs. 3 EBRG identisch. In **Österreich** enthalten die §§ 208, 209 ArbVG vergleichbare Vorschriften, allerdings verzichtet das österreichische Recht auf eine Umschreibung für die „Mitgliedstaaten".

II. Einbezogene Gesellschaften

3 Das SEBG bezieht vor allem die **SE** in seinen Geltungsbereich ein, die ihren Sitz in Deutschland haben (soll). Dabei meint § 3 Abs. 1 SEBG den in der **Satzung** angegebenen Sitz, da Art. 7 SE-VO ausdrücklich zwischen dem Sitz der SE und deren Hauptverwaltung unterscheidet[3].

4 Angesichts des offenen Wortlauts in § 3 Abs. 1 Satz 1 SEBG gilt das SEBG für eine SE auch dann, wenn diese zwar im Ausland gegründet wurde, der satzungsmäßige Sitz aber zu einem späteren Zeitpunkt in den räumlichen Geltungsbereich des SEBG verlegt wird. Mit der **Sitzverlegung** in das Inland unterliegt die SE zwar dem SEBG, dies führt aber nicht dazu, dass hierdurch stets das **Beteiligungsverfahren** neu durchgeführt werden muss[4]. Hierzu kommt es vielmehr ausschließlich dann, wenn die Sitzverlegung eine strukturelle Änderung im Sinne von § 18 Abs. 3 SEBG ist (s. näher § 18 SEBG Rz. 25, 35)[5] oder eine Beteiligungsvereinbarung die Wiederaufnahme der Verhandlung für diesen Fall ausdrücklich vorsieht (s. § 21 Abs. 1 Nr. 6 SEBG). Da das Beteiligungsverfahren in allen anderen Fällen nicht erneut durchzuführen ist, lässt die Sitzverlegung auch die Geltung einer bei Gründung abgeschlossenen **Beteiligungsvereinbarung** unberührt[6], sie unterliegt allerdings nach der Sitzverlegung nicht mehr dem für ihren Abschluss maßgebenden Recht, sondern dem SEBG[7]. Ein Anpassungszwang kann sich allenfalls daraus ergeben, dass die Beteiligungsvereinbarung nicht mit dem nach der Sitzverlegung für die SE maßgebenden Gesellschaftsrecht harmoniert[8].

5 Entsprechendes gilt für **beteiligte Gesellschaften**, **betroffene Tochtergesellschaften** und **betroffene Betriebe**, wobei diesbezüglich die Legaldefinitionen in § 2 Abs. 2 bis 4 SEBG maßgebend sind. In den Anwendungsbereich des SEBG und den hierdurch begründeten Pflichten bezieht § 1 Abs. 2 SEBG die vorgenannten Gesellschaften nur ein, wenn sie ihren Sitz in Deutschland haben. Das ist nicht nur von Bedeutung, wenn die SE ihren Sitz im Inland haben soll und sich die im SEBG begründeten Pflichten an die „beteiligten Gesellschaften" richten. Diese gelten für die genannten Gesellschaften auch, wenn die SE in einem anderen Mitgliedstaat ihren Sitz haben soll, an ihrer Gründung aber eine Gesellschaft beteiligt ist, die ihren Sitz in Deutschland hat[9]. Das gilt für „betroffene Tochtergesellschaften" mit Sitz im Inland entsprechend.

---

3 Näher *Veelken* in GS Blomeyer, 2004, S. 491, 501 f.; ebenso *Annuß* in Annuß/Kühn/Rudolph/Rupp, EBRG, § 3 SEBG Rz. 1; *Feuerborn* in KölnKomm. AktG, 3. Aufl., § 3 SEBG Rz. 5; *Henssler* in Ulmer/Habersack/Henssler, Mitbestimmungsrecht, § 3 SEBG Rz. 1; *Hohenstatt/Müller-Bonanni* in Habersack/Drinhausen, § 3 SEBG Rz. 4; *Jacobs* in MünchKomm. AktG, 3. Aufl., § 3 SEBG Rz. 3; *Kleinmann/Kujath* in Manz/Mayer/Schröder, § 3 SEBG Rz. 3.
4 Treffend *Feuerborn* in KölnKomm. AktG, 3. Aufl., § 3 SEBG Rz. 6; *Hohenstatt/Müller-Bonanni* in Habersack/Drinhausen, § 3 SEBG Rz. 5; *Jacobs* in MünchKomm. AktG, 3. Aufl., § 3 SEBG Rz. 3.
5 Im Grundsatz auch *Feuerborn* in KölnKomm. AktG, 3. Aufl., § 3 SEBG Rz. 6.
6 Treffend *Hohenstatt/Müller-Bonanni* in Habersack/Drinhausen, § 3 SEBG Rz. 5.
7 Die Maßgeblichkeit des SEBG nach der Sitzverlegung kann auch nicht durch eine Rechtswahlklausel in der Beteiligungsvereinbarung beseitigt werden; hierzu neigend auch *Hohenstatt/Müller-Bonanni* in Habersack/Drinhausen, § 3 SEBG Rz. 5.
8 So auch *Hohenstatt/Müller-Bonanni* in Habersack/Drinhausen, § 3 SEBG Rz. 5.
9 *Jacobs* in MünchKomm. AktG, 3. Aufl., § 3 SEBG Rz. 4; a.A. *Henssler* in Ulmer/Habersack/Henssler, Mitbestimmungsrecht, § 3 SEBG Rz. 2.

III. Arbeitnehmer der SE

Das SEBG findet auf alle Arbeitnehmer der SE Anwendung, die in Deutschland beschäftigt sind, wobei bezüglich des Begriffs der Arbeitnehmer das Recht der jeweiligen Mitgliedstaaten heranzuziehen ist (§ 2 Abs. 1 SEBG sowie § 2 SEBG Rz. 7). Zusätzlich verlangt § 3 Abs. 1 SEBG für die Einbeziehung in den Geltungsbereich des SEBG, dass der Arbeitnehmer in Deutschland beschäftigt ist. Bei einer Tätigkeit im Ausland ist dies zu bejahen, solange der Arbeitnehmer trotzdem in einem im Inland gelegenen Betrieb eingegliedert bleibt[10].

Das SEBG regelt die Beteiligung der Arbeitnehmer auch, wenn eine **SE** ihren **Sitz außerhalb Deutschlands** haben soll, an deren Gründung aber eine inländische Gesellschaft beteiligt ist[11]. In diesem Fall richtet sich insbesondere die Wahl der Mitglieder des BVG, die dem Gremium aus Deutschland angehören, nach den Bestimmungen des SEBG (s. die §§ 6 bis 10 SEBG)[12]. Das gilt jedoch nicht für diejenigen Vorschriften des SEBG, die das BVG selbst, insbesondere dessen Zusammensetzung sowie das Verhandlungsverfahren betreffen. Insoweit ist stets das Recht des Mitgliedstaates anzuwenden, in dem die SE ihren Sitz haben soll (Art. 6 SE-RL)[13]. Dementsprechend gelten die Sitzgarantien für die Gewerkschaften sowie die leitenden Angestellten (§ 6 Abs. 3 und 4 SEBG) nur für die in Deutschland zu wählenden Mitglieder des BVG. Entsprechendes gilt für die Arbeitnehmervertreter im Aufsichts- oder Verwaltungsorgan der SE, wenn bei der SE die gesetzliche Auffangregelung eingreift. Die entsprechenden Bestimmungen des SEBG (§§ 35 bis 37 SEBG) gelten nur für die Arbeitnehmervertreter, die dem Organ aus Deutschland angehören.

IV. Mitgliedstaaten (§ 3 Abs. 2 SEBG)

Seinen Geltungsbereich erstreckt das Gesetz in erster Linie auf die Mitgliedstaaten der Europäischen Union. Damit findet das SEBG auch dann Anwendung, wenn weitere Staaten der Europäischen Union beitreten[14]. Korrespondierend mit dem Geltungsbereich des EBRG (§ 2 Abs. 3 EBRG) dehnt § 3 Abs. 2 SEBG diesen auch auf die Vertragsstaaten des EWR-Abkommens aus. Bei diesen handelt es sich um Island, Liechtenstein und Norwegen, die damit im Sinne des SEBG ebenfalls „Mitgliedstaaten" sind. Einer Gesetzesänderung bedarf es allerdings, wenn andere Staaten auf vertraglicher Grundlage in den Anwendungsbereich der SE-RL einbezogen werden[15].

---

10 S. näher zu den sog. Ausstrahlungen z.B. *Raab* in GK-BetrVG, 10. Aufl. 2014, § 7 BetrVG Rz. 45 ff.
11 Ebenso *Kleinmann/Kujath* in Manz/Mayer/Schröder, § 3 SEBG Rz. 4.
12 Ebenso *Annuß* in Annuß/Kühn/Rudolph/Rupp, EBRG, § 3 SEBG Rz. 1; *Jacobs* in MünchKomm. AktG, 3. Aufl., § 3 SEBG Rz. 4; *Kleinmann/Kujath* in Manz/Mayer/Schröder, § 3 SEBG Rz. 4 sowie *Henssler* in Ulmer/Habersack/Henssler, Mitbestimmungsrecht, § 3 SEBG Rz. 2.
13 So auch *Kleinmann/Kujath* in Manz/Mayer/Schröder, § 3 SEBG Rz. 4.
14 *Feuerborn* in KölnKomm. AktG, 3. Aufl., § 3 SEBG Rz. 10; *Jacobs* in MünchKomm. AktG, 3. Aufl., § 3 SEBG Rz. 5.
15 Ebenso *Feuerborn* in KölnKomm. AktG, 3. Aufl., § 3 SEBG Rz. 10; *Jacobs* in MünchKomm. AktG, 3. Aufl., § 3 SEBG Rz. 5. Aus diesem Grunde hat der Gesetzgeber in Österreich auf eine Definition der Mitgliedstaaten verzichtet; vgl. die Regierungsbegründung zu § 208 ArbVG, wiedergegeben bei *Kalss/Hügel*, S. 726; a.A. wohl *Nagel* in Nagel/Freis/Kleinsorge, Beteiligung der Arbeitnehmer, § 3 SEBG Rz. 2, der scheinbar den alleinigen Abschluss eines völkerrechtlichen Vertrages ausreichen lässt.

Teil 2. Besonderes Verhandlungsgremium

Kapitel 1. Bildung und Zusammensetzung

§ 4
Information der Leitungen

(1) Das besondere Verhandlungsgremium ist aufgrund einer schriftlichen Aufforderung der Leitungen zu bilden. Es hat die Aufgabe, mit den Leitungen eine schriftliche Vereinbarung über die Beteiligung der Arbeitnehmer in der SE abzuschließen.

(2) Wenn die Leitungen die Gründung einer SE planen, informieren sie die Arbeitnehmervertretungen und Sprecherausschüsse in den beteiligten Gesellschaften, betroffenen Tochtergesellschaften und betroffenen Betrieben über das Gründungsvorhaben. Besteht keine Arbeitnehmervertretung, erfolgt die Information gegenüber den Arbeitnehmern. Die Information erfolgt unaufgefordert und unverzüglich nach Offenlegung des Verschmelzungsplans, des Gründungsplans für eine Holdinggesellschaft, des Umwandlungsplans oder nach Abschluss der Vereinbarung eines Plans zur Gründung einer Tochtergesellschaft.

(3) Die Information erstreckt sich insbesondere auf
1. die Identität und Struktur der beteiligten Gesellschaften, betroffenen Tochtergesellschaften und betroffenen Betriebe und deren Verteilung auf die Mitgliedstaaten;
2. die in diesen Gesellschaften und Betrieben bestehenden Arbeitnehmervertretungen;
3. die Zahl der in diesen Gesellschaften und Betrieben jeweils beschäftigten Arbeitnehmer sowie die daraus zu errechnende Gesamtzahl der in einem Mitgliedstaat beschäftigten Arbeitnehmer;
4. die Zahl der Arbeitnehmer, denen Mitbestimmungsrechte in den Organen dieser Gesellschaften zustehen.

(4) Maßgeblicher Zeitpunkt für die Ermittlung der Zahl der Arbeitnehmer ist der Zeitpunkt der Information nach Absatz 2.

I. Allgemeines 1	5. Form der Information 27
II. Aufgabe und Rechtsnatur des BVG (§ 4 Abs. 1 Satz 2 SEBG) 6	6. Umfang der Information a) Überblick 28
III. Aufforderung durch die Leitungen (§ 4 Abs. 1 Satz 1 SEBG) 10	b) Identität und Struktur der Gesellschaften (§ 4 Abs. 3 Nr. 1 SEBG) . . 29
IV. Informationspflicht der Leitungen (§ 4 Abs. 2 bis 4 SEBG)	c) Arbeitnehmervertretungen (§ 4 Abs. 3 Nr. 2 SEBG) 30
1. Zweck der Information 17	d) Zahl der Arbeitnehmer (§ 4 Abs. 3 Nr. 3 SEBG) 31
2. Adressaten der Information 19	e) Mitbestimmungsrechte (§ 4 Abs. 3 Nr. 4 SEBG) 33
3. Adressat der Informationspflicht . . . 22	7. Verletzung der Informationspflicht . 34
4. Zeitpunkt der Information 24	

Literatur: S. Vor § 1 SEBG.

I. Allgemeines

Am Beginn der Regelungen zu der vom SEBG als vorrangig (s. § 1 SEBG Rz. 26 ff.) angesehenen Vereinbarungslösung steht die Errichtung des Verhandlungspartners auf Arbeitnehmerseite. In Fortführung der mit der EBR-RL bzw. dem EBRG eingeleiteten Konzeption übernimmt das SEBG hierfür die auch in Art. 3 SE-RL enthaltene Bezeichnung „besonderes Verhandlungsgremium". Die in dem 1. Kapitel des 2. Teils des Gesetzes zusammengefaßten Vorschriften betreffen **Bildung und Zusammensetzung des BVG**, wobei § 4 SEBG den Leitungen der Gesellschaften, die an der Gründung der SE beteiligt sind, auferlegt, die Bildung des Gremiums zu initiieren. 1

Mit § 4 setzt das SEBG **Art. 3 Abs. 1 SE-RL** um, der folgenden Wortlaut hat: 2

„(1) Wenn die Leitungs- oder die Verwaltungsorgane der beteiligten Gesellschaften die Gründung einer SE planen, leiten sie nach der Offenlegung des Verschmelzungsplans oder des Gründungsplans für eine Holdinggesellschaft oder nach der Vereinbarung eines Plans zur Gründung einer Tochtergesellschaft oder zur Umwandlung in eine SE so rasch wie möglich die erforderlichen Schritte – zu denen auch die Unterrichtung über die Identität der beteiligten Gesellschaften und der betroffenen Tochtergesellschaften oder betroffenen Betriebe sowie die Zahl ihrer Beschäftigten gehört – für die Aufnahme von Verhandlungen mit den Arbeitnehmervertretern der Gesellschaften über die Vereinbarung über die Beteiligung der Arbeitnehmer in der SE ein."

In der **SCE-RL** findet die in Rz. 2 wiedergegebene Bestimmung der SE-RL mit Art. 3 Abs. 1 eine wörtlich übereinstimmende Entsprechung. Demgemäß hat **§ 4 SCEBG** die Vorschriften in § 4 Abs. 2 bis 4 SEBG mit identischem Wortlaut übernommen, was auch für § 4 Abs. 1 SEBG gilt, dessen Inhalt jedoch als Abs. 1 in **§ 5 SCEBG** eingefügt wurde. Auf das BVG als Verhandlungspartner auf Arbeitnehmerseite greift ebenfalls die **Verschmelzungs-RL 2005/56/EG** zurück, die in der Verweisungsnorm des Art. 16 Abs. 2 auch auf Art. 3 Abs. 1 SE-RL Bezug nimmt; dem entsprechend stimmt der zur Umsetzung geschaffene **§ 6 MgVG** mit § 4 SEBG überein. 3

Das **EBRG** ist im Hinblick auf die Bildung des BVG anders strukturiert, da regelmäßig die Arbeitnehmer oder ihre Vertreter dies bei der zentralen Leitung beantragen[1]. Um die Ausübung dieses Antragsrechts zu erleichtern, begründet § 5 EBRG zugunsten der Arbeitnehmervertretung Auskunftspflichten, die sich an den Voraussetzungen für die Bildung eines BVG und den gesetzlichen Vorgaben für dessen Zusammensetzung orientieren[2]. 4

Die mit § 4 SEBG vergleichbare Vorschrift im **österreichischen Recht** (§ 215 ArbVG) weist nur geringe Unterschiede auf. Allerdings verknüpft § 215 Abs. 3 ArbVG die Aufforderung zur Errichtung eines BVG mit der Unterrichtung der Arbeitnehmervertretungen. Ferner ist der Termin für die konstituierende Sitzung des BVG schon bei der Aufforderung mitzuteilen und schließlich haben die für die Entsendung zuständigen Organe der Arbeitnehmerschaft die „zuständige freiwillige Berufsvereinigung der Arbeitnehmer" bereits von der Aufforderung zur Errichtung des BVG zu verständigen (s. demgegenüber § 11 Abs. 1 Satz 3 SEBG: Unterrichtungspflicht der Leitungen). 5

---
[1] S. § 9 Abs. 1 EBRG, der allerdings auch der zentralen Leitung das Initiativrecht zur Bildung des BVG einräumt.
[2] Zum Inhalt des Auskunftsanspruches s. vor allem die noch zu § 5 EBRG a.F. ergangene Rechtsprechung, die in § 5 EBRG n.F. eingeflossen ist. Mit dieser Maßgabe s. EuGH v. 29.3.2001 – Rs. C 62/99, AP Nr. 2 zu EWG-Richtlinie Nr. 94/45; EuGH v. 13.1.2004 – Rs. C 440/00, AP Nr. 3 zu EWG-Richtlinie Nr. 94/45; EuGH v. 15.7.2004 – Rs. C 349/01, AP Nr. 5 zu § 5 EBRG; BAG v. 30.3.2004 – 1 ABR 61/01, AP Nr. 3 zu § 5 EBRG sowie zu § 5 EBRG n.F. z.B. *Oetker* in GK-BetrVG, 10. Aufl. 2014, § 5 EBRG Rz. 8, m.w.N.

II. Aufgabe und Rechtsnatur des BVG (§ 4 Abs. 1 Satz 2 SEBG)

6 Entsprechend § 8 Abs. 1 EBRG umschreibt § 4 Abs. 1 Satz 2 SEBG die Aufgabe des BVG. Dieses ist **keine Interessenvertretung der Arbeitnehmer** während des Gründungsvorhabens[3], sondern seine Bildung dient ausschließlich dem Zweck, die Verhandlungen mit den Leitungen der an der Gründung der SE beteiligten Gesellschaften über den **Abschluss einer Beteiligungsvereinbarung** zu führen. Seinen Niederschlag findet diese Funktion des BVG in den Vorschriften zu seiner Zusammensetzung; sie orientieren sich nicht an der langfristigen Arbeitsfähigkeit des Gremiums, sondern an dem **Grundsatz der Repräsentativität**, damit die unterschiedlichen Mitbestimmungstraditionen in den von der SE-Gründung betroffenen Mitgliedstaaten in die Arbeit des BVG und die Verhandlungen mit den Leitungen einfließen können[4]. Seine Aufgabe hat das BVG in eigener Verantwortung zu erfüllen, insbesondere unterliegen die Mitglieder des BVG keinen Weisungen der Arbeitnehmervertretungen, die in den Mitgliedstaaten bestehen[5].

7 Aufgrund seines vorübergehenden Zwecks ist das BVG **keine Daueneinrichtung**, sondern wie im Rahmen des EBRG ein **Ad-hoc-Gremium**[6]. Als solches besitzt dieses keine eigene Rechtspersönlichkeit. Da das BVG jedoch im SEBG mit eigenen Rechtspositionen ausgestattet wird, ist das BVG **partiell rechtsfähig**, um die ihm übertragenen Aufgaben eigenverantwortlich wahrnehmen zu können[7]. Dazu zählt vor allem die Befugnis, mit den Leitungen eine Beteiligungsvereinbarung (§ 21 SEBG) abzuschließen. In dem durch § 21 eröffneten Aktionsradius begründet das SEBG zugunsten des BVG eine **Vereinbarungsbefugnis**, die jedoch zugleich durch den in § 21 SEBG gezogenen Rahmen begrenzt ist. Auf eine mit der Vertragsfreiheit vergleichbare allgemeine Vereinbarungsbefugnis kann sich das BVG beim Abschluss der Beteiligungsvereinbarung nicht stützen. Darüber hinaus kann das BVG **Inhaber von Ansprüchen** sein, sofern das SEBG das Gremium als solches und nicht nur seine Mitglieder berechtigt. Ferner ist das BVG als „Stelle" i.S. von § 10 ArbGG im Rahmen des arbeitsgerichtlichen Beschlussverfahrens **parteifähig**[8].

8 Obwohl das SEBG keine ausdrücklichen Bestimmungen zur **Amtszeit des BVG** kennt[9], ergibt sich deren **Ende** aus der **Zweckerreichung**, also dem Abschluss einer Vereinbarung i.S. des § 21 SEBG, einem Beschluss i.S. des § 16 SEBG oder dem erfolg-

---

3 Ebenso *Evers* in Manz/Mayer/Schröder, § 4 SEBG Rz. 2; *Henssler* in Ulmer/Habersack/Henssler, Mitbestimmungsrecht, § 4 SEBG Rz. 2; *Rudolph* in Annuß/Kühn/Rudolph/Rupp, EBRG, § 4 SEBG Rz. 3; s. auch *Kienast* in Jannott/Frodermann, Handbuch Europäische Aktiengesellschaft, Kap. 13 Rz. 102.

4 *Veelken* in GS Blomeyer, 2004, S. 491, 511.

5 Für die allg. Ansicht statt aller *Feuerborn* in KölnKomm. AktG, § 4 SEBG Rz. 6; *Hohenstatt/Müller-Bonanni* in Habersack/Drinhausen, § 4 SEBG Rz. 2; *Jacobs* in MünchKomm. AktG, 3. Aufl., § 4 SEBG Rz. 2; *Rudolph* in Annuß/Kühn/Rudolph/Rupp, EBRG, § 4 SEBG Rz. 5.

6 Ebenso *Feuerborn* in KölnKomm. AktG, 3. Aufl., § 4 SEBG Rz. 5; *Henssler* in Ulmer/Habersack/Henssler, Mitbestimmungsrecht, § 4 SEBG Rz. 2; *Hohenstatt/Dzida* in Henssler/Willemsen/Kalb, ArbR-Komm., SEBG Rz. 8; *Hohenstatt/Müller-Bonanni* in Habersack/Drinhausen, § 4 SEBG Rz. 2; *Hoops*, Mitbestimmungsvereinbarung, S. 68; *Jacobs* in MünchKomm. AktG, 3. Aufl., § 4 SEBG Rz. 2; *Rudolph* in Annuß/Kühn/Rudolph/Rupp, EBRG, § 4 SEBG Rz. 4; zum EBRG s. *Oetker* in GK-BetrVG, 10. Aufl. 2014, § 8 EBRG Rz. 3 f.

7 Ebenso *Hohenstatt/Müller-Bonanni* in Habersack/Drinhausen, § 4 SEBG Rz. 2; *Jacobs* in MünchKomm. AktG, 3. Aufl., § 4 SEBG Rz. 2; *Rudolph* in Annuß/Kühn/Rudolph/Rupp, EBRG, § 4 SEBG Rz. 5.

8 Ebenso *Matthes/Schlewing* in Germelmann/Matthes/Prütting, ArbGG, 8. Aufl. 2013, § 10 ArbGG Rz. 30.

9 Anders insoweit § 222 ArbVG.

losen Ablauf der Verhandlungsfrist (§ 20 SEBG)[10]. Bestätigt wird dies durch § 18 Abs. 1 Satz 1 SEBG sowie § 18 Abs. 3 Satz 2 SEBG, die zum Zweck der Wiederaufnahme der Verhandlungen jeweils die erneute Bildung eines BVG vorsehen[11]. Demgegenüber **beginnt die Amtszeit** des BVG, wenn dieses in seiner konstituierenden Sitzung (§ 12 Abs. 1 Satz 1 SEBG) Vorsitzenden und Stellvertreter gewählt hat (§ 12 Abs. 1 Satz 2 SEBG); erst mit Abschluss dieser Wahlakte ist das BVG als Gremium handlungsfähig (s. auch § 12 Rz. 14)[12].

Soweit die Gründung der SE die Belange der Arbeitnehmer in den beteiligten Gesellschaften berührt, richten sich die Einzelheiten zur **Beteiligung der bestehenden Arbeitnehmervertretungen** nach den Vorschriften der verschiedenen Mitgliedstaaten; diese werden durch den Verhandlungsmechanismus des SEBG nicht verdrängt[13]. In Deutschland ist deshalb anhand des BetrVG bzw. des SprAuG zu beurteilen, ob das Gründungsvorhaben eine beteiligungspflichtige Angelegenheit ist. In Betracht kommt insoweit vor allem eine **Unterrichtung und Beratung mit dem Wirtschaftsausschuss**. Das gilt nicht nur für die Gründung einer SE durch Verschmelzung (§ 106 Abs. 3 Nr. 8 BetrVG)[14], sondern wegen § 106 Abs. 3 Nr. 10 BetrVG zumeist auch für die anderen Gründungsformen[15]. Bezüglich des **Sprecherausschusses** ist das Unterrichtungsrecht nach § 32 Abs. 1 Satz 1 SprAuG zu beachten.

9

III. Aufforderung durch die Leitungen (§ 4 Abs. 1 Satz 1 SEBG)

Die **Initiative** zur Bildung des BVG erlegt § 4 Abs. 1 SEBG den Leitungen der an der Gründung der SE beteiligten Gesellschaften auf[16]. Diese haben zur Bildung des BVG **schriftlich** aufzufordern; für die Wahrung der **Schriftform** gilt grundsätzlich § 126 Abs. 1 BGB, wobei eine Ersetzung durch elektronische Form (§ 126 Abs. 3 BGB) dem Zweck des Formerfordernisses widerspricht[17]. Verbreitet wird darüber hinaus die **Textform** (§ 126b BGB) zur Wahrung der Schriftform als ausreichend angesehen[18]. Da

10

---

10 *Feuerborn* in KölnKomm. AktG, 3. Aufl., § 4 SEBG Rz. 5; *Henssler* in Ulmer/Habersack/Henssler, Mitbestimmungsrecht, § 4 SEBG Rz. 2; *Hohenstatt/Dzida* in Henssler/Willemsen/Kalb, ArbR-Komm., SEBG Rz. 8; *Hohenstatt/Müller-Bonanni* in Habersack/Drinhausen, § 4 SEBG Rz. 2; *Jacobs* in MünchKomm. AktG, 3. Aufl., § 4 SEBG Rz. 2; *Rudolph* in Annuß/Kühn/Rudolph/Rupp, EBRG, § 4 SEBG Rz. 4; ebenso für den Beschluss i.S. des § 16 SEBG *Freis* in Nagel/Freis/Kleinsorge, Beteiligung der Arbeitnehmer, § 16 SEBG Rz. 10. Mit diesem Ansatz auch das österreichische Recht, vgl. § 222 Abs. 2 ArbVG.
11 Wie hier im Anschluss *Henssler* in Ulmer/Habersack/Henssler, Mitbestimmungsrecht, § 4 SEBG Rz. 2 sowie auch *Jacobs* in MünchKomm. AktG, 3. Aufl., § 4 SEBG Rz. 2.
12 Ebenso im Anschluss *Feuerborn* in KölnKomm. AktG, 3. Aufl., § 4 SEBG Rz. 5; *Hohenstatt/Müller-Bonanni* in Habersack/Drinhausen, § 4 SEBG Rz. 2; *Rudolph* in Annuß/Kühn/Rudolph/Rupp, EBRG, § 4 SEBG Rz. 4. Der Sache nach ebenso § 222 Abs. 1 ArbVG, der für den Beginn der Tätigkeitsdauer auf den „Tag der Konstituierung" abstellt.
13 Allg. Ansicht, s. *Henssler* in Ulmer/Habersack/Henssler, Mitbestimmungsrecht, § 4 SEBG Rz. 1.
14 Zur Qualifizierung der Verschmelzung als Zusammenschluss i.S. des § 106 Abs. 3 Nr. 8 BetrVG statt aller *Annuß* in Richardi, BetrVG, 14. Aufl. 2014, § 106 BetrVG Rz. 53; *Oetker* in GK-BetrVG, 10. Aufl. 2014, § 106 BetrVG Rz. 66; *Willemsen/Lembke* in Henssler/Willemsen/Kalb, ArbR-Komm., § 106 BetrVG Rz. 79.
15 S. *Oetker* in GK-BetrVG, 10. Aufl. 2014, § 106 BetrVG Rz. 75.
16 Zu dieser im Vergleich zu § 9 Abs. 1 EBRG Umkehrung der Initiativlast *Kleinsorge* in Nagel/Freis/Kleinsorge, Beteiligung der Arbeitnehmer, § 4 SEBG Rz. 2.
17 Das gilt vor allem im Hinblick auf einen späteren Nachweis gegenüber dem Registergericht; s. auch *Kleinsorge* in Nagel/Freis/Kleinsorge, Beteiligung der Arbeitnehmer, § 4 SEBG Rz. 3; a.A. *Fleischmann* in Gaul/Ludwig/Forst, Europäisches Mitbestimmungsrecht, § 2 Rz. 138.
18 So *Fleischmann* in Gaul/Ludwig/Forst, Europäisches Mitbestimmungsrecht, § 2 Rz. 138; *Hinrichs/Plitt*, NZA 2010, 204, 207; *Hohenstatt/Müller-Bonanni* in Habersack/Drinhausen, § 4 SEBG Rz. 5; *Jacobs* in MünchKomm. AktG, 3. Aufl., § 4 SEBG Rz. 5; *Kienast* in Jannott/Fro-

eine dies ermöglichende ausdrückliche gesetzliche Regelung fehlt, kann die Zulässigkeit der Textform im Rahmen von § 4 Abs. 1 SEBG nur aus einer eigenständigen und am Normzweck des § 4 SEBG ausgerichteten Auslegung des dortigen Schriftformerfordernisses („schriftlich") gewonnen werden. Für die Einbeziehung der Textform spricht, dass der Zweck der Aufforderung unabhängig vom Vorliegen einer eigenhändigen Unterzeichnung (s. § 126 Abs. 1 BGB) erfüllt werden kann. Eine **Delegation** der Aufforderung auf die Leitung lokaler Betriebe oder betroffener Tochtergesellschaften ist wegen der Anknüpfung in § 4 Abs. 1 Satz 1 SEBG an die Leitungen der Gründungsgesellschaften zwar ausgeschlossen, dem steht es aber nicht entgegen, wenn diese in Vollzug der gesetzlichen Verpflichtung von den Leitungen der Gründungsgesellschaften als Erklärungsboten eingeschaltet werden. In Betracht kommt dies insbesondere bei betroffenen Tochtergesellschaften mit Sitz im EU/EWR-Ausland oder dort gelegenen Betrieben.

11 Wegen des Zwecks der Aufforderung hat diese in der **Sprache** des Mitgliedstaates zu geschehen, in dem sich deren Adressat befindet[19], sofern in den beteiligten Gesellschaften keine abweichenden Übungen für die interne Kommunikation bestehen[20].

12 Die Verpflichtung der Leitung beschränkt sich auf die Aufforderung; eine weitergehende Pflicht, die tatsächliche Bildung des Gremiums sicherzustellen, besteht nicht[21]; insbesondere verfügen die Leitungen der beteiligten Gesellschaften über keine Instrumente, um die Bildung eines BVG zu erzwingen (s. auch unten Rz. 16).

13 **Adressaten** der Aufforderung sind die Empfänger der nach § 4 Abs. 2 und 3 SEBG geschuldeten Informationen[22], also in der Regel die **Arbeitnehmervertretungen i.S. des § 2 Abs. 6 SEBG** sowie die von leitenden Angestellten errichteten **Sprecherausschüsse**[23]. Ebenso wie bezüglich der nach § 4 Abs. 2 und 3 SEBG geschuldeten Information wird es auch hinsichtlich der Aufforderung nach § 4 Abs. 1 SEBG verbreitet als ausreichend erachtet, dass diese an die Arbeitnehmervertretung der höchsten Stufe gerichtet wird (s. auch unten Rz. 19)[24]. Besteht keine Arbeitnehmervertretung, so ist

---

dermann, Handbuch Europäische Aktiengesellschaft, Kap. 13 Rz. 118; *Rudolph* in Annuß/Kühn/Rudolph/Rupp, EBRG, § 4 SEBG Rz. 8; a.A. *Middendorf* in Grobys/Panzer, Stichwortkommentar Arbeitsrecht, 2012, § 79 Rz. 16, im Anschluss an die hier in der Vorauflage vertretene Ansicht, an der nicht mehr festgehalten wird.

19 *Evers* in Manz/Mayer/Schröder, § 4 SEBG Rz. 4; *Feuerborn* in KölnKomm. AktG, 3. Aufl., § 4 SEBG Rz. 12; *Jacobs* in MünchKomm. AktG, 3. Aufl., § 4 SEBG Rz. 5; *Kienast* in Jannott/Frodermann, Handbuch Europäische Aktiengesellschaft, Kap. 13 Rz. 120; *Rieble* in Rieble/Junker, Vereinbarte Mitbestimmung in der SE, 2008, § 3 Rz. 34; *Rudolph* in Annuß/Kühn/Rudolph/Rupp, EBRG, § 4 SEBG Rz. 9; ebenso wohl auch *Hohenstatt/Müller-Bonanni* in Habersack/Drinhausen, § 4 SEBG Rz. 5.

20 Ebenso im Anschluss *Feuerborn* in KölnKomm. AktG, 3. Aufl., § 4 SEBG Rz. 12; *Kumpf*, SE-Mitbestimmungsordnung, S. 28; *Rudolph* in Annuß/Kühn/Rudolph/Rupp, EBRG, § 4 SEBG Rz. 9.

21 *Kienast* in Jannott/Frodermann, Handbuch Europäische Aktiengesellschaft, Kap. 13 Rz. 123, 207.

22 *Henssler* in Ulmer/Habersack/Henssler, Mitbestimmungsrecht, § 4 SEBG Rz. 4; *Hohenstatt/Müller-Bonanni* in Habersack/Drinhausen, § 4 SEBG Rz. 6; *Kienast* in Jannott/Frodermann, Handbuch Europäische Aktiengesellschaft, Kap. 13 Rz. 118; *Rudolph* in Annuß/Kühn/Rudolph/Rupp, EBRG, § 4 SEBG Rz. 11.

23 *Hohenstatt/Müller-Bonanni* in Habersack/Drinhausen, § 4 SEBG Rz. 6; *Köklü* in Van Hulle/Maul/Drinhausen, Kap. 6 Rz. 24.

24 So *Evers* in Manz/Mayer/Schröder, § 4 SEBG Rz. 3; *Feuerborn* in KölnKomm. AktG, 3. Aufl., § 4 SEBG Rz. 13; *Henssler* in Ulmer/Habersack/Henssler, Mitbestimmungsrecht, § 4 SEBG Rz. 4; *von der Heyde*, Beteiligung, S. 184 f.; *Hohenstatt/Müller-Bonanni* in Habersack/Drinhausen, § 4 SEBG Rz. 6; *Jacobs* in MünchKomm. AktG, 3. Aufl., § 4 SEBG Rz. 6; *Köklü* in Van Hulle/Maul/Drinhausen, Kap. 6 Rz. 24; *Middendorf* in Grobys/Panzer, Stichwortkommentar Arbeitsrecht, 2012, § 79 Rz. 16.

die Aufforderung **unmittelbar** an die **Arbeitnehmer** zu richten (näher dazu unten Rz. 20)[25]. Dies folgt aus einer entsprechenden Anwendung von § 4 Abs. 2 Satz 2 SEBG[26], da sich der Adressat der Aufforderung nach dem Empfänger der nach § 4 Abs. 2 und 3 SEBG geschuldeten Informationen richtet. Eine analoge Anwendung von § 4 Abs. 2 Satz 2 SEBG ist ferner bezüglich der leitenden Angestellten geboten, wenn diese die Errichtung eines Sprecherausschusses unterlassen haben (s. unten Rz. 21)[27]. Wegen der Verknüpfung der Aufforderung mit der Unterrichtungspflicht in § 4 Abs. 2 SEBG sprechen gute Gründe dafür, die Aufforderung nicht auf die in den Gründungsgesellschaften vertretenen **Gewerkschaften** auszudehnen. Es wäre sinnwidrig, sie zwar zur Bildung eines BVG aufzufordern, ihnen zugleich aber die für dessen Errichtung notwendigen Informationen vorzuenthalten.

Den **Zeitpunkt** der Aufforderung gibt § 4 Abs. 1 Satz 1 SEBG nicht vor, sie hat jedoch **spätestens** unverzüglich **nach Offenlegung** des jeweiligen Plans zur Gründung einer SE zu erfolgen[28], da die zu diesem Zeitpunkt nach § 4 Abs. 2 Satz 3 SEBG geschuldete Information denknotwendig die Aufforderung zur Bildung eines BVG voraussetzt. Diese Auslegung trägt ausreichend Art. 3 Abs. 1 SE-RL Rechnung, wonach die erforderlichen Schritte für die Bildung des BVG „so rasch wie möglich" einzuleiten sind. Dem Zweck der Richtlinie widerspricht eine **Verbindung** der Aufforderung **mit der Information** nach § 4 Abs. 2 und 3 SEBG nicht[29], sie kann aber auch **vor der Information** erklärt werden. Ebenso steht es dem Zweck des § 4 Abs. 1 Satz 1 SEBG nicht entgegen, die **Aufforderung vor der Offenlegung** des jeweiligen Plans zur Gründung der SE zu erklären[30]. Die Zehn-Wochen-Frist des § 11 Abs. 1 Satz 1 SEBG beginnt hierdurch aber nicht zu laufen, weil die vorgenannte Bestimmung für den Fristbeginn ausdrücklich auf die nach § 4 Abs. 2 und 3 SEBG zu gewährenden Informationen abstellt. Gleichwohl kann sich eine vorzeitige Aufforderung anbieten, um im Einvernehmen mit den Akteuren auf Arbeitnehmerseite das Prozedere der Gründung zu beschleunigen[31]. 14

Unterbleibt die Aufforderung durch die Leitungen, was wegen des Verfahrens zur Eintragung der SE (Art. 12 Abs. 2 SE-VO) theoretischer Natur sein dürfte[32], so können auch die Arbeitnehmervertretungen bzw. die Sprecherausschüsse die Initiative 15

---

25 Wie hier *Evers* in Manz/Mayer/Schröder, § 4 SEBG Rz. 3; *Feuerborn* in KölnKomm. AktG, 3. Aufl., § 4 SEBG Rz. 14; *Hohenstatt/Müller-Bonanni* in Habersack/Drinhausen, § 4 SEBG Rz. 6; *Jacobs* in MünchKomm. AktG, 3. Aufl., § 4 SEBG Rz. 7; *Köklü* in Van Hulle/Maul/Drinhausen, Kap. 6 Rz. 24; im Ergebnis auch *Henssler* in Ulmer/Habersack/Henssler, Mitbestimmungsrecht, § 4 SEBG Rz. 4.
26 Ebenso *Hohenstatt/Müller-Bonanni* in Habersack/Drinhausen, § 4 SEBG Rz. 6; *Jacobs* in MünchKomm. AktG, 3. Aufl., § 4 SEBG Rz. 7.
27 Wie hier auch *Evers* in Manz/Mayer/Schröder, § 4 SEBG Rz. 3; *Feuerborn* in KölnKomm. AktG, 3. Aufl., § 4 SEBG Rz. 15; *Henssler* in Ulmer/Habersack/Henssler, Mitbestimmungsrecht, § 4 SEBG Rz. 4; *Hohenstatt/Müller-Bonanni* in Habersack/Drinhausen, § 4 SEBG Rz. 6; *Jacobs* in MünchKomm. AktG, 3. Aufl., § 4 SEBG Rz. 7.
28 Ebenso *Feuerborn* in KölnKomm. AktG, 3. Aufl., § 4 SEBG Rz. 16; *Hohenstatt/Müller-Bonanni* in Habersack/Drinhausen, § 4 SEBG Rz. 5; *Jacobs* in MünchKomm. AktG, 3. Aufl., § 4 SEBG Rz. 5; *Rudolph* in Annuß/Kühn/Rudolph/Rupp, EBRG, § 4 SEBG Rz. 10.
29 *Grobys*, NZA 2005, 84, 86; *Jacobs* in MünchKomm. AktG, 3. Aufl., § 4 SEBG Rz. 5; *Kienast* in Jannott/Frodermann, Handbuch Europäische Aktiengesellschaft, Kap. 13 Rz. 118; *Rudolph* in Annuß/Kühn/Rudolph/Rupp, EBRG, § 4 SEBG Rz. 12.
30 Ebenso *Bachmann*, ZGR 2008, 779, 798 f.; *Jacobs* in MünchKomm. AktG, 3. Aufl., § 4 SEBG Rz. 5; *Rieble* in Rieble/Junker, Vereinbarte Mitbestimmung in der SE, 2008, § 3 Rz. 36; *Rudolph* in Annuß/Kühn/Rudolph/Rupp, EBRG, § 4 SEBG Rz. 10.
31 *Joost* in Oetker/Preis, EAS, B 8200, Rz. 45; *Rieble* in Rieble/Junker, Vereinbarte Mitbestimmung in der SE, 2008, § 3 Rz. 38.
32 S. insoweit auch *Feuerborn* in KölnKomm. AktG, 3. Aufl., § 4 SEBG Rz. 9; *Kleinsorge* in Nagel/Freis/Kleinsorge, Beteiligung der Arbeitnehmer, § 4 SEBG Rz. 2 f.

zur Bildung eines BVG ergreifen, indem sie gegenüber den Leitungen die in § 4 Abs. 2 und 3 SEBG genannten Informationsansprüche[33] geltend machen[34]. Diese stehen nicht unter der aufschiebenden Bedingung, dass die Leitungen zuvor zur Bildung eines BVG aufgefordert haben; vor Offenlegung des jeweiligen Plans zur Gründung einer SE ist ein entsprechender Anspruch der Arbeitnehmervertretung jedoch nicht anzuerkennen.

16 **Unterbleibt** trotz ordnungsgemäßer Aufforderung und Unterrichtung der Arbeitnehmervertretungen die **Bildung eines BVG**, so entbindet dies die Leitungen nach teilweise vertretener Ansicht nicht von der Pflicht, nach Ablauf der Zehn-Wochen-Frist (§ 11 Abs. 1 Satz 1 SEBG) zur konstituierenden Sitzung des BVG einzuladen (§ 12 Abs. 1 SEBG), um sodann den Ablauf der sechsmonatigen Verhandlungsfrist (§ 20 Abs. 1 SEBG) abzuwarten[35]. Erst dann könne die Eintragung der SE trotz unterbliebener Bildung eines BVG erfolgen (vgl. Art. 12 Abs. 2 SE-VO). Für den Sonderfall, dass **in keinem Mitgliedstaat** nach ordnungsgemäßer Aufforderung Mitglieder für das BVG bestellt oder gewählt werden, ist dieser Auffassung nicht zuzustimmen, da die Pflicht zur Einladung (§ 12 Abs. 1 SEBG) wegen fehlender Adressaten (s. § 12 SEBG Rz. 11) nicht erfüllt werden kann[36]. Obwohl die Untätigkeit aller Arbeitnehmervertretungen nicht einem Verzichtsbeschluss i.S. des § 16 SEBG gleichgestellt werden kann[37], rechtfertigt dieser Sachverhalt eine teleologische Reduktion des Art. 12 Abs. 2 SE-VO, da das Verhandlungsverfahren mangels eines BVG nicht durchgeführt werden kann. Wegen § 11 Abs. 2 SEBG kommt eine Eintragung der SE jedoch erst in Betracht, wenn die Zehn-Wochen-Frist des § 11 Abs. 1 Satz 1 SEBG ohne Benennung eines Vertreters für das BVG abgelaufen ist[38]. Wie in anderen Fallgestaltungen, in denen Art. 12 Abs. 2 SE-VO eine teleologische Reduktion erfährt, weil die Bildung eines BVG nicht möglich ist (s. § 1 SEBG Rz. 14 ff.), ist das Verhandlungsverfahren jedoch nachzuholen, wenn nach der Eintragung der SE in einem Mitgliedstaat ein Vertreter für das BVG bestellt oder gewählt wird, da dann die Einberufung einer konstituierenden Sitzung möglich ist. Entsprechendes gilt, wenn alle in den beteiligten Gesellschaften bestehenden Arbeitnehmervertretungen übereinstimmend bekunden, kein BVG bilden zu wollen. Auch in dieser Konstellation ist eine teleologische Reduktion

---

33 Wie hier im Anschluss auch *Feuerborn* in KölnKomm. AktG, 3. Aufl., § 4 SEBG Rz. 10 f.; *Maack*, Rechtsschutz, S. 212 ff.; abweichend insoweit *Hohenstatt/Müller-Bonanni* in Habersack/Drinhausen, § 4 SEBG Rz. 7; *Jacobs* in MünchKomm. AktG, 3. Aufl., § 4 SEBG Rz. 19, die für eine rechtliche Qualifizierung als Informationsobliegenheit plädieren; wie hier für die Bejahung eines Auskunftsanspruchs *Krause*, BB 2005, 1221, 1223.
34 A.A. *Jacobs* in MünchKomm. AktG, 3. Aufl., § 4 SEBG Rz. 8; *Rudolph* in Annuß/Kühn/Rudolph/Rupp, EBRG, § 4 SEBG Rz. 6.
35 So im Ansatz *Jacobs* in MünchKomm. AktG, 3. Aufl., § 11 SEBG Rz. 6; zustimmend *Rudolph* in Annuß/Kühn/Rudolph/Rupp, EBRG, § 11 SEBG Rz. 6; a.A. *Evers* in Manz/Mayer/Schröder, § 4 SEBG Rz. 11; *Henssler* in Ulmer/Habersack/Henssler, Mitbestimmungsrecht, §§ 11, 12 SEBG Rz. 6; *Kienast* in Jannott/Frodermann, Handbuch Europäische Aktiengesellschaft, Kap. 13 Rz. 211.
36 Anders ist dies jedoch, wenn zumindest in einem Mitgliedstaat ein Vertreter für das BVG bestellt oder gewählt worden ist, da in diesem Fall wegen § 11 Abs. 2 SEBG ein Verhandlungsverfahren stattfindet.
37 Wie hier *Kienast* in Jannott/Frodermann, Handbuch Europäische Aktiengesellschaft, Kap. 13 Rz. 208; im Ergebnis auch *Jacobs* in MünchKomm. AktG, 3. Aufl., § 11 SEBG Rz. 6; *Rudolph* in Annuß/Kühn/Rudolph/Rupp, EBRG, § 11 SEBG Rz. 6; a.A. jedoch *Evers* in Manz/Mayer/Schröder, § 4 SEBG Rz. 11; *Henssler* in Ulmer/Habersack/Henssler, Mitbestimmungsrecht, §§ 11, 12 SEBG Rz. 6.
38 Ebenso *Kienast* in Jannott/Frodermann, Handbuch Europäische Aktiengesellschaft, Kap. 13 Rz. 212; wohl auch *Evers* in Manz/Mayer/Schröder, § 4 SEBG Rz. 11; *Henssler* in Ulmer/Habersack/Henssler, Mitbestimmungsrecht, §§ 11, 12 SEBG Rz. 6; a.A. *Jacobs* in MünchKomm. AktG, 3. Aufl., § 11 SEBG Rz. 6.

des Art. 12 Abs. 2 SE-VO geboten, da die hiermit bezweckte Absicherung der Arbeitnehmerbeteiligung ihr Ziel nicht erreichen kann (s. insoweit auch Art. 12 SE-VO Rz. 28). Da ein Verzicht auf die Bildung eines BVG nicht rechtswirksam möglich ist[39], bleibt jedoch auch in diesem Fall zu erwägen, eine Nachholung des Verhandlungsverfahrens zu ermöglichen.

IV. Informationspflicht der Leitungen (§ 4 Abs. 2 bis 4 SEBG)

1. Zweck der Information

Um die Errichtung eines BVG insbesondere auch im Hinblick auf dessen Zusammensetzung zu ermöglichen, verpflichtet § 4 Abs. 2 SEBG die Leitungen der an der Gründung der SE beteiligten Gesellschaften zur Information über diejenigen Umstände, die für die Errichtung des BVG und dessen weitere Arbeit (Abstimmungen) von Bedeutung sind[40].

17

Die nach § 4 Abs. 3 SEBG geschuldete Unterrichtung ersetzt nicht die nach dem Recht der Mitgliedstaaten notwendige Unterrichtung der **Arbeitnehmervertretungen** aufgrund dort bestehender **Beteiligungsrechte** (s. auch oben Rz. 9)[41]. Das gilt insbesondere für Unterrichtungs- und Beratungsrechte nach dem BetrVG, da die Gründung einer SE regelmäßig nicht mit **Betriebsänderungen i.S. des § 111 BetrVG** verbunden ist, sondern eine **Beteiligung des Wirtschaftsausschusses** erfordert (s. oben Rz. 9), der jedoch keine Arbeitnehmervertretung i.S. der Legaldefinition in § 2 Abs. 6 SEBG ist. Zudem ist die Unterrichtung und Beratung nach § 106 Abs. 1 BetrVG der Offenlegung i.S. des § 4 Abs. 2 Satz 3 SEBG zeitlich vorgelagert (s. auch unten Rz. 24). Dies schließt es im Einzelfall jedoch nicht aus, bei der nach § 4 Abs. 3 SEBG geschuldeten Unterrichtung auf eine zuvor auf anderer Rechtsgrundlage erteilte Information Bezug zu nehmen, solange hierdurch im Hinblick auf den Zweck der von § 4 Abs. 3 SEBG geforderten Unterrichtung (s. oben Rz. 17) insbesondere bezüglich der Informationsdichte keine Defizite verbleiben.

18

2. Adressaten der Information

Als Adressaten für die Mitteilungen benennt § 4 Abs. 2 Satz 1 SEBG primär die Arbeitnehmervertretungen und die Sprecherausschüsse, wobei bezüglich der zu unterrichtenden **Arbeitnehmervertretungen** die Legaldefinition in § 2 Abs. 6 SEBG maßgeblich ist (s. dazu § 2 SEBG Rz. 25 ff.). Arbeitnehmervertretungen, die in Betrieben bzw. Unternehmen **im Ausland** gebildet sind, sind hierdurch aus dem Kreis der Adressaten ausgeklammert[42], was allerdings im Widerspruch zu dem Normzweck steht. Dieser gebietet deshalb eine entsprechende Anwendung[43]. **Sprecherausschüsse** i.S. des SEBG sind nur diejenigen, die auf der Grundlage des SprAuG errichtet worden sind. Hinsichtlich der in den beteiligten Gesellschaften errichteten Arbeitnehmer-

19

---

39 So auch *Jacobs* in MünchKomm. AktG, 3. Aufl., § 11 SEBG Rz. 6; a.A. *Kienast* in Jannott/Frodermann, Handbuch Europäische Aktiengesellschaft, Kap. 13 Rz. 134, im Hinblick auf die nach dem SEBG zu bestellenden inländischen Vertreter für das BVG.
40 Begr. RegE, BT-Drucks. 15/3405, S. 45; *Grobys*, NZA 2005, 84, 86; *Kleinsorge* in Nagel/Freis/Kleinsorge, Beteiligung der Arbeitnehmer, § 4 SEBG Rz. 4; *Rudolph* in Annuß/Kühn/Rudolph/Rupp, EBRG, § 4 SEBG Rz. 13.
41 Ebenso im Anschluss *Kleinsorge* in Nagel/Freis/Kleinsorge, Beteiligung der Arbeitnehmer, § 4 SEBG Rz. 3; *Rudolph* in Annuß/Kühn/Rudolph/Rupp, EBRG, § 4 SEBG Rz. 13.
42 So z.B. *Rudolph* in Annuß/Kühn/Rudolph/Rupp, EBRG, § 4 SEBG Rz. 16.
43 Ähnlich wie hier *Maack*, Rechtsschutz, S. 223 ff., der dieses Ergebnis auf eine richtlinienkonforme Auslegung stützt; im Ergebnis auch *Rudolph* in Annuß/Kühn/Rudolph/Rupp, EBRG, § 4 SEBG Rz. 22.

vertretungen erfolgt die Information entgegen einer verbreiteten Auffassung gegenüber **allen Vertretungen** und nicht nur gegenüber derjenigen, die auf der jeweils höchsten Stufe gebildet worden ist[44]. Deshalb sind neben dem Gesamtbetriebsrat auch die in den Betrieben des Unternehmens bestehenden Betriebsräte zu unterrichten. Anderen als den in § 4 Abs. 2 Satz 1 SEBG genannten Vertretungen der Arbeitnehmer steht kein aus dem SEBG abzuleitender Anspruch auf die in § 4 Abs. 3 SEBG aufgezählten Informationen zu[45]. Die **betroffenen Tochtergesellschaften** und **betroffenen Betriebe** sind nach der Legaldefinition in § 2 Abs. 4 SEBG zu bestimmen; auch die dort bestehenden Arbeitnehmervertretungen und Sprecherausschüsse sind über die in § 4 Abs. 3 SEBG genannten Tatsachen zu unterrichten.

20 Wurde in der beteiligten Gesellschaft oder betroffenen Tochtergesellschaft bzw. Betrieb **keine Arbeitnehmervertretung** gebildet, dann verpflichtet § 4 Abs. 2 Satz 2 SEBG die Leitungen zu einer **unmittelbaren Unterrichtung der Arbeitnehmer**. Das gilt indessen nicht, wenn eine beteiligte Gesellschaft oder betroffene Tochtergesellschaft aus mehreren betriebsratsfähigen Einheiten besteht, in einzelnen von ihnen jedoch die Bildung eines Betriebsrates unterblieb. In diesem Fall existiert in dem Betrieb zwar keine Arbeitnehmervertretung, bei der Wahl der Mitglieder des BVG aus Deutschland werden die betriebsratslosen Betriebe jedoch von dem Konzern- bzw. Gesamtbetriebsrat mitvertreten (§ 9 Abs. 2 und 3 SEBG bzw. § 8 Abs. 5 Satz 2 SEBG)[46]. Aus diesem Grunde ist eine gesonderte unmittelbare Unterrichtung der Arbeitnehmer auch im Hinblick auf den Zweck der Information (s. oben Rz. 17) entbehrlich[47].

21 Besteht in einem Betrieb zwar ein Betriebsrat und damit eine Arbeitnehmervertretung i.S. des § 2 Abs. 6 SEBG, ist aber die Errichtung eines Sprecherausschusses unterblieben, so ist § 4 Abs. 2 Satz 2 SEBG bezüglich der leitenden Angestellten analog anzuwenden[48], da die Betriebsräte diese Arbeitnehmergruppe in Betrieben ohne Sprecherausschuss nicht mitvertreten. Das Wahlvorschlagsrecht steht den leitenden An-

---

44 So im Ergebnis auch *Engels*, ArbuR 2009, 10, 20; *Grobys*, NZA 2005, 84, 86; *Kleinsorge* in Nagel/Freis/Kleinsorge, Beteiligung der Arbeitnehmer, § 4 SEBG Rz. 10; *Köklü* in Van Hulle/Maul/Drinhausen, Kap. 6 Rz. 21; *Prinz* in Hümmerich/Boecken/Düwell, NK-ArbR, 2. Aufl. 2010, § 7 SEBG Rz. 6; *Rieble* in Rieble/Junker, Vereinbarte Mitbestimmung in der SE, 2008, § 3 Rz. 39; *Ziegler/Gey*, BB 2009, 1750, 1751; a.A. *Cannistra*, Verhandlungsverfahren, S. 118; *Donner*, Vereinbarungslösungen, S. 67 f.; *Feuerborn* in KölnKomm. AktG, 3. Aufl., § 4 SEBG Rz. 18; *Güntzel*, Richtlinie, S. 391; *Henssler* in Ulmer/Habersack/Henssler, Mitbestimmungsrecht, § 4 SEBG Rz. 4; *Jacobs* in MünchKomm. AktG, 3. Aufl., § 4 SEBG Rz. 13; *Kienast* in Jannott/Frodermann, Handbuch Europäische Aktiengesellschaft, Kap. 13 Rz. 108 f.; *Maack*, Rechtsschutz, S. 222; *Rudolph* in Annuß/Kühn/Rudolph/Rupp, EBRG, § 4 SEBG Rz. 17, die auf die Zuständigkeit des Organs abstellen; zweifelnd auch *Krause*, BB 2005, 1221, 1223; unklar *Seibt/Reinhard*, Der Konzern 2005, 407, 417: wenigstens eine Form der Arbeitnehmerbeteiligung.
45 *Feuerborn* in KölnKomm. AktG, 3. Aufl., § 4 SEBG Rz. 17; *Grobys*, NZA 2005, 84, 86; *Jacobs* in MünchKomm. AktG, § 4 SEBG Rz. 13 i.V. mit Rz. 2.
46 Im Ergebnis ebenso *Grobys*, NZA 2005, 84, 86; *Henssler* in Ulmer/Habersack/Henssler, Mitbestimmungsrecht, § 4 SEBG Rz. 4; *Jacobs* in MünchKomm. AktG, 3. Aufl., § 4 SEBG Rz. 13; *Joost* in Oetker/Preis, EAS, B 8200, Rz. 48; *Krause*, BB 2005, 1221, 1223; *Prinz* in Hümmerich/Boecken/Düwell, NK-ArbR, 2. Aufl. 2010, § 7 SEBG Rz. 6; *Rudolph* in Annuß/Kühn/Rudolph/Rupp, EBRG, § 4 SEBG Rz. 19.
47 Zustimmend *Middendorf* in Grobys/Panzer, Stichwortkommentar Arbeitsrecht, 2012, § 79 Rz. 16 a.E.
48 Ebenso *Cannistra*, Verhandlungsverfahren, S. 117; *Güntzel*, Richtlinie, S. 391 Fn. 304; *Jacobs* in MünchKomm. AktG, 3. Aufl., § 4 SEBG Rz. 13; *Kleinsorge* in Nagel/Freis/Kleinsorge, Beteiligung der Arbeitnehmer, § 4 SEBG Rz. 11; *Köklü* in Van Hulle/Maul/Drinhausen, Kap. 6 Rz. 14; *Maack*, Rechtsschutz, S. 236; *Rudolph* in Annuß/Kühn/Rudolph/Rupp, EBRG, § 4 SEBG Rz. 20; a.A. *Seibt/Reinhard*, Der Konzern 2005, 407, 417 Fn. 79.

gestellten in einem derartigen Fall unmittelbar zu (§ 8 Abs. 1 Satz 6 SEBG sowie § 8 SEBG Rz. 24 ff.). Allerdings beschränkt sich die unmittelbare Information auf diesen Personenkreis[49].

3. Adressat der Informationspflicht

Als Adressaten der Pflicht zur Information benennt § 4 Abs. 2 Satz 1 SEBG die **Leitungen der beteiligten Gesellschaften**, die ihrerseits mit Hilfe der Legaldefinition in § 2 Abs. 5 SEBG zu konkretisieren sind. Dabei geht § 4 Abs. 2 Satz 1 SEBG davon aus, dass jede Leitung die bei ihrer Gesellschaft bestehenden Arbeitnehmervertretungen bzw. beschäftigten Arbeitnehmer über das Gründungsvorhaben unterrichtet[50]. Dies schließt nicht aus, dass eine der beteiligten Gesellschaften federführend die Unterrichtung aller Arbeitnehmervertretungen übernimmt[51]. 22

Hat die beteiligte Gesellschaft ihren **Sitz in einem anderen Mitgliedstaat**, so trifft diese zwar ebenfalls eine Unterrichtungspflicht, wegen des Territorialitätsprinzips bestimmt sich diese aber nicht nach dem SEBG, sondern maßgebend sind die Bestimmungen des jeweiligen Mitgliedstaates[52]. Umgekehrt besteht die Verpflichtung nach § 4 Abs. 2 und 3 SEBG auch für inländische Gesellschaften, wenn die **SE in einem anderen Mitgliedstaat** gegründet werden soll. 23

4. Zeitpunkt der Information

Bezüglich des Zeitpunktes der Unterrichtung knüpft § 4 Abs. 2 Satz 3 SEBG an die **Offenlegung** des Planes zur Errichtung oder Gründung der SE an und entspricht damit Art. 3 Abs. 1 SE-RL. Je nach Gründungsform ist deshalb der Verschmelzungsplan, der Gründungsplan für eine Holdinggesellschaft, der Umwandlungsplan oder der Plan zur Gründung einer Tochtergesellschaft maßgebend[53]. Im Hinblick auf den Zeitpunkt der Unterrichtung stellt § 4 Abs. 2 Satz 3 SEBG **nicht** auf die **Aufstellung des Plans**, sondern auf dessen Offenlegung ab, die sich nach den Art. 21, 32 Abs. 3 und 37 Abs. 5 SE-VO richtet. 24

Mit der Offenlegung besteht die Verpflichtung der Leitungen zur Information, ohne dass es hierfür einer Anforderung seitens der Arbeitnehmervertretungen bedarf „unaufgefordert"; einem Anspruch der Arbeitnehmervertretungen auf Unterrichtung steht dies nicht entgegen (s. auch oben Rz. 15)[54]. Mit der Unverzüglichkeit als zeitli- 25

---

49 So auch *Jacobs* in MünchKomm. AktG, 3. Aufl., § 4 SEBG Rz. 13.
50 S. näher *Maack*, Rechtsschutz, S. 217 ff.
51 *Cannistra*, Verhandlungsverfahren, S. 116 f.; *Feuerborn* in KölnKomm. AktG, 3. Aufl., § 4 SEBG Rz. 21; *Hohenstatt/Müller-Bonanni* in Habersack/Drinhausen, § 4 SEBG Rz. 10; *Jacobs* in MünchKomm. AktG, 3. Aufl., § 4 SEBG Rz. 11; *Rudolph* in Annuß/Kühn/Rudolph/Rupp, EBRG, § 4 EBRG Rz. 14.
52 Ebenso *Evers* in Manz/Mayer/Schröder, § 4 SEBG Rz. 6; *Henssler* in Ulmer/Habersack/Henssler, Mitbestimmungsrecht, § 3 SEBG Rz. 4; *Maack*, Rechtsschutz, S. 214 ff.; a.A. *Köklü* in Van Hulle/Maul/Drinhausen, Kap. 6 Rz. 19; *Kumpf*, SE-Mitbestimmungsordnung, S. 25 f.; *Rudolph* in Annuß/Kühn/Rudolph/Rupp, EBRG, § 4 SEBG Rz. 14; s. dazu auch EuGH v. 13.1.2004 – Rs. C 440/00, AP Nr. 3 zu EWG-Richtlinie Nr. 94/45; EuGH v. 15.7.2004 – Rs. C 349/01, AP Nr. 5 zu § 5 EBRG. Zum horizontalen Auskunftsanspruch s. auch *Maack*, Rechtsschutz, S. 242 ff.; *Rudolph* in Annuß/Kühn/Rudolph/Rupp, EBRG, § 4 SEBG Rz. 15.
53 *Evers* in Manz/Mayer/Schröder, § 4 SEBG Rz. 8; *Feuerborn* in KölnKomm. AktG, 3. Aufl., § 4 SEBG Rz. 20; *Jacobs* in MünchKomm. AktG, 3. Aufl., § 4 SEBG Rz. 9a; *Kleinsorge* in Nagel/Freis/Kleinsorge, Beteiligung der Arbeitnehmer, § 4 SEBG Rz. 8; s. auch *Kienast* in Jannott/Frodermann, Handbuch Europäische Aktiengesellschaft, Kap. 13 Rz. 101 ff.
54 Ebenso *Cannistra*, Verhandlungsverfahren, S. 116; *Engels*, ArbuR 2009, 10, 20; *Henssler* in Ulmer/Habersack/Henssler, Mitbestimmungsrecht, § 4 SEBG Rz. 8; *Köklü* in Van Hulle/Maul/Drinhausen, Kap. 6 Rz. 19; *Krause*, BB 2005, 1221, 1223; *Maack*, Rechtsschutz, S. 212 ff.; a.A.

chem Kriterium knüpft § 4 Abs. 2 Satz 3 SEBG an die Legaldefinition in § 121 BGB an[55] und trägt Art. 3 Abs. 1 SE-RL Rechnung, wonach die erforderlichen Schritte „so rasch wie möglich" vorzunehmen sind[56]. Schon aus diesem Grunde kann die Unterrichtung mit der Aufforderung zur Bildung des BVG (§ 4 Abs. 1 SEBG) verbunden werden (s. oben Rz. 14)[57].

26 Die Verknüpfung der Informationspflicht mit der Offenlegung des jeweiligen Gründungsplanes steht einer **früheren Information** nicht entgegen (s. auch oben Rz. 14)[58]. Diese muss jedoch stets so präzise sein, dass auf ihrer Grundlage ein BVG gebildet werden kann. In diesem Fall bestehen auch keine durchgreifenden Bedenken dagegen, den Lauf der **Zehn-Wochen-Frist** in § 11 Abs. 1 Satz 1 SEBG bereits vor der Offenlegung des Gründungsplanes beginnen zu lassen[59].

5. Form der Information

27 Vorgaben im Hinblick auf die Form der Information stellt § 4 Abs. 3 SEBG nicht auf[60]. Um die ordnungsgemäße Erfüllung der Mitteilungspflichten ggf. belegen zu können, liegt es jedoch nahe, diese schriftlich vorzunehmen[61]. Eine Unterrichtung im Rahmen einer Informationsveranstaltung würde indes den gesetzlichen Vorgaben in § 4 Abs. 2 und 3 SEBG ausreichend Rechnung tragen. Bei einer unmittelbaren Unterrichtung der Arbeitnehmer muss für diese die zumutbare **Möglichkeit der Kenntnisnahme** bestehen[62]. Die Wahl der **Sprache** für die Information wird von dem Zweck

---

Güntzel, Richtlinie, S. 389 Fn. 299; *Hohenstatt/Müller-Bonanni* in Habersack/Drinhausen, § 4 SEBG Rz. 10, 13; *Jacobs* in MünchKomm. AktG, 3. Aufl., § 4 SEBG Rz. 19: Obliegenheit der Leitungen; *Rudolph* in Annuß/Kühn/Rudolph/Rupp, EBRG, § 4 SEBG Rz. 35.

55 Ebenso *Feuerborn* in KölnKomm. AktG, 3. Aufl., § 4 SEBG Rz. 20; *Grobys*, NZA 2005, 84, 86; *Hohenstatt/Müller-Bonanni* in Habersack/Drinhausen, § 4 SEBG Rz. 9; *Jacobs* in MünchKomm. AktG, 3. Aufl., § 4 SEBG Rz. 9a; *Kleinsorge* in Nagel/Freis/Kleinsorge, Beteiligung der Arbeitnehmer, § 4 SEBG Rz. 8; *Köklü* in Van Hulle/Maul/Drinhausen, Kap. 6 Rz. 22; *Rudolph* in Annuß/Kühn/Rudolph/Rupp, EBRG, § 4 SEBG Rz. 23.

56 Kritisch insofern *Kuffner*, Beteiligung der Arbeitnehmer, S. 116.

57 *Grobys*, NZA 2005, 84, 86; *Rudolph* in Annuß/Kühn/Rudolph/Rupp, EBRG, § 4 SEBG Rz. 12, 26. Mit dieser Verknüpfung auch das österreichische Recht (§ 215 Abs. 3 ArbVG sowie oben Rz. 5).

58 Zutreffend *Seibt/Reinhard*, Der Konzern 2005, 407, 417 sowie in Anschluss *Cannistra*, Verhandlungsverfahren, S. 119; *Feuerborn* in KölnKomm. AktG, 3. Aufl., § 4 SEBG Rz. 20; *Henssler* in Ulmer/Habersack/Henssler, Mitbestimmungsrecht, § 4 SEBG Rz. 6; *Hohenstatt/Müller-Bonanni* in Habersack/Drinhausen, § 4 SEBG Rz. 9; *Jacobs* in MünchKomm. AktG, 3. Aufl., § 4 SEBG Rz. 9a; *Kleinsorge* in Nagel/Freis/Kleinsorge, Beteiligung der Arbeitnehmer, § 4 SEBG Rz. 9; *Köklü* in Van Hulle/Maul/Drinhausen, Kap. 6 Rz. 22; *Rudolph* in Annuß/Kühn/Rudolph/Rupp, EBRG, § 4 SEBG Rz. 24.

59 Zustimmend *Bachmann*, ZGR 2008, 779, 799.

60 *Evers* in Manz/Mayer/Schröder, § 4 SEBG Rz. 8; *Feuerborn* in KölnKomm. AktG, 3. Aufl., § 4 SEBG Rz. 19; *Fleischmann* in Gaul/Ludwig/Forst, Europäisches Mitbestimmungsrecht, § 2 Rz. 145; *Grobys*, NZA 2005, 84, 86; *Henssler* in Ulmer/Habersack/Henssler, Mitbestimmungsrecht, § 4 SEBG Rz. 7; *Hohenstatt/Müller-Bonanni* in Habersack/Drinhausen, § 4 SEBG Rz. 9; *Jacobs* in MünchKomm. AktG, 3. Aufl., § 4 SEBG Rz. 9a; ähnlich *Joost* in Oetker/Preis, EAS, B 8200, Rz. 49; *Kienast* in Jannott/Frodermann, Handbuch Europäische Aktiengesellschaft, Kap. 13 Rz. 113; *Köklü* in Van Hulle/Maul/Drinhausen, Kap. 6 Rz. 19; *Rudolph* in Annuß/Kühn/Rudolph/Rupp, EBRG, § 4 SEBG Rz. 26; *Seibt/Reinhard*, Der Konzern 2005, 407, 417.

61 Ebenso *Evers* in Manz/Mayer/Schröder, § 4 SEBG Rz. 8; *Feuerborn* in KölnKomm. AktG, 3. Aufl., § 4 SEBG Rz. 19; *Hohenstatt/Müller-Bonanni* in Habersack/Drinhausen, § 4 SEBG Rz. 9; *Jacobs* in MünchKomm. AktG, 3. Aufl., § 4 SEBG Rz. 9a; *Kienast* in Jannott/Frodermann, Handbuch Europäische Aktiengesellschaft, Kap. 13 Rz. 113; ähnlich *Rudolph* in Annuß/Kühn/Rudolph/Rupp, EBRG, § 4 SEBG Rz. 26: Textform; a.A. *Hohenstatt/Dzida* in Henssler/Willemsen/Kalb, ArbR-Komm., SEBG Rz. 13, nach denen eine Vorlage oder Überlassung von Unterlagen nicht erforderlich sein soll.

62 *Grobys*, NZA 2005, 84, 86.

der Unterrichtung geprägt; sie muss für den Adressaten verständlich sein. Regelmäßig führt dies dazu, ihn in der Sprache seines Mitgliedstaates zu unterrichten[63].

6. Umfang der Information

a) Überblick

Den Umfang der von den Leitungen zu erteilenden Informationen legt § 4 Abs. 3 SEBG fest, geht dabei jedoch deutlich über die Vorgaben in Art. 3 Abs. 1 SE-RL hinaus. Danach soll sich die Unterrichtung lediglich auf die Identität der beteiligten Gesellschaften bzw. der betroffenen Tochtergesellschaften oder betroffenen Betriebe sowie die Zahl der dort Beschäftigten beziehen. Demgegenüber ist der Katalog in § 4 Abs. 3 SEBG nicht zuletzt wegen seines **nicht abschließenden Charakters**[64] („insbesondere") detaillierter und umfassender[65]. Eine inhaltliche Grenze zieht aber der **Zweck der Unterrichtungspflicht** (s. oben Rz. 17), so dass sich die Unterrichtung auf diejenigen Tatsachen beschränkt, die für die Bildung des BVG und die Erfüllung seiner Aufgaben erforderlich sind[66]. Dies ist z.B. hinsichtlich des zahlenmäßigen Verhältnisses von Frauen und Männern der Fall, da dieses in Deutschland bei der Zusammensetzung der Mitglieder des BVG berücksichtigt werden soll (§ 6 Abs. 1 Satz 2 SEBG)[67]. Andererseits finden die Informationspflichten ihre Grenze in den Betriebs- und Geschäftsgeheimnissen (§ 41 Abs. 1 SEBG; s. dazu § 41 SEBG Rz. 6)[68].

28

b) Identität und Struktur der Gesellschaften (§ 4 Abs. 3 Nr. 1 SEBG)

Nach § 4 Abs. 3 Nr. 1 SEBG ist nicht nur – wie von Art. 3 Abs. 1 SE-RL vorgegeben – über die Identität der beteiligten Gesellschaften sowie der betroffenen Tochtergesellschaften und der betroffenen Betriebe zu unterrichten, sondern auch über deren Struktur. Anzugeben ist ferner die Verteilung auf die Mitgliedstaaten, zu denen neben den Mitgliedstaaten der Europäischen Union wegen § 3 Abs. 2 SEBG auch die Vertragsstaaten des EWR-Abkommens zählen (s. § 3 SEBG Rz. 8).

29

---

63 Ebenso *Feuerborn* in KölnKomm. AktG, 3. Aufl., § 4 SEBG Rz. 19; *Fleischmann* in Gaul/Ludwig/Forst, Europäisches Mitbestimmungsrecht, § 2 Rz. 147; *Hohenstatt/Müller-Bonanni* in Habersack/Drinhausen, § 4 SEBG Rz. 9; *Rudolph* in Annuß/Kühn/Rudolph/Rupp, EBRG, § 4 SEBG Rz. 27; *Ziegler/Gey*, BB 2009, 1750, 1751.
64 Begr. RegE, BT-Drucks. 15/3405, S. 45; *Evers* in Manz/Mayer/Schröder, § 4 SEBG Rz. 9; *Feuerborn* in KölnKomm. AktG, 3. Aufl., § 4 SEBG Rz. 22; *Grobys*, NZA 2005, 84, 86; *Henssler* in Ulmer/Habersack/Henssler, Mitbestimmungsrecht, § 4 SEBG Rz. 7; *Hohenstatt/Müller-Bonanni* in Habersack/Drinhausen, § 4 SEBG Rz. 11; *Jacobs* in MünchKomm. AktG, 3. Aufl., § 4 SEBG Rz. 15; *Kienast* in Jannott/Frodermann, Handbuch Europäische Aktiengesellschaft, Kap. 13 Rz. 116; *Kleinsorge* in Nagel/Freis/Kleinsorge, Beteiligung der Arbeitnehmer, § 4 SEBG Rz. 4; *Köklü* in Van Hulle/Maul/Drinhausen, Kap. 6 Rz. 18; *Krause*, BB 2005, 1221, 1223; *Rudolph* in Annuß/Kühn/Rudolph/Rupp, EBRG, § 4 SEBG Rz. 28.
65 *Hohenstatt/Müller-Bonanni* in Habersack/Drinhausen, § 4 SEBG Rz. 11; s. auch *Niklas*, NZA 2004, 1200, 1201.
66 So mit Recht auch *Feuerborn* in KölnKomm. AktG, 3. Aufl., § 4 SEBG Rz. 22; *Grobys*, NZA 2005, 84, 86; *Jacobs* in MünchKomm. AktG, 3. Aufl., § 4 SEBG Rz. 14, 15; *Kienast* in Jannott/Frodermann, Handbuch Europäische Aktiengesellschaft, Kap. 13 Rz. 116; *Krause*, BB 2005, 1221, 1223; *Rudolph* in Annuß/Kühn/Rudolph/Rupp, EBRG, § 4 SEBG Rz. 26; *Schwarz*, SE-VO, Einleitung Rz. 250; s. näher auch *Maack*, Rechtsschutz, S. 239 ff.
67 Wie hier im Anschluss auch *Evers* in Manz/Mayer/Schröder, § 4 SEBG Rz. 9; *Feuerborn* in KölnKomm. AktG, 3. Aufl., § 4 SEBG Rz. 22; *Rudolph* in Annuß/Kühn/Rudolph/Rupp, EBRG, § 4 SEBG Rz. 32; a.A. *Fleischmann* in Gaul/Ludwig/Forst, Europäisches Mitbestimmungsrecht, § 2 Rz. 143.
68 Wie hier im Anschluss *Maack*, Rechtsschutz, S. 238 f.; ebenso im Ergebnis *Jacobs* in MünchKomm. AktG, 3. Aufl., § 4 SEBG Rz. 19, der § 41 Abs. 1 SEBG jedoch analog anwendet.

c) Arbeitnehmervertretungen (§ 4 Abs. 3 Nr. 2 SEBG)

30 Mitzuteilen sind ferner die Arbeitnehmervertretungen, die in den in § 4 Abs. 3 Nr. 1 SEBG genannten Gesellschaften und Betrieben bestehen, wobei bezüglich der **Arbeitnehmervertretungen** die Legaldefinition in § 2 Abs. 6 SEBG maßgebend ist (s. § 2 SEBG Rz. 25 ff.). Die von den leitenden Angestellten errichteten **Sprecherausschüsse** nennt § 4 Abs. 3 Nr. 2 SEBG nicht, wegen ihres Vorschlagsrechtes zu dem in Deutschland zu bildenden Wahlgremium (§ 8 Abs. 1 Satz 5 SEBG) sind diese jedoch ebenfalls mitzuteilen[69]. Der offene Charakter der Aufzählung in § 4 Abs. 3 SEBG (s. oben Rz. 28) ermöglicht die Einbeziehung dieser Angabe, ohne dass es einer Analogiebildung bedarf.

d) Zahl der Arbeitnehmer (§ 4 Abs. 3 Nr. 3 SEBG)

31 Da die Zusammensetzung des BVG sowie die Berechnung der erforderlichen Mehrheit bei späteren Beschlussfassungen von der Zahl der Arbeitnehmer in den Mitgliedstaaten und ihrer Vertretung in dem BVG abhängt (s. die §§ 15 Abs. 3 und 4, 16 Abs. 1 Satz 2 SEBG), verpflichtet § 4 Abs. 3 Nr. 3 SEBG – in Übereinstimmung mit Art. 3 Abs. 1 SE-RL – auch zur Mitteilung der Arbeitnehmerzahl. Dabei sind alle Arbeitnehmer i.S. des § 2 Abs. 1 SEBG unabhängig von dem Volumen ihrer Arbeitszeit zu berücksichtigen (s. näher § 2 Rz. 7 ff.)[70]. Bei den beteiligten Gesellschaften oder betroffenen Tochtergesellschaften eingesetzte Leiharbeitnehmer bleiben bei der Zahl der Arbeitnehmer de lege lata unberücksichtigt, da sie nicht dem für das SEBG maßgeblichen Arbeitnehmerbegriff unterfallen (s. § 2 SEBG Rz. 10). Für die Zahl der Arbeitnehmer gilt die Legaldefinition in § 2 Abs. 1 Satz 2 SEBG jedoch ausschließlich für im Inland beschäftigte Personen; sind diese in anderen Mitgliedstaaten beschäftigt, so beurteilt sich der Arbeitnehmerstatus nach den dortigen Rechtsvorschriften (§ 1 Abs. 1 Satz 1 SEBG; näher § 2 SEBG Rz. 11 f.)[71].

32 Die Zahlen der Arbeitnehmer sind gesondert nach den **Betrieben** und **Gesellschaften** sowie einschließlich ihrer **Gesamtzahl** in jedem **Mitgliedstaat** (§ 3 Abs. 2 SEBG) anzugeben. Hierfür sind nicht nur die Arbeitnehmer der an der Gründung der SE beteiligten Gesellschaften zu addieren, sondern vielmehr auch die bei den betroffenen Tochtergesellschaften und betroffenen Betrieben i.S. des § 2 Abs. 4 SEBG beschäftigten Arbeitnehmer einzubeziehen. Abweichend von dem verbreiteten Rückgriff auf die regelmäßige Arbeitnehmerzahl (z.B. § 1 Abs. 1 Satz 1 BetrVG) ist nach § 4 Abs. 4 SEBG die Zahl der Arbeitnehmer im **Zeitpunkt der Information** (dazu oben Rz. 24 ff.) maßgebend[72]. Bevorstehende **Änderungen der Arbeitnehmerzahlen** bleiben zunächst unberücksichtigt[73], da hierüber nach § 5 Abs. 4 Satz 2 SEBG gesondert zu unterrichten ist (s. dazu § 5 SEBG Rz. 16 ff.)

---

69 Wie hier *Feuerborn* in KölnKomm. AktG, 3. Aufl., § 4 SEBG Rz. 26; *Hohenstatt/Müller-Bonanni* in Habersack/Drinhausen, § 4 SEBG Rz. 12; im Grundansatz auch *Rudolph* in Annuß/Kühn/Rudolph/Rupp, EBRG, § 4 SEBG Rz. 31; a.A. *Jacobs* in MünchKomm. AktG, 3. Aufl., § 4 SEBG Rz. 14.
70 *Jacobs* in MünchKomm. AktG, 3. Aufl., § 4 SEBG Rz. 18; *Kleinsorge* in Nagel/Freis/Kleinsorge, Beteiligung der Arbeitnehmer, § 4 SEBG Rz. 5; *Rudolph* in Annuß/Kühn/Rudolph/Rupp, EBRG, § 4 SEBG Rz. 32.
71 *Rudolph* in Annuß/Kühn/Rudolph/Rupp, EBRG, § 4 SEBG Rz. 32.
72 Ebenso *Rudolph* in Annuß/Kühn/Rudolph/Rupp, EBRG, § 4 SEBG Rz. 32.
73 *Evers* in Manz/Mayer/Schröder, § 4 SEBG Rz. 10; *Feuerborn* in KölnKomm. AktG, 3. Aufl., § 4 SEBG Rz. 29; *Henssler* in Ulmer/Habersack/Henssler, Mitbestimmungsrecht, § 4 SEBG Rz. 7; *Kleinsorge* in Nagel/Freis/Kleinsorge, Beteiligung der Arbeitnehmer, § 4 SEBG Rz. 6; a.A. *Hohenstatt/Müller-Bonanni* in Habersack/Drinhausen, § 4 SEBG Rz. 12, die auch bereits fest stehende zukünftige Änderungen berücksichtigen wollen.

e) Mitbestimmungsrechte (§ 4 Abs. 3 Nr. 4 SEBG)

Schließlich schreibt § 4 Abs. 3 Nr. 4 SEBG vor, dass die Zahl der Arbeitnehmer mitzuteilen ist, denen Mitbestimmungsrechte in den Organen der beteiligten Gesellschaften bzw. betroffenen Tochtergesellschaften und betroffenen Betrieben zustehen. Diese Angabe ist in erster Linie für die Beurteilung bedeutsam, ob infolge der Beteiligungsvereinbarung zwischen den Leitungen und dem BVG eine **Minderung der Mitbestimmungsrechte** eintritt (vgl. § 15 Abs. 3 SEBG)[74]. Bezüglich der **Mitbestimmung** ist die Legaldefinition in § 2 Abs. 12 SEBG maßgebend; die Zahl der Arbeitnehmer, die von einem Verfahren zur Unterrichtung und Anhörung (vgl. § 2 Abs. 10 und 11 SEBG) erfasst werden, ist demgegenüber unerheblich. 33

7. Verletzung der Informationspflicht

Informieren die Leitungen nicht in dem erforderlichen Umfang, so steht den in § 4 Abs. 2 Satz 2 SEBG genannten Adressaten ein **Anspruch auf Unterrichtung** zu (s. oben Rz. 25); ferner kommt eine Verfolgung als **Ordnungswidrigkeit** in Betracht (vgl. § 46 Abs. 1 Nr. 1 SEBG). Vor allem aber hängt der **Beginn der Zehn-Wochen-Frist** (§ 11 Abs. 1 Satz 1 SEBG) von der Erfüllung der Informationspflichten in § 4 Abs. 2 und 3 SEBG ab (s. auch § 11 SEBG Rz. 6)[75]. Unterbleibt eine ordnungsgemäße Unterrichtung, so verzögert dies nicht nur das Verhandlungsverfahren, sondern wegen Art. 12 Abs. 2 SE-VO zugleich die Eintragung der SE in das Handelsregister und damit den Abschluss der Gründung. Allerdings führt nicht jedes Informationsdefizit, auch nicht jede fehlerhafte Angabe, per se dazu, dass die Zehn-Wochen-Frist nicht zu laufen beginnt. Diese Rechtsfolge ist im Hinblick auf den Zweck der Information ausschließlich dann geboten, wenn eine ordnungsgemäße Bildung des BVG in Frage gestellt ist (s. auch § 11 SEBG Rz. 6). 34

§ 5
Zusammensetzung des besonderen Verhandlungsgremiums

(1) Für die in jedem Mitgliedstaat beschäftigten Arbeitnehmer der beteiligten Gesellschaften, betroffenen Tochtergesellschaften und betroffenen Betriebe werden Mitglieder für das besondere Verhandlungsgremium gewählt oder bestellt. Für jeden Anteil der in einem Mitgliedstaat beschäftigten Arbeitnehmer, der 10 Prozent der Gesamtzahl der in allen Mitgliedstaaten beschäftigten Arbeitnehmer der beteiligten Gesellschaften und der betroffenen Tochtergesellschaften oder betroffenen Betriebe oder einen Bruchteil davon beträgt, ist ein Mitglied aus diesem Mitgliedstaat in das besondere Verhandlungsgremium zu wählen oder zu bestellen.

(2) Wird die SE durch Verschmelzung gegründet, sind so viele zusätzliche Mitglieder in das besondere Verhandlungsgremium zu wählen oder zu bestellen, wie erforderlich sind, um zu gewährleisten, dass jede beteiligte Gesellschaft, die eingetragen ist und Arbeitnehmer in dem betreffenden Mitgliedstaat beschäftigt und die als Folge der geplanten Eintragung der SE als eigene Rechtspersönlichkeit erlöschen wird, in

---

[74] Ebenso hängt die Zulässigkeit eines Beschlusses i.S. des § 16 SEBG bei einer Gründung der SE durch Umwandlung davon ab, ob den Arbeitnehmern in der umzuwandelnden Gesellschaft Mitbestimmungsrechte zustehen (s. § 16 SEBG Rz. 6 f.).
[75] *Kleinsorge* in Nagel/Freis/Kleinsorge, Beteiligung der Arbeitnehmer, § 4 SEBG Rz. 13; *Rudolph* in Annuß/Kühn/Rudolph/Rupp, EBRG, § 4 SEBG Rz. 34.

dem besonderen Verhandlungsgremium durch mindestens ein Mitglied vertreten ist. Dies darf nicht zu einer Doppelvertretung der betroffenen Arbeitnehmer führen.

(3) Die Zahl der zusätzlichen Mitglieder darf 20 Prozent der sich aus Absatz 1 ergebenden Mitgliederzahl nicht überschreiten. Kann danach nicht jede nach Absatz 2 besonders zu berücksichtigende Gesellschaft durch ein zusätzliches Mitglied im besonderen Verhandlungsgremium vertreten werden, so werden diese Gesellschaften in absteigender Reihenfolge der Zahl der bei ihnen beschäftigten Arbeitnehmer berücksichtigt. Dabei ist zu gewährleisten, dass ein Mitgliedstaat nicht mehrere zusätzliche Sitze erhält, solange nicht alle anderen Mitgliedstaaten, aus denen die nach Absatz 2 besonders zu berücksichtigenden Gesellschaften stammen, einen Sitz erhalten haben.

(4) Treten während der Tätigkeitsdauer des besonderen Verhandlungsgremiums solche Änderungen in der Struktur oder Arbeitnehmerzahl der beteiligten Gesellschaften, der betroffenen Tochtergesellschaften oder der betroffenen Betriebe ein, dass sich die konkrete Zusammensetzung des besonderen Verhandlungsgremiums ändern würde, so ist das besondere Verhandlungsgremium entsprechend neu zusammenzusetzen. Über solche Änderungen haben die zuständigen Leitungen unverzüglich das besondere Verhandlungsgremium zu informieren. § 4 Abs. 2 bis 4 gilt entsprechend.

I. Allgemeines	1	III. Gründung einer SE durch Verschmelzung (§ 5 Abs. 2 und 3 SEBG)	11
II. Grundfall der SE-Gründung (§ 5 Abs. 1 SEBG)	6	IV. Berücksichtigung nachträglicher Veränderungen (§ 5 Abs. 4 SEBG)	16

Literatur: S. Vor § 1 SEBG.

I. Allgemeines

1 Die Vorschrift regelt die Zusammensetzung des BVG sowie indirekt dessen Größe. Im Unterschied zu § 9 BetrVG ist diese nicht nach der Zahl der von der SE-Gründung betroffenen Arbeitnehmer (s. § 4 SEBG Rz. 31 f.) gestaffelt, sondern im Hinblick auf die Aufgabe des Gremiums (s. dazu § 4 SEBG Rz. 6) bezweckt § 5 SEBG vor allem wegen der verschiedenen Mitbestimmungstraditionen in den Mitgliedstaaten dessen größtmögliche Repräsentativität[1].

2 Die sehr differenziert ausgestaltete Regelung in § 5 SEBG beruht auf dem Anliegen, den Vorgaben in **Art. 3 Abs. 2 lit. a SE-RL** gerecht zu werden. Dieser hat folgenden Wortlaut:

„Bei der Wahl oder der Bestellung der Mitglieder des besonderen Verhandlungsgremiums ist folgendes sicherzustellen:
  i) die Vertretung durch gewählte oder bestellte Mitglieder entsprechend der Zahl der in jedem Mitgliedstaat beschäftigten Arbeitnehmer der beteiligten Gesellschaften und der betroffenen Tochtergesellschaften oder betroffenen Betriebe in der Form, dass pro Mitgliedstaat für jeden Anteil der in diesem Mitgliedstaat beschäftigten Arbeitnehmer, der 10 % der Gesamtzahl der in allen Mitgliedstaaten beschäftigten Arbeitnehmer der beteiligten Gesellschaften und der betroffenen Tochtergesellschaften oder betroffenen Betriebe entspricht, oder für einen Bruchteil dieser Tranche Anspruch auf einen Sitz besteht;

---
[1] S. *Veelken* in GS Blomeyer, 2004, S. 491, 511.

ii) im Falle einer durch Verschmelzung gegründeten SE die Vertretung jedes Mitgliedstaats durch so viele weitere Mitglieder, wie erforderlich sind, um zu gewährleisten, daß jede beteiligte Gesellschaft, die eingetragen ist und Arbeitnehmer in dem betreffenden Mitgliedstaat beschäftigt und die als Folge der geplanten Eintragung der SE als eigene Rechtspersönlichkeit erlöschen wird, in dem besonderen Verhandlungsgremium durch mindestens ein Mitglied vertreten ist, sofern
– die Zahl dieser zusätzlichen Mitglieder 20 % der sich aus der Anwendung von Ziffer i ergebenden Mitgliederzahl nicht überschreitet und
– die Zusammensetzung des besonderen Verhandlungsgremiums nicht zu einer Doppelvertretung der betroffenen Arbeitnehmer führt.

Übersteigt die Zahl dieser Gesellschaften die Zahl der gemäß Unterabsatz 1 verfügbaren zusätzlichen Mitglieder, so werden diese zusätzlichen Mitglieder Gesellschaften in verschiedenen Mitgliedstaaten in absteigender Reihenfolge der Zahl der bei ihnen beschäftigten Arbeitnehmer zugeteilt."

Mit identischem Wortlaut kehrt die in Rz. 2 wiedergegebene Bestimmung der SE-RL in der **SCE-RL** wieder (Art. 3 Abs. 2); Entsprechendes gilt für § 5 Abs. 2 bis 5 SCEBG, der mit § 5 SEBG übereinstimmt. Auf Art. 3 Abs. 2 SE-RL nimmt auch **Art. 16 Abs. 2 Verschmelzungs-RL 2005/56/EG** Bezug; die einschlägige Umsetzungsnorm (**§ 7 MgVG**) ist mit § 5 SEBG identisch.

Im Ansatz geht § 5 SEBG auf **§ 10 EBRG** zurück, der gleichfalls von dem Grundsatz einer möglichst großen Repräsentativität der verschiedenen Mitgliedstaaten in dem BVG geprägt ist[2]. Im Übrigen weisen die Bestimmungen in § 10 Abs. 1 und 2 EBRG keine regelungstechnischen Parallelen mit § 5 SEBG auf.

In **Österreich** entspricht die einschlägige Vorschrift (§ 216 ArbVG) § 5 SEBG nahezu wörtlich.

II. Grundfall der SE-Gründung (§ 5 Abs. 1 SEBG)

Als Grundmodell für die Zusammensetzung des BVG legt § 5 Abs. 1 SEBG – insofern mit § 10 Abs. 1 EBRG übereinstimmend – fest, dass aus **jedem Mitgliedstaat**, in dem Arbeitnehmer bei den maßgebenden Gesellschaften und Betrieben beschäftigt sind, stets **ein Vertreter** dem BVG angehört. Aus diesem Grunde gibt das SEBG für das BVG keine bestimmte Größe vor; aus dem Berechnungsmodus in § 5 Abs. 1 Satz 2 SEBG folgt lediglich indirekt, dass dem BVG stets mindestens zehn Arbeitnehmervertreter angehören müssen. Zwecks Gewährleistung der Repräsentativität des BVG ist nicht nur auf die Arbeitnehmer abzustellen, die bei den **beteiligten Gesellschaften** i.S. des § 2 Abs. 2 SEBG beschäftigt sind. Unabhängig von den hierdurch bereits erfassten Mitgliedstaaten kann eine Erweiterung des Gremiums durch **betroffene Tochtergesellschaften und Betriebe** i.S. des § 2 Abs. 4 SEBG eintreten, was nicht nur durch § 5 Abs. 1 SEBG, sondern auch wegen Art. 3 Abs. 2 lit. a SE-RL zwingend vorgegeben ist[3].

Für den Sonderfall einer Gründung der SE durch **Verschmelzung** ermöglicht § 5 Abs. 2 SEBG eine Vergrößerung des Gremiums, die aber durch die nach § 5 Abs. 3 SEBG zu ermittelnde Höchstzahl begrenzt ist (näher dazu unten Rz. 11 ff.); auch bei einer Gründung der SE durch Verschmelzung ist die Zusammensetzung des BVG jedoch zunächst nach der Grundnorm in § 5 Abs. 1 SEBG zu bestimmen. Gewährleistet diese, dass jede Gesellschaft, die infolge der Eintragung der SE als Rechtsperson-

---
[2] Ebenso im Anschluss *Feuerborn* in KölnKomm. AktG, 3. Aufl., § 5 SEBG Rz. 1; s. auch *Oetker* in GK-BetrVG, 10. Aufl. 2014, § 10 EBRG Rz. 1.
[3] Statt aller *Kienast* in Jannott/Frodermann, Handbuch Europäische Aktiengesellschaft, Kap. 13 Rz. 151 ff., m.w.N.

lichkeit erlöschen wird, in dem BVG vertreten ist, dann scheidet dessen Vergrößerung nach Maßgabe des § 5 Abs. 2 und 3 SEBG aus[4].

8 Um die Zusammensetzung des BVG für den in **§ 5 Abs. 1 SEBG** genannten **Grundfall** zu errechnen, ist – abweichend von der Gesetzessystematik – in einem **ersten Schritt** die **Gesamtzahl** der in allen Mitgliedstaaten bei den maßgeblichen Gesellschaften bzw. Betrieben (s. oben Rz. 6) beschäftigten Arbeitnehmer zu ermitteln. Die Grundlage hierfür bilden die von den Leitungen nach § 4 Abs. 3 Nr. 3 SEBG mitgeteilten Informationen („Gesamtzahl der in einem Mitgliedstaat beschäftigten Arbeitnehmer"; dazu § 4 SEBG Rz. 31 f.); bezüglich des **Zeitpunktes** der Arbeitnehmerzahl ist arg. e § 5 Abs. 4 SEBG § 4 Abs. 4 SEBG und damit der Zeitpunkt der nach § 4 Abs. 2 SEBG geschuldeten Informationen maßgebend[5] (s. § 4 SEBG Rz. 24 ff.). In einem **zweiten Schritt** ist die Zahl der Arbeitnehmer in den jeweiligen **Mitgliedstaaten** in das **Verhältnis zu der Gesamtzahl** zu setzen. Auf jeden Anteil in den Mitgliedstaaten **bis zu 10 %** („10 Prozent oder einen Bruchteil davon") entfällt ein **Vertreter**. Eine Bagatellgrenze kennt das Gesetz nicht[6] und hätte aufgrund der Vorgaben der SE-RL (s. oben Rz. 2) in dieses auch nicht eingeführt werden dürfen. Deren Zahl erhöht sich, wenn die Zahl der Arbeitnehmer in einem Mitgliedstaat einen Anteil von 10 % übersteigt; für **jeden folgenden „Zehner-Schritt"** erhalten die Arbeitnehmer dieses Mitgliedstaates **einen weiteren Vertreter** in dem BVG.

9 **Beispiel:** Im Rahmen einer Gründung verteilen sich die in den Mitgliedstaaten bei den maßgeblichen Gesellschaften bzw. Betrieben beschäftigten Arbeitnehmer wie folgt:

Deutschland: 7000 Arbeitnehmer

Frankreich: 850 Arbeitnehmer

Griechenland: 150 Arbeitnehmer

Niederlande: 1800 Arbeitnehmer

Polen: 1230 Arbeitnehmer

Spanien: 8300 Arbeitnehmer.

Die in den sechs Mitgliedstaaten beschäftigten Arbeitnehmer ergeben eine Gesamtzahl von 19 330 und verteilen sich prozentual auf

Deutschland: 36,21 %

Frankreich: 4,39 %

Griechenland: 0,77 %

Niederlande: 9,31 %

Polen: 6,36 %

Spanien: 42,93 %.

Nach dem Berechnungsmodus in § 5 Abs. 1 Satz 2 SEBG sind aus Deutschland vier Vertreter, Frankreich ein Vertreter, Griechenland ein Vertreter, Niederlande ein Ver-

---

[4] Zustimmend *Feuerborn* in KölnKomm. AktG, 3. Aufl., § 5 SEBG Rz. 14; *Rudolph* in Annuß/Kühn/Rudolph/Rupp, EBRG, § 5 SEBG Rz. 10 ebenso zu § 216 ArbVG *Gahleitner* in Kalss/Hügel, § 216 ArbVG Rz. 3.

[5] So auch *Evers* in Manz/Mayer/Schröder, § 5 SEBG Rz. 4; *Feuerborn* in KölnKomm. AktG, 3. Aufl., § 5 SEBG Rz. 7; *Hohenstatt/Müller-Bonanni* in Habersack/Drinhausen, § 5 SEBG Rz. 2; *Jacobs* in MünchKomm. AktG, 3. Aufl., § 5 SEBG Rz. 2; *Rudolph* in Annuß/Kühn/Rudolph/Rupp, EBRG, § 5 SEBG Rz. 4.

[6] Ebenso *Jacobs* in MünchKomm. AktG, 3. Aufl., § 5 SEBG Rz. 2; *Rudolph* in Annuß/Kühn/Rudolph/Rupp, EBRG, § 5 SEBG Rz. 5.

treter, Polen ein Vertreter und Spanien fünf Vertreter zu wählen oder zu bestellen. Insgesamt besteht das BVG in dem gebildeten Beispiel somit aus 13 Mitgliedern.

Die nach § 5 Abs. 1 Satz 2 SEBG ermittelte Zusammensetzung des BVG führt bei dem Beispiel in Rz. 9 allerdings dazu, dass z.B. der Vertreter aus Griechenland bei einer Abstimmung im BVG nach Maßgabe der Mitglieder ein größeres Gewicht hat als es dem Anteil der aus diesem Mitgliedstaat zu berücksichtigenden Arbeitnehmer im Verhältnis zu der Gesamtzahl der Arbeitnehmer entspricht. Dieses **Defizit an Repräsentativität** bei Abstimmungen im BVG wird durch das Erfordernis einer **doppelten Mehrheit** für eine wirksame Beschlussfassung kompensiert, da die jeweils notwendige Mehrheit nicht nur hinsichtlich der Ja-Stimmen, sondern auch bezüglich der von diesen Stimmen vertretenen Arbeitnehmer vorliegen muss (vgl. § 15 Abs. 2 und 3 SEBG, § 16 Abs. 1 Satz 2 SEBG sowie § 15 SEBG Rz. 14 ff., § 16 SEBG Rz. 11 ff.)[7]. So könnten die Mitglieder des BVG aus Frankreich, Griechenland, Niederlande, Polen und Spanien bei dem Beispiel in Rz. 9 mit neun gegen vier Stimmen zwar die Nichtaufnahme der Verhandlungen mit der nach § 16 Abs. 1 Satz 2 SEBG notwendigen Mehrheit von zwei Dritteln (= 8,66 Stimmen) beschließen, die von ihnen abgegebenen Ja-Stimmen würden jedoch nicht das zusätzlich notwendige Quorum (zwei Drittel der von ihnen vertretenen Arbeitnehmer) erreichen (12 330 Arbeitnehmer = 63,78 %). Umgekehrt schließt der Mechanismus einer doppelten Mehrheit allerdings nicht aus, dass die Vertreter aus Mitgliedstaaten mit wenigen Arbeitnehmern die nach § 15 Abs. 2 bzw. 3 SEBG notwendige Mehrheit wegen ihrer Anzahl im BVG verhindern können, obwohl die anderen Mitglieder die jeweils erforderliche Mehrheit im Hinblick auf die Gesamtzahl der Arbeitnehmer erreichen.

III. Gründung einer SE durch Verschmelzung (§ 5 Abs. 2 und 3 SEBG)

Zu einer **Vergrößerung des BVG** kann es bei einer SE-Gründung durch Verschmelzung kommen, da wegen Art. 3 Abs. 2 lit. a ii SE-RL gewährleistet sein muss, dass jede Gesellschaft eines Mitgliedstaates, die infolge der Verschmelzung erlöschen würde, durch mindestens ein Mitglied in dem BVG vertreten ist. Diese Vorgabe setzt § 5 Abs. 2 Satz 1 SEBG um. Allerdings darf die Zahl der zusätzlichen Mitglieder die sich nach § 5 Abs. 1 SEBG ergebende Mitgliederzahl nicht um 20 % übersteigen (§ 5 Abs. 3 SEBG). Eine Erhöhung der Mitgliederzahl kommt indessen nicht in Betracht, wenn bereits die Grundregel in § 5 Abs. 1 SEBG die Vertretung der erlöschenden Gesellschaften im BVG gewährleistet (s. auch oben Rz. 7)[8].

Beispiel: Im Wege einer Gründung durch Verschmelzung sollen auf die als SE fortbestehende deutsche Gesellschaft[9] mit 11 800 Arbeitnehmern eine spanische Gesellschaft mit 8300 Arbeitnehmern, drei französische Gesellschaften mit 300, 500 und 4000 Arbeitnehmern sowie eine dänische Gesellschaft mit 1250 Arbeitnehmern verschmolzen werden. Bei alleiniger Anwendung des Schlüssels in **§ 5 Abs. 1 SEBG** ergibt sich folgende prozentuale Verteilung der insgesamt 26 150 Arbeitnehmer auf die Mitgliedstaaten:

---

7 Treffend auch *Evers* in Manz/Mayer/Schröder, § 5 SEBG Rz. 3; *Feuerborn* in KölnKomm. AktG, 3. Aufl., § 5 SEBG Rz. 8; *Henssler* in Ulmer/Habersack/Henssler, Mitbestimmungsrecht, § 5 SEBG Rz. 3; *Rudolph* in Annuß/Kühn/Rudolph/Rupp, EBRG, § 5 SEBG Rz. 5.
8 Wie hier im Anschluss auch *Feuerborn* in KölnKomm. AktG, 3. Aufl., § 5 SEBG Rz. 14; *Rudolph* in Annuß/Kühn/Rudolph/Rupp, EBRG, § 5 SEBG Rz. 10; ebenso für das österreichische Recht *Gahleitner* in Kalss/Hügel, § 216 ArbVG Rz. 3; *Mayr* in Cerny/Mayr, Arbeitsverfassungsrecht, Bd. 6, 2006, § 216 ArbVG Erl. 2.
9 S. Art. 17 Abs. 2 Satz 1 lit. a SE-VO sowie Art. 12 Abs. 2 Satz 2 SE-VO.

Dänemark: 1250 Arbeitnehmer = 4,78 %

Deutschland: 11 800 Arbeitnehmer = 45,12 %

Frankreich: 4800 Arbeitnehmer = 18,35 %

Spanien: 8300 Arbeitnehmer = 31,73 %.

Das BVG bestünde nach der Grundregel des § 5 Abs. 1 SEBG aus 12 Mitgliedern, die sich auf

Dänemark: 1 Mitglied

Deutschland: 5 Mitglieder

Frankreich: 2 Mitglieder

Spanien: 4 Mitglieder

verteilen. Da in Frankreich drei beteiligte Gesellschaften infolge der Eintragung der SE als eigene Rechtspersönlichkeiten erlöschen sollen, wäre die Einhaltung der Vorgabe in § 5 Abs. 2 Satz 1 SEBG, dass jede erlöschende Gesellschaft durch mindestens ein Mitglied in dem BVG vertreten ist, bezüglich dieses Mitgliedstaates nicht mehr gewährleistet, da dem BVG aus Frankreich lediglich zwei Mitglieder angehören. Um der Vorgabe in § 5 Abs. 2 Satz 1 SEBG zu genügen, ist deshalb das BVG um ein Mitglied auf 13 Mitglieder zu vergrößern, wobei der zusätzliche Sitz auf Frankreich entfällt, weil nur so gewährleistet ist, dass die drei erlöschenden französischen Gesellschaften jeweils mit einem Vertreter im BVG vertreten sind. Die Kappungsgrenze in § 5 Abs. 3 Satz 1 SEBG (nicht mehr als 20 % zusätzliche Mitglieder) ist nicht überschritten; hierfür hätte es drei zusätzlicher Mitglieder bedurft.

13 In Deutschland tritt als besonderes Problem das **Zusammenspiel** von **§ 5 Abs. 2 SEBG** mit den **Vorschlagsrechten** in § 6 Abs. 3 und 4 SEBG hinzu. Da § 5 Abs. 2 SEBG eine Vertretung der erlöschenden Gesellschaften mit Sitz in Deutschland gewährleistet, die nach § 6 Abs. 3 und 4 SEBG Vorzuschlagenden aber nicht die Arbeitnehmer bestimmter Gesellschaften, sondern die Belange der Gewerkschaften bzw. aller leitenden Angestellten vertreten, sprechen die unterschiedlichen teleologischen Fundamente der Mitgliedschaft im BVG grundsätzlich dafür, von der nach § 5 Abs. 1 SEBG errechneten Mitgliederzahl aus Deutschland zunächst etwaige Vorschlagsrechte nach § 6 Abs. 3 und 4 SEBG in Abzug zu bringen und anhand der verbleibenden Mitglieder zu überprüfen, ob diese ausreichen, damit die erlöschenden Gesellschaften mit Sitz in Deutschland in dem BVG vertreten sind[10]. Eine strikte Umsetzung dieser Privilegierung der Vorschlagsrechte in § 6 Abs. 3 und 4 SEBG hat allerdings drei Konsequenzen: Erstens würde sich hierdurch das BVG vergrößern, wenn die nach dem Abzug verbleibenden Sitze nicht ausreichen, um eine Vertretung aller erlöschenden Gesellschaften in dem BVG zu gewährleisten. Zweitens kann bei einer Verschmelzung durch Aufnahme unter Umständen die aufnehmende Gesellschaft nicht in dem BVG vertreten sein, wenn die Zahl der nach dem Abzug verbleibenden Mitglieder aus Deutschland mit der Zahl der erlöschenden deutschen Gesellschaften identisch ist. Drittens kann das Gewicht der Mitglieder in dem BVG aus Deutschland wegen der Vorschlagsrechte in § 6 Abs. 3 und 4 SEBG größer sein als dies bei al-

---

10 Für einen Vorrang der nach § 6 Abs. 3 und 4 SEBG garantierten Vertreter Begr. RegE, BT-Drucks. 15/3405, S. 46; *Hennings* in Manz/Mayer/Schröder, 1. Aufl., Art. 3 SE-RL Rz. 63; *Kienast* in Jannott/Frodermann, Handbuch Europäische Aktiengesellschaft, Kap. 13 Rz. 149; *Kleinsorge* in Nagel/Freis/Kleinsorge, Beteiligung der Arbeitnehmer, § 7 SEBG Rz. 3; *Köklü* in Van Hulle/Maul/Drinhausen, Kap. 6 Rz. 131; *Köstler* in Theisen/Wenz, Europäische Aktiengesellschaft, S. 331, 341; europarechtliche Bedenken gegen einen Vorrang macht *Krause*, BB 2005, 1221, 1225, geltend; a.A. (Vorrang zugunsten der Vertretung der beteiligten Gesellschaften) *Scheibe*, Mitbestimmung der Arbeitnehmer, S. 43 ff. sowie im Anschluss *Rudolph* in Annuß/Kühn/Rudolph/Rupp, EBRG, § 5 SEBG Rz. 13.

leiniger Anwendung von § 5 Abs. 1 bis 3 SEBG der Fall wäre. Gerade die letztgenannte Konsequenz zeigt, dass die konsequente Umsetzung des Vorrangs von § 6 Abs. 3 und 4 SEBG zu Ergebnissen führen kann, die mit den verbindlichen Vorgaben in Art. 3 Abs. 2 lit. a SE-RL unvereinbar sind. Sitzgarantien in § 6 Abs. 3 und 4 SEBG müssen im Hinblick auf die Vorgaben der SE-RL deshalb stets dann zurücktreten, wenn nur so gewährleistet ist, dass jede infolge einer Verschmelzung in Deutschland erlöschende Gesellschaft in dem BVG vertreten ist. Nur zu diesem Zweck sieht Art. 3 Abs. 2 lit. a SE-RL eine Vergrößerung des Gremiums vor.

Die Anwendung der **Kappungsgrenze** in § 5 Abs. 3 SEBG demonstriert folgendes **Beispiel**: 14

Auf eine deutsche Gesellschaft mit 14 000 Arbeitnehmern, die als SE fortbestehen soll[11], werden drei deutsche Gesellschaften mit 80, 400 und 600 Arbeitnehmern, vier österreichische mit 600, 750, 800, und 1000 Arbeitnehmern sowie sieben spanische Gesellschaften mit 450, 700, 850, 940, 1025, 1180 und 2500 Arbeitnehmer verschmolzen. Die insgesamt 25 875 Arbeitnehmer verteilen sich prozentual auf

Deutschland: 15 080 Arbeitnehmer = 58,28 %

Österreich: 3150 Arbeitnehmer = 12,17 % und

Spanien: 7645 Arbeitnehmer = 29,54 %.

Bei alleiniger Anwendung der Grundregel in § 5 Abs. 1 SEBG würde das BVG aus 11 Mitgliedern bestehen, die sich auf

Deutschland = 6 Mitglieder

Österreich = 2 Mitglieder und

Spanien = 3 Mitglieder

verteilen. Aus Deutschland würden dem BVG zwar auch unter Berücksichtigung des Vorschlagsrechts in § 6 Abs. 3 SEBG genügend Mitglieder angehören, um eine Vertretung der drei erlöschenden deutschen Gesellschaft zu gewährleisten[12], bezüglich der Vertreter aus Österreich und Spanien ist dies aber nicht der Fall. Hierfür müssten dem BVG aus Österreich (= vier erlöschende Gesellschaften) zwei und aus Spanien (= sieben erlöschende Gesellschaften) vier zusätzliche Mitglieder angehören. Eine Vergrößerung des BVG um sechs Mitglieder würde jedoch die Kappungsgrenze in § 5 Abs. 3 Satz 1 SEBG überschreiten; bei einer nach § 5 Abs. 1 SEBG ermittelten Zahl von elf Mitgliedern darf das BVG lediglich um zwei Mitglieder (= 18,18 %) vergrößert werden. Deshalb kann nicht jede in Österreich bzw. Spanien erlöschende Gesellschaft durch ein zusätzliches Mitglied in dem BVG vertreten sein. Zur Auflösung dieses Konflikts schreibt § 5 Abs. 3 Satz 2 SEBG vor, dass die beiden maximal zusätzlichen Sitze auf die besonders zu berücksichtigenden Gesellschaften nach Maßgabe der Zahl der bei ihnen beschäftigten Arbeitnehmer zu verteilen sind. Da die sechs Mitglieder des BVG aus Deutschland ausreichen, um alle infolge der Eintragung der SE in Deutschland erlöschenden beteiligten Gesellschaften zu berücksichtigen, sind die beiden zusätzlichen Sitze zwischen Österreich und Spanien zu verteilen. Wegen der Zahl der beschäftigten Arbeitnehmer bleiben bei der Verteilung nach § 5 Abs. 1 SEBG zwei österreichische Gesellschaften mit 600 und 750 Arbeitnehmern sowie vier spanische Gesellschaften mit 450, 700, 850 und 940 Arbeitnehmern unberücksichtigt, so dass bei alleiniger Verteilung der zusätzlichen (zwei) Mitglieder nach Maßgabe der Zahl der beschäftigten Arbeitnehmer beide Sitze auf Spanien entfielen.

---
11 S. vorstehend Fn. 9.
12 Von den sechs Mitgliedern entfallen zunächst wegen § 6 Abs. 3 SEBG zwei auf die in den beteiligten Gesellschaften vertretenen Gewerkschaften. Die verbleibenden vier Mitglieder gewährleisten, dass die drei erlöschenden Gesellschaften in dem BVG vertreten sind.

Dies widerspricht jedoch § 5 Abs. 3 Satz 3 SEBG, da hiernach ein Mitgliedstaat erst dann mehrere zusätzliche Sitze erhält, wenn nicht alle anderen nach § 5 Abs. 2 SEBG zu berücksichtigenden Mitgliedstaaten einen zusätzlichen Sitz erhalten haben. Deshalb muss in dem hiesigen Beispiel zunächst Österreich einen zusätzlichen Sitz erhalten, ehe Spanien ein zweiter zusätzlicher Sitz zugesprochen wird. In dem gegebenen Beispiel ist die Mitgliederzahl des BVG somit von elf auf 13 zu erhöhen, wobei auf

Deutschland 6 Mitglieder,

Österreich 3 Mitglieder (2 + 1) und

Spanien 4 Mitglieder (3 + 1)

entfallen. Das gebildete Beispiel zeigt allerdings, dass die Sonderregelung zur Verschmelzung unmittelbare Auswirkungen auf die Mehrheitsverhältnisse im BVG haben kann. Während bei alleiniger Anwendung der Grundregel in § 5 Abs. 1 SEBG die Vertreter aus Deutschland sowohl nach der Kopfzahl als auch nach der Zahl der vertretenen Arbeitnehmer die absolute Mehrheit erreichen, entfällt die Mehrheit nach Köpfen infolge der Anwendung von § 5 Abs. 2 und 3 SEBG. Nunmehr können die dem BVG aus Österreich und Spanien angehörenden Mitglieder (3+4 = 7) die sechs deutschen Mitglieder überstimmen, obwohl sie nicht die Mehrheit der Arbeitnehmer vertreten.

15 Ein anderes Ergebnis tritt bei dem in Rz. 14 gebildeten Beispiel ein, wenn die sieben spanischen Gesellschaften zunächst nach dortigem Recht auf eine neue Gesellschaft verschmolzen werden und sich sodann ausschließlich diese an der Gründung der SE beteiligt. In diesem Fall ist im Hinblick auf die erlöschenden Gesellschaften in Deutschland und in Spanien gewährleistet, dass diese in dem BVG durch mindestens ein Mitglied vertreten sind. Lediglich aus Österreich blieben zwei Gesellschaften unberücksichtigt. Deshalb müssten dem BVG wegen § 5 Abs. 2 SEBG zwei zusätzliche Mitglieder angehören, die beide aus Österreich zu bestellen sind, wobei die Kappungsgrenze in § 5 Abs. 3 Satz 1 SEBG dem nicht entgegensteht. Die Sonderregelung zur Verschmelzung führt in diesem Beispiel dazu, dass dem BVG vier Mitglieder aus Österreich und aus Spanien unverändert drei Mitglieder angehören, obwohl die Zahl der bei der spanischen Gesellschaft beschäftigten Arbeitnehmer die Zahl der Arbeitnehmer in den österreichischen Gesellschaften um mehr als das Doppelte übersteigt. Eine Korrektur der Verzerrung im Hinblick auf die Repräsentativität im BVG erfolgt allein über das Erfordernis einer doppelten (qualifizierten) Mehrheit für eine wirksame Beschlussfassung (vgl. § 15 Abs. 2 SEBG sowie die §§ 15 Abs. 3, 16 Abs. 1 Satz 2 SEBG und das Beispiel oben Rz. 10).

IV. Berücksichtigung nachträglicher Veränderungen (§ 5 Abs. 4 SEBG)

16 Sofern sich während der Verhandlungen um den Abschluss einer Beteiligungsvereinbarung Veränderungen ergeben, können diese bei der Zusammensetzung des BVG trotz laufender Verhandlungen nachträglich zu berücksichtigen sein. Da § 5 Abs. 4 SEBG erst während der Tätigkeit des BVG eingreift, bleiben Veränderungen in dem Zeitraum zwischen der Unterrichtung nach § 4 Abs. 2 und 3 SEBG sowie der konstituierenden Sitzung des BVG ohne Einfluss auf dessen Zusammensetzung[13].

---

13 Treffend *Feuerborn* in KölnKomm. AktG, 3. Aufl., § 5 SEBG Rz. 18; *Henssler* in Ulmer/Habersack/Henssler, Mitbestimmungsrecht, § 5 SEBG Rz. 8; a.A. für eine entsprechende Anwendung der Vorschrift bei Veränderungen vor der Konstituierung des BVG *Hohenstatt/Müller-Bonanni* in Habersack/Drinhausen, § 5 SEBG Rz. 5; *Jacobs* in MünchKomm. AktG, 3. Aufl., § 5 SEBG Rz. 4; *Rudolph* in Annuß/Kühn/Rudolph/Rupp, EBRG, § 5 SEBG Rz. 18.

Zusammensetzung des besonderen Verhandlungsgremiums § 5 SEBG

Die Vorschrift, die durch die Richtlinie nicht vorgegeben, aber gleichwohl zulässig ist[14], reagiert sowohl auf **Veränderungen** in der Struktur der beteiligten bzw. betroffenen Gesellschaften (Betriebe) als auch bezüglich der Arbeitnehmerzahl. Zu den **Strukturveränderungen** zählen insbesondere gesellschaftsrechtliche Änderungen, durch die z.B. eine Gesellschaft den Status als beteiligte oder betroffene Gesellschaft verliert oder erlangt (z.B. Abschluss oder Beendigung eines Beherrschungsvertrages nach Aufnahme der Verhandlungen). Bezüglich der **Arbeitnehmerzahl** sind vor allem Betriebsänderungen oder -stilllegungen relevant, da diese das Verhältnis der auf die Mitgliedstaaten entfallenden Arbeitnehmeranteile verschieben können.

17

Die Veränderungen in Rz. 17 bewirken jedoch nur eine Neuzusammensetzung des BVG, wenn diese die **konkrete Zusammensetzung** des Gremiums beeinflussen. Das ist insbesondere der Fall, wenn sich die Zahl der Arbeitnehmer eines Mitgliedstaats verändert und dies auf die Zahl der aus diesem Mitgliedstaat in das BVG zu wählenden bzw. zu bestellenden Vertreter ausstrahlt[15]. Allein die veränderte Zusammensetzung der Arbeitnehmer in einem Mitgliedstaat genügt im Rahmen von § 5 Abs. 4 SEBG nicht.

18

Ist die Ursächlichkeit von Veränderung und Zusammensetzung des BVG zu bejahen, so führt die in § 5 Abs. 3 Satz 1 SEBG vorgeschriebene **Neuzusammensetzung des BVG** nicht zu einer vollständigen Neubestellung bzw. -wahl aller Mitglieder des BVG durch die in den Mitgliedstaaten gebildeten Wahlgremien[16]. Dies ist vielmehr nur bezüglich derjenigen Vertreter in dem BVG aus einem Mitgliedstaat notwendig, für den sich die Zahl der Vertreter ändert. Dementsprechend bleibt die bereits begonnene **Verhandlungsfrist** von einer nach § 5 Abs. 4 SEBG vorzunehmenden Neuzusammensetzung des BVG unberührt[17]. Dies schließt allerdings nicht aus, dass die zentrale Leitung aufgrund des Gebots einer vertrauensvollen Zusammenarbeit verpflichtet ist, einem Ersuchen des BVG um Verlängerung der Verhandlungsfrist in den durch § 20 SEBG gezogenen Grenzen zu entsprechen[18].

19

Damit das BVG eine etwaige Neuzusammensetzung des Gremiums prüfen bzw. einleiten kann, verpflichtet § 5 Abs. 4 Satz 2 SEBG die Leitungen zur **Information** über die in Rz. 17 genannten Änderungen, und zwar unabhängig davon, ob diese zu einer Neuzusammensetzung des BVG führen. Vergleichbar mit § 4 Abs. 3 SEBG folgt aus dem Zweck des § 5 Abs. 4 Satz 2 SEBG ein Anspruch des BVG auf Erteilung der Informationen[19]. Hinsichtlich der weiteren Einzelheiten zur Unterrichtung verweist § 5

20

---

14 *Kumpf*, SE-Mitbestimmungsordnung, S. 34 f.
15 *Evers* in Manz/Mayer/Schröder, § 5 SEBG Rz. 7; *Henssler* in Ulmer/Habersack/Henssler, Mitbestimmungsrecht, § 5 SEBG Rz. 8; *Kleinsorge* in Nagel/Freis/Kleinsorge, Beteiligung der Arbeitnehmer, § 5 SEBG Rz. 10; *Rudolph* in Annuß/Kühn/Rudolph/Rupp, EBRG, § 5 SEBG Rz. 16.
16 *Evers* in Manz/Mayer/Schröder, § 5 SEBG Rz. 7; *Jacobs* in MünchKomm. AktG, 3. Aufl., § 5 SEBG Rz. 4; *Rudolph* in Annuß/Kühn/Rudolph/Rupp, EBRG, § 5 SEBG Rz. 16.
17 *Evers* in Manz/Mayer/Schröder, § 5 SEBG Rz. 7; *Feuerborn* in KölnKomm. AktG, 3. Aufl., § 5 SEBG Rz. 22; *Grobys*, NZA 2005, 84, 90; *Henssler* in Ulmer/Habersack/Henssler, Mitbestimmungsrecht, § 5 SEBG Rz. 8; *Hohenstatt/Müller-Bonanni* in Habersack/Drinhausen, § 5 SEBG Rz. 5; *Jacobs* in MünchKomm. AktG, 3. Aufl., § 5 SEBG Rz. 4; *Krause*, BB 2005, 1221, 1224; *Rudolph* in Annuß/Kühn/Rudolph/Rupp, EBRG, § 5 SEBG Rz. 19.
18 In der Grundtendenz ebenso *Feuerborn* in KölnKomm. AktG, 3. Aufl., § 5 SEBG Rz. 23; *Jacobs* in MünchKomm. AktG, 3. Aufl., § 5 SEBG Rz. 4 (im Widerspruch zu § 4 SEBG Rz. 19: Obliegenheit); a.A. *Hohenstatt/Dzida* in Henssler/Willemsen/Kalb, ArbR-Komm., SEBG Rz. 11; *Hohenstatt/Müller-Bonanni* in Habersack/Drinhausen, § 5 SEBG Rz. 5; *Rudolph* in Annuß/Kühn/Rudolph/Rupp, EBRG, § 5 SEBG Rz. 19.
19 Wie hier auch *Feuerborn* in KölnKomm. AktG, 3. Aufl., § 5 SEBG Rz. 23; *Jacobs* in MünchKomm. AktG, 3. Aufl., § 5 SEBG Rz. 4; *Rudolph* in Annuß/Kühn/Rudolph/Rupp, EBRG, § 5 SEBG Rz. 20; a.A. *Hohenstatt/Müller-Bonanni* in Habersack/Drinhausen, § 5 SEBG Rz. 5.

Abs. 4 Satz 3 SEBG auf die Konkretisierungen in § 4 Abs. 2 bis 4 SEBG. Das betrifft insbesondere den **Zeitpunkt** der Information (unaufgefordert und unverzüglich) sowie deren **Inhalt**, den § 4 Abs. 3 SEBG konkretisiert (s. dazu § 4 SEBG Rz. 28 ff.).

§ 6
Persönliche Voraussetzungen der auf das Inland entfallenden Mitglieder des besonderen Verhandlungsgremiums

(1) Die persönlichen Voraussetzungen der Mitglieder des besonderen Verhandlungsgremiums richten sich nach den jeweiligen Bestimmungen der Mitgliedstaaten, in denen sie gewählt oder bestellt werden.

(2) Zu Mitgliedern des besonderen Verhandlungsgremiums wählbar sind im Inland Arbeitnehmer der Gesellschaften und Betriebe sowie Gewerkschaftsvertreter. Frauen und Männer sollen entsprechend ihrem zahlenmäßigen Verhältnis gewählt werden. Für jedes Mitglied ist ein Ersatzmitglied zu wählen.

(3) Gehören dem besonderen Verhandlungsgremium mehr als zwei Mitglieder aus dem Inland an, ist jedes dritte Mitglied ein Vertreter einer Gewerkschaft, die in einem an der Gründung der SE beteiligten Unternehmen vertreten ist.

(4) Gehören dem besonderen Verhandlungsgremium mehr als sechs Mitglieder aus dem Inland an, ist mindestens jedes siebte Mitglied ein leitender Angestellter.

I. Allgemeines	1	2. Geschlechterproporz (§ 6 Abs. 2 Satz 2 SEBG)	11
II. Anzuwendende Rechtsvorschriften (§ 6 Abs. 1 SEBG)	6	3. Ersatzmitglieder (§ 6 Abs. 2 Satz 3 SEBG)	13
III. Wählbarkeitsvoraussetzungen (§ 6 Abs. 2 bis 4 SEBG)		4. Vertreter der Gewerkschaften (§ 6 Abs. 3 SEBG)	14
1. Grundsatz	8	5. Vertreter der leitenden Angestellten	20

Literatur: S. Vor § 1 SEBG.

I. Allgemeines

1 Mit § 6 legt das SEBG die persönlichen Voraussetzungen für die Mitglieder des BVG fest, die in den Mitgliedstaaten der EU allerdings nicht einheitlich sind; § 6 Abs. 1 SEBG geht von dem Grundsatz aus, dass sich die persönlichen Wählbarkeitsvoraussetzungen nach dem Recht des jeweiligen Mitgliedstaates richten, in dem Mitglieder in das BVG zu wählen oder zu bestellen sind. Für die in Deutschland zu wählenden Mitglieder legen Absatz 2 bis 4 des § 6 SEBG die weiteren Voraussetzungen der Wählbarkeit fest.

2 Durch § 6 setzt das SEBG die Vorgaben in **Art. 3 Abs. 2 lit. b SE-RL** um, wonach die Mitgliedstaaten das Verfahren für die Wahl oder die Bestellung der Mitglieder des BVG festzulegen haben, die in ihrem Hoheitsgebiet zu wählen oder zu bestellen sind

(Art. 3 Abs. 2 lit. b Unterabs. 1 Satz 1 SE-RL)[1]. Ohne dass hierdurch die Gesamtzahl der Mitglieder des BVG erhöht werden darf, sollen die Mitgliedstaaten nach Möglichkeit sicherstellen, dass jede beteiligte juristische Person eines Mitgliedstaates unter den aus diesem Mitgliedstaat gewählten oder bestellten Vertretern des BVG repräsentiert ist. Insoweit eröffnet die SE-RL den Mitgliedstaaten zudem die Option für eine Regelung, „dass diesem Gremium Gewerkschaftsvertreter auch dann angehören können, wenn sie nicht Arbeitnehmer einer beteiligten Gesellschaft oder einer betroffenen Tochtergesellschaft oder eines betroffenen Betriebes sind"[2].

Die **SCE-RL** hat die in Rz. 2 wiedergegebene Bestimmung der SE-RL mit identischem Wortlaut in Art. 3 Abs. 2 lit. b übernommen, gibt darüber hinaus aber vor, dass die Verfahren zur Bestimmung der Arbeitnehmervertreter im BVG eine „ausgewogene Vertretung von Frauen und Männern" möglichst fördern sollen. Die zur Umsetzung der SCE-RL geschaffene Bestimmung in **§ 6 SCEBG** stimmt weitgehend mit § 6 SEBG überein; klarstellend legt § 6 Abs. 2 Satz 1 SCEBG für die Wählbarkeit fest, dass es sich um Arbeitnehmer „der beteiligten juristischen Personen betroffenen Tochtergesellschaften oder betroffenen Betriebe" handeln muss (offener § 6 Abs. 2 Satz 1 SEBG: „Gesellschaften und Betriebe"). Eine vergleichbare Klarstellung sieht § 6 Abs. 3 SCEBG für das Vertretensein einer Gewerkschaft vor (demgegenüber § 6 Abs. 3 SEBG: „beteiligten Unternehmen"). Die Vorgabe in Art. 3 Abs. 2 lit. b SE-RL ist ferner Bestandteil der Verweisungsnorm in **Art. 16 Abs. 2 Verschmelzungs-RL 2005/56/EG**; die zur Umsetzung in **§ 8 MgVG** getroffenen Regelungen stimmen mit § 6 SEBG überein, modifizieren jedoch die Bestimmung für Gewerkschaftsvertreter in § 6 Abs. 3 SEBG ebenso wie § 6 Abs. 3 SCEBG dahingehend, dass ein Vertretensein der Gewerkschaft in „betroffenen Tochtergesellschaften" oder „betroffenen Betrieben" ausreicht.

3

Eine Parallele findet § 6 SEBG in den **§§ 10 Abs. 2, 11 EBRG**. Das gilt insbesondere für die Bestellung von Ersatzmitgliedern (§ 10 Abs. 2 EBRG) sowie das zahlenmäßige Verhältnis von Frauen und Männern unter den Mitgliedern des BVG (§ 11 Abs. 5 EBRG).

4

Die Parallelbestimmung in **Österreich** (§ 217 ArbVG) weicht von § 6 SEBG vor allem dadurch ab, dass sie weder zugunsten der Gewerkschaften noch im Interesse einer Arbeitnehmergruppe eine bestimmte Vertretung unter den in Österreich zu bestellenden Mitgliedern des BVG vorsieht. Sie eröffnet jedoch – in Ausübung der Option in Art. 3 Abs. 2 lit. b SE-RL – in § 217 Abs. 1 Satz 2 ArbVG die Möglichkeit, anstelle eines Betriebsratsmitgliedes einen „Funktionär oder Arbeitnehmer der zuständigen freiwilligen Berufsvereinigung der Arbeitnehmer" zu ernennen. Ferner soll bei der Entsendung darauf geachtet werden, dass jede beteiligte Gesellschaft durch mindestens ein Mitglied in dem BVG vertreten ist (§ 217 Abs. 3 ArbVG) und die Arbeitnehmerinnen und Arbeitnehmer angemessen repräsentiert sind.

5

---

1 S. auch *Feuerborn* in KölnKomm. AktG, 3. Aufl., § 6 SEBG Rz. 1.
2 Kritisch insbesondere zu der Festschreibung einer Mitgliedschaft der Gewerkschaften im BVG *Jacobs* in MünchKomm. AktG, 3. Aufl., § 6 SEBG Rz. 6; zur Vereinbarkeit der Mindestrepräsentanz zugunsten der Gewerkschaften mit den Vorgaben der SE-RL *Feuerborn* in KölnKomm. AktG, 3. Aufl., § 6 SEBG Rz. 8; *Jacobs* in MünchKomm. AktG, 3. Aufl., § 6 SEBG Rz. 6; *Kepper*, Monistische SE, S. 192 f.; *Scheibe*, Mitbestimmung der Arbeitnehmer, S. 45 ff.; a.A. demgegenüber *Habersack* in Bergmann u.a., 10 Jahre SE, S. 9, 21; *Henssler* in Ulmer/Habersack/Henssler, Mitbestimmungsrecht, § 6 SEBG Rz. 4; *Kumpf*, SE-Mitbestimmungsordnung, S. 98 ff.; *Rudolph* in Annuß/Kühn/Rudolph/Rupp, EBRG, § 6 SEBG Rz. 5; *Velten*, Gewerkschaftsvertreter im Aufsichtsrat, 2010, S. 39 f.

II. Anzuwendende Rechtsvorschriften (§ 6 Abs. 1 SEBG)

6   Die Wahl oder Bestellung der Mitglieder des BVG richtet sich nicht generell nach dem Recht des Mitgliedstaates, in dem die SE ihren Sitz haben soll. Vielmehr beschränkt sich die Rechtssetzungsmacht der jeweiligen Mitgliedstaaten auf die in ihrem Hoheitsgebiet zu wählenden oder zu bestellenden Mitglieder (Art. 3 Abs. 2 lit. b Unterabs. 1 Satz 1 SE-RL)[3]. Diese Vorgabe der SE-RL setzt § 6 Abs. 1 SEBG im Hinblick auf die persönlichen Voraussetzungen für die Mitgliedschaft im BVG um und konkretisiert diese in § 6 Abs. 2 bis 4 SEBG.

7   Die in Rz. 6 genannten Vorschriften sind für die in Deutschland zu bestellenden Mitglieder des BVG von allgemeiner Bedeutung. Sie gelten nicht nur, wenn eine SE mit Sitz in Deutschland errichtet werden soll, sondern erfassen auch die Bestellung bzw. Wahl der Mitglieder des BVG, wenn sich dessen Bildung nach den Vorschriften eines anderen Mitgliedstaates richtet, diesem aber Mitglieder aus Deutschland angehören (s. auch § 3 SEBG Rz. 7)[4].

III. Wählbarkeitsvoraussetzungen (§ 6 Abs. 2 bis 4 SEBG)

1. Grundsatz

8   Bezüglich der **Wählbarkeit** für die Mitglieder des BVG aus **Deutschland** hält § 6 Abs. 2 Satz 1 SEBG in allgemeiner Form fest, dass nur solche Personen gewählt werden können, die entweder **Arbeitnehmer** der Gesellschaften bzw. Betriebe oder **Gewerkschaftsvertreter** sind. Weitere persönliche Voraussetzungen stellt § 6 Abs. 2 Satz 1 SEBG nicht auf, insbesondere verlangt das Gesetz nicht, dass die Mitglieder des BVG zugleich einer **Arbeitnehmervertretung** angehören müssen[5]; in der Praxis dürfte dies jedoch regelmäßig der Fall sein. Eine bestimmte **Dauer des Beschäftigungsverhältnisses** fordert § 6 Abs. 2 Satz 1 SEBG abweichend von § 4 Abs. 3 DrittelbG, § 7 Abs. 3 MitbestG, jedoch in Übereinstimmung mit den §§ 8 ff. EBRG nicht[6].

9   Die **Arbeitnehmereigenschaft** richtet sich nach der Legaldefinition in § 2 Abs. 1 SEBG (s. § 2 SEBG Rz. 7 ff.). Zu den in das BVG wählbaren Arbeitnehmern zählen deshalb auch **leitende Angestellte** (s. auch unten Rz. 22, 24). Einschränkend verlangt § 6 Abs. 2 Satz 1 SEBG, dass es sich um Arbeitnehmer der Gesellschaft oder Betriebe handeln muss. Hierfür muss zu der Gesellschaft ein Arbeitsverhältnis bestehen, bei inländischen Betrieben ausländischer Gesellschaften ist die Wählbarkeit zu bejahen, wenn der Arbeitnehmer in den in Deutschland gelegenen Betrieb eingegliedert ist. Unter den Oberbegriff „Gesellschaften" fallen – wie § 6 Abs. 2 SCEBG ausdrücklich klarstellt – sowohl **beteiligte Gesellschaften** i.S. des § 2 Abs. 2 SEBG als auch **betroffene Tochtergesellschaften** i.S. des § 2 Abs. 4 SEBG[7]. Arbeitnehmer „betroffener Be-

---

[3] Treffend auch *Hohenstatt/Müller-Bonanni* in Habersack/Drinhausen, § 6 SEBG Rz. 2.
[4] *Feuerborn* in KölnKomm. AktG, 3. Aufl., § 4 SEBG Rz. 2; *Henssler* in Ulmer/Habersack/Henssler, Mitbestimmungsrecht, § 6 SEBG Rz. 1; *Hohenstatt/Müller-Bonanni* in Habersack/Drinhausen, § 6 SEBG Rz. 2; *Kleinsorge* in Nagel/Freis/Kleinsorge, Beteiligung der Arbeitnehmer, § 6 SEBG Rz. 2; *Rudolph* in Annuß/Kühn/Rudolph/Rupp, EBRG, § 6 SEBG Rz. 1.
[5] Ebenso im Ansatz *Rudolph* in Annuß/Kühn/Rudolph/Rupp, EBRG, § 6 SEBG Rz. 2.
[6] Ebenso z.B. *Evers* in Manz/Mayer/Schröder, § 6 SEBG Rz. 2; *Rudolph* in Annuß/Kühn/Rudolph/Rupp, EBRG, § 6 SEBG Rz. 2.
[7] *Feuerborn* in KölnKomm. AktG, 3. Aufl., § 6 SEBG Rz. 3; *Henssler* in Ulmer/Habersack/Henssler, Mitbestimmungsrecht, § 6 SEBG Rz. 2; *Hohenstatt/Müller-Bonanni* in Habersack/Drinhausen, § 6 SEBG Rz. 3; *Jacobs* in MünchKomm. AktG, 3. Aufl., § 6 SEBG Rz. 2; *Kleinsorge* in Nagel/Freis/Kleinsorge, Beteiligung der Arbeitnehmer, § 6 SEBG Rz. 3; *Rudolph* in Annuß/

triebe" sind – übereinstimmend mit § 6 Abs. 2 SCEBG – ebenfalls wählbar, da § 6 Abs. 2 Satz 1 SEBG auch die Arbeitnehmer der „Betriebe" erfasst[8].

Wählbar sind ferner – entsprechend der den Mitgliedstaaten in Art. 3 Abs. 2 lit. b Unterabs. 2 SE-RL eröffneten Option – **Gewerkschaftsvertreter**. Das gilt selbst dann, wenn an der Gründung der SE ausschließlich Gesellschaften aus Deutschland beteiligt sind, die dem DrittelbG unterliegen[9]. Wie bei § 7 Abs. 4 MitbestG muss es sich um den Vertreter einer Gewerkschaft handeln, die in einem der an der Gründung der SE **beteiligten Unternehmen vertreten** ist (vgl. § 6 Abs. 3 SEBG sowie unten Rz. 14 ff.)[10].

10

2. Geschlechterproporz (§ 6 Abs. 2 Satz 2 SEBG)

Während § 15 Abs. 2 BetrVG dem Geschlecht in der Minderheit eine Mindestrepräsentanz im Betriebsrat zwingend absichert, belässt es § 6 Abs. 2 Satz 2 SEBG bei dem Gebot, dass sich unter den in Deutschland zu wählenden Mitgliedern des BVG das zahlenmäßige Verhältnis von Frauen und Männern widerspiegeln soll, was der Vorgabe in § 11 Abs. 5 EBRG entspricht. Auch das Recht der Unternehmensmitbestimmung geht über die Aufstellung einer **Soll-Vorschrift** nicht hinaus (vgl. § 4 Abs. 4 DrittelbG, § 4 1. WO-MitbestG). Wird das Gebot des § 6 Abs. 2 Satz 2 SEBG nicht beachtet, so berührt dies nicht die **Rechtswirksamkeit der Wahl**[11].

11

Das zahlenmäßige Verhältnis von Frauen und Männern ist nicht nach Maßgabe aller Arbeitnehmer in den beteiligten Gesellschaften und betroffenen Tochtergesellschaften zu bestimmen. Zu berücksichtigen sind nur die **in Deutschland beschäftigten Arbeitnehmer**. Die praktische Wirksamkeit der Vorschrift leidet nicht darunter, dass § 4 Abs. 3 SEBG Angaben zum zahlenmäßigen Verhältnis der Geschlechter unter den Arbeitnehmern nicht ausdrücklich zu den mitzuteilenden Informationen zählt. Die offene Fassung des Tatbestandes („insbesondere") erlaubt es, diesen Sachverhalt in die Unterrichtungspflicht einzubeziehen (s. § 4 SEBG Rz. 28). Für die Wahrung des Geschlechterproporzes sind alle im Inland zu wählenden Mitglieder des BVG und nicht lediglich die unternehmensangehörigen Mitglieder maßgebend, so dass es ausreicht, wenn dieser durch einen externen Gewerkschaftsvertreter hergestellt wird[12].

12

3. Ersatzmitglieder (§ 6 Abs. 2 Satz 3 SEBG)

Für jedes aus Deutschland in das BVG zu wählende Mitglied ist nach § 6 Abs. 2 Satz 3 SEBG ein Ersatzmitglied zu wählen. Sofern § 6 Abs. 3 und 4 SEBG für einzelne Mitglieder des BVG **besondere persönliche Voraussetzungen** festlegen, müssen diese

13

Kühn/Rudolph/Rupp, EBRG, § 6 SEBG Rz. 2; *Scheibe*, Mitbestimmung der Arbeitnehmer, S. 62 f.
8 So auch im Ergebnis *Feuerborn* in KölnKomm. AktG, 3. Aufl., § 6 SEBG Rz. 3; *Jacobs* in MünchKomm. AktG, 3. Aufl., § 6 SEBG Rz. 2; *Kleinsorge* in Nagel/Freis/Kleinsorge, Beteiligung der Arbeitnehmer, § 6 SEBG Rz. 3.
9 S. näher dazu *Scheibe*, Mitbestimmung der Arbeitnehmer, S. 47 f.
10 Zustimmend *Rudolph* in Annuß/Kühn/Rudolph/Rupp, EBRG, § 6 SEBG Rz. 3, 4; a.A. *Jacobs* in MünchKomm. AktG, 3. Aufl., § 6 SEBG Rz. 4.
11 *Evers* in Manz/Mayer/Schröder, § 6 SEBG Rz. 2; *Feuerborn* in KölnKomm. AktG, 3. Aufl., § 6 SEBG Rz. 5; *Henssler* in Ulmer/Habersack/Henssler, Mitbestimmungsrecht, § 6 SEBG Rz. 2; *Hohenstatt/Müller-Bonanni* in Habersack/Drinhausen, § 6 SEBG Rz. 3; *Joost* in Oetker/Preis, EAS, B 8200, Rz. 59; *Kleinsorge* in Nagel/Freis/Kleinsorge, Beteiligung der Arbeitnehmer, § 6 SEBG Rz. 8; *Rudolph* in Annuß/Kühn/Rudolph/Rupp, EBRG, § 6 SEBG Rz. 2.
12 So auch *Kleinsorge* in Nagel/Freis/Kleinsorge, Beteiligung der Arbeitnehmer, § 6 SEBG Rz. 8 sowie im Anschluss *Feuerborn* in KölnKomm. AktG, 3. Aufl., § 6 SEBG Rz. 5.

auch in der Person des jeweiligen Ersatzmitgliedes vorliegen[13]. Im Unterschied zu § 10 Abs. 3 EBRG, der als Soll-Vorschrift ausgestaltet ist, schreibt § 6 Abs. 2 Satz 3 SEBG die Wahl eines Ersatzmitgliedes **zwingend** vor[14].

4. Vertreter der Gewerkschaften (§ 6 Abs. 3 SEBG)

14 Entsprechend § 7 MitbestG können nach § 6 Abs. 2 Satz 1 SEBG zu den in Deutschland wählbaren Mitgliedern des BVG auch Gewerkschaftsvertreter gehören (s. oben Rz. 10). Wie in § 7 MitbestG müssen diese den in Deutschland gelegenen Unternehmen bzw. Betrieben **nicht** als **Arbeitnehmer** angehören[15], ohne dass dies jedoch den Umkehrschluss rechtfertigt, Gewerkschaftsvertreter i.S. von § 6 Abs. 3 SEBG könnten nur solche sein, die in keiner der an der Gründung beteiligten Gesellschaften als Arbeitnehmer beschäftigt sind[16]. Es reicht aus, wenn sie von einer Gewerkschaft **bevollmächtigt** worden sind; eine Mitgliedschaft in der Gewerkschaft ist nicht notwendig[17].

15 Den **Begriff der Gewerkschaft** definiert das SEBG nicht. Angesichts des von der Rechtsprechung des BAG befürworteten einheitlichen Gewerkschaftsbegriffs, den es insbesondere auch im Rahmen des BetrVG anwendet[18], liegt es nahe, diesen bei der Anwendung von § 6 Abs. 3 SEBG ebenfalls zugrunde zu legen[19]. Gewerkschaften i.S. dieser Vorschrift sind danach nur tariffähige Arbeitnehmervereinigungen i.S. des § 2 Abs. 1 TVG[20].

16 Da sowohl § 6 Abs. 2 Satz 1 SEBG als auch § 6 Abs. 3 SEBG den offenen Begriff der „Gewerkschaften" verwenden, muss die Gewerkschaft ihren Sitz nicht zwingend in Deutschland haben. Wählbar ist auch der Vertreter einer ausländischen Gewerkschaft. Voraussetzung ist jedoch stets, dass diese in einem „**beteiligten Unternehmen**" vertreten ist. Dies ist zu bejahen, wenn wenigstens ein Mitglied der Gewerkschaft bei einem der beteiligten Unternehmen als Arbeitnehmer beschäftigt ist[21];

---

13 Zustimmend *Feuerborn* in KölnKomm. AktG, 3. Aufl., § 6 SEBG Rz. 6; *Rudolph* in Annuß/Kühn/Rudolph/Rupp, EBRG, § 6 SEBG Rz. 11.
14 *Feuerborn* in KölnKomm. AktG, 3. Aufl., § 6 SEBG Rz. 6; *Henssler* in Ulmer/Habersack/Henssler, Mitbestimmungsrecht, § 6 SEBG Rz. 2; *Hohenstatt/Müller-Bonanni* in Habersack/Drinhausen, § 6 SEBG Rz. 3; *Jacobs* in MünchKomm. AktG, 3. Aufl., § 6 SEBG Rz. 2; *Kleinsorge* in Nagel/Freis/Kleinsorge, Beteiligung der Arbeitnehmer, § 6 SEBG Rz. 9; *Rudolph* in Annuß/Kühn/Rudolph/Rupp, EBRG, § 6 SEBG Rz. 10.
15 So auch *Feuerborn* in KölnKomm. AktG, 3. Aufl., § 6 SEBG Rz. 4; *Henssler* in Ulmer/Habersack/Henssler, Mitbestimmungsrecht, § 6 SEBG Rz. 6; *Hohenstatt/Müller-Bonanni* in Habersack/Drinhausen, § 6 SEBG Rz. 4; *Jacobs* in MünchKomm. AktG, 3. Aufl., § 6 SEBG Rz. 4; *Kleinsorge* in Nagel/Freis/Kleinsorge, Beteiligung der Arbeitnehmer, § 6 SEBG Rz. 7; *Rudolph* in Annuß/Kühn/Rudolph/Rupp, EBRG, § 6 SEBG Rz. 3.
16 So aber *Köklü* in Van Hulle/Maul/Drinhausen, Kap. 6 Rz. 131; wie hier *Rudolph* in Annuß/Kühn/Rudolph/Rupp, EBRG, § 6 SEBG Rz. 3.
17 Zustimmend *Evers* in Manz/Mayer/Schröder, § 6 SEBG Rz. 3; *Rudolph* in Annuß/Kühn/Rudolph/Rupp, EBRG, § 6 SEBG Rz. 3.
18 So z.B. BAG v. 23.4.1971 – 1 ABR 26/70, AP Nr. 2 zu § 97 ArbGG 1953; BAG v. 15.3.1977 – 1 ABR 16/75, AP Nr. 24 zu Art. 9 GG.
19 So auch *Evers* in Manz/Mayer/Schröder, § 6 SEBG Rz. 3; *Maack*, Rechtsschutz, S. 105. Ebenso die h.M. im Rahmen von § 7 Abs. 4 MitbestG; s. *Oetker* in Großkomm. AktG, 4. Aufl., § 7 MitbestG Rz. 20; *Wißmann* in Wlotzke/Wißmann/Koberski/Kleinsorge, Mitbestimmungsrecht, 4. Aufl. 2011, § 7 MitbestG Rz. 43; a.A. *Henssler* in Ulmer/Habersack/Henssler, Mitbestimmungsrecht, § 7 MitbestG Rz. 61 f.
20 S. dazu BAG v. 14.12.2004 – 1 ABR 51/03, AP Nr. 1 zu § 2 TVG Tariffähigkeit; BAG v. 28.3.2006 – 1 ABR 58/04, AP Nr. 4 zu § 2 TVG Tariffähigkeit sowie ausführlich *Oetker* in Wiedemann, 7. Aufl. 2007, § 2 TVG Rz. 199 ff.
21 S. *Henssler* in Ulmer/Habersack/Henssler, Mitbestimmungsrecht, § 7 MitbestG Rz. 70; *Oetker* in ErfKomm., 14. Aufl. 2014, § 7 MitbestG Rz. 3; *Raiser/Veil*, MitbestG/DrittelbG,

eine **Tarifzuständigkeit** für das Unternehmen muss die Gewerkschaft nicht für sich reklamieren[22]. Abweichend von der üblichen Terminologie im SEBG stellt § 6 Abs. 3 Satz 1 SEBG nicht auf die beteiligten Gesellschaften, sondern die beteiligten „Unternehmen" ab. Diese Formulierung legt es nahe, dass die Vertretung der Gewerkschaft in einer **betroffenen Tochtergesellschaft** genügt[23]. Die alleinige Vertretung in einem **betroffenen Betrieb** dürfte nicht ausreichen, da § 6 Abs. 3 SEBG ausdrücklich auf das Unternehmen abstellt[24]. Ob es sich um ein inländisches oder **ausländisches Unternehmen** handelt, ist für die Wählbarkeit nach dem Gesetzeswortlaut scheinbar ohne Bedeutung; dem Zweck des § 6 Abs. 3 SEBG entspricht es aber, die Vertretung in einem inländischen Unternehmen zu verlangen[25].

Die Wählbarkeit als Gewerkschaftsvertreter besteht nicht bezüglich aller Mitglieder des BVG, sondern nur für **jedes dritte Mitglied**, das dem Gremium aus Deutschland angehört[26]. Bei alleiniger Anwendung der Grundregel in § 5 Abs. 1 SEBG ist ein Gewerkschaftsvertreter in Deutschland deshalb erst zu wählen, wenn in Deutschland mehr als 20 % der zu berücksichtigenden Arbeitnehmer (s. § 5 SEBG Rz. 8) beschäftigt sind[27]; die Wahl eines zweiten Gewerkschaftsvertreters ist notwendig, wenn die entsprechende Quote 50 % übersteigt. Zum **Verhältnis** des Vorschlagsrechts in **§ 6 Abs. 3 SEBG zu § 5 Abs. 2 SEBG** s. § 5 SEBG Rz. 13. 17

Weitergehend wird z.T. die Auffassung vertreten, dass auch über § 6 Abs. 3 SEBG hinaus „Gewerkschaftsvertreter" selbst dann in das BVG gewählt werden können, wenn sie keine Arbeitnehmer der „Gesellschaften und Betriebe" sind[28]. Eine isolierte Betrachtung des Wortlauts streitet für diese Auslegung, da § 6 Abs. 2 Satz 1 SEBG „Gewerkschaftsvertreter" ohne Einschränkungen für wählbar erklärt. Überzeugender ist indes wegen der Gesetzessystematik die gegenteilige Position[29], da § 6 Abs. 3 SEBG lediglich die Zusammensetzung des BVG betrifft und wegen der den Gewerkschaftsvertretern danach vorbehaltenen Sitze deren Wählbarkeit eigenständig in § 6 Abs. 2 SEBG festgelegt werden musste. Einen weitergehenden Zweck hat die Einbeziehung der Gewerkschaftsvertreter in den Kreis der wählbaren Personen nicht. 18

---

5. Aufl. 2009, § 7 MitbestG Rz. 19; *Seibt* in Henssler/Willemsen/Kalb, ArbR-Komm., § 7 MitbestG Rz. 4.
22 So für das BetrVG BAG v. 10.11.2004 – 7 ABR 19/04, AP Nr. 7 zu § 17 BetrVG 1972.
23 Ebenso *Evers* in Manz/Mayer/Schröder, § 6 SEBG Rz. 2; *Feuerborn* in KölnKomm. AktG, 3. Aufl., § 6 SEBG Rz. 7; *Fleischmann* in Gaul/Ludwig/Forst, Europäisches Mitbestimmungsrecht, § 2 Rz. 161; *Jacobs* in MünchKomm. AktG, 3. Aufl., § 6 SEBG Rz. 5; *Kienast* in Jannott/Frodermann, Handbuch Europäische Aktiengesellschaft, Kap. 13 Rz. 166; *Maack*, Rechtsschutz, S. 105 f.; *Rudolph* in Annuß/Kühn/Rudolph/Rupp, EBRG, § 6 SEBG Rz. 4.
24 Abweichend insoweit § 6 Abs. 3 SCEBG, der ausdrücklich auch die Vertretung in einem betroffenen Betrieb ausreichen lässt. Mit diesem Ergebnis für § 6 Abs. 3 SEBG auch *Scheibe*, Mitbestimmung der Arbeitnehmer, S. 39 f., unter Hinweis auf § 6 Abs. 3 SCEBG; ebenso im Ergebnis *Engels*, ArbuR 2009, 10, 21; *Feuerborn* in KölnKomm. AktG, 3. Aufl., § 6 SEBG Rz. 7; *Jacobs* in MünchKomm. AktG, 3. Aufl., § 6 SEBG Rz. 5.
25 A.A. *Rudolph* in Annuß/Kühn/Rudolph/Rupp, EBRG, § 6 SEBG Rz. 4 a.E.
26 Für diesen Schwellenwert auch *Calle Lambach*, Beteiligung der Arbeitnehmer, S. 160; *Kraushaar*, BB 2003, 1614, 1617. Nach *Henssler*, RdA 2005, 330, 333; *Henssler* in Ulmer/Habersack/Henssler, Mitbestimmungsrecht, § 6 SEBG Rz. 4; *Thüsing*, ZIP 2006, 1469, 1473; *Wisskirchen/Prinz*, DB 2004, 2638, 2639, soll diese Festlegung europarechtswidrig sein; ebenso zuvor *Kallmeyer*, ZIP 2004, 1442, 1443; kritisch auch *Kienast* in Jannott/Frodermann, Handbuch Europäische Aktiengesellschaft, Kap. 13 Rz. 164 f.; dagegen jedoch *Güntzel*, Richtlinie, S. 399 f.
27 Ebenso *Feuerborn* in KölnKomm. AktG, 3. Aufl., § 6 SEBG Rz. 7.
28 So *Jacobs* in MünchKomm. AktG, 3. Aufl., § 6 SEBG Rz. 4 sowie im Anschluss *Evers* in Manz/Mayer/Schröder, § 6 SEBG Rz. 3; *Rudolph* in Annuß/Kühn/Rudolph/Rupp, EBRG, § 6 SEBG Rz. 3; a.A. *Maack*, Rechtsschutz, S. 108.
29 Für diese auch *Maack*, Rechtsschutz, S. 108.

19 Das Vertretern der Gewerkschaften vorbehaltene Mitglied des BVG kann ausschließlich von diesen vorgeschlagen werden. Unterbleibt ein entsprechender **Wahlvorschlag**, so ist zu erwägen, dass stattdessen ein Arbeitnehmer des Unternehmens zum Mitglied in das BVG gewählt werden kann[30]. Andernfalls wäre die an den „beteiligten" Mitgliedstaaten ausgerichtete repräsentative Struktur des BVG in Frage gestellt. Mehr als die sich nach § 6 Abs. 3 SEBG ergebende Zahl von Gewerkschaftsvertretern ohne Arbeitnehmerstatus können dem BVG nicht angehören[31]. Dies schließt jedoch nicht aus, dass sich unter den in Deutschland gewählten unternehmensangehörigen Mitgliedern (Arbeitnehmern) auch solche befinden, die das Vertrauen einer im Unternehmen vertretenen Gewerkschaft genießen oder dieser angehören. Erforderlich ist in diesem Fall jedoch ein Wahlvorschlag aus dem Kreise der Mitglieder, die dem Wahlgremium angehören (s. § 8 SEBG Rz. 6).

5. Vertreter der leitenden Angestellten

20 Neben den im Unternehmen vertretenen Gewerkschaften sichert § 6 Abs. 4 SEBG den leitenden Angestellten eine **Mindestrepräsentanz** unter den in Deutschland zu wählenden Mitgliedern des BVG[32]. Hierfür räumt das SEBG jedoch weder den leitenden Angestellten noch dem Sprecherausschuss ein unmittelbar zur Mitgliedschaft führendes Bestellungs- oder Entsendungsrecht ein. Vielmehr begründet § 8 Abs. 1 SEBG – wie für die Gewerkschaften – lediglich ein **Vorschlagsrecht** an das Wahlgremium, das sodann aus den eingegangenen Wahlvorschlägen seine Wahl trifft[33]. Auch insoweit ist bei einem fehlenden Wahlvorschlag zu erwägen, dass der den leitenden Angestellten vorbehaltene Sitz im BVG nicht leer bleibt, sondern von dem Wahlgremium frei besetzt werden kann (s. oben Rz. 19)[34].

21 Die **Sitzgarantie** zugunsten der leitenden Angestellten besteht unabhängig davon, ob diese bei den beteiligten Gesellschaften bzw. betroffenen Tochtergesellschaften, die der Mitbestimmung unterliegen, eine **Entsprechung** findet. Die Sonderstellung der leitenden Angestellten soll zwar die für diese Arbeitnehmergruppe durch § 15 Abs. 1 MitbestG normierte Sitzgarantie absichern, das Gesetz hat aber – aus guten Gründen – davon abgesehen, eine Wiederspiegelung bei den beteiligten Gesellschaften bzw. Tochtergesellschaften zu fordern. Im Extremfall kann dies dazu führen, dass die leitenden Angestellten in dem BVG eine Mindestrepräsentanz erhalten, obwohl in keiner der beteiligten Gesellschaften einschließlich der betroffenen Tochtergesellschaften eine Mitbestimmung nach dem MitbestG besteht[35].

22 Die **Wählbarkeit** als leitender Angestellter bestimmt sich wegen der Legaldefinition in § 2 Abs. 1 SEBG nach dem BetrVG (s. § 2 SEBG Rz. 8), wobei nicht nur **§ 5 Abs. 3 Satz 2 BetrVG**, sondern auch die Vermutungstatbestände in **§ 5 Abs. 4 BetrVG** heranzuziehen sind, da diese die Umschreibung in § 5 Abs. 3 Satz 2 Nr. 3 BetrVG konkreti-

---

30 So auch *Evers* in Manz/Mayer/Schröder, § 6 SEBG Rz. 5; *Kleinsorge* in Nagel/Freis/Kleinsorge, Beteiligung der Arbeitnehmer, § 8 SEBG Rz. 6; *Rudolph* in Annuß/Kühn/Rudolph/Rupp, EBRG, § 6 SEBG Rz. 6.
31 A.A. jedoch *Jacobs* in MünchKomm. AktG, 3. Aufl., § 6 SEBG Rz. 4; dazu ferner oben Rz. 18.
32 S. dazu auch *Heinze* in FS Schwerdtner, 2003, S. 741 ff.; *Scheibe*, Mitbestimmung der Arbeitnehmer, S. 55 ff.; ablehnend *Feuerborn* in KölnKomm. AktG, 3. Aufl., § 6 SEBG Rz. 11; *Kienast* in Jannott/Frodermann, Handbuch Europäische Aktiengesellschaft, Kap. 13 Rz. 169.
33 Dazu auch *Scheibe*, Mitbestimmung der Arbeitnehmer, S. 57 f.
34 So auch *Evers* in Manz/Mayer/Schröder, § 6 SEBG Rz. 5; *Rudolph* in Annuß/Kühn/Rudolph/Rupp, EBRG, § 6 SEBG Rz. 9.
35 Ebenso *Feuerborn* in KölnKomm. AktG, 3. Aufl., § 6 SEBG Rz. 11; *Kleinsorge* in Nagel/Freis/Kleinsorge, Beteiligung der Arbeitnehmer, § 6 SEBG Rz. 6.

sieren bzw. deren Anwendung erleichtern sollen. Als Arbeitnehmer zählen leitende Angestellte stets zu den wählbaren Personen (s. oben Rz. 9) und können dem BVG auch unabhängig von § 6 Abs. 4 SEBG angehören, insbesondere weil der dortige Schwellenwert nicht erreicht wird[36].

Eine Repräsentation der leitenden Angestellten in dem BVG sichert § 6 Abs. 4 SEBG erst, wenn aus Deutschland **sieben Mitglieder** in das Gremium zu wählen sind[37]. Sofern für dessen Zusammensetzung ausschließlich die Grundregel des § 5 Abs. 1 SEBG zur Anwendung gelangt, müssen mehr als 60 % der Arbeitnehmer in Deutschland beschäftigt sein (s. § 5 SEBG Rz. 8)[38]. 23

Im Unterschied zu der Repräsentanz der Gewerkschaftsvertreter unter den aus Deutschland zu wählenden Mitgliedern des BVG ist § 6 Abs. 4 SEBG als **Mindestvorschrift** ausgestaltet. Deshalb können auch mehr Mitglieder des BVG aus Deutschland als die sich nach § 6 Abs. 4 SEBG ergebende Zahl als leitende Angestellte zu qualifizieren sein[39]. Voraussetzung ist jedoch stets eine entsprechende Entscheidung des Wahlgremiums[40]. Zudem steht dem Sprecherausschuss ein Vorschlagsrecht nur hinsichtlich des „siebten" Mitgliedes zu; hinsichtlich weiterer Mitglieder bedarf es eines Wahlvorschlages aus dem Kreise der Mitglieder des Wahlgremiums (s. auch § 8 SEBG Rz. 6)[41]. 24

§ 7
Verteilung der auf das Inland entfallenden Sitze des besonderen Verhandlungsgremiums

(1) Die Wahl oder Bestellung der Mitglieder des besonderen Verhandlungsgremiums nach § 5 erfolgt nach den jeweiligen Bestimmungen der Mitgliedstaaten.

(2) Bei der Wahl der auf das Inland entfallenden Mitglieder des besonderen Verhandlungsgremiums sollen alle an der Gründung der SE beteiligten Gesellschaften mit Sitz im Inland, die Arbeitnehmer im Inland beschäftigen, durch mindestens ein Mitglied im besonderen Verhandlungsgremium vertreten sein.

(3) Ist die Anzahl der auf das Inland entfallenden Mitglieder des besonderen Verhandlungsgremiums geringer als die Anzahl der an der Gründung der SE beteiligten Ge-

---

36 Ebenso *Henssler* in Ulmer/Habersack/Henssler, Mitbestimmungsrecht, § 6 SEBG Rz. 7; *Kleinsorge* in Nagel/Freis/Kleinsorge, Beteiligung der Arbeitnehmer, § 6 SEBG Rz. 5; *Köklü* in Van Hulle/Maul/Drinhausen, Kap. 6 Rz. 131; *Rudolph* in Annuß/Kühn/Rudolph/Rupp, EBRG, § 6 SEBG Rz. 7.
37 Für einen niedrigeren Schwellenwert noch *Kraushaar*, BB 2003, 1614, 1617, bereits bei zwei oder mehr Mitgliedern; dagegen jedoch *Güntzel*, Richtlinie, S. 402; *Kleinsorge* in Nagel/Freis/Kleinsorge, Beteiligung der Arbeitnehmer, § 6 SEBG Rz. 4 Fn. 5.
38 Ebenso *Hohenstatt/Müller-Bonanni* in Habersack/Drinhausen, § 6 SEBG Rz. 5.
39 *Evers* in Manz/Mayer/Schröder, § 6 SEBG Rz. 4; *Feuerborn* in KölnKomm. AktG, 3. Aufl., § 6 SEBG Rz. 11; *Fleischmann* in Gaul/Ludwig/Forst, Europäisches Mitbestimmungsrecht, § 2 Rz. 159; *Kleinsorge* in Nagel/Freis/Kleinsorge, Beteiligung der Arbeitnehmer, § 6 SEBG Rz. 5; *Maack*, Rechtsschutz, S. 109; *Scheibe*, Mitbestimmung der Arbeitnehmer, S. 54; *Schwarz*, SE-VO, Einleitung Rz. 259 a.E.; im Ergebnis auch *Henssler* in Ulmer/Habersack/Henssler, Mitbestimmungsrecht, § 6 SEBG Rz. 7.
40 So auch *Feuerborn* in KölnKomm. AktG, 3. Aufl., § 6 SEBG Rz. 11; *Jacobs* in MünchKomm. AktG, 3. Aufl., § 8 SEBG Rz. 5.
41 *Kleinsorge* in Nagel/Freis/Kleinsorge, Beteiligung der Arbeitnehmer, § 6 SEBG Rz. 5.

sellschaften mit Sitz im Inland, die Arbeitnehmer im Inland beschäftigen, so erhalten die Gesellschaften in absteigender Reihenfolge der Zahl der Arbeitnehmer jeweils einen Sitz.

(4) Ist die Anzahl der auf das Inland entfallenden Mitglieder des besonderen Verhandlungsgremiums höher als die Anzahl der an der Gründung der SE beteiligten Gesellschaften mit Sitz im Inland, die Arbeitnehmer im Inland beschäftigen, so sind die nach erfolgter Verteilung nach Absatz 2 verbleibenden Sitze nach dem d'Hondtschen Höchstzahlenverfahren auf die beteiligten Gesellschaften zu verteilen.

(5) Sind keine Gesellschaften mit Sitz im Inland an der Gründung der SE beteiligt, sondern von ihr nur Betriebe ausländischer Gesellschaften betroffen, gelten die Absätze 2 bis 4 entsprechend.

I. Allgemeines 1	III. Verteilung der Mitglieder bei ausländischen Gesellschaften mit inländischen Betrieben (§ 7 Abs. 5 SEBG) 10
II. Vertretung der inländischen Gesellschaften im BVG (§ 7 Abs. 2 bis 4 SEBG) 3	

Literatur: S. Vor § 1 SEBG.

I. Allgemeines

1 Die Vorschrift regelt die Verteilung der in Deutschland zu wählenden Mitglieder des BVG (§ 7 Abs. 2 bis 5 SEBG) und hält in § 7 Abs. 1 SEBG den allgemeinen Grundsatz fest, dass sich die Wahl oder Bestellung der Mitglieder im Übrigen nach den Bestimmungen der jeweiligen Mitgliedstaaten richtet. Insofern greift § 7 SEBG die Vorgabe in Art. 3 Abs. 2 lit. b Unterabs. 1 SE-RL auf[1], der die Ausgestaltung des Wahl- bzw. Bestellungsverfahrens den Mitgliedstaaten überlässt[2]. Dabei stellt § 7 Abs. 2 bis 4 SEBG ein Prozedere zur Verfügung, um die aus Deutschland zu wählenden Mitglieder des BVG auf die beteiligten Gesellschaften mit Sitz in Deutschland zu verteilen[3]; es ist von dem Ziel geleitet, dass die Arbeitnehmer möglichst jeder beteiligten Gesellschaft in dem BVG vertreten sind.

2 Im Vergleich zu § 7 SEBG belässt das **österreichische Recht** dem Wahlgremium für die Verteilung der aus Österreich zu entsendenden Mitglieder des BVG einen größeren Spielraum. Nach § 217 Abs. 3 ArbVG soll das zur Entsendung berechtigte Organ lediglich darauf Bedacht nehmen, dass jede beteiligte Gesellschaft durch mindestens ein Mitglied in dem BVG vertreten ist[4].

---

[1] Entsprechendes gilt nach Art. 3 Abs. 2 lit. b SCE-RL für die SCE (s. insoweit auch den mit § 7 SEBG weitgehend übereinstimmenden § 7 SCEBG); auf Art. 3 Abs. 2 lit. b SE-RL nimmt auch die Verschmelzungs-RL 2005/56/EG in Art. 16 Abs. 2 Bezug (s. auch die Umsetzung in § 9 MgVG, die mit § 7 SEBG übereinstimmt).
[2] S. auch *Feuerborn* in KölnKomm. AktG, 3. Aufl., § 7 SEBG Rz. 1.
[3] *Feuerborn* in KölnKomm. AktG, 3. Aufl., § 7 SEBG Rz. 2.
[4] Strenger *Gahleitner* in Kalss/Hügel, § 217 ArbVG Rz. 4, die nur bei zwingenden Gründen eine Abweichung für zulässig erachtet; ähnlich *Mayr* in Cerny/Mayr, Arbeitsverfassungsrecht, Bd. 6, 2006, § 217 Erl. 2, der für eine Abweichung einen „begründeten Ausnahmefall" fordert.

II. Vertretung der inländischen Gesellschaften im BVG (§ 7 Abs. 2 bis 4 SEBG)

Um unter den aus Deutschland in das BVG gewählten Mitgliedern eine möglichst große Repräsentativität sicherzustellen, legt § 7 Abs. 2 SEBG den Grundsatz fest, dass jede an der Gründung der SE **beteiligte inländische Gesellschaft** durch mindestens ein Mitglied in dem BVG vertreten sein soll. Hierfür stellt § 7 Abs. 2 SEBG die Grundregel dar, die um die zwingende Vorgabe in § 5 Abs. 2 SEBG für die Gründung einer SE durch Verschmelzung ergänzt wird. In diesem Fall ist die Vertretung der erlöschenden Gesellschaften mit Sitz in Deutschland in dem BVG zwingend vorgeschrieben. Demgegenüber begründet § 7 Abs. 2 SEBG lediglich eine „Soll-Vorschrift"[5], über die sich das Wahlgremium ggf. hinwegsetzen kann[6]. 3

Eine **Vertretung betroffener Tochtergesellschaften** im BVG stellt § 7 SEBG nicht sicher[7] und entspricht damit der Vorgabe in Art. 3 Abs. 2 lit. b SE-RL, die ebenfalls ausschließlich auf „beteiligte Gesellschaften" abstellt. Übersteigt die Zahl der zu verteilenden Sitze hingegen die Zahl der beteiligten Gesellschaften, dann steht das Unionsrecht zwar einer Berücksichtigung betroffener Tochtergesellschaften nicht entgegen, eine derartige Zuweisung ist aber unvereinbar mit § 7 Abs. 4 SEBG, der die Verteilungsmodalitäten für diesen Fall zwingend festlegt und ausdrücklich nur die „beteiligten Gesellschaften" einbezieht, die nach der Umschreibung in § 2 Abs. 2 SEBG zu bestimmen sind[8]. 4

Wie im Rahmen von § 5 Abs. 2 SEBG ist auch bei der Anwendung von § 7 Abs. 2 SEBG das **Verhältnis zu den Vorschlagsrechten nach § 6 Abs. 3 und 4 SEBG** klärungsbedürftig. Da die durch § 6 Abs. 3 und 4 SEBG bezweckte Privilegierung nicht gewährleistet, dass die beteiligten Gesellschaften aus Deutschland in dem BVG vertreten sind, sprechen wie bei § 5 Abs. 2 SEBG (s. § 5 SEBG Rz. 13) die besseren Gründe dafür, von den auf Deutschland entfallenden Mitgliedern zunächst die nach § 6 Abs. 3 und 4 SEBG erforderlichen Sitze in Abzug zu bringen und die verbleibenden Sitze sodann nach Maßgabe der §§ 5 Abs. 2, 7 Abs. 2 bis 4 SEBG auf die beteiligten Gesellschaften aufzuteilen[9]. 5

---

5 Ebenso *Feuerborn* in KölnKomm. AktG, 3. Aufl., § 7 SEBG Rz. 3.
6 Im Grundsatz auch *Henssler* in Ulmer/Habersack/Henssler, Mitbestimmungsrecht, § 7 SEBG Rz. 2.
7 Ebenso *Jacobs* in MünchKomm. AktG, 3. Aufl., § 7 SEBG Rz. 2; *Rudolph* in Annuß/Kühn/Rudolph/Rupp, EBRG, § 7 SEBG Rz. 3, 6.
8 Wie hier im Anschluss *Feuerborn* in KölnKomm. AktG, 3. Aufl., § 7 SEBG Rz. 3, 10; *Henssler* in Ulmer/Habersack/Henssler, Mitbestimmungsrecht, § 7 SEBG Rz. 4; *Middendorf* in Grobys/Panzer, Stichwortkommentar Arbeitsrecht, 2012, § 79 Rz. 25; s. auch *Scheibe*, Mitbestimmung der Arbeitnehmer, S. 63 ff.; a.A. *Jacobs* in MünchKomm. AktG, 3. Aufl., § 7 SEBG Rz. 2; *Kleinsorge* in Nagel/Freis/Kleinsorge, Beteiligung der Arbeitnehmer, § 7 SEBG Rz. 6 f.; *Maack*, Rechtsschutz, S. 96 ff.; *Rudolph* in Annuß/Kühn/Rudolph/Rupp, EBRG, § 7 SEBG Rz. 7.
9 So auch Begr. RegE, BT-Drucks. 15/3405, S. 47; *Evers* in Manz/Mayer/Schröder, § 7 SEBG Rz. 2; *Feuerborn* in KölnKomm. AktG, 3. Aufl., § 7 SEBG Rz. 4; *Güntzel*, Richtlinie, S. 400 f.; *Hohenstatt/Müller-Bonanni* in Habersack/Drinhausen, § 7 SEBG Rz. 2; *Jacobs* in MünchKomm. AktG, 3. Aufl., § 7 SEBG Rz. 2; *Kleinsorge* in Nagel/Freis/Kleinsorge, Beteiligung der Arbeitnehmer, § 7 SEBG Rz. 3; *Köstler* in Theisen/Wenz, Europäische Aktiengesellschaft, S. 331, 341; *Maack*, Rechtsschutz, S. 106 f.; *Middendorf* in Grobys/Panzer, Stichwortkommentar Arbeitsrecht, 2012, § 79 Rz. 26; *Nagel*, ArbuR 2004, 281, 283; *Rudolph* in Annuß/Kühn/Rudolph/Rupp, EBRG, § 7 SEBG Rz. 2, 4; *Scheibe*, Mitbestimmung der Arbeitnehmer, S. 40 ff.; wohl auch *Kienast* in Jannott/Frodermann, Handbuch Europäische Aktiengesellschaft, Kap. 13 Rz. 149. Europarechtliche Bedenken gegen diese Lösung äußert *Krause*, BB 2005, 1221, 1225, ohne allerdings überzeugend begründen zu können, warum die Sitzgarantien in § 6 Abs. 3 und 4 SEBG nur eingreifen sollen, wenn die Zahl der Sitze im BVG die Zahl der aus Deutschland beteiligten Gesellschaften übersteigt (s. auch § 5 SEBG Rz. 13); gegen einen Vorrang ferner *Henssler* in Ulmer/Ha-

6 Für den Fall, dass die in Deutschland für das BVG zu wählenden Mitglieder nicht für eine Vertretung aller beteiligten Gesellschaften ausreichen sowie für den umgekehrten Sachverhalt, dass die Zahl der aus Deutschland zu wählenden Mitglieder die Zahl der beteiligten inländischen Gesellschaften übersteigt, legen § 7 Abs. 3 und 4 SEBG einen Mechanismus fest, nach dem für die Verteilung entweder die **Zahl der Arbeitnehmer der beteiligten Gesellschaften** (§ 7 Abs. 3 SEBG, weniger Mitglieder als beteiligte Gesellschaften) **oder das d'Hondtsche Höchstzahlenverfahren** (§ 7 Abs. 4 SEBG, mehr Mitglieder als beteiligte Gesellschaften) maßgebend ist.

7 **Beispiel**: An der Gründung einer SE sind aus Deutschland fünf Gesellschaften beteiligt. Auf Deutschland entfallen aufgrund der Zahl der bei ihnen beschäftigten Arbeitnehmer lediglich drei Mitglieder des BVG, wobei wegen § 6 Abs. 3 SEBG (s. oben Rz. 5) nur zwei Sitze für die an der Gründung der SE beteiligten Gesellschaften aus Deutschland zur Verfügung stehen. Da die verbleibenden zwei Sitze nicht ausreichen, um der Vorgabe in § 7 Abs. 2 SEBG zu entsprechen, sind diese nach der Regel in § 7 Abs. 3 SEBG zu verteilen. Mit Hilfe der Informationen nach § 4 Abs. 3 SEBG sind die Sitze auf die beiden Gesellschaften zu verteilen, die im Inland die höchste Zahl von Arbeitnehmern beschäftigen.

8 **Beispiel:** An der Gründung der SE sind aus Deutschland drei Gesellschaften mit 800, 1150 und 9500 Arbeitnehmern beteiligt; aufgrund der Arbeitnehmerzahl entfallen sieben Mitglieder des BVG auf Deutschland. Von diesen stehen vorab zwei Sitze den in den Gesellschaften vertretenen Gewerkschaften (§ 6 Abs. 3 SEBG) sowie ein Sitz den leitenden Angestellten (§ 6 Abs. 4 SEBG) zu, so dass vier Sitze auf die an der Gründung der SE beteiligten deutschen Gesellschaften zu verteilen sind[10]. Da die Zahl der auf Deutschland entfallenden Mitglieder größer als die Anzahl der beteiligten Gesellschaften ist, gelangt § 7 Abs. 4 SEBG zur Anwendung. Hiernach erhält zunächst jede Gesellschaft einen Sitz. Der verbleibende Sitz ist nach Maßgabe des d'Hondtschen Höchstzahlenverfahrens zu verteilen:

Gesellschaft 1	Gesellschaft 2	Gesellschaft 3
800	1150	9500
: 2 = 400	: 2 = 575	: 2 = 4750

Die zu berücksichtigende Höchstzahl entfällt auf die Gesellschaft 3 mit 9500 Arbeitnehmern, die damit insgesamt durch zwei der sieben aus Deutschland zu bestellenden Mitglieder in dem BVG vertreten sind. Auf die beiden anderen beteiligten Gesellschaften entfällt jeweils ein Mitglied des BVG; zwei Sitze sind nach § 6 Abs. 3 SEBG und ein Sitz nach § 6 Abs. 4 SEBG zu verteilen.

9 Schwierigkeiten bereitet die Anwendung der Grundsätze in Rz. 3 bis 8, wenn zu den beteiligten Gesellschaften eine **arbeitnehmerlose (Holding-)Gesellschaft** gehört und die Arbeitnehmer bei deren Tochtergesellschaften beschäftigt sind. Da der Verteilungsmechanismus in § 7 SEBG betroffene Tochtergesellschaften ausklammert (s. oben Rz. 4), die beteiligte Gesellschaft aber keine Arbeitnehmer im Inland beschäftigt, droht in dem BVG ein Repräsentationsdefizit. Ausschließlich in diesem Fall ist zu erwägen, die bei den Tochtergesellschaften im Inland beschäftigten Arbeitnehmer als solche der ansonsten arbeitnehmerlosen (Holding-)Gesellschaft zu behandeln[11].

---

bersack/Heussler, Mitbestimmungsrecht, § 7 SEBG Rz. 2; *Schwarz*, SE-VO, Einleitung Rz. 255 mit Fn. 719, Rz. 259; *Steinberg*, Mitbestimmung, S. 158 f.

10 Ebenso *Evers* in Manz/Mayer/Schröder, § 7 SEBG Rz. 7; *Feuerborn* in KölnKomm. AktG, 3. Aufl., § 7 SEBG Rz. 7.

11 Weitergehend jedoch *Maack*, Rechtsschutz, S. 99 ff.; *Rudolph* in Annuß/Kühn/Rudolph/Rupp, EBRG, § 7 SEBG Rz. 7 a.E.

III. Verteilung der Mitglieder bei ausländischen Gesellschaften mit inländischen Betrieben (§ 7 Abs. 5 SEBG)

Sind an der Gründung der SE ausschließlich Gesellschaften beteiligt, die ihren Sitz nicht in Deutschland haben, sind aber im Inland Betriebe dieser Gesellschaften belegen, so sind die aus Deutschland in das BVG zu wählenden Mitglieder auf die Betriebe zu verteilen, wobei wiederum die Grundsätze in § 7 Abs. 2 bis 4 SEBG maßgebend sind. Entspricht die Zahl der in Deutschland zu wählenden Mitglieder der Zahl der dort gelegenen Betriebe, so entfällt auf jeden Betrieb ein Mitglied. Übersteigt die Zahl der Betriebe die Zahl der zu wählenden Mitglieder, so sind diese nach Maßgabe der Zahl der in den Betrieben beschäftigten Arbeitnehmer zu verteilen (§ 7 Abs. 3 SEBG); in der umgekehrten Konstellation gelangt das d'Hondtsche Höchstzahlenverfahren zur Anwendung (§ 7 Abs. 4 SEBG).

10

Kapitel 2. Wahlgremium

§ 8
Zusammensetzung des Wahlgremiums; Urwahl

(1) Die nach diesem Gesetz oder dem Gesetz eines anderen Mitgliedstaats auf die im Inland beschäftigten Arbeitnehmer der an der Gründung der SE beteiligten Gesellschaften, betroffenen Tochtergesellschaften und betroffenen Betriebe entfallenden Mitglieder des besonderen Verhandlungsgremiums werden von einem Wahlgremium in geheimer und unmittelbarer Wahl gewählt. Im Fall des § 6 Abs. 3 ist jedes dritte Mitglied auf Vorschlag einer Gewerkschaft zu wählen, die in einem an der Gründung der SE beteiligten Unternehmen vertreten ist. Wird nur ein Wahlvorschlag gemacht, muss dieser mindestens doppelt so viele Bewerber enthalten wie Vertreter von Gewerkschaften zu wählen sind. Jeder Wahlvorschlag einer Gewerkschaft muss von einem Vertreter der Gewerkschaft unterzeichnet sein. Im Fall des § 6 Abs. 4 ist jedes siebte Mitglied auf Vorschlag der Sprecherausschüsse zu wählen; Satz 3 gilt entsprechend. Besteht in einem beteiligten Unternehmen oder in einer beteiligten Unternehmensgruppe kein Sprecherausschuss, können die leitenden Angestellten Wahlvorschläge machen; ein Wahlvorschlag muss von einem Zwanzigstel oder 50 der wahlberechtigten leitenden Angestellten unterzeichnet sein.

(2) Ist aus dem Inland nur eine Unternehmensgruppe an der SE-Gründung beteiligt, besteht das Wahlgremium aus den Mitgliedern des Konzernbetriebsrats oder, sofern ein solcher nicht besteht, aus den Mitgliedern der Gesamtbetriebsräte, oder, sofern ein solcher in einem Unternehmen nicht besteht, aus den Mitgliedern des Betriebsrats. Betriebsratslose Betriebe und Unternehmen einer Unternehmensgruppe werden vom Konzernbetriebsrat, Gesamtbetriebsrat oder Betriebsrat mit vertreten.

(3) Ist aus dem Inland nur ein Unternehmen an der Gründung einer SE beteiligt, besteht das Wahlgremium aus den Mitgliedern des Gesamtbetriebsrats, oder, sofern ein solcher nicht besteht, aus den Mitgliedern des Betriebsrats. Betriebsratslose Betriebe eines Unternehmens werden vom Gesamtbetriebsrat oder Betriebsrat mit vertreten.

(4) Ist aus dem Inland nur ein Betrieb von der Gründung einer SE betroffen, besteht das Wahlgremium aus den Mitgliedern des Betriebsrats.

(5) Sind an der Gründung der SE eine oder mehrere Unternehmensgruppen oder nicht verbundene Unternehmen beteiligt oder sind von der Gründung unternehmensunabhängige Betriebe betroffen, setzt sich das Wahlgremium aus den jeweiligen Arbeitnehmervertretungen auf Konzernebene, Unternehmensebene oder Betriebsebene zusammen. Die Absätze 2 bis 4 gelten entsprechend. Ist in den Fällen des Satzes 1 eine entsprechende Arbeitnehmervertretung nicht vorhanden, werden diese Mitglieder des Wahlgremiums von den Arbeitnehmern in Urwahl gewählt. Die Wahl wird von einem Wahlvorstand eingeleitet und durchgeführt, der in einer Versammlung der Arbeitnehmer gewählt wird, zu der die inländische Konzernleitung, Unternehmensleitung oder Betriebsleitung einlädt. Es sind so viele Mitglieder des Wahlgremiums zu wählen, wie eine bestehende Arbeitnehmervertretung in den Fällen der Absätze 2 bis 4 an gesetzlichen Mitgliedern hätte; für das Wahlverfahren gilt Absatz 7 Satz 3 bis 5 entsprechend.

(6) Das Wahlgremium besteht aus höchstens 40 Mitgliedern. Würde diese Höchstzahl überschritten, ist die Anzahl der Mitglieder in dem Wahlgremium entsprechend ihrem zahlenmäßigen Verhältnis nach dem d'Hondtschen Höchstzahlverfahren zu verringern.

(7) Besteht in den Fällen der Absätze 2 bis 5 keine Arbeitnehmervertretung, wählen die Arbeitnehmer die Mitglieder des besonderen Verhandlungsgremiums in geheimer und unmittelbarer Wahl. Die Wahl wird von einem Wahlvorstand eingeleitet und durchgeführt, der in einer Versammlung der Arbeitnehmer gewählt wird, zu der die inländische Konzernleitung, Unternehmensleitung oder Betriebsleitung einlädt. Die Wahl der Mitglieder des besonderen Verhandlungsgremiums erfolgt nach den Grundsätzen der Verhältniswahl. Sie erfolgt nach den Grundsätzen der Mehrheitswahl, wenn nur ein Wahlvorschlag eingereicht wird. Jeder Wahlvorschlag der Arbeitnehmer muss von mindestens einem Zwanzigstel der wahlberechtigten Arbeitnehmer, mindestens jedoch von drei Wahlberechtigten, höchstens aber von 50 Wahlberechtigten unterzeichnet sein; in Betrieben mit in der Regel bis zu 20 wahlberechtigten Arbeitnehmern genügt die Unterzeichnung durch zwei Wahlberechtigte. § 8 Abs. 1 Satz 2 bis 6 gilt entsprechend.

I. Allgemeines	1	3. Wahlvorschlag der leitenden Angestellten (§ 8 Abs. 1 Satz 5 und 6 SEBG)	10
II. Wahlgrundsätze (§ 8 Abs. 1 Satz 1 SEBG)	5	IV. Zusammensetzung des Wahlgremiums (§ 8 Abs. 2 bis 6 SEBG)	12
III. Vorschlagsrechte (§ 8 Abs. 1 Satz 2 bis 6 SEBG)		1. Grundmodell (§ 8 Abs. 2 bis 4 SEBG)	13
1. Allgemeines Wahlvorschlagsrecht für die Mitglieder des BVG	6	2. Mischsachverhalte (§ 8 Abs. 5 SEBG)	16
2. Wahlvorschlag der Gewerkschaften (§ 8 Abs. 1 Satz 2 bis 4 SEBG)	7	3. Reduktionsklausel (§ 8 Abs. 6 SEBG)	23
		V. Urwahl der Mitglieder des BVG (§ 8 Abs. 7 SEBG)	24

Literatur: S. Vor § 1 SEBG.

I. Allgemeines

1 Aufbauend auf der sich aus den §§ 6 und 7 SEBG ergebenden Zusammensetzung der dem BVG aus Deutschland angehörenden Mitglieder bestimmt § 8 SEBG die Einzelheiten über Bildung und Zusammensetzung des Wahlkörpers, die allgemeinen Wahl-

grundsätze sowie zum Wahlvorschlagsrecht. Die Vorschrift wird ergänzt durch die Bestimmungen zur Einberufung des Wahlgremiums (§ 9 SEBG) sowie zur Wahl der Mitglieder (§ 10 SEBG); sie gilt nicht nur für eine künftige SE mit Sitz in Deutschland, sondern stets, wenn einem BVG Mitglieder aus Deutschland angehören[1].

Die Einzelheiten zur Wahl bzw. Bestellung der Mitglieder des BVG hat die **SE-RL** den Mitgliedstaaten überlassen[2]; entsprechendes gilt für die **SCE-RL**, wobei die zur Umsetzung in § 8 SCEBG getroffene Regelung mit § 8 SEBG wörtlich übereinstimmt. Wegen der Bezugnahme in **Art. 16 Abs. 2 Verschmelzungs-RL 2005/56/EG** auf Art. 3 Abs. 2 SE-RL gilt der Spielraum für die Mitgliedstaaten auch bei der Ausgestaltung der Mitbestimmung bei grenzüberschreitenden Verschmelzungen. Wie für das SCEBG hat der Gesetzgeber in **§ 10 MgVG** davon abgesehen, von § 8 SEBG abzuweichen. 2

In seinem Grundansatz stimmt § 8 SEBG mit **§ 11 EBRG** überein[3]. Auch dort hat der Gesetzgeber grundsätzlich von einer Urwahl der Mitglieder durch die Arbeitnehmer abgesehen und stattdessen ein Wahlgremium etabliert sowie für dieses auf die vorhandenen betriebsverfassungsrechtlichen Vertretungsstrukturen zurückgegriffen[4]. Dementsprechend wird das Wahlgremium aus dem Gesamt- bzw. Konzernbetriebsrat, ggf. auch aus der Gesamtheit der Gesamtbetriebsräte oder der Betriebsräte gebildet. 3

Konzeptionell entspricht § 8 SEBG der Rechtslage in **Österreich**. Dort knüpfen die §§ 217 Abs. 1, 218 ArbVG ebenfalls an die bestehenden betriebsverfassungsrechtlichen Strukturen an und erklären den Betriebsrat, den Zentralbetriebsrat oder die Konzernvertretung zum zuständigen Gremium, ggf. tritt für den Entsendungsbeschluss auch eine Versammlung der Betriebsräte oder der Zentralbetriebsräte zusammen. 4

II. Wahlgrundsätze (§ 8 Abs. 1 Satz 1 SEBG)

Mit der von § 8 Abs. 1 SEBG geforderten **geheimen** und **unmittelbaren** Wahl entspricht das Gesetz den Vorgaben in § 14 Abs. 1 BetrVG, so dass die dazu anerkannten Grundsätze[5] auch im Rahmen der Wahl der Mitglieder des BVG aus Deutschland anzuwenden sind[6]. Die weiteren Einzelheiten zu dem Wahlakt als solchen regelt nicht § 8 SEBG, sondern § 10 SEBG (s. näher § 10 Rz. 5 ff.). 5

III. Vorschlagsrechte (§ 8 Abs. 1 Satz 2 bis 6 SEBG)

1. Allgemeines Wahlvorschlagsrecht für die Mitglieder des BVG

Im Unterschied zu den besonderen Vorschlagsrechten in § 6 Abs. 3 und 4 SEBG enthält das SEBG keine Bestimmungen zum Wahlvorschlagsrecht bezüglich der übrigen 6

---

[1] *Feuerborn* in KölnKomm. AktG, 3. Aufl., § 8 SEBG Rz. 2; *Kleinsorge* in Nagel/Freis/Kleinsorge, Beteiligung der Arbeitnehmer, § 8 SEBG Rz. 1; *Rudolph* in Annuß/Kühn/Rudolph/Rupp, EBRG, § 8 SEBG Rz. 3.
[2] S. Art. 3 Abs. 2 lit. b Unterabs. 1 Satz 1 SE-RL sowie *Feuerborn* in KölnKomm. AktG, 3. Aufl., § 8 SEBG Rz. 1; *Henssler* in Ulmer/Habersack/Henssler, Mitbestimmungsrecht, §§ 8–10 SEBG Rz. 1; *Jacobs* in MünchKomm. AktG, 3. Aufl., § 8 SEBG Rz. 1.
[3] So auch *Evers* in Manz/Mayer/Schröder, § 8 SEBG Rz. 1; *Feuerborn* in KölnKomm. AktG, 3. Aufl., § 8 SEBG Rz. 3; *Jacobs* in MünchKomm. AktG, 3. Aufl., § 8 SEBG Rz. 1.
[4] *Kleinsorge* in Nagel/Freis/Kleinsorge, Beteiligung der Arbeitnehmer, § 8 SEBG Rz. 1.
[5] Stellvertretend zu diesen *Kreutz/Jacobs* in GK-BetrVG, 10. Aufl. 2014, § 14 Rz. 12 ff., 24 f.; *Reichold* in Henssler/Willemsen/Kalb, ArbR-Komm., § 14 BetrVG Rz. 5 f.
[6] Ebenso *Feuerborn* in KölnKomm. AktG, 3. Aufl., § 8 SEBG Rz. 5; *Henssler* in Ulmer/Habersack/Henssler, Mitbestimmungsrecht, §§ 8–10 SEBG Rz. 13.

von dem Wahlgremium zu wählenden Mitglieder des BVG. Hieraus folgt im Umkehrschluss, dass jedes **Mitglied des Wahlgremiums Wahlvorschläge** unterbreiten kann (s. auch § 10 SEBG Rz. 8)[7], ohne dass diese von einer bestimmten Unterstützung innerhalb des Wahlgremiums getragen sein müssen. Ebenso verzichtet das Gesetz auf weitere **Formvorschriften** für einen gültigen Wahlvorschlag, insbesondere muss dieser dem Wahlgremium nicht schriftlich unterbreitet werden. Zum Sonderfall der **Urwahl** (§ 8 Abs. 7 SEBG) s. unten Rz. 25.

2. Wahlvorschlag der Gewerkschaften (§ 8 Abs. 1 Satz 2 bis 4 SEBG)

7 Bezüglich des **Wahlvorschlages der Gewerkschaften** ist § 8 Abs. 1 Satz 2 SEBG im Verhältnis zu § 6 Abs. 3 SEBG ohne weiteren Regelungsinhalt[8]; insoweit ist auf die Ausführungen zu § 6 SEBG Rz. 19 zu verweisen. Die näheren Vorgaben für den Wahlvorschlag einer Gewerkschaft legen § 8 Abs. 1 Satz 3 und 4 SEBG fest.

8 Dabei soll **§ 8 Abs. 1 Satz 3 SEBG**, der mit § 16 Abs. 2 Satz 3 MitbestG übereinstimmt, vor allem sicherstellen, dass für den Vertreter der Gewerkschaften ein **Ersatzmitglied** gewählt wird. Aus diesem Grunde bedurfte es einer ausdrücklichen Regelung, wenn nur ein Wahlvorschlag eingereicht wurde. In diesem Fall muss dieser doppelt so viele Bewerber aufweisen wie Vertreter zu wählen sind. Im Unterschied zu § 6 Abs. 2 WO BetrVG ist § 8 Abs. 1 Satz 3 SEBG keine Soll-, sondern eine **Mussvorschrift**, was mit der zwingenden Bestellung von Ersatzmitgliedern (§ 6 Abs. 2 Satz 3 SEBG) korrespondiert. Enthält die Vorschlagsliste nicht die von § 8 Abs. 1 Satz 3 SEBG geforderte Zahl von Bewerbern, so ist diese ungültig und vom Wahlgremium nicht zu beachten[9]. Eine gleichwohl erfolgte Wahl ist anfechtbar[10] (s. § 10 SEBG Rz. 12).

9 Wie § 14 Abs. 5 BetrVG schreibt **§ 8 Abs. 1 Satz 4 SEBG** zwingend die **Unterzeichnung** des Wahlvorschlages durch einen Vertreter der jeweiligen Gewerkschaft vor. Hierfür genügt es, dass der die Unterschrift Leistende von der Gewerkschaft zur Unterzeichnung des Wahlvorschlages bevollmächtigt ist; die Unterzeichnung durch ein vertretungsberechtigtes Organ der Gewerkschaft ist nicht erforderlich[11]. Die Unterzeichnung des Wahlvorschlages ist eine **zwingende Formvorschrift**; fehlt die Unterschrift, so ist die Vorschlagsliste ungültig und eine aufgrund dessen durchgeführte Wahl anfechtbar (s. § 10 SEBG Rz. 12)[12].

3. Wahlvorschlag der leitenden Angestellten (§ 8 Abs. 1 Satz 5 und 6 SEBG)

10 Für den gem. § 6 Abs. 4 SEBG zu wählenden **Vertreter der leitenden Angestellten** spricht § 8 Abs. 1 Satz 5 SEBG in Fortführung von § 6 Abs. 4 SEBG den **Sprecherausschüssen** das Wahlvorschlagsrecht zu. Hinsichtlich der **Zahl der Bewerber** auf einer Vorschlagsliste gelten die Ausführungen in Rz. 8 entsprechend. Der vom Gesetz gewählte Plural („Sprecherausschüsse") deutet darauf hin, dass **jeder** in der Unternehmensgruppe bzw. in dem Unternehmen bestehende **Sprecherausschuss** berechtigt ist einen Wahlvorschlag zu unterbreiten. Vorzugswürdig ist jedoch eine **Einschränkung**

---

[7] So auch *Henssler* in Ulmer/Habersack/Henssler, Mitbestimmungsrecht, §§ 8–10 SEBG Rz. 14.
[8] So auch *Feuerborn* in KölnKomm. AktG, 3. Aufl., § 8 SEBG Rz. 9.
[9] *Kleinsorge* in Nagel/Freis/Kleinsorge, Beteiligung der Arbeitnehmer, § 8 SEBG Rz. 6.
[10] Ebenso *Rudolph* in Annuß/Kühn/Rudolph/Rupp, EBRG, § 8 SEBG Rz. 10.
[11] Ebenso *Feuerborn* n KölnKomm. AktG, 3. Aufl., § 8 SEBG Rz. 12; *Rudolph* in Annuß/Kühn/Rudolph/Rupp, EBRG, § 8 SEBG Rz. 9; zum Vorstehenden darüber hinaus statt aller *Kreutz/Jacobs* in GK-BetrVG, 10. Aufl. 2014, § 14 Rz. 93.
[12] Zustimmend *Feuerborn* in KölnKomm. AktG, 3. Aufl., § 8 SEBG Rz. 12; *Rudolph* in Annuß/Kühn/Rudolph/Rupp, EBRG § 8 SEBG Rz. 10.

des Wortlautes durch den Grundgedanken in § 8 Abs. 2 bis 5 SEBG, nach dem ausschließlich die Arbeitnehmervertretung der **jeweils höchsten Ebene** – vermittelt durch ihre Mitgliedschaft im Wahlgremium (s. oben Rz. 6) – berechtigt sein soll, Wahlvorschläge zu unterbreiten[13]. Ist an einer SE-Gründung aus Deutschland lediglich **eine Unternehmensgruppe** beteiligt, so steht das Wahlvorschlagsrecht daher ausschließlich einem ggf. gebildeten **Konzernsprecherausschuss** zu. Ungeachtet dessen setzt ein wirksamer Wahlvorschlag des Sprecherausschusses stets einen entsprechenden **Beschluss** voraus[14]; das Wahlvorschlagsrecht steht dem Organ und nicht den einzelnen Mitgliedern zu. Der Wahlvorschlag ist durch den Vorsitzenden (§ 11 Abs. 2 Satz 1 SprAuG) dem Wahlgremium zu übermitteln.

Den **leitenden Angestellten** steht ein unmittelbar von ihnen ausübbares Wahlvorschlagsrecht erst zu, wenn in dem Unternehmen bzw. einer beteiligten Unternehmensgruppe **überhaupt kein Sprecherausschuss** errichtet worden ist. Hierfür genügt es nicht, dass in einem sprecherausschussfähigen Betrieb von der Errichtung eines Sprecherausschusses abgesehen wurde, solange in dem Unternehmen bzw. der Unternehmensgruppe wenigstens ein Sprecherausschuss errichtet worden ist[15]. Sind die leitenden Angestellten selbst zu einem Wahlvorschlag berechtigt, so gilt für die **Zahl der Bewerber** auf der Vorschlagsliste ebenfalls § 8 Abs. 1 Satz 3 SEBG. Hinsichtlich der notwendigen Anzahl von **Unterstützungsunterschriften** übernimmt § 8 Abs. 1 Satz 6 Halbsatz 2 SEBG das von § 15 Abs. 2 Nr. 2 MitbestG geforderte Quorum. 11

IV. Zusammensetzung des Wahlgremiums (§ 8 Abs. 2 bis 6 SEBG)

Eine sehr differenzierte Regelung trifft § 8 Abs. 2 bis 6 SEBG für die Bildung des Wahlgremiums. Dessen Größe und Zusammensetzung hängt vor allem von Umfang und Struktur der in Deutschland an der Gründung der SE beteiligten Gesellschaften ab. Zu unterscheiden ist zwischen dem **Grundmodell**, das § 8 Abs. 2 bis 4 SEBG für den Fall vorsieht, dass an der SE-Gründung aus dem Inland nur ein Konzern oder Unternehmen beteiligt bzw. nur ein Betrieb betroffen ist, sowie **Mischsachverhalten**, die § 8 Abs. 5 SEBG ausgestaltet. Ergänzt werden die vorstehenden Grundsätze durch die Möglichkeit einer **Urwahl** für die Ausnahmekonstellation, dass entsprechende Arbeitnehmervertretungen überhaupt nicht vorhanden sind (§ 8 Abs. 7 SEBG; s. dazu unten Rz. 24 ff.). 12

1. Grundmodell (§ 8 Abs. 2 bis 4 SEBG)

Das **Grundmodell** regeln § 8 Abs. 2 bis 4 SEBG, die auf der Konstellation beruhen, dass an der Gründung der SE aus Deutschland lediglich eine Unternehmensgruppe oder Gesellschaft beteiligt bzw. ein Betrieb betroffen ist. Ist aus dem Inland nur eine **Unternehmensgruppe** beteiligt, so bestimmt § 8 Abs. 2 SEBG den **Konzernbetriebsrat** zum zuständigen Wahlgremium; ersatzweise ist dieses aus den Mitgliedern der Gesamtbetriebsräte zu bilden. Lediglich in dem allenfalls theoretisch denkbaren Fall, dass in der Unternehmensgruppe nur ein Betriebsrat besteht, bildet dieser für den ge- 13

---

13 Ebenso *Evers* in Manz/Mayer/Schröder, § 8 SEBG Rz. 4; *Feuerborn* in KölnKomm. AktG, 3. Aufl., § 8 SEBG Rz. 14; *Henssler* in Ulmer/Habersack/Henssler, Mitbestimmungsrecht, §§ 8–10 SEBG Rz. 16; *Hohenstatt/Müller-Bonanni* in Habersack/Drinhausen, § 8 SEBG Rz. 2; *Jacobs* in MünchKomm. AktG, 3. Aufl., § 8 SEBG Rz. 5; *Kleinsorge* in Nagel/Freis/Kleinsorge, Beteiligung der Arbeitnehmer, § 8 SEBG Rz. 7; *Köklü* in Van Hulle/Maul/Drinhausen, Kap. 6 Rz. 131; *Maack*, Rechtsschutz, S. 118 f., 234 f.; *Rudolph* in Annuß/Kühn/Rudolph/Rupp, EBRG, § 8 SEBG Rz. 13.
14 Zustimmend *Rudolph* in Annuß/Kühn/Rudolph/Rupp, EBRG, § 8 SEBG Rz. 13.
15 So auch *Rudolph* in Annuß/Kühn/Rudolph/Rupp, EBRG, § 8 SEBG Rz. 14.

samten Konzern das Wahlgremium[16]. Fehlt in der Unternehmensgruppe auch ein Betriebsrat, so kommt es zu einer Urwahl, für die § 8 Abs. 7 SEBG die Einzelheiten festlegt (s. dazu unten Rz. 24 ff.). Eine gesonderte Berücksichtigung betriebsratsloser Betriebe bzw. Unternehmen erfolgt nicht (§ 8 Abs. 2 Satz 2 SEBG). Das gilt selbst dann, wenn das Wahlgremium lediglich durch einen Betriebsrat gebildet wird; dieser vertritt in diesem Fall alle Arbeitnehmer der Unternehmensgruppe[17].

14 Die Grundsätze in Rz. 13 gelten nach § 8 Abs. 3 SEBG auch, wenn die einzige beteiligte Gesellschaft aus Deutschland kein Teil einer inländischen Unternehmensgruppe ist. In diesem Fall bildet der **Gesamtbetriebsrat** das Wahlgremium, ersatzweise die Mitglieder der Betriebsräte, wobei die Arbeitnehmer betriebsratsloser Betriebe durch den Gesamtbetriebsrat vertreten werden[18]. Besteht in dem Unternehmen überhaupt kein Betriebsrat, so findet gemäß § 8 Abs. 7 SEBG eine Urwahl statt[19].

15 Eine gesonderte Berücksichtigung der **Sprecherausschüsse** bei der Bildung des Wahlgremiums sieht das SEBG nicht vor. Dieses ist jedoch an die ihm unterbreiteten Wahlvorschläge gebunden; auch aus wichtigem Grund ist das Wahlgremium nicht berechtigt, einen Wahlvorschlag abzulehnen, selbst dann nicht, wenn lediglich ein einziger Wahlvorschlag eingereicht wurde. Ausschließlich ungültige Wahlvorschläge darf das Wahlgremium zurückweisen.

2. Mischsachverhalte (§ 8 Abs. 5 SEBG)

16 Einer Sonderregelung bedurfte es für den Fall, dass aus dem Inland mehr als eine Unternehmensgruppe oder ein Unternehmen bzw. betroffener Betrieb beteiligt ist. In dieser Konstellation setzt sich das Wahlgremium aus den Mitgliedern der verschiedenen Arbeitnehmervertretungen zusammen, wobei wegen der entsprechenden Anwendung von § 8 Abs. 2 bis 4 SEBG (s. § 8 Abs. 5 Satz 2 SEBG) die Mitglieder der jeweils höchsten Ebene dem Wahlgremium angehören[20].

17 **Beispiel**: An der Gründung einer SE sind aus Deutschland ein herrschendes Unternehmen (mit vier abhängigen Unternehmen) und zwei nicht verbundene Unternehmen (mit jeweils drei Betrieben, deren Betriebsräten jeweils mehr als drei Mitglieder angehören) beteiligt sowie ein unternehmensunabhängiger Betrieb (mit einem aus fünf Mitgliedern bestehenden Betriebsrat) betroffen. In dieser Konstellation scheidet ein alleiniger Rückgriff auf § 8 Abs. 2 bis 4 SEBG für die Bildung des Wahlgremiums aus, statt dessen ist § 8 Abs. 5 SEBG anzuwenden: Nach § 8 Abs. 5 Satz 1 SEBG gehören dem Wahlgremium die Mitglieder des Konzernbetriebsrates, die Mitglieder der Gesamtbetriebsräte aus den nicht verbundenen Unternehmen sowie die Mitglieder des Betriebsrates aus dem unternehmensunabhängigen Betrieb an.

---

16 Zustimmend *Feuerborn* in KölnKomm. AktG, 3. Aufl., § 8 SEBG Rz. 17; *Rudolph* in Annuß/Kühn/Rudolph/Rupp, EBRG, § 8 SEBG Rz. 17.
17 *Feuerborn* in KölnKomm. AktG, 3. Aufl., § 8 SEBG Rz. 17; *Henssler* in Ulmer/Habersack/Henssler, Mitbestimmungsrecht, §§ 8–10 SEBG Rz. 5; *Kleinsorge* in Nagel/Freis/Kleinsorge, Beteiligung der Arbeitnehmer, § 8 SEBG Rz. 13; s. aber *Hohenstatt/Müller-Bonanni* in Habersack/Drinhausen, § 8 SEBG Rz. 3; *Jacobs* in MünchKomm. AktG, 3. Aufl., § 8 SEBG Rz. 7, die dies als richtlinienwidrig ansehen.
18 Ebenso *Feuerborn* in KölnKomm. AktG, 3. Aufl., § 8 SEBG Rz. 18; *Jacobs* in MünchKomm. AktG, 3. Aufl., § 8 SEBG Rz. 7; *Rudolph* in Annuß/Kühn/Rudolph/Rupp, EBRG, § 8 SEBG Rz. 18.
19 So auch *Feuerborn* in KölnKomm. AktG, 3. Aufl., § 8 SEBG Rz. 18.
20 *Evers* in Manz/Mayer/Schröder, § 8 SEBG Rz. 8; *Feuerborn* in KölnKomm. AktG, 3. Aufl., § 8 SEBG Rz. 20; *Kleinsorge* in Nagel/Freis/Kleinsorge, Beteiligung der Arbeitnehmer, § 8 SEBG Rz. 20.

Einer Sonderregelung bedurfte es für den Fall, in dem in einer Unternehmensgruppe, einem nicht verbundenen Unternehmen oder einem unternehmensunabhängigen Betrieb **keine Arbeitnehmervertretung** besteht. Eine Mitvertretung der Arbeitnehmer durch die anderen Arbeitnehmervertretungen, wie sie § 8 Abs. 2 Satz 2, Abs. 3 Satz 2 SEBG im Rahmen des Grundmodells vorsehen, kommt in dieser Konstellation nicht in Betracht[21], da sich die Wahrnehmungszuständigkeit des Konzern- bzw. Gesamtbetriebsrates für betriebsratslose Unternehmen bzw. Betriebe auf den Konzern bzw. das Unternehmen beschränkt (§§ 58 Abs. 1 Satz 2, 50 Abs. 1 Satz 2 BetrVG). Aus diesem Grunde sind die entsprechenden Mitglieder für das Wahlgremium in einer **Urwahl** zu bestimmen, für die § 8 Abs. 5 Satz 3 bis 5 SEBG die Einzelheiten festlegt, wobei wegen der Verweisung in § 8 Abs. 5 Satz 5 SEBG ergänzend die Modalitäten in § 8 Abs. 7 Satz 3 bis 5 SEBG zur Anwendung gelangen (s. dazu unten Rz. 26).

18

Abhängig davon, ob die tatbestandliche Voraussetzung einer vollständig fehlenden Arbeitnehmervertretung für eine Unternehmensgruppe, ein nicht verbundenes Unternehmen oder einen unternehmensunabhängigen Betrieb erfüllt ist, wird die Urwahl durch die Konzern-, Unternehmens- oder Betriebsleitung eingeleitet, indem diese zu einer **Wahlversammlung** einlädt (§ 8 Abs. 5 Satz 4 SEBG). **Form- und Fristvorschriften** für die Einladung stellt das Gesetz nicht auf; für alle teilnahmeberechtigten Arbeitnehmer muss jedoch die Möglichkeit bestehen, von der Einladung Kenntnis zu erlangen, zudem muss sie so frühzeitig erfolgen, dass alle Arbeitnehmer das Recht zur Teilnahme an der Wahlversammlung wahrnehmen können[22]. Mittels der Einladung bestimmt die jeweils maßgebliche Leitung zugleich Ort und Zeitpunkt der Wahlversammlung.

19

Die Durchführung der Wahl obliegt nicht der für die Einladung zuständigen Leitung, sondern einem **Wahlvorstand**, der von den Teilnehmern der Wahlversammlung zu wählen ist[23]. Vorgaben für die Wahl des Wahlvorstandes stellt das Gesetz nicht auf. Das gilt sowohl für dessen Größe und Zusammensetzung als auch für die Modalitäten des Wahlvorganges[24].

20

Vor der Wahl hat der Wahlvorstand die **Zahl der zu wählenden Mitglieder für das Wahlgremium** zu bestimmen[25]. Hierfür legt § 8 Abs. 5 Satz 5 Halbsatz 1 SEBG die gesetzliche Mitgliederzahl zugrunde, die ein Konzern- oder Gesamtbetriebsrat bzw. ein auf betrieblicher Ebene gebildeter Betriebsrat hätte. Bei einer Unternehmensgruppe ohne Arbeitnehmervertretung richtet sich die Zahl der Mitglieder deshalb nach der Zahl der in der Unternehmensgruppe zusammengefassten Unternehmen (§ 55 Abs. 1 BetrVG: zwei je Unternehmen); bei nicht verbundenen Unternehmen nach der Zahl der betriebsratsfähigen Einheiten sowie der Größe hypothetisch gebildeter Betriebs-

21

---

21 Ebenso *Rudolph* in Annuß/Kühn/Rudolph/Rupp, EBRG, § 8 SEBG Rz. 21.
22 *Kleinsorge* in Nagel/Freis/Kleinsorge, Beteiligung der Arbeitnehmer, § 8 SEBG Rz. 23; *Rudolph* in Annuß/Kühn/Rudolph/Rupp, EBRG, § 8 SEBG Rz. 22.
23 *Feuerborn* in KölnKomm. AktG, 3. Aufl., § 8 SEBG Rz. 22; *Henssler* in Ulmer/Habersack/Henssler, Mitbestimmungsrecht, §§ 8–10 SEBG Rz. 9; *Hohenstatt/Müller-Bonanni* in Habersack/Drinhausen, § 8 SEBG Rz. 4; *Jacobs* in MünchKomm. AktG, 3. Aufl., § 8 SEBG Rz. 9; *Rudolph* in Annuß/Kühn/Rudolph/Rupp, EBRG, § 8 SEBG Rz. 23.
24 *Feuerborn* in KölnKomm. AktG, 3. Aufl., § 8 SEBG Rz. 22; *Hohenstatt/Müller-Bonanni* in Habersack/Drinhausen, § 8 SEBG Rz. 4; *Kleinsorge* in Nagel/Freis/Kleinsorge, Beteiligung der Arbeitnehmer, § 8 SEBG Rz. 24 f.; *Rudolph* in Annuß/Kühn/Rudolph/Rupp, EBRG, § 8 SEBG Rz. 23.
25 Wie hier nunmehr auch *Kleinsorge* in Nagel/Freis/Kleinsorge, Beteiligung der Arbeitnehmer, § 8 SEBG Rz. 32, entgegen der Ansicht in der Vorauflage, in der diese Aufgabe dem Wahlgremium zugewiesen wurde.

räte (§ 47 Abs. 2 Satz 1 BetrVG); bei unternehmensunabhängigen Betrieben ist die Zahl der Arbeitnehmer maßgebend (§ 9 BetrVG)[26].

22 Für das **Wahlverfahren** selbst verweist § 8 Abs. 5 Satz 5 Halbsatz 2 SEBG auf § 8 Abs. 7 Satz 3 bis 5 SEBG, die ihrerseits jedoch lediglich das Wahlsystem (Mehrheits- oder Verhältniswahl) und die Aufstellung der Wahlvorschläge ausgestalten (näher dazu unten Rz. 24 ff.). Die Festlegung der weiteren Einzelheiten für die Durchführung des Wahlvorganges obliegt deshalb dem Wahlvorstand, der sich hierbei unter anderem an den Vorgaben der WO-BetrVG orientieren kann[27]. Im Übrigen gilt § 8 Abs. 1 Satz 1 SEBG auch für die nach § 8 Abs. 5 Satz 3 SEBG durchzuführende Urwahl; die Wahl erfolgt geheim und unmittelbar (s. oben Rz. 5).

3. Reduktionsklausel (§ 8 Abs. 6 SEBG)

23 Sollte das Wahlgremium aus **mehr als 40 Mitgliedern** bestehen, so ist die **Zahl der Mitglieder** nach Maßgabe des d'Hondtschen Höchstzahlenverfahrens zu reduzieren. Für das in Rz. 17 gebildete Beispiel ergibt sich hieraus: Dem Wahlgremium gehören acht Mitglieder des Konzernbetriebsrates, sechs Mitglieder der Gesamtbetriebsräte sowie fünf Mitglieder des Betriebsrates an. Mit den insgesamt 19 Mitgliedern wird die Obergrenze des § 8 Abs. 6 Satz 1 SEBG von 40 Mitgliedern nicht überschritten.

V. Urwahl der Mitglieder des BVG (§ 8 Abs. 7 SEBG)

24 Sowohl das Grundmodell für die Bildung des Wahlgremiums in § 8 Abs. 2 bis 4 SEBG als auch die Sonderregelung für Mischsachverhalte in § 8 Abs. 5 SEBG setzen voraus, dass bei den im Inland gelegenen und an der Gründung der SE beteiligten Unternehmensgruppen oder nicht verbundenen Unternehmen oder unternehmensunabhängigen Betrieben überhaupt eine Arbeitnehmervertretung besteht. Regelungsbedürftig blieb deshalb der Ausnahmefall, dass **überhaupt keine Arbeitnehmervertretung** besteht. In dieser Konstellation, die vor allem dann in Betracht kommt, wenn in Deutschland lediglich ein Betrieb einer ausländischen Gesellschaft liegt[28], sieht § 8 Abs. 7 SEBG von der Bildung eines eigenständigen Wahlgremiums ab und überantwortet die Wahl der dem BVG aus Deutschland angehörenden Mitglieder direkt den Arbeitnehmern, die die Mitglieder des BVG in geheimer und unmittelbarer Wahl bestimmen (§ 8 Abs. 7 Satz 1 SEBG).

25 Für die Urwahl greift § 8 Abs. 7 Satz 2 SEBG – wie § 8 Abs. 5 Satz 3 SEBG – auf eine **Wahlversammlung** zurück, die sich aus den Arbeitnehmern zusammensetzt und zu der die Konzern-, Unternehmens- oder Betriebsleitung einlädt (s. dazu auch oben Rz. 19). Da die Wahlversammlung die Mitglieder des BVG unmittelbar wählt, beschränkt sich § 8 Abs. 7 SEBG auf Rahmenregelungen für das Wahlvorschlagsrecht sowie das Wahlverfahren. Für die Wahlvorschläge der Arbeitnehmer übernimmt § 8 Abs. 7 Satz 5 SEBG die Regelung in § 14 Abs. 4 BetrVG[29]; bezüglich etwaiger Sitze im BVG für Vertreter der Gewerkschaften bzw. der leitenden Angestellten verweist § 8

---

[26] Wie hier auch *Feuerborn* in KölnKomm. AktG, 3. Aufl., § 8 SEBG Rz. 23 *Henssler* in Ulmer/Habersack/Henssler, Mitbestimmungsrecht, §§ 8–10 SEBG Rz. 9; *Kleinsorge* in Nagel/Freis/Kleinsorge, Beteiligung der Arbeitnehmer, § 8 SEBG Rz. 32 ff.
[27] Im Einzelnen dazu *Kleinsorge* in Nagel/Freis/Kleinsorge, Beteiligung der Arbeitnehmer, § 8 SEBG Rz. 26 ff.
[28] Ebenso *Feuerborn* in KölnKomm. AktG, 3. Aufl., § 8 SEBG Rz. 25; *Rudolph* in Annuß/Kühn/Rudolph/Rupp, EBRG, § 8 SEBG Rz. 26.
[29] Ebenso *Feuerborn* in KölnKomm. AktG, 3. Aufl., § 8 SEBG Rz. 27; s. zu § 14 BetrVG *Kreutz/Jacobs* in GK-BetrVG, 10. Aufl. 2014, § 14 Rz. 50; *Reichold* in Henssler/Willemsen/Kalb, ArbR-Komm., § 14 BetrVG Rz. 17 f.

Abs. 7 Satz 6 SEBG auf die Vorgaben in § 8 Abs. 1 Satz 2 bis 5 SEBG (s. dazu oben Rz. 7 ff., 10 f.)[30]. Die Wahlversammlung wird von einem Wahlvorstand geleitet; für dessen Wahl in der Wahlversammlung gilt analog § 17 Abs. 2 BetrVG, dass der Wahlvorstand mit der Mehrheit der anwesenden Arbeitnehmer gewählt wird[31].

Zum **Wahlverfahren** greift § 8 Abs. 7 Satz 3 und 4 SEBG im Grundsatz § 14 Abs. 2 BetrVG auf. **Verhältniswahl** findet statt, wenn mehrere Wahlvorschläge vorliegen; **Mehrheitswahl**, wenn nur ein Wahlvorschlag eingereicht wurde. Dabei ist allerdings die Besonderheit zu berücksichtigen, dass wegen der Sitzgarantien in § 6 Abs. 3 und 4 SEBG sowie § 5 Abs. 2 SEBG stets mehrere Wahlvorschläge vorliegen. Deshalb ist § 8 Abs. 7 Satz 4 SEBG, der eine Mehrheitswahl vorschreibt, dahin auszulegen, dass bei den vorgenannten Sitzgarantien getrennt zu wählen ist und eine Mehrheitswahl bereits dann stattfindet, wenn bezüglich des garantierten Sitzes lediglich ein Wahlvorschlag eingereicht wurde[32]. 26

§ 9
Einberufung des Wahlgremiums

(1) Auf der Grundlage der von den Leitungen erhaltenen Informationen hat der Vorsitzende der Arbeitnehmervertretung auf Konzernebene oder, sofern eine solche nicht besteht, auf Unternehmensebene oder, sofern eine solche nicht besteht, auf Betriebsebene
1. Ort, Tag und Zeit der Versammlung des Wahlgremiums festzulegen;
2. die Anzahl der Mitglieder aus den jeweiligen Arbeitnehmervertretungen nach § 8 Abs. 6 festzulegen;
3. zur Versammlung des Wahlgremiums einzuladen.

(2) Bestehen auf einer Ebene mehrere Arbeitnehmervertretungen, treffen die Verpflichtungen nach Absatz 1 den Vorsitzenden der Arbeitnehmervertretung, die die meisten Arbeitnehmer vertritt.

| I. Allgemeines .... | 1 | III. Maßnahmen zur Einberufung des Wahlgremiums .... | 6 |
| II. Zuständigkeit für die Einberufung des Wahlgremiums .... | 5 | | |

Literatur: S. Vor § 1 SEBG.

I. Allgemeines

Die Vorschrift trifft die nähere Ausgestaltung für den Zusammentritt des nach § 8 SEBG in seiner Zusammensetzung bestimmten Wahlgremiums; sie wird durch die Wahlbestimmung in § 10 SEBG ergänzt. 1

---
30 *Feuerborn* in KölnKomm. AktG, 3. Aufl., § 8 SEBG Rz. 29; *Jacobs* in MünchKomm. AktG, 3. Aufl., § 8 SEBG Rz. 12.
31 Ebenso *Jacobs* in MünchKomm. AktG, 3. Aufl., § 8 SEBG Rz. 14.
32 Zustimmend *Feuerborn* in KölnKomm. AktG, 3. Aufl., § 8 SEBG Rz. 27.

2 In der **SE-RL** findet § 9 SEBG keine Entsprechung; Art. 3 Abs. 2 lit. b Unterabs. 1 Satz 1 SE-RL stellt die Einzelheiten zur Wahl in das Ermessen der Mitgliedstaaten[1]. Gleiches gilt für die **SCE-RL**; der zur Ausführung geschaffene § 9 SCEBG stimmt indes mit § 9 SEBG überein. Für die Mitbestimmung der Arbeitnehmer bei einer **Verschmelzung von Kapitalgesellschaften** aus verschiedenen Mitgliedstaaten gilt Entsprechendes; die einschlägige Vorschrift in **§ 11 MgVG** ist mit § 9 SEBG identisch.

3 Das **EBRG** bedurfte keiner mit § 9 SEBG vergleichbar detaillierten Regelung, enthält allerdings in § 11 Abs. 3 lit. a und c EBRG Vorschriften, nach denen die einladende Arbeitnehmervertretung nach der (größten) Zahl der wahlberechtigten Arbeitnehmer zu bestimmen ist. Dies entspricht einem tradierten Regelungsvorbild, das in den §§ 51 Abs. 2, 59 Abs. 2 BetrVG eine Parallele findet.

4 Das **österreichische Recht** kennt in § 218 ArbVG ebenfalls Regelungen zur Einberufung des Wahlgremiums, sie beschränken sich jedoch auf eine Versammlung der Mitglieder der Zentralbetriebsräte (§ 218 Abs. 2 Satz 3 ArbVG) und sind zudem im Vergleich zu § 9 SEBG weniger detailliert ausgestaltet. Zur Einladung verpflichtet ist ggf. der Vorsitzende des Zentralbetriebsrates des nach der Zahl der wahlberechtigten Arbeitnehmer größten inländischen Unternehmens.

II. Zuständigkeit für die Einberufung des Wahlgremiums

5 Entsprechend der Hierarchie in § 11 EBRG überträgt § 9 Abs. 1 SEBG primär der auf Konzernebene gebildeten Arbeitnehmervertretung (Konzernbetriebsrat) die Aufgabe, das Wahlgremium einzuberufen. Sind an der Gründung der SE mehrere inländische Gesellschaften beteiligt und besteht bei ihnen jeweils ein Konzernbetriebsrat, so bestimmt sich die Zuständigkeit nach der Zahl der vertretenen Arbeitnehmer (§ 9 Abs. 2 SEBG). Entsprechendes gilt, wenn in den beteiligten Gesellschaften ausschließlich Gesamtbetriebsräte bestehen; die Einberufung obliegt stets dem Gesamtbetriebsrat, der die meisten Arbeitnehmer vertritt (§ 9 Abs. 2 SEBG). Dieser Grundsatz gilt auch, wenn Arbeitnehmervertretungen ausschließlich auf Betriebsebene gebildet worden sind, was vor allem im Fall des § 7 Abs. 5 SEBG von Bedeutung ist.

III. Maßnahmen zur Einberufung des Wahlgremiums

6 Die nach Rz. 5 für die Einberufung des Wahlgremiums zuständige Arbeitnehmervertretung trifft nach § 9 Abs. 1 Nr. 1 SEBG zunächst die Pflicht, **Ort, Tag und Zeit** für die Versammlung des Wahlgremiums festzulegen. Dabei entscheidet der Vorsitzende der zuständigen Arbeitnehmervertretung nach pflichtgemäßem **Ermessen**[2], hat hierbei allerdings die Vorgabe des § 11 Abs. 1 Satz 1 SEBG zu beachten[3], wonach die Wahl der Mitglieder für das BVG binnen zehn Wochen nach ordnungsgemäßer Unterrichtung i.S. des § 4 Abs. 2 und 3 SEBG zu erfolgen hat[4]. Obwohl das SEBG dies nicht ausdrücklich anordnet, hat der Vorsitzende der zuständigen Arbeitnehmervertretung bei seiner Ermessensausübung den **Grundsatz vertrauensvoller Zusammenarbeit** zu

---

[1] S. auch *Feuerborn* in KölnKomm. AktG, 3. Aufl., § 9 SEBG Rz. 1.
[2] Zustimmend *Feuerborn* in KölnKomm. AktG, 3. Aufl., § 9 SEBG Rz. 5; *Rudolph* in Annuß/Kühn/Rudolph/Rupp, EBRG, § 9 SEBG Rz. 3.
[3] S. auch *Feuerborn* in KölnKomm. AktG, 3. Aufl., § 9 SEBG Rz. 6; *Kleinsorge* in Nagel/Freis/Kleinsorge, Beteiligung der Arbeitnehmer, § 9 SEBG Rz. 6.
[4] Ebenso *Kleinsorge* in Nagel/Freis/Kleinsorge, Beteiligung der Arbeitnehmer, § 9 SEBG Rz. 6.

beachten[5]; die §§ 13 Abs. 1 Satz 2, 40 SEBG verkörpern einen allgemeinen Grundsatz, der auch für die Ausübung der durch § 9 begründeten Befugnisse gilt[6] und gebietet, die Reisekosten sowie die infolge der Versammlung des Wahlgremiums ausfallende Arbeitszeit möglichst gering zu halten[7]. Ferner hat die zuständige Arbeitnehmervertretung die Anzahl der Mitglieder für das Wahlgremium festzulegen, sofern sie die **Höchstgrenze von 40 Mitgliedern** (s. dazu § 8 SEBG Rz. 23) überschreiten würde (§ 9 Abs. 1 Nr. 2 SEBG).

Schließlich ist die **Einladung** zu der Versammlung des Wahlgremiums auszusprechen (§ 9 Abs. 1 Nr. 3 SEBG). Über **Form** und **Inhalt der Einladung** enthält § 9 SEBG keine näheren Vorgaben. Die zuständige Arbeitnehmervertretung hat diese deshalb so vorzunehmen, dass die Mitglieder des Wahlgremiums zuverlässig von der Versammlung Kenntnis erlangen können. Hierfür ist die Schriftform zweckmäßig, aber keineswegs zwingend[8]; die gewählte Form sollte jedoch den Nachweis einer ordnungsgemäßen Einladung gestatten. Ferner ist der Zeitraum zwischen Zugang der Einladung und Versammlung so zu bemessen, dass sich die Mitglieder aus den Arbeitnehmervertretungen hierauf einrichten und an der Versammlung teilnehmen können[9].

7

§ 10
Wahl der Mitglieder des besonderen Verhandlungsgremiums

(1) Bei der Wahl müssen mindestens zwei Drittel der Mitglieder des Wahlgremiums, die mindestens zwei Drittel der Arbeitnehmer vertreten, anwesend sein. Die Mitglieder des Wahlgremiums haben jeweils so viele Stimmen, wie sie Arbeitnehmer vertreten. Die Wahl erfolgt mit einfacher Mehrheit der abgegebenen Stimmen.

(2) Im Wahlgremium vertreten die Arbeitnehmervertretungen und die in Urwahl gewählten Mitglieder jeweils alle Arbeitnehmer der organisatorischen Einheit, für die sie nach § 8 Abs. 2 bis 5 zuständig sind. Nicht nach Satz 1 vertretene Arbeitnehmer werden den Arbeitnehmervertretungen innerhalb der jeweiligen Unternehmensgruppe zu gleichen Teilen zugerechnet.

(3) Sind für eine Arbeitnehmervertretung mehrere Mitglieder im Wahlgremium vertreten, werden die entsprechend der von ihnen vertretenen Arbeitnehmer bestehenden Stimmenanteile gleichmäßig aufgeteilt. Dies gilt auch für die nach § 8 Abs. 5 Satz 3 gewählten Mitglieder des Wahlgremiums.

---

5 Ebenso *Evers* in Manz/Mayer/Schröder, § 9 SEBG Rz. 3; *Feuerborn* in KölnKomm. AktG, 3. Aufl., § 9 SEBG Rz. 5; *Kleinsorge* in Nagel/Freis/Kleinsorge, Beteiligung der Arbeitnehmer, § 9 SEBG Rz. 7.
6 Treffend im Anschluss *Feuerborn* in KölnKomm. AktG, 3. Aufl., § 9 SEBG Rz. 5; in dieser Richtung auch *Evers* in Manz/Mayer/Schröder, § 9 SEBG Rz. 3.
7 *Evers* in Manz/Mayer/Schröder, § 9 SEBG Rz. 3; *Feuerborn* in KölnKomm. AktG, 3. Aufl., § 9 SEBG Rz. 5, 6; *Kleinsorge* in Nagel/Freis/Kleinsorge, Beteiligung der Arbeitnehmer, § 9 SEBG Rz. 7; *Rudolph* in Annuß/Kühn/Rudolph/Rupp, EBRG, § 9 SEBG Rz. 3.
8 Ebenso *Evers* in Manz/Mayer/Schröder, § 9 SEBG Rz. 4; *Feuerborn* in KölnKomm. AktG, 3. Aufl., § 9 SEBG Rz. 8; *Henssler* in Ulmer/Habersack/Henssler, Mitbestimmungsrecht, §§ 8–10 SEBG Rz. 12; *Hohenstatt/Müller-Bonanni* in Habersack/Drinhausen, § 9 SEBG Rz. 1; *Rudolph* in Annuß/Kühn/Rudolph/Rupp, EBRG, § 9 SEBG Rz. 5; a.A. *Jacobs* in MünchKomm. AktG, 3. Aufl., § 9 SEBG Rz. 2: muss.
9 Zustimmend *Feuerborn* in KölnKomm. AktG, 3. Aufl., § 9 SEBG Rz. 8; *Rudolph* in Annuß/Kühn/Rudolph/Rupp, EBRG, § 9 SEBG Rz. 5.

I. Allgemeines 1	III. Beschlussfassung des Wahl-
II. Beschlussfähigkeit des Wahl-	gremiums 5
gremiums 4	

Literatur: S. Vor § 1 SEBG.

I. Allgemeines

1 Während § 8 Abs. 1 Satz 1 SEBG für die von dem Wahlgremium vorzunehmenden Wahlgänge die allgemeinen Wahlgrundsätze festlegt (s. § 8 SEBG Rz. 5), regelt § 10 SEBG die **Einzelheiten zur Beschlussfassung** im Wahlgremium, insbesondere die Zahl der Stimmen sowie deren Verteilung auf die Mitglieder[1]. Die weiteren und durch die §§ 8 bis 10 SEBG nicht normativ vorstrukturierten Einzelheiten des Wahlvorganges legt das Wahlgremium ggf. durch Mehrheitsbeschluss autonom fest (s. unten Rz. 11).

2 Die **SE-RL** sowie die **SCE-RL** treffen für die Wahlhandlungen der in den Mitgliedstaaten gebildeten Wahlgremien keine Vorgaben[2]; **§ 10 SCEBG** stimmt mit § 10 SEBG wörtlich überein; Entsprechendes gilt bezüglich der Mitbestimmung der Arbeitnehmer bei einer **Verschmelzung von Kapitalgesellschaften** aus verschiedenen Mitgliedstaaten **(s. § 12 MgVG)**.

3 Die Regelung in **Österreich** (§ 217 Abs. 3 ArbVG) verzichtet auf eine Bestimmung zur Beschlussfähigkeit, stellt für die jeweils notwendige Mehrheit jedoch – wie § 10 SEBG – auf die Zahl der von den Mitgliedern des Wahlgremiums jeweils vertretenen Arbeitnehmer ab.

II. Beschlussfähigkeit des Wahlgremiums

4 Für die Beschlussfähigkeit legt § 10 Abs. 1 Satz 1 SEBG das Erfordernis eines doppelten Zwei-Drittel-Quorums fest; bei der Beschlussfassung müssen **zwei Drittel der Mitglieder anwesend** sein, die zudem **zwei Drittel der Arbeitnehmer vertreten**. Eine Teilnahme an der Beschlussfassung ist – im Unterschied zu § 33 Abs. 2 BetrVG – nicht erforderlich[3]. Hinsichtlich der Zahl der vertretenen Arbeitnehmer sind die nach § 4 Abs. 3 SEBG erteilten Informationen maßgebend[4]. Liegen die Voraussetzungen für die Beschlussfähigkeit des Wahlgremiums nicht vor, so ist eine gleichwohl durchgeführte Wahl anfechtbar (s. unten Rz. 12)[5].

III. Beschlussfassung des Wahlgremiums

5 Über die Zahl der Stimmen stellt § 10 SEBG die **Repräsentativität der Beschlussfassung** her und korrigiert Verzerrungen, die aus der Verteilung der Mitglieder des Wahlgremiums auf die Mitgliedstaaten resultieren[6].

---

1 Mit übereinstimmendem Wortlaut § 10 SCEBG.
2 S. auch *Feuerborn* in KölnKomm. AktG, 3. Aufl., § 10 SEBG Rz. 1.
3 Wie hier im Anschluss auch *Evers* in Manz/Mayer/Schröder, § 10 SEBG Rz. 2.
4 So auch *Feuerborn* in KölnKomm. AktG, 3. Aufl., § 10 SEBG Rz. 3; *Jacobs* in MünchKomm. AktG, 3. Aufl., § 10 SEBG Rz. 2; *Rudolph* in Annuß/Kühn/Rudolph/Rupp, EBRG, § 10 SEBG Rz. 2.
5 Ebenso *Hohenstatt/Müller-Bonanni* in Habersack/Drinhausen, § 10 SEBG Rz. 2 sowie *Jacobs* in MünchKomm. AktG, 3. Aufl., § 10 SEBG Rz. 2: Wahl ist unwirksam.
6 S. auch *Feuerborn* in KölnKomm. AktG, 3. Aufl., § 10 SEBG Rz. 7.

Dabei bemisst sich die **Zahl der Stimmen**, die einem Mitglied des Wahlgremiums zustehen, nach der Zahl der vertretenen Arbeitnehmer (§ 10 Abs. 1 Satz 2 SEBG), was § 47 Abs. 7 BetrVG für Abstimmungen im Gesamtbetriebsrat ähnelt. Deshalb vertreten die Arbeitnehmervertretungen sowie die in Urwahl gewählten Mitglieder des BVG alle in der organisatorischen Einheit beschäftigten Arbeitnehmer, für die sie nach § 8 Abs. 2 bis 5 SEBG zuständig sind (§ 10 Abs. 2 Satz 1 SEBG). Maßgebend für die Zahl der Arbeitnehmer sind die Angaben in der nach § 4 Abs. 3 SEBG zu erteilenden Information[7].

Für den Fall, dass dem Wahlgremium für eine Arbeitnehmervertretung **mehrere Mitglieder** angehören, verpflichtet das SEBG nicht zu einer einheitlichen Stimmabgabe[8]. Analog dem regelungstechnischen Vorbild in § 47 Abs. 7 Satz 2 BetrVG sieht § 10 Abs. 3 Satz 1 SEBG eine **gleichmäßige Aufteilung der Stimmen** auf die Mitglieder der Arbeitnehmervertretungen in dem Wahlgremium vor. Offen lässt das SEBG allerdings das Stimmengewicht verschiedener Arbeitnehmervertretungen innerhalt des Wahlgremiums. Relevant ist dies insbesondere, wenn das Wahlgremium nach § 8 Abs. 2 SEBG aus den Mitgliedern des Konzernbetriebsrats besteht, da diese jeweils die Arbeitnehmer der von den entsendenden Gesamtbetriebsräten vertretenen Arbeitnehmer repräsentieren. Die im SEBG verbliebene Regelungslücke ist durch einen Rückgriff auf § 55 Abs. 3 BetrVG in Verbindung mit § 47 Abs. 7 bis 9 BetrVG zu schließen[9].

Aufgabe des Wahlgremiums ist ausschließlich die Beschlussfassung über die Mitglieder, die dem BVG aus Deutschland angehören sollen. Dabei erfolgt die Wahl – ohne dass dies das SEBG näher ausgestaltet – aufgrund von **Wahlvorschlägen**, über die das Wahlgremium abstimmt. Wegen der fehlenden gesetzlichen Vorgaben steht das **Wahlvorschlagsrecht** grundsätzlich jedem Mitglied des Wahlgremiums zu (s. auch § 8 SEBG Rz. 6)[10]. Lediglich für die den Vertretern der Gewerkschaften (§ 6 Abs. 3 SEBG) bzw. den leitenden Angestellten (§ 6 Abs. 4 SEBG) vorbehaltenen Sitze steht das Wahlvorschlagsrecht ausschließlich den Gewerkschaften (§ 8 Abs. 1 Satz 2 und 3 SEBG) bzw. dem Sprecherausschuss (§ 8 Abs. 1 Satz 5 und 6 SEBG) zu; insoweit fehlt den Mitgliedern des Wahlgremiums ein Wahlvorschlagsrecht (s. näher § 8 SEBG Rz. 7 f., 9 f.). Zur **Wählbarkeit** s. § 6 SEBG Rz. 8 ff.

Für den Wahlvorschlag ist weder eine bestimmte **Form** zu wahren, noch bedarf dieser einer bestimmten Zahl von **Unterstützungsunterschriften** (s. § 8 SEBG Rz. 6)[11]. Abweichendes gilt nach § 8 Abs. 1 Satz 4 SEBG für den **Wahlvorschlag einer Gewerkschaft**; dieser muss von einem hierzu bevollmächtigten Vertreter der Gewerkschaft

---

7 Ebenso ausdrücklich § 217 Abs. 4 Satz 3 ArbVG i.V.m. § 215 Abs. 3 Nr. 3 ArbVG.
8 *Evers* in Manz/Mayer/Schröder, § 10 SEBG Rz. 5; *Feuerborn* in KölnKomm. AktG, 3. Aufl., § 10 SEBG Rz. 5; *Henssler* in Ulmer/Habersack/Henssler, Mitbestimmungsrecht, §§ 8–10 SEBG Rz. 18; *Hohenstatt/Müller-Bonanni* in Habersack/Drinhausen, § 10 SEBG Rz. 2, 4; *Jacobs* in MünchKomm. AktG, 3. Aufl., § 10 SEBG Rz. 2; *Kleinsorge* in Nagel/Freis/Kleinsorge, Beteiligung der Arbeitnehmer, § 10 SEBG Rz. 8; *Maack*, Rechtsschutz, S. 122; *Rudolph* in Annuß/Kühn/Rudolph/Rupp, EBRG, § 10 SEBG Rz. 5.
9 Ebenso ArbG Mannheim v. 17.1.2014 – 7 BV 10/13, nicht veröffentlicht; sowie *Jacobs* in MünchKomm. AktG, 3. Aufl., § 10 SEBG Rz. 3; *Hohenstatt/Müller-Bonanni* in Habersack/Drinhausen, § 10 SEBG Rz. 4.
10 *Evers* in Manz/Mayer/Schröder, § 10 SEBG Rz. 3; *Kleinsorge* in Nagel/Freis/Kleinsorge, Beteiligung der Arbeitnehmer, § 10 SEBG Rz. 6; *Rudolph* in Annuß/Kühn/Rudolph/Rupp, EBRG, § 11 SEBG Rz. 6.
11 Zustimmend *Evers* in Manz/Mayer/Schröder, § 10 SEBG Rz. 3; *Rudolph* in Annuß/Kühn/Rudolph/Rupp, EBRG, § 10 SEBG Rz. 6.

unterzeichnet sein (dazu § 8 SEBG Rz. 9), was denknotwendig Schriftlichkeit voraussetzt[12].

10 Bei seiner **Entscheidung** ist das Wahlgremium nicht frei, sondern hat die gesetzlichen Vorgaben zu beachten, die das SEBG nicht nur in § 6 Abs. 3 und 4 SEBG aufstellt; es darf sich auch nicht über die Vorgaben in § 7 Abs. 2 bis 5 SEBG hinwegsetzen. Das gilt insbesondere für § 7 Abs. 3 und 4 SEBG, während § 7 Abs. 2 SEBG als „Soll-Vorschrift" formuliert ist und Raum für Abweichungen lässt.

11 Für die **Wahl** legt § 8 Abs. 1 Satz 1 SEBG den allgemeinen Grundsatz fest (geheim und unmittelbar; s. dazu § 8 SEBG Rz. 5), überlässt die weitere Ausgestaltung des Wahlganges jedoch dem Wahlgremium[13], das über derartige prozedurale Fragen gegebenenfalls mit einfacher Mehrheit zu beschließen hat[14]. Das gilt auch für das anzuwendende **Wahlsystem** (Verhältnis- oder Mehrheitswahl)[15]. Die Vorgabe in § 8 Abs. 7 Satz 3 und 4 SEBG, die eine Verhältniswahl bei mehreren Wahlvorschlägen zwingend vorgibt, ist auf den Sonderfall einer Urwahl zugeschnitten und nicht für die Wahlen durch das Wahlgremium verallgemeinerungsfähig. Deshalb kann das Wahlgremium eine Mehrheitswahl auch dann beschließen, wenn mehrere Wahlvorschläge (z.B. für den Gewerkschaftsvertreter) vorliegen. Zur Zahl der dem einzelnen Mitglied des Wahlgremiums zustehenden Stimmen s. oben Rz. 6.

12 Wie § 11 EBRG sieht § 10 SEBG von näheren Vorschriften zu Geltendmachung von **Wahlfehlern** ab. Überwiegend wird dafür plädiert, diese Lücke durch eine entsprechende Anwendung von **§ 37 Abs. 2 SEBG** zu schließen[16]; vereinzelt wird indes auch eine Analogie zu **§ 19 BetrVG**[17] oder zu **§ 21 MitbestG und § 10k Montan-MitbestErgG**[18] befürwortet. Zu den zur Anfechtbarkeit führenden Verstößen gegen **wesentliche Wahlvorschriften** zählen u.a.[19]:

– Beschlussfassung des Wahlgremiums trotz fehlender Beschlussfähigkeit;
– Nichterreichen des Mehrheitsquorums bei der Beschlussfassung;
– Wahl ohne gültigen Wahlvorschlag;
– fehlende Wahlberechtigung, insbesondere im Hinblick auf § 6 Abs. 3 und 4 SEBG;
– Nichtbeachtung der Vorgaben in § 7 Abs. 3 und 4 SEBG.

---

12 Zustimmend *Rudolph* in Annuß/Kühn/Rudolph/Rupp, EBRG, § 10 SEBG Rz. 6.
13 Ebenso *Feuerborn* in KölnKomm. AktG, 3. Aufl., § 10 SEBG Rz. 6.
14 Für dieses Mehrheitserfordernis auch *Feuerborn* in KölnKomm. AktG, 3. Aufl., § 10 SEBG Rz. 6.
15 Ebenso ArbG Mannheim v. 17.1.2014 – 7 BV 10/13, nicht veröffentlicht.
16 So ArbG Mannheim v. 17.1.2014 – 7 BV 10/13, nicht veröffentlicht; *Evers* in Manz/Mayer/Schröder, § 10 SEBG Rz. 6; *Feuerborn* in KölnKomm. AktG, 3. Aufl., § 10 SEBG Rz. 12; *Grobys*, NZA 2005, 84, 87; *Henssler* in Ulmer/Habersack/Henssler, Mitbestimmungsrecht, §§ 8–10 SEBG Rz. 21; *Hohenstatt/Dzida* in Henssler/Willemsen/Kalb, ArbR-Komm., SEBG Rz. 24; *Hohenstatt/Müller-Bonanni* in Habersack/Drinhausen, § 10 SEBG Rz. 5; *Jacobs* in MünchKomm. AktG, 3. Aufl., § 10 SEBG Rz. 6; *Prinz* in Hümmerich/Boecken/Düwell, NK-ArbR, 2. Aufl. 2010, § 7 SEBG Rz. 7; *Rudolph* in Annuß/Kühn/Rudolph/Rupp, EBRG, § 8 SEBG Rz. 29; *Wißmann* in FS Richardi, 2007, S. 841, 846 f.; wohl auch *Kienast* in Jannott/Frodermann, Handbuch Europäische Aktiengesellschaft, Kap. 13 Rz. 224; a.A. *Maack*, Rechtsschutz, S. 281 ff.
17 Hierfür *Engels*, ArbuR 2009, 10, 22; *Kleinsorge* in Nagel/Freis/Kleinsorge, Beteiligung der Arbeitnehmer, § 8 SEBG Rz. 58, § 10 SEBG Rz. 9; *Köklü* in Van Hulle/Maul/Drinhausen, Kap. 6 Rz. 131.
18 So *Maack*, Rechtsschutz, S. 285.
19 S. auch *Maack*, Rechtsschutz, S. 307 ff.

Die zutreffende normative Anknüpfung für eine Anfechtung der seitens des Wahlgremiums gefassten Beschlüsse ist zwar wegen der übereinstimmenden tatbestandlichen Voraussetzungen ohne Bedeutung, im Hinblick auf die spezielle Ausformung des Kreises der **Anfechtungsberechtigten** in § 37 Abs. 2 Satz 2 SEBG sowie § 37 Abs. 1 Satz 2 SEBG ist aber eine Analogie zu § 37 Abs. 2 SEBG vorzugswürdig. Bedeutsam ist dies vor allem auch für die **Anfechtungsfrist**, die § 37 Abs. 2 Satz 3 SEBG abweichend von § 19 Abs. 2 Satz 1 BetrVG (zwei Wochen) auf **einen Monat** festlegt. Nach Fristablauf ist die Verletzung von Wahlvorschriften nur noch unter den strengen Voraussetzungen einer nichtigen Wahl relevant (s. dazu unten Rz. 15). Die entsprechende Anwendung des § 37 Abs. 2 SEBG reicht jedoch **nicht** soweit, dass die Anfechtung mittels einer **Klage** geltend gemacht werden muss, da diese Form des Rechtsschutzes untrennbar mit dem von der Hauptversammlung gefassten Bestellungsbeschluss verbunden ist. Vielmehr ist nach § 2a Abs. 1 Nr. 3d ArbGG der Rechtsweg zu den **Arbeitsgerichten** eröffnet, die über die Anfechtung im **Beschlussverfahren** entscheiden (§§ 2a Abs. 2, 80 ff. ArbGG)[20].

13

Bei einer **erfolgreichen Anfechtung** verliert das in das BVG gewählte Mitglied ex nunc seine **Amtsstellung**; die Wirksamkeit der bis zur Rechtskraft einer erfolgreichen Wahlanfechtung gefassten **Beschlüsse des BVG** bleibt deshalb unberührt[21].

14

Neben der Anfechtbarkeit kommt analog den zu § 19 BetrVG anerkannten Grundsätzen[22] die **Nichtigkeit einer Wahl** in Betracht, wenn ein grober und offensichtlicher Verstoß gegen wesentliche Wahlvorschriften vorliegt (s. auch § 37 SEBG Rz. 16)[23]. Das ist z.B. der Fall, wenn im Wahlgremium über den Wahlvorschlag in offener Abstimmung entschieden worden ist[24].

15

---

20 ArbG Mannheim v. 17.1.2014 – 7 BV 10/13, nicht veröffentlicht; *Wißmann* in FS Richardi, 2007, S. 841, 847 sowie *Kienast* in Jannott/Frodermann, Handbuch Europäische Aktiengesellschaft, Kap. 13 Rz. 116; ebenso im Ergebnis *Feuerborn* in KölnKomm. AktG, 3. Aufl., § 10 SEBG Rz. 12.

21 *Henssler* in Ulmer/Habersack/Henssler, Mitbestimmungsrecht, §§ 8–10 SEBG Rz. 22; *Jacobs* in MünchKomm. AktG, 3. Aufl., § 10 SEBG Rz. 6; *Kienast* in Jannott/Frodermann, Handbuch Europäische Aktiengesellschaft, Kap. 13 Rz. 224; a.A. *Wißmann* in FS Richardi, 2007, S. 841, 848, im Hinblick auf die Amtsstellung; ebenfalls a.A. *Maack*, Rechtsschutz, S. 291 ff., wenn die Unternehmensleitung für die Fehlerhaftigkeit verantwortlich ist.

22 Dazu statt aller *Kreutz* in GK-BetrVG, 10. Aufl. 2014, § 19 Rz. 131 ff.; *Reichold* in Henssler/Willemsen/Kalb, ArbR-Komm., § 19 BetrVG Rz. 23 ff.

23 *Evers* in Manz/Mayer/Schröder, § 10 SEBG Rz. 9; *Feuerborn* in KölnKomm. AktG, 3. Aufl., § 10 SEBG Rz. 13; *Henssler* in Ulmer/Habersack/Henssler, Mitbestimmungsrecht, §§ 8–10 SEBG Rz. 22; *Hohenstatt/Dzida* in Henssler/Willemsen/Kalb, ArbR-Komm., SEBG Rz. 24; *Hohenstatt/Müller-Bonanni* in Habersack/Drinhausen, § 10 SEBG Rz. 5; *Jacobs* in MünchKomm. AktG, 3. Aufl., § 10 SEBG Rz. 7; *Kienast* in Jannott/Frodermann, Handbuch Europäische Aktiengesellschaft, Kap. 13 Rz. 223; *Maack*, Rechtsschutz, S. 328 f.; *Rudolph* in Annuß/Kühn/Rudolph/Rupp, EBRG, § 8 SEBG Rz. 29; *Wißmann* in FS Richardi, 2007, S. 841, 848.

24 So auch *Feuerborn* in KölnKomm. AktG, 3. Aufl., § 10 SEBG Rz. 13.

Kapitel 3. Verhandlungsverfahren

§ 11
Information über die Mitglieder des besonderen Verhandlungsgremiums

(1) Die Wahl oder Bestellung der Mitglieder des besonderen Verhandlungsgremiums soll innerhalb von zehn Wochen nach der in § 4 Abs. 2 und 3 vorgeschriebenen Information erfolgen. Den Leitungen sind unverzüglich die Namen der Mitglieder des besonderen Verhandlungsgremiums, ihre Anschriften sowie die jeweilige Betriebszugehörigkeit mitzuteilen. Die Leitungen haben die örtlichen Betriebs- und Unternehmensleitungen, die dort bestehenden Arbeitnehmervertretungen und Sprecherausschüsse sowie die in inländischen Betrieben vertretenen Gewerkschaften über diese Angaben zu informieren.

(2) Das Verhandlungsverfahren nach den §§ 12 bis 17 findet auch dann statt, wenn die in Absatz 1 Satz 1 genannte Frist aus Gründen, die die Arbeitnehmer zu vertreten haben, überschritten wird. Nach Ablauf der Frist gewählte oder bestellte Mitglieder können sich jederzeit an dem Verhandlungsverfahren beteiligen.

I. Allgemeines	1	III. Unterrichtungspflicht der Wahlgremien (§ 11 Abs. 1 Satz 2 SEBG)	10
II. Frist zur Wahl oder Bestellung der Mitglieder des BVG (§ 11 Abs. 1 Satz 1, Abs. 2 SEBG)	5	IV. Unterrichtungspflicht der Leitungen (§ 11 Abs. 1 Satz 3 SEBG)	13

Literatur: S. Vor § 1 SEBG.

I. Allgemeines

1 Die Vorschrift richtet sich vor allem an die in den Mitgliedstaaten errichteten Wahlgremien und verpflichtet sie, die auf den jeweiligen Mitgliedstaat entfallenden Mitglieder des BVG innerhalb einer Regelfrist von zehn Wochen zu bestellen bzw. zu wählen (§ 11 Abs. 1 Satz 1 SEBG) sowie die Leitungen von dem Ergebnis zu unterrichten (§ 11 Abs. 1 Satz 2 SEBG), damit diese wiederum ihre Informationspflichten aus § 11 Abs. 1 Satz 3 SEBG erfüllen können. Mit § 11 Abs. 2 SEBG stellt das Gesetz die Einleitung des Verhandlungsverfahrens auch für den Fall sicher, in dem alle oder einzelne Mitglieder des BVG nicht innerhalb der Frist des § 11 Abs. 1 Satz 1 SEBG bestellt bzw. gewählt worden sind und dies auf Gründen beruht, die von den Arbeitnehmern zu vertreten sind.

2 In der **SE-RL** findet § 11 SEBG keine Entsprechung[1]; auch die **SCE-RL** kennt keine vergleichbare Bestimmung. Das zur Umsetzung der SCE-RL geschaffene **SCEBG** enthält mit § 11 jedoch eine mit § 11 SEBG identische Vorschrift; entsprechendes gilt für die Mitbestimmung der Arbeitnehmer bei einer **Verschmelzung von Kapitalgesellschaften** aus verschiedenen Mitgliedstaaten (s. § 13 MgVG).

---

1 S. statt aller auch *Feuerborn* in KölnKomm. AktG, 3. Aufl., § 11 SEBG Rz. 1.

Die Pflicht zur Unterrichtung der Leitungen (§ 11 Abs. 1 Satz 2 SEBG) sowie deren 3 anschließende Pflicht, insbesondere die Arbeitnehmervertretungen zu unterrichten (§ 11 Abs. 1 Satz 3 SEBG), entspricht nahezu wörtlich **§ 12 EBRG**; die Regelungen in § 11 Abs. 1 Satz 1 sowie Abs. 2 SEBG finden hingegen im EBRG keine Parallele.

Im Gegensatz zum SEBG, das mit der Zehn-Wochen-Frist in § 11 Abs. 1 Satz 1 SEBG 4 einen möglichst zügigen Abschluss des Verhandlungsverfahrens fördert, verzichtet das **österreichische Recht** auf ein vergleichbares Instrument. Wie § 11 Abs. 1 Satz 2 SEBG verpflichtet § 218 Abs. 4 ArbVG jedoch zur unverzüglichen Mitteilung der benannten Mitglieder des BVG an die Leitungen der Gesellschaften, die an der Gründung der SE beteiligt sind, ohne aber – im Unterschied zu § 11 Abs. 1 Satz 3 SEBG – zugleich korrespondierende Informationspflichten der Leitungen vorzusehen.

II. Frist zur Wahl oder Bestellung der Mitglieder des BVG (§ 11 Abs. 1 Satz 1, Abs. 2 SEBG)

Um den Abschluss des Verhandlungsverfahrens und damit die Eintragung der SE in 5 das Handelsregister (Art. 12 Abs. 2 SE-VO) möglichst zu beschleunigen, versieht das SEBG die Bildung des BVG und die hierfür erforderliche Wahl bzw. Bestellung der Mitglieder mit einer zeitlichen Vorgabe[2]. Diese ist insbesondere für den Zeitpunkt maßgebend, ab dem die Leitungen der beteiligten Gesellschaften zur konstituierenden Sitzung des BVG einladen können.

Die Zehn-Wochen-Frist **beginnt** mit Erteilung der in § 4 Abs. 2 und 3 SEBG auf- 6 gezählten Informationen (s. dazu § 4 SEBG Rz. 17 ff.)[3]; maßgebend ist insoweit der Zugang, der nach den Rechtsvorschriften des Mitgliedstaates zu beurteilen ist, in dem sich der Adressat der Information befindet. Da die Informationen den Arbeitnehmervertretungen sowie den Sprecherausschüssen die Bildung des Wahlgremiums ermöglichen sollen, setzt der Lauf der Zehn-Wochen-Frist voraus, dass **alle** in § 4 Abs. 2 Satz 1 SEBG genannten **Adressaten** (dazu § 4 SEBG Rz. 19 ff.) die Informationen vollständig erhalten haben[4]. Im Hinblick auf den **Umfang** der mitzuteilenden Tatsachen leitet die Unterrichtung kein Beteiligungsverfahren bezüglich des Gründungsvorhabens ein, sondern zielt funktional auf die Bildung des BVG ab (s. § 4 SEBG Rz. 17). Deshalb steht die **Unvollständigkeit der Informationen** dem Beginn der Zehn-Wochen-Frist nicht entgegen, solange die übermittelten Informationen so detailliert sind, dass sie den Arbeitnehmervertretungen in den Mitgliedstaaten die Bildung der Wahlgremien ermöglichen können (s. auch § 4 SEBG Rz. 34)[5]. Für die **Berechnung der Frist** sind die §§ 187, 188, 193 BGB heranzuziehen.

---

2 Begr. RegE, BT-Drucks. 15/3405, S. 48 sowie *Feuerborn* in KölnKomm. AktG, 3. Aufl., § 11 SEBG Rz. 3; *Freis* in Nagel/Freis/Kleinsorge, Beteiligung der Arbeitnehmer, § 11 SEBG Rz. 2, 7; *Hohenstatt/Müller-Bonanni* in Habersack/Drinhausen, § 11 SEBG Rz. 2. Kritisch zur Bemessung der Frist *Jacobs* in MünchKomm. AktG, 3. Aufl., § 11 SEBG Rz. 3; dagegen jedoch *Freis* in Nagel/Freis/Kleinsorge, Beteiligung der Arbeitnehmer, § 11 SEBG Rz. 3.
3 *Evers* in Manz/Mayer/Schröder, § 11 SEBG Rz. 2; *Freis* in Nagel/Freis/Kleinsorge, Beteiligung der Arbeitnehmer, § 11 SEBG Rz. 4; *Jacobs* in MünchKomm. AktG, 3. Aufl., § 11 SEBG Rz. 3.
4 Ebenso Begr. RegE, BT-Drucks. 15/3405, S. 48; *Freis* in Nagel/Freis/Kleinsorge, Beteiligung der Arbeitnehmer, § 11 SEBG Rz. 4; *Jacobs* in MünchKomm. AktG, 3. Aufl., § 11 SEBG Rz. 3; *Rudolph* in Annuß/Kühn/Rudolph/Rupp, EBRG, § 11 SEBG Rz. 5.
5 Ebenso im Ansatz für eine Erheblichkeitsschwelle plädierend *Seibt/Reinhard*, Der Konzern 2005, 407, 417; weitergehend *Evers* in Manz/Mayer/Schröder, § 11 SEBG Rz. 2; *Feuerborn* in KölnKomm. AktG, 3. Aufl., § 11 SEBG Rz. 4; *Freis* in Nagel/Freis/Kleinsorge, Beteiligung der Arbeitnehmer, § 11 SEBG Rz. 4, die für den Fristbeginn stets eine i.S. des § 4 Abs. 2 und 3 SEBG

7 Die Zehn-Wochen-Frist gestaltet § 11 Abs. 1 Satz 1 SEBG als „**Soll-Vorschrift**" aus[6]. Eine **nach Fristablauf** erfolgte Wahl oder Bestellung ist deshalb ohne Einschränkungen rechtswirksam[7]; eine weitergehende Bedeutung hat der Soll-Charakter der Bestimmung nicht; insbesondere legitimiert er keine Verlängerung des Zeitraums, in dem die Mitglieder des BVG zu wählen bzw. zu bestellen sind.

8 Die Leitungen können die Einladungen zur konstituierenden Sitzung nicht stets unmittelbar nach Ablauf der Frist aussprechen. Hierzu berechtigt sie **§ 11 Abs. 2 Satz 1 SEBG** nur, wenn die **Überschreitung der Frist** auf Gründen beruht, die von der „Arbeitnehmerseite" zu vertreten sind. In Betracht kommt dies vor allem, wenn sich bei einem Wahlgremium die Wahl bzw. Bestellung des Mitgliedes verzögert, ohne dass dies von den Leitungen der beteiligten Gesellschaften zu verantworten ist[8], was ggf. von ihnen zu beweisen ist[9]. In den nicht von § 11 Abs. 2 Satz 1 SEBG erfassten Fällen, also insbesondere, wenn Verzögerungen bei der Bestellung bzw. Wahl sämtlicher oder einzelner Mitglieder des BVG auf unterbliebener oder unvollständiger Erfüllung der Informationspflichten seitens der Leitungen beruhen, ist mit der Einladung zur konstituierenden Sitzung so lange zu warten, bis alle Mitglieder des BVG gewählt bzw. bestellt worden sind[10].

9 Sofern die Leitungen nach § 11 Abs. 2 Satz 1 SEBG berechtigt sind, das Verhandlungsverfahren unverzüglich nach Ablauf der Zehn-Wochen-Frist einzuleiten, schließt dies die **Wahl bzw. Bestellung fehlender Mitglieder** nicht aus (s. oben Rz. 7). Nach Erlangung der Mitgliedschaft im BVG können diese an den Sitzungen des Gremiums bzw. dem Verhandlungsverfahren ohne Einschränkungen teilnehmen (§ 11 Abs. 2 Satz 2 SEBG)[11]. Bezüglich der **Dauer des Verhandlungsverfahrens** bleibt es jedoch auch in dieser Konstellation bei den zeitlichen Vorgaben in § 20 SEBG sowie dem in der Einladung festgelegten Termin der konstituierenden Sitzung[12]; die nachträgliche Wahl bzw. Bestellung eines oder mehrerer Mitglieder bewirkt **keine Verlängerung** der Verhandlungsfrist[13]. Zu den Auswirkungen auf die **Beschlussfassung** im BVG s. § 15 SEBG Rz. 7.

---

vollständige Unterrichtung fordern; in diesem Sinne wohl auch *Hohenstatt/Müller-Bonanni* in Habersack/Drinhausen, § 11 SEBG Rz. 2.

6 Ebenso *Evers* in Manz/Mayer/Schröder, § 11 SEBG Rz. 3; *Hohenstatt/Müller-Bonanni* in Habersack/Drinhausen, § 11 SEBG Rz. 3.

7 *Evers* in Manz/Mayer/Schröder, § 11 SEBG Rz. 3; *Hohenstatt/Müller-Bonanni* in Habersack/Drinhausen, § 11 SEBG Rz. 3; *Jacobs* in MünchKomm. AktG, 3. Aufl., § 11 SEBG Rz. 4.

8 In der Praxis dürfte ein entsprechender Nachweis nur schwer zu führen sein; vgl. *Grobys*, NZA 2005, 84, 86; *Jacobs* in MünchKomm. AktG, 3. Aufl., § 11 SEBG Rz. 4.

9 Mit dieser Verteilung der Beweislast auch *Feuerborn* in KölnKomm. AktG, 3. Aufl., § 11 SEBG Rz. 5; *Rudolph* in Annuß/Kühn/Rudolph/Rupp, EBRG, § 11 SEBG Rz. 10; *Seibt/Reinhard*, Der Konzern 2005, 407, 417.

10 Ebenso Begr. RegE, BT-Drucks. 15/3405, S. 48; im Ergebnis auch *Evers* in Manz/Mayer/Schröder, § 11 SEBG Rz. 3; *Feuerborn* in KölnKomm. AktG, 3. Aufl., § 11 SEBG Rz. 6; *Freis* in Nagel/Freis/Kleinsorge, Beteiligung der Arbeitnehmer, § 11 SEBG Rz. 8; *Hohenstatt/Müller-Bonanni* in Habersack/Drinhausen, § 11 SEBG Rz. 3; *Jacobs* in MünchKomm. AktG, 3. Aufl., § 11 SEBG Rz. 4; *Kienast* in Jannott/Frodermann, Handbuch Europäische Aktiengesellschaft, Kap. 13 Rz. 202; *Rudolph* in Annuß/Kühn/Rudolph/Rupp, EBRG, § 11 SEBG Rz. 5; *Wisskirchen/Prinz*, DB 2004, 2638, 2639; im Ergebnis ebenso *von der Heyde*, Beteiligung, S. 191: Kein Beginn des Verhandlungsverfahrens.

11 *Evers* in Manz/Mayer/Schröder, § 11 SEBG Rz. 4; *Feuerborn* in KölnKomm. AktG, 3. Aufl., § 11 SEBG Rz. 7; *Güntzel*, Richtlinie, S. 393; *Jacobs* in MünchKomm. AktG, 3. Aufl., § 11 SEBG Rz. 5; *Köklü* in Van Hulle/Maul/Drinhausen, Kap. 6 Rz. 39; *Rudolph* in Annuß/Kühn/Rudolph/Rupp, EBRG, § 11 SEBG Rz. 4.

12 *Evers* in Manz/Mayer/Schröder, § 11 SEBG Rz. 4; *Wisskirchen/Prinz*, DB 2004, 2638, 2639.

13 Ebenso Begr. RegE, BT-Drucks. 15/3405, S. 48; *Evers* in Manz/Mayer/Schröder, § 11 SEBG Rz. 4; *Feuerborn* in KölnKomm. AktG, 3. Aufl., § 11 SEBG Rz. 4; *Freis* in Nagel/Freis/Klein-

III. Unterrichtungspflicht der Wahlgremien (§ 11 Abs. 1 Satz 2 SEBG)

Die an die Wahlgremien gerichtete Pflicht, den Leitungen die gewählten bzw. bestellten Mitglieder des BVG mitzuteilen[14], soll es ihnen ermöglichen, die konstituierende Sitzung des Gremiums herbeizuführen[15]. Mit Hilfe der Angaben in § 11 Abs. 1 Satz 2 SEBG, die denen in § 12 Satz 1 EBRG entsprechen, können die Leitungen insbesondere den Mitgliedern des BVG die Einladung zu der konstituierenden Sitzung zustellen. Die Mitteilungspflicht ist von dem Vorsitzenden der Arbeitnehmervertretung zu erfüllen, der gemäß § 9 Abs. 1 SEBG das Wahlgremium einberuft[16], sofern dieses nicht eine abweichende Verfahrensweise beschließt.

10

Den **Adressaten** der Mitteilung umschreibt das Gesetz mit dem Begriff „Leitungen" äußerst vage. Erforderlich ist jedenfalls eine Mitteilung an diejenigen Leitungen, die nach § 4 Abs. 1 Satz 1 SEBG zur Bildung des BVG aufgefordert haben. Zur **Form der Mitteilung** enthält das Gesetz keine Vorgaben[17], insbesondere muss diese nicht schriftlich erfolgen. Sofern in den Mitgliedstaaten die Pflicht besteht, **Ersatzmitglieder** zu bestellen (so z.B. § 6 Abs. 2 Satz 2 SEBG), erstreckt sich die Unterrichtungspflicht auch auf diese[18]. Bezüglich der **Unverzüglichkeit** ist die Legaldefinition in § 121 BGB maßgebend[19].

11

Unterbleibt die in § 11 Abs. 1 Satz 2 SEBG vorgeschriebene **Mitteilung**, so steht dies weder der wirksamen Wahl bzw. Bestellung des Mitgliedes entgegen[20] noch hängt hiervon die Wirksamkeit der Einladung zur konstituierenden Sitzung des BVG ab. Es genügt, wenn die Leitungen auf andere Weise von den gewählten bzw. bestellten Mit-

12

---

sorge, Beteiligung der Arbeitnehmer, § 11 SEBG Rz. 7; *von der Heyde*, Beteiligung, S. 191; *Jacobs* in MünchKomm. AktG, 3. Aufl., § 11 SEBG Rz. 4; *Kienast* in Jannott/Frodermann, Handbuch Europäische Aktiengesellschaft, Kap. 13 Rz. 201; *Rudolph* in Annuß/Kühn/Rudolph/Rupp, EBRG, § 11 SEBG Rz. 4; kritisch zu der hierdurch indirekt bewirkten Bevorzugung der Auffangregelung *Kallmeyer*, ZIP 2004, 1442, 1443.

14 So hinsichtlich des Adressaten der Unterrichtungspflicht auch *Jacobs* in MünchKomm. AktG, 3. Aufl., § 11 SEBG Rz. 2; *Rudolph* in Annuß/Kühn/Rudolph/Rupp, EBRG, § 11 SEBG Rz. 7.

15 *Evers* in Manz/Mayer/Schröder, § 11 SEBG Rz. 6; *Feuerborn* in KölnKomm. AktG, 3. Aufl., § 11 SEBG Rz. 10; *Freis* in Nagel/Freis/Kleinsorge, Beteiligung der Arbeitnehmer, § 11 SEBG Rz. 5; in diesem Sinne auch *Gahleitner* in Kalss/Hügel, § 218 ArbVG Rz. 3.

16 So *Evers* in Manz/Mayer/Schröder, § 11 SEBG Rz. 6; *Feuerborn* in KölnKomm. AktG, 3. Aufl., § 11 SEBG Rz. 11; *Henssler* in Ulmer/Habersack/Henssler, Mitbestimmungsrecht, §§ 11, 12 SEBG Rz. 2; *von der Heyde*, Beteiligung, S. 190; *Hohenstatt/Müller-Bonanni* in Habersack/Drinhausen, § 11 SEBG Rz. 4; *Jacobs* in MünchKomm. AktG, 3. Aufl., § 11 SEBG Rz. 2; *Köklü* in Van Hulle/Maul/Drinhausen, Kap. 6 Rz. 138.

17 *Feuerborn* in KölnKomm. AktG, 3. Aufl., § 11 SEBG Rz. 12; *Freis* in Nagel/Freis/Kleinsorge, Beteiligung der Arbeitnehmer, § 11 SEBG Rz. 5; *Hohenstatt/Müller-Bonanni* in Habersack/Drinhausen, § 11 SEBG Rz. 4; *Rudolph* in Annuß/Kühn/Rudolph/Rupp, EBRG, § 11 SEBG Rz. 7.

18 *Feuerborn* in KölnKomm. AktG, 3. Aufl., § 11 SEBG Rz. 10; *Freis* in Nagel/Freis/Kleinsorge, Beteiligung der Arbeitnehmer, § 11 SEBG Rz. 5; *Henssler* in Ulmer/Habersack/Henssler, Mitbestimmungsrecht, §§ 11, 12 SEBG Rz. 2; *Hohenstatt/Müller-Bonanni* in Habersack/Drinhausen, § 11 SEBG Rz. 2; *Jacobs* in MünchKomm. AktG, 3. Aufl., § 11 SEBG Rz. 2; *Rudolph* in Annuß/Kühn/Rudolph/Rupp, EBRG, § 11 SEBG Rz. 7.

19 *Evers* in Manz/Mayer/Schröder, § 11 SEBG Rz. 6; *Feuerborn* in KölnKomm. AktG, 3. Aufl., § 11 SEBG Rz. 11; *Henssler* in Ulmer/Habersack/Henssler, Mitbestimmungsrecht, §§ 11, 12 SEBG Rz. 2; *Hohenstatt/Müller-Bonanni* in Habersack/Drinhausen, § 11 SEBG Rz. 4; *Jacobs* in MünchKomm. AktG, 3. Aufl., § 11 SEBG Rz. 2.

20 Ebenso im Anschluss *Feuerborn* in KölnKomm. AktG, 3. Aufl., § 11 SEBG Rz. 10; *Rudolph* in Annuß/Kühn/Rudolph/Rupp, EBRG, § 11 SEBG Rz. 7.

gliedern des BVG Kenntnis erlangen[21] und ihnen gegenüber die Einladung aussprechen. Ungeachtet dessen korrespondiert mit der Unterrichtungspflicht ein **Unterrichtungsanspruch** der Leitungen[22], um diese in die Lage zu versetzen, die Einladung zu der konstituierenden Sitzung (§ 12 Abs. 1 Satz 1 SEBG) auszusprechen.

IV. Unterrichtungspflicht der Leitungen (§ 11 Abs. 1 Satz 3 SEBG)

13 Auf der Grundlage der Mitteilungen durch die gebildeten Wahlgremien verpflichtet § 11 Abs. 1 Satz 3 SEBG die Leitungen, die Informationen an die örtlichen **Betriebs- und Unternehmensleitungen** sowie die weiteren im Gesetz genannten Einrichtungen zu übermitteln[23]. Zu diesen zählen auch die **Gewerkschaften**, wobei § 11 Abs. 1 Satz 3 SEBG – wie § 12 Satz 2 EBRG – die Informationspflicht auf diejenigen Gewerkschaften beschränkt, die in den inländischen Betrieben vertreten sind (s. dazu § 6 SEBG Rz. 16). Da § 11 Abs. 1 Satz 3 SEBG die Unterrichtungspflicht pauschal auf die „Betriebs- und Unternehmensleitungen" bezieht bzw. ein Vertretensein in den „Betrieben" fordert, sind auch die Leitungen von betroffenen Tochtergesellschaften bzw. betroffenen Betrieben zu unterrichten bzw. es genügt, wenn die Gewerkschaft – entsprechend den Grundsätzen zu § 6 Abs. 3 SEBG (s. § 6 SEBG Rz. 16) – in dem Betrieb einer betroffenen Tochtergesellschaft bzw. einem betroffenen Betrieb vertreten ist, sofern sich dieser im Inland befindet. Wie bei § 11 Abs. 1 Satz 2 SEBG (s. oben Rz. 12) korrespondiert mit der Pflicht zur Unterrichtung nach § 11 Abs. 1 Satz 3 SEBG ein **Unterrichtungsanspruch**[24].

14 Der **Umfang der Information** deckt sich mit der Mitteilung nach § 11 Abs. 1 Satz 2 SEBG und setzt denknotwendig voraus, dass die Wahlgremien in den Mitgliedstaaten ihrer Pflicht zur Mitteilung gesetzeskonform entsprochen haben. Eine bestimmte **Form** schreibt § 11 Abs. 1 Satz 3 SEBG hierfür nicht vor[25], zweckmäßigerweise wird die Mitteilung jedoch schriftlich erfolgen.

§ 12
Sitzungen; Geschäftsordnung

(1) Die Leitungen laden unverzüglich nach Benennung der Mitglieder oder im Fall des § 11 nach Ablauf der in § 11 Abs. 1 Satz 1 genannten Frist zur konstituierenden Sitzung des besonderen Verhandlungsgremiums ein und informieren die örtlichen Betriebs- und Unternehmensleitungen. Das besondere Verhandlungsgremium wählt

---

21 Ebenso *Freis* in Nagel/Freis/Kleinsorge, Beteiligung der Arbeitnehmer, § 11 SEBG Rz. 5; *Maack*, Rechtsschutz, S. 128.
22 *Feuerborn* in KölnKomm. AktG, 3. Aufl., § 11 SEBG Rz. 10; *Hohenstatt/Müller-Bonanni* in Habersack/Drinhausen, § 11 SEBG Rz. 4; *Jacobs* in MünchKomm. AktG, 3. Aufl., § 11 SEBG Rz. 2.
23 Kritisch dazu *Evers* in Manz/Mayer/Schröder, § 11 SEBG Rz. 7; *Henssler* in Ulmer/Habersack/Henssler, Mitbestimmungsrecht, §§ 11, 12 SEBG Rz. 3: nicht nachvollziehbar; s. demgegenüber aber *Feuerborn* in KölnKomm. AktG, 3. Aufl., § 11 SEBG Rz. 13.
24 Für diesen auch *Jacobs* in MünchKomm. AktG, 3. Aufl., § 11 SEBG Rz. 2.
25 Ebenso *Feuerborn* in KölnKomm. AktG, 3. Aufl., § 11 SEBG Rz. 13; *Freis* in Nagel/Freis/Kleinsorge, Beteiligung der Arbeitnehmer, § 11 SEBG Rz. 6; *Rudolph* in Annuß/Kühn/Rudolph/Rupp, EBRG, § 11 SEBG Rz. 8.

aus seiner Mitte einen Vorsitzenden und mindestens zwei Stellvertreter. Es kann sich eine schriftliche Geschäftsordnung geben.

(2) Der Vorsitzende kann weitere Sitzungen einberufen.

I. Allgemeines 1	3. Gegenstände der konstituierenden Sitzung (§ 12 Abs. 1 Satz 2 SEBG) . . . 14
II. Konstituierende Sitzung der BVG (§ 12 Abs. 1 Satz 1 SEBG)	4. Teilnahmeberechtigung 19
1. Einladung durch die Leitungen 4	III. Weitere Sitzungen des BVG (§ 12 Abs. 2 SEBG) 20
2. Unterrichtung der Betriebs- und Unternehmensleitungen von der Einladung 13	IV. Geschäftsordnung des BVG (§ 12 Abs. 1 Satz 3 SEBG) 24

Literatur: S. Vor § 1 SEBG.

I. Allgemeines

Die Vorschrift enthält Bestimmungen zu den Sitzungen des BVG sowie zu seiner Geschäftsordnung. Von detaillierten Regelungen zur Geschäftsführung hat der Gesetzgeber wegen der zeitlich begrenzten Aufgabe des Gremiums bewusst abgesehen[1]. Vorgaben der **SE-RL** sind bei der Auslegung der Vorschrift nicht zu berücksichtigen. Auch die **SCE-RL** enthält keine Bestimmungen, **§ 12 SCEBG** stimmt mit § 12 SEBG wörtlich überein. Für die Mitbestimmung der Arbeitnehmer bei einer **Verschmelzung von Kapitalgesellschaften** aus verschiedenen Mitgliedstaaten gilt Entsprechendes; die Parallelnorm im **MgVG (§ 14)** ist mit § 12 SEBG identisch.

§ 12 SEBG entspricht in seinem Kern **§ 13 Abs. 1 EBRG**, weicht von diesem jedoch in zwei Punkten ab: Erstens verpflichtet § 12 Abs. 1 Satz 2 SEBG ausdrücklich zur Bestellung von mindestens zwei Stellvertretern für den Vorsitzenden, demgegenüber ordnet § 13 Abs. 1 Satz 3 EBRG lediglich die Wahl eines Vorsitzenden an[2]. Zweitens gestaltet das SEBG das Recht zur Einberufung weiterer Sitzungen abweichend aus. Während § 12 Abs. 2 SEBG den Vorsitzenden des BVG hierzu ohne Nennung weiterer Voraussetzungen berechtigt, beschränkt § 13 Abs. 2 EBRG ihn auf eine Sitzung vor und nach jeder Verhandlung mit der zentralen Leitung (§ 13 Abs. 2 Halbsatz 1 EBRG) und bindet zudem Zeitpunkt, Häufigkeit und Ort der Sitzungen an ein Einvernehmen mit der zentralen Leitung (§ 13 Abs. 2 Halbsatz 2 EBRG i.V. mit § 8 Abs. 3 Satz 2 EBRG). Hierauf verzichtet § 12 Abs. 2 SEBG.

In **Österreich** ist der mit § 12 Abs. 1 Satz 1 SEBG vergleichbare § 219 ArbVG hinsichtlich der Einladung zur konstituierenden Sitzung weitgehend identisch, bezüglich der Wahl von Stellvertretern (§ 219 Abs. 2 Satz 1 ArbVG) hingegen offener als § 12 Abs. 1 Satz 2 SEBG („einen oder mehrere Stellvertreter"). Über das deutsche

---

[1] Begr. RegE, BT-Drucks. 15/3405, S. 48; s. auch *Feuerborn* in KölnKomm. AktG, 3. Aufl., § 12 SEBG Rz. 1.
[2] Die Wahl von Stellvertretern wird jedoch im Rahmen von § 13 Abs. 1 Satz 2 EBRG jedenfalls aufgrund entsprechender Regelung in der Geschäftsordnung für zulässig erachtet. So *Blanke*, 2. Aufl. 2006, § 13 EBRG Rz. 7; *Giesen* in Henssler/Willemsen/Kalb, ArbR-Komm., EBRG Rz. 49; *Joost* in MünchHdb. ArbR, 3. Aufl. 2009, § 274 Rz. 70; *Klebe* in Däubler/Kittner/Klebe/Wedde, BetrVG, 14. Aufl. 2014, § 13 EBRG Rz. 3; *C. Müller*, 1997, § 13 EBRG Rz. 2; *Oetker* in GK-BetrVG, 10. Aufl. 2014, § 13 EBRG Rz. 6; *Rudolph* in Annuß/Kühn/Rudolph/Rupp, EBRG, § 13 EBRG Rz. 22.

Recht hinausgehend verpflichtet § 219 Abs. 3 ArbVG das BVG, die Ergebnisse der konstituierenden Sitzung den Leitungen der beteiligten Gesellschaften mitzuteilen. Abweichend von § 12 Abs. 1 Satz 3 SEBG schreibt § 219 Abs. 2 Satz 2 ArbVG ferner die Aufstellung einer Geschäftsordnung zwingend vor[3]. Bezüglich weiterer Sitzungen des BVG weicht § 220 Abs. 1 ArbVG von § 12 Abs. 2 SEBG ab und beschränkt das Gremium auf eine vorbereitende Verhandlung vor jeder Sitzung mit den Leitungen der beteiligten Gesellschaften, verzichtet jedoch auf ein Einvernehmen mit diesen. Über die deutsche Rechtslage hinausgehend trifft **§ 222 ArbVG** Bestimmungen zur **Tätigkeitsdauer** des BVG (s. dazu § 4 SEBG Rz. 8) sowie im Hinblick auf **Beginn und Ende der Mitgliedschaft** (§ 223 ArbVG).

II. Konstituierende Sitzung der BVG (§ 12 Abs. 1 Satz 1 SEBG)

1. Einladung durch die Leitungen

4 Die Einladung zur konstituierenden Sitzung obliegt den Leitungen[4], die nach der Legaldefinition in § 2 Abs. 5 SEBG zu bestimmen sind. Das Gesetz verwendet zwar den Plural, steht aber einer Einladung seitens einer federführend agierenden beteiligten Gesellschaft nicht entgegen[5].

5 **Ort** und **Zeitpunkt der konstituierenden Sitzung** gibt das SEBG den Leitungen nicht vor. Die Offenheit des Gesetzes legt ein von den Leitungen pflichtgemäß auszuübendes Ermessen nahe[6]; von den Mitgliedern des BVG geäußerte Wünsche dürfen die Leitungen gleichwohl nicht grundlos ignorieren[7]. Ein Einvernehmen mit ihnen ist jedoch nicht erforderlich[8]; ebenso entfaltet der Grundsatz der vertrauensvollen Zusammenarbeit in § 13 Abs. 1 Satz 2 SEBG wegen der fehlenden Konstituierung des BVG noch keine Anwendung[9], ist aber gleichwohl als allgemeiner und auch in § 40 SEBG zum Ausdruck gelangter Rechtsgedanke zu beachten[10].

6 Für den **Zeitpunkt der Einladung** geht § 12 Abs. 1 Satz 1 SEBG als Regelfall von der **vollständigen Benennung der Mitglieder** des BVG aus, die nach § 11 Abs. 1 Satz 2 SEBG den Wahlgremien in den Mitgliedstaaten obliegt (s. dazu § 11 SEBG Rz. 10 ff.). Sind alle Mitglieder des BVG benannt, hat die Einladung zur konstituierenden Sitzung unverzüglich zu erfolgen und zwar unabhängig von der Zehn-Wochen-Frist (§ 11 Abs. 1 Satz 1 SEBG), ggf. also auch vor deren Ablauf. An einer zügigen Ein-

---

3 *Gahleitner* in Kalss/Hügel, § 219 ArbVG Rz. 3; s. auch unten Rz. 23.
4 Treffend auch *Feuerborn* in KölnKomm. AktG, 3. Aufl., § 12 SEBG Rz. 3, 7. Entsprechend § 13 Abs. 1 Satz 1 EBRG: zentrale Leitung.
5 Ebenso *Maack*, Rechtsschutz, S. 129; *Rudolph* in Annuß/Kühn/Rudolph/Rupp, EBRG, § 12 SEBG Rz. 3; in diesem Sinne auch *Evers* in Manz/Mayer/Schröder, § 12 SEBG Rz. 2.
6 So auch *Feuerborn* in KölnKomm. AktG, 3. Aufl., § 12 SEBG Rz. 8; *Henssler* in Ulmer/Habersack/Henssler, Mitbestimmungsrecht, §§ 11, 12 SEBG Rz. 7; *Rudolph* in Annuß/Kühn/Rudolph/Rupp, EBRG, § 12 SEBG Rz. 7; weiter *Evers* in Manz/Mayer/Schröder, § 12 SEBG Rz. 4: freies Ermessen; im Ergebnis auch *Hohenstatt/Dzida* in Henssler/Willemsen/Kalb, ArbR-Komm., SEBG Rz. 25. Bezüglich des Ortes der konstituierenden Sitzung im Rahmen des § 13 Abs. 1 Satz 1 EBRG ebenfalls für ein Bestimmungsrecht der zentralen Leitung *Joost* in MünchHdb. ArbR, 3. Aufl. 2009, § 274 Rz. 69.
7 Wie hier auch *Feuerborn* in KölnKomm. AktG, 3. Aufl., § 12 SEBG Rz. 8; ähnlich *Henssler* in Ulmer/Habersack/Henssler, Mitbestimmungsrecht, §§ 11, 12 SEBG Rz. 7.
8 Treffend auch *Feuerborn* in KölnKomm. AktG, 3. Aufl., § 12 SEBG Rz. 8.
9 So aber ohne nähere Begründung *Feuerborn* in KölnKomm. AktG, 3. Aufl., § 12 SEBG Rz. 8.
10 Im Ergebnis ebenso *Feuerborn* in KölnKomm. AktG, 3. Aufl., § 12 SEBG Rz. 8; *Freis* in Nagel/Freis/Kleinsorge, Beteiligung der Arbeitnehmer, § 12 SEBG Rz. 5; *Rudolph* in Annuß/Kühn/Rudolph/Rupp, EBRG, § 12 SEBG Rz. 7 sowie zu § 13 EBRG *Blanke*, 2. Aufl. 2006, § 13 EBRG Rz. 2; *Giesen* in Henssler/Willemsen/Kalb, ArbR-Komm., EBRG Rz. 38.

ladung sind die Leitungen jedoch schon deshalb interessiert, weil § 20 Abs. 1 Satz 2 SEBG den in der Einladung angegebenen Tag der konstituierenden Sitzung als den für den Beginn der Verhandlungen maßgebenden Zeitpunkt festlegt (s. dazu § 20 SEBG Rz. 6) und ihr zügiger Abschluss wegen Art. 12 Abs. 2 SE-VO im Eigeninteresse der beteiligten Gesellschaften liegt.

Unverzüglich nach **Ablauf der Zehn-Wochen-Frist** erfolgt die Einladung zur konstituierenden Sitzung im **Fall des § 11 SEBG**. Hiermit meint das Gesetz, dass einzelne oder alle Mitglieder **nicht innerhalb der Frist des § 11 Abs. 1 Satz 1 SEBG** bestellt worden sind. Das Recht zur Einladung steht den Leitungen in dieser Konstellation jedoch nicht vor Fristablauf zu. Zudem hängt das Recht zur unverzüglichen Einladung nach Ablauf der Zehn-Wochen-Frist davon ab, dass die Säumnis von der **„Arbeitnehmerseite"** zu vertreten ist. Beruhte die Überschreitung der Frist nicht auf deren Verschulden, so darf die Einladung erst nach der vollständigen Benennung der Mitglieder des BVG ausgesprochen werden[11]. Hat die Arbeitnehmerseite die Überschreitung der Frist hingegen zu vertreten, so sind die bereits vorhandenen Mitglieder unverzüglich nach Fristablauf einzuladen[12]; zur Beteiligung der anschließend gewählten oder bestellten Mitglieder s. § 11 Abs. 2 Satz 2 SEBG (dazu § 11 SEBG Rz. 9). Vor Ablauf der Frist oder vollständiger Benennung (verfrüht) ausgesprochene Einladungen sind unbeachtlich[13], lösen insbesondere nicht den Beginn der Verhandlungsfrist i.S. des § 20 SEBG aus und sind auch nicht in der Lage, für die Mitglieder des BVG eine Pflicht zur Teilnahme an der Sitzung zu begründen.

Die **Unverzüglichkeit der Einladung** beurteilt sich – entsprechend der Legaldefinition in § 121 BGB[14] – danach, ob die Leitungen die Einladung schuldhaft verzögern. Eine verspätete Einladung zur konstituierenden Sitzung bleibt jedoch ohne Rechtsnachteile[15]; insbesondere setzt auch sie die Verhandlungsfrist des § 20 SEBG in Lauf[16]; maßgebend bleibt für diese jedoch stets der in der Einladung angegebene (verspätete) Tag der konstituierenden Sitzung[17].

Für die **Form der Einladung** enthält § 12 Abs. 1 SEBG keine Vorgaben[18]. Schriftform i.S. des § 126 BGB ist nicht erforderlich; Textform (§ 126b BGB) genügt ebenso wie eine mündliche Erklärung für eine ordnungsgemäße Einladung. Um den Beginn der Verhandlungen u.U. im Eintragungsverfahren gegenüber dem Registergericht doku-

---

11 Begr. RegE, BT-Drucks. 15/3405, S. 48; *Freis* in Nagel/Freis/Kleinsorge, Beteiligung der Arbeitnehmer, § 12 SEBG Rz. 4; *Henssler* in Ulmer/Habersack/Henssler, Mitbestimmungsrecht, §§ 11, 12 SEBG Rz. 5; *Schwarz*, SE-VO, Einleitung Rz. 251.
12 So auch *Rudolph* in Annuß/Kühn/Rudolph/Rupp, EBRG, § 12 SEBG Rz. 4.
13 Ebenso *Feuerborn* in KölnKomm. AktG, 3. Aufl., § 12 SEBG Rz. 5; *Hohenstatt/Müller-Bonanni* in Habersack/Drinhausen, § 12 SEBG Rz. 2; *Jacobs* in MünchKomm. AktG, 3. Aufl., § 12 SEBG Rz. 2; *Rudolph* in Annuß/Kühn/Rudolph/Rupp, EBRG, § 12 SEBG Rz. 5.
14 *Feuerborn* in KölnKomm. AktG, 3. Aufl., § 12 SEBG Rz. 6; *Jacobs* in MünchKomm. AktG, 3. Aufl., § 12 SEBG Rz. 2; *Rudolph* in Annuß/Kühn/Rudolph/Rupp, EBRG, § 12 SEBG Rz. 4; im Ergebnis auch *Freis* in Nagel/Freis/Kleinsorge, Beteiligung der Arbeitnehmer, § 12 SEBG Rz. 3.
15 Zustimmend *Rudolph* in Annuß/Kühn/Rudolph/Rupp, EBRG, § 12 SEBG Rz. 6; ebenso zu § 29 Abs. 1 Satz 1 BetrVG *Raab* in GK-BetrVG, 10. Aufl. 2014, § 29 BetrVG Rz. 12.
16 Treffend *Feuerborn* in KölnKomm. AktG, 3. Aufl., § 12 SEBG Rz. 6; *Hohenstatt/Müller-Bonanni* in Habersack/Drinhausen, § 12 SEBG Rz. 2; *Rudolph* in Annuß/Kühn/Rudolph/Rupp, EBRG, § 12 SEBG Rz. 6.
17 So auch *Feuerborn* in KölnKomm. AktG, 3. Aufl., § 12 SEBG Rz. 6; *Hohenstatt/Müller-Bonanni* in Habersack/Drinhausen, § 12 SEBG Rz. 2.
18 *Feuerborn* in KölnKomm. AktG, 3. Aufl., § 12 SEBG Rz. 4; *Freis* in Nagel/Freis/Kleinsorge, Beteiligung der Arbeitnehmer, § 12 SEBG Rz. 3; *Henssler* in Ulmer/Habersack/Henssler, Mitbestimmungsrecht, §§ 11, 12 SEBG Rz. 7; *Rudolph* in Annuß/Kühn/Rudolph/Rupp, EBRG, § 12 SEBG Rz. 8.

mentieren zu können (vgl. Art. 12 Abs. 2 SE-VO), empfiehlt sich aber eine Form, die die Einladung der Mitglieder, insbesondere den vorgesehenen Tag für die konstituierende Sitzung, nach außen erkennbar macht[19]. Entsprechendes gilt für den **Zugang der Einladung** bei dem Adressaten (s. unten Rz. 11)[20]. Für die Durchführung der Sitzung ist dies jedoch keine Wirksamkeitsvoraussetzung. Für die **Sprache der Einladung** enthält das Gesetz ebenfalls keine Vorgaben; mangels abweichender Übungen in den beteiligten Gesellschaften sollte die Einladung in der Landessprache des einzuladenden Mitgliedes abgefasst werden (s. auch § 4 SEBG Rz. 11, 27)[21].

10 Eine **Frist** zwischen dem Tag der Einladung und dem Sitzungstag legt das SEBG nicht fest; die Zeitspanne ist jedoch so zu bemessen, dass sich die Mitglieder des BVG auf die Sitzung vorbereiten und an dieser unter Wahrung eines ausreichenden Dispositionsspielraumes teilnehmen können[22]. Der Zeitraum von einer Woche sollte nicht unterschritten werden[23], da der Zeitpunkt, ab dem die Leitungen zur Einladung berechtigt sind, für die gewählten Mitglieder des BVG nicht erkennbar ist. Eine Frist von einer Woche (§ 29 Abs. 1 Satz 1 BetrVG) scheidet deshalb jedenfalls im Sinne einer Maximalfrist als Orientierung aus.

11 **Adressaten** für die Einladung zu der konstituierenden Sitzung sind die den Leitungen von den Wahlgremien benannten **Mitglieder des BVG** (s. auch § 11 SEBG Rz. 10); bei deren Verhinderung an der Teilnahme, die den Leitungen rechtzeitig anzuzeigen ist, ist das entsprechende **Ersatzmitglied** zu laden (§ 6 Abs. 2 Satz 3 SEBG)[24].

12 **Unterbleibt die Einladung** zu der konstituierenden Sitzung vollständig oder erfolgt diese nicht ordnungsgemäß, so beginnt die Verhandlungsfrist des § 20 SEBG nicht zu laufen. Wegen der mit Fristablauf eintretenden Rechtsfolgen (s. § 20 SEBG Rz. 12 f.) ist die Frage, ob die Mitglieder des BVG aufgrund eigener Initiative die konstituierende Sitzung einberufen können[25], regelmäßig theoretischer Natur.

2. Unterrichtung der Betriebs- und Unternehmensleitungen von der Einladung

13 Wie § 13 Abs. 1 Satz 1 EBRG verpflichtet § 12 Abs. 1 Satz 1 SEBG die Leitungen, die örtlichen Betriebs- und Unternehmensleitungen über die Einladung zur konstituierenden Sitzung zu unterrichten. Aufgrund der systematischen Stellung der Vorschrift bezieht sich diese Verpflichtung auf die Einladung zu der konstituierenden Sitzung und soll den Mitgliedern des BVG die Freistellung zur Teilnahme an der konstituie-

---

19 *Feuerborn* in KölnKomm. AktG, 3. Aufl., § 12 SEBG Rz. 4; *Henssler* in Ulmer/Habersack/Henssler, Mitbestimmungsrecht, §§ 11, 12 SEBG Rz. 7; ähnlich *Freis* in Nagel/Freis/Kleinsorge, Beteiligung der Arbeitnehmer, § 12 SEBG Rz. 2; *Hohenstatt/Müller-Bonanni* in Habersack/Drinhausen, § 12 SEBG Rz. 2; *Jacobs* in MünchKomm. AktG, 3. Aufl., § 12 SEBG Rz. 2; *Rudolph* in Annuß/Kühn/Rudolph/Rupp, EBRG, § 12 SEBG Rz. 8, die eine schriftliche Einladung empfehlen.
20 *Feuerborn* in KölnKomm. AktG, 3. Aufl., § 12 SEBG Rz. 4; *Hohenstatt/Müller-Bonanni* in Habersack/Drinhausen, § 12 SEBG Rz. 2; *Jacobs* in MünchKomm. AktG, 3. Aufl., § 12 SEBG Rz. 2.
21 So auch *Grobys*, NZA 2005, 84, 87; zustimmend *Rudolph* in Annuß/Kühn/Rudolph/Rupp, EBRG, § 12 SEBG Rz. 8.
22 Ebenso im Anschluss *Rudolph* in Annuß/Kühn/Rudolph/Rupp, EBRG, § 12 SEBG Rz. 7. Weitergehend zu § 13 EBRG *Blanke*, 2. Aufl. 2006, § 13 EBRG Rz. 2, der eine Abstimmung mit den Mitgliedern des BVG für erforderlich hält.
23 S. auch zu § 13 EBRG *Oetker* in GK-BetrVG, 10. Aufl. 2014, § 13 EBRG Rz. 3.
24 Ebenso *Rudolph* in Annuß/Kühn/Rudolph/Rupp, EBRG, § 12 SEBG Rz. 3.
25 Ablehnend hierzu *Rudolph* in Annuß/Kühn/Rudolph/Rupp, EBRG, § 12 SEBG Rz. 6. Zu dieser Frage im Rahmen von § 13 Abs. 1 Satz 1 EBRG s. (bejahend) *Joost* in MünchHdb. ArbR, 3. Aufl. 2009, § 274 Rz. 69; *Oetker* in GK-BetrVG, 10. Aufl. 2014, § 13 EBRG Rz. 4, m.w.N.

renden Sitzung sichern[26]. Wegen dieses Zwecks besteht die Unterrichtungspflicht nicht gegenüber allen Betriebs- und Unternehmensleitungen, sondern nur im Hinblick auf diejenigen, die nach § 42 Satz 2 Nr. 2 SEBG i.V. mit § 37 Abs. 2 BetrVG verpflichtet sind, ein Mitglied des BVG von der Pflicht zur Arbeitsleistung freizustellen (s. auch § 42 SEBG Rz. 16). Für die **Form der Information** verzichtet § 12 Abs. 1 Satz 1 SEBG auf Vorgaben; eine mündliche Unterrichtung der örtlichen Betriebs- und Unternehmensleitungen reicht ggf. aus[27]. Eine **Verletzung der Informationspflicht** bleibt sanktionslos[28], berührt insbesondere nicht das Recht zur Sitzungsteilnahme sowie die Pflicht, das jeweilige Mitglied des BVG für die Teilnahme an der konstituierenden Sitzung und der Anreise hierzu freizustellen.

3. Gegenstände der konstituierenden Sitzung (§ 12 Abs. 1 Satz 2 SEBG)

Die konstituierende Sitzung soll die **Handlungsfähigkeit des BVG** herstellen, indem auf dieser ein Vorsitzender gewählt wird, der das Gremium im Rahmen der gefassten Beschlüsse insbesondere in den Verhandlungen über den Abschluss einer Beteiligungsvereinbarung gegenüber den Leitungen vertritt (s. auch unten Rz. 16). Zur Wahl des Vorsitzenden ist das BVG gesetzlich verpflichtet, ohne dass das Gesetz ausdrücklich Sanktionen für den Fall einer Pflichtverletzung festlegt[29]. Der Lauf der Verhandlungsfrist (§ 20 SEBG) wird von der unterbliebenen Wahl eines Vorsitzenden nicht berührt, da für deren Beginn der Tag der Einladung und nicht die Konstituierung des BVG maßgebend ist (s. auch § 20 SEBG Rz. 6). 14

Zum **Vorsitzenden** kann das BVG nur eine Person wählen, die diesem als **Mitglied** angehört[30]; Ersatzmitglieder zählen nicht hierzu[31], selbst wenn diese wegen der vorübergehenden Verhinderung eines Mitgliedes an der konstituierenden Sitzung teilnehmen. Die Wahl erfordert einen **Beschluss** des BVG, für den **§ 15 Abs. 2 SEBG** gilt (s. § 15 SEBG Rz. 11 ff.)[32]. Es genügt deshalb nicht die absolute Mehrheit der Mitglieder, sondern zugleich müssen die „Ja-Stimmen" die Mehrheit der von den abgegebenen Stimmen vertretenen Arbeitnehmer repräsentieren; die Zahl der anwesenden Mitglieder ist für die Erfüllung des Mehrheitserfordernisses unerheblich (zur Beschlussfähigkeit des BVG s. § 15 SEBG Rz. 8 ff.). Weitere **Wählbarkeitsvoraussetzungen** stellt das SEBG nicht auf, insbesondere muss der Vorsitzende nicht aus der beteiligten Gesellschaft oder dem Mitgliedstaat mit der höchsten Arbeitnehmerzahl stammen. Ent- 15

---

26 S. auch *Feuerborn* in KölnKomm. AktG, 3. Aufl., § 12 SEBG Rz. 9; *Freis* in Nagel/Freis/Kleinsorge, Beteiligung der Arbeitnehmer, § 12 SEBG Rz. 8; *Jacobs* in MünchKomm. AktG, 3. Aufl., § 12 SEBG Rz. 3.
27 Zustimmung *Rudolph* in Annuß/Kühn/Rudolph/Rupp, EBRG, § 12 SEBG Rz. 9.
28 So auch *Rudolph* in Annuß/Kühn/Rudolph/Rupp, EBRG, § 12 SEBG Rz. 9.
29 *Feuerborn* in KölnKomm. AktG, 3. Aufl., § 12 SEBG Rz. 10; *Freis* in Nagel/Freis/Kleinsorge, Beteiligung der Arbeitnehmer, § 12 SEBG Rz. 10.
30 *Feuerborn* in KölnKomm. AktG, 3. Aufl., § 12 SEBG Rz. 10; *Henssler* in Ulmer/Habersack/Henssler, Mitbestimmungsrecht, §§ 11, 12 SEBG Rz. 8; *Hohenstatt/Müller-Bonanni* in Habersack/Drinhausen, § 12 SEBG Rz. 3; *Jacobs* in MünchKomm. AktG, 3. Aufl., § 12 SEBG Rz. 5; *Rudolph* in Annuß/Kühn/Rudolph/Rupp, EBRG, § 12 SEBG Rz. 12.
31 Zustimmung *Feuerborn* in KölnKomm. AktG, 3. Aufl., § 12 SEBG Rz. 10; *Hohenstatt/Müller-Bonanni* in Habersack/Drinhausen, § 12 SEBG Rz. 3; *Rudolph* in Annuß/Kühn/Rudolph/Rupp, EBRG, § 12 SEBG Rz. 12.
32 *Evers* in Manz/Mayer/Schröder, § 12 SEBG Rz. 6; *Feuerborn* in KölnKomm. AktG, 3. Aufl., § 12 SEBG Rz. 10; *Freis* in Nagel/Freis/Kleinsorge, Beteiligung der Arbeitnehmer, § 12 SEBG Rz. 10; *Jacobs* in MünchKomm. AktG, § 12 SEBG Rz. 5; *Rudolph* in Annuß/Kühn/Rudolph/Rupp, EBRG, § 12 SEBG Rz. 12.

sprechendes gilt für das **Verfahren der Abstimmung**, eine schriftliche Stimmabgabe ist nicht erforderlich[33].

16 Der Vorsitzende des BVG vertritt das Gremium im Rahmen der von diesem gefassten Beschlüsse und ist berechtigt, für dieses Erklärungen entgegenzunehmen. Dies entspricht der Rechtslage im Betriebsverfassungsrecht (§ 26 Abs. 2 BetrVG), die als allgemeiner Grundsatz im EBRG für den Vorsitzenden des BVG analog gilt[34] und auch im SEBG zur Anwendung gelangt (ebenso § 23 Abs. 3 SEBG für den Vorsitzenden des SE-Betriebsrates)[35]. Im Übrigen kann die Geschäftsordnung des BVG (§ 12 Abs. 1 Satz 3 SEBG) die Rechtsstellung des Vorsitzenden näher ausgestalten[36]. Unabhängig davon hat dieser das Recht, das BVG zu weiteren Sitzungen außerhalb der Verhandlungen mit den Leitungen einzuberufen (§ 12 Abs. 2 SEBG; s. dazu unten Rz. 20 ff.), und ist verpflichtet, die Niederschrift über die vom BVG gefassten Beschlüsse zu unterzeichnen (§ 17 Satz 1 SEBG; s. § 17 SEBG Rz. 8).

17 Mit der nach § 15 Abs. 2 SEBG notwendigen Mehrheit (s. oben Rz. 15) wählt das BVG ferner mindestens **zwei Stellvertreter**, die den Vorsitzenden im Falle seiner Verhinderung aus tatsächlichen oder rechtlichen Gründen vertreten. Wegen der Formulierung „mindestens" ist die **Wahl weiterer Stellvertreter** zulässig[37]. Andererseits ist das BVG auch dann rechtswirksam konstituiert, wenn lediglich ein Stellvertreter gewählt wird oder deren Wahl gänzlich unterbleibt, da das Gremium bereits durch die Wahl eines Vorsitzenden handlungsfähig ist[38]. Bezüglich der weiteren Einzelheiten zur Wahl der Stellvertreter gelten die Ausführungen in Rz. 15 entsprechend; wählbar sind ausschließlich Mitglieder des BVG[39].

18 Die in § 12 Abs. 1 Satz 2 SEBG genannten Wahlakte umschreiben den Gegenstand der konstituierenden Sitzung nicht abschließend. Vielmehr kann das Gremium auf dieser auch **weitere Angelegenheiten** seiner künftigen Arbeit behandeln[40]. Das gilt sowohl für die in § 12 Abs. 1 Satz 3 SEBG ausdrücklich benannte **Geschäftsordnung** als auch die vom SEBG nicht ausgeschlossene **Bildung von (vorbereitenden) Ausschüssen** und deren Zusammensetzung. Ebenso kann das BVG eine bestimmte Ver-

---

33 *Freis* in Nagel/Freis/Kleinsorge, Beteiligung der Arbeitnehmer, § 12 SEBG Rz. 10; unklar *Jacobs* in MünchKomm. AktG, 3. Aufl., § 12 SEBG Rz. 5, wonach die Stimmabgabe einerseits geheim erfolgen sollte, andererseits eine mündliche Stimmabgabe genügen kann.
34 *Blanke*, 2. Aufl. 2006, § 13 EBRG Rz. 7; im Ergebnis auch *C. Müller*, 1997, § 13 EBRG Rz. 1; *Oetker* in GK-BetrVG, 10. Aufl. 2014, § 13 EBRG Rz. 6; ebenso wohl *Klebe* in Däubler/Kittner/Klebe/Wedde, BetrVG, 14. Aufl. 2014, § 13 EBRG Rz. 4.
35 *Evers* in Manz/Mayer/Schröder, § 12 SEBG Rz. 7; *Henssler* in Ulmer/Habersack/Henssler, Mitbestimmungsrecht, §§ 11, 12 SEBG Rz. 8; *Hohenstatt/Müller-Bonanni* in Habersack/Drinhausen, § 12 SEBG Rz. 3; *Jacobs* in MünchKomm. AktG, 3. Aufl., § 12 SEBG Rz. 5; *Joost* in Oetker/Preis, EAS, B 8200, Rz. 86; *Köklü* in Van Hulle/Maul/Drinhausen, Kap. 6 Rz. 40; in der Tendenz auch *Rudolph* in Annuß/Kühn/Rudolph/Rupp, EBRG, § 12 SEBG Rz. 13; ebenso für das österreichische Recht *Gahleitner* in Kalss/Hügel, § 219 ArbVG Rz. 4.
36 *Freis* in Nagel/Freis/Kleinsorge, Beteiligung der Arbeitnehmer, § 12 SEBG Rz. 11; *Jacobs* in MünchKomm. AktG, 3. Aufl., § 12 SEBG Rz. 5; *Rudolph* in Annuß/Kühn/Rudolph/Rupp, EBRG, § 12 SEBG Rz. 13; ebenso zu § 13 Abs. 1 EBRG *Klebe* in Däubler/Kittner/Klebe/Wedde, BetrVG, 14. Aufl. 2014, § 13 EBRG Rz. 4; ähnlich *Blanke*, 2. Aufl. 2006, § 13 EBRG Rz. 7.
37 *Feuerborn* in KölnKomm. AktG, 3. Aufl., § 12 SEBG Rz. 10; *Rudolph* in Annuß/Kühn/Rudolph/Rupp, EBRG, § 12 SEBG Rz. 11.
38 Zustimmend *Feuerborn* in KölnKomm. AktG, 3. Aufl., § 12 SEBG Rz. 10; *Rudolph* in Annuß/Kühn/Rudolph/Rupp, EBRG, § 12 SEBG Rz. 11. Zu § 26 Abs. 1 BetrVG *Fitting/Engels/Schmidt/Trebinger/Linsenmaier*, BetrVG, 27. Aufl. 2014, § 26 BetrVG Rz. 7; *Glock* in Hess/Worzalla/Glock/Nicolai/Rose/Huke, BetrVG, 9. Aufl. 2014, § 26 BetrVG Rz. 3; *Raab* in GK-BetrVG, 10. Aufl. 2014, § 26 BetrVG Rz. 6.
39 *Jacobs* in MünchKomm. AktG, 3. Aufl., § 12 SEBG Rz. 5.
40 Zustimmend *Rudolph* in Annuß/Kühn/Rudolph/Rupp, EBRG, § 12 SEBG Rz. 15. So auch zu § 13 Abs. 1 Satz 1 EBRG *Joost* in MünchHdb. ArbR, 3. Aufl. 2009, § 274 Rz. 70.

handlungssprache für die Sitzungen des Gremiums festlegen, sofern eine diesbezügliche Regelung mittels Geschäftsordnung unterbleibt. Denkbar ist auch, dass das BVG auf seiner konstituierenden Sitzung beschließt, von der Einleitung des Verhandlungsverfahrens abzusehen (§ 16 SEBG). Wegen der damit verbundenen Rechtsfolgen (dazu § 16 SEBG Rz. 15 ff.) empfiehlt sich eine derart frühzeitige Fassung des Beschlusses jedoch nicht.

4. Teilnahmeberechtigung

Zur Teilnahme an der konstituierenden Sitzung sind die **Mitglieder des BVG** berechtigt. Den **Leitungen** der an der Gründung der SE beteiligten Gesellschaften steht ein Teilnahmerecht nicht zu[41]. 19

III. Weitere Sitzungen des BVG (§ 12 Abs. 2 SEBG)

Der Vorsitzende ist nach § 12 Abs. 2 SEBG berechtigt, weitere Sitzungen des BVG einzuberufen; im Unterschied zu § 13 Abs. 2 EBRG verzichtet das SEBG auf inhaltliche Vorgaben oder Einschränkungen im Hinblick auf Zeitpunkt und Häufigkeit weiterer Sitzungen (s. näher unten Rz. 22). Eines Einvernehmens mit den Leitungen bedarf die Anberaumung weiterer Sitzungen arg. e § 24 Abs. 2 Satz 2 SEBG nicht[42]. 20

Mit der Formulierung „kann" stellt § 12 Abs. 2 SEBG die Einberufung weiterer Sitzungen nicht nur in das **Ermessen des Vorsitzenden**[43], sondern verpflichtet ihn zugleich, dieses **pflichtgemäß** auszuüben[44]. Diese müssen deshalb für die Erfüllung der gesetzlichen Aufgabe des Gremiums erforderlich sein[45], was nur der Fall ist, wenn sie die Verhandlungen über den Abschluss einer Beteiligungsvereinbarung vorbereiten sollen[46] bzw. Beschlüsse im Rahmen des Verhandlungsprozesses zu fassen sind. Insbesondere die Beratungen über die Aufnahme von Verhandlungen bzw. deren Abbruch (§ 16 SEBG) können ebenso eine weitere Sitzung des BVG erfordern wie die abschließende Beschlussfassung über eine Vereinbarung zur Beteiligung der Arbeitnehmer. 21

Bezüglich **Zeitpunkt, Häufigkeit und Ort** weiterer Sitzungen verzichtet § 12 Abs. 2 SEBG auf einschränkende Vorgaben. Ein Einvernehmen mit den Leitungen ist nicht herbeizuführen, da § 13 Abs. 2 Satz 3 SEBG dieses auf die Verhandlungen zwischen den Leitungen und dem BVG beschränkt[47]. Hätte das Gesetz auch für die weiteren Sitzungen des BVG ein Einvernehmen mit den Leitungen vorsehen wollen, dann hätte es dieses – wie in § 13 Abs. 2 EBRG – mittels einer Verweisung auf § 13 Abs. 2 22

---

41 *Evers* in Manz/Mayer/Schröder, § 12 SEBG Rz. 4; *Freis* in Nagel/Freis/Kleinsorge, Beteiligung der Arbeitnehmer, § 12 SEBG Rz. 7; *Jacobs* in MünchKomm. AktG, 3. Aufl., § 12 SEBG Rz. 4; *Köklü* in Van Hulle/Maul/Drinhausen, Kap. 6 Rz. 37; *Rudolph* in Annuß/Kühn/Rudolph/Rupp, EBRG, § 12 SEBG Rz. 10; ebenso zu § 13 Abs. 1 EBRG *Blanke*, 2. Aufl. 2006, § 13 EBRG Rz. 4; *Joost* in MünchHdb. ArbR, 3. Aufl. 2009, § 274 Rz. 69; *Klebe* in Däubler/Kittner/Klebe/Wedde, BetrVG, 14. Aufl. 2014, § 13 EBRG Rz. 5; *Oetker* in GK-BetrVG, 10. Aufl. 2014, § 13 EBRG Rz. 7.
42 Begr. RegE, BT-Drucks. 15/3405, S. 52.
43 So *Evers* in Manz/Mayer/Schröder, § 12 SEBG Rz. 5; *Jacobs* in MünchKomm. AktG, 3. Aufl., § 12 SEBG Rz. 4.
44 Ebenso *Joost* in Oetker/Preis, EAS, B 8200, Rz. 85 sowie *Rudolph* in Annuß/Kühn/Rudolph/Rupp, EBRG, § 12 SEBG Rz. 16.
45 So auch *Jacobs* in MünchKomm. AktG, 3. Aufl., § 12 SEBG Rz. 4.
46 S. Begr. RegE, BT-Drucks. 15/3405, S. 48 f.: Koordinierung der mitbestimmungsrechtlichen Fragen aus den verschiedenen Mitgliedstaaten; ebenso *Freis* in Nagel/Freis/Kleinsorge, Beteiligung der Arbeitnehmer, § 12 SEBG Rz. 13.
47 Wie hier *Rudolph* in Annuß/Kühn/Rudolph/Rupp, EBRG, § 12 SEBG Rz. 16.

Satz 3 SEBG anordnen können. Eine pflichtgemäße Ausübung des Ermessens (s. oben Rz. 21) liegt jedoch nur vor, wenn der Vorsitzende bei der Einberufung weiterer Sitzungen auf die Belange der hiervon betroffenen Unternehmen angemessen Rücksicht nimmt, insbesondere keine Kosten oder sonstigen Nachteile verursacht, die außer Verhältnis zu dem mit der Sitzung verfolgten Zweck stehen[48]. Auch bezüglich der Einberufung weiterer Sitzungen gilt der Grundsatz einer vertrauensvollen Zusammenarbeit (§ 13 Abs. 1 Satz 2 SEBG)[49], der einer eigennützigen Interessenverfolgung entgegensteht (s. § 13 SEBG Rz. 8). Die Beschränkung in § 13 Abs. 2 EBRG auf eine vor- und eine nachbereitende Sitzung hat das SEBG nicht übernommen; in den Grenzen der Erforderlichkeit (s. oben Rz. 21) sind auch mehrere Sitzungen, insbesondere zwischen den Verhandlungsterminen mit den Leitungen, gestattet[50]. Eine Pflicht, die Sitzungen des BVG zeitlich unmittelbar vor den Verhandlungen mit den Leitungen durchzuführen, lässt sich aus dem Gesetz nicht ableiten[51].

23 Hinsichtlich der weiteren Modalitäten für die **Durchführung der Sitzungen** verzichtet das SEBG auf Festlegungen; maßgebend sind jedoch insbesondere Bestimmungen einer ggf. aufgestellten Geschäftsordnung (s. dazu unten Rz. 24 ff.). Analog § 30 Satz 4 BetrVG sollen die Sitzungen **nicht öffentlich** sein[52] und eine **Teilnahmeberechtigung** grundsätzlich nur für die Mitglieder des BVG, nicht aber für die Leitungen der beteiligten Gesellschaften bestehen[53]. Vertreter der in den beteiligten Gesellschaften vertretenen Gewerkschaften haben – auch kein vom BVG abgeleitetes – allgemeines Teilnahmerecht[54], es sei denn, das BVG beschließt gem. § 14 Abs. 1 SEBG die Hinzuziehung eines ihrer Vertreter als Sachverständigen.

IV. Geschäftsordnung des BVG (§ 12 Abs. 1 Satz 3 SEBG)

24 Wegen der begrenzten Aufgabe des BVG hat das Gesetz von detaillierten Bestimmungen zur Geschäftsführung abgesehen[55]; Einzelheiten hierzu kann das BVG jedoch in einer Geschäftsordnung festlegen (§ 12 Abs. 1 Satz 3 SEBG). Wie § 13 Abs. 1 Satz 2 EBRG stellt § 12 Abs. 1 Satz 3 SEBG die Aufstellung einer Geschäftsordnung in das **Ermessen** („kann") des Gremiums[56].

---

48 S. auch *Evers* in Manz/Mayer/Schröder, § 12 SEBG Rz. 5; *Freis* in Nagel/Freis/Kleinsorge, Beteiligung der Arbeitnehmer, § 12 SEBG Rz. 13; *Hohenstatt/Müller-Bonanni* in Habersack/Drinhausen, § 12 SEBG Rz. 5; *Rudolph* in Annuß/Kühn/Rudolph/Rupp, EBRG, § 12 SEBG Rz. 16.
49 *Feuerborn* in KölnKomm. AktG, 3. Aufl., § 12 SEBG Rz. 12; *Freis* in Nagel/Freis/Kleinsorge, Beteiligung der Arbeitnehmer, § 12 SEBG Rz. 13; *Hohenstatt/Müller-Bonanni* in Habersack/Drinhausen, § 12 SEBG Rz. 5; *Rudolph* in Annuß/Kühn/Rudolph/Rupp, EBRG, § 12 SEBG Rz. 16.
50 *Freis* in Nagel/Freis/Kleinsorge, Beteiligung der Arbeitnehmer, § 12 SEBG Rz. 13.
51 Ebenso *Freis* in Nagel/Freis/Kleinsorge, Beteiligung der Arbeitnehmer, § 12 SEBG Rz. 13; s. aber auch *Hohenstatt/Müller-Bonanni* in Habersack/Drinhausen, § 12 SEBG Rz. 5, die einen direkten Zusammenhang der Sitzungen mit den Verhandlungsrunden fordern.
52 So *Hohenstatt/Dzida* in Henssler/Willemsen/Kalb, ArbR-Komm., SEBG Rz. 25; *Jacobs* in MünchKomm. AktG, 3. Aufl., § 12 SEBG Rz. 4.
53 *Freis* in Nagel/Freis/Kleinsorge, Beteiligung der Arbeitnehmer, § 12 SEBG Rz. 7; *Hohenstatt/Dzida* in Henssler/Willemsen/Kalb, ArbR-Komm., SEBG Rz. 25; *Jacobs* in MünchKomm. AktG, 3. Aufl., § 12 SEBG Rz. 4.
54 *Hohenstatt/Dzida* in Henssler/Willemsen/Kalb, ArbR-Komm., SEBG Rz. 25; *Jacobs* in MünchKomm. AktG, 3. Aufl., § 12 SEBG Rz. 4.
55 Begr. RegE, BT-Drucks. 15/3405, S. 48.
56 *Freis* in Nagel/Freis/Kleinsorge, Beteiligung der Arbeitnehmer, § 12 SEBG Rz. 12; *Jacobs* in MünchKomm. AktG, 3. Aufl., § 12 SEBG Rz. 5; *Kienast* in Jannott/Frodermann, Handbuch Europäische Aktiengesellschaft, Kap. 13 Rz. 232; *Rudolph* in Annuß/Kühn/Rudolph/Rupp, EBRG, § 12 SEBG Rz. 14; zur abweichenden Rechtslage in Österreich oben Rz. 3.

Inhaltlich kann die Geschäftsordnung unter anderem Förmlichkeiten für die **Einberufung von Sitzungen** festlegen (z.B. Ladungsfristen, Form der Einladung)[57]; ferner Bestimmungen zur **Niederschrift**, die über § 17 SEBG hinausgehen, insbesondere die Aufnahme von Beschlussgegenständen vorsehen, die in § 17 Satz 1 Nr. 1 und 2 SEBG nicht genannt sind (s. § 17 SEBG Rz. 1). In Betracht kommen des Weiteren Regelungen zur **Verhandlungssprache** während der Sitzungen des BVG[58] sowie zur Rechtsstellung des Vorsitzenden und seiner Stellvertreter (s. auch oben Rz. 16). 25

Für die Geschäftsordnung begründet § 12 Abs. 1 Satz 3 SEBG ein **Schriftformerfordernis** und entspricht damit § 36 BetrVG, weicht in dieser Frage jedoch von § 13 Abs. 1 Satz 2 EBRG ab, der auf ein Formerfordernis verzichtet[59]. Deshalb ist die Wahrung der Schriftform – wie im Betriebsverfassungsrecht – Voraussetzung für die Rechtswirksamkeit einer Geschäftsordnung[60]. Bezüglich der Anforderungen an die Schriftform liegt ein Rückgriff auf § 126 Abs. 1 BGB nahe[61]; die Geschäftsordnung ist deshalb in einer Urkunde zu fixieren und von dem Vorsitzenden des BVG zu unterzeichnen[62]. 26

Das Recht zur Aufstellung einer Geschäftsordnung steht dem **BVG als Gremium** zu; es hat hierüber einen **Beschluss** zu fassen[63], für den das Mehrheitserfordernis in § 15 Abs. 2 SEBG gilt (s. auch § 15 SEBG Rz. 11 ff.)[64]. 27

---

57 Statt aller *Feuerborn* in KölnKomm. AktG, 3. Aufl., § 12 SEBG Rz. 11; *Jacobs* in MünchKomm. AktG, 3. Aufl., § 12 SEBG Rz. 5; *Köklü* in Van Hulle/Maul/Drinhausen, Kap. 6 Rz. 41.
58 S. *Feuerborn* in KölnKomm. AktG, 3. Aufl., § 12 SEBG Rz. 11; *Jacobs* in MünchKomm. AktG, 3. Aufl., § 12 SEBG Rz. 5; ferner *Wirtz*, SE-Betriebsrat, S. 121 f.
59 Gleichwohl für ein Schriftformerfordernis *Blanke*, 2. Aufl. 2006, § 13 EBRG Rz. 8; schwächer *C. Müller*, 1997, § 13 EBRG Rz. 2; *Oetker* in GK-BetrVG, 10. Aufl. 2014, § 13 EBRG Rz. 6: sollte.
60 *Henssler* in Ulmer/Habersack/Henssler, Mitbestimmungsrecht, §§ 11, 12 SEBG Rz. 8. Zu § 36 BetrVG *Joost* in MünchHdb. ArbR, 3. Aufl. 2009, § 219 Rz. 80; *Raab* in GK-BetrVG, 10. Aufl. 2014, § 36 BetrVG Rz. 8.
61 So *Feuerborn* in KölnKomm. AktG, 3. Aufl., § 12 SEBG Rz. 11; *Henssler* in Ulmer/Habersack/Henssler, Mitbestimmungsrecht, §§ 11, 12 SEBG Rz. 8; *Rudolph* in Annuß/Kühn/Rudolph/Rupp, EBRG, § 12 SEBG Rz. 14.
62 Wie hier im Anschluss *Feuerborn* in KölnKomm. AktG, 3, Aufl., § 12 SEBG Rz. 11. So auch zu § 36 BetrVG *Fitting/Engels/Schmidt/Trebinger/Linsenmaier*, BetrVG, 27. Aufl. 2014, § 36 BetrVG Rz. 10; *Glock* in Hess/Worzalla/Glock/Nicolai/Rose/Huke, BetrVG, 9. Aufl. 2014, § 36 BetrVG Rz. 10; *Joost* in MünchHdb. ArbR, 3. Aufl. 2009, § 219 Rz. 80; *Thüsing* in Richardi, BetrVG, 14. Aufl. 2014, § 36 BetrVG Rz. 10; *Raab* in GK-BetrVG, 10. Aufl. 2014, § 36 BetrVG Rz. 8.
63 Wie hier *Feuerborn* in KölnKomm. AktG, 3. Aufl., § 12 SEBG Rz. 11; *Hohenstatt/Müller-Bonanni* in Habersack/Drinhausen, § 12 SEBG Rz. 4; *Jacobs* in MünchKomm. AktG, 3. Aufl., § 12 SEBG Rz. 5; *Rudolph* in Annuß/Kühn/Rudolph/Rupp, EBRG, § 12 SEBG Rz. 14. Zu § 36 BetrVG s. *Fitting/Engels/Schmidt/Trebinger/Linsenmaier*, BetrVG, 27. Aufl. 2014, § 36 BetrVG Rz. 9; *Glock* in Hess/Worzalla/Glock/Nicolai/Rose/Huke, BetrVG, 9. Aufl. 2014, § 36 BetrVG Rz. 9; *Joost* in MünchHdb. ArbR, 3. Aufl. 2009, § 219 Rz. 80; *Raab* in GK-BetrVG, 10. Aufl. 2014, § 36 BetrVG Rz. 7. Ebenso zu § 13 EBRG *Blanke*, 2. Aufl. 2006, § 13 EBRG Rz. 8; *C. Müller*, 1997, § 13 EBRG Rz. 2; *Oetker* in GK-BetrVG, 10. Aufl. 2014, § 13 EBRG Rz. 6.
64 *Feuerborn* in KölnKomm. AktG, 3. Aufl., § 12 SEBG Rz. 11; *Freis* in Nagel/Freis/Kleinsorge, Beteiligung der Arbeitnehmer, § 12 SEBG Rz. 12; *Hohenstatt/Müller-Bonanni* in Habersack/Drinhausen, § 12 SEBG Rz. 4; *Jacobs* in MünchKomm. AktG, 3. Aufl., § 12 SEBG Rz. 5; *Rudolph* in Annuß/Kühn/Rudolph/Rupp, EBRG, § 12 SEBG Rz. 14.

§ 13
Zusammenarbeit zwischen besonderem Verhandlungsgremium und Leitungen

(1) Das besondere Verhandlungsgremium schließt mit den Leitungen eine schriftliche Vereinbarung über die Beteiligung der Arbeitnehmer in der SE ab. Zur Erfüllung dieser Aufgabe arbeiten sie vertrauensvoll zusammen.

(2) Die Leitungen haben dem besonderen Verhandlungsgremium rechtzeitig alle erforderlichen Auskünfte zu erteilen und die erforderlichen Unterlagen zur Verfügung zu stellen. Das besondere Verhandlungsgremium ist insbesondere über das Gründungsvorhaben und den Verlauf des Verfahrens bis zur Eintragung der SE zu unterrichten. Zeitpunkt, Häufigkeit und Ort der Verhandlungen werden zwischen den Leitungen und dem besonderen Verhandlungsgremium einvernehmlich festgelegt.

I. Allgemeines 1	IV. Informationspflichten der Leitungen (§ 13 Abs. 2 Satz 1 und 2 SEBG) 9
II. Abschluss einer Vereinbarung über die Beteiligung der Arbeitnehmer (§ 13 Abs. 1 Satz 1 SEBG) 5	V. Festlegung von Zeitpunkt, Häufigkeit und Ort der Verhandlungen (§ 13 Abs. 2 Satz 3 SEBG) 14
III. Der Grundsatz vertrauensvoller Zusammenarbeit (§ 13 Abs. 1 Satz 2 SEBG) 6	

Literatur: S. Vor § 1 SEBG.

I. Allgemeines

1 Die Vorschrift bezweckt insbesondere die **Umsetzung von Art. 3 Abs. 3 SE-RL**. Dieser hat folgenden Wortlaut:

„Das besondere Verhandlungsgremium und das jeweils zuständige Organ der beteiligten Gesellschaften legen in einer schriftlichen Vereinbarung die Beteiligung der Arbeitnehmer in der SE fest.
Zu diesem Zweck unterrichtet das jeweils zuständige Organ der beteiligten Gesellschaften das besondere Verhandlungsgremium über das Vorhaben der Gründung einer SE und den Verlauf des Verfahrens bis zu deren Eintragung."

2 Mit identischem Wortlaut hat **Art. 3 Abs. 3 SCE-RL** die in Rz. 1 wiedergegebene Bestimmung der SE-RL übernommen; Entsprechendes gilt für die Umsetzung in **§ 13 SCEBG**, die mit § 13 SEBG wörtlich übereinstimmt. Auch die **Verschmelzungs-RL 2005/56/EG** hat Art. 3 Abs. 3 SE-RL in die Verweisungsnorm (Art. 14 Abs. 2) aufgenommen; dementsprechend ist die zur Umsetzung geschaffene Regelung in § 15 MgVG – abgesehen von den gegenstandsbezogenen Abweichungen („grenzüberschreitende Verschmelzung") – mit § 13 SEBG identisch.

3 Eine Parallele findet § 13 SEBG in **§ 8 EBRG**. Dieser enthält nicht nur das Gebot einer vertrauensvollen Zusammenarbeit für die Verhandlungen zwischen zentraler Leitung und BVG (§ 8 Abs. 3 Satz 1 EBRG), sondern auch Informationspflichten (§ 8 Abs. 2 EBRG), die denen in § 13 Abs. 2 Satz 1 SEBG entsprechen. Ebenso kehrt die Regelung des § 8 Abs. 3 Satz 2 EBRG zu Zeitpunkt, Häufigkeit und Ort der Verhandlungen in § 13 Abs. 2 Satz 3 SEBG wieder.

In **Österreich** hat der Gesetzgeber die Vorgaben des Art. 3 Abs. 3 SE-RL in § 225 ArbVG umgesetzt[1] und verpflichtet in allgemeiner Form die Organe der Arbeitnehmerschaft, zu denen nach § 211 ArbVG auch das BVG zählt, sowie die Leitungen der beteiligten Gesellschaften zu einer Zusammenarbeit mit dem Willen zur Verständigung (§ 214 ArbVG), was den Grundsätzen vertrauensvoller Zusammenarbeit ähnelt (s. unten Rz. 6).

II. Abschluss einer Vereinbarung über die Beteiligung der Arbeitnehmer (§ 13 Abs. 1 Satz 1 SEBG)

Entsprechend der in § 4 Abs. 1 Satz 2 SEBG umschriebenen Aufgabe des BVG wiederholt § 13 Abs. 1 Satz 1 SEBG, dass dieses mit den Leitungen eine schriftliche Vereinbarung über die Beteiligung der Arbeitnehmer abschließt. Die Regelung deckt sich inhaltlich mit Art. 3 Abs. 3 SE-RL, ist jedoch letztlich überflüssig, da bereits § 4 Abs. 1 Satz 2 SEBG den Abschluss einer schriftlichen Vereinbarung als Aufgabe des BVG benennt und § 21 SEBG die Einzelheiten zu ihrem Inhalt regelt[2]. Angesichts dessen verleiht § 13 Abs. 1 Satz 1 SEBG vor allem dem Grundsatz der vertrauensvollen Zusammenarbeit in § 13 Abs. 1 Satz 2 SEBG inhaltliche Konturen („zur Erfüllung dieser Aufgabe"), der deshalb jedoch auch in § 4 Abs. 1 als Satz 3 SEBG hätte angefügt werden können. Zu den Einzelheiten der Beteiligungsvereinbarung und deren Zustandekommen s. die Erläuterungen zu § 21 SEBG. Für den Abschluss der Vereinbarung bedarf es stets eines Beschlusses des BVG (s. § 21 SEBG Rz. 8), für den § 15 SEBG die weiteren Einzelheiten, insbesondere im Hinblick auf die hierfür erforderliche Mehrheit, festlegt.

III. Der Grundsatz vertrauensvoller Zusammenarbeit (§ 13 Abs. 1 Satz 2 SEBG)

Der Grundsatz der vertrauensvollen Zusammenarbeit in § 13 Abs. 1 Satz 2 SEBG verpflichtet die Leitungen sowie das BVG insbesondere dazu, die Verhandlungen mit dem ernsten Willen zu einer Einigung zu führen[3], und konkretisiert den in § 40

---

[1] Kritisch im Hinblick auf die zu geringe Reichweite der Unterrichtspflicht *Gahleitner* in Kalss/Hügel, § 225 ArbVG Rz. 3.
[2] Treffend auch *Evers* in Manz/Mayer/Schröder, § 13 SEBG Rz. 1; *Feuerborn* in KölnKomm. AktG, 3. Aufl., § 13 SEBG Rz. 4 sowie *Henssler* in Ulmer/Habersack/Henssler, Mitbestimmungsrecht, § 13 SEBG Rz. 1; *Rudolph* in Annuß/Kühn/Rudolph/Rupp, EBRG, § 13 SEBG Rz. 2: ohne eigenständigen Regelungsgehalt.
[3] Begr. RegE, BT-Drucks. 15/3405, S. 49; ebenso *Brandt*, BB 2005, Special Nr. 3, S. 1, 5; *Calle Lambach*, Beteiligung der Arbeitnehmer, S. 161; *Evers* in Manz/Mayer/Schröder, § 13 SEBG Rz. 3; *Feuerborn* in KölnKomm. AktG, 3. Aufl., § 13 SEBG Rz. 6, 7; *Freis* in Nagel/Freis/Kleinsorge, Beteiligung der Arbeitnehmer, § 13 SEBG Rz. 5; *Henssler* in Ulmer/Habersack/Henssler, Mitbestimmungsrecht, § 13 SEBG Rz. 2; *Hohenstatt/Müller-Bonanni* in Habersack/Drinhausen, § 13 SEBG Rz. 3; *Hoops*, Mitbestimmungsvereinbarung, S. 81; *Jacobs* in MünchKomm. AktG, 3. Aufl., § 13 SEBG Rz. 3; *Kienast* in Jannott/Frodermann, Handbuch Europäische Aktiengesellschaft, Kap. 13 Rz. 234; *Krause*, BB 2005, 1221, 1225; *Prinz* in Hümmerich/Boecken/Düwell, NK-ArbR, 2. Aufl. 2010, § 20 SEBG Rz. 3; *Rudolph* in Annuß/Kühn/Rudolph/Rupp, EBRG, § 13 SEBG Rz. 4 sowie ausdrücklich § 214 ArbVG (s. oben Rz. 4). Ebenso zu § 8 Abs. 3 Satz 1 EBRG *Blanke*, 2. Aufl. 2006, § 8 EBRG Rz. 10; *Klebe* in Däubler/Kittner/Klebe/Wedde, BetrVG, 14. Aufl. 2014, § 8 EBRG Rz. 7; *C. Müller*, 1997, § 8 EBRG Rz. 3; *Oetker* in GK-BetrVG, 10. Aufl. 2014, § 8 EBRG Rz. 8; *Rudolph* in Annuß/Kühn/Rudolph/Rupp, EBRG, § 8 EBRG Rz. 12.

SEBG geregelten allgemeinen Grundsatz (s. dazu § 40 SEBG Rz. 7 f.), der § 2 Abs. 1 BetrVG entlehnt ist[4].

7 Androhung oder Einleitung von **Maßnahmen des Arbeitskampfes** zur Erzwingung einer Vereinbarung über die Beteiligung der Arbeitnehmer sind mit einer vertrauensvollen Zusammenarbeit unvereinbar; aus § 13 Abs. 1 Satz 2 SEBG folgt ein Arbeitskampfverbot[5]. Umgekehrt lässt sich aus der Vorschrift weder für die Leitungen der beteiligten Gesellschaften noch für das BVG ein **Verhandlungsanspruch** ableiten[6]. Die nach Ablauf der Verhandlungsfrist (§ 20 SEBG) eingreifende gesetzliche Auffangregelung ist als abschließende Regelung für den Fall zu bewerten, dass ein ordnungsgemäß eingeleitetes Verhandlungsverfahren ohne Ergebnis bleibt[7].

8 Der Grundsatz der vertrauensvollen Zusammenarbeit prägt vor allem die Ausübung der im SEBG begründeten Rechte und gilt für **beide Verhandlungsparteien**[8]. So widerspricht es dem Gebot vertrauensvoller Zusammenarbeit, wenn sich die Leitungen einem sachlich begründeten Wunsch des BVG im Hinblick auf Ort, Zeitpunkt und Häufigkeit der Verhandlungen (s. unten Rz. 14) oder dem Begehren nach Verlängerung der Verhandlungsfrist (s. § 20 SEBG Rz. 8) grundlos verschließen[9]. Entsprechendes gilt, wenn der Vorsitzende des BVG bei der Einberufung weiterer Sitzungen auf die Belange des Unternehmens keine Rücksicht nimmt (s. § 12 SEBG Rz. 22) oder das Gremium bei seiner Arbeit unverhältnismäßig hohe Kosten verursacht (s. § 19 SEBG Rz. 10).

---

4 S. auch *Evers* in Manz/Mayer/Schröder, § 13 SEBG Rz. 3; *Freis* in Nagel/Freis/Kleinsorge, Beteiligung der Arbeitnehmer, § 13 SEBG Rz. 5; *Henssler* in Ulmer/Habersack/Henssler, Mitbestimmungsrecht, § 13 SEBG Rz. 2; *von der Heyde*, Beteiligung, S. 205; *Hohenstatt/Müller-Bonanni* in Habersack/Drinhausen, § 13 SEBG Rz. 3; *Jacobs* in MünchKomm. AktG, 3. Aufl., § 13 SEBG Rz. 3; *Krause*, BB 2005, 1221, 1225; *Wirtz*, SE-Betriebsrat, S. 100.
5 *Calle Lambach*, Beteiligung der Arbeitnehmer, S. 162; *Evers* in Manz/Mayer/Schröder, § 13 SEBG Rz. 4; *Feuerborn* in KölnKomm. AktG, 3. Aufl., § 13 SEBG Rz. 7; *Freis* in Nagel/Freis/Kleinsorge, Beteiligung der Arbeitnehmer, § 13 SEBG Rz. 5; *Henssler* in Ulmer/Habersack/Henssler, Mitbestimmungsrecht, § 13 SEBG Rz. 2; *von der Heyde*, Beteiligung, S. 206; *Hohenstatt/Müller-Bonanni* in Habersack/Drinhausen, § 13 SEBG Rz. 3; *Hoops*, Mitbestimmungsvereinbarung, S. 85 f.; *Jacobs* in MünchKomm. AktG, 3. Aufl., § 13 SEBG Rz. 3; *Köklü* in Van Hulle/Maul/Drinhausen, Kap. 6 Rz. 43; *Rudolph* in Annuß/Kühn/Rudolph/Rupp, EBRG, § 13 SEBG Rz. 4; im Ergebnis auch *Prinz* in Hümmerich/Boecken/Düwell, NK-ArbR, 2. Aufl. 2010, § 21 Rz. 1; *Rieble*, BB 2006, 2018, 2020. Ebenso zu § 8 Abs. 3 Satz 1 EBRG *Blanke*, 2. Aufl. 2006, § 8 EBRG Rz. 12; *Klebe* in Däubler/Kittner/Klebe/Wedde, BetrVG, 14. Aufl. 2014, § 8 EBRG Rz. 7; *C. Müller*, 1997, § 8 EBRG Rz. 3; *Oetker* in GK-BetrVG, 10. Aufl. 2014, § 8 EBRG Rz. 8; *Rudolph* in Annuß/Kühn/Rudolph/Rupp, EBRG, § 8 EBRG Rz. 12.
6 Ebenso *Evers* in Manz/Mayer/Schröder, § 13 SEBG Rz. 3; *Feuerborn* in KölnKomm. AktG, 3. Aufl., § 13 SEBG Rz. 8; *Henssler* in Ulmer/Habersack/Henssler, Mitbestimmungsrecht, § 13 SEBG Rz. 2; *Hohenstatt/Müller-Bonanni* in Habersack/Drinhausen, § 13 SEBG Rz. 3; *Hoops*, Mitbestimmungsvereinbarung, S. 82 ff.; *Jacobs* in MünchKomm. AktG, 3. Aufl., § 13 SEBG Rz. 3; *Rieble*, BB 2006, 2018, 2020; *Rudolph* in Annuß/Kühn/Rudolph/Rupp, EBRG, § 13 SEBG Rz. 5; wohl auch *Freis* in Nagel/Freis/Kleinsorge, Beteiligung der Arbeitnehmer, § 13 SEBG Rz. 6; a.A. *von der Heyde*, Beteiligung, S. 206; wie hier zu § 8 Abs. 3 Satz 1 EBRG *C. Müller*, 1997, § 8 EBRG Rz. 3; *Oetker* in GK-BetrVG, 10. Aufl. 2014, § 8 EBRG Rz. 8; *Rudolph* in Annuß/Kühn/Rudolph/Rupp, EBRG, § 8 EBRG Rz. 12.
7 *Feuerborn* in KölnKomm. AktG, 3. Aufl., § 13 SEBG Rz. 8; *Herfs-Röttgen*, NZA 2002, 358, 364; *Hohenstatt/Müller-Bonanni* in Habersack/Drinhausen, § 13 SEBG Rz. 3; *Rudolph* in Annuß/Kühn/Rudolph/Rupp, EBRG, § 13 SEBG Rz. 5; s. insoweit auch *C. Müller*, 1997, § 8 EBRG Rz. 3; *Oetker* in GK-BetrVG, 10. Aufl. 2014, § 8 EBRG Rz. 8.
8 *Jacobs* in MünchKomm. AktG, 3. Aufl., § 13 SEBG Rz. 3; *Rudolph* in Annuß/Kühn/Rudolph/Rupp, EBRG, § 13 SEBG Rz. 6.
9 Zustimmend *Wirtz*, SE-Betriebsrat, S. 101 sowie *Rudolph* in Annuß/Kühn/Rudolph/Rupp, EBRG, § 13 SEBG Rz. 6.

IV. Informationspflichten der Leitungen (§ 13 Abs. 2 Satz 1 und 2 SEBG)

Zur Erfüllung der Aufgabe in § 4 Abs. 1 Satz 2 SEBG bzw. § 13 Abs. 1 Satz 1 SEBG begründet § 13 Abs. 2 Satz 1 SEBG zugunsten des BVG einen **Auskunftsanspruch**[10], den § 13 Abs. 2 Satz 2 SEBG konkretisiert. Als **Gläubiger** des Anspruches benennt § 13 Abs. 2 Satz 1 SEBG das BVG als Gremium[11]. Zur Durchsetzung bzw. Geltendmachung eines Auskunftsbegehrens ist der Vorsitzende des BVG deshalb erst aufgrund eines entsprechenden Beschlusses berechtigt, für den das Mehrheitserfordernis in § 15 Abs. 2 SEBG gilt[12].

9

Als **Schuldner** des Auskunftsanspruches benennt § 13 Abs. 2 Satz 1 SEBG die Leitungen und knüpft damit an die Legaldefinition in § 2 Abs. 5 SEBG an. Unproblematisch ist der Anspruch in den Fällen, in denen die an der Gründung der SE beteiligten Gesellschaften ihren Sitz im Geltungsbereich des SEBG haben. Wie § 5 EBRG a.F. lässt das Gesetz jedoch die Frage unbeantwortet, ob § 13 Abs. 2 Satz 1 SEBG auch einen **länderübergreifenden Auskunftsanspruch** gegenüber Gesellschaften mit Sitz in einem anderen Mitgliedstaat begründet. Aufgrund der vergleichbaren Problemlage gelten die zu § 5 EBRG anerkannten Maximen[13] auch im Rahmen von § 13 Abs. 2 Satz 1 SEBG. Deshalb bleibt zwar ein grenzüberschreitender Anspruch zwischen den Leitungen i.S. eines horizontalen Auskunftsanspruches zu erwägen, für einen grenzüberschreitenden Auskunftsanspruch des BVG fehlt hingegen eine tragfähige Rechtsgrundlage[14].

10

Der **Umfang** der nach § 13 Abs. 2 Satz 1 SEBG geschuldeten Auskunft wird durch die **Erforderlichkeit und die Aufgabe des BVG** definiert und zugleich begrenzt[15]. Das Gremium muss deshalb bei seinem Auskunftsbegehren verdeutlichen, in welcher Hinsicht die gewünschte Information den Abschluss der Beteiligungsvereinbarung sowie die hierauf bezogenen Verhandlungen betrifft[16]. Die in § 13 Abs. 2 Satz 2 SEBG aufgezählten Unterrichtungsgegenstände, die mit nahezu identischem Wortlaut Art. 3 Abs. 2 Unterabs. 2 SE-RL entsprechen, dienen dazu, die Unterrichtungspflicht der Leitungen zu konkretisieren[17]. Die Aufzählung hat indes keinen abschließenden Charakter („insbesondere")[18]; zu informieren ist auch über die angestrebte Organisationsverfassung der SE (monistisch oder dualistisch)[19]. Eine Schranke findet die Infor-

11

---

10 *Evers* in Manz/Mayer/Schröder, § 13 SEBG Rz. 8; *Feuerborn* in KölnKomm. AktG, 3. Aufl., § 13 SEBG Rz. 11; *Freis* in Nagel/Freis/Kleinsorge, Beteiligung der Arbeitnehmer, § 13 SEBG Rz. 9; *Henssler* in Ulmer/Habersack/Henssler, Mitbestimmungsrecht, § 13 SEBG Rz. 4; *Hohenstatt/Müller-Bonanni* in Habersack/Drinhausen, § 13 SEBG Rz. 4; *Köklü* in Van Hulle/Maul/Drinhausen, Kap. 6 Rz. 45; *Krause* in Annuß/Kühn/Rudolph/Rupp, EBRG, § 13 SEBG Rz. 7; a.A. *Jacobs* in MünchKomm. AktG, 3. Aufl., § 13 SEBG Rz. 4, der die Qualifizierung als Anspruch ablehnt.
11 Zustimmend *Feuerborn* in KölnKomm. AktG, 3. Aufl., § 13 SEBG Rz. 17; a.A. *Köklü* in Van Hulle/Maul/Drinhausen, Kap. 6 Rz. 45: Anspruch der Mitglieder.
12 Ebenso im Anschluss *Feuerborn* in KölnKomm. AktG, 3. Aufl., § 13 SEBG Rz. 17.
13 S. dazu vor allem EuGH v. 13.1.2004 – Rs. C 440/00, AP Nr. 3 zu EWG-Richtlinie 94/45; bestätigt durch EuGH v. 15.7.2004 – Rs. C 349/01, AP Nr. 5 zu § 5 EBRG sowie zuvor den Vorlagebeschluss BAG v. 27.6.2001 – 1 ABR 32/99 (A), AP Nr. 1 zu EWG-Richtlinie 94/45.
14 S. näher *Oetker* in GK-BetrVG, 10. Aufl. 2014, § 5 EBRG Rz. 5 ff.
15 *Feuerborn* in KölnKomm. AktG, 3. Aufl., § 13 SEBG Rz. 12; *Freis* in Nagel/Freis/Kleinsorge, Beteiligung der Arbeitnehmer, § 13 SEBG Rz. 8; *Hohenstatt/Müller-Bonanni* in Habersack/Drinhausen, § 13 SEBG Rz. 4; *Rudolph* in Annuß/Kühn/Rudolph/Rupp, EBRG, § 13 SEBG Rz. 8.
16 Ebenso *Evers* in Manz/Mayer/Schröder, § 13 SEBG Rz. 8.
17 Hierauf beschränkt § 225 Abs. 2 ArbVG.
18 *Jacobs* in MünchKomm. AktG, 3. Aufl., § 13 SEBG Rz. 4.
19 So auch *Feuerborn* in KölnKomm. AktG, 3. Aufl., § 13 SEBG Rz. 12; *Henssler* in Ulmer/Habersack/Henssler, Mitbestimmungsrecht, § 13 SEBG Rz. 4; s. ferner *Freis* in Nagel/Freis/Kleinsorge, Beteiligung der Arbeitnehmer, § 13 SEBG Rz. 9.

mationspflicht in den Betriebs- und Geschäftsgeheimnissen (§ 41 Abs. 1 SEBG; dazu § 41 SEBG Rz. 6 ff.)[20].

12 Die **Form der Auskunft** steht grundsätzlich im Ermessen der Leitungen[21]. Eine schriftliche Unterrichtung legt § 13 Abs. 2 Satz 1 SEBG nicht verbindlich fest. Die Form der Auskunft wird deshalb vor allem von dem Informationsgegenstand sowie dem Zweck der Auskunft beeinflusst. Sofern es danach erforderlich ist, kann eine ordnungsgemäße Auskunftserteilung die **Schriftform** (§ 126 BGB) oder die **Textform** (§ 126b BGB) erzwingen; zur **Überlassung von Unterlagen** s. nachfolgend Rz. 13. Die Verständlichkeit der Auskunft bzw. Unterlage für die Mitglieder des BVG beeinflusst auch die von den Leitungen zu wählende **Sprache**; ggf. kann eine Übersetzung in die Sprache der jeweiligen Mitgliedstaaten oder eine in den beteiligten Gesellschaften übliche Arbeitssprache erforderlich sein[22]. Bezüglich des **Zeitpunktes der Unterrichtung** stellt § 13 Abs. 2 Satz 1 SEBG auf die Rechtzeitigkeit ab; hierfür muss diese so frühzeitig erfolgen, damit das BVG die durch die Unterrichtung erlangten Erkenntnisse in die Vorbereitungen für die Verhandlungen einbeziehen kann[23].

13 Soweit bezüglich des Gegenstandes der Verhandlungen **Unterlagen** vorhanden und die hierin enthaltenen Informationen für den Abschluss einer Beteiligungsvereinbarung erforderlich sind, haben die Leitungen diese dem BVG **zur Verfügung zu stellen**, wobei zur Konkretisierung auf die Grundsätze zu § 80 Abs. 2 Satz 2 Halbsatz 1 BetrVG zurückzugreifen ist[24]. Obwohl § 13 Abs. 2 Satz 1 SEBG dies nicht ausdrücklich festlegt, sind die Leitungen hierzu nicht von sich aus verpflichtet, vielmehr bedarf es eines entsprechenden und vom Vorsitzenden übermittelten **Verlangens seitens des BVG**[25]. Das Gesetz beschränkt sich nicht auf ein Recht zur Einsichtnahme in die Unterlagen, dem Gremium sind diese vielmehr durch Übergabe an dessen Vorsitzenden (s. § 12 SEBG Rz. 16) zur unkontrollierten Durchsicht auszuhändigen[26]. Umgekehrt folgt aus dem Zweck der Informationspflicht, dass die Unterlagen nur für

---

20 *Evers* in Manz/Mayer/Schröder, § 13 SEBG Rz. 9; *Feuerborn* in KölnKomm. AktG, 3. Aufl., § 13 SEBG Rz. 14; *Freis* in Nagel/Freis/Kleinsorge, Beteiligung der Arbeitnehmer, § 13 SEBG Rz. 11; *Henssler* in Ulmer/Habersack/Henssler, Mitbestimmungsrecht, § 13 SEBG Rz. 4; *Hohenstatt/Müller-Bonanni* in Habersack/Drinhausen, § 13 SEBG Rz. 4; *Jacobs* in MünchKomm. AktG, 3. Aufl., § 13 SEBG Rz. 4; *Köklü* in Van Hulle/Maul/Drinhausen, Kap. 6 Rz. 47; *Rudolph* in Annuß/Kühn/Rudolph/Rupp, EBRG, § 13 SEBG Rz. 10.
21 *Evers* in Manz/Mayer/Schröder, § 13 SEBG Rz. 8; *Feuerborn* in KölnKomm. AktG, 3. Aufl., § 13 SEBG Rz. 15; *Hohenstatt/Müller-Bonanni* in Habersack/Drinhausen, § 13 SEBG Rz. 4; *Rudolph* in Annuß/KühnRudolph/Rupp, EBRG, § 13 SEBG Rz. 9.
22 *Feuerborn* in KölnKomm. AktG, 3. Aufl., § 13 SEBG Rz. 13; *Freis* in Nagel/Freis/Kleinsorge, Beteiligung der Arbeitnehmer, § 13 SEBG Rz. 10; *Jacobs* in MünchKomm. AktG, 3. Aufl., § 13 SEBG Rz. 4; *Rudolph* in Annuß/Kühn/Rudolph/Rupp, EBRG, § 13 SEBG Rz. 9.
23 *Evers* in Manz/Mayer/Schröder, § 13 SEBG Rz. 7; *Feuerborn* in KölnKomm. AktG, 3. Aufl., § 13 SEBG Rz. 10; *Freis* in Nagel/Freis/Kleinsorge, Beteiligung der Arbeitnehmer, § 13 SEBG Rz. 12; *Hohenstatt/Müller-Bonanni* in Habersack/Drinhausen, § 13 SEBG Rz. 4; *Jacobs* in MünchKomm. AktG, 3. Aufl., § 13 SEBG Rz. 4; *Rudolph* in Annuß/Kühn/Rudolph/Rupp, EBRG, § 13 SEBG Rz. 9.
24 So auch *Krause*, BB 2005, 1221, 1226 sowie nachfolgend *Feuerborn* in KölnKomm. AktG, 3. Aufl., § 13 SEBG Rz. 12; *Rudolph* in Annuß/Kühn/Rudolph/Rupp, EBRG, § 13 SEBG Rz. 9. Zum Begriff der Unterlagen s. statt aller *Weber* in GK-BetrVG, 10. Aufl. 2014, § 80 BetrVG Rz. 81 ff.
25 A.A. *Feuerborn* in KölnKomm. AktG, 3. Aufl., § 13 SEBG Rz. 16; *Freis* in Nagel/Freis/Kleinsorge, Beteiligung der Arbeitnehmer, § 13 SEBG Rz. 7.
26 *Feuerborn* in KölnKomm. AktG, 3. Aufl., § 13 SEBG Rz. 15; *Freis* in Nagel/Freis/Kleinsorge, Beteiligung der Arbeitnehmer, § 13 SEBG Rz. 9; im Ergebnis auch *Hohenstatt/Dzida* in Henssler/Willemsen/Kalb, ArbR-Komm., SEBG Rz. 26; *Hohenstatt/Müller-Bonanni* in Habersack/Drinhausen, § 13 SEBG Rz. 4. Zu § 80 Abs. 2 Satz 2 1. Halbsatz BetrVG s. m.w.N. *Weber* in GK-BetrVG, 10. Aufl. 2014, § 80 BetrVG Rz. 86.

die Dauer des Verhandlungsverfahrens zu überlassen sind. Nach dessen Abschluss muss der Vorsitzende des BVG diese den Leitungen zurückgeben[27].

V. Festlegung von Zeitpunkt, Häufigkeit und Ort der Verhandlungen (§ 13 Abs. 2 Satz 3 SEBG)

Mit § 13 Abs. 2 Satz 3 SEBG, der § 8 Abs. 3 Satz 2 EBRG wörtlich entspricht, überantwortet das SEBG die Einzelheiten zu den Verhandlungen den Verhandlungsparteien. Die Vorgabe einer „**einvernehmlichen**" Festlegung schließt es aus, dass die Leitungen Zeitpunkt, Häufigkeit und Ort der Verhandlungen einseitig vorgeben. Umgekehrt steht § 13 Abs. 2 Satz 3 SEBG einem Anspruch des BVG entgegen, die Verhandlungen an bestimmten Orten bzw. in bestimmten zeitlichen Abständen durchzuführen. Das Gesetz zwingt zu einem Konsens, dessen Zustandekommen vor allem von den Rechtsfolgen beeinflusst wird, wenn es nicht gelingt, die Verhandlungen innerhalb der hierfür vorgesehenen Frist (§ 20 SEBG) durch Abschluss einer Vereinbarung abzuschließen (s. auch § 20 SEBG Rz. 12 f.)[28]. Einem **Vorschlagsrecht beider Verhandlungsparteien**, auf das sich die jeweils andere Seite im Geiste vertrauensvoller Zusammenarbeit (§ 13 Abs. 1 Satz 2 SEBG) einlassen muss[29], steht dies nicht entgegen; sachlich begründeten Anregungen darf sich keine Seite grundlos verschließen[30]. Diese Grundsätze gelten auch für den ersten Verhandlungstermin zwischen den Leitungen und dem BVG; eine § 219 Abs. 4 ArbVG entsprechende Regelung, die den Leitungen die Obliegenheit zur Einladung auferlegt[31], kennt das SEBG nicht. Keine Bedeutung hat das Konsensprinzip für die Sitzungen des BVG vor und im Anschluss an den Verhandlungstermin mit den Leitungen; diese kann der Vorsitzende des BVG eigenständig einberufen (s. § 12 SEBG Rz. 22)[32].

14

Für die **Form der Festlegung** trifft das Gesetz keine verbindlichen Vorgaben; § 13 Abs. 2 Satz 3 SEBG gebietet nicht, diese schriftlich niederzulegen[33]. Die Verständigung der Verhandlungsparteien kann bereits zu Beginn der Verhandlungen für das gesamte Verfahren erfolgen; es genügt indes auch, wenn sie über Ort und Zeitpunkt eines Verhandlungstermins ad hoc Einvernehmen erzielen.

15

Die **Festlegungen** zu Zeitpunkt, Häufigkeit und Ort der Verhandlungen **treffen die Verhandlungsparteien**. Da § 13 Abs. 2 Satz 3 SEBG das Einvernehmen auf das Gremium bezieht, ist dessen Vorsitzender nicht berechtigt, die Einzelheiten zum Verhandlungsverfahren eigenmächtig mit den Leitungen zu verabreden. **Auf Seiten des BVG** bedarf es grundsätzlich eines **Beschlusses**, für den das Mehrheitserfordernis in § 15 Abs. 2 SEBG gilt[34]. Zulässig ist es aber auch, den **Vorsitzenden** des BVG durch Beschluss zu ermächtigen, die Einzelheiten des Verhandlungsverfahrens mit den Lei-

16

---

27 S. *Weber* in GK-BetrVG, 10. Aufl. 2014, § 80 BetrVG Rz. 86.
28 Dazu ferner *C. Müller*, 1997, § 8 EBRG Rz. 4.
29 S. auch *Jacobs* in MünchKomm. AktG, 3. Aufl., § 13 SEBG Rz. 5.
30 Wie hier im Anschluss *Henssler* in Ulmer/Habersack/Henssler, Mitbestimmungsrecht, § 13 SEBG Rz. 3; *Rudolph* in Annuß/Kühn/Rudolph/Rupp, EBRG, § 13 SEBG Rz. 11. Insoweit ebenfalls zu § 8 Abs. 3 Satz 2 EBRG *Blanke*, 2. Aufl. 2006, § 8 EBRG Rz. 11; *Klebe* in Däubler/Kittner/Klebe/Wedde, BetrVG, 14. Aufl. 2014, § 8 EBRG Rz. 9; *Oetker* in GK-BetrVG, 10. Aufl. 2014, § 8 EBRG Rz. 9.
31 Dazu *Gahleitner* in Kalss/Hügel, § 219 ArbVG Rz. 5.
32 Treffend *Henssler* in Ulmer/Habersack/Henssler, Mitbestimmungsrecht, § 13 SEBG Rz. 3.
33 Ebenso *Feuerborn* in KölnKomm. AktG, 3. Aufl., § 13 SEBG Rz. 19.
34 Wie hier auch *Evers* in Manz/Mayer/Schröder, § 13 SEBG Rz. 5; *Henssler* in Ulmer/Habersack/Henssler, Mitbestimmungsrecht, § 13 SEBG Rz. 3; *Rudolph* in Annuß/Kühn/Rudolph/Rupp, EBRG, § 13 SEBG Rz. 12.

tungen zu vereinbaren; ggf. kann die **Geschäftsordnung** des BVG eine derartige Ermächtigung enthalten[35].

17 Ort, Zeitpunkt und Häufigkeit der Verhandlungen betreffen lediglich die zentralen Elemente für die Durchführung des Verhandlungsverfahrens, ohne die regelungsbedürftigen Einzelheiten abschließend zu benennen. Festlegungen sind z.B. auch bezüglich der **Verhandlungssprache** und der **Protokollführung** erforderlich. Angesichts des in § 13 Abs. 2 Satz 3 SEBG zum Ausdruck gelangten **Konsensprinzips** sprechen gute Gründe dafür, dieses im Wege einer Analogie auf alle **weiteren regelungsbedürftigen Einzelheiten** des Verfahrens auszudehnen[36]. Anhaltspunkte dafür, dass das Konsensprinzip ausschließlich für die in § 13 Abs. 2 Satz 3 SEBG benannten Angelegenheiten gilt, die Leitungen der beteiligten Gesellschaften hingegen die weiteren Einzelheiten des Verhandlungsverfahrens einseitig festlegen können, lassen sich dem Gesetz nicht entnehmen. Selbst wenn dies angenommen würde, wäre es den Leitungen im Rahmen einer vertrauensvollen Zusammenarbeit verwehrt, sachlich berechtigte Anliegen des BVG grundlos zu übergehen (s. oben Rz. 8).

§ 14
Sachverständige und Vertreter von geeigneten außenstehenden Organisationen

(1) Das besondere Verhandlungsgremium kann bei den Verhandlungen Sachverständige seiner Wahl, zu denen auch Vertreter von einschlägigen Gewerkschaftsorganisationen auf Gemeinschaftsebene zählen können, hinzuziehen, um sich von ihnen bei seiner Arbeit unterstützen zu lassen. Diese Sachverständigen können, wenn das besondere Verhandlungsgremium es wünscht, an den Verhandlungen in beratender Funktion teilnehmen.

(2) Das besondere Verhandlungsgremium kann beschließen, die Vertreter von geeigneten außenstehenden Organisationen vom Beginn der Verhandlungen zu unterrichten.

I. Allgemeines	1	III. Unterrichtung außenstehender Organisationen (§ 14 Abs. 2 SEBG)	15
II. Hinzuziehung von Sachverständigen zu den Verhandlungen (§ 14 Abs. 1 SEBG)	6		

Literatur: S. Vor § 1 SEBG.

I. Allgemeines

1 Die Vorschrift regelt das Recht des BVG, sich bei seiner Arbeit von Personen unterstützen zu lassen, die nicht dem Gremium selbst angehören, beschränkt sich in ih-

---
35 Zustimmend *Evers* in Manz/Mayer/Schröder, § 13 SEBG Rz. 5; *Henssler* in Ulmer/Habersack/Henssler, Mitbestimmungsrecht, § 13 SEBG Rz. 3.
36 So auch *Evers* in Manz/Mayer/Schröder, § 13 SEBG Rz. 6; *Henssler* in Ulmer/Habersack/Henssler, Mitbestimmungsrecht, § 13 SEBG Rz. 3; *Rudolph* in Annuß/Kühn/Rudolph/Rupp, EBRG, § 13 SEBG Rz. 12.

rem Regelungsgehalt jedoch auf „Sachverständige" und die Verhandlungen mit den Leitungen. Mit § 14 SEBG setzt das die Vorgabe in **Art. 3 Abs. 5 SE-RL** um, die folgenden Wortlaut hat:

„Das besondere Verhandlungsgremium kann bei den Verhandlungen Sachverständige seiner Wahl, zu denen auch Vertreter der einschlägigen Gewerkschaftsorganisationen auf Gemeinschaftsebene zählen können, hinzuziehen, um sich von ihnen bei seiner Arbeit unterstützen zu lassen. Diese Sachverständigen können, wenn das besondere Verhandlungsgremium dies wünscht, den Verhandlungen in beratender Funktion beiwohnen, um gegebenenfalls die Kohärenz und Stimmigkeit auf Gemeinschaftsebene zu fördern. Das besondere Verhandlungsgremium kann beschließen, die Vertreter geeigneter außenstehender Organisationen, zu denen auch Gewerkschaftsvertreter zählen können, vom Beginn der Verhandlungen zu unterrichten."

Die **SCE-RL** hat in Art. 3 Abs. 5 die Regelung der SE-RL mit identischem Wortlaut übernommen; Entsprechendes gilt für die zur Umsetzung geschaffene Vorschrift in **§ 14 SCEBG**, die mit § 14 SEBG wörtlich identisch ist. Auch die **Verschmelzungs-RL 2005/56/EG** hat die in Rz. 1 wiedergegebene Bestimmung der SE-RL in die Verweisungsnorm des Art. 16 Abs. 3 aufgenommen. Die zu dessen Umsetzung getroffene Regelung in **§ 16 MgVG** stimmt mit § 14 SEBG überein. 2

Die Sonderregelung zur Unterstützung des BVG durch Sachverständige findet eine **Entsprechung in § 13 Abs. 4 EBRG**, der jedoch von § 14 SEBG abweicht. Nach § 13 Abs. 4 EBRG ist die Unterstützung durch Sachverständige nicht mit den Verhandlungen verknüpft, sondern hängt sehr viel allgemeiner ausschließlich von der Erforderlichkeit für die ordnungsgemäße Erfüllung der Aufgaben des Gremiums ab. Ferner weicht § 13 Abs. 4 EBRG bezüglich der erfassten Gewerkschaftsvertreter ab. Während § 14 Abs. 1 Satz 1 SEBG diese durch die Bezugnahme auf die „einschlägigen Gewerkschaftsorganisationen auf Gemeinschaftsebene" konkretisiert, benennt § 13 Abs. 4 Satz 2 EBRG pauschal die „Gewerkschaften". 3

Zu den mit der Hinzuziehung von Sachverständigen verbundenen **Kosten** fehlt im SEBG eine eigenständige Regelung, so dass hierfür die allgemeine Vorschrift in § 19 SEBG eingreift (s. auch § 19 SEBG Rz. 7)[1]. Im Unterschied zu § 16 Abs. 1 Satz 2 EBRG beschränkt § 19 SEBG die Verpflichtung zur Tragung der Kosten nicht auf „einen Sachverständigen". Die den Mitgliedstaaten in Art. 3 Abs. 7 Unterabs. 2 Satz 2 SE-RL eröffnete Option für eine derartige Kostenbegrenzung hat der deutsche Gesetzgeber nicht in Anspruch genommen[2]. 4

In **Österreich** ist das Recht auf Hinzuziehung von Sachverständigen zu den Verhandlungen in § 220 Abs. 2 ArbVG ebenfalls eigenständig geregelt und entspricht – mit Ausnahme der gesonderten Hervorhebung der Gewerkschaftsvertreter[3] – § 14 Abs. 1 SEBG. Hinsichtlich der Kosten beschränkt § 224 Abs. 2 ArbVG die Pflicht zu Tragung der Kosten auf die Kosten „für jedenfalls einen Sachverständigen". 5

II. Hinzuziehung von Sachverständigen zu den Verhandlungen (§ 14 Abs. 1 SEBG)

Das Recht auf Hinzuziehung von Sachverständigen bezieht das SEBG auf die Verhandlungen („bei den Verhandlungen"). Ein Vergleich mit § 13 Abs. 4 Satz 1 EBRG legt die Schlussfolgerung nahe, dass § 14 Abs. 1 SEBG das Recht des BVG, sich bei 6

---

1 Statt aller *Evers* in Manz/Mayer/Schröder, § 14 SEBG Rz. 5; *Feuerborn* in KölnKomm. AktG, 3. Aufl., § 14 SEBG Rz. 7; *Jacobs* in MünchKomm. AktG, 3. Aufl., § 14 SEBG Rz. 3.
2 Entsprechendes gilt für die SCE, da § 19 SCEBG ebenfalls auf die in Art. 3 Abs. 7 Unterabs. 2 SCE-RL eröffnete Option verzichtet.
3 Deren Hinzuziehung als Sachverständige ist gleichwohl nicht bestritten; vgl. *Gahleitner* in Kalss/Hügel, § 220 ArbVG Rz. 3.

der Erfüllung seiner Aufgaben von Sachverständigen unterstützen zu lassen, hierdurch abschließend regelt. Eine derartige Auslegung widerspricht jedoch nicht nur der allgemeinen Bestimmung in § 19 SEBG, sondern vernachlässigt darüber hinaus den Zweck der Sonderregelung. Vor allem die Gegenüberstellung mit § 13 Abs. 4 EBRG zeigt, dass sich der Regelungsgehalt des § 14 Abs. 1 SEBG **ausschließlich** auf die **Hinzuziehung** von Sachverständigen **zu den Verhandlungen** mit den Leitungen der beteiligten Gesellschaften beschränkt, während § 13 Abs. 4 EBRG diese Frage unbeantwortet lässt[4]. Angesichts dessen verpflichtet § 14 Abs. 1 SEBG die an den Verhandlungen beteiligten Leitungen, die Teilnahme von Sachverständigen an diesen zu dulden (s. unten Rz. 11). Ob das BVG zur Unterstützung seiner Arbeit **außerhalb der unmittelbaren Verhandlungen**, insbesondere zu deren Vorbereitung, auf Sachverständige zurückgreifen kann, beurteilt sich nicht nach der speziellen Bestimmung in § 14 Abs. 1 SEBG, sondern nach der allgemeinen Regelung in § 19 SEBG[5].

7   Das Recht auf Hinzuziehung von Sachverständigen zu den Verhandlungen mit den Leitungen begründet § 14 Abs. 1 SEBG zugunsten des BVG als **Organ**; **einzelne Mitglieder** des Gremiums sind – auch ab einem bestimmten Quorum (vgl. § 31 BetrVG) – nicht berechtigt, sich durch Sachverständige ihrer Wahl zu den Verhandlungen begleiten zu lassen[6]. Ob das BVG von seinem Recht in § 14 Abs. 1 Satz 1 SEBG Gebrauch macht, steht in seinem **Ermessen** („kann")[7], das dieses **pflichtgemäß**, d.h. unter angemessener Wahrung der Belange der beteiligten Gesellschaften sowie im Geiste **vertrauensvoller Zusammenarbeit** (§ 13 Abs. 1 Satz 2 SEBG)[8] auszuüben hat. Deshalb ist das BVG zur Hinzuziehung von Sachverständigen nur berechtigt, wenn dies für die Erfüllung seiner Aufgaben im Rahmen der Verhandlungen **erforderlich** ist[9]. Bedeutsam ist diese Schranke für das „ob" und die **Zahl der Sachverständigen**. Das SEBG beschränkt das BVG nicht auf einen Sachverständigen[10]; die Hinzuziehung mehrerer Sachverständiger bei den Verhandlungen entspricht aber nur dann pflichtgemäßer Ermessensausübung, wenn dies im Hinblick auf die besonderen Aufgaben des BVG erforderlich ist, da § 14 Abs. 1 Satz 1 SEBG das Recht nur zu diesem Zweck

---

4 Im einschlägigen Schrifttum zu § 13 Abs. 4 EBRG ist dies bislang unerörtert geblieben.
5 Zustimmend *Evers* in Manz/Mayer/Schröder, § 14 SEBG Rz. 1; a.A. *Rudolph* in Annuß/Kühn/Rudolph/Rupp, EBRG, § 14 SEBG Rz. 2, der mittels einer extensiven Auslegung auf § 14 SEBG zurückgreift.
6 So im Anschluss auch *Feuerborn* in KölnKomm. AktG, 3. Aufl., § 14 SEBG Rz. 3; *Rudolph* in Annuß/Kühn/Rudolph/Rupp, EBRG, § 14 SEBG Rz. 5; ebenso zu § 220 Abs. 2 ArbVG *Gahleitner* in Kalss/Hügel, § 220 ArbVG Rz. 3.
7 So auch *Evers* in Manz/Mayer/Schröder, § 14 SEBG Rz. 2; *Rudolph* in Annuß/Kühn/Rudolph/Rupp, EBRG, § 14 SEBG Rz. 3.
8 Zutreffend *Evers* in Manz/Mayer/Schröder, § 14 SEBG Rz. 2; *Feuerborn* in KölnKomm. AktG, 3. Aufl., § 14 SEBG Rz. 8; *Jacobs* in MünchKomm. AktG, 3. Aufl., § 14 SEBG Rz. 3; *Rudolph* in Annuß/Kühn/Rudolph/Rupp EBRG, § 14 SEBG Rz. 3. Mit dieser Schranke für § 13 Abs. 4 EBRG auch *Klebe* in Däubler/Kittner/Klebe/Wedde, BetrVG, 14. Aufl. 2014, § 13 EBRG Rz. 11; *Oetker* in GK-BetrVG, 10. Aufl. 2014, § 13 EBRG Rz. 15.
9 *Evers* in Manz/Mayer/Schröder, § 14 SEBG Rz. 2; *Hoops*, Mitbestimmungsvereinbarung, S. 87 f.; *Jacobs* in MünchKomm. AktG, 3. Aufl., § 14 SEBG Rz. 3; a.A. *Donner*, Vereinbarungslösungen, S. 278; *Freis* in Nagel/Freis/Kleinsorge, Beteiligung der Arbeitnehmer, § 14 SEBG Rz. 9; *Henssler* in Ulmer/Habersack/Henssler, Mitbestimmungsrecht, § 14 SEBG Rz. 3; *Hohenstatt/Müller-Bonanni* in Habersack/Drinhausen, § 14 SEBG Rz. 2, die die Einschaltung von Sachverständigen generell als erforderlich ansehen; der Sache nach auch *Hennings* in Manz/Mayer/Schröder, 1. Aufl., Art. 3 SE-RL Rz. 29; ähnlich mit dem Plädoyer für eine Vermutung der Erforderlichkeit bei Gewerkschaftsvertretern i.S. des § 14 Abs. 1 Satz 1 SEBG *Feuerborn* in KölnKomm. AktG, 3. Aufl., § 14 SEBG Rz. 5 (ebenso im Rahmen von § 13 Abs. 4 EBRG *Klebe* in Däubler/Kittner/Klebe/Wedde, BetrVG, 14. Aufl. 2014, § 13 EBRG Rz. 11).
10 *Feuerborn* in KölnKomm. AktG, 3. Aufl., § 14 SEBG Rz. 8; *Freis* in Nagel/Freis/Kleinsorge, Beteiligung der Arbeitnehmer, § 14 SEBG Rz. 6; *Jacobs* in MünchKomm. AktG, 3. Aufl., § 14 SEBG Rz. 3; *Joost* in Oetker/Preis, EAS, B 8200, Rz. 88.

einräumt („um sich von ihnen bei seiner Arbeit unterstützen zu lassen")[11]. Aus dem Grundsatz der Erforderlichkeit folgt zudem, dass das BVG von der Hinzuziehung von Sachverständigen absehen muss, wenn die Sachkunde auf andere und für die beteiligten Gesellschaften weniger belastende Weise beschafft werden kann (z.B. Erteilung von Auskünften, Schrifttum)[12]. Bezüglich der Erforderlichkeit ist dem BVG jedoch ein **Beurteilungsspielraum** zuzubilligen[13].

Die **Person des Sachverständigen** grenzt § 14 Abs. 1 SEBG nicht ein; er muss aber über eine besondere Sachkunde verfügen, die sich auf die „Arbeit" des BVG bezieht[14]. Diese wiederum wird von der in § 4 Abs. 1 Satz 2 SEBG definierten Aufgabe des Gremiums konkretisiert, „mit den Leitungen eine schriftliche Vereinbarung über die Beteiligung der Arbeitnehmer in der SE abzuschließen" (s. § 4 SEBG Rz. 6). Wegen der Bindung an den Erforderlichkeitsgrundsatz kommen nur solche Personen als Sachverständige in Betracht, deren Sachkunde über diejenige der Mitglieder des BVG hinausgeht[15]. Im Hinblick auf die Unterstützung durch einen Vertreter der Gewerkschaften als Sachverständigen wird dies teilweise schon dann verneint, wenn dem BVG wegen § 6 Abs. 3 SEBG bereits ein Vertreter der im Betrieb vertretenen Gewerkschaft angehört[16]. Die Norm schafft für das BVG nicht das Recht, beliebige Personen zu einer Unterstützung bei den Verhandlungen hinzuzuziehen. Als vom BVG beauftragte Sachverständige können nicht nur natürliche, sondern auch **juristische Personen** hinzugezogen werden, die sodann selbst darüber befinden, welche Person für sie an den Verhandlungen teilnimmt[17].   8

Die ausdrückliche Erwähnung der Vertreter von einschlägigen **Gewerkschaftsorganisationen auf Gemeinschaftsebene** hat – wie die Formulierung „auch" verdeutlicht – vor allem klarstellende Bedeutung[18]. Deshalb entbindet sie nicht von der Beschränkung in § 14 Abs. 1 SEBG auf solche Personen, die im Hinblick auf die Aufgabe des BVG über eine besondere Sachkunde verfügen und deren Hinzuziehung aus diesem Grunde erforderlich ist[19]. Nur unter diesem Vorbehalt ist es gerechtfertigt, die **Hinzuziehung von nationalen Gewerkschaftsvertretern** als Sachverständige zu den Verhandlungen zu beschließen[20]. Die von § 14 Abs. 1 SEBG erfassten „Gewerkschafts-   9

---

11 Ebenso *Scheibe*, Mitbestimmung der Arbeitnehmer, S. 50 sowie nachfolgend *Feuerborn* in KölnKomm. AktG, 3. Aufl., § 14 SEBG Rz. 8.
12 *Hohenstatt/Müller-Bonanni* in Habersack/Drinhausen, § 14 SEBG Rz. 2; *Jacobs* in MünchKomm. AktG, 3. Aufl., § 14 SEBG Rz. 3; *Rudolph* in Annuß/Kühn/Rudolph/Rupp, EBRG, § 14 SEBG Rz. 3; im Grundsatz auch *Evers* in Manz/Mayer/Schröder, § 14 SEBG Rz. 2, 3.
13 Zustimmend *Rudolph* in Annuß/Kühn/Rudolph/Rupp, EBRG, § 14 SEBG Rz. 3.
14 Ebenso *Feuerborn* in KölnKomm. AktG, 3. Aufl., § 14 SEBG Rz. 4; *Rudolph* in Annuß/Kühn/Rudolph/Rupp, EBRG, § 14 SEBG Rz. 3.
15 *Feuerborn* in KölnKomm. AktG, 3. Aufl., § 14 SEBG Rz. 4; *Freis* in Nagel/Freis/Kleinsorge, Beteiligung der Arbeitnehmer, § 14 SEBG Rz. 8; *Hohenstatt/Müller-Bonanni* in Habersack/Drinhausen, § 14 SEBG Rz. 2; *Rudolph* in Annuß/Kühn/Rudolph/Rupp, EBRG, § 14 SEBG Rz. 3; ebenso zu § 13 Abs. 4 EBRG *C. Müller*, 1997, § 13 EBRG Rz. 6; *Klebe* in Däubler/Kittner/Klebe/Wedde, BetrVG, 14. Aufl. 2014, § 13 EBRG Rz. 11; *Oetker* in GK-BetrVG, 10. Aufl. 2014, § 13 EBRG Rz. 15.
16 So *Feuerborn* in KölnKomm. AktG, 3. Aufl., § 14 SEBG Rz. 9.
17 Wie hier *Feuerborn* in KölnKomm. AktG, 3. Aufl., § 14 SEBG Rz. 4.
18 So auch *Feuerborn* in KölnKomm. AktG, 3. Aufl., § 14 SEBG Rz. 5.
19 Wie hier *Feuerborn* in KölnKomm. AktG, 3. Aufl., § 14 SEBG Rz. 5. Weitergehend zu § 13 Abs. 4 EBRG *Blanke*, 2. Aufl. 2006, § 13 EBRG Rz. 18, der die Hinzuziehung von Gewerkschaftsvertretern als Sachverständige stets als erforderlich ansieht; ebenso in der Sache *Klebe* in Däubler/Kittner/Klebe/Wedde, BetrVG, 14. Aufl. 2014, § 13 EBRG Rz. 11.
20 Wie hier *Scheibe*, Mitbestimmung der Arbeitnehmer, S. 50 f. sowie im Anschluss *Hohenstatt/Dzida* in Henssler/Willemsen/Kalb, ArbR-Komm., SEBG Rz. 26; *Jacobs* in MünchKomm. AktG, 3. Aufl., § 14 SEBG Rz. 5; *Wirtz*, SE-Betriebsrat, S. 118; wohl auch *Feuerborn* in KölnKomm. AktG, 3. Aufl., § 14 SEBG Rz. 5; *Hohenstatt/Müller-Bonanni* in Habersack/Drinhau-

organisationen" gehen über die in den beteiligten Gesellschaften vertretenen Gewerkschaften (vgl. §§ 6 Abs. 3, 8 Abs. 1 Satz 2 SEBG) hinaus; insbesondere ist nicht erforderlich, dass es sich bei ihnen um Gewerkschaften i.S. des § 2 Abs. 1 TVG handelt (s. aber § 6 SEBG Rz. 15). Ebenso zeigt der Vergleich mit den §§ 6 Abs. 3, 8 Abs. 1 Satz 2 SEBG, dass die Gewerkschaft nicht in einer an der Gründung der SE beteiligten Gesellschaft vertreten sein muss[21].

10 Über die Person des Sachverständigen entscheidet das BVG; es ist nicht auf das **Einvernehmen der Leitungen** angewiesen[22], sollte sich wegen der Schranken bei der Kostentragungspflicht (§ 19 SEBG) mit diesen aber frühzeitig verständigen[23], um Haftungsrisiken[24] zu vermeiden. Da § 14 Abs. 1 SEBG auf das Gremium abstellt, bedarf es für die Hinzuziehung von Sachverständigen eines **Beschlusses** mit der nach **§ 15 Abs. 2 SEBG** erforderlichen Mehrheit[25].

11 Aus dem Recht zur Hinzuziehung erschließt sich das Ausmaß der **Beteiligung des Sachverständigen an den Verhandlungen** nur unvollständig. Bereits aus dem Wortlaut des § 14 Abs. 1 SEBG lässt sich aber ein von dem Willen des BVG abhängiges **Anwesenheitsrecht** ableiten[26], das mit einer **Duldungspflicht der Leitungen** korrespondiert[27]. In § 14 Abs. 1 Satz 2 SEBG wird dies bestätigt, da dessen besonderer Regelungsgehalt vor allem in der Hervorhebung einer „beratenden Funktion" besteht und denknotwendig ein Recht zur Stellungnahme umfasst, so dass sich die im vorherigen Satz geregelte „Hinzuziehung" auf das Recht zur Anwesenheit beschränkt.

12 Die **„beratende Funktion"** bei den Verhandlungen (§ 14 Abs. 1 Satz 2 SEBG) geht über ein Teilnahmerecht hinaus, ist andererseits aber auch auf eine Beratung beschränkt. Dies schließt nicht nur ein **Stimmrecht**, sondern auch eine **Verhandlungsführerschaft** für das BVG aus[28]. Die Teilnahme an den Verhandlungen mit „beratender Funktion" eröffnet § 14 Abs. 1 SEBG jedoch nicht für alle Sachverständigen, da sich § 14 Abs. 1 Satz 2 SEBG lediglich auf „diese Sachverständigen" bezieht. Hierdurch

---

sen, § 14 SEBG Rz. 2; *Rudolph* in Annuß/Kühn/Rudolph/Rupp, EBRG, § 14 SEBG Rz. 4. Weitergehend Begr. RegE, BT-Drucks. 15/3405, S. 49, die auf den hier befürworteten Vorbehalt verzichtet; ebenso *Freis* in Nagel/Freis/Kleinsorge, Beteiligung der Arbeitnehmer, § 14 SEBG Rz. 6; *Güntzel*, Richtlinie, S. 414; *Henssler* in Ulmer/Habersack/Henssler, Mitbestimmungsrecht, § 14 SEBG Rz. 3; *Joost* in Oetker/Preis, EAS, B 8200, Rz. 88; *Köklü* in Van Hulle/Maul/Drinhausen, Kap. 6 Rz. 52.

21 Zustimmend *Jacobs* in MünchKomm. AktG, 3. Aufl., § 14 SEBG Rz. 5; a.A. *Joost* in Oetker/Preis, EAS, B 8200, Rz. 88, der dies aus der Formulierung „einschlägige" Gewerkschaftsorganisation folgert, hierdurch aber die lediglich klarstellende Bedeutung des Halbsatzes in § 14 Abs. 1 Satz 1 SEBG vernachlässigt.

22 *Evers* in Manz/Mayer/Schröder, § 14 SEBG Rz. 4; *Freis* in Nagel/Freis/Kleinsorge, Beteiligung der Arbeitnehmer, § 14 SEBG Rz. 8; *Henssler* in Ulmer/Habersack/Henssler, Mitbestimmungsrecht, § 14 SEBG Rz. 2; ebenso zu § 13 Abs. 4 Satz 1 EBRG *Klebe* in Däubler/Kittner/Klebe/Wedde, BetrVG, 14. Aufl. 2014, § 13 EBRG Rz. 12; *C. Müller*, 1997, § 13 EBRG Rz. 6.

23 Mit dieser Empfehlung zu § 13 Abs. 4 EBRG auch *Blanke*, 2. Aufl. 2006, § 13 EBRG Rz. 21.

24 Dazu vor allem BGH v. 25.10.2012 – III ZR 266/11, BGHZ 195, 174 ff. = ZIP 2012, 2362 ff.

25 *Evers* in Manz/Mayer/Schröder, § 14 SEBG Rz. 2; *Feuerborn* in KölnKomm. AktG, 3. Aufl., § 14 SEBG Rz. 3; *Henssler* in Ulmer/Habersack/Henssler, Mitbestimmungsrecht, § 14 SEBG Rz. 2; *Hohenstatt/Dzida* in Henssler/Willemsen/Kalb, ArbR-Komm., SEBG Rz. 26; *Jacobs* in MünchKomm. AktG, 3. Aufl., § 14 SEBG Rz. 2; *Rudolph* in Annuß/Kühn/Rudolph/Rupp, EBRG, § 14 SEBG Rz. 6.

26 *Freis* in Nagel/Freis/Kleinsorge, Beteiligung der Arbeitnehmer, § 14 SEBG Rz. 10; *Hennings* in Manz/Mayer/Schröder, 1. Aufl., Art. 3 SE-RL Rz. 30; *Jacobs* in MünchKomm. AktG, 3. Aufl., § 14 SEBG Rz. 4.

27 Wie hier auch *Henssler* in Ulmer/Habersack/Henssler, Mitbestimmungsrecht, § 14 SEBG Rz. 2; *Rudolph* in Annuß/Kühn/Rudolph/Rupp, EBRG, § 14 SEBG Rz. 6.

28 Ebenso für eine Vorenthaltung des Stimmrechts *Gahleitner* in Kalss/Hügel, § 220 ArbVG Rz. 3.

meint § 14 Abs. 1 Satz 2 SEBG die „Vertreter von einschlägigen Gewerkschaftsorganisationen auf Gemeinschaftsebene", so dass anderen Sachverständigen entgegen der vorherrschenden Ansicht die „beratende Funktion" nicht zusteht[29]. Neben der Gesetzessystematik spricht Art. 3 Abs. 5 Satz 2 SE-RL für diese Auslegung, da dieser das Beratungsrecht begründet, um die Kohärenz und Stimmigkeit auf Gemeinschaftsebene zu fördern. Hierzu sind Sachverständige nicht per se in der Lage, sondern nur, wenn sie gemeinschaftsweit agierenden Organisationen angehören.

Die beratende Teilnahme des Sachverständigen hängt vom **Willen des BVG** ab. Insbesondere kann es die Teilnahme des Sachverständigen an den Verhandlungen auf einzelne Termine beschränken. Mit der Bindung an den Wunsch des BVG stellt § 14 Abs. 1 Satz 2 SEBG zudem klar, dass die Teilnahme des Sachverständigen an den Verhandlungen **nicht** von einem **Einvernehmen mit den Leitungen** abhängt[30]. Da das Gesetz die beratende Teilnahme mit dem Willen des Gremiums verknüpft, hat das BVG jedoch zuvor einen **Beschluss** mit der in **§ 15 Abs. 2 SEBG** vorgesehenen Mehrheit zu fassen[31]. 13

Soweit Sachverständige infolge ihrer Teilnahme an den Verhandlungen Kenntnis über Betriebs- oder Geschäftsgeheimnisse erlangen, unterliegen sie in gleicher Weise wie die Mitglieder des BVG der **Pflicht zur Verschwiegenheit** (vgl. § 41 Abs. 4 Nr. 4 SEBG). Die an den Verhandlungen beteiligten Leitungen können Informationen auch gegenüber einem als Sachverständigen hinzugezogenen Gewerkschaftsvertreter ausschließlich nach **§ 41 Abs. 1 SEBG** zurückhalten. Umgekehrt steht die Weitergabe von Betriebs- oder Geschäftsgeheimnissen an Sachverständige nicht im Widerspruch zu der Verschwiegenheitspflicht, die § 41 Abs. 4 Nr. 1 SEBG für die Mitglieder des BVG begründet (§ 41 Abs. 5 Nr. 1 SEBG)[32]. 14

III. Unterrichtung außenstehender Organisationen (§ 14 Abs. 2 SEBG)

Das BVG ist nach § 14 Abs. 2 SEBG berechtigt, außenstehende Organisationen von dem **Beginn der Verhandlungen** zu unterrichten. Diese Rechtsposition begründet das Gesetz neben und unabhängig von § 14 Abs. 1 SEBG. Da das Gesetz die Unterrichtung ausdrücklich auf den Verhandlungsbeginn beschränkt, kann sich das BVG nicht auf § 14 Abs. 2 SEBG stützen, um **außenstehende Organisationen** über **Inhalt, Verlauf und Ergebnis der Verhandlungen** zu unterrichten[33]. 15

Das Recht zur Unterrichtung besteht lediglich gegenüber „**außenstehenden Organisationen**". Hierunter sind nur solche zu verstehen, die außerhalb des Unternehmens anzusiedeln sind; § 14 Abs. 2 SEBG betrifft deshalb nicht die Kommunikation zwischen dem BVG und den gewählten **Arbeitnehmervertretungen** bzw. **Sprecherausschüssen**. Den Kreis der **Organisationen** grenzt das Gesetz jedoch auf solche ein, die 16

---

29 A.A. *Feuerborn* in KölnKomm. AktG, 3. Aufl., § 14 SEBG Rz. 6; *Hohenstatt/Müller-Bonanni* in Habersack/Drinhausen, § 14 SEBG Rz. 2; *Rudolph* in Annuß/Kühn/Rudolph/Rupp, EBRG, § 14 SEBG Rz. 6. Weiter insoweit auch § 220 Abs. 2 ArbVG.
30 *Jacobs* in MünchKomm. AktG, 3. Aufl., § 14 SEBG Rz. 4.
31 Zustimmend *Jacobs* in MünchKomm. AktG, 3. Aufl., § 14 SEBG Rz. 4; *Rudolph* in Annuß/Kühn/Rudolph/Rupp, EBRG, § 14 SEBG Rz. 6.
32 Verfehlt deshalb *Hennings* in Manz/Mayer/Schröder, 1. Aufl., Art. 3 SE-RL Rz. 29, wonach bei der Ausübung des Ermessens bezüglich der Hinzuziehung von Sachverständigen auch die Geheimhaltungspflicht zu beachten sein soll, was jedoch im offensichtlichen Widerspruch zu der Freistellung in § 41 Abs. 5 Nr. 1 SEBG steht.
33 Zustimmend *Evers* in Manz/Mayer/Schröder, § 14 SEBG Rz. 7; *Feuerborn* in KölnKomm. AktG, 3. Aufl., § 14 SEBG Rz. 11; *Rudolph* in Annuß/Kühn/Rudolph/Rupp, EBRG, § 14 SEBG Rz. 9.

"geeignet" sind. Da das BVG seine Rechte nur zur Wahrnehmung der gesetzlichen Aufgaben (§ 4 Abs. 1 Satz 2 SEBG) verliehen bekommen hat, hängt auch die Geeignetheit einer Organisation hiervon ab[34]. Ein darüber hinaus erforderliches berechtigtes Interesse der Organisation an der Unterrichtung[35] muss nicht bestehen. Zu den in diesem Sinne geeigneten Organisationen können wegen einer richtlinienkonformen Auslegung des § 14 Abs. 2 SEBG ebenfalls **Gewerkschaften** zählen[36], da Art. 3 Abs. 5 Satz 3 SE-RL zu den Adressaten der Unterrichtung auch „Gewerkschaftsvertreter" zählt[37]. Allerdings reicht die Vorgabe in Art. 3 Abs. 5 Satz 3 SE-RL nicht soweit, dass bei Gewerkschaftsvertretern die Geeignetheit i.S. des § 14 Abs. 2 SEBG unwiderlegbar feststeht. Darüber hinaus sollen auch Wirtschaftsberatungsunternehmen als im vorstehenden Sinne geeignete Organisationen in Betracht kommen[38]. Die Beschränkung des Unterrichtungsrechts auf „geeignete Organisationen" rechtfertigt es umgekehrt aber nicht, eine allgemeine **Information der Öffentlichkeit** und der **Medien** (z.B. durch Presseerklärungen) oder eine Unterrichtung der bei den beteiligten Gesellschaften beschäftigten **Arbeitnehmer** auf § 14 Abs. 2 SEBG zu stützen[39].

17 Das Recht auf Unterrichtung weist das Gesetz dem **BVG als Gremium** zu, so dass es einer **vorherigen Beschlussfassung** bedarf, für die das Mehrheitserfordernis des **§ 15 Abs. 2 SEBG** gilt[40]. Wegen der in § 14 Abs. 2 SEBG ausdrücklich niedergelegten Abhängigkeit von einem Beschluss des BVG ist dessen Vorsitzender nicht berechtigt, eigenmächtig die Vertreter ihm als geeignet erscheinender Organisationen über den Beginn der Verhandlungen zu unterrichten. Ebenso darf er sich nicht über einen Beschluss des BVG zur Unterrichtung hinwegsetzen oder von diesem abweichen. Die Berechtigung zur Unterrichtung kann auch vorab die **Geschäftsordnung** festlegen. Ob das BVG einen Beschluss zur Unterrichtung fasst, hängt von seinem pflichtgemäß auszuübenden **Ermessen** ab; § 14 Abs. 2 SEBG verleiht außenstehenden Organisationen bzw. ihren Vertretern selbst bei objektiver Eignung im Hinblick auf die Aufgaben des BVG **keinen Anspruch**, über den Beginn der Verhandlungen unterrichtet zu werden[41].

18 Die **Form der Unterrichtung** legt das BVG mangels konkretisierender Vorgaben in § 14 Abs. 2 SEBG nach pflichtgemäßem Ermessen fest. Diese kann deshalb mündlich oder mittels moderner Kommunikationsmittel (z.B. per E-Mail) erfolgen[42].

---

34 Zustimmend *Evers* in Manz/Mayer/Schröder, § 14 SEBG Rz. 6; *Feuerborn* in KölnKomm. AktG, 3. Aufl., § 14 SEBG Rz. 10; *Hohenstatt/Müller-Bonanni* in Habersack/Drinhausen, § 14 SEBG Rz. 3.
35 Hierfür *Evers* in Manz/Mayer/Schröder, § 14 SEBG Rz. 6.
36 Ebenso *Freis* in Nagel/Freis/Kleinsorge, Beteiligung der Arbeitnehmer, § 14 SEBG Rz. 12; *Henssler* in Ulmer/Habersack/Henssler, Mitbestimmungsrecht, § 14 SEBG Rz. 4.
37 S. auch *Hennings* in Manz/Mayer/Schröder, 1. Aufl., Art. 3 SE-RL Rz. 31.
38 Hierfür plädierend *Freis* in Nagel/Freis/Kleinsorge, Beteiligung der Arbeitnehmer, § 14 SEBG Rz. 12 sowie im Anschluss *Feuerborn* in KölnKomm. AktG, 3. Aufl., § 14 SEBG Rz. 10.
39 So im Hinblick auf die Unterrichtung der Öffentlichkeit auch *Evers* in Manz/Mayer/Schröder, § 14 SEBG Rz. 6; *Feuerborn* in KölnKomm. AktG, 3. Aufl., § 14 SEBG Rz. 10; *Freis* in Nagel/Freis/Kleinsorge, Beteiligung der Arbeitnehmer, § 14 SEBG Rz. 13; *Henssler* in Ulmer/Habersack/Henssler, Mitbestimmungsrecht, § 14 SEBG Rz. 4; *Rudolph* in Annuß/Kühn/Rudolph/Rupp, EBRG, § 14 SEBG Rz. 10.
40 *Feuerborn* in KölnKomm. AktG, 3. Aufl., § 14 SEBG Rz. 12; *Jacobs* in MünchKomm. AktG, 3. Aufl., § 14 SEBG Rz. 6.
41 Wie hier auch *Freis* in Nagel/Freis/Kleinsorge, Beteiligung der Arbeitnehmer, § 14 SEBG Rz. 13; *Rudolph* in Annuß/Kühn/Rudolph/Rupp, EBRG, § 14 SEBG Rz. 11.
42 Ebenso *Feuerborn* in KölnKomm. AktG, 3. Aufl., § 14 SEBG Rz. 12; *Rudolph* in Annuß/Kühn/Rudolph/Rupp, EBRG, § 14 SEBG Rz. 12.

§ 15
Beschlussfassung im besonderen Verhandlungsgremium

(1) Die Mitglieder des besonderen Verhandlungsgremiums, die in einem Mitgliedstaat gewählt oder bestellt werden, vertreten alle in dem jeweiligen Mitgliedstaat beschäftigten Arbeitnehmer. Solange aus einem Mitgliedstaat keine Mitglieder in das besondere Verhandlungsgremium gewählt oder bestellt sind (§ 11 Abs. 2), gelten die betroffenen Arbeitnehmer als nicht vertreten.

(2) Das besondere Verhandlungsgremium beschließt vorbehaltlich des Absatzes 3 und § 16 Abs. 1 mit der Mehrheit seiner Mitglieder, in der zugleich die Mehrheit der vertretenen Arbeitnehmer enthalten sein muss. Jedes auf das Inland entfallende Mitglied vertritt gleich viele Arbeitnehmer.

(3) Hätten die Verhandlungen eine Minderung der Mitbestimmungsrechte zur Folge, so ist für einen Beschluss zur Billigung einer solchen Vereinbarung eine Mehrheit von zwei Dritteln der Mitglieder des besonderen Verhandlungsgremiums erforderlich, die mindestens zwei Drittel der Arbeitnehmer in mindestens zwei Mitgliedstaaten vertreten. Dies gilt

1. im Falle einer SE, die durch Verschmelzung gegründet werden soll, sofern sich die Mitbestimmung auf mindestens 25 Prozent der Gesamtzahl der Arbeitnehmer der beteiligten Gesellschaften und der betroffenen Tochtergesellschaften erstreckt oder

2. im Falle einer SE, die als Holding-Gesellschaft oder als Tochtergesellschaft gegründet werden soll, sofern sich die Mitbestimmung auf mindestens 50 Prozent der Gesamtzahl der Arbeitnehmer der beteiligten Gesellschaften und der betroffenen Tochtergesellschaften erstreckt.

(4) Minderung der Mitbestimmungsrechte bedeutet, dass

1. der Anteil der Arbeitnehmervertreter im Aufsichts- oder Verwaltungsorgan der SE geringer ist als der höchste in den beteiligten Gesellschaften bestehende Anteil oder

2. das Recht, Mitglieder des Aufsichts- oder Verwaltungsorgans der Gesellschaft zu wählen, zu bestellen, zu empfehlen oder abzulehnen, beseitigt oder eingeschränkt wird.

(5) Wird eine SE durch Umwandlung gegründet, kann ein Beschluss nach Absatz 3 nicht gefasst werden.

I. Allgemeines 1	2. Absolute Mehrheit der vertretenen Arbeitnehmer 14
II. Allgemeines zur Beschlussfassung des BVG	IV. Minderung der Mitbestimmungsrechte (§ 15 Abs. 3 bis 5 SEBG)
1. Vertretung der Arbeitnehmer im BVG (§ 15 Abs. 1 SEBG) 6	1. Allgemeines 17
2. Beschlussfähigkeit des BVG 8	2. Minderungstatbestände
III. Erfordernis einer doppelten absoluten Mehrheit (§ 15 Abs. 2 SEBG)	a) Überblick zum Vorher-Nachher-Vergleich 18
1. Absolute Mehrheit unter den Mitgliedern des BVG 11	b) Minderung im Hinblick auf den Anteil der Arbeitnehmervertreter (§ 15 Abs. 4 Nr. 1 SEBG) 20

c) Minderung der Mitbestimmungsrechte nach § 15 Abs. 4 Nr. 2 SEBG 23
d) Mischsachverhalte 25
3. Zulässigkeit geminderter Mitbestimmungsrechte 26
4. Repräsentativität der Mitbestimmung 28
5. Beschlussmehrheit 33

Literatur: S. Vor § 1 SEBG.

I. Allgemeines

1   Die Vorschrift stellt für die Beschlussfassung des BVG allgemeine Grundsätze auf, die § 16 Abs. 1 Satz 2 SEBG für den Fall ergänzt, dass das BVG die Nichtaufnahme bzw. den Abbruch des Verhandlungsverfahrens beschließt (s. dazu § 16 SEBG Rz. 8 ff.). Während § 15 Abs. 1 SEBG in der **SE-RL keine Entsprechung** findet, stimmen § 15 Abs. 2 bis 3 SEBG mit Art. 3 Abs. 4 Satz 1 bis 3 SE-RL weitgehend (s. aber unten Rz. 2) überein. Diese lauten:

„(4) Das besondere Verhandlungsgremium beschließt vorbehaltlich des Absatzes 6 mit der absoluten Mehrheit seiner Mitglieder, sofern diese Mehrheit auch die absolute Mehrheit der Arbeitnehmer vertritt. Jedes Mitglied hat eine Stimme. Hätten jedoch die Verhandlungen eine Minderung der Mitbestimmungsrechte zur Folge, so ist für einen Beschluss zur Billigung einer solchen Vereinbarung eine Mehrheit von zwei Dritteln der Stimmen der Mitglieder des besonderen Verhandlungsgremiums, die mindestens zwei Drittel der Arbeitnehmer vertreten, erforderlich, mit der Maßgabe, dass diese Mitglieder Arbeitnehmer in mindestens zwei Mitgliedstaaten vertreten müssen und zwar

– im Falle einer SE, die durch Verschmelzung gegründet werden soll, sofern sich die Mitbestimmung auf mindestens 25 % der Gesamtzahl der Arbeitnehmer der beteiligten Gesellschaften erstreckt, oder

– im Falle einer SE, die als Holdinggesellschaft oder als Tochtergesellschaft gegründet werden soll, sofern sich die Mitbestimmung auf mindestens 50 % der Gesamtzahl der Arbeitnehmer der beteiligten Gesellschaften erstreckt."

2   Eine Besonderheit stellt § 15 Abs. 4 SEBG dar, der verbindlich festlegt, unter welchen Voraussetzungen eine „Minderung der Mitbestimmung" vorliegt (s. dazu unten Rz. 17 ff.). Demgegenüber ist die Vorgabe in Art. 3 Abs. 4 Satz 4 SE-RL missverständlich formuliert und löste vor Verabschiedung des SEBG insbesondere die Forderung aus, die Prüfung einer „Minderung" um eine qualitative Komponente zu ergänzen[1]. Art. 3 Abs. 4 Satz 4 Unterabs. 2 SE-RL hat insoweit folgenden Wortlaut:

„Minderung der Mitbestimmungsrechte bedeutet, dass der Anteil der Mitglieder der Organe der SE im Sinne des Artikels 2 Buchstabe k geringer ist als der höchste in den beteiligten Gesellschaften geltende Anteil."

3   Die Regelung in § 15 Abs. 5 SEBG, die eine Minderung der Mitbestimmungsrechte infolge einer Vereinbarung bei Gründung einer SE durch Umwandlung ausschließt, soll Art. 4 Abs. 4 SE-RL umsetzen, der für diesen Fall einer Gründung der SE ausdrücklich vorschreibt, dass die Vereinbarung „in Bezug auf alle Komponenten der Arbeitnehmerbeteiligung zumindest das gleiche Ausmaß" gewährleisten muss, „das in der Gesellschaft besteht, die in eine SE umgewandelt werden soll". Mit dieser Vorgabe wäre es unvereinbar gewesen, wenn das BVG eine Minderung der Mitbestimmungsrechte hätte beschließen können.

---

1 So z.B. *Herfs-Röttgen*, NZA 2002, 358, 361; *Reichert/Brandes*, ZGR 2003, 767, 777 f., 784 ff.; *Wißmann* in FS Wiedemann, 2002, S. 691 f.; a.A. *Veelken* in GS Blomeyer, 2004, S. 491, 512 f.

Die in Rz. 1 bis 3 wiedergegebenen Regelungen der SE-RL kehren mit lediglich marginalen sprachlichen Anpassungen in **Art. 3 Abs. 4 SCE-RL** sowie **Art. 4 Abs. 4 SCE-RL** wieder. Dementsprechend stimmt die zur Umsetzung in Deutschland geschaffene Vorschrift (**§ 15 SCEBG**) mit § 15 SEBG wörtlich überein. Auch die Verweisungsnorm in **Art. 16 Abs. 3 Verschmelzungs-RL 2005/56/EG** nimmt auf die in Rz. 1 und Rz. 2 genannten Bestimmungen der SE-RL Bezug, soweit sich diese auf Verschmelzungen beziehen; für eine Übernahme der auf Umwandlungen bezogenen Sonderbestimmung in Art. 4 Abs. 4 SE-RL bestand keine sachliche Notwendigkeit. Der zur Umsetzung geschaffene **§ 17 MgVG** entspricht weitgehend § 15 SEBG, lediglich bezüglich der Definition zur „Minderung der Mitbestimmung" trifft § 17 Abs. 4 Nr. 1 lit. b und c MgVG eine Sonderregelung, die den Anteil der Arbeitnehmer in „Ausschüssen" oder in „Leitungsgremien", die für die „Ergebniseinheiten der Gesellschaften zuständig" sind, berücksichtigen. 4

In **Österreich** lehnt sich die Regelung zur Umsetzung von Art. 3 Abs. 4 SE-RL (§ 221 ArbVG) eng an den Wortlaut der Richtlinie an; wie dort fehlt auch in Österreich eine mit § 15 Abs. 1 vergleichbare Vorschrift. Die Bestimmungen in § 221 Abs. 1 bis 3 ArbVG sind mit der deutschen Rechtslage weitgehend identisch, weichen von dieser lediglich bezüglich des bei der Berechnung der Quoren in § 15 Abs. 3 Satz 2 SEBG maßgebenden Arbeitnehmerkreises ab, indem hierbei – wie in Art. 3 Abs. 4 Satz 3 SE-RL vorgesehen[2] – nur die Arbeitnehmer der an der Gründung unmittelbar beteiligten Gesellschaften, nicht aber auch diejenigen in betroffenen Tochtergesellschaften zu berücksichtigen sind (s. auch unten Rz. 30 f.). Abweichend ist ebenfalls die Legaldefinition in § 221 Abs. 4 ArbVG zur Minderung der Mitbestimmungsrechte formuliert: Übereinstimmend mit der deutschen Rechtslage liegt der Tatbestand einer Minderung nach § 221 Abs. 4 ArbVG zwar auch bei dem in § 15 Abs. 4 Nr. 1 SEBG genannten Sachverhalt vor (s. zu diesem unten Rz. 20 ff.). Keine ausdrückliche Erwähnung findet aber der Sachverhalt in § 15 Abs. 4 Nr. 2 SEBG. Wegen der Formulierung „jedenfalls" lässt der Wortlaut der Norm allerdings Spielraum, um von § 15 Abs. 4 Nr. 1 SEBG nicht erfasste Sachverhalte einer Minderung einzubeziehen[3]. 5

II. Allgemeines zur Beschlussfassung des BVG

1. Vertretung der Arbeitnehmer im BVG (§ 15 Abs. 1 SEBG)

Die Regelung in § 15 Abs. 1 SEBG steht in einem unmittelbaren Zusammenhang mit den doppelten Mehrheitserfordernissen in § 15 Abs. 2 und Abs. 3 SEBG sowie § 16 Abs. 1 Satz 2 SEBG, die jeweils für eine rechtswirksame Beschlussfassung auch auf die Zahl der Arbeitnehmer abstellen, die von den Mitgliedern des BVG vertreten werden. Diesbezüglich legt § 15 Abs. 1 Satz 1 SEBG, der in der SE-RL keine Entsprechung findet, den allgemeinen Grundsatz fest, dass die in einem Mitgliedstaat von dem dortigen Wahlgremium gewählten Mitglieder des BVG **alle Arbeitnehmer** des betreffenden Mitgliedstaates **repräsentieren**[4]. Das gilt unabhängig davon, ob die Arbeitnehmer in dem Wahlgremium vertreten waren oder sich an den Wahlen zu diesem beteiligt 6

---

2 Ebenso Art. 3 Abs. 4 Satz 4 SCE-RL.
3 Für ein noch weitergehendes Verständnis *Gahleitner* in Kalss/Hügel, § 221 ArbVG Rz. 3, die auch Abreden einbeziehen, welche die Rechtsstellung der Mitglieder betreffen, die dem Aufsichts- oder Verwaltungsorgan angehören.
4 Begr. RegE, BT-Drucks. 15/3405, S. 49; s. auch *Evers* in Manz/Mayer/Schröder, § 15 SEBG Rz. 2; *Feuerborn* in KölnKomm. AktG, 3. Aufl., § 15 SEBG Rz. 4; *Freis* in Nagel/Freis/Kleinsorge, Beteiligung der Arbeitnehmer, § 15 SEBG Rz. 2; *Jacobs* in MünchKomm. AktG, 3. Aufl., § 15 SEBG Rz. 2.

haben⁵. Der in § 15 Abs. 1 Satz 1 SEBG niedergelegte Grundsatz gilt auch für die Mitglieder des BVG, die diesem aufgrund der **Sitzgarantien in § 6 Abs. 3 und 4 SEBG** angehören⁶.

7 Aus Sicht des SEBG gibt es grundsätzlich **keine vertretungslosen Arbeitnehmer**⁷. In Satz 2 erkennt § 15 Abs. 1 SEBG nur für den Fall eine **Ausnahme** an, in dem aus einem Mitgliedstaat **(noch) keine Mitglieder** in das BVG **gewählt** worden sind. In dieser Konstellation, die der Einleitung des Verhandlungsverfahrens nicht entgegensteht (§ 11 Abs. 2 SEBG sowie § 12 SEBG Rz. 7), gelten die Arbeitnehmer dieses Mitgliedstaates in dem BVG als nicht vertreten. Die Bedeutung dieser Regelung zeigt sich bei der Anwendung des § 15 Abs. 2 SEBG bzw. von § 15 Abs. 3 SEBG, § 16 Abs. 1 Satz 2 SEBG, die das notwendige Mehrheitserfordernis für eine wirksame Beschlussfassung des BVG festlegen. Die hiernach jeweils notwendige doppelte (qualifizierte) Mehrheit setzt voraus, dass diese nicht nur unter den Mitgliedern des BVG, sondern auch im Hinblick auf die in dem Gremium vertretenen Arbeitnehmer erreicht wird. Arbeitnehmer eines Mitgliedstaates, die in dem BVG (noch) nicht durch Mitglieder vertreten sind, bleiben wegen § 15 Abs. 1 Satz 2 SEBG bei der Berechnung der jeweils notwendigen doppelten (qualifizierten) Mehrheit unberücksichtigt⁸. Angesichts der unberührt bleibenden Mitwirkungsrechte später gewählter bzw. bestellter Mitglieder (§ 11 Abs. 2 Satz 2 SEBG sowie § 11 SEBG Rz. 9) ist dies vor allem für Abstimmungen in der konstituierenden Sitzung des BVG von Bedeutung.

2. Beschlussfähigkeit des BVG

8 Im SEBG fehlt – wie auch im EBRG – eine Bestimmung zur Beschlussfähigkeit des BVG. Wie dort ist die Lücke durch eine entsprechende Anwendung des Grundsatzes in **§ 33 Abs. 2 BetrVG** zu schließen⁹, so dass das BVG nur beschlussfähig ist, wenn an der Beschlussfassung **mehr als die Hälfte der Mitglieder teilnehmen**.

9 Wegen des in § 15 Abs. 2 SEBG bzw. den §§ 15 Abs. 3, 16 Abs. 1 Satz 2 SEBG zum Ausdruck gelangten Grundsatzes der Repräsentativität im Hinblick auf die Zahl der im BVG vertretenen Arbeitnehmer ist allerdings die Beschlussfähigkeit des Gremiums bei einer entsprechenden Anwendung des § 33 Abs. 2 BetrVG ebenfalls mit dem Grundsatz der Repräsentativität zu verknüpfen, so dass die an der Beschlussfassung teilnehmenden Mitglieder zugleich die Hälfte der in dem BVG vertretenen Arbeitnehmer umfassen müssen¹⁰. Andernfalls könnte die Situation eintreten, dass trotz Teilnahme der Hälfte der Mitglieder keine Beschlüsse mit der nach § 15 Abs. 2 SEBG erforderlichen Mehrheit gefasst werden könnten.

---

5 Ebenso *Rudolph* in Annuß/Kühn/Rudolph/Rupp, EBRG, § 15 Rz. 2, m.w.N.
6 Zustimmend *Evers* in Manz/Mayer/Schröder, § 15 SEBG Rz. 2; *Hensssler* in Ulmer/Habersack/Henssler, Mitbestimmungsrecht, § 15 SEBG Rz. 2; *Köklü* in Van Hulle/Maul/Drinhausen, Kap. 6 Rz. 59.
7 So auch *Henssler* in Ulmer/Habersack/Henssler, Mitbestimmungsrecht, § 15 SEBG Rz. 2.
8 Begr. RegE, BT-Drucks. 15/3405, S. 49; *Feuerborn* in KölnKomm. AktG, 3. Aufl., § 15 SEBG Rz. 5; *Freis* in Nagel/Freis/Kleinsorge, Beteiligung der Arbeitnehmer, § 15 SEBG Rz. 4; *Henssler* in Ulmer/Habersack/Henssler, Mitbestimmungsrecht, § 15 SEBG Rz. 2.
9 A.A. *Feuerborn* in KölnKomm. AktG, 3. Aufl., § 15 SEBG Rz. 9. Zum EBRG im Ergebnis ebenso *Blanke*, 2. Aufl. 2006, § 13 EBRG Rz. 16 sowie *Klebe* in Däubler/Kittner/Klebe/Wedde, BetrVG, 14. Aufl. 2014, § 13 EBRG Rz. 10; *Oetker* in GK-BetrVG, 10. Aufl. 2014, § 13 EBRG Rz. 12.
10 Ebenso allerdings ohne Rückgriff auf eine analoge Anwendung von § 33 Abs. 2 BetrVG *Evers* in Manz/Mayer/Schröder, § 15 SEBG Rz. 4; *Feuerborn* in KölnKomm. AktG, 3. Aufl., § 15 SEBG Rz. 9; *Hohenstatt/Dzida* in Henssler/Willemsen/Kalb, ArbR-Komm., SEBG Rz. 27; *Jacobs* in MünchKomm. AktG, 3. Aufl., § 15 SEBG Rz. 4; *Rudolph* in Annuß/Kühn/Rudolph/Rupp, EBRG, § 15 Rz. 5.

Überlegungen zur Beschlussfähigkeit des BVG sind indes theoretischer Natur[11], da § 15 Abs. 2 SEBG sowie § 15 Abs. 3 SEBG und § 16 Abs. 1 Satz 2 SEBG für eine wirksame Beschlussfassung stets auf die Gesamtzahl der Mitglieder des BVG abstellen und das SEBG keine Beschlüsse des BVG ermöglicht, bei denen die Mehrheit der anwesenden Mitglieder ausreicht. Es sind deshalb keine Fälle vorstellbar, in denen das BVG mit der notwendigen Mehrheit Beschlüsse fassen kann, ohne zugleich die Voraussetzungen in Rz. 8 und Rz. 9 für die Beschlussfähigkeit des Gremiums zu erfüllen[12].

III. Erfordernis einer doppelten absoluten Mehrheit (§ 15 Abs. 2 SEBG)

1. Absolute Mehrheit unter den Mitgliedern des BVG

Sofern das SEBG nicht an anderer Stelle des Gesetzes eine abweichende Mehrheit vorschreibt (s. § 15 Abs. 3 Satz SEBG 1, § 16 Abs. 1 Satz 2 SEBG), bedarf **jeder Beschluss** des BVG für seine Rechtswirksamkeit einer absoluten Mehrheit seiner Mitglieder. Dies gilt nicht nur im Hinblick auf den Abschluss einer **Beteiligungsvereinbarung**, sondern auch für alle anderen Beschlüsse, die das BVG insbesondere im Rahmen seiner **Geschäftsführung** zu treffen hat[13].

Für die absolute Mehrheit kommt es nicht auf die **Zahl der Mitglieder**, die dem BVG nach § 5 SEBG angehören müssen, sondern auf die Zahl derjenigen Mitglieder an, aus denen das Gremium im Zeitpunkt der Beschlussfassung **tatsächlich besteht**[14]. Da § 15 Abs. 2 SEBG ausdrücklich auf die Mehrheit der Mitglieder abstellt, **genügt** es für eine wirksame Beschlussfassung **nicht**, wenn der Beschluss zwar mit der Mehrheit der **anwesenden Mitglieder** gefasst wurde, aber lediglich die Hälfte der Mitglieder (oder weniger) mit „Ja" gestimmt haben (relative Mehrheit)[15]. Besteht das BVG z.B. aus 13 Mitgliedern und sind von diesen lediglich 11 Mitglieder anwesend, so ist die von § 15 Abs. 2 SEBG geforderte absolute Mehrheit der Mitglieder nur erreicht, wenn 7 Mitglieder mit „Ja" abgestimmt haben.

Da § 15 Abs. 2 SEBG für eine Beschlussfassung ausdrücklich die Mehrheit unter den Mitgliedern verlangt, ist ausschließlich die Zahl der „Ja-Stimmen" maßgebend. **Enthaltungen** wirken sich im Hinblick auf das Mehrheitserfordernis wie „Nein-Stimmen" aus[16]; Entsprechendes gilt für **abwesende Mitglieder**[17]. Verfehlt ein Antrag die

---

11 So auch *Henssler* in Ulmer/Habersack/Henssler, Mitbestimmungsrecht, § 15 SEBG Rz. 5.
12 Wie hier *Feuerborn* in KölnKomm. AktG, 3. Aufl., § 15 SEBG Rz. 6 a.E.; *Henssler* in Ulmer/Habersack/Henssler, Mitbestimmungsrecht, § 15 SEBG Rz. 5; *Jacobs* in MünchKomm. AktG, 3. Aufl., § 15 SEBG Rz. 4. Ebenso für die Rechtslage in Österreich *Gahleitner* in Kalss/Hügel, § 221 ArbVG Rz. 2.
13 Begr. RegE, BT-Drucks. 15/3405, S. 49; ebenso *Freis* in Nagel/Freis/Kleinsorge, Beteiligung der Arbeitnehmer, § 15 SEBG Rz. 6; *Henssler* in Ulmer/Habersack/Henssler, Mitbestimmungsrecht, § 15 SEBG Rz. 3; *Hohenstatt/Müller-Bonanni* in Habersack/Drinhausen, § 15 SEBG Rz. 3; *Rudolph* in Annuß/Kühn/Rudolph/Rupp, EBRG, § 15 Rz. 3.
14 *Rudolph* in Annuß/Kühn/Rudolph/Rupp, EBRG, § 15 SEBG Rz. 5, m.w.N.
15 *Feuerborn* in KölnKomm. AktG, 3. Aufl., § 15 SEBG Rz. 8; *Freis* in Nagel/Freis/Kleinsorge, Beteiligung der Arbeitnehmer, § 15 SEBG Rz. 5; *Hohenstatt/Müller-Bonanni* in Habersack/Drinhausen, § 15 SEBG Rz. 3; *Jacobs* in MünchKomm. AktG, 3. Aufl., § 15 SEBG Rz. 3; *Rudolph* in Annuß/Kühn/Rudolph/Rupp, EBRG, § 15 SEBG Rz. 5.
16 *Evers* in Manz/Mayer/Schröder, § 15 SEBG Rz. 4; *Feuerborn* in KölnKomm. AktG, 3. Aufl., § 15 SEBG Rz. 8; *Freis* in Nagel/Freis/Kleinsorge, Beteiligung der Arbeitnehmer, § 15 SEBG Rz. 5; *Hohenstatt/Müller-Bonanni* in Habersack/Drinhausen, § 15 SEBG Rz. 3; *Jacobs* in MünchKomm. AktG, 3. Aufl., § 15 SEBG Rz. 3; *Rudolph* in Annuß/Kühn/Rudolph/Rupp, EBRG, § 15 SEBG Rz. 5.
17 *Evers* in Manz/Mayer/Schröder, § 15 SEBG Rz. 4; *Feuerborn* in KölnKomm. AktG, 3. Aufl., § 15 SEBG Rz. 8; *Freis* in Nagel/Freis/Kleinsorge, Beteiligung der Arbeitnehmer, § 15 SEBG

erforderliche Mehrheit, dann ist dieser abgelehnt. Entsprechendes gilt bei Stimmengleichheit[18].

2. Absolute Mehrheit der vertretenen Arbeitnehmer

14 Die absolute Mehrheit unter den Mitgliedern des BVG muss zudem dem Grundsatz der Repräsentativität im Hinblick auf die im BVG vertretenen Arbeitnehmer entsprechen: die abgegebenen „Ja-Stimmen" müssen zugleich die Mehrheit der im BVG vertretenen Arbeitnehmer widerspiegeln. Dabei bleiben wegen § 15 Abs. 1 Satz 2 SEBG die Arbeitnehmer derjenigen Mitgliedstaaten unberücksichtigt, die nicht durch ein Mitglied in dem BVG vertreten sind (s. dazu oben Rz. 7)[19]. Das Erfordernis einer doppelten absoluten Mehrheit steht **nicht zur Disposition des BVG**, insbesondere kann dieses nicht im Rahmen der Geschäftsordnung abweichend festlegen, dass die absolute Mehrheit unter den Mitgliedern des BVG für eine rechtswirksame Beschlussfassung ausreicht. Das gilt auch für reine Geschäftsordnungsangelegenheiten, da § 15 Abs. 2 Satz 1 SEBG eine Abweichung von dem Erfordernis einer doppelten absoluten Mehrheit nur in den dort ausdrücklich benannten Fällen zulässt (s. oben Rz. 11). Die zwingende Wirkung von § 15 Abs. 2 SEBG folgt sowohl aus dem Wortlaut als auch aus dem Normzweck, da andernfalls die vom SEBG bewusst inkorporierte Repräsentativität der Beschlussfassung unterlaufen würde. Zudem ist der zwingende Charakter durch Art. 3 Abs. 4 Unterabs. 1 Satz 1 RL 2001/86/EG vorgegeben.

15 **Beispiel**: Von 13 bereits gewählten Mitgliedern des BVG nehmen 12 an der Abstimmung teil, wobei sieben Mitglieder aus Deutschland stammen und insgesamt 8000 Arbeitnehmer vertreten, drei Mitglieder vertreten 7000 Arbeitnehmer aus Österreich und zwei Mitglieder aus Spanien vertreten 2000 Arbeitnehmer. Das 13. Mitglied stammt aus Frankreich und vertritt 900 Arbeitnehmer, kann aber wegen einer plötzlichen Erkrankung nicht an der Sitzung teilnehmen. Die Wahl eines 14. Mitgliedes aus Finnland, das 700 Arbeitnehmer vertritt, ist auch nach der konstituierenden Sitzung des BVG noch nicht abgeschlossen. Bei einer Abstimmung votieren ausschließlich die Mitglieder aus Deutschland mit „Ja". In dieser Konstellation ist die notwendige absolute Mehrheit unter den Mitgliedern des BVG erfüllt, nicht aber zugleich die Mehrheit der vertretenen Arbeitnehmer. Selbst wenn die 700 Arbeitnehmer aus Finnland wegen § 15 Abs. 1 Satz 2 SEBG unberücksichtigt bleiben, stehen 8000 im BVG vertretenen Arbeitnehmern aus Deutschland 9900 Arbeitnehmer aus den anderen Mitgliedstaaten gegenüber.

16 Eine gesonderte Regelung erfordert der Grundsatz der Repräsentativität für den Fall, in dem **mehrere Mitglieder** die Arbeitnehmer **eines Mitgliedstaates** in dem BVG vertreten. Da die Zahl der aus einem Mitgliedstaat entsandten Mitglieder in dem Gremium die Repräsentativität widerspiegeln soll und das SEBG keine einheitliche Stimmabgabe je Mitgliedstaat vorschreibt, zwingt § 15 Abs. 1 Satz 1 SEBG zu einer Aufteilung der in dem BVG vertretenen Arbeitnehmer eines Mitgliedstaates auf die aus diesem gewählten oder bestellten Mitglieder. Dies regelt § 15 Abs. 2 Satz 2 SEBG, indem er die **Arbeitnehmer gleichmäßig** auf die gewählten oder bestellten Mitglieder des BVG **verteilt**. Sind z.B. aus einem Mitgliedstaat vier Mitglieder in das BVG gewählt worden, so vertritt jedes Mitglied 25 % der Arbeitnehmer dieses Mitgliedstaa-

---

Rz. 5; *Hohenstatt/Müller-Bonanni* in Habersack/Drinhausen, § 15 SEBG Rz. 3; *Jacobs* in MünchKomm. AktG, 3. Aufl., § 15 SEBG Rz. 3; *Rudolph* in Annuß/Kühn/Rudolph/Rupp, EBRG, § 15 SEBG Rz. 5.

18 Ebenso *Freis* in Nagel/Freis/Kleinsorge, Beteiligung der Arbeitnehmer, § 15 SEBG Rz. 5; *Hohenstatt/Dzida* in Henssler/Willemsen/Kalb, ArbR-Komm., SEBG Rz. 27.

19 So auch *Henssler* in Ulmer/Habersack/Henssler, Mitbestimmungsrecht, § 15 SEBG Rz. 5; *Rudolph* in Annuß/Kühn/Rudolph/Rupp, EBRG, § 15 SEBG Rz. 3.

tes[20]. Das gilt unabhängig davon, ob das Mitglied dem BVG aufgrund eines **Wahlvorschlages des Wahlgremiums** oder von einer im Unternehmen vertretenen **Gewerkschaft** (§ 6 Abs. 3 SEBG) bzw. einem **Sprecherausschuss** (§ 6 Abs. 4 SEBG) vorgeschlagen wurde[21]. Allerdings verdeutlicht der Wortlaut der Norm deren eingeschränkte Reichweite, weil § 15 Abs. 2 Satz 2 SEBG nur die in **Deutschland** gewählten oder bestellten Mitglieder des BVG erfasst. Da die gleichmäßige Aufteilung der Stimmen ausdrücklich auf die „auf das Inland entfallenden Mitglieder" beschränkt ist, folgt hieraus im Umkehrschluss, dass sich der Verteilungsmodus in § 15 Abs. 2 Satz 2 SEBG nicht auf diejenigen Mitglieder des BVG erstreckt, die auf einen anderen Mitgliedstaat entfallen. Für diese ist vielmehr das Recht ihres Mitgliedstaates maßgebend[22], das z.B. auch festlegen kann, dass die auf diesen Mitgliedstaat entfallenden Mitglieder des BVG stets einheitlich abstimmen müssen und eine rechtswirksame Stimmabgabe nur unter dieser Voraussetzung vorliegt.

IV. Minderung der Mitbestimmungsrechte (§ 15 Abs. 3 bis 5 SEBG)

1. Allgemeines

Art und Ausmaß der Beteiligung der Arbeitnehmer in der SE stehen nach der Wertentscheidung des Gesetzes grundsätzlich zur Disposition der Verhandlungsparteien. Das gilt insbesondere im Hinblick auf die Mitbestimmungsrechte der Arbeitnehmer in der SE. Von einer hierauf bezogenen Vereinbarung kann das BVG, sofern nicht § 16 Abs. 3 SEBG eingreift (s. dazu § 16 SEBG Rz. 6 f.), nicht nur vollständig absehen (§§ 16 Abs. 1 Satz 1, 21 Abs. 3 Satz 1 SEBG; s. auch § 21 SEBG Rz. 50), sondern die Beteiligungsvereinbarung kann bei einem Vergleich mit dem Status quo bei den an der Gründung der SE beteiligten Gesellschaften grundsätzlich auch geringere bzw. schwächere Mitbestimmungsrechte vorsehen (s. dazu unten Rz. 18 ff.). In diesem Fall hängt die Rechtswirksamkeit der Vereinbarung jedoch regelmäßig davon ab, dass ihr das BVG mit einer qualifizierten doppelten Mehrheit zustimmt. Die Notwendigkeit einer von dem Grundsatz des § 15 Abs. 2 SEBG abweichenden Mehrheit hängt nicht nur von der Zulässigkeit einer entsprechenden Vereinbarung ab (s. dazu unten Rz. 26 f.), sondern setzt zudem voraus, dass die von der Mitbestimmung erfassten Arbeitnehmer gemessen an deren Gesamtzahl ein bestimmtes Quorum überschreiten (s. unten Rz. 28 ff.). Andernfalls verbleibt es für die Beschlussfassung über die Beteiligungsvereinbarung bei dem Mehrheitserfordernis in § 15 Abs. 2 SEBG[23].

17

2. Minderungstatbestände

a) Überblick zum Vorher-Nachher-Vergleich

Die Notwendigkeit eines mit doppelter ⅔-Mehrheit zu fassenden Beschlusses besteht nur, wenn die Beteiligungsvereinbarung eine Minderung der **Mitbestimmungs-**

18

---

20 So im Ergebnis auch die Rechtslage in Österreich, die auf eine gesonderte Regelung für diesen Sachverhalt verzichtet; vgl. *Gahleitner* in Kalss/Hügel, § 221 ArbVG Rz. 1; *Mayr* in Cerny/Mayr, Arbeitsverfassungsrecht, Bd. 6, 2006, § 221 ArbVG Erl. 1.
21 So auch *Feuerborn* in KölnKomm. AktG, 3. Aufl., § 15 SEBG Rz. 7 a.E.; *Freis* in Nagel/Freis/Kleinsorge, Beteiligung der Arbeitnehmer, § 15 SEBG Rz. 7; *Henssler* in Ulmer/Habersack/Henssler, Mitbestimmungsrecht, § 15 SEBG Rz. 4; *Rudolph* in Annuß/Kühn/Rudolph/Rupp, EBRG, § 15 SEBG Rz. 4.
22 So auch *Freis* in Nagel/Freis/Kleinsorge, Beteiligung der Arbeitnehmer, § 15 SEBG Rz. 7; *Hohenstatt/Müller-Bonanni* in Habersack/Drinhausen, § 15 SEBG Rz. 3; *Rudolph* in Annuß/Kühn/Rudolph/Rupp, EBRG, § 15 SEBG Rz. 4.
23 Ebenso *Freis* in Nagel/Freis/Kleinsorge, Beteiligung der Arbeitnehmer, § 15 SEBG Rz. 11; für die Rechtslage in Österreich *Gahleitner* in Kalss/Hügel, § 221 ArbVG Rz. 3.

rechte zur Folge hat, wobei hinsichtlich der in den Vorher-Nachher-Vergleich einzubeziehenden Rechtspositionen die Legaldefinition in § 2 Abs. 12 SEBG maßgebend ist. Sofern die Minderung bei einem Vorher-Nachher-Vergleich ausschließlich die **Unterrichtung und Anhörung** der Arbeitnehmer betrifft, führt ein derartiger Vereinbarungsinhalt nicht zur Notwendigkeit eines mit ⅔-Mehrheit zu fassenden Beschlusses[24].

19 Im Unterschied zu Art. 3 Abs. 4 Satz 4 SE-RL, der als Maßstab für den Vorher-Nachher-Vergleich auf den „Anteil der Organmitglieder im Sinne des Artikel 2 Buchstabe k" abstellt und wegen seiner Vagheit die Einbeziehung qualitativer Erwägungen nahe legt[25], hat sich der deutsche Gesetzgeber mit der Legaldefinition in § 15 Abs. 4 SEBG für einen **formalen Vergleich** entschieden[26], der sich jedoch nicht auf den „Anteil der Arbeitnehmervertreter im Aufsichts- oder Verwaltungsorgan der SE" als Minderungstatbestand (§ 15 Abs. 4 Nr. 1 SEBG) beschränkt. Vielmehr liegt eine „Minderung" nach § 15 Abs. 4 Nr. 2 SEBG auch („oder") vor, wenn infolge der Beteiligungsvereinbarung das Recht zur Bestellung, Empfehlung oder Ablehnung von Mitgliedern des Aufsichts- oder Verwaltungsorgans beseitigt oder eingeschränkt wird[27]. Der letztgenannte Minderungstatbestand bezieht sich auf das früher in den Niederlanden geltende Kooptationsmodell. Nach dessen Abschaffung hat er keine praktische Relevanz mehr, da keine anderen Mitgliedstaaten der EU die Mitbestimmung der Arbeitnehmer über das Kooptationsmodell realisieren.

b) Minderung im Hinblick auf den Anteil der Arbeitnehmervertreter (§ 15 Abs. 4 Nr. 1 SEBG)

20 Für den Vorher-Nachher-Vergleich im Rahmen des § 15 Abs. 4 Nr. 1 SEBG ist ausschließlich auf den „Anteil der Arbeitnehmervertreter" abzustellen. Unerheblich ist deren **Zahl** in dem Aufsichts- oder Verwaltungsorgan[28]. Selbst wenn diese in der SE niedriger ist als in der an der Gründung der SE beteiligten Gesellschaft mit dem höchsten Mitbestimmungsniveau, scheidet eine Minderung i.S. des § 15 Abs. 4 Nr. 1 SEBG aus, solange das Verhältnis der Arbeitnehmervertreter zu den Vertretern der Anteilseigner unverändert bleibt[29]. Unter dieser Voraussetzung liegt eine Minderung deshalb selbst dann nicht vor, wenn das Aufsichts- oder Verwaltungsorgan im Vergleich zu den beteiligten Gesellschaften verkleinert wird[30].

---

24 Wie hier im Anschluss *Feuerborn* in KölnKomm. AktG, 3. Aufl., § 15 SEBG Rz. 23 sowie *Rudolph* in Annuß/Kühn/Rudolph/Rupp, EBRG, § 15 Rz. 9.
25 S. die Nachweise oben Fn. 1; im Ansatz auch *Henssler* in Ulmer/Habersack/Henssler, Mitbestimmungsrecht, § 15 SEBG Rz. 11.
26 Ebenso *Henssler* in Ulmer/Habersack/Henssler, Mitbestimmungsrecht, § 15 SEBG Rz. 12; *Köklü* in Van Hulle/Maul/Drinhausen, Kap. 6 Rz. 66.
27 Zur Rechtfertigung *Niklas*, NZA 2004, 1200, 1203.
28 Begr. RegE, BT-Drucks. 15/3405, S. 50; *Evers* in Manz/Mayer/Schröder, § 15 SEBG Rz. 14; *Feuerborn* in KölnKomm. AktG, 3. Aufl., § 15 SEBG Rz. 25; *Freis* in Nagel/Freis/Kleinsorge, Beteiligung der Arbeitnehmer, § 15 SEBG Rz. 21; *Henssler* in Ulmer/Habersack/Henssler, Mitbestimmungsrecht, § 15 SEBG Rz. 14; *Hohenstatt/Müller-Bonanni* in Habersack/Drinhausen, § 15 SEBG Rz. 5; *Jacobs* in MünchKomm. AktG, 3. Aufl., § 15 SEBG Rz. 12; *Joost* in Oetker/Preis, EAS, B 8200, Rz. 93; *Köklü* in Van Hulle/Maul/Drinhausen, Kap. 6 Rz. 64; *Linden*, Mitbestimmungsvereinbarung, S. 83 ff.; *Rudolph* in Annuß/Kühn/Rudolph/Rupp, EBRG, § 15 SEBG Rz. 15; *Scheibe*, Mitbestimmung der Arbeitnehmer, S. 104 f.
29 Begr. RegE, BT-Drucks. 15/3405, S. 50; *Feuerborn* in KölnKomm. AktG, 3. Aufl., § 15 SEBG Rz. 25, *Freis* in Nagel/Freis/Kleinsorge, Beteiligung der Arbeitnehmer, § 15 SEBG Rz. 21; *Henssler* in Ulmer/Habersack/Henssler, Mitbestimmungsrecht, § 15 SEBG Rz. 14, *Joost* in Oetker/Preis, EAS, B 8200, Rz. 93; *Köklü* in Van Hulle/Maul/Drinhausen, Kap. 6 Rz. 64; *Rudolph* in Annuß/Kühn/Rudolph/Rupp, EBRG, § 15 SEBG Rz. 15.
30 So ausdrücklich auch *Freis* in Nagel/Freis/Kleinsorge, Beteiligung der Arbeitnehmer, § 15 SEBG Rz. 21; *Hohenstatt/Müller-Bonanni* in Habersack/Drinhausen, § 15 SEBG Rz. 5.

Ob ein Mitglied im Aufsichts- oder Verwaltungsorgan der SE bzw. der an der Gründung der SE beteiligten Gesellschaften als **Arbeitnehmervertreter** zu qualifizieren ist, erschließt sich aus der Legaldefinition in § 2 Abs. 12 Nr. 1 SEBG. Maßgeblich ist hiernach, ob den Arbeitnehmern i.S. des § 2 Abs. 1 SEBG bezüglich eines Mitgliedes in dem Aufsichts- oder Verwaltungsorgan der SE bzw. den an der Gründung beteiligten Gesellschaften ein **Wahl- oder Bestellungsrecht** zusteht. Dabei steht es einer unmittelbaren oder mittelbaren Wahl durch die Arbeitnehmer oder von ihnen gewählter Delegierter gleich, wenn den Arbeitnehmern unmittelbar oder mittelbar ein **Vorschlagsrecht** für ein nicht von den Arbeitnehmern bestimmtes Wahlorgan zusteht, sofern ein entsprechender Wahlvorschlag für dieses verbindlich ist. Die in **montan-mitbestimmten Unternehmen** von der Arbeitnehmerseite vorgeschlagenen Aufsichtsratsmitglieder, die von dem Wahlorgan der Anteilseigner bestellt werden (s. § 6 Abs. 1 Montan-MitbestG i.V.m. § 5 Montan-MitbestG), zählen deshalb ebenso zu den Arbeitnehmervertretern i.S. des § 15 Abs. 4 Nr. 1 SEBG wie die von den Arbeitnehmern nach dem MitbestG bzw. dem DrittelbG unmittelbar oder mittelbar gewählten Mitglieder des Aufsichtsrates[31]. 21

Da sich § 15 Abs. 4 SEBG generell auf die Mitbestimmung bezieht und diese sich nach der Legaldefinition in § 2 Abs. 12 SEBG richtet, ist es unerheblich, ob der Anteil der Arbeitnehmervertreter das **Aufsichtsorgan oder Verwaltungsorgan** betrifft[32]. Beide Systeme werden gleichermaßen von der Legaldefinition der Mitbestimmung erfasst. Deshalb kommt es auch bei einem Wechsel vom dualistischen zum monistischen Modell stets auf den Anteil der Arbeitnehmervertreter an, selbst wenn der Einfluss der Arbeitnehmervertreter in beiden Modellen nur schwer vergleichbar ist[33]. Da auch bei der SE auf die Mitglieder des Verwaltungsrates abzustellen ist, kommt eine Beschränkung auf den Anteil unter den nichtgeschäftsführenden Direktoren für die Beurteilung einer Minderung nicht in Betracht[34]. 22

c) Minderung der Mitbestimmungsrechte nach § 15 Abs. 4 Nr. 2 SEBG

Der in § 15 Abs. 4 Nr. 2 SEBG genannte Tatbestand einer Minderung der Mitbestimmungsrechte ist vor allem im Hinblick auf Gesellschaften in Mitgliedstaaten von Bedeutung, in denen sich einzelne Mitglieder des Aufsichts- oder Verwaltungsorgans **nicht** als „Arbeitnehmervertreter" im vorgenannten Sinne (s. oben Rz. 21) qualifizieren lassen, **Empfehlungs- oder Ablehnungsrechte** den Arbeitnehmern der Gesellschaft gleichwohl eine Einflussnahme auf die personelle Zusammensetzung des Aufsichts- oder Verwaltungsorgans ermöglichen. In dieser Konstellation kann die Minderung nicht nach dem proportionalen Verhältnis zwischen verschiedenen Gruppen von Vertretern in dem Aufsichts- oder Verwaltungsorgan beurteilt werden. Vielmehr sind – wie dies in § 15 Abs. 4 Nr. 2 SEBG geschieht – die den Arbeitnehmern zustehenden Empfehlungs- oder Ablehnungsrechte heranzuziehen und im Rahmen eines Vorher-Nachher-Vergleichs zu ermitteln, ob diese Rechtsposition im Hinblick auf die Mitglieder des Aufsichts- oder Verwaltungsorgans der SE beseitigt oder eingeschränkt wird[35]. 23

---

31 Ebenso *Henssler* in Ulmer/Habersack/Henssler, Mitbestimmungsrecht, § 15 SEBG Rz. 14.
32 So auch *Henssler* in Ulmer/Habersack/Henssler, Mitbestimmungsrecht, § 15 SEBG Rz. 13; *Rudolph* in Annuß/Kühn/Rudolph/Rupp, EBRG, § 15 SEBG Rz. 16.
33 Ebenso *Hohenstatt/Müller-Bonanni* in Habersack/Drinhausen, § 15 SEBG Rz. 5.
34 Hierfür aber *Henssler* in Ulmer/Habersack/Henssler, Mitbestimmungsrecht, § 15 SEBG Rz. 13; *Jacobs* in MünchKomm. AktG, 3. Aufl., § 15 SEBG Rz. 13; *Rudolph* in Annuß/Kühn/Rudolph/Rupp, EBRG, § 15 SEBG Rz. 16.
35 Kritisch im Hinblick auf die Vereinbarkeit mit der Richtlinie *Grobys*, NZA 2004, 779, 781; *Henssler*, RdA 2005, 330, 333; *Rehberg*, ZGR 2005, 859, 889; *Rudolph* in Annuß/Kühn/Ru-

24 Die auch in § 15 Abs. 4 Nr. 2 SEBG enthaltene Gleichstellung der Empfehlungs- und Ablehnungsrechte mit den Wahl- und Bestellungsrechten wirft die Frage auf, ob ein Empfehlungs- bzw. Ablehnungsrecht im Sinne der Legaldefinition in § 2 Abs. 12 SEBG voraussetzt, dass dieses den Arbeitnehmern eine mit Wahl- oder Bestellungsrechten vergleichbare Einflussnahme ermöglicht. Der hierfür erforderlichen qualitativen Anreicherung des Vorher-Nachher-Vergleichs[36] steht jedoch nicht nur die Intention des Gesetzgebers[37], sondern auch die Prämisse der SE-RL entgegen, dass das frühere niederländische Kooptationsmodell eine mit dem in Deutschland geltenden Modell gleichwertige Form der Mitbestimmung gewährleistet[38].

d) Mischsachverhalte

25 Der Tatbestand einer „Minderung" ist auch erfüllt, wenn einzelne Mitglieder des Aufsichts- oder Verwaltungsorgans der SE als Arbeitnehmervertreter zu qualifizieren sind, den Arbeitnehmern einer der beteiligten Gesellschaften jedoch ein Empfehlungs- oder Ablehnungsrecht bezüglich einzelner oder aller Mitglieder des Aufsichts- oder Verwaltungsorgans zusteht, ohne dass diese als Arbeitnehmervertreter zu qualifizieren sind. Im Hinblick auf die Intensität des Mitbestimmungsrechts ist das Recht zur Wahl oder Bestellung von Arbeitnehmervertretern zwar deutlich stärker als ein bloßes Empfehlungs- oder Ablehnungsrecht, einem qualitativen Vergleich steht aber die in § 15 Abs. 4 SEBG durch die Formulierung „oder" deutlich zum Ausdruck gelangte Alternativität der Minderungstatbestände entgegen[39].

3. Zulässigkeit geminderter Mitbestimmungsrechte

26 Eine nach Maßgabe der Rz. 20–25 ermittelte Minderung der Mitbestimmungsrechte darf nicht stets in einer Beteiligungsvereinbarung enthalten sein bzw. vom BVG beschlossen werden. In Betracht kommt dies ausschließlich, wenn eine SE durch **Verschmelzung** oder als **Holding-** bzw. **Tochter-SE** gegründet werden soll.

27 Bei einer Gründung der SE durch **Umwandlung** steht § 15 Abs. 5 SEBG einer Vereinbarung entgegen, infolge der eine **Minderung** der Mitbestimmungsrechte eintritt. Dieses Verbot bildet mit § 16 Abs. 3 SEBG eine Einheit, die eine Inanspruchnahme der Umwandlung zur Flucht aus der Mitbestimmung verhindert, da die Minderung der Mitbestimmungsrechte wegen des Vorher-Nachher-Vergleichs voraussetzt, dass bei der umzuwandelnden Gesellschaft Mitbestimmungsrechte bestehen (s. auch § 16 SEBG Rz. 6). Bestehen in der umzuwandelnden Gesellschaft **keine Mitbestimmungsrechte**, dann kann nicht nur ein Beschluss nach § 16 Abs. 1 Satz 1 SEBG gefasst werden; ebenso scheidet denknotwendig eine Minderung i.S. des § 15 Abs. 4 SEBG aus, so dass die im Text des § 15 Abs. 5 SEBG unterbliebene Verknüpfung mit den „Mitbestimmungsrechten in der umzuwandelnden Gesellschaft" unschädlich ist. Einer **Verbesserung** der Mitbestimmung steht § 15 Abs. 5 SEBG nicht entgegen (s. auch § 21 SEBG Rz. 57)[40].

---

dolph/Rupp, EBRG, § 15 SEBG Rz. 17; dagegen jedoch *Joost* in Oetker/Preis, EAS, B 8200, Rz. 93.
36 S. *Herfs-Röttgen*, NZA 2002, 358, 361.
37 Begr. RegE, BT-Drucks. 15/3405, S. 50.
38 In diesem Sinne auch Begr. RegE, BT-Drucks. 15/3405, S. 50; *Köklü* in Van Hulle/Maul/Drinhausen, Kap. 6 Rz. 66; im Ausgangspunkt ebenfalls *Jacobs* in MünchKomm. AktG, 3. Aufl., § 15 SEBG Rz. 16.
39 Wie hier im Ergebnis auch *Hohenstatt/Müller-Bonanni* in Habersack/Drinhausen, § 15 SEBG Rz. 6 sowie *Gahleitner* in Kalss/Hügel, § 221 ArbVG Rz. 3.
40 *Feuerborn* in KölnKomm. AktG, 3. Aufl., § 15 SEBG Rz. 30; *Freis* in Nagel/Freis/Kleinsorge, Beteiligung der Arbeitnehmer, § 15 SEBG Rz. 21; *Jacobs* in MünchKomm. AktG, 3. Aufl., § 15 SEBG Rz. 18.

4. Repräsentativität der Mitbestimmung

Eine infolge der Vereinbarung eintretende Minderung der Mitbestimmungsrechte genügt auch bei den in § 15 Abs. 3 Satz 2 SEBG genannten Formen der Gründung einer SE für sich allein nicht, um die Notwendigkeit eines mit ⅔-Mehrheit zu fassenden Beschlusses zu begründen. Vielmehr muss sich die **Mitbestimmung auf ein bestimmtes Quorum** von Arbeitnehmern **erstrecken**. Unterschreitet deren Zahl den Schwellenwert, so bedarf der Beschluss des BVG zum Abschluss einer Vereinbarung selbst dann nur der in § 15 Abs. 2 SEBG umschriebenen doppelten absoluten Mehrheit, wenn die Vereinbarung eine Minderung der Mitbestimmungsrechte i.S. des § 15 Abs. 4 SEBG zur Folge hat[41]. 28

Bei der **Berechnung des Quorums** ist zunächst die Zahl der Arbeitnehmer zu ermitteln, auf die sich die „Mitbestimmung" erstreckt. Einzubeziehen sind sämtliche von einer Mitbestimmung erfassten Arbeitnehmer und nicht nur diejenigen, die einer geminderten Mitbestimmung unterliegen sollen[42]. Schreibt z.B. die Beteiligungsvereinbarung den Anteil der Arbeitnehmervertreter nach Maßgabe des höchsten Anteils in den beteiligten Gesellschaften fort (s. § 15 Abs. 4 Nr. 1 SEBG) und tritt bei anderen beteiligten Gesellschaften eine Minderung der Mitbestimmungsrechte i.S. des § 15 Abs. 4 Nr. 2 SEBG ein, so sind nicht lediglich die von der geminderten Form der Mitbestimmung erfassten Arbeitnehmer, sondern alle Arbeitnehmer zu berücksichtigen, auf die sich die Mitbestimmung erstreckt. Nur diese Auslegung entspricht dem Zweck des erhöhten Mehrheitserfordernisses, das dem Schutz derjenigen Arbeitnehmer dient, die infolge der Gründung der SE aus Sicht der Mitbestimmung einen Rechtsverlust erleiden. Bezöge man bei der Ermittlung der von der Mitbestimmung erfassten Arbeitnehmer diejenigen Arbeitnehmer nicht ein, deren mitbestimmungsrechtlicher Status quo infolge der Beteiligungsvereinbarung unverändert bleibt oder sich u.U. sogar verbessert, dann würde der Schutz der Arbeitnehmer dem Normzweck zuwider eingeschränkt. 29

Bezüglich der Zahl der Arbeitnehmer ist nach dem insoweit eindeutigen Wortlaut in § 15 Abs. 3 Satz 2 SEBG nicht nur auf die bei den **beteiligten Gesellschaften** beschäftigten Arbeitnehmer abzustellen. Darüber hinaus sind auch die bei „**betroffenen Tochtergesellschaften**" beschäftigten Arbeitnehmer einzubeziehen, wobei die Legaldefinition der „betroffenen Tochtergesellschaften" in § 2 Abs. 4 SEBG den Kreis der zusätzlich zu berücksichtigenden Arbeitnehmer eingrenzt. Mit dieser Ausdehnung des bei der Berechnung des Mitbestimmungsquorums zu berücksichtigenden Kreises der Arbeitnehmer weicht § 15 Abs. 3 Satz 2 SEBG nicht nur von der Rechtslage in Österreich (s. § 221 Abs. 2 ArbVG sowie oben Rz. 5), sondern vor allem von Art. 3 Abs. 4 Satz 3 SE-RL ab, der für das Quorum jeweils ausschließlich die Arbeitnehmer der „beteiligten Gesellschaften" zum Maßstab erhebt. Die Ausdehnung des Bemessungsmaßstabes wird mit dem Hinweis auf Holding-Gesellschaften gerechtfertigt, bei denen die Arbeitnehmer vor allem bei den Tochtergesellschaften beschäftigt sind[43]. 30

---

[41] *Evers* in Manz/Mayer/Schröder, § 16 SEBG Rz. 9 a.E.; *Feuerborn* in KölnKomm. AktG, 3. Aufl., § 15 SEBG Rz. 12; *Freis* in Nagel/Freis/Kleinsorge, Beteiligung der Arbeitnehmer, § 15 SEBG Rz. 11.

[42] So auch Begr. RegE, BT-Drucks. 15/3405, S. 49; *Feuerborn* in KölnKomm. AktG, 3. Aufl., § 15 SEBG Rz. 14; *Henssler* in Ulmer/Habersack/Henssler, Mitbestimmungsrecht, § 15 SEBG Rz. 7; *Jacobs* in MünchKomm. AktG, 3. Aufl., § 15 SEBG Rz. 7; *Joost* in Oetker/Preis, EAS, B 8200, Rz. 96; *Rudolph* in Annuß/Kühn/Rudolph/Rupp, EBRG, § 15 SEBG Rz. 11.

[43] So Begr. RegE, BT-Drucks. 15/3405, S. 49; ebenso *Freis* in Nagel/Freis/Kleinsorge, SEBG, § 15 Rz. 14; *Niklas*, NZA 2004, 1200, 1203.

31 Der im Schrifttum erhobene **Vorwurf der richtlinienwidrigen Umsetzung**[44] besteht auf den ersten Blick zu Recht[45]. Die Umsetzung der SE-RL in § 15 Abs. 3 Satz 2 SEBG ist aus unionsrechtlicher Sicht allerdings nur zu beanstanden, wenn hierdurch der mit der SE-RL bezweckte Schutz der Arbeitnehmer, auf die sich die geminderten Mitbestimmungsrechte erstrecken, nicht eingreift. Denkbar ist dies ausschließlich, wenn das Quorum von 25 % bzw. 50 % der Arbeitnehmer bei ausschließlicher Berücksichtigung der beteiligten Gesellschaften i.S. des § 2 Abs. 2 SEBG überschritten, wegen der Einbeziehung betroffener Tochtergesellschaften aber unterschritten ist[46]. In dieser Konstellation, die z.B. infolge mehrerer betroffener Tochtergesellschaften mit großer Arbeitnehmerzahl auftreten kann, würde der Schutzzweck der Richtlinien verfehlt, da der Beschluss des BVG nach der Vorgabe des Art. 3 Abs. 4 SE-RL einer doppelten ⅔-Mehrheit bedarf, bei Anwendung des § 15 Abs. 3 SEBG jedoch mit der absoluten Mehrheit i.S. des § 15 Abs. 2 SEBG gefasst werden könnte. Im umgekehrten Fall, wenn es erst aufgrund der Einbeziehung der betroffenen Tochtergesellschaften zur Überschreitung des Quorums kommt, geht die Umsetzung durch § 15 Abs. 3 Satz 2 SEBG demgegenüber über die Vorgabe der SE-RL hinaus, da sie die Sicherung der Mitbestimmung verstärkt[47].

32 Soweit § 15 Abs. 3 SEBG auf die Zahl der Arbeitnehmer abstellt, sind grundsätzlich die **nach § 4 Abs. 3 SEBG mitgeteilten Angaben maßgebend** (s. näher § 4 SEBG Rz. 31 f.)[48]. Zwischenzeitliche Änderungen sind allenfalls unter den Voraussetzungen des § 5 Abs. 4 SEBG zu berücksichtigen (s. dazu § 5 SEBG Rz. 16 ff.)[49].

5. Beschlussmehrheit

33 Die Rechtswirksamkeit eines im Rahmen von § 15 Abs. 3 Satz 2 SEBG gefassten Beschlusses des BVG erfordert eine von dem Grundfall des § 15 Abs. 2 SEBG abweichende Mehrheit von ⅔, die – wie nach § 15 Abs. 2 SEBG – in doppelter Hinsicht er-

---

44 So *Cannistra*, Verhandlungsverfahren, S. 186; *Evers* in Manz/Mayer/Schröder, § 15 SEBG Rz. 12; *Feuerborn* in KölnKomm. AktG, 3. Aufl., § 15 SEBG Rz. 17 ff.; *Grobys*, NZA 2004, 779, 781; *Grobys*, NZA 2005, 84, 89; *Güntzel*, Richtlinie, S. 418 ff.; *Habersack* in Bergmann u.a., 10 Jahre SE, S. 9, 22 f.; *Hennings* in Manz/Mayer/Schröder, 1. Aufl., Art. 3 SE-RL Rz. 93 f.; *Henssler* in Ulmer/Habersack/Henssler, Mitbestimmungsrecht, § 15 SEBG Rz. 9 f.; *von der Heyde*, Beteiligung, S. 198 f.; *Kumpf*, SE-Mitbestimmungsordnung, S. 46 ff.; *Rehberg*, ZGR 2005, 859, 889; *Rudolph* in Annuß/Kühn/Rudolph/Rupp, EBRG, § 15 SEBG Rz. 13; *Scheibe*, Mitbestimmung der Arbeitnehmer, S. 114 ff.; *Schwarz*, SE-VO, Einleitung Rz. 269 und zuvor *Kallmeyer*, ZIP 2004, 1442, 1443.
45 A.A. *Freis* in Nagel/Freis/Kleinsorge, Beteiligung der Arbeitnehmer, § 15 SEBG Rz. 14 ff.; *Hohenstatt/Müller-Bonanni* in Habersack/Drinhausen, § 15 SEBG Rz. 7; *Jacobs* in MünchKomm. AktG, 3. Aufl., § 15 SEBG Rz. 10; *Joost* in Oetker/Preis, EAS, B 8200, Rz. 97.
46 Treffend insoweit auch *Feuerborn* in KölnKomm. AktG, 3. Aufl., § 15 SEBG Rz. 22; ferner *Rudolph* in Annuß/Kühn/Rudolph/Rupp, EBRG, § 15 SEBG Rz. 13.
47 Nach *Kallmeyer*, ZIP 2004, 1442, 1443 (ebenso *Feuerborn* in KölnKomm. AktG, 3. Aufl., § 15 SEBG Rz. 21) soll auch dies richtlinienwidrig sein, weil es sich bei den Vorgaben der Richtlinie um Höchstvorschriften handelt; a.A. jedoch *Jacobs* in MünchKomm. AktG, 3. Aufl., § 15 SEBG Rz. 10.
48 *Evers* in Manz/Mayer/Schröder, § 15 SEBG Rz. 10; *Feuerborn* in KölnKomm. AktG, 3. Aufl., § 15 SEBG Rz. 15; *Grobys*, NZA 2005, 84, 88; *Henssler* in Ulmer/Habersack/Henssler, Mitbestimmungsrecht, § 15 SEBG Rz. 8; *von der Heyde*, Beteiligung, S. 195; *Hohenstatt/Müller-Bonanni* in Habersack/Drinhausen, § 15 SEBG Rz. 8; *Jacobs* in MünchKomm. AktG, 3. Aufl., § 15 SEBG Rz. 8; *Joost* in Oetker/Preis, EAS, B 8200, Rz. 96; *Rudolph* in Annuß/Kühn/Rudolph/Rupp, EBRG, § 15 Rz. 12; a.A. *Linden*, Mitbestimmungsvereinbarung, S. 80 ff.: Ende der Verhandlungen.
49 *Henssler* in Ulmer/Habersack/Henssler, Mitbestimmungsrecht, § 15 SEBG Rz. 8; *von der Heyde*, Beteiligung, S. 195; *Jacobs* in MünchKomm. AktG, 3. Aufl., § 15 SEBG Rz. 8; im Ergebnis auch *Grobys*, NZA 2005, 84, 88 f.

reicht sein muss: Die „Ja-Stimmen" müssen nicht nur von ⅔ der Mitglieder des BVG abgegeben werden, sondern zugleich ⅔ der in dem BVG vertretenen Arbeitnehmer repräsentieren. Im Übrigen gelten die zu § 15 Abs. 2 SEBG dargelegten Grundsätze für die Beschlussfassung entsprechend (s. oben Rz. 11 ff.).

Zusätzlich müssen sich für eine rechtswirksame Beschlussfassung – wie im Rahmen von § 16 Abs. 1 Satz 2 SEBG – die von den „Ja-Stimmen" repräsentierten Arbeitnehmer auf mindestens zwei Mitgliedstaaten erstrecken, wobei wegen § 3 Abs. 2 SEBG auch die Arbeitnehmer in Vertragsstaaten des EWR-Abkommens zu berücksichtigen sind. Nicht erforderlich ist hingegen, dass das ⅔-Quorum hinsichtlich der vertretenen Arbeitnehmer in wenigstens zwei Mitgliedstaaten erfüllt ist (s. näher zum Vorstehenden § 16 SEBG Rz. 11 ff.). 34

§ 16
Nichtaufnahme oder Abbruch der Verhandlungen

(1) Das besondere Verhandlungsgremium kann beschließen, keine Verhandlungen aufzunehmen oder bereits aufgenommene Verhandlungen abzubrechen. Für diesen Beschluss ist eine Mehrheit von zwei Dritteln der Mitglieder erforderlich, die mindestens zwei Drittel der Arbeitnehmer in mindestens zwei Mitgliedstaaten vertreten. Die Vorschriften für die Unterrichtung und Anhörung der Arbeitnehmer, die in den Mitgliedstaaten gelten, in denen die SE Arbeitnehmer beschäftigt, finden Anwendung.

(2) Ein Beschluss nach Absatz 1 beendet das Verfahren zum Abschluss der Vereinbarung nach § 21. Ist ein solcher Beschluss gefasst worden, finden die Regelungen der §§ 22 bis 33 über den SE-Betriebsrat kraft Gesetzes und der §§ 34 bis 38 über die Mitbestimmung kraft Gesetzes keine Anwendung.

(3) Wird eine SE durch Umwandlung gegründet, kann ein Beschluss nach Absatz 1 nicht gefasst werden, wenn den Arbeitnehmern der umzuwandelnden Gesellschaft Mitbestimmungsrechte zustehen.

I. Allgemeines	1	1. Eintragung der SE in das Handelsregister	15
II. Erfasste SE-Gründungen	5	2. Beteiligung der Arbeitnehmer	16
III. Beschlussfassung im BVG	8	3. Bindungswirkung des Beschlusses	21
IV. Rechtsfolgen eines Beschlusses i.S. des § 16 Abs. 1 SEBG			

Literatur: S. Vor § 1 SEBG.

I. Allgemeines

Dem Vorrang einer Vereinbarungslösung, der die SE-RL sowie das SEBG beherrscht, entspricht es nicht nur, den Verhandlungsparteien grundsätzlich eine Minderung der Mitbestimmungsrechte zu gestatten (s. § 15 Abs. 3 bis 5 SEBG). Ebenso eröffnet das SEBG dem BVG die Möglichkeit, gänzlich von einer Beteiligung der Arbeitnehmer nach diesem Gesetz abzusehen, was auch die Anwendung der gesetzlichen Auffang- 1 regelung versperrt. Diesbezüglich entspricht § 16 SEBG den Bestimmungen in **Art. 3 Abs. 6 Unterabs. 1 bis 3 SE-RL**, die folgenden Wortlaut haben:

> „(6) Das besondere Verhandlungsgremium kann mit der nachstehend festgelegten Mehrheit beschließen, keine Verhandlungen aufzunehmen oder bereits aufgenommene Verhandlungen abzubrechen und die Vorschriften für die Unterrichtung und Anhörung der Arbeitnehmer zur Anwendung gelangen zu lassen, die in den Mitgliedstaaten gelten, in denen die SE Arbeitnehmer beschäftigt. Ein solcher Beschluss beendet das Verfahren zum Abschluss der Vereinbarung gemäß Artikel 4. Ist ein solcher Beschluss gefaßt worden, findet keine der Bestimmungen des Anhangs Anwendung.
>
> Für den Beschluss, die Verhandlungen nicht aufzunehmen oder sie abzubrechen, ist eine Mehrheit von zwei Dritteln der Stimmen der Mitglieder, die mindestens zwei Drittel der Arbeitnehmer vertreten, erforderlich, mit der Maßgabe, daß diese Mitglieder Arbeitnehmer in mindestens zwei Mitgliedstaaten vertreten müssen.
>
> Im Fall einer durch Umwandlung gegründeten SE findet dieser Absatz keine Anwendung, wenn in der umzuwandelnden Gesellschaft Mitbestimmung besteht."

2 Die in Rz. 1 wiedergegebene Bestimmung der SE-RL hat der Gemeinschaftsgesetzgeber in der **SCE-RL** (Art. 3 Abs. 6) wiederholt; dementsprechend trifft § 16 SCEBG eine mit § 16 SEBG wörtlich identische Umsetzungsregelung. Entsprechendes gilt für die **Verschmelzungs-RL 2005/56/EG**, die in Art. 16 Abs. 3 auch auf Art. 3 Abs. 6 SE-RL verweist und darüber hinaus die Möglichkeit eröffnet, sich für die Mitbestimmungsregelung zu entscheiden, die in dem Mitgliedstaat gilt, in dem die aus der Verschmelzung hervorgehende Gesellschaft ihren Sitz haben wird (Art. 16 Abs. 4 lit. b Verschmelzungs-RL). Die § 16 SEBG entsprechende **Umsetzungsregelung in § 18 MgVG** trägt dem Rechnung, indem diese von einer Übernahme des § 16 Abs. 2 SEBG absieht und § 16 Abs. 1 Satz 3 SEBG dahingehend modifiziert, dass die Vorschriften über die Mitbestimmung desjenigen Mitgliedstaates gelten, in dem die aus der grenzüberschreitenden Verschmelzung hervorgehende Gesellschaft ihren Sitz hat; im Übrigen stimmt § 18 MgVG mit § 16 SEBG überein.

3 Die Dispositionsfreiheit des BVG über die Beteiligung der Arbeitnehmer entspricht auch insoweit dem Modell des **EBRG**, dessen § 15 das BVG ebenfalls ausdrücklich berechtigt, mit qualifizierter Mehrheit ($2/3$) zu beschließen, keine Verhandlungen aufzunehmen oder diese abzubrechen. Wie § 16 Abs. 2 SEBG schließt auch das EBRG in diesem Fall die Anwendung der gesetzlichen Auffangregelung aus (§ 21 Abs. 2 EBRG).

4 Die in **Österreich** geltende Vorschrift (§ 227 Abs. 1, 2 und 3 ArbVG) entspricht § 16 SEBG und lehnt sich wie dieser eng an den Wortlaut von Art. 3 Abs. 6 Unterabs. 1 bis 3 SE-RL an.

II. Erfasste SE-Gründungen

5 Die durch § 16 Abs. 1 SEBG ermöglichte Beschlussfassung eröffnet das Gesetz nicht für alle Formen der Gründung einer SE, die Art. 2 SE-VO aufzählt. Von einer Beteiligung der Arbeitnehmer in der SE nach Maßgabe des SEBG kann das BVG wegen § 16 Abs. 3 SEBG nur absehen, wenn diese im Wege einer **Verschmelzung** (Art. 2 Abs. 1 SE-VO) gegründet oder als **Holding- bzw. Tochter-SE** (Art. 2 Abs. 2 und 3 SE-VO) errichtet werden soll. Da lediglich bei einer Gründung durch Umwandlung eine Beschlussfassung nach § 16 Abs. 1 SEBG ausgeschlossen ist, kann ein entsprechender Beschluss auch bei einer **sekundären SE-Gründung** (Art. 3 Abs. 2 SE-VO) gefasst werden, sofern bei dieser ein Beteiligungsverfahren durchzuführen ist (s. dazu § 1 SEBG Rz. 9 ff.).

Bei der Gründung einer SE durch **Umwandlung** (Art. 2 Abs. 4 SE-VO) zwingt § 16 Abs. 3 SEBG dazu, nach der Beteiligung der Arbeitnehmer in der umzuwandelnden Gesellschaft zu differenzieren. Stehen den Arbeitnehmern **in der umzuwandelnden Gesellschaft Mitbestimmungsrechte** zu, so ist ein nach § 16 Abs. 1 SEBG gefasster Beschluss unwirksam („kann nicht gefasst werden") und entfaltet keine das Verhandlungsverfahren beendende Wirkung[1]. Wegen der fortlaufenden Verhandlungsfrist greift nach deren Ablauf die gesetzliche Auffangregelung ein[2]. Bezüglich der Mitbestimmungsrechte, die einem Verzichtsbeschluss entgegenstehen, ist die **Legaldefinition in § 2 Abs. 12 SEBG** maßgebend. Da § 16 Abs. 3 SEBG ebenso wie Art. 3 Abs. 6 Unterabs. 3 SE-RL ausdrücklich auf die „Mitbestimmung" abstellt, steht es einem Verzichtsbeschluss des BVG nicht entgegen, wenn sich die Beteiligung der Arbeitnehmer in der umzuwandelnden Gesellschaft auf deren **Unterrichtung und Anhörung i.S. des § 2 Abs. 10 und 11 SEBG** beschränkt[3].

6

Wegen der für § 16 Abs. 3 SEBG maßgebenden Legaldefinition in § 2 Abs. 12 SEBG kann das BVG auch bei der Gründung einer SE durch Umwandlung einen Beschluss i.S. des § 16 Abs. 1 fassen, wenn die in eine SE umzuwandelnde Gesellschaft **keinem** der in Deutschland geltenden **Mitbestimmungsgesetze** unterliegt[4]. Angesichts der für die Umwandlung ausschließlich zur Verfügung stehenden Rechtsform der Aktiengesellschaft kommt dies zumeist nur in Betracht, wenn in dieser in der Regel **weniger als 501 Arbeitnehmer** beschäftigt sind und die Gesellschaft nach dem 9.8.1994 in das Handelsregister eingetragen wurde oder als Familiengesellschaft zu qualifizieren ist (s. § 1 Abs. 1 Nr. 1 Satz 1 DrittelbG); in diesem Fall gelangen in der Gesellschaft lediglich die Beteiligungsrechte des Betriebsverfassungsgesetzes zur Anwendung, die jedoch wegen der Maßgeblichkeit der Legaldefinition in § 2 Nr. 12 SEBG keine Mitbestimmungsrechte zugunsten der Arbeitnehmer begründen (s. § 2 SEBG Rz. 39). Entsprechendes gilt für **Tendenzunternehmen**, da diese nach § 1 Abs. 4 MitbestG oder § 1 Abs. 2 Satz 1 Nr. 2 DrittelbG keinem Mitbestimmungsgesetz unterliegen.

7

III. Beschlussfassung im BVG

Obwohl es die §§ 4 Abs. 1 Satz 2, 13 Abs. 1 Satz 1 SEBG als Aufgabe des BVG ansehen, mit den Leitungen eine Vereinbarung über die Beteiligung der Arbeitnehmer abzuschließen, trifft dieses hierzu keine Rechtspflicht[5]. Dem BVG steht – wie § 16 Abs. 2 SEBG zeigt – sogar die weiterreichende Befugnis zu, durch eine entsprechende Beschlussfassung nicht nur eine Vereinbarungslösung abzulehnen, sondern zugleich das Eingreifen der gesetzlichen Auffangregelung zu verhindern. Das gilt nicht nur für die Mitbestimmung i.S. des § 2 Abs. 12 SEBG, sondern – wie sich indirekt aus § 47 Abs. 1 Nr. 2 SEBG erschließt – auch für eine Beteiligung der Arbeitnehmer durch Unterrichtung und Anhörung[6]. Hierzu hat das BVG während der laufenden Verhand-

8

---

1 So auch *Feuerborn* in KölnKomm. AktG, 3. Aufl., § 16 SEBG Rz. 14.
2 Zustimmend *Feuerborn* in KölnKomm. AktG, 3. Aufl., § 16 SEBG Rz. 14.
3 Ebenso im Anschluss *Rudolph* in Annuß/Kühn/Rudolph/Rupp, EBRG, § 16 SEBG Rz. 3.
4 So auch *Evers* in Manz/Mayer/Schröder, § 16 SEBG Rz. 8 sowie *Hohenstatt/Müller-Bonanni* in Habersack/Drinhausen, § 16 SEBG Rz. 1.
5 Treffend *Joost* in Oetker/Preis, EAS, B 8200, Rz. 103: Kein Einigungszwang; ebenso *Feuerborn* in KölnKomm. AktG, 3. Aufl., § 16 SEBG Rz. 1; *Jacobs* in MünchKomm. AktG, 3. Aufl., § 16 SEBG Rz. 2.
6 Wie hier *Henssler* in Ulmer/Habersack/Henssler, Mitbestimmungsrecht, § 16 SEBG Rz. 3; wohl auch *Nagel*, ArbuR 2004, 281, 284; a.A. *Kleinsorge*, RdA 2002, 343, 346 f.; *Niklas*, NZA 2004, 1200, 1203.

lungsfrist zu beschließen, von Verhandlungen mit den Leitungen entweder vollständig abzusehen oder aber diese nach ihrem Beginn abzubrechen. Dabei muss sich aus dem Inhalt des Beschlusses mit hinreichender Deutlichkeit entnehmen lassen, dass das BVG auch von dem Eingreifen der gesetzlichen Auffangregelung (vgl. § 16 Abs. 2 SEBG) und damit auf jegliche Mitbestimmung in der SE verzichten will[7]; die einvernehmliche Feststellung, dass das Verhandlungsverfahren beendet ist, enthält keine derartige Willensbekundung des BVG (s. auch § 20 SEBG Rz. 7)[8].

9 **Nach Ablauf der Verhandlungsfrist** kann ein Beschluss i.S. des § 16 Abs. 1 SEBG nicht mehr rechtmäßig gefasst werden[9], da mit Fristablauf die gesetzliche Auffangregelung eingreift, die erst aufgrund eines Neuverhandlungsbeschlusses des SE-Betriebsrates (§ 26 SEBG) wieder zur Disposition steht. Umgekehrt setzt die Rechtswirksamkeit des nach § 16 Abs. 1 Satz 1 SEBG gefassten Beschlusses voraus, dass sich das BVG rechtswirksam konstituiert hat[10], was erst der Fall ist, wenn das Gremium die in § 12 Abs. 1 Satz 2 SEBG genannten Wahlakte vorgenommen hat (s. § 12 SEBG Rz. 14). Bedeutsam ist dies insbesondere bei einem Beschluss zur Nichtaufnahme der Verhandlungen in der konstituierenden Sitzung; auch in diesem Fall kann von den Wahlen nach § 12 Abs. 1 Satz 2 SEBG nicht abgesehen werden.

10 Für die Entscheidung, die Verhandlungen über den Abschluss einer Beteiligungsvereinbarung nicht aufzunehmen oder diese abzubrechen, bedarf es eines **Beschlusses des BVG**. Wegen seiner weitreichenden Bedeutung schreibt § 16 Abs. 1 Satz 2 SEBG für diesen unter Übernahme der Vorgabe in Art. 3 Abs. 6 Unterabs. 2 SE-RL eine **qualifizierte Mehrheit von** ⅔ der Mitglieder vor[11]. Diese Stimmenmehrheit muss im Hinblick auf die **Gesamtzahl der Mitglieder** des BVG erreicht werden, wobei nicht die nach § 5 SEBG bestimmte Gesamtzahl der Mitglieder, sondern die Zahl der im Zeitpunkt der Beschlussfassung **tatsächlich gewählten Mitglieder** maßgebend ist. Von Bedeutung ist dies vor allem für einen vor Eintritt in die Verhandlungen gefassten Beschluss, wenn innerhalb der Zehn-Wochen-Frist des § 11 Abs. 1 Satz 1 SEBG nicht alle Mitglieder des BVG gewählt wurden, die Leitungen aber gleichwohl berechtigt waren, die bereits gewählten Mitglieder des BVG unverzüglich nach Fristablauf zur konstituierenden Sitzung einzuladen (s. § 12 SEBG Rz. 7)[12]. Wie § 15 Abs. 2 SEBG verknüpft § 16 Abs. 1 Satz 2 SEBG das Mehrheitserfordernis nicht mit dem Stimmenverhältnis unter den anwesenden Mitgliedern[13]. **Abwesenheit** und **Stimmenthaltung** wirken deshalb wie „Nein-Stimmen"[14].

---

7 Treffend auch *Evers* in Manz/Mayer/Schröder, § 16 SEBG Rz. 3; *Feuerborn* in KölnKomm. AktG, 3. Aufl., § 16 SEBG Rz. 3; *Rudolph* in Annuß/Kühn/Rudolph/Rupp, EBRG, § 16 SEBG Rz. 7.
8 Ebenso im Anschluss *Henssler* in Ulmer/Habersack/Henssler, Mitbestimmungsrecht, § 16 SEBG Rz. 3; *Rudolph* in Annuß/Kühn/Rudolph/Rupp, EBRG, § 16 SEBG Rz. 7.
9 *Rudolph* in Annuß/Kühn/Rudolph/Rupp, EBRG, § 16 SEBG Rz. 5, der mit Recht zusätzlich auf das Amtsende des BVG verweist.
10 *Joost* in Oetker/Preis, EAS, B 8200, Rz. 103; *Rudolph* in Annuß/Kühn/Rudolph/Rupp, EBRG, § 16 SEBG Rz. 4.
11 Das gilt auch, wenn in keiner der beteiligten Gesellschaften eine gesetzliche Regelung zur Mitbestimmung der Arbeitnehmer eingreift; treffend *Joost* in Oetker/Preis, EAS, B 8200, Rz. 104; *Krause*, BB 2005, 1221, 1225.
12 S. auch *Evers* in Manz/Mayer/Schröder, § 16 SEBG Rz. 2.
13 *Evers* in Manz/Mayer/Schröder, § 16 SEBG Rz. 2; *Freis* in Nagel/Freis/Kleinsorge, Beteiligung der Arbeitnehmer, § 16 SEBG Rz. 3. Ebenso zu § 15 Abs. 1 EBRG *Blanke*, 2. Aufl. 2006, § 15 EBRG Rz. 2; *Oetker* in GK-BetrVG, 10. Aufl. 2014, § 15 EBRG Rz. 3, m.w.N.
14 *Freis* in Nagel/Freis/Kleinsorge, Beteiligung der Arbeitnehmer, § 16 SEBG Rz. 4; so auch zu § 15 Abs. 1 EBRG *Blanke*, 2. Aufl. 2006, § 15 EBRG Rz. 2; *Oetker* in GK-BetrVG, 10. Aufl., 2014, § 15 EBRG Rz. 3.

§ 16 SEBG

Die für eine Nichtaufnahme von Verhandlungen bzw. deren Abbruch stimmenden 11
Mitglieder müssen zudem – entsprechend § 15 Abs. 2 und 3 SEBG – eine bestimmte
Zahl von Arbeitnehmern vertreten. Die Gesamtzahl der im BVG vertretenen Arbeitnehmer ergibt sich aus den Informationen der Leitungen (§ 4 Abs. 3 Nr. 3 SEBG), wobei die Arbeitnehmer eines Mitgliedstaates wegen § 15 Abs. 1 Satz 2 SEBG nur zu berücksichtigen sind, wenn im Zeitpunkt der Beschlussfassung aus diesem Mitglieder in das BVG gewählt oder bestellt worden sind. Andernfalls bleiben die Arbeitnehmer dieses Mitgliedstaates bei der Berechnung der Mehrheit außer Betracht, da sie nach § 15 Abs. 1 Satz 2 SEBG als nicht vertreten gelten (s. auch § 15 SEBG Rz. 7). Bezüglich der zu berücksichtigenden Mitgliedstaaten ist die Legaldefinition in § 3 Abs. 2 SEBG maßgebend (s. dazu 3 SEBG Rz. 8).

Ausgehend von der nach Rz. 11 ermittelten Gesamtzahl der im BVG vertretenen Arbeitnehmer ist das für eine wirksame Beschlussfassung notwendige ⅔-Quorum zu errechnen. Die hierfür maßgebende Zahl von Arbeitnehmern muss sich in denjenigen Stimmen des BVG widerspiegeln, die bei der Beschlussfassung für die Nichtaufnahme von Verhandlungen bzw. deren Abbruch gestimmt haben. Wegen dieses Erfordernisses einer **doppelten qualifizierten Mehrheit** ist für jedes Mitglied des BVG die Zahl der von ihm vertretenen Arbeitnehmer festzulegen. Entfallen auf einen Mitgliedstaat mehrere Mitglieder, so sind die Arbeitnehmer gleichmäßig auf diese aufzuteilen; § 15 Abs. 2 Satz 2 SEBG findet in dieser Konstellation entsprechende Anwendung. Das ⅔-Quorum muss bezüglich der Gesamtzahl der im BVG vertretenen Arbeitnehmer erfüllt sein; es genügt nicht, wenn das Quorum in mindestens zwei Mitgliedstaaten erreicht wird[15]. 12

Darüber hinaus verlangt das Erfordernis einer doppelten qualifizierten Mehrheit ein 13
Mindestmaß an **Rückhalt in den verschiedenen Mitgliedstaaten**. Die von den „Ja-Stimmen" repräsentierten Arbeitnehmer müssen aus mindestens zwei Mitgliedstaaten stammen, wobei die zu berücksichtigen Mitgliedstaaten nach der Legaldefinition in § 3 Abs. 2 SEBG zu bestimmen sind (s. dazu § 3 SEBG Rz. 8).

Beispiel: Auf eine SE mit Sitz in Deutschland sollen aus Deutschland vier Gesellschaften mit 7000, 6000, 3000 und 1000 Arbeitnehmern, ferner eine Gesellschaft aus Frankreich mit 500 Arbeitnehmern, eine Gesellschaft aus Spanien mit 8000 Arbeitnehmern sowie eine Gesellschaft aus Italien mit 11 000 Arbeitnehmern verschmolzen werden. Dem BVG gehören daher aus Deutschland fünf Mitglieder, aus Italien vier Mitglieder, aus Spanien drei Mitglieder und aus Frankreich ein Mitglied an. Nach der konstituierenden Sitzung beschließt das BVG mit den Stimmen der Mitglieder aus Spanien und Italien, denen sich zwei Mitglieder aus Deutschland anschließen, die Verhandlungen abzubrechen. Drei Mitglieder aus Deutschland sowie das Mitglied aus Frankreich stimmen bei der Beschlussfassung dagegen. Um die Einhaltung der Anforderungen in § 16 Abs. 1 Satz 2 SEBG zu überprüfen, sind drei Schritte erforderlich: 14

– Für den Beschluss müssen ⅔ der Mitglieder gestimmt haben (im Beispielsfall haben 9 von 13 Mitgliedern mit „Ja" gestimmt, so dass die Ja-Stimmen das notwendige Quorum erfüllen);
– die mit „Ja" stimmenden Mitglieder müssen mindestens ⅔ der Arbeitnehmer in den Mitgliedstaaten vertreten (im Beispielsfall vertreten die einheitlich abstimmenden Mitglieder aus Spanien und Italien insgesamt 15 000 Arbeitnehmer; die aus Deutschland stammenden Mitglieder vertreten nach § 15 Abs. 2 Satz 2 SEBG

---
[15] Ebenso zu der mit § 16 Abs. 1 Satz 2 SEBG vergleichbaren Regelung in § 227 Abs. 1 ArbVG *Gahleitner* in Kalss/Hügel, § 227 ArbVG Rz. 5.

jeweils 2800 Arbeitnehmer, so dass die beiden mit „Ja" stimmenden Mitglieder insgesamt 5600 Arbeitnehmer repräsentieren; die 9 mit „Ja" abstimmenden Mitglieder des BVG vertreten damit 24 600 Arbeitnehmer und damit mehr als ⅔ (= 22 332) der Arbeitnehmer;
– die mit „Ja" stimmenden Mitglieder des BVG müssen die Arbeitnehmer aus mindestens 2 Mitgliedstaaten vertreten, was im Beispielsfall erfüllt ist, da die mit „Ja" stimmenden Mitglieder Arbeitnehmer aus Deutschland, Italien und Spanien vertreten.

IV. Rechtsfolgen eines Beschlusses i.S. des § 16 Abs. 1 SEBG

1. Eintragung der SE in das Handelsregister

15 Wenn das BVG einen rechtswirksamen Beschluss i.S. des § 16 Abs. 1 SEBG gefasst hat, kann die SE nach **Art. 12 Abs. 2 SE-VO** ohne weitere Verzögerung in das Handelsregister eingetragen werden[16]. Den Nachweis für einen Beschluss i.S. des § 16 Abs. 1 SEBG können die Leitungen der beteiligten Gesellschaften mittels der von der **Niederschrift** zu fertigenden **Abschrift** erbringen (vgl. § 17 Satz 2 SEBG), die auch einen nach § 16 Abs. 1 SEBG gefassten Beschluss des BVG dokumentiert (s. auch § 17 SEBG Rz. 10).

2. Beteiligung der Arbeitnehmer

16 Hinsichtlich der Rechtsfolgen eines nach § 16 Abs. 1 Satz 1 SEBG gefassten Beschlusses ist zwischen der Beteiligung der Arbeitnehmer nach dem SEBG (s. unten Rz. 17) und derjenigen nach anderen Gesetzen in den jeweils betroffenen Mitgliedstaaten, die eine Beteiligung der Arbeitnehmer vorsehen (s. unten Rz. 18 ff.), zu differenzieren:

17 Für die **Beteiligung nach dem SEBG** schreibt § 16 Abs. 2 Satz 2 SEBG vor, dass die gesetzliche Auffangregelung (§§ 22 bis 39 SEBG) weder im Hinblick auf die Unterrichtung und Anhörung noch bezüglich der Mitbestimmung der Arbeitnehmer anzuwenden ist. Dem BVG steht deshalb nicht die Möglichkeit zur Verfügung, das Verhandlungsverfahren vor Fristablauf (s. § 20 SEBG) abzubrechen, um einseitig die gesetzliche Auffangregelung vorzeitig zur Anwendung zu bringen[17]. Will das BVG dieses Ziel vorzeitig erreichen, bedarf es hierfür des Abschlusses einer Vereinbarung mit den Leitungen, die die Anwendung der gesetzlichen Auffangregelung zum Inhalt hat (§ 22 Abs. 1 Nr. 1 SEBG; s. dazu § 34 SEBG Rz. 9).

18 Ungeachtet des vom BVG gefassten Verzichtsbeschlusses finden nach § 16 Abs. 1 Satz 3 SEBG die Vorschriften für die Unterrichtung und Anhörung der Arbeitnehmer Anwendung, die in den jeweiligen Mitgliedstaaten gelten (s. auch § 47 Abs. 1 SEBG). Für in Deutschland gelegene Betriebe der SE sind deshalb das **BetrVG** und die dort ge-

---

16 Für die allg. Ansicht *Evers* in Manz/Mayer/Schröder, § 16 SEBG Rz. 5; *Feuerborn* in KölnKomm. AktG, 3. Aufl., § 16 SEBG Rz. 12; *Freis* in Nagel/Freis/Kleinsorge, Beteiligung der Arbeitnehmer, § 16 SEBG Rz. 9; *Henssler* in Ulmer/Habersack/Henssler, Mitbestimmungsrecht, § 16 SEBG Rz. 4; *Hohenstatt/Müller-Bonanni* in Habersack/Drinhausen, § 16 SEBG Rz. 3; *Jacobs* in MünchKomm. AktG, 3. Aufl., § 16 SEBG Rz. 4; *Joost* in Oetker/Preis, EAS, B 8200, Rz. 105; *Kienast* in Jannott/Frodermann, Handbuch Europäische Aktiengesellschaft, Kap. 13 Rz. 362; *Rudolph* in Annuß/Kühn/Rudolph/Rupp, EBRG, § 16 SEBG Rz. 8.
17 Wie hier im Anschluss *Feuerborn* in KölnKomm. AktG, 3. Aufl., § 16 SEBG Rz. 9; ebenso zu § 227 ArbVG *Gahleitner* in Kalss/Hügel, § 227 ArbVG Rz. 1.

regelten Beteiligungsrechte maßgebend[18]; entsprechendes gilt für das **SprAuG**[19]. Soweit beide Gesetze das „**Unternehmen**" als Normadressaten ansprechen (z.B. § 47 BetrVG), erfasst der jeweilige Unternehmensbegriff auch die SE; bei ihr kann deshalb ein **Gesamt- bzw. Konzernbetriebsrat** sowie ein **Gesamt- bzw. Konzernsprecherausschuss** gebildet werden (s. auch § 47 SEBG Rz. 7). Entsprechendes gilt für die Errichtung eines **Wirtschaftsausschusses** (§ 106 BetrVG). Voraussetzung hierfür ist wegen des Territorialitätsprinzips allerdings, dass die SE ihren Sitz im Geltungsbereich des BetrVG hat[20].

Bezüglich des **EBRG** hält § 47 Abs. 1 Nr. 2 SEBG fest, dass dieses auf die SE Anwendung findet, wenn das BVG einen Beschluss i.S. des § 16 Abs. 1 Satz 1 SEBG gefasst hat[21]. Zur Errichtung eines Europäischen Betriebsrates kommt es in diesem Fall jedoch nur, wenn die SE eine gemeinschaftsweite Tätigkeit i.S. des § 3 EBRG entfaltet. Obwohl das EBRG ebenfalls ein **besonderes Verhandlungsgremium** vorsieht, das in Verhandlungen mit der zentralen Leitung eintritt, um eine Beteiligungsvereinbarung abzuschließen (§ 8 Abs. 1 EBRG), kann diese Aufgabe nicht von dem nach dem SEBG bereits gebildeten BVG übernommen werden[22], da dessen Tätigkeit mit dem nach § 16 Abs. 1 Satz 1 SEBG gefassten Beschluss und der Übermittlung einer Abschrift der Niederschrift (§ 17 Satz 2 SEBG) endet (s. § 4 SEBG Rz. 8)[23]. Vielmehr ist nach Maßgabe der §§ 9 ff. EBRG ein **neues BVG** zu bilden[24], was eine gänzliche oder teilweise Personenidentität mit dem zuvor gebildeten Gremium nicht ausschließt. Die strikte formale Trennung ist schon deshalb zwingend, weil die Vorschriften zur Zusammensetzung des jeweiligen BVG nicht identisch sind (s. einerseits § 5 SEBG, andererseits § 10 EBRG).

19

---

18 Ebenso *Evers* in Manz/Mayer/Schröder, § 16 SEBG Rz. 6; *Feuerborn* in KölnKomm. AktG, 3. Aufl., § 16 SEBG Rz. 10; *Freis* in Nagel/Freis/Kleinsorge, Beteiligung der Arbeitnehmer, § 16 SEBG Rz. 8; *Henssler* in Ulmer/Habersack/Henssler, Mitbestimmungsrecht, § 16 SEBG Rz. 5; *Hohenstatt/Müller-Bonanni* in Habersack/Drinhausen, § 16 SEBG Rz. 3; *Jacobs* in MünchKomm. AktG, 3. Aufl., § 16 SEBG Rz. 4; *Kienast* in Jannott/Frodermann, Handbuch Europäische Aktiengesellschaft, Kap. 13 Rz. 364; *Kleinsorge*, RdA 2002, 343, 348; *Rudolph* in Annuß/Kühn/Rudolph/Rupp, EBRG, § 16 SEBG Rz. 9.
19 So auch *Evers* in Manz/Mayer/Schröder, § 16 SEBG Rz. 6; *Feuerborn* in KölnKomm. AktG, 3. Aufl., § 16 SEBG Rz. 10; *Henssler* in Ulmer/Habersack/Henssler, Mitbestimmungsrecht, § 16 SEBG Rz. 5; *Hohenstatt/Müller-Bonanni* in Habersack/Drinhausen § 16 SEBG Rz. 3; *Rudolph* in Annuß/Kühn/Rudolph/Rupp, EBRG, § 16 SEBG Rz. 9.
20 In weiteren Fallgestaltungen näher *Kreutz* in GK-BetrVG, 10. Aufl. 2014, § 47 BetrVG Rz. 9, m.w.N.
21 *Evers* in Manz/Mayer/Schröder, § 16 SEBG Rz. 6; *Feuerborn* in KölnKomm. AktG, 3. Aufl., § 16 SEBG Rz. 10; *Freis* in Nagel/Freis/Kleinsorge, Beteiligung der Arbeitnehmer, § 16 SEBG Rz. 8, 9; *Henssler* in Ulmer/Habersack/Henssler, Mitbestimmungsrecht, § 16 SEBG Rz. 5; *Hohenstatt/Müller-Bonanni* in Habersack/Drinhausen, § 16 SEBG Rz. 3; *Jacobs* in MünchKomm. AktG, 3. Aufl., § 16 SEBG Rz. 4; *Kepper*, Monistische SE, S. 196; *Kienast* in Jannott/Frodermann, Handbuch Europäische Aktiengesellschaft, Kap. 13 Rz. 364; *Kleinsorge*, RdA 2002, 343, 348; *Köklü* in Van Hulle/Maul/Drinhausen, Kap. 6 Rz. 78; *Rudolph* in Annuß/Kühn/Rudolph/Rupp, EBRG, § 16 SEBG Rz. 9; *Seibt/Reinhard*, Der Konzern 2005, 407, 418.
22 Ebenso im Anschluss *Feuerborn* in KölnKomm. AktG, 3. Aufl., § 16 SEBG Rz. 10; *Rudolph* in Annuß/Kühn/Rudolph/Rupp, EBRG, § 16 SEBG Rz. 9.
23 Wie hier *Feuerborn* in KölnKomm. AktG, 3. Aufl., § 16 SEBG Rz. 3, 8; *Freis* in Nagel/Freis/Kleinsorge, Beteiligung der Arbeitnehmer, § 16 SEBG Rz. 10; *Henssler* in Ulmer/Habersack/Henssler, Mitbestimmungsrecht, § 16 SEBG Rz. 5; *Rudolph* in Annuß/Kühn/Rudolph/Rupp, EBRG, § 16 SEBG Rz. 8; so ausdrücklich in Österreich § 222 Abs. 2 Nr. 1 ArbVG. Ebenso zu § 15 Abs. 1 EBRG *Blanke*, 2. Aufl. 2006, § 15 EBRG a.E.; *C. Müller*, 1997, § 15 EBRG Rz. 1; *Oetker* in GK-BetrVG, 10. Aufl. 2014, § 15 EBRG Rz. 6.
24 Treffend *Krause*, BB 2005, 1221, 1225 sowie nachfolgend *Feuerborn* in KölnKomm. AktG, 3. Aufl., § 16 SEBG Rz. 10; *Rudolph* in Annuß/Kühn/Rudolph/Rupp, EBRG, § 16 SEBG Rz. 9.

20 Den in Deutschland geltenden **Gesetzen zur Unternehmensmitbestimmung** ist die SE nicht unterworfen. Dies ergibt sich insbesondere im Umkehrschluss aus § 47 Abs. 1 Nr. 1 SEBG, der im Hinblick auf die von den Unternehmensmitbestimmungsgesetzen erfassten Rechtsformen die Regelungslücke bezüglich der SE als dem gesetzgeberischen Willen entsprechend erscheinen lässt, so dass auch eine analoge Anwendung der einschlägigen Gesetze zur Unternehmensmitbestimmung auf die SE nicht methodengerecht begründbar ist[25].

3. Bindungswirkung des Beschlusses

21 Der nach § 16 Abs. 1 Satz 1 SEBG gefasste Beschluss des BVG steht einer Beteiligung der Arbeitnehmer in der SE nach Maßgabe des SEBG nicht auf Dauer entgegen. Unter den in § 18 SEBG im Einzelnen geregelten Voraussetzungen kann vielmehr erneut ein BVG gebildet werden (s. näher die Erläuterungen zu § 18 SEBG). Aus dieser Regelungstechnik folgt umgekehrt, dass der vom BVG gefasste Beschluss außerhalb der in § 18 SEBG genannten Sachverhalte verbindlich ist und der erneuten Bildung eines BVG entgegensteht[26].

§ 17
Niederschrift

In eine Niederschrift, die vom Vorsitzenden und einem weiteren Mitglied des besonderen Verhandlungsgremiums zu unterzeichnen ist, ist aufzunehmen
1. ein Beschluss über den Abschluss einer Vereinbarung nach § 13 Abs. 1,
2. ein Beschluss über die Nichtaufnahme oder den Abbruch der Verhandlungen nach § 16 Abs. 1 und
3. die jeweiligen Mehrheiten, mit denen die Beschlüsse gefasst worden sind.

Eine Abschrift der Niederschrift ist den Leitungen zu übermitteln.

I. Allgemeines 1	III. Übermittlung einer Abschrift an die Leitungen (§ 17 Satz 2 SEBG) 10
II. Anfertigung der Niederschrift (§ 17 Satz 1 SEBG) 5	

Literatur: S. Vor § 1 SEBG.

I. Allgemeines

1 Grundsätzlich regelt das BVG die Förmlichkeiten der Beschlussfassung in der Geschäftsordnung (§ 12 Abs. 1 Satz 3 SEBG), die – analog § 34 BetrVG – auch über jede Sitzung des BVG eine Niederschrift vorsehen kann (s. § 12 SEBG Rz. 25). Ohne eine

---

[25] Ebenso *Evers* in Manz/Mayer/Schröder, § 16 SEBG Rz. 7; *Feuerborn* in KölnKomm. AktG, 3. Aufl., § 16 SEBG Rz. 11; *Henssler* in Ulmer/Habersack/Henssler, Mitbestimmungsrecht, § 16 SEBG Rz. 5; *Hohenstatt/Müller-Bonanni* in Habersack/Drinhausen, § 16 SEBG Rz. 3; *Jacobs* in MünchKomm. AktG, 3. Aufl., § 16 SEBG Rz. 4; *Maack*, Rechtsschutz, S. 131 f.; *Rudolph* in Annuß/Kühn/Rudolph/Rupp, EBRG, § 16 SEBG Rz. 10.

[26] In der Sache auch *Gahleitner* in Kalss/Hügel, § 227 ArbVG Rz. 4; *Mayr* in Cerny/Mayr, Arbeitsverfassungsrecht, Bd. 6, 2006, § 227 ArbVG Rz. 4.

derartige Vorgabe ist eine Niederschrift nur bei den in § 17 Satz 1 SEBG abschließend aufgezählten Beschlussgegenständen erforderlich. Die Niederschrift bzw. deren Abschrift ermöglicht insbesondere eine Überprüfung, ob das BVG die Beschlüsse zur Beendigung des Verhandlungsverfahrens mit der notwendigen (qualifizierten) Mehrheit gefasst hat[1]. Bedeutsam ist dies vor allem für das Eintragungsverfahren, da die Leitungen gegenüber dem Registergericht mittels einer Abschrift der Niederschrift (§ 17 Satz 2 SEBG) die Erfüllung der Voraussetzungen in Art. 12 Abs. 2 SE-VO belegen können (s. unten Rz. 10). Neben der hieraus folgenden **Dokumentationsfunktion** wird der Niederschrift verbreitet zusätzlich eine **Warnfunktion** zugesprochen[2]. Dem ist nicht zu folgen, da die Niederschrift erst nach der Beschlussfassung, ggf. auch erst nach der Sitzung (s. unten Rz. 6), angefertigt wird, so dass diese im Hinblick auf eine vorherige Beschlussfassung keine Warnfunktion entfalten kann.

In der **SE-RL** findet § 17 SEBG keine Entsprechung; auch die **SCE-RL** kennt keine mit § 17 SEBG vergleichbare Regelung, sie ist aber mit identischem Wortlaut als § 17 in dem zur Umsetzung geschaffenen SCEBG enthalten. Für die Mitbestimmung der Arbeitnehmer bei einer **Verschmelzung von Kapitalgesellschaften** aus verschiedenen Mitgliedstaaten gilt Entsprechendes; mit **§ 18** enthält das **MgVG** eine mit § 17 SEBG **identische Vorschrift**. 2

Abgesehen von den Beschlussgegenständen ähnelt § 17 SEBG den Bestimmungen in **§ 15 Abs. 1 Satz 2 und 3 EBRG**[3]. Im Unterschied zu § 17 Satz 1 Nr. 3 SEBG ist danach jedoch lediglich das Abstimmungsergebnis in die Niederschrift aufzunehmen, nicht aber die Angabe der Stimmenmehrheit, mit der die Beschlüsse gefasst worden sind. Dies schreibt indes § 34 Abs. 1 Satz 1 BetrVG für die Sitzungsniederschrift vor. 3

Die in **Österreich** zur Umsetzung der SE-RL geschaffenen Regelungen des ArbVG sehen – wie die SE-RL – von einer Verpflichtung zur Niederschrift bestimmter Beschlüsse ab, obwohl § 2 Abs. 2 Nr. 2 SEG für die Anmeldung der SE zur Eintragung in das Firmenbuch vorschreibt, den nach § 227 Abs. 1 ArbVG von dem BVG gefassten Beschluss beizufügen. 4

II. Anfertigung der Niederschrift (§ 17 Satz 1 SEBG)

Das Erfordernis einer Niederschrift über die vom BVG gefassten Beschlüsse legt § 17 Satz 1 SEBG ausschließlich für den Abschluss der Beteiligungsvereinbarung (Nr. 1) sowie einen nach § 16 Abs. 1 gefassten Beschluss fest, keine Verhandlungen aufzunehmen bzw. diese abzubrechen (Nr. 2). Darüber hinaus ist das BVG nicht kraft Gesetzes verpflichtet, über die in seinen Sitzungen gefassten Beschlüsse eine Niederschrift anzufertigen[4]; entsprechende Regelungen kann eine **Geschäftsordnung** jedoch vorsehen (s. auch oben Rz. 1 sowie § 12 SEBG Rz. 25)[5], die jedoch nicht von den zwingenden Vorgaben in § 17 Satz 1 SEBG (s. unten Rz. 9) abweichen darf[6]. 5

---

1 S. auch Begr. RegE, BT-Drucks. 15/3405, S. 50, die eher formelhaft auf die weitreichenden Rechtsfolgen der gefassten Beschlüsse verweist; ebenso *Freis* in Nagel/Freis/Kleinsorge, Beteiligung der Arbeitnehmer, § 17 SEBG Rz. 2; *Joost* in Oetker/Preis, EAS, B 8200, Rz. 100.
2 Hierfür *Evers* in Manz/Mayer/Schröder, § 17 SEBG Rz. 1; *Feuerborn* in KölnKomm. AktG, 3. Aufl., § 17 SEBG Rz. 1, 5; *Hohenstatt/Müller-Bonanni* in Habersack/Drinhausen, § 17 SEBG Rz. 1; *Jacobs* in MünchKomm. AktG, 3. Aufl., § 17 SEBG Rz. 1.
3 Ebenso *Feuerborn* in KölnKomm. AktG, 3. Aufl., § 17 SEBG Rz. 2; *Henssler* in Ulmer/Habersack/Henssler, Mitbestimmungsrecht, § 17 SEBG Rz. 1.
4 *Rudolph* in Annuß/Kühn/Rudolph/Rupp, EBRG, § 17 SEBG Rz. 2.
5 Wie hier im Anschluss *Feuerborn* in KölnKomm. AktG, 3. Aufl., § 17 SEBG Rz. 7.
6 Treffend *Feuerborn* in KölnKomm. AktG, 3. Aufl., § 17 SEBG Rz. 5.

6 Über den **Zeitpunkt** für die Anfertigung der Niederschrift trifft das Gesetz keine präzisierenden Aussagen[7]. Nähere Einzelheiten kann deshalb eine Geschäftsordnung festlegen. Im Hinblick auf die weitreichenden Folgen der in der Niederschrift dokumentierten Beschlüsse wird dem Zweck der Niederschrift an ehesten Rechnung getragen, wenn diese unmittelbar im Anschluss an die Sitzung angefertigt wird[8]. Eine Ausfertigung in der Sitzung selbst ist – wie im Rahmen von § 34 BetrVG[9] – jedoch nicht zwingend erforderlich, aber auch nicht gesetzlich ausgeschlossen.

7 In die Niederschrift ist nicht nur der **Inhalt des gefassten Beschlusses** sowie wegen § 18 Abs. 1 Satz 1 SEBG das **Datum des Sitzungstages**[10], sondern auch das **Abstimmungsergebnis** aufzunehmen. Es genügt nicht, lediglich Annahme oder Ablehnung eines Antrages mitzuteilen; nach § 17 Satz 1 Nr. 3 SEBG muss die Niederschrift ferner die **jeweilige Mehrheit** wiedergeben, die den Beschluss gefasst hat. Dies ist insbesondere wegen des in § 15 Abs. 3 Satz 1 SEBG und § 16 Abs. 1 Satz 2 SEBG festgelegten Erfordernisses einer qualifizierten Mehrheit (⅔) bedeutsam[11]. Deshalb sind nicht nur die Ja-Stimmen, sondern auch die Gegenstimmen und Enthaltungen in der Niederschrift zu dokumentieren[12]. Damit die Erfüllung der doppelten Mehrheitserfordernisse überprüfbar ist, muss aus der Niederschrift des Weiteren ersichtlich sein, ob der Beschluss den jeweiligen Anforderungen an die **Repräsentativität** (Zahl der Arbeitnehmer in mindestens zwei Mitgliedstaaten, s. § 15 SEBG Rz. 28 ff.; § 16 SEBG Rz. 11 f.) genügt[13]. Eine **Anwesenheitsliste** ist der Niederschrift nicht beizufügen. Die Begründung einer § 34 Abs. 1 Satz 3 BetrVG entsprechenden Verpflichtung war entbehrlich, weil bei den in § 17 Satz 1 Nr. 1 und 2 SEBG genannten Beschlüssen stets die Mehrheit der Mitglieder einem Antrag zustimmen muss (s. § 15 SEBG Rz. 33, § 16 SEBG Rz. 10).

8 Die Niederschrift ist von dem **Vorsitzenden des BVG** und einem **weiteren Mitglied** des Gremiums zu **unterzeichnen**; dies entspricht § 15 Abs. 1 Satz 2 EBRG[14] und soll die korrekte Wiedergabe der Beschlüsse sicherstellen[15]. Das BVG bestimmt nach freiem Ermessen, welches „weitere Mitglied" die Niederschrift unterzeichnet[16]; eine diesbezügliche Festlegung in der Geschäftsordnung ist zweckmäßig, aber nicht not-

---

7 Ebenso *Evers* in Manz/Mayer/Schröder, § 17 SEBG Rz. 2.
8 So *Evers* in Manz/Mayer/Schröder, § 17 SEBG Rz. 2; *Rudolph* in Annuß/Kühn/Rudolph/Rupp, EBRG, § 17 SEBG Rz. 4.
9 BAG v. 17.10.1990 – 7 ABR 69/89, AP Nr. 8 zu § 108 BetrVG 1972 sowie stellvertretend für das Schrifttum *Raab* in GK-BetrVG, 10. Aufl. 2014, § 34 BetrVG Rz. 8, m.w.N.
10 Ebenso im Anschluss *Rudolph* in Annuß/Kühn/Rudolph/Rupp, EBRG, § 17 SEBG Rz. 4. Schwächer im Sinne einer Empfehlung („soll") *Evers* in Manz/Mayer/Schröder, § 17 SEBG Rz. 3; *Feuerborn* in KölnKomm. AktG, 3. Aufl., § 17 SEBG Rz. 4; *Freis* in Nagel/Freis/Kleinsorge, Beteiligung der Arbeitnehmer, § 16 SEBG Rz. 7, § 17 SEBG Rz. 2; *Henssler* in Ulmer/Habersack/Henssler, Mitbestimmungsrecht, § 17 SEBG Rz. 2; *Hohenstatt/Müller-Bonanni* in Habersack/Drinhausen, § 17 SEBG Rz. 1; *Jacobs* in MünchKomm. AktG, 3. Aufl., § 17 SEBG Rz. 1.
11 So auch *Feuerborn* in KölnKomm. AktG, 3. Aufl., § 17 SEBG Rz. 4.
12 Ebenso *Evers* in Manz/Mayer/Schröder, § 17 SEBG Rz. 3; so auch zu § 34 BetrVG *Reichold* in Henssler/Willemsen/Kalb, ArbR-Komm., § 34 BetrVG Rz. 5; *Raab* in GK-BetrVG, 10. Aufl. 2014, § 34 BetrVG Rz. 14; wohl auch *Fitting/Engels/Schmidt/Trebinger/Linsenmaier*, BetrVG, 27. Aufl. 2014, § 34 BetrVG Rz. 14; schwächer *Wedde* in Däubler/Kittner/Klebe/Wedde, BetrVG, 14. Aufl. 2014, § 34 BetrVG Rz. 3, der dies lediglich für zweckmäßig erachtet.
13 So auch *Evers* in Manz/Mayer/Schröder, § 17 SEBG Rz. 3; *Henssler* in Ulmer/Habersack/Henssler, Mitbestimmungsrecht, § 17 SEBG Rz. 2; *Rudolph* in Annuß/Kühn/Rudolph/Rupp, EBRG, § 17 SEBG Rz. 2.
14 Ebenso § 34 Abs. 1 Satz 2 BetrVG.
15 Wie hier *Feuerborn* in KölnKomm. AktG, 3. Aufl., § 17 SEBG Rz. 8; *Freis* in Nagel/Freis/Kleinsorge, Beteiligung der Arbeitnehmer, § 17 SEBG Rz. 3.
16 So auch *Feuerborn* in KölnKomm. AktG, 3. Aufl., § 17 SEBG Rz. 8.

wendig¹⁷. Eine dem BVG für die Protokollführung zur Verfügung gestellte **Schreibkraft** ist nicht zur „Zweitunterschrift" berechtigt, da sie dem BVG nicht als Mitglied angehört.

Die Anfertigung der Niederschrift mit dem in § 17 Satz 1 SEBG umschriebenen Inhalt ist **zwingend**¹⁸; das BVG kann von ihr nicht absehen. **Unterbleibt die Anfertigung** einer Niederschrift, so berührt dies gleichwohl nicht die Wirksamkeit des vom BVG gefassten Beschlusses; bei § 17 Satz 1 SEBG handelt es sich – wie bei § 34 BetrVG – lediglich um eine **Ordnungsvorschrift**¹⁹. Deren Einhaltung wird indirekt durch den Anspruch der Leitungen (s. unten Rz. 11 a.E.), diesen eine Abschrift von der Niederschrift zu übermitteln (§ 17 Satz 2 SEBG), sichergestellt. 9

III. Übermittlung einer Abschrift an die Leitungen (§ 17 Satz 2 SEBG)

Vor allem wegen des Verfahrens zur Eintragung der SE (Art. 12 Abs. 2 SE-VO) legt § 17 Satz 2 SEBG fest, dass den Leitungen eine Abschrift der Niederschrift zu übermitteln ist. Dies zählt zu den Aufgaben des **Vorsitzenden des BVG** (s. § 12 SEBG Rz. 16); die **Geschäftsordnung** des BVG indes kann auch ein **anderes Mitglied** mit dieser Aufgabe betrauen. Durch Vorlage der Abschrift können die Leitungen beim Registergericht die **Einhaltung der Eintragungsvoraussetzungen** in Art. 12 Abs. 2 SE-VO belegen (s. auch oben Rz. 1)²⁰. 10

Inhaltlich entspricht § 17 Satz 2 SEBG der Regelung in § 15 Abs. 1 Satz 3 EBRG. Die Abschrift ist von dem **Vorsitzenden des BVG**, nicht aber von einem weiteren Mitglied des Gremiums **zu unterzeichnen**²¹. **Unterbleibt die Übermittlung** der Abschrift an die 11

---

17 *Feuerborn* in KölnKomm. AktG, 3. Aufl., § 17 SEBG Rz. 8; wie hier zu § 34 BetrVG *Fitting/Engels/Schmidt/Trebinger/Linsenmaier*, BetrVG, 27. Aufl. 2014, § 34 BetrVG Rz. 19; *Glock* in Hess/Worzalla/Glock/Nicolai/Rose/Huke, BetrVG, 9. Aufl. 2014, § 34 BetrVG Rz. 11; *Koch* in ErfKomm. ArbR, 15. Aufl. 2015, § 34 BetrVG Rz. 3; *Raab* in GK-BetrVG, 10. Aufl. 2014, § 34 BetrVG Rz. 18; *Thüsing* in Richardi, BetrVG, 14. Aufl. 2014, § 34 BetrVG Rz. 9.
18 So auch *Feuerborn* in KölnKomm. AktG, 3. Aufl., § 17 SEBG Rz. 5; *Hohenstatt/Müller-Bonanni* in Habersack/Drinhausen, § 17 SEBG Rz. 1; *Rudolph* in Annuß/Kühn/Rudolph/Rupp, EBRG, § 17 SEBG Rz. 2.
19 Wie hier *Feuerborn* in KölnKomm. AktG, 3. Aufl., § 17 SEBG Rz. 6; *Fleischmann* in Gaul/Ludwig/Forst, Europäisches Mitbestimmungsrecht, § 2 Rz. 240; *Freis* in Nagel/Freis/Kleinsorge, Beteiligung der Arbeitnehmer, § 17 SEBG Rz. 3; *Henssler* in Ulmer/Habersack/Henssler, Mitbestimmungsrecht, § 17 SEBG Rz. 2; *Hohenstatt/Müller-Bonanni* in Habersack/Drinhausen, § 17 SEBG Rz. 1; *Rudolph* in Annuß/Kühn/Rudolph/Rupp, EBRG, § 17 SEBG Rz. 2; a.A. *Evers* in Manz/Mayer/Schröder, § 17 SEBG Rz. 1; *Jacobs* in MünchKomm. AktG, 3. Aufl., § 17 SEBG Rz. 1: Wirksamkeitsvoraussetzung. Wie hier zu § 34 BetrVG BAG v. 8.2.1977 – 1 ABR 82/74, AP Nr. 10 zu § 80 BetrVG 1972; stellvertretend für die herrschende Meinung im Schrifttum *Fitting/Engels/Schmidt/Trebinger/Linsenmaier*, BetrVG, 27. Aufl. 2014, § 34 BetrVG Rz. 26; *Glock* in Hess/Worzalla/Glock/Nicolai/Rose/Huke, BetrVG, 9. Aufl. 2014, § 34 BetrVG Rz. 13; *Koch* in ErfKomm. ArbR, 15. Aufl. 2015, § 34 BetrVG Rz. 3; *Raab* in GK-BetrVG, 10. Aufl. 2014, § 34 BetrVG Rz. 5; *Reichold* in Henssler/Willemsen/Kalb, ArbR-Komm., § 34 BetrVG Rz. 3; *Thüsing* in Richardi, BetrVG, 14. Aufl. 2014, § 34 BetrVG Rz. 20; *Wedde* in Däubler/Kittner/Klebe/Wedde, BetrVG, 14. Aufl. 2014, § 34 BetrVG Rz. 13.
20 So auch *Feuerborn* in KölnKomm. AktG, 3. Aufl., § 17 SEBG Rz. 9; *Freis* in Nagel/Freis/Kleinsorge, Beteiligung der Arbeitnehmer, § 17 SEBG Rz. 4; *Henssler* in Ulmer/Habersack/Henssler, Mitbestimmungsrecht, § 17 SEBG Rz. 3; *Jacobs* in MünchKomm. AktG, 3. Aufl., § 17 SEBG Rz. 2.
21 *Jacobs* in MünchKomm. AktG, 3. Aufl., § 17 SEBG Rz. 2. So auch die allgemeine Ansicht zu § 34 Abs. 2 BetrVG *Fitting/Engels/Schmidt/Trebinger/Linsenmaier*, BetrVG, 27. Aufl. 2014, § 34 BetrVG Rz. 23; *Glock* in Hess/Worzalla/Glock/Nicolai/Rose/Huke, BetrVG, 9. Aufl. 2014, § 34 BetrVG Rz. 19; *Raab* in GK-BetrVG, 10. Aufl. 2014, § 34 BetrVG Rz. 23; *Reichold* in Henssler/Willemsen/Kalb, ArbR-Komm., § 34 BetrVG Rz. 10; *Thüsing* in Richardi, BetrVG,

Leitungen, so berührt dies nicht die Rechtswirksamkeit des gefassten Beschlusses[22]. Wegen des Plurals („Leitungen") ist die Abschrift jeder Leitung der an der Gründung der SE beteiligten Gesellschaften zu übermitteln[23]. Ist eine der Gesellschaften im Hinblick auf die Verhandlungen mit dem BVG federführend, so genügt die Übermittlung an die Leitung dieser Gesellschaft; Entsprechendes gilt, wenn die beteiligten Gesellschaften eine Verhandlungskommission gebildet haben[24]. In diesem Fall ist die Übermittlung der Abschrift an den Vorsitzenden der Verhandlungskommission ausreichend, da er als Empfangsbote für die Leitungen der beteiligten Gesellschaften tätig wird. Den Vorgenannten steht wegen des Zwecks der Übermittlung (s. oben Rz. 10) ein einklagbarer **Anspruch auf Übermittlung** der Abschrift zu[25].

12 Andere als die in § 17 Satz 2 SEBG Genannten können keine Abschrift der Niederschrift beanspruchen[26]. Das gilt sowohl für die **Mitglieder des BVG** als auch für **Arbeitnehmervertretungen i.S. des § 2 Abs. 6 SEBG**, die in den an der Gründung der SE beteiligten Gesellschaften bestehen, sowie **Vertreter außenstehender Organisationen** i.S. des § 14 Abs. 2 SEBG einschließlich der Vertreter von **Gewerkschaften**, die in den beteiligten Gesellschaften vertreten sind.

§ 18
Wiederaufnahme der Verhandlungen

(1) Frühestens zwei Jahre nach dem Beschluss nach § 16 Abs. 1 wird auf schriftlichen Antrag von mindestens 10 Prozent der Arbeitnehmer der SE, ihrer Tochtergesellschaften und Betriebe oder von deren Vertretern ein besonderes Verhandlungsgremium erneut gebildet, mit der Maßgabe, dass an die Stelle der beteiligten Gesellschaften, betroffenen Tochtergesellschaften und betroffenen Betriebe die SE, ihre Tochtergesellschaften und Betriebe treten. Die Parteien können eine frühere Wiederaufnahme der Verhandlungen vereinbaren.

(2) Wenn das besondere Verhandlungsgremium die Wiederaufnahme der Verhandlungen mit der Leitung der SE nach Absatz 1 beschließt, in diesen Verhandlungen jedoch keine Einigung erzielt wird, finden die §§ 22 bis 33 über den SE-Betriebsrat kraft Gesetzes und die §§ 34 bis 38 über die Mitbestimmung kraft Gesetzes keine Anwendung.

---

14. Aufl. 2014, § 34 BetrVG Rz. 12; *Wedde* in Däubler/Kittner/Klebe/Wedde, BetrVG, 14. Aufl. 2014, § 34 BetrVG Rz. 14.
22 Treffend im Anschluss *Feuerborn* in KölnKomm. AktG, 3. Aufl., § 17 SEBG Rz. 10; *Jacobs* in MünchKomm. AktG, 3. Aufl., § 17 SEBG Rz. 2; *Rudolph* in Annuß/Kühn/Rudolph/Rupp, EBRG, § 17 SEBG Rz. 6; ebenso zu § 15 Abs. 1 Satz 3 EBRG *Blanke*, 2. Aufl. 2006, § 15 EBRG Rz. 2.
23 Ebenso *Evers* in Manz/Mayer/Schröder, § 17 SEBG Rz. 4; *Henssler* in Ulmer/Habersack/Henssler, Mitbestimmungsrecht, § 17 SEBG Rz. 3.
24 Zustimmend *Evers* in Manz/Mayer/Schröder, § 17 SEBG Rz. 4; *Henssler* in Ulmer/Habersack/Henssler, Mitbestimmungsrecht, § 17 SEBG Rz. 3.
25 Hierfür auch *Evers* in Manz/Mayer/Schröder, § 17 SEBG Rz. 5; *Feuerborn* in KölnKomm. AktG, 3. Aufl., § 17 SEBG Rz. 9; *Henssler* in Ulmer/Habersack/Henssler, Mitbestimmungsrecht, § 17 SEBG Rz. 3; *Hohenstatt/Müller-Bonanni* in Habersack/Drinhausen, § 17 SEBG Rz. 1; *Jacobs* in MünchKomm. AktG, 3. Aufl., § 17 SEBG Rz. 2; *Rudolph* in Annuß/Kühn/Rudolph/Rupp, EBRG, § 17 SEBG Rz. 6.
26 So auch *Freis* in Nagel/Freis/Kleinsorge, Beteiligung der Arbeitnehmer, § 17 SEBG Rz. 4; *Rudolph* in Annuß/Kühn/Rudolph/Rupp, EBRG, § 17 SEBG Rz. 6.

(3) Sind strukturelle Änderungen der SE geplant, die geeignet sind, Beteiligungsrechte der Arbeitnehmer zu mindern, finden auf Veranlassung der Leitung der SE oder des SE-Betriebsrats Verhandlungen über die Beteiligungsrechte der Arbeitnehmer der SE statt. Anstelle des neu zu bildenden besonderen Verhandlungsgremiums können die Verhandlungen mit der Leitung der SE einvernehmlich von dem SE-Betriebsrat gemeinsam mit Vertretern der von der geplanten strukturellen Änderung betroffenen Arbeitnehmer, die bisher nicht von dem SE-Betriebsrat vertreten werden, geführt werden. Wird in diesen Verhandlungen keine Einigung erzielt, sind die §§ 22 bis 33 über den SE-Betriebsrat kraft Gesetzes und die §§ 34 bis 38 über die Mitbestimmung kraft Gesetzes anzuwenden.

(4) In den Fällen der Absätze 1 und 3 gelten die Vorschriften des Teils 2 mit der Maßgabe, dass an die Stelle der Leitungen die Leitung der SE tritt.

I. Allgemeines	1	a) Allgemeines	16
II. Wiederaufnahmetatbestände		b) Strukturelle Änderungen	20
1. Überblick	6	c) Minderung der Beteiligungsrechte	30
2. Antrag auf erneute Bildung eines BVG (§ 18 Abs. 1 Satz 1 SEBG)	8	d) Antragsberechtigung	38
		e) Verhandlungspartei auf Arbeitnehmerseite	39
3. Wiederaufnahme der Verhandlungen aufgrund Vereinbarung (§ 18 Abs. 1 Satz 2 SEBG)	13	III. Das erneute Verhandlungsverfahren	41
		1. Einleitung des Verfahrens	42
		2. Durchführung der Verhandlungen	44
4. Wiederaufnahme bei strukturellen Änderungen der SE (§ 18 Abs. 3 SEBG)		3. Abschluss des Verfahrens	45

Literatur: *Ege/Grzimek/Schwarzfischer*, Der Zementierungseffekt bei der Mitbestimmung bei der Gründung einer SE und bei grenzüberschreitender Verschmelzung, DB 2011, 1205; *Feldhaus/Vanscheidt*, „Strukturelle Änderungen" der Europäischen Aktiengesellschaft im Lichte von Unternehmenstransaktionen, BB 2008, 2246; *Nagel*, Strukturelle Änderungen in der SE und Beteiligungsvereinbarung, ZIP 2011, 2047; *Teichmann*, Neuverhandlung einer SE-Beteiligungsvereinbarung bei „strukturellen Änderungen" in FS Hellwig, 2010, S. 347; *Wollburg/Banerjea*, Die Reichweite der Mitbestimmung in der Europäischen Gesellschaft, ZIP 2005, 277. S. auch Vor § 1 SEBG.

I. Allgemeines

Die Vorschrift steht in einem unmittelbaren Zusammenhang mit einem nach § 16 SEBG gefassten Beschluss des BVG, die Verhandlungen über den Abschluss einer Beteiligungsvereinbarung abzubrechen oder nicht aufzunehmen (§ 18 Abs. 1 und 2 SEBG), und regelt darüber hinaus in Abs. 3 die Auswirkungen struktureller Änderungen der SE für die Beteiligungsrechte der Arbeitnehmer; insoweit tritt ergänzend ggf. eine in der Vereinbarung selbst getroffene Abrede hinzu (s. § 21 Abs. 4 SEBG; dazu § 21 SEBG Rz. 43 ff.).

Mit § 18 Abs. 1 und 2 SEBG greift das SEBG die Vorgaben in **Art. 3 Abs. 6 Unterabs. 4 SE-RL** auf und setzt diese in das nationale Recht um[1]. Die vorgenannte Bestimmung der SE-RL hat folgenden Wortlaut:

„Das besondere Verhandlungsgremium wird auf schriftlichen Antrag von mindestens 10 % der Arbeitnehmer der SE ihrer Tochtergesellschaften und ihrer Betriebe oder von deren Vertretern frü-

---

[1] *Evers* in Manz/Mayer/Schröder, § 18 SEBG Rz. 1; *Feuerborn* in KölnKomm. AktG., 3. Aufl., § 18 SEBG Rz. 1; *Jacobs* in MünchKomm. AktG, 3. Aufl., § 18 SEBG Rz. 1.

hestens zwei Jahre nach dem vorgenannten Beschluss wieder einberufen, sofern die Parteien nicht eine frühere Wiederaufnahme der Verhandlungen vereinbaren. Wenn das besondere Verhandlungsgremium die Wiederaufnahme der Verhandlungen mit der Geschäftsleitung beschließt, in diesen Verhandlungen jedoch keine Einigung erzielt wird, findet keine der Bestimmungen des Anhangs Anwendung."

Die Regelung in § 18 Abs. 3 SEBG zu den Auswirkungen struktureller Änderungen der SE lässt sich nicht auf eine Vorgabe in der SE-RL zurückführen[2], allerdings trifft der Erwägungsgrund 18 zur SE-RL die Aussage, dass das Vorher-Nachher-Prinzip auch für strukturelle Veränderungen einer bereits gegründeten SE und für die von strukturellen Änderungsprozessen betroffenen Gesellschaften gelten „sollte"[3].

3 Die in Rz. 2 wiedergegebene Bestimmung der SE-RL kehrt mit identischem Wortlaut in Art. 3 Abs. 6 Unterabs. 4 in der **SCE-RL** wieder; ebenso stimmt der zur Umsetzung geschaffene **§ 18 SCEBG** mit § 18 SEBG wörtlich überein. Abweichend davon verzichtet **Art. 16 Verschmelzungs-RL 2005/56/EG** darauf, für den Fall struktureller Änderungen auf die SE-RL Bezug zu nehmen oder eine eigenständige Regelung zu treffen; auch das zur Umsetzung geschaffene **MgVG** verzichtet hierauf.

4 Eine an § 18 Abs. 3 SEBG angelehnte Regelung trifft **§ 37 Abs. 1 EBRG** für den Fall einer wesentlichen Änderung in der Struktur des Unternehmens und ermöglicht ein erneutes Verhandlungsverfahren. Im Unterschied zu § 18 Abs. 3 SEBG beruht § 37 Abs. 1 EBRG im Grundsatz auf einer Vorgabe in Art. 13 Unterabs. 1 der EBR-RL. Das gilt indes nicht für die exemplarische Aufzählung wesentlicher Strukturänderungen in § 37 Abs. 1 Satz 2 EBRG; lediglich Erwägungsgrund 40 zur EBR-RL benennt beispielhaft Fusion, Übernahme und Spaltung als Sachverhalte einer wesentlichen Strukturänderung.

5 In **Österreich** findet § 18 SEBG in § 227 Abs. 3 ArbVG sowie § 228 ArbVG eine Entsprechung, die jedoch von der deutschen Rechtslage zum Teil abweicht. So enthält z.B. § 228 Abs. 2 ArbVG eine nicht abschließende Aufzählung wesentlicher Strukturveränderungen in der SE, die zur Wiederaufnahme des Verhandlungsverfahrens führen können, während sich § 18 Abs. 3 Satz 1 SEBG auf den offenen Begriff der „strukturellen Änderung" beschränkt, so dass dessen Konkretisierung erhebliches Kopfzerbrechen bereitet (s. dazu unten Rz. 20 ff.).

II. Wiederaufnahmetatbestände

1. Überblick

6 Der Abschluss des Verhandlungsverfahrens steht erneuten Verhandlungen über den Abschluss einer Beteiligungsvereinbarung grundsätzlich entgegen. Diese „Bestandskraft" durchbricht § 18 SEBG

– wenn zuvor gem. § 16 Abs. 1 Satz 1 SEBG beschlossen wurde, die **Verhandlungen nicht aufzunehmen oder abzubrechen** (§ 18 Abs. 1 Satz 1 SEBG);

– eine Wiederaufnahme der Verhandlungen vereinbart worden ist (§ 18 Abs. 1 Satz 2 SEBG);

– **strukturelle Änderungen** der SE **geplant** sind, die geeignet sind, die Beteiligungsrechte der Arbeitnehmer zu mindern (§ 18 Abs. 3 SEBG).

---

2 Zutreffend *Grobys*, NZA 2005, 84, 91; weitergehend die EBR-RL (s. unten Rz. 4).
3 S. insoweit auch *Freis* in Nagel/Freis/Kleinsorge, Beteiligung der Arbeitnehmer, § 18 SEBG Rz. 1; *Jacobs* in MünchKomm. AktG, 3. Aufl., § 18 SEBG Rz. 7; *Teichmann* in FS Hellwig, 2010, S. 347, 357 f.; *Wirtz*, SE-Betriebsrat, S. 77 f. sowie zum Aussagegehalt des 18. Erwägungsgrundes *Rehberg*, ZGR 2005, 859, 877 ff.

Ergänzt werden die in Rz. 6 aufgezählten Sachverhalte durch § 26 SEBG, der es dem kraft Gesetzes errichteten **SE-Betriebsrat** nach Ablauf von vier Jahren ermöglicht, ein Verhandlungsverfahren zu initiieren, um zu einer Beteiligungsvereinbarung zu gelangen.

2. Antrag auf erneute Bildung eines BVG (§ 18 Abs. 1 Satz 1 SEBG)

Hat das BVG nach § 16 Abs. 1 Satz 1 SEBG beschlossen, von Verhandlungen über eine Beteiligungsvereinbarung abzusehen oder diese abzubrechen, dann tritt für den Abschluss einer Vereinbarung zur Beteiligung der Arbeitnehmer in der SE keine dauerhafte Sperrwirkung ein. Da in dieser Konstellation die gesetzliche Auffangregelung nicht eingreift (s. § 16 SEBG Rz. 17), bedarf es für eine Wiederaufnahme der Verhandlungen einer ausdrücklichen gesetzlichen Bestimmung, um eine Revision des ursprünglichen Beschlusses herbeiführen zu können. Mit dem in § 18 Abs. 1 Satz 1 SEBG näher ausgestalteten Antrag stellt das SEBG diese zur Verfügung und begründet zugunsten der Antragsberechtigten einen gesetzlichen **Anspruch auf Wiederaufnahme der Verhandlungen**[4].

Zum Schutz der von der SE aufgrund des nach § 16 Abs. 1 Satz 1 SEBG gefassten Beschlusses insbesondere im Hinblick auf die Organisationsverfassung der Gesellschaft getroffenen Dispositionen[5] versieht § 18 Abs. 1 Satz 1 SEBG den Wiederaufnahmeantrag mit einer **Zeitschranke**. Er ist erst gestattet, wenn seit dem Beschluss des BVG **zwei Jahre** verstrichen sind, ohne dass dies Vorbereitungshandlungen vor Fristablauf zwingend entgegensteht[6]; befassen muss sich die Leitung der SE mit einem Antrag jedoch erst nach Ablauf der Zwei-Jahres-Frist. Dies schließt jedoch nicht aus, dass die Leitung der SE freiwillig schon zu einem früheren Zeitpunkt die für das erneute Verhandlungsverfahren notwendigen Schritte (s. dazu unten Rz. 28 f.) einleitet[7]. Für den **Fristbeginn** ist auf den Tag der Beschlussfassung abzustellen, der aus der Niederschrift (§ 17 Satz 1 SEBG) ersichtlich ist (s. § 17 SEBG Rz. 7)[8]; zur **Berechnung der Frist** sind die §§ 187, 188, 193 BGB heranzuziehen[9]. Ein vor Fristablauf gestellter Antrag ist unwirksam[10], verpflichtet vor allem die Leitung der SE nicht dazu, die in den §§ 4 ff. SEBG vorgesehenen Schritte zur erneuten Bildung eines BVG einzuleiten.

Antragsberechtigt sind ausschließlich die in § 18 Abs. 1 Satz 1 SEBG Genannten. Das zur Absicherung einer gewissen Unterstützung[11] für einen **Antrag der Arbeitnehmer**

---

4 S. Begr. RegE, BT-Drucks. 15/3405, S. 50; *Henssler* in Ulmer/Habersack/Henssler, Mitbestimmungsrecht, § 18 SEBG Rz. 3; *Jacobs* in MünchKomm. AktG, 3. Aufl., § 18 SEBG Rz. 2; a.A. *Evers* in Manz/Mayer/Schröder, § 18 SEBG Rz. 3; *Feuerborn* in KölnKomm. AktG, 3. Aufl., § 18 SEBG Rz. 4, 10; *Wirtz*, SE-Betriebsrat, S. 74 f., die lediglich einen Anspruch auf Neubildung des BVG anerkennen.
5 Zustimmend insoweit auch *Feuerborn* in KölnKomm. AktG, 3. Aufl., § 18 SEBG Rz. 4.
6 Ebenso *Freis* in Nagel/Freis/Kleinsorge, Beteiligung der Arbeitnehmer, § 18 SEBG Rz. 2 Fn. 2; im Ergebnis auch *Jacobs* in MünchKomm. AktG, 3. Aufl., § 18 SEBG Rz. 3.
7 Ebenso *Feuerborn* in KölnKomm. AktG, 3. Aufl., § 18 SEBG Rz. 6; *Henssler* in Ulmer/Habersack/Henssler, Mitbestimmungsrecht, § 18 SEBG Rz. 3; *Hohenstatt/Müller-Bonanni* in Habersack/Drinhausen, § 18 SEBG Rz. 2.
8 So auch *Feuerborn* in KölnKomm., AktG, 3. Aufl., § 18 SEBG Rz. 5; *Hohenstatt/Müller-Bonanni* in Habersack/Drinhausen, § 18 SEBG Rz. 2; *Jacobs* in MünchKomm. AktG, 3. Aufl., § 18 SEBG Rz. 2.
9 Zustimmend *Feuerborn* in KölnKomm. AktG, 3. Aufl., § 18 SEBG Rz. 5; *Hohenstatt/Müller-Bonanni* in Habersack/Drinhausen, § 18 SEBG Rz. 2; *Jacobs* in MünchKomm. AktG, 3. Aufl., § 18 SEBG Rz. 2.
10 Zustimmend *Rudolph* in Annuß/Kühn/Rudolph/Rupp, EBRG, § 18 SEBG Rz. 4; a.A. *Jacobs* in MünchKomm. AktG, 3. Aufl., § 18 SEBG Rz. 3.
11 Zu diesem Zweck des Quorums *Freis* in Nagel/Freis/Kleinsorge, Beteiligung der Arbeitnehmer, § 18 SEBG Rz. 3.

geforderte **Quorum von 10 %** bezieht sich auf die Arbeitnehmer i.S. des § 2 Abs. 1 SEBG, wobei nicht nur diejenigen erfasst werden, die mit der SE in einem Arbeitsverhältnis stehen, sondern – entsprechend der Vorgabe in Art. 3 Abs. 6 Unterabs. 4 SE-RL – auch diejenigen, die von Tochtergesellschaften der SE beschäftigt werden. Ein Beschäftigungsverhältnis der Arbeitnehmer im Inland ist nicht erforderlich; für die Erreichung des Quorums genügt es, wenn die Arbeitnehmer von Gesellschaften mit Sitz in einem oder mehreren anderen Mitgliedstaaten den Antrag stellen und/oder unterstützen[12].

11 Mit den **Arbeitnehmervertretern** knüpft § 18 Abs. 1 Satz 1 SEBG nicht an Arbeitnehmervertretungen i.S. des § 2 Abs. 6 SEBG an, sondern bezieht sich auf das für einen Antrag der Arbeitnehmer geltende 10 %-Quorum. Insofern soll es für einen Antrag alternativ ausreichen, wenn 10 % der Arbeitnehmervertreter diesen stellen[13], wobei sowohl Mitglieder der Betriebsräte als auch der Sprecherausschüsse den Antrag stellen können (s. auch § 2 SEBG Rz. 28). Nach abweichender Ansicht soll sich das 10 %-Quorum hingegen nicht auf die Gesamtzahl der Arbeitnehmervertreter beziehen, sondern – wie in der ersten Variante – auf die Zahl der von den Arbeitnehmervertretern repräsentierten Arbeitnehmer[14]. Entgegen der in der Vorauflage vertretenen Ansicht sprechen hierfür die besseren Gründe. Die Benennung der Arbeitnehmervertreter erfolgt ausschließlich zu dem Zweck, dass die Antragstellung nicht stets durch die Arbeitnehmer erfolgen muss. Vielmehr kann der schriftliche Antrag auch von Arbeitnehmervertretern gestellt werden, ohne jedoch von der Mindestunterstützung für den Antrag unter den Arbeitnehmern zu entbinden. Stellen Arbeitnehmervertreter den Antrag, dann ist nur durch einen Rückgriff auf die Zahl der von ihnen vertretenen Arbeitnehmer in gleicher Weise eine Mindestunterstützung unter den Arbeitnehmern gewährleistet. Die Wendung „von deren Vertretern" ist deshalb so zu lesen, dass diese die „mindestens 10 Prozent der Arbeitnehmer" vertreten müssen.

12 Der Antrag auf Wiederaufnahme muss nach § 18 Abs. 1 Satz 1 SEBG der **Schriftform** genügen. Den **Adressaten** des Antrages benennt § 18 Abs. 1 Satz 1 SEBG nicht ausdrücklich. Da dieser die erneute Bildung eines BVG einleitet[15] und dies nach § 4 Abs. 1 Satz 1 SEBG i.V. mit § 18 Abs. 4 SEBG mittels einer schriftlichen Aufforderung der **Leitung der SE** (s. § 2 Abs. 5 Satz 2 SEBG) geschieht, ist der Antrag auf Wiederaufnahme der Verhandlungen an diese zu richten, die sodann die nach den §§ 4 ff. SEBG notwendigen Schritte zur Bildung eines BVG einzuleiten hat[16]. Bei deren An-

---

12 Treffend im Anschluss *Feuerborn* in KölnKomm. AktG, 3. Aufl., § 18 SEBG Rz. 7; *Hohenstatt/Müller-Bonanni* in Habersack/Drinhausen, § 18 SEBG Rz. 2; *Jacobs* in MünchKomm. AktG, 3. Aufl., § 18 SEBG Rz. 3.
13 *Feuerborn* in KölnKomm. AktG, 3. Aufl., § 18 SEBG Rz. 7; *Jacobs* in MünchKomm. AktG, 3. Aufl., § 18 SEBG Rz. 3; *Wirtz*, SE-Betriebsrat, S. 74; offen *Kienast* in Jannott/Frodermann, Handbuch Europäische Aktiengesellschaft, Kap. 13 Rz. 368 mit Fn. 416.
14 So *Evers* in Manz/Mayer/Schröder, § 18 SEBG Rz. 4; zustimmend *Henssler* in Ulmer/Habersack/Henssler, Mitbestimmungsrecht, § 18 SEBG Rz. 4; *Hohenstatt/Müller-Bonanni* in Habersack/Drinhausen, § 18 SEBG Rz. 2; *Rudolph* in Annuß/Kühn/Rudolph/Rupp, EBRG, § 18 SEBG Rz. 3.
15 *Evers* in Manz/Mayer/Schröder, § 18 SEBG Rz. 5; *Feuerborn* in KölnKomm. AktG, 3. Aufl., § 18 SEBG Rz. 3; *Freis* in Nagel/Freis/Kleinsorge, Beteiligung der Arbeitnehmer, § 18 SEBG Rz. 4; *Hohenstatt/Müller-Bonanni* in Habersack/Drinhausen, § 18 SEBG Rz. 3; *Jacobs* in MünchKomm. AktG, 3. Aufl., § 18 SEBG Rz. 4; *Rudolph* in Annuß/Kühn/Rudolph/Rupp, EBRG, § 18 SEBG Rz. 5.
16 *Evers* in Manz/Mayer/Schröder, § 18 SEBG Rz. 5; *Feuerborn* in KölnKomm. AktG, 3. Aufl., § 18 SEBG Rz. 9; *Freis* in Nagel/Freis/Kleinsorge, Beteiligung der Arbeitnehmer, § 18 SEBG Rz. 5; *Henssler* in Ulmer/Habersack/Henssler, Mitbestimmungsrecht, § 18 SEBG Rz. 5; *von der Heyde*, Beteiligung, S. 208; *Hohenstatt/Müller-Bonanni* in Habersack/Drinhausen, § 18

wendung sind nunmehr – wie § 18 Abs. 1 Satz 1 SEBG ausdrücklich klarstellt – ausschließlich die Verhältnisse bei der SE sowie deren Tochtergesellschaften maßgeblich und nicht etwa die bei den ggf. erloschenen Gründungsgesellschaften und deren Tochtergesellschaften[17]. Einer modifizierten Anwendung bedarf § 4 Abs. 4 SEBG, da die dortige Bezugnahme auf § 4 Abs. 2 SEBG nicht auf den Sonderfall der Wiederaufnahme von Verhandlungen passt. Maßgebend sind nicht die Zahlen bei Gründung der SE, sondern die Verhältnisse bei Zugang des Wiederaufnahmeantrages bei der Leitung der SE[18].

3. Wiederaufnahme der Verhandlungen aufgrund Vereinbarung (§ 18 Abs. 1 Satz 2 SEBG)

Zu einer Wiederaufnahme der Verhandlungen kann es zudem aufgrund einer Vereinbarung kommen, wegen der insbesondere die Zwei-Jahres-Sperre in § 18 Abs. 1 Satz 1 SEBG zur Disposition steht[19]. Diese kann jedoch auch im Rahmen einer Vereinbarung nicht über den Zwei-Jahres-Zeitraum hinaus verlängert werden, da § 18 Abs. 1 Satz 2 SEBG nur eine „frühere" Wiederaufnahme der Verhandlungen ermöglicht.

13

Wer die Vereinbarung zur früheren Wiederaufnahme der Verhandlungen abschließen kann, erschließt sich aus § 18 Abs. 1 Satz 2 SEBG nur indirekt, weil das Gesetz die vage Bezeichnung „Parteien" verwendet. Da der nach § 16 Abs. 1 Satz 1 SEBG gefasste Beschluss des BVG dazu führt, dass dessen Amtszeit endet (s. § 16 SEBG Rz. 19 sowie § 4 SEBG Rz. 8), fehlt es anschließend an einer Vereinbarungspartei auf Arbeitnehmerseite[20]. Deshalb kann in § 18 Abs. 1 Satz 2 SEBG nur eine vor oder im Zusammenhang mit dem Beschluss nach § 16 Abs. 1 SEBG **zwischen den Leitungen und dem BVG getroffene Vereinbarung** gemeint sein[21]. Würde das SEBG von einer Fortexistenz des BVG ausgehen, dann bliebe unverständlich, warum § 18 Abs. 1 Satz 1 SEBG die „erneute" Bildung eines BVG vorsieht. Dies setzt denknotwendig voraus, dass das BVG mit dem nach § 16 Abs. 1 Satz 1 SEBG gefassten Beschluss seine Existenz verliert.

14

Für die Vereinbarung i.S. des § 18 Abs. 1 Satz 2 SEBG schreibt das Gesetz **keine Form** vor[22], sie erfordert jedoch einen **Beschluss des BVG**, der einer doppelten absoluten Mehrheit i.S. des § 15 Abs. 2 SEBG bedarf. Im Interesse der Rechtssicherheit ist es

15

SEBG Rz. 3; *Jacobs* in MünchKomm. AktG, 3. Aufl., § 18 SEBG Rz. 4; a.A. *Kienast* in Jannott/Frodermann, Handbuch Europäische Aktiengesellschaft, Kap. 13 Rz. 369.
17 Treffend *Henssler* in Ulmer/Habersack/Henssler, Mitbestimmungsrecht, § 18 SEBG Rz. 5; *Hohenstatt/Müller-Bonanni* in Habersack/Drinhausen, § 18 SEBG Rz. 3.
18 So auch *Feuerborn* in KölnKomm. AktG, 3. Aufl., § 18 SEBG Rz. 9; *Henssler* in Ulmer/Habersack/Henssler, Mitbestimmungsrecht, § 18 SEBG Rz. 5; *Hohenstatt/Müller-Bonanni* in Habersack/Drinhausen, § 18 SEBG Rz. 3; *Jacobs* in MünchKomm. AktG, 3. Aufl., § 18 SEBG Rz. 4; *Rudolph* in Annuß/Kühn/Rudolph/Rupp, EBRG, § 18 SEBG Rz. 5; im Ergebnis ebenso *Evers* in Manz/Mayer/Schröder, § 18 SEBG Rz. 5.
19 *Evers* in Manz/Mayer/Schröder, § 18 SEBG Rz. 3; *Freis* in Nagel/Freis/Kleinsorge, Beteiligung der Arbeitnehmer, § 18 SEBG Rz. 2; *Hohenstatt/Müller-Bonanni* in Habersack/Drinhausen, § 18 SEBG Rz. 2; *Jacobs* in MünchKomm. AktG, 3. Aufl., § 18 SEBG Rz. 2; *Rudolph* in Annuß/Kühn/Rudolph/Rupp, EBRG, § 18 SEBG Rz. 4.
20 Ebenso *Feuerborn* in KölnKomm. AktG, 3. Aufl., § 18 SEBG Rz. 6 sowie nachfolgend *Rudolph* in Annuß/Kühn/Rudolph/Rupp, EBRG, § 18 SEBG Rz. 4.
21 Im Ergebnis auch *Feuerborn* in KölnKomm. AktG, 3. Aufl., § 18 SEBG Rz. 6; *Jacobs* in MünchKomm. AktG, 3. Aufl., § 18 SEBG Rz. 2; *Rudolph* in Annuß/Kühn/Rudolph/Rupp, EBRG, § 18 SEBG Rz. 4; a.A. *Kienast* in Jannott/Frodermann, Handbuch Europäische Aktiengesellschaft, Kap. 13 Rz. 371.
22 Zustimmend *Rudolph* in Annuß/Kühn/Rudolph/Rupp, EBRG, § 18 SEBG Rz. 4.

zweckmäßig, den Inhalt der Vereinbarung in die **Niederschrift** (§ 17 Satz 1 SEBG) aufzunehmen, wenngleich dies § 17 SEBG nicht zwingend vorschreibt[23].

4. Wiederaufnahme bei strukturellen Änderungen der SE (§ 18 Abs. 3 SEBG)

a) Allgemeines

16 Wenn nach Eintragung bei der SE eintretende strukturelle Änderungen geeignet sind, die Beteiligungsrechte der Arbeitnehmer zu mindern, so sind aufgrund eines Antrages Verhandlungen über die Beteiligungsrechte einzuleiten. Tatbestandlich ist an sich strikt zwischen dem Erfordernis einer strukturellen Änderung (s. unten Rz. 20 ff.) sowie deren Eignung, die Beteiligungsrechte der Arbeitnehmer zu mindern (s. unten Rz. 30 ff.)[24] zu trennen. Beide Tatbestandsmerkmale entziehen sich jedoch einer isolierten Auslegung, sondern dienen angesichts der Systematik in Erwägungsgrund 18 zur SE-RL der „Sicherung erworbener Rechte der Arbeitnehmer über ihre Beteiligung an Unternehmensentscheidungen". Vor diesem Hintergrund sei es folgerichtig, dass das Vorher-Nachher-Prinzip nicht nur für Neugründungen, sondern auch für spätere strukturelle Veränderungen gelten soll[25]. Aus dieser Perspektive steht die Sicherung der erworbenen Rechte der Arbeitnehmer auf Beteiligung im Vordergrund, die bei späteren strukturellen Änderungen ebenfalls gewahrt werden sollen. Diese Zielsetzung des Erwägungsgrundes strahlt auch auf die Auslegung von § 18 Abs. 3 Satz 1 SEBG aus, da er zu dessen Umsetzung geschaffen wurde (s. auch oben Rz. 2). Im Ausgangspunkt gebietet dies ein extensives Verständnis der von § 18 Abs. 3 Satz 1 SEBG erfassten „strukturellen Änderungen", um sicherzustellen, dass eine Minderung der Beteiligungsrechte erst nach Durchführung eines erneuten Verhandlungsverfahrens eintreten kann[26].

17 Wegen der Bezugnahme in § 18 Abs. 3 Satz 1 SEBG auf den SE-Betriebsrat ist der **unmittelbare Anwendungsbereich der Norm** nur eröffnet, wenn die SE rechtswirksam gegründet worden ist und bei ihr nach Maßgabe des SEBG eine **Beteiligung der Arbeitnehmer** besteht. Sowohl aus dem Normzweck als auch aus dem Verzicht auf Einschränkungen hinsichtlich des antragsberechtigten „SE-Betriebsrates" ergibt sich zudem, dass der **Rechtsgrund der Arbeitnehmerbeteiligung** für die Anwendung von § 18 Abs. 3 SEBG ohne Bedeutung ist. Die Vorschrift greift deshalb sowohl bei auf einer Vereinbarung beruhenden Arbeitnehmerbeteiligung als auch bei einer solchen kraft gesetzlicher Auffangregelung ein[27].

18 Da die Vorschrift das Bestehen einer Beteiligung der Arbeitnehmer voraussetzt, gilt diese nach ihrem Wortlaut nicht, wenn die **Gründung der SE** wegen einer teleologischen Reduktion von Art. 12 Abs. 2 SE-VO **ohne Durchführung eines Verhandlungsverfahrens** erfolgen durfte (s. § 1 SEBG Rz. 15, 18). Wenn in dieser Konstellation insbesondere in dem Sachverhalt einer Vorrats-SE eine Nachholung des Verhandlungsverfahrens – entgegen der hier befürworteten Ansicht (s. § 1 SEBG Rz. 19) – auf § 18 Abs. 3 SEBG gestützt wird, handelt es sich hierbei stets um eine entsprechende Gesetzesanwendung. Diese erfordert nicht nur die präzise Prüfung der methodischen

---

23 Ähnlich *Rudolph* in Annuß/Kühn/Rudolph/Rupp, EBRG, § 18 SEBG Rz. 4: schriftlich.
24 Treffend *Jacobs* in MünchKomm. AktG, 3. Aufl., § 18 SEBG Rz. 10 sowie *Teichmann* in FS Hellwig, 2010, S. 347, 358.
25 Ebenso *Teichmann* in FS Hellwig, 2010, S. 347, 358.
26 In dieser Richtung auch *Teichmann* in FS Hellwig, 2010, S. 347, 365; a.A. zugunsten einer engen Auslegung *Ege/Grzimek/Schwarzfischer*, DB 2011, 1205, 1208; *Feuerborn* in KölnKomm. AktG, 3. Aufl., § 18 SEBG Rz. 20; *Henssler* in Ulmer/Habersack/Henssler, Mitbestimmungsrecht, § 18 SEBG Rz. 8; *Jacobs* in MünchKomm. AktG, 3. Aufl., § 18 SEBG Rz. 12; *Rieble*, BB 2006, 2018, 2022; *Schmid*, Mitbestimmung, S. 134 f.; *Ziegler/Gey*, BB 2009, 1750, 1756.
27 Treffend *Ege/Grzimek/Schwarzfischer*, DB 2011, 1205, 1208.

Voraussetzungen für einen Analogieschluss, sondern legitimiert unter Umständen auch eine modifizierte Anwendung der Norm, die den Besonderheiten des ungeregelten Sachverhalts Rechnung trägt.

Die Einleitung eines erneuten Verhandlungsverfahrens ermöglicht § 18 Abs. 3 SEBG unabhängig davon, ob in einer **Beteiligungsvereinbarung** entsprechend der Soll-Vorschrift in § 21 Abs. 4 SEBG eine Bestimmung zu den **Folgen struktureller Änderungen** getroffen ist. Hierin unterscheidet sich § 18 Abs. 3 SEBG grundlegend von § 37 Abs. 1 Satz 1 EBRG, der in der Beteiligungsvereinbarung geschaffene Problemlösungen grundsätzlich als vorrangig ansieht[28]. Dementsprechend wird § 18 Abs. 3 SEBG verbreitet als zwingend angesehen, so dass die im Hinblick auf § 21 Abs. 4 SEBG getroffenen Abreden die Anwendung von § 18 Abs. 3 SEBG nicht verdrängen können (s. § 21 SEBG Rz. 43 ff.). 19

b) Strukturelle Änderungen

Die Sachverhalte einer strukturellen Änderung lässt § 18 Abs. 3 Satz 1 SEBG offen[29]. Hierdurch unterscheidet sich das deutsche Recht grundlegend von der Rechtslage in Österreich, da **§ 228 Abs. 2 ArbVG** einen nicht abschließend formulierten Katalog von Strukturveränderungen enthält. Strukturelle Änderungen können danach insbesondere eine **Verlegung des Sitzes** der SE in einen anderen Mitgliedstaat, der Wechsel von der **dualistischen** in die **monistische Organisationsverfassung** bzw. umgekehrt, die **Stilllegung** oder **Einschränkung** von Unternehmen bzw. Betrieben der SE bzw. deren **Zusammenschluss** sowie der **Erwerb wesentlicher Beteiligungen** an anderen Unternehmen sein. Der Stellenwert der exemplarischen Aufzählung in § 228 Abs. 2 ArbVG für die Auslegung von § 18 Abs. 3 Satz 1 SEBG ist aus methodischer Sicht jedoch äußerst begrenzt, da die Normsetzung anderer Mitgliedstaaten allenfalls dann die Auslegung von § 18 Abs. 3 Satz 1 SEBG beeinflussen kann, wenn deren Inhalt dem Willen des historischen Gesetzgebers zugrunde lag[30]. Hierfür liefern die Gesetzesmaterialien zu § 18 Abs. 3 SEBG keine Anhaltspunkte. Gleichwohl ist die Aufzählung in § 228 Abs. 2 ArbVG nicht ohne Bedeutung[31], da das Verständnis des österreichischen Gesetzgebers zumindest ein Indiz für die Sachverhalte liefert, die als „strukturelle Änderung" in Betracht kommen[32], ohne indes für den Norminterpreten verbindliche Wirkung zu entfalten. 20

Wesentlich bedeutsamer für die Auslegung von § 18 Abs. 3 Satz 1 SEBG ist die Aufzählung „wesentlicher Strukturänderungen" in **§ 37 Abs. 1 Satz 2 EBRG**, da § 37 Abs. 1 EBRG von einem mit § 18 Abs. 3 SEBG vergleichbaren Regelungsanliegen getragen ist, die Sachverhalte zu umschreiben, die zur (Wieder-)Einleitung des Verhandlungsverfahrens führen. Im Wege einer systematischen Auslegung liegt es deshalb nahe, für die Auslegung der „strukturellen Änderungen" in § 18 Abs. 3 SEBG die zeitlich nach Inkrafttreten des SEBG erfolgte Konkretisierung in § 37 Abs. 1 Satz 2 EBRG heranzuziehen[33]. Augenscheinlich beruht diese auf dem Anliegen, bei der An- 21

---

28 Kritisch zum fehlenden Vorrang im SEBG *Teichmann* in FS Hellwig, 2010, S. 347, 369 f.
29 Kritisch dazu *Kallmeyer*, ZIP 2004, 1442, 1444.
30 Treffend im Ansatz *Kienast* in Jannott/Frodermann, Handbuch Europäische Aktiengesellschaft, Kap. 13 Rz. 474; *Linden*, Mitbestimmungsvereinbarung, S. 193; a.A. *Feldhaus/Vanscheidt*, BB 2008, 2246, 2247: Auslegungshilfe.
31 So aber *Jacobs* in MünchKomm. AktG, 3. Aufl., § 18 SEBG Rz. 11.
32 In dieser Richtung auch *Evers* in Manz/Mayer/Schröder, § 18 SEBG Rz. 10; *Freis* in Nagel/Freis/Kleinsorge, Beteiligung der Arbeitnehmer, § 18 SEBG Rz. 11.
33 Dezidiert a.A. *Forst* in Bergmann u.a., 10 Jahre SE, S. 50, 81 f.; *Hohenstatt/Müller-Bonanni* in Habersack/Drinhausen, § 18 SEBG Rz. 8; tendenziell auch *Ege/Grzimek/Schwarzfischer*, DB 2011, 1205, 1208 Fn. 30.

wendung von § 37 Abs. 1 Satz 1 EBRG die Kontroversen zur tatbestandlichen Reichweite von § 18 Abs. 3 Satz 1 SEBG zu vermeiden. Teleologische Gesichtspunkte, die im Rahmen von § 18 Abs. 3 Satz 1 SEBG ein von § 37 Abs. 1 Satz 2 EBRG abweichendes Normverständnis erzwingen, sind nicht ersichtlich. Allein der Hinweis auf die von § 18 Abs. 3 Satz 1 SEBG mitumfasste Unternehmensmitbestimmung[34] reicht hierfür nicht aus, da § 18 Abs. 3 SEBG auch das Verfahren zur Unterrichtung und Anhörung der Arbeitnehmer betrifft (s. auch unten Rz. 31). Deshalb gelten als Sachverhalte einer strukturellen Änderung auch im Rahmen von § 18 Abs. 3 Satz 1 SEBG der Zusammenschluss, die Spaltung, die Verlegung oder Stilllegung von Unternehmen sowie die Verlegung oder Stilllegung von Betrieben. Eine Beschränkung der von § 18 Abs. 3 Satz 1 SEBG erfassten „strukturellen Änderungen" auf gründungsähnliche Vorgänge[35] oder korporative Akte von erheblichem Gewicht[36], die im Schrifttum verbreitet verfochten wird, war angesichts des offenen Wortlauts und des Ziels der Norm, eine Minderung der Beteiligungsrechte ohne vorheriges Verhandlungsverfahren auszuschließen (s. oben Rz. 16), schon vor der Schaffung von § 37 EBRG zweifelhaft[37]. Seit der Novellierung des EBRG im Jahre 2009 streitet jedoch auch die Gesetzessystematik gegen die vorgenannten Restriktionen.

22 Die in § 37 Abs. 1 Satz 2 EBRG umschriebenen Sachverhalte zeichnen sich zumeist dadurch aus, dass sich nach Errichtung der SE deren **gesellschaftsrechtliche Rahmendaten** ändern. Als strukturelle Änderung i.S. von § 18 Abs. 3 SEBG sind deshalb insbesondere **Verschmelzungen** zu qualifizieren, wobei es zunächst unerheblich ist, ob es sich um eine Verschmelzung zur Neugründung oder eine solche zur Aufnahme handelt. Eine strukturelle Änderung liegt dabei nicht nur vor, wenn eine andere Gesellschaft auf eine SE verschmolzen wird, sondern auch, wenn die SE auf eine andere Gesellschaft verschmolzen wird. Entsprechendes gilt für eine **Spaltung**, die entweder

---

34 So *Ege/Grzimek/Schwarzfischer*, DB 2011, 1205, 1208 Fn. 30; *Hohenstatt/Müller-Bonanni* in Habersack/Drinhausen, § 18 SEBG Rz. 8.
35 Hierfür *Cannistra*, Verhandlungsverfahren, S. 238; *Diekmann* in FS Gruson, 2009, S. 75, 86; *Feuerborn* in KölnKomm. AktG, 3. Aufl., § 18 SEBG Rz. 24 (anders aber Rz. 26); *Forst* in Bergmann u.a., 10 Jahre SE, S. 50, 81 ff.; *Henssler* in Ulmer/Habersack/Henssler, Mitbestimmungsrecht, § 18 SEBG Rz. 8; *von der Heyde*, Beteiligung, S. 209; *Hohenstatt/Dzida* in Henssler/Willemsen/Kalb, ArbR-Komm., SEBG Rz. 32; *Hohenstatt/Müller-Bonanni* in Habersack/Drinhausen, § 18 SEBG Rz. 9; *Jacobs* in MünchKomm. AktG, 3. Aufl., § 18 SEBG Rz. 12; *Kienast* in Jannott/Frodermann, Handbuch Europäische Aktiengesellschaft, Kap. 13 Rz. 238, 456; *Kienast* in Gaul/Ludwig/Forst, Europäisches Mitbestimmungsrecht, § 2 Rz. 629 ff.; *Krause*, BB 2005, 1221, 1228; *Rudolph* in Annuß/Kühn/Rudolph/Rupp, EBRG, § 18 SEBG Rz. 10; *Sagan* in Bieder/Hartmann, Individuelle Freiheit und kollektive Interessenwahrung, 2012, S. 171, 202 f.; *Schmid*, Mitbestimmung, S. 135 f.; *Wollburg/Banerjea*, ZIP 2005, 277, 278; *Ziegler/Gey*, BB 2009, 1750, 1756; wohl auch *Feldhaus/Vanscheidt*, BB 2008, 2246, 2247; ablehnend *Freis* in Nagel/Freis/Kleinsorge, Beteiligung der Arbeitnehmer, § 18 SEBG Rz. 11; *Linden*, Mitbestimmungsvereinbarung, S. 193 ff.
36 So *Hohenstatt/Dzida* in Henssler/Willemsen/Kalb, ArbR-Komm., SEBG Rz. 32; *Hohenstatt/Müller-Bonanni* in Habersack/Drinhausen, § 18 SEBG Rz. 9; *Jacobs* in MünchKomm. AktG, 3. Aufl., § 18 SEBG Rz. 12; *Kienast* in Gaul/Ludwig/Forst, Europäisches Mitbestimmungsrecht, § 2 Rz. 630; *Rudolph* in Annuß/Kühn/Rudolph/Rupp, EBRG, § 18 SEBG Rz. 10; *Seibt*, AG 2005, 413, 427; *Wollburg/Banerjea*, ZIP 2005, 277, 278 f.; im Ansatz ebenso *Habersack*, ZHR 171 (2007), 613, 641; *Rieble*, BB 2006, 2018, 2022; *Ziegler/Gey*, BB 2009, 1750, 1756; ähnlich *Henssler* in Ulmer/Habersack/Henssler, Mitbestimmungsrecht, § 18 SEBG Rz. 9, der neben dem Einfluss auf die gesellschaftsrechtliche Struktur auf die Notwendigkeit einer Satzungsänderung abstellt; a.A. *Feuerborn* in KölnKomm. AktG, 3. Aufl., § 18 SEBG Rz. 26; *Freis* in Nagel/Freis/Kleinsorge, Beteiligung der Arbeitnehmer, § 18 SEBG Rz. 11.
37 Ablehnend *Freis* in Nagel/Freis/Kleinsorge, Beteiligung der Arbeitnehmer, § 18 SEBG Rz. 11; *Köstler* in Theisen/Wenz, Europäische Aktiengesellschaft, S. 331, 370; *Scheibe*, Mitbestimmung der Arbeitnehmer, S. 153 ff.; kritisch auch *Rehberg*, ZGR 2005, 859, 883 f.

die SE[38] selbst oder eine andere Gesellschaft betreffen kann, wenn Vermögensteile dieses Rechtsträgers in Vollzug der Spaltung auf die SE übertragen werden.

An einer strukturellen Änderung fehlt es, wenn sich nach Gründung der SE ausschließlich die Arbeitnehmerzahlen verändern, unabhängig davon, ob im Anschluss daran die Voraussetzungen für das Eingreifen der gesetzlichen Auffangregelung entfallen oder diese gegeben wären. Die quantitative **Vergrößerung oder Verkleinerung der Belegschaft** führt für sich allein nicht zu dem Zwang, nach § 18 Abs. 3 SEBG das Prozedere für Neuverhandlungen einzuleiten[39]. Dies wird bestätigt von der Aufzählung in § 37 Abs. 1 Satz 2 EBRG, der Veränderungen in der Arbeitnehmerzahl für sich alleine nicht für eine strukturelle Änderung ausreichen lässt. Ferner zeigt § 25 Satz 1 SEBG, dass dem Gesetzgeber das Problem veränderter Arbeitnehmerzahlen bewusst war und er auch im EBRG (s. § 32 Abs. 2 SEBG) hierauf nicht mit einer Einbeziehung in die Sachverhalte einer strukturellen Änderung reagiert hat. Das adäquate Instrument, um auf Veränderungen der Arbeitnehmerzahlen zu reagieren, ist die Beteiligungsvereinbarung, in der insbesondere eine Vorkehrung getroffen werden kann, wenn mitbestimmungsrechtlich relevante Schwellenwerte des DrittelbG oder des MitbestG nach Gründung der SE über- oder unterschritten werden und zu einem anderen Anteil der Arbeitnehmervertreter im Aufsichts- oder Verwaltungsorgan führen würden (s. auch § 21 SEBG Rz. 38)[40].

23

Allerdings widerspricht es dem durch § 37 Abs. 1 Satz 2 EBRG bekräftigten Normzweck, die von § 18 Abs. 3 Satz 1 SEBG erfassten Strukturänderungen auf solche zu beschränken, die **gesellschaftsrechtlicher Natur** sind[41]. Um die im Vordergrund stehenden Sachverhalte geminderter Beteiligungsrechte vollständig einzubeziehen, sind im Lichte der Auslegungsmaxime in § 1 Abs. 3 Satz 1 SEBG auch **Änderungen in den tatsächlichen Strukturen** des Unternehmens (z.B. Stilllegung von Betrieben) als „strukturelle Änderungen" i.S. des § 18 Abs. 3 Satz 1 SEBG zu qualifizieren[42]. Die

24

---

38 So auch *Schmid*, Mitbestimmung, S. 149.
39 Ebenso *Cannistra*, Verhandlungsverfahren, S. 239; *Ege/Grzimek/Schwarzfischer*, DB 2011, 1205, 1208; *Feuerborn* in KölnKomm. AktG, 3. Aufl., § 18 SEBG Rz. 23; *Grobys*, NZA 2005, 85, 91; *Henssler* in Ulmer/Habersack/Henssler, Mitbestimmungsrecht, § 18 SEBG Rz. 13, 21; *Hohenstatt/Dzida* in Henssler/Willemsen/Kalb, ArbR-Komm., SEBG Rz. 32; *Hohenstatt/ Müller-Bonanni* in Habersack/Drinhausen, § 18 SEBG Rz. 10; *Hoops*, Mitbestimmungsvereinbarung, S. 60; *Jacobs* in MünchKomm. AktG, 3. Aufl., § 18 SEBG Rz. 12, 18; *Joost* in Oetker/ Preis, EAS, B 8200, § 18 SEBG Rz. 111; *Kienast* in Jannott/Frodermann, Handbuch Europäische Aktiengesellschaft, Kap. 13 Rz. 467; *Köklü* in Van Hulle/Maul/Drinhausen, Kap. 6 Rz. 94; *Krause*, BB 2005, 1221, 1228; *Linden*, Mitbestimmungsvereinbarung, S. 193 ff.; *Prinz* in Hümmerich/Boecken/Düwell, NK-ArbR, 2. Aufl. 2010, § 20 SEBG Rz. 10; *Rudolph* in Annuß/Kühn/Rudolph/Rupp, EBRG, § 18 SEBG Rz. 25; *Schmid*, Mitbestimmung, S. 143 f.; *Seibt*, AG 2005, 413, 427; *Teichmann* in FS Hellwig, 2010, S. 347, 367; *Wollburg/Banerjea*, ZIP 2005, 277, 282 f.; *Ziegler/Gey*, BB 2009, 1750, 1756; im Ergebnis auch *Müller-Bonanni/ Melot de Beauregard*, GmbHR 2005, 195, 197 f.; mit Einschränkungen ebenfalls *Köstler* in Theisen/Wenz, Europäische Aktiengesellschaft, S. 331, 370 f.; a.A. *Freis* in Nagel/Freis/Kleinsorge, Beteiligung der Arbeitnehmer, § 18 SEBG Rz. 11.
40 S. *Teichmann* in FS Hellwig, 2010, S. 347, 369.
41 So aber z.B. *Habersack*, ZHR 171 (2007), 613, 641; *Henssler* in Ulmer/Habersack/Henssler, Mitbestimmungsrecht, § 18 SEBG Rz. 9; *Jacobs* in MünchKomm. AktG, 3. Aufl., § 18 SEBG Rz. 12; *Linden*, Mitbestimmungsvereinbarung, S. 193 ff.
42 In dieser Richtung auch *Feuerborn* in KölnKomm. AktG, 3. Aufl., § 18 SEBG Rz. 26 f.; *Hoops*, Mitbestimmungsvereinbarung, S. 60; *Linden*, Mitbestimmungsvereinbarung, S. 203 f.; *Nagel*, ZIP 2011, 2047, 2048; *Teichmann* in FS Hellwig, 2010, S. 347, 363 ff.; in Ausnahmefällen ebenfalls *Feldhaus/Vanscheidt*, BB 2008, 2246, 2250; a.A. *Ege/Grzimek/Schwarzfischer*, DB 2011, 1205, 1209; *Habersack*, ZHR 171 (2007), 613, 641; *Henssler* in Ulmer/Habersack/Henssler, Mitbestimmungsrecht, § 18 SEBG Rz. 9, 18; *Hohenstatt/Dzida* in Henssler/Willemsen/ Kalb, ArbR-Komm., SEBG Rz. 32; *Hohenstatt/Müller-Bonanni* in Habersack/Drinhausen, § 18 SEBG Rz. 10; *Jacobs* in MünchKomm. AktG, 3. Aufl., § 18 SEBG Rz. 18 a.E.; *Kienast* in Jan-

Benennung der „Verlegung oder Stilllegung von Betrieben" in § 37 Abs. 1 Satz 2 Nr. 4 EBRG liefert für diese Sichtweise eine Bestätigung. Diese zeigt zugleich, dass **Betriebsteile** die Struktur des Unternehmens unberührt lassen. Das gilt auch für die umgekehrte Konstellation, dem rechtsgeschäftlichen Übergang eines Betriebes auf die SE; erst der **Übergang des Betriebes** als organisatorische Einheit kommt als strukturelle Änderung der SE in Betracht. Dies legt vor allem der Zweck von § 18 Abs. 3 SEBG nahe, da es im Hinblick auf eine Minderung der Beteiligungsrechte unerheblich ist, ob sich der Betriebserwerb kraft Rechtsgeschäfts oder im Wege der Spaltung (zur Aufnahme) vollzieht[43]. Das für die Reichweite des Antragsrechts entscheidende Korrektiv ist bei diesem Verständnis in dem zweiten Tatbestandsmerkmal, der Eignung zur Minderung der Beteiligungsrechte (s. dazu unten Rz. 30 ff.), zu sehen (s. oben Rz. 16).

25 Den Kreis der als „strukturelle Änderungen" in Betracht kommenden Sachverhalte umschreibt § 37 Abs. 1 Satz 2 EBRG nicht abschließend. In Betracht kommen darüber hinaus insbesondere Sachverhalte, die mit der Gründung einer SE vergleichbar sind. Hierzu zählt vor allem die **Umwandlung der SE** in eine andere Rechtsform[44] sowie – wie die Aufzählung in § 228 Abs. 2 ArbVG bestätigt – der **Wechsel vom dualistischen in das monistische Verwaltungssystem** (und umgekehrt)[45]. Entsprechendes gilt für eine **Sitzverlegung** in einen anderen Mitgliedstaat[46]. Vordergründig bleibt hiervon zwar die „Struktur" der SE unberührt, gleichwohl ändert sich aber das Gesellschaftsstatut der SE, da diese nunmehr einer anderen mitgliedstaatlichen Ausführungsgesetzgebung zur SE-VO unterliegt. Selbst wenn die für die SE abgeschlossene Beteiligungsvereinbarung nicht berührt wird, handelt es sich bei der Sitzverlegung in einen anderen Mitgliedstaat um einen gründungsähnlichen Vorgang.

26 Der **Erwerb von Beteiligungen** bleibt auf die Struktur der SE grundsätzlich ohne Einfluss, da dieser lediglich die eigentumsrechtliche Stellung der SE an einem anderen Unternehmen betrifft. Eine andere Beurteilung ist erst vorzuswürdig, wenn der Beteiligungserwerb darüber hinaus den gesellschaftsrechtlichen Status der SE verändert. Dies ist – im Gegensatz zu § 228 Abs. 2 ArbVG – nicht bereits bei einer „wesentlichen Beteiligung" der Fall, sondern erst, wenn das Unternehmen infolge des Beteiligungserwerbs ein von der SE beherrschtes Unternehmen und damit zur Toch-

---

nott/Frodermann, Handbuch Europäische Aktiengesellschaft, Kap. 13 Rz. 463; *Rieble*, BB 2006, 2018, 2022; *Ziegler/Gey*, BB 2009, 1750, 1757.
43 Treffend insoweit *Feuerborn* in KölnKomm. AktG, 3. Aufl., § 18 SEBG Rz. 26 f.
44 *Henssler* in Ulmer/Habersack/Henssler, Mitbestimmungsrecht, § 18 SEBG Rz. 23; *Schmid*, Mitbestimmung, S. 150.
45 *Hohenstatt/Müller-Bonanni* in Habersack/Drinhausen, § 18 SEBG Rz. 10; *Hoops*, Mitbestimmungsvereinbarung, S. 61 f.; *Jacobs* in MünchKomm. AktG, 3. Aufl., § 18 SEBG Rz. 10; *Linden*, Mitbestimmungsvereinbarung, S. 205 f.; *Scheibe*, Mitbestimmung der Arbeitnehmer, S. 158 f.; a.A. *Cannistra*, Verhandlungsverfahren, S. 240 ff.; *Feuerborn* in KölnKomm. AktG, 3. Aufl., § 18 SEBG Rz. 22; *Henssler* in Ulmer/Habersack/Henssler, Mitbestimmungsrecht, § 18 SEBG Rz. 19; *Kiem* in Bergmann u.a., 10 Jahre SE, S. 126, 133 ff.; *Kienast* in Jannott/Frodermann, Handbuch Europäische Aktiengesellschaft, Kap. 13 Rz. 462; *Schmid*, Mitbestimmung, S. 146 f.
46 Ebenso *Jacobs* in MünchKomm. AktG, 3. Aufl., § 18 SEBG Rz. 16; *Scheibe*, Mitbestimmung der Arbeitnehmer, S. 158 f.; a.A. *Feuerborn* in KölnKomm. AktG, 3. Aufl., § 18 SEBG Rz. 22; *Forst*, Beteiligungsvereinbarung, S. 176 ff.; *Henssler* in Ulmer/Habersack/Henssler, Mitbestimmungsrecht, § 18 SEBG Rz. 20; *Hohenstatt/Müller-Bonanni* in Habersack/Drinhausen, § 18 SEBG Rz. 10; *Hoops*, Mitbestimmungsvereinbarung, S. 60; *Joost* in Oetker/Preis, EAS, B 8200, Rz. 108; *Kienast* in Jannott/Frodermann, Handbuch Europäische Aktiengesellschaft, Kap. 13 Rz. 466; *Linden*, Mitbestimmungsvereinbarung, S. 202 f.; *Ringe*, NZG 2006, 931, 934; *Schmid*, Mitbestimmung, S. 146 f.; *Wollburg/Banerjea*, ZIP 2005, 277, 283; *Ziegler/Gey*, BB 2009, 1750, 1757; hierzu neigend auch *Oechsler*, AG 2005, 373, 377; im Grundsatz ebenfalls *Freis* in Nagel/Freis/Kleinsorge, Beteiligung der Arbeitnehmer, § 18 SEBG Rz. 11.

tergesellschaft der SE wird[47]. Jedenfalls unter dieser Voraussetzung liegt eine strukturelle Änderung der SE auch dann vor, wenn diese die Stellung als Komplementär in einer Kommanditgesellschaft (SE & Co. KG) einnimmt. Der Erwerb einer Kontrollmehrheit i.S. von § 29 WpÜG reicht hingegen nicht aus, solange hierdurch nicht ein konzernrechtliches Abhängigkeitsverhältnis zur SE begründet wird. Dem zur konzernrechtlichen Beherrschung führenden Beteiligungserwerb gleichzustellen ist die **Gründung einer Tochtergesellschaft** durch die SE, was unabhängig von der hierfür gewählten Rechtsform gilt. Deshalb ist auch die **Errichtung einer SE-Tochter** (Art. 3 Abs. 2 SE-VO) stets eine strukturelle Änderung der gründenden SE[48]. Unabhängig davon ist die Frage zu beantworten, ob für die SE-Tochter ein eigenständiges Beteiligungsverfahren einzuleiten ist (siehe dazu § 1 SEBG Rz. 9 ff.).

Die Grundsätze in Rz. 26 gelten auch in der umgekehrten Konstellation einer **Beteiligungsveräußerung**[49]. Zu einer strukturellen Änderung der SE führt diese jedenfalls, wenn die SE ihren Status als beherrschtes Unternehmen verliert. Entsprechendes kommt in Betracht, wenn eine von der SE beherrschte Tochtergesellschaft infolge der Beteiligungsveräußerung ihren Status als abhängiges Unternehmen der SE verliert[50]. 27

Kontroverse Diskussionen im Hinblick auf das Vorliegen einer „strukturellen Änderung" hat die **Aktivierung einer Vorrats-SE** ausgelöst, für die eine verbreitete Ansicht die Einleitung eines (nachgeholten) Verhandlungsverfahrens regelmäßig auf eine analoge Anwendung von § 18 Abs. 3 SEBG stützt (s. § 1 SEBG Rz. 19). Richtigerweise ist jedoch zu differenzieren: Wurde die Vorrats-SE unter **Durchführung eines Verhandlungsverfahrens gegründet** (s. § 1 SEBG Rz. 17), dann hängt die Einleitung eines erneuten und auf § 18 Abs. 3 SEBG gestützten Verhandlungsverfahrens ausschließlich davon ab, ob der jeweilige Sachverhalt einer Aktivierung nach den vorstehenden Ausführungen als „strukturelle Änderung" i.S. von § 18 Abs. 3 SEBG zu qualifizieren ist (s. § 1 SEBG Rz. 20)[51]. Anders ist die Rechtslage in dem Regelfall einer **beteiligungsfreien Errichtung der Vorrats-SE**. Da in dieser Konstellation im Zeitpunkt der Aktivierung bei der SE keine Arbeitnehmerbeteiligung besteht, kommt allenfalls eine analoge Anwendung von § 18 Abs. 3 SEBG in Betracht (s. oben Rz. 18). Weil die Aktivierung der Vorrats-SE als wirtschaftliche Neugründung zu bewerten ist (s. Art. 2 SE-VO Rz. 32), sprechen an sich gute Gründe dafür, diesen Vorgang einer „strukturellen Änderung" i.S. von § 18 Abs. 3 SEBG gleichzustellen[52]. Die für den Analogieschluss erforderliche Regelungslücke entfällt jedoch bei dem hier (s. § 1 SEBG Rz. 19) befürworteten Ansatz einer unmittelbaren Anwendung der §§ 4 ff. SEBG. Dieser entbindet insbesondere von einer Auseinandersetzung mit der gleichfalls von § 18 Abs. 3 Satz 1 SEBG geforderten Eignung der Aktivierung, die Beteiligungsrechte zu mindern. 28

---

47 So auch *Nagel*, ArbuR 2004, 281, 286; *Scheibe*, Mitbestimmung der Arbeitnehmer, S. 156 f.; *Teichmann* in FS Hellwig, 2010, S. 347, 366; a.A. *Cannistra*, Verhandlungsverfahren, S. 240; *Ege/Grzimek/Schwarzfischer*, DB 2011, 1205, 1208 f.; *Habersack*, ZHR 171 (2007), 613, 641; *Henssler* in Ulmer/Habersack/Henssler, Mitbestimmungsrecht, § 18 SEBG Rz. 15; *Hohenstatt/Dzida* in Henssler/Willemsen/Kalb, ArbR-Komm., SEBG Rz. 32; *Hohenstatt/Müller-Bonanni* in Habersack/Drinhausen, § 18 SEBG Rz. 10; *Jacobs* in MünchKomm. AktG, 3. Aufl., § 18 SEBG Rz. 17; *Kienast* in Jannott/Frodermann, Handbuch Europäische Aktiengesellschaft, Kap. 13 Rz. 465; *Linden*, Mitbestimmungsvereinbarung, S. 204 f.; *Rieble*, BB 2006, 2018, 2022; *Schmid*, Mitbestimmung, S. 147; *Ziegler/Gey*, BB 2009, 1750, 1757.
48 *Oetker* in FS Kreutz, 2010, S. 797, 803 ff.; a.A. *Cannistra*, Verhandlungsverfahren, S. 241; *Henssler* in Ulmer/Habersack/Henssler, Mitbestimmungsrecht, Einl. SEBG Rz. 108.
49 Im Grundsatz auch *Feldhaus/Vanscheidt*, BB 2008, 2246, 2250.
50 A.A. *Rieble*, BB 2006, 2018, 2022.
51 So auch *Henssler* in Ulmer/Habersack/Henssler, Mitbestimmungsrecht, Einl. SEBG Rz. 78; *Reichert*, ZIP 2014, 1957, 1965; sehr weitgehend (regelmäßig) *Wirtz*, SE-Betriebsrat, S. 89.
52 A.A. für den Eintritt einer SE als Komplementärin in eine KG bzw. KGaA *Reichert*, ZIP 2014, 1957, 1965.

29 Auch in anderen Sachverhalten einer ausnahmsweise **beteiligungsfrei zu errichtenden SE** (arbeitnehmerlose SE, SE ohne mehrstaatliche Arbeitnehmerschaft) wird zumindest eine spätere Nachholung des Verhandlungsverfahrens unter entsprechender Anwendung von § 18 Abs. 3 SEBG erwogen (s. § 1 SEBG Rz. 16, 25). Zutreffend hieran ist, dass wegen der fehlenden Arbeitnehmerbeteiligung in der SE die Anwendung von § 18 Abs. 3 SEBG ausschließlich durch einen Analogieschluss begründbar ist (s. oben Rz. 18), der sich indes ebenfalls den in Rz. 28 dargelegten Bedenken ausgesetzt sieht. Diese werden bei dem hier befürworteten Ansatz vermieden, die Einleitung des Verhandlungsverfahrens unmittelbar auf die §§ 4 ff. SEBG zu stützen, wenn nach Gründung der SE eintretende Umstände dazu führen, dass bei der beteiligungsfrei errichteten SE wegen einer ausreichenden Anzahl von Arbeitnehmern ein BVG gebildet werden kann (s. § 1 SEBG Rz. 16, 25).

c) Minderung der Beteiligungsrechte

30 Die Planung einer strukturellen Änderung löst das Recht zur Wiederaufnahme der Verhandlungen nur aus, wenn diese geeignet ist, die Beteiligungsrechte der Arbeitnehmer zu mindern. Diese einschränkende Voraussetzung für die Wiederaufnahme der Verhandlungen, die in dem Normzweck begründet liegt (s. oben Rz. 16) und in § 37 Abs. 1 EBRG keine Parallele findet, ist in zweifacher Hinsicht auslegungsbedürftig:

31 Erstens verwendet § 18 Abs. 3 Satz 1 SEBG ausdrücklich den Terminus „Beteiligungsrechte", so dass für deren Konkretisierung bei einer systematischen Auslegung die Legaldefinition in § 2 Abs. 9 SEBG und damit die Trias **„Unterrichtung, Anhörung und Mitbestimmung"** maßgebend ist[53] und – wie § 2 Abs. 9 Satz 2 SEBG ausdrücklich festhält – auch die Wahrnehmung dieser Rechte in Konzernunternehmen der SE umfasst. Wegen des bewussten Rückgriffs auf den weiten Begriff der „Beteiligungsrechte" hängt die Wiederaufnahme der Verhandlungen nicht davon ab, dass es zu einer Minderung der Mitbestimmung kommt[54]. Vielmehr genügt es, wenn bezüglich der Unterrichtungs- und Anhörungsrechte eine Minderung eintritt[55].

32 Zweitens ist klärungsbedürftig, **bei welchen Arbeitnehmern** die Minderung der Beteiligungsrechte eintreten muss. Unbedenklich erfasst sind die Beteiligungsrechte derjenigen Arbeitnehmer, die bereits vor der Durchführung der strukturellen Änderung von dem SE-Betriebsrat vertreten wurden[56]. Aus der in § 18 Abs. 3 Satz 2 SEBG normierten Rechtsfolge wird jedoch deutlich, dass § 18 Abs. 3 Satz 1 SEBG auch diejenigen Arbeitnehmer im Blick hat, die bislang nicht von dem SE-Betriebsrat vertreten werden, infolge der strukturellen Änderungen aber bei einem neu zu bildenden BVG zu berücksichtigen wären[57].

---

53 Ebenso *Rudolph* in Annuß/Kühn/Rudolph/Rupp, EBRG, § 18 SEBG Rz. 13. Kritisch im Hinblick auf diese Weite *Kallmeyer*, ZIP 2004, 1442, 1444.
54 Hierfür aber *Grobys*, NZA 2005, 84, 91; ebenso *Schmid*, Mitbestimmung, S. 138 ff.
55 So auch *Feldhaus/Vanscheidt*, BB 2008, 2246, 2248; *Feuerborn* in KölnKomm. AktG, 3. Aufl., § 18 SEBG Rz. 29; *Freis* in Nagel/Freis/Kleinsorge, Beteiligung der Arbeitnehmer, § 18 SEBG Rz. 15; *Hohenstatt/Müller-Bonanni* in Habersack/Drinhausen, § 18 SEBG Rz. 14; *Hoops*, Mitbestimmungsvereinbarung, S. 62; *Jacobs* in MünchKomm. AktG, 3. Aufl., § 18 SEBG Rz. 15; *Scheibe*, Mitbestimmung der Arbeitnehmer, S. 160 ff.; im Ergebnis ebenso *Rudolph* in Annuß/Kühn/Rudolph/Rupp, EBRG, § 18 SEBG Rz. 13; a.A. *Grobys*, NZA 2005, 84, 91.
56 A.A. jedoch *Schmid*, Mitbestimmung, S. 141 ff.
57 Zutreffend *Evers* in Manz/Mayer/Schröder, § 18 SEBG Rz. 13; *Feldhaus/Vanscheidt*, BB 2008, 2246, 2248; *Feuerborn* in KölnKomm. AktG, 3. Aufl., § 18 SEBG Rz. 30; *Hohenstatt/Dzida* in Henssler/Willemsen/Kalb, ArbR-Komm., SEBG Rz. 32; *Hohenstatt/Müller-Bonanni* in Habersack/Drinhausen, § 18 SEBG Rz. 13; *Hoops*, Mitbestimmungsvereinbarung, S. 62; *Jacobs* in MünchKomm. AktG, 3. Aufl., § 18 SEBG Rz. 14; *Linden*, Mitbestimmungsvereinbarung,

Ausgehend von den Erläuterungen in den Rz. 31, 32 ergeben sich für die in Rz. 22–29 33
erörterten Sachverhalte einer strukturellen Änderung folgende Konsequenzen im
Hinblick auf ihre Eignung zur Minderung der Beteiligungsrechte:

Bei einer **Verschmelzung** kommt eine Minderung der Beteiligungsrechte insbesonde- 34
re in Betracht, wenn eine Gesellschaft auf die SE verschmolzen wird und den Arbeitnehmern des übertragenden Rechtsträgers im Anschluss bei der SE geringere Beteiligungsrechte zustehen, indem z.B. bei dem übertragenden Rechtsträger der Anteil
der Arbeitnehmervertreter im Aufsichtsrat höher war als er es bei der SE ist[58]. Ebenso kann die Verschmelzung der SE auf einen anderen Rechtsträger zu einer Minderung der Beteiligungsrechte führen. Gleichwohl ist dieser Sachverhalt nicht geeignet, neue Verhandlungen auszulösen, da § 18 Abs. 3 SEBG den Fortbestand der SE
voraussetzt und die geringeren Beteiligungsrechte bei dem übernehmenden Rechtsträger ohnehin nicht durch Abschluss einer Beteiligungsvereinbarung abgemildert
werden können, da sich deren Geltung stets auf die SE beschränkt. Entsprechendes
gilt bei einer Umwandlung der SE in eine Gesellschaft mit anderer Rechtsform[59].

Angesichts der in Rz. 31 und 32 dargelegten Grundsätze kommt es nach vorherr- 35
schender Ansicht im Schrifttum[60] bei einer **Sitzverlegung** in einen anderen Mitgliedstaat nicht zu einer Minderung der Beteiligungsrechte[61]. Zwar berührt diese nicht eine kraft Vereinbarung etablierte Mitbestimmungsregelung, wohl aber kann es auf der
Ebene des Betriebsverfassungsrechts und des hierfür maßgeblichen Territorialitätsprinzips zu einer Minderung kommen, wenn infolge der grenzüberschreitenden Sitzverlegung die Bildung eines Konzern- oder Gesamtbetriebsrates nicht mehr möglich
ist und infolge dessen die Amtszeit des vorgenannten Organs kraft Gesetzes endet.
Gleichwohl wird dieser Sachverhalt entgegen der in der Vorauflage befürworteten
Auffassung nicht von § 18 Abs. 3 Satz 1 SEBG erfasst, da die in der Beteiligungsvereinbarung begründeten Rechte auf Unterrichtung und Anhörung von der Sitzverlegung ebenfalls unberührt bleiben[62].

Auch infolge eines **Betriebsüberganges auf die SE** kommt eine Minderung der Betei- 36
ligungsrechte in Betracht, wenn die hiervon betroffenen Arbeitnehmer infolge des
Rechtsträgerwechsels nicht mehr der für sie bislang maßgeblichen Unternehmensmitbestimmung unterliegen[63]. Entsprechendes gilt, wenn es infolge einer **Spaltung**
zum Übergang eines Betriebes auf die SE kommt. Bei einer **Betriebsveräußerung** kraft

---

S. 198; *Wollburg/Banerjea*, ZIP 2005, 277, 279; *Teichmann* in FS Hellwig, 2010, S. 347, 361;
Ziegler/Gey, BB 2009, 1750, 1756; enger *Siegle* in FS Hommelhoff, 2012, S. 1123, 1126; hierauf
beschränkend *Schmid*, Mitbestimmung, S. 141 ff.

58 S. Begr. RegE, BT-Drucks. 15/3405, S. 50; *Hohenstatt/Müller-Bonanni* in Habersack/Drinhau-
sen, § 18 SEBG Rz. 15; *Jacobs* in MünchKomm. AktG, 3. Aufl., § 18 SEBG Rz. 16; *Kienast* in
Jannott/Frodermann, Handbuch Europäische Aktiengesellschaft, Kap. 13 Rz. 459; *Nagel*, ZIP
2011, 2047, 2048 f.; *Rudolph* in Annuß/Kühn/Rudolph/Rupp, EBRG, § 18 SEBG Rz. 16; *Seibt*,
AG 2005, 413, 427; *Wollburg/Banerjea*, ZIP 2005, 277, 282.
59 Treffend insoweit auch *Schmid*, Mitbestimmung, S. 150; im Ergebnis aus *Rudolph* in Annuß/
Kühn/Rudolph/Rupp, EBRG, § 18 SEBG Rz. 16.
60 Vor allem *Joost* in Oetker/Preis, EAS, B 8200, Rz. 198; *Kienast* in Jannott/Frodermann, Handbuch Europäische Aktiengesellschaft, Kap. 13 Rz. 466; *Rudolph* in Annuß/Kühn/Rudolph/
Rupp, EBRG, § 18 SEBG Rz. 21; *Wollburg/Banerjea*, ZIP 2005, 277, 283; zustimmend *Kiem*
in Bergmann u.a., 10 Jahre SE, S. 126, 136 ff.
61 A.A. jedoch *Jacobs* in MünchKomm. AktG, 3. Aufl., § 18 SEBG Rz. 16.
62 Ebenso im Ergebnis *Rudolph* in Annuß/Kühn/Rudolph/Rupp, EBRG, § 18 SEBG Rz. 13, 21,
mit der Begründung, dass § 18 Abs. 3 Satz 1 SEBG nur eine Minderung der Beteiligungsrechte
auf Europäischer Ebene erfasse.
63 Ebenso im Ansatz *Feuerborn* in KölnKomm. AktG, 3. Aufl., § 18 SEBG Rz. 27; *Nagel*, ZIP
2011, 2047, 2049 f.; a.A. *Henssler*, RdA 2005, 330, 334; *Jacobs* in MünchKomm. AktG,
3. Aufl., § 18 SEBG Rz. 17; *Joost* in Oetker/Preis, EAS, B 8200, Rz. 108; *Rudolph* in Annuß/

Rechtsgeschäfts oder einer **Abspaltung** des Betriebes von der SE kann es zwar bei den zuvor bei der SE beschäftigten Arbeitnehmern zu einer Minderung der Beteiligungsrechte kommen, wie bei der Verschmelzung (s. oben Rz. 34) kann diese Einbuße indes nicht durch eine neu ausgehandelte Beteiligungsvereinbarung abgewendet werden[64]. Schließlich kann eine Minderung der Beteiligungsrechte eintreten, wenn eine Gesellschaft infolge **Anteilserwerbs** zur (neuen) Tochtergesellschaft der SE wird und deren Arbeitnehmer zugleich aus einem wegen § 2 Abs. 1 DrittelbG, § 5 Abs. 1 MitbestG mitbestimmungsrechtlich relevanten Konzernverbund ausscheiden[65]. Zwar bleibt eine bei der Tochtergesellschaft bestehende Mitbestimmung hiervon unberührt, deren Qualität wird aber entscheidend dadurch abgeschwächt, dass die für die Tochtergesellschaft maßgebenden unternehmerischen Entscheidungen von der Konzernobergesellschaft getroffen werden und die Mitbestimmung auf die Beeinflussung dieser Entscheidungen abzielt (s. auch § 2 Abs. 8 SEBG). In anderen Fällen des Anteilserwerbs, ohne einen derartigen Konzernbezug, führt die Akquisition von Gesellschaften zwar bei der SE zu einer Strukturveränderung aber nicht zu einer Minderung der Beteiligungsrechte[66].

37 Zu einer Minderung der Beteiligungsrechte in der SE kann es schließlich auch dann kommen, wenn in der SE die gesetzliche Auffangregelung eingriff, infolge der strukturellen Änderung die SE jedoch nunmehr dem **Tendenzschutz** durch § 39 SEBG unterliegt. In Betracht kommt dies z.B. bei einer Abspaltung tendenzfreier Unternehmensteile, so dass die bei der SE verbleibenden Teile dazu führen, dass die SE überwiegend den von § 39 Abs. 1 SEBG erfassten Zwecken dient. Wegen § 39 Abs. 1 SEBG entfällt für die Anwendung der gesetzlichen Auffangregelung nunmehr die rechtliche Grundlage. Bei einem Scheitern der Neuverhandlungen kann zwar wegen § 39 Abs. 1 SEBG und abweichend von § 18 Abs. 3 Satz 3 SEBG nicht die gesetzliche Auffangregelung eingreifen, dies schließt aber nicht aus, dass im Rahmen einer neu ausgehandelten Beteiligungsvereinbarung den Besonderheiten eines Tendenzunternehmens Rechnung getragen wird.

d) Antragsberechtigung

38 Verhandlungen über die Beteiligungsrechte der Arbeitnehmer in der SE erfolgen auch bei geplanten Strukturänderungen nur aufgrund eines entsprechenden Antrages („auf

---

Kühn/Rudolph/Rupp, EBRG, § 18 SEBG Rz. 24; *Seibt*, AG 2005, 413, 427; *Wollburg/Banerjea*, ZIP 2005, 277, 279, 281 f.
64 Im Ergebnis auch *Schmid*, Mitbestimmung, S. 149 f.; ebenso *Rudolph* in Annuß/Kühn/Rudolph/Rupp, SEBG, § 18 SEBG Rz. 17.
65 So auch *Nagel*, ZIP 2011, 2047, 2049; *Teichmann* in FS Hellwig, 2010, S. 347, 365 f.; a.A. *Cannistra*, Verhandlungsverfahren, S. 243; *Habersack*, Der Konzern 2006, 105, 109 f.; *Henssler* in Ulmer/Habersack/Henssler, Mitbestimmungsrecht, 2. Aufl. 2006, Einl. SEBG Rz. 212; *Hohenstatt/Dzida* in Henssler/Willemsen/Kalb, ArbR-Komm., SEBG Rz. 32; *Hohenstatt/Müller-Bonanni* in Habersack/Drinhausen, § 18 SEBG Rz. 15; *Hoops*, Mitbestimmungsvereinbarung, S. 64 f.; *Jacobs* in MünchKomm. AktG, 3. Aufl., § 18 SEBG Rz. 14; *Linden*, Mitbestimmungsvereinbarung, S. 200 f.; *Rudolph* in Annuß/Kühn/Rudolph/Rupp, EBRG, § 18 SEBG Rz. 18 f.; *Schmid*, Mitbestimmung, S. 147 ff.; *Wißmann* in MünchHdb. ArbR, 3. Aufl. 2009, § 287 Rz. 18.
66 *Feldhaus/Vanscheidt*, BB 2008, 2246, 2249; *Hohenstatt/Müller-Bonanni* in Habersack/Drinhausen, § 18 SEBG Rz. 15; *Jacobs* in MünchKomm. AktG, 3. Aufl., § 18 SEBG Rz. 17; *Müller-Bonanni/Melot de Beauregard*, GmbHR 2005, 195, 199 f.; *Köklü* in Van Hulle/Maul/Drinhausen, Kap. 6 Rz. 98; *Seibt*, AG 2005, 413, 427; *Wollburg/Banerjea*, ZIP 2005, 277, 280; im Ergebnis auch *Habersack*, Der Konzern 2006, 105, 109 f.; *Henssler* in Ulmer/Habersack/Henssler, Mitbestimmungsrecht, 2. Aufl. 2006, Einl. Rz. 213, der jedoch eine Strukturveränderung verneint; a.A. *Köstler* in Theisen/Wenz, Europäische Aktiengesellschaft, S. 331, 371, für den Erwerb *mitbestimmter* Gesellschaften.

Veranlassung"). Wird trotz Vorliegens der tatbestandlichen Voraussetzungen kein entsprechender Antrag gestellt, bleibt es im Hinblick auf die Beteiligung der Arbeitnehmer bei der bisherigen Rechtslage[67]. Antragsberechtigt ist neben der **Leitung der SE** auch der **SE-Betriebsrat**. Bei diesem muss es sich nicht um einen solchen handeln, der aufgrund einer Beteiligungsvereinbarung errichtet worden ist, da die Anwendung von § 18 Abs. 3 SEBG unabhängig davon ist, ob die bei der SE bestehende Beteiligung der Arbeitnehmer auf einer Beteiligungsvereinbarung oder der gesetzlichen Auffangregelung beruht (s. oben Rz. 17). Besondere **Förmlichkeiten** sind bei der Antragstellung nicht zu beachten, wohl aber bedarf es für einen wirksamen Antrag des SE-Betriebsrates eines von ihm zu fassenden **Beschlusses**[68], der dem Mehrheitserfordernis des § 15 Abs. 2 SEBG unterliegt.

e) Verhandlungspartei auf Arbeitnehmerseite

Aus § 18 Abs. 3 Satz 2 SEBG erschließt sich, dass zum Zwecke der Verhandlungen grundsätzlich ein **neues BVG** zu bilden ist[69]. Hierzu hat die Leitung der SE – wie bei den Sachverhalten in § 18 Abs. 1 SEBG (s. oben Rz. 8) – die nach den §§ 4 ff. SEBG notwendigen Schritte einzuleiten (s. unten Rz. 42). 39

Alternativ dazu eröffnet § 18 Abs. 3 Satz 2 SEBG dem **SE-Betriebsrat** die Möglichkeit, selbst die Verhandlungen mit der Leitung der SE zu führen. Hierfür ist er jedoch auf deren Einvernehmen[70] sowie auf das der Vertreter der bislang nicht durch den SE-Betriebsrat repräsentierten Arbeitnehmer angewiesen. Sofern die von einer geplanten strukturellen Änderung betroffenen Arbeitnehmer bislang nicht in dem SE-Betriebsrat vertreten sind, ist die Arbeitnehmerseite um Vertreter dieser Arbeitnehmer zu ergänzen. Zu dem hierbei maßgebenden Procedere enthält das SEBG keine Vorgaben, allerdings sprechen gute Gründe dafür, die Festlegung der hinzuzuziehenden Arbeitnehmervertreter dem Einvernehmen zwischen Leitung der SE und SE-Betriebsrat zu überantworten[71]. 40

III. Das erneute Verhandlungsverfahren

Bezüglich der Durchführung des erneuten Verhandlungsverfahrens ist zwischen den verschiedenen Tatbeständen für dessen Einleitung zu unterscheiden. 41

1. Einleitung des Verfahrens

Sofern die **erneute Bildung eines BVG** auf einem **Antrag** (§ 18 Abs. 1 Satz 1 SEBG) oder einer **Vereinbarung** (§ 18 Abs. 1 Satz 2 SEBG) beruht, kommt es nicht zwingend zu einem erneuten Verhandlungsverfahren, sondern hierfür bedarf es eines **Beschlus-** 42

---

67 *Freis* in Nagel/Freis/Kleinsorge, Beteiligung der Arbeitnehmer, § 18 SEBG Rz. 17; *Hohenstatt/Müller-Bonanni* in Habersack/Drinhausen, § 18 SEBG Rz. 16; *Jacobs* in MünchKomm. AktG, 3. Aufl., § 18 SEBG Rz. 19; *Rudolph* in Annuß/Kühn/Rudolph/Rupp, EBRG, § 18 SEBG Rz. 26.
68 Zustimmend *Rudolph* in Annuß/Kühn/Rudolph/Rupp, EBRG, § 18 SEBG Rz. 26.
69 *Jacobs* in MünchKomm. AktG, 3. Aufl., § 18 SEBG Rz. 20; *Joost* in Oetker/Preis, EAS, B 8200, Rz. 109; *Rudolph* in Annuß/Kühn/Rudolph/Rupp, EBRG, § 18 SEBG Rz. 27.
70 Ebenso *Evers* in Manz/Mayer/Schröder, § 18 SEBG Rz. 16; *Freis* in Nagel/Freis/Kleinsorge, Beteiligung der Arbeitnehmer, § 18 SEBG Rz. 18; *Hohenstatt/Müller-Bonanni* in Habersack/Drinhausen, § 18 SEBG Rz. 17; *Jacobs* in MünchKomm. AktG, 3. Aufl., § 18 SEBG Rz. 20; s. ferner *Freis* in Nagel/Freis/Kleinsorge, Beteiligung der Arbeitnehmer, § 18 SEBG Rz. 18; *Joost* in Oetker/Preis, EAS, B 8200, Rz. 109; *Rudolph* in Annuß/Kühn/Rudolph/Rupp, EBRG, § 18 SEBG Rz. 27.
71 Zustimmend *Evers* in Manz/Mayer/Schröder, § 18 SEBG Rz. 16; *Hohenstatt/Müller-Bonanni* in Habersack/Drinhausen, § 18 SEBG Rz. 17.

ses des Gremiums, in Verhandlungen mit der Leitung der SE einzutreten[72], der mit einer doppelten absoluten Mehrheit i.S. des § 15 Abs. 2 SEBG zu fassen ist[73]. Wird diese verfehlt, dann verbleibt es hinsichtlich der Beteiligung der Arbeitnehmer in der SE bei der bisherigen Rechtslage (s. dazu § 16 SEBG Rz. 17). Liegt der Beschluss des Gremiums vor, dann ist entsprechend den §§ 4 ff. SEBG ein neues BVG zu bilden[74].

43 Anders ist die Rechtslage, wenn die Leitung der SE **strukturelle Änderungen** i.S. des § 18 Abs. 3 Satz 1 SEBG plant; in dieser Konstellation schreibt § 18 Abs. 3 Satz 1 SEBG die Einleitung von Verhandlungen verbindlich vor („finden ... Verhandlungen ... statt")[75]. Allerdings hängen diese von einer entsprechenden „Veranlassung" ab, die sowohl von der Leitung der SE als auch von dem SE-Betriebsrat herrühren kann. Die Einleitung von Verhandlungen auf Initiative der Arbeitnehmerseite erfordert einen **Beschluss des SE-Betriebsrates**. Liegt dieser vor, dann ist die Leitung der SE zu den nach den §§ 4 ff. SEBG erforderlichen Schritten für die **Bildung eines BVG** verpflichtet, sofern diese nicht mit dem SE-Betriebsrat Einvernehmen darüber erzielt, die Verhandlungen mit diesem sowie ggf. hinzugezogenen weiteren Arbeitnehmervertretern zu führen (s. oben Rz. 39).

2. Durchführung der Verhandlungen

44 Die Durchführung des erneuten Verhandlungsverfahrens richtet sich nach den allgemeinen Vorschriften des **regulären Verhandlungsverfahrens**[76]. Für dessen **Dauer** gilt § 20 SEBG[77], was sich indirekt aus § 18 Abs. 2 und Abs. 3 Satz 3 SEBG ergibt, die die Anwendung von § 22 SEBG anordnen, der wiederum auf dem Tatbestand des Fristablaufs aufbaut. Die Verhandlungen können nicht nur durch Abschluss einer Beteiligungsvereinbarung, sondern auch durch einen Beschluss des BVG enden, die Verhandlungen abzubrechen (§ 16 Abs. 1 Satz 1 SEBG)[78]. Wird die Verhandlungspartei auf Arbeitnehmerseite durch den SE-Betriebsrat gebildet (s. § 18 Abs. 3 Satz 2 SEBG), steht ihm ebenfalls das Recht zu, einen Beschluss nach § 16 Abs. 1 SEBG zu fassen[79]. Ein derartiger Beschluss löst sodann die Rechtsfolgen des § 16 Abs. 2 SEBG aus (s. dazu § 16 SEBG Rz. 16 ff.).

3. Abschluss des Verfahrens

45 Kommt es im Rahmen des erneut eingeleiteten Verhandlungsverfahrens nicht zu einer Einigung über eine Beteiligungsvereinbarung, so ist – wie bei der Verfahrensein-

---

72 *Henssler* in Ulmer/Habersack/Henssler, Mitbestimmungsrecht, § 18 SEBG Rz. 6; *Jacobs* in MünchKomm. AktG, 3. Aufl., § 18 SEBG Rz. 4; a.A. im Hinblick auf § 18 Abs. 1 Satz 2 SEBG *Wirtz*, SE-Betriebsrat, S. 76.
73 *Henssler* in Ulmer/Habersack/Henssler, Mitbestimmungsrecht, § 18 SEBG Rz. 6; *Jacobs* in MünchKomm. AktG, 3. Aufl., § 18 SEBG Rz. 4.
74 Ebenso *Feuerborn* in KölnKomm. AktG, 3. Aufl., § 18 SEBG Rz. 9; *Hohenstatt/Müller-Bonanni* in Habersack/Drinhausen, § 18 SEBG Rz. 3.
75 A.A. *Hohenstatt/Müller-Bonanni* in Habersack/Drinhausen, § 18 SEBG Rz. 16; *Jacobs* in MünchKomm. AktG, 3. Aufl., § 18 SEBG Rz. 19: kein Anspruch auf Verhandlungen.
76 *Joost* in Oetker/Preis, EAS, B 8200, Rz. 109; *Rudolph* in Annuß/Kühn/Rudolph/Rupp, EBRG, § 18 SEBG Rz. 6.
77 So auch *Evers* in Manz/Mayer/Schröder, § 18 SEBG Rz. 18; *Jacobs* in MünchKomm. AktG, 3. Aufl., § 18 SEBG Rz. 23; *Rudolph* in Annuß/Kühn/Rudolph/Rupp, EBRG, § 18 SEBG Rz. 6; *Wirtz*, SE-Betriebsrat, S. 109.
78 *Evers* in Manz/Mayer/Schröder, § 18 SEBG Rz. 18; *Feuerborn* in KölnKomm. AktG, 3. Aufl., § 18 SEBG Rz. 10; *Jacobs* in MünchKomm. AktG, § 18 SEBG Rz. 23; *Rudolph* in Annuß/Kühn/Rudolph/Rupp, EBRG, § 18 SEBG Rz. 29.
79 Treffend *Feuerborn* in KölnKomm. AktG, 3. Aufl., § 18 SEBG Rz. 46; *Jacobs* in MünchKomm. AktG, 3. Aufl., § 18 SEBG Rz. 23; *Wirtz*, SE-Betriebsrat, S. 102 ff.

leitung (s. oben Rz. 41 f.) – zwischen den verschiedenen Rechtsgrundlagen zu unterscheiden, die zur Einleitung der Verhandlungen geführt haben.

Für den Fall, dass das erneute Verhandlungsverfahren wegen eines **Antrages der Arbeitnehmer** bzw. ihrer **Vertretungen** (§ 18 Abs. 1 Satz 1 SEBG) oder aufgrund einer **Vereinbarung** (§ 18 Abs. 1 Satz 2 SEBG) eingeleitet worden ist, schreibt § 18 Abs. 2 zwingend vor, dass die **gesetzliche Auffangregelung nicht** zur Anwendung gelangt, was im Hinblick auf die Rechtsfolge mit § 16 Abs. 2 SEBG übereinstimmt (s. dazu § 16 SEBG Rz. 17)[80]. Bezüglich der Anhörung und Unterrichtung der Arbeitnehmer bleibt ein eventuell gebildeter Europäischer Betriebsrat deshalb bestehen (vgl. § 47 Abs. 1 SEBG)[81]; im Übrigen greift in der SE keine Regelung zur Unternehmensmitbestimmung ein[82]. 46

Anders ist die Rechtslage, wenn erneute Verhandlungen aufgrund einer **strukturellen Änderung** (§ 18 Abs. 3 SEBG) eingeleitet werden. Für diesen Fall bestimmt § 18 Abs. 3 Satz 3 SEBG ausdrücklich, dass die **gesetzliche Auffangregelung** anzuwenden ist[83]. Das gilt selbst dann, wenn für die Beteiligung der Arbeitnehmer in der SE **zuvor eine Vereinbarung** maßgebend war[84]. Da § 18 Abs. 3 Satz 3 SEBG auf die gesetzliche Auffangregelung zur Mitbestimmung in ihrer Gesamtheit verweist, kommt es beim Scheitern der Verhandlungen nur dann zu einer Mitbestimmung kraft Gesetzes, wenn die von der Gründungsform abhängigen Voraussetzungen des § 34 Abs. 1 SEBG erfüllt sind[85], was insbesondere auch für das ggf. erforderliche Quorum der von einer Mitbestimmung erfassten Arbeitnehmer gilt[86]. Der besondere Schutz, den § 39 SEBG für Tendenzunternehmen begründet, bleibt von der Rechtsfolge in § 18 Abs. 3 Satz 3 SEBG unberührt. 47

§ 19
Kosten des besonderen Verhandlungsgremiums

Die durch die Bildung und Tätigkeit des besonderen Verhandlungsgremiums entstehenden erforderlichen Kosten tragen die beteiligten Gesellschaften und nach ihrer

---

80 *Evers* in Manz/Mayer/Schröder, § 18 SEBG Rz. 6; *Feuerborn* in KölnKomm. AktG, 3. Aufl., § 18 SEBG Rz. 13; *Freis* in Nagel/Freis/Kleinsorge, Beteiligung der Arbeitnehmer, § 18 SEBG Rz. 7; *Henssler* in Ulmer/Habersack/Henssler, Mitbestimmungsrecht, § 18 SEBG Rz. 6; *von der Heyde*, Beteiligung, S. 208; *Hohenstatt/Müller-Bonanni* in Habersack/Drinhausen, § 18 SEBG Rz. 3; *Jacobs* in MünchKomm. AktG, 3. Aufl., § 18 SEBG Rz. 5; *Köklü* in Van Hulle/Maul/Drinhausen, Kap. 6 Rz. 82; *Rudolph* in Annuß/Kühn/Rudolph/Rupp, EBRG, § 18 SEBG Rz. 6.
81 So auch *Rudolph* in Annuß/Kühn/Rudolph/Rupp, EBRG, § 18 SEBG Rz. 6.
82 *Rudolph* in Annuß/Kühn/Rudolph/Rupp, EBRG, § 18 SEBG Rz. 6.
83 *Evers* in Manz/Mayer/Schröder, § 18 SEBG Rz. 17; *Feuerborn* in KölnKomm. AktG, 3. Aufl., § 18 SEBG Rz. 45; *Freis* in Nagel/Freis/Kleinsorge, Beteiligung der Arbeitnehmer, § 18 SEBG Rz. 20; *Hohenstatt/Müller-Bonanni* in Habersack/Drinhausen, § 18 SEBG Rz. 17, 18; *Jacobs* in MünchKomm. AktG, 3. Aufl., § 18 SEBG Rz. 22; *Rudolph* in Annuß/Kühn/Rudolph/Rupp, EBRG, § 18 SEBG Rz. 30.
84 So auch *Evers* in Manz/Mayer/Schröder, § 18 SEBG Rz. 17; *Feuerborn* in KölnKomm. AktG, 3. Aufl., § 18 SEBG Rz. 47; *Hohenstatt/Müller-Bonanni* in Habersack/Drinhausen, § 18 SEBG Rz. 17; *Hoops*, Mitbestimmungsvereinbarung, S. 66; *Jacobs* in MünchKomm. AktG, 3. Aufl., § 18 SEBG Rz. 24.
85 Ebenso *Brandt*, BB 2005, Special Nr. 3, S. 1, 6; *Evers* in Manz/Mayer/Schröder, § 18 SEBG Rz. 19; *Hohenstatt/Müller-Bonanni* in Habersack/Drinhausen, § 18 SEBG Rz. 18; wohl auch *Jacobs* in MünchKomm. AktG, 3. Aufl., § 18 SEBG Rz. 23.
86 Ebenso *Evers* in Manz/Mayer/Schröder, § 18 SEBG Rz. 19.

Gründung die SE als Gesamtschuldner. Insbesondere sind für die Sitzungen in erforderlichem Umfang Räume, sachliche Mittel, Dolmetscher und Büropersonal zur Verfügung zu stellen sowie die erforderlichen Reise- und Aufenthaltskosten der Mitglieder des besonderen Verhandlungsgremiums zu tragen.

I. Allgemeines	1	2. Erforderliche Personal- und Sachmittel	9
II. Umfang der Kostentragungspflicht	5	3. Persönliche Kosten der Mitglieder	11
1. Kosten für Bildung und Tätigkeit des BVG	6	III. Schuldner der nach § 19 SEBG zu tragenden Kosten	13

I. Allgemeines

1 Die Vorschrift zur Tragung der Kosten, die durch die Tätigkeit des BVG entstehen, dient der **Umsetzung von Art. 3 Abs. 7 SE-RL**, der insoweit folgenden Wortlaut hat:

„(7) Die Kosten, die im Zusammenhang mit der Tätigkeit des besonderen Verhandlungsgremiums und generell mit den Verhandlungen entstehen, werden von den beteiligten Gesellschaften getragen, damit das besondere Verhandlungsgremium seine Aufgaben in angemessener Weise erfüllen kann.

Im Einklang mit diesem Grundsatz können die Mitgliedstaaten Regeln für die Finanzierung der Arbeit des besonderen Verhandlungsgremiums festlegen. Sie können insbesondere die Übernahme der Kosten auf die Kosten für einen Sachverständigen begrenzen."

2 Die Regelung der SE-RL in Rz. 1 bezüglich der Kosten des BVG hat **Art. 3 Abs. 7 SCE-RL** mit identischem Wortlaut **übernommen**; Entsprechendes gilt für die Umsetzung im **SCEBG** (s. § 19 SCEBG). Die **Verschmelzungs-RL 2005/56/EG** nimmt in Art. 16 Abs. 3 ebenfalls auf Art. 3 Abs. 7 SE-RL Bezug; die Umsetzung durch **§ 20 MgVG** ist – abgesehen von den durch den Tatbestand einer grenzüberschreitenden Verschmelzung bedingten Besonderheiten – mit § 19 SEBG identisch.

3 Inhaltlich lehnt sich § 19 SEBG eng an die Parallelbestimmung in **§ 16 EBRG** an. Das gilt sowohl im Hinblick auf den allgemeinen Grundsatz in § 19 Satz 1 SEBG (§ 16 Abs. 1 Satz 1 EBRG) und die gesamtschuldnerische Haftung (§ 16 Abs. 2 EBRG) als auch für die exemplarische Aufzählung einzelner Sachmittel bzw. zu ersetzender Kosten in § 19 Satz 2 SEBG (§ 16 Abs. 1 Satz 3 EBRG). Abweichend von § 16 Abs. 1 Satz 2 EBRG beschränkt § 19 SEBG die Pflicht zur Tragung der Kosten bezüglich der Sachverständigen jedoch nicht auf solche für „einen" Sachverständigen[1], obwohl Art. 3 Abs. 7 Unterabs. 2 Satz 2 SE-RL den Mitgliedstaaten ausdrücklich eine derartige Beschränkung ermöglicht[2].

4 In **Österreich** ist die Regelung zur Kostentragung (§ 224 ArbVG) ausführlicher, verzichtet indes auf die Anordnung einer gesamtschuldnerischen Haftung. Ferner verknüpft § 224 Abs. 1 ArbVG die von den zuständigen Leitungen zu tragenden „Sacherfordernisse" ausdrücklich mit der Größe der SE und den Bedürfnissen des BVG. Die Kosten für Sachverständige beschränkt § 224 Abs. 1 ArbVG auf diejenigen „für jedenfalls einen Sachverständigen".

---

[1] Ebenso § 19 SCEBG.
[2] Dazu näher *Feuerborn* in KölnKomm. AktG, 3. Aufl., § 19 SEBG Rz. 10; *Freis* in Nagel/Freis/Kleinsorge, Beteiligung der Arbeitnehmer, § 19 SEBG Rz. 9 f.

II. Umfang der Kostentragungspflicht

Bezüglich der Aufwendungen, die mit der Tätigkeit des BVG verbunden sind, ist zwischen der **allgemeinen Pflicht** zur Tragung der Kosten (§ 19 Satz 1 SEBG), der Verpflichtung, die erforderlichen **personellen und sachlichen Mittel** zur Verfügung zu stellen (§ 19 Satz 2 SEBG) sowie dem **Arbeitsentgelt** der Mitglieder zu unterscheiden, die dem BVG angehören. Bezüglich des letztgenannten Punktes ist nicht § 19 SEBG, sondern § 42 Satz 2 Nr. 3 SEBG i.V.m. § 37 Abs. 2 BetrVG maßgebend (s. dazu § 42 SEBG Rz. 18)[3]. Das Gesetz benennt in § 19 Satz 1 SEBG zwar nur das BVG als Gesamtgremium, in den Grenzen der Erforderlichkeit und der Verhältnismäßigkeit entspricht es aber dem Normzweck, in die Pflicht zur Tragung der Kosten auch diejenigen einzubeziehen, die von **Ausschüssen des BVG** verursacht worden sind[4].

1. Kosten für Bildung und Tätigkeit des BVG

Hinsichtlich der Kosten, die für Bildung und Tätigkeit des BVG entstehen, können die zu § 40 BetrVG (§ 16 Abs. 1 Satz 1 EBRG) entwickelten Grundsätze herangezogen werden[5], die jedoch an die Besonderheiten des BVG anzupassen sind. Das gilt insbesondere für Kosten zur **Bildung des BVG**, zu denen auch solche zählen, die durch die Arbeit der in den Mitgliedstaaten gebildeten **Wahlgremien** verursacht werden[6].

Zu den Kosten der **Tätigkeit des BVG** zählen sämtliche Aufwendungen, die mit dessen **Geschäftsführung** verbunden sind[7], insbesondere solche für die Durchsetzung des **Auskunftsanspruches**, sowie diejenigen, die infolge der sachgerechten und ordnungsgemäßen **Vorbereitung** auf die Verhandlungen mit den Leitungen der beteiligten Gesellschaften entstehen, einschließlich der Kosten für **Übersetzungen** in die Sprache der Mitgliedstaaten[8], die in dem BVG vertreten sind. Sofern gütliche Einigungen mit den Leitungen der beteiligten Gesellschaften scheitern, können ferner Aufwendungen für die **Rechtsverfolgung** nach § 19 Satz 1 SEBG zu tragen sein[9]. Als erforderliche Kosten kommen auch diejenigen für **Sachverständige** in Betracht[10]. Eine

---

3 Ebenso *Evers/Hartmann* in Manz/Mayer/Schröder, § 19 SEBG Rz. 2; *Feuerborn* in Köln-Komm. AktG, 3. Aufl., § 19 SEBG Rz. 6; *Freis* in Nagel/Freis/Kleinsorge, Beteiligung der Arbeitnehmer, § 19 SEBG Rz. 13; *Joost* in Oetker/Preis, EAS, B 8200, Rz. 102; *Rudolph* in Annuß/Kühn/Rudolph/Rupp, EBRG, § 19 SEBG Rz. 5.
4 So auch *Freis* in Nagel/Freis/Kleinsorge, Beteiligung der Arbeitnehmer, § 19 SEBG Rz. 7 sowie zu § 40 BetrVG *Weber* in GK-BetrVG, 10. Aufl. 2014, § 40 BetrVG Rz. 2.
5 So im Ansatz auch *Joost* in Oetker/Preis, EAS, B 8200, Rz. 102; *Middendorf* in Grobys/Panzer, Stichwortkommentar Arbeitsrecht, 2012, § 79 Rz. 30; *Rudolph* in Annuß/Kühn/Rudolph/Rupp, EBRG, § 19 SEBG Rz. 4.
6 Wie hier *Evers/Hartmann* in Manz/Mayer/Schröder, § 19 SEBG Rz. 3; *Feuerborn* in Köln-Komm. AktG, 3. Aufl., § 19 SEBG Rz. 7; *Freis* in Nagel/Freis/Kleinsorge, Beteiligung der Arbeitnehmer, § 19 SEBG Rz. 5; *Hohenstatt/Müller-Bonanni* in Habersack/Drinhausen, § 19 SEBG Rz. 3; *Jacobs* in MünchKomm. AktG, 3. Aufl., § 19 SEBG Rz. 2.
7 *Hohenstatt/Müller-Bonanni* in Habersack/Drinhausen, § 19 SEBG Rz. 3; *Jacobs* in Münch-Komm. AktG, 3. Aufl., § 19 SEBG Rz. 4; *Rudolph* in Annuß/Kühn/Rudolph/Rupp, EBRG, 19 SEBG Rz. 5.
8 Zustimmend *Evers/Hartmann* in Manz/Mayer/Schröder, § 19 SEBG Rz. 4.
9 Ebenso *Evers/Hartmann* in Manz/Mayer/Schröder, § 19 SEBG Rz. 4; *Feuerborn* in Köln-Komm. AktG, 3. Aufl., § 19 SEBG Rz. 9; *Freis* in Nagel/Freis/Kleinsorge, Beteiligung der Arbeitnehmer, § 19 SEBG Rz. 2; *Henssler* in Ulmer/Habersack/Henssler, Mitbestimmungsrecht, § 19 SEBG Rz. 2; *Hohenstatt/Müller-Bonanni* in Habersack/Drinhausen, § 19 SEBG Rz. 3; *Jacobs* in MünchKomm. AktG, 3. Aufl., § 19 SEBG Rz. 4; *Rudolph* in Annuß/Kühn/Rudolph/Rupp, EBRG, § 19 SEBG Rz. 5 sowie allg. zu § 40 BetrVG *Weber* in GK-BetrVG, 10. Aufl. 2014, § 40 BetrVG Rz. 99 ff.
10 Zu dem insoweit in Betracht kommenden Personenkreis s. *Weber* in GK-BetrVG, 10. Aufl. 2014, § 80 BetrVG Rz. 138, wobei allerdings eine unreflektierte Übernahme der zu § 80 Abs. 3

Beschränkung auf die Kosten *eines* Sachverständigen sieht das SEBG trotz entsprechender Option in Art. 3 Abs. 7 SE-RL nicht vor. Die Zahl der vom BVG zur Unterstützung hinzugezogenen Sachverständigen ist jedoch durch den Erforderlichkeitsgrundsatz beschränkt (s. unten Rz. 8)[11].

8 Das Gesetz begrenzt die Pflicht zur Tragung der Kosten auf die „**erforderlichen**" Aufwendungen und steht damit solchen entgegen, die im Hinblick auf die Tätigkeit des BVG unverhältnismäßig sind[12]. Bei der Prüfung der Erforderlichkeit ist dem BVG bei Übernahme der höchstrichterlich konsentierten Grundsätze zu § 40 BetrVG[13] ein **Beurteilungsspielraum** zuzubilligen[14], zudem steht Art. 3 Abs. 7 SE-RL einer Anwendung des Erforderlichkeitsgrundsatzes entgegen, die in Frage stellt, dass das Gremium in angemessener Weise seine Aufgaben erfüllen kann[15].

2. Erforderliche Personal- und Sachmittel

9 Nach § 19 Satz 2 SEBG sind die an der Gründung beteiligten Gesellschaften verpflichtet, dem BVG die erforderlichen Personal- und Sachmittel zur Verfügung zu stellen. In **personeller Hinsicht** betrifft dies insbesondere **Büropersonal**[16] sowie ggf. **Dolmetscher**. Bezüglich der **Sachmittel** haben die in § 19 Satz 2 SEBG genannten Räume[17] lediglich exemplarische Bedeutung und werden durch den offenen Begriff der „sachlichen Mittel" ergänzt. Neben dem üblichen Bürobedarf zählen hierzu auch Kommunikationsmittel sowie für die Arbeit des BVG erforderliche Gesetzestexte einschließlich entsprechender Fachliteratur[18]. Ggf. sind diese in verschiedenen Sprachen zur Verfügung zu stellen[19]. Wegen der internationalen Zusammensetzung des BVG können zu den „sachlichen Mitteln" auch Wörterbücher gehören.

10 Wie bei den Kosten des BVG (s. oben Rz. 8) stehen auch die von den Leitungen zur Verfügung zu stellenden Personal- und Sachmittel unter dem Vorbehalt, dass diese für die Sitzungen des BVG erforderlich sind. Sie müssen deshalb nicht nur einen unmittelbaren Bezug zu der **Aufgabe des BVG**, mit den Leitungen über den Abschluss einer Beteiligungsvereinbarung zu verhandeln (s. die §§ 4 Abs. 1 Satz 2, 13

BetrVG anerkannten Grundsätze wegen der eingeschränkten Aufgabe des BVG (s. §§ 4 Abs. 1 Satz 2, 13 Abs. 1 Satz 1 SEBG) nicht in Betracht kommt.

11 S. auch *Feuerborn* in KölnKomm. AktG, 3. Aufl., § 19 SEBG Rz. 10; *Köklü* in Van Hulle/Maul/Drinhausen, Kap. 6 Rz. 72.

12 *Feuerborn* in KölnKomm. AktG, 3. Aufl., § 19 SEBG Rz. 12; *Freis* in Nagel/Freis/Kleinsorge, Beteiligung der Arbeitnehmer, § 19 SEBG Rz. 4; *Henssler* in Ulmer/Habersack/Henssler, Mitbestimmungsrecht, § 19 SEBG Rz. 3; *Köklü* in Van Hulle/Maul/Drinhausen, Kap. 6 Rz. 72; *Rudolph* in Annuß/Kühn/Rudolph/Rupp, EBRG, § 19 SEBG Rz. 4; s. auch *Evers/Hartmann* in Manz/Mayer/Schröder, § 19 SEBG Rz. 2; *Wirtz*, SE-Betriebsrat, S. 113.

13 Stellvertretend dazu BAG v. 3.9.2003 – 7 ABR 8/03, AP Nr. 79 zu § 40 BetrVG 1972; kritisch jedoch *Weber* in GK-BetrVG, 10. Aufl. 2014, § 40 BetrVG Rz. 134.

14 *Feuerborn* in KölnKomm. AktG, 3. Aufl., § 19 SEBG Rz. 12; *Freis* in Nagel/Freis/Kleinsorge, Beteiligung der Arbeitnehmer, § 19 SEBG Rz. 4; *Köklü* in Van Hulle/Maul/Drinhausen, Kap. 6 Rz. 72; *Rudolph* in Annuß/Kühn/Rudolph/Rupp, EBRG, § 19 SEBG Rz. 4; *Wirtz*, SE-Betriebsrat, S. 113; im Grundsatz auch *Hohenstatt/Müller-Bonanni* in Habersack/Drinhausen, § 19 SEBG Rz. 3 a.E.; in der Tendenz ebenfalls *Evers/Hartmann* in Manz/Mayer/Schröder, § 19 SEBG Rz. 2.

15 Wie hier *Hohenstatt/Müller-Bonanni* in Habersack/Drinhausen, § 19 SEBG Rz. 3; ähnlich *Feuerborn* in KölnKomm. AktG, 3. Aufl., § 19 SEBG Rz. 11; *Jacobs* in MünchKomm. AktG, 3. Aufl., § 19 SEBG Rz. 2.

16 Ausführlich hierzu z.B. *Weber* in GK-BetrVG, 10. Aufl. 2014, § 40 BetrVG Rz. 194 ff.

17 Dazu statt aller *Weber* in GK-BetrVG, 10. Aufl. 2014, § 40 BetrVG Rz. 140 ff.

18 Näher dazu *Weber* in GK-BetrVG, 10. Aufl. 2014, § 40 BetrVG Rz. 148 ff.

19 S. auch *Feuerborn* in KölnKomm. AktG, 3. Aufl., § 19 SEBG Rz. 13; *Freis* in Nagel/Freis/Kleinsorge, Beteiligung der Arbeitnehmer, § 19 SEBG Rz. 6.

Abs. 1 Satz 1 SEBG), aufweisen, sondern auch im Hinblick auf ihre **Höhe** verhältnismäßig sein[20]. Das gilt vor allem für die Inanspruchnahme von Dolmetschern, wenn die bei den Mitgliedern vorhandenen Fremdsprachendefizite durch Wörterbücher ausgeglichen werden können, insbesondere die Verständigung der Mitglieder auf eine von allen beherrschte Arbeitssprache (z.B. englisch) zumutbar ist. Soweit vorgeschlagen wird, dass vor einer Neuanschaffung bestehende Einrichtungen der Gesellschaft in Anspruch zu nehmen sind[21], ist dem trotz des dem BVG zuzuerkennenden Beurteilungsspielraums (s. oben Rz. 8) wegen des Verhältnismäßigkeitsgrundsatzes im Grundsatz zuzustimmen. Allerdings kommt dies nur in Betracht, wenn die Einrichtungen von der Gesellschaft ohne weiteres zur Verfügung gestellt werden. Selbst wenn ein materiellrechtlicher Überlassungsanspruch des BVG anerkannt wird[22], ist die Verweisung auf die gerichtliche Durchsetzung mit der zeitlich eng begrenzten Aufgabe des BVG nicht vereinbar.

3. Persönliche Kosten der Mitglieder

Bezüglich der persönlichen Kosten der Mitglieder zählt § 19 Satz 2 SEBG die **Reise- und Aufenthaltskosten** der Mitglieder des BVG ebenfalls zu den von den Leitungen der beteiligten Gesellschaften zu tragenden Kosten[23], wobei dies – wie das Eingangswort „insbesondere" verdeutlicht – nur exemplarische Bedeutung hat. Deshalb sind auch die Kosten eines Mitgliedes zu tragen, die ihm wegen der Durchsetzung seiner mit der Mitgliedschaft verbundenen Rechte entstehen (s. auch oben Rz. 7)[24]. Da § 42 SEBG die Teilnahme an **Schulungs- und Fortbildungsveranstaltungen** umfasst (s. dazu § 42 SEBG Rz. 15 f.), sind die Kosten, die mit der Teilnahme an diesen entstehen, ebenfalls zu tragen[25]. 11

Auch die Kosten der Mitglieder des BVG sind nur zu tragen, wenn sie einer **Erforderlichkeitsprüfung** standhalten und verhältnismäßig sind. Das betrifft insbesondere die Kosten, um an den Sitzungen des BVG teilnehmen zu können. Reise- und Übernachtungskosten müssen deshalb die wirtschaftlichen Belange des Kostenträgers angemessen berücksichtigen[26]. 12

III. Schuldner der nach § 19 SEBG zu tragenden Kosten

Schuldner der nach § 19 SEBG zu tragenden Kosten sind im Gründungsstadium die beteiligten Gesellschaften und nach Gründung die SE als Gesamtschuldner, was jedoch denknotwendig voraussetzt, dass die an der Errichtung der SE beteiligten Ge- 13

---

20 In der Tendenz zu streng *Henssler* in Ulmer/Habersack/Henssler, Mitbestimmungsrecht, § 19 SEBG Rz. 3; *Hohenstatt/Müller-Bonanni* in Habersack/Drinhausen, § 19 SEBG Rz. 3; *Jacobs* in MünchKomm. AktG, 3. Aufl., § 19 SEBG Rz. 2: Pflicht zur Sparsamkeit; in dieser Richtung auch *Feuerborn* in KölnKomm. AktG, 3. Aufl., § 19 SEBG Rz. 12.
21 So *Henssler* in Ulmer/Habersack/Henssler, Mitbestimmungsrecht, § 19 SEBG Rz. 2, im Anschluss an *Jacobs* in MünchKomm. AktG, 3. Aufl., § 19 SEBG Rz. 3.
22 Hierfür *Evers/Hartmann* in Manz/Mayer/Schröder, § 19 SEBG Rz. 5; *Henssler* in Ulmer/Habersack/Henssler, Mitbestimmungsrecht, § 19 SEBG Rz. 2.
23 Im Einzelnen z.B. *Weber* in GK-BetrVG, 10. Aufl. 2014, § 40 BetrVG Rz. 48 ff.
24 *Freis* in Nagel/Freis/Kleinsorge, Beteiligung der Arbeitnehmer, § 19 SEBG Rz. 12; s. dazu auch *Weber* in GK-BetrVG, 10. Aufl. 2014, § 40 BetrVG Rz. 106 ff.
25 Ebenso *Evers/Hartmann* in Manz/Mayer/Schröder, § 19 SEBG Rz. 4; näher dazu statt aller *Weber* in GK-BetrVG, 10. Aufl. 2014, § 40 BetrVG Rz. 59 ff.
26 Zu § 40 Abs. 1 BetrVG s. stellvertretend *Weber* in GK-BetrVG, 10. Aufl. 2014, § 40 BetrVG Rz. 14 m.w.N.

sellschaften nach deren Gründung fortbestehen. Die Einzelheiten der gesamtschuldnerischen Haftung richten sich nach den §§ 421 ff. BGB[27].

14 Über den **Ausgleich im Innenverhältnis** trifft § 19 SEBG keine Regelung, so dass die anteilige Haftung nach § 426 Abs. 1 BGB naheliegt. Dem Zweck der Kostentragungspflicht würde diese aber widersprechen[28], da es sich bei den nach § 19 SEBG zu tragenden Kosten um solche handelt, die mit der Gründung der SE im Zusammenhang stehen und deren Errichtung ermöglichen sollen. Aus diesem Zweck folgt eine anderweitige Bestimmung i.S. des § 426 Abs. 1 BGB, so dass die Kosten nach der Gründung letztlich ausschließlich von der SE zu tragen sind[29]. Solange die SE noch nicht gegründet ist, wird zum Teil für die Aufteilung der Kosten nach Maßgabe der Arbeitnehmerzahlen plädiert[30]. Der zur Begründung angeführte Hinweis auf die Sachgerechtigkeit[31] ist für sich allein aber nicht tragfähig, um die Grundregel des § 426 Abs. 1 BGB zu durchbrechen. Zudem scheitert ein Innenausgleich nach Maßgabe der Arbeitnehmerzahlen stets dann, wenn infolge der SE-Gründung eine der beteiligten Gesellschaften untergeht.

§ 20
Dauer der Verhandlungen

(1) Die Verhandlungen beginnen mit der Einsetzung des besonderen Verhandlungsgremiums und können bis zu sechs Monate dauern. Einsetzung bezeichnet den Tag, zu dem die Leitungen zur konstituierenden Sitzung des besonderen Verhandlungsgremiums eingeladen haben.

(2) Die Parteien können einvernehmlich beschließen, die Verhandlungen über den in Absatz 1 genannten Zeitraum hinaus bis zu insgesamt einem Jahr ab der Einsetzung des besonderen Verhandlungsgremiums fortzusetzen.

I. Allgemeines	1	III. Verlängerung der Verhandlungsdauer (§ 20 Abs. 2 SEBG)	7
II. Regelmäßige Verhandlungsdauer (§ 20 Abs. 1 SEBG)	5	IV. Rechtsfolgen bei Ablauf der Verhandlungsfrist	12

---

27 *Evers/Hartmann* in Manz/Mayer/Schröder, § 19 SEBG Rz. 6; *Freis* in Nagel/Freis/Kleinsorge, Beteiligung der Arbeitnehmer, § 19 SEBG Rz. 3; *Henssler* in Ulmer/Habersack/Henssler, Mitbestimmungsrecht, § 19 SEBG Rz. 1; *Hohenstatt/Müller-Bonanni* in Habersack/Drinhausen, § 19 SEBG Rz. 2; *Jacobs* in MünchKomm. AktG, 3. Aufl., § 19 SEBG Rz. 1; *Rudolph* in Annuß/Kühn/Rudolph/Rupp, EBRG, § 19 SEBG Rz. 1.
28 Ebenso *Henssler* in Ulmer/Habersack/Henssler, Mitbestimmungsrecht, § 19 SEBG Rz. 1; *Hohenstatt/Müller-Bonanni* in Habersack/Drinhausen, § 19 SEBG Rz. 2.
29 Wie hier im Anschluss *Evers/Hartmann* in Manz/Mayer/Schröder, § 19 SEBG Rz. 6; *Feuerborn* in KölnKomm. AktG, 3. Aufl., § 19 SEBG Rz. 4; *Henssler* in Ulmer/Habersack/Henssler, Mitbestimmungsrecht, § 19 SEBG Rz. 1; *Hohenstatt/Müller-Bonanni* in Habersack/Drinhausen, § 19 SEBG Rz. 2; a.A. *Rudolph* in Annuß/Kühn/Rudolph/Rupp, EBRG, § 19 SEBG Rz. 2.
30 Hierfür *Jacobs* in MünchKomm. AktG, 3. Aufl., § 19 SEBG Rz. 1 sowie im Anschluss *Feuerborn* in KölnKomm. AktG, 3. Aufl., § 19 SEBG Rz. 5; *Hohenstatt/Müller-Bonanni* in Habersack/Drinhausen, § 19 SEBG Rz. 2; s. auch *Rudolph* in Annuß/Kühn/Rudoph/Rupp, EBRG, § 19 SEBG Rz. 2.
31 So *Feuerborn* in KölnKomm. AktG, 3. Aufl., § 19 SEBG Rz. 5; *Hohenstatt/Müller-Bonanni* in Habersack/Drinhausen, § 19 SEBG Rz. 2.

Literatur: Vor § 1 SEBG.

I. Allgemeines

Das SEBG geht für die Beteiligung der Arbeitnehmer in der SE zwar von dem Vorrang einer Vereinbarungslösung aus, wegen der Verknüpfung der Verhandlungen mit der Eintragung der SE (Art. 12 Abs. 2 SE-VO) errichtet das Gesetz jedoch eine Zeitschranke für das Verhandlungsverfahren, damit dieses die Errichtung einer SE nicht unverhältnismäßig verzögert[1]. Hiermit setzt § 20 SEBG die Vorgabe des **Art. 5 SE-RL** um, der folgenden Wortlaut hat:

„(1) Die Verhandlungen beginnen mit der Einsetzung des besonderen Verhandlungsgremiums und können bis zu sechs Monate andauern.

(2) Die Parteien können einvernehmlich beschließen, die Verhandlungen über den in Absatz 1 genannten Zeitraum hinaus bis zu insgesamt einem Jahr ab der Einsetzung des besonderen Verhandlungsgremiums fortzusetzen."

Der in Rz. 1 wiedergegebene Wortlaut der SE-RL kehrt in **Art. 5 SCE-RL** wieder; ebenso stimmt **§ 20 SCEBG** mit § 20 SEBG wörtlich überein. Auch die **Verschmelzungs-RL 2005/56/EG** hat in Art. 16 Abs. 3 auf den mit Art. 5 SE-RL etablierten Mechanismus zur Beschleunigung der Verhandlungen Bezug genommen. Dementsprechend ist die Umsetzungsnorm (**§ 21 MgVG**) mit § 20 SEBG identisch.

Mit der Zeitschranke für die Verhandlungen greift § 20 SEBG eine bereits **aus dem EBRG bekannte Regelungstechnik** auf, da auch dort nach Überschreiten der Verhandlungsfrist die gesetzliche Auffangregelung eingreift (s. § 21 Abs. 1 Satz 2 EBRG). Hierin und in dieser Funktion erschöpfen sich indes die Gemeinsamkeiten mit § 20 SEBG, da § 21 Abs. 1 Satz 2 EBRG eine Verhandlungsdauer von maximal drei Jahren festlegt, die zudem jederzeit abgekürzt werden kann, indem die zentrale Leitung und das BVG gemeinsam das Scheitern der Verhandlungen vorzeitig erklären[2].

Angesichts der engen Vorgabe in Art. 5 SE-RL hat auch § 226 ArbVG für **Österreich** die unionsrechtliche Bestimmung inhaltlich weitgehend unverändert übernommen. Als maßgeblichen Zeitpunkt für den Fristbeginn benennt die Vorschrift indes die Konstituierung des BVG, die jedoch erst mit den in den § 219 Abs. 2 Satz 1 ArbVG vorgesehenen Wahlen abgeschlossen ist (s. § 12 SEBG Rz. 14), so dass für den Fristbeginn die tatsächlich durchgeführte konstituierende Sitzung maßgebend ist. Damit weicht § 226 ArbVG in zeitlicher Hinsicht geringfügig von § 20 Abs. 1 Satz 2 SEBG ab (s. unten Rz. 6).

II. Regelmäßige Verhandlungsdauer (§ 20 Abs. 1 SEBG)

Als regelmäßige Dauer der Verhandlungen bestimmt § 20 Abs. 1 Satz 1 SEBG einen Zeitraum von **sechs Monaten**. Die Verhandlungsparteien müssen diesen Zeitraum je-

---

[1] *Evers/Hartmann* in Manz/Mayer/Schröder, § 20 SEBG Rz. 1; *Feuerborn* in KölnKomm. AktG, 3. Aufl., § 20 SEBG Rz. 1; *Henssler* in Ulmer/Habersack/Henssler, Mitbestimmungsrecht, § 20 SEBG Rz. 1; *Hohenstatt/Müller-Bonanni* in Habersack/Drinhausen, § 20 SEBG Rz. 1; *Jacobs* in MünchKomm. AktG, 3. Aufl., § 20 SEBG Rz. 1. Ebenso zu § 226 ArbVG *Gahleitner* in Kalss/Hügel, § 226 ArbVG Rz. 1.

[2] S. insoweit auch Art. 16 Abs. 4 Verschmelzungs-RL, der den betreffenden Organen der Gesellschaften, die an der Verschmelzung beteiligt sind, die jederzeit ausübbare Möglichkeit eröffnet, mittels einseitiger Erklärung die Auffangregelung zur Anwendung zu bringen (s. auch § 23 Abs. 1 Satz 1 Nr. 3 MgVG). Für das SEBG gilt dies jedoch nicht; für eine entsprechende Ergänzung des SEBG de lege ferenda *Jacobs* in MünchKomm. AktG, 3. Aufl., § 20 SEBG Rz. 4 sowie im Anschluss *Hohenstatt/Müller-Bonanni* in Habersack/Drinhausen, § 20 SEBG Rz. 4.

doch nicht ausschöpfen, hierfür aber eine rechtswirksame Beteiligungsvereinbarung abschließen. Für eine allein auf eine Verkürzung der Verhandlungsdauer abzielende Vereinbarung fehlt den Verhandlungsparteien demgegenüber die Vereinbarungsbefugnis (s. unten Rz. 7). Zur **Berechnung der Frist** sind die §§ 187, 188, 193 BGB heranzuziehen[3].

6 Den **Beginn der Frist** legt § 20 Abs. 1 Satz 1 SEBG auf die Einsetzung des BVG und übernimmt damit die Vorgabe in Art. 5 Abs. 1 SE-RL. Während diese die Einsetzung des BVG in zeitlicher Hinsicht nicht näher konkretisiert[4], bestimmt § 20 Abs. 1 Satz 2 SEBG, dass hierfür der Tag maßgebend ist, den die **Einladung zur konstituierenden Sitzung** angibt. Dieser ist unabhängig davon ausschlaggebend, ob die konstituierende Sitzung tatsächlich zu diesem Zeitpunkt stattfindet[5]. Abweichendes gilt lediglich, wenn die Leitungen den ursprünglich benannten Tag der konstituierenden Sitzung nach der **Einladung verschieben**; in diesem Fall ist der neu festgelegte Tag maßgebend[6]. Wegen § 20 Abs. 1 Satz 2 SEBG beginnt die Verhandlungsfrist unabhängig davon, ob bzw. wann es zur Konstituierung des BVG kommt[7]. Erforderlich ist jedoch stets, dass die Einladung zu der konstituierenden Sitzung rechtswirksam ist (s. dazu auch § 12 SEBG Rz. 4 ff.)[8].

III. Verlängerung der Verhandlungsdauer (§ 20 Abs. 2 SEBG)

7 Mit § 20 Abs. 2 SEBG regelt das Gesetz abschließend, in welchem Umfang die Dauer des Verhandlungsverfahrens zur Disposition der Verhandlungsparteien steht. Eine **Verkürzung des Zeitraumes**, nach dessen Ablauf die in Art. 12 Abs. 2 SE-VO bzw. § 22 Abs. 1 Nr. 2 SEBG genannten Rechtsfolgen eintreten, können die Verhandlungsparteien nicht beschließen[9]. Die entsprechende Vorschrift des § 21 Abs. 1 Satz 2 EBRG, die diese Möglichkeit eröffnet, hat das SEBG nicht übernommen. Gleichwohl getroffene Abreden sind wegen des Widerspruchs zum zwingenden Gesetzesrecht unwirksam und lösen nicht die gesetzlich vorgesehenen Rechtsfolgen aus. Wollen die Verhandlungsparteien das Verfahren beschleunigt beenden, so können sie dieses nur

---

3 Ebenso *Evers/Hartmann* in Manz/Mayer/Schröder, § 20 SEBG Rz. 3; *Feuerborn* in KölnKomm. AktG, 3. Aufl., § 20 SEBG Rz. 3; *Henssler* in Ulmer/Habersack/Henssler, Mitbestimmungsrecht, § 20 SEBG Rz. 2; *Hohenstatt/Müller-Bonanni* in Habersack/Drinhausen, § 20 SEBG Rz. 2; *Rudolph* in Annuß/Kühn/Rudolph/Rupp, EBRG, § 20 SEBG Rz. 2.
4 Zur Notwendigkeit, den Beginn der Verhandlungen präzise festzulegen, Begr. RegE, BT-Drucks. 15/3405, S. 51; *Freis* in Nagel/Freis/Kleinsorge, Beteiligung der Arbeitnehmer, § 20 SEBG Rz. 2.
5 Begr. RegE, BT-Drucks. 15/3405, S. 51; *Evers/Hartmann* in Manz/Mayer/Schröder, § 20 SEBG Rz. 2; *Freis* in Nagel/Freis/Kleinsorge, Beteiligung der Arbeitnehmer, § 20 SEBG Rz. 2; *Grobys*, NZA 2005, 84, 87; *Henssler* in Ulmer/Habersack/Henssler, Mitbestimmungsrecht, § 20 SEBG Rz. 2; *Jacobs* in MünchKomm. AktG, 3. Aufl., § 20 SEBG Rz. 2; *Köklü* in Van Hulle/Maul/Drinhausen, Kap. 6 Rz. 73.
6 Zustimmend *Hohenstatt/Müller-Bonanni* in Habersack/Drinhausen, § 20 SEBG Rz. 2.
7 Wie hier *Feuerborn* in KölnKomm. AktG, 3. Aufl., § 20 SEBG Rz. 3.
8 *Evers/Hartmann* in Manz/Mayer/Schröder, § 20 SEBG Rz. 2; *Feuerborn* in KölnKomm. AktG, 3. Aufl., § 20 SEBG Rz. 3; *Freis* in Nagel/Freis/Kleinsorge, Beteiligung der Arbeitnehmer, § 20 SEBG Rz. 2; *Jacobs* in MünchKomm. AktG, 3. Aufl., § 20 SEBG Rz. 2; *Rudolph* in Annuß/Kühn/Rudolph/Rupp, EBRG, § 20 SEBG Rz. 2.
9 Für die Zulässigkeit eines derartigen Beschlusses jedoch *Grobys*, NZA 2005, 84, 88; *Seibt*, Der Konzern 2005, 407, 418; wohl auch *Freis* in Nagel/Freis/Kleinsorge, Beteiligung der Arbeitnehmer, § 20 SEBG Rz. 7; wie hier demgegenüber *Feuerborn* in KölnKomm. AktG, 3. Aufl., § 20 SEBG Rz. 9 ff.; *Henssler* in Ulmer/Habersack/Henssler, Mitbestimmungsrecht, § 20 SEBG Rz. 4; *Hohenstatt/Müller-Bonanni* in Habersack/Drinhausen, § 20 SEBG Rz. 4; *Jacobs* in MünchKomm. AktG, 3. Aufl., § 20 SEBG Rz. 4; *Maack*, Rechtsschutz, S. 151; *Wirtz*, SE-Betriebsrat, S. 107 f.

durch den Abschluss einer Beteiligungsvereinbarung erreichen (s. oben Rz. 5) oder indem sich das BVG bereit erklärt, das Verhandlungsverfahren gem. § 16 SEBG vorzeitig abzubrechen, wofür es jedoch eines mit doppelt qualifizierter Mehrheit zu fassenden Beschlusses bedarf (s. § 16 SEBG Rz. 8 ff.). Die vor Ablauf der Verhandlungsfrist erzielte Einigung, die Verhandlungen vorzeitig abzubrechen, kann allenfalls im Sinne einer **Vereinbarung i.S. von § 22 Abs. 1 Nr. 1 SEBG** ausgelegt werden, dass die gesetzliche Auffangregelung kraft Vereinbarung zur Anwendung gelangen soll[10]. Allerdings setzt auch eine derartige Vereinbarung einen mit ggf. qualifizierter doppelter Mehrheit zu fassenden **Beschluss des BVG** voraus und muss zudem der **Schriftform** genügen (s. § 34 SEBG Rz. 9).

Die **Verlängerung** der Verhandlungsdauer über die Grundfrist von sechs Monaten hinaus setzt einen einvernehmlichen **Beschluss der Verhandlungsparteien** voraus. Damit steht es scheinbar im Belieben jeder Seite, einem Verlängerungsbegehren der anderen Seite zu entsprechen[11]. Andererseits verpflichtet § 13 Abs. 1 Satz 2 SEBG während der Verhandlungen zu einer **vertrauensvollen Zusammenarbeit** (s. dazu § 13 SEBG Rz. 6 ff.); diesem Gebot handelt eine Partei zuwider, wenn sie sich einem sachlich begründeten Verlängerungsbegehren der anderen Seite grundlos verschließt (z.B. krankheitsbedingter Ausfall eines Verhandlungstermins kurz vor Fristablauf). Wegen der Rechtsfolgen, mit denen § 22 Abs. 1 Nr. 2 SEBG den Ablauf der Verhandlungsfrist versieht, sowie der Bedeutung der Verhandlungen für die Erlangung der Rechtsfähigkeit der SE (Art. 12 SE-VO) kommt ein Verstoß gegen den Grundsatz der vertrauensvollen Zusammenarbeit jedoch nur ausnahmsweise in Betracht[12]; grundsätzlich hängt es allein vom Willen der Leitungen ab, ob sie die mit einer Verlängerung der Verhandlungen verbundenen Verzögerungen in Kauf nehmen wollen. Für das BVG gilt dies entsprechend. 8

Auf Seiten des BVG setzt die Verlängerung der Verhandlungen einen **Beschluss des Gremiums** voraus[13], für den das Mehrheitserfordernis des § 15 Abs. 2 SEBG gilt[14]. Dies folgt aus dem Wortlaut des § 20 Abs. 2 SEBG, der die „Parteien" und damit das BVG als Gremium zur Verlängerung der Verhandlungsdauer berechtigt. Der **Vorsitzende des BVG** kann diese mit den Leitungen deshalb nur rechtswirksam verlängern, wenn ein entsprechender Beschluss des Gremiums ihn hierzu legitimiert. Eine ein- 9

---

10 So im Ansatz *Freis* in Nagel/Freis/Kleinsorge, Beteiligung der Arbeitnehmer, § 20 SEBG Rz. 7; ebenso *Maack*, Rechtsschutz, S. 151; ablehnend jedoch *Feuerborn* in KölnKomm. AktG, 3. Aufl., § 20 SEBG Rz. 12; *Wirtz*, SE-Betriebsrat, S. 107 f.
11 Ebenso im Grundsatz *Evers/Hartmann* in Manz/Mayer/Schröder, § 20 SEBG Rz. 4; *Rudolph* in Annuß/Kühn/Rudolph/Rupp, EBRG, § 20 SEBG Rz. 3.
12 Wie hier im Anschluss *Evers/Hartmann* in Manz/Mayer/Schröder, § 20 SEBG Rz. 4; *Henssler* in Ulmer/Habersack/Henssler, Mitbestimmungsrecht, § 20 SEBG Rz. 3; a.A. *Hohenstatt/Müller-Bonanni* in Habersack/Drinhausen, § 20 SEBG Rz. 2; *Rudolph* in Annuß/Kühn/Rudolph/Rupp, EBRG, § 20 SEBG Rz. 3.
13 Ebenso Begr. RegE, BT-Drucks. 15/3405, S. 51; *Evers/Hartmann* in Manz/Mayer/Schröder, § 20 SEBG Rz. 5; *Feuerborn* in KölnKomm. AktG, 3. Aufl., § 20 SEBG Rz. 5; *Freis* in Nagel/Freis/Kleinsorge, Beteiligung der Arbeitnehmer, § 20 SEBG Rz. 4; *Henssler* in Ulmer/Habersack/Henssler, Mitbestimmungsrecht, § 20 SEBG Rz. 3; *von der Heyde*, Beteiligung, S. 211; *Hohenstatt/Müller-Bonanni* in Habersack/Drinhausen, § 20 SEBG Rz. 3; *Jacobs* in MünchKomm. AktG, 3. Aufl., § 20 SEBG Rz. 3; *Köklü* in Van Hulle/Maul/Drinhausen, Kap. 6 Rz. 73; *Rudolph* in Annuß/Kühn/Rudolph/Rupp, EBRG, § 20 SEBG Rz. 3.
14 *Evers/Hartmann* in Manz/Mayer/Schröder, § 20 SEBG Rz. 5; *Feuerborn* in KölnKomm. AktG, 3. Aufl., § 20 SEBG Rz. 5; *Freis* in Nagel/Freis/Kleinsorge, Beteiligung der Arbeitnehmer, § 20 SEBG Rz. 4; *Henssler* in Ulmer/Habersack/Henssler, Mitbestimmungsrecht, § 20 SEBG Rz. 3; *Hohenstatt/Müller-Bonanni* in Habersack/Drinhausen, § 20 SEBG Rz. 3; *Jacobs* in MünchKomm. AktG, 3. Aufl., § 20 SEBG Rz. 3; *Rudolph* in Annuß/Kühn/Rudolph/Rupp, EBRG, § 20 SEBG Rz. 3.

vernehmliche Abrede ohne diese Grundlage oder eine Abweichung von diesem ist rechtsunwirksam, so dass die für den Ablauf der regelmäßigen Verhandlungsdauer vorgesehenen Rechtsfolgen (s. unten Rz. 12 f.) eintreten.

10 Die Verlängerung der Verhandlungsdauer stellt das Gesetz nicht vollständig zur Disposition der Parteien; § 20 Abs. 2 SEBG bindet diese an den **Zeitraum von einem Jahr**, der mit der Einsetzung des BVG (s. oben Rz. 6) zu laufen beginnt. Diesen hat das Gesetz als **Höchstgrenze** ausgestaltet[15], so dass die Verhandlungsparteien für eine Verlängerung die in § 20 Abs. 2 SEBG genannte Frist nicht ausschöpfen müssen. Unter der Voraussetzung, dass die maximale Frist von einem Jahr noch nicht abgelaufen ist, können die Verhandlungsparteien den **Beschluss** zur Fortsetzung der Verhandlungen **wiederholen**, sind allerdings stets an den maximalen Verhandlungszeitraum von einem Jahr gebunden[16]. Für eine darüber hinausgehende Verlängerung fehlt ihnen die Vereinbarungsbefugnis; gleichwohl getroffene Abreden sind unwirksam[17], so dass mit Ablauf der Höchstfrist von einem Jahr die gesetzliche Auffangregelung eingreift (s. unten Rz. 12). Schließlich ist eine Verlängerung der Verhandlungsfrist nur rechtswirksam, wenn diese nicht zuvor abgelaufen ist[18]. Die Verhandlungsparteien haben nicht die Rechtsmacht, die mit Fristablauf kraft Gesetzes eintretenden Rechtsfolgen durch eine einvernehmliche Abrede zu revidieren. Insbesondere verwehrt ihnen das Gesetz die Möglichkeit, eine Wiedereinsetzung der Verhandlungsfrist zu vereinbaren (s. auch unten Rz. 13).

11 Für den **Beschluss der Verhandlungsparteien** stellt § 20 SEBG **keine Formvorschriften** auf[19]. Auch der **Beschluss des BVG** zur Verlängerung der Verhandlungen (s. oben Rz. 9) bedarf, sofern die Geschäftsordnung des Gremiums keine abweichenden Regelungen trifft, keiner förmlichen Dokumentation, insbesondere keiner Aufnahme in der **Niederschrift**, da § 17 Satz 1 SEBG diesen Beschlussgegenstand nicht nennt. Im Hinblick auf die Eintragung der SE (Art. 12 Abs. 2 SE-VO) und den ggf. erforderlichen Nachweis zur Länge der (abgelaufenen) Verhandlungsfrist ist diese Lücke misslich[20]. Einer freiwilligen schriftlichen Dokumentation der verlängerten Verhandlungsfrist steht § 20 SEBG jedoch nicht entgegen und ist im Hinblick auf das Eintragungsverfahren zu empfehlen[21]. Zudem ist die Aufzählung in § 17 Satz 1 SEBG nicht abschließend (s. § 17 SEBG Rz. 5).

---

15 So auch *Evers/Hartmann* in Manz/Mayer/Schröder, § 20 SEBG Rz. 4; *Feuerborn* in KölnKomm. AktG, 3. Aufl., § 20 SEBG Rz. 4; *Freis* in Nagel/Freis/Kleinsorge, Beteiligung der Arbeitnehmer, § 20 SEBG Rz. 3; *Henssler* in Ulmer/Habersack/Henssler, Mitbestimmungsrecht, § 20 SEBG Rz. 3; *Jacobs* in MünchKomm. AktG, 3. Aufl., § 20 SEBG Rz. 3.
16 Ebenso *Rudolph* in Annuß/Kühn/Rudolph/Rupp, EBRG, § 20 SEBG Rz. 3.
17 *Feuerborn* in KölnKomm. AktG, 3. Aufl., § 20 SEBG Rz. 4; *Henssler* in Ulmer/Habersack/Henssler, Mitbestimmungsrecht, § 20 SEBG Rz. 3; *Jacobs* in MünchKomm. AktG, 3. Aufl., § 20 SEBG Rz. 4; *Rudolph* in Annuß/Kühn/Rudolph/Rupp, EBRG, § 20 SEBG Rz. 3; im Ergebnis auch *Hohenstatt/Müller-Bonanni* in Habersack/Drinhausen, § 20 SEBG Rz. 2.
18 So auch *Jacobs* in MünchKomm. AktG, 3. Aufl., § 20 SEBG Rz. 3; *Rieble* in Rieble/Junker, Vereinbarte Mitbestimmung in der SE, 2008, § 3 Rz. 75.
19 *Evers/Hartmann* in Manz/Mayer/Schröder, § 20 SEBG Rz. 5; *Feuerborn* in KölnKomm. AktG, 3. Aufl., § 20 SEBG Rz. 5; *Henssler* in Ulmer/Habersack/Henssler, Mitbestimmungsrecht, § 20 SEBG Rz. 3; *Hohenstatt/Müller-Bonanni* in Habersack/Drinhausen, § 20 SEBG Rz. 3; *Jacobs* in MünchKomm. AktG, 3. Aufl., § 20 SEBG Rz. 3; *Rudolph* in Annuß/Kühn/Rudolph/Rupp, EBRG, § 20 SEBG Rz. 3.
20 Für die Korrektur de lege ferenda *Hohenstatt/Müller-Bonanni* in Habersack/Drinhausen, § 20 SEBG Rz. 3.
21 Ebenso *Feuerborn* in KölnKomm. AktG, 3. Aufl., § 20 SEBG Rz. 5; *Henssler* in Ulmer/Habersack/Henssler, Mitbestimmungsrecht, § 20 SEBG Rz. 3; *Hohenstatt/Müller-Bonanni* in Habersack/Drinhausen, § 20 SEBG Rz. 3.

IV. Rechtsfolgen bei Ablauf der Verhandlungsfrist

Sind die Verhandlungen bis zum Ablauf der nach § 20 Abs. 1 oder 2 SEBG zu bestimmenden Frist nicht abgeschlossen, dann treten kraft Gesetzes die nachstehenden Rechtsfolgen ein: 12

– Erstens ist das Registergericht zur **Eintragung der SE** in das Handelsregister berechtigt, ohne dass eine Vereinbarung zur Beteiligung der Arbeitnehmer vorliegt (Art. 12 Abs. 2 SE-VO);
– zweitens greift die in den §§ 23 ff., 34 ff. SEBG ausgestaltete **gesetzliche Auffangregelung** ein[22].

Eine **nach Fristablauf getroffene Vereinbarung** ist wegen des zwingenden Charakters der §§ 22 ff. SEBG rechtsunwirksam[23]; der Ablauf der Verhandlungsfrist führt dazu, dass die Amtszeit des BVG endet (s. § 4 SEBG Rz. 8)[24], so dass auf Arbeitnehmerseite eine rechtsfähige Vereinbarungspartei fehlt. Es ist vielmehr die gesetzliche Auffangregelung anzuwenden[25], die dem auf dieser Grundlage errichteten SE-Betriebsrat jedoch die Möglichkeit eröffnet, einen Beschluss zur Wiederaufnahme der Verhandlungen zu fassen (s. § 26 SEBG). 13

---

22 Statt aller für die allg. Ansicht *Feuerborn* in KölnKomm. AktG, 3. Aufl., § 20 SEBG Rz. 6; *Henssler* in Ulmer/Habersack/Henssler, Mitbestimmungsrecht, § 20 SEBG Rz. 5; *Hohenstatt/Müller-Bonanni* in Habersack/Drinhausen, § 20 SEBG Rz. 4; *Jacobs* in MünchKomm. AktG, 3. Aufl., § 20 SEBG Rz. 4; *Rudolph* in Annuß/Kühn/Rudolph/Rupp, EBRG, § 20 SEBG Rz. 4.
23 So im Anschluss auch *Evers/Hartmann* in Manz/Mayer/Schröder, § 20 SEBG Rz. 3; *Feuerborn* in KölnKomm. AktG, 3. Aufl., § 20 SEBG Rz. 7; *Henssler* in Ulmer/Habersack/Henssler, Mitbestimmungsrecht, § 20 SEBG Rz. 5; *Hohenstatt/Müller-Bonanni* in Habersack/Drinhausen, § 20 SEBG Rz. 4; *Rudolph* in Annuß/Kühn/Rudolph/Rupp, EBRG, § 20 SEBG Rz. 4.
24 Ebenso *Evers/Hartmann* in Manz/Mayer/Schröder, § 20 SEBG Rz. 3; *Jacobs* in MünchKomm. AktG, 3. Aufl., § 20 SEBG Rz. 3; *Rudolph* in Annuß/Kühn/Rudolph/Rupp, EBRG, § 20 SEBG Rz. 4.
25 *Jacobs* in MünchKomm. AktG, 3. Aufl., § 20 SEBG Rz. 4; *Rudolph* in Annuß/Kühn/Rudolph/Rupp, EBRG, § 20 SEBG Rz. 4.

Teil 3. Beteiligung der Arbeitnehmer in der SE

Kapitel 1. Beteiligung der Arbeitnehmer kraft Vereinbarung

§ 21
Inhalt der Vereinbarung

(1) In der schriftlichen Vereinbarung zwischen den Leitungen und dem besonderen Verhandlungsgremium wird, unbeschadet der Autonomie der Parteien im Übrigen und vorbehaltlich des Absatzes 6, festgelegt:
1. der Geltungsbereich der Vereinbarung, einschließlich der außerhalb des Hoheitsgebietes der Mitgliedstaaten liegenden Unternehmen und Betriebe, sofern diese in den Geltungsbereich einbezogen werden;
2. die Zusammensetzung des SE-Betriebsrats, die Anzahl seiner Mitglieder und die Sitzverteilung, einschließlich der Auswirkungen wesentlicher Änderungen der Zahl der in der SE beschäftigten Arbeitnehmer;
3. die Befugnisse und das Verfahren zur Unterrichtung und Anhörung des SE-Betriebsrats;
4. die Häufigkeit der Sitzungen des SE-Betriebsrats;
5. die für den SE-Betriebsrat bereitzustellenden finanziellen und materiellen Mittel;
6. der Zeitpunkt des Inkrafttretens der Vereinbarung und ihre Laufzeit; ferner die Fälle, in denen die Vereinbarung neu ausgehandelt werden soll und das dabei anzuwendende Verfahren.

(2) Wenn kein SE-Betriebsrat gebildet wird, haben die Parteien die Durchführungsmodalitäten des Verfahrens oder der Verfahren zur Unterrichtung und Anhörung festzulegen. Absatz 1 gilt entsprechend.

(3) Für den Fall, dass die Parteien eine Vereinbarung über die Mitbestimmung treffen, ist deren Inhalt festzulegen. Insbesondere soll Folgendes vereinbart werden:
1. die Zahl der Mitglieder des Aufsichts- oder Verwaltungsorgans der SE, welche die Arbeitnehmer wählen oder bestellen können oder deren Bestellung sie empfehlen oder ablehnen können;
2. das Verfahren, nach dem die Arbeitnehmer diese Mitglieder wählen oder bestellen oder deren Bestellung empfehlen oder ablehnen können und
3. die Rechte dieser Mitglieder.

(4) In der Vereinbarung soll festgelegt werden, dass auch vor strukturellen Änderungen der SE Verhandlungen über die Beteiligung der Arbeitnehmer in der SE aufgenommen werden. Die Parteien können das dabei anzuwendende Verfahren regeln.

(5) Die Vereinbarung kann bestimmen, dass die Regelungen der §§ 22 bis 33 über den SE-Betriebsrat kraft Gesetzes und der §§ 34 bis 38 über die Mitbestimmung kraft Gesetzes ganz oder in Teilen gelten.

(6) Unbeschadet des Verhältnisses dieses Gesetzes zu anderen Regelungen der Mitbestimmung der Arbeitnehmer im Unternehmen muss in der Vereinbarung im Falle einer durch Umwandlung gegründeten SE in Bezug auf alle Komponenten der Arbeitnehmerbeteiligung zumindest das gleiche Ausmaß gewährleistet werden, das in der

Gesellschaft besteht, die in eine SE umgewandelt werden soll. Dies gilt auch bei einem Wechsel der Gesellschaft von einer dualistischen zu einer monistischen Organisationsstruktur und umgekehrt.

I. Allgemeines	1
II. Abschluss der Vereinbarung	
1. Vereinbarungsparteien	8
a) Erstmaliger Abschluss der Vereinbarung	9
b) Spätere Änderungen bzw. Neuverhandlungen	12
2. Anzuwendende Rechtsordnung	15
3. Einigung der Parteien	17
4. Formerfordernisse	18
5. Publizität	22
III. Rechtsnatur der Vereinbarung und Auslegung	
1. Rechtsnatur	23
2. Auslegung	27
IV. Inhalt und Schranken der Vereinbarung	
1. Allgemeines	28
2. Allgemeine Regelungen	
a) Geltungsbereich der Vereinbarung (§ 21 Abs. 1 Nr. 1 SEBG)	31
b) Beginn und Ende der Beteiligungsvereinbarung (§ 21 Abs. 1 Nr. 6 SEBG)	32
aa) Inkrafttreten der Vereinbarung	33
bb) Beendigung der Vereinbarung	34
cc) Neuverhandlungen	39
c) Verhandlungen bei strukturellen Änderungen der SE (§ 21 Abs. 4 SEBG)	43
3. Regelungen zur Unterrichtung und Anhörung (§ 21 Abs. 1 Nr. 2 bis 5, Abs. 2 SEBG)	46
4. Regelungen zur Mitbestimmung (§ 21 Abs. 3 SEBG)	
a) Freiwilligkeit der Mitbestimmung (§ 21 Abs. 3 Satz 1 SEBG)	51
b) Schranken für Vereinbarungen zur Mitbestimmung	
aa) Relevanz der Katalogtatbestände	52
bb) Zwingendes Gesellschaftsrecht und Satzungsautonomie	54
cc) Bestandsschutz bei Umwandlungen, § 21 Abs. 6 SEBG	58
c) Inhalte einer Vereinbarung zur Mitbestimmung	
aa) Zahl der mitbestimmten Mitglieder des Aufsichts- oder Verwaltungsorgans (§ 21 Abs. 3 Satz 2 Nr. 1 SEBG)	62
bb) Verfahren zur Ausübung der Mitbestimmung (§ 21 Abs. 3 Satz 2 Nr. 2 SEBG)	67
cc) Rechte der mitbestimmten Mitglieder des Aufsichts- oder Verwaltungsorgans (§ 21 Abs. 3 Satz 2 Nr. 3 SEBG)	77
dd) Weitere Regelungen zur Mitbestimmung	81
5. Procedurale Regelungen	86
V. Rechtsfolgen fehlerhafter Beteiligungsvereinbarungen	89
1. Zustandekommen der Beteiligungsvereinbarung	90
2. Mängel der Beteiligungsvereinbarung	92
3. Gesellschaftsrechtliche Folgen	95

Literatur: *Austmann*, Größe und Zusammensetzung des Aufsichtsrats einer deutschen SE in FS Hellwig, 2010, S. 105; *Blanke*, Erweiterung der Beteiligungsrechte des SE-Betriebsrats durch Vereinbarung, 2006 (zit.: Beteiligungsrechte); *Blanke*, Europäische Beteiligungsvereinbarung und Betriebsverfassung, AG 2006, 493; *Donner*, Kollektivrechtliche Vereinbarungslösungen im Bereich der Arbeitnehmerbeteiligung, 2009 (zit.: Vereinbarungslösungen); *Forst*, Die Beteiligungsvereinbarung nach § 21 SEBG, 2010 (zit.: Beteiligungsvereinbarung); *Forst*, Zur Größe des mitbestimmten Organs einer kraft Beteiligungsvereinbarung mitbestimmten SE, AG 2010, 350; *Forst*, Folgen der Beendigung einer SE-Beteiligungsvereinbarung, EuZW 2011, 333; *Forst*, Offene Fragen rund um die SE-Beteiligungsvereinbarung, in Bergmann u.a. (Hrsg.), 10 Jahre SE, 2015, S. 50; *Habersack*, Schranken der Mitbestimmungsautonomie in der SE, AG 2006, 345; *Habersack*, Grundsatzfragen der Mitbestimmung in SE und SCE sowie bei grenzüberschreitender Verschmelzung, ZHR 171 (2007), 613; *Heinze/Seifert/Teichmann*, BB-Forum: Verhandlungssache – Arbeitnehmerbeteiligung in der SE. Vorschlag für eine Mustervereinbarung zur Unterrichtung, Anhörung und Mitbestimmung in der Europäischen Gesellschaft (SE), BB 2005, 2524; *Henssler/Sittard*, Die Gesellschaftsform der SE als Gestaltungsinstrument zur Verkleinerung des Aufsichtsrats, KSzW 2011, 359; *Hoops*, Die Mitbestimmungsvereinbarung in der Europäischen Aktiengesellschaft (SE), 2009 (zit.: Mitbestimmungsvereinbarung); *Jacobs*, Privatautonome Unternehmensmitbestimmung in der SE in FS K. Schmidt, 2009, S. 795; *Kiefner/Friebel*, Zulässigkeit eines Aufsichtsrats mit einer nicht durch drei teilbaren Mitgliederzahl bei einer SE mit Sitz in Deutschland, NZG 2010, 537; *Kiem*, Vereinbarte Mitbestimmung und Verhandlungsmandat der Unternehmensleitung, ZHR 171 (2007), 713; *Kiem*, SE-Aufsichtsrat und Dreiteilbarkeitsgrundsatz, Der Konzern 2010, 275; *Linden*, Die Mitbestimmungsvereinbarung der dualistisch verfassten Societas Europaea (SE), 2012 (zit.: Mitbestimmungsvereinbarung); *Nagel*, Die Mitbestimmung bei der formwechselnden Umwandlung einer deutschen AG in eine Europäische Gesellschaft (SE), ArbuR 2007, 329; *Nagel*, Strukturelle Änderungen in der SE und Beteiligungsvereinbarung, ZIP 2011, 2047; *Oetker*, Unternehmerische Mitbestimmung kraft Vereinbarung in der Europäischen Gesellschaft (SE) in FS Konzen, 2006, S. 635; *Oetker*, Unternehmensmitbestimmung in der SE kraft Vereinbarung. Grenzen der Vereinbarungsautonomie im Hinblick auf die Größe des Aufsichtsrats, ZIP 2006, 1113; *Oetker*, Mitbestimmungssicherung bei Errichtung einer Europäischen Gesellschaft (SE) durch formwechselnde Umwandlung einer Aktiengesellschaft mit Sitz in Deutschland in FS Birk, 2008, S. 557; *Rieble*, SE-Mitbestimmungsvereinbarung: Verfahren, Fehlerquellen und Rechtsschutz, in Rieble/Junker (Hrsg.), Vereinbarte Mitbestimmung in der SE, 2008, S. 73; *Schäfer*, SE und Gestaltung der Mitbestimmung aus gesellschaftsrechtlicher Sicht, in Rieble/Junker (Hrsg.), Vereinbarte Mitbestimmung in der SE, 2008, S. 13; *Seibt*, Privatautonome Mitbestimmungsvereinbarungen: Rechtliche Grundlagen und Praxishinweise, AG 2005, 413; *Seibt*, Größe und Zusammensetzung des Aufsichtsrats in der SE, ZIP 2010, 1057; *Teichmann*, Gestaltungsfreiheit in Mitbestimmungsvereinbarungen, AG 2008, 797; *Teichmann*, Bestandsschutz für die Mitbestimmung bei der Umwandlung in eine SE, ZIP 2014, 1049; *Thüsing*, SE-Betriebsrat kraft Vereinbarung, ZIP 2006, 1469; *Windbichler*, Methodenfragen in einer gestuften Rechtsordnung – Mitbestimmung und körperschaftliche Organisationsautonomie in der Europäischen Gesellschaft in FS Canaris Bd. II, 2007, S. 1423.

S. auch Vor § 1 SEBG.

I. Allgemeines

1 Entsprechend der Konzeption des SEBG, autonomen Abreden zur Beteiligung der Arbeitnehmer den Vorrang einzuräumen (§ 1 Abs. 2 Satz 1 SEBG), steht am Beginn des Dritten Teils mit § 21 SEBG eine Grundnorm, die den Inhalt der Beteiligungsvereinbarung konkretisiert; die Katalogtatbestände in § 21 Abs. 1 und 3 SEBG haben hierfür exemplarische Bedeutung. Sie werden ergänzt durch die Sollbestimmung in § 21 Abs. 4 SEBG (s. dazu unten Rz. 43; zur Einführung einer starren Quote im Hinblick auf die Vertretung der Geschlechter unter den Arbeitnehmervertretern im Aufsichts- oder Verwaltungsorgan der SE s. Vor § 1 SEBG Rz. 31 f. sowie unten Rz. 7).

2 Die Bestimmungen in § 21 SEBG finden weitgehend eine Entsprechung in **Art. 4 Abs. 2 bis 4 SE-RL**. Diese lauten:

„(2) Unbeschadet der Autonomie der Parteien und vorbehaltlich des Absatzes 4 wird in der schriftlichen Vereinbarung nach Absatz 1 zwischen dem jeweils zuständigen Organ der beteiligten Gesellschaften und dem besonderen Verhandlungsgremium folgendes festgelegt:

a) der Geltungsbereich der Vereinbarung,

b) die Zusammensetzung des Vertretungsorgans als Verhandlungspartner des zuständigen Organs der SE im Rahmen der Vereinbarung über die Unterrichtung und Anhörung der Arbeitnehmer der SE und ihrer Tochtergesellschaften und Betriebe sowie die Anzahl seiner Mitglieder und die Sitzverteilung,

c) die Befugnisse und das Verfahren zur Unterrichtung und Anhörung des Vertretungsorgans,

d) die Häufigkeit der Sitzungen des Vertretungsorgans,

e) die für das Vertretungsorgan bereitzustellenden finanziellen und materiellen Mittel,

f) die Durchführungsmodalitäten des Verfahrens oder die Verfahren zur Unterrichtung und Anhörung für den Fall, dass die Parteien im Laufe der Verhandlungen beschließen, eines oder mehrere solche Verfahren zu schaffen, anstatt ein Vertretungsorgan einzusetzen,

g) der Inhalt einer Vereinbarung über die Mitbestimmung für den Fall, dass die Parteien im Laufe der Verhandlungen beschließen, eine solche Vereinbarung einzuführen, einschließlich (gegebenenfalls) der Zahl der Mitglieder des Verwaltungs- oder des Aufsichtsorgans der SE, welche die Arbeitnehmer wählen oder bestellen können oder deren Bestellung sie empfehlen oder ablehnen können, der Verfahren, nach denen die Arbeitnehmer diese Mitglieder wählen oder bestellen oder deren Bestellung empfehlen oder ablehnen können, und der Rechte dieser Mitglieder,

h) der Zeitpunkt des Inkrafttretens der Vereinbarung und ihre Laufzeit, die Fälle, in denen die Vereinbarung neu ausgehandelt werden sollte, und das bei ihrer Neuaushandlung anzuwendende Verfahren.

(3) Sofern in der Vereinbarung nichts anderes bestimmt ist, gilt die Auffangregelung des Anhangs nicht für diese Vereinbarung.

(4) Unbeschadet des Artikels 13 Absatz 3 Buchstabe a muss in der Vereinbarung im Falle einer durch Umwandlung gegründeten SE in Bezug auf alle Komponenten der Arbeitnehmerbeteiligung zumindest das gleiche Ausmaß gewährleistet werden, das in der Gesellschaft besteht, die in eine SE umgewandelt werden soll."

Ferner ist nach **Art. 7 Abs. 2 lit. a SE-RL** den Parteien die Möglichkeit zu eröffnen, die in den Rechtsvorschriften der Mitgliedstaaten festgelegte Auffangregelung, in dem die SE ihren Sitz haben soll, kraft Vereinbarung zur Anwendung zu bringen; diese unionsrechtliche Vorgabe setzt § 21 Abs. 5 SEBG um.

Die in Rz. 2 wiedergegebenen Bestimmungen der SE-RL wurden ohne inhaltliche Änderungen in **Art. 4 Abs. 2 bis 4 SCE-RL** sowie **Art. 7 Abs. 1 Unterabs. 2 lit. a SCE-RL** übernommen. Mit geringen Modifizierungen stimmt auch die zur Umsetzung geschaffene Bestimmung in **§ 21 SCEBG** mit § 21 SEBG überein. Abweichungen sind lediglich im Hinblick auf die Auswirkungen struktureller Änderungen zu verzeichnen; zudem ist die Vorschrift des § 21 Abs. 5 SEBG in § 21 Abs. 3 SCEBG als Nr. 4 integriert. In der **Verschmelzungs-RL 2005/56/EG** nimmt die Verweisungsnorm in Art. 16 Abs. 3 auf die Bestimmung der SE-RL in Rz. 2 nur die für die Mitbestimmung maßgeblichen Teile (Art. 4 Abs. 2 lit. a, g und h SE-RL) in Bezug; wegen des Gegenstandes der Richtlinie konnte eine Verweisung auf die Sonderbestimmung zur Umwandlung (Art. 4 Abs. 4 SE-RL) unterbleiben. Dementsprechend beschränkt sich auch das zur Umsetzung geschaffene **MgVG** auf Regelungen zur Mitbestimmung der Arbeitnehmer. Dabei kehren die Vorgaben zum Inhalt der Vereinbarung in § 21 Abs. 1 Nr. 1 und 6 sowie Abs. 3 SEBG in § 22 Abs. 1 MgVG wieder, § 21 Abs. 4 und 5 SEBG wird in § 22 Abs. 2 und 3 MgVG übernommen. Ergänzend zu § 21 SEBG aber in Übereinstimmung mit Art. 12 Abs. 4 SE-VO bestimmt § 22 Abs. 4 MgVG, dass die Satzung der aus einer grenzüberschreitenden Verschmelzung hervorgehenden Gesellschaft ggf. an die Regelungen über die Mitbestimmung kraft Vereinbarung anzupassen ist.

Die Regelung in § 21 SEBG ähnelt den **§§ 17 bis 20 EBRG**, die sich im Hinblick auf die Unterrichtung und Anhörung bei einem Vergleich mit § 21 SEBG jedoch durch eine größere Regelungsdichte auszeichnen.

In **Österreich** enthält § 230 ArbVG eine Vorschrift, die mit § 21 SEBG vergleichbar ist; die Vereinbarung zur Schaffung eines oder mehrerer Verfahren zur Unterrichtung und Anhörung der Arbeitnehmer hat in § 231 ArbVG nur scheinbar eine im Vergleich mit § 21 Abs. 2 SEBG detailliertere Regelung erfahren, da § 21 Abs. 2 Satz 2 SEBG auf § 21 Abs. 1 SEBG verweist. Im Hinblick auf die Vorgaben für die Vereinbarung zur Mitbestimmung stimmen § 230 Abs. 2 ArbVG und § 21 Abs. 3 SEBG überein. Wie § 21 Abs. 5 SEBG eröffnet auch das österreichische Recht den Parteien die Möglichkeit, die Anwendung der gesetzlichen Auffangregelung zu vereinbaren (§§ 232 Abs. 1 Nr. 1, 244 Abs. 1 Nr. 1 ArbVG).

Die Vorschrift zur Beteiligungsvereinbarung hat nicht nur **Modellcharakter** für bislang ohne Erfolg gebliebene Initiativen zur **Reform der Unternehmensmitbestim-**

mung[1], sondern auch lebhafte Diskussionen in der Wissenschaft ausgelöst, in deren Zentrum vor allem die inhaltliche Reichweite der Vereinbarungsautonomie steht. Sowohl im Hinblick hierauf als auch zur Klärung einzelner und vom SEBG unbeantwortet gebliebener Rechtsfragen hat der **Arbeitskreis „Aktien- und Kapitalmarktrecht (AAK)"** verschiedene **Reformvorschläge** unterbreitet[2]. Diese betreffen neben einer Ausweitung der zulässigen Inhalte einer Vereinbarung zur Mitbestimmung insbesondere die Einbeziehung der Hauptversammlungen in den Abschluss der Beteiligungsvereinbarung, die Rechtslage nach Beendigung einer Beteiligungsvereinbarung sowie die Rechtsfolgen fehlerhafter Beteiligungsvereinbarungen. Die hierzu unterbreiteten Vorschläge, die sich weitgehend in den von der SE-RL belassenen Gestaltungsspielräumen bewegen, sind grundsätzlich zu begrüßen, wenngleich entsprechende Problemlösungen oftmals auch durch eine methodengerechte Auslegung bzw. ggf. Fortbildung der geltenden Gesetzeslage erzielt werden können (s. auch Vor § 1 SEBG Rz. 26 ff.).

7 Das hier nicht zu hinterfragende Anliegen des Gesetzgebers, in börsennotierten und zugleich paritätisch mitbestimmten Gesellschaften eine **verbindliche Quote in Höhe von 30 % für jedes Geschlecht** unter den Aufsichtsratsmitgliedern vorzuschreiben (s. Vor § 1 SEBG Rz. 30 m.w.N.), gilt wegen § 17 Abs. 2 SEAG auch für die SE (s. näher Vor § 1 SEBG Rz. 31 f.). Die in dem Referentenentwurf zu einem Gesetz über die gleichberechtigte Teilhabe von Frauen und Männern an Führungspositionen in der Privatwirtschaft und im öffentlichen Dienst vom 9.9.2014 noch angestrebte Ergänzung von § 21 SEBG durch Einfügung eines neuen Absatzes 5, wonach die Mitbestimmungsvereinbarung auch vorsehen sollte, dass unter den Arbeitnehmervertretern im Aufsichts- oder Verwaltungsorgan Frauen und Männer mindestens jeweils mit einem Anteil von 30 % vertreten sind[3], wurde im späteren Gesetzgebungsverfahren zugunsten einer starren Quote aufgegeben (s. Vor § 1 SEBG Rz. 32). Auf eine SE, die nicht börsennotiert ist oder die von einer paritätischen Zusammensetzung des Aufsichts- oder Verwaltungsorgans absieht, findet diese keine Anwendung, ohne dass hierdurch entsprechende Bestimmungen in einer Beteiligungsvereinbarung ausgeschlossen sind (s. unten Rz. 74). Den neu geschaffenen §§ 17 Abs. 2, 21 Abs. 3 SEAG liegt die Vorstellung einer Wahrung des Mindestanteilsgebots im Wege der Gesamterfüllung zugrunde, ohne dass die Getrennterfüllung als Alternative zur Verfügung stehen soll (s. Vor § 1 SEBG Rz. 32). Dies schließt jedoch nicht aus, dass in der **Beteiligungsvereinbarung** festgelegt wird, dass eine bestimmte Zahl von Arbeitnehmervertretern im Aufsichts- oder Verwaltungsorgan der SE Frauen sein müssen, um hierdurch das Mindestanteilsgebot im Rahmen einer von den §§ 17 Abs. 2, 24 Abs. 3 SEAG vorgegebenen Gesamterfüllung zu wahren[4]. Die weiter gehende Auffassung, die Vereinbarungsautonomie umfasse auch die Befugnis generell das Prinzip der Gesamterfüllung durch die Maxime einer **Getrennterfüllung** mittels Beteiligungsverein-

---

1 So mit konkretem Regelungsvorschlag der Arbeitskreis „Unternehmerische Mitbestimmung", ZIP 2009, 885 ff. (§ 33a MitbestG-E); speziell dazu *Hanau*, ZIP 2009, Beilage zu Heft 48, S. 6 ff. sowie zuvor in der Diskussion de lege ferenda z.B. *Fleischer*, AcP 204 (2004), 502, 541 f.; *Habersack*, ZHR 171 (2007), 613, 643; *Henssler*, ZHR 173 (2009), 222, 225 f.; *Kiem*, ZHR 171 (2007), 713, 716 f.; *Oetker*, RdA 2005, 337, 344; *Oetker* in FS Konzen, 2006, S. 635, 659 ff.; *Raiser*, Verhandlungen des 66. DJT Bd. 1, 2006, B 67 ff.; *Teichmann*, AG 2008, 797, 807 f.; *Windbichler* in Jürgens, Perspektiven der corporate governance, 2007, S. 282 ff.; *Wißmann* in FS Wiedemann, 2002, S. 685, 700.
2 S. ZIP 2010, 2221 ff. sowie ergänzend ZIP 2011, 1841 ff.; dazu auch *Jacobs* in MünchKomm. AktG, 3. Aufl., Vor § 1 SEBG Rz. 40b.
3 Eine entsprechende Ergänzung strebte der Referentenentwurf vom 9.9.2014 auch für § 22 MgVG an (s. *Ohmann-Sauer/Langemann*, NZA 2014, 1120, 1123). S. nunmehr zur grenzüberschreitenden Verschmelzung § 96 Abs. 3 AktG sowie Vor § 1 SEBG Rz. 44 m.w.N.
4 Hierfür auch *Teichmann/Rüb*, BB 2015, 898, 905; s. ferner *Drygala*, Art. 40 Rz. 14 f.

barung abzulösen[5], ist unvereinbar mit der Beschränkung der Regelungsbefugnis auf die Mitbestimmung der Arbeitnehmer im Sinne der Legaldefinition in § 2 Abs. 12 SEBG (s. unten Rz. 57)

II. Abschluss der Vereinbarung

1. Vereinbarungsparteien

Die Parteien der Beteiligungsvereinbarung legt § 21 Abs. 1 SEBG in Fortführung von § 4 Abs. 1 Satz 2 SEBG und § 13 Abs. 1 SEBG fest und benennt für die Arbeitnehmerseite das BVG und für die an der Gründung der SE beteiligten Gesellschaften die „Leitungen". Damit trifft § 21 Abs. 1 SEBG indes nur eine Regelung für den **erstmaligen Abschluss** einer Beteiligungsvereinbarung; zu späteren **Änderungen** bzw. **Neuverhandlungen** s. unten Rz. 12 ff.

8

a) Erstmaliger Abschluss der Vereinbarung

Auf Seiten des BVG muss der Abschluss der Vereinbarung auf einem rechtswirksamen **Beschluss** beruhen[6]. Ohne diesen ist die Vereinbarung selbst dann unwirksam, wenn der Vorsitzende des BVG diese unterzeichnet hat, da er das Gremium lediglich in der Erklärung vertritt (s. § 12 SEBG Rz. 16)[7]; insofern gelten keine anderen Grundsätze als für den Abschluss von Betriebsvereinbarungen[8]. Das für eine rechtswirksame Vereinbarung notwendige **Mehrheitserfordernis** hängt von deren Inhalt ab. Grundsätzlich genügt eine doppelte absolute Mehrheit (§ 15 Abs. 2 SEBG)[9], erst bei einer infolge der Vereinbarung eintretenden Minderung der Mitbestimmung bedarf ein rechtswirksam gefasster Beschluss einer qualifizierten doppelten Mehrheit (§ 15 Abs. 3 SEBG)[10].

9

Die Verhandlungspartei auf Seiten der an der **Gründung der SE beteiligten Gesellschaften** hält das SEBG bewusst vage; die Legaldefinition in § 2 Abs. 5 SEBG hilft insoweit nicht, weil sich aus dieser lediglich ergibt, dass es sich bei der „Leitung" um das vertretungsberechtigte Organ der Gesellschaft handelt (s. § 2 SEBG Rz. 23 f.). Wegen der Regelungsabstinenz des SEBG[11] obliegt es den „Leitungen", untereinander die **Abschlusskompetenz** festzulegen, wobei diese wegen des Zwecks der Norm so beschaffen sein muss, dass die Vereinbarung für die Gesellschaften, die an der Gründung der SE beteiligt sind, verbindliche Wirkung entfaltet. Dies kann z.B. dadurch erreicht werden, dass entweder die Leitungen aller beteiligten Gesellschaften die Vereinbarung unterzeichnen oder die Leitung einer Gesellschaft von den anderen Gesell-

10

---

5 So *Drygala*, Art. 40 Rz. 15.
6 *Evers/Hartmann* in Manz/Mayer/Schröder, § 21 SEBG Rz. 4; *Feuerborn* in KölnKomm. AktG, 3. Aufl., § 21 SEBG Rz. 7; *Forst*, Beteiligungsvereinbarung, S. 168; *Hohenstatt/Müller-Bonanni* in Habersack/Drinhausen, § 21 SEBG Rz. 2; *Jacobs* in MünchKomm. AktG, 3. Aufl., § 21 SEBG Rz. 4; *Joost* in Oetker/Preis, EAS, B 8200, S. 114; *Linden*, Mitbestimmungsvereinbarung, S. 21; *Oetker* in FS Konzen, 2006, S. 635, 637.
7 Vgl. *Kienast* in Jannott/Frodermann, Handbuch Europäische Aktiengesellschaft, Kap. 13 Rz. 402.
8 Dazu statt aller *Kreutz* in GK-BetrVG, 10. Aufl. 2014, § 77 BetrVG Rz. 49.
9 *Feuerborn* in KölnKomm. AktG, 3. Aufl., § 21 SEBG Rz. 7; *Hohenstatt/Müller-Bonanni* in Habersack/Drinhausen, § 21 SEBG Rz. 2.
10 *Feuerborn* in KölnKomm. AktG, 3. Aufl., § 21 SEBG Rz. 7; *Hohenstatt/Müller-Bonanni* in Habersack/Drinhausen, § 21 SEBG Rz. 2.
11 S. jedoch de lege ferenda den Vorschlag des Arbeitskreises „Aktien- und Kapitalmarktrecht (AAK)" zur Bildung eines „Unternehmensverhandlungsgremiums", ZIP 2010, 2221, 2222 f.

schaften zur Unterzeichnung der Vereinbarung bevollmächtigt wird[12]. Ebenso kann aus den Leitungen der beteiligten Gesellschaften eine Verhandlungskommission gebildet und deren Angehörige ggf. mit entsprechenden Vollmachten ausgestattet werden[13].

11 Trotz der Auswirkungen einer Beteiligungsvereinbarung auf die Struktur der SE ist eine zwingende **Beteiligung der Hauptversammlungen** bzw. der Gesellschafterversammlungen de lege lata nicht vorgesehen. Art. 23 Abs. 2 Satz 2 SE-VO sowie Art. 32 Abs. 6 SE-VO eröffnen für die SE-Gründung durch **Verschmelzung** und die Gründung einer **Holding-SE** der Hauptversammlung jedoch das Recht, die Eintragung der SE von einer Genehmigung der Beteiligungsvereinbarung abhängig zu machen[14]. Hierdurch sind die Leitungen der Gründungsgesellschaften hinreichend zum Abschluss einer Beteiligungsvereinbarung legitimiert[15]. Jenseits eines derartigen Vorbehalts ist eine ungeschriebene Kompetenz der Hauptversammlung nicht anzuerkennen[16].

b) Spätere Änderungen bzw. Neuverhandlungen

12 Die Regelung in § 21 Abs. 1 SEBG zu den Abschlussparteien gilt ausschließlich für eine im Rahmen der Gründung getroffene Beteiligungsvereinbarung. **Nach Eintragung der SE** ist eine bereits abgeschlossene Vereinbarung jedoch nicht der Disposition entzogen. Das gilt nicht nur für den ausdrücklich geregelten Fall einer strukturellen Änderung der SE (§ 18 Abs. 3 SEBG, § 21 Abs. 4 SEBG), sondern auch in anderen Sachverhalten, in denen eine bestehende Beteiligungsvereinbarung geändert werden soll oder wegen deren Beendigung erneute Verhandlungen über den Abschluss einer Beteiligungsvereinbarung zu führen sind (s. unten Rz. 34 ff., 39 ff.).

13 Auf der **Seite der SE** verlieren die an der Gründung beteiligten Gesellschaften nach Eintragung der SE stets ihre Vereinbarungsbefugnis. An deren Stelle tritt die **Leitung der SE**, was § 18 Abs. 4 SEBG für die Sachverhalte in § 18 Abs. 1 und 3 SEBG ausdrücklich festlegt, aber auch gilt, wenn die Vereinbarung selbst erneute Verhandlun-

---

12 *Evers/Hartmann* in Manz/Mayer/Schröder, § 21 SEBG Rz. 5; *Henssler* in Ulmer/Habersack/Henssler, Mitbestimmungsrecht, § 21 SEBG Rz. 4; *Hoops*, Mitbestimmungsvereinbarung, S. 76 f.; *Jacobs* in MünchKomm. AktG, 3. Aufl., § 21 SEBG Rz. 5; *Kienast* in Jannott/Frodermann, Handbuch Europäische Aktiengesellschaft, Kap. 13 Rz. 382; *Köklü* in Van Hulle/Maul/Drinhausen, Kap. 6 Rz. 2; *Maack*, Rechtsschutz, S. 144; *Oetker* in FS Konzen, 2006, S. 635, 638; *Rieble* in Rieble/Junker, Vereinbarte Mitbestimmung in der SE, 2008, § 3 Rz. 27; *Wirtz*, SE-Betriebsrat, S. 125 f.; insofern gelten keine anderen Grundsätze als beim Abschluss konzerndimensionaler Tarifverträge; vgl. dazu *Oetker* in Wiedemann, TVG, 7. Aufl. 2007, § 2 Rz. 143.
13 *Evers/Hartmann* in Manz/Mayer/Schröder, § 21 SEBG Rz. 5; *Feuerborn* in KölnKomm. AktG, 3. Aufl., § 21 SEBG Rz. 8; *Henssler* in Ulmer/Habersack/Henssler, Mitbestimmungsrecht, § 21 SEBG Rz. 4; *Hoops*, Mitbestimmungsvereinbarung, S. 77 ff.; *Jacobs* in MünchKomm. AktG, 3. Aufl., § 21 SEBG Rz. 5; *Köklü* in Van Hulle/Maul/Drinhausen, Kap. 6 Rz. 2; *Maack*, Rechtsschutz, S. 144 f.; *Oetker* in FS Konzen, 2006, S. 635, 639; *Schwarz*, SE-VO, Einleitung Rz. 246; *Wirtz*, SE-Betriebsrat, S. 126; in diesem Sinne auch *Kienast* in Jannott/Frodermann, Handbuch Europäische Aktiengesellschaft, Kap. 13 Rz. 106, 382; *Linden*, Mitbestimmungsvereinbarung, S. 23.
14 S. dazu näher *Cannistra*, Verhandlungsverfahren, S. 142; *Forst*, Beteiligungsvereinbarung, S. 132 ff.; *Henssler* in Ulmer/Habersack/Henssler, Mitbestimmungsrecht, § 21 SEBG Rz. 5 ff.; *Schäfer* in Rieble/Junker, Vereinbarte Mitbestimmung in der SE, 2008, § 1 Rz. 45 ff.; ferner de lege ferenda der Vorschlag des Arbeitskreises „Aktien- und Kapitalmarktrecht (AAK)" zugunsten eines generellen Zustimmungserfordernisses durch die Hauptversammlung, s. dazu auch *Henssler*, ZHR 173 (2009), 222, 237 f.
15 S. auch *Teichmann*, AG 2008, 797, 805 f. sowie *Donner*, Vereinbarungslösungen, S. 221 ff.; *Kiem*, ZHR 171 (2007), 713, 719 ff.
16 Treffend *Kiem*, ZHR 171 (2007), 713, 721 ff. sowie nachfolgend *Noack* in Bergmann u.a., 10 Jahre SE, S. 96, 101 f.

gen vorsieht (§ 21 Abs. 1 Nr. 6, Abs. 4 SEBG) oder außerhalb dieser Sachverhalte eine einvernehmliche Änderung der Vereinbarung bzw. im Fall des § 26 SEBG der erstmalige Abschluss einer Vereinbarung angestrebt wird[17]. Bei der Leitung der SE handelt es sich um das zur Geschäftsführung und Vertretung berechtigte Organ (§ 2 Abs. 5 SEBG), also bei dualistischer Verfassung das Leitungsorgan und bei monistischer Verfassung die geschäftsführenden Direktoren des Verwaltungsrates (s. auch § 2 SEBG Rz. 24). Lediglich in einer in der Beteiligungsvereinbarung selbst enthaltenen Verhandlungsklausel kann eine abweichende Regelung getroffen werden, die z.B. auch die Leitungen von Tochtergesellschaften der SE in die Verhandlungen einbezieht oder den Abschluss der Vereinbarung unter den Vorbehalt einer Zustimmung durch die Hauptversammlung und/oder das Aufsichts- oder Verwaltungsorgan stellt[18].

Auf **Arbeitnehmerseite** ist zu differenzieren: In den **von § 18 SEBG erfassten Sachverhalten** kommt es grundsätzlich zur Bildung eines BVG, das die Beteiligungsvereinbarung mit der Leitung der SE aushandelt. Lediglich bei einer strukturellen Änderung i.S. von § 18 Abs. 3 Satz 1 SEBG eröffnet § 18 Abs. 3 Satz 2 SEBG die Möglichkeit, die Verhandlungen mit dem ggf. ergänzten SE-Betriebsrat zu führen, der aufgrund der Beteiligungsvereinbarung errichtet wurde. Hierfür bedarf es jedoch eines Einvernehmens mit der Leitung der SE (s. § 18 SEBG Rz. 40). Sieht die **Beteiligungsvereinbarung** selbst bereits Neuverhandlungen vor (§ 21 Abs. 1 Nr. 6, Abs. 4 SEBG), dann richtet sich die Verhandlungspartei auf Arbeitnehmerseite nach der Regelung in der Vereinbarung. Hierbei sind die Parteien nicht auf den kraft Vereinbarung errichteten SE-Betriebsrat beschränkt, sondern können insbesondere bei Neuverhandlungen infolge struktureller Änderungen auch dessen Ergänzung durch weitere Arbeitnehmervertreter vorsehen. In Betracht kommt aber auch die Bildung eines anderweitigen Gremiums (z.B. Arbeitnehmer im Aufsichts- oder Verwaltungsorgan). Fehlt in der Vereinbarung eine Bestimmung zur Abschlusspartei auf Arbeitnehmerseite oder kommt es außerhalb der in der Vereinbarung selbst geregelten Sachverhalte zu Verhandlungen über den Inhalt der Vereinbarung, dann ist auf Arbeitnehmerseite stets der aufgrund der Vereinbarung errichtete SE-Betriebsrat zuständig[19]. Entsprechendes gilt, wenn ein **kraft Gesetzes errichteter SE-Betriebsrat** nach **§ 26 Abs. 1 SEBG** den Beschluss fasst, über eine Vereinbarung zu verhandeln. Für diesen Fall ordnet § 26 Abs. 2 Satz 1 SEBG ausdrücklich an, dass der SE-Betriebsrat an die Stelle des BVG tritt. Für die Beschlussfassung des SE-Betriebsrates gilt entweder § 24 Abs. 3 SEBG oder ein in der Vereinbarung festgelegtes Procedere.

2. Anzuwendende Rechtsordnung

Neben den Abschlussparteien und dem Formerfordernis (s. unten Rz. 18 ff.) sieht das SEBG von weiteren Vorschriften über den Abschluss der Beteiligungsvereinbarung ab. Trotz des supranationalen Charakters der Beteiligungsvereinbarung sind verbleibende Regelungslücken nicht durch einen Rückgriff auf allgemeine Grundsätze eines Europäischen Vertragsrechts zu schließen[20], sondern nach Maßgabe des **deutschen Rechts**, sofern sich die Beteiligung der Arbeitnehmer nach dem SEBG richtet[21]. Hier-

---

17 So bereits auch *Oetker* in FS Kreutz, 2010, S. 797, 802 f.
18 Treffend *Teichmann*, AG 2008, 797, 806; s. auch *Noack* in Bergmann u.a., 10 Jahre SE, S. 96, 111 ff.
19 So bereits *Oetker* in FS Kreutz, 2010, S. 797, 803.
20 Hierfür aber *Forst*, Beteiligungsvereinbarung, S. 165 ff.; dagegen mit Recht *Linden*, Mitbestimmungsvereinbarung, S. 16 ff.
21 Ebenso *Rupp* in Annuß/Kühn/Rudolph/Rupp, EBRG, § 21 SEBG Rz. 4; *Wirtz*, SE-Betriebsrat, S. 123.

für sprechen nicht nur die gesellschaftsrechtlichen Rahmenbedingungen, für die Art. 9 Abs. 1 lit. c SE-VO subsidiär auf das Aktienrecht des jeweiligen Sitzstaates verweist, sondern auch die Vorgabe in Art. 6 SE-RL, nach der für das Verhandlungsverfahren das Recht des Mitgliedstaates maßgebend ist, in dem die SE ihren Sitz haben wird. Der Abschluss der Beteiligungsvereinbarung ist integraler Bestandteil dieses Verhandlungsverfahrens, was insbesondere durch die Bezugnahme in Art. 6 SE-RL auf Art. 4 SE-RL (Inhalt der Vereinbarung) bestätigt wird. Ergänzend zu den Bestimmungen des SEBG gelangen deshalb insbesondere die Regelungen des BGB zum Vertragsschluss zur Anwendung (s. unten Rz. 17).

16 Ob den Parteien die Befugnis zusteht, durch eine **Rechtswahl** von dem in Art. 6 SE-RL zum Ausdruck gelangten Grundsatz abzuweichen, ist nicht abschließend geklärt[22]. Für eine derartige Freiheit zur Rechtswahl lässt sich neben der in § 21 Abs. 1 SEBG betonten Autonomie der Parteien auch Art. 3 Rom I-VO anführen, der den Vertragsparteien die freie Rechtswahl eröffnet[23]. Die Vorgabe in Art. 6 SE-RL steht einer derartigen Rechtswahl nicht zwingend entgegen, sofern das Recht des jeweiligen Mitgliedstaates ebenfalls von dem Grundsatz der freien Rechtswahl geprägt ist. Gerade dies ist jedoch bei der Beteiligungsvereinbarung problematisch, da es sich bei dieser nicht um einen Schuldvertrag i.S. von Art. 3 Rom I-VO handelt, sondern insbesondere im Hinblick auf die Mitbestimmung die Struktur der Gesellschaft betrifft (s. auch unten Rz. 25), bezüglich der die SE-VO nicht die Möglichkeit einer Rechtswahl eröffnet.

3. Einigung der Parteien

17 Der Abschluss einer Beteiligungsvereinbarung erfolgt im Konsens beider Parteien[24]. Ihre Erzwingung mittels angedrohter oder vollzogener **Maßnahmen eines Arbeitskampfes** widerspricht nicht nur dem durch die Auffangregelung indirekt erzeugten Einigungsdruck, sondern ist zudem mit dem Gebot vertrauensvoller Zusammenarbeit (§ 13 Abs. 1 Satz 2 SEBG) unvereinbar (s. § 13 SEBG Rz. 7)[25]. Im Übrigen unterliegt die Einigung der Parteien den allgemeinen Bestimmungen des BGB über den **Vertragsschluss** (s. oben Rz. 15)[26]. Zur Möglichkeit der **Hauptversammlung**, einen **Genehmigungsvorbehalt** zu beschließen, s. Art. 23 Abs. 2 Satz 2 SE-VO sowie Art. 32 Abs. 6 Unterabs. 2 SE-VO und die dortigen Erläuterungen sowie oben Rz. 11. Denkbar ist schließlich auch, den Abschluss einer Beteiligungsvereinbarung über § 111

---

22 Dies bejahend *Hoops*, Mitbestimmungsvereinbarung, S. 35; *Linden*, Mitbestimmungsvereinbarung, S. 19 f.; *Rupp* in Annuß/Kühn/Rudolph/Rupp, EBRG, § 21 SEBG Rz. 4; a.A. *Forst*, Beteiligungsvereinbarung, S. 213; *Gaul/Ludwig* in Gaul/Ludwig/Forst, Europäisches Mitbestimmungsrecht, § 2 Rz. 118; *Hoops/Kuhnke* in Gaul/Ludwig/Forst, Europäisches Mitbestimmungsrecht, § 2 Rz. 247.
23 Dagegen jedoch *Forst*, Beteiligungsvereinbarung, S. 213.
24 *Feuerborn* in KölnKomm. AktG, 3. Aufl., § 21 SEBG Rz. 6; *Henssler* in Ulmer/Habersack/Henssler, Mitbestimmungsrecht, § 21 SEBG Rz. 10; *Hohenstatt/Müller-Bonanni* in Habersack/Drinhausen, § 21 SEBG Rz. 2; *Jacobs* in MünchKomm. AktG, 3. Aufl., § 21 SEBG Rz. 4; *Linden*, Mitbestimmungsvereinbarung, S. 24 f.; *Oetker* in FS Konzen, 2006, S. 635, 639; *Rieble* in Rieble/Junker, Vereinbarte Mitbestimmung in der SE, 2008, § 3 Rz. 72 f.; *Schmid*, Mitbestimmung, S. 135; im Ergebnis ebenso *Forst*, Beteiligungsvereinbarung, S. 165 ff., der jedoch abweichend von der h.M. nicht auf die §§ 145 ff. BGB, sondern auf gemeinsame Grundsätze eines Europäischen Vertragsrechts zurückgreift (s. dazu oben Rz. 15).
25 *Calle Lambach*, Beteiligung der Arbeitnehmer, S. 162; *Forst*, Beteiligungsvereinbarung, S. 140 f.; *Jacobs* in MünchKomm. AktG, 3. Aufl., § 21 SEBG Rz. 4, 6; *Oetker* in FS Konzen, 2006, S. 635, 639; im Ergebnis auch *Wißmann* in MünchHdb. ArbR, 3. Aufl. 2009, § 287 Rz. 7.
26 *Wirtz*, SE-Betriebsrat, S. 123.

Abs. 4 Satz 2 AktG unter den Vorbehalt einer Zustimmung durch den Aufsichtsrat zu stellen.

4. Formerfordernisse

§ 21 Abs. 1 SEBG verlangt für die zwischen den Parteien abgeschlossene Vereinbarung ausdrücklich die Wahrung der Schriftform. **Mündliche Absprachen** genügen deshalb nicht[27]. Der Zweck des Formerfordernisses besteht nicht in der Warnfunktion[28], sondern soll in rechtssicherer Weise Auskunft über das zwischen den Parteien Vereinbarte geben (Dokumentationsfunktion). Dies ist nicht nur wegen der Verknüpfung mit der Registereintragung (s. Art. 12 Abs. 2 SE-VO)[29], sondern auch im Hinblick auf die normative Wirkung der Beteiligungsvereinbarung (s. unten Rz. 26) von Bedeutung. Die für die Vereinbarung zu wählende **Sprache** gibt das Gesetz nicht vor[30]. Obwohl die Parteien diese deshalb frei wählen können, empfiehlt sich die Sprache am Sitz des für die Eintragung zuständigen Registergerichts[31]. 18

Bezüglich der **Anforderungen an die Schriftform** lassen sich dem SEBG keine eigenständigen Anhaltspunkte entnehmen. Wegen des in Rz. 15 dargelegten Grundsatzes liegt es deshalb nahe, hinsichtlich der Einzelheiten auf **§ 126 BGB** zurückzugreifen[32], sofern dem nicht die Rechtsnatur der Beteiligungsvereinbarung entgegensteht. Danach muss eine räumlich zusammenhängende Urkunde vorliegen, deren Text von den Unterschriften beider Parteien abgeschlossen wird[33]. Vorbehaltlich einer abweichenden Regelung in der Geschäftsordnung genügt auf Seiten des BVG die Unterzeichnung durch den **Vorsitzenden des BVG** (s. § 12 SEBG Rz. 16)[34]. Die Unterzeich- 19

---

27 *Calle Lambach*, Beteiligung der Arbeitnehmer, S. 169; *Evers/Hartmann* in Manz/Mayer/Schröder, § 21 SEBG Rz. 2; *Henssler* in Ulmer/Habersack/Henssler, Mitbestimmungsrecht, § 21 SEBG Rz. 11; *Hoops*, Mitbestimmungsvereinbarung, S. 105; *Jacobs* in MünchKomm. AktG, 3. Aufl., § 21 SEBG Rz. 4; *Wirtz*, SE-Betriebsrat, S. 126.

28 Hierfür aber *Wirtz*, SE-Betriebsrat, S. 130.

29 Statt aller *Wirtz*, SE-Betriebsrat, S. 126, m.w.N.

30 So auch *Evers/Hartmann* in Manz/Mayer/Schröder, § 21 SEBG Rz. 2; *Feuerborn* in KölnKomm. AktG, 3. Aufl., § 21 SEBG Rz. 10; *Forst*, Beteiligungsvereinbarung, S. 209; *Henssler* in Ulmer/Habersack/Henssler, Mitbestimmungsrecht, § 21 SEBG Rz. 11; *Hoops*, Mitbestimmungsvereinbarung, S. 107 f.; *Jacobs* in MünchKomm. AktG, 3. Aufl., § 21 SEBG Rz. 4; *Köklü* in Van Hulle/Maul/Drinhausen, Kap. 6 Rz. 156.

31 Treffend *Evers/Hartmann* in Manz/Mayer/Schröder, § 21 SEBG Rz. 2; *Feuerborn* in KölnKomm. AktG, 3. Aufl., § 21 SEBG Rz. 10; *Henssler* in Ulmer/Habersack/Henssler, Mitbestimmungsrecht, § 21 SEBG Rz. 11; *Hoops*, Mitbestimmungsvereinbarung, S. 108; *Hoops/Kuhnke* in Gaul/Ludwig/Forst, Europäisches Mitbestimmungsrecht, § 2 Rz. 254; *Kienast* in Jannott/Frodermann, Handbuch Europäische Aktiengesellschaft, Kap. 13 Rz. 383; *Wirtz*, SE-Betriebsrat, S. 121 f.

32 Ebenso im Ansatz *Feuerborn* in KölnKomm. AktG, 3. Aufl., § 21 SEBG Rz. 9; *Hohenstatt/Müller-Bonanni* in Habersack/Drinhausen, § 21 SEBG Rz. 2; *Jacobs* in MünchKomm. AktG, 3. Aufl., § 21 SEBG Rz. 4; *Kuffner*, Beteiligung der Arbeitnehmer, S. 151; *Linden*, Mitbestimmungsvereinbarung, S. 25; *Maack*, Rechtsschutz, S. 145; *Oetker* in FS Konzen, 2006, S. 635, 640; *Wirtz*, SE-Betriebsrat, S. 127; a.A. *Forst*, Beteiligungsvereinbarung, S. 170 ff., der ausschließlich auf den Zweck der Schriftform abstellt.

33 *Evers/Hartmann* in Manz/Mayer/Schröder, § 21 SEBG Rz. 2; *Feuerborn* in KölnKomm. AktG, 3. Aufl., § 21 SEBG Rz. 9; *Henssler* in Ulmer/Habersack/Henssler, Mitbestimmungsrecht, § 21 SEBG Rz. 11; *Hoops*, Mitbestimmungsvereinbarung, S. 105; *Linden*, Mitbestimmungsvereinbarung, S. 25; im Ergebnis auch *Forst*, Beteiligungsvereinbarung, S. 171.

34 Treffend *Hohenstatt/Müller-Bonanni* in Habersack/Drinhausen, § 21 SEBG Rz. 3; *Hohenstatt/Dzida* in Henssler/Willemsen/Kalb, ArbR-Komm., SEBG Rz. 39; *Hoops*, Mitbestimmungsvereinbarung, S. 105 f.; a.A. *Feuerborn* in KölnKomm. AktG, 3. Aufl., § 21 SEBG Rz. 9: Unterzeichnung durch alle Mitglieder des BVG; ähnlich *Köklü* in Van Hulle/Maul/Drinhausen, Kap. 6 Rz. 155: eine nach § 15 Abs. 2 SEBG zu bemessende Zahl von Mitgliedern des BVG.

nung durch ein weiteres Mitglied des BVG, die teilweise unter Hinweis auf § 17 Abs. 1 SEBG gefordert wird[35], ist nicht erforderlich, weil die dort angeordnete Mitunterzeichnung auf der besonderen Funktion der vom Vorsitzenden erstellten Niederschrift beruht (s. § 17 SEBG Rz. 8)[36]. Schließt ein **SE-Betriebsrat** die Beteiligungsvereinbarung ab (s. oben Rz. 14), genügt die Unterzeichnung durch dessen Vorsitzenden[37], was auf dem ggf. analog anzuwendenden § 23 Abs. 3 Satz 2 SEBG beruht. Eine Geschäftsordnung des SE-Betriebsrates kann jedoch Abweichendes festlegen (z.B. Mitunterzeichnung durch den Stellvertreter oder die Mitglieder des geschäftsführenden Ausschusses [§ 23 Abs. 4 Satz 1 SEBG]).

20 Wegen des besonderen Charakters der Beteiligungsvereinbarung (s. unten Rz. 25), insbesondere ihrer rechtlichen Bedeutung im Rahmen des Gründungsverfahrens (s. Art. 12 Abs. 2 SE-VO), erfolgt die Anwendung des § 126 BGB sinngemäß[38]. Deshalb kann die Schriftform nicht durch die **elektronische Form** ersetzt werden (§ 126 Abs. 3 BGB)[39]. Ebenso genügt es nicht der Schriftform, wenn die Parteien jeweils **unterschriebene Erklärungen austauschen** (s. aber § 126 Abs. 2 Satz 2 BGB)[40].

21 Die Schriftform hat wegen ihres Zwecks (s. oben Rz. 18) **konstitutive Bedeutung** für die Rechtswirksamkeit einer Beteiligungsvereinbarung[41]; dies folgt vor allem aus ihrem Stellenwert im Rahmen des Eintragungsverfahrens. Genügt sie nicht dem Schriftformerfordernis, dann ist diese rechtsunwirksam; eines Rückgriffs auf § 125 Satz 1 BGB bedarf es für diese Rechtsfolge nicht[42].

5. Publizität

22 Besondere Anforderungen an die **Publizität** der Beteiligungsvereinbarung stellt das SEBG nicht auf, insbesondere ist sie nicht an geeigneter Stelle in den beteiligten Ge-

---

35 Hierfür *Forst*, Beteiligungsvereinbarung, S. 171; zustimmend *Linden*, Mitbestimmungsvereinbarung, S. 21.
36 Zu der Parallelnorm in § 34 Abs. 1 BetrVG *Raab* in GK-BetrVG, 10. Aufl. 2014, § 34 BetrVG Rz. 19.
37 Ebenso *Hohenstatt/Dzida* in Henssler/Willemsen/Kalb, ArbR-Komm., SEBG Rz. 39; *Wirtz*, SE-Betriebsrat, S. 127.
38 S. *Oetker* in FS Konzen, 2006, S. 635, 640.
39 Zustimmend *Feuerborn* in KölnKomm. AktG, 3. Aufl., § 21 SEBG Rz. 9; *Forst*, Beteiligungsvereinbarung, S. 171; a.A. *Hoops*, Mitbestimmungsvereinbarung, S. 106 f.; *Linden*, Mitbestimmungsvereinbarung, S. 25 f.; *Wirtz*, SE-Betriebsrat, S. 129; zur Rechtslage bei der Betriebsvereinbarung s. *Kreutz* in GK-BetrVG, 10. Aufl. 2014, § 77 BetrVG Rz. 47, m.w.N.
40 *Calle Lambach*, Beteiligung der Arbeitnehmer, S. 169; *Hohenstatt/Dzida* in Henssler/Willemsen/Kalb, ArbR-Komm., SEBG Rz. 39; *Hoops*, Mitbestimmungsvereinbarung, S. 106; *Hoops/Kuhnke* in Gaul/Ludwig/Forst, Europäisches Mitbestimmungsrecht, § 2 Rz. 252; *Jacobs* in MünchKomm. AktG, 3. Aufl., § 21 SEBG Rz. 4; *Linden*, Mitbestimmungsvereinbarung, S. 25; *Maack*, Rechtsschutz, S. 145; *Wirtz*, SE-Betriebsrat, S. 127; im Ergebnis auch *Kuffner*, Beteiligung der Arbeitnehmer, S. 151; a.A. *Köklü* in Van Hulle/Maul/Drinhausen, Kap. 6 Rz. 153. Ebenso für die §§ 17 ff. EBRG *C. Müller*, 1997, § 17 EBRG Rz. 4 sowie für die Betriebsvereinbarung *Kreutz* in GK-BetrVG, 10. Aufl. 2014, § 77 BetrVG Rz. 47, m.w.N.
41 So ebenfalls *Feuerborn* in KölnKomm. AktG, 3. Aufl., § 21 SEBG Rz. 9; *Henssler* in Ulmer/Habersack/Henssler, Mitbestimmungsrecht, § 21 SEBG Rz. 11; *Hoops*, Mitbestimmungsvereinbarung, S. 107; *Jacobs* in MünchKomm. AktG, 3. Aufl., § 21 SEBG Rz. 4; *Linden*, Mitbestimmungsvereinbarung, S. 26; *Oetker* in FS Konzen, 2006, S. 635, 640; *Wirtz*, SE-Betriebsrat, S. 130 f.; im Ergebnis auch *Evers/Hartmann* in Manz/Mayer/Schröder, § 21 SEBG Rz. 2. Ebenso für die nach dem EBRG abgeschlossene Vereinbarung *Joost* in MünchHdb. ArbR, 3. Aufl. 2009, § 274 Rz. 104; *C. Müller*, 1997, § 17 EBRG Rz. 4. Für die Betriebsvereinbarung s. *Fitting/Engels/Schmidt/Trebinger/Linsenmaier*, BetrVG, 27. Aufl. 2014, § 77 BetrVG Rz. 30; *Kreutz* in GK-BetrVG, 10. Aufl. 2014, § 77 BetrVG Rz. 47.
42 Zustimmend insoweit auch *Linden*, Mitbestimmungsvereinbarung, S. 26; *Wirtz*, SE-Betriebsrat, S. 131.

sellschaften oder den betroffenen Tochtergesellschaften auszuhängen[43] oder anderweitig offenzulegen. Entsprechendes gilt für das **Registerrecht**. Obwohl die Beteiligungsvereinbarung dem Registergericht wegen Art. 12 Abs. 2 SE-VO ggf. vorzulegen ist[44], ist sie kein Bestandteil der Registerunterlagen[45].

III. Rechtsnatur der Vereinbarung und Auslegung

1. Rechtsnatur

Die Rechtsnatur der Beteiligungsvereinbarung ist wegen Art. 6 SE-RL nach **Maßgabe des deutschen Rechts** zu bestimmen[46]. Dabei hat sich die dogmatische Einordnung vor allem an dem spezifischen Zweck der Vereinbarung zu orientieren, so dass die Diskussion zur Rechtsnatur der im Rahmen des EBRG abgeschlossenen Vereinbarung[47] nicht unreflektiert auf die Beteiligungsvereinbarung i.S. des § 21 SEBG übertragen werden kann[48].

23

Eine Klassifizierung der Beteiligungsvereinbarung als **Tarifvertrag i.S. des TVG** scheidet aus, weil sich die Abschlusspartei auf Arbeitnehmerseite nicht in das normative Gefüge des deutschen Tarifrechts einordnen lässt[49]. Das BVG genügt nicht den allgemeinen Voraussetzungen für tariffähige Arbeitnehmervereinigungen i.S. des § 2 Abs. 1 TVG, da es weder auf Dauer angelegt ist (s. § 4 SEBG Rz. 7), noch beruht die Zugehörigkeit zu dem Gremium auf einer freiwilligen Mitgliedschaft. Auch eine Charakterisierung als **Betriebsvereinbarung** scheidet aus[50], weil das BVG kein dem

24

---

43 Ebenso *Hoops*, Mitbestimmungsvereinbarung, S. 109; *Jacobs* in MünchKomm. AktG, 3. Aufl., § 21 SEBG Rz. 4; *Linden*, Mitbestimmungsvereinbarung, S. 26; *Oetker* in FS Konzen, 2006, S. 635, 641.
44 *Freis* in Nagel/Freis/Kleinsorge, Beteiligung der Arbeitnehmer, § 21 SEBG Rz. 3; dazu näher *Kleindiek* in Lutter/Hommelhoff, Europäische Gesellschaft, S. 95, 109 sowie *Kleindiek*, Art. 12 Rz. 26.
45 Zustimmend *Hoops*, Mitbestimmungsvereinbarung, S. 109; *Jacobs* in MünchKomm. AktG, 3. Aufl., § 21 SEBG Rz. 4; *Linden*, Mitbestimmungsvereinbarung, S. 26.
46 *Evers/Hartmann* in Manz/Mayer/Schröder, § 21 SEBG Rz. 6; *Feuerborn* in KölnKomm. AktG, 3. Aufl., § 21 SEBG Rz. 12; *Habersack*, ZHR 171 (2007), 613, 627; *Herfs-Röttgen*, NZA 2002, 358, 363; *Hoops*, Mitbestimmungsvereinbarung, S. 36; *Jacobs* in MünchKomm. AktG, 3. Aufl., § 21 SEBG Rz. 6; *Koch*, Beteiligung, S. 171; *Köklü* in Van Hulle/Maul/Drinhausen, Kap. 6 Rz. 157; *Linden*, Mitbestimmungsvereinbarung, S. 16 ff.; *Maack*, Rechtsschutz, S. 133; *Wirtz*, SE-Betriebsrat, S. 164 f.; a.A. *Schwarz*, SE-VO, Einleitung Rz. 286: gemeinschaftseinheitliche Bestimmung der Rechtsnatur; ebenso *Heinze*, Mitbestimmung, S. 280.
47 S. dazu m.w.N. *Giesen* in Henssler/Willemsen/Kalb, ArbR-Komm., EBRG Rz. 52; *Joost* in MünchHdb. ArbR, 3. Aufl. 2009, § 274 Rz. 98; *Oetker* in GK-BetrVG, 10. Aufl. 2014, § 17 EBRG Rz. 2 ff.; *Schlinkhoff*, Der Europäische Betriebsrat kraft Vereinbarung, 2011, S. 67 ff.
48 Zustimmend *Koch*, Beteiligung, S. 168; *Wirtz*, SE-Betriebsrat, S. 167 f.
49 Ebenso für die allgemeine Ansicht *Calle Lambach*, Beteiligung der Arbeitnehmer, S. 172; *Evers/Hartmann* in Manz/Mayer/Schröder, § 21 SEBG Rz. 6; *Feuerborn* in KölnKomm. AktG, 3. Aufl., § 21 SEBG Rz. 13; *Forst*, Beteiligungsvereinbarung, S. 86; *Freis* in Nagel/Freis/Kleinsorge, Beteiligung der Arbeitnehmer, § 21 SEBG Rz. 4; *Güntzel*, Richtlinie, S. 441; *Henssler* in Ulmer/Habersack/Henssler, Mitbestimmungsrecht, § 21 SEBG Rz. 12; *Herfs-Röttgen*, NZA 2002, 358, 363 f.; *Hohenstatt/Müller-Bonanni* in Habersack/Drinhausen, § 21 SEBG Rz. 4; *Hoops*, Mitbestimmungsvereinbarung, S. 42 ff.; *Jacobs* in MünchKomm. AktG, 3. Aufl., § 21 SEBG Rz. 6; *Joost* in Oetker/Preis, EAS, B 8200, Rz. 113; *Kienast* in Jannott/Frodermann, Handbuch Europäische Aktiengesellschaft, Kap. 13 Rz. 384; *Köklü* in Van Hulle/Maul/Drinhausen, Kap. 6 Rz. 159; *Kraushaar*, BB 2003, 1614, 1619; *Linden*, Mitbestimmungsvereinbarung, S. 45 ff.; *Maack*, Rechtsschutz, S. 134 f.; *Scheibe*, Mitbestimmung der Arbeitnehmer, S. 93 ff.; *Steinberg*, Mitbestimmung, S. 191 f.; *Wirtz*, SE-Betriebsrat, S. 165 f.
50 So auch *Calle Lambach*, Beteiligung der Arbeitnehmer, S. 172; *Evers/Hartmann* in Manz/Mayer/Schröder, § 21 SEBG Rz. 7; *Feuerborn* in KölnKomm. AktG, 3. Aufl., § 21 SEBG Rz. 14; *Forst*, Beteiligungsvereinbarung, S. 86; *Freis* in Nagel/Freis/Kleinsorge, Beteiligung der Arbeit-

Betriebsrat vergleichbares Repräsentationsgremium ist (s. § 4 SEBG Rz. 6). Selbst wenn nicht ein BVG, sondern ein SE-Betriebsrat die Beteiligungsvereinbarung abschließt (s. oben Rz. 14), kommt wegen ihres supranationalen Charakters eine Qualifizierung als Betriebsvereinbarung nicht in Betracht.

25 Der für das Zustandekommen der Beteiligungsvereinbarung maßgebende Verhandlungsmechanismus rechtfertigt es jedoch, den **vertraglichen Charakter der Abrede** zu betonen[51]. Diese begründet aber keine schuldrechtlichen Austauschbeziehungen, sondern weist – wie die Satzung der SE – **organisationsrechtliche Züge** auf[52], so dass die Beteiligungsvereinbarung wegen der Abschlussparteien als ein **kollektivrechtlicher Organisationsvertrag** zu charakterisieren ist[53]. Dieser Einordnung entspricht es, wenn eine verbreitete Auffassung die Beteiligungsvereinbarung als „Kollektivvertrag sui generis" qualifiziert[54].

26 Ob die Regelungen in der Beteiligungsvereinbarung **normative Wirkung** entfalten, hängt vor allem von ihrem Inhalt ab. Hierfür spricht, dass sie Bestimmungen für Organisationen und Personen trifft bzw. treffen soll, die nicht am Vertragsschluss beteiligt sind, gleichwohl aber an die Vereinbarung gebunden sein sollen. Diese vom Zweck der Beteiligungsvereinbarung gewollte Drittwirkung lässt sich am ehesten mittels einer normativen Wirkung konstruktiv begründen[55]. Zwar fehlt es insoweit

---

nehmer, § 21 SEBG Rz. 4; *Güntzel*, Richtlinie, S. 441; *Henssler* in Ulmer/Habersack/Henssler, Mitbestimmungsrecht, § 21 SEBG Rz. 12; *Herfs-Röttgen*, NZA 2002, 358, 364; *Hohenstatt/Müller-Bonanni* in Habersack/Drinhausen, § 21 SEBG Rz. 4; *Hoops*, Mitbestimmungsvereinbarung, S. 44 f.; *Jacobs* in MünchKomm. AktG, 3. Aufl., § 21 SEBG Rz. 6; *Joost* in Oetker/Preis, EAS, B 8200, Rz. 113; *Kienast* in Jannott/Frodermann, Handbuch Europäische Aktiengesellschaft, Kap. 13 Rz. 384; *Köklü* in Van Hulle/Maul/Drinhausen, Kap. 6 Rz. 160; *Kraushaar*, BB 2003, 1614, 1619; *Linden*, Mitbestimmungsvereinbarung, S. 41 ff.; *Maack*, Rechtsschutz, S. 135 f.; *Scheibe*, Mitbestimmung der Arbeitnehmer, S. 95; *Wirtz*, SE-Betriebsrat, S. 167.
51 So auch *Jacobs* in MünchKomm. AktG, 3. Aufl., § 21 SEBG Rz. 6 f.
52 *Henssler* in Ulmer/Habersack/Henssler, Mitbestimmungsrecht, § 21 SEBG Rz. 13; *Herfs-Röttgen*, NZA 2002, 358, 364; *Joost* in Oetker/Preis, EAS, B 8200, Rz. 113; *Kiehn*, Beteiligung, S. 102; *Koch*, Beteiligung, S. 169 f.; *Köklü* in Van Hulle/Maul/Drinhausen, Kap. 6 Rz. 158; *Kraushaar*, BB 2003, 1614, 1619; *Linden*, Mitbestimmungsvereinbarung, S. 48 f.; *Steinberg*, Mitbestimmung, S. 189; s. auch *Blanke*, Beteiligungsrechte, S. 46 f.
53 Nachfolgend ebenso *Heinze*, Mitbestimmung, S. 283; *Hoops*, Mitbestimmungsvereinbarung, S. 45.
54 So *Blanke*, Beteiligungsrechte, S. 47; *Cannistra*, Verhandlungsverfahren, S. 67; *Freis* in Nagel/Freis/Kleinsorge, Beteiligung der Arbeitnehmer, § 21 SEBG Rz. 4; *Henssler* in Ulmer/Habersack/Henssler, Mitbestimmungsrecht, § 21 SEBG Rz. 12, 16; *Hohenstatt/Müller-Bonanni* in Habersack/Drinhausen, § 21 SEBG Rz. 4; *Hoops/Kuhnke* in Gaul/Ludwig/Forst, Europäisches Mitbestimmungsrecht, § 2 Rz. 246; *Jacobs* in MünchKomm. AktG, 3. Aufl., § 21 SEBG Rz. 7; *Kiehn*, Beteiligung, S. 103; *Kienast* in Jannott/Frodermann, Handbuch Europäische Aktiengesellschaft, Kap. 13 Rz. 385; *Kraushaar*, BB 2003, 1614, 1619; *Wißmann* in MünchHdb. ArbR, 3. Aufl. 2009, § 287 Rz. 7; in der Sache auch *Evers/Hartmann* in Manz/Mayer/Schröder, § 21 SEBG Rz. 8; *Feuerborn* in KölnKomm. AktG, 3. Aufl., § 21 SEBG Rz. 16; *Forst*, Beteiligungsvereinbarung, S. 86; *Köklü* in Van Hulle/Maul/Drinhausen, Kap. 6 Rz. 158; *Linden*, Mitbestimmungsvereinbarung, S. 26; *Wirtz*, SE-Betriebsrat, S. 169 ff.; kritisch *Rieble* in Rieble/Junker, Vereinbarte Mitbestimmung in der SE, 2008, § 3 Rz. 17; zurückhaltend *Habersack*, ZHR 171 (2007), 613, 627.
55 Ebenso *Calle Lambach*, Beteiligung der Arbeitnehmer, S. 172; *Cannistra*, Verhandlungsverfahren, S. 67 f.; *Evers/Hartmann* in Manz/Mayer/Schröder, § 21 SEBG Rz. 8; *Feuerborn* in KölnKomm. AktG, 3. Aufl., § 21 SEBG Rz. 16; *Forst*, Beteiligungsvereinbarung, S. 87 ff.; *Freis* in Nagel/Freis/Kleinsorge, Beteiligung der Arbeitnehmer, § 21 SEBG Rz. 4; *Güntzel*, Richtlinie, S. 442 f.; *Heinze*, Mitbestimmung, S. 283 f.; *Henssler* in Ulmer/Habersack/Henssler, Mitbestimmungsrecht, § 21 SEBG Rz. 13 ff.; *Herfs-Röttgen*, NZA 2002, 358, 364; *Hohenstatt/Müller-Bonanni* in Habersack/Drinhausen, § 21 SEBG Rz. 4; *Jacobs* in MünchKomm. AktG, 3. Aufl., § 21 SEBG Rz. 7; *Joost* in Oetker/Preis, EAS, B 8200, Rz. 113; *Kepper*, Monistische

an einer ausdrücklichen Anordnung des Gesetzes, die in der Bestimmung des § 4 Abs. 2 TVG für gemeinsame Einrichtungen der Tarifvertragsparteien ein regelungstechnisches Vorbild hätte, die normative Wirkung der Beteiligungsvereinbarung kann aber auf deren Zweck gestützt werden, so dass in der gesetzlichen Ermöglichung der Beteiligungsvereinbarung inzidenter auch deren normative Wirkung vom Gesetz anerkannt wurde[56].

2. Auslegung

Die für die Rechtsnatur der Beteiligungsvereinbarung maßgebenden Überlegungen (s. oben Rz. 25 f.) strahlen auch auf die Maximen aus, mittels derer die Vereinbarung auszulegen ist. Wird ihr – wie hier – die Kraft zugesprochen, normative Wirkung zu entfalten, so ist diese nach den für **Gesetze maßgebenden Grundsätzen** (objektiv) auszulegen[57]. Bei verbleibenden **Regelungslücken** liegt ein Rückgriff auf die gesetzliche Auffangregelung nahe[58], sofern dem nicht ein aus der Vereinbarung erkennbarer Parteiwille oder deren Zweck entgegensteht[59]. Dies entspricht jedenfalls der Vorgabe in § 1 Abs. 3 SEBG, auch bei Auslegung und Anwendung einer Beteiligungsvereinbarung die Sicherstellung der Arbeitnehmerbeteiligung in der SE zu fördern (s. näher § 1 SEBG Rz. 35)[60]. Vermeiden lassen sich die hiermit verbundenen Zweifel indes

27

SE, S. 197 f.; *Kiehn*, Beteiligung, S. 101 ff.; *Koch*, Beteiligung, S. 169 f.; *Köklü* in Van Hulle/Maul/Drinhausen, Kap. 6 Rz. 158; *Kuffner*, Beteiligung der Arbeitnehmer, S. 150 f.; *Linden*, Mitbestimmungsvereinbarung, S. 33 ff.; *Maack*, Rechtsschutz, S. 136 ff.; *Oetker* in FS Konzen, 2006, S. 635, 642 f.; *Rieble* in Rieble/Junker, Vereinbarte Mitbestimmung in der SE, 2008, § 3 Rz. 20 ff.; *Rupp* in Annuß/Kühn/Rudolph/Rupp, EBRG, § 21 SEBG Rz. 7; *Scheibe*, Mitbestimmung der Arbeitnehmer, S. 98; *Steinberg*, Mitbestimmung, S. 187 ff.; *Wirtz*, SE-Betriebsrat, S. 170 f.; *Wißmann* in MünchHdb. ArbR, 3. Aufl. 2009, § 287 Rz. 7; im Ergebnis auch *Schwarz*, SE-VO, Einleitung Rz. 285; a.A. *Hohenstatt/Dzida* in Henssler/Willemsen/Kalb, ArbR-Komm., SEBG Rz. 39; *Hoops*, Mitbestimmungsvereinbarung, S. 45 ff., 48 ff. (a.A. nunmehr *Hoops/Kuhnke* in Gaul/Ludwig/Forst, Europäisches Mitbestimmungsrecht, § 2 Rz. 246); *Jacobs* in MünchKomm. AktG, 2. Aufl., § 21 SEBG Rz. 6 f.

56 Ebenso *Maack*, Rechtsschutz, S. 141; ähnlich *Wirtz*, SE-Betriebsrat, S. 170 f.
57 So im Ergebnis auch *Cannistra*, Verhandlungsverfahren, S. 68; *Feuerborn* in KölnKomm. AktG, 3. Aufl., § 21 SEBG Rz. 17; *Forst*, Beteiligungsvereinbarung, S. 188 ff.; *Henssler* in Ulmer/Habersack/Henssler, Mitbestimmungsrecht, § 21 SEBG Rz. 17; *Hohenstatt/Müller-Bonanni* in Habersack/Drinhausen, § 21 SEBG Rz. 4; *Hoops/Kuhnke* in Gaul/Ludwig/Forst, Europäisches Mitbestimmungsrecht, § 2 Rz. 268; *Jacobs* in MünchKomm. AktG, 3. Aufl., § 21 SEBG Rz. 8; *Koch*, Beteiligung, S. 171 f.; *Kuffner*, Beteiligung der Arbeitnehmer, S. 151; *Oetker* in FS Konzen, 2006, S. 635, 643; *Rieble* in Rieble/Junker, Vereinbarte Mitbestimmung in der SE, 2008, § 3 Rz. 26; *Rupp* in Annuß/Kühn/Rudolph/Rupp, EBRG, § 21 SEBG Rz. 7; *Scheibe*, Mitbestimmung der Arbeitnehmer, S. 99 ff.; *Seibt*, AG 2005, 413, 428; *Wirtz*, SE-Betriebsrat, S. 171 f.; im Ergebnis auch *Linden*, Mitbestimmungsvereinbarung, S. 61 ff.; a.A. konsequent *Hoops*, Mitbestimmungsvereinbarung, S. 109 f.; *Jacobs* in MünchKomm. AktG, 2. Aufl., § 21 SEBG Rz. 8.
58 Ebenso *Feuerborn* in KölnKomm. AktG, 3. Aufl., § 21 SEBG Rz. 17; *Henssler* in Ulmer/Habersack/Henssler, Mitbestimmungsrecht, § 21 SEBG Rz. 17; *Hohenstatt/Müller-Bonanni* in Habersack/Drinhausen, § 21 SEBG Rz. 4; *Hohenstatt/Dzida* in Henssler/Willemsen/Kalb, ArbR-Komm., SEBG Rz. 39; *Hoops/Kuhnke* in Gaul/Ludwig/Forst, Europäisches Mitbestimmungsrecht, § 2 Rz. 269; *Jacobs* in MünchKomm. AktG, 3. Aufl., § 21 SEBG Rz. 8; *Koch*, Beteiligung, S. 173; *Oetker* in FS Konzen, 2006, S. 635, 643 f.; *Schmid*, Mitbestimmung, S. 171; im Ergebnis auch *Hoops*, Mitbestimmungsvereinbarung, S. 110; im hiesigen Sinne ferner *Schmid*, Mitbestimmung, S. 171; a.A. wohl *Schwarz*, SE-VO, Einleitung Rz. 292: kein subsidiärer Rückgriff auf die gesetzliche Auffangregelung; ebenso *Forst*, Beteiligungsvereinbarung, S. 190 f.; *Linden*, Mitbestimmungsvereinbarung, S. 64 f.
59 Treffend *Feuerborn* in KölnKomm. AktG, 3. Aufl., § 21 SEBG Rz. 17; *Henssler* in Ulmer/Habersack/Henssler, Mitbestimmungsrecht, § 21 SEBG Rz. 17; *Hohenstatt/Müller-Bonanni* in Habersack/Drinhausen, § 21 SEBG Rz. 4; *Hoops*, Mitbestimmungsvereinbarung, S. 110.
60 Dazu auch *Oetker* in FS Konzen, 2006, S. 635, 644 f.

durch eine ergänzende Bezugnahme auf die gesetzliche Auffangregelung, ohne dass es sich hierbei jedoch um eine zwingende Voraussetzung für den Rückgriff auf diese handelt. Vorrangig sind zudem ausdrückliche Festlegungen in der Vereinbarung, z.B. Legaldefinitionen sowie die ausdrückliche Benennung subsidiär anzuwendender Bestimmungen, die auf diese Weise zum integralen Vereinbarungsinhalt werden. Hierfür können die Parteien nicht nur auf die gesetzliche Auffangregelung, sondern auch auf andere Mitbestimmungsgesetze zurückgreifen, die in einer Gründungsgesellschaft zur Anwendung gelangen, was insbesondere bei der Gründung einer SE durch Umwandlung in Betracht kommt. Die Schranken für die Beteiligungsvereinbarung (s. dazu unten Rz. 52 ff.) können hierdurch indes nicht überwunden werden.

IV. Inhalt und Schranken der Vereinbarung

1. Allgemeines

28 Grundsätzlich obliegt es – wie der Eingangssatz in § 21 Abs. 1 SEBG betont – der Autonomie der Verhandlungsparteien, den Inhalt der Beteiligungsvereinbarung auszugestalten. Von diesem Grundmodell weicht das SEBG nur insofern ab, als § 21 Abs. 1 und Abs. 3 SEBG einzelne Tatbestände benennen, die Inhalt einer Beteiligungsvereinbarung sein können.

29 Nicht restlos deutlich wird aus dem SEBG, ob es sich bei den **Katalogtatbeständen** um **zwingende Elemente** einer Beteiligungsvereinbarung handelt, deren Fehlen unter Umständen die Rechtswirksamkeit der Abrede in Frage stellt (s. auch unten Rz. 94). Bereits der Gesetzeswortlaut legt eine differenzierende Würdigung nahe:

– Die in § 21 Abs. 1 SEBG genannten Regelungsgegenstände sind nach der sprachlichen Fassung des Eingangssatzes zwingend („wird festgelegt")[61]; insofern weicht § 21 Abs. 1 SEBG von § 18 Abs. 1 Satz 2 EBRG ab, der als „Soll-Bestimmung" ausgestaltet ist[62].

– Demgegenüber zählen die Katalogtatbestände in § 21 Abs. 3 Satz 2 SEBG nicht zu den zwingenden Bestandteilen einer auf die Mitbestimmung der Arbeitnehmer bezogenen Beteiligungsvereinbarung; die Eingangsformulierung („soll ... vereinbart werden") rechtfertigt nicht ohne weiteres die Annahme, dass die sodann genannten Regelungsinhalte zwingend in die Vereinbarung aufzunehmen sind (s. aber auch unten Rz. 52 f.).

– Entsprechendes gilt für Abreden zu strukturellen Änderungen der SE; auch insoweit steht der Wortlaut des § 21 Abs. 4 SEBG („soll festgelegt werden") einem zwingenden Charakter entgegen (s. unten Rz. 43). Entsprechendes gilt für die geplante Ergänzung von § 21 SEBG im Hinblick auf die Vertretung der Geschlechter unter den Arbeitnehmervertretern im Aufsichts- oder Verwaltungsorgan (s. oben Rz. 7).

---

[61] Begr. RegE, BT-Drucks. 15/3405, S. 51: „muss die Vereinbarung eine Aussage treffen"; ebenso *Calle Lambach*, Beteiligung der Arbeitnehmer, S. 169; *Evers/Hartmann* in Manz/Mayer/Schröder, § 21 SEBG Rz. 10; *Feuerborn* in KölnKomm. AktG, 3. Aufl., § 21 SEBG Rz. 21; *Freis* in Nagel/Freis/Kleinsorge, Beteiligung der Arbeitnehmer, § 21 SEBG Rz. 9; *Henssler* in Ulmer/Habersack/Henssler, Mitbestimmungsrecht, § 21 SEBG Rz. 18; *von der Heyde*, Beteiligung, S. 213; *Köklü* in Van Hulle/Maul/Drinhausen, Kap. 6 Rz. 140; *Linden*, Mitbestimmungsvereinbarung, S. 126 f.; *Rupp* in Annuß/Kühn/Rudolph/Rupp, EBRG, § 21 SEBG Rz. 8; unklar *Jacobs* in MünchKomm. AktG, 3. Aufl., § 21 SEBG Rz. 16, 17, der die Regelungen in § 21 Abs. 1 Nr. 2 bis 5 SEBG als dispositiv betrachtet.

[62] S. zu § 18 Abs. 1 Satz 2 EBRG statt aller *Oetker* in GK-BetrVG, 10. Aufl. 2014, § 18 EBRG Rz. 2, m.w.N.

Inhaltlich sind drei Gruppen von Regelungsgegenständen zu unterscheiden: 30
- Erstens solche Bestimmungen, die für die Beteiligungsvereinbarung von **allgemeiner Bedeutung** sind; hierzu zählen der **Geltungsbereich** (§ 21 Abs. 1 Nr. 1 SEBG), das **Inkrafttreten** und die **Laufzeit** der Vereinbarung sowie eine etwaige Neuverhandlung (§ 21 Abs. 1 Nr. 6 SEBG), ferner als „Soll-Bestimmung" die Aufnahme von Verhandlungen bei **strukturellen Änderungen** der SE (§ 21 Abs. 4 SEBG).
- Zweitens die **Unterrichtung und Anhörung**, wobei die Parteien entweder die Bildung eines SE-Betriebsrates einschließlich seiner Befugnisse (§ 21 Abs. 1 Nr. 2 bis 5 SEBG) oder ein abweichendes Verfahren zur Unterrichtung und Anhörung (§ 21 Abs. 2 SEBG) festlegen können (dazu unten Rz. 46 ff.).
- Drittens die **Mitbestimmung** der Arbeitnehmer in dem Aufsichts- oder Verwaltungsorgan der SE (§ 21 Abs. 3 SEBG; dazu unten Rz. 51 ff. sowie ferner oben Rz. 7).

2. Allgemeine Regelungen

a) Geltungsbereich der Vereinbarung (§ 21 Abs. 1 Nr. 1 SEBG)

Zu den essentialia, ohne die keine rechtswirksame Beteiligungsvereinbarung vorliegt[63], zählt § 21 Abs. 1 Nr. 1 SEBG deren Geltungsbereich. Im Unterschied zum BVG, dessen Tätigkeit sich ausschließlich auf die **Mitgliedstaaten i.S. des § 3 Abs. 2** erstreckt (s. dazu § 3 SEBG Rz. 8), eröffnet § 21 Abs. 1 Nr. 1 SEBG den Verhandlungsparteien in Übereinstimmung mit § 18 Abs. 1 Satz 2 Nr. 1 EBRG die Möglichkeit, den Geltungsbereich der Beteiligungsvereinbarung **über den Kreis der Mitgliedstaaten** auszudehnen, um hierdurch z.B. internationalen Konzernsachverhalten Rechnung zu tragen[64]. Bei den einbezogenen Gesellschaften und Betrieben muss es sich stets um solche handeln, die nach der Gründung Tochtergesellschaften oder Betriebe der SE werden. Zu einer derartigen Abrede sind die Parteien indes nicht verpflichtet[65], insbesondere sind sie auch berechtigt, nur einzelne Gesellschaften oder Betriebe außerhalb des Hoheitsgebiets der Mitgliedstaaten einzubeziehen. Die Einbeziehung in den Geltungsbereich der Vereinbarung ist jedoch für Gesellschaften außerhalb der Mitgliedstaaten wegen des Territorialitätsprinzips nur verbindlich, wenn diese die Beteiligungsvereinbarung entweder selbst unterzeichnen oder hierfür entsprechende Vollmacht erteilt haben (s. auch oben Rz. 10)[66]. 31

---

63 So im Grundsatz auch *Forst*, Beteiligungsvereinbarung, S. 327; wohl auch *Schmid*, Mitbestimmung, S. 166, 172.
64 Begr. RegE, BT-Drucks. 15/3405, S. 51; *Evers/Hartmann* in Manz/Mayer/Schröder, § 21 SEBG Rz. 13; *Feuerborn* in KölnKomm. AktG, 3. Aufl., § 21 SEBG Rz. 22; *Freis* in Nagel/Freis/Kleinsorge, Beteiligung der Arbeitnehmer, § 21 SEBG Rz. 10; *Henssler* in Ulmer/Habersack/Henssler, Mitbestimmungsrecht, § 21 SEBG Rz. 19; *von der Heyde*, Beteiligung, S. 216; *Hohenstatt/Müller-Bonanni* in Habersack/Drinhausen, § 21 SEBG Rz. 9; *Hoops*, Mitbestimmungsvereinbarung, S. 126 f.; *Jacobs* in MünchKomm. AktG, 3. Aufl., § 21 SEBG Rz. 16; *Kiehn*, Beteiligung, S. 103; *Köklü* in Van Hulle/Maul/Drinhausen, Kap. 6 Rz. 140; *Linden*, Mitbestimmungsvereinbarung, S. 127; *Oetker* in FS Konzen, 2006, S. 635, 645; *Rupp* in Annuß/Kühn/Rudolph/Rupp, EBRG, § 21 SEBG Rz. 10; *Schmid*, Mitbestimmung, S. 168 f.; *Wirtz*, SE-Betriebsrat, S. 235 f.; kritisch hierzu *Thüsing*, ZIP 2006, 1469, 1473.
65 Ebenso *Feuerborn* in KölnKomm. AktG, 3. Aufl., § 21 SEBG Rz. 27; *Linden*, Mitbestimmungsvereinbarung, S. 127.
66 Ebenso *Evers/Hartmann* in Manz/Mayer/Schröder, § 21 SEBG Rz. 13; *Feuerborn* in KölnKomm. AktG, 3. Aufl., § 21 SEBG Rz. 23; *Forst*, Beteiligungsvereinbarung, S. 192 f.; *Henssler* in Ulmer/Habersack/Henssler, Mitbestimmungsrecht, § 21 SEBG Rz. 19; *Jacobs* in MünchKomm. AktG, 3. Aufl., § 21 SEBG Rz. 16; *Linden*, Mitbestimmungsvereinbarung, S. 127; *Oetker* in FS Konzen, 2006, S. 635, 645; *Schmid*, Mitbestimmung, S. 168 f.; im Ergebnis auch *Joost* in Oetker/Preis, EAS, B 8200, Rz. 128.

b) Beginn und Ende der Beteiligungsvereinbarung (§ 21 Abs. 1 Nr. 6 SEBG)

32 Die Vorgabe zur Dauer der Vereinbarung hat § 21 Abs. 1 Nr. 6 SEBG wörtlich aus Art. 4 Abs. 2 lit. h SE-RL übernommen.

33 **aa) Inkrafttreten der Vereinbarung.** Nach § 21 Abs. 1 Nr. 6 SEBG steht es im Ermessen der Parteien, das **Inkrafttreten** der Vereinbarung zu bestimmen. In der Regel bietet sich hierfür ein präziser **Stichtag** an. Denkbar ist indes auch, für das Inkrafttreten den Eintritt bestimmter **Bedingungen** festzulegen (z.B. Eintragung der SE in das Handelsregister, Genehmigung durch die Hauptversammlung)[67].

34 **bb) Beendigung der Vereinbarung.** Ferner ist eine Regelung zur „**Laufzeit**" zu treffen. Hierfür können die Parteien nicht nur einen kalendermäßig bestimmten Stichtag (**Befristung**) vereinbaren[68], sondern auch die Laufzeit offen lassen und stattdessen eine **Kündigungsregelung** vorsehen[69]. Selbst wenn eine Kündigungsregelung in der Vereinbarung fehlt, ist diese stets **außerordentlich kündbar**, wenn ein Festhalten an ihr wegen eines wichtigen Grundes die Schwelle der Unzumutbarkeit erreicht (§ 314 BGB analog)[70]. Rechtsvorschriften, die eine **maximale Bindungsdauer** (z.B. fünf Jahre) vorgeben[71], existieren nicht. Eine kurze Bindung stünde im Widerspruch zu dem Organisationscharakter der Vereinbarung. Angesichts der unabdingbaren Regelungen, mit denen ein Wiedereintritt in die Verhandlungen erreicht werden kann (z.B. § 18 Abs. 3 SEBG), bestehen gegen langfristige Bindungen keine Bedenken, solange die Bindungsdauer nicht als eine funktionswidrige Ausübung der Vereinbarungsautonomie zu bewerten ist. Angesichts dessen darf der Zeitraum von zehn Jahren nicht wesentlich überschritten werden. Je länger die Bindungsdauer bemessen wird, umso mehr sind Vertragsbestimmungen erforderlich, die jenseits der gesetzlichen Neuverhandlungspflichten eine Anpassung der Vereinbarung ermöglichen. Im Lichte der Funktion der Beteiligungsvereinbarung dürfte eine 20 Jahre übersteigende Bindungsdauer in der Regel nur bei gleichzeitiger Vereinbarung von Anpassungsmechanismen akzeptabel sein.

35 Während die Aufnahme einer Befristung in der Vereinbarung dazu führt, dass ein Recht zur **ordentlichen Kündigung** konkludent ausgeschlossen ist[72], lässt das SEBG offen, ob eine unbefristet abgeschlossene Beteiligungsvereinbarung auch ohne aus-

---

67 *Evers/Hartmann* in Manz/Mayer/Schröder, § 21 SEBG Rz. 15; *Feuerborn* in KölnKomm. AktG, 3. Aufl., § 21 SEBG Rz. 35; *Henssler* in Ulmer/Habersack/Henssler, Mitbestimmungsrecht, § 21 SEBG Rz. 21; *Hohenstatt/Müller-Bonanni* in Habersack/Drinhausen, § 21 SEBG Rz. 16; *Hoops*, Mitbestimmungsvereinbarung, S. 127; *Jacobs* in MünchKomm. AktG, 3. Aufl., § 21 SEBG Rz. 16; *Linden*, Mitbestimmungsvereinbarung, S. 128; *Schmid*, Mitbestimmung, S. 169; so auch für die Eintragung in das Handelsregister *Joost* in Oetker/Preis, EAS, B 8200, Rz. 129 sowie *Forst*, Beteiligungsvereinbarung, S. 196 f., jedoch mit abweichender Ansicht für die Genehmigung durch die Hauptversammlung.
68 So auch *Evers/Hartmann* in Manz/Mayer/Schröder, § 21 SEBG Rz. 16; *Feuerborn* in KölnKomm. AktG, 3. Aufl., § 21 SEBG Rz. 36; *Henssler* in Ulmer/Habersack/Henssler, Mitbestimmungsrecht, § 21 SEBG Rz. 22; *Hoops*, Mitbestimmungsvereinbarung, S. 127; *Linden*, Mitbestimmungsvereinbarung, S. 128.
69 *Seibt*, AG 2005, 413, 428.
70 Ebenso *Evers/Hartmann* in Manz/Mayer/Schröder, § 21 SEBG Rz. 16; *Feuerborn* in KölnKomm. AktG, 3. Aufl., § 21 SEBG Rz. 36; *Forst*, Beteiligungsvereinbarung, S. 210 f.; *Forst* in Bergmann u.a., 10 Jahre SE, S. 50, 84; *Henssler* in Ulmer/Habersack/Henssler, Mitbestimmungsrecht, § 21 SEBG Rz. 22; *Hohenstatt/Müller-Bonanni* in Habersack/Drinhausen, § 21 SEBG Rz. 16; *Hoops*, Mitbestimmungsvereinbarung, S. 129; *Jacobs* in MünchKomm. AktG, 3. Aufl., § 21 SEBG Rz. 16a; *Linden*, Mitbestimmungsvereinbarung, S. 129.
71 Zugunsten einer analogen Anwendung von § 624 BGB jedoch *Schmid*, Mitbestimmung, S. 167.
72 Treffend auch *Hoops*, Mitbestimmungsvereinbarung, S. 128.

drückliche Kündigungsregelung ordentlich kündbar ist[73]. Eine analoge Anwendung von § 77 Abs. 5 BetrVG und § 28 Abs. 2 Satz 4 SprAuG ist zwar zu erwägen, gegen die hierfür aus methodischer Sicht erforderliche Planwidrigkeit der Regelungslücke spricht aber der in § 21 SEBG zum Ausdruck gelangte Vorrang der Parteiautonomie sowie der Organisationscharakter der Beteiligungsvereinbarung[74]. Für die Anerkennung eines Rechts zur ordentlichen Kündigung bedarf es deshalb stets einer ausdrücklichen Regelung in der Beteiligungsvereinbarung[75].

Einer Ausgestaltung in der Beteiligungsvereinbarung zugänglich ist ferner die **Kündigungsberechtigung**; fehlt hierzu eine Bestimmung, steht das Kündigungsrecht sowohl der SE-Leitung als auch dem SE-Betriebsrat zu (s. auch oben Rz. 12 ff.)[76]. 36

Obwohl § 21 Abs. 1 Nr. 6 SEBG – im Unterschied zu § 18 Abs. 1 Satz 2 Nr. 7 EBRG – nicht ausdrücklich die Aufnahme einer **Übergangsregelung** verlangt, erweist sich diese als zweckmäßig[77]. Das gilt sowohl bei einer befristet abgeschlossenen Vereinbarung als auch bei Aufnahme eines ordentlichen Kündigungsrechts. Regelungsbedürftig sind in diesem Fall insbesondere sowohl die **Verhandlungsfrist** als auch die **Rechtsfolgen**, wenn es innerhalb der Frist nicht zu einer neuen Vereinbarung kommt[78]. 37

Fehlen derartige Bestimmungen in der Beteiligungsvereinbarung, entspricht ein ersatzloser Fortfall der Vereinbarung nicht ihrem Zweck[79], da sie die bei Gründung andernfalls eingreifende gesetzliche Auffangregelung substituieren soll. Entsprechendes gilt für einen unmittelbaren Rückgriff auf die gesetzliche Auffangregelung[80], da sich die Parteien bei Gründung der SE bewusst für ein autonom vereinbartes Beteiligungsmodell entschieden hatten. Vielmehr ist die in der Beteiligungsvereinbarung verbliebene **Regelungslücke** durch eine analoge Anwendung von § 18 Abs. 3 SEBG zu schließen[81], so dass es zwingend zu Neuverhandlungen kommt[82]. Erst wenn diese innerhalb der nach § 20 SEBG zu bemessenden Frist scheitern, greift analog § 18 Abs. 3 Satz 3 SEBG die gesetzliche **Auffangregelung** ein[83]. Etwas anderes gilt nur dann, 38

---

73 Hierfür *Hoops*, Mitbestimmungsvereinbarung, S. 128 f.; *Linden*, Mitbestimmungsvereinbarung, S. 128; wohl auch *Forst*, Beteiligungsvereinbarung, S. 210.
74 Ablehnend gegenüber einer analogen Anwendung deshalb mit Recht *Henssler* in Ulmer/Habersack/Henssler, Mitbestimmungsrecht, § 21 SEBG Rz. 22.
75 So auch *Evers/Hartmann* in Manz/Mayer/Schröder, § 21 SEBG Rz. 16; im Ergebnis ebenfalls *Hohenstatt/Müller-Bonanni* in Habersack/Drinhausen, § 21 SEBG Rz. 16.
76 *Hoops*, Mitbestimmungsvereinbarung, S. 130; *Linden*, Mitbestimmungsvereinbarung, S. 129.
77 *Evers/Hartmann* in Manz/Mayer/Schröder, § 21 SEBG Rz. 17; *Feuerborn* in KölnKomm. AktG, 3. Aufl., § 21 SEBG Rz. 36; *Jacobs* in MünchKomm. AktG, 3. Aufl., § 21 SEBG Rz. 16a; *Oetker* in FS Konzen, 2006, S. 635, 646.
78 So auch *Forst*, Beteiligungsvereinbarung, S. 211 f.; *Forst*, EuZW 2011, 333, 333; *Henssler* in Ulmer/Habersack/Henssler, Mitbestimmungsrecht, § 21 SEBG Rz. 24; *Hoops*, Mitbestimmungsvereinbarung, S. 130; *Oetker* in FS Konzen, 2006, S. 635, 646.
79 *Forst*, EuZW 2011, 333, 334; *Forst* in Bergmann u.a., 10 Jahre SE, S. 50, 84 f.; *Hohenstatt/Müller-Bonanni* in Habersack/Drinhausen, § 21 SEBG Rz. 17; *Linden*, Mitbestimmungsvereinbarung, S. 129 f.
80 So aber im Regelfall *Forst*, EuZW 2011, 333, 335; siehe ferner *Forst* in Bergmann u.a., 10 Jahre SE, S. 50, 87 f.
81 Hierfür de lege ferenda auch der Arbeitskreis „Aktien- und Kapitalmarktrecht (AAK)", der für jeden Fall einer Beendigung der nach § 21 SEBG abgeschlossenen Vereinbarung die entsprechende Anwendung von § 18 Abs. 3 SEBG vorschlägt, s. ZIP 2010, 2221, 2224 f.
82 Ebenso *Jacobs* in MünchKomm. AktG, 3. Aufl., § 21 SEBG Rz. 16a sowie *Forst*, Beteiligungsvereinbarung, S. 212; s. auch unter Rückgriff auf § 18 Abs. 1 SEBG *Forst*, EuZW 2011, 333, 335 f.
83 *Jacobs* in MünchKomm. AktG, 3. Aufl., § 21 SEBG Rz. 16a; im Ergebnis auch *Hohenstatt/Müller-Bonanni* in Habersack/Drinhausen, § 21 SEBG Rz. 17; mit Einschränkungen ebenso

wenn das BVG bzw. der SE-Betriebsrat während der Verhandlungen einen Beschluss nach § 16 Abs. 1 SEBG fasst[84]. Aus dem Zweck der Beteiligungsvereinbarung folgt zudem, dass diese während des Stadiums der Neuverhandlungen fortbesteht[85], da andernfalls ein mit ihrem Zweck unvereinbares Vakuum entstünde[86]. Dieses lässt sich lediglich durch ausdrückliche Abreden vermeiden, die einen ausreichenden Zeitraum für Neuverhandlungen bis zum Ende der Vereinbarung vorsehen (z.B. durch Bemessung der Kündigungsfrist).

39 **cc) Neuverhandlungen.** Die Sachverhalte für ein **erneutes Aushandeln** der Vereinbarung sind in dieser nach § 21 Abs. 1 Nr. 6 SEBG ebenfalls festzulegen. Hierbei handelt es sich um einen zwingenden Mindestinhalt der Vereinbarung[87], wenngleich die Parteien frei darin sind, in welchen Fällen sie ein erneutes Verhandeln um eine Beteiligungsvereinbarung vorsehen[88]. Angesichts der Sonderregelung für strukturelle Änderungen der SE in § 21 Abs. 4 SEBG (s. dazu unten Rz. 43 ff.) kommen insbesondere solche Sachverhalte für Neuverhandlungen in Betracht, die nicht die Voraussetzungen einer „strukturellen Änderung" der SE erfüllen, gleichwohl eine Anpassung der Vereinbarung als zweckmäßig erscheinen lassen, wie z.B. die **Sitzverlegung** der SE in einen anderen Mitgliedstaat sowie **Veränderungen in der Arbeitnehmerschaft** mit Auswirkungen auf die Zusammensetzung eines SE-Betriebsrates oder der Arbeitnehmervertreter im Aufsichts- oder Verwaltungsorgan der SE[89], was insbesondere auch beim Hinzutreten neuer Mitgliedstaaten in Betracht kommt. In Betracht kommt dies u.a. auch für das Über- oder Unterschreiten bestimmter Schwellenwerte bei der Zahl der Arbeitnehmer, die in der SE und ggf. ihren Tochtergesellschaften beschäftigt sind oder ein ursprünglicher Tendenzschutz nachträglich entfällt. Denkbar ist in diesem Rahmen ebenfalls, die Auswirkungen auf die Beteiligung der Arbeitnehmer bereits unmittelbar in der Vereinbarung festzulegen (z.B. Absenkung oder Erhöhung des Anteils der Arbeitnehmervertreter im Aufsichts- oder Verwaltungsorgan der SE)[90]. Ebenso kann vereinbart werden, dass die Zusammensetzung der Arbeitnehmervertreter im Aufsichts- oder Verwaltungsorgan erst nach Ablauf der regulären Amtszeit verändert wird.

40 Sofern die Parteien bestimmte Sachverhalte für Neuverhandlungen festlegen, sollen sie ferner das dabei anzuwendende **Verfahren** verabreden[91]. Dies betrifft insbesondere die Verhandlungsparteien, wobei sie auch berechtigt sind, von dem Modell der §§ 4 ff.

Forst, Beteiligungsvereinbarung, S. 212; a.A. *Rieble* in Rieble/Junker, Vereinbarte Mitbestimmung in der SE, 2008, § 3 Rz. 25: Nachwirkung der Vereinbarung analog § 26 Abs. 2 Satz 2 SEBG. Hiergegen spricht jedoch, dass bei den von § 26 Abs. 2 Satz 2 SEBG erfassten Sachverhalten die bisherige Beteiligungsvereinbarung unverändert fortbestand.

84 Ebenso *Jacobs* in MünchKomm. AktG, 3. Aufl., § 21 SEBG Rz. 16a.
85 Hierfür auch *Jacobs* in MünchKomm. AktG, 3. Aufl., § 21 SEBG Rz. 16a; im Ergebnis ebenso *Forst* in Bergmann u.a., 10 Jahre SE, S. 50, 84 f.; *Hohenstatt/Müller-Bonanni* in Habersack/Drinhausen, § 21 SEBG Rz. 17; *Schmid*, Mitbestimmung, S. 169 (§ 4 Abs. 5 TVG, § 77 Abs. 6 BetrVG analog); ebenso zumindest teilweise über eine ergänzende Auslegung der Beteiligungsvereinbarung *Forst*, EuZW 2011, 333, 335.
86 So auch de lege ferenda der Vorschlag des Arbeitskreises „Aktien- und Kapitalmarktrecht (AAK)", s. ZIP 2010, 2221, 2226 f.
87 Zustimmend *Linden*, Mitbestimmungsvereinbarung, S. 130; kritisch *Forst*, Beteiligungsvereinbarung, S. 196 f.
88 *Hoops*, Mitbestimmungsvereinbarung, S. 131 f.; *Linden*, Mitbestimmungsvereinbarung, S. 130; *Teichmann* in FS Hellwig, 2010, S. 347, 352 f.; s. näher *Oetker* in FS Konzen, 2006, S. 635, 646 f.
89 S. auch *Oetker* in FS Konzen, 2006, S. 635, 646; *Teichmann* in FS Hellwig, 2010, S. 347, 369.
90 S. z.B. *Ege/Grzimek/Schwarzfischer*, DB 2011, 1205, 1207.
91 Dazu näher *Linden*, Mitbestimmungsvereinbarung, S. 131 f.

SEBG abzuweichen, indem z.B. neutrale Dritte zur Vermittlung einbezogen oder die Bestellungsmodalitäten modifiziert werden. Denkbar ist auch die Bildung einer Verhandlungskommission auf Arbeitnehmerseite, der neben Mitgliedern des SE-Betriebsrates Arbeitnehmervertreter aus dem Aufsichts- oder Verwaltungsorgan angehören. Schließlich ist auch die Beteiligung der Aktionäre z.B. durch Zustimmungsvorbehalte zugunsten der Hauptversammlung oder des Aufsichtsorgans in der Beteiligungsvereinbarung regelbar[92]. Regelungsbedürftig ist darüber hinaus die Verhandlungsdauer, die die Parteien abweichend von § 20 SEBG festlegen können[93].

Scheitern die Neuverhandlungen und fehlt hierfür eine autonom geschaffene Regelung in der Vereinbarung, streiten die besseren Gründe für einen Fortbestand der bisherigen Vereinbarung[94], da der Eintritt eines Sachverhalts, der zu Neuverhandlungen führt, nicht per se zur Beendigung der bisherigen Vereinbarung führt, sondern diese wird – dem Rechtsgedanken des § 26 Abs. 2 Satz 2 SEBG folgend – erst durch eine neu abgeschlossene Beteiligungsvereinbarung abgelöst. Jedenfalls empfiehlt es sich, diese Problematik im Interesse der Rechtssicherheit in der Vereinbarung zu regeln[95]. 41

Selbst wenn die Parteien in der Vereinbarung die Sachverhalte für etwaige Neuverhandlungen festlegen, hindert sie dies nicht, die Beteiligungsvereinbarung jederzeit **einvernehmlich abzuändern**[96]. Ebenso können die Parteien die Beteiligungsvereinbarung jederzeit **einvernehmlich aufheben**[97]. Zuständiges Organ auf Arbeitnehmerseite ist für beide Abreden analog § 18 Abs. 3 Satz 2 SEBG der SE-Betriebsrat[98], sofern kein anderes Gremium (z.B. ein von den Arbeitnehmervertretern im Aufsichts- oder Verwaltungsorgan gebildeter Ausschuss) in der Vereinbarung benannt wird (s. auch oben Rz. 14). 42

c) Verhandlungen bei strukturellen Änderungen der SE (§ 21 Abs. 4 SEBG)

Ausgehend von der Grundsatznorm in § 1 Abs. 4 SEBG legt § 21 Abs. 4 SEBG fest, dass die Vereinbarung für strukturelle Änderungen eine Regelung treffen soll. Hierbei handelt es sich nicht um eine zwingende Vorgabe[99]. Unterlassen die Parteien die Aufnahme einer entsprechenden Bestimmung, dann verbleibt es vorbehaltlich einer nach § 21 Abs. 1 Nr. 6 SEBG vereinbarten Neuverhandlungsklausel (s. oben Rz. 39) 43

---

92 So auch *Teichmann*, AG 2008, 797, 806.
93 Ebenso *Wirtz*, SE-Betriebsrat, S. 110 f.
94 Ebenso *Henssler* in Ulmer/Habersack/Henssler, Mitbestimmungsrecht, § 21 SEBG Rz. 27; *Hoops*, Mitbestimmungsvereinbarung, S. 132; *Linden*, Mitbestimmungsvereinbarung, S. 132; ausführlich dazu *Oetker* in FS Konzen, 2006, S. 635, 646 f.; a.A. *Wirtz*, SE-Betriebsrat, S. 135 ff.
95 *Evers/Hartmann* in Manz/Mayer/Schröder, § 21 SEBG Rz. 18; *Hohenstatt/Müller-Bonanni* in Habersack/Drinhausen, § 21 SEBG Rz. 18; *Hoops*, Mitbestimmungsvereinbarung, S. 130; *Linden*, Mitbestimmungsvereinbarung, S. 133.
96 Zustimmend *Henssler* in Ulmer/Habersack/Henssler, Mitbestimmungsrecht, § 21 SEBG Rz. 28 sowie näher auch *Oetker* in FS Kreutz, 2010, S. 979, 802.
97 Ebenso *Hoops*, Mitbestimmungsvereinbarung, S. 130.
98 Hierfür auch *Henssler* in Ulmer/Habersack/Henssler, Mitbestimmungsrecht, § 21 SEBG Rz. 28.
99 *Evers/Hartmann* in Manz/Mayer/Schröder, § 21 SEBG Rz. 19; *Feuerborn* in KölnKomm. AktG, 3. Aufl., § 21 SEBG Rz. 66; *Freis* in Nagel/Freis/Kleinsorge, Beteiligung der Arbeitnehmer, § 21 SEBG Rz. 25; *Hohenstatt/Müller-Bonanni* in Habersack/Drinhausen, § 21 SEBG Rz. 28; *Jacobs* in MünchKomm. AktG, 3. Aufl., § 21 SEBG Rz. 25 a.E.; *Joost* in Oetker/Preis, EAS, B 8200, Rz. 126; *Kienast* in Jannott/Frodermann, Handbuch Europäische Aktiengesellschaft, Kap. 13 Rz. 440; *Wisskirchen/Prinz*, DB 2004, 2638, 2640.

bei der gesetzlichen Vorschrift in § 18 Abs. 3 SEBG, die nicht zur Disposition der Vereinbarungsparteien steht[100].

44   In der Vereinbarung können die Parteien insbesondere den **Tatbestand** der „strukturellen Änderung" konkretisieren (s. insoweit auch § 18 SEBG Rz. 20 ff.)[101]. Vor allem können sie vorsehen, dass Neuverhandlungen unabhängig davon einzuleiten sind, ob die strukturelle Änderung zu einer Minderung der Beteiligungsrechte geeignet ist[102]. In Betracht kommen insoweit auch Bestimmungen, nach denen das Überschreiten oder Unterschreiten bestimmter Schwellenwerte bei der Zahl der Arbeitnehmer in der SE bzw. ihren Tochtergesellschaften eine Pflicht zu Neuverhandlungen auslöst[103] oder bei einer Vorrats-SE ein wirtschaftlicher Geschäftsbetrieb aufgenommen wird. Wenn der Tatbestand in § 21 Abs. 4 SEBG untrennbar mit dem Vorliegen struktureller Änderungen i.S. von § 18 Abs. 3 Satz 1 SEBG verknüpft wird, ist eine Verhandlungsklausel gleichwohl wegen § 21 Abs. 1 Nr. 6 SEBG zulässig. Allerdings wird die Vereinbarungsautonomie stets durch die zwingende Regelung in § 18 Abs. 3 SEBG begrenzt (s. oben Rz. 43). Den Parteien fehlt insbesondere die Rechtsmacht, in den von § 18 Abs. 3 Satz 1 SEBG erfassten Sachverhalten Neuverhandlungen mit strengeren Voraussetzungen zu verknüpfen oder Neuverhandlungen ganz oder teilweise auszuschließen[104].

45   Das Ergebnis der Verhandlungen gibt § 21 Abs. 4 SEBG nicht vor. Es genügt, wenn die Parteien verabreden, vor strukturellen Änderungen der SE überhaupt Verhandlungen über die Beteiligung der Arbeitnehmer in der SE aufzunehmen[105]. Ungeklärt ist die Rechtslage, wenn sie davon abgesehen haben, eine Regelung für den Fall des **Scheiterns der Verhandlungen** zu treffen. Zu weitgehend wäre es, in diesem Fall generell auf § 18 Abs. 3 Satz 3 SEBG und damit auf die gesetzliche Auffangregelung zurückzugreifen[106]. Dies kommt lückenschließend nur in Betracht, wenn eine „strukturelle Änderung" i.S. von § 18 Abs. 3 Satz 1 SEBG vorliegt, da den Parteien die Rechtsmacht fehlt, hiervon durch eine Vereinbarung abzuweichen. In allen anderen Sachverhalten, die die Parteien als „strukturelle Änderung" der SE i.S. von § 21 Abs. 4 SEBG einstufen, dürfte eine Fortgeltung der Vereinbarung der Interessenlage der Parteien näher kommen als deren ersatzloser Fortfall (s. auch oben Rz. 41)[107]. Zudem führt der Eintritt einer von den Parteien benannten strukturellen Änderung

---

100 So auch *Ege/Grzimek/Schwarzfischer*, DB 2011, 1205, 1208; *Forst*, Beteiligungsvereinbarung, S. 199 f.; *Forst* in Bergmann u.a., 10 Jahre SE, S. 50, 82; *Köklü* in Van Hulle/Maul/Drinhausen, Kap. 6 Rz. 145; *Linden*, Mitbestimmungsvereinbarung, S. 208; *Rupp* in Annuß/Kühn/Rudolph/Rupp, EBRG, § 21 SEBG Rz. 36; a.A. im Grundsatz *Teichmann* in FS Hellwig, 2010, S. 347, 370.
101 Treffend *Hohenstatt/Müller-Bonanni* in Habersack/Drinhausen, § 21 SEBG Rz. 28; *Seibt*, AG 2005, 413, 427 sowie *Oetker* in FS Konzen, 2006, S. 635, 647 f.; a.A. *Forst* in Bergmann u.a., 10 Jahre SE, S. 50, 83.
102 So auch *Feuerborn* in KölnKomm. AktG, 3. Aufl., § 21 SEBG Rz. 67; *Jacobs* in MünchKomm. AktG, 3. Aufl., § 21 SEBG Rz. 25; *Jacobs* in FS K. Schmidt, 2009, S. 795, 814; *Linden*, Mitbestimmungsvereinbarung, S. 208 f.
103 So auch *Hohenstatt/Müller-Bonanni* in Habersack/Drinhausen, § 21 SEBG Rz. 28; *Linden*, Mitbestimmungsvereinbarung, S. 131.
104 Treffend insoweit *Feuerborn* in KölnKomm. AktG, 3. Aufl., § 21 SEBG Rz. 68; *Forst*, Beteiligungsvereinbarung, S. 200; *Henssler* in Ulmer/Habersack/Henssler, Mitbestimmungsrecht, § 21 SEBG Rz. 60; *Hohenstatt/Müller-Bonanni* in Habersack/Drinhausen, § 21 SEBG Rz. 28; *Jacobs* in MünchKomm. AktG, 3. Aufl., § 21 SEBG Rz. 25; *Jacobs* in FS K. Schmidt, 2009, S. 795, 814; *Köklü* in Van Hulle/Maul/Drinhausen, Kap. 6 Rz. 145; *Linden*, Mitbestimmungsvereinbarung, S. 208; a.A. im Grundsatz *Teichmann* in FS Hellwig, 2010, S. 347, 370.
105 *Jacobs* in MünchKomm. AktG, 3. Aufl., § 21 SEBG Rz. 25.
106 So *Evers/Hartmann* in Manz/Mayer/Schröder, § 21 SEBG Rz. 20; *Wirtz*, SE-Betriebsrat, S. 137; a.A. mit Recht *Linden*, Mitbestimmungsvereinbarung, S. 132.
107 So auch *Linden*, Mitbestimmungsvereinbarung, S. 132; a.A. *Wirtz*, SE-Betriebsrat, S. 136 f.

nicht per se zur Beendigung einer Beteiligungsvereinbarung. Vielmehr besteht diese zunächst unverändert fort, bis es zu deren Beendigung (z.B. infolge Kündigung) oder zu einem Neuabschluss (s. oben Rz. 41) kommt.

3. Regelungen zur Unterrichtung und Anhörung (§ 21 Abs. 1 Nr. 2 bis 5, Abs. 2 SEBG)

Wie das EBRG stellt § 21 SEBG den Parteien die Modalitäten für die Unterrichtung und Anhörung zur Wahl; sie können mittels der Vereinbarung entweder einen **SE-Betriebsrat** (§ 21 Abs. 1 Nr. 2 bis 5 SEBG) oder ein **anderes Verfahren zur Unterrichtung und Anhörung** der Arbeitnehmer (§ 21 Abs. 2 SEBG) etablieren. Für einen der beiden Wege müssen sich die Parteien jedoch entscheiden; einen **vollständigen Verzicht** auf die Unterrichtung und Anhörung können sie nicht isoliert vereinbaren[108]. Dies ist vielmehr nur als Rechtsfolge eines vom BVG gefassten Beschlusses möglich, die Verhandlungen insgesamt nicht aufzunehmen oder abzubrechen (§ 16 Abs. 1 SEBG)[109]. Aus Rechtsgründen ausgeschlossen ist deshalb eine Beteiligungsvereinbarung, die sich auf eine Regelung zur Mitbestimmung der Arbeitnehmer i.S. von § 2 Nr. 12 SEBG beschränkt.

46

Die Bestimmungen zur Unterrichtung und Anhörung mittels Etablierung eines **SE-Betriebsrates**[110] entsprechen weitgehend den Katalogtatbeständen in § 18 Abs. 1 Satz 2 Nr. 2 bis 6 EBRG. Die geringfügigen Abweichungen betreffen die Ersatzmitglieder und die Mandatsdauer, die § 21 Abs. 1 Nr. 2 SEBG nicht eigens nennt, dafür jedoch eine Regelung für den Fall vorschreibt, in dem sich die Zahl der in der SE beschäftigten Arbeitnehmer wesentlich verändert. Die Vorschrift in § 21 Abs. 1 Nr. 3 SEBG weicht nur sprachlich von § 18 Abs. 1 Satz 2 Nr. 3 EBRG („Aufgaben und Zuständigkeiten") ab, entspricht in ihrem Wortlaut jedoch Art. 4 Abs. 2 lit. c SE-RL. Bestimmungen zu Ort und Dauer der Sitzungen des SE-Betriebsrates muss die Beteiligungsvereinbarung im Unterschied zur EBR-Vereinbarung (§ 18 Abs. 1 Satz 2 Nr. 4 EBRG) nicht treffen, was ebenfalls mit der Vorgabe in Art. 4 Abs. 2 lit. d SE-RL übereinstimmt. Bezüglich der bereitzustellenden Mittel ist § 21 Abs. 1 Nr. 5 SEBG nicht nur mit der SE-RL (Art. 4 Abs. 2 lit. e), sondern auch mit § 18 Abs. 1 Satz 2 Nr. 6 EBRG identisch. Keine Entsprechung findet in § 21 Abs. 1 SEBG die Vorgabe in § 18 Abs. 5 EBRG zur **Einrichtung eines Ausschusses**; diesbezügliche Bestimmungen sind jedoch von der Vereinbarungsautonomie umfasst[111].

47

---

108 Ebenso *Cannistra*, Verhandlungsverfahren, S. 144; *Donner*, Vereinbarungslösungen, S. 88 f.; *Feuerborn* in KölnKomm. AktG, 3. Aufl., § 21 SEBG Rz. 39; *Forst*, Beteiligungsvereinbarung, S. 216; *Freis* in Nagel/Freis/Kleinsorge, Beteiligung der Arbeitnehmer, § 21 SEBG Rz. 11; *Güntzel*, Richtlinie, S. 443; *von der Heyde*, Beteiligung, S. 219 f.; *Hohenstatt/Dzida* in Henssler/Willemsen/Kalb, ArbR-Komm., SEBG Rz. 35; *Hohenstatt/Müller-Bonanni* in Habersack/Drinhausen, § 21 SEBG Rz. 11; *Jacobs* in MünchKomm. AktG, 3. Aufl., § 21 SEBG Rz. 12; *Kepper*, Monistische SE, S. 203; *Kiehn*, Beteiligung, S. 105 f.; *Kienast* in Jannott/Frodermann, Handbuch Europäische Aktiengesellschaft, Kap. 13 Rz. 407, 419; *Köklü* in Van Hulle/Maul/Drinhausen, Kap. 6 Rz. 147; *Maack*, Rechtsschutz, S. 146; *Rieble* in Rieble/Junker, Vereinbarte Mitbestimmung in der SE, 2008, § 3 Rz. 81; *Rupp* in Annuß/Kühn/Rudolph/Rupp, EBRG, § 21 SEBG Rz. 13; *Schwarz*, SE-VO, Einleitung Rz. 286; *Steinberg*, Mitbestimmung, S. 180 f.; *Thüsing*, ZIP 2006, 1469, 1471; *Wirtz*, SE-Betriebsrat, S. 150, 176 f.; a.A. *Schmid*, Mitbestimmung, S. 156 ff.

109 Treffend insoweit auch *Feuerborn* in KölnKomm. AktG, 3. Aufl., § 21 SEBG Rz. 39; *Hohenstatt/Müller-Bonanni* in Habersack/Drinhausen, § 21 SEBG Rz. 19; *Kepper*, Monistische SE, S. 203.

110 Dazu näher z.B. *Forst*, Beteiligungsvereinbarung, S. 217 ff.; *Wirtz*, SE-Betriebsrat, S. 176 ff., 188 ff., 199 ff., 230 ff.

111 *Wirtz*, SE-Betriebsrat, S. 203; ebenso im Grundsatz *Forst*, Beteiligungsvereinbarung, S. 246 ff.

48 Entsprechend dem EBRG zielt die Etablierung eines SE-Betriebsrates auf ein Verfahren zur Unterrichtung und Anhörung der Arbeitnehmer ab (§ 1 Abs. 2 Satz 1 SEBG). Ob die Parteien hierauf beschränkt oder berechtigt sind, **stärkere Beteiligungsrechte** (z.B. Zustimmungserfordernisse) in der Vereinbarung zu etablieren, ergibt sich aus dem SEBG nicht eindeutig[112]. Hierfür ließe sich zwar die Autonomie der Parteien anführen, sowohl aus § 21 Abs. 1 Nr. 3 SEBG als auch aus § 21 Abs. 2 SEBG ergibt sich aber, dass es sich bei dem SE-Betriebsrat um ein Konsultationsorgan handelt, so dass die Parteien trotz der in § 21 Abs. 1 SEBG betonten Autonomie ihre Vereinbarungsbefugnis überschreiten, wenn sie Rechtspositionen einräumen, die über eine Anhörung i.S. von § 2 Nr. 11 SEBG hinausreichen[113]. Dem widerspricht es im Grundsatz auch, wenn der SE-Betriebsrat mit einer eigenständigen Befugnis zum **Abschluss von Vereinbarungen** mit der Leitung der SE über die Arbeitsbedingungen in der SE ausgestattet würde[114]. Hiervon unberührt bleibt die Befugnis, in der Vereinbarung die Sachverhalte ggf. auch abweichend von den §§ 28 und 29 SEBG zu benennen, in denen ein SE-Betriebsrat zu beteiligen ist, insbesondere kann der Kreis der „außergewöhnlichen Umstände" weiter als in § 29 Abs. 1 SEBG gefasst werden[115]. Denkbar ist ferner, die Anhörung auf solche Sachverhalte auszudehnen, die in die Zuständigkeit des Aufsichtsorgans fallen, solange dessen Zuständigkeit hiervon unberührt bleibt.

49 Die Vereinbarungsbefugnis ist auf **grenzüberschreitende Sachverhalte** beschränkt[116], wobei es ausreicht, wenn es sich um eine Angelegenheit der SE handelt. Keinesfalls sind die Parteien berechtigt, mittels der Beteiligungsvereinbarung in die Kompetenzen der nach den Gesetzen der Mitgliedstaaten errichteten Arbeitnehmervertretungen einzugreifen bzw. diese zugunsten eines SE-Betriebsrates zu verdrängen[117]. Hiergegen würde es z.B. verstoßen, wenn eine Beteiligung des SE-Betriebsrates in rein nationalen Sachverhalten vorgesehen würde, sofern nicht die SE und deren Betriebe selbst betroffen sind.

50 Verständigen sich die Parteien nicht auf die Etablierung eines SE-Betriebsrates, so müssen sie (s. oben Rz. 46) ein abweichendes **Verfahren zur Unterrichtung und Anhörung** festlegen (§ 21 Abs. 2 SEBG); für den Inhalt einer derartigen Vereinbarung gelten die Grundsätze in Rz. 46 ff. entsprechend (§ 21 Abs. 2 Satz 2 SEBG)[118]. Im Hinblick auf die Unterrichtung und Anhörung sind die Verhandlungsparteien somit un-

---

[112] Bejahend *Blanke*, Beteiligungsrechte, S. 50 ff.; *Feuerborn* in KölnKomm. AktG, 3. Aufl., § 21 SEBG Rz. 31; *Forst*, Beteiligungsvereinbarung, S. 228 ff.; *Kiehn*, Beteiligung, S. 106 ff.; *Schmid*, Mitbestimmung, S. 161 f.; *Thüsing*, ZIP 2006, 1469, 1472, 1475; *Wirtz*, SE-Betriebsrat, S. 144 ff.; a.A. *Jacobs* in MünchKomm. AktG, 3. Aufl., § 21 SEBG Rz. 17; *Rieble* in Rieble/Junker, Vereinbarte Mitbestimmung in der SE, 2008, § 3 Rz. 93; *Rupp* in Annuß/Kühn/Rudolph/Rupp, EBRG, § 21 SEBG Rz. 15.

[113] Ebenso die vorherrschende Ansicht für die EBR-Vereinbarung; s. *Oetker* in GK-BetrVG, 10. Aufl. 2014, § 17 EBRG Rz. 9, m.w.N.

[114] In diesem Sinne auch *Schmid*, Mitbestimmung, S. 174. Zum Parallelproblem bei der EBR-Vereinbarung s. *Oetker* in GK-BetrVG, 10. Aufl. 2014, § 18 EBRG Rz. 7; a.A. jüngst *Zimmer*, EuZA 2013, 459, 466 ff.

[115] *Evers/Hartmann* in Manz/Mayer/Schröder, § 21 SEBG Rz. 23; ebenso *Rupp* in Annuß/Kühn/Rudolph/Rupp, EBRG, § 21 SEBG Rz. 14; *Thüsing*, ZIP 2006, 1469, 1472; *Wirtz*, SE-Betriebsrat, S. 240 f.

[116] Treffend *Jacobs* in MünchKomm. AktG, 3. Aufl., § 21 SEBG Rz. 17; *Rieble* in Rieble/Junker, Vereinbarte Mitbestimmung in der SE, 2008, § 3 Rz. 92; *Rupp* in Annuß/Kühn/Rudolph/Rupp, EBRG, § 21 SEBG Rz. 14; *Thüsing*, ZIP 2006, 1469, 1475; wohl auch *Forst*, Beteiligungsvereinbarung, S. 232.

[117] So mit Recht auch *Forst*, Beteiligungsvereinbarung, S. 247 f.; *Wirtz*, SE-Betriebsrat, S. 231 f.

[118] Begr. RegE, BT-Drucks. 15/3405, S. 51; *Rupp* in Annuß/Kühn/Rudolph/Rupp, EBRG, § 21 SEBG Rz. 20.

geachtet der in § 21 Abs. 1 SEBG betonten Autonomie gezwungen, eine institutionelle Regelung zu treffen, was in der in § 17 EBRG zum Ausdruck gelangten Alternativität eine Parallele findet[119]. Gelingt es den Parteien nicht, innerhalb der Verhandlungsfrist (§ 20 SEBG) eine Einigung zu erzielen, so kommt die gesetzliche Auffangregelung (§§ 22 bis 33 SEBG) zur Anwendung, so dass kraft Gesetzes ein SE-Betriebsrat zu errichten ist.

4. Regelungen zur Mitbestimmung (§ 21 Abs. 3 SEBG)

a) Freiwilligkeit der Mitbestimmung (§ 21 Abs. 3 Satz 1 SEBG)

Ob die Parteien eine Regelung zur Mitbestimmung treffen, steht nach § 21 Abs. 3 Satz 1 SEBG grundsätzlich in ihrem Ermessen; mit den Eingangsworten „für den Fall" hält § 21 Abs. 3 Satz 1 SEBG dies ausdrücklich fest[120]. Sehen sie von einer eigenständigen Bestimmung zur Mitbestimmung ab, so ist dies aus Rechtsgründen grundsätzlich nicht zu beanstanden, ein entsprechender Beschluss des BVG bedarf aber einer qualifizierten doppelten Mehrheit, wenn hierdurch in einer der an der Gründung beteiligten Gesellschaften eine Minderung der Mitbestimmungsrechte i.S. des § 15 Abs. 4 SEBG eintritt[121]. Darüber hinaus untersagt § 21 Abs. 6 SEBG den Verzicht auf Regelungen zur Mitbestimmung, wenn eine SE durch formwechselnde Umwandlung gegründet werden soll; zu den im gleichen Ausmaß zu gewährleistenden „Komponenten der Arbeitnehmerbeteiligung" zählt auch die Mitbestimmung der Arbeitnehmer im Aufsichtsrat (s. unten Rz. 58)[122]. Über diesen Schutz der Mitbestimmung kann sich das BVG durch eine Beschlussfassung nicht hinwegsetzen. Kommt es nicht zu einer Einigung über die Mitbestimmung, greift insoweit die gesetzliche Auffangregelung ein[123], ohne dass hierdurch eine bezüglich Unterrichtung und Anhörung erzielte Vereinbarung in Frage gestellt wird.

51

b) Schranken für Vereinbarungen zur Mitbestimmung

aa) Relevanz der Katalogtatbestände.
Trotz der Freiwilligkeit der Vereinbarung zur Mitbestimmung und der von § 21 Abs. 1 SEBG in den Vordergrund gerückten Auto-

52

---

119 Offener wohl *Wirtz*, SE-Betriebsrat, S. 178 f.
120 S. auch Begr. RegE, BT-Drucks. 15/3405, S. 51; ebenso *Evers/Hartmann* in Manz/Mayer/Schröder, § 21 SEBG Rz. 33; *Feuerborn* in KölnKomm. AktG, 3. Aufl., § 21 SEBG Rz. 42; *Forst*, Beteiligungsvereinbarung, S. 259 f.; *Freis* in Nagel/Freis/Kleinsorge, Beteiligung der Arbeitnehmer, § 21 SEBG Rz. 20; *Grobys*, NZA 2005, 84, 88; *Henssler* in Ulmer/Habersack/Henssler, Mitbestimmungsrecht, § 21 SEBG Rz. 36; *von der Heyde*, Beteiligung, S. 220; *Hohenstatt/Müller-Bonanni* in Habersack/Drinhausen, § 21 SEBG Rz. 20; *Hoops*, Mitbestimmungsvereinbarung, S. 111 f.; *Jacobs* in MünchKomm. AktG, § 21 SEBG Rz. 13; *Jacobs* in FS K. Schmidt, 2009, S. 795, 797, 798 f.; *Joost* in Oetker/Preis, EAS, B 8200, Rz. 121; *Kienast* in Jannott/Frodermann, Handbuch Europäische Aktiengesellschaft, Kap. 13 Rz. 381, 413, 420; *Köklü* in Van Hulle/Maul/Drinhausen, Kap. 6 Rz. 150; *Krause*, BB 2005, 1221, 1226; *Linden*, Mitbestimmungsvereinbarung, S. 73; *Oetker* in FS Konzen, 2006, S. 635, 648; *Rupp* in Annuß/Kühn/Rudolph/Rupp, EBRG, § 21 SEBG Rz. 21; *Schmid*, Mitbestimmung, S. 163; *Schwarz*, SE-VO, Einleitung Rz. 286; *Steinberg*, Mitbestimmung, S. 181 ff.; *Ziegler/Gey*, BB 2009, 1750, 1754 sowie zuvor *Herfs-Röttgen*, NZA 2002, 358, 363.
121 *Evers/Hartmann* in Manz/Mayer/Schröder, § 21 SEBG Rz. 35; *Hoops*, Mitbestimmungsvereinbarung, S. 112; *Jacobs* in MünchKomm. AktG, 3. Aufl., § 21 SEBG Rz. 13; *Rupp* in Annuß/Kühn/Rudolph/Rupp, EBRG, § 21 SEBG Rz. 21; der gleichfalls vorgeschlagene Rückgriff auf das für einen „Verzicht" maßgebende Beschlussquorum (so *Herfs-Röttgen*, NZA 2002, 358, 363) führt letztlich zu keinem anderen Ergebnis.
122 Im Ergebnis ebenso *Evers/Hartmann* in Manz/Mayer/Schröder, § 21 SEBG Rz. 43; *Jacobs* in MünchKomm. AktG, 3. Aufl., § 21 SEBG Rz. 13, 21; *Rupp* in Annuß/Kühn/Rudolph/Rupp, EBRG, § 21 SEBG Rz. 21.
123 Ebenso *Feuerborn* in KölnKomm. AktG, 3. Aufl., § 21 SEBG Rz. 43.

nomie der Parteien werfen die **Katalogtatbestände** in § 21 Abs. 3 Satz 2 SEBG die Frage auf, ob deren Konkretisierung notwendiger Inhalt einer Vereinbarung zur Mitbestimmung ist. Die Formulierung in Art. 4 Abs. 2 SE-RL („wird ... festgelegt") deutet zwar auf einen zwingend aufzunehmenden Mindestinhalt hin, eine derartige Auslegung widerspricht aber dem Ziel der Richtlinie, Regelungen zur Mitbestimmung in das Belieben der Parteien zu stellen. Bei diesem Verständnis, das den Katalogtatbeständen lediglich Empfehlungscharakter beimisst[124], steht es der Wirksamkeit der Beteiligungsvereinbarung jedenfalls nicht entgegen, wenn diese von Bestimmungen zu den „Rechten der Mitglieder" (§ 21 Abs. 3 Satz 2 Nr. 3 SEBG) absieht. Die hierdurch verbleibenden Lücken werden durch die jeweiligen gesetzlichen Vorschriften geschlossen.

53 Anders ist bei den in § 21 Abs. 3 Satz 2 Nr. 1 und 2 SEBG genannten Inhalten zu entscheiden, da diese zu den essentialia einer Mitbestimmungsregelung zählen, ohne deren Aufnahme diese nicht vollziehbar ist[125]. Eine Regelung zur Mitbestimmung im Aufsichts- oder Verwaltungsorgan der SE setzt denknotwendig voraus, dass diese Anzahl oder Anteil der Arbeitnehmervertreter bestimmt. Umgesetzt werden kann dies zudem nur durch Vorgaben zur Wahl oder Bestellung der Arbeitnehmervertreter. Wegen § 21 Abs. 5 SEBG genügt es jedoch, wenn sich aus der Vereinbarung zumindest konkludent ergibt, dass es bezüglich der vorgenannten Aspekte bei der gesetzlichen Auffangregelung bleiben soll; deren Anwendung kann auch im Hinblick auf die Mitbestimmung nicht nur ganz, sondern auch teilweise vereinbart werden[126].

54 **bb) Zwingendes Gesellschaftsrecht und Satzungsautonomie.** Anerkannt ist, dass eine Beteiligungsvereinbarung ihre Schranken in den **zwingenden Vorgaben der SE-VO bzw. des SEAG sowie des AktG** findet[127], sofern diese ihrerseits nicht selbst einen Vorrang zugunsten der Beteiligungsvereinbarung eröffnen[128]. Problematisch ist dies insbesondere im Hinblick auf die Festlegungen in § 17 Abs. 1 SEAG bzw. § 23 Abs. 1 SEAG zur **Größe des Aufsichtsorgans** bzw. Verwaltungsrates (s. dazu unten Rz. 64). Zweifelhaft ist zudem, ob das **Mindestanteilsgebot** in § 17 Abs. 2 SEAG bzw. § 24 Abs. 3 SEAG zur **Disposition der Beteiligungsvereinbarung** steht, indem diese einen Mindestanteil von Frauen und Männern im Aufsichts- bzw. Verwaltungsorgan fest-

---

124 So auch *Evers/Hartmann* in Manz/Mayer/Schröder, § 21 SEBG Rz. 37; *Henssler* in Ulmer/Habersack/Henssler, Mitbestimmungsrecht, § 21 SEBG Rz. 36; *Kienast* in Jannott/Frodermann, Handbuch Europäische Aktiengesellschaft, Kap. 13 Rz. 414; *Linden*, Mitbestimmungsvereinbarung, S. 134 ff.; *Middendorf* in Grobys/Panzer, Stichwortkommentar Arbeitsrecht, 2012, § 79 Rz. 37; *Schmid*, Mitbestimmung, S. 164; im Ergebnis ebenfalls *Joost* in Oetker/Preis, EAS, B 8200, Rz. 125; *Koch*, Beteiligung, S. 78 f.; a.A. (zwingender Mindestinhalt) *Cannistra*, Verhandlungsverfahren, S. 145 f.; *Feuerborn* in KölnKomm. AktG, 3. Aufl., § 21 SEBG Rz. 44; *Heinze*, Mitbestimmung, S. 279; *Hohenstatt/Müller-Bonanni* in Habersack/Drinhausen, § 21 SEBG Rz. 20; *Hoops*, Mitbestimmungsvereinbarung, S. 113 f.; *Hoops/Kuhnke* in Gaul/Ludwig/Forst, Europäisches Mitbestimmungsrecht, § 2 Rz. 258; *Wirtz*, SE-Betriebsrat, S. 151; idS wohl auch *Rupp* in Annuß/Kühn/Rudolph/Rupp, EBRG, § 21 SEBG Rz. 24.
125 Näher zum Vorstehenden *Oetker* in FS Konzen, 2006, S. 635, 648 f.; zustimmend im Ansatz *Forst*, Beteiligungsvereinbarung, S. 260 Fn. 1171; *Kiem*, ZHR 173 (2009), 156, 178; *Maack*, Rechtsschutz, S. 148.
126 Ebenso *Feuerborn* in KölnKomm. AktG, 3. Aufl., § 21 SEBG Rz. 62; in dieser Richtung auch *Henssler* in Ulmer/Habersack/Henssler, Mitbestimmungsrecht, § 21 SEBG Rz. 36.
127 Ebenso *Evers/Hartmann* in Manz/Mayer/Schröder, § 21 SEBG Rz. 40; *Feuerborn* in KölnKomm. AktG, 3. Aufl., § 21 SEBG Rz. 46; *Habersack*, AG 2006, 345, 348; *Hennings* in Manz/Mayer/Schröder, 1. Aufl., Art. 4 SE-RL Rz. 7; *Hommelhoff* in Lutter/Hommelhoff, Europäische Gesellschaft, S. 5, 16; *Jacobs* in FS K. Schmidt, 2009, S. 795, 802 f.; *Rupp* in Annuß/Kühn/Rudolph/Rupp, EBRG, § 21 SEBG Rz. 23; *Teichmann*, AG 2008, 797, 804.
128 Ebenso *Feuerborn* in KölnKomm. AktG, 3. Aufl., § 21 SEBG Rz. 46; *Rupp* in Annuß/Kühn/Rudolph/Rupp, EBRG, § 21 SEBG Rz. 23.

legt, der die Vorgabe von jeweils mindestens 30 % unterschreitet oder sogar gänzlich von einer Geschlechterquote absieht[129]. Wegen der rechtstechnischen Verankerung des Mindestanteilsgebots im SEAG und dem Verzicht auf einen Vorbehalt zugunsten der Beteiligungsvereinbarung ist ein derartiger Gestaltungsspielraum zu verneinen. Zudem würde eine Herabsetzung des Mindestanteilsgebotes unter den in § 17 Abs. 2 SEAG bzw. § 24 Abs. 3 SEAG vorgegebenen Prozentsatz oder dessen völlige Preisgabe die Grenzen der Vereinbarungsautonomie überschreiten, die die Legaldefinition der Mitbestimmung in § 2 Abs. 12 SEBG hierfür vorgibt (s. unten Rz. 57). Die Absenkung des Prozentsatzes bei einer Gesamterfüllung betrifft nicht nur die Arbeitnehmervertreter im Aufsichts- oder Verwaltungsorgan; die Zusammensetzung der Anteilseignervertreter im Aufsichts- oder Verwaltungsorgan der SE ist jedoch kein zulässiger Regelungsgegenstand der Beteiligungsvereinbarung. Den Parteien der Beteiligungsvereinbarung verfügen deshalb nur die Option, die Anwendung des Mindestanteilsgebotes in § 17 Abs. 2 SEAG und § 24 Abs. 3 SEAG dadurch abzuwenden, indem sie eine unterparitätische Beteiligung der Arbeitnehmervertreter im Aufsichts- oder Verwaltungsorgan der SE vorsehen[130].

Klärungsbedürftig verbleibt insbesondere das Verhältnis zwischen der für die SE anzuerkennenden **Satzungsautonomie** und der Beteiligungsvereinbarung. Ungeachtet der auch der Satzungsautonomie durch die gesetzliche Auffangregelung gezogenen Grenzen ist ein genereller Vorrang der Satzungsautonomie gegenüber der Beteiligungsvereinbarung nicht anzuerkennen. Vielmehr besteht diese nur in den Grenzen des gesetzlichen Ordnungsrahmens, zu dem auch die in § 21 SEBG eröffnete Vereinbarungsautonomie gehört. Diese steht nicht unter einem ungeschriebenen Vorbehalt der ausgeübten Satzungsautonomie. Bestätigt wird dies durch Art. 12 Abs. 4 SE-VO, der für den Fall der Divergenz zur Satzung bezüglich dieser eine Anpassung an die Beteiligungsvereinbarung vorsieht. 55

Zudem ist die Satzungsautonomie **keine generelle Voraussetzung** für die Regelbarkeit eines Gegenstandes in der Beteiligungsvereinbarung[131]. Für Bestimmungen zur Unterrichtung und Anhörung ist dies evident[132]. Gleiches gilt aber auch für Abreden zur Mitbestimmung, sofern sich aus den gesetzlichen Vorgaben nicht ausdrücklich ergibt, dass die entsprechende Regelung, wie z.B. eventuell diejenige zur Größe des Aufsichtsrates, die Satzung als ausschließliches Gestaltungsinstrument festlegt (s. unten Rz. 63). Deshalb sind die Schranken, die der Satzungsautonomie kraft Gesetzes gezogen sind, nicht per se auf die durch § 21 SEBG eröffnete Vereinbarungsautonomie übertragbar[133], sofern sich nicht ggf. durch Auslegung aus der jeweiligen gesetzlichen 56

---

129 So *Teichmann/Rüb*, BB 2015, 898, 905 sowie *Drygala*, Art. 40 Rz. 16.
130 Hierfür bereits *Teichmann/Rüb*, BB 2015, 259, 266; ferner auch *Drygala*, Art. 40 Rz. 8.
131 So aber *Habersack*, AG 2006, 345, 348; *Habersack*, ZHR 171 (2007), 613, 629 f. sowie im Anschluss *Feuerborn* in KölnKomm. AktG, 3. Aufl., § 21 SEBG Rz. 47; *Jacobs* in MünchKomm. AktG, 3. Aufl., § 21 SEBG Rz. 14; *Jacobs* in FS K. Schmidt, 2009, S. 795, 802; *Kiem*, ZHR 173 (2009), 156, 177 f.; *Reichert/Brandes* in MünchKomm. AktG, 3. Aufl., Art. 40 SE-VO Rz. 68; *Schäfer* in Rieble/Junker, Vereinbarte Mitbestimmung in der SE, 2008, § 1 Rz. 36 ff.; *Schmid*, Mitbestimmung, S. 194 ff.; demgegenüber wie hier *Linden*, Mitbestimmungsvereinbarung, S. 108 ff.; *Rehberg* in Rieble/Junker, Vereinbarte Mitbestimmung in der SE, 2008, § 2 Rz. 34 ff.; *Teichmann*, AG 2008, 797, 802 f.; ebenso *Paefgen* in KölnKomm. AktG, 3. Aufl., Art. 40 SE-VO Rz. 120; *Riesenhuber*, Europäisches Arbeitsrecht, § 29 Rz. 50; im Ansatz auch *Cannistra*, Verhandlungsverfahren, S. 153, mit Ausnahme der Mitbestimmung.
132 Treffend *Seibt*, ZIP 2010, 1057, 1060; dies konzediert auch *Feuerborn* in KölnKomm. AktG, 3. Aufl., § 21 SEBG Rz. 47.
133 So aber der Ansatz, nach dem die Vereinbarungsautonomie nicht über die der Satzungsautonomie gezogenen Grenzen hinausreicht; hierfür z.B. *Habersack*, AG 2006, 345, 348; *Habersack*, ZHR 171 (2007), 613, 629 f.; *Windbichler* in FS Canaris Bd. II, 2007, S. 1423, 1431; im Anschluss ebenfalls *Cannistra*, Verhandlungsverfahren, S. 154 f.

Vorschrift ergibt, dass diese ebenfalls die Vereinbarungsautonomie nach § 21 SEBG begrenzt. Ein Gleichlauf der Schranken lässt sich auch nicht auf Art. 12 Abs. 4 SE-VO stützen[134], weil dieser lediglich den Fall regelt, dass es zu einer Divergenz von Satzung und Beteiligungsvereinbarung kommt[135], ohne dass hieraus der Schluss gezogen werden kann, dass die Regelung auch in einer Satzung enthalten sein kann. Scheidet dies aufgrund der gesetzlichen Rahmendaten für die Satzungsautonomie aus, dann entfällt zugleich die Notwendigkeit einer Kollisionsnorm, ohne dass hierdurch zugleich die Vereinbarungsbefugnis im Hinblick auf die Beteiligungsvereinbarung in Frage gestellt ist.

57 Umgekehrt kann nicht alles, was durch Satzung oder Geschäftsordnung regelbar ist, Inhalt einer Beteiligungsvereinbarung sein[136], da § 21 Abs. 3 Satz 1 SEBG die Vereinbarungsautonomie nur für Regelungen „über die Mitbestimmung" eröffnet. Dies legt eine Konkretisierung mittels der **Legaldefinition in § 2 Abs. 12 SEBG** und eine Beschränkung der durch § 21 Abs. 3 SEBG eröffneten Vereinbarungsautonomie auf die Ausgestaltung der Mitbestimmung nahe. Die Legaldefinition gibt bei dieser Sichtweise nicht nur die Zielrichtung („Einflussnahme der Arbeitnehmer auf die Beschlussfassung in der Gesellschaft"), sondern auch den Weg („durch") vor, so dass sich die Vereinbarungsautonomie auf dessen Ausgestaltung beschränkt (s. auch unten Rz. 82 ff.)[137]. Relevant ist diese Schranke insbesondere im Hinblick auf die Rechte und Pflichten des Aufsichts- bzw. Verwaltungsorgans (s. unten Rz. 84).

58 **cc) Bestandsschutz bei Umwandlungen, § 21 Abs. 6 SEBG.** Eine spezielle Schranke errichtet § 21 Abs. 6 SEBG für eine Gründung der SE durch **Umwandlung**. In diesem Fall muss die **Arbeitnehmerbeteiligung** in der Beteiligungsvereinbarung hinsichtlich **aller Komponenten** erhalten bleiben. Ungeachtet der hiermit verbundenen Auslegungszweifel steht hierdurch jedenfalls fest, dass die Beteiligungsvereinbarung weder von einer Regelung zur Mitbestimmung absehen noch die Mitbestimmungsrechte mindern kann (s. auch § 15 Abs. 5 SEBG). Die „Komponenten" der Arbeitnehmerbeteiligung beziehen sich ausschließlich auf die durch die Legaldefinitionen in § 2 Abs. 10 bis 12 SEBG ausgeformte Trias von Unterrichtung, Anhörung und Mitbestimmung[138], was auch auf das von § 21 Abs. 6 SEBG geforderte „gleiche Ausmaß"

---

134 So aber *Feuerborn* in KölnKomm. AktG, 3. Aufl., § 21 SEBG Rz. 47; *Jacobs* in MünchKomm. AktG, 3. Aufl., § 21 SEBG Rz. 14; *Jacobs* in FS K. Schmidt, 2009, S. 795, 802; *Kiem*, ZHR 173 (2009), 156, 178 f.; zurückhaltend demgegenüber *Schäfer* in Rieble/Junker, Vereinbarte Mitbestimmung in der SE, 2008, § 1 Rz. 38; *Schmid*, Mitbestimmung, S. 195; dezidiert ablehnend *Linden*, Mitbestimmungsvereinbarung, S. 107 f.; *Teichmann*, AG 2008, 797, 803.
135 Treffend insoweit auch *Forst*, ZIP 2010, 350, 350 f.
136 So aber *Heinze/Seifert/Teichmann*, BB 2005, 2524, 2525; wie hier demgegenüber *Feuerborn* in KölnKomm. AktG, 3. Aufl., § 21 SEBG Rz. 48; *Habersack*, ZHR 171 (2007), 613, 630 f.; *Hoops*, Mitbestimmungsvereinbarung, S. 119.
137 Dazu näher *Oetker* in FS Konzen, 2006, S. 635, 649 f.; im Ansatz ebenso *Cannistra*, Verhandlungsverfahren, S. 147 f.; *Feuerborn* in KölnKomm. AktG, 3. Aufl., § 21 SEBG Rz. 45; *Habersack* AG 2006, 345, 351; *Habersack*, ZHR 171 (2007), 613, 630 f.; *Hoops*, Mitbestimmungsvereinbarung, S. 115 f.; *Hoops/Kuhnke* in Gaul/Ludwig/Forst, Europäisches Mitbestimmungsrecht, § 2 Rz. 258; *Jacobs* in FS K. Schmidt, 2009, S. 795, 799; *Kepper*, Monistische SE, S. 199; *Linden*, Mitbestimmungsvereinbarung, S. 76 ff.; *Rupp* in Annuß/Kühn/Rudolph/Rupp, EBRG, § 21 SEBG Rz. 22; *Paefgen* in KölnKomm. AktG, 3. Aufl., Art. 40 SE-VO Rz. 121; im Ergebnis auch *Schmid*, Mitbestimmung, S. 174; a.A. (weitergehend) *Heinze/Seifert/Teichmann*, BB 2005, 2524, 2525; *Koch*, Beteiligung, S. 97 ff.; *Köstler* in Theisen/Wenz, Europäische Aktiengesellschaft, S. 331, 351; *Teichmann*, AG 2008, 797, 804; *Teichmann*, BB 2010, 1114, 1115; wohl auch *Drygala*, Art. 40 Rz. 33.
138 *Evers/Hartmann* in Manz/Mayer/Schröder, § 21 SEBG Rz. 43; *Feuerborn* in KölnKomm. AktG, 3. Aufl., § 21 SEBG Rz. 73; *Forst*, Beteiligungsvereinbarung, S. 201 f.; *Forst* in Bergmann u.a., 10 Jahre SE, S. 50, 72; *Hohenstatt/Müller-Bonanni* in Habersack/Drinhausen, § 21 SEBG Rz. 30; *Linden*, Mitbestimmungsvereinbarung, S. 92 ff.; *Oetker* in FS Konzen, 2006,

ausstrahlt. Dem Schutzzweck der Vorschrift entspricht es, dass **Verbesserungen** zugunsten der Arbeitnehmer, die über das bisherige Ausmaß hinausgehen, nicht ausgeschlossen sind[139]. Eine **Gesamtsaldierung** zwischen den verschiedenen Komponenten ist jedoch nicht eröffnet[140], da hierdurch das „gleiche Ausmaß" nicht mehr hinsichtlich aller „Komponenten" gewährleistet ist.

Den **Anteil der Arbeitnehmervertreter** im Aufsichts- oder Verwaltungsorgan darf die Beteiligungsvereinbarung nicht zum Nachteil der Arbeitnehmer verändern (s. näher § 35 SEBG Rz. 7 ff.)[141]. Das gilt – wie § 21 Abs. 6 Satz 2 SEBG ausdrücklich festlegt – auch, wenn die Umwandlung zur SE zu einem Wechsel von einer dualistischen zur monistischen Verwaltungsstruktur einhergeht[142]. Aus § 21 Abs. 6 SEBG lässt sich kein Zwang entnehmen, dass dem Aufsichts- oder Verwaltungsorgan nach der Umwandlung eine identische **Zahl von Arbeitnehmervertretern** angehören muss[143]. Deshalb kann im Rahmen einer Umwandlung das bei einer SE zu bildende Aufsichts- 59

S. 635, 657; *Oetker* in FS Birk, 2008, S. 557, 568; *Rupp* in Annuß/Kühn/Rudolph/Rupp, EBRG, § 21 SEBG Rz. 38; *Schmid*, Mitbestimmung, S. 183 f.; *Wirtz*, SE-Betriebsrat, S. 153 f.; a.A. *Freis* in Nagel/Freis/Kleinsorge, Beteiligung der Arbeitnehmer, § 21 SEBG Rz. 43; *Teichmann*, ZIP 2014, 1049, 1051 ff.

139 Für die allgemeine Ansicht *Feuerborn* in KölnKomm. AktG, 3. Aufl., § 21 SEBG Rz. 71; *Freis* in Nagel/Freis/Kleinsorge, Beteiligung der Arbeitnehmer, § 21 SEBG Rz. 33; *Jacobs* in MünchKomm. AktG, 3. Aufl., § 21 SEBG Rz. 22; *Köklü* in Van Hulle/Maul/Drinhausen, Kap. 6 Rz. 148; *Seibt* in Habersack/Drinhausen, Art. 40 SE-VO Rz. 71.

140 Treffend *Feuerborn* in KölnKomm. AktG, 3. Aufl., § 21 SEBG Rz. 77; *Hoops*, Mitbestimmungsvereinbarung, S. 179 f.; *Wirtz*, SE-Betriebsrat, S. 154; a.A. *Nagel*, ArbuR 2011, 329, 331 f.

141 Hierfür *Evers/Hartmann* in Manz/Mayer/Schröder, § 21 SEBG Rz. 43; *Feuerborn* in KölnKomm. AktG, 3. Aufl., § 21 SEBG Rz. 76; *Grobys*, NZA 2005, 84, 88; *Henssler* in Ulmer/Habersack/Henssler, Mitbestimmungsrecht, § 21 SEBG Rz. 57; *Hohenstatt/Müller-Bonanni* in Habersack/Drinhausen, § 21 SEBG Rz. 31; *Hoops*, Mitbestimmungsvereinbarung, S. 177 ff.; *Hoops/Kuhnke* in Gaul/Ludwig/Forst, Europäisches Mitbestimmungsrecht, § 2 Rz. 286; *Jacobs* in MünchKomm. AktG, 3. Aufl., § 21 SEBG Rz. 21; *Jacobs* in FS K. Schmidt, 2009, S. 795, 800; *Oetker* in FS Birk, 2008, S. 557, 568 f.; *Paefgen* in KölnKomm. AktG, 3. Aufl., Art. 40 SE-VO Rz. 110; *Rieble* in Rieble/Junker, Vereinbarte Mitbestimmung in der SE, 2008, § 3 Rz. 82; *Rupp* in Annuß/Kühn/Rudolph/Rupp, EBRG, § 21 SEBG Rz. 40; *Schmid*, Mitbestimmung, S. 184; *Teichmann*, ZIP 2014, 1049, 1050; weitergehend wohl Begr. RegE, BT-Drucks. 15/3405, S. 52 sowie *Freis* in Nagel/Freis/Kleinsorge, Beteiligung der Arbeitnehmer, § 21 SEBG Rz. 32: auch „konkret bestehende Mitbestimmungsrechte"; ähnlich auch noch *Henssler* in Ulmer/Habersack/Henssler, MitbestR, 2. Aufl. 2006, Einl. SEBG Rz. 192.

142 So auch *Hohenstatt/Müller-Bonanni* in Habersack/Drinhausen, § 21 SEBG Rz. 32; *Hoops*, Mitbestimmungsvereinbarung, S. 181 f.; *Linden*, Mitbestimmungsvereinbarung, S. 104.

143 Ebenso *Diekmann* in FS Gruson, 2009, S. 75, 81; *Evers/Hartmann* in Manz/Mayer/Schröder, § 21 SEBG Rz. 43; *Feuerborn* in KölnKomm. AktG, 3. Aufl., § 21 SEBG Rz. 76; *Forst*, Beteiligungsvereinbarung, S. 202 f.; *Forst* in Bergmann u.a., 10 Jahre SE, S. 50, 73 ff.; *Henssler* in Ulmer/Habersack/Henssler, Mitbestimmungsrecht, § 21 SEBG Rz. 57; *Henssler/Sittard*, KSzW 2011, 359, 365; *Hohenstatt/Dzida* in Henssler/Willemsen/Kalb, ArbR-Komm., SEBG Rz. 37; *Hohenstatt/Müller-Bonanni* in Habersack/Drinhausen, § 21 SEBG Rz. 31; *Hoops*, Mitbestimmungsvereinbarung, S. 177 ff.; *Hoops/Kuhnke* in Gaul/Ludwig/Forst, Europäisches Mitbestimmungsrecht, § 2 Rz. 286; *Jacobs* in MünchKomm. AktG, 3. Aufl., § 21 SEBG Rz. 21; *Jacobs* in FS K. Schmidt, 2009, S. 795, 800; *Kepper*, Monistische SE, S. 213 f.; *Linden*, Mitbestimmungsvereinbarung, S. 96 ff.; *Oetker* in FS Konzen, 2006, S. 635, 657; *Oetker* in FS Birk, 2008, S. 557, 569 f.; *Paefgen* in KölnKomm. AktG, 3. Aufl., Art. 40 SE-VO Rz. 103; *Prinz* in Hümmerich/Boecken/Düwell, NK-ArbR, 2. Aufl. 2010, § 21 SEBG Rz. 6; *Rieble* in Rieble/Junker, Vereinbarte Mitbestimmung in der SE, 2008, § 3 Rz. 82; *Rupp* in Annuß/Kühn/Rudolph/Rupp, EBRG, § 21 SEBG Rz. 40; *Scheibe*, Mitbestimmung der Arbeitnehmer, S. 148 f.; *Schmid*, Mitbestimmung, S. 84; *Schwarz*, SE-VO, Einleitung Rz. 287; *Seibt/Reinhard*, Der Konzern 2005, 407, 418; a.A. *Nagel*, ArbuR 2011, 329, 332; *Teichmann*, ZIP 2014, 1049, 1052 f.; wohl auch *Freis* in Nagel/Freis/Kleinsorge, Beteiligung der Arbeitnehmer, § 21 SEBG Rz. 43 f.

organ in den durch § 17 Abs. 1 SEAG vorgegebenen Rahmendaten durch die Satzung verkleinert werden, sofern dem nicht die Festlegungen in einer Beteiligungsvereinbarung entgegenstehen (s. dazu auch unten Rz. 63 ff.). Durch die Vorgabe, dass das „gleiche Ausmaß" gewahrt bleiben muss, steht § 21 Abs. 6 SEBG bei einem im Zuge der Umwandlung vollzogenen Wechsel in das **monistische System** indes einer Abrede entgegen, die eine numerische Parität auf die nichtgeschäftsführenden Direktoren des Verwaltungsrates beschränkt, wenn der Aufsichtsrat der Gründungsgesellschaft zuvor paritätisch zusammengesetzt war[144].

60 Ebenso schließt § 21 Abs. 6 SEBG eine Vereinbarung nicht aus, die die **Zusammensetzung der Arbeitnehmervertreter** abweichend von der bislang maßgeblichen gesetzlichen Regelung ausgestaltet[145], da das „Ausmaß" der Mitbestimmung i.S. des § 2 Abs. 12 SEBG hiervon unberührt bleibt. Es ist deshalb aus Rechtsgründen nicht zu beanstanden, wenn dem Aufsichtsorgan einer SE nach der Umwandlung weniger von den Gewerkschaften vorgeschlagene Vertreter angehören, als dies nach Maßgabe von § 7 Abs. 2 MitbestG vor der Umwandlung bei der Gesellschaft der Fall war[146]. Auch die Zugehörigkeit eines Arbeitnehmervertreters zu den leitenden Angestellten (s. § 15 Abs. 1 Satz 2 MitbestG) muss nicht aufrechterhalten werden[147]. Entsprechendes gilt für vor der Umwandlung montan-mitbestimmte Unternehmen im Hinblick auf die durch § 6 Montan-MitbestG vorgegebene Zusammensetzung der Arbeitnehmervertreter sowie bei anderen Gesellschaften bezüglich der Zusammensetzung der Arbeitnehmervertreter nach § 4 Abs. 2 DrittelbG.

61 Ebenfalls nicht von dem Schutz durch § 21 Abs. 6 SEBG umfasst sind mitbestimmungsrechtliche Besonderheiten in der umzuwandelnden Gesellschaft, die **Organisation und Arbeitsweise des Aufsichtsrates**[148] bzw. dessen **Rechtsbeziehungen zu dem Vorstand** betreffen. Bezüglich dieser Regelungsgegenstände fehlt bereits die Vereinbarungsbefugnis, da diese nicht die Mitbestimmung der Arbeitnehmer im Sinne der Legaldefinition in § 2 Abs. 12 SEBG betreffen (s. unten Rz. 83 f.). Entsprechendes gilt für den nach § 33 MitbestG bestellten **Arbeitsdirektor** (s. auch unten Rz. 83)[149] sowie

---

144 Im Ergebnis auch *Feuerborn* in KölnKomm. AktG, 3. Aufl., § 21 SEBG Rz. 78 a.E.; *Hoops*, Mitbestimmungsvereinbarung, S. 170 f. (s. auch S. 174 ff.); a.A. aus verfassungsrechtlichen Gründen *Jacobs* in MünchKomm. AktG, 3. Aufl., § 21 SEBG Rz. 23; ferner *Rupp* in Annuß/Kühn/Rudolph/Rupp, EBRG, § 21 SEBG Rz. 41.
145 *Forst*, Beteiligungsvereinbarung, S. 203 f.; *Forst* in Bergmann u.a., 10 Jahre SE, S. 50, 75 ff.; *Habersack* in Bergmann u.a., 10 Jahre SE, S. 9, 21 f.; *Henssler* in Ulmer/Habersack/Henssler, Mitbestimmungsrecht, § 21 SEBG Rz. 58; *Hohenstatt/Müller-Bonanni* in Habersack/Drinhausen, § 21 SEBG Rz. 31; *Hoops/Kuhnke* in Gaul/Ludwig/Forst, Europäisches Mitbestimmungsrecht, § 2 Rz. 287; *Jacobs* in MünchKomm. AktG, 3. Aufl., § 21 SEBG Rz. 21; *Linden*, Mitbestimmungsvereinbarung, S. 98 ff.; *Oetker* in FS Konzen, 2006, S. 635, 657; *Oetker* in FS Birk, 2008, S. 557, 570; *Paefgen* in KölnKomm. AktG, 3. Aufl., Art. 40 SE-VO Rz. 110; *Rupp* in Annuß/Kühn/Rudolph/Rupp, EBRG, § 21 SEBG Rz. 40; *Schmid*, Mitbestimmung, S. 184 f.; *Seibt* in Habersack/Drinhausen, Art. 40 SE-VO Rz. 71; a.A. jedoch *Feuerborn* in KölnKomm. AktG, 3. Aufl., § 21 SEBG Rz. 76; *Freis* in Nagel/Freis/Kleinsorge, Beteiligung der Arbeitnehmer, § 21 SEBG Rz. 43 f.; *Köklü* in Van Hulle/Maul/Drinhausen, Kap. 6 Rz. 149; *Köstler* in Theisen/Wenz, Europäische Aktiengesellschaft, S. 331, 349; *Teichmann*, ZIP 2014, 1049, 1055 f.
146 A.A. *Teichmann*, ZIP 2014, 1049, 1055 f.
147 A.A. *Teichmann*, ZIP 2014, 1049, 1055 f.; wie hier *Habersack* in Bergmann u.a., 10 Jahre SE, S. 9, 21 f.
148 A.A. im Hinblick auf den stellvertretenden Vorsitzenden des Aufsichtsrates sowie die Zusammensetzung der Ausschüsse *Nagel*, ArbuR 2011, 329, 333 f.; ebenso im Hinblick auf den stellvertretenden Vorsitzenden *Henssler*, ZHR 173 (2009), 222, 242 f.
149 Ebenso *Forst* in Bergmann u.a., 10 Jahre SE, S. 50, 79; *Hoops*, Mitbestimmungsvereinbarung, S. 180; *Hoops/Kuhnke* in Gaul/Ludwig/Forst, Europäisches Mitbestimmungsrecht, § 2 Rz. 287; *Linden*, Mitbestimmungsvereinbarung, S. 102 ff.; *Oetker* in FS Birk, 2008, S. 557,

etwaige in der Satzung normierte **Zustimmungsvorbehalte** zugunsten des Aufsichtsrates[150]. Diese Einschränkung in der Reichweite des Schutzes durch § 21 Abs. 6 SEBG folgt aus dem Normzweck. Der durch § 21 Abs. 6 SEBG etablierte Schutz der Mitbestimmung soll verhindern, dass deren bisheriger Standard („Ausmaß") im Zuge der Umwandlung durch eine Beteiligungsvereinbarung abgesenkt wird. Dies setzt denknotwendig voraus, dass der betreffende Gegenstand überhaupt der Vereinbarungsbefugnis unterliegt. Fehlt bereits diese, dann bedarf es auch keines Schutzes der Mitbestimmung vor einer Vereinbarung.

c) Inhalte einer Vereinbarung zur Mitbestimmung

aa) Zahl der mitbestimmten Mitglieder des Aufsichts- oder Verwaltungsorgans (§ 21 Abs. 3 Satz 2 Nr. 1 SEBG). Im Gegensatz zu der häufig anzutreffenden Bezugnahme des SEBG auf den „Anteil" der Mitglieder des Aufsichts- oder Verwaltungsorgans, bezüglich der den Arbeitnehmern Mitbestimmungsrechte i.S. des § 2 Abs. 12 SEBG zustehen, stellt § 21 Abs. 3 Satz 2 Nr. 1 SEBG auf die Zahl der Mitglieder ab. Da es sich bei dieser lediglich um eine „Soll-Vorschrift" handelt (s. oben Rz. 51), ist es für die Rechtswirksamkeit der Vereinbarung unschädlich, wenn sich diese darauf beschränkt, den **Anteil der mitbestimmten Mitglieder** des Aufsichts- oder Verwaltungsorgans festzulegen. 62

Nach vorzugswürdiger Ansicht kann die Beteiligungsvereinbarung in den durch die §§ 17 Abs. 1 Satz 4, 23 Abs. 1 Satz 4 SEBG gezogenen Schranken mittelbar auch die **Gesamtgröße des Aufsichts- oder Verwaltungsorgans** fixieren[151]. Die Beschränkung der Vereinbarungsautonomie auf die Mitbestimmung der Arbeitnehmer (s. oben 63

---

571 f.; *Paefgen* in KölnKomm. AktG, 3. Aufl., Art. 39 SE-VO Rz. 78; a.A. *Scheibe*, Mitbestimmung der Arbeitnehmer, S. 149 f. sowie nachfolgend *Henssler*, ZHR 173 (2009), 222, 241 f.; *Nagel*, ArbuR 2011, 329, 334.

150 A.A. *Nagel*, ArbuR 2011, 329, 333, der Zustimmungsvorbehalte des Aufsichtsrates als beizubehaltende „Komponente der Mitbestimmung" einstuft.

151 So *Cannistra*, Verhandlungsverfahren, S. 163 ff.; *Drygala*, Art. 40 Rz. 32 f.; *Evers/Hartmann* in Manz/Mayer/Schröder, § 21 SEBG Rz. 38; *Freis* in Nagel/Freis/Kleinsorge, Beteiligung der Arbeitnehmer, § 21 SEBG Rz. 22; *Hohenstatt/Dzida* in Henssler/Willemsen/Kalb, ArbR-Komm., SEBG Rz. 36; *Reinhardt*, Sicherung der Unternehmensmitbestimmung, S. 165; *Rieble* in Rieble/Junker, Vereinbarte Mitbestimmung in der SE, 2008, § 3 Rz. 94; *Schmid*, Mitbestimmung, S. 202 ff.; *Seibt* in Habersack/Drinhausen, Art. 40 SE-VO Rz. 66; *Teichmann*, Art. 43 Rz. 36 f.; *Teichmann*, Der Konzern 2007, 89, 94 f.; *Teichmann*, MünchHdb. GesR, Bd. 6, 4. Aufl. 2013, § 49 Rz. 61; wohl auch *Seibt*, AG 2005, 413, 422 f.; ohne abschließende Stellungnahme *Krause*, BB 2005, 1221, 1226; a.A. *Austmann* in MünchHdb. AG, § 85 Rz. 37; *Diekmann* in FS Gruson, 2009, S. 75, 81 f.; *Eberspächer* in Spindler/Stilz, AktG, Art. 43 SE-VO Rz. 26; *Feuerborn* in KölnKomm. AktG, 3. Aufl., § 21 SEBG Rz. 52; *Forst*, Beteiligungsvereinbarung, S. 262 ff.; *Forst*, Der Konzern 2010, 151, 153; *Habersack*, AG 2006, 345, 351, 353 f.; *Habersack*, ZHR 171 (2007), 613, 632 ff.; *Henssler* in Ulmer/Habersack/Henssler, Mitbestimmungsrecht, § 21 SEBG Rz. 37 ff.; *Henssler/Sittard*, KSzW 2011, 359, 361 ff.; *Hoops*, Mitbestimmungsvereinbarung, S. 140 ff.; *Jacobs* in MünchKomm. AktG, 3. Aufl., § 21 SEBG Rz. 19; *Jacobs* in FS K. Schmidt, 2009, S. 795, 804; *Kallmeyer*, AG 2003, 197, 199; *Kepper*, Monistische SE, S. 205 ff.; *Kiem*, ZHR 171 (2007), 713, 729; *Kiem*, ZHR 173 (2009), 156, 177 f.; *Kiem*, Der Konzern 2010, 275, 278 ff.; *Kienast* in Jannott/Frodermann, Handbuch Europäische Aktiengesellschaft, Kap. 13 Rz. 436; *Linden*, Mitbestimmungsvereinbarung, S. 138 ff.; *Lunk/Hinrichs*, NZG 2007, 773, 778 (zu § 22 MgVG); *Paefgen* in KölnKomm. AktG, 3. Aufl., Art. 40 SE-VO Rz. 102; *Reichert/Brandes* in MünchKomm. AktG, 3. Aufl., Art. 40 SE-VO Rz. 68; *Rupp* in Annuß/Kühn/Rudolph/Rupp, EBRG, § 21 SEBG Rz. 25; *Schäfer* in Rieble/Junker, Vereinbarte Mitbestimmung in der SE, 2008, § 1 Rz. 44; *Scheibe*, Mitbestimmung der Arbeitnehmer, S. 123 ff.; *Verse* in Habersack/Drinhausen, Art. 43 SE-VO Rz. 23, § 23 SEAG Rz. 10; wohl auch *Windbichler* in FS Canaris Bd. II, 2007, S. 1423, 1428 ff.

Rz. 57) legt zwar ein gegenteiliges Verständnis nahe[152], dem aber entgegensteht, dass die Größe des Aufsichts- oder Verwaltungsorgans indirekt durch eine Festlegung zur Zahl der Arbeitnehmervertreter sowie deren Anteil an der Gesamtzahl der Organmitglieder vereinbart werden kann[153]. Deshalb ist es unschädlich, wenn selbst bei einem engen Verständnis zur Vereinbarungsautonomie die Beteiligungsvereinbarung zunächst die Größe des Aufsichts- oder Verwaltungsorgans und sodann Anteil und/oder Zahl der Arbeitnehmervertreter festlegt. In Betracht kommt dies insbesondere, wenn die bisherige Zahl der Arbeitnehmervertreter im Aufsichtsorgan fortgeschrieben werden soll, ohne dass sich deren Anteil verändert. Ebenso kann eine Vereinbarung zur Zahl der Arbeitnehmervertreter für den Fall eines zukünftigen Über- oder Unterschreitens eines bestimmten Schwellenwertes (s. oben Rz. 39 a.E.) nur dann sinnvoll festgelegt werden, wenn auch deren Anteil bestimmt wird. Hierdurch steht zugleich die Gesamtzahl der Mitglieder des Aufsichts- oder Verwaltungsorgans fest.

64 Die Vorgaben in Art. 40 Abs. 3 Satz 1 SE-VO bzw. Art. 43 Abs. 2 Satz 1 SE-VO, dass die Zahl der Mitglieder des Aufsichts- bzw. Verwaltungsorgans durch die Satzung der SE bestimmt wird, steht der indirekten Einbeziehung der Organgröße in die durch § 21 SEBG eröffnete Vereinbarungsautonomie nicht entgegen, da ausreichende Anhaltspunkte dafür fehlen, dass die Zahl der Mitglieder des Aufsichts- oder Verwaltungsorgans ausschließlich durch die Satzung der SE regelbar ist[154]. Auch aus der ausdrücklichen Benennung der Beteiligungsvereinbarung in Art. 40 Abs. 2 Satz 3 SE-VO bzw. Art. 43 Abs. 3 Satz 3 SE-VO lässt sich wegen der Systematik der Vorschriften und ihres Zwecks nicht der Umkehrschluss ziehen, dass in anderen Konstellationen die Aufnahme einer Regelung zur Größe des Aufsichts- oder Verwaltungsorgans in der Beteiligungsvereinbarung ausgeschlossen bzw. die Materie allein der Satzung in den einfachgesetzlich gezogenen Grenzen der Satzungsautonomie vorbehalten ist[155]. Die ausdrückliche Öffnung zugunsten der Beteiligungsvereinbarung in Art. 40 Abs. 2 Satz 3 SE-VO und Art. 43 Abs. 3 Satz 3 SE-VO bezieht sich ausschließlich auf die Bestellungskompetenz, ohne indes zugleich abschließend den Regelungsinhalt einer Beteiligungsvereinbarung festzuschreiben.

65 Umstritten sind selbst bei dem hier befürworteten Verständnis allerdings die bindende Wirkung von Vorgaben zur Größe des Aufsichts- oder Verwaltungsorgans, die in der Satzung festgelegt sind, sowie die Auswirkungen der gesetzlichen Schranken für die Satzungsautonomie auf den Inhalt einer Beteiligungsvereinbarung. Während teilweise auch die in den §§ 17 Abs. 1, 23 Abs. 1 SEAG normierten Schranken, zu denen insbesondere der Grundsatz der Dreiteilbarkeit in § 17 Abs. 1 Satz 3 SEAG zählt, für

---

152 So vor allem ausführlich *Habersack*, AG 2006, 345, 351, 352 f. sowie zuvor *Habersack*, Der Konzern 2006, 105, 107; ebenso *Forst*, Beteiligungsvereinbarung, S. 262 ff.; *Forst*, AG 2010, 350, 355 f.; *Schäfer* in Rieble/Junker, Vereinbarte Mitbestimmung in der SE, 2008, § 1 Rz. 44; s. auch *Steinberg*, Mitbestimmung, S. 212 ff.
153 Ebenso bereits *Güntzel*, Richtlinie, S. 224; treffend ferner *Evers/Hartmann* in Manz/Mayer/Schröder, § 21 SEBG Rz. 38; *Hohenstatt/Müller-Bonanni* in Habersack/Drinhausen, § 21 SEBG Rz. 21; *Rieble* in Rieble/Junker, Vereinbarte Mitbestimmung in der SE, 2008, § 3 Rz. 94; *Schmid*, Mitbestimmung, S. 203 f.; *Teichmann*, BB 2010, 1114, 1115; s. auch *Oetker*, ZIP 2006, 1113, 1115 ff.; *Oetker* in FS Konzen, 2006, S. 635, 650 f.; a.A. *Cannistra*, Verhandlungsverfahren, S. 163 f.; *Feuerborn* in KölnKomm. AktG, 3. Aufl., § 21 SEBG Rz. 53; *Forst*, Beteiligungsvereinbarung, S. 262 f.; *Forst*, AG 2010, 350, 355; *Henssler* in Ulmer/Habersack/Henssler, Mitbestimmungsrecht, § 21 SEBG Rz. 40; *Linden*, Mitbestimmungsvereinbarung, S. 144 f.; *Steinberg*, Mitbestimmung, S. 212 ff.
154 A.A. aber *Reichert/Brandes* in MünchKomm. AktG, 3. Aufl., Art. 40 SE-VO Rz. 68.
155 Ebenso z.B. *Cannistra*, Verhandlungsverfahren, S. 164; *Kiefner/Friebel*, NZG 2010, 537, 538; *Oetker*, ZIP 2006, 1113, 1117; a.A. jedoch *Habersack*, ZHR 171 (2007), 613, 632; *Kepper*, Monistische SE, S. 207; *Reichert/Brandes* in MünchKomm. AktG, 3. Aufl., Art. 40 SE-VO Rz. 68.

die Beteiligungsvereinbarung als maßgebend angesehen werden¹⁵⁶, verweisen andere Autoren auf den in den §§ 17 Abs. 2, 23 Abs. 2 SEAG normierten Vorrang zugunsten der Beteiligungsvereinbarung¹⁵⁷. Diese Sichtweise ermöglicht es unter anderem, eine bislang durch § 7 Abs. 1 Satz 1 Nr. 2 oder 3 MitbestG vermittelte Größe des Aufsichtsrates von 16 oder 20 Mitgliedern über den Abschluss einer Beteiligungsvereinbarung für das Aufsichtsorgan der SE beizubehalten. Soweit aufgrund der Beteiligungsvereinbarung die Satzung anzupassen ist, hebt § 17 Abs. 2 SEAG die durch § 17 Abs. 1 SEAG aufgestellten Vorgaben auf. Andernfalls wäre bei vorheriger Anwendung des MitbestG nach entsprechender Satzungsvorgabe wegen § 17 Abs. 1 Satz 3 SEAG zwingend ein 6-, 12- oder 18-köpfiges Aufsichtsorgan zu bilden.

Das **LG Nürnberg-Fürth** hat sich in einem Beschluss vom 8.2.2010¹⁵⁸ der hiesigen Position angeschlossen und eine für die „GfK SE" abgeschlossene Beteiligungsvereinbarung als rechtswirksam angesehen, in der die Gesamtgröße des Aufsichtsorgans auf zehn Personen bestimmt und zudem festgelegt wurde, dass dem Aufsichtsorgan vier Arbeitnehmervertreter angehören. Hierzu konnte das Gericht nur gelangen, weil es § 17 Abs. 2 SEAG gegenüber den Vorgaben in § 17 Abs. 1 SEAG als vorrangig ansah, so dass mittels der Beteiligungsvereinbarung auch von dem Grundsatz der Dreiteilbarkeit in § 17 Abs. 1 Satz 3 SEAG abgewichen werden durfte. Im Schrifttum hat die Entscheidung – entsprechend dem vorherigen Meinungsbild (s. oben Rz. 63 f.) – teils Zustimmung¹⁵⁹, teils Ablehnung¹⁶⁰ erfahren. De lege ferenda hat sich auch der Arbeitskreis „Aktien- und Kapitalmarktrecht (AAK)" dafür ausgesprochen, die Gesamtzahl der Mitglieder des Aufsichts- oder Verwaltungsorgans in die Vereinbarungsbefugnis einzubeziehen¹⁶¹. Im Interesse der Rechtssicherheit wäre eine derartige Klarstellung im SEBG zu begrüßen.

66

---

156 So vor allem *Habersack*, AG 2006, 345, 352 f., m.w.N. und bereits im Ansatz *Habersack*, Der Konzern 2006, 105, 107; ebenso ferner *Forst*, Beteiligungsvereinbarung, S. 265 f.; *Forst*, AG 2010, 350, 356 f.; *Habersack* in Bergmann u.a., 10 Jahre SE, S. 9, 20; *Henssler* in Ulmer/Habersack/Henssler, Mitbestimmungsrecht, § 21 SEBG Rz. 41; *Hohenstatt/Müller-Bonanni* in Habersack/Drinhausen, § 21 SEBG Rz. 21; *Jacobs* in MünchKomm. AktG, 3. Aufl., § 21 SEBG Rz. 19; *Jacobs* in FS K. Schmidt, 2009, S. 795, 802; *Linden*, Mitbestimmungsvereinbarung, S. 141 ff.; *Paefgen* in KölnKomm. AktG, 3. Aufl., Art. 40 SE-VO Rz. 105; *Reichert/Brandes* in MünchKomm. AktG, Art. 40 SE-VO Rz. 70 und zuvor *Kallmeyer*, AG 2003, 197, 199; im Grundsatz auch *Schäfer* in Rieble/Junker, Vereinbarte Mitbestimmung in der SE, 2008, § 1 Rz. 32 ff.
157 Ausführlich zu diesem Ansatz *Oetker*, ZIP 2006, 1113, 1119 ff.; mit diesem Ergebnis auch *Schwarz*, SE-VO, Art. 40 Rz. 82 sowie *Cannistra*, Verhandlungsverfahren, S. 168 ff.; *Rieble* in Rieble/Junker, Vereinbarte Mitbestimmung in der SE, 2008, § 3 Rz. 94; *Teichmann*, BB 2010, 1114, 1115; in diesem Sinne ebenfalls *Rehberg* in Rieble/Junker, Vereinbarte Mitbestimmung in der SE, 2008, § 2 Rz. 30 ff.; im Ergebnis auch *Seibt* in Habersack/Drinhausen, Art. 40 SE-VO Rz. 67, der den Rückgriff auf § 17 Abs. 2 SEAG jedoch durch eine teleologische Reduktion von § 17 Abs. 1 Satz 3 SEAG vermeidet; a.A. demgegenüber *Habersack*, AG 2006, 345, 352 f.; *Habersack*, ZHR 171 (2007), 613, 632 f.; *Kepper*, Monistische SE, S. 208.
158 LG Nürnberg-Fürth v. 8.2.2010 – 1 HK O 8471/09, AG 2010, 384 = ZIP 2010, 372.
159 *Austmann* in FS Hellwig, 2010, S. 105, 110 ff.; *Cannistra*, Verhandlungsverfahren, S. 168 ff.; *Kiefner/Friebel*, NZG 2010, 537 ff.; *Seibt*, ZIP 2010, 1057, 1060 ff.; *Seibt* in Habersack/Drinhausen, Art. 40 SE-VO Rz. 66; *Teichmann*, BB 2010, 1114, 1115; *Vossius*, NotBZ 2010, 146.
160 So *Forst*, AG 2010, 350, 355 ff.; *Forst* in Bergmann u.a., 10 Jahre SE, S. 50, 67 ff.; *Habersack* in Bergmann u.a., 10 Jahre SE, S. 9, 20; *Hoops/Kuhnke* in Gaul/Ludwig/Forst, Europäisches Mitbestimmungsrecht, § 2 Rz. 266; *Kiem*, Der Konzern 2010, 275, 278 ff.; *Kienast* in Jannott/Frodermann, Handbuch Europäische Aktiengesellschaft, Kap. 13 Rz. 436; *Kienast* in Gaul/Ludwig/Forst, Europäisches Mitbestimmungsrecht, § 2 Rz. 358; kritisch auch *Linnerz*, EWiR § 17 SEAG 1/10 (EWiR 2010, 337 f.).
161 ZIP 2010, 2221, 2226.

67 **bb) Verfahren zur Ausübung der Mitbestimmung (§ 21 Abs. 3 Satz 2 Nr. 2 SEBG).** Das Verfahren zur Festlegung der mitbestimmten Mitglieder des Aufsichts- oder Verwaltungsorgans soll die Beteiligungsvereinbarung zwar regeln, das SEBG überlässt den Parteien aber – sofern sie nicht die gesetzliche Auffangregelung ganz oder teilweise übernehmen (s. § 21 Abs. 5 SEBG) – die weiteren Modalitäten. Dies umfasst auch die **Aufteilung der mitbestimmten Mitglieder** des Aufsichts- oder Verwaltungsorgans auf die Mitgliedstaaten[162] oder die Festlegung anderer Kriterien (z.B. Sparten, Teilkonzerne)[163] sowie insbesondere Einzelheiten zum **Wahlverfahren** (z.B. Formerfordernisse, Wahlsystem).

68 Insoweit soll es auch zulässig sein, für die aus einem Mitgliedstaat zu berücksichtigenden Arbeitnehmer im Sinne eines **Schwellenwertes** eine bestimmte Mindestzahl festzulegen[164]. Zweifelhaft sind allerdings die **Schranken für die Gestaltungsfreiheit** der Vereinbarungsparteien, die jedenfalls bei einer missbräuchlichen Inanspruchnahme der Autonomie überschritten sind[165]. Relevant kann dies u.a. sein, wenn sich das zahlenmäßige Verhältnis der Arbeitnehmer in den gebildeten Wahl- bzw. Entsendungskreisen nicht mehr in der Verteilung der Zahl der Arbeitnehmervertreter auf die Wahl- bzw. Entsendekreise widerspiegelt[166]. Auch der Zweck der Vereinbarungsautonomie rechtfertigt es grundsätzlich nicht, wenn eine deutlich geringere Zahl von Arbeitnehmern dauerhaft über die Zahl der Arbeitnehmervertreter eine Mehrheit von Arbeitnehmern majorisiert.

69 Der Gestaltungsspielraum der Parteien erstreckt sich ferner auf das **Wahlgremium** sowie Konkretisierungen zum **Wahlvorschlagsrecht**[167]. Für das Wahlgremium können die Parteien nicht nur auf bestehende Arbeitnehmervertretungen in den Mitgliedstaaten zurückgreifen, sondern die Aufgabe auch dem kraft Vereinbarung gebildeten **SE-Betriebsrat** überantworten[168]. In Betracht kommt ferner die Bildung eines Wahlgremiums, das sich aus **Delegierten** zusammensetzt, die von den Arbeitnehmervertretungen in den Mitgliedstaaten gewählt oder bestellt werden. In diesem Fall ist zudem das **Stimmengewicht** der Delegierten (Kopfprinzip und/oder Zahl der vertretenen Arbeitnehmer) sowie die Notwendigkeit einer qualifizierten oder ggf. doppelt qualifizierten Mehrheit festzulegen.

---

162 *Feuerborn* in KölnKomm. AktG, 3. Aufl., § 21 SEBG Rz. 55; *Forst*, Beteiligungsvereinbarung, S. 274 ff.; *Henssler* in Ulmer/Habersack/Henssler, Mitbestimmungsrecht, § 21 SEBG Rz. 42; *Hohenstatt/Müller-Bonanni* in Habersack/Drinhausen, § 21 SEBG Rz. 24; *Hoops*, Mitbestimmungsvereinbarung, S. 144; *Jacobs* in MünchKomm. AktG, 3. Aufl., § 21 SEBG Rz. 19a; *Jacobs* in FS K. Schmidt, 2009, S. 795, 804; *Linden*, Mitbestimmungsvereinbarung, S. 147 f.; *Oetker* in FS Konzen, 2006, S. 635, 651; *Paefgen* in KölnKomm. AktG, 3. Aufl., Art. 40 SE-VO Rz. 107; *Rupp* in Annuß/Kühn/Rudolph/Rupp, EBRG, § 21 SEBG Rz. 27; *Seibt*, AG 2005, 413, 423; *Seibt* in Habersack/Drinhausen, Art. 40 SE-VO Rz. 70.
163 *Feuerborn* in KölnKomm. AktG, 3. Aufl., § 21 SEBG Rz. 55; *Jacobs* in MünchKomm. AktG, 3. Aufl., § 21 SEBG Rz. 19a; *Kumpf*, SE-Mitbestimmungsordnung, S. 50; *Linden*, Mitbestimmungsvereinbarung, S. 147; *Oetker* in FS Konzen, 2006, S. 635, 651; *Paefgen* in KölnKomm. AktG, 3. Aufl., Art. 40 SE-VO Rz. 107; *Seibt*, ZIP 2010, 1057, 1062.
164 *Feuerborn* in KölnKomm. AktG, 3. Aufl., § 21 SEBG Rz. 55; ebenso für den SE-Betriebsrat *Hohenstatt/Dzida* in Henssler/Willemsen/Kalb, ArbR-Komm., SEBG Rz. 35.
165 Mit diesem Vorbehalt auch *Cannistra*, Verhandlungsverfahren, S. 157, im Anschluss an *Jacobs* in MünchKomm. AktG, 3. Aufl., § 21 SEBG Rz. 19a.
166 In dieser Richtung auch *Wirtz*, SE-Betriebsrat, S. 183 ff., für den SE-Betriebsrat kraft Vereinbarung.
167 *Feuerborn* in KölnKomm. AktG, 3. Aufl., § 21 SEBG Rz. 56; *Linden*, Mitbestimmungsvereinbarung, S. 153; näher dazu *Oetker* in FS Konzen, 2006, S. 635, 651 f.
168 So auch *Cannistra*, Verhandlungsverfahren, S. 158; *Hoops*, Mitbestimmungsvereinbarung, S. 144 f.

Die Mitglieder des Aufsichts- oder Verwaltungsorgans werden nach Art. 40 Abs. 2 Satz 1 SE-VO und Art. 43 Abs. 3 Satz 1 SE-VO von der **Hauptversammlung** bestellt; dem trägt die gesetzliche Auffangregelung in § 36 Abs. 4 SEBG für die Arbeitnehmervertreter im Aufsichts- oder Verwaltungsorgan der SE Rechnung (s. dazu § 36 SEBG Rz. 14 ff.). Die unionsrechtlichen Vorgaben werden verbreitet dahin verstanden, dass eine Beteiligungsvereinbarung von diesem Modell nicht abweichen darf[169]. Eine dem MitbestG bzw. DrittelbG entsprechende Regelung, die eine Bestellung durch konstitutiven Wahlakt der Arbeitnehmer vorsieht, könnte deshalb in einer Beteiligungsvereinbarung nicht getroffen werden. Ob Art. 40 Abs. 2 Satz 1 SE-VO und Art. 43 Abs. 3 Satz 1 SE-VO tatsächlich zwingend zu beachtende Schranken für die Beteiligungsvereinbarung begründen, ist jedoch angesichts der in Art. 40 Abs. 2 Satz 3 SE-VO und Art. 43 Abs. 3 Satz 3 SE-VO eröffneten Vorbehalte zugunsten der Beteiligungsvereinbarung nicht sicher, da der Vorbehalt so formuliert ist, dass er sich aufgrund seiner systematischen Stellung auf beide vorangestellten Sätze beziehen kann und damit auch die Bestellungskompetenz der Hauptversammlung unter dem Vorbehalt einer abweichenden Regelung quo Beteiligungsvereinbarung steht. Unterstützung erfahren die Bedenken zusätzlich durch die Legaldefinition zur Mitbestimmung in § 2 Abs. 12 SEBG, die im Einklang mit der SE-RL neben der Wahl als gleichberechtigte Variante die Bestellung der Arbeitnehmervertreter im Aufsichts- oder Verwaltungsorgan der SE durch die Arbeitnehmer zulässt. Entsprechendes gilt für den Katalogtatbestand in § 21 Abs. 3 Satz 2 Nr. 2 SEBG, der auch insoweit mit der Vorgabe in Art. 4 Abs. 2 lit. g SE-RL übereinstimmt[170]. Allerdings scheint weder der Unionsgesetzgeber noch der deutsche Gesetzgeber zwischen der „Bestellung" i.S. der Legaldefinition und einem Bestellungsakt der Hauptversammlung einen Widerspruch zu sehen.

70

Aus dem Wortlaut des § 21 Abs. 3 Satz 2 Nr. 2 SEBG lässt sich allerdings ableiten, dass ein Wahlrecht zumindest indirekt von den Arbeitnehmern ausgeübt werden muss[171]. Bei einer indirekten „Wahl" der Arbeitnehmervertreter sind die Parteien der Beteiligungsvereinbarung jedoch nicht auf ein dem MitbestG (§§ 10 ff. MitbestG) entlehntes Modell gewählter Delegierter beschränkt, sondern können auch bestehenden Arbeitnehmervertretungen i.S. von § 2 Abs. 6 SEBG das Wahlrecht „verleihen" und damit das Modell des Montan-MitbestG (§ 6 Abs. 1 Satz 2 Montan-MitbestG)

71

---

169 So *Scheibe*, Mitbestimmung der Arbeitnehmer, S. 128 ff.; ebenso *Cannistra*, Verhandlungsverfahren, S. 160 f.; *Henssler* in Ulmer/Habersack/Henssler, Mitbestimmungsrecht, § 21 SEBG Rz. 45; *Hoops*, Mitbestimmungsvereinbarung, S. 148 ff.; *Jacobs* in MünchKomm. AktG, 3. Aufl., § 21 SEBG Rz. 19a; *Jacobs* in FS K. Schmidt, 2009, S. 795, 807; *Linden*, Mitbestimmungsvereinbarung, S. 154 ff.; *Oetker* in FS Konzen, 2006, S. 635, 652 f.; *Paefgen* in KölnKomm. AktG, 3. Aufl., Art. 40 SE-VO Rz. 44 ff.; *Rupp* in Annuß/Kühn/Rudolph/Rupp, EBRG, § 21 SEBG Rz. 29; a.A. jedoch *Drygala*, Art. 40 Rz. 20; *Forst*, Beteiligungsvereinbarung, S. 273 f.; *Maack*, Rechtsschutz, S. 148 f.; *Reichert/Brandes* in MünchKomm. AktG, 3. Aufl., Art. 40 SE-VO Rz. 26; *Seibt* in Habersack/Drinhausen, Art. 40 SE-VO Rz. 38; *Thüsing/Forst* in FS Reuter, 2010, S. 851, 859; *Verse* in Habersack/Drinhausen, Art. 43 SE-VO Rz. 29; wohl auch *Eberspächer* in Spindler/Stilz, AktG, Art. 39 SE-VO Rz. 7.
170 Für die Zulässigkeit einer Ablösung der Bestellungskompetenz der Hauptversammlung durch Beteiligungsvereinbarung deshalb *Forst*, Beteiligungsvereinbarung, S. 273 ff.; *Maack*, Rechtsschutz, S. 148 f.; *Reichert/Brandes* in MünchKomm. AktG, 3. Aufl., Art. 40 SE-VO Rz. 26; *Seibt* in Habersack/Drinhausen, Art. 40 SE-VO Rz. 38; *Thüsing/Forst* in FS Reuter, 2010, S. 851, 859.
171 *Feuerborn* in KölnKomm. AktG, 3. Aufl., § 21 SEBG Rz. 56; *Forst*, Beteiligungsvereinbarung, S. 268 f.; *Henssler* in Ulmer/Habersack/Henssler, Mitbestimmungsrecht, § 21 SEBG Rz. 43; *Hohenstatt/Müller-Bonanni* in Habersack/Drinhausen, § 21 SEBG Rz. 24; *Hoops*, Mitbestimmungsvereinbarung, S. 145; *Jacobs* in MünchKomm. AktG, § 21 SEBG Rz. 19a; *Jacobs* in FS K. Schmidt, 2009, S. 795, 806; *Kumpf*, SE-Mitbestimmungsordnung, S. 50; *Rupp* in Annuß/Kühn/Rudolph/Rupp, EBRG, § 21 SEBG Rz. 28.

adaptieren¹⁷². **Entsendungsrechte** zugunsten außenstehender Dritter (z.B. im Unternehmen vertretene Gewerkschaften) sind mit dem Postulat einer auf die Arbeitnehmer der SE rückführbaren Legitimationskette indes unvereinbar¹⁷³. Entsprechendes gilt für Festlegungen, nach denen bestimmte Mandatsträger von Arbeitnehmervertretungen (z.B. Vorsitzender des Konzern- oder Gesamtbetriebsrats, Mitglieder des SE-Betriebsrats) kraft Amtes als geborene Mitglieder dem Aufsichts- oder Verwaltungsorgan angehören¹⁷⁴. Andererseits bestehen keine rechtlichen Bedenken, wenn ausschließlich den Mitgliedern eines Wahlgremiums oder Arbeitnehmervertretungen i.S. von § 2 Abs. 6 SEBG **Vorschlagsrechte** eingeräumt werden und davon abgesehen wird, bestimmte Garantien für einzelne Sitze im Aufsichts- oder Verwaltungsorgan (z.B. für im Unternehmen vertretene Gewerkschaften oder bestimmte Arbeitnehmergruppen) festzuschreiben¹⁷⁵. Umgekehrt sind die Parteien nicht gehindert, Vorschlagsrechte (z.B. zugunsten der Gewerkschaften) zu begründen, die bei den an der Gründung der SE beteiligten Gesellschaften nicht bestanden, weil diese z.B. ausschließlich einer Mitbestimmung nach dem DrittelbG unterlagen¹⁷⁶.

72 Auch wenn die Wahl bzw. Bestellung der Arbeitnehmervertreter grundsätzlich zumindest indirekt durch die Arbeitnehmer zu erfolgen hat, sind bei dem **ersten Aufsichts- bzw. Verwaltungsorgan** Besonderheiten zu beachten, da Art. 40 Abs. 2 Satz 3 SE-VO und Art. 43 Abs. 3 Satz 2 SE-VO insoweit ausdrücklich eine Beteiligungsvereinbarung ermöglichen und es der Systematik der genannten Vorschriften entspricht, wenn die Arbeitnehmervertreter bereits in der Beteiligungsvereinbarung namentlich benannt werden¹⁷⁷. Analog den Vertretern der Aktionäre, die in der Satzung bestellt sind (Art. 40 Abs. 2 Satz 2 SE-VO und Art. 43 Abs. 3 Satz 2 SE-VO), entfällt bei einer namentlichen Benennung in der Beteiligungsvereinbarung eine gesonderte Bestellung der Arbeitnehmervertreter durch die Hauptversammlung oder einem anderen Wahlgremium.

73 Hinsichtlich der **Wählbarkeit** stehen die durch die §§ 100, 105 Abs. 1 AktG für das Aufsichtsorgan und in § 27 SEAG für den Verwaltungsrat abgesteckten Koordinaten des zwingenden Gesellschaftsrechts nicht zur Disposition (s. oben Rz. 54)¹⁷⁸. In den hierdurch gezogenen Grenzen kann die Beteiligungsvereinbarung jedoch weitere per-

---

172 A.A. im Grundansatz zum MgVG *Schubert*, ZIP 2009, 791, 796 ff.
173 Ebenso *Feuerborn* in KölnKomm. AktG, 3. Aufl., § 21 SEBG Rz. 56; *Forst*, Beteiligungsvereinbarung, S. 272 f.; *Henssler* in Ulmer/Habersack/Henssler, Mitbestimmungsrecht, § 21 SEBG Rz. 43; *Hohenstatt/Müller-Bonanni* in Habersack/Drinhausen, § 21 SEBG Rz. 24; *Hoops*, Mitbestimmungsvereinbarung, S. 144 f.; *Jacobs* in MünchKomm. AktG, 3. Aufl., § 21 SEBG Rz. 19a; *Jacobs* in FS K. Schmidt, 2009, S. 795, 806; *Kumpf*, SE-Mitbestimmungsordnung, S. 50 f.; *Rieble* in Rieble/Junker, Vereinbarte Mitbestimmung in der der SE, 2008, § 3 Rz. 97; *Rupp* in Annuß/Kühn/Rudolph/Rupp, EBRG, § 21 SEBG Rz. 28; s. näher *Oetker* in FS Konzen, 2006, S. 635, 651 f.; ebenso bezüglich der Mitglieder des SE-Betriebsrats *Thüsing*, ZIP 2006, 1469, 1473 f.; a.A. *Seibt*, AG 2005, 413, 423; *Seibt* in Habersack/Drinhausen, Art. 40 SE-VO Rz. 38.
174 S. auch *Wirtz*, SE-Betriebsrat, S. 248 ff.
175 *Forst*, Beteiligungsvereinbarung, S. 273; *Jacobs* in MünchKomm. AktG, 3. Aufl., § 21 SEBG Rz. 19a; *Jacobs* in FS K. Schmidt, 2009, S. 795, 805; *Hohenstatt/Müller-Bonanni* in Habersack/Drinhausen, § 21 SEBG Rz. 24; *Rupp* in Annuß/Kühn/Rudolph/Rupp, EBRG, § 21 SEBG Rz. 28; s. auch *Linden*, Mitbestimmungsvereinbarung, S. 150 ff., die sich gegen Sitzgarantien zugunsten externer Personen ausspricht.
176 Ebenso *Habersack*, ZHR 171 (2007), 613, 634 f.; *Jacobs* in MünchKomm. AktG, 3. Aufl., § 21 SEBG Rz. 19a; *Seibt* in Habersack/Drinhausen, Art. 40 SE-VO Rz. 38.
177 Treffend *Forst*, Beteiligungsvereinbarung, S. 269 f.; *Rupp* in Annuß/Kühn/Rudolph/Rupp, EBRG, § 21 SEBG Rz. 28; *Verse* in Habersack/Drinhausen, Art. 43 SE-VO Rz. 32; ebenso im Ergebnis *Linden*, Mitbestimmungsvereinbarung, S. 183.
178 So auch *Cannistra*, Verhandlungsverfahren, S. 158 f.; *Henssler* in Ulmer/Habersack/Henssler, Mitbestimmungsrecht, § 21 SEBG Rz. 44; *Jacobs* in MünchKomm. AktG, 3. Aufl., § 21

sönliche Wählbarkeitsvoraussetzungen (Beschäftigungsdauer, fachliche bzw. berufliche Qualifikation, Zugehörigkeit zu bestimmten Unternehmenssparten) in der Beteiligungsvereinbarung festgelegt[179], solange diese nicht gegen anderweitige Inhaltsschranken (z.B. Diskriminierungsverbote) verstoßen[180].

Über Festlegungen zur Wählbarkeit hinaus können in der Beteiligungsvereinbarung insbesondere auch Regelungen zur **Zusammensetzung der Arbeitnehmervertreter** im Aufsichts- oder Verwaltungsorgan getroffen werden, die z.B. vorsehen, dass ein bestimmter Anteil (Zahl) einer Arbeitnehmergruppe vorbehalten ist (z.B. Zugehörigkeit zu einer bestimmten Gründungsgesellschaft bzw. betroffenen Tochtergesellschaft oder einer Unternehmenssparte). Auf diesem Wege lässt sich auch vereinbaren, dass sich unter den Arbeitnehmervertretern im Aufsichtsrat eine bestimmte **Quote weiblicher Vertreter** befinden muss, um auf diese Weise die Wahrung des Mindestanteilsgebots aus § 17 Abs. 2 SEAG im Rahmen einer Gesamterfüllung zu erleichtern (s. auch Vor § 1 SEBG Rz. 32). Zwingend ist eine derartige Regelung jedoch nicht, da die Wahrung des Mindestanteilsgebots der Hauptversammlung obliegt. 74

Zu dem Verfahren über die Wahl oder Bestellung der Arbeitnehmervertreter zählen auch procedurale Bestimmungen, die die **Geltendmachung von Wahlfehlern** ausgestalten[181]. Insbesondere können – dem Vorbild in § 37 Abs. 2 SEBG folgend – die Voraussetzungen einer **Wahlanfechtung** konkretisiert werden. Dies betrifft vor allem den Kreis der Anfechtungsberechtigten und die Modalitäten des Anfechtungsverfahrens, zu denen neben einer Ausschlussfrist (s. § 37 Abs. 2 Satz 3 SEBG) auch die vorherige Durchführung eines schiedsgerichtlichen Vorverfahrens zählen können (s. auch Rz. 86 f.). Bei dem Kreis der Anfechtungsberechtigten können sich die Vereinbarungsparteien nicht nur an § 37 Abs. 2 Satz 2 SEBG i.V. mit § 37 Abs. 1 Satz 2 SEBG orientieren, sondern auch einen durch § 22 Abs. 2 MitbestG geprägten Status quo fortschreiben oder eine bestimmte Zahl von Delegierten eines Wahlgremiums, die ggf. zusätzlich ein bestimmtes Quorum von Arbeitnehmern vertreten, mit dem Anfechtungsrecht ausstatten. Bezüglich der zur Wahlanfechtung berechtigenden Wahlfehler können die Vereinbarungsparteien auch festlegen, dass bestimmte Mängel während des Wahlverfahrens binnen einer Ausschlussfrist oder bis zu einem bestimmten Abschnitt des Wahlverfahrens geltend gemacht werden müssen. Fehlen in einer Vereinbarung Bestimmungen zur Wahlanfechtung, liegt ein lückenschließender Rückgriff auf die gesetzliche Auffangregelung nahe (s. auch oben Rz. 27). 75

Von der durch § 21 Abs. 3 Satz 2 Nr. 2 SEBG eröffneten Vereinbarungsbefugnis ist auch der **actus contrarius** zur Wahl bzw. Bestellung umfasst[182]. Dabei können sich die Parteien an den Vorgaben für die **Abberufung** in § 37 Abs. 1 SEBG orientieren, sind aber nicht gehindert, hiervon abweichende Regelungen festzulegen, die sowohl 76

SEBG Rz. 19a; *Jacobs* in FS K. Schmidt, 2009, S. 795, 807; *Oetker* in FS Konzen, 2006, S. 635, 651.
179 *Cannistra*, Verhandlungsverfahren, S. 159; *Feuerborn* in KölnKomm. AktG, 3. Aufl., § 21 SEBG Rz. 57; *Hohenstatt/Müller-Bonanni* in Habersack/Drinhausen, § 21 SEBG Rz. 25; *Hoops*, Mitbestimmungsvereinbarung, S. 146 ff.; *Jacobs* in MünchKomm. AktG, 3. Aufl., § 21 SEBG Rz. 19a; *Jacobs* in FS K. Schmidt, 2009, S. 795, 807; *Koch*, Beteiligung, S. 78; *Linden*, Mitbestimmungsvereinbarung, S. 148 ff.; *Paefgen* in KölnKomm. AktG, 3. Aufl., Art. 40 SE-VO Rz. 58; *Rupp* in Annuß/Kühn/Rudolph/Rupp, EBRG, § 21 SEBG Rz. 28; *Seibt* in Habersack/Drinhausen, Art. 40 SE-VO Rz. 45.
180 Treffend *Hohenstatt/Müller-Bonanni* in Habersack/Drinhausen, § 21 SEBG Rz. 25 a.E.
181 So auch *Forst*, Beteiligungsvereinbarung, S. 290 ff.; *Jacobs* in MünchKomm. AktG, 3. Aufl., § 21 SEBG Rz. 19a; a.A. *Linden*, Mitbestimmungsvereinbarung, S. 159.
182 Ebenso im Ergebnis *Feuerborn* in KölnKomm. AktG, 3. Aufl., § 21 SEBG Rz. 64; *Forst*, Beteiligungsvereinbarung, S. 286 ff.; *Oetker* in FS Konzen, 2006, S. 635, 651; a.A. *Hoops*, Mitbestimmungsvereinbarung, S. 151; *Linden*, Mitbestimmungsvereinbarung, S. 157 f.

den Kreis der Antragsberechtigten als auch das Procedere der Abberufung einschließlich des hierfür notwendigen Mehrheitsquorums anders als in § 37 Abs. 1 SEBG festlegen. Ein Gleichlauf von Bestellungs- und Abberufungskompetenz ist den Parteien nicht zwingend vorgegeben[183]; ein Auseinanderfallen der Kompetenzen ist jedoch unzweckmäßig und entspricht vorbehaltlich einer ausdrücklich bekundeten und ausgeformten abweichenden Vorstellung regelmäßig nicht dem Willen der Parteien. Verzichtet die Vereinbarung auf gesonderte Bestimmungen zur Abberufung, dann entspricht die analoge Anwendung von § 37 Abs. 1 SEBG regelmäßig dem Willen der Vereinbarungsparteien, da der Verzicht auf eine vom Vorliegen eines wichtigen Grundes entkoppelte Abberufung sowohl aus Sicht des Gesellschaftsrechts (s. § 103 Abs. 1 AktG, § 29 SEAG) als auch aus Sicht der Unternehmensmitbestimmung (s. § 23 MitbestG, § 11 Montan-MitbestG, § 12 DrittelbG) eine systemwidrige Anomalie wäre. Selbst wenn die für die Bestellung vorgesehene **Zuständigkeit der Hauptversammlung** in Art. 40 Abs. 2 Satz 1 SE-VO und Art. 43 Abs. 3 Satz 1 SE-VO als zwingend angesehen wird (s. dazu oben Rz. 67) und auch auf die Abberufung ausstrahlt[184], steht diese einer Regelung in der Beteiligungsvereinbarung nicht entgegen, solange der Akt der konstitutiv wirkenden Abberufung – dem Vorbild in § 37 Abs. 1 Satz 4 SEBG folgend – der Hauptversammlung vorbehalten bleibt, die insoweit an den Beschluss zur Abberufung – wie bei der gesetzlichen Auffangregelung – gebunden ist.

77 **cc) Rechte der mitbestimmten Mitglieder des Aufsichts- oder Verwaltungsorgans (§ 21 Abs. 3 Satz 2 Nr. 3 SEBG).** Die Beteiligungsvereinbarung soll darüber hinaus die Rechte der Mitglieder des Aufsichts- oder Verwaltungsorgans regeln. Wegen der Bezugnahme auf die in § 21 Abs. 3 Satz 2 Nr. 1 SEBG genannten Mitglieder („dieser Mitglieder") muss es sich um diejenigen handeln, auf die sich die Mitbestimmung der Arbeitnehmer i.S. der Legaldefinition in § 2 Abs. 12 SEBG bezieht[185].

78 Gegenstand einer Beteiligungsvereinbarung können insbesondere Bestimmungen sein, die die **persönliche Rechtsstellung** der Arbeitnehmervertreter im Aufsichts- oder Verwaltungsorgan über § 42 SEBG hinausgehend verstärken (z.B. Schulungsansprüche, Kündigungsschutz, Freistellungen)[186]. Trotz des offenen Wortlauts in § 21 Abs. 3 Satz 2 Nr. 3 SEBG ist der Gestaltungsspielraum der Parteien diesbezüglich nicht unbegrenzt. Insbesondere darf sich die Beteiligungsvereinbarung nicht über die Schranken der geltenden Rechtsordnung hinwegsetzen. So dürfen zusätzliche Leistungen an die Arbeitnehmervertreter im Aufsichts- oder Verwaltungsorgan nicht gegen das Begünstigungsverbot (§ 44 Nr. 3 SEBG) verstoßen[187]. Dies steht jedoch Abre-

---

183 So zutreffend *Seibt* in Habersack/Drinhausen, Art. 40 SE-VO Rz. 61; a.A. *Forst*, Beteiligungsvereinbarung, S. 289; wohl auch *Paefgen* in KölnKomm. AktG, 3. Aufl., Art. 40 SE-VO Rz. 88.
184 So *Hoops*, Mitbestimmungsvereinbarung, S. 155; *Linden*, Mitbestimmungsvereinbarung, S. 157 f.; *Paefgen* in KölnKomm. AktG, 3. Aufl., Art. 40 SE-VO Rz. 88; a.A. jedoch im Sinne eines Gleichlaufs mit der Bestellung für die Möglichkeit einer Derogation der Zuständigkeit der Hauptversammlung *Seibt* in Habersack/Drinhausen, Art. 40 SE-VO Rz. 61; im Ergebnis auch *Drygala*, Art. 40 Rz. 23.
185 Zustimmend *Linden*, Mitbestimmungsvereinbarung, S. 159.
186 *Feuerborn* in KölnKomm. AktG, 3. Aufl., § 21 SEBG Rz. 58; *Henssler* in Ulmer/Habersack/Henssler, Mitbestimmungsrecht, § 21 SEBG Rz. 46; *Hohenstatt/Müller-Bonanni* in Habersack/Drinhausen, § 21 SEBG Rz. 26; *Hoops*, Mitbestimmungsvereinbarung, S. 153 f.; *Jacobs* in MünchKomm. AktG, 3. Aufl., § 21 SEBG Rz. 19b; *Jacobs* in FS K. Schmidt, 2009, S. 795, 808; dazu auch *Oetker* in FS Konzen, 2006, S. 635, 653; dagegen jedoch *Forst*, Beteiligungsvereinbarung, S. 280 ff. sowie *Thüsing*, ZIP 2006, 1469, 1476 f., im Hinblick auf Mitglieder des SE-Betriebsrats.
187 Treffend im Grundansatz auch *Forst*, Beteiligungsvereinbarung, S. 280, 281; *Rupp* in Annuß/Kühn/Rudolph/Rupp, EBRG, § 21 SEBG Rz. 33 sowie zuvor *Thüsing*, ZIP 2006, 1469, 1477.

den nicht entgegen, die eine Gleichbehandlung der Arbeitnehmervertreter herbeiführen, um durch § 42 Satz 1 SEBG und die Bezugnahme auf das Recht der Mitgliedstaaten vorgezeichnete Unterschiede auszugleichen[188]. Dabei sind die Parteien jedoch auf eine Angleichung an das höchste Niveau beschränkt und müssen sich auf Regelungen beschränken, die ihre Rechtfertigung aus der Wahrnehmung des Amtes sowie dem Schutz der ungehinderten Amtsausübung beziehen. Unter dieser Voraussetzung sieht auch das SEBG zwischen Begünstigungsverbot und Amtsschutz keinen Widerspruch[189].

Ebenso dürfen die in der Vereinbarung festgelegten Rechte der mitbestimmten Mitglieder des Aufsichts- oder Verwaltungsorgans nicht im Widerspruch zu den zwingenden Bestimmungen der SE-VO sowie den ergänzend heranzuziehenden Regelungen des AktG sowie des SEAG stehen (s. oben Rz. 54). Das gilt insbesondere für den **Grundsatz der individuell gleichen Berechtigung und Verpflichtung aller Aufsichtsratsmitglieder**[190] und seinen Ausstrahlungen auf die personelle Zusammensetzung der im Aufsichts- oder Verwaltungsorgan gebildeten **Ausschüsse**[191]. Gegen den Grundsatz der individuell gleichen Berechtigung verstoßen z.B. auch Vereinbarungen, die ausschließlich den mitbestimmten Mitgliedern des Aufsichts- oder Verwaltungsorgans in einzelnen Angelegenheiten das **Stimmrecht** vorenthalten bzw. sie auf ein **Teilnahme- und Beratungsrecht** beschränken[192]. Allenfalls bei Ausschüssen, die aus sachlichen Gründen auch ohne Arbeitnehmervertreter gebildet werden können[193], ist eine abweichende Würdigung in Betracht zu ziehen. Relevant ist dies insbesondere für die Rechtsstellung der mitbestimmten Mitglieder eines bei der SE gebildeten Verwaltungsrates. Eine generelle Beschränkung des Grundsatzes der gleichen Berechtigung und Verpflichtung auf die nichtgeschäftsführenden Direktoren[194] ist – wie die auch den Verwaltungsrat umfassende gesetzliche Auffangregelung (§ 38 Abs. 1 SEBG) zeigt – nicht anzuerkennen, sondern kann stets nur das Ergebnis einer anhand der konkreten Differenzierung vorzunehmenden Bewertung des Einzelfalles sein[195]. Ebenso würde es gegen den Grundsatz der individuell gleichen Berechtigung und Verpflichtung verstoßen, wenn die Beteiligungsvereinbarung den mitbe-

79

---

188 *Hoops*, Mitbestimmungsvereinbarung, S. 153 f.; *Köklü* in Van Hulle/Maul/Drinhausen, Kap. 6 Rz. 193; *Linden*, Mitbestimmungsvereinbarung, S. 162 f.; *Wirtz*, SE-Betriebsrat, S. 288 f.; a.A. *Thüsing/Forst* in FS Reuter, 2010, S. 851, 861; wohl auch *Forst*, Beteiligungsvereinbarung, S. 280; *Thüsing*, ZIP 2006, 1469, 1477.
189 S. auch *Wirtz*, SE-Betriebsrat, S. 288 ff.
190 Ebenso für dessen Heranziehung als Schranke der Beteiligungsvereinbarung *Feuerborn* in KölnKomm. AktG, 3. Aufl., § 21 SEBG Rz. 59; *Forst*, Beteiligungsvereinbarung, S. 276 ff.; *Habersack*, ZHR 171 (2007), 613, 635; *Jacobs* in MünchKomm. AktG, 3. Aufl., § 21 SEBG Rz. 14; *Jacobs* in FS K. Schmidt, 2009, S. 795, 801; *Oetker* in FS Konzen, 2006, S. 635, 653 f.; zurückhaltend für die monistische SE *Bachmann*, ZGR 2008, 779, 806; a.A. insofern *Cannistra*, Verhandlungsverfahren, S. 172 f.; *Hoops*, Mitbestimmungsvereinbarung, S. 119 ff.; *Köklü* in Van Hulle/Maul/Drinhausen, Kap. 6 Rz. 242; *Linden*, Mitbestimmungsvereinbarung, S. 110 ff.; dagegen jedoch *Forst*, Beteiligungsvereinbarung, S. 277 ff.
191 Dazu näher *Oetker* in FS Konzen, 2006, S. 635, 654, 656; *Scheibe*, Mitbestimmung der Arbeitnehmer, S. 141 ff.; *Windbichler* in FS Canaris Bd. II, 2007, S. 1423, 1433; vgl. auch *Drygala* in K. Schmidt/Lutter, § 107 AktG Rz. 45.
192 *Cannistra*, Verhandlungsverfahren, S. 174; *Feuerborn* in KölnKomm. AktG, 3. Aufl., § 21 SEBG Rz. 59; *Forst*, Beteiligungsvereinbarung, S. 279; *Henssler* in Ulmer/Habersack/Henssler, Mitbestimmungsrecht, § 21 SEBG Rz. 46; *Jacobs* in MünchKomm. AktG, 3. Aufl., § 21 SEBG Rz. 19b; *Jacobs* in FS K. Schmidt, 2009, S. 795, 808; *Oetker* in FS Konzen, 2006, S. 635, 653; *Rupp* in Annuß/Kühn/Rudolph/Rupp, EBRG, § 21 SEBG Rz. 31; weitergehend jedoch *Hoops*, Mitbestimmungsvereinbarung, S. 154 ff.; *Linden*, Mitbestimmungsvereinbarung, S. 161; *Scheibe*, Mitbestimmung der Arbeitnehmer, S. 130 ff.
193 S. *Drygala* in K. Schmidt/Lutter, § 107 AktG Rz. 50.
194 So *Siems* in KölnKomm. AktG, 3. Aufl., Art. 43 SE-VO Rz. 69.
195 Sehr weitgehend *Bachmann*, ZGR 2008, 779, 806.

stimmten Mitgliedern des Aufsichts- oder Verwaltungsrates das Recht vorenthielte, für das Leitungsorgan zu kandidieren bzw. sich als geschäftsführende Direktoren zur Wahl zu stellen[196], oder ihnen Rechte als Organmitglieder einräumte, die den Organmitgliedern der Anteilseigner nicht zustehen, wie z.B. individuelle und ihnen gegenüber zu erfüllende Auskunftsrechte gegenüber dem Leitungsorgan bzw. den geschäftsführenden Direktoren.

80 Einer Regelung in der Vereinbarung zugänglich sind **gesonderte Beratungen der Arbeitnehmervertreter** vor der Sitzung des Gesamtgremiums. Das Recht hierzu besteht für diese zwar stets und unabhängig von einer Vereinbarung, das gilt aber nicht für die Verpflichtung der SE, die Kosten einer derartigen Zusammenkunft zu tragen.

81 **dd) Weitere Regelungen zur Mitbestimmung.** Wegen des Wortlauts in § 21 Abs. 3 Satz 2 SEBG („insbesondere") ist die dortige Aufzählung für die mitbestimmungsrechtlichen Inhalte einer Beteiligungsvereinbarung nicht abschließend[197]. Denkbar sind vor allem Abreden, die die **Pflichten der mitbestimmten Mitglieder** des Aufsichts- oder Verwaltungsorgans, z.B. im Hinblick auf die **Geheimhaltung** konkretisieren[198]. Diese sind jedoch nur rechtswirksam, wenn dem Grundsatz der individuell gleichen Berechtigung und Verpflichtung aller Aufsichtsratsmitglieder (s. oben Rz. 74) ausreichend Rechnung getragen ist[199]. Hiergegen würde es verstoßen, wenn die mitbestimmten Mitglieder des Aufsichts- oder Verwaltungsorgans restriktiveren Bindungen unterworfen würden als die Mitglieder der Aktionäre (z.B. Auferlegung einer generellen Pflicht zur Verschwiegenheit).

82 Die Grundentscheidung zwischen **dualistischer oder monistischer Organisationsverfassung** ist kein zulässiger Bestandteil einer Beteiligungsvereinbarung; sie betrifft unmittelbar die Organisationsstruktur der SE und nur indirekt die von den Arbeitnehmern zu wählenden Mitglieder des Aufsichts- oder Verwaltungsorgans (s. oben Rz. 57)[200]. Aus diesem Grunde überschreitet auch eine Abrede, nach der die Arbeitnehmervertreter ausschließlich einem außerhalb des Aufsichts- oder Verwaltungsorgans angesiedelten Ausschuss (**Konsultationsrat**) angehören, die Schranken der Ver-

---

196 *Oetker* in FS Konzen, 2006, S. 635, 654; anders wohl für geschäftsführende Direktoren *Bachmann*, ZGR 2008, 779, 804, der einen Ausschluss der Arbeitnehmervertreter durch die Satzung als rechtswirksam ansieht.
197 Für die allgemeine Ansicht *Evers/Hartmann* in Manz/Mayer/Schröder, § 21 SEBG Rz. 37; *Feuerborn* in KölnKomm. AktG, 3. Aufl., § 21 SEBG Rz. 60; *Henssler* in Ulmer/Habersack/Henssler, Mitbestimmungsrecht, § 21 SEBG Rz. 47; *Hohenstatt/Müller-Bonanni* in Habersack/Drinhausen, § 21 SEBG Rz. 20; *Hoops*, Mitbestimmungsvereinbarung, S. 157; *Jacobs* in MünchKomm. AktG, 3. Aufl., § 21 SEBG Rz. 18; *Linden*, Mitbestimmungsvereinbarung, S. 163.
198 *Feuerborn* in KölnKomm. AktG, 3. Aufl., § 21 SEBG Rz. 61; *Heinze/Seifert/Teichmann*, BB 2005, 2524, 2526; *Henssler* in Ulmer/Habersack/Henssler, Mitbestimmungsrecht, § 21 SEBG Rz. 47; *Hohenstatt/Müller-Bonanni* in Habersack/Drinhausen, § 21 SEBG Rz. 27; *Jacobs* in MünchKomm. AktG, 3. Aufl., § 21 SEBG Rz. 19b; *Jacobs* in FS K. Schmidt, 2009, S. 795, 808 f.; *Kienast* in Jannott/Frodermann, Handbuch Europäische Aktiengesellschaft, Kap. 13 Rz. 428; *Linden*, Mitbestimmungsvereinbarung, S. 164 f.; *Rupp* in Annuß/Kühn/Rudolph/Rupp, EBRG, § 21 SEBG Rz. 34; a.A. *Forst*, Beteiligungsvereinbarung, S. 284 f.; s. auch *Hoops*, Mitbestimmungsvereinbarung, S. 152 f.; *Wirtz*, SE-Betriebsrat, S. 285 ff.
199 Ebenso *Feuerborn* in KölnKomm. AktG, 3. Aufl., § 21 SEBG Rz. 61; *Forst*, Beteiligungsvereinbarung, S. 284; näher dazu *Oetker* in FS Konzen, 2006, S. 635, 656.
200 *Cannistra*, Verhandlungsverfahren, S. 157; *Feuerborn* in KölnKomm. AktG, 3. Aufl., § 21 SEBG Rz. 65; *Forst*, Beteiligungsvereinbarung, S. 285 f.; *Henssler* in Ulmer/Habersack/Henssler, Mitbestimmungsrecht, § 21 SEBG Rz. 48; *Hoops*, Mitbestimmungsvereinbarung, S. 171 f.; *Köklü* in Van Hulle/Maul/Drinhausen, Kap. 6 Rz. 146; *Linden*, Mitbestimmungsvereinbarung, S. 165 ff.; *Oetker* in FS Konzen, 2006, S. 635, 655; *Rupp* in Annuß/Kühn/Rudolph/Rupp, EBRG, § 21 SEBG Rz. 35; *Schmid*, Mitbestimmung, S. 196 ff.; im Ergebnis wie hier *Schwarz*, SE-VO, Einleitung Rz. 290; a.A. *Teichmann*, Art. 38 Rz. 41 ff.

einbarungsautonomie²⁰¹. Entsprechendes gilt für Bestimmungen zur **Binnenorganisation des Aufsichts- oder Verwaltungsorgans**, wie z.B. Vereinbarungen zur Bildung und Zusammensetzung von Ausschüssen²⁰² sowie zur Geschäftsordnung des Aufsichts- oder Verwaltungsorgans (z.B. Sitzungshäufigkeit, Beschlussfassung, Handhabung von Interessenkonflikten, Rechtsstellung des stellvertretenden Vorsitzenden)²⁰³. Selbst wenn diese Regelungsgegenstände in die Satzungsautonomie einzubeziehen wären, überschritte eine Festlegung in der Beteiligungsvereinbarung die durch die „Mitbestimmung" vorgegebene Schranke (s. oben Rz. 57). Hierdurch ist es den Parteien einer Beteiligungsvereinbarung auch verwehrt, einen durch das MitbestG geprägten Status quo in Rahmen einer Vereinbarung in die Binnenverfassung der SE zu überführen, was insbesondere bei Gründung einer SE durch Umwandlung relevant ist.

Über die durch die Legaldefinition der Mitbestimmung in § 2 Abs. 12 SEBG gezogene Schranke (s. oben Rz. 57) gehen schließlich Regelungen hinaus, die die **Binnenorganisation des Leitungsorgans** bzw. der **geschäftsführenden Direktoren** betreffen²⁰⁴. Abreden, die analog der **Auffangregelung in § 38 Abs. 2 SEBG** die Zuständigkeit eines Mitgliedes für **Arbeits- und Sozialangelegenheiten** festschreiben bzw. thematisch 83

---

201 Ebenso *Cannistra*, Verhandlungsverfahren, S. 175 f.; *Forst*, Beteiligungsvereinbarung, S. 294 f.; *Henssler* in Ulmer/Habersack/Henssler, Mitbestimmungsrecht, § 21 SEBG Rz. 48; *Hoops*, Mitbestimmungsvereinbarung, S. 167 f.; *Jacobs* in MünchKomm. AktG, 3. Aufl., § 21 SEBG Rz. 19h; *Jacobs* in FS K. Schmidt, 2009, S. 795, 813; *Köstler* in Theisen/Wenz, Europäische Aktiengesellschaft, S. 331, 349; *Rupp* in Annuß/Kühn/Rudolph/Rupp, EBRG, § 21 SEBG Rz. 32; *Schwarz*, SE-VO, Einleitung Rz. 286 (anders aber Rz. 291); a.A. *Koch*, Beteiligung, S. 157 ff.; *Linden*, Mitbestimmungsvereinbarung, S. 184 ff.; *Müller-Bonanni/Melot de Beauregard*, GmbHR 2005, 195, 199; *Reichert/Brandes* in MünchKomm. AktG, 3. Aufl., Art. 40 SE-VO Rz. 71, Art. 43 SE-VO Rz. 63; *Scheibe*, Mitbestimmung der Arbeitnehmer, S. 145 ff.; *Seibt* in Habersack/Drinhausen, Art. 40 SE-VO Rz. 70.
202 Wie hier *Austmann* in MünchHdb. AG, § 85 Rz. 37; *Cannistra*, Verhandlungsverfahren, S. 178 f.; *Eder*, NZA 2004, 544, 546; *Feuerborn* in KölnKomm. AktG, 3. Aufl., § 21 SEBG Rz. 65; *Forst*, Beteiligungsvereinbarung, S. 298 f., 300 f.; *Habersack*, ZHR 171 (2007), 613, 631; *Henssler* in Ulmer/Habersack/Henssler, Mitbestimmungsrecht, § 21 SEBG Rz. 50; *Hoops*, Mitbestimmungsvereinbarung, S. 157 ff.; *Jacobs* in MünchKomm. AktG, 3. Aufl., § 21 SEBG Rz. 19e; *Kepper*, Monistische SE, S. 201 f.; *Kiem*, ZHR 173 (2009), 156, 168 ff.; *Linden*, Mitbestimmungsvereinbarung, S. 176 f.; *Paefgen* in KölnKomm. AktG, 3. Aufl., Art. 40 SE-VO Rz. 122; *Reichert/Brandes*, ZGR 2003, 767, 796; *Rupp* in Annuß/Kühn/Rudolph/Rupp, EBRG, § 21 SEBG Rz. 35; *Schäfer* in Rieble/Junker, Vereinbarte Mitbestimmung in der SE, 2008, § 1 Rz. 41; *Scheibe*, Mitbestimmung der Arbeitnehmer, S. 139 ff.; *Seibt*, AG 2005, 413, 423 ff.; *Seibt* in Lutter/Hommelhoff, Europäische Gesellschaft, S. 67, 86; *Seibt* in Habersack/Drinhausen, Art. 40 SE-VO Rz. 27; im Grundsatz auch *Hohenstatt/Müller-Bonanni* in Habersack/Drinhausen, Art. 40 SE-VO Rz. 27; a.A. *Gruber/Weller*, NZG 2003, 297 ff.; *Heinze/Seifert/Teichmann*, BB 2005, 2524, 2526; *Koch*, Beteiligung, S. 101 ff., 107 ff., 110 ff. Für eine Einbeziehung des „Anteils der auf die Arbeitnehmer entfallenden Mitglieder der etwaigen Ausschüsse" in die Vereinbarungsautonomie de lege ferenda der Vorschlag des Arbeitskreises „Aktien- und Kapitalmarktrecht (AAK)", ZIP 2010, 2221, 2226.
203 *Austmann* in MünchHdb. AG, § 85 Rz. 37; *Cannistra*, Verhandlungsverfahren, S. 176 ff.; *Feuerborn* in KölnKomm. AktG, 3. Aufl., § 21 SEBG Rz. 65; *Forst*, Beteiligungsvereinbarung, S. 295 f.; *Habersack*, AG 2006, 345, 353 f.; *Habersack*, ZHR 171 (2007), 613, 631; *Henssler* in Ulmer/Habersack/Henssler, Mitbestimmungsrecht, § 21 SEBG Rz. 49; *Hohenstatt/Dzida* in Henssler/Willemsen/Kalb, ArbR-Komm., SEBG Rz. 36; *Hoops*, Mitbestimmungsvereinbarung, S. 157 ff.; *Jacobs* in MünchKomm. AktG, 3. Aufl., § 21 SEBG Rz. 19e; *Jacobs* in FS K. Schmidt, 2009, S. 795, 801, 810 ff.; *Linden*, Mitbestimmungsvereinbarung, S. 169 ff.; *Oetker* in FS Konzen, 2006, S. 635, 654 f.; *Paefgen* in KölnKomm. AktG, 3. Aufl., Art. 40 SE-VO Rz. 123; *Rupp* in Annuß/Kühn/Rudolph/Rupp, EBRG, § 21 SEBG Rz. 35; im Ergebnis auch *Drygala*, Art. 40 Rz. 34 a.E.; a.A. *Heinze/Seifert/Teichmann*, BB 2005, 2524, 2526; *Hohenstatt/Müller-Bonanni* in Habersack/Drinhausen, Art. 40 SE-VO Rz. 27; *Seibt*, AG 2005, 413, 426; *Seibt* in Habersack/Drinhausen, Art. 42 SE-VO Rz. 12.
204 Ebenso *Feuerborn* in KölnKomm. AktG, 3. Aufl., § 21 SEBG Rz. 65; *Paefgen* in KölnKomm. AktG, 3. Aufl., Art. 39 SE-VO Rz. 79.

konkretisieren, oder gar die Modalitäten für deren Bestellung ausgestaltet, sind hiermit unvereinbar[205]. Entsprechendes gilt für Abreden, die sich auf den Anteil der Geschlechter unter den Mitgliedern des Leitungsorgans beziehen, selbst wenn es sich hierbei um weiche Zielvorgaben handelt.

84 Gegen die Innenschranken der Vereinbarungsautonomie verstoßen ferner Abreden, die die **Rechtsbeziehungen zwischen Aufsichts- und Leitungsorgan** bzw. Verwaltungsrat und geschäftsführenden Direktoren betreffen[206]. Weder die wechselseitig bestehenden Auskunfts-, Berichts- und Informationspflichten der Organe noch ein Katalog von Geschäften, die der (ggf. qualifizierten) Zustimmung des Aufsichts- oder Verwaltungsorgans bedürfen, sind zulässiger Inhalt einer Beteiligungsvereinbarung[207]. Entsprechendes gilt für eine Regelung, die das Bestellungsprocedere des § 31 MitbestG für die SE mittels einer Beteiligungsvereinbarung übernimmt[208].

85 Wegen der Beschränkung der Vereinbarung auf die Mitbestimmung der Arbeitnehmer in der SE sind Regelungen zur **Mitbestimmung** der Arbeitnehmer in **Tochter- oder ggf. Enkelgesellschaften der SE** der Vereinbarungsautonomie entzogen[209]. Insbesondere kann de lege lata nicht vereinbart werden, dass die Mitbestimmung in der SE die Mitbestimmung in nachgelagerten Tochtergesellschaften konsumiert[210]. Vielmehr richtet sich diese ausschließlich nach dem Recht der jeweiligen Mitgliedstaaten, so dass eine Mitbestimmung bei Tochter- oder Enkelgesellschaften nach dem DrittelbG bzw. MitbestG von der Arbeitnehmerbeteiligung nach dem SEBG unberührt bleibt (s. auch § 47 SEBG Rz. 6).

---

205 Wie hier *Feuerborn* in KölnKomm. AktG, 3. Aufl., § 21 SEBG Rz. 65; *Forst*, Beteiligungsvereinbarung, S. 301 ff.; *Hohenstatt/Müller-Bonanni* in Habersack/Drinhausen, § 21 SEBG Rz. 27; *Hoops*, Mitbestimmungsvereinbarung, S. 169 f.; *Jacobs* in MünchKomm. AktG, 3. Aufl., § 21 SEBG Rz. 19i; *Jacobs* in FS K. Schmidt, 2009, S. 795, 813; *Oetker* in FS Konzen, 2006, S. 635, 656; *Rupp* in Annuß/Kühn/Rudolph/Rupp, EBRG, § 21 SEBG Rz. 35; a.A. *Henssler* in Ulmer/Habersack/Henssler, Mitbestimmungsrecht, § 21 SEBG Rz. 52; *Linden*, Mitbestimmungsvereinbarung, S. 179 f.; *Seibt*, AG 2005, 413, 425, 427; *Seibt*, ZIP 2010, 1057, 1061; *Seibt* in Habersack/Drinhausen, Art. 39 SE-VO Rz. 40 sowie *Scheibe*, Mitbestimmung der Arbeitnehmer, S. 147 f., die sogar einen Verzicht auf einen für den Bereich Arbeit und Soziales zuständigen geschäftsführenden Direktor im Rahmen einer Beteiligungsvereinbarung für zulässig erachtet.
206 Zustimmend *Hoops*, Mitbestimmungsvereinbarung, S. 172; *Linden*, Mitbestimmungsvereinbarung, S. 186 sowie bereits *Oetker* in FS Konzen, 2006, S. 635, 655; a.A. *Seibt*, ZIP 2010, 1057, 1061, im Hinblick auf Berichtspflichten.
207 Näher *Oetker* in FS Konzen, 2006, S. 635, 655 f.; wie hier für Zustimmungsvorbehalte *Austmann* in MünchHdb. AG, § 85 Rz. 37; *Cannistra*, Verhandlungsverfahren, S. 179 f.; *Feuerborn* in KölnKomm. AktG, 3. Aufl., § 21 SEBG Rz. 65; *Habersack*, AG 2006, 345, 354; *Habersack*, ZHR 171 (2007), 613, 635; *Henssler* in Ulmer/Habersack/Henssler, Mitbestimmungsrecht, § 21 SEBG Rz. 51; *Jacobs* in MünchKomm. AktG, 3. Aufl., § 21 SEBG Rz. 19e; *Kiem*, ZHR 171 (2007), 713, 729; *Linden*, Mitbestimmungsvereinbarung, S. 181 f.; *Paefgen* in KölnKomm. AktG, 3. Aufl., Art. 40 SE-VO Rz. 30; *Rieble* in Rieble/Junker, Vereinbarte Mitbestimmung in der SE, 2008, § 3 Rz. 94; *Schäfer* in Rieble/Junker, Vereinbarte Mitbestimmung in der SE, 2008, § 1 Rz. 42; a.A. jedoch *Heinze/Seifert/Teichmann*, BB 2005, 2524, 2526; *Köstler* in Theisen/Wenz, Europäische Aktiengesellschaft, S. 331, 351; *Seibt*, ZIP 2010, 1057, 1061. Für eine Ausdehnung der Vereinbarungsbefugnis de lege ferenda der Arbeitskreis „Aktien- und Kapitalmarktrecht (AAK)", ZIP 2010, 2221, 2226.
208 So auch *Hohenstatt/Müller-Bonanni* in Habersack/Drinhausen, § 21 SEBG Rz. 27; *Paefgen* in KölnKomm. AktG, 3. Aufl., Art. 39 SE-VO Rz. 48, Art. 42 SE-VO Rz. 17; a.A. *Seibt* in Habersack/Drinhausen, Art. 39 SE-VO Rz. 14.
209 Anders aber de lege ferenda der Vorschlag des Arbeitskreises „Aktien- und Kapitalmarktrecht (AAK)", ZIP 2010, 2221, 2226.
210 Ebenso *Evers/Hartmann* in Manz/Mayer/Schröder, § 21 SEBG Rz. 41.

5. Procedurale Regelungen

Angesichts der den Parteien eröffneten Autonomie sind diese auch berechtigt, procedurale Regelungen in die Beteiligungsvereinbarung aufzunehmen, wenn sich aus deren Anwendung (insbesondere deren Auslegung) Streitigkeiten ergeben. Hierfür können sie unter anderem eine **Schiedsklausel** einschließlich begleitender Verfahrensregelungen (z.B. Verweis auf die §§ 1025 ff. ZPO oder die Schiedsgerichtsordnung der DIS) vereinbaren[211], müssen sich bei deren Reichweite aber auf Streitigkeiten beschränken, die sich aus der Anwendung der Beteiligungsvereinbarung ergeben. Eine weitergehende Befugnis zur Vereinbarung einer Schiedsklausel (z.B. für Streitigkeiten zwischen den Organen) steht den Parteien nicht zu, da die Vereinbarungsbefugnis insoweit nicht weiter reicht, als diese für den Streitgegenstand besteht.

86

Soweit für Streitigkeiten aus einer Mitbestimmungsvereinbarung nach § 2a Abs. 1 Nr. 3e ArbGG das **arbeitsgerichtliche Beschlussverfahren** eröffnet ist, verbietet jedoch § 4 ArbGG eine abschließende Entscheidung durch ein Schiedsgericht, da § 4 ArbGG dieses nur für das Urteilsverfahren und selbst für dieses nur bei den in der Norm genannten Sachverhalten ermöglicht[212]. Einem **schiedsgerichtlichen Vorverfahren** steht dies aber nicht entgegen, sofern die Entscheidung des Schiedsgerichts einer Überprüfung durch die Arbeitsgerichte unterliegt[213]. Unterbleibt die vorherige Durchführung eines schiedsgerichtlichen Vorverfahrens, fehlt für ein arbeitsgerichtliches Beschlussverfahren das Rechtsschutzinteresse[214], ohne dass es der ausdrücklichen Erhebung einer prozesshindernden Einrede bedarf.

87

Von der Vereinbarungsautonomie sind ferner Bestimmungen zum **Gerichtsstand** bei Streitigkeiten aus der Vereinbarung umfasst[215].

88

V. Rechtsfolgen fehlerhafter Beteiligungsvereinbarungen

Bezüglich der Rechtsfolgen fehlerhafter Beteiligungsvereinbarungen[216] ist zu differenzieren zwischen Mängeln, die deren **Zustandekommen** betreffen, und solchen bezüglich ihres **Inhalts**. Darüber hinaus bedarf es auf der Rechtsfolgenebene gesonderter Überlegungen zu den **gesellschaftsrechtlichen Auswirkungen** fehlerhafter Beteiligungsvereinbarungen.

89

1. Zustandekommen der Beteiligungsvereinbarung

Das Zustandekommen der Beteiligungsvereinbarung ist insbesondere durch eine fehlerhafte **Beschlussfassung des BVG betroffen**, weil z.B. das von § 15 Abs. 2 oder 3 SEBG geforderte Quorum bei der Beschlussfassung nicht erreicht oder fehlerhaft berechnet worden ist. Analog den zur Betriebsvereinbarung anerkannten Grundsät-

90

---

211 Hierfür auch *Hoops*, Mitbestimmungsvereinbarung, S. 173.
212 S. *Germelmann* in FS Adomeit, 2008, S. 201, 202; *Schütz* in GK-ArbGG, Stand: Juni 2014, § 4 ArbGG Rz. 5; *Waas* in Grunsky/Waas/Benecke/Greiner, 8. Aufl. 2014, § 4 ArbGG Rz. 4.
213 BAG v. 20.10.1990 – 1 ABR 45/89, AP Nr. 43 zu § 76 BetrVG 1972; BAG v. 16.8.2011 – 1 ABR 22/10, AP Nr. 75 zu § 80 BetrVG 1972; BAG v. 11.2.2014 – 1 ABR 76/12, NZA-RR 2015, 26 Rz. 14; *Germelmann* in FS Adomeit, 2008, S. 201, 203 ff.; *Schütz* in GK-ArbGG, Stand: Juni 2014, § 4 ArbGG Rz. 6.
214 BAG v. 20.11.1990 – 1 ABR 45/89, AP Nr. 43 zu § 76 BetrVG 1972; BAG v. 11.2.2014 – 1 ABR 76/12, NZA-RR 2015, 26 Rz. 14; *Germelmann* in Germelmann/Matthes/Prütting, 8. Aufl. 2013, § 4 ArbGG Rz. 4; *Schütz* in GK-ArbGG, Stand: Juni 2014, § 4 ArbGG Rz. 6.
215 *Hoops*, Mitbestimmungsvereinbarung, S. 173.
216 S. dazu auch de lege ferenda den Vorschlag des Arbeitskreises „Aktien- und Kapitalmarktrecht (AAK)", ZIP 2010, 2221, 2225.

zen²¹⁷ ist eine Unwirksamkeit der Beteiligungsvereinbarung nur in Betracht zu ziehen, wenn die insbesondere bei der Beschlussfassung verletzte Verfahrensvorschrift nach ihrem Zweck für das Zustandekommen einer Beteiligungsvereinbarung als wesentlich zu bewerten ist²¹⁸. Bezüglich des qualifizierten Mehrheitsquorums ist dies bei einer fehlerhaften Berechnung z.B. zu bejahen, wenn der Beschluss den Anforderungen des § 15 Abs. 3 SEBG hätte genügen müssen²¹⁹. Entsprechendes gilt, wenn ein Beschluss des BVG im Widerspruch zu § 15 Abs. 5 SEBG steht²²⁰.

91 Unbeachtlich sind demgegenüber Mängel, die die **Formalia** der Beschlussfassung betreffen, wie z.B. die ordnungsgemäße Anfertigung einer **Niederschrift** (s. auch § 17 SEBG Rz. 9)²²¹, oder Rechtsverstöße während des Verhandlungsverfahrens²²², die nicht so schwerwiegend sind, dass sie das Ergebnis der Verhandlungen in Frage stellen²²³. Unberührt bleibt eine Beteiligungsvereinbarung schließlich auch von Mängeln, die die Zusammensetzung des BVG sowie die Wahl bzw. Bestellung der Mitglieder durch das jeweilige Wahlgremium betreffen²²⁴, sofern nicht der Ausnahmefall der Nichtigkeit vorliegt (s. auch § 10 SEBG Rz. 12 ff.).

2. Mängel der Beteiligungsvereinbarung

92 Bezüglich der Beteiligungsvereinbarung ist zwischen formellen und materiellen Mängeln zu unterscheiden. In **formeller Hinsicht** kann die Vereinbarung vor allem²²⁵ gegen das **Schriftformerfordernis** verstoßen, was als Wirksamkeitsvoraussetzung (s. oben Rz. 21) zur Unwirksamkeit der gesamten Vereinbarung führt²²⁶.

---

217 BAG v. 23.8.1984 – 2 AZR 391/83, AP Nr. 17 zu § 103 BetrVG 1972 sowie stellvertretend für die allgemeine Ansicht im Schrifttum *Raab* in GK-BetrVG, 10. Aufl. 2014, § 33 BetrVG Rz. 51, m.w.N.

218 Ebenso *Henssler* in Ulmer/Habersack/Henssler, Mitbestimmungsrecht, § 21 SEBG Rz. 64; *Hohenstatt/Müller-Bonanni* in Habersack/Drinhausen, § 21 SEBG Rz. 6; *Hoops*, Mitbestimmungsvereinbarung, S. 184; *Jacobs* in MünchKomm. AktG, 3. Aufl., § 21 SEBG Rz. 8b; *Kienast* in Jannott/Frodermann, Handbuch Europäische Aktiengesellschaft, Kap. 13 Rz. 404; *Linden*, Mitbestimmungsvereinbarung, S. 211 f.; *Oetker* in FS Konzen, 2006, S. 635, 658; im Ergebnis ebenso *Forst*, Beteiligungsvereinbarung, S. 312; im Grundsatz auch *Feuerborn* in KölnKomm. AktG, 3. Aufl., § 21 SEBG Rz. 79; ähnlich *Scheibe*, Mitbestimmung der Arbeitnehmer, S. 91 f.

219 Wie hier auch *Forst*, Beteiligungsvereinbarung, S. 312; *Henssler* in Ulmer/Habersack/Henssler, Mitbestimmungsrecht, § 21 SEBG Rz. 64; *Hohenstatt/Müller-Bonanni* in Habersack/Drinhausen, § 21 SEBG Rz. 6; *Hoops*, Mitbestimmungsvereinbarung, S. 184; *Linden*, Mitbestimmungsvereinbarung, S. 212; *Maack*, Rechtsschutz, S. 332; *Wirtz*, SE-Betriebsrat, S. 130; *Wißmann* in FS Richardi, 2007, S. 841, 850; a.A. wohl *Scheibe*, Mitbestimmung der Arbeitnehmer, S. 92.

220 *Henssler* in Ulmer/Habersack/Henssler, Mitbestimmungsrecht, § 21 SEBG Rz. 64.

221 *Forst*, Beteiligungsvereinbarung, S. 312; *Henssler* in Ulmer/Habersack/Henssler, Mitbestimmungsrecht, § 21 SEBG Rz. 64; *Hohenstatt/Müller-Bonanni* in Habersack/Drinhausen, § 21 SEBG Rz. 6; *Jacobs* in MünchKomm. AktG, 3. Aufl., § 21 SEBG Rz. 8b; *Wirtz*, SE-Betriebsrat, S. 130; a.A. *Feuerborn* in KölnKomm. AktG, 3. Aufl., § 21 SEBG Rz. 79; *Hoops*, Mitbestimmungsvereinbarung, S. 184.

222 So allgemein *Hohenstatt/Müller-Bonanni* in Habersack/Drinhausen, § 21 SEBG Rz. 6.

223 In dieser Richtung auch *Jacobs* in MünchKomm. AktG, 3. Aufl., § 21 SEBG Rz. 8b.

224 *Forst*, Beteiligungsvereinbarung, S. 310 f.; *Henssler* in Ulmer/Habersack/Henssler, Mitbestimmungsrecht, § 21 SEBG Rz. 64; *Hoops*, Mitbestimmungsvereinbarung, S. 183 f.; im Grundsatz auch *Linden*, Mitbestimmungsvereinbarung, S. 211; *Maack*, Rechtsschutz, S. 333 f.

225 Zur fehlenden Genehmigung durch die Hauptversammlung s. *Forst*, Beteiligungsvereinbarung, S. 313 f.

226 *Feuerborn* in KölnKomm. AktG, 3. Aufl., § 21 SEBG Rz. 79; *Henssler* in Ulmer/Habersack/Henssler, Mitbestimmungsrecht, § 21 SEBG Rz. 65; *Hoops*, Mitbestimmungsvereinbarung, S. 184; *Linden*, Mitbestimmungsvereinbarung, S. 210; *Wirtz*, SE-Betriebsrat, S. 130 f.; im Ergebnis ebenso *Forst*, Beteiligungsvereinbarung, S. 314 f.

Verletzen einzelne **Bestimmungen einer Beteiligungsvereinbarung** aus inhaltlichen 93
Gründen **zwingendes Gesetzesrecht** oder überschreiten sie die **Innenschranken der
Vereinbarungsautonomie**, so kommt eine Unwirksamkeit der gesamten Beteiligungsvereinbarung – analog den Grundsätzen zur Betriebsvereinbarung[227] – nur in Betracht, wenn die verbleibenden rechtswirksamen Bestimmungen keine sinnvolle und in sich geschlossene Regelung mehr darstellen[228]. Dies ist jedoch selbst dann noch nicht der Fall, wenn die Abreden zur Mitbestimmung insgesamt (z.B. wegen eines Verstoßes gegen § 21 Abs. 6 SEBG) nichtig sind[229]. Verbleibende Lücken in der Beteiligungsvereinbarung sind ggf. durch einen Rückgriff auf die gesetzliche Auffangregelung zu schließen (s. auch oben Rz. 27)[230], sofern die Parteien für diesen Sachverhalt keine eigenständige Regelung (z.B. Verhandlungen) getroffen haben[231]. Angesichts dessen wird eine Gesamtnichtigkeit der Beteiligungsvereinbarung nur selten in Betracht kommen[232]. Die Aufnahme einer salvatorischen Klausel ist zweckmäßig, für die vorstehende Problemlösung aber aus Rechtsgründen nicht zwingend erforderlich[233].

Erfüllt die Vereinbarung nicht die zwingenden **Mindestanforderungen** in § 21 Abs. 1 94
bzw. Abs. 3 Satz 2 SEBG, so berührt dies in der Regel ebenfalls nicht den Bestand der Beteiligungsvereinbarung[234]. Dies folgt aus dem Zweck der entsprechenden Katalogtatbestände sowie dem vom SEBG gewollten Vorrang einer Vereinbarungslösung. Dem kommt ein lückenschließender Rückgriff auf die gesetzliche Auffangregelung[235] in der Regel näher als die Kassation der gesamten Vereinbarung.

---

227 Dazu statt aller *Kreutz* in GK-BetrVG, 10. Aufl. 2014, § 77 BetrVG Rz. 64 ff.
228 So auch *Feuerborn* in KölnKomm. AktG, 3. Aufl., § 21 SEBG Rz. 80; *Henssler* in Ulmer/Habersack/Henssler, Mitbestimmungsrecht, § 21 SEBG Rz. 66; *Hohenstatt/Müller-Bonanni* in Habersack/Drinhausen, § 21 SEBG Rz. 7; *Jacobs* in MünchKomm. AktG, 3. Aufl. § 21 SEBG Rz. 8b; *Kienast* in Jannott/Frodermann, Handbuch Europäische Aktiengesellschaft, Kap. 13 Rz. 404; *Linden*, Mitbestimmungsvereinbarung, S. 213; *Oetker* in FS Konzen, 2006, S. 635, 658; *Wirtz*, SE-Betriebsrat, S. 162 f.; im Ergebnis ebenso *Forst*, Beteiligungsvereinbarung, S. 325 ff.; a.A. *Hoops*, Mitbestimmungsvereinbarung, S. 185 f., die generell auf § 139 BGB abstellt.
229 Treffend *Forst*, Beteiligungsvereinbarung, S. 327 f.; *Hohenstatt/Müller-Bonanni* in Habersack/Drinhausen, § 21 SEBG Rz. 7, im Anschluss an *Jacobs* in MünchKomm. AktG, 3. Aufl., § 21 SEBG Rz. 8b; *Rieble* in Rieble/Junker, Vereinbarte Mitbestimmung in der SE, 2008, § 3 Rz. 82; im Ergebnis auch *Feuerborn* in KölnKomm. AktG, 3. Aufl., § 21 SEBG Rz. 80; *Wirtz*, SE-Betriebsrat, S. 163.
230 So auch *Feuerborn* in KölnKomm. AktG, 3. Aufl., § 21 SEBG Rz. 80; *Henssler* in Ulmer/Habersack/Henssler, Mitbestimmungsrecht, § 21 SEBG Rz. 66; *Hohenstatt/Müller-Bonanni* in Habersack/Drinhausen, § 21 SEBG Rz. 7; *Wirtz*, SE-Betriebsrat, S. 163; a.A. *Maack*, Rechtsschutz, S. 336 ff.
231 *Forst*, Beteiligungsvereinbarung, S. 325; *Hoops*, Mitbestimmungsvereinbarung, S. 173; *Linden*, Mitbestimmungsvereinbarung, S. 221 f.; *Maack*, Rechtsschutz, S. 336.
232 Treffend *Feuerborn* in KölnKomm. AktG, 3. Aufl., § 21 SEBG Rz. 80.
233 A.A. wegen der generellen Anwendung von § 139 BGB jedoch *Hoops*, Mitbestimmungsvereinbarung, S. 185 f.
234 Ebenso *Köklü* in Van Hulle/Maul/Drinhausen, Kap. 6 Rz. 140; *Teichmann* in FS Hellwig, 2010, S. 347, 353; a.A. wohl *Freis* in Nagel/Freis/Kleinsorge, Beteiligung der Arbeitnehmer, § 21 SEBG Rz. 9, wonach die SE bei einer Nichtbeachtung der Mindestvorgaben nicht eingetragen werden könne.
235 Hierfür z.B. *Evers/Hartmann* in Manz/Mayer/Schröder, § 21 SEBG Rz. 21, 22; *Hohenstatt/Dzida* in Henssler/Willemsen/Kalb, ArbR-Komm., SEBG Rz. 34 a.E.; *Jacobs* in MünchKomm. AktG, 3. Aufl., § 21 SEBG Rz. 15.

3. Gesellschaftsrechtliche Folgen

95 Selbst wenn die **Beteiligungsvereinbarung insgesamt unwirksam** ist, stellt dies die bereits erfolgte **Eintragung der SE** nicht in Frage[236]. Insoweit gelangen keine anderen Grundsätze zur Anwendung, als sie für fehlerhafte Bestimmungen in der Satzung anerkannt sind[237]. Zur **Prüfungskompetenz der Registergerichte** s. näher Art. 12 Rz. 20 f.

96 Die §§ 96 Abs. 2 AktG, 24 Abs. 2 SEAG legen darüber hinaus nahe, dass die Unwirksamkeit einer Beteiligungsvereinbarung nicht die aktuelle **Zusammensetzung des Aufsichts- oder Verwaltungsorgans** berührt[238]. Die Leitung der SE bleibt in diesem Fall jedoch verpflichtet, das Verhandlungsverfahren erneut einzuleiten, um den Abschluss einer rechtswirksamen Beteiligungsvereinbarung zu ermöglichen[239]. Zwar fehlt insoweit eine ausdrückliche gesetzliche Regelung, es sind aber keine sachlichen Gründe ersichtlich, diesen Sachverhalt anders als den einer strukturellen Änderung der SE zu behandeln. Scheitern die Verhandlungen, so gelangt analog § 18 Abs. 3 Satz 2 SEBG die gesetzliche Auffangregelung zur Anwendung[240].

Kapitel 2. Beteiligung der Arbeitnehmer kraft Gesetzes

Abschnitt 1. SE-Betriebsrat kraft Gesetzes

Unterabschnitt 1. Bildung und Geschäftsführung

§ 22
Voraussetzung

(1) Die Regelungen der §§ 23 bis 33 über den SE-Betriebsrat kraft Gesetzes finden ab dem Zeitpunkt der Eintragung der SE Anwendung, wenn
1. die Parteien dies vereinbaren oder

---

236 *Oetker* in FS Konzen, 2006, S. 635, 658 f.; zustimmend *Forst*, Beteiligungsvereinbarung, S. 334; *Hoops*, Mitbestimmungsvereinbarung, S. 188 ff.; *Jacobs* in MünchKomm. AktG, 3. Aufl., § 21 SEBG Rz. 8c; *Linden*, Mitbestimmungsvereinbarung, S. 215 f.
237 S. dazu *Drygala* in K. Schmidt/Lutter, § 95 AktG Rz. 16 f.
238 *Oetker* in FS Konzen, 2006, S. 635, 659; wie hier im Anschluss *Hoops*, Mitbestimmungsvereinbarung, S. 190 f.; *Linden*, Mitbestimmungsvereinbarung, S. 216 f.; ebenso im Ergebnis *Henssler* in Ulmer/Habersack/Henssler, Mitbestimmungsrecht, § 21 SEBG Rz. 73; s. ferner *Forst*, Beteiligungsvereinbarung, S. 335 ff.
239 So auch *Henssler* in Ulmer/Habersack/Henssler, Mitbestimmungsrecht, § 21 SEBG Rz. 75; *Jacobs* in MünchKomm. AktG, 3. Aufl., § 21 SEBG Rz. 8c; *Linden*, Mitbestimmungsvereinbarung, S. 223; *Oetker* in FS Konzen, 2006, S. 635, 659; *Scheibe*, Mitbestimmung der Arbeitnehmer, S. 89 ff.; *Wißmann* in FS Richardi, 2007, S. 841, 850; im Ergebnis auch *Forst*, Beteiligungsvereinbarung, S. 342 f.
240 Ebenso *Jacobs* in MünchKomm. AktG, 3. Aufl., § 21 SEBG Rz. 8c sowie zuvor *Oetker* in FS Konzen, 2006, S. 635, 659; a.A. *Wißmann* in FS Richardi, 2007, S. 841, 850, der für eine Anwendung der §§ 4 ff. SEBG plädiert; für die analoge Anwendung von § 18 Abs. 1 SEBG hingegen *Schmid*, Mitbestimmung, S. 73 f.

2. bis zum Ende des in § 20 angegebenen Zeitraums keine Vereinbarung zustande gekommen ist und das besondere Verhandlungsgremium keinen Beschluss nach § 16 gefasst hat.

(2) Absatz 1 gilt entsprechend im Fall des § 18 Abs. 3.

Als gesetzliche Auffangregelung für das Verfahren zur Unterrichtung und Anhörung der Arbeitnehmer sieht das SEBG die Errichtung eines **SE-Betriebsrates kraft Gesetzes** vor. Hierfür legt § 22 SEBG – in Übernahme von Art. 7 Unterabs. 2 SE-RL – die Voraussetzungen fest, die § 34 Abs. 1 SEBG auch für die **gesetzliche Auffangregelung zur Mitbestimmung** in Bezug nimmt (s. dazu näher § 34 SEBG Rz. 7 ff.); die weiteren Vorschriften zur Bildung des SE-Betriebsrates und seiner Geschäftsführung sowie zu den Beteiligungsrechten sind in den §§ 23 bis 33 SEBG enthalten. Sie beruhen weitgehend auf den Vorgaben in Teil 1 und 2 des Anhangs zur SE-RL und lehnen sich inhaltlich eng an die Bestimmungen des EBRG zum Europäischen Betriebsrat kraft Gesetzes an (s. die §§ 22 bis 33 EBRG).

1

§ 23
Errichtung des SE-Betriebsrats

(1) Zur Sicherung des Rechts auf Unterrichtung und Anhörung in der SE ist ein SE-Betriebsrat zu errichten. Dieser setzt sich aus Arbeitnehmern der SE, ihrer Tochtergesellschaften und Betriebe zusammen. Für die Errichtung des SE-Betriebsrats gelten § 5 Abs. 1, § 6 Abs. 1 und 2 Satz 2 und 3, die §§ 7 bis 10 und § 11 Abs. 1 Satz 2 und 3 entsprechend mit der Maßgabe, dass an die Stelle der beteiligten Gesellschaften, betroffenen Tochtergesellschaften und betroffenen Betriebe die SE, ihre Tochtergesellschaften und Betriebe treten. Im Fall des § 22 Abs. 1 Nr. 2 ist für die Feststellung der Zahl der beschäftigten Arbeitnehmer das Ende des in § 20 angegebenen Zeitraums maßgeblich. Die Mitgliedschaft im SE-Betriebsrat beginnt mit der Wahl oder Bestellung. Die Dauer der Mitgliedschaft der aus dem Inland kommenden Mitglieder beträgt vier Jahre, wenn sie nicht durch Abberufung oder aus anderen Gründen vorzeitig endet. Für die Abberufung gelten die §§ 8 bis 10 entsprechend mit der Maßgabe, dass an die Stelle der beteiligten Gesellschaften, betroffenen Tochtergesellschaften und betroffenen Betriebe die SE, ihre Tochtergesellschaften und Betriebe treten.

(2) Die Leitung der SE lädt unverzüglich nach Benennung der Mitglieder zur konstituierenden Sitzung des SE-Betriebsrats ein. Der SE-Betriebsrat wählt aus seiner Mitte einen Vorsitzenden und dessen Stellvertreter.

(3) Der Vorsitzende oder im Fall seiner Verhinderung der Stellvertreter vertritt den SE-Betriebsrat im Rahmen der von ihm gefassten Beschlüsse. Zur Entgegennahme von Erklärungen, die dem SE-Betriebsrat gegenüber abzugeben sind, ist der Vorsitzende oder im Fall seiner Verhinderung der Stellvertreter berechtigt.

(4) Der SE-Betriebsrat bildet aus seiner Mitte einen Ausschuss von drei Mitgliedern, dem neben dem Vorsitzenden zwei weitere zu wählende Mitglieder angehören. Der Ausschuss führt die laufenden Geschäfte des SE-Betriebsrats (geschäftsführender Ausschuss).

1 Während § 23 Abs. 1 SEBG die Errichtung des SE-Betriebsrates kraft Gesetzes weitgehend eigenständig regelt, entsprechen die Absätze 2 bis 4 des § 23 SEBG in großen Teilen den parallelen Vorschriften im EBRG: § 23 Abs. 2 SEBG greift § 25 Abs. 1 EBRG auf[1], § 23 Abs. 3 SEBG ist mit § 25 Abs. 2 EBRG[2] identisch und § 23 Abs. 4 SEBG stimmt fast vollständig mit § 26 EBRG[3] überein. Durch § 23 Abs. 1 SEBG setzt das SEBG die Vorgaben in Teil 1 lit. a, b und e des Anhangs zur SE-RL um. Während dieser zu den Bestimmungen in § 23 Abs. 2 und 3 SEBG keine Vorgaben für die Mitgliedstaaten enthält, setzt § 23 Abs. 4 SEBG Teil 1 lit. c des Anhangs zur SE-RL um. Im Unterschied zu § 23 Abs. 4 SEBG hält dieser ausdrücklich den Charakter der dortigen Größenordnung (drei Mitglieder) als Höchstgrenze fest und macht zudem die Bildung des Ausschusses davon abhängig, dass die Zahl der Mitglieder des Vertretungsorgans (= SE-Betriebsrat) dies rechtfertigt[4]. Hierüber geht § 23 Abs. 4 SEBG hinaus, indem dieser die Bildung eines geschäftsführenden Ausschusses stets und unabhängig von der Größe des SE-Betriebsrates vorschreibt[5].

§ 24
Sitzungen und Beschlüsse

(1) Der SE-Betriebsrat soll sich eine schriftliche Geschäftsordnung geben, die er mit der Mehrheit seiner Mitglieder beschließt.

(2) Vor Sitzungen mit der Leitung der SE ist der SE-Betriebsrat oder der geschäftsführende Ausschuss – gegebenenfalls in der nach § 29 Abs. 3 erweiterten Zusammensetzung – berechtigt, in Abwesenheit der Vertreter der Leitung der SE zu tagen. Mit Einverständnis der Leitung der SE kann der SE-Betriebsrat weitere Sitzungen durchführen. Die Sitzungen des SE-Betriebsrats sind nicht öffentlich.

---

1 S. näher bezüglich der Einladung zur konstituierenden Sitzung *Blanke*, 2. Aufl. 2006, § 25 EBRG Rz. 2 ff.; *Giesen* in Henssler/Willemsen/Kalb, ArbR-Komm., EBRG Rz. 93; *Kühn* in Annuß/Kühn/Rudolph/Rupp, EBRG, § 25 EBRG Rz. 2 ff.; *C. Müller*, 1997, § 25 EBRG Rz. 1 f.; *Oetker* in GK-BetrVG, 10. Aufl. 2014, § 25 EBRG Rz. 2 ff. Zur Wahl des Vorsitzenden und seines Stellvertreters *Blanke*, 2. Aufl. 2006, § 25 EBRG Rz. 5 ff.; *Giesen* in Henssler/Willemsen/Kalb, ArbR-Komm., EBRG Rz. 93; *Kühn* in Annuß/Kühn/Rudolph/Rupp, EBRG, § 25 EBRG Rz. 5 ff.; *C. Müller*, 1997, § 25 EBRG Rz. 3; *Oetker* in GK-BetrVG, 10. Aufl. 2014, § 25 EBRG Rz. 5 ff. sowie zu der mit § 23 Abs. 2 Satz 2 SEBG identischen Bestimmung in § 26 Abs. 1 BetrVG ausführlich *Raab* in GK-BetrVG, 10. Aufl. 2014, § 26 BetrVG Rz. 5 ff. Zu der § 23 Abs. 2 Satz 1 SEBG entsprechenden Bestimmung in § 12 Abs. 1 Satz 1 SEBG s. § 12 SEBG Rz. 4 ff.
2 Dazu *Blanke*, 2. Aufl. 2006, § 25 EBRG Rz. 10 ff.; *Kühn* in Annuß/Kühn/Rudolph/Rupp, EBRG, § 25 EBRG Rz. 20 ff.; *C. Müller*, 1997, § 25 EBRG Rz. 4; *Oetker* in GK-BetrVG, 10. Aufl. 2014, § 25 EBRG Rz. 8 sowie zu der mit § 23 Abs. 3 SEBG übereinstimmenden Vorschrift in § 26 Abs. 2 BetrVG ausführlich *Raab* in GK-BetrVG, 10. Aufl. 2014, § 26 BetrVG Rz. 29 ff.
3 S. näher *Blanke*, 2. Aufl. 2006, § 26 EBRG Rz. 2 ff.; *Giesen* in Henssler/Willemsen/Kalb, ArbR-Komm., EBRG Rz. 94; *Kühn* in Annuß/Kühn/Rudolph/Rupp, EBRG, § 26 EBRG Rz. 2 ff.; *C. Müller*, EBRG, 1997, § 26 EBRG Rz. 1 ff.; *Oetker* in GK-BetrVG, 10. Aufl. 2014, § 26 EBRG Rz. 3 ff., 9 ff.
4 Ebenso die Vorgabe in Nr. 1 lit. c des Anhangs zur EBR-RL.
5 Abweichend § 26 EBRG, der eine Ausschussgröße von maximal fünf Mitgliedern ermöglicht, im Übrigen aber in Übereinstimmung mit § 23 Abs. 4 SEBG die Errichtungen eines Ausschusses stets und unabhängig von der Größe des kraft Gesetzes errichteten Europäischen Betriebsrates vorsieht.

(3) Der SE-Betriebsrat ist beschlussfähig, wenn mindestens die Hälfte seiner Mitglieder anwesend ist. Die Beschlüsse des SE-Betriebsrats werden, soweit in diesem Gesetz nichts anderes bestimmt ist, mit der Mehrheit der anwesenden Mitglieder gefasst.

Die Vorschrift übernimmt weitgehend die Parallelregelungen im EBRG; für die **Geschäftsordnung** s. § 28 Satz 2 EBRG[1], zu den **Sitzungen** des SE-Betriebsrates s. § 27 Abs. 1 EBRG[2] und zur **Beschlussfassung** im SE-Betriebsrat s. § 28 Satz 1 EBRG[3]. Die Bestimmung zur **Beschlussfähigkeit** (§ 24 Abs. 3 Satz 1 SEBG) findet im EBRG zwar keine Entsprechung[4], stimmt aber mit § 33 Abs. 2 BetrVG[5] überein. Durch den Anhang zur SE-RL ist der Inhalt von § 24 Abs. 2 Satz 1 SEBG vorgegeben (Teil 2 lit. d); bezüglich der Geschäftsordnung bleibt § 24 Abs. 1 SEBG hinter Teil 1 lit. d des Anhangs zur SE-RL zurück, der diese zwingend vorschreibt („gibt sich eine Geschäftsordnung"). Dies legt es nahe, diese Diskrepanz durch eine unionsrechtskonforme Auslegung zu beseitigen[6]. 1

§ 25
Prüfung der Zusammensetzung des SE-Betriebsrats

Alle zwei Jahre, vom Tage der konstituierenden Sitzung des SE-Betriebsrats an gerechnet, hat die Leitung der SE zu prüfen, ob Änderungen der SE und ihrer Tochtergesellschaften und Betriebe, insbesondere bei den Arbeitnehmerzahlen in den einzelnen Mitgliedstaaten eingetreten sind. Sie hat das Ergebnis dem SE-Betriebsrat mitzuteilen. Ist danach eine andere Zusammensetzung des SE-Betriebsrats erforderlich, veranlasst dieser bei den in den jeweiligen Mitgliedstaaten zuständigen Stellen, dass die Mitglieder des SE-Betriebsrats in diesen Mitgliedstaaten neu gewählt oder bestellt werden. Mit der neuen Wahl oder Bestellung endet die Mitgliedschaft der bisherigen Arbeitnehmervertreter aus diesen Mitgliedstaaten.

---

1 Näher dazu *Blanke*, 2. Aufl. 2006, § 28 EBRG Rz. 6 ff.; *Kühn* in Annuß/Kühn/Rudolph/Rupp, EBRG, § 28 EBRG Rz. 7 ff.; *C. Müller*, 1997, § 28 EBRG Rz. 2 f.; *Oetker* in GK-BetrVG, 10. Aufl. 2014, § 28 EBRG Rz. 6 f.
2 S. weiterführend *Blanke*, 2. Aufl. 2006, § 27 EBRG Rz. 3 ff.; *Giesen* in Henssler/Willemsen/Kalb, ArbR-Komm., EBRG Rz. 96; *Kühn* in Annuß/Kühn/Rudolph/Rupp, EBRG, § 27 EBRG Rz. 2 ff.; *C. Müller*, 1997, § 27 EBRG Rz. 1 f.; *Oetker* in GK-BetrVG, 10. Aufl. 2014, § 27 EBRG Rz. 2 ff.
3 Dazu *Blanke*, 2. Aufl. 2006, § 28 EBRG Rz. 2 ff.; *Giesen* in Henssler/Willemsen/Kalb, ArbR-Komm., EBRG Rz. 97; *Kühn* in Annuß/Kühn/Rudolph/Rupp, EBRG, § 28 EBRG Rz. 2 ff.; *C. Müller*, 1997, § 28 EBRG Rz. 1; *Oetker* in GK-BetrVG, 10. Aufl. 2014, § 28 EBRG Rz. 3 ff. sowie zu der mit § 24 Abs. 3 Satz 2 SEBG übereinstimmenden Vorschrift in § 33 Abs. 1 Satz 1 BetrVG *Raab* in GK-BetrVG, 10. Aufl. 2014, § 33 BetrVG Rz. 7 ff.
4 Entspricht jedoch gleichwohl der vorherrschenden Ansicht, s. *Blanke*, 2. Aufl. 2006, § 28 EBRG Rz. 3; *Giesen* in Henssler/Willemsen/Kalb, ArbR-Komm., EBRG Rz. 97; *C. Müller*, 1997, § 28 EBRG Rz. 1; *Oetker* in GK-BetrVG, 10. Aufl. 2014, § 28 EBRG Rz. 2; *Siemers* in Gaul/Ludwig/Forst, Europäisches Mitbestimmungsrecht, § 2 Rz. 415; a.A. *Kühn* in Annuß/Kühn/Rudolph/Rupp, EBRG, § 28 EBRG Rz. 2.
5 Zu dessen Auslegung statt aller *Raab* in GK-BetrVG, 10. Aufl. 2014, § 33 BetrVG Rz. 12 ff.
6 Hierfür *Feuerborn* in KölnKomm. AktG, 3. Aufl., § 24 SEBG Rz. 2.

§ 26 SEBG

1 Die Vorschrift stimmt mit § 32 Abs. 2 EBRG überein[1]. Sie ist durch die SE-RL nicht vorgegeben[2], führt aber den Rechtsgedanken in § 4 Abs. 3 SEBG fort und sichert im Hinblick auf die im SE-Betriebsrat vertretenen Mitgliedstaaten die Repräsentativität des Gremiums ab[3]. Die Notwendigkeit einer Neuwahl bzw. -bestellung beschränkt sich auf diejenigen Mitgliedstaaten, bei denen sich die Zahl der Sitze im SE-Betriebsrat verändert (arg. e § 25 Satz 3 SEBG)[4].

§ 26
Beschluss zur Aufnahme von Neuverhandlungen

(1) Vier Jahre nach seiner Einsetzung hat der SE-Betriebsrat mit der Mehrheit seiner Mitglieder einen Beschluss darüber zu fassen, ob über eine Vereinbarung nach § 21 verhandelt werden oder die bisherige Regelung weiter gelten soll.

(2) Wird der Beschluss gefasst, über eine Vereinbarung nach § 21 zu verhandeln, so gelten die §§ 13 bis 15, 17, 20 und 21 entsprechend mit der Maßgabe, dass an die Stelle des besonderen Verhandlungsgremiums der SE-Betriebsrat tritt. Kommt keine Vereinbarung zustande, findet die bisherige Regelung weiter Anwendung.

1 Mit § 26 SEBG hat das SEBG weitgehend unverändert § 33 EBRG übernommen[1]. Dessen Aufnahme in das SEBG gibt Teil 1 lit. g der Auffangregelung zur SE-RL zwingend vor und entspricht dieser nahezu wörtlich. Abgesehen von den an das SEBG angepassten Verweisungsobjekten gelten für die Auslegung der Vorschrift die zu § 33 EBRG anerkannten Grundsätze.

Unterabschnitt 2. Aufgaben

§ 27
Zuständigkeiten des SE-Betriebsrats

Der SE-Betriebsrat ist zuständig für die Angelegenheiten, die die SE selbst, eine ihrer Tochtergesellschaften oder einen ihrer Betriebe in einem anderen Mitgliedstaat be-

---

1 Näher dazu *Blanke*, 2. Aufl. 2006, § 36 EBRG Rz. 4 ff.; *Giesen* in Henssler/Willemsen/Kalb, ArbR-Komm., EBRG Rz. 114 ff.; *Kühn* in Annuß/Kühn/Rudolph/Rupp, EBRG, § 32 EBRG Rz. 10 ff.; *C. Müller*, 1997, § 36 EBRG Rz. 3 ff.; *Oetker* in GK-BetrVG, 10. Aufl. 2014, § 32 EBRG Rz. 5 ff.
2 So aber *Feuerborn* in KölnKomm. AktG, 3. Aufl., § 25 SEBG Rz. 2.
3 S. Begr. RegE, BT-Drucks. 15/3405, S. 52. Ebenso auch die Rechtslage in Österreich (§ 233 Abs. 2 ArbVG i.V.m. § 216 Abs. 5 ArbVG), die jedoch auf einen zeitlichen Schutz der kontinuierlichen Amtsführung verzichtet. S. dazu *Gahleitner* in Kalss/Hügel, § 233 ArbVG Rz. 2.
4 *Feuerborn* in KölnKomm. AktG, 3. Aufl., § 25 SEBG Rz. 6; *Siemers* in Gaul/Ludwig/Forst, Europäisches Mitbestimmungsrecht, § 2 Rz. 423; ebenso zu § 32 Abs. 2 EBRG *Blanke*, 2. Aufl. 2006, § 36 EBRG Rz. 7; *Kühn* in Annuß/Kühn/Rudolph/Rupp, EBRG, § 32 EBRG Rz. 18; *C. Müller*, 1997, § 36 EBRG Rz. 5; *Oetker* in GK-BetrVG, 10. Aufl. 2014, § 32 EBRG Rz. 6.

1 Ebenso in Österreich § 243 ArbVG.

treffen oder die über die Befugnisse der zuständigen Organe auf der Ebene des einzelnen Mitgliedstaats hinausgehen.

Die Vorschrift ist durch Teil 2 lit. a des Anhangs zur SE-RL zwingend vorgegeben[1] und übernimmt diesen nahezu unverändert. Im Unterschied zu der Rechtslage in Österreich (§ 239 ArbVG) begründet § 27 SEBG **keine Allzuständigkeit** des SE-Betriebsrates zur Wahrung der wirtschaftlichen, sozialen, gesundheitlichen und kulturellen Interessen der Arbeitnehmer[2].

§ 28
Jährliche Unterrichtung und Anhörung

(1) Die Leitung der SE hat den SE-Betriebsrat mindestens einmal im Kalenderjahr in einer gemeinsamen Sitzung über die Entwicklung der Geschäftslage und die Perspektiven der SE unter rechtzeitiger Vorlage der erforderlichen Unterlagen zu unterrichten und ihn anzuhören. Zu den erforderlichen Unterlagen gehören insbesondere
1. die Geschäftsberichte,
2. die Tagesordnung aller Sitzungen des Leitungsorgans und des Aufsichts- oder Verwaltungsorgans,
3. die Kopien aller Unterlagen, die der Hauptversammlung der Aktionäre vorgelegt werden.

(2) Zu der Entwicklung der Geschäftslage und den Perspektiven im Sinne von Absatz 1 gehören insbesondere
1. die Struktur der SE sowie die wirtschaftliche und finanzielle Lage;
2. die voraussichtliche Entwicklung der Geschäfts-, Produktions- und Absatzlage;
3. die Beschäftigungslage und ihre voraussichtliche Entwicklung;
4. Investitionen (Investitionsprogramme);
5. grundlegende Änderungen der Organisation;
6. die Einführung neuer Arbeits- und Fertigungsverfahren;
7. die Verlegung von Unternehmen, Betrieben oder wesentlichen Betriebsteilen sowie Verlagerungen der Produktion;
8. Zusammenschlüsse oder Spaltungen von Unternehmen oder Betrieben;
9. die Einschränkung oder Stilllegung von Unternehmen, Betrieben oder wesentlichen Betriebsteilen;
10. Massenentlassungen.

(3) Die Leitung der SE informiert die Leitungen über Ort und Tag der Sitzung.

Die Vorschrift, die im Wesentlichen mit der Rechtslage in Österreich (§ 240 ArbVG) übereinstimmt, lehnt sich eng an die Parallelbestimmung in § 29 EBRG an; § 28

---
1 S. aber mit beachtlicher Kritik an dem Verzicht auf das Erfordernis einer gemeinschaftsweiten Angelegenheit *Thüsing*, ZIP 2006, 1469, 1475 f.
2 Zustimmend *Feuerborn* in KölnKomm. AktG, 3. Aufl., § 27 SEBG Rz. 1.

Abs. 1 Satz 1 SEBG ist weitgehend mit § 29 Abs. 1 EBRG[1] identisch und die nicht abschließenden **Katalogtatbestände** in § 28 Abs. 2 SEBG entsprechen denjenigen in § 29 Abs. 2 EBRG[2], die sich wiederum an den in § 106 Abs. 3 BetrVG aufgezählten wirtschaftlichen Angelegenheiten[3] orientieren[4]. Abweichend von § 29 EBRG konkretisiert § 28 Abs. 1 Satz 2 SEBG die von der Leitung der SE vorzulegenden **Unterlagen**[5], womit das SEBG einer Vorgabe in Teil 2 lit. b des Anhangs zur SE-RL nachkommt, die auch im Übrigen den Inhalt von § 28 SEBG determiniert. Das gilt ebenfalls für die abweichend von § 29 Abs. 1 EBRG aufgenommene Forderung, dass die Unterrichtung „**mindestens**" einmal im Kalenderjahr zu erfolgen hat[6].

§ 29
Unterrichtung und Anhörung über außergewöhnliche Umstände

(1) Über außergewöhnliche Umstände, die erhebliche Auswirkungen auf die Interessen der Arbeitnehmer haben, hat die Leitung der SE den SE-Betriebsrat rechtzeitig unter Vorlage der erforderlichen Unterlagen zu unterrichten. Als außergewöhnliche Umstände gelten insbesondere

1. die Verlegung oder Verlagerung von Unternehmen, Betrieben oder wesentlichen Betriebsteilen;
2. die Stilllegung von Unternehmen, Betrieben oder wesentlichen Betriebsteilen;
3. Massenentlassungen.

(2) Der SE-Betriebsrat hat das Recht, auf Antrag mit der Leitung der SE oder den Vertretern einer anderen zuständigen, mit eigenen Entscheidungsbefugnissen ausgestatteten Leitungsebene innerhalb der SE zusammenzutreffen, um zu den außergewöhnlichen Umständen angehört zu werden.

(3) Auf Beschluss des SE-Betriebsrats stehen die Rechte nach Absatz 2 dem geschäftsführenden Ausschuss (§ 23 Abs. 4) zu. Findet eine Sitzung mit dem geschäftsführenden Ausschuss statt, so haben auch die Mitglieder des SE-Betriebsrats, die von diesen Maßnahmen unmittelbar betroffene Arbeitnehmer vertreten, das Recht, daran teilzunehmen.

---

1 S. dazu *Blanke*, 2. Aufl. 2006, § 32 EBRG Rz. 3 ff.; *Kühn* in Annuß/Kühn/Rudolph/Rupp, EBRG, § 29 EBRG Rz. 21 ff.; *C. Müller*, 1997, § 32 EBRG Rz. 1 ff.; *Oetker* in GK-BetrVG, 10. Aufl. 2014, § 29 EBRG Rz. 3 ff., jeweils m.w.N.
2 Dazu *Blanke*, 2. Aufl. 2006, § 32 EBRG Rz. 15 ff.; *Kühn* in Annuß/Kühn/Rudolph/Rupp, EBRG, § 29 EBRG Rz. 5 ff.; *C. Müller*, 1997, § 32 EBRG Rz. 4 ff.; *Oetker* in GK-BetrVG, 10. Aufl. 2014, § 29 EBRG Rz. 13 ff.
3 Hierzu *Oetker* in GK-BetrVG, 10. Aufl. 2014, § 106 BetrVG Rz. 65 ff.; *Willemsen/Lembke* in Henssler/Willemsen/Kalb, ArbR-Komm., § 106 BetrVG Rz. 57 ff.
4 *Herfs-Röttgen*, NZA 2002, 358, 362; *Köklü* in Van Hulle/Maul/Drinhausen, Kap. 6 Rz. 179; *Wirtz*, SE-Betriebsrat, S. 211 f.
5 Ebenso § 240 Abs. 3 ArbVG, wobei bezüglich der Geschäftsberichte auf § 240 Abs. 1 ArbVG zurückzugreifen ist; näher dazu *Gahleitner* in Kalss/Hügel, § 240 ArbVG Rz. 5.
6 Deshalb soll der SE-Betriebsrat „bei Bedarf" auch häufiger zu unterrichten sein; s. Begr. RegE, BT-Drucks. 15/3405, S. 53; *Feuerborn* in KölnKomm. AktG, 3. Aufl., § 28 SEBG Rz. 9; *Kühn* in Annuß/Kühn/Rudolph/Rupp, EBRG, § 28 SEBG Rz. 12; einschränkend *Siemers* in Gaul/Ludwig/Forst, Europäisches Mitbestimmungsrecht, § 2 Rz. 433: nur im Einvernehmen mit der Leitung der SE; zur Rechtslage nach § 29 Abs. 1 EBRG s. *Kühn* in Annuß/Kühn/Rudolph/Rupp, EBRG, § 29 EBRG Rz. 27 a.E.; *Oetker* in GK-BetrVG, 10. Aufl. 2014, § 29 EBRG Rz. 4, m.w.N.

(4) Wenn die Leitung der SE beschließt, nicht entsprechend der von dem SE-Betriebsrat oder dem geschäftsführenden Ausschuss abgegebenen Stellungnahme zu handeln, hat der SE-Betriebsrat das Recht, ein weiteres Mal mit der Leitung der SE zusammenzutreffen, um eine Einigung herbeizuführen.

Die Regelung, die nahezu identisch mit derjenigen in Österreich ist (vgl. § 241 ArbVG), lehnt sich eng an § 30 EBRG an. Das gilt insbesondere bezüglich der in § 29 Abs. 1 Satz 2 SEBG nicht abschließend aufgezählten „besonderen Umstände"[1]. 1

In **prozeduraler Hinsicht** weist die Vorschrift **zwei Besonderheiten** auf: Während sich § 30 Abs. 1 Satz 1 EBRG ausschließlich auf ein Unterrichtungs- und Anhörungsrecht beschränkt, begründet § 29 Abs. 2 SEBG zusätzlich ein Recht des SE-Betriebsrates auf **Erörterung in gemeinsamer Sitzung** mit der Leitung der SE[2]. Ferner kann der SE-Betriebsrat unter Umständen eine **nochmalige Beratung** erzwingen (§ 29 Abs. 4 SEBG)[3]. Damit trägt das Gesetz einer bindenden Vorgabe in Teil 2 lit. c des Anhangs zur SE-RL Rechnung; auch im Übrigen zeichnet § 29 SEBG den Inhalt der vorgenannten Auffangregelung nach[4]. 2

Nicht übernommen hat § 29 SEBG die Vorgabe in Teil 2 lit. c Unterabs. 4 des Anhangs zur SE-RL[5], wonach die gemeinsamen Sitzungen mit dem SE-Betriebsrat die „**Vorrechte des zuständigen Organs unberührt**" lassen[6], wodurch insbesondere das Recht des Leitungsorgans bzw. der geschäftsführenden Direktoren, die unternehmerische Entscheidung zu treffen, klargestellt werden soll. Dem SE-Betriebsrat steht deshalb insbesondere **kein Vetorecht** zu[7]; er bleibt darauf angewiesen, die Entscheidungsfindung des zuständigen Organs der SE argumentativ zu beeinflussen. Auch das in § 29 Abs. 4 SEBG aufgenommene Recht zum nochmaligen Zusammentritt mit der Leitung der SE soll dem SE-Betriebsrat keine weitergehenden Mitsprachemöglichkeiten eröffnen[8]. Einem **Unterlassungsanspruch** bis zur Durchführung der zweiten Anhörung steht dies jedoch nicht entgegen[9]. 3

---

1 Zu diesen Tatbeständen z.B. *Blanke*, 2. Aufl. 2006, § 33 EBRG Rz. 16 ff.; *Giesen* in Henssler/Willemsen/Kalb, ArbR-Komm., EBRG Rz. 4; *Kühn* in Annuß/Kühn/Rudolph/Rupp, EBRG, § 30 EBRG Rz. 7 ff.; *C. Müller*, 1997, § 33 EBRG Rz. 1; *Oetker* in GK-BetrVG, 10. Aufl. 2014, § 30 EBRG Rz. 2 f.; ferner auch *Wirtz*, SE-Betriebsrat, S. 215 ff.
2 *Kühn* in Annuß/Kühn/Rudolph/Rupp, EBRG, § 29 EBRG Rz. 20; *Wirtz*, SE-Betriebsrat, S. 217 ff.
3 *Kühn* in Annuß/Kühn/Rudolph/Rupp, EBRG, § 29 EBRG Rz. 21 ff.; *Wirtz*, SE-Betriebsrat, S. 219 ff.
4 *Wirtz*, SE-Betriebsrat, S. 215.
5 Über die Gründe schweigt die Regierungsbegründung; s. BT-Drucks. 15/3405, S. 53. Der Verzicht war jedoch bereits in § 33 EBRG a.F. anzutreffen, obwohl Nr. 3 der Auffangregelung zur EBR-RL den inhaltlich identischen Vorbehalt zugunsten der zentralen Leitung enthält. Auch durch die Novellierung der EBR-Richtlinie hat sich die Rechtslage in diesem Punkt nicht geändert; s. einerseits Abs. 3 Unterabs. 3 des Anhang I zur RL 2009/38/EG sowie andererseits § 30 EBRG n.F.
6 Übernommen aber in § 241 Abs. 1 Satz 3 ArbVG für die Rechtslage in Österreich.
7 Zustimmend *Feuerborn* in KölnKomm. AktG, 3. Aufl., § 29 SEBG Rz. 12; *Kühn* in Annuß/Kühn/Rudolph/Rupp, EBRG, § 29 SEBG Rz. 23; so mit Recht auch *Gahleitner* in Kalss/Hügel, § 241 ArbVG Rz. 3; der Sache nach ebenso *Mayr* in Cerny/Mayr, Arbeitsverfassungsrecht, Bd. 6, 2006, § 241 ArbVG Erl. 3.
8 In diesem Sinne ebenfalls Begr. RegE, BT-Drucks. 15/3405, S. 53.
9 Hierfür auch *Feuerborn* in KölnKomm. AktG, 3. Aufl., § 29 SEBG Rz. 12; *Jacobs* in MünchKomm. AktG, 3. Aufl., Vor § 23 SEBG Rz. 13; *Riesenhuber*, Europäisches Arbeitsrecht, § 29 Rz. 26; *Wirtz*, SE-Betriebsrat, S. 222; weitergehend für die generelle Anerkennung eines Unterlassungsanspruchs *Forst*, ZESAR 2013, 15, 23; *Kiehn*, Beteiligung, S. 153 ff.; a.A. *Hohenstatt/Dzida* in Henssler/Willemsen/Kalb, ArbR-Komm., SEBG Rz. 44 a.E.; *Kühn* in Annuß/Kühn/

§ 30
Information durch den SE-Betriebsrat

Der SE-Betriebsrat informiert die Arbeitnehmervertreter der SE, ihrer Tochtergesellschaften und Betriebe über den Inhalt und die Ergebnisse der Unterrichtungs- und Anhörungsverfahren. Sind keine Arbeitnehmervertreter vorhanden, sind die Arbeitnehmer zu informieren.

1 Mit der Unterrichtungspflicht in § 30 SEBG, die unter Umständen auch unmittelbar gegenüber den Arbeitnehmern besteht, trifft das SEBG eine inhaltlich mit § 36 Abs. 1 EBRG übereinstimmende Regelung, so dass die dort anerkannten Auslegungsresultate[1] auch für die Reichweite des § 30 SEBG heranzuziehen sind[2].

2 Die Vorschrift, die mit Ausnahme der unmittelbaren Unterrichtung der Arbeitnehmer der Bestimmung in Österreich entspricht (vgl. § 242 ArbVG), ist durch Teil 2 lit. e des Anhangs zur SE-RL vorgegeben, verzichtet allerdings auf den ausdrücklichen Vorbehalt der SE-RL zugunsten der **Verschwiegenheitspflichten**[3]. Diese sind vom SE-Betriebsrat aber gleichwohl zu beachten[4]. Im Verhältnis zu den in § 30 SEBG genannten Arbeitnehmervertretern hebt § 41 Abs. 3 Nr. 1 SEBG die Verschwiegenheitspflicht auf, im Gegenzug bezieht § 41 Abs. 4 Nr. 2 SEBG diese in die Verschwiegenheitspflicht ein. Uneingeschränkt an die Verschwiegenheitspflicht gebunden sind die Mitglieder des SE-Betriebsrates jedoch bei einer unmittelbaren Unterrichtung der Arbeitnehmer[5].

Rudolph/Rupp, EBRG, § 29 SEBG Rz. 26; offen *Siemers* in Gaul/Ludwig/Forst, Europäisches Mitbestimmungsrecht, § 2 Rz. 443. Durch die in § 29 Abs. 4 SEBG begründete Rechtsposition unterscheidet sich die Rechtslage nach dem SEBG grundlegend von § 30 EBRG, der ein vergleichbares Recht auf wiederholte Konsultation auch nach der Novellierung des EBRG nicht kennt; s. zur Rechtslage im Rahmen von § 30 EBRG z.B. (ablehnend) LAG Köln v. 8.9.2011 – 13 Ta 267/11, LAGE § 30 EBRG Nr. 1 = ZIP 2011, 2121 ff.; *Giesen* in Henssler/Willemsen/Kalb, ArbR-Komm., EBRG Rz. 111; *Kühn* in Annuß/Kühn/Rudolph/Rupp, EBRG, § 30 EBRG Rz. 25; *Oetker* in GK-BetrVG, 10. Aufl. 2014, § 30 EBRG Rz. 12 ff., m.w.N.; a.A. *Bachner* in Däubler/Kittner/Klebe/Wedde, BetrVG, 14. Aufl. 2014, § 30 EBRG Rz. 6; *Forst*, ZESAR 2013, 15, 17 ff.

1 S. dazu *Blanke*, 2. Aufl. 2006, § 35 EBRG Rz. 2 f.; *Giesen* in Henssler/Willemsen/Kalb, ArbR-Komm., EBRG Rz. 112; *C. Müller*, 1997, § 35 EBRG Rz. 1 ff.; *Oetker* in GK-BetrVG, 10. Aufl. 2014, § 36 EBRG Rz. 3 ff.; *Rupp* in Annuß/Kühn/Rudoph/Rupp, EBRG, § 36 EBRG Rz. 1 ff.
2 Zweifelhaft ist die Einbeziehung der Sprecherausschüsse in die Unterrichtungspflicht (hierfür Begr. RegE, BT-Drucks. 15/3405, S. 53; im Ergebnis auch *von der Heyde*, Beteiligung, S. 237; *Kiehn*, Beteiligung, S. 125 f.; *Köklü* in Van Hulle/Maul/Drinhausen, Kap. 6 Rz. 185), da § 30 SEBG von „Arbeitnehmervertretern" spricht (s. dazu § 2 SEBG Rz. 28); so auch *Engels*, ArbuR 2009, 10, 24; *Feuerborn* in KölnKomm. AktG, 3. Aufl., § 30 SEBG Rz. 5; *Rupp* in Annuß/Kühn/Rudolph/Rupp, EBRG, § 30 SEBG Rz. 1; *Wirtz*, SE-Betriebsrat, S. 226 f.; abl. *Jacobs* in MünchKomm. AktG, 3. Aufl., Vor § 23 SEBG Rz. 11.
3 Mit diesem aber § 242 ArbVG.
4 Begr. RegE, BT-Drucks. 15/3405, S. 53; ebenso *Feuerborn* in KölnKomm. AktG, 3. Aufl., § 30 SEBG Rz. 7; *Köklü* in Van Hulle/Maul/Drinhausen, Kap. 6 Rz. 186.
5 Zustimmend *Feuerborn* in KölnKomm. AktG, 3. Aufl., § 30 SEBG Rz. 7; *Siemers* in Gaul/Ludwig/Forst, Europäisches Mitbestimmungsrecht, § 2 Rz. 445; *Wirtz*, SE-Betriebsrat, S. 228 f.; ebenso zu § 35 EBRG *Blanke*, 2. Aufl. 2006, § 35 EBRG Rz. 3; *C. Müller*, 1997, § 35 EBRG Rz. 1; *Oetker* in GK-BetrVG, 10. Aufl. 2014, § 36 EBRG Rz. 11; *Rupp* in Annuß/Kühn/Rudolph/Rupp, EBRG, § 36 EBRG Rz. 7.

Unterabschnitt 3. Freistellung und Kosten

§ 31
Fortbildung

Der SE-Betriebsrat kann Mitglieder zur Teilnahme an Schulungs- und Bildungsveranstaltungen bestimmen, soweit diese Kenntnisse vermitteln, die für die Arbeit des SE-Betriebsrats erforderlich sind. Der SE-Betriebsrat hat die Teilnahme und die zeitliche Lage rechtzeitig der Leitung der SE mitzuteilen. Bei der Festlegung der zeitlichen Lage sind die betrieblichen Notwendigkeiten zu berücksichtigen.

Die Vorschrift begründet einen an § 37 Abs. 6 BetrVG angelehnten Freistellungsanspruch, mit dem das SEBG zwar zunächst über die Rechtslage nach dem EBRG hinausging[1], im Kern aber die Vorgabe in Teil 2 lit. g des Anhangs zur SE-RL übernimmt. Dogmatisch begründet § 31 SEBG einen **kollektivrechtlichen Anspruch**, der dem **SE-Betriebsrat als Organ** zusteht[2]; dem einzelnen Mitglied des SE-Betriebsrates steht dieser erst nach entsprechender Beschlussfassung im SE-Betriebsrat als **abgeleiteter Individualanspruch** zu[3]. Der Freistellungsanspruch ist weder in personeller Hinsicht noch bezüglich seines zeitlichen Volumens eingeschränkt, steht aber unter dem **Vorbehalt der Erforderlichkeit**[4]. Im Hinblick auf den **Verdienstausfall** trifft § 31 SEBG keine Regelung, die Pflicht zur Entgeltfortzahlung ergibt sich aber aus § 42 SEBG i.V. mit den Rechtsvorschriften der jeweiligen Mitgliedstaaten (s. § 42 SEBG Rz. 18 f.)[5]. Bezüglich der infolge der Teilnahme an der Schulungs- und Bildungsveranstaltung entstehenden **Kosten** (Gebühren, Fahrt- und Aufenthaltskosten) gilt § 33 SEBG[6].

1

§ 32
Sachverständige

Der SE-Betriebsrat oder der geschäftsführende Ausschuss können sich durch Sachverständige ihrer Wahl unterstützen lassen, soweit dies zur ordnungsgemäßen Erfüllung ihrer Aufgaben erforderlich ist. Sachverständige können auch Vertreter von Gewerkschaften sein.

---

1 S. nunmehr aber § 38 Abs. 1 EBRG; dazu auch *Giesen* in Henssler/Willemsen/Kalb, ArbR-Komm., EBRG Rz. 73; *Oetker* in GK-BetrVG, 10. Aufl. 2014, § 38 EBRG Rz. 3 ff.; *Rupp* in Annuß/Kühn/Rudolph/Rupp, EBRG, § 38 EBRG Rz. 2 ff.
2 Treffend auch *Feuerborn* in KölnKomm. AktG, 3. Aufl., § 31 SEBG Rz. 3.
3 *Feuerborn* in KölnKomm. AktG, 3. Aufl., § 31 SEBG Rz. 3; abweichend demgegenüber Teil 2 lit. g der Auffangregelung zur SE-RL, der vorbehaltlos einen Anspruch für die „Mitglieder des Vertretungsorgans" vorsieht. Zur Parallelproblematik bei § 38 Abs. 1 EBRG s. *Oetker* in GK-BetrVG, 10. Aufl. 2014, § 38 EBRG Rz. 4; *Rupp* in Annuß/Kühn/Rudolph/Rupp, EBRG, § 38 EBRG Rz. 13.
4 S. auch *Feuerborn* in KölnKomm. AktG, 3. Aufl., § 31 SEBG Rz. 4.
5 *Feuerborn* in KölnKomm. AktG, 3. Aufl., § 31 SEBG Rz. 7; *Jacobs* in MünchKomm. AktG, 3. Aufl., Vor § 23 SEBG Rz. 8; *Rupp* in Annuß/Kühn/Rudolph/Rupp, EBRG, § 31 SEBG Rz. 2.
6 *Feuerborn* in KölnKomm. AktG, 3. Aufl., § 31 SEBG Rz. 6; *Rupp* in Annuß/Kühn/Rudolph/Rupp, EBRG, § 31 SEBG Rz. 2; *Siemers* in Gaul/Ludwig/Forst, Europäisches Mitbestimmungsrecht, § 2 Rz. 450.

1 Die Vorschrift zur Heranziehung von Sachverständigen stimmt ohne inhaltliche Änderungen mit § 39 Abs. 2 EBRG überein und entspricht mit Ausnahme von Satz 2 den Vorgaben in Teil 2 lit. f des Anhangs zur SE-RL[1]. Die Einbeziehung der **„Vertreter von Gewerkschaften"** in § 32 Satz 2 SEBG hat lediglich klarstellende Bedeutung[2], entbindet daher weder von der **Erforderlichkeitsprüfung** noch von der Voraussetzung eines besonderen Sachverstandes im Hinblick auf die konkrete Aufgabe (s. auch § 14 SEBG Rz. 7)[3]. Ob die mit der Hinzuziehung des Sachverständigen verbundenen **Kosten** von der SE zu tragen sind, richtet sich nach § 33 SEBG[4].

§ 33
Kosten und Sachaufwand

Die durch die Bildung und Tätigkeit des SE-Betriebsrats und des geschäftsführenden Ausschusses entstehenden erforderlichen Kosten trägt die SE. Im Übrigen gilt § 19 Satz 2 entsprechend.

1 Die Vorschrift zur Kostentragungspflicht der SE entspricht weitgehend der Parallelnorm in § 39 Abs. 1 EBRG[1]; lediglich bezüglich der Kosten infolge der Hinzuziehung von Sachverständigen weicht § 33 SEBG von dieser ab, da die Norm auf die Einschränkung in § 39 Abs. 2 Satz 3 EBRG verzichtet, wonach sich die Pflicht zur Kostentragung auf *einen* Sachverständigen beschränkt[2]. Damit übernimmt § 33 SEBG die Parallelnorm für das BVG in § 19 SEBG, deren Inhalt wegen der Verweisung in § 33 Satz 2 SEBG auch im Übrigen im Anwendungsbereich des § 33 SEBG maßgebend ist (s. deshalb näher die Erläuterungen zu § 19 SEBG)[3].

Abschnitt 2. Mitbestimmung kraft Gesetzes

§ 34
Besondere Voraussetzungen

(1) Liegen die Voraussetzungen des § 22 vor, finden die Regelungen über die Mitbestimmung der Arbeitnehmer kraft Gesetzes nach den §§ 35 bis 38 Anwendung

---

1 S. auch *Feuerborn* in KölnKomm. AktG, 3. Aufl., § 32 SEBG Rz. 3.
2 *Feuerborn* in KölnKomm. AktG, 3. Aufl., § 32 SEBG Rz. 6; so auch zu § 39 Abs. 2 EBRG *Blanke*, 2. Aufl. 2006, § 29 EBRG Rz. 2; *C. Müller*, 1997, § 29 EBRG Rz. 4; *Oetker* in GK-BetrVG, 10. Aufl. 2014, § 39 EBRG Rz. 10.
3 S. zu § 39 Abs. 2 EBRG *Oetker* in GK-BetrVG, 10. Aufl. 2014, § 39 EBRG Rz. 10.
4 *Feuerborn* in KölnKomm. AktG, 3. Aufl., § 32 SEBG Rz. 3; *Siemers* in Gaul/Ludwig/Forst, Europäische Mitbestimmung, § 2 Rz. 454.
1 Entsprechendes gilt für die Rechtslage in Österreich; vgl. § 238 ArbVG i.V.m. § 224 ArbVG.
2 Die entsprechende Option für eine derartige Begrenzung in Teil 2 lit. g des Anhangs zur SE-RL wurde – anders als in Österreich (vgl. § 238 ArbVG i.V.m. § 224 Abs. 2 ArbVG) – nicht in Anspruch genommen; s. auch *Feuerborn* in KölnKomm. AktG, 3. Aufl., § 32 SEBG Rz. 4; *Rupp* in Annuß/Kühn/Rudolph/Rupp, EBRG, Anm. zu § 32 SEBG.
3 Ebenso *Feuerborn* in KölnKomm. AktG, 3. Aufl., § 33 SEBG Rz. 2.

1. im Falle einer durch Umwandlung gegründeten SE, wenn in der Gesellschaft vor der Umwandlung Bestimmungen über die Mitbestimmung der Arbeitnehmer im Aufsichts- oder Verwaltungsorgan galten;
2. im Falle einer durch Verschmelzung gegründeten SE, wenn
    a) vor der Eintragung der SE in einer oder mehreren der beteiligten Gesellschaften eine oder mehrere Formen der Mitbestimmung bestanden und sich auf mindestens 25 Prozent der Gesamtzahl der Arbeitnehmer aller beteiligten Gesellschaften und betroffenen Tochtergesellschaften erstreckten oder
    b) vor der Eintragung der SE in einer oder mehreren der beteiligten Gesellschaften eine oder mehrere Formen der Mitbestimmung bestanden und sich auf weniger als 25 Prozent der Gesamtzahl der Arbeitnehmer aller beteiligten Gesellschaften und betroffenen Tochtergesellschaften erstreckten und das besondere Verhandlungsgremium einen entsprechenden Beschluss fasst;
3. im Falle einer durch Errichtung einer Holding-Gesellschaft oder einer Tochtergesellschaft gegründeten SE, wenn
    a) vor der Eintragung der SE in einer oder mehreren der beteiligten Gesellschaften eine oder mehrere Formen der Mitbestimmung bestanden und sich auf mindestens 50 Prozent der Gesamtzahl der Arbeitnehmer aller beteiligten Gesellschaften und betroffenen Tochtergesellschaften erstreckten oder
    b) vor der Eintragung der SE in einer oder mehreren der beteiligten Gesellschaften eine oder mehrere Formen der Mitbestimmung bestanden und sich auf weniger als 50 Prozent der Gesamtzahl der Arbeitnehmer aller beteiligten Gesellschaften und betroffenen Tochtergesellschaften erstreckten und das besondere Verhandlungsgremium einen entsprechenden Beschluss fasst.

(2) Bestanden in den Fällen von Absatz 1 Nr. 2 und 3 mehr als eine Form der Mitbestimmung im Sinne des § 2 Abs. 12 in den verschiedenen beteiligten Gesellschaften, so entscheidet das besondere Verhandlungsgremium, welche von ihnen in der SE eingeführt wird. Wenn das besondere Verhandlungsgremium keinen solchen Beschluss fasst und eine inländische Gesellschaft, deren Arbeitnehmern Mitbestimmungsrechte zustehen, an der Gründung der SE beteiligt ist, ist die Mitbestimmung nach § 2 Abs. 12 Nr. 1 maßgeblich. Ist keine inländische Gesellschaft, deren Arbeitnehmern Mitbestimmungsrechte zustehen, beteiligt, findet die Form der Mitbestimmung nach § 2 Abs. 12 Anwendung, die sich auf die höchste Zahl der in den beteiligten Gesellschaften beschäftigten Arbeitnehmer erstreckt.

(3) Das besondere Verhandlungsgremium unterrichtet die Leitungen über die Beschlüsse, die es nach Absatz 1 Nr. 2 Buchstabe b und Nr. 3 Buchstabe b und Absatz 2 Satz 1 gefasst hat.

I. Allgemeines 1	3. Gründung der SE durch Umwandlung (§ 34 Abs. 1 Nr. 1 SEBG) 14
II. Voraussetzungen für die Anwendung der gesetzlichen Auffangregelung zur Mitbestimmung (§ 34 Abs. 1 SEBG)	4. Gründung der SE durch Verschmelzung (§ 34 Abs. 1 Nr. 2 SEBG)
1. Überblick 5	a) Mitbestimmung in einer beteiligten Gesellschaft 16
2. Voraussetzungen des § 22 SEBG 7	b) Notwendiges Arbeitnehmerquorum (mindestens 25 %) 18
a) Anwendung der Auffangregelung kraft Vereinbarung (§ 22 Abs. 1 Nr. 1 SEBG) 8	c) Beschluss des BVG 23
b) Ablauf der Verhandlungsfrist (§ 22 Abs. 1 Nr. 2 SEBG) 10	5. Errichtung einer Holding- oder Tochter-SE (§ 34 Abs. 1 Nr. 3 SEBG) 24

6. Sekundäre SE-Gründung (SE-Tochter, Art. 3 Abs. 2 SE-VO) 25	2. Auffangregelung (§ 34 Abs. 2 Satz 2 und 3 SEBG) 29
III. Wahl der Mitbestimmungsform (§ 34 Abs. 2 SEBG)	**IV. Unterrichtung der Leitungen (§ 34 Abs. 3 SEBG)** 31
1. Beschluss des BVG (§ 34 Abs. 2 Satz 1 SEBG) 26	

Literatur: S. Vor § 1 SEBG.

I. Allgemeines

1 Im Unterschied zu den §§ 22 bis 33 SEBG, die Errichtung und Beteiligung des SE-Betriebsrates kraft Gesetzes ausgestalten, regelt der 2. Abschnitt des 2. Kapitels – entsprechend dem Programm des § 1 Abs. 2 Satz 2 SEBG – die **gesetzliche Auffangregelung zur Mitbestimmung** der Arbeitnehmer. Korrespondierend mit § 22 SEBG legt § 34 SEBG hierfür die Voraussetzungen fest. Während § 22 SEBG die Errichtung eines SE-Betriebsrates kraft Gesetzes für alle Gründungsformen einer SE und unabhängig von der Zahl der Arbeitnehmer, die bei der SE oder ihren Tochtergesellschaften beschäftigt sind, vorsieht, gestaltet das SEBG die Anforderungen für die Anwendung der gesetzlichen Auffangregelung zur Mitbestimmung nach Maßgabe der jeweiligen Gründungsform der SE unterschiedlich aus. Zu unterscheiden ist zwischen der **Gründung durch formwechselnde Umwandlung** (§ 34 Abs. 1 Nr. 1 SEBG), der Gründung durch **Verschmelzung** (§ 34 Abs. 1 Nr. 2 SEBG) sowie der **Errichtung einer Holding- oder Tochter-SE** (§ 34 Abs. 1 Nr. 3 SEBG). Die in Art. 7 Abs. 3 SE-RL für die Mitgliedstaaten eröffnete Option, von gesetzlichen Auffangregelungen für den Fall einer Gründung der SE durch Verschmelzung abzusehen, hat das SEBG nicht ausgeübt[1]. Keine ausdrückliche gesetzliche Regelung trifft § 34 Abs. 1 SEBG für die Gründung einer SE im Wege der durch Art. 3 Abs. 2 SE-VO eröffneten sekundären Gründung als SE-Tochter, ohne dass dies jedoch die Schlussfolgerung rechtfertigt, die SE-Tochter bleibe wegen des Fehlens einer gesetzlichen Auffangregelung mitbestimmungsfrei (s. näher § 1 SEBG Rz. 9 ff. sowie unten Rz. 25).

2 Mit § 34 SEBG setzt das SEBG **Art. 7 SE-RL** um, der den Mitgliedstaaten vorgibt, unter welchen Voraussetzungen die Auffangregelung im Anhang der SE-RL zur Anwendung gelangen muss. Die genannte Bestimmung der SE-RL hat folgenden Wortlaut:

„(1) Zur Verwirklichung des in Artikel 1 festgelegten Ziels führen die Mitgliedstaaten unbeschadet des nachstehenden Absatzes 3 eine Auffangregelung zur Beteiligung der Arbeitnehmer ein, die den im Anhang niedergelegten Bestimmungen genügen muss.

Die Auffangregelung, die in den Rechtsvorschriften des Mitgliedstaats festgelegt ist, in dem die SE ihren Sitz haben soll, findet ab dem Zeitpunkt der Eintragung der SE Anwendung, wenn

a) die Parteien dies vereinbaren oder

b) bis zum Ende des in Artikel 5 genannten Zeitraums keine Vereinbarung zustande gekommen ist und

– das zuständige Organ jeder der beteiligten Gesellschaften der Anwendung der Auffangregelung auf die SE und damit der Fortsetzung des Verfahrens zur Eintragung der SE zugestimmt hat und

– das besondere Verhandlungsgremium keinen Beschluss gemäß Artikel 3 Absatz 6 gefasst hat.

---

[1] Zu den durch Art. 12 Abs. 3 SE-VO vorgegebenen Rechtsfolgen in denjenigen Mitgliedstaaten, die die Option in Anspruch genommen haben, s. z.B. *Calle Lambach*, Beteiligung der Arbeitnehmer, S. 173 f. sowie oben Art. 12 SE-VO Rz. 28.

(2) Ferner findet die Auffangregelung, die in den Rechtsvorschriften des Mitgliedstaats festgelegt ist, in dem die SE eingetragen wird, gemäß Teil 3 des Anhangs nur Anwendung, wenn

a) im Falle einer durch Umwandlung gegründeten SE die Bestimmungen eines Mitgliedstaats über die Mitbestimmung der Arbeitnehmer im Verwaltungs- oder Aufsichtsorgan für eine in eine SE umgewandelte Aktiengesellschaft galten;

b) im Falle einer durch Verschmelzung gegründeten SE
 - vor der Eintragung der SE in einer oder mehreren der beteiligten Gesellschaften eine oder mehrere Formen der Mitbestimmung bestanden und sich auf mindestens 25 % der Gesamtzahl der Arbeitnehmer aller beteiligten Gesellschaften erstreckten oder
 - vor der Eintragung der SE in einer oder mehreren der beteiligten Gesellschaften eine oder mehrere Formen der Mitbestimmung bestanden und sich auf weniger als 25 % der Gesamtzahl der Arbeitnehmer aller beteiligten Gesellschaften erstreckten und das besondere Verhandlungsgremium einen entsprechenden Beschluss fasst;

c) im Falle einer durch Errichtung einer Holdinggesellschaft oder einer Tochtergesellschaft gegründeten SE
 - vor der Eintragung der SE in einer oder mehreren der beteiligten Gesellschaften eine oder mehrere Formen der Mitbestimmung bestanden und sich auf mindestens 50 % der Gesamtzahl der Arbeitnehmer aller beteiligten Gesellschaften erstreckten oder
 - vor der Eintragung der SE in einer oder mehreren der beteiligten Gesellschaften eine oder mehrere Formen der Mitbestimmung bestanden und sich auf weniger als 50 % der Gesamtzahl der Arbeitnehmer aller beteiligten Gesellschaften erstreckten und das besondere Verhandlungsgremium einen entsprechenden Beschluss fasst.

Bestanden mehr als eine Form der Mitbestimmung in den verschiedenen beteiligten Gesellschaften, so entscheidet das besondere Verhandlungsgremium, welche von ihnen in der SE eingeführt wird. Die Mitgliedstaaten können Regeln festlegen, die anzuwenden sind, wenn kein einschlägiger Beschluss für eine in ihrem Hoheitsgebiet eingetragene SE gefasst worden ist. Das besondere Verhandlungsgremium unterrichtet das jeweils zuständige Organ der beteiligten Gesellschaften über die Beschlüsse, die es gemäß diesem Absatz gefasst hat.

(3) Die Mitgliedstaaten können vorsehen, dass die Auffangregelung in Teil 3 des Anhangs in dem in Absatz 2 Buchstabe b vorgesehenen Fall nicht Anwendung findet."

Die Auffangregelung der **SCE-RL** bezüglich der Mitbestimmung (Art. 7 SCE-RL) stimmt mit Art. 7 SE-RL überein. Dem entsprechend ist die Vorschrift zu den Voraussetzungen für die Anwendung der Auffangregelung in **§ 34 SCEBG** mit § 34 SEBG identisch. Die **Verschmelzungs-RL 2005/56/EG** greift zwar im Grundsatz ebenfalls auf Art. 7 SE-RL zurück, erhöht aber das zur Anwendbarkeit der Auffangregelung führende Arbeitnehmerquorum auf ⅓ (Art. 16 Abs. 3 lit. e Verschmelzungs-RL 2005/56/EG); das Recht des BVG, bei einer Unterschreitung die Anwendung der Auffangregelung durch Beschluss herbeizuführen, bleibt von dieser Abweichung unberührt. Die maßgebliche Umsetzungsnorm für Deutschland befindet sich in **§ 23 MgVG**, die in Abs. 1 Satz 1 im Wesentlichen die in § 22 SEBG niedergelegten Voraussetzungen für die Anwendung der gesetzlichen Auffangregelung übernimmt[2] und in Abs. 1 Satz 2 das hierfür maßgebliche Arbeitnehmerquorum (⅓) festlegt, dabei jedoch nicht nur auf die Arbeitnehmer in den an der grenzüberschreitenden Verschmelzung beteiligten Gesellschaften abstellt, sondern – dem regelungstechnischen Vorbild in § 34 Abs. 1 SEBG folgend – auch die „betroffenen Tochtergesellschaften" einbezieht. Darüber hinaus kehren die Bestimmungen in § 34 Abs. 2 und 3 SEBG in § 23 Abs. 2 und 3 MgVG mit geringen gegenstandsbezogenen Modifizierungen wieder. 3

Die mit § 34 SEBG korrespondierende Bestimmung des **österreichischen Rechts** (§ 244 ArbVG) ist mit der deutschen Vorschrift weitgehend identisch. Ein signifikan- 4

---
[2] Hinzu kommt in § 23 Abs. 1 Satz 1 Nr. 3 MgVG die von Art. 16 Abs. 4 lit. a Verschmelzungs-RL vorgegebene Möglichkeit für die Leitungen der an der Verschmelzung beteiligten Gesellschaften, die gesetzliche Auffangregelung auch ohne vorherige Verhandlungen mit dem besonderen Verhandlungsgremium zur Anwendung zu bringen.

ter und bereits bei § 15 Abs. 3 SEBG aufgezeigter Unterschied (s. § 15 SEBG Rz. 5) besteht jedoch im Hinblick auf das Arbeitnehmerquorum und den Bemessungsmaßstab für die „Gesamtzahl der Arbeitnehmer". Während § 34 Abs. 1 Nr. 2 und 3 SEBG diesbezüglich jeweils von der SE-RL abweichen und auch die Arbeitnehmer der **betroffenen Tochtergesellschaften** einbeziehen (s. auch unten Rz. 19), übernehmen § 244 Abs. 2 Nr. 2 und 3 ArbVG die Vorgabe der SE-RL in Art. 7 ohne Änderungen und stellt bezüglich der „Gesamtzahl der Arbeitnehmer" ausschließlich auf die **beteiligten Gesellschaften** ab. Im Übrigen weicht § 244 ArbVG von § 34 SEBG lediglich dadurch ab, dass die Norm die Verknüpfung mit den allgemeinen Voraussetzungen für die Anwendung der Auffangregelung nicht mittels der Verweisungstechnik (so § 34 Abs. 1 SEBG Eingangsteil), sondern durch Wiedergabe der in Art. 7 Abs. 1 SE-RL genannten Voraussetzungen herstellt.

II. Voraussetzungen für die Anwendung der gesetzlichen Auffangregelung zur Mitbestimmung (§ 34 Abs. 1 SEBG)

1. Überblick

5 Die Voraussetzungen für die Anwendung der gesetzlichen Auffangregelung gestaltet § 34 SEBG differenziert aus. Sie sollen eine Mitbestimmung der Arbeitnehmer in dem einschlägigen Organ der SE gewährleisten, sofern und soweit es eine derartige Mitbestimmung vor der Errichtung der SE in einer der beteiligten Gesellschaft gegeben hat[3]. Insbesondere die nach den verschiedenen Formen der Gründung einer SE abgestuften Voraussetzungen tragen dem unterschiedlichen Gefahrenpotential Rechnung, dass die Gründung der SE für eine Beseitigung oder Einschränkung der bestehenden Mitbestimmungssysteme und -praktiken instrumentalisiert wird; dieses haben die Rechtssetzungsorgane der Union bei der Gründung einer SE im Wege der Umwandlung oder Verschmelzung größer eingestuft als bei der Errichtung einer Holding-SE oder einer gemeinsamen Tochter-SE[4]. Dementsprechend wird für die Anwendung der gesetzlichen Auffangregelung auf ein **Quorum für die von der Mitbestimmung erfassten Arbeitnehmer** entweder völlig verzichtet (so für die Umwandlung) oder dieses abgestuft festgelegt (25 % bei der Verschmelzung, 50 % bei Gründung einer Holding- oder Tochter-SE). Unterhalb dieser Schwellenwerte kann nur ein **Beschluss des BVG** zur Anwendung der gesetzlichen Auffangregelung führen.

6 Die Anwendung der gesetzlichen Auffangregelung setzt erstens die Errichtung eines SE-Betriebsrates kraft Gesetzes voraus (s. unten Rz. 7 ff.) und zweitens müssen die speziellen Anforderungen in § 34 Abs. 1 SEBG vorliegen (s. unten Rz. 14 ff.). Weitere Voraussetzungen stellt das SEBG nicht auf, insbesondere ist – entsprechend der Vorgaben in Art. 7 SE-RL und unabhängig von der gewählten Form der SE-Gründung – nicht erforderlich, dass die **Zahl der Arbeitnehmer** in der SE einen bestimmten Schwellenwert überschreitet[5]. Dementsprechend kann eine Holding-SE selbst dann der gesetzlichen Auffangregelung unterliegen, wenn diese keine Arbeitnehmer beschäftigt. Ebenso bleibt die **gesetzliche Auffangregelung dauerhaft** bei der SE anzuwenden, selbst wenn die Zahl der bei ihr beschäftigten Arbeitnehmer zu einem späteren Zeitpunkt die für die Anwendung des DrittelbG bzw. MitbestG maßgeb-

---

[3] S. Erwägungsgrund 11 Satz 2 zur SE-RL.
[4] Dazu Erwägungsgrund 10 zur SE-RL; ebenso *Habersack* in Ulmer/Habersack/Henssler, Mitbestimmungsrecht, § 34 SEBG Rz. 12; *Hohenstatt/Müller-Bonanni* in Habersack/Drinhausen, § 34 SEBG Rz. 10; *Jacobs* in MünchKomm. AktG, 3. Aufl., § 34 SEBG Rz. 1.
[5] Ebenso *Hohenstatt/Müller-Bonanni* in Habersack/Drinhausen, § 34 SEBG Rz. 7; *Jacobs* in MünchKomm. AktG, 3. Aufl., § 34 SEBG Rz. 3; s. auch *Habersack*, Der Konzern 2006, 105, 107 f.

lichen Schwellenwerte (500 bzw. 2000 Arbeitnehmer) unterschreitet[6]. Umgekehrt bleibt eine bei Gründung der SE bestehende Mitbestimmungsfreiheit dauerhaft erhalten, selbst wenn die Zahl der von der SE beschäftigten Arbeitnehmer nach der Gründung die vorgenannten Schwellenwerte überschreitet[7]. Abgesehen von dem Sonderfall eines nachträglichen Hineinwachsens in den Tendenzschutz kommt eine geänderte Anwendung der gesetzlichen Auffangregelung allenfalls dann in Betracht, wenn es nach Gründung der SE zu einer strukturellen Änderung i.S. des § 18 Abs. 3 SEBG kommt. Scheitern die danach vorgesehenen Neuverhandlungen, ist das etwaige Eingreifen der gesetzlichen Auffangregelung eigenständig zu prüfen (s. § 18 SEBG Rz. 47).

2. Voraussetzungen des § 22 SEBG

Unabhängig von den von der Gründungsform der SE abhängigen Voraussetzungen gelangt die gesetzliche Auffangregelung zur Mitbestimmung nur zur Anwendung, wenn in der SE ein **SE-Betriebsrat kraft Gesetzes** zu errichten ist[8]. Die Verzahnung mit diesem Teil der gesetzlichen Auffangregelung ist schon deshalb zwingend, weil der SE-Betriebsrat unmittelbar als Akteur in die gesetzliche Auffangregelung zur Mitbestimmung integriert ist (s. § 36 SEBG). Deshalb gelangt diese nur zur Anwendung, wenn die Voraussetzungen des § 22 SEBG zur Errichtung eines SE-Betriebsrates kraft Gesetzes erfüllt sind. Diese hat das Gesetz abschließend benannt und weicht insoweit von § 21 Abs. 1 EBRG ab; insbesondere sieht § 22 Abs. 1 SEBG davon ab, die gesetzliche Auffangregelung bereits dann eingreifen zu lassen, wenn beide Parteien übereinstimmend das vorzeitige Scheitern der Verhandlungen erklären. Überlegungen im Schrifttum, derartige Erklärungen als konkludente Vereinbarung der gesetzlichen Auffangregelung zu bewerten[9], stehen im Widerspruch zu den formellen Voraussetzungen für eine Vereinbarung i.S. des § 22 Abs. 1 Nr. 1 SEBG (s. unten Rz. 9)[10]. 7

a) Anwendung der Auffangregelung kraft Vereinbarung (§ 22 Abs. 1 Nr. 1 SEBG)

Entsprechend der aus der SE-RL übernommenen Grundkonzeption des SEBG gilt auch für die Anwendung der gesetzlichen Auffangregelung der **Vorrang der Vereinbarung**. Sie ist deshalb anzuwenden, wenn die Leitungen in den Verhandlungen mit dem BVG übereinkommen, dass die gesetzliche Auffangregelung kraft Gesetzes gelten soll (§ 21 Abs. 5 SEBG), was § 22 Abs. 1 Nr. 1 SEBG in Übernahme von Art. 7 Abs. 1 Unterabs. 2 lit. a SE-RL ausdrücklich wiederholt. Zur vollständigen Anwendung der gesetzlichen Auffangregelung zur Mitbestimmung kraft Vereinbarung ist allerdings erforderlich, dass sich diese auch auf diese Ausprägung der Arbeitnehmerbeteiligung erstreckt. Weitere Voraussetzungen müssen in dieser Konstellation für die Anwendung der Auffangregelung nicht erfüllt sein[11]. 8

---

6 Statt aller *Hohenstatt/Müller-Bonanni* in Habersack/Drinhausen, § 35 SEBG Rz. 10.
7 *Habersack*, Der Konzern 2006, 105, 108; *Hohenstatt/Müller-Bonanni* in Habersack/Drinhausen, § 35 SEBG Rz. 10.
8 Statt aller *Feuerborn* in KölnKomm. AktG, 3. Aufl., § 34 SEBG Rz. 8; *Rudolph* in Annuß/Kühn/Rudolph/Rupp, EBRG, § 34 SEBG Rz. 2; s. auch *Habersack* in Ulmer/Habersack/Henssler, Mitbestimmungsrecht, § 34 SEBG Rz. 8.
9 So *Grobys*, NZA 2005, 84, 88 sowie im Anschluss *Freis* in Nagel/Freis/Kleinsorge, Beteiligung der Arbeitnehmer, § 20 SEBG Rz. 7; *Güntzel*, Richtlinie, S. 447; *Nagel* in Nagel/Freis/Kleinsorge, Beteiligung der Arbeitnehmer, § 34 SEBG Rz. 3 a.E.
10 Ablehnend ebenfalls *Feuerborn* in KölnKomm. AktG, 3. Aufl., § 34 SEBG Rz. 10; *Habersack* in Ulmer/Habersack/Henssler, Mitbestimmungsrecht, § 34 SEBG Rz. 9; *Jacobs* in MünchKomm. AktG, 3. Aufl., § 22 SEBG Rz. 3; *Rudolph* in Annuß/Kühn/Rudolph/Rupp, EBRG, § 34 SEBG Rz. 3.
11 *Habersack* in Ulmer/Habersack/Henssler, Mitbestimmungsrecht, § 34 SEBG Rz. 9; *Jacobs* in MünchKomm. AktG, 3. Aufl., § 34 SEBG Rz. 3.

9 Bereits inhaltlich ist zweifelhaft, ob eine derartige Vereinbarung auch dann vorliegt, wenn beide Parteien die Verhandlungen vor Fristablauf als gescheitert ansehen[12]. Unabhängig davon muss auch eine Vereinbarung zur Anwendung der gesetzlichen Auffangregelung (§ 21 Abs. 5 Satz 1 SEBG) dem Schriftformerfordernis in § 21 Abs. 1 SEBG (s. dazu § 21 SEBG Rz. 18 ff.) genügen, so dass selbst übereinstimmende Erklärungen beider Parteien für sich allein nicht ausreichen, um die Anwendung der gesetzlichen Auffangregelung herbeizuführen. Von dieser Variante, die § 21 Abs. 1 Satz 2 EBRG in Übernahme von Art. 7 Abs. 1 EBR-RL (entsprechender Beschluss) ausdrücklich vorsieht, hat § 21 Abs. 1 SEBG keinen Gebrauch gemacht und war hierzu auch nicht durch Art. 7 SE-RL gezwungen, der die Voraussetzungen für die Anwendung der Auffangregelung abschließend festlegt und einen „entsprechenden Beschluss" jedoch nicht ausreichen lässt, sondern nicht zuletzt im Hinblick auf Art. 12 Abs. 2 SE-VO von den Parteien eine „Vereinbarung" fordert.

b) Ablauf der Verhandlungsfrist (§ 22 Abs. 1 Nr. 2 SEBG)

10 Kommt zwischen den Verhandlungsparteien keine einvernehmliche und der Schriftform genügende Abrede zur Beteiligung der Arbeitnehmer zustande, so gelangt die gesetzliche Auffangregelung nur zur Anwendung, wenn die Verhandlungsfrist ohne Ergebnis abgelaufen ist. Das gilt unabhängig davon, ob es sich hierbei um die Grundfrist (§ 20 Abs. 1 SEBG) oder die verlängerte Verhandlungsfrist (§ 20 Abs. 2 SEBG) handelt. Unerheblich ist auch, ob die Grundfrist von sechs Monaten für die Verhandlungen zwischen der Leitung und dem BVG vollständig zur Verfügung stand; Verzögerungen im Rahmen der Verhandlungen kann allenfalls dadurch Rechnung getragen werden, dass sich eine Seite dem Verlängerungsbegehren der anderen Seite verweigert (s. § 20 SEBG Rz. 8).

11 An der Voraussetzung eines ergebnislosen Ablaufs der Verhandlungsfrist fehlt es nicht nur, wenn sich die Parteien zuvor auf eine Vereinbarung verständigt haben, sondern auch, wenn das BVG mit qualifizierter doppelter Mehrheit (§ 16 Abs. 1 Satz 2 SEBG) beschlossen hat, keine Verhandlungen aufzunehmen bzw. diese abzubrechen. Bei einem derartigen Beschluss findet die gesetzliche Auffangregelung ebenfalls keine Anwendung (§ 16 Abs. 2 Satz 2 SEBG sowie § 16 SEBG Rz. 17). Allerdings gilt dies nur, wenn der vom BVG gefasste Beschluss rechtswirksam ist. Andernfalls greift die gesetzliche Auffangregelung ein, es sei denn, das BVG wiederholt den Beschluss vor Ablauf der Verhandlungsfrist[13].

12 Selbst wenn die Verhandlungsfrist i.S. des § 20 SEBG abgelaufen ist, fehlt für die Anwendung der gesetzlichen Auffangregelung die notwendige Grundlage, wenn das zuständige Organ jeder der beteiligten Gesellschaften angesichts der nicht erzielten Vereinbarung zur Mitbestimmung den **Abbruch des Verfahrens zur Gründung der SE** beschließen sollte. Dieser Vorbehalt fehlt zwar in § 22 SEBG, ist aber aufgrund der Vorgaben in Art. 7 Abs. 1 Unterabs. 2 lit. b SE-RL anzuerkennen. Hiernach setzt die Anwendung der gesetzlichen Auffangregelung ausdrücklich voraus, dass das zuständige Organ jeder der beteiligten Gesellschaften ihrer Anwendung und damit der **Fort-**

---

12 Hierfür *Grobys*, NZA 2005, 84, 88 sowie *Freis* in Nagel/Freis/Kleinsorge, Beteiligung der Arbeitnehmer, § 20 SEBG Rz. 7; *Nagel* in Nagel/Freis/Kleinsorge, Beteiligung der Arbeitnehmer, § 34 SEBG Rz. 3 a.E.; ablehnend demgegenüber zu Recht *Feuerborn* in KölnKomm. AktG, 3. Aufl., § 34 SEBG Rz. 10; *Habersack* in Ulmer/Habersack/Henssler, Mitbestimmungsrecht, § 34 SEBG Rz. 9; *Jacobs* in MünchKomm. AktG, 3. Aufl., § 22 SEBG Rz. 3; *Rudolph* in Annuß/Kühn/Rudolph/Rupp, EBRG, § 34 SEBG Rz. 3.
13 Ebenso *Feuerborn* in KölnKomm. AktG, 3. Aufl., § 34 SEBG Rz. 13.

setzung des Eintragungsverfahrens zugestimmt hat. Dieser Vorgabe der Richtlinie trägt § 22 Abs. 1 SEBG durch den zeitlichen Anwendungsbereich der gesetzlichen Auffangregelung Rechnung, da die §§ 22 bis 33 SEBG und damit auch die §§ 34 bis 38 SEBG erst ab dem Zeitpunkt der Eintragung der SE zur Anwendung gelangen. Dies setzt denknotwendig voraus, dass die an der Gründung der SE beteiligten Gesellschaften nach Ablauf der Verhandlungsfrist der Fortsetzung des Verfahrens zur Eintragung der SE zugestimmt haben[14].

Eine entsprechende Anwendung des § 22 Abs. 1 Nr. 2 SEBG kommt in Betracht, wenn die Leitungen der Gesellschaften, die an der Gründung der SE beteiligt sind, verhindert haben, dass die Verhandlungsfrist in § 20 SEBG zu laufen beginnt[15]. Das ist z.B. der Fall, wenn sie die Einleitung des Verhandlungsverfahrens unterlassen haben, indem sie die Pflichten nach § 4 Abs. 1 Satz 1 SEBG oder § 12 Abs. 1 Satz 1 SEBG verletzt haben. Selbst wenn die SE in dieser Konstellation entgegen Art. 12 Abs. 2 SE-VO eingetragen worden sein sollte, hätte das Aufsichts- oder Verwaltungsorgan nach Maßgabe der gesetzlichen Auffangregelung zusammengesetzt sein müssen, sofern die weiteren Voraussetzungen in § 34 Abs. 1 SEBG erfüllt sind. 13

3. Gründung der SE durch Umwandlung (§ 34 Abs. 1 Nr. 1 SEBG)

Für die Gründung der SE durch Umwandlung schließt das SEBG nicht nur einen Verzicht auf die Mitbestimmung (§ 16 Abs. 3 SEBG) oder eine Minderung der Mitbestimmungsrechte infolge einer Vereinbarung (§ 15 Abs. 5 SEBG) aus, wenn in der umzuwandelnden Gesellschaft Bestimmungen über die Mitbestimmung der Arbeitnehmer in dem Aufsichts- oder Verwaltungsorgan galten. Unter dieser Voraussetzung (s. dazu § 15 SEBG Rz. 27, § 16 SEBG Rz. 6 f.) schreibt § 34 Abs. 1 Nr. 1 SEBG zwingend vor, dass die gesetzliche Auffangregelung zur Mitbestimmung der Arbeitnehmer stets zur Anwendung gelangt, wobei § 34 Abs. 1 Nr. 1 SEBG mit den „Bestimmungen zur Mitbestimmung" auf die Legaldefinition in § 2 Abs. 12 SEBG Bezug nimmt. Die Anwendung der gesetzlichen Auffangregelung hängt zudem nicht davon ab, dass das bisherige (dualistische) System auch für die SE beibehalten wird[16]. 14

Wegen der Verknüpfung mit einer bei der umzuwandelnden Gesellschaft bestehenden Mitbestimmung i.S. des § 2 Abs. 12 SEBG entfällt die Anwendung der gesetzlichen Auffangregelung stets, wenn die umzuwandelnde Gesellschaft **keinem der in Deutschland geltenden Gesetze zur Unternehmensmitbestimmung unterliegt**[17]. Da Art. 2 Abs. 4 SE-VO die Gründung der SE durch Umwandlung nur für Aktiengesellschaften eröffnet, entfällt für die Anwendung der gesetzlichen Auffangregelung zur Mitbestimmung somit lediglich dann die Grundlage, wenn entweder der notwendige Schwellenwert für die Mitbestimmung nicht erreicht wird (s. § 1 Abs. 1 Nr. 2 MitbestG, § 1 Abs. 1 Nr. 1 DrittelbG) oder für die Aktiengesellschaft aus anderen Gründen (z.B. Tendenzschutz; § 1 Abs. 4 MitbestG, § 1 Abs. 2 DrittelbG) die Unternehmensmit- 15

---

14 In diesem Sinne auch *Habersack* in Ulmer/Habersack/Henssler, Mitbestimmungsrecht, § 34 SEBG Rz. 11; *Schwarz*, SE-VO, Einleitung Rz. 297.
15 Hierfür auch *Forst* in Gaul/Ludwig/Forst, Europäisches Mitbestimmungsrecht, § 2 Rz. 460; *Habersack* in Ulmer/Habersack/Henssler, Mitbestimmungsrecht, § 34 SEBG Rz. 10; *Nagel* in Nagel/Freis/Kleinsorge, Beteiligung der Arbeitnehmer, § 34 SEBG Rz. 3.
16 *Habersack* in Ulmer/Habersack/Henssler, Mitbestimmungsrecht, § 34 SEBG Rz. 13; *Jacobs* in MünchKomm. AktG, 3. Aufl., § 34 SEBG Rz. 5; *Nagel* in Nagel/Freis/Kleinsorge, Beteiligung der Arbeitnehmer, § 34 SEBG Rz. 4; *Rudolph* in Annuß/Kühn/Rudolph/Rupp, EBRG, § 34 SEBG Rz. 8.
17 Für die allg. Ansicht *Feuerborn* in KölnKomm. AktG, 3. Aufl., § 34 SEBG Rz. 19; *Habersack* in Ulmer/Habersack/Henssler, Mitbestimmungsrecht, § 34 SEBG Rz. 13. Ebenso zu § 244 Abs. 1 Nr. 1 ArbVG *Gahleitner* in Kalss/Hügel, § 244 ArbVG Rz. 3.

bestimmung nicht gilt[18]. Teilweise wird darüber hinaus die gesetzliche Auffangregelung auch dann für unanwendbar erachtet, wenn die umzuwandelnde Gesellschaft zwar nach Maßgabe der gesetzlichen Vorschriften einem System der Mitbestimmung unterliegt, dieses aber in der Gesellschaft **nicht praktiziert worden ist** (z.B. trotz Erreichens des nach § 1 Abs. 1 DrittelbG maßgeblichen Schwellenwertes verblieb es bei einem mitbestimmungsfreien Aufsichtsrat), weil kein Statusverfahren eingeleitet wurde[19]. Im Hinblick auf § 96 Abs. 2 AktG sowie den Zweck der gesetzlichen Auffangregelung, den mitbestimmungsrechtlichen Status quo zu wahren, ist dieser Ansicht trotz des mehrdeutigen Gesetzeswortlauts zuzustimmen. Dies bedeutet indes umgekehrt auch, dass die gesetzliche Auffangregelung selbst dann zur Anwendung gelangt, wenn in der Gesellschaft ein System der Mitbestimmung praktiziert wurde, obwohl die gesetzlichen Voraussetzungen für dessen Anwendung zwischenzeitlich nicht mehr erfüllt wurden[20]. Erst mittels (rechtzeitiger) Durchführung eines Statusverfahrens kann die gesetzeswidrige Praxis mit den anzuwendenden gesetzlichen Vorschriften in Einklang gebracht werden.

4. Gründung der SE durch Verschmelzung (§ 34 Abs. 1 Nr. 2 SEBG)

a) Mitbestimmung in einer beteiligten Gesellschaft

16 Bei einer Gründung der SE durch Verschmelzung gelangen die §§ 35 bis 38 SEBG nur zur Anwendung, wenn in einer oder mehreren der beteiligten Gesellschaften eine oder mehrere Formen der Mitbestimmung bestanden, bezüglich der wiederum die Legaldefinition in § 2 Abs. 12 SEBG heranzuziehen ist. Insoweit reicht es zunächst aus, wenn **wenigstens eine der beteiligten Gesellschaften** der Mitbestimmung i.S. des § 2 Abs. 12 SEBG unterliegt[21], wobei das zur Anwendung gelangende **Mitbestimmungsmodell unerheblich** ist[22]. Umgekehrt ist für die gesetzliche Auffangregelung kein Raum, wenn in keiner der beteiligten Gesellschaften eine Form der Mitbestimmung bestand[23]. Im Hinblick auf die mit der Auffangregelung bezweckte Sicherung der Mitbestimmung in wenigstens einer der beteiligten Gesellschaften (s. oben Rz. 5) ist dies konsequent. Ebenso wie bei der Umwandlung (s. oben Rz. 15 a.E.) ist für das Eingreifen der gesetzlichen Auffangregelung allein darauf abzustellen, ob ein System

---

18 Bei der Gründung einer SE durch Umwandlung hat § 39 Abs. 1 SEBG nur dann Bedeutung, wenn die umzuwandelnde Gesellschaft vor der Umwandlung keinen tendenzgeschützten Zwecken diente.
19 So *Hohenstatt/Müller-Bonanni* in Habersack/Drinhausen, § 34 SEBG Rz. 6; s. auch *Jacobs* in MünchKomm. AktG, 3. Aufl., § 35 SEBG Rz. 25b; a.A. *Cannistra*, Verhandlungsverfahren, S. 199 f.; *Ege/Grzimek/Schwarzfischer*, BB 2011, 1205, 1206; *Forst* in Bergmann u.a., 10 Jahre SE, S. 50, 63; *Grambow*, BB 2012, 902; *Rudolph* in Annuß/Kühn/Rudolph/Rupp, EBRG, § 34 SEBG Rz. 6; *Ziegler/Gey*, BB 2009, 1750, 1756.
20 A.A. *Jacobs* in MünchKomm. AktG, 3. Aufl., § 35 SEBG Rz. 25b sowie *Forst* in Bergmann u.a., 10 Jahre SE, S. 50, 63.
21 Begr. RegE, BT-Drucks. 15/3405, S. 54; *Feuerborn* in KölnKomm. AktG, 3. Aufl., § 34 SEBG Rz. 21; *Habersack* in Ulmer/Habersack/Henssler, Mitbestimmungsrecht, § 34 SEBG Rz. 15; *Jacobs* in MünchKomm. AktG, 3. Aufl., § 34 SEBG Rz. 8; *Kleinmann/Kujath* in Manz/Mayer/Schröder, § 34 SEBG Rz. 4; *Nagel* in Nagel/Freis/Kleinsorge, Beteiligung der Arbeitnehmer, § 34 SEBG Rz. 5; *Rudolph* in Annuß/Kühn/Rudolph/Rupp, EBRG, § 34 SEBG Rz. 9.
22 *Feuerborn* in KölnKomm. AktG, 3. Aufl., § 34 SEBG Rz. 21; *Forst* in Gaul/Ludwig/Forst, Europäisches Mitbestimmungsrecht, § 2 Rz. 467; *Habersack* in Ulmer/Habersack/Henssler, Mitbestimmungsrecht, § 34 SEBG Rz. 17; *Jacobs* in MünchKomm. AktG, 3. Aufl., § 34 SEBG Rz. 8; *Rudolph* in Annuß/Kühn/Rudolph/Rupp, EBRG, § 34 SEBG Rz. 10.
23 *Feuerborn* in KölnKomm. AktG, 3. Aufl., § 34 SEBG Rz. 22; *Forst* in Gaul/Ludwig/Forst, Europäisches Mitbestimmungsrecht, § 2 Rz. 467; *Habersack* in Ulmer/Habersack/Henssler, Mitbestimmungsrecht, § 34 SEBG Rz. 15; *Jacobs* in MünchKomm. AktG, 3. Aufl., § 34 SEBG Rz. 8.

der Mitbestimmung tatsächlich praktiziert wurde[24]. Im Unterschied zu § 34 Abs. 1 SEBG streitet hierfür auch der Gesetzeswortlaut („bestanden").

Ob in **betroffenen Tochtergesellschaften** Bestimmungen über die Mitbestimmung der Arbeitnehmer zur Anwendung gelangten, ist im Rahmen dieser Voraussetzung unerheblich[25]. Das gilt auch, wenn ausschließlich in einer oder mehreren Tochtergesellschaften eine oder mehrere Formen der Mitbestimmung bestanden, selbst dann, wenn an der Verschmelzung zwei Konzerngesellschaften beteiligt sind, die keiner Mitbestimmung unterliegen und die Arbeitnehmer vor allem bei abhängigen Tochtergesellschaften beschäftigt sind, die aufgrund dessen der Mitbestimmung unterliegen[26]. Diese Konsequenz ist schon deshalb nicht zu beanstanden, weil die in den betroffenen Tochtergesellschaften zur Anwendung kommende Regelung zur Mitbestimmung der Arbeitnehmer (z.B. nach dem MitbestG) von der Gründung der SE unberührt bleibt. Der Vorrang der Mitbestimmung nach dem SEBG, der aus § 47 Abs. 1 SEBG folgt, erstreckt sich nicht auf rechtlich verselbständigte Tochtergesellschaften der SE (s. auch § 47 SEBG Rz. 6).

17

b) Notwendiges Arbeitnehmerquorum (mindestens 25 %)

Im Gegensatz zur Gründung einer SE durch Umwandlung gelangt die gesetzliche Auffangregelung zur Mitbestimmung nur zur Anwendung, wenn – gemessen an der Gesamtzahl – ein bestimmtes Quorum der Arbeitnehmer den von § 2 Abs. 12 SEBG erfassten Formen der Mitbestimmung unterliegt, sofern nicht das BVG einen entsprechenden Beschluss zur Anwendung der gesetzlichen Auffangregelung fasst (s. dazu unten Rz. 22).

18

Für die **Berechnung** des Arbeitnehmerquorums ist zunächst die **Gesamtzahl der Arbeitnehmer** zu ermitteln, wobei die Angaben im Rahmen der Unterrichtung nach § 4 Abs. 3 SEBG maßgebend sind[27]. Dabei sind nicht nur die Arbeitnehmer der **beteiligten Gesellschaften** i.S. des § 2 Abs. 2 SEBG, sondern **auch** die Arbeitnehmer zu berücksichtigen, die bei **betroffenen Tochtergesellschaften** beschäftigt sind. Damit weicht § 34 Abs. 1 Nr. 2 SEBG allerdings von **Art. 7 Abs. 2 lit. b SE-RL** ab, der im Hinblick auf das Arbeitnehmerquorum ausschließlich auf die Arbeitnehmer der **beteiligten Gesellschaften** abstellt[28]. Gerechtfertigt wird dies mit den in Deutschland geltenden Bestimmungen zur Unternehmensmitbestimmung, um einer Beseitigung des Wahlrechts bei den betroffenen Tochtergesellschaften (§ 5 Abs. 1 MitbestG, § 2 Abs. 1 DrittelbG) Rechnung zu tragen[29]. Diese Begründung ist allerdings schon des-

19

---

24 Ebenso *Grambow*, BB 2001, 902, 903 f.; *Hohenstatt/Müller-Bonanni* in Habersack/Drinhausen, § 34 SEBG Rz. 6; a.A. *Jacobs* in MünchKomm. AktG, 3. Aufl., § 35 SEBG Rz. 25b; *Rudolph* in Annuß/Kühn/Rudolph/Rupp, EBRG, § 34 SEBG Rz. 11.
25 So auch *Feuerborn* in KölnKomm. AktG, 3. Aufl., § 34 SEBG Rz. 22; *Hohenstatt/Müller-Bonanni* in Habersack/Drinhausen, § 34 SEBG Rz. 4; *Rudolph* in Annuß/Kühn/Rudolph/Rupp, EBRG, § 34 SEBG Rz. 10.
26 Wie hier auch *Habersack* in Ulmer/Habersack/Henssler, Mitbestimmungsrecht, § 34 SEBG Rz. 15.
27 So *Feuerborn* in KölnKomm. AktG, 3. Aufl., § 34 SEBG Rz. 26; *Habersack* in Ulmer/Habersack/Henssler, Mitbestimmungsrecht, § 34 SEBG Rz. 17; *Hohenstatt/Müller-Bonanni* in Habersack/Drinhausen, § 34 SEBG Rz. 8; *Jacobs* in MünchKomm. AktG, 3. Aufl., § 34 SEBG Rz. 11; a.A. *Grobys*, NZA 2005, 84, 90; *Rudolph* in Annuß/Kühn/Rudolph/Rupp, EBRG, § 34 SEBG Rz. 13: § 23 Abs. 1 Satz 4 SEBG analog sowie *Rieble* in Rieble/Junker, Vereinbarte Mitbestimmung in der SE, 2008, § 3 Rz. 114, der als Alternative auf den Zeitpunkt der Eintragung abstellt (§ 3 SEBG Rz. 123 ff.).
28 Ebenso § 244 Abs. 2 Nr. 2 ArbVG; s. dazu auch *Gahleitner* in Kalss/Hügel, § 244 ArbVG Rz. 3.
29 Begr. RegE, BT-Drucks. 15/3405, S. 54; *Jacobs* in MünchKomm. AktG, 3. Aufl., § 34 SEBG Rz. 10; *Nagel* in Nagel/Freis/Kleinsorge, Beteiligung der Arbeitnehmer, § 34 SEBG Rz. 8; ab-

halb fragwürdig, weil die konzernrechtlichen Anforderungen im Hinblick auf die betroffene Tochtergesellschaft (s. § 2 SEBG Rz. 16 ff.) nicht mit denjenigen übereinstimmen, die § 5 MitbestG und § 2 Abs. 1 DrittelbG für das Wahlrecht der Arbeitnehmer bei abhängigen Gesellschaften aufstellen (s. § 18 Abs. 1 AktG).

20 Bezogen auf die Gesamtzahl der Arbeitnehmer müssen sich die in § 2 Abs. 12 SEBG genannten Formen der Mitbestimmung auf mindestens 25 % der Arbeitnehmer erstrecken. Da hierbei nicht nur die von der Mitbestimmung erfassten Arbeitnehmer in den beteiligten Gesellschaften, sondern auch diejenigen Arbeitnehmer zu berücksichtigen sind, auf die sich eine bei betroffenen Tochtergesellschaften bestehende Form der Mitbestimmung erstreckt, kann dies dazu führen, dass das notwendige Quorum selbst dann überschritten wird, wenn es bei ausschließlicher Berücksichtigung der beteiligten Gesellschaften nicht erreicht wird.

21 Während in dem Beispiel in Rz. 20 die Abweichung von der Richtlinie aus Sicht der Erhaltung der Mitbestimmung günstiger ist[30], bleibt die umgekehrte Situation problematisch, wenn infolge des weiter gezogenen Bemessungsmaßstabes in § 34 Abs. 1 Nr. 2 SEBG das notwendige Arbeitnehmerquorum unterschritten wird, es bei alleiniger Berücksichtigung der Arbeitnehmer in den beteiligten Gesellschaften aber überschritten wäre[31]. Da dies nach Art. 7 Abs. 2 lit. b SE-RL für die Anwendung der gesetzlichen Auffangregelung ausreichen soll, ist dem durch eine richtlinienkonforme Auslegung des § 34 Abs. 1 Nr. 2 SEBG Rechnung zu tragen[32]. Zumindest in dieser Konstellation zwingen die unionsrechtlichen Vorgaben zu einer einschränkenden Auslegung, die für den dortigen Schwellenwert ausschließlich die Arbeitnehmer berücksichtigt, die in den an der SE-Gründung beteiligten Gesellschaften beschäftigt sind.

22 Da sich der für den Schwellenwert maßgebliche Zeitpunkt nach der in § 4 Abs. 3 SEBG vorgesehenen Unterrichtung richtet (s. § 4 Abs. 2 und 4 SEBG), bleibt eine für den Schwellenwert relevante **nachträgliche Änderung** in der Zusammensetzung der

---

lehnend *Grobys*, NZA 2004, 779, 781; *Habersack*, ZHR 171 (2007), 613, 639 f.; *Rudolph* in Annuß/Kühn/Rudolph/Rupp, EBRG, § 34 SEBG Rz. 18.

30 Ob dies mit der SE-RL vereinbar ist, wird im Schrifttum verbreitet verneint; so z.B. *Brandt*, BB 2005, Special Nr. 3, S. 1, 6; *Feuerborn* in KölnKomm. AktG, 3. Aufl., § 34 SEBG Rz. 25; *Forst* in Gaul/Ludwig/Forst, Europäisches Mitbestimmungsrecht, § 2 Rz. 468; *Güntzel*, Richtlinie, S. 458; *Habersack* in Ulmer/Habersack/Henssler, Mitbestimmungsrecht, § 34 SEBG Rz. 4; *Habersack* in Bergmann u.a., 10 Jahre SE, S. 9, 22 f.; *von der Heyde*, Beteiligung, S. 242 f.; *Joost* in Oetker/Preis, EAS, B 8200, Rz. 216; *Kallmeyer*, ZIP 2004, 1442, 1443; *Kienast* in Jannott/Frodermann, Handbuch Europäische Aktiengesellschaft, Kap. 13 Rz. 309; *Kumpf*, SE-Mitbestimmungsordnung, S. 53; *Rudolph* in Annuß/Kühn/Rudolph/Rupp, EBRG, § 34 SEBG Rz. 18; *Schwarz*, SE-VO, Einleitung Rz. 298 mit Fn. 800; dagegen jedoch *Hohenstatt/Müller-Bonanni* in Habersack/Drinhausen, § 34 SEBG Rz. 9; *Jacobs* in MünchKomm. AktG, 3. Aufl., § 34 SEBG Rz. 10; *Nagel* in Nagel/Freis/Kleinsorge, Beteiligung der Arbeitnehmer, § 34 SEBG Rz. 8.
31 Treffend hervorgehoben von *Feuerborn* in KölnKomm. AktG, 3. Aufl., § 34 SEBG Rz. 24 a.E.; *Kienast* in Jannott/Frodermann, Handbuch Europäische Aktiengesellschaft, Kap. 13 Rz. 308.
32 Ebenso *Cannistra*, Verhandlungsverfahren, S. 192 f.; *Hohenstatt/Müller-Bonanni* in Habersack/Drinhausen, § 34 SEBG Rz. 9; *Kleinmann/Kujath* in Manz/Mayer/Schröder, § 34 SEBG Rz. 4; in dieser Richtung im Ergebnis wohl auch *Feuerborn* in KölnKomm. AktG, 3. Aufl., § 34 SEBG Rz. 25; *Habersack* in Ulmer/Habersack/Henssler, Mitbestimmungsrecht, § 34 SEBG Rz. 4; *von der Heyde*, Beteiligung, S. 243; *Kienast* in Jannott/Frodermann, Handbuch Europäische Aktiengesellschaft, Kap. 13 Rz. 310; a.A. *Jacobs* in MünchKomm. AktG, 3. Aufl., § 34 SEBG Rz. 10, der die Regelung uneingeschränkt als richtlinienkonform ansieht. Ablehnend gegenüber einer richtlinienkonformen Auslegung von gegenteiligem Standpunkt aus *Forst* in Gaul/Ludwig/Forst, Europäisches Mitbestimmungsrecht, § 2 Rz. 468; *Habersack*, ZHR 171 (2007), 613, 640; *Habersack* in Ulmer/Habersack/Henssler, Mitbestimmungsrecht, § 34 SEBG Rz. 4; *Rudolph* in Annuß/Kühn/Rudolph/Rupp, EBRG, § 34 SEBG Rz. 18.

Arbeitnehmer klärungsbedürftig. Der Gesetzgeber hat das Problem nachträglicher Änderungen in der Struktur der Arbeitnehmer gesehen und in § 5 Abs. 4 SEBG einer Problemlösung zugeführt, hiervon im Rahmen von § 34 Abs. 1 SEBG jedoch abgesehen. Deshalb bleibt die einmal festgestellte Anwendbarkeit der gesetzlichen Auffangregelung von späteren Änderungen der Arbeitnehmerzahlen unberührt. Das gilt sowohl für die Zeit bis zum Abschluss der Gründung als auch für den anschließenden Zeitraum. Etwas Anderes kommt nur in Betracht, wenn nach Gründung der SE der Verhandlungsprozess (z.B. wegen struktureller Änderungen, § 18 Abs. 3 SEBG) erneut eingeleitet wird und mangels einer Vereinbarung abermals mit dem Eingreifen der gesetzlichen Auffangregelung endet. Dies setzt allerdings voraus, dass deren Voraussetzungen bei Abschluss der Verhandlungen erfüllt sind.

c) Beschluss des BVG

Selbst wenn das nach § 34 Abs. 1 Nr. 2 SEBG notwendige **Arbeitnehmerquorum nicht erreicht** wird, gelangt die gesetzliche Auffangregelung gleichwohl zur Anwendung, wenn das BVG einen dies befürwortenden Beschluss fasst[33]. Da die Amtszeit des BVG mit Ablauf der Verhandlungsfrist endet (s. § 4 SEBG Rz. 8), muss der Beschluss vor Fristablauf gefasst worden sein[34]. Bezüglich der hierfür **notwendigen Mehrheit** trifft § 34 Abs. 1 SEBG keine Regelung, so dass die Grundnorm des **§ 15 Abs. 2 SEBG** anzuwenden ist[35]. Eine **Untergrenze** der von der Mitbestimmung erfassten Arbeitnehmer legt das Gesetz für eine Beschlussfassung des BVG nicht fest[36]. Indes setzt auch ein Beschluss des BVG stets voraus, dass in wenigstens einer der an der Gründung der SE beteiligten Gesellschaften eine von § 2 Abs. 12 SEBG erfasste Form der Mitbestimmung besteht (s. oben Rz. 16)[37]. Hat das BVG den Beschluss zur Anwendung der gesetzlichen Auffangregelung gefasst, dann ist dieser auch für die spätere Leitung der SE verbindlich. Allenfalls durch einen vom SE-Betriebsrat nach § 26 Abs. 1 SEBG gefassten Beschluss kann es erneut zu Verhandlungen über eine Vereinbarung kommen, die ggf. auch von einer Regelung zur Mitbestimmung der Arbeitnehmer absehen kann.

5. Errichtung einer Holding- oder Tochter-SE (§ 34 Abs. 1 Nr. 3 SEBG)

Die Regelungen für die Gründung einer SE durch Verschmelzung gelten entsprechend, wenn die SE als Holding- oder Tochter-SE errichtet werden soll. Das von der bestehenden Mitbestimmung erfasste **notwendige Arbeitnehmerquorum** beträgt jedoch – übereinstimmend mit der Vorgabe in Art. 7 Abs. 2 lit. c SE-RL – mindestens

---

33 Kritisch dazu z.B. *Calle Lambach*, Beteiligung der Arbeitnehmer, S. 177 f.
34 Ebenso *Feuerborn* in KölnKomm. AktG, 3. Aufl., § 34 SEBG Rz. 29; *Forst* in Gaul/Ludwig/Forst, Europäisches Mitbestimmungsrecht, § 2 Rz. 469; *Hohenstatt/Müller-Bonanni* in Habersack/Drinhausen, § 34 SEBG Rz. 8; *Jacobs* in MünchKomm. AktG, 3. Aufl., § 34 SEBG Rz. 13; *Rudolph* in Annuß/Kühn/Rudolph/Rupp, EBRG, § 34 SEBG Rz. 19.
35 *Feuerborn* in KölnKomm. AktG, 3. Aufl., § 34 SEBG Rz. 29; *Habersack* in Ulmer/Habersack/Henssler, Mitbestimmungsrecht, § 34 SEBG Rz. 19; *Hohenstatt/Müller-Bonanni* in Habersack/Drinhausen, § 34 SEBG Rz. 8; *Jacobs* in MünchKomm. AktG, 3. Aufl., § 34 SEBG Rz. 13; *Kienast* in Jannott/Frodermann, Handbuch Europäische Aktiengesellschaft, Kap. 13 Rz. 314; *Rudolph* in Annuß/Kühn/Rudolph/Rupp, EBRG, § 34 SEBG Rz. 19. Ebenso zu § 244 Abs. 2 ArbVG *Gahleitner* in Kalss/Hügel, § 244 ArbVG Rz. 1, 3.
36 *Feuerborn* in KölnKomm. AktG, 3. Aufl., § 34 SEBG Rz. 28; *Joost* in Oetker/Preis, EAS, B 8200, Rz. 215; *Wisskirchen/Prinz*, DB 2004, 2638, 2641; s. auch *Gahleitner* in Kalss/Hügel, § 244 ArbVG Rz. 3.
37 *Habersack* in Ulmer/Habersack/Henssler, Mitbestimmungsrecht, § 34 SEBG Rz. 19; *Joost* in Oetker/Preis, EAS, B 8200, Rz. 215; *Kienast* in Jannott/Frodermann, Handbuch Europäische Aktiengesellschaft, Kap. 13 Rz. 314; *Rudolph* in Annuß/Kühn/Rudolph/Rupp, EBRG, § 34 SEBG Rz. 19; in diesem Sinne auch *Gahleitner* in Kalss/Hügel, § 244 ArbVG Rz. 3.

50 % der Arbeitnehmer und ist damit doppelt so hoch wie bei der Gründung einer SE durch Verschmelzung (zur Berechnung oben Rz. 19 ff.). Wird dieses nicht erreicht und besteht wenigstens in einer der beteiligten Gesellschaften eine Mitbestimmung der Arbeitnehmer i.S. des § 2 Abs. 12 SEBG, so kann die gesetzliche Auffangregelung nur aufgrund eines von dem BVG mit der nach **§ 15 Abs. 2 SEBG** notwendigen Mehrheit[38] zu fassenden **Beschlusses** zur Anwendung gelangen.

6. Sekundäre SE-Gründung (SE-Tochter, Art. 3 Abs. 2 SE-VO)

25 Keine Antwort gibt § 34 SEBG zu der bei einer sekundären SE-Gründung maßgeblichen gesetzlichen Auffangregelung. Sofern für diese Form der SE-Gründung nicht die Auffassung vertreten wird, die SE-Tochter sei mitbestimmungsfrei (s. § 1 SEBG Rz. 10), kommt es zu einem nach den §§ 4 ff. SEBG durchzuführenden Verhandlungsverfahren (s. § 1 SEBG Rz. 11). Offen ist allerdings die für den Fall eines Scheiterns der Verhandlungen eingreifende gesetzliche Auffangregelung. Denkbar sind zwei Lösungswege. Um der Gefahr einer Umgehung der in der SE geltenden Mitbestimmungsregelung zu begegnen, liegt es nahe, die in der SE geltende Mitbestimmungsregelung auf die SE-Tochter zu verlängern (s. § 1 SEBG Rz. 11), was allerdings allenfalls dann tragfähig ist, wenn die gesetzliche Auffangregelung bei der SE zur Anwendung gelangt. Als Alternative kommt die Anwendung von § 34 Abs. 1 Nr. 3 SEBG in Betracht, um auf diese Weise einen Gleichlauf mit der Gründung einer Tochter-SE herbeizuführen (s. § 1 SEBG Rz. 12).

III. Wahl der Mitbestimmungsform (§ 34 Abs. 2 SEBG)

1. Beschluss des BVG (§ 34 Abs. 2 Satz 1 SEBG)

26 Besteht bei der Gründung der SE durch Verschmelzung oder bei der Errichtung einer Holding- oder Tochter-SE in den beteiligten Gesellschaften **dieselbe Form der Mitbestimmung**, so ist diese auch für die SE maßgebend[39]. Das gilt selbst dann, wenn bei den betroffenen Tochtergesellschaften andere Formen der Mitbestimmung bestehen, da § 34 Abs. 2 SEBG ausdrücklich auf die „beteiligten Gesellschaften" abstellt.

27 Unterliegen die beteiligten Gesellschaften **verschiedenen Formen der Mitbestimmung**, so überlässt § 34 Abs. 2 Satz 1 SEBG – entsprechend der Vorgabe in Art. 7 Abs. 2 SE-RL – dem BVG die Entscheidung über die in der SE einzuführende Form der Mitbestimmung. Dieses hat hierüber einen Beschluss zu fassen, für den – mangels abweichender gesetzlicher Regelung – das **Mehrheitserfordernis in § 15 Abs. 2 SEBG** gilt[40]. Dabei ist das BVG jedoch an die in den beteiligten Gesellschaften bestehenden

---

38 *Habersack* in Ulmer/Habersack/Henssler, Mitbestimmungsrecht, § 34 SEBG Rz. 21; ebenso zu § 244 Abs. 2 Nr. 3 ArbVG *Gahleitner* in Kalss/Hügel, § 244 ArbVG Rz. 3.
39 *Feuerborn* in KölnKomm. AktG, 3. Aufl., § 34 SEBG Rz. 34; *Habersack* in Ulmer/Habersack/Henssler, Mitbestimmungsrecht, § 34 SEBG Rz. 22, 24; *Hohenstatt/Müller-Bonanni* in Habersack/Drinhausen, § 34 SEBG Rz. 12; *Jacobs* in MünchKomm. AktG, 3. Aufl., § 34 SEBG Rz. 15; *Nagel* in Nagel/Freis/Kleinsorge, Beteiligung der Arbeitnehmer, § 34 SEBG Rz. 11. Bei der Gründung einer SE durch Umwandlung erweist sich die Wahl der im Rahmen der Auffangregelung maßgeblichen Form der Mitbestimmung denknotwendig als nicht regelungsbedürftig; treffend *Habersack* in Ulmer/Habersack/Henssler, Mitbestimmungsrecht, § 34 SEBG Rz. 22; *Hohenstatt/Müller-Bonanni* in Habersack/Drinhausen, § 34 SEBG Rz. 12.
40 *Feuerborn* in KölnKomm. AktG, 3. Aufl., § 34 SEBG Rz. 37; *Forst* in Gaul/Ludwig/Forst, Europäisches Mitbestimmungsrecht, § 2 Rz. 274; *Habersack* in Ulmer/Habersack/Henssler, Mitbestimmungsrecht, § 34 SEBG Rz. 26; *Hohenstatt/Müller-Bonanni* in Habersack/Drinhausen, § 34 SEBG Rz. 13; *Jacobs* in MünchKomm. AktG, 3. Aufl., § 34 SEBG Rz. 17; *Rudolph* in Annuß/Kühn/Rudolph/Rupp, EBRG, § 34 SEBG Rz. 22. So auch zu § 244 Abs. 3 ArbVG *Gahleitner* in Kalss/Hügel, § 244 ArbVG Rz. 4.

Formen der Mitbestimmung gebunden⁴¹, es kann also nicht eine Form der Mitbestimmung für maßgeblich erklären, die in keiner der beteiligten Gesellschaften zur Anwendung gelangt; § 34 Abs. 2 Satz 1 SEBG verlangt ausdrücklich eine Entscheidung, welche der bestehenden Formen der Mitbestimmung bei der SE eingeführt werden soll, was auch dem Zweck der Auffangregelung entspricht, die in den beteiligten Gesellschaften bestehenden Mitbestimmungssysteme zu sichern (s. oben Rz. 5).

Die Bezugnahme in § 34 Abs. 2 Satz 1 SEBG auf § 2 Abs. 12 SEBG stellt klar, dass unter „Form der Mitbestimmung" lediglich das **Modell** zu verstehen ist, das bezüglich der Mitbestimmung der Arbeitnehmer zur Anwendung gelangen soll⁴². Die **qualitative Entscheidung** zwischen einer paritätischen Zusammensetzung des Aufsichtsrates und einer Drittelbeteiligung ist deshalb nicht vom BVG im Rahmen des durch § 34 Abs. 2 Satz 1 SEBG eröffneten Spielraums zu treffen, sondern richtet sich nach § 35 Abs. 2 SEBG⁴³. Ebenso ist die Entscheidung über das bei der SE geltende monistische oder dualistische Modell nicht Gegenstand des nach § 34 Abs. 2 SEBG zu fassenden Beschlusses, selbst wenn dieses unmittelbare Auswirkungen auf die Rechtsstellung der Arbeitnehmervertreter hat. 28

2. Auffangregelung (§ 34 Abs. 2 Satz 2 und 3 SEBG)

Unterbleibt ein Beschluss des BVG über die anzuwendende Form der Mitbestimmung, so richtet sich diese nach den subsidiären Regelungen in § 34 Abs. 2 Satz 2 und 3 SEBG, die in zulässiger Weise den durch Art. 7 Abs. 2 SE-RL eröffneten Gestaltungsspielraum ausfüllen. Dabei legt das SEBG einen **Vorrang des deutschen Mitbestimmungsmodells** fest, wenn an der Gründung der SE eine **Gesellschaft mit Sitz in Deutschland** beteiligt ist⁴⁴. In diesem Fall erfolgt die Mitbestimmung durch eine Wahl von Arbeitnehmervertretern in das Aufsichts- oder Leitungsorgan der SE. Voraussetzung ist allerdings stets, dass diese Gesellschaft einem der in Deutschland geltenden Gesetze zur Unternehmensmitbestimmung unterliegt. Die Zahl der von ihr erfassten Arbeitnehmer im Verhältnis zur Gesamtzahl der Arbeitnehmer ist unter dieser Voraussetzung unerheblich⁴⁵. 29

---

41 So auch *Feuerborn* in KölnKomm. AktG, 3. Aufl., § 34 SEBG Rz. 36; *Forst* in Gaul/Ludwig/Forst, Europäisches Mitbestimmungsrecht, § 2 Rz. 274.
42 *Feuerborn* in KölnKomm. AktG, 3. Aufl., § 34 SEBG Rz. 34; *Habersack* in Ulmer/Habersack/Henssler, Mitbestimmungsrecht, § 34 SEBG Rz. 24; *Hohenstatt/Müller-Bonanni* in Habersack/Drinhausen, § 34 SEBG Rz. 11; *Jacobs* in MünchKomm. AktG, 3. Aufl., § 34 SEBG Rz. 16; *Kienast* in Jannott/Frodermann, Handbuch Europäische Aktiengesellschaft, Kap. 13 Rz. 316; *Rudolph* in Annuß/Kühn/Rudolph/Rupp EBRG, § 34 SEBG Rz. 21; ebenso Begr. RegE, BT-Drucks. 15/3405, S. 54; *Nagel* in Nagel/Freis/Kleinsorge, Beteiligung der Arbeitnehmer, § 34 SEBG Rz. 11.
43 Begr. RegE, BT-Drucks. 15/3405, S. 54; *Feuerborn* in KölnKomm. AktG, 3. Aufl., § 34 SEBG Rz. 35; *Forst* in Gaul/Ludwig/Forst, Europäisches Mitbestimmungsrecht, § 2 Rz. 473; *Habersack* in Ulmer/Habersack/Henssler, Mitbestimmungsrecht, § 34 SEBG Rz. 24; *Hohenstatt/Müller-Bonanni* in Habersack/Drinhausen, § 34 SEBG Rz. 11; *Jacobs* in MünchKomm. AktG, 3. Aufl., § 34 SEBG Rz. 16; *Nagel* in Nagel/Freis/Kleinsorge, Beteiligung der Arbeitnehmer, § 34 SEBG Rz. 11; *Rudolph* in Annuß/Kühn/Rudolph/Rupp, EBRG, § 34 SEBG Rz. 21. Missverständlich demgegenüber § 244 Abs. 3 ArbVG, der pauschal eine Abstimmung über die „Form der Mitbestimmung" eröffnet; s. dazu *Gahleitner* in Kalss/Hügel, § 244 ArbVG Rz. 4.
44 *Feuerborn* in KölnKomm. AktG, 3. Aufl., § 34 SEBG Rz. 39. Anders insofern die Auffangregelung in § 244 Abs. 5 ArbVG, die stets auf die höchste Zahl der von einer Form der Mitbestimmung erfassten Arbeitnehmer abstellt.
45 Ebenso *Feuerborn* in KölnKomm. AktG, 3. Aufl., § 34 SEBG Rz. 39; *Habersack* in Ulmer/Habersack/Henssler, Mitbestimmungsrecht, § 34 SEBG Rz. 27; *Hohenstatt/Müller-Bonanni* in Habersack/Drinhausen, § 34 SEBG Rz. 14.

30 Auf das **Mehrheitsprinzip** stellt § 34 Abs. 2 Satz 3 SEBG lediglich subsidiär ab, wenn an der Gründung der SE keine (mitbestimmte) beteiligte Gesellschaft ihren Sitz in Deutschland hat. Maßgebend ist in diesem Fall die Zahl der Arbeitnehmer, die den verschiedenen Formen der Mitbestimmung unterliegen, wobei die höchste Zahl den Ausschlag gibt. Im Unterschied zu dem für die gesetzliche Auffangregelung maßgeblichen Arbeitnehmerquorum (s. oben Rz. 19) ist ausschließlich auf die **Arbeitnehmer** der **beteiligten Gesellschaften** abzustellen. Diejenigen der **betroffenen Tochtergesellschaften** bleiben hingegen unberücksichtigt[46], was nicht mit der Entscheidung in § 34 Abs. 1 Nr. 2 und 3 SEBG harmoniert, dass ggf. erst die Berücksichtigung der Arbeitnehmer der betroffenen Tochtergesellschaften das für die Anwendung der Auffangregelung notwendige Arbeitnehmerquorum erfüllt.

IV. Unterrichtung der Leitungen (§ 34 Abs. 3 SEBG)

31 Über die im Rahmen des § 34 Abs. 1 und 2 SEBG gefassten Beschlüsse hat das BVG die Leitungen zu unterrichten (so auch Art. 7 Abs. 2 SE-RL), denen umgekehrt ein **Anspruch auf Unterrichtung** zusteht[47]. Für die **Form** der Unterrichtung trifft das SEBG keine Vorgaben[48]. Die Mitteilung kann deshalb formfrei erfolgen, sollte aber so vorgenommen werden, dass die Erfüllung der Unterrichtungspflicht ggf. belegt werden kann[49].

§ 35
Umfang der Mitbestimmung

(1) Liegen die Voraussetzungen des § 34 Abs. 1 Nr. 1 (Gründung einer SE durch Umwandlung) vor, bleibt die Regelung zur Mitbestimmung erhalten, die in der Gesellschaft vor der Umwandlung bestanden hat.

(2) Liegen die Voraussetzungen des § 34 Abs. 1 Nr. 2 (Gründung einer SE durch Verschmelzung) oder des § 34 Abs. 1 Nr. 3 (Gründung einer Holding-SE oder Tochter-SE) vor, haben die Arbeitnehmer der SE, ihrer Tochtergesellschaften und Betriebe oder ihr Vertretungsorgan das Recht, einen Teil der Mitglieder des Aufsichts- oder Verwaltungsorgans der SE zu wählen oder zu bestellen oder deren Bestellung zu empfehlen oder abzulehnen. Die Zahl dieser Arbeitnehmervertreter im Aufsichts- oder Verwaltungsorgan der SE bemisst sich nach dem höchsten Anteil an Arbeitnehmervertretern, der in den Organen der beteiligten Gesellschaften vor der Eintragung der SE bestanden hat.

---

46 Treffend *Habersack* in Ulmer/Habersack/Henssler, Mitbestimmungsrecht, § 34 SEBG Rz. 28; *Hohenstatt/Müller-Bonanni* in Habersack/Drinhausen, § 34 SEBG Rz. 15; *Rudolph* in Annuß/Kühn/Rudolph/Rupp, EBRG, § 34 SEBG Rz. 23.
47 *Feuerborn* in KölnKomm. AktG, 3. Aufl., § 34 SEBG Rz. 41; *Habersack* in Ulmer/Habersack/Henssler, Mitbestimmungsrecht, § 34 SEBG Rz. 29; *Jacobs* in MünchKomm. AktG, 3. Aufl., § 34 SEBG Rz. 18; *Rudolph* in Annuß/Kühn/Rudolph/Rupp, EBRG, § 34 SEBG Rz. 24.
48 *Feuerborn* in KölnKomm. AktG, 3. Aufl., § 34 SEBG Rz. 41; *Habersack* in Ulmer/Habersack/Henssler, Mitbestimmungsrecht, § 34 SEBG Rz. 29; *Hohenstatt/Müller-Bonanni* in Habersack/Drinhausen, § 34 SEBG Rz. 16; *Jacobs* in MünchKomm. AktG, 3. Aufl., § 34 SEBG Rz. 18.
49 So auch *Feuerborn* in KölnKomm. AktG, 3. Aufl., § 34 SEBG Rz. 41; *Habersack* in Ulmer/Habersack/Henssler, Mitbestimmungsrecht, § 34 SEBG Rz. 29; *Hohenstatt/Müller-Bonanni* in Habersack/Drinhausen, § 34 SEBG Rz. 16; *Jacobs* in MünchKomm. AktG, 3. Aufl., § 34 SEBG Rz. 18; *Rudolph* in Annuß/Kühn/Rudolph/Rupp, EBRG, § 34 SEBG Rz. 24.

| I. Allgemeines .... | 1 | III. Gründung einer SE durch Verschmelzung bzw. Errichtung einer Holding- oder Tochter-SE (§ 35 Abs. 2 SEBG) . | 15 |
| II. Gründung einer SE durch Umwandlung (§ 35 Abs. 1 SEBG). . . . . | 5 | | |

Literatur: *Grambow*, Auslegung der Auffangregelung zur Mitbestimmung bei Gründung einer Societas Europaea, BB 2012, 902; *Gruber*, Die monistische Unternehmensführung in der Societas Europaea (SE) im Spannungsfeld von Mitbestimmung, Eigentumsgarantie und Corporate Governance, 2011 (zit.: Unternehmensführung); *Heinze*, Mitbestimmung in einer monistischen Europäischen Aktiengesellschaft, 2009 (zit.: Mitbestimmung); *Kämmerer/Veil*, Paritätische Arbeitnehmermitbestimmung in der monistischen SE – ein verfassungsrechtlicher Irrweg?, ZIP 2005, 369; *Kepper*, Die mitbestimmte monistische SE deutschen Rechts, 2010 (zit.: Monistische SE); *Meißner*, Mitbestimmung kraft Gesetzes – die Größe des Aufsichtsrates einer Europäischen Aktiengesellschaft bei der Gründung durch Umwandlung, ArbuR 2012, 61; *Nagel*, Die Mitbestimmung bei der formwechselnden Umwandlung einer deutschen AG in einer Europäischen Gesellschaft (SE), ArbuR 2007, 329; *Rehwinkel*, Die gesetzliche Auffanglösung der Unternehmensmitbestimmung in der Europäischen Aktiengesellschaft, ZESAR 2008, 74; *Roth*, Die unternehmerische Mitbestimmung in der monistischen SE, ZfA 2004, 440.
S. auch Vor § 1 SEBG.

I. Allgemeines

Liegen die Voraussetzungen des § 34 Abs. 1 SEBG für die Anwendung der gesetzlichen Auffangregelung zur Mitbestimmung der Arbeitnehmer vor und steht die bei der SE maßgebliche Form der Mitbestimmung fest, dann richtet sich der Umfang der Mitbestimmung nach § 35 SEBG. Wie im Rahmen von § 34 Abs. 1 SEBG ist auch diesbezüglich zwischen der Gründung einer SE durch **Umwandlung** (§ 35 Abs. 1 SEBG) sowie ihrer Gründung durch **Verschmelzung** bzw. der **Errichtung einer Holding- oder Tochter-SE** (§ 35 Abs. 2 SEBG) zu differenzieren.

Mit § 35 SEBG setzt das SEBG die Vorgabe im 3. Teil des Anhangs der **SE-RL** um, der bezüglich des Inhalts der Norm folgenden Wortlaut hat:

> „a) Fanden im Falle einer durch Umwandlung gegründeten SE Vorschriften eines Mitgliedstaats über die Mitbestimmung der Arbeitnehmer im Verwaltungs- oder Aufsichtsorgan vor der Eintragung Anwendung, so finden alle Komponenten der Mitbestimmung der Arbeitnehmer weiterhin Anwendung. Buchstabe b gilt diesbezüglich sinngemäß.
> b) In den Fällen der Gründung einer SE haben die Arbeitnehmer der SE, ihrer Tochtergesellschaften und Betriebe und/oder ihr Vertretungsorgan das Recht, einen Teil der Mitglieder des Verwaltungs- oder des Aufsichtsorgans der SE zu wählen oder zu bestellen oder deren Bestellung zu empfehlen oder abzulehnen, wobei die Zahl dieser Mitglieder sich nach dem höchsten maßgeblichen Anteil in den beteiligten Gesellschaften vor der Eintragung der SE bemißt. Bestanden in keiner der beteiligten Gesellschaften vor der Eintragung der SE Vorschriften über die Mitbestimmung, so ist die SE nicht verpflichtet, eine Vereinbarung über die Mitbestimmung der Arbeitnehmer einzuführen."

Die **SCE-RL** hat die in Rz. 2 wiedergegebene Auffangregelung zur Mitbestimmung ebenfalls in den Anhang zu Art. 7 SCE-RL übernommen; dementsprechend stimmt **§ 35 SCEBG** mit § 35 SEBG überein. Im Grundsatz gilt die in Rz. 2 wiedergegebene Vorgabe auch für die **Verschmelzungs-RL 2005/56/EG**, da diese in Art. 16 Abs. 3 lit. h auch auf Buchstabe b des 3. Teils des Anhangs in Art. 7 SE-RL Bezug nimmt. Ergänzend räumt Art. 16 Abs. 4 3. Spiegelstrich den Mitgliedstaaten die Option ein, den Anteil der Arbeitnehmervertreter im Verwaltungsorgan zu begrenzen, sie dürfen jedoch bei deren Inanspruchnahme den Anteil nicht auf weniger als ein Drittel festlegen, sofern sich das Aufsichts- oder Verwaltungsorgan einer der an der Verschmelzung beteiligten Gesellschaften zu mindestens einem Drittel aus Arbeitnehmervertretern zusammensetzt. Der zur Umsetzung geschaffene **§ 24 MgVG** greift diese

Option nicht auf, sondern erklärt in Abs. 1 Satz 2 ohne Einschränkungen stets den „höchsten Anteil an Arbeitnehmervertretern" als maßgeblich. Im Übrigen übernimmt § 24 Abs. 1 MgVG im Wesentlichen § 35 Abs. 2 SEBG. Ferner bestimmt § 24 Abs. 2 MgVG die zwingende Errichtung eines Aufsichtsrates bei der GmbH und § 24 Abs. 3 MgVG ordnet – in konsequenter Fortführung von § 22 Abs. 4 MgVG – den Vorrang der Regelungen über die Mitbestimmung kraft Gesetzes im Verhältnis zur Satzung der aus einer grenzüberschreitenden Verschmelzung hervorgehenden Gesellschaft an, die ggf. an die gesetzliche Auffangregelung anzupassen ist.

4 In **Österreich** hat die mit § 35 SEBG korrespondierende Vorschrift in § 245 ArbVG ebenfalls die Vorgaben des Anhangs zur SE-RL mit weitgehend identischem Wortlaut in das innerstaatliche Recht transformiert, im Vergleich mit § 35 SEBG jedoch die Reihenfolge umgekehrt, in dem sie zunächst den allgemeinen Grundsatz (§ 245 Abs. 1 ArbVG) und sodann die Ausnahme für die Gründung einer SE durch Umwandlung (§ 245 Abs. 2 ArbVG) festlegt. Während § 34 Abs. 1 SEBG die „Erhaltung der Regelung zur Mitbestimmung" vorschreibt, ordnet § 245 Abs. 2 ArbVG an, dass „die für die umzuwandelnde Gesellschaft geltenden Bestimmungen über die Mitbestimmung der Arbeitnehmer nach Maßgabe der §§ 246 bis 248 Anwendung" finden.

II. Gründung einer SE durch Umwandlung (§ 35 Abs. 1 SEBG)

5 Für den Fall einer Gründung der SE durch Umwandlung ist das SEBG von dem Ziel geleitet, den mitbestimmungsrechtlichen Status quo der umzuwandelnden Gesellschaft in der SE zu erhalten. Dementsprechend sollen bei einer Gründung durch Umwandlung „alle Komponenten der Mitbestimmung der Arbeitnehmer weiterhin Anwendung"[1] finden bzw. die vor der Umwandlung bestehende „Regelung zur Mitbestimmung" erhalten bleiben (so § 35 Abs. 1 SEBG). Ebenso wie bei § 34 Abs. 1 Nr. 1 SEBG kommt es auch im Rahmen von § 35 Abs. 1 SEBG ausschließlich auf die in der Gesellschaft praktizierte Mitbestimmung an; diese gilt über § 35 Abs. 1 SEBG selbst dann für die SE, wenn die bei der umzuwandelnden Gesellschaft **praktizierten Vorschriften** zu Unrecht angewendet wurden (s. § 34 SEBG Rz. 15). Wurde die gesetzeswidrige Zusammensetzung des Aufsichtsrats nicht rechtzeitig vorher durch ein Statusverfahren korrigiert, dann wird dieser Zustand durch § 35 Abs. 1 SEBG eingefroren[2]. Dies folgt zwingend aus dem durch § 96 Abs. 2 AktG vermittelten Bestandsschutz, der ausschließlich unter dem Vorbehalt eines rechtskräftig abgeschlossenen Statusverfahrens steht. Für die im Schrifttum teilweise befürwortete nachträgliche Durchführung eines Statusverfahrens[3] fehlt eine tragfähige Rechtsgrundlage, da das Aufsichts- bzw. Verwaltungsorgan nach Maßgabe der für die SE maßgeblichen gesetzlichen Vorschriften, die sich aus § 35 SEBG ergeben, zusammengesetzt ist.

6 Da § 35 Abs. 1 SEBG den „Umfang der Mitbestimmung" betrifft, richtet sich die **Form der Mitbestimmung** nach dem Modell, das in der umzuwandelnden Gesellschaft bestand[4]. War insoweit eine Wahl von Arbeitnehmervertretern in den Aufsichtsrat maßgebend (§ 2 Abs. 12 Nr. 1 SEBG), so bleibt diese Form der Mitbestim-

---

1 So die Formulierung in Teil 3 des Anhangs zur SE-RL.
2 Dezidiert a.A. *Cannistra*, Verhandlungsverfahren, S. 200.
3 So vor allem *Rieble* in Rieble/Junker, Vereinbarte Mitbestimmung in der SE, 2008, § 3 Rz. 128 ff. sowie im Anschluss *Habersack* in Ulmer/Habersack/Henssler, Mitbestimmungsrecht, § 35 SEBG Rz. 15; *Jacobs* in MünchKomm. AktG, 3. Aufl., § 35 SEBG Rz. 25b.
4 *Habersack* in Ulmer/Habersack/Henssler, Mitbestimmungsrecht, § 35 SEBG Rz. 5; *Kleinmann/Kujath* in Manz/Mayer/Schröder, § 35 SEBG Rz. 2; *Rudolph* in Annuß/Kühn/Rudolph/Rupp, EBRG, § 35 SEBG Rz. 3.

mung auch für die SE maßgebend. Das gilt auch, wenn die Umwandlung zum Anlass genommen wird, von dem dualistischen in das monistische System zu wechseln[5].

Der vage Gesetzeswortlaut lässt offen, ob sich die Wahrung des Status quo nur auf den **Anteil der Arbeitnehmervertreter** im Aufsichts- oder Verwaltungsorgan der SE beschränkt[6] oder zusätzlich auch die bisherige **Zahl der Arbeitnehmervertreter** und damit indirekt auch die bisherige **Größe des Aufsichtsrates** maßgebend bleibt[7]. Während es die erstgenannte Ansicht z.B. gestatten würde, den Aufsichtsrat einer dem MitbestG unterliegenden Aktiengesellschaft im Rahmen der Umwandlung bei Wahrung der paritätischen Zusammensetzung zu verkleinern, hätte die letztgenannte Auffassung zur Folge, dass die Größe des Aufsichts- oder Verwaltungsorgans ebenfalls festgeschrieben bliebe, sofern sich diese aus der „Regelung zur Mitbestimmung" ergibt.

7

Der Wortlaut des § 35 Abs. 1 SEBG, der pauschal auf die „Regelung" und nicht lediglich auf die „Mitbestimmung" abstellt, lässt ein extensives Verständnis zu. Dieses trägt zudem dem Normzweck, den mitbestimmungsrechtlichen Status quo in der umzuwandelnden Gesellschaft zu wahren, am besten Rechnung. Auch Buchstabe b des 3. Teils des Anhangs zur SE-RL deutet in diese Richtung, da dieser die weitere Anwendung nicht auf den Anteil der Arbeitnehmervertreter in dem Verwaltungs- oder Aufsichtsorgan beschränkt, sondern diese Rechtsfolge auf „**alle Komponenten**" der Mitbestimmung ausdehnt. Hierzu könnte nicht nur der Anteil der Arbeitnehmervertreter, sondern auch deren Zahl in dem Aufsichts- oder Verwaltungsorgan zählen. Ein gegenteiliges Verständnis, das sich auf den bisherigen Anteil der Arbeitnehmer beschränkt, lässt sich indes darauf stützen, dass die Auffangregelung des SEBG zur „Mitbestimmung" im Lichte der Legaldefinition des § 2 Abs. 12 SEBG nur das Recht zur Wahl bzw. Bestellung von Arbeitnehmervertretern betrifft und auch die amtliche Überschrift zu § 35 SEBG den Regelungsgehalt der Norm auf den Umfang der Mit-

8

---

[5] *Feuerborn* in KölnKomm. AktG, 3. Aufl., § 35 SEBG Rz. 10; *Hohenstatt/Müller-Bonanni* in Habersack/Drinhausen, § 35 SEBG Rz. 6; *Jacobs* in MünchKomm. AktG, 3. Aufl., § 35 SEBG Rz. 8.

[6] So *Austmann* in FS Hellwig, 2010, S. 105, 108 f.; *Cannistra*, Verhandlungsverfahren, S. 197 f.; *Eberspächer* in Spindler/Stilz, AktG, Art. 43 SE-VO Rz. 28; *Feuerborn* in KölnKomm. AktG, 3. Aufl., § 35 SEBG Rz. 12; *Forst* in Gaul/Ludwig/Forst, Europäisches Mitbestimmungsrecht, § 2 Rz. 483; *Grobys*, NZA 2005, 84, 90; *Habersack* in Ulmer/Habersack/Henssler, Mitbestimmungsrecht, § 35 SEBG Rz. 6; *Habersack*, Der Konzern 2006, 105, 106 f.; *Habersack*, AG 2006, 345, 347; *Habersack* in Bergmann u.a., 10 Jahre SE, S. 9, 20 f.; *Henssler/Sittard*, KSzW 2011, 359, 365 ff.; *Hohenstatt/Dzida* in Henssler/Willemsen/Kalb, ArbR-Komm., SEBG Rz. 48; *Hohenstatt/Müller-Bonanni* in Habersack/Drinhausen, § 35 SEBG Rz. 3; *Jacobs* in MünchKomm. AktG, 3. Aufl., § 35 SEBG Rz. 9; *Kepper*, Monistische SE, S. 218 f.; *Kienast* in Jannott/Frodermann, Handbuch Europäische Aktiengesellschaft, Kap. 13 Rz. 320; *Koch*, Beteiligung, S. 244; *Köklü* in Van Hulle/Maul/Drinhausen, Kap. 6 Rz. 223; *Köklü*, Beteiligung der Arbeitnehmer, S. 219; *Maack*, Rechtsschutz, S. 161 f.; *Müller-Bonanni/Melot de Beauregard*, GmbHR 2005, 195, 197; *Kleinmann/Kujath* in Manz/Mayer/Schröder, § 35 SEBG Rz. 2; *Paefgen* in KölnKomm. AktG, 3. Aufl., Art. 40 SE-VO Rz. 100; *Prinz* in Hümmerich/Boecken/Düwell, NK-ArbR, 2. Aufl. 2010, § 38 SEBG Rz. 2; *Rehwinkel*, ZESAR 2008, 74, 75 f.; *Reichert/Brandes* in MünchKomm. AktG, 3. Aufl., Art. 40 SE-VO Rz. 69; *Rudolph* in Annuß/Kühn/Rudolph/Rupp, EBRG, § 35 SEBG Rz. 4; *Scheibe*, Mitbestimmung der Arbeitnehmer, S. 174 ff.; *Schwarz*, SE-VO, Einleitung Rz. 311; *Seibt*, ZIP 2010, 1057, 1062; *Seibt* in Habersack/Drinhausen, Art. 40 SE-VO Rz. 68; *Ziegler/Gey*, BB 2009, 1750, 1755; ebenso für die österreichische Regelung *Gahleitner* in Kalss/Hügel, § 245 ArbVG Rz. 2.

[7] Hierfür *Güntzel*, Richtlinie, S. 460; *Meißner*, ArbuR 2012, 61, 62 f.; *Middendorf* in Grobys/Panzer, Stichwort-Kommentar Arbeitsrecht, 2012, § 79 Rz. 55; *Nagel* in Nagel/Freis/Kleinsorge, Beteiligung der Arbeitnehmer, § 35 SEBG Rz. 2; *Nagel*, ArbuR 2007, 329, 335; *Wißmann* in MünchHdb. ArbR, 3. Aufl. 2009, § 287 Rz. 13 a.E.

bestimmung beschränkt und damit nicht die Größe des Aufsichts- oder Verwaltungsorgans beeinflusst.

9 Ein durch die Vorgaben der SE-RL geprägtes Normverständnis müsste an sich auch bezüglich der „Regelung zur Mitbestimmung" dazu führen, dass diese ebenfalls bezüglich der **Zusammensetzung der Arbeitnehmervertreter** zur Anwendung gelangt[8], was sowohl die Beteiligung von Vertretern der Gewerkschaften sowie der leitenden Angestellten (so bei Anwendung des MitbestG) als auch die der unternehmensangehörigen Arbeitnehmer (so bei Anwendung des DrittelbG) beträfe. Ein abweichendes Verständnis lässt sich allerdings auf § 36 SEBG stützen, der nicht nur die Verteilung der Arbeitnehmervertreter unabhängig von der bislang bei der umzuwandelnden Gesellschaft angewendeten Regelung festlegt, sondern mittels der Bezugnahme in § 36 Abs. 3 Satz 2 SEBG auf § 6 Abs. 3 und 4 SEBG auch die Repräsentanz der Vertreter von Gewerkschaften und leitenden Angestellten ausgestaltet (s. § 36 SEBG Rz. 12). Da § 36 SEBG keine Einschränkungen im Hinblick auf bestimmte Formen zur Gründung der SE enthält, ist der in Österreich in § 245 Abs. 2 ArbVG ausdrücklich aufgenommene Vorbehalt (s. oben Rz. 4) aufgrund einer systematischen Auslegung in § 35 Abs. 1 SEBG „hineinzulesen". Die in der umzuwandelnden Gesellschaft bestehende „Regelung zur Mitbestimmung" bleibt deshalb nur nach Maßgabe der §§ 36 bis 38 SEBG erhalten[9].

10 Das Verständnis in Rz. 9 beantwortet auch die Frage, ob die in dem MitbestG bzw. dem DrittelbG normierten **Regelungen zur inneren Ordnung des Aufsichtsrates** bei der SE als „Regelung zur Mitbestimmung" erhalten bleiben. Bei isolierter Betrachtung des § 35 Abs. 1 SEBG lässt sich eine derartige Auslegung nicht von der Hand weisen. Dagegen spricht jedoch der auf alle Formen einer SE-Gründung bezogene Wortlaut des § 38 SEBG, der nicht nur bei der Gründung durch Verschmelzung, sondern auch bei einer solchen durch Umwandlung erkennbar abschließend regeln soll, in welchem Ausmaß die Mitbestimmung der Arbeitnehmer auf die innere Ordnung des Aufsichts- oder Verwaltungsorgans ausstrahlt[10].

11 Die Konservierung des Anteils an Arbeitnehmervertretern ist im Hinblick auf eine bisherige paritätische Beteiligung der Arbeitnehmervertreter im Aufsichtsrat auf verschiedene **rechtliche Bedenken** gestoßen, wenn im Rahmen der Umwandlung einer Aktiengesellschaft zugleich ein Wechsel vom dualistischen in das **monistische System** stattfindet. Die Kritik knüpft vor allem an der **besonderen Funktion des Verwaltungsrates** an, der sich nicht auf die Überwachung und Beratung der Geschäftsführung beschränkt, sondern diese selbst ausführt, so dass eine Beteiligung von Arbeitnehmervertretern im Verwaltungsrat diesen zu einer unmittelbaren Teilhabe

---

[8] So *Köstler* in Theisen/Wenz, Europäische Aktiengesellschaft, S. 331, 360 f.; *Nagel*, ArbuR 2007, 329, 335 f.; wohl auch *Nagel* in Nagel/Freis/Kleinsorge, Beteiligung der Arbeitnehmer, § 35 SEBG Rz. 2.

[9] Ebenso *Feuerborn* in KölnKomm. AktG, 3. Aufl., § 35 SEBG Rz. 14; *Forst* in Gaul/Ludwig/Forst, Europäisches Mitbestimmungsrecht, § 2 Rz. 486; *Habersack* in Ulmer/Habersack/Henssler, Mitbestimmungsrecht, § 35 SEBG Rz. 5; *Jacobs* in MünchKomm. AktG, 3. Aufl., § 35 SEBG Rz. 9; *Koch*, Beteiligung, S. 244; *Paefgen* in KölnKomm. AktG, 3. Aufl., Art. 40 SE-VO Rz. 112; *Rudolph* in Annuß/Kühn/Rudolph/Rupp, EBRG, § 35 SEBG Rz. 5; *Seibt* in Habersack/Drinhausen, Art. 40 SE-VO Rz. 73; a.A. *Kepper*, Monistische SE, S. 219.

[10] Wie hier *Feuerborn* in KölnKomm. AktG, 3. Aufl., § 35 SEBG Rz. 15; *Forst* in Gaul/Ludwig/Forst, Europäisches Mitbestimmungsrecht, § 2 Rz. 487; *Jacobs* in MünchKomm. AktG, 3. Aufl., § 35 SEBG Rz. 9; *Paefgen* in KölnKomm. AktG, 3. Aufl., Art. 40 SE-VO Rz. 125; *Rudolph* in Annuß/Kühn/Rudolph/Rupp, EBRG, § 35 SEBG Rz. 5; im Ergebnis auch *Habersack* in Ulmer/Habersack/Henssler, Mitbestimmungsrecht, § 35 SEBG Rz. 5; *Habersack*, Der Konzern 2006, 105, 107; *Hohenstatt/Müller-Bonanni* in Habersack/Drinhausen, § 35 SEBG Rz. 4; *Koch*, Beteiligung, S. 245 ff.

an der Geschäftsführung verhilft und damit qualitativ über das bisherige Ausmaß an Partizipation hinausgeht.

Die in Rz. 11 skizzierte Konsequenz steht zwar im Widerspruch zu der tradierten Anknüpfung der Unternehmensmitbestimmung in Deutschland; ein grundsätzlicher Widerspruch zu den **Vorgaben des Unionsrechts** ist hierin jedoch nicht zu sehen[11]. Sowohl die SE-VO als auch Teil 3 des Anhangs zu Art. 7 SE-RL gehen davon aus, dass Mitglieder des Verwaltungsorgans von den Arbeitnehmern bestellt bzw. gewählt werden. Ferner widerspricht es nicht dem Unionsrecht, wenn § 35 Abs. 1 SEBG dazu führt, dass dem Verwaltungsrat einer SE zur Hälfte Arbeitnehmervertreter angehören. Die Aufrechterhaltung des bisherigen Anteils an Arbeitnehmervertretern sieht nicht nur die Auffangregelung der SE-RL ausdrücklich vor; auch Art. 45 Satz 2 SE-VO zeigt, dass der Unionsgesetzgeber davon ausging, dass der Verwaltungsrat einer monistisch strukturierten SE zur Hälfte aus Mitgliedern bestehen kann, die der Arbeitnehmerseite zuzurechnen sind.

12

Darüber hinaus werden gegen die in § 35 Abs. 1 SEBG angeordnete paritätische Zusammensetzung des Verwaltungsrates **verfassungsrechtliche Bedenken** im Hinblick auf **Art. 14 Abs. 1 GG** geltend gemacht, weil sie zu einer qualitativ-materiellen Ausweitung der Mitbestimmung führe und hierdurch das mitgliedschaftliche Element des Eigentumsrechts der Anteilseigner verletzt werde[12]. Die zur Stützung der verfassungsrechtlichen Einwände herangezogene Judikatur des BVerfG, insbesondere dessen Urteil zum MitbestG vom 1.3.1979[13], kann indes nicht unreflektiert auf die Mitbestimmungssicherung bei Gründung einer SE herangezogen werden[14]. Mit der gesetzlichen Auffangregelung in § 35 SEBG greift der Gesetzgeber nicht – wie bei

13

---

11 So vor allem *Bachmann*, ZGR 2008, 779, 800 f.; *Cannistra*, Verhandlungsverfahren, S. 202 f.; *Feuerborn* in KölnKomm. AktG, 3. Aufl., § 35 SEBG Rz. 22; *Forst* in Gaul/Ludwig/Forst, Europäisches Mitbestimmungsrecht, § 2 Rz. 480; *Gruber*, Unternehmensführung, S. 106 ff.; *Kepper*, Monistische SE, S. 232 ff.; *Kleinsorge* in Baums/Cahn, Europäische Aktiengesellschaft, S. 140, 149; *Köstler*, ZGR 2003, 800, 804 f.; *Nagel*, ArbuR 2007, 329, 335; *Nagel* in Nagel/Freis/Kleinsorge, Beteiligung der Arbeitnehmer, § 35 SEBG Rz. 7; *Steinberg*, Mitbestimmung, S. 234; wohl auch *Kienast* in Jannott/Frodermann, Handbuch Europäische Aktiengesellschaft, Kap. 13 Rz. 321; dagegen jedoch *Jacobs* in MünchKomm. AktG, 3. Aufl., § 35 SEBG Rz. 24; *Kallmeyer*, ZIP 2003, 1531, 1535; *Kämmerer/Veil*, ZIP 2005, 369, 376; *Reichert/Brandes*, ZGR 2003, 767, 790 ff.; *Scheibe*, Mitbestimmung der Arbeitnehmer, S. 188 ff.; *Teichmann*, BB 2004, 53, 56 f., die für ein funktionales Verständnis des Anhangs plädieren und hierdurch für den nationalen Gesetzgeber den im Hinblick auf das Unionsrecht unerlässlichen Spielraum schaffen, um eine paritätische Vertretung der Arbeitnehmer für die nicht geschäftsführenden Direktoren zu beschränken; ebenso auch *von der Heyde*, Beteiligung, S. 254 f.
12 So vor allem *Kämmerer/Veil*, ZIP 2005, 369 ff.; *Roth*, ZfA 2004, 431, 452 ff.; im Grundsatz ebenso *Henssler* in Ulmer/Habersack/Henssler, MitbestR, 2. Aufl. 2006, Einl. SEBG Rz. 203; *von der Heyde*, Beteiligung, S. 255 ff.; *Hohenstatt/Dzida* in Henssler/Willemsen/Kalb, ArbR-Komm., SEBG Rz. 48; *Hohenstatt/Müller-Bonanni* in Habersack/Drinhausen, § 35 SEBG Rz. 12; *Jacobs* in MünchKomm. AktG, 3. Aufl., § 35 SEBG Rz. 16 ff.; wohl auch *Eberspächer* in Spindler/Stilz, AktG, Art. 43 SE-VO Rz. 29; *Habersack* in Ulmer/Habersack/Henssler, Mitbestimmungsrecht, § 35 SEBG Rz. 4; *Steinberg*, Mitbestimmung, S. 235 f.; s. ferner *Gruber*, Unternehmensführung, S. 119 ff.; a.A. jedoch *Bachmann*, ZGR 2008, 779, 801 f.; *Cannistra*, Verhandlungsverfahren, S. 204 f.; *Feuerborn* in KölnKomm. AktG, 3. Aufl., § 35 SEBG Rz. 24 ff.; *Kepper*, Monistische SE, S. 232 ff.; *Köklü* in Van Hulle/Maul/Drinhausen, Kap. 6 Rz. 209 ff.; *Nagel* in Nagel/Freis/Kleinsorge, Beteiligung der Arbeitnehmer, § 35 SEBG Rz. 7; *Scheibe*, Mitbestimmung der Arbeitnehmer, S. 210 ff.
13 BVerfG v. 1.3.1979 – 1 BvR 532, 533/77, 419/78, 1 BvL 21/78, BVerfGE 50, 290 ff.
14 Treffend ebenso *Feuerborn* in KölnKomm. AktG, 3. Aufl., § 35 SEBG Rz. 24. Sofern die Vorgabe in dem 3. Teil des Anhangs zu Art. 7 SE-RL als zwingend für die nationale Umsetzung bewertet wird, entfällt ohnehin eine Überprüfung von § 35 SEBG anhand von Art. 14 Abs. 1 GG. So insbesondere *Kleinsorge* in Baums/Cahn, Europäische Aktiengesellschaft, S. 140, 149; *Köstler*, ZGR 2003, 800, 804 f.

Schaffung des Mitbestimmungsgesetzes – in bereits bestehende Gesellschaftsformen ein, sondern er gestaltet eine bestimmte Form der SE aus, deren Inanspruchnahme auf einer eigenverantwortlichen Entscheidung der Anteilseigner beruht[15]. Diese Abhängigkeit wird insbesondere in den tatbestandlichen Voraussetzungen für das Eingreifen der gesetzlichen Auffangregelung deutlich, da es hierfür nach erfolglosem Ablauf der Verhandlungsfrist einer positiven Willensbekundung bedarf, um die SE mittels ihrer Eintragung zur Entstehung kommen zu lassen. Ungeachtet dieses grundsätzlichen Unterschiedes stellt jedenfalls Art. 45 Satz 2 SE-VO i.V.m. Art. 50 SE-VO sicher, dass die Stimme des Vorsitzenden des Verwaltungsrates bei Stimmengleichheit den Ausschlag gibt und dieser bei einem paritätisch zusammengesetzten Verwaltungsrat aus dem Kreise der von den Aktionären bestellten Mitglieder des Verwaltungsrates stammt. Das hierdurch vermittelte leichte Übergewicht der Anteilseignerseite wird zusätzlich durch § 35 Abs. 3 SEAG abgesichert, da dieser verhindert, dass bei einem Stimmrechtsausschluss bei von den Anteilseignern bestellten Mitgliedern die Anteilseignervertreter im Verwaltungsrat überstimmt werden können (s. dazu auch Art. 45 SE-VO Rz. 10 ff.)[16].

14 Im Vordergrund steht deshalb die Frage, ob sich aus der Eigentumsgarantie des Art. 14 Abs. 1 GG die Verpflichtung des Gesetzgebers ableiten lässt, eine monistisch strukturierte SE zur Verfügung zu stellen, bei der sich eine paritätische Mitbestimmung im Verwaltungsrat auf die nicht geschäftsführenden Direktoren beschränkt. Dies ist zu verneinen, da den Anteilseignern neben den in Rz. 13 dargelegten Absicherungen die Möglichkeit eröffnet ist, zu geschäftsführenden Direktoren auch solche Personen zu bestellen, die nicht dem Verwaltungsrat als Mitglied angehören[17].

III. Gründung einer SE durch Verschmelzung bzw. Errichtung einer Holding- oder Tochter-SE (§ 35 Abs. 2 SEBG)

15 Für die Gründung einer SE durch Verschmelzung bzw. Errichtung einer Holding- oder Tochter-SE legt § 35 Abs. 2 Satz 1 SEBG zunächst das Recht fest, nach Maßgabe der zur Anwendung gelangenden Form der Mitbestimmung (s. § 34 Abs. 2 SEBG) einen Teil der Mitglieder des Aufsichts- oder Verwaltungsorgans zu wählen (bzw. zu bestellen) oder deren Bestellung zu empfehlen (oder abzulehnen). Mit dieser Regelung übernimmt das SEBG mit identischem Wortlaut die Vorgabe der Auffangregelung in der SE-RL. Auch für die von § 35 Abs. 2 SEBG erfassten Gründungsvarianten kommt es stets auf die zuvor praktizierte Mitbestimmung an, so dass ggf. eine gesetzeswidrige Zusammensetzung des Aufsichtsrates über § 35 Abs. 2 SEBG perpetuiert wird (s. näher oben Rz. 5).

16 Die Zahl der Arbeitnehmervertreter legt § 35 Abs. 2 Satz 2 SEBG nicht exakt fest, sondern die Vorschrift erklärt insoweit den „höchsten Anteil" an Arbeitnehmervertretern in den Organen der beteiligten Gesellschaften für maßgebend. Bestand in ei-

---

15 Ebenso im Anschluss *Bachmann*, ZGR 2008, 779, 802.
16 So auch *Feuerborn* in KölnKomm. AktG, 3. Aufl., § 35 SEBG Rz. 25; a.A. *Hohenstatt/Müller-Bonanni* in Habersack/Drinhausen, § 35 SEBG Rz. 12. Näher zu § 35 Abs. 3 SEAG ferner *Kepper*, Monistische SE, S. 228 ff.; *Scheibe*, Mitbestimmung der Arbeitnehmer, S. 244 ff.; *Schönberger*, Der Zustimmungsvorbehalt des Aufsichtsrates bei Geschäftsführungsmaßnahmen des Vorstands (§ 111 Abs. 4 Satz 2–4 AktG), 2006, S. 249 ff.
17 Ebenso *Feuerborn* in KölnKomm. AktG, 3. Aufl., § 35 SEBG Rz. 26; a.A. im Ergebnis *Hohenstatt/Müller-Bonanni* in Habersack/Drinhausen, § 35 SEBG Rz. 12; *Jacobs* in MünchKomm. AktG, 3. Aufl., § 35 SEBG Rz. 22 ff. Zur Vereinbarkeit dieses Modells mit Art. 38 lit. b SE-VO ausführlich *Scheibe*, Mitbestimmung der Arbeitnehmer, S. 198 ff.; s. auch *Köklü* in Van Hulle/Maul/Drinhausen, Kap. 6 Rz. 210.

ner der beteiligten Gesellschaften eine **paritätische Mitbestimmung** der Arbeitnehmer nach Maßgabe des MitbestG, so bleibt dieser Anteil auch für das Aufsichts- oder Verwaltungsorgan der SE maßgebend[18]. Das gilt nicht nur, wenn in der SE das dualistische System fortgeführt wird, sondern auch, wenn die Gründung der SE zu einem Wechsel in das monistische System führt[19].

Zweifelhaft ist der Aussagegehalt des § 35 Abs. 2 SEBG, wenn in einer der beteiligten Gesellschaften vor der Eintragung der SE die **in § 2 Abs. 12 Nr. 2 SEBG umschriebene Form der Mitbestimmung** bestand. Das den Arbeitnehmern danach zustehende Empfehlungs- bzw. Ablehnungsrecht bezieht sich nicht auf „Arbeitnehmervertreter" in dem jeweiligen Aufsichts- oder Verwaltungsorgan, sondern auf „Mitglieder" dieser Organe. Andererseits bestimmt § 35 SEBG nicht die Form, sondern den Umfang der Mitbestimmung. Sofern in der SE nach § 34 Abs. 2 Satz 1 SEBG ein Beschluss zur Anwendung dieser Form der Mitbestimmung gefasst werden sollte, dann sind auch die nach § 2 Abs. 12 Nr. 2 SEBG von den Arbeitnehmern beeinflussten Mitglieder des Aufsichts- oder Verwaltungsorgans als „Arbeitnehmervertreter" zu qualifizieren. In dem umgekehrten Fall wird indes teilweise die Auffassung vertreten, dass bei der Bestimmung des „höchsten Anteils" nur diejenigen Gesellschaften zu berücksichtigen sein sollen, in denen das zur Anwendung gelangende Mitbestimmungsmodell besteht[20].

17

Da § 35 Abs. 2 Satz 2 SEBG den Anteil an Arbeitnehmervertretern im Aufsichts- oder Verwaltungsorgan für maßgebend erklärt und sich die **Zahl der Arbeitnehmervertreter** nach diesem Anteil bestimmt, ergeben sich aus § 35 Abs. 2 Satz 2 SEBG keine Vorgaben für die Größe des bei der SE zu bildenden Aufsichts- oder Verwaltungsorgans[21]. Diesbezüglich sind die Gründer in den durch die §§ 17 Abs. 1, 23 Abs. 1 SEAG gezogenen Grenzen frei, sofern der nach § 35 Abs. 2 Satz 2 SEBG maßgebende Anteil an Arbeitnehmervertretern gewahrt bleibt. Die Zahl der Arbeitnehmervertreter in dem Aufsichts- oder Verwaltungsorgan der SE kann deshalb auch niedriger als in der an der Gründung der SE beteiligten Gesellschaft mit dem höchsten Anteil an Arbeitnehmervertretern in dem Aufsichts- oder Verwaltungsorgan sein.

18

---

18 Begr. RegE, BT-Drucks. 15/3405, S. 55; *Feuerborn* in KölnKomm. AktG, 3. Aufl., § 35 SEBG Rz. 19; *Jacobs* in MünchKomm. AktG, 3. Aufl., § 35 SEBG Rz. 11; näher zur Aufrechterhaltung in der monistischen SE *Scheibe*, Mitbestimmung der Arbeitnehmer, S. 180 ff.
19 Ebenso *Habersack* in Ulmer/Habersack/Henssler, Mitbestimmungsrecht, § 35 SEBG Rz. 9, 12; *Hohenstatt/Müller-Bonanni* in Habersack/Drinhausen, § 35 SEBG Rz. 9; *Jacobs* in MünchKomm. AktG, 3. Aufl., § 35 SEBG Rz. 11; *Kepper*, Monistische SE, S. 232 ff.
20 Hierfür *Brandt*, BB 2005, Special Nr. 3, S. 1, 6; *Feuerborn* in KölnKomm. AktG, 3. Aufl., § 35 SEBG Rz. 20; *Habersack* in Ulmer/Habersack/Henssler, Mitbestimmungsrecht, § 35 SEBG Rz. 13; *Hohenstatt/Müller-Bonanni* in Habersack/Drinhausen, § 35 SEBG Rz. 8; *Jacobs* in MünchKomm. AktG, 3. Aufl., § 35 SEBG Rz. 13.
21 Begr. RegE, BT-Drucks. 15/3405, S. 55; ebenso *Austmann* in FS Hellwig, 2010, S. 105, 108 ff.; *Cannistra*, Verhandlungsverfahren, S. 199; *Feuerborn* in KölnKomm. AktG, 3. Aufl., § 35 SEBG Rz. 18; *Forst* in Gaul/Ludwig/Forst, Europäisches Mitbestimmungsrecht, § 2 Rz. 490; *Güntzel*, Richtlinie, S. 461; *Habersack* in Ulmer/Habersack/Henssler, Mitbestimmungsrecht, § 35 SEBG Rz. 11; *Habersack*, Der Konzern 2006, 105, 107; *Habersack*, AG 2006, 345, 347; *von der Heyde*, Beteiligung, S. 247 f.; *Hohenstatt/Dzida* in Henssler/Willemsen/Kalb, ArbR-Komm., SEBG Rz. 48; *Hohenstatt/Müller-Bonanni* in Habersack/Drinhausen, § 35 SEBG Rz. 7; *Jacobs* in MünchKomm. AktG, 3. Aufl., § 35 SEBG Rz. 12; *Kepper*, Monistische SE, S. 220 f.; *Kienast* in Jannott/Frodermann, Handbuch Europäische Aktiengesellschaft, Kap. 13 Rz. 320; *Köklü* in Van Hulle/Maul/Drinhausen, Kap. 6 Rz. 205; *Maack*, Rechtsschutz, S. 163; *Müller-Bonanni/Melot de Beauregard*, GmbHR 2005, 195, 197; *Nagel* in Nagel/Freis/Kleinsorge, Beteiligung der Arbeitnehmer, § 35 SEBG Rz. 3; *Paefgen* in KölnKomm. AktG, 3. Aufl., Art. 40 SE-VO Rz. 99; *Rieble*, BB 2006, 2018, 2021; *Rudolph* in Annuß/Kühn/Rudolph/Rupp, EBRG, § 35 SEBG Rz. 8; *Schwarz*, SE-VO, Einleitung Rz. 311; *Seibt* in Habersack/Drinhausen, Art. 40 SE-VO Rz. 68, 72; *Seibt*, ZIP 2010, 1057, 1061 f.

§ 36
Sitzverteilung und Bestellung

(1) Der SE-Betriebsrat verteilt die Zahl der Sitze im Aufsichts- oder Verwaltungsorgan auf die Mitgliedstaaten, in denen Mitglieder zu wählen oder zu bestellen sind. Die Verteilung richtet sich nach dem jeweiligen Anteil der in den einzelnen Mitgliedstaaten beschäftigten Arbeitnehmer der SE, ihrer Tochtergesellschaften und Betriebe. Können bei dieser anteiligen Verteilung die Arbeitnehmer aus einem oder mehreren Mitgliedstaaten keinen Sitz erhalten, so hat der SE-Betriebsrat den letzten zu verteilenden Sitz einem bisher unberücksichtigten Mitgliedstaat zuzuweisen. Dieser Sitz soll, soweit angemessen, dem Mitgliedstaat zugewiesen werden, in dem die SE ihren Sitz haben wird. Dieses Verteilungsverfahren gilt auch in dem Fall, in dem die Arbeitnehmer der SE Mitglieder dieser Organe empfehlen oder ablehnen können.

(2) Soweit die Mitgliedstaaten über die Besetzung der ihnen zugewiesenen Sitze keine eigenen Regelungen treffen, bestimmt der SE-Betriebsrat die Arbeitnehmervertreter im Aufsichts- oder Verwaltungsorgan der SE.

(3) Die Ermittlung der auf das Inland entfallenden Arbeitnehmervertreter des Aufsichts- oder Verwaltungsorgans der SE erfolgt durch ein Wahlgremium, das sich aus den Arbeitnehmervertretungen der SE, ihrer Tochtergesellschaften und Betriebe zusammensetzt. Für das Wahlverfahren gelten § 6 Abs. 2 bis 4, § 8 Abs. 1 Satz 2 bis 5, Abs. 2 bis 7 und die §§ 9 und 10 entsprechend mit der Maßgabe, dass an die Stelle der beteiligten Gesellschaften, betroffenen Tochtergesellschaften und betroffenen Betriebe die SE, ihre Tochtergesellschaften und Betriebe treten. Das Wahlergebnis ist der Leitung der SE, dem SE-Betriebsrat, den Gewählten, den Sprecherausschüssen und Gewerkschaften mitzuteilen.

(4) Die nach den Absätzen 2 und 3 ermittelten Arbeitnehmervertreter werden der Hauptversammlung der SE zur Bestellung vorgeschlagen. Die Hauptversammlung ist an diese Vorschläge gebunden.

I. Allgemeines 1	**III. Vorschlag der zu bestellenden Arbeitnehmervertreter (§ 36 Abs. 2 und 3 SEBG)** 10
II. Verteilung der Sitze auf die Mitgliedstaaten (§ 36 Abs. 1 SEBG)	
1. Grundmodell (§ 36 Abs. 1 Satz 2 SEBG) 5	**IV. Bestellung der Arbeitnehmervertreter durch die Hauptversammlung (§ 36 Abs. 4 SEBG)** 14
2. Nicht ausreichende Zahl an Sitzen (§ 36 Abs. 1 Satz 3 bis 5 SEBG) 7	

Literatur: S. Vor § 1 SEBG.

I. Allgemeines

1 Die Vorschrift regelt die Aufteilung der in die Mitbestimmung einbezogenen Mitglieder des Aufsichts- oder Verwaltungsorgans der SE auf die verschiedenen Mitgliedstaaten sowie das Verfahren für deren Bestellung. Wegen der Vorgaben in Art. 40 Abs. 2 Satz 1 SE-VO sowie Art. 43 Abs. 3 Satz 1 SE-VO obliegt die Bestellung der Arbeitnehmervertreter der Hauptversammlung (§ 36 Abs. 4 Satz 1 SEBG)[1], die hierbei jedoch an

---
1 *Feuerborn* in KölnKomm. AktG, 3. Aufl., § 36 SEBG Rz. 1.

die Wahlvorschläge der in den Mitgliedstaaten gebildeten Wahlgremien gebunden ist (§ 36 Abs. 4 Satz 2 SEBG). Die ursprünglich im Rahmen des Referentenentwurfes zu einem Gesetz über die gleichberechtigte Teilhabe von Frauen und Männern an Führungspositionen in der Privatwirtschaft und im öffentlichen Dienst vorgesehene Ausdehnung des **Mindestanteilsgebots** auf die aus dem Inland zu bestellenden Arbeitnehmervertreter (s. § 36 Abs. 3 Satz 3 n.F. RefE; dazu Vor § 1 SEBG Rz. 31), wurde im Gesetzgebungsverfahren zugunsten einer starren Quote von mindestens 30 % Frauen und Männern im Aufsichts- oder Verwaltungsorgan der SE (s. §§ 17 Abs. 2, 21 Abs. 3 SEAG) aufgegeben, wobei wegen des vom Gesetzgeber angestrebten Ausschlusses einer Getrennterfüllung[2] Ergänzungen des SEBG unterblieben sind (s. Vor § 1 SEBG Rz. 32).

Mit § 36 SEBG setzt das SEBG eine bindende Vorgabe des 3. Teils des Anhangs zur **SE-RL** um, die im Hinblick auf den Regelungsgehalt des § 36 SEBG folgenden Wortlaut hat: 2

„Das Vertretungsorgan entscheidet über die Verteilung der Sitze im Verwaltungs- oder im Aufsichtsorgan auf die Mitglieder, die Arbeitnehmer aus verschiedenen Mitgliedstaaten vertreten, oder über die Art und Weise, in der die Arbeitnehmer der SE Mitglieder dieser Organe empfehlen oder ablehnen können, entsprechend den jeweiligen Anteilen der in den einzelnen Mitgliedstaaten beschäftigten Arbeitnehmern der SE. Bleiben Arbeitnehmer aus einem oder mehreren Mitgliedstaaten bei der anteilmäßigen Verteilung unberücksichtigt, so bestellt das Vertretungsorgan eines der Mitglieder aus einem dieser Mitgliedstaaten, und zwar vorzugsweise – sofern angemessen – aus dem Mitgliedstaat, in dem die SE ihren Sitz haben wird. Jeder Mitgliedstaat hat das Recht, die Verteilung der ihm im Verwaltungs- oder im Aufsichtsorgan zugewiesenen Sitze festzulegen."

In Übereinstimmung mit der Auffangregelung für die SE trifft der Anhang zur **SCE-RL** eine wörtlich identische Regelung. Abgesehen von der rechtsformspezifischen Anpassung im Hinblick auf das Wahlorgan (**Generalversammlung**) ist die Umsetzung in **§ 36 SCEBG** mit § 36 SEBG identisch. Auf die in Rz. 2 wiedergegebene Bestimmung der SE-RL verweist auch die **Verschmelzungs-RL** in Art. 16 Abs. 3. Dem entsprechend ist die zur Umsetzung in Deutschland geschaffene Vorschrift in **§ 25 MgVG** – abgesehen von den durch den Tatbestand einer grenzüberschreitenden Verschmelzung bedingten Anpassungen – mit § 36 Abs. 1 bis 3 SEBG identisch. Die in § 36 Abs. 4 SEBG vorgesehene Wahl der Arbeitnehmervertreter durch die Hauptversammlung kehrt in § 25 MgVG nicht wieder. 3

Die Parallelbestimmung in **Österreich** (§ 246 ArbVG) entspricht in ihrer Grundstruktur § 36, weist jedoch geringe Abweichungen auf, wenn die Verteilung nach dem proportionalen Verhältnis dazu führt, dass ein oder mehrere Mitgliedstaaten unberücksichtigt bleiben. Im Unterschied zu § 36 SEBG enthält § 246 Abs. 3 ArbVG eine eigenständige Regelung für den Fall, in dem sich die Zahl der vom zuständigen Organ bestellten Mitglieder des Aufsichts- oder Verwaltungsrates ändert. Die Einzelheiten zur Entsendung der österreichischen Mitglieder regelt § 247 ArbVG und verweist dazu in Abs. 1 auf die Vorschrift zur Entsendung der österreichischen Mitglieder in den SE-Betriebsrat (§ 234 ArbVG). Wie § 36 Abs. 2 SEBG trifft auch § 247 Abs. 2 ArbVG eine Regelung für den Fall, in dem Mitgliedstaaten über die Besetzung der ihnen zustehenden Sitze keine Bestimmung treffen und weist dem SE-Betriebsrat die Bestellungskompetenz zu. 4

---

[2] S. BT-Ausschuss, BT-Drucks. 18/4227, 22; ebenso *Drygala*, Art. 40 Rz. 14; *Grobe*, AG 2015, 289, 294; *Stüber*, CCZ 2015, 38, 39; a.A. zwecks Vermeidung eines Verstoßes gegen den Gleichbehandlungsgrundsatz in Art. 10 SE-VO *Teichmann/Rüb*, BB 2015, 898, 904 f.

II. Verteilung der Sitze auf die Mitgliedstaaten (§ 36 Abs. 1 SEBG)

1. Grundmodell (§ 36 Abs. 1 Satz 2 SEBG)

5 Die nach Maßgabe des jeweils zur Anwendung gelangenden Mitbestimmungsmodells auf die Arbeitnehmer entfallenden Sitze in dem Aufsichts- oder Verwaltungsorgan sind zunächst auf die verschiedenen Mitgliedstaaten zu verteilen, in denen Arbeitnehmer der SE beschäftigt sind. Maßgeblich ist hierfür der auf die jeweiligen Mitgliedstaaten entfallende Anteil, wobei – wie bei der Zusammensetzung des BVG – nicht nur die Arbeitnehmer der SE, sondern auch diejenigen ihrer Tochtergesellschaften und Betriebe zu berücksichtigen sind. Damit weicht § 36 Abs. 1 Satz 2 SEBG indes von dem Wortlaut der SE-RL ab, die ausschließlich auf die „beschäftigen Arbeitnehmer der SE" abstellt[3]. In zeitlicher Hinsicht sind die in der Information nach § 4 Abs. 3 Nr. 3 SEBG mitgeteilten Zahlen maßgeblich[4].

6 **Beispiel:** Dem Aufsichts- oder Verwaltungsorgan gehören fünf Mitglieder an, bezüglich der ein Mitbestimmungsrecht besteht. Auf die Mitgliedstaaten verteilen sich die Arbeitnehmer wie folgt:

Deutschland: 11 000 Arbeitnehmer
Frankreich: 7 000 Arbeitnehmer
Spanien: 5 000 Arbeitnehmer.

Das Verhältnis der Arbeitnehmer zueinander beträgt:

Deutschland =   47,8 %
Frankreich =   30,4 %
Spanien =   21,7 %.

Eine exakte Übertragung dieser Werte auf die zu verteilenden Sitze in dem Aufsichts- oder Verwaltungsorgan scheidet jedoch aus (Deutschland = 2,39 Mitglieder, Frankreich = 1,52 Mitglieder und Spanien = 1,08 Mitglieder). Deshalb ist in Fortführung des in § 7 Abs. 4 SEBG zum Ausdruck gelangten Rechtsgedankens die proportionale Verteilung der Sitze nach dem **d'Hondtschen Höchstzahlenverfahren** vorzunehmen[5], das zu folgender Aufteilung führt:

---

[3] Ebenso *Kleinmann/Kujath* in Manz/Mayer/Schröder, § 36 SEBG Rz. 2; für Konformität mit der Richtlinie hingegen wegen ihres Zwecks *Feuerborn* in KölnKomm. AktG, 3. Aufl., § 36 SEBG Rz. 3, 4; *Forst* in Gaul/Ludwig/Forst, Europäisches Mitbestimmungsrecht, § 2 Rz. 496; *Henssler* in Ulmer/Habersack/Henssler, Mitbestimmungsrecht, § 36 SEBG Rz. 7; *Hohenstatt/Müller-Bonanni* in Habersack/Drinhausen, § 36 SEBG Rz. 2; *Jacobs* in MünchKomm. AktG, 3. Aufl., § 36 SEBG Rz. 2; *Nagel* in Nagel/Freis/Kleinsorge, Beteiligung der Arbeitnehmer, § 36 SEBG Rz. 3; *Rudolph* in Annuß/Kühn/Rudolph/Rupp, EBRG, § 36 SEBG Rz. 2; ohne abschließende Stellungnahme *Krause*, BB 2005, 1221, 1227. Entsprechendes gilt für § 36 Abs. 1 Satz 2 SCEBG.

[4] *Feuerborn* in KölnKomm. AktG, 3. Aufl., § 36 SEBG Rz. 5; *Jacobs* in MünchKomm. AktG, 3. Aufl., § 36 SEBG Rz. 2; a.A. *Forst* in Gaul/Ludwig/Forst, Europäisches Mitbestimmungsrecht, § 2 Rz. 495; *Henssler* in Ulmer/Habersack/Henssler, Mitbestimmungsrecht, § 36 SEBG Rz. 18 (unter Aufgabe der in der Vorauflage vertretenen Auffassung); *Rudolph* in Annuß/Kühn/Rudolph/Rupp, EBRG, § 36 SEBG Rz. 4.

[5] Ebenso *Feuerborn* in KölnKomm. AktG, 3. Aufl., § 36 SEBG Rz. 6; *Henssler* in Ulmer/Habersack/Henssler, Mitbestimmungsrecht, § 36 SEBG Rz. 8; *Hohenstatt/Müller-Bonanni* in Habersack/Drinhausen, § 36 SEBG Rz. 2; *Jacobs* in MünchKomm. AktG, 3. Aufl., § 36 SEBG Rz. 2; *Kleinmann/Kujath* in Manz/Mayer/Schröder, § 36 SEBG Rz. 3; *Nagel* in Nagel/Freis/Kleinsorge, Beteiligung der Arbeitnehmer, § 36 SEBG Rz. 3; *Rudolph* in Annuß/Kühn/Rudolph/Rupp, EBRG, § 36 SEBG Rz. 3. Für eine Heranziehung mittels Analogie *Gahleitner* in Kalss/Hügel, § 246 ArbVG Rz. 2 (S. 834).

Deutschland	Frankreich	Spanien
11 000	7 000	5 000
: 2 5 500	: 2 3 500	: 2 2 500.

Hieraus folgt, dass aus Deutschland und Frankreich jeweils zwei Mitglieder und auf Spanien ein Mitglied entfallen.

2. Nicht ausreichende Zahl an Sitzen (§ 36 Abs. 1 Satz 3 bis 5 SEBG)

Eine Sonderregelung treffen § 36 Abs. 1 Satz 3 und 4 SEBG, wenn eine proportionale Verteilung der auf die Arbeitnehmervertreter entfallenden Sitze nicht für eine Vertretung aller Mitgliedstaaten in dem Aufsichts- oder Verwaltungsorgan ausreicht. Dies lässt sich an folgendem **Beispiel** verdeutlichen, wobei bezüglich fünf Mitgliedern des Aufsichts- oder Verwaltungsorgans ein Mitbestimmungsrecht besteht und sich die Arbeitnehmer wie folgt auf die Mitgliedstaaten verteilen: 7

Deutschland = 14 300
Frankreich = 1 200
Niederlande = 900
Österreich = 7 500
Spanien = 3 900.

Die der Mitbestimmung unterliegenden fünf Sitze verteilen sich proportional wie folgt:

Deutschland	Frankreich	Niederlande	Österreich	Spanien
14 300	1 200	900	7 500	3 900
: 2 7 150	: 2 600	: 2 450	: 2 3 750	: 2 1 950.

Auf Deutschland und Österreich entfallen jeweils zwei Mitglieder sowie ein Mitglied auf Spanien; die Arbeitnehmer aus Frankreich und den Niederlanden bleiben hingegen bei ausschließlicher Anwendung des d'Hondtschen Höchstzahlenverfahrens unberücksichtigt.

In dieser Konstellation hat der SE-Betriebsrat den letzten zu verteilenden Sitz, der bei dem Beispiel in Rz. 7 auf Österreich entfällt, nicht nach dem proportionalen Verhältnis zuzuweisen, sondern er muss nach den vergleichsweise offen formulierten Kriterien in § 36 Abs. 1 Satz 3 und 4 SEBG über dessen Verteilung entscheiden. Vorrangig ist danach derjenige Mitgliedstaat zu berücksichtigen, in dem die **SE ihren Sitz haben soll**. Da § 36 Abs. 1 Satz 4 SEBG diese Zuweisung nicht zwingend vorschreibt, kann der SE-Betriebsrat hiervon insbesondere dann abweichen, wenn der Sitzstaat – wie in dem in Rz. 7 gegebenen Beispiel – bereits im Rahmen der proportionalen Verteilung nach § 36 Abs. 1 Satz 2 SEBG unter den Arbeitnehmervertretern berücksichtigt worden ist[6]. Umgekehrt ist der Sitzstaat bei der Verteilung des letzten verbleibenden Sitzes vor allem dann zu bedenken, wenn auf ihn bei proportionaler Verteilung kein Sitz entfallen ist. Allerdings ist auch dies nicht zwingend, sondern kann im Hinblick auf die Wahrung der Proportionalität der vertretenen Arbeitnehmer anders zu entscheiden sein. In Betracht kommt dies insbesondere, wenn in dem Sitzstaat im Vergleich zu den anderen noch nicht berücksichtigten Mitgliedstaaten nur sehr wenige Arbeitnehmer beschäftigt sind[7]. Abgesehen von der Vorgabe in § 36 Abs. 1 Satz 4 SEBG steht die Zuweisung des letzten zu verteilenden Sitzes unter den bislang nicht be- 8

---

[6] Ebenso *Nagel* in Nagel/Freis/Kleinsorge, Beteiligung der Arbeitnehmer, § 36 SEBG Rz. 4.
[7] *Feuerborn* in KölnKomm. AktG, 3. Aufl., § 36 SEBG Rz. 9; *Hohenstatt/Müller-Bonanni* in Habersack/Drinhausen, § 36 SEBG Rz. 4; *Jacobs* in MünchKomm. AktG, 3. Aufl., § 36 SEBG Rz. 3; *Rudolph* in Annuß/Kühn/Rudolph/Rupp, EBRG, § 36 SEBG Rz. 6.

rücksichtigten Mitgliedstaaten im **Ermessen des SE-Betriebsrates**[8]. In dem Beispiel in Rz. 7 müsste dieser deshalb entscheiden, ob der letzte zu verteilende Sitz auf Frankreich oder die Niederlande entfällt, da beide Mitgliedstaaten gleichermaßen bislang unberücksichtigt geblieben sind; wegen der größeren Zahl von Arbeitnehmern sprechen gute Gründe dafür, den Sitz Frankreich zuzuweisen[9].

9 Über die Zuweisung der Sitze im Aufsichts- oder Verwaltungsrat entscheidet der **SE-Betriebsrat** durch **Beschluss**[10], für den das Mehrheitserfordernis des **§ 24 Abs. 3 Satz 2 SEBG** gilt[11].

III. Vorschlag der zu bestellenden Arbeitnehmervertreter (§ 36 Abs. 2 und 3 SEBG)

10 Das Procedere zur Auswahl der auf die jeweiligen Mitgliedstaaten entfallenden Arbeitnehmervertreter in dem Aufsichts- oder Verwaltungsorgan legen – wie sich im Umkehrschluss aus § 36 Abs. 2 SEBG ergibt – die **Mitgliedstaaten grundsätzlich autonom** fest[12]. Insofern gelten keine anderen Grundsätze als bei der konkreten Wahl bzw. Bestellung der Mitglieder des BVG. Mit § 36 Abs. 2 SEBG kreiert das SEBG eine **Auffangregelung**, wenn die Mitgliedstaaten von eigenen Regelungen abgesehen haben. Hierdurch sichert das Gesetz ab, dass das Wahlorgan stets ein Mitglied aus dem entsprechenden Mitgliedstaat bestellen kann[13]. Mit dem SE-Betriebsrat greift § 36 Abs. 2 SEBG nicht auf das Gremium zurück, das auch für die Wahlvorschläge zuständig ist und die aus Deutschland zu bestellenden Arbeitnehmer auswählt.

11 Für die Wahlvorschläge zu den **Mitgliedern aus Deutschland** sieht § 36 Abs. 3 SEBG die Bildung eines **eigenständigen Wahlgremiums** vor. Obwohl sich dieses nach § 36 Abs. 3 Satz 1 SEBG aus den Arbeitnehmervertretungen der SE, ihren Tochtergesellschaften und Betrieben zusammensetzt, gewinnt die in § 36 Abs. 3 Satz 2 SEBG angeordnete entsprechende Anwendung von § 8 Abs. 2 bis 7 SEBG nur dann einen Sinn, wenn sich aus dieser Norm das für die Aufstellung des Wahlvorschlages zuständige Wahlgremium ergibt. In der Regel handelt es sich bei diesem um den Konzernbetriebsrat (zu den Einzelheiten s. § 8 SEBG Rz. 12 ff., 24 ff.)[14].

---

8 *Feuerborn* in KölnKomm. AktG, 3. Aufl., § 36 SEBG Rz. 9; *Henssler* in Ulmer/Habersack/Henssler, Mitbestimmungsrecht, § 36 SEBG Rz. 17; *Jacobs* in MünchKomm. AktG, 3. Aufl., § 36 SEBG Rz. 3; *Rudolph* in Annuß/Kühn/Rudolph/Rupp, EBRG, § 36 SEBG Rz. 7.
9 Ebenso i.E. für eine Zuweisung nach Maßgabe der Arbeitnehmerzahlen in den Mitgliedstaaten *Feuerborn* in KölnKomm. AktG, 3. Aufl., § 36 SEBG Rz. 9; *Henssler* in Ulmer/Habersack/Henssler, Mitbestimmungsrecht, § 36 SEBG Rz. 11; im Grundsatz auch *Hohenstatt/Müller-Bonanni* in Habersack/Drinhausen, § 36 SEBG Rz. 3.
10 *Feuerborn* in KölnKomm. AktG, 3. Aufl., § 36 SEBG Rz. 10; *Rudolph* in Annuß/Kühn/Rudolph/Rupp, EBRG, § 36 SEBG Rz. 8.
11 *Feuerborn* in KölnKomm. AktG, 3. Aufl., § 36 SEBG Rz. 10; *Forst* in Gaul/Ludwig/Forst, Europäisches Mitbestimmungsrecht, § 2 Rz. 505; *Rudolph* in Annuß/Kühn/Rudolph/Rupp, EBRG, § 36 SEBG Rz. 8.
12 Begr. RegE, BT-Drucks. 15/3405, S. 55; *Feuerborn* in KölnKomm. AktG, 3. Aufl., § 36 SEBG Rz. 11; *Henssler* in Ulmer/Habersack/Henssler, Mitbestimmungsrecht, § 36 SEBG Rz. 19; *Jacobs* in MünchKomm. AktG, 3. Aufl., § 36 SEBG Rz. 5; *Joost* in Oetker/Preis, EAS, B 8200, Rz. 230; *Kleinmann/Kujath* in Manz/Mayer/Schröder, § 36 SEBG Rz. 8; *Rudolph* in Annuß/Kühn/Rudolph/Rupp, EBRG, § 36 SEBG Rz. 10.
13 *Feuerborn* in KölnKomm. AktG, 3. Aufl., § 36 SEBG Rz. 11; *Nagel* in Nagel/Freis/Kleinsorge, Beteiligung der Arbeitnehmer, § 36 SEBG Rz. 6.
14 *Feuerborn* in KölnKomm. AktG, 3. Aufl., § 36 SEBG Rz. 15; *Nagel* in Nagel/Freis/Kleinsorge, Beteiligung der Arbeitnehmer, § 36 SEBG Rz. 7.

Bei der Wahl der aus Deutschland vorzuschlagenden Mitglieder ist das Wahlgremium   12
in gleicher Weise wie das in Deutschland für die Bestimmung der Mitglieder im BVG
gebildete Wahlgremium gebunden. Das gilt auch für die **Vertretung der Gewerkschaften** unter den aus Deutschland vorzuschlagenden Mitgliedern (§ 6 Abs. 3 SEBG)[15] sowie für die **Mindestvertretung der leitenden Angestellten** (§ 6 Abs. 4 SEBG)[16]. Deren
Vertretung unter den Mitgliedern, die aus Deutschland dem Aufsichts- oder Verwaltungsorgan angehören, ist allerdings eher theoretisch, da sich hierfür das Vorschlagsrecht aus Deutschland auf mehr als sechs Mitglieder des Aufsichts- oder Verwaltungsorgans erstrecken muss[17]. Vorgaben für das **Geschlecht der Arbeitnehmervertreter** im
Aufsichts- oder Verwaltungsorgan der SE sind von dem Wahlgremium nicht zu beachten, da das Mindestanteilsgebot in § 17 Abs. 2 SEAG und § 21 Abs. 3 SEAG an die
Hauptversammlung als Wahlorgan adressiert ist.

Der Vorsitzende des Wahlgremiums bzw. ein von dem Wahlgremium bestimmter   13
Wahlleiter hat nach § 36 Abs. 3 Satz 3 SEBG das **Wahlergebnis** den in der Vorschrift
Genannten **mitzuteilen**[18]. Die Aufzählung ist abschließend; eine Mitteilung an die
in der SE bestehenden Arbeitnehmervertretungen unterbleibt, weil statt ihrer der **SE-Betriebsrat** von dem Wahlergebnis Kenntnis erhält. Eine bestimmte **Form** für die
Mitteilung schreibt das Gesetz nicht vor[19]. Es verzichtet ebenso auf die Festlegung
einer **Frist**; die Mitteilung muss aber so rechtzeitig erfolgen, dass die Bestellung der
von dem Wahlgremium Gewählten durch die Hauptversammlung nicht in Frage gestellt ist[20].

IV. Bestellung der Arbeitnehmervertreter durch die Hauptversammlung (§ 36 Abs. 4 SEBG)

Die Entscheidung der in den Mitgliedstaaten gebildeten Wahlgremien führt nicht ip-   14
so iure zur Mitgliedschaft in dem Aufsichts- oder Verwaltungsorgan der SE[21]. Da

---

15 Für die Europarechtswidrigkeit der zwingenden Vertretung der Gewerkschaften *Henssler* in Ulmer/Habersack/Henssler, Mitbestimmungsrecht, § 36 SEBG Rz. 25; *Rudolph* in Annuß/Kühn/Rudolph/Rupp, EBRG, § 36 SEBG Rz. 13; *Velten*, Gewerkschaftsvertreter im Aufsichtsrat, 2010, S. 40 f.
16 *Feuerborn* in KölnKomm. AktG, 3. Aufl., § 36 SEBG Rz. 14; *Henssler* in Ulmer/Habersack/Henssler, Mitbestimmungsrecht, § 36 SEBG Rz. 25 f.; *Jacobs* in MünchKomm. AktG, 3. Aufl., § 36 SEBG Rz. 7; *Kienast* in Jannott/Frodermann, Handbuch Europäische Aktiengesellschaft, Kap. 13 Rz. 324; *Kleinmann/Kujath* in Manz/Mayer/Schröder, § 36 SEBG Rz. 6; *Köstler* in Theisen/Wenz, Europäische Aktiengesellschaft, S. 331, 363; *Krause*, BB 2005, 1221, 1228; *Nagel* in Nagel/Freis/Kleinsorge, Beteiligung der Arbeitnehmer, § 36 SEBG Rz. 7; *Rudolph* in Annuß/Kühn/Rudolph/Rupp, EBRG, § 36 SEBG Rz. 14.
17 Treffend *Henssler* in Ulmer/Habersack/Henssler, Mitbestimmungsrecht, § 36 SEBG Rz. 28 sowie *Rudolph* in Annuß/Kühn/Rudolph/Rupp, EBRG, § 36 SEBG Rz. 14.
18 Insoweit einen Rechtsanspruch mit Recht bejahend *Feuerborn* in KölnKomm. AktG, 3. Aufl., § 36 SEBG Rz. 19; *Jacobs* in MünchKomm. AktG, 3. Aufl., § 36 SEBG Rz. 8; *Rudolph* in Annuß/Kühn/Rudolph/Rupp, EBRG, § 36 SEBG Rz. 16.
19 *Feuerborn* in KölnKomm. AktG, 3. Aufl., § 36 SEBG Rz. 19; *Kleinmann/Kujath* in Manz/Mayer/Schröder, § 36 SEBG Rz. 7; *Rudolph* in Annuß/Kühn/Rudolph/Rupp, EBRG, § 36 SEBG Rz. 16; s. aber *Jacobs* in MünchKomm. AktG, 3. Aufl., § 36 SEBG Rz. 8, der entsprechend dem Rechtsgedanken in § 17 SEBG Schriftform empfiehlt.
20 Ebenso *Feuerborn* in KölnKomm. AktG, 3. Aufl., § 36 SEBG Rz. 19 sowie *Rudolph* in Annuß/Kühn/Rudolph/Rupp, EBRG, § 36 SEBG Rz. 16.
21 Begr. RegE, BT-Drucks. 15/3405, S. 55; *Feuerborn* in KölnKomm. AktG, 3. Aufl., § 36 SEBG Rz. 20; *Henssler* in Ulmer/Habersack/Henssler, Mitbestimmungsrecht, § 36 SEBG Rz. 29; *Hohenstatt/Müller-Bonanni* in Habersack/Drinhausen, § 36 SEBG Rz. 12; *Jacobs* in MünchKomm. AktG, 3. Aufl., § 36 SEBG Rz. 9; *Kienast* in Jannott/Frodermann, Handbuch Europäische Aktiengesellschaft, Kap. 13 Rz. 324; *Kleinmann/Kujath* in Manz/Mayer/Schröder, § 36

Art. 40 Abs. 2 Satz 1 SE-VO bzw. Art. 43 Abs. 3 Satz 1 SE-VO zwingend die **Hauptversammlung als Wahlorgan** für die Mitglieder des Aufsichts- oder Verwaltungsorgans festlegt[22] und die SE-RL in dem 3. Teil des Anhangs zu Art. 7 SE-RL keine abweichenden Regelungen trifft, war der Gesetzgeber zu der Ausgestaltung in § 36 Abs. 4 Satz 1 SEBG gezwungen, die hinsichtlich des Procederes der Montan-Mitbestimmung entspricht (vgl. § 6 Montan-MitbestG)[23]. Die Möglichkeit einer gerichtlichen Bestellung der Arbeitnehmervertreter im Aufsichts- oder Verwaltungsorgan nach § 104 Abs. 4 Satz 1 AktG bzw. § 30 Abs. 1 Satz 3 SEAG bleibt von dem Verfahren in § 36 SEBG unberührt[24].

15 Während die Hauptversammlung als Wahlorgan auch für die Arbeitnehmervertreter unionsrechtlich zwingend vorgegeben war, ist die **Bindung der Hauptversammlung** an die von den Wahlgremien der Mitgliedstaaten ermittelten Wahlvorschläge aus § 6 Abs. 7 Montan-MitbestG übernommen worden[25]. Im Hinblick auf den Zweck der Mitbestimmung sowie das auszisielierte Normengefüge zur Wahrung der Repräsentativität der dem Aufsichts- oder Verwaltungsorgan angehörenden Arbeitnehmervertreter ist der fehlende Entscheidungsspielraum der Hauptversammlung zwingend geboten[26]. Ein **Ablehnungsrecht der Hauptversammlung** sieht § 36 Abs. 4 SEBG nicht vor, insbesondere ist sie nicht berechtigt, die Bestellung eines von dem Wahlgremium Gewählten zu verweigern, weil es diesen für ungeeignet hält[27]. Ebenso sieht § 36 Abs. 4 von einer mit § 6 Abs. 6 Montan-MitbestG vergleichbaren Vorgabe ab, dass die Wahlvorschläge nur bei **Wahrung des Mindestanteilsangebots** an die Hauptversammlung weitergeleitet wurden dürfen. Angesichts der Vorstellung des historischen Gesetzgebers, dass für die Wahrung des Mindestanteilsgebots das Prinzip der Gesamterfüllung gilt (s. oben Rz. 1), ist dies konsequent, da § 6 Abs. 6 Montan-MitbestG auf § 5a Montan-MitbestG beruht und der Anwendungsbereich beider Normen auf dem

---

SEBG Rz. 9; *Köklü* in Van Hulle/Maul/Drinhausen, Kap. 6 Rz. 234; *Nagel* in Nagel/Freis/Kleinsorge, Beteiligung der Arbeitnehmer, § 36 SEBG Rz. 9.

22 S. auch Begr. RegE, BT-Drucks. 15/3405, S. 55; *Feuerborn* in KölnKomm. AktG, 3. Aufl., § 36 SEBG Rz. 20; *Henssler* in Ulmer/Habersack/Henssler, § 36 SEBG Rz. 29; *Hohenstatt/Müller-Bonanni* in Habersack/Drinhausen, § 36 SEBG Rz. 12; *Jacobs* in MünchKomm. AktG, 3. Aufl., § 36 SEBG Rz. 9; *Kleinmann/Kujath* in Manz/Mayer/Schröder, § 36 SEBG Rz. 9; *Nagel* in Nagel/Freis/Kleinsorge, Beteiligung der Arbeitnehmer, § 36 SEBG Rz. 9; *Seibt* in Habersack/Drinhausen, Art. 40 SE-VO Rz. 39. Angesichts dessen ist § 36 Abs. 4 SEBG entgegen *Krause*, BB 2005, 1221, 1228, alles andere als überraschend (zustimmend *Paefgen* in KölnKomm. AktG, 3. Aufl., Art. 40 SE-VO Rz. 42).

23 S. *Jacobs* in MünchKomm. AktG, 3. Aufl., § 36 SEBG Rz. 9; *Nagel* in Nagel/Freis/Kleinsorge, Beteiligung der Arbeitnehmer, § 36 SEBG Rz. 10; *Paefgen* in KölnKomm. AktG, 3. Aufl., Art. 40 SE-VO Rz. 42; *Seibt* in Habersack/Drinhausen, Art. 40 SE-VO Rz. 39.

24 Ebenso *Feuerborn* in KölnKomm. AktG, 3. Aufl., § 36 SEBG Rz. 20; *Hohenstatt/Müller-Bonanni* in Habersack/Drinhausen, § 36 SEBG Rz. 13; *Jacobs* in MünchKomm. AktG, 3. Aufl., § 36 SEBG Rz. 10; *Kleinmann/Kujath* in Manz/Mayer/Schröder, § 36 SEBG Rz. 10; *Nagel* in Nagel/Freis/Kleinsorge, Beteiligung der Arbeitnehmer, § 36 SEBG Rz. 11.

25 *Henssler* in Ulmer/Habersack/Henssler, Mitbestimmungsrecht, § 36 SEBG Rz. 29; *Jacobs* in MünchKomm. AktG, § 36 SEBG Rz. 9; *Köklü* in Van Hulle/Maul/Drinhausen, Kap. 6 Rz. 234; *Nagel* in Nagel/Freis/Kleinsorge, Beteiligung der Arbeitnehmer, § 36 SEBG Rz. 10; *Rudolph* in Annuß/Kühn/Rudolph/Rupp, EBRG, § 36 SEBG Rz. 17.

26 *Henssler* in Ulmer/Habersack/Henssler, Mitbestimmungsrecht, § 36 SEBG Rz. 30.

27 So auch *Feuerborn* in KölnKomm. AktG, 3. Aufl., § 36 SEBG Rz. 20; *Forst* in Gaul/Ludwig/Forst, Europäisches Mitbestimmungsrecht, § 2 Rz. 516; *Paefgen* in KölnKomm. AktG, 3. Aufl., Art. 40 SE-VO Rz. 48; *Reichert/Brandes* in MünchKomm. AktG, 3. Aufl., Art. 40 SE-VO Rz. 30. Ebenso zu § 6 Abs. 6 Montan-MitbestG *Oetker* in ErfKomm. ArbR, 15. Aufl. 2015, § 6 Montan-MitbestG Rz. 14; *Wißmann* in MünchHdb. ArbR, 3. Aufl. 2009, § 283 Rz. 9; a.A. noch *Boldt*, Mitbestimmungsgesetz Eisen und Kohle, 1952, § 6 Anm. 5; *Kötter*, Kommentar zum Mitbestimmungsrecht, 1952, § 6 Rz. 29; *Müller/Lehmann*, Kommentar zum Mitbestimmungsgesetz, 1952, § 6 Rz. 57.

Prinzip der Getrennterfüllung beruht. Wegen der Bindung der Hauptversammlung an die ihr unterbreiteten Wahlvorschläge, muss diese das Mindestanteilsgebot durch diejenigen Aufsichtsratsmitglieder erfüllen, bezüglich derer sie nicht an Wahlvorschläge gebunden ist.

Eine **Ausnahme** von der Bindung der Hauptversammlung an die Wahlvorschläge ist zu erwägen, wenn die Bedenken gegen einen Bestellungsvorschlag so schwerwiegend sind, dass die entsprechenden Tatsachen eine gerichtliche **Abberufung** aus dem Aufsichts- oder Verwaltungsorgan aus **wichtigem Grund** (§ 103 Abs. 3 AktG bzw. § 29 Abs. 3 SEAG) rechtfertigen[28]. Ferner setzt die Bindung der Hauptversammlung voraus, dass dieser ein **gültiger Wahlvorschlag** unterbreitet wurde. Hieran fehlt es, wenn die vorgeschlagene Person nicht von dem jeweiligen Wahlgremium gewählt worden ist[29] oder sich dieses bei der Wahlentscheidung über die Vorgaben in § 36 Abs. 3 Satz 2 SEBG i.V. mit § 6 Abs. 3 und 4 SEBG hinweggesetzt hat. 16

§ 37
Abberufung und Anfechtung

(1) Ein Mitglied oder ein Ersatzmitglied der Arbeitnehmer aus dem Inland im Aufsichts- oder Verwaltungsorgan kann vor Ablauf der Amtszeit abberufen werden. Antragsberechtigt sind

1. die Arbeitnehmervertretungen, die das Wahlgremium gebildet haben;
2. in den Fällen der Urwahl mindestens drei wahlberechtigte Arbeitnehmer;
3. für ein Mitglied nach § 6 Abs. 3 nur die Gewerkschaft, die das Mitglied vorgeschlagen hat;
4. für ein Mitglied nach § 6 Abs. 4 nur der Sprecherausschuss, der das Mitglied vorgeschlagen hat.

Für das Abberufungsverfahren gelten die §§ 8 bis 10 entsprechend mit der Maßgabe, dass an die Stelle der beteiligten Gesellschaften, betroffenen Tochtergesellschaften und betroffenen Betriebe die SE, ihre Tochtergesellschaften und Betriebe treten; abweichend von § 8 Abs. 5 und § 10 Abs. 1 Satz 3 bedarf der Beschluss einer Mehrheit von drei Vierteln der abgegebenen Stimmen. Die Arbeitnehmervertreter sind von der Hauptversammlung der SE abzuberufen.

(2) Die Wahl eines Mitglieds oder eines Ersatzmitglieds der Arbeitnehmer aus dem Inland im Aufsichts- oder Verwaltungsorgan kann angefochten werden, wenn gegen wesentliche Vorschriften über das Wahlrecht, die Wählbarkeit oder das Wahlverfahren verstoßen worden und eine Berichtigung nicht erfolgt ist, es sei denn, dass durch den Verstoß das Wahlergebnis nicht geändert oder beeinflusst werden konnte. Zur Anfechtung berechtigt sind die in Absatz 1 Satz 2 Genannten, der SE-Betriebsrat und

---

28 So auch im Anschluss *Feuerborn* in KölnKomm. AktG, 3. Aufl., § 36 SEBG Rz. 20; *Henssler* in Ulmer/Habersack/Henssler, Mitbestimmungsrecht, § 36 SEBG Rz. 30; *Paefgen* in Köln-Komm. AktG, 3. Aufl., Art. 40 SE-VO Rz. 48; *Rudolph* in Annuß/Kühn/Rudolph/Rupp, EBRG, § 36 SEBG Rz. 17; *Seibt* in Habersack/Drinhausen, Art. 40 SE-VO Rz. 40; a.A. *Forst* in Gaul/Ludwig/Forst, Europäisches Mitbestimmungsrecht, § 2 Rz. 516. Hierfür im Rahmen von § 6 Abs. 6 Montan-MitbestG *Seibt* in Henssler/Willemsen/Kalb, ArbR-Komm., 2. Aufl. 2006, § 6 Montan-MitbestG Rz. 6.
29 Ebenso zu § 6 Abs. 6 Montan-MitbestG *Oetker* in ErfKomm. ArbR, 15. Aufl. 2015, § 6 Montan-MitbestG Rz. 14.

die Leitung der SE. Die Klage muss innerhalb eines Monats nach dem Bestellungsbeschluss der Hauptversammlung erhoben werden.

I. Allgemeines	1	III. Anfechtung der Wahl (§ 37 Abs. 2 SEBG)	9
II. Abberufung von Arbeitnehmervertretern aus dem Aufsichts- oder Verwaltungsorgan (§ 37 Abs. 1 SEBG)	3		

Literatur: S. Vor § 1 SEBG.

I. Allgemeines

1 Die Vorschrift regelt entsprechend den Vorbildern in den §§ 22, 23 MitbestG und den §§ 11, 12 DrittelbG die **Abberufung** der Arbeitnehmervertreter aus dem Aufsichts- oder Verwaltungsorgan (§ 37 Abs. 1 SEBG) sowie die **Anfechtung** ihrer Wahl (§ 37 Abs. 2 SEBG)[1]. Nach dem Gesetzeswortlaut ist der Anwendungsbereich der Vorschrift auf die in Deutschland gewählten bzw. bestellten Arbeitnehmervertreter im Aufsichts- oder Verwaltungsorgan beschränkt. Bezüglich der Arbeitnehmervertreter, die in **anderen Mitgliedstaaten** gewählt oder bestellt wurden, gelten die dortigen gesetzlichen Vorschriften[2]. Mit den von § 37 SEBG erfassten Sachverhalten sind die Gründe, die zu einer Beendigung der Organstellung führen, auch für die Arbeitnehmervertreter im Aufsichts- oder Verwaltungsorgan der SE nicht abschließend erfasst. So führen z.B. die Amtsniederlegung sowie der nachträgliche Verlust persönlicher Wählbarkeitsvoraussetzungen zur Beendigung der Mitgliedschaft im Aufsichts- oder Verwaltungsorgan[3].

2 In der **SE-RL** findet § 37 SEBG keine Entsprechung[4], ebenso wenig in der **SCE-RL**. Allerdings enthält das zu deren Umsetzung geschaffene SCEBG in § 37 SCEBG eine mit § 37 SEBG übereinstimmende Regelung. Entsprechendes gilt für die Mitbestimmung der Arbeitnehmer bei einer **Verschmelzung von Kapitalgesellschaften** aus verschiedenen Mitgliedstaaten, diesbezüglich ist **§ 26 MgVG** ebenfalls mit § 37 SEBG identisch.

---

1 Zu dieser Parallele auch Begr. RegE, BT-Drucks. 15/3405, S. 55; *Feuerborn* in KölnKomm. AktG, 3. Aufl., § 37 SEBG Rz. 2 f.; *Henssler* in Ulmer/Habersack/Henssler, Mitbestimmungsrecht, § 37 SEBG Rz. 1; *Hohenstatt/Müller-Bonanni* in Habersack/Drinhausen, § 37 SEBG Rz. 2; *Jacobs* in MünchKomm. AktG, 3. Aufl., § 37 SEBG Rz. 1; *Joost* in Oetker/Preis, EAS, B 8200, Rz. 232; *Nagel* in Nagel/Freis/Kleinsorge, Beteiligung der Arbeitnehmer, § 37 SEBG Rz. 1.
2 Für die nahezu allg. Ansicht *Forst* in Gaul/Ludwig/Forst, Europäisches Mitbestimmungsrecht, § 2 Rz. 525, 526; *Hohenstatt/Müller-Bonanni* in Habersack/Drinhausen, § 37 SEBG Rz. 1; *Rudolph* in Annuß/Kühn/Rudolph/Rupp, EBRG, § 37 SEBG Rz. 1; *Seibt* in Habersack/Drinhausen, Art. 40 SE-VO Rz. 60; a.A. lediglich *Paefgen* in KölnKomm. AktG, 3. Aufl., Art. 40 SE-VO Rz. 89, dessen Plädoyer zugunsten einer entsprechenden Anwendung von § 37 Abs. 1 Satz 4 SEBG wegen fehlender Planwidrigkeit der Regelungslücke nicht überzeugt. Der deutsche Gesetzgeber hat sich im SEBG ganz bewusst und durchgängig auf die im Inland bestellten bzw. gewählten Arbeitnehmervertreter beschränkt.
3 S. *Paefgen* in KölnKomm. AktG, 3. Aufl., Art. 40 SE-VO Rz. 92; *Reichert/Brandes* in MünchKomm. AktG, 3. Aufl., Art. 40 SE-VO Rz. 62, 64; *Seibt* in Habersack/Drinhausen, Art. 40 SE-VO Rz. 63 f.
4 *Henssler* in Ulmer/Habersack/Henssler, Mitbestimmungsrecht, § 37 SEBG Rz. 2; *Rudolph* in Annuß/Kühn/Rudolph/Rupp, EBRG, § 37 SEBG Rz. 1.

II. Abberufung von Arbeitnehmervertretern aus dem Aufsichts- oder Verwaltungsorgan (§ 37 Abs. 1 SEBG)

Korrespondierend zu dem Recht der Hauptversammlung, die von ihr bestellten Mitglieder des Aufsichts- oder Verwaltungsorgans der Anteilseigner jederzeit und ohne wichtigen Grund abzuberufen (§ 103 Abs. 1 AktG bzw. § 29 Abs. 1 Satz 1 SEAG), sieht § 37 Abs. 1 SEBG dieses Recht auch hinsichtlich der dem Aufsichts- oder Überwachungsorgan angehörenden Arbeitnehmervertreter vor. Entsprechend § 23 MitbestG und § 12 DrittelbG beschränkt § 37 Abs. 1 SEBG das Recht zur Abberufung nicht auf die Mitglieder des Aufsichts- oder Verwaltungsorgans, sondern bezieht in dieses auch die Ersatzmitglieder ein.

3

Für die Abberufung bedarf es – wie im Rahmen von § 23 MitbestG und § 12 DrittelbG – **keines wichtigen Grundes** oder einer sachlichen Rechtfertigung[5]. Wie bei den vorgenannten Bestimmungen geht § 37 Abs. 1 SEBG bei einem mit Drei-Viertel-Mehrheit gefassten Beschluss zur Abberufung davon aus, dass der entsprechende Arbeitnehmervertreter in dem Aufsichts- oder Verwaltungsorgan seine weitere Amtstätigkeit nicht mehr über die notwendige Vertrauensbasis stützen kann.

4

Eingeleitet wird das Abberufungsverfahren auf **Antrag** der in § 37 Abs. 1 Satz 2 SEBG abschließend[6] aufgezählten **Antragsberechtigten**. Zu ihnen zählt nicht das nach § 36 Abs. 3 SEBG für den Wahlvorschlag zuständige Wahlgremium, da § 37 Abs. 1 Satz 2 Nr. 1 SEBG ausdrücklich auf die Arbeitnehmervertretungen abstellt, die das Wahlgremium gebildet haben[7]. Das Wahlgremium selbst ist nicht antragsberechtigt, da dieses das für die Entscheidung über den Abberufungsantrag zuständige Organ ist (s. unten Rz. 6). Über den Antrag entscheidet die Arbeitnehmervertretung im Wege eines Beschlusses, für dessen Rechtswirksamkeit es keiner qualifizierten Mehrheit bedarf[8]. Für den Fall einer Urwahl können mindestens drei wahlberechtigte Arbeitnehmer einen entsprechenden Antrag stellen (§ 37 Abs. 1 Satz 2 Nr. 2 SEBG). In anderen Fällen steht den Arbeitnehmern der SE kein Antragsrecht zu. Darüber hinaus hängt das Antragsrecht der in § 37 Abs. 1 Satz 2 Nr. 1 und 2 SEBG Genannten davon ab, dass sich die Abberufung auf eine Person bezieht, bezüglich der weder den Gewerkschaften nach § 6 Abs. 3 SEBG noch den Sprecherausschüssen nach § 6 Abs. 4 SEBG ein Vorschlagsrecht zusteht. Hinsichtlich dieser Personen ist ausschließlich die im Unternehmen vertretene Gewerkschaft bzw. der Sprecherausschuss, der das Mitglied oder Ersatzmitglied des Aufsichts- oder Verwaltungsorgans vorgeschlagen hat, berechtigt, einen Antrag auf Abberufung zu stellen (§ 37 Abs. 1 Satz 2 Nr. 3 und 4 SEBG)[9].

5

---

[5] *Feuerborn* in KölnKomm. AktG, 3. Aufl., § 37 SEBG Rz. 8; *Henssler* in Ulmer/Habersack/Henssler, Mitbestimmungsrecht, § 37 SEBG Rz. 1; *Hohenstatt/Müller-Bonanni* in Habersack/Drinhausen, § 37 SEBG Rz. 4; *Jacobs* in MünchKomm. AktG, 3. Aufl., § 37 SEBG Rz. 4; *Kienast* in Jannott/Frodermann, Handbuch Europäische Aktiengesellschaft, Kap. 13 Rz. 326; *Paefgen* in KölnKomm. AktG, 3. Aufl., Art. 40 SE-VO Rz. 87; *Rudolph* in Annuß/Kühn/Rudolph/Rupp, EBRG, § 37 SEBG Rz. 3.

[6] *Feuerborn* in KölnKomm. AktG, 3. Aufl., § 37 SEBG Rz. 9; *Jacobs* in MünchKomm. AktG, 3. Aufl., § 37 SEBG Rz. 3.

[7] Treffend *Feuerborn* in KölnKomm. AktG, 3. Aufl., § 37 SEBG Rz. 10; *Henssler* in Ulmer/Habersack/Henssler, Mitbestimmungsrecht, § 37 SEBG Rz. 4; *Hohenstatt/Müller-Bonanni* in Habersack/Drinhausen, § 37 SEBG Rz. 6; a.A. *Rudolph* in Annuß/Kühn/Rudolph/Rupp, EBRG, § 37 SEBG Rz. 2.

[8] *Henssler* in Ulmer/Habersack/Henssler, Mitbestimmungsrecht, § 37 SEBG Rz. 4; *Hohenstatt/Müller-Bonanni* in Habersack/Drinhausen, § 37 SEBG Rz. 6.

[9] *Feuerborn* in KölnKomm. AktG, 3. Aufl., § 37 SEBG Rz. 12; *Henssler* in Ulmer/Habersack/Henssler, Mitbestimmungsrecht, § 37 SEBG Rz. 6; *Hohenstatt/Müller-Bonanni* in Habersack/Drinhausen, § 37 SEBG Rz. 7; *Jacobs* in MünchKomm. AktG, 3. Aufl., § 37 SEBG Rz. 3; *Joost* in

6 Über den Antrag auf Abberufung befindet wegen der Verweisung in § 37 Abs. 1 Satz 3 SEBG das **Wahlgremium**, das den entsprechenden Wahlvorschlag unterbreitet hat. Abweichend von § 8 Abs. 5 SEBG bzw. § 10 Abs. 1 Satz 3 SEBG genügt für einen entsprechenden Beschluss nicht die Mehrheit der abgegebenen Stimmen; § 37 Abs. 1 Satz 3 SEBG erhöht das Quorum auf **drei Viertel der abgegebenen Stimmen** und entspricht damit der von § 23 Abs. 2 und 3 MitbestG bzw. § 12 Abs. 1 Satz 2 DrittelbG geforderten Mehrheit. Diese bezieht sich auf die abgegebenen gültigen Stimmen, so dass der Abberufungsbeschluss unter dieser Voraussetzung auch dann wirksam ist, wenn er die Drei-Viertel-Mehrheit bezogen auf die Mitglieder des Wahlgremiums verfehlt.

7 Wie bei der Wahl der Arbeitnehmervertreter in das Aufsichts- oder Verwaltungsorgan der SE (s. § 36 SEBG Rz. 14) führt der Beschluss zu deren Abberufung nicht ipso iure zum Verlust der **Mitgliedschaft in dem Aufsichts- oder Verwaltungsorgan**. Korrespondierend mit § 36 Abs. 4 SEBG legt § 37 Abs. 1 Satz 4 SEBG fest, dass die **Hauptversammlung** über die Abberufung entscheidet[10]. Aus dem Gesetzeswortlaut („sind ... abzuberufen") folgt jedoch, dass die Hauptversammlung an den Beschluss des Wahlgremiums **gebunden** und **zur Abberufung verpflichtet** ist[11]. Insbesondere kann diese die Abberufung nicht mit der Begründung verweigern, das entsprechende Mitglied des Aufsichts- oder Verwaltungsorgans sei unverändert für die Tätigkeit im Organ geeignet[12].

8 Die spezielle Bestimmung zur Abberufung der Arbeitnehmervertreter im Aufsichts- oder Verwaltungsorgan der SE bezieht sich lediglich auf die Abberufung, ohne dass es für diese eines rechtfertigenden Grundes bedarf. Deshalb berührt sie nicht die allgemeine Regelung zur **Abberufung** eines Mitgliedes des Aufsichts- oder Überwachungsorgans wegen eines **wichtigen Grundes** (§ 103 Abs. 3 AktG bzw. § 29 Abs. 3 Satz 1 SEAG)[13]. Über einen entsprechenden Antrag entscheiden nicht die Arbeitsgerichte (s. § 2a Abs. 1 Nr. 3e ArbGG), sondern die ordentlichen Gerichte im Verfahren der freiwilligen Gerichtsbarkeit[14].

Oetker/Preis, EAS, B 8200, Rz. 232; *Nagel* in Nagel/Freis/Kleinsorge, Beteiligung der Arbeitnehmer, § 37 SEBG Rz. 2; *Rudolph* in Annuß/Kühn/Rudolph/Rupp, EBRG, § 37 SEBG Rz. 2.

10 Begr. RegE, BT-Drucks. 15/3405, S. 55; *Feuerborn* in KölnKomm. AktG, 3. Aufl., § 37 SEBG Rz. 15; *Hohenstatt/Müller-Bonanni* in Habersack/Drinhausen, § 37 SEBG Rz. 8; *Jacobs* in MünchKomm. AktG, 3. Aufl., § 37 SEBG Rz. 4; *Paefgen* in KölnKomm. AktG, 3. Aufl., Art. 40 SE-VO Rz. 87; *Rudolph* in Annuß/Kühn/Rudolph/Rupp, EBRG, § 37 SEBG Rz. 4.

11 *Feuerborn* in KölnKomm. AktG, 3. Aufl., § 37 SEBG Rz. 15; *Henssler* in Ulmer/Habersack/Henssler, Mitbestimmungsrecht, § 37 SEBG Rz. 10; *Hohenstatt/Müller-Bonanni* in Habersack/Drinhausen, § 37 SEBG Rz. 8; *Jacobs* in MünchKomm. AktG, 3. Aufl., § 37 SEBG Rz. 4; *Nagel* in Nagel/Freis/Kleinsorge, Beteiligung der Arbeitnehmer, § 37 SEBG Rz. 4; *Paefgen* in KölnKomm. AktG, 3. Aufl., Art. 40 SE-VO Rz. 87; *Rudolph* in Annuß/Kühn/Rudolph/Rupp, EBRG, § 37 SEBG Rz. 4.

12 Zustimmend *Paefgen* in KölnKomm. AktG, 3. Aufl., Art. 40 SE-VO Rz. 87.

13 *Drygala*, Art. 40 SE-VO Rz. 23; *Feuerborn* in KölnKomm. AktG, 3. Aufl., § 37 SEBG Rz. 8; *Henssler* in Ulmer/Habersack/Henssler, Mitbestimmungsrecht, § 37 SEBG Rz. 1, 11; *Hohenstatt/Müller-Bonanni* in Habersack/Drinhausen, § 37 SEBG Rz. 3, 9; *Jacobs* in MünchKomm. AktG, 3. Aufl., § 37 SEBG Rz. 2, 3; *Kienast* in Jannott/Frodermann, Handbuch Europäische Aktiengesellschaft, Kap. 13 Rz. 327; *Paefgen* in KölnKomm. AktG, 3. Aufl., Art. 40 SE-VO Rz. 86, 90; *Rudolph* in Annuß/Kühn/Rudolph/Rupp, EBRG, § 37 SEBG Rz. 5; *Seibt* in Habersack/Drinhausen, Art. 40 SE-VO Rz. 62.

14 *Henssler* in Ulmer/Habersack/Henssler, Mitbestimmungsrecht, § 37 SEBG Rz. 11; *Rudolph* in Annuß/Kühn/Rudolph/Rupp, EBRG, § 37 SEBG Rz. 14.

III. Anfechtung der Wahl (§ 37 Abs. 2 SEBG)

Entsprechend § 22 MitbestG und § 11 DrittelbG eröffnet § 37 Abs. 2 SEBG die Möglichkeit, die Wahl eines Mitgliedes der Arbeitnehmer in das Aufsichts- oder Verwaltungsorgan anzufechten, wenn diese mit rechtlichen Fehlern behaftet ist. Dabei entsprechen die **tatbestandlichen Voraussetzungen** für eine erfolgreiche Anfechtung denen der vorgenannten Bestimmungen.

Wie § 22 MitbestG und § 11 DrittelbG eröffnet § 37 Abs. 2 SEBG die Anfechtung sowohl bezüglich des Mitgliedes als auch hinsichtlich des Ersatzmitgliedes. Die Anfechtung der Wahl setzt voraus, dass die **Mitgliedschaft bzw. Ersatzmitgliedschaft** in dem Aufsichts- oder Verwaltungsorgan der SE feststeht. Deshalb kann die Wahl eines Arbeitnehmervertreters in das Aufsichts- oder Verwaltungsorgan der SE erst angefochten werden, wenn die Hauptversammlung der SE einen Bestellungsbeschluss gefasst hat, da der von dem Wahlgremium nach § 36 Abs. 3 SEBG getroffene Wahlvorschlag trotz der Bindung der Hauptversammlung (§ 36 Abs. 4 Satz 2 SEBG) für sich alleine noch nicht die Mitgliedschaft in dem Aufsichts- oder Verwaltungsorgan der SE begründet (s. § 36 SEBG Rz. 14)[15]. Vor dem Bestellungsbeschluss der Hauptversammlung ist jedoch der Erlass einer einstweiligen Verfügung in Erwägung zu ziehen[16].

Hinsichtlich der Voraussetzungen für eine erfolgreiche Wahlanfechtung gleicht § 37 Abs. 2 Satz 1 SEBG den Regelungen in § 22 MitbestG und § 11 DrittelbG, die wiederum in § 19 Abs. 1 BetrVG eine Entsprechung finden. Der mit der Klage geltend gemachte Fehler muss sich auf die „Wahl" beziehen. Dies umfasst nach dem Zweck der Vorschrift nicht nur die fehlerhafte Rechtsanwendung bei dem eigentlichen Wahlakt durch das Wahlgremium i.S. von § 36 Abs. 3 Satz 2 SEBG, sondern auch im Vorfeld angesiedelte Entscheidungen über die Zusammensetzung des Wahlgremiums sowie die Verteilung der Sitze auf die Mitgliedstaaten[17].

Bezüglich der von § 37 Abs. 2 Satz 1 SEBG erfassten **Wahlfehler** können vor allem solche geltend gemacht werden, die die Zahl der aus Deutschland zu wählenden Arbeitnehmervertreter in das Aufsichts- oder Verwaltungsorgan betreffen, ferner die fehlerhafte Anwendung der Vorschlagsrechte nach § 36 Abs. 3 Satz 2 SEBG i.V.m. § 6 Abs. 3 und 4 SEBG, einschließlich des fehlerhaften Zustandekommens entsprechender Wahlvorschläge. Vergleichbares gilt für das Verfahren, in dem der von dem Wahlgremium unterbreitete Wahlvorschlag beschlossen wurde.

Zur **Anfechtung berechtigt** ist nur der in § 37 Abs. 2 Satz 2 SEBG abschließend aufgezählte Personenkreis. Missverständlich ist die dortige Bezugnahme auf die zur Stellung eines Abberufungsantrages berechtigten Personen bzw. Gremien. Zu erwägen ist, die Beschränkung auf die jeweils vorgeschlagenen Arbeitnehmervertreter des Aufsichts- oder Verwaltungsorgans (s. oben Rz. 5) auf das Anfechtungsrecht zu übertragen, so dass die Anfechtung der nach § 6 Abs. 3 und 4 SEBG vorgeschlagenen Arbeitnehmervertreter nur von der Gewerkschaft bzw. dem Sprecherausschuss geltend gemacht werden könnte, die das entsprechende Mitglied des Aufsichts- oder Verwaltungsorgans vorgeschlagen hat[18]. Eine derartige Restriktion des Anfechtungsrechts würde allerdings das Interesse der in § 37 Abs. 2 Satz 2 SEBG Genannten an einer rechtmäßigen Bestellung aller aus Deutschland gewählten Mitglieder des Aufsichts-

---

15 Ebenso *Forst* in Gaul/Ludwig/Forst, Europäisches Mitbestimmungsrecht, § 2 Rz. 526.
16 So auch *Forst* in Gaul/Ludwig/Forst, Europäisches Mitbestimmungsrecht, § 2 Rz. 526.
17 Ebenso *Hohenstatt/Müller-Bonanni* in Habersack/Drinhausen, § 37 SEBG Rz. 12.
18 So *Feuerborn* in KölnKomm. AktG, 3. Aufl., § 37 SEBG Rz. 24; *Kienast* in Jannott/Frodermann, Handbuch Europäische Aktiengesellschaft, Kap. 13 Rz. 329.

oder Verwaltungsorgans sowie den teleologischen Hintergrund für die Eingrenzung der Antragsberechtigung in § 37 Abs. 1 Satz 2 Nr. 3 und 4 SEBG vernachlässigen. Deshalb sprechen die besseren Gründe dafür, die Anfechtungsberechtigung von dem Wahlvorschlagsrecht zu abstrahieren und bezüglich aller aus Deutschland gewählten Arbeitnehmervertreter des Aufsichts- oder Verwaltungsorgans der SE anzuerkennen[19].

14 Darüber hinaus bezieht § 37 Abs. 2 Satz 2 SEBG die **Leitung der SE** sowie den **SE-Betriebsrat** in den Kreis der Anfechtungsberechtigten ein. Die Leitung der SE wird nach § 2 Abs. 5 SEBG bei einer SE mit dualistischer Verfassung durch den Vorstand und bei einer solchen mit monistischer Verfassung durch die geschäftsführenden Direktoren gebildet[20]. Soweit der SE-Betriebsrat eine Wahl anfechten will, muss sich der Vorsitzende auf einen rechtswirksam gefassten Beschluss des Gremiums stützen können (vgl. § 24 Abs. 3 SEBG)[21]. Entsprechendes gilt für die Bestellung eines Prozessbevollmächtigten. Diese ist nicht von dem Beschluss zur Erhebung einer Anfechtungsklage mit umfasst.

15 Wie § 22 MitbestG und § 11 DrittelbG verknüpft § 37 Abs. 2 Satz 3 SEBG das Anfechtungsrecht mit einer **Ausschlussfrist**. Diese beginnt mit dem Bestellungsbeschluss der Hauptversammlung zu laufen[22], da erst mit diesem die Mitgliedschaft in dem Aufsichts- oder Verwaltungsorgan feststeht; für die Berechnung der Ein-Monats-Frist sind die §§ 187, 188, 193 BGB heranzuziehen[23]. Gewahrt wird die Frist nur durch die Einleitung des gerichtlichen Verfahrens, wobei § 37 Abs. 2 Satz 3 SEBG missverständlich eine „Klage" fordert. Da über die Wahlanfechtung nach § 37 Abs. 2 SEBG die **Arbeitsgerichte** im **Beschlussverfahren** entscheiden (s. § 2a Abs. 1 Nr. 3e ArbGG)[24], handelt es nicht um eine Klage, sondern um einen **Antrag** (s. §§ 81, 83 Abs. 1 ArbGG).

16 Nach **Ablauf der Anfechtungsfrist** können Wahlfehler grundsätzlich nicht mehr geltend gemacht werden. Eine Ausnahme gilt entsprechend den zu § 22 MitbestG und § 11 DrittelbG anerkannten Grundsätzen[25], wenn die Wahl an einem derart schwerwiegenden Mangel leidet, dass schlechterdings nicht mehr von einer ordnungsgemäßen Wahl gesprochen werden kann. In diesem Fall ist die Wahl **nichtig**, was jedermann jederzeit und in jedem Verfahren geltend machen kann[26].

---

19 Zustimmend *Forst* in Gaul/Ludwig/Forst, Europäisches Mitbestimmungsrecht, § 2 Rz. 527; *Henssler* in Ulmer/Habersack/Henssler, Mitbestimmungsrecht, § 37 SEBG Rz. 12; *Hohenstatt/Müller-Bonanni* in Habersack/Drinhausen, § 37 SEBG Rz. 11; *Rudolph* in Annuß/Kühn/Rudolph/Rupp, EBRG, § 37 SEBG Rz. 6; *Wißmann* in FS Richardi, 2007, S. 841, 854 f.; i.E. auch *Jacobs* in MünchKomm. AktG, 3. Aufl., § 37 SEBG Rz. 9 (unter Aufgabe der in der Vorauflage vertretenen Ansicht); enger ArbG Mannheim v. 17.1.2014 – 7 BV 10/13, nicht veröffentlicht: Anfechtungsbefugnis nur hinsichtlich der Gewerkschaftskandidaten unabhängig von wem der Wahlvorschlag stammt.
20 *Henssler* in Ulmer/Habersack/Henssler, Mitbestimmungsrecht, § 37 SEBG Rz. 13.
21 *Feuerborn* in KölnKomm. AktG, 3. Aufl., § 37 SEBG Rz. 25; *Rudolph* in Annuß/Kühn/Rudolph/Rupp, EBRG, § 37 SEBG Rz. 6 a.E.
22 *Jacobs* in MünchKomm. AktG, 3. Aufl., § 37 SEBG Rz. 9; *Rudolph* in Annuß/Kühn/Rudolph/Rupp, EBRG, § 37 SEBG Rz. 10.
23 Ebenso *Jacobs* in MünchKomm. AktG, 3. Aufl., § 37 SEBG Rz. 9.
24 *Wißmann* in FS Richardi, 2007, S. 841, 854 sowie nachfolgend *Rudolph* in Annuß/Kühn/Rudolph/Rupp, EBRG, § 37 SEBG Rz. 14.
25 S. zu § 11 DrittelbG *Oetker* in ErfKomm. ArbR, 15. Aufl. 2015, § 11 DrittelbG Rz. 8 sowie zu § 22 MitbestG *Oetker* in Großkomm. AktG, 4. Aufl., § 22 MitbestG Rz. 14 ff., jeweils m.w.N.
26 *Feuerborn* in KölnKomm. AktG, 3. Aufl., § 37 SEBG Rz. 17; *Forst* in Gaul/Ludwig/Forst, Europäisches Mitbestimmungsrecht, § 2 Rz. 545 f.; *Henssler* in Ulmer/Habersack/Henssler, Mitbestimmungsrecht, § 37 SEBG Rz. 20 f.; *Hohenstatt/Dzida* in Henssler/Willemsen/Kalb,

Die in Rz. 11 und 12 umschriebenen **Wahlfehler berechtigen nicht** dazu, den **Bestellungsbeschluss der Hauptversammlung** mittels Anfechtungsklage **anzufechten**; die Vorschrift des § 251 Abs. 1 Satz 2 AktG wird durch § 17 Abs. 4 SEAG bzw. § 32 SEAG dahin modifiziert, dass das gesetzeswidrige Zustandekommen von Wahlvorschlägen für die Arbeitnehmervertreter aus Deutschland allein in dem durch § 37 SEBG zur Verfügung gestellten Verfahren angegriffen werden muss[27]. 17

Wird ein **Gesetzesverstoß des Bestellungsbeschlusses** der Hauptversammlung gerügt, so ist auch im Hinblick auf die Arbeitnehmervertreter im Aufsichtsrat Anfechtungsklage (§ 251 AktG, § 32 SEAG) oder ggf. Nichtigkeitsklage (§ 250 AktG, § 31 SEAG) zu erheben. Diese Rechtsbehelfe bleiben von dem Anfechtungsverfahren nach § 37 Abs. 2 SEBG – vorbehaltlich der Einschränkung in Rz. 17 – unberührt[28]. 18

§ 38
Rechtsstellung; Innere Ordnung

(1) Die Arbeitnehmervertreter im Aufsichts- oder Verwaltungsorgan der SE haben die gleichen Rechte und Pflichten wie die Mitglieder, die die Anteilseigner vertreten.

(2) Die Zahl der Mitglieder des Leitungsorgans (§ 16 des SE-Ausführungsgesetzes) oder der geschäftsführenden Direktoren (§ 40 des SE-Ausführungsgesetzes) beträgt mindestens zwei. Einer von ihnen ist für den Bereich Arbeit und Soziales zuständig.

(3) Besteht in einer der beteiligten Gesellschaften das Aufsichtsorgan aus derselben Zahl von Anteilseigner- und Arbeitnehmervertretern sowie einem weiteren Mitglied, so ist auch im Aufsichts- oder Verwaltungsorgan der SE ein weiteres Mitglied auf gemeinsamen Vorschlag der Anteilseigner- und der Arbeitnehmervertreter zu wählen.

I. Allgemeines 1	III. Ressortzuständigkeit im Aufsichts- oder Verwaltungsorgan für Arbeit und Soziales (§ 38 Abs. 2 SEBG) 9
II. Individuell gleiche Berechtigung und Verpflichtung der Arbeitnehmervertreter (§ 38 Abs. 1 SEBG) 5	IV. Sicherung der Montan-Mitbestimmung (§ 38 Abs. 3 SEBG) 14

Literatur: S. Vor § 1 SEBG.

ArbR-Komm., SEBG Rz. 51; *Hohenstatt/Müller-Bonanni* in Habersack/Drinhausen, § 37 SEBG Rz. 15; *Jacobs* in MünchKomm. AktG, 3. Aufl., § 37 SEBG Rz. 12; *Nagel* in Nagel/Freis/Kleinsorge, Beteiligung der Arbeitnehmer, § 37 SEBG Rz. 15 ff.; *Rudolph* in Annuß/Kühn/Rudolph/Rupp, EBRG, § 37 SEBG Rz. 12.

27 So ausdrücklich auch *Feuerborn* in KölnKomm. AktG, 3. Aufl., § 37 SEBG Rz. 18; *Henssler* in Ulmer/Habersack/Henssler, Mitbestimmungsrecht, § 37 SEBG Rz. 19; *Jacobs* in MünchKomm. AktG, 3. Aufl., § 37 SEBG Rz. 7; *Rudolph* in Annuß/Kühn/Rudolph/Rupp, EBRG, § 37 SEBG Rz. 11; *Wißmann* in FS Richardi, 2007, S. 841, 853 f.

28 Begr. RegE, BT-Drucks. 15/3405, S. 55; *Feuerborn* in KölnKomm. AktG, 3. Aufl., § 37 SEBG Rz. 18; *Jacobs* in MünchKomm. AktG, 3. Aufl., § 37 SEBG Rz. 7; *Joost* in Oetker/Preis, EAS, B 8200, Rz. 234; *Kienast* in Jannott/Frodermann, Handbuch Europäische Aktiengesellschaft, Kap. 13 Rz. 330; *Kleinmann/Kujath* in Manz/Mayer/Schröder, § 37 SEBG Rz. 8; *Rudolph* in Annuß/Kühn/Rudolph/Rupp, EBRG, § 37 SEBG Rz. 11.

I. Allgemeines

1 Die gesetzliche Auffangregelung zur Mitbestimmung lässt die **innere Ordnung des Aufsichtsrates** weitgehend unberührt. In § 38 SEBG regelt das SEBG lediglich einzelne Facetten, die selbst im Hinblick auf die Mitbestimmung der Arbeitnehmer in dem Aufsichts- oder Verwaltungsorgan nicht vollständig sind. Sie werden ergänzt durch die gerade im Hinblick auf eine paritätische Mitbestimmung getroffene Sonderregelung in den Art. 42, 45, 50 Abs. 2 SE-VO zum doppelten Stimmrecht des Vorsitzenden sowie den Übergang des Stimmrechts auf den Vorsitzenden in den Fällen einer rechtlichen Verhinderung (§ 35 Abs. 3 SEAG). Entsprechendes gilt für § 38 Abs. 1 SEBG zur Rechtsstellung der Arbeitnehmervertreter im Aufsichts- oder Verwaltungsorgan der SE, der von den Bestimmungen zur Verschwiegenheit (§ 41 SEBG), zum Schutz der Arbeitnehmervertreter (§ 42 SEBG) sowie zum Errichtungs- und Tätigkeitsschutz (§ 44 SEBG) flankiert wird.

2 Mit § 38 Abs. 1 SEBG setzt das SEBG die Auffangregelung im **3. Teil des Anhangs zur SE-RL** um. Danach sind

„alle von dem Vertretungsorgan oder gegebenenfalls Arbeitnehmern gewählten, bestellten oder empfohlenen Mitglieder des Verwaltungsorgans oder gegebenenfalls des Aufsichtsorgans der SE" ... „vollberechtigte Mitglieder des jeweiligen Organs mit denselben Rechten (einschließlich des Stimmrechts) und denselben Pflichten wie die Mitglieder, die die Anteilseigner vertreten."

Die Bestimmungen in **§ 38 Abs. 2 und 3 SEBG** finden in der SE-RL keine Entsprechung[1].

3 Die in dem Anhang zur SE-RL enthaltene Vorgabe (s. oben Rz. 2) wurde mit identischem Wortlaut in den **Anhang zur SCE-RL** übernommen. Ebenso stimmt das zur Umsetzung der SCE-RL erlassene **SCEBG** in § 38 SEBG – abgesehen von rechtsformspezifischen Abweichungen – mit § 38 SEBG überein. Wegen der Verweisung in **Art. 16 Abs. 3 lit. h Verschmelzungs-RL 2005/56/EG** gilt die in Rz. 2 wiedergegebene Auffangregelung auch für die Vorgaben des Unionsrechts zu grenzüberschreitenden Verschmelzungen. Der zur Umsetzung geschaffene **§ 27 MgVG** übernimmt im Wesentlichen § 38 SEBG, ordnet allerdings in § 27 Abs. 2 Satz 2 MgVG – in Übereinstimmung mit § 33 Abs. 1 Satz 2 MitbestG – für Kommanditgesellschaften auf Aktien an, dass bei ihnen die Verpflichtung zur Bestellung eines für den Bereich Arbeit und Soziales zuständigen Mitgliedes der Leitung nicht besteht.

4 In **Österreich** enthält § 248 ArbVG eine mit § 38 SEBG korrespondierende Vorschrift, deren Inhalt jedoch vor allem von dem Bestreben geleitet ist, die Sonderregelungen in § 110 ArbVG bezüglich der Arbeitnehmervertreter im Aufsichtsrat in das Recht der SE zu übertragen. Die in Rz. 2 wiedergegebene Bestimmung in dem Anhang der SE-RL ist in § 248 Abs. 1 Satz 2 ArbVG eingefügt worden.

II. Individuell gleiche Berechtigung und Verpflichtung der Arbeitnehmervertreter (§ 38 Abs. 1 SEBG)

5 Die Vorschrift in § 38 Abs. 1 SEBG übernimmt mit weitgehend identischem Wortlaut die Vorgabe im 3. Teil des Anhangs zur SE-RL und entspricht nicht nur allgemeinen aktienrechtlichen Grundsätzen[2], sondern hat – wie § 4 Abs. 3 Satz 1 Montan-

---

[1] *Feuerborn* in KölnKomm. AktG, 3. Aufl., § 38 SEBG Rz. 4; *Hohenstatt/Müller-Bonanni* in Habersack/Drinhausen, § 38 SEBG Rz. 1; *Rudolph* in Annuß/Kühn/Rudolph/Rupp, EBRG, § 38 SEBG Rz. 1.
[2] Treffend *Habersack* in Ulmer/Habersack/Henssler, Mitbestimmungsrecht, § 38 SEBG Rz. 9; *Nagel* in Nagel/Freis/Kleinsorge, Beteiligung der Arbeitnehmer, § 38 SEBG Rz. 2 sowie allg.

MitbestG zeigt – eine mitbestimmungsrechtliche Tradition[3]. Sie verbietet insbesondere die sachlich nicht gerechtfertigte Ungleichbehandlung der dem Aufsichts- oder Verwaltungsorgan angehörenden Arbeitnehmervertreter[4], vor allem im Hinblick auf ihre Mitwirkungs-, Informations- und Stimmrechte[5].

Praktische Bedeutung entfaltet der Grundsatz insbesondere bei der **Zusammensetzung von Ausschüssen**, die das Aufsichts- oder Verwaltungsorgan zur Erleichterung seiner Aufgabenerfüllung einrichtet[6]. Bleiben Arbeitnehmervertreter bei der Bildung von Ausschüssen trotz entsprechender Wahlvorschläge gänzlich unberücksichtigt, so ist eine Diskriminierung der Arbeitnehmervertreter widerlegbar zu vermuten[7]. Ein zwingendes Gebot, nach dem sich das Verhältnis zwischen Arbeitnehmer- und Anteilseignervertretern im Aufsichts- oder Verwaltungsorgan in den von diesen gebildeten Ausschüssen wiederspiegeln muss, lässt sich aus § 38 Abs. 1 SEBG nicht entnehmen. 6

Keine Bedeutung hat der Grundsatz der individuell gleichen Berechtigung für die **Bestellung des Leitungsorgans** bzw. der **geschäftsführenden Direktoren**. Die entsprechenden Auswahlentscheidungen betreffen nicht die Rechtsstellung der Arbeitnehmervertreter als Mitglied des Aufsichts- oder Verwaltungsorgans. 7

Umgekehrt unterliegen die Arbeitnehmervertreter denselben **Pflichten** wie die von den Anteilseignern bestellten Mitglieder. Das gilt insbesondere für die **Sorgfaltspflichten** und die **Haftung** bei Pflichtverstößen (Art. 51 SE-VO)[8]. Nach Art. 49 SE-VO dürfen die Mitglieder der Organe der SE, zu denen auch die dem Aufsichts- oder Ver- 8

BGH v. 25.2.1982 – II ZR 123/81, BGHZ 83, 106, 112 f.; BGH v. 15.12.1986 – II ZR 18/86, BGHZ 99, 211, 216; BGH v. 15.11.1993 – II ZR 235/92, BGHZ 124, 111, 127.

3 Begr. RegE, BT-Drucks. 15/3405, S. 55; *Feuerborn* in KölnKomm. AktG, 3. Aufl., § 38 SEBG Rz. 5; *Hohenstatt/Müller-Bonanni* in Habersack/Drinhausen, § 38 SEBG Rz. 2; *Jacobs* in MünchKomm. AktG, 3. Aufl., § 38 SEBG Rz. 2; *Kleinmann/Kujath* in Manz/Mayer/Schröder, § 38 SEBG Rz. 2.

4 *Habersack* in Ulmer/Habersack/Henssler, Mitbestimmungsrecht, § 38 SEBG Rz. 9; *Jacobs* in MünchKomm. AktG, 3. Aufl., § 38 SEBG Rz. 2; *Köklü* in Van Hulle/Maul/Drinhausen, Kap. 6 Rz. 242; *Kleinmann/Kujath* in Manz/Mayer/Schröder, § 38 SEBG Rz. 2; *Rudolph* in Annuß/ Kühn/Rudolph/Rupp, EBRG, § 38 SEBG Rz. 2 und allg. statt aller BGH v. 17.5.1993 -II ZR 89/92, BGHZ 122, 342, 355.

5 *Feuerborn* in KölnKomm. AktG, 3. Aufl., § 38 SEBG Rz. 6; *Forst* in Gaul/Ludwig/Forst, Europäisches Mitbestimmungsrecht, § 2 Rz. 538; *Habersack* in Ulmer/Habersack/Henssler, Mitbestimmungsrecht, § 38 SEBG Rz. 9; *Hohenstatt/Müller-Bonanni* in Habersack/Drinhausen, § 38 SEBG Rz. 2; *Jacobs* in MünchKomm. AktG, 3. Aufl., § 38 SEBG Rz. 2; *Kleinmann/Kujath* in Manz/Mayer/Schröder, § 38 SEBG Rz. 2; *Rudolph* in Annuß/Kühn/Rudolph/Rupp, EBRG, § 38 SEBG Rz. 2.

6 Dazu auch *Feuerborn* in KölnKomm. AktG, 3. Aufl., § 38 SEBG Rz. 6; *Forst* in Gaul/Ludwig/ Forst, Europäisches Mitbestimmungsrecht, § 2 Rz. 538; *Habersack* in Ulmer/Habersack/ Henssler, Mitbestimmungsrecht, § 38 SEBG Rz. 38; *Hohenstatt/Müller-Bonanni* in Habersack/ Drinhausen, § 38 SEBG Rz. 2; *Kleinmann/Kujath* in Manz/Mayer/Schröder, § 38 SEBG Rz. 2; *Koch*, Beteiligung, S. 211; ferner für Österreich die Sonderregelung in § 248 Abs. 2 ArbVG.

7 *Feuerborn* in KölnKomm. AktG, 3. Aufl., § 38 SEBG Rz. 6; *Forst* in Gaul/Ludwig/Forst, Europäisches Mitbestimmungsrecht, § 2 Rz. 538; *Habersack* in Ulmer/Habersack/Henssler, Mitbestimmungsrecht, § 38 SEBG Rz. 38; *Nagel* in Nagel/Freis/Kleinsorge, Beteiligung der Arbeitnehmer, § 38 SEBG Rz. 8; im Grundsatz auch *Hohenstatt/Müller-Bonanni* in Habersack/ Drinhausen, § 38 SEBG Rz. 3; *Rudolph* in Annuß/Kühn/Rudolph/Rupp, EBRG, § 38 SEBG Rz. 2; dazu vor allem BGH v. 17.5.1993 – II ZR 89/92, BGHZ 122, 342, 355 sowie näher und differenzierend *Drygala* in K. Schmidt/Lutter, AktG, § 107 Rz. 49 f.

8 *Feuerborn* in KölnKomm. AktG, 3. Aufl., § 38 SEBG Rz. 7; *Forst* in Gaul/Ludwig/Forst, Europäisches Mitbestimmungsrecht, § 2 Rz. 538; *Hohenstatt/Müller-Bonanni* in Habersack/Drinhausen, § 38 SEBG Rz. 2; *Jacobs* in MünchKomm. AktG, 3. Aufl., § 38 SEBG Rz. 2; *Kleinmann/ Kujath* in Manz/Mayer/Schröder, § 38 SEBG Rz. 2; *Rudolph* in Annuß/Kühn/Rudolph/Rupp, EBRG, § 38 SEBG Rz. 2 sowie allg. *Koch* in Hüffer, § 116 AktG Rz. 2.

waltungsorgan angehörenden Arbeitnehmervertreter zählen, **Informationen über die SE, die im Falle ihrer Verbreitung den Interessen der Gesellschaft schaden könnten, nicht weitergeben**. Das gilt nicht nur nach Beendigung der Mitgliedschaft, sondern wegen der Formulierung „auch" bereits während der Zugehörigkeit zu dem Aufsichts- oder Verwaltungsorgan (s. dazu ferner Art. 49 SE-VO Rz. 7).

III. Ressortzuständigkeit im Aufsichts- oder Verwaltungsorgan für Arbeit und Soziales (§ 38 Abs. 2 SEBG)

9 Im Anwendungsbereich der gesetzlichen Auffangregelung ist das SEBG vor allem von dem Ziel geleitet, einen mitbestimmungsrechtlichen Bestandsschutz zu gewährleisten. Ohne dass dies zwingend durch die SE-VO oder die SE-RL vorgegeben ist, bestimmt § 38 Abs. 2 Satz 2 SEBG, dass ein Mitglied des Leitungsorgans bzw. ein geschäftsführender Direktor für den Bereich Arbeit und Soziales zuständig ist[9]. Um die Wahrnehmung der hiermit verbundenen Aufgaben zu gewährleisten, besteht das Leitungsorgan stets aus zwei Mitgliedern (s. § 16 SEAG) bzw. zwei geschäftsführenden Direktoren (s. § 40 Abs. 1 SEAG)[10].

10 Obwohl der Gesetzgeber mit § 38 Abs. 2 SEBG die „bewährte Funktion des Arbeitsdirektors" aufgreifen wollte[11], sieht das Gesetz davon ab, die Anwendung der Vorschrift mit der Voraussetzung zu verknüpfen, dass in einer der an der Gründung der SE **beteiligten Gesellschaften** ein **Arbeitsdirektor** nach Maßgabe der §§ 33 MitbestG, 13 Montan-MitbestG bestellt worden ist. Um dem Vorwurf der Unvereinbarkeit mit dem Unionsrecht zu begegnen, wird dies jedoch verbreitet im Schrifttum gefordert[12]. Der Wortlaut der Norm sowie die Systematik der Vorschrift, die in Abs. 3 ausdrücklich an den Rechtsstatus bei den beteiligten Gesellschaften anknüpft, stehen der vorgenannten Restriktion aber entgegen.

11 Die Vorschrift in § 38 Abs. 2 SEBG betrifft lediglich die **Geschäftsverteilung innerhalb des Leitungsorgans** bzw. zwischen den **geschäftsführenden Direktoren** und legt eine **Ressortzuständigkeit** für den Bereich Arbeit und Soziales **zwingend** fest[13]. Die **eigenständige Bestellung** eines Arbeitsdirektors – wie dies § 33 MitbestG bzw. § 13

---

9 Kritisch im Hinblick auf die Vereinbarkeit mit der SE-RL *Feuerborn* in KölnKomm. AktG, 3. Aufl., § 38 SEBG Rz. 12; *Forst* in Gaul/Ludwig/Forst, Europäisches Mitbestimmungsrecht, § 2 Rz. 549; *Grobys*, NZA 2004, 779, 780; *Güntzel*, Richtlinie, S. 473 f.; *Henssler*, RdA 2005, 330, 336 f.; *Paefgen* in KölnKomm. AktG, 3. Aufl., Art. 39 SE-VO Rz. 77; *Rudolph* in Annuß/Kühn/Rudolph/Rupp, EBRG, § 38 SEBG Rz. 5; dagegen jedoch *Kepper*, Monistische SE, S. 225; *Krause*, BB 2005, 1221, 1228; *Nagel* in Nagel/Freis/Kleinsorge, Beteiligung der Arbeitnehmer, § 38 SEBG Rz. 5; *Scheibe*, Mitbestimmung der Arbeitnehmer, S. 236 f. sowie vermittelnd *Jacobs* in MünchKomm. AktG, 3. Aufl., § 38 SEBG Rz. 4: kein Richtlinienverstoß, sofern in einer der beteiligten Gesellschaften bereits ein Arbeitsdirektor bestellt worden war (dagegen jedoch *Scheibe*, Mitbestimmung der Arbeitnehmer, S. 237 f.).
10 S. insoweit auch Begr. RegE, BT-Drucks. 15/3405, S. 55 sowie *Feuerborn* in KölnKomm. AktG, 3. Aufl., § 38 SEBG Rz. 9; *Jacobs* in MünchKomm. AktG, 3. Aufl., § 38 SEBG Rz. 3.
11 Begr. RegE, BT-Drucks. 15/3405, S. 55; s. auch *Feuerborn* in KölnKomm. AktG, 3. Aufl., § 38 SEBG Rz. 8; *Hohenstatt/Müller-Bonanni* in Habersack/Drinhausen, § 38 SEBG Rz. 4.
12 Hierfür *Habersack* in Ulmer/Habersack/Henssler, Mitbestimmungsrecht, § 38 SEBG Rz. 42; *Hohenstatt/Müller-Bonanni* in Habersack/Drinhausen, § 38 SEBG Rz. 5; *Jacobs* in MünchKomm. AktG, 3. Aufl., § 38 SEBG Rz. 4; *Joost* in Oetker/Preis, EAS, B 8200, Rz. 237; a.A. *Kepper*, Monistische SE, S. 224; *Köklü* in Van Hulle/Maul/Drinhausen, Kap. 6 Rz. 239.
13 *Feuerborn* in KölnKomm. AktG, 3. Aufl., § 38 SEBG Rz. 10; *Forst* in Gaul/Ludwig/Forst, Europäisches Mitbestimmungsrecht, § 2 Rz. 542; *Jacobs* in MünchKomm. AktG, 3. Aufl., § 38 SEBG Rz. 3; *Joost* in Oetker/Preis, EAS, B 8200, Rz. 236; *Kleinmann/Kujath* in Manz/Mayer/Schröder, § 38 SEBG Rz. 2.

Montan-MitbestG vorsieht – schreibt § 38 Abs. 2 SEBG hingegen nicht vor[14]. Dementsprechend bedarf es keines separaten Beschlusses des Aufsichts- oder Verwaltungsorgans über die Bestellung eines Mitgliedes des Leitungsorgans bzw. geschäftsführenden Direktors zum „Arbeitsdirektor"[15]. Es genügt, wenn eine vom Leitungsorgan bzw. den geschäftsführenden Direktoren oder ggf. dem Aufsichts- bzw. dem Verwaltungsrat beschlossene **Geschäftsordnung** (§ 77 Abs. 1 AktG, § 40 Abs. 4 SEAG) den Vorgaben des § 38 Abs. 2 Satz 2 SEBG Rechnung trägt und die Zuständigkeit für den Bereich Arbeit und Soziales einem Mitglied des Leitungsorgans bzw. einem geschäftsführenden Direktor zuweist[16]. Den **Kernbereich in Arbeits- und Sozialangelegenheiten** darf die Geschäftsordnung jedoch nicht antasten[17]. Auf die besondere Betonung, dass das in § 38 Abs. 2 SEBG genannte Mitglied des Leitungsorgans oder der geschäftsführenden Direktoren ein gleichberechtigtes Mitglied ist, verzichtet die Vorschrift im Gegensatz zu § 33 Abs. 1 MitbestG und § 13 Abs. 1 Montan-MitbestG. Eine unterschiedliche Behandlung der Mitglieder unterliegt deshalb lediglich den allgemeinen gesellschaftsrechtlichen Schranken.

Durch die Bestimmung in § 38 Abs. 2 Satz 2 SEBG sichert das SEBG ab, dass die Arbeits- und Sozialangelegenheiten bei einem Mitglied des Leitungsorgans bzw. einem geschäftsführenden Direktor ressortieren. Aus dem Wortlaut der Vorschrift lassen sich zwar keine Anhaltspunkte entnehmen, dass sich der Geschäftsbereich hierauf beschränken muss. Andererseits zeigt die Vorgabe zur Mindestgröße des Leitungsorgans bzw. der Zahl der geschäftsführenden Direktoren in § 38 Abs. 2 Satz 1 SEBG, dass dem für Arbeit und Soziales zuständigen Organmitglied ausreichend Zeit verbleiben muss, um diesen Aufgabenbereich vollständig auszufüllen[18]. Nur wenn dies gewährleistet ist, können ihm weitere Aufgaben übertragen werden, ohne hierdurch gegen die zwingende Vorgabe des § 38 Abs. 2 Satz 1 SEBG zu verstoßen[19]. 12

Bezüglich der von dem Bereich „**Arbeit und Soziales**" umfassten Materien gelten die Grundsätze, die zu dem Aufgabenbereich des nach § 33 MitbestG bestellten „Ar- 13

---

14 Begr. RegE, BT-Drucks. 15/3405, S. 55; *Feuerborn* in KölnKomm. AktG, 3. Aufl., § 38 SEBG Rz. 10; *Forst* in Gaul/Ludwig/Forst, Europäisches Mitbestimmungsrecht, § 2 Rz. 542; *Habersack* in Ulmer/Habersack/Henssler, Mitbestimmungsrecht, § 38 SEBG Rz. 43; *Hohenstatt/Dzida* in Henssler/Willemsen/Kalb, ArbR-Komm., SEBG Rz. 52; *Hohenstatt/Müller-Bonanni* in Habersack/Drinhausen, § 38 SEBG Rz. 7; *Jacobs* in MünchKomm. AktG, 3. Aufl., § 38 SEBG Rz. 3; *Köklü* in Van Hulle/Maul/Drinhausen, Kap. 6 Rz. 240; *Middendorf* in Grobys/Panzer (Hrsg.), Stichwortkommentar Arbeitsrecht, 2012, § 79 Rz. 58; *Nagel* in Nagel/Freis/Kleinsorge, Beteiligung der Arbeitnehmer, § 38 SEBG Rz. 6; *Rudolph* in Annuß/Kühn/Rudolph/Rupp, EBRG, § 38 SEBG Rz. 4.
15 Ebenso *Feuerborn* in KölnKomm. AktG, 3. Aufl., § 38 SEBG Rz. 10; *Rudolph* in Annuß/Kühn/Rudolph/Rupp, EBRG, § 38 SEBG Rz. 4; wohl auch *Jacobs* in MünchKomm. AktG, 3. Aufl., § 38 SEBG Rz. 3.
16 Zustimmend *Feuerborn* in KölnKomm. AktG, 3. Aufl., § 38 SEBG Rz. 10; *Habersack* in Ulmer/Habersack/Henssler, Mitbestimmungsrecht, § 38 SEBG Rz. 43; *Hohenstatt/Müller-Bonanni* in Habersack/Drinhausen, § 38 SEBG Rz. 7; *Rudolph* in Annuß/Kühn/Rudolph/Rupp, EBRG, § 38 SEBG Rz. 4.
17 So auch *Feuerborn* in KölnKomm. AktG, 3. Aufl., § 38 SEBG Rz. 10; *Nagel* in Nagel/Freis/Kleinsorge, Beteiligung der Arbeitnehmer, § 38 SEBG Rz. 4; s. dazu näher BGH v. 14.11.1983 – II ZR 33/83, BGHZ 89, 48, 59.
18 Begr. RegE, BT-Drucks. 15/3405, S. 55; ebenso *Feuerborn* in KölnKomm. AktG, 3. Aufl., § 38 SEBG Rz. 10; *Habersack* in Ulmer/Habersack/Henssler, Mitbestimmungsrecht, § 38 SEBG Rz. 43; im Grundsatz auch *Hohenstatt/Müller-Bonanni* in Habersack/Drinhausen, § 38 SEBG Rz. 6.
19 *Forst* in Gaul/Ludwig/Forst, Europäisches Mitbestimmungsrecht, § 2 Rz. 542; *Rudolph* in Annuß/Kühn/Rudolph/Rupp, EBRG, § 38 SEBG Rz. 4.

beitsdirektors" anerkannt sind[20]. Dies folgt aus der bewussten Anknüpfung des Gesetzgebers an den tradierten mitbestimmungsrechtlichen Befund in Deutschland[21] und die insoweit für den Arbeitsdirektor anerkannte Aufgabenumschreibung.

IV. Sicherung der Montan-Mitbestimmung (§ 38 Abs. 3 SEBG)

14 Die **Wahl eines weiteren Mitgliedes** für das Aufsichts- oder Verwaltungsorgan auf gemeinsamen Vorschlag der Anteilseigner- und der Arbeitnehmervertreter sieht § 38 Abs. 3 für den Fall vor, dass das Aufsichtsorgan einer beteiligten Gesellschaft paritätisch zusammengesetzt ist und diesem ein weiteres Mitglied angehört[22]. Diese Form der Zusammensetzung des Aufsichtsorgans ist bei Gesellschaften anzutreffen, die der Montan-Mitbestimmung unterliegen (vgl. § 4 Abs. 1 Montan-MitbestG sowie zur Wahl des weiteren Mitgliedes § 8 Montan-MitbestG)[23].

15 Für diese Konstellation schreibt § 38 Abs. 3 SEBG verbindlich vor, dass ein weiteres Mitglied in das Aufsichts- oder Verwaltungsorgan zu wählen ist. Dazu bedarf es eines „gemeinsamen" Vorschlages. Von den Vertretern der Anteilseigner und der Arbeitnehmer ist der Vorschlag nur gemeinsam getragen, wenn er sich **in beiden Gruppen** auf eine **Mehrheit** stützen kann[24]. Die Mehrheit der Anteilseigner- bzw. die Mehrheit der Arbeitnehmervertreter kann deshalb das Zustandekommen eines „gemeinsamen" Wahlvorschlages verhindern[25]. Offen lässt § 38 Abs. 3 SEBG das **Wahlorgan**, das das weitere Mitglied bestellt; wegen Art. 40 Abs. 2 Satz 1 SE-VO bzw. Art. 43 Abs. 3 Satz 1 SE-VO ist dies die Hauptversammlung[26]. Angesichts des Fehlens einer § 36 Abs. 4 Satz 2 SEBG entsprechenden Vorschrift wird eine Bindung der Hauptversammlung an den gemeinsamen Vorschlag teilweise abgelehnt[27]. Wegen der mit § 38 Abs. 3 SEBG bezweckten Adaption der Montan-Mitbestimmung ist ein freies Ableh-

---

20 *Habersack* in Ulmer/Habersack/Henssler, Mitbestimmungsrecht, § 38 SEBG Rz. 43; *Hohenstatt/Müller-Bonanni* in Habersack/Drinhausen, § 38 SEBG Rz. 7; dazu vor allem BGH v. 14.11.1983 – II ZR 33/83, BGHZ 89, 48, 59.
21 S. Begr. RegE, BT-Drucks. 15/3405, S. 55.
22 Zweifelhaft ist die Vereinbarkeit dieser Bestimmung mit Art. 42 SE-VO; s. verneinend *Feuerborn* in KölnKomm. AktG, 3. Aufl., § 38 SEBG Rz. 16; *Forst* in Gaul/Ludwig/Forst, Europäisches Mitbestimmungsrecht, § 2 Rz. 550; *Grobys*, NZA 2004, 779, 780; *Grobys*, NZA 2005, 84, 90; *Güntzel*, Richtlinie, S. 474 ff.; *Habersack* in Ulmer/Habersack/Henssler, Mitbestimmungsrecht, § 38 SEBG Rz. 2; *Henssler*, RdA 2005, 330, 336; *Jacobs* in MünchKomm. AktG, 3. Aufl., § 38 SEBG Rz. 5; *Krause*, BB 2005, 1221, 1228; *Niklas*, NZA 2004, 1200, 1204; *Paefgen* in KölnKomm. AktG, 3. Aufl., Art. 40 SE-VO Rz. 113; *Rudolph* in Annuß/Kühn/Rudolph/Rupp, EBRG, § 38 SEBG Rz. 7; *Schwarz*, SE-VO, Einleitung Rz. 312; *Wisskirchen/Prinz*, DB 2004, 2638, 2642; dagegen jedoch *Nagel* in Nagel/Freis/Kleinsorge, Beteiligung der Arbeitnehmer, § 38 SEBG Rz. 7 Fn. 5; *Scheibe*, Mitbestimmung der Arbeitnehmer, S. 242 f.
23 S. auch Begr. RegE, BT-Drucks. 15/3405, S. 55.
24 *Feuerborn* in KölnKomm. AktG, 3. Aufl., § 38 SEBG Rz. 14; *Habersack* in Ulmer/Habersack/Henssler, Mitbestimmungsrecht, § 38 SEBG Rz. 46; *Hohenstatt/Müller-Bonanni* in Habersack/Drinhausen, § 38 SEBG Rz. 10; *Nagel* in Nagel/Freis/Kleinsorge, Beteiligung der Arbeitnehmer, § 38 SEBG Rz. 7; *Rudolph* in Annuß/Kühn/Rudolph/Rupp, EBRG, § 38 SEBG Rz. 8.
25 *Feuerborn* in KölnKomm. AktG, 3. Aufl., § 38 SEBG Rz. 14; *Habersack* in Ulmer/Habersack/Henssler, Mitbestimmungsrecht, § 38 SEBG Rz. 46.
26 *Feuerborn* in KölnKomm. AktG, 3. Aufl., § 38 SEBG Rz. 14; *Forst* in Gaul/Ludwig/Forst, Europäisches Mitbestimmungsrecht, § 2 Rz. 546; *Habersack* in Ulmer/Habersack/Henssler, Mitbestimmungsrecht, § 38 SEBG Rz. 46; *Hohenstatt/Müller-Bonanni* in Habersack/Drinhausen, § 38 SEBG Rz. 11; *Kleinmann/Kujath* in Manz/Mayer/Schröder, § 38 SEBG Rz. 2; *Rudolph* in Annuß/Kühn/Rudolph/Rupp, EBRG, § 38 SEBG Rz. 8; im Ergebnis auch *Jacobs* in MünchKomm. AktG, 3. Aufl., § 38 SEBG Rz. 5, der § 5 Montan-MitbestG analog anwenden will.
27 So *Forst* in Gaul/Ludwig/Forst, Europäisches Mitbestimmungsrecht, § 2 Rz. 546; *Habersack* in Ulmer/Habersack/Henssler, Mitbestimmungsrecht, § 38 SEBG Rz. 46; *Rudolph* in Annuß/Kühn/Rudolph/Rupp, EBRG, § 38 SEBG Rz. 8.

nungsrecht des Wahlorgans jedoch nicht anzuerkennen. Vielmehr ist das Wahlorgan entsprechend dem Rechtsgedanken in § 8 Abs. 3 Satz 2 Montan-MitbestG nur dann zur Ablehnung des gemeinsamen Vorschlags berechtigt, wenn hierfür ein wichtiger Grund in der Person des Vorgeschlagenen vorliegt.

Scheitert ein gemeinsamer Vorschlag, so wird das Wahlorgan frei und entscheidet eigenständig über das weitere Mitglied[28]. Dies entspricht der Lösung in § 8 Montan-MitbestG[29] und kommt dem Normzweck des § 38 Abs. 3 SEBG näher als ein Verzicht auf das weitere Mitglied in dem Aufsichts- oder Verwaltungsorgan. Allerdings lässt die vom Gesetzgeber bewusst intendierte Anlehnung an das Recht der Montan-Mitbestimmung eine freie Entscheidung des Wahlorgans entsprechend dem Rechtsgedanken in § 8 Abs. 3 Montan-MitbestG erst dann als gerechtfertigt erscheinen, wenn dem Aufsichts- oder Verwaltungsorgan Gelegenheit gegeben wurde, dem Wahlorgan einen erneuten gemeinsamen Vorschlag zu unterbreiten.

16

Die **Person des „weiteren Mitgliedes"** konkretisiert § 38 Abs. 3 SEBG nicht näher. Aus diesem Regelungsverzicht folgt, dass **besondere persönliche Wählbarkeitsvoraussetzungen** nicht zu beachten sind; insbesondere unterliegt der Vorschlag nicht den in § 4 Abs. 2 Montan-MitbestG genannten Voraussetzungen[30].

17

Abschnitt 3. Tendenzschutz

§ 39
Tendenzunternehmen

(1) Auf eine SE, die unmittelbar und überwiegend
1. politischen, koalitionspolitischen, konfessionellen, karitativen, erzieherischen, wissenschaftlichen oder künstlerischen Bestimmungen oder
2. Zwecken der Berichterstattung oder Meinungsäußerung, auf die Artikel 5 Abs. 1 Satz 2 des Grundgesetzes anzuwenden ist,

dient, findet Abschnitt 2 keine Anwendung.

(2) Eine Unterrichtung und Anhörung beschränkt sich auf die Gegenstände des § 28 Abs. 2 Nr. 5 bis 10 und des § 29 und erfolgt nur über den Ausgleich oder die Milderung der wirtschaftlichen Nachteile, die den Arbeitnehmern infolge der Unternehmens- oder Betriebsänderung entstehen.

I. Allgemeines	1	III. Anhörung und Unterrichtung der Arbeitnehmer (§ 39 Abs. 2 SEBG) . . .	14
II. Mitbestimmung der Arbeitnehmer kraft Gesetzes (§ 39 Abs. 1 SEBG) . . .	6		

---

28 Ebenso im Anschluss *Feuerborn* in KölnKomm. AktG, 3. Aufl., § 38 SEBG Rz. 14; *Forst* in Gaul/Ludwig/Forst, Europäisches Mitbestimmungsrecht, § 2 Rz. 546; *Hohenstatt/Müller-Bonanni* in Habersack/Drinhausen, § 38 SEBG Rz. 10; a.A. *Habersack* in Ulmer/Habersack/Henssler, Mitbestimmungsrecht, § 38 SEBG Rz. 46, der für einen erneuten Vorschlag gegenüber der Hauptversammlung plädiert.
29 Für dessen entsprechende Anwendung *Hennings* in Manz/Mayer/Schröder, 1. Aufl. 2005, Anhang: Auffangregelung Teil 3 SE-RL Rz. 31.
30 Ebenso *Forst* in Gaul/Ludwig/Forst, Europäisches Mitbestimmungsrecht, § 2 Rz. 545.

Literatur: *Rieble*, Tendenz-SE, AG 2014, 224; s. auch Vor § 1 SEBG.

I. Allgemeines

1 Die Vorschrift übernimmt den für die Beteiligung der Arbeitnehmer in Deutschland seit jeher[1] charakteristischen Tendenzschutz für die gesetzliche Auffangregelung. Im Hinblick auf die Mitbestimmung der Arbeitnehmer stimmt sie mit den parallelen Ausschlussstatbeständen in § 1 Abs. 4 Satz 1 MitbestG sowie § 1 Abs. 2 Satz 1 Nr. 2 DrittelbG überein. Der gleichfalls im MitbestG und im DrittelbG normierte Tendenzschutz für Religionsgemeinschaften und ihre karitativen und erzieherischen Einrichtungen (§ 1 Abs. 4 Satz 2 MitbestG, § 1 Abs. 2 Satz 2 DrittelbG) findet im SEBG keine Entsprechung (s. unten Rz. 9).

2 Eine mit § 39 SEBG vergleichbare Regelung enthält **Art. 8 Abs. 3 SE-RL**[2]. Dieser hat folgenden Wortlaut:

„(3) Jeder Mitgliedstaat kann für eine SE mit Sitz in seinem Hoheitsgebiet, die in Bezug auf Berichterstattung und Meinungsäußerung unmittelbar und überwiegend eine bestimmte weltanschauliche Tendenz verfolgt, besondere Bestimmungen vorsehen, falls das innerstaatliche Recht solche Bestimmungen zum Zeitpunkt der Annahme dieser Richtlinie bereits enthält."

3 Der den Mitgliedstaaten durch Art. 8 Abs. 3 SE-RL ermöglichte Tendenzschutz wird traditionell mit den vornehmlich in Österreich (s. unten Rz. 5) und in Deutschland geltenden Besonderheiten gerechtfertigt, deren Beibehaltung trotz des Unionsrechts ermöglicht werden soll[3]. Dieser Begründungsansatz mag früher für sich genommen allein tragfähig gewesen sein, er greift heute jedoch zu kurz. Die Diskussion in Deutschland zu Grundlagen und Reichweite des Tendenzschutzes hat ungeachtet der im Einzelnen nicht zu leugnenden Diskrepanzen mit Recht stets das besondere und nicht durch das Grundrecht der Berufsfreiheit (Art. 12 Abs. 1 GG) abgedeckte **grundrechtliche Fundament des Tendenzschutzes** hervorgehoben[4]. Vor allem der auf die unternehmerische Mitbestimmung bezogene Tendenzschutz beruht nicht nur auf einer ggf. jederzeit revidierbaren Ermessensentscheidung des Gesetzgebers, sondern erkennt die von den Unternehmen verfolgte grundrechtsrelevante Tätigkeit in bestimmten Segmenten an und ist zum Schutz spezieller Grundrechte geboten[5]. Spätestens mit Verabschiedung der **Charta der Grundrechte** der Europäischen Union gilt dies im Ausgangspunkt auch für das sekundäre Unionsrecht[6], so dass gute Gründe dafür sprechen, jedenfalls für die Mitbestimmung der Arbeitnehmer in den Unternehmensorganen den Tendenzschutz als eine zwingende Vorgabe des primären Unionsrechts zu bewerten, mag auch die konkrete Ausformung nicht durch den unionsrechtlichen Grundrechtsschutz determiniert sein. In diesem Lichte ist der in Art. 8 Abs. 3 SE-RL aufgenommene Tendenzvorbehalt sowohl sachlich als auch im Hinblick auf dessen Anknüpfung an den Status quo in den Mitgliedstaaten zu eng.

---

1 S. bereits § 67 des Betriebsrätegesetzes v. 4.2.1920, RGBl. 1920, S. 147.
2 Zu deren Entstehung s. *Plum*, Tendenzschutz im europäischen Arbeitsrecht, 2011, S. 155 ff.
3 S. z.B. *Feuerborn* in KölnKomm. AktG, 3. Aufl., § 39 SEBG Rz. 3; *Kühn* in Annuß/Kühn/Rudolph/Rupp, EBRG, § 39 SEBG Rz. 1 sowie ferner *Plum*, Tendenzschutz im europäischen Arbeitsrecht, 2011, S. 58 ff.
4 Treffend zu § 39 SEBG *Kühn* in Annuß/Kühn/Rudolph/Rupp, EBRG, § 39 SEBG Rz. 1, 7.
5 S. z.B. *Ulmer/Habersack* in Ulmer/Habersack/Henssler, Mitbestimmungsrecht, § 1 MitbestG Rz. 56 sowie *Oetker* in Großkomm. AktG, 4. Aufl., § 1 MitbestG Rz. 23 m.w.N.
6 Treffend im Ansatz deshalb *Kleinmann/Kujath* in Manz/Mayer/Schröder, § 39 SEBG Rz. 1; *Seibt* in Habersack/Drinhausen, Art. 40 SE-VO Rz. 70 sowie ausführlich *Plum*, Tendenzschutz im europäischen Arbeitsrecht, 2011, S. 284 ff.

Einen mit Art. 8 Abs. 3 SE-RL übereinstimmenden Vorbehalt enthält die **SCE-RL** in Art. 10 Abs. 3. Die zur Umsetzung geschaffene Bestimmung in § 39 SCEBG ist mit § 39 SEBG wörtlich identisch[7]. Die **Verschmelzungs-RL 2005/56/EG** nimmt auf Art. 8 Abs. 2 SE-RL ebenfalls Bezug (Art. 16 Abs. 3 lit. f Verschmelzungs-RL 2005/56/EG); dementsprechend stimmt **§ 28 MgVG** mit § 39 Abs. 1 SEBG überein[8]. 4

Das **österreichische Recht** kennt zwar ebenfalls einen Tendenzschutz, der in Ausführung des Vorbehalts in Art. 8 Abs. 3 SE-RL geschaffene § 249 ArbVG formuliert diesen im Vergleich zur Rechtslage in Deutschland aber deutlich restriktiver. Das gilt insbesondere für die Mitbestimmung im Aufsichts- oder Verwaltungsorgan der SE, da § 249 Abs. 1 ArbVG von einem absoluten Tendenzschutz absieht und lediglich die Mitwirkungsrechte der Arbeitnehmervertreter bei solchen Angelegenheiten ausschließt, „die die politische Richtung dieser Unternehmen beeinflussen"[9]. 5

II. Mitbestimmung der Arbeitnehmer kraft Gesetzes (§ 39 Abs. 1 SEBG)

Verfolgt die SE eine der in § 39 Abs. 1 SEBG aufgezählten Bestimmungen, so ordnet die Vorschrift generell an, dass die Anwendung des gesamten 2. Abschnitts ausgeschlossen ist. Diese Rechtsfolge betrifft nur die **gesetzliche Auffangregelung zur Mitbestimmung**. Die Pflicht zur **Einleitung des Verhandlungsverfahrens** sowie zur **Bildung eines BVG** bleibt hiervon unberührt[10], insbesondere steht § 39 Abs. 1 SEBG einer **Beteiligungsvereinbarung** nicht entgegen, die sich auch auf die Mitbestimmung der Arbeitnehmer erstreckt[11], wenngleich deren Inhalt nicht unter dem Druck einer andernfalls eingreifenden Auffangregelung steht. Bezüglich des **maßgeblichen Zeitpunkts**, an dem die Eigenschaft als Tendenzunternehmen vorliegen muss, ist der Wortlaut des § 39 Abs. 1 SEBG schon deshalb auslegungsbedürftig, da dieser scheinbar auf eine bereits wirksam errichtete SE abstellt, so dass der Zeitpunkt der Registereintragung maßgebend zu sein scheint. Obwohl die gesetzliche Auffangregelung bereits mit Beendigung des Verhandlungsverfahrens eingreift, können die Bestimmungen zur Mitbestimmung erst angewendet werden, wenn die geplante SE in das Handelsregister eingetragen ist, so dass es ausreicht, wenn die Voraussetzungen des Tendenzschutzes in diesem Zeitpunkt vorliegen. 6

Die **tatbestandlichen Voraussetzungen** in § 39 Abs. 1 SEBG entsprechen denjenigen, unter denen auch § 1 Abs. 2 Satz 1 Nr. 2 DrittelbG sowie § 1 Abs. 4 Satz 1 MitbestG eine Beteiligung von Arbeitnehmern im Aufsichtsrat ausschließen. Das gilt sowohl im Hinblick auf die geschützten Zwecke, als auch bezüglich der Voraussetzung, dass die SE diesen Zwecken „unmittelbar und überwiegend" dienen muss. Angesichts dessen sowie wegen der von Art. 8 Abs. 3 SE-RL geforderten Kongruenz mit dem vorhandenen Normenhaushalt sind die Auslegungsresultate zu den vorgenannten Vorschriften auch für die Reichweite des § 39 Abs. 1 SEBG maßgebend[12]. 7

---

[7] S. *Plum*, Tendenzschutz im europäischen Arbeitsrecht, 2011, S. 193 ff.
[8] S. *Plum*, Tendenzschutz im europäischen Arbeitsrecht, 2011, S. 197 ff.
[9] S. *Gahleitner* in Kalss/Hügel, § 249 ArbVG Rz. 1.
[10] *Habersack* in Ulmer/Habersack/Henssler, Mitbestimmungsrecht, § 39 SEBG Rz. 5; *Hohenstatt/Müller-Bonanni* in Habersack/Drinhausen, § 39 SEBG Rz. 3; *Jacobs* in MünchKomm. AktG, 3. Aufl., § 39 SEBG Rz. 9; *Kühn* in Annuß/Kühn/Rudolph/Rupp, EBRG, § 39 SEBG Rz. 10.
[11] *Feuerborn* in KölnKomm. AktG, 3. Aufl., § 39 SEBG Rz. 15; *Habersack* in Ulmer/Habersack/Henssler, Mitbestimmungsrecht, § 39 SEBG Rz. 5; *Jacobs* in MünchKomm. AktG, 3. Aufl., § 21 SEBG Rz. 2, § 39 SEBG Rz. 9; *Kühn* in Annuß/Kühn/Rudolph/Rupp, EBRG, § 39 SEBG Rz. 10; *Nagel* in Nagel/Freis/Kleinsorge, Beteiligung der Arbeitnehmer, § 39 SEBG Rz. 2.
[12] Näher zu § 1 Abs. 4 Satz 1 MitbestG z.B. *Oetker* in Großkomm. AktG, 4. Aufl., § 1 MitbestG Rz. 22 ff.

8   Wie § 31 EBRG entspricht § 39 Abs. 1 SEBG zwar der deutschen Mitbestimmungstradition, geht aber weit über den **Wortlaut des in der Richtlinie** eröffneten Vorbehalts hinaus[13]. Danach besteht die Befugnis der Mitgliedstaaten zum Erlass besonderer Bestimmungen nur bezüglich solcher Unternehmen, die unmittelbar und überwiegend eine bestimmte Weltanschauung in Bezug auf Berichterstattung und Meinungsäußerung verfolgen. Weder werden hierdurch sämtliche Unternehmen erfasst, die in den Schutzbereich des Art. 5 Abs. 1 Satz 2 GG einbezogen sind, noch erstreckt der Wortlaut des Art. 8 Abs. 3 SE-RL den Tendenzschutz auf alle Unternehmen, die eine der in § 39 Abs. 1 Nr. 1 SEBG genannten „Tendenzen" verfolgen[14]. Gleichwohl spricht der Zweck des Vorbehalts in der Richtlinie, der den mitgliedstaatlichen Besonderheiten Rechnung tragen soll, für eine Konformität der in § 39 SEBG vollzogenen Ausgestaltung mit der Richtlinie[15]. Der Zweck des Art. 8 Abs. 3 SE-RL rechtfertigt deshalb keine richtlinienkonforme Reduktion des Anwendungsbereichs der Norm[16]. Ungeachtet dessen stünde auch die vom deutschen Gesetzgeber bewusst vollzogene Übernahme der Ausnahmetatbestände in § 1 Abs. 4 Satz 1 MitbestG und § 1 Abs. 2 Satz 1 Nr. 2 DrittelbG einer Anpassung der Norm an das Unionsrecht entgegen[17].

9   **Religionsgemeinschaften und ihre erzieherischen und karitativen Einrichtungen** sind in § 39 Abs. 1 SEBG im Gegensatz zu § 1 Abs. 4 Satz 2 MitbestG und § 1 Abs. 2 Satz 2 DrittelbG nicht genannt[18]. Eine sachliche Diskrepanz dürfte hiermit jedoch nur selten verbunden sein, da Religionsgemeinschaften keine „Unternehmen" i.S. des § 39 Abs. 1 SEBG sind und selbst eine in der Rechtsform der SE geführte erzieherische oder karitative Einrichtung unmittelbar und überwiegend konfessionellen, karitati-

---

13 S. insoweit auch *Calle Lambach*, Beteiligung der Arbeitnehmer, S. 218 f.; *Güntzel*, Richtlinie, S. 482 ff.; *Habersack* in Ulmer/Habersack/Henssler, Mitbestimmungsrecht, § 39 SEBG Rz. 2; *Plum*, Tendenzschutz im europäischen Arbeitsrecht, 2011, S. 166 f.
14 Zum Parallelproblem bei der Anwendung des § 31 EBRG statt aller *Bachner* in Däubler/Kittner/Klebe/Wedde, BetrVG, 14. Aufl. 2014, § 31 EBRG Rz. 4; *Oetker* in GK-BetrVG, 10. Aufl. 2014, § 31 EBRG Rz. 5 f. m.w.N.
15 So auch *Habersack* in Ulmer/Habersack/Henssler, § 39 SEBG Rz. 2; *von der Heyde*, Beteiligung, S. 270; *Hohenstatt/Dzida* in Henssler/Willemsen/Kalb, ArbR-Komm., SEBG Rz. 53; *Hohenstatt/Müller-Bonanni* in Habersack/Drinhausen, § 39 SEBG Rz. 6; *Jacobs* in MünchKomm. AktG, 3. Aufl., § 39 SEBG Rz. 2; *Joost* in Oetker/Preis, EAS, B 8200, Rz. 198; *Kleinmann/Kujath* in Manz/Mayer/Schröder, § 39 SEBG Rz. 3; *Kuffner*, Beteiligung der Arbeitnehmer, S. 199; *Kühn* in Annuß/Kühn/Rudolph/Rupp, EBRG, § 39 SEBG Rz. 7; s. bereits *Heinze*, ZGR 2002, 66, 86; a.A. *Feuerborn* in KölnKomm. AktG, 3. Aufl., § 39 SEBG Rz. 12, 14; *Güntzel*, Richtlinie, S. 482 ff.; *Hennings* in Manz/Mayer/Schröder, 1. Aufl. 2005, Art. 8 SE-RL Rz. 20; *Kiehn*, Beteiligung, S. 131 f.; *Kienast* in Jannott/Frodermann, Handbuch Europäische Aktiengesellschaft, Kap. 13 Rz. 346; *Plum*, Tendenzschutz im europäischen Arbeitsrecht, 2011, S. 166 f.; *Schwarz*, SE-VO, Einleitung Rz. 300; *Wirtz*, SE-Betriebsrat, S. 224 f.
16 Hierfür aber *Henssler* in Ulmer/Habersack/Henssler, Mitbestimmungsrecht, 2. Aufl. 2006, Einl. SEBG Rz. 198, 199; *Nagel* in Nagel/Freis/Kleinsorge, Beteiligung der Arbeitnehmer, § 39 SEBG Rz. 8, 12 f., 18 f.; *Plum*, Tendenzschutz im europäischen Arbeitsrecht, 2011, S. 425; ebenso im Hinblick auf § 39 Abs. 1 Nr. 2 SEBG *Feuerborn* in KölnKomm. AktG, 3. Aufl., § 39 SEBG Rz. 14; *Wirtz*, SE-Betriebsrat, S. 224 f.; a.A. *Habersack* in Ulmer/Habersack/Henssler, Mitbestimmungsrecht, § 39 SEBG Rz. 2; *Hohenstatt/Dzida* in Henssler/Willemsen/Kalb, ArbR-Komm., SEBG Rz. 53; *Hohenstatt/Müller-Bonanni* in Habersack/Drinhausen, § 39 SEBG Rz. 6; *Kleinmann/Kujath* in Manz/Mayer/Schröder, § 39 SEBG Rz. 3; *Kühn* in Annuß/Kühn/Rudolph/Rupp, EBRG, § 39 SEBG Rz. 7 sowie im Hinblick auf § 39 Abs. 1 Nr. 1 SEBG *Feuerborn* in KölnKomm. AktG, 3. Aufl., § 39 SEBG Rz. 13.
17 *Habersack* in Ulmer/Habersack/Henssler, Mitbestimmungsrecht, § 39 SEBG Rz. 2; ebenso im Hinblick auf § 39 Abs. 1 Nr. 1 SEBG *Feuerborn* in KölnKomm. AktG, 3. Aufl., § 39 SEBG Rz. 13.
18 *Habersack* in Ulmer/Habersack/Henssler, Mitbestimmungsrecht, § 39 SEBG Rz. 3; *Hohenstatt/Müller-Bonanni* in Habersack/Drinhausen, § 39 SEBG Rz. 4; *Jacobs* in MünchKomm. AktG, 3. Aufl., § 39 SEBG Rz. 3.

ven oder erzieherischen Bestimmungen dient, so dass der absolute Tendenzschutz bereits aus § 39 Abs. 1 Nr. 1 SEBG folgt.

Wegen § 3 Abs. 1 Satz 1 SEBG gilt der Tendenzschutz durch § 39 Abs. 1 SEBG ausschließlich für eine SE, die ihren **Sitz im Inland** hat. Dies folgt zudem aus der Rechtsfolge, die sich auf die gesetzliche Auffangregelung für die Mitbestimmung im Aufsichts- oder Vertretungsorgan der SE beschränkt und insbesondere dessen Zusammensetzung betrifft. Keine Anwendung findet § 39 Abs. 1 SEBG deshalb bei einer SE mit **Sitz in einem anderen Mitgliedstaat.** Das gilt nicht nur, wenn es sich um eine „tendenzfreie" SE handelt, sondern auch, wenn die SE einen von § 39 Abs. 1 SEBG geschützten Unternehmenszweck verfolgt, das Recht des Sitzstaates jedoch keinen mit § 39 SEBG vergleichbaren Tendenzschutz kennt[19]. Die gegenteilige Ansicht lässt sich nicht auf § 3 Abs. 1 Satz 2 SEBG stützen[20], weil der Zweck des § 39 Abs. 1 SEBG nicht im Entzug der Mitbestimmungsrechte, sondern in dem Schutz der unternehmerischen Entscheidung besteht. Wird dieser in einem anderen Mitgliedstaat nicht gewährt, dann ist es auch nicht gerechtfertigt, den in Deutschland beschäftigten Arbeitnehmern die Mitbestimmung in dem Aufsichts- oder Verwaltungsorgan der SE vorzuenthalten. 10

Umgekehrt führt die Einbeziehung einer inländischen SE in den Tendenzschutz des § 39 Abs. 1 SEBG dazu, dass bei dieser der „Abschnitt 2" insgesamt nicht anzuwenden ist. Das gilt nicht nur im Hinblick auf Arbeitnehmer, die in tendenzfreien Unternehmen oder Betrieben im Inland beschäftigt sind, sondern trotz § 3 Abs. 1 Satz 2 SEBG auch für die **Arbeitnehmer in anderen Mitgliedstaaten**[21], da die Anwendung der dort geltenden gesetzlichen Bestimmungen voraussetzt, dass die §§ 34 ff. SEBG bei der SE überhaupt ihre Geltung entfalten. Ist dies wegen § 39 Abs. 1 SEBG nicht der Fall, dann sind auch die hierauf bezogenen Rechtsvorschriften anderer Mitgliedstaaten nicht anzuwenden[22]. 11

Für das Eingreifen des absoluten Tendenzschutzes sind ausschließlich die **Verhältnisse bei der SE** relevant[23]. Ohne Bedeutung ist deshalb, ob die an der Gründung der SE beteiligten Gesellschaften unmittelbar und überwiegend eine von § 39 Abs. 1 SEBG geschützte Tendenz verfolgen. Entsprechendes gilt auch im Hinblick auf **Tochtergesellschaften der SE**, sofern diese Tendenzunternehmen nicht zugleich die unternehmerische Tendenz der SE prägen[24]. 12

Gesetzlich ungeregelt sind **spätere Änderungen des Unternehmens**, die für das Eingreifen des Tendenzschutzes relevant sind. Entfallen die Voraussetzungen für einen Tendenzschutz (Herauswachsen), so ist dies nur dann von Bedeutung, wenn sich die Beteiligung der Arbeitnehmer nach der gesetzlichen Auffangregelung richtete. Da diese nunmehr uneingeschränkt eingreifen kann, ist das Aufsichts- oder Verwaltungsorgan nicht mehr nach den maßgebenden gesetzlichen Vorschriften zusammengesetzt, so dass zwecks Anwendung der gesetzlichen Auffangregelung ein Statusver- 13

---

19 Ebenso *Köklü* in Van Hulle/Maul/Drinhausen, Kap. 6 Rz. 248.
20 So aber *Habersack* in Ulmer/Habersack/Henssler, Mitbestimmungsrecht, § 39 SEBG Rz. 4; *Jacobs* in MünchKomm. AktG, 3. Aufl., § 39 SEBG Rz. 4.
21 *Plum*, Tendenzschutz im europäischen Arbeitsrecht, 2011, S. 171.
22 Ebenso *Habersack* in Ulmer/Habersack/Henssler, Mitbestimmungsrecht, § 39 SEBG Rz. 4; a.A. *Plum*, Tendenzschutz im europäischen Arbeitsrecht, 2011, S. 165 f.; *Jacobs* in MünchKomm. AktG, 3. Aufl., § 39 SEBG Rz. 4.
23 Ebenso *Köklü* in Van Hulle/Maul/Drinhausen, Kap. 6 Rz. 245; *Kühn* in Annuß/Kühn/Rudolph/Rupp, EBRG, § 39 SEBG Rz. 3.
24 *Kühn* in Annuß/Kühn/Rudolph/Rupp, EBRG, § 39 SEBG Rz. 3; zur Paralleldiskussion im MitbestG s. *Oetker*, Erfkomm. ArbR, 15. Aufl. 2015, § 5 MitbestG Rz. 15 f.

fahren einzuleiten ist²⁵. Entsprechendes gilt auch in der umgekehrten Konstellation, dass die SE nachträglich dem Tendenzschutz durch § 39 Abs. 1 SEBG unterliegt (Hineinwachsen). In diesem Fall führt § 39 Abs. 1 SEBG dazu, dass die Voraussetzungen für die Anwendung der gesetzlichen Auffangregelung entfallen, so dass über das Statusverfahren ein Wechsel zu einem Aufsichts- oder Verwaltungsorgan ohne Arbeitnehmerbeteiligung einzuleiten ist.

III. Anhörung und Unterrichtung der Arbeitnehmer (§ 39 Abs. 2 SEBG)

14   Im Unterschied zur Mitbestimmung der Arbeitnehmer gelangen die Vorschriften zur Bildung eines SE-Betriebsrates kraft Gesetzes grundsätzlich auch bei den von § 39 Abs. 1 SEBG erfassten Unternehmen zur Anwendung²⁶. Das SEBG beschränkt die Unterrichtung und Anhörung des SE-Betriebsrates jedoch auf die in § 39 Abs. 2 SEBG genannten Gegenstände und grenzt diese zudem auf den Ausgleich oder die Milderung wirtschaftlicher Nachteile ein²⁷. Der durch § 39 Abs. 2 SEBG begründete Tendenzschutz ist mit dem parallelen Vorbehalt für den Europäischen Betriebsrat kraft Gesetzes identisch, den § 31 EBRG begründet.

---

25 Das gilt allerdings dann nicht, wenn bereits bei der Gründungsgesellschaft wegen des Tendenzschutzes keine Mitbestimmung der Arbeitnehmer bestand, da die gesetzliche Auffangregelung denknotwendig voraussetzt, dass bei dem Gründungsgesellschafter eine Regelung zur Mitbestimmung Anwendung fand. Siehe dazu auch *Rieble*, AG 2014, 224 ff., 231 f.; ebenso *Habersack* in Bergmann u.a., 10 Jahre SE, S. 9, 17.

26 *Feuerborn* in KölnKomm. AktG, 3. Aufl., § 39 SEBG Rz. 1, 17; *Habersack* in Ulmer/Habersack/Henssler, Mitbestimmungsrecht, § 39 SEBG Rz. 6; *Hohenstatt/Müller-Bonanni* in Habersack/Drinhausen, § 39 SEBG Rz. 5; *Jacobs* in MünchKomm. AktG, 3. Aufl., § 39 SEBG Rz. 11.

27 S. näher z.B. *Jacobs* in MünchKomm. AktG, 3. Aufl., § 39 SEBG Rz. 12 f.; *Kiehn*, Beteiligung, S. 135 f.; *Kühn* in Annuß/Kühn/Rudolph/Rupp, EBRG, § 39 SEBG Rz. 8; *Wirtz*, SE-Betriebsrat, S. 222 ff.

Teil 4. Grundsätze der Zusammenarbeit und Schutzbestimmungen

§ 40
Vertrauensvolle Zusammenarbeit

Die Leitung der SE und der SE-Betriebsrat oder die Arbeitnehmervertreter im Rahmen eines Verfahrens zur Unterrichtung und Anhörung arbeiten zum Wohl der Arbeitnehmer und des Unternehmens oder der Unternehmensgruppe vertrauensvoll zusammen.

I. Allgemeines	1	III. Grundsätze vertrauensvoller Zusammenarbeit	7
II. Personelle Reichweite der Vorschrift	6		

Literatur: S. Vor § 1 SEBG.

I. Allgemeines

Die Vorschrift erhebt den Grundsatz vertrauensvoller Zusammenarbeit zur prägenden Leitmaxime und überträgt damit § 2 Abs. 1 BetrVG in das SEBG[1]; Entsprechendes gilt nach § 13 Abs. 1 Satz 2 SEBG für das Verhältnis zwischen den Leitungen der an der Gründung der SE beteiligten Gesellschaften und dem BVG (s. dazu § 13 SEBG Rz. 6 ff.). Für die Mitbestimmung der Arbeitnehmer in dem Aufsichts- oder Verwaltungsorgan der SE ist § 40 SEBG jedoch ohne Bedeutung (s. unten Rz. 6).   1

Mit § 40 SEBG setzt das SEBG die Vorgabe in **Art. 9 SE-RL** um. Dieser lautet: 2

„Das zuständige Organ der SE und das Vertretungsorgan arbeiten mit dem Willen zur Verständigung unter Beachtung ihrer jeweiligen Rechte und Pflichten zusammen.
Das Gleiche gilt für die Zusammenarbeit zwischen dem Aufsichts- oder dem Verwaltungsorgan der SE und den Arbeitnehmervertretern im Rahmen eines Verfahrens zur Unterrichtung und Anhörung der Arbeitnehmer."

Die Regelung in Art. 9 SE-RL hat die **SCE-RL** mit identischem Wortlaut in Art. 11 übernommen[2]; Art. 16 Abs. 3 **Verschmelzungs-RL 2005/56/EG** hat Art. 9 SE-RL aus den in Bezug genommenen Vorschriften ausgeklammert, was aufgrund der personellen Reichweite des § 40 SEBG (dazu unten Rz. 6) und der Beschränkung der Verschmelzungs-RL auf die Mitbestimmung (s. oben Vor § 1 SEBG Rz. 36) gerechtfertigt ist.   3

Den **Grundsatz vertrauensvoller Zusammenarbeit** erhebt auch **§ 34 EBRG** zur Leitmaxime für die Zusammenarbeit zwischen der zentralen Leitung und dem Europäischen Betriebsrat bzw. einem stattdessen vereinbarten Verfahren zur Unterrichtung und Anhörung.   4

Die Parallelnorm in **Österreich** (§ 214 ArbVG) entspricht inhaltlich § 40 SEBG, lehnt sich im Hinblick auf ihren Wortlaut jedoch enger an Art. 9 SE-RL an und verpflichtet   5

---
[1] Begr. RegE, BT-Drucks. 15/3405, S. 56.
[2] Ebenso die Umsetzung in § 42 SCEBG, der mit § 40 SEBG übereinstimmt.

die Beteiligten dazu, „mit dem Willen zur Verständigung unter Beachtung ihrer jeweiligen Rechte und gegenseitigen Pflichten zusammenzuarbeiten".

II. Personelle Reichweite der Vorschrift

6 Für die **Mitbestimmung der Arbeitnehmer** in der SE hat § 40 SEBG keine Bedeutung, weil sich die Vorschrift nach ihrem Wortlaut ausschließlich an den SE-Betriebsrat bzw. die Arbeitnehmervertreter im Rahmen eines Verfahrens zur Unterrichtung und Anhörung richtet und damit nicht die **Arbeitnehmervertreter** erfasst, die dem **Aufsichts- oder Verwaltungsorgan der SE** angehören[3]. Als Organmitglieder sind sie aber stets verpflichtet, ihr Verhalten an dem Interesse der SE auszurichten[4]. Auch Art. 9 SE-RL gebietet keine Einbeziehung der Arbeitnehmervertreter im Aufsichts- oder Verwaltungsorgan in den Anwendungsbereich des § 40 SEBG, da die Bestimmung der Richtlinie nur das Vertretungsorgan (= SE-Betriebsrat, vgl. Art. 2 lit. f SE-RL) und die Arbeitnehmervertreter im Rahmen eines Verfahrens zur Unterrichtung und Anhörung als Adressaten benennt. Dementsprechend erfasst auch die Parallelnorm in Österreich (§ 214 ArbVG) nicht die Arbeitnehmervertreter im Aufsichts- oder Verwaltungsorgan der SE; sie zählen nicht zu den Organen der Arbeitnehmerschaft i.S. des § 211 ArbVG.

III. Grundsätze vertrauensvoller Zusammenarbeit

7 Sowohl der mit § 2 Abs. 1 BetrVG vergleichbare Wortlaut als auch der mit dieser Norm übereinstimmende Zweck rechtfertigen es, die zu § 2 Abs. 1 BetrVG entwickelten Grundsätze im Rahmen von § 40 SEBG entsprechend zur Anwendung zu bringen[5].

§ 41
Geheimhaltung; Vertraulichkeit

(1) Informationspflichten der Leitungen und der Leitung der SE nach diesem Gesetz bestehen nur, soweit bei Zugrundelegung objektiver Kriterien dadurch nicht Betriebs- oder Geschäftsgeheimnisse der an der Gründung beteiligten Gesellschaften, der SE oder deren jeweiliger Tochtergesellschaften und Betriebe gefährdet werden.

---

[3] *Feuerborn* in KölnKomm. AktG, 3. Aufl., § 40 SEBG Rz. 6; *Habersack* in Ulmer/Habersack/Henssler, Mitbestimmungsrecht, § 40 SEBG Rz. 1; *Hohenstatt/Müller-Bonanni* in Habersack/Drinhausen, § 40 SEBG Rz. 1; *Jacobs* in MünchKomm. AktG, 3. Aufl., § 40 SEBG Rz. 7; *Kleinmann/Kujath* in Manz/Mayer/Schröder, § 40 SEBG Rz. 2; *Otto* in Gaul/Ludwig/Forst, Europäisches Mitbestimmungsrecht, § 2 Rz. 570. Unzutreffend deshalb Begr. RegE, BT-Drucks. 15/3405, S. 56, wonach § 40 SEBG den Grundsatz der vertrauensvollen Zusammenarbeit übertragen soll, was jedoch im Gesetzestext keinen Niederschlag gefunden hat.
[4] Zutreffend *Feuerborn* in KölnKomm. AktG, 3. Aufl., § 40 SEBG Rz. 6; *Habersack* in Ulmer/Habersack/Henssler, Mitbestimmungsrecht, § 40 SEBG Rz. 1; *Hohenstatt/Müller-Bonanni* in Habersack/Drinhausen, § 40 SEBG Rz. 1; *Jacobs* in MünchKomm. AktG, 3. Aufl., § 40 SEBG Rz. 7; *Kleinmann/Kujath* in Manz/Mayer/Schröder, § 40 SEBG Rz. 2.
[5] So auch *Feuerborn* in KölnKomm. AktG, 3. Aufl., § 40 SEBG Rz. 4; *Habersack* in Ulmer/Habersack/Henssler, Mitbestimmungsrecht, § 40 SEBG Rz. 1; *Hohenstatt/Müller-Bonanni* in Habersack/Drinhausen, § 40 SEBG Rz. 1; *Jacobs* in MünchKomm. AktG, 3. Aufl., § 40 SEBG Rz. 1; *Joost* in Oetker/Preis, EAS, B 8200, Rz. 239; *Otto* in Gaul/Ludwig/Forst, Europäisches Mitbestimmungsrecht, § 2 Rz. 571. Näher zu § 2 BetrVG z.B. *Franzen* in GK-BetrVG, 10. Aufl. 2014, § 2 BetrVG Rz. 3 ff.

§ 41 SEBG

(2) Die Mitglieder und Ersatzmitglieder eines SE-Betriebsrats sind unabhängig von ihrem Aufenthaltsort verpflichtet, Betriebs- oder Geschäftsgeheimnisse, die ihnen wegen ihrer Zugehörigkeit zum SE-Betriebsrat bekannt geworden und von der Leitung der SE ausdrücklich als geheimhaltungsbedürftig bezeichnet worden sind, nicht zu offenbaren und nicht zu verwerten. Dies gilt auch nach dem Ausscheiden aus dem SE-Betriebsrat.

(3) Die Pflicht zur Vertraulichkeit des SE-Betriebsrats nach Absatz 2 gilt nicht gegenüber den

1. Mitgliedern des SE-Betriebsrats;
2. Arbeitnehmervertretern der SE, ihrer Tochtergesellschaften und Betriebe, wenn diese aufgrund einer Vereinbarung nach § 21 oder nach § 30 über den Inhalt der Unterrichtung und die Ergebnisse der Anhörung zu informieren sind;
3. Arbeitnehmervertretern im Aufsichts- oder Verwaltungsorgan der SE sowie
4. Dolmetschern und Sachverständigen, die zur Unterstützung herangezogen werden.

(4) Die Pflicht zur Vertraulichkeit nach Absatz 2 gilt entsprechend für

1. die Mitglieder und Ersatzmitglieder des besonderen Verhandlungsgremiums;
2. die Arbeitnehmervertreter der SE, ihrer Tochtergesellschaften und Betriebe;
3. die Arbeitnehmervertreter, die in sonstiger Weise an einem Verfahren zur Unterrichtung und Anhörung teilnehmen;
4. die Sachverständigen und Dolmetscher.

(5) Die Ausnahme von der Pflicht zur Vertraulichkeit nach Absatz 3 Nr. 1 gilt für den Personenkreis nach Absatz 4 Nr. 1 bis 3 entsprechend. Die Pflicht zur Vertraulichkeit gilt ferner nicht für

1. die Mitglieder des besonderen Verhandlungsgremiums gegenüber Dolmetschern und Sachverständigen;
2. die Arbeitnehmervertreter nach Absatz 4 Nr. 3 gegenüber Arbeitnehmervertretern im Aufsichts- oder Verwaltungsorgan der SE, gegenüber Dolmetschern und Sachverständigen, die vereinbarungsgemäß zur Unterstützung herangezogen werden und gegenüber Arbeitnehmervertretern der SE, ihrer Tochtergesellschaften und Betriebe, sofern diese nach der Vereinbarung (§ 21) über den Inhalt der Unterrichtungen und die Ergebnisse der Anhörung zu unterrichten sind.

I. Allgemeines 1	1. Personelle Reichweite der Verschwiegenheitpflicht
II. Gefährdung von Betriebs- und Geschäftsgeheimnissen als Schranke der Informationspflichten (§ 41 Abs. 1 SEBG) 6	a) Verpflichteter Personenkreis 10
	b) Personelle Ausnahmen........ 12
	2. Verletzungshandlungen 14
III. Verschwiegenheitspflicht nach § 41 Abs. 2 SEBG	3. Rechtsfolgen bei Pflichtverletzungen 15

Literatur: S. Vor § 1 SEBG.

I. Allgemeines

Die Vorschrift betrifft den Schutz der Betriebs- und Geschäftsgeheimnisse der SE, bleibt jedoch hinsichtlich der Verschwiegenheitspflicht für die Arbeitnehmervertre-

1

ter in dem Aufsichts- oder Verwaltungsorgan deutlich hinter dem Schutz durch Art. 49 SE-VO zurück (s. dazu Art. 49 SE-VO Rz. 1 ff.). Zum Schutz der Betriebs- und Geschäftsgeheimnisse greift § 41 SEBG auf zwei Instrumente zurück. Erstens stellt § 41 Abs. 1 SEBG die an die Leitungen der beteiligten Gesellschaften bzw. die Leitung der SE gerichteten Informationspflichten unter den Vorbehalt, dass die Weitergabe nicht zu einer Gefährdung des Geheimnischarakters führt (s. unten Rz. 6 ff.). Zweitens erlegen § 41 Abs. 2 und 4 SEBG den Empfängern der Information eine umfassende Verschwiegenheitspflicht auf (dazu unten Rz. 10 ff.), deren Einhaltung § 45 SEBG absichert, indem er die Verletzung der Verschwiegenheitspflicht unter Strafe stellt (s. auch unten Rz. 15).

2 Mit § 41 SEBG setzt das SEBG **Art. 8 Abs. 1 und 2 SE-RL** um, die folgenden Wortlaut haben:

„(1) Die Mitgliedstaaten sehen vor, dass den Mitgliedern des besonderen Verhandlungsgremiums und des Vertretungsorgans sowie den sie unterstützenden Sachverständigen nicht gestattet wird, ihnen als vertraulich mitgeteilte Informationen an Dritte weiterzugeben.

Das Gleiche gilt für die Arbeitnehmervertreter im Rahmen eines Verfahrens zur Unterrichtung und Anhörung.

Diese Verpflichtung besteht unabhängig von dem Aufenthaltsort der betreffenden Personen und auch nach Ablauf ihres Mandats weiter.

(2) Jeder Mitgliedstaat sieht vor, dass das Aufsichts- oder das Verwaltungsorgan einer SE oder einer beteiligten Gesellschaft mit Sitz in seinem Hoheitsgebiet in besonderen Fällen und unter den Bedingungen und Beschränkungen des einzelstaatlichen Rechts Informationen nicht weiterleiten muss, wenn deren Bekanntwerden bei Zugrundelegung objektiver Kriterien den Geschäftsbetrieb der SE (oder gegebenenfalls der beteiligten Gesellschaft) oder ihrer Tochtergesellschaften und Betriebe erheblich beeinträchtigen oder ihnen schaden würde.

Jeder Mitgliedstaat kann eine solche Freistellung von einer vorherigen behördlichen oder gerichtlichen Genehmigung abhängig machen."

3 Die Vorgaben in Art. 8 Abs. 1 und 2 SE-RL hat **Art. 10 Abs. 1 SCE-RL** mit identischem Wortlaut übernommen[1]. Auch **Art. 16 Abs. 3 Verschmelzungs-RL 2005/56/EG** verweist auf die zitierten Bestimmungen der SE-RL[2].

4 Die Regelungen in § 41 SEBG stimmen weitgehend mit identischem Wortlaut mit denen in **§ 35 EBRG** (= § 39 EBRG a.F.) überein, wobei Abs. 2 der Vorschrift die Bestimmungen in § 41 Abs. 2 und 3 SEBG in einem Absatz zusammenfasst. Im Übrigen ist zur Konkretisierung des § 41 SEBG auf die Auslegung des § 36 EBRG zurückzugreifen[3].

5 In **Österreich** beschränken sich die Vorschriften zur Umsetzung der SE-RL auf deren Art. 8 Abs. 1 und die dort geregelte Verschwiegenheitspflicht; § 250 ArbVG erklärt insoweit die allgemeine Bestimmung in § 115 Abs. 4 ArbVG mit geringen Modifikationen für entsprechend anwendbar. Wie § 41 Abs. 2 SEBG (s. unten Rz. 10) bezieht auch § 250 ArbVG die Arbeitnehmervertreter im Aufsichts- oder Verwaltungsorgan der SE nicht in die Verschwiegenheitspflicht ein. Statt dessen gilt für sie bei der dualistisch strukturierten SE die Pflicht zur Verschwiegenheit nach § 99 öAktG i.V.m. § 84 Abs. 1 Satz 2 öAktG, die nach § 55 SEG für die Mitglieder des Verwaltungsrates entsprechend gilt und sich auch auf die Arbeitnehmervertreter im Aufsichts- bzw. Verwaltungsrat erstreckt[4]. Einen mit § 41 Abs. 1 SEBG bzw. Art. 8 Abs. 2 SE-RL ver-

---

1 Dementsprechend stimmt § 43 SCEBG mit § 41 SEBG wörtlich nahezu überein.
2 Zur Umsetzung s. § 31 MgVG.
3 Zustimmend *Habersack* in Ulmer/Habersack/Henssler, Mitbestimmungsrecht, § 41 SEBG Rz. 1.
4 So für § 55 SEG *Kalss/Greda* in Kalss/Hügel, § 55 SEG Rz. 16.

gleichbaren Geheimhaltungsvorbehalt im Hinblick auf die Informationspflichten kennt das österreichische Recht nicht.

II. Gefährdung von Betriebs- und Geschäftsgeheimnissen als Schranke der Informationspflichten (§ 41 Abs. 1 SEBG)

Soweit das SEBG für die Leitungen der beteiligten Gesellschaften bzw. die Leitung der SE Informationspflichten begründet, stehen diese unter dem Vorbehalt einer Gefährdung der Betriebs- oder Geschäftsgeheimnisse (§ 41 Abs. 1 SEBG). Das betrifft nicht nur die Informationspflichten gegenüber dem SE-Betriebsrat, sondern auch diejenigen, die das SEBG für die **Einleitung und Durchführung des Verhandlungsverfahrens** begründet (s. z.B. § 4 Abs. 1 Satz 2 und Abs. 3 SEBG, § 13 Abs. 2 Satz 1 und 2 SEBG)[5]. Diese Ausdehnung des Geheimnisschutzes ergibt sich nicht nur aus der systematischen Stellung der Vorschrift, sondern auch aus der Bezugnahme in § 41 Abs. 1 SEBG auf die „Leitungen". Damit geht das SEBG über § 35 Abs. 1 EBRG hinaus, der den Vorbehalt zum Schutz der Betriebs- und Geschäftsgeheimnisse ausdrücklich nur auf die Unterrichtung und Anhörung erstreckt, hingegen nicht die Informationspflichten einschränkt, die sich auf die Bildung des BVG sowie dessen Aufgabenerfüllung beziehen.

6

Der Geheimhaltungsvorbehalt in § 41 Abs. 1 SEBG besteht nicht für alle Betriebs- und Geschäftsgeheimnisse, die Inhalt der geschuldeten Information sein können. Hinzukommen muss, dass infolge der Offenbarung der Tatsachen gegenüber dem im Gesetz genannten Adressaten eine **Gefährdung des Geheimnischarakters** zu befürchten ist. Im Unterschied zu vergleichbaren Vorbehalten in § 35 Abs. 1 EBRG sowie § 106 Abs. 2 BetrVG fordert § 41 Abs. 1 SEBG hierfür ausdrücklich **objektive Kriterien**; rein subjektive Befürchtungen oder Vermutungen reichen nicht aus[6]. Diese Ergänzung rechtfertigt allerdings keinen Rückschluss für die vorgenannten Geheimhaltungsvorbehalte; auch dort besteht die Notwendigkeit einer Gefährdung, die anhand objektiver Kriterien nachprüfbar ist[7]. Die von § 41 Abs. 1 SEBG geforderte „Zugrundelegung objektiver Kriterien" stellt dies lediglich klar.

7

Bezüglich der von § 41 Abs. 1 SEBG geschützten **Betriebs- oder Geschäftsgeheimnisse** gelten die allgemeinen Grundsätze[8]. Entsprechendes gilt für den **Gefährdungstatbestand**, wobei dieser vor allem erfüllt ist, wenn konkrete Anhaltspunkte dafür bestehen, dass es bei einer Offenbarung der Betriebs- oder Geschäftsgeheimnisse zu einer Verletzung der Verschwiegenheitspflicht durch den Empfänger der Information kommen wird; ggf. können dies frühere Verletzungen der Verschwiegenheitspflicht indizieren[9].

8

Im Unterschied zu den §§ 106 ff. BetrVG kennt § 41 Abs. 1 SEBG, der insoweit mit § 35 Abs. 1 EBRG übereinstimmt, kein spezielles Procedere, wenn eine **Information unter Hinweis auf die Geheimhaltungspflicht nicht erteilt** wird. Von einer Übernah-

9

---

5 Im Grundsatz auch *Jacobs* in MünchKomm. AktG, 3. Aufl., § 41 SEBG Rz. 2; *Nagel* in Nagel/Freis/Kleinsorge, Beteiligung der Arbeitnehmer, § 41 SEBG Rz. 1.
6 Begr. RegE, BT-Drucks. 15/3405, S. 56; ebenso *Feuerborn* in KölnKomm. AktG, 3. Aufl., § 41 SEBG Rz. 7; *Hohenstatt/Müller-Bonanni* in Habersack/Drinhausen, § 41 SEBG Rz. 2; *Kleinmann/Kujath* in Manz/Mayer/Schröder, § 41 SEBG Rz. 2; *Middendorf* in Grobys/Panzer, Stichwortkommentar Arbeitsrecht, 2012, § 79 Rz. 60.
7 *Oetker* in GK-BetrVG, 10. Aufl. 2014, § 106 BetrVG Rz. 102 sowie *Oetker* in FS Wißmann, 2005, S. 396, 401.
8 S. Begr. RegE, BT-Drucks. 15/3405, S. 5; ferner *Krieger/Sailer-Coceani* in K. Schmidt/Lutter, AktG, § 93 Rz. 22 ff.
9 Näher dazu *Oetker* in FS Wißmann, 2005, S. 396, 401 ff.

me des in § 109 BetrVG geregelten Verfahrens[10] hat der Gesetzgeber bereits bei Schaffung des EBRG abgesehen, was vereinzelt zum Anlass genommen wurde, eine analoge Anwendung des § 109 BetrVG im Rahmen des § 35 Abs. 1 EBRG bzw. § 39 Abs. 1 EBRG a.F. zu fordern[11]. Auch zu § 41 Abs. 1 SEBG ist diese Forderung erhoben worden[12]. Angesichts der Möglichkeit, unterbliebene Informationen mittels eines arbeitsgerichtlichen Beschlussverfahrens zu erzwingen, legitimieren die Vorgaben des Gemeinschaftsrechts jedoch nicht dazu, rechtsfortbildend das in § 109 BetrVG ausgestaltete Verfahren für § 41 Abs. 1 SEBG zu adaptieren[13].

III. Verschwiegenheitspflicht nach § 41 Abs. 2 SEBG

1. Personelle Reichweite der Verschwiegenheitspflicht

a) Verpflichteter Personenkreis

10 In die auf Betriebs- und Geschäftsgeheimnisse bezogene Verschwiegenheitspflicht des § 41 Abs. 2 SEBG sind primär die **Mitglieder** und **Ersatzmitglieder** des **SE-Betriebsrates** einbezogen (§ 41 Abs. 2 SEBG); sie gilt in gleicher Weise für die **Mitglieder** und **Ersatzmitglieder** des **BVG** (§ 41 Abs. 4 Nr. 1 SEBG), sofern diese im Rahmen ihrer Tätigkeit überhaupt Kenntnis von Betriebs- oder Geschäftsgeheimnissen erlangen. In Betracht kommt dies bei der Unterrichtung nach § 13 Abs. 2 Satz 1 und 2 SEBG, wobei für die Begründung der Verschwiegenheitspflicht neben dem Geheimnischarakter und einem objektiven Geheimhaltungsinteresse der Gesellschaft[14] hinzukommen muss, dass die Leitung der beteiligten Gesellschaft die entsprechende Tatsache ausdrücklich als geheimhaltungsbedürftig erklärt (**formeller Geheimnisbegriff**). Für die insoweit bestehenden Anforderungen gelten die Grundsätze zu § 79 BetrVG[15] im Rahmen von § 41 Abs. 2 SEBG entsprechend[16]. Unter dieser Voraussetzung bleibt die Verschwiegenheitspflicht nach Beendigung der Mitgliedschaft in dem BVG (s. dazu § 4 SEBG Rz. 7) bestehen (§ 41 Abs. 4 SEBG i.V.m. § 41 Abs. 2 Satz 2 SEBG).

11 Soweit § 41 Abs. 4 Nr. 2 und 3 SEBG die Verschwiegenheitspflicht auf „**Arbeitnehmervertreter**" ausdehnen, meint das Gesetz nicht die dem Aufsichts- oder Verwaltungsorgan der SE angehörenden Arbeitnehmervertreter. Andernfalls hätte es angesichts der gesonderten Benennung dieser Personengruppe in § 41 Abs. 3 Nr. 3 SEBG nahegelegen, die dort so benannten „Arbeitnehmervertreter im Aufsichts- oder Verwaltungsorgan der SE" eigenständig als Personengruppe in die Aufzählung des § 41

---

10 Zu dessen Bedeutung für den Geheimhaltungsvorbehalt in § 106 Abs. 2 BetrVG BAG v. 8.8.1989 – 1 ABR 61/88, AP Nr. 6 zu § 106 BetrVG 1972; BAG v. 11.7.2000 – 1 ABR 43/99, AP Nr. 2 zu § 109 BetrVG 1972 sowie *Oetker* in GK-BetrVG, 10. Aufl. 2014, § 109 BetrVG Rz. 8 m.w.N.
11 So *Kohte*, EuroAS 1996, 115, 119; dagegen jedoch *Hanau* in Hanau/Steinmeyer/Wank, Handbuch des europäischen Arbeits- und Sozialrechts, 2002, § 19 Rz. 78; *Oetker* in GK-BetrVG, 10. Aufl. 2014, § 35 EBRG Rz. 8.
12 S. *Köstler* in Theisen/Wenz, Europäische Aktiengesellschaft, S. 331, 364 f.
13 Zustimmend *Feuerborn* in KölnKomm. AktG, 3. Aufl., § 41 SEBG Rz. 19; *Kiehn*, Beteiligung, S. 145 f.
14 *Feuerborn* in KölnKomm. AktG, 3. Aufl., § 41 SEBG Rz. 12; *Hohenstatt/Müller-Bonanni* in Habersack/Drinhausen, § 41 SEBG Rz. 4; s. ferner *Krieger/Sailer-Coceani* in K. Schmidt/Lutter, AktG, § 93 Rz. 23.
15 Dazu *Oetker* in GK-BetrVG, 10. Aufl. 2014, § 79 BetrVG Rz. 14 ff.
16 *Feuerborn* in KölnKomm. AktG, 3. Aufl., § 41 SEBG Rz. 12; *Joost* in Oetker/Preis, EAS, B 8200, Rz. 241. Ebenso zu § 39 Abs. 2 Satz 1 EBRG a.F. *Blanke*, 2. Aufl. 2006, § 39 EBRG Rz. 8; *C. Müller*, 1997, § 39 EBRG Rz. 4 sowie zu § 35 Abs. 2 Satz 1 EBRG *Oetker* in GK-BetrVG, 10. Aufl. 2014, § 35 EBRG Rz. 5.

Abs. 4 SEBG einzubeziehen. Hiervon konnte der Gesetzgeber schon deshalb absehen, weil für **Arbeitnehmervertreter im Aufsichts- oder Verwaltungsorgan** die allgemeinen gesellschaftsrechtlichen Bestimmungen gelten[17], also § 116 AktG i.V.m. § 93 Abs. 1 Satz 3 AktG bei der dualistisch strukturierten SE und § 39 SEAG i.V.m. § 93 Abs. 1 Satz 3 AktG bei der monistisch verfassten SE sowie für beide Strukturformen Art. 49 SE-VO[18].

b) Personelle Ausnahmen

Im Hinblick auf den internen Kommunikationsfluss[19] zwischen den verschiedenen Gremien der Arbeitnehmer bezieht § 41 Abs. 3 SEBG nicht die **Mitglieder** und **Ersatzmitglieder** des **BVG** in den personellen Ausnahmetatbestand ein, da die Tätigkeit dieses Gremiums mit dem Abschluss des Verhandlungsverfahrens endet (s. § 4 SEBG Rz. 7). Umgekehrt besteht die Verschwiegenheitspflicht für die Mitglieder und Ersatzmitglieder des SE-Betriebsrates nicht im Verhältnis zu den **Arbeitnehmervertretern**, die dem **Aufsichts- oder Verwaltungsorgan der SE** angehören (§ 41 Abs. 3 Nr. 3 SEBG), was mit den vergleichbaren Ausnahmetatbeständen in § 79 Abs. 1 Satz 4 BetrVG, § 35 Abs. 2 Satz 4 EBRG sowie § 29 Abs. 1 Satz 3 SprAuG übereinstimmt[20]. 12

Soweit die **Mitglieder** und **Ersatzmitglieder** des **BVG** zur Verschwiegenheit verpflichtet sind (§ 41 Abs. 4 Nr. 1 SEBG i.V.m. § 41 Abs. 2 SEBG), gelangt die personelle Einschränkung in § 41 Abs. 3 SEBG nur begrenzt zur Anwendung, da § 41 Abs. 5 Satz 1 SEBG diese ausdrücklich auf die Mitglieder des SE-Betriebsrates (§ 41 Abs. 3 Nr. 1 SEBG) beschränkt, was jedoch für Mitglieder des BVG regelmäßig ohne Bedeutung ist (s. oben Rz. 12). Die Verschwiegenheitspflicht besteht für deren Mitglieder und Ersatzmitglieder insbesondere im Verhältnis zu den **Arbeitnehmervertretungen** bei den beteiligten Gesellschaften sowie den betroffenen Tochtergesellschaften und betroffenen Betrieben (Betriebsräte, Sprecherausschüsse). Andererseits bezieht § 41 Abs. 5 Satz 2 Nr. 1 SEBG die von dem BVG hinzugezogenen **Dolmetscher** und **Sachverständigen** (s. § 19 SEBG Rz. 7) in den personellen Ausnahmetatbestand ein. Korrespondierend dazu dehnt § 41 Abs. 4 Nr. 4 SEBG die Verschwiegenheitspflicht auf diesen Personenkreis aus. 13

2. Verletzungshandlungen

Bezüglich der Verletzungshandlungen erfasst § 41 Abs. 2 SEBG sowohl das **Offenbaren** als auch das **Verwerten** des Betriebs- und Geschäftsgeheimnisses und übernimmt damit die Tatbestände in § 79 Abs. 1 BetrVG. Diese Parallelität rechtfertigt es, die dort anerkannten Grundsätze zur Auslegung der Norm[21] für die Anwendung von § 41 Abs. 2 SEBG heranzuziehen (s. auch § 45 SEBG Rz. 4 ff.). 14

---

17 Ebenso Begr. RegE, BT-Drucks. 15/3405, S. 56.
18 Wie hier *Habersack* in Ulmer/Habersack/Henssler, Mitbestimmungsrecht, § 41 SEBG Rz. 1; *Hohenstatt/Müller-Bonanni* in Habersack/Drinhausen, § 41 SEBG Rz. 1; *Jacobs* in MünchKomm. AktG, 3. Aufl., § 41 SEBG Rz. 1; *Kleinmann/Kujath* in Manz/Mayer/Schröder, § 41 SEBG Rz. 5; *Nagel* in Nagel/Freis/Kleinsorge, Beteiligung der Arbeitnehmer, § 41 SEBG Rz. 7 sowie im Ansatz *Feuerborn* in KölnKomm. AktG, 3. Aufl., § 41 SEBG Rz. 4, der jedoch ausschließlich auf Art. 49 SE-VO zurückgreift und diesen als lex specialis bewertet.
19 Begr. RegE, BT-Drucks. 15/3405, S. 56; ferner *Jacobs* in MünchKomm. AktG, 3. Aufl., § 41 SEBG Rz. 7; *Kleinmann/Kujath* in Manz/Mayer/Schröder, § 41 SEBG Rz. 6.
20 Ebenso § 43 Abs. 3 Nr. 3 SCEBG.
21 Näher dazu *Oetker* in GK-BetrVG, 10. Aufl. 2014, § 79 BetrVG Rz. 29 m.w.N.

3. Rechtsfolgen bei Pflichtverletzungen

15 Die in § 41 Abs. 2 SEBG normierte Pflicht zur Verschwiegenheit ist durch § 45 Abs. 1 Nr. 1 und Abs. 2 Nr. 1 SEBG **strafbewehrt**. Aus dem Zweck der Geheimhaltungspflicht folgt ein Anspruch der Leitung der SE auf **Unterlassung**, wenn diese Trägerin des Betriebs- und Geschäftsgeheimnisses ist[22]. Dieser ist nicht durch die neuere Rechtsprechung des BAG zu § 74 Abs. 2 Satz 3 BetrVG in Frage gestellt. Zwar hat es der Siebte Senat in einem Beschluss vom 17.3.2010 abgelehnt, aus dem Zweck der vergleichbaren und an den Betriebsrat sowie dessen Mitglieder adressierten Verbotsnorm einen Unterlassungsanspruch abzuleiten[23], die tragende und auf § 23 Abs. 1 BetrVG gestützte systematische Argumentation des BAG kann für § 41 Abs. 2 SEBG jedoch schon deshalb keine Geltung beanspruchen, weil das SEBG keine mit § 23 Abs. 1 BetrVG vergleichbare Vorschrift kennt[24]. Ferner ist der allenfalls für den Betriebsrat als Organ in Betracht kommende Hinweis auf die fehlende Vollstreckbarkeit eines Unterlassungstitels für § 41 Abs. 2 SEBG bedeutungslos, da sich die hieraus folgende Pflicht zur Verschwiegenheit ausschließlich an die Organmitglieder richtet. Darüber hinaus ist § 41 Abs. 2 SEBG **Schutzgesetz i.S. des § 823 Abs. 2 BGB**[25], so dass bei schuldhafter Pflichtverletzung ein hierdurch adäquat kausal verursachter und in den Schutzbereich einbezogener Schaden auszugleichen ist.

§ 42
Schutz der Arbeitnehmervertreter

Bei der Wahrnehmung ihrer Aufgaben genießen die

1. Mitglieder des besonderen Verhandlungsgremiums;

2. Mitglieder des SE-Betriebsrats;

3. Arbeitnehmervertreter, die in sonstiger Weise bei einem Verfahren zur Unterrichtung und Anhörung mitwirken;

4. Arbeitnehmervertreter im Aufsichts- oder Verwaltungsorgan der SE;

die Beschäftigte der SE, ihrer Tochtergesellschaften oder Betriebe oder einer der beteiligten Gesellschaften, betroffenen Tochtergesellschaften oder betroffenen Betriebe sind, den gleichen Schutz und die gleichen Sicherheiten wie die Arbeitnehmervertreter nach den Gesetzen und Gepflogenheiten des Mitgliedstaats, in dem sie beschäftigt sind. Dies gilt insbesondere für

1. den Kündigungsschutz,

2. die Teilnahme an den Sitzungen der jeweiligen in Satz 1 genannten Gremien und

3. die Entgeltfortzahlung.

---

[22] *Feuerborn* in KölnKomm. AktG, 3. Aufl., § 41 SEBG Rz. 20; *Hohenstatt/Müller-Bonanni* in Habersack/Drinhausen, § 41 SEBG Rz. 6; *Jacobs* in MünchKomm. AktG, 3. Aufl., § 41 SEBG Rz. 9. Ebenso zu § 79 BetrVG BAG v. 26.2.1987 – 6 ABR 46/84, AP Nr. 2 zu § 79 BetrVG 1972; *Oetker* in GK-BetrVG, 10. Aufl. 2014, § 79 BetrVG Rz. 45 m.w.N.

[23] BAG v. 17.3.2010 – 7 ABR 95/08, AP Nr. 12 zu § 74 BetrVG 1972 Rz. 24 ff.; zur berechtigten Kritik gegenüber dieser Judikatur stellvertretend *Kreutz* in GK-BetrVG, 10. Aufl. 2014, § 74 BetrVG Rz. 127.

[24] Zur Parallelproblematik bei einem Verstoß gegen § 79 BetrVG s. *Oetker* in GK-BetrVG, 10. Aufl. 2014, § 79 BetrVG Rz. 69 f.

[25] So auch *Feuerborn* in KölnKomm. AktG, 3. Aufl., § 41 SEBG Rz. 20; *Hohenstatt/Müller-Bonanni* in Habersack/Drinhausen, § 41 SEBG Rz. 6; *Jacobs* in MünchKomm. AktG, 3. Aufl., § 41 SEBG Rz. 9.

I. Allgemeines 1	b) Arbeitnehmervertreter im Aufsichts- oder Verwaltungsorgan der SE 14
II. Gleichstellung mit Arbeitnehmervertretern	
1. Auslegung der Gleichstellungsklausel 6	3. Sitzungsteilnahme (§ 42 Satz 2 Nr. 2 SEBG) 15
2. Kündigungsschutz (§ 42 Satz 2 Nr. 1 SEBG) a) Mitglieder des BVG 9	4. Entgeltfortzahlung (§ 42 Satz 2 Nr. 3 SEBG) 18

Literatur: *Thüsing/Forst*, Kündigung und Kündigungsschutz von Arbeitnehmervertretern in der SE in FS Reuter, 2010, S. 851. S. auch Vor § 1 SEBG.

I. Allgemeines

Die Vorschrift regelt den Schutz der Arbeitnehmervertreter im weitesten Sinne und stellt die in § 42 Satz 1 SEBG aufgezählten Personen insbesondere im Hinblick auf Kündigungsschutz und Entgeltfortzahlung den Arbeitnehmervertretern in den Mitgliedstaaten gleich. Hierfür nimmt § 42 Satz 1 SEBG auf die Gesetze und Gepflogenheiten des Mitgliedstaates Bezug, in dem sie beschäftigt sind. In das geltende Schutzinstrumentarium des deutschen Rechts sind deshalb nicht alle in § 42 Satz 1 SEBG aufgezählten Personen einbezogen, sondern nur diejenigen, die zu der SE oder einer Tochtergesellschaft bzw. einer beteiligten Gesellschaft oder betroffenen Tochtergesellschaft in einem Arbeitsverhältnis stehen und in Deutschland beschäftigt sind[1]. **Gewerkschaftsvertreter**, die nicht in dieser Form durch ein Arbeitsverhältnis mit der SE verbunden sind, gleichwohl aber dem BVG (s. § 6 Abs. 3 SEBG) oder dem Aufsichts- oder Verwaltungsorgan der SE (s. § 36 Abs. 3 Satz 2 SEBG i.V.m. § 6 Abs. 3 SEBG) angehören, sind nicht in den Schutz durch § 42 SEBG einbezogen[2]. Ergänzt wird § 42 SEBG durch den Errichtungs- und Tätigkeitsschutz des § 44 SEBG[3], der neben einem Organschutz auch einen Individualschutz begründet. Dieser ist insbesondere für **Wahlbewerber** zum BVG bedeutsam, da § 42 SEBG diese nicht in seinen Schutzbereich einbezieht[4]. Das gilt ebenfalls für **Mitglieder des Wahlgremiums** (§ 8 SEBG). Der bezüglich der letztgenannten Personengruppe im Schrifttum teilweise befürworteten entsprechenden Anwendung von § 42 SEBG[5] steht die abschließend formulierte Aufzählung der geschützten Personen in § 42 Satz 1 SEBG entgegen[6]. Ohne Bedeutung für die Anwendung von § 42 SEBG ist hingegen, ob die Arbeitnehmervertreter im

1

---

1 *Feuerborn* in KölnKomm. AktG, 3. Aufl., § 42 SEBG Rz. 7; *Hohenstatt/Müller-Bonanni* in Habersack/Drinhausen, § 42 SEBG Rz. 2; *Jacobs* in MünchKomm. AktG, 3. Aufl., § 42 SEBG Rz. 4; *Rupp* in Annuß/Kühn/Rudolph/Rupp, EBRG, § 42 SEBG Rz. 2; s. auch *Nagel* in Nagel/Freis/Kleinsorge, Beteiligung der Arbeitnehmer, § 42 SEBG Rz. 3.
2 Ebenso *Henssler* in Ulmer/Habersack/Henssler, Mitbestimmungsrecht, § 42 SEBG Rz. 2; *Jacobs* in MünchKomm. AktG, 3. Aufl., § 42 SEBG Rz. 4; *Kleinmann/Kujath* in Manz/Mayer/Schröder, § 42 SEBG Rz. 2; *Thüsing/Forst* in FS Reuter, 2010, S. 851, 855 sowie zu Art. 10 SE-RL *Hennings* in Manz/Mayer/Schröder, 1. Aufl. 2005, Art. 10 SE-RL Rz. 1.
3 Begr. RegE, BT-Drucks. 15/3405, S. 56; *Jacobs* in MünchKomm. AktG, 3. Aufl. § 42 SEBG Rz. 1.
4 Für die Anwendung von § 44 SEBG auch *Nagel* in Nagel/Freis/Kleinsorge, Beteiligung der Arbeitnehmer, § 42 SEBG Rz. 8, der jedoch zusätzlich auf § 42 SEBG zurückgreift.
5 Hierfür *Hohenstatt/Müller-Bonanni* in Habersack/Drinhausen, § 42 SEBG Rz. 2; *Jacobs* in MünchKomm. AktG, 3. Aufl., § 42 SEBG Rz. 3, 6; *Nagel* in Nagel/Freis/Kleinsorge, Beteiligung der Arbeitnehmer, § 42 SEBG Rz. 2.
6 Ablehnend auch *Feuerborn* in KölnKomm. AktG, 3. Aufl., § 42 SEBG Rz. 6; *Grobys*, NZA 2005, 84, 91; *Henssler* in Ulmer/Habersack/Henssler, Mitbestimmungsrecht, § 42 SEBG Rz. 3; *Thüsing/Forst* in FS Reuter, 2010, S. 851, 863.

Aufsichts- oder Verwaltungsorgan diesem kraft Gesetzes oder aufgrund einer nach § 21 SEBG abgeschlossenen Beteiligungsvereinbarung angehören (s. aber unten Rz. 8)[7].

2   Mit § 42 SEBG setzt das SEBG die Vorgaben in **Art. 10 SE-RL** um, der folgenden Wortlaut hat:

„Die Mitglieder des besonderen Verhandlungsgremiums, die Mitglieder des Vertretungsorgans, Arbeitnehmervertreter, die bei einem Verfahren zur Unterrichtung und Anhörung mitwirken, und Arbeitnehmervertreter im Aufsichts- oder im Verwaltungsorgan der SE, die Beschäftigte der SE, ihrer Tochtergesellschaften oder Betriebe oder einer der beteiligten Gesellschaften sind, genießen bei der Wahrnehmung ihrer Aufgaben den gleichen Schutz und gleichartige Sicherheiten wie die Arbeitnehmervertreter nach den innerstaatlichen Rechtsvorschriften und/oder Gepflogenheiten des Landes, in dem sie beschäftigt sind.

Dies gilt insbesondere für die Teilnahme an den Sitzungen des besonderen Verhandlungsgremiums oder des Vertretungsorgans an allen sonstigen Sitzungen, die im Rahmen der Vereinbarung nach Artikel 4 Absatz 2 Buchstabe f stattfinden, und an den Sitzungen des Verwaltungs- oder des Aufsichtsorgans sowie für die Lohn- und Gehaltsfortzahlung an die Mitglieder, die Beschäftigte einer der beteiligten Gesellschaften oder der SE oder ihrer Tochtergesellschaften oder Betriebe sind, für die Dauer ihrer zur Wahrnehmung ihrer Aufgaben erforderlichen Abwesenheit."

3   Die **SCE-RL** hat mit identischem Wortlaut Art. 10 SE-RL übernommen (s. Art. 12 SCE-RL); Entsprechendes gilt für die Umsetzung durch das SCEBG, das in § 44 SCEBG eine mit § 42 SEBG übereinstimmende Regelung trifft. Auf Art. 10 SE-RL verweist auch die **Verschmelzungs-RL 2005/56/EG** (s. Art. 16 Abs. 3); beschränkt auf die Mitglieder des besonderen Verhandlungsgremiums sowie die Arbeitnehmervertreter im Aufsichtsorgan der aus einer grenzüberschreitenden Verschmelzung hervorgehenden Gesellschaft ist die Parallelnorm in **§ 32 MgVG** mit § 42 SEBG identisch.

4   Für die Mitglieder des Europäischen Betriebsrates sowie des nach dem EBRG errichteten BVG sieht **§ 40 EBRG** einen mit § 42 SEBG vergleichbaren Schutz vor, präzisiert diesen jedoch mittels einer Verweisung auf die jeweiligen Vorschriften des BetrVG. Eine Übernahme dieser Regelungstechnik in das SEBG verbot sich wegen der Vorgabe in Art. 10 SE-RL und der dortigen Anknüpfung an die „Rechtsvorschriften und/oder Gepflogenheiten des Landes, in dem sie beschäftigt sind"[8].

5   In **Österreich** trägt § 251 ArbVG der Vorgabe in Art. 10 SE-RL Rechnung und erklärt die einschlägigen Bestimmungen zugunsten der Betriebsräte für entsprechend anwendbar, beschränkt dies jedoch auf die österreichischen Mitglieder. Der entsprechende Sonderkündigungsschutz (§§ 120 bis 122 ArbVG) gilt auch für die „Arbeitnehmervertreter im Aufsichts- oder Verwaltungsrat der Europäischen Gesellschaft", ohne dass hierin ein Wertungswiderspruch liegt, da die Mitglieder des Aufsichts- oder Verwaltungsrates stets einem Betriebsrat angehören (§ 217 Abs. 1 Satz 1 ArbVG sowie § 110 Abs. 1 Satz 1 ArbVG).

II. Gleichstellung mit Arbeitnehmervertretern

1. Auslegung der Gleichstellungsklausel

6   Die Gleichstellungsklausel in § 42 Satz 1 SEBG erweist sich aufgrund ihrer Offenheit als äußerst **schwierig in der praktischen Anwendung**. Erstens führt die Verweisung auf die Gesetze und Gepflogenheiten des Mitgliedstaates, in dem die geschützte Person beschäftigt ist, ggf. zu der Notwendigkeit, das jeweilige ausländische Recht zu er-

---

[7] Treffend *Jacobs* in MünchKomm. AktG, 3. Aufl., § 42 SEBG Rz. 2.
[8] Zustimmend *Feuerborn* in KölnKomm. AktG, 3. Aufl., § 42 SEBG Rz. 3.

mitteln[9]. Zweitens passt die Verweisung auf die „Arbeitnehmervertreter" im Hinblick auf die deutsche Rechtslage nicht mit dem inhomogenen Befund bezüglich der geschützten Personengruppen überein[10]. Im Unterschied zu § 40 EBRG, bei dem die entsprechende Anwendung der für Mitglieder des Betriebsrates geltenden Vorschriften sachgerecht ist[11], ist der arbeitsrechtliche Schutz der in § 42 Satz 1 SEBG aufgezählten Personen bei einer Parallelbetrachtung unterschiedlich ausgestaltet[12]. So sind zwar die in § 42 Satz 1 Nr. 2 und 3 SEBG Genannten funktional mit den durch das BetrVG geschützten Organmitgliedern vergleichbar[13], dies trifft aber – wie der fehlende Sonderkündigungsschutz für Arbeitnehmervertreter im Aufsichtsrat zeigt[14] – nicht bezüglich der in § 42 Satz 1 Nr. 1 und 4 SEBG Genannten zu.

Bezüglich der **Mitglieder des BVG** (§ 42 Satz 1 Nr. 1 SEBG) lässt sich die fehlende funktionale Vergleichbarkeit mit den Mitgliedern eines Betriebsrates durch die gesetzgeberische Wertentscheidung in § 40 Abs. 2 EBRG überwinden. Da der Gesetzgeber dort die Mitglieder des BVG den Mitgliedern des Europäischen Betriebsrates gleichstellt, folgt hieraus, dass sie ungeachtet ihrer gänzlich anders gearteten Aufgaben eine mit den Mitgliedern des Europäischen Betriebsrates übereinstimmende persönliche Rechtsstellung genießen sollen[15]. Zwecks Vermeidung von Wertungswidersprüchen ist diese Gleichstellung auf die Anwendung des § 42 SEBG zu übertragen[16]. Hinsichtlich der **Arbeitnehmervertreter im Aufsichts- oder Verwaltungsorgan** der SE fehlt hierfür demgegenüber eine tragfähige normative Grundlage (s. unten Rz. 14, 17, 19)[17]. 7

Die **sachliche Reichweite** der Gleichstellung legt § 42 SEBG **nicht abschließend** fest; § 42 Satz 2 SEBG zählt lediglich exemplarisch[18] einige für die persönliche Rechtsstel- 8

---

9 S. Begr. RegE, BT-Drucks. 15/3405, S. 56; *Feuerborn* in KölnKomm. AktG, 3. Aufl., § 42 SEBG Rz. 3, 9; *Henssler* in Ulmer/Habersack/Henssler, Mitbestimmungsrecht, § 42 SEBG Rz. 5; *Hohenstatt/Müller-Bonanni* in Habersack/Drinhausen, § 42 SEBG Rz. 1; *Jacobs* in MünchKomm. AktG, 3. Aufl., § 42 SEBG Rz. 1; *Kleinmann/Kujath* in Manz/Mayer/Schröder, § 42 SEBG Rz. 3; *Kumpf*, SE-Mitbestimmungsordnung, S. 67 ff.; *Nagel* in Nagel/Freis/Kleinsorge, Beteiligung der Arbeitnehmer, § 42 SEBG Rz. 3; *Roock* in Gaul/Ludwig/Forst, Europäisches Mitbestimmungsrecht, § 2 Rz. 578; *Rupp* in Annuß/Kühn/Rudolph/Rupp, EBRG, § 42 SEBG Rz. 2.
10 Ebenso *Feuerborn* in KölnKomm. AktG, 3. Aufl., § 42 SEBG Rz. 9; *Hohenstatt/Müller-Bonanni* in Habersack/Drinhausen, § 42 SEBG Rz. 3; *Jacobs* in MünchKomm. AktG, 3. Aufl., § 42 SEBG Rz. 5.
11 Im Anschluss auch *Feuerborn* in KölnKomm. AktG, 3. Aufl., § 42 SEBG Rz. 10 sowie ferner *Thüsing/Forst* in FS Reuter, 2010, S. 851, 855.
12 S. auch *Kleinmann/Kujath* in Manz/Mayer/Schröder, § 42 SEBG Rz. 4.
13 Wie hier *Kleinmann/Kujath* in Manz/Mayer/Schröder, § 42 SEBG Rz. 4.
14 S. BAG v. 4.4.1974 – 2 AZR 452/73, AP Nr. 1 zu § 626 BGB Arbeitnehmervertreter im Aufsichtsrat; ferner die Nachweise unten in Fn. 31.
15 Zutreffend bereits *Kienast* in Jannott/Frodermann, Handbuch Europäische Aktiengesellschaft, Kap. 13 Rz. 519; ebenso *Henssler* in Ulmer/Habersack/Henssler, Mitbestimmungsrecht, § 42 SEBG Rz. 6; *Kleinmann/Kujath* in Manz/Mayer/Schröder, § 42 SEBG Rz. 4. Im Ergebnis wie hier § 251 Abs. 1 ArbVG, der die Mitglieder des BVG sowie des SE-Betriebsrates gleichermaßen in den Schutz der Norm einbezieht.
16 Ebenso *Feuerborn* in KölnKomm. AktG, 3. Aufl., § 42 SEBG Rz. 11; *Henssler* in Ulmer/Habersack/Henssler, Mitbestimmungsrecht, § 42 SEBG Rz. 6; *Kleinmann/Kujath* in Manz/Mayer/Schröder, § 42 SEBG Rz. 4; *Thüsing/Forst* in FS Reuter, 2010, S. 851, 862.
17 Treffend *Feuerborn* in KölnKomm. AktG, 3. Aufl., § 42 SEBG Rz. 12; *Henssler* in Ulmer/Habersack/Henssler, Mitbestimmungsrecht, § 42 SEBG Rz. 6; *Kleinmann/Kujath* in Manz/Mayer/Schröder, § 42 SEBG Rz. 4.
18 S. Begr. RegE, BT-Drucks. 15/3405, S. 56; *Feuerborn* in KölnKomm. AktG, 3. Aufl., § 42 SEBG Rz. 21; *Henssler* in Ulmer/Habersack/Henssler, Mitbestimmungsrecht, § 42 SEBG Rz. 4; *Hohenstatt/Müller-Bonanni* in Habersack/Drinhausen, § 42 SEBG Rz. 3; *Jacobs* in MünchKomm. AktG, 3. Aufl., § 42 SEBG Rz. 5, 10; *Kienast* in Jannott/Frodermann, Handbuch Europäische Aktiengesellschaft, Kap. 13 Rz. 524; *Kleinmann/Kujath* in Manz/Mayer/Schröder,

lung der geschützten Personen besonders gewichtige Bereiche auf. Ergänzende und über das durch § 42 SEBG etablierte Schutzniveau hinausgehende Bestimmungen können in einer **Beteiligungsvereinbarung** i.S. des § 21 SEBG getroffen werden[19]. Diese kann nicht nur die unterschiedlichen nationalen Standards (auf das höchste Niveau) vereinheitlichen, sondern auch zusätzliche Rechte bzw. Schutzbestimmungen vorsehen, z.B. indem für die dem Aufsichts- oder Verwaltungsorgan der SE angehörenden Arbeitnehmervertreter ein über § 42 SEBG nicht begründbarer (s. unten Rz. 14) Sonderkündigungsschutz oder Ansprüche auf Teilnahme an Schulungs- und Fortbildungsveranstaltungen (s. auch unten Rz. 19) geschaffen werden (s. ferner § 21 SEBG Rz. 72 ff.).

2. Kündigungsschutz (§ 42 Satz 2 Nr. 1 SEBG)

a) Mitglieder des BVG

9 Bezüglich des Kündigungsschutzes für Mitglieder des BVG bewirkt § 42 Satz 1 SEBG i.V.m. der Gleichstellung in § 40 Abs. 2 EBRG (s. oben Rz. 7), dass der für Betriebsratsmitglieder geltende Sonderkündigungsschutz bei den in Deutschland gewählten Mitgliedern grundsätzlich entsprechend anzuwenden ist. Sie sind wegen § 42 Satz 1 SEBG in den persönlichen Schutzbereich des **§ 15 KSchG** einzubeziehen[20], mit der Folge, dass sie während ihrer **Mitgliedschaft** im BVG sowie eines **Nachwirkungszeitraumes** von sechs Monaten **nur außerordentlich kündbar** sind. Der nachwirkende Kündigungsschutz beginnt, wenn die auf eine vorübergehende Aufgabe angelegte Tätigkeit des BVG endet, also mit Abschluss einer Beteiligungsvereinbarung i.S. des § 21 SEBG, einem Beschluss i.S. des § 16 SEBG oder dem ergebnislosen Ablauf der Verhandlungsfrist (§ 20 SEBG)[21].

10 Eine Ausnahme gilt für **leitende Angestellte**, die dem BVG angehören. Hinsichtlich der von leitenden Angestellten gewählten Arbeitnehmervertreter hat der Gesetzgeber bewusst auf eine Einbeziehung in den Schutz durch § 15 KSchG verzichtet und sich auf einen relativen Kündigungsschutz durch das allgemeine Benachteiligungsverbot (§ 2 Abs. 3 Satz 2 SprAuG) beschränkt[22]. Eine Erstreckung des Sonderkündigungsschutzes auf diese Mitglieder des BVG ginge deshalb über den von § 42 Satz 1 SEBG geforderten „gleichen Schutz" hinaus[23]. Auf die Gleichstellung in § 40 Abs. 2 EBRG lässt sich ein gegenteiliges Ergebnis nicht stützen, obwohl leitende Angestellte dem nach dem EBRG gebildeten BVG als Mitglied angehören können (§ 11 Abs. 4 EBRG).

---

§ 42 SEBG Rz. 5; *Nagel* in Nagel/Freis/Kleinsorge, Beteiligung der Arbeitnehmer, § 42 SEBG Rz. 4; *Roock* in Gaul/Ludwig/Forst, Europäisches Mitbestimmungsrecht, § 2 Rz. 578; *Rupp* in Annuß/Kühn/Rudolph/Rupp, EBRG, § 42 Rz. 2.

19 Ebenso *Feuerborn* in KölnKomm. AktG, 3. Aufl., § 42 SEBG Rz. 3; *Henssler* in Ulmer/Habersack/Henssler, Mitbestimmungsrecht, § 42 SEBG Rz. 12 f.; *Kleinmann/Kujath* in Manz/Mayer/Schröder, § 42 SEBG Rz. 5; *Köklü* in Van Hulle/Maul/Drinhausen, Kap. 6 Rz. 193; *Nagel* in Nagel/Freis/Kleinsorge, Beteiligung der Arbeitnehmer, § 42 SEBG Rz. 3; *Rupp* in Annuß/Kühn/Rudolph/Rupp, EBRG, § 42 SEBG Rz. 2; a.A. *Thüsing/Forst* in FS Reuter, 2010, S. 851, 856 f., 861 sowie *Kumpf*, SE-Mitbestimmungsordnung, S. 71 ff.

20 *Henssler* in Ulmer/Habersack/Henssler, Mitbestimmungsrecht, § 42 SEBG Rz. 7; *Jacobs* in MünchKomm. AktG, 3. Aufl., § 42 SEBG Rz. 6; *Joost* in Oetker/Preis, EAS, B 8200, Rz. 246; *Kienast* in Jannott/Frodermann, Handbuch Europäische Aktiengesellschaft, Kap. 13 Rz. 523; *Kleinmann/Kujath* in Manz/Mayer/Schröder, § 42 SEBG Rz. 4; *Nagel* in Nagel/Freis/Kleinsorge, Beteiligung der Arbeitnehmer, § 42 SEBG Rz. 5.

21 *Kienast* in Jannott/Frodermann, Handbuch Europäische Aktiengesellschaft, Kap. 13 Rz. 523.

22 Für die allg. Ansicht *Oetker* in ErfKomm. ArbR, 15. Aufl. 2015, § 2 SprAuG Rz. 16; ausführlich *Abeln*, Organrechtliche und Kündigungsrechtliche Stellung des Sprecherausschussmitglieds im Vergleich zum Betriebsratsmitglied, 1993.

23 Ebenso *Kleinmann/Kujath* in Manz/Mayer/Schröder, § 42 SEBG Rz. 4; *Nagel* in Nagel/Freis/Kleinsorge, Beteiligung der Arbeitnehmer, § 42 SEBG Rz. 5.

Die von § 42 Satz 1 SEBG für die Mitglieder des BVG geforderte Gleichstellung hin- 11
sichtlich des Kündigungsschutzes erfordert auch die Einbeziehung in den Schutz
durch **§ 103 BetrVG**[24], so dass eine **außerordentliche Kündigung der vorherigen Zustimmung des Betriebsrates bedarf**, deren Fehlen das Arbeitsgericht jedoch ggf. ersetzen kann. Der Anwendung des § 103 BetrVG steht nicht entgegen, dass § 42 SEBG
nach der amtlichen Überschrift dem Schutz der Arbeitnehmer*vertreter* dient und
§ 103 BetrVG darüber hinaus vornehmlich die Arbeitnehmer*vertretung* schützt und
damit auf einen Organschutz abzielt. Insoweit entspricht es jedoch nahezu allgemeiner Ansicht, dass § 103 BetrVG eine – wenn auch flankierende – „individualschüt-
zende Funktion" hat[25].

Bei der gebotenen entsprechenden Anwendung des § 103 BetrVG ist die Feststellung 12
des **zuständigen Betriebsrates**, von dem der Arbeitgeber die Zustimmung einholen
muss, zweifelhaft. Nach dem Wortlaut müsste dies der **örtliche Betriebsrat** sein[26].
Andererseits beruht dessen Zuständigkeit in § 103 BetrVG vor allem auf dem mit der
Vorschrift bezweckten Organschutz[27]. In Erwägung zu ziehen ist deshalb auch eine
Zuständigkeit des nach § 8 SEBG zu bestimmenden **Wahlgremiums**, da dieses eher
dazu berufen ist, den Schutz des von ihm (mit-)kreierten Organs zu gewährleisten[28].

Für die dem BVG angehörenden **leitenden Angestellten** scheidet aufgrund der Erwä- 13
gungen in Rz. 10 eine entsprechende Anwendung des § 103 BetrVG bereits im Ansatz
aus. Es verbleibt bei der allgemeinen Anordnung in **§ 31 Abs. 2 SprAuG**, vor Aus-
spruch einer Kündigung gegenüber leitenden Angestellten den Sprecherausschuss anzuhören[29].

b) Arbeitnehmervertreter im Aufsichts- oder Verwaltungsorgan der SE

Wegen der von § 42 Satz 1 SEBG erstrebten Gleichstellung mit inländischen Arbeit- 14
nehmervertretern scheidet für den in § 42 Satz 1 Nr. 4 SEBG genannten Personenkreis eine Übernahme des Sonderkündigungsschutzes für Mitglieder des Betriebsrates aus[30]. Arbeitnehmervertreter im Aufsichtsrat genießen im deutschen Recht
keinen mit Betriebsräten vergleichbaren **absoluten Kündigungsschutz**; die allgemeinen **Benachteiligungsverbote** in § 26 MitbestG und § 9 DrittelbG begründen lediglich

---

24 *Henssler* in Ulmer/Habersack/Henssler, Mitbestimmungsrecht, § 42 SEBG Rz. 7; *Jacobs* in
   MünchKomm. AktG, 3. Aufl., § 42 SEBG Rz. 6; *Joost* in Oetker/Preis, EAS, B 8200, Rz. 246;
   Kleinmann/Kujath in Manz/Mayer/Schröder, § 42 SEBG Rz. 4; *Nagel* in Nagel/Freis/Kleinsor-
   ge, Beteiligung der Arbeitnehmer, § 42 SEBG Rz. 5.
25 S. *Oetker*, RdA 1990, 343, 355; *Raab* in GK-BetrVG, 10. Aufl. 2014, § 103 BetrVG Rz. 1.
26 Dagegen jedoch ausdrücklich *Jacobs* in MünchKomm. AktG, 3. Aufl. § 42 SEBG Rz. 6.
27 Zur Paralleldiskussion im Rahmen des § 40 EBRG s. *Blanke*, 2. Aufl. 2006, § 40 EBRG Rz. 13,
   bei der jedoch eine als Alternative in Betracht kommende Zuständigkeit des Europäischen Betriebsrates abgelehnt wird.
28 Für eine Zuständigkeit des SE-Betriebsrates hingegen *Jacobs* in MünchKomm. AktG, 3. Aufl.,
   § 42 SEBG Rz. 6. In Betracht kommt dieses Organ jedoch allenfalls im Hinblick auf Mitglieder
   eines SE-Betriebsrates.
29 *Nagel* in Nagel/Freis/Kleinsorge, Beteiligung der Arbeitnehmer, § 42 SEBG Rz. 5; *Rupp* in An-
   nuß/Kühn/Rudolph/Rupp, EBRG, § 42 SEBG Rz. 7.
30 Ebenso *Feuerborn* in KölnKomm. AktG, 3. Aufl., § 42 SEBG Rz. 12; *Güntzel*, Richtlinie,
   S. 489; *Henssler* in Ulmer/Habersack/Henssler, Mitbestimmungsrecht, § 42 SEBG Rz. 7; *Ho-
   henstatt/Müller-Bonanni* in Habersack/Drinhausen, § 42 SEBG Rz. 4; *Jacobs* in Münch-
   Komm. AktG, 3. Aufl., § 42 SEBG Rz. 6; *Kienast* in Jannott/Frodermann, Handbuch Europäische Aktiengesellschaft, Kap. 13 Rz. 521; *Kleinmann/Kujath* in Manz/Mayer/Schröder, § 42
   SEBG Rz. 4; *Thüsing/Forst* in FS Reuter, 2010, S. 851, 860; im Ergebnis auch *Nagel* in Nagel/
   Freis/Kleinsorge, Beteiligung der Arbeitnehmer, § 42 SEBG Rz. 6.

einen **relativen Kündigungsschutz**[31]. Eine Übertragung des Sonderkündigungsschutzes in § 103 BetrVG und § 15 KSchG auf die Arbeitnehmervertreter im Aufsichts- oder Verwaltungsorgan der SE ginge deshalb über den mit § 42 Satz 1 SEBG bezweckten gleichen Schutz wie bei inländischen Arbeitnehmervertretern hinaus. Angesichts dessen führt die Gleichstellungsklausel in § 42 Satz 1 SEBG bei dem von § 42 Satz 1 Nr. 4 SEBG geschützten Personenkreis lediglich zu einem relativen Kündigungsschutz mittels des Benachteiligungsverbots[32]. Für dessen Geltung bedarf es jedoch keiner entsprechenden Anwendung von § 26 MitbestG bzw. § 9 DrittelbG[33], da das spezielle Benachteiligungsverbot des § 44 Nr. 3 SEBG ausdrücklich auch die Arbeitnehmervertreter im Aufsichts- oder Verwaltungsorgan der SE in seinen Schutzbereich einbezieht (s. § 44 SEBG Rz. 7)[34].

3. Sitzungsteilnahme (§ 42 Satz 2 Nr. 2 SEBG)

15 Den Schutz der persönlichen Rechtsstellung erstreckt § 42 Satz 2 Nr. 2 SEBG auf die Teilnahme an Sitzungen der jeweiligen Gremien, insbesondere auch diejenigen des BVG sowie des Aufsichts- oder Verwaltungsorgans der SE. Einzubeziehen ist für die Mitglieder des BVG ferner die Teilnahme an den Verhandlungen zwischen den Leitungen und dem BVG über den Abschluss einer Beteiligungsvereinbarung. Sofern insoweit keine extensive Auslegung des § 42 Satz 2 Nr. 2 SEBG befürwortet wird, folgt dies aus dem nicht abschließenden Charakter der Aufzählung (s. oben Rz. 8).

16 Um einen mit Arbeitnehmervertretern gleichen Schutz zu gewährleisten, ist den **Mitgliedern des BVG** ein Recht auf Teilnahme an der Sitzung einzuräumen; diese sind – ebenso wie Betriebsratsmitglieder – hierzu von ihrer beruflichen Tätigkeit zu befreien. Da § 40 Abs. 2 EBRG i.V. mit § 40 Abs. 1 EBRG und die dortige Verweisung auf § 37 BetrVG dies für die Mitglieder des auf der Grundlage des EBRG errichteten BVG vorsieht, ist dieser Schutz auch den Mitgliedern des nach dem SEBG gebildeten BVG einzuräumen (s. auch oben Rz. 7)[35]. Gehören diesem Gremium **leitende Angestellte** an, ist wegen § 42 Satz 1 SEBG auf § 14 Abs. 1 SprAuG zurückzugreifen, der inhaltlich § 37 Abs. 2 BetrVG entspricht.

17 Bezüglich der **Arbeitnehmervertreter im Aufsichtsrat** kennt das deutsche Recht keine mit § 37 Abs. 2 BetrVG vergleichbare Regelung zur Freistellung; es ist jedoch anerkannt, dass das Recht zur Sitzungsteilnahme den Vorrang gegenüber der vertraglichen Pflicht zur Arbeitsleistung genießt[36]. Diese Rechtsgrundsätze sind – ungeachtet der Divergenzen in der dogmatischen Begründung[37] – wegen § 42 Satz 1 SEBG auch

---

31 BAG v. 4.4.1974 – 2 AZR 452/73, AP Nr. 1 zu § 626 BGB Arbeitnehmervertreter im Aufsichtsrat; *Henssler* in Ulmer/Habersack/Henssler, Mitbestimmungsrecht, § 26 MitbestG Rz. 12; *Oetker* in ErfKomm. ArbR, 15. Aufl. 2015, § 26 MitbestG Rz. 7; *Raiser/Veil*, MitbestG/DrittelbG, 5. Aufl. 2009, § 26 MitbestG Rz. 8 ff. sowie ausführlich *Bengsch*, Der verfassungsrechtlich geforderte Mindestkündigungsschutz im Arbeitsverhältnis, 2005, S. 405 ff.; *Jacklofsky*, Arbeitnehmerstellung und Aufsichtsratsamt, 2001, S. 201 ff.
32 Ebenso *Henssler* in Ulmer/Habersack/Henssler, Mitbestimmungsrecht, § 42 SEBG Rz. 7; *Nagel* in Nagel/Freis/Kleinsorge, Beteiligung der Arbeitnehmer, § 42 SEBG Rz. 5.
33 In diesem Sinne anscheinend *Feuerborn* in KölnKomm. AktG, 3. Aufl., § 42 SEBG Rz. 12.
34 Im Sinne der hier befürworteten Position auch *Henssler* in Ulmer/Habersack/Henssler, Mitbestimmungsrecht, § 42 SEBG Rz. 7; *Nagel* in Nagel/Freis/Kleinsorge, Beteiligung der Arbeitnehmer, § 42 SEBG Rz. 5.
35 Wie hier *Feuerborn* in KölnKomm. AktG, 3. Aufl., § 42 SEBG Rz. 13; *Henssler* in Ulmer/Habersack/Henssler, Mitbestimmungsrecht, § 42 SEBG Rz. 8; *Hohenstatt/Müller-Bonanni* in Habersack/Drinhausen, § 42 SEBG Rz. 4; *Jacobs* in MünchKomm. AktG, 3. Aufl., § 42 SEBG Rz. 7.
36 S. *Oetker* in ErfKomm. ArbR, 15. Aufl. 2015, § 26 MitbestG Rz. 4, m.w.N.
37 Dazu ausführlich *Jacklofsky*, Arbeitnehmerstellung und Aufsichtsratsamt, 2001, S. 68 ff.

4. Entgeltfortzahlung (§ 42 Satz 2 Nr. 3 SEBG)

Bezüglich der Entgeltfortzahlung ist die Rechtslage für die **Mitglieder des BVG** durch die Gleichstellung in § 40 Abs. 2 EBRG vorgezeichnet (s. oben Rz. 7). Danach ist ihnen das Arbeitsentgelt auch für diejenigen Zeiträume fortzuzahlen, in denen sie Tätigkeiten im Aufgabenkreis des BVG wahrnehmen[39]. Im Unterschied zu der früheren Rechtslage erstreckt sich die Gleichstellung nunmehr wegen der erweiterten Verweisung in § 40 Abs. 2 SEBG i.V. mit § 40 Abs. 1 Satz 2 EBRG auch auf die Fortzahlung des Entgelts während der **Teilnahme an Schulungs- und Bildungsveranstaltungen** i.S.v. § 37 Abs. 6 und 7 BetrVG[40]. Andernfalls stünden die Mitglieder des nach dem SEBG errichteten BVG schlechter als die Mitglieder des nach dem EBRG gebildeten BVG[41]. Gehören dem BVG **leitende Angestellte** an, gilt dies hingegen wegen des eingeschränkten Regelungsgehalts des § 14 SprAuG[42] nicht[43]. 18

Für **Arbeitnehmervertreter im Aufsichtsrat** kennt das deutsche Recht keine mit § 37 BetrVG vergleichbare Bestimmung, so dass der Ausgleich eines etwaigen **Verdienstausfalls** dogmatisch wenig geklärt ist[44]. Diesen gleicht regelmäßig die Vergütung für die Aufsichtsratstätigkeit aus, andernfalls steht das Benachteiligungsverbot (§ 26 MitbestG, § 10 DrittelbG) einer Minderung des Arbeitsentgelts entgegen. Wegen der Verweisungen in Art. 9 Abs. 1 lit. c ii SE-VO bzw. § 38 Abs. 1 SEAG auf § 113 AktG sowie aufgrund ihrer Einbeziehung in das Benachteiligungsverbot in § 44 Nr. 2 SEBG (s. dort Rz. 6) sind diese Grundsätze auch auf die Arbeitnehmervertreter im Aufsichts- oder Verwaltungsorgan der SE zu übertragen, so dass ein gleicher Schutz i.S. des § 42 Satz 1 SEBG gewährleistet ist[45]. Das gilt indes nicht für die Teilnahme an **Fortbildungs- und Schulungsveranstaltungen**, da weder das MitbestG noch das DrittelbG diesbezüglich Ansprüche auf eine bezahlte Freistellung begründet[46]. 19

---

38 Ebenso *Feuerborn* in KölnKomm. AktG, 3. Aufl., § 42 SEBG Rz. 14; *Henssler* in Ulmer/Habersack/Henssler, Mitbestimmungsrecht, § 42 SEBG Rz. 8; *Jacobs* in MünchKomm. AktG, 3. Aufl., § 42 SEBG Rz. 7; *Nagel* in Nagel/Freis/Kleinsorge, Beteiligung der Arbeitnehmer, § 42 SEBG Rz. 6; a.A. scheinbar *Hohenstatt/Müller-Bonanni* in Habersack/Drinhausen, § 42 SEBG Rz. 4.
39 *Feuerborn* in KölnKomm. AktG, 3. Aufl., § 42 SEBG Rz. 13; *Henssler* in Ulmer/Habersack/Henssler, Mitbestimmungsrecht, § 42 SEBG Rz. 9; *Jacobs* in MünchKomm. AktG, 3. Aufl., § 42 SEBG Rz. 8; *Joost* in Oetker/Preis, EAS, B 8200, Rz. 246; *Kleinmann/Kujath* in Manz/Mayer/Schröder, § 42 SEBG Rz. 5 Fn. 5.
40 Ebenso *Wirtz*, SE-Betriebsrat, S. 279 ff.; a.A. *Henssler* in Ulmer/Habersack/Henssler, Mitbestimmungsrecht, § 42 SEBG Rz. 11. Anders war die Rechtslage noch unter der Geltung von § 40 Abs. 1 EBRG a.F., da dieser keine Verweisung auf § 37 Abs. 6 BetrVG enthielt; s. *Feuerborn* in KölnKomm. AktG, 3. Aufl., § 42 SEBG Rz. 18; *Jacobs* in MünchKomm. AktG, 3. Aufl., § 42 SEBG Rz. 8; *Joost* in Oetker/Preis, EAS, B 8200, Rz. 246; *Kleinmann/Kujath* in Manz/Mayer/Schröder, § 42 SEBG Rz. 5 Fn. 5.
41 Dies übersieht *Henssler* in Ulmer/Habersack/Henssler, Mitbestimmungsrecht, § 42 SEBG Rz. 11, der allein auf den Verzicht einer Anpassung des SEBG abstellt.
42 Näher dazu *Oetker* in ErfKomm. ArbR, 15. Aufl. 2015, § 14 SprAuG Rz. 6.
43 A.A. *Nagel* in Nagel/Freis/Kleinsorge, Beteiligung der Arbeitnehmer, § 42 SEBG Rz. 7.
44 Dazu m.w.N. *Jacklofski*, Arbeitnehmerstellung und Aufsichtsratsamt, 2001, S. 82 ff.
45 Ebenso im Anschluss *Henssler* in Ulmer/Habersack/Henssler, Mitbestimmungsrecht, § 42 SEBG Rz. 9; i.E. auch *Feuerborn* in KölnKomm. AktG, 3. Aufl., § 42 SEBG Rz. 16; *Hohenstatt/Müller-Bonanni* in Habersack/Drinhausen, § 42 SEBG Rz. 4; *Jacobs* in MünchKomm. AktG, 3. Aufl., § 42 SEBG Rz. 9.
46 Ebenso *Feuerborn* in KölnKomm. AktG, 3. Aufl., § 42 SEBG Rz. 20; *Henssler* in Ulmer/Habersack/Henssler, Mitbestimmungsrecht, § 42 SEBG Rz. 11; *Jacobs* in MünchKomm. AktG, 3. Aufl., § 42 SEBG Rz. 9; a.A. *Nagel* in Nagel/Freis/Kleinsorge, Beteiligung der Arbeitnehmer, § 42 SEBG Rz. 7.

§ 43
Missbrauchsverbot

Eine SE darf nicht dazu missbraucht werden, den Arbeitnehmern Beteiligungsrechte zu entziehen oder vorzuenthalten. Missbrauch wird vermutet, wenn ohne Durchführung eines Verfahrens nach § 18 Abs. 3 innerhalb eines Jahres nach Gründung der SE strukturelle Änderungen stattfinden, die bewirken, dass den Arbeitnehmern Beteiligungsrechte vorenthalten oder entzogen werden.

I. Allgemeines 1	2. Vermutung des Missbrauchs (§ 43 Satz 2 SEBG) 9
II. Tatbestand des Missbrauchsverbots	III. Rechtsfolgen eines Verstoßes gegen § 43 Satz 1 SEBG 12
1. Grundtatbestand (§ 43 Satz 1 SEBG) . 5	

Literatur: *Drinhausen/Keinath*, Verwendung der SE zur Vermeidung von Arbeitnehmermitbestimmung – Abgrenzung zulässiger Gestaltungen vom Missbrauch gemäß § 43 SEBG, BB 2011, 2699; *Kübler*, Mitbestimmungsfeindlicher Mißbrauch der Societas Europaea? in FS Raiser, 2005, S. 247; *Rehberg*, Die mißbräuchliche Verkürzung der unternehmerischen Mitbestimmung durch die Societas Europaea, ZGR 2005, 859; *Sagan*, Missbrauch der Europäischen Aktiengesellschaft in Bieder/Hartmann (Hrsg.), Individuelle Freiheit und kollektive Interessenwahrnehmung im deutschen und europäischen Arbeitsrecht, 2012, S. 171.
S. auch Vor § 1 SEBG.

I. Allgemeines

1 Bereits das SEBG und die Fortschreibung der Beteiligungsrechte bei den an der Gründung der SE beteiligten Gesellschaften sollen verhindern, dass die Gründung einer SE zu dem Zweck erfolgt, Beteiligungsrechte der Arbeitnehmer zu beseitigen bzw. einzuschränken. Das gilt insbesondere für eine Gründung der SE durch Umwandlung (vgl. §§ 15 Abs. 5, 16 Abs. 3, 34 Abs. 1, 35 Abs. 1 SEBG)[1]. Gleichwohl hat das SEBG als zusätzlichen Schutz ein allgemeines Missbrauchsverbot in das Gesetz aufgenommen, dessen Konkretisierung jedoch erhebliche Schwierigkeiten bereitet.

2 Die Aufnahme des Missbrauchsverbots in § 43 SEBG beruht auf der **verbindlichen Vorgabe in Art. 11 SE-RL**[2]:
„Die Mitgliedstaaten treffen im Einklang mit den gemeinschaftsrechtlichen Rechtsvorschriften geeignete Maßnahmen, um zu verhindern, dass eine SE dazu missbraucht wird, Arbeitnehmern Beteiligungsrechte zu entziehen oder vorzuenthalten."

3 In Art. 13 SCE-RL hat die **SCE-RL** die in Rz. 2 wiedergegebene Schutzbestimmung der SE-RL wörtlich übernommen[3]; im Unterschied dazu hat Art. 16 Abs. 3 **Verschmelzungs-RL 2005/56/EG** von einer Verweisung auf Art. 11 SE-RL abgesehen. Stattdessen trifft Art. 16 Abs. 7 Verschmelzungs-RL eine eigenständige Sonderregelung, die einen befristeten Fortbestand der Mitbestimmungsregelungen für den Fall nachfolgender Verschmelzungen vorsieht; die Umsetzung in das deutsche Recht nimmt § 30 MgVG vor.

---

[1] S. insoweit auch den 10. Erwägungsgrund der SE-RL.
[2] Ausführlich zu Aussagegehalt und Interpretation des Art. 11 SE-RL *Rehberg*, ZGR 2005, 859, 864 ff.
[3] Zur Umsetzung s. § 45 SCEBG, der mit § 43 SEBG wörtlich übereinstimmt.

Das **österreichische Recht** hat den Missbrauchsschutz in § 229 ArbVG verankert, der mit § 43 SEBG weitgehend übereinstimmt. Das gilt auch im Hinblick auf § 43 Satz 2 SEBG, wobei jedoch § 229 Abs. 1 Satz 2 ArbVG von einer zeitlichen Schranke absieht[4] und § 229 Abs. 1 Satz 3 ArbVG als Rechtsfolge zudem ausdrücklich die Durchführung von Neuverhandlungen vorsieht. Weitergehende Sanktionen bei einem Verstoß gegen das Missbrauchsverbot benennt das österreichische Recht nicht, insbesondere qualifiziert § 253 Abs. 1 ArbVG den Verstoß gegen § 229 ArbVG nicht als Verwaltungsübertretung und unterscheidet sich hierin grundlegend vom deutschen Recht, das den (vorsätzlichen) Verstoß gegen das Missbrauchsverbot sogar unter Strafe stellt (§ 45 Abs. 1 Nr. 2 SEBG; näher dazu § 45 SEBG Rz. 8 ff.).

II. Tatbestand des Missbrauchsverbots

1. Grundtatbestand (§ 43 Satz 1 SEBG)

Der Tatbestand des Missbrauchsverbots ist denkbar offen formuliert[5], was insbesondere im Hinblick auf die Strafbewehrung zu dem verbreiteten Plädoyer einer restriktiven Auslegung des Tatbestandes geführt hat (s. insoweit auch § 45 SEBG Rz. 9 f.)[6]. Dem ist grundsätzlich zuzustimmen, wenngleich dies nicht den objektiven Tatbestand (Entziehung oder Vorenthaltung von Beteiligungsrechten), sondern das Vorliegen eines „Missbrauchs" betrifft. Schon aus diesem Grunde ist es verfehlt, die Reichweite von § 43 Satz 1 SEBG ausschließlich aus der Perspektive eines „Missbrauchs" zu konkretisieren; vielmehr sind die einzelnen Tatbestandselemente des Verbotstatbestandes präzise zu trennen. Dementsprechend führt die Feststellung, dass infolge der SE-Gründung Beteiligungsrechte der Arbeitnehmer entzogen oder vorenthalten wurden (s. unten Rz. 7), nur in seltenen Fällen zu der Wertung, dass dies missbräuchlich erfolgt sei (s. unten Rz. 8). Anknüpfungspunkt für den Missbrauchstatbestand ist sowohl die **Gründung** einer SE als auch – wie die Vermutung in § 43 Satz 2 SEBG zeigt – die spätere Durchführung **struktureller Änderungen** i.S. des § 18 Abs. 3 Satz 1 SEBG (s. dazu § 18 SEBG Rz. 20 ff.), wenn hierfür eine SE eingesetzt wird.

Hinzutreten muss als weiteres Merkmal eine unmittelbare Auswirkung der SE-Gründung bzw. ihrer strukturellen Änderung auf die **Beteiligungsrechte** der Arbeitnehmer. Wegen der Gesetzessystematik ist hierfür die Legaldefinition in § 2 Abs. 9 SEBG maßgebend, so dass sich die Entziehung bzw. Vorenthaltung nicht nur auf die **Unternehmensmitbestimmung**, sondern auch auf die **Unterrichtung und Anhörung** der Arbeitnehmer beziehen kann[7]. Nach teilweise vertretener Auffassung soll es sich jedoch stets um Beteiligungsrechte nach dem SEBG handeln müssen[8]. Aus dem Wortlaut und dem Zweck des Missbrauchsverbots lässt sich diese Einschränkung in-

---

4 Anders aber für den Vermutungstatbestand in § 229 Abs. 2 ArbVG.
5 S. auch die vorsichtig tastenden Versuche einer Konkretisierung des Art. 11 SE-RL bei *Rehberg*, ZGR 2005, 859, 864 ff.
6 Hierfür *Feuerborn* in KölnKomm. AktG, 3. Aufl., § 43 SEBG Rz. 3; *Henssler* in Ulmer/Habersack/Henssler, Mitbestimmungsrecht, § 43 SEBG Rz. 1; *Hohenstatt/Müller-Bonanni* in Habersack/Drinhausen, § 43 SEBG Rz. 3; *Jacobs* in MünchKomm. AktG, 3. Aufl., § 43 SEBG Rz. 1; *Kleinmann/Kujath* in Manz/Mayer/Schröder, § 43 SEBG Rz. 2.
7 Ebenso *Drinhausen/Keinath*, BB 2011, 2699, 2701 f.; *Henssler* in Ulmer/Habersack/Henssler, Mitbestimmungsrecht, § 43 SEBG Rz. 3; *Hohenstatt/Müller-Bonanni* in Habersack/Drinhausen, § 43 SEBG Rz. 2; *Jacobs* in MünchKomm. AktG, 3. Aufl., § 43 SEBG Rz. 2; *Kleinmann/Kujath* in Manz/Mayer/Schröder, § 43 SEBG Rz. 2; *Sagan* in Bieder/Hartmann, Individuelle Freiheit und kollektive Interessenwahrnehmung, 2012, S. 171, 195.
8 So *Henssler* in Ulmer/Habersack/Henssler, Mitbestimmungsrecht, § 43 SEBG Rz. 4.

des nicht ableiten[9]. Vielmehr muss die Norm ihren Zweck vor allem dann entfalten, wenn die SE dazu in Anspruch genommen wird, um den Arbeitnehmern **Beteiligungsrechte nach den jeweiligen mitgliedstaatlichen** Rechtsvorschriften zu entziehen oder ggf. vorzuenthalten. Das gilt entgegen einer verbreiteten Auffassung auch im Hinblick auf Beteiligungsrechte, die Arbeitnehmern aufgrund einer **Konzernzurechnung** (§ 5 MitbestG, § 2 DrittelbG) zustehen, da diese ein aktives und passives Wahlrecht der Arbeitnehmer in abhängigen Gesellschaften bezüglich des bei dem herrschenden Unternehmen zu bildenden Aufsichtsrat begründet[10].

7   Ein systematischer Vergleich mit § 18 Abs. 3 Satz 1 SEBG zeigt zudem, dass eine **Minderung** der Beteiligungsrechte nicht ausreicht[11], vielmehr ist für das Eingreifen des Missbrauchstatbestandes notwendig, dass diese den Arbeitnehmern **entzogen** oder **vorenthalten** werden. Eine Entziehung von Beteiligungsrechten kommt insbesondere in Betracht, wenn eine Gesellschaft Tochtergesellschaft einer SE wird, ohne dass den Arbeitnehmern danach ein mit dem früheren mitbestimmungsrechtlichen Status vergleichbares Einflusspotenzial auf die Entscheidungen der **Konzernobergesellschaft** zusteht. Eine Entziehung von Beteiligungsrechten ist darüber hinaus zu erwägen, wenn strukturelle Änderungen der SE dazu führen, dass die bislang bei der SE beschäftigten Arbeitnehmer ihr Recht verlieren, einen Teil der Mitglieder des Aufsichts- oder Verwaltungsorgans zu wählen oder zu bestellen. Bei einer **Sitzverlegung** in einen anderen Mitgliedstaat kommt dies wegen der fortbestehenden Beteiligungsvereinbarung oder der gesetzlichen Auffangregelung des anderen Mitgliedstaates nicht in Betracht[12]. Anderes kann jedoch gelten, wenn eine SE ihren Sitz in einen Drittstaat verlegt. Eine Entziehung von Beteiligungsrechten kommt ferner in Betracht, wenn eine SE nach Maßgabe des Umwandlungsrechts der Mitgliedstaaten **in eine andere Rechtsform umgewandelt** wird (Renationalisierung) und bei dieser keine vergleichbaren Beteiligungsrechte bestehen[13]; Art. 66 Abs. 1 Satz 2 SE-VO steht dem als lex specialis wegen seines eingeschränkten Anwendungsbereiches (nur Umwandlung in nationale AG) nicht generell entgegen. Weder die Gründung einer **Vorrats-SE** noch deren spätere Aktivierung führt zur Entziehung von Beteiligungsrechten, da nach der hier befürworteten Konzeption spätestens bei der Aktivierung ein Verhandlungsverfahren einzuleiten ist (s. § 1 SEBG Rz. 15 ff.). Eine Vorenthaltung von Beteiligungsrechten kommt jedoch entgegen der vorherrschenden Ansicht in Betracht, wenn bei den an der Gründung beteiligten Gesellschaften das **Überschreiten mitbestimmungsrechtlich relevanter Schwellenwerte** unmittelbar bevorsteht und durch

---

[9] In diesem Sinne auch *Hohenstatt/Müller-Bonanni* in Habersack/Drinhausen, § 43 SEBG Rz. 2; *Jacobs* in MünchKomm. AktG, 3. Aufl., § 43 SEBG Rz. 2.
[10] A.A. *Henssler* in Ulmer/Habersack/Henssler, Mitbestimmungsrecht, § 43 SEBG Rz. 4.
[11] Ebenso *Hohenstatt/Müller-Bonanni* in Habersack/Drinhausen, § 43 SEBG Rz. 2; *Jacobs* in MünchKomm. AktG, 3. Aufl., § 43 SEBG Rz. 2; a.A. *Henssler* in Ulmer/Habersack/Henssler, Mitbestimmungsrecht, § 43 SEBG Rz. 3, der eine „Minderung" als „teilweisen Entzug" bewertet; in diesem Sinne auch *Nagel* in Nagel/Freis/Kleinsorge, Beteiligung der Arbeitnehmer, § 43 SEBG Rz. 6.
[12] Ebenso *Drinhausen/Keinath*, BB 2011, 2269, 2701, 2703; *Henssler* in Ulmer/Habersack/Henssler, Mitbestimmungsrecht, § 43 SEBG Rz. 8; *Kleinmann/Kujath* in Manz/Mayer/Schröder, § 43 SEBG Rz. 2; *Nagel* in Nagel/Freis/Kleinsorge, Beteiligung der Arbeitnehmer, § 43 SEBG Rz. 4.
[13] A.A. *Drinhausen/Keinath*, BB 2011, 2699, 2701, 2704; *Henssler* in Ulmer/Habersack/Henssler, Mitbestimmungsrecht, § 43 SEBG Rz. 9; *Hohenstatt/Müller-Bonanni* in Habersack/Drinhausen, § 43 SEBG Rz. 3; *Nagel* in Nagel/Freis/Kleinsorge, Beteiligung der Arbeitnehmer, § 43 SEBG Rz. 4.

die Gründung der SE ein mitbestimmungsfreier Status quo noch rechtzeitig eingefroren werden soll[14].

Sowohl die Gründung einer SE als auch nachfolgende strukturelle Änderungen stellen für sich genommen allerdings selbst dann noch keinen Missbrauch dar, wenn diese dazu führen, dass den Arbeitnehmern Beteiligungsrechte entzogen oder vorenthalten werden[15]. Nicht abschließend geklärt ist jedoch, anhand welcher Kriterien ein von § 43 SEBG untersagter **Missbrauch** festgestellt werden kann. Zutreffend wird aufgrund der unionsrechtlichen Vorgabe (s. oben Rz. 2) eine Anlehnung an die unionsrechtlichen Konkretisierungen gesucht[16], die mit dem aus § 242 BGB fundierten Einwand des Rechtsmissbrauchs nicht kongruent sind[17]. Selbst wenn hierdurch zunächst der in § 1 Abs. 1 Satz 2 SEBG konkretisierte Zweck des SEBG bzw. der SE-RL in den Vordergrund gerückt wird[18], rechtfertigt die alleinige Inanspruchnahme der durch das SE-Recht eröffneten Handlungsoptionen nicht die Stigmatisierung als rechtsmissbräuchlich, selbst wenn es hierdurch zu einer Entziehung oder Vorenthaltung von Beteiligungsrechten der Arbeitnehmer kommt[19]. Entscheidend ist deshalb und unabhängig von der unionsrechtlichen Dogmatik zum Rechtsmissbrauch die auch durch den Wortlaut in § 43 Satz 1 SEBG („dazu") nahegelegte **Absicht**, die SE als Vehikel zu nutzen, um eine Entziehung oder Vorenthaltung von Beteiligungsrechten herbeizuführen[20]. Letztlich soll durch § 43 SEBG eine Inanspruchnahme der SE zu gesetzesfremden Zwecken unterbunden werden. Dies kommt jedoch erst in Betracht, wenn für die Gründung der SE oder eine sie betreffende strukturelle Änderung **keine sachliche Rechtfertigung** erkennbar ist[21] und als Folge der SE-Gründung oder einer strukturellen Änderung unter Beteiligung einer SE Beteiligungsrechte der Arbeitnehmer entzogen oder vorenthalten werden. Umgekehrt scheidet eine missbräuchliche Gründung der SE oder deren strukturelle Änderung stets dann aus, wenn für die konkrete Gestaltung sachlich nachvollziehbare Gründe vorgetragen werden können[22], die mit den Beteiligungsrechten der Arbeitnehmer in keinem Zusammenhang stehen.

---

14 A.A. *Drinhausen/Keinath*, BB 2011, 2699, 2701, 2704; *Henssler* in Ulmer/Habersack/Henssler, Mitbestimmungsrecht, § 43 SEBG Rz. 8; *Hohenstatt/Müller-Bonanni* in Habersack/Drinhausen, § 43 SEBG Rz. 3; *Sagan* in Bieder/Hartmann, Individuelle Freiheit und kollektive Interessenwahrnehmung, 2012, S. 171, 203 f.
15 S. *Henssler* in Ulmer/Habersack/Henssler, Mitbestimmungsrecht, § 43 SEBG Rz. 5; *Kübler* in FS Raiser, S. 247, 257; *Rehberg*, ZGR 2005, 859, 866.
16 So auch *Henssler* in Ulmer/Habersack/Henssler, Mitbestimmungsrecht, § 43 SEBG Rz. 5; näher *Sagan* in Bieder/Hartmann, Individuelle Freiheit und kollektive Interessenwahrnehmung, 2012, S. 171, 190 ff.; anders im Ansatz *Drinhausen/Keinath*, BB 2009, 2699, 2702 f., die auf § 42 AO zurückgreifen.
17 S. näher *Roth/Schubert* in MünchKomm. BGB, 6. Aufl. 2012, § 242 BGB Rz. 156 ff.
18 Hierfür *Henssler* in Ulmer/Habersack/Henssler, Mitbestimmungsrecht, § 43 SEBG Rz. 6.
19 Treffend schon Begr. RegE, BT-Drucks. 15/3405, S. 57 sowie ferner *Feuerborn* in KölnKomm. AktG, 3. Aufl., § 43 SEBG Rz. 3; *Hohenstatt/Müller-Bonanni* in Habersack/Drinhausen, § 43 SEBG Rz. 3; *Jacobs* in MünchKomm. AktG, 3. Aufl., § 43 SEBG Rz. 2a; *Kleinmann/Kujath* in Manz/Mayer/Schröder, § 43 SEBG Rz. 2; *Köklü* in Van Hulle/Maul/Drinhausen, Kap. 6 Rz. 254; *Riesenhuber*, Europäisches Arbeitsrecht, § 29 Rz. 60.
20 So auch *Feuerborn* in KölnKomm. AktG, 3. Aufl., § 43 SEBG Rz. 4; *Henssler* in Ulmer/Habersack/Henssler, Mitbestimmungsrecht, § 43 SEBG Rz. 7; *Hohenstatt/Müller-Bonanni* in Habersack/Drinhausen, § 43 SEBG Rz. 3; *Kleinmann/Kujath* in Manz/Mayer/Schröder, § 43 SEBG Rz. 2; *Sagan* in Bieder/Hartmann, Individuelle Freiheit und kollektive Interessenwahrnehmung, 2012, S. 171, 197.
21 Ebenso *Feuerborn* in KölnKomm. AktG, 3. Aufl., § 43 SEBG Rz. 4; *Henssler* in Ulmer/Habersack/Henssler, Mitbestimmungsrecht, § 43 SEBG Rz. 4; *Hohenstatt/Müller-Bonanni* in Habersack/Drinhausen, § 43 SEBG Rz. 3; kritisch dazu jedoch *Rehberg*, ZGR 2005, 859, 871 f., allerdings zu Art. 11 SE-RL.
22 Ebenso *Henssler* in Ulmer/Habersack/Henssler, Mitbestimmungsrecht, § 43 SEBG Rz. 7.

2. Vermutung des Missbrauchs (§ 43 Satz 2 SEBG)

9 Die praktische Anwendung des Missbrauchstatbestandes wird vor allem dadurch erschwert, dass nach allgemeinen Grundsätzen das Vorliegen eines Missbrauchs von demjenigen darzulegen und zu beweisen ist, der sich auf den Missbrauch beruft. Hinsichtlich der subjektiven Komponente (s. oben Rz. 8) ist dies jedoch nur schwer möglich[23], da sachliche Motive für die Gründung der SE oder deren strukturelle Änderung nur selten im Hinblick auf einen Missbrauch widerlegt werden können. Erleichtert wird dies lediglich für den Sonderfall einer **strukturellen Änderung** der SE. Diesbezüglich indiziert der geringe zeitliche Abstand zur Gründung nach § 43 Satz 2 SEBG einen Missbrauch.

10 Der Wortlaut von § 43 Satz 2 SEBG („wird vermutet") deutet zwar auf eine unwiderlegbare Vermutung hin, dieses Verständnis würde aber den Normzweck überschreiten. Allein aus der zeitlichen Nähe zur Gründung folgt nicht per se ein Missbrauch, sondern die Funktion von § 43 Satz 2 SEBG besteht darin, den Nachweis eines Missbrauchs i.S. von § 43 Satz 1 SEBG zu erleichtern. Diesem Normzweck entspricht es, § 43 Satz 2 SEBG i.S. einer **widerlegbaren Vermutung** auszulegen[24]. Diese ist bereits dann widerlegt, wenn für die Vornahme der konkreten strukturellen Änderung eine sachlich nachvollziehbare Rechtfertigung vorgebracht werden kann, die mit den Beteiligungsrechten der Arbeitnehmer in keinem Zusammenhang steht[25]. Abweichend von den allgemeinen Grundsätzen (s. oben Rz. 9) gehen Zweifel jedoch zu Lasten der Leitung der SE[26], da § 292 ZPO den Beweis des Gegenteils fordert[27].

11 Für den Vermutungstatbestand gilt ebenfalls, dass er nicht jede strukturelle Änderung i.S. des § 18 Abs. 3 Satz 1 SEBG erfasst, sondern ausschließlich solche, die zu einer Vorenthaltung oder Entziehung von Beteiligungsrechten der Arbeitnehmer führen. Fehlt es hieran, greift die Rechtsfolge der Vermutung nicht ein[28]. Hinzukommen muss zudem, dass die strukturelle Änderung ohne das in § 18 Abs. 3 SEBG vorgesehene Verfahren zeitnah zu der Gründung der SE durchgeführt wird, wobei der Ein-Jahres-Zeitraum in § 43 Satz 2 SEBG[29] mit Abschluss der Gründung der SE, also deren Eintragung in das Handelsregister (Art. 16 SE-VO), beginnt[30]. Dem Zweck des

---

23 Treffend *Kleinmann/Kujath* in Manz/Mayer/Schröder, § 43 SEBG Rz. 2.
24 Mit dieser Einordnung von § 43 Satz 2 SEBG auch *Feuerborn* in KölnKomm. AktG, 3. Aufl., § 43 SEBG Rz. 7; *Henssler* in Ulmer/Habersack/Henssler, Mitbestimmungsrecht, § 43 SEBG Rz. 12; *Hohenstatt/Müller-Bonanni* in Habersack/Drinhausen, § 43 SEBG Rz. 4; *Jacobs* in MünchKomm. AktG, 3. Aufl., § 43 SEBG Rz. 3; *Kleinmann/Kujath* in Manz/Mayer/Schröder, § 43 SEBG Rz. 3; *Nagel* in Nagel/Freis/Kleinsorge, Beteiligung der Arbeitnehmer, § 43 SEBG Rz. 3.
25 In diesem Sinne auch *Feuerborn* in KölnKomm. AktG, 3. Aufl., § 43 SEBG Rz. 7; *Henssler* in Ulmer/Habersack/Henssler, Mitbestimmungsrecht, § 43 SEBG Rz. 12; *Hohenstatt/Müller-Bonanni* in Habersack/Drinhausen, § 43 SEBG Rz. 4; ähnlich *Kleinmann/Kujath* in Manz/Mayer/Schröder, § 43 SEBG Rz. 3; a.A. *Jacobs* in MünchKomm. AktG, 3. Aufl., § 43 SEBG Rz. 3; *Sagan* in Bieder/Hartmann, Individuelle Freiheit und kollektive Interessenwahrnehmung, 2012, S. 171, 183 f.; strenger *Nagel* in Nagel/Freis/Kleinsorge, Beteiligung der Arbeitnehmer, § 43 SEBG Rz. 3.
26 So im Ergebnis auch *Nagel* in Nagel/Freis/Kleinsorge, Beteiligung der Arbeitnehmer, § 43 SEBG Rz. 3.
27 Ebenso *Köklü* in Van Hulle/Maul/Drinhausen, Kap. 6 Rz. 251.
28 So auch *Henssler* in Ulmer/Habersack/Henssler, Mitbestimmungsrecht, § 43 SEBG Rz. 12; im Ergebnis ferner *Feuerborn* in KölnKomm. AktG, 3. Aufl., § 43 SEBG Rz. 7.
29 Mit zustimmender Bewertung *Rehberg*, ZGR 2005, 859, 888 f.
30 So auch *Feuerborn* in KölnKomm. AktG, 3. Aufl., § 43 SEBG Rz. 6 *Henssler* in Ulmer/Habersack/Henssler, Mitbestimmungsrecht, § 43 SEBG Rz. 12; *Hohenstatt/Müller-Bonanni* in Habersack/Drinhausen, § 43 SEBG Rz. 4; *Jacobs* in MünchKomm. AktG, 3. Aufl., § 43 SEBG Rz. 3.

Vermutungstatbestandes in § 43 Satz 2 SEBG würde es jedoch widersprechen, aus diesem im Wege eines Umkehrschlusses allein aufgrund des Zeitablaufs einen Missbrauch zu verneinen; die Anwendbarkeit des Grundtatbestandes (§ 43 Satz 1 SEBG) bleibt von dem alleinigen Zeitablauf unberührt[31].

III. Rechtsfolgen eines Verstoßes gegen § 43 Satz 1 SEBG

Mit der Formulierung „darf nicht" bleiben die Rechtsfolgen eines Verstoßes gegen das Missbrauchsverbot im Vagen. Aus der Gesetzesbegründung zu der Strafbestimmung in § 45 Abs. 1 Nr. 2 SEBG[32] folgt jedoch zumindest, dass § 43 Satz 1 SEBG nicht die Kraft entfaltet, die rechtliche Existenz einer in das Handelsregister eingetragenen SE zu beseitigen. Wohl aber berechtigt das Missbrauchsverbot in § 43 Satz 1 SEBG den **Registerrichter**, die **Eintragung einer SE abzulehnen**[33]. Entsprechendes gilt für strukturelle Änderungen, wenn diese ihre Rechtswirkungen erst nach einer Registereintragung entfalten[34].

12

Darüber hinaus ist zu erwägen, § 43 Satz 1 SEBG als **Verbotsgesetz i.S. des § 134 BGB** zu qualifizieren[35]. Soweit für den Fall eines Verstoßes gegen das Missbrauchsverbot eine präventive Abwehr mittels eines **Unterlassungsanspruches** bejaht wird[36], ist dem im Ergebnis zu folgen. Auf § 1004 BGB analog[37] lässt sich dieser indes nicht stützen, da die Beteiligungsrechte der Arbeitnehmer keine mit dem Eigentum vergleichbare absolut geschützte Rechtsposition begründen. Tragfähiger ist es deshalb, einen Abwehr- bzw. Unterlassungsanspruch unmittelbar aus dem Zweck des Missbrauchsverbots abzuleiten, da nur mit dessen Hilfe eine effektive Durchsetzung gewährleistet ist. Da § 43 SEBG keinen individuellen Vermögensschutz bezweckt, kommt eine Qualifizierung der Norm als **Schutzgesetz i.S. von § 823 Abs. 2 BGB** nicht in Betracht[38]. Zur strafrechtlichen Sanktionierung s. § 45 SEBG Rz. 8 ff.

13

---

31 So auch *Köklü* in Van Hulle/Maul/Drinhausen, Kap. 6 Rz. 251.
32 S. Begr. RegE, BT-Drucks. 15/3405, S. 57 sowie unten § 45 SEBG Rz. 8.
33 So auch *Henssler* in Ulmer/Habersack/Henssler, Mitbestimmungsrecht, § 43 SEBG Rz. 15; *Kleinmann/Kujath* in Manz/Mayer/Schröder, § 43 SEBG Rz. 4; *Köklü* in Van Hulle/Maul/Drinhausen, Kap. 6 Rz. 251; *Nagel* in Nagel/Freis/Kleinsorge, Beteiligung der Arbeitnehmer, § 43 SEBG Rz. 10; *Rupp* in Annuß/Kühn/Rudolph/Rupp, EBRG, § 43 SEBG Rz. 5; *Sagan* in Bieder/Hartmann, Individuelle Freiheit und kollektive Interessenwahrnehmung, 2012, S. 171, 198; in dieser Richtung auch *Wißmann* in FS Richardi, 2007, S. 841, 857.
34 *Henssler* in Ulmer/Habersack/Henssler, Mitbestimmungsrecht, § 43 SEBG Rz. 15.
35 Ebenso *Henssler* in Ulmer/Habersack/Henssler, Mitbestimmungsrecht, § 43 SEBG Rz. 15; *Kleinmann/Kujath* in Manz/Mayer/Schröder, § 43 SEBG Rz. 4; *Nagel* in Nagel/Freis/Kleinsorge, Beteiligung der Arbeitnehmer, § 43 SEBG Rz. 8; zweifelnd *Jacobs* in MünchKomm. AktG, 3. Aufl., § 43 SEBG Rz. 4. S. ferner *Rehberg*, ZGR 2005, 859, 877, der sich im Rahmen von Art. 11 SE-RL für eine Gleichstellung im Hinblick auf die umgangenen Vorschriften ausspricht; hierfür auch *Henssler* in Ulmer/Habersack/Henssler, Mitbestimmungsrecht, § 43 SEBG Rz. 14.
36 So *Feuerborn* in KölnKomm. AktG, 3. Aufl., § 43 SEBG Rz. 9; *Henssler* in Ulmer/Habersack/Henssler, Mitbestimmungsrecht, § 43 SEBG Rz. 16; *Hohenstatt/Müller-Bonanni* in Habersack/Drinhausen, § 43 SEBG Rz. 6; *Jacobs* in MünchKomm. AktG, 3. Aufl., § 43 SEBG Rz. 4; a.A. *Rupp* in Annuß/Kühn/Rudolph/Rupp, EBRG, § 43 SEBG Rz. 5.
37 Hierfür *Feuerborn* in KölnKomm. AktG, 3. Aufl., § 43 SEBG Rz. 9; *Henssler* in Ulmer/Habersack/Henssler, Mitbestimmungsrecht, § 43 SEBG Rz. 16; *Hohenstatt/Müller-Bonanni* in Habersack/Drinhausen, § 43 SEBG Rz. 6; *Jacobs* in MünchKomm. AktG, 3. Aufl., § 43 SEBG Rz. 4.
38 So auch *Henssler* in Ulmer/Habersack/Henssler, Mitbestimmungsrecht, § 43 SEBG Rz. 16; a.A. jedoch *Feuerborn* in KölnKomm. AktG, 3. Aufl., § 43 SEBG Rz. 9; *Kleinmann/Kujath* in Manz/Mayer/Schröder, § 43 SEBG Rz. 4.

§ 44
Errichtungs- und Tätigkeitsschutz

Niemand darf
1. die Bildung des besonderen Verhandlungsgremiums, die Errichtung eines SE-Betriebsrats oder die Einführung eines Verfahrens zur Unterrichtung und Anhörung nach § 21 Abs. 2 oder die Wahl, Bestellung, Empfehlung oder Ablehnung der Arbeitnehmervertreter im Aufsichts- oder Verwaltungsorgan behindern oder durch Zufügung oder Androhung von Nachteilen oder durch Gewährung oder Versprechen von Vorteilen beeinflussen;
2. die Tätigkeit des besonderen Verhandlungsgremiums, des SE-Betriebsrats oder der Arbeitnehmervertreter nach § 21 Abs. 2 oder die Tätigkeit der Arbeitnehmervertreter im Aufsichts- oder Verwaltungsorgan behindern oder stören oder
3. ein Mitglied oder Ersatzmitglied des besonderen Verhandlungsgremiums, des SE-Betriebsrats oder einen Arbeitnehmervertreter nach § 21 Abs. 2 oder einen Arbeitnehmervertreter im Aufsichts- oder Verwaltungsorgan wegen seiner Tätigkeit benachteiligen oder begünstigen.

I. Allgemeines	1	III. Tätigkeitsschutz (§ 44 Nr. 2 und 3 SEBG)	5
II. Errichtungsschutz (§ 44 Nr. 1 SEBG)	4	IV. Rechtsfolgen bei Pflichtverletzungen	8

Literatur: S. Vor § 1 SEBG.

I. Allgemeines

1 Mit § 44 SEBG gewährleistet das SEBG einen Errichtungs- und Tätigkeitsschutz, der u.a. sowohl die Bildung und Tätigkeit des BVG als auch die Arbeitnehmervertreter im Aufsichts- oder Verwaltungsorgan der SE einbezieht.

2 Auf eine ausdrückliche Vorgabe der **SE-RL** lässt sich § 44 SEBG nicht stützen[1], er übernimmt jedoch den Errichtungs- und Tätigkeitsschutz durch **§ 42 EBRG**[2] und passt diesen an die Besonderheiten des SEBG an. Eine mit § 44 SEBG übereinstimmende Regelung für die **SCE** trifft § 46 SCEBG sowie für die **Verschmelzung von Kapitalgesellschaften** aus verschiedenen Mitgliedstaaten § 33 MgVG.

3 In **Österreich** regelt § 251 Abs. 1 ArbVG i.V.m. § 115 Abs. 3 ArbVG das Benachteiligungsverbot.

---

[1] S. insoweit aber Begr. RegE, BT-Drucks. 15/3405, S. 57, die auf Art. 12 Abs. 2 SE-RL verweist; so auch *Hohenstatt/Müller-Bonanni* in Habersack/Drinhausen, § 44 SEBG Rz. 4; *Jacobs* in MünchKomm. AktG, 3. Aufl., § 44 SEBG Rz. 1; *Nagel* in Nagel/Freis/Kleinsorge, Beteiligung der Arbeitnehmer, § 44 SEBG Rz. 1; kritisch mit Recht *Feuerborn* in KölnKomm. AktG, 3. Aufl., § 44 SEBG Rz. 6; *Henssler* in Ulmer/Habersack/Henssler, Mitbestimmungsrecht, § 44 SEBG Rz. 1, die alternativ auf Art. 10 SE-RL zurückgreifen.
[2] Die gleichfalls gezogene Parallele zu § 119 BetrVG (Begr. RegE, BT-Drucks. 15/3405, S. 57; ebenso *Hohenstatt/Müller-Bonanni* in Habersack/Drinhausen, § 44 SEBG Rz. 1) trifft ausschließlich im Hinblick auf den Tatbestand zu, da es sich bei § 119 BetrVG – im Unterschied zu § 44 SEBG – um eine Strafnorm handelt (treffend *Feuerborn* in KölnKomm. AktG, 3. Aufl., § 44 SEBG Rz. 2).

II. Errichtungsschutz (§ 44 Nr. 1 SEBG)

Mit § 44 Nr. 1 SEBG begründet das SEBG einen uneingeschränkten Errichtungsschutz, der nicht nur die Bildung des **BVG**, sondern auch die Wahl bzw. Bestellung der **Arbeitnehmervertreter in das Aufsichts- oder Verwaltungsorgan der SE** absichert[3]. Da § 44 Nr. 1 SEBG die Errichtung des BVG schützt, ist hierdurch aufgrund des Normzwecks auch das nach den §§ 8 und 9 SEBG gebildete **Wahlgremium** in den Schutz einbezogen[4]. Soweit die Vorschrift ihren Schutz auf den SE-Betriebsrat erstreckt, gilt dies unabhängig davon, ob dieser kraft Gesetzes oder aufgrund einer Vereinbarung errichtet wurde[5]. Die Vorschrift untersagt die Behinderung durch Zufügung oder Androhung von Nachteilen bzw. die Beeinflussung durch Gewährung oder Versprechen von Vorteilen und entspricht hinsichtlich der untersagten Handlungen dem Errichtungsschutz durch § 42 Nr. 1 EBRG, der seinerseits in § 20 Abs. 1 und 2 BetrVG sowie § 20 Abs. 2 MitbestG und § 10 DrittelbG eine Parallele findet. Die zu den letztgenannten Vorschriften anerkannten Grundsätze[6] sind auf § 44 Nr. 1 SEBG übertragbar[7].

4

III. Tätigkeitsschutz (§ 44 Nr. 2 und 3 SEBG)

Bei der durch § 44 SEBG bezweckten Absicherung ist zwischen dem **Schutz bei Ausübung der Organtätigkeit** (§ 44 Nr. 2) sowie demjenigen **wegen der Organtätigkeit** (§ 44 Nr. 3) zu unterscheiden.

5

Das **Behinderungs- bzw. Störungsverbot** erstreckt **§ 44 Nr. 2 SEBG** auch auf die Tätigkeit des BVG sowie diejenige der Arbeitnehmervertreter in dem Aufsichts- oder Verwaltungsorgan der SE und entspricht in tatbestandlicher Hinsicht § 42 Nr. 2 EBRG, der seinerseits eine Parallele in dem Behinderungs- und Störungsverbot des § 78 Satz 1 BetrVG sowie in § 26 Satz 1 MitbestG und § 9 Satz 1 DrittelbG findet. Die dortigen Auslegungsgrundsätze[8] sind auch für § 44 Nr. 2 SEBG maßgebend[9].

6

Das zugunsten der Mitglieder und der Ersatzmitglieder des BVG sowie für die Arbeitnehmervertreter im Aufsichts- oder Verwaltungsorgan der SE in **§ 44 Nr. 3 SEBG** begründete **Benachteiligungs- und Begünstigungsverbot** entspricht hinsichtlich des inhaltlichen Schutzes § 42 Nr. 3 EBRG, der seinerseits mit der Absicherung durch § 78 Satz 2 BetrVG sowie § 26 Satz 2 MitbestG und § 9 Satz 2 DrittelbG übereinstimmt[10]. Die letztgenannten Vorschriften erstrecken das Benachteiligungs- und Begünstigungsverbot ausdrücklich ebenfalls auf die **berufliche Entwicklung**, worauf jedoch sowohl § 42 Nr. 3 EBRG als auch § 44 Nr. 3 4SEBG verzichten. Eine sachliche Dis-

7

---

[3] *Feuerborn* in KölnKomm. AktG, 3. Aufl., § 44 SEBG Rz. 7; *Jacobs* in MünchKomm. AktG, 3. Aufl., § 44 SEBG Rz. 4; *Nagel* in Nagel/Freis/Kleinsorge, Beteiligung der Arbeitnehmer, § 44 SEBG Rz. 6.

[4] Treffend *Feuerborn* in KölnKomm. AktG, 3. Aufl., § 44 SEBG Rz. 7; *Henssler* in Ulmer/Habersack/Henssler, Mitbestimmungsrecht, § 44 SEBG Rz. 2; *Hohenstatt/Müller-Bonanni* in Habersack/Drinhausen, § 44 SEBG Rz. 2; *Nagel* in Nagel/Freis/Kleinsorge, Beteiligung der Arbeitnehmer, § 44 SEBG Rz. 1.

[5] Ebenso *Feuerborn* in KölnKomm. AktG, 3. Aufl., § 44 SEBG Rz. 7; *Henssler* in Ulmer/Habersack/Henssler, Mitbestimmungsrecht, § 44 SEBG Rz. 3; *Hohenstatt/Müller-Bonanni* in Habersack/Drinhausen, § 33 SEBG Rz. 2.

[6] Ausführlich dazu z.B. *Kreutz* in GK-BetrVG, 10. Aufl. 2014, § 20 BetrVG Rz. 7 ff., 24 ff. jeweils m.w.N.

[7] Mit diesem Ansatz auch *Henssler* in Ulmer/Habersack/Henssler, Mitbestimmungsrecht, § 44 SEBG Rz. 5; *Hohenstatt/Müller-Bonanni* in Habersack/Drinhausen, § 44 SEBG Rz. 1.

[8] Zu diesen stellvertretend *Kreutz* in GK-BetrVG, 10. Aufl. 2014, § 78 BetrVG Rz. 25 ff.

[9] Ebenso *Henssler* in Ulmer/Habersack/Henssler, Mitbestimmungsrecht, § 44 SEBG Rz. 6.

[10] Dazu näher z.B. *Kreutz* in GK-BetrVG, 10. Aufl. 2014, § 78 BetrVG Rz. 41 ff. m.w.N.

krepanz resultiert hieraus nicht[11]; die Erwähnung der „beruflichen Entwicklung" in § 78 Satz 2 BetrVG sowie § 26 Satz 2 MitbestG und § 9 Satz 3 DrittelbG hat lediglich klarstellende Bedeutung. Ebenso wie die vorgenannten Bestimmungen richtet sich der Verbotsbefehl in § 44 Nr. 3 SEBG gegen jedermann[12].

IV. Rechtsfolgen bei Pflichtverletzungen

8 **Rechtsgeschäfte** (z.B. Kündigungen), die gegen die Verbotstatbestände in § 44 SEBG verstoßen, sind nach **§ 134 BGB** nichtig[13]; **Weisungen des Arbeitgebers**, die im Widerspruch zu § 44 SEBG stehen, überschreiten die Grenzen billigen Ermessens i.S.v. **§ 106 GewO**[14]. Sofern den von § 44 Nr. 1 und 3 SEBG Geschützten infolge des verbotswidrigen Verhaltens ein **Vermögensschaden** entsteht, ist dieser nach den §§ 249 ff. BGB auszugleichen; § 44 Nr. 1 und 3 SEBG sind als **Schutzgesetz i.S. des § 823 Abs. 2 BGB** zu qualifizieren[15]. Zusätzlich stellt § 45 Abs. 2 Nr. 2 und 3 SEBG den vorsätzlichen Verstoß gegen § 44 SEBG unter Strafe. Zudem leitet eine verbreitete Auffassung aus den Verbotstatbeständen in § 44 SEBG einen vorbeugenden **Unterlassungsanspruch** ab[16].

---

11 Ebenso im Anschluss *Feuerborn* in KölnKomm. AktG, 3. Aufl., § 44 SEBG Rz. 12.
12 Begr. RegE, BT-Drucks. 15/3405, S. 57; *Feuerborn* in KölnKomm. AktG, 3. Aufl., § 44 SEBG Rz. 1; *Henssler* in Ulmer/Habersack/Henssler, Mitbestimmungsrecht, § 44 SEBG Rz. 4 sowie allg. *Kreutz* in GK-BetrVG, 10. Aufl. 2014, § 78 BetrVG Rz. 19.
13 Ebenso *Feuerborn* in KölnKomm. AktG, 3. Aufl., § 44 SEBG Rz. 14; *Henssler* in Ulmer/Habersack/Henssler, Mitbestimmungsrecht, § 44 SEBG Rz. 8; *Nagel* in Nagel/Freis/Kleinsorge, Beteiligung der Arbeitnehmer, § 44 SEBG Rz. 10.
14 Zustimmend *Feuerborn* in KölnKomm. AktG, 3. Aufl., § 44 SEBG Rz. 14.
15 Weitergehend *Feuerborn* in KölnKomm. AktG, 3. Aufl., § 44 SEBG Rz. 14; *Hohenstatt/Müller-Bonanni* in Habersack/Drinhausen, § 44 SEBG Rz. 6; *Jacobs* in MünchKomm. AktG, 3. Aufl., § 44 SEBG Rz. 7; *Nagel* in Nagel/Freis/Kleinsorge, Beteiligung der Arbeitnehmer, § 44 SEBG Rz. 10, die § 44 SEBG generell als Schutzgesetz qualifizieren, was jedoch bezüglich § 44 Nr. 2 SEBG abzulehnen ist, da der dortige Verbotsbefehl keinen individuellen Vermögensschutz bezweckt; ebenso wie hier differenzierend *Henssler* in Ulmer/Habersack/Henssler, Mitbestimmungsrecht, § 44 SEBG Rz. 8.
16 So *Feuerborn* in KölnKomm. AktG, 3. Aufl., § 44 SEBG Rz. 14; *Hohenstatt/Müller-Bonanni* in Habersack/Drinhausen, § 44 SEBG Rz. 6; wohl auch *Jacobs* in MünchKomm. AktG, 3. Aufl., § 44 SEBG Rz. 7.

Teil 5. Straf- und Bußgeldvorschriften; Schlussbestimmung

§ 45
Strafvorschriften

(1) Mit Freiheitsstrafe bis zu zwei Jahren oder mit Geldstrafe wird bestraft, wer
1. entgegen § 41 Abs. 2, auch in Verbindung mit Abs. 4, ein Betriebs- oder Geschäftsgeheimnis verwertet oder
2. entgegen § 43 Satz 1 eine SE dazu missbraucht, Arbeitnehmern Beteiligungsrechte zu entziehen oder vorzuenthalten.

(2) Mit Freiheitsstrafe bis zu einem Jahr oder mit Geldstrafe wird bestraft, wer
1. entgegen § 41 Abs. 2, auch in Verbindung mit Abs. 4, ein Betriebs- oder Geschäftsgeheimnis offenbart,
2. entgegen § 44 Nr. 1 oder 2 eine dort genannte Tätigkeit behindert, beeinflusst oder stört oder
3. entgegen § 44 Nr. 3 eine dort genannte Person benachteiligt oder begünstigt.

(3) Handelt der Täter in den Fällen des Absatzes 2 Nr. 1 gegen Entgelt oder in der Absicht, sich oder einen anderen zu bereichern oder einen anderen zu schädigen, so ist die Strafe Freiheitsstrafe bis zu zwei Jahren oder Geldstrafe.

(4) Die Tat wird nur auf Antrag verfolgt. In den Fällen des Absatzes 1 Nr. 2 und des Absatzes 2 Nr. 2 und 3 sind das besondere Verhandlungsgremium, der SE-Betriebsrat, die Mehrheit der Arbeitnehmervertreter im Rahmen eines Verfahrens zur Unterrichtung und Anhörung, jedes Mitglied des Aufsichts- oder Verwaltungsorgans, eine im Unternehmen vertretene Gewerkschaft sowie die Leitungen antragsberechtigt.

I. Allgemeines	1	III. Verstoß gegen das Missbrauchsverbot (§ 45 Abs. 1 Nr. 2 SEBG)	8
II. Schutz der Betriebs- und Geschäftsgeheimnisse (§ 45 Abs. 1 Nr. 1, Abs. 2 Nr. 1 SEBG)	4	IV. Errichtungs- und Tätigkeitsschutz (§ 45 Abs. 2 Nr. 2 und 3 SEBG)	11

Literatur: *Schlösser*, Europäische Aktiengesellschaft und deutsches Strafrecht, NZG 2008, 126. S. auch Vor § 1 SEBG.

I. Allgemeines

Mit § 45 SEBG ermöglicht das SEBG eine strafrechtliche Sanktion, die einerseits den Schutz der Betriebs- und Geschäftsgeheimnisse durch § 41 SEBG sowie andererseits den Schutz zugunsten der Errichtung des Organs und seiner Tätigkeit bzw. der seiner Mitglieder durch § 44 SEBG verstärkt. Damit trägt § 45 SEBG der **Forderung in Art. 12 Abs. 2 SE-RL** Rechnung, geeignete Maßnahmen für den Fall der Nichteinhaltung einer in der Richtlinie festgelegten Verpflichtung vorzusehen[1]. 1

Konzeptionell ist § 45 SEBG den **§§ 43 und 44 EBRG** nachgebildet und fasst diese in einer Vorschrift zusammen; für das Recht der **SCE** hat der Gesetzgeber durch § 47 2

---
[1] S. auch Begr. RegE, BT-Drucks. 15/3405, S. 57.

SCEBG eine mit § 45 SEBG identische Strafbestimmung geschaffen. Entsprechendes gilt für die Mitbestimmung bei einer **Verschmelzung von Kapitalgesellschaften** aus verschiedenen Mitgliedstaaten; mit Ausnahme von § 45 Abs. 1 Nr. 2 SEBG ist die Parallelnorm in § 34 MgVG mit § 45 SEBG identisch.

3 Das **österreichische Recht** verzichtet demgegenüber darauf, die Verletzung der Verschwiegenheitspflicht in § 250 Abs. 1 ArbVG unter Strafe zu stellen und belässt es bei einer Sanktionierung als Verwaltungsübertretung (§ 253 Abs. 1 ArbVG), für deren Verfolgung es zudem eines Strafantrages bedarf (§ 253 Abs. 2 ArbVG). Ebenso sind die Straftatbestände in § 45 Abs. 2 Nr. 2 und 3 SEBG ohne Parallele im österreichischen Recht. Auch die Verletzung des Missbrauchsverbots, das § 229 ArbVG übereinstimmend mit § 43 SEBG vorsieht (s. § 43 SEBG Rz. 4), stellt im österreichischen Recht keine strafbare Handlung dar; § 253 Abs. 1 ArbVG hat einen Verstoß gegen § 229 ArbVG nicht einmal in den Katalog der Verwaltungsstrafbestimmungen aufgenommen.

II. Schutz der Betriebs- und Geschäftsgeheimnisse (§ 45 Abs. 1 Nr. 1, Abs. 2 Nr. 1 SEBG)

4 Der strafrechtliche Geheimnisschutz durch § 45 Abs. 1 Nr. 1, Abs. 2 Nr. 1 SEBG knüpft an ein von § 41 Abs. 2 SEBG geschütztes **Betriebs- oder Geschäftsgeheimnis** an (dazu § 41 SEBG Rz. 6 ff.). Dieses ist nur dann in den Tatbestand der Strafnorm einbezogen, wenn bezüglich der betreffenden Tatsache eine **formelle Geheimhaltungserklärung** vorliegt, da dieser ausdrücklich an eine Verletzung der Verbotsnorm in § 41 Abs. 2 SEBG anknüpft und ein Verstoß gegen diese ohne formelle Geheimhaltungserklärung nicht in Betracht kommt[2]. Für die **Arbeitnehmervertreter**, die dem **Aufsichts- oder Verwaltungsorgan der SE** angehören, ist die Strafnorm ohne Bedeutung, da sie nicht der durch § 41 Abs. 2 SEBG begründeten Verschwiegenheitspflicht unterliegen (s. § 41 SEBG Rz. 11). Stattdessen gilt für sie der aktienrechtliche Geheimnisschutz, den § 404 AktG strafrechtlich absichert[3].

5 Als Tathandlung erfasst § 45 SEBG einerseits die **Offenbarung** des Geheimnisses (§ 45 Abs. 2 Nr. 1) und andererseits dessen **Verwertung** (§ 45 Abs. 1 Nr. 1), für das § 45 SEBG einen höheren Strafrahmen (Freiheitsstrafe bis zu zwei Jahren) vorsieht. Dieser gilt auch bei einer Offenbarung des Geheimnisses, wenn der Täter die Qualifikationen in § 45 Abs. 3 SEBG erfüllt, weil er mit der Tat eine **besondere Absicht (Bereicherung** oder **Schädigung)** verfolgt. Sowohl bezüglich der inkriminierten Tathandlungen (Offenbarung und Verwertung) als auch hinsichtlich der subjektiven Qualifikationen (Bereicherungs- oder Schädigungsabsicht) sind die Auslegungsgrundsätze zu § 120 BetrVG heranzuziehen[4]. Für die **Grundtatbestände** in § 41 Abs. 1 Nr. 1 und Abs. 2 Nr. 1 SEBG genügt **bedingter Vorsatz** (dolus eventualis); die fahrlässige Verletzung

---

[2] Wie hier *Hohenstatt/Müller-Bonanni* in Habersack/Drinhausen, § 45 SEBG Rz. 2; *Jacobs* in MünchKomm. AktG, 3. Aufl., § 45 SEBG Rz. 4; *Kienast* in Jannott/Frodermann, Handbuch Europäische Aktiengesellschaft, Kap. 13 Rz. 533; *Kleinmann/Kujath* in Manz/Mayer/Schröder, § 45 SEBG Rz. 4; *Nagel* in Nagel/Freis/Kleinsorge, Beteiligung der Arbeitnehmer, § 45 SEBG Rz. 2.

[3] So auch *Altenhain* in KölnKomm. AktG, 3. Aufl., § 45 SEBG Rz. 7; *Habersack* in Ulmer/Habersack/Henssler, Mitbestimmungsrecht, § 45 SEBG Rz. 2; *Hohenstatt/Müller-Bonanni* in Habersack/Drinhausen, § 45 SEBG Rz. 5.

[4] Ebenso *Schlösser*, NZG 2008, 126, 128 sowie zu § 120 BetrVG stellvertretend *Oetker* in GK-BetrVG, 10. Aufl. 2014, § 120 BetrVG Rz. 9 ff. (Offenbarung), 42 ff. (Verwertung), 53 f. (Bereicherungsabsicht) und 55 f. (Schädigungsabsicht).

der in Bezug genommenen Verbotsnorm steht nicht unter Strafe (vgl. § 15 StGB)[5]. Entsprechendes gilt für den **Versuch** (vgl. § 23 Abs. 1 StGB)[6].

Die Bestimmungen zum strafrechtlichen Geheimnisschutz sind keine Allgemein-, sondern **Sonderdelikte**[7]. Täter kann nur sein, wer nach § 41 Abs. 2 und 4 SEBG zur Verschwiegenheit über ein ihm bekanntgewordenes Betriebs- oder Geschäftsgeheimnis verpflichtet ist (s. dazu § 41 SEBG Rz. 10 ff.). Hierbei handelt es sich um eine **strafbegründende persönliche Eigenschaft**; bei einer Teilnahme (§§ 26, 27 StGB) gelangt **§ 28 Abs. 1 StGB** zur Anwendung[8]. 6

Entsprechend § 43 Abs. 2 EBRG und § 44 Abs. 3 Satz 1 EBRG sowie § 120 BetrVG sind die Strafbestimmungen zum Schutz der Betriebs- und Geschäftsgeheimnisse **Antragsdelikte**[9]. **Antragsberechtigt** ist als Verletzter (§ 77 Abs. 1 StGB) ausschließlich das Unternehmen, das Träger des offenbarten oder verwerteten Betriebs- oder Geschäftsgeheimnisses ist[10]. Die **Antragsfrist** beträgt drei Monate seit Erlangung der Kenntnis bezüglich Tat und Person des Täters (§ 77b StGB). 7

III. Verstoß gegen das Missbrauchsverbot (§ 45 Abs. 1 Nr. 2 SEBG)

Während § 43 SEBG zur Umsetzung von Art. 11 SE-RL ein allgemeines Verbot begründet, eine SE zur Beseitigung oder Vorenthaltung von Beteiligungsrechten der Arbeitnehmer zu missbrauchen, stellt § 45 Abs. 1 Nr. 2 SEBG den Verstoß gegen das Missbrauchsverbot zusätzlich unter Strafe. Damit will das Gesetz der Besonderheit Rechnung tragen, dass gesellschaftsrechtliche Gründe regelmäßig nicht gestatten, vollzogene grenzüberschreitende Maßnahmen rückgängig zu machen[11]. 8

Die Anknüpfung in § 45 Abs. 1 Nr. 2 SEBG an den Verletzungstatbestand in **§ 43 Satz 1 SEBG** ist im Hinblick auf den aus dem Rechtsstaatsprinzip bzw. Art. 103 Abs. 2 GG fließenden **Bestimmtheitsgrundsatz**[12] teilweise auf Bedenken gestoßen[13]; 9

---

5 *Altenhain* in KölnKomm. AktG, 3. Aufl., § 45 SEBG Rz. 9; *Hohenstatt/Müller-Bonanni* in Habersack/Drinhausen, § 45 SEBG Rz. 4; *Jacobs* in MünchKomm. AktG, 3. Aufl., § 45 SEBG Rz. 3; *Kleinmann/Kujath* in Manz/Mayer/Schröder, § 45 SEBG Rz. 5; *Nagel* in Nagel/Freis/Kleinsorge, Beteiligung der Arbeitnehmer, § 45 SEBG Rz. 7.
6 *Hohenstatt/Müller-Bonanni* in Habersack/Drinhausen, § 45 SEBG Rz. 4; *Jacobs* in MünchKomm. AktG, 3. Aufl., § 45 SEBG Rz. 3; *Nagel* in Nagel/Freis/Kleinsorge, Mitbestimmung der Arbeitnehmer, § 45 SEBG Rz. 14.
7 *Altenhain* in KölnKomm. AktG, 3. Aufl., § 45 SEBG Rz. 7; *Habersack* in Ulmer/Habersack/Henssler, Mitbestimmungsrecht, § 45 SEBG Rz. 2; *Hohenstatt/Müller-Bonanni* in Habersack/Drinhausen, § 45 SEBG Rz. 5; *Kleinmann/Kujath* in Manz/Mayer/Schröder, § 45 SEBG Rz. 3; wohl auch *Jacobs* in MünchKomm. AktG, 3. Aufl., § 45 SEBG Rz. 2; ebenso zu § 120 Abs. 1 BetrVG *Oetker* in GK-BetrVG, 10. Aufl. 2014, § 120 BetrVG Rz. 28 m.w.N.
8 Ebenso *Altenhain* in KölnKomm. AktG, 3. Aufl., § 45 SEBG Rz. 7; *Kleinmann/Kujath* in Manz/Mayer/Schröder, § 45 SEBG Rz. 13; *Nagel* in Nagel/Freis/Kleinsorge, Beteiligung der Arbeitnehmer, § 45 SEBG Rz. 15; zu § 120 BetrVG s. *Oetker* in GK-BetrVG, 10. Aufl. 2014, § 120 BetrVG Rz. 28 m.w.N.
9 So auch § 47 Abs. 4 SCEBG.
10 Ebenso *Altenhain* in KölnKomm. AktG, 3. Aufl., § 45 SEBG Rz. 21; *Habersack* in Ulmer/Habersack/Henssler, Mitbestimmungsrecht, § 45 SEBG Rz. 1; *Hohenstatt/Müller-Bonanni* in Habersack/Drinhausen, § 45 SEBG Rz. 8; *Kleinmann/Kujath* in Manz/Mayer/Schröder, § 45 SEBG Rz. 12; zu § 120 BetrVG *Oetker* in GK-BetrVG, 10. Aufl. 2014, § 120 BetrVG Rz. 58 m.w.N. sowie ausdrücklich § 253 Abs. 2 Nr. 4 ArbVG für das österreichische Recht.
11 Begr. RegE, BT-Drucks. 15/3405, S. 57.
12 Dazu zuletzt BVerfG v. 9.1.2014 – 1 BvR 299/13, NZG 2014, 460, Rz. 17.
13 So z.B. *Grobys*, NZA 2004, 779, 781; *Hennings* in Manz/Mayer/Schröder, 1. Aufl. 2005, Art. 11 SE-RL Rz. 4; *Kienast* in Jannott/Frodermann, Handbuch Europäische Aktiengesellschaft, Kap. 13 Rz. 530; *Sagan* in Bieder/Hartmann, Individuelle Freiheit und Kollektive Interessenwahrnehmung, 2012, S. 171, 200 ff.; *Schlösser*, NZG 2008, 126, 128 f.

Joost erachtet die Norm wegen einer Verletzung von Art. 103 Abs. 2 GG sogar als verfassungswidrig[14]. Obwohl die Umschreibung von Sachverhalten schwerfällt, in denen die Gründung einer SE zu dem Zweck erfolgt, den Arbeitnehmern Beteiligungsrechte zu entziehen oder vorzuenthalten (s. § 43 SEBG Rz. 5 ff.), ist die Vorschrift nicht weniger unbestimmt als andere Straftatbestände, so dass den Anforderungen des Bestimmtheitsgrundsatzes noch ausreichend Rechnung getragen worden ist[15].

10 Die **Vermutungsregel**, die § 43 Satz 2 SEBG aufstellt, findet nach einhelliger Ansicht im Rahmen von § 45 Abs. 1 Nr. 2 SEBG keine Anwendung[16]. Dies folgt zwar nicht zwingend aus der Einschränkung der Verweisung auf § 43 Satz 1 SEBG[17], wohl aber aus der Unvereinbarkeit von § 43 Satz 2 SEBG mit der im Strafrecht geltenden **Unschuldsvermutung**[18].

IV. Errichtungs- und Tätigkeitsschutz (§ 45 Abs. 2 Nr. 2 und 3 SEBG)

11 Die **Straftatbestände** in § 45 Abs. 2 Nr. 2 und 3 SEBG knüpfen an die Verbote in § 44 SEBG an (dazu § 44 SEBG Rz. 4 ff.) und sanktionieren deren Verletzung zusätzlich durch Etablierung eines strafrechtlichen Schutzes (zum zivilrechtlichen Schutz s. § 44 SEBG Rz. 8), der inhaltlich den Parallelnormen in § 47 Abs. 2 Nr. 2 und 3 SCEBG, § 44 Abs. 1 Nr. 2 EBRG sowie § 119 BetrVG entspricht. Auf der **subjektiven Seite** setzt § 45 Abs. 2 Nr. 2 und 3 SEBG zumindest bedingten Vorsatz voraus[19]; die **fahrlässige Verwirklichung** des objektiven Tatbestandes steht nicht unter Strafe (vgl. § 15 StGB). Wie § 44 SEBG kann der Tatbestand des § 45 Abs. 2 Nr. 2 und 3 SEBG

---

14 *Joost* in Oetker/Preis, EAS, B 8200, Rz. 252; *Rehberg*, ZGR 2005, 859, 890; dagegen jedoch *Jacobs* in MünchKomm. AktG, 3. Aufl., § 45 SEBG Rz. 5.
15 So auch *Altenhain* in KölnKomm. AktG, 3. Aufl., § 45 SEBG Rz. 13; *Habersack* in Ulmer/Habersack/Henssler, Mitbestimmungsrecht, § 45 SEBG Rz. 3; *Hohenstatt/Müller-Bonanni* in Habersack/Drinhausen, § 45 SEBG Rz. 5; *Jacobs* in MünchKomm. AktG, 3. Aufl., § 45 SEBG Rz. 5; *Nagel* in Nagel/Freis/Kleinsorge, Beteiligung der Arbeitnehmer, § 45 SEBG Rz. 4; s. insoweit auch *Schlösser*, NZG 2008, 126, 129, der aus verfassungsrechtlichen Gründen eine teleologische Reduktion des subjektiven Tatbestandes befürwortet und fordert, dass die Beschneidung von Arbeitnehmerrechten der zentrale Beweggrund sein müsse.
16 *Altenhain* in KölnKomm. AktG, 3. Aufl., § 45 SEBG Rz. 14; *Grobys*, NZA 2004, 779, 781; *Grobys*, NZA 2005, 84, 91 Fn. 49; *Habersack* in Ulmer/Habersack/Henssler, Mitbestimmungsrecht, § 45 SEBG Rz. 3; *Hennings* in Manz/Mayer/Schröder, 1. Aufl. 2005, Art. 11 SE-RL Rz. 4; *Hohenstatt/Müller-Bonanni* in Habersack/Drinhausen, § 45 SEBG Rz. 6; *Jacobs* in MünchKomm. AktG, 3. Aufl., § 45 SEBG Rz. 5; *Joost* in Oetker/Preis, EAS, B 8200, Rz. 253; *Nagel* in Nagel/Freis/Kleinsorge, Beteiligung der Arbeitnehmer, § 45 SEBG Rz. 5; *Schlösser*, NZG 2008, 126, 129; im Ergebnis wohl auch *Schwarz*, SE-VO, Einleitung Rz. 319.
17 Treffend *Jacobs* in MünchKomm. AktG, 3. Aufl., § 45 SEBG Rz. 5; s. auch *Altenhain* in KölnKomm. AktG, 3. Aufl., § 45 SEBG Rz. 14; *Feuerborn* in KölnKomm. AktG, 3. Aufl., § 43 SEBG Rz. 8.
18 *Altenhain* in KölnKomm. AktG, 3. Aufl., § 45 SEBG Rz. 14; *Grobys*, NZA 2004, 779, 781; *Grobys*, NZA 2005, 84, 91 Fn. 49; *Habersack* in Ulmer/Habersack/Henssler, Mitbestimmungsrecht, § 45 SEBG Rz. 3; *Hennings* in Manz/Mayer/Schröder, 1. Aufl. 2005, Art. 11 SE-RL Rz. 4; *Hohenstatt/Müller-Bonanni* in Habersack/Drinhausen, § 45 SEBG Rz. 6; *Jacobs* in MünchKomm. AktG, 3. Aufl., § 45 SEBG Rz. 5; *Joost* in EAS, B 8200, Rz. 253; *Nagel* in Nagel/Freis/Kleinsorge, Beteiligung der Arbeitnehmer, § 45 SEBG Rz. 5; *Rehberg*, ZGR 2005, 859, 890; *Schwarz*, SE-VO, Einleitung Rz. 319; s. auch *Kienast* in Jannott/Frodermann, Handbuch Europäische Aktiengesellschaft, Kap. 13 Rz. 530, allerdings ohne Festlegung im Hinblick auf die Rechtsfolgen; a.A. wohl *Niklas*, NZA 2004, 1200, 1205.
19 *Altenhain* in KölnKomm. AktG, 3. Aufl., § 45 SEBG Rz. 17; *Hohenstatt/Müller-Bonanni* in Habersack/Drinhausen, § 45 SEBG Rz. 7; *Nagel* in Nagel/Freis/Kleinsorge, Beteiligung der Arbeitnehmer, § 45 SEBG Rz. 8; näher zum subjektiven Tatbestand *Oetker* in GK-BetrVG, 10. Aufl. 2014, § 120 BetrVG Rz. 28 ff. m.w.N.

von **jedermann** verwirklicht werden (**Allgemeindelikt**)[20]. Der **Versuch** steht nicht unter Strafe (vgl. § 23 Abs. 1 StGB).

Wie bei den Parallelnormen in § 47 Abs. 4 Satz 2 SCEBG, § 44 Abs. 3 Satz 2 EBRG und § 119 Abs. 2 BetrVG wird der vorsätzliche Verstoß gegen die Bestimmungen zum Errichtungs- und Tätigkeitsschutz nur auf **Antrag** strafrechtlich verfolgt. Dabei entspricht der Kreis der in § 45 Abs. 4 Satz 2 SEBG aufgezählten **Antragsberechtigten** denjenigen Personen bzw. Organen, die auch nach § 47 Abs. 4 Satz 2 SCEBG sowie § 44 Abs. 3 Satz 2 EBRG zur Stellung eines Strafantrages berechtigt sind. Wird dieser von einem der in § 45 Abs. 4 Satz 2 SEBG genannten Organe bzw. Gremien gestellt, so bedarf es hierfür einer entsprechenden Beschlussfassung[21]. Ergänzend spricht § 45 Abs. 4 Satz 2 SEBG (ebenso § 47 Abs. 4 Satz 2 SCEBG) auch den **Mitgliedern des Aufsichts- oder Verwaltungsorgans der SE** ein Antragsrecht zu. Wegen der Formulierung „jedes Mitglied" ist dieses nicht auf die Arbeitnehmervertreter im Aufsichts- oder Verwaltungsorgan der SE beschränkt[22]. Bezogen auf die in § 45 Abs. 4 Satz 2 SEBG genannten Straftatbestände ist die dortige Aufzählung der Antragsberechtigten abschließend[23]. Damit ist insbesondere der einzelne Arbeitnehmer aus dem Kreis der Antragsberechtigten ausgeklammert. Dieser kann auch nicht als Verletzter i.S. des § 77 Abs. 1 StGB bewertet werden[24], da die Beteiligungsrechte keine Rechtspositionen sind, die dem einzelnen Arbeitnehmer individuell zugewiesen sind.

§ 46
Bußgeldvorschriften

(1) Ordnungswidrig handelt, wer
1. entgegen § 4 Abs. 2 oder § 5 Abs. 4 Satz 2, jeweils auch in Verbindung mit § 18 Abs. 4, eine Information nicht, nicht richtig, nicht vollständig oder nicht rechtzeitig gibt oder
2. entgegen § 28 Abs. 1 Satz 1 oder § 29 Abs. 1 Satz 1 den SE-Betriebsrat nicht, nicht richtig, nicht vollständig, nicht in der vorgeschriebenen Weise oder nicht rechtzeitig unterrichtet.

(2) Die Ordnungswidrigkeit kann mit einer Geldbuße bis zu zwanzigtausend Euro geahndet werden.

Literatur: S. Vor § 1 SEBG.

---

20 *Altenhain* in KölnKomm. AktG, 3. Aufl., § 45 SEBG Rz. 16; *Habersack* in Ulmer/Habersack/Henssler, Mitbestimmungsrecht, § 45 SEBG Rz. 4; *Hohenstatt/Müller-Bonanni* in Habersack/Drinhausen, § 45 SEBG Rz. 7; *Nagel* in Nagel/Freis/Kleinsorge, Beteiligung der Arbeitnehmer, § 45 SEBG Rz. 8, 9.
21 *Hohenstatt/Müller-Bonanni* in Habersack/Drinhausen, § 45 SEBG Rz. 8; näher zu § 119 Abs. 2 BetrVG *Oetker* in GK-BetrVG, 10. Aufl. 2014, § 119 BetrVG Rz. 45.
22 Ebenso *Habersack* in Ulmer/Habersack/Henssler, Mitbestimmungsrecht, § 45 SEBG Rz. 1; *Hohenstatt/Müller-Bonanni* in Habersack/Drinhausen, § 45 SEBG Rz. 8; *Nagel* in Nagel/Freis/Kleinsorge, Beteiligung der Arbeitnehmer, § 45 SEBG Rz. 15.
23 *Hohenstatt/Müller-Bonanni* in Habersack/Drinhausen, § 45 SEBG Rz. 8; *Jacobs* in MünchKomm. AktG, 3. Aufl., § 45 SEBG Rz. 7; a.A. *Altenhain* in KölnKomm. AktG, 3. Aufl., § 45 SEBG Rz. 22.
24 So aber *Altenhain* in KölnKomm. AktG, 3. Aufl., § 45 SEBG Rz. 22.

1   Die Vorschrift ergänzt § 45 SEBG und dient zugleich der Umsetzung von Art. 12 Abs. 2 SE-RL, der den Mitgliedsstaaten auferlegt, für den Fall der Nichteinhaltung der in der Richtlinie niedergelegten Pflichten geeignete Maßnahmen vorzusehen[1]. Bezüglich der Informationspflichten im SEBG sah der Gesetzgeber das arbeitsgerichtliche Beschlussverfahren nicht als ausreichend an, da es keine rechtzeitige Durchsetzung gewährleiste[2]. Ob indes die Ausgestaltung als Ordnungswidrigkeit besser geeignet ist, erscheint angesichts der Praxis zu § 121 BetrVG[3] zweifelhaft[4]. Zudem hat der Gesetzgeber sein Konzept nur unvollkommen umgesetzt, weil er die Informationspflichten nach § 13 Abs. 2 Satz 2 SEBG nicht in den Tatbestand des § 46 Abs. 1 Nr. 1 SEBG aufgenommen hat[5].

2   Der Bußgeldtatbestand in § 46 SEBG entspricht weitgehend § 45 EBRG und ist mit übereinstimmendem Wortlaut als **§ 48** im **SCEBG** sowie – beschränkt auf die Informationspflichten gegenüber dem besonderen Verhandlungsgremium – als **§ 35** im **MgVG** enthalten. Das gilt insbesondere für die Verletzung der Unterrichtungsrechte des kraft Gesetzes errichteten SE-Betriebsrates in § 28 SEBG und § 29 SEBG, womit das SEBG nicht nur § 45 Abs. 1 Nr. 2 EBRG aufgreift, sondern sich auch an § 121 BetrVG anlehnt[6]. Das betrifft vor allem die inkriminierten Tathandlungen (nicht, nicht richtig, nicht vollständig, nicht in der vorgeschriebenen Weise, nicht rechtzeitig), so dass die dortigen Auslegungsergebnisse[7] im Rahmen von § 46 SEBG zur Anwendung gelangen[8].

3   Die Verletzung der **Unterrichtungspflichten gegenüber dem BVG** gestaltet § 46 Abs. 1 Nr. 1 SEBG nicht generell als Ordnungswidrigkeit aus. Vielmehr beschränkt sich das Gesetz auf diejenigen Bestimmungen, die unmittelbar die Errichtung des Gremiums bzw. dessen Zusammensetzung betreffen. Hieraus folgt zugleich, dass die Aufzählung in § 46 Abs. 1 SEBG abschließend ist[9]. So ist insbesondere eine Verletzung der Unterrichtungspflichten nach **§ 13 Abs. 2 Satz 2 SEBG** nicht in den Rang einer Ordnungswidrigkeit erhoben worden; einer Schließung dieser Lücke mittels entsprechender Anwendung von § 46 Abs. 1 Nr. 1 SEBG steht das strafrechtliche Analogieverbot entgegen[10]. Täter kann nur sein, wer nach den in § 46 Abs. 1 SEBG aufgezählten Vor-

---

1   Für die SCE enthält § 48 SCEBG eine wörtlich übereinstimmende Vorschrift. Im österreichischen Recht findet § 46 SEBG mit § 253 Abs. 1 ArbVG nur im Ansatz eine Parallele, da diese teils enger, teils weiter gefasst ist.
2   Begr. RegE, BT-Drucks. 15/3405, S. 57; s. auch *Altenhain* in KölnKomm. AktG, 3. Aufl., § 46 SEBG Rz. 3; *Habersack* in Ulmer/Habersack/Henssler, Mitbestimmungsrecht, § 46 SEBG Rz. 1; *Jacobs* in MünchKomm. AktG, 3. Aufl., § 46 SEBG Rz. 1; *Nagel* in Nagel/Freis/Kleinsorge, Beteiligung der Arbeitnehmer, § 46 SEBG Rz. 3.
3   S. m.w.N. *Oetker* in GK-BetrVG, 10. Aufl. 2014, § 121 BetrVG Rz. 6.
4   Kritisch ebenfalls *Kleinmann/Kujath* in Manz/Mayer/Schröder, § 46 SEBG Rz. 1 Fn. 2; bezeichnend für Österreich *Gahleitner* in Kalss/Hügel, § 253 ArbVG Rz. 1: „kaum beantragt und haben keine abschreckende Wirkung".
5   So aber das österreichische Recht, das die entsprechende Bestimmung (§ 225 Abs. 2 ArbVG) in den Katalog des § 253 Abs. 1 ArbVG aufgenommen hat.
6   *Kienast* in Jannott/Frodermann, Handbuch Europäische Aktiengesellschaft, Kap. 13 Rz. 542.
7   Zu diesen näher *Oetker* in GK-BetrVG, 10. Aufl. 2014, § 121 BetrVG Rz. 11 ff.
8   Ebenso *Hohenstatt/Müller-Bonanni* in Habersack/Drinhausen, § 46 SEBG Rz. 1.
9   Ebenso *Altenhain* in KölnKomm. AktG, 3. Aufl. § 46 SEBG Rz. 11 f.; *Habersack* in Ulmer/Habersack/Henssler, Mitbestimmungsrecht, § 46 SEBG Rz. 1; *Hohenstatt/Müller-Bonanni* in Habersack/Drinhausen, § 46 SEBG Rz. 2; *Jacobs* in MünchKomm. AktG, 3. Aufl., § 46 SEBG Rz. 2.
10 So auch *Altenhain* in KölnKomm. AktG, 3. Aufl., § 46 SEBG Rz. 12; *Habersack* in Ulmer/Habersack/Henssler, Mitbestimmungsrecht, § 46 SEBG Rz. 1; *Jacobs* in MünchKomm. AktG, 3. Aufl., § 46 SEBG Rz. 2.

schriften zur Information oder Unterrichtung verpflichtet ist[11]; es handelt sich deshalb um ein Sonderdelikt[12].

Als Ordnungswidrigkeit kann die Verletzung der in § 46 Abs. 1 SEBG aufgezählten Informationspflichten nur im Fall der **Vollendung** verfolgt werden (s. § 13 Abs. 2 OWiG)[13]. In subjektiver Hinsicht bedarf es einer bedingt vorsätzlichen Verwirklichung des objektiven Tatbestandes[14]. Fahrlässiges Handeln genügt wegen § 10 OWiG nicht. Dies kann auch nicht durch die Anwendung des § 130 OWiG überwunden werden, da sich die in § 46 Abs. 1 SEBG genannten Pflichten nicht an den Inhaber des Betriebes richten[15]. 4

Die Verfolgung der Tat geschieht **ex officio**[16], steht jedoch im pflichtgemäß auszuübenden **Ermessen** der zuständigen Behörde[17]; bezüglich des weiteren Verfahrens s. die §§ 35 ff. OWiG. Den **Betrag** der maximalen Geldbuße erhöht § 46 Abs. 2 SEBG bei einem Vergleich mit § 45 EBRG von 15 000 auf 20 000 Euro (ebenso § 48 Abs. 2 SCEBG)[18]. Zu den **Rechtsmitteln** gegen einen Bußgeldbescheid s. die §§ 79 f. OWiG. Dieser kann sich nicht nur gegen die pflichtwidrig handelnden **Organmitglieder**, sondern über § 30 OWiG auch gegen die **beteiligte Gesellschaft** sowie die **SE** richten[19]. 5

§ 47
Geltung nationalen Rechts

(1) Dieses Gesetz berührt nicht die den Arbeitnehmern nach inländischen Rechtsvorschriften und Regelungen zustehenden Beteiligungsrechte, mit Ausnahme

---

11 *Habersack* in Ulmer/Habersack/Henssler, Mitbestimmungsrecht, § 46 SEBG Rz. 2; *Hohenstatt/Müller-Bonanni* in Habersack/Drinhausen, § 46 SEBG Rz. 5; *Jacobs* in MünchKomm. AktG, 3. Aufl., § 46 SEBG Rz. 2; *Kleinmann/Kujath* in Manz/Mayer/Schröder, § 46 SEBG Rz. 9; *Nagel* in Nagel/Freis/Kleinsorge, Beteiligung der Arbeitnehmer, § 46 SEBG Rz. 7.
12 *Altenhain* in KölnKomm. AktG, 3. Aufl., § 46 SEBG Rz. 6; *Habersack* in Ulmer/Habersack/Henssler, Mitbestimmungsrecht, § 46 SEBG Rz. 3; *Kleinmann/Kujath* in Manz/Mayer/Schröder, § 46 SEBG Rz. 9.
13 *Altenhain* in KölnKomm. AktG, 3. Aufl., § 46 SEBG Rz. 34 f.; *Hohenstatt/Müller-Bonanni* in Habersack/Drinhausen, § 46 SEBG Rz. 4; *Jacobs* in MünchKomm. AktG, 3. Aufl., § 46 SEBG Rz. 2.
14 *Altenhain* in KölnKomm. AktG, 3. Aufl., § 46 SEBG Rz. 29; *Habersack* in Ulmer/Habersack/Henssler, Mitbestimmungsrecht, § 46 SEBG Rz. 3; *Hohenstatt/Müller-Bonanni* in Habersack/Drinhausen, § 46 SEBG Rz. 4; *Jacobs* in MünchKomm. AktG, 3. Aufl., § 46 SEBG Rz. 2; *Nagel* in Nagel/Freis/Kleinsorge, Beteiligung der Arbeitnehmer, § 46 SEBG Rz. 5.
15 Ebenso *Altenhain* in KölnKomm. AktG, 3. Aufl., § 46 SEBG Rz. 31; *Habersack* in Ulmer/Habersack/Henssler, Mitbestimmungsrecht, § 46 SEBG Rz. 3; a.A. (§ 130 OWiG anwendbar) *Nagel* in Nagel/Freis/Kleinsorge, Beteiligung der Arbeitnehmer, § 46 SEBG Rz. 58; ebenso auch noch die Vorauflage.
16 *Altenhain* in KölnKomm. AktG, 3. Aufl., § 46 SEBG Rz. 42; *Habersack* in Ulmer/Habersack/ Henssler, Mitbestimmungsrecht, § 46 SEBG Rz. 3; *Jacobs* in MünchKomm. AktG, 3. Aufl. § 46 SEBG Rz. 5; *Kleinmann/Kujath* in Manz/Mayer/Schröder, § 46 SEBG Rz. 9; *Nagel* in Nagel/Freis/Kleinsorge, Beteiligung der Arbeitnehmer, § 46 SEBG Rz. 3.
17 *Altenhain* in KölnKomm. AktG, 3. Aufl., § 46 SEBG Rz. 42; *Habersack* in Ulmer/Habersack/ Henssler, Mitbestimmungsrecht, § 46 SEBG Rz. 3.
18 Deutlich niedriger das österreichische Recht; § 253 Abs. 1 ArbVG: 2180 Euro.
19 *Hohenstatt/Müller-Bonanni* in Habersack/Drinhausen, § 46 SEBG Rz. 6; *Nagel* in Nagel/ Freis/Kleinsorge, Beteiligung der Arbeitnehmer, § 46 SEBG Rz. 8; dazu näher *Oetker* in GK-BetrVG, 10. Aufl. 2014, § 121 BetrVG Rz. 38; a.A. *Altenhain* in KölnKomm. AktG, 3. Aufl., § 46 SEBG Rz. 40.

1. der Mitbestimmung in den Organen der SE;
2. der Regelung des Europäische Betriebsräte-Gesetzes, es sei denn, das besondere Verhandlungsgremium hat einen Beschluss nach § 16 gefasst.

(2) Regelungen und Strukturen über die Arbeitnehmervertretungen einer beteiligten Gesellschaft mit Sitz im Inland, die durch die Gründung der SE als eigenständige juristische Person erlischt, bestehen nach Eintragung der SE fort. Die Leitung der SE stellt sicher, dass diese Arbeitnehmervertretungen ihre Aufgaben weiterhin wahrnehmen können.

I. Allgemeines 1	III. Fortbestand von Arbeitnehmervertretungen (§ 47 Abs. 2 SEBG) 11
II. Anwendung der innerstaatlichen Vorschriften zur Beteiligung der Arbeitnehmer (§ 47 Abs. 1 SEBG) . . . 5	

Literatur: S. Vor § 1 SEBG.

I. Allgemeines

1 Die Vorschrift legt fest, in welchem Umfang bei der SE neben dem SEBG **andere Gesetze des jeweiligen Sitzstaates** zur Beteiligung der Arbeitnehmer zur Anwendung gelangen. Ferner trifft § 47 Abs. 2 SEBG eine Sonderregelung für die Fälle, in denen eine an der Gründung der SE beteiligte Gesellschaft nach Errichtung der SE erlischt; die Aufnahme der Vorschrift war durch die SE-RL nicht zwingend vorgegeben (Art. 13 Abs. 4 SE-RL: „können sicherstellen")[1].

2 Mit § 47 SEBG setzt das SEBG Art. 13 SE-RL um, der folgenden Wortlaut hat:

„(1) SE und Tochtergesellschaften einer SE, die gemeinschaftsweit operierende Unternehmen oder herrschende Unternehmen in einer gemeinschaftsweit operierenden Unternehmensgruppe im Sinne der Richtlinie 94/45/EG oder im Sinne der Richtlinie 97/74/EG zur Ausdehnung der genannten Richtlinie auf das Vereinigte Königreich sind, unterliegen nicht den genannten Richtlinien und den Bestimmungen zu ihrer Umsetzung in einzelstaatliches Recht.

Beschließt das besondere Verhandlungsgremium jedoch gemäß Artikel 3 Absatz 6, keine Verhandlungen aufzunehmen oder bereits aufgenommene Verhandlungen abzubrechen, so gelangen die Richtlinie 94/45/EG oder die Richtlinie 97/74/EG und die Bestimmungen zu ihrer Umsetzung in einzelstaatliches Recht zur Anwendung.

(2) Einzelstaatliche Rechtsvorschriften und/oder Gepflogenheiten in Bezug auf die Mitbestimmung der Arbeitnehmer in den Gesellschaftsorganen, die nicht zur Umsetzung dieser Richtlinie dienen, finden keine Anwendung auf gemäß der Verordnung (EG) Nr. 2157/2001 gegründete und von dieser Richtlinie erfaßten Gesellschaften.

(3) Diese Richtlinie berührt nicht

a) die den Arbeitnehmern nach einzelstaatlichen Rechtsvorschriften und/oder Gepflogenheiten zustehenden Beteiligungsrechte, die für die Arbeitnehmer der SE und ihrer Tochtergesellschaften und Betriebe gelten, mit Ausnahme der Mitbestimmung in den Organen der SE,

b) die nach einzelstaatlichen Rechtsvorschriften und/oder Gepflogenheiten geltenden Bestimmungen über die Mitbestimmung in den Gesellschaftsorganen, die auf die Tochtergesellschaften der SE Anwendung finden.

(4) Zur Wahrung der in Absatz 3 genannten Rechte können die Mitgliedstaaten durch geeignete Maßnahmen sicherstellen, daß die Strukturen der Arbeitnehmervertretung in den beteiligten Ge-

---

[1] Kritisch dazu *Joost* in Oetker/Preis, EAS, B 8200, Rz. 254.

sellschaften, die als eigenständige juristische Personen erlöschen, nach der Eintragung der SE fortbestehen."

Eine Art. 13 SE-RL entsprechende Vorschrift enthält die **SCE-RL** in Art. 15 und führte zu der mit § 47 SEBG übereinstimmenden Bestimmung in **§ 49 SCEBG**. Die **Verschmelzungs-RL** hat in Art. 14 Abs. 2 von einer Bezugnahme auf Art. 13 SE-RL weitgehend abgesehen; zur Anwendung gelangt lediglich die in Art. 13 Abs. 4 SE-RL eröffnete Option, den Fortbestand bisheriger Strukturen der Arbeitnehmervertretung anzuordnen. Mit **§ 29 MgVG**, der mit § 47 Abs. 2 SEBG inhaltlich überstimmt, hat der deutsche Gesetzgeber diese Option in Anspruch genommen. 3

In **Österreich** trifft § 252 Abs. 1 bis 4 ArbVG eine mit § 47 SEBG wörtlich nahezu identische Regelung; im Unterschied zum deutschen Recht hält § 252 Abs. 2 ArbVG jedoch ausdrücklich fest, dass in Österreich gelegene Tochtergesellschaften der SE den dortigen Vorschriften zur Unternehmensmitbestimmung (§ 110 ArbVG) unterliegen. 4

II. Anwendung der innerstaatlichen Vorschriften zur Beteiligung der Arbeitnehmer (§ 47 Abs. 1 SEBG)

Die mit dem **SEBG** ausgestaltete Beteiligung der Arbeitnehmer in der SE hat nach ihrem Zweck den Charakter einer **lex specialis**, wobei das SEBG die innerstaatlichen Gesetze zur Beteiligung der Arbeitnehmer jedoch nicht vollständig verdrängt, sondern nur soweit § 47 Abs. 1 SEBG dies ausdrücklich anordnet. 5

Den Charakter einer lex specialis haben die Regelungen des SEBG insbesondere im Hinblick auf die **Mitbestimmung der Arbeitnehmer in den Organen der SE**. Diese besteht ausschließlich und nur nach Maßgabe des SEBG. Die Vorschriften des MitbestG bzw. des DrittelbG gelangen nach § 47 Abs. 1 Nr. 1 SEBG bei der SE nicht zur Anwendung[2]; wegen Art. 13 Abs. 1 SE-RL steht diese Rechtsfolge nicht zur Disposition der Mitgliedstaaten[3]. Das gilt auch, wenn das BVG gemäß § 16 Abs. 1 Satz 1 SEBG beschließt, keine Verhandlungen aufzunehmen[4]. Anders ist die Rechtslage, wenn die **beteiligten Gesellschaften** nach der Gründung – wie bei der Bildung einer Holding-SE – ihre **rechtliche Selbständigkeit behalten**. Sofern die Voraussetzungen im Übrigen erfüllt sind, unterliegen sie unverändert den Gesetzen zur Unternehmensmitbestimmung in den jeweiligen Mitgliedstaaten[5]. In Österreich stellt § 252 Abs. 2 ArbVG diese Rechtsfolge ausdrücklich klar. 6

---

2 *Habersack* in Ulmer/Habersack/Henssler, Mitbestimmungsrecht, § 47 SEBG Rz. 2; *Hohenstatt/Müller-Bonanni* in Habersack/Drinhausen, § 47 SEBG Rz. 3; *Jacobs* in MünchKomm. AktG, 3. Aufl., § 47 SEBG Rz. 7; *Kleinmann/Kujath* in Manz/Mayer/Schröder, § 47 SEBG Rz. 3; *Kleinsorge* in Nagel/Freis/Kleinsorge, Beteiligung der Arbeitnehmer, § 47 SEBG Rz. 2.
3 Zutreffend *Joost* in Oetker/Preis, EAS, B 8200, Rz. 257.
4 *Hohenstatt/Müller-Bonanni* in Habersack/Drinhausen, § 47 SEBG Rz. 3.
5 *Feuerborn* in KölnKomm. AktG, 3. Aufl., § 47 SEBG Rz. 6; *Fleischmann* in Gaul/Ludwig/Forst, Europäisches Mitbestimmungsrecht, § 2 Rz. 607; *Habersack* in Ulmer/Habersack/Henssler, Mitbestimmungsrecht, § 47 SEBG Rz. 3; *Hanau* in Hanau/Steinmeyer/Wank, Handbuch des europäischen Arbeits- und Sozialrechts, 2002, § 19 Rz. 157; *Heinze*, ZGR 2002, 66, 87 f.; *Hohenstatt/Müller-Bonanni* in Habersack/Drinhausen, § 47 SEBG Rz. 3; *Jacobs* in MünchKomm. AktG, 3. Aufl., § 47 SEBG Rz. 7; *Joost* in Oetker/Preis, EAS, B 8200, Rz. 258; *Kienast* in Jannott/Frodermann, Handbuch Europäische Aktiengesellschaft, Kap. 13 Rz. 43; *Kleinmann/Kujath* in Manz/Mayer/Schröder, § 47 SEBG Rz. 3; *Kleinsorge* in Nagel/Freis/Kleinsorge, Beteiligung der Arbeitnehmer, § 47 SEBG Rz. 3; *Kleinsorge*, RdA 2002, 343, 351; *Köstler* in Theisen/Wenz, Europäische Aktiengesellschaft, S. 331, 366.

7 Umgekehrt berührt das SEBG nicht die gesetzlichen **Vorschriften zur betrieblichen Mitbestimmung**, was die Eingangsformulierung in § 47 Abs. 1 SEBG ausdrücklich betont. Auch in den in Deutschland gelegenen Betrieben der SE kann deshalb nach Maßgabe des BetrVG ein **Betriebsrat** bzw. nach den Bestimmungen des SprAuG ein **Sprecherausschuss** errichtet werden[6]. Hat die SE in Deutschland ihren Sitz, so ist diese „Unternehmen" i.S. des BetrVG[7] bzw. des SprAuG; auch bei der SE ist ein **Gesamtbetriebsrat** bzw. **Gesamtsprecherausschuss** zu bilden. Entsprechendes gilt für einen **Konzernbetriebsrat** bzw. einen **Konzernsprecherausschuss**[8], sofern dies die Gesamtbetriebsräte bzw. Gesamtsprecherausschüsse mit der notwendigen Mehrheit (§ 54 Abs. 1 Satz 2 BetrVG, § 21 Abs. 1 Satz 2 SprAuG) beschließen.

8 Die Arbeitnehmervertretungen nach dem BetrVG bestehen selbständig **neben** dem **SE-Betriebsrat**[9], insbesondere sind sie diesem nicht untergeordnet, sondern können sich nach Maßgabe der §§ 50, 58 BetrVG auf einen eigenen und gesetzlich abgesicherten **Zuständigkeitsbereich** stützen, den auch eine nach § 21 SEBG abgeschlossene **Beteiligungsvereinbarung** nicht modifizieren kann. Denkbar ist allenfalls, dass diese umgekehrt die Zuständigkeit eines auf der Vereinbarung beruhenden SE-Betriebsrates unter einen Subsidiaritätsvorbehalt stellt (§ 21 Abs. 1 Nr. 3 SEBG). Fehlt dieser oder bestimmt sich die Zuständigkeit des kraft Gesetzes errichteten SE-Betriebsrates nach § 27 SEBG, so kann die Leitung der SE verpflichtet sein, sowohl den SE-Betriebsrat als auch den Gesamt- bzw. Konzernbetriebsrat zu beteiligen bzw. den **Wirtschaftsausschuss** zu konsultieren[10].

9 Bezüglich der **Anwendung des EBRG** ist zu differenzieren: Da das SEBG darauf abzielt, die grenzüberschreitende Beteiligung der Arbeitnehmer im Hinblick auf Unterrichtung und Anhörung auszugestalten, verfolgt das Gesetz einen mit dem EBRG übereinstimmenden Zweck. Bereits wegen dieser teleologischen Parallelität ist dem SEBG der Vorrang einzuräumen, so dass der Ausschluss für die Anwendung des EBRG in § 47 Abs. 1 Nr. 2 SEBG letztlich auch ohne die gesetzliche Regelung gelten würde[11]. Allerdings gilt der Vorrang des SEBG nur, soweit dieses diesbezüglich in der SE zur Anwendung gelangt, wobei es ausreicht, wenn aufgrund einer Beteiligungsvereinbarung kein SE-Betriebsrat errichtet wird, sondern ein anderes Verfahren der Arbeitnehmerbeteiligung (§ 21 Abs. 2 SEBG) zur Anwendung gelangt[12]. Deshalb stellt § 47 Abs. 1 Nr. 2 SEBG den Ausschluss des EBRG ausdrücklich unter den Vorbehalt,

---

6 Begr. RegE, BT-Drucks. 15/3405, S. 57; *Feuerborn* in KölnKomm. AktG, 3. Aufl. § 47 SEBG Rz. 3; *Fitting/Engels/Schmidt/Trebinger/Linsenmaier*, BetrVG, 27. Aufl. 2014, § 1 BetrVG Rz. 182a; *Fleischmann* in Gaul/Ludwig/Forst, Europäisches Mitbestimmungsrecht, § 2 Rz. 605; *Habersack* in Ulmer/Habersack/Henssler, Mitbestimmungsrecht, § 47 SEBG Rz. 4; *Jacobs* in MünchKomm. AktG, 3. Aufl., § 47 SEBG Rz. 3; *Joost* in Oetker/Preis, EAS, B 8200, Rz. 258; *Kienast* in Jannott/Frodermann, Handbuch Europäische Aktiengesellschaft, Kap. 13 Rz. 43; *Kleinmann/Kujath* in Mayer/Manz/Schröder, § 47 SEBG Rz. 2; *Kleinsorge* in Nagel/Freis/Kleinsorge, Beteiligung der Arbeitnehmer, § 47 SEBG Rz. 4; *Kleinsorge*, RdA 2002, 343, 351.
7 Ebenso *Feuerborn* in KölnKomm. AktG, 3. Aufl., § 47 SEBG Rz. 3; ferner *Kreutz* in GK-BetrVG, 10. Aufl. 2014, § 47 BetrVG Rz. 13 sowie *Franzen* in GK-BetrVG, 10. Aufl. 2014, § 54 BetrVG Rz. 23.
8 *Feuerborn* in KölnKomm. AktG, 3. Aufl., § 47 SEBG Rz. 3.
9 Wie hier im Anschluss *Feuerborn* in KölnKomm. AktG, 3. Aufl., § 47 SEBG Rz. 4.
10 Ebenso *Feuerborn* in KölnKomm. AktG, 3. Aufl., § 47 SEBG Rz. 4; *Kleinsorge* in Nagel/Freis/Kleinsorge, Beteiligung der Arbeitnehmer, § 47 SEBG Rz. 4.
11 *Feuerborn* in KölnKomm. AktG, 3. Aufl., § 47 SEBG Rz. 7; *Habersack* in Ulmer/Habersack/Henssler, Mitbestimmungsrecht, § 47 SEBG Rz. 5; *Jacobs* in MünchKomm. AktG, 3. Aufl., § 47 SEBG Rz. 4; *Kleinsorge* in Nagel/Freis/Kleinsorge, Beteiligung der Arbeitnehmer, § 47 SEBG Rz. 5; ebenso in der Sache Begr. RegE, BT-Drucks. 15/3405, S. 57.
12 Treffend *Hohenstatt/Müller-Bonanni* in Habersack/Drinhausen, § 47 SEBG Rz. 4.

dass das BVG nicht i.S. des § 16 Abs. 1 Satz 1 beschließt, keine Verhandlungen aufzunehmen oder diese abzubrechen. In dieser Konstellation scheidet auch die Anwendung der gesetzlichen Auffangregelung des SEBG, insbesondere die Errichtung eines SE-Betriebsrates kraft Gesetzes aus (§ 16 Abs. 2 SEBG; dazu § 16 SEBG Rz. 17). Die rechtlichen Rahmenbedingungen für die grenzüberschreitende Unterrichtung und Anhörung der Arbeitnehmer bestimmen sich in dieser Konstellation stattdessen ausschließlich nach dem EBRG[13]. Zur Bildung eines Europäischen Betriebsrates kommt es bei der SE jedoch selbst dann nur, wenn diese die Voraussetzungen für die Anwendung des EBRG erfüllt, insbesondere eine nach den jeweiligen Arbeitnehmerzahlen in den Mitgliedstaaten zu beurteilende gemeinschaftsweite Tätigkeit entfaltet (vgl. § 3 EBRG)[14]. Entsprechendes gilt, wenn die SE als abhängiges Unternehmen an einer Unternehmensgruppe beteiligt ist und das herrschende Unternehmen nach § 6 EBRG dem EBRG unterliegt[15].

Während § 47 Abs. 1 SEBG den Vorrang des SEBG für die SE selbst ausdrücklich festlegt, fehlt eine Regelung für den Fall, dass eine **Tochtergesellschaft** der SE die Anwendungsvoraussetzungen des EBRG erfüllt. Bei alleiniger Betrachtung des Gesetzeswortlauts scheint die Anwendung des EBRG bei Tochtergesellschaften – im Gegensatz zu der ausdrücklichen Regelung in § 7 EBRG – nicht ausgeschlossen zu sein. Mit dieser Auslegung entstünde jedoch ein Widerspruch zu Art. 13 SE-RL, der den Anwendungsausschluss des EBRG auch auf die Tochtergesellschaften ausdehnt. Dieser Richtlinienvorgabe ist durch eine unionsrechtskonforme Auslegung Rechnung zu tragen, so dass die Anwendung des EBRG auch bei Tochtergesellschaften der SE ausgeschlossen ist[16]. War bei dieser bereits vor Errichtung der SE ein Europäischer Betriebsrat gebildet, so erlischt dieser, sofern das BVG nicht einen Beschluss nach § 16 Abs. 1 SEBG gefasst hat[17]. 10

III. Fortbestand von Arbeitnehmervertretungen (§ 47 Abs. 2 SEBG)

Mit § 47 Abs. 2 SEBG trifft das SEBG eine **Sonderregelung**, die dem Umstand Rechnung trägt, dass die Errichtung der SE zum Erlöschen von beteiligten Gesellschaften führen kann, was nur bei der Gründung einer SE durch **Verschmelzung** in Betracht kommt[18]. Nur für den Fall, in dem das Erlöschen einer beteiligten Gesellschaft den Bestand der bisherigen Arbeitnehmervertretung berührt, ordnet § 47 Abs. 2 SEBG deren Fortbestand an und stellt zudem sicher, dass die bislang geltenden Vorschriften bezüglich der Arbeitnehmervertretung unverändert anzuwenden sind. Deshalb ist für 11

---

13 *Feuerborn* in KölnKomm. AktG, 3. Aufl., § 47 SEBG Rz. 7; *Fleischmann* in Gaul/Ludwig/Forst, Europäisches Mitbestimmungsrecht, § 2 Rz. 605; *Habersack* in Ulmer/Habersack/Henssler, Mitbestimmungsrecht, § 47 SEBG Rz. 5; *Hohenstatt/Müller-Bonanni* in Habersack/Drinhausen, § 47 SEBG Rz. 5; *Jacobs* in MünchKomm. AktG, 3. Aufl., § 47 SEBG Rz. 5; *Kleinmann/Kujath* in Manz/Mayer/Schröder, § 47 SEBG Rz. 3; *Kleinsorge* in Nagel/Freis/Kleinsorge, Beteiligung der Arbeitnehmer, § 47 SEBG Rz. 6; *Köstler* in Theisen/Wenz, Europäische Aktiengesellschaft, S. 331, 366.
14 Treffend *Feuerborn* in KölnKomm. AktG, 3. Aufl., § 47 SEBG Rz. 7.
15 *Hennings* in Mayer/Manz/Schröder, 1. Aufl. 2005, Art. 13 SE-RL Rz. 1; *Hohenstatt/Müller-Bonanni* in Habersack/Drinhausen, § 47 SEBG Rz. 5.
16 Ebenso *Hohenstatt/Müller-Bonanni* in Habersack/Drinhausen, § 47 SEBG Rz. 4.
17 *Hohenstatt/Müller-Bonanni* in Habersack/Drinhausen, § 47 SEBG Rz. 4; *Jacobs* in MünchKomm. AktG, 3. Aufl., § 47 SEBG Rz. 4.
18 *Feuerborn* in KölnKomm. AktG, 3. Aufl., § 47 SEBG Rz. 8; *Habersack* in Ulmer/Habersack/Henssler, Mitbestimmungsrecht, § 47 SEBG Rz. 6; *Jacobs* in MünchKomm. AktG, 3. Aufl., § 47 SEBG Rz. 6; *Joost* in Oetker/Preis, EAS, B 8200, Rz. 254; *Kleinmann/Kujath* in Manz/Mayer/Schröder, § 47 SEBG Rz. 6; *Kleinsorge* in Nagel/Freis/Kleinsorge, Beteiligung der Arbeitnehmer, § 47 SEBG Rz. 7.

den Fall einer **Umwandlung** in eine SE kein Raum für die Anwendung von § 47 Abs. 2 SEBG, da die umzuwandelnde Gesellschaft lediglich ihr Rechtskleid wechselt[19]. Die Auswirkungen auf die zuvor bei dem untergehenden Rechtsträger bestehenden Arbeitnehmervertretungen sind allerdings unterschiedlich.

12 Hauptanwendungsfall des § 47 Abs. 2 SEBG sind die bei den beteiligten Gesellschaften gebildeten **Gesamtbetriebsräte** und **Wirtschaftsausschüsse**, da deren Existenz untrennbar mit der des Rechtsträgers verknüpft ist[20]. Entsprechendes gilt für einen **Konzernbetriebsrat**, wenn die bisherige Konzernobergesellschaft infolge Gründung der SE ihre rechtliche Existenz einbüßt und die bislang von dieser abhängigen Unternehmen zu Tochtergesellschaften der SE werden[21]. Bezüglich der in den Betrieben bestehenden **Betriebsräte** ist § 47 Abs. 2 SEBG hingegen ohne Bedeutung, da deren Existenz von der Gründung der SE bzw. dem verschmelzungsbedingten Untergang des Rechtsträgers des Betriebes unberührt bleibt[22].

13 Keine ausdrückliche Regelung trifft § 47 Abs. 2 SEBG zur **Rechtsstellung** einer fortbestehenden Arbeitnehmervertretung, was sowohl die Ausübung der Beteiligungsrechte als auch deren Geschäftsführung betrifft. Insofern begründet § 47 Abs. 2 Satz 2 SEBG lediglich eine an die Leitung der SE gerichtete Pflicht, die Wahrnehmung der bisherigen Aufgaben durch die fortbestehende Arbeitnehmervertretung sicherzustellen. Diese Pflicht muss die Leitung der SE nicht selbst erfüllen, sondern kann hiermit auch andere Personen betrauen[23]. Hat sie hiervon abgesehen, dann sind die **Beteiligungsrechte** eines nach § 47 Abs. 2 SEBG fortbestehenden Gesamt- oder Konzernbetriebsrates von der Leitung der SE zu erfüllen; für die **Geschäftsführung** der fortbestehenden Arbeitnehmervertretung gilt dies entsprechend.

14 Wegen des Territorialitätsprinzips kann der deutsche Gesetzgeber die in Rz. 13 umschriebene und an die Leitung der SE adressierte Pflicht nur anordnen, wenn diese ihren Sitz im Geltungsbereich des SEBG hat[24]. Für eine **SE mit Sitz in einem anderen Mitgliedstaat** entfaltet § 47 Abs. 2 Satz 2 SEBG keine Geltung, was jedoch der Anwendung von § 47 Abs. 2 Satz 1 SEBG nicht entgegensteht, wenn die erlöschende juristische Person ihren Sitz im Geltungsbereich der SEBG hatte[25].

---

19 Zutreffend *Habersack* in Ulmer/Habersack/Henssler, Mitbestimmungsrecht, § 47 SEBG Rz. 6; *Jacobs* in MünchKomm. AktG, 3. Aufl., § 47 SEBG Rz. 5; a.A. jedoch zu Art. 13 Abs. 4 SE-RL *Hanau* in Hanau/Steinmeyer/Wank, Handbuch des europäischen Arbeits- und Sozialrechts, 2002, § 19 Rz. 155.
20 *Feuerborn* in KölnKomm. AktG, 3. Aufl., § 47 SEBG Rz. 9; *Habersack* in Ulmer/Habersack/Henssler, Mitbestimmungsrecht, § 47 SEBG Rz. 6; *Hennings* in Manz/Mayer/Schröder, 1. Aufl. 2005, Art. 13 SE-RL Rz. 20; *Jacobs* in MünchKomm. AktG, 3. Aufl., § 47 SEBG Rz. 6; *Kleinsorge* in Nagel/Freis/Kleinsorge, Beteiligung der Arbeitnehmer, § 47 SEBG Rz. 7; *Köstler* in Theisen/Wenz, Europäische Aktiengesellschaft, S. 331, 366 f.
21 Ebenso *Feuerborn* in KölnKomm. AktG, 3. Aufl., § 47 SEBG Rz. 9; *Habersack* in Ulmer/Habersack/Henssler, Mitbestimmungsrecht, § 47 SEBG Rz. 6; *Hohenstatt/Müller-Bonanni* in Habersack/Drinhausen, § 47 SEBG Rz. 6; *Kleinsorge* in Nagel/Freis/Kleinsorge, Beteiligung der Arbeitnehmer, § 47 SEBG Rz. 7.
22 *Feuerborn* in KölnKomm. AktG, 3. Aufl., § 47 SEBG Rz. 9; *Habersack* in Ulmer/Habersack/Henssler, Mitbestimmungsrecht, § 47 SEBG Rz. 6; *Hohenstatt/Müller-Bonanni* in Habersack/Drinhausen, § 47 SEBG Rz. 7.
23 *Kleinsorge* in Nagel/Freis/Kleinsorge, Beteiligung der Arbeitnehmer, § 47 SEBG Rz. 10.
24 Treffend *Feuerborn* in KölnKomm. AktG, 3. Aufl., § 47 SEBG Rz. 11; *Hohenstatt/Müller-Bonanni* in Habersack/Drinhausen, § 47 SEBG Rz. 10; i.E. auch *Kleinmann/Kujath* in Manz/Mayer/Schröder, § 47 SEBG Rz. 6; anders im Hinblick auf Art. 12 SE-RL *Herfs-Röttgen*, NZA 2002, 358, 364.
25 A.A. *Hohenstatt/Müller-Bonanni* in Habersack/Drinhausen, § 47 SEBG Rz. 11.

Das Gesetz ordnet den Fortbestand der Arbeitnehmervertretungen **ohne zeitliche** 15
Begrenzung an[26] und unterscheidet sich hierdurch deutlich von dem zeitlich befristeten Übergangsmandat (§ 21a BetrVG) bzw. dem funktional beschränkten Restmandat (§ 21b BetrVG)[27] des Betriebsrates. Am ehesten ist die Rechtsfolge in § 47 Abs. 2 SEBG mit § 1 Mitbest-Beibehaltungsgesetz vergleichbar, da dieses ebenfalls von einer zeitlichen Begrenzung absieht[28].

---

26 Ebenso *Hohenstatt/Müller-Bonanni* in Habersack/Drinhausen, § 47 SEBG Rz. 8.
27 Für diese Parallele aber *Heinze*, ZGR 2002, 66, 88.
28 S. *Oetker* in Großkomm. AktG, 4. Aufl., Vorbem. Mitbestimmungsgesetze Rz. 75.

C. Die SE in der arbeitsrechtlichen Praxis

Dr. Stefan Middendorf

I. Vorbemerkung	1	f) Unterrichtung und Anhörung über außergewöhnliche Umstände	71
II. Die Verbreitung der SE und ihre Entwicklung	2	g) Ort der gemeinsamen Sitzungen	72
III. Die Verhandlungen mit dem besonderen Verhandlungsgremium	10	h) Amtszeit und Wahl der Mitglieder des SE-Betriebsrates	73
1. Bildung des bVG (§§ 4–10 SEBG)	11	i) Kosten für die Tätigkeit des SE-Betriebsrates	75
a) Aufforderung zur Bildung des bVG	12	j) Sprache des SE-Betriebsrates	76
b) Informationspflicht	22	3. Die Mitbestimmung im Aufsichts- oder Verwaltungsorgan	77
c) Zusammensetzung des bVG	30	a) Umfang der Mitbestimmung	78
d) Verteilung der inländischen Sitze im bVG	38	b) Zusammensetzung der Arbeitnehmervertreter im Aufsichtsrat	85
2. Verhandlungsverfahren (§§ 11–20 SEBG)	44	c) Wahl der Arbeitnehmervertreter im Aufsichtsrat	87
a) Zehn-Wochen-Frist	45	d) Gesetzliches Vertretungsorgan	89
b) Informationspflicht	49	e) Innere Ordnung, Rechte und Pflichten des Aufsichtsrates	91
c) Einladung zur konstituierenden Sitzung	50	4. Sonstige Regelungen in der Beteiligungsvereinbarung	93
d) Geschäftsordnung des bVG	51	a) Strukturelle Änderungen	94
e) Sachverständige	52	b) Laufzeit und Beendigung der Vereinbarung	97
f) Dokumentation	53	5. Lücken in der Vereinbarung	98
g) Kosten	54	**V. Sonderfall: Die Vorrats-SE**	99
IV. Die Beteiligungsvereinbarung	55	1. Zulässigkeit der Vorratsgründung	100
1. Der Abschluss der Vereinbarung	56	2. Nachholung des Arbeitnehmerbeteiligungsverfahrens	101
2. Der SE-Betriebsrat	58	a) Fehlende Verlässlichkeit	102
a) Alternatives Verfahren zur Unterrichtung und Anhörung	59	b) Ausgewählte Einzelfragen	104
b) Größe und Zusammensetzung des SE-Betriebsrates	62	**VI. Die Sozialversicherungspflicht der Organe**	108
c) Zuständigkeit und Kompetenz des SE-Betriebsrates	65	**VII. Reformbedarf**	110
d) Häufigkeit und Zeitpunkt der gemeinsamen Sitzungen	67		
e) Inhalt der Unterrichtung und Anhörung	69		

Literatur: *Arbeitskreis Aktien- und Kapitalmarktrecht*, Die 8 wichtigsten Änderungsvorschläge zur SE-VO, ZIP 2009, 698; *Arbeitskreis Aktien- und Kapitalmarktrecht*, Vorschläge zur Reform der Mitbestimmung in der Societas Europaea (SE) – ergänzende Stellungnahme, ZIP 2011, 1841; *Blanke*, „Vorrats-SE" ohne Arbeitnehmerbeteiligung, 2005; *Blanke*, Erweiterung der Beteiligungsrechte des SE-Betriebsrates durch Vereinbarungen, 2006; *Blanke*, Europäische Aktiengesellschaft ohne Arbeitnehmerbeteiligung?, ZIP 2006, 789; *Casper/Schäfer*, Die Vorrats-SE – Zulässigkeit und wirtschaftliche Neugründung, ZIP 2007, 653; *Diller*, Sozialversicherungspflicht des AG-Vorstands nach Umwandlung, Verschmelzung und Restrukturierung?, AG 2009, 817; *Eidenmüller/Lasák*, Das tschechische Societas Europaea-Rätsel, in FS Hommelhoff, 2012, S. 187; *Forst*, Die Beteiligung der Arbeitnehmer in der Vorrats-SE, NZG 2009, 687; *Forst*, Beteiligung der Arbeitnehmer in der Vorrats-SE, RdA 2010, 55; *Forst*, Unterliegen der Organwalter einer Societas Europaea mit Sitz in Deutschland der Sozialversicherungspflicht?, NZS 2012, 801; *Forst*, Offene Fragen rund um die SE-Beteiligungsvereinbarung, in Bergmann/Kiem/Mülbert/Verse/Wittig, 10 Jahre SE, 2015, S. 51; *Grambow*, Auslegung der Auffangregelungen zur Mitbestimmung bei Gründung einer Societas Europaea, BB 2012, 902; *Grobys*, SE-Betriebsrat und Mitbestimmung in der Europäischen Gesellschaft, NZA 2005, 84; *Habersack*, 10 Jahre „deutsche" SE – Bestandsaufnahme, Perspektiven, in Bergmann/Kiem/Mülbert/Verse/Wittig, 10 Jahre SE, 2015, S. 9; *Habersack/Kersten*, Chancengleiche Teilhabe an Führungspositionen in der Privatwirtschaft – Gesellschaftsrechtliche Dimensionen und verfassungsrechtliche Anforderungen, BB 2014, 2819; *Heckschen*, Die SE als Option für den Mittelstand, in FS H.P. Westermann, 2008, S. 999; *Hinrichs/Plitt*, Die Wahl der Mitglieder des besonderen Verhandlungsgremiums in betriebsratslosen Gesellschaften bei SE-Gründung/grenzüberschreitender Verschmelzung, NZA 2010, 204; *Hinrichs/Plitt*, Europäische Aktiengesellschaft – Sozialversicherungspflicht der Mitglieder der Leitungsorgane?, DB 2011, 1692; *Hohenstatt/Willemsen/Naber*, Zum geplanten Gesetz für die gleichberechtigte Teilhabe an Führungspositionen. Gut gemeint – aber auch gut gemacht?, ZIP 2014, 2220; *Hopt*, Europäische Aktiengesellschaft – per aspera ad astra?, EuZW 2002, 1; *Horn*, Die Europa-AG im Kontext des deutschen und europäischen Gesellschaftsrechts, DB 2005, 147; *Kiem*, Erfahrungen und Reformbedarf bei der SE – Entwicklungsstand, ZHR 173 (2009), 156; *Kiem*, Auswirkungen von SE-Sitzverlegung und Formwechsel aus der SE auf das Mitbestimmungsstatut, in Bergmann/Kiem/Mülbert/Verse/Wittig, 10 Jahre SE, 2015, S. 126; *Krause*, Die Mitbestimmung der Arbeitnehmer in der Europäischen Gesellschaft (SE), BB 2005, 1221; *Le Friant*, Die Tarifverhandlungen in grenzüberschreitenden Unternehmen, NZA 1994, 158; *Luke*, Vorrats-SE ohne Arbeitnehmerbeteiligung?, NZA 2013, 941; *Lutter*, Europäische Aktiengesellschaft – Rechtsfigur mit Zukunft?, BB 2002, 1; *Middendorf/Fahrig*, Die Sozialversicherungspflicht der Leitungsorgane einer Europäischen Aktiengesellschaft (SE), BB 2011, 54; *Nagel*, Ist die Europäische Aktiengesellschafts (SE) attraktiv?, DB 2004, 1299; *Nagel/Freis/Kleinsorge*, Beteiligung der Arbeitnehmer im Unternehmen auf der Grundlage des europäischen Rechts, 2. Aufl. 2010; *Oberklus*, Sozialpartnerschaftliche Mitbestimmungsverhandlungen in der BASF SE, in Rieble/Junker, Vereinbarte Mitbestimmung in der SE, 2008, § 4; *Oetker*, Mitbestimmungssicherung bei Errichtung einer Europäischen Gesellschaft (SE) durch formwechselnde Umwandlung einer Aktiengesellschaft mit Sitz in Deutschland, in FS Birk, 2008, S. 557; *Rieble*, Schutz vor paritätischer Unternehmensmitbestimmung, BB 2006, 2018; *Rieble*, Schnelle Mitbestimmungssicherung gegen die SE, BB 2014, 2997; *Rieble*, SE-Mitbestimmungsvereinbarung: Verfahren, Fehlerquellen und Rechtsschutz, in Rieble/Junker, Vereinbarte Mitbestimmung in der SE, 2008, § 3; *Rose/Köstler*, Mitbestimmung in der Europäischen Aktiengesellschaft (SE), 2. Aufl. 2014; *C. Schubert*, Die Arbeitnehmerbeteiligung bei der Europäischen Gesellschaft ohne Arbeitnehmer, ZESAR 2006, 340; *C. Schubert*, Die Arbeitnehmerbeteiligung bei der Gründung einer SE durch Verschmelzung unter Beteiligung arbeitnehmerloser Aktiengesellschaften, RdA 2012, 146; *Schuberth/von der Höh*, Zehn Jahre „deutsche" SE – eine Bestandsaufnahme, AG 2014, 439; *Seibt*, Größe und Zusammensetzung des Aufsichtsrats in der SE, ZIP 2010, 1057; *Sick*, Der SE-Betriebsrat und die Europäische Aktiengesellschaft (SE) sowie die Arbeitnehmerbeteiligung bei der grenzüberschreitenden Verschmelzung von Kapitalgesellschaften, in Düwell, Betriebsverfassungsgesetz, 4. Aufl. 2014; *Teichmann*, Die Einführung der europäischen Aktiengesellschaft – Grundlagen der Ergänzung des europäischen Statuts durch den deutschen Gesetzgeber, ZGR 2002, 383; *Teichmann*, Bestandsschutz für die Mitbestimmung bei Umwandlung in eine SE, ZIP 2014, 1049; *Teichmann/Rüb*, Der Regierungsentwurf zur Geschlechterquote in Aufsichtsrat und Vorstand, BB 2015, 259; *Thüsing*, SE-Betriebsrat kraft Vereinbarung, ZIP 2006, 1469; *Wagner*, Praktische Erfahrungen mit der Europäischen Aktiengesellschaft, EWS 2005, 545; *Wasmann/Rothenburg*, Praktische Tipps zum Umgang mit der Frauenquote, DB 2015, 291; *Wiedemann*, Satzung und Satzungsänderung, in Lutter (Hrsg.), Die Europäische Aktiengesellschaft, 1976, S. 39; *Wisskirchen/Prinz*, Das Gesetz über die Beteiligung der Arbeitnehmer in einer Europäischen Gesellschaft (SE), DB 2004, 2638.

I. Vorbemerkung

1   Der nachfolgende Beitrag beschäftigt sich mit der SE – und vor allem mit deren Gründung – aus der Sicht der arbeitsrechtlichen Praxis. Im Mittelpunkt der Darstellung stehen dabei die Verhandlungen mit dem besonderen Verhandlungsgremium, und zwar sowohl in prozessualer wie auch in inhaltlicher Hinsicht. Ausgangspunkt ist zunächst die Bildung des besonderen Verhandlungsgremiums (Rz. 11 ff.). Hieran schließt sich ein Überblick über das Verhandlungsverfahren an (Rz. 44 ff.). Im vierten Abschnitt (Rz. 55 ff.) werden die inhaltlichen Aspekte der Verhandlungen sowie der Beteiligungsvereinbarung behandelt. Der Beitrag schließt mit einem praktischen Blick auf das – weit verbreitete – Phänomen der Vorrats-SE (Rz. 99 ff.) sowie die sozialversicherungsrechtliche Stellung der Organe der SE (Rz. 108 ff.).

Soweit dies für Zwecke der Darstellung erforderlich ist, enthält der Beitrag auch kommentierende Anmerkungen zu einzelnen Vorschriften des SEBG. Damit ist jedoch selbstverständlich keine umfassende Kommentierung der jeweiligen Vorschrift bezweckt, sondern allenfalls eine Ergänzung um die Perspektive der Praxis. Die Verweise beschränken sich dementsprechend weitgehend auf die Standardwerke, für eine erschöpfende rechtliche Kommentierung des SEBG wird auf die Ausführungen von *Oetker* in Teil B. verwiesen.

II. Die Verbreitung der SE und ihre Entwicklung

Bei ihrer **Einführung** im Jahr 2004 begegnete die Europäische Aktiengesellschaft in der Praxis **weitreichender Skepsis**, nicht zuletzt aufgrund ihrer schier endlos erscheinenden Entstehungsgeschichte. Hauptursache für die jahrzehntelange Verzögerung war, jedenfalls in der allgemeinen Wahrnehmung, die Uneinigkeit über das Mitbestimmungsstatut der künftigen Gesellschaftsform[1]. Der hierzu schlussendlich gefundene Kompromiss, der das Prinzip des Vorranges der Verhandlungslösung, das bereits der Richtlinie 94/45/EG über die Europäischen Betriebsräte zugrunde lag, mit einer am sog. Vorher-Nachher-Prinzip orientierten Auffanglösung verknüpfte, verhieß einen **erheblichen Gründungsaufwand**, dem aus Sicht vieler Unternehmen kein annähernd äquivalenter Nutzen gegenüber zu stehen schien. Hierzu mögen auch die Erfahrungen beigetragen haben, die paneuropäische Unternehmen mit den zeit- und kostenintensiven Verhandlungen zur Gründung von europäischen Betriebsräten, gemacht haben[2]. So standen der überwiegend wohlwollenden, von der Erleichterung über das finale Gelingen des Vorhabens, den tatsächlichen Stapellauf des „Flaggschiffes des Europäischen Gesellschaftsrechts"[3] geprägten Rezeption im juristischen Schrifttum[4] erhebliche Zweifel am tatsächlichen Erfolg der neuen Rechtsform in der Praxis gegenüber[5].

Diese Skepsis schien zunächst begründet, im ersten Jahr nach der Einführung der SE war in Deutschland keine SE-Gründung zu verzeichnen. Breite Aufmerksamkeit erregte die SE erstmals durch die **Allianz AG**[6], die seit dem Herbst 2006 als erster DAX-Konzern als SE firmiert. Dieser SE-Gründung lag freilich eine sehr spezifische – und damit auf die Interessenlage anderer Unternehmen und Konzerne kaum übertragbare – Fallkonstellation zugrunde, wollte die Allianz doch ihre italienische Tochtergesellschaft RAS, an der sie bislang 55 % des Kapitals hielt, vollständig integrieren. Dies hätte jedoch eine kostspielige und langwierige Übernahme der Minderheitsanteile nach sich gezogen, besonders erschwert durch die nach italienischem Recht geltende Squeeze-Out-Hürde von 98 %. Mit der Verschmelzung der RAS auf die Allianz AG nach Art. 17 Abs. 2a SE-VO zur Allianz SE war das Vorhaben demgegenüber nicht nur schneller, sondern vor allem auch weitaus kostengünstiger umzusetzen. Eher ne-

---

1 Ausführlich und differenzierend hierzu *Mävers*, Die Mitbestimmung der Arbeitnehmer in der Europäischen Aktiengesellschaft, 2002.
2 Vgl. dazu die instruktive Darstellung von *Le Friant*, NZA 1994, 158 ff.
3 Der Begriff geht zurück auf *Hopt*, ZIP 1998, 96, 98.
4 *Lutter*, BB 2002, 1 ff., der zudem schon zu diesem Zeitpunkt die Eignung der SE für mittelständische Gesellschaften erkennt; *Hopt*, EuZW 2002, 1 f.; *Teichmann*, ZGR 2002, 383 ff.; *Horn*, DB 2005, 147, 153; *Nagel*, DB 2004, 1299, 1304.
5 *Wiedemann* in Lutter, Die Europäische Aktiengesellschaft, S. 39, 41 spricht insofern schon 1976 von den großen Publikumsgesellschaften als „nationale Denkmäler", die „kaum in einer SE aufgehen können"; vgl. auch *Thoma/Leuering*, NJW 2002, 1449, 1454; *Wisskirchen/Prinz*, DB 2004, 2638, 2643; *Wagner*, EWS 2005, 545, 547 ff.
6 *Kiem*, ZHR 173 (2009), 156, 157 spricht insofern vom „Urknall für die SE in Deutschland"; *Oetker* in FS Birk, 2008, S. 557, 559 von der „Eroberung des DAX"; vgl. auch *Hemeling*, Fünf Jahre Europäische Aktiengesellschaft, FAZ vom 30.11.2011, S. 18.

benbei realisierte die Allianz im Zuge der Verschmelzung **weitere Vorteile** der neuen Rechtsform, namentlich die **Verkleinerung des Aufsichtsrates** von zwanzig auf zwölf Mitglieder, einhergehend mit einer **Internationalisierung** der bisher naturgemäß ausschließlich mit Vertretern aus Deutschland besetzten Arbeitnehmerbank[7].

4 Auch der nächsten SE-Umwandlung, die von einer breiten Öffentlichkeit wahrgenommen wurde, nämlich die der bisherigen **Porsche AG** im Jahr 2007, lag eine spezifische Interessenlage zu Grunde, sollte doch gewährleistet werden, dass bei der geplanten Übernahme von Volkswagen durch Porsche den Arbeitnehmern beider Unternehmen – trotz der signifikant unterschiedlichen Belegschaftsgrößen – die gleiche Anzahl von Sitzen im Aufsichtsrat zusteht. Allerdings wurde auch in diesem Fall die mit der Integration von Volkswagen verbundene bevorstehende Vergrößerung des Aufsichtsrates vermieden.

5 Die bei der Allianz SE zunächst eher als „Beifang" betrachteten Vorteile im Hinblick auf die **Ausgestaltung der unternehmerischen Mitbestimmung** spielten bei den nachfolgenden Umwandlungen paritätisch mitbestimmter deutscher Konzernobergesellschaften durchaus eine tragende, wenn nicht sogar die ausschlaggebende Rolle[8]. So nutzten etwa BASF, Bilfinger und jüngst E.ON die Möglichkeit, ihren Aufsichtsrat im Zuge der Umwandlung in eine SE jeweils von zwanzig auf zwölf Mitglieder zu verkleinern. Auch diesen Fällen ist gemein, dass die Sitze der Arbeitnehmervertreter nunmehr jedenfalls zum Teil auch Arbeitnehmern aus anderen europäischen Ländern zur Verfügung stehen (Einl. SE-VO Rz. 41), zudem ging mit der Verkleinerung der Aufsichtsräte und deren Internationalisierung jeweils auch der Verlust der Mandate der unternehmensfremden Gewerkschaftsvertreter einher[9].

6 Die **Verkleinerung der Aufsichtsräte** bezweckt neben einer Effizienzsteigerung der Aufsichtsratsarbeit[10] eine Reduzierung der **Kosten**, die sich vor allem an der Einsparung der Vergütung der entfallenden Mitglieder sowie der auf diese Mitglieder entfallenden administrativen Kosten festmachen lässt. Ein mindestens ebenso großes Einsparungspotential wird in der Diskussion häufig übersehen, in der Praxis jedoch regelmäßig genutzt, nämlich der **Entfall der Aufsichtsratswahlen**[11]. Die weitgehende Gestaltungsfreiheit, die das SEBG den Parteien bei der Ausgestaltung des Aufsichtsrates lässt, ermöglicht es nämlich auch, die Arbeitnehmervertreter im Aufsichtsrat nicht durch das überaus komplexe und zeit- sowie kostenintensive Wahlverfahren nach den §§ 9 ff., 34 MitbestG bzw. den §§ 5 ff. DrittelbG sowie den dazu erlassenen Wahlordnungen zu bestimmen, sondern beispielsweise mittels einer Entsendung durch die nationalen Arbeitnehmervertretungen oder den SE-Betriebsrat.

7 Gleichwohl, wenn die SE in Deutschland – anders als in vielen anderen Mitgliedstaaten der EU[12] – heute als **Erfolgsgeschichte** wahrgenommen wird, liegt das nicht aus-

---

7 *Hemeling*, Fünf Jahre Europäische Aktiengesellschaft, FAZ vom 30.11.2011, S. 18, der die Vorteile aus Sicht der Allianz SE in der Retrospektive interessanterweise umgekehrt akzentuiert; Börsen-Zeitung vom 18.5.2010 („Warum die SE immer mehr Unternehmen anzieht").
8 So auch *Hohenstatt/Müller-Bonanni* in Habersack/Drinhausen, vor § 1 SEBG Rz. 83; *Siems* in KölnKomm. AktG, 3. Aufl., vor Art. 1 SE-VO Rz. 84; *Lutter*, Einl. SE-VO Rz. 41.
9 Vgl. die Beispiele bei *Seibt*, ZIP 2010, 1057.
10 Darauf weist ausdrücklich *Lutter*, Einl. SE-VO Rz. 41 hin.
11 Der – soweit ersichtlich – einzige Verweis hierauf findet sich bei *Rieble* in Rieble/Junker, § 3 Rz. 146.
12 In Deutschland waren im März 2014 292 SEs registriert, davon beschäftigten 139 mehr als fünf Arbeitnehmer. Die mit Abstand meisten SE-Gründungen verzeichnet Tschechien mit 1495, davon immerhin 66 mit mehr als fünf Arbeitnehmern. Daneben gibt es fünf Länder, in denen mehr als 20 SEs registriert sind (Frankreich, Luxemburg, Niederlande, Slowakei, Vereinigtes Königreich), die Anzahl der Länder mit mehr als zehn SEs, die mehr als fünf Arbeitnehmer beschäftigen, beträgt – abgesehen von Deutschland und der Tschechischen Republik

schließlich an den zwar spektakulären, aber zahlenmäßig untergeordneten Umwandlungen großer Konzerne, sondern sehr maßgeblich auch an den zahlreichen SE-Gründungen durch **mittelständische Unternehmen** und **Familienunternehmen**[13]. Zentrale Motivation für diese Unternehmen dürfte in vielen Fällen die Möglichkeit sein, das **bestehende Mitbestimmungsstatut** dauerhaft einzufrieren, und zwar eben auch dann, wenn die relevanten Schwellenwerte zu einem späteren Zeitpunkt überschritten werden. Freilich bekennen sich nur wenige Unternehmen zu diesem Beweggrund, ebenso wie er übrigens seitens der Gewerkschaften lange keine Anerkennung fand. So kam eine Studie der gewerkschaftsnahen Hans-Böckler-Stiftung noch im Jahr 2010 zu dem Ergebnis, dass zwischen der Entscheidung für die Rechtsform der SE und den mitbestimmungsrechtlichen Gestaltungsmöglichkeiten kein Zusammenhang besteht[14]. Betrachtet man allerdings die Anzahl der SE-Gründungen in den Mitgliedstaaten der EU und die im jeweiligen Mitgliedstaat geltenden Regeln zur unternehmerischen Mitbestimmung, lässt sich dieser Zusammenhang kaum ernsthaft leugnen[15], inzwischen erkennen dies auch die Gewerkschaften an[16]. In den Ländern, die eine unternehmerische Mitbestimmung nicht kennen, bleiben die SE-Gründungen weitgehend aus, höchstwahrscheinlich aus den gleichen Gründen, die bei der Einführung der SE auch in Deutschland ursprünglich für Skepsis im Hinblick auf deren praktische Akzeptanz sorgten.

Daneben wird vor allem bei mittelständischen Unternehmen und Familienunternehmen gelegentlich die Option genutzt, die **monistische Organisationsverfassung** zu wählen, verbindet diese doch die Möglichkeit, die Vorteile einer kapitalmarktfähigen Gesellschaft mit der weitgehenden Beibehaltung der Organisationsverfassung einer GmbH – und dementsprechend dem Verbleib der unmittelbaren Entscheidungsbefugnis beim Unternehmer – zu kombinieren[17]. Interessant ist die monistische Organisationsverfassung zudem für Unternehmen, deren wichtigste Geschäftspartner im angelsächsischen Raum ansässig sind.

Die **Zahl der SE-Gründungen** in Deutschland ist seit Jahren konstant[18]. Angesichts der großen Anzahl von Unternehmen, für die eine SE-Gründung interessant sein kann, ist von einem spürbaren Rückgang der Gründungszahlen einstweilen nicht auszugehen[19], insbesondere ist die von Gewerkschaftsseite proklamierte „Sättigung

---

– drei (Frankreich, Niederlande, Österreich), alle Zahlen basieren auf einer Erhebung des European Trade Union Institute (ETUI) mit Stand 21.3.2014, abrufbar unter http://www.worker-participation.eu/European-Company-SE/Facts-Figures. Das Phänomen der enormen Popularität der SE in der Tschechischen Republik erklären *Eidenmüller/Lasák* in FS Hommelhoff, 2012, S. 187 ff.

13 So auch die Untersuchung von *Schuberth/von der Höh*, AG 2014, 439; vgl. hierzu auch *Heckschen* in FS H.P. Westermann, 2008, S. 999, 1017 f.; kritisch zur Eignung der SE für den Mittelstand *Oechsler* in MünchKomm. AktG, 3. Aufl., vor Art. 1 SE-VO Rz. 13; Börsen-Zeitung vom 18.5.2010 („Warum die SE immer mehr Unternehmen anzieht"); Handelsblatt vom 27.1.2010 („Familienfirmen setzen auf neue Rechtsform").

14 „Warum Deutschland?", Mitbestimmung, Heft 5/2010, S. 50. Richtigerweise wird dort festgestellt, dass die SE nicht als Instrument zur vielbeschworenen „Flucht *aus* der Mitbestimmung" genutzt wird, was angesichts des Vorher-Nachher-Prinzips auch nicht möglich wäre; der Aspekt der Konservierung der Mitbestimmungsfreiheit bzw. der Mitbestimmung nach dem DrittelbG („Flucht *vor* der Mitbestimmung") wird freilich nicht beleuchtet.

15 FAZ vom 30.1.2013 („Das Geheimnis der Europa AG"); *Rieble*, BB 2006, 2018; *Rieble*, BB 2014, 2997.

16 Mitbestimmung, Heft 7+8/2014, S. 27 f. („Der Einfriertrick"), vgl. auch *Sick* in Düwell, Rz. 3.

17 Dazu ausführlich *Heckschen* in FS H.P. Westermann, 2008, S. 999, 1008 ff.

18 *Schuberth/von der Höh*, AG 2014, 439.

19 *Hohenstatt/Müller-Bonanni* in Habersack/Drinhausen, vor § 1 SEBG Rz. 84.

des Marktes für die Rechtsform Europäische Aktiengesellschaft"[20] nicht festzustellen. Im Sommer 2014 sah es sogar für kurze Zeit danach aus, als sei der SE zusätzliche Attraktivität beschieden: Der Referentenentwurf zum Gesetz über die Einführung einer – landläufig so bezeichneten – Frauenquote für Führungskräfte und Aufsichtsrat[21] nahm die europäischen Aktiengesellschaften insgesamt von der zwingenden Anwendung des Gesetzes aus und beließ es insofern bei einer Soll-Vorschrift[22]. Bereits die Leitlinien für das Gesetzgebungsverfahren vom 27. März 2014 sahen – allerdings weitgehend unbemerkt von der Öffentlichkeit – die Ausnahme der SE vor[23]. Begründet wurde dies vor allem mit der fehlenden Regelungskompetenz des deutschen Gesetzgebers sowie dem Umstand, dass die Mitbestimmung in der SE frei verhandelt wird, die SE also kein per se paritätisch mitbestimmtes Unternehmen sei[24]. Dementsprechend wären mit Allianz, BASF, E.ON, Fresenius und SAP gleich fünf DAX-Konzerne von der Neuregelung ausgenommen gewesen, das gleiche hätte für weitere prominente Beispiele börsennotierter Gesellschaften gegolten. Sogleich wurde gemutmaßt, die SE könne in großem Stil zur „Flucht vor der Frauenquote" genutzt werden[25]. Auch der nachgebesserte Referentenentwurf vom 9. September 2014 sah für die SE hinsichtlich der Frauenquote lediglich eine Soll-Bestimmung und keine Verpflichtung vor[26]. Erst der schließlich vom Bundeskabinett im Dezember 2014 verabschiedete und vom Bundestag beschlossene Gesetzentwurf[27] ordnet in Folge der harschen Kritik aus unterschiedlichsten Richtungen[28] die erheblichen rechtlichen

---

20 Boeckler Impuls, Heft 11/2011, S. 3.
21 Bundesministerium für Familie, Senioren, Frauen und Jugend und Bundesministerium der Justiz und für Verbraucherschutz, Referentenentwurf eines Gesetzes für die gleichberechtigte Teilhabe von Frauen und Männern an Führungspositionen in der Privatwirtschaft und im öffentlichen Dienst, Stand 20.6.2014, abrufbar unter http://www.arbrb.de/media/Referententwurf_Geschlechterquote.pdf.
22 Art. 10 des Referentenentwurfes vom 20.6.2014 (Fn. 21).
23 Bundesministerium für Familie, Senioren, Frauen und Jugend und Bundesministerium der Justiz und für Verbraucherschutz, Leitlinien zum Gesetzgebungsverfahren für das Gesetz für die gleichberechtigte Teilhabe von Frauen und Männern an Führungspositionen in der Privatwirtschaft und im Öffentlichen Dienst vom 25.3.2014, abrufbar unter http://www.bmfsfj.de/BMFSFJ/gleichstellung,did=205630.html. Die Ausnahme der SE in den Leitlinien thematisiert *Büschemann*, „Das Quoten-Schlupfloch", www.sueddeutsche.de vom 9.5.2014.
24 Vgl. *Büschemann*, Das Quoten-Schlupfloch, www.sueddeutsche.de vom 9.5.2014; *Sauer*, „Schlupfloch bei der Frauenquote", www.fr-online.de vom 12.5.2014.
25 *Habersack* in Bergmann/Kiem/Mülbert/Verse/Wittig, S. 18; *Habersack/Kersten*, BB 2014, 2819, 2830; ferner *Tödtmann*, „Die millionenschweren Fluchten vor der Frauenquote in die SE's", http://blog.wiwo.de/management/ vom 24.6.2014; „Das Schlupfloch bei der Frauenquote", www.handelsblatt.com vom 23.6.2014.
26 Bundesministerium für Familie, Senioren, Frauen und Jugend und Bundesministerium der Justiz und für Verbraucherschutz, Referentenentwurf eines Gesetzes für die gleichberechtigte Teilhabe von Frauen und Männern an Führungspositionen in der Privatwirtschaft und im öffentlichen Dienst, Stand 9.9.2014, abrufbar unter http://www.brak.de/w/files/newsletter_archiv/berlin/2014/378anlage1.pdf, dort unter Art. 10; dazu umfassend *Habersack/Kersten*, BB 2014, 2819 ff.
27 Entwurf eines Gesetzes für die gleichberechtigte Teilhabe von Frauen und Männern an Führungspositionen in der Privatwirtschaft und im öffentlichen Dienst, BT-Drucks. 18/3784 vom 20.1.2015, beschlossen vom Deutschen Bundestag am 6.3.2015 i.d.F. der Beschlussempfehlung des Ausschusses für Familie, Senioren, Frauen und Jugend, BT-Drucks. 18/4227 vom 4.3.2015.
28 Die Spannbreite der Kritiker reicht von der CSU („CSU attackiert Schwesigs Frauenquote", Zeit Online vom 14.11.2014; „CSU blockiert Schwesigs Frauenquote", sueddeutsche.de vom 14.11.2014) über die Gewerkschaften („Regierung muss bei Frauenquote nachbessern", Mitbestimmung Heft 9/2014) und die Vereinigung der deutschen Führungskräfteverbände („Führungskräfte zur Frauenquote: Flucht aus Mitbestimmung über Europa verhindern", Pressemitteilung vom 2.7.2014) bis hin zum Deutschen Juristinnenbund (Stellungnahme vom 7.10.2014).

Bedenken[29] den politischen Interessen unter und sieht nunmehr die verpflichtende Anwendung der Frauenquote auch für die SE vor, allerdings bleibt – anders als bei AG und GmbH – die Rechtsfolge bei deren Nichteinhaltung zumindest einstweilen ebenso unklar wie das Verhältnis der gesetzlichen Regelungen zu den Regelungen bestehender Beteiligungsvereinbarungen[30].

III. Die Verhandlungen mit dem besonderen Verhandlungsgremium

Die Verhandlungen mit dem besonderen Verhandlungsgremium („bVG") bilden das **Kernstück** nicht nur des SEBG, sondern in aller Regel auch der **konkreten Gründungsvorhaben**. Dies hängt natürlich zum einen damit zusammen, dass auf die Verhandlungen – zumindest potentiell – der größte Anteil der für das Gründungsvorhaben insgesamt benötigten Zeit entfällt, zum anderen ist die den Verhandlungen innewohnende personalpolitische Dimension von erheblicher Bedeutung für die Unternehmen. Schließlich verursachen die Verhandlungen mit dem bVG – und deren Vorbereitung – häufig den Löwenanteil der Kosten des Gründungsvorhabens, insbesondere wenn man neben den Kosten für die Vorbereitung der Verhandlungen, den Reise- und Unterbringungskosten, den Aufwendungen für Dolmetscher, Sachverständige und Berater des bVG sowie den Löhnen und Gehältern der Verhandlungsteilnehmer auch noch die Kosten für die – dem jeweiligen Landesrecht des jeweils entsendenden Mitgliedstaates unterliegende – Ermittlung der Teilnehmer am bVG einbezieht.

10

1. Bildung des bVG (§§ 4–10 SEBG)

Die **Initiative zur Bildung des bVG** geht – im Unterschied zur Gründung eines europäischen Betriebsrates[31] – ausschließlich von den Leitungen der an dem Gründungsvorhaben beteiligten Gesellschaften aus. Dies ist den grundverschiedenen Interessenlagen im Hinblick auf das jeweilige Gründungsvorhaben geschuldet. Während die Gründung eines europäischen Betriebsrates aus Sicht der Arbeitgeber vorrangig unter dem Gesichtspunkt der Schaffung eines – weiteren – aufwändigen und kostenintensiven Arbeitnehmergremiums betrachtet werden dürfte[32], dient die Gründung der SE Zielen, die im wirtschaftlichen Interesse des Unternehmens liegen und aus dessen Perspektive die Schaffung eines SE-Betriebsrates, sofern er zuvor nicht ohnehin schon in Gestalt eines europäischen Betriebsrates existierte, gerechtfertigt erscheinen lassen. Die Initiative erfolgt ausschließlich in Gestalt der **Aufforderung** zur Bildung des bVG sowie der **Information** über das Gründungsvorhaben. Hierbei handelt es sich um zwei unterschiedliche Pflichten, die in der Praxis allerdings in aller Regel einen **einheitlichen Vorgang** darstellen[33]. Eine vorzeitige Information der na-

11

---

29 Hohenstatt/Willemsen/Naber, ZIP 2014, 2220, 2225; Teichmann/Rüb, BB 2015, 259, 263 ff.; Wasmann/Rothenburg, DB 2015, 291, 293; Noack, Die Geschlechterquote und die Europäische Aktiengesellschaft, Der Betrieb, Rechtsblog Wirtschaftsrecht vom 17.12.2014 (Ref. DB0689479).
30 Vgl. Art. 14 des Regierungsentwurfes vom 20.1.2015 (Fn. 27). Siehe näher dazu die Kommentierungen zu Art. 40 SE-VO (§ 17 SEAG), Vor § 1 SEBG, § 21 SEBG und § 36 SEBG.
31 Gem. § 9 Abs. 1 EBRG kann die Initiative zur Bildung eines europäischen Betriebsrates sowohl von den Arbeitnehmern als auch von der Arbeitgeberseite ausgehen, dazu Rudolph in Annuß/Kühn/Rudolph/Rupp, § 9 EBRG Rz. 2.
32 Dies belegt zwanglos auch der Umstand, dass in der Praxis ein entsprechender Antrag in aller Regel durch die Arbeitnehmerseite erfolgt, vgl. Blanke, EBRG, § 9 EBRG Rz. 2, etwas anders Le Friant, NZA 1994, 158, 159.
33 So auch Feuerborn in KölnKomm. AktG, 3. Aufl., § 4 SEBG Rz. 7; Oetker, § 4 SEBG Rz. 14.

a) Aufforderung zur Bildung des bVG

12 Die **Aufforderung** zur Bildung des bVG erfolgt gem. § 4 Abs. 1 SEBG durch die **Leitungen** der am Gründungsvorhaben beteiligten Gesellschaften. Die im Schrifttum diskutierte Frage, ob der Arbeitnehmerseite ihrerseits diesbezüglich ein Initiativ- oder nur ein Informationsrecht zusteht[35], ist praktisch kaum relevant[36], da die am Gründungsvorhaben vordringlich interessierten Leitungen – nicht zuletzt vor dem Hintergrund, dass die Eintragung der SE gem. Art. 12 Abs. 2 SE-VO die Durchführung bzw. den Abschluss des Arbeitnehmerbeteiligungsverfahrens voraussetzt – ihrerseits ein großes Interesse daran haben, dieses zügig zu initiieren.

13 Von erheblicher praktischer Bedeutung für die Praxis ist hingegen die für die Aufforderung gesetzlich vorgesehene **Schriftform** (§ 4 Abs. 1 SEBG i.V.m. § 126 Abs. 1 BGB). Die praktische Bedeutung rührt u.a. daher, dass die Aufforderung durch die Leitungen der an dem Gründungsvorhaben beteiligten Gesellschaften erfolgen muss, eine Delegation auf das lokale Management der betroffenen Tochtergesellschaften und Betriebe, insbesondere in den anderen Mitgliedstaaten, kommt insofern – jedenfalls aus praktischen Erwägungen – nicht in Betracht. Bei Beachtung des Schriftformerfordernisses müssten die Leitungen also nachweisbar sicherstellen, dass die eigenhändig unterzeichneten Aufforderungen in den betroffenen Tochtergesellschaften und Betrieben in den anderen Mitgliedstaaten den Weg zum vorgesehenen Empfänger finden.

14 Tatsächlich ist das Schriftformerfordernis weder in der SE-RL angelegt[37], noch dient es einem der Schutzzwecke, zu deren Erreichung üblicherweise Schriftformerfordernisse implementiert werden[38]. Dies ändert freilich nichts am insofern eindeutigen Wortlaut der Vorschrift, der es in der Praxis aus Sicht der Gründungsgesellschaften nicht ratsam erscheinen lässt, die Schriftform nicht zu beachten, auch wenn sich trefflich argumentieren lässt, dass die Textform gem. § 126b BGB genügt[39] oder dass ein Verstoß gegen das Schriftformerfordernis jedenfalls durch die ordnungsgemäße Zusammensetzung des bVG geheilt wird[40]. Der ordnungsgemäßen Aufforderung wird in der Praxis nämlich vor allem dann Bedeutung zukommen, wenn die Verhandlungen zwischen der Arbeitgeberseite und dem bVG durch Zeitablauf scheitern, also ohne dass das bVG einen Beschluss nach § 16 Abs. 1 SEBG fasst. In diesem Fall wird die Arbeitgeberseite dem zuständigen Registergericht unter Umständen nachweisen müssen, dass die Aufforderung zur Bildung des bVG ebenso ordnungsgemäß erfolgt ist wie die Information gem. § 4 Abs. 2 und 3 SEBG. Sich hierbei wegen einer Formfrage in die Hände des Registergerichts zu begeben, dürfte kaum dem Interesse der Gründungsgesellschaften entsprechen.

---

34 Darauf weist *Kienast* in Jannott/Frodermann, Kap. 13 Rz. 102 zutreffend hin.
35 Für das Initiativrecht *Oetker*, § 4 SEBG Rz. 15; *Feuerborn* in KölnKomm. AktG, 3. Aufl., § 4 SEBG Rz. 10; lediglich ein Informationsrecht befürworten *Hohenstatt/Müller-Bonanni* in Habersack/Drinhausen, § 4 SEBG Rz. 7; *Jacobs* in MünchKomm. AktG, 3. Aufl, § 4 SEBG Rz. 8; *Kleinsorge* in Nagel/Freis/Kleinsorge, § 4 SEBG Rz. 2.
36 Zutreffend *Oetker*, § 4 SEBG Rz. 15.
37 *Hohenstatt/Müller-Bonanni* in Habersack/Drinhausen, § 4 SEBG Rz. 5; *Kienast* in Jannott/Frodermann, Kap. 13 Rz. 118.
38 Vgl. dazu nur *Hertel* in Staudinger, 14. Aufl., § 126 BGB Rz. 5 f.
39 So *Hinrichs/Plitt*, NZA 2010, 204, 207; *Jacobs* in MünchKomm. AktG, 3. Aufl., § 4 SEBG Rz. 5; *Kienast* in Jannott/Frodermann, Kap. 13 Rz. 118; *Oetker*, § 4 SEBG Rz. 10.
40 *Feuerborn* in KölnKomm. AktG, 3. Aufl., § 4 SEBG Rz. 12.

Die gleichen Erwägungen kommen bei einer Frage nach der **Zuständigkeit für die Aufforderung zur Bildung des bVG** zum Tragen. Nach dem Wortlaut des Gesetzes hat die Aufforderung durch die Leitungen der an dem Gründungsvorhaben beteiligten Gesellschaften zu erfolgen. Auch wenn man aus Gründen der Zweckmäßigkeit die Möglichkeit befürworten mag, die Pflicht zur Aufforderung auf eine „federführende Leitung" zu delegieren[41], wird in der Praxis aus den gleichen Gründen, die für eine Einhaltung der Schriftform sprechen, eine gemeinsame Aufforderung durch die Leitungen der beteiligten Gesellschaft häufig angeraten erscheinen.

15

Die Aufforderung hat nach einhelliger und zutreffender Ansicht grundsätzlich in der **Sprache** des Mitgliedstaates zu erfolgen, in dem der Adressat ansässig ist[42], etwas anderes kann allein dann gelten, wenn in einer Unternehmensgruppe tatsächlich und durchgängig ausschließlich eine Sprache zur Anwendung kommt, und zwar auch und insbesondere in der Kommunikation mit den lokalen Arbeitnehmervertretungen. Zu bedenken ist aber auch insofern, dass die Dokumentation im Bedarfsfall dem Registergericht vorzulegen ist, das seinerseits auf einer landessprachlichen Dokumentation bestehen dürfte oder aber Zweifel an der Wirksamkeit der Aufforderung hegen wird. Die Verwendung der einheitlichen Unternehmenssprache dürfte jedenfalls dann ausscheiden, wenn die Aufforderung in Ermangelung einer Arbeitnehmervertretung an die gesamte Belegschaft eines Mitgliedstaates gerichtet werden muss[43].

16

Der **Adressat** der Aufforderung zur Bildung des bVG ist in § 4 Abs. 1 SEBG nicht genannt. Richtigerweise kann Adressat der Aufforderung nur derjenige sein, dem auch die Aufgabe zukommt, die Bildung des bVG vorzunehmen. Konkret hat die Aufforderung also gegenüber den Gremien zu erfolgen, die ihrerseits gem. § 8 Abs. 2 bis 4 SEBG das Wahlgremium bilden, i.d.R. also gegenüber der **jeweils höchsten Arbeitnehmervertretung** (Konzernbetriebsrat, Gesamtbetriebsrat, Betriebsrat), da Vertretungen auf niedrigerer Stufe von der höherrangigen Vertretung mit vertreten werden. Zudem ist die Aufforderung an das höchste **Sprecherausschussgremium** zu richten[44].

17

Besteht **ausnahmsweise keine Arbeitnehmervertretung**, ergeht die Aufforderung unmittelbar an **sämtliche Arbeitnehmer**. Dies gilt freilich nicht, soweit in einem Unternehmen mehrere betriebsratsfähige Einheiten bestehen, in einzelnen von ihnen jedoch die Bildung eines Betriebsrates unterblieben ist[45]. Nicht selten wird in einem Unternehmen **kein Sprecherausschuss** bestehen, in diesem Fall hat die Aufforderung gegenüber der **Gesamtheit der leitenden Angestellten** zu erfolgen[46]. Das **Schriftformerfordernis** wird in diesen Fällen durch – eventuell auch mehrfachen – Aushang der Aufforderung am Schwarzen Brett gewahrt, vernünftigerweise wird man das Schreiben dem Adressatenkreis zusätzlich in geeigneter Form, zum Beispiel per E-Mail oder im Intranet, zur Verfügung stellen[47].

18

Häufig übersehen wird, dass die Aufforderung konsequenterweise auch gegenüber den im Unternehmen vertretenen **Gewerkschaften** erfolgen müsste, da auch diese gem. §§ 6 Abs. 3, 8 Abs. 1 Satz 2 SEBG aktiv an der Bildung des bVG mitwirken müssen. Dagegen spricht auch nicht, dass die Gewerkschaften nicht zum Kreis der nach § 4 Abs. 2 SEBG zu informierenden Arbeitnehmergremien zählen, da diese Informati-

19

---

41 *Henssler* in Ulmer/Habersack/Henssler, § 4 SEBG Rz. 3.
42 Statt aller *Oetker*, § 4 SEBG Rz. 11.
43 *Jacobs* in MünchKomm. AktG, 3. Aufl., § 4 SEBG Rz. 10.
44 So auch *Grobys*, NZA 2005, 84, 86.
45 *Oetker*, § 4 SEBG Rz. 20; *Kienast* in Jannott/Frodermann, Kap. 13, Rz. 110; a.A. *Kleinsorge* in Nagel/Freis/Kleinsorge, § 4 SEBG Rz. 10.
46 *Oetker*, § 4 SEBG Rz. 21; *Jacobs* in MünchKomm. AktG, 3. Aufl., § 4 SEBG Rz. 7 m.w.N.; a.A. *Rieble* in Rieble/Junker, § 3 Rz. 41.
47 *Feuerborn* in KölnKomm. AktG, 3. Aufl., § 4 SEBG Rz. 14; *Grobys*, NZA 2005, 84, 86.

on vordringlich dazu dient, den Arbeitnehmervertretungen bzw. den Arbeitnehmern die ordnungsgemäße Zusammensetzung des Wahlgremiums zu ermöglichen. Ungeachtet der Frage, ob die Aufforderung gegenüber den Gewerkschaften erfolgen muss, empfiehlt sich in der Praxis eine frühzeitige Einbindung der Gewerkschaften schon allein, um Verzögerungen bei der Bildung des bVG zu vermeiden. Freilich kann die Verpflichtung der Leitungen nur bestehen, soweit sie davon Kenntnis haben, welche Gewerkschaft im Unternehmen vertreten ist; eine im Unternehmen vertretene Gewerkschaft, die nicht berücksichtigt wird, muss selbst initiativ werden[48].

20 Bezüglich der **ausländischen Tochtergesellschaften und Betriebe** richtet sich die Frage, an wen die Aufforderung zu richten ist, nach den jeweiligen nationalen Umsetzungsgesetzen zur SE-RL[49]. Nicht übersehen werden darf hierbei jedoch, dass die Aufforderung nicht durch die Leitung der jeweiligen Landesgesellschaft zu erfolgen hat, sondern durch die Leitungen der am Gründungsvorhaben beteiligten Gesellschaften.

21 Der **Zeitpunkt** der Aufforderung zur Bildung des bVG ist, anders als der Zeitpunkt der Information der Arbeitnehmer, gesetzlich nicht geregelt. Da die rasche Aufforderung im Interesse der Gründungsgesellschaften liegt, ist diese Frage für die Praxis allerdings weitgehend irrelevant. Hinzu kommt, dass in der Regel die Aufforderung mit der spätestens unverzüglich nach Offenlegung des jeweiligen Gründungsplans zu erfolgenden Information gem. § 4 Abs. 2 SEBG (hierzu vgl. unten Rz. 22) einen einheitlichen Vorgang bildet. Sofern den Leitungen an einer **Beschleunigung** der Konstituierung des bVG gelegen ist, kann sich die Aufforderung noch vor Offenlegung des Gründungsplanes empfehlen, Bedenken bestehen hiergegen nicht[50].

b) Informationspflicht

22 Der Bildung des bVG dient auch die Informationspflicht nach § 4 Abs. 2 bis 4 SEBG, und zwar insofern, dass die Arbeitnehmervertretungen der Gründungsgesellschaften in die Lage versetzt werden sollen, ihre Aufgaben als Wahlgremium zu erfüllen. Konsequenterweise knüpft das Gesetz für den **Beginn der zehnwöchigen Frist** zur Bildung des bVG gem. § 11 Abs. 1 SEBG – und damit mittelbar auch für den Beginn der sechsmonatigen Verhandlungsfrist, vgl. § 20 SEBG – nicht an die Aufforderung zur Bildung des bVG an, sondern an die **ordnungsgemäße Erfüllung der Informationspflicht**. In der Praxis erweist sich die Informationspflicht vor allem aufgrund der Vielzahl der hierfür aus allen vom Gründungsvorhaben betroffenen Ländern benötigten Informationen schon allein in organisatorischer Hinsicht häufig als Kraftakt[51].

23 Anders als bei der Aufforderung zur Bildung des bVG ist für die Information **keine Form** vorgeschrieben[52], insofern wäre selbst eine mündliche Information ausreichend. Aufgrund der enormen praktischen Bedeutung der Information für den weiteren Verlauf des Gründungsvorhabens, nicht zuletzt aber auch aus Gründen der Praktikabilität, empfiehlt es sich, die Information mit der – in Schriftform zu erfolgenden – Aufforderung zur Bildung des bVG zu Dokumentations- und Beweiszwe-

---

48 *Hinrichs/Plitt*, NZA 2010, 204, 205; zustimmend *Jacobs* in MünchKomm. AktG, 3. Aufl., § 6 SEBG Rz. 5.
49 *Rieble* in Rieble/Junker, § 3 Rz. 43 f.; *Hohenstatt/Dzida* in HWK, SEBG Rz. 12.
50 *Oetker*, § 4 SEBG Rz. 14; *Hohenstatt/Müller-Bonanni* in Habersack/Drinhausen, § 4 SEBG Rz. 5.
51 Darauf weist *Jacobs* in MünchKomm. AktG, 3. Aufl., § 4 SEBG Rz. 9 zutreffend hin.
52 Statt aller *Oetker*, § 4 SEBG Rz. 27; *Jacobs* in MünchKomm. AktG, 3. Aufl., § 4 SEBG Rz. 9a.

cken zu verbinden⁵³. Ist die Information in Ermangelung einer Arbeitnehmervertretung an die Gesamtheit der Arbeitnehmer zu richten, kann es sich empfehlen, die schriftliche Information durch eine Informationsveranstaltung zu begleiten⁵⁴.

Adressaten der Information sind die Arbeitnehmervertretungen in den beteiligten Gesellschaften sowie in den betroffenen Tochtergesellschaften und Betrieben, bei deren Nichtvorhandensein die jeweilige nationale Gesamtbelegschaft. Insofern gelten die gleichen Grundsätze wie bezüglich der Aufforderung zur Bildung des bVG, d.h. die Information erfolgt nur gegenüber Arbeitnehmervertretungen, die das Wahlgremium bilden, eine gesonderte Information der Arbeitnehmervertretungen auf den niedrigeren Stufen ist nicht erforderlich⁵⁵. Sie mag sich allerdings im Einzelfall aus Gründen der Sicherheit⁵⁶ oder aber aus personalpolitischen Erwägungen anbieten. 24

Die **Zuständigkeit** für die Information liegt wiederum bei den Leitungen der am Gründungsvorhaben beteiligten Gesellschaften. Die Frage, ob die Information durch die jeweils zuständige Leitung – sofern vorhanden – zu erfolgen hat⁵⁷ oder ob es genügt, wenn eine der am Gründungsvorhaben beteiligten Gesellschaften stellvertretend die Information übernimmt⁵⁸, ist in der Praxis eher zu vernachlässigen, regelmäßig wird man die Information durch die Leitungen aller am Gründungsvorhaben beteiligten Gesellschaften vornehmen. 25

Maßgeblich für den **Beginn der Frist** nach § 11 Abs. 1 SEBG ist der **Zugang** der Information. Sind mehrere Arbeitnehmervertretungen zu informieren, wird die Frist erst zu laufen beginnen, wenn die Information sämtlichen Arbeitnehmervertretungen zugegangen ist. Dies gilt selbst dann, wenn die Information auch im **Ausland** erfolgen muss, wobei – das wird häufig übersehen – für die Bewirkung des Zugangs das **lokale Recht maßgeblich** ist. Richtigerweise beginnt die Zehnwochenfrist erst dann zu laufen, wenn die Informationspflicht in allen Mitgliedstaaten ordnungsgemäß erfüllt ist⁵⁹. Aus diesem Grund kommt der sorgfältigen Planung der Zustellung der Information in der Praxis eine erhebliche Bedeutung zu. 26

Der **Inhalt** der Information ergibt sich aus ihrem **Zweck**, namentlich der Bildung des bVG. Die Information muss alle hierfür erforderlichen Informationen enthalten, der **Katalog des § 4 Abs. 3 SEBG**⁶⁰ ist insofern nicht abschließend, sondern definiert lediglich einen **Mindestinhalt**⁶¹. Neben den in § 4 Abs. 3 SEBG genannten Inhalten hat es sich als insbesondere zweckmäßig erwiesen, die Information um eine auf die konkreten Umstände des Einzelfalls bezogene Darstellung der Bildung des bVG zu ergänzen. Zu beachten ist ferner, dass sich eine auf die Darstellung der Verhältnisse bei der jeweiligen Gesellschaft beschränkte Information ebenso verbietet wie eine pauschale Information; gefordert ist vielmehr eine umfassende Darstellung der erforder- 27

---

53 *Oetker*, § 4 SEBG Rz. 27; *Jacobs* in MünchKomm. AktG, 3. Aufl., § 4 SEBG Rz. 9a; *Kienast* in Jannott/Frodermann, Kap. 13 Rz. 113.
54 *Feuerborn* in KölnKomm. AktG, 3. Aufl., § 4 SEBG Rz. 19.
55 *Jacobs* in MünchKomm. AktG, 3. Aufl., § 4 SEBG Rz. 13; *Feuerborn* in KölnKomm. AktG, 3. Aufl., § 4 SEBG Rz. 18; Für eine Informationspflicht aller Arbeitnehmervertretungen hingegen *Grobys*, NZA 2005, 84, 86; *Kleinsorge* in Nagel/Freis/Kleinsorge, § 4 SEBG Rz. 10; *Oetker*, § 4 SEBG Rz. 19 m.w.N.
56 *Rieble* in Rieble/Junker, § 3 Rz. 40 ff.
57 So etwa *Oetker*, § 4 SEBG Rz. 22.
58 So *Jacobs* in MünchKomm. AktG, 3. Aufl., § 4 SEBG Rz. 11 m.w.N.
59 *Middendorf* in Grobys/Panzer, Europäische Aktiengesellschaft, Rz. 19; *Kleinsorge* in Nagel/Freis/Kleinsorge, § 4 SEBG Rz. 13.
60 Hierzu vgl. nur *Oetker*, § 4 SEBG Rz. 28.
61 *Oetker*, § 4 SEBG Rz. 28; *Feuerborn* in KölnKomm. AktG, 3. Aufl., § 4 SEBG Rz. 22; *Krause*, BB 2005, 1221.

lichen Informationen von sämtlichen am Gründungsvorhaben beteiligten Gesellschaften[62].

28 Hinsichtlich des **Zeitpunktes** der Information schreibt § 4 Abs. 2 Satz 3 SEBG vor, dass diese unaufgefordert und **unverzüglich nach Offenlegung** des Umwandlungsplans zu erfolgen hat. Der Wortlaut der Regelung legt dem ersten Anschein nach nahe, dass sie die Offenlegung des Umwandlungsplanes voraussetzt. Tatsächlich schließt diese Regelung es jedoch nicht aus, die Arbeitnehmer **bereits vor Offenlegung** des Umwandlungsplans zu informieren. Dies folgt aus dem Zweck der Vorschrift, die eine frühzeitige Information der Arbeitnehmerseite sicherstellen möchte[63]. Richtigerweise ist der Akt der Offenlegung des Umwandlungsplans lediglich als **letztmöglicher Zeitpunkt** der Information zu betrachten. Die Leitung darf vielmehr schon dann informieren, wenn die Umwandlung über das Stadium der Vorüberlegungen hinaus gediehen ist und der Vorstand beschlossen hat, das Umwandlungsverfahren gesellschaftsintern einzuleiten. Die Information zu einem früheren Zeitpunkt ist auch sinnvoll. Dies gilt umso mehr, als das bVG bei Änderungen in der Struktur oder Arbeitnehmerzahl der beteiligten Gesellschaften, der betroffenen Tochtergesellschaften oder der betroffenen Betriebe, die Auswirkungen auf dessen konkrete Zusammensetzung haben, gem. § 5 Abs. 4 Satz 1 SEBG neu zusammenzusetzen ist[64]; das Abwarten der Offenlegung bietet also keine größere Gewähr für eine zutreffende Zusammensetzung des bVG. Ungeachtet dessen kann sich eine Abstimmung mit dem Handelsregister anbieten, wenn die Information vor der Offenlegung erfolgen soll.

29 Für die Information im **Ausland** gilt zunächst, dass sich der Inhalt der Information nach den **dortigen Vorschriften** richtet, gleiches gilt für die Adressaten der Information und die Ermittlung der Arbeitnehmerzahlen[65]. Die Information hat – wie die Aufforderung auch – in der **jeweiligen Landessprache** zu erfolgen[66]. Häufig wird übersehen, dass die Information nur dann durch die jeweilige Landesgesellschaft bzw. deren Leitung erfolgen kann, wenn die betreffende Gesellschaft ihrerseits am Gründungsvorhaben beteiligt ist oder eine entsprechende Delegierung durch die Leitungen der am Gründungsvorhaben beteiligten Gesellschaften erfolgt ist, wobei sich Letzteres in der Praxis aufgrund des damit verbundenen Dokumentationsaufwandes als nicht praktikabel erweisen dürfte.

c) Zusammensetzung des bVG

30 Im Hinblick auf die Zusammensetzung des bVG stellt sich in der Praxis vor allem die Frage nach dem Kreis der in die Ermittlung der für die Zusammensetzung des bVG maßgeblichen Arbeitnehmerzahlen einzubeziehenden **betroffenen Tochtergesellschaften**. Konkret geht es darum, ob insofern allein unmittelbare Tochtergesellschaften einzubeziehen sind, oder ob auch mittelbare Tochtergesellschaften („**Enkelgesellschaften**") bei der Ermittlung der Arbeitnehmerzahlen zu berücksichtigen sind. Im Ergebnis überzeugt die letztgenannte Auffassung, vgl. hierzu unten Rz. 33 ff.

---

62 Zutreffend *Oetker*, § 4 SEBG Rz. 28; *Jacobs* in MünchKomm. AktG, 3. Aufl., § 4 SEBG Rz. 11; ebenso *Hohenstatt/Dzida* in HWK, SEBG Rz. 13.
63 *Oetker*, § 4 SEBG Rz. 26; *Hohenstatt/Müller-Bonanni* in Habersack/Drinhausen, § 4 SEBG Rz. 9; *Jacobs* in MünchKomm. AktG, 3. Aufl., § 4 SEBG Rz. 9a; *Kleinsorge* in Nagel/Freis/Kleinsorge, § 4 SEBG Rz. 9.
64 *Rieble* in Rieble/Junker, § 3 Rz. 36; *Jacobs* in MünchKomm. AktG, 3. Aufl., § 4 SEBG Rz. 9a.
65 *Kienast* in Jannott/Frodermann, Kap. 13 Rz. 117.
66 Einhellige Ansicht, vgl. nur *Oetker*, § 4 SEBG Rz. 27 oder *Hohenstatt/Müller-Bonanni* in Habersack/Drinhausen, § 4 SEBG Rz. 9.

Die praktische Relevanz dieser Frage ergibt sich aus § 5 Abs. 1 SEBG. Danach sind **zwei Faktoren** für die **Zahl der Mitglieder** des bVG und dessen **Zusammensetzung** maßgeblich. Zunächst kommt es gem. § 5 Abs. 1 Satz 1 SEBG darauf an, ob in einem Mitgliedstaat Arbeitnehmer beschäftigt werden, und zwar entweder in den am Gründungsvorhaben unmittelbar beteiligten Gesellschaften oder in den vom Gründungsvorhaben mittelbar betroffenen Tochtergesellschaften und Betrieben. Für jeden Mitgliedstaat, auf den dies zutrifft, ist zumindest ein Vertreter in das bVG zu entsenden. Ob einem Mitgliedstaat darüber hinaus ein oder mehrere weitere Vertreter im bVG zustehen, richtet sich dann nach dem Anteil der in dem jeweiligen Mitgliedstaat beschäftigten Arbeitnehmer an der Gesamtzahl der in allen Mitgliedstaaten in den beteiligten Gesellschaften und betroffenen Tochtergesellschaften beschäftigten Arbeitnehmer. Damit kommt der Definition der betroffenen Tochtergesellschaft eine erhebliche praktische Bedeutung zu, hängt von ihr doch im Ergebnis ab, wie sich das bVG zusammensetzt[67]. 31

Der Begriff der **Tochtergesellschaft** ist in § 2 Abs. 3 SEBG definiert. Danach ist eine Gesellschaft dann eine Tochtergesellschaft, wenn eine andere, namentlich die herrschende Gesellschaft, auf sie beherrschenden Einfluss nehmen kann; auf die tatsächliche Ausübung des herrschenden Einflusses kommt es nicht an. Die Frage des beherrschenden Einflusses richtet sich nach § 6 Abs. 2 bis 4 EBRG[68] und bereitet in der Praxis keine nennenswerten Schwierigkeiten. 32

Erhebliche Schwierigkeiten bereitet demgegenüber die sich daran unmittelbar anschließende Frage, nämlich ob sich der Kreis der zu berücksichtigenden Tochtergesellschaften auf **unmittelbare Tochtergesellschaften** beschränkt[69] oder ob auch **mittelbare Tochtergesellschaften** („Enkelgesellschaften") zu berücksichtigen sind[70]. Von der Entscheidung dieser Frage hängt die Zusammensetzung des bVG maßgeblich ab. Ausgesprochen wenig hilfreich ist in diesem Zusammenhang die **gesetzliche Definition** des Betroffenseins: Nach § 2 Abs. 4 SEBG ist eine Tochtergesellschaft von dem Gründungsvorhaben dann betroffen, wenn sie zu einer Tochtergesellschaft der SE werden soll. 33

Für eine **Einbeziehung** der mittelbaren Tochtergesellschaften in die Zusammensetzung des bVG spricht zunächst der **Proportionalitätsgedanke** des SEBG, der ad absurdum geführt wäre, wenn die Sitzverteilung im bVG nicht von der Stärke der nationalen Gesamtbelegschaften abhinge, sondern von der zufälligen Verteilung dieser Belegschaften auf Tochter- und Enkelgesellschaften. Dies gilt umso mehr, als in vielen Konzernen arbeitnehmerlose Gesellschaften als nationale Holdinggesellschaften fungieren, was bei einer Beschränkung der betroffenen Tochtergesellschaften auf die unmittelbaren Tochtergesellschaften zur Folge hätte, dass die Belegschaft eines Mitgliedstaates möglicherweise gar nicht im bVG vertreten wäre. 34

Zudem böte sich bei der Beschränkung auf die unmittelbaren Tochtergesellschaften die Möglichkeit, die Zusammensetzung des bVG im Vorfeld eines geplanten Gründungsprojektes aktiv zu gestalten, um „missliebige" Belegschaften – auf Landes- oder Unternehmensebene – von dem Gründungsprozess fernzuhalten, und zwar eben durch das Einziehen unmittelbarer arbeitnehmerloser Tochtergesellschaften. Hinzu kommt schließlich, dass die Arbeitnehmer der mittelbaren Tochtergesellschaften von den Entscheidungen der Leitung der künftigen SE in gleichem Maße betroffen werden 35

---

67 So ausdrücklich auch *Feuerborn* in KölnKomm. AktG, 3. Aufl., § 2 SEBG Rz. 21.
68 Dazu im Detail: *Feuerborn* in KölnKomm. AktG, 3. Aufl., § 4 SEBG Rz. 17 ff.
69 So *Jacobs* in MünchKomm. AktG, 3. Aufl., § 4 SEBG Rz. 13.
70 So *Oetker*, § 2 SEBG Rz. 21; *Rieble* in Rieble/Junker, § 3 Rz. 45; *Grobys*, NZA 2005, 84, 85; *Hohenstatt/Müller-Bonanni* in Habersack/Drinhausen, § 2 SEBG Rz. 25.

wie die Arbeitnehmer der unmittelbaren Tochtergesellschaften. Nur letzteren die Teilnahme am bVG und in der Folge auch das aktive und passive Wahlrecht eines nach der gesetzlichen Auffanglösung gebildeten SE-Betriebsrates zuzubilligen, wäre sinnwidrig[71]. Auch der Hinweis auf das Fehlen von mit § 5 Abs. 1 MitbestG vergleichbaren Zurechnungsregeln überzeugt nicht[72], weil es einer solchen Zurechnung nicht bedarf. Im Ergebnis sind also **sämtliche abhängige Konzerngesellschaften** im Geltungsbereich der SE-RL unter den Begriff der betroffenen Tochtergesellschaft zu fassen.

36 Dies muss im Übrigen auch gelten, wenn eine Gesellschaft mittelbar über eine Tochtergesellschaft aus dem **Nicht-EU-Ausland** gehalten wird, sofern die Beherrschungsmöglichkeit einer am Gründungsvorhaben beteiligten Gesellschaft fortbesteht. Anders verhält es sich jedoch, wenn eine Tochtergesellschaft nicht in einem Mitgliedstaat ansässig ist, aber Arbeitnehmer in einem Betrieb beschäftigt, der in einem Mitgliedstaat liegt[73].

37 Die Entscheidung, auch mittelbare Tochtergesellschaften einzubeziehen, führt zweifellos zu einem erhöhten Aufwand, und zwar sowohl bei der Ermittlung der Arbeitnehmerzahlen als insbesondere auch bei der Bestimmung der ausländischen Mitglieder des bVG. Die Gründungsgesellschaften wären jedoch schlecht beraten, wenn sie diesen Aufwand scheuten, denn eine unzutreffende Zusammensetzung des bVG – und damit einhergehend i.d.R. auch eine fehlerhafte Information – dürfte im Falle des Scheiterns der Verhandlungen mit dem bVG die Eintragung der Gründung nicht unerheblich verzögern oder sogar gefährden.

d) Verteilung der inländischen Sitze im bVG

38 Die Verteilung der inländischen Sitze im bVG bereitet – abgesehen von der Regelung des § 7 Abs. 4 SEBG (dazu unten Rz. 43) – in der Praxis nur **geringe Schwierigkeiten**.

39 Nach Maßgabe von § 6 Abs. 3 SEBG ist **jedes dritte inländische Mitglied** des bVG ein Vertreter einer **Gewerkschaft**, die in einer an der Gründung beteiligten Unternehmen vertreten ist, wobei es nach zutreffender Ansicht genügt, dass die betreffende Gewerkschaft in einer betroffenen Tochtergesellschaft vertreten ist[74], Tarifzuständigkeit ist ebenfalls nicht erforderlich[75]. Abseits der für die Praxis irrelevanten rechtlichen und vor allem rechtspolitischen Bewertung dieser „Zwangsrepräsentation"[76] herrscht im Schrifttum Uneinigkeit über die Frage, ob die Gewerkschaftsvertreter **zugleich Arbeitnehmer** der beteiligten Unternehmen sein müssen[77]. Abgesehen davon, dass sowohl der Wortlaut als auch die Gesetzesbegründung das Erfordernis der Arbeitnehmereigenschaft der Gewerkschaftsvertreter nicht erkennen lassen, ist in der Praxis häufig festzustellen, dass die Beteiligung **externer Gewerkschaftsvertreter** einem effizienten und konstruktiven Verhandlungsverlauf jedenfalls dann durchaus förderlich sein kann, wenn diese mit der überaus komplexen Verhandlungsmaterie vertraut sind[78].

---

71 *Hohenstatt/Müller-Bonanni* in Habersack/Drinhausen, § 2 SEBG Rz. 25.
72 So aber *Jacobs* in MünchKomm. AktG, 3. Aufl., § 2 SEBG Rz. 13.
73 *Jacobs* in MünchKomm. AktG, 3. Aufl., § 2 SEBG Rz. 13a.
74 *Oetker*, § 6 SEBG Rz. 16 sowie *Feuerborn* in KölnKomm. AktG, 2. Aufl., § 6 SEBG, Rz. 7 jeweils m.w.N.; *Kleinsorge* in Nagel/Freis/Kleinsorge, § 6 SEBG Rz. 5.
75 Darauf weisen *Hinrichs/Plitt*, NZA 2010, 204 zutreffend hin.
76 Dazu *Jacobs* in MünchKomm. AktG, 3. Aufl., § 6 SEBG Rz. 56; *Kienast* in Jannott/Frodermann, Kap. 13 Rz. 164f.
77 Ablehnend die herrschende Meinung, vgl. etwa *Oetker*, § 6 SEBG Rz. 14; *Jacobs* in MünchKomm. AktG, 3. Aufl., § 6 SEBG Rz. 4; *Feuerborn* in KölnKomm. AktG, 3. Aufl., § 6 SEBG Rz. 4; *Hohenstatt/Müller-Bonanni* in Habersack/Drinhausen, § 6 SEBG Rz. 4.
78 Insofern jedoch zweifelnd *Kienast* in Jannott/Frodermann, Kap. 13 Rz. 165.

Praktisch problematisch im Hinblick auf die Gewerkschaftsbeteiligung sind die – allerdings nur selten zu beobachtenden – Fälle, in denen die Gründungsgesellschaften **keine Kenntnis** darüber haben, ob überhaupt eine Gewerkschaft in den beteiligten Unternehmen vertreten ist. Hier sollten die Gründungsgesellschaften richtigerweise nachvollziehbare Anstrengungen unternehmen, um das eventuelle Vertretensein einer Gewerkschaft zu überprüfen. Andernfalls laufen sie nämlich Gefahr, dass das bVG unrichtig zusammengesetzt ist, was wiederum die Eintragung der Gründung der SE **gefährdet**[79].

40

Macht hingegen eine in einem beteiligten Unternehmen vertretene Gewerkschaft von ihrem Nominierungsrecht **keinen Gebrauch**, verfallen die auf sie entfallenden Sitze im bVG nicht etwa ersatzlos, vielmehr stehen sie den Arbeitnehmern des jeweiligen Mitgliedstaates zur Besetzung durch das Wahlgremium zu. Andernfalls wäre die repräsentative Zusammensetzung des bVG nicht gewährleistet[80]. Sind hingegen in einem Unternehmen **mehrere Gewerkschaften** vertreten, kann jede von diesen einen Wahlvorschlag unterbreiten, ein Anspruch auf eines der Gewerkschaftsmandate ist damit nicht verbunden, die Vergabe der Sitze obliegt in diesem Fall der Entscheidung des Wahlgremiums[81].

41

Hinsichtlich der Vertretung der **leitenden Angestellten** sieht § 6 Abs. 4 SEBG vor, dass jedes siebte inländische Mitglied im bVG ein Vertreter der leitenden Angestellten sein muss. Diese – als **Mindestvorschrift** ausgestaltete[82] – Regelung kommt also nur zur Anwendung, wenn bei einem Gründungsvorhaben 60 % der europäischen Belegschaft auf Deutschland entfallen[83]. In der Praxis stellt sich, neben dem altbekannten Problem der Definition des leitenden Angestellten, wiederum häufig die Frage, was mit dem den leitenden Angestellten zustehenden Sitz geschieht, wenn für dessen Besetzung **kein Vorschlag** beim Wahlgremium eingeht. Dies ist häufig der Fall in Unternehmen, in denen kein Sprecherausschuss gebildet ist. In diesen Fällen wird sich die Unternehmensseite richtigerweise zunächst aktiv um die Entsendung eines leitenden Angestellten bemühen. Gelingt dies nicht, ist es auch insofern sachgerecht, diesen Sitz dem Wahlgremium zur **anderweitigen Besetzung** durch einen Arbeitnehmer zu überlassen (vgl. oben Rz. 41).

42

Ein häufig übersehenes Problem für die Praxis birgt schließlich § 7 Abs. 4 SEBG. Danach sind für den Fall, dass die Anzahl der auf das Inland entfallenden Mitglieder des bVG höher ist als die Anzahl der an dem Gründungsvorhaben beteiligten Gesellschaften, alle inländischen Sitze im bVG auf die beteiligten Gesellschaften zu verteilen. Für den praktisch wohl häufigsten Fall, namentlich die Umwandlung, würde das bedeuten, dass im bVG nur Vertreter der beteiligten, also der umzuwandelnden Gesellschaft, vertreten sein dürfen. Die Problematik gewinnt an zusätzlicher Brisanz in den Fällen, in denen die umzuwandelnde Gesellschaft eine Holding-Gesellschaft ist, die gar keine oder nur wenige Arbeitnehmer beschäftigt und in der auch nicht notwendigerweise ein Betriebsrat besteht. Die weit überwiegende Meinung im Schrifttum schlägt für diesen Fall in seltener und lagerübergreifender Einmütigkeit die Verteilung der Sitze auf die betroffenen Tochtergesellschaften und Betriebe vor, und

43

---

79 Gegen eine Ermittlungsobliegenheit aber *Hohenstatt/Müller-Bonanni* in Habersack/Drinhausen, § 6 SEBG Rz. 4.
80 Zutreffend *Oetker*, § 6 SEBG Rz. 19.
81 *Hinrichs/Plitt*, NZA 2010, 204.
82 *Feuerborn* in KölnKomm. AktG, 3. Aufl., § 6 SEBG Rz. 11, mit dem ausdrücklichen Hinweis, dass das Wahlgremium nicht daran gehindert ist, weitere leitende Angestellte in das bVG zu entsenden; ferner *Oetker*, § 6 SEBG Rz. 20.
83 *Oetker*, § 6 SEBG Rz. 23; *Hohenstatt/Müller-Bonanni* in Habersack/Drinhausen, § 6 SEBG Rz. 5.

zwar – wie in der Vorschrift angelegt – nach dem d'Hondtschen Höchstzahlverfahren[84]. So vernünftig diese Lösung ist, steht ihr doch der insofern eindeutige Wortlaut des Gesetzes entgegen[85]. Deshalb ist jedenfalls in den Fällen, in denen nicht unbedingt vom Erreichen einer Verhandlungslösung ausgegangen werden kann, eine Vorabstimmung mit dem zuständigen Handelsregister zu erwägen, zumindest aber sollte für eine entsprechende ausdrückliche Beschlussfassung des Wahlgremiums Sorge getragen werden[86].

2. Verhandlungsverfahren (§§ 11–20 SEBG)

44 Auch im Hinblick auf das Verhandlungsverfahren stellt sich in der Praxis eine Vielzahl von Fragen, die vor allem die Handhabung der hierzu bestehenden Regelungen betreffen.

a) Zehn-Wochen-Frist

45 Die **Frist** zur Wahl oder Bestellung der Mitglieder des bVG beträgt gem. § 11 Abs. 1 SEBG zehn Wochen. Sie beginnt mit der ordnungsgemäßen Information gem. § 4 Abs. 2 und 3 SEBG sämtlicher vorgesehener Adressaten zu laufen (vgl. oben Rz. 26)[87]. Die Zehn-Wochen-Frist ist bei der Gründung einer deutschen SE auch maßgeblich, soweit in anderen Mitgliedstaaten andere Fristen als die Zehn-Wochen-Frist gelten[88].

46 In der Praxis stellt sich angesichts der Komplexität der geforderten Information die Frage, inwiefern eine **fehlerhafte Information** die Zehn-Wochen-Frist auslöst bzw. unter welchen Voraussetzungen von einer Heilung eines Informationsmangels auszugehen ist. Richtigerweise wird man insofern zunächst zu unterscheiden haben zwischen solchen Fehlern, die keine Auswirkung auf die ordnungsgemäße Zusammensetzung des bVG haben und solchen, die zu einer fehlerhaften Zusammensetzung des bVG führen. Im ersten Fall ist in Anlehnung an die Grundsätze einer fehlerhaften Betriebsratswahl von einem **Auslösen der Zehn-Wochen-Frist**, jedenfalls aber von einer Heilung durch die ordnungsgemäße Wahl oder Bestellung der Mitglieder des bVG auszugehen[89]. Im zweiten Fall hingegen wird man im Grunde nicht davon ausgehen können, dass die Frist wirksam ausgelöst wurde. Allerdings erscheint es auch insofern sachgerecht, einen Beschluss des bVG gem. § 13 Abs. 1 SEBG als **Heilung** einer fehlerhaften Information anzusehen. Gleiches müsste auch für einen Beschluss über die Nichtaufnahme bzw. den Abbruch der Verhandlungen nach § 16 Abs. 1 SEBG gelten, schließlich hätten die Arbeitnehmer gerade in diesem Fall die Möglichkeit gehabt, die Aufnahme von Verhandlungen unter Hinweis auf die fehlerhafte Information zu verweigern. Wird eine fehlerhafte oder unvollständige Information korrigiert, beginnt die Frist neu zu laufen, jedenfalls aber hätte der Arbeitgeber die Verzögerung der Bildung des bVG i.S.d. § 11 Abs. 2 Satz 1 SEBG zu vertreten, so dass das Verhandlungsverfahren bis zur ordnungsgemäßen Bildung des bVG nicht begonnen werden kann.

---

[84] *Jacobs* in MünchKomm. AktG, 3. Aufl., § 7 SEBG Rz. 3; *Kleinsorge* in Nagel/Freis/Kleinsorge, § 7 SEBG Rz. 6; *Hohenstatt/Müller-Bonanni* in Habersack/Drinhausen, § 7 SEBG Rz. 3; *Oetker*, § 7 SEBG Rz. 9; differenzierend *Kienast* in Jannott/Frodermann, Kap. 13 Rz. 154 ff.
[85] Zutreffend *Feuerborn* in KölnKomm. AktG, 3. Aufl., § 7 SEBG Rz. 10.
[86] *Kienast* in Jannott/Frodermann, Kap. 13 Rz. 161.
[87] *Feuerborn* in KölnKomm. AktG, 3. Aufl., § 11 SEBG Rz. 3; *Jacobs* in MünchKomm. AktG, 3. Aufl., § 11 SEBG Rz. 3.
[88] *Jacobs* in MünchKomm. AktG, 3. Aufl., § 11 SEBG Rz. 3.
[89] So jedenfalls für den Fall der nur mündlichen Information *Feuerborn* in KölnKomm. AktG, 3. Aufl., § 11 SEBG Rz. 12.

Demgegenüber stellt sich in der Praxis die Frage der **Überschreitung der Frist**[90] sowie das Problem der **unterbliebenen Bildung** des besonderen Verhandlungsgremiums[91] nur selten, da die Arbeitgeberseite die Bildung des bVG in der Regel aktiv begleiten wird. Gleiches dürfte jedenfalls vom Ergebnis her auch für die Frage der Möglichkeit des **Verzichts der Arbeitnehmer** in einzelnen Mitgliedstaaten auf die Entsendung von Vertretern in das bVG gelten[92]. 47

Die Zehn-Wochen-Frist kann jedenfalls dann knapp bemessen sein, wenn in das bVG Vertreter einer Vielzahl von Mitgliedstaaten entsandt werden müssen. Sie ist demgegenüber jedoch relativ großzügig bemessen, wenn an der Gründung des bVG nur eine geringe Anzahl von Mitgliedstaaten beteiligt ist. In diesem Fall stellt sich häufig die Frage, ob eine **Verkürzung der Zehn-Wochen-Frist** möglich ist. Dies ist insofern problematisch, als allenfalls das – zu diesem Zeitpunkt jedoch noch nicht konstituierte – bVG richtigerweise den Verzicht auf die Einhaltung der Zehn-Wochen-Frist wirksam erklären könnte. Insofern ist von einer Verkürzung der Zehn-Wochen-Frist, deren Einhaltung im Übrigen von den Registergerichten verhältnismäßig einfach nachvollzogen werden kann, abzuraten. 48

b) Informationspflicht

Die den Leitungen gem. § 11 Abs. 1 Satz 3 SEBG auferlegte **Informationspflicht** über die Zusammensetzung des bVG mutet auf den ersten Blick ausufernd an. Da das Gesetz für diese Information jedoch keine Form vorgibt, genügt eine Mitteilung etwa per E-Mail. Für die im Schrifttum bisweilen empfohlene schriftliche Mitteilung[93] besteht in der Praxis kein erkennbares Bedürfnis. Dies gilt umso mehr, als die Einhaltung dieser Informationspflicht erfahrungsgemäß weder von den Registergerichten nachvollzogen wird, noch sanktioniert ist. 49

c) Einladung zur konstituierenden Sitzung

Die **Einladung** zur konstituierenden Sitzung erfolgt gem. § 12 Abs. 1 Satz 1 SEBG durch die Leitungen. Der Einladung kommt deshalb besondere praktische Bedeutung bei, da der in der Einladung bestimmte Tag der konstituierenden Sitzung gem. § 20 Abs. 1 SEBG den **Beginn der höchstens sechs Monate dauernden Verhandlungen** bestimmt. Für die Einladung ist **keine Form** vorgeschrieben, die Einhaltung der im Schrifttum häufig empfohlenen Schriftform[94] wäre für die Unternehmen mit erheblichem Aufwand verbunden. Diesem Aufwand wiederum steht aus praktischer Sicht kein erkennbarer Nutzen gegenüber. Zwingend geboten ist demgegenüber die Gewährleistung und Dokumentation des Zugangs bei den Adressaten der Einladung[95]. Die Ladung hat unverzüglich nach Benennung sämtlicher Mitglieder des bVG oder – sofern diese noch nicht erfolgt ist – nach Ablauf der Zehn-Wochen-Frist zu erfolgen. Da eine nicht unverzüglich ausgesprochene Einladung gleichwohl wirksam[96], eine verfrüht ausgesprochene Einladung hingegen unwirksam ist[97], mit der Folge, dass die 50

---

90 *Hohenstatt/Müller-Bonanni* in Habersack/Drinhausen, § 11 SEBG Rz. 3.
91 Dazu *Jacobs* in MünchKomm. AktG, 3. Aufl., § 11 SEBG Rz. 6; *Kienast* in Jannott/Frodermann, Kap. 13 Rz. 206 ff.
92 Die Möglichkeit des Verzichts bejahend *Kienast* in Jannott/Frodermann, Kap. 13 Rz. 134.
93 *Oetker*, § 11 SEBG Rz. 14; *Feuerborn* in KölnKomm. AktG, 3. Aufl., § 11 SEBG Rz. 13.
94 So beispielsweise *Jacobs* in MünchKomm. AktG, 3. Aufl., § 12 SEBG Rz. 2; *Hohenstatt/Müller-Bonanni* in Habersack/Drinhausen, § 12 SEBG Rz. 2.
95 So auch *Oetker*, § 12 SEBG Rz. 9; *Jacobs* in MünchKomm. AktG, 3. Aufl., § 12 SEBG Rz. 2.
96 Einhellige Meinung, vgl. nur *Oetker*, § 12 SEBG Rz. 8 und *Feuerborn* in KölnKomm. AktG, 3. Aufl., § 12 SEBG Rz. 6.
97 *Oetker*, § 12 SEBG Rz. 7; *Hohenstatt/Müller-Bonanni* in Habersack/Drinhausen, § 12 SEBG Rz. 2.

Frist des § 20 Abs. 1 SEBG nicht in Gang gesetzt wird, empfiehlt es sich in der Praxis, auch bei einer **Überschreitung der Zehn-Wochen-Frist** mit der Einladung abzuwarten, bis sämtliche Mitglieder des bVG benannt sind. Andernfalls muss in Ansehung von § 11 Abs. 2 SEBG sichergestellt und dokumentiert werden, dass die Überschreitung der Zehn-Wochen-Frist nicht auf ein Verschulden der Arbeitgeberseite zurückzuführen ist.

d) Geschäftsordnung des bVG

51 Das bVG kann sich gem. § 12 Abs. 1 Satz 3 SEBG eine schriftliche **Geschäftsordnung** geben, wobei sich deren praktischer Nutzen häufig in Grenzen hält. Insofern wird eine an der Beschleunigung des Verfahrens interessierte Unternehmensseite – jedenfalls in geeigneten Fällen – den Verzicht auf eine schriftliche Geschäftsordnung anregen. Als überaus sinnvoll hat sich hingegen die Bildung eines möglichst **kleinen Verhandlungsteams** herausgestellt, das mit den Leitungen die Beteiligungsvereinbarung soweit verhandelt, dass eine **abschließende Befassung** durch das bVG als Gesamtgremium möglich ist[98]. Eine Bevollmächtigung eines solchen Verhandlungsteams auch zum Abschluss der Beteiligungsvereinbarung dürfte hingegen unzulässig sein.

e) Sachverständige

52 Das bVG kann sich gem. § 14 Abs. 1 SEBG bei den Verhandlungen von Sachverständigen unterstützen lassen. Richtigerweise umfasst dies auch die Zulassung von Sachverständigen an den nicht öffentlichen Sitzungen des bVG[99]. In der Praxis werden häufig Rechtsanwälte als Sachverständige vom bVG hinzugezogen. Die Hinzuziehung von nationalen **Gewerkschaftsvertretern** erfolgt in der Praxis hingegen allenfalls dann, wenn die Anzahl der den Gewerkschaften ohnehin im bVG zustehenden Sitze nicht ausreicht. Die im Gesetz ausdrücklich ermöglichte Hinzuziehung von Vertretern einschlägiger Gewerkschaftsorganisationen auf Gemeinschaftsebene ist eher in Ausnahmefällen zu beobachten. Hinsichtlich der **Kosten** für die Sachverständigen gilt § 19 SEBG, die Kosten müssen demnach erforderlich sein[100]. Anders als in § 16 Abs. 1 Satz 2 EBRG ist die Kostentragungspflicht jedoch nicht auf einen Sachverständigen beschränkt[101], eine Hinzuziehung mehrerer Sachverständiger wird aber nur dann pflichtgemäßem Ermessen entsprechen, wenn sie für die Unterstützung bei der Arbeit des bVG erforderlich ist[102]. Dies wird nicht zuletzt aufgrund der Parallelwertung zum EBRG nur in Ausnahmefällen gegeben sein.

f) Dokumentation

53 Die Verhandlungen zwischen den Leitungen und dem bVG enden entweder durch Abschluss einer Beteiligungsvereinbarung, einen Beschluss über die Nichtaufnahme oder den Abbruch der Verhandlungen gem. § 16 Abs. 1 SEBG oder den ergebnislosen Ablauf der sechsmonatigen Verhandlungsfrist. Für die Beschlüsse in den beiden erstgenannten Fällen ist gem. § 17 Abs. 1 SEBG eine **Niederschrift** vorgeschrieben. Aufgrund der Bedeutung dieser Beschlüsse für die Eintragung der SE-Gründung durch das

---

98 So auch *Oetker*, § 12 SEBG Rz. 18; *Hohenstatt/Müller-Bonanni* in Habersack/Drinhausen, § 12 SEBG Rz. 4; *Jacobs* in MünchKomm. AktG, 3. Aufl., § 12 SEBG Rz. 5.
99 *Jacobs* in MünchKomm. AktG, 3. Aufl., § 14 SEBG Rz. 4.
100 Dazu im Detail *Feuerborn* in KölnKomm. AktG, 3. Aufl., § 19 SEBG Rz. 6 ff.
101 *Oetker*, § 14 SEBG Rz. 7; *Freis* in Nagel/Freis/Kleinsorge, § 14 SEBG Rz. 11; *Hohenstatt/Müller-Bonanni* in Habersack/Drinhausen, § 14 SEBG Rz. 2.
102 *Jacobs* in MünchKomm. AktG, 3. Aufl., § 19 SEBG Rz. 4; *Hohenstatt/Müller-Bonanni* in Habersack/Drinhausen, § 19 SEBG Rz. 3.

jeweilige Registergericht ist bei der Abfassung der Niederschrift **äußerste Sorgfalt** geboten. Dies gilt vor allem, wenn man sich den mit einer eventuell erforderlichen Nachholung der Beschlüsse verbundenen Aufwand vor Augen führt. Richtigerweise sollte also die Arbeitgeberseite dafür Sorge tragen, dass sie in die Abfassung der Niederschrift eingebunden ist. In die Niederschrift aufzunehmen sind nicht nur der Inhalt des gefassten Beschlusses sowie das Abstimmungsergebnis, sondern gem. § 17 Satz 1 Nr. 3 SEBG auch die jeweiligen Mehrheiten, mit denen die Beschlüsse gefasst worden sind. Letzteres ist insbesondere im Hinblick auf die in § 15 Abs. 3 Satz 1 und § 16 Abs. 1 Satz 2 SEBG vorgesehenen qualifizierten Mehrheiten zwingend erforderlich[103]. Die Niederschrift ist durch den Vorsitzenden sowie ein weiteres Mitglied des bVG zu unterzeichnen, in der Regel erfolgt die Unterzeichnung durch den Vorsitzenden und die vom bVG gewählten Stellvertreter. § 17 SEBG sieht nicht vor, dass der Niederschrift eine **Anwesenheitsliste** beigefügt wird, in der Praxis empfiehlt sich dies gleichwohl, damit sich das Registergericht ohne Weiteres von der ordnungsgemäßen Beschlussfassung überzeugen kann.

g) Kosten

§ 19 SEBG schreibt die Tragung der **erforderlichen Kosten des bVG** durch die am Gründungsverfahren beteiligten Gesellschaften sowie nach deren Gründung die SE als Gesamtschuldner vor. Die **größten Kostenblöcke** stellen in aller Regel die Reisekosten der bVG-Mitglieder, die Kosten für geeignete Räumlichkeiten sowie die Kosten für Sachverständige und Dolmetscher dar. In der Praxis relevant ist vor allem die Frage, inwiefern Kosten als erforderlich anzusehen sind. Am häufigsten wird dabei über die Erforderlichkeit der Kosten für **Dolmetscher** gestritten, obgleich diese in § 19 Satz 2 SEBG ausdrücklich als erforderlich gekennzeichnet sind. So wird beispielsweise unter Hinweis auf eine einheitliche Unternehmenssprache versucht, die fehlende Erforderlichkeit von Dolmetschern zu begründen. Insofern sind Arbeitgeber allerdings gut beraten, wenn sie in ihre Überlegungen mit einbeziehen, dass die Hinzuziehung professioneller Dolmetscher die Verhandlungen regelmäßig beschleunigt und somit möglicherweise im Ergebnis sogar kosteneffizient ist. In der Praxis ist zudem gelegentlich zu beobachten, dass Mitglieder des bVG Schwierigkeiten haben, die Erstattung der ihnen entstandenen **Reisekosten** gegenüber der lokalen Gesellschaft geltend zu machen. Insofern empfiehlt es sich im Interesse eines reibungslosen Ablaufs, dass die Leitungen der am Gründungsvorhaben beteiligten Gesellschaften entweder für die zeitnahe Kostenerstattung Sorge tragen oder die Reisen für die Mitglieder des bVG selbst organisieren und vorab bezahlen.

IV. Die Beteiligungsvereinbarung

Regelmäßiges Ergebnis der Verhandlungen zwischen der Leitung der am Gründungsvorhaben beteiligten Gesellschaften und dem bVG ist der **Abschluss einer Beteiligungsvereinbarung**. Ergebnislose Verhandlungen oder ein Beschluss über die Anwendung der Auffanglösung kommen in der Praxis kaum vor. Es ist sogar häufiger, dass das bVG einen Beschluss nach § 16 SEBG über die Nichtaufnahme bzw. den Abbruch der Verhandlungen fasst[104]. Entscheidend für die **hohe Erfolgsquote** der Verhandlungen sind vier Faktoren, nämlich die Vorgabe des inhaltlichen Verhandlungsrahmens durch die Auffanglösung, die vorgegebene Verhandlungsdauer, fehlende Eskalationsmechanismen wie etwa in Form einer Einigungsstelle sowie schließlich

---

103 Auf die geringe praktische Bedeutung der Mehrheitserfordernisse an sich weist zutreffend *Kienast* in Jannott/Frodermann, Kap. 13 Rz. 386 hin.
104 Vgl. *Rose/Köstler*, Mitbestimmung in der Europäischen Aktiengesellschaft (SE), S. 18 ff.

die Pönalisierung der Nichtaufnahme von Verhandlungen und des Verhandlungsabbruches, die trotz der Möglichkeit der Wiederaufnahme der Verhandlungen nach Ablauf von zwei Jahren über § 18 Abs. 2 SEBG zu einer dauerhaften Nichtanwendung der Auffanglösung führen[105]. Im **Zentrum der Verhandlungen** steht dabei die konkrete **Ausgestaltung des SE-Betriebsrates**, und zwar deshalb, weil für dessen Tätigkeit kein umfassender gesetzlicher Rahmen besteht und seine Rechtsgrundlage umfassend durch die Beteiligungsvereinbarung geregelt werden muss. Ein weiterer Schwerpunkt der Verhandlungen ist, sofern eine **Mitbestimmung auf Unternehmensebene** in Betracht kommt, deren konkrete Ausgestaltung, insbesondere im Hinblick auf die nähere Bestimmung der Arbeitnehmervertreter im Aufsichtsorgan und das Verfahren ihrer Bestellung.

1. Der Abschluss der Vereinbarung

56   Die Vereinbarung bedarf gem. §§ 13 Abs. 1, 20 SEBG der **Schriftform**, die Nichtbeachtung führt zur **Unwirksamkeit** der Vereinbarung. Da der Abschluss der Vereinbarung gem. Art. 12 Abs. 2 SE-VO dem Registergericht nachzuweisen ist, ist auf die Einhaltung der Schriftform unbedingt zu achten. Seitens des bVG muss die Unterzeichnung mindestens durch den Vorsitzenden erfolgen. Häufig wird übersehen, dass es zudem auch noch eines Zustimmungsbeschlusses bedarf, der den Mehrheitserfordernissen der §§ 15 Abs. 2 bzw. Abs. 3 und 16 Abs. 1 Satz 2 SEBG Rechnung tragen muss. Zweckmäßigerweise wird man in diesem Beschluss die Bevollmächtigung zur Unterzeichnung der Vereinbarung regeln.

57   Tunlich beachtet werden sollte auch der **Mindestinhalt der Vereinbarung** gem. § 21 Abs. 1 Nr. 1 bis 6 SEBG sowie gem. § 21 Abs. 3 Nr. 1 bis 3 SEBG. Man mag trefflich darüber nachdenken, inwieweit dem Registergericht diesbezüglich eine Prüfungskompetenz zusteht[106], jedenfalls können dahingehende Beanstandungen durch das Registergericht zu erheblichen Verzögerungen des Gründungsvorhabens führen.

2. Der SE-Betriebsrat

58   Der **Vorrang der Verhandlungslösung** kommt auch darin zum Ausdruck, dass § 21 SEBG den Parteien der Beteiligungsvereinbarung nur wenige Vorgaben zum verbindlichen Mindestinhalt der Vereinbarung macht. Daraus resultiert ein **weit gefasster Gestaltungsspielraum**, von dem die Parteien insbesondere im Hinblick auf die konkrete Ausgestaltung des SE-Betriebsrates in der Praxis auch rege Gebrauch machen[107]. Hierbei wird allerdings gelegentlich übersehen, dass in diesem Fall die Beteiligungsvereinbarung umfassende Regelungen zu den Regelungsgegenständen der §§ 22 bis 33 SEBG treffen muss, zumindest aber ist eine ergänzende Bezugnahme auf die §§ 22 bis 33 SEBG erforderlich, da die Beteiligungsvereinbarung ansonsten **Lücken** aufweist, deren nachträgliche Schließung sich in der Regel als mühsam erweist (vgl. unten Rz. 98 ff.).

a) Alternatives Verfahren zur Unterrichtung und Anhörung

59   Das SEBG eröffnet den Parteien die **Möglichkeit**, anstelle der Errichtung eines SE-Betriebsrates ein alternatives Verfahren zur Unterrichtung und Anhörung der Arbeitnehmer zu vereinbaren. Dieses Verfahren muss jedoch über die Verweisung in § 21

---

105 Zum letztgenannten Aspekt vgl. *Kienast* in Jannott/Frodermann, Kap. 13 Rz. 366 m.w.N.
106 Dazu Art. 12 SE-VO Rz. 20 f.; vgl. auch *Jacobs* in MünchKomm. AktG, 3. Aufl., § 21 SEBG Rz. 8c.
107 So auch *Rose/Köstler*, Mitbestimmung in der Europäischen Aktiengesellschaft (SE), S. 47 f.

Abs. 2 SEBG die **Mindestinhalte** des § 21 Abs. 1 SEBG gewährleisten[108]. Der Verzicht etwa auf die Unterrichtung und Anhörung im Rahmen einer Präsenzsitzung ist nicht vorgesehen, wenngleich er in Einzelfällen – offenbar unbeanstandet vom jeweiligen Registergericht – bereits vereinbart worden ist. Wenn die Vereinbarung insofern hinter den Mindestinhalten zurückbleibt, kommt nach richtiger Ansicht die gesetzliche Auffanglösung gem. §§ 23 ff. SEBG zur Anwendung[109].

In der Praxis gelegentlich zu beobachten ist ferner die **Übertragung** des Rechts auf Unterrichtung und Anhörung im Wege des Rückgriffs auf eine oder mehrere bereits **bestehende nationale Arbeitnehmervertretungen**[110]. Denkbar ist auch die Anpassung oder der Fortbestand eines bereits bestehenden **Europäischen Betriebsrates**[111]. 60

Insgesamt spielen die alternativen Verfahren in der Praxis **keine große Rolle**, zum einen, weil es **kaum praktikable Modelle** eines dezentralen Unterrichtungs- und Anhörungsverfahrens gibt, vor allem aber, weil die Arbeitnehmerseite vor dem Hintergrund der Auffanglösung kaum die Notwendigkeit erkennen dürfte, auf die Errichtung eines SE-Betriebsrates zu verzichten. 61

b) Größe und Zusammensetzung des SE-Betriebsrates

Ein **zentraler Gegenstand** der Verhandlungen über die Ausgestaltung des SE-Betriebsrates ist die Frage nach der Größe und Zusammensetzung des Gremiums. Dies mag auf den ersten Blick überraschen, weil der Arbeitnehmerseite mit der Auffanglösung, die gem. § 23 Abs. 1 SEBG die Zusammensetzung des SE-Betriebsrates entsprechend der Zusammensetzung des bVG vorsieht, ein sehr großzügig zugeschnittenes Gremium zusteht, so dass es weiterer Verhandlungen hierzu eigentlich nicht bedürfte. Tatsächlich hat sich jedoch auch auf Arbeitnehmer- und insbesondere auf Gewerkschaftsseite die Erkenntnis durchgesetzt, dass ein SE-Betriebsrat in der durch die Auffanglösung vorgesehenen Größe und Zusammensetzung im Hinblick auf eine effiziente Arbeit des Gremiums nur eingeschränkt sinnvoll ist. Dies gilt vor allem, weil die Auffanglösung vorsieht, dass **aus jedem Mitgliedstaat zumindest ein Vertreter** in den SE-Betriebsrat entsandt wird, ohne dass es dazu beispielsweise auf eine Mindestgröße der nationalen Belegschaft oder das Vorhandensein einer nationalen Arbeitnehmervertretung ankäme. Dies führt bei den Vertretern der arbeitnehmerstarken Belegschaften zu der Wahrnehmung, die kleinen Länder seien bei Anwendung der Auffanglösung im SE-Betriebsrat überrepräsentiert. Die Arbeitgeberseite hat ihrerseits regelmäßig ein großes Interesse an einer von der Auffanglösung abweichenden Regelung, weil durch eine Verkleinerung des Gremiums in nicht unerheblichem Umfang Reise- und Dolmetscherkosten sowie die auf die Sitzungen des SE-Betriebsrates und deren Vorbereitung entfallende Arbeitszeit eingespart werden können. 62

Hinsichtlich der **konkreten Ausgestaltung** der Größe und der Zusammensetzung des SE-Betriebsrates sind der Phantasie keine Grenzen gesetzt. So haben die Verhandlungsparteien die Möglichkeit, den SE-Betriebsrat auf die besonderen Gegebenheiten 63

---

108 *Thüsing*, ZIP 2006, 1469, 1471; *Oetker*, § 21 SEBG Rz. 50; *Feuerborn* in KölnKomm. AktG, 3. Aufl., § 21 SEBG Rz. 39; *Jacobs* in MünchKomm. AktG, 3. Aufl., § 21 SEBG Rz. 11.
109 *Oetker*, § 21 SEBG Rz. 50; *Hohenstatt/Dzida* in HWK, SEBG Rz. 35; i.E. wohl ebenso *Jacobs* in MünchKomm. AktG, 3. Aufl., § 21 SEBG Rz. 12.
110 *Jacobs* in MünchKomm. AktG, 3. Aufl., § 21 SEBG Rz. 11.
111 *Feuerborn* in KölnKomm. AktG, 3. Aufl., § 21 SEBG Rz. 40; *Jacobs* in MünchKomm. AktG, 3. Aufl., § 21 SEBG Rz. 11; a.A. unter Hinweis auf den Wortlaut von § 47 Abs. 1 Nr. 2 SEBG *Hohenstatt/Müller-Bonanni* in Habersack/Drinhausen, § 21 SEBG Rz. 11, allerdings übersehen die Vertreter dieser Ansicht, dass diese Regelung nur die Anwendung des EBRG entfallen lässt, die Vereinbarung der Fortgeltung einer bestehenden EBR-Vereinbarung steht dem nicht entgegen.

des Unternehmens zuzuschneiden. In der Praxis häufig sind insofern etwa die Verkleinerung des Gremiums insgesamt, die Entsendung von Vertretern in den SE-Betriebsrat erst ab einer bestimmten nationalen Belegschaftsgröße („Schwellenwert"), die Vorgabe einer absoluten Größe des SE-Betriebsrates bei Verteilung der Sitze nach dem Proportionalitätsprinzip oder die Zusammensetzung des SE-Betriebsrates durch Vertreter der größten innerhalb der Unternehmensgruppe bestehenden Gesellschaften[112].

64 Im Hinblick auf die Ausgestaltung von Größe und Zusammensetzung sollte nicht übersehen werden, dass sich diese durch **künftige Entwicklungen** ändern können. Häufig leiten die Parteien die Ausgestaltung von den aktuellen Größen- und Machtverhältnissen innerhalb des bVG ab, bedenken dabei aber nicht, dass schon geringfügige Änderungen der rechtlichen oder tatsächlichen Verhältnisse innerhalb eines Konzerns erhebliche Auswirkungen vor allem auf die Zusammensetzung des SE-Betriebsrates haben können.

c) Zuständigkeit und Kompetenz des SE-Betriebsrates

65 § 27 SEBG beschränkt die Zuständigkeit des SE-Betriebsrates auf **grenzüberschreitende Angelegenheiten**[113]. Versuche, die Zuständigkeit auf nationale Angelegenheiten zu erweitern, sind in der Praxis nur sehr selten zu beobachten, vor allem wohl auch deshalb, weil die Mitglieder des bVG eine Einmischung des SE-Betriebsrates in die Angelegenheiten der sie in aller Regel in das bVG entsendenden nationalen Mitbestimmungsgremien kaum für wünschenswert erachten dürften. Häufig sind demgegenüber Regelungen anzutreffen, mit denen die Parteien das Erfordernis des grenzüberschreitenden Elementes zu präzisieren versuchen.

66 Demgegenüber scheitern die – gelegentlich erhobenen – Forderungen nach einer **Erweiterung der Beteiligungsrechte** des SE-Betriebsrates, etwa in Gestalt der Einführung echter Mitbestimmungsrechte oder zumindest der Vereinbarung eines Unterlassungsanspruches bei unzureichender Unterrichtung über eine Maßnahme, regelmäßig am Widerstand der Arbeitgeberseite. Das gleiche gilt für die gelegentlich unternommenen Versuche, in der Beteiligungsvereinbarung die **Möglichkeit von Vereinbarungen** zwischen dem SE-Betriebsrat und der Leitung der SE vorzusehen. Sowohl von der Einführung echter Mitbestimmungsrechte als auch von der Möglichkeit von Vereinbarungen ist – unabhängig von der Wirksamkeit derartiger Regelungen[114] – freilich dringend abzuraten, und zwar durchaus im wechselseitigen Interesse, da das Verhältnis zu den nationalen Mitbestimmungsrechten ebenso unklar ist wie die rechtliche Bewertung solcher Vereinbarungen[115].

d) Häufigkeit und Zeitpunkt der gemeinsamen Sitzungen

67 Regelmäßiger Gegenstand der Verhandlungen über die Ausgestaltung des SE-Betriebsrates ist die Frage der **Häufigkeit der Sitzungen**. Die Auffanglösung sieht gem.

---

112 Vgl. auch die konkreten Beispiele bei *Rose/Köstler*, Mitbestimmung in der Europäischen Aktiengesellschaft (SE), S. 49 ff. sowie die Hinweise bei *Rieble* in Rieble/Junker, § 3 Rz. 86. Sehr anschaulich ist etwa die Regelung in der Beteiligungsvereinbarung der BASF SE vom 15.11.2007 („Vereinbarung über die Beteiligung der Arbeitnehmer in der BASF SE, abrufbar unter http://www.boeckler.de/pdf/ah_ar_06.pdf), dort Teil I, Ziffer 2.
113 *Feuerborn* in KölnKomm. AktG, 3. Aufl., § 27 SEBG Rz. 1 m.w.N.; *Nagel* in Nagel/Freis/Kleinsorge, § 27 SEBG Rz. 1; vgl. auch die weite Auslegung von *Sick* in Düwell, Rz. 41.
114 Dazu *Blanke*, Erweiterung der Beteiligungsrechte des SE-Betriebsrates durch Vereinbarung, 2006, S. 50 ff.; ferner *Thüsing*, ZIP 2006, 1469, 1475 f.; ablehnend im Ergebnis *Oetker*, § 21 SEBG Rz. 48 f. und *Feuerborn* in KölnKomm. AktG, 3. Aufl., § 21 SEBG Rz. 32.
115 So auch *Rieble* in Rieble/Junker, § 3 Rz. 93 und *Thüsing*, ZIP 2006, 1469, 1477 f.

§ 28 Abs. 1 SEBG, ebenso wie das EBRG, mindestens eine kalenderjährliche gemeinsame Sitzung mit der Leitung der SE vor. Dem steht regelmäßig der Wunsch der Arbeitnehmer nach mindestens einer weiteren Sitzung mit der Leitung und möglicherweise auch nach internen Sitzungen ohne Beteiligung der Leitung gegenüber. Inwieweit sich die Arbeitnehmer mit diesem Wunsch durchsetzen können, ist in den meisten Fällen eine Frage des Entgegenkommens bei anderen Themen, die Festlegung von mehr als zwei jährlichen Sitzungen kommt nur in Ausnahmefällen vor, namentlich in DAX-Konzernen[116].

Der **Termin** der gemeinsamen Sitzung bzw. gemeinsamen Sitzungen wird häufig durch die Verhandlungsparteien näher bestimmt, etwa durch Festlegung auf ein bestimmtes Quartal oder die zeitliche Verknüpfung mit unternehmensinternen Ereignissen, wie etwa der Feststellung des Jahresabschlusses oder dem Abschluss der Planung für das folgende Geschäftsjahr. 68

e) Inhalt der Unterrichtung und Anhörung

Hinsichtlich der Gegenstände der Unterrichtung und Anhörung haben die Parteien **weitgehenden Gestaltungsspielraum**, der es ihnen ermöglicht, den Katalog des § 28 Abs. 2 SEBG auf die **konkreten Umstände** des Unternehmens zuzuschneiden. Hiervon wird in der Praxis rege Gebrauch macht, im Ergebnis sind häufig aber keine gravierenden Veränderungen des Themenkatalogs festzustellen, sondern vielmehr nur eine **Spezifizierung**. 69

Das gilt entsprechend für die zur Vorbereitung der gemeinsamen Sitzungen gem. § 28 Abs. 1 Satz 2 SEBG **vorzulegenden Unterlagen**, hier ist aber zunächst der **Interessengegensatz** zwischen dem Geheimhaltungsinteresse der Arbeitgeberseite einerseits und dem Informationsbedürfnis des SE-Betriebsrates andererseits zu überwinden. Die daraus resultierenden Diskussionen kreisen regelmäßig vor allem um die in der Auffanglösung vorgesehene Vorlage der Tagesordnung aller Sitzungen der Leitung der SE, bei Familienunternehmen zusätzlich auch um die Vorlage sämtlicher Unterlagen, die der Hauptversammlung der Aktionäre vorgelegt werden. 70

f) Unterrichtung und Anhörung über außergewöhnliche Umstände

Hinsichtlich der Unterrichtung und Anhörung über außergewöhnliche Umstände sieht die Auffanglösung gem. § 29 SEBG ein recht **komplexes Verfahren** vor, das bis zu zwei gemeinsame Sitzungen des gesamten SE-Betriebsrates mit der Leitung der SE erforderlich macht. In den Verhandlungen über die Ausgestaltung des SE-Betriebsrates ist die Arbeitgeberseite in der Regel bestrebt, das Verfahren zur Unterrichtung und Anhörung **möglichst effizient** auszugestalten, im Gegenzug begegnet ihr regelmäßig die Forderung nach einem statuierten Verzicht auf die Umsetzung der die außergewöhnlichen Umstände begründenden Maßnahme bis zum Abschluss des Konsultationsprozesses[117]. Grundsätzlich vom beiderseitigen Interesse getragen ist der Wunsch nach einer **Präzisierung der außergewöhnlichen Umstände**, wobei die Vorstellungen hinsichtlich der Umstände, die eine außerordentliche Konsultation erfordern, in der Regel erwartungsgemäß weit divergieren. 71

---

116 *Rose/Köstler*, Mitbestimmung in der Europäischen Aktiengesellschaft (SE), 114 ff. Vgl. auch die öffentlich zugänglichen Beteiligungsvereinbarungen der DAX-Konzerne (Allianz SE: zwei Sitzungen, BASF SE: drei Sitzungen, SAP SE: vier Sitzungen).

117 Den Unterlassungsanspruch bis zur Durchführung der zweiten Sitzung bejahen Feuerborn in KölnKomm. AktG, 3. Aufl., § 29 SEBG Rz. 12; *Jacobs* in MünchKomm. AktG, 3. Aufl., vor § 23 SEBG Rz. 13; wohl auch *Nagel* in Nagel/Freis/Kleinsorge, § 29 SEBG Rz. 6; a.A. *Hohenstatt/Dzida* in HWK, SEBG Rz. 44.

g) Ort der gemeinsamen Sitzungen

72 Die Frage des Ortes der gemeinsamen Sitzungen mit der Leitung der SE und ggf. des SE-Betriebsrates wird in den Verhandlungen häufig kontrovers diskutiert. Die Auffanglösung macht hierzu keine Vorgaben. Die Arbeitgeberseite hat unter **Kostengesichtspunkten** regelmäßig ein Interesse daran, die Sitzungen an einem Ort stattfinden zu lassen, der die Reisekosten und Reisezeiten der Mitglieder des SE-Betriebsrates ebenso minimiert wie den Aufwand der Teilnahme der Leitung der SE an den Sitzungen. In vielen Fällen wird dies der **Sitz der SE** sein. Die Arbeitnehmer werden demgegenüber ein Interesse daran haben, die Sitzungen zumindest gelegentlich in den verschiedenen im SE-Betriebsrat vertretenen Mitgliedstaaten stattfinden zu lassen.

h) Amtszeit und Wahl der Mitglieder des SE-Betriebsrates

73 Hinsichtlich der **Amtszeit der Mitglieder** des SE-Betriebsrates geht das SEBG von einem als **ständiges Organ** errichteten SE-Betriebsrat aus[118]; zugleich sieht § 23 Abs. 1 Satz 6 SEBG für die inländischen Mitglieder des SE-Betriebsrates eine Amtszeit von vier Jahren vor. Im Ergebnis der Verhandlungen zwischen dem bVG und den Leitungen werden diese Vorgaben häufig modifiziert und auf die konkreten Bedürfnisse des Unternehmens und der Arbeitnehmervertretungen angepasst. Die Diskussionen hierüber sind jedoch vorwiegend technischer Natur und führen nur selten zu Kontroversen.

74 Von **erheblicher praktischer Bedeutung** ist die Frage der **Wahl bzw. Bestimmung der Mitglieder des SE-Betriebsrates**. Die Auffanglösung sieht insofern vor, dass die Mitglieder des SE-Betriebsrates in der gleichen Weise gewählt bzw. bestimmt werden wie die Mitglieder des bVG, unter anderem also nach den Vorschriften des jeweiligen Mitgliedstaates[119]. Diese Vorschriften erweisen sich insbesondere dann als unpassend bzw. **unpraktikabel**, wenn die Parteien hinsichtlich der Größe und Zusammensetzung des SE-Betriebsrates nicht auf die gesetzliche Auffanglösung zurückgreifen. Häufig treffen deshalb die Parteien eigenständige und auf die konkreten Gegebenheiten des Unternehmens zugeschnittene Regelungen betreffend die Wahl bzw. Bestellung der Mitglieder des SE-Betriebsrates. Dabei korrespondiert das Interesse des Arbeitgebers an einer **Vermeidung kostenintensiver Wahlen** in der Regel mit dem Interesse der Mitglieder des bVG an einer **Bestellung der Mitglieder des SE-Betriebsrates durch die nationalen Arbeitnehmervertretungen**. Als schwierig in der praktischen Umsetzung erweist sich häufig die Bestimmung der Mitglieder des SE-Betriebsrates durch landes- oder gar unionsweite Urwahlen, und zwar insbesondere dann, wenn nicht zugleich das Verfahren für diese Wahlen festgelegt wird.

i) Kosten für die Tätigkeit des SE-Betriebsrates

75 Die durch die Tätigkeit des SE-Betriebsrates entstehenden Kosten sind sehr häufig Gegenstand **kontroverser Diskussionen** zwischen dem bVG und den Leitungen der am Gründungsvorhaben beteiligten Gesellschaften. Dies überrascht umso mehr, als die in § 33 SEBG vorgesehene Regelung sowohl der hinlänglich bekannten Kostentragungspflicht nach § 30 EBRG entspricht, als auch dem Mechanismus des § 19 BetrVG ähnelt. Gleichwohl versucht die Arbeitgeberseite in den Verhandlungen häufig, einen Katalog der erstattungsfähigen Aufwendungen vorzusehen oder die Kosten der Tätigkeit des SE-Betriebsrates der Höhe nach zu begrenzen. Häufig wird auch vorgeschlagen, dem SE-Betriebsrat für seine Tätigkeit ein jährliches Budget zur Verfügung zu stellen oder Genehmigungspflichten für Ausgaben in einer bestimmten

---

118 Klarstellend *Feuerborn* in KölnKomm. AktG, 3. Aufl., § 23 SEBG Rz. 6.
119 Statt aller *Jacobs* in MünchKomm. AktG, 3. Aufl., vor § 23 SEBG Rz. 3.

Höhe vorzuschreiben[120]. Diesen Versuchen ist in der Regel allenfalls dann Erfolg beschieden, wenn das vorgeschlagene Modell auch bei den nationalen Arbeitnehmervertretungen erprobt ist.

j) Sprache des SE-Betriebsrates

Auch die Frage der Sprache des SE-Betriebsrates ist häufig Gegenstand intensiver Diskussionen bei den Verhandlungen mit dem bVG. Dies wird verständlich, wenn man sich vor Augen führt, dass die **Kosten** für die **Übersetzung von Dokumenten** und insbesondere die Kosten für die Teilnahme von **Dolmetschern** an den Sitzungen des SE-Betriebsrates erheblich sein können. Deshalb hat die Arbeitgeberseite häufig ein Interesse daran, die Anzahl der Sprachen, in die Dokumente übersetzt werden müssen, zu reduzieren oder gar eine einheitliche Arbeitssprache für den SE-Betriebsrat zu implementieren. Diesem Ansinnen widersetzt sich die Arbeitnehmerseite erfahrungsgemäß entschieden unter Hinweis darauf, dass die Übernahme der Kosten für Dolmetscher durch die SE in der Auffanglösung ausdrücklich vorgesehen ist. Gelegentlich verständigen sich die Parteien auch auf einen Kanon von **Arbeitssprachen**, für die Dolmetscherleistungen angeboten werden. Einigkeit besteht demgegenüber häufig darüber, die Übersetzung von Dokumenten von einer näheren Abstimmung zwischen dem Arbeitgeber und dem SE-Betriebsrat oder dem geschäftsführenden Ausschuss abhängig zu machen[121].

3. Die Mitbestimmung im Aufsichts- oder Verwaltungsorgan

Aufgrund der klaren Vorgaben der gesetzlichen Auffanglösung ist das **Mitbestimmungsniveau** im Aufsichts- oder Verwaltungsorgan der SE selbst nur selten Gegenstand intensiver Verhandlungen zwischen dem bVG und den Leitungen der am Gründungsvorhaben beteiligten Gesellschaften. Liegen die Voraussetzungen für eine Mitbestimmung der Arbeitnehmer im Aufsichts- oder Verwaltungsorgan zum Zeitpunkt des Gründungsvorhabens nicht vor, besteht insofern erfahrungsgemäß keine Verhandlungsbereitschaft der Arbeitgeberseite, umgekehrt ist die Arbeitnehmerseite ebenso selbstverständlich nicht dazu bereit, auf bestehende Mitbestimmungsrechte zu verzichten, sofern ein solcher Verzicht angesichts des in §§ 15 Abs. 5, 21 Abs. 6 SEBG für den Fall der Umwandlung statuierten **absoluten Verschlechterungsverbotes** rechtlich überhaupt möglich wäre. Insofern finden sich in den Beteiligungsvereinbarungen mitbestimmter Gesellschaften vor allem Regelungen zur Ausgestaltung der Mitbestimmung.

a) Umfang der Mitbestimmung

Im Vorfeld der Verhandlungen ist zunächst zu prüfen, ob die **Voraussetzungen des § 34 SEBG** für die Anwendung der gesetzlichen Auffanglösung tatsächlich vorliegen, wobei die unterschiedlichen Voraussetzungen für die **verschiedenen Gründungsformen** zu beachten sind.

Von erheblich größerer praktischer Bedeutung als die Frage, ob die gesetzliche Auffanglösung tatbestandlich anzuwenden ist, sind die Probleme, die sich im Zusammenhang mit der **Anwendung der Auffanglösung** gem. § 35 SEBG ergeben. Hier stellt sich zunächst die Frage, ob sich im praktisch häufigsten Fall, namentlich dem der Umwandlung, der Erhalt der Mitbestimmung nur auf den **Anteil** der Arbeitnehmer-

---

120 Vgl. auch die Beispiele bei *Rose/Köstler*, Mitbestimmung in der Europäischen Aktiengesellschaft (SE), S. 71 ff.
121 Instruktiv insofern die Auswertung von *Rose/Köstler*, Mitbestimmung in der Europäischen Aktiengesellschaft (SE), S. 77 ff.

vertreter im Aufsichts- oder Verwaltungsorgan bezieht oder auf das **Mitbestimmungsstatut im Ganzen**, und damit vor allem auf die bisherige **Anzahl der Mitglieder** des Organs, die innere Ordnung sowie auf die bisherige **innere Zusammensetzung der Arbeitnehmervertreter**, mit anderen Worten die zwingende Vergabe von Sitzen an externe Gewerkschaftsvertreter und die Vertreter der leitenden Angestellten bei Anwendung des MitbestG. Die enorme praktische Bedeutung dieser Frage liegt auf der Hand, zum einen könnte bei Fortgeltung des Mitbestimmungsstatuts im Ganzen die Möglichkeit zur Verkleinerung des Aufsichtsrates entfallen, jedenfalls aber wäre der Weg für eine Veränderung der inneren Zusammensetzung der Arbeitnehmervertreter versperrt.

80 Auch wenn der Wortlaut der Regelung den Schluss zulässt, bei Anwendung der Auffanglösung behielten sämtliche bisher angewandten Regelungen zur Mitbestimmung ihre Gültigkeit[122], spricht hinsichtlich der **Größe des Gremiums** vor allem die in Art. 40 Abs. 3, 43 Abs. 2 SE-VO vorgesehene Festlegung der Aufsichtsratsgröße durch die Satzung für die Beschränkung der Gewährleistung des § 35 Abs. 1 SEBG ausschließlich auf den **Anteil der Arbeitnehmervertreter** im Aufsichtsgremium[123]. Dies gilt umso mehr, als die Festlegung der Aufsichtsratsgröße durch die Satzung im Konfliktfall Vorrang vor einer direkten oder indirekten Festlegung der Aufsichtsratsgröße durch die Vereinbarung der Anzahl der Arbeitnehmervertreter im Aufsichtsrat in der Beteiligungsvereinbarung i.S.d. § 21 Abs. 3 Nr. 1 SEBG genießt. Die Größe des Aufsichtsrats ist demnach nicht nur nicht von der Gewährleistung des § 35 Abs. 1 SEBG umfasst, sie ist auch **kein geeigneter Regelungsinhalt** der Beteiligungsvereinbarung[124].

81 Nichts anderes kann im Ergebnis bezüglich der Gewährleistung der **inneren Zusammensetzung der Arbeitnehmervertreter** gelten, und zwar schon deshalb, weil diese mittelbar wiederum Einfluss auf die Größe des Gremiums haben kann. Vor allem aber wären die im MitbestG vorgesehenen Sitzgarantien zu Gunsten der leitenden Angestellten sowie der im Unternehmen vertretenen Gewerkschaften mit den Vorgaben der SE-Ergänzungsrichtlinie sowie des § 36 Abs. 2 SEBG nicht vereinbar[125]. Anders als die Größe des Aufsichtsrats ist die innere Zusammensetzung der Arbeitnehmervertreter jedoch ein **tauglicher Regelungsgegenstand** der Beteiligungsvereinbarung, da eine solche Regelung nicht in die Satzungsvorgaben eingreift, sondern sie nur konkret ausgestaltet.

82 In letzter Konsequenz führt die Auffanglösung also dazu, dass die Leitungen – im tatsächlichen oder begründet vermuteten Einverständnis mit dem Satzungsgeber – die **Größe des Aufsichtsrates** vor dem Beginn der Verhandlungen mit dem bVG **vorgeben** können[126]. In der Praxis erfolgt diese Festlegung bei paritätisch mitbestimmten Gesellschaften in der Regel in Gestalt der Vorgabe einer **Verkleinerung** des Aufsichtsrates. So haben beispielsweise die Allianz SE, die BASF SE, die Bilfinger SE sowie die

---

122 So für die Mindermeinung *Nagel* in Nagel/Freis/Kleinsorge, § 35 SEBG Rz. 2.
123 *Oetker*, § 35 SEBG Rz. 7 ff.; *Feuerborn* in KölnKomm. AktG, 3. Aufl., § 35 SEBG Rz. 12; *Jacobs* in MünchKomm. AktG, 3. Aufl., § 35 SEBG Rz. 9, jeweils m.w.N.
124 Dazu im Detail und m.w.N. *Seibt*, ZIP 2010, 1057, 1059 ff. sowie *Forst* in Bergmann/Kiem/Mülbert/Verse/Wittig, S. 50, 64 ff.; ferner *Hohenstatt/Müller-Bonanni* in Habersack/Drinhausen, § 21 SEBG Rz. 21; *Oetker* in FS Birk, 2008, S. 557, 562 ff.; *Rieble*, BB 2006, 2018, 2021, a.A. *Sick* in Düwell, Rz. 19.
125 *Jacobs* in MünchKomm. AktG, 3. Aufl., § 35 SEBG Rz. 9; *Oetker* in FS Birk, 2008, S. 557, 568; *Rieble*, BB 2006, 2018, 2021; *Grobys*, NZA 2005, 84, 88; *Habersack* in Bergmann/Kiem/Mülbert/Verse/Wittig, S. 9, 21 f. m.w.N.; a.A. *Nagel* in Nagel/Freis/Kleinsorge, § 35 SEBG Rz. 2; *Teichmann*, ZIP 2014, 1049, 1055 ff.
126 *Hohenstatt/Müller-Bonanni* in Habersack/Drinhausen, § 21 SEBG Rz. 23; *Lutter*, Einl. SE-VO Rz. 41.

E.ON SE ihren Aufsichtsrat von zwanzig auf zwölf Mitglieder reduziert[127], auch der Aufsichtsrat der SAP SE wird nach einer Übergangsfrist auf zwölf Mitglieder verkleinert. Die Verkleinerung des Aufsichtsrates erfolgte jeweils durch eine entsprechende Satzungsvorgabe und nicht etwa durch die Beteiligungsvereinbarung[128]. Die Vorgabe der Größe des Aufsichtsrates wird in aller Regel von der Arbeitnehmerseite akzeptiert, und zwar insbesondere dann, wenn die Arbeitgeberseite nicht aus anderen Gründen ein erkennbares Interesse daran hat, die Auffanglösung nicht anzuwenden[129].

Das in den Verhandlungen oder nach den §§ 34, 35 SEBG anzuwendende Mitbestimmungsstatut ist grundsätzlich **veränderungsfest**[130]. Eine Ausnahme hiervon kommt nur dann in Betracht, wenn Maßnahmen geplant sind, die die Qualität struktureller Änderungen i.S.d. § 18 Abs. 3 SEBG haben[131]. Sämtliche anderen Änderungen bleiben **ohne Auswirkungen** auf das Mitbestimmungsstatut. Dies gilt insbesondere auch für **Veränderungen der Arbeitnehmerzahlen**. So hat das Erreichen der Schwellenwerte nach dem DrittelbG bzw. nach dem MitbestG bei einer ursprünglich mitbestimmungsfreien SE ebenso keine Auswirkungen wie das Absinken der Arbeitnehmerzahlen einer paritätisch mitbestimmten oder drittelbeteiligten SE unter die jeweiligen Schwellenwerte. Es ist zwar möglich, von dem Prinzip der Veränderungsfestigkeit abweichende Regelungen in der Beteiligungsvereinbarung zu treffen, in der Praxis dürfte dies freilich kaum vorkommen, da keine Partei sich zu einer für sie nachteiligen Abweichung veranlasst sehen dürfte.

83

Gelegentlich ist in der Praxis schließlich der Fall zu beobachten, dass der Status der praktizierten Mitbestimmung in der insoweit maßgeblichen am Gründungsvorhaben beteiligten Gesellschaft **nicht den gesetzlichen Vorgaben** des DrittelbG bzw. des MitbestG entspricht. Dies ist beispielsweise dann der Fall, wenn ein richtigerweise paritätisch zu besetzender Aufsichtsrat tatsächlich nur nach Maßgabe des DrittelbG besetzt ist oder wenn in einem Unternehmen ein Aufsichtsrat nach den Vorschriften des DrittelbG zu errichten wäre, dies jedoch unterblieben ist. Praktisch seltener hingegen dürfte der spiegelbildliche Fall sein, also etwa die Beibehaltung des Mitbestimmungsstatuts trotz des Absinkens der Arbeitnehmerzahlen unter den jeweiligen mitbestimmungsrechtlichen Schwellenwert. Richtigerweise ist jedenfalls bei Gründung der SE durch **Umwandlung** die an sich rechtmäßige Aufsichtsratszusammensetzung nach dem DrittelbG oder dem MitbestG Grundlage der gesetzlichen Auffanglösung[132], bei den **sonstigen Gründungsformen** ist demgegenüber die praktizierte Rechtslage maßgeblich[133].

84

---

127 *Hemeling*, Fünf Jahre Europäische Aktiengesellschaft, FAZ vom 30.11.2011, S. 18.
128 Besonders deutlich wird der Satzungsvorbehalt in der Beteiligungsvereinbarung der SAP SE vom 10.3.2014 („Vereinbarung über die Beteiligung der Arbeitnehmer in der SAP SE", abrufbar unter http://global.sap.com/corporate-de/investors/governance/meetings/pdf/sap-gov-hv-2014-beteiligungsvereinbarung-de.pdf), dort Teil II, Ziffern 2.2, 3.3 sowie 3.4.
129 Vgl. hierzu auch die Darstellung der Verhandlungen betreffend die Umwandlung der SAP SE in Mitbestimmung, Heft 7+8/2014, S. 22 ff.
130 *Hohenstatt/Müller-Bonanni* in Habersack/Drinhausen, § 35 SEBG Rz. 10 m.w.N.; ebenso *Feuerborn* in KölnKomm. AktG, 3. Aufl., § 35 SEBG Rz. 29.
131 Siehe dazu unten Rz. 93 ff.
132 *Rieble* in Rieble/Junker, § 3 Rz. 128 ff.; *Forst* in Bergmann/Kiem/Mülbert/Verse/Wittig, S. 50, 63; *Jacobs* in MünchKomm. AktG, 3. Aufl., § 35 SEBG Rz. 25b; *Feuerborn* in KölnKomm. AktG, 3. Aufl., § 34 SEBG Rz. 18 f.; *Grambow*, BB 2012, 902 ff., a.A. *Oetker*, § 34 SEBG Rz. 15; *Hohenstatt/Dzida* in HWK, SEBG Rz. 48, wohl auch *Hohenstatt/Müller-Bonanni* in Habersack/Drinhausen, § 34 SEBG Rz. 6.
133 *Hohenstatt/Müller-Bonanni* in Habersack/Drinhausen, § 34 SEBG Rz. 6; *Grambow*, BB 2012, 902 ff.; *Oetker*, § 34 SEBG Rz. 16.

b) Zusammensetzung der Arbeitnehmervertreter im Aufsichtsrat

85 Häufig finden sich in der Beteiligungsvereinbarung nicht nur – deklaratorische – Regelungen zum **Anteil der Arbeitnehmervertreter** im Aufsichts- oder Verwaltungsorgan, sondern auch dazu, wer hierfür **passiv wahlberechtigt** ist. Häufig lassen es die Beteiligungsvereinbarungen dabei genügen, dass der betreffende Arbeitnehmervertreter **Arbeitnehmer der SE** selbst oder einer ihrer dem Geltungsbereich der Vereinbarung unterfallenden Konzerngesellschaft ist. Es kommt jedoch auch vor, dass die Mitgliedschaft im Aufsichtsrat an die **Mitgliedschaft im SE-Betriebsrat**[134] oder einer nationalen Arbeitnehmervertretung geknüpft ist. Selten hingegen finden sich Regelungen, die – entsprechend dem MitbestG – vorschreiben, dass sich unter den Arbeitnehmervertretern auch **Vertreter der Gewerkschaften**[135] oder der **leitenden Angestellten**[136] befinden müssen, vielmehr wird allenfalls eine entsprechende **Möglichkeit** statuiert[137]. Dies ist darauf zurückzuführen, dass bei Gesellschaften, die der paritätischen Mitbestimmung unterliegen, der Rechtsformwechsel in aller Regel mit einer Verkleinerung des Aufsichtsrates einhergeht und für die Arbeitnehmer dementsprechend weniger Mandate zur Verfügung stehen.

86 Schließlich sehen die Beteiligungsvereinbarungen häufig eine **länderübergreifende Zusammensetzung** der Arbeitnehmervertreter im Aufsichts- oder Verwaltungsorgan vor. In aller Regel richtet sich die Verteilung der Mandate nach einem – strikten oder modifizierten – **Proportionalitätsprinzip**[138]. So erfolgt die Vergabe der Mandate beispielsweise nach dem d'Hondtschen Höchstzahlverfahren, gelegentlich variiert dadurch, dass der letzte zu verteilende Sitz unabhängig von der Belegschaftsgröße einem Vertreter aus einem bisher nicht berücksichtigten Mitgliedstaat zusteht[139]. Gelegentlich ist auch zu beobachten, dass ein oder mehrere Sitze im Aufsichts- oder Verwaltungsorgan einem Vertreter eines bestimmten Mitgliedstaates aus unternehmenspolitischen Erwägungen unter Durchbrechung des Proportionalitätsgedankens zugesprochen werden.

---

134 Vgl. im Grundsatz die Beteiligungsvereinbarung der Fresenius SE vom 13.7.2007 („Vereinbarung über die Beteiligung der Arbeitnehmer in der Fresenius SE" abrufbar unter http://www.euro-betriebsrat.de/pdf/fresenius.pdf), dort unter Teil II, Ziffer 3.3.

135 So aber für die Gewerkschaftsvertreter die Beteiligungsvereinbarung der Fresenius SE vom 13.7.2007 („Vereinbarung über die Beteiligung der Arbeitnehmer in der Fresenius SE" abrufbar unter http://www.euro-betriebsrat.de/pdf/fresenius.pdf), dort unter Teil II, Ziffer 3.3. sowie die Beteiligungsvereinbarung der BASF SE vom 15.11.2007 („Vereinbarung über die Beteiligung der Arbeitnehmer in der BASF SE, abrufbar unter http://www.boeckler.de/pdf/ah_ar_06.pdf), Protokollnotiz II zu Teil II, Ziffer 3.2.

136 Auf das Fehlen von Regelungen zugunsten der leitenden Angestellten weist ausdrücklich *Habersack* in Bergmann/Kiem/Mülbert/Verse/Wittig, S. 21, hin.

137 Beteiligungsvereinbarung der SAP SE vom 10.3.2014 („Vereinbarung über die Beteiligung der Arbeitnehmer in der SAP SE", abrufbar unter http://global.sap.com/corporate-de/investors/governance/meetings/pdf/sap-gov-hv-2014-beteiligungsvereinbarung-de.pdf), dort unter Teil II, Ziffer 3.4.

138 Beteiligungsvereinbarung der Fresenius SE vom 13.7.2007 („Vereinbarung über die Beteiligung der Arbeitnehmer in der Fresenius SE" abrufbar unter http://www.euro-betriebsrat.de/pdf/fresenius.pdf), dort unter Teil II, Ziffer 3.3; Beteiligungsvereinbarung der BASF SE vom 15.11.2007 („Vereinbarung über die Beteiligung der Arbeitnehmer in der BASF SE, abrufbar unter http://www.boeckler.de/pdf/ah_ar_06.pdf), dort unter Teil II, Ziffer 3.1.

139 Beteiligungsvereinbarung der SAP SE vom 10.3.2014 („Vereinbarung über die Beteiligung der Arbeitnehmer in der SAP SE", abrufbar unter http://global.sap.com/corporate-de/investors/governance/meetings/pdf/sap-gov-hv-2014-beteiligungsvereinbarung-de.pdf), dort unter Teil II, Ziffern 3.3 und 3.4.

c) Wahl der Arbeitnehmervertreter im Aufsichtsrat

Einvernehmen herrscht zwischen den Verhandlungsparteien sehr häufig auch darüber, den **Modus für die Wahl oder Bestellung der Arbeitnehmervertreter im Aufsichts- oder Verwaltungsorgan** zu vereinfachen. Dabei korrespondiert das Interesse der Arbeitgeberseite an einer Reduzierung der – durchaus erheblichen – Kosten für die Wahlen der Arbeitnehmervertreter etwa nach den Vorgaben des MitbestG mit dem Interesse der Mitglieder des bVG, die Rechte der sie entsendenden Arbeitnehmervertretungen mittelbar oder unmittelbar zu stärken. 87

Sofern eine Vereinbarung die Vereinfachung der Bestimmung der Arbeitnehmervertreter vorsieht, erfolgt dies in aller Regel durch ein **bindendes Vorschlagsrecht des SE-Betriebsrates** für die **Bestellung der Arbeitnehmer** durch die Hauptversammlung. Modifiziert wird das Bestellungsrecht des SE-Betriebsrates gelegentlich dadurch, dass die nationalen Arbeitnehmervertretungen berechtigt werden, dem SE-Betriebsrat seinerseits bindende Vorgaben über die in das Aufsichts- oder Verwaltungsorgan zu entsendenden Arbeitnehmervertreter zu machen[140]. Seltener sind demgegenüber Regelungen, nach denen die nationalen Arbeitnehmervertretungen das Bestellungsrecht sogar unmittelbar ausüben können[141]. 88

d) Gesetzliches Vertretungsorgan

Im Hinblick auf die **Bestellung** der Mitglieder des Vorstandes oder der geschäftsführenden Direktoren verzichten die Parteien in aller Regel auf die Vereinbarung eines über die bloße Stimmenmehrheit hinausgehenden **Mehrheitserfordernisses**, wie es etwa § 31 Abs. 2 MitbestG vorsieht. Das Gleiche gilt für die Vereinbarung eines **Vermittlungsverfahrens** in Anlehnung an § 31 Abs. 3 bis 4 MitbestG für den Fall eines Abstimmungspatts[142]. Möglicherweise ist der Umstand, dass ein derartiges Verfahren von der Arbeitnehmerseite in der Regel nicht einmal vorgeschlagen wird, Ausdruck der Einsicht in dessen mangelnde Sinnhaftigkeit. 89

§ 38 Abs. 2 Satz 2 SEBG sieht für die Auffanglösung vor, dass ein Vorstandsmitglied bzw. geschäftsführender Direktor für den **Bereich Arbeit und Soziales** zuständig ist. Angelehnt ist dies an die aus dem deutschen Mitbestimmungsrecht bekannte Funktion des **Arbeitsdirektors**. Häufig findet eine entsprechende Regelung Eingang auch in die Beteiligungsvereinbarung[143], eine Verpflichtung hierzu besteht freilich nicht[144]. Allerdings wird die Schaffung der Position des Arbeitsdirektors – soweit ersichtlich – bislang in keinem Fall mit einem – an § 13 Abs. 1 MontanMitbestG angelehnten – 90

---

140 So etwa im Fall der BASF SE, vgl. *Oberklus*, in Rieble/Junker, § 4 Rz. 38, vgl. auch die Beteiligungsvereinbarung der SAP SE vom 10.3.2014 („Vereinbarung über die Beteiligung der Arbeitnehmer in der SAP SE", abrufbar unter http://global.sap.com/corporate-de/investors/governance/meetings/pdf/sap-gov-hv-2014-beteiligungsvereinbarung-de.pdf), dort unter Teil II, Ziffern 3.3 und 3.4.
141 Beteiligungsvereinbarung der Allianz SE vom 20.9.2006 („Vereinbarung über die Beteiligung der Arbeitnehmer in der Allianz SE", abrufbar unter https://www.allianz.com/v_1341047314000/media/investor_relations/de/transaktionen/allianz_se___beteiligung_arbeitnehmer.pdf), dort unter Teil B, Ziffer 3.3.
142 *Hemeling*, Fünf Jahre Europäische Aktiengesellschaft, FAZ vom 30.11.2011, S. 18.
143 Beteiligungsvereinbarung der Allianz SE vom 20.9.2006 („Vereinbarung über die Beteiligung der Arbeitnehmer in der Allianz SE", abrufbar unter https://www.allianz.com/v_1341047314000/media/investor_relations/de/transaktionen/allianz_se___beteiligung_arbeitnehmer.pdf), dort unter Teil B, Ziffer 8; Beteiligungsvereinbarung der Fresenius SE vom 13.7.2007 („Vereinbarung über die Beteiligung der Arbeitnehmer in der Fresenius SE" abrufbar unter http://www.euro-betriebsrat.de/pdf/fresenius.pdf), dort unter Teil II, Ziffer 7.
144 Hierauf weist *Forst* in Bergmann/Kiem/Mülbert/Verse/Wittig, S. 50, 79 zutreffend hin.

e) Innere Ordnung, Rechte und Pflichten des Aufsichtsrates

91 Im Fall einer **dualistisch organisierten SE** finden in die Beteiligungsvereinbarung häufig auch Regelungen zur inneren Ordnung des Aufsichtsrates sowie zu den Rechten und Pflichten der Aufsichtsratsmitglieder Eingang. Im Hinblick auf die innere Ordnung des Aufsichtsrates verzichten die Beteiligungsvereinbarungen in der Regel auf das Erfordernis eines über die einfache Mehrheit hinausgehenden **Mehrheitserfordernisses für die Wahl des Aufsichtsratsvorsitzenden**, wie dies etwa § 27 Abs. 1 MitbestG vorsieht[145]. Zudem wird häufig auf die Verankerung des – anscheinend auch aus Sicht der Arbeitnehmerseite als unnötig empfundenen – Erfordernisses einer **zweiten Abstimmung bei Stimmengleichheit** gem. § 29 Abs. 2 MitbestG verzichtet. Im Gegenzug wird in aller Regel bei paritätisch besetzten Aufsichtsräten – dem Grundgedanken des § 27 Abs. 2 MitbestG folgend – der Arbeitnehmerseite das Recht zur Bestellung eines der häufig zwei **stellvertretenden Aufsichtsratsvorsitzenden** ausdrücklich eingeräumt[146]. Die **Bildung von Ausschüssen** ist in der Regel nicht Gegenstand der Verhandlungen[147], gelegentlich wird jedoch in den Beteiligungsvereinbarungen vorgesehen, dass etwaig gebildete Ausschüsse des Aufsichtsrates im gleichen Verhältnis besetzt werden wie der Aufsichtsrat selbst[148].

92 Anders als die Rechte und Pflichten der Mitglieder des SE-Betriebsrates sind die **Rechte und Pflichten der Aufsichtsratsmitglieder** allenfalls am Rande Gegenstand der Verhandlungen. Dies ist vor allem darauf zurückzuführen, dass die Rechtsstellung der Aufsichtsratsmitglieder aufgrund gesetzlicher Regelungen sowie der Regelungen in der jeweiligen Satzung, im Gegensatz zur Rechtsstellung der Mitglieder des SE-Betriebsrates, einer weiteren Ausgestaltung in der Beteiligungsvereinbarung nach übereinstimmender Ansicht der Verhandlungsparteien offenbar nicht bedarf, sofern sie denn überhaupt als tauglicher Regelungsgegenstand angesehen wird.

4. Sonstige Regelungen in der Beteiligungsvereinbarung

93 Neben der Ausgestaltung des SE-Betriebsrates sowie der Mitbestimmung im Aufsichts- oder Verwaltungsorgan enthält die Beteiligungsvereinbarung noch eine Reihe von Regelungen, die vorwiegend technischer Natur sind. Hervorzuheben sind die Regelungen zu strukturellen Änderungen i.S.d. § 18 Abs. 3 SEBG sowie zur Laufzeit und Beendigung der Vereinbarung.

---

145 *Seibt*, ZIP 2010, 1057.
146 Beteiligungsvereinbarung der Allianz SE vom 20.9.2006 („Vereinbarung über die Beteiligung der Arbeitnehmer in der Allianz SE", abrufbar unter https://www.allianz.com/v_1341047314000/media/investor_relations/de/transaktionen/allianz_se__beteiligung_arbeitnehmer.pdf), dort unter Teil B, Ziffer 6; Beteiligungsvereinbarung der Fresenius SE vom 13.7.2007 („Vereinbarung über die Beteiligung der Arbeitnehmer in der Fresenius SE" abrufbar unter http://www.euro-betriebsrat.de/pdf/fresenius.pdf), dort unter Teil II, Ziffer 6; Beteiligungsvereinbarung der SAP SE vom 10.3.2014 („Vereinbarung über die Beteiligung der Arbeitnehmer in der SAP SE", abrufbar unter http://global.sap.com/corporate-de/investors/governance/meetings/pdf/sap-gov-hv-2014-beteiligungsvereinbarung-de.pdf), dort unter Teil II, Ziffer 6.1.
147 *Seibt*, ZIP 2010, 1057, 1061 hält die Ausschussbildung als solche zutreffend auch nicht für einen tauglichen Gegenstand einer Beteiligungsvereinbarung.
148 *Oberklus* in Rieble/Junker, § 4 Rz. 38; Beteiligungsvereinbarung der SAP SE vom 10.3.2014 („Vereinbarung über die Beteiligung der Arbeitnehmer in der SAP SE", abrufbar unter http://global.sap.com/corporate-de/investors/governance/meetings/pdf/sap-gov-hv-2014-beteiligungsvereinbarung-de.pdf), dort Teil II, Ziffer 6.2.2.

a) Strukturelle Änderungen

§ 18 Abs. 3 SEBG schreibt vor, dass bei Planung struktureller Änderungen, die gleichzeitig geeignet sind, Beteiligungsrechte der Arbeitnehmer zu mindern, **Neuverhandlungen** über die Beteiligungsrechte der Arbeitnehmer in der SE stattzufinden haben. Der deutsche Gesetzgeber hat sowohl davon abgesehen, eine **Definition** für den Begriff der strukturellen Änderungen vorzusehen, als auch – anders als der österreichische Gesetzgeber (vgl. § 228 Abs. 2 ArbVG)[149] – einen **Katalog von Tatbeständen** vorzugeben, die eine strukturelle Änderung darstellen sollen. Die **Spannbreite** der zum Vorliegen einer strukturellen Änderung vertretenen Ansichten ist naturgemäß beträchtlich. So wird einerseits vertreten, dass bereits ein Anwachsen der Arbeitnehmerzahl nach erfolgter Gründung der SE, die Stilllegung eines Betriebes oder die bloße Sitzverlegung eine strukturelle Änderung darstellen kann[150], die wohl überwiegende Ansicht verlangt hingegen zutreffend einen gründungsähnlichen Akt oder einen korporativen Akt von erheblicher Bedeutung[151].

94

Die aus dieser Frage resultierende Rechtsunsicherheit ist ebenso beträchtlich wie ihre jedenfalls subjektiv angenommene praktische Bedeutung, ist doch gerade der Unternehmensseite in aller Regel an einer dauerhaften Festschreibung des vereinbarten Mitbestimmungsstatutes gelegen[152]. Eine Antwort der Rechtsprechung ist auf absehbare Zeit nicht zu erwarten, deshalb wird in den Verhandlungen zwischen dem bVG und den Leitungen der am Gründungsvorhaben beteiligten Gesellschaften gelegentlich arbeitgeberseitig versucht, die **Beschränkung der strukturellen Änderungen** auf Maßnahmen mit gründungsähnlichem oder korporativem Charakter festzuschreiben oder einen beispielhaften und restriktiven Katalog von Tatbeständen vorzusehen, die eine die Neuverhandlungspflicht auslösende strukturelle Änderung darstellen sollen. Nicht minder häufig sind korrespondierende Versuche der Arbeitnehmerseite, insofern einen möglichst **extensiven Katalog** von Tatbeständen vorzusehen, gerne unter Verweis auf die Gesetzeslage in Österreich. Diese Versuche erfolgen ungeachtet der umstrittenen Zulässigkeit bzw. Verbindlichkeit einer solchen Vereinbarung[153]. Da in den Verhandlungen in den wenigsten Fällen eine Seite Veranlassung haben wird, hinter der Regelung des § 18 Abs. 3 SEBG zurückzufallen, bleibt es in aller Regel beim Verweis auf die gesetzliche Regelung und damit bei der **Rechtsunsicherheit für beide Parteien**[154].

95

Schließlich wird gelegentlich vereinbart, dass die bisherige Vereinbarung im Falle des Scheiterns der Neuverhandlungen fort gilt. Eine solche **Fortgeltung** kann durchaus sinnvoll sein, wenn man bedenkt, dass die Frage, wie die Auffanglösung im Falle von Neuverhandlungen aussehen soll, noch vollkommen ungeklärt ist[155].

96

---

149 Eine – kritisch bewertete – Wiedergabe dieses Katalogs findet sich bei *Freis* in Nagel/Freis/Kleinsorge, § 18 SEBG Rz. 10 f.
150 Vgl. *Sick* in Düwell, Rz. 44; für die grenzüberschreitende Sitzverlegung vgl. *Kiem* in Bergmann/Kiem/Mülbert/Verse/Wittig, S. 126, 133 ff.
151 *Rieble*, BB 2006, 2018, 2022; *Forst* in Bergmann/Kiem/Mülbert/Verse/Wittig, S. 50, 80 f.
152 Zur Frage des Vorliegens einer strukturellen Änderungen vgl. etwa *Feuerborn* in KölnKomm. AktG, 3. Aufl., § 18 SEBG Rz. 19 ff.; *Jacobs* in MünchKomm. AktG, 3. Aufl., § 18 SEBG Rz. 11 ff.; *Kienast* in Jannott/Frodermann, Kap. 13 Rz. 458 ff.
153 Die Zulässigkeit derartiger Regelungen bejahen *Hohenstatt/Müller-Bonanni* in Habersack/Drinhausen, § 21 SEBG Rz. 28, die konsequenterweise aber auch die Neuverhandlungspflicht verschärfende Bestimmungen zulassen.
154 *Rieble*, BB 2006, 2018, 2022 spricht insofern illustrativ von einer „dunklen Vorschrift".
155 Vgl. nur *Hohenstatt/Müller-Bonanni* in Habersack/Drinhausen, § 18 SEBG Rz. 18 f. m.w.N.

b) Laufzeit und Beendigung der Vereinbarung

97 § 21 Abs. 1 Nr. 6 SEBG schreibt vor, dass die Laufzeit der Vereinbarung zu bestimmen ist. Einigkeit besteht insofern darüber, dass die Vereinbarung auch auf **unbestimmte Zeit** geschlossen werden kann, und zwar auch unter Ausschluss der ordentlichen Kündigung[156]. Sollten die Parteien sich hingegen für eine **befristete Laufzeit** oder die Möglichkeit einer **Kündigung**, letztere häufig verbunden mit einer Mindestlaufzeit der Vereinbarung oder dem Erfordernis eines höheren Quorums für einen entsprechenden Beschluss, entscheiden, ist aus praktischer Sicht zwingend erforderlich, dass zugleich geregelt wird, ob und inwiefern die bestehende Vereinbarung bis zum Abschluss einer neuen Vereinbarung **Nachwirkung** entfaltet und nach welchen Regeln die Neuverhandlungen erfolgen müssen[157].

5. Lücken in der Vereinbarung

98 Die weitgehende Gestaltungsfreiheit der Parteien führt bisweilen dazu, dass sich die Vereinbarung in der Praxis später als lückenhaft erweist. Ein **Ausfüllen** dieser Lücken auf **Grundlage der Auffanglösung** wird möglich sein, wenn die entsprechenden Bestimmungen des SEBG zumindest ergänzend in Bezug genommen werden. Ist dies nicht der Fall, ist eine Lückenfüllung durch einen Rückgriff auf die Auffanglösung oder auf andere nationale Vorschriften zumindest zweifelhaft[158]. Sie wird mit der notwendigen Sicherheit nur durch eine entsprechende Vereinbarung zwischen dem dann zuständigen SE-Betriebsrat und der Leitung der SE herbeizuführen sein, nach der jeweils aktuellen Interessenlage wird der SE-Betriebsrat seine Zustimmung von anderen Zugeständnissen abhängig machen. Auch aus diesem Grund ist bei dem Entwurf der Vereinbarung höchste Sorgfalt geboten.

V. Sonderfall: Die Vorrats-SE

99 Der Schaffung der SE lag das Ziel zugrunde, es Gesellschaften verschiedener Mitgliedstaaten zu ermöglichen, zu fusionieren oder eine Holding-Gesellschaft zu errichten, sowie die Möglichkeit für Unternehmen aus verschiedenen Mitgliedstaaten zu schaffen, gemeinsame Tochtergesellschaften gründen zu können[159]. Dementsprechend ist der Verordnungsgeber von einer **wirtschaftlichen Tätigkeit der Gründungsgesellschaften** ausgegangen[160]. Praktisch spiegelt sich dies vor allem im **Numerus Clausus der Gründungsformen** wider, die ihrerseits jeweils durch das Erfordernis der Mehrstaatlichkeit geprägt sind. Die Errichtung einer SE in Form einer originären Unternehmensgründung ist demgegenüber nicht vorgesehen (Art. 2 SE-VO Rz. 1 ff. Damit einhergehend ist auch die Gründung einer SE als **Vorratsgesellschaft konzeptionell nicht vorgesehen**. Dies ändert freilich nichts daran, dass die Möglichkeit der Gründung einer SE als Vorratsgesellschaft praktisch besteht. Hierfür bietet sich insbesondere die Sekundärgründung einer Tochter-SE durch eine bereits bestehende SE

---

156 *Oetker*, § 21 SEBG Rz. 35; *Feuerborn* in KölnKomm. AktG, 3. Aufl., § 21 SEBG Rz. 36.
157 Auf die fehlende Nachwirkung der Beteiligungsvereinbarung weist *Kienast* in Jannott/Frodermann, Kap. 13 Rz. 441, zutreffend hin, vgl. zur Beendigung der Vereinbarung auch die Erwägungen von *Forst* in Bergmann/Kiem/Mülbert/Verse/Wittig, S. 50, 83 ff.
158 Die herrschende Meinung geht von einer Lückenfüllung durch die Auffanglösung aus, so weit diese mit dem sonstigen Regelungsgehalt der Vereinbarung in Einklang steht, vgl. *Oetker*, § 21 SEBG Rz. 93; *Jacobs* in MünchKomm. AktG, 3. Aufl., § 21 SEBG Rz. 8; *Hohenstatt/Müller-Bonanni*, § 21 SEBG Rz. 7.
159 Vgl. Erwägungsgrund 10 zur SE-VO.
160 Zutreffend *Forst*, NZG 2009, 687.

gem. Art. 3 Abs. 2 SE-VO an, bei der das Mehrstaatlichkeitsprinzip von vornherein nicht gilt.

1. Zulässigkeit der Vorratsgründung

Schon bald nach Inkrafttreten der SE-VO waren die ersten Vorratsgründungen ohne Arbeitnehmerbeteiligung zu beobachten. Die **Zulässigkeit** dieser Vorratsgründungen war zunächst **heftig umstritten**. Die Gegner einer solchen Möglichkeit befürchteten, die Vorratsgründungen könnten die Mitbestimmung in der SE umgehen[161] und argumentierten damit, dass Art. 12 Abs. 2 SE-VO für die Eintragung einer SE die Durchführung des Arbeitnehmerbeteiligungsverfahrens zwingend voraussetzt[162]. Seitens der gewerkschaftsnahen Hans-Böckler-Stiftung wurde der Versuch unternommen, die Löschung einer ohne Durchführung des Arbeitnehmerbeteiligungsverfahrens gegründeten Vorrats-SE gem. § 395 FamFG durch eine entsprechende Anregung beim Registergericht zu erreichen. Inzwischen besteht weitgehend Einigkeit, dass die Gründung einer Vorrats-SE ohne Durchführung des Arbeitnehmerbeteiligungsverfahrens zulässig ist, allerdings nicht uneingeschränkt. Vielmehr wird – auch ausgehend von einem Beschluss des OLG Düsseldorf aus dem Jahr 2009[163] – von der herrschenden Meinung Art. 12 Abs. 2 SE-VO teleologisch dergestalt reduziert, dass eine **Nachholung des Arbeitnehmerbeteiligungsverfahrens erforderlich** ist, sobald die Gesellschaft **aktiviert** ist[164]. Uneinigkeit besteht lediglich hinsichtlich der Frage, auf welcher **Grundlage** das nachzuholende Arbeitnehmerbeteiligungsverfahren durchzuführen ist. In Betracht kommt insofern die analoge Anwendung der §§ 4 ff., 22 ff. SEBG[165], mehrheitlich wird jedoch im Schrifttum die Nachholung des Arbeitnehmerbeteiligungsverfahrens in analoger Anwendung von § 18 Abs. 3 SEBG befürwortet[166]. Beides läuft im Ergebnis auf die Durchführung des Arbeitnehmerbeteiligungsverfahrens durch Bildung eines bVG hinaus.

100

2. Nachholung des Arbeitnehmerbeteiligungsverfahrens

Im Schrifttum mag zwar **Einigkeit** darüber bestehen, dass bei einer Vorratsgründung das Arbeitnehmerbeteiligungsverfahren grundsätzlich nachzuholen ist; in der Praxis stellen sich diesbezüglich jedoch eine **Vielzahl konkreter Fragen**, und zwar unabhängig davon, wie man sich bei der Frage, auf welcher rechtlichen Grundlage das Beteiligungsverfahren nachzuholen ist, entscheiden möchte. Diese reichen vom richtigen **Zeitpunkt der Nachholung** des Beteiligungsverfahrens über das Problem der bisweilen **fehlenden Mehrstaatlichkeit** bis hin zu der Frage, welche **Auffanglösung** im Falle des Scheiterns der Verhandlungen gelten soll[167]. Daneben stellt sich eine Reihe von Detailfragen im Hinblick auf die konkrete Durchführung des nachzuholenden Beteiligungsverfahrens, wie etwa die Frage nach der Zusammensetzung des bVG.

101

---

161 So ausdrücklich *Blanke*, „Vorrats-SE" ohne Arbeitnehmerbeteiligung, 2005, S. 11.
162 *Blanke*, ZIP 2006, 789.
163 OLG Düsseldorf v. 30.3.2009 – I-3 Wx 248/08, AG 2009, 629.
164 Dazu ausführlich *Forst*, NZG 2009, 687; ferner etwa *Kienast* in Jannott/Frodermann, Kap. 13 Rz. 490 ff.
165 *Schubert*, ZESAR 2006, 340.
166 *Hohenstatt/Müller-Bonanni* in Habersack/Drinhausen, § 3 SEBG Rz. 11; *Jacobs* in Münch-Komm. AktG, 3. Aufl., § 3 SEBG Rz. 2; *Forst*, NZG 2009, 687; so auch OLG Düsseldorf v. 30.3.2009 – I-3 Wx 248/08, AG 2009, 629.
167 *Rieble* in Rieble/Junker, § 3 Rz. 52.

a) Fehlende Verlässlichkeit

102 **Gerichtliche Antworten** auf die Fragen der Praxis gibt es bislang nicht, begünstigt durch den Umstand, dass die nachträgliche Durchführung des Beteiligungsverfahrens für das Registergericht jedenfalls in vielen Fällen **nicht kontrollierbar** ist[168], insbesondere wird die Änderung des Unternehmensgegenstandes in aller Regel ohne Nachweis des Beteiligungsverfahrens von den Registergerichten vorgenommen, zumeist auf Grundlage einer entsprechenden Negativbescheinigung der Leitung bezüglich der Beschäftigung von Arbeitnehmern[169].

103 Die fehlende Kontrolle durch die Registergerichte birgt insofern Vor- und Nachteile. Einerseits lässt sie einen **weiten Interpretations- und Gestaltungsspielraum**; dieser korrespondiert aber andererseits mit einem **Defizit** hinsichtlich der unternehmensseitig häufig angestrebten **Veränderungsfestigkeit** der getroffenen Regelungen, vor allem natürlich im Hinblick auf die Regelungen zur unternehmerischen Mitbestimmung. Es bleibt abzuwarten, ob insbesondere von gewerkschaftlicher Seite noch eine weitergehende gerichtliche Klärung initiiert wird, bis dahin bleiben die Ungewissheiten bestehen. Ein Unternehmen, das an einer weitestgehenden Veränderungsfestigkeit der mit dem bVG im Wege der nachzuholenden Verhandlungen getroffenen Vereinbarungen interessiert ist, wird gut beraten sein, das Verfahren in einer Art und Weise durchzuführen, die der Durchführung des Arbeitnehmerbeteiligungsverfahrens am nächsten kommt, das bei einer regulären SE-Gründung durchzuführen wäre.

b) Ausgewählte Einzelfragen

104 Im Hinblick auf den richtigen **Zeitpunkt für die Nachholung des Arbeitnehmerbeteiligungsverfahrens** wird im Schrifttum vielfach auf die – die Durchführung des Arbeitnehmerbeteiligungsverfahrens erst ermöglichende – Beschäftigung von mindestens zehn Arbeitnehmern durch die SE abgestellt[170]. Diese Ansicht verkennt, dass in den seltensten Fällen eine Vorrats-SE dazu benutzt wird, einen eigenen Geschäftsbetrieb aufzubauen. Tatsächlich wird eine Vorrats-SE in aller Regel dazu dienen, einen bereits anderweitig bestehenden Geschäftsbetrieb aufzunehmen, etwa durch eine Sacheinlage, den Erwerb von Anteilen an einem bestehenden Unternehmen, den Erwerb eines Geschäftsbetriebes oder die Verschmelzung einer bestehenden operativen Gesellschaft auf die Vorrats-SE. Würde man in diesen Fällen allein auf die Beschäftigung von mindestens zehn Arbeitnehmern durch die Vorrats-SE abstellen, böte sich eine **Vielzahl missbräuchlicher Gestaltungsmöglichkeiten**, wie etwa der Abschluss einer Beteiligungsvereinbarung mit „handverlesenen" Arbeitnehmern[171]. Hiervor schützt freilich auch nicht das ebenfalls häufig befürwortete Abstellen allein auf die wirtschaftliche Aktivierung durch Ausstattung der Vorrats-SE mit einem Unternehmen.

105 Erhebliche Schwierigkeiten bereitet in der Praxis auch die **Zusammensetzung des bVG**. Einigkeit dürfte darüber herrschen, dass die Arbeitnehmer eines in die Vorrats-SE eingebrachten Geschäftsbetriebes oder Unternehmens an dem Beteiligungsverfahren teilhaben müssen. Unklarheit herrscht hingegen im Hinblick auf die Arbeitnehmer der Gründungsgesellschaften der Vorrats-SE bzw. einer möglichen Erwerbsgesellschaft. Während die Frage, ob die **Arbeitnehmer der Gründungsgesellschaft** bzw. der Gründungsgesellschaften der jeweiligen Vorrats-SE am Verfahren zu

---

168 So auch der berechtigte Hinweis von *Schubert*, ZESAR 2006, 340.
169 Genau hierauf basiert aber der Vorschlag von *Forst*, NZG 2009, 687 sowie RdA 2010, 55, der zudem die Missbrauchsmöglichkeit eines Beteiligungsverfahrens mit einem handverlesenen bVG (vgl. *Rieble* in Rieble/Junker, § 3 Rz. 53) unberücksichtigt lässt.
170 *Casper/Schäfer*, ZIP 2007, 653, 655.
171 So ausdrücklich *Rieble* in Rieble/Junker, § 3 Rz. 53.

beteiligen sind, wegen deren regelmäßiger Arbeitnehmerlosigkeit eher akademischer Natur sein dürfte, stellt sich andererseits die Frage, ob eine Gesellschaft, die die Vorrats-SE erwirbt, als **beteiligte Gesellschaft** i.S.d. § 2 Abs. 2 SEBG zu gelten hat. Dies hätte zur Folge, dass die Arbeitnehmer der **erwerbenden Gesellschaft** an dem Verhandlungsverfahren zu beteiligen wären. Im Ergebnis wird man einer solchen Betrachtung jedoch entgegenhalten können, dass dies gleichzusetzen wäre mit der – gesetzlich nicht vorgesehenen – Berücksichtigung der Arbeitnehmer der Muttergesellschaft bei den anderen Gründungsformen. Zudem hängt die Identität der erwerbenden Gesellschaft häufig von Zufällen ab, jedenfalls aber unterliegt sie der Steuerungsmöglichkeit durch die Erwerberseite.

Dem **Problem der fehlenden Mehrstaatlichkeit** der Vorrats-SE lässt sich dadurch begegnen, dass man in den nachzuholenden Verhandlungen mit dem bVG entweder die Errichtung und Ausgestaltung eines SE-Betriebsrates oder die Anwendung der Auffanglösung gem. §§ 23 ff. SEBG vereinbart, richtigerweise allerdings erst für den Zeitpunkt, zu dem die SE und ihre Tochtergesellschaften Arbeitnehmer in zumindest einem weiteren Mitgliedstaat beschäftigen[172]. 106

Hinsichtlich des **Vorher-Nachher-Prinzips** im Hinblick auf die **unternehmerische Mitbestimmung** muss für die nachzuholenden Verhandlungen mit dem bVG der **Grundsatz der Besitzstandswahrung** gelten. Insofern sind allerdings **mehrere Fallkonstellationen** zu unterscheiden, vor allem die Ausstattung der Vorrats-SE mit einem Unternehmen einerseits sowie die Ausstattung der Vorrats-SE mit einem Geschäftsbetrieb andererseits. Im Falle der Ausstattung der SE mit einem Unternehmen ist richtigerweise die Form der unternehmerischen Mitbestimmung auf die Vorrats-SE anzuwenden, die in dem Unternehmen galt, mit dem die Vorrats-SE ausgestattet wird. War das Unternehmen, mit dem die Vorrats-SE ausgestattet wird, hingegen mitbestimmungsfrei, bleibt auch die Vorrats-SE mitbestimmungsfrei. Das gleiche gilt im Grundsatz für die Einbringung eines Geschäftsbetriebes. War dieser vorher Teil eines mitbestimmungsfreien Unternehmens, setzt sich dies in der Vorrats-SE fort. Unklar ist hingegen die Lage, wenn der Geschäftsbetrieb Teil eines mitbestimmten Unternehmens war. Hier wäre es sachgerecht, eine Fortgeltung der Mitbestimmung für den übertragenen Geschäftsbetrieb dann anzunehmen, wenn eine Übertragung auf ein Unternehmen gleicher Rechtsform – unabhängig von der Vorschrift des § 325 UmwG zur Mitbestimmungsbeibehaltung – weiterhin zur Anwendung der jeweiligen mitbestimmungsrechtlichen Vorschriften führen würde. In allen anderen Fällen bleibt die Vorrats-SE mitbestimmungsfrei. Die Mitbestimmung im übertragenden Unternehmen richtet sich danach, ob die Voraussetzungen der Anwendung der mitbestimmungsrechtlichen Vorschriften noch gegeben sind. 107

VI. Die Sozialversicherungspflicht der Organe

Von nicht zu unterschätzender praktischer Bedeutung für ein Gründungsvorhaben ist die sozialversicherungsrechtliche Beurteilung der **Leitungsorgane** einer SE. Dies gilt insbesondere dann, wenn die Gründung einer **monistisch strukturierten SE** im Raume steht, da nach dem Besprechungsergebnis der Spitzenverbände der Sozialversicherung vom 13./14.10.2009 die Organmitglieder einer monistisch strukturierten SE uneingeschränkt der Sozialversicherungspflicht unterliegen sollen, und zwar sowohl die Mitglieder des Verwaltungsrates als auch die geschäftsführenden Direktoren. Bei 108

---

172 *Oetker*, § 1 SEBG Rz. 23 ff.; *Schubert*, RdA 2012, 146; *Hohenstatt/Müller-Bonanni* in Habersack/Drinhausen, § 3 SEBG Rz. 15; a.A. *Luke*, NZA 2013, 941.

letzteren soll dies unabhängig von der Mitgliedschaft im Verwaltungsrat gelten[173]. Demgegenüber sind Vorstandsmitglieder und Aufsichtsräte einer **dualistisch strukturierten SE** in entsprechender Anwendung des § 1 Satz 4 SGB VI von der Rentenversicherungspflicht ausgenommen sowie in entsprechender Anwendung des § 27 Abs. 1 Nr. 5 SGB III in der Arbeitslosenversicherung versicherungsfrei[174].

109 Die Entscheidung, die Organmitglieder einer monistisch strukturierten SE uneingeschränkt und undifferenziert der Sozialversicherungspflicht zu unterwerfen, ist verschiedentlich aus zutreffenden Erwägungen kritisiert worden[175]. Sie verkennt jedenfalls, dass die Mitglieder des Verwaltungsrates sowie der dem Verwaltungsrat angehörigen geschäftsführenden Direktoren, in ihrer Tätigkeit – vergleichbar mit Vorständen einer dualistischen AG – weitestgehend weisungsfrei agieren, und dies aufgrund ihrer Zugehörigkeit zum Leitungs- und Kontrollorgan aus einer rechtlich stärkeren Stellung heraus[176]. Etwas anderes gilt allerdings für die geschäftsführenden Direktoren, die nicht zugleich dem Verwaltungsrat angehören. Sie sind zweifelsfrei Beschäftigte i.S.d. § 7 Abs. 1 SGB IV, eine analoge Anwendung der für die Vorstandsmitglieder einer AG geltenden Ausnahmevorschriften ist allenfalls mit dem Bedürfnis einer einheitlichen Behandlung der Organe einer SE zu rechtfertigen[177]. Bis zu einer abschließenden Klärung durch die Sozialgerichtsbarkeit wird man allerdings die auf dem Besprechungsergebnis der Spitzenverbände der Sozialversicherung basierende Verwaltungspraxis bei den Überlegungen über das Gründungsvorhaben zugrunde legen müssen.

VII. Reformbedarf

110 Die SE hat sich in Deutschland zum **Erfolgsmodell** entwickelt, dies liegt nach allgemeiner Wahrnehmung vor allem an den Möglichkeiten, die unternehmerische Mitbestimmung zu begrenzen oder, sofern dies vor dem Hintergrund des Vorher-Nachher-Prinzips nicht mehr möglich ist, zu gestalten. Der Erfolg der SE darf aber nicht darüber hinwegtäuschen, dass die gesetzgeberische Ausgestaltung sowohl auf europäischer Ebene als auch im Hinblick auf die Umsetzung in Deutschland **manche Schwäche** aufweist. Dementsprechend gibt es zahlreiche **Reformvorschläge**, etwa vom renommierten Arbeitskreis „Aktien- und Kapitalmarktrecht"[178].

111 Aus Sicht der **arbeitsrechtlichen Praxis** am vordringlichsten dürfte sowohl unter dem Gesichtspunkt der Kosteneffizienz als auch der Verfahrensbeschleunigung die **Schaffung einer an § 23 Abs. 1 MgVG angelehnten Möglichkeit** sein, die Anwendung der Auffanglösung durch eine entsprechende Entscheidung der am Gründungsverfahren beteiligten Gesellschaften ohne vorherige Durchführung des Arbeitnehmerbeteiligungsverfahrens einseitig herbeizuführen[179]. Nicht weniger wichtig ist die grundsätzliche und umfassende Regelung des Arbeitnehmerbeteiligungsverfahrens bei der Gründung mittels einer **Vorrats-SE**. Im Interesse der Verlässlichkeit wäre zudem eine

---

173 Niederschrift der Besprechung des GKV-Spitzenverbandes, der Deutschen Rentenversicherung Bund und der Bundesagentur für Arbeit über Fragen des gemeinsamen Beitragseinzugs vom 13./14.10.2009, S. 3 ff.; ablehnend *Hinrichs/Plitt*, DB 2011, 1692.
174 Klarstellend *Diller*, AG 2009, 817.
175 *Middendorf/Fahrig*, BB 2011, 54; ebenso *Forst*, NZS 2012, 801.
176 *Hinrichs/Plitt*, DB 2011, 1692, 1694; *Forst*, NZS 2012, 801, 806 f.
177 *Middendorf/Fahrig*, BB 2011, 54, 58.
178 ZIP 2009, 698 sowie ZIP 2011, 1841; dazu ausführlich *Oetker*, Vor § 1 SEBG Rz. 25 sowie *Jacobs* in MünchKomm. AktG, 3. Aufl., vor § 1 SEBG Rz. 40b. Vgl. ferner die Vorschläge von *Habersack* in Bergmann/Kiem/Mülbert/Verse/Wittig, S. 9, 24 ff.
179 So auch *Habersack* in Bergmann/Kiem/Mülbert/Verse/Wittig, S. 9, 25 f. m.w.N. sowie *Forst* in Bergmann/Kiem/Mülbert/Verse/Wittig, S. 50, 54 f.

Konkretisierung der **strukturellen Änderungen**, die eine Neuverhandlung erforderlich machen, wünschenswert, idealerweise verbunden mit einer Klärung der im Falle des Scheiterns dieser Neuverhandlungen geltenden Regelungen. Ebenfalls der Verlässlichkeit wäre mit einer Regelung gedient, die eine Heilung einer fehlerhaften Information nach § 4 Abs. 2 und 3 SEBG durch die ordnungsgemäße Zusammensetzung des bVG vorsieht oder alternativ ein striktes Regime für die Anfechtung der Zusammensetzung des bVG nach dem Vorbild der Anfechtung von Betriebsratswahlen gem. § 19 BetrVG vorgibt.

Hinsichtlich der konkreten **Ausgestaltung des Arbeitnehmerbeteiligungsverfahrens** wäre zuvorderst eine **Beschränkung der am bVG zu beteiligenden Länder**, etwa durch die Einführung von relativen oder absoluten Schwellenwerten oder die Beschränkung auf solche Länder, in denen eine Arbeitnehmervertretung besteht[180], wünschenswert, und zwar sowohl im Hinblick auf eine mögliche Konzentration des Beteiligungsverfahrens als auch im Hinblick auf eine Erhöhung der Praktikabilität der Auffanglösung. Bewährt hat sich hingegen die **Beschränkung der Verhandlungsdauer** auf sechs Monate, gepaart mit der gesetzlichen Auffanglösung[181]. Diese führt im Ergebnis zu einer derart hohen Einigungsquote, die bisweilen die Diskussion um die Ausgestaltung des Verhandlungsabschlusses als Gründungsvoraussetzung gem. Art. 12 Abs. 2 SE-VO akademisch erscheinen lässt.

Eher aus **technischer Sicht** wünschenswert wären schließlich der **Entfall des Schriftformerfordernisses** gem. § 4 Abs. 1 SEBG, die ausdrückliche **Beschränkung des Kreises der zu informierenden Arbeitnehmervertretungen** auf diejenigen Gremien, die das Wahlgremium für die Bestimmung der Mitglieder des bVG bilden sowie die Änderung von § 7 Abs. 4 SEBG dahingehend, dass eine Einbeziehung der Arbeitnehmer von Tochtergesellschaften im Falle der Gründung durch Umwandlung vorgesehen, jedenfalls aber ermöglicht wird.

---

180 Vgl. die entsprechende österreichische Regelung in § 218 ArbVG.
181 A.A. *Henssler* in Ulmer/Habersack/Henssler, Einl. zum SEBG Rz. 170.

D. Die SE im Steuerrecht

Professor Dr. Dr. h.c. Wolfgang Schön

I. Einführung
1. Rechtsentwicklung
   a) Gesetzgebungsarbeiten der EWG/EG/EU
      aa) Allgemeines 1
      bb) SE-VO 4
      cc) Steuerliche Richtlinien 7
   b) Gesetzgebungsarbeiten in der Bundesrepublik Deutschland 11
2. Die SE im Recht der Europäischen Union
   a) Grundfreiheiten............ 15
   b) Steuerliche Richtlinien 18
   c) SE und EFTA/EWR 23

II. Die SE im nationalen Steuerrecht
1. Direkte und indirekte Steuern 26
2. Subjektive Körperschaftsteuerpflicht
   a) Die SE als Kapitalgesellschaft i.S. von § 1 Abs. 1 Nr. 1 KStG 30
   b) Die ausländische SE 34
3. Einkommen, Einkommensermittlung und Einkommensverwendung
   a) Qualifikation der Einkünfte
      aa) Unbeschränkt steuerpflichtige SE 35
      bb) Beschränkt steuerpflichtige SE 37
   b) Körperschaftsteuerliche Gewinnmodifikationen
      aa) Allgemeines 40
      bb) § 10 Nr. 4 KStG (Abzugsfähigkeit von Aufsichtsratsvergütungen u.Ä.) 41

III. Die SE im Doppelbesteuerungsrecht . 44

IV. Die Gründung der SE 47

V. Die Sitzverlegung der SE
1. Besteuerung der Gesellschaft
   a) Die anwendbaren Vorschriften
      aa) Nationales Steuerrecht, Grundfreiheiten, Richtlinien . 48
      bb) § 12 KStG.............. 50
      cc) EU-Grundfreiheiten 54
      dd) Fusionsbesteuerungs-RL 63
   b) Wechsel von der unbeschränkten in die beschränkte Steuerpflicht
      aa) Wechsel in die beschränkte Steuerpflicht im Rahmen von § 12 Abs. 1 KStG 68
      bb) Unionsrechtliche Aussagen zum Wechsel in die beschränkte Steuerpflicht..... 69
      cc) Verlegung des Satzungssitzes . 71
      dd) Verlegung des Verwaltungssitzes 76
      ee) Verlegung des Ortes der Geschäftsleitung 78
   c) Konsequenzen für die Anwendung von § 12 Abs. 1 KStG
      aa) Die maßgeblichen Situationen 79
      bb) Die Belegenheit von Vermögen im Rahmen von § 12 Abs. 1 KStG 81
         (1) Inländisches Vermögen 82
         (2) Verlagertes Vermögen 85
         (3) Ausländisches Vermögen ... 91
      cc) Aufdeckung stiller Reserven . 94
      dd) Keine Anwendbarkeit des Besteuerungsaufschubs nach § 4g EStG 97
   d) Vereinbarkeit der „Sofortbesteuerung" mit Unionsrecht? 98
   e) Verlustvorträge 108
   f) Sitzverlegung im EU-Ausland mit Inlandsbezug 112
   g) Sitzverlegung in EWR-Staaten ... 113
   h) Sitzverlegung in Drittstaaten.... 115
2. Besteuerung der Anteilseigner 118

Literatur: *Allmendinger*, Die Sofortbesteuerung stiller Reserven bei der Sitzverlegung einer Societas Europaea als Verstoß gegen die Niederlassungsfreiheit, GPR 2012, 147; *Aßmann*, Steuerrechtliche Aspekte der Gründung und Sitzverlegung einer Europäischen Gesellschaft (Societas Europaea), 2006 (zit.: Steuerrechtliche Aspekte); *Bartone/Klapdor*, Die Europäische Aktiengesellschaft, 2. Aufl. 2007; *Benecke*, Internationalisierung des Ertragsteuerrechts durch das SEStEG – ein Überblick, StuB 2007, 3; *Benecke/Schnitger*, Neuregelung des UmwStG und der Entstrickungsnormen durch das SEStEG, IStR 2006, 765; *Benecke/Schnitger*, Letzte Änderungen der Neuregelungen des UmwStG und der Entstrickungsnormen durch das SEStEG, IStR 2007, 22; *Bergmann*, Liquidationsbesteuerung von Kapitalgesellschaften, 2012; *Beutel/Rehberg*, National Grid Indus – Schlusspunkt der Diskussion oder Quell neuer Kontroverse zur Entstrickungsbesteuerung, IStR 2012, 94; *Bilitewski*, Gesetz über steuerliche Begleitmaßnahmen zur Einführung der Europäischen Gesellschaft und zur Änderung weiterer steuerlicher Vorschriften (SEStEG), FR 2007, 57; *Blanquet*, Das Statut der Europäischen Aktiengesellschaft (Societas Europaea SE), ZGR 2002, 20; *Blümich*, EStG/KStG/GewStG, Loseblatt, Stand 2014; *Blumenberg*, Steuerfragen im Zusammenhang mit der Sitzverlegung der Europäischen Gesellschaft in FS Schaumburg, 2009, S. 572; *Blumenberg/Schäfer*, Das SEStEG, 2007; *Blumers*, Die Europarechtswidrigkeit der Betriebsstättenzurechnung im Betriebsstättenerlass, DB 2006, 856; *Bundesverband der Deutschen Industrie e.V.*, Das SEStEG – Hemmschuh für Unternehmensumstrukturierungen?, 2006; *Cordewener*, Das Abkommen über den europäischen Wirtschaftsraum: Eine unerkannte Baustelle des deutschen Steuerrechts, FR 2005, 236; *Debatin*, Die Steuerharmonisierung in der EWG in Form der Konzern-Besteuerungs-Richtlinie, DStZ/A 1969, 146; *Deutsches Aktieninstitut* (Hrsg.), Die Europa-AG – Eine Perspektive für deutsche Unternehmen?, 2002; *Diller/Grottke*, Die Konzeption von Teilwert und gemeinem Wert – dargestellt am Beispiel des Wechsels vom Teilwert zum gemeinen Wert im Rahmen des SEStEG, StuSt 2007, 69; *Dötsch/Pung*, SEStEG: Die Änderungen des KStG, DB 2006, 2648; *Dürrschmidt*, Grenzüberschreitende Unternehmensumstrukturierungen im nationalen und europäischen Steuerrecht, StuW 2010, 137; *Eckl*, Wechsel von beschränkter und unbeschränkter Steuerpflicht bei Kapitalgesellschaften, 2006; *Eidenmüller*, Ausländische Kapitalgesellschaften im deutschen Recht, 2004; *Fischer* in MünchKomm. AktG, 3. Aufl. 2012, Die Besteuerung der SE; *Förster/Lange*, Grenzüberschreitende Sitzverlegung der Europäischen Aktiengesellschaft aus ertragsteuerlicher Sicht, RIW 2002, 585; *Fraberger/Zöchling*, Gemeinschaftsrechtliche Vorgaben für die Neuregelung der Wegzugsbesteuerung durch den österreichischen Gesetzgeber, ÖStZ 2004, 433; *Frotscher*, Zur Vereinbarkeit der „Betriebsstättenvereinbarung" bei Sitzverlegung und grenzüberschreitender Umwandlung mit den Grundfreiheiten, IStR 2006, 65; *Funke*, Besteuerung der Societas Europaea, NWB Fach 4, 5407; *van Gerven/Storm*, The European Company, Vol. 1, 2006; *Gosch*, Altes und Neues, Bekanntes und weniger Bekanntes zur sog. Isolierenden Betrachtungsweise in FS Wassermeyer, 2005, S. 263; *Gudmundsson*, European Tax Law in the relation with the EFTA countries, Intertax 2006, 58; *Habersack*, Das Konzernrecht der deutschen SE, ZGR 2003, 724; *Hagemann/Jakob/Ropohl/Viebrock*, Das neue Konzept der Verstrickung und Entstrickung sowie die Neufassung des Umwandlungssteuergesetzes, NWB 2007, Sonderheft 1, S. 1; *Hahn*, Kritische Erläuterungen und Überlegungen zum Entwurf des SEStEG, IStR 2006, 797; *Helminen*, The Tax Treatment of the Running of an SE, ET 2004, 28; *Herzig* (Hrsg.), Besteuerung der Europäischen Aktiengesellschaft, 2004 (zit.: Besteuerung); *Herzig/Griemla*, Steuerliche Aspekte der Europäischen Aktiengesellschaft/Societas Europaea (SE), StuW 2002, 55; *Heuschmid/Schmidt*, Die europäische Aktiengesellschaft – auf dem Weg in die Karibik?, NZG 2007, 54; *Hofmeister*, Sind die Rechtsfolgen des § 12 Abs. 1 KStG mit Art. 43, 48 EG-Vertrag vereinbar? in FS Wassermeyer, 2005, S. 437; *Hruschka*, Die Internationalisierung des KStG nach dem SEStEG, StuB 2006, 631; *Hügel*, Steuerrechtliche Hindernisse bei der internationalen Sitzverlegung, ZGR 1999, 71; *Hügel*, Grenzüberschreitende Umgründungen, Sitzverlegung und Wegzug im Lichte der Änderung der Fusionsrichtlinie und der neueren EuGH-Judikatur in FS Wiesner, 2004, S. 177; *Jochum*, Steuerrecht der SE, in Habersack/Drinhausen (Hrsg.), SE-Recht, 2013; *Kessler/Achilles/Huck*, Die Europäische Aktiengesellschaft im Spannungsfeld zwischen nationalem Steuergesetzgeber und EuGH, IStR 2003, 715; *Kessler/Huck/Obser/Schmalz*, Wegzug von Kapitalgesellschaften, DStZ 2004, 813; *Kessler/Philipp*, Hat sich die Entstrickung endgültig „verstrickt"? Neues zur Europarechtskonformität der deutschen Entstrickungsnormen, DStR 2011, 1888; *Kessler/Philipp*, Rechtssache National Grid Indus BV – Ende oder Bestätigung der Entstrickungsbesteuerung?, DStR 2012, 267; *Kessler/Winterhalter/Huck*, Überführung und Rückführung von Wirtschaftsgütern: Die Ausgleichspostenmethode des § 4 EStG, DStR 2007, 133; *Kirchhof* (Hrsg.), EStG, 13. Aufl. 2014; *Kleinert/Probst*, Endgültiges Aus für steuerliche Wegzugsbeschränkungen bei natürlichen und juristischen Personen, DB 2004, 673; *Klingberg/van Lishaut*, Die Internationalisierung des Umwandlungssteuerrechts, Der Konzern 2005, 698; *Knobbe-Keuk*, Die steuerliche Behandlung der Europäischen Aktiengesellschaft, AG 1990, 435; *Knobbe-Keuk*, Der Wechsel von der beschränkten zur unbeschränkten Körperschaftsteuerpflicht und vice versa, StuW 1990, 372; *Köhler*, Grenzüberschreitende Outbound-Verschmelzung und Sitzverlegung vor dem Hintergrund der jüngsten BFH-Rechtsprechung, IStR 2010, 337; *Köhler/Eicker*, Wichtige EuGH-Entscheidungen zur Hinzurechnungs- und Wegzugsbesteuerung, DStR 2006, 1871; *Körner*, Europarecht und Umwandlungssteuerrecht, IStR 2006, 109; *Körner*, Ent- und Verstrickung, IStR 2009, 741; *Körner*, Sofortige Entstrickungsbesteuerung bei Sitzverlegung?, IStR 2011, 527; *Körner*, Europarechtliches Verbot der Sofortbesteuerung stiller Reserven beim Transfer ins EU-Ausland, IStR 2012, 1; *v.d. Laage*, Besteuerungsbedürfnis versus Europarechtskonformität beim Wegzug einer Europäischen Aktiengesellschaft, StuW 2012, 182; *Lammel*, Besteuerung bei Gründung der Societas Europaea (SE) durch Verschmelzung, 2010; *Mitschke*, Kein steuerfreier Exit stiller Reserven bei Sitzverlegung einer SE von Deutschland nach Österreich, IStR 2011, 294; *Mitschke*, Plädoyer für eine Renaissance des EU-Sekundärrechts, IStR

2013, 15; *Mörsdorf*, Was von Daily Mail übrig blieb – Die Wegzugsbesteuerung von EU-Gesellschaften nach dem EuGH-Urteil National Grid Indus, EuZW 2012, 296; *Mössner*, Isolierende Betrachtungsweise. Essay einer dogmatischen Klärung in FS Flick, 1997, S. 939; *Olbing/Binnewies*, Referentenentwurf für ein Gesetz über steuerliche Begleitmaßnahmen zur Einführung der Europäischen Gesellschaft und zur Änderung weiterer steuerrechtlicher Vorschriften (SEStEG), AG 2006, 411; *Ritzer* in Rödder/Herlinghaus/van Lishaut (Hrsg.), UmwStG, 2. Aufl. 2013, Anh. 7: Entstrickungs- und Verstrickungsregeln im EStG und KStG; *Rödder*, Grundfragen der Besteuerung der Europäischen Aktiengesellschaft (SE), Der Konzern 2003, 522; *Rödder/Herlinghaus/van Lishaut*, UmwStG, 2. Aufl. 2013; *Rödder/Schumacher*, Das kommende SEStEG – Teil I: Die geplanten Änderungen des EStG, KStG und AStG, DStR 2006, 1481; *Rödder/Schumacher*, Das kommende SEStEG – Teil II: Das geplante neue Umwandlungssteuergesetz, DStR 2006, 1525; *Rödder/Schumacher*, Das SEStEG – Überblick über die endgültige Fassung und die Änderungen gegenüber dem Regierungsentwurf, DStR 2007, 369; *Schaumburg*, Der Wegzug von Unternehmen in FS Wassermeyer, 2005, S. 411; *Schaumburg*, Internationales Steuerrecht, 3. Aufl. 2011; *Schindler*, Hughes de Lasteyrie du Saillant als Ende der (deutschen) Wegzugsbesteuerung, IStR 2004, 300; *Schön*, Die Niederlassungsfreiheit von Kapitalgesellschaften im System der Grundfreiheiten in FS Lutter, 2000, S. 685; *Schön*, Unternehmensbesteuerung und Europäisches Gemeinschaftsrecht, StbJb 2003/04, S. 27; *Schön*, Besteuerung im Binnenmarkt – die Rechtsprechung des EuGH zu den direkten Steuern, IStR 2004, 289; *Schön*, EU-Auslandsbilanzen im deutschen Handelsbilanzrecht in FS Heldrich, 2005, S. 391; *Schön*, Der Kapitalverkehr mit Drittstaaten und das internationale Steuerrecht in FS Wassermeyer, 2005, S. 489; *Schön*, Das System der gesellschaftsrechtlichen Niederlassungsfreiheit nach VALE, ZGR 2013, 333; *Schön/Schindler*, Seminar D: Zur Besteuerung grenzüberschreitender Sitzverlegung einer Europäischen Aktiengesellschaft, IStR 2004, 571; *Schönfeld/Ditz*, DBA-Kommentar, 2013; *Schönherr/Lemaitre*, Der Entwurf des SEStEG: Geplante Änderungen im Einkommens-, Körperschafts- und Gewerbesteuergesetz, GmbHR 2006, 561; *Schmidtmann*, The European Company (Societas Europaea – SE) caught in between cross-border mobility and lock-in effect, World Tax Journal 2012, 34; *Schulz/Petersen*, Die Europa-AG: Steuerlicher Handlungsbedarf bei Gründung und Sitzverlegung, DStR 2002, 1508; *Schulze zur Wiesche*, Das neue Umwandlungssteuergesetz nach SEStEG, WPg 2007, 162; *Sydow*, Neues bei der Exit-Tax: EuGH erklärt Fünftelungsregelung zur Besteuerung stiller Reserven und Bankgarantien für unionsrechtskonform, DB 2014, 265; *Terra/Wattel*, European Tax Law, 6. Aufl. 2012; *Thiel*, Die grenzüberschreitende Umstrukturierung von Kapitalgesellschaften im Ertragsteuerrecht, GmbHR 1994, 277; *Thiel*, Der fortschreitende Einfluss des EuGH auf die Ertragsbesteuerung der Unternehmen – Aktuelle Urteile und anhängige Verfahren, DB 2004, 2603; *Thiel*, Europäisierung des Umwandlungssteuerrechts: Grundprobleme der Verschmelzung, DB 2005, 2316; *Thömmes/Linn*, Verzinsung und Sicherheitsleistung bei aufgeschobener Fälligkeit von Steuern im Wegzugsfall, IStR 2012, 282; *Vogel/Lehner*, Doppelbesteuerungsabkommen, 6. Aufl. 2015 (zit.: DBA); *Wassermeyer*, Verliert Deutschland im Fall der Überführung von Wirtschaftsgütern in eine ausländische Betriebsstätte das Besteuerungsrecht?, DB 2006, 1176; *Wassermeyer*, Entstrickung versus Veräußerung und Nutzungsüberlassung steuerrechtlich gesehen, IStR 2008, 176; *Wenz*, The European Company (Societas Europaea) – Legal Concept and Tax Issues, European Taxation 2004, 4; *Wenz/Daisenberger* in KölnKomm. AktG, 3. Aufl. 2010, Schlussanhang III: Steuerrecht der SE; *Werra/Teiche*, Das SEStBeglG aus der Sicht international tätiger Unternehmen, DB 2006, 1455.

I. Einführung

1. Rechtsentwicklung

a) Gesetzgebungsarbeiten der EWG/EG/EU

aa) Allgemeines. Seit Beginn der Entwurfsarbeiten zur SE stand die Frage begleitender steuerlicher Regelungen auf europäischer oder nationaler Ebene im Raum. Diese Regelungen sollten zum einen den Vorgang der Gründung einer SE in den Blick nehmen, zum zweiten die Sitzverlegung einer SE zwischen Mitgliedstaaten der Europäischen Gemeinschaft behandeln und zum dritten für die laufende Besteuerung international operierender Gesellschaften ein angemessenes Gerüst bereit stellen[1].

1

---

1 Darstellung bei *Diemer* in Herzig, Besteuerung, S. 36 ff.

2 Ausgangspunkt dieser Überlegungen war die Annahme, dass eine SE in erster Linie dem Körperschaftsteuerrecht des Staates unterliegen soll, in dem sie ihren Sitz hat[2]. Dem schließt sich die Notwendigkeit an, die Koordination mit dem Besteuerungsanspruch von anderen Mitgliedstaaten herzustellen, in denen die SE Betriebsstätten oder Tochtergesellschaften unterhält. Umstritten war dabei von jeher, ob und in welchem Umfang eine SE **rechtsformspezifischen Sondervorschriften auf dem Gebiet des Steuerrechts** unterliegen sollte. Befürworter eines Sonderrechts der SE wiesen auf die zwingende Internationalität der SE und den daraus folgenden grenzüberschreitenden Charakter ihrer Wirtschaftstätigkeit hin[3]. Kritiker eines Sonderrechts betonten den Gedanken der Rechtsformneutralität der Besteuerung[4]. Die Europäische Kommission machte in ihren Vorschlägen von Anbeginn deutlich, dass „die Ausarbeitung besonderer Steuervorschriften für die europäische Aktiengesellschaft die Gefahr mit sich bringt, dass sie zur Ursache von Diskriminierungen in dieser oder jener Hinsicht im Verhältnis zu den Aktiengesellschaften des einzelstaatlichen Rechts werden"[5].

3 Einigkeit herrschte und herrscht indessen darin, dass **steuerliche Hindernisse** für die Gründung und Entfaltung einer SE (wie auch für die Mobilität von Unternehmen anderer Rechtsformen) abgebaut werden müssen. Vor diesem Hintergrund hat die Europäische Kommission einerseits im Rahmen ihrer Arbeiten zur SE-VO immer wieder versucht, Hindernisse für die Gründung und Aktivität einer SE aus dem Weg zu räumen, die aus dem allgemeinen Unternehmenssteuerrecht stammen; sie hat andererseits ihre rechtsformübergreifenden Arbeiten zur Harmonisierung grenzüberschreitender Fragen der Unternehmensbesteuerung zugleich auch als „Begleitstück"[6] zur Einführung der SE verstanden[7].

4 **bb) SE-VO.** In seinen vorbereitenden Arbeiten für ein Statut der SE verzichtete *Sanders* auf konkrete Entwürfe auf dem Gebiet der Besteuerung[8]. Die EWG-Kommission nahm sich der Problematik indessen an. Bereits der erste Entwurf einer Verordnung über die Europäische Aktiengesellschaft aus dem Jahre 1970[9] (geändert 1975[10]) enthielt in Art. 275 ff. Regelungen zur steuerlichen Verfassung der Europäischen Aktiengesellschaft[11]. Vorgesehen wurde, dass die SE ihren steuerlichen Sitz am Ort der Geschäftsleitung haben sollte (Art. 276). Zugleich wurden spezifische **Regeln zur Sicherung der Steuerneutralität** der Gründung einer Holding-SE (Art. 275) sowie bei

---

2 Vorschlag einer Verordnung (EWG) des Rates über das Statut für europäische Aktiengesellschaften v. 30.6.1970, ABl. EG Nr. C 124 v. 10.10.1970, S. 1 ff., Art. 276 Abs. 1; *EG-Kommission*, Statut für die Europäische Aktiengesellschaft – Memorandum der Kommission an das Europäische Parlament, den Rat und die Sozialpartner, Bulletin der Europäischen Gemeinschaften 1988, Beilage 3, S. 17.
3 *Thömmes* in Theisen/Wenz, Die Europäische Aktiengesellschaft, S. 526 ff.
4 *Knobbe-Keuk*, AG 1990, 435, 439; *Piltz* in Herzig, Besteuerung, S. 81 ff., 85; *Schindler* in Kalss/Hügel, Teil III: Steuerrecht Rz. 2; *Wenz*, European Taxation 2004, S. 4, 6 ff.
5 Vorschlag 1970, ABl. EG Nr. C 124 v. 10.10.1970, S. 3; Vorschlag einer Verordnung des Rates über das Statut für Europäische Aktiengesellschaften (von der Kommission gem. Art. 149 Abs. 2 des EWG-Vertrags dem Rat vorgelegter geänderter Vorschlag), EG-Bulletin 1975, Beilage 4/75, S. 14; s. auch: *EG-Kommission*, Statut für die Europäische Aktiengesellschaft – Memorandum der Kommission an das Europäische Parlament, den Rat und die Sozialpartner, Bulletin der Europäischen Gemeinschaften 1988, Beilage 3, S. 17; *Blanquet*, ZGR 2002, 20, 54.
6 *Debatin*, DStZ/A 1969, 146, 149; *Weissenborn*, FR 1969, 45, 47.
7 Vorschlag 1970, ABl. EG Nr. C 124 v. 10.10.1970, S. 3.
8 *Sanders*, Vorentwurf eines Statuts für eine europäische Aktiengesellschaft, 1966, S. XXVI, S. 205.
9 Vorschlag 1970, ABl. EG Nr. C 124 v. 10.10.1970, S. 1 ff.
10 Vorschlag 1975, EG-Bulletin 1975, Beilage 4/75, S. 14; in den steuerlichen Vorschriften wurde nichts geändert.
11 Dazu *Debatin* in Lutter, Die Europäische Aktiengesellschaft, 2. unveränderte Aufl. 1978, S. 219 ff.

Sitzverlegung zwischen Mitgliedstaaten (Art. 277) formuliert. Weiterhin sollte im Rahmen der laufenden Besteuerung der SE eine grenzüberschreitende Verrechnung von Betriebsstättenverlusten (Art. 278–280) oder Verlusten von Tochtergesellschaften (Art. 281) mit Gewinnen am Sitzstaat der SE eingeführt werden.

Der nachfolgende, im Jahre 1989 publizierte und auch in anderen Rechtsbereichen deutlich reduzierte Verordnungsentwurf[12] beschränkte sich demgegenüber auf eine einzige SE-spezifische Steuerregel, nämlich die grenzüberschreitende Verrechnung von Betriebsstättenverlusten nach Art. 133 SE-VO[13]. Der anschließende Entwurf von 1991[14] verzichtete indessen vollständig auf eine rechtsformbezogene steuerliche Vorschrift. Dies gilt auch für die später diskutierten Formulierungen.

Die verabschiedete Fassung der SE-VO enthält schließlich keine normativen Vorgaben zur Besteuerung der SE. Im 20. Erwägungsgrund wird für steuerliche Fragen lediglich auf das Recht der Mitgliedstaaten verwiesen:

„Andere Rechtsbereiche wie das Steuerrecht, das Wettbewerbsrecht, der gewerbliche Rechtsschutz und das Konkursrecht werden nicht von dieser Verordnung erfasst. Die Rechtsvorschriften der Mitgliedstaaten und das Gemeinschaftsrecht gelten in den oben genannten sowie in anderen nicht von dieser Verordnung erfassten Bereichen."

Dies bringt den Verzicht auf eigenständige steuerliche Regelungen in der SE-VO deutlich zum Ausdruck.

cc) Steuerliche Richtlinien. Mit dem Verzicht der SE-VO auf rechtsformspezifische Steuerregeln für die SE rückt die Erfassung der SE, ihrer Gründung, Sitzverlegung und laufenden Geschäftstätigkeit durch die Maßnahmen der Europäischen Union auf dem Gebiet der allgemeinen Unternehmensbesteuerung in den Vordergrund.

Rechtsakte auf dem Gebiet des Steuerrechts können durch die Europäischen Institutionen nur unter einstimmiger Billigung des Ministerrats erlassen werden (Art. 113, 114 Abs. 2, 115 AEUV). Daher sind bisher nur wenige materielle Richtlinien auf dem Gebiet der direkten Steuern verabschiedet worden. Wesentliches Instrument zur Förderung der Gründung und Sitzverlegung einer SE ist die Fusionsbesteuerungs-RL aus dem Jahre 1990[15]. Der erste Entwurf dieser Richtlinie stammte aus dem Jahre 1969 und ist von Anbeginn auch auf die Europäische Aktiengesellschaft bezogen und mit ihrer Einführung gerechtfertigt worden[16]. Dennoch dauerte es 21 Jahre, bis dieser Rechtsakt förmlich verabschiedet werden konnte. Die **Fusionsbesteuerungs-RL** in ihrer 1990 erstmals in Kraft getretenen Fassung ist darauf angelegt, bestimmte grenzüberschreitende Umstrukturierungen von Kapitalgesellschaften steuerlich zu erleichtern. Dazu gehören: die grenzüberschreitende Verschmelzung, die grenzüberschreitende Spaltung, der grenzüberschreitende Anteilstausch und die Einbringung eines Betriebsteils in eine Tochtergesellschaft.

Im Jahre 2005 wurde der **Anwendungsbereich der Fusionsbesteuerungs-RL** persönlich und sachlich erweitert[17]. Die SE wurde (zusammen mit der SCE) in den Kreis der von

---

12 ABl. EG Nr. C 263 v. 16.10.1989, S. 41 ff.
13 Zur Kritik *Knobbe-Keuk*, AG 1990, 435, 437 ff.
14 ABl. EG Nr. C 176 v. 8.7.1991, S. 1 ff.
15 Richtlinie 90/434/EWG über das gemeinsame Steuersystem für Fusionen, Spaltungen, Abspaltungen, die Einbringung von Unternehmensteilen und den Austausch von Anteilen, die Gesellschaften verschiedener Mitgliedstaaten betreffen v. 23.7.1990, ABl. EG Nr. L 225 v. 20.8.1990, S. 1 ff.
16 *Debatin*, DStZ/A 1969, 146, 149.
17 Richtlinie 2005/19/EG vom 17.2.2005 zur Änderung der Richtlinie 90/434/EWG über das gemeinsame Steuersystem für Fusionen, Spaltungen, die Einbringung von Unternehmensteilen und den Austausch von Anteilen, die Gesellschaften verschiedener Mitgliedstaaten betreffen, ABl. EG Nr. L 58 v. 27.2.1998, S. 19 ff.; näher *Diemer* in Herzig, Besteuerung, S. 52 ff.

der RL erfassten Rechtsformen aufgenommen (Art. 3 lit. a Fusionsbesteuerungs-RL i.V.m. dem Anhang lit. a); zugleich wurde für die SE und die SCE eine rechtsformspezifische Regelung zu den steuerlichen Folgen einer Sitzverlegung in die RL eingeführt (Art. 10b–10c Fusionsbesteuerungs-RL). Diese Regelungen wurden im Jahre 2009 neu gefasst und in die Art. 12–14 Fusionsbesteuerungs-RL verlagert[18].

10 Weiterhin werden in der Mutter-Tochter-RL[19] Quellensteuerbefreiungen für grenzüberschreitende Dividenden und in der Zins-Lizenzgebühren-RL[20] Quellensteuerbefreiungen für grenzüberschreitende Zins- und Lizenzzahlungen zwischen Mutter- und Tochtergesellschaften angeordnet. Die **Mutter-Tochter-RL** erfasst nach einer Änderung aus dem Jahre 2003 explizit auch Unternehmen in der Rechtsform der SE[21]. Bei der Zins-Lizenzgebühren-RL fehlt ein entsprechender Hinweis im Anhang[22].

b) Gesetzgebungsarbeiten in der Bundesrepublik Deutschland

11 Der deutsche Gesetzgeber hatte bis zum Jahre 2006 keine besonderen steuerlichen Maßnahmen mit Rücksicht auf die Einführung der SE erlassen. Insbesondere waren bis dahin die Regeln der Fusionsbesteuerungs-RL über grenzüberschreitende Verschmelzungen und Spaltungen nicht in deutsches Recht überführt worden. Dies wurde damit gerechtfertigt, dass vor Inkrafttreten der SE-VO und der gesellschaftsrechtlichen Richtlinie über internationale Verschmelzungen der gesellschaftsrechtliche „Unterbau" für diese Vorgänge fehlte[23]. Mit der Änderung der Fusionsbesteuerungs-RL im Jahre 2005 wurde die Bundesrepublik Deutschland verpflichtet, die neuen Vorschriften für die SE und die SCE in deutsches Recht zu überführen. Nachdem das BMF im September 2005 einen internen Vorentwurf mit Fachleuten diskutiert hatte, wurde im April 2006 ein Referentenentwurf veröffentlicht, der in erneut veränderter Form am 25.9.2006 als Regierungsentwurf eines **„Gesetzes über steuerliche Begleitmaßnahmen zur Einführung der Europäischen Gesellschaft und zur Änderung weiterer steuerrechtlicher Vorschriften (SEStEG)"** beschlossen und in den parlamentarischen Geschäftsgang gebracht wurde[24]. Nachdem – nicht zuletzt aufgrund der Stellungnahme des Bundesrates[25] und der Arbeit des Finanzausschusses[26] – einige

---

18 Richtlinie 2009/133/EG des Rates vom 19.10.2009 über das gemeinsame Steuersystem für Fusionen, Spaltungen, Abspaltungen, die Einbringung von Unternehmensteilen und den Austausch von Anteilen, die Gesellschaften verschiedener Mitgliedstaaten betreffen, sowie für die Verlegung des Sitzes einer Europäischen Gesellschaft oder einer Europäischen Genossenschaft von einem Mitgliedstaat in einen anderen Mitgliedstaat, ABl. EG Nr. L 310 v. 25.11.2009, S. 34 ff.
19 Richtlinie 90/435/EWG über das gemeinsame Steuersystem der Mutter- und Tochtergesellschaften verschiedener Mitgliedstaaten v. 23.7.1990, ABl. EG Nr. L 225 v. 20.8.1990, S. 6 ff.
20 Richtlinie 2003/49/EG über eine gemeinsame Steuerregelung für Zahlungen von Zinsen und Lizenzgebühren zwischen verbundenen Unternehmen verschiedener Mitgliedstaaten v. 3.6.2003, ABl. EG Nr. L 157 v. 26.6.2003, S. 49 ff., zuletzt geändert durch Richtlinie 2013/13/EU vom 13.5.2013, ABl. EU Nr. L 141, S. 30 ff.
21 Mutter-Tochter-RL 90/435/EWG, ABl. EG Nr. L 225 v. 20.8.1990, S. 6 ff.: Anhang, Liste der unter Art. 2 lit. a fallenden Gesellschaften, lit. p.
22 Zinsen-Lizenzgebühren-RL 2003/49/EG, ABl. EG Nr. L 157, S. 49 ff.: Anhang, Liste der unter Art. 3 lit. a der Richtlinie fallenden Gesellschaften; ein entsprechender Änderungsvorschlag der Kommission v. 30.12.2003, KOM (2003)841 endg. ist noch nicht verabschiedet; zur Frage der Erstreckung der Wirkungen für nationale Kapitalgesellschaften auf die SE s. unter Rz. 20.
23 BT-Drucks. 12/1108, S. 80.
24 BT-Drucks. 16/2710 = BR-Drucks. 542/06.
25 BR-Drucks. 542/06 (B).
26 BT-Drucks. 16/3369; zu den wichtigsten Änderungen im Gesetzgebungsverfahren s. *Benecke/Schnitger*, IStR 2007, 22 ff. und *Rödder/Schumacher*, DStR 2007, 369 ff.

Regelungen verändert wurden[27], wurde das Gesetz am 7.12.2006 verabschiedet und am 22.12.2006 im Bundesgesetzblatt verkündet[28]. Das SEStEG ist ein Artikelgesetz, welches das EStG, das KStG, das UmwStG und weitere Gesetze ändert und ergänzt. Die dort getroffenen Regelungen wurden seither mehrfach – namentlich durch das JStG 2010 – in Einzelpunkten modifiziert und ergänzt[29].

Das **SEStEG** verfolgt mehrere **Ziele**[30]. Es versucht, eine breit angelegte (und damit deutlich über die SE hinausführende) Beseitigung steuerlicher Hemmnisse internationaler Umstrukturierungen von Unternehmen zu präsentieren. Im Rahmen dieser „Europäisierung" des deutschen Unternehmens- und Umwandlungssteuerrechts ist er zugleich darauf angelegt, den Besteuerungsanspruch der Bundesrepublik Deutschland auf stille Reserven in inländischen Wirtschaftsgütern zu sichern. Droht der Wechsel von stillen Reserven in eine andere steuerliche Jurisdiktion, so reagiert das Gesetz in der Regel mit einer „Sofortbesteuerung" der stillen Reserven. Darüber hinaus soll das Gesetz die SE in das allgemeine Unternehmenssteuerrecht integrieren. Schließlich werden einzelne Sondervorschriften für die SE für die laufende Geschäftstätigkeit und die grenzüberschreitende Umstrukturierung eingeführt. 12

Der **Entwurf** wurde im Schrifttum[31] und von den betroffenen Kreisen[32] scharf **kritisiert**. Als maßgeblicher Fehler wurde die regelmäßige Sofortversteuerung stiller Reserven bei ihrem Wechsel über die Grenze in eine andere Steuerhoheit eingeordnet. Ob die Konzeption des Gesetzes sich als tragfähig erweist, hängt davon ab, ob und in welcher Weise die Europäische Kommission und der Europäische Gerichtshof die Position der SE vor dem Hintergrund der Grundfreiheiten der Europäischen Verträge weiter stärken, als dies im Entwurf eines SEStEG vorgesehen ist (dazu unten Rz. 15 ff.). 13

Kritisiert wurde am SEStEG auch die weitgehende Beschränkung auf Vorgänge im Rahmen der EU/EWR-Mitgliedstaaten, d.h. der Verzicht auf eine wirkliche „Globalisierung" vor allem des Umwandlungssteuerrechts[33]. 14

2. Die SE im Recht der Europäischen Union

a) Grundfreiheiten

Die Grundfreiheiten haben in den vergangenen 30 Jahren einen erheblichen Einfluss auf das Steuerrecht der Mitgliedstaaten gewonnen[34]. Nach ständiger Rechtsprechung des EuGH ist zwar die Fiskalhoheit der Mitgliedstaaten im Kern nicht in Frage zu stellen, doch haben diese ihre Steuersouveränität im Einklang mit den **Diskrimini**- 15

---

27 Namentlich wurde der „Ausgleichsposten" nach § 4g EStG geschaffen (s. dazu den Antrag des Freistaats Bayern v. 20.9.2006, BR-Drucks. 542/2/06, S. 1 ff. und die Stellungnahme des Bundesrates, BR-Drucks. 542/06 (B), S. 1 ff.).
28 Gesetz über steuerliche Begleitmaßnahmen zur Einführung der Europäischen Gesellschaft und zur Änderung weiterer steuerrechtlicher Vorschriften (SEStEG) v. 7.12.2006, BGBl. I v. 12.12.2006, 2782 ff. = BStBl. I 2007, S. 4 ff.
29 Jahressteuergesetz 2010 v. 8.12.2010, BGBl. I 2010, 1768; s. weiterhin *Ritzer* in Rödder/Herlinghaus/van Lishaut, UmwStG, Anh. 7 Rz. 6 ff.
30 BT-Drucks.16/2710, S. 25 ff.
31 *Rödder/Schumacher*, DStR 2006, 1481 ff.; *Rödder/Schumacher*, DStR 2006, 1525 ff.; *Werra/Teiche*, DB 2006, 1455 ff.; *Körner*, IStR 2009, 741 ff.
32 S. etwa: *Bundesverband der Deutschen Industrie e.V.*, Das SEStEG – Hemmschuh für Unternehmensumstrukturierungen?, 2006.
33 *Rödder/Schumacher*, DStR 2007, 369 f.
34 Ausführliche Darstellung bei: *Cordewener*, Europäische Grundfreiheiten und nationales Steuerrecht, 2002; Überblick zu den Auswirkungen auf das Unternehmenssteuerrecht: *Schön*, StbJb. 2003/04, S. 28 ff.; *Schön*, IStR 2004, 289 ff.

rungs- und **Beschränkungsverboten** des Binnenmarkts auszuüben. Diese Verbote besitzen erhebliche Bedeutung, wenn es um die steuerliche Behandlung grenzüberschreitender wirtschaftlicher Aktivitäten von Unternehmen geht, etwa bei grenzüberschreitender Umstrukturierung oder internationaler Ergebnisverrechnung.

16 Die SE gehört zu den Gesellschaften, die nach Art. 54 Abs. 1 AEUV nach dem Recht eines Mitgliedstaates der EU gegründet werden und dort zwingend ihren satzungsmäßigen Sitz sowie in der Regel auch ihre Hauptverwaltung und ihre Hauptniederlassung unterhalten. Daher kann sie sich ebenso wie eine natürliche Person auf die **Niederlassungsfreiheit** des Art. 49 Abs. 1 AEUV berufen[35]. Der Umstand, dass es sich bei der SE um eine „supranationale" Rechtsform handelt, kann den Zugang zu dieser Grundfreiheit nicht beeinträchtigen. Vielmehr betont der Unionsgesetzgeber in Art. 9, 10 SE-VO die Gleichstellung mit nationalen Aktiengesellschaften, die sich mit Selbstverständlichkeit auf die Grundfreiheiten des EG-Vertrages berufen können.

17 Art. 54 Abs. 1 AEUV findet laut Art. 62 AEUV auch auf dem Gebiet der Dienstleistungsfreiheit Anwendung. Die SE kann sich daher auch auf Art. 56 AEUV berufen. Darin kommt der allgemeine Grundsatz zum Ausdruck, dass die SE – wie jede in der EU gegründete Kapitalgesellschaft – an den **Vorteilen des Binnenmarktes** partizipieren kann. Sie kann daher auch die Freiheit des Warenverkehrs (Art. 34 AEUV) und des Kapital- und Zahlungsverkehrs (Art. 63 AEUV) sowie die speziellen Diskriminierungsverbote auf dem Gebiete der Warensteuern (Art. 30, 110 AEUV) in Anspruch nehmen[36].

b) Steuerliche Richtlinien

18 Bei den steuerlichen Richtlinien auf dem Gebiet der Unternehmensbesteuerung stellen sich aus der Sicht der Rechtsanwendung zwei Fragen: Wird die SE von einer **Richtlinie** erfasst und kann sie sich auf diese Richtlinie bei abweichendem nationalem Recht „**unmittelbar berufen**"?

19 Eine ausdrückliche Erstreckung des **Anwendungsbereichs der Richtlinie** findet sich im Anhang der Fusionsbesteuerungs-RL (Liste der Gesellschaften im Sinne von Artikel 3 Buchstabe a) unter (a)[37] sowie im Anhang der Mutter-Tochter-RL (Liste der unter Artikel 2 Buchstabe a) fallenden Gesellschaften) unter (p). Zudem wird in der Fusionsbesteuerungs-RL die SE in Art. 1 lit. b sowie in Art. 12–14 im Zusammenhang mit der Sitzverlegung ausdrücklich erwähnt.

20 Zweifelhaft ist die Erstreckung des Anwendungsbereichs der Richtlinien auf die SE für die Zeit vor dem Ablauf der Umsetzungsfrist (1.1.2007). Gleiches gilt für die **Zinsen-Lizenzgebühren-RL**, bei der eine explizite Einbeziehung der SE fehlt. Für nationale Gesellschaftsformen, die nicht in den Richtlinienkatalogen erwähnt werden, kann nach Ansicht des Europäischen Gerichtshofs aus Gründen der Rechtssicherheit nicht mit einer Analogie geholfen werden[38]. Allerdings kann für die SE Art. 10 SE-VO ins Spiel gebracht werden[39]. Insoweit diese Norm eine Gleichstellung der SE mit einer nationalen Aktiengesellschaft anordnet und für diese nationale Aktiengesellschaft

---

35 *Helminen*, European Taxation 2004, 28 ff., 30; *Büsching* in Jannott/Frodermann, Handbuch der Europäischen Aktiengesellschaft, 14. Kap., Steuerrecht, Rz. 10 ff.; *Wenz/Daisenberger* in KölnKomm. AktG, 3. Aufl., Schlussanhang III: Steuerrecht der SE, Rz. 8; a.A. *Allmendinger*, GPR 2012, 147.
36 Zum allgemeinen Charakter von Art. 54 AEUV s. *Schön* in FS Lutter, 2000, S. 685, 689 ff.
37 *Schön/Schindler*, IStR 2004, 571, 573 f.
38 EuGH v. 1.10.2009 – Rs. C-247/08 – „Gaz de France", DStRE 2010, 367 ff.
39 *Diemer* in Herzig, Besteuerung, S. 36 ff., 38; *Schön* in Deutsches Aktieninstitut, Die Europa-AG – Eine Perspektive für deutsche Unternehmen?, 2002, S. 75 ff., 81; *Herzig/Griemla*, StuW

die Vorschriften einer der genannten Richtlinien Anwendung finden (das ist in der Regel der Fall), kann eine SE Erstreckung dieser günstigen Rechtsfolgen auf sich verlangen.

Der Gerichtshof hat bereits mehrfach entschieden, dass Steuerpflichtige sich unmittelbar auf die Regelungen der **Fusionsbesteuerungs-RL** sowie der Mutter-Tochter-RL berufen können[40]. Zweifelhaft kann im Rahmen der Fusionsbesteuerungs-RL allenfalls sein, ob eine **Direktwirkung** an Art. 15 Abs. 1 lit. b der Richtlinie scheitert. Danach kann ein Mitgliedstaat die Anwendung der Richtlinienbestimmungen ganz oder teilweise versagen oder rückgängig machen, wenn eine Umstrukturierung „dazu führt, dass eine am Vorgang beteiligte Gesellschaft oder eine an dem Vorgang nicht beteiligte Gesellschaft die Voraussetzungen für die bis zu dem Vorgang bestehende Vertretung der Arbeitnehmer in den Organen der Gesellschaft nicht mehr erfüllt". Diese Vorschrift kann jedoch die unmittelbare Durchsetzbarkeit der Richtlinie nicht hindern. Zum einen hat der deutsche Gesetzgeber im Rahmen der Umsetzung bisher von diesem Vorbehalt keinen Gebrauch gemacht. Zum anderen – und dies ist bedeutsamer – sind die von dieser Klausel geschützten Arbeitnehmerinteressen sowohl im Rahmen der Verordnung und Richtlinie zur SE als auch im Rahmen der gesellschaftsrechtlichen Richtlinie über grenzüberschreitende Fusionen hinreichend gewahrt. Die Vorschrift läuft damit „leer"; sie hat keinen eigenständigen Funktionswert mehr[41]. 21

Die Richtlinien auf dem Gebiet der **indirekten Steuern** – namentlich die Richtlinien zur Umsatzsteuer und zu den speziellen Verbrauchsteuern – stellen dem Grunde nach nicht auf die Rechtsform der leistenden Unternehmer oder anderer Steuerpflichtiger ab. Eine Anpassung an die SE-VO war daher nicht erforderlich[42]. Im Gesellschaftssteuerrecht hat der Richtliniengeber im Jahre 2008 eine ausdrückliche Erweiterung des Anwendungsbereichs der Richtlinie auf die SE angeordnet[43]. 22

c) SE und EFTA/EWR

Neben den Mitgliedstaaten der EU sind einige Mitgliedstaaten der Europäischen Freihandelszone EFTA (Island, Liechtenstein, Norwegen) mit der EU im **Europäischen Wirtschaftsraum (EWR)** zusammengefasst. Im EWR gelten im Grundsatz auch die im EG-Vertrag genannten Grundfreiheiten[44]. Außerdem kann Sekundärrecht durch Annex oder Protokoll zum EWR-Vertrag für den EWR verbindlich werden. 23

Für die Europäische Gesellschaft ist zu beachten, dass die **SE-VO** in das Recht des Europäischen Wirtschaftsraums übernommen worden ist[45], nicht jedoch die **Richtlinien auf dem Gebiet der direkten Steuern**[46]. Daher fehlen im Verhältnis EU/EFTA so- 24

2002, 55, 59 f.; *Preißer*, Besteuerung der SE, in Manz/Mayer/Schröder, Kap. 1 Rz. 47; *Wenz/Daisenberger* in KölnKomm. AktG, 3. Aufl., Schlussanhang III: Steuerrecht der SE, Rz. 12.

40 Ständige Rechtsprechung seit EuGH v. 17.10.1996 – Rs. C-291/94 u.a. – „Denkavit", EuGHE 1996, I-5063 ff. (zur Mutter-Tochter-RL).

41 *Herzig/Griemla*, StuW 2002, 55, 61; *Schön* in Deutsches Aktieninstitut (Hrsg.), Die Europa-AG – Eine Perspektive für deutsche Unternehmen?, 2002, S. 75 ff., 87; *Wenz/Daisenberger* in KölnKomm. AktG, 3. Aufl., Schlussanhang III: Steuerrecht der SE, Rz. 15; a.A. *Schulz/Petersen*, DStR 2002, 1508, 1514.

42 *Terra/Wattel*, European Tax Law, S. 176.

43 Richtlinie 2008/7/EG betreffend die indirekten Steuern auf die Ansammlung von Kapital v. 12.2.2008, ABl. EU Nr. L 46 v. 21.2.2008, S. 11 ff., geändert durch RL 2013/13/EU v. 13.5.2013, ABl. EU Nr. L 141, S. 30 ff. (Anhang I Nr. 1).

44 Zum Steuerrecht s. *Cordewener*, FR 2005, 236 ff.

45 Beschluss des Gemeinsamen EWR-Ausschusses Nr. 93/2002 v. 25.6.2002 zur Änderung des Anhangs XXII (Gesellschaftsrecht) des EWR-Abkommens, ABl. EU Nr. L 266 v. 3.10.2002, S. 69 f.

46 Näher *Cordewener*, FR 2005, 236, 239.

wohl die materiell-rechtlichen Vorschriften der Fusionsbesteuerungs-RL und der Mutter-Tochter-RL als auch die verfahrensrechtlichen Regelungen der Amtshilfe-RL und der Beitreibungs-RL. Diese Regelungen können auch nicht auf der Grundlage der primärrechtlichen Diskriminierungsverbote von EFTA-Marktteilnehmern eingefordert werden[47].

25 Für die SE gelten daher im Gesellschaftsrecht in vollem Umfang die Bestimmungen der SE-VO, während im Steuerrecht lediglich die Grundfreiheiten Anwendung finden[48].

II. Die SE im nationalen Steuerrecht

1. Direkte und indirekte Steuern

26 Im Ausgangspunkt ist für das Recht der direkten und der indirekten Steuern festzustellen, dass die SE im nationalen Steuerrecht wie eine deutsche Aktiengesellschaft behandelt wird. Dies folgt aus **Art. 10 SE-VO**[49], welcher anordnet, dass „vorbehaltlich der Bestimmungen dieser Verordnung eine SE in jedem Mitgliedstaat wie eine Aktiengesellschaft behandelt wird, die nach dem Recht des Sitzstaats der SE gegründet wurde". Die Vorschrift reicht weiter als Art. 9 Abs. 1 lit. c (iii) SE-VO, der lediglich auf das nationale Aktienrecht zur Lückenfüllung für die SE-VO Bezug nimmt[50]. Soweit im Schrifttum[51] ein enges Verständnis des Art. 10 SE-VO mit der Begründung vertreten wird, dass der Gesetzgeber der SE-VO nicht mit Hilfe des Art. 10 SE-VO in die nach dem 20. Erwägungsgrund der Verordnung bewusst nicht geregelten Sachbereiche (Insolvenzrecht, Steuerrecht, Wettbewerbsrecht und gewerblicher Rechtsschutz) eingreifen könne, ist dem nicht zu folgen. Art. 10 SE-VO verwirklicht das im 5. Erwägungsgrund niedergelegte Verbot der Diskriminierung der SE im Verhältnis zu anderen Aktiengesellschaften, ohne den nationalen Gesetzgeber in der sachlichen Ausgestaltung des Steuerrechts und anderer Rechtsgebiete zu beeinträchtigen.

27 Die wesentlichen Sachfragen zur SE im deutschen Steuerrecht stellen sich aus der Sicht der direkten Steuern, namentlich der **Unternehmensbesteuerung**. Mit dieser Thematik befasst sich der nachstehende Abschnitt (unten Rz. 30). Gerade wegen der weitgehenden Gleichstellung der SE mit einer deutschen Körperschaft ist allerdings festzustellen, dass es „das Steuerrecht der SE" nicht gibt. Das gilt sowohl für die Gründungsformen der SE als auch für die laufende Besteuerung. Die nachfolgende Darstellung beschränkt sich daher auf diejenigen Sachfragen, bei denen die einschlägigen Normen oder Sachfragen bei der SE Besonderheiten gegenüber anderen Kapitalgesellschaften aufweisen.

---

47 *Wenz/Daisenberger* in KölnKomm. AktG, 3. Aufl., Schlussanhang III: Steuerrecht der SE, Rz. 17; a.A. *Gudmundsson*, Intertax 2006, 58, 84.
48 Zur Erstreckung der SE und ihrer steuerlichen Wirkungen auf EFTA-Staaten im Rahmen des EWR s. ausführlich *Thömmes* in Theisen/Wenz, Die Europäische Aktiengesellschaft, S. 603 ff.
49 *Bartone/Klapdor*, Die Europäische Aktiengesellschaft, S. 151; *Bouwman/Werbroeck* in van Gerven/Storm, The European Company, Vol. 1, 2006, S. 98 ff., 100 ff.; *Fischer* in Münch-Komm. AktG, 3. Aufl., Die Besteuerung der Europäischen Aktiengesellschaft, Rz. 4; *Schaumburg* in Lutter/Hommelhoff, Die Europäische Gesellschaft, S. 319 f.; *Schindler* in Kalss/Hügel, Teil III: Steuerrecht Rz. 15; *Schön* in Deutsches Aktieninstitut, Die Europa-AG – Eine Perspektive für deutsche Unternehmen?, 2002, S. 81; *Thömmes* in Theisen/Wenz, Die Europäische Aktiengesellschaft, S. 590.
50 *Habersack*, ZGR 2003, 724, 728; *Hommelhoff/Teichmann*, Art. 10 Rz. 5; *Schäfer* in Münch-Komm. AktG, 3. Aufl., Art. 10 SE-VO Rz. 3.
51 *Schwarz*, Art. 10 SE-VO Rz. 7 f.

Schließlich spielt im Bereich der **indirekten Steuern** (Umsatzsteuer, spezielle Verbrauchsteuern etc.) die Rechtsform eines Steuerpflichtigen nahezu keine Rolle. Die SE kann Unternehmer i.S. des § 2 Abs. 1 UStG sein, wenn sie eine gewerbliche oder berufliche Tätigkeit selbständig ausübt. Als Unternehmerin kann sie auch Organträger, als juristische Person des Privatrechts kann sie auch Organgesellschaft im Rahmen einer umsatzsteuerlichen Organschaft sein (§ 2 Abs. 2 Nr. 2 UStG). 28

Im Rahmen des **Grunderwerbsteuerrechts** ist zu beachten, dass auch bei der Vereinigung von 95 v.H. und mehr Anteilen an einer Gesellschaft in einer Hand Grunderwerbsteuer im Hinblick auf inländisches Grundvermögen dieser Gesellschaft anfällt (§ 1 Abs. 3 Nr. 1 GrEStG). Dies gilt auch für die SE. 29

Die Vorschriften des **Steuerverfahrensrechts**, etwa über die Erfüllung steuerlicher Pflichten und die resultierende Haftung durch die Vertreter einer juristischen Person (§§ 34, 69 AO), greifen auch für die SE.

2. Subjektive Körperschaftsteuerpflicht

a) Die SE als Kapitalgesellschaft i.S. von § 1 Abs. 1 Nr. 1 KStG

Nach § 1 Abs. 1 Nr. 1 KStG (i.d.F. des SEStEG) ist eine Europäische Gesellschaft, die ihre Geschäftsleitung oder ihren Sitz im Inland hat, unbeschränkt steuerpflichtig. Damit ist die Rechtsform der SE als **Körperschaftsteuersubjekt** explizit anerkannt[52]. Die vor dem Inkrafttreten des SEStEG diskutierte Frage, ob die Europäische Gesellschaft über Art. 10 SE-VO einer Aktiengesellschaft i.S. des § 1 Abs. 1 Nr. 1 KStG a.F. gleichgestellt werden oder als sonstige juristische Person des privaten Rechts nach § 1 Abs. 1 Nr. 4 KStG als Steuersubjekt anerkannt werden konnte, ist damit obsolet geworden. Mit dieser Anerkennung der SE als Kapitalgesellschaft i.S. des § 1 Abs. 1 Nr. 1 KStG ist zugleich klargestellt, dass diejenigen Vorschriften des KStG und anderer Gesetze, die nicht auf jedes Körperschaftsteuersubjekt, sondern nur auf Kapitalgesellschaften Anwendung finden, auch die SE betreffen. Dies gilt z.B. für die Regeln über Gesellschafter-Fremdfinanzierung nach § 8a KStG, die Einschränkung des Verlustabzugs nach § 8c KStG, die Vorschrift über den Liquidationsgewinn nach § 11 KStG und die Regeln zu Einlagen und Rücklagen (§§ 27 f. KStG). 30

Rechtsformspezifisch auf die AG und KGaA des deutschen Gesellschaftsrechts war früher die Regelung über **Organgesellschaften** in § 14 KStG abgefasst; doch konnte eine SE als „andere Kapitalgesellschaft" i.S. von § 17 KStG als Organgesellschaft anerkannt werden. Durch das SEStEG ist § 14 Abs. 1 KStG auf die SE erweitert worden. Als **Organträger** kommt nach § 14 KStG ohnehin jedes „gewerbliche Unternehmen" und damit auch eine SE in Betracht. 31

Die SE unterliegt weiterhin den Vorzugsregeln des **UmwStG** für nationale und grenzüberschreitende Umstrukturierungen[53]. Nach § 1 Abs. 1 Nr. 1 UmwStG gelten diese Regeln für die Verschmelzung, Aufspaltung und Abspaltung von „Körperschaften" und nach der Nr. 2 dieser Vorschrift auch für den „Formwechsel einer Kapitalgesellschaft in eine Personengesellschaft". Sowohl der Begriff der Körperschaft als auch der (engere) der Kapitalgesellschaft schließen die SE ein. Die nach der alten Rechtslage nicht eindeutig gelöste Frage, ob die SE einer deutschen „Kapitalgesellschaft" nach Art. 10 SE-VO gleichgestellt werden musste, ist damit hinfällig geworden. 32

Nach § 2 Abs. 2 Satz 1 **GewStG** i.d.F. des SEStEG gilt die Tätigkeit einer SE (ebenso wie die Tätigkeit einer deutschen Kapitalgesellschaft) „stets und in vollem Umfang 33

---

52 *Rengers* in Blümich, § 1 KStG Rz. 64 f. (Stand 2014).
53 *Hruschka*, StuB 2006, 631, 632.

als Gewerbebetrieb". Die Anerkennung einer Kapitalgesellschaft als Organgesellschaft für Zwecke der gewerbesteuerlichen Organschaft in § 2 Abs. 2 GewStG wird auf der Grundlage der Erstreckung des Begriffs der Kapitalgesellschaft auf die SE in § 1 Abs. 1 Nr. 1 KStG ebenfalls klargestellt. Dies gilt auch für andere Tatbestände des Gewerbesteuerrechts, die an die Eigenschaft eines Unternehmens als „Kapitalgesellschaft" anknüpfen (etwa die Kürzung des Gewerbeertrags um Gewinne aus Anteilen an einer ausländischen Kapitalgesellschaft nach § 9 Nr. 7 GewStG).

Soweit im Rahmen **anderer Steuerarten** auf das Merkmal einer „Kapitalgesellschaft" abgestellt wird (z.B. in § 13b Abs. 2 Nr. 3 ErbStG für die erbschaftsteuerliche Begünstigung von Anteilen an Kapitalgesellschaften) ist die SE nach Maßgabe von § 1 Abs. 1 Nr. 1 KStG ebenfalls erfasst.

b) Die ausländische SE

34 Eine ausländische SE ist auf der Grundlage des in § 2 KStG angelegten „**Typenvergleichs**" regelmäßig als steuerpflichtige Körperschaft nach dem KStG einzuordnen[54].

3. Einkommen, Einkommensermittlung und Einkommensverwendung

a) Qualifikation der Einkünfte

35 **aa) Unbeschränkt steuerpflichtige SE.** Die Steuerpflicht einer unbeschränkt steuerpflichtigen SE umfasst nach § 7 Abs. 1 und 2 KStG das zu versteuernde Einkommen im Sinne des § 8 Abs. 1 KStG. Dort wird für den Tatbestand des Einkommens und dessen Ermittlung auf die Vorschriften des Einkommensteuergesetzes verwiesen, die in einzelnen Beziehungen durch Vorschriften des Körperschaftsteuergesetzes ergänzt werden.

36 Eine unbeschränkt steuerpflichtige SE erzielt immer und in vollem Umfang **Einkünfte aus Gewerbebetrieb**. Dies geht aus § 8 Abs. 2 KStG hervor. Diese Norm stellte in ihrer bis zum Inkrafttreten des SEStEG geltenden Fassung auf die handelsrechtliche Buchführungspflicht des Steuerpflichtigen ab. Diese Pflicht zur kaufmännischen Rechnungslegung ist bei einer SE nach Art. 61 SE-VO i.V.m. dem in der Bilanz-RL harmonisierten Recht aller Mitgliedstaaten der EU zweifelsfrei gegeben. In der durch das SEStEG veränderten Fassung des § 8 Abs. 2 KStG gelten bei sämtlichen Kapitalgesellschaften und damit ausdrücklich auch bei der SE die Einkünfte als Einkünfte aus Gewerbebetrieb[55].

37 **bb) Beschränkt steuerpflichtige SE.** Eine nach dem Recht eines anderen Mitgliedstaats gegründete und in Deutschland beschränkt steuerpflichtige SE fällt nicht unter **§ 8 Abs. 2 KStG i.d.F. des SEStEG** und erzielt daher nicht zwingend ausschließlich gewerbliche Einkünfte. Eine analoge Anwendung des neuen § 8 Abs. 2 KStG auf beschränkt steuerpflichtige Gesellschaften ist (wie die Sondervorschrift des § 49 Abs. 1 Nr. 2 lit. f EStG deutlich macht) ausgeschlossen. Auf die – zum alten Recht umstrittenen – Fragen nach der Anwendung des § 8 Abs. 2 KStG a.F. auf ausländische Kapitalgesellschaften und nach deren handelsrechtlicher Buchführungspflicht kommt es daher nicht mehr an[56]. Für beschränkt steuerpflichtige Kapitalgesellschaften gelten vielmehr nach § 8 Abs. 1 KStG die **allgemeinen Regeln des Einkommensteuerrechts**

---

54 *Wenz/Daisenberger* in KölnKomm. AktG, 3. Aufl., Schlussanhang III: Steuerrecht der SE, Rz. 185; *Fischer* in MünchKomm. AktG, 3. Aufl., Die Besteuerung der Europäischen Aktiengesellschaft, Rz. 5.
55 *Hruschka*, StuB 2006, 631, 633.
56 Ausführlich *Engert* in Eidenmüller, Ausländische Kapitalgesellschaften im deutschen Recht, § 8 Rz. 45 ff.

über **Qualifikation von Einkünften**. Sie werden ergänzt durch den in § 49 Abs. 2 EStG niedergelegten Grundsatz der „isolierenden Betrachtungsweise", demzufolge im Ausland verwirklichte Tatbestandsmerkmale für die beschränkte Steuerpflicht keine Rolle spielen, soweit sie die Steuerpflicht entfallen lassen würden[57]. Es kommt „nur auf das objektive Erscheinungsbild der jeweiligen im Inland verwirklichten Einkünfteerzielung an"[58].

Dies bedeutet folgendes: Für eine beschränkt steuerpflichtige SE ist zunächst zu prüfen, ob sie Einkünfte aus einer **gewerblichen Betriebsstätte** im Inland bezieht (§ 49 Abs. 1 Nr. 2 lit. a EStG). Dafür ist erforderlich, dass sie eine feste Geschäftseinrichtung oder Anlage nach § 12 AO unterhält. Fehlt es an einer solchen Betriebsstätte, so kann die SE dennoch gewerbliche Einkünfte aus dem Inland beziehen, wenn einer der Sondertatbestände des § 49 Abs. 1 Nr. 2 lit. b–f EStG gegeben ist. Dazu gehören namentlich die Gewinne aus der Veräußerung von Anteilen an Kapitalgesellschaften nach § 17 EStG (lit. e) und aus der Veräußerung von unbeweglichem Vermögen, Sachinbegriffen oder Rechten i.S. von § 21 Abs. 1 EStG (lit. f). Zu beachten ist, dass nach § 49 Abs. 1 Nr. 2 lit. f Satz 2 EStG i.d.F. des SEStEG die Einkünfte aus der Veräußerung von Vermögen, Sachinbegriffen oder Rechten dann steuerpflichtig sind, wenn „sie von einer Körperschaft im Sinne des § 2 Nr. 1 des Körperschaftsteuergesetzes erzielt werden, die mit einer Kapitalgesellschaft im Sinne des § 1 Abs. 1 Nr. 1 bis 3 des Körperschaftsteuergesetzes vergleichbar ist"[59]. Dazu gehört auch die ausländische SE wegen ihrer weitgehenden Strukturgleichheit mit einer inländischen SE. Einkünfte aus selbständiger Arbeit kann eine (ausländische) Kapitalgesellschaft nach ständiger Rechtsprechung des BFH[60] nicht erzielen. Dafür spielt die Gewerblichkeitsfiktion in § 8 Abs. 2 KStG keine Rolle. 38

Im Weiteren ist der Fall zu beachten, dass die SE im Inland **Einkünfte aus Vermögensverwaltung** (Vermietung und Verpachtung, Kapitalvermögen) oder sonstige Einkünfte bezieht. Diese sind im Inland nach § 49 Abs. 1 Nr. 5 und 6 EStG steuerpflichtig, und zwar auch dann, wenn sie zu einem im Ausland betriebenen gewerblichen Unternehmen gehören und daher an sich (§§ 20 Abs. 3, 21 Abs. 3, 22 Nr. 3 Satz 1, 23 Abs. 2 Satz 1 EStG) den gewerblichen Einkünften zugeschlagen werden müssten[61]. 39

b) Körperschaftsteuerliche Gewinnmodifikationen

aa) Allgemeines. Das Körperschaftsteuerrecht kennt bestimmte Modifikationen der steuerlichen Gewinnermittlung, die auch auf die SE als „Kapitalgesellschaft" i.S. von § 1 Abs. 1 Nr. 1 KStG Anwendung finden. Dazu rechnen die Regeln über Gesellschafter-Fremdfinanzierung (§ 8a KStG), über Beteiligungserträge (§ 8b KStG) sowie über die Grenzen des Verlustabzugs beim Mantelkauf (§ 8 Abs. 4 KStG). Gleiches gilt für die Regeln über abziehbare Aufwendungen (§ 9 KStG) und nicht abziehbare Aufwendungen (§ 10 KStG). 40

bb) § 10 Nr. 4 KStG (Abzugsfähigkeit von Aufsichtsratsvergütungen u.Ä.). Eine Sonderfrage bei der SE kann sich im Hinblick auf die Nichtabzugsfähigkeit von Vergü- 41

---

57 Dazu umfassend *Mössner* in FS Flick, 1997, S. 939 ff.; *Gosch* in FS Wassermeyer, 2005, S. 263 ff.
58 BFH v. 28.1.2004 – I R 73/02, BStBl. II 2005, 550 ff.
59 Dies ersetzt die frühere Formulierung, die auf § 8 Abs. 2 KStG Bezug nahm.
60 BFH v. 7.7.1971 – I R 41/70, BStBl. II 1971, 771, 772; BFH v. 20.2.1974 – I R 217/71, BStBl. II 1974, 511, 512; BFH v. 1.12.1982 – I R 238/81, BStBl. II 1983, 213, 214 f.; BFH v. 27.7.1988 – I R 130/84, BStBl. II 1989, 101, 102; *Gosch* in Kirchhof, § 49 EStG Rz. 105.
61 BFH v. 28.1.2004 – I R 73/02, BStBl. II 2005, 550 ff.

tungen für die Überwachung der Geschäftsführung ergeben. Nach § 10 Nr. 4 KStG ist „die Hälfte der Vergütungen jeder Art, die an Mitglieder des Aufsichtsrats, Verwaltungsrats, Grubenvorstands oder andere mit der Überwachung der Geschäftsführung beauftragte Personen gewährt werden", nicht abzugsfähig. Außerdem wird eine Abgeltungssteuer zu Lasten der Empfänger nach § 50a Abs. 1 Nr. 3 EStG erhoben. Dies unterscheidet Aufsichtsratsvergütungen und gleichgestellte Zahlungen von Entgelten für die Geschäftsführungstätigkeit von Vorständen, die als gewöhnliche Betriebsausgaben in vollem Umfang das steuerliche Ergebnis der Gesellschaft mindern. Diese Abgrenzung ist bei einer „dualistisch" konstruierten SE unproblematisch; hier finden wir die traditionelle Unterscheidung von geschäftsleitendem Vorstand und überwachendem Aufsichtsrat vor. Sie ist aber bei der „monistisch" konstruierten SE nicht leicht nachzuvollziehen.

42 Die Vergütungen an sämtliche Mitglieder des Verwaltungsrats einer monistischen SE sind voll als Betriebsausgaben abzugsfähig. Ausgangspunkt ist die Festlegung in Art. 43 Abs. 1 Satz 1 SE-VO, dass im **monistischen System"** das Verwaltungsorgan die Geschäfte der SE führt. Dies deutet bereits auf eine volle Abzugsfähigkeit der entsprechenden Entgelte hin. Allerdings kann ein Mitgliedstaat nach Art. 43 Abs. 1 Satz 2 SE-VO vorsehen, dass geschäftsführende Direktoren die laufenden Geschäfte in eigener Verantwortung führen, während die Mitglieder des Verwaltungsorgans am „Tagesgeschäft" nicht beteiligt werden. Dies kann auch in der Weise organisiert werden, 'dass einzelne Mitglieder des Verwaltungsrats zugleich als geschäftsführende Direktoren aktiv sind, während andere Mitglieder des Verwaltungsrats sich auf Grundlagenfragen und Überwachung der Geschäftstätigkeit beschränken[62]. Nach deutschem Recht muss die Mehrheit des Verwaltungsrats aus nicht geschäftsführenden Mitgliedern bestehen (§ 40 Abs. 1 Satz 2 SEAG). Die Vertretung nach außen liegt demgegenüber bei den geschäftsführenden Direktoren (§ 41 Abs. 1 SEAG). Dabei gehen die Erwägungsgründe der SE-VO davon aus, dass auch im monistischen System eine „klare Abgrenzung der Verantwortungsbereiche jener Personen, denen die Geschäftsführung obliegt, und der Personen, die mit der Aufsicht betraut sind, wünschenswert" ist[63]. Dies könnte darauf hindeuten, dass die „non-executive"-directors i.S. von § 10 Nr. 4 KStG „mit der Überwachung der Geschäftsführung beauftragt" sind und daher die an sie gezahlten Vergütungen nur zur Hälfte als Betriebsausgaben abgezogen werden können[64]. Dabei ist zu beachten, dass nach der finanzgerichtlichen Rechtsprechung auch Organe mit Zwischenstellung zwischen Aufsichtsrat und Geschäftsführung unter § 10 Nr. 4 KStG fallen können, wenn sie im Wesentlichen oder überwiegend Überwachungsaufgaben wahrnehmen[65]. Dies gilt auch dann, wenn sie sich im Einzelfall in die Geschäftsführung einmischen[66].

43 Für sämtliche **Verwaltungsratsmitglieder**, d.h. auch für solche, die nicht an der laufenden Geschäftsführung beteiligt sind, gilt jedoch, dass sie an der Geschäftsleitung mitwirken. Der Verwaltungsrat in seiner Gesamtheit „leitet die Gesellschaft, bestimmt die Grundlinien ihrer Tätigkeit und überwacht deren Umsetzung" (§ 22 Abs. 1 SEAG). Grundlagenentscheidungen, Planung und Strategie obliegen sämtli-

---

62 *Reichert/Brandes* in MünchKomm. AktG, 3. Aufl., Art. 43 SE-VO Rz. 74 ff.; *Teichmann*, Art. 43 Rz. 63 ff.
63 14. Erwägungsgrund SE-VO.
64 So *Büsching* in Jannott/Frodermann, Handbuch der Europäischen Aktiengesellschaft, 14. Kap., Steuerrecht, Rz. 203; *Funke*, NWB Fach 4 S. 5407 ff., 5410; *Wenz/Daisenberger* in KölnKomm. AktG, 3. Aufl., Schlussanhang III: Steuerrecht der SE, Rz. 203.
65 BFH v. 11.3.1981 – I R 8/77, BStBl. II 1981, 623 ff.; FG Niedersachsen v. 22.1.1991 – II 159/89, EFG 1991, 421 f.
66 BFH v. 12.9.1973 – I R 249/71, BStBl. II 1973, 872 f.

chen Verwaltungsratsmitgliedern[67]. Dies unterscheidet den Verwaltungsrat wesentlich vom Aufsichtsrat deutscher Prägung, dem jede unternehmerische Initiative fehlt und der im Wesentlichen nur durch Zustimmungsvorbehalte und Personalentscheidungen Einfluss auf die Geschäftsführung ausüben kann[68]. Hinzu treten weitere zentrale Aufgaben des Verwaltungsorgans wie die Einberufung der Hauptversammlung (§ 22 Abs. 2 SEAG) oder die Führung der Handelsbücher (§ 22 Abs. 3 SEAG). Der Verwaltungsrat steht damit eher einem Vorstand gleich, der sich aus der Führung der laufenden Geschäfte weitgehend zurückgezogen hat. Ein solcher Vorstand ist dennoch im Kern kein Überwachungsorgan, sondern ein Leitungsorgan, dessen Vergütungen voll abzugsfähig sind[69]. § 10 Nr. 4 KStG und § 50a Abs. 1–3 EStG finden keine Anwendung[70].

III. Die SE im Doppelbesteuerungsrecht

Die SE wird im Recht der **Doppelbesteuerungsabkommen** wie eine gewöhnliche Aktiengesellschaft behandelt[71]. Dafür bedarf es nicht der Verweisung auf die Stellung der nationalen Aktiengesellschaft in Art. 10 SE-VO. Es reicht aus, dass in Art. 3 Abs. 1 lit. b OECD-MA als „Gesellschaft" i.S. des Doppelbesteuerungsrechts sämtliche „juristischen Personen oder Rechtsträger, die für die Besteuerung wie juristische Personen behandelt werden", erfasst sind. Dies schließt die SE auf der Grundlage ihrer persönlichen Rechtsfähigkeit ein (Art. 1 Abs. 3 SE-VO). Diese Definition wird in den von der Bundesrepublik Deutschland abgeschlossenen DBA durchgehend übernommen und allenfalls erweitert[72]. Die SE ist damit abkommensberechtigte Person nach Art. 1 OECD-MA i.V.m. Art. 3 Abs. 1 lit. a OECD-MA. Für die Ansässigkeit gilt Art. 4 OECD-MA.   44

Die Gewinnausschüttungen einer SE sind **„Dividenden"** i.S. von Art. 10 Abs. 1 OECD-MA. Dabei kommt es nicht darauf an, ob es sich nach Art. 10 Abs. 3 OECD-MA unmittelbar um „Einkünfte aus Aktien" handelt oder um solche, „die nach dem Recht des Staates, in dem die ausschüttende Gesellschaft ansässig ist, den Einkünften aus Aktien steuerlich gleichgestellt sind".   45

Als problematisch erweist sich – wie bereits zu § 10 Nr. 4 KStG ausgeführt[73] – die Qualifikation der **Vergütungen an die Mitglieder des Verwaltungsrats** in der monistisch verfassten SE. Nach Art. 16 OECD-MA können „Aufsichtsratsvergütungen, Verwaltungsratsvergütungen und ähnliche Zahlungen, die eine in einem Vertragsstaat ansässige Person in ihrer Eigenschaft als Mitglied des Aufsichtsrats oder Verwaltungsrats einer Gesellschaft bezieht, die im anderen Staat ansässig ist" im „anderen Staat besteuert werden". Die ausdrückliche Erwähnung des „Verwaltungsrats" in diesem Artikel könnte dahin verstanden werden, dass die Vergütungen an Verwaltungsratsmitglieder einer SE generell nach Art. 16 OECD-MA im Sitzstaat der Gesellschaft versteuert werden. Zu beachten ist allerdings, dass der Bundesfinanzhof seine Auslegung des Art. 16 OECD-MA nicht an der Bezeichnung des Organs, sondern an dessen sachli-   46

---

67 *Reichert/Brandes* in MünchKomm. AktG, 3. Aufl., Art. 43 SE-VO Rz. 7; *Teichmann*, Art. 43 Rz. 63.
68 Für einen GmbH-Beirat FG Baden-Württemberg v. 28.10.1976 – III 73/73, EFG 1977, 133 f.
69 FG Niedersachsen v. 22.1.1991 – II 159/89, EFG 1991, 421 für einen Vorstand, der rechtsgeschäftlich eine Geschäftsführung aus Angestellten für die laufende Arbeit eingestellt hatte.
70 *Schön* in FS Haarmann, 2015 (im Erscheinen).
71 *Helminen*, ET 2004, 28 ff., 29 f.; *Schaumburg* in Lutter/Hommelhoff, Die Europäische Gesellschaft, S. 354 f.; *Schindler* in Kalss/Hügel, Teil III: Steuerrecht, Rz. 8 ff.
72 *Dürrschmidt* in Vogel/Lehner, DBA, Art. 3 OECD-MA Rz. 24.
73 S. oben Rz. 41 mit Hinweisen zur Rechtsstellung der Verwaltungsratsmitglieder.

cher Aufgabe orientiert. Danach unterfallen Vergütungen dem Art. 16 OECD-MA, wenn sie im Wesentlichen für die Aufgabe der Überwachung der eigentlichen Unternehmensleitung gezahlt werden[74]. Das ist bei den Verwaltungsratsmitgliedern einer SE, die – auch bei fehlender Einbeziehung in die laufende Geschäftstätigkeit – die wesentlichen unternehmerischen Entscheidungen für die SE treffen müssen, nicht der Fall.

IV. Die Gründung der SE

47 Die Gründung der SE ist möglich durch Verschmelzung, Gründung einer Holding-SE, Gründung einer Tochter-SE und Formwechsel (bei Vorliegen mindestens einer Tochtergesellschaft in einem anderen EU/EWR-Staat (Art. 2 SE-VO). Für sämtliche Gründungsvorgänge bestehen im EStG, KStG und UmwStG (nach Inkrafttreten des SEStEG) steuerliche Regelungen, die z.T. auf der Grundlage der Fusionsbesteuerungs-RL europarechtlich vorgeformt sind. Außerdem sind für steuerliche Hindernisse grenzüberschreitender Umwandlungen die Grundfreiheiten zu beachten. Allerdings bestehen in diesem Bereich grundsätzlich keine Besonderheiten für die SE im Vergleich zu anderen in- oder ausländischen Kapitalgesellschaften. Im Einzelnen:

– Auf die Verschmelzung finden die §§ 11–13 UmwStG Anwendung;
– Auf die Gründung einer Holding-SE und die Gründung einer Tochter-SE finden vor allem die Regeln über die Einbringung von Beteiligungen und Unternehmensteilen nach §§ 20–23 UmwStG Anwendung.
– Der Formwechsel zeitigt keine ertragsteuerlichen Auswirkungen.

Vor dem Hintergrund dieser Gesetzeslage wird auf die 1. Auflage (vgl. Die SE im Steuerrecht, Rz. 191 ff.) sowie auf die maßgeblichen Verwaltungstexte, Monographien und Kommentierungen des UmwStG verwiesen[75].

V. Die Sitzverlegung der SE

1. Besteuerung der Gesellschaft

a) Die anwendbaren Vorschriften

48 **aa) Nationales Steuerrecht, Grundfreiheiten, Richtlinien.** Die steuerlichen Folgen der Sitzverlegung einer SE von Deutschland in das Ausland für die SE werden von drei sich überlagernden Teilrechtsordnungen beherrscht, nämlich dem nationalen Steuerrecht, dem sekundären Unionsrecht (Fusionsbesteuerungs-RL) und dem primären Unionsrecht (Grundfreiheiten):

49 Bei der Anwendung des nationalen Steuerrechts und der europäischen Rahmenbedingungen ist zu beachten, dass ein materieller Steuertatbestand ausschließlich auf der Ebene des nationalen Rechts festgelegt werden kann. Dieser ist für den Fall der Sitzverlegung einer SE in **§ 12 Abs. 1 KStG** zu finden. Das Unionsrecht (die Grundfreiheiten und die Richtlinien) bilden demgegenüber einen Rahmen, mit dem das nationale Steuerrecht vereinbar sein muss, um gegenüber den betroffenen Unternehmen durchgesetzt werden zu können. Es begründet hingegen keine steuerlichen Realisationstatbestände.

---
[74] BFH v. 5.10.1994 – I R 67/93, BStBl. II 1995, 95, 96; BFH v. 30.5.2000 – V B 31/00, IStR 2000, 568, 569.
[75] S. BMF, Schr. v. 11.11.2011 – IV C 2 – S 1978-b/08/10001, BStBl. I 2011, S. 1314 ff. (Umwandlungssteuer-Erlass); *Lammel*, Besteuerung bei Gründung der Societas Europaea (SE) durch Verschmelzung, 2010; *Rödder/Herlinghaus/van Lishaut*, UmwStG, 2. Aufl. 2013.

bb) § 12 KStG. Im **nationalen Recht** findet sich die maßgebliche Vorschrift in **§ 12 KStG**, der durch das SEStEG wesentlich umgestaltet worden ist. Die frühere Fassung ordnete für die Sitzverlegung die entsprechende Anwendung der Regelung über die Gewinnbesteuerung bei Liquidation (§ 11 KStG) an. Sie lautete: 50

§ 12 Abs. 1 Satz 1 und 2 KStG a.F.:
Verlegt eine unbeschränkt steuerpflichtige Körperschaft oder Vermögensmasse ihre Geschäftsleitung und ihren Sitz oder eines von beiden ins Ausland und scheidet sie dadurch aus der unbeschränkten Steuerpflicht aus, so ist § 11 entsprechend anzuwenden. An die Stelle des zur Verteilung kommenden Vermögens tritt der gemeine Wert des vorhandenen Vermögens.

Die neue Fassung erwähnt nicht mehr ausdrücklich die Sitzverlegung als Tatbestand. Vielmehr werden sowohl im EStG (§ 4 Abs. 1 Satz 3 ff.) als auch im KStG (§ 12 Abs. 1) jeweils ein allgemeiner Tatbestand über die **steuerliche Entstrickung von Betriebsvermögen** formuliert. Unter diesen Tatbestand kann – wenn und insoweit aus einem solchen Anlass stille Reserven der „Entstrickung" anheimfallen würden – auch die Verlegung des Sitzes einer Kapitalgesellschaft subsumiert werden. Lediglich für die Sitzverlegung in Drittstaaten (außerhalb EU und EWR) wird in Abs. 3 wie bisher die Liquidationsbesteuerung vorgesehen. Die Vorschrift lautet (in der Fassung durch das JStG 2010): 51

§ 12 Abs. 1 KStG n.F.:
Wird bei der Körperschaft, Personenvereinigung oder Vermögensmasse das Besteuerungsrecht der Bundesrepublik Deutschland hinsichtlich des Gewinns aus der Veräußerung oder der Nutzung eines Wirtschaftsguts ausgeschlossen oder beschränkt, gilt dies als Veräußerung oder Überlassung des Wirtschaftsguts zum gemeinen Wert; § 4 Absatz 1 Satz 5, § 4g und § 15 Abs. 1a des Einkommensteuergesetzes gelten entsprechend. Ein Ausschluss oder eine Beschränkung des Besteuerungsrechts hinsichtlich des Gewinns aus der Veräußerung eines Wirtschaftsguts liegt insbesondere vor, wenn ein bisher einer inländischen Betriebsstätte einer Körperschaft, Personenvereinigung oder Vermögensmasse zuzuordnendes Wirtschaftsgut einer ausländischen Betriebsstätte dieser Körperschaft, Personenvereinigung oder Vermögensmasse zuzuordnen ist.

§ 12 Abs. 3 KStG n.F.:
Verlegt eine Körperschaft, Vermögensmasse oder Personenvereinigung ihre Geschäftsleitung oder ihren Sitz und scheidet sie dadurch aus der unbeschränkten Steuerpflicht in einem Mitgliedstaat der Europäischen Union oder einem Staat aus, auf den das Abkommen über den Europäischen Wirtschaftsraum Anwendung findet, gilt sie als aufgelöst, und § 11 ist entsprechend anzuwenden. Gleiches gilt, wenn die Körperschaft, Vermögensmasse oder Personenvereinigung auf Grund eines Abkommens zur Vermeidung der Doppelbesteuerung infolge der Verlegung ihres Sitzes oder ihrer Geschäftsleitung als außerhalb des Hoheitsgebietes der in Satz 1 genannten Staaten ansässig anzusehen ist. An die Stelle des zur Verteilung kommenden Vermögens tritt der gemeine Wert des vorhandenen Vermögens.

Diese Neuregelung wirkt im Verhältnis zur früheren Rechtslage insoweit verschärfend, als sie nunmehr einen **allgemeinen steuerlichen Entstrickungstatbestand** formuliert[76]. Sie wirkt insoweit erleichternd, als sie (in Übereinstimmung mit einer früheren Auslegung im Schrifttum[77]) für solches Vermögen, das (etwa in inländischen Betriebsstätten) weiterhin dem deutschen Steuerzugriff unterliegt, von einer Gewinnrealisierung aus Anlass der Sitzverlegung absieht. 52

---

76 Zur früheren Rechtslage war ganz h.M., dass die Sitzverlegung einer SE nicht dem allgemeinen Tatbestand der Liquidationsbesteuerung zu unterwerfen ist (*Aßmann*, Steuerrechtliche Aspekte, S. 119 f.; *Herzig/Griemla*, StuW 2002, 55, 75; *Rödder*, Der Konzern 2003, 522, 527; *Schaumburg* in Lutter/Hommelhoff, Die Europäische Gesellschaft, S. 350).

77 *Eckl*, Wechsel von beschränkter und unbeschränkter Steuerpflicht bei Kapitalgesellschaften, 2006, S. 106 ff.; *Hügel*, ZGR 1999, 71, 96 ff.; *Kessler/Huck/Obser/Schmalz*, DStZ 2004, 813, 819 f.; *Knobbe-Keuk*, StuW 1990, S. 372 ff., 376 f.; *Schaumburg* in Lutter/Hommelhoff, Die Europäische Gesellschaft, S. 351; *Thömmes* in Theisen/Wenz, Die Europäische Aktiengesellschaft, S. 581; a.A. *Thiel*, GmbHR 1994, 277, 288.

53 Das Grundkonzept des § 12 Abs. 1 KStG ist in Verbindung zu § 4 Abs. 1 Satz 3–5 EStG und § 11 UmwStG i.d.F. des SEStEG zu verstehen[78]. Der deutsche Steuergesetzgeber strebt mit diesen Vorschriften die Einführung einer allgemeinen Entstrickungsvorschrift für internationale Sachverhalte an, bei denen unter der **Jurisdiktion des deutschen Steuerrechts** entstandene stille Reserven verloren zu gehen drohen[79]. Dieser allgemeine Entstrickungstatbestand ist in der Weise auf die unterschiedlichen Einzelsteuergesetze aufgeteilt worden, dass für stille Reserven im Betriebsvermögen natürlicher Personen § 4 Abs. 1 Satz 3–5 EStG eingreift[80], während bei Körperschaften § 12 Abs. 1 KStG Geltung beansprucht[81]. Eine weitere Unterscheidung liegt darin, dass bei Entstrickungen, die aus Anlass eines **Rechtsträgerwechsels** stattfinden, die Vorschriften des UmwStG eingreifen (insbesondere § 11 UmwStG), während bei Entstrickungen ohne Rechtsträgerwechsel die Regelungen im EStG und KStG maßgeblich sind[82]. Für die identitätswahrende Sitzverlegung als einem Vorgang ohne Rechtsträgerwechsel im Rahmen des Körperschaftsteuerrechts ist daher § 12 Abs. 1 KStG einschlägig.

54 **cc) EU-Grundfreiheiten.** Im **europäischen Recht** müssen sowohl das Primärrecht als auch das Sekundärrecht beachtet werden.

55 Zunächst ist die SE als Gesellschaft nach Art. 54 Abs. 1 AEUV befugt, sich auf die **Grundfreiheiten** zu berufen (oben Rz. 15 ff.). Diese Berechtigung erfasst namentlich die primäre und sekundäre Niederlassungsfreiheit (Art. 49 AEUV), etwa im Hinblick auf die Gründung von Zweigniederlassungen oder Tochtergesellschaften im Ausland. Gleiches gilt für die Niederlassungsfreiheit nach Art. 31 EWR-Abkommen[83]. Umstritten ist, ob auch der „Wegzug" einer SE aus ihrem Gründungsstaat von den Grundfreiheiten erfasst wird. Der europäische Gesetzgeber hat dieses subjektive Recht im 6. Erwägungsgrund der Richtlinie 2005/19/EG ausdrücklich hervorgehoben[84]. Der Europäische Gerichtshof hatte indessen in seiner Entscheidung „Daily Mail" aus dem Jahre 1988 gemeint, dass sich Gesellschaften hinsichtlich einer Sitzverlegung in das Ausland gegenüber einer steuerlichen Schlussbesteuerung nicht auf Art. 49, 54 AEUV berufen könnten, weil ihr Bestand und ihre rechtliche Ordnung wesentlich durch den nationalen Gesetzgeber geprägt würden[85]. Diese Ausführungen sind (obiter) in der Entscheidung „Überseering" aus dem Jahre 2002 bestätigt worden[86]. Allerdings hat der Gerichtshof in den Entscheidungen „Cartesio"[87] und „VA-

---

78 Ausführlich *Rödder/Schumacher*, DStR 2006, 1481 ff. und 1525 ff.; *Blumenberg/Lechner* in Blumenberg/Schäfer, Das SEStEG, S. 65 ff., 78 ff.
79 *Klingberg/van Lishaut*, Der Konzern 2005, 698 ff.
80 Dazu ausführlich *Stadler/Elser* in Blumenberg/Schäfer, Das SEStEG, S. 43 ff.; *Dötsch/Pung*, DB 2006, 2648 ff.
81 Für eine Spezialität von § 12 KStG gegenüber § 4 Abs. 1 Satz 3 EStG *Dötsch/Pung*, DB 2006, 2648; m.E. liegt wechselseitige Exklusivität vor. Der Grund dafür, dass in § 4 Abs. 1 Satz 3 EStG eine „Entnahme" fingiert wird und in § 12 Abs. 1 KStG eine „Veräußerung" unterstellt wird, liegt darin, dass der Gesetzgeber bei Kapitalgesellschaften mangels „Privatsphäre" eine Entnahme nicht für möglich hält (*Benecke*, StuB 2007, 3, 4).
82 *Rödder/Schumacher*, DB 2006, 1525, 1526 f.
83 Mitteilung der Kommission an den Rat, das Europäische Parlament und den Europäischen Wirtschafts- und Sozialausschuss, Wegzugsbesteuerung und die Notwendigkeit einer Koordinierung der Steuerpolitiken der Mitgliedstaaten v. 19.12.2006 KOM (2006) 825 endg., Tz. 4.1, S. 10.
84 Richtlinie 2005/19/EG vom 17.2.2005 zur Änderung der Richtlinie 90/434/EWG über das gemeinsame Steuersystem für Fusionen, Spaltungen, die Einbringung von Unternehmensteilen und den Austausch von Anteilen, die Gesellschaften verschiedener Mitgliedstaaten betreffen, ABl. EG Nr. L 58 v. 27.2.1998, S. 19 ff.; näher *Diemer* in Herzig, Besteuerung, S. 52 ff.
85 EuGH v. 27.9.1988 – Rs. 81/87 – „Daily Mail", EuGHE 1988, 5483 ff.
86 EuGH v. 5.11.2001 – Rs. C-208/00 – „Überseering", EuGHE 2002, I-9919 ff.
87 EuGH v. 16.12.2008 – Rs. C-210/06 – „Cartesio", NZG 2009, 61 ff. = AG 2009, 79.

LE"⁸⁸ festgehalten, dass der Wegzug einer Gesellschaft unter gleichzeitigem Wechsel in eine Rechtsform des Zuzugsstaates weder durch den Wegzugsstaat noch durch den aufnehmenden Staat grundsätzlich verhindert werden darf⁸⁹.

Weiterhin ist aus der Sicht der Grundfreiheiten zwischen der **gesellschaftsrechtlichen „Anerkennung" einer Sitzverlegung und deren steuerlichen Folgen zu unterscheiden**. Soweit es um die gesellschaftsrechtliche Zulässigkeit einer Verlegung von Satzungssitz und/oder Hauptverwaltung der SE in das EU/EWR-Ausland geht, wird auf der Grundlage von „Daily Mail" überwiegend angenommen, dass die Befugnis und Rechtsfolgen einer Sitzverlegung in das Ausland vom Gesetzgeber des Gründungsstatuts frei ausgestaltet werden können (sog. „Kreationstheorie"). Daher soll für die SE der europäische Gesetzgeber befugt sein, das Ob und Wie einer Sitzverlegung der SE als Rechtsgebilde des Unionsrechts frei zu ermöglichen oder auszuschließen⁹⁰. Von dieser Gestaltungsfreiheit haben die Unionsorgane in zwei Richtungen Gebrauch gemacht: Sie haben in Art. 8 SE-VO die grenzüberschreitende Sitzverlegung im Grundsatz ermöglicht, und sie haben zugleich in Art. 7 Satz 1 SE-VO den regelmäßigen Gleichlauf von Satzungssitz und Hauptverwaltung angeordnet und damit ein Auseinanderfallen von Satzungssitz und Hauptverwaltung mit den in Art. 64 SE-VO niedergelegten Rechtsfolgen untersagt. 56

Eine andere Frage ist darauf gerichtet, ob die geschilderte gesellschaftsrechtliche Gestaltungsfreiheit des (europäischen) Gesetzgebers für den Fall der Verlegung von Satzungssitz und/oder Hauptverwaltung in das EU/EWR-Ausland auch in eine steuerliche Gestaltungsfreiheit des Unionsrechts oder des nationalen Steuerrechts mündet. In **„Daily Mail"**⁹¹ hatte der Gerichtshof aus der gesellschaftsrechtlichen Gestaltungsfreiheit des nationalen Gesetzgebers gefolgert, dass ihm auch **„kontrollfreie" steuerliche Hindernisse einer Sitzverlegung** erlaubt sind. Allerdings betraf „Daily Mail" den Sonderfall, dass (nach dem streitigen britischen Recht) die gesellschaftsrechtliche Zulässigkeit einer Verlegung der Hauptverwaltung kraft Gesetzes an die Erfüllung steuerlicher Pflichten geknüpft wurde und damit beide Rechtsfolgen untrennbar verbunden wurden. 57

Für die Sitzverlegung der SE wurde bereits früher überwiegend bejaht, dass mit der unbedingten „Anerkennung" der gesellschaftsrechtlichen Sitzverlegung durch Art. 8 SE-VO für die SE das Recht entstanden ist, sich gegenüber steuerlichen Hindernissen auf die Niederlassungsfreiheit zu berufen⁹². Für nationale Gesellschaftsformen hat der Gerichtshof in seiner im Jahre 2011 ergangenen Entscheidung in der Rechtssache **„National Grid Indus"** festgestellt, dass steuerliche Wegzugshindernisse nicht nur bei natürlichen Personen, sondern auch bei Körperschaften an den Grundfreiheiten gemessen werden können⁹³. Dies ist nach allgemeiner Auffassung auf die SE zu über- 58

---

88 EuGH v. 12.7.2012 – Rs. C-378/10 – „VALE", ZIP 2012, 1397 ff.
89 Zum gesellschaftsrechtlichen Meinungsstand s. *Roth* in FS Hoffmann-Becking, 2013, S. 965 ff. und *Schön*, ZGR 2013, 333 ff.; *Schön*, JbFStR 2013/14, S. 35 ff.
90 *Oechsler* in MünchKomm. AktG, 3. Aufl., Art. 7 SE-VO Rz. 2; *Schwarz*, Art. 7 SE-VO Rz. 13 ff.
91 EuGH v. 27.9.1988 – Rs. 81/87 – „Daily Mail", EuGHE 1988, 5483 ff.
92 Mitteilung der Kommission v. 19.12.2006 KOM (2006) 825 endg., Tz. 3.1, S. 6 f.; *Hügel* in FS Wiesner, 2004, S. 177 ff., 196 f.; *Kleinert/Probst*, DB 2004, 673; *Schaumburg* in FS Wassermeyer, 2005, S. 411, 414; *Schön*, IStR 2004, 289, 297; a.A. *Frotscher*, IStR 2006, 65, 68 ff.; *Thiel*, DB 2004, 2603, 2609; *Thiel*, DB 2005, 2316, 2318; *Terra/Wattel*, European Tax Law, S. 517.
93 EuGH v. 29.11.2011 – Rs. C-371/10 – „National Grid Indus", IStR 2012, 27 ff.; ebenso FG Rheinland-Pfalz v. 7.1.2011 – 1 V 1217/10, DStRE 2011, 1065 ff.; *Mörsdorf*, EuZW 2012, 296 ff.

tragen⁹⁴. Die gesellschaftsrechtliche Gestaltungsfreiheit des (nationalen oder europäischen) Gesetzgebers erschöpft sich in seiner Befugnis, den Bestand und die innere und äußere Ordnung einer Gesellschaft zu regeln. Damit ist entschieden, dass die Gesellschaft subjektiv in den **Normbereich der Art. 49, 54 AEUV** fällt⁹⁵. Gegenüber diskriminierenden oder beschränkenden Regelungen desselben Gesetzgebers auf anderen Gebieten (neben dem Steuerrecht etwa das Wettbewerbsrecht, das Insolvenzrecht, das Gewerberecht etc.) kann sich die wirksam entstandene Gesellschaft vollumfänglich auf die Grundfreiheiten berufen. Der Gesetzgeber vermag Diskriminierungen oder Beschränkungen in anderen Rechtsgebieten nicht mit dem Argument zu rechtfertigen, er hätte dem Unternehmen im Rahmen des Gesellschaftsrechts von vornherein eine bestimmte Umstrukturierung untersagen können.

59 In diese Richtung deutete bereits die Forderung des europäischen Gesetzgebers, dass „eine von einer Gesellschaft beschlossene Umstrukturierung durch Sitzverlegung (…) nicht durch diskriminierende steuerliche Vorschriften oder durch Beschränkungen, Nachteile und Verzerrungen, die sich aus dem Gemeinschaftsrecht zuwiderlaufenden Steuervorschriften der Mitgliedstaaten ergeben, behindert werden (sollten)"⁹⁶.

60 Neben die Niederlassungsfreiheit tritt die **Kapitalverkehrsfreiheit** (Art. 63 AEUV), soweit im Rahmen einer Sitzverlegung eine Kapitalbewegung vollzogen wird. Eine solche geschützte Kapitalbewegung kann zwar nicht in der bloßen Verlegung des Wohnsitzes⁹⁷ oder der rechtlichen Ansässigkeit einer juristischen Person gesehen werden, wohl aber in der Verlagerung von Betriebsvermögen, z.B. bei der Ausstattung einer Geschäftsleitung oder einer anderen Betriebsstätte.

61 Die Kapitalverkehrsfreiheit kann auch dann eigenständige Bedeutung gewinnen, wenn es um die **Verlegung des Sitzes in Drittstaaten** (außerhalb von EU/EWR) geht, weil Art. 63 Abs. 1 AEUV auch Kapitalbewegungen in und aus Drittstaaten in seinen sachlichen Anwendungsbereich aufnimmt⁹⁸. Dabei hat sich durchgesetzt, dass der Kapitalverkehr mit Drittstaaten auch gegenüber steuerlichen Regelungen geschützt ist⁹⁹. Der Europäische Gerichtshof lässt Art. 63 AEUV nur dann nicht zur Anwendung kommen, wenn die gesetzliche Regelung gezielt Niederlassungsvorgänge berührt und nicht zugleich allgemeine Kapitalbewegungen in den Blick nimmt¹⁰⁰. Die allgemein gefassten Tatbestände der § 4 Abs. 1 Satz 3–5 EStG und § 12 Abs. 1 KStG können daher auch unter dem Gesichtspunkt der Kapitalverkehrsfreiheit angegriffen werden. Allerdings sollen die Mitgliedstaaten der EU im Rahmen des Drittstaatenverkehrs zusätzliche Rechtfertigungsgründe formulieren können¹⁰¹.

62 Im Schrifttum wird weiterhin vorgeschlagen, dass gegen steuerliche Hindernisse auch unmittelbar die **Freiheit der Sitzverlegung nach Art. 8 SE-VO** ins Feld geführt

---

94 *Kessler/Philipp*, DStR 2012, 267, 269; *Mitschke*, IStR 2011, 294; *v.d. Laage*, StuW 2012, 182, 184 f.
95 *Fischer* in MünchKomm. AktG, 3. Aufl., Die Besteuerung der Europäischen Aktiengesellschaft, Rz. 87; *Terra/Wattel*, European Tax Law, S. 118 f.
96 Richtlinie 2005/19/EG vom 17.2.2005 zur Änderung der Richtlinie 90/434/EWG über das gemeinsame Steuersystem für Fusionen, Spaltungen, die Einbringung von Unternehmensteilen und den Austausch von Anteilen, die Gesellschaften verschiedener Mitgliedstaaten betreffen, ABl. EG Nr. L 58 v. 27.2.1998, 6. Erwägungsgrund Satz 2.
97 EuGH v. 23.2.2006 – Rs. C-513/03 – „van Hilten", EuGHE 2006, I-1957 ff.
98 Sog. *Erga-omnes*-Wirkung der Kapitalverkehrsfreiheit.
99 Grundlegend EuGH v. 18.12.2007 – Rs. C-101/05 – „A", EuGHE 2007, I-11531 ff.; skeptisch *Schön* in FS Wassermeyer, 2005, S. 489 ff.
100 Grundlegend EuGH v. 13.11.2012 – Rs. C-35/11 – „Test Claimants in the FII Group Litigation", IStR 2012, 924 ff.
101 EuGH v. 18.12.2007 – Rs. C-101/05 – „A", EuGHE 2007, I-11531 ff.; GA *Kokott* in EuGH v. 7.9.2004 – Rs. C-319/02 – „Manninen", EuGHE 2004, I-7477 ff.

werden kann[102]. Dies ist zweifelhaft, weil Art. 8 SE-VO ausschließlich die gesellschaftsrechtlichen Voraussetzungen und Folgen einer Sitzverlegung regelt. Im Übrigen würden die Normwirkungen nicht über die primärrechtliche Niederlassungsfreiheit hinausreichen.

dd) Fusionsbesteuerungs-RL. Im **sekundären Unionsrecht** hat die „Richtlinie 2005/19/EG des Rates vom 17.2.2005 zur Änderung der Richtlinie 90/434/EWG über das gemeinsame Steuersystem für Fusionen, Spaltungen, die Einbringung von Unternehmensteilen und den Austausch von Anteilen, die Gesellschaften verschiedener Mitgliedstaaten betreffen,"[103] die **Fusionsbesteuerungs-RL** aus dem Jahre 1990 um drei Vorschriften zur Sitzverlegung von SE (und SCE) ergänzt. Dabei wurden für die Sitzverlegung Vorschriften eingeführt, die sich inhaltlich an die bereits 1990 in Kraft getretenen Regelungen über die grenzüberschreitende Verschmelzung anlehnen. Diese Vorschriften wurden im Jahre 2009 neu angeordnet. Sie betreffen im Wesentlichen die Realisierung von stillen Reserven aus Anlass einer Sitzverlegung sowie die Behandlung von Verlustvorträgen.

63

Die für die Besteuerung der Gesellschaft maßgeblichen Vorschriften lauten:

64

Art. 12 Fusionsbesteuerungs-RL:

65

(1) Wenn

a) eine SE oder SCE ihren Sitz von einem Mitgliedstaat in eine anderen verlegt oder

b) eine SE oder SCE, die in einem Mitgliedstaat ansässig ist, infolge der Verlegung ihres Sitzes von diesem Mitgliedstaat in einen anderen Mitgliedstaat ihren Steuersitz in diesem Mitgliedstaat aufgibt und in einem anderen Mitgliedstaat ansässig wird,

darf die Verlegung des Sitzes oder die Aufgabe des Steuersitzes in dem Mitgliedstaat, von dem der Sitz verlegt wurde, keine Besteuerung des nach Artikel 4 Absatz 1 berechneten Veräußerungsgewinns aus dem Aktiv- und Passivvermögen einer SE oder SCE auslösen, das in der Folge tatsächlich einer Betriebsstätte der SE bzw. der SCE in dem Mitgliedstaat, von dem der Sitz verlegt wurde, zugerechnet bleibt, und das zur Erzielung des steuerlich zu berücksichtigenden Ergebnisses beiträgt.

(2) Absatz 1 findet nur dann Anwendung, wenn die SE bzw. die SCE neue Abschreibungen und spätere Wertsteigerungen oder Wertminderungen des Aktiv- und Passivvermögens, das tatsächlich dieser Betriebsstätte zugerechnet bleibt, so berechnet, als habe keine Sitzverlegung stattgefunden oder als habe die SE oder SCE ihren steuerlichen Sitz nicht aufgegeben.

(3) Darf die SE bzw. die SCE nach dem Recht jenes Mitgliedstaats neue Abschreibungen oder spätere Wertsteigerungen oder Wertminderungen des in jenem Mitgliedstaat verbleibenden Aktiv- und Passivvermögens abweichend von Absatz 2 berechnen, so findet Absatz 1 keine Anwendung auf das Vermögen, für das die Gesellschaft von diesem Recht Gebrauch gemacht hat.

Art. 13 Fusionsbesteuerungs-RL:

66

(1) Wenn

(a) eine SE oder SCE ihren Sitz von einem Mitgliedstaat in einen anderen verlegt oder

(b) eine SE oder SCE, die in einem Mitgliedstaat ansässig ist, infolge der Verlegung ihres Sitzes von diesem Mitgliedstaat in einen anderen Mitgliedstaat ihren Steuersitz in diesem Mitgliedstaat aufgibt und in einem anderen Mitgliedstaat ansässig wird,

treffen die Mitgliedstaaten die erforderlichen Maßnahmen, um sicherzustellen, dass Rückstellungen und Rücklagen, die von der SE oder der SCE vor der Verlegung des Sitzes ordnungsgemäß gebildet wurden und ganz oder teilweise steuerbefreit sind sowie nicht aus Betriebsstätten im Ausland stammen, von einer Betriebsstätte der SE oder SCE im Hoheitsgebiet des Mitgliedstats, von dem der Sitz verlegt wurde, mit der gleichen Steuerbefreiung übernommen werden können.

---

102 *Schaumburg* in Lutter/Hommelhoff, Die Europäische Gesellschaft, S. 351.
103 Richtlinie 2005/19/EG vom 17.2.2005 zur Änderung der Richtlinie 90/434/EWG über das gemeinsame Steuersystem für Fusionen, Spaltungen, die Einbringung von Unternehmensteilen und den Austausch von Anteilen, die Gesellschaften verschiedener Mitgliedstaaten betreffen, ABl. EG Nr. L 58 v. 27.2.1998, S. 19 ff.

(2) Insofern als eine Gesellschaft, die ihren Sitz innerhalb des Hoheitsgebietes eines Mitgliedstaats verlegt, das Recht hätte, steuerlich noch nicht berücksichtigte Verluste vor- oder rückzutragen, gestattet der betreffende Mitgliedstaat auch der in seinem Hoheitsgebiet gelegenen Betriebsstätte der SE oder SCE, die ihren Sitz verlegt, die Übernahme der steuerlich noch nicht berücksichtigten Verluste der SE bzw. der SCE, vorausgesetzt, die Vor- oder Rückübertragung der Verluste wäre für ein Unternehmen, das weiterhin seinen Sitz oder seinen steuerlichen Sitz in diesem Mitgliedstaat hat, zu vergleichbaren Bedingungen möglich gewesen.

67 Kernaussage der Regelungen der Fusionsbesteuerungs-RL über die Sitzverlegung ist die Anordnung, dass **stille Reserven in Wirtschaftsgütern, die in inländischen Betriebsstätten verbleiben, aus Anlass der Sitzverlegung nicht aufgedeckt werden dürfen**. Der deutsche Gesetzgeber hat diese Vorgaben der Richtlinie im Rahmen des SEStEG in das deutsche EStG und KStG überführt. Dabei ist zu beachten, dass die Fusionsbesteuerungs-RL für die übrigen – im Ausland belegenen oder dorthin verlagerten – Wirtschaftsgüter inhaltlich keine Besteuerungsrechte der Mitgliedstaaten begründet[104]. Dem nationalen Gesetzgeber wird durch die Fusionsbesteuerungs-RL nicht vorgeschrieben, welche Vermögensmehrungen er steuerlich erfassen soll, sondern nur – im Sinne einer „Negativausgrenzung" – die Besteuerung bestimmter Vorgänge untersagt.

b) Wechsel von der unbeschränkten in die beschränkte Steuerpflicht

68 **aa) Wechsel in die beschränkte Steuerpflicht im Rahmen von § 12 Abs. 1 KStG.** § 12 Abs. 1 KStG setzte in seiner vor dem SEStEG geltenden Fassung voraus, dass eine unbeschränkt steuerpflichtige Körperschaft ihre Geschäftsleitung und ihren Sitz oder eines von beiden in das Ausland verlegte und dadurch aus der unbeschränkten deutschen Steuerpflicht ausschied. Dieses Tatbestandsmerkmal ist in der Neufassung des § 12 Abs. 1 KStG nicht mehr ausdrücklich enthalten. Dennoch bildet der Wechsel von der unbeschränkten in die beschränkte Steuerpflicht nach wie vor einen wesentlichen Anwendungsfall der Vorschrift. Durch die **Verlegung von Sitz und/oder Geschäftsleitung in das Ausland** und den damit verbundenen Fortfall der unbeschränkten Steuerpflicht kann nämlich der in § 12 Abs. 1 KStG nunmehr tatbestandlich vorausgesetzte Fall eines Ausschlusses oder einer Beschränkung des Besteuerungsrechts der Bundesrepublik Deutschland eintreten[105]. Daher spielt für die Anwendung des § 12 Abs. 1 KStG auf die Sitzverlegung der SE nach wie vor eine wesentliche Rolle, ob die SE aus Anlass der Sitzverlegung ihre steuerliche Ansässigkeit im Inland verliert.

69 **bb) Unionsrechtliche Aussagen zum Wechsel in die beschränkte Steuerpflicht.** Art. 7, 8 SE-VO enthalten europaweit einheitliche gesellschaftsrechtliche Regeln über den Satzungssitz und die Hauptverwaltung einer SE sowie deren Verlagerung innerhalb der EU. Das Unionsrecht enthält demgegenüber keine harmonisierten Regeln für die Frage, durch welche Vorgänge ein Wechsel in der steuerlichen Ansässigkeit einer SE ausgelöst wird. Während in den ersten beiden SE-Entwürfen aus den Jahren 1970 und 1975 noch eine **Vereinheitlichung des „Steuersitzes" der SE** angestrebt wurde, verzichten sowohl die SE-VO als auch die Fusionsbesteuerungs-RL auf solche Regelungen. Aus Anlass der Novellierung der Fusionsbesteuerungs-RL im Jahre 2005 hielt der Gemeinschaftsgesetzgeber fest, dass „für den Steuersitz der SE oder SCE (...) weiterhin die einzelstaatlichen Vorschriften und Besteuerungsabkommen maßgeblich

---

104 Mitteilung der Kommission v. 19.12.2006 KOM (2006) 825 endg., Tz. 3.1., S. 6.
105 Hinzu treten weitere Fallgestaltungen, z.B. die Verlagerung von Betriebsvermögen in eine ausländische Betriebsstätte oder der Abschluss eines Doppelbesteuerungsabkommens, welches den steuerlichen Status von Auslandsvermögen verändert.

sind"[106]. „In Anbetracht der für die Mitgliedstaaten gemäß dem Vertrag bestehenden Verpflichtung, alle erforderlichen Maßnahmen zur Beseitigung der Doppelbesteuerung zu treffen", sei es „derzeit nicht erforderlich, gemeinsame Vorschriften über den Steuersitz einer SE oder SCE zu schaffen"[107]. Daher hält es der Unionsgesetzgeber auch für möglich, dass „eine SE oder SCE, die ihren Sitz von einem Mitgliedstaat in einen anderen verlegt, (…) trotzdem im ersten Mitgliedstaat ihren Steuersitz beibehalten (kann)"[108].

Bei der Frage nach den Rechtsfolgen eines „Wegzugs" einer SE muss daher beachtet werden, dass die gesellschaftsrechtliche Verlegung von „**Sitz**" und „**Hauptverwaltung**" sich nach der SE-VO richten, die steuerlichen Tatbestände sich jedoch nach „**Sitz**" und „**Ort der Geschäftsleitung**" i.S. der §§ 10, 11 AO bzw. nach den einschlägigen Vorschriften der Doppelbesteuerungsabkommen richten. Dabei muss davon ausgegangen werden, dass in (seltenen) Einzelfällen die Hauptverwaltung i.S. des Art. 7 SE-VO und der Ort der Geschäftsleitung i.S. des § 10 AO auseinander fallen können[109]. 70

cc) Verlegung des Satzungssitzes. Gesetzlicher und tatsächlicher Regelfall ist eine in Deutschland gegründete SE, die ihren Satzungssitz und ihre Hauptverwaltung sowie den „Ort ihrer Geschäftsleitung" i.S. von § 10 AO im Inland hat. Wird der Satzungssitz einer solchen SE in das EU/EWR-Ausland verlegt, so sind drei mögliche Fälle zu behandeln: 71

– Der Sitz wird gemeinsam mit der Hauptverwaltung in das Ausland verlegt. Dabei wandert der „Ort der Geschäftsleitung" i.S. von § 10 AO regelmäßig ebenfalls in das Ausland.

– Der Sitz wird gemeinsam mit der Hauptverwaltung in das Ausland verlegt. Dabei verbleibt ausnahmsweise der „Ort der Geschäftsleitung" im Inland.

– Der Sitz wird in das Ausland verlegt, ohne dass die Hauptverwaltung und der „Ort der Geschäftsleitung" ebenfalls verlagert werden.

– Der Sitz wird in das Ausland verlegt. Die Hauptverwaltung bleibt im bisherigen Sitzstaat zurück, die Geschäftsleitung wandert mit.

Im dem Fall, dass eine SE **Sitz und Hauptverwaltung und „Ort der Geschäftsleitung" in das europäische Ausland verlegt**, verliert die SE mit dem Wegzug ihre unbeschränkte Steuerpflicht im Inland nach § 1 Abs. 1 Nr. 1 KStG und wechselt in den Status der beschränkt steuerpflichtigen Körperschaft nach § 2 KStG. Dieser Fall wird im Rahmen des deutschen Rechts von § 12 Abs. 1 KStG erfasst, wenn und soweit im Zuge dieser Sitzverlegung „das Besteuerungsrecht der Bundesrepublik Deutschland hinsichtlich des Gewinns aus der Veräußerung oder der Nutzung eines Wirtschaftsguts ausgeschlossen oder beschränkt wird". Aus der Sicht der Fusionsbesteuerungs-RL liegt ein Fall von Art. 12 Abs. 1 lit. b, 13 Abs. 1 lit. b vor, weil „eine SE oder SCE, 72

---

106 Richtlinie 2005/19/EG vom 17.2.2005 zur Änderung der Richtlinie 90/434/EWG über das gemeinsame Steuersystem für Fusionen, Spaltungen, die Einbringung von Unternehmensteilen und den Austausch von Anteilen, die Gesellschaften verschiedener Mitgliedstaaten betreffen, ABl. EG Nr. L 58 v. 27.2.1998, S. 19 ff., 6. Erwägungsgrund S. 5.
107 Richtlinie 2005/19/EG vom 17.2.2005 zur Änderung der Richtlinie 90/434/EWG über das gemeinsame Steuersystem für Fusionen, Spaltungen, die Einbringung von Unternehmensteilen und den Austausch von Anteilen, die Gesellschaften verschiedener Mitgliedstaaten betreffen, ABl. EG Nr. L 58 v. 27.2.1998, S. 19 ff., 7. Erwägungsgrund S. 7.
108 Richtlinie 2005/19/EG vom 17.2.2005 zur Änderung der Richtlinie 90/434/EWG über das gemeinsame Steuersystem für Fusionen, Spaltungen, die Einbringung von Unternehmensteilen und den Austausch von Anteilen, die Gesellschaften verschiedener Mitgliedstaaten betreffen, ABl. EG Nr. L 58 v. 27.2.1998, S. 19 ff., 6. Erwägungsgrund S. 4.
109 *Preißer*, Besteuerung der SE, in Manz/Mayer/Schröder, Kap. 1 Rz. 71 f.; *Wenz/Daisenberger* in KölnKomm. AktG, 3. Aufl., Schlussanhang III: Steuerrecht der SE, Rz. 183.

die in einem Mitgliedstaat ansässig ist, infolge der Verlegung ihres Sitzes von diesem Mitgliedstaat in einen anderen Mitgliedstaat ihren Steuersitz in diesem Mitgliedstaat aufgibt und in einem anderen Mitgliedstaat ansässig wird". Schließlich genießt diese Situation auch den Schutz der Grundfreiheiten (Art. 49, 54 und 63 AEUV).

73 In dem Fall, dass eine SE **Sitz und Hauptverwaltung in das europäische Ausland verlegt, aber der „Ort der Geschäftsleitung" im Inland bleibt**, verliert die SE mit dem Wegzug nicht ihre unbeschränkte Steuerpflicht im Inland nach § 1 Abs. 1 Nr. 2 KStG. § 12 Abs. 1 KStG erfasst diesen Fall daher im Regelfall nicht. Dies wird dadurch abgesichert, dass nach Art. 4 Abs. 3 OECD-MA bei einer steuerlichen Konkurrenz zwischen dem Sitzstaat und dem Staat der Geschäftsleitung der „place of effective management" den Ausschlag über die Zuordnung von Besteuerungsrechten zwischen diesen beiden Staaten gibt. Zu einer Anwendung von § 12 Abs. 1 KStG kann es daher nur kommen, wenn eine Art. 4 Abs. 3 OECD-MA entsprechende Regelung in einem deutschen DBA nicht existiert und trotz eines Ortes der Geschäftsleitung im Inland (etwa im Wege eines Verständigungsverfahrens) dem anderen Staat das vorrangige Besteuerungsrecht zugesprochen wird. Aus der Sicht der Fusionsbesteuerungs-RL liegt hier in der Regel ein Fall des Art. 12 Abs. 1 lit. a und des Art. 13 Abs. 1 lit. a vor, weil die SE zwar ihren gesellschaftsrechtlichen Sitz in einen anderen Mitgliedstaat verlegt, nicht aber ihren Steuersitz im bisherigen Ansässigkeitsstaat aufgibt. Die Anwendung dieser Vorschrift führt allerdings ins „Leere", weil die bloße Verlegung des gesellschaftsrechtlichen Sitzes ohne eine Verlegung des steuerlichen Sitzes ohnehin schon nach deutschem Steuerrecht keine Gewinnrealisierung hervorruft. Führt allerdings die Anwendung eines Doppelbesteuerungsabkommens dazu, dass dem anderen Staat das vorrangige Besteuerungsrecht zugesprochen wird, so kann man dies als eine Verlagerung des Steuersitzes ansehen und sich daher für eine erweiterte Auslegung und Anwendung von Art. 12 Abs. 1 lit. b und Art. 13 Abs. 1 lit. b Fusionsbesteuerungs-RL aussprechen. Wiederum ist der Fall auch vom Schutz der Grundfreiheiten erfasst.

74 In dem Fall, dass eine SE nur ihren **Satzungssitz, nicht aber ihre Hauptverwaltung oder ihren Ort der Geschäftsleitung in das Ausland verlegt**, gelten die vorstehenden Ausführungen ebenfalls. § 12 Abs. 1 KStG kann nur eingreifen, wenn die Bundesrepublik ausnahmsweise trotz Fortbestandes des Ortes der Geschäftsleitung im Inland in ihrem Besteuerungsrecht beschränkt wird. Auch findet keine Liquidationsbesteuerung nach § 11 KStG statt, weil das bloße Auseinanderfallen von Sitz und Hauptverwaltung nicht automatisch zur Liquidation führt. Aus der Sicht der Fusionsbesteuerungs-RL sind wiederum Art. 12 Abs. 1 lit. a und Art. 13 Abs. 1 lit. a einschlägig, die allerdings mangels eines Gewinnrealisierungstatbestands im deutschen Recht ins Leere gehen. Führt die SE allerdings nicht nachträglich einen Gleichlauf von Sitz und Hauptverwaltung herbei, so ist der Sitzstaat befugt, die Liquidation der Gesellschaft anzuordnen (Art. 64 SE-VO). Wenn dies durchgeführt wird, kann eine gewöhnliche Liquidationsbesteuerung (§ 11 KStG) stattfinden[110], die nicht von den Tatbeständen der Art. 12, 13 Fusionsbesteuerungs-RL überlagert wird.

75 Verlegt die SE ihren **Satzungssitz und den Ort der Geschäftsleitung ins Ausland, belässt aber die Hauptverwaltung im Inland**, so wird der Fall (bis zum Eingreifen von Maßnahmen nach Art. 64 SE-VO) als vollständiger Wechsel von der unbeschränkten in die beschränkte Steuerpflicht behandelt. Er unterliegt sowohl § 12 Abs. 1 KStG als auch Art. 12 Abs. 1 lit. b und Art. 13 Abs. 1 lit. b der Fusionsbesteuerungs-RL und ist schließlich auch von den Grundfreiheiten geschützt.

---

110 Dazu *Bergmann*, Liquidationsbesteuerung von Kapitalgesellschaften, 2012, S. 23 ff.

dd) Verlegung des Verwaltungssitzes. Wird die Hauptverwaltung einer SE gemeinsam mit dem Satzungssitz verlegt, so finden die oben Rz. 68 geschilderten Regelungen Anwendung. Es ist jedoch auch möglich, dass die Hauptverwaltung faktisch in einen anderen Mitgliedstaat verlegt wird, ohne dass dies von einer Verlegung des Satzungssitzes begleitet wird. Solange der Sitzstaat der Gesellschaft dies nicht zum Anlass nimmt, die Liquidation der SE zu betreiben, kommt es zu einem (mehr oder weniger) dauerhaften **Auseinanderfallen von Satzungssitz und Hauptverwaltung**. Aus der Sicht des Steuerrechts ist dies dann bedeutsam, wenn (was die Regel sein wird) zugleich mit der Hauptverwaltung der „Ort der Geschäftsleitung" in das Ausland wandert. Allerdings führt dies zunächst nicht nach § 1 Abs. 1 Nr. 1 KStG zu einem Verlust der unbeschränkten Steuerpflicht im Inland, weil diese sowohl durch den inländischen Satzungssitz als auch durch den inländischen Ort der Geschäftsleitung begründet wird. Auf der Grundlage von Art. 4 Abs. 3 OECD-MA (dem in den meisten deutschen Doppelbesteuerungsabkommen eine Vorschrift entspricht[111]) wird jedoch das vorrangige Besteuerungsrecht dem Staat der Geschäftsleitung zugewiesen. Daher kann § 12 Abs. 1 KStG eingreifen[112]. Von der Fusionsbesteuerungs-RL ist diese Situation nicht erfasst, denn diese setzt in Art. 12, 13 voraus, dass der gesellschaftsrechtliche Sitz einer Gesellschaft verlegt (und gegebenenfalls *zusätzlich* der Steuersitz verlagert) wird.

76

Allerdings kann sich eine SE, die ihre Hauptverwaltung **entgegen Art. 7, 8 SE-VO** ohne den Satzungssitz in das Ausland verlagert hat, gegenüber steuerlichen Hindernissen auf die **Grundfreiheiten** berufen (s. oben Rz. 15 ff.). Der Gesetzgeber der SE hat sich entschieden, an die isolierte Verlagerung des Verwaltungssitzes keine automatische Liquidation der Gesellschaft zu knüpfen. Die SE ist daher in diesem Stadium weiterhin eine Gesellschaft i.S. von Art. 54 AEUV, welche die Niederlassungsfreiheit (Art. 49 AEUV) und andere Grundfreiheiten in Anspruch nehmen kann. Im Lichte der Rechtsprechung des EuGH (Centros, Überseering, Inspire Art) ist die Verlagerung der Hauptverwaltung als Begründung einer Zweigniederlassung im Ausland zu würdigen[113].

77

ee) Verlegung des Ortes der Geschäftsleitung. Schließlich sind auch Fälle denkbar, in denen sowohl der Satzungssitz als auch die Hauptverwaltung einer SE im Inland verbleiben, allerdings der Ort der Geschäftsleitung ins Ausland verlegt wird. Gesellschaftsrechtlich hat dies keine Folgen, insbesondere wird nicht eine Liquidation der Gesellschaft nach Art. 64 SE-VO veranlasst. Der Zustand kann daher dauerhaft bestehen bleiben. Aus der Sicht des nationalen Steuerrechts bleibt es in diesen Fällen bei der unbeschränkten Steuerpflicht der Gesellschaft wegen ihres inländischen Satzungssitzes (§ 1 Abs. 1 KStG). Verliert die Bundesrepublik Deutschland in diesem Fall nach einer dem Art. 4 Abs. 3 OECD-MA entsprechenden Abkommensvorschrift ihr Besteuerungsrecht, so kann § 12 Abs. 1 KStG eingreifen. Die Fusionsbesteuerungs-RL trifft zu dem Vorgang keine Aussagen, weil Art. 12, 13 eine gesellschaftsrechtliche Sitzverlegung voraussetzen. Der Vorgang ist allerdings als Begründung einer ausländischen Zweigniederlassung von Art. 49, 54 AEUV auf der Ebene des Primärrechts erfasst und gegen unzulässige Diskriminierungen und Beschränkungen geschützt.

78

---

111 *Lehner* in Vogel/Lehner, DBA, Art. 4 OECD-MA Rz. 240 ff.
112 *Schaumburg*, Internationales Steuerrecht, Rz. 6.30.
113 *Schön* in FS Heldrich, 2005, S. 391, 393 ff.

c) Konsequenzen für die Anwendung von § 12 Abs. 1 KStG

79 **aa) Die maßgeblichen Situationen.** Ausgangspunkt des steuerlichen Zugriffs ist ausschließlich § 12 Abs. 1 KStG[114]. Dieser ordnet die Fiktion einer Veräußerung für ein Wirtschaftsgut an, wenn für den Gewinn aus der Veräußerung oder Nutzung dieses Wirtschaftsguts das Besteuerungsrecht der Bundesrepublik Deutschland ausgeschlossen oder beschränkt wird. Dies kann im Rahmen einer grenzüberschreitenden Verlagerung einer SE der Fall sein, wenn diese **von der unbeschränkten in die beschränkte Steuerpflicht wechselt** oder trotz fortbestehender unbeschränkter Steuerpflicht nach Art. 4 Abs. 3 OECD-MA (oder einer anderen DBA-Regelung) das **Besteuerungsrecht des Zuzugsstaates Vorrang vor dem Besteuerungsrecht des Wegzugsstaates genießt.**

Darunter fallen die folgenden oben beschriebenen Situationen:
- Verlagerung von Satzungssitz, Hauptverwaltung und Ort der Geschäftsleitung in das Ausland (s. oben Rz. 72).
- Verlagerung von Satzungssitz (und Hauptverwaltung) in das Ausland, wenn ein DBA dem Zuzugsstaat Vorrang vor dem inländischen Geschäftsleitungsstaat einräumt (s. oben Rz. 73).
- Verlagerung von Satzungssitz und Ort der Geschäftsleitung (auch ohne Hauptverwaltung) in das Ausland (s. oben Rz. 74 ff.).
- Verlagerung von Geschäftsleitung (und Hauptverwaltung) in das Ausland, wenn ein DBA dem Zuzugsstaat Vorrang vor dem inländischen Sitzstaat einräumt (s. oben Rz. 76 ff.).

80 Betrachtet man die betriebliche Tätigkeit und das dazugehörige Vermögen der SE, so ist zwischen den nachstehenden Segmenten zu unterscheiden[115].

81 **bb) Die Belegenheit von Vermögen im Rahmen von § 12 Abs. 1 KStG.** In seiner geltenden Fassung ordnet § 12 Abs. 1 KStG die Aufdeckung stiller Reserven aus Anlass des Wegzugs einer Kapitalgesellschaft nicht für sämtliche Wirtschaftsgüter an. Vielmehr ist entscheidend, ob der Wegzug für ein Wirtschaftsgut zu einem Ausschluss oder zu einer Beschränkung des deutschen Besteuerungsrechts führt[116]. Von einem Ausschluss ist dann die Rede, wenn der Besteuerungszugriff auf die Einkünfte aus der Nutzung oder der Veräußerung eines Wirtschaftsguts vollständig entfällt. Unter einer Beschränkung versteht das Gesetz den Fall, dass die deutsche Steuerhoheit zwar bestehen bleibt, aber die Einkünfte aus der Veräußerung oder Nutzung eines Wirtschaftsguts zusätzlich der Jurisdiktion eines ausländischen Staates unterfallen, dessen Steuern nach Doppelbesteuerungsabkommen oder nach unilateralem Recht (§ 34c EStG)[117] angerechnet werden müssen. Um festzustellen, ob aus Anlass einer Sitzverlegung ein solcher Ausschluss oder eine solche Beschränkung eintreten, ist nach der Belegenheit und der Art der Wirtschaftsgüter zu unterscheiden.

82 **(1) Inländisches Vermögen.** Soweit eine Betriebsstätte im Inland trotz Wegzugs verbleibt und soweit dieser Betriebsstätte weiterhin Wirtschaftsgüter zugeordnet werden können, sehen sowohl das nationale Steuerrecht (§ 49 Abs. 1 Nr. 2 lit. a EStG) als auch das Doppelbesteuerungsrecht (Art. 5 und 7 OECD-MA) ein **fortbestehendes Besteuerungsrecht der Bundesrepublik Deutschland** vor. Es gilt der Vorrang des Quellenstaats, d.h. dass der (neue) Sitzstaat der SE die in Deutschland erzielten Betriebs-

---
114 *Rödder/Schumacher*, DB 2006, 1481, 1488 ff.
115 S. auch (vor Inkrafttreten des SEStEG) *Förster/Lange*, RIW 2002, 585 ff.
116 *Dürrschmidt*, StuW 2010, 137, 140 ff.
117 Zur Auslegung von „Ausschluss und Beschränkung" im Hinblick auf unilaterale Steuerverzichte s. unten Rz. 86 ff.

stätteneinkünfte entweder steuerlich freistellt oder die in Deutschland gezahlten Steuern anrechnen muss. Die Anwendung von § 12 Abs. 1 KStG führt daher zu keiner Aufdeckung stiller Reserven im Betriebsstättenvermögen[118]. Damit entspricht § 12 Abs. 1 KStG der unionsrechtlichen Vorgabe in Art. 13 Abs. 1 Fusionsbesteuerungs-RL.

Nach deutschem Steuerrecht hat die fehlende Gewinnrealisierung zur Folge, dass **in der Bilanz der Betriebsstätte die Buchwerte der SE für die im Inland verbleibenden Wirtschaftsgüter fortgeschrieben werden**. Dies gilt auch für Rückstellungen und Rücklagen auf der Passivseite der Bilanz. An eine solche Fortführung der bisherigen Wertansätze (für Abschreibungen, Wertsteigerungen oder Wertminderungen) knüpft auch Art. 12 Abs. 2 Fusionsbesteuerungs-RL den Ausschluss der Gewinnrealisierung in Abs. 1 dieser Vorschrift. Art. 13 Abs. 1 Fusionsbesteuerungs-RL bestätigt dieses Ergebnis für den Sonderfall der bilanziellen Fortführung von steuerfreien Rückstellungen und Rücklagen, die aus der Gewinnermittlung der SE in die Ergebnisrechnung der Betriebsstätte überführt werden. Um eine Verlagerung ausländischer Verluste in das Inland zu vermeiden, ist für eine solche Weiterführung von Rückstellungen oder Rücklagen vorausgesetzt, dass sie nicht aus Betriebsstätten im Ausland stammen (Art. 13 Abs. 1 Fusionsbesteuerungs-RL). 83

In gleicher Weise wird mit inländischem Vermögen verfahren, das keiner inländischen Betriebsstätte zugehört, aber dennoch im Inland steuerverhaftet bleibt. Dies betrifft in erster Linie **inländisches Immobilienvermögen oder Beteiligungen an inländischen Kapitalgesellschaften** außerhalb des Anwendungsbereichs von Art. 13 Abs. 5 OECD-MA. Für die Nutzung und Veräußerung von solchen im Inland belegenen Vermögenswerten auch außerhalb eines betrieblichen Zusammenhangs ist eine inländische Besteuerung nach § 49 Abs. 1 EStG (im Rahmen des jeweils einschlägigen Doppelbesteuerungsabkommens) möglich (s. z.B. § 49 Abs. 1 Nr. 2 lit. d EStG für die Veräußerung von Anteilen an inländischen Kapitalgesellschaften sowie § 49 Abs. 1 Nr. 2 lit. f, Nr. 6 EStG für die Veräußerung und Vermietung von inländischem Immobilienvermögen). Die Fusionsbesteuerungs-RL trifft für diese Fallgestaltungen keine Anordnungen, sondern beschränkt sich auf inländisches Betriebsstättenvermögen. § 12 Abs. 1 KStG ist insoweit weitgreifender angelegt, weil die Buchwertfortführung nicht im engeren Sinne auf den Verbleib in einer inländischen Betriebsstätte abstellt, sondern auf die fortbestehende Steuerverhaftung im Inland[119]. 84

(2) Verlagertes Vermögen. Eine wesentliche Problematik der „Wegzugsbesteuerung" im Rahmen des § 12 Abs. 1 KStG betrifft Wirtschaftsgüter, die im Zuge einer Sitzverlegung aus der deutschen Jurisdiktion ausscheiden und in den neuen Sitzstaat der SE (oder einen anderen Staat) überwechseln. Betroffen sind in erster Linie „immaterielle" Güter, z.B. Finanzanlagen, Beteiligungen, Patente, Urheberrecht oder Forderungen, die aus Anlass der Sitzverlegung „automatisch" an den neuen Ort der Geschäftsleitung wechseln[120]. Es kann aber auch um materielle Güter gehen, die bei dem Umzug der Geschäftsleitung oder anderer Betriebsstätten physisch in einen anderen Staat verbracht werden. 85

---

118 *Schaumburg*, Internationales Steuerrecht, Rz. 6.33.
119 *Blumenberg* in FS Schaumburg, 2009, S. 572 ff.; *Blumenberg/Lechner* in Blumenberg/Schäfer, Das SEStEG, S. 80; *Frotscher*, IStR 2006, 65, 67; *Hruschka*, StuB 2006, 631, 637.
120 *Büsching* in Jannott/Frodermann, Handbuch der Europäischen Aktiengesellschaft, 14. Kap., Steuerrecht, Rz. 148; *Blumenberg/Lechner* in Blumenberg/Schäfer, Das SEStEG, S. 81 f.; *Dötsch/Pung*, DB 2006, 2648, 2649; kritisch zu diesem Automatismus für die „Zentralfunktion der Geschäftsleitung" s. *Blumers*, DB 2006, 856 ff.

86 Aus der Sicht des § 12 Abs. 1 KStG stellt sich in diesen Situationen die Frage, ob und in welchem Umfang **„das Besteuerungsrecht der Bundesrepublik Deutschland hinsichtlich des Gewinns aus der Veräußerung oder der Nutzung eines Wirtschaftsguts ausgeschlossen oder beschränkt wird"**. Dieser Ausschluss oder diese Beschränkung kann zum Teil auf nationalem Recht, zum Teil auf allgemeinem Völkerrecht und zum Teil auf dem Doppelbesteuerungsrecht beruhen[121]:

87 Soweit im Rahmen des **Wegzugs der SE** diese ihre unbeschränkte Steuerpflicht in Deutschland aufgibt und die mitgeführten Wirtschaftsgüter nunmehr physisch ausländischen Steuerquellen (insbesondere Betriebsstätten) zugeordnet werden, besteht schon nach deutschem Steuerrecht kein Besteuerungsrecht mehr – es handelt sich um Bestandteile von ausländischen Steuerquellen einer im Ausland ansässigen Person. Hier dürfte weiterhin bereits das allgemeine Völkerrecht mangels eines fortbestehenden „Inlandsbezuges" das Besteuerungsrecht Deutschlands ausschließen.

88 Soweit die mitgeführten Wirtschaftsgüter weiterhin einen **Inlandsbezug** aufweisen, verzichtet schon das deutsche Steuerrecht häufig auf den weiteren Zugriff (etwa bei Forderungen gegen inländische Schuldner), während in anderen Fällen der inländische Zugriff nach nationalem Recht fortbesteht (etwa bei inländischen Beteiligungen an Kapitalgesellschaften nach § 49 Abs. 1 Nr. 2 lit. e EStG oder bei inländischen Immaterialgüterrechten nach § 49 Abs. 1 Nr. 2 lit. f Satz 1, Nr. 6 EStG). Wenn das innerstaatliche Recht den Besteuerungsanspruch aufrechterhält, ist in einem weiteren Schritt zu prüfen, ob ein Doppelbesteuerungsabkommen der Bundesrepublik Deutschland das Besteuerungsrecht entzieht (z.B. für Veräußerungsgewinne aus Beteiligungen an Kapitalgesellschaften Art. 13 Abs. 5 OECD-MA oder für die Verwertung von Immaterialgütern Art. 12 Abs. 1 OECD-MA). Soweit das Besteuerungsrecht für die Veräußerung und die laufenden Erträge verschiedenen Fisci zugeordnet wird (so z.B. für Veräußerungsgewinne und Dividenden aus Kapitalbeteiligungen in Art. 13 Abs. 5 OECD-MA einerseits und in Art. 10 OECD-MA andererseits), kommt es für den Tatbestand nach § 12 Abs. 1 KStG n.F. darauf an, ob hinsichtlich der Veräußerungsgewinne ein Ausschluss erfolgt.

89 In den geschilderten Fällen kann **§ 12 Abs. 1 KStG** zum Zuge kommen. Daran besteht kein Zweifel, wenn das allgemeine Völkerrecht oder ein Doppelbesteuerungsabkommen den weiteren Steuerzugriff im Inland verhindern. Fraglich kann nur sein, ob von einem Ausschluss oder einer Beschränkung des Besteuerungsrechts der Bundesrepublik Deutschland auch dann die Rede sein kann, wenn der deutsche Gesetzgeber unilateral auf die Erfassung bestimmter Einkunftsarten im Rahmen der beschränkten Steuerpflicht verzichtet (etwa bei einfachen (verzinslichen) Geldforderungen gegen inländische Schuldner). Vor dem Hintergrund, dass ein Besteuerungsrecht auch dann besteht, wenn man es nicht ausübt, lässt sich § 12 Abs. 1 KStG insofern nicht anwenden[122]. Allerdings ist § 12 Abs. 1 KStG einschlägig, wenn die deutsche Besteuerung der Veräußerung oder Nutzung eines Wirtschaftsguts sowohl nach nationalem Recht als auch nach Doppelbesteuerungsrecht bzw. allgemeinem Völkerrecht nicht erfolgen kann.

90 Eng mit dem Verständnis des „Ausschlusses" oder der „Beschränkung" des Besteuerungsrechts der Bundesrepublik Deutschland verbunden ist die Frage, ob eine solche **Einschränkung des deutschen Besteuerungsrechts** aus Anlass einer Verlagerung von Vermögen in das Ausland konkret **im Hinblick auf die bis dahin entstandenen „stil-**

---

121 *Hruschka*, StuB 2006, 631, 636.
122 Ebenso zu § 34c EStG *Bilitewski*, FR 2007, 57, 58 f.; *Hagemann/Jakob/Ropohl/Viebrock*, NWB 2007, Sonderheft 1, S. 2.

len Reserven" eintritt. Im Anschluss an *Wassermeyer*[123] hatte der 1. Senat des BFH in zwei Grundlagenurteilen aus den Jahren 2008[124] und 2009[125] (zur Rechtslage vor dem SEStEG) entschieden, dass die Verlagerung von Wirtschaftsgütern in eine ausländische Betriebsstätte nicht zu einer Einschränkung des Besteuerungsrechts an den im Wegzugstaat entstandenen stillen Reserven führen würde. Daraus wurde gefolgert, dass die Wegzugsbesteuerung nach § 4 Abs. 1 Satz 3 EStG und § 12 Abs. 1 KStG weitgehend ins Leere laufen würde[126]. Die Finanzverwaltung ist dem nicht gefolgt und hat durchgesetzt, dass der Gesetzgeber im JStG 2010 sowohl in § 4 Abs. 1 Satz 4 EStG als auch in § 12 Abs. 1 Satz 2 KStG die Verlagerung von Wirtschaftsgütern aus einer inländischen Betriebsstätte in eine ausländische Betriebsstätte als Fall des Ausscheidens aus der deutschen Besteuerungshoheit i.S. von § 4 Abs. 1 Satz 3 EStG und § 12 Abs. 1 Satz 1 KStG – je nach juristischer Interpretation – klarstellt bzw. fingiert[127].

(3) Ausländisches Vermögen. Wieder anders ist die Situation, wenn die wegziehende SE über Wirtschaftsgüter verfügt, die bereits vor der Sitzverlegung im Ausland belegen waren und dort auch verbleiben[128]: 91

Wenn und soweit die Bundesrepublik Deutschland **vor der Sitzverlegung kein Recht zur Besteuerung** der Nutzung und der Veräußerung dieser Wirtschaftsgüter innehatte, kann dieses auch nicht durch die Sitzverlegung verloren gehen. Es kommt dann nicht zu einer Aufdeckung stiller Reserven nach § 12 Abs. 1 KStG[129]. Dies betrifft in erster Linie Wirtschaftsgüter in ausländischen Betriebsstätten deutscher SE, wenn der in dieser Betriebsstätte erzielte Gewinn nach einem von Deutschland mit dem Betriebsstättenstaat abgeschlossenen DBA im Inland freigestellt ist. Anderes gilt nur, wenn die Wirtschaftsgüter vor der Sitzverlegung zum Buchwert in eine ausländische Betriebsstätte verschoben worden waren und daher endgültig der Verlust der Besteuerung der „eingefrorenen" stillen Reserven droht.

Davon zu unterscheiden ist die Situation, dass die Bundesrepublik Deutschland vor der Sitzverlegung hinsichtlich dieser ausländischen Wirtschaftsgüter nach dem **Welteinkommensprinzip** während der unbeschränkten Steuerpflicht der SE Zugriff auf die mit diesen Wirtschaftsgütern verknüpften Gewinne hat – etwa weil mit dem Betriebsstättenstaat kein DBA abgeschlossen ist oder das DBA lediglich eine Steueranrechnung vorsieht. In diesen Fällen kommt durch den Wechsel der SE von der unbeschränkten in die beschränkte Steuerpflicht der deutsche Steuerzugriff in Fortfall. Die ausländischen Wirtschaftsgüter können dafür auch nicht einer im Inland verbleibenden Betriebsstätte zugeordnet werden. Daher kann es in diesen Fällen zu einer Gewinnrealisierung nach § 12 Abs. 1 KStG kommen. 92

Eine wesentliche Problematik besteht in dem letztgenannten Fall darin, dass die bei einer regulären Veräußerung anfallende Anrechnung der im ausländischen (Betriebsstätten-)Staat anfallenden Steuern bei einer solchen vorzeitigen Veräußerungsfiktion 93

---

123 *Wassermeyer*, DB 2006, 1176 ff.; *Wassermeyer*, IStR 2008, 176, 180; s. auch *Gosch*, BFH/PR 2008, S. 499.
124 BFH v. 17.7.2008 – I R 77/08, BStBl. II 2009, S. 464 ff.
125 BFH v. 28.10.2009 – I R 99/08, DStR 2010, 40 ff.
126 *Blumenberg* in FS Schaumburg, 2009, S. 559, 577 ff.; *Dürrschmidt*, StuW 2010, 137, 142; *Köhler*, IStR 2010, 337, 339 ff.
127 Zu den Auslegungsalternativen *Ritzer* in Rödder/Herlinghaus/van Lishaut, UmwStG, Anh. 7 Rz. 6 ff.; zur europarechtlichen Einschätzung s. unten Rz. 98 ff.
128 Einzelheiten bei *Eckl*, Wechsel von beschränkter und unbeschränkter Steuerpflicht bei Kapitalgesellschaften, 2006, S. 110 ff.
129 *Büsching* in Jannott/Frodermann, Handbuch der Europäischen Aktiengesellschaft, 14. Kap., Steuerrecht, Rz. 161; *Förster/Lange*, RIW 2002, 585, 587.

nicht eingreifen kann[130]. Der ausländische Staat wird die Sitzverlegung der SE nicht zum Anlass nehmen, ebenfalls eine fiktive Gewinnrealisierung durchzuführen. Im Betriebsstättenstaat wird es daher erst zu einem späteren Zeitpunkt oder überhaupt nicht zu einer entsprechenden Gewinnaufdeckung kommen. Auch kann sich der Erfolgsbeitrag des „entstrickten" Wirtschaftsguts im Betriebsstättenstaat in anderer Weise realisieren (etwa bei Anlagegütern, die im Produktionsprozess gewinnbringend eingesetzt werden). Daher kommt es in diesen Fällen bei einer **vorzeitigen Entstrickung in Deutschland** regelmäßig zu einer **juristischen oder wirtschaftlichen Doppelbesteuerung**. Das DBA-Recht steht dem allerdings nicht entgegen, weil die Entstrickung noch unter deutscher Fiskalhoheit geschieht und die spätere Gewinnrealisierung im Ausland nicht formal an denselben Vorgang anknüpft. Zur Lösung dieser Fälle werden eine fiktive Steueranrechnung[131] und eine rückwirkende Änderung des Bescheides nach § 175 Abs. 1 Satz 1 Nr. 2 AO diskutiert[132]. Vorzugswürdig erscheint die „fiktive Steueranrechnung" in Analogie zu § 3 Abs. 3 UmwStG[133] oder zu Art. 10 Abs. 2 Fusionsbesteuerungs-RL[134], weil sie dem Ausgangspunkt Rechnung trägt, dass bereits vor der Sitzverlegung der Besteuerungszugriff Deutschlands nicht voll ausgeübt werden konnte und daher aus Anlass der Sitzverlegung nur der „relative Verlust" erfasst werden soll. Gelangt man unter dem Einfluss der Grundfreiheiten zu einer Stundung des gegenwärtigen Steueranspruchs auf den Zeitpunkt der tatsächlichen Gewinnrealisierung (dazu unten Rz. 98 ff.), so erscheint eine tatsächliche Anrechnung der im Belegenheitsstaat gezahlten Steuern allerdings möglich.

94 **cc) Aufdeckung stiller Reserven.** Die Rechtsfolge des § 12 Abs. 1 KStG liegt in der Sofortversteuerung eines fiktiven Veräußerungsgewinns in Höhe der Differenz zwischen dem Buchwert und dem gemeinen Wert der Wirtschaftsgüter. Damit weicht § 12 Abs. 1 KStG von den allgemeinen Entnahmeregeln ab, die eine Gewinnrealisierung durch Ansatz des Teilwerts vorsehen (§ 4 Abs. 1 Satz 1 i.V.m. § 6 Abs. 1 Nr. 4 Satz 1 EStG)[135], und stimmt weiterhin nicht mit den Regeln für Gewinnabgrenzungen zwischen Auslands- und Inlandsbetriebsstätten überein, welche den „Fremdvergleichspreis" zugrunde legen[136]. Mit dem Ansatz des gemeinen Wertes wird ein Gewinnzuschlag vorgesehen, der bei Teilwert und Fremdvergleichspreis nicht oder in geringerem Umfang angesetzt werde[137]. So kann bei Waren anstelle des Einkaufspreises der Verkaufspreis Anwendung finden[138]. Verteidigt wird die Entscheidung des Gesetzgebers für den Ansatz des gemeinen Wertes mit dem Hinweis, dass für einen **allgemeinen Entstrickungsgrundsatz**, wie er nunmehr in § 4 Abs. 1 Satz 3 ff. EStG und § 12 Abs. 1 KStG eingeführt werde, ein einheitlicher Maßstab für alle Arten von Ersatzrealisationen definiert werden müsse[139]. Ein **Verstoß der Neuregelung gegen höherrangiges Recht (Art. 3 Abs. 1 GG oder die Niederlassungsfreiheit/Kapitalverkehrsfreiheit)** würde voraussetzen, dass hier von der Regelung einer vergleichbaren (inländischen) Situation abgewichen wird. Dies ist im Hinblick auf die unterschiedli-

---

130 *Förster/Lange*, RIW 2002, 585, 588.
131 *Blumenberg/Lechner* in Blumenberg/Schäfer, Das SEStEG, S. 83; *Herzig/Griemla*, StuW 2002, 55, 75 f.
132 *Förster/Lange*, RIW 2002, 585, 588.
133 *Fischer* in MünchKomm. AktG, 3. Aufl., Die Besteuerung der Europäischen Aktiengesellschaft, Rz. 91.
134 *Jochum* in Habersack/Drinhausen, Steuerrecht der SE, Rz. 130.
135 *Olbing/Binnewies*, AG 2006, 411, 413.
136 *Werra/Teiche*, DB 2006, 1455, 1457.
137 *Benecke*, StuB 2007, 3, 4; kritisch zu dieser Unterstellung *Stadler/Elser* in Blumenberg/Schäfer, Das SEStEG, S. 54.
138 *Schulze zur Wiesche*, WPg 2007, 162, 163.
139 *Klingberg/van Lishaut*, Der Konzern 2005, 698, 704 f.

chen Maßstäbe zu innerstaatlichen Entstrickungstatbeständen (Entnahme führt zum Teilwert, Betriebsaufgabe zum gemeinen Wert) nicht leicht zu bejahen[140].

Für Anteile an Kapitalgesellschaften ist zu berücksichtigen, dass aus Anlass der Entstrickung kein Gewinn besteuert werden kann, der im Rahmen von **§ 8b Abs. 2 KStG** steuerfrei bleiben würde[141]. Denn eine weitergehende Belastung bei der grenzüberschreitenden Realisation als bei der innerstaatlichen Realisation ist mit den Grundfreiheiten des EG-Vertrages nicht vereinbar.

Zugleich mit dem Ansatz „stiller Reserven" werden **„stille Lasten"** aufgedeckt und gegengerechnet, z.B. nicht in der Steuerbilanz angesetzte Rückstellungen für drohende Verluste[142]; dabei sollte § 12 Abs. 1 Satz 2 KStG i.d.F. des Regierungsentwurfes[143] in systemwidriger Weise für Pensionsrückstellungen eine Realisierung der stillen Lasten in Höhe der Differenz zwischen dem steuerlichen Ansatz nach § 6a EStG und dem „wahren Wert" dieser Verbindlichkeiten verhindern[144]. In der Endfassung ist diese Sonderregelung nicht mehr enthalten. Es gelten vielmehr die „allgemeinen Grundsätze"[145]. Diese erfassen auch Verbindlichkeiten und Rückstellungen als „negative Wirtschaftsgüter" und müssen daher einen Ausweis dieser Lasten zum gemeinen Wert herbeiführen[146].

dd) Keine Anwendbarkeit des Besteuerungsaufschubs nach § 4g EStG. Die Sofortbesteuerung nach § 12 Abs. 1 KStG kann nicht durch Rekurs auf § 4g EStG gemildert werden, der bei Verlagerung von Wirtschaftsgütern in ausländische Betriebsstätten in Höhe des entstehenden Gewinns einen steuerfreie Ausgleichsposten zulässt, der über fünf Jahre verteilt aufgelöst wird[147]. Zwar verweist § 12 Abs. 1 Satz 1 2. Halbsatz KStG für körperschaftsteuerpflichtige Personen nicht auf diese Norm. Diese Erstreckung des § 4g EStG auf das KStG kann aber nicht helfen, weil die Vorschrift eine (fortbestehende) unbeschränkte Steuerpflicht des betroffenen Steuersubjekts voraussetzt. Daran fehlt es gerade im Fall der grenzüberschreitenden Sitzverlegung[148]. Lediglich dann, wenn eine SE (oder eine andere Körperschaft) ihren inländischen Sitz behält und Wirtschaftsgüter in ausländische Betriebsstätten verlagert, kann die Analogie zu § 4g EStG eingreifen[149].

d) Vereinbarkeit der „Sofortbesteuerung" mit Unionsrecht?

Wenn und soweit **§ 12 Abs. 1 KStG** die Verlagerung von Vermögen im Rahmen des Wegzugs einer SE erfasst, stellt sich die Frage nach der Vereinbarkeit mit dem Unionsrecht. Gleiches gilt für den Fall, dass steuerverhaftetes Auslandsvermögen aus Anlass des Wegzugs gewinnrealisierend entstrickt wird.

---

140 Eine weitgehende Annäherung von Teilwert und gemeinem Wert in der Praxis konstatieren *Diller/Grottke*, StuSt 2007, 69 ff.
141 *Blumenberg/Lechner* in Blumenberg/Schäfer, Das SEStEG, S. 82.
142 *Büsching* in Jannott/Frodermann, Handbuch der Europäischen Aktiengesellschaft, 14. Kap., Steuerrecht, Rz. 162.
143 BT-Drucks. 16/2710, S. 8.
144 Kritisch *Rödder/Schumacher*, DB 2006, 1481, 1489.
145 BT-Drucks. 16/3369, S. 8; der Umstand, dass das im BMF zuständige Referat die Anwendung von § 6a EStG für deklaratorisch hält und daher auf Satz 2 verzichtet hat (so *Dötsch/Pung*, DB 2006, 2648 Fn. 15), kann auf die Auslegung der Norm keinen Einfluss haben.
146 *Schulze zur Wiesche*, WPg 2007, 162, 163 f.; näher zu dieser Auslegungsfrage *Benecke/Schnitger*, IStR 2007, 22, 24.
147 Zu den Einzelheiten *Kessler/Winterhalter/Huck*, DStR 2007, 133.
148 *Jochum* in Habersack/Drinhausen, Steuerrecht der SE, Rz. 131; *Köhler*, IStR 2010, 337, 339; *Wenz/Daisenberger* in KölnKomm. AktG, 3. Aufl., Schlussanhang III: Steuerrecht der SE, Rz. 259.
149 Kritisch zu dieser Differenzierung *Blumenberg* in FS Schaumburg, 2009, S. 559, 566 f.

99 Ein Verstoß gegen **Art. 12, 13 Fusionsbesteuerungs-RL** liegt nicht vor, weil diese Vorschriften ein Verbot der steuerlichen Gewinnrealisierung nur für den Fall aufstellen, dass Wirtschaftsgüter im Rahmen einer inländischen Betriebsstätte verbleiben und dort zum steuerlichen Ergebnis beitragen.

100 Allerdings können die **Grundfreiheiten** (Niederlassungsfreiheit – Art. 49, 54 AEUV – und Kapitalverkehrsfreiheit – Art. 63 EG) in diesen Fällen weitergehende Schranken für die Gewinnrealisierung aufstellen. Die Richtlinie entfaltet insoweit keine „Sperrwirkung" für die Anwendung der Grundfreiheiten[150]. Vor allem im frühen Schrifttum zur Wegzugsbesteuerung ist dennoch die Aufdeckung stiller Reserven außerhalb von inländischen Betriebsstätten im Grundsatz akzeptiert worden[151]. In der Folgezeit hat der Gerichtshof zunächst zum Wegzug natürlicher Personen in den Rechtssachen „Hughes de Lasteyrie de Saillant"[152] und „N."[153] herausgearbeitet, dass eine **Sofortversteuerung gegen die genannten Grundfreiheiten verstoßen** kann. Diese Judikatur hat der Gerichtshof in seinem Grundsatzurteil „National Grid Indus" aus dem Jahre 2011 auf den Wegzug juristischer Personen ausgedehnt[154]. In mehreren Vertragsverletzungsverfahren[155] hat der Gerichtshof inzwischen die europarechtlichen Grenzen der Wegzugsbesteuerung näher konturiert. Aus der Sicht des deutschen Steuerrechts hat der Gerichtshof zuletzt am Beispiel der Gewinnaufdeckung bei einer grenzüberschreitenden Einbringung nach dem früheren UmwStG die europarechtlichen Grenzen einer Schlussbesteuerung näher umrissen[156].

101 Vor diesem Hintergrund wird heute von der h.M. die Sofortversteuerung nach § 12 Abs. 1 KStG als Verstoß gegen die Grundfreiheiten eingestuft[157]. Das FG Rheinland-Pfalz hat im Jahre 2011 in einem Aussetzungsbeschluss dieses Ergebnis für die **Sitzverlegung einer SE** von Deutschland nach Österreich bestätigt[158]. Weitere Klärung

---

150 *Beutel/Rehberg*, IStR 2012, 94, 95; *Dürrschmidt*, StuW 2010, 137, 142 f.; *Körner*, IStR 2009, 741, 747; *Körner*, IStR 2011, 527, 528 ff.; skeptisch *Preißer*, Besteuerung der SE, in Manz/Mayer/Schröder, Kap. 6 Rz. 18 f.; a.A. *Mitschke*, IStR 2011, 294, 296; *Mitschke*, IStR 2013, 15 ff.
151 *Knobbe-Keuk*, StuW 1990, 372, 376; *Förster/Lange*, RIW 2002, 585, 587.
152 EuGH v. 11.3.2004 – Rs. C-9/02 – „Hughes de Lasteyrie du Saillant", EuGHE 2004, I-2409 ff.
153 EuGH v. 7.9.2006 – Rs. C-470/04 – „N.", DStR 2006, 1691 ff.
154 EuGH v. 29.11.2011 – Rs. C-371/10 – „National Grid Indus", IStR 2012, 27 ff.
155 EuGH v. 12.7.2012 – Rs. C-269/09 (Kommission ./. Spanien), EWS 2012, 335 ff.; dazu *Koppensteiner*, taxlex 2012, 425 ff.; EuGH v. 6.9.2012 – Rs. C-38/10 – (Kommission ./. Portugal), IStR 2012, 763 ff.; EuGH v. 31.1.2013 – Rs. C-301/11 – (Kommission ./. Niederlande), BeckRS 2013, S. 80523; EuGH v. 25.4.2013 – Rs. C-64/11 – (Kommission ./. Spanien), IStR 2013, 393 mit Anm. *Mitschke*; EuGH v. 18.7.2013 – Rs. C-261/11 – (Kommission ./. Dänemark), ISR 2013, 312 ff.; dazu *Sydow*, IStR 2013, 663 ff.; *Thömmes*, JbFStR 2013/14, S. 50 ff.
156 EuGH v. 23.1.2014 – Rs. C-164/12 – „DMC", IStR 2014, 106 ff. mit Anm. *Mitschke*; dazu *Sydow*, DB 2014, 265 ff.
157 *Aßmann*, Steuerrechtliche Aspekte, S. 157 ff.; *Blumenberg*, IStR 2009, 549, 550; *Hofmeister* in FS Wassermeyer, 2005, S. 437, 442 ff.; *Kessler/Achilles/Huck*, IStR 2003, 715, 718 f.; *Kessler/Philipp*, DStR 2011, 1888, 1889; *Köhler/Eicker*, DStR 2006, 1871, 1875; *Körner*, IStR 2006, 109, 110 f.; *Körner*, IStR 2009, 741, 742 f.; *Ritzer* in Rödder/Herlinghaus/van Lishaut, UmwStG, Anh. 7 Rz. 91; *Schaumburg* in FS Wassermeyer, 2005, S. 411 ff., 423 f.; *Schindler* in Kalss/Hügel, Teil III: Steuerrecht Rz. 227; *Schindler*, IStR 2004, 300 ff.; *Schön*, StbJb. 2003/04, 28, 47 ff.; *Schön*, Tax Notes International v. 12.3.2004, S. 197 ff., 202; *Schön*, IStR 2004, 289, 290; *Schön/Schindler*, IStR 2004, 571, 574 ff.; *Schönherr/Lemaitre*, GmbHR 2006, 561, 562; *Wenz/Daisenberger* in KölnKomm. AktG, 3. Aufl., Schlussanhang III: Steuerrecht der SE, Rz. 260.
158 FG Rheinland-Pfalz v. 7.1.2011 – 1 V 1217/10, DStRE 2011, 1065 ff.; dazu *Allmendinger*, GPR 2012, 147 ff.; *Kessler/Philipp*, DStR 2011, 1888 ff.; *Körner*, IStR 2011, 527 ff.; *Mitschke*, IStR 2011, 294 ff.; *v.d. Laage*, StuW 2012, 182 ff.

kann eine Vorlage des FG Düsseldorf aus dem Jahre 2013 zur Überführung von Wirtschaftsgütern in eine ausländische Betriebsstätte bringen[159].

Ausschlaggebend aus der Sicht der Grundfreiheiten ist der Umstand, dass die in § 12 Abs. 1 UmwStG vorgesehene **Sofortversteuerung** bei grenzüberschreitender Verlagerung **eine Beschränkung**[160] **dieser Grundfreiheiten** bildet bzw. eine Benachteiligung grenzüberschreitender Sitzverlegungen im Vergleich mit rein inländischen Sitzverlegungen, bei denen eine solche Rechtsfolge nicht eintritt. Dem steht nicht entgegen, dass § 12 Abs. 1 KStG nicht formal an den grenzüberschreitenden Sachverhalt anknüpft, sondern in allgemeiner Form den Ausschluss oder die Beschränkung des deutschen Besteuerungsrechts als Tatbestandsmerkmal wählt. Denn diese Vorschrift trifft in der Regel grenzüberschreitende Konstellationen und ist damit als „verschleierte" Diskriminierung bzw. Beschränkung einzuordnen. 102

Maßgeblich ist daher die Frage nach der **Rechtfertigung der Sofortversteuerung**. Dafür ist im Ausgangspunkt das Interesse eines Mitgliedstaats an der steuerlichen Erfassung der unter seiner Jurisdiktion entstandenen stillen Reserven im Rahmen der „ausgewogenen Aufteilung der Besteuerungsbefugnis" anzuerkennen. Dieses Interesse ist zugleich Ausdruck der „Kohärenz" des nationalen Besteuerungssystems. Davon gehen nicht nur die Fusionsbesteuerungs-RL[161], sondern auch die Europäische Kommission[162] und der Europäische Gerichtshof[163] aus. 103

Im Rahmen der steuerlichen Erfassung nach § 4 Abs. 1 Satz 3 EStG und § 12 Abs. 1 KStG wird indessen diskutiert, ob dieses Interesse tatsächlich beeinträchtigt ist, wie der Bundesfinanzhof im Anschluss an *Wassermeyer* meint[164], trotz Verlagerung von Wirtschaftsgütern ins Ausland (und trotz Aufgabe der inländischen Betriebsstätte) eine **nachlaufende Zuordnung der bis zur Verlagerung entstandenen stillen Reserven zur inländischen Steuerhoheit möglich** bleibt[165]. Dagegen ist zu Recht vorgetragen worden, dass die nunmehr durch den Gesetzgeber in § 4 Abs. 1 Satz 4 EStG verankerte Interpretation der DBA-rechtlichen Beschränkung des inländischen Besteuerungsrechts nur dann aus der Sicht des Unionsrechts verworfen werden kann, wenn sich in diese Richtung ein internationaler Konsens der beteiligten Staaten gebildet hat[166]. Eine unilaterale „Theorie" der Gerichte in einem Mitgliedstaat reicht dafür nicht aus. 104

Allerdings muss der nationale Gesetzgeber prüfen, ob und in welchem Umfang „mildere Mittel" in Betracht kommen, um den Besteuerungsanspruch des Wegzugsstaats durchzusetzen. Mit Rücksicht auf dieses **Prinzip der Erforderlichkeit und Verhältnismäßigkeit** hat der Gerichtshof in seiner bisherigen Rechtsprechung eine Sofortbesteuerung bei Wegzug grundsätzlich nicht akzeptiert. Im Anschluss an die 105

---

159 FG Düsseldorf v. 5.12.2013 – 8 K 3664/11F, IStR 2014, 73 ff.
160 *Hügel* in FS Wiesner, 2004, S. 177, 193 f.; zur empirischen Feststellung des Behinderungseffekts s. *Schmidtmann*, World Tax Journal 2012, 34 ff.
161 Richtlinie 2005/19/EG vom 17.2.2005 zur Änderung der Richtlinie 90/434/EWG über das gemeinsame Steuersystem für Fusionen, Spaltungen, die Einbringung von Unternehmensteilen und den Austausch von Anteilen, die Gesellschaften verschiedener Mitgliedstaaten betreffen, ABl. EG Nr. L 58 v. 27.2.1998, 4. Erwägungsgrund.
162 Stellungnahme zu § 6 AStG v. 1.4.2004 (Az. 1999/4371).
163 S. EuGH v. 11.3.2004 – Rs. C-9/02 – „Hughes de Lasteyrie du Saillant", EuGHE 2004, I-2409 ff.; EuGH v. 7.9.2006 – Rs. C-470/04 – „N.", DStR 2006, 1691 ff.; EuGH v. 29.11.2011 – Rs. C-371/10 – „National Grid Indus", IStR 2012, 27 ff.
164 Oben Rz. 90.
165 *Büsching* in Jannott/Frodermann, Handbuch der Europäischen Aktiengesellschaft, 14. Kap., Steuerrecht, Rz. 146; *Körner*, IStR 2009, 741, 745; *Körner*, IStR 2011, 522, 531; *Ditz* in Schönfeld/Ditz, Art. 7 (2008) Rz. 31.
166 *v.d. Laage*, StuW 2012, 182, 187 f.; *Mitschke*, IStR 2012, 6, 9 f.

Entscheidung des Gerichtshofs in der Rechtssache „N." spricht sich die Mehrheit im Schrifttum für die Möglichkeit einer Sofortfestsetzung der Steuerforderung unter gleichzeitiger zinsloser Stundung bis zur endgültigen Veräußerung an[167].

106 Inzwischen lässt sich ein Wandel der Judikatur insoweit feststellen, als der Gerichtshof in seiner jüngeren Judikatur den **Grenzübertritt als echten Steuertatbestand** wertet und daher den Mitgliedstaaten eine Verzinslichkeit der Steuerforderung bewilligt[168]. Aus diesem Grunde sei der Wegzugsstaat berechtigt, bei einer Gefährdung seines Steueranspruchs Sicherheiten zu verlangen[169]. Schließlich hat der Gerichtshof den Mitgliedstaaten inzwischen zugestanden, eine pauschalierte ratenweise Nachversteuerung der stillen Reserven in den fünf Folgejahren vorzunehmen[170]. Zu diesem „territorialen" Verständnis der Besteuerungsbefugnis gehört auch, dass der Gerichtshof den Wegzugsstaat nicht mehr verpflichtet, auf Wertminderungen nach der Überführung der Wirtschaftsgüter bei der Bemessung der Steuerschuld Rücksicht zu nehmen[171].

107 Soweit der deutsche Gesetzgeber die Sofortversteuerung mit dem Problem der Administrierbarkeit rechtfertigt[172], liegt dem zweifellos ein anerkennenswertes praktisches Anliegen zugrunde[173]. Die Rechtsprechung des EuGH verweist zur Lösung derartiger Schwierigkeiten indessen regelmäßig auf die einschlägige Amtshilfe-RL und Beitreibungs-RL[174]. Dem Steuerpflichtigen könne auch ein **Wahlrecht zwischen Sofortzahlung und Stundung** eingeräumt werden. Dabei kann ein Steueraufschub mit der Auflage versehen werden, dass der Steuerpflichtige die Finanzbehörden regelmäßig über das Schicksal der verbrachten Wirtschaftsgüter informiert[175].

e) Verlustvorträge

108 Zu den Fragestellungen, die durch den „Wegzug" einer SE in das Ausland aufgeworfen wird, gehört weiterhin die **Behandlung von Verlustvorträgen**, die während der unbeschränkten Steuerpflicht im Inland entstanden sind. Dabei kann es sich einerseits um Verlustvorträge handeln, die aus (steuerpflichtigen) Auslandsaktivitäten herrühren, es kann andererseits um Verlustvorträge gehen, die in einer inländischen Betriebsstätte entstanden sind.

109 § 10d Abs. 2 EStG gewährt unbeschränkt steuerpflichtigen Personen einen der Höhe und dem Zeitraum nach unbegrenzten Verlustvortrag (der lediglich durch die Vorgaben zur „Mindestbesteuerung" eingeschränkt wird). Diese Vorschrift gilt auch für

---

167 EuGH v. 7.9.2006 – Rs. C-470/04 – „N.", DStR 2006, 1691 ff.; s. auch die Schlussanträge von GA *Kokott* in dieser Rechtssache v. 30.3.2006, Rz. 110 ff.; *Fraberger/Zöchling*, ÖStZ 2004, 433, 435.
168 EuGH v. 29.11.2011 – Rs. C-371/10 – „National Grid Indus", IStR 2012, 27 ff.; dazu *Körner*, IStR 2012, 1 ff.; *Mitschke*, IStR 2012, 6 ff.; *Wassermeyer*, EuZW 2012, 921, 922.
169 EuGH v. 23.1.2014 – Rs. C-164/12 – „DMC", Rz. 65–67, IStR 2014, S. 106 ff.; kritisch *Kessler/Philipp*, DStR 2012, 267, 271 f.; *Thömmes/Linn*, IStR 2012, 282, 287 f.
170 EuGH v. 23.1.2014 – Rs. C-164/12 – „DMC", Rz. 62–64, IStR 2014, 106 ff.; dazu *Gosch*, IWB 2014, 183 ff.; für nicht realitätsgerecht hält den Fünfjahreszeitraum *v.d. Laage*, StuW 2012, 182, 188 f.
171 EuGH v. 29.11.2011 – Rs. C-371/10 – „National Grid Indus", IStR 2012, 27 ff.
172 BT-Drucks.16/2710, S. 26 f.
173 *Hahn*, IStR 2006, 797, 802 f.; *Schön*, StbJb. 2003/04, 28, 33 f.
174 EuGH v. 7.9.2006 – Rs. C-470/04 – „N.", Rz. 52 f., DStR 2006, 1691 ff.; FG Rheinland-Pfalz v. 7.1.2011 – 1 V 1217/10, DStRE 2011, S. 1065 ff.; *Eckl*, Wechsel von beschränkter und unbeschränkter Steuerpflicht bei Kapitalgesellschaften, 2006, S. 172 ff.
175 EuGH v. 29.11.2011 – Rs. C-371/10 – „National Grid Indus", IStR 2012, 27 ff.; Mitteilung der Kommission v. 19.12.2006, KOM (2006) 825 endg., Tz. 3.1., S. 7; *Blumenberg* in FS Schaumburg, 2009, 559, 584 ff.

Kapitalgesellschaften (§§ 7 Abs. 1, 8 Abs. 1 KStG) mit der Einschränkung des „Mantelkaufs" in § 8 Abs. 4 KStG. Ein solcher Verlustvortrag wurde nach § 50 Abs. 1 Satz 2 EStG bis VZ 2008 auch beschränkt steuerpflichtigen Personen gewährt, wenn und soweit die Verluste „in wirtschaftlichem Zusammenhang mit inländischen Einkünften stehen und sich aus Unterlagen ergeben, die im Inland aufbewahrt werden". Diese **territoriale Beschränkung der Verlustverrechnung** ist mit Unionsrecht vereinbar, die verfahrensrechtliche Belastung mit einer Aufbewahrungspflicht im Inland jedoch nicht[176]. Sie wurde daher durch den Gesetzgeber aufgegeben.

Der **Wechsel einer SE aus der unbeschränkten in die beschränkte Steuerpflicht** unterbricht den Verlustvortrag nicht[177]. Es kommt nicht zu einer Auflösung der SE oder zu einer anderen Form des Identitätswechsels. Der Steuerpflichtige bleibt derselbe. Zweifelhaft ist jedoch, ob der **Verlustvortrag** auch solche Verluste erfasst, die während der unbeschränkten Steuerpflicht des Steuerpflichtigen entstanden sind, allerdings nicht wirtschaftlich mit der im Inland verbleibenden Betriebsstätte verknüpft sind. Heute hat sich die Ansicht durchgesetzt, dass solche Verluste im Grundsatz abzugsfähig bleiben, wenn sie im Entstehungsjahr bei unbeschränkter Steuerpflicht der Gesellschaft ausgleichs- und abzugsfähig waren[178]. 110

Damit entspricht das deutsche Recht der Vorgabe des **Art. 13 Abs. 2 Fusionsbesteuerungs-RL**. Nach dieser Vorschrift gestattet der Mitgliedstaat einer ihren Sitz verlegenden SE, die im Inland bisher verrechnungsfähigen Verluste im Rahmen der verbleibenden Betriebsstätten zu verrechnen. Voraussetzung ist lediglich, dass bei einer rein inländischen Sitzverlegung der Verlustvortrag ebenfalls durch das mitgliedstaatliche Recht ermöglicht wird. 111

f) Sitzverlegung im EU-Ausland mit Inlandsbezug

Zu den Fällen einer Sitzverlegung mit steuerlichen Folgen kann auch die Situation gehören, dass eine **im EU-Ausland ansässige SE ihren Sitz** (sowie ihre Hauptverwaltung und den Ort ihrer Geschäftsleitung) **in einen dritten Mitgliedstaat der EU verlegt**. Dieser Fall ändert aus der Sicht des deutschen Steuerrechts nichts daran, dass die vor dem Umzug beschränkt steuerpflichtige SE diesen Status weiterhin behält. Veränderungen können jedoch daraus resultieren, dass nunmehr ein anderes Doppelbesteuerungsabkommen auf das Verhältnis zwischen dem im Ausland angesiedelten Stammhaus und den in Deutschland belegenen Betriebsstätten Anwendung findet. Dies kann jedoch in aller Regel nicht zu einer Einschränkung der deutschen Steuerhoheit über diese inländischen Betriebsstätten führen. Wenn und soweit im Ausnahmefall doch ein Verlust von Besteuerungshoheit eintritt (wenn z.B. die Definition der Betriebsstätte in dem DBA mit dem Zuzugsstaat der SE enger geschnitten ist als in dem DBA mit dem Wegzugsstaat[179]), eröffnet § 12 Abs. 1 KStG die oben für den Fall des Wegzugs einer SE geschilderten Rechtsfolgen. 112

g) Sitzverlegung in EWR-Staaten

Die vorstehenden Ausführungen gelten auch für die **Sitzverlegung einer SE in andere Staaten des Europäischen Wirtschaftsraums**. Für eine solche Sitzverlegung gilt zunächst § 12 Abs. 1 KStG i.d.F. des SEStEG. Weiterhin gelten sowohl Art. 8 SE-VO als auch die Grundfreiheiten des EG-Vertrages in ihrer Fassung durch das EWR-Abkom- 113

---

176 EuGH v. 15.5.1997 – Rs. C-250/95 – „Futura und Singer", EuGHE 1997, I-2471 ff.
177 *Blumenberg/Lechner* in Blumenberg/Schäfer, Das SEStEG, S. 83 f.
178 *Eckl*, Wechsel von beschränkter und unbeschränkter Steuerpflicht bei Kapitalgesellschaften, 2006, S. 124 f.; *Gosch* in Kirchhof, § 50 EStG Rz. 10.
179 *Blumenberg/Lechner* in Blumenberg/Schäfer, Das SEStEG, S. 84.

men (z.B. Art. 31 ff. EWR-Abkommen für die Niederlassungsfreiheit und Art. 40 ff. EWR-Abkommen für die Kapitalverkehrsfreiheit). Die Grundfreiheiten werden für das EWR-Abkommen im Grundsatz in derselben Weise interpretiert wie innerhalb der Europäischen Union[180]. Es fehlt jedoch an einer Geltung der Fusionsbesteuerungs-RL, welche seit 2005 auch steuerliche Fragen der Sitzverlegung innerhalb der EU regelt (oben Rz. 9).

114 Aus § 12 Abs. 1 KStG lässt sich zunächst der Schluss ziehen, dass im Falle einer Sitzverlegung aus Deutschland in einen EWR-Staat keine stillen Reserven aufgedeckt werden, die weiterhin dem Zugriff des deutschen Fiskus unterliegen. Dies gilt in erster Linie für solche Wirtschaftsgüter, die in einer inländischen Betriebsstätte verbleiben. Eine Besteuerung von stillen Reserven, die trotz der Sitzverlegung der SE im Inland verbleiben, würde man weiterhin im Hinblick auf die unverhältnismäßige Wirkung einer solchen Besteuerung als Verstoß gegen die Niederlassungsfreiheit und gegebenenfalls gegen die Kapitalverkehrsfreiheit einordnen. Die in § 12 Abs. 1 KStG angeordnete „Sofortversteuerung" für stille Reserven in solchen Wirtschaftsgütern, die ins EWR-Ausland verlagert werden, kann jedoch gerechtfertigt werden. Denn es fehlt im Verhältnis zu den EWR-Staaten an **Parallelregelungen zur Amtshilfe-RL und zur Beitreibungs-RL**, die dem inländischen Fiskus eine nachlaufende Ermittlung der Besteuerungsgrundlagen und Durchsetzung des Besteuerungsanspruchs erlauben würden. Auf eine „Stundung" kann sich die SE daher nur dann berufen, wenn das Doppelbesteuerungsabkommen zwischen Deutschland und dem jeweiligen Zuzugsstaat Auskunfts- und Vollstreckungsrechte vorsieht, die den europäischen Amtshilfe- und Beitreibungsregelungen gleichwertig sind[181]. Damit wird insbesondere verhindert, dass stille Reserven mit Hilfe der Sitzverlegung einer SE nach Liechtenstein verlagert werden, mit dem kein DBA mit Auskunftsklausel existiert[182].

h) Sitzverlegung in Drittstaaten

115 Eine Verlegung des Satzungssitzes in einen Staat außerhalb der EU oder des EWR ist auf der Grundlage der SE-VO nicht möglich[183]. Allerdings kann der Fall eintreten, dass die **tatsächliche Hauptverwaltung und/oder der Ort der Geschäftsleitung in einen Drittstaat** verlegt werden, so dass die SE dort ebenfalls unbeschränkt steuerpflichtig wird und gegebenenfalls nach einer dem Art. 4 Abs. 3 OECD-MA entsprechenden Abkommensnorm dieser Drittstaat gegenüber der Bundesrepublik Deutschland den Vorrang genießt.

116 Gesellschaftsrechtlich ist mit einer solchen Verlegung der Geschäftsleitung in einen Drittstaat keine automatische Liquidation der SE verbunden, sondern nur das Recht des Sitzstaats, nach Art. 64 SE-VO die SE bei Gefahr einer Liquidation zu einer Angleichung von Sitzstaat und Hauptverwaltungsstaat zu veranlassen. Dennoch wird in § 12 Abs. 3 SEStEG n.F. für den Fall einer solchen Sitzverlegung in einen Drittstaat automatisch eine volle Liquidationsbesteuerung nach § 11 KStG angeordnet. Dies ist rechtspolitisch vor allem deshalb problematisch, weil damit auch für im Inland verbleibendes Betriebsvermögen die stillen Reserven aufgedeckt werden[184]. Die Fusionsbesteuerungs-RL enthält zu diesem Fall keine Vorgaben. Ebenfalls sind Art. 49, 54 AEUV nicht einschlägig, weil keine Niederlassung in der EU oder im EWR ange-

---

180 Grundlegend EFTA-Gerichtshof v. 23.11.2003 – Rs. E-1/04, „Fokus Bank", IStR 2005, 55 ff.; ausführlich *Cordewener*, FR 2005, 236 ff.; für die Wegzugsbesteuerung Mitteilung der Kommission v. 19.12.2006, KOM (2006) 825 endg., Tz. 4.2., S. 10.
181 Mitteilung der Kommission v. 19.12.2006, KOM (2006) 825 endg., Tz. 4.2., S. 10.
182 *Thömmes* in Theisen/Wenz, Die Europäische Aktiengesellschaft, S. 608.
183 *Heuschmid/Schmidt*, NZG 2007, 54 ff.
184 *Hagemann/Jakob/Ropohl/Viebrock*, NWB 2007, Sonderheft 1, S. 7.

strebt, sondern ein Engagement in einem Drittstaat durchgeführt wird. Fraglich kann nur sein, ob Art. 63 AEUV für den Fall der „Mitnahme" von Wirtschaftsgütern in einen solchen Drittstaat der nachteiligen Rechtsfolge der vollen Liquidationsbesteuerung Grenzen setzt. Das ist nach der Rechtsprechung des Europäischen Gerichtshofs möglich (s. oben Rz. 98 ff.).

Bejaht man die Anwendbarkeit der **Kapitalverkehrsfreiheit**[185], so muss man im Bereich der Rechtfertigungsgründe für Beschränkungen anders verfahren als beim Kapitalverkehr innerhalb der Union. So finden im Verhältnis zu Drittstaaten die innerhalb der EU/EWR geltenden **Richtlinien über Amtshilfe und Beitreibung** keine Anwendung; dies ist bedeutsam für den Sachverhalt der „Sofortbesteuerung", weil eine „Stundungslösung" nur dann durchgesetzt werden kann, wenn der rechtliche Rahmen für nachträgliche steuerliche Feststellungen und Anspruchsdurchsetzungen besteht[186]. Soweit jedoch die in § 12 Abs. 3 KStG angeordnete Liquidationsbesteuerung auch Betriebsstätten im Inland betrifft, geht sie über das zur Sicherung des deutschen Besteuerungsanspruchs Erforderliche hinaus[187]. 117

2. Besteuerung der Anteilseigner

Verlegt eine SE ihren Sitz oder ihre Geschäftsleitung in das EU-Ausland und verliert sie damit ihre unbeschränkte Steuerpflicht im Inland, so hängen die Rechtsfolgen für die **Anteilseigner** davon ab, ob diese ihrerseits **unbeschränkt oder beschränkt steuerpflichtig** sind. 118

Soweit die Anteilseigner der SE im Inland unbeschränkt steuerpflichtig sind, besteht kein Anlass für eine Besteuerung der bis dahin in ihren Händen realisierten Wertsteigerung der Anteile an der SE. Bei der Sitzverlegung handelt es sich nicht um eine Veräußerung i.S. von § 17 Abs. 1 EStG, auch nicht in Form eines Tauschs, oder um eine steuerpflichtige Liquidation[188]. 119

Es werden nicht Anteile an einer inländischen Gesellschaft hingegeben und Anteile an einer ausländischen Gesellschaft erworben (wie bei einer grenzüberschreitenden Verschmelzung oder einem grenzüberschreitenden Anteilstausch). Auch ist kein Fall des § 6 AStG gegeben, weil die Anteilseigner selbst nicht ihre Ansässigkeit in das Ausland verlagern. Ein **Anlass zur Besteuerung besteht auch nicht**, weil künftige Dividenden und spätere Veräußerungsgewinne weiterhin im Rahmen der unbeschränkten Steuerpflicht dem Zugriff des deutschen Fiskus unterliegen[189]. Insbesondere sichert Art. 13 Abs. 5 OECD-MA das Besteuerungsrecht des Ansässigkeitsstaates des Anteilseigners im Hinblick auf Anteile an im Ausland ansässigen SE (und anderen Kapitalgesellschaften). Allerdings kann bei einer Sitzverlegung der SE zu der deutschen Steuerhoheit eine zusätzliche ausländische Steuerhoheit hinzutreten (etwa bei Fehlen eines DBA mit dem Sitzstaat der Gesellschaft oder bei einer Abweichung von Art. 13 Abs. 5 OECD-MA), so dass aus deutscher Sicht eine Pflicht zur Anrechnung der ausländischen Steuer entsteht und damit eine Beschränkung des deutschen Steuerzugriffs eintritt[190]. 120

---

185 So wohl Mitteilung der Kommission v. 19.12.2006, KOM (2006) 825 endg., Tz. 5, S. 11.
186 Mitteilung der Kommission v. 19.12.2006, KOM (2006) 825 endg., Tz. 5., S. 11.
187 S. auch die Kritik bei *Rödder/Schumacher*, DStR 2006, 1481, 1489.
188 *Schaumburg* in Lutter/Hommelhoff, Die Europäische Gesellschaft, S. 354.
189 *Büsching* in Jannott/Frodermann, Handbuch der Europäischen Aktiengesellschaft, 14. Kap., Steuerrecht, Rz. 151; *Förster/Lange*, RIW 2002, 585, 588; *Schaumburg* in Lutter/Hommelhoff, Die Europäische Gesellschaft, S. 352.
190 *Schaumburg*, Internationales Steuerrecht, Rz. 6.36; *Schönherr/Lemaitre*, GmbHR 2006, 561, 565.

121 Ein vollständiger Ausschluss des deutschen Besteuerungsrechts kann für **Anteilseigner mit Sitz im Ausland** eintreten. Hier droht bei Sitzverlegung der SE aus der Sicht des deutschen Fiskus der endgültige Verlust des in § 49 Abs. 1 Nr. 2 lit. d EStG vorgesehenen Besteuerungsrechts (soweit dieses nicht bereits vorher nach Art. 13 Abs. 5 OECD-MA ausgeschlossen war). Die Besteuerung der Anteilseigner einer SE, die ihren Sitz in das Ausland verlegt, konnte aus der Sicht des deutschen Fiskus in der Vergangenheit nicht steuerlich erfasst werden[191]. Weder liegt eine Anteilsveräußerung i.S. von § 17 Abs. 1 EStG vor noch handelt es sich um eine Verlegung der Ansässigkeit der Anteilseigner i.S. von § 6 AStG. Bei Fehlen eines allgemeinen Entstrickungstatbestandes konnte es in diesen Fällen vor Inkrafttreten des SEStEG zu einem steuerfreien Wertzuwachs kommen.

122 Diese Fälle – die Pflicht zur Anrechnung ausländischer Steuern oder der völlige Wegfall des deutschen Besteuerungsrechts – für die Beteiligung an einer Kapitalgesellschaft werden von **§ 17 Abs. 5 Satz 1 EStG n.F.** erfasst:

„Die Beschränkung oder der Ausschluss des Besteuerungsrechts der Bundesrepublik Deutschland hinsichtlich des Gewinns aus der Veräußerung der Anteile an einer Kapitalgesellschaft im Fall der Verlegung des Sitzes oder des Orts der Geschäftsleitung der Kapitalgesellschaft in einen anderen Staat stehen der Veräußerung zum gemeinen Wert gleich."

Gleiches gilt nach § 4 Abs. 1 Satz 3 EStG für Gesellschaftsanteile in Betriebsvermögen.

123 Allerdings verbietet Art. 14 Abs. 1 Fusionsbesteuerungs-RL diese Rechtsfolge für die Sitzverlegung einer SE oder SCE:

„Die Verlegung des Sitzes einer SE bzw. einer SCE darf für sich allein keine Besteuerung des Veräußerungsgewinns der Gesellschafter auflösen."

Vor diesem Hintergrund bestimmt § 17 Abs. 5 Satz 2 EStG n.F. speziell für die Sitzverlegung einer SE (entsprechende Regelung für Anteile im Betriebsvermögen in § 4 Abs. 1 Satz 5 EStG)[192]:

„Dies gilt nicht in den Fällen der Sitzverlegung einer Europäischen Gesellschaft nach Artikel 8 der Verordnung (EG) Nr. 2157/2001 und der Sitzverlegung einer anderen Kapitalgesellschaft in einen anderen Mitgliedstaat der Europäischen Union. In diesen Fällen ist der Gewinn aus einer späteren Veräußerung der Anteile ungeachtet der Bestimmungen eines Abkommens zur Vermeidung der Doppelbesteuerung in der gleichen Art und Weise zu besteuern, wie die Veräußerung dieser Anteile zu besteuern gewesen wäre, wenn keine Sitzverlegung stattgefunden hätte. § 15 Abs. 1a Satz 2 ist entsprechend anzuwenden."

124 Die in Bezug genommene Vorschrift des § 15 Abs. 1a Satz 2 EStG n.F. lautet:

„Dies gilt auch, wenn später die Anteile verdeckt in eine Kapitalgesellschaft eingelegt werden, die Europäische Gesellschaft oder eine Europäische Genossenschaft aufgelöst wird oder wenn ihr Kapital herabgesetzt und zurückgezahlt wird oder wenn Beträge aus dem steuerlichen Einlagenkonto im Sinne des § 27 des Körperschaftsteuergesetzes ausgeschüttet oder zurückgezahlt werden."

125 Es kommt daher zu einer **Besteuerung des Veräußerungsgewinns aus der nachträglichen Veräußerung der Anteile an der SE**. Aus der Sicht des Unionsrechts ist diese nachträgliche Besteuerung indessen nicht zu beanstanden, weil Art. 14 Abs. 2 Fusionsbesteuerungs-RL diese nachträgliche Erfassung der Veräußerungsgewinne gestattet.

---

191 *Aßmann*, Steuerrechtliche Aspekte, S. 122 f.; *Förster/Lange*, RIW 2002, 585, 588; *Herzig/Griemla*, StuW 2002, 55, 76; *Schaumburg* in Lutter/Hommelhoff, Die Europäische Gesellschaft, S. 352.
192 Zur Veränderung der Verweisungstechnik im Gesetzgebungsverfahren s. *Benecke/Schnitger*, IStR 2007, 22.

Dabei ist zu beachten, dass es sich nicht bloß – wie bei der Wegzugsbesteuerung nach § 6 AStG – um eine Erfassung der bis zur Sitzverlegung der SE entstandenen stillen Reserven handelt, sondern dass der gesamte Veräußerungsgewinn der Besteuerung unterworfen wird. Daher kann auf der Grundlage dieser Vorschrift der Fall eintreten, dass vom deutschen Steuerrecht Wertsteigerungen erfasst werden, für die im Inland weder beschränkte noch unbeschränkte Steuerpflicht besteht, nämlich um die **Realisierung von Wertsteigerungen einer im Ausland ansässigen SE durch eine im Ausland ansässige Person**. 126

Gegen die Zulässigkeit eines solchen Zugriffs auf die im Ausland nach dem Wegzug entstehenden Wertsteigerungen bestehen in mehrfacher Hinsicht rechtliche Bedenken. Zwar hat das SEStEG die beschränkte Steuerpflicht der Anteilseigner auf diese Fälle positiv-rechtlich erweitert[193]. Allerdings kann man nach **allgemeinem Völkerrecht** bestreiten, dass bei der späteren Veräußerung von ausländischen Anteilen durch einen ausländischen Anteilseigner noch ein „genuine link" zur deutschen Steuerhoheit besteht, soweit auch solche stille Reserven von der Veräußerungsgewinnbesteuerung erfasst werden, die nach der Sitzverlegung ins Ausland und damit nach dem Lösen der Verbindung zum deutschen Territorium entstanden sind[194]. 127

Einen etwaigen **Verstoß gegen Doppelbesteuerungsrecht** nimmt § 17 Abs. 5 Satz 2 EStG n.F. bewusst in Kauf *(treaty override)*[195]. Allerdings ist ein konkreter Konfliktfall nicht leicht vorstellbar. Besteht mit dem Ansässigkeitsstaat des Anteilseigners ein DBA, welches das Besteuerungsrecht für Veräußerungsgewinne dem Wohnsitzstaat des Anteilseigners zuweist (vgl. Art. 13 Abs. 5 OECD-MA), so war bereits vor der Sitzverlegung der SE ein Besteuerungsrecht im Inland nicht gegeben und eine nachträgliche Besteuerung nach § 17 Abs. 5 Satz 2 EStG n.F. scheidet schon tatbestandlich aus[196]. Besteht mit dem Ansässigkeitsstaat des Anteilseigners kein DBA (dies kann vor allem dann eintreten, wenn sich der Anteilseigner in einem Nicht-EU-Staat befindet), so kann durch die Sitzverlegung der SE kein neuer oder zusätzlicher DBA-Schutz entstehen, denn dieser richtet sich nach dem Verhältnis der Bundesrepublik Deutschland zum Ansässigkeitsstaat des Anteilseigners, nicht etwa nach dem Verhältnis der Bundesrepublik Deutschland zum neuen Sitzstaat der SE. 128

Ein *treaty override* kann allerdings eintreten, wenn ein DBA die **Zuordnung eines Besteuerungsrechts vom Sitz der Gesellschaft abhängig** macht. So führt die Sitzverlegung einer SE aus Deutschland nach Tschechien zu einem Besteuerungsrecht des Zuzugsstaats (Art. 13 Abs. 3 DBA Deutschland/Tschechoslowakei), so dass Deutschland den Veräußerungsgewinn eines inländischen Anteilseigners nach dem Wechsel nicht mehr alleine besteuern kann, sondern die in Tschechien erhobene Steuer anrechnen muss[197]. Dies kann als „Beschränkung" des deutschen Besteuerungsrechts angesehen werden. 129

---

193 § 49 Abs. 1 Nr. 2 lit. e bb und Nr. 8 lit. c bb EStG n.F.; dazu *Benecke/Schnitger*, IStR 2007, 22, 24.
194 *Fischer* in MünchKomm. AktG, 3. Aufl., Die Besteuerung der Europäischen Aktiengesellschaft, Rz. 96; *Reiß* in Kirchhof, § 15 EStG Rz. 160; einen Verstoß gegen Unionsrecht bejahen *Benecke/Schnitger*, IStR 2006, S. 765 ff., 768; *Gosch*, IStR 2008, 413, 417.
195 Kritisch *Blumenberg/Lechner* in Blumenberg/Schäfer, Das SEStEG, S. 86 f.; *Rödder/Schumacher*, DB 2006, 1481, 1486 f.
196 S. bereits *Knobbe-Keuk*, StuW 1990, 371, 378; dies übersieht *Hruschka*, StuB 2006, 631, 637.
197 *Benecke/Schnitger*, IStR 2006, 765, 768; *Blumenberg/Lechner* in Blumenberg/Schäfer, Das SEStEG, S. 86; *Dötsch/Pung*, DB 2006, 2648, 2650; *Fischer* in MünchKomm. AktG, 3. Aufl., Die Besteuerung der Europäischen Aktiengesellschaft, Rz. 57.

130 Hinsichtlich der Besteuerung der Anteilseigner kann der Umstand eintreten, dass Deutschland mit dem **Wechsel der Ansässigkeit der SE** in einen anderen EU-Mitgliedstaat das **Besteuerungsrecht** hinsichtlich der Anteile **verliert**. Beispielhaft ist das für Tschechien und die Slowakei fortwirkende Abkommen mit der ehemaligen Tschechoslowakei, welches das Besteuerungsrecht hinsichtlich von Veräußerungen von Anteilen an tschechischen Gesellschaften diesem Staat zuspricht. Verlegt eine österreichische SE ihren Sitz nach Tschechien, so entfällt die in Art. 7 Abs. 1 DBA Deutschland/Österreich niedergelegte Besteuerungsbefugnis Deutschlands und wird durch das Besteuerungsrecht Tschechiens nach Art. 13 Abs. 3 DBA Deutschland/Tschechoslowakei ersetzt. In einem solchen Fall greift § 17 Abs. 5 Satz 2 EStG ein, der – im Wege eines „treaty override" – den vollen deutschen Besteuerungsanspruch im Zeitpunkt der späteren Veräußerung der Anteile durchsetzt.

E. SE-Konzernrecht

Professor Dr. Dr. h.c. mult. Peter Hommelhoff und Dr. Christoph Lächler

I. Die SE im Konzernverbund und ihr Rechtsrahmen	1
1. Die Gesamtzuständigkeit der Gesetzgeber in der Union	
a) Regelungsermächtigung an die mitgliedstaatlichen Gesetzgeber . .	3
b) Verdrängungs-Ermächtigung	5
c) Gesamtbefund	6
2. Konzernrecht im Regelungsbereich der Verordnung	7
3. Gesamtnormverweisung?	8
II. Die ausschließlich inländische Konzernverbindung in Deutschland	9
1. Die SE als konzernherrschendes Unternehmen	
a) im Vertragskonzern	10
b) im faktischen Konzern	13
c) Cash Pooling	15
2. Die konzernabhängige SE	
a) im Vertragskonzern	16
b) im faktischen Konzern	22
3. Die SE im Eingliederungskonzern . . .	28
III. Die deutsche Grenzen übersteigende SE-Konzernverbindung	29
1. Grundsätze	30
2. Die herrschende SE im transnationalen Konzern	
a) im Vertragskonzern	31
b) im faktischen Konzern	34
3. Die abhängige SE im transnationalen Konzern	
a) im Vertragskonzern	36
b) im faktischen Konzern	37
4. Transnationale Eingliederungskonzerne?	38
IV. Europäische Entwicklungen in ihren Auswirkungen auf das SE-Konzernrecht	39
1. Anerkennung des Gruppeninteresses	40
2. Struktur- und Transaktionstransparenz	42
3. Related party transactions	43
4. Societas Unius Personae (SUP)	44

Literatur *Altmeppen* in MünchKomm. AktG, 3. Aufl. 2012, Art. 9 Anh. SE-VO, Konzernrecht der Europäischen Aktiengesellschaft; *Brandi*, Die Europäische Aktiengesellschaft im deutschen und internationalen Konzernrecht, NZG 2003, 889; *Drygala*, Europäisches Konzernrecht: Gruppeninteresse und Related Party Transactions, AG 2013, 198; *Emmerich/Habersack*, Aktien- und GmbH-Konzernrecht, 7. Aufl. 2013; *Hommelhoff*, Ein Neustart im Europäischen Konzernrecht, KSzW 2014, 63; *Hommelhoff*, Die Unternehmensgruppe im Europäischen Binnenmarkt in FS Stilz, 2014, S. 287; *Hommelhoff/Lächler*, Förder- und Schutzrecht für den SE-Konzern, AG 2014, 257; *Kindler* in MünchKomm. BGB, 5. Aufl. 2010, Int. Gesellschaftsrecht Rz. 756 ff.; *Lächler*, Das Konzernrecht der Europäischen Gesellschaft (SE), 2007; *Lächler/Oplustil*, Funktion und Umfang des Regelungsbereichs der SE-Verordnung, NZG 2005, 381; *Maul*, Konzernrecht der deutschen SE, ZGR 2003, 743; *Neye/Teichmann*, Der Entwurf für das Ausführungsgesetz zur Europäischen Aktiengesellschaft, AG 2003, 169; *Paefgen* in KölnKomm. AktG, 3. Aufl. 2010, Schlussanh. II Konzernrecht der SE; *Reflection Group on the Future of EU Company Law*, Report, 2011, S. 59 ff.; *Schröder* in Manz/Mayer/Schröder, Europäische Aktiengesellschaft SE, 2. Aufl. 2010, Teil B Gesellschaftsrecht, Art. 9 SE-VO, Konzernrecht, Rz. 35 ff.; *Schwarz*, Verordnung (EG) Nr. 2157/2001 des Rates über das Statut der Europäischen Gesellschaft (SE) – SE-VO, 2006, Einleitung, Konzernrecht der SE, Rz. 163 ff.; *Tholen*, Europäisches Konzernrecht, 2014; *Veil*, Das Konzernrecht der Europäischen Aktiengesellschaft, WM 2003, 2169; *Veil* in KölnKomm. AktG, 3. Aufl. 2012, Art. 9 SE-VO, Teil I Allgemeine Vorschriften, Konzernrecht, Rz. 21 ff.; *Veil* in Jannott/Frodermann, Handbuch der Europäischen Aktiengesellschaft, 2. Aufl. 2014, 11. Kap.; *Verse* in Habersack/Drinhausen, SE-Recht, 2013, § 49 SEAG; *Zimmer*, Internationales Gesellschaftsrecht, 1996, S. 427 ff.

I. Die SE im Konzernverbund und ihr Rechtsrahmen

1   Schon von ihren gesetzlichen Gründungsformen her (Artt. 2, 3 Abs. 2 SE-VO) ist die SE regelmäßig in einen **Konzern eingebunden**[1]. Dennoch trägt die SE-VO dieser Konzerneinbindung nach ihrem Gesetzeswortlaut keine Rechnung. Bloß im konsolidierten Abschluss (Artt. 61, 62 SE-VO) klingt der Konzernbezug dieser Rechtsform verhalten an. Dennoch finden nach nun einhelliger Ansicht auf die in Deutschland domizilierende und konsequent hierzulande registrierte SE (Art. 7 SE-VO) die Bestimmungen der §§ 15 ff., 291 ff. AktG Anwendung[2].

2   Die **§§ 15 ff., 291 ff. AktG** gelten wie für die nationalen Rechtsformen so auch für die SE mit Sitz in Deutschland, weil der europäische Gesetzgeber die Mitgliedstaaten ermächtigt hat, die Besonderheiten der konzernverflochtenen SE im Einklang mit jenen Bestimmungen zu regeln, die sie für die in ihrem Hoheitsgebiet domizilierende AG getroffen haben (Art. 10 SE-VO) und Deutschland mit dem Dritten Buch des Aktiengesetzes von dieser Ermächtigung schon lange vor dem Inkrafttreten der SE-VO Gebrauch gemacht hatte.

1. Die Gesamtzuständigkeit der Gesetzgeber in der Union
a) Regelungsermächtigung an die mitgliedstaatlichen Gesetzgeber

3   Die Regelungsermächtigung des europäischen Gesetzgebers folgt aus der **Entstehungsgeschichte** der Verordnung und hat ihren textnahen Niederschlag letztlich in Art. 9 Abs. 1 lit. c ii SE-VO gefunden[3]: Anstatt, wie noch in den Verordnungsentwürfen 1970/75 ursprünglich geplant[4], mit eigenen Bestimmungen die Probleme der konzernierten SE eingehend zu regeln[5], zog sich der europäische Gesetzgeber mit dem Verordnungsentwurf 1989[6] aus der Regelungsverantwortung für die Konzernierung der SE zurück[7] und überließ es den einzelnen Mitgliedstaaten, eigenverantwortlich zu entscheiden, ob sie der Konzernierung regulatorisch überhaupt Rechnung tragen wollten und ggf. auf welche Weise: durch ein konzernspezifisches Sonderrecht oder durch eine bloße Fortschreibung ihres Gesellschafts- und/oder ihres Insolvenzrechts – sei es durch Kodifizierung oder im Wege richterlicher Rechtsfortbildung. Einzige Vorgabe nach Art. 10 SE-VO ist die Übereinstimmung zwischen AG- und SE-Recht.

---

1   S. *Hommelhoff*, AG 2003, 179 f.; *Schwarz*, SE-VO, Einleitung Rz. 163 m.w.N. – Zur konzernverflochtenen SE in der deutschen Unternehmenspraxis *Hommelhoff/Lächler*, AG 2014, 257.
2   *Altmeppen* in MünchKomm. AktG, 3. Aufl., Art. 9 SE-VO Anh. Rz. 27 ff.; *Casper* in FS Ulmer, S. 51, 67; *Engert*, ZVglRWiss 104 (2005), 444, 450 ff.; *Emmerich/Habersack*, Aktien und GmbH-Konzernrecht, Einleitung Rz. 46 f.; *Habersack/Verse*, Europäisches Gesellschaftsrecht, § 13 Rz. 49; *Paefgen* in KölnKomm. AktG, 3. Aufl., Schlussanh. II Rz. 7 ff.; *Schröder* in Manz/Mayer/Schröder, Art. 9 SE-VO Rz. 38, 62, 77; *Schürnbrand* in Habersack/Drinhausen, Art. 9 SE-VO Rz. 37; *Schwarz*, SE-VO, Einleitung Rz. 167; *Veil* in KölnKomm. AktG, 3. Aufl. 2012, Art. 9 SE-VO Rz. 25 f.; *Veil* in Jannott/Frodermann, Handbuch der Europäischen Aktiengesellschaft, 11. Kap. Rz. 4 ff.; *Verse* in Habersack/Drinhausen, § 49 SEAG Rz. 5.
3   Näher hierzu *Hommelhoff/Lächler*, AG 2014, 257, 264 f.
4   Artt. 223–240d SE-VOE 1975, auch abgedruckt in BT-Drucks. VII/3713 sowie in Lutter, Europäisches Gesellschaftsrecht, 1979, S. 278.
5   Näher hierzu *Geßler* in Lutter, Die Europäische Aktiengesellschaft, 2. Aufl. 1978, S. 275 ff.
6   Zweiter geänderter Vorschlag vom 16.10.1989, ABl. EG Nr. C 263 v. 16.10.1989, S. 41 ff.; BT-Drucks. XI/5427; auch abgedruckt in Lutter, Europäisches Unternehmensrecht, 3. Aufl. 1991, S. 561 ff.
7   Hierzu *Hommelhoff/Lächler*, AG 2014, 257, 262 f.

Diese Regelungsermächtigung ist unverändert in jene Textfassung der SE-VO über- 4
nommen worden, die am 8.10.2001 im Ministerrat von Nizza verabschiedet wurde[8];
sie findet sich nun in Art. 9 Abs. 1 lit. c ii SE-VO und belässt damit den Mitgliedstaaten die Entscheidungsfreiheit, erteilt ihnen also mitnichten einen Auftrag, den Konzernbezug „ihrer" SE zu regeln. Diese mit der bloßen Ermächtigung verbundene **Ent-
scheidungs- und Gestaltungsfreiheit** überlässt es den einzelnen Mitgliedstaaten, ob
sie mit ihrem (Aktien-)Recht lediglich die außenstehenden Minderheitsgesellschafter
in der abhängigen SE und deren Gläubiger **schützen** oder davor noch zusätzlich den
Konzern als modernste Organisationsform im Binnenmarkt[9] **fördern** wollen[10]. Der
deutsche Gesetzgeber trägt beiden Aspekten zugleich, dem Förder- ebenso wie dem
Schutzaspekt[11], nicht allein für den AG-Konzern Rechnung, sondern über Artt. 9
Abs. 1 lit. c ii, 10 SE-VO nun auch für den SE-Konzern[12]. Denn mit dem Weisungsrecht
im Konzerninteresse (§ 308 Abs. 1 AktG) und mit dem zeitlich gestreckten Nachteilsausgleich (§ 311 Abs. 2 AktG) hat er die Konzernführung in den beiden Konzernie-
rungsformen des Vertrags- und des faktischen Konzerns fördern wollen.

b) Verdrängungs-Ermächtigung

Auf die konzernierte SE hin fortgeschrieben, scheinen manche Bestimmungen des 5
deutschen AG-Konzernrechts nicht mit den Vorgaben aus der SE-VO in Einklang zu
stehen. So widerstreiten das Weisungsrecht aus § 308 Abs. 1 AktG der eigenverantwortlichen Geschäftsführung in der dualistischen SE nach Art. 39 Abs. 1 Satz 1 SE-
VO, die Aufhebung des Kapitalschutzes in § 291 Abs. 3 AktG dem Kapitalschutz
nach Art. 5 SE-VO und diesem ebenfalls das Privileg einer erlaubten Nachteilszufü-
gung mit gestrecktem Ausgleich im faktischen SE-Konzern nach § 311 AktG[13]. Indes
– diese Widersprüche bestehen nur scheinbar; denn die Ermächtigung des europäischen Gesetzgebers an die Mitgliedstaaten (oben Rz. 3) greift weiter: Schon im Verordnungsvorschlag von 1989 umfasste sie auch die Freiheit, von den Vorgaben der SE-
VO abzuweichen, sie zu verdrängen und durch andere nationale Regelungen zu
ersetzen. Die **„mitgliedstaatliche Regelungszuständigkeit mit Verdrängungs-Ermächtigung"**[14] ist ebenfalls unverändert bis in die Letztfassung der Verordnung hinein
fortgeführt worden und findet sich nun im geltenden Art. 9 Abs. 1 lit. c ii SE-VO[15].
Damit stellt der europäische Gesetzgeber das Normalstatut der SE zur Disposition
der mitgliedstaatlichen AG-Konzerngesetzgeber. Die von ihnen getroffenen Bestimmungen können gegenüber dem europäischen SE-Recht leges speciales sein.

c) Gesamtbefund

Für die konzernierte SE in Deutschland lässt sich daher als Gesamtbefund festhalten: 6
Der europäische und der deutsche Gesetzgeber zusammen haben in gemeinschafts-

---

8 VO Nr. 2157/2001, ABl. EG Nr. L 294 v. 10.11.2001, S. 1.
9 *Reflection Group on the Future of EU Company Law*, Report, 2011, S. 59; s. auch *Druey*, SZW 2012, 414, 415: „Der Konzern ist wohl *die* organisatorische Schöpfung des 20. Jahrhunderts."
10 Zur Förderung des Konzerns *Hommelhoff*, KSzW 2014, 63; *Teichmann*, ZGR 2014, 45, 64 f.
11 Zur Verknüpfung zwischen Förder- und Schutzfunktion konzernrechtlicher Regelungen *Dry-gala*, AG 2013, 198, 203 ff.; s. aber auch *J. Schmidt*, GPR 2014, 40, 41; *Langenbucher* in K. Schmidt/Lutter, § 291 AktG Rz. 10 m.w.N.
12 *Hommelhoff/Lächler*, AG 2014, 257, 263 f., 265.
13 *Hommelhoff*, AG 2003, 179, 182; *Lächler*, Das Konzernrecht der Europäischen Gesellschaft (SE), S. 111 ff.
14 Näher *Hommelhoff/Lächler*, AG 2014, 257, 263 f.; s. aber auch schon *Altmeppen* in Münch-Komm. AktG, 3. Aufl., Art. 9 SE-VO Anh. Rz. 27; *Paefgen* in KölnKomm. AktG, 3. Aufl., Schlussanh. II Rz. 8; *Teichmann* in MünchHdb. IntGesR, 4. Aufl. 2013, § 49 Rz. 96 (S. 1122).
15 *Hommelhoff/Lächler*, AG 2014, 257, 264.

rechtlich vorgespurter Kooperation den SE-Konzern als **modernste Organisationsform im Binnenmarkt** sowohl unter dem Aspekt seiner Förderung als auch unter dem des Außenseiterschutzes geregelt. Während der europäische Gesetzgeber zur Strukturierung und zur Umstrukturierung des SE-Konzerns (und damit zugleich zu seiner Bildung) Bestimmungen getroffen hat, liegen Konzernführung und Außenseiterschutz, beim SE-Vertragskonzern auch dessen Bildung, in der Regelungsverantwortung des deutschen Gesetzgebers[16].

2. Konzernrecht im Regelungsbereich der Verordnung

7   Mit der ermächtigenden Regelungszuweisung samt Verdrängungsermächtigung (oben Rz. 5) hat der europäische Gesetzgeber in Art. 9 Abs. 1 lit. c ii SE-VO eine Entscheidung zur konzernierten SE innerhalb der Verordnung getroffen. Schon deshalb kann nicht der Ansicht gefolgt werden, das SE-Konzernrecht läge außerhalb des Regelungsbereichs der SE-VO[17]. Das trifft zudem deshalb nicht zu, weil Konzernrecht, anders als Wettbewerbs- oder Steuerrecht, sowohl nach europäischem[18] als auch nach deutschem Recht nicht außerhalb des Gesellschaftsrechts einzuordnen ist, sondern gerade innerhalb dieser Rechtsmaterie[19]. Das ist dort sogleich einsichtig, wo zur Regulierung von Konzernfragen auf normales Gesellschaftsrecht zurückgegriffen und dies (unverändert oder konzernspezifisch angepasst) zur Lösung solcher Fragen in Dienst genommen wird. Das gilt aber in gleicher Weise auch für **Konzernrecht als besonderes Gesellschaftsrecht**, als funktionsgleiches Sonderrecht[20].

3. Gesamtnormverweisung?

8   Verfehlt ist überdies die Kontroverse, ob Art. 9 Abs. 1 lit. c ii SE-VO für das Konzernrecht eine Sach- oder Gesamtnormverweisung enthalte[21], schon deshalb, weil der europäische Gesetzgeber, wie die Entstehungsgeschichte der Verordnung zum SE-Konzern belegt (oben Rz. 3), keinen Verweis auf nationales Recht hat aussprechen wollen, sondern eine Regelungsermächtigung an die einzelnen Mitgliedstaaten. Ihnen hat er freigestellt, ob sie die Konzernfragen überhaupt regeln und wie sie diese Regelung ggf. gestalten wollen. Somit liegt es in der (durch ihr jeweiliges Aktienrecht vorgespurten, Art. 10 SE-VO) Entscheidung der Mitgliedstaaten, ob (wenn überhaupt) ihr Konzernrecht direkt zur Anwendung gelangen soll oder indirekt auf dem Weg über das **Internationale Privatrecht**, um so für den grenzüberschreitenden Konzernsachverhalt angemessene Ergebnisse zu erzielen, die zugleich die Regelungszuständigkeit anderer Mitgliedstaaten respektieren. In Deutschland ist mithin zu differenzieren: Auf rein inländische Konzernverbindungen unter Beteiligung einer SE kommen die §§ 291 ff. AktG unmittelbar zum Zuge (unten Rz. 9 ff.), bei grenzüberschreitenden SE-Verbindungen bestimmt es sich nach den Grundsätzen des deut-

---

16 *Hommelhoff/Lächler*, AG 2014, 257, 265.
17 *Habersack*, ZGR 2003, 724, 737, 740 und im Anschluss an ihn *Casper* in FS Ulmer, 2003, S. 51, 67; *Casper* in Spindler/Stilz, AktG, Art. 9 SE-VO Rz. 12; s. auch *Veil*, WM 2003, 2169, 2172; *Veil* in Jannott/Frodermann, Handbuch der Europäischen Aktiengesellschaft, 11. Kap. Rz. 3.
18 Zutreffend betont *Paefgen* in KölnKomm. AktG, 3. Aufl., Schlussanh. II Rz. 16 m.w.N. in diesem Zusammenhang die Notwendigkeit autonom gemeinschaftsrechtlicher Abgrenzung des Regelungsbereichs der SE-VO.
19 Eingehend *Paefgen* in KölnKomm. AktG, 3. Aufl., Schlussanh. II Rz. 15 ff.; s. auch *Schwarz*, SE-VO, Einleitung Rz. 174; *Veil* in KölnKomm. AktG, 3. Aufl. 2012, Art. 9 SE-VO Rz. 22.
20 S. schon *Lächler/Oplustil*, NZG 2005, 381, 385 f.
21 Eingehend hierzu *Paefgen* in KölnKomm. AktG, 3. Aufl., Schlussanh. II Rz. 20 ff. m.w.N. zu den widerstreitenden Ansichten; s. auch *Tholen*, Europäisches Konzernrecht, S. 168 Fn. 79 m.w.N.

schen Internationalen Privatrechts, ob, unter welchen Voraussetzungen und inwieweit das Aktienkonzernrecht auf die SE-Konzernverbindung anzuwenden ist (unten Rz. 29 ff.).

II. Die ausschließlich inländische Konzernverbindung in Deutschland

In Art. 9 Abs. 1 lit. c ii SE-VO hat der europäische Gesetzgeber u.a. dem deutschen eine Regelungszuständigkeit für das SE-Konzernrecht mitsamt der gleichzeitigen Ermächtigung eröffnet, mit den aktienkonzernrechtlichen Bestimmungen von denen der SE-VO abzuweichen, diese zu verdrängen (oben Rz. 5). Von dieser doppelten Ermächtigung hat der **deutsche Gesetzgeber** mit dem Dritten Buch des AktG 1965 und seiner unveränderten Fortführung für AG und SE in mehrfacher Hinsicht Gebrauch gemacht. So gesehen hat der europäische Gesetzgeber den deutschen vor dem Verdikt der Europarechtswidrigkeit bewahrt und ihm zugleich den Zwang erspart, sein überkommenes Aktienkonzernrecht an die Vorgaben aus der SE-VO, zumindest für diese Rechtsform, anzupassen.

1. Die SE als konzernherrschendes Unternehmen
a) Die herrschende SE im Vertragskonzern

Für die SE an der Spitze eines Vertragskonzerns gelten dieselben Regelungen, wie sie in §§ 291 ff. AktG für die herrschende AG getroffen sind[22]. **Beherrschungs- oder Gewinnabführungsverträge** (Unternehmensverträge, § 291 Abs. 1 AktG) bedürfen am Ende eines qualifizierten Beschlussverfahrens (§§ 293a ff. AktG) der Zustimmung der SE-Aktionäre in der Hauptversammlung mit qualifizierter Mehrheit (§ 293 Abs. 1 AktG), um wirksam zu werden (zu den Stimmenmehrheiten von Hauptversammlungsbeschlüssen in der SE im Einzelnen s. die Kommentierung zu Art. 57 SE-VO, Art. 59 SE-VO). Die Zustimmungserfordernisse in der anderen Vertragspartei richten sich nach deren (Aktien-, GmbH- oder Personengesellschafts-)Recht. Sollte auch sie eine SE sein, so bedarf einer der oben genannten Unternehmensverträge ebenfalls der Zustimmung durch ein Votum ihrer Hauptversammlung mit qualifizierter Mehrheit (§ 293 Abs. 2 AktG) im besonderen Beschlussverfahren nach §§ 293a ff. AktG. Im Fall der Beteiligung einer SE sind für die Erstattung des Berichts (§ 293a AktG) und die Beantragung der Bestellung der Vertragsprüfer (§ 293c AktG) deren Leitungsorgan im dualistischen System oder deren geschäftsführende Direktoren im monistischen System[23] zuständig. Obligatorischer Inhalt eines Unternehmensvertrages auch mit einer herrschenden SE sind der angemessene Ausgleich zugunsten der Gesellschafter in der abhängigen Gesellschaft nach § 304 AktG und deren Recht, gegen angemessene Abfindung aus ihrer Gesellschaft auszuscheiden (§ 305 AktG). In gleicher Weise wie bei einer AG bedarf auch der Unternehmensvertrag mit einer SE der Eintragung ins Handelsregister, um wirksam zu werden (§ 294 Abs. 2 AktG).

In den **Rechtsfolgen** unterscheiden sich die Unternehmensverträge mit einer SE in nichts von denen mit einer AG. Auf der Grundlage eines Beherrschungsvertrages kann die Geschäftsleitung der herrschenden SE, also deren Leitungsorgan im dualistischen System oder deren geschäftsführende Direktoren im monistischen (§§ 49

---

[22] *Paefgen* in KölnKomm. AktG, 3. Aufl., Schlussanh. II Rz. 28; *Schwarz*, SE-VO, Einleitung Rz. 223 ff.
[23] *Paefgen* in KölnKomm. AktG, 3. Aufl., Schlussanh. II Rz. 66; a.A. *Schwarz*, SE-VO, Einleitung Rz. 207, der hier eine grundlegende Leitungsaufgabe des Verwaltungsorgans sieht.

Abs. 1, 41 Abs. 1 SEAG[24]), der Geschäftsleitung in der abhängigen Gesellschaft **Weisungen** erteilen (§ 308 Abs. 1 AktG[25]). Sollte auch diese eine SE sein, so sind bei deren monistischer Leitungsverfassung die geschäftsführenden Direktoren die Empfänger der Weisungen (§ 49 Abs. 1 SEAG). Die Weisungen sind im Interesse des Gesamtkonzerns/der herrschenden SE zu erteilen und dürfen auch für die abhängige Gesellschaft nachteilig, aber nicht existenzgefährdend[26] sein, sofern der Beherrschungsvertrag nichts anderes bestimmt (§ 308 Abs. 1 AktG). Im gestuften Entscheidungsverfahren des § 308 Abs. 3 AktG steht die Zuständigkeit aus Satz 2 Halbsatz 2 dem Verwaltungsrat insgesamt zu, falls die herrschende SE monistisch strukturiert ist[27]. Die geschäftsführenden Direktoren sind ferner verpflichtet, den Weisungen des Verwaltungsrats, der abhängigen Gesellschaft eine im Konzerninteresse liegende Weisung nach § 308 Abs. 1 AktG zu erteilen, Folge zu leisten (§ 44 Abs. 2 SEAG)[28]. Die Mitglieder des Leitungsorgans bzw. die geschäftsführenden Direktoren in der monistisch verfassten SE **haften** nach § 309 Abs. 2 AktG gegenüber der abhängigen Gesellschaft für pflichtwidrig erteilte Weisungen[29]. Liegt der Weisung eine Weisung des Verwaltungsrats an die geschäftsführenden Direktoren nach § 44 Abs. 2 SEAG zugrunde, so haftet auch der Verwaltungsrat in entsprechender Anwendung des § 309 Abs. 2 AktG[30].

12 Zur Sicherung der abhängigen Gesellschaft und ihrer Gläubiger hat die herrschende SE (sowohl bei Bestehen eines Beherrschungs-, als auch eines Gewinnabführungsvertrags) der abhängigen Gesellschaft jahresperiodisch den eventuell eingetretenen Jahresfehlbetrag nach näherer Bestimmung des § 302 Abs. 1 AktG effektiv **auszugleichen**. Dieser Ausgleichsanspruch kompensiert in der abhängigen Gesellschaft den Ausfall ihres Kapitalerhaltungssystems (für die abhängige AG/SE: § 291 Abs. 3 AktG[31]) und verjährt in zehn Jahren nach Beendigung des Unternehmensvertrags (§ 302 Abs. 4 AktG). Bei Vertragsbeendigung hat die herrschende SE den Gläubigern der abhängigen Gesellschaft außerdem nach näherer Regelung in § 303 AktG Sicherheit zu leisten.

b) Die herrschende SE im faktischen Konzern

13 Für die SE an der Spitze eines faktischen Konzerns richten sich die Leitungsmöglichkeiten ihrer Geschäftsführung und die Einstandspflichten der Gesellschaft nach dem **Recht der abhängigen Gesellschaft**[32]. Sollte diese eine AG (oder SE, unten Rz. 22 ff.) sein, so darf die Geschäftsführung der herrschenden SE das Leitungsorgan der abhängigen Gesellschaft nur unter der Voraussetzung zu nachteiligen Geschäften oder Maßnahmen veranlassen, dass die dadurch herbeigeführten Nachteile ausgeglichen werden (§ 311 Abs. 1 AktG). Allerdings kommt auch der herrschenden SE das Privileg des zeitlich gestreckten Nachteilsausgleichs[33] zugute (§ 311 Abs. 2 AktG). Sollte dieser Ausgleich nicht bis zum Geschäftsjahresende der abhängigen Gesellschaft gem. § 317 Abs. 1 AktG geleistet worden sein, so haftet die herrschende SE auf Scha-

---

24 *Brandi*, NZG 2003, 889, 891; *Paefgen* in KölnKomm. AktG, 3. Aufl., Schlussanh. II Rz. 74; *Schwarz*, SE-VO, Einleitung Rz. 225.
25 Dazu im Einzelnen *Langenbucher* in K. Schmidt/Lutter, § 308 AktG Rz. 21 ff. m.w.N.
26 Näher *Langenbucher* in K. Schmidt/Lutter, § 308 Rz. 31 ff. m.w.N.
27 *Brandi*, NZG 2003, 889, 892; *Paefgen* in KölnKomm. AktG, 3. Aufl., Schlussanh. II Rz. 75; *Schwarz*, SE-VO, Einleitung Rz. 225.
28 *Paefgen* in KölnKomm. AktG, 3. Aufl., Schlussanh. II Rz. 82.
29 S. auch *Langenbucher* in K. Schmidt/Lutter, § 309 AktG Rz. 21 f.
30 *Paefgen* in KölnKomm. AktG, 3. Aufl., Schlussanh. II Rz. 81.
31 Vertiefend *Stephan* in K. Schmidt/Lutter, § 302 AktG Rz. 5 ff. m.w.N.
32 *Brandi*, NZG 2003, 889, 894; *Schwarz*, SE-VO, Einleitung Rz. 227; s. auch *Paefgen* in KölnKomm. AktG, 3. Aufl., Schlussanh. II Rz. 53 ff.
33 Hierzu *J. Vetter* in K. Schmidt/Lutter, § 311 AktG Rz. 4 ff. m.w.N.

denersatz; daneben die Mitglieder des Leitungsorgans (§ 317 Abs. 3 AktG) gesamtschuldnerisch, in der monistisch strukturierten SE die geschäftsführenden Direktoren (§ 49 Abs. 1 SEAG)[34]. Dagegen kann die konzernrechtliche Organhaftung aus § 317 Abs. 3 AktG nicht auf die (nichtgeschäftsführenden) Mitglieder des Verwaltungsrats erstreckt werden[35]. Ihre Aufgabe ist in der herrschenden SE auf die *gesellschaftsinterne* Oberleitung beschränkt (§ 22 Abs. 1 SEAG); die Verantwortung für das Handeln der SE gegenüber Dritten liegt bei den geschäftsführenden Direktoren (§§ 40 Abs. 2, 41 Abs. 1 SEAG). Das gilt ebenfalls für ihr Handeln gegenüber konzernabhängigen Gesellschaften einschließlich des konzernrechtlichen Nachteilsausgleichs.

Sollte die abhängige Gesellschaft dagegen als **GmbH** organisiert sein, so ist zwischen einer abhängigen Gesellschaft im Alleinbesitz der herrschenden SE einerseits und einer mit außenstehenden Minderheitsgesellschaftern zu unterscheiden. In der Gesellschaft im Alleinbesitz ziehen nach momentanem Kenntnisstand nur das Auszahlungsverbot aus § 30 GmbHG und das Verbot existenzgefährdender Veranlassungen zugunsten der Alleingesellschafterin ihrem leitenden Einfluss Grenzen[36]. In der abhängigen GmbH mit Minderheitsgesellschaftern dagegen gilt ein strenges Schädigungsverbot[37], das im Gesellschaftsvertrag näher ausgestaltet und relativiert werden kann und sollte[38].

c) Cash Pooling

Für das Cash Pooling in einem Konzern unter einer herrschenden SE, seine rechtliche Fundamentierung und für die Absicherung der abführenden Gesellschaften in ihrer Überlebensfähigkeit[39] gelten **keine rechtsformspezifischen Besonderheiten**[40].

2. Die konzernabhängige SE

a) Die abhängige SE im Vertragskonzern

Um einen Vertragskonzern mit einer abhängigen SE begründen zu können, bedarf der hierfür erforderliche Unternehmensvertrag (oben Rz. 10) der **Zustimmung auch der SE-Aktionäre**[41]; hierüber entscheiden sie im Rahmen des besonders ausgestalteten Beschlussverfahrens (§§ 293a ff. AktG) mit qualifizierter Mehrheit (§ 293 Abs. 2 AktG). Im Unternehmensvertrag ist den SE-Aktionären zugleich der Austritt gegen angemessene Abfindung anzubieten (§ 305 AktG)[42]. Wer trotz vertraglicher Konzernie-

---

34 *Brandi*, NZG 2003, 889, 895; *Paefgen* in KölnKomm. AktG, 3. Aufl., Schlussanh. II Rz. 55 ff.; *Schwarz*, SE-VO, Einleitung Rz. 227.
35 A.A. *Paefgen* in KölnKomm. AktG, 3. Aufl., Schlussanh. II Rz. 58.
36 S. *Lutter/Hommelhoff* in Lutter/Hommelhoff, Anh. zu § 13 GmbHG Rz. 13 ff.
37 BGH v. 5.6.1975 – II ZR 23/74 – „ITT", BGHZ 65, 15, 18 f.; BGH v. 10.5.1993 – II ZR 74/92, BGHZ 122, 333, 336 = GmbHR 1993, 427; *Altmeppen* in Roth/Altmeppen, Anh. § 13 GmbHG Rz. 140; *Ulmer/Casper* in Ulmer, Anh. § 77 GmbHG Rz. 54, 77; *Habersack* in Emmerich/Habersack, Aktien- und GmbH-Konzernrecht, Anh. § 318 AktG Rz. 23.
38 *Lutter/Hommelhoff* in Lutter/Hommelhoff, Anh. zu § 13 GmbHG Rz. 28 ff.
39 Dazu *Hommelhoff*, ZGR 2012, 535, 548 f.; *Lutter/Hommelhoff* in Lutter/Hommelhoff, Anh. zu § 13 GmbHG Rz. 18 f.
40 Zum Cash Pooling in der abhängigen AG *J. Vetter* in K. Schmidt/Lutter, § 311 AktG Rz. 65 m.w.N.
41 *Altmeppen* in MünchKomm. AktG, 3. Aufl., Art. 9 SE-VO Anh. Rz. 30; *Maul*, ZGR 2003, 743, 750; *Paefgen* in KölnKomm. AktG, 3. Aufl., Schlussanh. II Rz. 59, 62; *Schwarz*, SE-VO, Einleitung Rz. 202.
42 *Brandi*, NZG 2003, 889, 893; *Maul*, ZGR 2003, 743, 750; *Paefgen* in KölnKomm. AktG, 3. Aufl., Schlussanh. II Rz. 60; *Schwarz*, SE-VO, Einleitung Rz. 205; zu den Einzelheiten *Stephan* in K. Schmidt/Lutter, § 305 AktG Rz. 8 ff.

rung in der SE verbleiben will, hat nach dem obligatorischen Inhalt des Unternehmensvertrags Anspruch auf jährlich wiederkehrenden Ausgleich (§ 304 AktG)[43].

17 Mit Wirksamwerden des Beherrschungsvertrages (oben Rz. 10) sind die Mitglieder der Geschäftsführung in der abhängigen SE verpflichtet, den **Weisungen** des herrschenden Unternehmens zu **folgen** (§ 308 Abs. 2 AktG). Widersprechen dürfen sie einer Weisung nur dann, wenn diese offensichtlich nicht den Belangen des herrschenden Unternehmens dient oder den Belangen der mit ihm und mit der SE konzernverbundenen Unternehmen (§ 15 AktG)[44]. Dieser Folgepflicht unterliegen in der dualistisch strukturierten SE das Leitungsorgan und seine Mitglieder, in der monistisch strukturierten dessen Direktoriat und seine geschäftsführenden Direktoren (§ 49 Abs. 1 SEAG)[45].

18 Auf den Verwaltungsrat (§§ 20 ff. SEAG) erstreckt sich die Folgepflicht nicht, soweit diesem die Aufgabe gestellt ist, das Direktoriat in seiner Geschäftsführung (§ 40 Abs. 2 SEAG) zu **überwachen** (§ 22 Abs. 1, 3, 4 SEAG)[46]. Insoweit unterscheidet sich die Stellung des Verwaltungsrats nicht von der des Aufsichtsrats in der vertraglich konzernierten AG; dieser unterliegt nicht dem Weisungsrecht des herrschenden Unternehmens[47] und ist konsequent auch nicht zur Befolgung der Weisungen verpflichtet. Anderes gilt jedoch für den Verwaltungsrat im Bereich seiner Aufgaben, die abhängige SE zu **leiten** und ihre **Aktivitäts-Grundlinien** zu bestimmen (§ 20 Abs. 1 SEAG). Insoweit muss der Verwaltungsrat den weisenden Vorgaben des herrschenden Unternehmens schon deshalb unterworfen sein, weil in der Oberleitung über die abhängige SE und in den Aktivitäts-Grundlinien sich die Unternehmenspolitik, also die beabsichtigte Geschäftspolitik und die sonst wie gewichtige Unternehmensplanung (§ 90 Abs. 1 Nr. 1 AktG), der abhängigen SE ausprägt, die diese innerhalb des Konzernverbunds verfolgen soll. Auf die **Unternehmenspolitik** muss ein herrschendes Unternehmen auch gegenüber einer monistisch strukturierten Tochter-SE mitsamt ihrem Verwaltungsrat (direkt und nicht etwa auf dem Weg über § 308 Abs. 3 AktG) maßgeblichen Einfluss nehmen können[48]. Andernfalls könnte ein herrschendes Unternehmen nur innerhalb der vom Tochter-Verwaltungsrat autonom festgelegten Aktivitäts-Grundlinien sein Weisungsrecht ausüben; dies würde allein der Umsetzung fremdbestimmter Ziele dienen. Das aber stünde im Widerspruch zur fördernden (oben Rz. 4) Konstruktionsidee des Vertragskonzerns. Der (allerdings eingeschränkten, oben eingangs Rz. 18) Folgepflicht des Verwaltungsrats steht auch nicht § 49 Abs. 1 SEAG entgegen. Mit ihr hat der deutsche Gesetzgeber lediglich die Pflichtenlage für die geschäftsführenden Direktoren klarstellen, aber nicht die Rechtsposition des Verwaltungsrats mittelbar verstärken wollen.

19 Konsequent kommt das gestufte **Entscheidungsverfahren** nach § 308 Abs. 3 AktG im monistischen System bloß insoweit in Betracht, wie der Verwaltungsrat in der abhängigen SE einen Zustimmungsvorbehalt mit dem Ziel präventiver Überwachung ausgebracht hat[49]. Über den Vorbehalt als Instrument unternehmerischer Mitent-

---

43 Im Einzelnen *Stephan* in K. Schmidt/Lutter, § 304 AktG Rz. 15 ff.
44 Vgl. *Langenbucher* in K. Schmidt/Lutter, § 308 AktG Rz. 26 ff.
45 *Maul*, ZGR 2003, 743, 746; *Schwarz*, SE-VO, Einleitung Rz. 208.
46 A.A. *Maul*, ZGR 2003, 743, 747 f.; *Schwarz*, SE-VO, Einleitung Rz. 208: „… sämtlich Befugnisse des Verwaltungsrats [werden] durch das beherrschungsvertragliche Weisungsrecht überlagert …".
47 S. *Langenbucher* in K. Schmidt/Lutter, § 308 AktG Rz. 20.
48 Dazu *Altmeppen* in MünchKomm. AktG, 3. Aufl., Art. 9 SE-VO Anh. Rz. 31; *Ihrig*, ZGR 2008, 809, 828 ff.; *Maul*, ZGR 2003, 743, 747 f.; *Paefgen* in KölnKomm. AktG, 3. Aufl., Schlussanh. II Rz. 67; *Schwarz*, SE-VO, Einleitung Rz. 208; *Veil*, WM 2003, 2169, 2174.
49 Ohne diese Differenzierung *Altmeppen* in MünchKomm. AktG, 3. Aufl., Art. 9 SE-VO Anh. Rz. 32; *Paefgen* in KölnKomm. AktG, 3. Aufl., Schlussanh. II Rz. 69; *Schwarz*, SE-VO,

scheidung darf sich dagegen der Verwaltungsrat nicht als Mitgestalter in die Konzernleitung des herrschenden Unternehmens hineindrängen[50]. Falls jedoch der Verwaltungsrat eine Maßnahme im Interesse effektiver Überwachung seiner Zustimmung unterwerfen will, so sind von den Entscheidungen hierzu jene Verwaltungsratsmitglieder ausgeschlossen, die zugleich als geschäftsführende Direktoren amtieren[51]. Sie dürfen sich nicht selbst überwachen.

Sollte die abhängige SE im beherrschungsvertraglich begründeten Konzern einen **Jahresfehlbetrag** erwirtschaftet haben, so hat das herrschende Unternehmen diesen effektiv auszugleichen (§ 302 Abs. 1 AktG)[52]. Dieser Verlustausgleichsanspruch[53] kompensiert in der abhängigen SE den Ausfall ihres Systems der Kapitalerhaltung nach § 291 Abs. 3 AktG. Diese Regelung widerspricht nicht den unionsrechtlichen Vorgaben aus Art. 5 SE-VO und auch nicht denen aus der 2. Kapitalrichtlinie, weil der deutsche Gesetzgeber insoweit von seiner Regelungszuständigkeit mit Verdrängungsermächtigung Gebrauch gemacht hat, die ihm der europäische Gesetzgeber in Art. 9 Abs. 1 lit. c ii SE-VO verliehen hat (oben Rz. 3 ff.). 20

Die Gläubiger der über einen Beherrschungs- oder einen Gewinnabführungsvertrag als abhängige Gesellschaft konzernierten SE haben bei **Beendigung des Unternehmensvertrages** nach näherer Bestimmung des § 303 AktG einen Anspruch auf Sicherheitsleistung gegen das herrschende Unternehmen[54]. Schon während des Bestandes des Unternehmensvertrages waren die Gläubiger der SE zusätzlich mittelbar über das Instrumentarium der §§ 300 ff. AktG geschützt. 21

b) Die abhängige SE im faktischen Konzern

In der faktisch konzernierten SE bleibt deren Leitungsorgan trotz der Konzernierung unverändert zur eigenverantwortlichen Leitung der SE verpflichtet[55]; in der **dualistisch strukturierten** SE also das Leitungsorgan und in der monistisch strukturierten Verwaltungsrat sowie Direktoriat. Veranlassungen des herrschenden Unternehmens dürfen sie nicht blindlings folgen, sondern müssen mit der gebotenen Sorgfalt (§ 93 Abs. 1 Satz 1 AktG) in Ausübung ihres eigenen unternehmerischen Ermessens (§ 93 Abs. 1 Satz 2 AktG) **prüfen**, ob und unter welchen Bedingungen sie der Veranlassung nachkommen, sie in ihrer eigenen unternehmerischen Verantwortung gutheißen wollen[56]. Dabei sind diese Veranlassungen des herrschenden Unternehmens insbesondere daraufhin zu prüfen[57], ob sie für die abhängige SE nachteilig sind. Sollte dies nach der Überzeugung ihrer Geschäftsleitung der Fall sein, so hat diese weiter zu prüfen, ob diese Nachteile ausgleichsfähig sind, um alsdann mit dem herrschenden Unterneh- 22

Einleitung Rz. 208; *Veil* in Jannott/Frodermann, Handbuch der Europäischen Aktiengesellschaft, 11. Kap. Rz. 29.
50 Das allerdings heißt offenbar *Altmeppen* in MünchKomm. AktG, 3. Aufl., Art. 9 SE-VO Anh. Rz. 33 gut; ähnlich wohl *Paefgen* in KölnKomm. AktG, 3. Aufl., Schlussanh. II Rz. 69.
51 A.A. *Altmeppen* in MünchKomm. AktG, 3. Aufl., Art. 9 SE-VO Anh. Rz. 32; *Paefgen* in KölnKomm. AktG, 3. Aufl., Schlussanh. II Rz. 70; *Schwarz*, SE-VO, Einleitung Rz. 208.
52 *Brandi*, NZG 2003, 889, 893; *Maul*, ZGR 2003, 743, 750; *Paefgen* in KölnKomm. AktG, 3. Aufl., Schlussanh. II Rz. 60; *Schwarz*, SE-VO, Einleitung Rz. 305.
53 Zu ihm näher *Stephan* in K. Schmidt/Lutter, § 302 AktG Rz. 12 ff.
54 *Paefgen* in KölnKomm. AktG, 3. Aufl., Schlussanh. II Rz. 60; *Schwarz*, SE-VO, Einleitung Rz. 205; für Einzelheiten s. *Stephan* in K. Schmidt/Lutter, § 303 AktG Rz. 12 ff.
55 *Paefgen* in KölnKomm. AktG, 3. Aufl., Schlussanh. II Rz. 32.
56 *Paefgen* in KölnKomm. AktG, 3. Aufl., Schlussanh. II Rz. 37; für die AG vgl. BGH v. 3.3.2008 – II ZR 124/06 – „UMTS", BGHZ 175, 365, 370 ff.; BGH v. 1.12.2008 – II ZR 102/07 – „MPS", BGHZ 179, 71, 78.
57 Zum Prüfprogramm des Tochtervorstands näher *J. Vetter* in K. Schmidt/Lutter, § 311 AktG Rz. 110 ff.

men über den konkreten Ausgleich zu verhandeln. Dabei darf sich die SE-Geschäftsleitung auf einen zeitlich gestreckten Ausgleich bis zum Geschäftsjahresende einlassen (§ 311 Abs. 2 AktG). Dies widerspricht wegen der in Art. 9 Abs. 1 lit. c ii SE-VO begründeten Zuständigkeit des deutschen Gesetzgebers mit Verdrängungsermächtigung (oben Rz. 3 ff.) nicht den Vorgaben des Europarechts.

23 In der faktisch abhängigen SE mit **monistischer Verwaltungsstruktur** ist die Aufgabe, die Veranlassungen des herrschenden Unternehmens auf ihre Übernehmbarkeit und dabei insbesondere auf ihre Nachteiligkeit hin zu überprüfen (oben Rz. 22), auf Verwaltungsrat[58] und Direktoriat **aufgeteilt**. Soweit das herrschende Unternehmen die Oberleitung der SE und/oder deren Aktivitäts-Grundlinien zu beeinflussen sucht, steht es in der (von unternehmerischem Ermessen geprägten, § 39 SEAG, § 93 Abs. 1 Satz 2 AktG) Entscheidungszuständigkeit ihres Verwaltungsrats (§ 22 Abs. 1 SEAG), ob die Vorstellungen des herrschenden Unternehmens für die abhängige SE übernommen und in ihr umgesetzt werden sollen. Dabei hat der Verwaltungsrat die Veranlassung insbesondere auf ihre mögliche Nachteiligkeit hin zu überprüfen. Dem Direktoriat ist die Überprüfung jener Einflussnahmen überantwortet, welche auf die laufende Geschäftsführung in der abhängigen SE abzielen (§§ 40 Abs. 2, 49 Abs. 1 SEAG, § 311 Abs. 1 AktG), insbesondere auf die Geschäftsführung in Umsetzung der Verwaltungsrats-Vorgaben (§ 22 Abs. 1 SEAG).

24 Diese **Doppelzuständigkeit** wird in aller Regel eine enge und fortlaufende Abstimmung unter diesen beiden Aufgabenträgern in der abhängigen SE erfordern, damit nicht die Prüfaufgaben suboptimal erfüllt werden, weil sich der eine Aufgabenträger auf den anderen unter Vernachlässigung seiner eigenen Pflichten verlässt. Allerdings kann der Verwaltungsrat auch jede Maßnahme der laufenden Geschäftsführung jederzeit zur Entscheidung an sich ziehen und den geschäftsführenden Direktoren Maßnahme-bezogene Weisungen erteilen (§ 44 Abs. 2 SEAG). Deshalb sind sie an die Beurteilung und den Entscheid des Verwaltungsrats selbst dann gebunden, wenn sie die vom herrschenden Unternehmen angesonnene Maßnahme für nachteilig und daher ausgleichspflichtig halten[59]. Denn die geschäftsführenden Direktoren dürfen ihr unternehmerisches Ermessen (oben Rz. 22) nicht anstelle des Ermessens setzen, das ebenso dem Verwaltungsrat zusteht[60]. Andernfalls würden die geschäftsführenden Direktoren entgegen dem Hierarchiegefälle aus § 44 Abs. 2 SEAG den Verwaltungsrat kontrollieren. Anders bloß, falls dieser mit seiner Entscheidung die Grenzen ganz offensichtlich überschreitet, in denen sich ein verantwortungsbewusstes, am Interesse der abhängigen SE orientiertes, auf sorgfältigen Ermittlungen beruhendes Handeln bewegen muss[61].

25 In der monistisch strukturierten SE pflanzt sich die Doppelzuständigkeit (oben Rz. 23) in den Bericht über Beziehungen zu verbundenen Unternehmen (**Abhängigkeitsbericht**, § 312 AktG[62]) hinein fort. In der dualistisch strukturierten SE ergeben sich im Vergleich zur AG keine rechtsformspezifischen Besonderheiten. In der monistischen hingegen ist es Aufgabe des Direktoriats, den Abhängigkeitsbericht auf-

---

58 A.A. wohl *Schwarz*, SE-VO, Einleitung Rz. 216.
59 So auch *Paefgen* in KölnKomm. AktG, 3. Aufl., Schlussanh. II Rz. 44.
60 Im Ergebnis so wohl auch *Paefgen* in KölnKomm. AktG, 3. Aufl., Schlussanh. II Rz. 46; *Veil* in Jannott/Frodermann, Handbuch der Europäischen Aktiengesellschaft, 11. Kap. Rz. 14; in der Sache entgegengesetzt *Verse* in Habersack/Drinhausen, § 49 SEAG Rz. 10.
61 Vgl. BGH v. 21.4.1997 – II ZR 175/95 – „ARAG/Garmenbeck", BGHZ 135, 244, 253 f. = AG 1997, 377.
62 Zu seinen Funktionen *J. Vetter* in K. Schmidt/Lutter, § 312 AktG Rz. 2 ff., s. auch die rechtspraktischen Hinweise Rz. 58 ff.

zustellen (§ 49 Abs. 1 SEAG i.V.m. § 312 AktG). Die Doppelzuständigkeit für die Prüfung (oben Rz. 23) mündet mithin nicht in zwei Abhängigkeitsberichte nebeneinander aus. Vielmehr muss das, was aus dem Aufgabenfeld des Verwaltungsrats zu berichten ist, in den *einen* Abhängigkeitsbericht des Direktoriats inkorporiert werden[63]. Allerdings übernimmt das Direktoriat mit der Aufnahme in den Bericht nicht die Verantwortung für die Erklärung; diese verbleibt unverändert beim Verwaltungsrat. Inhaltlich wird sich dessen Berichtsteil in aller Regel auf vom herrschenden Unternehmen angesonnene Maßnahmen oder auf Maßnahmen im Interesse des Konzerns oder eines seiner Glieder beziehen (§ 312 Abs. 1 Satz 2 AktG), während die Rechtsgeschäfte regelmäßig in den Aufgabenbereich des Direktoriats fallen werden. Der Verwaltungsrat muss bei den relevanten Maßnahmen über deren Gründe berichten und ihre Vor- und Nachteile für die abhängige SE angeben (§ 312 Abs. 1 Satz 3 AktG).

Während die Prüfung des Abhängigkeitsberichts durch den **Abschlussprüfer** (§ 313 AktG[64]) weder in der dualistisch, noch in der monistisch strukturierten SE rechtsformspezifische Besonderheiten aufweist, fragt sich für die daran anschließende Prüfung durch das **Überwachungsorgan** der abhängigen SE, ob in der monistisch strukturierten nicht der Verwaltungsrat von der Prüfung des Abhängigkeitsberichts ausgeschlossen ist[65]. Andernfalls würde er im Bericht seine eigenen Erklärungen prüfen und damit gegen das Selbstprüfungsverbot (für den Abschlussprüfer vgl. § 319 Abs. 3 Nr. 3 HGB) verstoßen. Aber dieses Argument schlägt letztlich nicht durch. Denn zum einen existiert innerhalb der abhängigen SE kein anderes Organ, das mit Sachverstand die Prüfungsaufgabe anstelle des Verwaltungsrats erledigen könnte. Und zum anderen sind auch in der faktisch konzernierten AG deren Aufsichtsratsmitglieder der Anteilseignerseite nicht selten mit jenen Geschäften und Maßnahmen vorbefasst gewesen, deren Berichterstattung sie zu prüfen aufgerufen sind[66]; für den deutschen Gesetzgeber war dies kein Anlass, sie deshalb von der Prüfung nach § 314 AktG auszuschließen[67]. Sogar in der monistisch strukturierten SE steht deren Verwaltungsrat seinem eigenen Berichtsteil, wenn er vom Abschlussprüfer nach § 313 AktG geprüft ist, schon deshalb mit einiger Distanz gegenüber, weil er in seinem eigenen Bericht über die Prüfung des Abhängigkeitsberichts an die SE-Hauptversammlung (§ 314 Abs. 2 Satz 1 AktG) auch zu jenem Ergebnis explizit Stellung zu beziehen hat, zu dem der Abschlussprüfer bei seiner Prüfung des Abhängigkeitsberichts gelangt ist (§ 314 Abs. 2 Satz 2 AktG[68]).

26

Allerdings sind von der Prüfung des Abhängigkeitsberichts und von den Erklärungen des Verwaltungsrats gegenüber der SE-Hauptversammlung (§ 314 Abs. 2, 3 AktG) all jene Ratsmitglieder wegen des Selbstprüfungsverbots ausgeschlossen, die in ihrer Ei-

27

---

63 Im Ergebnis so auch *Altmeppen* in MünchKomm. AktG, 3. Aufl., Art. 9 SE-VO Anh. Rz. 38; *Paefgen* in KölnKomm. AktG, 3. Aufl., Schlussanh. II Rz. 48.
64 Zum Zweck der Berichtsprüfung *J. Vetter* in K. Schmidt/Lutter, § 313 AktG Rz. 1 f.
65 Zur Prüfung durch den Verwaltungsrat kritisch *Maul*, ZGR 2003, 743, 755 f.; *Schwarz*, SE-VO, Einleitung Rz. 216 Fn. 605; *Veil*, WM 2003, 2169, 2173 f.; *Veil* in Jannott/Frodermann, Handbuch der Europäischen Aktiengesellschaft, 11. Kap. Rz. 23.
66 *Altmeppen* in MünchKomm. AktG, 3. Aufl., Art. 9 SE-VO Anh. Rz. 38; *Paefgen* in Köln-Komm. AktG, 3. Aufl., Schlussanh. II Rz. 48; *Verse* in Habersack/Drinhausen, § 49 SEAG Rz. 13; zur AG vgl. auch *J. Vetter* in K. Schmidt/Lutter AktG, § 314 Rz. 2 f.
67 Im Gegenteil stellte der Gesetzgeber auf das besondere Wissen ab, das die Repräsentanten des herrschenden Unternehmens in die Erledigung der Prüfungsaufgabe aus § 314 Abs. 2 Satz 1 AktG einbringen können: Begr. RegE AktG, *Kropff*, Aktiengesetz 1965, S. 416.
68 Zum Verhältnis der beiden Berichtsprüfungen zueinander *J. Vetter* in K. Schmidt/Lutter, § 314 AktG Rz. 11 f.

genschaft als geschäftsführende Direktoren den Abhängigkeitsbericht aufgestellt haben[69].

3. Die SE im Eingliederungskonzern

28 Innerhalb eines inländischen Eingliederungskonzerns kann die SE wegen ihrer Gleichstellung mit der AG (Art. 10 SE-VO) sowohl als eingliedernde Hauptgesellschaft (§ 319 Abs. 1 AktG) als auch als eingegliederte Gesellschaft fungieren (arg. § 49 Abs. 2 SEAG)[70]. Möglich ist ebenfalls ein „reiner" SE-Eingliederungskonzern mit einer SE als Hauptgesellschaft und einer eingegliederten SE. Rechtsform-spezifische **Besonderheiten bestehen nicht**[71]. Sollte eine beteiligte SE monistisch strukturiert sein, so werden die dem Leitungsorgan aktiengesetzlich zugewiesenen Aufgaben (z.B. die Anmeldung der Eingliederung nach § 319 Abs. 4 ff. AktG) vom Direktorium wahrgenommen (§ 49 Abs. 2 SEAG)[72]. In der eingegliederten SE mit monistischer Struktur besteht das Weisungsrecht der Hauptgesellschaft (§ 323 Abs. 1 AktG) nach den oben Rz. 18 für die vertraglich konzernierte SE entwickelten Grundsätzen gegenüber dem Verwaltungsrat der eingegliederten Gesellschaft und gegenüber deren Direktorium gleichermaßen.

III. Die deutsche Grenzen übersteigende SE-Konzernverbindung

29 Der europäische Gesetzgeber hat es mit seiner in Art. 9 Abs. 1 lit. c ii SE-VO angelegten Regelungszuständigkeit mit Verdrängungsermächtigung (oben Rz. 5) ebenfalls den einzelnen Mitgliedstaaten und ihrem auf ihre Aktiengesellschaften anwendbaren Recht überlassen, mit welchem rechtlichen Instrumentarium sie die SE-Konzernverbindung über die Grenze regeln wollen. In Deutschland bestimmt sich dies nach den Grundsätzen des **Internationalen Gesellschaftsrechts** innerhalb des Internationalen Privatrechts[73].

1. Grundsätze

30 Nach den Grundsätzen des Internationalen Gesellschaftsrechts richtet sich das auf die grenzüberschreitende SE-Konzernverbindung anwendbare Recht grundsätzlich nach dem **Personalstatut der konzernabhängigen Gesellschaft**. Denn aus der Beteiligung des herrschenden Unternehmens an ihr rührt die Konzernverbindung her, und in dieser Beteiligung sowie in den mit ihr verbundenen Verwaltungsrechten aus der Mitgliedschaft findet diese Verbindung ihre Grundlage[74]. Somit entscheidet das Recht

---

69 *Müller-Bonanni/Melot de Beauregard*, GmbHR 2005, 195, 199; *Schröder* in Manz/Mayer/Schröder, Art. 9 SE-VO Rz. 90; a.A. *Verse* in Habersack/Drinhausen, § 49 SEAG Rz. 12; ganz allgemein wie dieser *Bachmann*, ZGR 2008, 779, 807: „Ein interner Direktor ist nicht schon deshalb von der Beschlussfassung im Verwaltungsrat ausgeschlossen, weil es um Geschäftsführungsfragen geht."
70 Zur Beschränkung der beteiligten Gesellschaften auf AGs *Ziemons* in K. Schmidt/Lutter, § 319 AktG Rz. 6.
71 S. dazu auch *Paefgen* in KölnKomm. AktG, 3. Aufl., Schlussanh. II Rz. 83 ff.; *Schwarz*, SE-VO, Einleitung Rz. 219 ff., 228; *Verse* in Habersack/Drinhausen, § 49 SEAG Rz. 31 ff.
72 *Verse* in Habersack/Drinhausen, § 49 SEAG Rz. 32.
73 Hierzu *Kindler* in MünchKomm. BGB, 5. Aufl., Int. Gesellschaftsrecht Rz. 757; *Zimmer*, Internationales Gesellschaftsrecht, S. 427 ff.
74 *Kindler* in MünchKomm. BGB, 5. Aufl., Int. Gesellschaftsrecht Rz. 756 m.w.N.; s. auch *H.-F. Müller* in Spindler/Stilz, IntGesR Rz. 45; *Zimmer*, Internationales Gesellschaftsrecht, S. 427; speziell für SE: *Paefgen* in KölnKomm. AktG, 3. Aufl., Schlussanh. II Rz. 89; *Schröder* in Manz/Mayer/Schröder, Art. 9 SE-VO Rz. 40; *Schwarz*, SE-VO, Einleitung Rz. 178 ff.; *Veil* in KölnKomm. AktG, 3. Aufl. 2012, Art. 9 SE-VO Rz. 23; *Verse* in Habersack/Drinhausen, § 49 SEAG Rz. 4.

der abhängigen Gesellschaft, ob, inwieweit und unter welchen Voraussetzungen ihre Konzerneinbindung gefördert wird, ebenso wie über den Schutz der abhängigen Gesellschaft, ihrer Gläubiger und der Minderheitsgesellschafter. Anderes gilt dagegen für Schutz und Förderung der Konzernverbindung auf der Ebene des **herrschenden Unternehmens**; hier ist dessen Statut maßgeblich[75]. Nach ihm richten sich der Pflichtenkreis seiner Organe und die Mitwirkungsbefugnisse der Gesellschafter – auch soweit es um Maßnahmen in der abhängigen Gesellschaft geht.

2. Die herrschende SE im transnationalen Konzern

a) Die herrschende SE im Vertragskonzern

Ob eine in Deutschland ansässige SE als herrschendes Unternehmen mit einer ausländischen Gesellschaft einen grenzüberschreitenden Unternehmensvertrag (oben Rz. 10) abschließen, also einen transnationalen Vertragskonzern bilden kann, bestimmt sich gemäß den Grundsätzen oben Rz. 30 primär nach dem **Recht der Auslandsgesellschaft**. Dies muss für seine Gesellschaften als abhängige zum einen den Abschluss von Unternehmensverträgen erlauben und zum anderen auch den mit einem ausländischen Vertragspartner als herrschendem Unternehmen[76]. Das ist etwa in Portugal der Fall[77]. Für einen solchen Unternehmensvertrag über die Grenze benötigt die deutsche SE die Zustimmung ihrer Hauptversammlung mit qualifizierter Mehrheit (§ 293 Abs. 2 AktG); dies allerdings nur dann, wenn der vom ausländischen Recht regierte Unternehmensvertrag sich in seinen *kennzeichnenden Merkmalen* (vergleichbar einem Unternehmensvertrag in Deutschland) gewichtig auf die herrschende SE auswirkt. Solche Auswirkungen sind anzunehmen, wenn die SE im Gefolge des Unternehmensvertrags für die Risiken der abhängigen Gesellschaft umfassend einzustehen hat[78] (etwa wegen eines zwingenden Verlustausgleichs oder gar obligatorischer Mithaftung) oder wenn die außenstehenden Gesellschafter in der abhängigen Auslandsgesellschaft im Gefolge des Unternehmensvertrags in Aktien der herrschenden SE abgefunden werden müssen.

31

Ebenfalls primär nach dem Recht der Auslandsgesellschaft bestimmt es sich, ob, unter welchen Voraussetzungen und innerhalb welcher Grenzen die herrschende SE ihr **Weisungsrecht** nach § 308 Abs. 1 AktG durchsetzen kann. Konsequent richtet sich ebenfalls die Folgepflicht der Geschäftsleitung in der Auslandsgesellschaft nach deren Recht.

32

Ob Umstrukturierungen unterhalb der herrschenden SE im Bereich der Auslandsgesellschaft der Zustimmung der SE-Hauptversammlung in Deutschland nach den **Holzmüller/Gelatine-Grundsätzen** bedürfen, bemisst sich gemäß den Grundsätzen des Internationalen Privatrechts (oben Rz. 30) nach deutschem Recht[79]. Maßgeblich

33

---

75 *Kindler* in MünchKomm. BGB, 5. Aufl., Int. Gesellschaftsrecht Rz. 756; *Zimmer*, Internationales Gesellschaftsrecht, S. 431; speziell zur SE: *Engert*, ZVglRWiss 104 (2005), 444, 457 f.; *Paefgen* in KölnKomm. AktG, 3. Aufl., Schlussanh. II Rz. 90; *Schröder* in Manz/Mayer/Schröder, Art. 9 SE-VO Rz. 41; *Schwarz*, SE-VO, Einleitung Rz. 181; *Verse* in Habersack/Drinhausen, § 49 SEAG Rz. 8.

76 Dazu *Paefgen* in KölnKomm. AktG, 3. Aufl., Schlussanh. II Rz. 94; *Veil* in KölnKomm. AktG, 3. Aufl. 2012, Art. 9 SE-VO Rz. 24. – Die von *Schall* in Spindler/Stilz, vor § 15 Rz. 37, 38 behandelte Variante einer Auslandsgesellschaft mit deutschem Geschäftssitz kommt für die SE wegen des Verbots der grenzüberschreitenden Sitzaufspaltung (Art. 7 Satz 1 SE-VO) nicht in Betracht.

77 Zum Konzernrecht in den EU-Mitgliedstaaten näher *Teichmann*, ZGR 2014, 45, 49 ff. m.w.N.

78 *Veil* in KölnKomm. AktG, 3. Aufl. 2012, Art. 9 SE-VO Rz. 24.

79 *Altmeppen* in MünchKomm. AktG, 3. Aufl., Art. 9 SE-VO Anh. Rz. 43; *Habersack/Verse*, Europäisches Gesellschaftsrecht, S. 453; *Schwarz*, SE-VO, Einleitung Rz. 181.

für die Entscheidungszuständigkeit der SE-Aktionäre ist mithin, ob die Umstrukturierung ihre Einflussmöglichkeiten in einem hinreichend gewichtigen Bereich weitergehend mediatisiert[80].

b) Die herrschende SE im faktischen Konzern

34 Die Einflussmöglichkeiten und Einstandspflichten einer herrschenden deutschen SE an der Spitze eines faktischen Konzerns über die Grenze bestimmen sich gemäß den international-privatrechtlichen Grundsätzen oben Rz. 30 ganz nach dem Recht der jeweiligen **Auslandsgesellschaft**[81] und somit danach, ob, inwieweit und auf welchen Wegen das jeweilige ausländische Recht diese faktische Konzernverbindung fördert (oben Rz. 4) und die Außenseiter in der Auslandsgesellschaft, also deren Gläubiger und Minderheitsgesellschafter jeweils schützt.

35 Da für **die Konzerntöchter in mehreren EU-Mitgliedstaaten** je unterschiedliches Recht zum Zuge kommt, lässt sich ein faktischer SE-Konzern im europäischen Binnenmarkt wohl einheitlich strukturieren, aber auf dem Boden des in der Union und ihren Mitgliedstaaten momentan geltenden Rechts nicht nach einheitlichen Grundsätzen führen. Dem stehen in dieser Zeit die je uneinheitlichen Handlungspflichten der Geschäftsleiter in den Tochtergesellschaften entgegen[82] und die in den Mitgliedstaaten unterschiedliche Kapitalerhaltung in ihrer Ausstrahlung auf die Handlungspflichten der Tochtergeschäftsleitungen. Angleichungen hier sollten Teil der gerade angelaufenen Bemühungen des europäischen Gesetz- und Regelgebers im Bereich der Unternehmensgruppen sein (unten Rz. 39 ff.)[83].

3. Die abhängige SE im transnationalen Konzern

a) Die abhängige SE im Vertragskonzern

36 Das deutsche Recht erlaubt einer abhängigen AG den Abschluss eines Unternehmensvertrags mit einem herrschenden Unternehmen im Ausland[84]. Wegen des Gleichstellungsgebots aus Art. 10 SE-VO kann daher auch eine abhängige SE mit Sitz in Deutschland unternehmensvertraglich in einen Vertragskonzern eingebunden werden. Diese Konzernverbindung wird nach den Grundsätzen des Internationalen Privatrechts (oben Rz. 30) vom **deutschen Recht** regiert[85]. Deshalb gelten für die abhängige SE im transnationalen Konzern dieselben Regeln für den Inhalt des Unternehmensvertrages, seinen Abschluss, die aus ihm herrührenden Einflussmöglichkeiten, seine Kon-

---

80 Im Einzelnen *Spindler* in K. Schmidt/Lutter, § 119 AktG Rz. 28 ff.
81 *Altmeppen* in MünchKomm. AktG, 3. Aufl., Art. 9 SE-VO Rz. 42; *Paefgen* in KölnKomm. AktG, 3. Aufl., Schlussanh. II Rz. 90; *Schwarz*, SE-VO, Einleitung Rz. 227.
82 Dazu *Hommelhoff* in FS Günther H. Roth, 2011, S. 269 f.
83 S. *Hommelhoff* in FS Stilz, S. 291, aber auch die Andeutungen der EU-Kommission in der Begründung zu ihrem Vorschlag für eine Richtlinie über Gesellschaften mit beschränkter Haftung mit einem einzigen Gesellschafter vom 9.4.2014 (COM (2014) 212 final), S. 2: „Den KMU sollte damit ein einfaches, flexibles und in allen Mitgliedstaaten einheitliches Instrument zur Erleichterung grenzüberschreitender Tätigkeiten an die Hand gegeben werden"; sehr deutlich auch schon *Neye/Teichmann*, AG 2003, 169, 176 f.: „... ein Gestaltungsangebot an europaweit operierende Konzerne, ihre auf ganz Europa verteilten Tochtergesellschaften einheitlich in der Rechtsform der SE zu organisieren".
84 BGH v. 15.6.1992 – II ZR 18/91 – „ABB I", BGHZ 119, 1; BGH v. 4.3.1998 – II ZB 5/97 – „ABB II", BGHZ 138, 136 = AG 1998, 286; *Langenbucher* in K. Schmidt/Lutter, § 291 AktG Rz. 22 m.w.N.
85 *Paefgen* in KölnKomm. AktG, 3. Aufl., Schlussanh. II Rz. 92 ff.; *Schwarz*, SE-VO, Einleitung Rz. 209; *Veil* in KölnKomm. AktG, 3. Aufl. 2012, Art. 9 SE-VO Rz. 23; *Verse* in Habersack/Drinhausen, § 49 SEAG Rz. 17; im Ergebnis so auch *Altmeppen* in MünchKomm. AktG, 3. Aufl., Art. 9 SE-VO Anh. Rz. 30.

sequenzen zum Schutze der Minderheitsgesellschafter und der Gläubiger sowie für die Beendigung des Unternehmensvertrages, wie sie oben Rz. 16 ff. für die rein innerdeutsche SE-Konzernverbindung dargelegt worden sind.

b) Die abhängige SE im faktischen Konzern

Ist eine in Deutschland ansässige SE, die von einem herrschenden Unternehmen im Ausland abhängig ist, in einen faktischen Konzern einbezogen worden, so gilt für die SE nach international-privatrechtlichen Grundsätzen (oben Rz. 30) **deutsches Recht** und wegen des Gleichstellungsgebots (Art. 10 SE-VO) daher das Recht des **faktischen AG-Konzerns**: die Bestimmungen der §§ 311 ff. AktG[86] mitsamt ihrem Schutz- und Förderprogramm (oben Rz. 4). Dabei unterscheidet sich dessen Anwendung auf eine grenzüberschreitend konzernierte SE in nichts von der Anwendung der §§ 311 ff. AktG auf eine SE innerhalb einer rein innerdeutschen Konzernverbindung. Daher kann auf die Darlegungen oben Rz. 22 ff. verwiesen werden. Ob und wie die Bemühungen des europäischen Gesetz- und Regelgebers, die grenzüberschreitenden Unternehmensverbindungen zu harmonisieren und damit den Konzern als modernste Organisationsform im Binnenmarkt zu fördern (unten Rz. 40 ff.), sich auch auf die konzernierte SE auswirken werden, lässt sich momentan noch nicht einschätzen.

4. Transnationale Eingliederungskonzerne?

In einen grenzüberschreitenden Eingliederungskonzern lässt sich nach momentaner Rechtslage in den EU-Mitgliedstaaten **keine SE** einfügen; trotz der §§ 319 ff. AktG auch keine in Deutschland ansässige. Denn die besondere Konzernform der Eingliederung kennt in der gesamten Union allein das deutsche Recht; seinem Vorbild ist kein anderer Mitgliedstaat gefolgt. Nach den Grundsätzen des Internationalen Privatrechts (oben Rz. 30) ist in jedem Fall jedoch ein anderer Mitgliedstaat zur Mitwirkung aufgerufen – sei es als Sitzstaat der eingegliederten SE oder als Sitzstaat der eingliedernden Hauptgesellschaft (§ 319 Abs. 1 AktG). Wegen des für eine grenzüberschreitende Eingliederung unverzichtbaren Zusammenwirkens zweier Mitgliedstaaten bleibt diese besondere Konzernform auch der SE für eine grenzüberschreitende Gruppierung verschlossen[87] (zum rein inländischen SE-Eingliederungskonzern oben Rz. 28). Auf die mögliche Unionsrechtswidrigkeit der Eingrenzung auf inländische Hauptgesellschaften (§ 319 Abs. 1 Satz 1 AktG)[88] kommt es daher nicht an.

IV. Europäische Entwicklungen in ihren Auswirkungen auf das SE-Konzernrecht

In ihrem Aktionsplan Gesellschaftsrecht 2012[89] hat die EU-Kommission eine Reihe von **Einzelvorhaben** vorgestellt, die auch für den SE-Konzern Bedeutung erlangen können: die Anerkennung des Gruppeninteresses, die gruppenspezifische Struktur-

---

86 *Altmeppen* in MünchKomm. AktG, 3. Aufl., Art. 9 SE-VO Anh. Rz. 36; *Paefgen* in KölnKomm. AktG, 3. Aufl., Schlussanh. II Rz. 89; *Schwarz*, SE-VO, Einleitung Rz. 211; *Veil* in KölnKomm. AktG, 3. Aufl. 2012, Art. 9 SE-VO Rz. 23; im Ergebnis so auch *Schröder* in Manz/Mayer/Schröder, Art. 9 SE-VO Rz. 40; *Verse* in Habersack/Drinhausen, § 49 SEAG Rz. 9.
87 *Brandi*, NZG 2003, 889, 896; *Paefgen* in KölnKomm. AktG, 3. Aufl., Schlussanh. II Rz. 96; *Schwarz*, SE-VO, Einleitung Rz. 219.
88 Dazu *Emmerich/Habersack*, Aktien- und GmbH-Konzernrecht, § 319 AktG Rz. 7; *Verse* in Habersack/Drinhausen, § 49 SEAG Rz. 31.
89 Mitteilung der Kommission an das Europäische Parlament, den Rat, den Europäischen Wirtschafts- und Sozialausschuss und an den Ausschuss der Regionen vom 12.12.2012, Aktionsplan: Europäisches Gesellschaftsrecht und Corporate Governance – ein moderner Rechtsrahmen für engagierte Unternehmen und besser überlebensfähige Unternehmen, COM (2012)

und Transaktionstransparenz, related party transactions und die single member company (SMC), die geschlossene Kapitalgesellschaft im Alleinbesitz, von der EU-Kommission nun Societas Unius Personae (SUP)[90] benannt. Zwar liegen erst zu ihr und zu den related party transactions[91] Richtlinien-Vorschläge der Kommission vor, deren weiteres Schicksal momentan noch ganz ungewiss ist. Aber dennoch lässt die zu diesen Konzern-relevanten Einzelvorhaben angelaufene Diskussion in ungefähr erahnen, wie sie sich, insbesondere über das Gleichstellungsprinzip des Art. 10 SE-VO, auf das SE-Konzernrecht auswirken könnten.

1. Anerkennung des Gruppeninteresses

40 Mit der Anerkennung des Gruppeninteresses zielt die EU-Kommission offenbar auf die Prädominanz des Konzerninteresses gegenüber dem **Eigeninteresse der Tochtergesellschaft**[92] ab und damit auf die Förderung der grenzüberschreitenden Konzernverbindungen. Den Tochtergeschäftsleitungen soll Rechtssicherheit verschafft und die Furcht vor zivil- und strafrechtlichen Sanktionen genommen werden[93]. Schon damit, aber auch und vor allem durch weitgehend angeglichene Handlungs- und Pflichtenprogramme für die Tochtergeschäftsleitungen in allen Mitgliedstaaten wird dem herrschenden Unternehmen im Konzern dessen Führung und die seiner Gliedgesellschaften im ganzen Binnenmarkt nach einheitlichen Grundsätzen wesentlich erleichtert. Dies **Förderprogramm** muss nach Überzeugung vieler durch ein europäisches **Schutzprogramm** zugunsten der Gläubiger und Minderheitsgesellschafter ausbalanciert werden[94]. Dabei denkt man daran, die „*Rozenblum*"-Doktrin der französischen Strafgerichte[95] in das Recht der Unternehmensgruppe, also das Konzernrecht, zu übertragen. Für kleinere Auslandsgesellschaften, insbesondere für bloße Service- und Vertriebsgesellschaften im Alleinbesitz des herrschenden Unternehmens, sucht man nach im Vergleich zur „*Rozenblum*"-Doktrin deutlich vereinfachten Schutzmechanismen[96].

41 Auf die konzernverflochtene SE, die herrschende ebenso wie auf die abhängige, würde sich eine so ausgebaute Anerkennung des Gruppeninteresses im grenzüberschreitenden Konzern vielfach gewichtig vor allem auf faktische Konzernverbindungen auswirken. Die §§ 311 ff. AktG wären für die grenzüberschreitenden Verbindungen sowohl unter dem Aspekt Binnenmarkt-weit einheitlicher Konzernführung (oben Rz. 35) zu modernisieren und über ein Weisungsrecht des herrschenden Unternehmens zu präzisieren. Auf der anderen Seite wäre der Nachteilsausgleich aus § 311

---

740 final; dazu *Ekkenga*, AG 2013, 181; *Hopt*, ZGR 2013, 165; *Teichmann*, BB 2013 Heft 3, „Die erste Seite".
90 Vorschlag für eine Richtlinie über Gesellschaften mit beschränkter Haftung mit einem einzigen Gesellschafter vom 2.4.2014 (COM (2014) 212 final).
91 Art. 9c des Vorschlags für eine Richtlinie zur Änderung der Richtlinie 2007/36/EG im Hinblick auf die Förderung der langfristigen Einbeziehung der Aktionäre sowie der Richtlinie 2013/34/EU in Bezug auf bestimmte Elemente der Erklärung zur Unternehmensführung vom 9.4.2014 (COM (2014) 213 final).
92 Dazu *Hommelhoff*, KSzW 2014, 63, 64; zu Eigeninteresse und Eigenwille in der AG *Herwig*, Leitungsautonomie und Fremdeinfluss, 2014, S. 586 ff.
93 S. *Hommelhoff*, KSzW 2014, 63.
94 Nachdrücklich *Drygala*, AG 2013, 198, 203 ff. und in Übereinstimmung mit ihm *Hommelhoff* in FS Stilz, S. 291 ff.
95 Zu ihr *Falcke*, Konzernrecht in Frankreich, 1996, S. 35 f.; *Lutter* in FS Kellermann, 1991, S. 257; *Forum Europaeum Konzernrecht*, ZGR 1998, 672, 704 ff. m.w.N.; zur weiteren Entwicklung in Frankreich *Boursier*, Revue des Sociétés 2005, 273; zum deutschen Recht s. *Wiedemann*, GmbHR 2011, 1009, 1013.
96 S. den Vorschlag einer Liquiditätsgarantie für einen eingeschränkten Kreis von Tochterverbindlichkeiten von *Hommelhoff*, GmbHR 2014, 1065, 1073.

Abs. 2 AktG zeitlich erheblich zu strecken und zu flexibilisieren[97]. Der Abhängigkeitsbericht aus § 312 AktG könnte seiner Grundidee nach in das europäische Schutzprogramm übernommen und angepasst werden. Mit einem so für den grenzüberschreitenden Konzern ausgebauten Förder- und Schutzprogramm würde der europäische Gesetz- und Regelgeber auch für die konzernverflochtene SE seine den Mitgliedstaaten ganz weithin überlassene Regelungsverantwortung (oben Rz. 3 ff.) wieder zurückholen und Eigenregelungen treffen.

2. Struktur- und Transaktionstransparenz

Mit den Vorhaben zur Struktur- und Transaktionstransparenz der Unternehmensgruppe[98] will der europäische Gesetz- und Regelgeber (im Anschluss an die Empfehlungen der Reflection Group)[99] Vorgaben zur **Unternehmensberichterstattung** schärfen und kombinieren, die sich ganz weithin schon im geltenden Recht finden und damit ebenfalls über Art. 10 SE-VO auf die konzernverflochtene SE Anwendung finden. Die damit angestrebten Verbesserungen in der Gruppentransparenz schreiben lediglich das vorhandene Recht, auch das der gruppenverflochtenen SE, fort, ohne es jedoch vom Grund her umzustürzen.

42

3. Related party transactions

Related party transactions sind nicht bloß Geschäfte der Gesellschaft mit den Mitgliedern ihrer Organe und denen Nahestehende, sondern auch und vor allem die mit anderen verbundenen Unternehmen[100]. Es geht um den **konzerninternen Rechts- und Geschäftsverkehr**; das betrifft auch die konzernverflochtene SE, und zwar die im rein innerdeutschen Konzern ebenso wie die im grenzüberschreitenden. Dabei liegt die geplante Prüfung werthaltiger Geschäfte durch Sachverständige (Art. 9c Abs. 1 Aktionärsrechte-Richtlinie)[101] noch auf der Linie des § 313 AktG (Prüfung durch den Abschlussprüfer). Die Konzernführung, auch die in einem SE-Konzern, wäre dagegen wohl in ihrem Mark getroffen, wenn besonders werthaltige Geschäfte im Konzern der SE-Hauptversammlung zur Zustimmung vorgelegt werden müssten (Art. 9c Abs. 2 Aktionärsrechte-Richtlinie)[102]. Das vorgeschlagene Staatenwahlrecht für die Freistellung von Gruppengesellschaften im Alleinbesitz (Art. 9c Abs. 4 Aktionärsrechte-Richtlinie) brächte zwar Erleichterung, würde aber der vielfältigen Konzernpraxis innerhalb der EU lediglich eingeschränkt gerecht. Der EU-Ministerrat ist um einen Kompromiss bemüht[103].

43

4. Societas Unius Personae (SUP)

Die Societas Unius Personae (SUP), die geschlossene Kapitalgesellschaft im Alleinbesitz[104], wäre gewiss auch für die herrschende SE an der Spitze eines Binnenmarkt-

44

---

97 S. *Druey* in FS Hommelhoff, 2012, S. 153 und im Anschluss an ihn *Hommelhoff*, KSzW 2014, 63, 65 f.
98 Zu ihr *Drygala*, AG 2013, 198, 205 ff.
99 *Reflection Group on the Future of EU Company Law*, Report, S. 50 ff.
100 S. *Drygala*, AG 2013, 198, 206 ff.
101 Kommissions-Vorschlag für eine Richtlinie zur Änderung der Richtlinie 2007/36/EG im Hinblick auf die Förderung der langfristigen Einbeziehung der Aktionäre ... vom 9.4.2014 (COM (2014) 213 final).
102 *Drygala*, AG 2013, 198, 205 ff.; dazu *Hommelhoff*, KSzW 2014, 63, 67; *Verse/Wiersch*, EuZW 2014, 375, 380.
103 *Jung*, WM 2014, 2351, 2354.
104 Vorschlag für eine Richtlinie über Gesellschaften mit beschränkter Haftung mit einem einzigen Gesellschafter vom 2.4.2014 (COM (2014) 212 final); dazu eingehend *Jung*, GmbHR 2014, 579; *Beurskens*, GmbHR 2014, 738, *Drygala*, EuZW 2014, 491.

weit agierenden Konzerns, für die Einheitlichkeit der Konzernführung und für die überschaubare Einheitlichkeit der Schutzprogramme in den Mitgliedstaaten von Interesse. Als **Konzernbaustein** mit europäischer Anmutung könnte die SUP gerade für Konzerne mit einer SE an ihrer Spitze wertvoll sein[105], um den durchgehend europäischen Charakter des gesamten Konzerns zu unterstreichen. Allerdings ist die SUP nichts anderes als eine Unterform der geschlossenen Kapitalgesellschaften nationalen Rechts (GmbH, sarl, Ltd, bv etc.); dann doch besser eine supranationale SPE, eine Europäische Privatgesellschaft[106].

---

105 Zur Funktion der SUP als Konzernbaustein *Jung*, GmbHR 2014, 579, 582; *Hommelhoff*, GmbHR 2014, 1065.
106 So schon *Hommelhoff*, AG 2013, 211, 221; *Teichmann*, ZRP 2013, 169, 172; im Ergebnis auch *Bayer/J. Schmidt*, BB 2014, 1219, 1223; *Wicke*, ZIP 2014, 1414, 1417.

Stichwortverzeichnis

Bearbeiter: Wiss. Mitarb. Jakob Staudt

Halbfette Zahlen ohne Angabe eines Gesetzes verweisen auf die Vorschriften der SE-VO (Teil A.), solche mit der Angabe **SEBG** auf Vorschriften des SEBG (Teil B.). Einige Vorschriften des **SEAG** sind in Anhängen zu den Vorschriften der SE-VO kommentiert.

Einl. verweist auf die Einleitung vor Art. 1 SE-VO; **Anh. ArbeitsR**, **Anh. SteuerR** und **Anh. KonzernR** verweisen auf die Anhänge zur arbeitsrechtlichen Praxis (Teil C.), zum Steuerrecht (Teil D.) und zum Konzernrecht (Teil E.).

Magere Zahlen verweisen auf die Randzahlen innerhalb der einzelnen Kommentierungen.

Abberufung
– Arbeitnehmervertreter **43** 57; **43 Anh. § 29 SEAG** 5; **52** 19, 21
– Aufsichtsorgan **40** 23 ff.
– geschäftsführende Direktoren **43 Anh. § 40 SEAG** 48 ff.
– Leitungsorgan **39** 37 ff.
– Minderheitenschutz **43 Anh. § 29 SEAG** 13 ff.
– Verwaltungsorganmitglieder **43** 49 ff.
– Verwaltungsrat **43 Anh. § 29 SEAG** 1 ff.
Abfindung *s. Barabfindung*
Abfindungsangebot *s. Barabfindungsangebot*
Abgabenordnung
– Anwendbarkeit **Anh. SteuerR** 29
Abhängigkeitsverhältnis
– Abhängigkeitsbericht **43 Anh. § 47 SEAG** 15; **43 Anh. § 49 SEAG** 4
– Doppelmandate **43 Anh. § 27 SEAG** 11 f.
– geschäftsführende Direktoren **43 Anh. § 49 SEAG** 1 ff.
– Gründung durch Verschmelzung **2** 13
– Holding-SE **34** 17
Abschlussprüfer
– Auskunftsrecht **32** 58
– Bestellung **37** 36; **43 Anh. § 22 SEAG** 34; **52** 33; **61** 29
– Eignung **61** 29
– Sitzungsteilnahme **43 Anh. § 47 SEAG** 8
– Vorlage d. Prüfberichts **43 Anh. § 47 SEAG** 8
Abschlussprüfung
– Reform **43 Anh. § 27 SEAG** 15b f.; **43 Anh. § 34 SEAG** 31a; **61** 1, 31
Abwickler *s.a. Liquidation*
– dualistisches System **63** 39 f.
– gesetzlicher **63** 42
– monistisches System **63** 41 ff.
– Pflichten **63** 40, 44
Abzugsfähigkeit
– Organvergütungen **Anh. SteuerR** 41 ff.
Aktien
– Arten **1** 9
– Begriff, Auslegung **5 Anh. I** 7 ff.
– Einbringungsverträge **32** 14
– erleichterte Veräußerbarkeit **24** 65; **34** 32
– Erwerb durch Verschmelzung **29** 5 ff.
– Formen **1** 10

– Generalverweisung **5 Anh. I** 13
– Höchststimmrechtsaktien **5 Anh. I** 20
– Inhaberaktien **5 Anh. I** 16
– Internationales Privatrecht **5 Anh. I** 14
– Mehrstimmrechtsaktien **5 Anh. I** 20
– Namensaktien **5 Anh. I** 16
– Nennwert **5 Anh. I** 15
– Sitzverlegung **5 Anh. I** 22 f.
– Spezialverweisung **5** 10; **5 Anh. I** 1 ff.
– Stimmrecht **5 Anh. I** 20 *s.a. dort*
– stimmrechtslose Vorzugsaktien **5 Anh. I** 20
– Stückaktien **5 Anh. I** 15
– up-stream-merger **31** 1 ff.
– Verbriefung **5 Anh. I** 17
– Verfügungen **5 Anh. I** 18
– Zerlegung **1** 8
Aktien – Gattungen **5 Anh. I** 19
– Abstimmung, Sitzverlegung **8** 40 f.
– Sonderbeschluss **60** 5 ff., 17 f.
Aktien – Übertragung
– dingliche **33** 17 ff., 33 f.
– Gründungsplan, Holding-SE **32** 27
– schuldrechtliche **33** 16
– Verschmelzung **18** 8; **20** 20
– Verschmelzungsplan **20** 20
Aktien – Umtauschverhältnis
– Ausgleichsleistung **24** 31 ff.; **34** 33 ff.
– Gründungsplan, Holding-SE **32** 26
– Holding-Gründung **34** 10, 33 ff.
– Klageausschluss **34** 34
– Minderheitenschutz **24** 31 ff.
– Spruchverfahren **34** 10, 12, 33 ff.
– Verschmelzung **20** 18; **22** 13
Aktiengesellschaft
– Entstehen durch SE-Umwandlung *s. Formwechsel – SE*
– Formwechsel **37** 1 ff.
– Gleichbehandlungsgrundsatz *s. dort*
– Umwandlung **37** 1 ff.
Aktiengesetz
– Anwendbarkeit **9** 26 ff., 54 f.; **Einl.** 5, 30 f.
– Auslegungshoheit **9** 55
– Rangverhältnis **9** 34 ff., 52 ff.; **Einl.** 30
– Sachnormverweisung **15** 5, 8 f.
Aktienoption
– geschäftsführende Direktoren **5** 8; **43 Anh. § 40 SEAG** 54

1427

Stichwortverzeichnis

– Verwaltungsratsmitglieder **43 Anh.
§ 38 SEAG** 8
Aktionäre *s.a. Minderheitenschutz*
– Auskunftserzwingungsverfahren **53** 32
– Auskunftsrecht **53** 22
– Beschlussrecht **53** 23
– Entsenderechte, Verwaltungsrat **43 Anh.
§ 24 SEAG** 2; **43 Anh. § 28 SEAG** 7 f.;
43 Anh. § 29 SEAG 12
– Ergänzung d. Tagesordnung **56** 1 ff.
– Geltendmachung v. Haftungsansprüchen
51 24 f.
– Gleichbehandlungsgrundsatz **53** 24
– Minderheitsaktionäre **24** 21 ff.
– Mitgliedschaftsrechte **53** 17 ff., 23 f.
– Nebenverpflichtungen **57** 17
– Selbsteinberufungsrecht d. HV **55** 30
– Sonderbeschlüsse **60** 1 ff.
– Teilnahmerecht **53** 17 ff.
– Verschmelzungsplan **20** 23
– Widerspruchsrecht **53** 23
Aktionäre – Informationsrechte *s.a. Verschmelzung – Prüfung*
– Anfechtungsklage **24** 35
– Sonderrechte **20** 23
– Verhältnis z. Verschwiegenheitspflicht
49 9
– Verschmelzungsbericht **20** 29 ff.
– Vorteilsgewährung, Verschmelzung **20** 24
Aktionärsklage
– Verwaltungsrat **43 Anh. § 22 SEAG** 24
Allianz SE Anh. ArbeitsR 3
Amtsblatt
– Bekanntmachung, EU-weite **14** 1 ff.; **66** 72
Anfechtungsklage
– Anfechtung v. Verwaltungsratsbeschlüssen
43 Anh. § 41 SEAG 8
– Hauptversammlungsbeschlüsse **53** 32
– Holding-Gründung **34** 1
– Minderheitenschutz **24** 30, 32 ff.
– Wahl d. Verwaltungsrats, Anfechtungsbefugnis **43 Anh. § 32 SEAG** 4 f.
– Wahl d. Verwaltungsrats, Anfechtungsgründe **43 Anh. § 32 SEAG** 2 ff.
– Wahl d. Verwaltungsrats, Nichtigkeit
43 Anh. § 31 SEAG 8
Anhörung
– Begriff **2 SEBG** 37 f.
Anteilstausch
– dingliche Übertragung **33** 17 ff., 33 f.
– Drei-Monats-Frist **33** 7 f., 13 f.
– Ein-Monats-Frist **33** 30 f.
– Einbringungsgegenstände **33** 6
– Einbringungswahlrecht **33** 3 ff.
– Erklärung d. Anteilinhaber **33** 9 ff., 15 f., 32
– Erwerb d. SE-Aktien **33** 21, 35
– Erwerb eigener Aktien **33** 22 f.
– Holding-Gründung **32** 14
– Mindestquotenphase **33** 2, 7 ff.
– Vor-SE **33** 10
– Zaunkönigphase **33** 2, 30 ff.
– Zeichnungsvertrag **33** 10, 16, 21
Arbeitnehmerbegriff 2 SEBG 7 ff.
Arbeitnehmerbeteiligung *s.a. Mitbestimmung*
– Begriff **2 SEBG** 32 f.
– Beteiligungsrechte **2 SEBG** 34 f.

– Reformüberlegungen **Vor 1 SEBG** 24 ff.
Arbeitnehmerbeteiligungsvereinbarung
s. Mitbestimmungsvereinbarung
Arbeitnehmerlose SE 1 SEBG 14 ff.
Arbeitnehmerschutz
– Beibehaltung d. Beschäftigungsbedingungen
37 79
– Holding-Gründung **34** 5 f.
Arbeitnehmervertreter
– Abberufung **43 Anh. § 29 SEAG** 5
– Abberufung, anwendbares Recht **52** 19, 21
– Abberufung, Verwaltungsorgan **43** 57
– Amtsdauer, Satzungsbestimmungen
46 3 ff.
– Bestellung **Anh. ArbeitsR** 88
– Bestellung, anwendbares Recht **52** 19 f.
– Bestellungsvoraussetzungen **43 Anh.
§ 27 SEAG** 15
– Entsendung, anwendbare Vorschriften
47 29
– Legaldefinition **2 SEBG** 28
– Verschwiegenheitspflicht **49** 1 ff.
– Verwaltungsorgan **43** 67
– Verwaltungsorganmitglieder, Anzahl **43** 68
– Verwaltungsratvorsitzender, Wahl **45** 10 ff.
– Wahl **43 Anh. § 28 SEAG** 6
– Wahl, Anfechtung **43 Anh. § 32 SEAG** 3, 5
– Wahl, Nichtigkeit **43 Anh. § 31 SEAG** 6
– Wahlgremium **36 SEBG** 10 ff.
– Wahlorgan **36 SEBG** 14 ff.
– Wahlvorschlag **36 SEBG** 11 ff.
– Wiederwahl **46** 9 f.
Arbeitnehmervertretung
– Begriff **2 SEBG** 25 ff.
– Flugbetrieb **2 SEBG** 27
– Sprecherausschüsse **2 SEBG** 26
– Tarifvertrag **2 SEBG** 27
Arbeitsdirektor 38 SEBG 10 f.; **39** 21
**Arbeitskreis Aktien- und Kapitalmarktrecht
Vor 1 SEBG** 25 ff.
Asset deal 63 1
Auffangregelung
– Abberufung **37 SEBG** 3 ff.
– Anfechtung **37 SEBG** 9 ff.
– Anwendung **Anh. ArbeitsR** 79 ff.
– Anwendung bei Formwechsel **37** 80
– Bestellung **36 SEBG** 14 ff.
– Bestellungsvorschlag **36 SEBG** 10 ff.
– Holding-SE **34 SEBG** 24
– Mitbestimmungsform **34 SEBG** 26 ff.
– Mitbestimmungsumfang **35 SEBG** 5 ff.,
15 ff.
– Montan-Mitbestimmung **38 SEBG** 14 ff.
– Rechtsstellung der Arbeitnehmervertreter
38 SEBG 5 ff.
– Ressort Arbeit und Soziales **38 SEBG** 9 ff.
– sekundäre Gründung **34 SEBG** 25
– Sitzverlegung **8** 10 ff.
– Sitzverteilung **36 SEBG** 5 ff.
– Tendenzschutz **39 SEBG** 6 ff.
– Tochter-SE **34 SEBG** 24
– Überblick **34 SEBG** 5 f.
– Umwandlung **34 SEBG** 14 f., **35 SEBG** 5 ff.
– Unterrichtung der Leitungen **34 SEBG** 31
– Vereinbarung **34 SEBG** 8 f.
– Verhandlungsfrist, Ablauf der
34 SEBG 10 ff.
– Verschmelzung **34 SEBG** 16 ff.

Stichwortverzeichnis

- Voraussetzungen **34 SEBG** 7 ff.
- Wahlorgan **36 SEBG** 14 ff.

Auflösung
- anwendbares Recht **63** 2 ff., 20
- Auseinanderfallen v. Satzungs-/Verwaltungssitz **63** 33 f.; **64** 1 ff., 13 ff.
- Begriff **63** 8 ff.
- Bekanntmachung **63** 36; **65** 1 ff.
- Gründe **63** 27 ff.; **64** 1 ff.
- Handelsregister **63** 26
- Hauptversammlung, Beschluss **63** 22 ff.
- Hauptversammlung, Zuständigkeit **52** 35
- Liquidation **63** 26
- Mehrstaatlichkeit, Wegfall **63** 32
- Rechtmäßigkeitskontrolle, fehlende **30** 4, 7 f.
- Sachnormverweisung **63** 14 ff., 21
- Satzungsmangel **63** 31
- SE-VO-Regelungen **63** 25
- Sitzverlegung **63** 35; **64** 1 ff.
- Sitzverlegung, Ausschluss **8** 84 f.
- Spezialverweisung **63** 12 f.
- Vollbeendigung **63** 26
- Zwangsliquidation **64** 19
- Zwangsliquidation, Rechtsmittel **64** 20 ff.

Aufsichtsorgan
- Due Diligence **49** 10
- Erstbestellung **40** 26 ff.
- Führungslosigkeit **39** 28
- gemeinsame Grundprinzipien **Vor 46** 1 ff.
- Geschlechterquote *s. dort*
- Größe **40** 30 ff.
- Hauptversammlung, Einberufungsbeschluss **54** 24
- innere Ordnung **Anh. ArbeitsR** 91
- Internationalisierung **Einl.** 41
- Jahresabschlussprüfung **61** 21
- Prüfungsrecht **41** 28 f.
- Verkleinerung **Anh. ArbeitsR** 6
- Verschwiegenheitspflicht **49** 1 ff.
- Vorsitzender *s. Aufsichtsorgan-Vorsitzender*
- Wahl **37** 58 ff.; **Anh. ArbeitsR** 6
- weibliche Mitglieder *s. Geschlechterquote*
- Whistleblowing **49** 12
- Zuständigkeit *s. Aufsichtsorgan – Aufgaben*
- zustimmungsbedürftige Geschäfte **48** 2 ff. *s. Aufsichtsorgan – Beschlüsse*
- Zustimmungsvorbehalt **48** 16 ff.

Aufsichtsorgan – Aufgaben
- Abberufung d. Leitungsorganmitglieder **39** 37 ff.
- Anstellungsvertrag, Leitungsorganmitglieder **39** 35
- Kreditgewährung, Leitungsorganmitglieder **39** 43; **43 Anh. § 38 SEAG** 13
- Überwachungsfunktion **40** 2 ff.; **41** 1
- Vertretung d. SE **39** 17
- Wahl d. Leitungsorganmitglieder **39** 26 f.
- Wettbewerbshandlungen, Leitungsorganmitglieder **39** 42

Aufsichtsorgan – Beschlüsse
- anwendbares Recht **50** 5 ff., 18 ff.
- Anwesenheit, Begriff **50** 12 ff.
- Beschlussfähigkeit **50** 11 ff.
- Beschlussfassung **50** 17 ff.
- Mitbestimmung **50** 16, 26, 28 ff.
- Stimmbote **50** 15
- Stimmrechtsausschluss **50** 19
- Vertretung **50** 15
- Vetorecht **48 Anh. § 19 SEAG** 3 ff.
- Zustimmung, fehlende **48** 11 ff.
- Zustimmung, Verweigerung **52** 37
- zustimmungsbedürftige Geschäfte **39** 15; **40** 5; **48** 1 ff., 9 f.
- Zustimmungsbedürftigkeit, Festlegungsermächtigung **48** 16 ff.; **48 Anh. § 19 SEAG** 1 ff.
- Zustimmungsbedürftigkeit, Festlegungspflicht **48** 5 ff.
- Zustimmungsbedürftigkeit, nationale Regelungen **48** 19 ff.; **48 Anh. § 19 SEAG** 1 ff.

Aufsichtsorgan – Haftung
- anwendbares Recht **51** 1
- Außenhaftung **51** 12
- Beweislast **51** 10
- Gründungsstadium **52** 40 f.
- Pflichtverletzung **51** 7 ff., 15
- Sorgfaltsmaßstab **51** 16
- Spezialverweisung **51** 6
- Verschulden **51** 10
- Verschwiegenheitspflicht **51** 17

Aufsichtsorgan – Informationsrechte
- anwendbares Recht **41** 2 f.
- auffällige Daten **41** 8
- Berichtsverlangen **41** 19 ff.
- Delegation **41** 29
- Durchsetzung **41** 41 ff.
- einzelner Mitglieder **41** 17 f., 23 f., 44
- Entwicklung d. Geschäfte **41** 6
- Gang d. Geschäfte **41** 4 f.
- Haftung **41** 18
- interner Austausch **41** 30 ff.
- Konzern **41** 9
- Missbrauchskontrolle **41** 25 ff.
- ordnungsmäßige Erfüllung **41** 33 ff.
- Prüfungsrecht **41** 28 f.
- Schikaneverbot **41** 27
- Segmente d. Geschäftstätigkeit **41** 7
- Stellungnahme **41** 40
- Turnus **41** 10, 15 f.
- wesentliche Ereignisse **41** 11 ff.
- Zahlenwerk **41** 8

Aufsichtsorgan – Mitglieder
- Abberufung **40** 23 ff.
- Abberufung, gerichtliche **40** 25
- Abstellung in d. Leitungsorgan **39** 37 ff.
- Abzugsfähigkeit **Anh. SteuerR** 41 ff.
- Amtsdauer, Satzungsbestimmungen **46** 3 ff.
- Anteilseignervertreter **40** 6
- Anzahl **40** 30 ff.
- Arbeitnehmervertreter **40** 20 f.
- Ausschluss d. Leitungsorganmitgliedschaft **39** 44 ff.; **40** 5
- Berichtsverlangen **41** 23 f.
- Bestellung **40** 6 ff.
- Bestellung, Satzungsbestimmungen **47** 18, 20
- Bestellungshindernisse, absolute **47** 7 ff.
- Bestellungshindernisse, anwendbares Recht **47** 10 f.
- Bestellungshindernisse, gerichtliche/behördliche **47** 5 f.
- Bestellungshindernisse, Verstöße **47** 16

Stichwortverzeichnis

- Bestellungsrechte **47** 24 ff.
- Bestellungsvoraussetzungen **47** 20
- Bestellungsvoraussetzungen, Verstöße **47** 23
- Entsenderechte **47** 24 ff.
- Ersatzbestellung, gerichtliche **40** 22
- Geschlechterquote *s. dort*
- Gründungsstadium **40** 26 ff.
- Haftung, Informationspflicht **41** 18
- Informationsrecht d. Einzelnen **41** 17 f., 23 f., 44
- interner Informationsaustausch **41** 30 ff.
- juristische Personen **47** 2 ff.
- Vergütung, Festsetzung **52** 38 f.
- Vorteilsgewährung, Verschmelzung **20** 24
- weibliche Mitglieder *s. Geschlechterquote*
- Wiederwahl **46** 9 f.

Aufsichtsorgan – Vorsitzender
- Stellvertreter **42** 8
- Stichentscheid **50** 24 ff., 25
- Unterzeichnung d. Niederschrift **53** 30
- Vetorecht **50** 8
- Wahl **42** 3 ff.
- Wahl, Ersatzbestimmung **42** 6
- Wahl, Mitbestimmung **42** 4
- Wahl, Pattsituation **42** 5
- Wahl, Satzungsbestimmung **42** 7

Ausgleichsleistung
- Anfechtungsklage **24** 32 ff.
- Anspruch **24** 31
- Barzahlung **24** 36 f.
- bes. Vertreter **24** 42
- Holding-Gründung **34** 35 ff.
- Spruchverfahren **24** 38 ff.
- Verbesserung d. Umtauschverhältnisses **24** 38
- Verschmelzungsplan **20** 19
- Vorrang d. Kapitalerhaltung **24** 44

Ausgliederung
- sekundäre Gründung **3** 16

Auskunftserzwingungsverfahren 53 32

Auslagenersatz
- geschäftsführende Direktoren **43 Anh. § 40 SEAG** 54
- Verwaltungsratsmitglieder **43 Anh. § 38 SEAG** 7

Auslegung
- Aktiengesetz **9** 55
- Beteiligungsvereinbarungen **1 SEBG** 35
- Hauptverwaltungsbegriff **7** 10 ff.
- Satzung **6** 25
- SE-VO **9** 36 ff.
- SEBG **1 SEBG** 31 ff.; **Einl.** 3

Barabfindung
- bes. Vertreter **24** 63
- Kapitalerhaltungsgrundsatz **5** 7
- Spruchverfahren **24** 59 ff.
- Verschmelzung, Prüfung **22** 15
- Verschmelzungsbericht **20** 31
- Verschmelzungsplan **20** 13, 28
- Widerspruch g. Verschmelzungsbeschluss **24** 27, 49

Barabfindungsangebot
- Abhängigkeitsverhältnis **34** 17
- Annahme **24** 55
- Ausgleichsleistung **34** 35 ff.
- Auslandssitz d. künftigen SE **34** 16
- Berechtigte **24** 46 f.
- Erwerb eigener Aktien **24** 56
- Gründungsplan, Holding-SE **32** 46, 50
- Holding-Gründung **34** 11, 13 ff.
- Informationsmängel **34** 26
- Klageausschluss **24** 57 f.; **34** 26
- Prüfung **24** 54
- Sitzverlegung **8** 32 ff.
- Spruchverfahren **24** 59 ff.; **34** 10, 12, 27 ff.
- Verschmelzungsbericht **20** 31
- Verschmelzungsplan **20** 13, 28; **24** 50 ff.

Bekanntmachung *s.a. Offenlegung*
- Auflösung **63** 36; **65** 1 ff.
- Einberufung d. HV **54** 19
- EU-weite **14** 1 ff.
- EU-weite, Formwechsel **66** 72
- Gründung, monistische SE **43 Anh. § 21 SEAG** 14
- Gründungsplan, Holding-SE **32** 47, 50
- Handelsregistereintragung **13** 5 ff.
- Inhalt **14** 5 f.
- Liquidation **65** 1 ff.
- Medium **14** 7
- Sicherheitsleistungsanspruch **24** 17
- Sitzverlegung **14** 8
- Tochter-SE, Gründung **36** 26
- Verpflichtung **14** 2
- Verschmelzungsplan **18** 8; **21** 2 ff.
- Verwaltungsrat, Änderungen **43 Anh. § 46 SEAG** 2 ff.
- Zahlungseinstellung **65** 1 ff.
- Zahlungsunfähigkeit **65** 1 ff.

Belgien Vor 1 SEBG 18
- Organstrukturen **38** 23
- Umsetzungsakte **Einl.** 26

Berichtspflichten
- Leitungsorgan *s. dort*

Beschlussbedürftige Geschäfte 48 2 ff.

Beschlussfähigkeit
- Aufsichtsorgan **50** 11 ff.
- Hauptversammlung **57** 6 f.
- Leitungsorgan **50** 11 ff.
- Verwaltungsorgan **45** 3; **50** 11 ff.
- Verwaltungsrat **43 Anh. § 35 SEAG** 3

Beschlussfassung
- Aufsichtsorgan **50** 17 ff.
- Leitungsorgan **50** 17 ff.
- Verwaltungsorgan **50** 17 ff.

Beschlussmängelklage
- Formwechsel **37** 56

Besonderes Verhandlungsgremium
- Abbruch der Verhandlungen **16 SEBG** 5 ff.
- Amtszeit **4 SEBG** 8
- Arbeitskampfverbot **13 SEBG** 7
- Aufforderung zur Bildung, Adressat **4 SEBG** 13; **Anh. ArbeitsR** 17 ff.
- Aufforderung zur Bildung, Delegation **4 SEBG** 10
- Aufforderung zur Bildung, Form **4 SEBG** 10; **Anh. ArbeitsR** 13 f.
- Aufforderung zur Bildung, Sprache **4 SEBG** 11; **Anh. ArbeitsR** 16
- Aufforderung zur Bildung, Zeitpunkt **4 SEBG** 14; **Anh. ArbeitsR** 21
- Aufforderung zur Bildung, Zuständigkeit **4 SEBG** 10; **Anh. ArbeitsR** 15
- Aufgabe **4 SEBG** 6; **13 SEBG** 5
- Beschlussfähigkeit **15 SEBG** 8 ff.

Stichwortverzeichnis

- Beschlussfassung **5 SEBG** 10; **15 SEBG** 6 ff.
- Bildungsnachholung **4 SEBG** 16
- Bildungsunterlassung **4 SEBG** 16
- Dauer der Verhandlungen **20 SEBG** 5 ff.
- Ersatzmitglieder **6 SEBG** 13
- Frist **11 SEBG** 5 ff.
- Geschäftsordnung **12 SEBG** 25 ff.; **Anh. ArbeitsR** 51
- Geschlechterproporz **6 SEBG** 11 f.
- Gewerkschaftsvertreter **6 SEBG** 10, 14 ff.
- Handlungsfähigkeit **12 SEBG** 14
- Information des **13 SEBG** 9 ff.
- Information zur Bildung **4 SEBG** 15
- Information zur Bildung, Adressat **4 SEBG** 19 ff.; **Anh. ArbeitsR** 24
- Information zur Bildung, Form **4 SEBG** 27; **Anh. ArbeitsR** 23
- Information zur Bildung, Umfang **4 SEBG** 28 ff.; **Anh. ArbeitsR** 27
- Information zur Bildung, Zeitpunkt **4 SEBG** 24 ff.; **Anh. ArbeitsR** 28
- Information zur Bildung, Zuständigkeit **4 SEBG** 22 f.; **Anh. ArbeitsR** 25
- Information zur Bildung, Zweck **4 SEBG** 17 f.
- Kosten **19 SEBG** 5 ff.; **Anh. ArbeitsR** 54
- leitende Angestellte **6 SEBG** 20 ff.; **8 SEBG** 10 f.
- Mehrheitserfordernis **15 SEBG** 11 ff.
- Mehrheitserfordernis, Abweichungen **15 SEBG** 14
- Mitbestimmungsminderung **15 SEBG** 17 ff.
- Neuzusammensetzung **5 SEBG** 18 ff.
- Nichtaufnahme der Verhandlungen **16 SEBG** 5 ff.
- Niederschrift **17 SEBG** 5 ff.; **Anh. ArbeitsR** 53
- Organisationen, außenstehende **14 SEBG** 15 ff.
- Parteifähigkeit **4 SEBG** 7
- Rechtsfähigkeit **4 SEBG** 7
- Sachverständige **14 SEBG** 6 ff.; **Anh. ArbeitsR** 52
- Sitzungen, konstituierende *s. Besonderes Verhandlungsgremium – konstituierende Sitzung*
- Sitzungen, weitere **12 SEBG** 20 ff.
- Sitzverteilung **7 SEBG** 3 ff.
- Stellvertreter des Vorsitzenden **12 SEBG** 17
- Urwahl **8 SEBG** 24 ff.
- Verhandlungssprache **12 SEBG** 25
- Verhandlungsverfahren **Anh. ArbeitsR** 44 ff.
- Vertretung der Arbeitnehmer **15 SEBG** 6 f.
- Vorsitzender **12 SEBG** 14 ff.
- Wählbarkeitsvoraussetzungen **6 SEBG** 8 ff.
- Wahlgremium *s. Besonderes Verhandlungsgremium – Wahlgremium*
- Wiederaufnahme der Verhandlungen *s. Besonderes Verhandlungsgremium – Verhandlungswiederaufnahme*
- Zusammenarbeit, vertrauensvolle **13 SEBG** 6 ff.
- Zusammensetzung **5 SEBG** 6 ff.; **Anh. ArbeitsR** 30 ff.

Besonderes Verhandlungsgremium – konstituierende Sitzung
- Einladung **12 SEBG** 4 ff.; **Anh. ArbeitsR** 50
- Einladung, Addressat **12 SEBG** 11
- Einladung, Form **12 SEBG** 9
- Einladung, Frist **12 SEBG** 10
- Einladung, Mängel **12 SEBG** 12
- Einladung, Zeitpunkt **12 SEBG** 6 ff.
- Gegenstand **12 SEBG** 14 ff.
- Teilnahmeberechtigung **12 SEBG** 19

Besonderes Verhandlungsgremium – Verhandlungswiederaufnahme
- Antragsaddressat **18 SEBG** 12
- Antragsberechtigung **18 SEBG** 10 f., 38
- strukturelle Änderung **18 SEBG** 16 ff.
- Vereinbarung **18 SEBG** 13 ff.
- Verfahren **18 SEBG** 41 ff.
- Zeitschranke **18 SEBG** 9

Besonderes Verhandlungsgremium – Wahlgremium
- Anfechtung **10 SEBG** 12 ff.
- Arbeitnehmervertreter, Stimmgewichtung **10 SEBG** 7
- Beschlussfähigkeit **10 SEBG** 4
- Beschlussfassung **10 SEBG** 5 ff.
- Einberufung **9 SEBG** 5 ff.
- Nichtigkeit **10 SEBG** 15
- Reduktionsklausel **8 SEBG** 23
- Stimmaufteilung **10 SEBG** 6 f.
- Unterrichtung der Leitungen **11 SEBG** 10 ff.
- Urwahl **8 SEBG** 24 ff.
- Wahlfehler **10 SEBG** 12 ff.
- Wahlgrundsätze **8 SEBG** 5
- Wahlsystem **10 SEBG** 11
- Wahlvorschläge **10 SEBG** 8 f.
- Wahlvorschlagsrecht **8 SEBG** 6 ff.
- Wahlvorstand **8 SEBG** 20
- Zusammensetzung **8 SEBG** 12 ff.

Besonderes Verhandlungsgremium bei Verschmelzung
- Abbruch der Verhandlungen **16 SEBG** 2
- Beschlussfassung **15 SEBG** 4
- Bildung **4 SEBG** 3
- Dauer der Verhandlungen **20 SEBG** 2
- Kosten **19 SEBG** 2
- Nichtaufnahme der Verhandlungen **16 SEBG** 2
- Niederschrift **17 SEBG** 2
- Sachverständige **14 SEBG** 2
- Sitzungen **12 SEBG** 1
- Verhandlungsverfahren **11 SEBG** 2
- Wahlgremium **8 SEBG** 2
- Wiederaufnahme der Verhandlungen **18 SEBG** 3
- Zusammenarbeit **13 SEBG** 2
- Zusammensetzung **5 SEBG** 11 ff.

Besonderes Verhandlungsgremium der SCE
- Abbruch der Verhandlungen **16 SEBG** 2
- Beschlussfassung **15 SEBG** 4
- Bildung **4 SEBG** 3; **10 SEBG** 2
- Dauer der Verhandlungen **20 SEBG** 2
- Kosten **19 SEBG** 2
- Mitglieder **6 SEBG** 3
- Nichtaufnahme der Verhandlungen **16 SEBG** 2
- Niederschrift **17 SEBG** 2
- Sachverständige **14 SEBG** 2
- Sitzungen **12 SEBG** 1
- Verhandlungsverfahren **11 SEBG** 2
- Wahlgremium **8 SEBG** 2; **9 SEBG** 2

Stichwortverzeichnis

- Wiederaufnahme der Verhandlungen **18 SEBG** 3
- Zusammenarbeit **13 SEBG** 2
- Zusammensetzung **5 SEBG** 3

Besonderes Verhandlungsgremium in Österreich
- Abbruch der Verhandlungen **16 SEBG** 4
- Beschlussfassung **15 SEBG** 5
- Bildung **4 SEBG** 5; **7 SEBG** 2; **10 SEBG** 3
- Dauer der Verhandlungen **20 SEBG** 4
- Kosten **19 SEBG** 4
- Mitglieder **6 SEBG** 5
- Nichtaufnahme der Verhandlungen **16 SEBG** 4
- Niederschrift **17 SEBG** 4
- Sachverständige **14 SEBG** 5
- Sitzungen **12 SEBG** 3
- Verhandlungsverfahren **11 SEBG** 4
- Wahlgremium **8 SEBG** 4; **9 SEBG** 4
- Wiederaufnahme der Verhandlungen **18 SEBG** 5
- Zusammenarbeit **13 SEBG** 4
- Zusammensetzung **5 SEBG** 5

Besonderes Verhandlungsgremium nach SE-Richtlinie
- Abbruch der Verhandlungen **16 SEBG** 1
- Beschlussfassung **15 SEBG** 1 ff.
- Bildung **4 SEBG** 2
- Dauer der Verhandlungen **20 SEBG** 1
- Kosten **19 SEBG** 1
- Nichtaufnahme der Verhandlungen **16 SEBG** 1
- Sachverständige **14 SEBG** 1
- Wiederaufnahme der Verhandlungen **18 SEBG** 2
- Zusammensetzung **5 SEBG** 2

Bestellscheine
- Angaben **43 Anh. § 43 SEAG** 9

Besteuerung *s. Steuerrecht*

Beteiligte Gesellschaften
- Begriff **2 SEBG** 13 ff.

Beteiligte Unternehmen
- Begriff **2 SEBG** 15

Beteiligungsvereinbarung *s. Mitbestimmungsvereinbarung*

Betriebs- und Geschäftsgeheimnisse 41 SEBG 6 ff.; **45 SEBG** 4 ff.

Betriebsausgaben
- Vergütung d. Verwaltungsratsmitglieder **43 Anh. § 38 SEAG** 9

Betriebsbegriff 2 SEBG 22

Betriebsrat
- Amtszeit **Anh. ArbeitsR** 73
- Auskunftsrecht, Formwechsel **37** 22
- Begriff **2 SEBG** 29 f.
- Beschlussfassung **24 SEBG** 1
- Beteiligungsvereinbarung **21 SEBG** 46 ff.
- Errichtung **23 SEBG** 1
- Fortbildung **31 SEBG** 1
- Größe **Anh. ArbeitsR** 62 ff.
- Informationspflicht **30 SEBG** 1
- Kosten **33 SEBG** 1; **Anh. ArbeitsR** 75
- Neuverhandlungen **26 SEBG** 1
- Parteifähigkeit **43 Anh. § 31 SEAG** 7
- Sachaufwand **33 SEBG** 1
- Sachverständige **32 SEBG** 1
- Sitzungen **24 SEBG** 1; **Anh. ArbeitsR** 67 f.
- Sitzungsort **Anh. ArbeitsR** 72
- Sitzungssprache **Anh. ArbeitsR** 76
- Unterrichtung **28 SEBG** 1; **29 SEBG** 1 ff.; **Anh. ArbeitsR** 69 ff.
- Verschmelzungsplan, Zuleitung **21** 11
- Verschwiegenheitspflicht **30 SEBG** 2
- Wahl **Anh. ArbeitsR** 74
- Zusammensetzung **25 SEBG** 1; **Anh. ArbeitsR** 62 ff.
- Zuständigkeit **27 SEBG** 1; **Anh. ArbeitsR** 65 f.

Betriebsstätte
- ausländische, Besteuerung stiller Reserven **Anh. SteuerR** 51 ff., 90
- Besteuerung im Betriebsstättenstaat **Anh. SteuerR** 82 ff., 91 f.
- gewerbliche Einkünfte **Anh. SteuerR** 38

Betriebsübergang
- Verschmelzung **29** 13

BetrVG
- Geltung **47 SEBG** 8

Bezugsrecht
- Kapitalerhöhung **5** 8

Bilanz 61 15
- HGB-Vorschriften **61** 7 ff.

Bilanzrechtsmodernisierungsgesetz 61 10 ff.

Börsennotierung
- Rechnungslegung **61** 14, 16 ff.
- Rechnungslegungsstandard **Einl.** 47

Buchführung *s. Jahresabschluss; Rechnungslegung*

Buchführungspflicht 43 Anh. § 22 SEAG 26 ff.

Bulgarien Vor 1 SEBG 22

Business Judgement Rule 43 Anh. § 39 SEAG 6; **43 Anh. § 40 SEAG** 30, 65; **51** 9

Bußgeldvorschriften
- anwendbares Recht **9** 1

Centros 7 27
CEO-Modell Einl. 35 f.
Corporate Governance Kodex 43 Anh. § 22 SEAG 48

Daily Mail 7 11, 30; **8** 61
Dänemark Vor 1 SEBG 21
Davignon-Bericht Vor 1 SEBG 8 ff.
Deutschland
- Organstrukturen **38** 19 f.

Dienstleistungsfreiheit Anh. SteuerR 17
Dienstvertrag
- Verwaltungsratsmitglieder **43 Anh. § 28 SEAG** 4 f.; **43 Anh. § 38 SEAG** 10 f.

Doppelbesteuerungsrecht
- Anteilseigner, nachträgliche Besteuerung **Anh. SteuerR** 124 ff.
- Anwendbarkeit **Anh. SteuerR** 44
- Dividenden **Anh. SteuerR** 45
- Vermögensverlagerung ins Ausland **Anh. SteuerR** 88 f.
- Verwaltungsratsvergütung **Anh. SteuerR** 46

Down-stream-merger 31 3
Dualistisches System
- anwendbares Recht **38** 37 ff.; **39** 5 ff.
- Bestellungshindernisse **47** 10 f.
- Bestellungsvoraussetzungen **47** 19 f.
- Deutschland **38** 19 f.

Stichwortverzeichnis

- gemeinsame Grundprinzipien **Vor 46** 1 ff.
- geschäftsführende Direktoren **39** 24 f.
- Handelsregistereintragung **12** 12
- Jahresabschlussaufstellung **61** 20 ff.
- Liquidation **63** 39 f.
- mitgliedstaatliche Typen **38** 19 ff.
- Organhaftung **51** 13 ff.
- Österreich **38** 19 f.
- Polen **38** 21
- Rechtsetzungsermächtigung **39** 1, 24 f.
- SE-VO Leitungssysteme **38** 24 ff.
- Wahlrecht, Überblick **Einl.** 34 ff.
- Wesensmerkmale **38** 28

Due Diligence
- Verhältnis z. Verschwiegenheitspflicht **49** 10

EFTA
- Geltung v. EU-Sekundärrecht **Anh. SteuerR** 23
- Sitzverlegung, Besteuerung **Anh. SteuerR** 113 f.
- Steuerrichtlinien **Anh. SteuerR** 24 f.

Einbringung *s.a. Anteilstausch*
- Holding-Gründung **32** 37 ff.; **33** 1 ff.
- Rechtsnatur **33** 16
- Vertrag **32** 14

Einkommen
- zu versteuerndes **Anh. SteuerR** 35 f.

Einkünfte
- aus Gewerbebetrieb **Anh. SteuerR** 36

Einlagen
- Empfangszuständigkeit **43 Anh. § 21 SEAG** 6

Einpersonen-SE
- Vor-SE **16** 8

Einspruchsrecht – behördliches
- Sitzverlegung **8** 61 ff.
- Verschmelzung **19** 1 ff.

Eintragung *s. Handelsregistereintragung*

England Vor 1 SEBG 20
- Organstrukturen **38** 16 f.
- Umsetzungsakte **Einl.** 21
- Vertretungsmacht d. Geschäftsführung **43** 22

Entgeltfortzahlung 42 SEBG 18 f.

Entlastung
- Hauptversammlung, Zuständigkeit **52** 30

Entsenderecht
- anwendbare Vorschriften **47** 24 ff.
- deutsche SE **47** 26 f.

Entsprechenserklärung 43 Anh. § 22 SEAG 43

Errichtungsschutz 44 SEBG 4; **45 SEBG** 11 f.

Erwerb eigener Aktien
- Ausscheiden g. Barabfindung **24** 56; **34** 25
- Hauptversammlung, Zuständigkeit **52** 44
- Holding-Gründung **33** 22 f.
- Verschmelzung **29** 7 f.; **31** 8

Estland Vor 1 SEBG 22

EuInsVO 63 45a

Europäische Aktiengesellschaft *s. Societas Europaea*

Europäische Freihandelszone *s. EFTA*

Europäische Gemeinschaft
- Gemeinschaftsgebiet **1** 3 f.

Europäische Genossenschaft (SCE)
- Arbeitnehmerbeteiligung **Vor 1 SEBG** 34 ff.
- Begriffsbestimmungen **2 SEBG** 5
- Beteiligungsvereinbarung **21 SEBG** 3
- Betriebs- und Geschäftsgeheimnisse **41 SEBG** 3
- Geschlechterquote **Vor 1 SEBG** 35
- Rechtsstellung der Arbeitnehmervertreter **38 SEBG** 3
- SCE-Richtlinie **Vor 1 SEBG** 33
- SCEBGB **Vor 1 SEBG** 34, 43
- Zusammenarbeit, vertrauensvolle **40 SEBG** 3

Europäische Gesellschaft *s. Societas Europaea*

Europäischer Wirtschaftsraum
- EWR-Abkommen **3 SEBG** 8
- Geltung v. EU-Sekundärrecht **Anh. SteuerR** 23
- Sitzverlegung, Besteuerung **Anh. SteuerR** 113 f.

Exekutivausschuss 43 Anh. § 34 SEAG 21, 28 f.

Finanzaufsicht
- Geltung v. nationalen Sondervorschriften **9** 60
- Sitzungsteilnahme **43 Anh. § 36 SEAG** 14

Finanzinstitute
- Rechnungslegung **62** 1 ff.

Finnland Vor 1 SEBG 21

Firma
- anwendbares Recht **11** 12
- Begriff **11** 2
- Gründungsplan, Holding-SE **32** 25
- Rechtsformzusatz **1** 2
- Verschmelzungsplan **20** 16
- Zulässigkeit **11** 3

Formwechsel *s. Umwandlung*

Formwechsel – SE
- andere Umwandlungsformen **66** 10
- anwendbares Recht **66** 6 ff., 12
- Arbeitnehmerschutz **66** 76 ff.
- Bekanntmachung **66** 72
- Bestandsschutz **66** 74 f.
- Einpersonen-SE **66** 37
- Gläubigerschutz **66** 84 f.
- Handelsregisteranmeldung/-eintragung **66** 71 f.
- Identitätsprinzip **66** 73
- Kontinuität, Organe **66** 59 ff.
- Kontinuität, Prüfer **66** 64
- Minderheitenschutz **66** 81 ff.
- Offenlegung **66** 38 f.
- Rechtmäßigkeitsprüfung **66** 65 ff.
- Rechtsentwicklung **66** 2
- Rechtsfolge **66** 73
- Rechtsnatur **66** 11
- Satzung **6** 12
- Sperrfrist **66** 18 ff.
- Umwandlungsbericht **66** 32 ff.
- Umwandlungsbeschluss **66** 49 ff.
- Umwandlungsplan **66** 23 ff.
- Umwandlungsprüfung **60** 40 ff.
- Verbot des Statutenwechsels **66** 15 ff.
- Verfahren **66** 23 ff.
- Vermögensprüfung **66** 42 ff.
- Voraussetzungen **66** 13 ff.

Frankreich Vor 1 SEBG 18
- Organstrukturen **38** 18, 23

1433

Stichwortverzeichnis

- Umsetzungsakte **Einl.** 22
- Vertretungsmacht d. Geschäftsführung **43** 21

Frauenquote s. Geschlechterquote

Führungslosigkeit
- Vertretung **43 Anh. § 41 SEAG** 8a

Fusionsbesteuerungsrichtlinie
Anh. 8, 11, 19, 21
- Anwendungsbereich **Anh. SteuerR** 9
- Besteuerung d. Anteilseigner **Anh. SteuerR** 123
- Wegzug, Besteuerung **Anh. SteuerR** 63 ff., 99

Garantiekapital s. Mindestkapital
Gemeinschaftsbetrieb 2 SEBG 22
Gemeinschaftsunternehmen 2 SEBG 19

Genussrechte
- Ausgabe **5 Anh. II** 6 ff.
- Gesamtnormverweisung **5 Anh. II** 3 ff.
- Gläubigerschutz, Verschmelzung **24** 4, 7 ff., 18 ff.

Gerichtsstand
- internationale Zuständigkeit **7** 4
- örtliche Zuständigkeit **7** 4
- Sitzverlegung **8** 95 ff.

Gesamtnormverweisung
- Schuldverschreibungen **5 Anh. II** 3 ff.
- SE-VO **9** 28 ff.

Gesamtrechtsnachfolge
- Verschmelzung **29** 4

Geschäftsbriefe
- ausländische SE **43 Anh. § 43 SEAG** 10 f.
- Begriff **43 Anh. § 43 SEAG** 4 f.
- Bestellscheine **43 Anh. § 43 SEAG** 9
- Pflichtangaben **43 Anh. § 43 SEAG** 6 ff.

Geschäftsführende Direktoren
- Abberufung **43 Anh. § 40 SEAG** 48 ff.
- Abberufung, Doppelmandat **43 Anh. § 40 SEAG** 50
- Aktienoptionen **43 Anh. § 40 SEAG** 54
- Änderungen, Handelsregisteranmeldung **43 Anh. § 46 SEAG** 5 ff.
- Anstellungsvertrag **43 Anh. § 38 SEAG** 12; **43 Anh. § 40 SEAG** 16, 51
- anwendbares Recht **Vor 46** 3; **46** 8
- Auslagenersatz **43 Anh. § 40 SEAG** 54
- Berichtspflichten **43 Anh. § 40 SEAG** 39 ff.
- Beschlussfassung **50** 4
- Bestellungsbefugnis **43 Anh. § 22 SEAG** 8
- Doppelmandat, Vergütung **43 Anh. § 40 SEAG** 57
- Doppelmandate **43 Anh. § 35 SEAG** 5, 10 ff.; **43 Anh. § 40 SEAG** 20 ff.
- Einführung **43** 26 ff., 64
- Einlagen, Verfügungsbefugnis **43 Anh. § 21 SEAG** 6
- Gesamtgeschäftsführungsprinzip **43 Anh. § 40 SEAG** 36
- Geschäftsbriefe **43 Anh. § 43 SEAG** 1 ff.
- Geschäftsordnung **43 Anh. § 40 SEAG** 44 ff.
- Handelsregisteranmeldung/-eintragung **43 Anh. § 21 SEAG** 4; **43 Anh. § 46 SEAG** 1 ff.
- Insolvenz, Aufgaben **63** 50 ff.
- Kollegialprinzip **43 Anh. § 40 SEAG** 36
- Kreditgewährung d. SE **43 Anh. § 38 SEAG** 13; **43 Anh. § 40 SEAG** 61 f.
- Organstellung **43 Anh. § 40 SEAG** 10 ff.
- Rechtsetzungsermächtigung **43** 26 ff.; **43 Anh. § 40 SEAG** 9
- Rechtsstellung **43 Anh. § 40 SEAG** 5 ff., 52 ff.
- Ressortaufteilung **43 Anh. § 40 SEAG** 38
- Risikoerkennungssystem **43 Anh. § 22 SEAG** 30
- Satzungsautonomie **43 Anh. § 40 SEAG** 7 f.
- Sitzungsteilnahme **43 Anh. § 36 SEAG** 6
- Stellvertreter **43 Anh. § 40 SEAG** 69
- Stimmrechtsausschluss **43 Anh. § 35 SEAG** 10 ff.; **43 Anh. § 40 SEAG** 27
- Überschuldung **43 Anh. § 22 SEAG** 35 ff.; **63** 50
- Überwachung **39** 25
- Vergütung **43 Anh. § 40 SEAG** 53 ff.
- Verhältnis z. Verwaltungsrat **43 Anh. § 22 SEAG** 12 ff.
- Verschwiegenheitspflicht **49** 3
- Weisungsgebundenheit **43 Anh. § 44 SEAG** 8 ff.
- Wettbewerbsverbot **43 Anh. § 40 SEAG** 58 ff.
- Whistleblowing **49** 12
- Zahlungsunfähigkeit **43 Anh. § 22 SEAG** 35 ff.; **63** 50
- Zulässigkeit **39** 24 f.
- Zurechnung d. Handelns **43 Anh. § 40 SEAG** 11 ff.
- Zuständigkeit s. Geschäftsführende Direktoren – Aufgaben

Geschäftsführende Direktoren – Aufgaben
- Abgrenzung v. Kompetenzen **43 Anh. § 40 SEAG** 31 f.
- Abhängigkeitsbericht **43 Anh. § 47 SEAG** 15
- Abhängigkeitsverhältnis **43 Anh. § 49 SEAG** 1 f.
- Berichte an d. Verwaltungsorgan **43 Anh. § 40 SEAG** 39 f.; **44** 11
- Geltendmachung v. Haftungsansprüchen **43 Anh. § 39 SEAG** 13
- Geschäftsführungsbefugnis **43 Anh. § 40 SEAG** 28 ff.
- Gewinnverwendungsvorschlag **43 Anh. § 47 SEAG** 20
- Handelsregisteranmeldungen **43 Anh. § 40 SEAG** 35
- Jahresabschluss, Aufstellung **43 Anh. § 47 SEAG** 1; **61** 25
- Jahresabschluss, Nachtragsprüfung **43 Anh. § 47 SEAG** 10
- Jahresabschluss, Prüfungsausschuss **43 Anh. § 47 SEAG** 3
- Jahresabschluss, Vorlagepflicht **43 Anh. § 47 SEAG** 5 ff.
- Notgeschäftsführung **48** 13
- Rechnungslegung **43 Anh. § 22 SEAG** 25 ff.
- Zahlungsunfähigkeit **43 Anh. § 40 SEAG** 43
- zwingende Ressortzuständigkeit **43 Anh. § 40 SEAG** 15

Geschäftsführende Direktoren – Bestellung
- Anstellungsvertrag **43 Anh. § 40 SEAG** 16 f.

Stichwortverzeichnis

- Anstellungsvertrag, Zuständigkeit **43 Anh. § 40 SEAG** 27
- Anzahl **43 Anh. § 40 SEAG** 15
- Bestellungshindernisse/-verbote **43 Anh. § 40 SEAG** 25
- Bestellungshindernisse/-verbote, Negativerklärung **43 Anh. § 21 SEAG** 7; **43 Anh. § 46 SEAG** 7
- Doppelmandate **43 Anh. § 40 SEAG** 20 ff.
- gerichtliche **43 Anh. § 45 SEAG** 1 ff.
- Mitbestimmung, paritätische **43 Anh. § 40 SEAG** 23
- persönliche Voraussetzungen **43 Anh. § 21 SEAG** 7; **43 Anh. § 40 SEAG** 19 ff.
- Rechtsverstöße **43 Anh. § 40 SEAG** 24
- Satzungsregelungen **47** 18, 22
- Stimmverbot **43 Anh. § 40 SEAG** 27
- Unwirksamkeit **43 Anh. § 40 SEAG** 24
- Zuständigkeit **43 Anh. § 40 SEAG** 4, 14, 18

Geschäftsführende Direktoren – Haftung 43 Anh. § 39 SEAG 3
- Außenhaftung **43 Anh. § 40 SEAG** 64; **51** 23
- Durchsetzung **43 Anh. § 40 SEAG** 68
- Ermessen **43 Anh. § 40 SEAG** 65
- Geltendmachung durch Aktionäre **51** 24 f.
- Generalklausel **51** 20 f.
- Gesamtverantwortungsprinzip **43 Anh. § 40 SEAG** 67
- Innenhaftung **43 Anh. § 40 SEAG** 64 ff.
- Insolvenz **43 Anh. § 22 SEAG** 40
- Ressortbildung **43 Anh. § 40 SEAG** 67
- Sorgfaltsmaßstab **43 Anh. § 40 SEAG** 63
- Überschreiten d. Vertretungsmacht **43 Anh. § 44 SEAG** 14
- Weisungsgebundenheit **43 Anh. § 40 SEAG** 66
- Wettbewerbsverbot **43 Anh. § 40 SEAG** 60

Geschäftsführende Direktoren – Vertretung d. SE
- Aktivvertretung **43 Anh. § 41 SEAG** 9
- Anfechtung v. Verwaltungsratsbeschlüssen **43 Anh. § 41 SEAG** 8
- Außenverhältnis **43 Anh. § 44 SEAG** 1 ff.
- Beschränkungen **43 Anh. § 44 SEAG** 5 ff.
- Einzelvertretung **43 Anh. § 41 SEAG** 13 ff.
- gemeinschaftliche **43 Anh. § 41 SEAG** 12
- gerichtliche **43 Anh. § 41 SEAG** 7
- Gesamtvertretung **43 Anh. § 41 SEAG** 9 f.
- Gesamtvertretung, unechte **43 Anh. § 41 SEAG** 12 f.
- ggü. Verwaltungsrat **43 Anh. § 41 SEAG** 19
- Parteifähigkeit **43 Anh. § 41 SEAG** 7
- Passivvertretung **43 Anh. § 41 SEAG** 10
- Satzungsregelungen **43 Anh. § 41 SEAG** 11 f.
- Überschreiten **43 Anh. § 44 SEAG** 14
- Vertretungsmacht **43 Anh. § 21 SEAG** 9; **43 Anh. § 41 SEAG** 1 ff.
- Wissenszurechnung **43 Anh. § 41 SEAG** 6
- Zurechnung d. Handelns **43 Anh. § 41 SEAG** 6

Geschäftsführung
- Begriff **39** 14; **43** 12 f.; **43 Anh. § 22 SEAG** 5 f.
- Beschlussfassung **50** 4
- Delegation **43** 14 f.; **43 Anh. § 22 SEAG** 14
- deutsche Regelungen **43** 59 ff.; **43 Anh. § 22 SEAG** 5 ff.
- Einzelgeschäftsführungsbefugnis **43 Anh. § 40 SEAG** 37 f.
- Gesamtgeschäftsführungsprinzip **43 Anh. § 40 SEAG** 36
- geschäftsführende Direktoren **39** 24 f.; **43** 26 ff., 64
- Haftung, Verwaltungsratsmitglieder **43 Anh. § 39 SEAG** 2 ff.
- in eigener Verantwortung **39** 9 f.
- Kollegialprinzip **39** 18
- Kompetenzen, Direktoren **43 Anh. § 40 SEAG** 28 ff.
- Rechtssetzungsermächtigung **43** 26 ff., 58
- Vertretungsmacht **43** 65
- Vertretungsmacht, Regelungslücke **43** 17 ff.
- Verwaltungsrat **43** 63; **43 Anh. § 20 SEAG** 5 f.

Geschäftsgeheimnisse 41 SEBG 6 ff.; **45 SEBG** 4 ff.

Geschäftsordnung
- Beschränkung d. Vertretungsmacht **43 Anh. § 44 SEAG** 7
- geschäftsführende Direktoren **43 Anh. § 40 SEAG** 44 ff.
- Mitbestimmungsvereinbarung **43 Anh. § 34 SEAG** 13
- Satzungsbestimmungen **43 Anh. § 34 SEAG** 12
- Verwaltungsrat **43 Anh. § 34 SEAG** 10 ff.

Geschlechterquote 39 11 ff.; **40** 8 f.; **43 Anh. § 24 SEAG** 4 ff.; **Einl.** 41
- Anwendungsbereich **Vor 1 SEBG** 31; **40** 8 f.; **Anh. ArbeitsR** 9
- Arbeitnehmervertreter **36 SEBG** 1
- Getrenntberechnung **Vor 1 SEBG** 32; **21 SEBG** 7; **40** 14; **43 Anh. § 24 SEAG** 4
- Härtefälle **40** 10
- Mitbestimmung **39** 12
- Mitbestimmungsvereinbarung **21 SEBG** 7, 54, 74; **39** 53; **40** 14 ff.
- Regelungskompetenz **40** 11; **43 Anh. § 24 SEAG** 4
- Richtlinie **Vor 1 SEBG** 30
- Rundungsregel **40** 12 f.; **43 Anh. § 24 SEAG** 5
- SCE **Vor 1 SEBG** 35
- Übergangsregel **43 Anh. § 24 SEAG** 5
- Wahlgremium **36 SEBG** 12
- Zielgrößenregel **40** 17 ff.; **43 Anh. § 24 SEAG** 7

Gesellschaftsrecht
- mitgliedstaatliche Strukturtypen **38** 15 ff.

Gesellschaftsstatut
- Verschmelzung **18** 4, 7

Gewerbesteuer
- Einkünfte aus Gewerbebetrieb **Anh. SteuerR** 36, 38

Gewerkschaften
- Arbeitnehmervertreter **Anh. ArbeitsR** 81
- Arbeitnehmervertreter, extern **6 SEBG** 14; **Anh. ArbeitsR** 39
- Begriff **6 SEBG** 15
- BVG, Bildung **4 SEBG** 13; **Anh. ArbeitsR** 19
- BVG, Wählbarkeit **6 SEBG** 8

Gewinn-/Verlustrechnung 61 15

1435

Stichwortverzeichnis

Gewinnausschüttung
– Doppelbesteuerungsrecht **Anh. SteuerR** 45
Gewinnbeteiligung
– geschäftsführende Direktoren **43 Anh. § 40 SEAG** 54
– Verschmelzungsplan **20** 21
Gewinnermittlung
– Aufsichtsratsvergütung **Anh. SteuerR** 41
– Aufwandsabzug **Anh. SteuerR** 40 ff.
– Beteiligungserträge **Anh. SteuerR** 40
– Gesellschafter-Fremdfinanzierung **Anh. SteuerR** 40
– Verlustabzugsbegrenzung **Anh. SteuerR** 40
– Verwaltungsratsvergütung **Anh. SteuerR** 42 f.
Gewinnschuldverschreibungen
– Ausgabe **5 Anh. II** 6 ff.
– Gesamtnormverweisung **5 Anh. II** 3 ff.
– Gläubigerschutz, Verschmelzung **24** 4, 7 ff., 18 ff.
Gewinnverwendung
– Beschluss **43 Anh. § 47 SEAG** 20
– Hauptversammlung, Zuständigkeit **52** 28 f.
– Vorschlag **43 Anh. § 47 SEAG** 20; **61** 21
Gläubigerschutz
– Aktienumtausch, Verschmelzung **29** 9
– Auslandssitz d. künftigen SE **24** 11 ff.
– Bekanntmachung **24** 17
– Formwechsel **37** 85 f.
– Geltendmachung v. Haftungsansprüchen **43 Anh. § 39 SEAG** 15
– gerichtliche Durchsetzung **24** 20
– Hinweispflichten **24** 17
– Holding-Gründung **34** 1 ff.
– Nachweis ggü. Registergericht **24** 14 ff.
– Rechtssetzungsermächtigung **24** 15 f.; **34** 1 f.
– Sicherheitsleistung **8** 46 ff.; **24** 8 ff.
– Sitzverlegung, Fiktion **8** 95 ff.
– Sonderrechtsinhaber **24** 18
– Verschmelzung *s. Verschmelzung – Gläubigerschutz*
– Vor-SE **16** 3
Gleichbehandlungsgrundsatz 5 4; **9** 6; **10** 1 ff.
– Aktionäre **53** 24
– Besteuerung **Anh. SteuerR** 26
Gleichstellungsklausel
– Arbeitnehmervertreter **42 SEBG** 6 ff.
GmbH
– Gründung, Holding-SE **32** 72 f.; **33** 12, 20
Griechenland Vor 1 SEBG 19
Großbritannien Vor 1 SEBG 20
Grundbuchfähigkeit 1 17
Gründer
– Haftung **16** 18 ff.; **33** 42
– Handelsregisteranmeldung, SE **12** 9
Grunderwerbsteuer Anh. SteuerR 29
Grundkapital
– anwendbares Recht **5** 2
– Gründungsplan, Holding-SE **32** 31 ff.
– hälftiger Verlust **43 Anh. § 22 SEAG** 21 f.
– Verweisung auf nationale Vorschriften **5** 1 f.
– Währung, außerhalb d. Eurozone **67** 2
Grundrechtsfähigkeit 1 19
Grundsatz d. Kapitalerhaltung
– Verweisung auf nationale Vorschriften **5** 6 f.

Gründung
– anwendbares Recht **5** 3; **9** 8; **15** 4 ff.; **43 Anh. § 20 SEAG** 1
– Bekanntmachung, EU-weite **14** 4 ff.
– Beteiligungsrechte **4 SEBG** 9, 18
– drittstaatliche Gesellschaften **2** 27 ff.
– durch Einzel-SE **3** 7 ff.
– Einpersonengründung **16** 8
– erstes Verwaltungsorgan **43** 48
– Formen **2** 1 ff.
– Gesellschafterhaftung **16** 23
– Handelndenhaftung **16** 18 ff.
– Handelsregisteranmeldung **43 Anh. § 21 SEAG** 2 ff.
– Handelsregisteranmeldung, SE **12** 6 ff.
– Handelsregistereintragung **43 Anh. § 21 SEAG** 12 ff.
– Holding-SE *s. dort*
– Kapitalaufbringung **5** 3, 5
– Mängel **30** 1 ff.
– Numerus Clausus **2** 1 ff.
– primäre **2** 2; **3** 3 ff.
– Prüfung, Verwaltungsrat **43 Anh. § 21 SEAG** 11
– SE-Beteiligung **3** 3 ff.
– SE-VO, Systematik **2** 6
– sekundäre **1 SEBG** 9 ff.; **2** 3; **3** 6 ff.
– Steuerrecht **Anh. SteuerR** 47
– Tochter-SE *s. dort*
– Umwandlung *s. dort*
– Verschmelzung *s. dort*
– Verwaltungsrat **43 Anh. § 21 SEAG** 2 ff.
– Vollzug, anwendbares Recht **15** 7
– Vorrats-SE **2** 31 ff.
– Wirksamwerden, Verschmelzung **27** 1, 3 f.
Gründungsbericht
– Holding *s. Holding-SE – Gründungsbericht*
– Nachgründung **23** 8
– Umwandlung *s. Umwandlungsbericht*
– Verschmelzung *s. Verschmelzung – Bericht*
Gründungsgesellschaft – Holdinggründung
– anwendbares Recht **32** 7 ff.
– Haftung **33** 42
Gründungsgesellschaft – Tochter-SE 35 4; **36** 1, 8 ff.
Gründungsgesellschaft – Verschmelzung
– Betriebsübergang **29** 13
– Erlöschen **29** 10
– Formwechsel **29** 11
– Gesamtrechtsnachfolge **29** 4
– Rechte Dritter **29** 9
– Registerkontrolle **25** 3 ff.
Gründungsplan *s.a. Umwandlungsplan; Verschmelzungsplan*
– Holding *s. Holding-SE – Gründungsplan*
– Konzern **20** 22
– Umwandlung *s. Umwandlungsplan*
– Verschmelzung *s. Verschmelzungsplan*
Gründungstheorie 7 23 ff.
Gründungsurkunde
– Begriff **6** 4 f.

Haftung
– Geltendmachung **43 Anh. § 39 SEAG** 13, 15; **51** 24 f.; **52** 40 ff.
– Gründer **16** 18 ff.; **33** 42
– Holdinggründung **33** 42
– Sachverständige **22** 17

Stichwortverzeichnis

- Unterbilanzhaftung **16** 11, 16
- Verlustdeckungshaftung **16** 11, 16
- Verschmelzungsprüfung **22** 17
- Verzicht **52** 43
- Vor-SE **1** 15; **16** 16

Handelndenhaftung
- Anteilseigner Gründungsgesellschaften **16** 23
- Anwendungsbereich **16** 18
- Ausschluss **16** 26 ff.
- fehlende Vertretungsmacht **16** 28
- Formwechsel **37** 5
- Haftungssubjekte **16** 20 ff.
- Haftungsübernahme **16** 26 ff.
- Handlung im Namen d. SE **16** 23 f.
- Organmitglieder **16** 21
- Rechtsfolgen **16** 29
- Regress **16** 30 ff.
- Vor-SE **1** 15
- Zeitraum **16** 19
- Zweck **16** 3

Handelsgesellschaft
- Gründung als SE **1** 1, 5

Handelsregister
- Mitteilungspflicht, Sitzverlegung **64** 23
- Mitteilungspflichten **68** 11
- Sitzverlegung, Bescheinigung **8** 54 ff.

Handelsregisteranmeldung
- Bestellungshindernisse/-verbote, Negativerklärung **43 Anh. § 21 SEAG** 7; **43 Anh. § 46 SEAG** 7
- Formerfordernisse **12** 17 ff.
- Geschäftsführungsänderungen **43 Anh. § 46 SEAG** 5 f.
- Gründung, SEAG **43 Anh. § 21 SEAG** 1 ff.
- Holding-SE **33** 52 f.
- Inhalt **12** 11 ff.
- Leitungsorganmitglieder **39** 38
- Löschung **63** 36
- Mitbestimmung, Nachweise **12** 26 f.
- Prüfung **12** 20 f.
- Sitzverlegung, Wegzugstaat **8** 57 f.
- Sitzverlegung, Zuzugstaat **8** 78
- Tochter-SE **36** 23
- Verpflichtete **12** 8 ff.
- Verwaltungsratsänderungen **43 Anh. § 46 SEAG** 2 ff.
- Zuständigkeit **43 Anh. § 40 SEAG** 35

Handelsregistereintragung
- Ablehnung **12** 21
- Gründung, SEAG **43 Anh. § 21 SEAG** 12 ff.
- Holding-SE **33** 55 f.
- Holding-SE, Nachfrist **33** 36 f.
- Inhalt **12** 22
- Löschung **63** 26, 36
- Mitbestimmung, Prüfungspflicht **12** 24 f.
- Offenlegung **13** 4 ff.; **15** 10
- Rechtsformzusatz **11** 5
- Rechtswidrigkeit **27** 5
- SE nach Formwechsel **37** 71 f.
- SE-Umwandlung in AG **66** 71 f.
- Sitzverlegung, Wegzugstaat **8** 60
- Sitzverlegung, Zuzugstaat **8** 67 ff., 79 ff., 92
- Tochter-SE **36** 24 f.
- Wirkung **1** 14; **16** 1, 5
- Zuständigkeit, örtlich **12** 7
- Zuständigkeit, sachlich **12** 7

Handelsregistereintragung-Verschmelzung
- Offenlegung **27** 6; **28** 1 ff.
- Verfahrensfehler **27** 2; **30** 1, 4 f.
- vorläufige **25** 18
- Wirkung **27** 1, 3 f.; **30** 1 ff.

Hauptversammlung
- Ablauf **53** 16 *s.a. Hauptversammlung – Organisation*
- Ablauf, anwendbares Recht **53** 1 ff., 7
- Anträge/Gegenanträge **53** 14
- anwendbares Recht **53** 5
- Anwesenheit **53** 10
- Aufsichtsorganvorsitzendenwahl **42** 4 ff.
- Auskunftsrecht **53** 22
- Beschlüsse, Anfechtung **43 Anh. § 32 SEAG** 2 ff.
- Beschlüsse, Nichtigkeit **43 Anh. § 31 SEAG** 2
- Dauer **53** 11
- Geschäftsordnung **53** 34
- Hierarchiemodell **38** 3
- Nebenordnungsmodell **38** 3
- Niederschrift **53** 29
- Ort **7** 3; **53** 9
- Rederecht **53** 21
- Satzung **53** 33
- Selbstorganisationsrecht **53** 33 f.
- Sprache **53** 21
- Stimmrechtsausübung **53** 20
- Stimmrechtsvertretung **53** 20
- Tagesordnung *s. dort*
- Tagesordnung, Ergänzung *s. Tagesordnung – Ergänzung*
- Teilnahme Dritter **53** 19
- Teilnahmerecht **53** 17 ff.
- Teilnehmerverzeichnis **53** 29 f.
- Tele-, Internet-Hauptversammlung **53** 10
- Termin **54** 27
- Versammlungsleiter **53** 25 ff.
- Verwaltungsratswahl **43 Anh. § 28 SEAG** 2 ff.
- Vollversammlung **53** 15
- Wahrnehmungsprotokoll **53** 9
- Zeitpunkt **53** 12
- zwingende Zuständigkeit **43 Anh. § 44 SEAG** 6

Hauptversammlung – Aufgaben
- Abberufung d. Leitungsorganmitglieder **39** 40 f.
- Abberufung v. Verwaltungsratsmitgliedern **43 Anh. § 29 SEAG** 4, 7 ff.
- alleinige Zuständigkeit **52** 6
- anwendbares Recht **53** 5
- Auflösung d. SE **52** 35
- Bestellung, Abschlussprüfer **52** 33
- Bestellung, Sonderprüfer **52** 34
- Bestellung, Verwaltungsrat **43 Anh. § 24 SEAG** 2
- Entlastung **52** 30
- Erwerb eigener Aktien **52** 44
- EU-rechtliche Regelungen **52** 7 ff., 11 ff.
- Fortsetzung d. SE **52** 35
- Gewinnverwendung **43 Anh. § 47 SEAG** 20; **52** 28 f.
- Haftungsgeltendmachung **52** 40 ff.
- Jahresabschlussfeststellung **52** 31 f.
- Kapitalmaßnahmen **52** 36
- Nachgründung **52** 44

1437

Stichwortverzeichnis

- nationale Regelungen **52** 8, 24 ff.
- Rechtsentwicklung **52** 3 ff.
- Satzungsänderung **52** 36
- Satzungsregelungen **52** 8, 45
- Sonderprüfung **52** 34
- ungeschriebene Zuständigkeiten **52** 22 f., 46 f.
- Unternehmensverträge **52** 44
- Vergütungsfestsetzung **52** 38 f.
- Verhältnis d. Regelungen **52** 7 ff.
- Verschmelzungsbeschluss **52** 44
- Verwaltungsorganmitglieder, Bestellung **43** 42 ff.
- Verzicht auf Haftungsansprüche **52** 43
- Wahl d. Leitungsorganmitglieder **39** 40 f.
- Wahl d. Verwaltungsrats, Anfechtung **43 Anh. § 32 SEAG** 2 ff.; **43 Anh. § 33 SEAG** 1
- Wahl d. Verwaltungsrats, Nichtigkeit **43 Anh. § 31 SEAG** 3 ff.
- Zustimmungsersetzung **52** 37

Hauptversammlung – Beschlüsse
- Abstimmung, anwendbares Recht **53** 31
- Abstimmung, elektronische Teilnahme **58** 3
- Abstimmung, Nichtteilnahme **58** 5 f.
- Abstimmungsergebnis **57** 15; **58** 3 ff.
- Anfechtung **57** 16
- Anfechtungklage **53** 32
- anwendbares Recht **57** 1 f.
- Beendigung d. SE **63** 22 ff.
- Beschlussfähigkeit, anwendbares Recht **57** 6 f.
- Durchführung **43 Anh. § 22 SEAG** 23 f.
- einfache Mehrheit **57** 2, 4 f., 10
- Fehlerhaftigkeit **57** 16
- Jahresabschluss, Feststellung **43 Anh. § 47 SEAG** 9, 16 ff.; **43 Anh. § 48 SEAG** 7; **61** 22 f.
- Kapitalmehrheit **57** 13
- Kontrolle **53** 32
- Mehrheitserfordernisse **57** 2, 4, 10 ff.
- Mehrheitsermittlung **57** 15
- Nichtigkeitsklage **53** 32
- qualifizierte Mehrheit **57** 11 ff.
- Satzungsänderung **59** 1
- Satzungsbestimmungen **57** 14
- Sonderbeschlüsse **60** 1 ff.
- Stimmabgabe, gültige **57** 9; **58** 3 ff.
- Stimmabgabe, ungültige **58** 8
- Stimmenthaltung **58** 7
- Stimmrecht **57** 8
- Vorbereitung **43 Anh. § 22 SEAG** 23 f.

Hauptversammlung – Einberufung
- anwendbares Recht **53** 4 f.; **54** 3 ff., 18 ff.
- Bekanntmachung **54** 19
- Berechtigung **54** 11 ff.
- Berechtigung, Satzungsbestimmungen **54** 15
- Beschluss **54** 23 f.
- Einberufungsfrist **54** 10
- Form **54** 19
- Gründe **54** 16
- Gründungsstadium, Frist **54** 9
- Inhalt **54** 20
- mitgliedstaatliche Regelungen **53** 6
- Mitteilungspflichten **54** 21 f.
- Pflicht **54** 17

- Rechtsentwicklung **54** 4
- Selbsteinberufungsrecht d. Aktionäre **55** 30
- staatliches Verfahren s. *Hauptversammlung – staatl. EinberufungsVerf.*
- Tagesordnung **54** 21, 25 f.
- Turnus **54** 1 f., 6 f.
- Verpflichteter **43 Anh. § 22 SEAG** 17 ff.
- Versammlungsort **53** 9
- Verschmelzungsplanzustimmung **23** 5 ff.
- Vorbereitung **54** 21 f.
- Zeitpunkt **53** 12; **54** 5

Hauptversammlung – Einberufungsverlangen
- Adressat **55** 10
- Antragsberechtigung **55** 4
- Begründung **55** 12
- Einberufungspflicht **55** 15 f.
- Form **55** 13
- Inhalt **55** 11 f.
- Minderheitenschutz **55** 1 ff.
- Mindestbesitzdauer **55** 8
- Mindestfortwirkungsdauer **55** 9
- Prüfung **55** 15
- Quorum **55** 5 f.
- Rechtsentwicklung **55** 3
- Rechtsmissbrauch **55** 14
- Satzungsvorrang **55** 7
- staatliches Verfahren s. *Hauptversammlung – staatl. EinberufungsVerf.*

Hauptversammlung – Kompetenzen
- nationales Recht **52** 24 ff.
- Satzung **52** 45
- SE-RL **52** 17 ff.
- SE-VO **52** 12 ff.
- ungeschriebene Zuständigkeiten **39** 15
- ungeschriebene Zuständigkeiten, Gemeinschaftsrecht **52** 22 f.
- ungeschriebene Zuständigkeiten, nat. Recht **52** 46 f.

Hauptversammlung – ordentliche
- Einberufung **43 Anh. § 48 SEAG** 1, 4 f.
- Frist **54** 5, 8
- Vorbereitung **43 Anh. § 48 SEAG** 2, 6 ff.
- Zeitpunkt **43 Anh. § 48 SEAG** 3; **54** 5

Hauptversammlung – staatl. Einberufungs-Verf.
- Antrag **55** 22 ff.
- Kosten **55** 26 f.
- Verfahrensgrundsätze **55** 21
- Voraussetzungen **55** 22 ff.

Hauptversammlung – Zustimmung
- anwendbares Recht **23** 22
- Beschlussmängel **37** 56
- Beschlussmängelklage **37** 56
- Formwechsel **37** 50 ff.
- Gründungsplan, Holding-SE **32** 59 ff.
- Mitbestimmungsmodell **23** 3, 14 ff.
- Verschmelzungsplan **23** 1 ff.
- Vorabinformation **23** 6 f.
- Widerspruch d. Minderheitsaktionäre **34** 11, 18
- Widerspruch g. Verschmelzungsbeschluss **24** 27, 49
- Zustimmung aller Aktionäre **57** 17
- zustimmungsbedürftige Geschäfte **48** 14 f.

Hauptverwaltung s.a. *Verwaltungssitz*
- Begriff **7** 9 f.

Heimarbeiter **2 SEBG** 7

Stichwortverzeichnis

Holding-SE
- Aktienveräußerungserleichterung **34** 32
- Anteilseinbringung **33** 15 ff.
- Anteilstausch **32** 14
- anwendbares Recht **18** 2; **32** 3 ff.
- Anwendbarkeit WpÜG **32** 18 ff.
- Anwendung nationaler Vorschriften **32** 5 ff.; **33** 22 f., 28, 38 ff., 48 ff.; **34** 1 ff.
- Arbeitnehmerschutz **34** 5 f.
- Auffangregelung **34 SEBG** 24
- Ausgleichsleistung **34** 35 ff.
- Auslandssitz d. künftigen SE **34** 16
- Barabfindungsangebot **34** 11, 13 ff.
- Begriff **32** 1
- Bestandsschutz **33** 58
- Drei-Monats-Frist **33** 13 f.
- Ein-Monats-Frist **33** 31
- Einbringungsgegenstände **33** 6
- Einbringungsverfahren **33** 7 ff.
- Einbringungswahlrecht **33** 3 ff.
- Eintragung während Nachfrist **33** 36 f.
- Erwerb eigener Aktien **33** 22; **34** 25
- fehlerhafte **33** 58
- Genehmigungsvorbehalt bei Holding-Gründung **32** 71
- Gesetzeskonkurrenz **32** 20
- Gläubigerschutz **34** 1 ff.
- GmbH-Beteiligung **32** 72 f.; **33** 12, 20
- Gründereigenschaft **32** 11
- Gründungsberechtigung **2** 16, 26; **3** 3
- Gründungsbericht **32** 41 ff.
- Gründungsplan s. Holding-Gründungsplan
- Handelsregisteranmeldung **12** 15
- Handelsregistereintragung **33** 55 ff.
- Hauptversammlungsbeschluss **32** 59 ff.
- Holding-Gründung **32** 14
- Inlandssitz **32** 6, 10, 12 ff.; **33** 18, 34, 39 ff., 48, 51 ff., 58
- Kapital, bedingtes **32** 34
- Kapital, genehmigtes **32** 34a
- Klageausschluss **34** 26, 34
- Mehrstaatlichkeit **2** 17
- Minderheitenschutz **34** 1 f., 7 ff.
- Mindestquotenphase **33** 2, 7 ff.
- Mitbestimmung, Auffangregelung **32** 16
- Mitbestimmungsvereinbarung **32** 16
- Negativerklärung **33** 48, 53
- Offenlegung **33** 24 ff., 57
- Prüfung, Gründungsplan **32** 45
- Prüfung, nationale Vorschriften **33** 41
- Rechtmäßigkeitskontrolle s. Holding-SE – Rechtmäßigkeitskontrolle
- Rechtsetzungsermächtigung **34** 1 f.
- Rechtsmittel **34** 10
- Rechtsnatur **33** 38
- Registerkontrolle s. Holding-SE – Rechtmäßigkeitskontrolle
- Rückabwicklung **33** 58
- Sachgründungsvorschriften **33** 38 ff.
- Satzung **6** 9
- Sitzerfordernisse **2** 16
- Spruchverfahren **34** 10, 12, 27 ff.
- Tochtergesellschaft **2** 18
- Verbesserung d. Umtauschverhältnisses **34** 10, 33 ff.
- Verfahren **32** 12 ff.
- Vor-SE **16** 15
- Voraussetzungen **32** 2
- Zaunkönigphase **33** 2, 30 ff.
- Zustimmungsbeschluss, Widerspruch **34** 11, 18
- Zwei-Jahres-Frist **2** 20
- Zweigniederlassung **2** 19

Holding-SE – Gründungsbericht
- Inhalt **32** 42 ff.
- nationale Vorschriften **33** 40
- Offenlegung **32** 48
- Prüfung **32** 45

Holding-SE – Gründungsplan
- Abfindungsangebot **32** 46, 50; **34** 19 ff.
- Anteilstausch **32** 26 f.
- Bekanntmachung **32** 47, 50
- Form **32** 22
- gemeinsamer **32** 21
- Grundkapital **32** 31 ff.
- Gründungsbericht **32** 41 ff.
- Hauptversammlung **32** 59 ff.
- Inhalt **32** 23 ff.
- Inhalt, zwingender **32** 24 ff.
- Mehrheitserfordernisse **32** 65 ff.
- Mindesteinbringungsquote **32** 37 ff.
- Mitbestimmungsverfahren **32** 36
- Offenlegung **32** 47 ff.
- Prüfung **32** 51 ff.
- Prüfung, Auskunftsrecht **32** 58
- Prüfung, Bericht **32** 57
- Prüfung, Gegenstand **32** 54 ff.
- Prüfung, gemeinsame **32** 53
- Prüfung, getrennte **32** 53a
- Sacheinlagen **32** 35
- Satzungsbestimmungen **32** 30 ff.
- Sonderrechte **32** 28
- Verpflichtete **32** 21
- Zustimmungsbeschluss **32** 62 ff.
- Zustimmungsbeschluss, Form **32** 70
- Zustimmungsvorbehalt **32** 71

Holding-SE – Rechtmäßigkeitskontrolle
- Gegenstand **33** 45
- Umfang **33** 49
- Verfahren **33** 50 ff.
- Zuständigkeit **33** 44

Holzmüller 39 15
Hughes de Lasteyrie du Saillant 7 30; **Anh. SteuerR** 100

IAS/IFRS
- börsennotierte SE **Einl.** 47
- Konzernrechnungslegung **61** 16 ff.

Informationsrecht
- Aufsichtsorgan s. dort

Inhaberaktien
- Bestimmung d. Aktienform **1** 10; **5 Anh. I** 16

Insolvenz
- anwendbares Recht **63** 2 ff., 10, 17 ff., 45 f.; **Einl.** 45
- Eigenverwaltung **63** 53
- Schutzschirmverfahren **63** 44

Insolvenzverfahren
- Antragsbefugnis **63** 50
- COMI **63** 51
- Eröffnung, Anerkennung **63** 47 f.
- EuInsVO **63** 45a
- Konzern **63** 46

1439

Stichwortverzeichnis

– Leitungspflichten **43 Anh. § 22 SEAG** 35, 39
– Prioritätsprinzip **63** 47
– Schuldnerrechte/-pflichten **63** 52
– Zahlungsverbot **63** 51
– Zuständigkeit **63** 46
– Zweck **63** 1

Insolvenzverwalter
– Rechtsstellung **63** 49
– Verfügungsbefugnis **63** 49
– Verfügungsbefugnis, mon. SE **63** 52
– Verwaltungsbefugnis **63** 49
– Verwaltungsbefugnis, mon. SE **63** 52

Inspire Art 7 27 ff.

Internationales Gesellschaftsrecht
– Anknüpfung **7** 23 ff.
– Verschmelzung, Gesellschaftsstatut **18** 4, 7

Internationales Privatrecht
– Anwendbarkeit **5 Anh. I** 14; **9** 18, 23 f., 26 ff.; **10** 5

Irland Vor 1 SEBG 20
Island Vor 1 SEBG 23
Italien Vor 1 SEBG 19
– Umsetzungsakte **Einl.** 27

Jahresabschluss
– Änderung **43 Anh. § 47 SEAG** 10
– Aufbewahrungspflichten **61** 39
– Aufstellung **43 Anh. § 47 SEAG** 1
– Bestandteile **61** 15
– Feststellung **43 Anh. § 47 SEAG** 9, 16 ff.; **43 Anh. § 48 SEAG** 7
– Feststellung, Hauptversammlungszuständigkeit **52** 31 f.
– Kleinstkapitalgesellschaften **61** 13, 36
– Offenlegung **61** 32 ff.
– Umwandlungssperrfrist **66** 18 ff.
– Vorlagepflicht **43 Anh. § 47 SEAG** 5 ff.

Jahresabschluss – Aufstellung
– anwendbares Recht **61** 1, 3
– dualistisches System **61** 20 ff.
– monistisches System **61** 25 f.
– Straf-/Bußgeldvorschriften **61** 40
– Unterzeichnung **61** 24
– Verpflichteter **61** 20, 25

Jahresabschluss – Feststellung
– anwendbares Recht **61** 3
– Aufsichtsorgan **61** 22
– Hauptversammlung **61** 22 f.

Jahresabschluss – Prüfung
– Abschlussprüferbestellung **61** 29
– Aufsichtsrat **61** 21
– Auskunftsrecht **61** 30
– Berichtspflicht **43 Anh. § 47 SEAG** 14 f.
– Berichtvorlage **43 Anh. § 47 SEAG** 6
– Bestätigungsvermerk **61** 30
– externe Sachverständige **43 Anh. § 47 SEAG** 13
– Gewinnverwendungsvorschlag **43 Anh. § 47 SEAG** 20
– Informationsrechte **43 Anh. § 47 SEAG** 7
– Nachtragsprüfung **43 Anh. § 47 SEAG** 10
– Pflicht **61** 27
– Prüfbericht **61** 30
– Sorgfaltsmaßstab **43 Anh. § 47 SEAG** 12
– Umfang **61** 28

Juristische Personen
– Organmitgliedschaft **47** 2 ff.

Kapitalaufbringung
– Verweisung auf nationale Vorschriften **5** 3, 5

Kapitalerhaltung
– Ausgleichsanspruch, Begrenzung **24** 44
– Verweisung auf nationale Vorschriften **5** 6 f.

Kapitalerhöhung
– Bezugsrecht **5** 8
– genehmigtes Kapital **5** 8
– Mindestkapital **4** 7
– Verweisung auf nationale Vorschriften **5** 8

Kapitalgesellschaft
– Steuersubjekt **Anh. SteuerR** 30 ff.

Kapitalherabsetzung
– Mindestkapital **4** 7
– Verweisung auf nationale Vorschriften **5** 9

Kapitalmarktrecht
– Anwendbarkeit IPR **9** 24
– Mitteilungspflichten, Verschmelzung **21** 12

Kapitalmehrheit
– Abstimmungsrelevanz **57** 13

Kapitalverkehrsfreiheit
– Wegzug, Besteuerung **Anh. SteuerR** 60 f.

Kaufmannseigenschaft
– Formkaufmann **1** 5

KG
– Tochter-SE, Gründung **36** 13

KGaA
– Verschmelzungsfähigkeit **17** 5

Kommissionsentwurf, dritter Vor 1 SEBG 5 ff.
Kommissionsentwurf, erster Vor 1 SEBG 2
Kommissionsentwurf, zweiter Vor 1 SEBG 3 f.

Kontrollorgan s. Aufsichtsorgan

Konzern
– anwendbares Recht **43 Anh. § 49 SEAG** 1 f.; **Anh. KonzernR** 1 f.
– Berichterstattung **41** 9
– Eingliederungskonzern **Anh. KonzernR** 28
– Eingliederungskonzern, transnational **Anh. KonzernR** 38
– Gleichordnungskonzern **2 SEBG** 19
– Gründung durch Verschmelzung **2** 13
– Gruppeninteresse **Anh. KonzernR** 40 f.
– Insolvenzrecht **63** 46
– Minderheitsschutz **60** 18
– Rechnungslegung **61** 16 ff.
– Regelungsermächtigung **Anh. KonzernR** 3 f.
– related party transactions **Anh. KonzernR** 43
– Strukturtransparenz **Anh. KonzernR** 42
– SUP **Anh. KonzernR** 44
– Transaktionstransparenz **Anh. KonzernR** 42
– Verdrängungsermächtigung **Anh. KonzernR** 5

Konzern – abhängige SE
– Abhängigkeitsbericht **Anh. KonzernR** 26 f.
– Ausgleichsanspruch **Anh. KonzernR** 20
– faktischer Konzern **Anh. KonzernR** 22 ff.
– Gläubigerschutz **Anh. KonzernR** 21
– transnationaler Konzern **Anh. KonzernR** 36 f.
– Weisungen **Anh. KonzernR** 17 f.

- Zustimmungsbedürftigkeit **Anh. KonzernR** 16

Konzern – herrschende SE
- Ausgleichsanspruch **Anh. KonzernR** 12
- Beherrschungsverträge **Anh. KonzernR** 10
- Cash-Pooling **Anh. KonzernR** 15
- faktischer Konzern **Anh. KonzernR** 14 f.
- Gewinnabführungsverträge **Anh. KonzernR** 10
- Haftung **Anh. KonzernR** 11
- transnationaler Konzern **Anh. KonzernR** 31 ff.
- Weisungen **Anh. KonzernR** 11

Konzern – Verschmelzung
- Hauptversammlungszustimmung **23** 1
- Plan **20** 27
- Verschmelzungsbericht **20** 32

Konzernbetriebsrat
- Stimmenaufteilung **10 SEBG** 7

Konzernrecht
- Anwendbarkeit IPR **9** 23

Körperschaftsteuer
- SEStEG **Anh. SteuerR** 11
- Steuersubjekt **Anh. SteuerR** 30
- Verwaltungsratsmitgliedervergütung **43 Anh. § 38 SEAG** 9
- Wegzug, Besteuerung **Anh. SteuerR** 70 ff.

Korrespondenz s. Geschäftsbriefe

Kreditgewährung
- Einwilligung **43 Anh. § 38 SEAG** 13
- geschäftsführende Direktoren **43 Anh. § 40 SEAG** 61 f.
- Leitungsorganmitglieder **39** 43
- Verwaltungsratsmitglieder **43 Anh. § 38 SEAG** 13

Kreditinstitute
- Rechnungslegung **61** 2; **62** 1 ff.
- Vorbereitung d. HV **54** 22

Kündigungsschutz
- Arbeitnehmervertreter **42 SEBG** 9 ff.

Lagebericht
- anwendbares Recht **61** 4

Leiharbeitnehmer 2 SEBG 10

Leitende Angestellte
- Begriff **2 SEBG** 8

Leitung
- Begriff **2 SEBG** 23 f.; **39** 8; **43** 13; **43 Anh. § 22 SEAG** 5 f.

Leitungsorgan
- Amtskontinuität **39** 34
- Erstbestellung **39** 33 f.
- Führungslosigkeit **39** 28
- gemeinsame Grundprinzipien **Vor 46** 1 ff.
- Gesamtgeschäftsführungsprinzip **39** 18
- geschäftsführende Direktoren **39** 24 f.
- Geschäftsführung **39** 8
- Geschäftsordnung **39** 19
- Handelsregisteranmeldung, SE **12** 10
- Hauptversammlung, Einberufungsbeschluss **54** 24
- Jahresabschlussaufstellung **61** 20 ff.
- Kollegialorgan **39** 3, 18 ff.
- Minderheitsverlangen auf Einberufung **55** 10, 15 ff.
- Mitbestimmungsvereinbarung **39** 51 ff.
- Notgeschäftsführung **48** 13
- Sprecher **39** 22
- Überbesetzung **39** 54 ff.
- Unterbesetzung **39** 54 ff.
- Verlegungsbescheinigungsantrag **8** 57 f.
- Verlegungsplanaufstellung **8** 18 ff.
- Verschwiegenheitspflicht **49** 1 ff.
- Vertretung im Außenverhältnis **39** 17
- Vetorecht **50** 8
- Vorsitzender, Stichentscheid **39** 20
- Vorsitzender, Vetorecht **39** 21
- Weisungsfreiheit **39** 9 f.
- Whistleblowing **49** 12

Leitungsorgan – Berichtspflichten
- anwendbares Recht **41** 2 f.
- Berichtsverlangen **41** 19 ff.
- Datenauffälligkeiten **41** 8
- Durchsetzung **41** 41 ff.
- Form **41** 34 f., 37 f.
- Geschäftsentwicklung **41** 6
- Geschäftsgang **41** 4 f.
- Geschäftstätigkeitssegmente **41** 7
- Haftung **41** 39
- Klage **41** 43 f.
- Konzern **41** 9
- Missbrauchskontrolle **41** 25 ff.
- Ordnungsmäßigkeit **41** 33 ff.
- Turnus **41** 10, 15 f.
- Verweigerung **41** 25 ff., 41 ff.
- wesentliche Ereignisse **41** 11 ff.
- Zahlenwerk **41** 8

Leitungsorgan – Beschlüsse
- anwendbares Recht **50** 5 ff., 18 ff.
- Anwesenheit, Begriff **50** 12 ff.
- Beschlussfähigkeit **50** 11 ff.
- Beschlussfassung **50** 17 ff.
- Beschlussmängel **50** 20
- Mitbestimmung **50** 16
- Stimmbote **50** 15
- Stimmrechtsausschluss **50** 19
- Vertretung **50** 15

Leitungsorgan – Haftung
- anwendbares Recht **51** 1
- Außenhaftung **51** 12
- Beweislast **51** 10
- Gründungsstadium **52** 40 f.
- Minderheitsverlangen auf Einberufung **55** 16
- Pflichtverletzung **51** 7 ff., 14
- Schadensersatzpflicht **48** 12
- Sorgfaltsmaßstab **51** 16
- Spezialverweisung **51** 17
- Verschwiegenheitspflicht **51** 17

Leitungsorgan – Mitglieder
- Abberufung **39** 37 ff.
- Abstellung v. Aufsichtsorganmitgliedern **39** 34 ff.
- Amtsniederlegung **39** 38
- Amtszeit **39** 32
- Amtszeit, Satzungsbestimmungen **46** 3 ff.
- Anstellungsvertrag, Abschluss **39** 35
- Anstellungsvertrag, Kündigung **39** 39
- Anstellungsvertrag, Trennungsprinzip **39** 36
- Anstellungsvertrag, Zuständigkeit **39** 35
- Anzahl **39** 50 f.
- Arbeitsdirektor **39** 21
- Aufhebung d. Amtsverhältnisses **39** 38
- Aufsichtsorganmitgliedschaft **39** 44 f.
- Bestellung **39** 26 ff.

Stichwortverzeichnis

- Bestellung, Befristung **39** 32
- Bestellung, fehlerhafte **39** 29 f.
- Bestellung, Satzungsbestimmungen **47** 18 f.
- Bestellungshindernisse, absolute **47** 7 ff.
- Bestellungshindernisse, anwendbares Recht **47** 10
- Bestellungshindernisse, gerichtliche/behördliche **47** 5 f.
- Bestellungshindernisse/-verbote **39** 31
- Bestellungshindernisse, Verstöße **47** 16
- Bestellungskompetenz **39** 26
- Bestellungsrechte **47** 24 f.
- Bestellungsvoraussetzungen **47** 19
- Bestellungsvoraussetzungen, Verstöße **47** 23
- Entsenderechte **47** 24 ff.
- Gründungsstadium **39** 33 f.
- Haftung, Holding-Gründung **33** 42
- Handelsregisteranmeldung **39** 33 f.
- juristische Personen **47** 2 ff.
- Kreditgewährung **39** 43
- Notbestellung **39** 28
- stellvertretende **39** 23
- Tod **39** 38
- Überbesetzung **39** 55
- Vorsitzender **39** 20 f.
- Vorteilsgewährung, Verschmelzung **20** 24
- Wettbewerbsverbot **39** 42
- Wiederwahl **46** 9 f.

Leitungsorgan – Vertretungsmacht
- Vor-SE **16** 10

Lettland Vor 1 SEBG 22

Liechtenstein Vor 1 SEBG 23

Liquidation
- Abwickler **63** 39 f., 42 ff.
- Abwicklungshinweis **63** 37
- anwendbares Recht **63** 2 ff., 20, 37
- Art **63** 1
- Begriff **63** 8 ff.
- Bekanntmachung **65** 1 ff.
- dualistisches System **63** 39 f.
- Freigabe v. insolvenzbeschlagsfreiem Vermögen **63** 49
- Gesamtvollstreckungsverfahren **63** 1
- Hauptversammlungsbeschluss **63** 22 ff.
- monistisches System **63** 41 ff.
- Parteifähigkeit **63** 37
- Rechtsfähigkeit **63** 37
- Sachnormverweisung **63** 14 ff., 21
- SE-VO-Regelungen **63** 25
- Sitzverlegungsausschluss **8** 85
- Spezialverweisung **63** 12 f.
- zwangsweise **64** 19
- zwangsweise, Rechtsmittel **64** 20 ff.
- Zweck **63** 37

Litauen Vor 1 SEBG 22

Löschung
- Bekanntmachung, EU-weite **14** 4 ff.

Luxemburg Vor 1 SEBG 18

Malta Vor 1 SEBG 19

Mehrfachstimmrechte
- up-stream-merger **31** 20

Mehrstaatlichkeit
- Erfordernis **1** 6
- Gründung durch SE **3** 4, 10

- Gründung, Holding-SE **2** 16
- Gründung, Tochter-SE **2** 23
- Gründung, Umwandlung **2** 25
- Gründung, Verschmelzung **2** 12
- Gründungsvoraussetzung **1** 6; **2** 12
- Registerkontrolle **26** 14
- Wegfall **63** 32

Minderheitenschutz
- Abberufung v. Verwaltungsratratsmitgliedern **43 Anh. § 29 SEAG** 13 ff.
- Anfechtung v. Wahlbeschlüssen **43 Anh. § 32 SEAG** 4; **43 Anh. § 33 SEAG** 1
- Einberufungsverlangen s. Hauptversammlung – Einberufungsverlangen
- Entsenderechte **47** 24 ff.
- Ergänzung d. Tagesordnung **56** 1 ff.
- Holding-Gründung **34** 1 f., 7 ff.
- Konzern **60** 18
- Rechtsetzungsermächtigung **34** 1 f.
- Sitzverlegung, Abfindungsangebot **8** 32 ff.
- Verschmelzung s. Verschmelzung – Minderheitenschutz
- Verschmelzungszustimmung **23** 1 ff.
- Widerspruch g. Holding-Gründung **34** 11, 18

Mindestkapital
- abweichende nationale Regelungen **4** 10
- Ausnahme **4** 7
- Betrag **1** 7; **4** 6 f.
- Reformtendenzen **4** 2
- Satzungsfestsetzung **4** 8
- Unterschreiten **4** 9
- Währung **4** 3 f.

Missbrauchsverbot 43 SEBG 5 ff.; **45 SEBG** 8 ff.
- Rechtsfolgen **43 SEBG** 12 f.
- Vermutung **43 SEBG** 9 ff.

Mitbestimmung
- Auffangregelung s. dort
- Auschussbesetzung **43 Anh. § 34 SEAG** 23 ff.
- Begriff **2 SEBG** 39 f.
- Beihaltung d. Systems bei Formwechsel **37** 80
- Beschlussfassungsregelungen **50** 16, 26, 28 ff.
- Bestellung, Verwaltungsrat **43 Anh. § 24 SEAG** 2 f.
- erste Aufsichtsorganerrichtung **40** 29
- Genehmigungsvorbehalt bei Holding-Gründung **32** 71
- Genehmigungsvorbehalt bei Verschmelzung **23** 3, 14 ff.
- Größe d. Aufsichtsorgans **40** 32 ff.
- Gründungsplan, Holding-SE **32** 36
- Mehrstaatlichkeit **1 SEBG** 22 ff.
- Minderung **15 SEBG** 17 ff.
- Prüfungspflicht, Handelsregister **12** 24 ff.
- SEBG und Satzung, Verhältnis **9** 53, 59
- sekundäre Gründung **1 SEBG** 9 f.
- Sicherungsvorschriften bei Formwechsel **37** 80
- Statusverfahren **43 Anh. § 24 SEAG** 3; **43 Anh. § 25 SEAG** 3 ff.
- Verhandelbarkeit Einl. 37
- Verwaltungsratsmitglieder, Anzahl **43 Anh. § 23 SEAG** 7 f.
- Vorrats-SE **1 SEBG** 17 ff.

Mitbestimmung, paritätische
- Aufsichtsorganvorsitzender, Wahl **42** 4 ff.
- Doppelmandate **43** Anh. § 40 SEAG 23
- Stichentscheid **50** 26
- Verwaltungsorganmitglieder, Anzahl **43** 41
- Verwaltungsratsvorsitzender, Wahl **45** 10 ff.
- Wahl d. stellvertretenden Vorsitzenden **43** Anh. § 34 SEAG 6

Mitbestimmungsvereinbarung
- Abberufung d. Arbeitnehmervertreter **43** 57
- Abschluss **21** SEBG 8 ff.
- Abschlusskompetenz **21** SEBG 10
- Anhörung **21** SEBG 46 ff.
- Arbeitskampf **21** SEBG 17
- Auslegung **1** SEBG 35; **21** SEBG 27
- Beendigung **21** SEBG 34 ff.
- Beschluss des besonderen Verhandlungsgremiums **21** SEBG 9 ff.
- Bestandsschutz **21** SEBG 58 ff.
- beteiligte Gesellschaften **21** SEBG 10
- Einigung **21** SEBG 17
- Form **21** SEBG 18 ff.; Anh. ArbeitsR 56
- Geltungsbereich **21** SEBG 31
- Genehmigungsvorbehalt bei Holding-Gründung **32** 71
- Genehmigungsvorbehalt bei Verschmelzung **23** 3, 14 ff.
- Gerichtsstandsvereinbarung **21** SEBG 88
- Geschäftsordnungsregelungen **43** Anh. § 34 SEAG 13
- Geschlechterquote **21** SEBG 7, 54, 74
- Gestaltungsgrenzen **12** 39 ff.
- Gewerkschaftsvertreter Anh. ArbeitsR 81
- Hauptversammlungsvorbehalt **21** SEBG 11
- Holding-Gründung **32** 16
- Inhalt **21** SEBG 28 ff.
- Inkrafttreten **21** SEBG 33
- Konflikt m. Verwaltungsratszusammensetzung **43** Anh. § 25 SEAG 13 f.
- Laufzeit Anh. ArbeitsR 97
- leitenden Angestellte Anh. ArbeitsR 81
- Mängel **21** SEBG 89 ff.
- Mindestinhalt Anh. ArbeitsR 57
- Mitbestimmung **21** SEBG 51 ff., 62 ff.
- Neuverhandlung **21** SEBG 12 ff., 39 ff.
- normative Wirkung **21** SEBG 26
- Organisationsverfassung der SE **21** SEBG 82; **38** 41 ff.
- Publizität **21** SEBG 22
- Rechtsnatur **21** SEBG 23 ff.
- Rechtswahl **21** SEBG 16
- Registerkontrolle **12** 24 ff.; **26** 12 f.
- Registerrecht **21** SEBG 22
- Satzungsänderung **12** 38
- Schiedsklauseln **21** SEBG 86 f.
- Schranken, inhaltliche **21** SEBG 52 ff.
- strukturelle Änderungen **21** SEBG 43 ff.; Anh. ArbeitsR 94 f.
- Übereinstimmung m. Satzung **12** 31 ff.
- Unterrichtung **21** SEBG 46 ff.
- Veränderungsfestigkeit Anh. ArbeitsR 83
- Vereinbarungsparteien **21** SEBG 8 ff.
- Verhältnis z. Satzung **9** 53, 59
- Verschmelzungsplan **20** 26
- Verwaltungsorganmitglieder, Anzahl **43** 36 ff., 68
- Verwaltungsorganmitglieder, Bestellung **43** 52 ff.
- Wirkung **21** SEBG 26

Monistisches System
- anwendbares Recht **38** 34 ff., 40; **43** Anh. § 20 SEAG 1 ff.
- Beschlussfassung **50** 1 ff.
- Bestellungshindernisse **47** 12 ff.
- Bestellungsvoraussetzungen **47** 21 f.
- deutsche Regelungen **43** 59 ff.; **43** Anh. § 20 SEAG 1 ff.
- England **38** 16 f.
- Frankreich **38** 18, 23
- gemeinsame Grundprinzipien Vor **46** 1 ff.
- Handelsregistereintragung **12** 13
- Insolvenzverfahren **63** 50 ff.
- Jahresabschlussaufstellung **61** 25 f.
- Liquidation **63** 41 ff.
- mitgliedstaatliche Typen **38** 16 ff.
- Organhaftung **51** 18 ff.
- Rechnungslegung **43** Anh. § 47 SEAG 1 ff.
- Regelungsermächtigung **43** 58
- SE-VO Leitungssysteme **38** 24 ff.
- Verwaltungsorgan s. dort
- Wahlrecht, Überblick Einl. **34** ff.
- Wesensmerkmale **38** 29 f.

Montan-Mitbestimmung 38 SEBG 14 ff.

Mutter-SE
- deutsche **3** 14
- Mutter-Tochter-Richtlinie Anh. SteuerR 10, 21

Mutter-Tochter-Richtlinie Anh. SteuerR 10, 21

Muttergesellschaft
- Berichterstattung **41** 9

Nachgründung
- Hauptversammlung, Zuständigkeit **52** 44
- Prüfung **23** 8

Namensaktien
- Bestimmung d. Aktienform **1** 10; **5** Anh. I 16

Nebenverpflichtungen
- Aktionärszustimmung **57** 17

Negativerklärung
- Holding-Gründung **33** 48
- Verschmelzung **25** 11

Nennbetragsaktien
- Bestimmung d. Aktienart **1** 9; **5** Anh. I 15

Nennwert
- Mindestbetrag **5** Anh. I 15

Nichtigkeitsklage
- Hauptversammlungsbeschlüsse **53** 32

Niederlande Vor **1** SEBG 18
- Umsetzungsakte Einl. 23

Niederlassungsfreiheit Anh. SteuerR 16
- Sitzanforderungen **7** 27 ff.; **64** 3 f.
- Wegzug, Besteuerung Anh. SteuerR 55 ff., 100 ff.

Niederschrift
- Hauptversammlung **53** 29
- Verwaltungsratssitzung **43** Anh. § 34 SEAG 14 ff.

Nizza-Gipfel Vor **1** SEBG 11 f.
Norwegen Vor **1** SEBG 23

Offenlegung s.a. Bekanntmachung
- anwendbares Recht **13** 1

Stichwortverzeichnis

- EU-weite **13** 1 ff.; **15** 11
- Gründungsbericht, Holding-SE **32** 48
- Gründungsplan, Holding-SE **32** 47 ff.
- Handelsregistereintragung **12** 23; **13** 4 ff.; **15** 10
- Holding-Gründung **33** 24 ff.
- Holding-SE **33** 57
- Jahresabschluss **61** 32 ff.
- Satzungsänderung **59** 22
- SE nach Formwechsel **37** 72
- SE-Umwandlung in AG **66** 72
- Übermittlungspflichten **14** 9
- Umwandlungsplan **37** 30 ff.
- Veröffentlichungsmedien **13** 4 ff.
- Veröffentlichungspflichten **13** 2
- Verschmelzung, Gründungsgesellschaft **28** 1 ff.
- Verschmelzung, SE-Eintragung **27** 6
- Verschmelzungsplan **21** 3

OHG
- Tochter-SE, Gründung **36** 13

Optionsanleihen
- Ausgabe **5 Anh. II** 6 ff.
- Gesamtnormverweisung **5 Anh. II** 3 ff.

Organe
- anwendbares Recht **38** 34 ff.
- dualistische Systeme in Mitgliedstaaten **38** 19 ff.
- Einrichtung weiterer Organe **38** 44 f.
- geschäftsführende Direktoren **39** 24 f.; **43 Anh. § 40 SEAG** 10 ff.
- Mischsysteme, Mitgliedstaaten **38** 22 f.
- Mischsysteme, Zuordnung **38** 31 ff.
- mitgliedstaatliche Typen **38** 15 ff.
- monistische Systeme in Mitgliedstaaten **38** 16 ff.
- Rechtsentwicklung **38** 4 ff.
- Strukturrichtlinie **38** 8 ff.
- Überblick **38** 1 ff.
- Wahlrecht **38** 14, 35

Organhaftung
- anwendbares Recht **51** 1
- dualistisches System **51** 13 ff.
- monistisches System **51** 18 ff.
- Rechtsentwicklung **51** 2 ff.

Organmitglieder – Haftung *s.a. Haftung; Handelndenhaftung*
- anwendbares Recht **51** 5
- Holding-Gründung **33** 42
- Verschmelzung **18** 8

Organschaft
- gewerbesteuerliche **Anh. SteuerR** 33

Organstruktur
- Deutschland **38** 19 f.
- England **38** 16 f.
- Frankreich **38** 18
- Skandinavien **38** 22

Österreich
- Arbeitnehmervertreter, Rechtsstellung **38 SEBG** 4
- Auffangregelung **34 SEBG** 4 *s.a. dort*
- Begriffsbestimmungen **2 SEBG** 6
- Betriebsgeheimnisse **41 SEBG** 5
- Geschäftsgeheimnisse **41 SEBG** 5
- Missbrauchsverbot **43 SEBG** 4
- Mitbestimmungsvereinbarung **21 SEBG** 5
- monistisches System **43 Anh. § 22 SEAG** 4; **43 Anh. § 41 SEAG** 5

- Organstrukturen **38** 19 f.
- Tendenzschutz **39 SEBG** 5
- Umsetzungsgesetze **Vor 1 SEBG** 17; **Einl.** 24
- Zusammenarbeit, vertrauensvolle **40 SEBG** 5

Parteifähigkeit **1** 18; **43 Anh. § 41 SEAG** 7
- Liquidationsstadium **63** 37

Polen **Vor 1 SEBG** 22
- Organstrukturen **38** 21
- Umsetzungsakte **Einl.** 25

Porsche SE **Anh. ArbeitsR** 4
Portugal **Vor 1 SEBG** 19
Prokurist **43 Anh. § 41 SEAG** 12
Prüfer *s. Abschlussprüfer; Sachverständige*
Prüfungsausschuss **43 Anh. § 34 SEAG** 21, 30 f.
Publizität *s.a. Bekanntmachung; Offenlegung*
- Sitzverlegung **8** 21, 82

Rechnungslegung
- anwendbares Recht **61** 1; **Einl.** 47
- Aufgabenverteilung, monistisches System **43 Anh. § 47 SEAG** 1 ff.
- Berichtspflichten, kapitalmarktrechtliche **61** 5
- Bestellung d. Abschlussprüfer **43 Anh. § 22 SEAG** 34
- Buchführungspflicht **61** 6
- HGB-Vorschriften **61** 7 ff.
- IAS/IFRS **61** 14, 16 ff.
- Konzern **61** 16 ff.
- Prüfungsausschuss **43 Anh. § 34 SEAG** 30 f.
- Verpflichteter **43 Anh. § 22 SEAG** 25 ff.
- Währung, außerhalb d. Eurozone **67** 3 f.

Rechtmäßigkeitsbescheinigung
- Verschmelzung *s. Verschmelzung – Rechtmäßigkeitsbescheinigung*

Rechtmäßigkeitskontrolle *s. Registerkontrolle*

Rechtsfähigkeit
- Bedeutung **1** 17
- Entstehungszeitpunkt **1** 14; **16** 1
- Erlöschen **1** 16
- Liquidationsstadium **63** 37
- Vor-SE **16** 7

Rechtsformzusatz
- Abkürzung **1** 2; **11** 4
- Ausschließlichkeit **11** 8
- Bedeutung **11** 1
- Bestandsschutz **11** 10
- KMU **11** 13
- Nichtbeachtung **11** 6, 9
- Schriftverkehr **11** 7
- Täuschungseignung **11** 13

Registergericht *s. Handelsregister*
Registerkontrolle
- Ablehnung d. Eintragung **12** 21
- fehlende **30** 6 ff.
- Gründung **43 Anh. § 21 SEAG** 12
- Holding-Gründung *s. Holding-SE – Rechtmäßigkeitskontrolle*
- Mitbestimmungsvereinbarung **12** 24 ff.
- Negativerklärung **33** 48
- Prüfungsmaßstab **12** 20

Stichwortverzeichnis

- Rechtmäßigkeitsbescheinigung *s. Verschmelzung – Rechtmäßigkeitsbescheinigung*
- Rechtmäßigkeitsbescheinigung, Sicherheitsleistung **24** 14
- Satzung **6** 27
- Sitzverlegung, Wegzugstaat **8** 59
- Sitzverlegung, Zuzugstaat **8** 69 ff.
- Tochter-SE, Gründung **36** 24
- Verschmelzung *s. Verschmelzung – Rechtmäßigkeitskontrolle*
- Zweistufigkeit **25** 1 ff.

related party transactions Anh. KonzernR 43
Richtlinie *s.a. Fusionsbesteuerungsrichtlinie; Steuerrichtlinien*
Richtlinie 2001/86/EG
- Arbeitnehmervertreter, Rechtsstellung **38 SEBG** 2
- Arbeitnehmervertreterschutz **42 SEBG** 2
- Auffangregelung **34 SEBG** 2 *s.a. dort*
- Begriffsbestimmungen **2 SEBG** 2
- Beteiligungsvereinbarung **21 SEBG** 2
- Betriebs- und Geschäftsgeheimnisse **41 SEBG** 2
- Davignon-Bericht **Vor 1 SEBG** 8 ff.
- Hauptversammlungskompetenzen **52** 17 ff.
- Kommissionsentwurf 1970 **Vor 1 SEBG** 2
- Kommissionsentwurf 1975 **Vor 1 SEBG** 3 f.
- Kommissionsentwurf 1989 **Vor 1 SEBG** 5 ff.
- Nizza-Gipfel **Vor 1 SEBG** 11 f.
- Umsetzung, andere Mitgliedstaaten **Vor 1 SEBG** 16 ff.; **Einl.** 21 ff.
- Umsetzung, Deutschland **Vor 1 SEBG** 13 ff.; **9** 53; **Einl.** 3, 20
- Zusammenarbeit, vertrauensvolle **40 SEBG** 2

Richtlinie 2005/56/EG
- Verhältnis z. SE-VO **Einl.** 50 f.

Richtlinie 78/855/EWG
- Verhältnis z. nationalen Verschmelzungsrecht **18** 5
- Verschmelzungsplan **20** 11 ff.

Rückumwandlung
- zulässige Rechtsformen **3** 2; **Einl.** 46

Rumänien Vor 1 SEBG 22

Sachgründung
- Gründungsplan, Holding-SE **32** 35
- Holding-SE, Sachgründungsvorschriften **33** 38 ff.

Sachnormverweisung
- Aktienrecht **5** 2
- Gründung, anwendbares Recht **15** 5
- Liquidation **63** 14 ff., 21
- SE-VO **9** 26 ff.
- Tochter-SE, Gründung **36** 5

Sachverständige *s.a. Abschlussprüfer; Verschmelzung – Prüfung*
- Auskunftsrecht **22** 2, 11 f.
- Bestellung **22** 7 f.
- Bestellung bei Formwechsel **37** 36
- Haftung **22** 17
- Qualifikation **22** 10
- Unabhängigkeit **22** 9

Sanders-Vorentwurf 39 2
Sanierung 63 1

Satzung
- Amtsdauer **46** 3 ff.
- Auflösungsgründe **63** 29
- Auslegung **6** 25
- Begriff **6** 4 ff.
- Beschlussfassung **50** 6 ff.
- Beschlussfassung, Verwaltungsrat **43 Anh. § 35 SEAG** 2
- Beschränkung d. Vertretungsmacht **43 Anh. § 44 SEAG** 5
- Bestellungshindernisse **47** 18 ff.
- Einberufungsberechtigung **54** 15
- Einzelgeschäftsführungsbefugnis **43 Anh. § 40 SEAG** 37 f.
- Formwechsel **6** 12
- geschäftsführende Direktoren **43 Anh. § 40 SEAG** 7 f.
- Geschäftsordnung, Direktoren **43 Anh. § 40 SEAG** 44 ff.
- Geschäftsordnungsregelungen **43 Anh. § 34 SEAG** 12
- Größe d. Aufsichtsorgans **40** 30 ff.
- Gründungsplan, Holding-SE **32** 30 ff.
- Gründungsurkunde **6** 4 f.
- Hauptversammlung, Organisationsrecht **53** 33
- Hauptversammlung, Zuständigkeiten **52** 8, 45
- Holding-SE **6** 9
- Inhalt, fakultativ **6** 22
- Inhalt, obligatorisch **6** 17 ff.
- Konflikt m. Verwaltungsratszusammensetzung **43 Anh. § 25 SEAG** 12
- Leitungssystemwahl **43 Anh. § 20 SEAG** 1
- Mangel **6** 27 ff.
- Mangel, Auflösung d. SE **63** 31
- Mehrheitserfordernisse **57** 14
- Minderheitsaktionäre, Quorum **55** 5 ff.
- Mindestinhalt **6** 17. ff.
- Mitbestimmungsvereinbarung, Übereinstimmung **12** 31 ff.
- Mitbestimmungsvereinbarung, Verhältnis **9** 58
- Rechtmäßigkeitskontrolle **6** 27
- Registerkontrolle **6** 27; **12** 24 ff.
- SE-VO bedingte Regelungen **6** 17 ff., 22
- sekundäre Gründung **6** 13 f.
- Sitz, Mangel **64** 16 ff.
- Tochter-SE **6** 10 f.
- Umwandlung **6** 12
- Verschmelzungs-SE **6** 8
- Verschmelzungsplan **20** 25
- Verwaltungsorgan, Sitzungen **44** 5
- Verwaltungsorganmitglieder, Anzahl **43 Anh.**, 38
- zustimmungsbedürftige Geschäfte **48** 1 ff.

Satzung – Änderung
- anwendbares Recht **59** 2 f.
- Aufhebung **59** 27
- Beurkundung **59** 25
- Kapital, genehmigtes **59** 6
- Kapitalmaßnahmen **59** 5 ff.
- Kapitalmehrheit **59** 16
- Mehrheitserfordernis **59** 11
- Mehrheitserfordernis, Ausnahmen **59** 17 ff.
- Mehrheitserfordernis, Untergrenze **59** 21
- Mehrheitserfordernis, Verschärfung **59** 14 ff.

Stichwortverzeichnis

- Mitbestimmungsvereinbarung, Widerspruch **12** 38
- Offenlegung **59** 22
- Sonderbeschluss **59** 12; **60** 14 ff.
- Verfahren **59** 26
- Verlegungsbeschluss **8** 39
- Wirksamwerden **59** 23 f.
- Zuständigkeit **52** 36; **59** 1

Satzung – Festsetzungen
- Ermächtigungsgrundlage, SE-VO **9** 34, 39 ff.; **Einl.** 30
- Grundkapital **4** 8
- nationale Satzungsautonomie **9** 41
- Normenhierarchie **9** 34, 39 ff., 57; **Einl.** 30

Satzungssitz
- Auseinanderfallen mit Verwaltungssitz **8** 4 f.; **63** 33 f.; **64** 1 ff., 13 ff.
- Mitteilungspflichtverstoß **64** 23
- Verlegung außerhalb d. EG **64** 11 f.
- Zusammenfallen mit Verwaltungssitz **7** 5, 21

SCE *s. Europäische Genossenschaft*

Schottland
- Umsetzungsakte **Einl.** 21

Schuldverschreibungen
- Ausgabe **5 Anh. II** 6 ff.
- Gesamtnormverweisung **5 Anh. II** 3 ff.
- Spezialverweisung **5** 10; **5 Anh. II** 1

Schweden Vor 1 SEBG 21

SE-VO
- Anwendbarkeit AktG **9** 26 ff., 54 f.; **Einl.** 5
- Auslegung **9** 36 ff.
- Behördenbenennung **68** 5 ff.
- Besteuerungsregeln, fehlende **Anh. SteuerR** 4 ff.
- Divergenz d. Leitungssysteme **38** 24 ff.
- Entstehungsgeschichte **9** 12 ff.
- Geltung für EFTA-Staaten **Anh. SteuerR** 24
- Generalverweisung **9** 7 ff.
- Gesamtnormverweisung **9** 28 ff.
- Hauptversammlungskompetenzen **52** 7 ff., 12 ff.
- nicht geregelte Bereiche **9** 42, 44 ff.
- Organstruktur d. SE **38** 1 ff., 34 ff.
- Rangverhältnis **9** 1 ff.; **Einl.** 29 ff.
- Rechtsentwicklung **38** 4 ff.
- Rechtssetzungsermächtigung **38** 34
- Regelungsbereich **9** 18 ff.
- Regelungsdichte **Einl.** 31
- Regelungsermächtigung **9** 10
- Sachnormverweisung **9** 26 ff.; **15** 5, 8 f.
- Spezialverweisung **9** 7 f.
- Steuerrecht **Anh. SteuerR** 4 ff.
- Teilregelungen **9** 42, 44, 47 ff.
- Umsetzung **68** 1 ff.
- Verschmelzungsrichtlinie, Verhältnis **Einl.** 50 f.
- Verweisung **38** 34

SEAG
- Aktienveräußerungserleichterung **24** 65; **34** 32
- Aufsichtsorgangröße **40** 30 ff.
- Aufsichtsorganmitglied, Informationsrecht **41** 17 f., 23 f., 44
- Ausgleichsleistung **24** 31 ff.
- Ausscheiden g. Barabfindung **24** 45 ff.
- Einberufungsverlangen **55** 1 ff.
- Einrichtung weiterer Organe **38** 44 f.
- Geltung v. Gemeinschaftsrecht **9** 50
- geschäftsführende Direktoren **43** 25
- Gründung, Holding-SE **32** 3
- Handelsregisteranmeldung **43 Anh. § 21 SEAG** 2 ff.
- Handelsregistereintragung **43 Anh. § 21 SEAG** 13
- monistisches System **43** 2, 59 ff.; **43 Anh. § 20 SEAG** 1 ff.
- Negativerklärung **33** 48
- Prüfungsberichtsmangel **12** 21
- Rangverhältnis **9** 34 ff., 52; **Einl.** 30
- Richtlinienumsetzung **9** 52; **Einl.** 4
- Satzungsänderungen **59** 1 ff.
- Sicherheitsleistung **24** 11 ff.
- Sitz **7** 21
- Sitz, Verstöße **64** 16 ff.
- Sitzverlegung, Abfindungsangebot **8** 32 ff.
- Sitzverlegung, Einspruch **8** 61
- Sitzverlegung, Sicherheitsleistung **8** 46 ff.
- Spruchverfahren **24** 38 ff., 59 ff.
- Verschmelzungsplan, Bekanntmachung **21** 3 ff.
- Verwaltungsorgan, Abberufung **43** 51
- Verwaltungsorgan, Ersatzmitglieder **43** 46
- Verwaltungsrat, innere Ordnung **43 Anh. § 34 SEAG** 1 ff.
- Zuständigkeit, Handelsregister **12** 2 ff.
- zustimmungsbedürftige Geschäfte **48 Anh. § 19 SEAG** 1 ff.

SEBG
- Auslegung, richtlinienkonforme **Einl.** 3
- Gegenstand **1 SEBG** 5
- Geltungsbereich **3 SEBG** 2 ff.
- Geltungsvorrang **9** 58
- Zielsetzung **1 SEBG** 6

SEEG
- Anwendbarkeit AktG **9** 26 ff., 54 f.; **Einl.** 5
- Bestandteile **Einl.** 1
- Regelungsinhalte **Einl.** 20

SEStEG
- Einkünfte aus Gewerbebetrieb **Anh. SteuerR** 36 f.
- Entstrickungstatbestand **Anh. SteuerR** 50 ff.
- Ziel **Anh. SteuerR** 12

Sevic 7 30

Sicherheitsleistung
- Nachweis ggü. Registergericht **24** 14
- Rechtmäßigkeitsbescheinigung **25** 16
- Sitzverlegung, Frist **8** 50 f.
- Sitzverlegung, Gerichtsstand **8** 95 ff.
- Sitzverlegung, Verfahren **8** 49
- Verschmelzung **24** 8 ff.

Sitz
- Anforderungen **7** 5
- Anknüpfung **7** 1
- anwendbares Recht **7** 1
- Auseinanderfallen mit Verwaltungssitz **8** 5
- Auseinanderfallen v. Satzungs-/Verwaltungssitz **Anh. SteuerR** 76
- außerhalb d. EU **64** 9, 11 f.
- Bedeutung **7** 1 ff.
- Begriff **7** 6
- Beweislast f. tatsächliche Lage **7** 17 ff.
- Cartesio **7** 31
- Daily Mail **7** 11, 30; **8** 61
- Gerichtsstand **7** 4

1446

Stichwortverzeichnis

- Gründung **2** 11
- Gründungsplan, Holding-SE **32** 25
- Hauptversammlungsort **7** 3
- Hughes de Lasteyrie du Saillant **7** 30
- innerhalb d. EG **7** 7
- Inspire Art **7** 28 ff.
- Maßgeblichkeit f. anwendbares Recht **15** 1 ff.
- Niederlassungsfreiheit **7** 27 ff.; **64** 3 f.
- Sandrock'sche Formel **7** 9
- SEAG-Regelung **7** 21
- Sevic **7** 30
- Theorien **7** 23 ff.
- Überseering **7** 28 ff.
- Verschmelzungsplan **20** 17
- Verstöße vor Eintragung **64** 10
- Verstöße, Mitteilungspflicht **64** 23
- Verstöße, Rechtsmittel **64** 20 f.
- Verstöße, Zwangsliquidation **64** 19
- Zuständigkeitsbegründung **7** 2

Sitz – Verlegung
- Abfindungsangebot **8** 37 f.
- Ad-hoc-Mitteilungspflicht **8** 21a
- anwendbares Recht **63** 35; **64** 5 ff.
- Auseinanderfallen v SatzSitz u. VerwSitz **8** 4 f.
- Ausschluss **8** 83 ff.
- außerhalb d. EG **8** 102
- Austrittsrecht **8** 33
- Bekanntmachung, EU-weite **14** 8
- Bericht, Adressaten **8** 28
- Bericht, Inhalt **8** 27
- Berichtspflicht **8** 26
- Bescheinigung **8** 54 f. *s. Verlegungsbescheinigung*
- Beschluss, Form **8** 43
- Beschluss, Frist **8** 42
- Beschluss, Mehrheitserfordernis **8** 39
- Beweislast f. Kenntnis **8** 93 f.
- Einsichtsrecht **8** 29 ff.
- Einspruchsrecht **8** 61 ff.
- Eintragung, Meldung **8** 81
- Eintragung, Offenlegung **8** 82
- Eintragung, Voraussetzungen **8** 67 ff.
- Eintragung, Vorläufigkeitsvermerk **8** 60
- Eintragung, Zuzugstaat **8** 67 ff.
- EU-Ausland **Anh. SteuerR** 115
- EU-Ausland mit Inlandsbezug **Anh. SteuerR** 112
- EWR-Staaten **Anh. SteuerR** 113 f.
- Gerichtsstand **8** 95 ff.
- Gläubigerschutz **5 Anh. I** 22; **8** 45 ff.
- Gläubigerschutz, Berechtigung **8** 47 f.
- Gläubigerschutz, Frist **8** 50 f.
- Gläubigerschutz, Verfahren **8** 49
- grenzüberschreitende **8** 1 ff.
- Identitätswahrung **8** 1, 89 f.
- innerhalb d. Sitzstaates **8** 101
- Löschung **8** 60
- Löschung, Offenlegung **8** 82
- Minderheitenschutz **8** 32 ff.
- Mitbestimmungsvereinbarungen **8** 10 ff.
- Mitteilungspflichtverstoß **64** 23
- Plan **8** 18 ff. *s. Verlegungsplan*
- Registerkontrolle, Wegzugstaat **8** 59
- Registerkontrolle, Zuzugstaat **8** 69 ff.
- Sitzfiktion **8** 95 ff.
- Statutenwechsel **8** 8 f.
- Steuerrecht **8** 15a *s. StR*
- Transparenzprinzip **8** 16
- Unterschied z. nationalen Gesellschaften **Einl.** 42
- Verbot **37** 9 ff.
- Verfahren **8** 16 ff.
- Wechsel in beschränkte Steuerpflicht **Anh. SteuerR** 68 ff.
- Widerspruch **8** 34 ff.
- Wirkung **8** 89 ff.

Sitztheorie **7** 23 ff.
Sitzungsteilnahme **42 SEBG** 15 ff.
Skandinavien
- Organstrukturen **38** 22

Slowakei Vor 1 SEBG 22
Slowenien Vor 1 SEBG 22
Societas Europaea (SE)
- Aktien **1** 8 ff.
- Aktiengesellschaft **1** 1; **9** 6; **10** 1 ff.
- Anwendung nationalen Rechts **1** 2; **9** 4 ff., 42 ff.
- Bezeichnung **1** 2
- börsennotierte **1** 21
- CEO-Modell **Einl.** 35 f.
- Corporate Governance Kodex **43 Anh. § 22 SEAG** 48
- Dienstleistungsfreiheit **Anh. SteuerR** 17
- EFTA-Staaten **Anh. SteuerR** 23 ff.
- Einheits-SE **Einl.** 29
- Entstehungsgeschichte **Einl.** 7 ff.
- Erwerb eigener Aktien **24** 56
- EU-Grundfreiheiten **Anh. SteuerR** 15 ff.
- europäisches Gesellschaftsrecht **Einl.** 44
- Fortsetzungsbeschluss **63** 1
- Geltung v. nationalen Sondervorschriften **9** 60
- Gemeinschaftsgebiet **1** 3
- Geschäftsbriefe **43 Anh. § 43 SEAG** 1 ff.
- Geschäftsleitungsfähigkeit **1** 17
- Gleichbehandlung **5** 4; **9** 6; **10** 1 ff.; **Anh. SteuerR** 26
- Grundbuchfähigkeit **1** 17
- Grundkapital **1** 7
- Grundprinzipien, gemeinsame **Vor 46** 1 ff.
- Grundrechtsfähigkeit **1** 19
- Grundstrukturen **1** 5 ff.
- Gründungsfähigkeit **2** 27; **3** 1 ff.
- Gründungsmängel **30** 1 ff.
- Haftungsregeln **1** 11 f.
- Handelsgesellschaft **1** 1, 5
- Informationswebsite **69** 2
- Insolvenzrecht **Einl.** 45
- internationales Gesellschaftsrecht **7** 23 ff.; **8** 9
- Kapitalgesellschaft, Besteuerung **Anh. SteuerR** 30 ff.
- Kapitalverkehrsfreiheit **Anh. SteuerR** 17
- Kaufmannseigenschaft **1** 5
- Mehrstaatlichkeit **1** 6
- Mitgliedstaaten außerhalb d. Eurozone **67** 1 ff.
- mitgliedstaatliche Strukturtypen **38** 15 ff.
- Nichtigkeitsausschluss **30** 4 f.
- Niederlassungsfreiheit **Anh. SteuerR** 16
- Organe, geschäftsführende Direktoren **43 Anh. § 40 SEAG** 10 ff.
- Organstruktur **38** 1 ff.
- Parteifähigkeit **1** 18

1447

Stichwortverzeichnis

- Rangordnung d. Vorschriften 9 1 ff., 34 ff.;
  Einl. 2 ff., 29 ff.
- rechtliche Grundlagen 9 1 ff.; **Einl.** 1
- Rechtspersönlichkeit **1** 13 ff.
- Rechtspersönlichkeit, Erwerb **16** 1, 5
- Sanierung **63** 1
- Steuerpflicht, objektive **Anh. SteuerR** 35 ff.
- Steuerpflicht, subjektive
  Anh. SteuerR 30 ff.
- Strukturrichtlinie **38** 8 ff.
- Trennungsprinzip **1** 20
- Umwandlung in AG **66** 1 ff.
- Unterschied z. AG **Einl.** 43
- Verschmelzungsfähigkeit **17** 5
- Vertretung **43 Anh. § 41 SEAG** 1 ff.
- Verwaltungsorganisation, Wahlrecht
  Einl. 34 ff.
- Vor-SE **1** 15
- Vorrats-SE **2** 31 ff.
- Vorteile **Einl.** 32 f., 38 ff.
- Warenverkehrsfreiheit **Anh. SteuerR** 17
- Wesen **1** 5 ff.
- Zurechnung v. Handlungen d. Direktoren
  43 Anh. § 40 SEAG 11 ff.; **43 Anh.
  § 41 SEAG** 6

Societas Privata Europaea (SPE) **63** 7
Societas Unius Personae (SUP)
  Anh. KonzernR 44
- Auflösung **63** 7

Sonderbeschlüsse
- Abstimmung **60** 10 ff.
- anwendbares Recht **60** 3a
- Beeinträchtigung **60** 8 f.
- Rechtsentwicklung **60** 4
- Satzungsänderung **60** 14 ff.
- Voraussetzungen **60** 6 ff.

Sonderprüfung
- Hauptversammlung, Zuständigkeit **52** 34

Sonderrechte
- Gründungsplan, Holding-SE **32** 28

Sozialversicherungspflicht
- Organmitglieder **Anh. ArbeitsR** 108 f.

Spanien **Vor 1 SEBG** 19
- Organstruktur **38** 23
- Umsetzungsakte **Einl.** 28

Sprecherausschuss
- Arbeitnehmervertretung **2 SEBG** 28
- besonderes Verhandlungsgremium, Bildung
  4 SEBG 13, 19
- SE-Gründung **2 SEBG** 28

Spruchverfahren
- ähnliches Verfahren im Ausland **24** 62;
  25 20 ff.
- Barabfindungsangebot **24** 59 ff.
- Beteiligungsfähigkeit **34** 30, 41
- Holding-Gründung, Barabfindung **34** 27 ff.
- Holding-Gründung, Umtauschverhältnis
  34 10, 12, 33 ff.
- internationale Zuständigkeit **24** 39 f.,
  60 f.; **34** 28 f.
- Rechtmäßigkeitsbescheinigung **25** 17
- Rechtskraftstreckung **25** 21, 23
- Sitzverlegung, Abfindungsangebot **8** 38
- Wirkung **34** 31, 42
- Zustimmungserfordernis **25** 22

Statusverfahren
- Antragsberechtigung **43 Anh.
  § 26 SEAG** 4 f.

- Antragsfrist **43 Anh. § 25 SEAG** 9 ff.
- Arbeitnehmervertreter **43 Anh.
  § 25 SEAG** 11
- Bekanntmachung d. Unrichtigkeit **43 Anh.
  § 25 SEAG** 5 ff.
- Entscheidung **43 Anh. § 26 SEAG** 6
- Fristablauf **43 Anh. § 25 SEAG** 10 ff.
- Zuständigkeit **43 Anh. § 25 SEAG** 9;
  43 Anh. § 26 SEAG 2 f.
- Zweck **43 Anh. § 25 SEAG** 1 ff.

Steuerpflicht – beschränkte
- Anteilseigner **Anh. SteuerR** 118 f.
- Einkünfte aus Vermögensverwaltung
  Anh. SteuerR 39
- gewerbliche Einkünfte **Anh. SteuerR** 38
- inländische Einkünfte **Anh. SteuerR** 38
- Körperschaftsteuer **Anh. SteuerR** 38

Steuerpflicht – unbeschränkte
- ausländische SE **Anh. SteuerR** 34
- Einkommen **Anh. SteuerR** 35 f.
- Einkünfte aus Gewerbebetrieb
  Anh. SteuerR 36
- Gewerbesteuer **Anh. SteuerR** 33
- Kapitalgesellschaft **Anh. SteuerR** 30 ff.
- Körperschaftsteuer **Anh. SteuerR** 30
- Organschaft **Anh. SteuerR** 33
- Umwandlungssteuer **Anh. SteuerR** 32
- Wechsel in beschränkte Steuerpflicht
  Anh. SteuerR 68 ff.

Steuerrecht
- Abbau steuerlicher Hindernisse
  Anh. SteuerR 3
- AG-Vorschriften, Anwendung
  Anh. SteuerR 26
- EFTA **Anh. SteuerR** 24 f.
- EWR **Anh. SteuerR** 23
- Gleichbehandlung d. SE **Anh. SteuerR** 26
- Grunderwerbsteuer **Anh. SteuerR** 29
- Grundfreiheiten **Anh. SteuerR** 15 ff.
- Rechtsentwicklung **Anh. SteuerR** 1 ff.
- SE-VO **Anh. SteuerR** 4 ff.
- SEStEG **Anh. SteuerR** 11 ff.
- Steuerrichtlinien **Anh. SteuerR** 7 ff., 18 ff.
- Umsatzsteuer **Anh. SteuerR** 28
- Verbrauchsteuer **Anh. SteuerR** 28
- Verfahrensrecht **Anh. SteuerR** 29

Steuerrichtlinien
- abweichendes nationales Recht
  Anh. SteuerR 19 ff.
- Anwendbarkeit **Anh. SteuerR** 19 ff., 24
- Fusionsbesteuerungsrichtlinie
  Anh. SteuerR 9, 11, 19, 21
- Mutter-Tochter-Richtlinie
  Anh. SteuerR 10, 21
- Zins-Lizenzgebühren-Richtlinie
  Anh. SteuerR 10

Steuerverfahren
- anwendbares Recht **Anh. SteuerR** 29

Stichentscheid
- Mitbestimmung **50** 26
- SE-VO Regelung **50** 24 ff.
- stellvertretender Vorsitzender **43 Anh.
  § 34 SEAG** 9
- Vorsitzender **43 Anh. § 35 SEAG** 10; **45** 6

Stille Lasten **Anh. SteuerR** 96
Stille Reserven
- Aufdeckung, Wegzug **Anh. SteuerR** 81 ff.,
  94 ff.

Stichwortverzeichnis

- Besteuerungsaufschub **Anh. SteuerR** 97
- fiktiver Veräußerungsgewinn **Anh. SteuerR** 94
- SEStEG **Anh. SteuerR** 12
- Sofortbesteuerung, unionsrechtliche Zulässigkeit **Anh. SteuerR** 98 ff.
- Sofortversteuerung **Anh. SteuerR** 13
- steuerfreier Ausgleichsposten **Anh. SteuerR** 97

Stimmbote
- Verwaltungsorgan **43 Anh. § 35 SEAG** 6 f.; **50** 15

Stimmrecht
- Abstimmungsvoraussetzung **57** 8
- Ausübung **53** 20
- Höchststimmrechtsaktien **5 Anh. I** 20
- Mehrstimmrechtsaktien **5 Anh. I** 20
- Sitzungsvertreter **43 Anh. § 36 SEAG** 11 f.
- Stimmbote **43 Anh. § 35 SEAG** 6 f.
- stimmrechtslose Vorzugsaktien **5 Anh. I** 20
- up-stream-merger **31** 4 f., 15 ff.
- Vertretung **53** 20

Stimmrecht – Ausschluss
- Geltendmachung v. Haftungsansprüchen **43 Anh. § 39 SEAG** 13
- geschäftsführende Direktoren **43 Anh. § 35 SEAG** 5, 10 ff.; **43 Anh. § 40 SEAG** 27
- Verwaltungsrat **43 Anh. § 35 SEAG** 5, 10 ff.; **43 Anh. § 40 SEAG** 27

Strafvorschriften
- anwendbares Recht **9** 1

Strukturelle Änderungen
- Begriff **18 SEBG** 16 f.
- Beteiligungsvereinbarung **21 SEBG** 43 ff.
- Grundsatz **1 SEBG** 36
- Wiederaufnahme der Verhandlungen **18 SEBG** 16 ff.

Strukturrichtlinie 38 8 ff.

Stückaktien
- Bestimmung d. Aktienart **1** 9; **5 Anh. I** 15

Tagesordnung
- Aufstellung **54** 25
- Bekanntmachung **54** 26
- Fehler **54** 26
- Mitteilungspflichten **54** 21

Tagesordnung – Ergänzung
- Adressat **56** 11
- Antragsberechtigung **56** 7
- Antragsfrist **56** 20
- anwendbare Vorschriften **56** 4 ff.
- Form **56** 14
- Inhalt **56** 12 f.
- Minderheitenschutz **56** 1
- Quorum **56** 8 f.
- Rechtsentwicklung **56** 3
- Rechtsmissbrauch **56** 17
- Satzungsvorrang **56** 6
- staatliches Verfahren **56** 21
- Verfahren **56** 18 f.
- Zeitpunkt **56** 15 f.

Tätigkeitsschutz 44 SEBG 5 ff.; **45 SEBG** 11 f.
Teilhabegesetz *s. Geschlechterquote*
Tendenzschutz 39 SEBG 6 ff.
Tochter-SE *s.a. Gewinnabführungsvertrag*
- Anmeldung **36** 23
- anwendbares Recht **36** 3 ff.
- Bekanntmachung **36** 26
- deutsche **3** 15 f.
- deutsche Gründungsgesellschaft **36** 10 ff.
- durch Einzel-SE **3** 6 ff.
- Eintragung **36** 25
- Gründungsberechtigung **2** 22, 26; **3** 3
- Gründungsprüfung **36** 22
- Gründungsurkunde **6** 2
- Hauptversammlungsbeschluss **36** 10 ff.
- Inlandssitz d. künftigen Tochter-SE **36** 16 ff.
- Mutter-Tochter-Richtlinie **Anh. SteuerR** 10, 21
- primäre **35** 1 ff.; **36** 1 ff.
- Rechtsnatur **35** 2 f.
- Registerkontrolle **36** 24
- Sachnormverweisung **36** 5
- Satzung **6** 10 f.
- sekundäre **3** 6 ff.; **35** 1; **36** 1 ff.
- Sphäre d. Gründungsgesellschaften **36** 8
- Sphäre d. künftigen SE **36** 8
- Umgehung v. Verfahrensvorschriften **36** 6 f.
- Verfahren **36** 18 ff.
- Vor-SE **16** 15
- Voraussetzungen **2** 21

Tochtergesellschaft 1 SEBG 7
- Auffangregelung **34 SEBG** 24
- Begriff **2** 18; **2 SEBG** 16 ff.
- Berichterstattung **41** 9
- Entstehen durch Holding-SE **32** 1
- Gründung, Tochter-SE **2** 21 ff.
- mittelbare **2 SEBG** 19
- Rechtsform **2 SEBG** 19
- up-stream-merger **22** 18

Tschechien Vor 1 SEBG 22

Überschuldung *s.a. Insolvenz; Zahlungseinstellung; Zahlungsunfähigkeit*
- Berichtspflichten **43 Anh. § 40 SEAG** 41 ff.
- Leitungspflichten **43 Anh. § 22 SEAG** 35 ff.

Überseering 7 27 ff.; **Anh. SteuerR** 55
Umsatzsteuer Anh. SteuerR 28
Umtauschverhältnis
- Verschmelzungsplan **20** 18

Umwandlung
- Ämterkontinuität **37** 57 ff.
- anwendbares Recht **37** 6; **Einl.** 46
- Auffangregelung **34 SEBG** 14 f.; **37** 80
- Bedeutung **37** 4
- Beibehaltung d. Beschäftigungsbedingungen **37** 79
- Beibehaltung d. Mitbestimmungsregeln **37** 80
- Beschlussmängelklage **37** 56
- Bestandsschutz **37** 74 ff.
- drittstaatliche Gesellschaften **2** 27 ff.
- Gläubigerschutz **37** 85 f.
- Grundkapital **37** 38 ff.
- Gründungsberechtigung **2** 24
- Gründungsbericht *s. Umwandlungsbericht*
- Gründungsgesellschaften, Verschmelzung **29** 11
- Gründungsstadium, Haftung **16** 12
- Gründungsurkunde **6** 4
- Handelndenhaftung **37** 5
- Handelsregisteranmeldung **37** 66 ff.

1449

Stichwortverzeichnis

- Handelsregistereintragung **12** 15; **37** 71 f.
- Hauptversammlung **37** 47 ff.
- Mehrheitserfordernisse **37** 54
- Mehrstaatlichkeit **2** 25
- Minderheitenschutz **37** 81 ff.
- Mitbestimmungsschutz **37** 9, 77 ff.
- Prüfung *s. Umwandlungsprüfung*
- Rechtmäßigkeitsprüfung **37** 69 f.
- Rechtsfolge **37** 73
- Rechtsnatur **37** 5
- Satzung **6** 12
- SE in AG *s. Formwechsel – SE*
- Sitzverlegungsverbot **37** 9 f.
- Umwandlungsbericht *s. dort*
- Umwandlungsplan *s. dort*
- Verfahren **37** 12 ff.
- Verzichtsbeschluss **16 SEBG** 6 f.
- Zustimmungsbeschluss **37** 47 ff.
- Zustimmungsbeschluss, Beurkundung **37** 55
- Zustimmungsbeschluss, Mängel **37** 56

Umwandlungsbericht
- Aufstellungskompetenz **37** 24
- Entbehrlichkeit **37** 29
- Form **37** 25 f.
- Inhalt **37** 27
- Offenlegung **37** 30 ff.
- Verzicht **37** 28

Umwandlungsplan
- Betriebsratsbeteiligung **37** 22
- Form **37** 20 f.
- Inhalt **37** 14 ff.
- Offenlegung **37** 33

Umwandlungsprüfung
- Auskunftsrecht **37** 43
- Bescheinigung **37** 44 f.
- Gegenstand **37** 37 ff.
- Prüfer **37** 36
- Zeitpunkt **37** 41 f.

Umwandlungsrecht
- Anwendbarkeit **18** 6

Umwandlungssteuergesetz
- SEStEG **Anh. SteuerR** 11
- Steuersubjekt **Anh. SteuerR** 32

Unbedenklichkeitsverfahren
- Verschmelzung **25** 11

Ungarn Vor 1 SEBG 22

Unterbilanzhaftung
- Vor-SE **16** 11, 17

Unterrichtung
- Begriff **2 SEBG** 36

Up-stream-merger
- Aktienübernahme **29** 7; **31** 8
- Beteiligungsquote **31** 4 f., 15 ff.
- maßgeblicher Zeitpunkt **31** 6
- Priviligierung **31** 1, 8 ff.
- Priviligierungen, nationale **31** 11 ff.
- Stimmrechtsquote **31** 4 f., 15 ff.
- Verschmelzungsprüfung **22** 18

Veräußerung d. SE 63 1
Verbrauchssteuern Anh. SteuerR 28
Vereinbarungslösung 1 SEBG 26 ff.
Verhandlungen, besonderes Verhandlungsgremium *s. Besonderes Verhandlungsgremium*
Verhandlungslösung
- Sitzverlegung **8** 12 ff.

Verlegungsbescheinigung
- Antrag **8** 57 f.
- Prüfungsumfang **8** 59
- Vorlage **8** 68
- Zuständigkeit **8** 56

Verlegungsplan
- Aufstellung **8** 18 ff.
- Form **8** 18 f.
- Inhalt **8** 22 ff.
- Offenlegung **8** 21
- Sprache **8** 20

Verlust-/Gewinnrechnung 61 15
Verlustdeckungshaftung
- Vor-SE **16** 11, 17

Verlustverrechnung
- Mitgliedstaat übergreifend **Anh. SteuerR** 5

Verlustvorträge
- Wegzug, Besteuerung **Anh. SteuerR** 108 ff.

Vermögensverwaltung
- Einkünfte **Anh. SteuerR** 39

Verschmelzung *s.a. Gründungsgesellschaften – Verschmelzung*
- Aktienerwerb **29** 5 ff.
- anwendbares Recht **18** 1 ff.
- Ausgleichsleistung **24** 31 ff.
- Beherrschungs-/Abhängigkeitsverhältnis **2** 13
- behördliches Einspruchsrecht **19** 1 ff.
- Betriebsübergang **29** 13
- drittstaatliche Gesellschaften **2** 27 ff.
- erleichterte Aktienveräußerung **24** 65
- Erlöschen d. Gründungsgesellschaften **29** 10
- fehlerhafte **30** 1 ff.
- Formwechsel **29** 11
- Gesamtrechtsnachfolge **29** 4
- Gründungsberechtigung **2** 8 f., 26
- Gründungsbericht *s. Verschmelzung – Bericht*
- Gründungsurkunde **6** 4
- Handelsregisteranmeldung **12** 15
- Hauptversammlung, Zuständigkeit **52** 44
- Informationsrechte **18** 8
- Kapitalerhöhungsvorschriften **18** 8
- Konzernverschmelzung **2** 13
- Mehrstaatlichkeit **2** 12
- Mitbestimmungsvereinbarung, Ausstiegsoption **12** 30
- Nachgründung **18** 8
- Offenlegung **28** 1 ff.
- Rechtmäßigkeitskontrolle, fehlende **30** 6 ff.
- Rechtmäßigkeitskontrolle, Gründung d. SE **26** 1 ff.
- Rechtmäßigkeitskontrolle, Gründungsgesellschaft **25** 3 ff.
- Richtlinie 2005/56/EG **Einl.** 50 f.
- Richtlinienkonformität **18** 5
- Satzung **6** 8
- Sitzwahlfreiheit **17** 4
- Sperrfrist **18** 8; **23** 12
- Stichtag **20** 22
- up stream-merger **22** 18
- Verfahren, Überblick **17** 9
- Verhältnis v. SE-VO und Verschmelzungsrichtlinie **Einl.** 50 f.
- Verschmelzungsfähigkeit **17** 5
- Vertrag **20** 3 f.

Stichwortverzeichnis

- Vorteilsgewährung **20** 24
- Wirksamwerden **27** 1, 3 f.
- Wirkung **29** 1 ff.
- Wirkung ggü. Dritten **29** 12
- Zustimmungsvorbehalt **23** 3, 14 ff.

Verschmelzung – Arbeitnehmerbeteiligung
- Arbeitnehmervertreter, Rechtstellung **38 SEBG** 3
- Auffangregelung **34 SEBG** 3, 16 ff.; **35 SEBG** 3; **39 SEBG** 3
- Begriffsbestimmungen **2 SEBG** 14
- Beteiligungsvereinbarung **21 SEBG** 3
- Betriebsgeheimnisse **41 SEBG** 3
- Geschäftsgeheimnisse **41 SEBG** 3
- Geschlechterquote **Vor 1 SEBG** 42
- Missbrauchsverbot **43 SEBG** 4
- Tendenzschutz **39 SEBG** 4
- Umsetzung (MgVG) **Vor 1 SEBG** 40 f.
- Verschmelzungsrichtlinie **Vor 1 SEBG** 36 ff.
- Zusammenarbeit, vertrauensvolle **40 SEBG** 3

Verschmelzung – Bekanntmachung
- Inhalt **21** 4 ff.
- Verfahren **21** 9 ff.
- Zweck **21** 1 ff.

Verschmelzung – Bericht
- anwendbares Recht **18** 8
- Barabfindungsangebot **20** 31
- Entbehrlichkeit **20** 32
- gemeinsamer **20** 30
- Inhalt **20** 31
- Notwendigkeit **20** 29
- Prüfung **22** 14
- Verzicht **20** 33 f.

Verschmelzung – durch Aufnahme 17 1 ff.
- down-stream-merger **31** 3
- Formwechsel d. Gründungsgesellschaften **29** 11
- Gründungsstadium, Haftung **16** 12
- Nachgründung **18** 8; **23** 8
- Wirkung **29** 3 ff.

Verschmelzung – durch Neugründung 17 1 ff.
- Erlöschen d. Gründungsgesellschaften **29** 10
- Vor-SE **16** 13 f.
- Wirkung **29** 3 ff.

Verschmelzung – Gläubigerschutz
- anwendbares Recht **24** 5 ff.
- deutsche GründungsGes. **24** 7 ff.
- Hinweispflichten **24** 17
- Regelungskompetenz **24** 15 f.
- Sonderrechtsinhaber **24** 18 ff.

Verschmelzung – Minderheitenschutz
- Aktienumtauschverhältnis **24** 31 ff.
- Anfechtungsklage **24** 32 f.
- Ausgleichsleistung, Begrenzung **24** 44
- Ausgleichsleistung, bes. Vertreter **24** 42
- Ausgleichsleistung, Geltendmachung **24** 38
- Ausgleichsleistung, int. Zuständigkeit **24** 39
- Ausgleichsleistung, Spruchverfahren **24** 32
- Barabfindung, Annahmefrist **24** 55
- Barabfindung, Klageausschluss **24** 57 f.
- Barabfindung, Spruchverfahren **24** 59 ff.
- Barabfindung, Verfahren **24** 50 ff.
- Barabfindung, Voraussetzungen **24** 46 ff.
- Rechtsetzungskompetenz **24** 21 ff., 28 ff.
- Spruchverfahren **24** 26

Verschmelzung – Prüfung
- Aktienumtauschverhältnis **22** 13
- anwendbares Recht **18** 8
- anwendbares Recht, Antrag **22** 6
- anwendbares Recht, Prüferbestellung **22** 7 f.
- anwendbares Recht, Prüferhaftung **22** 17
- anwendbares Recht, Prüfung **22** 3
- Barabfindungsangebot **22** 15
- Bericht **22** 16
- gemeinsame **22** 5 f., 8
- getrennte **22** 7
- Nachgründung **23** 8
- Prüfer, Auskunftsrecht **22** 2, 11 f.
- Prüfer, Bestellung **22** 7 f.
- Prüfer, Qualifikation **22** 10
- Prüfer, Unabhängigkeit **22** 9
- Prüfer, Verantwortlichkeit **22** 17
- up-stream-merger **22** 18; **31** 10
- Verschmelzungsbericht **22** 14
- Verschmelzungsplan **22** 13
- Verzicht **22** 19 f.
- Vorteilsgewährung, Verschmelzung **20** 24

Verschmelzung – Rechtmäßigkeitsbescheinigung
- Anerkennung v. Spruchverfahren **25** 20 ff.
- Anspruch **25** 14
- Bindungswirkung **25** 14
- Formerfordernisse **25** 15
- Inhalt **25** 15
- Rechtsmittel **25** 19
- Sicherheitsleistung **25** 16
- Unbedenklichkeitsverfahren **25** 11
- Verhältnis z. Spruchverfahren **25** 17
- vorläufige Registereintragung **25** 18

Verschmelzung – Rechtmäßigkeitskontrolle
- fehlende **30** 6 ff.
- Gegenstand **25** 6 f.
- Gründungsgesellschaft **25** 3 ff.
- Maßstab **25** 8 f.; **26** 17
- Negativbescheinigung **25** 11
- Sicherheitsleistung **24** 14
- Umfang **26** 11 ff.
- Verf. bei dt. GründungsGes **25** 10 ff.
- Verf. bei dt. SE **26** 6 ff., 18 ff.
- zu gründende SE **26** 1 ff.
- Zuständigkeit bei dt. GründungsGes **25** 10
- Zuständigkeit bei dt. SE **26** 5
- Zweistufigkeit **25** 1 ff.

Verschmelzung – Voraussetzungen
- Gründungsberechtigung **2** 8 f., 26; **3** 2
- Mehrstaatlichkeit **2** 12
- Sitzerfordernisse **2** 11
- Wegfall **2** 14
- Zeitpunkt **2** 14

Verschmelzungsplan
- Aktienübertragung **20** 20
- Aktienumtauschverhältnis **20** 18; **22** 13
- Arbeitnehmerbeteiligung, Verfahren **20** 26
- Ausgleichsleistung **20** 19
- Barabfindungsangebot **20** 13, 28
- Bekanntmachung **18** 8; **21** 2 ff.
- Betriebsratsbeteiligung **21** 11
- Beurkundung **20** 6 f.
- Beurkundung, Ausland **20** 8
- Firma **20** 16

1451

Stichwortverzeichnis

- Formerfordernisse **18** 8; **20** 6 ff.
- Gewinnberechtigung, Zeitpunkt **20** 21
- Inhalt, fakultativer **20** 14
- Inhalt, zwingender **20** 12, 15 ff.
- Konzernverschmelzung **20** 27
- Nachbeurkundung **20** 9
- nationale Vorschriften **20** 12
- Offenlegung **21** 3
- Prüfung **22** 13
- Rechtsnatur **20** 2, 5
- Registerkontrolle **26** 11
- Satzung **20** 25
- Sicherheitsleistungsanspruch **24** 17
- Sitz **20** 17
- Sonderrechte **20** 23
- Sprache **20** 10
- Stichtag **20** 22
- Übereinstimmung mehrerer **20** 2
- Umtauschverhältnis **20** 18
- up-stream-merger **31** 9
- Vorteile Beteiligter **20** 24
- WpHG-Mitteilungspflichten **21** 12

Verschmelzungsplan – Zustimmung
- Beschlussfassung **23** 10 ff.
- Formerfordernisse **23** 13
- Hauptversammlung, Durchführung **23** 9
- Hauptversammlung, Einberufung **23** 5
- Mehrheitserfordernisse **23** 10
- Mitbestimmungsmodell **23** 3
- Nachgründung **23** 8
- Sonderbeschlüsse **23** 11
- Sperrfrist **18** 8; **23** 12
- Vorabinformation **23** 6 f.
- Widerspruch d. Aktionäre **24** 27, 49
- Zuständigkeit **23** 4
- Zustimmungsvorbehalt, Genehmigung **23** 19 f.
- Zustimmungsvorbehalt, Mehrheitserfordernis **23** 17
- Zustimmungsvorbehalt, Wirkung **23** 18
- Zustimmungsvorbehalt, Zweck **23** 14 f.

Verschmelzungsvertrag 20 3 f.

Verschwiegenheitspflicht 41 SEBG 10 ff.
- Ausnahmen **49** 8 ff.
- Organe **49** 1 ff.
- Reichweite **49** 4 ff.
- Verstoß **41 SEBG** 13; **49** 13
- Verwaltungsratsmitglieder **43 Anh. § 39 SEAG** 9

Versicherungsunternehmen
- Rechnungslegung **61** 2; **62** 1 ff.

Vertretung
- dualistisches System **39** 16 f.
- Gesamtvertretung **39** 17
- geschäftsführende Direktoren **43 Anh. § 41 SEAG** 1 ff.
- ggü. geschäftsführenden Direktoren **43 Anh. § 41 SEAG** 4, 16 ff.
- Rechtsstreit mit Leitungsorganmitgliedern **39** 17
- Vor-SE **16** 10

Verwaltungsorgan *s.a. Verwaltungsrat*
- Beschlussfähigkeit **45** 3
- deutsche Regelungen **43** 59 ff.; **43 Anh. § 20 SEAG** 5 ff.
- Due Diligence **49** 10
- Ein-/Zweipersonenorgan **45** 8 f.
- gemeinsame Grundprinzipien **Vor 46** 1 ff.
- Geschlechterquote *s. dort*
- historische Entwicklung **43** 4 ff.
- Minderheitsverlangen auf Einberufung **55** 10, 15 ff.
- Mitbestimmung **43** 35 ff.
- Mitgliederzahl **43** 33 ff., 68
- Rechtsentwicklung **43** 4 ff.
- Übertragung laufender Geschäfte **43** 26 ff.
- Verschwiegenheitspflicht **44** 16; **49** 1 ff.
- Wahl **37** 58 ff.
- weibliche Mitglieder **Vor 1 SEBG** 30 ff. *s.a. Geschlechterquote*
- Whistleblowing **49** 12

Verwaltungsorgan – Aufgaben
- Delegation **43** 14 f.
- deutsche Regelungen **43** 63, 66
- Geschäftsführung **43** 12 ff.
- Handelsregisteranmeldung, SE **12** 10
- Insolvenzverfahren **63** 50 ff.
- Jahresabschlussaufstellung **61** 20 f.
- Verlegungsplan **8** 17 ff.

Verwaltungsorgan – Ausschüsse
- Willensbildung **50** 21 ff.

Verwaltungsorgan – Beschlüsse
- anwendbares Recht **50** 5 ff., 18 ff.
- Anwesenheit, Begriff **50** 12 ff.
- Beschlussfähigkeit **50** 11 ff.
- Beschlussfassung **50** 17 ff.
- Beschlussmängel **50** 20
- Mitbestimmung **50** 16, 26
- Stimmbote **50** 15
- Stimmrechtsausschluss **50** 19
- Vertretung **50** 15
- Zustimmung, fehlende **48** 11 ff.
- Zustimmung, Verweigerung **52** 37
- zustimmungsbedürftige Geschäfte **48** 1 ff., 9 f.
- Zustimmungsbedürftigkeit, Festlegungsermächtigung **48** 18
- Zustimmungsbedürftigkeit, nationale Regelungen **48** 19 ff.

Verwaltungsorgan – Haftung
- anwendbares Recht **51** 1
- Außenhaftung **51** 12, 23
- Beweislast **51** 10
- Geltendmachung durch Aktionäre **51** 24 f.
- Generalklausel **51** 20 f.
- Gründungsstadium **52** 40 f.
- Minderheitsverlangen auf Einberufung **55** 16
- Pflichtverletzung **51** 7 ff.
- Schadensersatzpflicht **51** 10 f.
- Spezialverweisung **51** 6
- Zustimmungsverweigerung **48** 12

Verwaltungsorgan – Informationsrechte
- Einzelner **44** 13 ff.
- Kenntnis einzelner **44** 12
- Selbstorganisation **44** 10

Verwaltungsorgan – Mitglieder
- Abberufung **43** 49 ff., 57
- Amtsdauer, Satzungsbestimmungen **46** 3 ff.
- Anstellungsvertrag **43** 44
- Anzahl **43** 33 ff., 68
- Arbeitnehmervertreter **43** 67 f.
- Bestellung **43** 42 ff.
- Bestellung, Arbeitnehmervertreter **43** 52 ff.
- Bestellung, Gründungsstadium **43** 48

Stichwortverzeichnis

- Verhältnis z. Geschäftsführern **43 Anh.
§ 44 SEAG** 8 ff.
- Vertretung d. SE ggü. Direktoren **43 Anh.
§ 41 SEAG** 16 ff.
- Vollzugskontrolle **43 Anh. § 22 SEAG** 15 f.
- Wahl d. stellvertretenden Vorsitzenden
43 Anh. § 34 SEAG 5 f.
- Zahlungsunfähigkeit **43 Anh.
§ 22 SEAG** 35 ff.

Verwaltungsrat – Ausschüsse
- Anstellung d. Direktoren **43 Anh.
§ 40 SEAG** 26
- Einsetzungsermessen **43 Anh.
§ 34 SEAG** 18
- Entscheidungskompetenz **43 Anh.
§ 34 SEAG** 20
- Exekutivausschuss **43 Anh. § 34 SEAG** 21, 28 f.
- Funktionen **43 Anh. § 34 SEAG** 19
- Mitbestimmung **43 Anh. § 34 SEAG** 23 ff.
- Nominierungsausschuss **43 Anh.
§ 34 SEAG** 21
- Prüfungsausschuss **43 Anh. § 34 SEAG** 21, 30 f., 31a
- Sitzungsteilnahme **43 Anh. § 36 SEAG** 8 f.
- Willensbildung **50** 21 ff.
- Zusammensetzung **43 Anh.
§ 34 SEAG** 22 ff.

Verwaltungsrat – Berichtspflichten
- Jahresabschlussfeststellung **43 Anh.
§ 48 SEAG** 8
- Jahresabschlussprüfung **43 Anh.
§ 47 SEAG** 14
- Personalpolitik **43 Anh. § 40 SEAG** 18

Verwaltungsrat – Beschlüsse
- Anfechtung, Vertretungsbefugnis **43 Anh.
§ 41 SEAG** 8
- anwendbare Vorschriften **43 Anh.
§ 35 SEAG** 2 ff.
- anwendbares Recht **50** 5 ff., 18 ff.
- Anwesenheit, Begriff **50** 12 ff.
- Beschlussfähigkeit **43 Anh.
§ 30 SEAG** 2 ff.; **43 Anh. § 35 SEAG** 3;
50 11 ff.
- Beschlussfassung **50** 17 ff.
- Beschlussfassung, Arten **43 Anh.
§ 35 SEAG** 4, 9
- Bestellung, Direktoren **43 Anh.
§ 40 SEAG** 26
- Geltendmachung v. Haftungsansprüchen
43 Anh. § 39 SEAG 13
- Hauptversammlung, Einberufungsbeschluss
54 24
- Jahresabschluss, Feststellung **43 Anh.
§ 47 SEAG** 9 ff.
- Mitbestimmung **50** 16, 26
- Satzungsautonomie **43 Anh. § 35 SEAG** 2, 8 f.
- Sitzungsvertreter **43 Anh. § 36 SEAG** 10 ff.
- Stichentscheid **43 Anh. § 35 SEAG** 10
- Stimmabgabe, fernmündliche **43 Anh.
§ 35 SEAG** 4
- Stimmabgabe, schriftliche **43 Anh.
§ 35 SEAG** 4
- Stimmbote **43 Anh. § 35 SEAG** 6 f.; **50** 15
- Stimmrechtsausschluss **43 Anh.
§ 35 SEAG** 5, 12 ff.; **43 Anh. § 41 SEAG** 17
- Vertretung **50** 15

- Weisungen an Geschäftsführer **43 Anh.
§ 44 SEAG** 11
- Zustimmung, fehlende **48** 11 ff.
- Zustimmung, Verweigerung **52** 37
- zustimmungsbedürftige Geschäfte **48** 1 ff., 9 f.
- Zustimmungsbedürftigkeit, Festlegungsermächtigung **48** 18
- Zustimmungsbedürftigkeit, nationale Regelungen **48** 19 ff.
- zustimmungsbedürftige Vorgänge
43 Anh. § 38 SEAG 10, 13
- Zweitstimmrecht **43 Anh. § 35 SEAG** 10 ff.

Verwaltungsrat – Haftung s.a. Verwaltungsratsmitglieder – Haftung
- anwendbares Recht **51** 1
- Außenhaftung **51** 12, 23
- Business Judgment Rule **43 Anh.
§ 39 SEAG** 6
- Durchführung v. HV-Beschlüssen **43 Anh.
§ 22 SEAG** 24
- Geltendmachung durch Aktionäre **51** 24 f.
- Generalklausel **51** 20 f.
- Gesamtverantwortungsprinzip **43 Anh.
§ 39 SEAG** 7
- Gründungsstadium **52** 40 f.
- Insolvenz **43 Anh. § 22 SEAG** 40
- Minderheitsverlangen auf Einberufung
55 16
- Pflichtverletzung **51** 7 ff.
- Schadensersatzpflicht **51** 10 f.
- Spezialverweisung **51** 6
- Zustimmungsverweigerung **48** 12

Verwaltungsrat – Sitzungen
- anwendbare Vorschriften **43 Anh.
§ 36 SEAG** 2
- Anwesenheit **50** 12 ff.
- Aufsichtsbehördenvertreter **43 Anh.
§ 36 SEAG** 14
- Ausschüsse **43 Anh. § 36 SEAG** 8 f.
- Einberufung **43 Anh. § 37 SEAG** 1 ff.
- Niederschrift **43 Anh. § 34 SEAG** 14 ff.
- Sitzungsvertreter **43 Anh. § 36 SEAG** 10 ff.
- Teilnahme Dritter **43 Anh. § 36 SEAG** 4 ff., 10 ff.
- Teilnahmerecht **43 Anh. § 36 SEAG** 3
- Turnus **43 Anh. § 34 SEAG** 1

Verwaltungsrat – Vorsitzender
- Geschäftsführermandat **43 Anh.
§ 34 SEAG** 8
- stellvertretender **43 Anh. § 34 SEAG** 4 ff.
- Stichentscheid **43 Anh. § 34 SEAG** 9;
43 Anh. § 35 SEAG 10; **50** 24 ff.
- Stimmrechtsausschluss **43 Anh.
§ 35 SEAG** 5, 10 ff.
- Zweitstimmrecht **43 Anh. § 35 SEAG** 5, 10 ff.

Verwaltungsratsmitglieder
- Aktienoptionen **43 Anh. § 38 SEAG** 8
- Amtsbeendigung **43 Anh. § 29 SEAG** 6
- Amtsdauer, ger. Bestellung **43 Anh.
§ 30 SEAG** 7
- Amtsdauer, Satzungsbestimmungen
46 3 ff.
- Änderungen, Handelsregisteranmeldung
43 Anh. § 46 SEAG 2 ff.
- Anstellungsvertrag **43 Anh. § 28 SEAG** 4 f.
- Anzahl **43 Anh. § 23 SEAG** 1 ff.

Stichwortverzeichnis

- Bestellung, Satzungsbestimmungen 47 18, 21
- Bestellungshindernisse, absolute 47 7 ff.
- Bestellungshindernisse, anwendbares Recht 47 12 ff.
- Bestellungshindernisse, gerichtliche/behördliche 47 5 f.
- Bestellungshindernisse, Verstöße 47 16
- Bestellungsrechte 47 24 ff.
- Bestellungsvoraussetzungen 47 21 f.
- Bestellungsvoraussetzungen, Verstöße 47 23
- Entsenderechte 43 45; 47 26
- Ersatzmitglieder 43 46; 46 7
- Geschlechterquote s. dort
- Haftung, Holding-Gründung 33 42
- Informationsrecht 44 13 ff.
- Informationsweitergabe 44 12
- juristische Personen 47 2 ff.
- Mitbestimmungsvereinbarung 43 36 ff., 52 ff., 67
- Sitzungsteilnahme 44 8 f.
- Stellvertreter 43 47
- Vergütungsfestsetzung 52 38 f.
- Vorteilsgewährung, Verschmelzung 20 24
- weibliche Mitglieder s. Geschlechterquote
- Wiederwahl 46 9 f.

Verwaltungsorgan – Sitzungen
- Ablauf 44 6
- Anwesenheit 44 8 f.
- Turnus 44 3 ff.
- Videokonferenz 44 7

Verwaltungsorgan – Vertretungsmacht
- EWIV 43 20
- Mitgliedstaaten 43 21 f.
- SCE 43 20
- SE 43 17 ff.
- SEAG 43 65

Verwaltungsorgan – Vorsitzender
- Abberufung 45 5
- Amtsdauer 45 5
- Aufgaben 45 6 f.
- Ein-/Zweipersonenorgan 45 8 f.
- gerichtliche Ersatzbestellung 45 4
- Mitbestimmung 45 10 ff.
- Rechtsstellung 45 6
- Stichentscheid 45 6; 50 24 ff.
- Überwachung 45 7
- Vetorecht 50 8, 25
- Wahl 45 2 ff., 10 ff.

Verwaltungsrat s.a. Verwaltungsorgan
- anwendbare Vorschriften 43 Anh. § 22 SEAG 41 ff.
- Arbeitnehmervertreter 43 Anh. § 23 SEAG 7 f.
- Beschlussunfähigkeit 43 Anh. § 30 SEAG 2 ff.
- Bezeichnung 43 Anh. § 20 SEAG 5 f.
- Due Diligence 49 10
- Geschäftsordnung 43 Anh. § 34 SEAG 10 ff.
- Geschlechterquote s. dort
- Informationsrechte 43 Anh. § 40 SEAG 39 ff.
- innere Ordnung, SEAG 43 Anh. § 34 SEAG 1 ff.
- Jahresabschluss, Prüfung 43 Anh. § 47 SEAG 7 f.
- Kernkompetenz 43 Anh. § 34 SEAG 27
- Kompetenzabgrenzung 43 Anh. § 40 SEAG 31 ff.
- mangelhafter Prüfungsbericht 12 21
- Mehrfachmandate 43 Anh. § 27 SEAG 5 ff.
- Minderheitsverlangen auf Einberufung 55 10, 15 ff.
- Unterbesetzung 43 Anh. § 30 SEAG 6
- Vergütung, Abzugsfähigkeit Anh. SteuerR 42 f.
- Vergütung, Dopelbesteuerung Anh. SteuerR 46
- Verhältnis z. Direktoren 43 Anh. § 22 SEAG 12 ff.
- Verschwiegenheitspflicht 49 1 ff.
- weibliche Mitglieder s. Geschlechterquote
- Whistleblowing 49 12
- Zusammensetzung 43 Anh. § 24 SEAG 1 ff.
- Zusammensetzung, unrichtige 43 Anh. § 25 SEAG 5 ff.

Verwaltungsrat – Aufgaben
- Außenverhältnis 43 Anh. § 22 SEAG 11
- Bestellung, Abschlussprüfer 43 Anh. § 22 SEAG 34
- Bestellung, Direktoren 43 Anh. § 22 SEAG 8; 43 Anh. § 40 SEAG 4
- Delegation 43 Anh. § 22 SEAG 14; 43 Anh. § 34 SEAG 27
- Dienst-/Werkverträge, Einwilligung 43 Anh. § 38 SEAG 10
- Durchführung v. HV-Beschlüssen 43 Anh. § 22 SEAG 23 f.
- Einberufung d. HV 43 Anh. § 22 SEAG 17 ff.
- Einberufung d. HV, Beschluss 43 Anh. § 22 SEAG 20
- Einberufung d. HV, Sonderfälle 43 Anh. § 22 SEAG 19 ff.
- Einsichtsrecht 43 Anh. § 22 SEAG 31 ff.
- Führungslosigkeit 43 Anh. § 41 SEAG 8a
- Geltendmachung v. Haftungsansprüchen 43 Anh. § 40 SEAG 68
- Gewinnverwendungsvorschlag 43 Anh. § 47 SEAG 20
- Gründungsprüfung 43 Anh. § 21 SEAG 11
- Handelsbücher 43 Anh. § 22 SEAG 26 ff.
- Handelsregisteranmeldung/-eintragung 43 Anh. § 21 SEAG 2 ff.
- Innenverhältnis 43 Anh. § 22 SEAG 10
- Insolvenzantragspflicht 43 Anh. § 22 SEAG 36 ff.
- Insolvenzverfahren 63 50 ff.
- Jahresabschlussaufstellung 61 20 f.
- Kernkompetenz 43 Anh. § 34 SEAG 27
- Kreditgewährung, Einwilligung 43 Anh. § 38 SEAG 13
- Leitungspflicht 43 Anh. § 22 SEAG 9
- Leitungsverantwortung 43 Anh. § 22 SEAG 5 ff.
- Notvertretungsrecht 43 Anh. § 45 SEAG 3
- Prüfungsrecht 43 Anh. § 22 SEAG 31 ff.
- Rechnungslegung 43 Anh. § 22 SEAG 25 ff.
- Risikoerkennungssystem 43 Anh. § 22 SEAG 30
- Überschuldung 43 Anh. § 22 SEAG 35 ff.
- Überwachungsfunktion 43 Anh. § 22 SEAG 7, 14 ff.

1453

Stichwortverzeichnis

- Arbeitnehmer 43 Anh. § 23 SEAG 7 f.
- Auslagenersatz 43 Anh. § 38 SEAG 7
- Dienst-/Werkverträge 43 Anh.
  § 38 SEAG 10 ff.
- Doppelmandate 43 Anh. § 35 SEAG 5,
  10 ff.
- Einberufungsverlangen 43 Anh.
  § 37 SEAG 3 ff.
- entsandte Mitglieder 46 6
- Ersatzmitglieder 46 7
- Geschlechterquote s. dort
- Höchstzahl 43 Anh. § 23 SEAG 6
- juristische Personen 43 Anh. § 27 SEAG 16
- Kreditgewährung d. SE 43 Anh.
  § 38 SEAG 13
- Mindestzahl 43 Anh. § 23 SEAG 4 f.
- Mitbestimmung 43 Anh. § 23 SEAG 7 f.;
  43 Anh. § 24 SEAG 3
- Pflichtenstellung 43 Anh. § 39 SEAG 2 ff.
- Sitzungsteilnahme 43 Anh. § 36 SEAG 3
- Sorgfaltsmaßstab 43 Anh. § 39 SEAG 4
- Vergütung 43 Anh. § 30 SEAG 8; 43 Anh.
  § 38 SEAG 3 ff.
- Vergütungsfestsetzung 52 38
- Verschwiegenheitspflicht 43 Anh.
  § 39 SEAG 9
- weibliche Mitglieder s. Geschlechterquote
- Wiederwahl 46 9 f.

Verwaltungsratsmitglieder – Abberufung
- anwendbare Vorschriften 43 Anh.
  § 29 SEAG 1 ff.
- Arbeitnehmervertreter 43 Anh.
  § 29 SEAG 5
- entsandte Mitglieder 43 Anh.
  § 29 SEAG 12
- gerichtliche 43 Anh. § 29 SEAG 13 ff.
- Kompetenz 43 Anh. § 29 SEAG 4 ff.
- Mehrheitserfordernisse 43 Anh.
  § 29 SEAG 8 ff.

Verwaltungsratsmitglieder – Bestellung
- Anfechtungsklage 43 Anh. § 31 SEAG 8;
  43 Anh. § 32 SEAG 2 ff.; 43 Anh.
  § 33 SEAG 1
- anwendbares Recht 43 Anh.
  § 27 SEAG 2 ff.; 43 Anh. § 28 SEAG 1 ff.
- Arbeitnehmervertreter 43 Anh.
  § 27 SEAG 15; 43 Anh. § 28 SEAG 6, 11
- Beherrschungs-/Abhängigkeitsverhältnis
  43 Anh. § 27 SEAG 11 f.
- Bestellungshindernisse, absolute 47 7 ff.
- Bestellungshindernisse, anwendbares Recht
  47 12 ff.
- Bestellungshindernisse, gerichtliche/behördliche 47 5 f.
- Bestellungshindernisse, Verstöße 47 16, 23
- Bestellungshindernisse/-verbote 43 Anh.
  § 27 SEAG 2 ff.; 43 Anh. § 31 SEAG 5
- Entsenderechte 43 Anh. § 24 SEAG 2;
  43 Anh. § 28 SEAG 7 f.; 43 Anh.
  § 29 SEAG 12; 47 24
- Ersatzmitglieder 43 Anh. § 28 SEAG 10 ff.
- gerichtliche 43 Anh. § 30 SEAG 1 ff.
- Gründungsstadium 43 Anh. § 24 SEAG 2
- juristische Personen 43 Anh.
  § 27 SEAG 16; 47 2 ff.
- kapitalmarktorientierte SE 43 Anh.
  § 27 SEAG 15a
- Mehrfachmandate 43 Anh. § 27 SEAG 5 ff.
- Mehrheitserfordernisse 43 Anh.
  § 28 SEAG 2
- Nichtigkeitsgründe 43 Anh.
  § 31 SEAG 2 ff.
- Nichtigkeitsklage 43 Anh. § 31 SEAG 7 f.
- Satzungsregelungen 47 18, 21
- Stellvertreter 43 Anh. § 28 SEAG 9
- Überkreuzverflechtung 43 Anh.
  § 27 SEAG 13 f.
- Vergütung 43 Anh. § 38 SEAG 3 ff.
- Wahl 43 Anh. § 28 SEAG 2 ff.
- Wahl, Anfechtung 43 Anh. § 32 SEAG 2 ff.;
  43 Anh. § 33 SEAG 1
- Wahl, Nichtigkeit 43 Anh. § 31 SEAG 2 ff.
- Zuständigkeit 43 Anh. § 24 SEAG 2;
  43 Anh. § 28 SEAG 2

Verwaltungsratsmitglieder – Haftung
- anwendbares Recht 43 Anh. § 39 SEAG 1
- Ausschluss 43 Anh. § 39 SEAG 14
- Beweislast 43 Anh. § 39 SEAG 11
- Business Judgement Rule 43 Anh.
  § 39 SEAG 6
- Doppelmandate 43 Anh. § 39 SEAG 3
- Durchsetzung 43 Anh. § 39 SEAG 13, 15
- Gesamtverantwortungsprinzip 43 Anh.
  § 39 SEAG 7
- Ressortverantwortung 43 Anh.
  § 39 SEAG 7 f.
- Schadensersatz 43 Anh. § 39 SEAG 10 ff.
- Sorgfaltsmaßstab 43 Anh. § 39 SEAG 4
- Verjährung 43 Anh. § 39 SEAG 16
- Verschwiegenheitspflicht 43 Anh.
  § 39 SEAG 9

Verwaltungssitz
- Auseinanderfallen mit Satzungssitz 8 5;
  63 33 f.; 64 1 ff., 13 ff.
- Begriff d. Hauptverwaltung 7 9 ff.
- Verlegung außerhalb d. EU 64 9
- Verstöße, Mitteilungspflicht 64 23
- Zusammenfallen mit Satzungssitz 7 5,
  21

Verweisung s. Gesamtnormverweisung;
Sachnormverweisung
Videokonferenz 50 13
- Verwaltungsorgan 44 7

Vinkulierung
- Zustimmung aller Aktionäre 57 17

Vor-AG
- Anwendung auf Vor-SE 16 6
- Verschmelzung 17 5

Vor-SE
- Anteilstausch 33 10
- Beendigung 16 16
- Einlagepflicht 16 9
- Einpersonen-Gründung 16 8
- Gläubigerschutz 16 3
- Haftung 1 15
- Haftungssubjekt 16 17
- Rechtsfähigkeit 16 7
- Rechtsnatur 16 4, 6 f.
- Vertretungsbefugnis 16 10

Vorabinformation
- Verschmelzungszustimmung 23 6 f.

Vorher-Nachher-Vergleich 15 SEBG 18 f.

Vorrats-SE
- Arbeitnehmerbeteiligung 1 SEBG 17 ff.;
  2 33 ff.; Anh. ArbeitsR 101 ff.
- Zulässigkeit 2 31; Anh. ArbeitsR 100

Stichwortverzeichnis

Vorzugsaktien
- Verschmelzung, Gläubigerschutz **24** 18

Vorzugsaktien – stimmrechtslose
- Verschmelzung, Gläubigerschutz **24** 18
- Zulässigkeit **5 Anh. I** 20

Wahlgremium für das besondere Verhandlungsgremium s. *Besonderes Verhandlungsgremium – Wahlgremium*

Währung
- Mitgliedstaaten außerhalb d. Eurozone **67** 1 ff.

Wales
- Umsetzungsakte **Einl.** 21

Wandelanleihen
- Ausgabe **5 Anh. II** 6 ff.
- Gesamtnormverweisung **5 Anh. II** 2 ff.

Wandelschuldverschreibungen
- Gläubigerschutz, Verschmelzung **24** 4, 7 ff., 18 ff.

Warenverkehrsfreiheit Anh. SteuerR 17

Website
- SE-Information **69** 2

Wegzug – Beschränkung
- Sitzerfordernisse **64** 3 f.

Wegzug – Besteuerung d. Anteilseigner
- Anrechnung ausländischer Steuern **Anh. SteuerR** 120 ff.
- Anteilseigner, Auslandssitz **Anh. SteuerR** 121 ff.
- beschränkte Steuerpflicht **Anh. SteuerR** 118
- Doppelbesteuerungsrecht **Anh. SteuerR** 128 ff.
- Fusionsbesteuerungsrichtlinie **Anh. SteuerR** 123 ff.
- nachträgliche Besteuerung **Anh. SteuerR** 125 ff.
- unbeschränkte Steuerpflicht **Anh. SteuerR** 118 ff.
- Völkerrecht **Anh. SteuerR** 127

Wegzug – Besteuerung d. SE
- anwendbares Recht **Anh. SteuerR** 48 ff.
- Aufdeckung d. stillen Reserven **Anh. SteuerR** 81 ff., 90, 94 ff.
- ausländisches Vermögen **Anh. SteuerR** 91 ff.
- Doppelbesteuerungsrecht **Anh. SteuerR** 88 f.
- Entstrickungstatbestand **Anh. SteuerR** 50 ff.
- EU-Grundfreiheiten **Anh. SteuerR** 54 ff., 100 f.
- fortbestehendes Besteuerungsrecht **Anh. SteuerR** 82 ff.
- Fusionsbesteuerungsrichtlinie **Anh. SteuerR** 63 ff., 99
- Geschäftsleitung, Verlegung **Anh. SteuerR** 78, 79
- in Drittstaaten **Anh. SteuerR** 115 ff.
- in EWR-Staaten **Anh. SteuerR** 113 f.
- Kapitalgesellschaftsanteile **Anh. SteuerR** 95
- Satzungssitzverlegung **Anh. SteuerR** 71 ff., 79

- Verlustvorträge **Anh. SteuerR** 108 ff.
- Vermögensverlagerung ins Ausland **Anh. SteuerR** 85 ff.
- Verwaltungssitzverlegung **Anh. SteuerR** 76 f., 79
- Völkerrecht **Anh. SteuerR** 87
- Wechsel in beschränkte Steuerpflicht **Anh. SteuerR** 68 ff., 110

Werkvertrag
- Verwaltungsratsmitglieder **43 Anh. § 38 SEAG** 10 f.

Wertpapiere
- Gläubigerschutz, Verschmelzung **24** 4, 7 ff., 18 ff.
- Spezialverweisung **5** 10; **5 Anh. II** 1 ff.

Wettbewerbsverbot
- geschäftsführende Direktoren **43 Anh. § 40 SEAG** 58 ff.

Whistleblowing
- Verhältnis z. Verschwiegenheitspflicht **49** 12

Wirtschafts-/Währungsunion 67 1 ff.

WpHG
- Anwendbarkeit **43 Anh. § 22 SEAG** 43

WpHG-Mitteilungspflichten
- Verschmelzungsplan **21** 12

WpÜG
- Anwendbarkeit **32** 18 ff.

Zahlungseinstellung
- anwendbares Recht **63** 2 ff., 20
- Begriff **63** 4, 8 ff., 18 f.
- Bekanntmachung **65** 1 ff.
- Hauptversammlungsbeschluss **63** 22 ff.
- Sachnormverweisung **63** 14 ff., 21
- SE-VO-Regelungen **63** 25
- Spezialverweisung **63** 12 f.

Zahlungsunfähigkeit
- anwendbares Recht **63** 2 ff., 20
- Begriff **63** 8 ff., 18 f.
- Bekanntmachung **65** 1 ff.
- Berichtspflichten **43 Anh. § 40 SEAG** 41 ff.
- Hauptversammlungsbeschluss **63** 22 ff.
- Leitungspflichten **43 Anh. § 22 SEAG** 35 ff.
- Sachnormverweisung **63** 14 ff., 21
- SE-VO-Regelungen **63** 25
- Sitzverlegungsausschluss **8** 86
- Spezialverweisung **63** 12 f.

Zeichnungsvertrag
- Gründung, Holding-SE **33** 10, 16, 21

Zerlegung
- Begriff **1** 8

Zins-Lizenzgegühren-Richtlinie Anh. SteuerR 10

Zuständigkeit
- Behörden **7** 2

Zustimmungsbedürftige Geschäfte 48 1 ff.; **48 Anh. § 19 SEAG** 1 ff.

Zweigniederlassung
- Begriff **2** 19
- Geschäftsbriefe, Angaben **43 Anh. § 43 SEAG** 10 f.

Zypern Vor 1 SEBG 19